EDNA LAUDEN

MULTI DICTIONARY

Bilingual Learners Dictionary

HEBREW-HEBREW-ENGLISH
ENGLISH-HEBREW

ENGLISH - MIRIAM SHANI

DEFINITIONS AND EXAMPLES IN HEBREW ★ LANGUAGE FUNCTIONS FOR INTERPERSONAL COMMUNICATION ★ LEXICON FOR SPECIAL PURPOSES

CONTENTS

PREFACE

Rav Milon Dictionary, as its Hebrew name implies, is a comprehensive dictionary. It is comprised of a wide range of entries, expressions and idioms which reflect the multi faceted linguistic intentory of modern Hebrew. It includes colloquial language, literary and metaphorical usages, scientific terms and updated expressions used by the media

The earlier "**+2000**" Dictionary served as a model in terms of its linguistic concept and didactic approach.

As a learners' dictionary, **Rav Milon's** most valued asset lies in its structure and the abundance of relevant information which accomodate the specific needs of the beginner as well as the advanced student.

The information in the dictionary consists of:

Definitions and examples — simple definitions accompany each entry and the examples stem from contemporary daily usage. They serve as a model for active use in addition to the passive understanding of the words.

Spelling and vocalization — The entries are introduced once without vowel marks, followed by a fully vocalized spelling in order to aid the reader in pronouncing the words properly. Elsewhere in the definition and the expressions, vocalization is marked only when heard.

Stress — Words in which the stress is penultimate (which constitute a minor lexical group) are marked above the relevant syllable. All the rest, which are stressed on the last syllable, are not marked for this feature at all.

Verbs — Verbs are listed in third person past tense. Following the definition and example, additional verbal forms are presented together with their requisite prepositional and accusative forms (if such exist). The root form and the "binyan" (verbal paradigm) are also included.

In order to further help the learner, a separate index of all the infinitives is provided. They are listed in alphabetical order and are translated into English.

Nouns — Nouns are listed in the singular masculine form, followed by grammatical gender. The plural form is given next to the word in brackets. **Adjectives** are presented in the singular-masculine form. At the buttom of each entry is the feminine as well as the plural form.

The Translation — The translation takes into account the special problems of the native speaker of English in his encounter with Hebrew as a second/foreign language. It offers an effective tool for clarifying the precise meaning of the words.

The English is mostly American in its usage and so is the spelling.

Appendices — These include the following: Thematic lists of words, a lexicon of cognates (borrowed words which are common to both languages), an interpersonal communication lexicon, verb tables and an English-Hebrew dictionary. This last feature is especially useful: It provides not only a translation but marks the page number of the entry in case more information is required.

Rav-Milon is a joint effort based on our collective experience, in the Hebrew studies unit and the foreign language unit at Tel Aviv University.

Our hope is that it will assist learners of Hebrew in the process of acquiring the language and absorbing the culture which it represents.

מילון אנגלי – עברי
English - Hebrew Dictionary

מילון אנגלי – עברי
English - Hebrew Dictionary

A

A.D. / מניין 372
A.D. / ספה"נ 507
Adar (month) / אדר 14
Amalek / עמלק 536
Arab / ערבי 543
Arabian / ערבי 543
Arabic / ערבי 543
Arabic (lang.) / ערבית 543
Aramaic / ארמית 38
Ashkenaz (old Germany)/ אשכנז 39
Ashkenazi / אשכנזי 39
Astarte (ancient goddess
547
Av (month)/ אב 11
a.m. / צוהריים 579
abandoned / הפקיר 148
abandoned / זנח 209
abandoned / נטש 449
abandoned / עזב 523
abandoned (adj.) / עזוב 523
abandoned (adj.) / מוזנח 322
abandoned (adj.) / מופקר 328
abandoned (adj.) / נטוש 447
abandonment / הפקרה 148
abandonment / נטישה 448
abdomen / בטן 48
abducted (adj.) / חטוף 218
abhorred / תיעב 699
ability / יכולת 262
ability / כושר 274
ability / כישרון 278
able / יכול 262
abominable / מתועב 420
abominable / נתעב 483
abomination / תועבה 692
abomination / תיעוב 699
abortion / גרידה 76
abortion / הפלה 147
abounded / שפע 680
abounding / שופע 651
about / אודות 15
about / בנוגע ל- 56
about / בערך 58
about / כ- 269
about / על 532
about to / נוטה 437
above / לעיל 299
above / עיל 526
above / עילא 526
above / על 532
abroad / חו"ל, 213
abscess / מורסה 331
absence / היעדרות 127
absence / העדר 143
absence / חיסור 223
absent / חסר 232
absent-minded / מפוזר 387
absent-mindedness / פיזור 556
absentee / נפקד 469
absenteeism / נפקדות 469
absentmindedness / היסח דעת 127
absolute / החלטי 121
absolute / מוחלט 322
absolutely / בהחלט 43
absolutely / לחלוטין 294
absolutely not / בכלל לא 53
absorbed / הטמיע 124
absorbed / ינק 263
absorbed / ספג 507
absorbed / קלט 607
absorbed (adj.) / מוטמע 323
absorbed (adj.) / מרותק 404
absorbed (adj.) / שקוע 681
absorbent / סופג 491
absorbing / ספיגה 508
absorption / היקלטות 127
absorption / התערות 190
absorption / יניקה 263
absorption / ספיגה 508
absorption / קליטה 607
absorption / שאיבה 642
absorption / שקיעה 681
abstained / נמנע 460
abstention / הימנעות 126
abstinence / הינזרות 126
abstinence / פרישות 572
abstract / מופשט 329
abstract / ערטילאי 544
abstraction / הפשטה 149
abundance / גודש 65
abundance / שיפעה 664
abundance / שפע 680
abundant / משופע 411
abundant / עתק 548
abundantly / למכביר 298
abuse / התעללות 189
abused / התעלל 189
abysmal / תהומי 689
abyss / תהום 689
acacia / שיטה 659
academic / עיוני 525
accelerated / האיץ 91
accelerated (adj.) / מזורז 335
acceleration / האצה 92
acceleration / תאוצה 687
accelerator / מאיץ 305
accent / מבטא 309
accented (adj.) / מוטעם 323
accentuated / הבליט 94
accentuation / הבלטה 94
acceptable / קביל 593
accepted / קיבל 601
accepted (adj.) / מקובל 397
accessibility / נגישות 431
accessible / נגיש 431
accessory / אבזר 11
accident / תאונה 687
accidental / אקראי 36
accidental / מקרי 400
accidentally / במקרה 400
acclimatization / התאקלמות 172
accommodated / אירח 27
accommodating / פייסני 558
accompanied / התלווה 183

accompanied / ליווה 295
accompanied / נלווה 459
accompaniment / לוויה 292
accompaniment / ליווי 295
accompanist / מלווה 363
accord / התאם 171
according (to) / התאם 171
according to / בהתאם ל... 44
according to / כפי 283
according to / לפי 299
account / חשבון 237
accountant / חשב 237
accountant / רואה־חשבון 621
accounting / חשבונאות 237
accounts payable department / מת"ש 424
accouterments / חגור 210
accumulated / צבר 578
accumulation / הצטברות 151
accumulation / צבירה 577
accuracy / נכונות 458
accusation / אישום 27
accusation / האשמה 92
accused / האשים 92
accused / קיטרג 602
accused (adj.) / נאשם 427
accused (adj.) / (ה)נדון 433
accused falsely / העליל 143
accuser / מקטרג 399
accustomed (adj.) / מורגל 331
ache / כאב 269
ache / מיחוש 351
ached / כאב 269
achievement / הישג 128
achievement - orientated/ הישגי 128
acid / חומצה 214
acknowledged / אישר 28
acquaintance / היכרות 126
acquaintance / מודע 321
acquaintance / מיודע 349
acquaintance / מכר 361
acquainted (adj.) / מיודע 349
acquired / רכש 633
acquired citizenship / התאזרח 171
acquiring citizenship / התאזרחות 171
acquisition / רכישה 633
acquittal / זיכוי 205
acquitted / זיכה 205

acrobat / לוליין 293
acrobatics / לוליינות 293
across (from) / מנגד 369
act / פעולה 567
act (in a play) / מערכה 386
acted / פעל 567
acted / שיחק 658
acting / משחק 413
acting- / מ"מ 366
action / מעשׂה 386
action / עשׂייה 546
action / פעולה 567
activated (adj.) / מופעל 328
active / פעיל 567
active / פעלתני 568
active person / פעלתן 568
active voice (gram.) / פעיל 567
activism / פעלתנות 568
activist / פעיל 567
activist / פעלתן 568
activity / עיסוק 528
activity / פעילות 567
activity / פעלתנות 568
actor / שׂחקן 654
actually / בעצם 58
actually / למעשׂה 298
acuteness / חדות 210
adaptation / הסתגלות 140
adaptation / עיבוד 524
adapted / הסתגל 140
adapted / עיבד 524
adapted (to) / סיגל 495
added / הוסיף 108
added / סיפח 501
added / צירף 585
added up / הסתכם 141
added variety / גיוון 69
addicted / מכור 360
addiction / התמכרות 184
adding / צירוף 585
addition / הוספה 108
addition / תוספת 692
additional / נוסף 439
address / כתובת 287
address / מען 384
addressed / מיען 355
addressee / מכותב 360
addressee / נמען 461

adhered / נצמד 471
adhering / היצמדות 127
adhesive / מידבק 348
adjectives / שם תואר 690
adjustable / מתכוונן 422
adjusted / התאקלם 172
adjusted (adj.) / מותאם 333
adjustment / השתלבות 168
adjustment / התאקלמות 172
adjutant / שליש 671
administration / מנהלה 370
administrative / מנהלי 370
administrative staff / פקידות 569
admiration / הערצה 145
admiration / התפעלות 192
admired / העריץ 145
admired (adj.) / נערץ 466
admirer / מעריץ 386
admissible / קביל 593
admitted / הודה 102
admonished / ייסר 261
ado / תכונה 701
adolescence / גיל ההתבגרות 173
adopted / אימץ 26
adopted (adj.) / מאומץ 303
adopted (assumed) / סיגל 495
adoption / אימוץ 26
adorned / פיאר 556
adorned (adj.) / עדוי 516
adorned himself / התקשט 196
adult / בוגר 44
adult / מבוגר 306
adulterer / נואף 436
adultery / ניאוף 449
advance / התקדמות 194
advance / מפרעה 391
advance payment / מקדמה 397
advanced / התקדם 194
advanced / קידם 601
advanced (adj.) / מתקדם 424
advancing / קידום 601
advantage / יתרון 268
advantage / מעלה 384
adventure / הרפתקה 160
adventurer / הַרפתקן 161
adventurous / הרפתקני 161
adventurousness / הרפתקנות 161
adverbs / תוארי פועל 690

apostrophe / תג 688
apparent / גלוי 72
apparent / נגלה 431
apparent / ניכר 452
apparently / כנראה 282
appeal / עירעור 531
appeal / פנייה 564
appealed / עירער 531
appearance / הופעה 110
appearance / חזות 217
appearance / מראה 401
appeared / הופיע 110
appeased / הפיס 146
appeased / פייס 557
appeased / ריצה 630
appeased (adj.) / מפויס 388
appeasement / פייסנות 557
appellant / מערער 386
appendix / נספח 463
appendix / תוספתן 692
appetite / תיאבון 697
appetizer / מתאבן 419
applauded / מחא-כף 337
applause / מחיאות כפיים 341
applause / תשואות 713
apple / תפוח 708
applicability / תחולה 695
applicant / מבקש 309
application / יישום 262
applied / החיל 120
applied / יישׂם 262
appointed / מינה 354
appointed time / מועד 326
appointment / מינוי 354
appointment / תור 693
appraised / העריך 145
appraiser / מעריך 386
appraiser / שמאי 673
appraising / שמאות 673
appreciated / הוקיר 112
appreciated / העריך 145
appreciation / הערכה 145
apprehension / חשש 239
apprehensiveness / חששנות 239
apprentice / חניך 231
apprentice / צוער 580
apprentice / שולייה 650
approach / גישה 72
approached / התקרב 196
approached / ניגש 450
approached / פנה 564
approached / קרב 612
approaching / ממשמש 369
appropriate / הולם 106
appropriate / נאות 425
appropriated (adj.) / מופרש 329
approval / אישור 27
approval / גושפנקה 67
approved / אישר 28
approved / הסכים 139
approved (adj.) / מאושר 304
approximately / בערך 58
approximately / בקירוב 59
apricot / מישמש 358
apron / סינור 500
aquiline / נשרי 481
arbiter / פוסק 551
arbitrariness / שרירות־לב 683
arbitrary / שרירותי 684
arbitration / בוררות 46
arbitrator / בורר 46
arch / קימרון 603
arch / קשת 616
arched / קימר 603
arched (adj.) / קמור 608
archer / קשת 616
arching / קימור 603
architect / אדריכל 14
architecture / אדריכלות 14
archive(s) / ארכיון 38
archives / גניזה 74
are / יש 267
are not... / אין 26
area / שטח 655
area / תחום 695
area code / קידומת 601
arena / זירה 207
argued / התווכח 177
argued / טען 252
argument / טיעון 249
argument / טענה 252
argumentation / טיעון 249
arid / צחיח 581
aristocracy / אצולה 36
arithmetic / חשבון 237
arm / זרוע 210
armchair / כורסה/כורסא 274
armed / זיין 205
armed / חימש 222
armed (adj.) / חמוש 229
armed (adj.) / מזוין 335
armed robbery / שוד 648
arming / זיון 205
arming / חימוש 222
armor / שיריון 666
armored / שיריין 666
armored (adj.) / משוריין 412
armored car / שיריונית 666
armoring / שיריון 666
armpit / שחי 653
arms / זיין 205
arms / נשק 481
arms cache / סליק 504
army / צבא 577
army corps / גייס 70
aroma / ניחוח 451
arose / התעורר 188
arose / קם 608
around / סביב 484
aroused / עורר 522
aroused (adj.) / מגורה 311
arousing / מעורר 383
arranged / הסדיר 138
arranged / סידר 496
arranged / ערך 544
arrangement / הסדר 138
arrangement / סידור 496
arranging / עריכה 544
arrest / מעצר 385
arrested / אסר 34
arrival / הגעה 97
arrived / בא 41
arrived / הגיע 96
arrogance / התנשׂאות 188
arrogance / יהירות 255
arrogance / שחצנות 654
arrogant / יהיר 255
arrogant / שחצן 654
arrow / חץ 233
art / אומנות 17
arteriosclerosis / הסתיידות עורקים 141
artery / עורק 522
article / כתבה 287

attitude / התייחסות 180
attitude / גישה 72
attorney / משפטן 417
attorney / פרקליט 574
attracted / משך 414
attraction / משיכה 413
attractive / מושך 333
attribute / מידה 348
attributed / ייחס 260
attributed / נזקף 443
attributed / שייך 659
attributed to (adj.) / מיוחס 349
attribution / ייחוס 260
attrition / התשה 199
audacity / עזות מצח 523
audience / קהל 595
audio-visual / אורקולי 18
auditorium / אולם 16
aunt / דודה 80
aura / הילה 126
auricle / אפרכסת 35
austerity / צנע 589
author / סופר 492
authoritative / סמכותי 505
authority / מרות 404
authority / סמכות 505
authority / רשות 639
authority / שלטון 670
authorization / הרשאה 161
authorized / הסמיך 139
authorized (adj.) / מוסמך 326
automatic / מכני 361
automatic bank teller / בנקומט 56
autumn / סתיו 512
autumnal / סתווי 511
auxilliary / לוואי 292
available / זמין 208
available / מצוי 393
avenged / נקם 473
average / בינוני 51
average / ממוצע 367
aversion / סלידה 504
aversion / רתיעה 641
aviary / צפר 591
aviation / תעופה 706
avoidance / הימנעות 126
avoided / נמנע 460
avowed / מושבע 332
awake / ער 542
awakened / הקיץ 155
awakened / עורר 522
awakening / התעוררות 188
awakening / יקיצה 266
awarded / העניק 144
awarding / הענקה 144
aware / מודע 321
aware (of) / ער 542
awareness / מודעות 321
awareness / תודעה 690
awe / מורא 331
awful / זוועתי 203
awful / נוראי 441
awkwardness / סירבול 502
awl / מרצע 407
awning / גגון 63
awning / סוכך 489
ax / גרזן 76
axiom / מושׂכל 333

B

B.C.E. / ספה"נ 507
Babylon / בבל 41
Band-Aid strip / אגד 12
Ben Gurion airport / נתב"ג 481
Bible / תנ"ך 706
Bon-appétit / תיאבון 697
'Burning bush' / הסנה 506
babble / גיבוב 68
babble / פטפטנות 555
baby / עול 519
baby / עולל 519
baby / פעוט 567
baby / רך 632
baby (m) / תינוק 699
babysitter / שמרטף 675
bachelor / רווק 623
back / אחור 20
back / גב 62
back / גו 64
back (soccer) / מגן 313
back(wards) / בחזרה 47
background / רקע 639
backing / גיבוי 68
backing / כיסוי 277
backing / תימוכין (תימוך) 699
backward / נחשל 446
backward(s) / אחורה 20
backwardness / נחשלות 446
backwards / אחורנית 20
bad / ביש 52
bad / רע 634
badness / רוע 624
bag / שׂק 680
bait / פיתיון 563
baked / אפה 34
baked (adj.) / אפוי 34
baker / אופה 17
baker / נחתום 447
bakery / מאפייה 306
baking / אפייה 34
balance / איזון 23
balance / יתרה 268
balance / מאזן 305
balance-sheet / מאזן 305
balanced / איזן 23
balanced / השתווה 166
balanced (adj.) / מאוזן 303
balanced (adj.) / שקול 681
balanced (zeroed) (adj.) / מאופס 304
balcony / מרפסת 407
bald / קירח 606
bald spot / קרחת 613
balding / מקריח 400
ball / כדור 271
ball / נשף 480
ballot box / קלפי 608
banal / נדוש 433
band / להקה 291
bandage / רטייה 626
bandage / תחבושת 695
bandaged (a wound) / חבש 209
bang / חבטה 208
bang / מפץ 390
banished (adj.) / נידח 450
banishment / הגלייה 96
bank / בנק 56
bank (adj.) / בנקאי 56
bank-note / שטר 655
banker / בנקאי 56
banking / בנקאות 56
bankruptcy / פשיטת רגל 620
banned / החרים 122
banner / נס 462

blunt / קהה 595
blunt / בוטה 45
bluntness / קיהות 602
blurred / טישטש 250
blurred / עומעם 520
blurred / עירפל 531
blurred (adj.) / מטושטש 346
blurring / טישטוש 250
blush / סומק 491
blushed / הסמיק 139
blushing / הסמקה 139
board / טבלה 244
board / קרש 615
boarding-school / פנימייה 565
boasted / התגאה 175
boasted / התפאר 191
boasted / התרברב 197
boastful / רברבן 619
boastful / שחצן 654
boastfulness / רברבנות 619
boastfulness / רהב 621
boastfulness / שחצנות 654
boasting / התפארות 191
boasting / התרברבות 197
boat / סירה 502
boat / ספינה 508
body / גו 64
body / גוף 66
bodyguard / שומר ראש 650
boiled / הרתיח 162
boiled / רתח 640
boiled (adj.) / מורתח 332
boiled (adj.) / רתוח 640
boiled over / גלש 73
boiler / דוד 80
boiling / הרתחה 161
boiling / רתיחה 640
bold / נועז 439
bolt / בריח 60
bolted / הבריח 94
bomb / פצצה 568
bombarded / הרעיש 160
bombardment / הפגזה 145
bombardment / הרעשה 160
bombed / הפציץ 148
bombed (adj.) / מופצץ 328
bomber / מפציץ 391
bombing / הפצצה 148

bond / התקשרות 196
bone / עצם 540
bone of contention/סלע מחלוקת 342
bonfire / מדורה 315
bonus / מענק 384
boo! / בוז 45
book / ספר 509
book-bindery / כריכייה 285
bookbinder / כורך 273
bookcase / כוננית 273
bookkeeper / פנקסן 565
bookkeeping / פנקסנות 565
booklet / חוברת 211
booklet / ספרון 509
booster / מאיץ 305
boot / מגף 313
border / גבול 62
border district / ספר 509
bordered on / גבל 63
borderline / גבולי 63
bore (fruit) / הניב 137
bored / שיעמם 663
bored (adj.) / משועמם 411
boredom / שיממון 662
boredom / שיעמום 663
boring / משעמם 416
borough / קריה 613
borrowed / לווה 292
borrowed / שאל 642
borrowed (adj.) / מושאל 332
borrowed (adj.) / שאול 642
borrower / לווה 292
borrowing / שאילה 642
borscht / חמיצה 229
bosom / חיק 224
botched (adj.) / מפוספס 388
bother / טורח 247
bother / טירדה 250
bother / טירחה 250
bothered / הטריד 124
bothered / הציק 153
bothersome person / טרדן 253
bottle / בקבוק 58
bottom / קרקעית 615
bottom / תחתית 696
bought / קנה 609
bought / רכש 633
bought (adj.) / קנוי 609

boulevard / שׂדירה 647
bounced / זינק 206
bounced / כידרר 275
bouncing / הקפצה 156
bouncing / כידרור 275
bound / כפת 284
bound / צרר 592
bound (adj.) / כבול 270
bound (adj.) / מועד 326
bound (book) / כרך 286
bound (book) (adj.) / כרוך 285
bound to / עתיד 547
bound together / צרור 591
bounded (adj.) / מוגבל 320
boundry / תחום 695
bouquet / זר 210
bourgeois / בורגני 46
bourgeoisie / בורגנות 46
bow / קידה 601
bow / קשת 616
bowed / השתחווה 167
bowel movement / קיבה 601
bowing / סגידה 486
bowl / אגן 13
bowl / קערה 610
bowling / כדורת 271
box / ארגז 36
box / קופסה 598
box / תא 687
box / תיבה 697
box-office / קופה 598
boxed / התאגרף 170
boxer / מתאגרף 419
boxing / איגרוף 22
boxing / התאגרפות 170
boy / ילד 262
boy-scout / צופה 580
boycott / חרם 236
boycotted / החרים 122
boycotted (adj.) / מוחרם 322
boyish / נערי 466
bra / חזייה 217
braced himself / התאזר 171
bracelet / צמיד 588
brackets / סוגריים 488
braid / צמה 587
braided / קלע 608
braided (adj.) / קלוע 607

building / בנייה 56
building / בניין 56
building / מבנה 309
built / בנה 56
built (adj.) / בנוי 56
bulb / פקעת 569
bulge / בליטה 54
bulge / גולה 65
bulk / גוש 67
bull / פר 570
bull / שור 652
bulldozer / דחפור 82
bullet / כדור 271
bullet / קליע 607
bullet-proof jacket / שכפ"ץ 668
bulletin / חוזר 212
bulletin / ידיעון 255
bulletin / עלון 533
bully / בריון 60
bum /'זרוק' 210
bumper / פגוש 549
bumpy / מחוספס 339
bundle / צרור 591
buoy / מצוף 394
burden / הכבדה 129
burden / מעמסה 384
burden / נטל 448
burdened / הכביד 129
burdened / העיק 143
burdened (adj.) / עמוס 535
burdened (with) / מטופל 346
bureaucratic / פקידותי 569
bureau / לשכה 301
burglar / פורץ 553
burial / קבורה 593
buried / קבר 594
buried (adj.) / קבור 593
burned / בער 58
burned / להט 291
burned / צרב 591
burned / שׂרף 684
burning / בוער 45
burning / בעירה 57
burning / דלוק 86
burnout / שחיקה 654
burnt (adj.) / שׂרוף 683
burnt out / שחוק 653
burp / גיהוק 69

burped / גיהק 69
burrow / מחילה 341
burst / התפוצץ 191
burst / פרץ 573
burst (into song) / פצח 568
burst (into) / התפרץ 193
burst (with) / התפקע 193
burst into flames / התלקח 183
bursting into / התלקחות 183
bus / אוטובוס 16
bush / שׂיח 658
business / עסק 538
business- / עיסקי 528
bussinesslike / ענייני 537
busy / טרוד 253
busy / עסוק 537
busy / תפוס 708
but / אבל 12
but / אולם 16
but / אך 28
but (rather) / אלא 29
but (rather) / כי 274
butcher / קצב 611
butcher shop / איטליז 24
butchered / טבח 244
butt / קת 616
butt / תחת 696
butter / חמאה 228
butterfly / פרפר 573
buttock / עכוז 532
buttocks / אחוריים 20
buttocks / ישבן 267
button / כפתור 284
buttoned / כיפתר 277
buttoned / רכס 633
buttoned (up) (adj.) / מכופתר 360
buttonhole / לולאה 293
buttoning / כיפתור 277
buttoning / רכיסה 633
buzz / זימזום 206
buzz / רחש 626
buzzed / זימזם 206
buzzer / זמזם 208
by / מאת 306
by chance / בהזדמנות 43
by chance / במקרה 400
by far / לאין ערוך 543
by heart / בעל פה 57

by itself / מאליו 305
by mistake / בשגגה 646
by myself / בעצמי 58
by no means / בשום אופן 61
by no means / בשום פנים 565
by stages... / בשלבים 669
by telephone / טלפונית 251
by the way / דרך אגב 12
by- / לוואי 292
by- / צדדי 578
by-pass / מעקף 385
by-passing (adj.) / עוקף 521
bypass / עקיפה 541
bypassed / עקף 542

C

Caesarean section / ניתוח קיסרי 604
Canaan / כנען 282
Cheers! / לחיים! 293
China / סין 500
Chinese / סיני 500
Christian / נוצרי 440
Christianity / נצרות 471
Christmas / חג המולד 324
Cinderella / ליכלוכית 296
cab / מונית 325
cabbage / כרוב 284
cable / כבל 270
cable / מברק 309
cable-car / רכבל 632
cabled / הבריק 94
cabled / טילגרף 248
cache / מצבור 392
cackled / קירקר 606
cactus / צבר 578
cadaver / נבילה 428
cadet / פרח 571
cadet / צוער 580
cadre / סגל 486
caesar / קיסר 604
caftan (long garment) / כפתן 284
café au lait / קפה הפוך 146
cage / סוגר 488
cake / עוגה 517
calamity / פורענות 553
calcification / הסתיידות 141
calcification / התאבנות 170

calcium / סידן 496
calculated / חישב 225
calculated / חישבן 225
calculated / תיחשב 698
calculated (adj.) / מחושב 340
calculation / תחשיב 696
calculation / תיחשוב 698
calendar / לוח שנה 676
calf / עגל 515
calibrated / איפס 27
call / קריאה 613
called / התקשר 196
called / קרא 612
called / ר׳ קרוי 613
called (adj.) / מכונה 359
calling / קריאה 613
callus / יבלת 254
calm / נוח 437
calm / נחת 447
calm / ניחותא 451
calm / נינוח 453
calm / נינוחות 453
calm / רגוע 619
calm / שלווה 669
calm / שקט 681
calm (adj.) / שלו 669
calmed / הרגיע 158
calmed / השקיט 165
calmed / שיכך 660
calmed down / נרגע 475
calmed down / שכך 668
calming / הרגעה 158
calming / מרגיע 401
came / בא 41
came back / שב 643
came by chance / הזדמן 118
came down / ירד 266
came in / נכנס 458
came into being / התהווה 176
came near / קרב 612
came out / יצא 264
camel / גמל 73
camera / מצלמה 395
cameraman / מסריט 379
camouflage / הסוואה 138
camouflaged / הסווה 138
camouflaged (adj.) / מוסווה 325
camp / מחנה 343

campaign / מערכה 386
camping / מחנאות 343
can / יכול 262
can / פח 554
can / פחית 555
can-opener / פותחן 554
canal / תעלה 707
canalization / תיעול 699
canalized (adj.) / מתועל 421
canceled / ביטל 50
canceled (adj.) / מבוטל 307
cancellation / ביטול 49
cancellation / התבטלות 174
cancellation of fractions / צימצום 584
cancer / סרטן 511
cancerous / סרטני 511
candidacy / מועמדות 327
candidate / מועמד 327
candle / נר 475
candlestick / פמוט 564
candy / סוכרייה 490
cane / קנה 609
canned food / שימורים 661
cannon / תותח 694
canopy / חופה 214
cantaloupe / מלון 363
canteen / מימייה 354
canteen / שק״ם 682
cantor / חזן 217
cantoral music / חזנות 217
cantorship / חזנות 217
capable / בעל יכולת 262
capable / כישרוני 278
capable / כשיר 286
capable / מוכשר 324
capable / מסוגל 374
capacity / נפח 467
capacity / קיבול 601
capacity / קיבולת 601
capacity / תכולה 701
cape / שכמייה 668
capital / הון 107
capital / ממון 366
capital (city) / עיר בירה 52
capital punishment / עונש 520
captain / קברניט 594
captain (army) / סרן 511

caption / כותר 274
captivity / שבי 644
captured / לכד 297
captured / שבה 643
car / מכונית 360
car accident / תאונה 687
car bomb / מכונית תופת 692
caravan / שיירה 659
carbohydrate / פחמימה 555
carbon / פחמן 555
carburetor / מאייד 305
carcass / נבילה 428
carcass / פגר 549
card / קלף 608
card-index / כרטסת 285
care / זהירות 203
care / טיפול 249
cared for / דאג 78
cared for / טיפל 250
cared for (adj.) / מטופל 346
careful / זהיר 202
careless / רשלני 640
caress / לטיפה 294
caress / ליטוף 295
caressed / ליטף 295
caretaker / מטפל 347
cargo / מטען 347
carnation / ציפורן 585
carnivorous / טורף 247
carob (tree) / חרוב 235
carousing / הוללות 106
carpenter / נגר 432
carpenter's workshop / נגרייה 432
carpentry / נגרות 432
carpet / מרבד 401
carpet / שטיח 655
carpet-beater / מחבט 337
carriage / כירכרה 277
carriage / מרכבה 406
carriage / עגלה 515
carried / הוביל 100
carried / נשׂא 477
carried / סחב 493
carried a grudge / נטר טינה 249
carried out / ביצע 51
carried out / מימש 354
carrier / נושׂא 441
carrot / גזר 68

carrying / הובלה 100
cartilage / סחוס 493
carved / חקק 234
carved / חרות 235
carved / חרת 237
carved (adj.) / חרוט 235
carved (adj.) / מחוטב 338
carving / חקיקה 234
case / ארגז 36
case / נרתיק 477
case / תיבה 697
case / תיק 700
cash / מזומן 335
cash register / קופה 598
cash-sales / פידיון 556
cashbox / קופה 598
cashed / פדה 550
cashier / קופאי 598
cassette / קלטת 607
cast / המיט 134
cast / יצק 265
cast / ליהק 295
cast (iron) / יציקה 265
cast suspicion / החשיד 123
casting / הטלה 123
casting / יציקה 265
casting / ליהוק 295
castle / טירה 250
castor-oil plant / קיקיון 605
castrated / סירס 502
castrated (adj.) / מסורס 376
castration / סירוס 502
casualty / נפגע 467
casualty / קורבן 599
cat / חתול 239
cataloged / קיטלג 602
catalogued (adj.) / מקוטלג 397
catch / מילכוד 353
catchy / קליט 607
categorization / סיווג 496
categorized (adj.) / מסווג 374
category / קטיגוריה 599
catheterization / צינתור 584
cattish / חתולי 239
cattle / בקר 59
caught / לכד 297
caught / תפס 708
caught (adj.) / לכוד 297
caught (adj.) / תפוס 708
caught a cold / הצטנן 152
caught a cold / התקרר 196
cauliflower / כרובית 284
causal / סיבתי 495
causality / סיבתיות 495
cause / גורם 67
cause / מניע 372
cause / סיבה 494
cause / עילה 527
caused / גרם 76
caused / הסב 138
caused conflict / סיכסך 499
caused (hair) to stand / סימר 500
caused a stench / הסריח 140
caused a storm / הסעיר 139
caused cancer / סירטן 502
caused damage / הזיק 119
caused despair / ייאש 259
caused dizziness / סיחרר 497
caused enjoyment / הנעים 137
caused excitement / ריגש 627
caused failure / הכשיל 131
caused grief / מרורים 404
caused grief / ציער 584
caused hatred / השׂניא 165
caused rain / המטיר 134
caused to bloom / הפריח 149
caused to flow / הזרים 119
caused to fly / הפריח 149
caused to lie (down) / השכיב 163
caused to perish / כילה 276
causing / גרימה 76
causing dizziness / מסחרר 376
causing enthusiasm / מלהיב 363
causing failure / הכשלה 131
causing happiness / משמח 415
causing shivers / מצמרר 395
causing tears / מדמיע 315
caution / זהירות 203
cautious / זהיר 202
cave / מערה 385
caved in / קרס 614
cease-fire / הפסקת־אש 148
ceased / שבת 646
ceasing / חדל 210
cedar / ארז 37
ceiling / תקרה 711
celebrated / חגג 209
celebration / הילולה 126
celebration / חגיגה 210
celebration / שׂמחה 674
celebrator / חוגג 212
celebratory / חגיגי 210
celery / כרפס 286
celery / סלרי 504
cell / תא 687
cellar / מרתף 407
cement / מלט 364
cemetery / בית קברות 594
censored / צינזר 584
censored (adj.) / מצונזר 394
census / מפקד 391
census / מרשם 407
census holder / פוקד 552
centaury / דרדר 88
center / טבור 244
center / מרכז 406
center-forward (soccer) / חלוץ 226
centered / מירכז 357
centimeter / ס"מ 504
central / מרכזי 406
centralism / מרכזיות 406
centralization / ריכוזיות 628
centralized / מירכז 357
centralized (adj.) / מרוכז 403
centralized (adj.) / ריכוזי 628
century / מאה 302
cereal / דייסה 84
ceremonial blessing (over wine)
/ קידוש 601
ceremony / טקס 253
certain / ודאי 200
certain / ידוע 255
certain / מסוים 374
certainly / בוודאי 45
certainly / בטח 48
certainly / ודאי 200
certainty / ודאות 200
certificate / אישור 27
certificate / תעודה 706
certified / הסמיך 139
certified / מוסמך 326
certified (adj.) / מדופלם 314
cessation / חידלון 219
chain / כבל 270

chuckled / הצטחק 151
chunk / נתח 482
church / כנסייה 282
cigar / סיגר 496
cinema / קולנוע 597
cinematic / קולנועי 597
cinematographic / קולנועי 597
cinnamon / קינמון 604
cipher / צופן 580
circle / חוג 212
circle / מעגל 380
circle / עיגול 525
circled / הקיף 154
circled / חג 209
circling / הקפה 155
circular / מעגלי 380
circular / סיבובי 495
circulation / תפוצה 708
circumcised (adj.) / נימול 453
circumciser / מוהל 321
circumcision / ברית מילה 60
circumcized / מל 362
circumference / היקף 127
circumstance / נסיבה 462
circumstances / מסיבות 377
circumstantial / נסיבתי 462
circumvention / עקיפה 541
circus / קירקס 606
cistern / בור 46
citizen / אזרח 19
citizenship / אזרחות 19
citizenship / נתינות 482
citron / אתרוג 40
citruculture / פרדסנות 570
citrus / פרי הדר 99
citrus grower / פרדסן 570
city / כרך 285
city / עיר 530
city hall / עירייה 530
city- / עירוני 530
civil / אזרחי 19
civilization / תרבות 711
civilized / מתורבת 421
civilized / תרבותי 711
clamp / מהדק 317
clamped / צבט 577
clandestine / מחתרתי 345
clarification / בירור 52
clarification / הארה 92
clarification / הבהרה 93
clarification / ליבון 295
clarified / הבהיר 92
clarified / ליבן 295
clarified / פורש 553
clarified (adj.) / מלובן 363
clarity / בהירות 44
clarity / זכות 207
clarity / טוהרה 246
clash / היתקלות 128
class / כיתה 278
class / מעמד 384
class / סוג 488
class (adj.) / כיתתי 278
class (adj.) / מעמדי 384
classification / דירוג 86
classification / מיון 349
classification / סיווג 496
classified / מוין 323
classified / מיין 352
classified / ממוין 366
classified / סיווג 496
classified (adj.) / מוגדר 320
classified (adj.) / מסווג 374
clause / פסוקית 566
clay / חרס 236
clay / טיט 248
clean / נקי 473
cleaned / ניקה 455
cleaning / ניקוי 455
cleanliness / ניקיון 456
cleansing / טוהרה 246
clear / בהיר 44
clear / ברור 60
clear / זך 207
clear / מובהק 319
clear / מחוור 338
clear / נהיר 435
clear / צח 581
clear / צלול 586
cleared-up / התבהר 173
clearing / פינוי 558
clearing / קרחת 613
clearing house / מסלקה 377
clearing-up / התבהרות 173
clearly / בעליל 57
clearness / צלילות 587
cleaved / בקע 59
cleft / מבותר 308
cleft / שסע 677
clerical / משׂרדי 418
clerical / פקידותי 569
clerical work / לבלרות 289
clerical work / פקידות 569
clerk / לבלר 289
clerk / פקיד 569
clever / נבון 427
clever / ערום 544
clever / פיקח 560
clever / פיקחי 560
cleverness / פיקחות 560
cliff / מצוק 394
cliff / צוק 581
climate / אקלים 36
climbed / העפיל 144
climbed / טיפס 250
climbed / עלה 533
climbing / טיפוס 249
clinging / דביקות 78
clinging / היצמדות 127
clinic / מרפאה 406
clip / אטב 21
clip / מהדק 317
clitoris / דגדגן 79
clock / שעון 678
clod (of earth) / רגב 619
clogged / נסתם 464
clogged (adj.) / סתום 511
clogs / קבקבים 594
close / מקורב 398
close / סמוך 504
close / קרוב 613
closed / נסגר 462
closed / סגור 486
closed / סגר 486
closed (eyes) / עצם 540
closed in (adj.) / מסוגר 374
closeness / קירבה 605
closet / ארון 37
closing / סגירה 486
closing (adj.) / נעילה 464
clot / קריש 614
cloth / בד 42
cloth / יריעה 267
clothes / הלבשה 132

comfort / נוחיות 437
comfort / נינוחות 453
comfort / רווחה 622
comfortable / נוח 437
comfortable / נינוח 453
comic / היתולי 128
coming out / יוצא 257
comitted suicide / התאבד 170
comma / פסיק 566
command / פיקוד 560
command / פקודה 569
commanded / חלש 228
commander / מפקד 391
commander of a regiment / מג"ד 310
commemorated / הנציח 138
commemoration / הנצחה 137
commendation / שבח 644
comment / הערה 145
commentary / פרשנות 574
commentator / מפרש 391
commentator / פרשן 574
commented / העיר 143
commerce / מסחר 376
commerce / סחר 494
commercial / מסחרי 376
commercial / עיסקי 528
commercialized / מיסחר 355
commercialized (adj.) / ממוסחר 367
commission / נציבות 470
commission / עמלה 536
commissioner / נציב 470
commited treason / בגד 42
commitment / התחייבות 178
committed / עולל 519
committed (adj.) / רתום 640
committed a crime / פשע 575
committed adultery / נאף 426
committed himself / התחייב 178
committee / ועד 201
committee / ועדה 201
commodity / מצרך 396
common / משותף 412
common / שכיח 668
common sense / היגיון 124
commonwealth / קהילייה 595
commotion / תכונה 701
communal / עדתי 517
communal / קהילתי 595

communicated / תיקשר 700
communication / קשר 616
communication / רישת 631
communication / תקשורת 711
community / כלל 280
community / עדה 516
community / קהילה 595
community / קהילייה 595
community / קיבוץ 601
community center / מתנ"ס 423
company / חברה 209
company / להקה 291
company / צוותא 579
company (army) / פלוגה 563
compared / המשיל 135
compared / הקביל 154
compared / השווה 163
compared to / השוואה 163
compared with / לעומת 298
comparison / השוואה 163
compartment / מדור 314
compartmentalization / מידור 348
compartmentalized / מידר 348
compass / מחוגה 338
compass / מצפן 396
compassion / חמלה 229
compassionate / רחום 625
compassionate / רחמן 626
compatible / תואם 690
compelled / כפה 283
compelled (adj.) / כפוי 283
compensation / פיצוי 560
competed / התחרה 179
competed / התמודד 183
competence / כשירות 286
competition / התחרות 179
competition / תחרות 696
competitive / תחרותי 696
competitor / מתחרה 422
compiled / נקבץ 472
complacency / שאננות 643
complacent / שאנן 643
complained / התאונן 170
complained / התלונן 183
complained / התרעם 199
complained / קונן 598
complained / קיטר 602
complained publicly / קבל 593

complaining / קיטורים 602
complaint / טענה 252
complaint / קבילה 593
complaint / קובלנה 596
complaint / תלונה 702
complaint / תרעומת 712
complete / גמור 73
complete / שלם 672
completed / גמר 73
completed / השלים 164
completed / כילה 276
completed (adj.) / גמור 73
completed (adj.) / מוגמר 320
completed (adj.) / מושלם 333
completely / כליל 279
completely / לגמרי 290
completely destroyed / קיעקע 604
completing / משלים 415
completion / גמר 74
completion / השלמה 164
complex / מורכב 331
complex / תסביך 706
complexity / מורכבות 331
complicated / סיבך 495
complicated (adj.) / מסובך 374
complicated (adj.) / סבוך 484
complication / הסתבכות 140
complication / סבך 485
complication / סיבוך 495
complication / תסבוכת 706
compliment / מחמאה 342
complimented / החמיא 121
component / מרכיב 406
component / רכיב 632
composed / חובר 211
composed / חיבר 219
composed / יצר 265
composed (adj.) / מורכב 331
composed (music) / הלחין 132
composer / מחבר 337
composer / מלחין 364
composing / חיבור 219
composing (music) / הלחנה 133
composite drawing / קלסתרון 608
composition / הרכב 159
composition / חיבור 219
composition / יצירה 265
comprehended / קלט 607

cover / עטיפה 524
cover (up) / מסווה 374
cover(ing) / ציפוי 585
cover-up / טיוח 248
cover-up / כיסוי 277
coverage (by media) / סיקור 501
covered / חיפה 223
covered / כיסה 277
covered / מצופה 394
covered / סכך 503
covered / עטף 524
covered / ציפה 584
covered (a news event) / סיקר 501
covered (adj.) / לוט 292
covered (adj.) / מחופה 339
covered (adj.) / מכוסה 360
covered (expenses) / כיסה 277
covered (in order to protect) / סוכך 489
covered himself / התכסה 182
covered up / מטויח 345
covered-up / טישטש 250
covering / כיסוי 277
coverlet / ציפה 585
coveted / חמד 228
cow / פרה 570
coward / פחדן 554
cowardice / מורך 331
cowardice / פחדנות 554
cowshed / רפת 636
crab / סרטן 511
crack / חריץ 236
crack / סדק 487
crack / פירצה 562
cracked / סדוק 487
cracked / סדק 487
cracked / פקע 569
cracked (open) / פיצח 560
cracked under pressure / נשבר 478
cracker / מצייה 395
cracker / פכסם 563
cracking / פיצוח 559
cradle / עריסה 544
cradle / ערש 545
craft / אומנות 17
craft / מלאכה 362
craftsman / אומן 17
crafty / ממזר 368
crafty / ערמומי 545
crammed (adj.) / צפוף 590
crammed into / נדחס 433
cramp / התכווצות 182
cramp / כיווץ 275
crane / מנוף 371
crane / עגורן 515
crane (bird) / עגור 514
cranky / נרגן 475
crashed / התרסק 199
crater / מכתש 362
craving / תאווה 687
crawled / זחל 204
crawling / זחילה 204
crazy / משוגע 409
crazy / שיגעון 656
crazy / שיגעוני 657
crazy about / דלוק 86
crazy about / שרוף 683
crazy for / מת 418
cream / שמנת 675
crease / קמט 608
created / ברא 59
created / חולל 213
created / יצר 265
creation / בריאה 60
creation / היווצרות 125
creation / יצירה 265
creativity / יצירתיות 265
creator / יוצר 257
creature / ברייה 60
creature / יצור 265
credibility / אמינות 31
credit / אשראי 39
credit / הקפה 155
credit / זיכוי 205
credited / זיכה 205
creditor / נושה 441
creeper / מטפס 347
creeping insect / רמש 634
crematorium / משרפה 418
crevice / נקיק 473
crevice / נקרה 474
crevice / ערוץ 544
crew / צוות 579
crib / ערש 545
cricket / צרצר 592
cried / בכה 53
cried / יילל 260
cried bitterly / מירר 357
cried out / זעק 209
crime / עוון 518
crime / פשיעה 575
crime / פשע 575
criminal / עבריין 514
criminal / פושע 553
criminal (adj.) / פלילי 564
criminal offense / עבירה 514
crimson / שני 677
cripple / נכה 457
crisis / משבר 408
crisp(y) / פריך 572
criterion / מודד 320
criterion / מפתח 392
critic / מבקר 309
critical / ביקורתי 52
critical / חמור 229
critical / מסוכן 375
criticism / ביקורת 52
criticism / השגה 162
criticized / ביקר 52
criticized / התקיף 195
criticized harshly / קטל 600
critiqued / ביקר 52
croaked / התפגר 191
crocodile / תנין 705
crook / נוכל 438
crooked / עקום 541
crooked / עקמומי 541
crooked (adj.) / פתלתול 576
crookedness / עוקם 521
crop / גידול 69
crop / יבול 254
crop duster / ריסוס 629
crops / תבואה 687
cross / צלב 586
cross-examination / חקירה 234
cross-eyed / פוזל 550
crossed / חצה 233
crossed / עבר 514
crossed (adj.) / משוכל 410
crossed (water) / צלח 586
crossed himself / הצטלב 151
crossing / הצטלבות 151
crossing / חצייה 234
crossing (water) / צליחה 586

crossing out / מחיקה 342
crossroads / פרשה 574
crossroads / צומת 580
crosswise and lengthwise
/ שתי וערב 685
crossword-puzzle / תשבץ 712
crouched / שח 653
crow / עורב 522
crowd / המון 134
crowd(ing) / התקהלות 195
crowded / גדש 64
crowded (adj.) / גדוש 64
crowded (adj.) / דחוס 82
crowded (adj.) / צפוף 590
crowded (together) / הצטופף 151
crowding / הצטופפות 151
crown / כתר 287
crown / עטרה 524
crowned / הכתיר 131
crowned / עטור 524
crowning / הכתרה 132
crucial / גורלי 66
crucifiction / צליבה 586
crucified / צלב 586
crucified (adj.) / צלוב 586
crude / גולמי 66
cruel / אכזר/אכזרי 28
cruelty / אכזריות 29
cruelty / התאכזרות 171
cruise / שייט 659
cruised / שייט 659
cruising / שיוט 658
crumb / פירור 561
crumbled / התפורר 191
crumbled / פורר 553
crumbled (adj.) / מפורר 389
crumbled (adj.) / תחוח 695
crumbling / התפוררות 191
crusader / צלבן 586
crushed / כתש 287
crushed / כתת 287
crushed / מחץ 343
crushed / מרוסק 404
crushed / פורר 553
crushed / רוצץ 625
crushed / ריסק 629
crushed (adj.) / מחוץ 340
crushed (adj.) / מעוך 381
crushed (adj.) / רצוץ 637
crushing / ריסוק 629
crust / קרום 613
crusted (adj.) / מוקרם 330
crutches / קביים 593
crying / בכי 53
crying / בכייה 53
crystal / בדולח 42
crystal / גביש 63
cub / גור 66
cube / קובייה 596
cubic / מעוקב 382
cubic centimeter / סמ"ק 505
cuckoo / קוקייה 598
cucumber / מלפפון 365
cud / גירה 71
cult / כת 286
cultivated / טיפח 249
cultivated / עיבד 524
cultivated (adj.) / מטופח 346
cultivating / טיפוח 249
cultivating / פיתוח 562
culture / תרבות 711
culture (med.) / משטח 413
cultured / מהוקצע 317
cultured (adj) / מתורבת 421
cultured (adj.) / תרבותי 711
cunning / עורמָה 522
cunning / ערמומי 545
cup / ספל 508
cupboard / ארון 37
curbing / בלימה 54
curbing / ריסון 629
cure / מרפא 406
cured / ריפא 630
curfew / עוצר 521
curing / ריפוי 630
curiosity / סקרנות 510
curious / מסוקרן 376
curious / סקרן 510
curl / קווצה 596
curl / תלתל 703
curled / סילסל 499
curly / מסולסל 375
curly / מקורזל 398
curly / מתולתל 420
current / רווח 622
current checking-account / עו"ש 522
curse / גידוף 69
curse / קללה 607
cursed / גידף 69
cursed / חירף 224
cursed / קילל 603
cursed (adj.) / ארור 37
cursed (adj.) / מקולל 397
cursing / חירוף 224
cursive writing / רהוט 621
curtain / וילון 200
curtain / מסך 377
curtain of the holy ark / פרוכת 570
curvaceous / חטוב 218
curvature / עקמומיות 541
curve / עיקול 529
curve / עקומה 541
curve / פיתול 563
curved / חטוב 218
curved (adj.) / מעוקל 382
curved (adj.) / עקלקל 541
custard / רפרפת 636
custom / מנהג 369
custom / מסורת 376
custom / נוהג 437
customary / מקובל 397
customary / נהוג 435
customer / לקוח 300
customer / קונה 598
customs / מכס 361
customs inspector / מוכס 324
cut / בקע 59
cut / גזז 67
cut / גזר 68
cut / חרץ 237
cut / חתך 240
cut / קיצץ 605
cut / קצץ 612
cut (adj.) / חתוך 239
cut (off) / כרת 286
cut (up) (adj.) / גזור 67
cut (wood) / חטב 218
cut back / צימצם 584
cut down / חיסר 223
cut down / קיצץ 605
cut off / גדע 64
cut off / מנותק 372
cut off / ניתק 457
cut short / קיצר 605

cut through / פילח 558
cut(ting) / מבתר 310
cut-off / קטום 599
cutback / קיצוץ 605
cutbacks / צימצום 584
cute / חמוד 228
cutlery / סכו"ם 503
cutthroat / סכינאי 503
cutting / גזירה 67
cutting / כריתה 285
cutting / קיצוץ 605
cutting off / קטיעה 600
cutting wood / חטיבה 218
cyclamen / רקפת 639
cycle / מחזור 341
cyclical / מחזורי 341
cylinder / גליל 72
cymbals / מצילתיים 395

D

Damn / לעזאזל 299
Diaspora / תפוצה 708
Divine presence / שכינה 668
Druze / דרוזי 89
daddy / אבא 11
daffodil / נרקיס 476
daily / יומי 256
daily / יומיומי 256
daily / שוטף 649
daily quota / יומית 257
dainty / עדין 516
dairy / חלבי 226
dairy / מחלבה 342
dairy farmer / רפתן 636
daisy / מרגנית 402
dam / סכר 503
damage / אבידה 12
damage / הפסד 147
damage / נזק 443
damage / קילקול 603
damaged / קילקל 603
damaged (adj.) / ניזוק 451
damages / נזיקין 442
damages / פיצוי 560
dammed / סכר 503
damned (adj.) / ארור 37
damp / טחוב 247
damp / מלוחלח 363
dance / מחול 339
dance / ריקוד 631
danced / חולל 213
danced / רקד 638
danced attendance on / כירכר 277
dancer / מחולל 339
dancer / רקדן 638
dancing / מחול 339
dancing event / הרקדה 161
dandruff / קשׂקשׂ 616
dandy / גנדרן 74
dandy / מטורזן 346
danger / סכנה 503
dangerous / מסוכן 375
dangling / מדולדל 314
dangling / משולשל 410
dared / העז 143
daring / העזה 143
daring / תעוזה 706
daring first / נחשון 446
dark / אפל 35
dark / חשוך 238
dark / כהה 271
dark / קודר 596
dark brown / שחום 653
dark(ness) / מחשך 345
darkened / האפיל 91
darkened / החשיך 123
darkened / הכהה 129
darkened / העיב 143
darkened / כהה 271
darkened / קדר 595
darkening / התקדרות 194
darkish / אפלולי 35
darkish (f) / שחרחורת 654
darkish (m) / שחרחר 654
darkness / אפלה 34
darkness / חושך 216
darkness / עלטה 533
darling / מחמד 342
data / חומר 214
date / תאריך 687
daughter / בת 61
daughter-in-law / כלה 279
dawn / שחר 654
day / יום 256
day before yesterday / שלשום 672
day-care center / מעון 382
daydreamed / הזה 118
daylight saving / שעון קיץ 678
dazed (adj.) / מטושטש 346
dazzled (adj.) / מסונוור 375
dead / הרוג 158
dead / מת 419
dead (pl.) / נספים 463
dead animal / נבילה 428
'Dead Sea' / ים המלח 364
dead silence / דומייה 81
deadlock / פיצוץ 560
deadlock / קיפאון 604
deaf / חירש 225
deafened / החריש 122
deafening / מחריש 344
deal / עיסקה 528
dealer / סוכן 490
dealer / תגרן 689
dealt / סחר 494
dealt in / התעסק 190
dear / יקר 266
death / מוות 321
death / מיתה 358
death / תמותה 703
debate / דיון 83
debate / ויכוח 200
debit / חובה 211
debited / חייב 221
debriefed / תיחקר 698
debriefing / תחקיר 696
debriefing / תיחקור 698
debt / חוב 211
decade / עשׂור 546
decapitated / ערף 545
decapitated (adj.) / ערוף 544
decapitation / עריפה 544
decay / התנוונות 186
decay / ריקבון 630
decay / רקב 638
decaying / עשש 547
deceased / נפטר 468
deceit / כחש 274
deceit / מרמה 406
deceit / רמייה 633
deceived / רימה 629
deceiving / מתעתע 423
decency / הגינות 96

delicate / עדין 516
delicate / ענוג 536
delicatessen / מעדנייה 380
delight / מחמד 342
delight / תענוג 707
delight(ful) / חמד 228
delinquency / עבריינות 514
delirious / הוזה 103
delivered / מסור 376
delivered / מסר 379
delivered (a baby) / יילד 260
delivery / מסירה 377
delivery / משלוח 414
deluded / השלה 164
deluge / מבול 307
delusion / השלייה 164
delved into / העמיק 144
delving / העמקה 144
demand / ביקוש 52
demand / דרישה 89
demand / תביעה 688
demanded / דרש 89
demanded / תבע 688
demanding (adj.) / תובעני 690
demarcated (adj.) / מתוחם 420
demarcated area / מתחם 421
demilitarization / פירוז 561
demilitarized / פירז 561
demilitarized (adj.) / מפורז 389
demolition / הריסה 159
demolition / ניתוץ 456
demolition expert / חבלן 208
demon / שד 646
demonic / שׂטני 655
demonstrated / הדגים 97
demonstrated / הודגם 102
demonstrated / המחיש 134
demonstrated / הפגין 145
demonstrated / מומחש 325
demonstrated (adj.) / מודגם 320
demonstration / הדגמה 98
demonstration / המחשה 134
demonstration / הפגנה 145
demonstration / מפגן 387
demonstrative / הפגנתי 145
demonstrative / מופגן 327
demonstrator / מפגין 387
demoting / הורדה 114
den / שבט 644
denial / הכחשה 129
denial / התכחשות 182
denial / כפירה 283
denied / הכחיש 129
denied / התכחש 182
denied / כפר 284
denominator / מכנה 361
denounced / גינה 71
denounced / הוקיע 112
denouncing / בגנות 42
dense / סמיך 505
dense / ערל 545
density / סמיכות 505
density / עבי 513
dental hygienist / שינן 662
denunciation / גינוי 71
denunciation / הוקעה 113
departed from / נפרד 469
department / אגף 13
department / חוג 212
department / מדור 314
department / מחלקה 342
department store / כלבו (כולבו) 279
departure / יציאה 265
departure / פרידה 572
depended / נשען 480
dependency / תלות 702
dependent upon / תלוי 702
depleted / דילדל 84
depleted / התרוקן 198
depletion / דילדול 84
depletion / התרוקנות 198
deployment / פריסה 572
deportation / גירוש 71
deposit / מירבץ 357
deposit / משקע 417
deposit / פיקדון 560
deposited / הפקיד 148
deposited (adj.) / מופקד 328
depositing (money) / הפקדה 148
depositor / מפקיד 391
depraved / נלוז 459
depreciated / פיחת 557
depreciation / פחת 555
depressed / דיכא 84
depressed / מדוכדך 314
depressed (adj.) / מדוכא 314
depressed (adj.) / מדופרס 314
depressing / מדכא 315
depressing / מדכדך 315
depression / דיכאון 84
depression / שפל 680
deprivation / קיפוח 604
deprived / נשלל 480
deprived / קיפח 604
deprived (adj.) / מקופח 398
deprived (of) / חשׂוך 238
depth / עבי 513
depth / עומק 520
depth / תהום 689
depth (of the sea) / מצולה 393
deputy / מקום 398
deputy / סגן 486
deputy / עוזר 519
derivation / גזירה 67
derived / גזר 68
derived / מופק 328
derived / שאב 642
derived (adj.) / גזור 67
derived (adj.) / נובע 436
derived (adj.) / שאוב 642
desalinization / התפלה 192
descendant / צאצא 577
descended / ירד 266
descent / ירידה 266
descent / מורד 331
described / תיאר 697
described (adj.) / מתואר 419
description / תיאור 697
desecrated / חילל 222
desecrated (adj.) / מחולל 339
desecration / חילול 221
desendant of / התייחס 180
desert / ישימון 267
desert / מדבר 313
desert-like / מדברי 313
deserted / ערק 545
deserter / עריק 544
desertion / עריקה 544
design / עיצוב 529
designated / הועיד 108
designated / ייעד 261
designated (adj.) / מיועד 349
designation / ייעוד 261
designed / עוצב 521

designed / עיצב 528
designed / תיכנן 698
designed (adj.) / מעוצב 382
designer / מעצב 385
designer / מתכנן 422
desirability / כדאיות 271
desirable / נחשק 446
desirable / רצוי 637
desire / חשק 239
desire / תאווה 687
desire / תשוקה 713
desired / התאווה 170
desired / חפץ 233
desired / חשק 239
desires / מאוויים 302
desk / מכתבה 362
desolate / שומם 650
desolation / עזובה 523
despair / ייאוש 259
despaired / התייאש 180
despaired / נואש 436
desperate / מיואש 348
desperate / נואש 436
desperately / נואשות 436
desperation / התייאשות 180
despicable / נקלה 473
despicable (adj.) / נבזי 428
despicable (m) / נבזה 427
despicable act / נבזות 427
despised / בז 46
despised (adj.) / בזוי 46
dessert / לפתן 300
dessert / קינוח 603
destination / יעד 264
destined / הועיד 108
destined / עתיד 547
destined (adj.) / צפוי 590
destiny / גורל 66
destroyed / החריב 122
destroyed / הכחיד 129
destroyed / הרס 160
destroyed / השחית 163
destroyed / השמיד 164
destroyed / חיסל 223
destroyed / סתר 512
destroyed (adj.) / הרוס 158
destroyed (adj.) / מושחת 332
destroyed (adj.) / סתור 512

destroyer / משחתת 413
destruction / אבדון 11
destruction / הרס 160
destruction / השמדה 164
destruction / חורבן 215
destructive / הרסני 160
destructive / קטלני 600
detached (adj.) / תלוש 702
detachment / תלישות 702
detail / פרט 571
detailed / פירט 561
detailed (adj.) / מדוקדק 314
detailed (adj.) / מפורט 389
detailing / פירוט 561
details / פרטים 571
detained / עצר 540
detained (adj.) / מעוכב 381
detained (adj.) / עצור 539
detainee / עציר 539
detective / בלש 55
detector / גלאי 72
detention / מחבוש 337
deteriorated / דירדר 85
deteriorated / הוחמר 104
deteriorated / התחדד 177
deteriorated / התנוון 186
deteriorated / עירער 531
deterioration / הידרדרות 125
deterioration / הרעה 160
deterioration / התנוונות 186
deterioration / התערערות 191
determination / קביעה 593
determined / קבע 593
determined (adj.) / נחוש 443
deterred / הרתיע 162
deterrence / הרתעה 162
deterrent / מרתיע 407
detested / מאס 305
detonator / נפץ 468
detour / מעקף 385
detour / עיקוף 529
devaluated / פיחת 557
devaluation / פיחות 557
developed / השתלשל 168
developed / התפתח 194
developed / פיתח 563
developed (adj.) / מפותח 389
developing / פיתוח 562

development / השתלשלות 168
development / התפתחות 194
development / פיתוח 562
deviant / נלוז 459
deviant / סוטה 489
deviated / חרג 235
deviated / סטה 494
deviating / חורג 216
deviation / חריגה 236
deviation / נטייה 447
deviation / סטייה 494
device / התקן 195
device / מתקן 424
devil / שד 646
devil / שׂטן 655
devised / רקם 639
devoid of... / נעדר 464
devoted / הקדיש 154
devoted (adj.) / מוקדש 330
devoted (adj.) / מסור 376
devoted (himself) / התמסר 184
devoted (to) / יוחד 256
devotee / חסיד 232
devotee / קנאי 609
devoting / ייחוד 260
devotion / דביקות 78
devotion / הקדשה 154
devotion / התמסרות 185
devotion / מסירות 377
devoured / טרף 253
devout / אדוק 13
devout / מאמין 305
dew / טל 251
dexterity / מיומנות 349
di- / דו- 80
diabetes / סוכרת 490
diagnosed / איבחן 22
diagnosis / אבחנה 11
diagnosis / איבחון 22
diagonal / אלכסון 30
diagram / תרשים 712
dial / חוגה 212
dialect / להג 291
dialect / ניב 449
dialect / עגה 514
dialed / חייג 221
dialing / חיוג 219
dialogue / שׂיח 658

diameter / מיתר 358
diameter / קוטר 597
diamond / יהלום 255
diamond dealer / יהלומן 255
diaper / חיתול 225
diapered / חיתל 225
diapered (adj.) / מחותל 340
diaphragm / סרעפת 511
diarrhea / שילשול 661
diary / יומן 257
Diaspora / פזורה 554
Diaspora / גולה 65
dice / קובייה 596
dictate / תכתיב 702
dictated / הכתיב 131
dictating / הכתבה 131
dictation / הכתבה 131
dictator / רודן 622
dictatorial / רודני 622
dictatorship / רודנות 622
dictionary / מילון 353
did / עולל 519
did / עשׂה 546
died / גווע 65
died / התפגר 191
died / מת 418
diet / תזונה 694
dietitian / תזונאי 694
differed / נחלק 444
difference / הבדל 92
difference / הפרש 149
difference / שוני 651
different / חלוק 226
different / נבדל 427
different / שונה 651
differentiated / הבחין 93
difficult / קשה 615
difficult (person) / קשה 615
difficult question / קושיה 599
difficulty / קושי 599
diffusing / דילול 84
difusion / פיעפוע 559
digested / עיכל 526
digested (adj.) / מעוכל 381
digestion / עיכול 526
digging / כרייה 285
digit / סיפרה 501
dignified (adj.) / מכובד 359

digressed / חרג 235
dilapidated (adj.) / רעוע 635
dilemma / בעייה 57
dilettantism / חובבנות 211
diligence / חריצות 236
diligence / שקדנות 681
diligence / שקידה 681
diligent / מתמיד 423
diligent / שקדן 681
diligent / שקוד 681
dill / שמיר 674
diluted / דילל 84
diluted / מהל 318
diluted (adj.) / מהול 317
diluting / מהילה 318
dilution / דילול 84
dim / אפלולי 35
dim / מעומעם 382
dim / עמום 535
dime / פרוטה 570
dimension / מימד 353
diminished / הקטין 154
diminished / נגרע 432
diminutive / הקטנה 154
dimmed / כהה 271
dimmed / עימם 527
dimmed / עימעם 527
dimming / עימעום 527
dimple / גומה (/גומא) 66
dined / סעד 506
diner / מזללה 336
dinner / ארוחה 37
diploma / תעודה 706
diplomacy / מדינאות 315
diplomat / מדינאי 315
dipped / הטביל 123
dipped / טבל 244
dipping / טבילה 244
direct / אמצעי 32
direct / ישיר 267
directed / כיוון 275
directed / מבוים 307
directed / נוהל 437
directed / ניווט 451
directed / ניתב 456
directed (a play /ביים 50
directed (adj) / מופנה 328
directed (adj.) / מנוהל 370

directing / הכוונה 129
direction / בימוי 50
direction / כיוון 275
direction / מגמה 312
direction / ניצוח 454
directly / מישרין (מישרים) 358
director / בימאי 50
director / במאי 55
director / מנהל 369
director / נגיד 430
directory / מדריך 316
dirt / ליכלוך 296
dirt / סחי 493
dirt / עפר 538
dirt cheap / בזול 47
dirtied / טינף 249
dirty / מלוכלך 363
disability / נכות 458
disabled (adj.) / נכה 457
disadvantage / חיסרון 223
disagreement / חיכוך 221
disappearance / היעלמות 127
disappeared / נעלם 465
disappointed / איכזב 24
disappointed / הכזיב 129
disappointed (adj.) / מאוכזב 303
disappointing / מאכזב 305
disappointment / אכזבה 28
disassembling / פירוק 561
disaster / אסון 33
disaster / מכה 359
disavowal / התכחשות 182
disavowed / התכחש 182
discipline / מרות 404
discipline / משמעת 415
discipline / שטח 655
discipline / תחום 695
disciplined (adj.) / ממושמע 367
disconnected / ניתק 457
disconnected (adj.) / מנותק 372
disconnected (adj.) / קטוע 599
disconnection / ניתוק 456
discontent / מורת-רוח 332
discontinuation / הפסקה 148
discordant / צורמני 581
discount / הנחה 136
discouraged / ריפה 630
discouragement / רפיון 636

discovered / מצא 392
discoverer / מגלה 312
discovery / גילוי 70
discovery / תגלית 688
discrepancy / סתירה 512
discriminated / הפלה 147
discriminated against (adj.) / מופלה 328
discrimination / אפלייה 35
discussed / דן 87
discussed / טיכס 248
discussed (adj.) / מדובר 314
discussion / דיון 83
discussion / נדון 433
discussion group / סדנה 487
disease / מחלה 342
disease / נגע 431
disgrace / ביזיון 49
disgrace / חרפה 237
disgrace / קלון 606
disguise / מסווה 374
disguise / תחפושׂת 696
disguised / התחפשׂ 179
disguised (adj.) / מחופשׂ 340
disguised as an Arab / מסתערב 380
disgust / גועל 66
disgust / שאט־נפש 642
disgusted / הגעיל 97
disgusting / גועלי 66
disgusting / מבחיל 308
disgusting / מגעיל 313
disgusting / נאלח 426
dish / מאכל 305
dish / צלחת 586
disheveled / פרע 573
disheveled (adj.) / סתור 512
disheveled (adj.) / פרוע 571
dishonoring / חילול 222
dishwasher / מדיח (כלים) 315
disillusionment / התפכחות 192
disintegration / התפוררות 191
disintergrated / התפורר 191
disk-drive / כונן 273
dislocated (joint) / נקע 474
dislocated (joint) (adj.) / נקוע 472
dislocation (of joint) / נקע 474
dismantled / פירק 562
dismantled (adj.) / מפורק 389
dismissal / הדחה 98
dismissal / פיזור 556
dismissal / פיטורים/פיטורין 557
dismissal / שילוח 661
dismissed / מפוטר 387
dismissed / פיטר 557
dismissed / שילח 661
dispatched / נשלח 479
dispatched / שיגר 657
dispatching / שיגור 656
dispersed / התפזר 191
dispersed / נדף 434
dispersed / נפוץ 467
dispersed / פיזר 557
dispersion / התפזרות 191
dispersion / פיזור 556
display / תצוגה 709
dispossessed / נישל 456
dispossessed (adj.) / מנושל 372
dispossession / נישול 456
dispute / ויכוח 200
dispute / מחלוקת 342
dispute / סיכסוך 499
dispute / פולמוס 551
disqualification / פסילה 566
disqualified / פסל 566
disqualified (adj.) / פסול 566
disregard / התעלמות 189
disregard / זילזול 206
disrespect / ביזיון 49
disrespected / זילזל 206
disrupted / שיבש 656
disrupted (adj.) / מושבת 332
disruption / שיבוש 656
dissected (adj.) / מבותר 308
dissolved / התמוגג 183
dissolved / מיסמס 355
dissolving / מיסמוס 355
dissonant / צרם 592
dissuaded / הניא 137
distance / מרחק 405
distance / רוחק 623
distance / ריחוק 628
distanced himself / התרחק 198
distant / מרוחק 403
distant / רחוק 625
distinction / הבדלה 92
distinction / הבחנה 93
distinguished / הבדיל 92
distinguished / צוין 580
distinguished (adj.) / מיוחס 349
distinguished (adj.) / נכבד 457
distinguished himself / הצטיין 151
distorted / סילף 499
distorted / סירס 502
distorted / עיווה 525
distorted / שיבש 656
distorted (adj.) / מסולף 375
distorted (adj.) / מסורס 376
distorted (adj.) / מעוות 381
distorted (adj.), faulty / משובש 409
distortion / סילוף 499
distortion / סירוס 502
distortion / עיוות 525
distortion / שיבוש 656
distraction / הסחה 139
distractor / מסיח 377
distress / מצוקה 394
distress / עוגמה 517
distributed / הפיץ 146
distributed / חילק 222
distributed / שיווק 657
distribution / הפצה 148
distribution / התפלגות 192
distribution / חלוקה 227
distributor / מפיץ 390
district / מחוז 338
disturbance / הפרעה 149
disturbance / התפרעות 193
disturbance / מהומה 317
disturbed / הפריע 149
ditch / תעלה 707
dived / צלל 587
diver / צוללן 580
diverse / מגוון 311
diversion / הטייה 123
diversion / הסחה 139
diversionary tactic(s) / הסחה 139
diversity / שוני 651
diverted / היטה 125
diverted (adj.) / מוסח 325
divided / חילק 222
divided / חצוי 233
divided / פילג 558
divided (adj.) / חלוק 227
divided (adj.) / מחולק 339

dribbling (a ball) / כידרור 275
dried / ייבש 260
dried / ניגב 449
dried / ספג 507
dried (adj.) / מיובש 349
dried up / התייבש 180
dried up / חרב 234
dried up (adj.) / שדוף 647
drill / מקדח 396
drill / תירגול 700
drilled / קדח 594
drilled / תירגל 700
drilling / קידוח 601
drink / משקה 417
drink / שתייה 685
drinking / שתייה 685
drip-sprinkler / טפטפה 252
dripped / הזיל 118
dripped / טיפטף 250
dripped / נטף 448
dripping / טיפטוף 249
drive / יצר 265
driver / נהג 434
driving / נהגות 434
driving / נהיגה 435
driving away / הברחה 94
drizzled / זלף 208
drooping / שמוט 673
drop / טיפה 249
drop / ירידה 266
drop / נטף 448
droplet / טיפונת 249
droplet / רסיס 634
dropped / הזיל 118
dropped / הטיל 123
dropped / הפיל 146
dropped / נפל 468
dropped / נשמט 480
dropped / צנח 588
dropped / שמט 674
dropped (into) / שילשל 661
dropped by parachute / הצניח 153
dropped in / קפץ 611
dropped off / נשל 479
dropped out / נשר 481
dropper / מזלף 336
dropper / מטפטף 347
dropping / הטלה 123
dropping / הפלה 147
dropping / צניחה 589
dropping out / נשירה 479
drought / בצורת 58
drove / הסיע 139
drove / נהג 434
drove (someone) crazy / הטריף 124
drove insane / שיגע 656
drove out / גירש 72
drowned / טבע 244
drowned (someone) / הטביע 123
drowning / טביעה 244
drowning (person) / טובע 245
drowsy / מנומנם 370
drug / סם 504
drug therapy / תרופתי 712
drug-joint / מחששה 345
drugged / סימם 499
drugged (adj.) / מסומם 375
drugged-out / מסומם 375
drugging / סימום 499
drugs / סמים 505
drum / תוף 692
drummed / תופף 692
drummer / מתופף 421
drunkard / שיכור 660
dry / יבש 254
dry cleaning / ניקוי יבש 456
dryer / מכונה 359
drying / ייבוש 259
drying / ניגוב 449
drying up / התייבשות 180
dryness / יובש 256
dual / זוגי 203
dualism / שניות 677
dubious / מפוקפק 388
duck / ברווז 59
dud / עקר 542
dug / חפר 233
dug / כרה 284
dug / כרוי 285
dug in / התחפר 179
dug in (adj.) / מחופר 339
dull / יבש 254
dull / כהה 271
dull / קהה 595
dullness / התקהות 195
dullness / עמימות 536
dullness / קיהות 602
duly / כהוגן 271
dumb / אילם 25
dumb / מטומטם 346
dumbfounded (adj.) / נאלם 426
dumfounded / מאובן 302
dummy / גולם 65
dump / מצבור 392
dumping / היצף 127
dumping / הצפה 153
dunked / טבל 244
duplicate / העתק 145
duplicated / שיכפל 660
duplicating / שיכפול 660
duplication / כפילות 283
duration / משך 414
during / במשך 56
dusk / ערביים 543
dust / אבק 12
duster / מטלית 347
dusty / מאובק 302
duty / חובה 211
duty (by rotation) / תורנות 693
dwarf / גמד 73
dwarf / ננס 461
dwarfish / ננסי 461
dwelled / דר 88
dwelling / מגורים 312
dwelling / משכן 414
dwelling / נווה 437
dwindled (adj.) / מדולדל 314
dyad / זוגיות 203
dyer's shop / מיצבעה 356
dying / גוסס 66
dying / גסיסה 75
dynasty / שושלת 652

E

Eden / עדן 516
Egypt / מצריים 396
Egyptian / מצרי 396
Egyptian scribe / חרטום 236
Elul (month)/ אלול 29
eager /.'מת' 418
eagerness / להיטות 291
eagle / נשר 481
eagle-like / נשרי 481

emcee / מנחה 372
emerged / הגיח 96
emergency / חירום 224
emigrated / היגר 125
emigrated from Israel / ירד 266
emigrating from Israel / ירידה 267
emitted / פלט 563
emitting / פליטה 564
emotion / רגש 620
emotional / רגשי 620
emotional / רגשן 620
emperor / קיסר 604
emphasis / דגש 79
emphasis / הבלטה 94
emphasis / הדגשה 98
emphasis / הטעמה 124
emphasized / הבליט 94
emphasized / הדגיש 97
emphasized / הטעים 124
emphasized / מוטעם 323
emphasized (adj.) / מודגש 320
emphatically / במפגיע 55
emphatically / נמרצות 461
empire / קיסרות 604
empirical / ניסויי 453
employed / העסיק 144
employed / מועסק 327
employed person / עוסק 520
employer / מעביד 380
employer / מעסיק 385
employing / העסקה 144
employment / תעסוקה 707
emptied / הריק 159
emptied / רוקן 625
emptied (adj.) / מרוקן 404
emptiness / ריקנות 631
empty / ריק 630
empty handed / ריקם 631
empty rhetoric / שדוף 647
emptying / הרקה 161
enabled / איפשר 27
enacted / התקין 195
encampment / מאהל 302
enchanted (adj.) / מוקסם 330
encircled / אפף 35
encircled / סב 484
enclave / מובלעת 319
enclosed (adj.) / לוט 292

encoding / קידוד 601
encompassed / הקיף 154
encore / הדרן 99
encounter / היתקלות 128
encountered / נתקל 483
encouraged / עודד 518
encouraged (adj.) / מעודד 381
encouragement / חיזוק 220
encouragement / עידוד 525
encouraging / מעודד 381
encroached upon / דחק 83
end / אחרית 21
end / גמר 74
end / סוף 491
end / סיום 497
end / סיפא 501
end / קץ 611
end / קצה 611
end goal / תכלית 701
end of / שלהי 669
endangered / סיכן 498
endeared himself / התחבב 177
endearing / מלבב 362
ended / אפס 35
ended / הסתיים 141
ended / חלף 227
ended / כלה 279
ended / נגמר 431
ended / תם 703
endless / אינסופי 26
endorsed / הסב 138
endorsement / הסבה 138
endurance / סיבולת 495
enema / חוקן 215
enemy / אויב 16
enemy / צורר 581
enemy / שׂונא 651
energetic / נמרץ 461
energy / מרץ 407
enforced / אכף 29
enforcement / אכיפה 29
engaged (adj.) / מאורס 304
engaged in / עסק 538
engagement / אירוסין/אירוסים 27
engine / מנוע 371
engineer / מהנדס 318
engineering / הנדסה 136
engraved / חקק 234

engraved / חרוט 235
engraved / חרט 236
engraved / חרת 237
engraved / רקוע 638
engraving / חקיקה 234
enjoyable / מהנה 318
enjoyed / התענג 189
enjoyed / נהנה 435
enjoyment / הנאה 136
enlarged / הגדיל 95
enlarged (adj.) / מוגדל 320
enlargement / הגדלה 95
enlightened (adj.) / נאור 425
enlisted / התגייס 175
enlisted / מחויל 338
enlisting / התגייסות 175
ennobled (adj.) / נאצל 427
enough / די (דיי) 83
enough / למדיי 297
enough / מספיק 378
enraged / זעם 209
enraged / נזעם 442
enraged / נסער 463
enriched / העשיר 145
enriched (adj.) / מועשר 327
enrichment / העשרה 145
enslaved / שיעבד 663
enslaved (adj.) / משועבד 411
enslaver / משעבד 416
entangled (adj.) / סבוך 484
entanglement / הסתבכות 140
entanglement / סיבוך 495
entered / נכנס 458
enterprise / מפעל 390
entertained / אירח 27
entertained / בידר 48
entertainer / בדרן 43
entertainment / בידור 48
enthusiasm / התלהבות 183
enthusiast / חובב 211
enthusiast / שוחר 649
enthusiastic / להוט 291
enthusiastic / נלהב 459
enthusuastic / התלהב 183
enticed / פותה 553
enticement / פיתוי 562
enticing / מצודד 393
entirely / כל 278

entitled / זכאי 207
entitled / רשאי 639
entourage / מלווה 363
entourage / פמלייה/פמליא 564
entrance / כניסה 281
entrance / פתח 575
entrepreneur / יזם 258
entry / כניסה 281
entry / מבוא 306
entry / ערך 544
envelope / מעטפה 383
enveloped (adj.) / עטוף 524
envied / קינא 603
envious / קנאי 609
environment / סביבה 484
environmental / סביבתי 484
envoy / ציר 585
envy / קנאה 609
ephemeral / קיקיוני 605
epidemic / מגפה 313
epigram / מיכתם 352
epoch / עידן 525
equal / שווה 648
equal / שיווני 658
equal / שקול 681
equal rights / שיוון 658
equality / שיוון 658
equalization / שיווי 657
equation / משוואה 409
equator / קו המשווה 409
equine / סוסי 491
equipment / ציוד 582
equipped / צייד 583
equipped (adj.) / מצויד 393
equipped himself / הצטייד 151
equipping / ציוד 582
equipping oneself / הצטיידות 151
equivalent / מקבילה 396
era / עידן 525
era / תקופה 709
eradicated / ביער 51
eradication / ביעור 51
erased / מחק 344
erased (adj.) / מחוק 340
eraser / מוחק 322
eraser / מחק 344
erasing / מחיקה 342
erect / זקוף 210

erect / קוממיות 597
erect / תמיר 704
erection / זיקפה 207
eroded / סחף 494
eroded / שחק 654
erosion / סחיפה 494
erosion / סחף 494
errands / סידורים 496
erred / שגה 646
erroneous / שגוי 646
error / טעות 252
error / שגגה 646
error / שגיאה 646
error / שיבוש 656
erudite / בקי (בקיא) 58
erudition / בקיאות 59
erupted / התלקח 183
erupted / פרץ 573
eruption / התלקחות 183
erysipelas / שושנה 652
escalation / הסלמה 139
escape / בריחה 60
escape / מנוס 371
escaped / ברח 60
escaped / נמלט 460
escaped / נס 462
escort / ליווי 295
escort / מלווה 363
escorted / הובל 100
escorted / ליווה 295
esophagus / ושט 201
especially / במיוחד 55
especially / בפרט 58
espionage / ריגול 627
espoused / דגל 79
essay / חיבור 219
essay / מסה 374
essence / לשד 301
essence / מהות 318
essence / עיקר 529
essence / תמצית 704
essential / הכרחי 130
essential / מהותי 318
essentiality / תמציתיות 704
established / הקים 154
established / יסד 264
established (adj.) / ממוסד 367
establishing / השכנה 164

establishing / ייסוד 260
establishment / הקמה 155
establishment / ממסד 368
establishment (adj.) / ממסדי 368
estate / אחוזה 20
estate / נחלה 444
estate / עיזבון 526
estimate / אומדן 16
estimate / הערכה 145
estimated / אמד 31
estimated / העריך 145
estimated (adj.) / משוער 411
etched / חרות 235
etched / חרט 236
etching / תחריט 696
eternal / נצחי 470
eternity / נצח 470
eternity / נצחיות 470
ethical / מוסרי 326
ethics / מוסר 326
eulogized / הספיד 139
eulogized / ספד 507
eulogy / הספד 139
eunuch / סריס 511
evacuated / פינה 558
evacuated (adj.) / מפונה 388
evacuating / פינוי 558
evaded / השתמט 168
evaded / התחמק 179
evading / התחמקות 179
evaluation / הערכה 145
evaluator of aptitude / מאבחן 302
evaporated / התאדה 170
evaporated / התנדף 186
evaporation / אידוי 22
evaporation / התאדות 170
evasion / השתמטות 168
evasive / חמקמק 230
evasiveness / התפתלות 194
eve / ערב 542
even / אפילו 34
even though / אף־על־פי־ש 34
evening / ערב 542
evening / ערבית 543
evening prayer / מעריב 386
event / אירוע 27
event / התרחשות 198
event / מאורע 304

every / כל 278
everybody / כולם 273
everyday / יומיום 256
everything / כל 278
evidence / סימוכין 499
evidence / עדות 516
evidence / ראייה 617
evil / מרושע 404
evil / סרה 510
evil / רעה 635
evil / רשע 640
evil spirit / דיבוק 83
ex- / לשעבר 301
exacerbated / החריף 122
exacerbation / החרפה 122
exact / מדויק 314
exactly / בדיוק 43
exaggerated / הגזים 96
exaggerated / הפריז 149
exaggerated / ניפח 454
exaggerated (adj.) / מוגזם 320
exaggerated (adj.) / מופרז 328
exaggeration / גוזמה 65
exaggeration / הגזמה 96
exaggeration / הפרזה 149
exaltation / התעלות 189
exaltation / התרוממות 197
exalted (adj.) / מהולל 317
examination / בחינה 47
examined / בדק 43
examined / בחן 47
examinee / נבחן 428
example / דוגמה 80
example / מופת 329
excelled / הצטיין 151
excelled / התבלט 174
excellence / הצטיינות 151
excellence / התבלטות 174
excellent / מעולה 381
excellent / מצוין 393
excellent / משובח 409
excellent (m) / מצטיין 394
except / בלעדי־ 55
except / זולת 204
except / חוץ 215
except / להוציא 291
except / פרט 571
except (for) / למעט 298
exception / חריג 236
exceptional / חריג 236
excess / יתר 268
excess / עודף 518
exchange / החלפה 121
exchange / המרה 135
exchange / חילוף 222
exchange / חליפה 227
exchanged / החליף 121
exchanged / המיר 134
exchanged telephone calls / הצטלצל 152
excited / הלהיב 132
excited / נפעם 468
excited / נרגש 475
excited / שולהב 650
excited / שילהב 661
excited (adj.) / מרוגש 402
excited (adj.) / משולהב 410
excitement / התרגשות 197
excitement / להט 291
excitment / התלהבות 183
exclusive / ייחודי 260
exclusive / בלבדי 54
exclusive / בלעדי 55
exclusively / רק 638
exclusiveness / בלעדיות 55
exclusivity / בלעדיות 55
exclusivity / ייחודיות 260
excommunicated (adj.) / מנודה 370
excrement / צואה 579
excuse / אמתלה 32
excuse / הצדקה 150
excuse / הצטדקות 151
excuse / תירוץ 700
excused / הצדיק 150
executed / בוצע 46
executed / ביצע 51
execution / ביצוע 51
execution / הוצאה 111
executive / הנהלה 136
exemplarily / מופת 329
exemplary / מופתי 329
exemplified / מודגם 320
exempt / פטור 555
exempt / שיחרר 659
exempted / פטר 555
exemption / פטור 555
exercise / תירגול 700
exercise / תרגיל 711
exercised / התעמל 189
exercised / עימל 527
exercised / תירגל 700
exertion / התאמצות 172
exertion / מאמץ 305
exhausted / הותש 117
exhausted / לאה 288
exhausted / מיצה 356
exhausted (adj.) / סחוט 493
exhausted (adj.) / שבור 644
exhausted (adj.) / תשוש 713
exhausting (adj.) / מפרך 391
exhaustion / אפיסת (כוחות), 34
exhaustion / מיצוי 356
exhaustive / ממצה 368
exhibit / מוצג 329
exhibited / הראה 157
exhibition / ראווה 617
exhibition / תערוכה 707
exhibitionism / ראוותנות 617
exile / גולה 65
exile / גלות 72
exile / הגלייה 96
exile (m) / גולה 65
exiled / הגלה 96
exiled (adj.) / מגורש 312
existence / הווייה 102
existence / הימצאות 126
existence / ישות 267
existence / קיום 602
existential / קיומי 602
existing / קיים 602
exists / נמצא 461
exit / יציאה 265
Exodus / יציאת מצריים 265
exonerated (adj.) / נקי 473
exorbitant / מופקע 328
expanded / התפשט 193
expanded / התרחב 198
expansion / התפשטות 193
expansion / התרחבות 198
expectation / ציפייה 585
expected / פילל 558
expected / ציפה 584
expected (adj.) / צפוי 590
expelled / גירש 72

expelled / הודח 102
expelled / מגורש 312
expelled (adj) / מורחק 331
expelled (adj.) / מודח 321
expelled (adj.) / מסולק 375
expense / הוצאה 111
expensive / יקר 266
expensively / ביוקר 49
experience / התנסות 187
experience / חוויה 212
experience / ניסיון 453
experienced / התנסה 187
experienced / חווה 212
experienced (adj.) / מנוסה 371
experienced hiker / טייל 248
experiment / ניסוי 453
experiment / ניסיון 453
experimental / חדשני 211
experimental / ניסיוני 453
experimentalism / חדשנות 211
experimented / ניסה 453
expert / אומן 17
expert / ידען 255
expert / מומחה 325
expertise / מומחיות 325
expiation / כפרה 284
expired / גווע 65
expired / פג 549
expired / פקע 569
explained / ביאר 48
explained / הסביר 138
explained / נימק 453
explained / פירש 562
explained / תירץ 701
explained (adj.) / מבואר 306
explained (adj.) / מוסבר 325
explained (adj.) / מנומק 370
explanation / ביאור 48
explanation / הסבר 138
explanation / פירוש 561
explicit / מפורש 389
explicitly / מפורש 389
explicitly / מפורשות 389
exploded / התפוצץ 191
exploded / נופץ 440
exploded (adj.) / מפוצץ 388
exploit / עלילה 534
exploitation / ניצול 455
exploitation / נצלנות 471
exploitation / עושק 522
exploited / ניצל 455
exploited / עשק 546
exploited (adj.) / מנוצל 371
exploited (adj.) / עשוק 546
exploiter / נצלן 471
exploiter / עושק 522
exploits / מעללים 384
explosion / התפוצצות 191
explosion / נפץ 468
explosion / פיצוץ 560
export / יצוא 265
exported / ייצא 261
exported (adj.) / מיוצא 350
exporter / יצואן 265
exposed / חשוף 238
exposed / חשׂף 239
exposure / חשׂיפה 238
expressed / ביטא 49
expressed / הביע 93
expressed / חיווה 220
expressed himself / התבטא 173
expression / ארשת 38
expression / ביטוי 49
expression / הבעה 94
expression / התבטאות 173
expression / מבע 309
expression / סבר 485
expropriated (adj.) / מופקע 328
expulsion / גירוש 71
expulsion / הרחקה 159
extended / האריך 92
extended / הושיט 115
extended / השׂתרע 169
extended / מורחב 331
extended / פרשׂ (פרס) 574
extended (adj.) / מושט 332
extended (adj.) / שלוח 669
extending / הושטה 115
extension / ארכה 38
extension / הארכה 92
extension / שלוחה 670
exterior / חיצוני 224
exterior / חיצוֹניות 224
exterminated / הדביר 97
exterminated / השמיד 164
extermination / הדברה 97
extermination / השמדה 164
external / חיצוני 224
externalized / החצין 122
extinct / כבוי 269
extinction / הכחדה 129
extinction / כליה 279
extinguished / כיבה 275
extinguished (adj.) / כבוי 269
extinguishing / כיבוי 275
extorted / סחט 493
extortion / סחטנות 493
extortion / סחיטה 493
extortionist / סחטן 493
extracted / הפיק 146
extraction / עקירה 541
extradited / הוסגר 108
extradited / הסגיר 138
extradition / הסגרה 138
extravagance / פזרנות 554
extravagant / בזבזן 46
extreme / קיצוני 605
extreme orthodox / נטורי קרתא 447
extremely / מופלג 327
extricated / חילץ 222
extrimist / קיצוני 605
extrovert(ed) / מוחצן 322
eye / עין 527
eye-ball / עדשה 517
eyebrow / גבה 62
eyeglasses / משקפיים 418
eyelash / ריס 629
eyelid / עפעף 538
eyelid / שמורה 673
eyesight / מאור 304

F

France / צרפת 592
French / צרפתי 592
Friday / שישי 666
fable / משל 414
fabric / אריג 37
fabric / בד 42
fabricated / בדה 42
fabricated / המציא 135
fabricated / פיברק 556
fabricated (adj.) / בדוי 42
fabricated (adj.) / מפוברק 387

fabrication / בדיה 43
fabrication / בידוי 48
face / פנים 565
face / פרצוף 573
facing / בפני 58
facing / מול 324
facing / נוכח 438
fact / עובדה 517
faction / סיעה 500
factional / סיעתי 500
factional / עדתי 517
factionalism / כיתתיות 278
factionalism / סיעתיות 500
factor / גורם 67
factory / מפעל 390
factual / עובדתי 517
faded / דהה 79
faded (adj.) / דהוי 79
faded away / דעך 87
faded away / נמוג 460
failed / נכשל 459
failed (someone) / הכשיל 131
failure / כישלון 278
failure / כשל 286
failure / תקלה 710
faint / כהה 271
faint (adj.) / מעולף 381
fainted / התעלף 189
fainting / התעלפות 189
fainting / עילפון 527
faintness / עילפון 527
fair / הגון 96
fair / הוגן 101
fair / יריד 266
fair / מהוגן 317
fairy tale / אגדה 12
fait accompli / מוגמר 320
faith / אמונה 31
faithful / נאמן 426
faithfulness / אמונים 31
falafel / פלפל 564
fall / נפילה 468
Fall / סתיו 512
fall (of leaves) / שלכת 671
fallen / נפול 467
falling down / צניחה 589
falling in love / התאהבות 170
falling off / נשילה 479
falling out / נשירה 479
fallout / נשורת 478
fallow year / שמיטה 674
false / בדוי 42
false / כוזב 272
false / מזויף 335
false / שיקרי 665
false charge / עלילה 534
false(hood) / שווא 648
falsehood / כזב 274
falsehoud / בדיה 43
falsifying / בידוי 48
fame / תהילה 689
familial / משפחתי 416
family / משפחה 416
family (adj.) / משפחתי 416
famine / רעב 634
famous / ידוע 255
famous / מפורסם 389
famous / נודע 436
fan / אוהד 15
fan / מניפה 372
fanatic / קנאי 609
fanaticism / קנאות 609
fancied / התחשק 180
fancy / מהודר 317
fang / ניב 449
far / רחוק 625
far away / הרחק 158
far away / מרוחק 403
far away / מרחק 405
far-fetched / דחוק 82
far-out / שיגעון 656
far-reaching results / תוצאה 693
farewell / פרידה 572
farm / חווה 212
farm / משק 417
farmer / איכר 25
farmer / חקלאי 234
fascinated / מרותק 404
fascinated / קסם 610
fascinated / ריתק 631
fascinating / מרתק 408
fashion / אופנה 17
fashionable / אופנתי 18
fast / מהיר 318
fast / צום 580
fast / תענית 707
fasted / צם 587
fasted / תענית 707
fastened / הודק 102
fastened / רכס 633
fastened (adj.) / מהודק 317
fastened (adj.) / רכוס 632
fastener / סגור 486
fastening / רכיסה 633
fastidious / אנין 33
fat / שומן 650
fat / שמן 675
fat (of the land) / משמן 415
fat meat / קותל 599
fat tail (of sheep) / אליה 30
fat-free / כחוש 274
fatal / קטלני 600
fate / גורל 66
fateful / גורלי 66
father / אב 11
father of son-in-law / מחותן 340
father-in-law / חם 228
fatherhood / אבהות 11
fatigue / התעייפות 189
fatigue / לאות 288
fatigue / עייפות 526
fattening / משמין 415
fatty flesh / משמן 415
faucet / ברז 60
fault / דופי 81
fault / מגרעת 313
faulty / שגוי 646
favor / חסד 231
favor / טובה 245
favorite / מחמל 343
fear / חרדה 235
fear / מורא 331
fear / מורך 331
fear / פחד 554
feared / חשש 239
fearful / חרד 235
feast / הילולה 126
feast / כירה 277
feast / משתה 418
feather / נוצה 440
feature / תו 690
fed / האכיל 91
fed / הזין 119
fee / אגרה 13

feeble / רפה 636
feeble / תשוש 713
feedback / משוב 409
feeding / האכלה 91
feeding / הזנה 119
feeling / הרגשה 158
feeling / מרגש 402
feeling / רגש 620
feeling / תחושה 695
feigned innocence / היתמם 128
feigned sickness / התחלה 178
fell / נפל 468
fell / נשל 479
fell / צנח 588
fell apart / התפרק 193
fell asleep / נרדם 475
fell in love / התאהב 170
fell off / נשר 481
fell on (date) / חל 225
fell silent / השתתק 170
fell silent / נדם 433
fellowship / עמותה 535
felt / הרגיש 158
felt / חש 237
felt / מישש 358
felt / רחש 626
felt (adj.) / מורגש 331
felt (material) / לבד 289
felt like / התחשק 180
felt pain / כאב 269
female / נקבה 472
female convert to Judaism / גיורת 69
female donkey / אתון 40
female slave / שיפחה 664
feminine / נקבה 472
feminine / נקבי 472
feminine / נשי 478
femininity / נשיות 479
fence / גדר 64
fenced / גדר 64
fenced / גידר 69
fenced / סייף 498
fencer / סייף 498
fencing / סיוף 497
fencing / סייף 498
fennel / שומר 651
fermentation / התססה 188
fermentation / תסיסה 706

fermented / התסיס 188
fermented / תסס 706
ferry (boat) / מעבורת 380
fertile / פורה 552
fertility / פוריות 552
fertility / פיריון 561
fertilization / הפרייה 149
fertilized / הפרה 149
fertilized / זיבל 204
fertilized (adj.) / מופרה 328
fertilizer / דשן 90
fertilizer / זבל 202
fertilizing / זיבול 204
fervor / קדחתנות 594
festival / חג 209
festival (holiday) / מועד 326
festive / חגיגי 210
festive / חגיגי 210
festivity / חגיגיות 210
fetus / עובר 517
fever / קדחת 594
few / מועט 327
few / מיזער 351
few / מספר 378
fiancé / ארוס 37
fiasco / נפילה 468
fiasco / פשלה 575
fiber / סיב 494
fiberboard / סיבית 495
fickle / הפכפך 147
fickleness / הפכפכנות 147
fiction / סיפורת 501
fictitious / בדיוני 43
fiduciary / נאמן 426
field / שטח 655
field / שׂדה 647
field / תחום 695
field mouse / נברן 429
fieldcraft / שׂדאות 646
fifth / חמישי 229
fifty / חמישים 229
fifty years / יובל 255
fig / תאנה 687
fighter / לוחם 292
fighting / לחימה 293
figurative / ציורי 582
figure / גיזרה 70
figure / דמות 87

figure / סיפרה 501
file / תיק 700
file (instrument) / פצירה 568
filed / תייק 698
filed (adj.) / מתויק 420
filing / תיוק 697
filing cabinet / תיקייה 700
filled / מילא 352
filled / סתם 512
filled (adj.) / ממולא 366
filling / מילוי 353
filling / מלית 365
filling / סתימה 512
film / סרט 510
film-strip / סירטון 502
filmed / הסריט 140
filming / הסרטה 140
filter / מסנן 378
filtered / סינן 500
filtered (adj.) / מסונן 375
filtered in / הסתנן 142
filtering / הסתננות 142
filtering / סינון 500
filth / זוהמה 203
filth / חלאה 226
filth / טינופת 249
filth / ניבול 449
filth / סחי 493
filthy / מזוהם 334
filthy / מטונף 346
fin / סנפיר 506
final / החלטי 121
final / סופי 492
finality / סופיות 492
finality / פסקנות 567
finally / סוף 491
financed / מימן 354
financed (adj.) / ממומן 366
financial / כספי 282
financier / מממן 368
financing / מימון 353
finding / ממצא 368
finding / מציאה 394
fine / כופר 273
fine / קנס 610
fine / שפיר 679
fine cloth / מלמלה 365
fine talker / מליץ 364

fined / קנס 610
finger / אצבע 36
finish / סוף 491
finished / גמור 73
finished / גמר 73
finished / סיים 497
finished (adj.) / מחוסל 339
finishing touch / ליטוש 295
fire / אש 38
fire / דליקה 86
fire / מוקד 330
fire / שׂריפה 683
fire / תבערה 688
fire-extinguisher / מטפה 347
firebrand / אוד 15
fired / פיִטר 557
fired (adj.) / מפוטר 387
firefighter / כבאי 269
firefighter / מכבה־אש 359
firefighting / כבאות 269
fireplace / אח 19
fireworks / זיקוק 207
firing / פיטורים/פיטורין 557
firm / איתן 28
firm / מבוצר 308
firm / מחושל 340
firm / תקיף 710
firm statement / קביעה 593
firmness / תקיפות 710
first / ראשון 617
first / ראשית 618
first / תחילה 695
first fruits / ביכורים 50
first grade / א 11
first of all / לראשונה 301
first of all / קודם 596
first of all / ראשית 618
first-born / בכור 53
First World War / מלחמת העולם ה־I 364
fish / דג 79
fished / דג 79
fisherman / דייג 83
fishery / מדגה 313
fishing / דיג 83
fishing rod / חכה 225
fission / ביקוע 52
fist / אגרוף 13

fistfight / תגרה 688
fit / התלבש 183
fit / כשיר 286
fit / כשר 286
fit / ראוי 617
fitted / התאים 171
fitted / מותאם 333
fitting / מדידה 315
five (f) / חמש 230
five (m.) / חמישה 229
five-sided / מחומש 339
five-year (period) / חומש 214
fixation / קיבוע 601
fixed / הועיד 108
fixed / קבע 593
fixed (adj.) / מקובע 397
fixed (adj.) / קבוע 593
fixed idea / שיגיון 656
fixing / קיבוע 601
flack-jacket / איפוד 26
flag / דגל 79
flakes / פתיתים 576
flame / להב 290
flame / להבה 291
flame / שלהבת 669
flame-thrower / להביור 291
flammable / דליק 86
flanking / איגוף 22
flash / בזק 47
flash / הבזק 93
flash / מבזק 308
flashed / הבזיק 93
flat / מישורי 358
flat / פחוס 554
flat / שטוח 655
flat tire / נקר 474
flat tire / תקר 711
flattened / יושר 258
flattened / פחס 555
flattered / החמיא 121
flatterer / חנפן 231
flattery / חנופה 230
flattery / חנפנות 231
flautist / חלילן 227
flavor / סממן 505
flavored / תיבל 697
flaw / פגם 549
flaw / פסול 566

flawed / לקה 300
flawed / פגם 549
flea / פרעוש 573
fleet / צי 582
fleet / שייטת 659
fleshy / בשרני 61
flew / העיף 143
flew / עופף 521
flew / עף 538
flew (a plane) / הטיס 123
flew (in plane) / טס 251
flew away / פרח 571
flew high / התנוסס 186
flew off / התעופף 188
flexibility / גמישות 73
flexible / גמיש 73
flickering / מהבהב 317
flight / בריחה 60
flight / טיסה 249
flight / מנוסה 371
flight / מעוף 382
flight / תעופה 706
flimsy / רופף 624
flinched / נרתע 477
flinching / רתיעה 641
fling / טלטלה 251
flint / צור 581
flip / גילגול 70
flipper / סנפיר 506
flirted / פלירטט 564
floated / צף 590
flock / עדר 516
flogged / הלקה 133
flood / מבול 307
flood / שיטפון 659
flooded / הציף 152
flooded / שטף 655
flooded (adj.) / מוצף 329
flooded (adj.) / שטוף 655
flooding / הצפה 153
floor / קומה 597
floor / ריצוף 630
floor / רצפה 638
floor tile / מרצפת 407
flooring / ריצוף 630
flora / צומח 580
flora / צמחייה 588
flour / קמח 608

flourishing / משֹגשֹג 409
flow / זוב (דם) 203
flow / זרימה 211
flow / זרם 211
flow / נביעה 428
flow / ספיקה 508
flow / קילוח 603
flow / שטף 655
flow / שצף 680
flow (of water) / שפך 680
flowed / זרם 211
flowed / נבע 429
flowed / ניגר 450
flowed / פיכה 558
flowed / שתת 686
flower / פרח 571
flower-pot / אדנית 14
flower-pot / עציץ 539
flowery / פרחוני 571
flowing / זרימה 211
flowing / ניגר 450
flowing / שוטף 649
flowing (adj.) / נובע 436
flu / שפעת 680
fluctuation / תנודה 705
fluency / רהיטות 621
fluency / שטף 655
fluent / רהוט 621
fluent / שגור 646
fluently / רהיטות 621
fluently / שטף 655
fluid / נוזל 437
fluid (adj.) / נזיל 442
fluidity / נזילות 442
flute / חליל 227
flutter / פירפור 562
flutter / ריפרוף 630
fluttered / התחבט 177
fluttered / פירפר 562
fluttered / ריפרף 630
fly / זבוב 202
flying (a plane) / הטסה 124
flying (adj.) / מעופף 382
flying (adj.) / פורח 552
flyover / מטס 347
foam / קצף 612
foamed / הקציף 156
focus / מוקד 330
focus(ing) / מיקוד 356
focused / מיקד 356
focused (adj.) / ממוקד 367
focused (adj.) / מרוכז 403
focused (on) / התמקד 185
focusing (on) / התמקדות 185
fodder / מספוא 378
fog / ערפל 545
fogged / עירפל 531
fogginess / עירפול 531
foggy / מעורפל 383
foggy / ערפילי 545
fold / קמט 608
fold / קפל 610
folded / קיפל 604
folded (adj.) / מקופל 398
folded up / התקפל 196
folding / התקפלות 196
folding / קיפול 604
folding screen / מבדלת 306
folk song / שיר 665
folkloristic / עממי 536
folksiness / עממיות 536
follow-up / מעקב 385
followed / נהה 435
followed / עקב 540
followed secretly / בלש 55
follower / נגרר 432
following / בעקבות 58
following / נהייה 435
following / עיקוב 529
fondled / התגפף 176
fondness / חיבה 218
food / אוכל 16
food / מאכל 305
food / מזון 335
fool / טיפש 250
fool / כסיל 282
fool / סכל 503
fool / שוטה 649
fooled around / התמזמז 184
fooled around / התפרפר 193
fooling around / התמזמזות 184
fooling around / התפרפרות 193
foolish / אווילי 15
foolish / טיפשי 250
foolish / נואל 435
foolish / פותה 553
foolish / שטותי 655
foolishness / איוולת 22
foolishness / כסילות 282
foolishness / סיכלות 498
foolishness / שטות 655
foot / רגל 620
foot support (pad) / מדרס 316
football / כדור 271
foothold / מדרך 316
foothold / נקודה 472
footstep / עקב 540
footwear / הנעלה 137
footwear / מנעל 373
fop / גנדרן 74
fop / מטורזן 346
for / במשך 56
for / בעד 57
for / בשביל 61
for / ל- 288
for / למען 298
for / לקראת 300
for / על 532
for (a certain time) / ל- 288
for (the sake of) / לשם 301
for (the sake of) / עבור 513
for example / למשל 298
for example / משל 414
for good / צמיתות 588
for myself / עצם 540
for the first time / לראשונה 300
for the sake of / למען 298
for the time being / לעת עתה 299
forbade / אסר 34
forbidden / אסור 33
forcast (adj.) / חזוי 217
force / חיל 221
force / כוח 272
forced / אילץ 25
forced / הכריח 131
forced / חייב 221
forced / כפה 283
forced / כפוי 283
forced / מאולץ 303
forced (adj.) / מלאכותי 362
forced (to) / חויב 213
forced conversion (from Judaism) / שמד 673
forced the issue / דחק 83

forced to surrender / הכניע 130
forcefully / בחוזקה 47
forceps / מלקחיים 365
forecast / תחזית 695
forecast / תשקיף 714
forecaster / חזאי 216
forehead / מצח 394
forehead / פדחת 550
foreign / זר 210
foreign land / ניכר 452
foreign language / לועזית 293
foreign language / לעז 299
foreigner / נוכרי 438
forelock / בלורית 54
forelock / ציצית 585
foresaw / חזה 216
foresaw / צפה 590
foreseen / נצפה 471
foreskin / עורלה 522
forest / יער 264
forestation / ייעור 261
forested (adj.) / מיוער 349
forever / לעד 298
forever / לעולם 298
forever / לצמיתות 300
forever / נצח 470
forever / עד 515
forever / תמיד 704
foreword / פתיח 576
foreword / פתיחה 576
forgave / מחל 342
forgave / סלח 503
forged / זייף 205
forged / חישל 225
forged (adj.) / מחושל 340
forger / זייפן 205
forgery / זיוף 205
forgetful / שכחן 667
forgetfulness / שיכחה 660
forgiven / מחול 339
forgiven / נסלח 463
forgiveness / כיפורים 277
forgiveness / מחילה 341
forgiveness / סלחנות 504
forgiving / סלחן 503
forgot / שכח 667
forgotten / זנוח 209
forgotten / שכוח 667

forgotten (adj.) / נשכח 479
fork / מזלג 336
forlorn / אובד 15
form / דמוי 87
form / טופס 246
form / צורה 581
form / צלם 587
form / תואר 690
formal (adj.) / צורני 581
formality / רשמיות 640
format / מתכונת 422
format / תבנית 688
formation / היווצרות 125
formation / התהוות 176
formation / מבנה 309
formation / עוצבה 521
formation / תצורה 709
formula / נוסחה 439
formulated / גיבש 68
formulated / ניסח 453
formulation / גיבוש 68
formulation / ניסוח 453
fortification / ביצור 51
fortification / התבצרות 174
fortified / ביצר 52
fortified (adj.) / מבוצר 308
fortified (himself) / התבצר 174
fortified lookout post / משלט 415
fortress / מבצר 309
fortress / מצודה 393
fortress / משגב 408
fortune / הון 107
forty / ארבעים 36
forward / לפנים 299
forward / קדימה 595
fossil / מאובן 302
fothold / דריסת רגל 89
fought / לחם 294
fought / נאבק 425
fought / נלחם 459
found / מצא 392
found entertainment / התבדר 173
found out / מצא 392
foundation / בסיס 57
foundation / יסוד 264
foundation / מסד 373
foundation(s) / (אושיה) אושיות 18
founded / הוקם 112

founded / ייסד 260
founded / יסד 264
founded (on) (adj.) / מיוסד 349
founder / מייסד 352
founding / ייסוד 260
fountain / מזרקה 337
four (m) / ארבעה 36
four(f) / ארבע 36
foursome / רביעייה 619
fourth / רביעי 619
fowl / עוף 521
fox / שועל 651
foxhole / עמדה 535
foxhole / שוחה 649
fraction / שבר 645
fracture / שבר 645
fractured / ריסק 629
fragile / עדין 516
fragment / מיקטע 356
fragment / רסיס 634
fragment / שבר 645
fragmentation grenade / רסס 634
fragmented / קטוע 599
fragmented (adj.) / מקוטע 397
fragrance / בושׂם 46
fragrant / ריחני 628
frame / מסגרת 373
frame / שלד 669
framed / מיסגר 354
framed (adj.) / ממוסגר 367
framework / מסגרת 373
framing / מיסגור 354
frank / כן 281
frankfurter / נקניקייה 474
frankness / גילוי 70
frankness / כנות 281
fraternity / אחווה 20
fraternized with / התרועע 197
fraud / הונאה 107
fraud / מרמה 406
fraud / רמייה 633
freckled / מנומש 371
freckles / נמשים 461
free / חופשי 215
free / פנוי 564
free (of charge) / חינם 223
freed / שוחרר 649
freedom / דרור 89

freedom / חופש 215
freeze / קיפאון 604
freezing / הקפאה 155
freezing / קיפאון 604
french fries / טוגנים 245
frenzy / השתוללות 166
frequency / שכיחות 668
frequency / תדירות 689
frequency / תדר 689
frequency / תכיפות 701
frequent / תדיר 689
frequent / תכוף 701
frequently / תכוף 701
fresh / טרי 253
fresh / רענן 635
freshening / ריענון 629
freshness / לחלוחית 294
freshness / רעננות 636
friction / חיכוך 221
fried / טיגן 247
fried (adj.) / מטוגן 345
fried egg / ביצייה 51
fried matzo / מצייה 395
friend / חבר 209
friend / ידיד 255
friend / רע 634
friendly / חברותי 209
friendly / ידידותי 255
friendly / מיודד 349
friendship / חברות 209
friendship / ידידות 255
friendship / ריעות 629
frightened / הפחיד 146
frightened / נחרד 445
frightened (adj.) / מבוהל 307
frightened (adj.) / מבועת 308
frightened (adj.) / מפוחד 387
frightening / מבהיל 306
frightening (adj.) / מפחיד 389
fringe / ציצית 585
fringe / שוליים 650
fringe benefit / הטבה 123
fringe benefit / הנאה 136
frisk / חיפוש 224
frivolity / קלות 607
frivolousness / הבל 93
frog / צפרדע 591
from / מ - 302
from / מאת 306
from / מהם 318
from / מהן 318
from / מידי 348
from / מן 369
from / מפני־ 390
from above / מעל 384
from afar / רחוק 626
from among / מקרב 400
from behind / מאחור 305
from behind / מבעד ל- 309
from below / מטה 345
from here / מכאן 359
from me / ממני 368
from now on / להבא 290
from now on / מכאן 359
from now on / עכשיו 532
from the beginning / מלכתחילה 365
from the bottom / מקרב 400
from the start / תחילה 695
from time to time / לפרקים 300
from where? / מאין 305
from within / מן 369
from within / מתוך- 420
from within / תוך 691
front / חזית 217
front (adj.) / קדמי 595
front page / שער 678
frontal / חזיתי 217
frontline(s) / חזית 217
frost / כפור 283
frost / קרה 612
froze / הקפיא 156
froze / קפא 610
frozen / מוקפא 330
frozen / קפוא 610
frugal / חסכן 232
frugal / מועט 327
fruit / פרי 572
fruit basket / טנא 251
fruit-picking / קטיף 600
fruitfulness / פירון 561
fruits / פירות 561
fruits of hard labor / (כפיים) יגיע 254
frustrated / סיכל 498
frustrated / תיסכל 699
frustrated (adj.) / מתוסכל 420
frustrating / מתסכל 423
frustration / תיסכול 699
frying / טיגון 247
frying pan / מחבת 337
fuck (vulgar) / דפיקה 88
fucked (vulgar) / דפק 88
fucked (vulgar) / זיין 205
fucking (vulgar) / זיון 205
fuel / דלק 86
fulfilled / הגשים 97
fulfilled / הוגשם 101
fulfilled / התממש 184
fulfilled / זכה 207
fulfilled / קיים 602
fulfilling / קיום 602
fulfillment / הגשמה 97
fulfillment / התממשות 184
full / מלא 362
full / שׂבע 645
full of- / ספוג 507
full range / מכלול 360
full to capacity / גדוש 64
fullness / מלוא 363
fumigated / עישן 531
fumigated / ריסס 629
fumigation / עישון 531
functioned / תיפקד 700
functioning / תיפקוד 700
fund-raiser / מתרים 424
fund-raising / התרמה 199
fundamental rules / עיקרון 529
funeral / הלוויה 132
funeral / לוויה 292
funnel / משפך 417
funny / מבדח 306
funny / מצחיק 394
funny man / מצחיקן 394
funny tale / מהתלה 319
fur / פרווה 570
furioius / נזעם 442
furious / נזעם 442
furnace / כור 273
furnace / תנור 705
furnished / ריהט 628
furnished (adj.) / מרוהט 403
furnishing / ריהוט 628
furniture / ריהוט 628
furrow / תלם 703
furrowed / פילח 558

further / הלאה 132
fuse / מרעום 406
fuse / פתיל 576
fusion / מזיגה 335
futile / עקר 542
futility / הבל 93
future / עתיד 547
future events / עתידות 547
future tense / עתיד 547
futurologist / עתידן 547
futurology / עתידנות 547

G

Galilee / הגליל 96
Gemini / תאום 687
Genesis / בראשית 59
German measles / אדמת 14
God / אדוניי 13
God / אל 29
God / אלוהים 29
God / השם 672
God (abbr.) / ה' 91
God (the Holy One / הקב"ה 154
God forbid! / חלילה 227
God-fearing/(שמים/אלוהים) ירא 266
Greece / יוון 256
Greek / יווני 256
Greek (language) / יוונית 256
gaiety / עליצות 534
gale / סער 507
gall(bladder) / מרה 402
gallery / יציע 265
galloped / דהר 80
gallows / גרדום 75
gallows / תלייה 702
galosh(es) / ערדל 543
galvanized (adj.) / מגולוון 311
gambler / מהמר 318
gambling / מזל 336
game / משחק 413
game / צייד 583
game / שעשוע 679
gamut / מכלול 360
gang / כנופייה 281
gangrene / נמק 461
gangway / כבש 270
gap / פער 568

garage / מוסך 326
garbage / אשפה 39
garbage / זבל 202
garbage / פסולת 566
garbage dump / מזבלה 334
garden / גינה 71
garden / גן 74
garden bed / ערוגה 543
gardener / גנן 74
gardening / גינון 71
gargled / גירגר 71
garlic / שום 650
garment / מלבוש 362
gas / דלק, גז 67
gate / שער 678
gathered / אסף 33
gathered / התאסף 172
gathered / התקבץ 194
gathered / התקהל 195
gathered / התרכז 198
gathered / כיווץ 275
gathered / כינס 276
gathered / ליקט 297
gathered / קיבץ 601
gathered / ריכז 629
gathered (adj.) / נאסף 426
gathering / איסוף 26
gathering / התקבצות 194
gathering / התרכזות 198
gathering / כיווץ 275
gathering / ליקוט 296
gathering / פגישה 549
gathering / ריכוז 628
gave / העניק 144
gave / נתן 483
gave an excuse / תירץ 701
gave birth / ילדה 262
gave birth (animals) / המליטה 134
gave in / התכופף 182
gave pleasure / עינג 528
gave power of attorney / ייפה 261
gave up / התקפל 196
gave up / ויתר 200
gay (homosexual male) / עליז 534
gear / הילוך 126
gelatine / מיקפא 357
gem / מרגלית 402
gender / מין 354

general / אלוף 30
general / כוללני 273
general / כללי 280
general manager / מנכ"ל 372
general secretary / מזכיר 336
general staff / מטה 345
generalization / הכללה 130
generally / בדרך כלל 43
generally / כלל 280
generated / הוליד 106
generated / חולל 213
generation / דור 82
generosity / נדיבות 433
generous / נדיב 433
genitals / מבושים 308
genitals / ערווה 543
genius / גאון 62
genius / גאוניות 62
genocide / השמדה 164
gentile / גוי 65
gentle / עדין 516
gentleness / עדינות 516
genuine / אמיתי 31
genuine / טבעי 245
genuine kindness / חסד 231
geometric / הנדסי 136
germ / חיידק 221
gesture / מחווה 338
get-together / מפגש 387
getting fat / השמנה 165
getting up / קימה 603
ghetto-like / גלותי 72
ghost / רוח 623
giant / ענק 537
gibe / ניגוח 449
gibed / ניגח 449
gift / דורון 82
gift / מנחה 372
gift / מתן 423
gift / מתנה 423
gift / מתת 424
gift / שי 656
gifted / מחונן 339
giggle / גיחוך 70
giggle / ציחקוק 583
giggled / גיחך 70
giggled / ציחקק 583
girded / חבק 209

girded / חגר 210
girded / משונס 411
girdle / מחוך 338
girdled (adj.) / מחושק 340
girdled (adj.) / משונס 411
girl / ילדה 263
girl scout / צופה 580
gist / עוקץ 521
given / נתון 482
given (adj.) / מסור 376
given (variable) / נתון 482
giving / מתן 423
giving / נתינה 482
giving-in / כניעה 281
glacier / קרחון 613
gladiolus / סיפן 501
glanced / הציץ 152
glanced through / ריפרף 630
glancing / הצצה 153
glancing through / ריפרוף 630
gland / בלוטה 54
glared / לטש 294
glass / זגוגית 202
glass / זכוכית 207
glass / כוס 273
glass making / זגגות 202
glaze / זגוגית 202
glazier / זגג 202
glided / גלש 73
glider / דאון 78
gliding / גלישה 72
gliding / דאייה 78
glimmer / זיק 206
glitter / ניצנוץ 455
glittered / ניצנץ 455
gloating at another's misfortune / שׂמחה לאיד 674
global / כוללני 273
globe / כדור־הארץ 271
gloominess / התקדרות 194
gloominess / עגמימות 515
gloomy / מכורכם 360
gloomy / נוגה 436
gloomy / נעכר 465
gloomy / עצוב 539
gloomy / קודר 596
glorified / הילל 126
glory / הוד 101
glory / פאר 549
glory / תהילה 689
glove / כפפה 284
glue / דבק 78
glued / הדביק 97
glued (adj.) / דבוק 78
gluing / הדבקה 97
glutton / אכלן 29
glutton / רעבתן 634
gluttony / התפטמות 191
gluttony / רעבתנות 634
gnawed / כירסם 278
go! / !לך 297
goal / יעד 264
goal / מטרה 347
goal (soccer) / שער 678
goalie / שוער 651
goat / עז 523
goat / שׂעיר 678
goatskin bag / נאד 425
goblet / גביע 63
goblet / כוסית 273
godfather / סנדק 506
godforsaken place / שכוח 667
going / לכת 297
going down / ירידה 266
going out / יציאה 265
gold / זהב 202
gold mine / מכרה 361
gold-plated (adj.) / מוזהב 321
golden / זהוב 202
goldsmith / צורף 581
goldsmith's craft / צורפות 581
good / טוב 245
good family / ייחוס 260
good news / בשורה 61
good time / כיף 277
good-bye / שלום 670
good-humored / מבודח 307
good-looking / נאה 425
goodies / מטעמים 347
goodness / טוב 245
goods / טובין 245
goofed off / מיזמז 350
goofing off / התפרפרות 193
goofing off / מיזמוז 350
goose / אווז 15
gored / נגח 430
gored / ניגח 449
gorged himself / זלל 208
gorging / הלעטה 133
gorging / זלילה 208
goring / נגיחה 430
goring (adj.) / נגח 430
goring (adj.) / נוגח 436
goring (m) / נגחן 430
gossip / לשון 301
gossip / רינון 629
gossip / רכילות 632
gossip / רכלן 633
got / השׂיג 163
got 'dolled up' / התייפייף 181
got (someone) used to / הרגיל 158
got a haircut / הסתפר 142
got a haircut / סופר 492
got a tan / השתזף 167
got acquainted / התוודע 177
got angry / התרגז 197
got cold / התקרר 196
got divorced / התגרש 176
got dressed / התלבש 183
got drunk / השתכר 167
got even / התנקם 187
got excited / התלהב 183
got excited / התרגש 197
got fat / השמין 165
got fresh air / התאוורר 170
got in touch / התקשר 196
got into a conflict / הסתכסך 141
got into a frenzy / השתולל 166
got into a state of / לידי- 295
got lost / איבוד 22
got lost / הלך 133
got lost / תעה 706
got lost (left) / התנדף 186
got married / התחתן 180
got married / נישׂא 456
got mixed up / התבלבל 174
got mixed-up in / סובך 488
ot organized / התארגן 172
got ready for / התכונן 182
got rid of / התפטר 191
got rid of / נפטר 467
got together / זימן 206
got torn / נקרע 475
got up early / השכים 163

got upset / התעצבן 190
got used to / התרגל 197
got wet / התרטב 198
got wet / נרטב 476
got worn out / השתפשף 169
gourmet / אנין 33
governed / שלט 670
government / ממשלה 369
government / ממשלתי 369
government / שלטון 670
governmental / ממשלתי 369
governor / מושל 333
governor / נגיד 430
governor / נציב 470
gown / גלימה 72
gown / חלוק 227
grabbed / חטף 218
grace / חן 230
graceful / חינני 223
gracefulness / חינניות 223
grade / סוג 488
grade / ציון 582
graded / דירג 85
graded (adj.) / מדורג 315
graded (adj.) / מודרג 321
grading system / מדרג 316
gradual / הדרגתי 99
gradual / מודרג 321
gradual (adj.) / מדורג 315
gradually / הדרגה 99
graduate / בוגר 44
graduated / מודרג 321
graduating class / מחזור 341
grafting / הרכבה 159
grain / גרגר 75
grain / גרעין 76
grain / דגן 79
grain / תבואה 687
grammar / דיקדוק 85
grammarian / דקדקן 88
gramophone / מקול 397
grand / כביר 270
grandfather / סב/סבא 484
grandmother / סבתא 485
grandson / נכד 457
grant / מענק 384
granted / הוענק 109
granted / העניק 144
granted (a request etc.) / נעתר 467
granted a degree / הסמיך 139
granting / הענקה 144
granting / נתינה 482
granting a degree / הסמכה 139
granule / גרגר 75
grape / עינב 528
grape harvest / בציר 58
grapefruit / אשכולית 39
grapes / ענבים 536
grasp / אחיזה 20
grasp / השׂגה 162
grasp / מושׂג 332
grasped / לפת 300
grass / דשא 90
grass / עשׂב 546
grasshopper / חרגול 235
grater / מגררת 313
grave / חמור 229
grave / קבר 594
gravel / זיפזיף 206
gravel / חצץ 234
gravitation / כוח משיכה 272
gravity / משיכה 413
gray / אפור 34
grayish / אפרורי 35
grayish / אפרפר 35
grazed / רעה 635
greased / משומן 411
greased / משח 412
greased / סך 502
greased / שימן 662
greased (adj.) / משוח 409
greasing / שימון 661
great / אדיר 14
great / גדול 64
great / יתר 268
great / כביר 270
great! / יופי 257
great! / עצום 539
great-grandson / נין 453
greater- / רבתי 619
greatness / גדולה 64
greatness / גדלות 64
greed / בצע 58
greed / חמדנות 228
green / ירוק 266
greenery / ירק 267
greenhouse / חממה 229
greenish / ירקרק 267
greeted / קידם 601
greeting / ברכה 60
grew / גידל 69
grew / הצמיח 153
grew / צמח 588
grew (up) / גדל 64
grew dark / החשיך 123
grew tall / גבה 62
grew wild / פרא 570
grey hair / שׂיבה 656
grid / סורג 492
grief / יגון 254
grief / נכאים 457
grievance / תרעומת 712
grill / גריל 76
grinding / טחינה 247
griped / קיטר 602
griping / קיטורים 602
grit / סיבולת 495
groan / נאקה 427
groaned / פעה 567
grocer / חנווני 230
grocer / ירקן 267
groceries / מצרך 396
grocery store / מכולת 359
grogginess / טישטוש 250
groin / מפשׂעה 392
groom / סייס 498
groomed / הכשיר 131
groped / גישש 72
groping / גישוש 72
ground / טחן 247
ground / כתש 287
ground / עילה 527
ground / קרקע 615
ground (adj.) / טחון 247
ground (grind) / גרס 76
grounded (adj.) / מקורקע 399
grounded (adj.) / מרותק 404
grounding / הארקה 92
grounds / נימוק 453
grounds / רקע 639
group / חבורה 208
group / חוג 212
group / להק 291
group / להקה 291

group / משפחה 416
group / קבוצה 593
grouping / הקבצה 154
grouping / מקבץ 396
grove / חורש 216
groveling / זחילה 204
grower / מגדל 310
growing smaller / קטן 600
growled / נהם 435
growling / נהימה 435
grown (adj.) / מגודל 311
growth / גדילה 64
growth / צמיחה 588
grudge / טינה 249
grumbled / רטן 626
grumbling / נרגנות 475
grunted / חירחר 224
grunts / מחרחר 344
guarantee / אחריות 21
guarantee / עירבון 530
guarantee / ערבות 543
guarantee / ערובה 543
guarantee(s) / ביטחון 49
guaranteed / שיריין 666
guaranteeing / שיריון 666
guarantor / ערב 543
guard / משמר 415
guard / משמרת 416
guard / שומר 650
guarded / איבטח 22
guarded / נטר 448
guarded / נצר 471
guarded / שמר 675
guarded (adj.) / שמור 673
guardian / אפוטרופוס 34
guardianship / חסות 232
guarding / שמירה 674
guava / גוייבה 65
guess / ניחוש 451
guessed / ניחש 451
guest / אורח 18
guest / קרוא 613
guidance / הדרכה 99
guidance / הכוונה 129
guide / מדריך 316
guide / מורה 331
guided / הדריך 99
guided / הינחה 127
guided / ניווט 451
guided (adj.) / מונחה 325
guiding / הדרכה 99
guilt / אשמה 39
guilt / חובה 211
guilty / אשם 39
guilty / חייב 221
gulch / ואדי 200
gulf / מפרץ 391
gulf / פרץ 573
gullible / פתי 576
gulped / לגם 290
gums / חניכיים 231
gun / אקדח 36
gun / רובה 622
gush / פיכפוך 558
gushed / פיכה 558
gust / סער 507
gust / פרץ 573
gutter / מרזב 404
guttural / גרוני 75
gymnast / מתעמל 423
gymnastics / התעמלות 189
gypsy / צועני 580
gyrated / סב 484

H

Hanukka / חנוכה 230
Hanukka lamp / חנוכייה 230
Hassidic / חסידי 232
Hassidism / חסידות 232
Hatikva / תקווה 709
Hebraization / עיברות 524
Hebraized / עיברת 524
Hebrew / עברי 514
Hebrew (adj.) / עברי 514
Hebrew (lang.) / עברית 514
Holocaust / שואה 647
Holy Ark / ארון קודש 596
Holy Land / ארץ הקודש 596
Holy Scriptures / כתבי הקודש 287
How many? How much? /?כמה 280
How wonderful! / !הפלא ופלא 147
haberdashery / סדקית 487
habit / הרגל 158
habit / נוהג 437
had a good time / בילה 50
had a high fever / קדח 594
had dessert / קינח 604
had diarrhea / שילשל 661
had difficulty / התקשה 196
had enough (time) / הספיק 139
had fun / כייף 276
had intercourse / שכב 667
had it good / שפר 680
had it not been that... / לולא 292
had pretensions / התיימר 181
had reservations (about)/הסתייג 141
haggling / תגרנות 689
hail / ברד 59
hair / שיער 663
haircut / תספורת 706
hairdo / תסרוקת 706
hairdresser / ספר 509
hairdressing / ספרות 509
hairpin / סיכה 498
hairy / שעיר 678
half / חצי 233
half / מחצה 344
half / מחצית 344
half awake / נים 452
half crescent moon / סהר 488
halfback (soccer) / רץ 637
hall / אולם 16
hallelujah / הללוייה 133
hallucinated / הזה 118
hallucinating / הוזה 103
hallucination / הזייה 118
halo / הילה 126
halo / עטרה 524
halved / חצה 233
halved (adj.) / חצוי 233
ham / קותל 599
hammer / פטיש 555
hammered (adj.) / דפוק 88
hammock / ערסל 545
hamsin (hot easterly wind) / קדים 594
hand / יד 254
hand-grenade / רימון 629
handcuffed / כבול 269
handcuffs / אזיקים 19
handed / הושיט 115
handful / חופן 215
handful / קומץ 597

handicap / מוגבלות 320
handicapped / חריג 236
handing / מסירה 377
handkerchief / מטפחת 347
handkerchief / ממחטה 368
handle / זרוע 210
handle / ידית 255
handle / קת 616
handled / מישמש 358
handled / שינע 663
handled wisely / השׂכיל 163
handling / טיפול 249
handling / שינוע 662
handshake / לחיצה 293
handsome / יפה 264
handsome / יפה 264
handsome / יפיפה 264
hanger / קולב 597
hanging / משורבב 412
hanging / תלייה 702
hanging (adj.) / תלוי 702
hanging down / שמוט 673
hangman / תליין 702
haphazard collection / גיבוב 68
happened / אירע 27
happened / התחולל 178
happened / התרחש 198
happened / קרה 612
happened to be / נקלע 473
happened to come / נקרה 474
happening / התרחשות 198
happening / תרחיש 712
happiness / אושר 18
happy / מאושר 304
happy / שׂמח 674
harassed / נטפל 448
harassment / הטרדה 124
hard / קשה 615
hard place / סדן 487
hard pressed / דחוק 82
hard work / יגיעה 254
hard-pressed / חנוק 230
hardened / הקשיח 157
hardened / התקשה 196
hardening / הקשחה 157
hardening / התקשות 196
hardheartedness / קשיחות 615
hardly / בקושי 58
hardship / תלאות 702
hare / ארנבת 38
harem / הרמון 160
harmed / הזיק 119
harmed / פגע 549
harmed him / עוכר 519
harmonica / מפוחית 387
harmony / התאמה 171
harmony / תואם 690
harness / רתמה 641
harnessed / רתם 641
harnessed (adj.) / רתום 640
harp / נבל 428
harsh / צורמני 581
harsh / קטלני 600
harsh criticism / קטילה 599
harsh measure / גזירה 67
harvest / אסיף 33
harvest / קציר 611
harvest time / קציר 611
harvested olives / מסק 379
has a cold / מצונן 394
has a cold / מקורר 399
has a running nose / מנוזל 370
has a screw loose / דפוק 88
has to / צריך 592
hashish / חשיש 238
haste / חיפזון 224
haste / מרוצה 404
haste / פזיזות 554
hastened / אץ 36
hastened / הזדרז 118
hastened / החיש 120
hastened / זירז 207
hastily / מרוצה 404
hasty / חפוז 232
hasty / נחפז 445
hasty / פזיז 554
hat / כובע 271
hat / מגבעת 310
hat / מצנפת 395
hatched / דגר 79
hatchery / מדגרה 314
hatching / דגירה 79
hated / שׂנא 676
hated (adj.) / שׂנוא 676
hatred / שׂנאה 676
haughty / מנופח 371
haunted (adj.) / רדוף 621
have / צריך 592
having a lot / מרבה 401
having inlets / מפורץ 389
hawk / נץ 470
hawkish / ניצי 455
hay / שחת 654
hayloft / מתבן 419
hazard / מפגע 387
haze / אובך 15
hazy / אביך 12
hazy / מעומעם 382
he / הוא 99
head / קודקוד 596
head / ראש 617
head / ראשות 618
head full of hair / רעמה 635
head of a village / מוכתר 324
head-rest / מראשות 401
headache / כאב 269
headline / כותרת 274
headquarters / מטה 345
headquarters / מפקדה 391
headstone / מצבה 392
healed / הגליד 96
healed / ריפא 630
healer / מרפא 406
healing / ריפוי 630
health / בריאות 60
health (adj.) / תברואתי 688
health inspector / תברואן 688
healthy / בריא 60
heap / ציבור 582
heap / תלולית 702
heaped / מגובב 311
heard / שמע 675
hearing / משמע 415
hearing / שימוע 661
hearing / שמיעה 674
heart / לב 289
heart / לבב 289
heart's content / אוות נפש 16
heartbreak / שברון־לב 645
heartburn / צרבת 591
heat / חום 214
heat / מיקצה 357
heated / הסיק 139
heated / חימם 222

heated (adj.) / מוסק 326
heated (adj.) / מחומם 339
heating / הסקה 140
heating (iron) / ליבון 294
heaven / רקיע 638
heaven / שחקים 654
heaven / שמים 674
heavenly / שמימי 674
heaviness / כבדות 269
heaviness / כובד 271
heavy / כבד 269
heavy / שמן 675
heavy burden / מועקה 327
heavy drinker / סובא 488
heavy fire / תופת 692
heckler / מפריע 391
hectic / קדחתני 594
hedge / משׂוכה 410
hedgehog / קיפוד 604
hedonism / נהנתנות 435
hedonist / נהנתן 435
heel / עקב 540
height / גֹובה 64
height / על 533
height / קומה 597
height / רום 623
height / רוממות 624
height / תועפות 692
heir / יורש 258
held / אחז 20
held / החזיק 120
held / מוחזק 322
held / קיים 602
held / תפוס 708
held on / החזיק 120
held on (to) / נאחז 425
helicopter / מסוק 376
hell / אבדון 11
hell / גיהינום 69
hell / עזאזל 523
hello / שלום 670
helmet / כובע 272
helmet / פלדה 563
helmet / קסדה 610
help / סעד 506
help / עזר 523
help / עזרה 523
helped / התכבד 182
helped / סייע 498
helped / עזר 523
helped / עמד 535
helper / נושׂא 441
helpless / און 17
helpless / חדל 210
helplessness / אזלת יד 19
hem / מכפלת 361
hem / שוליים 650
hemorrhoids / טחורים 247
hence / לפיכך 299
henceforth / אילך 25
herd / עדר 516
herd instinct / עדריות 516
herd-like / עדרי 516
here / הנה 136
here / כאן 269
here / פה 550
here is... (are) / הרי 159
hereditary / תורשתי 694
heredity / תורשה 694
heresy / כפירה 283
heretic / אפיקורס 35
heritage / מורשת 332
hernia / בקע 59
hero / גיבור 68
heroic / גיבור 68
heroism / גבורה 63
herring / דג 79
herring / מליח 364
hesitancy / הססנות 139
hesitant / הססן 139
hesitant / חששן 239
hesitated / היסס 127
hesitated / חכך 225
hesitated / פיקפק 560
hesitating / מהוסס 317
hesitation / היסוס 127
hesitation / חששנות 239
hexagon / משושה 412
hiccup / שיהוק 657
hid / החביא 120
hid / הטמין 123
hid / הסתתר 142
hid / הסתִיר 141
hid / העלים 143
hid / התחבא 177
hid / כיחד 276
hid / נחבא 443
hidden / חבוי 208
hidden / כמוס 281
hidden / מוסתר 326
hidden / נסתר 464
hidden / סמוי 504
hidden / צפון 590
hidden (adj.) / נחבא 443
hidden (adj.) / ספון 507
hidden treasure / מטמון 347
hide and seek / מחבוא 337
hideout / מחבוא 337
hiding / הסתר 142
hiding / סתר 512
hierarchy / מדרג 316
high / גבוה 62
high / מרומם 403
high tide / גיאות 68
high cost / יוקר 257
high flown (language) / מליצי 365
high place / מרום 403
high school / בית ספר תיכון 698
highway / כביש 270
hijacked / חטף 218
hiker / מטייל 346
hiker / משוטט 410
hill / גבעה 63
hillside settlement / מצפה 396
hindrance / מניעה 372
hinge / ציר 585
hint / רמז 633
hinted / מרומז 403
hinted / רימז 629
hinted / רמז 633
hinting / רמיזה 633
hip / מותן 334
hired / חכור 225
hired / שׂכר 669
hiss / רחש 626
historical document / מסמך 377
history / קורות 599
history of... / תולדה 691
hit / היכה 126
hit / הלם 133
hit / חבט 208
hit / להיט 291
hit / מכה 359
hit / פגיעה 549

I

immersed / הטביל 123
immersed / שיקע 665
immersed (adj.) / משוקע 412
immersed (adj.) / שקוע 681
immigrant / מהגר 317
immigrant to Israel / עולה 519
immigration / הגירה 96
immigration to Israel / עלייה 534
immobilized (adj.) / משותק 412
immortality / אלמוות 30
immune / מחוסן 339
immunity / חוסן 214
immunity / חסינות 232
immunization / חיסון 223
immunized / חיסן 223
immunized (adj.) / מחוסן 339
imparted / הנחיל 136
imparted / הקנה 155
imparting / הנחלה 136
impatience / קוצר 598
impatient / קצר 612
impeccable / רבב 618
impelled / פיעם 559
imperative / ציווי 582
imperial / קיסרי 604
impermeability / אטימות 21
impersonated / התחזה 178
impersonation / התחזות 178
impertinent / מחוצף 340
implant / שתל 685
implementation / הוצאה 111
implemented / הוציא 112
implicated / סיבך 495
implication / השלכה 164
implicit / מובלע 319
implored / הפציר 148
imploring / הפצרה 148
import / יבוא 254
importance / חשיבות 238
important / חשוב 238
important / רציני 637
imported / ייבא 259
imported (adj.) / מיובא 348
importer / יבואן 254
imposed / הטיל 123
imposed / השליט 164
imposed / מוטל 323
imposing / הטלה 123

imposing / הכתבה 131
impossible / בלתי אפשרי 55
imposter / מתחזה 421
impoverished / רושש 625
impoverished (adj.) / מרושש 404
impregnated / הפרה 149
impregnated / עיבר 524
impresario / אמרגן 32
impressed / הרשים 161
impression / התרשמות 199
impression / חיקוי 224
impression / רושם 625
impression / רישום 631
impressive / מרשים 407
imprisoned / אסור 33
imprisoned / חבש 209
imprisoned / כלא 278
imprisoned (adj.) / כלוא 279
imprisonment / מאסר 306
imprisonment / מחבוש 337
improved / הוטב 104
improved / היטיב 125
improved / השתפר 169
improved / חידד 219
improved / שיכלל 660
improved / שיפר 664
improved (adj.) / משוכלל 410
improved (adj.) / משופר 411
improvement / הטבה 123
improvement / השתפרות 169
improvement / שיכלול 660
improvement / שיפור 664
improvisation / אילתור 25
improvised / אילתר 25
improvised (adj.) / מאולתר 303
impudence / עזות 523
impulse / דחף 82
impurity / טומאה 246
in / ב 41
in / בעוד 57
in / בתוך 61
in a bad mood / מצוברח 393
in a fragmented way / למקוטעין 298
in a little while / מעט 383
in a low state / שפל 680
in a manner / באופן 41
in absolute state (gram.) / נפרד 469
in advance / מראש 401

in any case / מילא 352
in cash / במזומן 55
in charge / מופקד 328
in charge / ממונה 367
in charge of work / סדרן 487
in conflict (with) / מסוכסך 375
in contrast to / לעומת 298
in demand / מבוקש 308
in detail / בפרוטרוט 58
in due course / במשך 56
in fact / למעשה 298
in favor of / בעד 57
in front / לפנים 299
in front of / בפני 58
in front of / לפני 299
in front of / נוכח 438
in heat / מיוחם 349
in it / בגו 42
in love / מאוהב 302
in me / בי 48
in my opinion / לדעתי 290
in need (of) / זקוק 210
in need (of) / נזקק 443
in order (to) / כדי 271
in order not to / פן 564
in reference to... / בהמשך 44
in relation to / ביחס 49
in retirement / בדימוס 43
in spite of / למרות 298
in the beginning / בראשית 59
in the course of / בהמשך 44
in the footsteps of / בעקבות 58
in the footsteps of / עקב 540
in the hand of / בידי 48
in the middle of / באמצע 41
in the midst of / בעיצומו של 57
in vain / לריק 301
in vain / לשווא 301
in- / בלתי- 55
inanimate / דומם 81
inarticulate language / עילג 526
inaugurated / חנך 231
inauguration / חנוכה 230
incense / קטורת 599
incentive / תמריץ 705
incessantly / הרף 160
incidence / שכיחות 668
incidence of disease / תחלואה 695

infusion / עירוי 530
ingenious / גאוני 62
ingrained (adj.) / מוטבע 323
ingrate / כפוי 283
ingratitude / כפיות טובה 283
ingredient / סממן 505
inhabitant / תושב 694
inhabited / יישב 262
inhabited place / יישוב 262
inhalation / שאיפה 642
inhaled / שאף 643
inhaler / משאף 408
inherent / טבוע 244
inheritance / ירושה 266
inheritance / עיזבון 526
inherited / ירש 267
inhibition / מעצור 385
inhibition / עכבה 531
initial / התחלתי 178
initials / ראשי תיבות 617
initiated / יזם 258
initiated (adj.) / יזום 258
initiative / יוזמה 256
injected / הזריק 119
injected (adj.) / מוזרק 322
injection / הזרקה 119
injection / זריקה 211
injunction / מניעה 372
injured / פגוע 549
injured (adj.)(m) / פצוע 568
injury / פגיעה 549
injury / פציעה 568
injury / פצע 568
injustice / עוול 518
injustice / עוולה 518
ink / דיו 83
inlaid / משובץ 409
inlaid / שובץ 648
inlay / שיבוץ 656
inn / אכסניה 29
inn / פונדק 551
innate / מולד 324
inner / פנימי 565
inner tube / אבוב 11
innkeeper / פונדקאי 551
innocence / תום 691
innocent / זכאי 207
innocent / תמים 704

innocent (of a crime) / חף 232
innocently / תמימות 704
innovated / חידש 219
innovation / חידוש 219
innovative / חדשני 211
innovator / חדשן 211
innovator / מחדש 337
inoculated / חיסן 223
input / קלט 607
inquest / חקירה 234
inquired / בירר 52
inquiry / בירור 52
inquiry / חקר 234
inquisitive / חטטני 218
inquisitive / סקרן 510
insanity / טירוף 250
inscribed / חרת 237
inscribed / נחרת 446
inscription / כתובת 287
insect / חרק 237
insect / שרץ 684
inseminated / הפרה 149
insemination / הזרעה 119
insemination / הפרייה 149
insensitivity / אטימות 21
inserted / החדיר 120
inserted / השחיל 163
inserted / ננעץ 462
inserted / שילשל 661
inserting (in the wrong
context) / שירבוב 665
insertion / החדרה 120
inside / בגו 42
inside / בפנים 58
inside / פנים 565
inside / פנימה 565
inside / פנימי 565
inside / תוך 691
inside / בתוך 61
insinuated / הבליע 94
insipid / טפל 253
insisted / התעקש 190
insole / רפידה 636
insolence / התחצפות 179
insolence / חוצפה 215
insolence / עזות 523
insolent / חוצפן 215
insolent / חצוף 233

insolent / מחוצף 340
inspected / סקר 510
inspection / מבוקר 308
inspection / סקירה 509
inspector / מבקר 309
inspector / מפקח 391
inspector / פקח 569
inspiration / השראה 166
inspired / ינק 264
installation / התקנה 195
installation (art) / מיצב 355
installed / התקין 195
installed (adj.) / מותקן 334
installed lines of / רישת 631
installing traffic lights / רימזור 629
instead of / במקום 55
instigating / סכסכנות 503
instigator / מסית 377
instigator / סכסכן 503
instilled / החדיר 120
instinct / יצר 265
instinctive / יצרי 265
institute / מכון 359
instituted / תיקן 700
institution / מוסד 325
institutionalized / מיסד 355
instruction / הוראה 113
instruction / הנחייה 136
instruction / הנחלה 136
instructive / מאלף 305
instrument / אמצעי 32
instrument / כלי 279
instrument / מכשיר 361
instrumentation / מיכשור 352
insubordination / מרי 405
insult / גידוף 69
insult / עלבון 533
insult / פגיעה 549
insulted / גידף 69
insulted / העליב 143
insulted / עלב 533
insulted / פגע 549
insulting / מעליב 384
insulting / עולב 519
insurance / ביטוח 49
insured / ביטח 49
insured (adj.) / מבוטח 307
integrated / גובש 65

integration / השתלבות 168
integrity / טוהר 246
integrity / יושר 258
intelligence / חוכמה 213
intelligence / מודיעין 321
intelligence / משׂכל 414
intelligence / פיקחות 560
intelligence / שׂכל 668
intelligence / תבונה 687
intelligence (adj.) / מודיעיני 321
intelligence service / ביון 49
intelligent / נבון 427
intelligent / פיקחי 560
intended / התכוון 182
intended / מיועד 349
intended / נועד 439
intending / מתכוון 422
intense / עז 523
intense / עמוק 535
intensified / מועצם 327
intensified (adj.) / מוגבר 320
intensive training / סידרה 496
intent / כוונה 272
intention / כוונה 272
intentionally / בכוונה 53
intercepted / יירט 262
interchange / מחלף 342
interest / התעניינות 189
interest / עניין 537
interest (money) / ריבית 627
interested / עיניין 528
interested (adj.) / מעוניין 382
interested (adj.) / נוגע 436
interesting / מעניין 384
interfered / התערב 190
interference / התערבות 190
interior / פנים 565
interior / פנימי 565
interlaced / שזר 653
intermediate / ביניים 51
intermission / הפסקה 148
intermittently / לסירוגין 298
intern / מתמחה 423
internal / פנימי 565
internalization / הפנמה 147
internalized / הפנים 147
internalized (adj.) / מופנם 328
international / בינלאומי 51

interpolated / שירבב 665
interpretation / פירוש 561
interpreted / פירש 562
interpreted (adj.) / מפורש 389
interpreter / מפרש 391
interrogee (m.) / נחקר 445
interrupted / קטע 600
interrupted / שיסע 663
interrupted (adj.) / מופרע 328
interrupting / שיסוע 663
interruption / הפרעה 149
intersected / הצטלב 151
intersection / הצטלבות 151
intersection / צומת 580
interval / פסק זמן 567
interview / ריאיון 627
interviewed / ריאיין 627
interviewee / מרואיין 402
interviewer / מראיין 401
interwove / שזר 653
interwoven / שזור 653
interwoven / שלוב 669
intestine / מעי 383
intimated / הבליע 94
intimidated / הפחיד 146
intimidated / הופחד 109
intimidation / הפחדה 146
into / תוך 691
intoxicated (adj.) / מבושׂם 308
intoxicated (adj.) / שתוי 685
intoxicating / משכר 414
intoxication / השתכרות 167
intoxication / שיכרון 660
intransitive verb / פועל עומד 520
intricate / מורכב 331
intriguer / תככן 701
intrigues / תככים 701
introduced / הכיר 129
introduced / הנהיג 136
introduced / הפגיש 145
introduced / הציג 152
introduced / קישר 606
introduction / הצגה 150
introduction / הקדמה 154
introduction / מבוא 306
introduction / פתיחה 576
introverted / מופנם 328
introverted / מכונס 360

introverted / מסוגר 374
invaded / פלש 564
invader / פולש 551
invalid / בטל 48
invasion / פלישה 564
invented / המציא 135
invention / המצאה 135
inventiveness / חדשנות 211
inventor / ממציא 368
inventory / מצאי 392
inversion / היפוך 127
invested / השקיע 166
invested / שיקע 665
invested (adj.) / מושקע 333
investigated / חקר 234
investigation / חקירה 234
investigation / תחקיר 696
investigator / חוקר 215
investment / השקעה 166
investor / משקיע 417
invitation / הזמנה 119
invited / הזמין 119
invited (adj.) / מוזמן 322
invoice / חשבונית 238
involved (adj.) / מעורב 382
involved in (adj.) / מעורה 383
involvement / התעסקות 190
involvement / מעורבות 382
involving a principle / עקרוניות 542
inwardness / פנימיות 565
iron / מגהץ 310
iron curtain / ברזל 60
iron works / מסגרות 373
ironed / גיהץ 69
ironed (adj.) / מגוהץ 311
ironing / גיהוץ 69
irregular / יוצא 257
irreparable / חסר תקנה 710
irresponsible / הפקירות 148
irreversible / בלתי הפיך 146
irrigated / הרווה 158
irrigated / השקה 165
irrigation / השקאה 165
irritability / רגזנות 620
irritated / גירה 71
irritated (adj.) / מגורה 311
irritated (adj.) / מעוצבן 382
irritation / גירוי 71

is good at / מיטיב 351
is in - / שרוי 683
is it not that... / הרי 159
is of the opinion / סבור 484
island / אי 21
isn't it so? / הלוא 132
isolated / מובדל 319
isolated (adj.) / בודד 44
isolated (adj.) / מבודד 307
isolated himself / התבדל 173
isolation / בידוד 48
issue / גיליון 70
issue / הנפקה 137
issue / נקודה 472
issued / הנפיק 137
issued / ניפק 454
it appears / כמדומה 280
it doesn't matter / אין דבר 26
it is absolutely untrue / להד"ם 291
it is better (to) / מוטב 323
it is impossible / לא ייתכן 262
it is not impossible / נמנע 460
it is possible / ייתכן 262
it is possible / יכול 262
it seems / מדומה 314
it seems / מסתבר 379
it seems / נדמה 434
it seems to me / כמדומני 280
it was assumed / הונח 107
it's a must / הכרח 130
it's none of your / ...לא איכפת ל 24
it's only right that... / מן הדין 85
item / נקודה 472
item / פריט 572
itemizing / פירוט 561
ivory / שנהב 676

J

Jan.-Feb.) / שבט 644
Jesus / צלוב 586
Jew / יהודי 255
Jewish / יהודי 255
Jewish religious law / הלכה 133
Jewry / יהדות 255
Jordan River / הירדן 435
Judaism / יהדות 255
Judea and Samaria (abbr.)/ יו"ש 258
July-August) / אב 11
June-July) / תמוז 703
jack / מגבה 310
jackal / תן 705
jacket / מקטורן 399
jail / בית סוהר 53
jam / מרקחת 407
jam / ריבה 627
jammed (adj.) / פקוק 569
janitor / שמש 676
janitor / שרת 684
jar / צנצנת 589
jar / קנקן 610
jasmine / יסמין 264
jaundice / צהבת 579
jaw / לסת 298
jealousy / צרות עין 527
jealousy / קנאה 609
jelly / קריש 614
jeopardized / סיכן 498
jersey / סריג 511
jested / התלוצץ 183
jester / לץ 300
jesting / התלוצצות 183
jesting / ליצנות 296
jesting / לצוֹן 300
jet / סילון 499
jet (plane) / סילון 499
jet plane / מטוס 346
jewel / מרגלית 402
jewel / עדי 516
jewel / תכשיט 701
jeweler / תכשיטן 701
jeweller / צורף 581
jewelry-making / תכשיטנות 701
job / עבודה 513
joined / הצטרף 152
joined / התחבר 177
joined / חיבר 219
joined / נוסף 439
joined / שילב 660
joined (adj.) / שלוב 669
joined forces / התלכד 183
joining / הצטרפות 152
joining / התחברות 177
joining / שילוב 661
joint / מזללה 336
joint / מפרק 391
joint / משותף 412
joint / פרק 573
joke / בדיחה 43
joke / הלצה 133
joke / מהתלה 319
joke / מהתלה 319
joked / היתל 128
joked / התבדח 173
joked / התלוצץ 183
joking / התבדחות 173
joking / התלוצצות 183
jolted / זיעזע 206
journal / יומן 257
journal / כתב 287
journalism / עיתונאות 531
journalist / עיתונאי 531
journalistic / עיתונאי 531
journey / מסע 378
journey / נסיעה 463
joy / גיל (גילה) 70
joy / חדווה 210
joy / משוש 412
joy / משמח 415
joy / עליזות 534
joy / שׂמחה 674
joy of life / שׂמחה 674
joyful / מרנין 406
joyful / עליז 534
jubilee / יובל 255
judge / דיין 84
judge / שופט 651
judge) / קאדי 593
judged / דן 87
judged / שפט 679
judgement / דין 85
judgement / שיפוט 664
judgement / שפיטה 679
judging / שפיטה 679
judicial / שיפוטי 664
jug / כד 270
juggler / להטוטן 291
juice / מיץ 355
juice / עסיס 538
juicer / מסחטה 376
juiciness / עסיסיות 538
juicy / עסיסי 538
jumbled (adj.) / מגומגם 311
jump / הקפיץ 156

jump / ניתור 456
jump / קפיצה 610
jumped / ניתר 457
jumped / קיפץ 604
jumped / קפץ 610
jumped at the bargain / קפץ על המציאה 395
junction / הסתעפות 142
junction / מיסעף 355
junction / מפגש 387
junior / זוטר 204
junior high / חטיבת ביניים 51
junk / גרוטאה 75
junk dealer / סמרטוטר 506
jurisdiction / שיפוט 664
juror / מושבע 332
just / סתם 512
just as / כשם 286
just as / כשם 672
just now / זה עתה 547
justice / דין 85
justice / צדק 578
justification / הצדקה 150
justified / הצדיק 150
justified (adj.) / מוצדק 329
justified himself / הצטדק 151

K

Kabbalah (Jewish mysticism) / קבלה 593
Kaddish prayer (recited by son / קדיש 595
Kibbutz / קיבוץ 601
Kibbutz (adj.) / קיבוצי 601
Kislev (Heb. month)/ כסליו 282
keeping / שמירה 674
kennel / מלונה 364
kept / נצר 471
kept / שמר 675
kept (adj.) / מוחזק 322
kept busy / העסיק 144
kept in archives / גנז 74
kept in archives (adj.) / גנוז 74
kept turning... / התהפך 176
kept under siege / צר 591
kept up with / עקב 540
kernel / גרעין 76
kettle / קומקום 597
key / מפתח 392
key / מקש 400
key (in keyboard) / קליד 607
keyboard / מקלדת 399
keyboarding / הקלדה 155
keychain / מחזיק מפתחות 341
keyed in / הקליד 155
khaki / חקי 234
kick / בעיטה 57
kicked / בעט 57
kicked out / סולק 490
kid (young goat) / גדי 64
kidnapping / חטיפה 218
kidney / כליה 279
kill-joy / עוכר 519
killed / המית 134
killed / הרג 157
killed / קטל 600
killed / רצח 637
killed in action / נופל 439
killed in war / חלל 227
killing / המתה 135
killing / הרג 157
killing / הריגה 159
killing / קטילה 599
killing / קטל 600
kilometers per hour (abbr.) / קמ"ש 609
kind / מין 354
kind / סוג 488
kindergarten / גן 74
kindergarten teacher / גננת 74
kindness / חסידות 232
kindness / טוב־לב 245
king / מלך 365
kingdom / מלוכה 363
kingdom / מלכות 365
kingdom / ממלכה 368
kinky / מקורזל 398
kiss / נשיקה 479
kissed / התנשק 188
kissed / נישק 456
kissed / נשק 481
kissing / נישוק 456
kit / ערכה 545
kitchen / מטבח 345
kitchenette / מטבח 345
kite / עפיפון 538
kitten / חתלתול 240
knapsack / תרמיל 712
kneaded / לש 301
knee / ברך 60
kneeled / כרע 286
kneeling / כריעה 285
knew / הכיר 129
knew / ידע 255
knife / סכין 503
knight / אביר 12
knitted / סרג 510
knitted (adj.) / סרוג 510
knitting / סריגה 511
knitting needle / מסרגה 379
knob / גולה 65
knock / דפיקה 88
knock / נקישה 473
knocked / דפק 88
knocked / הקיש 155
knocked / נקש 475
knocking / הקשה 157
knot / קשר 616
knowing / הכרה 130
knowledge / דעת 87
knowledge / ידיעה 255
knowledge / ידע 255
knowledge / מושג 332
knowledgeable / ידען 255
known / גלוי 72
known / מוכר 324
known as / מכונה 359
Koran / קוראן 598
kosher / מוכשר 324
kosher (food) / כשר 286

L

LTD / בעירבון מוגבל 320
Latin (lang.) / רומי 624
Left (wing) / שמאל 673
Leftist / שמאלי 673
Leftist / שמאלני 673
Levi / לוי 292
Levirate marriage / ייבום 259
Ltd / בע"מ, 58
label / מדבקה 313
label / תו 690

lable / תווית 690
labor / עבודה 513
labor / עמל 536
labor party / עבודה 513
laboratory / מעבדה 380
laborer / עמל 536
labyrinth / מבוך 307
lace / תחרה 696
laced / שׂרך 684
lack / העדר 143
lack / חוסר 214
lack / חסך 232
lack / מחסור 343
lack of (dignity / פחיתות 555
lack of (energy) / אפיסת (כוחות), 34
lacking / חסר 232
lacking / חשוך 238
lacking / מחוסר 339
lacking / משולל 410
lacking / נטול 447
lad / עלם 534
ladder / סולם 490
ladle / מצקת 396
ladle / תרווד 711
lagged behind / פיגר 556
lagging behind / פיגור 556
laid / מונח 325
laid eggs (f) / הטיל 123
laid his plea / שטח 655
lair / מאורה 304
lake / אגם 13
lamb / טלה 251
lamb / שׂה 647
lame / פיסח 559
lame / צולע 580
lament / מספד 378
lament / קינה 603
lamented / ביכה 50
lamented / קונן 598
lamp / מנורה 371
lamp / פנס 565
lampshade / אהיל 15
land / אדמה 14
land / ארץ 38
land / קרקע 615
landed / הנחית 136
landed / נחת 446
landing / נחיתה 444
landing craft / נחתת 447
landing strip / מנחת 372
landscape / נוף 439
lane / נתיב 482
language / לשון 301
language / מליצה 364
language / שׂפה 679
languid / ישנוני 268
lantern / פנס 565
lapse / כשל 286
lapsed / מעד 380
large / גדול 64
large number / ריבוי 627
lark / עפרוני 538
laryngitis / דלקת 86
lasher / מצליף 395
lashes / מלקות 365
last / אחרון 21
last name / שם משפחה 416
last night / אמש 32
last rain / מלקוש 365
last year / אשתקד 39
lasted / ארך 37
latched onto / התלבש 183
late / מנוח 370
late (adj.) / מאוחר 303
late (adv.) / מאוחר 303
lately / לאחרונה 288
lateness / איחור 23
latent / סמוי 504
lathe / מחרטה 344
latitude / רוחב 623
latrine / מחראה 344
latticed (adj.) / מסורג 376
latticework / סורג 492
laughed / צחק 581
laugher / צחקן 581
laughter / צחוק 581
launched / הושט 115
launched / שיגר 657
launcher / משגר 408
launching / שיגור 656
launching / שילוח 661
laundered / כבס 270
laundered / כיבס 275
laundering / כביסה 270
laundry / כביסה 270
laundry / כבסים 270
laundry / מכבסה 359
lavatory / בית־כיסא 53
lavish / מפואר 387
law / דין 85
law / חוק 215
law / משפט 416
lawn / דשא 90
lawn / מדשאה 316
lawn-mower / מכסחה 361
lawyer / משפטן 417
lawyer / עורך-דין 522
laxative / משלשל 415
lay / רבץ 619
lay (down) / שכב 667
lay around / שרץ 684
lay down / נשכב 479
lay in wait / ארב 36
layer / מירבץ 357
layer / רובד 621
layer / שיכבה 659
layer (of bricks) / נידבך 450
laying / הנחה 136
laying eggs / הטלה 123
layout / מערך 386
layout / מתווה 419
laziness / עצלות 539
laziness / עצלנות 539
lazy / נרפה 476
lazy / עצל 539
lazy / עצלן 539
lead / עופרת 521
leader / מנהיג 369
leader / קברניט 594
leader / ראש 617
leadership / הנהגה 136
leadership / מנהיגות 369
leadership / ראשות 618
leading / ראשי 618
leaf / עלה 533
leaf loose notebook / דפדפת 87
leafed / דיפדף 85
leafed / עילעל 527
leafing / עילעול 527
leak / דליפה 86
leak / נזילה 442
leakage / הדלפה 98
leaked / הדליף 98
leaked / נזל 442

leaked out / דלף 86
lean / כחוש 274
lean / כחוש 274
leaned / נשען 480
leaned (against) / השעין 165
leaned towards / נטה 447
leaning / הישענות 128
leaning (adj.) / נוטה 437
leans towards / פשרן 575
leap / זינוק 206
leap 381
leap year / שנה מעוברת 676
leap year. / עיבור 524
leaped / קיפץ 604
leaped (over) / דילג 84
leaping / דילוג 84
learned / למד 297
learned (adj.) / מלומד 363
learning / למידה 298
lease / שׂכירות 668
leased / החכיר 120
leased / השׂכיר 164
leased / חכור 225
leased / חכר 225
leash / רצועה 637
leasing / החכרה 120
leasing / השׂכרה 164
leasing / חכירה 225
leather / עור 522
leavened (bread) / חמץ 229
leaving / עזיבה 523
leaving / שמיטה 674
leben / לבן 290
lecherous / שטוף 655
lecture / הרצאה 161
lectured / הרצה 161
lecturer / מרצה 407
led / הוביל 100
led / הוליך 106
led / הונהג 107
led / הונחה 107
led / הנהיג 136
led / ניווט 451
led astray / הוליך 106
leech / עלוקה 533
left / הסתלק 141
left / עזב 523
left / פרש 574
left / שבק 645
left / שמאל 673
left (adj.) / שמאלי 673
left (behind) / הותיר 117
left as a legacy / הנחיל 136
left behind / השאיר 162
left-handed / שמאלי 673
leftover / שיור 658
leftovers / שיירים 659
leg / רגל 620
leg (of animal) / כרע 286
leg-pulling / סיבון׳ 495
legacy / מורשת 332
legal / חוקי 215
legal / משפטי 417
legal advisor / משפטי 417
legal claim / תביעה 688
legend / אגדה 12
legend / הגדה 95
legibility / קריאות 613
legible / קריא 613
legion / ליגיון 295
legislated / חקק 234
legislation / חקיקה 234
legislation / תחיקה 695
legislator / מחוקק 340
legislature / מחוקק 340
leisure / פנאי 564
lemon / לימון 296
lending / השאלה 162
length / אורך 18
lengthened / האריך 92
lengthening / הארכה 92
lengthiness / אריכות 37
leniency / ותרנות 201
lenient / ותרן 201
lenient / ותרני 201
lenient / רך 632
lens / עדשה 517
lent / הלווה 132
lentil / עדשה 516
leper / מצורע 394
less / פחות 554
less / פחות 555
lessee / חוכר 213
lessee / שׂוכר 650
lessened / המעיט 135
lessened / פחת 555
lesson / לקח 300
lesson / שיעור 663
lesson plan / מערך 386
lest / בל 54
lest / לבל 289
lest / פן 564
lest / שמא 673
let / נתן 483
let (blood) / (דם) הקיז 154
let fall / שמט 674
let go! / הרף 160
let go! / הרפה 160
let go / שילח 661
let it be known (that) / להווי ידוע 291
let participate / שיתף 667
let slip / פלט 563
let's / הב/הבה 92
let's hope that / הלוואי 132
letter / אות 18
letter / מכתב 362
letter of appointment / מינוי 354
letting blood / הקזה 154
lettuce / חסה 231
level / דרג 88
level / מפלס 390
level / רמה 633
level / שלב 669
leveled / פילס 558
lever / מנוף 371
levy / היטל 125
lexical / מילוני 353
lexicographer / מילונאי 353
lexicography / מילונאות 353
lexicon of idioms / ניבון 449
liable / עלול 533
liable / עשׂוי 546
liable / צפוי 590
liaison / מקשר 401
liar / שקרן 682
liason / קשר 616
liberated / שיחרר 659
liberated (adj.) / משוחרר 410
liberation / שיחרור 658
liberty / חירות 224
librarian / ספרן 509
library / ספרייה 509
library science / ספרנות 509

livelihood / פרנסה 573
lively / תוסס 692
liver / כבד 269
lives / חי 218
living room / סלון 503
izard / לטאה 294
load / משא 408
load / עומס 520
loaded / הטעין 124
loaded / העמיס 144
loaded / חימש 222
loaded / טען 252
loaded / עמס 536
loaded (adj.) / טעון 251
loaded (adj.) / טעון 252
loaded (adj.) / מוטען 323
loaded (adj.) / עמוס 535
loading / הטענה 124
loading / העמסה 144
loading / טעינה 252
loaf / כיכר 276
loafer / בטל 48
loafer / בטלן 48
loam / טיט 248
loan / הלוואה 132
loan / השאלה 162
loan / מלווה 363
loaned / השאיל 162
loathed / קץ 611
loathsome / מאוס 304
loathsome / מוקצה 330
lobby / שדולה 647
lobbying / שתדלנות 685
lobbyist / שתדלן 685
lobe (ear) / תנוך 705
local / מקומי 398
local bus / מאסף 305
ocal newspaper / מקומון 398
localization / איתור 28
localized / איתר 28
located / איתר 28
located / ממוקם 367
locating / איתור 28
location / מיקום 356
lock / מנעול 373
lock / סגר 486
lock / קווצה 596
locked / נעל 465
locked / נצר 471
locked (adj.) / נעול 464
locked (adj.) / נצור 470
locked (himself) in / הסתגר 140
locked out (adj.) / מושבת 332
locked up (adj.) / סגור 486
locker / סגור 486
locking (adj.) / נעילה 464
locksmith / מסגר 373
locksmith's workshop / מסגרייה 373
locomotive / קטר 600
locust / ארבה 36
loftiness / שֹגב 646
logic / היגיון 124
logical / הגיוני 96
logically / היגיון 124
logo / סימן 500
loneliness / בדידות 43
loneliness / יתמות 268
lonely / בודד 44
lonely / גלמוד 73
lonely / מיותם 350
lonely / ערירי 544
long / ארוך 37
long ago / זמן 208
long ago / כבר 270
long ago / לפנים 299
long awaited / נכסף 458
long live ...! / יחי! 258
longed / התאווה 170
longed / התגעגע 176
longed for (adj.) / מיוחל 349
longings / געגועים 75
longings / כיסופים 277
look / מבט 308
look / מראה 401
look / סבר 485
looked / הביט 93
looked / הסתכל 141
looked for / חיפש 224
looked into / עיין 526
looked out / השקיף 166
looking / נראה 475
lookout / תצפית 709
lookout point / מיצפור 356
loop / לולאה 293
loop / מתלה 423
loop / תלי 702
loophole / פירצה 562
loose / מדולדל 314
loose / פזור 554
loose / תחות 695
loosened / התרופף 197
loosened / ריפה 630
loosened up / התפרק 193
loosening / התרופפות 198
loot / שלל 672
looted / בזז 47
looter / בוזז 45
looting / ביזה 49
loquat / שסק 677
oser / מופסד 328
loss / אבידה 12
loss / אובדן 15
loss / איבוד 22
loss / הפסד 147
loss (of life) / קיפוח 604
lost / איבד 21
lost / הפסיד 147
lost / ירד 266
lost (adj.) / אבוד 11
lost (adj.) / מופסד 328
lost (his life) / קיפח 604
lost a child / שיכל 660
lost a child / שכל 668
lost control / שכח 667
lost his temper / יצא מכליו 264
ost his wits / השתבש 166
lot / גורל 66
lot / הרבה 157
lot / מגרש 313
lot / פור 552
lot / רב 618
lot of / יתר 268
lots of / המון 134
lottery / הגרלה 97
lottery / פיס 559
loud / צעקן 589
loud / רם 633
loudness / צעקנות 590
loudspeaker / רמקול 634
lounge chair / כיסא 277
louse / כינה 276
lousy / מזופת 335
lousy / מחורבן 340
lousy / מחוריין 340

lousy / עלוב 533
love / אהבה 14
love-making / עגבים 514
loved / אהב 14
loved (adj.) / אהוב 14
loved (adj.) / נאהב 425
loveliness / נחמדות 444
lovely / נחמד 444
lovely pair / צמד 587
lovemaking / התעלסות 189
lover / אוהב 15
lover / מאהב 302
lover / נאהב 425
low / נמוך 460
low neckline / מחשוף 345
low tide / שפל 680
lower / תחתון 696
lower / תחתי 696
lowered / הוחלש 104
lowered / הוריד 114
lowered / הנמיך 137
lowered / השפיל 165
lowered / שילשל 661
lowered (adj.) / מושפל 333
lowered (adj.) / משולשל 410
lowering / הנמכה 137
lowering / משפיל 417
lowland / שפלה 680
loyal / נאמן 426
loyal / שמר 675
loyalty / אמונים 31
loyalty / נאמנות 426
lubricated / שימן 662
lubrication / סיכה 498
lubrication / שימון 661
lucid / צלול 586
lucidity / צלילות 587
luck / מזל 336
luck / פור 552
lucky / בר 59
lucky / מזל 336
ludicrous / נלעג 459
lukewarm / פושר 553
lull / הפוגה 146
lumber mill / מנסרה 373
lump / גוש 67
lung / ריאה 627
lurked / ארב 36

lust / תאוותנות 687
lust / תשוקה 713
lusted / עגב 514
lustful / תאוותני 687
lustful person / תאוותן 687
luxurious / מפואר 387
luxury / מותר 334
luxury / פאר 549
lying / שכוב 667
lying / שכיבה 668
lying on the back / פרקדן 573
lyrics / מלל 365

M

M.A. / מוסמך 326
M.Sc. / מוסמך 326
Ma'arach party (Labor) / מערך 386
Maccabean games / מכבייה 359
Maccabi / מכבי (מקבי) 359
Madam / גברת 63
Mapam (United Labor party) / מפ"ם 390
March / אדר 14
March-April) / ניסן 454
Market / שוק 651
Marranos / אנוסים 32
Mars / מאדים 302
May-June / סיוון 496
Mediterranean / הים התיכון 698
Member of the Knesset (M.K.) / חבר כנסת 209
Messiah / משיח 413
Middle East / המזרח התיכון 698
Middle East scholar / מזרחן 337
Middle Eastern Studies / מזרחנות 337
Mishna (oral law) / משנה 416
Miss / גברת 63
Monday / שני 677
Moslem / מוסלמי 326
Mr. / אדון 13
Mr. / מר 401
Mrs. / גברת 63
Muezzin (Arabic) / מואזין 319
ma / אימא 25
machine / מכונה 359
machine-gun / מקלע 399

mad / מטורף 346
mad / משוגע 409
mad (adj.) / שיגעוני 657
mad about / מטורף 346
mad dog / שוטה 649
made / השכין 163
made / נוצר 440
made / עשׂה 546
made (bed) / מוצע 329
made (food) kosher / הכשיר 131
made (of) / עשׂוי 546
made (of) / קרוץ 613
made (someone) dance / הרקיד 161
made (someone) forget / השכיח 163
made (someone) shiver / צימרר 584
made (someone) sick / החליא 121
made (someone) work / העביד 142
made Aliya / עלה 533
made a mistake / טעה 251
made a noise / רעש 636
made an effort / השתדל 166
made an effort / התאמץ 171
made colorful / גיוון 69
made concave / קיער 604
made cumbersome / סירבל 502
made dense / טימטם 249
made do (with) / הסתפק 142
made fun / שיטה 659
made fun (of) / לצוֹן 300
made hard / הקשה 157
made healthy / הבריא 94
made laugh / הצחיק 151
made light of / הקל 155
made love / התעלס 189
made nervous / עיצבן 528
made noise / הרעיש 160
made noise / קירקר 606
made of / מ - 302
made old / הזקין 119
made peace / השלים 164
made peace / פייס 557
made rich / העשיר 145
made sense / התקבל 194
made someone happy / שׂימח 662
made sure / וידא 200
made up / בדה 42
made up / השלים 164
made white-hot / ליבן 295

mirror / ראי 617
mirth / צוהלה 579
miscarriage / הפלה 147
mischievious / ממזרי 368
mischievous / שד 646
mischievous person / קונדס 597
miser / כיליי 276
miser / קמצן 609
miserable / אומלל 16
miserable / מסכן 377
misery / עליבות 534
misfortune / איד 22
misfortune / עסק 538
misguidance / התעייה 189
misguided / התעה 188
mishap / פגע 549
mishmash /'מִישמַש' 358
misinformed / התעה 188
misleading / הטעייה 124
misleading / מטעה 347
misleading / מתעה 423
misleading / מתעתע 423
misled / הטעה 124
misled / התעה 188
miss / החטאה 120
miss / החמצה 122
missed / החטיא 120
missed / החמיץ 121
missed / החסיר 122
missed / התגעגע 176
missed / פיספס 559
missed (adj.) / מוחמץ 322
missile / טיל 248
missile boat / סטיל 494
missing / החמצה 122
missing / נפקד 469
missing in action (M.I.A.)/נעדר 464
mission / ייעוד 261
mission / משימה 413
mission / שליחות 671
mist / אד 13
mistake / טעות 252
mistake / כשל 286
mistake / משגה 408
mistake / שגיאה 646
mistaken / מוטעה 323
mistress / פילגש 558
mitigated / החליק 121

mix-up / בילבול 50
mixed / טרף 253
mixed / מהל 318
mixed / מעורבב 382
mixed / עירב 530
mixed / עירבב 530
mixed / עירבל 530
mixed / רקח 638
mixed / בחש 47
mixed (adj.) / מעורב 382
mixed up / בילבל 50
mixed up (adj.) / מעורבב 382
mixed-up (adj.) / מבולבל 307
mixer / מערבל 385
mixing / התערבות 190
mixing / מהילה 318
mixing / עירבוב 530
mixing / עירבול 530
mixing / עירוב 530
mixture / מזיגה 335
mixture / מרקחת 407
mixture / שעטנז 678
mixture / תערובת 707
moaned / גנח 74
mob / אספסוף 34
mobile / נייד 452
mobility / ניידות 452
mobilization / גיוס 69
mobilized / מגויס 311
mobilized / נייד 452
mocked / לעג 298
mockery / לגלגנות 290
mocking / לגלגני 290
model airplane / טיסן 249
modeled / הדגים 97
modeling / דוגמנות 80
moderate / ממותן 367
moderate / מתון 420
moderated / הגמיש 96
moderated / מיתן 358
moderation / מיתון 358
moderation / מתינות 422
moderator / מנחה 372
modern / חדיש 210
modest / ענוותן 537
modest / עניו 537
modest / צנוע 588
modesty / ענווה 536

modesty / ענוותנות 537
modesty / פשטות 574
modesty / צניעות 589
moist / טחוב 247
moist / לח 293
moist / מלוחלח 363
moistened / הורטב 114
moisture / לחלוחית 294
mold / עובש 517
mold / תבנית 688
moldy / מעופש 382
mole / שומה 650
molecule / פרודה 570
moment / רגע 620
momentary / רגעי 620
monarchist / מלוכני 363
monastery / מנזר 372
money / דמים 87
money / כסף 282
money / ממון 366
money laundering / הלבנה 132
money-changer / חלפן 228
monitor / משגיח 408
monk / נזיר 442
monkey / קוף 598
mono- / חד 210
monotonous / חדגוני 210
monster / מפלצת 390
monstrous / מפלצתי 390
month / חודש 212
month / מצרך 396
monthly / חודשי 212
monthly (magazine) / ירחון 266
monument / אנדרטה 32
monument / גלעד 73
mooched / שנורר 676
moocher / שנורר 676
mood / מצב 392
mood / מרגש 402
moon / ירח 266
moon / לבנה 290
moon / סהר 488
moonstruck / סהרורי 488
mop / מגב 310
moral / לקח 300
moral / מוסר 326
moral / מוסרי 326
moral (lesson) / מוסר השׂכל 164

N

nervousness / עצבנות 539
nest / קן 609
nested / קינן 604
net / רשת 640
netted / רישת 631
nettle / סירפד 502
network / רשת 640
neurotic / מתוסבך 420
neuter / סתמי 512
neutral / סתמי 512
neutralization / ניטרול 452
neutralization (chem.) / סתירה 512
neutralized / ניטרל 452
never / מעולם 381
never mind / מילא 352
nevertheless / אף־על־פי־כן 34
nevertheless / בכל זאת 53
new / חדיש 210
new / חדש 211
news / חדשות 211
news edition / מהדורה 317
news flash / מבזק 308
news item / ידיעה 255
news story / כתבה 287
newspaper / עיתון 531
next / הבא 92
next to / ליד 295
nibbled / כירסם 278
nibbled (adj.) / מכורסם 360
nice / יאה 254
nice / נאה 425
nice / נחמד 444
niceness / נחמדות 444
niche / מגרעת 313
nickname / כינוי 276
niece / אחיין/אחיינית 20
night / לילה 296
nightingale / זמיר 208
nightmare / סיוט 497
nine (f) / תשע 713
nine (m) / תשעה 713
ninety / תשעים 713
ninth (m) / תשיעי 713
nipple / פיטמה 557
no / אי־ 21
no / לא 288
no way / בשום אופן 61
no-man's land / שטח הפקר 148

no. / מספר 378
noble / אציל 36
noble / אצילי 36
noble (adj.) / נאצל 426
nobleman / אציל 36
nocturnal / לילי 296
nod / מנוד 370
nod / ניד 450
nodded / הינהן 126
nodded / הניד 137
nodded / נד 432
nodded / ניענע 454
nodding / ניענוע 454
noise / רעש 636
noise / שאון 642
noisemaker / רעשן 636
noisiness / קולניות 597
noisy / הומה 106
noisy / סואן 488
noisy / רועש 624
noisy / רעשן 636
noisy / רעשני 636
nomad / נווד 437
nominal / שמי 674
nominal pattern / משקל 417
non / אי־ 21
non-Jew / ערל 545
non-kosher (food) / טרף 253
non-kosher food / טריפה 253
non-kosher food / תועבה 692
nonsense / שטות -655
noodles / איטריות 24
noon / צוהריים 579
norm / תקן 710
normal / תקין 709
normalization / נירמול 456
north / צפון 590
northern / צפוני 590
nose / אף 34
nose / חוטם 213
nose-ring / נזם 442
nosey / חטטן 218
nosey / חטטני 218
nosey search / נבירה 428
nostril / נחיר 443
not / בל, 54
not / לא 288
not / בלתי- 55

not on speaking terms / ברוגז 59
not yet / טרם 253
note / פיתקה 563
note / צליל 586
note / תו 690
notebook / מחברת 337
notebook / פנקס 565
noted / ציין 583
nothing / כלום 279
nothingness / אין 26
nothingness / בלימה 54
nothingness / חידלון 219
nothingness / תוהו 690
noticed / הבחין 93
noticed / השגיח 162
notion / מושג 332
notoriety / גנאי 74
notorious / שימצה 662
noun / עצם 540
nouns carrying a segol / סגולי 485
nourished / הזין 119
nourished / ניזון 451
nourishing / מזין 336
nourishment / מזון 335
novice / טירון 250
now / כעת 282
now / עכשיו 532
now / עתה 547
nuclear / גרעיני 76
nuclear reactor / כור 273
nucleus / גרעין 76
nude / עירום 530
nuisance / מטרד 347
nuisance / פגע 549
null and void / מבוטל 307
number / מספר 378
numbered / מנה 369
numbered / סיפרר 501
numbness / התקהות 195
numerated / מיספר 355
numerated / סיפרר 501
numerated (adj.) / ממוספר 367
numeration / מיספור 355
numeration / סיפרור 501
numerator / מונה 325
numerical / מספרי 378
numerous / מרובה 402
nurse / אחות 20

nursery / משתלה 418
nursery school / גנון 74
nursery-school / פעוטון 567
nurtured / טופח 246
nurtured / טיפח 249
nurtured / פיתח 563
nurturing / טיפוח 249
nut / אגוז 13
nut cracker / מפצח 390
nutrition / תזונה 694
nutritionist / תזונאי 694

O

O.K. / בסדר 57
O.K. / טוב 245
Oh God! / הוי 104
oak / אלון 29
oar / משוט 410
oarsman / שייט 659
oasis / נווה 437
oath / שבועה 644
oats / שיבולת שועל 651
obedience / ציות 582
obedience / צייתנות 583
obedient person / צייתן 583
obeyed / נשמע 480
obeyed / ציית 583
obituary / מודעה 321
object / חפץ 233
object / עצם 540
object (gram.) / מושׂא 332
objection / התנגדות 186
obligation / התחייבות 178
obligation / חובה 211
obligation / מחויבות 338
obliged (adj.) / מחויב 338
oblique / מלוכסן 363
oboe / אבוב 11
obscenity / ניבול פה 449
obscurity / ערפל 545
observation / הסתכלות 141
observation / התבוננות 173
observation / צפייה 590
observation / תצפית 709
observatory / מצפה 396
observed / התבונן 173
observed / צפה 590
observer / משקיף 417
observer / מתבונן 419
observes tradition / מסורתי 376
obsessive card-player / קלפן 608
obsolescence / התיישנות 181
obstacle / מוקש 331
obstacle / מכשול 361
obstacle / רועץ 624
obstetrician / מיילד 352
obstinacy / סרבנות 510
obstinate / סרבן 510
obstinate / קשוח 615
obtaining / השׂגה 162
obvious / בולט 45
occupation / התעסקות 190
occupation / מקצוע 399
occupation / משלח יד 415
occupation / עיסוק 528
occupation (by force) / כיבוש 275
occupied / עסוק 537
occupied / תפס 708
occupied (adj.) / כבוש 270
occupied (adj.) / תפוס 708
occurrence / מקרה 400
octagon / מתומן 420
octet / שמינייה 674
odd / מוזר 322
odd / משונה 411
oddness / מוזרות 322
of / של 669
of course / כמובן 281
of good family / יחסן 259
of good quality / איכותי 24
of meat / בשׂרי 61
of one piece / מקשה 401
of one's heart / מקרב 400
of principle / עקרוני 542
of sensual or spiritual / חוויתי 212
of sorts / כלשהו 280
of sorts / כלשהי 280
of study / לימודי 296
of terrorism / חבלני 209
of the desert / מדברי 313
of them (f) / מהן 318
of them (m) / מהם 318
of value / ערכי 545
off work / שובת 648
offended / העליב 143
offense / עבירה 514
offensive / מתקפה 424
offensive / פוגע 550
office / כהונה 271
office / משׂרד 418
office- / משׂרדי 418
officer / קצין 611
officer's corps / קצונה 611
official / רשמי 640
official uniform (pl.) / שׂרד 683
officially / רשמי 640
offset / קיזז 602
offsetting / קיזוז 602
offside / נבדל 427
offspring / צאצא 577
often / לעיתים 299
oil / שמן 675
oil lamp / עששית 547
oilcloth / שעוונית 678
oiled (adj.) / משומן 411
oily / שמנוני 675
old / זקן 210
old / ישן 268
old / מיושן 350
old / קשיש 616
old age / זיקנה 207
old age / זקונים 210
old age / שׂיבה 656
old timer / ותיק 201
olive / זית 207
olive harvest / מסיק 377
omelet / חביתה 208
omission / השמטה 164
omitted / השמיט 165
on / על 532
on a daily basis / יומית 257
on call / כונן 273
on condition that / בתנאי 61
on condition that... / תנאי 705
on display / ראווה 617
on duty / כונן 273
on foot / רגלי 620
on loan / בהשאלה 44
on principle / עקרונית 542
on target / מטווח 345
on the alert / הכן 130
on the contrary / אדרבא/אדרבה 14
on the contrary / היפוך 127

on the contrary / להיפך 291
on the occasion of / לרגל 301
on the one hand (Aram.) / מחד גיסא 337
on the other hand / להבדיל 290
on the other hand / מאידך גיסא 305
on the right (side) / ימני 263
on top of / על 532
once again / שנית 677
once and for all / תמיד 704
once more / שוב 647
once upon a time / היה 125
one / אחד 19
one (f) / אחת 21
one - / חד 210
one and the same / היינו 126
one by one / אחד 19
one eighth / שמינית 674
one fourth / רבע 619
one hundred / מאה 302
one of the active paradigms of the Heb. verb / פיעל 559
one seventh / שביעית 644
one should / צריך 592
one sixth / שישית 667
one tenth / עשׂירית 546
one third / שליש 671
one thousandth / אלפית 31
one who prays / מתפלל 423
one-armed / גידם 69
one-way / סיטרי 497
onion / בצל 58
only / אך 28
only / בלבד 54
only / יחיד 258
only / לבד 289
only / רק 638
onward / קדימה 595
onwards / אילך 25
onyx / שוהם 648
opaque / אטום 21
open / פתוח 575
open (ear) / פקוח 569
open mindedness / פתיחות 576
open space / מרחב 405
open-mouthed / פעור 567
opened / פתח 575
opened (eyes) / פקח 569

opened (mouth) / פצה 568
opened widely / נפער 468
opened widely / פער 568
opened widely / פשׂק (פסק) 575
opening / מפתח 392
opening / פתח 575
opening / פתיחה 576
opening (eye / פקיחה 569
opening remarks / פתיח 576
openly / בגלוי 42
openly / גלוי 72
openly / קבל 593
operated / הפעיל 148
operated / ניתח 457
operated / תיפעל 699
operated (adj.) / מופעל 328
operated on (adj.) / מנותח 372
operating / תיפעול 699
operation / הפעלה 148
operation / מבצע 309
operation / ניתוח 456
operation / פעולה 567
operational / מבצעי 309
opinion / דיעה 85
opponent / יריב 266
opponent / מתנגד 423
opponent / פלוגתא 563
opponent of Hassidism / מתנגד 423
opportunism / סתגלנות 511
opportunist / סתגלן 511
opportunistic / סתגלני 511
opportunity / הזדמנות 118
opposed / התנגד 186
opposed / נחלק 444
opposing (adj.) / נוגד 436
opposite / היפך 127
opposite / לפני 299
opposite / מול 324
opposite / מול 324
opposite / ממול 366
opposite / מנגד 369
opposite / מנוגד 370
opposite / נגד 429
opposite / נגדי 430
opposite / נוכח 438
opposite / לעומת 520
opposition / התנגדות 186
oppressed / נגשׂ 432

oppressed / רדה 620
oppressed (adj.) / מדוכא 314
oppressed (adj.) / נדכא 433
oppression / נגישׂה 431
oppression / פרך 572
oppressive / מעיק 383
oppressor / משעבד 416
oppressor / צורר 581
opressed / דיכא 84
or / או 15
oral expression / הבעה 94
orange / תפוז 708
orange (color) / כתום 287
orange grove / פרדס 570
orator / נואם 436
orchard / בוסתן 45
orchard / מטע 347
orchard / פרדס 570
orchestra / תזמורת 694
orchestral / תזמורתי 694
orchestrated / תיזמר 698
orchestrated (adj.) / מתוזמר 420
orchestration / תיזמור 698
orchid / סחלב 494
order / הוראה 113
order / הזמנה 119
order / מסדר 373
order / סדר 487
order / פקודה 569
order / פקודה 569
order / צו 579
order to seize / עיקול 529
ordered / הורה 114
ordered / הזמין 119
ordered / פקד 569
ordered / ציווה 582
ordinal / סידורי 496
ordinal (number) / סודר 489
ordinal number / מספר 378
ordination / סמיכה 505
organ / איבר 22
organ / עוגב 517
organ / שופר 651
organist / עוגבר 517
organization / אירגון 27
organization / היערכות 127
organization / התארגנות 172
organized / אירגן 27

P

paymaster / שלם 672
payment / דמים 87
payment / פירעון 562
payment / תשלום 713
pea / אפונה 34
peace / מנוח 370
peace / שלום 670
peach / אפרסק 35
peak / פסגה 565
peanuts / בוטנים 45
pear / אגס 13
pearl / מרגלית 402
pearl / פנינה 565
peasant (Arabic) / פלאח 563
pecked / חיטט 220
pecked / נבר 429
pecked / ניקר 456
pecking / נבירה 428
pecking / ניקור 456
peculiarity / זרות 210
pedal / דוושה 81
pedantic / דקדקן 88
pedantic / קפדן 610
pedantic / קפדני 610
pedantry / קפדנות 610
peddler / רוכל 623
peddler / תגרן 689
peddling / תגרנות 689
pedestrian / הולך־רגל 106
pedestrian / הלך 133
pedestrian walk / מדרחוב 316
pediculosis / כינמת 276
pedigree / ייחוס 260
peed / השתין 167
peeked / הציץ 152
peeked / פזל 554
peeking / הצצה 153
peel / קליפה 607
peeled / קילף 603
peeled / קלף 608
peeled (adj.) / מקולף 397
peeling / קילוף 603
peened (adj.) / רקוע 638
pelican / שקנאי 682
pelvis / אגן 13
pen / דיר 85
pen / עט 523
pen / קולמוס 597
pen / קלמר 608
penalty / עונש 520
penalty / קנס 610
pencil / עיפרון 528
pencil case / קלמר 608
pendant / תליון 702
pendulum / מטוטלת 345
penetrable / חדיר 210
penetrated / חדר 211
penetrating / נוקב 440
penetration / חדירה 210
penis / זיין 205
penitential prayers / סליחות 504
penny / פרוטה 570
pension / גימלה 71
pension / קיצבה 605
pensioner / גימלאי 71
pensive / מהורהר 318
pentagon / מחומש 339
penultimate accent / מלעיל 365
people / אנשים 33
pepper / פילפל 558
peppered (adj.) / מפולפל 388
per diem / אש"ל 39
percent / אחוז 20
perfect / מושלם 333
perfected / ליטש 296
perfected / שיכלל 660
perfection / שלמות 672
perforated / מנוקב 371
perforated / ניקב 455
perforated / נקוב 472
perforated (adj.) / מחורר 340
perforated (adj.) / נקבובי 472
perforation / ניקוב 455
performance / ביצוע 51
performance / הופעה 110
performance / מופע 328
performance / תיפקוד 700
performance art / מיצג 356
performed / הופיע 110
performed / הציג 152
performed / תיפקד 700
perfume / בושׂם 46
perfumed (adj.) / מבושׂם 308
perfumery / תמרוקייה 705
pergola / סככה 503
perhaps / אולי 16
perhaps / שמא 673
period / נקודה 472
period / פרק 573
period / תקופה 709
periodical / תקופתי 709
periodicity / מחזוריות 341
perishable / מתכלה 422
perished / נכחד 458
permanence / צמיתות 588
permanence / קבע 594
permanent / קבוע 593
permanent / תמידי 704
permanent wave / סילסול 499
permeable / חדיר 210
permeated / פיעפע 559
permed / סילסל 499
permission / רשות 639
permissive / מתירני 422
permissiveness / מתירנות 422
permit / היתר 128
permitted / הניח 137
permitted / הרשה 161
permitted / התיר 182
permitted (adj.) / רשאי 639
perpendicular / אנכי 33
perpendicular / ניצב 454
persecuted / רדף 621
persecuted (adj.) / נרדף 475
persecution / רדיפה 621
perseverance / התמדה 183
persevered / התמיד 184
person-in-charge / אחראי 20
personal / אישי 28
personal affairs unit (milit.) / מת"ש 424
personality / אישיות 28
personality / דמות 87
personally / אישי 28
personally / אישית 28
personification / האנשה 91
perspiration / זיעה 206
perspiration / יזע 258
perspired / הזיע 119
perspiring / הזעה 119
persuaded / שידל 657
persuasion / שיכנוע 660
pervert / סוטה 489
pest / טרדן 253

pestered / הטריד 124
pestered / הציק 153
pestered / כסס 282
pestered / נטפל 448
pestilence / דבר 79
pestle / עלי 533
pet / מחמד 342
petal / כותרת 274
petition / עצומה 539
petition / עתירה 548
petitioned / עתר 548
petitioner / עותר 523
petrification / התאבנות 170
petroleum / נפט 467
petted / מיזמז 350
pettiness / קטנוניות 600
petting / מיזמוז 350
petty / קטנוני 600
pharmaceutics / רוקחות 625
pharmacist / רוקח 625
pharmacy / בית־מרקחת 53
pharynx / לוע 293
phase / שלב 669
phenomenon / תופעה 692
philanthropist / נדבן 432
philanthropy / נדבנות 432
philologist / לשונאי 301
philosopher / הוגה 101
phoned / טילפן 249
phoned / צילצל 584
phonograph / מקול 397
phony / מלאכותי 362
phony / מעושׂה 383
phosphorus / זרחן 210
photograph / צילום 584
photograph / תצלום 709
photographed / צילם 584
photographed (adj.) / מצולם 393
photographer / צלם 587
photography / צילום 584
phrase / ביטוי 49
phrase / פיסקה 559
phrased / מנוסח 371
phrasing / ניסוח 453
phylacteries / תפילין 708
phylactery / טוטפת 246
physical / גופני 66
physician / רופא 624

pianist / פסנתרן 566
piano / פסנתר 566
picked / קטף 600
picked grapes / בצר 58
picking / חיטוט 220
picking (flowers etc.) / קטיפה 600
pickled / החמיץ 121
pickled / כבש 270
pickled (adj.) / כבוש 270
pickled (adj.) / מוחמץ 322
pickles / מחמצים 343
pickling / החמצה 122
pickpocket / כייס 276
pickpocketed / כייס 276
picky / חטטן 218
picture / ציור 582
picture / תמונה 703
picturesque / ציורי 582
pie / פשטידה 574
piece / חתיכה 239
piece of land / חלקה 228
piece of paper / פתק 576
piece-work / קבלנות 593
pieced together / איחה 23
pier / מזח 335
piercing / נוקב 440
pig / חזיר 217
pigeon / יונה 257
pile / ערימה 544
piled / ערם 545
piled (adj.) / מגובב 341
piled up / גדש 64
pill / גלולה 72
pill / כדור 271
pillar / עמוד 535
pillow / כר 284
pillow-case / ציפית 585
pilot / טייס 248
pimp / סרסור 511
pimply / מחוטט 338
pin / סיכה 498
pinch / קמצוץ 609
pinch(ing) / צביטה 577
pinched / צבט 577
pine / אורן 18
pink / ורוד 201
pinkish / ורדרד 201
pinky / זרת 211

pioneer / חלוץ 226
pioneer / נחשון 446
pious / אדוק 13
pious / חסיד 232
pious / חסידי 232
pious / ירא (שמים/אלוהים) 266
pip / חרצן 237
pipe / מקטרת 399
pipe / צינור 584
piping / צנרת 589
pistil / עלי 533
pistol / אקדח 36
piston / בוכנה 45
pit / גלעין 73
pit / חרצן 237
pit / מהמורה 318
pit / שוחה 649
pitah bread / פיתה 562
pitch / זפת 209
pitched / זיפת 206
pitched (a tent) / נטה 447
pitched (adj.) / נטוי 447
pitcher / זפת 210
pitching / זיפות 206
pitied / חס 231
pity / רחמים 626
pity / רחמנות 626
pivot of balance / מאזניים 305
place / אתר 40
place / מקום 398
placed / הושׂם 116
placed / הניח 137
placed / הפקיד 148
placed / מיקם 356
placed / שיבץ 656
placed (adj.) / מוטל 323
placed (adj.) / נתון 482
placenta / שיליה 661
placenta / שפיר 679
placing / הנחה 136
placing / העמדה 144
placing / שיבוץ 656
plague / דבר 79
plague / מגפה 313
plain / מישור 358
plain / פשוט 574
plaintiff / תובע 690
plan / תוכנית 691

plane / מישורי 358
plane / משטח 413
planed (adj.) / מהוקצע 317
planet / כוכב לכת 272
plank / קרש 615
planned / תיכנן 698
planned (adj.) / מתוכנן 420
planner / מתכנן 422
planning / טוייה 246
planning / תיכנון 698
plant / גידול 69
plant / מלטשה 364
plant / מפעל 390
plant / צמח 588
plantation / מטע 347
planted / השתיל 167
planted / נטע 448
planted / שתל 685
planted (adj.) / נטוע 447
planted (adj.) / שתול 685
planter / עציץ 539
planting / השתלה 168
planting / נטיעה 448
planting / שתילה 685
plaster / טיח 248
plaster of Paris / גבס 63
plastered / טייח 248
plastered (adj.) / מטויח 345
plasterer / טייח 248
plastering / טיוח 248
plate / לוחית 292
plate / צלחת 586
plateau / רמה 633
platform / מצע 395
platform / רציף 638
platitude / מליצה 364
platoon / כיתה 278
platoon / מחלקה 342
platoon commander / מ"מ, 366
platoon commander (abbr.) / מ"פ 386
play / הצגה 150
play / חיזיון 220
play / מחזה 341
play-writing / מחזאות 341
played / השמיע 165
played / ניגן 450
played / שׂיחק 658
played (adj.) / מנוגן 370
played hooky / התפרפר 193
played the flute / חילל 222
player / נגן 431
player / שׂחקן 654
playing / משחק 413
playing music / נגינה 430
playpen / לול 292
plays the flute / מחלל 342
playwright / מחזאי 341
plea / טענה 252
plea / תחינה 695
pleaded / התחנן 179
pleasant / חביב 208
pleasant / נאה 425
pleasant / נעים 465
pleasant / ערב 543
pleasantness / חביבות 208
pleasantness / נועם 439
please / אנא 32
please / בבקשה 41
please / מטותא 346
please / נא 425
pleased (adj.) / מרוצה 404
pleasure / הנאה 136
pleasure / מנעם 373
pleasure / נחת 447
pleasure / עדן 516
pleasure / עדנה 516
pleasure / עונג 520
pleasure / תענוג 707
pleat / קפל 610
plenary session / מליאה 364
plenty / הרבה 157
plenty / שפע 680
plenum / מליאה 364
pliers / צבת 578
plodded along / השׂתרך 169
plodded along / שׂירך 666
plot / מגרש 313
plot / עלילה 534
plotled / התנכל 187
plotted / חתר 240
plotted against / חרש 237
ploughed / פילח 558
plow / מחרשה 344
plowed / חרש 237
plowed field / ניר 456
ploy / תחבולה 695
plucked / מרט 405
plucked / תלש 703
plucked (adj.) / מרוט 403
plucking / מריטה 405
plucking / תלישה 702
plucking a stringed instrument / פריטה 572
plug / מסתם 379
plugged (adj.) / פקוק 569
plum / שזיף 653
plumb / אנך 33
plumber / שרברב 682
plumbing / צנרת 589
plumbing / שרברבות 682
plump / בשרני 61
plural / ריבוי 627
poached (adj.) / שלוק 670
pocket / כיס 276
pocket / מובלעת 319
pocketknife / אולר 16
poem / שיר 665
poet / משורר 412
poetic / פיוטי 556
poetry / שירה 665
point / חוד 212
point of view / השקפה 166
point of view / זווית 203
point of view / מבט 308
pointed / הצביע 150
pointed out / ציין 583
poised / שקול 681
poison / ארס 38
poison / רעל 635
poisoned / הרעיל 160
poisoned (adj.) / מורעל 331
poisoning / הרעלה 160
poisonous / ארסי 38
poked fun at / היתל 128
poked his nose (into) / תחב 694
polar / קוטבי 596
polarity / קיטוב 602
polarized (adj.) / מקוטב 397
pole / מוט 323
pole / עמוד 535
pole / קוטב 596
polemicist / פולמוסן 551
polemist / וכחן 200

poles apart / מערב 385
police / משטרה 413
policeman / שוטר 649
policy / מדיניות 315
policy / מדיניות 315
polio / שיתוק 667
polished / הבריק 94
polished / ליטש 295
polished / מהוקצע 317
polished / מירק 357
polished / ציחצח 583
polished (adj.) / מלוטש 363
polished (adj.) / ממורט 367
polished (adj.) / מצוחצח 393
polishing / הברקה 95
polishing / ליטוש 295
polishing / מירוק 357
polishing / ציחצוח 583
polishing / שיפשוף 664
polite / אדיב 13
polite / מנומס 370
polite / נימוסי 453
polite / עדין 516
politeness / נימוס 453
politeness / נימוסיות 453
politeness / עדינות 516
political / מדיני 315
political party / מפלגה 390
politics / מדיניות 315
poll(s) / קלפי 608
polluted / זיהם 205
pollution / זיהום 205
polygon / מצולע 393
polymath / רימון 629
pomegranate / רימון 629
pompous ass / נאד 425
pool / בריכה 60
poor / דל 86
poor / מסכן 377
poor / עני 537
poor / צולע 580
poor / רש 639
poor man / אביון 12
pop song / פזמון 554
poppy / פרג 570
popsicle / שלגון 669
popular / מבוקש 308
popular / מקובל 397
popular / נפוץ 467
popular / עממי 536
popularity / פירסום 561
populated / איכלס 24
populated (adj.) / מאוכלס 303
populating / איכלוס 24
population / אוכלוסייה 16
population / יישוב 262
population density / צפיפות 590
porcelain / חרסינה 237
pore / נקבובית 472
pork / חזיר 217
porous / נקבובי 472
porridge / דייסה 84
porridge / נזיד 442
port / נמל 460
portable / מיטלטל 351
porter / סבל 485
porter / שוער 651
porterage / סבלות 485
portfolio / תיק 700
portion / מנה 369
portrait / דיוקן 83
portrayed / גילם 70
position / כהונה 271
position / משׂרה 418
position / עמדה 535
position / תנוחה 705
position / תפקיד 709
positioned / הציב 152
positioned / מיקם 356
positioned (himself) / התמקם 185
positioning / התמקמות 185
positive / חיובי 219
positively / בחיוב 47
possession / קניין 610
possession / רשות 639
possessions / כבודה 269
possessive / רכושני 632
possessiveness / רכושנות 632
possibility / אפשרות 35
possible / אפשר 35
possible / אפשרי 36
post / משׂרה 418
post / עמדה 535
post / שליחות 671
post factum / בדיעבד 43
post factum / מעשׂה 386
post office / דואר 80
post office / תא 687
postcard / גלויה 72
posted / הציב 152
poster / כרזה 285
posting / הצבה 150
posting signs / שילוט 661
postponed / דחה 82
postponed / דחוי 82
postponement / דחייה 82
posture / יציבה 265
pot / חשיש 238
pot / סיר 502
pot / קדירה 595
pot / קנקן 610
potato / תפוח־אדמה 708
potato pancake / לביבה 289
potion / שיקוי 664
pottage / נזיד 442
pottery / חרס 236
poultry / עוף 521
poultry farmer / לולן 293
pounced / עט 523
pounded / כתת 287
poured / יצק 265
poured / מזג 334
poured / נשפך 481
poured / שפך 679
poured forcefully / ניתך 457
poured out (his feelings) / השתפך 169
pouring / יציקה 265
pouring / מזיגה 335
pouted / שירבב 665
poverty / דלות 86
poverty / מחסור 343
poverty / עוני 520
poverty / עניות 537
poverty-stricken / דלפון 86
powder / אבקה 12
powdered / פידר 556
powdery / קמחי 608
power / און 17
power / כוח 272
power / מעצמה 385
power / עוצמה 521
power (math) / חזקה 217
power station / תחנה 696

priesthood / כהונה 271
primacy / ראשוניות 618
prime minister / ראש ממשלה 360
primary / ראשוני 618
prince / נסיך 463
principal / ראשי 618
principal clause / עיקרי 529
principality / נסיכות 463
principle / יסוד 264
principle / עיקרון 529
print / דפוס 88
print / הדפס 99
printed / הדפיס 99
printed (adj.) / מודפס 321
printer / מדפסת 316
printing / הדפסה 99
printing block / גלופה 72
printout / תדפיס 689
priority / עדיפות 516
priority / קדימה 594
prism / מנסרה 372
prison / כלא 278
prison guard / סוהר 489
prisoner / אסיר 33
prisoner of war / שבוי 643
privacy / פרטיות 571
privacy / צנעה 589
private / פרטי 571
private domain / נחלה 444
private domain / רשות 639
private first-class / טוראי 246
privatization / הפרטה 149
privilege / זכות 207
privilege / יתר 268
prize / פרס 573
probability / הסתברות 140
probability / סבירות 484
probably / סתם 512
probably / קרוב 613
problem / בעייה 57
problem / סוגיה 488
problem / שאלה 643
problematic / בעייתי 57
problematics / בעייתיות 57
proboscis / חדק 210
procedure / נוהל 437
proceeded / התנהל 186
proceeding / הליך 133
proceeds / תשואה 712
process / תהליך 689
processed (adj.) / מעובד 380
processing / עיבוד 524
procession / תהלוכה 689
processor / מעבד 380
proclamation / כרוז 285
proclamation / מנשר 373
procreated / הוליד 106
procurement / רכש 633
prodded / המריץ 135
prodded / זירז 207
prodding / זירוז 207
proded / דירבן 85
prodigy / עילוי 527
produce / תבואה 687
produce / תוצרת 693
produce / תנובה 705
produced / הפיק 146
produced / הפיק 146
produced / ייצר 261
produced / יצר 265
produced (adj.) / מופק 328
produced (adj.) / מיוצר 350
producer / מפיק 390
producing / הפקה 148
product / מוצר 330
product / תוצר 693
product (arith.) / מכפלה 361
production / ייצור 261
production / תפוקה 708
production (extraction) / הפקה 148
productive / יצרני 266
productivity / פוריות 552
productiviy / פיריון 561
profane / חול 213
profession / מקצוע 399
professional / מקצועי 399
professionalism / מקצועיות 400
proficiency / בקיאות 59
proficiency / מיומנות 349
proficiency / שליטה 671
proficient / מיומן 349
profile / צדודית 578
profit / פרי 572
profit / רווח 622
profitability / כדאיות 271
profitability / רווחיות 622
profitability / ריווחיות 628
profitable / כדאי 271
profitable / רווחי 622
profitable / ריווחי 628
profiteer / מפקיע 391
profiteer / ספסר 508
profiteered / סיפסר 501
profiteering / ספסרות 508
profound / עמוק 535
profundity / עומק 520
program / תוכנייה 691
program / תוכנית 691
program / תוכנית 691
programed (adj.) / מתוכנת 420
programmer / מתכנת 422
programmer / תוכניתן 691
programming / תיכנות 698
progress / התקדמות 194
progress / קידמה 601
progressed / התקדם 194
progression / הדרגה 99
progressive / מתקדם 424
prohibited / אסור 33
prohibition / איסור 26
project / מבצע 309
project / מפעל 390
projected / השליך 164
projection / תחזית 695
projector / זרקור 211
projector / מקרן 400
proletariat / עמל 536
proliferation / התרבות 197
prolific / פורה 552
prolonged / האריך 92
prolonged (adj.) / ממושך 367
promenade / טיילת 248
prominence / קומה 597
prominent / בולט 45
prominent / דגול 79
promiscuity / מתירנות 422
promise / הבטחה 93
promised / הבטיח 93
promising (adj.) / מבטיח 309
promissory note / שטר 655
promissory note / שטר 656
promoter / מקדם 397
promoter / שושבין 652
promotion / דרגה 88

promotion / העלאה 143
promotion / עלייה 534
promotion / קידום 601
prompted / הניע 137
prone (to) / מועד 326
pronoun / כינוי 276
pronounced / ביטא 49
pronounced / מפיק 390
pronounced (adj.) / הגוי 96
pronunciation / מבטא 309
proof / אסמכתא 33
proof / הוכחה 105
proof / מופת 329
proof / עדות 516
proof reading / הגהה 95
proof-read / הגיה 96
proof-reader / מגיה 312
propaganda / הסברה 138
propaganda / תעמולה 707
propaganda (adj.) / תעמולתי 707
propagandist / תועמלן 692
proper / יאה 254
proper / מתוקן 421
proper / נכון 458
proper noun / שם 672
properly / הלכה 133
properly / כהוגן 271
properly / כיאות 275
properly / כשורה 286
properly / ראוי 617
property / מיטלטלין 351
property / נחלה 444
property / נכס 458
property / קניין 610
property / רכוש 632
property tax / ארנונה 38
prophecy / חזון 217
prophecy / נבואה 427
prophesized / התנבא 186
prophesized / ניבא 449
prophet / חוזה 212
prophet / נביא 428
prophetic / נבואי 427
proposal / הצעה 153
proposed / מוצע 329
proprietorship / בעלות 57
prosecution / העמדה 144
prosecution / קטיגוריה 599

prosecutor / קטיגור 599
prosecutor / תובע 690
prospectus / תשקיף 714
prospered / שׂיגשׂג 657
prospering / משׂגשׂג 409
prosperity / גיאות 68
prosperity / פריחה 572
prosperity / שׂיגשׂוג 657
prostate / ערמונית 545
prosthesis / תותב 694
prostitute / זונה 204
prostitute / יצאנית 265
prostitute / מופקרת 328
prostitute / פרוצה 571
prostitution / זנות 209
prostitution / פריצות 572
prostrated himself / השתטח 167
protected / איבטח 22
protected / גונן 66
protected / הגן 96
protected / חיפה 223
protected / מיגן 348
protected / סכך 503
protected (adj.) / מבטחים 309
protected (adj.) / ממוגן 366
protection / הגנה 97
protection / חסות 232
protection / מיגון 348
protective / הגנתי 97
protector / מגן 313
protein / חלבון 226
protest / מחאה 337
protest / עירעור 531
protest rally / עצרת 540
protested / התריע 198
protested / מחה 338
protested / עירער 531
prototype / אבטיפוס 11
protractor / מדזווית 315
protruded / בלט 54
protruded / הזדקר 118
protruded / התבלט 174
protruding / בולט 45
protrusion / בליטה 54
protrusion / התבלטות 174
proud / גאה 62
proved / הוכיח 105
proven / מוכח 323

proverb / פתגם 575
provided / ניפק 454
provincial / קרתני 615
provincialism / קרתנות 615
provisions / אספקה 34
provisions / צידה 582
provocation / התגרות 176
provocation / התססה 188
provocation / ניגוח 449
provoked / התגרה 176
provoked / התסיס 188
provoked / חירחר 224
provoking / מגרה 313
proximity / סמיכות 505
proximity / קירבה 605
prune / שזיף 653
pruned / גזם 67
pruning / גיזום 69
prying / חיטוט 220
psalm / מזמור 336
psoriasis / ספחת 508
pual / פועל 552
pub / מרזח 404
public / ציבור 582
public / קהל 595
public (adj.) / פומבי 551
public (adj.) / ציבורי 582
public dealings / עסקנות 538
public notary / נוטריון 437
public relations expert / יחצ"ן 259
public worker / עסקן 538
public works department / מע"ץ 385
publication / הופעה 110
publication / הוצאה 111
publication(s) / פירסום 561
publicity / פירסום 561
publicity / פרהסיה/פרהסיא 570
publicized (adj.) / מפורסם 389
publicizing / פירסום 561
publicly / בפרהסיה 58
publicly / פומבי 551
published / הדפיס 99
published / הוציא 112
published / פירסם 561
publisher / מו"ל 324
publishing house / הוצאה 111
puddle / שלולית 670
puffed (air) / נפח 467

puffed up / תפח 708
pug (nose) / סולד 490
pull-through / משחולת 413
pulled / משך 414
pulled / מתח 421
pulled (feathers) / מרט 405
pulled (someone's) / סיבן 495
pulled out / חלץ 228
pulled out / שלף 672
pulled out (of water) / משה 409
pulling / משיכה 413
pulling / סחיבה 493
pulling off / מריטה 405
pulp / עיסה 528
pulpit / בימה 50
pulsated / פעם 568
pulsation / פעימה 567
pulse / דופק 81
pump / משאבה 408
pumped water / שאב 642
pumpkin / דלעת 86
punch card / כרטיסייה 285
punched / נוקב 440
punched / ניקב 455
punched (a hole) / נקב 471
punched (adj.) / מנוקב 371
punching / ניקוב 455
punctual / דייקן 84
punctuated / פיסק 559
punctuated (adj.) / מפוסק 388
punctuation / פיסוק 559
puncture / תקר 711
punished / העניש 144
punished / ענש 537
punishing / הענשה 144
punishing / ענישה 537
punishment / עונש 520
pupil / אישון 27
pupil / תלמיד 703
puppy / גור 66
puppy / כלבלב 279
purchase / קנייה 610
purchase / רכישה 633
pure / זך 207
pure / טהור 245
pure / צח 581
pure / צרוף 591
pure-bred / גזעי 68

puree / מחית 342
puree / רסק 634
purge / טיהור 247
purged / טיהר 248
purged (adj.) / מטוהר 345
purification / התקדשות 194
purification / טוהרה 246
purification / טיהור 247
purified / טיהר 248
purified (adj.) / מזוכך 335
purified (adj.) / מטוהר 345
purist / טהרן 245
purity / טוהר 246
purity / טוהרה 246
purple / ארגמן 36
purpose / שליחות 671
purpose / תכלית 701
purposeful / תכליתי 701
purposefulness / תכליתיות 701
purse / ארנק 38
pursued / רדף 621
pursuit / רדיפה 621
pus / מוגלה 320
push / דחיפה 82
pushed / דחף 82
pushed (himself) in / נדחק 433
pushed away / הדף 98
pussy / מוגלתי 320
put / הניח 137
put / שׂם 672
put (adj.) / מונח 325
put (someone) under pressure / הלחיץ 132
put back on feet / הקים 154
put drops / טיפטף 250
put in / שיקע 665
put in (effort) / השקיע 166
put in by mistake / משורבב 412
put in command / השליט 164
put in order / סידר 496
put on / עטה 524
put on (shoes etc.) / נעל 465
put on a costume / התחפשׂ 179
put on his best clothes / התגנדר 176
put on make-up / איפר 27
put on make-up / התאפר 172
put on socks / גרב 75
put on weight / השמין 165

put to sleep / הרדים 158
put to sleep / יישן 262
put together / הרכיב 159
put together / טווה 246
put together / צורף 581
put together / צירף 585
putting in / הכנסה 130
putting on phylacteries / הנחה 136
putting to bed / השכבה 163
putting together / הרכבה 159
putting together / טוייה 246
puzzling (adj.) / תמוה 703

Q

Quorum (10 male Jews) / מניין 372
qualification / כשירות 286
qualifications / כישורים 278
qualified (adj.) / סייג 497
quality / איכות 24
quality / חוויתי 212
quality / טיב 247
quality / סוג 488
quality / תכונה 701
quantitative / כמותי 281
quantity / יחידה 259
quantity / כמות 281
quantity / מספר 378
quarantine / הסגר 138
quarrel / מריבה 405
quarrel / קטטה 599
quarrel / ריב 627
quarrel(ing) / התקוטטות 195
quarreled / התקוטט 195
quarreled / רב 618
quarry / מחצב 343
quarry / מחצבה 343
quarter / רבע 619
quarter / רובע 622
quarterly / רבעון 619
quartermaster / אפסנאי 35
quartet / רביעייה 619
quasi / מעין 383
quenched / הרווה 158
quenching / מרווה 403
question / שאילתה/שאילתא 642
question / שאלה 643
questionnaire / שאלון 643

queue / תור 693
quibbler / מתפלסף 424
quick / זריז 210
quick as a flash / בזק 47
quickly / חיש 225
quickly / מהר 319
quickly / מהרה 319
quiet / שקט 681
quieted down / השקיט 165
quivered / פירכס 561
quiz / בוחן 45
quiz / חידון 219
quota / מכסה 361
quotation / מובאה 319
quotation / ציטטה 583
quotation marks / גרש 76
quotation marks / מרכאות 405
quote / ציטוט 583
quoted / ציטט 583
quoted (adj.) / מצוטט 393
quotient / מנה 369

R

Rabbi / רב 618
Rabbi (Aram.) / רבן 619
rabbinate / רבנות 619
rabbit / ארנבת 38
rabbit / שפן 680
rabies / כלבת 279
race / גזע 67
race / מירוץ 357
race / ריצה 630
racial / גזעני 68
racism / גזענות 68
racist / גזען 68
rack / מתלה 423
racy / עסיסי 538
radar / מכ"ם 361
radiance / הילה 126
radiance / זוהר 203
radiated / הקרין 156
radiating / זוהר 203
radiating / מוקרן 330
radiating (adj.) / מקרין 400
radiation / הקרנה 156
radiation / קרינה 614
radiator / מצנן 395
radiator / מקרן 400
radical / שורשי 652
radio (wireless) / אלחוט 30
radio operator / אלחוטן 30
radio play / תסכית 706
radio announcer / קריין 613
radish / צנון 588
raft / דוברה 80
raft / רפסודה 636
rag / סחבה 493
rag / סמרטוט 506
rage / זעם 209
rage / חימה 222
ragged (adj.) / סמרטוטי 506
ragged (adj.) / שחוק 653
raid / פשיטה 574
raided / פשט 574
rail(ing) / מעקה 385
railroad / פס 565
railway (track) / מסילה 377
rain / גשם 77
rain and cold / סגריר 486
rainbow / קשת 616
rainfall / מטר 347
rainy / גשום 76
rainy and cold weather / סגרירי 486
raise / הוספה 108
raise / העלאה 143
raised / גידל 69
raised / הגביה 95
raised / הניף 137
raised / הרים 159
raised / נשׂוא 478
raised funds / התרים 198
raised his hand / הצביע 150
raised prices / ייקר 262
raisin / צימוק 584
raising / גידול 69
raising / הנפה 137
raising / העלאה 143
raising / הרמה 160
rake / הולל 106
rake / מגרפה 313
raked / גרף 76
rally / מפגן 387
ramp / כבש 270
ramp / סוללה 490
ran / רץ 637
ran around / התרוצץ 198
ran in (a machine) / הריץ 159
ran out / אזל 19
ran over / דרס 89
rang / הצטלצל 152
rang / צילצל 584
range / היקף 128
range / טווח 246
range / שלוחה 670
rank / דרג 88
rank / דרגה 88
ranked / מדורג 315
ransom / כופר 273
ransomed (adj.) / פדוי 550
rape / אונס 17
raped / אנס 33
raped (adj. f.) / נאנסת 426
rapist / אנס 33
rare / יקר 266
rare / נא 425
rare / נדיר 433
rash / פריחה 572
raspberry / פטל 555
rat / עכברוש 532
rate / מהירות 318
rate / קצב 611
rate / שיעור 663
rate / שער 678
rate / תעריף 707
ratified / אישרר 28
ration / מנה 369
rational / שׂכלי 668
rational(istic) / שׂכלתני 668
rationalism / שׂכלתנות 668
rattle / משק 417
rattle / רעשן 636
rattled / נקש 475
rattled / קישקש 606
rattled / שיקשק 665
rattling / קישקוש 606
raven / עורב 522
raw / גולמי 66
raw / נא 425
ray / קרן 614
razor / תער 707
reached / השׂיג 163
reacted / הגיב 96
reaction / תגובה 688

reactions / הד 97
reactivated / שיפעל 664
reactivation / שיפעול 664
read / הקריא 156
read / עיין 526
read / קרא 612
reader / מקראה 400
readiness / דריכות 89
readiness / נכונות 458
reading / הקראה 156
reading / קריאה 613
ready / מוכן 323
ready / נכון 458
ready / ערוך 543
ready! / היכון! 126
real estate / מקרקעין 400
real estate / נכס 458
real-estate / נדל"ן 433
realistic / מפוכח 388
realistic / מציאותי 395
reality / ישות 267
reality / מוחשיות 323
reality / ממש 368
reality / ממשות 369
reality / מציאות 395
realization / הגשמה 97
realization / התגשמות 176
realization / התממשות 184
realization / מימוש 353
realized / הגשים 97
realized / מימש 354
realized (adj.) / ממומש 366
really / באמת 41
really / ממש 368
really? / באמת 41
realm / שׂדה 647
realm of the dead / שאול 642
reaped / קצר 612
rear / עורפי 522
reason / בינה 51
reason / היגיון 124
reason / טעם 252
reason / נימוק 453
reason / סיבה 494
reason / תבונה 687
reasonable / דעת 87
reasonable / סביר 484
reasonable / שווה 648
reasoned / מנומק 370
reasoned / נימק 453
reasoning / הנמקה 137
rebel / מורד 331
rebel / מתקומם 424
rebelled / התמרד 185
rebelled / התקומם 195
rebelled / מרד 402
rebellion / התמרדות 185
rebellion / התפרצות 193
rebellion / התקוממות 195
rebellion / מרד 402
rebellion / מרידה 405
rebellious / מרדן 402
rebellious / סורר 493
rebelliousness / מרדנות 402
rebuke / תוכחה 691
recalled / נזכר 442
receipt / קבלה 593
received / קיבל 601
received / קלט 607
receiver / אפרכסת 35
receiver / מקלט 399
receiving / קבלה 593
recession / מיתון 358
recipe / מתכון 422
reciprocal / הדדי 98
recitation / דיקלום 85
recitation / הקראה 156
recitation / קריינות 614
recited / דיקלם 85
recited / הקריא 156
reckless / פוחז 550
reclined / הסב 138
reclining / הסבה 138
reclining / מסובין 374
recluse / מתבודד 419
recognition / הוקרה 113
recognition / היכר 126
recognition / הכרה 130
recognizable / ניכּר 452
recognized / הכיר 129
recognized / הכיר 129
recognized (adj) / מוכר 324
recoil / רתיעה 641
recoil(ing) / רתע 641
recoiled / נרתע 477
recommendation / המלצה 134
recommended / המליץ 134
recommended (adj.) / מומלץ 325
reconciled / התפייס 192
reconciled / פויס 551
reconciliation / התפייסות 192
reconciliation / פיוס 556
reconsructed / שוחזר 649
reconstructed / שיחזר 658
reconstructed (adj.) / משוחזר 409
reconstruction / שיחזור 658
record / שׂיא 656
record (album) / תקליט 710
record collection / תקליטייה 710
record-holder / שׂיאן 656
recorded / הקליט 155
recorded (adj.) / מוקלט 330
recorded (adj.) / רשום 639
recording / הקלטה 155
records / רשומות 639
recovered / הבריא 94
recovered / החלים 121
recovered / התאושש 170
recovered / נרפא 476
recovery / הבראה 94
recovery / החלמה 121
recovery / החלפה 121
recovery / התאוששות 171
recovery / רפואה 636
recovery / תקומה 709
recruit / טירון 250
recruit / מגויס 311
recruited / גייס 70
recruitment / גיוס 69
rectangle / מלבן 362
rectangular / מלבני 363
recuperating / מחלים 342
recurring / נשנה 480
recycled / מיחזר 351
recycling / מיחזור 351
red / אדום 13
red (in the face) / סמוק 504
red-head / ג'ינג'י 71
Re(e)d Sea / ים סוף 491
red-hot (iron) (adj.) / מלובן 363
red-tape / סחבת 493
reddened / האדים 91
reddened / התאדם 170
reddish / אדמדם 14

relaxation / הרפייה 160
relaxation / התרגעות 197
relaxed / ריפה 630
relaxed (adj.) / רגוע 619
relaxing / התפרקות 193
release / השתחררות 167
release / שיחרור 658
released / השתחרר 167
released / נפדה 467
released / פדה 550
released / פדוי 550
released / שיחרר 658
relevant / שייך 659
reliability / מהימנות 318
reliable / מהימן 318
reliance / הסתמכות 142
reliance / התבססות 174
relic / שׂריד 683
relied (on) / הסתמך 141
relied (on) / סמך 505
relied on / נשען 480
relief / הקלה 155
relief / השתחררות 167
relief / פורקן 553
relief (art) / תבליט 688
relieved / שיכך 660
relieving / שיכוך 659
religion / דת 90
religious / דתי 90
religious / תורני 693
remainder / יתרה 268
remainder / שאר 643
remainder / שארית 643
remainder / שיור 658
remained / נותר 441
remained / נשאר 477
remained silent / החריש 122
remaining (adj.) / נותר 441
remark / הערה 145
remedy / תרופה 712
remembered / זכר 208
remembered / נזכר 442
remembering / זכירה 208
reminded / הזכיר 119
reminder / תזכורת 694
remission of debts / שמיטה 674
remnant / שאר 643
remnant / שארית 643
remnant / שׂריד 683
remodeled / שופץ 651
remodeled / שיפץ 664
remodeled (adj.) / משופץ 411
remodeling / שיפוץ 664
remorse / חרטה 236
remote / נידח 450
remoteness / ריחוק 628
removal / הוצאה 111
removal / הסרה 140
removal / הרחקה 158
removal / סילוק 499
removal / פינוי 558
removal of stones / סיקול 501
removed / הרחיק 158
removed / מסולק 375
removed / סילק 499
removed stones / סיקל 501
renaissance / תחייה 695
reneged / הִתחרט 179
renewal / התחדשות 177
renewal / חידוש 219
renewed / חידש 219
renewed / חידש 219
renewed (adj.) / מחודש 338
renovated / משופץ 411
renovated / שיפץ 664
renovation / שיפוץ 664
renovator / מחדש 337
rent / שׂכירות 668
rent / שׂכר 669
rented / השׂכיר 164
rented / חכר 225
rented (adj.) / מושׂכר 333
rented (adj.) / שׂכור 667
renter / משׂכיר 414
renting / השׂכרה 164
repair / תיקון 700
repaired / תיקן 700
repaired (adj.) / מתוקן 421
repairs / בדק בית 43
reparations / שילומים 661
repeated / חזר 217
repeated / שנה 676
repentance / תשובה 713
repercussion / תהודה 689
repetition / הישנות 128
repetition / חזרה 217
replacement / חילוף 222
replica / העתק 145
replied / השיב 163
reply / מענה 384
report / דו״ח 81
report / דיווח 83
report / דין 85
reported / דיווח 83
reported for military duty / התייצב 181
reporter / כתב 287
reporting / דיווח 83
reporting for military duty / התייצבות 181
representation / ייצוג 261
representation / נציגות 471
representative / בא־כוח 41
representative / יציג 265
representative / מייצג 352
representative / נציג 470
represented / ייצג 261
represented (by) / מיוצג 350
representing / מייצג 352
repressed (adj.) / מודחק 321
repression / הדחקה 98
reprimand / נזיפה 442
reprimanded / נזף 442
reprimanded (adj.) / נזוף 442
reproached / גער 75
reproduction / רבייה 619
reptile / שרץ 684
reptiles / זוחלים 204
repudiated / כפר 284
repugnant / מגעיל 313
repulsion / שאט־נפש 642
repulsive / דוחה 81
request / בקשה 59
requested / ביקש 52
required / דרוש 89
required (adj.) / נחוץ 443
requiring / טעון 251
rescue / הצלה 153
rescue / מילוט 352
rescued / הציל 152
rescued / חילץ 222
rescued / מילט 353
rescued (adj.) / מוצל 329
rescuer / מחלץ 342

revolt / התקוממות 195
revolt / מרד 402
revolted / התקומם 195
revolution / מהפכה 319
revolutionary / מהפכן 319
revolutionary (adj.) / מהפכני 319
revolutionism / מהפכנות 319
revolved / הסתובב 141
revolved / חג 209
revolved (around) / נָסַב 462
reward / גמול 73
reward / פרס 573
reward / תגמול 688
rewarded / גמל 73
rewriting / שיכתוב 660
rewrote / שיכתב 660
rhetoric / מליצה 364
rheumatism / שיגרון 657
rhinoceros / קרנף 614
rhombus / מעוין 381
rhyme / חרוז 235
rhymed / חרז 236
rhymed (adj.) / מחורז 340
rhyming / חריזה 236
rhythm / מקצב 399
rhythm / קצב 611
rhythm / קצביות 611
rhythmical / קצבי 611
rib / צלע 587
ribbon / סרט 510
rice / אורז 18
rich / עשיר 546
rich (in) / עתיר 548
ricochet / נתז 482
ride / הקפצה 156
ride / סיבוב 494
rider / רוכב 623
ridge / רכס 633
ridicule / ליגלוג 295
ridiculed / ליגלג 295
ridiculed / לעג 298
ridiculed / צחק 581
ridiculous / מגוחך 311
ridiculous / נלעג 459
riding / רכיבה 632
riding (adj.) / רכוב 632
rifle / רובה 622
rifle sight / כוונת 272
rifleman / רובאי 621
rift / נתק 483
right / זכות 207
right / ימין 263
right / נכון 458
right inside forward (soccer) / מקשר 401
right-winger / ימני 263
righteous / צדיק 578
rigid / נוקשה 440
rigid / קשיח 615
rigidity / נוקשות 440
rigidity / קשיחות 615
ring / חוליה 213
ring / טבעת 245
ring(ing) / צילצול 584
rinsed / שטף 655
rinsed (adj.) / שטוף 655
rinsing / שטיפה 655
riot / מהומה 317
rioter / פורע 553
ripe / בשל 61
ripened / הבחיל 93
ripened / הבשיל 95
ripped / פרום 571
rise / התרוממות 197
rising / התנשׂאות 188
risk / הסתכנות 141
risk / סיכון 498
risked / סיכן 498
ritual / פולחן 551
ritual bath / מקווה 397
rivalry / התמודדות 184
rivalry / יריבות 266
river / נהר 435
river bank / גדה 64
river-bed / אפיק 35
road / דרך 89
roadblock / מחסום 343
roamed / שוטט 649
roar / שאגה 642
roared / רעם 635
roared / שאג 642
roast / צלי 586
roasted / צלה 586
roasted / צלוי 586
roasted / קלה 606
roasted (adj.) / קלוי 606
robbed / גזל 67
robbed / חמס 229
robbed / שדד 647
robbed (adj.) / נגזל 430
robbed (adj.) / שדוד 647
robber / גזלן 67
robbery / גזילה 67
robbery / גניבה 74
robbery / שוד 648
robe / גלימה 72
robe / חלוק 227
rock / סלע 504
rock / צור 581
rocked / טילטל 249
rocked / נידנד 450
rocking / טילטול 248
rocking / נידנוד 450
rocking / ניענוע 454
rocks and stones / טרשים 253
rocky / סלעי 504
rod / מוט 323
rod / שבט 644
rode / רכב 632
rodents / מכרסמים 361
roebuck / אייל 24
role / תפקיד 709
roll call / מפקד 391
rolled / גולל 65
rolled / גילגל 70
rolled / התגלגל 175
rolled (adj.) / מגולגל 311
rolled down / דירדר 85
rolled up / הפשיל 150
rolled-up (adj.) / מופשל 329
rolling / גילגול 70
rolling down / הידרדרות 125
rolling-pin / מערוך 385
roof / גג 63
roof / טפחות 252
roofed / מחופה 339
roofed (adj.) / מקורה 398
rook / צריח 592
room / חדר 210
room / מקום 398
room-attendant / חדרן 211
root / שורש 652
rooted / מושרש 333
rooted out / שירש 666

S

saddening / מצער 396
sadness / נכאים 457
sadness / עצב 538
sadness / עצבות 539
safe / בטוח 48
safe (n) / כספת 282
safe keeping / משמרת 416
safe-keeping / פיקדון 560
safety / בטיחות 48
safety latch / נצרה 471
safety- / בטיחותי 48
said / אמר 32
said / סח 493
said / שׂח 653
sail / מפרשׂ 391
sailboat / מפרשׂית 391
sailed / הפליג 147
sailed / השיט 163
sailed / שט 655
sailed / שייט 659
sailing / הפלגה 147
sailing / שייט 659
sailor / ימאי 263
sailor / מלח 364
sailor / ספן 508
saint / קדוש 594
saintly / חסיד 232
salad / סלט 504
salaried worker / שׂכיר 668
salary / משׂכורת 414
sale / מכירה 360
sale / מכר 361
saleable / מכיר 360
salesman / מוכר 324
salesman / סוכן 490
salesperson / זבן 202
saliva / רוק 625
saliva / ריר 631
salt / מלח 364
salt shaker / מלחייה 364
salted / המליח 134
salted (adj.) / מלוח 363
saltiness / מליחות 364
salty / מלוח 363
salute / הצדעה 150
saluted / הצדיע 150
salvation / ישועה 267
salvation / תשועה 713

samovar / מיחם 351
sample / דגימה 79
sample / דוגמה 80
sample / מדגם 314
sanctification / התקדשות 194
sanctified / קידש 601
sanctions / עיצומים 529
sand / חול 213
sandal / סנדל 506
sandbank / שׂירטון 666
sandpaper / זכוכית 207
sandwich / כריך 285
sane / שפוי 679
sang / השמיע 165
sang / זימר 206
sang / רן 634
sang / שר 682
sanitary / תברואתי 688
sanitation / גיהות 69
sanitation / תברואה 688
sanity / שפיות 679
sank / טיבע 247
sank / שקע 682
sap / לשד 301
sapling / נטיעה 448
sapphire / ספיר 508
sarcasm / עוקצנות 521
sarcastic / עוקצני 521
sarcastic remark / עקיצה 541
sat / ישב 267
sat (someone) down / הושיב 115
satchel / ילקוט 263
satchel / תרמיל 712
satellite / לוויין 292
satellite (state) / גרורה 76
satiated / השׂביע 162
satiated (adj.) / שׂבע 645
satiation / שׂובע 648
satiety / שׂובעה 648
satirical / היתולי 128
satisfaction / נחת 447
satisfaction / סיפוק 501
satisfaction / שׂביעות־רצון 644
satisfactory / משׂביע-רצון 408
satisfied / השׂביע 162
satisfied / מרוצה 404
satisfied / סיפק 501
satisfying / מספק 378

satisfying / סיפוק 501
saturated / הרווה 158
saturated / ספוג 507
saturated (adj.) / מוצף 329
saturated (adj.) / רווי 622
saturation / רוויה 622
sauce / רוטב 623
saucer / תחתית 696
sausage / נקניק 474
savage / פרא 570
saved / גאל 62
saved / הושיע 115
saved / הציל 152
saved / מילט 353
saved (money) / חסך 232
saving / הצלה 153
saving / חיסכון 223
savior / מושיע 332
saw / התראה 197
saw / ראה 617
saw / מסור 376
sawed / ניסר 454
saying / אימרה 26
saying / מימרה 354
saying / פתגם 575
scaffold / פיגום 556
scale / דירוג 86
scale / סולם 490
scale / קנה-מידה 609
scale (of fish) / קשׂקשׂ 616
scaled / מדורג 315
scales / מאזניים 305
scales / משקל 417
scalp / קרקפת 615
scalpel / איזמל 23
scandal / שערורייה 679
scanner / סורק 493
scanty / קלוש 607
scapegoat / שעיר לעזאזל 523
scar / צלקת 587
scarecrow / דחליל 82
scared / הבהיל 92
scared (adj.) / נפחד 467
scarf / מטפחת 347
scarf / צעיף 589
scarlet / שני 677
scarlet fever / שנית 677
scarred (adj.) / מצולק 393

scattered / התפזר 191
scattered / מפוזר 387
scattered (adj.) / מפורד 388
scattered (adj.) / נידף 450
scenario / תרחיש 712
scene / זירה 207
scenery / תפאורה 707
scepter / שרביט 682
schedule / מערכת 386
scheduled / נקבע 472
scheduling / סדרן 487
schemed / זמם 208
schemed against / התנכל 187
schnorer / שנורר 676
scholar / למדן 297
scholarship / מילגה 352
school / בית־ספר 53
school / מדרשה 316
school taxes / אגרה 13
schoolbag / תיק 700
science / מדע 316
science fiction / מדע בדיוני 43
scientific / מדעי 316
scientist / מדע 316
scientist / איש מדע, מדען 316
scion / נצר 471
scissors / מספריים 378
scolded / גער 75
scolded / שטף 655
scolding / גערה 75
scolding / שטיפה 655
scope / היקף 128
scorched / חרך 236
scorched / צרב 591
scorched (adj.) / שׂרוף 683
scorpion / עקרב 542
scoundrel / בליעל 54
scoundrel / נבל 428
scout / גשש 77
scout / סייר 498
scrambled (adj.) / מעורבב 382
scrape / שיפשוף 664
scraped / גירד 71
scraped (adj.) / מגורד 311
scratch / סריטה (שׂריטה) 511
scratch / שׂרטת 683
scratch / שׂריטה 683
scratched / גירד 71
scratched / סרט/שׂרט 510
scratched (adj.) / סרוט/שׂרוט 510
scratched himself / התגרד 176
scream / צווחה 579
scream / צרחה 591
scream / שאגה 642
screamed / צווח 579
screamed / צרח 591
screamed / שאג 642
screamer / צרחן 591
screaming / צוויחה 579
screech / חריקה 236
screen / מסך 377
screen / מרקע 407
screen / פרגוד 570
screened / הקרין 156
screened (adj.) / מוקרן 331
screening / הקרנה 157
screening / סריקה 511
screenwriter / תסריטאי 706
screw / בורג 46
screw-up / פשלה 575
screwdriver / מברג 309
screwed / הבריג 94
screwed around / התמזמז 184
screwed up / דפוק 88
screwed-up / חירבן 224
screwing around / התמזמזות 184
scribble / קישקוש 606
scribbled / קישקש 606
scribbled (adj.) / מקושקש 399
scribbled (adj.) / משורבט 412
scribe / סת"ם 512
script / תסריט 706
scroll / מגילה 312
scrounged / גירד 71
scrounged / שנורר 676
scrutinized / פישפש 562
scrutinizing / ניפוי 454
sculptor / פסל 566
sculptural / פיסולי 559
sculpture / פסל 566
sculpturing / פיסול 559
scum / חלאה 226
scythe / מגל 312
sea / ים 263
seagull / שחף 654
sealed / אטם 21
sealed / נחתם 447
sealed / פקק 570
sealed (adj.) / אטום 21
sealed (adj.) / חתום 239
sealing / איטום 24
seam / תפר 709
seaman / ימאי 263
seamanship / ימאות 263
seamanship / ספנות 508
seamstress / תופרת 692
search / חיפוש 223
search / סריקה 511
searched / חיפש 224
searched / נבר 429
searched / סרק 511
seashore / חוף 214
season / עונה 520
seasonal / עונתי 520
seasoned / תיבל 697
seasoned (adj.) / מתובל 419
seasoning / תיבול 697
seat / ישיבה 267
seat / מקום 398
seated / הושיב 115
seaweed / אצה 36
secluded himself / הסתגר 140
secluded himself / התבודד 173
seclusion / הסתגרות 140
second / שני 677
second / שנייה 677
second lieutenant / סגן 486
second person (gram.) / נוכח 438
second-hand / משומש 411
secondary / משני 416
secrecy / מסתוריות 379
secrecy / סודיות 489
secrecy / צנעה 589
secret / חשאי 237
secret / סוד 488
secret / רז 625
secret (adj.) / נסתר 464
secret (adj.) / סודי 489
secret police / בולשת 45
secretaire / מכתבה 362
secretariat / מזכירות 336
secretary / מזכיר 336
secreted / הפריש 149
secretion / הפרשה 149

secretive / סודי 489
secretly / בהיחבא 44
secretly / סוד 488
secretly / סתר 512
sect / כת 286
section / גיזרה 70
section / חלק 228
section / מדור 314
section / מפלג 390
section part / ענף 537
sector / מגזר 312
secular / חילוני 222
secularism / חילוניות 222
secure / מבטחים 309
secured / מיגן 348
secured (adj.) / מאובטח 302
securing / מיגון 348
security / אבטחה 11
security / ביטחון 49
security (adj.) / ביטחוני 50
seduced / פיתה 562
seed / זרע 211
seedling / נטע 448
seedling / שתיל 685
seemingly / לכאורה 297
seems / כמדומה 280
seems to me / דומני 81
seen / ניכר 452
seeped / חילחל 222
segment / מיקטע 356
segment / קטע 600
segmented / פילח 558
segol (Heb. vowel - e sound)
/ סגול 485
seized / עיקל 529
seized by force / חטף 218
seizing / תפיסה 708
seldom / לעיתים 299
selected / ברר 61
selection / מבחר 308
self (adj.) / עצמי 540
self explanatory / מובן 319
self restraint / הבלגה 94
self-castigation / סגפנות 486
self-castigation / סיגוף 495
self-conscious / נבוך 427
self-defense / התגוננות 175
self-employed / עצמאי 540
self-propelled / מתנייע 423
self-righteous / מתחסד 421
selfish / אנוכי 32
selfishness / אנוכיות 32
seller / מוכר 324
semolina / סולת 490
sender / מוען 327
sending / שיגור 656
senior / בָּכִיר 53
seniority / ותק 201
sensation / תחושה 695
sense / חוש 216
sense / פשר 575
sensed / חש 237
sensitive / רגיש 620
sensitivity / רגישות 620
sensory / חושי 216
sensual / חושני 216
sensual / יצרי 265
sensuality / חושניות 216
sent / שיגר 657
sent / שלוח 669
sent / שלח 670
sentence / דין 85
sentence / משפט 416
sentence (Law) / גזר־דין 68
sentenced (adj.) / שפוט 679
sentimental / רגשן 620
sentimental / רגשני 620
sentimentality / רגשנות 620
separate (adj.) / נפרד 469
separated / הפריד 149
separated / חצץ 234
separated / מפורד 388
separated / נפרד 469
separated (adj.) / מובדל 319
separated (adj.) / פרוד 570
separately / לחוד 293
separation / הינתקות 127
separation / הפרדה 149
separation / התנתקות 188
separation / פירוד 561
separatism / בדלנות 43
separatist / בדלן 43
sergeant / סמל 505
serialized (story) / בהמשכים 44
series / סידרה 496
serious / רציני 637
seriously / ברצינות 61
seriously / רצינות 637
seriousness / רצינות 637
sermon / דרשה 89
serrated (adj.) / משונן 411
servant / משרת 418
served / הגיש 96
served / שימש 662
served / שירת 666
served (a cow etc.) / הרביע 157
served (a sentence) / ריצה 630
served (adj.) / מוגש 320
served (refreshments) / כיבד 275
served as... / כיהן 275
service / הגשה 97
service / שירות 665
session / ישיבה 267
set / מסכת 377
set / מערכת 386
set / ערוך 543
set / ערך 544
set / ערכה 545
set / קבע 593
set / שיבץ 656
set / תפאורה 707
set a record / קבע 594
set a watch / כיוון 275
set aside / הקצה 156
set conditions / התנה 186
set fire / הבעיר 94
set fire / הצית 153
set free / שיחרר 658
set in motion / הניע 137
set of eight / שמינייה 674
set of rules and regulations
/ תקנון 710
set of seven / שביעייה 644
set of six / שישייה 666
set on / שיסה 663
set-off / מקוזז 397
setting / שיבוץ 656
setting / שקיעה 681
setting in motion / הנעה 137
setting on / שיסוי 663
settled / הסדיר 138
settled / השתקע 169
settled / התיישב 181
settled / התנחל 187

settled / שיכן 660
settled (a problem) / יישב 262
settled (adj.) / מיושב 350
settled (adj.) / מסודר 374
settled (someone) / יישב 262
settled an account / התחשבן 180
settlement / היאחזות 124
settlement / הסדר 138
settlement / התנחלות 187
settlement / יישוב 262
settlement / נקודה 472
settlement / קבוצה 593
settler / מתיישב 422
settler / מתנחל 423
settling / איכלוס 24
settling / התיישבות 181
settling / התנחלות 187
settling / יישוב 262
settling / מיישב 352
settling (a problem) / יישוב 262
seven (f) / שבע 645
seven (m) / שבעה 645
seventeen (f) / שבע עשרה 645
seventeen (m) / שבעה עשר 645
seventh / שביעי 644
seventy / שבעים 645
several / כמה 280
severance / ניתוק 456
severe / אנוש 32
severe / מסוכן 375
severe / רציני 637
severe cold / קור 598
sewage / ביוב 49
sewage / שופכין 651
sewed / תפר 709
sewer / ביוב 49
sewing / תפירה 708
sewing factory / מתפרה 424
sewn (adj.) / תפור 708
sex / מין 354
sex-drive / יצר 265
sextet / שישייה 666
sexual / מיני 354
sexual desire / תשוקה 713
sexual deviation / סטייה 494
sexual intercourse / משגל 408
sexual intercourse / תשמיש 713
sexuality / מיניות 354

shabby / מדובלל 314
shabby / מהוה 317
shabby / ממורט 367
shabby / ממורטט 367
shabby / מרופט 404
shack / צריף 592
shade / גוון 65
shaded (adj.) / מוצל 329
shadow / צל 585
shady / מפוקפק 388
shake-up / טלטלה 251
shake-up / מהפך 318
shaken (adj.) / מזועזע 335
shaking / רעידה 635
shaky / ממוטט 366
shaky / רופף 624
shaky / רעוע 635
shallow / רדוד 621
shallowness / פשטנות 574
shallowness / רדידות 621
shame / בושה 46
shame / ביזיון 49
shame / גנאי 74
shame / כלימה 279
shame / קלון 606
shame / שימצה 662
shamed (to shame) / בייש 50
shameful / מביש 309
shameful / מחפיר 343
shampooed / חפף 233
shampooing / חפיפה 233
shape / צורה 581
shaped / דמוי 87
shaped / מעוצב 382
shaped / עיצב 528
shapely / מחוטב 338
shaping / עיצוב 529
share / מניה 372
shared / התחלק 178
shark / כריש 285
sharp / חד 210
sharp / חריף 236
sharp / ממולח 366
sharp / תלול 702
sharpened / השחיז 163
sharpened / התחדד 177
sharpened / חידד 219
sharpened / מחודד 338

sharpened (adj.) / מושחז 332
sharpener / משחזת 413
sharpening / חידוד 219
sharpness / חדות 210
shattered / ניפץ 454
shattered (adj.) / מנופץ 371
shattering / ניפוץ 454
shaved / גילח 70
shaved / התגלח 175
shaved (adj.) / מגולח 311
shaving / גילוח 70
she / היא 124
sheaf / עומר 520
sheaf / עמיר 536
shed / דיר 85
shed / סככה 503
shed (tears) / הזיל 118
shed (tears) / זלג 208
shed light / זרק 211
sheep / כבשׂה 270
sheep and goats / צאן 577
sheer nonesense / קישקוש 606
sheet (of) / יריעה 267
sheet (of paper) / גיליון 70
sheet of paper / דף 87
shekel / שקל 682
shelf / איצטבה 27
shelf / מדף 316
shell / פגז 549
shell / צדף 578
shelled / הפגיז 145
shelled / הפציץ 148
shelled (adj.) / מופגז 327
shelling / הפגזה 145
shelling / הפצצה 148
shelter / מחסה 343
shelter / מקלט 399
shepherd / רועה 624
sheva - a vowel sign / שווא 648
shield / מגן 313
shift / משמרת 416
shining / זוהר 203
shining / מבהיק 306
shining / מבריק 309
shining / מצוחצח 393
shining / נוצץ 440
ship / אונייה 17
ship / ספינה 508

shipment / משלוח 414
shipyard / מספנה 378
shirked / התחמק 179
shirker / משתמט 418
shirt / חולצה 214
shirt / כותונת 274
shit / (חרא/) חרה 235
shitty / מושתן 333
shitty / מחורבן 340
shitty / מחוריין 340
shiver / צמרמורת 588
shiver / רטט 626
shiver / רעד 635
shivered / רעד 635
shlemiel / שלומיאל 670
shock / הלם 133
shock / זעזוע 209
shock / פלצות 564
shocked / מזועזע 335
shocking / מהמם 318
shocking / מזעזע 336
shocking / מחריד 344
shoe / נעל 465
shoemaker / סנדלר 506
shoemaker's workshop / סנדלרייה 506
shoemaking / סנדלרות 506
shofar / שופר 651
shone / זרח 210
shone / נגה 430
shone / קרן 614
shook / הרעיד 160
shook / ניענע 454
shook / נרעד 476
shook (off) / ניער 454
shook... up / זיעזע 206
shoot / נצר 471
shooting range / מיטווח 351
shop / חנות 230
shopping mall / קניון 609
short / גוץ 66
short / נמוך 460
short / קטן 600
shortage / מחסור 343
shortcoming / מגבלה 310
shortcoming / מגרעת 313
shortcut / קיצור 605
shortened / קיצר 605

shortened (adj.) / מקוצר 398
shortening / התקצרות 196
shortening / קיצור 605
shortstop / בלם 55
shot / ירה 266
shot / ירייה 267
shot down / הופל 110
shoulder / כתף 287
shoulder / שיכמה 660
shoulder / שכם 668
shouldered / הכתיף 131
shout / צעקה 589
shouted / צעק 589
shouted / קול 597
shovel / את 39
shovel / יעה 264
shoveled / גירף 71
show / הצגה 150
show / מופע 328
show of force / הפגנה 145
showed / הראה 157
showed (up) / התייצב 181
showed up / הופיע 110
shower / מקלחת 399
showered / התקלח 195
showered (someone) / קילח 603
showers (rains) / ממטרים 368
showing (up) / התייצבות 181
shrank / התכווץ 182
shrew / מרשעת 407
shrewd / ממזר 368
shrill / צפצפני 590
shrinking / התכווצות 182
shrinking / כיווץ 275
shriveled / קמל 608
shriveled / שדוף 647
shriveled (adj.) / מצומק 393
shrivelled / הצטמק 152
shroud / תכריכים 701
shrunk / הצטמק 152
shrunk / כיווץ 275
shrunk (adj.) / מכווץ 359
shudder / חלחלה 227
shuffled / טרף 253
shut / הגיף 96
shut / סגר 486
shut (adj.) / סגור 486
shut (someone) up / השתיק 167

shut down / השבית 162
shut himself up / נסגר 462
shutdown (n.) / השבתה 162
shutter / תריס 712
shutting / סגירה 486
shy / ביישן 50
shy / נחבא 443
shyness / בושה 46
shyness / ביישנות 50
sick / חולה 213
sickly / חולני 213
side / עבר 514
side / פן 564
side / צד 578
side / צלע 587
side- / צדדי 578
side-street / סימטה/סימטא 499
sideboard / מזנון 336
sideburn / פיאה 556
sided (adj.) / סיטרי 497
sided (with) / צידד 582
sidetracking / גלישה 73
sidewalk / מדרכה 316
siege / מצור 394
sieve / נפה 467
sifted / ניפה 454
sifted (adj.) / מנופה 371
sifting / ניפוי 454
sigh / אנחה 33
sighed / נאנח 426
sight / מחזה 341
sight / מראה 401
sight / ראייה 617
sight / רואי 621
sightseeing bus / טיולית 248
sign / אות 18
sign / סימן 499
sign / שלט 670
signal corps man / קשר 616
signaled / אותת 19
signaled / סימן 499
signalling / איתות 28
signature / חתימה 239
signed / חתם 240
signed (adj.) / חתום 239
signs of the zodiac / מזל 336
silence / דום 81
silence / דומייה 81

snooped / ריחרח 628
snooze / נימנום 453
snoozed / נימנם 453
snore / נחרה 445
snored / נחר 445
snorer / נחרן 446
snoring / נחירה 444
snout / זרבובית 210
snout / חוטם 213
snow / שלג 669
snow-covered / מושלג 333
snuck (into) / הגניב 97
snuck (into) / התפלח 192
snuck (someone) in / השחיל 163
snuggled / התרפק 199
so / כה 271
so / כך 278
so / ככה 278
so be it / מילא 352
so be it / ניחא 451
so far / כה 271
soaked (adj.) / ספוג 507
soaked (adj.) / שרוי 683
soaking / השרייה 166
soap / סבון 484
soap dish / סבונייה 484
soaped / סיבן 495
soaped (adj.) / מסובן 374
soaped himself / הסתבן 140
soaping / סיבון 495
soared / דאה 78
soaring / דאייה 78
sobbed / התייפח 181
sobbing / התייפחות 181
sober / מפוכח 388
sober / פיכח 558
sobered up / התפכח 192
sobering up / התפכחות 192
soccer / כדור רגל 271
soccer pool / טוטו 246
social / חברתי 209
social class / שיכבה 659
social fabric / מרקם 407
social security / ביטוח לאומי 49
social studies / מדע 316
sock / גרב 75
socket / שקע 682
sodium / נתרן 483
sofa / ספה 507
soft / חרישי 236
soft / עדין 516
soft / רך 632
soft drinks / קל 606
soft hair / פלומה 563
soft spot / תורפה 694
softened / התרכך 198
softened / ריכך 629
softened (adj.) / מרוכך 403
softening / התרככות 199
softening / ריכוך 628
softening resistance / ריכוך 629
softly / רכות 632
softness / רוך 623
softness / רכות 632
software / תוכנה 691
soil / אדמה 14
soiled / התלכלך 183
soiled / ליכלך 296
soiled (adj.) / מגואל 311
soiled (adj.) / מלוכלך 363
sojourn / שהייה 647
sold / מכר 361
sold (adj.) / מכור 360
soldered / הלחים 132
soldering iron / מלחם 364
soldier / חייל 221
sole / סוליה 490
solicitation / שידול 657
solicited / שידל 657
solid / מוצק 330
solid / מחושל 340
solid / מקשה 401
solidification / גיבוש 68
solidified / גיבש 68
solitary confinement / צינוק 584
solitude / התבודדות 173
soloist / סולן 490
soluble / פתיר 576
solution / מוצא 329
solution / פיתרון 563
solution / תמיסה 704
solved / פתר 576
solved (adj.) / פתור 575
some / מקצת 400
some / קצת 612
some (f) / איזושהי 23
some say / יש 267
some(one) / איזשהו 23
somehow / איכשהו 25
someone (f) / מישהי 357
someone (m) / מישהו 357
someone who is off-key / זייפן 205
something / דבר 79
something / מאומה 303
something / משהו 409
sometimes / לעיתים 299
sometimes / לפעמים 299
somewhat (f) / כלשהי 280
somewhat (m) / כלשהו 280
somewhere / אי־ 21
son / בן 56
son (of) / בר 59
song / זמר 208
song / מזמור 336
song / שיר 665
song-book / שירון 665
songwriter / פזמונאי 554
soon / בהקדם 44
soon / בקרוב 59
soon / תיכף 698
soot / פיח 557
soothed / החליק 121
soothed / השקיט 166
sophisticated / מתוחכם 420
sophisticated (adj.) / מהוקצע 317
sophistication / תיחכום 698
sorrow / דאבה 78
sorrow / דאבון 78
sorrow / עוגמה 517
sorrow / עצבת 539
sorrow / צער 590
sort / טיפוס 249
sort / מין 354
sorted / מיין 352
sorted (adj.) / ממוין 366
sortie / גיחה 70
sorting out / סיווג 496
sought / שיחר 658
sought after / מבוקש 308
sought prey / שיחר 658
soul / נפש 469
soul / נשמה 480
sound / הגה 95
sound / מיצלול 356

started (a car) / הניע 137
starter / מתנע 423
starting (an engine) / התנעה 187
startled / החריד 122
startled / זיעזע 206
startled / נרעש 476
startled (adj.) / נפעם 468
starved (adj.) / מורעב 331
starved (someone) / הרעיב 160
state / מדינה 315
state (adj.) / ממלכתי 368
state of the matter / צבירה 577
stated / נקב 471
statehood / ממלכתיות 368
statement / אמירה 31
statement / חיווי 220
statesman / מדינאי 315
statesmanship / מדינאות 315
station / תחנה 696
stationary / מכשיר 362
stationary / נייח 452
stationery / כלי 279
stationery / כתיבה 287
statue / פסל 566
stature / שיעור 663
status / מעמד 384
status of manpower / מצבה 392
stay / סמוכה 504
stay / שהייה 647
stayed / נשאר 477
stayed / שהה 647
stayed in / התאכסן 171
stayed the night / לן 298
stayed with / התארח 172
staying behind / הישארות 128
staying the night / לינה 296
steak / אומצה 17
steam / אד 13
steam / הבל 93
steam / קיטור 602
steamed (adj.) / מאודה 302
steaming / מהביל 317
steamroller / מכבש 359
steamy / הביל 93
steamy / מהביל 317
steel / פלדה 563
steep / תלול 702
steeplechase / מירוץ 357
steering / היגוי 124
steering wheel / הגה 95
stem / גבעול 63
stench / סירחון 502
stench / צחנה 581
stenography / קצרנות 612
step / מדרגה 316
step / פסיעה 566
step / פסע 566
step / צעד 589
step / שלב 669
step / שעל 678
step-(father, brother etc.) /חורג־ 216
stepped / דרך 89
stepped / פסע 566
stepping / פסיעה 566
sterile / עקר 542
sterility / עקרות 542
sterilization / עיקור 529
sterilized / מעוקר 382
sterilized / עיקר 529
sterilized (adj.) / מחוטא 338
stick / מטה 345
stick / מקל 399
sticker / מדבקה 313
sticking / הדבקה 97
sticky / דביק 78
sticky / מידבק 348
sticky / צמיג 588
stiff / נוקשה 440
stiff / קשיח 615
stiffened / החמיר 122
stiffened / הקשיח 157
stiffening / הקשחה 157
stiffness / קשיחות 615
stifled / החניק 122
stifled / נחנק 445
stifled (adj.) / חנוק 230
stifling / מחניק 343
still / עדיין 516
still / עוד 518
stilled / דמם 87
stimulated / גירה 71
stimulating / מעורר 383
stimulus / גירוי 71
sting / עוקץ 521
sting / עקיצה 541
stinginess / קמצנות 609
stink / סירחון 502
stinking / מסריח 379
stinking (adj.) / מצחין 394
stinking (adj.) / סרוח 510
stipulation / התנייה 187
stirred / התסיס 188
stirred / זז 204
stirred (up) / ליבה 294
stirring / התססה 188
stitch / תפר 709
stock / מלאי 362
stock exchange / בורסה 46
stocker / מסיק 377
stocking / גרב 75
stockings / גרב 75
stockpiled / אגר 13
stockpiling / אגירה 13
stocks / סד 486
stocky / גוץ 66
stole / גנב 74
stolen / גנוב 74
stolen goods / גזילה 67
stomach / קיבה 601
stone / אבן 12
stonecutter / מסתת 380
stonecutter / סתת 512
stonecutting / סתתות 512
stoned / סקל 509
stoned / רגם 620
stoning / סקילה 509
stood / עמד 535
stood for / דגל 79
stood on end / סמר 505
stood out / התבלט 174
stood up / נעמד 465
stood up / קם 608
stood upright / ניצב 454
stool / שרפרף 684
stop-watch / שעון 678
stopped / בלם 54
stopped / הפסיק 147
stopped / חדל 210
stopped / נעצר 466
stopped / נפסק 468
stopped / עמד 535
stopped / עצר 540
stopped / פסק 566
stopped / שבת 646

stuck (adj.) / תקוע 709
stuck (in) / תחב 694
stuck (together) / דבוק 78
stuck (together) / נדבק 432
stuck in (pin etc.) / נעץ 465
stuck out / בלט 54
student / תלמיד 703
student reservist / עתודאי 547
studied / הגה 95
studied / למד 297
studied / עיין 526
studied thoroughly / התעמק 189
studies / לימודים 296
studio / אולפן 16
studious person / למדן 297
studiousness / שקדנות 681
study / לימוד 296
study / מחקר 344
study / עיון 525
study / תורה 693
stuffed / דחס 82
stuffed / ממולא 366
stuffed (with food) / פיטם 557
stuffed (with food) (adj.) / מפוטם 387
stuffed animal / מפוחלץ 387
stuffed animal skin / פוחלץ 550
stuffed himself / התפטם 191
stuffiness / מחנק 343
stuffing / מילוי 353
stuffy / דחוס 82
stultified / התאבן 170
stultified / סוכל 489
stultified / סיכל 498
stumble / מעידה 383
stumbled / כשל 286
stumbled / מעד 380
stumbled (against) / נתקל 483
stumbling block / מכשלה 362
stung / עקוץ 541
stung / עקץ 542
stunk / הסריח 140
stunned (adj.) / המום 134
stupefied / טימטם 249
stupid / אווילי 15
stupid / טיפש 250
stupid / טיפשי 250
stupid / מטופש 346
stupid / נבער 429
stupid question / קושיה 599
stupidity / איוולת 22
stupidity / טימטום 249
stupidity / טיפשות 250
stupidity / כסילות 282
sturdy / חסון 232
sturdy / יציב 265
sturdy / מוצק 330
stutter / גימגום 70
stuttered / גימגם 70
stutterer / מגמגם 312
sty / שׂעורה 678
style / נוסח 438
style / סיגנון 496
styled (adj.) / מנוסח 371
stylistic / סיגנוני 496
stylization / סיגנון 496
stylized / סיגנן 496
stylized (adj.) / מסוגנן 374
sub- / תת 714
subconscious / תת־מודע 714
subdivision / ענף 537
subdued / הכריע 131
subduing / הכרעה 131
subject / נושׂא 441
subject / סוגיה 488
subject (citizen) (m) / נתין 482
subject (gram.) / נושׂא 441
subject (to) / כפוף 283
subjugated (adj.) / נרצע 476
sublime / נאדר 425
sublime / נעלה 465
sublime / נשׂגב 478
submachine-gun / תת־מקלע 399
submarine / צוללת 580
submerged / השקיע 166
submergence / השקעה 166
submission / הכנעה 130
subordinate / כפוף 283
subordinate / פקוד 569
subordinate / משועבד 411
subscriber / חתום 239
subscriber / מנוי 370
subsided / שכך 668
subsidized / סיבסד 495
subsidized (adj.) / מסובסד 374
subsidizing / סיבסוד 495
subsistence / מחייה 341
substance / ממש 368
substance / ממשות 369
substantiation / סימוכין 499
substitute / מ"מ 366
substitute / תחליף 696
substitute / תמורה 703
substituted / החליף 121
substituted / הציב 152
substitution (math) / הצבה 150
subtlety / דקות 88
subtracted / חיסר 223
subtraction / חיסור 223
suburb / פרבר, קרייה 613
subversion / חתרנות 240
subway / ר' תחתי 696
succeeded / הצליח 153
success / הצלחה 153
successful / מוצלח 329
successful / מצליח 395
successful / מצליחן 395
succession / רציפות 638
successive / עוקב 521
successive / רצוף 637
successive / רציף 638
successively / רציפות 638
succinctly / בתמציתיות 705
succulent (plants) / בשרני 61
such as / כגון 270
such as this (f) / כזאת 274
such as this (m) / כזה 274
sucked / מצץ 396
sucked (adj.) / מצוץ 394
sucked up (to) / התחנף 179
sucked up to / ליקק 297
sucked up to... / החניף 122
sucker / פתי 576
sucking / יניקה 263
sucking / מציצה 395
sucking up / ליקוק 297
suckling / יונק 257
suction / מציצה 395
sudden / חטוף 218
sudden / פתאומי 575
sudden attack / גיחה 70
suddenly / לפתע 300
suddenly / פתאום 575
suddenly / פתע 576

suddenness / פתאומיות 575
sued / תבע 688
suffered / התייסר 181
suffered / סבל 485
sufferer / סובל 488
suffering / סבל 485
suffering / ענות 537
suffering (adj.) / סובל 488
suffering(s) / מרורים 404
sufficiency / ספיקה 508
sufficient / מספיק 378
suffix / סופית 492
suffix / סיומת 497
suffocated / החניק 122
suffocating / מחניק 343
suffocation / מחנק 343
suffocation / שנק 677
sugar / סוכר 490
sugar beet / סלק 504
suggested / הציע 152
suggested (adj.) / מוצע 329
suggestion / הצעה 153
suicide / התאבדות 170
suit / חליפה 227
suitable / הולם 106
suitable / מתאים 419
suitable / נאות 425
suitable / תואם 690
suitcase / מזוודה 335
suited / הלם 133
suitor / מחזר 341
sukkah (temporary hut)/ סוכה 489
sullen / סר 510
sullied / טינף 249
sulphur / גופרית 66
sultry / הביל 93
sum / סך 502
sum / סכום 503
summarized / סיכם 498
summarized / תימצת 699
summarized (adj.) / מתומצת 420
summary / סיכום 498
summary / תמצית 704
summation / סיכום 498
summed up / חישבן 225
summed up / סיכם 498
summer / קיץ 605
summer-camp / קייטנה 602
summery / קיצי 605
summit / פסגה 565
summoned / הוזעק 103
summoned / הזעיק 119
summoned / זימן 206
summoning / הזעקה 119
summons / זימון 206
sun / חמה 228
sun / שמש 676
sunflower / חמנית 229
sunglasses / משקפיים 418
sunken / טבוע 244
sunrise / זריחה 211
sunshade / סוכך 489
sunstroke / מכת שמש 359
super (adj.) / על 532
super power / מעצמה 385
superb / מעולה 381
superficial / רדוד 621
superficial / שטחי 655
superficiality / פשטנות 574
superficiality / רדידות 621
superficiality / שטחיות 655
superficially / ריפרוף 630
superfluous / מיותר 350
superior / עדיף 516
superior merchandise / עידית 525
superman / אדם עליון 14
supermarket / מרכול 406
supernatural / על טבעי 532
superstitions / אמונות טפלות 31
supervised / השגיח 162
supervised / פיקח 560
supervision / השגחה 162
supervision / פיקוח 560
supervisor / מפקח 391
supervisor / משגיח 408
supplement / מוסף 326
supplement / תוספת 692
supplementary (course)/ השלמה 164
supplements / מילואים 352
supplied / סיפק 501
supplier / ספק 508
supplies / צידה 582
supply / אספקה 34
supply / היצע 127
supply / הספקה 140
supply / ספיקה 508
supplying / ציוד 582
support / מסעד 378
support / משען 416
support / סימוכין 499
support / סמוכה 504
support / פרנסה 573
support / תימוכין (תימוך) 699
support / תמוכה 703
support / תמיכה 704
support staff / עזר 523
supported / מוחזק 322
supported / פירנס 561
supported / צידד 582
supported / תמך 704
supported (adj.) / נתמך 482
supported (fed / כילכל 276
supporter / אוהד 15
supporter / מצדד 392
supporting (adj.) / סומך 491
supporting (adj.) / תומך 691
supposed / הניח 137
supposedly / כביכול 270
supposition / סברה 485
suppository / פתילה 576
suppressing / השתקה 169
suppression / דיכוי 84
supremacy / עליונות 534
supreme / עילאי 526
surely / הלוא 132
surely / הן 136
surf-board / גלשן 73
surface / משטח 413
surfaced / צץ 591
surfer / גלשן 73
surge / נחשול 446
surgeon / מנתח 373
surgery / ניתוח 456
surgery / נתיחה 482
surmised / שיער 663
surpassed himself / התעלה 189
surplus / יתר 268
surplus / מותר 334
surplus / עודף 518
surprise / הפתעה 150
surprised / הפתיע 150
surprised (adj.) / מופתע 329
surprising (adj.) / מפתיע 392
surrender / התמסרות 185

surrender / כניעה 281
surrendered / נכנע 458
surrogate mother / פונדקאית 551
surrounded / אפף 35
surrounded / הקיף 154
surrounded / כיתר 278
surrounded / סובב 488
surrounded (adj.) / מוקף 330
surrounded (adj.) / מכותר 360
surveillance / מעקב 385
survey / מחקר 234
survey / מדידה 315
survey / משאל 408
survey / סקירה 509
survey / סקר 509
surveyor / מודד 320
survival / הישׂרדות 128
survived / ניצל 455
survived / שׂרד 683
surviving relatives / שאירים 642
survivor / ניצול 455
survivor / שׂריד 683
susceptible / מועד 326
suspected / חשד 238
suspended / השעה 165
suspended (adj.) / מושעה 333
suspender / כתפייה 287
suspension / השעייה 165
suspicion / חשד 238
suspicion / חשדנות 238
suspicious / חשדן 238
swallow / סנונית 506
swallowed / בלע 55
swallowed / הבליע 94
swallowed (liquid) / גמע 73
swallowing / בליעה 54
swam / שׂחה 653
swamp / רקק 639
swampy / טובעני 245
swarmed / רחש 626
swarmed / שרץ 684
swarming / נהירה 435
swayed / התנועע 187
swayed / מט 345
swearing in / השבעה 162
sweat / זיעה 206
sweater / אפודה 34
sweater / סודר 489

sweating / הזעה 119
sweaty / מיוזע 349
sweeped / גירף 71
sweeping (adj.) / סוחף 489
sweet / ממתק 369
sweet / מתוק 421
sweet / מתיקה 422
sweet-tooth (m) / לקקן 300
sweet-tooth (n.) / לקקנות 300
sweetened / המתיק 135
sweetened (adj.) / ממותק 367
sweetening / המתקה 135
sweetheart / מותק 334
sweetish / מתקתק 424
sweetly / במתיקות 422
sweetness / מותק 334
swelled / צבה 577
swelling / נפיחות 468
swelling / תפיחה 708
swept / טאטא 244
swept / סחף 494
swept away / גרף 76
swept away / נסחף 462
swiftly / ביעף 51
swimmer / שׂחיין 654
swimming / שׂחייה 653
swimming race / משחה 412
swindle / נוכלות 438
swindler / רמאי 633
swing / נדנדה 434
swing / תנופה 705
switch / לחצן 294
switch / מפסק 390
switch / מתג 419
switchboard / מרכזייה 406
switchboard operator / טלפן 251
switchboard operator / מרכזן 406
switched on... / הדליק 98
swollen (adj.) / נפוח 467
sword / חרב 235
sword / סייף 498
swordsman / סייפא 498
swore / נשבע 477
swore in / השביע 162
sworn enemy / נפש 469
swung / התנדנד 186
swung / טילטל 249
syllable / הברה 94

syllogism / היקש 128
symbol / סמל 505
symbolic / סמלי 505
symbolism / סמליות 505
symbolized / סימל 499
symbolized (adj.) / מסומל 375
sympathy / אהדה 14
sympathy / הבנה 94
synagogue / בית כנסת 53
synagogue / גבאי 62
syndrome / תסמונת 706
synonym / נרדף 475
synopsis / תקציר 711
syntactical / תחבירי 695
syntax / תחביר 695
synthesized / סינתז 500
syphilis / עגבת 514
syringe / מזרק 337
systematic / שיטתי 659
systems analyst / מנתח 373

T

Talmud / תלמוד 703
Tammuz (month) / תמוז 703
Ten Commandments
/ עשרת הדיברות 83
Tevet (month / טבת 245
The Roman Empire / רומי 624
The Temple / בית המקדש 53
Tishre (month / תשרי 714
To... / לכבוד 269
Trinity / שילוש 661
Tuesday / שלישי 671
table / טבלה 244
table / שולחן 650
table of contents / תוכן 691
table salt / מלח 364
tablecloth / מפה 387
tablet / טבלית 244
tactic / טכסיס 251
tactic / תכסיס 701
tactician / טכסיסן 251
tactics / טכסיסנות 251
tactics / תכסיסנות 701
tag / תג 688
tag / תווית 690
tag / תופסת 692

tail / זנב 209
tailor / חייט 221
tailored (adj.) / מחויט 338
taken / נקוט 472
taken (adj.) / לקוח 300
taken care of / טופל 246
taken into account / מחושב 340
takeoff / המראה 135
takeover / השתלטות 168
taking / לקיחה 300
taking / נטילה 448
taking / נקיטה 473
taking a deposition / גבייה 63
taking down / הורדה 113
taking exception to / מסתייג 379
taking off / הסתלקות 141
taking out / הוצאה 111
taking root / השתרשות 169
tale / הגדה 95
talent / כישרון 278
talented / כישרוני 278
talented / מוכשר 324
talented / מוצלח 329
talk / דיבור 83
talk / שׂיח 658
talk / שׂיחה 658
talk of the town / שׂיחה 658
talk to you soon! / השתמע 168
talkative / דברן 79
talked / שוחח 649
tall / גבוה 62
tall / תמיר 704
tall tale / צ'יזבט 583
tambourine / תוף 692
tame / מאולף 303
tamed / אילף 25
taming / אילוף 25
tan(ning) / שיזוף 658
tangent / משיק 413
tangerine / קלמנטינה 608
tangibility / מוחשיות 323
tangible / מוחשי 323
tanker / מכלית 361
tanned (adj.) / שזוף 653
tantalizing / מרטיט 405
tap / נקישה 473
tape / סרט 510
tape recorder / רשמקול 640

tapered seam / מתפר 424
tar / זפת 209
target / מטרה 347
target shooting / קליעה 607
tariff / תעריף 707
tarred (adj.) / מזופת 335
task / מטלה 346
task / משׂימה 413
task / שליחות 671
tassel / ציצית 585
taste / טעם 252
tasted / טעם 252
tasteless / נטול טעם 252
tasteless / תפל 708
tasting / טעימה 252
tasty / טעים 252
tattooed / קיעקע 604
taught / הורה 114
taught / לימד 296
tax / אגרה 13
tax / מס 373
taxation / מיסוי 355
taxpayer / נישום 456
tea / תה 689
teacher / מורה 331
teacher / מלמד 365
teaching / הוראה 113
teaching / לימוד 296
team / צוות 579
team / צוותא 579
team / קבוצה 593
team / נבחרת 428
tear / דמעה 87
tear / קרע 614
tearing / קריעה 614
tearing off / תלישה 702
tearing to pieces / שיסוע 663
teased / הקניט 155
teased / מוקנט 330
teased / קינטר 604
teaspoon / כפית 283
technical / טכני 251
technician / הנדסאי 136
technician / טכנאי 250
teddy bear / דוב 80
tehina (sesame seed paste) / טחינה 247
telegram / מברק 309

telegraph office / מברקה 309
telephone line / קו 595
telephone receiver / שפופרת 679
telling / הגדה 95
telling off / שטיפה 655
temperament / מזג 334
temperate / ממוזג 366
temperature / חום 214
temple / היכל 126
temple / מקדש 397
temple / רקה 638
temporarily / זמנית 208
temporariness / ארעיות 38
temporariness / עראיות 542
temporary / ארעי 38
temporary / זמני 208
temporary / עראי 542
temptation / פיתוי 563
tempted / פיתה 562
tempting / מגרה 313
ten / עשׂור 546
ten (f) / עשׂר 546
ten (m) / עשׂרה 546
ten thousand / רבבה 618
tenant / דייר 84
tenant / משתכן 418
tended a flock / רעה 635
tendency / מגמה 312
tendency / נטייה 447
tendency to compromise / פשרנות 575
tendentious / מגמתי 312
tendentiousness / מגמתיות 312
tender / מגורה 311
tender / עדין 516
tender / רך 632
tenderized / ריכך 629
tenderizing / ריכוך 628
tenderness / רוך 623
tendon / גיד 69
tennis-racket / מחבט 337
tense / דרוך 89
tense / מחושמל 340
tense / מתוח 420
tense / נלחץ 459
tensely / מתיחות 422
tension / מתח 421
tension / מתיחות 422

threw / זרק 211
threw down / הפיל 146
threw forcefully / הטיח 123
threw out / העיף 143
thrifty / חסכן 232
thrill / ריגוש 627
thriller / מותחן 334
thriller / מתח 421
thrilling / מותח 334
throat / גרון 75
throbbed / הלם 133
throne / כס 282
through / באמצעות 41
through / דרך 89
through / מבעד ל- 309
through it's length and breadth / רוחב 623
throwing / הטלה 123
throwing / השלכה 164
throwing / זריקה 211
thrown / הועף 109
thrown away / זרוק 210
thrown away / מושלך 333
thrusted upon / הנחית 136
thumb / אגודל 12
thumb / בוהן 44
thumbtack / נעץ 466
thunder / רעם 635
thundered / רעם 635
thunderous / רועם 624
thus / כה 271
thus / כן 281
thus / לאמור 289
tick / קרצית (קרצייה) 614
ticked / טיקטק 250
ticked / תיקתק 700
ticket / כרטיס 285
ticket (for traffic violation) / דו"ח 81
ticking / טיקטוק 250
ticking sound / תיקתוק 700
tickled / דיגדג 83
tidal wave / נחשול 446
tie / עניבה 537
tie / קשר 616
tie / תיקו 700
tied / כפת 284
tied / כרך 286
tied / עקד 541
tied / צרר 592
tied / קשר 616
tied (a tie) / ענב 536
tied (adj.) / קשור 615
tiger / נמר 461
tight / הדוק 98
tight / לחוץ 293
tightened / הידק 125
tightened / התהדק 176
tightened the belt / הידק 125
tightening / הידוק 125
tightening the belt / הידוק 125
tile / אריח 37
tile / חרסינה 237
till / עד 515
tilted / נטה 447
time / זמן 208
time / עת 547
time / שהות 647
time element / גורם 67
timer / קוצב 598
times / עיתות 531
timetable / מערכת 386
timid / ביישן 50
timidity / מורך 331
timing / עיתוי 531
timing / תיזמון 698
tin / בדיל 43
tin / פח 554
tin shack / פחון 554
tiny / זעיר 209
tiny / חוד 212
tiny / פעוט 567
tiny / קט 599
tiny / קטנטן 600
tip / תשר 714
tire / צמיג 588
tired / יגע 254
tired / עייף 526
tired (adj.) / מיוגע 349
tired (adj.) / נלאה 459
tired (adj.) / עייף 526
tired (someone) / ייגע 260
tiresome / מייגע 351
tiring / התעייפות 189
tiring / מייגע 351
tissue / רקמה 639
tithe / מעשר 386
titillating / מרטיט 405
title / כותר 274
title / תואר 690
title of a Rabbi / אדמו"ר 14
to / אל 29
to / ל- 288
to / לידי- 295
to / לכב' 297
to me / אליי 30
to me / לִי 294
toad / קרפדה 614
toast / צנים 589
toast / קלוי 606
toaster / מצנם 395
toboggan / מגלשה 312
today / היום 125
together / ביחד 49
together / בכפיפה אחת 54
together / יחד 258
together / יחדיו 258
together / עם 534
together / צוותא 579
toil / יגיעה 254
toil / עמל 536
toiled / יגע 254
toiled / עמל 536
toilet / בית־שימוש 53
toilet / נוחיות 437
toilet / שירותים 666
toilet seat / אסלה 33
token / אסימון 33
told / מסופר 375
told / שׂח 653
told (m.) / סיפר 501
tolerance / סובלנות 488
tolerant / סובלני 488
tolerated / סבל 485
tomato / עגבנייה 514
tomb / קבר 594
tomorrow / מחר 344
tone / נימה 453
tone / נעימה 465
tone / צליל 586
toned down / מיתן 358
tongs / צבת 578
tongue / לשון 301
took / לקח 300
took / נטל 448

took (measures etc.) / נקט 473
took a beating / ספג 507
took a risk / הסתכן 141
took a seat / התיישב 181
took a test / נבחן 308
took an interest / התעניין 189
took an oath / נשבע 477
took apart / פירק 562
took care of / טיפל 250
took control / השתלט 168
took down / הוריד 114
took extension training / השתלם 168
took into consideration / התחשב 179
took off / המריא 135
took off / הסיר 139
took off / פשט 574
took off (shoes) / חלץ 228
took out / הוציא 112
took part / השתתף 169
took pity (on) / נכמר 458
took pity on / ריחם 628
took place / התקיים 195
took place / התרחש 198
took place / נערך 466
took revenge / התנקם 187
took root / הושרש 116
took root / השריש 166
took root / השתרש 169
took the time / התפנה 192
took the trouble / טרח 253
tool / כלי 279
tool / מכשיר 361
tooth / שן 676
tooth decay / עששת 547
toothpick / קיסם 604
top / פסגה 565
top / ראש 617
topic / נושׂא 441
torch / לפיד 299
tore / פקע 569
tore / קרע 614
tore off / תלש 703
tore to pieces / ריטש 628
tore to pieces / שיסע 663
torment / ייסורים 261
tormented / ייסר 261
tormented (adj.) / מיוסר 349
torn / סמרטוטי 506

torn / קרוע 613
torn / שסוע 677
torn off / תלוש 702
torn to pieces / מרוטש 403
torpedoed / טירפד 250
torture / התעללות 189
torture / עינוי 528
tortured / התעלל 189
tortured / עינה 528
tortured (adj.) / מעונה 382
total / בסך הכול 57
total / סיכום 498
total amount / סך 502
totaled / סיכם 498
touch / מגע 313
touch / מישוש 358
touch / נגיעה 430
touch / קשר 616
touched / מישמש 358
touched / מישש 358
touched / נגע 431
touching / מישוש 358
touching / נוגע 436
tough / קשוח 615
toupee / פיאה 556
tour / סיור 497
toured / סייר 498
touring / תיור 698
tourism / תיירות 698
tourist / תייר 698
tow truck / גרר 76
towards / כלפי 280
towards / לפנות- 299
towards / לקראת 300
towed / גרר 76
towel / מגבת 310
tower / מגדל 310
towing / גרירה 76
town square / כיכר 276
town-crier / כרוז 285
toxic / רעיל 635
toxicity / רעילות 635
toy / צעצוע 589
trachea / קנה 609
track / מסילה 377
track / מסלול 377
tractate / מסכת 377
trade / מסחר 376

trade / סחר 494
traded / סחר 494
tradition / מנהג 369
tradition / מסורת 376
traditional / מסורתי 376
traffic / תחבורה 695
traffic / תנועה 705
traffic / תעבורה 706
traffic cop / שוטר 649
traffic jam / פקק 569
traffic light / רמזור 633
traffic sign / תמרור 705
trail / שביל 644
trail / שובל 648
trailed along / נגרר 432
train / רכבת 632
train (of dress) / שובל 648
trained / אילף 25
trained / אימן 26
trained / הוכשר 105
trained / הכשיר 131
trained / הרגיל 158
trained / חנך 231
trained / עימל 527
trained (adj.) / מאולף 303
trained (adj.) / מאומן 303
trained (himself) / התאמן 171
trainee / חניך 231
trainee / מתלמד 423
trainer / מאלף 305
trainer / מאמן 305
training / אילוף 25
training / אימון 25
training / הכשרה 131
training / השתלמות 168
training / תירגולת 700
training outfit / אימונית 26
trait / תכונה 701
traitor / בוגד 44
trampled / דישדש 86
trampled / דש 90
trampled / רמס 634
trampled / שעט 678
trampling / מירמס 357
tranquil / שאנן 643
tranquility / שאננות 643
tranquility / שלווה 669
transaction / העברה 143

U

unified (adj.) / מאוחד 303
uniform / אחיד 20
uniform / מדים 315
uniform / תלבושת 702
uniformity / אחידות 20
unilateral / צדדי 578
uninhibited / משוחרר 410
uninjured part (of body) / מתום 420
unintentionally / בעלמא 58
union / איגוד 22
union / הסתדרות 141
unique / יחיד 258
unique / מיוחד 349
unique event / חיזיון 220
uniqueness / ייחוד 260
uniqueness / ייחודיות 260
uniqueness / מיוחדות 349
unit / יחידה 258
united / גובש 65
united / ליכד 296
united / מאוחד 303
united (adj.) / מאוחד 303
united (adj.) / מלוכד 363
unity / אחדות 20
unity / ליכוד 296
universal / כללי 280
universal / עולמי 519
universe / עולם 519
unknown / אלמוני 30
unknown / נעלם 465
unloaded / פרק 573
unloading / פריקה 572
unrefined (adj.) / מחוספס 339
unrest / אי־שקט 681
unripe fruit / בוסר 45
unrolled / גולל 65
unruly / מפריע 391
unsalted / תפל 708
unsatisfactory / צולע 580
unskilled labor / עבודה שחורה 513
unstable / מעורער 383
unstiched / פרם 573
unstitched (adj.) / פרום 571
untamed / פרא 570
untidy / מרושל 404
untied / התיר 182
untied / פרם 573
until / עד 515

untrue / כוזב 272
untying / התרה 197
unwell / נפול 467
up(ward) / למעלה 298
up-to-date / מעודכן 381
updated / עידכן 525
updated (adj.) / עדכני 516
updating / עידכון 525
upheaval / מהפך 318
uphill / מעלה 384
upholstered / ריפד 630
upholstered (adj.) / מרופד 404
upholsterer / רפד 636
upholstering / ריפוד 630
upholstery / ריפוד 630
upholstery workshop / מרפדייה 406
upper / עליון 534
upper (m) / עילי 527
upright / זקוף 210
upright / קוממיות 597
upriser / מתקומם 424
uprising / התקוממות 195
uprooted / עקר 542
uprooted (adj.) / עקור 541
uprooting / עקירה 541
upset / חרה 235
upsetting / סיכול 498
upside down / הפוך 146
upside-down / מהופך 317
upward / מעלה 384
upwards / מעלה 384
urban / עירוני 530
urbanization / עיור 526
urge / דחף 82
urged / דירבן 85
urged (on) / המריץ 135
urged (someone) / דחק 83
urgency / דחיפות 82
urgent / בוער 45
urgent / דחוף 82
urgent necessity / נחיצות 443
urgently / דחיפות 82
urinal / משתנה 418
urinated / השתין 167
urine / שתן 685
usable / שמיש 675
use / שימוש 662
used / השתמש 168

used / נצרך 471
used / נקוט 472
used (adj.) / משומש 411
used bad language / קילל 603
used to / נהג 434
used to / רגיל 620
useful / מועיל 327
useful / שימושי 662
usher / סדרן 487
using / נקיטה 473
usual / רגיל 620
usual / שכיח 668
uterine tube / חצוצרה 233
utilitarianism / תועלתנות 692
utilization / ניצול 455
utilized / ניצל 455
utilized (adj.) / מנוצל 371
utter disgust / גועל 66
utterance / הגה 95
uttered / הושמע 116
uttered / השמיע 165
uttered / מילל 353
uvula / עינבל 528

V

VAT / מע"מ 384
Venus / נוגה 436
Virgo / בתולה 61
vacant / פנוי 564
vacant position / תקן 710
vacated / פינה 558
vacated (adj.) / מפונה 388
vacation / חופשה 215
vacation / נופש 440
vacation / פגרה 549
vacationed / נפש 469
vacationer / נופש 440
vaccine / תרכיב 712
vacillated / התחבט 177
vacillated / התלבט 183
vacillated / פסח 566
vacuous / נבוב 427
vacuum / ריק 630
vagina / נרתיק 477
vagrancy / שוטטות 649
vagrant / יחפן 259
vagrant / משוטט 410

violating / חילול 222
violation / הפרה 149
violator / מפר 391
violence / אלימות 30
violence / פראות 570
violent / אלים 30
violet / סגול 485
violet / סיגל 495
violet / סיגלית 496
violin / כינור 276
violinist / כנר 282
viper / פתן 576
viper / צפע 590
viper / שפיפון 679
viral / נגיפי 431
virgin / בתולה 61
virgin soil / קרקע בתולה 615
virtue / סגולה 485
virus / נגיף 431
visa / אשרה 39
viscose / צמיג 588
vise / מלחציים 364
visibility / ראות 617
visible / גלוי 72
visible / נראה 475
vision / חזון 217
vision / חיזיון 220
vision / ראייה 617
visit / ביקור 52
visited / ביקר 52
visited / פקד 569
visitor / מבקר 309
visual / חזותי 217
vital / חיוני 220
vital importance / חיוניות 220
vitality / חיוניות 220
vitality / לחלוחית 294
vivacious / חיוני 220
vivacious / שוקק חיים 652
vivid / עסיסי 538
vividness / עסיסיות 538
vocal / קולי 597
vocalization / ניקוד 455
vocalized (Heb.) / ניקד 455
vocalized (adj.) / מנוקד 371
vociferous / צעקן 589
voice / קול 597
voiced / השמיע 165

void / אין 26
volcano / הר געש 75
volume / נפח 467
volume (book) / כרך 286
voluntary / רצוני 637
volunteer / מתנדב 423
volunteered / התגייס 175
volunteered / התנדב 186
volunteering / התגייסות 175
volunteering / התנדבות 186
vomit / קיא 600
vomited / הקיא 154
vomited / פלט 563
vomiting / הקאה 153
vote / הצבעה 150
vote / קול 597
voted / בחר 47
voted / הצביע 150
voter / בוחר 45
voter / מצביע 392
voting / הצבעה 150
voucher / ספח 508
voucher / שובר 648
vow / נדר 434
vow / שבועה 644
vowed / נדר 434
vowel / תנועה 705
vulgar / גס 74
vulgar / המוני 134
vulgar / חזירות 217
vulgarity / גסות 75
vulgarity / צעקנות 590
vulnerable / פגיע 549
vulture / עייט 526
vulture / פרס 573
vulva / פות 553

W

Wailing Wall/ הכותל המערבי 274
Wednesday / רביעי 619
w.c. / בית שימוש 53
waddled / מט 345
wadi / ואדי 200
wafer / מצייה 395
wafer / רקיק 638
wages / שׂכר 669
wagged / כישכש 278

wagon / עגלה 515
wagon / קרון 613
wagtail / נחליאלי 444
wailed / ייבב 259
wailed / יילל 260
wailing / יללה 263
waist / מותן 334
waited / המתין 135
waited / חיכה 221
waiter / מלצר 365
waiter (server) / מגיש 312
waiting / המתנה 135
wake-up / השכמה 164
waking up / התעוררות 188
walk / סיבוב 494
walked / הלך 133
walked / התהלך 176
walked / פסע 566
walked / צעד 589
walked about / הסתובב 141
walked into an ambush / מארב 306
walker / הליכון 133
walking / הליכה 133
walking distance / מהלך 318
wall / דופן 81
wall / כותל 274
wall / קיר 605
wall (around city) / חומה 214
wallet / ארנק 38
wandered / התגלגל 175
wandered / נד 432
wandered / נדד 432
wandered / שוטט 649
wanderer / נודד 436
wandering / טילטול 248
wandering / נדודים 432
wandering about / תעייה 707
wanted / רצה 637
war / מלחמה 364
ward / מחלקה 342
warded off / הדף 98
wardrobe / מלתחה 366
warehouse / מחסן 343
warehouseman / מחסנאי 343
warfare / לוחמה 292
warlike / מלחמתי 364
warmed / חימם 222
warmed / מחומם 339

warmed up / התחמם 178
warming / התחממות 179
warming (up) / הפשרה 150
warmth / חמימות 229
warned / הזהיר 118
warned / התרה 197
warned / התריע 198
warning / אזהרה 19
warning / הזהרה 118
warning / התראה 197
warning / התרעה 199
warrant / צו 579
warrior / סייפא 498
wart / יבלת 254
was / היה 125
was 'laundered' (money) / הולבן 106
was 'screwed' (vulgar) / נדפק 434
was (en)coded / קודד 596
was Hebraized / עוברת 517
was 'bombarded' / הוצף 112
was abandoned / הופקר 110
was abandoned / ניטש 452
was abandoned / נעזב 464
was able / יכול 262
was absent / החסיר 122
was absent / נעדר 464
was absent / נפקד 469
was absorbed / נספג 463
was absorbed / שקע 682
was accelerated / הואץ 99
was accelerated / הוגבר 101
was accepted / התקבל 194
was accumulated / הצטבר 151
was accused / הואשם 99
was accused / נאשם 427
was acquired / נקנה 474
was acquired / נרכש 476
was acquitted / זוכה 204
was acquitted / זכה 207
was activated / הופעל 110
was adapted / עובד 517
was added / חובר 211
was added / נוסף 439
was added / צורף 581
was afflicted / לקה 300
was afflicted / נתקף 483
was afraid / פיחד) 557
was afraid / חרד 235
was afraid / ירא 266
was afraid / פחד 554
was agitated / סער 507
was agreed upon / הוסכם 108
was aired (out) / התאוורר 170
was all over / התגלגל 175
was alleviated / הוקל 112
was allocated / הוקצב 113
was allocated / יוחד 256
was allowed / שוחרר 649
was alone / התבודד 173
was alone / התייחד 180
was amazed / השתאה 166
was analyzed / נותח 441
was angry / התרעם 199
was angry / התרתח 199
was angry / זעם 209
was angry / זעף 209
was angry / חרה 235
was angry / כעס 282
was angry / קצף 611
was angry / רגז 619
was announced / נמסר 461
was answered / נענה 465
was appeased / פויס 551
was applied / יושׂם 258
was appointed / הופקד 110
was appointed / התמנה 184
was appointed / מונה 325
was appraised / הוערך 109
was appreciated / הוערך 109
was approved / הוכר 105
was argued / נטען 448
was arranged / הוסדר 108
was arranged / הסתדר 140
was arranged / נערך 466
was arranged / סודר 489
was arrested / נאסר 426
was arrogant / התנשׂא 188
was articulated / הובע 100
was ashamed / התבייש 174
was asked / התבקש 174
was asked / נשאל 477
was assembled / הורכב 114
was assigned / הוטל 104
was assimilated / הוטמע 104
was assimilated / נטמע 448
was associated / זוהה 203
was astonished / השתומם 166
was astonished / נדהם 432
was attached / הוצמד 112
was attached / נכרך 459
was attached / נספח 463
was attached / סופח 492
was attacked / הותקף 117
was attracted / נמשך 461
was attributed (to) / יוחס 256
was authorized / הוסמך 108
was awakened / התעורר 188
was awarded / הוענק 109
was balanced / התאזן 171
was based (on) / הושתת 117
was based (on) / התבסס 174
was beaten / הוכה 104
was begun / הותחל 117
was beheaded / נערף 466
was bitter / התמרמר 185
was blessed / בורך 46
was blessed / התברך 174
was blinded / הסתנוור 142
was blinded / התעוור 188
was blinded (by light) / סונוור 491
was blocked / נחסם 445
was blocked / נסתם 464
was blown up / פוצץ 552
was blurred / טושטש 247
was boiled / הורתח 115
was bombed / הופצץ 110
was booby-trapped / מולכד 324
was bored / השתעמם 168
was born / יולד 256
was born / נולד 438
was bought / נקנה 474
was bounced / הוקפץ 113
was bound / נכרך 458
was breast-fed / ינק 263
was bribed / שוחד 649
was briefed / תודרך 690
was broken / נשבר 478
was broken into / נפרץ 469
was broken through / נפרץ 469
was broken to pieces / נופץ 440
was brought / הובא 100
was brought down / הורד 113
was brought in / הוכנס 105
was brought near / קורב 598

was defeated / נוצח 440
was defeated / ניגף 450
was defined / הוגדר 101
was delayed / עוכב 519
was delivered / נמסר 460
was deluded / הושלה 116
was demanded / נדרש 434
was demanded / נתבע 481
was demarcated / נתחם 482
was demilitarized / פורז 552
was demonstrated / הומחש 106
was demonstrated / הופגן 109
was demoted / הורד 113
was denied / הוכחש 105
was denied / נשלל 480
was denounced / הוקע 113
was deposited / הופקד 110
was depreciated / פוחת 550
was derived / נבע 429
was derived / נגזר 430
was derived / נשאב 477
was desecrated / חולל 213
was designed / נועד 439
was destroyed / הושמד 116
was destroyed / חרב 234
was destroyed / נהרס 435
was destroyed / נחרב 445
was detailed / פורט 552
was detained / התעכב 189
was detained / נעצר 466
was deterred / הורתע 115
was developed / פותח 553
was devised / נרקם 476
was devoted / הוקדש 112
was devoured / נטרף 448
was diagnosed / אובחן 15
was diagnosed / הובחן 100
was dictated / הוכתב 105
was different / נבדל 427
was digested / נעכל 465
was diligent / שקד 680
was dimmed / הועם 109
was dimmed / עומעם 520
was directed / בויים 45
was disappointed / התאכזב 171
was disarmed / פורק 553
was discarded / הושלך 116
was discharged / הופרש 111

was disconnected / נותק 441
was disconnected / ניתק 457
was discordant / צרם 592
was discriminated / הופלה 110
was discussed / דובר 80
was discussed / נדון 433
was discussed / נידון (נדון) 450
was disgusted / נגעל 431
was disgusted / סלד 503
was disgusting / הבחיל 93
was dismantled / פורק 553
was dismissed / סולק 490
was dispersed / פוזר 550
was displaced / נעתק 466
was dispossessed / נושל 441
was disqualified / נפסל 468
was distorted / סולף 490
was distorted / סורס 493
was distorted / עוות 518
was distorted / עוקם 521
was distributed / הופץ 110
was distributed / חולק 214
was distributed / שווק 649
was disturbed / הופרע 111
was diverted to flow / הוזרם 103
was divided / הופרד 110
was divided / התחלק 178
was divided / התפלג 192
was divided / חולק 214
was divided / נחלק 444
was divided / פוצל 552
was documented / תועד 692
was domesticated / בויית 45
was drained / נוקז 440
was drawn (out of liquid) / נשלה 479
was drawn (water) / נשאב 477
was dried (up) / יובש 256
was driven / הוסע 108
was driven away / הוברח 100
was dropped / הופל 110
was drugged / סומם 491
was drunk / נשתה 481
was dug / נחפר 445
was duplicated / שוכפל 650
was dying / גסס 75
was early / הקדים 154
was eaten (up) / נאכל 425
was edited / נערך 466

was educated / התחנך 179
was electrocuted / התחשמל 180
was elevated / הוגבה 101
was embalmed / נחנט 444
was embroidered / נרקם 476
was emphasized / הובלט 100
was emphasized / הודגש 102
was employed / הועסק 109
was emptied / הורק 114
was emptied / התרוקן 198
was endorsed / הוסב 108
was endowed / ניחן 451
was enforced / הוחל 103
was enforced / נאכף 425
was engraved / נחרט 446
was engrossed / שגה 646
was enlarged / הוגדל 101
was enough / הספיק 140
was enraged / נזעם 442
was enraged / נסער 463
was enraged / רתח 640
was enriched / הועשר 109
was enslaved / שועבד 651
was entered / הוכנס 105
was enthralled / רותק 625
was equalized / הושווה 115
was equalized / קוזז 596
was erased / נמחק 460
was eroded / נסחף 462
was established / נוסד 438
was estimated / נאמד 426
was etched / נחרת 446
was evacuated / פונה 551
was evasive / התפתל 194
was exaggerated / נופח 439
was exalted / התרומם 197
was examined / נבדק 427
was executed / התבצע 174
was exhausted / מוצה 329
was exhibited / הוצג 111
was exiled / הוגלה 101
was expelled / גורש 67
was expelled / הורחק 114
was expelled / נזרק 443
was explained / הוסבר 108
was explained / נומק 438
was explained / פורש 553
was exploited / נוצל 440

was exposed / נחשף 446
was expressed / הובע 100
was expropriated / הופקע 110
was extended / הוארך 99
was exterminated / הושמד 116
was extinct / נכחד 458
was extinguished / כבה 269
was extinguished / כובה 271
was extracted / הופק 110
was extricated / נחלץ 444
was fabricated / הומצא 106
was fabricated / פוברק 550
was faithful / שמר 675
was familiar with / התמצא 185
was fascinated / הוקסם 113
was fastened / התהדק 176
was fastened / נרכס 476
was fed / ניזון 451
was fed up / נשבר 478
was felt / הורגש 113
was fenced / גודר 65
was fermented / הותסס 117
was fertilized / הופרה 111
was filed / תויק 691
was filled / מולא 324
was filled / נמלא 460
was filmed / הוסרט 108
was financed / מומן 325
was fined / נקנס 474
was finished / נגמר 431
was fired / נורה 441
was fired / פוטר 551
was fixed / נקבע 472
was flooded / הוצף 112
was flown / הוטס 104
was flown / הועף 109
was flown / הופרח 111
was foiled / טורפד 247
was forbidden / נאסר 426
was forced / נאלץ 426
was forced / נאנס 426
was forced (on) / נכפה 458
was forced (to) / הוכרח 105
was forced to surrender / הוכנע 105
was forecasted / נצפה 471
was forged / זויף 204
was forged / חושל 216
was forgotten / נשכח 479

was formed / התעצב 190
was formulated / גובש 65
was formulated / נוסח 438
was found / נמצא 461
was freed / השתחרר 167
was fried / טוגן 245
was frightened / הופחד 109
was frightened / נבהל 427
was frozen / הוקפא 113
was frustrated / סוכל 489
was fulfilled / התקיים 195
was fulfilled / מולא 324
was garbled / השתבש 166
was garbled / שובש 648
was gathered / נאסף 426
was given / הוענק 109
was given / ניתן 457
was given the runaround / הורץ 114
was given to drink / הושקה 116
was gloomy / עגם 515
was glued / הודבק 102
was glued / נדבק 432
was going to / עמד 535
was good / שפר 680
was grasped / נתפס 483
was guided / הודרך 102
was guided / הונהג 107
was guided / הונחה 107
was halved / נחצה 445
was happy / רן 634
was happy / שׂמח 673
was harnessed / נרתם 477
was heard / נשמע 480
was heated / הוסק 108
was heated (iron) / לובן 292
was held / הוחזק 103
was held / התקיים 195
was helped / הסתייע 141
was helped / נעזר 464
was hewn / נחצב 445
was hidden / הוחבא 103
was hidden / הוטמן 104
was hidden / הוסתר 108
was hidden / נטמן 448
was hinted / נרמז 476
was hired / נשׂכר 479
was hoisted / הונף 107
was honored / התכבד 182

was hospitalized / אושפז 18
was hospitalized / התאשפז 172
was humiliated / הושפל 116
was hung / נתלה 482
was hungry / רעב 634
was hurt / נכווה 458
was hurt / נפגע 467
was identified / זוהה 203
was idle / התבטל 173
was illuminated / הואר 99
was illustrated / הודגם 102
was illustrated / עוטר 519
was immersed / טבל 244
was immobilized / שותק 652
was implied / השתמע 168
was implied / נרמז 476
was imported / יובא 255
was imposed / הוכתב 105
was imposed / הונחת 107
was imposed / הושלט 116
was impressed / התפעל 192
was impressed / התרשם 199
was imprisoned / נכלא 458
was improved / שוכלל 649
was improved / שופר 651
was in a hurry / אץ 36
was in a rush / נחפז 445
was in agony / התייסר 181
was in command / פיקד 560
was in litigation / התדיין 176
was in need / הזדקק 118
was in need of / נצרך 471
was in suspense / נמתח 461
was in the offing / הסתמן 142
was inaugurated / נחנך 445
was incited / הוסת 108
was included / נכלל 458
was included / שותף 652
was increased (cost) / התייקר 181
was inculcated / הושרש 116
was independent / רשות 639
was indicated / הסתמן 142
was indicated / צוין 580
was inflamed / שולהב 650
was inflated / נופח 439
was influenced / הושפע 116
was informed / יודע 256
was inhaled / נשאף 477

was injured / נחבל 443
was inscribed / נחקק 445
was insecure / התנדנד 186
was insolent / התחצף 179
was inspected / נסקר 464
was installed / הותקן 117
was instituted / תוקן 693
was insulted / נעלב 465
was insured / בוטח 45
was internalized / הופנם 110
was interrogated / נחקר 445
was interrupted / נקטע 473
was interviewed / התראיין 197
was intrigued / סיקרן 501
was introduced / הונהג 107
was introduced (to) / הופגש 109
was invented / הומצא 106
was invested / הושקע 116
was invited / הוזמן 103
was issued / הונפק 107
was jealous / קינא 603
was justified / הוצדק 111
was kept / הוחזק 103
was kept / נשמר 480
was kidnapped / נחטף 443
was killed / הומת 107
was killed / נהרג 435
was killed / נספה 463
was killed / נקטל 473
was killed (in action) / נפל 468
was lacerated / נשׂרט 481
was laid / הוטל 104
was laid / הונח 107
was laid down / הושכב 115
was landed / הונחת 107
was late / איחר 24
was late / התאחר 171
was lazy / התעצל 190
was leaked / הודלף 102
was leased / הוחכר 103
was leased / נחכר 444
was led / הובל 100
was left / הושאר 115
was left out / הושמט 116
was legislated / נחקק 445
was lengthened / הוארך 99
was lent / הושאל 115
was lessened / נגרע 432

was lightened / הובהר 100
was limited / הוגבל 101
was limited / הצטמצם 152
was liquidated / התחסל 179
was liquidated / חוסל 214
was lit / הודלק 102
was lit / נדלק 433
was living (in / התגורר 175
was loaded / הוטען 104
was loaded / הועמס 109
was loaded / נטען 448
was localized / אותר 19
was located / אותר 19
was locked / ננעל 462
was lost / אבד 11
was lost / נאבד 425
was lowered / הושפל 116
was made / נעשׂה 466
was made "kosher" / הוכשר 105
was made filthy / טונף 246
was made smaller / הוקטן 112
was made to fit / הותאם 117
was made to shut up / הושתק 117
was made to sign / הוחתם 104
was maintained / הוחזק 103
was managed / התנהל 186
was managed / נוהל 437
was manned / אויש 16
was marked / סומן 491
was mashed / רוסק 624
was massaged / עוסה 520
was measured / נמדד 460
was mechanized / מוכן 323
was melted / הותך 117
was mentioned / הוזכר 103
was mentioned / נזכר 442
was mentioned / צוין 580
was merry / עלז 533
was meticulous / הקפיד 156
was misinformed / הותעה 117
was misled / הוטעה 104
was misled / הותעה 117
was missed / הוחמץ 104
was mitigated / הומתק 107
was mixed / התערב 190
was mixed / נטרף 448
was mixed / עורב 522
was mixed / עורבל 522

was mixed up / שובש 648
was mortgaged / מושכן 333
was mortgaged / שועבד 651
was moved / הוזז 103
was moved / טולטל 246
was moved / נפעם 468
was moved up / הוקדם 112
was multiplied / הוכפל 105
was murdered / נרצח 476
was nailed / סומר 491
was named / נקרא 474
was nationalized / הולאם 106
was navigated / הושט 115
was navigated / נווט 437
was needed / נדרש 434
was neglected / הוזנח 103
was negligent / התרשל 199
was neutered / עוקר 521
was neutralized / נוטרל 437
was noisy / סאן 484
was notched / נחרץ 446
was numerated / סופרר 492
was obtained / הושׂג 115
was occupied / העסיק 144
was off-key / זייף 205
was omitted / נפל 468
was omitted / נשמט 480
was opened / נפתח 470
was opened (eyes / נפקח 469
was operated on / נותח 441
was oppressed / דוכא 81
was ordered / הוזמן 103
was ordered / הצטווה 151
was ostracized / נודה 436
was ousted / הודח 102
was packed / נארז 427
was paged / עומד 520
was paid / שולם 650
was paid up / נפרע 469
was paired off / זווג 203
was pampered / פונק 551
was parachuted / הוצנח 112
was parallel (to) / הקביל 154
was paralyzed / שותק 652
was pardoned / נסלח 463
was parked / הוחנה 104
was paved / נכבש 457
was paved / נסלל 463

was peeled / נקלף 473
was peeled off / התקלף 195
was penetrated / הובקע 100
was perforated / נוקב 440
was performed / הוצג 111
was permitted / הורשה 114
was permitted / הותר 117
was persecuted / נרדף 475
was persuaded / השתכנע 167
was petrified / התאבן 170
was photographed / הצטלם 152
was photographed / צולם 580
was photosynthesized / הוטמע 104
was picked / נקטף 473
was picked (grapes) / נבצר 429
was pickled / הוחמץ 104
was pickled / נכבש 457
was pictured / הצטייר 151
was pieced together / התאחה 171
was piled up / נערם 466
was pitched (tent) / ניטה 451
was placed / הועמד 109
was placed / הוצב 111
was placed / שובץ 648
was planned / תוכנן 691
was planted / הושתל 116
was planted / נשתל 481
was played / הושמע 116
was played / נוגן 436
was playful / השתובב 166
was pleasant / נעם 465
was pleasant / ערב 543
was plowed / נחרש 446
was plucked / נתלש 482
was poisoned / הורעל 114
was polluted / זוהם 203
was possible / התאפשר 172
was postponed / נדחה 433
was precise / דיקדק 85
was preferred / הועדף 108
was prepared / הוכן 105
was prepared / הוכשר 105
was present / נכח 458
was presented / הוצג 111
was pressed / נלחץ 459
was prevalent / רווח 622
was printed / הודפס 102
was printed / נדפס 434
was produced / הופק 110
was proficient / שלט 670
was programmed / תוכנת 691
was prolonged / התארך 172
was promised / הובטח 100
was promoted / הועלה 109
was pronounced / נהגה 434
was propelled / הונע 107
was protected / אובטח 15
was proven / הוכח 105
was proven wrong / התבדה 173
was provided / סופק 492
was provided for / נתמך 482
was provoked / הותסס 117
was publicized / התפרסם 193
was published / הודפס 102
was published / פורסם 552
was pulled / נסחב 462
was pulled out / נשלף 480
was punished / הוענש 109
was punished / נענש 465
was purchased / נרכש 476
was purified / טוהר 246
was pursued / נרדף 475
was put / הושם 116
was quoted / צוטט 580
was raised / הונף 107
was raised / הועלה 109
was raised / הורם 114
was raped / נאנס 426
was read / הוקרא 113
was read / נקרא 474
was realized / הוגשם 101
was realized / התגשם 176
was realized / התממש 184
was realized / מומש 325
was reaped / נקצר 474
was recognized / הוכר 105
was recognized / ניכר 452
was recommended / הומלץ 106
was reconstructed / שוקם 651
was recorded / הוקלט 112
was recorded / נרשם 477
was recruited / גויס 65
was redeemed / נפדה 467
was reduced / הוקטן 112
was reduced / פחת 555
was reduced (cost) / הוזל 103
was reffered / הופנה 110
was refined / עודן 518
was reflected / השתקף 169
was refreshed / רוענן 624
was refueled / תודלק 690
was refused / סורב 492
was refuted / הופרך 111
was refuted / נסתר 464
was rehabilitated / טוהר 246
was reinforced / תוגבר 690
was rejected / נדחה 433
was rejected / נשלל 480
was released / שוחרר 649
was relieved / הוקל 112
was relieved / רווח 622
was removed / הוסר 108
was removed / הורחק 114
was removed / נופה 439
was removed / סולק 490
was rendered mobile / נויד 438
was renewed / התחדש 177
was renewed / חודש 212
was renovated / שופץ 651
was rented / הושכר 116
was rented / נשכר 479
was repaired / תוקן 693
was repeated / נשנה 480
was repelled / נהדף 434
was reported / דווח 80
was repressed / הודחק 102
was reprimanded / ננזף 461
was rescued / חולץ 213
was researched / נחקר 445
was restored / חודש 212
was restored / שוחזר 649
was restrained / רוסן 624
was restricted / הוגבל 101
was restricted / סויג 489
was resuscitated / הונשם 107
was returned / הוחזר 103
was returned / הושב 115
was revaluated / יוסף 257
was revealed / התגלה 175
was revealed / נגלה 431
was reviewed / נסקר 464
was rhymed / נחרז 445
was right / צדק 578
was rinsed / נשטף 478

was roasted / נצלה 471
was robbed / נגזל 430
was robbed / נשדד 478
was rolled up / הופשל 111
was rounded / עוגל 517
was rounded off / עוגל 517
was ruled / נשלט 480
was run over / נדרס 434
was rushed / הובהל 100
was rushed / הוזעק 103
was sacrificed / הוקרב 113
was saddened / התעצב 190
was saddened / נעצב 466
was said / נאמר 426
was salted / הומלח 106
was sandaled (car) / סונדל 491
was sarcastic / עקץ 542
was satiated / שׂבע 645
was satisfied / סופק 492
was saved / נגאל 429
was saved / נושע 441
was saved / נחסך 445
was saved / ניצל 455
was sawn off / נוסר 439
was scattered / פוזר 550
was scorched / נחרך 446
was scorched / נצרב 471
was scratched / נשׂרט 481
was screened / הוקרן 113
was screwed in / הוברג 100
was sealed off / נאטם 425
was searched / נסרק 464
was secured / הובטח 100
was seduced / פותה 553
was seen / ניבט 449
was seen / נראה 475
was seized (property) / עוקל 521
was sent / נשלח 479
was sent (off) / שוגר 648
was sentenced / נדון 433
was sentenced / נידון (נדון) 450
was sentenced / נשפט 480
was separated / הובדל 100
was separated / הופרד 110
was separated / נבדל 427
was served / הוגש 101
was set / נקבע 472
was set aside / הופרש 111
was set on fire / הובער 100
was set on fire / הוצת 112
was settled / יושב 258
was settled / שוכן 649
was settled (by) / יושב 258
was settled (in) / יושב 258
was sewn / נתפר 483
was shaken / זועזע 204
was shaken / נוער 439
was shaped / עוצב 521
was sharpened / חודד 212
was shattered / התנפץ 187
was shelled / הופגז 109
was shelved / נגנז 431
was shined / הוברק 101
was shining / הבריק 94
was shocked / הזדעזע 118
was shot / נורה 441
was shut / הוגף 101
was shut / נסגר 462
was shut down / הושבת 115
was sick and tired / נמאס 460
was sifted / נופה 439
was signed / נחתם 447
was silenced / הושתק 117
was silent / דמם 87
was silent / שתק 686
was simplified / פושט 553
was slaughtered / נטבח 447
was slaughtered / נשחט 478
was sliced / נחתך 447
was sliced / נפרס 469
was slowed down / הואט 99
was smashed / התרסק 199
was smashed / נותץ 441
was smashed / ניתץ 457
was smuggled / הוברח 100
was smuggled / הוגנב 101
was snatched / נחטף 443
was soaped / סובן 488
was softened / רוכך 623
was sold / נמכר 460
was solved / נפתר 470
was solved / פוענח 552
was sorry / הצטער 152
was sorted out / מוין 323
was sown / נזרע 443
was spacey / ריחף 628
was spared / נחסך 445
was spent / בוזבז 45
was spent / הוצא 111
was spent / התבזבז 173
was spilled / נשפך 481
was splashed / הותז 117
was split / התפצל 192
was spoilt / נשחת 478
was sprayed / רוסס 624
was spread / נמרח 461
was spread / נפרשׂ 469
was squeezed / נסחט 462
was stabbed / נדקר 434
was stained / נכתם 459
was stamped / הוחתם 104
was started / הוחל 103
was started (machine / הותנע 117
was starved / הורעב 114
was stated explicitly / פורש 553
was stationed / הוצב 111
was sterilized / עוקר 521
was stiffened (Law) / הוחמר 104
was stirred-up / תסס 706
was stolen / נגנב 431
was stoned / נסקל 463
was stoned / נרגם 475
was stopped / הופסק 110
was stored / נגנז 431
was straightened / יושר 258
was strangled / נחנק 445
was stretched / נמתח 461
was stretched out / הושט 115
was stricken / לקה 300
was strictly observed / הוקפד 113
was struck / נחבט 443
was stuck / נתקע 483
was stuck in / ננעץ 462
was studied / נלמד 459
was stuffed (with food) / פוטם 550
was stung / נעקץ 466
was stylized / סוגנן 488
was submitted / הומצא 107
was subsidized / סובסד 488
was sued / נתבע 481
was suggested / הוצע 112
was summarized / סוכם 489
was summarized / תומצת 692
was summed up / סוכם 490

was summoned / זומן 204
was summoned / נזעק 442
was supported / נסמך 463
was supported / נתמך 482
was suppressed / דוכא 81
was surprised / הופתע 111
was surprised / התפלא 192
was surrounded / הוקף 113
was suspected / נחשד 446
was suspended / הושעה 116
was sustained / התקיים 195
was swallowed / נבלע 429
was sweetened / הומתק 107
was swept / טואטא 245
was sworn in / הושבע 115
was symbolized / סומל 491
was taken / ניטל 452
was taken / נלקח 459
was taken (measures etc.) / ננקט 462
was taken apart / פורק 553
was taken into account / נחשב 446
was taken out / הוצא 111
was talked into / השתכנע 167
was talked into / התפתה 194
was taped / הוקלט 112
was tasty / טעם 252
was terrified / נבעת 429
was tested / נבחן 428
was thawed / הופשר 111
was thirsty / צמא 587
was thrown / הוטל 104
was thrown / נזרק 443
was tied / נכבל 457
was tied / נקשר 475
was tight-fisted / קימץ 603
was tightened / הודק 102
was told / סופר 492
was torn / נקרע 475
was torn to pieces / נקטל 473
was torpedoed / טורפד 247
was tortured / עונה 520
was traded / נסחר 462
was trained / תורגל 693
was trampled / נרמס 476
was transferred / הועבר 108
was translated / תורגם 693
was transplanted / הושתל 116
was tried / נוסה 438

was tried / נשפט 480
was turned / הוסב 108
was turned / הופנה 110
was turned in / הוסגר 108
was twisted / עוקם 521
was uncovered / נגלה 431
was uncovered / נחשׂף 446
was underestimated / הוּמעט 106
was understood / הובן 100
was undressed / הופשט 111
was unfaithful / בגד 42
was unfocused / התפזר 191
was untied / הותר 117
was updated / עודכן 518
was uprooted / נעקר 466
was uprooted / נתלש 482
was uprooted / שורש 652
was upset / נרעש 476
was used / שימש 662
was used up / אזל 19
was useful / הועיל 109
was utilized / נוצל 440
was vacated / התפנה 192
was vacated / פונה 551
was vague / סתם 512
was valid / תפס 709
was verified / התאמת 172
was violated / הופר 110
was visible / נראה 475
was visible / נשקף 481
was vocalized / נוקד 440
was warned / הוזהר 103
was washed / נרחץ 476
was washed (dishes) / הודח 102
was washed away / נשטף 478
was weakened / הוחלש 104
was weakened / הותש 117
was weakened / נחלש 444
was weaned / נגמל 431
was weeded / נוכש 438
was weighed / נשקל 481
was well versed / התמצא 185
was wetted / הורטב 114
was whispered / נלחש 459
was whitened / הולבן 106
was whitewashed / סויד 489
was widened / הורחב 114
was widowed (m) / התאלמן 171

was willing / הואיל 99
was winding / התפתל 194
was withdrawn / נמשך 461
was won (in a lottery) / הוגרל 101
was worn out / נשחק 478
was worried / הודאג 101
was worthwhile / השתלם 168
was wounded / נפצע 469
was wrecked (ship) / נטרף 448
was written / חובר 211
was written / נכתב 459
wash / כבסים 270
washable / כביס 270
washable / רחיץ 626
washed / כבס 270
washed / רחץ 626
washed (adj.) / מכובס 359
washed (adj.) / רחוץ 625
washed away / שטף 655
washed dishes / הדיח 98
washed dishes (adj.) / מודח 321
washed hands / נטל 448
washed himself / התרחץ 198
washing / כביסה 270
washing / רחיצה 626
washing / רחצה 626
washing / שטיפה 655
washing dishes / הדחה 98
washing hands / נטילה 448
washing machine / מכונת כביסה 359
waste / ביזבוז 49
waste / פחת 555
waste / פסולת 566
wasted / ביזבז 49
wasted / התבזבז 173
wasted (adj.) / מבוזבז 307
wasted (time) (adj.) / ממוזמז 366
wasted time / התמזמז 184
wasteland / ישימון 267
wasting time / התמזמזות 184
watch / משמרת 416
watch / שעון 678
watched / הסתכל 141
watched / חזה 216
watched / צפה 590
watched / שמר 675
watching / צפייה 590
watchmaker / שען 678

watchtower / מצפה 396
water / מים 353
watered / השקה 165
watering / השקאה 165
watermelon / אבטיח 11
watermelon patch / מקשאה 401
watery / מימי 353
wave / גל 72
waved / הונף 107
waved / הניף 137
waved / נופף 439
waved / ניפנף 454
waving / הנפה 137
wax / דונג 81
wax / שעווה 678
way / אורח 18
way / דרך 89
way / נתיב 482
way of life / הווי 102
way out / מוצא 329
we / אנו 32
we / אנחנו 33
weak / חלש 228
weak / רופס 624
weak / רפה 636
weakened / החליש 121
weakened / התיש 182
weakened / התערער 191
weakened / התרופף 197
weakened / ריכך 629
weakened / רפה 636
weakening / התרופפות 198
weakening / התשה 199
weakness / חולשה 214
weakness / רפיון 636
weakness / תשישות 713
wealth / עושר 523
wealthy / גביר 63
wealthy / עשיר 546
wealthy / עתיר 548
weaned / גמל 73
weaning / גמילה 73
weapons / זיין 205
weapons / נשק 481
wear and tear / שחיקה 654
wearable / לביש 289
weariness / לאות 288
wearing shoes / נעול 464

weary / לאה 288
weather / מזג אוויר 334
weather vane / שבשבת 646
weatherman / חזאי 216
weaved / טווה 246
weaved / קלע 608
weaving / אריגה 37
weaving / טוייה 246
weaving / קליעה 607
web / קור 598
wedding / חתונה 239
wedding / כלולות 279
weeded / ניכש 452
weeded / עישב 531
week / שבוע 643
weekend / סופשבוע 492
weekly / שבועי 644
weekly newspaper / שבועי 644
weekly portion - read / פרשה 574
weekly publication / שבועון 644
weeping / בכי 53
weeping / בכייה 53
weighed / שקל 682
weighing / שיקול 664
weighing / שקילה 681
weight / משקולת 417
weight / משקל 417
weight / נטל 448
weight reduction / הרזייה 158
weighted / שיקלל 665
weighted (adj.) / שקול 681
weighted average / משוקלל 412
weighted average / שיקלול 665
welcome / ברוך הבא 60
welcomed / הקביל 154
welcomed / קיבל 601
welcomed / קידם 601
welded / ריתך 631
welder / מסגר 373
welder / רתך 641
welding / הלחמה 132
welding / ריתוך 631
welfare / סעד 506
welfare / רווחה 622
welfare recipient / נתמך 482
welfare state / מדינת סעד 315
well / באר 41
well / היטב 125

well / טוב 245
well / כן 281
well adjusted / מאוזן 303
well being / רווחה 622
well bred / מיוחס 349
well brought up / מחונך 339
well groomed / מטופח 346
well known / מפורסם 389
well to do / אמיד 31
well versed / בקי (בקיא) 58
well-established / מבוסס 307
well-established / מושרש 333
well-known / נודע 436
well-liked / אהוב 14
well-liked / אהוד 15
well-measured / מדוד 314
went / הלך 133
went / יצא 264
went around / סב 484
went astray / סטה 494
went away / התרחק 198
went away / עזב 523
went into exile / גלה 72
went on a pilgrimage / עלה לרגל 533
went on a trip / טייל 248
went on being / נשאר 477
went on strike / שבת 646
went out (light) / כבה 269
went out of his mind / השתגע 166
went round / נקף 474
went wild / התפרע 193
went wrong / השתבש 166
wept / בכה 53
were it not for / אילולא 25
were it not for / אילמלי/אילמלא 25
west / מערב 385
western / מערבי 385
western (movie) / מערבון 385
wet / רטוב 626
wetness / רטיבות 626
wetted / הרטיב 159
wetting / הרטבה 159
whale / לוויתן 292
what a pity / ,חבל 208
what for / ?למה 297
what is (he)? / ?מהו 317
what's new? / ?מה חדש 316
what? / ?מה 316

whatever / אי־ 21
wheat / חיטה 220
wheel / גלגל 72
wheelbarrow / מריצה 405
wheelchair / כיסא 277
wheeling & dealing / סחר 494
when / זמן 208
when / כאשר 269
when / לכש- 297
when? / מתי? 422
whenever / כאשר 269
where / אי־ 21
where from? / מניין 372
where to? / לאן? 289
where? / איה 22
where? / איפה? 26
where? / היכן? 126
which / אשר 39
which / ש- 642
which (pl) / אילו? 25
which? (f) / איזו? 23
which? (m) / איזה? 23
while / ואילו 200
whimper / יבבה 254
whined / קונן 598
whip / מגלב 312
whip / מצליף 395
whip / שוט 649
whipped / הקציף 156
whirlpool / מערבולת 385
whisk / מקצף 400
whisper / לחש 294
whisper(ing) / לחישה 293
whispered / לחש 294
whisperingly / לחש 294
whistle / משרוקית 418
whistle / ציפצוף 585
whistle / צפצפה 590
whistle / שריקה 683
whistled / ציפצף 585
whistled / שרק 684
whistling / שריקה 683
white / לבן 290
white / צחור 581
whitened / הלבין 132
whiteness / לובן 292
whitening / הלבנה 132
whitewashed / סייד 497

whitewashing / סיוד 496
whitish / לבנבן 290
whitish / לבנוני 290
who is he? / מיהו? 348
who? / מי 347
whoever / מי 347
whole / שלם 672
whole / תמים 704
wholesale / סיטונות/סיטונאות 497
wholesale (adj.) / סיטוני/סיטונאי 497
wholesaler / סיטונאי 497
whooping cough / שעלת 678
why? / למה? 297
why? / מדוע? 314
wichcraft / כשפים 286
wick / פתיל 576
wick / פתילה 576
wicked / בליעל 54
wicked / רשע 640
wickedness / נבלה 429
wickedness / רוע 624
wickedness / רשעות 640
wickedness / שרירות־לב 683
wide / נרחב 476
wide / רחב 625
wide open / פעור 567
wide open / פרוץ 571
widened / הרחיב 158
widened (adj.) / מורחב 331
widening / הרחבה 158
widening / התרחבות 198
widespread / רווח 622
widow / אלמנה 30
widower / אלמן 30
width / רוחב 623
wife / אישה 27
wife / רעייה 635
wig / פיאה 556
wiggled / כישכש 278
wild / פרא 570
wild (plants) / בר 59
wild animals / בר 59
wild beasts / ערוב 543
wild behavior / הוללות 106
wildcat strike / שביתה 645
wilderness / שממה 675
wildness / פראות 570
will / צוואה 579

will / רצון 637
willing / מוכן 323
willing / מזומן 335
willow / ערבה 543
wilted / נבול 427
wilting / קמילה 608
wind / רוח 623
winding / התפתלות 194
winding / מעוקל 382
winding / מפותל 389
winding / פתלתול 576
winding (adj.) / נפתל 470
windmill / טחנה 247
window / חלון 226
windowpane / שימשה 662
windowsill / אדן 14
windshield wiper / מגב 310
wine / יין 260
winery / יקב 266
wing / אגף 13
wing / כנף 282
winked / עיפעף 528
winked / קרץ 614
winking / עיפעוף 528
winking / קריצה 614
winner / מנצח 373
winning / זכייה 207
winter / חורף 216
wiped (clean) / קינח 604
wiped dry / ניגב 449
wiped himself / התנגב 186
wiped out / מחה 337
wiped out / מיגר 348
wiped-off / מחה 337
wiping / ניגוב 449
wiping (clean) / קינוח 603
wiping out / מיגור 348
wisdom / חוכמה 213
wise / נבון 427
wise man / חכם 225
wise-cracks / חוכמה 213
wish / חפץ 233
wish / משאלה 408
wish / רצון 637
wished / בירך 52
wished / רצה 637
wished for / מבוקש 308
wishes / מאוויים 302

wrapped / כרך 286
wrapped / עטף 524
wrapped (adj.) / כרוך 285
wrapped (adj.) / מכורבל 360
wrapped (adj.) / מלופף 364
wrapped (adj.) / עטוי 524
wrapped himself / התעטף 188
wrapping / כריכה 285
wrapping / עטיפה 524
wreath / זר 210
wrestled / התאבק 170
wrestled / התגושש 175
wrestling / היאבקות 124
wrestling / התאבקות 170
wrestling / התגוששות 175
wretched / מרוד 402
wretched / עלוב 533
wretchedness / מסכנות 377
wringer / שיפשוף 664
wrinkle / קמט 608
wrinkled / התקמט 195
wrinkled / קימט 603
wrinkled (adj.) / מקומט 398
writer / סופר 492
writing / חיבור 219
writing / כתב 287
writing / כתיבה 287
writing off / מחיקה 342
written (adj.) / כתוב 287
written expression / הבעה 94
wrong / עוול 518
wrong / עוולה 518
wrong / רעה 635
wrote / חיבר 219
wrote / כתב 286
wrote / ציין 583
wrote down / רשם 640
wrung (a neck) / מלק 365

X

X-ray / צילום 584
x-ray / שיקוף 665
xeroxed / שיכפל 660
xeroxed (adj.) / משוכפל 410
xeroxing / שיכפול 660

Y

Yom Kippur (Day of Atonement) / כיפורים 277
yard / חצר 234
yawn / פיהוק 556
yawned / פיהק 556
year / שנה 676
yearly / שנתי 677
yearned / השתוקק 167
yearned / ייחל 260
yearned / כמה 280
yearned / נהה 435
yearned / נכסף 458
yearned / ערג 543
yearning / כמיהה 281
yearning / נהייה 435
yearning / ערגה 543
yearning (adj.) / כמה 280
yeast / שמרים 675
yellow / מכורכם 360
yellow / צהוב 579
yellowish / צהבהב 579
yes / כן 281
yeshiva student / אברך 12
yesterday / אתמול 40
yesterday / תמול 703
yet / עדיין 516
yet / עוד 518
yield / תנובה 705
yield / תשׂואה 712
yielded / הניב 137
yoke / עול 519
yolk / חלמון 227
you (f.p) / את 39
you (f.p) / אתן 40
you (m.p.) / אתם 40
you (m.s.) / אתה 39
you(f.s.) / את 39
young / צעיר 589
young / קטן 600
young bird / גוזל 65
young chicken / אפרוח 35
young deer / עופר 521
young hen / פרגית 570
young lion / כפיר 283
young man / בחור 47
young man / נער 466
young man / צעיר 589
youth / נוער 439
youth / נעורים 464
youth / נער 466
youth / נערות 466
youth / עלומים 533
youth / עלם 534
youth corps / גדנ"ע 64
youth hostel / אכסניה 29
yuppie / מצליחן 395

Z

Zion / ציון 582
Zionism / ציונות 582
Zionist / ציוני 582
zeal / דביקות 78
zealots / נטורי קרתא 447
zealously / קנאות 609
zero / אפס 35
zeroed / איפס 27
zigzag / עקלתון 541
zip code / מיקוד 356
zipper / רוכסן 623
zodiac / גלגל המזלות 72
zone / גיזרה 70
zoo / גן חיות 74

Hoffmans
5713 N.W. 38th Terrace
Boca Raton, FL 33496

רב מילון

תודות

לרוברט זינגר וליעלי אייזנשטדט שתמכו בנו ועזרו לנו להוציא מילון זה מן הכוח אל הפועל.

לרפי בנאי על עצותיו הטובות והערותיו מאירות העיניים.

לעו"ד מרתה לביא .J.D, ממרסר־איילנד, וושינגטון, על תרומתה בתרגום המונחים המשפטיים. שליטתה המעמיקה בעברית ובאנגלית הייתה לנו לעזר רב.

לכל בני המשפחה שנתנו לנו כתף, ולטוני במיוחד, על מעורבותם העמוקה ומסירותם בכל עת.

יבואו כולם על הברכה.

עיצוב עטיפה: צ.צ. הפקות

מנהל ייצור: שלום צדוק

הקלדה, סדר ועיצוב גרפי ממוחשב: חמוטל בע"מ

לוחות, הדפסה וכריכה: דפוס קורדובה בע"מ

Fax. 00972-3-6473160 ISBN 965-390-003-x

ליאורה וינבך
עדנה לאודן

רב־מילון

מילון דידקטי דו־לשוני
עברי-עברי-אנגלי

הרחבת המילון ועריכתו נעשו בשיתוף עם צפורה רמון

אנגלית: מרים שני

בסיוע "עזריאל" קרן ישראלית לחינוך ולתרבות בגולה

ובסיוע הקרן לחינוך יהודי בתפוצות ע"ש ל.א. פינקוס, הסוכנות היהודית

בסיוע האגף לחינוך מבוגרים במשרד החינוך והתרבות והמינהל הפדגוגי — המחלקה לקליטת תלמידים עולים

מוקדש לזכרו של אבי

שמחה אידלסון

אהדתו ועידודו ליוו אותנו במלאכת כתיבת המילון

ע.ל.

תוכן העניינים

מבוא

רב מילון כשמו כן הוא - מילון רב היקף הכולל ערכים וערכי משנה, ביטויים ומטבעות לשון בתרגום לשפה האנגלית. יש בו מאגר לשוני של העברית בת זמננו על ריבוי פניה: לשון דיבור, לשון תקשורת (עיתון, רדיו וטלוויזיה), לשון ספרות, מדע וכו׳. ביסודו מונח המילון **2000** + ששימש לו דגם מבחינת התפיסה הלשונית והדידקטית, והוא ממשיכו הגדול. מבנהו והאינפורמציה הנרחבת האצורה בו הם ייחודו הגדול של **רב מילון**, והם ההופכים אותו למלווה הנאמן של רוכש השפה החל בצעדיו הראשונים ועד לשלב שהעברית תהיה שגורה על פיו.

הלומד ימצא במילון מידע שימושי רב:

הגדרות ודוגמות - כל ערך מפורש בעברית פשוטה ומשובץ במשפט הלקוח מן המציאות הלשונית העכשווית. הדבר לא רק תורם להבנה הפסיבית של המלה אלא גם נותן בידי המשתמש מודל ליצירת משפטים חדשים משלו.

הכתיב והניקוד - השיטות השונות של הכתיב והניקוד שננקטו ברב מילון, באות גם הן לענות על צרכיו של רוכש השפה. בהופעתה הראשונה כתובה כל מלה בכתיב מלא, ללא ניקוד כפי שהיא עשוייה להימצא בטקסטים שונים. לא דבקנו בנאמנות בכתיב חסר הניקוד של האקדמיה אלא בחרנו לעזור ללומד להתמודד עם "המציאות הכתובה" הקיימת ולהוסיף אימות קריאה במלים כמו מילה (שאינה ברית מילה) חוכמה, זיקנה וכו׳. כל מלה נרשמה גם בכתיב חסר ובניקוד מלא. מלים, שהגייתן מלעיילית סומן בהן הטעם בהברה שלפני־אחרונה כדי להסיר כל שיבוש בהגייה. בהסברים ובדוגמות גם ויתרנו על סימון עודף, כלומר אין סימון לאפס תנועה (שוואים נחים ושוואים נעים שאינם נהגים), ואין סימון של דגשים, שאינם נשמעים בדיבור. כך מקבל הקורא הלא־מיומן את מרב האינפורמציה הן לגבי הכתיב הנוהג בטקסטים השונים והן לגבי ההגייה הנהוגה בדיבור של ימינו.

הפעלים נרשמו במילון על פי תחילית הבניין, בעבר נסתר, ולא לפי השורש שלעיתים קיים קושי באיתורו ובזיהויו. (הלביש$_{\text{פ}}$ הִלבִּיש) בתחתית כל ערך מצויות צורות נטייה נבחרות בזמנים השונים, שורש ובניין וכן מלות יחס מוצרכות. (לְהַלבִּיש אֶת- / ל.ב.ש, הִפעִיל / הִלבַּשתִי, מַלבִּיש, יַלבִּיש, הַלבֵּש!) בנוסף לכך זכה הפועל לתשומת לב מיוחדת; כל שמות הפועל קובצו ברשימה אלפביתית נפרדת שנועדה לעזור במציאת פועל מבוקש. לצד כל שם פועל יש תרגום לאנגלית.

שמות העצם מופיעים בדרך כלל בצורת נפרד (דוד$_{\text{ז}}$ דּוֹד) עם ציון מינם הדקדוקי. לצד השם ביחיד נרשמה גם צורת הרבים [דוֹדִים]. **שמות תואר** נרשמו בצורת היחיד, (יפה$_{\text{ת}}$ יָפֶה) ובתחתית הערך רשומות צורות הנקבה, הרבים והרבות. (יָפָה, יָפִים, יָפוֹת).

התרגום - הערכים וערכי המשנה תורגמו לאנגלית. התרגום לאנגלית בא לסלק כל ספק באשר למשמעות המדויקת של המלים. התרגום לאנגלית, ויש בו בחירה קפדנית של המקבילות הרלוונטיות לעברית בת־זמננו.

הנספחים כוללים רשימות מגוונות מסוגים שונים:

רשימות מלים לפי נושאים - רשימות אלה עולות בקנה אחד עם הגישה הקומוניקטיבית בהוראת השפות, לפיה רוכש שפה חדשה משתלט ביתר קלות על מאגרי מלים ומושגים, כשהם מאורגנים על פי סיטואציות או סביב נושאים מלכדים.

המילון למלים לועזיות - מעודד את רוכש השפה לעשות שימוש בידע לשוני קיים, כלומר במלים לועזיות הרווחות בשתי השפות. נספח זה יעשיר את אוצר המלים האקטיבי העומד לרשות הלומד באופן משמעותי, בלא שיידרש למאמץ

כלשהו. הרשימה כוללת מאות מלים מוכרות ערוכות לפי האלפבית האנגלי.

טבלאות הפועל - המשתמש בטבלאות ימצא בהן את הנטיות הבסיסיות של הפועל העברי בבניינים השונים ובזמנים השונים.

מילון אנגלי־עברי - חותם את **רב מילון**. המילון ערוך בסדר אלפביתי אנגלי ובו נאספו ערכים וערכי משנה בתרגומם לעברית. בצד התרגום יש הפנייה לערך במילון וכדי להקל על מציאתו צויין העמוד המתאים. ההפנייה לערך מכוונת ללומד הסקרן שאינו מסתפק בתרגום בלבד אלא מעוניין לעמוד על דרכי השימוש במלה העברית ומחפש גם ידע דקדוקי רלוונטי.

מילון זה הוא פרי עבודתנו וניסיוננו ביחידה ללימודי עברית באוניברסיטת תל־אביב. אנו מקוות שיהיה בו משום תרומה לקליטתם של העולים והלומדים ולהצלחתם ברכישת השפה העברית.

ליאורה וינבך עדנה לאודן
אוניברסיטת תל־אביב

מקורות

1. "מילון עברי-אנגלי לעברית בסיסית לסטודנט" (מהדורה נסיונית) בעריכת דב עירון (עורך ראשי), ליאורה וינבך, פנינה טרומר ואביבה בן־אז"ר. אוניברסיטת תל־אביב 1970.
2. רשימת מילות יסוד לאולפנים בעריכת ויינברג א' ופולני חנה, המחלקה לחינוך מבוגרים, משרד החינוך והתרבות ירושלים 1973 (כתב־יד).
3. רשימת מילים שכיחות ברדיו ובעיתונות בעריכת חנה פולני, המחלקה לחינוך מבוגרים, המדור להנחלת הלשון, פברואר 1987 (כתב־יד).
4. הרמתי שלמה, רשימת מילים יסודית לחינוך קוראי עברית בתפוצות בספר קמרט (עורך: קודש, ש') המועצה להנחלת הלשון, ירושלים 1976.
5. רשימת המילים השכיחות בספרי הלימוד ובתכניות הלימודים ביחידה ללימודי עברית באוניברסיטת תל־אביב, פברואר 1988.

Signs and Abbreviations

מקרא

ב׳	- בִּיטוּי (זֹאת אוֹמֶרֶתב׳)	expression
ז׳	- זָכָר, שֵׁם עֶצֶם בִּלְשׁוֹן זָכָר (סֵפֶרז׳)	masculine
ז״ר	- זָכָר רַבִּים (גְּבָרִיםז״ר)	masculine plural
ז״ז	- זָכָר זוּגִי (מִכְנָסַיִםז״ז)	masculine dual
זו״נ	- זָכָר וּנקֵבָה (שלוֹשִׁיםזו״נ)	masculine and feminine
מ״ג	- מִילַת גוּף (הוּאמ״ג, זֶה)	pronoun
מ״י	- מִילַת יַחַס (אוֹתִימ״י)	preposition
מ״ק	- מִילַת קִישּׁוּר (גםמ״ק)	conjunction
נ׳	- נְקֵבָה (יַלְדָהנ׳)	feminine
נ״ז	- נְקֵבָה זוּגִי (עֵינַיִםנ״ז)	feminine dual
נ״ר	- נְקֵבָה רַבִּים (בַּחוּרוֹתנ״ר)	feminine plural
פ׳	- פּוֹעַל (עָבַדפ׳)	verb
ר׳	- רְאֵה (ר׳ מין)	see
ר׳	- רַבִּים (נָשִׁיםר׳ שֶׁל אִישָּׁה)	plural
ר״ת	- רָאשֵׁי תֵיבוֹת (מר״מר״ת)	abbreviation
ת׳	- תוֹאַר (יָפֶהת׳)	adjective
ת״פ	- תוֹאַר־פּוֹעַל (לאטת״פ)	adverb
מ״ש	- מילת שאלה (מַה?מ״ש)	interrogative
תו״ז	- תוֹאַר וְזָכָר (גִּיבּוֹרתו״ז)	adjective & masculine
תו״נ	- תוֹאַר ונקֵבָה (עֲגוּנָהתו״נ)	adjective & feminine
׳	- הַטַעַם (סֵ֫פֶר) (מְסוּמָן כְּשֶׁהַטַעַם אֵינֶנוּ בַּהֲבָרָה הָאַחֲרוֹנָה)	stress sign

א

א — 1st letter of Heb. alphabet
אָלֶף, הָאוֹת הָרִאשׁוֹנָה בָּאָלֶפְבֵּית הָעִבְרִי. מְסַמֶּנֶת שֵׁם מִסְפָּר – 1, רִאשׁוֹן/רִאשׁוֹנָה:
כִּיתָּה א' *הִיא הַכִּיתָּה הָרִאשׁוֹנָה בְּבֵית הַסֵּפֶר.* — first grade
מֵא' עַד ת' - מִן הַהַתְחָלָה וְעַד הַסּוֹף. — from A to Z

אבז, אָב [אָבוֹת] — father
אִישׁ שֶׁיֵּשׁ לוֹ בֵּן אוֹ בַּת:
הוּא ***אָב*** *לִשְׁנֵי בָּנִים.*
אָבִי, אָבִיךָ, אָבִיו / אֲבִי הַמִּשְׁפָּחָה

אבז, אָב — Av (month, July-August)
שֵׁם חוֹדֶשׁ עִבְרִי (יוּלִי-אוֹגוּסְט):
בְּחוֹדֶשׁ ***אָב*** *חַם מְאוֹד בְּיִשְׂרָאֵל.*
תִּשְׁעָה בְּאָב - יוֹם צוֹם — Ninth of Av

אבאז, אַבָּא — daddy
כָּךְ קוֹרְאִים יְלָדִים לַאֲבִיהֶם:
אַבָּא*, יֵשׁ לְךָ זְמַן עַכְשָׁיו?*

אבדפ, אָבַד — was lost
לֹא יוֹדְעִים אֵיפֹה הוּא:
הַמַּפְתֵּחַ ***אָבַד****, אֲנִי לֹא יוֹדַעַת אֵיפֹה הוּא.*
/ א.ב.ד, פָּעַל / אָבְדָה, אָבְדוּ, אוֹבֵד, יֹאבַד, יֹאבְדוּ
אָבַד עָלָיו הַכֶּלַחב - נַעֲשָׂה יָשָׁן. — became obsolete

אבדוןז, אֲבַדּוֹן — destruction, hell
חוּרְבָּן, מַשֶּׁהוּ שֶׁאָבַד, שֶׁאֵינֶנּוּ עוֹד:
הַכּוֹל הָלַךְ ***לַאֲבַדּוֹן****, שׁוּם דָּבָר לֹא נִשְׁאַר.*

אבהותנ, אַבְהוּת/אֲבָהוּת — fatherhood
רֶגֶשׁ אוֹ מַצָּב שֶׁל אָב:
הוּא לֹא מַכִּיר ***בָּאַבְהוּת*** *שֶׁלּוֹ עַל הַיֶּלֶד הַזֶּה.*

אבובז, אַבּוּב [אַבּוּבִים] — oboe
1. כְּלִי נְגִינָה כְּמוֹ צִינּוֹר, הַצְּלִיל שֶׁלּוֹ עָבֶה:
שָׁמַעְתִּי קוֹנְצֶרְט ***לְאַבּוּב*** *וּלְכִינּוֹר.*
2. הַחֵלֶק הַפְּנִימִי בַּגַּלְגַּל: — inner tube
בְּגַלְגַּלֵּי אוֹפַנַּיִם יְשָׁנִים הָיוּ אַבּוּבִים.

אבודת, אָבוּד — lost (adj.)
1. נֶעֱלַם וְאֵינֶנּוּ, לֹא יָדוּעַ אֵיפֹה הוּא:
הָעִיפָּרוֹן ***הָאָבוּד*** *נִמְצָא.*
2. אֵין לוֹ סִיכּוּי: — hopeless
זֶה עִנְיָן ***אָבוּד****.*
אֲבוּדָה, אֲבוּדִים, אֲבוּדוֹת

אבויק, אֲבוֹי — alas
1. מִילַּת קְרִיאָה לְצַעַר וְלִכְאֵב:
אוֹי ***וַאֲבוֹי****, קָרָה אָסוֹן.*
2. מִילָּה שֶׁל אִיּוּם: — beware
אֲבוֹי לְךָ*, אִם לֹא תַעֲשֶׂה זֹאת!*

אבותז"ר אָבוֹת — patriarchs, ancestors
הַפַּטְרִיאַרְכִים, הַהוֹרִים שֶׁל הַדּוֹרוֹת הָרִאשׁוֹנִים:
אַבְרָהָם, יִצְחָק וְיַעֲקֹב הֵם ***אֲבוֹת*** *הָאוּמָּה.*
אֲבוֹתַיי, אֲבוֹתֵינוּ

אבזםז, אַבְזֵם/אַבְזָם [אַבְזֵמִים/אַבְזָמִים] — buckle
סוֹגֵר שְׁנֵי חֲלָקִים שֶׁל חֲגוֹרָה:
אִיבַּדְתִּי אֶת הַחֲגוֹרָה, כִּי ***הָאַבְזָם*** *נִשְׁבַּר.*

אבזרז, אַבְזָר/אֲבִיזָר [אַבְזָרִים/אֲבִיזָרִים] — accessory
תּוֹסֶפֶת אוֹ חֵלֶק שֶׁל מְכוֹנָה, לְבוּשׁ וְכוּ':
זֹאת חֲנוּת ***לְאַבְזְרֵי*** *לְבוּשׁ: חֲגוֹרוֹת, סְרָטִים וְכוּ'.*

אבחנהנ, אַבְחָנָה [אַבְחָנוֹת] — diagnosis
קְבִיעָה שֶׁל מַצַּב הַחוֹלֶה:
לְפִי ***אַבְחָנַת*** *הָרוֹפֵא יֵשׁ לִי אֲנֶמְיָה.*

אבטחהנ, אַבְטָחָה — security
אֶמְצָעֵי בִּיטָּחוֹן (אֲנָשִׁים, כֵּלִים):
לְרֹאשׁ הַמֶּמְשָׁלָה יֵשׁ ***אַבְטָחָה*** *כָּל הַזְּמַן.*

אבטיחז, אֲבַטִּיחַ [אֲבַטִּיחִים] — watermelon
פְּרִי שָׂדֶה גָּדוֹל:
אָכַלְתִּי אֲבַטִּיחַ אָדוֹם וּמָתוֹק.

אבטיפוסז, אַבְטִיפּוּס — prototype
מוֹדֶל, דּוּגְמָה רִאשׁוֹנָה:
הַמְּכוֹנִית הַזֹּאת הִיא ***אַבְטִיפּוּס*** *שֶׁל הַמְּכוֹנִיּוֹת הַמּוֹדֶרְנִיּוֹת.*

אבטלהנ, אַבְטָלָה — unemployment
חוֹסֶר עֲבוֹדָה:
הֵם מְחַפְּשִׂים עֲבוֹדָה בְּתֵל-אָבִיב בִּגְלַל ***הָאַבְטָלָה*** *בַּדָּרוֹם.*

אביבז, אָבִיב — spring
עוֹנַת הַשָּׁנָה שֶׁלִּפְנֵי הַקַּיִץ (אַפְּרִיל-מַאי):
הָאָבִיב *בְּיִשְׂרָאֵל נָעִים, לֹא חַם וְלֹא קַר.*
בַּאֲבִיב יָמָיו - בְּגִיל צָעִיר

אביבית, אֲבִיבִי — spring-like, spring (adj.)
שַׁיָּיךְ לָאָבִיב, כְּמוֹ אָבִיב:

זאת שִׂמְלָה אֲבִיבִית.
אֲבִיבִית, אֲבִיבִיים, אֲבִיבִיוֹת

אבידהנ׳ אֲבֵדָה [אֲבֵידוֹת] loss
1. דָּבָר שֶׁנֶּעֱלַם:
*הוּא הֶחֱזִיר אֶת **הָאֲבֵידָה**.*
2. (בְּרַבִּים בִּלְבַד) נֶזֶק, הֶפְסֵד: damage, casualties
*בְּמִלְחָמוֹת יֵשׁ **אֲבֵידוֹת**: הֲרוּגִים, פְּצוּעִים, בָּתִּים הֲרוּסִים.*
אֲבֵידוֹת בְּנֶפֶשׁ casualties

אביוןז׳ אֶבְיוֹן [אֶבְיוֹנִים] a poor man
עָנִי, מִי שֶׁאֵין לוֹ כְּלוּם:
*מִי שֶׁיֵּשׁ לוֹ אוֹכֶל, בֶּגֶד וְדִירָה - הוּא לֹא **אֶבְיוֹן**.*

אביזר ר׳ אבזר

אביךת׳ אָבִיךְ hazy
הָאֲוִויר לֹא נָקִי, יֵשׁ בּוֹ אָבָק וְכוּ׳:
*עַל-יַד הַיָּם מֶזֶג הָאֲוִויר **אָבִיךְ**.*

אבירתו״ז אַבִּיר [אַבִּירִים] strong
1. חָזָק:
*רָכַבְתִּי עַל סוּס **אַבִּיר**.*
2. אָצִיל לוֹחֵם בִּימֵי הַבֵּינַיִים: knight, chivalrous
*דוֹן קִיחוֹט **הָאַבִּיר** רָכַב עַל הַסּוּס.*

אב״ך אַבַּ״ךְ N.B.C mask
ר״ת: אֲטוֹמִי, בִּיוֹלוֹגִי, כִּימִי. מַסֵּכוֹת וְצִיּוּד נֶגֶד מִלְחָמָה אֲטוֹמִית, בִּיוֹלוֹגִית וְכִימִית:
*כָּל הַחַיָּילִים קִיבְּלוּ מַסֵּכוֹת **אַבַּ״ךְ**.*

אבלמ״ק אֲבָל but
אַךְ, אוּלָם, מִילַּת נִיגּוּד:
*הוּא רוֹצֶה לָלֶכֶת לַיָּם, **אֲבָל** אֵין לוֹ זְמַן.*

אבלת׳ אָבֵל mourner
מִי שֶׁבֶּן מִשְׁפָּחָה שֶׁלּוֹ מֵת:
*הַמִּשְׁפָּחָה **הָאֲבֵלָה** יָשְׁבָה "שִׁבְעָה" עַל מוֹת הָאָב.*
אֲבֵלָה, אֲבֵלִים, אֲבֵלוֹת

אבלז׳ אֵבֶל mourning
צַעַר עַל מִישֶׁהוּ שֶׁמֵּת (אוֹ עַל אָסוֹן):
*הַחֲנוּת סְגוּרָה בִּגְלַל **הָאֵבֶל** עַל מוֹת הָאָב.*

אבןנ׳ אֶבֶן [אֲבָנִים] stone
סֶלַע, מִינֵרָל שֶׁמּוּנָּח עַל הָאֲדָמָה:
*קָשֶׁה לְהָרִים **אֶבֶן** כְּבֵדָה.*
אַבְנֵי הַכּוֹתֶל

אֶבֶן נְגוֹלָה (הִתְגַּלְגְּלָה) מֵעַל לִיבִּי - I felt relieved
נַעֲשָׂה לִי קַל יוֹתֵר, אֲנִי כְּבָר לֹא דּוֹאֵג.
אֶבֶן פִּינָּה - (מֶטָאפוֹרָה) יְסוֹד, בָּסִיס corner stone

אבעבועותנ״ר אֲבַעְבּוּעוֹת blisters
מִין פְּצָעִים עַל הַגּוּף:
*יֵשׁ לִי **אֲבַעְבּוּעוֹת** עַל הַיָּד מִמַּיִם חַמִּים מְאוֹד.*
אֲבַעְבּוּעוֹת רוּחַ chickenpox

אבקז׳ אָבָק dust
חוֹל דַּק שֶׁיֵּשׁ בָּאֲוִויר:
*הַכּוֹל הָיָה מָלֵא **אָבָק** אַחֲרֵי הַסְּעָרָה.*

אבקהנ׳ אֲבָקָה/אַבְקָה [אֲבָקוֹת] powder
פּוּדְרָה, חוֹמֶר שֶׁהַחֲלָקִים שֶׁלּוֹ דַּקִּים מְאוֹד:
*הַחוֹמֶר הַלָּבָן עַל הָעוּגָה הוּא **אַבְקַת** סוּכָּר.*

אבר ר׳ איבר

אברךז׳ אַבְרֵךְ [אַבְרֵכִים] yeshiva student
בָּחוּר צָעִיר שֶׁלּוֹמֵד בִּישִׁיבָה:
הָאַבְרֵכִים לוֹמְדִים בַּיְשִׁיבָה כָּל הַיּוֹם.

אגבמ״ק אַגַּב by the way
תּוֹךְ כְּדֵי, בְּהִזְדַּמְּנוּת זוֹ:
*דִּיבַּרְתִּי עִם הַבֵּן שֶׁלְּךָ, **אַגַּב** מַה שְּׁלוֹמוֹ?*
דֶּרֶךְ אַגַּב - בְּלִי כַּוָּונָה מֵרֹאשׁ incidentally

אגדז׳ אֶגֶד [אֲגָדִים] Band-Aid strip
1. מַה שֶּׁמַּדְבִּיקִים עַל פֶּצַע:
*שַׂמְתִּי **אֶגֶד** מִידַּבֵּק עַל הָאֶצְבַּע.*
2. קְבוּצָה: cluster
*תֵּל-אָבִיב, יָפוֹ וְחוֹלוֹן שַׁיָּיכוֹת **לְאֶגֶד** עָרִים.*

אגדהנ׳ אַגָּדָה [אַגָּדוֹת] fairy tale
1. סִיפּוּר דִּמְיוֹנִי, סִיפּוּר יְלָדִים:
*אִימָּא סִיפְּרָה לַיְלָדִים אֶת **הָאַגָּדָה** עַל סִינְדֶּרֶלָּה.*
2. סִיפּוּרִים וְדִבְרֵי חוֹכְמָה מִן הַתַּלְמוּד: legend
***הָאַגָּדוֹת** מְסַפְּרוֹת עַל גִּיבּוֹרֵי הַתַּנַ״ךְ וְחַיֵּיהֶם.*
אַגָּדַת-עַם

אגודהנ׳ אֲגֻדָּה [אֲגוּדוֹת] association
קְבוּצָה שֶׁל אֲנָשִׁים, שֶׁיֵּשׁ לָהּ מַטָּרָה:
***הָאֲגוּדָה** לְמִלְחָמָה בַּסַּרְטָן נִלְחֶמֶת בְּעִישּׁוּן סִיגַרְיוֹת.*

אגודלז׳ אֲגוּדָל [אֲגוּדָלִים] thumb
הָאֶצְבַּע הָעָבָה בַּיָּד:
*קָשֶׁה לִכְתּוֹב, כְּשֶׁיֵּשׁ פֶּצַע **בָּאֲגוּדָל**.*

אגוזז׳, אֱגוֹז [אֱגוֹזִים] — nut
פְּרִי שֶׁיֵּשׁ לוֹ קְלִיפָּה עָבָה וְקָשָׁה:
*אֲנִי אוֹהֵב לֶאֱכוֹל עוּגַת-**אֱגוֹזִים**.*
אֱגוֹז קָשֶׁה - אִישׁ קָשֶׁה, עַקְשָׁן — hard nut to crack

אגורהנ׳, אֲגוֹרָה [אֲגוֹרוֹת] — agorah
הַיְחִידָה הַקְּטַנָּה בְּיוֹתֵר שֶׁל הַכֶּסֶף, 1/100 שֶׁל שֶׁקֶל:
*קָנִיתִי עִיתּוֹן בְּ-90 **אֲגוֹרוֹת**.*

אגירהנ׳, אֲגִירָה [אֲגִירוֹת] — stockpiling
כְּשֶׁאוֹסְפִים כְּדֵי שֶׁיִּהְיֶה בֶּעָתִיד:
*יֵשׁ **אֲגִירָה** שֶׁל סוּכָּר, כִּי פּוֹחֲדִים שֶׁהַמְּחִיר יַעֲלֶה.*

אגםז׳, אֲגַם [אֲגַמִּים] — lake
יָם קָטָן (מִסָּבִיב לוֹ יֵשׁ אֲדָמָה):
*הַכִּינֶרֶת הִיא **אֲגַם** שֶׁל מַיִם מְתוּקִים.*
בָּ**אֲגַם** אֶפְשָׁר לָדוּג דָּגִים, לָשׁוּט בְּסִירָה, לִשְׂחוֹת וְעוֹד.

אגןז׳, אַגָּן [אַגָּנִים] — bowl
1. סֵפֶל, קְעָרָה:
*הַמֶּלֶךְ אָכַל מָרָק מֵ**אַגָּן** שֶׁל כֶּסֶף.*
2. מַה שֶּׁמַּזְכִּיר קְעָרָה: — basin
*יִשְׂרָאֵל נִמְצֵאת בְּ**אַגַּן הַיָּם הַתִּיכוֹן**.*
אַגַּן יְרֵכַיִים — pelvis

אגסז׳, אַגָּס [אַגָּסִים] — pear
פְּרִי עֵץ:
*בַּגַּן יֵשׁ עֵץ **אַגָּס** וְעָלָיו אַגָּסִים רַבִּים.*

אגףז׳, אֲגַף [אֲגַפִּים] — department
1. מַחְלָקָה בְּמוֹסָד אוֹ בְּאִירְגּוּן:
*הוּא עוֹבֵד בָּעִירִיָּה בַּ**אֲגַף** הַחִינּוּךְ.*
2. חֵלֶק בְּבִנְיָין: — wing
*אֲנִי גָּר בָּ**אֲגַף** הַיְּמָנִי שֶׁל הַבַּיִת.*

אגרפ׳, אָגַר — stockpiled
אָסַף כְּדֵי שֶׁיִּהְיֶה בֶּעָתִיד:
*הוּא **אָגַר** סוּכָּר וְקֶמַח, כִּי פָּחַד שֶׁהַמְּחִיר יַעֲלֶה.*
לֶאֱגוֹר אֶת- / א.ג.ר, פָּעַל / אָגַרְתִּי, אוֹגֵר, יֶאֱגוֹר, אֱגוֹר!

אגרהנ׳, אַגְרָה [אַגְרוֹת] — fee, tax
מַס עַל שֵׁירוּתִים:
שִׁילַּמְתִּי אֶת אַגְרַת הַטֶּלֶוִויזְיָה.
אַגְרַת-חִינּוּךְ — school taxes

אגרוףז׳, אֶגְרוֹף [אֶגְרוֹפִים] — fist
כַּף-יָד סְגוּרָה:
*הוּא הִיכָּה אוֹתִי בְּ**אֶגְרוֹפִים**.*

אגרטלז׳, אֲגַרְטָל [אֲגַרְטָלִים] — vase
כְּלִי שֶׁשָּׂמִים בּוֹ פְּרָחִים:
*הָ**אֲגַרְטָל** רֵיק, כִּי הַפְּרָחִים נָבְלוּ.*

אדז׳, אֵד [אֵדִים] — steam, mist
מַה שֶּׁעוֹלֶה מִקּוּמְקוּם רוֹתֵחַ, מִמַּיִם חַמִּים מְאוֹד:
*הָ**אֵדִים**, שֶׁעוֹלִים מִן הַיָּם, יוֹצְרִים עֲנָנִים.*

אדוםת׳, אָדֹם — red
צֶבַע, דּוֹמֶה לְצֶבַע דָּם:
*אָסוּר לַעֲבוֹר אֶת הַכְּבִישׁ בְּאוֹר **אָדוֹם**.*
אֲדוּמָּה, אֲדוּמִּים, אֲדוּמּוֹת

אדוןז׳, אָדוֹן [אֲדוֹנִים] — Mr.
1. תּוֹאַר כָּבוֹד לְאִישׁ:
*דִּיבַּרְתִּי עִם **אָדוֹן** לֵוִי בַּטֶּלֶפוֹן.*
2. בְּעָלִים שֶׁל אֲדָמָה, בַּיִת וְכוּ׳: — master, owner
*בִּזְמַן הַפֵאוֹדָלִיזְם הָאֲדָמָה הָיְיתָה שַׁיֶּכֶת לָ**אָדוֹן**.*

אדוניז׳, אֲדוֹנִי — Sir
פְּנִיָּיה פוֹרְמָלִית לְאִישׁ לֹא קָרוֹב, לֹא יָדוּעַ:
*סְלִיחָה **אֲדוֹנִי**, מָה הַשָּׁעָה?*

אדונייז״ר אֲדֹנָי — God
שֵׁם אֱלוֹהֵי יִשְׂרָאֵל, אֱלוֹהִים:
*״בָּרוּךְ אַתָּה **אֲדוֹנָיי**...״*

אדוקת׳, אָדוּק — devout
1. מַאֲמִין מְאוֹד בְּרַעְיוֹן, בְּאִידֵאָה:
*הוּא הָיָה קוֹמוּנִיסְט **אָדוּק**.*
2. אָדָם דָּתִי: — pious
*הוּא יְהוּדִי **אָדוּק**: לֹא נוֹסֵעַ בְּשַׁבָּת, אוֹכֵל רַק כָּשֵׁר וְכוּ׳.*
אֲדוּקָה, אֲדוּקִים, אֲדוּקוֹת

אדיבת׳, אָדִיב — polite, courteous
מִתְנַהֵג יָפֶה לַאֲנָשִׁים (אוֹמֵר ״סְלִיחָה״, ״תּוֹדָה״, ״בְּבַקָּשָׁה״ וְכוּ׳), מְנוּמָּס:
*בַּמִּשְׂרָד יֵשׁ פָּקִיד **אָדִיב**, שֶׁעוֹנֶה בְּרָצוֹן לְכָל אֶחָד.*
*אִישׁ **אָדִיב** עָזַר לִי וְעָנָה בְּרָצוֹן עַל הַשְּׁאֵלוֹת שֶׁלִּי.*
אֲדִיבָה, אֲדִיבִים, אֲדִיבוֹת

אדיבותנ׳, אֲדִיבוּת — courtesy
הִתְנַהֲגוּת יָפָה, מְנוּמֶּסֶת:
*הַפָּקִיד עָנָה לַטֶּלֶפוֹן בַּ**אֲדִיבוּת**.*

אדיקותנ׳, אֲדִיקוּת — orthodoxy
כְּשֶׁמַּאֲמִינִים מְאוֹד בְּדָת אוֹ בְּאִידֵיאוֹת:
*הָ**אֲדִיקוּת** שֶׁל הָרַב הִשְׁפִּיעָה עַל בָּנָיו.*

בַּאֲדִיקוּת ת"פ - הוּא עוֹשֶׂה כֹּל יוֹם ספורט בַּאֲדִיקוּת רַבָּה.

אדיר ת׳ אַדִּיר — great, mighty
חָזָק, גָּדוֹל, נִפְלָא:
*לֵאלוֹהִים כּוֹחַ **אַדִּיר**. / הַהַצָּגָה הָיְיתָה "**אַדִּירָה**".*
אַדִּירָה, אַדִּירִים, אַדִּירוֹת

אדיש ת׳ אָדִישׁ — indifferent
לֹא אִיכְפַּת לוֹ, לֹא דוֹאֵג, לֹא מִתְעַנְיֵין:
*הוּא **אָדִישׁ** לִכְאֵב שֶׁל אֲחֵרִים.*
אֲדִישָׁה, אֲדִישִׁים, אֲדִישׁוֹת

אדישות נ׳ אֲדִישׁוּת — indifference
מַצָּב שֶׁל מִי שֶׁלֹּא אִיכְפַּת לוֹ:
*הוּא מִתְיַיחֵס לַכּוֹל **בַּאֲדִישׁוּת**.*

אדם ז׳ אָדָם — man
(ר' בֶּן אָדָם) אִישׁ, אִישָּׁה, יֶלֶד וְכוּ' - מִישֶׁהוּ:
*הוּא **אָדָם** טוֹב.*
אָדָם עֶלְיוֹן - (לְפִי נִיטְשֶׁה) אָדָם מוּשְׁלָם — superman
הָאָדָם הַקַּדְמוֹן - אֲנָשִׁים שֶׁחָיוּ בְּהַתְחָלַת הַהִיסְטוֹרְיָה

אדמדם ת׳ אֲדַמְדַּם — reddish
אָדוֹם חַלָּשׁ, כִּמְעַט אָדוֹם:
*הַשָּׁמַיִם **אֲדַמְדַּמִּים**, כִּי הַשֶּׁמֶשׁ שׁוֹקַעַת.*
אֲדַמְדֶּמֶת, אֲדַמְדַּמִּים, אֲדַמְדַּמּוֹת

אדמה נ׳ אֲדָמָה [אֲדָמוֹת] — soil, land
קַרְקַע, פְּנֵי הָאָרֶץ:
*קָנִיתִי **אֲדָמָה** בַּגָּלִיל, וּבָנִיתִי עָלֶיהָ בַּיִת.*
אַדְמַת הַקּוֹדֶשׁ - אַדְמַת אֶרֶץ יִשְׂרָאֵל

אדמומיות נ׳ אַדְמוּמִיּוּת — redness
צֶבַע אָדוֹם חַלָּשׁ, כִּמְעַט אָדוֹם:
*הָ**אַדְמוּמִיּוּת** בָּעֵינַיִים הִיא בִּגְלַל הָרוּחַ.*

אדמוני ת׳ אַדְמוֹנִי — reddish
שֶׁיֵּשׁ לוֹ צֶבַע כִּמְעַט אָדוֹם:
*אֲנִי אוֹהֵב אוֹתָהּ, כִּי יֵשׁ לָהּ שֵׂיעָר **אַדְמוֹנִי**.*
אַדְמוֹנִית, אַדְמוֹנִיִּים, אַדְמוֹנִיּוֹת

אדמו"ר ז׳ אַדְמוֹ"ר [אַדְמוֹ"רִים] — title of a Rabbi
(ר"ת: אֲדוֹנֵנוּ, מוֹרֵנוּ, וְרַבֵּנוּ) - כָּךְ קוֹרְאִים לְרַבִּי חָשׁוּב:
*הָ**אַדְמוֹ"רִים** הֵם הַמַּנְהִיגִים שֶׁל יְהוּדִים דָּתִיִּים.*

אדמת נ׳ אַדֶּמֶת — German measles
מַחֲלָה שֶׁל יְלָדִים: חוֹם וּכְתָמִים אֲדוּמִים עַל הַגּוּף:
*כְּשֶׁהָיִיתִי יַלְדָּה, חָלִיתִי **בְּאַדֶּמֶת**.*

אדן ז׳ אֶדֶן [אֲדָנִים] — base
בָּסִיס.
אֶדֶן־הַחַלּוֹן - windowsill
*הוּא יוֹשֵׁב עַל **אֶדֶן** הַחַלּוֹן.*

אדנית נ׳ אֲדָנִית [אֲדָנִיּוֹת] — flower-pot
כְּלִי שֶׁיֵּשׁ בּוֹ אֲדָמָה וּצְמָחִים:
*שַׂמְתִּי **אֲדָנִית** עִם פְּרָחִים עַל הַחַלּוֹן.*

אדר ז׳ אֲדָר — Adar (month, March)
הַחוֹדֶשׁ הַשִּׁשִּׁי בַּלּוּחַ הָעִבְרִי (מֶרְץ):
***בַּאֲדָר** חוֹגְגִים אֶת חַג הַפּוּרִים.*

אדרבא/אדרבה ת"פ אַדְרַבָּה — on the contrary
(אֲרָמִית) לְהֵיפֶךְ:
*הוּא אֵינוֹ תַּלְמִיד רַע, **אַדְרַבָּא** הוּא תַּלְמִיד טוֹב.*

אדריכל ז׳ אַדְרִיכָל [אַדְרִיכָלִים] — architect
אַרְכִיטֶקְט:
*הָאַדְרִיכָל עָשָׂה **תּוֹכְנִית** לַבַּיִת הֶחָדָשׁ.*

אדריכלות נ׳ אַדְרִיכָלוּת — architecture
אַרְכִיטֶקְטוּרָה:
*לָמַדְתִּי בַּטֶּכְנִיּוֹן **אַדְרִיכָלוּת** בִּנְיָין.*

אהב פ׳ אָהַב — loved
הִרְגִּישׁ רֶגֶשׁ עָמוֹק שֶׁל חִיבָּה:
*יַעֲקֹב **אָהַב** אֶת רָחֵל.*
לֶאֱהוֹב אֶת- / א.ה.ב, פָּעַל / אָהַבְתִּי, אוֹהֵב, יֹאהַב

אהבה נ׳ אַהֲבָה [אֲהָבוֹת] — love
רֶגֶשׁ עָמוֹק שֶׁל חִיבָּה:
*הוּא הִרְגִּישׁ **אַהֲבָה** רַבָּה לְמִשְׁפַּחְתּוֹ וְלִילָדָיו.*
אַהֲבַת־אֵם

אהדה נ׳ אַהֲדָה — sympathy
יַחַס שֶׁל רָצוֹן, סִימְפַּטְיָה וְהַסְכָּמָה:
*רֹאשׁ הָעִיר זָכָה לְ**אַהֲדָה** רַבָּה בֵּין הַתּוֹשָׁבִים.*
*בִּירוּשָׁלַיִם יֵשׁ **אַהֲדָה** רַבָּה לְרֹאשׁ הָעִיר.*
אַהֲדַת הַקָּהָל/אַהֲדַת הַצּוֹפִים בַּמִּשְׂחָק

אהוב ת׳ אָהוּב — well-liked, loved (adj.)
מִי שֶׁאוֹהֲבִים אוֹתוֹ:
*הוּא **אָהוּב** עַל כָּל הַחֲבֵרִים.*
*הִתְחַתַּנְתִּי עִם **אֲהוּב** לִבִּי.*
אֲהוּבָה, אֲהוּבִים, אֲהוּבוֹת

אהודת' אָהוּד — well-liked
נָעִים, חָבִיב, מִי שֶׁמְּחַבְּבִים אוֹתוֹ:
*הוּא **אָהוּד** עַל הַחֲבֵרִים שֶׁלּוֹ.*
אֲהוּדָה, אֲהוּדִים, אֲהוּדוֹת

אהילז' אָהִיל [אֲהִילִים] — lampshade
מָגֵן, מִכְסֶה עַל מְנוֹרָה:
*הָאוֹר חַלָּשׁ בִּגְלַל **הָאָהִיל** הַשָּׁחוֹר.*

אומ"ק אוֹ — or
מִילַּת בְּחִירָה בֵּין אוֹפְּצִיּוֹת:
*אַתָּה רוֹצֶה תֵּה **אוֹ** קָפֶה?*

אובדת' אוֹבֵד — forlorn
אוּמְלָל, לֹא יוֹדֵעַ מָה לַעֲשׂוֹת:
*אֲנִי **אוֹבֵד** עֵיצוֹת: אֲנִי לֹא יוֹדֵעַ אֵיזֶה מִקְצוֹעַ לִלְמוֹד.*
הַבֵּן הָאוֹבֵד — the lost son
אוֹבֶדֶת, אוֹבְדִים, אוֹבְדוֹת

אובדןז' אָבְדָן — loss
אִיבּוּד, מַשֶּׁהוּ שֶׁאֵינֶנּוּ:
*אֲנַחְנוּ עֲצוּבִים בִּגְלַל **אוֹבְדַן** הַתִּקְוָה.*
אוֹבְדַן הַכָּרָה — loss of consciousness

אובחןפ' אֻבְחַן — was diagnosed
נִקְבְּעָה לוֹ דִיאַגְנוֹזָה:
***אוּבְחֲנָה** אֶצְלוֹ מַחֲלָה קָשָׁה.*
/ א.ב.ח.ן, פּוּעַל / אוּבְחֲנוּ, מְאוּבְחָן, יְאוּבְחַן

אובטחפ' אֻבְטַח — was protected
נִתְּנוּ לוֹ הֲגַנָּה:
*רֹאשׁ הַמֶּמְשָׁלָה **אוּבְטַח** עַל-יְדֵי חַיָּילִים.*
/ א.ב.ט.ח , פּוּעַל/ אוּבְטַחְתִּי, מְאוּבְטָח, יְאוּבְטַח

אובךז' אֹ֫בֶךְ — haze
אָבָק בָּאֲוִויר:
*הָעִיר מְכוּסָּה **אוֹבֶךְ**.*

אוגדהנ' אֻגְדָּה [אוּגְדּוֹת] — division
גּוּף צְבָאִי גָּדוֹל (דִּיבִיזְיָה):
***הָאוּגְדָּה** עָרְכָה אִימּוּנִים.*

אודז' אוּד [אוּדִים] — firebrand
חֲתִיכַת עֵץ בּוֹעֶרֶת בָּאֵשׁ.
אוּד מוּצָּל מֵאֵשׁב' - מְעַט מְאוֹד שֶׁנִּשְׁאַר אַחֲרֵי שְׂרֵיפָה:
*עַל הַיְּהוּדִים שֶׁנִּיצְלוּ מִידֵי הַנָּאצִים אוֹמְרִים שֶׁהֵם **אוּד** מוּצָּל מֵאֵשׁ.*

אודותמ"ק אוֹדוֹת — about
(גַּם עַל אוֹדוֹת) עַל עִנְיַין-, עַל דְּבַר:
*סִיפַּרְתִּי לוֹ **אוֹדוֹת** אָחִיו.*

אודםז' אֹ֫דֶם — redness
צֶבַע אָדוֹם:
*לַחוֹלֶה יֵשׁ **אוֹדֶם** בַּגָּרוֹן.*

אוהבז' אוֹהֵב [אוֹהֲבִים] — lover
מִי שֶׁמַּרְגִּישׁ אַהֲבָה:
*רוֹמֵיאוֹ וְיוּלְיָה הֵם **הָאוֹהֲבִים** הַגְּדוֹלִים.*

אוהדז' אוֹהֵד [אוֹהֲדִים] — supporter, fan
חָבֵר, תּוֹמֵךְ בְּרַעְיוֹן אוֹ בִּקְבוּצָה:
*הוּא **אוֹהֵד** שֶׁל 'מַכַּבִּי תֵּל-אָבִיב'.*
אוֹהֶדֶת, אוֹהֲדוֹת

אוהלז' אֹ֫הֶל [אוֹהָלִים] — tent
מִבְנֶה זְמַנִּי מִבַּד לְחַיָּילִים אוֹ לִמְטַיְּילִים:
*הַבָּחוּר יָשֵׁן **בָּאוֹהֶל** עַל חוֹף הַיָּם.*

אווזז' אַוָּז [אַוָּוזִים] — goose
עוֹף גָּדוֹל, יוֹדֵעַ גַּם לִשְׂחוֹת:
*הַבָּשָׂר שֶׁל **הָאַוָּוז** שָׁמֵן מְאוֹד.*

אווילית' אֱוִילִי — stupid, foolish
טִיפְּשִׁי:
*זֶה מַעֲשֶׂה **אֱוִילִי** לָרוּץ בְּלִי בְּגָדִים בָּרְחוֹב.*
אֱוִילִית, אֱוִילִיִּים, אֱוִילִיּוֹת

אווירז' אֲוִיר — air
הַגַּז סְבִיב כַּדּוּר הָאָרֶץ, הָאַטְמוֹסְפֵירָה:
*אֲנָשִׁים נוֹשְׁמִים **אֲוִויר**.*
דּוֹאַר-אֲוִויר — air mail
חֵיל-אֲוִויר — air force
מֶזֶג-אֲוִויר — weather

אווירהנ' אֲוִירָה — atmosphere
אַטְמוֹסְפֵירָה, מַצַּב רוּחַ:
*בַּפְּגִישָׁה הָיְיתָה **אֲוִוירָה** נְעִימָה.*

אווירוןז' אֲוִירוֹן [אֲוִוירוֹנִים] — airplane
מָטוֹס, כְּלִי-תַחְבּוּרָה טָס בַּשָּׁמַיִם:
*טַסְתִּי לְחוּץ לָאָרֶץ **בְּאֲוִוירוֹן** קָטָן.*

אוורירית' אַוְרִירִי — airy
כְּמוֹ אֲוִויר, קַל, שָׁקוּף וְכוּ':

*לַקַּיִץ צָרִיךְ בֶּגֶד **אַוורירִי**.*
אַוורִירִית, אַוורִירִיִים, אַוורִירִיּוֹת

אוות נפשב׳ אַוַּת נֶפֶשׁ heart's content
חֵשֶׁק גָּדוֹל, רָצוֹן גָּדוֹל:
כְּאַוַּות נַפְשִׁי (נַפְשְׁךָ, נַפְשֵׁךְ, נַפְשֵׁנוּ נַפְשְׁכֶם, נַפְשָׁם) - כְּפִי שֶׁאֲנִי רוֹצֶה, כְּמוֹ שֶׁמִּתְחַשֵּׁק לִי.
בַּחוֹפֶשׁ אֲנִי מְבַלֶּה כְּאַוַּות נַפְשִׁי.

אוזלת־יד ר׳ אזלת־יד

אוזןנ׳ אֹזֶן [אוֹזְנַיִים] ear
אֵיבָר בַּגּוּף; מְשַׁמֵּשׁ לִשְׁמִיעָה:
*הַזָּקֵן שׁוֹמֵעַ רַק **בְּאוֹזֶן** אַחַת.*

אוזנייהנ׳ אָזְנִיָּה [אוֹזְנִיּוֹת] earphone
מַכְשִׁיר שֶׁשָּׂמִים בָּאוֹזֶן כְּדֵי לִשְׁמוֹעַ:
*בְּעֶזְרַת **הָאוֹזְנִיָּה** שׁוֹמְעִים רַדְיוֹ בְּלִי לְהַפְרִיעַ לַאֲחֵרִים.*

אוטובוסז׳ אוֹטוֹבּוּס [אוֹטוֹבּוּסִים] bus
מְכוֹנִית נוֹסְעִים גְּדוֹלָה:
***הָאוֹטוֹבּוּס** לִירוּשָׁלַיִם יוֹצֵא כֹּל שָׁעָה.*

אוטםז׳ אֹטֶם infarct
(בִּרְפוּאָה) סְתִימָה:
עוֹדֵף קוֹלֶסְטְרוֹל גּוֹרֵם **לְאוֹטֶם** שְׁרִיר הַלֵּב.

אויק׳ אוֹי ouch
1. מִילָּה קְרִיאָה לְצַעַר וְלִכְאֵב:
***אוֹי**, כּוֹאֵב לִי.*
2. מִילַּת אִיּוּם: beware
***אוֹי** לְךָ, אִם תָּבוֹא מְאוּחָר!*

אויבז׳ אוֹיֵב [אוֹיְבִים] enemy
שׂוֹנֵא, מִתְנַגֵּד:
*הַצָּבָא נִלְחַם **בָּאוֹיֵב**, שֶׁפָּתַח בַּמִּלְחָמָה.*
אוֹיְבֵי־הָעָם public enemies

אוישפ׳ אֻיַּשׁ was manned
קָבְעוּ אֲנָשִׁים לְתַפְקִיד:
*הַמִּשְׂרָד **יְאוּיַּשׁ** בַּאֲנָשִׁים חֲדָשִׁים.*
/ א.י.ש, פּוּעַל / אוּיְשׁוּ, מְאוּיָּשׁ, יְאוּיַּשׁ, יְאוּיְשׁוּ

אוכלז׳ אֹכֶל food
מָזוֹן, כֹּל דָּבָר שֶׁאֶפְשָׁר לֶאֱכוֹל:
*בַּמִּסְעָדָה הַזֹּאת יֵשׁ **אוֹכֶל** טָעִים.*

אוכלוסייהנ׳ אֻכְלוּסִיָּה [אוּכְלוּסִיּוֹת] population
כֹּל הָאֲנָשִׁים הַחַיִּים בִּמְדִינָה אוֹ בְּמָקוֹם מְסוּיָּם:
*הָעוֹלָם הַשְּׁלִישִׁי סוֹבֵל מֵהִתְפּוֹצְצוּת **אוּכְלוּסִיָּה**.*
אוּכְלוּסִיַּית־יִשְׂרָאֵל

אולית״פ אוּלַי perhaps
1. יִיתָּכֵן, יָכוֹל לִהְיוֹת שֶׁ...:
*אַתֶּם בָּאִים לַמְּסִיבָּה? **אוּלַי** נָבוֹא, וְאוּלַי לֹא.*
2. הַזְמָנָה, בַּקָּשָׁה: would you...
***אוּלַי** תָּבוֹא אֵלַיי מָחָר?*

אולםז׳ אוּלָם [אוּלַמּוֹת] hall, auditorium
חֶדֶר גָּדוֹל:
***אוּלָם** הַתֵּיאַטְרוֹן מָלֵא אֲנָשִׁים.*

אולםמ״ק אוּלָם but
אֲבָל, אַךְ (בְּשָׂפָה פוֹרמָלִית):
*רֹאשׁ הַמֶּמְשָׁלָה נִפְגַּשׁ עִם הַנָּשִׂיא, **אוּלָם** לֹא נִמְסְרוּ פְּרָטִים עַל הַשִּׂיחָה.*

אולפןז׳ אֻלְפָּן [אוּלְפָּנִים] Ulpan
1. בֵּית סֵפֶר לְלִימּוּד עִבְרִית (אוֹ שָׂפוֹת אֲחֵרוֹת):
*תַּלְמִידִים מִכֹּל הָעוֹלָם לוֹמְדִים עִבְרִית **בָּאוּלְפָּן**.*
2. חֶדֶר לְשִׁידּוּר תּוֹכְנִיּוֹת רַדְיוֹ, טֶלֶוִויזְיָה וְכוּ׳: studio
*הַזַּמָּר הִקְלִיט אֶת הַשִּׁיר **בְּאוּלְפַּן** הַהַקְלָטוֹת.*

אולרז׳ אוֹלָר [אוֹלָרִים] pocketknife
סַכִּין־כִּיס:
*יְלָדִים אוֹהֲבִים לְשַׂחֵק **בְּאוֹלָרִים**.*

או״םז׳ אוּ״ם U.N.
ר״ת: **אוּמּוֹת מְאוּחָדוֹת** - אִירְגּוּן מְשׁוּתָּף לְכֹל מְדִינוֹת הָעוֹלָם:
*בְּ-1947 הֶחְלִיטוּ **בָּאוּ״ם** עַל הֲקָמַת מְדִינָה יְהוּדִית בְּאֶרֶץ יִשְׂרָאֵל.*

אומדןז׳ אֻמְדָּן [אוּמְדָּנוֹת] [אוּמְדָּנִים] estimate
כְּשֶׁאוֹמְרִים כַּמָּה יֵשׁ בְּעֵרֶךְ (ק״מ, שְׁקָלִים, וְכוּ׳):
*לְפִי **אוּמְדָּן** יֵשׁ בָּאָרֶץ 5 מִילְיוֹנִים שֶׁל תּוֹשָׁבִים.*

אומהנ׳ אֻמָּה [אוּמּוֹת] nation
עַם, לְאוֹם, אֲנָשִׁים מִמּוֹצָא אֶתְנִי מְשׁוּתָּף:
*לְכֹל בְּנֵי **הָאוּמָּה** יֵשׁ הִיסְטוֹרְיָה מְשׁוּתֶּפֶת.*
אוּמּוֹת־הָעוֹלָם

אומללת׳ אֻמְלָל miserable
מִסְכֵּן, מִי שֶׁיֵּשׁ לוֹ צָרוֹת רַבּוֹת:

*הַחֲבֵרָה שֶׁלּוֹ עָזְבָה אוֹתוֹ, וְהוּא **אוּמְלָל** מְאוֹד.*
אוּמְלָלָה, אוּמְלָלִים, אוּמְלָלוֹת

אומןז׳ אָמָן [אוֹמָנִים] artist
אִישׁ הָעוֹסֵק בְּאוֹמָנוּת: צַיָּיר, פַּסָּל, מוּסִיקָאִי וְכוּ׳:
*רֶמְבְּרַנְדט הָיָה **אוֹמָן** גָדוֹל.*
אוֹמָנִית, אוֹמָנִיּוֹת

אומןז׳ אֻמָּן [אוּמָנִים] craftsman, expert
בַּעַל מְלָאכָה, מוּמְחֶה:
*הוּא נַגָּר **אוּמָּן**.*

אומנותנ׳ אָמָנוּת [אוֹמָנוּיוֹת] art
מִקְצוֹעוֹת שֶׁיֵּשׁ בָּהֶם יְצִירָה אֶסְתֶטִית, כְּמוֹ מוּסִיקָה, צִיּוּר, פִּיסוּל, תֵּיאַטְרוֹן וְכוּ׳:
*יֵשׁ תַּעֲרוּכָה מְעַנְיֶינֶת בְּמוּזֵיאוֹן **לְאוֹמָנוּת** מוֹדֶרְנִית.*

אומנותנ׳ אֻמָּנוּת [אוּמָנוּיוֹת] craft
מְלֶאכֶת-יָד, מִקְצוֹעַ:
*הוּא עוֹשֶׂה כֵּלִים מִזְּכוּכִית, זֹאת **אוּמָנוּת** עַתִּיקָה.*

אומנותית׳ אָמָנוּתִי artistic
שַׁיָּיךְ לְאוֹמָנוּת, נַעֲשָׂה בְּכִשְׁרוֹן אוֹמָנוּתִי:
*בָּאלֶט הוּא רִיקוּד **אוֹמָנוּתִי**.*
אוֹמָנוּתִית, אוֹמָנוּתִיִּים, אוֹמָנוּתִיּוֹת

אומנםתה"פ אָמְנָם indeed
בֶּאֱמֶת, נָכוֹן:
***אוֹמְנָם** נוֹלַדְתִּי בְּאֶרֶץ-יִשְׂרָאֵל, אַךְ לֹא גָדַלְתִּי בָּהּ.*

אומנתנ׳ אוֹמֶ֫נֶת [אוֹמְנוֹת] nanny
אִישָּׁה שֶׁמְּטַפֶּלֶת בִּילָדִים קְטַנִּים:
*כְּשֶׁהָיִיתִי קְטַנָּה, הָיְיתָה לִי **אוֹמֶנֶת**.*

אומץז׳ אֹ֫מֶץ courage
חוֹזֶק, כּוֹחַ לַעֲשׂוֹת מַשֶּׁהוּ מְסוּכָּן:
*צָרִיךְ **אוֹמֶץ** רַב כְּדֵי לִקְפּוֹץ לְמַטָּה.*

אומצהנ׳ אֻמְצָה [אוּמְצוֹת] steak
סְטֵיק, חֲתִיכַת בָּשָׂר:
*אָכַלְנוּ **אוּמְצַת** בָּשָׂר בְּפִיתָּה.*

אוןז׳ אוֹן [אוֹנִים] power
(בִּלְשׁוֹן גְּבוֹהָה) כּוֹחַ, פּוֹטֶנְצְיָה.
בְּאוֹן תה"פ powerfully
*הַצָּבָא צָעַד **בְּאוֹן**.*
חֲסַר אוֹנִים - בְּלִי כּוֹחַ: helpless
*הוּא לֹא יוֹדֵעַ מָה לַעֲשׂוֹת, הוּא **חֲסַר-אוֹנִים**.*

אונייהנ׳ אֳנִיָּה [אוֹנִיּוֹת] ship
כְּלִי תַּחְבּוּרָה בַּיָּם:
***הָאוֹנִיָּה** יָצְאָה מִן הַנָּמֵל וְשָׁטָה בַּיָּם.*

אוננותנ׳ אוֹנָנוּת masturbation
כְּשֶׁמַּגִּיעִים לְסִיפּוּק מִינִי בְּלִי יַחֲסֵי מִין:
*הֲנָאָה מִפּוֹרְנוֹגְרַפְיָה הִיא סוּג שֶׁל **אוֹנָנוּת**.*

אונסז׳ אֹ֫נֶס rape
מַעֲשֶׂה נֶגֶד רְצוֹנוֹ שֶׁל מִישֶׁהוּ, בִּמְיוּחָד בְּיַחֲסֵי מִין:
*הָעוֹנֶשׁ עַל **אוֹנֶס** צָרִיךְ לִהְיוֹת קָשֶׁה בְּיוֹתֵר.*

אוסףז׳ אֹ֫סֶף [אוֹסָפִים] collection
הַרְבֵּה פְּרָטִים שֶׁל מַטְבְּעוֹת, בּוּלִים, תְּמוּנוֹת וְכוּ׳, שֶׁשּׁוֹמְרִים בְּיַחַד:
***בָּאוֹסֶף** אֶפְשָׁר לִמְצוֹא אֶת כָּל הַבּוּלִים שֶׁל יִשְׂרָאֵל.*
אוֹסֶף מַטְבְּעוֹת/אוֹסֶף תְּמוּנוֹת/אוֹסֶף שֶׁל סְפָרִים

אופהז׳ אוֹפֶה [אוֹפִים] baker
מִי שֶׁמֵּכִין לֶחֶם וְעוּגוֹת:
*אֲנִי קוֹנָה עוּגוֹת אֵצֶל **אוֹפֶה** וְלֹא בַּסּוּפֶּרְמַרְקֶט.*

אופיז׳ אֹ֫פִי character
הַתְּכוּנוֹת הַמְּיוּחָדוֹת לְכָל אָדָם, טֶבַע הָאָדָם:
*דָּוִיד הוּא בַּעַל **אוֹפִי** חָזָק.*

אופייןפ׳ אֻפְיַן was characterized
אָמְרוּ מָה הַצַּד הַמְּיוּחָד שֶׁלּוֹ, הָאוֹפִיְינִי לוֹ:
*הַמִּדְבָּר **מְאוּפְיָין** בְּחוֹסֶר גֶּשֶׁם.*
/ א.פ.י.ן, פּוּעַל / אוּפְיַינְתִּי, מְאוּפְיָין, יְאוּפְיַין, יְאוּפְיְינוּ

אופיינית׳ אָפְיָנִי typical
מַתְאִים לְאוֹפִי שֶׁל...:
*הַחוֹפֶשׁ **אוֹפְיָינִי** לַדֶּמוֹקְרַטְיָה.*
אוֹפְיָינִית, אוֹפְיָינִיִּים, אוֹפְיָינִיּוֹת

אופןז׳ אֹ֫פֶן [אוֹפָנִים] manner
דֶּרֶךְ, שִׁיטָה:
*אֵינֶנִּי אוֹהֵב אֶת **אוֹפֶן** הַדִּיבּוּר שֶׁלּוֹ.*
(בִּלְשׁוֹן הַדִּיבּוּר) **בְּכָל-אוֹפֶן** - זֶהוּ סֵפֶר קָשֶׁה, בְּכָל אוֹפֶן אֲנִי אֲנַסֶּה לִקְרוֹא אוֹתוֹ. anyhow
בְּשׁוּם-אוֹפֶן by no means

אופנהנ׳ אָפְנָה [אוֹפְנוֹת] fashion
דּוּגְמָה וְסִגְנוֹן שֶׁל זְמַן אוֹ מָקוֹם:
*רוּתִי מִתְלַבֶּשֶׁת לְפִי **הָאוֹפְנָה** הָאַחֲרוֹנָה שֶׁל פָּרִיס.*
אוֹפְנַת הַחוֹרֶף/אוֹפְנַת הַגִּ'ינְס

אופנועז, אוֹפַנּוֹעַ [אוֹפַנּוֹעִים] motorcycle
כְּלִי תַחְבּוּרָה בַּעַל שְׁנֵי גַלְגַּלִּים, שֶׁיֵּשׁ לוֹ מָנוֹעַ קָטָן:
הַבָּחוּר הַצָּעִיר רָכַב עַל הָאוֹפַנּוֹעַ בִּמְהִירוּת רַבָּה.

אופנייםז״ז אוֹפַנַּיִם bicycle
כְּלִי תַחְבּוּרָה בַּעַל שְׁנֵי גַלְגַּלִּים, בְּלִי מָנוֹעַ:
אֲנִי רוֹכֵב עַל אוֹפַנַּיִם מְהִירִים בִּמְקוֹם לִנְסוֹעַ בְּאוֹטוֹבּוּס.
אוֹפַנֵּי־סְפּוֹרְט/אוֹפַנֵּי הָרִים

אופנתית׳ אָפְנָתִי fashionable
לְפִי הָאוֹפְנָה, מוֹדֶרְנִי:
שִׂמְלָה שְׁחוֹרָה הִיא אוֹפְנָתִית תָּמִיד.
אוֹפְנָתִית, אוֹפְנָתִיִּים, אוֹפְנָתִיּוֹת

אופקז, אֹפֶק [אוֹפָקִים] horizon
הַקַּו שֶׁבּוֹ הַיָּם וְהַשָּׁמַיִם נִרְאִים נוֹגְעִים זֶה בָּזֶה:
שָׂחִיתִי מַהֵר אֶל הָאוֹפֶק, אַךְ הוּא תָּמִיד מִתְרַחֵק מִמֶּנִּי.
אוֹפָקִים - הַיְּדִיעוֹת שֶׁל הָאָדָם: *קְרִיאָה בִּסְפָרִים מַרְחִיבָה אֶת הָאוֹפָקִים.*

אופקית׳ אָפְקִי horizontal
כְּשֶׁמַּשֶּׁהוּ מַקְבִּיל, (פָּרָלֶלִי) לָאֲדָמָה וְכוּ׳:
הַשּׁוּרוֹת בַּסֵּפֶר מְסוּדָּרוֹת בְּקַוִּים אוֹפְקִיִּים.
אוֹפְקִית, אוֹפְקִיִּים, אוֹפְקִיּוֹת

אוצרז, אוֹצָר [אוֹצָרוֹת] treasure
1. דָּבָר יָקָר, בַּעַל עֵרֶךְ:
מָצָאתִי אוֹצָר שֶׁל זָהָב בָּאֲדָמָה.
2. קוּפַּת הַמְּדִינָה, כַּסְפֵּי הַמְּדִינָה:
מִשְׂרַד הָאוֹצָר אַחְרָאִי עַל תַּקְצִיב הַמְּדִינָה.
שַׂר הָאוֹצָר Minister of Finance

אורז, אוֹר [אוֹרוֹת] light
הַהֵיפֶךְ מ״חוֹשֶׁךְ״:
אוֹר הַנֵּר חַלָּשׁ. צָרִיךְ לְהַדְלִיק אֶת הָאוֹר בַּחֶדֶר.
נָתַן לוֹ אוֹר יָרוֹקב׳ - נָתַן לוֹ רְשׁוּת לְהַתְחִיל בִּפְעוּלָּה

אורווהנ, אֻרְוָה [אוּרְווֹת] stable
מָקוֹם שֶׁל סוּסִים וַחֲמוֹרִים:
הֶחָצֵר שֶׁלּוֹ מְלוּכְלֶכֶת כְּמוֹ אוּרְוָה שֶׁל סוּסִים.

אורזז, אֹרֶז rice
מָזוֹן, גַּרְעִינִים לְבָנִים (אוֹ חוּמִים):
הָאוֹרֶז הוּא הָאוֹכֶל הָעִיקָּרִי בְּסִין, בְּיַפָּן וּבְהוֹדוּ.

אורחז, אֹרַח way, manner
דֶּרֶךְ, אוֹפֶן:
אוֹרַח חַיִּים - דֶּרֶךְ חַיִּים: *יֵשׁ לוֹ אוֹרַח חַיִּים שֶׁל אִישׁ בּוֹהֵמָה.*
בְּאוֹרַח - *אֲנִי מוֹדִיעַ לְךָ בְּאוֹרַח רִשְׁמִי.*
עוֹבֵר אוֹרַח passer-by

אורחז, אוֹרֵחַ [אוֹרְחִים] guest
אָדָם שֶׁבָּא לְבִיקּוּר:
הָיָה לִי אוֹרֵחַ מֵחוּ״ל בְּשַׁבָּת.
אוֹרַחַת, אוֹרְחוֹת

אורךז, אֹרֶךְ [אוֹרָכִים] length
הַמִּידָּה מִקָּצֶה אֶחָד לָאַחֵר:
אוֹרֶךְ הַחֶדֶר מִקִּיר לְקִיר הוּא 3 מֶטְרִים.

אורןז, אֹרֶן [אוֹרָנִים] pine
סוּג עֵץ, יֵשׁ לוֹ עָלִים כְּמוֹ מְחָטִים:
בַּכַּרְמֶל יֵשׁ הַרְבֵּה עֲצֵי אוֹרֶן.

אורקולית׳ אוֹרְקוֹלִי audio-visual
אוֹדְיוֹ-וִיזוּאָלִי:
לָמַדְתִּי עִבְרִית בְּשִׁיטָה אוֹרְקוֹלִית.
אוֹרְקוֹלִית, אוֹרְקוֹלִיִּים, אוֹרְקוֹלִיּוֹת

אושיות (אושיה)נ״ר אָשְׁיוֹת foundation(s)
יְסוֹדוֹת:
חוֹפֶשׁ הַדִּיבּוּר הוּא מֵאוֹשְׁיוֹת הַדֵּמוֹקְרַטְיָה.

אושפזפ׳ אֻשְׁפַּז was hospitalized
שָׂמוּ אוֹתוֹ בְּבֵית־חוֹלִים:
דָּן הִרְגִּישׁ רַע, לָכֵן אוּשְׁפַּז בַּמַּחְלָקָה הַכִּירוּרְגִית.
/ א.ש.פ.ז, פּוּעַל / אוּשְׁפַּזְתִּי, מְאוּשְׁפָּז, יְאוּשְׁפַּז

אושרז, אֹשֶׁר happiness
הַרְגָּשָׁה טוֹבָה שֶׁל שִׂמְחָה:
אֲנִי מְאַחֵל לָכֶם אוֹשֶׁר וְהַצְלָחָה בַּשָּׁנָה הַבָּאָה.
לְאוֹשְׁרִי - לְשִׂמְחָתִי הַגְּדוֹלָה: *לְאוֹשְׁרִי נוֹלַד לִי בֵּן.*

אושרפ׳ אֻשַּׁר was confirmed/approved
קִיבֵּל אִישּׁוּר, הֶחְלִיטוּ לְקַבֵּל אוֹתוֹ:
הַבַּקָּשָׁה שֶׁלִּי לְהַלְוָאָה אוּשְּׁרָה.
/ א.ש.ר, פּוּעַל / אוּשְּׁרוּ, מְאוּשָּׁר, יְאוּשַּׁר

אותנ, אוֹת [אוֹתִיּוֹת] letter
סִימָן בָּאָלֶפְבֵּית לִקְרִיאָה וְלִכְתִיבָה:
בָּאָלֶפְבֵּית הָעִבְרִי יֵשׁ 22 אוֹתִיּוֹת. הָאוֹת הָרִאשׁוֹנָה א׳.

אותז, אוֹת [אוֹתוֹת] sign
סִימָן, סִימְבּוֹל:

הַמּוּסִיקָה הַזֹּאת הִיא הָאוֹת שֶׁל תּוֹכְנִית הַסְּפּוֹרְט בָּרַדְיוֹ.
אוֹת הַגְּבוּרָה - מֶדַלְיָה

אותו (דבר)ב׳ אוֹתוֹ [דָּבָר] — the same
הַדָּבָר הַהוּא, מַה שֶּׁנִּזְכַּר קוֹדֶם:
*קָרָאתִי סֵפֶר. דָּוִיד עָשָׂה **אוֹתוֹ** דָּבָר – גַּם הוּא קָרָא סֵפֶר.*
אוֹתָהּ (יַלְדָּה) - הַהִיא: *שְׁנֵינוּ רָאִינוּ **אוֹתָהּ** יַלְדָּה.*
אוֹתָם, אוֹתָן - הָהֵם, הָהֵן: *כָּל הַחֲבֵרִים שֶׁלִּי לוֹמְדִים בְּ**אוֹתוֹ** בֵּית סֵפֶר, וְקוֹרְאִים **אוֹתָם** סְפָרִים.*

אותימ״י אוֹתִי — me
אֶת + אֲנִי:
*הוּא פָּגַשׁ **אוֹתִי** אֶתְמוֹל אַחֲרֵי הַצָּהֳרַיִם.*
אוֹתְךָ, אוֹתָךְ, אוֹתוֹ וכו׳ [ר׳ את]

אותרפ׳ אֻתַּר — was located
1. מָצְאוּ אֵיפֹה הוּא:
*הַיֶּלֶד שֶׁנֶּעֱלַם **אֻתַּר**.*
2. שָׂמוּ לוֹ גְּבוּל: — was localized
*הָאֵשׁ **אֻתְּרָה** וְלֹא הִתְפַּשְּׁטָה לְבָתִּים אֲחֵרִים.*
/ א.ת.ר, פּוּעַל / אוּתַּרְתִּי, מְאוּתָּר, יְאוּתַּר, יְאוּתְּרוּ

אותתפ׳ אוֹתֵת — signaled
נָתַן סִימָן:
*הַנֶּהָג **אוֹתֵת**, כִּי הוּא רָצָה לִפְנוֹת יָמִינָה.*
לְאוֹתֵת / א.ו.ת, פִּיעֵל / אוֹתַתִּי, מְאוֹתֵת, יְאוֹתֵת

אזת״פ אָז — then
בַּזְּמַן הַהוּא, בֶּעָבָר:
*לִפְנֵי שָׁנָה בָּאתִי לָאָרֶץ. **אָז** עוֹד לֹא יָדַעְתִּי עִבְרִית.*

אזהרהנ׳ אַזְהָרָה — warning
אוֹמְרִים לְמִישֶׁהוּ שֶׁיִּשְׁמוֹר עַל עַצְמוֹ מִפְּנֵי סַכָּנָה אוֹ מִפְּנֵי דְּבָרִים, שֶׁאָסוּר לַעֲשׂוֹת:
*דֶּגֶל שָׁחוֹר הוּא **אַזְהָרָה**, שֶׁלֹּא לְהִיכָּנֵס לַיָּם.*

אזורית׳ אֲזוֹרִי (אֵזוֹרִי) — regional
שַׁיָּיךְ לְאֵיזוֹר מְסוּיָּם:
*לְבֵית סֵפֶר **אֲזוֹרִי** בָּאִים יְלָדִים מִכָּל הַסְּבִיבָה.*
אֲזוֹרִית, אֲזוֹרִיִּים, אֲזוֹרִיּוֹת

אזיקיםז״ר (אֲזֵק) אֲזִיקִים — handcuffs
טַבָּעוֹת מִבַּרְזֶל, שֶׁקּוֹשְׁרִים בָּהֶן אָסִיר:
*הַשּׁוֹטֵר שָׂם **אֲזִיקִים** עַל הַיָּדַיִם שֶׁל הַגַּנָּב.*

אזכרהנ׳ אַזְכָּרָה [אַזְכָּרוֹת] — memorial service
דְּבָרִים שֶׁאוֹמְרִים לְזֵכֶר מֵת:
*כָּל שָׁנָה יֶשְׁנָהּ **אַזְכָּרָה** לְהֶרְצֵל.*

אזלפ׳ אָזַל — ran out, was used up
נִגְמַר:
***אָזַל** הַקֶּמַח, צָרִיךְ לִקְנוֹת חָדָשׁ.*
לֶאֱזוֹל / א.ז.ל, פָּעַל / אָזְלוּ, אוֹזֵל, יֶאֱזַל, יֶאֶזְלוּ

אזלת ידב׳ אָזְלַת־יָד — helplessness, negligence
הַזְנָחָה, כְּשֶׁלֹּא עוֹשִׂים מַה שֶּׁצָּרִיךְ לַעֲשׂוֹת:
*הָיְתָה **אָזְלַת יָד** בַּטִּיפּוּל בַּחוֹלֶה.*

אזעקהנ׳ אַזְעָקָה [אַזְעָקוֹת] — alarm
קוֹל שֶׁל סִירֶנָה, מוֹדִיעַ לָאֲנָשִׁים שֶׁיֶּשְׁנָהּ סַכָּנָה:
*שָׁמַעְנוּ אֶת **הָאַזְעָקָה**, וְיָרַדְנוּ לַמִּקְלָט.*

אזרחז׳ אֶזְרָח [אֶזְרָחִים] — citizen
תּוֹשָׁב בַּעַל זְכוּיוֹת מְלֵאוֹת בַּמְּדִינָה:
*כָּל **אֶזְרָח** מִגִּיל 18 יָכוֹל לְהִשְׁתַּתֵּף בַּבְּחִירוֹת לַכְּנֶסֶת.*
אֶזְרְחֵי־הַמְּדִינָה

אזרחותנ׳ אֶזְרָחוּת — citizenship
מַצָּב שֶׁל מִי שֶׁיֵּשׁ לוֹ כָּל הַזְּכוּיוֹת שֶׁל הַמְּדִינָה, שֶׁהוּא גָּר בָּהּ:
*כָּל הָעוֹלִים לְיִשְׂרָאֵל מְקַבְּלִים מִיָּד **אֶזְרָחוּת**.*

אזרחית׳ אֶזְרָחִי — civil
הַשַּׁיָּיךְ לָאֶזְרָח, לֹא צְבָאִי וְלֹא דָּתִי:
*מִשְׂרְדֵי הַמֶּמְשָׁלָה הֵם מִשְׂרָדִים **אֶזְרָחִיִּים**.*
אֶזְרָחִית, אֶזְרָחִיִּים, אֶזְרָחִיּוֹת

אחז׳ אָח [אַחִים] — brother
1. בֵּן מִשְׁפָּחָה מֵאוֹתָם הוֹרִים:
*יֵשׁ לִי שְׁנֵי אַחִים. **אָח** אֶחָד גָּר בַּקִּיבּוּץ, וְהָאַחֵר - בָּעִיר.*
אָחִי, אָחִיךָ, אָחִיו, אָחִיהָ, אֲחִיכֶם-כֶן.
אָח חוֹרֵג — stepbrother
2. סָנִיטָר, מְטַפֵּל בְּחוֹלִים: — male-nurse
הָאָח הַזֶּה עוֹזֵר לְכָל הַחוֹלִים.
3. תַּנּוּר, מְחַמֵּם אֶת הַחֶדֶר: — fireplace
*בַּחוֹרֶף אֲנִי יוֹשֵׁב לְיַד **הָאָח** כְּדֵי לְהִתְחַמֵּם.*

אחדש״מ/ז׳ אֶחָד [אֲחָדִים] — one
הַמִּסְפָּר 1:
*יֵשׁ לִי אָב **אֶחָד** וְאֵם אַחַת.*
אֶחָד אֶחָד - כָּל אֶחָד לְחוּד: — one by one
*הַתַּלְמִידִים נִכְנְסוּ אֶל הַחֶדֶר **אֶחָד אֶחָד**.*
כָּל אֶחָד וְאֶחָד - כּוּלָּם, בְּלִי יוֹצֵא מִן הַכְּלָל: — everyone
***כָּל אֶחָד וְאֶחָד** צָרִיךְ לַעֲשׂוֹת אֶת עֲבוֹדָתוֹ.*
אֲחָדִיםז״ר מְעַטִּים, לֹא רַבִּים בְּמִסְפָּר: — a few, some
*רָאִיתִי סְפָרִים **אֲחָדִים** עַל הַשּׁוּלְחָן.*
אֲחָדוֹת נ״ר - *רַק נָשִׁים אֲחָדוֹת בָּאוּ הַיּוֹם.*

אַחַד עָשָׂרז - הַמִּסְפָּר 11: eleven
*בְּכַדּוּרֶגֶל יֵשׁ **אַחַד עָשָׂר** שַׂחְקָנִים.*

אחדותנ, אַחְדוּת unity
לִהְיוֹת בְּיַחַד, הַסְכָּמָה בְּדֵיעוֹת אוֹ בִּפְעוּלוֹת:
***הָאַחְדוּת** נוֹתֶנֶת כּוֹחַ גַּם בִּזְמַנִּים קָשִׁים.*

אחווהנ, אַחֲוָה [אַחֲווֹת] brotherhood, fraternity
רֶגֶשׁ שֶׁל יְדִידוּת, קֶשֶׁר:
*בֵּין הַחַיָּילִים יֵשׁ יַחֲסֵי **אַחֲוָה**.*
אַחֲוַת עַמִּים comradeship between nations

אחוזז, אָחוּז [אֲחוּזִים] percent
%. חֵלֶק אֶחָד מִמֵּאָה (1/100):
*קָנִיתִי בְּגָדִים בְּסוֹף הָעוֹנָה, וְקִיבַּלְתִּי הֲנָחָה שֶׁל עֶשְׂרִים **אֲחוּזִים**.*

אחוזהנ, אֲחֻזָּה [אֲחוּזוֹת] estate
שֶׁטַח שֶׁל אֲדָמָה שֶׁשַּׁיָּיךְ לְמִישֶׁהוּ:
*הוּא בַּעַל **אֲחוּזָה** - יֵשׁ לוֹ אֲדָמָה, וְעָלֶיהָ בַּיִת גָּדוֹל וְכוּ'.*

אחורז, אָחוֹר back
(בְּלָשׁוֹן גבוהה) הַצַּד שֶׁל הַגַּב, הַהֵיפֶךְ מִפָּנִים:
*בָּדַקְתִּי אֶת הַבֶּגֶד פָּנִים **וְאָחוֹר**.*
לְאָחוֹר - *הַיֶּלֶד הִסְתּוֹבֵב וּפָנָה לְאָחוֹר.* backward(s)
מֵאֲחוֹרֵי - ר' behind

אחורהתה"פ אָחוֹרָה backward(s)
לְאָחוֹר, (הַהֵיפֶךְ מִ'קָדִימָה'):
*הַמְּפַקֵּד אָמַר: "**אָחוֹרָה פְּנֵה!**"*

אחורייםז"ז אֲחוֹרַיִם buttocks
הַחֵלֶק הָאֲחוֹרִי בַּגּוּף, הַחֵלֶק שֶׁיּוֹשְׁבִים עָלָיו:
*הוּא הִיכָּה אֶת הַיֶּלֶד **בָּאֲחוֹרַיִים** שֶׁלּוֹ.*

אחורניתתה"פ אֲחוֹרַנִּית backwards
הַהֵיפֶךְ מִכִּיווּן הַפָּנִים, לְאָחוֹר:
*לֵךְ קָדִימָה, אַל תִּסְתּוֹבֵב **אֲחוֹרַנִּית**!*

אחותנ, אָחוֹת [אֲחָיוֹת] nurse
1. אִישָּׁה שֶׁלָּמְדָה לְטַפֵּל בְּחוֹלִים וּבִפְצוּעִים:
***הָאָחוֹת** עָזְרָה לָרוֹפֵא בִּזְמַן הַנִּיתּוּחַ.*
2. בַּת לְמִשְׁפָּחָה מֵאוֹתָם הוֹרִים: sister
*יֵשׁ לִי שְׁנֵי אַחִים **וְאָחוֹת** אַחַת.*
אֲחוֹתִי, אֲחוֹתְךָ, אֲחוֹתֵךְ, אֲחוֹתוֹ

אחזפ, אָחַז held
הֶחֱזִיק, תָּפַס בְּכוֹחַ:
*הַשּׁוֹטֵר **אָחַז בַּגַּנָּב**, כְּדֵי שֶׁלֹּא יִבְרַח.*
לֶאֱחוֹז אֶת-, בְּ- / א.ח.ז, פָּעַל / אָחַזְתִּי אוֹחֵז, יֹאחַז, אֱחוֹז!

אחזקהנ, אַחְזָקָה maintenance
טִיפּוּל קָבוּעַ בְּמַכְשִׁיר, בְּבִנְיָין וְכוּ':
*הוּא אַחְרַאי עַל **אַחְזָקַת** הַבִּנְיָין.*

אחידת, אָחִיד unified (adj.), standard
מֵאוֹתוֹ סוּג:
*בְּצָבָא הַכּוֹל **אָחִיד**: הַנַּעֲלַיִים, הַמִּכְנָסַיִים, הַחוּלְצוֹת וְכוּ'.*
תִּלְבּוֹשֶׁת אֲחִידָה uniform
אֲחִידָה, אֲחִידִים, אֲחִידוֹת

אחידותנ, אֲחִידוּת uniformity
כְּשֶׁהַכּוֹל אוֹתוֹ דָּבָר, מֵאוֹתוֹ סוּג:
*צְרִיכָה לִהְיוֹת **אֲחִידוּת** בְּטִיפּוּל בְּעוֹלִים.*

אחיזהנ, אֲחִיזָה [אֲחִיזוֹת] hold, grasp
הַחְזָקָה, תְּפִיסָה:
*צָרִיךְ נְקוּדַת **אֲחִיזָה** כְּדֵי לֹא לִיפּוֹל.*
אֲחִיזַת-עֵינַיִים conjuring, bluff

אחייןז, אַחְיָין [אַחְיָינִים] nephew
בֵּן שֶׁל אָח אוֹ בֵּן שֶׁל אָחוֹת:
*נוֹלַד לִי **אַחְיָין**, וְעַכְשָׁיו אֲנִי דּוֹדָה.*
אַחְיָינִית, אַחְיָינִיּוֹת niece

אחסנהנ, אִחְסָנָה storing, storage
כְּשֶׁשָּׂמִים סְחוֹרוֹת בְּמַחְסָן לִשְׁמִירָה:
*כֹּל הַדְּבָרִים שֶׁל הָעוֹלִים הֵם **בְּאִחְסָנָה** בְּאַשְׁדּוֹד.*

אחרת, אַחֵר other, another
שׁוֹנֶה, לֹא אוֹתוֹ דָּבָר:
*גָּמַרְתִּי לִקְרוֹא אֶת הַסֵּפֶר. אֲנִי רוֹצֶה סֵפֶר **אַחֵר**.*
אַחֶרֶת, אֲחֵרִים, אֲחֵרוֹת

אחרמ"י אַחַר after
אַחֲרֵי-, מְאוּחָר יוֹתֵר, בְּעִקְבוֹת מַשֶּׁהוּ:
***אַחַר**-הַצָּהֳרַיִים קָרִיר יוֹתֵר.*

אחר כךמ"ק אַחַר־כָּךְ afterwards
מְאוּחָר יוֹתֵר, בְּעִקְבוֹת מַשֶּׁהוּ אַחֵר:
*קוֹדֶם אֶתְרַחֵץ, **אַחַר כָּךְ** אֵשֵׁב לֶאֱכוֹל.*

אחראיז, אַחֲרַאי [אַחֲרָאִים] person-in-charge
מִי שֶׁמַּחְלִיט אוֹ מִי שֶׁשּׁוֹמֵר עַל מִישֶׁהוּ אוֹ מַשֶּׁהוּ:
*הַהוֹרִים הֵם **הָאַחֲרָאִים** לַיְלָדִים.*
אַחֲרָאִית, אַחֲרָאִיּוֹת

אחראית׳ אַחְרָאִי — responsible
חָשׁוּב, יָכוֹל לְהַשְׁפִּיעַ עַל חַיֵּי אֲחֵרִים:
*יֵשׁ לוֹ תַּפְקִיד **אַחְרָאִי** בָּעֲבוֹדָה.*
אַחְרָאִית, אַחְרָאִיִּים, אַחְרָאִיּוֹת

אחרוןת׳ אַחֲרוֹן — last
בַּסּוֹף (בַּזְּמַן אוֹ בַּמָּקוֹם):
*נִכְנַסְתִּי לַחֶדֶר רִאשׁוֹן, וְיָצָאתִי **אַחֲרוֹן**.*
מִי הָ**אַחֲרוֹן** בַּתּוֹר?
אַחֲרוֹנָה, אַחֲרוֹנִים, אַחֲרוֹנוֹת

אחרימ״י אַחֲרֵי — after
1. אַחַר, בִּזְמַן מְאוּחָר יוֹתֵר:
*נִיפָּגֵשׁ **אַחֲרֵי** הַצׇּהֳרַיִים לְקָפֶה וְעוּגָה.*
2. בְּעִקְבוֹת מִישֶׁהוּ אוֹ מַשֶּׁהוּ: — behind
*עָמַדְתִּי בַּתּוֹר **אַחֲרֵי** הַיַּלְדָּה.*
אַחֲרַיי, אַחֲרֶיךָ, אַחֲרַיִיךְ, אַחֲרָיו, אַחֲרֶיהָ, אַחֲרֵיכֶם־כֶן

אחרי כןמ״ק אַחֲרֵי־כֵן — afterwards
יוֹתֵר מְאוּחָר, בְּעִקְבוֹת מַשֶּׁהוּ שֶׁכְּבָר נִזְכַּר:
*קוֹדֶם נֹאכַל מַשֶּׁהוּ, **אַחֲרֵי כֵן** נְדַבֵּר.*

אחריותנ׳ אַחֲרָיוּת — responsibility
1. חוֹבָה לְמַלֵּא תַּפְקִיד, לִהְיוֹת אַחְרָאִי:
*הָ**אַחֲרָיוּת** לְחִינּוּךְ וּלְגִידּוּל הַיְלָדִים הִיא עַל הַהוֹרִים.*
2. הִתְחַיְּיבוּת לְשַׁלֵּם בְּמִקְרֶה שֶׁל קִילְקוּל: — guarantee
*הוּא קִיבֵּל **אַחֲרָיוּת** לְשָׁנָה עַל הַשָּׁעוֹן הֶחָדָשׁ.*
עַל אַחֲרָיוּתִי - *אֲנִי לוֹקֵחַ אֶת הָעֲבוֹדָה עַל אַחֲרָיוּתִי.*

אחריתנ׳ אַחֲרִית — end
סוֹף:
*אֵין **אַחֲרִית** לַהִיסְטוֹרְיָה.*
אַחֲרִית דָּבָר - אֶפִּילוֹג *(בְּסֵפֶר/בְּמַאֲמָר וְכוּ׳)* — epilogue

אחרתת״פ אַחֶ֫רֶת — otherwise
(בִּלְשׁוֹן הַדִּיבּוּר) וְאִם לֹא:
*תִּלְמַד עִבְרִית, **אַחֶרֶת** לֹא תִּמְצָא עֲבוֹדָה.*

אחתש״מ/נ׳ אַחַת [אֲחָדוֹת] — one (f)
הַמִּסְפָּר 1:
*יֵשׁ לִי אֵם **אַחַת** וְאָב אֶחָד.*
אַחַת וּשְׁתַּיִים: מַהֵר, בִּמְהִירוּת - — quickly
*בּוֹא הֵנָּה **אַחַת וּשְׁתַּיִים**!*
בְּבַת אַחַת: בְּפַעַם אַחַת - — at once
*לֹא כְּדַאי לֶאֱכוֹל וּלְדַבֵּר **בְּבַת אַחַת**.*
אַחַת עֶשְׂרֵה - הַמִּסְפָּר 11 בִּנְקֵבָה: — eleven (f)
בַּכִּיתָּה יֵשׁ אַחַת עֶשְׂרֵה בָּנוֹת.

אטת״פ אַט — slowly
לְאַט, הַהֵיפֶךְ מִ׳מַּהֵר׳:
*טִיַּילְנוּ **אַט אַט** לְיַד הַיָּם.*

אטבז׳ אֶ֫טֶב [אֲטָבִים] — clip
מִין סִיכָּה שֶׁמְּחַבֶּרֶת נְיָירוֹת, כְּבִיסָה לְחֶבֶל וְכוּ׳:
*חִיבַּרְתִּי אֶת הַדַּפִּים **בְּאֶטֶב** מְיוּחָד.*

אטוםת׳ אָטוּם — opaque
1. לֹא שָׁקוּף, סָגוּר לָאוֹר וְלָאֲוִויר מִבַּחוּץ:
*הַחַלּוֹן **אָטוּם**. לֹא רוֹאִים וְלֹא שׁוֹמְעִים שׁוּם דָּבָר.*
2. סָגוּר לְגַמְרֵי, בְּאוֹפֶן הֶרְמֵטִי: — sealed (adj.)
*בִּזְמַן הַמִּלְחָמָה יָשַׁבְנוּ בַּחֶדֶר הָ**אָטוּם**.*
אֲטוּמָה, אֲטוּמִים, אֲטוּמוֹת

אטימותנ׳ אֲטִימוּת — impermeability, insensitivity
מַצָּב שֶׁל חוֹסֶר רְגִישׁוּת:
*חֲבָל שֶׁיֵּשׁ **אֲטִימוּת** לַמַּצָּב שֶׁל הָעֲנִיִּים.*

אטםפ׳ אָטַם — sealed
סָגַר, סָתַם (הֶרְמֵטִי):
*הוּא **אָטַם** אֶת הַקִּירוֹת, כְּדֵי שֶׁלֹּא יִיכָּנֵס גֶּשֶׁם.*
לֶאֱטוֹם אֶת - / א.ט.ם, פָּעַל / אָטַמְתִּי, אוֹטֵם, אֶאֱטוֹם

איז׳ אִי [אִיִּים] — island
אֲדָמָה, שֶׁמִּסָּבִיב לָהּ יֵשׁ יָם:
*אַנְגְלִיָּה הִיא **אִי**.*

אי־, אִי־ — no, non
לֹא, חוֹסֶר [מִילַּת שְׁלִילָה]:
***אִי** זְהִירוּת בַּכְּבִישִׁים עֲלוּלָה לִגְרוֹם אָסוֹן.*
הַצְבָּעַת אִי־אֵמוּן — vote of no confidence
אִי־סֵדֶר — disorder
אִי־צֶדֶק — injustice
אִי־אֶפְשָׁרת״פ - לֹא יִיתָּכֵן, אֵין דֶּרֶךְ: — impossible
*אֲנִי מִצְטַעֵר, **אִי אֶפְשָׁר** לִלְמוֹד בָּרַעַשׁ הַזֶּה.*

אי־ת״פ אֵי־ — where, whatever
אֵיזֶשֶׁהוּ - אוֹמְרִים עַל מַשֶּׁהוּ לֹא מוּגְדָּר:
יֵשׁ לִי אֵיזֶשֶׁהוּ חֲלוֹם.
אֵי־אֵילוּ - *קָנִיתִי אֵי־אֵילוּ סְפָרִים.* — a few
אֵי־פֹּה/אֵי־שָׁם - *בַּשָּׁנָה הַבָּאָה אֶהְיֶה אֵי־פֹּה אֵי־שָׁם.* — somewhere
אֵי־שָׁם (בַּצָּבָא) - כְּשֶׁאָסוּר לְהַגִּיד אֵיפֹה:
הוּא בַּצָּבָא אֵי־שָׁם בָּאָרֶץ.

איבדפ׳ אִיבֵּד — lost
לֹא יָדַע אֵיפֹה:

*דָוִיד **אִיבֵּד אֶת** הַמַפְתֵחַ, הוּא לֹא יָכוֹל לְהִיכָּנֵס הַבַּיְתָה.*
לְאַבֵּד אֶת - / א.ב.ד, פִּיעֵל / אִיבַּדְתִי, מְאַבֵּד, יְאַבֵּד
אִיבֵּד אֶת עַצְמוֹ לָדַעַת- committed suicide
הָרַג אֶת עַצְמוֹ

איבהנ׳, אֵיבָה animosity, hostility
שִׂנְאָה:
אֵיבָה בֵּין עַמִים מְבִיאָה לְמִלְחָמָה.

איבודז׳, אִבּוּד loss
1. בִּיזְבּוּז, הֶפְסֵד:
*הַדִיבּוּרִים הָאֵלֶה הֵם **אִיבּוּד** זְמַן.*
2. **הָלַךְ לְאִיבּוּד** - נֶעֱלַם, אֵינֶנוּ: got lost
*הַסֵפֶר **הָלַךְ לְאִיבּוּד**.*
אִיבּוּד לָדַעַת - כְּשֶׁמִישֶׁהוּ גוֹרֵם מָוֶות לְעַצְמוֹ, מִתְאַבֵּד suicide

איבחוןז׳, אִבְחוּן [אִיבְחוּנִים] diagnosis
1. כְּשֶׁעוֹשִׂים דִיאַגְנוֹזָה:
*לְפִי הָ**אִיבְחוּן** שֶׁל הָרוֹפֵא יֵשׁ לוֹ מַחֲלָה קָשָׁה.*
2. כְּשֶׁבּוֹדְקִים מַצָב:
*שָׁלַחְנוּ אוֹתוֹ לְ**אִיבְחוּן** הַבְּעָיוֹת שֶׁלוֹ.*

איבחןפ׳, אִבְחֵן diagnosed
עָשָׂה דִיאַגְנוֹזָה:
*הָרוֹפֵא **אִיבְחֵן** אֶת הַמַחֲלָה.*
לְאַבְחֵן אֶת- / א.ב.ח.ן, פִּיעֵל / אִיבְחַנְתִי, מְאַבְחֵן

איבטחפ׳, אִבְטֵחַ (אִבְטַח) protected, guarded
דָאַג לַבִּיטָחוֹן, שֶׁל מִישֶׁהוּ (אוֹ מַשֶׁהוּ), שָׁמַר:
*הַחַיָילִים **אִיבְטְחוּ** אֶת הַנָשִׂיא.*
לְאַבְטֵחַ- / א.ב.ט.ח, פִּיעֵל / אִיבְטַחְתִי, מְאַבְטֵחַ, יְאַבְטֵחַ

איברז׳, אֵיבָר [אֵיבָרִים] organ
חֵלֶק בַּגוּף:
*הָאוֹזֶן הִיא **אֵיבַר** הַשְׁמִיעָה.*
אֵיבְרֵי-הַגוּף

איגודז׳, אִגּוּד [אִיגוּדִים] union
הִתְחַבְּרוּת בֵּין אֲנָשִׁים לְמַטָרָה מְסוּיֶמֶת:
***אִיגוּדִים** שֶׁל פּוֹעֲלִים רוֹצִים לְהַשִׂיג מַשְׂכּוֹרוֹת גְבוֹהוֹת לַחֲבֵרִים שֶׁלָהֶם.*
אִיגוּד מִקְצוֹעִי - *אֲנִי חָבֵר בָּאִיגוּד הַמִקְצוֹעִי שֶׁל הַמוֹרִים.*

איגוףז׳, אִגּוּף [אִיגוּפִים] flanking
כְּשֶׁהוֹלְכִים מֵהַצַד:
*הַחַיָילִים בִּיצְעוּ **אִיגוּף** מִיָמִין וְהִפְתִיעוּ אֶת הָאוֹיֵב.*

איגףפ׳, אִגֵּף outflanked
הָלַךְ מֵהַצַד, הִקִיף:
***אִיגַפְנוּ** אֶת הָאוֹיֵב מִצַד יָמִין.*
לְאַגֵף אֶת- / א.ג.ף, פִּיעֵל / אִיגַפְנוּ, מְאַגֵף, יְאַגֵף, אַגֵף!

איגרוףז׳, אִגְרוּף boxing
סְפּוֹרְט, מִלְחָמָה בַּיָדַיִים:
*הוּא נִיצַח בְּתַחֲרוּת **אִיגְרוּף**.*

איגרת־אווירנ׳, אִגֶּרֶת אֲוִיר [אִיגְרוֹת אֲוִיר] air letter
מִכְתָב מְיוּחָד (בְּלִי מַעֲטָפָה וּבוּל) שֶׁנִשְׁלָח בְּדוֹאַר אֲוִיר:
*שָׁלַחְתִי **אִיגֶרֶת אֲוִיר** לַחֲבֵרָה בְּאַנְגְלִיָה.*

אידז׳, אֵיד misfortune
צָרָה, אָסוֹן.
שִׂמְחָה לְאֵיד - gloating at another's misfortune
הוּא שָׂמַח לְאֵידִי כְּשֶׁפּוּטַרְתִי.

אידויז׳, אִדּוּי evaporation, vaporization
כְּשֶׁנוֹזֵל נַעֲשֶׂה לְאֵדִים (מַיִם בָּאֲוִויר):
*עַל-יְדֵי **אִידוּי** הַמַיִם בַּיָם נוֹצָרִים עֲנָנִים, שֶׁמֵהֶם יוֹרֵד גֶשֶׁם.*

איהמ״ש אַיֵּה? where?
אֵיפֹה (לָשׁוֹן גְבוֹהָה):
***אַיֵה** דָוִיד? מִזְמַן לֹא רָאִיתִי אוֹתוֹ.*

איוולתנ׳, אִוֶּלֶת stupidity, foolishness
(בְּלָשׁוֹן גְבוֹהָה) טִיפְּשׁוּת:
*יְלָדִים עוֹשִׂים מַעֲשֵׂי **אִיוֶולֶת**.*

איוורורז׳, אִוְרוּר ventilation
הַכְנָסַת אֲוִויר:
*בְּחֶדֶר זֶה אֵין **אִיוורוּר**, כִּי כֹּל הַחַלוֹנוֹת סְגוּרִים.*

איווררפ׳, אִוְרֵר ventilated
הִכְנִיס אֲוִויר נָקִי:
*צָרִיךְ **לְאַוורֵר אֶת** הַחֶדֶר שֶׁל הַחוֹלֶה.*
לְאַוורֵר אֶת- /א.ו.ר.ר, פִּיעֵל / אִיוורַרְתִי, מְאַוורֵר, יְאַוורֵר

איוושהנ׳, אִוְשָׁה [אִיווּשׁוֹת] rustle
קוֹל חַלָשׁ מְאוֹד:
*הָרוֹפֵא אָמַר, שֶׁיֵשׁ לִי **אִיוושָׁה** בַּלֵב.*

איוםת׳, אָיֹם horrible
נוֹרָא, מַפְחִיד:
*רֶצַח הוּא מַעֲשֶׂה **אָיוֹם**.*
אֲיוּמָה, אֲיוּמִים, אֲיוּמוֹת

אִיּוּםז׳ אִיּוּם [אִיּוּמִים] threat

הַפְחָדָה, אוּלְטִימָטוּם:

*הַנֶּאֱשָׁם הִשְׁמִיעַ בַּטֶּלֶפוֹן **אִיּוּמִים** עַל חַיֵּי הָאִישׁ וּמִשְׁפַּחְתּוֹ.*

אִיּוּרז׳ אִיּוּר [אִיּוּרִים] illustration

צִיּוּר עַל יַד טֶקְסְט, אִילוּסְטְרַצְיָה:

***הָאִיּוּרִים** הָאֵלֶּה עוֹזְרִים לְהָבִין אֶת הַסִּיפּוּר.*

אִיּוּתז׳ אִיּוּת spelling

כְּתִיבָה אוֹ אֲמִירָה שֶׁל כֹּל אוֹת בְּמִילָּה:

***הָאִיּוּת** שֶׁל הַמִּילָּה 'אֲנִי' הוּא אָלֶף, נוּן, יוּד.*

אֵיזֶה ?מ״ש/ז׳ אֵיזֶה ? which? (m)

מִי בְּדִיּוּק? מָה בְּדִיּוּק?:

***אֵיזֶה** קָפֶה אַתָּה רוֹצֶה? קָפֶה שָׁחוֹר? קָפֶה תּוּרְכִּי?*

אֵיזוֹנ׳ אֵילוּזו״ר

אֵיזוֹ ?מ״ש/נ׳ אֵיזוֹ ? which? (f)

מִי בְּדִיּוּק? מָה בְּדִיּוּק?:

***אֵיזוֹ** חֲבֵרָה בִּיקְּרָה אֶצְלְךָ הַיּוֹם, רוּתִי אוֹ דַלְיָה?*

אֵילוּזונ״ר - רַבִּים שֶׁל אֵיזֶה / אֵיזוֹ

אִיזּוּןז׳ אִזּוּן [אִיזּוּנִים] balance

1. כְּשֶׁהַמִּשְׁקָל שָׁוֶה:

***אִיזּוּן** הַגַּלְגַּלִּים בַּמְּכוֹנִית חָשׁוּב מְאוֹד.*

2. כְּשֶׁהַיַּחַס (פְּרוֹפּוֹרְצִיּוֹת) שָׁוֶה בֵּין 2 דְּבָרִים:

*צָרִיךְ שֶׁיִּהְיֶה **אִיזּוּן** בֵּין הַהוֹצָאוֹת וְהַהַכְנָסוֹת שֶׁל הַכֶּסֶף.*

אֵיזוֹרז׳ אֵזוֹר [אֲזוֹרִים] region

סְבִיבָה גֵּיאוֹגְרָפִית, חֵלֶק שֶׁל אֶרֶץ אוֹ עִיר:

*הַנֶּגֶב הוּא **אֵיזוֹר** חַם וְיָבֵשׁ.*

אֵיזוֹשֶׁהִימ״ג/נ׳ אֵיזוֹשֶׁהִי some (f)

אַחַת מֵהַרְבֵּה:

*הוּא סִיפֵּר **אֵיזוֹשֶׁהִי** בְּדִיחָה לֹא מַצְחִיקָה.*

אִיזְכּוּר ז׳ אִזְכּוּר [אִיזְכּוּרִים] reference

מַשֶּׁהוּ שֶׁמַּזְכִּירִים (בְּטֶקְסְט וְכוּ'):

*יֵשׁ בַּמַּאֲמָר **אִיזְכּוּר** לְמַאֲמָר קוֹדֵם שֶׁכָּתַבְתִּי.*

אִיזְכֵּרפ׳ אִזְכֵּר referred to

הִזְכִּיר, נָתַן סִימָן לְמַשֶּׁהוּ, שֶׁנִּכְתַּב קוֹדֵם לָכֵן:

***אִיזְכַּרְתִּי אֶת** הַדְּבָרִים הַחֲשׁוּבִים מֵהַמַּאֲמָר הַקּוֹדֵם.*

לְאַזְכֵּר אֶת- / א.ז.כ.ר, פִּיעֵל / אִיזְכַּרְתִּי, מְאַזְכֵּר, יְאַזְכֵּר

אִיזְמֵלז׳ אִזְמֵל [אִיזְמֵלִים] chisel, scalpel

מַכְשִׁיר, מִשְׁתַּמְּשִׁים בּוֹ לְפִיסּוּל, לְחִיתּוּךְ עֵץ, לְנִיתּוּחִים וְכוּ' (כְּמוֹ סַכִּין):

*שָׁבַרְתִּי אֶת הַקִּיר בְּעֶזְרַת **אִיזְמֵל** וּפַטִּישׁ.*

אִיזֵּןפ׳ אִזֵּן balanced

1. עָשָׂה שֶׁיִּהְיֶה שָׁוֶה בְּמִשְׁקָל אוֹ בְּעֵרֶךְ שֶׁלּוֹ:

*בָּעִיתּוֹן הַזֶּה הַדֵּיעוֹת שֶׁל הַשְּׂמֹאל **מְאַזְּנוֹת אֶת** הַדֵּיעוֹת שֶׁל הַיָּמִין.*

2. עָשָׂה שֶׁהַהוֹצָאוֹת וְהַהַכְנָסוֹת יִהְיוּ שָׁווֹת:

*הוּא **אִיזֵּן אֶת** הַתַּקְצִיב שֶׁלּוֹ.*

לְאַזֵּן אֶת- / א.ז.ן, פִּיעֵל / אִיזַּנְתִּי, מְאַזֵּן,אֲאַזֵּן, יְאַזֵּן, אַזֵּן!

אֵיזֶשֶׁהוּמ״ג/ז׳ אֵיזֶשֶׁהוּ [אֵיזֶשֶׁהֵם] some(one/thing)

מִישֶׁהוּ/מַשֶּׁהוּ, אֶחָד מֵהַרְבֵּה:

*הוּא דִּיבֵּר עַל **אֵיזֶשֶׁהוּ** נוֹשֵׂא לֹא חָשׁוּב.*

אִיחֵדפ׳ אִחֵד unified

לְחַבֵּר, לָשִׂים בְּיַחַד:

*הַצִּיּוֹנוּת **מְאַחֶדֶת אֶת** כֹּל הַיְּהוּדִים.*

לְאַחֵד אֶת- / א.ח.ד, פִּיעֵל / אִיחַדְתִּי, מְאַחֵד, יְאַחֵד

אִיחָהפ׳ אִחָה pieced together

חִיבֵּר:

*הוּא **אִיחָה אֶת** הַחֲלָקִים בַּמְּעִיל הַקָּרוּעַ.*

לְאַחוֹת אֶת- / א.ח.ה, פִּיעֵל / אִיחִיתִי, מְאַחֶה, יְאַחֶה

אִיחוּדז׳ אִחוּד unification

חִיבּוּר בֵּין אֲנָשִׁים, קְבוּצוֹת אוֹ מְדִינוֹת:

***אִיחוּד** גֶּרְמַנְיָה הוּא מְאוֹרָע הִיסְטוֹרִי חָשׁוּב.*

אִיחוּלִיםז״ר אִחוּלִים congratulations

אֲמִירָה שֶׁל בְּרָכוֹת:

*אֲנִי שׁוֹלַחַת לְךָ **אִיחוּלִים** לְיוֹם הַהוּלֶּדֶת שֶׁלְּךָ.*

אִיחוּרז׳ אִחוּר [אִיחוּרִים] delay, lateness

עֲשִׂיַּית דָּבָר מְאוּחָר מִדַּיי:

*בִּגְלַל **הָאִיחוּרִים** פּוּטַר דָּוִיד מִן הָעֲבוֹדָה.*

אִיחֵלפ׳ אִחֵל congratulated

בֵּירֵךְ:

*הָאוֹרְחִים **אִיחֲלוּ** לְזוּג הַצָּעִיר מַזָּל טוֹב.*

לְאַחֵל לְ- /א.ח.ל, פִּיעֵל / אִיחַלְתִּי, מְאַחֵל, יְאַחֵל

אִיחְסוּןז׳ אִחְסוּן storing, storage

הַכְנָסָה שֶׁל סְחוֹרוֹת לְמַחְסָן וּשְׁמִירָה עֲלֵיהֶן:

*הָרָהִיטִים שֶׁלִּי הֵם **בְּאִיחְסוּן** בַּנָּמֵל.*

אִיחְסֵןפ׳ אִחְסֵן stored

שָׂם סְחוֹרוֹת בְּמַחְסָן:

הָעוֹלִים **אִיחסְנוּ אֶת** הָרָהִיטִים, עַד שֶׁתִּהְיֶה לָהֶם דִּירָה.
לְאַחסֵן אֶת- /א.ח.ס.ן, פִּיעֵל / אִיחסַנְתִּי, מְאַחסֵן

איחר פ׳ אֵחַר — was late
עָשָׂה מַשֶּׁהוּ אַחֲרֵי הַזְּמַן שֶׁנִּקְבַּע:
*דָּוִיד **אֵיחֵר** לָקוּם. הוּא הִגִּיעַ לָעֲבוֹדָה מְאוּחָר.*
לְאַחֵר אֶת- /א.ח.ר, פִּיעֵל / אִיחַרְתִּי, מְאַחֵר, אֲאַחֵר

איטום ז׳ אִטּוּם — sealing
סתִימָה שֶׁל גַּגּוֹת, חַלּוֹנוֹת וְכוּ׳:
*לִפנֵי הַחוֹרֶף צָרִיךְ לַעֲשׂוֹת **אִיטוּם** לַגַּג.*

איטי ת׳ אִטִּי — slow
עוֹשֶׂה לְאַט:
*הוּא תָּמִיד מְאַחֵר, כִּי הוּא **אִיטִי** מְאוֹד.*
אִיטִית, אִיטִיִּים, אִיטִיּוֹת

איטיות נ׳ אִטִּיּוּת — slowness
כְּשֶׁעוֹשִׂים מַשֶּׁהוּ לְאַט:
*הוּא מְאַחֵר תָּמִיד בִּגלַל הָ**אִיטִיוּת** שֶׁלּוֹ.*
בְּאִיטִיוּת ת״פ — slowly

איטליז ז׳ אִטְלִיז [אִיטלִיזִים] — butcher shop
חֲנוּת שֶׁל בָּשָׂר:
*בָּשָׂר קוֹנִים בְּ**אִיטלִיז** אוֹ בַּסּוּפֶּרמַרקֶט.*

איטריות נ״ר אִטְרִיּוֹת — noodles
כְּמוֹ חוּטִים מִבָּצֵק:
*אֲנִי אוֹהֵב לֶאֱכוֹל **אִיטרִיּוֹת** בְּמָרָק.*

אייל ז׳ אַיָּל [אַיָּלִים] — roebuck
בַּעַל חַיִּים יָפֶה, יֵשׁ לוֹ קַרנַיִים:
*בְּהָרֵי יְהוּדָה אֶפשָׁר לִראוֹת עֲדָרִים שֶׁל **אַיָּלוֹת**.*
אַיָּלָה, אַיָּלוֹת

איים פ׳ אִיֵּם — threatened
הִפחִיד בְּמִילִּים אוֹ בְּמַעֲשִׂים:
*הַגַּנָּב **אִיֵּם עַל** הָאִישׁ בְּאֶקדָּח.*
לְאַיֵּם עַל- / א.י.ם, פִּיעֵל / אִיַּמְתִּי, מְאַיֵּם, יְאַיֵּם

אייר פ׳ אִיֵּר — illustrated
צִיֵּר לְפִי טֶקסט, עָשָׂה אִילוּסטרַצְיוֹת:
*הוּא **מְאַיֵּר** סִפרֵי יְלָדִים.*
לְאַיֵּר אֶת- / א.י.ר, פִּיעֵל / אִיַּרְתִּי, מְאַיֵּר, יְאַיֵּר

אייר ז׳ אִיָּר — Iyyar (month, April-May)
שֵׁם חוֹדֶשׁ עִברִי (אַפּרִיל-מַאי):
*5 **בְּאִייָר** הוּא יוֹם הָעַצמָאוּת שֶׁל מְדִינַת יִשׂרָאֵל.*

אייש פ׳ אִיֵּשׁ — manned
קָבַע אֲנָשִׁים לְתַפקִיד מְסוּיָּם:
*רֹאשׁ הַמֶּמשָׁלָה **אִיֵּשׁ אֶת** כֹּל תַּפקִידֵי הַשָּׂרִים.*
לְאַיֵּשׁ אֶת- /א.י.ש, פִּיעֵל / אִיַּשְׁתִּי, מְאַיֵּשׁ, יְאַיֵּשׁ

איית פ׳ אִיֵּת — spelled
כָּתַב אוֹ אָמַר כֹּל אוֹת בַּמִּילָּה:
*הוּא **אִיֵּת** לִי אֶת הַמִּילִּים הַקָּשׁוֹת.*
לְאַיֵּת אֶת- / א.י.ת, פִּיעֵל / אִיַּתִּי, מְאַיֵּת, יְאַיֵּת

איך מ״ש אֵיךְ? — how?
בְּאֵיזֶה אוֹפֶן? כֵּיצַד?:
אֵיךְ אַתָּה מַרגִּישׁ הַיּוֹם?
אֵיךְ הִגַּעתָּ לָאוּנִיבֶרסִיטָה, בָּרֶגֶל אוֹ בְּאוֹטוֹבּוּס?

איכות נ׳ אֵיכוּת [אֵיכוּיוֹת] — quality
תְּכוּנוֹת שֶׁל מַשֶּׁהוּ, מָה שֶׁעוֹשֶׂה אוֹתוֹ לְטוֹב, רַע אוֹ בֵּינוֹנִי:
*לֹא חֲשׁוּבָה הַכַּמּוּת אֶלָּא הָ**אֵיכוּת**.*
אֵיכוּת־הַסּבִיבָה / אֵיכוּת הַמּוּצָר

איכותי ת׳ אֵיכוּתִי — of good quality
הָעֵרֶךְ שֶׁל מַשֶּׁהוּ, עַד כַּמָּה הוּא טוֹב:
*אֲנַחנוּ צְרִיכִים לִדאוֹג לְחִינּוּךְ **אֵיכוּתִי**.*
אֵיכוּתִית, אֵיכוּתִיִּים, אֵיכוּתִיּוֹת

איכזב פ׳ אִכְזֵב — disappointed
גָּרַם אַכזָבָה, לֹא מִילֵּא אֶת הַתִּקווֹת:
*הוּא **אִיכזֵב אוֹתִי**, כְּשֶׁהִפסִיק לִלמוֹד.*
לְאַכזֵב אֶת- / א.כ.ז.ב, פִּיעֵל / אִיכזַבְתִּי, מְאַכזֵב, יְאַכזֵב

איכלוס ז׳ אִכְלוּס — populating, settling
כְּשֶׁמְּיַישְּׁבִים אֲנָשִׁים בְּמָקוֹם כֹּלשֶׁהוּ:
*הָעוֹלִים עוֹזרִים לְ**אִיכלוּס** הַנֶּגֶב.*

איכלס פ׳ אִכְלֵס — populated
לְהָבִיא אֲנָשִׁים לָגוּר בְּמָקוֹם:
*זוּגוֹת צְעִירִים עִם יְלָדִים **מְאַכלְסִים** אֶת הָעִיר הַחֲדָשָׁה.*
לְאַכלֵס אֶת- /א.כ.ל.ס, פִּיעֵל / מְאַכלְסִים, יְאַכלֵס

איכפת ל... אִכְפַּת לְ... — (I, you...) care
1. חָשׁוּב לְמִישֶׁהוּ, נוֹגֵעַ לוֹ:
אִיכפַּת לִי מְאוֹד, מָה שֶׁקּוֹרֶה בַּמְּדִינָה.
2. **מָה אִיכפַּת לְךָ?** -זֶה לֹא עִניָינְךָ: — it's none of your business
מָה אִיכפַּת לְךָ מִי זֶה?
3. בַּקָּשָׁה לֹא פוֹרמָלִית: — would you mind...
אִיכפַּת לְךָ לָזוּז קְצָת?

איכרז׳ אִכָּר [אִכָּרִים] farmer
עוֹבֵד אֲדָמָה, חַקְלַאי:
***הָאִכָּרִים** בַּכְּפָר עוֹבְדִים בַּשָּׂדוֹת.*

איכשהות״פ אֵיכְשֶׁהוּ somehow
(אֵיךְ + שֶׁהוּא) (בִּלְשׁוֹן הַדִּיבּוּר) בְּדֶרֶךְ זֹאת אוֹ אַחֶרֶת, לֹא כָּל־כָּךְ טוֹב:
*הִצְלַחְנוּ **אֵיכְשֶׁהוּ** בַּבְּחִינוֹת.*

אילומ״ג/ר׳ אֵילוּ these
(רַבִּים שֶׁל זֶה, זֹאת) אֵלֶּה:
*תַּלְמִידִים **אֵילוּ** לוֹמְדִים אִיתִּי בַּכִּיתָּה.*

אילו?מ״ש אֵילוּ? which (pl)
(רַבִּים שֶׁל אֵיזֶה/אֵיזוֹ) מַה הֵם בְּדִיּוּק?:
***אֵילוּ** סְפָרִים קָרָאתָ בְּעִבְרִית?*

אילומ״ק אִלּוּ if
מִילָּה לְתְנַאי הִיפּוֹתֶטִי (לְמַצָּב שֶׁאֵינֶנּוּ אֶפְשָׁרִי בִּזְמַן הָאֲמִירָה):
***אִילוּ** הָיִיתִי רוֹטשִׁילְד, הָיִיתִי גָּר בְּבַיִת גָּדוֹל וּמְפוֹאָר.*

אילולאמ״ק אִלּוּלֵא/אִלּוּלֵי [אִלּוּ+לֹא] were it not for
מִילָּה לְתְנַאי הִיפּוֹתֶטִי (לְמַצָּב, שֶׁאֵינֶנּוּ אֶפְשָׁרִי בִּזְמַן הָאֲמִירָה):
***אִילוּלֵא** הַגֶּשֶׁם הָיִיתִי בָּא.*
אִילוּלֵא כֵּן/כָּךְ

אילוףז׳ אִילּוּף training, taming
לִימּוּד וְאִימּוּן שֶׁל בַּעֲלֵי חַיִּים:
*הוּא מוּמְחֶה **לְאִילּוּף** כְּלָבִים.*

אילוץז׳ אִלּוּץ [אִילוּצִים] הֶכְרֵחַ: constraint
*בִּגְלַל **אִילוּצִים** מִשְׁפַּחְתִּיִּים לֹא בָּאנוּ לַמְּסִיבָּה.*

אילךת״פ אֵילָךְ henceforth, onwards
מִכָּאן וָאֵילָךְ - הָלְאָה, אַחֲרֵי זֶה (בְּמָקוֹם וּבִזְמַן):
*מִכָּאן **וָאֵילָךְ** אֵין כְּבִישׁ./מִכָּאן **וָאֵילָךְ** אֲנִי אֶעֱשֶׂה מַה שֶּׁאֲנִי רוֹצֶה.*

אילםת׳ אִלֵּם dumb
מִי שֶׁלֹּא יָכוֹל לְדַבֵּר:
*הוּא נוֹלַד **אִילֵּם**, אֲבָל מְלַמְּדִים אוֹתוֹ לְדַבֵּר.*
אִילֶּמֶת, אִילְּמִים, אִילְּמוֹת

אילמלי/אילמלאמ״ק אִלְמָלֵי were it not for
מִילָּה לְתְנַאי הִיפּוֹתֶטִי, אִילוּלֵי:
***אִילְמָלֵי** הַגֶּשֶׁם הָיִיתִי בָּא.*

אילןז׳ אִילָן [אִילָנוֹת] tree
עֵץ:
*עַל יַד הַבַּיִת יֵשׁ **אִילָנוֹת** גְּבוֹהִים.*
*ט״ו (15) בִּשְׁבָט הוּא חַג **הָאִילָנוֹת**.*

אילףפ׳ אִלֵּף trained, tamed
לִימֵּד (בְּדֶרֶךְ כְּלָל בַּעֲלֵי חַיִּים):
*הַמִּשְׁטָרָה **מְאַלֶּפֶת** כְּלָבִים לִמְצוֹא אוֹפְּיוּם.*
לְאַלֵּף אֶת- / א.ל.ף, פִּיעֵל / אִילַּפְתִּי, מְאַלֵּף, יְאַלֵּף

אילץפ׳ אִלֵּץ forced, coerced
הִכְרִיחַ:
*אַבָּא שֶׁל דָּוִיד **מְאַלֵּץ אוֹתוֹ** לָלֶכֶת לְבֵית הַסֵּפֶר.*
לְאַלֵּץ אֶת- /א.ל.ץ, פִּיעֵל / אִילַּצְתִּי, מְאַלֵּץ, אֲאַלֵּץ

אילתורז׳ אִלְתּוּר [אִילְתּוּרִים] improvisation
אִימְפְּרוֹבִיזַצְיָה, כְּשֶׁעוֹשִׂים מַשֶּׁהוּ בְּלִי הֲכָנָה:
*בְּמוּסִיקַת הַגֶ׳ז יֵשׁ הַרְבֵּה **אִילְתּוּרִים**.*

אילתרפ׳ אִלְתֵּר improvised
עָשָׂה אִימְפְּרוֹבִיזַצְיָה, עָשָׂה מַשֶּׁהוּ בְּלִי הֲכָנָה:
*הַשַּׂחְקָן שָׁכַח אֶת הַטֶּקְסְט, עַל כֵּן הוּא **אִילְתֵּר**.*
לְאַלְתֵּר /א.ל.ת.ר, פִּיעֵל / אִילְתַּרְתִּי, מְאַלְתֵּר, יְאַלְתֵּר

אימאנ׳ אִמָּא mummy, ma
כָּךְ קוֹרְאִים הַבַּת אוֹ הַבֵּן לָאֵם שֶׁלָּהֶם:
***אִימָּא**, אֲנִי רָעֵב, יֵשׁ מַשֶּׁהוּ לֶאֱכוֹל?*

אימהנ׳ אֵימָה terror, dread
פַּחַד גָּדוֹל:
*הַכֶּלֶב הַגָּדוֹל הִפִּיל עָלָיו **אֵימָה**.*

אימהותנ״ר אִמָּהוֹת mothers
***הָאִימָּהוֹת** שֶׁל דָּוִיד וְרוּת אֲחָיוֹת.*

אימהותנ׳ אִמָּהוּת motherhood
רֶגֶשׁ אוֹ מַצָּב שֶׁל אֵם/אִימָּא:
***אִימָּהוּת** הִיא דָּבָר שֶׁאִישָּׁה נוֹלֶדֶת אִיתּוֹ.*

אימהית׳ אִמָּהִי maternal, motherly
יַחַס עָדִין וְחַם כְּמוֹ שֶׁל אִימָּא:
*לַמּוֹרָה שֶׁלָּנוּ יֵשׁ קוֹל **אִימָּהִי**.*
אִימָּהִית, אִימָּהִיִּים, אִימָּהִיּוֹת

אימוןז׳ אִמּוּן [אִימּוּנִים] training
תַּרְגִּילִים לְצוֹרֶךְ לִימּוּד:
*הַסְּפּוֹרְטָאִים עָבְרוּ **אִימּוּנִים** לִקְרַאת הָאוֹלִימְפִּיָאדָה.*
אִימּוּנֵי כַּדּוּרְסַל/אִימּוּן־גּוּפָנִי

אימוניתנ, אִמּוּנִית [אימוּנִיוֹת] training outfit
בֶּגֶד שֶׁלּוֹבְשִׁים כְּשֶׁעוֹשִׂים ספּוֹרט:
*כְּשֶׁאֲנִי מִתְעַמֶּלֶת אֲנִי לוֹבֶשֶׁת **אִימוּנִית**.*

אימוץז, אִמּוּץ [אִימוּצִים] adoption
1. גִּידוּל שֶׁל יֶלֶד זָר כְּאִילוּ הוּא בֵּן:
*אֵין לָהֶם יְלָדִים, הֵם הֶחְלִיטוּ עַל **אִימוּץ** שֶׁל תִינוֹק.*
2. חִיזוּק: strengthening
__אִימוּץ__ הַקֶּשֶׁר עִם אַרְצוֹת הַבְּרִית חָשׁוּב מִסִּיבּוֹת פּוֹלִיטִיּוֹת.

אימותז, אִמּוּת verification
כְּשֶׁמַּרְאִים שֶׁהַדָּבָר אֱמֶת:
*הַדְּבָרִים שֶׁאָמַר צְרִיכִים **אִימוּת**.*

אימןפ, אִמֵּן trained
לִימֵד, תִירְגֵל:
*הַמְּפַקֵּד **אִימֵן** אֶת הַחַיָּילִים בְּתַרְגִּילֵי סֵדֶר.*
לְאַמֵּן אֶת- /א.מ.ן, פִּיעֵל / אִימַנְתִי, מְאַמֵּן, אֲאַמֵּן, יְאַמֵּן

אימץפ, אִמֵּץ adopted
1. גִּידֵל יֶלֶד זָר כְּאִילוּ הוּא בְּנוֹ:
*לְדָוִיד אֵין הוֹרִים, וַאֲנַחְנוּ **אִימַּצְנוּ אוֹתוֹ**.*
2. חִיזֵק: strengthened
*הוּא **אִימֵץ אֶת** יָדֵינוּ בִּזְמַנִּים הַקָּשִׁים.*
לְאַמֵּץ אֶת- /א.מ.ץ, פִּיעֵל / אִימַצְתִי, מְאַמֵּץ, יְאַמֵּץ

אימרהנ, אִמְרָה [אֲמָרוֹת] a saying
מִשְׁפָּט קָצָר שֶׁיֵּשׁ לוֹ מַשְׁמָעוּת מְיוּחֶדֶת:
*כָּל הַהַתְחָלוֹת קָשׁוֹת - זֹאת **אִימְרָה** יְדוּעָה.*

אימתפ, אִמֵּת verified
אִישֵׁר, אָמַר שֶׁמַּשֶּׁהוּ אֱמֶת:
*הַשּׁוֹטֵר **אִימֵת אֶת** הַדְּבָרִים שֶׁאָמַרְתִי.*
לְאַמֵּת אֶת- /א.מ.ת, פִּיעֵל / אִימַתִי, מְאַמֵּת, יְאַמֵּת

איןת"פ אֵין there is/are not...
הַהֵיפֶךְ מֵהַמִּילָה "יֵשׁ":
אֵין מָקוֹם בַּחֶדֶר.
אֵינִי, אֵינְךָ, אֵינֵךְ, אֵינוֹ, אֵינָהּ, אֵינֶנּוּ, אֵינְכֶם-ן, אֵינָם-ן
אֵין דָּבָרב - זֶה לֹא חָשׁוּב: it doesn't matter
אֵיחַרְתָ לָאוֹטוֹבּוּס? **אֵין דָּבָר**. תִיסַע בָּאוֹטוֹבּוּס הַבָּא.
אֵין לִי - לֹא נִמְצָא אֶצְלִי, לֹא שַׁיָּיךְ לִי, I don't have
הַהֵיפֶךְ מִ"יֵשׁ לִי":
__אֵין לִי__ זְמַן לָלֶכֶת לַסֶּרֶט.
אֵין לְךָ, אֵין לָךְ, אֵין לוֹ,... לָהּ,... לָנוּ, ...לָהֶם

איןז, אַיִן void, nothingness
שׁוּם דָּבָר, הַהֵיפֶךְ מִ"יֵשׁ".
לְהוֹצִיא יֵשׁ מֵאַיִן - לַעֲשׂוֹת מַשֶּׁהוּ מִשּׁוּם דָּבָר:
הוּא רוֹצֶה שֶׁנּוֹצִיא יֵשׁ מֵאַיִן - הוּא לֹא נוֹתֵן כֶּסֶף וְרוֹצֶה שֶׁנָּכִין אוֹכֶל טוֹב.

אינסוףז, אֵינְסוֹף infinity
(אֵין + סוֹף) מַה שֶׁלֹּא נִגְמַר, הַרְבֵּה מְאוֹד:
*יֵשׁ **אֵינְסוֹף** כּוֹכָבִים בַּשָּׁמַיִם.*

אינסופית, (אֵין + סוֹפִי) אֵינְסוֹפִי infinite, endless
שֶׁלֹּא נִגְמָר:
*יֵשׁ מִסְפָּר **אֵינְסוֹפִי** שֶׁל כּוֹכָבִים בַּשָּׁמַיִם.*
אֵינְסוֹפִית, אֵינְסוֹפִיִּים, אֵינְסוֹפִיּוֹת

איסוףז, אִסּוּף collecting
1. כְּשֶׁשָּׂמִים בְּיַחַד דְּבָרִים (כְּמוֹ בּוּלִים):
__אִיסוּף__ בּוּלִים הוּא תַחְבִּיב יָפֶה.
2. מְבִיאִים דְּבָרִים לְמָקוֹם אֶחָד: gathering
*הוֹדִיעוּ לָנוּ עַל **אִיסוּף** בְּגָדִים בִּשְׁבִיל פְּלִיטִים.*

איסורז, אִסּוּר [אִיסוּרִים] prohibition
דָּבָר שֶׁלֹּא מַרְשִׁים לַעֲשׂוֹת (הַחוֹק, הַהוֹרִים):
*יֵשׁ **אִיסוּר** עַל נְסִיעָה מֵעַל לְ-90 קמ"ש.*

איסלאםז, אִסְלָאם Islam
הַדָּת שֶׁל הַמּוּסְלְמִים, שֶׁל הַמַּאֲמִינִים בְּמוּחַמָּד:
*לְפִי **הָאִיסְלָאם** אָסוּר לְמוּסְלְמִי לִשְׁתוֹת יַיִן.*

איפה?מ"ש אֵיפֹה? where?
בְּאֵיזֶה מָקוֹם?:
__אֵיפֹה__ אַתָה גָר? בְּתֵל-אָבִיב.

איפואת"פ אֵפוֹא consequently, therefore
אִם-כֵּן, מִילָּה שֶׁמַּדְגִּישָׁה מַה שֶּׁאוֹמְרִים:
*הָיִיתִי עָיֵף, שָׂמַחְתִי **אֵיפוֹא**, שֶׁלֹּא בָּאתָ.*

איפודז, אֵפוֹד [אֲפוֹדִים] flack-jacket
בֶּגֶד בְּלִי שַׁרווּלִים, שֶׁלּוֹבְשִׁים מֵעַל הַבְּגָדִים (בְּעִיקָּר בַּצָּבָא):
*נָתְנוּ לַשּׁוֹטֵר **אֵיפוֹד** מָגֵן נֶגֶד כַּדּוּרִים.*

איפוקז, אִפּוּק restraint
כְּשֶׁמִּשְׁתַדְּלִים לֹא לְהִתְפָּרֵץ, לֹא לִצְעוֹק וְכוּ':
*הוּא שׁוֹמֵר עַל **אִיפּוּק**, לֹא מַרְאֶה שֶׁהוּא כּוֹעֵס וְלֹא מִתְעַצְבֵּן.*

איפורז, אִפּוּר make-up
צֶבַע עַל הַפָּנִים, הַדְבָּקַת זָקָן, שָׂפָם וְכוּ':
*קְצָת **אִיפּוּר** זֶה יָפֶה - צֶבַע אָדוֹם עַל הַשְּׂפָתַיִים וְקַו שָׁחוֹר סְבִיב הָעֵינַיִים.*

איפיוןז׳ אִפְיוּן [אִיפְיוּנִים] characterization
כְּשֶׁשָּׂמִים לֵב לַדְּבָרִים הָאוֹפְיָינִיִּים (הַמְיוּחָדִים) שֶׁל מִישֶׁהוּ אוֹ מַשֶּׁהוּ:
*שָׂפָה וּבְגָדִים עוֹזְרִים לְ**אִיפְיוּן** שֶׁל אֲנָשִׁים.*

איפייןפ׳ אִפְיֵן characterized
צִיֵּין אֶת הַדָּבָר הָאוֹפְיָינִי (הַמְיוּחָד):
*מַה שֶּׁ**מְאַפְיֵין אוֹתוֹ** הוּא הַגּוֹבַהּ שֶׁלּוֹ.*
לְאַפְיֵין אֶת- /א.פ.י.ן, פִּיעֵל / אִיפְיַינְתִּי, מְאַפְיֵין, יְאַפְיֵין

איפספ׳ אִפֵּס calibrated
1. הֵבִיא לַנְּקוּדָה שֶׁל הָאֶפֶס:
*צָרִיךְ **לְאַפֵּס אֶת** הַתּוֹתָח.*
2. הֵבִיא אֶת כֹּל הַמַּכְשִׁירִים לְאוֹתוֹ מַצָּב: zeroed
*לִפְנֵי שֶׁיּוֹצְאִים לִפְעוּלָה **מְאַפְּסִים אֶת** הַשְּׁעוֹנִים.*
לְאַפֵּס אֶת- / א.פ.ס, פִּיעֵל / אִיפַּסְתִּי, מְאַפֵּס, יְאַפֵּס

איפרפ׳ אִפֵּר put on make-up
שָׂם צֶבַע עַל הַפָּנִים, הִדְבִּיק זָקָן וְכוּ':
*הַשַּׂחְקָן **אִיפֵּר אֶת** הַפָּנִים, וְאִי אֶפְשָׁר לְהַכִּיר אוֹתוֹ.*
לְאַפֵּר אֶת- /א.פ.ר, פִּיעֵל /אִיפַּרְתִּי, מְאַפֵּר, אֲאַפֵּר, יְאַפֵּר

איפשרפ׳ אִפְשֵׁר enabled
נָתַן אֶפְשָׁרוּת:
*הַמְנַהֵל **אִיפְשֵׁר לִי** לַחֲזוֹר לְבֵית־הַסֵּפֶר.*
לְאַפְשֵׁר לְ- /א.פ.ש.ר, פִּיעֵל / אִיפְשַׁרְתִּי, מְאַפְשֵׁר, יְאַפְשֵׁר

איצטבהנ׳ אִצְטַבָּה [אִיצְטַבּוֹת] shelf
לוּחַ מֵעֵץ אוֹ מֵאֶבֶן, שָׂמִים עָלָיו סְפָרִים וְכוּ':
*עַל הַקִּיר יֵשׁ **אִיצְטַבָּה** אֲרוּכָּה בִּשְׁבִיל סְפָרִים.*

אירגוןז׳ אִרְגּוּן [אִירְגּוּנִים] organization
חֶבְרָה אוֹ אֲגוּדָה:
*אֲנִי חָבֵר **בְּאִירְגּוּן** 'בְּנֵי בְּרִית'.*
אִירְגּוּן־נוֹעַר/אִירְגּוּן עוֹלָמִי/אִירְגּוּן בֵּינְלְאוּמִי

אירגןפ׳ אִרְגֵּן organized
עָרַךְ, סִידֵּר:
*הַסְּטוּדֶנְטִים **אִירְגְּנוּ** מְסִיבָּה לִכְבוֹד הֶחָג.*
לְאַרְגֵּן אֶת- / א.ר.ג.ן, פִּיעֵל / אִירְגַּנְתִּי, מְאַרְגֵּן, יְאַרְגֵּן

אירוחז׳ אֵרוּחַ hospitality
קַבָּלַת אוֹרְחִים:
*גַּרְנוּ אֵצֶל אֲחוֹתִי - אָכַלְנוּ וְיָשַׁנּוּ - זֶה הָיָה **אֵירוּחַ** נִפְלָא.*

אירוסין/אירוסיםז״ר אֵרוּסִין/אֵרוּסִים מִין טֶקֶס (צֶרֶמוֹנְיָה) engagement
לִפְנֵי הַחֲתוּנָּה, אַחֲרֵי שֶׁבָּחוּר וּבַחוּרָה הֶחְלִיטוּ לְהִתְחַתֵּן:
*לִכְבוֹד **הָאֵירוּסִין** נָתַן דָּוִיד לְרוּת טַבַּעַת.*

אירועז׳ אֵרוּעַ [אֵירוּעִים] event
מִקְרֶה אוֹ מְאוֹרָע שֶׁתּוּכְנַן:
*לִקְרַאת יוֹם הָעַצְמָאוּת מְתַכְנְנִים מִסְפַּר **אֵירוּעִים** מְעַנְיְינִים: הוֹפָעוֹת, מְסִיבּוֹת, תַּעֲרוּכוֹת וְכוּ'.*

אירחפ׳ אֵרַח (אֵרַח) entertained, accommodated
קִיבֵּל אוֹרְחִים:
*הֵם **אֵירְחוּ אוֹתָנוּ** בְּבֵית הֶחָדָשׁ: נָתְנוּ לָנוּ אוֹכֶל וּשְׁתִיָּיה וּמָקוֹם לִישׁוֹן.*
לְאָרֵחַ אֶת- /א.ר.ח, פִּיעֵל / אֵירַחְתִּי, מְאָרֵחַ, יְאָרֵחַ

אירעפ׳ אֵרַע happened
הָיָה, קָרָה:
***אֵירַע** לוֹ מִקְרֶה עָצוּב - גָּנְבוּ לוֹ אֶת כֹּל הַכֶּסֶף.*
/ א.ר.ע, פִּיעֵל, פָּעַל / אֵירַע, אֵירְעוּ, יֶאֱרַע

אישז׳ אִישׁ [אֲנָשִׁים, אִישִׁים, גְּבָרִים] man
1. אָדָם גֶּבֶר:
***אִישׁ** צָעִיר עָמַד בָּרְחוֹב.*
2. מְבוּגָּר: grown-up
*הַיֶּלֶד גָּדַל וְהָיָה **לְאִישׁ**.*
3. אַף אֶחָד: no one
***אִישׁ** לֹא הִגִּיעַ בַּזְּמַן.*
אֲנָשִׁים: people
אִישִׁים: eminent people
גְּבָרִים men
אִישׁ אֶת רֵעֵהוּ each other

אישהנ׳ אִשָּׁה [נָשִׁים] woman
1. הַנְּקֵבָה בִּבְנֵי אָדָם:
***אִישָּׁה** אַחַת עָמְדָה לְיַד הַחַלּוֹן.*
2. נְשׂוּאָה, מִי שֶׁיֵּשׁ לָהּ בַּעַל: wife
*דָּוִיד נָשׂוּי, יֵשׁ לוֹ **אִישָּׁה**.*
אִישְׁתִּי, אִישְׁתְּךָ, אִישְׁתּוֹ
אֵשֶׁת-דָּוִיד/נְשׁוֹת הֲדַסָּה

אישוםז׳ אִשּׁוּם accusation, indictment
הָאֲשָׁמָה, שֶׁמַּאֲשִׁימִים מִישֶׁהוּ:
*כָּתוּב בִּכְתַב **הָאִישׁוּם**, שֶׁדָּוִיד גָּנַב כֶּסֶף.*

אישוןז׳ אִישׁוֹן [אִישׁוֹנִים] pupil
הַנְּקוּדָה הַשְּׁחוֹרָה בְּאֶמְצַע הָעַיִן:
***הָאִישׁוֹנִים** מִתְרַחֲבִים בִּגְלַל הָאוֹר.*

אישורז׳ אִשּׁוּר [אִישׁוּרִים] certificate, approval
1. תְּעוּדָה פוֹרְמָלִית, רְשׁוּת לַעֲשׂוֹת דָּבָר מָה:

*קִיבַּלְתִּי **אִישׁוּר** כְּנִיסָה לְמַחֲנֶה הַצְּבָאִי.*
2. הוֹדָעָה שֶׁמַּשֶּׁהוּ מִתְקַיֵּים, אֲמִיתִּי: verification, confirmation
*טִילְפַּנְתִּי לְ"אֶל-עָל", וְקִיבַּלְתִּי **אִישׁוּר** לַטִּיסָה שֶׁלִּי.*
אִישׁוּרֵי-כְּנִיסָה/אִישׁוּר בִּיטָחוֹנִי/אִישׁוּר רְפוּאִי

אִישִׁית׳, אִישִׁי — personal
פְּרָטִי, אִינְדִּיוִוידוּאָלִי:
*קִיבַּלְתִּי מִכְתָּב **אִישִׁי** מִדּוֹדִי.*
בְּאוֹפֶן אִישִׁית״פ - *רֹאשׁ הָעִיר פָּנָה בְּאוֹפֶן אִישִׁי אֶל הַתּוֹשָׁבִים וּבִיקֵּשׁ אֶת עֶזְרָתָם.* — personally
אִישִׁית, אִישִׁיִּים, אִישִׁיּוֹת

אִישִׁיּוּתנ׳, אִישִׁיּוּת — personality
הַתְּכוּנוֹת וְהָאוֹפִי שֶׁל מִישֶׁהוּ:
*הוּא בַּעַל **אִישִׁיּוּת** חֲזָקָה, קָשֶׁה לְהַשְׁפִּיעַ עָלָיו.*

אִישִׁיםז״ר אִישִׁים — eminent people
אֲנָשִׁים חֲשׁוּבִים וִידוּעִים:
*בַּקּוֹנְגְרֶס הִשְׁתַּתְּפוּ **אִישִׁים** יְהוּדִיִּים מִכָּל הָעוֹלָם.*

אִישִׁיתת״פ אִישִׁית — personally
בְּאוֹפֶן פְּרָטִי, אִינְדִּיבִידוּאָלִי:
*רֹאשׁ הַמֶּמְשָׁלָה בֵּירֵךְ **אִישִׁית** כָּל אֶחָד מֵחַבְרֵי הַכְּנֶסֶת.*

אִישְׁפּוּזז׳, אִשְׁפּוּז [אִישְׁפּוּזִים] — hospitalization
הַכְנָסַת חוֹלֶה לְבֵית הַחוֹלִים:
***אִישְׁפּוּז** בְּבֵית חוֹלִים פְּרָטִי הוּא יָקָר מְאוֹד.*

אִישְׁפֵּזפ׳, אִשְׁפֵּז — hospitalized
הִכְנִיס לְבֵית הַחוֹלִים:
*הוּא חוֹלֶה מְאוֹד, לָכֵן **אִישְׁפְּזוּ אוֹתוֹ** בְּבֵית הַחוֹלִים "הֲדַסָּה".*
לְאַשְׁפֵּז אֶת- /א.ש.פ.ז, פִּיעֵל / אִישְׁפַּזְתִּי, מְאַשְׁפֵּז, יְאַשְׁפֵּז

אִישֵּׁרפ׳, אִשֵּׁר — approved
1. אָמַר שֶׁהַדָּבָר קַיָּים וַאֲמִיתִּי:
*דָּוִיד וְיִצְחָק **אִישְּׁרוּ** אֶת הַהֶסְכֵּם וְחָתְמוּ עָלָיו.*
2. הוֹדִיעַ כִּי הַדָּבָר נָכוֹן: — acknowledged
*הַמְּנַהֵל **אִישֵּׁר אֶת** קַבָּלַת הַמִּכְתָּב.*
לְאַשֵּׁר אֶת- /א.ש.ר, פִּיעֵל / אִישַּׁרְתִּי, מְאַשֵּׁר, יְאַשֵּׁר, אַשֵּׁר!

אִישְׁרֵרפ׳, אִשְׁרֵר — ratified
נָתַן אִישּׁוּר לְהֶסְכֵּם רִשְׁמִי (הֶסְכֵּמִים שֶׁל הַמְּדִינָה):
*שַׂר הָאוֹצָר **אִישְׁרֵר** אֶת הַהֶסְכֵּם בֵּין יִשְׂרָאֵל לְמִצְרַיִם.*
לְאַשְׁרֵר אֶת- /א.ש.ר.ר, פִּיעֵל / אִישְׁרַרְתִּי, מְאַשְׁרֵר

אִיתּוּרז׳, אִתּוּר — locating
1. מְצִיאַת מָקוֹם מְסוּיָּם בִּמְדוּיָּק:
***אִיתּוּר** הַכְּתוֹבֶת שֶׁלָּנוּ פָּשׁוּט מְאוֹד.*
2. לָשִׂים גְּבוּל: — localization
***אִיתּוּר** הַשְּׂרֵיפָה הִצִּיל אֶת הַשְּׁכֵנִים.*

אִיתּוּרִיתנ׳, אִתּוּרִית [אִיתּוּרִיּוֹת] — beeper
מַכְשִׁיר שֶׁנִּמְצָא בַּחֲגוֹרָה אוֹ בַּכִּיס, הוּא מְצַפְצֵף כְּשֶׁרוֹצִים לְהוֹדִיעַ מַשֶּׁהוּ:
*לָרוֹפֵא יֵשׁ **אִיתּוּרִית**, אֶפְשָׁר לִקְרוֹא לוֹ גַּם מִן הָרְחוֹב אוֹ מֵהַגִּינָּה.*

אִיתּוּתז׳, אִתּוּת [אִיתּוּתִים] — signalling
כְּשֶׁעוֹשִׂים סִימָנִים, בְּדֶרֶךְ כְּלָל מֵרָחוֹק:
*לְפִי **הָאִיתּוּת** יוֹדְעִים, שֶׁהַמְּכוֹנִית הַזֹּאת פּוֹנָה יָמִינָה.*

אִיתִּימ״י, אִתִּי — with me
(אֶת + אֲנִי) יַחַד עִם מִישֶׁהוּ:
*נִפְגַּשְׁתִּי עִם חָבֵר, הוּא הָלַךְ **אִיתִּי** לַמְּסִיבָּה.*
אִיתִּי, אִיתְּךָ, אִיתָּהּ וְכוּ׳ [ר׳ את]

אֵיתָןת׳, אֵיתָן — firm
חָזָק, יַצִּיב:
*לַבַּיִת הַזֶּה יֵשׁ בָּסִיס **אֵיתָן**.*
אֵיתָנָה, אֵיתָנִים, אֵיתָנוֹת

אִיתֵּרפ׳, אִתֵּר — located
1. מָצָא מָקוֹם:
***אִיתַּרְנוּ** אֶת הַמָּקוֹם, שֶׁדָּוִיד דִּיבֵּר עָלָיו.*
2. שָׂם גְּבוּל, קָבַע וְסִימֵּן מָקוֹם: — localized
*מְכַבֵּי הָאֵשׁ **אִיתְּרוּ** אֶת הַשְּׂרֵיפָה.*
לְאַתֵּר אֶת- /א.ת.ר, פִּיעֵל / אִיתַּרְתִּי, מְאַתֵּר, יְאַתֵּר

אַךְמ״ק אַךְ — but
אֲבָל, אוּלָם (מִילַּת נִיגּוּד):
*אַתָּה יָכוֹל לָצֵאת עַכְשָׁיו, **אַךְ** אַל תַּחֲזוֹר מְאוּחָר.* — only
*אַתָּה צָרִיךְ לַעֲשׂוֹת **אַךְ** וְרַק מַה שֶּׁבִּיקַּשְׁתִּי מִמְּךָ.*

אַכְזָבת״ז אַכְזָב — wadi
נַחַל אַכְזָב - נַחַל שֶׁיֵּשׁ בּוֹ מַיִם רַק בַּחוֹרֶף:
*רוֹב הַנְּחָלִים בָּאָרֶץ הֵם נַחֲלֵי **אַכְזָב**.*

אַכְזָבָהנ׳, אַכְזָבָה [אַכְזָבוֹת] — disappointment
הַרְגָּשָׁה שֶׁל מִי שֶׁהַתִּקְווֹת שֶׁלּוֹ לֹא הִתְקַיְּימוּ:
*דָּוִיד לֹא בָּא, זֹאת הָיְיתָה **אַכְזָבָה** גְּדוֹלָה.*

אַכְזָר/אַכְזָרִית׳, אַכְזָר/אַכְזָרִי — cruel
קָשֶׁה וְרַע מְאוֹד:

*הָאִישׁ **הָאַכְזָר** הִיכָּה אֶת הַיֶּלֶד בְּלִי רַחֲמִים.*
אַכְזָרִית, אַכְזָרִיִּים, אַכְזָרִיּוֹת
מִלְחָמָה אַכְזָרִית/חוּקִים אַכְזָרִיִּים

אכזריותנ' אַכְזָרִיּוּת — cruelty
יַחַס אוֹ הִתְנַהֲגוּת בְּלִי רַחֲמִים, בְּאַלִּימוּת:
*הוּא הִיכָּה אוֹתוֹ **בְּאַכְזָרִיּוּת** רַבָּה.*

אכילת' אָכִיל — edible
מַתְאִים לַאֲכִילָה:
*הַתַּפּוּז הַזֶּה חָמוּץ, הוּא אֵינוֹ **אָכִיל**.*
אֲכִילָה, אֲכִילִים, אֲכִילוֹת

אכילהנ' אֲכִילָה — eating
פְּעוּלַת הָאוֹכֵל, הַכְנָסַת אוֹכֶל לַפֶּה וּבְלִיעָתוֹ:
***אֲכִילָה** רַבָּה גּוֹרֶמֶת לְהַשְׁמָנָה.*

אכיפהנ' אֲכִיפָה — enforcement
כְּשֶׁמַּכְרִיחִים לַעֲשׂוֹת, לְבַצֵּעַ (בְּעִיקָר חוּקִים):
*תַּפְקִיד הַמִּשְׁטָרָה הוּא **אֲכִיפָה** שֶׁל הַחוּקִים.*

אכלפ' אָכַל — ate
הִכְנִיס מָזוֹן לַפֶּה וּבָלַע אוֹתוֹ:
*הוּא **אָכַל אֶת** אֲרוּחַת הַבּוֹקֶר בְּשָׁעָה 7:00.*
לֶאֱכוֹל אֶת- / א.כ.ל, פָּעַל / אָכַלְתִּי, אוֹכֵל, אוֹכַל, יֹאכַל

אכלןז' אַכְלָן [אַכְלָנִים] — glutton
מִי שֶׁאוֹהֵב לֶאֱכוֹל, מִי שֶׁאוֹכֵל הַרְבֵּה:
*הוּא שָׁמֵן, כִּי הוּא **אַכְלָן**.*
אַכְלָנִית, אַכְלָנִיּוֹת

אכןת"פ אָכֵן — indeed
בֶּאֱמֶת, אוּמְנָם:
*הוּא אָמַר שֶׁיָּבוֹא, **וְאָכֵן** הוּא בָּא.*

אכסניהנ' אַכְסַנְיָה [אַכְסַנְיוֹת] — inn, hotel
מָלוֹן (בִּלְשׁוֹן אַרְכָאִית). מָקוֹם שֶׁיֵּשׁ בּוֹ אֲסֵיפוֹת וְכוּ':
*'בֵּית הַסּוֹפֵר' הוּא **הָאַכְסַנְיָה** שֶׁל הַסּוֹפְרִים.*
אַכְסַנְיַת-נוֹעַר — youth hostel

אכףפ' אָכַף — enforced
הִכְרִיחַ:
*הַמִּשְׁטָרָה **אוֹכֶפֶת אֶת** הַחוּקִים עַל הָאֶזְרָחִים.*
לֶאֱכוֹף אֶת- /א.כ.ף, פָּעַל / אָכַפְתִּי, אוֹכֵף, יֶאֱכוֹף, אֱכוֹף!

אלז' אֵל [אֵלִים] — God
אֱלוֹהִים:
*אַבְרָהָם הֶאֱמִין **בְּאֵל** אֶחָד. הוּא אֲבִי הָאֱמוּנָה*

הַמּוֹנוֹתֵאִיסְטִית.

אל, אַל — don't
לֹא:
אַל תְּדַבֵּר אֵלַיי עַכְשָׁיו.

אלמ"י אֶל — to
לְ...:
*נָסַעְתִּי **אֶל** הָעִיר הַקְּרוֹבָה.*
אֵלַיי, אֵלֶיךָ, אֵלַיִיךְ, אֵלָיו, אֵלֶיהָ, אֵלֵינוּ, אֲלֵיכֶם-כֶן, אֲלֵיהֶם-הֶן

אלאמ"ק אֶלָּא — but (rather)
כִּי אִם:
*אֲנִי לֹא רוֹצֶה לָגוּר בָּעִיר **אֶלָּא** בַּקִּיבּוּץ.*
הוּא לֹא רַק שָׁכֵן **אֶלָּא** גַּם חָבֵר טוֹב.

אלהמ"ג/ר' אֵלֶּה — these
צוּרַת רַבִּים שֶׁל זֶה, זֹאת:
*יֵשׁ לִי שְׁלוֹשָׁה יְלָדִים **וְאֵלֶּה** שְׁמוֹתֵיהֶם:* רוּת, דָּן וְרָן.

אלהנ' אַלָּה [אַלּוֹת] — club
מַקֵּל עָבֶה:
*הוּא הִיכָּה אוֹתוֹ **בְּאַלָּה**.*

אלוהית' אֱלוֹהִי (אֱלוֹקִי) — divine
שֶׁל אֱלוֹהִים, מְיוּחָד לֵאלוֹהִים:
*חוּקֵי הַתּוֹרָה הֵם חוּקִים **אֱלוֹהִיִּים**.*
אֱלוֹהִית, אֱלוֹהִיִּים, אֱלוֹהִיּוֹת

אלוהיםז"ר אֱלוֹהִים — God
הָאֵל, אֲדוֹנַיי:
*לְפִי הַתּוֹרָה **אֱלוֹהִים** בָּרָא אֶת הָעוֹלָם בְּשִׁישָּׁה יָמִים.*

אלולז' אֱלוּל — Elul (month, Aug-Sep)
שֵׁם הַחוֹדֶשׁ הָאַחֲרוֹן בַּלּוּחַ הָעִבְרִי, הַחוֹדֶשׁ שֶׁלִּפְנֵי רֹאשׁ הַשָּׁנָה:
*בְּחוֹדֶשׁ **אֱלוּל** עֲדַיִין חַם מְאוֹד בְּיִשְׂרָאֵל.*

אלוןז' אַלּוֹן [אַלּוֹנִים] — oak
סוּג שֶׁל עֵץ:
*הֶעָלִים שֶׁל עֵץ **הָאַלּוֹן** יְרוּקִים כָּל הַשָּׁנָה.*

אלונקהנ' אֲלוּנְקָה [אֲלוּנְקוֹת] — stretcher
מִין מִיטָּה, מַעֲבִירִים בָּהּ חוֹלִים אוֹ פְּצוּעִים:
*הֵם הִשְׁכִּיבוּ אֶת הַפָּצוּעַ עַל **הָאֲלוּנְקָה** וְהֵבִיאוּ אוֹתוֹ לְבֵית-הַחוֹלִים.*

אלוף ז׳ אַלּוּף [אַלּוּפִים] — champion

1. צֶ'מְפְּיוֹן, זוֹכֶה בְּתַחֲרוּת (ספּוֹרט, שַׁחְמָט):
*דָּוִיד הוּא **אַלּוּף** בְּרִיצָה לְ־100 מֶטְרִים.*

2. מְפַקֵּד גָּבוֹהַּ בַּצָּבָא, גֶּנֶרָל: — general
*הוּא קָצִין גָּבוֹהַּ בַּצָּבָא - הוּא **אַלּוּף**.*

סְגַן-אַלּוּף — lieutenant colonel
אַלּוּף-מִשְׁנֶה — colonel
רַב-אַלּוּף — major-general
אַלּוּפָה, אַלּוּפוֹת

אלוקי ר׳ אֱלוֹהִי

אלוקים ר׳ אֱלוֹהִים

אלחוט ז׳ אַלְחוּט — radio (wireless)
(אַל+חוּט) שִׁידּוּר רַדְיוֹ בְּלִי חוּט טֶלֶגְרָף:
*הַמְּפַקֵּד הֶעֱבִיר **בְּאַלְחוּט** פְּקוּדָה לַחַיָּילִים.*

אלחוטן ז׳ אַלְחוּטָן [אַלְחוּטָנִים] — radio operator
מִי שֶׁמַּפְעִיל רַדְיוֹ בַּצָּבָא:
***הָאַלְחוּטָן** הֶעֱבִיר אֶת הַפְּקוּדוֹת בָּאַלְחוּט.*

אליה נ׳ אַלְיָה — fat tail (of sheep)
הַזָּנָב הַשָּׁמֵן שֶׁל הַכִּבְשָׂה.
אַלְיָה וְקוֹץ בָּהּ ב׳ - מַשֶּׁהוּ שֶׁהוּא טוֹב בְּיוֹתֵר, אַךְ יֵשׁ בּוֹ חִיסָּרוֹן, פְּגָם: — mixed blessing
*הַמִּשְׂרָד שֶׁלִּי יָפֶה וְנוֹחַ, אֲבָל **אַלְיָה וְקוֹץ בָּהּ** - הוּא רָחוֹק מִן הַבַּיִת.*

אליי מ״י אֵלַי — to me
(ר׳ אל) אֶל+אֲנִי:
*אֶתְמוֹל בָּא **אֵלַי** אוֹרֵחַ.*

אליל ז׳ אֱלִיל [אֱלִילִים] — idol

1. פֶּסֶל. עַמִּים פְּרִימִיטִיבִיִּים חָשְׁבוּ אוֹתוֹ לֵאלוֹהִים:
הַפַּגָּאנִים מַאֲמִינִים בֶּאֱלִילִים.

2. שַׂחְקָן, זַמָּר וְכוּ׳, שֶׁאֲנָשִׁים מַעֲרִיצִים:
*אֶלְבִיס פְּרֶסְלִי הָיָה **אֱלִיל** הַנּוֹעַר.*

אלים ת׳ אַלִּים — violent
אָדָם חָזָק, שֶׁמִּשְׁתַּמֵּשׁ בַּכּוֹחַ שֶׁלּוֹ:
*דָּוִיד מַכֶּה אֶת כָּל הַיְלָדִים בַּגַּן, הוּא יֶלֶד **אַלִּים**.*
אַלִּימָה, אַלִּימִים, אַלִּימוֹת

אלימות נ׳ אַלִּימוּת — violence
שִׁימּוּשׁ בְּכוֹחַ:
*אֲנִי פּוֹחֶדֶת מִן **הָאַלִּימוּת** שֶׁל הַפּוֹשְׁעִים וְהַגַּנָּבִים.*

אליפות נ׳ אַלִּיפוּת [אַלִּיפוּיוֹת] — championship

1. תַּחֲרוּת בְּספּוֹרט אוֹ בְּשַׁחְמָט כְּדֵי לִרְאוֹת מִי הַטּוֹב בְּיוֹתֵר:
*הוּא הִשְׁתַּתֵּף **בְּאַלִּיפוּת** אֵירוֹפָּה בְּשַׁחְמָט.*

2. הַמָּקוֹם הָרִאשׁוֹן בַּתַּחֲרוּת:
*הוּא זָכָה **בְּאַלִּיפוּת** אֵירוֹפָּה בְּשַׁחְמָט.*

אלכסון ז׳ אֲלַכְסוֹן [אֲלַכְסוֹנִים] — diagonal
קַו יָשָׁר הַמְּחַבֵּר נְקוּדָה בְּצַד יָמִין לְמַעְלָה עִם נְקוּדָה בְּצַד שְׂמֹאל לְמַטָּה:
*בָּאוֹת X יֵשׁ שְׁנֵי **אֲלַכְסוֹנִים**.*

אלמוג ז׳ אַלְמֹג [אַלְמוּגִים] — coral
קוֹרָל, בַּעֲלֵי חַיִּים בַּמַּיִם, שֶׁנִּרְאִים כְּמוֹ אֲבָנִים:
*יָפֶה לִרְאוֹת אֶת **הָאַלְמוּגִים** וְהַדָּגִים מִתַּחַת לַמַּיִם.*

אלמוות ז׳ אַלְמָוֶת — immortality
(אַל+מָוֶת) שֶׁלֹּא יָמוּת אַף-פַּעַם:
*פִּרְחֵי **אַלְמָוֶת** הֵם פְּרָחִים יְבֵשִׁים, שֶׁאֶפְשָׁר לִשְׁמוֹר לְעוֹלָם.*

אלמוני ת׳ אַלְמוֹנִי — anonymous, unknown
אָדָם לֹא יָדוּעַ:
***אַלְמוֹנִי** טִילְפֵן לַמִּשְׁטָרָה וּמָסַר אֶת הַהוֹדָעָה.*
אַלְמוֹנִית, אַלְמוֹנִיִּים, אַלְמוֹנִיּוֹת

אלמוניות נ׳ אַלְמוֹנִיּוּת — anonymity
כְּשֶׁלֹּא יוֹדְעִים מִי הָאִישׁ:
*הוּא רוֹצֶה לִשְׁמוֹר עַל **הָאַלְמוֹנִיּוּת** שֶׁלּוֹ, שֶׁלֹּא יֵדְעוּ שֶׁהוּא כָּתַב אֶת הַסֵּפֶר.*

אלמלי ר׳ אילמלי

אלמן ז׳ אַלְמָן [אַלְמָנִים] — widower
אָדָם שֶׁאִישְׁתּוֹ מֵתָה:
*דּוֹדִי **הָאַלְמָן** גָּר לְבַדּוֹ מֵאָז מוֹת אִישְׁתּוֹ.*
אַלְמָנָה, אַלְמָנוֹת — widow

אלף ז׳ אֶלֶף [אֲלָפִים] — thousand
הַמִּסְפָּר 1000:
*כְּבָר לָמַדְתִּי **אֶלֶף** מִילִּים בְּעִבְרִית.*
אַלְפֵי אֶזְרָחִים
אַלְפַּיִם זו״ר - הַמִּסְפָּר 2000: — two thousand
*עַם יִשְׂרָאֵל הָיָה **אַלְפַּיִם** שָׁנָה בַּגָּלוּת.*

אלפבית (אלף-בית) זו״נ אָלֶפְבֵּית — alphabet
כָּל הָאוֹתִיּוֹת בְּשָׂפָה:
***בָּאָלֶפְבֵּית** הָעִבְרִי 22 אוֹתִיּוֹת.*

אלפית נ׳ אַלְפִּית [אַלְפִּיּוֹת] one thousandth
חֵלֶק הָאֶלֶף, 1/1000:
*הַמַּכְשִׁיר הַזֶּה מְדַיֵּק עַד **אַלְפִּית** שְׁנִיָּה.*

אם מ״ק אִם if
בִּתְנַאי שֶׁ..., בְּמִקְרֶה שֶׁ...:
***אִם** תִּלְמַד, תַּצְלִיחַ.*
אִם־כֵּן if so
אִם יִרְצֶה הַשֵּׁם (ר״ת אי״ה) God willing
*הֵם יִתְחַתְּנוּ, **אי״ה**, בְּיוֹם ג׳ הַבָּא.*

אם נ׳ אֵם [אִימָּהוֹת] mother
אִישָּׁה שֶׁיֵּשׁ לָהּ בֵּן אוֹ בַּת:
*רוּתִי **אֵם** לִשְׁלוֹשָׁה בָּנִים: דָּוִיד, יוֹנָתָן וְאוּרִי.*
אִימִּי, אִימְּךָ, אִימּוֹ, אִימָּהּ, אִימֵּנוּ, אִימְּכֶם, אִימָּם
אֵם־הַבַּיִת housemother

אם כי מ״ק אִם כִּי although
אַף עַל פִּי שֶׁ...:
*אֲנִי רוֹצֶה לָגוּר בְּתֵל־אָבִיב, **אִם כִּי** הַדִּירוֹת שָׁם יְקָרוֹת.*

אמא ר׳ אימא

אמבטיה נ׳ אַמְבַּטְיָה [אַמְבַּטְיוֹת] bath, bathtub
כְּלִי גָּדוֹל אוֹ מָקוֹם, שֶׁרוֹחֲצִים בּוֹ אֶת הַגּוּף:
*הִתְרַחַצְתִּי **בָּאַמְבַּטְיָה** לְאַחַר הָעֲבוֹדָה.*
חֲדַר־אַמְבַּטְיָה bathroom

אמד פ׳ אָמַד estimated
הֶעֱרִיךְ לֹא בִּמְדוּיָּק, קָבַע בְּעֵרֶךְ, לֹא בְּדִיּוּק (גּוֹדֶל, מִשְׁקָל, וְכוּ׳):
***אָמַדְתִּי** אֶת הַמֶּרְחָק מִן הַבַּיִת שֶׁלִּי לַבַּיִת שֶׁלּוֹ בְּ-200 מ׳.*
לֶאֱמוֹד אֶת- /א.מ.ד, פָּעַל / אָמַדְתִּי, אוֹמֵד, יֶאֱמוֹד

אמון ז׳ אֵמוּן [אֱמוּנִים] confidence, trust
הַהַרְגָּשָׁה שֶׁמִּישֶׁהוּ נֶאֱמָן, שֶׁאֶפְשָׁר לִסְמוֹךְ עָלָיו:
*יֵשׁ לִי **אֵמוּן** מוּחְלָט בְּדָוִיד, כִּי הוּא אִישׁ יָשָׁר.*

אמונה נ׳ אֱמוּנָה [אֱמוּנוֹת] faith
1. מַשֶּׁהוּ שֶׁמַּאֲמִינִים בּוֹ (אֱלוֹהִים, דָּת וְכוּ׳):
הָאֱמוּנָה הַיְּהוּדִית הִיא מוֹנוֹתֵיאִיסְטִית.
2. בִּיטָּחוֹן מוּחְלָט:
*יֵשׁ לוֹ **אֱמוּנָה** בָּאֲנָשִׁים.*
אֱמוּנוֹת טְפֵלוֹת superstitions

אמונים ז״ר אֱמוּנִים loyalty, faithfulness
נֶאֱמָנוּת, כְּשֶׁמִּישֶׁהוּ נֶאֱמָן:
*כָּל הַחַיָּילִים נִשְׁבָּעִים **אֱמוּנִים** לִמְדִינַת יִשְׂרָאֵל.*
*הוּא שׁוֹמֵר **אֱמוּנִים** לְאִשְׁתּוֹ.*

אמור ת׳ אָמוּר said/mentioned (adj.)
1. נִזְכָּר, מַשֶּׁהוּ שֶׁכְּבָר אָמְרוּ, הִזְכִּירוּ:
*כָּל **הָאָמוּר** בַּפֶּרֶק הַקּוֹדֵם אֵינוֹ נָכוֹן.*
2. עוֹמֵד לִקְרוֹת, מַשֶּׁהוּ שֶׁיִּקְרֶה: supposed (adj.)
*הוּא **אָמוּר** לָבוֹא מָחָר.*
כָּאָמוּר - כְּמוֹ שֶׁנִּזְכַּר, כְּמוֹ שֶׁנֶּאֱמַר
אֲמוּרָה, אֲמוּרִים, אֲמוּרוֹת

אמיד ת׳ אָמִיד well to do
מִי שֶׁיֵּשׁ לוֹ כֶּסֶף וּרְכוּשׁ:
*הוּא אוּלַי לֹא מִילְיוֹנֶר, אֲבָל הוּא סוֹחֵר **אָמִיד**.*
אֲמִידָה, אֲמִידִים, אֲמִידוֹת

אמין ת׳ אָמִין trustworthy
אֶפְשָׁר לְהַאֲמִין לוֹ (אוֹ בּוֹ):
*הַתֵּיאוּר שֶׁל מַה שֶּׁקָּרָה, נִשְׁמָע **אָמִין**.*
זֹאת מְכוֹנִית **אֲמִינָה**, הִיא אַף פַּעַם לֹא מִתְקַלְקֶלֶת.
אֲמִינָה, אֲמִינִים, אֲמִינוֹת

אמינות נ׳ אֲמִינוּת credibility
כְּשֶׁאֶפְשָׁר לְהַאֲמִין בְּמִישֶׁהוּ (אוֹ בְּמַשֶּׁהוּ) וְלִסְמוֹךְ עָלָיו:
*בְּפִרְסוֹמֶת צָרִיךְ **אֲמִינוּת**.*

אמיץ ת׳ אַמִּיץ brave
אֵינֶנּוּ פּוֹחֵד, גִּיבּוֹר:
*הַבָּחוּר **הָאַמִּיץ** קָפַץ רִאשׁוֹן לַמַּיִם.*
אַמִּיצָה, אַמִּיצִים, אַמִּיצוֹת

אמירה נ׳ אֲמִירָה [אֲמִירוֹת] statement
מַה שֶּׁאוֹמְרִים:
*זֹאת **אֲמִירָה** לֹא חֲכָמָה.*

אמיתי ת׳ אֲמִתִּי true, genuine
שֶׁהוּא אֱמֶת, נָכוֹן, רֵיאָלִי, מַמָּשִׁי:
*הַסִּיפּוּר נִשְׁמַע כְּמוֹ אַגָּדָה, אֲבָל זֶהוּ סִיפּוּר **אֲמִתִּי**.*
אֲמִתִּית, אֲמִתִּיִּים, אֲמִתִּיּוֹת

אמן תה״פ אָמֵן amen
"כָּךְ יְהִיֶה"! מַה שֶּׁאֲנָשִׁים אוֹמְרִים בְּסוֹף בְּרָכָה אוֹ תְּפִילָּה:
*הָרַב בֵּירֵךְ אֶת הַיְּלָדִים, וְכוּלָּם עָנוּ אַחֲרָיו **אָמֵן**!*
אָמֵן וְאָמֵן - *הַלְוַואי, כְּשֶׁרוֹצִים מְאוֹד שֶׁיִּקְרֶה מַה שֶּׁאָמְרוּ* So be it!
עָנָה אַחֲרָיו אָמֵן agreed

אמנה נ, אֲמָנָה [אֲמָנוֹת] — treaty
חוֹזֶה, הֶסְכֵּם (בְּדֶרֶךְ כְּלָל בֵּינלְאוּמִי):
*הַרְבֵּה מְדִינוֹת חָתְמוּ עַל **אֲמָנַת** ג'נֶבָה.*

אמצע ז, אֶמְצַע — middle
בֵּין הַהַתְחָלָה לַסּוֹף, בְּמֶרְחָק שָׁוֶוה מִן הַקָּצֶה הָאֶחָד לַקָּצֶה הָאַחֵר:
*דָּוִיד בֶּן אַרְבָּעִים, הוּא **בְּאֶמְצַע** הַחַיִּים.*

אמצעות ר׳ באמצעות

אמצעי ת, אֶמְצָעִי — middle (adj.)
נִמְצָא בָּאֶמְצַע, נִמְצָא בַּחֲצִי הַדֶּרֶךְ:
*אֲנִי גָר בַּבִּנְיָין **הָאֶמְצָעִי**, לֹא בַּבִּנְיָין הַיְמָנִי וְלֹא בַּשְּׂמָאלִי.*
בלתי אֶמְצָעִי — direct
אֶמְצָעִית, אֶמְצָעִיִּים, אֶמְצָעִיּוֹת

אמצעי ז, אֶמְצָעִי [אֶמְצָעִים] — means, instrument
מַכְשִׁיר אוֹ דֶּרֶךְ לְהַשִּׂיג מַשֶּׁהוּ:
1. *הַלִּימוּדִים הֵם **אֶמְצָעִי** לְהַצְלָחָה בַּחַיִּים.*
2. *תּוֹתָחִים וּפְצָצוֹת הֵם **אֶמְצָעֵי** הֲגָנָה מִפְּנֵי אוֹיֵב.*
אֶמְצָעֵי תִקְשׁוֹרֶת — media
אֶמְצָעֵי מְנִיעָה — contraceptives

אמר פ, אָמַר — said
דִּיבֵּר, הִבִּיעַ בְּמִילִּים:
*הוּא **אָמַר** אֶת מַה שֶּׁחָשַׁב.*
לוֹמַר-, לֵאמוֹר- / א.מ.ר, פָּעַל / אָמַרְתִּי, אוֹמֵר, אֱמוֹר!

אמרגן ז, אֲמַרְגָּן [אֲמַרְגָּנִים] — impresario
מְאַרְגֵּן הַצָּגוֹת שֶׁל בָּלֶט, אוֹפֶּרָה, שִׁירָה וְכוּ׳:
הָאֲמַרְגָּן שֶׁל הַזַּמָּרִים הַגְּדוֹלִים הִתְעַשֵּׁר מְאוֹד.

אמש ת"פ, אֶמֶשׁ — last night
אֶתְמוֹל בָּעֶרֶב אוֹ בַּלַּיְלָה:
אֶמֶשׁ חָזַר רֹאשׁ הַמֶּמְשָׁלָה מחו"ל וְהַיּוֹם פִּירְסֵם הוֹדָעָה לָעִיתּוֹנוּת.

אמת נ, אֱמֶת — truth
דָּבָר נָכוֹן, שֶׁאֶפְשָׁר לְהַאֲמִין לוֹ:
*"אַתָּה צָרִיךְ לוֹמַר לְבֵית הַמִּשְׁפָּט אֶת **הָאֱמֶת**, אֶת כָּל **הָאֱמֶת** וְרַק אֶת **הָאֱמֶת**!"*
בֶּאֱמֶת ר׳

אמתלה נ, אֲמַתְלָה [אֲמַתְלוֹת] — excuse, pretext
תֵּירוּץ, סִיבָּה שֶׁקָּשֶׁה לְקַבֵּל אוֹתָהּ:
*הוּא אוֹמֵר שֶׁהוּא לֹא עוֹבֵד, כִּי הוּא חוֹלֶה - זֹאת סְתָם **אֲמַתְלָה**.*

אנא ק, אָנָּא — please
בְּבַקָּשָׁה:
***אָנָּא**, סְגוֹר אֶת הַדֶּלֶת, קַר לִי.*

אנדרטה נ, אַנְדַּרְטָה [אַנְדַּרְטוֹת] — monument
מוֹנוּמֶנְט לִכְבוֹד מִישֶׁהוּ חָשׁוּב שֶׁמֵּת וְכוּ׳:
*לְיַד הַיָּם יֵשׁ **אַנְדַּרְטָה** לַחַיָּילִים שֶׁנֶּהֶרְגוּ בַּמִּלְחָמוֹת.*

אנו מ"ג, אָנוּ — we
אֲנַחְנוּ, גוּף רִאשׁוֹן רַבִּים:
***אָנוּ** אוֹהֲבִים זֶה אֶת זֶה.*

אנוכי מ"ג, אָנֹכִי — I am
(בְּלָשׁוֹן גְבוֹהָה) אֲנִי (גוּף רִאשׁוֹן יָחִיד):
*'**אָנֹכִי** אֲדוֹנָיי אֱלוֹהֶיךָ'.*

אנוכי ת, אָנֹכִי (אָנוֹכִיִּי) — selfish, egoist
אֶגוֹאִיסְט, אוֹהֵב אֶת עַצְמוֹ:
*הוּא **אָנוֹכִי** מְאוֹד - אַף פַּעַם אֵינוֹ עוֹזֵר.*
אָנוֹכִית, אָנוֹכִיִּים, אָנוֹכִיּוֹת

אנוכיות נ, אָנוֹכִיּוּת — selfishness, egoism
כְּשֶׁמִּישֶׁהוּ חוֹשֵׁב רַק עַל עַצְמוֹ:
*בִּגְלַל **הָאָנוֹכִיּוּת** שֶׁלּוֹ אֵין לוֹ חֲבֵרִים.*

אנוסים ז"ר, אֲנוּסִים — Marranos
כָּךְ קָרְאוּ לִיהוּדִים בִּסְפָרַד וּבְפּוֹרְטוּגָל, שֶׁהִסְתִּירוּ אֶת יַהֲדוּתָם:
***הָאֲנוּסִים** פָּחֲדוּ מִן הָאִינְקְוִויזִיצְיָה.*

אנוש ת, אָנוּשׁ — severe, mortal
חוֹלֶה מְסוּכָּן, חָמוּר, חוֹלֶה מְאוֹד:
*הוּא מֵת לְאַחַר מַחֲלָה **אֲנוּשָׁה**.*
אֲנוּשָׁה, אֲנוּשִׁים, אֲנוּשׁוֹת

אנושות נ, אֱנוֹשׁוּת — mankind
כָּל הָאֲנָשִׁים בָּעוֹלָם:
*בַּמִּלְחָמָה הַמּוֹדֶרְנִית יֵשׁ סַכָּנָה לְכָל **הָאֱנוֹשׁוּת**.*

אנושי ת, אֱנוֹשִׁי — human
1. שֶׁל בֶּן־הָאָדָם:
*יֵשׁ דְּבָרִים שֶׁהַמּוֹחַ **הָאֱנוֹשִׁי** אֵינוֹ יָכוֹל לְהָבִין.*
2. הוּמָנִי, חַם, אוֹהֵב: — humane
*הָרוֹפֵא גִּילָּה יַחַס **אֱנוֹשִׁי** לַחוֹלִים.*
אֱנוֹשִׁית, אֱנוֹשִׁיִּים, אֱנוֹשִׁיּוֹת

אנושיות נ, אֱנוֹשִׁיּוּת — humanity
הוּמָנִיזְם, יַחַס טוֹב לִבְנֵי אָדָם:
*כּוּלָּם אוֹהֲבִים אוֹתוֹ בִּגְלַל **הָאֱנוֹשִׁיּוּת** שֶׁלּוֹ.*

אנחהנ׳ אֲנָחָה [אֲנָחוֹת] sigh
כְּשֶׁאוֹמְרִים אוֹי - קוֹל שֶׁל כְּאֵב, צַעַר:
*מֵחֲדַר-הַחוֹלִים נִשְׁמְעוּ **אֲנָחוֹת** כְּבֵדוֹת: 'אוֹי, אוֹי...'*

אנחנומ״ג אֲנַחְנוּ we
גוּף רִאשׁוֹן רַבִּים מְדַבְּרִים:
***אֲנַחְנוּ** אוֹהֲבִים זֶה אֶת זֶה.*

אנימ״ג אֲנִי I am
גוּף רִאשׁוֹן יָחִיד מְדַבֵּר:
***אֲנִי** יְהוּדִי, וַאֲנִי חַי בְּיִשְׂרָאֵל.*

אניןת׳ אֲנִין refined (adj.), delicate
עָדִין.
אֲנִין דַעַת - רָגִישׁ עָדִין: fastidious
דָוִיד הוּא אֲנִין דַעַת - אֵינוֹ סוֹבֵל רַעַשׁ, לִיכְלוּךְ וְכוּ׳.
אֲנִין טַעַם - שֶׁיֵשׁ לוֹ טַעַם עָדִין: gourmet
זוֹהִי מִסְעָדָה צָרְפָתִית לַאֲנִינֵי טַעַם.
אֲנִינָה, אֲנִינִים, אֲנִינוֹת

אנךז׳ אֲנָךְ [אֲנָכִים] vertical
1. קַו בֵּין שְׁתֵי נְקוּדוֹת - הָאַחַת לְמַעְלָה וְהָאַחֶרֶת לְמַטָּה:
*בָּאוֹת b יֵשׁ עִיגוּל **וַאֲנָךְ**.*
2. מַכְשִׁיר שֶׁל בַּנָּאִים - חוּט וּבִקְצֵה כַּדּוּר כָּבֵד; plumb
בּוֹדֵק אִם הַקִּיר יָשָׁר:
*לְפִי **הָאֲנָךְ** הַקִּיר הַזֶּה יָשָׁר.*

אנכית׳ אֲנָכִי perpendicular
*לְחֶדֶר 4 קִירוֹת **אֲנָכִיִּים**, לָרִצְפָּה וְלַתִּקְרָה.*
אֲנָכִית, אֲנָכִיִּים, אֲנָכִיּוֹת

אנספ׳ אָנַס raped
הִכְרִיחַ מִישֶׁהוּ לַעֲשׂוֹת מַשֶּׁהוּ לֹא לְפִי רְצוֹנוֹ, בְּעִיקָר בְּיַחֲסֵי מִין:
*הוּא **אָנַס** מִישֶׁהִי, עַל כֵּן הוּא בְּבֵית סוֹהַר.*
לֶאֱנוֹס אֶת- /א.נ.ס, פָּעַל / אָנַסְתִּי, אוֹנֵס, אֶאֱנוֹס, יֶאֱנוֹס

אנסז׳ אַנָּס [אַנָּסִים] rapist
מִי שֶׁמַּכְרִיחַ מִישֶׁהוּ (בְּדֶרֶךְ כְּלָל בְּכוֹחַ) לַעֲשׂוֹת מַשֶּׁהוּ בְּנִיגוּד לִרְצוֹנוֹ, בְּעִיקָר בְּיַחֲסֵי מִין:
***אַנָּס** הִסְתּוֹבֵב בִּשְׁכוּנָה שֶׁלָּנוּ וְהִפְחִיד אֶת כָּל הַנָּשִׁים.*

אנשיםז״ר אֲנָשִׁים people
בְּנֵי־אָדָם:
***אֲנָשִׁים** רַבִּים נוֹסְעִים לַעֲבוֹדָה בָּאוֹטוֹבּוּס.*

אסוןז׳ אָסוֹן [אֲסוֹנוֹת] disaster
מִקְרֶה רַע, קַטַסְטְרוֹפָה, תְּאוּנָה:
*הַנֶּהָג נָסַע בִּמְהִירוּת וְגָרַם **אָסוֹן** נוֹרָא.*
אֲסוֹן־טֶבַע natural disaster

אסורת״פ אָסוּר prohibited
1. נֶגֶד הַחוֹק, גם אֵין רְשׁוּת לַעֲשׂוֹת כָּךְ:
***אָסוּר** לְעַשֵּׁן בְּמָקוֹם צִיבּוּרִי!*
2. **אָסוּר**ת׳ - forbidden
*הַכְּנִיסָה **אֲסוּרָה**!*
3. נִמְצָא בְּבֵית הַסּוֹהַר: imprisoned
*הוּא **אָסוּר** בִּגְלַל גְנֵיבָה.*
אֲסוּרָה, אֲסוּרִים, אֲסוּרוֹת

אסימוןז׳ אֲסִימוֹן [אֲסִימוֹנִים] token
מִין מַטְבֵּעַ לְשִׁימוּשׁ בַּטֶּלֶפוֹן:
*כְּדֵי לְהִשְׁתַּמֵּשׁ בְּטֶלֶפוֹן צִיבּוּרִי צָרִיךְ לִקְנוֹת **אֲסִימוֹן**.*

אסיףז׳ אָסִיף (בְּעִבְרִית תַּנַ״כִית) harvest
כַּאֲשֶׁר אוֹסְפִים אֶת פֵּירוֹת הַקַּיִץ הָאַחֲרוֹנִים:
*בְּחַג **הָאָסִיף**, בְּסוֹף הַקַּיִץ, הָיוּ עוֹלִים לָרֶגֶל לִירוּשָׁלַיִם.*
חַג הָאָסִיף - חַג סוּכּוֹת (בְּעֵרֶךְ בְּסֶפְּטֶמְבֶּר)

אסיפהנ׳ אֲסֵיפָה [אֲסֵיפוֹת] (public) meeting
פְּגִישָׁה שֶׁל אֲנָשִׁים רַבִּים:
*חַבְרֵי הַמִּפְלָגָה בָּאוּ **לָאֲסֵיפָה**.*

אסירז׳ אָסִיר [אֲסִירִים] prisoner
מִי שֶׁנִּמְצָא בְּבֵית סוֹהַר כְּעוֹנֶשׁ:
***הָאָסִיר** יָשַׁב שְׁנָתַיִים בְּבֵית הַסּוֹהַר לִפְנֵי שֶׁהִשְׁתַּחְרֵר.*
אֲסִיר צִיּוֹן - מִי שֶׁהָיָה בְּבֵית סוֹהַר בְּחוּץ לָאָרֶץ, מִפְּנֵי שֶׁהוּא צִיּוֹנִי prisoner of Zion
אֲסִיר עוֹלָם - מִי שֶׁיּוֹשֵׁב בְּבֵית הַסּוֹהַר כָּל הַחַיִּים lifer
אֲסִיר תּוֹדָה grateful

אסלהנ׳ אַסְלָה [אֲסָלוֹת] toilet seat
כִּסֵּא שֶׁל בֵּית שִׁימּוּשׁ:
*בַּשֵּׁירוּתִים יֵשׁ **אַסְלָה** לְבָנָה.*

אסםז׳ אָסָם [אֲסָמִים] barn
מַחְסָן, מָקוֹם שֶׁאוֹסְפִים בּוֹ אֶת תּוֹצֶרֶת הַשָּׂדֶה:
*אַחֲרֵי הַקָּצִיר **הָאָסָם** מָלֵא.*

אסמכתאנ׳ אַסְמַכְתָּא [אַסְמַכְתּוֹת] corroboration, proof
הוֹכָחָה כְּתוּבָה:
*הֵבֵאתִי **אַסְמַכְתָּא** לִדְבָרַיי מִן הַמֶּחְקָרִים הָאַחֲרוֹנִים.*

אסףפ׳ אָסַף gathered
1. הֵבִיא לְמָקוֹם אֶחָד:
*מֹשֶׁה **אָסַף אֶת** הַנְּיָרוֹת וְאֶת הַלִּיכְלוּךְ וְזָרַק הַכּוֹל לַפַּח.*

2. שָׂם בְּיַחַד בּוּלִים, מַטְבְּעוֹת וְכוּ': collected
*מֹשֶׁה **אָסַף** בּוּלִים, וְחַנָּה אָסְפָה תמונות.*
לֶאֱסוֹף אֶת- / א.ס.ף, פָּעַל / אָסַפְתִּי, אוֹסֵף, יֶאֱסוֹף, אֱסוֹף!

אספןז, אַסְפָן [אַסְפָנִים] collector
מִי שֶׁאוֹסֵף בּוּלִים, מַטְבְּעוֹת וְכוּ':
*אָבִי הָיָה **אַסְפָן** שֶׁל סְפָרִים עַתִּיקִים.*

אספנותנ, אַסְפָנוּת hobby of collecting
כְּשֶׁאוֹסְפִים חֲפָצִים, בּוּלִים וְכוּ':
***אַסְפָנוּת** שֶׁל סְפָרִים עַתִּיקִים עוֹלָה הַרְבֵּה כֶּסֶף.*

אספסוףז, אֲסַפְסוּף mob
קָהָל גָּדוֹל שֶׁל אֲנָשִׁים, שֶׁמִּתְנַהֵג בְּצוּרָה וּולְגָרִית:
*דֶּמָגוֹגִים מַשְׁפִּיעִים עַל **אֲסַפְסוּף**.*

אספקהנ, אַסְפָּקָה provisions, supply
(ר' הַסְפָּקָה) חוֹמָרִים (אוֹכֶל, חֲלָקִים שֶׁל מְכוֹנוֹת וְכוּ')
שֶׁצָּרִיךְ לְהָבִיא:
*הָ**אַסְפָּקָה** שֶׁל אוֹכֶל לַבְּהֵמוֹת לֹא הִגִּיעָה.*
הַצָּבָא דוֹאֵג לְ**אַסְפָּקָה** שֶׁל אוֹכֶל לַחַיָּילִים.

אסרפ, אָסַר arrested
1. שָׂם בְּבֵית הַסּוֹהַר:
*הַשּׁוֹטֵר **אָסַר** אֶת הַגַּנָּב וְהֵבִיא אוֹתוֹ לְבֵית הַסּוֹהַר.*
2. לֹא נָתַן רְשׁוּת: forbade
*הָאָב **אָסַר** עַל הַבֵּן לָצֵאת מִן הַבַּיִת.*
לֶאֱסוֹר אֶת-, עַל- /א.ס.ר, פָּעַל / אָסַרְתִּי, אוֹסֵר, יֶאֱסוֹר

אףז, אַף [אַפִּים] nose
אֵיבָר בַּגּוּף שֶׁנּוֹשְׁמִים וּמְרִיחִים בּוֹ:
*הָאָדָם נוֹשֵׁם וּמֵרִיחַ דֶּרֶךְ הָ**אַף**.*

אףמ"ק אַף also
1.גַּם:
*הָלַכְנוּ לְטִיּוּל. הַחֲבֵרִים, **אַף** הֵם הָלְכוּ אִיתָּנוּ.*
2. אֲפִילוּ [רַק בְּמִשְׁפָּט + לֹא, אֵין]: not even
***אַף** אֶחָד לֹא בָּא אֶתְמוֹל.*
לֹא שָׁמַעְתִּי **אַף** מִילָּה.
אַף פַּעַם אֵין לִי כֶּסֶף.

אף כימ"ק אַף כִּי although
גַּם אִם (לְפוֹעַל בֶּעָבָר):
***אַף כִּי** יָרַד גֶּשֶׁם, יָצָאנוּ לְטִיּוּל.*

אף-על-פי-כןמ"ק אַף עַל פִּי כֵן nevertheless
(אעפ"כ) בְּכָל זֹאת, לַמְרוֹת זֹאת:
*כָּל מִשְׁפַּחְתִּי בָּארה"ב, **אַף עַל פִּי כֵן** עָלִיתִי לְיִשְׂרָאֵל.*

אף-על-פי-שמ"ק אַף עַל פִּי שֶׁ- even though
(בר"ת: אע"פ) אִם כִּי, לַמְרוֹת הַ...:
*יָצָאתִי לְטִיּוּל, **אַף עַל פִּי שֶׁ**יָּרַד גֶּשֶׁם.*

אפהפ, אָפָה baked
בִּישֵּׁל בְּתַנּוּר:
***אָפִיתִי** לֶחֶם וְעוּגוֹת.*
לֶאֱפוֹת אֶת- / א.פ.ה, פָּעַל / אָפִיתִי, אוֹפֶה, יֹאפֶה, אֱפֵה!

אפודהנ, אֲפֻדָּה [אֲפוּדָּה] sweater
סְוֶודֶר:
*קַר לִי, כִּי שָׁכַחְתִּי אֶת הָ**אֲפוּדָּה** בַּבַּיִת.*

אפוטרופוסז, אַפּוֹטְרוֹפּוֹס [אַפּוֹטרוֹפְּסִים] guardian
מִי שֶׁאַחְרַאי לְיֶלֶד אוֹ לִרְכוּשׁ שֶׁל מִישֶׁהוּ אַחֵר:
*לַיֶּלֶד אֵין הוֹרִים, וְצָרִיךְ שֶׁיִּהְיֶה לוֹ **אַפּוֹטרוֹפּוֹס**.*

אפוית, אָפוּי baked (adj.)
אוֹכֶל שֶׁבִּישְּׁלוּ אוֹתוֹ בְּתַנּוּר:
*דָּג **אָפוּי** הוּא בָּרִיא יוֹתֵר.*
אֲפוּיָה, אֲפוּיִים, אֲפוּיוֹת

אפונהנ, אֲפוּנָה [אֲפוּנִים] pea
מִין אוֹכֶל, גַּרְעִינִים יְרוּקִים, דּוֹמִים לְכַדּוּרִים קְטַנִּים:
*מֵ**אֲפוּנָה** אֶפְשָׁר לְהָכִין מָרָק טָעִים.*

אפורת, אָפֹר [אֲפוֹרִים] gray
צֶבַע שָׁחוֹר עִם לָבָן, כְּמוֹ אֵפֶר סִיגַרְיוֹת:
*הַיּוֹם יוֹם **אָפוֹר**, הַשָּׁמַיִם **אֲפוֹרִים**, בְּוַדַּאי יֵרֵד גֶּשֶׁם.*
*הָאִישׁ בַּחֲלִיפָה הָ**אֲפוֹרָה** חַי חַיִּים **אֲפוֹרִים** וּמְשַׁעַמְמִים.*
אֲפוֹרָה, אֲפוֹרוֹת

אפייהנ, אֲפִיָּה baking
בִּישּׁוּל אוֹכֶל בְּתַנּוּר:
***אֲפִיָּה** שֶׁל לֶחֶם הִיא דָּבָר קַל מְאוֹד.*

אפילהנ, אֲפֵלָה darkness
חוֹשֶׁךְ: *מִי שֶׁלֹּא רוֹאֶה, חַי **בָּאֲפֵלָה**.*
הָיְיתָה **אֲפֵלָה** גְּמוּרָה, כִּי הָיְיתָה הַפְסָקַת חַשְׁמַל.

אפילומ"ק אֲפִלּוּ even
1. גַּם (בְּנִיגּוּד לַצִּיפִּיּוֹת):
*כּוּלָּם הִגִּיעוּ לַמְּסִיבָּה בַּזְּמַן, **אֲפִילוּ** חַנָּה, שֶׁגָּרָה רָחוֹק מְאוֹד.*
2. אַף לֹא, גַּם לֹא (בְּעִיקָּר + לֹא):
*הִיא לֹא הָיְיתָה בְּתֵל-אָבִיב **אֲפִילוּ** פַּעַם אַחַת.*

אפיסת (כוחות), אֲפִיסַת (כֹּחוֹת) lack of (energy) exhaustion
חוֹסֶר, אַיִן:
*הָלַכְנוּ וְהָלַכְנוּ, וְהִגַּעְנוּ **בַּאֲפִיסַת כּוֹחוֹת**.*

אפיפיורז, אַפִּפְיוֹר [אַפִּיפְיוֹרִים] Pope
רֹאשׁ הַדָּת הַקָּתוֹלִית:
הָאַפִּיפְיוֹר יוֹשֵׁב בַּוָּאתִיקָן.

אפיקז, אָפִיק [אֲפִיקִים] river-bed
1. דֶּרֶךְ פְּתוּחָה בָּאֲדָמָה, עוֹבְרִים בָּהּ מַיִם:
הָאֲפִיקִים בַּנֶּגֶב יְבֵשִׁים בַּקַּיִץ וּמִתְמַלְּאִים מַיִם בַּחוֹרֶף.
2. מַעֲבָר, אֶמְצָעִי: channel
הָרַדְיוֹ הוּא אֲפִיק תִּקְשׁוֹרֶת חָשׁוּב.

אפיקורסז, אֶפִּיקוֹרֶס [אֶפִּיקוֹרְסִים] heretic, atheist
מִי שֶׁאֵינוֹ מַאֲמִין בֶּאֱלוֹהִים:
הוּא לֹא הוֹלֵךְ לְבֵית-הַכְּנֶסֶת, הוּא אֶפִּיקוֹרֶס גָּמוּר.

אפלת, אָפֵל dark
בְּלִי אוֹר, חָשׁוּךְ:
בַּחוֹרֶף הַלַּיְלָה אָפֵל, וְלֹא רוֹאִים כּוֹכָבִים.
אֲפֵלָה, אֲפֵלִים, אֲפֵלוֹת

אפלולית, אַפְלוּלִי darkish, dim
קְצָת אָפֵל, קְצָת חוֹשֶׁךְ:
כְּדַאי לְהַדְלִיק אוֹר, הַחֶדֶר אַפְלוּלִי.
אַפְלוּלִית, אַפְלוּלִיִּים, אַפְלוּלִיּוֹת

אפלייהנ, אַפְלָיָה [אַפְלָיוֹת] discrimination
הַבְדָּלָה לְטוֹבָה אוֹ לְרָעָה:
אֲנִי נֶגֶד אַפְלָיָה דָּתִית.

אפסז, אֶפֶס [אֲפָסִים] zero
הַמִּסְפָּר 0:
בַּמִּסְפָּר 100 יֵשׁ שְׁנֵי אֲפָסִים.

אפספ, אָפַס ended, was exhausted
נַעֲשָׂה אֶפֶס, נִגְמַר:
אָפְסוּ הַכּוֹחוֹת שֶׁלָּנוּ מֵעֲבוֹדָה קָשָׁה.
/ א.פ.ס, פָּעַל / אָפֵס, אָפְסוּ

אפסית, אַפְסִי negligible
שָׁוֶה אֶפֶס, קָטָן מְאוֹד, אֵין לוֹ עֵרֶךְ, אֵין לוֹ חֲשִׁיבוּת:
הָרֶוַח שֶׁלָּנוּ הוּא אַפְסִי.
אַפְסִית, אַפְסִיִּים, אַפְסִיּוֹת

אפסנאותנ, אַפְסְנָאוּת army supplies center
הַמָּקוֹם (בַּצָּבָא) שֶׁיֵּשׁ בּוֹ בְּגָדִים אוֹ אוֹכֶל אוֹ נֶשֶׁק:
הָאַפְסְנָאוּת סְגוּרָה, לָכֵן לֹא קִיבַּלְתִּי בְּגָדִים.

אפסנאיז, אַפְסְנַאי [אַפְסְנָאִים] quartermaster
מִי שֶׁאַחֲרַאי עַל בְּגָדִים, אוֹכֶל, נֶשֶׁק וְכוּ' וּמְחַלֵּק אוֹתָם לְמִי שֶׁצָּרִיךְ:
הָאַפְסְנַאי נָתַן לִי מִכְנָסַיִים וְחוּלְצָה.

אפףפ, אָפַף encircled, surrounded
עָטַף, הָיָה מִסָּבִיב לְמַשֶּׁהוּ:
חוֹשֶׁךְ אָפַף אוֹתָנוּ וְלֹא רָאִינוּ דָּבָר.
לֶאֱפוֹף אֶת- / א.פ.ף, פָּעַל / אָפְפוּ, אוֹפֵף, יֶאֱפוֹף

אפרז, אֵ֫פֶר ash
מַה שֶּׁנִּשְׁאָר אַחֲרֵי שְׂרֵיפָה:
לְפִי הָאֵפֶר אֶפְשָׁר לָדַעַת שֶׁהָיָה כָּאן בַּיִת שֶׁנִּשְׂרַף.
אֵפֶר הַסִּיגָרִיּוֹת מְלַכְלֵךְ אֶת כֹּל הַבַּיִת.

אפרוחז, אֶפְרוֹ֫חַ [אֶפְרוֹחִים] young chicken
בֵּן שֶׁל תַּרְנְגוֹלֶת, עוֹף צָעִיר מְאוֹד:
הָאֶפְרוֹחַ הַזֶּה רַק עַכְשָׁיו יָצָא מִן הַבֵּיצָה.

אפרורית, אַפְרוּרִי grayish
צֶבַע כִּמְעַט אָפוֹר:
הָאוֹר בַּחוּץ אַפְרוּרִי, עוֹמֵד לָרֶדֶת גֶּשֶׁם.
אַפְרוּרִית, אַפְרוּרִיִּים, אַפְרוּרִיּוֹת

אפרכסתנ, אֲפַרְכֶּ֫סֶת auricle
1. הַחֵלֶק הַחִיצוֹנִי שֶׁל הָאוֹזֶן:
הָאֲפַרְכֶּסֶת מְגִינָּה עַל הָאוֹזֶן.
2. הַחֵלֶק שֶׁל הַטֶּלֶפוֹן שֶׁשּׁוֹמְעִים בּוֹ: receiver
הִרְחַקְתִּי אֶת הָאֲפַרְכֶּסֶת מִן הָאוֹזֶן, כִּי הוּא צָעַק.

אפרסקז, אֲפַרְסֵק [אֲפַרְסְקִים] peach
מִין עֵץ פְּרִי:
הָאֲפַרְסֵק הוּא פְּרִי מָתוֹק וַעֲסִיסִי, צִבְעוֹ צָהוֹב אֲדַמְדַּם.

אפרפרת, אֲפַרְפַּר grayish
אָפוֹר חַלָּשׁ:
הַשִּׂמְלָה הַזֹּאת לֹא לְבָנָה, הִיא אֲפַרְפֶּרֶת.
אֲפַרְפֶּרֶת, אֲפַרְפָּרִים, אֲפַרְפָּרוֹת

אפרקדןת, פרקדן

אפשרת"פ, אֶפְשָׁר possible
יִיתָּכֵן, יְכוֹלִים:
אֶפְשָׁר לָלֶכֶת הַבַּיְתָה בָּרֶגֶל.
אֶפְשָׁר לַעֲזוֹר לְךָ?

אפשרותנ, אֶפְשָׁרוּת [אֶפְשָׁרוּיוֹת] possibility
יְכוֹלֶת, דֶּרֶךְ לַעֲשׂוֹת מַשֶּׁהוּ:
יֵשׁ הַרְבֵּה אֶפְשָׁרוּיוֹת לִלְמוֹד מִקְצוֹעַ.

אפשרית' אֶפְשָׁרִי — possible
יְכוֹלִים לַעֲשׂוֹת אוֹתוֹ, יָכוֹל לִהְיוֹת:
*אֲנִי מַסְכִּים לַהַצָּעָה שֶׁלְּךָ - הַדָּבָר **אֶפְשָׁרִי**.*
אֶפְשָׁרִית, אֶפְשָׁרִיִּים, אֶפְשָׁרִיּוֹת

אץפ' אָץ — hastened
מִיהֵר מְאוֹד, רָץ:
*הוּא **אָץ** לְדַרְכּוֹ.*
אָצָה לוֹ הַדֶּרֶךְ - מִיהֵר מְאוֹד — was in a hurry
לָאוּץ /א.ו.ץ, פָּעַל / אַצְתִּי, אָצָה, אָאוּץ, יָאוּץ, אוּץ!

אצבענ' אֶצְבַּע [אֶצְבָּעוֹת] — finger
אֶחָד מֵחֲמֵשֶׁת הַחֲלָקִים בְּכַף הַיָּד אוֹ בְּכַף הָרֶגֶל:
*דָּוִד שָׂם אֶת הַטַּבַּעַת עַל **הָאֶצְבַּע** שֶׁל רוּת.*
טְבִיעַת אֶצְבָּעוֹת — fingerprints

אצהנ' אַצָּה [אַצּוֹת] — seaweed
צֶמַח שֶׁגָּדֵל בַּמַּיִם, טוֹב לַבְּרִיאוּת:
*מֵ**אַצּוֹת** עוֹשִׂים תְּרוּפוֹת לְמַחֲלוֹת.*

אצולהנ' אֲצוּלָה — aristocracy
אֲרִיסְטוֹקְרַטְיָה, מַעֲמָד גָּבוֹהַּ:
*הַלּוֹרְד שַׁיָּךְ **לָאֲצוּלָה** הַבְּרִיטִית.*

אצילת' אָצִיל — nobleman
1. בֵּן שֶׁל מִשְׁפָּחָה חֲשׁוּבָה, אֲרִיסְטוֹקְרָט:
*בִּמְדִינָה דֵּמוֹקְרָטִית אֵין **אֲצִילִים**.*
2. עָדִין, אָדִיב: — noble, virtuous
*הוּא תָּמִיד עוֹזֵר לַאֲנָשִׁים - הוּא יֶלֶד **אָצִיל**.*
אֲצִיל-נֶפֶשׁ — nobleminded
אֲצִילָה, אֲצִילִים, אֲצִילוֹת

אצילית' אֲצִילִי — noble
אֲרִיסְטוֹקְרָטִי, עָדִין:
*יֵשׁ לָהּ פָּנִים **אֲצִילִיּוֹת**.*
אֲצִילִית, אֲצִילִים, אֲצִילִיּוֹת

אצלמ"י אֵצֶל — at someone's
מִילַּת-יַחַס הַבָּאָה לִפְנֵי שֵׁם עֶצֶם, שֶׁמְּיַיצֵּג אָדָם אוֹ בַּעַל חַיִּים (בִּמְקוֹם 'בְּ'):
*בִּיקַּרְתִּי **אֵצֶל** יִצְחָק (בִּיקַּרְתִּי בַּבַּיִת שֶׁלּוֹ).*
אֶצְלִי, אֶצְלְךָ, אֶצְלֵךְ, אֶצְלוֹ, אֶצְלָהּ, אֶצְלְכֶם-ן, אֶצְלָם-ן

אצןז' אָצָן [אָצָנִים] — sprinter
מִי שֶׁרָץ בְּהִתְחָרוּת:
*הוּא **אָצָן** טוֹב, הוּא יַגִּיעַ לָאוֹלִימְפִּיאָדָה.*
אָצָנִית, אָצָנִיּוֹת

אקדחז' אֶקְדָּח [אֶקְדָּחִים] — pistol, gun
כְּלִי יְרִיָּיה קָטָן:
*הָ**אֶקְדָּח** הוּא כְּלִי הֲגָנָה אִישִׁי.*
אֶקְדַּח-קַפְּצוֹנִים - מִשְׂחָק שֶׁל יְלָדִים — cap-gun

אקליםז' אַקְלִים — climate
מֶזֶג אֲוִויר:
*הָ**אַקְלִים** בְּיִשְׂרָאֵל נָעִים מְאוֹד: בַּחוֹרֶף קַר וּבַקַּיִץ חַם.*

אקראית' אַקְרָאִי — accidental
מִקְרִי, בְּלִי תוֹכְנִית, בְּלִי כַּוָּונָה:
*שָׁמַעְתִּי עַל זֶה בְּשִׂיחָה **אַקְרָאִית** בָּאוֹטוֹבּוּס.*
אַקְרָאִית, אַקְרָאִיִּים, אַקְרָאִיּוֹת

ארבפ' אָרַב — lurked, lay in wait
יָשַׁב בְּמָקוֹם שֶׁלֹּא רוֹאִים אוֹתוֹ וְחִיכָּה:
*כָּל הַלַּיְלָה **אָרַבְנוּ לְ**שׁוֹדְדִים.*
לֶאֱרוֹב לְ- / א.ר.ב, פָּעַל / אָרַבְתִּי, אוֹרֵב, אֶאֱרוֹב, יֶאֱרוֹב

ארבהז' אַרְבֶּה — locust
בַּעַל חַיִּים לֹא גָּדוֹל, יֵשׁ לוֹ כְּנָפַיִים, וְהוּא אוֹכֵל עֵצִים, עֲשָׂבִים וְכוּ':
*אַחֲרֵי שֶׁ**הָאַרְבֶּה** עָבַר, לֹא נִשְׁאַר שׁוּם צֶמַח.*

ארבעש"מ/נ' אַרְבַּע — four(f)
הַמִּסְפָּר 4:
*יֵשׁ **אַרְבַּע** עוֹנוֹת בַּשָּׁנָה: סְתָיו, חוֹרֶף, אָבִיב וְקַיִץ.*

ארבעהש"מ/ז' אַרְבָּעָה — four (m)
הַמִּסְפָּר 4:
*יֵשׁ לִי **אַרְבָּעָה** בָּנִים.*
אַרְבַּעַת-הַיְלָדִים/אַרְבַּעַת הַמִּינִים

ארבעיםש"מ/ז"נ אַרְבָּעִים — forty
הַמִּסְפָּר 40:
*בְּנֵי יִשְׂרָאֵל הָלְכוּ בַּמִּדְבָּר **אַרְבָּעִים** שָׁנָה.*

ארגפ' אָרַג — wove
עָשָׂה בַּד מֵחוּטִים:
*הוּא **אָרַג** שָׁטִיחַ לַחֶדֶר.*
לֶאֱרוֹג אֶת- /א.ר.ג, פָּעַל / אָרַגְתִּי, אוֹרֵג, יֶאֱרוֹג, אֱרוֹג!

ארגזז' אַרְגָּז [אַרְגָּזִים] — case, box
קוּפְסָה גְּדוֹלָה מֵעֵץ אוֹ מִקַּרְטוֹן:
*הַתַּפּוּזִים מַגִּיעִים לַחֲנוּת **בְּאַרְגָּזִים** גְּדוֹלִים.*

ארגמןז' אַרְגָּמָן — purple
צֶבַע אָדוֹם כֵּהֶה:
*בְּגָדִים שֶׁל מֶלֶךְ הֵם בְּצֶבַע **אַרְגָּמָן**.*

ארגעהנ׳ הרגעה

ארדז׳ אָרָד — bronze

בּרונזה, סוג שֶׁל מַתֶּכֶת:

*הוא הִגִּיעַ שלישי בָּאוֹלימפּיאָדָה וְקִיבֵּל מֶדַלְיָה שֶׁל **אָרָד**.*

ארובהנ׳ אֲרֻבָּה [אֲרוּבּוֹת] — chimney

צִינור, שֶׁמּוֹצִיא עָשָׁן מִתַּנּוּר אֶל הָאֲוויר:

*לְפִי **הָאֲרוּבּוֹת** אֶפְשָׁר לָדַעַת, שֶׁיֵּשׁ כָּאן הַרְבֵּה בָּתֵּי־חֲרוֹשֶׁת.*

ארוגת׳ אָרוּג — woven (adj.)

עָשׂוּי מֵחוּטִים מְחוּבָּרִים (בַּד):

*הַשָּׁטִיחַ הַזֶּה **אָרוּג** בַּיָּד.*

אֲרוּגָה, אֲרוּגִים, אֲרוּגוֹת

ארוזת׳ אָרוּז — packed (adj.)

עָטוּף וְקָשׁוּר (בַּחֲבִילָה, בִּמְזוּוָדָה וְכוּ'):

*הֵבֵאתִי לַדּוֹאַר אֶת הַחֲבִילוֹת **הָאֲרוּזוֹת**.*

אֲרוּזָה, אֲרוּזִים, אֲרוּזוֹת

ארוחהנ׳ אֲרוּחָה [אֲרוּחוֹת] — meal

סְעוּדָה, כְּשֶׁיּוֹשְׁבִים לֶאֱכוֹל:

*אֲנִי רוֹצֶה לֶאֱכוֹל **אֲרוּחָה** טוֹבָה.*

אֲרוּחַת־בּוֹקֶר — breakfast

אֲרוּחַת־עֶרֶב — dinner

אֲרוּחַת־צוֹהֳרַיִים — lunch

ארוךת׳ אָרֹךְ — long

גָּדוֹל בָּאוֹרֶךְ, הַהֵיפֶךְ מִ"קָּצָר":

*לָבַשְׁתִּי מְעִיל **אָרוֹךְ** וְחַם.*

*הַיּוֹם לָמַדְנוּ 8 שָׁעוֹת. הָיָה לָנוּ יוֹם **אָרוֹךְ** וּמְעַיֵּיף.*

אֲרוּכָּה, אֲרוּכִּים, אֲרוּכּוֹת

ארוכותתה"פ אֲרֻכּוֹת — at length

בְּמֶשֶׁךְ זְמַן רַב:

*הוּא סִיפֵּר **אֲרוּכּוֹת** עַל הַטִּיּוּל שֶׁלּוֹ.*

ארוןז׳ אָרוֹן [אֲרוֹנוֹת] — cupboard, closet

רָהִיט שֶׁבְּתוֹכוֹ שָׂמִים חֲפָצִים:

*שַׂמְתִּי אֶת הַבְּגָדִים **בָּאָרוֹן**.*

אֲרוֹן־הַקּוֹדֶשׁ/אֲרוֹן־סְפָרִים/אֲרוֹן־מִטְבָּח

ארוסז׳ אָרוּס [אֲרוּסִים] — fiancé

חָתָן, בָּחוּר לִפְנֵי הַחֲתוּנָּה:

*דָּוִיד הוּא **הָאָרוּס** שֶׁל רוּת, הֵם יִתְחַתְּנוּ בְּקָרוֹב.*

אֲרוּסָה, אֲרוּסוֹת

ארורת׳ אָרוּר — cursed (adj.), damned (adj.)

מִי שֶׁרוֹצִים שֶׁיִּקְרֶה לוֹ דָּבָר רַע, מְקוּלָּל:

*עַל הִיטְלֶר אוֹמְרִים **אָרוּר**.*

אֲרוּרָה, אֲרוּרִים, אֲרוּרוֹת

ארזפ׳ אָרַז — packed

עָטַף וְקָשַׁר, שָׂם חֲפָצִים בְּאַרְגָּז אוֹ בִּמְזוּוָדָה:

*הוּא **אָרַז** אֶת הַסְּפָרִים וְשָׁלַח אוֹתָם בַּדּוֹאַר.*

לֶאֱרוֹז, אֶת- /א.ר.ז, פָּעַל / אָרַזְתִּי, אוֹרֵז, אֶאֱרוֹז, יֶאֱרוֹז

ארזז׳ אֶ֫רֶז [אֲרָזִים] — cedar

עֵץ גָּדוֹל וְחָזָק, הֶעָלִים שֶׁלּוֹ דּוֹמִים לְמַחְטִים:

*הוּא גָּבוֹהַּ כְּמוֹ **אֶרֶז**.*

ארי ר׳ אריה

אריגז׳ אָרִיג [אֲרִיגִים] — fabric, woven material

בַּד:

*קָנִיתִי **אָרִיג** יָקָר כְּדֵי לִתְפּוֹר לִי חֲלִיפָה.*

אריגהנ׳ אֲרִיגָה — weaving

כְּשֶׁעוֹשִׂים בַּד מֵחוּטִים:

*הַבַּד הַזֶּה הוּא **אֲרִיגַת** יָד.*

אריהז׳ אַרְיֵה [אֲרָיוֹת] — lion

בַּעַל־חַיִּים, "מֶלֶךְ הַחַיּוֹת":

***הָאַרְיֵה** נִקְרָא "מֶלֶךְ הַחַיּוֹת" בִּגְלַל כּוֹחוֹ הָרַב.*

אריזהנ׳ אֲרִיזָה [אֲרִיזוֹת] — packaging packing

1. קְשִׁירָה וַעֲטִיפָה שֶׁל חֲפָצִים בִּנְיָיר, בְּאַרְגָּז אוֹ בִּמְזוּוָדָה:

*אֲנַחְנוּ עֲסוּקִים **בַּאֲרִיזָה** שֶׁל הַבְּגָדִים.*

2. הַחוֹמֶר שֶׁאוֹרְזִים בּוֹ, נְיָיר, קַרְטוֹן וְכוּ':

***הָאֲרִיזָה** נִקְרְעָה, וְהַכּוֹל הִתְפַּזֵּר עַל הָרִצְפָּה.*

בֵּית־אֲרִיזָה

אריחז׳ אָרִ֫יחַ [אֲרִיחִים] — tile

לוּחַ שֶׁל אֶבֶן, שֶׁמְּכַסִּים בּוֹ אֶת הָרִצְפָּה אוֹ הַקִּיר:

***הָאֲרִיחִים** בַּמִּטְבָּח בְּצֶבַע חוּם, וּבָאַמְבַּטְיָה בְּצֶבַע לָבָן.*

אריכותנ׳ אֲרִיכוּת — lengthiness

אוֹרֶךְ, מֶשֶׁךְ (בְּדֶרֶךְ כְּלָל בִּזְמַן):

בַּאֲרִיכוּת - תה"פ — at length

*הוּא דִּיבֵּר **בַּאֲרִיכוּת**, וְכוּלָּם נִרְדְּמוּ.*

אֲרִיכוּת יָמִים — long life, longevity

ארךפ׳ אָרַךְ — lasted

נִמְשַׁךְ, הָיָה אָרוֹךְ בִּזְמַן:

*הַמִּלְחָמָה **אָרְכָה** שָׁנִים רַבּוֹת.*

לֶאֱרוֹךְ / א.ר.ך, פָּעַל / אָרְכוּ, אוֹרֵךְ, יֶאֱרַךְ

ארכהנ׳ אַרְכָּה extension

הַאֲרָכָה שֶׁל זְמַן, דחִיָּיה לִזמַן מְאוּחָר יוֹתֵר:

*קִיבַּלתִי **אַרכָּה** שֶׁל שָׁבוּעַ לִמסִירַת הָעֲבוֹדָה.*

ארכיוןז׳ אַרְכִיּוֹן [אַרְכִיּוֹנִים] archive(s)

מָקוֹם שֶׁשּׁוֹמְרִים בּוֹ תְעוּדוֹת, מִכתָבִים וְכוּ׳:

*מָצָאתִי **בָּאַרכִיּוֹן** מִכתָבִים שֶׁל הֶרצל.*

ארמוןז׳ אַרְמוֹן [אַרמוֹנוֹת] palace

בִּניָין גָדוֹל וּמְפוֹאָר:

***אַרמוֹן** הוּא הַבַּיִת שֶׁל הַמֶּלֶך וְהַמַּלכָּה.*

ארמיתנ׳ אֲרָמִית Aramaic

שָׂפָה שֵׁמִית עַתִיקָה, דוֹמָה לְעִברִית:

*הָאָלֶפבֵּית **בַּאֲרָמִית** הוּא כּמוֹ הָאָלֶפבֵּית בְּעִברִית.*

ארנבתנ׳ אַרְנֶבֶת [אַרנָבוֹת] hare, rabbit

בַּעַל חַיִּים לֹא גָדוֹל עִם אוֹזנַיִים אֲרוּכּוֹת:

*הוּא בָּרַח מֵאִיתָנוּ כּמוֹ **אַרנֶבֶת**.*

ארנונהנ׳ אַרְנוֹנָה property tax

מַס שֶׁל הַמֶּמשָׁלָה עַל בָּתִים וּמִגרָשִׁים:

***הָאַרנוֹנָה** בְּתֵל־אָבִיב גבוֹהָה מְאוֹד. רַק מִי שֶׁהַבַּיִת אוֹ הַדִירָה שֶׁלוֹ מְשַׁלֵם אַרנוֹנָה.*

ארנקז׳ אַרְנָק [אַרנָקִים] purse, wallet

תִיק־יָד, אוֹ תִיק קָטָן לְכֶסֶף:

*אִיבַּדתִי אֶת **אַרנַק** הַכֶּסֶף שֶׁלִי.*

אַרנְקֵי־עוֹר/אַרנַק צַד

ארסז׳ אֶרֶס poison, venom

חוֹמֶר רַעַל (מַזִּיק, מְסוּכָּן) שֶׁיֵּשׁ לְבַעֲלֵי חַיִּים:

***אֶרֶס** שֶׁל נָחָשׁ יָכוֹל לִגרוֹם מָוֶות.*

ארסית׳ אַרְסִי poisonous

1. יֵשׁ בּוֹ רַעַל (חוֹמֶר מְסוּכָּן):

יֶשנָם צמָחִים וּנחָשִׁים אַרסִיִּים.

2. אוֹמרִים עַל מִי שֶׁיֵּשׁ בּוֹ שִׂנאָה:

*יֵשׁ לָהּ מַבָּט **אַרסִי**.*

אַרסִית, אַרסִיִּים, אַרסִיּוֹת

ארסיותנ׳ אַרְסִיּוּת venomousness

1. מַשֶׁהוּ מַזִּיק, בְּצֶמַח אוֹ בְּחוֹמֶר:

***הָאַרסִיּוּת** שֶׁל הַנְחָשִׁים מְסוּכֶּנֶת לִבנֵי־אָדָם.*

2. כּשֶׁמְּדַבּרִים בְּצוּרָה לֹא יָפָה, פּוֹגַעַת, רָעָה: maliciousness

*הָעִיתוֹנַאי כָּתַב **בְּאַרסִיּוּת** עַל הַפּוֹלִיטִיקָאִים.*

ארעית׳ אֲרָעִי temporary

זמַנִי, לֹא קָבוּעַ:

*זֹאת לֹא דִירָה שֶׁלָנוּ, זֹאת דִירָה **אֲרָעִית**.*

אֲרָעִית, אֲרָעִיִּים, אֲרָעִיּוֹת

ארעיותנ׳ אֲרָעִיּוּת temporariness

זמַנִיּוּת, כּשֶׁמַשֶׁהוּ לֹא קָבוּעַ:

*כּשֶׁאֵין דִירָה קבוּעָה, יֵשׁ הַרגָשָׁה שֶׁל **אֲרָעִיּוּת**.*

ארץנ׳ אֶרֶץ [אֲרָצוֹת] country, land

1. מְדִינָה:

***אֶרֶץ** יִשׂרָאֵל הִיא מוֹלֶדֶת הָעָם הַיְהוּדִי.*

2. פּנֵי הָאֲדָמָה, הָעוֹלָם: earth

*"בְּרֵאשִׁית בָּרָא אֱלוֹהִים אֵת הַשָּׁמַיִם וְאֵת **הָאָרֶץ**".*

אַרצוֹת־הַמַּעֲרָב/אַרצוֹת הַמִּזְרָח

ארצות-הבריתנ׳ אַרְצוֹת-הַבְּרִית U.S.A.

(ר"ת: ארה"ב) הַמְּדִינָה הַגְדוֹלָה בְּיוֹתֵר בִּצפוֹן אֲמֶרִיקָה:

***אַרצוֹת הַבּרִית** הִיא אַחַת הַמַּעֲצָמוֹת הַגדוֹלוֹת בָּעוֹלָם.*

ארצית׳ אַרְצִי earthy, worldly

1. מַמָּשִׁי, לֹא אַבּסטרַקטִי:

*הוּא פִילוֹסוֹף, הָעִניָינִים **הָאַרצִיִּים**, כּמוֹ כֶּסֶף, אֵינָם מְעַניְינִים אוֹתוֹ.*

2. שֶׁל כֹּל הָאָרֶץ: national

*אֲנִי חָבֵר בָּאִירגוּן **הָאַרצִי** שֶׁל הַמְּהַנדְסִים.*

אַרצִית, אַרצִיִּים, אַרצִיּוֹת

ארשתנ׳ אֲרֶשֶׁת expression

הַבָּעָה, מַה שֶׁהַפָּנִים (אוֹ הָעֵינַיִים וְכוּ׳) אוֹמרוֹת:

*הִיא לֹא יָפָה, אֲבָל יֵשׁ לָהּ **אֲרֶשֶׁת** פָּנִים נְעִימָה.*

אשה ר׳ אישה

אשנ׳ אֵשׁ fire

מַה שֶׁרוֹאִים בִּזמַן שׂרֵיפָה:

*בִּגלַל הַחוֹם פָּרצָה **אֵשׁ** בַּשָּׂדֶה.*

אֲנִי רוֹצֶה לְעַשֵׁן. אֶפשָׁר לְקַבֵּל **אֵשׁ**?

אשךז׳ אֶשֶׁךְ [אֲשָׁכִים] testicle

חֵלֶק מֵאֵבֶר הַמִּין שֶׁל הַגֶּבֶר - הַבֵּיצִים:

*הַהוֹרמוֹן הַגַברִי נוֹצָר **בָּאֲשָׁכִים**.*

אשכולז׳ אֶשְׁכּוֹל [אֶשכּוֹלוֹת] cluster

קבוּצָה שֶׁל פֵּירוֹת קטַנִים יַחַד עַל עָנָף אֶחָד:

*אָכַלתִי הַיּוֹם **אֶשׁכּוֹל** עֲנָבִים.*

אשכוליתנ׳ אֶשְׁכּוֹלִית [אֶשְׁכּוֹלִיּוֹת] grapefruit
פְּרִי עֵץ:
הָאֶשְׁכּוֹלִית הִיא פְּרִי חֲמוּץ־מָרִיר, הִיא עֲשִׁירָה בְּוִיטָמִין C.

אשכנזז׳ אַשְׁכְּנַז Ashkenaz (old Germany)
(בְּסִפְרוּת הַיְשָׁנָה) הַשֵּׁם הָעִבְרִי שֶׁל גֶּרְמַנְיָה:
יְהוּדִים רַבִּים בָּרְחוּ מִסְפָרַד לְאַשְׁכְּנַז.

אשכנזית׳ אַשְׁכְּנַזִּי Ashkenazi
יְהוּדִי, שֶׁהַמּוֹצָא שֶׁלּוֹ מֵאֵירוֹפָּה:
אָבִי נוֹלַד בְּפּוֹלִין, אִימִּי נוֹלְדָה בְּמָרוֹקוֹ, לָכֵן אֲנִי חֲצִי אַשְׁכְּנַזִּיָּה וַחֲצִי סְפָרַדִּיָּה.
אַשְׁכְּנַזִּית/אַשְׁכְּנַזִּיָּה, אַשְׁכְּנַזִּים, אַשְׁכְּנַזִּיּוֹת

אש"לז׳ אֵשֶׁ"ל per diem
ר"ת: **א**וֹכֶל **ש**תִיָּיה, **ל**ינה (שֵׁינָה): כֶּסֶף שֶׁמְּשַׁלְּמִים לְעוֹבֵד, שֶׁנּוֹסֵעַ רָחוֹק מִן הַבַּיִת:
הָאֵשֶׁ"ל, שֶׁאֲנִי מְקַבֵּל, הוּא תּוֹסֶפֶת יָפָה לַמַּשְׂכּוֹרֶת.

אשליהנ׳ אַשְׁלָיָה [אַשְׁלָיוֹת] illusion
הַבְטָחָה אוֹ תִקְוָוה, שֶׁאֵין לָהּ בָּסִיס:
הוּא חַי בְּאַשְׁלָיוֹת, לָכֵן הוּא לֹא עוֹשֶׂה כְּלוּם.

אשםת׳ אָשֵׁם guilty
אַחְרַאי לְמַעֲשֶׂה לֹא טוֹב, מִי שֶׁמַּגִּיעַ לוֹ עוֹנֶשׁ:
הַשּׁוֹפֵט מָצָא שֶׁהַנֶּהָג אָשֵׁם בַּתְּאוּנָה.
אֲשֵׁמָה, אֲשֵׁמִים, אֲשֵׁמוֹת

אשמהנ׳ אַשְׁמָה [אֲשָׁמוֹת] guilt
מַעֲשֶׂה רַע, מַעֲשֶׂה נֶגֶד הַחוֹק:
הָאַשְׁמָה שֶׁלִּי הִיא שֶׁנָּסַעְתִּי בְּאוֹר אָדוֹם.
בְּאַשְׁמָתִי, בְּאַשְׁמָתְךָ וְכוּ׳ - בִּגְלָלִי, בִּגְלָלְךָ וְכוּ׳

אשנבז׳ אֶשְׁנָב [אֶשְׁנַבִּים] small window
חַלּוֹן קָטָן לְאוֹר, לְאִיוְורוּר וְכוּ׳:
סָגַרְתִּי אֶת כָּל הַחַלּוֹנוֹת, הִשְׁאַרְתִּי רַק אֶשְׁנָב אֶחָד פָּתוּחַ.

אשףז׳ אַשָּׁף [אַשָּׁפִים] magician, real pro
קוֹסֵם, מוּמְחֶה בְּמַשֶּׁהוּ:
הוּא אַשָּׁף בְּתִיכְנוּן בָּתִּים.
אַשַּׁף־הַמִּטְבָּח chef

אש"ףז׳ אָשָׁ"ף P.L.O.
ר"ת: **א**ירגוּן **ש**יחרוּר **פ**לֶשְׂתִּין, שֵׁם אִירְגּוּן עֲרָבִי־פָלֶשְׂתִּינָאִי:
אִירְגּוּן אָשָׁ"ף בִּיצַּע פְּעוּלַּת חַבָּלָה בִּירוּשָׁלַיִם.

אשפהנ׳ אַשְׁפָּה garbage
זֶבֶל, לִיכְלוּךְ:
צָרִיךְ לִזְרוֹק אֶת הָאַשְׁפָּה לַפַּח.
פַּח־אַשְׁפָּה garbage can

אשרמ"ק אֲשֶׁר which, who, that
שֶׁ-, מִי שֶׁ-, מַה שֶׁ-, זֶה שֶׁ-:
הָאִישׁ אֲשֶׁר פָּגַשְׁתִּי אֶתְמוֹל, גָּר בִּירוּשָׁלַיִם.

אשראיז׳ אַשְׁרַאי credit
קְרֶדִיט, כְּשֶׁאֶפְשָׁר לָקַחַת סְחוֹרָה, כֶּסֶף וּלְשַׁלֵּם מְאוּחָר יוֹתֵר:
יֵשׁ לִי אַשְׁרַאי בַּבַּנְק עַד 10,000 ש"ח.

אשרהנ׳ אַשְׁרָה [אֲשָׁרוֹת] visa
וִיזָה, תְּעוּדַת מַעֲבָר מֵאֶרֶץ לְאֶרֶץ:
הָיִיתִי בְּשַׁגְרִירוּת צָרְפַת כְּדֵי לְקַבֵּל אַשְׁרַת כְּנִיסָה.

אשתקדת"פ אֶשְׁתָּקַד (אֶשְׁתָּקֵד) last year
בַּשָּׁנָה שֶׁעָבְרָה:
אֶשְׁתָּקַד הָיִינוּ בְּחוּץ לָאָרֶץ.

אתמ"ג/נ׳ אַתְּ you(f.s.)
גוּף שֵׁנִי נוֹכַחַת (פְּנִיָּיה יְשִׁירָה):
רוּתִי, אַתְּ יוֹדַעַת מַה הַשָּׁעָה?
אַתֶּן נ"ר you (f.p)

אתמ"י אֶת me, you, him
1. מִילָּה שֶׁמְּסַמֶּנֶת אֶת הַמּוּשָׂא (הָאוֹבְּיֶיקְט) הַיָּשִׁיר, הַמְיוּדָּע, שֶׁבָּא אַחֲרֶיהָ:
אֲנִי אוֹהֶבֶת אֶת הַמִּשְׁפָּחָה שֶׁלִּי. רָאִיתִי אֶת דָּוִד.
אוֹתִי, אוֹתְךָ, אוֹתָךְ, אוֹתוֹ
2. עִם, בְּיַחַד עִם: with me, with you
נָסַעְתִּי לִירוּשָׁלַיִם. הַיְּלָדִים נָסְעוּ אִיתִּי.
אִיתִּי, אִיתְּךָ, אִיתָּךְ, אִיתּוֹ...

אתנ׳ אֵת [אִתִּים] shovel
מַכְשִׁיר לְהוֹצָאַת אֲדָמָה:
חָפַרְתִּי בּוֹר בְּאֵת.

אתגרז׳ אֶתְגָּר [אֶתְגָּרִים] challenge
קוֹשִׁי שֶׁצָּרִיךְ לְהִתְאַמֵּץ כְּדֵי לְהַצְלִיחַ בּוֹ:
כְּתִיבַת סִיפּוּרִים בְּעִבְרִית הִיא בִּשְׁבִילִי אֶתְגָּר מְעַנְיֵין.

אתהמ"ג/ז׳ אַתָּה you (m.s.)
גוּף שֵׁנִי נוֹכֵחַ (פְּנִיָּיה יְשִׁירָה):
דָּוִד, אַתָּה מְדַבֵּר עִבְרִית?
אֲנִי רְעֵבָה, וְאַתָּה?

אתוןנ' אָתוֹן [אֲתוֹנוֹת] female donkey

הַנְּקֵבָה שֶׁל הַחֲמוֹר:

*הַחֲמוֹר וְהָ**אָתוֹן** הֵם זוּג בַּטֶּבַע.*

אתםמ"ג/ד"ר אַתֶּם you (m.p.)

גוּף שֵׁנִי רַבִּים, נוֹכְחִים (בִּפְנִיָּיה יְשִׁירָה):

*דָּוִיד וְיִצְחָק, **אַתֶּם** מוּזְמָנִים לִמְסִיבָּה בְּשַׁבָּת.*

אתמולת"פ אֶתְמוֹל yesterday

הַיּוֹם שֶׁעָבַר, הַיּוֹם הַקּוֹדֵם:

*הַיּוֹם יוֹם רְבִיעִי, **אֶתְמוֹל** הָיָה יוֹם שְׁלִישִׁי.*

אתןמ"ג/נ"ר אַתֶּן you (f.p)

גוּף שֵׁנִי רַבִּים, נוֹכְחוֹת (בִּפְנִיָּיה לְרַבּוֹת):

*רוּתִי וְדִינָה, **אַתֶּן** מַכִּירוֹת זוֹ אֶת זוֹ?*

אתרז' אֲתַר [אֲתָרִים] place, site

מָקוֹם:

*בִּירוּשָׁלַיִם יֵשׁ הַרְבֵּה **אֲתָרִים** אַרְכֵיאוֹלוֹגִיִּים.*

בְּכָל אֲתַר וַאֲתַר - בְּכָל מָקוֹם

אתרוגנ' אֶתְרוֹג [אֶתְרוֹגִים] citron

פְּרִי דּוֹמֶה לְלִימוֹן, מְבָרְכִים עָלָיו בְּחַג הַסּוּכּוֹת:

*שָׁלַחְתִּי **אֶתְרוֹג** לְסַבָּא שֶׁלִּי בְּחוּץ לָאָרֶץ.*

ב

ב 2nd letter of Heb. alphabet
בֵּית, הָאוֹת הַשְּׁנִיָּיה בָּאָלֶפְבֵּית הָעִבְרִי. מְסַמֶּנֶת שֵׁם מִסְפָּר -
2, שְׁנִי/שְׁנִיָּיה: two, 2nd
בְּנִי לוֹמֵד בְּכִיתָּה ב׳.

במ״י בְּ..., בַּ... in, at
1. בְּתוֹךְ:
הוּא עוֹבֵד בַּמִּשְׂרָד וְלֹא בַּבַּיִת.
2. עַל יְדֵי, בְּעֶזְרַת, עִם: with
אֲנִי כּוֹתֵב בְּעֵט אוֹ בְּעִיפָּרוֹן.
בִּי, בְּךָ, בָּךְ, בּוֹ, בָּהּ, בָּנוּ, in me, in you, in it, etc.
בָּכֶם־כֶן, בָּהֶם־הֶן

באפ׳ בָּא came, arrived
הִגִּיעַ, נִכְנַס:
הוּא בָּא לְיִשְׂרָאֵל לִפְנֵי שָׁנָה.
לָבוֹא לְ- /ב.ו.א, פָּעַל / בָּאתִי, בָּא, אָבוֹא, יָבוֹא, בּוֹא!
בָּא בְּחֶשְׁבּוֹן possible
בָּא לוֹ (לְשׁוֹן דִּיבּוּר)... he felt like...
בָּא לִידֵי בִּיטּוּי ב׳ - was expressed
בָּא בַּיָּמִים ת׳ old (man)
בָּא לִכְלַל reached the state of...
הַבָּא ת׳ - next
זֶה שֶׁיִּהְיֶה, שֶׁיַּגִּיעַ:
בַּשָּׁבוּעַ הַבָּא אֲבַקֵּר בִּירוּשָׁלַיִם.
הַבָּאָה, הַבָּאִים, הַבָּאוֹת
בַּשָּׁנָה הַבָּאָה next year
בְּרוּכִים הַבָּאִים welcome

בא־כוחז׳ בָּא־כֹּחַ [בָּאֵי־כּוֹחַ] representative
נָצִיג, מִי שֶׁמְּדַבֵּר אוֹ פּוֹעֵל בְּשֵׁם מִישֶׁהוּ אַחֵר:
הוּא חָתַם עַל הַחוֹזֶה בִּמְקוֹמִי, כִּי הוּא בָּא־הַכּוֹחַ שֶׁלִּי.

באופןת״פ בְּאוֹפֶן in a manner
בְּצוּרָה מְסוּיֶּמֶת, בְּדֶרֶךְ מְיוּחֶדֶת:
הוּא דִּיבֵּר אִיתִּי בְּאוֹפֶן רְצִינִי עַל הָעֲבוֹדָה שֶׁלָּנוּ.

באיטיותת״פ בְּאִטִּיּוּת slowly
לְאַט, הַהֵיפֶךְ מִ"בִּמְהִירוּת":
הָאִישׁ הַזָּקֵן עוֹשֶׂה הַכּוֹל בְּאִיטִּיּוּת.

באמצעת״פ בְּאֶמְצַע in the middle of
בְּמֶרְחָק שָׁוֶוה מִן הַצְּדָדִים:
הַמְּכוֹנִית הִתְקַלְקְלָה בְּאֶמְצַע הַדֶּרֶךְ.

באמצעותת״פ בְּאֶמְצָעוּת through
עַל יְדֵי, בְּדֶרֶךְ...:
שָׁמַרְתִּי עַל קֶשֶׁר עִם מִשְׁפַּחְתִּי בְּאֶמְצָעוּת הַטֶּלֶפוֹן.

באמתת״פ בֶּאֱמֶת really, truly
1. לְלֹא סָפֵק, בְּבִיטָּחוֹן מָלֵא:
אֲנִי בֶּאֱמֶת חוֹשֵׁב, שֶׁהוּא מַתְאִים לַתַּפְקִיד.
2. מְאוֹד: really
זֶה בֶּאֱמֶת סֶרֶט טוֹב.
3. בִּיטּוּי שֶׁל הַפְתָּעָה אוֹ עִנְיָין: really?
"הָיִיתִי בְּטִיּוּל גְּמַלִּים בַּנֶּגֶב" - "בֶּאֱמֶת?"

באקראי ר׳ אקראי **באר** פ׳ ר׳ ביאר

בארנ׳ בְּאֵר [בְּאֵרוֹת] well
בּוֹר שֶׁמּוֹצִיאִים מִמֶּנּוּ מַיִם:
בֶּעָבָר אֲנָשִׁים שָׁתוּ מַיִם מִן הַבְּאֵר.

באריכותת״פ בַּאֲרִיכוּת at length
הַהֵיפֶךְ מִ"בְּקִיצּוּר", בְּצוּרָה אֲרוּכָּה:
הוּא מְדַבֵּר בַּאֲרִיכוּת, וְאֵין לִי סַבְלָנוּת לִשְׁמוֹעַ אוֹתוֹ.

בבואהנ׳ בָּבוּאָה [בָּבוּאוֹת] reflection
צוּרָה שֶׁרוֹאִים בַּמַּיִם אוֹ בְּמַרְאָה וְכוּ׳:
רָאִיתִי אֶת הַבָּבוּאָה שֶׁלִּי בַּמַּרְאָה.
(מֶטָאפוֹרָה) הַסִּפְרוּת הִיא בָּבוּאַת הַחַיִּים.

בבלנ׳ בָּבֶל Babylon
מְדִינָה עַתִּיקָה, עִירָק שֶׁל הַיּוֹם:
בָּבֶל הָיְתָה אִימְפֶּרְיָה גְּדוֹלָה לִפְנֵי 2800 שָׁנָה.

בבקשהת״פ בְּבַקָּשָׁה please
1. נָא, פְּנִיָּיה שֶׁל נִימּוּס כַּאֲשֶׁר מְבַקְּשִׁים מַשֶּׁהוּ:
תֵּן לִי בְּבַקָּשָׁה אֶת הַמְּעִיל שֶׁלִּי.
2. תְּשׁוּבָה לְמִישֶׁהוּ, שֶׁאָמַר "תּוֹדָה":
תִּשְׁתֶּה קָפֶה? - כֵּן, תּוֹדָה רַבָּה! - בְּבַקָּשָׁה.

בברכהת״פ בִּבְרָכָה with regards
1. סוֹף פוֹרְמָלִי לְמִכְתָּב:
בְּסוֹף הַמִּכְתָּב כָּתוּב: בִּבְרָכָה, מִיכָאֵל קוֹגַן.
2. בְּרָצוֹן טוֹב: with gratitude
אֲנִי מְקַבֵּל בִּבְרָכָה אֶת הָעֶזְרָה שֶׁלְּךָ.

בבת אחתת״פ בְּבַת אַחַת (all) at once
בְּפַעַם אַחַת, בְּיַחַד:

*שָׁתִיתִי **בְּבַת אַחַת** בַּקְבּוּק יַיִן.*
*כּוּלָם מְדַבְּרִים פֹּה **בְּבַת אַחַת**.*

בגדפ׳ בָּגַד — betrayed, commited treason
1. לֹא הָיָה נֶאֱמָן. פָּעַל נֶגֶד הַמְּדִינָה שֶׁלּוֹ, הָאִירְגוּן שֶׁלּוֹ, וְכוּ׳:
*הוּא **בָּגַד בַּמְּדִינָה** וְעָזַר לָאוֹיֵב.*
2. לֹא הָיָה נֶאֱמָן לְאִישָׁה, לְבַעַל וְכוּ׳: — was unfaithful
*הוּא **בָּגַד בְּאִישְׁתּוֹ** עִם אִישָּׁה אַחֶרֶת.*
לִבְגּוֹד בְּ- / ב.ג.ד, פָּעַל / בָּגַדְתִּי, בּוֹגֵד, יִבְגּוֹד

בגדז׳ בֶּגֶד [בְּגָדִים] — clothing, outfit
לְבוּשׁ:
*קָנִיתִי **בֶּגֶד** חָדָשׁ לֶחָג.*
בֶּגֶד יָם/בִּגְדֵי עֲבוֹדָה/בִּגְדֵי חוֹרֶף

בגדרת״פ בְּגֶדֶר — within the scope of
בִּגְבוּל:
*צִיּוּן 60 הוּא עֲדַיִן **בְּגֶדֶר** הַצְלָחָה בַּבְּחִינָה.*

בגות״פ בְּגוֹ — in it, inside
בְּתוֹךְ, בִּפְנִים:
***יֵשׁ דְּבָרִים בְּגוֹ** - לֹא סְתָם,* — there is something in it
לֹא בְּמִקְרֶה, יֵשׁ סִיבָּה לְכָךְ:
*אִם הוּא שׁוֹתֵק - **יֵשׁ דְּבָרִים בְּגוֹ**.*

בגידהנ׳ בְּגִידָה [בְּגִידוֹת] — treason, betrayal
1. פְּעוּלָּה נֶגֶד הָאִינְטֶרֶסִים שֶׁל הַמְּדִינָה שֶׁלְּךָ, הָאִירְגוּן שֶׁלְּךָ וְכוּ׳:
*כְּשֶׁמּוֹסְרִים אִינְפוֹרְמַצְיָה לָאוֹיֵב זֹאת **בְּגִידָה** בַּמְּדִינָה.*
2.אִי נֶאֱמָנוּת לְאִישָּׁה, לְבַעַל וְכוּ׳: — unfaithfulness
*הַ**בְּגִידָה** שֶׁלּוֹ הָרְסָה אֶת הַמִּשְׁפָּחָה.*

בגיןמ״י בְּגִין — because of
(לָשׁוֹן גְּבוֹהָה) בִּגְלַל:
***בְּגִין** תַּפְקִידוֹ הוּא נוֹסֵעַ הַרְבֵּה לְחוּץ לָאָרֶץ.*

בגלוית״פ בְּגָלוּי — openly
לִפְנֵי כּוּלָּם, בְּלִי לְהַסְתִּיר:
*אֲנִי אוֹמֵר **בְּגָלוּי** מַה שֶּׁאֲנִי חוֹשֵׁב.*

בגללמ״י בִּגְלַל — because of
מִפְּנֵי:
***בִּגְלַל** הַגֶּשֶׁם אֵיחַרְתִּי לַשִּׁיעוּר.*
בִּגְלָלִי, בִּגְלָלְךָ, בִּגְלָלֵךְ, בִּגְלָלָהּ — because of me, you...

בגנותת״פ בִּגְנוּת [בְּ+גנות] — against, denouncing
כְּשֶׁאוֹמְרִים דְּבָרִים שְׁלִילִיִּים עַל מִישֶׁהוּ/מַשֶּׁהוּ:
*הוּא דִּיבֵּר **בִּגְנוּת** הַמִּלְחָמָה.*

בגסותת״פ בְּגַסּוּת — rudely
בְּחוּצְפָּה:
*הַפָּקִיד הַזֶּה מִתְנַהֵג **בְּגַסּוּת** לָאֲנָשִׁים.*

בגפות״פ בְּגַפּוֹ — alone
לְבַדּוֹ, בְּלִי אַף אֶחָד אַחֵר:
*הוּא בָּא **בְּגַפּוֹ** לַמְּסִיבָּה. אֵיפֹה אִישְׁתּוֹ?*
בְּגַפִּי, בְּגַפְּךָ, בְּגַפֵּנוּ

בג״ץז׳ בַּגָּ״ץ — Supreme Court
ר״ת **בֵּית מִשְׁפָּט גָּבוֹהַּ לְצֶדֶק**. בֵּית מִשְׁפָּט לָאָדָם הַקָּטָן, כְּשֶׁיֵּשׁ לוֹ קוֹנְפְלִיקְט עִם הַמֶּמְשָׁלָה:
*פָּנִיתִי **לְבָגָ״ץ** נֶגֶד שַׂר הַבִּיטָּחוֹן.*
(בִּלְשׁוֹן הַדִּיבּוּר) *הוּא הִגִּישׁ **בָּגָ״ץ**...*

בגרותנ׳ בַּגְרוּת — maturity
כְּשֶׁהָאָדָם מְבוּגָּר, מֵעַל גִּיל 18:
*כְּשֶׁאֶהְיֶה בֶּן 18, אַגִּיעַ **לְבַגְרוּת**.*
תְּעוּדַת בַּגְרוּת — matriculation certificate

בדז׳ בַּד [בַּדִּים] — cloth, material, fabric
חוֹמֶר לַעֲשִׂיַּית בְּגָדִים:
*קָנִיתִי **בַּד**, וְתָפַרְתִּי מִמֶּנּוּ שִׂמְלָה.*

בד בבדת״פ בַּד בְּבַד — simultaneously
יַחַד, בְּאוֹתוֹ זְמַן:
***בַּד בְּבַד** עִם הַהַרְצָאָה שֶׁלִּי תִּהְיֶה הוֹפָעָה בְּחֶדֶר אַחֵר.*

בדהפ׳ בָּדָה — made up, fabricated
הִמְצִיא סִיפּוּר, יְדִיעָה וְכוּ׳:
*הוּא סִיפֵּר לִי דְּבָרִים, **שֶׁבָּדָה** מִלִּבּוֹ.*
הוּא **בָּדָה** הוֹכָחוֹת כְּדֵי לְהַאֲשִׁים אוֹתִי.
לִבְדּוֹת אֶת- / ב.ד.ה, פָּעַל / בָּדִיתִי, בּוֹדֶה, יִבְדֶּה

בדוית׳ בָּדוּי — false, fabricated (adj.)
סִיפּוּר לֹא אֲמִיתִּי (שֶׁמִּישֶׁהוּ הִמְצִיא):
*הַיְּדִיעָה הַזֹּאת **בְּדוּיָה**.*
בְּדוּיָה, בְּדוּיִים, בְּדוּיוֹת

בדולחז׳ בְּדוֹלַח — crystal
אֶבֶן יְקָרָה, כְּמוֹ זְכוּכִית:
*זֹאת לֹא סְתָם כּוֹס זְכוּכִית, זֹאת כּוֹס **מִבְּדוֹלַח**.*

בדוקת׳ בָּדוּק — verified (adj.), true
בָּדְקוּ אוֹתוֹ, נִיסּוּ אוֹתוֹ וּמָצְאוּ שֶׁהוּא נָכוֹן, טוֹב:
*כָּל מַה שֶּׁאָמְרוּ עָלָיו - נָכוֹן, זֶה **בָּדוּק**!*
בְּדוּקָה, בְּדוּקִים, בְּדוּקוֹת

בדותא/בדותהנ׳ בְּדוּתָא [בְּדוּתוֹת] a bluff/lie
דָּבָר לֹא נָכוֹן, סִיפּוּר שֶׁמִּישֶׁהוּ הִמְצִיא:
*הַסִּיפּוּר שֶׁלּוֹ הוּא סְתָם **בְּדוּתָא**, לֹא הָיָה וְלֹא נִבְרָא.*

בדחןז׳ בַּדְּחָן [בַּדְּחָנִים] comedian
מִי שֶׁמְּסַפֵּר בְּדִיחוֹת, מְשַׂמֵּחַ, מַצְחִיק:
*הַסִּיפּוּרִים שֶׁל **הַבַּדְּחָן** הָיוּ מַצְחִיקִים מְאוֹד.*

בדידותנ׳ בְּדִידוּת loneliness
כְּשֶׁמִּישֶׁהוּ בּוֹדֵד, לְבַד:
*הוּא סוֹבֵל **מִבְּדִידוּת** בַּמָּקוֹם הֶחָדָשׁ.*

בדיהנ׳ בְּדָיָה [בְּדָיוֹת] fabrication, falsehoud
סִיפּוּר לֹא נָכוֹן:
*הַסִּיפּוּרִים שֶׁלּוֹ עַל מַה שֶּׁקָּרָה לוֹ הֵם **בְּדָיָה**.*

בדיונית׳ בִּדְיוֹנִי fictitious
פִיקְטִיבִי, לֹא־מְצִיאוּתִי:
*הוּא סִיפֵּר לִי סִיפּוּר **בִּדְיוֹנִי** וְחָשַׁב, שֶׁאֲנִי מַאֲמִין לוֹ.*
בִּדְיוֹנִית, בִּידְיוֹנִיִּים / **מַדַּע בִּדְיוֹנִי** science fiction

בדיוקת״פ בְּדִיּוּק exactly
לֹא קוֹדֶם וְלֹא אַחַר־כָּךְ, לֹא יוֹתֵר וְלֹא פָּחוֹת:
*הַהַרְצָאָה תַּתְחִיל **בְּדִיּוּק** בְּשָׁעָה 8:00.*

בדיחהנ׳ בְּדִיחָה [בְּדִיחוֹת] joke
סִיפּוּר מַצְחִיק, קָצָר בְּדֶרֶךְ־כְּלָל:
*רָמִי סִיפֵּר לִי **בְּדִיחָה** מַצְחִיקָה מְאוֹד.*

בדייקנותת״פ בְּדַיְּקָנוּת with precision
בִּזְהִירוּת, בְּלִי טָעוּיוֹת, בְּדִיּוּק רַב:
*כְּדֵי לְתַקֵּן אֶת הַשָּׁעוֹן צָרִיךְ לַעֲבוֹד **בְּדַיְּקָנוּת**.*

בדילז׳ בְּדִיל tin
מִין מַתֶּכֶת:
*קָרָאתִי סִיפּוּר עַל חַיָּיל שֶׁל **בְּדִיל**.*

בדימוסת״פ בְּדִימוֹס in retirement
בְּחוֹפֶשׁ, לֹא בְּתַפְקִיד.
יָצָא בְּדִימוֹס - retired
הוּא יָצָא בְּדִימוֹס, עַכְשָׁיו יֵשׁ לוֹ הַרְבֵּה זְמַן.

בדיעבדת״פ בְּדִיעֲבַד post factum
(אֲרָמִית) דֶּה פַקְטוֹ, לְמַעֲשֶׂה, אַחֲרֵי שֶׁהַדָּבָר נַעֲשָׂה:
*הָיָה לִי קָשֶׁה לִלְמוֹד עִבְרִית. **בְּדִיעֲבַד** אֲנִי שָׂמֵחַ שֶׁלָּמַדְתִּי.*

בדיקהנ׳ בְּדִיקָה [בְּדִיקוֹת] checkup, test
בְּחִינָה:
*הָרוֹפֵא שָׁלַח אוֹתִי **לִבְדִיקָה** כְּלָלִית.*
בְּדִיקַת־דָּם/בְּדִיקוֹת־לֵב

בדלןז׳ בַּדְלָן [בַּדְלָנִים] separatist
מִי שֶׁאֵינוֹ רוֹצֶה לְהִתְחַבֵּר עִם אֲחֵרִים:
*שְׁוַויְץ הִיא מְדִינָה **בַּדְלָנִית**.*
בַּדְלָנִית, בַּדְלָנִיּוֹת

בדלנותנ׳ בַּדְלָנוּת separatism
כְּשֶׁרוֹצִים שֶׁמְּדִינָה (קְבוּצָה וְכוּ׳) לֹא תִּתְחַבֵּר עִם מְדִינוֹת אֲחֵרוֹת, לֹא תַּעֲזוֹר וְכוּ׳:
*אֲמֶרִיקָנִים רַבִּים בְּאַרְצוֹת הַבְּרִית תּוֹמְכִים **בְּבַדְלָנוּת**.*

בדקפ׳ בָּדַק examined
בָּחַן, הִסְתַּכֵּל וְשָׂם לֵב:
*הָרוֹפֵא **בָּדַק אֶת** הַחוֹלֶה.*
*הַטֶּכְנַאי **בָּדַק אֶת** הַמְּכוֹנָה שֶׁהִתְקַלְקְלָה.*
לִבְדּוֹק אֶת- / ב.ד.ק, פָּעַל / בָּדַקְתִּי, בּוֹדֵק, יִבְדּוֹק, בְּדוֹק!

בדק ביתב׳ בֶּ֫דֶק־בַּ֫יִת house cleaning, repairs
תִּיקּוּנִים בַּבַּיִת, בַּמְּדִינָה, וְכוּ׳:
*הַכּוֹל שָׁבוּר וּמְקוּלְקָל, צָרִיךְ לַעֲשׂוֹת **בֶּדֶק־בַּיִת**.*

בדרך כללת״פ בְּדֶרֶךְ כְּלָל generally
כָּרָגִיל, עַל פִּי רוֹב:
***בְּדֶרֶךְ כְּלָל** אֲנִי קָמָה בַּבּוֹקֶר בְּ־7:00.*

בדרןז׳ בַּדְרָן [בַּדְרָנִים] entertainer
שַׂחְקָן, מַצִּיג הַצָּגוֹת קַלּוֹת, מַצְחִיקוֹת:
*אֲנִי רוֹצֶה לִרְאוֹת **בַּדְרָן** טוֹב, וְלֹא טְרָגֶדְיָה שֶׁל שֵׁייקְסְפִּיר.*

בהולת׳ בָּהוּל very urgent
דָּחוּף בְּיוֹתֵר:
*עַל הַהוֹדָעָה, שֶׁקִּיבַּלְתִּי מִבֵּית הַחוֹלִים, כָּתַב הָרוֹפֵא: "**בָּהוּל**!".*
בְּהוּלָה, בְּהוּלִים, בְּהוּלוֹת

בהזדמנותת״פ בְּהִזְדַּמְּנוּת by chance
1. בְּמִקְרֶה, שֶׁלֹּא לְפִי תִּיכְנוּן מֵרֹאשׁ:
בְּהִזְדַּמְּנוּת, כְּשֶׁתִּהְיֶה בְּתֵל־אָבִיב, תִּיכָּנֵס אֵלַיי.
2. בִּמְחִיר זוֹל בִּמְיוּחָד: as a bargain
*קָנִיתִי **בְּהִזְדַּמְּנוּת** מְכוֹנִית טוֹבָה וְזוֹלָה.*

בהחלטת״פ בְּהֶחְלֵט absolutely
בְּאוֹפֶן אַבְּסוֹלוּטִי, לְלֹא סָפֵק:
*דָּוִיד דּוֹרֵשׁ תּוֹסֶפֶת שָׂכָר. לְדַעְתִּי, הוּא צוֹדֵק **בְּהֶחְלֵט**!*

בהיחבאת"פ בְּהֵחָבֵא — secretly

כשֶׁלֹּא רוֹאִים, בְּמָקוֹם שֶׁלֹּא רוֹאִים:

*הוּא כּוֹתֵב שִׁירִים **בְּהֵיחָבֵא**.*

בהירת׳ בָּהִיר — clear

1. יָפֶה, נָקִי, בְּלִי עֲנָנִים אוֹ עֲרָפֶל:

*בְּיוֹם **בָּהִיר** הַשָּׁמַיִם כְּחוּלִים, וְהַשֶּׁמֶשׁ זוֹרַחַת.*

2. צֶבַע לֹא כֵּהֶה, לֹא חָזָק: — light

*צָבַעְתִּי אֶת הַקִּיר בְּצֶבַע יָרוֹק **בָּהִיר**.*

בְּהִירָה, בְּהִירִים, בְּהִירוֹת

בהירותנ׳ בְּהִירוּת — clarity

כְּשֶׁהַדָּבָר בָּהִיר, בָּרוּר וּמוּבָן:

*אֲנִי אוֹהֵב אוֹר וּ**בְהִירוּת**.*

*קִיבַּלְתָּ צִיּוּן טוֹב בִּגְלַל **בְּהִירוּת** הַדְּבָרִים.*

בִּבְהִירוּת - כְּשֶׁהַכּוֹל בָּרוּר וּמוּבָן: — clearly

*אֲנִי מֵבִין הַכּוֹל, כִּי הוּא מְדַבֵּר **בִּבְהִירוּת**.*

בהכרח ר׳ הכרח

בהלהנ׳ בֶּהָלָה — panic

פַּחַד פִּתְאוֹמִי:

*הַפְּצָצָה גָּרְמָה **בֶּהָלָה**.*

בהמהנ׳ בְּהֵמָה [בְּהֵמוֹת] — domesticated work animals

שֵׁם כְּלָלִי לְחַיּוֹת בַּיִת וּלְחַיּוֹת עֲבוֹדָה:

*הַסּוּס וְהַחֲמוֹר הֵם **בַּהֲמוֹת** עֲבוֹדָה.*

בהמשךמ"ק בְּהֶמְשֵׁךְ... — in the course of, in reference to...

מַה שֶּׁבָּא אַחֲרֵי:

***בְּהֶמְשֵׁךְ** הַשִּׂיחָה, דִּיבַּרְתִּי עַל הוֹרַיי.*

***בְּהֶמְשֵׁךְ לְשִׂיחָתֵנוּ** אֲנִי שׁוֹלֵחַ לְךָ אֶת הַפְּרָטִים שֶׁבִּיקַּשְׁתָּ.*

בהמשכיםת"פ בְּהֶמְשֵׁכִים — serialized (story)

בַּחֲלָקִים, זֶה אַחַר זֶה:

*קָרָאתִי בָּעִיתּוֹן סִיפּוּר **בְּהֶמְשֵׁכִים**.*

בהן צדקב׳ בְּהֵן צֶדֶק — word of honor

בִּיטּוּי "אֲנִי אוֹמֵר לְךָ אֶת הָאֱמֶת!":

***בְּהֵן צֶדֶק**, סִיפַּרְתִּי לְךָ כֹּל מַה שֶּׁרָאִיתִי.*

בהסתר ר׳ הסתר

בהקדםת"פ בְּהֶקְדֵּם — soon

בְּקָרוֹב:

*אָבוֹא לְבַקֵּר אֶתְכֶם **בְּהֶקְדֵּם**.*

בְּהֶקְדֵּם הָאֶפְשָׁרִי — as soon as possible

בהשאלהת"פ בְּהַשְׁאָלָה — on loan

דָּבָר שֶׁמְּקַבְּלִים וְצָרִיךְ לְהַחֲזִיר:

*לָקַחְתִּי אֶת הַסֵּפֶר **בְּהַשְׁאָלָה** מֵהַסִּפְרִיָּיה.*

בהתאם ל...מ"ק בְּהֶתְאֵם לְ... — according to

לְפִי, עַל פִּי:

*בָּנִיתִי אֶת הַבַּיִת **בְּהֶתְאֵם** לַתּוֹכְנִית.*

בומ"ג בּוֹ [בְּ+הוּא] — on the same day

בּוֹ בַּיּוֹם - מַמָּשׁ בְּאוֹתוֹ יוֹם:

*בְּיוֹם שְׁלִישִׁי חָזַרְתִּי מִטִּיּוּל, וּ**בוֹ בַּיּוֹם** הָלַכְתִּי לָעֲבוֹדָה.*

בּוֹ זְמַנִּיתת"פ — simultaneously

בְּאוֹתוֹ זְמַן, בְּאוֹתָהּ שָׁעָה:

*הוּא לוֹמֵד וּמַקְשִׁיב לְמוּסִיקָה **בּוֹ־זְמַנִּית**.*

בובהנ׳ בֻּבָּה [בּוּבּוֹת] — doll

צַעֲצוּעַ לִילָדִים קְטַנִּים, לָרוֹב בְּצוּרַת תִּינוֹקֶת:

*יְלָדוֹת אוֹהֲבוֹת לְשַׂחֵק **בְּבוּבּוֹת**.*

מֶמְשֶׁלֶת בּוּבּוֹת — puppet government

בוגדז׳ בּוֹגֵד [בּוֹגְדִים] — traitor

מִי שֶׁפּוֹעֵל נֶגֶד חֲבֵרִים, מְדִינָה, אִישָׁה/בַּעַל וְכוּ׳:

***בּוֹגֵד** בִּזְמַן מִלְחָמָה מְסַכֵּן אֶת הָאָרֶץ.*

בּוֹגֶדֶת, בּוֹגְדוֹת

בוגדנותנ׳ בּוֹגְדָנוּת — treachery

בְּגִידָה, מַעֲשֶׂה נֶגֶד חֲבֵרִים (מְדִינָה, בַּעַל/אִישָׁה וְכוּ׳):

*מְסִירַת יְדִיעוֹת סוֹדִיּוֹת הִיא מַעֲשֶׂה **בּוֹגְדָנוּת**.*

בוגרז/ת בּוֹגֵר [בּוֹגְרִים] — adult

1. בֶּן 18 וָמַעְלָה:

*הוּא אָדָם **בּוֹגֵר**, הוּא צָרִיךְ לְהַחְלִיט בְּעַצְמוֹ.*

2. מִי שֶׁסִּיֵּים לִימּוּדִים (בֵּית־סֵפֶר, אוּנִיבֶרְסִיטָה וְכוּ׳): — graduate

*כֹּל **בּוֹגְרֵי** בֵּית הַסֵּפֶר נִפְגְּשׁוּ בִּמְסִיבָּה.*

בּוֹגֵר אוּנִיבֶרְסִיטָה — university graduate

בודדת׳ בּוֹדֵד — lonely

1. בְּלִי חֲבֵרִים אוֹ מִשְׁפָּחָה:

*פָּגַשְׁתִּי אִישׁ **בּוֹדֵד** וְעָצוּב בַּגַּן.*

2. אֶחָד, יָחִיד: — single, isolated (adj.)

*אֲנִי זוֹכֶרֶת מִקְרֶה **בּוֹדֵד** שֶׁל גֶּשֶׁם בְּאֶמְצַע הַקַּיִץ.*

בּוֹדְדָה-בּוֹדֶדֶת, בּוֹדְדִים, בּוֹדְדוֹת

בוהןנ׳ בֹּהֶן [בְּהוֹנוֹת] — thumb

הָאֶצְבַּע הָעָבָה בַּיָּד אוֹ בָּרֶגֶל:

*כְּשֶׁכּוֹתְבִים, הָעִיפָּרוֹן נִמְצָא בֵּין הָאֶצְבַּע וְהַ**בּוֹהֶן**.*

בוודאית"פ בְּוַדַּאי — certainly

לְלֹא סָפֵק:

*שָׁמַעְתָּ **בְּוַדַּאי** אֶת הַחֲדָשׁוֹת הָאַחֲרוֹנוֹת עַל רוֹנִי.*

בוזז, בּוּז — contempt

יַחַס שֶׁל זִילְזוּל (הֶהֵיפֶךְ מִ"כָּבוֹד"):

*הוּא מִתְנַהֵג **בְּבוּז** לְכָל מִי שֶׁלֹּא יוֹדֵעַ מָתֵמָטִיקָה.*

בּוּז! -קְרִיאָה נֶגֶד מִישֶׁהוּ אוֹ מַשֶּׁהוּ — boo!

בוזבזפ, בֻּזְבַּז — was spent/squandered

הַכֶּסֶף הוּצָא ("הָלַךְ") בְּלִי חֶשְׁבּוֹן:

*כָּל הַכֶּסֶף שֶׁלּוֹ **בּוּזְבַּז** עַל שְׁטוּיוֹת.*

/ ב.ז.ב.ז, פּוּעַל / בּוּזְבַּז עַל-, מְבוּזְבָּז, יְבוּזְבַּז, יְבוּזְבְּזוּ

בוזזז, בּוֹזֵז [בּוֹזְזִים] — looter

שׁוֹדֵד, מִי שֶׁלּוֹקֵחַ בְּכוֹחַ:

***הַבּוֹזְזִים** עָבְרוּ בַּבָּתִּים וּבַחֲנוּיוֹת וְלָקְחוּ הַכּוֹל.*

בוחןז, בֹּחַן [בְּחָנִים] — quiz

בְּחִינָה קְצָרָה, מִבְחָן:

*לֹא בָּאתִי אֵלֶיךָ, כִּי לָמַדְתִּי **לַבּוֹחַן** בְּאַנְגְּלִית.*

בוחןז, בּוֹחֵן [בּוֹחֲנִים] — tester

מִי שֶׁבּוֹדֵק, עוֹשֶׂה בְּחִינָה לְמִישֶׁהוּ אַחֵר:

*כְּדֵי לְקַבֵּל רִישָּׁיוֹן נְהִיגָה צָרִיךְ לִנְהוֹג בִּמְכוֹנִית עִם **בּוֹחֵן**.*

בוחרז, בּוֹחֵר [בּוֹחֲרִים] — voter

מִי שֶׁיָּכוֹל לִבְחוֹר (לַפַּרְלָמֶנְט, לַוַּעַד וְכוּ'):

*90% **מֵהַבּוֹחֲרִים** הֶחְלִיטוּ, שֶׁהוּא יִהְיֶה רֹאשׁ הָעִיר.*

בוטהת, בּוֹטֶה — blunt (language)

דִּיבּוּר חָרִיף, קָשֶׁה, לֹא נָעִים:

*הוּא דִּיבֵּר אֵלַיי **בְּשָׂפָה בּוֹטָה**.*

בּוֹטָה, בּוֹטִים, בּוֹטוֹת

בוטחפ, בֻּטַּח — was insured

בִּיטְחוּ אוֹתוֹ, יֵשׁ לוֹ בִּיטּוּחַ בְּחֶבְרַת בִּיטּוּחַ (מֵאֵשׁ, מַיִם, גְּנֵיבָה וְכוּ'):

*הַבַּיִת שֶׁלִּי **בּוּטַּח** מִפְּנֵי אֵשׁ.*

/ ב.ט.ח, פּוּעַל / בּוּטַּח, מְבוּטָּח, יְבוּטַּח, יְבוּטְּחוּ

בוטלפ, בֻּטַּל — was canceled

לֹא מִתְקַיֵּים:

*הַהַרְצָאָה **בּוּטְּלָה** בָּרֶגַע הָאַחֲרוֹן.*

/ ב.ט.ל, פּוּעַל / בּוּטְּלוּ, מְבוּטָּל, יְבוּטַּל, יְבוּטְּלוּ

בוטניםז"ר בָּטְנִים — peanuts

אֱגוֹזֵי-אֲדָמָה:

*קוֹפִים אוֹהֲבִים לֶאֱכוֹל **בּוֹטְנִים** וּבָנָנוֹת.*

בויםפ, בֻּיַּם — was directed/staged

הַבַּמַּאי אִירְגֵּן וְהֵכִין אוֹתוֹ לַתֵּיאַטְרוֹן אוֹ לַקּוֹלְנוֹעַ:

*הַהַצָּגָה הַזֹּאת **בּוּיְּמָה** בְּצוּרָה מוֹדֶרְנִית וּמְעַנְיֶינֶת.*

/ ב.י.ם, פּוּעַל / בּוּיְּמָה, מְבוּיָּם, יְבוּיַּם

בויתפ, בֻּיַּת — was domesticated

הָפְכוּ אוֹתוֹ לְבַעַל חַיִּים, שֶׁחַי קָרוֹב לָאָדָם:

*הַסּוּס, הַכֶּלֶב, הַפָּרָה וְהֶחָתוּל **בּוּיְּתוּ** לִפְנֵי אַלְפֵי שָׁנִים.*

/ ב.י.ת, פּוּעַל / בּוּיְּתָה, מְבוּיָּת, יְבוּיַּת, יְבוּיְּתוּ

בוכנהנ, בֻּכְנָה [בּוּכְנוֹת] — piston

חֵלֶק שֶׁעוֹלֶה וְיוֹרֵד בַּמָּנוֹעַ, מַפְעִיל חֵלֶק אַחֵר:

***הַבּוּכְנָה** נִשְׁבְּרָה, וְהַמָּנוֹעַ לֹא פָּעַל.*

בולז, בּוּל [בּוּלִים] — stamp

פֶּתֶק שֶׁקּוֹנִים בַּדּוֹאַר כְּתַשְׁלוּם עַל מִשְׁלוֹחַ מִכְתָּב:

*הִדְבַּקְתִּי **בּוּל** עַל הַמַּעֲטָפָה, וְשָׁלַחְתִּי אֶת הַמִּכְתָּב בַּדּוֹאַר.*

בולטת, בּוֹלֵט — protruding

בָּרוּר מְאוֹד, יוֹצֵא מֵעַל הַשֶּׁטַח:

*הָאוֹתִיּוֹת הַשְּׁחוֹרוֹת **בּוֹלְטוֹת** עַל הַקִּיר הַלָּבָן.*

*יֵשׁ הֶבְדֵּלִים **בּוֹלְטִים** בֵּינֵינוּ.* — obvious, prominent

בּוֹלֶטֶת, בּוֹלְטִים, בּוֹלְטוֹת

בולשתנ, בּוֹלֶשֶׁת — secret police

מַחְלָקָה בַּמִּשְׁטָרָה, שֶׁמְּחַפֶּשֶׂת פּוֹשְׁעִים:

*הַשּׁוֹטְרִים שֶׁל **הַבּוֹלֶשֶׁת** מָצְאוּ אֶת הַגַּנָּב.*

בוסרז, בֹּסֶר — unripe fruit

1. פְּרִי שֶׁלֹּא טוֹב עֲדַיִין לַאֲכִילָה:

*הַתַּפּוּחִים הָאֵלֶּה חֲמוּצִים. הֵם עֲדַיִין **בּוֹסֶר**.*

2. (מֶטָאפוֹרָה) לֹא מְבוּגָּר, בְּלִי נִיסָּיוֹן: — premature

*הָרַעְיוֹנוֹת שֶׁהִצִּיעַ הֵם רַעְיוֹנוֹת **בּוֹסֶר**.*

בוסתןז, בֻּסְתָּן [בּוּסְתָנִים] — orchard

גַּן שֶׁל עֲצֵי פְּרִי:

***בַּבּוּסְתָּן** יֵשׁ עֲצֵי תַּפּוּחִים, אֲפַרְסְקִים וְשְׁזִיפִים.*

בועהנ, בּוּעָה [בּוּעוֹת] — bubble

אֲוִויר אוֹ גַּז בְּצוּרַת בָּלוֹן קָטָן:

*הַתִּקְווֹת שֶׁלִּי הִתְפּוֹצְצוּ כְּמוֹ **בּוּעוֹת** שֶׁל סַבּוֹן.*

בוערת, בּוֹעֵר — burning, urgent

דָּחוּף, חָשׁוּב מְאוֹד.

שְׁאֵלָה בּוֹעֶרֶת - עִנְיָין חָשׁוּב שֶׁאִי אֶפְשָׁר לִדְחוֹת אוֹתוֹ: — pressing issue

*הַשְּׁאֵלָה **הַבּוֹעֶרֶת** הִיא מְצִיאַת מְקוֹם עֲבוֹדָה.*

עוֹנָה בּוֹעֶרֶת - תְּקוּפָה שֶׁיֵּשׁ בָּהּ הַרְבֵּה — busy season

מְאוֹד עֲבוֹדָה:
*הָעוֹנָה **הַבּוֹעֶרֶת** בְּתַיָּירוּת הִיא בַּקַּיִץ.*
בּוֹעֶרֶת, בּוֹעֲרִים, בּוֹעֲרוֹת

בוץז׳ בֹּץ — mud
אֲדָמָה רְטוּבָּה מְאוֹד:
*הַדֶּרֶךְ לַשָּׂדֶה מְלֵאָה **בּוֹץ** אַחֲרֵי הַגֶּשֶׁם.*

בוצעפ׳ בֻּצַּע — was carried out/executed
נַעֲשָׂה:
*הָעֲבוֹדָה **בּוּצְעָה** לְפִי הַתּוֹכְנִית.*
/ ב.צ.ע, פוּעַל / בּוּצְעוּ, מְבוּצָּע, יְבוּצַּע, יְבוּצְּעוּ

בוקרז׳ בֹּקֶר [בְּקָרִים] — morning
הַשָּׁעוֹת הַמּוּקְדָּמוֹת שֶׁל הַיּוֹם (עַד הַצָּהֳרַיִים):
*הוּא קָם כָּל **בּוֹקֶר** בְּשָׁעָה 7:00.*
בּוֹקֶר טוֹבב׳ — Good morning

בורז׳ בּוֹר [בּוֹרוֹת] — hole
1. חוֹר בָּאֲדָמָה:
*הוּא חָפַר **בּוֹר** עָמוֹק בָּאֲדָמָה וּמָצָא מַטְבֵּעַ עַתִּיק.*
2. חוֹר, אוֹסְפִים בּוֹ מַיִם: — cistern
*בִּירוּשָׁלַיִם נֶאֶסְפוּ מֵי הַגְּשָׁמִים אֶל **הַבּוֹרוֹת**.*

בורת׳ בּוּר — ignorant
אֵין לוֹ יְדִיעוֹת, אֵין לוֹ הַשְׂכָּלָה:
*הוּא **בּוּר** - הוּא לֹא יוֹדֵעַ לִקְרוֹא וְלִכְתּוֹב.*
בּוּרָה, בּוּרִים, בּוּרוֹת

בורגז׳ בֹּרֶג [בְּרָגִים] — screw
מַסְמֵר, שֶׁמַּכְנִיסִים אוֹתוֹ עַל-יְדֵי סִיבוּב:
*חִיבַּרְתִּי **בִּבְרָגִים** אֶת הַדֶּלֶת שֶׁל הָאָרוֹן.*

בורגנותנ׳ בֻּרְגָּנוּת — bourgeoisie
הַקְּבוּצָה שֶׁל הָעֲשִׁירִים - בַּעֲלֵי בָּתֵּי חֲרוֹשֶׁת, סוֹחֲרִים גְּדוֹלִים וְכוּ׳:
*הַסּוֹצְיָאלִיסְטִים הֵם נֶגֶד **הַבּוּרְגָּנוּת**.*

בורגנית׳ בֻּרְגָּנִי — bourgeois
עָשִׁיר, סוֹחֵר גָּדוֹל אוֹ בַּעַל בֵּית חֲרוֹשֶׁת:
*הוּא חַי כְּמוֹ **בּוּרְגָּנִי**; מִתְלַבֵּשׁ יָפֶה וְנוֹסֵעַ כָּל חוֹדֶשׁ לְחוּ״ל.*
בּוּרְגָּנִית, בּוּרְגָּנִים, בּוּרְגָּנִיּוֹת

בורותנ׳ בּוּרוּת — ignorance
חוֹסֶר הַשְׂכָּלָה, בְּלִי יְדִיעוֹת:
*לֹא לָדַעַת דְּבָרִים אֶלֶמֶנְטָרִיִּים זֹאת **בּוּרוּת**.*

בורךפ׳ בֹּרַךְ — was blessed
זָכָה לְקַבֵּל בְּרָכָה, מַשֶּׁהוּ טוֹב:
*הוּא **בּוֹרַךְ** בְּאִישָּׁה טוֹבָה, בִּילָדִים נֶחְמָדִים, וּבְחַיִּים יָפִים.*
/ ב.ר.ך, פוּעַל / בּוֹרְכוּ, מְבוֹרָכִים, אֲבוֹרַךְ, יְבוֹרַךְ

בורסהנ׳ בּוּרְסָה [בּוּרְסוֹת] — stock exchange
שׁוּק שֶׁל מְנָיוֹת, יַהֲלוֹמִים, הַחְלָפַת כְּסָפִים וְכוּ׳:
*מְחִיר הַדּוֹלָר יָרַד **בַּבּוּרְסָה** שֶׁל טוֹקְיוֹ.*

בוררז׳ בּוֹרֵר [בּוֹרְרִים] — arbitrator
מִי שֶׁמַּחְלִיט בֵּין שְׁנַיִים, שֶׁיֵּשׁ בֵּינֵיהֶם וִיכּוּחַ:
*הַ**בּוֹרֵר** אָמַר, שֶׁהַמּוֹרֶה צוֹדֵק וְלֹא הַמְּנַהֵל.*

בוררותנ׳ בּוֹרְרוּת [בּוֹרְרוּיוֹת] — arbitration
בֵּירוּר וְהַחְלָטָה שֶׁל מִישֶׁהוּ נֵיטְרָלִי בְּוִיכּוּחַ בֵּין שְׁנֵי צְדָדִים:
*לְפִי **הַבּוֹרְרוּת** הַפּוֹעֲלִים צְרִיכִים לַחֲזוֹר לָעֲבוֹדָה.*

בושהנ׳ בּוּשָׁה [בּוּשׁוֹת] — shyness
1. הַהַרְגָּשָׁה שֶׁל מִי שֶׁמִּתְבַּיֵּישׁ, מַרְגִּישׁ לֹא נוֹחַ:
*בִּגְלַל **הַבּוּשָׁה** הוּא לֹא מְדַבֵּר עִבְרִית בַּכִּיתָּה.*
2. מַעֲשֶׂה לֹא יָפֶה, שֶׁצָּרִיךְ לְהִתְבַּיֵּישׁ בּוֹ: — shame
***בּוּשָׁה** לְהִיכָּנֵס לָאוֹטוֹבּוּס בְּלִי תּוֹר.*

בושלפ׳ בֻּשַּׁל — was cooked
הֵכִינוּ אוֹתוֹ לַאֲכִילָה (בַּתַּנּוּר, עַל הָאֵשׁ...):
*הַבָּשָׂר **בּוּשַּׁל** בְּיַיִן אָדוֹם.*
/ב.ש.ל, פוּעַל / בּוּשְּׁלוּ, מְבוּשָּׁל, יְבוּשַּׁל, יְבוּשְּׁלוּ

בושםז׳ בֹּשֶׂם [בְּשָׂמִים] — perfume, fragrance
רֵיחַ טוֹב וְנָעִים:
*קָנִיתִי בַּקְבּוּק שֶׁל **בּוֹשֶׂם** פְּרָחִים מַתָּנָה לַחֲבֶרְתִּי.*

בזפ׳ בָּז — despised
לָעַג, הִתְיַיחֵס לֹא בְּכָבוֹד:
*הוּא **בָּז** לַאֲנָשִׁים פְּשׁוּטִים.*
לָבוּז לְ- / ב.ו.ז. פָּעַל / בַּזְתִּי, בָּז, יָבוּז, בּוּז!

בזבזןז׳ בַּזְבְּזָן [בַּזְבְּזָנִים] — squanderer, extravagant
מִי שֶׁמּוֹצִיא הַרְבֵּה כֶּסֶף בְּלִי חֶשְׁבּוֹן:
*הוּא **בַּזְבְּזָן** גָּדוֹל, אֶת כָּל הַכֶּסֶף הוּא מוֹצִיא עַל בְּגָדִים.*

בזוית׳ בָּזוּי — despised (adj.)
לֹא מְכוּבָּד, מְכוֹעָר:
*זֶה מַעֲשֶׂה **בָּזוּי** מְאוֹד לִצְחוֹק לְאִישׁ מִסְכֵּן.*
בְּזוּיָה, בְּזוּיִים, בְּזוּיוֹת

בזולתה״פ בְּזוֹל — inexpensively
בִּמְחִיר נָמוּךְ:

*קָנִיתִי מְכוֹנִית יְשָׁנָה **בְּזוֹל**.*

בְּזִיל הַזּוֹלת"פ — dirt cheap

בְּזוֹל מְאוֹד, בִּמְחִיר נָמוּךְ מְאוֹד:

*קָנִיתִי אֶת הַנַּעֲלַיִים **בְּזִיל הַזּוֹל**.*

בזזפ׳ בָּזַז — looted

לָקַח בְּכוֹחַ, שָׁדַד:

*הַטֶּרוֹרִיסְטִים נִכְנְסוּ לַחֲנוּת **וּבָזְזוּ** כֹּל מַה שֶּׁהָיָה בְּתוֹכָהּ.*

לִבְזוֹז אֶת- /ב.ז.ז, פָּעַל / בָּזַזְתִּי, בּוֹזֵז, יָבוֹז

בזכותמ"י בִּזְכוּת — thanks to...

בִּגְלַל מַעֲשֶׂה טוֹב שֶׁל...:

***בִּזְכוּת** הַיְלָדִים אֲנִי שׁוֹמַעַת מוּסִיקָה מוֹדֶרְנִית.*

בזקז׳ בָּזָק — flash

מֶטָאפוֹרָה לְדָבָר מָהִיר מְאוֹד (כְּמוֹ בָּרָק):

*הַמָּטוֹס עָבַר מֵעַל הַבַּיִת בִּמְהִירוּת **הַבָּזָק**.*

בִּמְהִירוּת הַבָּזָק — quick as a flash

מִלְחֶמֶת בָּזָק — blitzkrieg

בחוזקהת"פ בְּחָזְקָה — forcefully

בְּכוֹחַ:

*הַגֶּשֶׁם יָרַד **בְּחוֹזְקָה**. / הוּא הִיכָּה אֶת הַיֶּלֶד **בְּחוֹזְקָה**.*

בחוץת"פ בַּחוּץ — outside

הַהֵיפֶךְ מִ"בִּפְנִים". כֹּל מַה שֶּׁאֵינוֹ בְּתוֹךְ:

*דָּוִיד עוֹמֵד **בַּחוּץ** וְאֵינוֹ נִכְנָס הַבַּיְתָה.*

בחורז׳ בָּחוּר [בַּחוּרִים] — young man

אִישׁ צָעִיר:

*יַעֲקֹב הוּא **בָּחוּר** צָעִיר וְנֶחְמָד.*

בַּחוּרָה, בַּחוּרוֹת

בחזרהת"פ בַּחֲזָרָה — back(wards)

לְאָחוֹר, בַּדֶּרֶךְ הַהֲפוּכָה:

*לַעֲבוֹדָה הָלַכְתִּי בָּרֶגֶל, אֲבָל **בַּחֲזָרָה** נָסַעְתִּי בְּאוֹטוֹבּוּס.*

בחיובת"פ בְּחִיּוּב — positively

כְּשֶׁאוֹמְרִים "כֵּן!":

*הִיא בִּיקְשָׁה לַעֲבוֹד אִיתִּי, וַאֲנִי עָנִיתִי **בְּחִיּוּב**.*

בחייק׳ בְּחַיַּי — I swear

בְּשָׂפָה לֹא פוֹרְמָלִית "אֲנִי נִשְׁבָּע!":

*"...**בְּחַיַּי**, רָצִיתִי לְטַלְפֵּן אֵלֶיךָ, וְלֹא הָיָה לִי זְמַן".*

בחילהנ׳ בְּחִילָה [בְּחִילוֹת] — nausea

הַרְגָּשָׁה פִיסִית לֹא טוֹבָה, הָרָצוֹן לְהָקִיא:

*הִרְגַּשְׁנוּ **בְּחִילָה**, כִּי הָאוֹכֶל הָיָה מְקוּלְקָל.*

בחינהנ׳ בְּחִינָה [בְּחִינוֹת] — examination

בְּדִיקָה שֶׁל יְדִיעוֹת בְּבִי"ס, בְּאוּנִיבֶרְסִיטָה:

*אִם תִּלְמַד אֶת הַמִּילִים הַחֲדָשׁוֹת - תַּצְלִיחַ **בַּבְּחִינָה**.*

בְּחִינוֹת סִיּוּם/גְּמַר — finals

בִּבְחִינַת - כְּמוֹ: — like

הֵם הָיוּ בִּשְׁבִילִי בִּבְחִינַת מִשְׁפָּחָה.

(מִ)בְּחִינָה - אַסְפֶּקְט: — from a point of view of

*מַה הַמַּצָּב **מִבְּחִינָה** פּוֹלִיטִית?*

מִכֹּל הַבְּחִינוֹת - — in all respects

הַחַיִּים שֶׁלּוֹ קָשִׁים מִכֹּל הַבְּחִינוֹת.

בחינם ר׳ חינם

בחירז׳ בָּחִיר [בְּחִירִים] — chosen

נִבְחָר, מִי שֶׁבָּחֲרוּ בּוֹ:

*חַבְרֵי הַכְּנֶסֶת הֵם **בְּחִירֵי** הָעָם.*

בְּחִיר־לִיבָּהּ — fiancé

בְּחִירַת־לִיבּוֹ — fiancée

בְּחִירָה, בְּחִירִים, בְּחִירוֹת

בחירהנ׳ בְּחִירָה — choice

הַהַחְלָטָה עַל דָּבָר אֶחָד מִתּוֹךְ כַּמָּה דְּבָרִים:

*כֹּל־כָּךְ הַרְבֵּה שְׂמָלוֹת יָפוֹת - **הַבְּחִירָה** קָשָׁה.*

בְּחִירָה חוֹפְשִׁית — free choice/will

זְכוּת בְּחִירָה — right to vote

בחירותנ"ר בְּחִירוֹת — elections

הַצְבָּעָה בְּעַד נְצִיגִים לַפַּרְלָמֶנְט אוֹ לְמוֹסָד:

***הַבְּחִירוֹת** לַכְּנֶסֶת נֶעֱרָכוֹת כֹּל אַרְבַּע שָׁנִים.*

בחןפ׳ בָּחַן — tested, examined

בָּדַק:

*הַמּוֹרֶה **בָּחַן אֶת** הַתַּלְמִיד וְנָתַן לוֹ צִיּוּן.*

לִבְחוֹן אֶת- / ב.ח.ן, פָּעַל / בָּחַנְתִּי, בּוֹחֵן, יִבְחַן, בְּחַן!

בחרפ׳ בָּחַר — chose

1. הֶעֱדִיף אֶת הָרָצוּי לוֹ:

*הָיוּ לִי שְׁתֵּי הַצָּעוֹת עֲבוֹדָה. **בָּחַרְתִּי** בָּרִאשׁוֹנָה.*

2. הִצְבִּיעַ בְּעַד נָצִיג אֶחָד מֵרַבִּים: — voted

*הַתּוֹשָׁבִים **בָּחֲרוּ** רֹאשׁ עִיר חָדָשׁ.*

לִבְחוֹר אֶת-, בְּ- / ב.ח.ר, פָּעַל / בָּחַרְתִּי, בּוֹחֵר, יִבְחַר

בחשפ׳ בָּחַשׁ — mixed

עִירְבֵּב:

*כְּדֵי שֶׁהָעוּגָה תַּצְלִיחַ, צָרִיךְ **לִבְחוֹשׁ** אֶת הַסּוּכָּר וְהַמַּרְגָּרִינָה.*

לִבְחוֹשׁ אֶת- /ב.ח.ש, פָּעַל / בָּחַשְׁתִּי, בּוֹחֵשׁ, יִבְחַשׁ, בְּחַשׁ!

בטוחת׳ בָּטוּחַ — safe

1. אֵין בּוֹ סַכָּנָה:

*אֵין מַה לְפַחֵד, הַמָּקוֹם **בָּטוּחַ** לְגַמְרֵי.*

2. מַאֲמִין, מְשׁוּכְנָע: — confident

*אֲנִי **בָּטוּחַ**, שֶׁתַּצְלִיחַ בְּכֹל מַה שֶּׁתַּעֲשֶׂה.*

בְּטוּחָה, בְּטוּחִים, בְּטוּחוֹת

בטחפ׳ בָּטַח — trusted

הֶאֱמִין בְּמִישֶׁהוּ, סָמַךְ עַל מִישֶׁהוּ:

*הוּא **בּוֹטֵחַ** בֵּאלוֹהִים, שֶׁיַּצִּיל אוֹתוֹ.*

לִבְטוֹחַ בְּ- / ב.ט.ח, פָּעַל / בָּטַחְתִּי, בּוֹטֵחַ, יִבְטַח, בְּטַח!

בטחת״פ בֶּטַח — certainly

(לְשׁוֹן דִּיבּוּר) בְּוַדַּאי:

*בָּעֶרֶב הֵם **בֶּטַח** יִהְיוּ בַּבַּיִת.*

בטיחותנ׳ בְּטִיחוּת — safety

מַצָּב שֶׁאֵין בּוֹ סַכָּנָה, מַצָּב שֶׁל בִּיטָּחוֹן:

*הַשּׁוֹטְרִים עוֹזְרִים לִשְׁמוֹר עַל הַ**בְּטִיחוּת** בַּכְּבִישִׁים.*

בטיחותית׳ בְּטִיחוּתִי — safety-

שֶׁנּוֹתֵן בִּיטָּחוֹן, עוֹזֵר לִמְנוֹעַ אָסוֹן:

*חֲגוֹרָה בִּמְכוֹנִית הִיא אֶמְצָעִי **בְּטִיחוּתִי**.*

בְּטִיחוּתִית, בְּטִיחוּתִיִּים, בְּטִיחוּתִיּוֹת

בטלת׳ בָּטֵל — idle, unemployed

1. אֵינוֹ עוֹבֵד, אֵינוֹ לוֹמֵד וְכוּ׳:

*הוּא **בָּטֵל** מֵעֲבוֹדָה וּבָטֵל מִלִּימּוּדִים.*

2. שֶׁאֵין לוֹ עֵרֶךְ, עָבַר הַזְּמַן שֶׁלּוֹ: — invalid

*הַצֶּ׳יק **בָּטֵל** אַחֲרֵי 3 חוֹדָשִׁים.*

הוֹלֵךְ בָּטֵל — idler

עוֹבֵר בָּטֵל — loafer

בְּטֵלָה, בְּטֵלִים, בְּטֵלוֹת

בטלהנ׳ בַּטָּלָה — idleness

כְּשֶׁלֹּא עוֹבְדִים, כְּשֶׁלֹּא עוֹשִׂים כְּלוּם:

*אֲנִי מוּכְרָח לַעֲשׂוֹת מַשֶּׁהוּ, הַ**בַּטָּלָה** "הוֹרֶגֶת" אוֹתִי.*

לְבַטָּלָה - לְחִינָּם, בְּלִי שׁוּם תּוֹעֶלֶת: — in vain

*זֹאת בְּרָכָה **לְבַטָּלָה** לְחַפֵּשׂ פֹּה דִּירָה זוֹלָה.*

בטלןז׳ בַּטְלָן [בַּטְלָנִים] — idler, loafer

עַצְלָן, אֵינוֹ רוֹצֶה לַעֲבוֹד:

*חֲבֵרִי הַ**בַּטְלָן** רַק אוֹכֵל וְיָשֵׁן כֹּל הַיּוֹם.*

בַּטְלָנִית, בַּטְלָנִיּוֹת

בטןנ׳ בֶּטֶן — belly, abdomen

אֵיבָר בַּגּוּף, בֵּין הֶחָזֶה לָרַגְלַיִים:

*לֹא כְּדַאי לִשְׁתּוֹת יַיִן עַל **בֶּטֶן** רֵיקָה.*

כְּאֵב־בֶּטֶן — tummy ache

מִבֶּטֶן וּמִלֵּידָהב׳ — from birth

בטרםמ״ק בְּטֶרֶם — before

(בְּלָשׁוֹן פוֹרְמָלִית) לִפְנֵי, קוֹדֶם:

*הוּא מֵת **בְּטֶרֶם** עֵת (לִפְנֵי הַזְּמַן).*

בימ״ג בִּי — in me

(בְּ + אֲנִי) בְּתוֹכִי:

רוּת אוֹמֶרֶת: *"אֲנִי לֹא יוֹדַעַת מַה דָּוִיד מָצָא **בִּי**..."*

בִּי, בְּךָ, בָּךְ, בּוֹ, בָּהּ, בָּנוּ, בָּכֶם־ן, בָּהֶם־ן

ביאורז׳ בֵּאוּר [בֵּיאוּרִים] — explanation

פֵּירוּשׁ, הֶסְבֵּר שֶׁל מַשֶּׁהוּ קָשֶׁה:

*הַ**בֵּיאוּרִים** בַּסֵּפֶר עוֹזְרִים מְאוֹד.*

ביארפ׳ בֵּאֵר — explained

הִסְבִּיר, עָשָׂה אֶת הַדָּבָר בָּרוּר וּמוּבָן:

*הוּא **בֵּיאֵר** אֶת הַטֶּקְסְט הַקָּשֶׁה.*

לְבָאֵר אֶת- / ב.א.ר, פִּיעֵל / בֵּיאַרְתִּי, מְבָאֵר, יְבָאֵר, בָּאֵר!

ביגודז׳ בִּגּוּד — clothing

הַלְבָּשָׁה, מִילָּה כְּלָלִית לִבְגָדִים:

*קִיבַּלְנוּ כֶּסֶף לִקְנוֹת **בִּיגוּד** מְיוּחָד לָעֲבוֹדָה.*

בידודז׳ בִּדּוּד — isolation

1. אִיזוֹלַצְיָה, לִהְיוֹת לְבַד:

*הוּא חוֹלֶה מְאוֹד, לָכֵן הוּא בְּ**בִידוּד**.*

2. הַפְרָדָה, כְּשֶׁחַשְׁמַל אוֹ חוֹם לֹא עוֹבְרִים:

*זְכוּכִית וְגוּמִי הֵם חוֹמְרֵי **בִּידוּד** טוֹבִים.*

בידויז׳ בִּדּוּי — fabrication, falsifying

כְּשֶׁמְּשַׁקְּרִים, בְּעִיקָּר בְּבֵית מִשְׁפָּט.

בִּידּוּי רְאָיוֹת - *הוּא קִיבֵּל עוֹנֶשׁ עַל **בִּידּוּי רְאָיוֹת**.* — falsifying evidence

בידורז׳ בִּדּוּר — entertainment

שַׁעֲשׁוּעַ, מַשֶּׁהוּ שָׂמֵחַ (הַצָּגָה וְכוּ׳):

*רָאִיתִי תּוֹכְנִית **בִּידוּר** מַצְחִיקָה.*

בידימ״י בִּידֵי — in the hand of

"בַּיָּדַיִים" שֶׁל...:

*עַכְשָׁיו הַגַּנָּב **בִּידֵי** הַמִּשְׁטָרָה.*

בידרפ׳ בִּדֵּר — entertained

גָּרַם שִׂמְחָה, הִצְחִיק:

*זֹאת הַצָּגָה מַצְחִיקָה **וּמְבַדֶּרֶת**.*

הוא בִּידֵר אוֹתָנוּ בְּסִיפּוּרִים הַמַּצְחִיקִים שֶׁלּוֹ.
לְבַדֵּר אֶת- / ב.ד.ר, פִּיעֵל / בִּידַרְתִּי, מְבַדֵּר, יְבַדֵּר, בַּדֵּר!

ביובז, בִּיּוּב — sewer
1. תְּעָלוֹת לְמַיִם, בְּיִיחוּד לְמַיִם מְלוּכְלָכִים:
הַבִּיּוּב בָּעִיר מוֹדֶרְנִית נִמְצָא מִתַּחַת לָאֲדָמָה.
2. הַמַּיִם הַמְלוּכְלָכִים שֶׁיּוֹצְאִים מִן הַבָּתִּים: — sewage
יֵשׁ אֲרָצוֹת שֶׁבָּהֶן הַבִּיּוּב זוֹרֵם בָּרְחוֹב.

ביוןז, בִּיּוּן — intelligence service
רִיגּוּל, כְּשֶׁמַּשִּׂיגִים אִינְפוֹרְמַצְיָה עַל מְדִינָה זָרָה:
הַבִּיּוּן גִּילָּה, שֶׁרוֹצִים לְפוֹצֵץ מָטוֹס.

ביוץז, בִּיּוּץ — ovulation
הַתַּהֲלִיךְ שֶׁעוֹבֶרֶת הַבֵּיצִית שֶׁל הָאִישָּׁה, כְּדֵי שֶׁתּוּכַל לְהִיכָּנֵס לְהֵירָיוֹן:
הִיא אֵינָהּ יְכוֹלָה לָלֶדֶת יְלָדִים, כִּי אֵין לָהּ בִּיּוּץ.

ביוקרת"פ בְּיוֹקֶר — expensively, costly
בִּמְחִיר גָּבוֹהַּ (הַרְבֵּה כֶּסֶף):
דִּירָה בְּתֵל־אָבִיב עוֹלָה בְּיוֹקֶר.

ביותרת"פ בְּיוֹתֵר — the most
הֲכִי, מְאוֹד מְאוֹד, (בָּא אַחֲרֵי שֵׁם תּוֹאַר):
פְּרוֹפ' לֵוִי הוּא הָרוֹפֵא הַטּוֹב בְּיוֹתֵר לְמַחֲלוֹת לֵב.

ביזבוזז, בִּזְבּוּז [בִּיזְבּוּזִים] — waste
הוֹצָאָה שֶׁל כֶּסֶף (אוֹ חוֹמָרִים) בְּלִי חֶשְׁבּוֹן:
אוֹר חַשְׁמַל בַּיּוֹם זֶה בִּיזְבּוּז גָּדוֹל.

ביזבזפ, בִּזְבֵּז — wasted, squandered
הוֹצִיא בְּלִי לַעֲשׂוֹת חֶשְׁבּוֹן:
מֹשֶׁה בִּיזְבֵּז אֶת כָּל הַכֶּסֶף, שֶׁיָּרַשׁ מֵאָבִיו.
לְבַזְבֵּז אֶת- / ב.ז.ב.ז, פִּיעֵל / בִּיזְבַּזְתִּי, מְבַזְבֵּז, יְבַזְבֵּז

ביזהנ, בִּזָּה — looting
מַה שֶּׁלּוֹקְחִים בְּכוֹחַ, בְּעִיקָּר בְּמִלְחָמָה:
בִּגְלַל הַבִּיזָּה, נִשְׁאֲרוּ כָּל הַחֲנוּיוֹת רֵיקוֹת.

ביזורז, בִּזּוּר — decentralization
פִּיזּוּר, דֶּצֶנְטְרָלִיזַצְיָה, הַהֵיפֶךְ מֵרִיכּוּז:
הַבִּיזּוּר בַּבַּנְק נוֹתֵן כּוֹחַ לְכָל אֶחָד מִן הַמְנַהֲלִים.

ביזיוןז, בִּזָּיוֹן [בִּיזְיוֹנוֹת] — disgrace, shame
1. בּוּשָׁה:
בִּזָּיוֹן לַחֶבְרָה, שֶׁלֹּא דּוֹאֶגֶת לַזְּקֵנִים.
2. חוֹסֶר כָּבוֹד: — disrespect
עִישּׁוּן בָּאוֹטוֹבּוּס הוּא בִּזָּיוֹן שֶׁל הַחוֹק.

בִּזְיוֹן בֵּית הַמִּשְׁפָּט — contempt of court

ביחדת"פ בְּיַחַד — together
אֶחָד עִם הַשֵּׁנִי, זֶה עִם זֶה:
אֲנַחְנוּ שָׁרִים בְּיַחַד: "הִנֵּה מַה טּוֹב וּמַה נָּעִים..."

ביחסמ"ק בְּיַחַס — regarding, in relation to
בְּקֶשֶׁר לְ-, בְּנוֹגֵעַ לְ-:
קִיבַּלְתִּי אֶת דָּוִיד לָעֲבוֹדָה, בְּיַחַס לְרוּת עֲדַיִין לֹא הֶחְלַטְתִּי.

ביטאפ, בִּטֵּא — expressed
1. אָמַר, דִּיבֵּר:
הוּא בִּיטֵּא בְּמִילִּים אֶת מַה שֶּׁהִרְגִּישׁ.
2. הִשְׁמִיעַ אֶת צְלִילֵי הַשָּׂפָה: — pronounced, articulated
הוּא מְבַטֵּא אֶת הַמִּילִּים בְּעִבְרִית מַמָּשׁ כְּמוֹ יִשְׂרְאֵלִי.
לְבַטֵּא אֶת- / ב.ט.א, פִּיעֵל / בִּיטֵּאתִי, מְבַטֵּא, יְבַטֵּא

ביטוחז, בִּטּוּחַ — insurance
אַחֲרָיוּת לְתַשְׁלוּם בְּמִקְרֶה אָסוֹן:
יֵשׁ לִי בִּיטּוּחַ נֶגֶד שְׂרֵיפָה וּגְנֵיבָה.
בִּיטּוּחַ לְאוּמִּי — social security
כְּשֶׁיָּלַדְתִּי קִיבַּלְתִּי כֶּסֶף מִבִּיטּוּחַ לְאוּמִּי

ביטויז, בִּטּוּי [בִּיטּוּיִים] — phrase, idiom
1. צֵירוּף מִילִּים מְקוּבָּל:
"יוֹצֵא מִן הַכְּלָל" הוּא בִּיטּוּי מְקוּבָּל בְּעִבְרִית.
2. הַבָּעָה, אֲמִירָה: — expression
הוּא נוֹאֵם מוּצְלָח, יֵשׁ לוֹ כּוֹשֶׁר בִּיטּוּי.

ביטולז, בִּטּוּל [בִּיטּוּלִים] — cancellation
הוֹדָעָה שֶׁמַּשֶּׁהוּ לֹא יִתְקַיֵּים, לֹא יִקְרֶה, הַפְסָקָה שֶׁל מַשֶּׁהוּ:
הַבּוֹקֶר הוֹדִיעוּ עַל בִּיטּוּל שְׁבִיתַת הַמּוֹרִים, וְהַתַּלְמִידִים הָלְכוּ לְבָתֵּי הַסֵּפֶר.

ביטחפ, בִּטַּח (בִּטֵּחַ) — insured
שִׁילֵּם לְחֶבְרַת בִּיטּוּחַ, כְּדֵי שֶׁתְּשַׁלֵּם לוֹ אִם יִקְרֶה מַשֶּׁהוּ לוֹ אוֹ לְבֵיתוֹ, לַמְּכוֹנִית שֶׁלּוֹ וְכוּ':
בִּיטַּחְתִּי אֶת הַתְּמוּנוֹת נֶגֶד גְּנֵיבָה וְנֶגֶד שְׂרֵיפָה.
לְבַטֵּחַ אֶת- / ב.ט.ח, פִּיעֵל / בִּיטַּחְתִּי, מְבַטֵּחַ, יְבַטֵּחַ

ביטחוןז, בִּטָּחוֹן [בִּיטְחוֹנוֹת] — confidence
1. הַרְגָּשָׁה שֶׁל אֱמוּנָה בְּמִישֶׁהוּ אוֹ בְּמַשֶּׁהוּ:
יֵשׁ לִי בִּיטָּחוֹן מָלֵא, שֶׁדָּן יַצְלִיחַ בַּעֲבוֹדָתוֹ.
2. הַרְגָּשָׁה שֶׁיֵּשׁ הֲגָנָה וּשְׁמִירָה מִפְּנֵי אוֹיְבִים: — security, defence
רֹאשׁ הַמֶּמְשָׁלָה הוֹדִיעַ, שֶׁמַּצַּב הַבִּיטָּחוֹן הִשְׁתַּפֵּר.
בִּיטְחוֹנוֹת — guarantee(s)

ביטחונית׳ בִּטְחוֹנִי security (adj.)
קשור לְביטחון המדינה, לַהֲגַנַּת הַמְּדִינָה:
*שַׂר הַבִּיטָּחוֹן דִּיבֵּר עַל הַמַּצָּב **הַבִּיטחוֹנִי** שֶׁל יִשְׂרָאֵל.*
בִּיטחוֹנִית, בִּיטחוֹנִיִּים, בִּיטחוֹנִיּוֹת

ביטלפ׳ בִּטֵּל canceled
עָשָׂה שֶׁלֹּא יִתְקַיֵּים, שֶׁלֹּא יִהְיֶה:
*הַמּוֹרֶה **בִּיטֵּל אֶת** הַשִּׁיעוּר בִּגְלַל מַחֲלָה.*
לְבַטֵּל אֶת- /ב.ט.ל, פִּיעֵל / בִּיטַּלְתִּי, מְבַטֵּל, יְבַטֵּל, בַּטֵּל!

בייחודת״פ בְּיִחוּד particularly
בְּאוֹפֶן מְיוּחָד:
*כּוּלָּם הִצְלִיחוּ בַּבְּחִינָה הַשָּׁבוּעַ, **בְּיִיחוּד** דָּוִד.*

ביילפ׳ בִּיֵּל stamped
שָׂם בּוּל:
*צָרִיךְ **לְבַיֵּיל** אֶת הַמִּכְתָּב.*
לְבַיֵּיל אֶת- / ב.י.ל, פִּיעֵל / בִּיַּילְתִּי, מְבַיֵּיל, יְבַיֵּיל, בַּיֵּיל!

בייםפ׳ בִּיֵּם directed (a play/movie)
עָבַד עִם שַׂחְקָנִים עַל הַצָּגָה בַּתֵּיאַטְרוֹן אוֹ בַּקּוֹלְנוֹעַ:
*הוּא **בִּיֵּים** אֶת הַקּוֹמֶדְיָה הַזֹּאת בַּתֵּיאַטְרוֹן וּבַקּוֹלְנוֹעַ.*
בַּיֵּים אֶת- / ב.י.ם, פִּיעֵל / בִּיַּימְתִּי, מְבַיֵּים, יְבַיֵּים, בַּיֵּים!

ביישפ׳ בִּיֵּשׁ shamed (to shame)
גָּרַם בּוּשָׁה לְמִישֶׁהוּ:
*אָסוּר **לְבַיֵּישׁ** יֶלֶד בִּפְנֵי הַחֲבֵרִים שֶׁלּוֹ.*
לְבַיֵּישׁ אֶת- / ב.ו.ש, פִּיעֵל / בִּיַּישְׁתִּי, מְבַיֵּישׁ, יְבַיֵּישׁ

ביישןז׳ בַּיְשָׁן [בַּיְישָׁנִים] shy, timid
מִי שֶׁמִּתְבַּיֵּישׁ, מִי שֶׁמַּרְגִּישׁ לֹא נוֹחַ בְּחֶבְרָה:
*הוּא לֹא מְדַבֵּר בַּשִּׁיעוּר, כִּי הוּא **בַּיְישָׁן**.*
בַּיְישָׁנִית, בַּיְישָׁנִיּוֹת

ביישנותנ׳ בַּיְשָׁנוּת shyness
הַהַרְגָּשָׁה שֶׁל הַבַּיְישָׁן:
*בִּגְלַל **הַבַּיְישָׁנוּת** שֶׁלּוֹ הוּא לֹא מְדַבֵּר בַּשִּׁיעוּר.*

בייתפ׳ בִּיֵּת domesticated
עָשָׂה שֶׁבַּעַל חַיִּים יַתְאִים לְחַיֵּי בַּיִת:
*לֹא כָּל בַּעַל חַיִּים אֶפְשָׁר **לְבַיֵּית** כְּמוֹ אֶת הַכֶּלֶב.*
לְבַיֵּית אֶת- / ב.י.ת, פִּיעֵל / בִּיַּיתִי, מְבַיֵּית, אֲבַיֵּית, בַּיֵּית!

ביכהפ׳ בִּכָּה lamented
בָּכָה עַל מוֹתוֹ שֶׁל מִישֶׁהוּ, הִצְטַעֵר מְאוֹד:
*הוּא **בִּיכָּה** אֶת מוֹת אִישְׁתּוֹ.*
לְבַכּוֹת אֶת- / ב.כ.ה, פִּיעֵל / בִּיכִּיתִי, מְבַכֶּה, יְבַכֶּה, בַּכֵּה!

ביכוריםז״ר בִּכּוּרִים first fruits
הַפֵּירוֹת הָרִאשׁוֹנִים שֶׁל הָעוֹנָה:
*אָכַלְתִּי אֶת **בִּיכּוּרֵי** הָעֲנָבִים.*
חַג הַבִּיכּוּרִים - חַג שָׁבוּעוֹת: 7 שָׁבוּעוֹת אַחֲרֵי הַפֶּסַח. בַּחַג הַזֶּה אֱלוֹהִים נָתַן אֶת הַתּוֹרָה לְיִשְׂרָאֵל. נִקְרָא חַג הַבִּיכּוּרִים, כִּי הֵבִיאוּ בּוֹ אֶת הַפֵּירוֹת הָרִאשׁוֹנִים לְבֵית הַמִּקְדָּשׁ בִּירוּשָׁלַיִם.

ביכרפ׳ בִּכֵּר preferred
הֶעֱדִיף, חָשַׁב שֶׁמַּשֶּׁהוּ אוֹ מִישֶׁהוּ טוֹבִים יוֹתֵר:
*הוּא **בִּיכֵּר אֶת** הָעֲבוֹדָה בַּמִּשְׂרָד עַל פְּנֵי עֲבוֹדָה בַּבַּיִת.*
לְבַכֵּר אֶת-, עַל- / ב.כ.ר, פִּיעֵל / בִּיכַּרְתִּי, מְבַכֵּר, יְבַכֵּר

בילבולז׳ בִּלְבּוּל mix-up
מַצָּב שֶׁל חוֹסֶר סֵדֶר:
*יֵשׁ פֹּה **בִּילְבּוּל** בֵּין הַסְּפָרִים שֶׁלִּי לַסְּפָרִים שֶׁלְּךָ.*
בִּילְבּוּל מוֹחַ 'headache'

בילבלפ׳ בִּלְבֵּל confused, mixed up
גָּרַם אִי-סֵדֶר:
*הַתַּלְמִיד **בִּילְבֵּל אֶת** סֵדֶר הַמִּילִּים בַּמִּשְׁפָּט.*
בִּילְבֵּל, אֶת- / ב.ל.ב.ל, פִּיעֵל / מְבַלְבֵּל, יְבַלְבֵּל, בַּלְבֵּל!

בילהפ׳ בִּלָּה had a good time
הֶעֱבִיר אֶת הַזְּמַן הַפָּנוּי:
*דָּוִד **בִּילָּה** אֶת חוּפְשַׁת הַקַּיִץ עַל שְׂפַת הַיָּם.*
לְבַלּוֹת אֶת- / ב.ל.ה, פִּיעֵל / בִּילִּיתִי, מְבַלֶּה, יְבַלֶּה בַּלֵּה!

בילויז׳ בִּלּוּי pastime
הוֹצָאַת זְמַן עַל בִּידּוּר (מוּסִיקָה, תֵּיאַטְרוֹן, וכו'):
*אֲנִי מַעֲדִיף אֶת **הַבִּילּוּי** בְּתֵיאַטְרוֹן עַל סֶרֶט טֶלֶוִויזְיָה.*

בימאיז׳ בִּימַאי [בִּימָאִים] director
מִי שֶׁמֵּכִין הַצָּגוֹת בַּתֵּיאַטְרוֹן אוֹ בַּקּוֹלְנוֹעַ:
***הַבִּימַאי** אָמַר לַשַּׂחְקָנִים אֵיךְ לְדַבֵּר וְאֵיפֹה לַעֲמוֹד.*

בימהנ׳ בִּימָה [בִּימוֹת] stage, pulpit
מָקוֹם גָּבוֹהַּ (בְּבֵית כְּנֶסֶת, בְּתֵיאַטְרוֹן):
*רֹאשׁ הַמֶּמְשָׁלָה דִּיבֵּר מֵעַל **בִּימַת** הַכְּנֶסֶת.*

בימויז׳ בִּמּוּי direction
עֲבוֹדַת הַבַּמַּאי - כְּשֶׁקּוֹבְעִים אֵיפֹה יַעֲמוֹד הַשַּׂחְקָן, אֵיךְ הוּא יְדַבֵּר וכו':
*הַטֶּקְסְט שֶׁל הַסֶּרֶט טוֹב, אֲבָל **הַבִּימּוּי** - רַע.*

ביןמ״י בֵּין between
בָּאֶמְצַע:
*הַדֶּרֶךְ עוֹבֶרֶת **בֵּין** הַבָּתִּים.*

בֵּינִי, בֵּינְךָ, בֵּינֵךְ, בֵּינוֹ — between us/them...

בֵּינִי לְבֵינְךָ, לְבֵינֵךְ וְכוּ'

דְּבָרִים שֶׁבֵּינוֹ לְבֵינָהּ - הַקְּשָׁרִים הָאִינְטִימִיִּים בֵּין גֶּבֶר לְאִשָּׁה

בינהנ׳ בִּינָה — reason, understanding

חוּכְמָה, שֵׂכֶל, הֲבָנָה:

*הוּא טִיפֵּשׁ גָּדוֹל - אֵין בּוֹ **בִּינָה**.*

בִּינָה מְלָאכוּתִית — artificial intelligence

חֲסַר־בִּינָה — witless, idiot

שֵׁן־בִּינָה — wisdom tooth

בינונית׳ בֵּינוֹנִי — medium, average

1. מְמוּצָּע, לֹא גָּדוֹל וְלֹא קָטָן:

*קָנִיתִי מְכוֹנִית בְּגוֹדֶל **בֵּינוֹנִי**.*

2. בְּדִיקְדּוּק: הַזְּמַן בֵּין עָבָר וְעָתִיד — present tense

נִקְרָא "בֵּינוֹנִי" אוֹ "הוֹוֶה":

*"הוֹלֵךְ", "מְדַבֵּר", "מַרְגִּישׁ" - הֵם **בְּבֵינוֹנִי**.*

מַעֲמָד בֵּינוֹנִי — middle class

בֵּינוֹנִית, בֵּינוֹנִיִּים, בֵּינוֹנִיּוֹת

בינוניותנ׳ בֵּינוֹנִיּוּת — mediocrity

מַצָּב הָאֶמְצַע, לֹא טוֹב וְלֹא רַע, לֹא גָּדוֹל וְלֹא קָטָן וְכוּ':

*מְשׁוֹרְרִים וְצַיָּירִים מוֹצִיאִים אוֹתָנוּ מִן **הַבֵּינוֹנִיּוּת** שֶׁלָּנוּ.*

בינייםז"ז בֵּינַיִם — intermediate

בָּאֶמְצַע, בֵּין שְׁנֵי דְּבָרִים:

*בְּמַצָּב **בֵּינַיִם** אִי־אֶפְשָׁר לָדַעַת מִי מְנַצֵּחַ.*

חֲטִיבַת־בֵּינַיִם — junior high/middle school

יְמֵי־הַבֵּינַיִם — middle ages

קְרִיאַת־בֵּינַיִם — catcall

בינלאומית׳ בֵּינְלְאֻמִּי (בֵּין לְאוּמִּי) [בֵּינְלְאוּמִּיִּים]

אִינְטֶרְנַצְיוֹנָלִי, שֶׁל מְדִינוֹת וּלְאוּמִּים שׁוֹנִים: — international

*בַּקּוֹנְגְרֶס **הַבֵּינְלְאוּמִּי** הִשְׁתַּתְּפוּ נְצִיגִים מִמְּדִינוֹת שׁוֹנוֹת.*

בֵּינְלְאוּמִּית, בֵּינְלְאוּמִּיִּים, בֵּינְלְאוּמִּיּוֹת

בינתייםת"פ בֵּינְתַיִם — meanwhile

בְּמֶשֶׁךְ הַזְּמַן שֶׁעָבַר:

*דָּוִיד חִיכָּה עַד שֶׁגָּמַרְתִּי לַעֲבוֹד, **בֵּינְתַיִם** הוּא קָרָא עִיתּוֹן.*

ביסספ׳ בִּסֵּס — strengthened, based

חִיזֵּק, נִשְׁעַן:

*הוּא **בִּיסֵּס** אֶת מַצָּבוֹ הַכַּלְכָּלִי.*

*הַמַּרְצֶה **בִּיסֵּס** אֶת הַדְּבָרִים שֶׁלּוֹ עַל הַפִילוֹסוֹפִים הַיְּוָונִים.*

לְבַסֵּס אֶת- / ב.ס.ס, פִּיעֵל / בִּיסַּסְתִּי, מְבַסֵּס, יְבַסֵּס, בַּסֵּס!

ביעורז׳ בִּעוּר — eradication

סִילּוּק שֶׁל לִיכְלוּךְ, שֶׁל מַשֶּׁהוּ מְיוּתָּר:

*אֲנַחְנוּ בְּעַד **בִּיעוּר** הַשְּׁחִיתוּת מִן הַחֶבְרָה.*

בִּיעוּר חָמֵץ

removal of leavened bread for Passover

ביעףת"פ בִּיעָף — swiftly

פִּתְאוֹם, בִּתְנוּעָה מְהִירָה:

*שָׁמַעְתִּי מָטוֹס עוֹבֵר **בִּיעָף** מֵעַל הַבַּיִת.*

ביערפ׳ בִּעֵר — eradicated

סִילֵּק (לִיכְלוּךְ, דְּבָרִים רָעִים וְכוּ'):

*צָרִיךְ **לְבַעֵר** אֶת הַשְּׁחִיתוּת בַּמְּדִינָה.*

בִּיעֵר אֶת הֶחָמֵץ ר' בִּיעוּר

לְבַעֵר אֶת- / ב.ע.ר, פִּיעֵל / בִּיעַרְתִּי, מְבַעֵר, אֲבַעֵר

ביצבץפ׳ בִּצְבֵּץ — sprouted, broke out

הוֹפִיעַ, יָצָא הַחוּצָה (כְּשֶׁמְּדַבְּרִים עַל מַשֶּׁהוּ קָטָן):

*הָעֵשֶׂב **בִּיצְבֵּץ** מִתּוֹךְ הָאֲדָמָה.*

לְבַצְבֵּץ / ב.צ.ב.ץ, פִּיעֵל / בִּיצְבְּצוּ, מְבַצְבֵּץ, יְבַצְבֵּץ

ביצהנ׳ בֵּיצָה [בֵּיצִים] — egg

מָזוֹן מִן הַתַּרְנְגוֹלֶת הַחַיָּה:

*הַיֶּלֶד אוֹכֵל **בֵּיצָה** כָּל בּוֹקֶר. / אָכַלְתִּי **בֵּיצִים** קָשׁוֹת.*

ביצהנ׳ בִּצָּה [בִּיצּוֹת] — marsh

מָקוֹם שֶׁל מַיִם עוֹמְדִים:

*בְּמָקוֹם שֶׁיֵּשׁ **בִּיצּוֹת**, יֵשׁ מָלַרְיָה.*

ביצועז׳ בִּצּוּעַ [בִּיצּוּעִים] — execution, performance

פְּעוּלָּה, עֲשִׂיָּיה:

***הַבִּיצּוּעַ** שֶׁל הַקּוֹנְצֶרְט הָיָה נִפְלָא.*

בַּר־בִּיצּוּעַ — doable, achievable

ביצורז׳ בִּצּוּר [בִּיצּוּרִים] — fortification

חִיזּוּק, בְּנִיָּיה שֶׁל קִיר לַהֲגָנָה:

*לִפְנֵי מִלְחָמָה צָרִיךְ לִבְדּוֹק אֶת **הַבִּיצּוּרִים**.*

ביצייהנ׳ בֵּיצִיָּה [בֵּיצִיּוֹת] — fried egg

מַאֲכָל שֶׁל בֵּיצָה מְטוּגֶּנֶת:

***בֵּיצִיָּה** הִיא כְּמוֹ פֶּרַח: צָהוֹב בָּאֶמְצַע וְלָבָן מִסָּבִיב.*

ביצעפ׳ בִּצֵּעַ [בַּצַּע] — carried out, executed

עָשָׂה:

*הַפּוֹעֵל **בִּיצַּע אֶת** הָעֲבוֹדָה לְפִי הַתּוֹכְנִית.*

לְבַצֵּעַ אֶת- / ב.צ.ע, פִּיעֵל / בִּיצַּעְתִּי, מְבַצֵּעַ, יְבַצֵּעַ, בַּצַּע!

ביצרפ, בִּצֵּר fortified
חִיזֵק, בָּנָה חוֹמָה כְּדֵי לְהָגֵן:
לִפְנֵי הַמִּלְחָמָה ***בִּיצְרוּ*** *הַחַיָּילִים אֶת הַמַּחֲנֶה שֶׁלָּהֶם.*
לְבַצֵּר אֶת- / ב.צ.ר, פִּיעֵל / בִּיצַּרְתִּי, מְבַצֵּר, יְבַצֵּר, בַּצֵּר!

ביקועז, בִּקּוּעַ [בִּיקוּעִים] fission, splitting
כְּשֶׁחוֹתְכִים (שׁוֹבְרִים) מַשֶּׁהוּ קָשֶׁה:
בִּיקוּעַ *הָאָטוֹם הֵבִיא לְיִיצוּר נֶשֶׁק אֲטוֹמִי.*

ביקורז, בִּקּוּר [בִּיקוּרִים] visit
פְּעוּלַּת הָאוֹרֵחַ, הֲלִיכָה לְמִישֶׁהוּ לִזְמַן מָה:
הַבִּיקוּר *בְּבֵית מִשְׁפַּחַת לֵוִי נִמְשַׁךְ שָׁלוֹשׁ שָׁעוֹת.*
שְׁעוֹת־בִּיקוּר visiting hours

ביקורתנ, בִּקֹּרֶת [בִּיקוֹרוֹת] criticism
הַבָּעַת דֵּיעָה, שִׁיפּוּט עַל סְפָרִים, אוֹמָנוּת וכו':
קָרָאתִי בָּעִיתּוֹן ***בִּיקוֹרֶת*** *שְׁלִילִית עַל הַסֶּרֶט הֶחָדָשׁ.*

ביקורתית, בִּקָּרְתִּי critical
שֶׁיֵּשׁ בּוֹ בִּיקוֹרֶת, דֵּיעָה עַל מַשֶּׁהוּ (לָרוֹב שלילית):
כָּתַבְתִּי מַאֲמָר ***בִּיקוֹרְתִּי*** *עַל הַסֵּפֶר. / הוּא* ***בִּיקוֹרְתִּי*** *מְאוֹד בְּיַחַס לְמַה שֶּׁקּוֹרֶה בַּתֵּיאַטְרוֹן.*
בִּיקוֹרְתִּית, בִּיקוֹרְתִּיִּים, בִּיקוֹרְתִּיּוֹת

ביקושז, בִּקּוּשׁ [בִּיקוּשִׁים] demand
כְּשֶׁהַרְבֵּה אֲנָשִׁים רוֹצִים לִקְנוֹת מַשֶּׁהוּ:
הַמְּחִיר שֶׁל הָעַגְבָנִיּוֹת עוֹלֶה, כִּי יֵשׁ לָהֶן ***בִּיקוּשׁ*** *רַב.*

ביקרפ, בִּקֵּר visited
1. הָיָה אוֹרֵחַ לִזְמַן מְסוּיָּם:
הַתַּיָּיר ***בִּיקֵּר*** *בִּירוּשָׁלַיִם, בְּחֵיפָה וּבְתֵל־אָבִיב.*
2. אָמַר מַה הוּא חוֹשֵׁב criticized, critiqued
(עַל הַצָּגָה, עַל הַמֶּמְשָׁלָה וכו'):
הוּא ***בִּיקֵּר*** *בְּמִילִּים קָשׁוֹת אֶת הַתּוֹכְנִית.*
לְבַקֵּר אֶת-, אֵצֶל- / ב.ק.ר, פִּיעֵל / בִּיקַּרְתִּי, מְבַקֵּר, יְבַקֵּר

ביקשפ, בִּקֵּשׁ asked, requested
הִבִּיעַ אֶת רְצוֹנוֹ בִּפְנֵי מִישֶׁהוּ:
דָּוִיד ***בִּיקֵּשׁ מִמֶּנִּי*** *לַעֲזוֹר לוֹ בַּעֲבוֹדָתוֹ.*
לְבַקֵּשׁ מִ-, אֶת- / ב.ק.ש, פִּיעֵל / בִּיקַּשְׁתִּי, מְבַקֵּשׁ, יְבַקֵּשׁ

בירברפ, בִּרְבֵּר (לְשׁוֹן דִּיבּוּר) blabbered
דִּיבֵּר הַרְבֵּה, וְאָמַר מְעַט:
הַמַּרְצֶה הַזֶּה ***מְבַרְבֵּר*** *וְאֵינוֹ אוֹמֵר דָּבָר.*

בירהנ, בִּירָה [בִּירוֹת] capital (city)
הָעִיר הָרָאשִׁית בִּמְדִינָה:
יְרוּשָׁלַיִם הִיא עִיר ***הַבִּירָה*** *שֶׁל יִשְׂרָאֵל.*
בִּירַת־יִשְׂרָאֵל / בִּירַת צָרְפַת / בִּירוֹת הָעוֹלָם

בירהנ, בִּירָה [בִּירוֹת] beer
מַשְׁקֶה שֶׁיֵּשׁ בּוֹ אַלְכּוֹהוֹל:
הוּא שָׁתָה כּוֹס ***בִּירָה*** *"מַכַּבִּי".*

בירורז, בֵּרוּר [בֵּירוּרִים] clarification, inquiry
בְּדִיקָה כְּדֵי לָדַעַת מִי צוֹדֵק, מַה נָכוֹן וכו':
אַחֲרֵי ***הַבֵּירוּר*** *אֲנִי מֵבִין מַה קָּרָה.*
בְּבֵירוּר ת"פ - לְלֹא כָּל סָפֵק clearly

בירךפ, בֵּרֵךְ (בֵּרַךְ) wished
1. אָמַר דְּבָרִים טוֹבִים בְּתִקְוָה שֶׁיִּתְקַיְּימוּ:
הֵם ***בֵּירְכוּ אוֹתִי*** *בְּ"שָׁנָה טוֹבָה".*
2. הִתְפַּלֵּל וְנָתַן תּוֹדָה לָאֵל: blessed
הוּא ***בֵּירֵךְ עַל*** *הַיַּיִן לִפְנֵי שֶׁשָּׁתָה.*
3. בִּיטֵּא שִׂמְחָה עַל מַשֶּׁהוּ: congratulated
אָבִי ***בֵּירֵךְ אוֹתִי*** *עַל קַבָּלַת הַפְּרָס.*
לְבָרֵךְ אֶת- עַל- / ב.ר.ך, פִּיעֵל / בֵּירַכְתִּי, מְבָרֵךְ, יְבָרֵךְ

ביררפ, בֵּרֵר inquired
שָׁאַל וּבָדַק כְּדֵי לְקַבֵּל מֵידָע:
דָּוִיד ***בֵּירֵר*** *בַּמִּשְׂרָד, מַה הֵן שְׁעוֹת הָעֲבוֹדָה הַמְּקוּבָּלוֹת.*
לְבָרֵר בְּ-, אֶת- / ב.ר.ר, פִּיעֵל / בֵּירַרְתִּי, מְבָרֵר, יְבָרֵר, בָּרֵר!

בישת, בִּישׁ bad
רַע, גָּרוּעַ:
זֶה מַצָּב ***בִּישׁ*** *- אֵין עֲבוֹדָה וְאֵין דִּירָה.*
בִּישׁ־מַזָּל unlucky
עֵסֶק־בִּישׁ nasty business, fiasco

בישולז, בִּשּׁוּל cooking
הֲכָנָה שֶׁל אוֹכֶל עַל אֵשׁ, בְּתַנּוּר וכו':
יֵשׁ לִי סֵפֶר ***בִּישּׁוּל*** *טוֹב לְאוֹכֶל סִינִי.*

בישלפ, בִּשֵּׁל cooked
הֵכִין אוֹכֶל עַל הָאֵשׁ אוֹ בַּתַּנּוּר:
אִימָּא ***בִּישְּׁלָה*** *לַאֲרוּחַת צוֹהֳרַיִים בָּשָׂר וּמָרָק.*
לְבַשֵּׁל אֶת- / ב.ש.ל, פִּיעֵל / בִּישַּׁלְתִּי, מְבַשֵּׁל, יְבַשֵּׁל, בַּשֵּׁל!

בישרפ, בִּשֵּׂר brought (good) news
הוֹדִיעַ שֶׁקָּרָה מַשֶּׁהוּ (טוֹב):
הוּא ***בִּישֵּׂר*** *לִי, שֶׁהִתְקַבַּלְתִּי לָעֲבוֹדָה.*
לְבַשֵּׂר לְ- / ב.שׂ.ר, פִּיעֵל / בִּישַּׂרְתִּי, מְבַשֵּׂר, יְבַשֵּׂר, בַּשֵּׂר!

ביתז, בַּיִת [בָּתִּים] house, building
בִּנְיָין:

*בָּנִיתִי לִי **בַּיִת** חָדָשׁ בְּתֵל־אָבִיב.*

הַבַּיְתָה home
בֵּית־מְשׁוּתָּף condominium
בֵּית־אָבוֹת old-age home
בֵּית־דִּין rabbinical court
בֵּית־הַאֲרָחָה inn
בֵּית־הַבְרָאָה resort
בֵּית־הַמִּקְדָּשׁ The Temple
בֵּית־זִיקוּק refinery
בֵּית־חוֹלִים hospital
בֵּית־חֲרֹשֶׁת factory
בֵּית־כְּנֶסֶת synagogue
בֵּית־מְלָאכָה workshop
בֵּית־מִרְקַחַת pharmacy, drugstore
בֵּית־מִשְׁפָּט court of law
בֵּית־סוֹהַר prison, jail
בֵּית־סֵפֶר school
בֵּית־עָלְמִין cemetery
בֵּית־קְבָרוֹת graveyard
בֵּית־קָפֶה café
בֵּית־שִׁימּוּשׁ w.c., lavatory, toilet

בית־דיןז, בֵּית־דִּין court of law, (rabbinical) court
בֵּית מִשְׁפָּט, בְּיִשְׂרָאֵל עוֹסֵק בְּנוֹשְׂאִים שֶׁל דָּת (נִישּׂוּאִין, וְכוּ'):
***בֵּית הַדִּין** הָרַבָּנִי נִיסָּה לְהַשְׁלִים בֵּין הַבַּעַל וְהָאִישָּׁה.*
בֵּית דִּין גָּבוֹהַּ לְצֶדֶק High Court of Justice
(ר' גם צדק)

בית־ספרז, בֵּית סֵפֶר [בָּתֵּי־סֵפֶר] school
מוֹסָד חִינּוּכִי לִילָדִים:
*כָּל הַיְלָדִים לוֹמְדִים **בְּבֵית הַסֵּפֶר** מִגִּיל 6.*
בֵּית סֵפֶר יְסוֹדִי elementary school
בֵּית סֵפֶר תִּיכוֹן high school
בֵּית סֵפֶר מִקְצוֹעִי vocational school

ביתית, בֵּיתִי domestic
קָשׁוּר לַבַּיִת (לַמִּשְׁפָּחָה וְכוּ'):
*הוּא טִיפּוּס **בֵּיתִי** - אֵינוֹ אוֹהֵב בָּתֵּי קָפֶה, טִיּוּלִים וְכוּ'.*
בֵּיתִית, בֵּיתִיִּים, בֵּיתִיּוֹת

ביתיותנ, בֵּיתִיּוּת hominess
אִינְטִימִיּוּת, אַטְמוֹסְפֵירָה שֶׁל מִשְׁפָּחָה:
*אֵצֶל רוּת אֲנִי מַרְגִּישׁ הַרְגָּשַׁת **בֵּיתִיּוּת**.*

ביתןז, בִּיתָן [בִּיתָנִים] pavilion
בַּיִת קָטָן:
***הַבִּיתָן** הַיִּשְׂרְאֵלִי בַּתַּעֲרוּכָה הָעוֹלָמִית הָיָה מְעַנְיֵין.*

בכהפ, בָּכָה wept, cried
הוֹרִיד דְּמָעוֹת:
*הַתִּינוֹק **בָּכָה** כָּל הַלַּיְלָה.*
לִבְכּוֹת / ב.כ.ה, פָּעַל / בָּכִיתִי, בּוֹכֶה, יִבְכֶּה, בְּכֵה!

בכוונהת"פ בְּכַוָּונָה intentionally
לֹא בְּמִקְרֶה, מִתּוֹךְ מַטָּרָה:
*בָּאתִי **בְּכַוָּונָה** כְּדֵי לִפְגּוֹשׁ אֶת רוּתִי.*

בכורז, בְּכוֹר first-born
הַבֵּן הָרִאשׁוֹן בַּמִּשְׁפָּחָה:
*רְאוּבֵן הָיָה הַבֵּן **הַבְּכוֹר** שֶׁל יַעֲקֹב.*

בכורהנר"ת בְּכוֹרָה birthright
1. הַזְּכוּת שֶׁל הַבֵּן הָרִאשׁוֹן (הַבְּכוֹר):
***הַבְּכוֹרָה** הִיא שֶׁל רְאוּבֵן, כִּי הוּא נוֹלַד רִאשׁוֹן.*
2. רִאשׁוֹנָה, שֶׁמַּעֲדִיפִים אוֹתָהּ: premiere
*הוּא הִזְמִין אוֹתִי לְהַצָּגַת **הַבְּכוֹרָה** בַּתֵּיאַטְרוֹן.*
מְנָיוֹת־בְּכוֹרָה preference shares

בכיז, בְּכִי/בֶּכִי weeping, crying
הוֹרָדַת דְּמָעוֹת:
*הַתִּינוֹק בָּכָה **בְּכִי** גָּדוֹל.*

בכייהנ, בְּכִיָּה [בְּכִיּוֹת] weeping, crying
בֶּכִי, כְּשֶׁיּוֹרְדוֹת דְּמָעוֹת מִן הָעֵינַיִים:
*מַה קָּרָה, מַה **הַבְּכִיָּה** הַזֹּאת?*
בְּכִיָּה לְדוֹרוֹתב - endless trouble
*בִּיזְבּוּז הַמַּיִם הוּא **בְּכִיָּה לְדוֹרוֹת**.*

בָּכִירת, בָּכִיר senior
גָּבוֹהַּ יוֹתֵר בַּדַּרְגָּה:
*הָרַמַטְכָּ"ל הוּא הַקָּצִין **הַבָּכִיר** בְּיוֹתֵר בְּצַהַ"ל.*
פָּקִיד בָּכִיר senior civil servant

בכל אופןמ"ק בְּכָל אֹפֶן anyhow
אַף עַל פִּי כֵן, בְּכָל־זֹאת:
*לֹא קִיבַּלְתִּי מִמֶּנּוּ אַף מִכְתָּב, **בְּכָל אֹפֶן** כָּתַבְתִּי לוֹ.*

בכל זאתמ"ק בְּכָל זֹאת nevertheless
אַף עַל פִּי כֵן, לַמְרוֹת זֹאת:
*בִּיקַּשְׁתִּי שֶׁלֹּא יָבִיא מַתָּנוֹת, וְהוּא **בְּכָל זֹאת** הֵבִיא מַשֶּׁהוּ.*

בכלל לאת"פ בִּכְלָל לֹא absolutely not
לְגַמְרֵי לֹא:
***בִּכְלָל לֹא** נֶהֱנֵיתִי מִן הַהַצָּגָה בַּתֵּיאַטְרוֹן!*

בכפיפה־אחתת״פ בִּכְפִיפָה־אַחַת — together
בְּסַל אֶחָד, בְּיַחַד:
*כֹּל הַמִּשְׁפָּחָה גָּרָה **בִּכְפִיפָה** אַחַת.*

בל, בַּל — not, don't
(לָשׁוֹן ספרותית) לֹא, אַל:
*...**בַּל** תָּבוֹא מִלְחָמָה!*
לְבַל - כְּדֵי שֶׁלֹּא - — lest
אֲנִי מַזְהִיר אוֹתְךָ לְבַל תִּיגַּע בְּחֵפֶץ חָשׁוּד.

בלאת״פ בְּלֹא — without
בְּלִי:
*הוּא עָבַר עַל יָדַי **בְּלֹא** שֶׁהִרְגִּישׁ בִּי.*
בְּלֹא עֵת — untimely

בלאוו הכית״פ בְּלָאו הָכִי — anyhow
גַּם בְּלִי זֶה, מְמֵילָא:
*לֹא נוֹרָא שֶׁאֵיחַרְתָּ, **בְּלָאו הָכִי** הַמִּשְׂרָד סָגוּר.*

בלאיז׳ בְּלַאי — amortization (wear and tear)
אֲמוֹרְטִיזַצְיָה, מַה שֶׁקּוֹרֶה לְמַכְשִׁירִים אַחֲרֵי שֶׁמִּשְׁתַּמְּשִׁים בָּהֶם:
***הַבְּלַאי** שֶׁל הַמְּכוֹנִיּוֹת גָּדוֹל בִּגְלַל הַכְּבִישִׁים הָרָעִים.*

בלבדת״פ בִּלְבַד — only
רַק:
*אַתָּה יָכוֹל לִפְגּוֹשׁ אוֹתִי בִּימֵי ג׳ **בִּלְבַד**.*

בלבדית׳ בִּלְבַדִּי — exclusive
רַק שֶׁל אֶחָד, אֶקְסְקְלוּסִיבִי:
*הַיְדִיעָה הַזֹּאת הִיא **בִּלְבַדִּית** לָעִיתּוֹן שֶׁלָּנוּ.*
בִּלְבַדִּית, בִּלְבַדִּיִּים, בִּלְבַדִּיּוֹת

בלגןז׳ בַּלָגָן — mess
(לְשׁוֹן דיבּוּר) אִי סֵדֶר:
*הוּא מַשְׁאִיר אַחֲרָיו **בָּלָגָן** בַּבַּיִת.*

בלדרז׳ בַּלְדָּר [בַּלְדָּרִים] — courier
שָׁלִיחַ, מִי שֶׁמַּעֲבִיר מִכְתָּבִים, סְחוֹרוֹת וְכוּ׳:
*שָׁלַחְנוּ אֶת הַמִּכְתָּב עַל־יְדֵי **בַּלְדָּר** מְיוּחָד.*
בַּלְדָּרִית, בַּלְדָּרִיּוֹת

בלהפ׳ בָּלָה — became worn out
נַעֲשָׂה יָשָׁן, הִתְקַלְקֵל מֵרוֹב שִׁימּוּשׁ:
*הַמְּעִיל שֶׁלִּי **בָּלָה**, אֲנִי צָרִיךְ מְעִיל חָדָשׁ.*
לִבְלוֹת / ב.ל.ה, פָּעַל / בָּלוּי, בָּלֶה, יִבְלֶה, יִבְלוּ

בלוטהנ׳ בַּלּוּטָה [בַּלּוּטוֹת] — gland
מָקוֹם בַּגּוּף שֶׁמְּיַיצֵּר חוֹמָרִים שׁוֹנִים:
*יֵשׁ לִי כְּאֵב גָּרוֹן, וְ**הַבַּלּוּטוֹת** בַּצַּוָּואר נְפוּחוֹת.*
בַּלּוּטַת הַמָּגֵן — thyroid gland

בלוית׳ בָּלוּי — worn out
מְשׁוּמָּשׁ מְאוֹד, יָשָׁן וְקָרוּעַ:
*הַמְּעִיל שֶׁלִּי **בָּלוּי**, אֲנִי צָרִיךְ מְעִיל חָדָשׁ.*
בְּלוּיָה, בְּלוּיִים, בְּלוּיוֹת

בלוריתנ׳ בְּלוֹרִית [בְּלוֹרִיּוֹת] — forelock
הַשְּׂעָרוֹת שֶׁמֵּעַל הַמֵּצַח:
*כְּשֶׁהָיִיתִי צָעִיר הָיְתָה לִי **בְּלוֹרִית** שְׁחוֹרָה.*

בלטפ׳ בָּלַט — stuck out, protruded
נִמְצָא מֵעַל הַשֶּׁטַח שֶׁמִּסָּבִיב, נִרְאֶה בִּמְיוּחָד:
*הָאַנְטֶנָּה **בּוֹלֶטֶת** מֵעַל גַּג הַבַּיִת. / הוּא **בּוֹלֵט** בְּכִישְׁרוֹנוֹ.*
לִבְלוֹט בְּ- / ב.ל.ט, פָּעַל / בָּלַטְתִּי, בּוֹלֵט, יִבְלוֹט

בלימ׳ בְּלִי — without
לְלֹא, בְּחוֹסֶר (מִילַּת שְׁלִילָה):
*אִישְׁתִּי שׁוֹתָה קָפֶה **בְּלִי** סוּכָּר.*

בליטהנ׳ בְּלִיטָה [בְּלִיטוֹת] — bulge, protrusion
דָּבָר שֶׁבּוֹלֵט בַּסְּבִיבָה:
***הַבְּלִיטָה** הַזֹּאת עַל הָעוֹר שֶׁלִּי מַדְאִיגָה אוֹתִי.*
*נִפְצַעְתִּי מֵ**הַבְּלִיטָה** בַּקִּיר.*

בלימהנ׳ בְּלִימָה [בְּלִימוֹת] — braking, curbing
1. עֲצִירָה:
***בְּלִימַת** הַמְּכוֹנִית בִּזְמַן הִצִּילָה אוֹתָנוּ. / הַחַיָּילִים הִצְלִיחוּ **בִּבְלִימַת** הָאוֹיֵב.*
2. לֹא כְּלוּם, אֶפֶס. — nothingness
תָּלוּי עַל בְּלִימָהב׳ — hanging on a thread

בליעהנ׳ בְּלִיעָה [בְּלִיעוֹת] — swallowing
כְּשֶׁמַּכְנִיסִים מַשֶּׁהוּ לַגּוּף דֶּרֶךְ הַפֶּה:
*כּוֹאֵב לִי הַגָּרוֹן, לָכֵן קָשָׁה עָלַיי **הַבְּלִיעָה**.*

בליעלז׳ בְּלִיַּעַל — evil
בֶּן בְּלִיַּעַל - — wicked, scoundrel
רָשָׁע, מִי שֶׁעוֹשֶׂה מַעֲשִׂים רָעִים מְאוֹד:
*צָרִיךְ לְהִיזָּהֵר מִדָּוִיד, הוּא **בֶּן בְּלִיַּעַל**.*

בלםפ׳ בָּלַם — stopped
עָצַר:
*הַנֶּהָג **בָּלַם** פִּתְאוֹם אֶת הָאוֹטוֹבּוּס.*
לִבְלוֹם אֶת- / ב.ל.ם, פָּעַל / בָּלַמְתִּי, בּוֹלֵם, יִבְלוֹם, בְּלוֹם!

בלםז, בַּלָּם [בַּלָּמִים] shortstop
התפקיד שֶׁל מִי שֶׁעוֹצֵר מַשֶּׁהוּ:
הַבַּלָּם הַמֶּרְכָּזִי נִפְצַע בְּמִשְׂחַק הַכַּדּוּרֶגֶל.

בלמיםז"ר בְּלָמִים (בֶּלֶם) brakes
מְעַצּוֹרִים, בְּעִיקָּר בִּמְכוֹנוֹת וּבִמְכוֹנִיּוֹת:
צָרִיךְ לִבְדוֹק אֶת הַבְּלָמִים בַּמְּכוֹנִית לִפְנֵי הַחוֹרֶף.

בלעפ, בָּלַע swallowed
הִכְנִיס לַפֶּה וּמִשָּׁם יָשָׁר לַקֵּיבָה:
הָיִיתִי כֹּל כָּךְ רָעֵב, בָּלַעְתִּי אֶת כֹּל מַה שֶּׁהָיָה בַּמְּקָרֵר.
לִבְלוֹעַ אֶת- / ב.ל.ע, פָּעַל / בָּלַעְתִּי, בּוֹלֵעַ, אֶבְלַע, יִבְלַע

בלעדית, בִּלְעָדִי exclusive
אֶקְסְקְלוּסִיבִי, רַק שֶׁל אֶחָד:
יֵשׁ לִי זְכוּת בִּלְעָדִית לִמְכּוֹר אֶת הַסֵּפֶר הַזֶּה.
בִּלְעָדִית, בִּלְעָדִיִּים, בִּלְעָדִיּוֹת

בלעדי־מ"י, בִּלְעֲדֵי־ except, without (me/you/him...)
חוּץ מִ-, בְּלִי (בְּדֶרֶךְ כְּלָל בִּנְטִיָּיה: בִּלְעָדֶיךָ...):
הֵם לֹא רוֹצִים לִנְסוֹעַ לְטִיּוּל בִּלְעָדַיי.
בִּלְעָדַיי, בִּלְעָדֶיךָ, בִּלְעָדַיִךְ, בִּלְעָדָיו, בִּלְעָדֶיהָ, בִּלְעָדֵינוּ, בִּלְעֲדֵיכֶם־ן

בלעדיותנ, בִּלְעָדִיּוּת exclusiveness, exclusivity
שַׁיָּיךְ לְמִישֶׁהוּ אֶחָד:
יֵשׁ לִי בִּלְעָדִיּוּת עַל הַהַמְצָאָה הַזֹּאת.

בלשפ, בָּלַשׁ followed secretly, spied on
חִיפֵּשׂ אַחֲרֵי מִישֶׁהוּ כְּדֵי לְהַשִּׂיג אִינְפוֹרְמַצְיָה (לִתְפּוֹס אוֹתוֹ וְכוּ'):
הַשּׁוֹטֵר בָּלַשׁ אַחֲרֵי הַגַּנָּב וְעָצַר אוֹתוֹ.
לִבְלוֹשׁ אַחֲרֵי- / ב.ל.ש, פָּעַל / בָּלַשְׁתִּי, בּוֹלֵשׁ, יִבְלוֹשׁ

בלשז, בַּלָּשׁ [בַּלָּשִׁים] detective
שׁוֹטֵר אוֹ מִי שֶׁחוֹקֵר וְעוֹקֵב כְּדֵי לְהַשִּׂיג מֵידָע:
הַבַּלָּשׁ תָּפַס אֶת הַגַּנָּב.

בלשןז, בַּלְשָׁן [בַּלְשָׁנִים] linguist
מִי שֶׁחוֹקֵר לְשׁוֹנוֹת (שָׂפוֹת):
הוּא בַּלְשָׁן - הוּא מַשְׁוֶוה בֵּין הָעִבְרִית לָעֲרָבִית.
בַּלְשָׁנִית, בַּלְשָׁנִיּוֹת

בלשנותנ, בַּלְשָׁנוּת linguistics
הַמִּקְצוֹעַ שֶׁל מֶחְקַר הַשָּׂפוֹת:
הוּא פְּרוֹפֶסוֹר לְבַלְשָׁנוּת עִבְרִית.

בלשנית, בַּלְשָׁנִי linguistic
הַשַּׁיָּיךְ לְמֶחְקַר הַשָּׂפוֹת:
הוּא כּוֹתֵב עֲבוֹדָה בַּלְשָׁנִית עַל הִתְפַּתְּחוּת הָעִבְרִית.
בַּלְשָׁנִית, בַּלְשָׁנִיִּים, בַּלְשָׁנִיּוֹת

בלתי־ בִּלְתִּי־ not, un-, im-, in-
לֹא, אִי, אֵין (מִילַּת שְׁלִילָה):
אָדָם בִּלְתִּי יָדוּעַ פָּנָה אֵלַיי בָּרְחוֹב.
בִּלְתִּי אֶמְצָעִית direct
יֵשׁ קֶשֶׁר בִּלְתִּי אֶמְצָעִי בֵּינִי לְבֵין הַיְלָדִים שֶׁלִּי.
בִּלְתִּי אֶפְשָׁרִית - impossible
קָשֶׁה מְאוֹד, לֹא נִיתָן לַעֲשִׂיָּיה:
עָבַדְתִּי בִּתְנָאִים בִּלְתִּי אֶפְשָׁרִיִּים.
בִּלְתִּי הָפִיךְת irreversible
בִּלְתִּי מוּגְבָּלת unlimited
בִּלְתִּי מַסְפִּיקת insufficient
בִּלְתִּי קָבִילת unacceptable
בִּלְתִּי תָּלוּית independent

במאיז, בַּמַּאי [בַּמָּאִים] director
מִי שֶׁעוֹבֵד עִם שַׂחְקָנִים עַל הַצָּגָה בַּתֵּיאַטְרוֹן אוֹ בַּקּוֹלְנוֹעַ:
הַבַּמַּאי שֶׁל הַסֶּרֶט קִיבֵּל פְּרָס בְּפֶסְטִיבַל הַסְּרָטִים.

במהנ, בָּמָה [בָּמוֹת] stage
מִבְנֶה גָּבוֹהַּ בְּאוּלַם הַתֵּיאַטְרוֹן, שֶׁעָלָיו מוֹפִיעִים הַשַּׂחְקָנִים:
כֹּל הַשַּׂחְקָנִים עָלוּ עַל הַבָּמָה בְּסוֹף הַהַצָּגָה.

במומ"י, בְּמוֹ with his own hands
בְּמוֹ יָדָיו -
הוּא הִרְכִּיב אֶת הַמְּכוֹנִית בְּמוֹ יָדָיו.
בְּמוֹ עֵינָיו with his own eyes

במזומןת"פ בִּמְזֻמָּן in cash
בְּכֶסֶף מַמָּשׁ וְלֹא בְּצֶ'יק:
בַּחֲנוּת הַזֹּאת אֶפְשָׁר לִקְנוֹת רַק בִּמְזוּמָּן.

במיוחדת"פ בִּמְיֻחָד especially
בְּעִיקָּר, בְּמַטָּרָה מְסוּיֶּמֶת:
מֹשֶׁה בָּא לִירוּשָׁלַיִם בִּמְיוּחָד כְּדֵי לִרְאוֹת אֶת רִינָה.

במפגיעת"פ בְּמַפְגִּיעַ emphatically
בְּצוּרָה חֲרִיפָה, בְּתוֹקֶף:
אֲנִי דּוֹרֵשׁ מִמְּךָ בְּמַפְגִּיעַ לַעֲזוֹב אֶת הַבַּיִת!

במקוםמ"י, בִּמְקוֹם instead of
כְּמַחֲלִיף שֶׁל מִישֶׁהוּ אוֹ מַשֶּׁהוּ:
רוּת עוֹבֶדֶת הַשָּׁבוּעַ בִּמְקוֹם מִרְיָם.
בִּמְקוֹמִי, בִּמְקוֹמְךָ, בִּמְקוֹמֵךְ, בִּמְקוֹמוֹ, בִּמְקוֹמָהּ

במשךמ"ק בְּמֶשֶׁךְ — during, for
לְאוֹרֶך זְמַן שֶׁל-, בִּתְקוּפָה שֶׁל-:
*הוּא לָמַד בָּאוּנִיבֶרְסִיטָה **בְּמֶשֶׁךְ** 3 שָׁנִים.*
בְּמֶשֶׁךְ הַזְּמַן — in due course

בןז' בֵּן [בָּנִים] — son
1. הַיֶּלֶד שֶׁל הַהוֹרִים:
*יִצְחָק הוּא **הַבֵּן** שֶׁל אַבְרָהָם.*
2. בְּגִיל-: — -years old (m)
*אֲנִי **בֶּן** 20, וְאִימִּי **בַּת** 42.*
בֶּן־בְּרִית — ally
בֶּן־חוֹרִין — free man
בֶּן עֲרוּבָּה — hostage

בן, בֶּן- — within
בְּתוֹךְ (זְמַן קָצָר מְאוֹד):
*בּוֹא הֵנָּה **בֶּן־רֶגַע**.*
בֶּן־יוֹם — within a day
בֶּן־רֶגַע — in no time
בֶּן־לַיְלָה — overnight

בן־אדםז' בֶּן־אָדָם [בְּנֵי־אָדָם] — man
1. אִישׁ:
*לְכָל **בֶּן אָדָם** יֵשׁ זְכוּת לִהְיוֹת חוֹפְשִׁי.*
2. אָדָם בַּעַל עֲרָכִים: — human being
*"תִּתְנַהֵג כְּמוֹ **בֶּן אָדָם**"! אָמְרָה אִימָּא.*

בנאיז' בַּנַּאי [בַּנָּאִים] — builder
עוֹבֵד בִּבְנִיָּיה, מִי שֶׁבּוֹנֶה:
*הַבַּיִת שֶׁלָּנוּ יָפֶה, כִּי הָיָה לָנוּ **בַּנַּאי** טוֹב.*

בנהפ' בָּנָה — built
הֵקִים בִּנְיָין, קִיר, עִיר וְכוּ':
*מֹשֶׁה **בָּנָה** בַּיִת חָדָשׁ.*
לִבְנוֹת אֶת- / ב.נ.ה, פָּעַל / בָּנִיתִי, בּוֹנֶה, יִבְנֶה, בְּנֵה!

בנוגע ל-מ"ק בְּנוֹגֵעַ לְ- — concerning, about
בְּעִנְיַין, בְּיַחַס, בְּקֶשֶׁר לְ-:
***בְּנוֹגֵעַ** לַבַּקָּשָׁה שֶׁלְּךָ, נִשְׁלַח לְךָ תְּשׁוּבָה בְּקָרוֹב.*

בנוית' בָּנוּי — built (adj.)
בָּנוּ אוֹתוֹ, עָשׂוּי:
*הַבַּיִת **בָּנוּי** מֵאֶבֶן. / "בַּשָּׁנָה הַבָּאָה בִּירוּשָׁלַיִם **הַבְּנוּיָה**".*
בְּנוּיָה, בְּנוּיִים, בְּנוּיוֹת

בניגוד למ"ק בְּנִגּוּד לְ... — contrary to
הַהֵיפֶךְ מִ...:
*דָּוִיד עָלָה לְיִשְׂרָאֵל **בְּנִיגּוּד** לִרְצוֹן הוֹרָיו.*

בניחותאת"פ בְּנִיחוּתָא — at ease
[אֲרָמִית] בְּשֶׁקֶט, בְּשַׁלְוָה, בִּמְנוּחָה:
*כְּשֶׁיֵּשׁ לָנוּ זְמַן, אֲנַחְנוּ יוֹשְׁבִים וּמְדַבְּרִים **בְּנִיחוּתָא**.*

בנייהנ' בְּנִיָּה — building
עֲבוֹדָה שֶׁבָּהּ מְקִימִים בָּתִּים חֲדָשִׁים:
*כְּדֵי לִבְנוֹת בַּיִת צָרִיךְ רִישְׁיוֹן **בְּנִיָּה**.*

בנייןז' בִּנְיָן [בִּנְיָינִים] — building
1. בַּיִת, מִבְנֶה:
*לְיַד בֵּיתִי בָּנוּ **בִּנְיָין** חָדָשׁ.*
2. פָּרָדִיגְמָה דִיקְדּוּקִית לַפְּעָלִים: — verbal paradigm
*לָמַדְתִּי אֶת צוּרוֹת הַפּוֹעַל **בַּבִּנְיָינִים** הָעִיקָּרִיִּים בְּעִבְרִית: פָּעַל, נִפְעַל, פִּיעֵל....*

בנקז' בַּנְק [בַּנְקִים] — банк / bank
מוֹסָד שֶׁמַּפְקִידִים בּוֹ כֶּסֶף, שֶׁנּוֹתֵן הַלְוָואוֹת, מַשְׁקִיעַ כְּסָפִים וְכוּ':
*יֵשׁ לִי **בַּבַּנְק** חֶשְׁבּוֹן עוֹבֵר וָשָׁב וְתוֹכְנִיּוֹת חִיסָּכוֹן.*
בַּנְק הַדָּם - מוֹסָד רְפוּאִי שֶׁיֵּשׁ בּוֹ סוּגֵי דָּם שׁוֹנִים לְחוֹלִים.

בנקאותנ' בַּנְקָאוּת — banking
הָעֲבוֹדָה (הַמִּקְצוֹעַ) שֶׁל הַבַּנְק:
*הוּא עוֹסֵק **בְּבַנְקָאוּת** - מַשְׁקִיעַ כֶּסֶף וּמַלְוֶה כֶּסֶף.*

בנקאית' בַּנְקָאִי — bank (adj.)
הַשַּׁיָּיךְ לְעִסְקֵי הַבַּנְק:
*יֵשׁ לוֹ עֲסָקִים **בַּנְקָאִיִּים** - הוּא מַלְוֶה כֶּסֶף, מַשְׁקִיעַ כֶּסֶף שֶׁל אֲנָשִׁים רַבִּים.*
צֶ'יק בַּנְקָאִי — bank check
בַּנְקָאִית, בַּנְקָאִיִּים, בַּנְקָאִיּוֹת

בנקאיז' בַּנְקַאי [בַּנְקָאִים] — banker
מִי שֶׁמְּנַהֵל בַּנְק, עוֹבֵד בְּעִסְקֵי בַּנְקִים:
***הַבַּנְקַאי** הִצִּיעַ לִי לִפְתּוֹחַ חֶשְׁבּוֹן בְּבַנְק דִּיסְקוֹנְט.*
בַּנְקָאִית, בַּנְקָאִיּוֹת

בנקומטז' בַּנְקוֹמָט — automatic bank teller
קוּפָּה אוֹטוֹמָטִית שֶׁל בַּנְק, אֶפְשָׁר לְהוֹצִיא מִמֶּנָּה כֶּסֶף בְּאֶמְצָעוּת כַּרְטִיס מְיוּחָד:
*הִפְסַקְתִּי לָלֶכֶת לַבַּנְק, אֲנִי מִשְׁתַּמֵּשׁ רַק **בַּבַּנְקוֹמָט**.*

בנקלת"פ בְּנָקֵל — easily
(לָשׁוֹן גְּבוֹהָה) בְּקַלּוּת, בְּלִי קוֹשִׁי:
*אֶת הָעֲבוֹדָה הַזֹּאת עָשִׂיתִי **בְּנָקֵל**.*

בסביבותמ"י בִּסְבִיבוֹת — in the vicinity of
עַל־יַד, קָרוֹב לְ-:
*אֲנִי גָּר **בִּסְבִיבוֹת** רְחוֹב דִּיזֶנְגוֹף.*

בסדרת"פ בְּסֵדֶר all right
1. בְּמַצָּב טוֹב:
*אֵיךְ אַתָּה מַרְגִישׁ? - **בְּסֵדֶר** גָמוּר.*
2. תשובה חיובית עַל בַּקָּשָׁה אוֹ פנִיָּיה (כֵּן, טוֹב): O.K.
- תִסגוֹר אֶת הַדֶּלֶת, קַר פֹּה!
- **בְּסֵדֶר!**

בסיסז' בָּסִיס [בּסִיסִים] basis, base
1. הַחֵלֶק הַתַּחתוֹן, שֶׁעָלָיו עוֹמֶדֶת צוּרָה גֵיאוֹמֶטרִית:
*לַמשוּלָּשׁ יֵשׁ **בָּסִיס** וּשתֵי צלָעוֹת.*
2. יְסוֹד: foundation
*יְדִיעַת הָאָלֶף בֵּית הִיא הַ**בָּסִיס** לִקרִיאָה וְלִכתִיבָה.*

בסיסית' בְּסִיסִי basic
אֶלֶמֶנטָרִי, יְסוֹדִי, עִיקָּרִי:
*בָּאוּלפָּן לוֹמדִים עִברִית **בּסִיסִית**.*
בְּסִיסִית, בְּסִיסִיִּים, בְּסִיסִיּוֹת

בסך הכולת"פ בְּסַךְ הַכֹּל (ס"ה) total
1. בְּחֶשבּוֹן סוֹפִי:
*קִיבַּלתִי **בְּסַךְ הַכּוֹל** 1000 שֶׁקֶל שׂכַר־עֲבוֹדָה.*
2. בְּסִיכּוּם: all in all
***בְּסַךְ הַכּוֹל** הִיא עָזרָה לִי מְאוֹד בַּשָּׁנָה שֶׁעָבְרָה.*

בעדמ"י בְּעַד for, in favor of
בִּשבִיל, לְמַעַן:
*רוֹב הַבּוֹחֲרִים הִצבִּיעוּ **בְּעַד** הַמִפלָגָה הַגדוֹלָה.*
*שִׁילַּמתִי **בְּעַד** הַסֵפֶר 30 ש"ח.*

בעודמ"י בְּעוֹד after, in
אַחֲרֵי זמַן:
***בְּעוֹד** שָׁנָה תִהיֶה בֶּן 20.*
בְּעוֹד מוֹעֵד in (good) time

בעטפ' בָּעַט kicked
הִיכָּה בָּרֶגֶל, דָחַף בָּרֶגֶל:
*הוּא **בָּעַט** בַּכַּדוּר אֶל הַשַּׁעַר.*
לִבעוֹט בְּ- / ב.ע.ט, פָּעַל / בָּעַטתִי, בּוֹעֵט, יִבעַט, בְּעַט!

בעיטהנ' בְּעִיטָה [בְּעִיטוֹת] kick
דחִיפָה אוֹ מַכָּה בָּרֶגֶל:
*הַ**בְּעִיטָה** שֶׁלוֹ פָּגעָה בַּכַּדוּר.*
בְּעִיטַת־עוֹנשִׁין (בְּכַדוּרֶגֶל) penalty (soccer)

בעייהנ' בְּעָיָה [בְּעָיוֹת] problem, dilemma
פּרוֹבּלֶמָה, שְׁאֵלָה קָשָׁה:
*יֵשׁ לִי **בְּעָיָה** קָשָׁה, וְאֵינִי יוֹדֵעַ אֵיךְ לִפתוֹר אוֹתָהּ.*
בְּעָיַית־הַשׁטָחִים

בעייתית' בְּעָיָתִי problematic
פּרוֹבּלֶמָטִי, שֶׁיֵּשׁ לוֹ בְּעָיָה:
*הַמַּצָּב הַכַּלכָּלִי שֶׁלָּנוּ הוּא **בְּעָיָתִי** מְאוֹד.*
בְּעָיָתִית, בְּעָיָתִיִּים, בְּעָיָתִיּוֹת

בעייתיותנ' בְּעָיָתִיּוּת problematics
פּרוֹבּלֶמָטִיוּת, מַצָּב שֶׁיֵּשׁ בּוֹ בְּעָיוֹת:
*קָשֶׁה לְהָבִין אֶת הַ**בְּעָיָתִיּוּת** שֶׁל הַמַּצָּב הַפּוֹלִיטִי בָּאָרֶץ.*

בעיצומו שלמ"ק בְּעִצּוּמוֹ שֶׁל in the midst of
בְּאֶמצַע שֶׁל (עֲבוֹדָה וְכוּ'), בְּתוֹךְ (פְּעוּלָּה כֹּלשֶׁהִי):
***בְּעִיצוּמָהּ** שֶׁל הַמִלחָמָה הוֹפִיעַ רֹאשׁ הַמֶּמשָׁלָה.*
בְּעִיצוּמָהּ שֶׁל.../בְּעִיצוּמָם שֶׁל..

בעיקרת"פ בְּעִקָּר mainly
בִּמיוּחָד, בְּיִיחוּד:
*רֹאשׁ הַמֶּמשָׁלָה דִיבֵּר **בְּעִיקָּר** עַל הַמַּצָּב הַבִּיטחוֹנִי.*

בעירהנ' בְּעֵירָה burning
תַהֲלִיךְ שֶׁל שׂרֵיפָה:
*הַ**בְּעֵירָה** שֶׁל עֵץ רָטוֹב נִמשֶׁכֶת זמַן רַב.*

בעלז' בַּעַל [בְּעָלִים] husband
1. גֶבֶר נָשׂוּי, שֶׁיֵּשׁ לוֹ אִישָּׁה:
*רוּתִי נְשׂוּאָה. הַ**בַּעַל** שֶׁלָּהּ מְבוּגָר מִמֶּנָּה.*
2. יֵשׁ לוֹ רכוּשׁ מְסוּיָּם: owner
*שִׁילַּמתִי לְ**בַעַל**־הַבַּיִת אֶת שׂכַר הַדִירָה הַחוֹדשִׁי.*
בַּעֲלֵי־בַּיִת/בַּעַל חֲנוּת/בַּעַל מִסעָדָה

בעל חייםז' בַּעַל חַיִּים [בַּעֲלֵי־חַיִּים] animal
(בְּדֶרֶךְ כְּלָל) כֹּל חַיָּה חוּץ מִבּנֵי אָדָם:
*הַכֶּלֶב הוּא **בַּעַל חַיִּים** יְדִידוּתִי, קָרוֹב לָאָדָם וְנֶאֱמָן לוֹ.*

בעל כורחות"פ בְּעַל כָּרְחוֹ under duress
נֶגֶד הָרָצוֹן שֶׁלוֹ, מַכרִיחִים אוֹתוֹ:
*הוּא הוֹלֵךְ לְבֵית הַסֵּפֶר **בְּעַל כּוֹרחוֹ**.*
בְּעַל כּוֹרחִי, בְּעַל־כּוֹרחֵךְ, בְּעַל־כּוֹרחָהּ וְכוּ'

בעל פהת"פ בְּעַל־פֶּה by heart
מִן הַזִיכָּרוֹן (לֹא מִן הַכָּתוּב):
*הַיְלָדִים זָכרוּ אֶת הַמִילִּים שֶׁל הַשִּׁיר **בְּעַל־פֶּה**.*

בעלותנ' בַּעֲלוּת [בַּעֲלוּיוֹת] proprietorship, ownership
כְּשֶׁלְּמִישֶׁהוּ שַׁיָּיךְ רכוּשׁ (בַּיִת, מְכוֹנִית...):
*קָנִיתִי מְכוֹנִית, וְצָרִיךְ לְהַעֲבִיר אֶת הַ**בַּעֲלוּת** עַל שֶׁמִי.*

בעלילת"פ בַּעֲלִיל clearly, 'black on white'
מַמָּשׁ, בּלִי סָפֵק:
*הוֹכַחתִי **בַּעֲלִיל**, שֶׁהָיִיתִי שָׁם.*

בעלמאת"פ בְּעָלְמָא merely, unintentionally
(אֲרָמִית) בְּלִי כַּוָּונָה מְיוּחֶדֶת:
*אֵלֶּה דִּיבּוּרִים **בְּעָלְמָא**, אֵין בָּהֶם שׁוּם חֲשִׁיבוּת.*

בע"מ, בְּעָ"מ Ltd, Inc.
ר"ת **בְּעֵירָבוֹן מוּגְבָּל** - תְּנַאי שֶׁל בַּנְקִים, שֶׁהֵם אַחֲרָאִים עַד סְכוּם מְסוּיָּם שֶׁל כֶּסֶף:
*הַכֶּסֶף שֶׁלִּי נִמְצָא בְּבַנְק דִּיסְקוֹנְט **בְּעָ"מ**.*

בעצםת"פ בְּעֶצֶם actually
לְמַעֲשֶׂה, בֶּאֱמֶת:
בְּעֶצֶם אֵין לִי שׁוּם דָּבָר נֶגֶד הָאִישׁ הַזֶּה.

בעצמית"פ בְּעַצְמִי by myself
אֲנִי בִּלְבַד (בְּלִי עֶזְרָה):
*לָמַדְתִּי **בְּעַצְמִי** אֶת אוֹתִיּוֹת הָאָלֶף־בֵּית.*
בְּעַצְמִי, בְּעַצְמֵךְ, בְּעַצְמְךָ, בְּעַצְמוֹ, בְּעַצְמָהּ, בְּעַצְמֵנוּ

בעקבותמ"י בְּעִקְבוֹת following, in the footsteps of
אַחֲרֵי, בְּדֶרֶךְ שֶׁל...:
*הַמִּשְׁטָרָה נָסְעָה **בְּעִקְבוֹת** הַגַּנָּב./ הַבֵּן הָלַךְ **בְּעִקְבוֹת** אָבִיו.*

בערפ' בָּעַר burned
נִשְׂרַף בָּאֵשׁ:
*חַם פֹּה, הַתַּנּוּר **בָּעַר** כֹּל הַלַּיְלָה.*
לִבְעוֹר / ב.ע.ר, פָּעַל / בָּעַרְתִּי, בּוֹעֵר, יִבְעַר, בְּעַר!

בערותנ' בַּעֲרוּת ignorance, illiteracy
מַצָּב שֶׁל חוֹסֶר הַשְׂכָּלָה, אִי יְדִיעַת הַקְּרִיאָה וְהַכְּתִיבָה:
*הַאִם עָשִׂינוּ דַּי כְּדֵי לְחַסֵּל אֶת **הַבַּעֲרוּת**.*

בערךת"פ בְּעֵרֶךְ about, approximately
לֹא בְּדִיּוּק:
*הָיוּ בַּחֶדֶר חֲמִשִּׁים, שִׁשִּׁים אִישׁ **בְּעֵרֶךְ**.*

בפנימ"י בִּפְנֵי in front of, facing
מוּל, נֶגֶד:
*אֲנַחְנוּ עוֹמְדִים **בִּפְנֵי** בְּעָיוֹת קָשׁוֹת. / **בִּפְנֵי** זְקֵנִים צָרִיךְ לָקוּם.*
בִּפְנֵי עַצְמוֹ per se

בפניםת"פ בִּפְנִים inside
בְּתוֹךְ:
*כּוּלָּם יָצְאוּ מֵהַחֶדֶר, רַק מֹשֶׁה נִשְׁאַר **בִּפְנִים**.*

בפרהסיהת"פ בְּפַרְהֶסְיָה publicly
בְּצִיבּוּר, בְּגָלוּי, בִּפְנֵי כּוּלָּם:
*הוּא סִיפֵּר **בְּפַרְהֶסְיָה** אֶת מַה שֶׁעָשָׂה.*

בפרוטרוטת"פ בִּפְרוֹטְרוֹט in detail
עִם כֹּל הַפְּרָטִים הַקְּטַנִּים:
*סִיפַּרְתִּי **בִּפְרוֹטְרוֹט** מַה קָּרָה לִי.*

בפרטת"פ בִּפְרָט especially
בְּיִיחוּד, בְּאוֹפֶן מְיוּחָד:
*אֵין לִי חֵשֶׁק לִלְמוֹד, **בִּפְרָט** עַכְשָׁיו, כְּשֶׁאֲנִי עָיֵיף.*

בצורת,נ' בַּצֹּרֶת drought
כְּשֶׁאֵין גֶּשֶׁם בַּחוֹרֶף:
*הַחַקְלָאִים פּוֹחֲדִים, שֶׁהַשָּׁנָה תִּהְיֶה שְׁנַת **בַּצֹּרֶת**.*

בציר,ז' בָּצִיר vintage, grape harvest
קָטִיף שֶׁל עֲנָבִים:
*עָבַדְנוּ **בַּבָּצִיר**, וְאָכַלְנוּ הַרְבֵּה עֲנָבִים.*

בצל,ז' בָּצָל [בְּצָלִים] onion
יָרָק חָרִיף:
***הַבָּצָל** נוֹתֵן טַעַם חָרִיף לָאוֹכֶל.*

בצע,ז' בֶּצַע greed
רֶוַוח, כֶּסֶף (בְּדֶרֶךְ כְּלָל לֹא בְּיוֹשֶׁר):
*הוּא מוּכָן לַעֲשׂוֹת הַכֹּל בְּעַד **בֶּצַע** כֶּסֶף.*

בצק,ז' בָּצֵק dough
קֶמַח + מַיִם + בֵּיצִים וְכוּ' מְעוּרְבָּבִים בְּיַחַד:
*מִ**בָּצֵק** אוֹפִים לֶחֶם וְעוּגוֹת.*

בצרפ' בָּצַר picked grapes
קָטַף עֲנָבִים:
*הוּא **בָּצַר** עֲנָבִים בַּכֶּרֶם.*
לִבְצוֹר אֶת- / ב.צ.ר, פָּעַל / בָּצַרְתִּי, בּוֹצֵר, אֶבְצוֹר, יִבְצוֹר

בקבוק,ז' בַּקְבּוּק [בַּקְבּוּקִים] bottle
כְּלִי לְנוֹזְלִים בַּעַל צַוָּואר אָרוֹךְ וָצַר:
*פָּתַחְתִּי **בַּקְבּוּק** יַיִן לַאֲרוּחַת הָעֶרֶב.*
בַּקְבּוּקֵי־יַיִן

בקושית"פ בְּקוֹשִׁי with difficulty
1. לֹא בְּקַלּוּת, בְּמַאֲמָץ גָּדוֹל:
***בְּקוֹשִׁי** גָּמַרְתִּי אֶת הָעֲבוֹדָה בַּזְּמַן.*
2. כִּמְעַט לֹא: hardly
*הַיֶּלֶד **בְּקוֹשִׁי** מְדַבֵּר.*

בקי (בקיא)ת' בָּקִי (בָּקִיא) well versed, erudite
יוֹדֵעַ בְּצוּרָה טוֹבָה מְאוֹד, מוּמְחֶה:
*הוּא **בָּקִי** בִּסְפָרִים שֶׁל טוֹלְסְטוֹי.*
בְּקִיאָה, בְּקִיאִים, בְּקִיאוֹת

בקיאותנ׳ בְּקִיאוּת — proficiency, erudition
יְדִיעָה שֶׁל דָּבָר בְּצוּרָה הַטּוֹבָה בְּיוֹתֵר:
*הַמּוֹרֶה בָּחַן אֶת **הַבְּקִיאוּת** שֶׁלִּי בַּטֶּקְסְט.*

בקיצורת"פ בְּקִיצּוּר — briefly
בִּמְעַט מִילִּים:
*סִיפַּרְתִּי לְךָ **בְּקִיצּוּר** סִיפּוּר אָרוֹךְ.*

בקירובת"פ בְּקֵירוּב — approximately
בְּעֵרֶךְ, לֹא בְּדִיּוּק:
*שִׁילַּמְתִּי 1,000 ש"ח **בְּקֵירוּב**.*

בקלותת"פ בְּקַלּוּת — easily
בְּלִי קוֹשִׁי, בְּלִי בְּעָיוֹת מְיוּחָדוֹת:
*עָשִׂיתִי אֶת כֹּל הָעֲבוֹדָה **בְּקַלּוּת**.*

בקעפ׳ בָּקַע — cleaved, cut
חָתַךְ:
*הוּא **בָּקַע** אֶת הָאֶבֶן לִשְׁנֵי חֲלָקִים.*
לִבְקוֹעַ אֶת- / ב.ק.ע, פָּעַל / בָּקַעְתִּי, בּוֹקֵעַ, יִבְקַע, בְּקַע!

בקעז׳ בֶּקַע — hernia
שֶׁבֶר בַּמְּעַיִים:
*הוּא סוֹבֵל **מִבֶּקַע** וְזָקוּק לְנִיתּוּחַ.*

בקעהנ׳ בִּקְעָה [בְּקָעוֹת] — valley
עֵמֶק, מָקוֹם נָמוּךְ וְצַר בֵּין הָרִים:
*בַּטִּיּוּל עָלִינוּ בָּהָר, וְיָרַדְנוּ **לַבִּקְעָה**.*

בקרז׳ בָּקָר — cattle
שֵׁם לְבַהֲמוֹת הַבַּיִת הַגְּדוֹלוֹת:
*אֲנִי אוֹהֵב לֶאֱכוֹל בָּשָׂר שֶׁל **בָּקָר**.*

בקרבמ"י בְּקֶרֶב — among
בְּתוֹךְ-, בֵּין-:
*יָשַׁבְתִּי **בְּקֶרֶב** מִשְׁפַּחְתִּי שָׁנָה שְׁלֵמָה.*

בקרהנ׳ בַּקָּרָה [בַּקָּרוֹת] — control
בְּדִיקָה, בִּיקּוֹרֶת:
*אֲנִי נִמְצָא בַּחֶדֶר **הַבַּקָּרָה** שֶׁל חֶבְרַת חַשְׁמַל.*

בקרובת"פ בְּקָרוֹב — soon
בְּעוֹד זְמַן קָצָר:
***בְּקָרוֹב** תַּתְחִיל מְכִירַת סוֹף הָעוֹנָה.*

בקשהנ׳ בַּקָּשָׁה [בַּקָּשׁוֹת] — request
פְּנִיָּיה נִימוּסִית, נַעֲשֵׂית כְּדֵי לְקַבֵּל מַשֶּׁהוּ:
*יֵשׁ לִי **בַּקָּשָׁה** אֵלֶיךָ, אוּלַי תּוּכַל לַעֲזוֹר לִי?*
ר׳ בבקשה

בקשר ל...מ"ק בְּקֶשֶׁר לְ... — concerning
בְּעִנְיַין, בְּיַחַס לְ:
*אֲנִי מְטַלְפֶּנֶת **בְּקֶשֶׁר** לַמּוֹדָעָה בָּעִיתּוֹן.*

ברז׳ בַּר [בָּנִים] — son (of)
1. בֵּן (בַּאֲרָמִית):
*קוֹרְאִים לוֹ **בַּר** דָּוִיד, כִּי שֵׁם אַבָּא שֶׁלּוֹ דָּוִיד.*
2. דָּבָר שֶׁיֵּשׁ בּוֹ פּוֹטֶנְצְיָה:
*הַדָּבָר הַזֶּה לֹא קָשֶׁה, הוּא **בַּר**־בִּיצּוּעַ.*
בַּר מַזָּל — lucky
בַּר בִּיצּוּעַ — doable

ברז׳ בָּר — wild (plants)
מַה שֶּׁגָּדֵל בְּעַצְמוֹ בַּיַּעַר אוֹ בַּשָּׂדֶה:
*אֲנִי אוֹהֵב פִּרְחֵי **בָּר** וְלֹא פְּרָחִים מֵהַגִּינָּה.*
חַיּוֹת בָּר — wild animals

בר מצווהז׳ בַּר־מִצְוָה — bar mitzvah
נַעַר בֶּן 13, צָרִיךְ מִגִּיל זֶה לְמַלֵּא אֶת חוֹבוֹת הַדָּת:
*חֲגִיגַת **בַּר הַמִּצְוָה** נֶעֶרְכָה בִּירוּשָׁלַיִם לְיַד הַכּוֹתֶל הַמַּעֲרָבִי.*

בראפ׳ בָּרָא — created
עָשָׂה, יָצַר:
*לְפִי הַתַּנַ"ךְ אֱלוֹהִים **בָּרָא** אֶת הָעוֹלָם בְּשִׁשָּׁה יָמִים.*
לִבְרוֹא אֶת- / ב.ר.א, פָּעַל / בָּרָאתִי, בּוֹרֵא, יִבְרָא, בְּרָא!

בראשיתת"פ בְּרֵאשִׁית — in the beginning
בַּהַתְחָלָה (לָשׁוֹן סִפְרוּתִית):
*"**בְּרֵאשִׁית** בָּרָא אֱלוֹהִים אֵת הַשָּׁמַיִם וְאֵת הָאָרֶץ."*
סֵפֶר בְּרֵאשִׁית — Genesis
מִשֵּׁשֶׁת יְמֵי בְּרֵאשִׁית — from time immemorial

ברדז׳ בָּרָד — hail
טִיפּוֹת מַיִם שֶׁקָּפְאוּ בָּאֲוִויר בְּצוּרַת כַּדּוּרִים לְבָנִים:
*אֶתְמוֹל הָיָה קַר מְאוֹד. קוֹדֶם יָרַד גֶּשֶׁם, וְאַחַר כָּךְ - **בָּרָד**.*

ברוגזת"פ בְּרֹגֶז — angry, not on speaking terms
בְּכַעַס, מַצָּב שֶׁל רִיב בֵּין אֲנָשִׁים:
*אֲנִי לֹא מְדַבֵּר אִיתּוֹ, כִּי אֲנַחְנוּ **בְּרוֹגֶז**.*

ברווזז׳ בַּרְוָז [בַּרְוָוזִים] — duck
עוֹף שֶׁשּׂוֹחֶה בַּמַּיִם:
*בַּבְּרֵיכָה שֶׁלָּנוּ יֵשׁ **בַּרְוָוזִים** וּבַרְבּוּרִים.*

(ברוך הבאב, בָּרוּךְ הַבָּא [בְּרוּכִים הַבָּאִים] — welcome

אוֹמְרִים לְמִי שֶׁנִּכְנָס הַבַּיְתָה:

*אֲנַחְנוּ אוֹמְרִים לְכָל מִי שֶׁעוֹלֶה לָאָרֶץ: "**בָּרוּךְ הַבָּא**"!*

ברוך השםב, בָּרוּךְ הַשֵּׁם — thank God

(בר"ת ב"ה) תּוֹדָה לָאֵל:

*אֲנִי, **בָּרוּךְ הַשֵּׁם**, מַרְגִּישׁ טוֹב.*

ברורת, בָּרוּר — clear

בָּהִיר, מוּבָן:

*לֹא **בָּרוּר** לִי מָה אֲנִי צָרִיךְ לַעֲשׂוֹת.*

בְּרוּרָה, בְּרוּרִים, בְּרוּרוֹת

ברזז, בֶּ֫רֶז [בְּרָזִים] — faucet

חֵלֶק בַּצִּינוֹר, כְּשֶׁפּוֹתְחִים אוֹתוֹ יוֹצְאִים מַיִם:

*פָּתַחְתִּי אֶת **הַבֶּרֶז**, שָׁתִיתִי מַיִם, וְאַחַר־כָּךְ סָגַרְתִּי אוֹתוֹ.*

ברזלז, בַּרְזֶל — iron

מַתֶּכֶת חֲזָקָה:

*הַמְּכוֹנָה הַזּוֹ עֲשׂוּיָה **מִבַּרְזֶל**.*

מָסַךְ־הַבַּרְזֶל — iron curtain

ברחפ, בָּרַח — escaped

רָץ, הִסְתַּלֵּק מִמִּישֶׁהוּ שֶׁרָדַף אַחֲרָיו:

*הֶחָתוּל **בָּרַח** מִן הַכֶּלֶב.*

לִבְרוֹחַ מִ- / ב.ר.ח, פָּעַל / בָּרַחְתִּי, בּוֹרֵחַ, יִבְרַח, בְּרַח!

בריאת, בָּרִיא — healthy

אֵינוֹ חוֹלֶה, שָׁלֵם בְּגוּפוֹ:

*הָיִיתִי חוֹלֶה בַּשָּׁבוּעַ שֶׁעָבַר, עַכְשָׁיו אֲנִי **בָּרִיא**.*

בְּרִיאָה, בְּרִיאִים, בְּרִיאוֹת

בריאהנ, בְּרִיאָה — creation

יְצִירָה, עֲשִׂיָּה חֲדָשָׁה:

***בְּרִיאַת** הָאָדָם הָיְתָה בַּיּוֹם הַשִּׁשִּׁי.*

הַבְּרִיאָה — the cosmos

בריאותנ, בְּרִיאוּת — health

מַצָּב גּוּפָנִי טוֹב, לְלֹא מַחֲלָה:

*עִישּׁוּן סִיגַרְיוֹת מַזִּיק **לַבְּרִיאוּת**.*

בריוןז, בִּרְיוֹן [בִּרְיוֹנִים] — ruffian, bully, hooligan

חוּלִיגָן, מִי שֶׁמַּשִּׂיג דְּבָרִים בְּכוֹחַ:

***בִּרְיוֹנִים** הִיכּוּ אִישׁ זָקֵן.*

בריונותנ, בִּרְיוֹנוּת — hooliganism

הִתְנַהֲגוּת אַגְרֶסִיבִית, שִׁימּוּשׁ בְּכוֹחַ בְּלִי סִיבָּה:

*הַמִּשְׁטָרָה לוֹחֶמֶת **בַּבִּרְיוֹנוּת** נֶגֶד זְקֵנִים.*

בריחז, בְּרִ֫יחַ [בְּרִיחִים] — bolt, bar

מַקֵּל שֶׁנּוֹעֵל שַׁעַר אוֹ דֶּלֶת:

*בֶּעָבָר סָגְרוּ אֶת הַשְּׁעָרִים **בִּבְרִיחִים**.*

בריחהנ, בְּרִיחָה [בְּרִיחוֹת] — escape, flight

רִיצָה אוֹ עֲזִיבָה שֶׁל מָקוֹם מִפְּנֵי מִישֶׁהוּ, אוֹ מַשֶּׁהוּ:

*בִּגְלַל הָאֵשׁ הִתְחִילָה **בְּרִיחָה** מִן הַבַּיִת.*

ברייהנ, בְּרִיָּה [בְּרִיּוֹת] — creature

(בְּרִיאָה) מִי שֶׁנִּבְרָא - בַּעַל חַיִּים, אָדָם וְכוּ':

*הַקּוֹף הוּא **בְּרִיָּה** מַצְחִיקָה.*

בְּרִיּוֹת - *הוּא אוֹהֵב אֶת הַבְּרִיּוֹת.* — people

בריכהנ, בְּרֵכָה [בְּרֵיכוֹת] — pool

מִבְנֶה לִשְׁמִירַת מַיִם:

*בַּקַּיִץ אֲנִי שׂוֹחֶה כָּל בּוֹקֶר **בִּבְּרֵיכָה**.*

ברירהנ, בְּרֵרָה [בְּרֵירוֹת] — choice

בְּחִירָה בֵּין אוֹפְּצִיּוֹת שׁוֹנוֹת:

*יֵשׁ לְךָ **בְּרֵירָה**, אַתָּה יָכוֹל לִבְחוֹר בֵּין שְׁתֵּי הַהַצָּעוֹת.*

אֵין בְּרֵירָהב - — no alternative

***אֵין בְּרֵירָה**, אַתָּה מוּכְרָח לַעֲבוֹד הַיּוֹם.*

בְּרֵירַת קְנָס - בְּחִירָה בֵּין תַּשְׁלוּם כֶּסֶף לְבֵין מִשְׁפָּט (בְּדֶרֶךְ כְּלָל עַל עֲבֵירוֹת תְּנוּעָה).

בריתנ, בְּרִית [בְּרִיתוֹת] — treaty, pact

הֶסְכֵּם, חוֹזֶה בֵּין מְדִינוֹת:

*נְשִׂיאֵי שְׁתֵּי הַמְּדִינוֹת חָתְמוּ עַל **בְּרִית** הֲגַנָּה מִפְּנֵי אוֹיֵב.*

בְּרִית־הַמּוֹעָצוֹת — USSR

אַרְצוֹת־הַבְּרִית — USA

בְּרִית נָאט"וֹ — NATO

ברית מילהנ, בְּרִית מִילָה — circumcision

טֶקֶס יְהוּדִי לְבֵן שֶׁנּוֹלָד:

*בַּיּוֹם הַשְּׁמִינִי לְהוּלֶּדֶת בֵּן עוֹרְכִים לוֹ **בְּרִית־מִילָה**.*

ברךפ, ר' בירך

ברךנ, בֶּ֫רֶךְ [בִּרְכַּיִם] — knee

חֵלֶק בְּאֶמְצַע הָרֶגֶל:

*הַתִּינוֹק זוֹחֵל עַל **הַבִּרְכַּיִם**, לִפְנֵי שֶׁהוּא לוֹמֵד לָלֶכֶת.*

ברכהנ, בְּרָכָה [בְּרָכוֹת] — blessing, greeting

אֲמִירַת דְּבָרִים טוֹבִים בְּתִקְוָוה שֶׁיִּתְקַיְּימוּ:

*רֹאשׁ הָעִיר אָמַר דִּבְרֵי **בְּרָכָה** לַנָּשִׂיא הָאוֹרֵחַ.*

בִּרְכַּת הַמָּזוֹן — 'grace'

ברצינותת"פ בְּרְצִינוּת seriously
בְּכוֹבֶד־רֹאשׁ, בְּמַחְשָׁבָה:
*חַנָּה תַלְמִידָה חֲרוּצָה, הִיא לוֹמֶדֶת **בִּרְצִינוּת** רַבָּה.*

ברקז׳ בָּרָק [בְּרָקִים] lightning
1. אוֹר פִּתְאוֹמִי בַּשָּׁמַיִם, שֶׁאַחֲרָיו רַעַם וְגֶשֶׁם:
*יֵשׁ **בְּרָקִים** בַּשָּׁמַיִם, כַּנִּרְאֶה יֵרֵד גֶּשֶׁם.*
2. אוֹר שֶׁגּוּף מְצוּחְצָח מַחֲזִיר: sparkle
*אֲנִי אוֹהֵב אֶת **הַבָּרָק** שֶׁל כֵּלִים מִכֶּסֶף.*

בררפ׳ בֵּרֵר selected
בָּחַר אֶת הַטּוֹב מֵהַרְבֵּה דְּבָרִים:
***בֵּרַרְתִּי** אֶת הָעַגְבָנִיּוֹת הָאֲדוּמּוֹת בְּיוֹתֵר.*
לְבָרוֹר אֶת- / ב.ר.ר, פָּעַל / בָּרַרְתִּי, בּוֹרֵר, יִבְרוֹר, בְּרוֹר!

ברדןז׳ בַּרְרָן [בַּרְרָנִים] choosy
לֹא מַחְלִיט מִיָּד אֶלָּא בּוֹדֵק וּבוֹחֵר:
*הוּא **בַּרְרָן** גָּדוֹל בְּעִנְיְנֵי אוֹכֶל.*
בַּרְרָנִית, בַּרְרָנִיּוֹת

בשבילמ"י בִּשְׁבִיל for
לְ...:
*הִתְקַבֵּל מִכְתָּב **בִּשְׁבִיל** מִשְׁפַּחַת תִּירוֹשׁ.*
בִּשְׁבִילֵךְ, בִּשְׁבִילוֹ, בִּשְׁבִילָהּ, בִּשְׁבִילֵנוּ, בִּשְׁבִילְכֶם־כֶן

בשום אופןת"פ בְּשׁוּם אֹפֶן by no means, no way
בְּהֶחְלֵט לֹא:
*אֲנִי **בְּשׁוּם אוֹפֶן** לֹא מוּכָן לְוַותֵּר לְךָ!*
בְּשׁוּם פָּנִים וָאוֹפֶןב׳ - absolutely not
אֲנִי לֹא מַסְכִּים בְּשׁוּם פָּנִים וָאוֹפֶן.

בשורהנ׳ בְּשׂוֹרָה [בְּשׂוֹרוֹת] good news
יְדִיעָה עַל מַשֶּׁהוּ שֶׁקָּרָה (לָרוֹב מַשֶּׁהוּ טוֹב):
*יֵשׁ לִי **בְּשׂוֹרָה** - נוֹלַד לוֹ בֵּן.*

בשלת׳ בָּשֵׁל ripe
1. מוּכָן לַאֲכִילָה (פְּרִי וְכוּ׳):
*הַבָּנָנָה **בְּשֵׁלָה** - הַקְּלִיפָּה שֶׁלָּהּ צְהוּבָּה.*
2. (מֶטָאפוֹרָה), אָדָם בּוֹגֵר: mature
*דָּוִיד צָעִיר, אֲבָל הוּא **בָּשֵׁל** לִקְרוֹא אֶת טוֹלְסְטוֹי.*
בְּשֵׁלָה, בְּשֵׁלִים, בְּשֵׁלוֹת

בשל...מ"י בְּשֶׁל... because of...
בִּגְלַל, מִסִּיבָּה...:
*לֹא בָּאתִי אֵלֶיךָ **בְּשֶׁל** הַגֶּשֶׁם.*
בְּשֶׁלִּי, בְּשֶׁלְּךָ, בְּשֶׁלּוֹ, בְּשֶׁלָּכֶם, בְּשֶׁלָּהֶם

בשרז׳ בָּשָׂר [בְּשָׂרִים] meat
מָזוֹן מִגּוּף הַחַי:
*דָּוִיד צִמְחוֹנִי, הוּא אֵינוֹ אוֹכֵל **בָּשָׂר**.*

בשרית׳ בְּשָׂרִי of meat
הַשַּׁיָּיךְ לְבָשָׂר (לֹא לְחָלָב, לֹא לִירָקוֹת):
*בַּצָּהֳרַיִים אֲנַחְנוּ אוֹכְלִים אֲרוּחָה **בְּשָׂרִית**.*
בְּשָׂרִית, בְּשָׂרִיִּים, בְּשָׂרִיּוֹת

בשרנית׳ בַּשְׂרָנִי meaty, fleshy, succulent (plants)
1. שֶׁיֵּשׁ עָלָיו הַרְבֵּה בָּשָׂר:
*יֵשׁ לוֹ יָד עָבָה **וּבַשְׂרָנִית**.*
2. עָבֶה: corpulent, plump
*הָעֲנָבִים הָאֵלֶּה **בַּשְׂרָנִיִּים**, אֵין בָּהֶם הַרְבֵּה מַיִם.*
בַּשְׂרָנִית, בַּשְׂרָנִיִּים, בַּשְׂרָנִיּוֹת

בתנ׳ בַּת [בָּנוֹת] daughter
1. הַיַּלְדָּה שֶׁל הַהוֹרִים:
*דִּינָה הִיא **הַבַּת** שֶׁל יַעֲקוֹב.*
בַּת־דוֹדָה cousin
בַּת־זוּג spouse, mate (f)
2. בְּגִיל...: - years old (f)
*אֲנִי **בַּת** 20, וְאִימִּי **בַּת** 45.*

בתוךמ"י בְּתוֹךְ inside, in
בִּפְנִים, בְּאֶמְצַע:
*הוּא מָצָא אֶת הַכֶּסֶף **בְּתוֹךְ** הַתִּיק.*
בְּתוֹכִי, בְּתוֹכְךָ, בְּתוֹכֵךְ, בְּתוֹכוֹ, בְּתוֹכָהּ, בְּתוֹכֵנוּ, בְּתוֹכָם

בתולהנ׳ בְּתוּלָה [בְּתוּלוֹת] virgin
בַּחוּרָה שֶׁלֹּא שָׁכְבָה עִם גֶּבֶר.
הַבְּתוּלָה הַקְּדוֹשָׁה the Holy Virgin
בְּתוּלָה זְקֵנָה old maid
קַרְקַע בְּתוּלָה virgin soil
מַזַּל בְּתוּלָה Virgo

בתיאבוןת"פ בְּתֵאָבוֹן bon appetit
אוֹמְרִים לְמִי שֶׁהוּא לִפְנֵי הָאוֹכֶל אוֹ לְמִי שֶׁאוֹכֵל:
*"**בְּתֵיאָבוֹן**, אֶפְשָׁר לְהַתְחִיל לֶאֱכוֹל".*

בתנאימ"ק בִּתְנַאי on condition that
אִם תִּתְחַיֵּיב, אִם תַּבְטִיחַ שֶׁ...:
*אֶתֵּן לְךָ סֵפֶר **בִּתְנַאי** שֶׁתַּחְזִיר לִי אוֹתוֹ.*

ג

ג 3rd letter of Heb. alphabet

גִּימֶל, הָאוֹת הַשְּׁלִישִׁית בָּאָלֶפְבֵּית הָעִבְרִי. מְסַמֶּנֶת אֶת שֵׁם הַמִּסְפָּר 3, שְׁלִישִׁי/שְׁלִישִׁית:

יוֹם ג' *(יוֹם שְׁלִישִׁי) /* ***כִּיתָּה ג'*** *- הַכִּיתָּה הַשְּׁלִישִׁית.*

גאהת, גֵּאֶה [גֵּאִים] proud

בַּעַל הַרְגָּשָׁה שֶׁל עֵרֶךְ עַצְמִי:

אֲנִי ***גֵּאֶה*** *וּמְאוּשָּׁר לְקַבֵּל אֶת הַפְּרָס הָרִאשׁוֹן.*

גֵּאָה, גֵּאִים, גֵּאוֹת

גאהפ, גָּאָה rose (to rise)

עָלָה (נָהָר, יָם, זֶרֶם וְכוּ'):

הַמַּיִם ***גָּאוּ*** *וְשָׁטְפוּ אֶת הַשָּׂדוֹת.*

לִגְאוֹת / ג.א.ה, פָּעַל / גָּאֲתָה, גּוֹאֶה, יִגְאֶה, גְּאֵה!

גאווהנ, גַּאֲוָה pride

הַרְגָּשָׁה שֶׁל עֵרֶךְ עַצְמִי ("אֲנִי גָּדוֹל וְחָשׁוּב"):

הָאָב סִיפֵּר ***בְּגַאֲוָה*** *עַל הַצְלָחַת הַבֵּן.*

גאוותןת, גַּאַוְתָן conceited

חָשׁוּב וְגָדוֹל בְּעֵינֵי עַצְמוֹ, בַּעַל גַּאֲוָה: חֲבֵרִי הַגַּאַוְתָן חוֹשֵׁב, שֶׁאֵין חָכָם כָּמוֹהוּ בָּעוֹלָם.

גַּאַוְתָנִית, גַּאַוְתָנִיִּים, גַּאַוְתָנִיּוֹת

גאוותנותנ, גַּאַוְתָנוּת vanity, arrogance

הַרְגָּשָׁה שֶׁל חֲשִׁיבוּת רַבָּה:

הַגַּאַוְתָנוּת *שֶׁל הָאֲרִיסְטוֹקְרַטְיָה הִרְגִּיזָה אֶת הָעָם.*

גאולהנ, גְּאֻלָּה redemption

שִׁיחְרוּר, הַצָּלָה:

אֲנִי מַאֲמִין, שֶׁהַמָּשִׁיחַ יָבִיא אֶת ***הַגְּאוּלָּה*** *לָעוֹלָם.*

גאוןז, גָּאוֹן [גְּאוֹנִים] genius

גָּנִיוּס, בַּעַל כִּישָּׁרוֹן יוֹצֵא מִן הַכְּלָל:

אַיינְשְׁטֵיין הָיָה ***גָּאוֹן*** *בְּפִיסִיקָה, וּבֵטְהוֹבֶן בְּמוּסִיקָה.*

גְּאוֹן־הַדּוֹר

גאונית, גְּאוֹנִי ingenious

מְצוּיָּן, יוֹצֵא מִן הַכְּלָל:

זֶהוּ רַעְיוֹן ***גְּאוֹנִי.***

גְּאוֹנִית, גְּאוֹנִיִּים, גְּאוֹנִיּוֹת

גאוניותנ, גְּאוֹנִיּוּת genius

כִּישָּׁרוֹן יוֹצֵא מִן הַכְּלָל:

בִּגְאוֹנִיּוּת *שֶׁל מוֹצַרְט הִרְגִּישׁוּ, עוֹד כְּשֶׁהָיָה יֶלֶד קָטָן.*

גאות ר' גיאות

גאלפ, גָּאַל redeemed, saved

הִצִּיל, שִׁיחְרֵר:

אֱלוֹהִים ***גָּאַל*** *אֶת עַם יִשְׂרָאֵל מִמִּצְרַיִם.*

לִגְאוֹל אֶת- / ג.א.ל, פָּעַל / גָּאַלְתִּי, גּוֹאֵל, אֶגְאַל, גְּאַל!

גב' קיצור של גברת ר' גברת

גבז, גַּב [גַּבּוֹת] back

הַחֵלֶק הָאֲחוֹרִי בַּגּוּף:

הַצָּעִיר טִיֵּיל עִם תַּרְמִיל עַל ***הַגַּב.***

גַּבִּי, גַּבּוֹ, גַּבָּם

גבאיז, גַּבַּאי [גַּבָּאִים] manager/treasurer of a synagogue

מְנַהֵל שֶׁל בֵּית כְּנֶסֶת:

הַגַּבַּאי *אָסַף כֶּסֶף מִן הַמִּתְפַּלְּלִים, כְּדֵי לְתַקֵּן אֶת הַבִּנְיָין.*

גבהפ, גָּבַהּ grew tall

גָּדַל, נַעֲשָׂה גָּבוֹהַּ יוֹתֵר:

הַיֶּלֶד ***גָּבַהּ*** *בְּ-10 ס"מ בַּשָּׁנָה הָאַחֲרוֹנָה.*

לִגְבּוֹהַּ / ג.ב.ה, פָּעַל / גָּבַהְתִּי, גָּבוֹהַּ, יִגְבַּהּ, גְּבַהּ!

גבהפ, גָּבָה collected (taxes/debts)

אָסַף כֶּסֶף, שֶׁאֲנָשִׁים צְרִיכִים לְשַׁלֵּם:

הוּא ***גָּבָה*** *כֶּסֶף מֵהַשְּׁכֵנִים כְּדֵי לְשַׁלֵּם לַגַּנָּן.*

גָּבָה עֵדוּת took a deposition (Law)

לִגְבּוֹת אֶת- / ג.ב.ה, פָּעַל / גָּבִיתִי, גּוֹבֶה, אֶגְבֶּה

גבהנ, גַּבָּה [גַּבּוֹת] eyebrow

חֵלֶק בַּפָּנִים, שׁוּרָה שֶׁל שְׂעָרוֹת מֵעַל הָעֵינַיִים:

הָאִישָּׁה צִייְּרָה אֶת ***הַגַּבָּה*** *שֶׁלָּהּ בְּעִיפָּרוֹן שָׁחוֹר.*

גבוהת, גָּבוֹהַּ [גבוהִים] tall

1. בַּעַל קוֹמָה גדוֹלָה:

מֹשֶׁה ***גָּבוֹהַּ*** *מְאוֹד, הוּא רוֹצֶה לִהְיוֹת כַּדּוּרְסַלָן.*

2. גָּדוֹל (מִלְּמַטָּה עַד לְמַעְלָה): high

טִיפַּסְתִּי עַל הָהָר ***הַגָּבוֹהַּ.***

גבוֹהָה, גבוֹהִים, גבוֹהוֹת

גבולז, גְּבוּל [גְּבוּלוֹת] border

1. קַו מַפְרִיד בֵּין שְׁתֵּי מְדִינוֹת:

לִמְדִינַת יִשְׂרָאֵל יֵשׁ ***גְּבוּל*** *מְשׁוּתָּף עִם יַרְדֵּן וּמִצְרַיִם.*

2. סוֹף: limit, end

אֵין ***גְּבוּל*** *לַמַּאֲמַצִּים, שֶׁהוּא מַשְׁקִיעַ בָּעֲבוֹדָה.*

גבולית׳ גְּבוּלִי borderline, marginal
עַל הַקַּו (עַל הַגְּבוּל) שֶׁבֵּין שְׁנֵי דְּבָרִים:
*מַצַּב הַיֶּלֶד **גְּבוּלִי**; לֹא בָּרוּר אִם הוּא מַתְאִים לְלִימּוּדִים.*
גבולִית, גבולִיִים, גבולִיוֹת

גבורהנ׳ גְּבוּרָה [גְּבוּרוֹת] heroism
אוֹמֶץ, כּוֹחַ נַפְשִׁי:
*הֵם נִלְחֲמוּ **בִּגְבוּרָה** בָּאוֹיֵב.*

גבייהנ׳ גְּבִיָּה collection
קַבָּלַת כֶּסֶף, שֶׁאֲנָשִׁים צְרִיכִים לְשַׁלֵּם:
*הוּא עוֹבֵד **בִּגְבִיַּת** שֶׁל מִיסִים.*
גְּבִיַּת עֵדוּת taking a deposition

גבינהנ׳ גְּבִינָה [גְּבִינוֹת] cheese
מָזוֹן עָשׂוּי מֵחָלָב חָמוּץ:
*בְּחַג הַשָּׁבוּעוֹת נָהוּג לֶאֱכוֹל מַאַכְלֵי **גְבִינָה**.*

גביעז׳ גָּבִיעַ [גְּבִיעִים] goblet
כּוֹס שֶׁיֵּשׁ לָהּ רֶגֶל:
*שָׁתִיתִי יַיִן **מִגָּבִיעַ**. / לַפֶּרַח צוּרָה שֶׁל **גָּבִיעַ**.*

גבירז׳ גְּבִיר wealthy/influential man
אִישׁ עָשִׁיר וְחָשׁוּב:
*לוּ הָיִיתִי **גְבִיר**, הָיִיתִי נוֹסֵעַ לְטַיֵּיל מִסָּבִיב לָעוֹלָם.*

גבישז׳ גָּבִישׁ [גְּבִישִׁים] crystal
1. צוּרָה גֵיאוֹמֶטְרִית - כְּמוֹ קוּבִּיָּה:
*רָאִיתִי **גָּבִישׁ** שֶׁל מֶלַח עַל יַד יָם הַמֶּלַח.*
2. קְרִיסְטָל, זְכוּכִית יְקָרָה: cut glass
*אֵלֶּה כּוֹסוֹת **גָּבִישׁ**, הֵן יְקָרוֹת מְאוֹד.*

גבלפ׳ גָּבַל bordered on
1. נִמְצָא עַל הַגְּבוּל, קָרוֹב מְאוֹד לְ-:
*הָעִיר אֵילַת **גּוֹבֶלֶת** בְּמִדְבַּר סִינַי.*
2. קָרוֹב לִתְחוּם שֶׁל... (אַהֲבָה, שִׂנְאָה, טִיפְּשׁוּת וְכוּ'):
*מַה שֶּׁאָמַרְתָּ **גּוֹבֵל** בְּחוּצְפָּה.*
לִגְבּוֹל בְּ- / ג.ב.ל, פָּעַל / גָּבְלוּ, גּוֹבֵל, יִגְבֹּל

גבנוןז׳ גַּבְנוּן [גַּבְנוּנִים] hump
כְּשֶׁהַגַּב עָקוּם, כְּשֶׁיֵּשׁ בְּלִיטָה בַּגַּב:
*אִם תֵּלֵךְ כָּפוּף יִהְיֶה לְךָ **גַּבְנוּן**.*

גבסז׳ גֶּבֶס plaster of Paris
חוֹמֶר מִינֶרָלִי, צִינְק:
*הוּא שָׁבַר אֶת הָרֶגֶל, וְשָׂמוּ לוֹ **גֶּבֶס**.*

גבעהנ׳ גִּבְעָה [גְּבָעוֹת] hill
הַר קָטָן:
*הַבַּיִת עָמַד עַל רֹאשׁ **הַגִּבְעָה** הַגְּבוֹהָה מוּל הַיָּם.*
*הִבְטִיחוּ לִי **הָרִים וּגְבָעוֹת** - הַבְטָחוֹת נִפְלָאוֹת וְרַבּוֹת.*

גבעולז׳ גִּבְעוֹל [גִּבְעוֹלִים] stem, stalk
צִינּוֹר דַּק בָּעֵצִים וּבַפְּרָחִים:
*לַפֶּרַח הַזֶּה יֵשׁ **גִּבְעוֹל** אָרוֹךְ.*

גברפ׳ גָּבַר overcame, prevailed, defeated
1. הָיָה חָזָק, נִיצַּח:
*הוּא הִגִּיעַ רִאשׁוֹן **וְגָבַר** עַל כֹּל הָאֲחֵרִים.*
2. נַעֲשָׂה חָזָק יוֹתֵר, הִתְחַזֵּק: increased, strengthened
*הַגֶּשֶׁם **גָּבַר**, לָכֵן נִשְׁאַרְנוּ בַּבַּיִת.*
לִגְבּוֹר עַל- / ג.ב.ר, פָּעַל / גָּבַרְתִּי, גּוֹבֵר, יִגְבַּר, גְּבוֹר!

גברז׳ גֶּבֶר [גְּבָרִים] man
אִישׁ, אָדָם:
*בְּתוֹר עָמְדוּ **גֶּבֶר** אֶחָד וּלְיָדוֹ אִישָּׁה אַחַת.*

גברית׳ גַּבְרִי masculine, manly
שַׁיָּיךְ לְגֶבֶר, מַתְאִים לְגֶבֶר:
*הוּא יֶלֶד צָעִיר, אֲבָל יֵשׁ לוֹ יָדַיִים **גַּבְרִיּוֹת**.*
גַּבְרִית, גַּבְרִיִּים, גַּבְרִיּוֹת

גבריותנ׳ גַּבְרִיּוּת masculinity, manliness
הִתְנַהֲגוּת, צוּרָה שֶׁל גֶּבֶר:
*אֲנָשִׁים חוֹשְׁבִים, שֶׁכּוֹחַ הוּא סִימָן שֶׁל **גַּבְרִיּוּת**.*

גברתנ׳ גְּבֶרֶת [גְּבָרוֹת] Mrs., Miss, Madam
מִילַּת נִימוּס לְאִישָּׁה:
*אֶפְשָׁר לְדַבֵּר עִם **גְּבֶרֶת** אַהֲרוֹנִי? - הַגְּבֶרֶת אֵינֶנָּה בַּבַּיִת.*
גב' אַהֲרוֹנִי - קִיצּוּר מְקוּבָּל בְּמִכְתָּבִים

גברתןת׳/ז׳ גְּבַרְתָּן/גְּבַרְתָּנִי muscleman
בַּעַל כּוֹחַ רַב:
*שְׁלוֹשָׁה אֲנָשִׁים **גְּבַרְתָּנִים** שָׁמְרוּ עַל רֹאשׁ הַמֶּמְשָׁלָה.*
גְּבַרְתָּנִית, גְּבַרְתָּנִיִּים, גְּבַרְתָּנִיּוֹת

גגז׳ גַּג [גַּגּוֹת] roof
הַחֵלֶק הָעֶלְיוֹן שֶׁל הַבִּנְיָין:
*לַבַּיִת יֵשׁ **גַּג** אָדוֹם.*

גגוןז׳ גַּגּוֹן [גַּגּוֹנִים] awning
גַּג קָטָן (מֵעַל חַלּוֹן וְכוּ'):
***הַגַּגּוֹן** מֵעַל הַדֶּלֶת מֵגֵן מִפְּנֵי הַגֶּשֶׁם.*

גדהנ, גָּדָה [גָּדוֹת] river bank

חוֹף שֶׁל נָהָר, צַד:

*תֵּל אָבִיב בְּנוּיָה עַל שְׁתֵּי **הַגָּדוֹת** שֶׁל הַיַּרְקוֹן.*

*יְהוּדָה וְשׁוֹמְרוֹן הֵם **בַּגָּדָה** הַמַּעֲרָבִית שֶׁל הַיַּרְדֵּן.*

גדודז, גְּדוּד [גדוּדים] battalion, regiment

קְבוּצָה גדוֹלָה שֶׁל חַיָּילִים:

*הוּא מְפַקֵּד עַל **גדוּד** צַנְחָנִים.*

גדודית, גְּדוּדִי regimental

שַׁיָּיךְ לִגדוּד:

*הָיְיתָה הַרְצָאָה בְּנוֹשֵׂא **גדוּדִי**: בְּעָיוֹת חַיָּילִים בַּגדוּד.*

גדוּדִית, גדוּדִיִּים, גדוּדִיוֹת

גדולת, גָּדוֹל [גדוֹלִים] big, large

בְּמִספָּר רַב אוֹ בְּמִידָּה רַבָּה:

1. *יֵשׁ לוֹ מִשְׁפָּחָה **גדוֹלָה**, הוּא גָר בְּבַיִת **גָּדוֹל** מִחוּץ לָעִיר.*

2. מְבוּגָר: adult, grownup

*כְּשֶׁהַ**גְּדוֹלִים** מְדַבְּרִים הַקְּטַנִּים צְרִיכִים לִשְׁתּוֹק.*

3. חָזָק: strong

*הוּא מְדַבֵּר בְּקוֹל **גָּדוֹל**.*

4. חָשׁוּב: great

*אֲלֶכְּסַנְדֶר **הַגָּדוֹל** הָיָה מֶלֶךְ מוּקְדוֹן.*

גדוֹלָה, גדוֹלִים, גדוֹלוֹת

גדולהנ, גְּדֻלָּה high rank, greatness

סְטָטוּס שֶׁל כָּבוֹד בַּחֶבְרָה:

*הוּא הִגִּיעַ **לִגדוּלָּה**, הוּא שַׂר בַּמֶּמְשָׁלָה.*

גדושת, גָּדוּשׁ crowded (adj.)

מָלֵא מְאוֹד:

*הַחֶדֶר **גָּדוּשׁ**, יֵשׁ בּוֹ יוֹתֵר מִדַּיי רָהִיטִים.*

מָלֵא וְגָדוּשׁ full to capacity

גדוּשָׁה, גדוּשִׁים, גדוּשׁוֹת

גדיז, גְּדִי [גְּדָיִים] kid (young goat)

בַּעַל חַיִּים צָעִיר, הַבֵּן שֶׁל הָעֵז:

*הַזְּאֵב **טָרַף** אֶת הַגְּדִי.*

גדילהנ, גְּדִילָה growth

כְּשֶׁגְּדֵלִים, כְּשֶׁנַּעֲשִׂים גדוֹלִים יוֹתֵר (גבוֹהִים וְכוּ'):

***הַגְּדִילָה** שֶׁל הַגּוּף נִפְסֶקֶת בְּגִיל 20.*

גדלפ, גָּדַל grew (up)

צָמַח, נַעֲשָׂה גָבוֹהַּ יוֹתֵר, מְבוּגָר יוֹתֵר:

*הַיֶּלֶד **גָּדַל** מְאוֹד בַּשָּׁנָה הָאַחֲרוֹנָה.*

לִגדוֹל / ג.ד.ל, פָּעַל / גָּדַלְתִּי, גָּדֵל, יִגְדַּל, גְּדַל!

גדלותנ, גַּדְלוּת greatness

כְּשֶׁיֵּשׁ תְּכוּנוֹת טוֹבוֹת, כְּשֶׁטּוֹבִים מְאוֹד:

*זֹאת הָיְיתָה **גַּדְלוּת** מִצִּידּוֹ לְוַותֵּר עַל תַּפְקִיד הַמְּנַהֵל.*

שִׁיגָּעוֹן גַּדְלוּת megalomania

גדנ"עז, גַּדְנָ"ע youth corps

(ר"ת: **גדוּדֵי נוֹעַר**) פְּעִילוּת צְבָאִית בְּבֵית הַסֵּפֶר, (נֶשֶׁק, אִימּוּנֵי שָׂדֶה וכו'):

***בַּגַּדְנָ"ע** לָמַדְנוּ טוֹפּוֹגְרַפְיָה.*

גדעפ, גָּדַע cut off

חָתַךְ:

***גָּדַעְנוּ** אֶת הָעֲנָפִים הַגדוֹלִים שֶׁל הָעֵץ.*

לִגדוֹעַ אֶת- / ג.ד.ע, פָּעַל / גָּדַעְתִּי, גּוֹדֵעַ, יִגְדַּע, גְּדַע!

גדרפ, גָּדַר fenced

בָּנָה גָדֵר:

*צָרִיךְ **לִגדּוֹר אֶת** חֲצַר בֵּית הַסֵּפֶר.*

לִגדוֹר אֶת- / ג.ד.ר, פָּעַל / גָּדַרְתִּי, גּוֹדֵר, יִגְדּוֹר, גְּדוֹר!

גדרנ, גָּדֵר [גְּדֵרוֹת] fence

קִיר מֵעֵץ אוֹ מִבַּרְזֶל, לָרוֹב מִסָּבִיב לְגַן, לְשָׂדֶה וְכוּ':

*בֵּין הֶחָצֵר שֶׁלִּי לֶחָצֵר שֶׁל דָּוִיד יֵשׁ **גָּדֵר** גבוֹהָה.*

גדשפ, גָּדַשׁ crowded, piled up

(לָשׁוֹן גבוֹהָה) מִילֵּא מְאוֹד:

*הוּא **גָּדַשׁ** אֶת הַחֶדֶר בְּרָהִיטִים יְשָׁנִים.*

לִגדוֹשׁ אֶת- / ג.ד.שׁ, פָּעַל / גָּדַשְׁתִּי, גּוֹדֵשׁ, יִגְדּוֹשׁ, גְּדוֹשׁ!

גוז, גֵּו [גְּוִוים] back, body

גַּב (גַּם מֶטָאפוֹרָה לַגּוּף כּוּלּוֹ):

*צָרִיךְ לְיַישֵּׁר אֶת **הַגֵּו**.*

הִשְׁלִיךְ אַחֲרֵי גֵּווֹב - לֹא רָצָה עוֹד בְּמַשֶּׁהוּ

גובהז, גֹּבַהּ [גְּבָהִים] height

הַמִּידָּה מִלְמַטָּה עַד לְמַעְלָה:

***גּוֹבַהּ** הַר הַכַּרְמֶל 438 מֶטְרִים מֵעַל פְּנֵי הַיָּם.*

*מַה **הַגּוֹבַהּ** שֶׁלְּךָ? - 1.70 מֶטֶר.*

גובהז, גּוֹבֶה [גּוֹבִים] collector

מִי שֶׁאוֹסֵף כְּסָפִים בִּשְׁבִיל מוֹסָד:

***גּוֹבֵה** הַמִּסִּים שֶׁל הָעִירִיָּיה עוֹבֵד קָשֶׁה.*

גּוֹבָה, גּוֹבוֹת

גוביינא/גוביינהנ, גּוּבַיְנָא collection (of bills)

גְּבִיָּיה, דְּרִישָׁה לְקַבֵּל כֶּסֶף מֵאֲנָשִׁים שֶׁצְּרִיכִים לְשַׁלֵּם:

*הַצֶ'יקִים הָאֵלֶּה הֵם **לְגוּבַיְינָא**.*

בְּגוּבַיְינָא C.O.D.

שִׂיחַת גוֹבַּיינָא שִׂיחַת טֶלֶפוֹן שֶׁמְּקַבֵּל הַשִּׂיחָה מַסְכִּים לְשַׁלֵּם בִּשְׁבִילָהּ — collect call

גובשפ׳ גֻּבַּשׁ — was consolidated/united/integrated
1. גִיבְּשׁוּ אוֹתוֹ, חִיבְּרוּ אוֹתוֹ בְּיַחַד:
*כָּל הַקְּבוּצוֹת **גוּבְּשׁוּ** לְכִיתָּה אַחַת.*
2. נוֹצָר רַעְיוֹן מְשׁוּתָּף וְכוּ׳: — was formulated
*הַהַצָּעָה **גוּבְּשָׁה** אַחֲרֵי וִיכּוּחַ אָרוֹךְ.*
/ ג.ב.ש, פּוּעַל / גוּבְּשׁוּ, מְגוּבָּשׁ, יְגוּבַּשׁ, יְגוּבְּשׁוּ

גודלז׳ גֹּדֶל [גְּדָלִים] — size
מִידָּה:
*הַחֶדֶר הַזֶּה נִרְאֶה לִי קָטָן, מַה **הַגּוֹדֶל** שֶׁלּוֹ?*

גודרפ׳ גֻּדַּר — was fenced
הֵקִימוּ מְסָבִיב לוֹ גָּדֵר:
*הַשֶּׁטַח **גּוּדַּר**, כְּדֵי שֶׁהַיְלָדִים לֹא יְשַׂחֲקוּ בּוֹ.*
/ ג.ד.ר, פּוּעַל / גוּדְּרוּ, מְגוּדָּר, יְגוּדַּר, יְגוּדְּרוּ

גודשז׳ גֹּדֶשׁ — abundance
כְּשֶׁיֵּשׁ הַרְבֵּה, (יוֹתֵר מִדַּיי):
*בַּקַּיִץ יֵשׁ **גּוֹדֶשׁ** שֶׁל פֵּירוֹת.*

גוויהנ׳ גְּוִיָּה [גְּוִיּוֹת] — corpse
גוּף שֶׁל מֵת:
***גְּוִיָּה** שֶׁל גֶּבֶר נִמְצְאָה עַל יַד הַבַּיִת.*

גווןז׳ גָּוֶן [גְּוָנִים] — shade, hue
צֶבַע, בְּדֶרֶךְ כְּלָל הֶבְדֵּל קָטָן בְּצֶבַע:
*הוּא צָבַע אֶת הַקִּיר **בִּגְוָנִים** שֶׁל יָרוֹק.*

גוועפ׳ גָּוַע — died, expired
מֵת:
*הוּא **גָּוַע** אַחֲרֵי מַחֲלָה קָשָׁה.*
לִגְווֹעַ /ג.ו.ע, פָּעַל / גָּוַעְתִּי, גּוֹוֵעַ, יִגְוַע

גוזלז׳ גּוֹזָל [גּוֹזָלִים] — young bird
אֶפְרוֹחַ, בֵּן שֶׁל צִיפּוֹר:
***הַגּוֹזָלִים** עוֹד לֹא יוֹדְעִים לָעוּף.*

גוזמהנ׳ גֻּזְמָה [גּוּזְמוֹת] — exaggeration
סִיפּוּר אוֹ אֲמִירָה, שֶׁמַּשֶּׁהוּ הַרְבֵּה יוֹתֵר גָּדוֹל, (יָפֶה, חָכָם וְכוּ׳) מֵאֲשֶׁר הוּא בֶּאֱמֶת:
*הוּא סִיפֵּר, שֶׁאָכַל בֵּיצָה בְּגוֹדֶל אֲבַטִּיחַ - **זֹאת גּוּזְמָה**.*

גויז׳ גּוֹי [גּוֹיִים] — gentile
1. לֹא יְהוּדִי:
*גָּדַלְתִּי בֵּין **גּוֹיִים**, וְלֹא יָדַעְתִּי שֶׁאֲנִי יְהוּדִי.*
2. עַם (בִּשְׂפַת הַתַּנַ"ךְ): — nation
*"לֹא יִשָּׂא **גּוֹי** אֶל **גּוֹי** חֶרֶב ...".*

גוייבהנ׳ גּוֹיָבָה [גּוֹיָבוֹת] — guava
פְּרִי טְרוֹפִּי יָרוֹק-צָהוֹב, יֵשׁ לוֹ רֵיחַ חָזָק:
*אֲנִי לֹא אוֹכֵל **גּוֹיָבוֹת** בִּגְלַל הָרֵיחַ שֶׁלָּהֶן.*

גויספ׳ גֻּיַּס — was recruited
קָרְאוּ לוֹ לַצָּבָא:
*הוּא **גּוּיַּס** לְצַהַ"ל בְּגִיל 18.*
/ ג.י.ס, פּוּעַל / גּוּיַּסְתִּי לְ-, מְגוּיָּס, יְגוּיַּס

גולגולתנ׳ גֻּלְגֹּלֶת [גּוּלְגָּלוֹת] — skull
הָעֲצָמוֹת שֶׁל הָרֹאשׁ:
*הוּא נָפַל וְשָׁבַר אֶת **הַגּוּלְגּוֹלֶת**.*
***לְגוּלְגּוֹלֶת** - לְכָל אֶחָד וְאֶחָד* — per capita
(כְּשֶׁסּוֹפְרִים בְּנֵי-אָדָם)

גולהנ׳ גּוֹלָה — exile, diaspora
אֶרֶץ זָרָה, לְשָׁם מְגָרְשִׁים אֲנָשִׁים מִמּוֹלַדְתָּם:
*הָרוֹמָאִים גֵּירְשׁוּ אֶת יְהוּדֵי אֶרֶץ יִשְׂרָאֵל **לַגּוֹלָה**.*

גולהז׳ גּוֹלֶה [גּוֹלִים] — exile (m)
מִי שֶׁגֵּירְשׁוּ אוֹתוֹ מִן הָאָרֶץ שֶׁלּוֹ:
*הֵם **גּוֹלִים** בְּחוּץ לָאָרֶץ וְלֹא יְכוֹלִים לַחֲזוֹר לְאַרְצָם.*
גּוֹלָה, גּוֹלוֹת

גולהנ׳ גֻּלָּה [גּוּלוֹת] — knob, bulge
כַּדּוּר מְחוּבָּר לְעַמּוּד, מַקֵּל וְכוּ׳.
גּוּלַּת הַכּוֹתֶרֶת — crowning glory
*הַסֵּפֶר הַזֶּה הוּא **גּוּלַּת הַכּוֹתֶרֶת** שֶׁל יְצִירָתוֹ.*

גוללפ׳ גּוֹלֵל — rolled
1. גִּילְגֵּל:
***גּוֹלַלְתִּי** אֶת הָאֶבֶן לְצַד הַכְּבִישׁ.*
2. (מֶטָאפוֹרָה) הֶאֱשִׁים, אָמַר עַל מִישֶׁהוּ שֶׁעָשָׂה מַשֶּׁהוּ: — accused
*הוּא **גּוֹלֵל עָלַיי** אֶת כָּל הָאַחְרָיוּת לַכִּישָּׁלוֹן.*
3. פָּתַח דַּף מְגוּלְגָּל: — unrolled
*הַחַזָּן **גּוֹלֵל** אֶת סֵפֶר הַתּוֹרָה כְּדֵי לִקְרוֹא בּוֹ.*
4. סִיפֵּר, הִצִּיג תּוֹכְנִית וְכוּ׳: — unfolded
*הוּא **גּוֹלֵל לְפָנַיי** אֶת כָּל הַבִּיּוֹגְרַפְיָה שֶׁלּוֹ.*
לְגוֹלֵל אֶת- / ג.ל.ל, פִּיעֵל / גּוֹלַלְתִּי, מְגוֹלֵל, יְגוֹלֵל

גולםז׳ גֹּלֶם [גְּלָמִים] — dummy
1. גּוּף בְּלִי חַיִּים (כְּמוֹ בּוּבָּה):
*הוּא יוֹשֵׁב כְּמוֹ **גּוֹלֶם**, לֹא עוֹשֶׂה כְּלוּם.*

2. מֶטָאפוֹרָה לְבֶן־אָדָם. שֶׁאֵינוֹ מֵבִין: idiot
*אֲנִי **גּוֹלֶם** בְּמָתֵימָטִיקָה.*

גולמי ת', גָּלְמִי — crude, raw
שֶׁהַצּוּרָה שֶׁלּוֹ לֹא סוֹפִית:
*הַנֵּפְט בָּאֲדָמָה הוּא בְּמַצָּב **גּוֹלְמִי**.*
גּוֹלְמִית, גּוֹלְמִיִּים, גּוֹלְמִיּוֹת

גומה (/גומא) נ', גֻּמָּה/גֻּמָּא [גּוּמוֹת] — hole
חוֹר בָּאֲדָמָה:
*בַּ**גּוּמָה** סְבִיב הָעֵץ יֵשׁ מַיִם.*
גּוּמַת חֵן — dimple

גומי ז', גּוּמִי — rubber
חוֹמֶר אֶלַסְטִי:
*תָּפַרְתִּי **גּוּמִי** לַמִּכְנָסַיִים.*
גּוּמִיָּיה — rubber band

גומלין ז"ר גּוֹמְלִין — mutuality
יַחַס הֲדָדִי, כֹּל צַד נוֹתֵן, וְכֹל צַד מְקַבֵּל:
*יֵשׁ יַחֲסֵי **גּוֹמְלִין** בֵּין יִשְׂרָאֵל וְאַרְצוֹת הַבְּרִית.*
מִשְׂחַק גּוֹמְלִין - תַּחֲרוּת שְׁנִיָּיה בֵּין שְׁתֵּי קְבוּצוֹת אוֹ שְׁנֵי שַׂחְקָנִים — return match

גונן פ', גּוֹנֵן — protected
הֵגֵן, שָׁמַר עַל-:
*הַצִּיפּוֹר **גּוֹנְנָה** עַל הַגּוֹזָלִים שֶׁלָּהּ.*
לְגוֹנֵן עַל- /ג.נ.ן, פִּיעֵל / גּוֹנַנְתִּי, מְגוֹנֵן, יְגוֹנֵן, גּוֹנֵן!

גוסס ת/ר"ז גּוֹסֵס — dying
אִישׁ בָּרְגָעִים הָאַחֲרוֹנִים לִפְנֵי הַמָּוֶות:
*הַ**גּוֹסֵס** סָגַר אֶת הָעֵינַיִים וָמֵת.*
גּוֹסֶסֶת, גּוֹסְסִים, גּוֹסְסוֹת

גועל ז', גֹּעַל — disgust
הַרְגָּשָׁה לֹא נְעִימָה, בְּחִילָה:
*הִרְגַּשְׁתִּי **גּוֹעַל**, כְּשֶׁרָאִיתִי אֶת הַלִּיכְלוּךְ.*
גּוֹעַל נֶפֶשׁ — utter disgust

גועלי ת', גּוֹעֲלִי — disgusting
מַשֶּׁהוּ שֶׁגּוֹרֵם בְּחִילָה, גּוֹרֵם הַרְגָּשָׁה רָעָה:
*הַתְּמוּנוֹת הַפּוֹרְנוֹגְרָפִיּוֹת הֵן **גּוֹעֲלִיּוֹת**.*
גּוֹעֲלִית, גּוֹעֲלִיִּים, גּוֹעֲלִיּוֹת

גוף ז', גּוּף [גּוּפִים] — body
הַמִּבְנֶה הַפִיסִי שֶׁל הָאָדָם אוֹ בַּעַל־הַחַיִּים:
*כֹּל הַ**גּוּף** כּוֹאֵב לִי: הָרֹאשׁ, הַיָּדַיִים, הָרַגְלַיִים, הַבֶּטֶן וְכוּ'...*
לְגוּפוֹ שֶׁל עִנְיָין - לָעִיקָּר לְחָשׁוּב בְּיוֹתֵר. — essentially

גופה נ', גּוּפָה [גּוּפוֹת] — corpse
גּוּף מֵת:
*הַמִּשְׁטָרָה מָצְאָה **גּוּפָה** שֶׁל גֶּבֶר בֶּן 40 בְּעֵרֶךְ.*

גופייה נ', גּוּפִיָּה [גּוּפִיּוֹת] — undershirt
בֶּגֶד שֶׁלּוֹבְשִׁים עַל הַגּוּף מִתַּחַת לַחוּלְצָה:
*בַּקַּיִץ, הַיְּלָדִים לוֹבְשִׁים רַק **גּוּפִיָּה** וּמִכְנָסַיִים קְצָרִים.*

גופני ת', גּוּפָנִי — physical
פִיסִי, שַׁיָּיךְ לַגּוּף:
*הַמַּצָּב הַ**גּוּפָנִי** שֶׁלּוֹ מְצוּיָּן - הוּא סְפּוֹרְטַאי.*
חִינּוּךְ גּוּפָנִי — physical education
כּוֹשֶׁר גּוּפָנִי - מַצָּב פִיסִי — physical fitness
גּוּפָנִית, גּוּפָנִיִּים, גּוּפָנִיּוֹת

גופרית נ', גָּפְרִית — sulphur
הַחוֹמֶר שֶׁמִּמֶּנּוּ עוֹשִׂים אַבְקַת שְׂרֵיפָה:
*מַיִם עִם **גּוֹפְרִית** עוֹזְרִים לִכְאֵבִים רָאוּמָטִיִּים.*

גוץ ת', גּוּץ — short, stocky
נָמוּךְ מְאוֹד:
*מְבוּגָּר שֶׁהַגּוֹבַהּ שֶׁלּוֹ 1.20 מֶטֶר הוּא **גּוּץ**.*
גּוּצָה, גּוּצִים, גּוּצוֹת

ג'וק ז', ג'וּק [ג'וּקִים] — cockroach
(בִּלְשׁוֹן הַדִּיבּוּר) בַּעַל חַיִּים קָטָן, מַזִּיק:
*שַׂמְנוּ בָּאֲרוֹנוֹת הַמִּטְבָּח חוֹמֶר נֶגֶד **ג'וּקִים**.*

גור ז', גּוּר [גּוּרִים] — cub, puppy
בֵּן שֶׁל בַּעַל־חַיִּים, חַיָּה צְעִירָה:
*לַכַּלְבָּה שֶׁלִּי אַרְבָּעָה **גּוּרִים**.*

גורד־שחקים ז', גּוֹרֵד־שְׁחָקִים [גּוֹרְדֵי־שְׁחָקִים] — skyscraper
(נוֹגֵעַ בַּשָּׁמַיִם) בַּיִת גָּבוֹהַּ מְאוֹד:
*בְּנִיוּ־יוֹרְק גַּרְנוּ בְּ**גוֹרֵד שְׁחָקִים**.*

גורל ז', גּוֹרָל [גּוֹרָלוֹת] — destiny, fate
1. הַמַּזָּל שֶׁל הָאָדָם, מַה שֶּׁמְּחַכֶּה לוֹ בַּחַיִּים:
*הָאִישׁ בָּכָה עַל **גּוֹרָלוֹ** הַקָּשֶׁה.*
2. הַגְרָלָה, פַּיִס: — lot
*זָכִיתִי בַּ**גּוֹרָל**, קִיבַּלְתִּי 1000 שֶׁקֶל בַּלּוֹטוֹ.*

גורלי ת', גּוֹרָלִי — crucial, fateful
חָשׁוּב מְאוֹד לֶעָתִיד שֶׁל מִישֶׁהוּ:
*לַעֲלוֹת אוֹ לֹא לַעֲלוֹת לְיִשְׂרָאֵל זֹאת הַחְלָטָה **גּוֹרָלִית**.*
גּוֹרָלִית, גּוֹרָלִיִּים, גּוֹרָלִיּוֹת

גורםז׳ גּוֹרֵם [גּוֹרְמִים] cause, factor
1. סִיבָּה, עוּבְדָה שֶׁמַּשְׁפִּיעָה:
*הָעִישּׁוּן הוּא אֶחָד מֵהַ**גּוֹרְמִים** לְמַחֲלַת הַסַּרְטָן.*
2. מִי שֶׁמְּטַפֵּל, מִי שֶׁאַחְרַאי: authority, source
***גּוֹרְמִים** מְדִינִיִּים מָסְרוּ, שֶׁרֹאשׁ הַמֶּמְשָׁלָה יֵצֵא לְמוֹסְקְבָה. / מֵאֵיזֶה **גּוֹרֵם** קִיבַּלְתָּ כֶּסֶף?*
גּוֹרְמֵי בִּיטָּחוֹן security authorities
גּוֹרֵם מַכְרִיעַ decisive factor
גּוֹרֵם הַזְּמַן time element

גורןנ׳ גּוֹרֶן [גְּרָנוֹת] barn
מָקוֹם שֶׁאוֹסְפִים בּוֹ תְּבוּאָה מֵהַשָּׂדֶה:
*אָסוּר לְעַשֵּׁן עַל־יַד הַ**גּוֹרֶן**.*

גורשפ׳ גּוֹרַשׁ was expelled
הִרְחִיקוּ אוֹתוֹ, הוֹצִיאוּ אוֹתוֹ נֶגֶד הָרָצוֹן:
*אָדָם וְחַוָּה **גּוֹרְשׁוּ** מִגַּן־עֵדֶן. / הוּא **גּוֹרַשׁ** מֵהַבַּיִת.*
/ ג.ר.ש, פּוּעַל / גּוֹרַשְׁתִּי, מְגוֹרָשׁ, יְגוֹרַשׁ

גושז׳ גּוּשׁ [גּוּשִׁים] lump, bulk
1. חֲתִיכָה גְדוֹלָה:
*הֵם הוֹצִיאוּ **גּוּשׁ** אֲדָמָה מֵהַבּוֹר.*
2. אֵיזוֹר: region
*תֵּל־אָבִיב וְרָמַת־גַּן שַׁיָּיכוֹת לְ**גוּשׁ** דָּן.*
3. בְּלוֹק, קְבוּצָה פּוֹלִיטִית וְכוּ׳: bloc
*הַ**גּוּשׁ** שֶׁל הַיָּמִין הוּא נֶגֶד הַסּוֹצְיָאלִיזְם.*

גושפנקהנ׳ גּוּשְׁפַּנְקָה [גּוּשְׁפַּנְקוֹת] approval
אִישּׁוּר:
*הַמְנַהֵל נָתַן אֶת הַ**גּוּשְׁפַּנְקָה** שֶׁלּוֹ, אֶפְשָׁר לְהַתְחִיל בָּעֲבוֹדָה.*

גזז׳ גַּז [גַּזִּים] gas
סוּגִים שֶׁל אֲוִויר, כְּמוֹ חַמְצָן, מֵימָן וְכוּ׳:
*אֲנַחְנוּ מִשְׁתַּמְּשִׁים בְּ**גַז** לְבִישּׁוּל.*
גַּז מַדְמִיעַ tear-gas
מַסֵּיכַת גַּז gas mask

גזברז׳ גִּזְבָּר [גִּזְבָּרִים] treasurer
אַחְרַאי עַל הַכֶּסֶף, מִי שֶׁאוֹסֵף כֶּסֶף, מְשַׁלֵּם כֶּסֶף וְכוּ׳:
*לֹא שִׁילְּמוּ לָנוּ, כִּי הַ**גִּזְבָּר** חוֹלֶה.*

גזברותנ׳ גִּזְבָּרוּת treasury
הַמִּשְׂרָד שֶׁאַחְרַאי עַל הַכֶּסֶף:
*הַ**גִּזְבָּרוּת** סְגוּרָה, לָכֵן לֹא שִׁילַּמְתִּי מִיסִּים.*

גזורת׳ גָּזוּר cut (up) (adj.)
1. חָתוּךְ:
*הַנְּיָירוֹת הַ**גְּזוּרִים** מְפוּזָּרִים עַל הָרִצְפָּה.*
2. (בְּדִיקְדּוּק) בָּנוּי מִשּׁוֹרֶשׁ מְסוּיָּם: derived (adj.)
*הַפּוֹעַל שָׁמַרְתִּי **גָּזוּר** מִן הַשּׁוֹרֶשׁ ש.מ.ר.*
גְּזוּרָה, גְּזוּרִים, גְּזוּרוֹת

גזזפ׳ גָּזַז cut
גָּזַר, חָתַךְ בְּמִסְפָּרַיִים (שֵׂיעָר אוֹ צֶמֶר):
*הִסְתַּפַּרְתִּי - הַסַּפָּר **גָּזַז** אֶת הַשְּׂעָרוֹת שֶׁלִּי.*
לִגְזוֹז אֶת- / ג.ז.ז, פָּעַל / גָּזַזְתִּי, גּוֹזֵז, תִּגְזוֹז, גְּזוֹז!

גזירהנ׳ גְּזֵרָה [גְּזֵירוֹת] harsh measure
פְּקוּדָּה קָשָׁה אוֹ חוֹק קָשֶׁה:
*לְדַעְתִּי, מַס גָּבוֹהַּ הוּא **גְּזֵירָה** קָשָׁה.*

גזירהנ׳ גְּזִירָה cutting
1. חִיתּוּךְ, כְּשֶׁגּוֹזְרִים מַשֶּׁהוּ:
*אֲנִי לוֹמֵד **גְּזִירָה** שֶׁל מְעִילִים.*
2. בְּנִיָּיה שֶׁל מִילִּים מִשּׁוֹרֶשׁ אוֹ מִמִּילָּה אַחֶרֶת: derivation
*הַמִּילָּה טִילְפֵּן הִיא **גְּזִירָה** מִן הַמִּילָּה 'טֶלֶפוֹן'.*

גזלפ׳ גָּזַל robbed
לָקַח בְּכוֹחַ:
*הוּא רִימָּה אוֹתִי וְ**גָזַל** מִמֶּנִּי אֶת כָּל הַכֶּסֶף שֶׁלִּי.*
לִגְזוֹל מִ- / ג.ז.ל, פָּעַל / גָּזַלְתִּי, גּוֹזֵל, יִגְזוֹל

גזלז׳ גֶּזֶל גם **גזילה**נ׳ גְּזֵלָה robbery
1. לְקִיחָה בְּכוֹחַ:
*לְהִתְיַישֵּׁב עַל אֲדָמָה לֹא שֶׁלְּךָ זֶהוּ **גֶּזֶל**.*
2. מַה שֶּׁנִּגְזַל, שֶׁנִּלְקַח בְּכוֹחַ: stolen goods
*הוּא הָיָה צָרִיךְ לְהַחְזִיר אֶת הַ**גְּזֵילָה**.*

גזלןז׳ גַּזְלָן [גַּזְלָנִים] robber
מִי שֶׁלּוֹקֵחַ בְּכוֹחַ דָּבָר שֶׁאֵינוֹ שֶׁלּוֹ:
*הַ**גַּזְלָן** לָקַח מִמֶּנִּי הַכּוֹל.*

גזםפ׳ גָּזַם pruned, trimmed
חָתַךְ (עֲנָפִים שֶׁל עֵץ):
***גָּזַמְנוּ** אֶת הָעֵץ, כְּדֵי שֶׁיִּהְיֶה אוֹר בַּחֶדֶר.*
לִגְזוֹם אֶת- / ג.ז.ם, פָּעַל / גָּזַמְתִּי, גּוֹזֵם, יִגְזוֹם, גְּזוֹם!

גזעז׳ גֶּזַע [גְּזָעִים] tree trunk
1. הַחֵלֶק בָּעֵץ שֶׁיּוֹצֵא מִן הָאֲדָמָה:
*זֶה עֵץ גָּדוֹל, וְיֵשׁ לוֹ **גֶּזַע** עָבֶה.*
2. קְבוּצוֹת אֲנָשִׁים, שֶׁיֵּשׁ לָהֶם סִימָנִים מְשׁוּתָּפִים: race
*רוֹב הַתּוֹשָׁבִים בְּאַפְרִיקָה הֵם מִן הַ**גֶּזַע** הַשָּׁחוֹר.*
הַגֶּזַע הָאֱנוֹשִׁי the human race

גזעית׳ גִּזְעִי — pure-bred
1. שַׁיָּךְ לְגֶזַע אֶחָד (לֹא מְעוֹרָב):
*יֵשׁ לִי כֶּלֶב פּוּדֶל **גִּזְעִי**.*
2. (לשון דיבור) בָּחוּר יִשְׂרְאֵלִי יָפֶה: — 'cool'
*אֲנִי אוֹהֶבֶת אֶת דָּנִי, הוּא **גִּזְעִי**.*
גִּזְעִית, גִּזְעִיִּים, גִּזְעִיּוֹת

גזעןז׳ גַּזְעָן [גַּזְעָנִים] — racist
מִי שֶׁחוֹשֵׁב שֶׁהַגֶּזַע שֶׁלּוֹ הוּא הַטּוֹב בְּיוֹתֵר:
*הִיטְלֶר הָיָה **גַּזְעָן**.*

גזענותנ׳ גַּזְעָנוּת — racism
הָרַעְיוֹן, שֶׁיֵּשׁ גֶּזַע טוֹב יוֹתֵר וְגֶזַע טוֹב פָּחוֹת:
*לְפִי הָאִידֵיאוֹלוֹגְיָה שֶׁל **הַגַּזְעָנוּת** לֹא כָּל הָעַמִּים שָׁוִוים.*

גזענית׳ גַּזְעָנִי — racist, racial
חוֹשֵׁב שֶׁהַגֶּזַע שֶׁלּוֹ הוּא הַטּוֹב בְּיוֹתֵר:
*הַחוּקִים שֶׁל הִיטְלֶר הָיוּ **גַּזְעָנִיִּים**.*
גַּזְעָנִית, גַּזְעָנִיִּים, גַּזְעָנִיּוֹת

גזרז׳ גֶּזֶר [גְּזָרִים] — carrot
יָרָק בְּצֶבַע כָּתוֹם:
*הֵכַנְתִּי סָלָט **מִגֶּזֶר** וּמִכְּרוּב.*

גזרפ׳ גָּזַר — cut
1. חָתַךְ:
*הִיא **גָּזְרָה** אֶת הַבַּד כְּדֵי לִתְפּוֹר שִׂמְלָה.*
2. קָבַע, הֶחְלִיט: — decreed
*בֵּית הַמִּשְׁפָּט **גָּזַר** עָלָיו עוֹנֶשׁ קָשֶׁה.*
3. יָצַר מִילִּים מִשּׁוֹרֶשׁ אוֹ מִמִּילָּה: — derived
***גָּזַרְתִּי** אֶת הַמִּילָּה שְׁמִירָה מִן הַשּׁוֹרֶשׁ ש.מ.ר.*
לִגְזוֹר אֶת- / ג.ז.ר, פָּעַל / גָּזַרְתִּי, גּוֹזֵר, יִגְזוֹר, גְּזוֹר!

גזר־דיןז׳ גְּזַר־דִּין [גִּזְרֵי־דִּין] — sentence (Law)
הַחְלָטַת הַשּׁוֹפֵט בְּסוֹף הַמִּשְׁפָּט:
*הַשּׁוֹפֵט קָרָא אֶת **גְּזַר־הַדִּין** בִּפְנֵי הַנֶּאֱשָׁם.*

גזרה ר׳ גיזרה

גחליםז״ר גֶּחָלִים — coals, charcoal
(גַּחַל) פֶּחָם בּוֹעֵר:
*לִפְנֵי שֶׁהָיָה גַּז וְחַשְׁמַל, בִּישְּׁלוּ עַל **גֶּחָלִים**.*
גַּחֶלֶת - מֶטָאפוֹרָה לְמַשֶּׁהוּ יָקָר, חָשׁוּב, שֶׁנִּשְׁאָר

גחןפ׳ גָּחַן — bent forwards
הִתְכּוֹפֵף:
*אִמָּא **גָּחֲנָה** אֶל הַיֶּלֶד וְנִישְּׁקָה אוֹתוֹ.*
לִגְחוֹן / ג.ח.ן, פָּעַל / גָּחַנְתִּי, גּוֹחֵן, יִגְחַן, גְּחַן!

גטז׳ גֵּט [גִּיטִּים/גִּיטִּין] — divorce (document)
(אֲרָמִית) תְּעוּדָה לֵיגָלִית, שֶׁבַּעַל וְאִישָּׁה הִתְגָּרְשׁוּ:
*הִיא לֹא יְכוֹלָה לְהִתְחַתֵּן, כִּי אֵין לָהּ **גֵּט** מֵהַבַּעַל הָרִאשׁוֹן.*

גיאז׳ גַּיְא [גֵּיאָיוֹת] — valley
עֵמֶק, מָקוֹם צַר וְנָמוּךְ בֵּין הָרִים:
***הַגֵּיאָיוֹת** הִתְמַלְּאוּ מַיִם, שֶׁיָּרְדוּ מִן הֶהָרִים.*

גיאותנ׳ גֵּאוּת — high tide
עֲלִיָּיה שֶׁל הַמַּיִם בַּיָּם, בַּנָּהָר וְכוּ':
*בִּשְׁעַת **הַגֵּיאוּת** מְכַסִּים מֵי הַיָּם אֶת הַחוֹף.*
גֵּיאוּת וָשֵׁפֶל — high and low tide
גֵּיאוּת כַּלְכָּלִית — prosperity

גיבובז׳ גִּיבּוּב — haphazard collection
כְּשֶׁאוֹסְפִים בְּלִי סֵדֶר דְּבָרִים שׁוֹנִים לְמָקוֹם אֶחָד:
*הַבַּיִת נִרְאֶה כְּמוֹ מַחְסָן בִּגְלַל **גִּיבּוּב** הָרָהִיטִים.*
גִּיבּוּב דְּבָרִים - — babble
כְּשֶׁאוֹמְרִים דְּבָרִים שׁוֹנִים בְּלִי קֶשֶׁר, בְּלִי תּוֹכֶן

גיבויז׳ גִּבּוּי — backing
כְּשֶׁנּוֹתְנִים תְּמִיכָה, "נוֹתְנִים גַּב":
*הַמְּנַהֵל נָתַן **גִּיבּוּי** לָעוֹבְדִים שֶׁלּוֹ.*

גיבורתו״ז גִּבּוֹר [גִּיבּוֹרִים] — heroic, courageous
1. אַמִּיץ, חָזָק:
*הַחַיָּיל **הַגִּיבּוֹר** הִצִּיל אֶת חַיֵּי חֲבֵרָיו.*
2. מִי שֶׁהַסִּיפּוּר מְסַפֵּר עָלָיו: — hero, character
*הַסּוֹפֵר תֵּיאֵר אֶת **גִּיבּוֹר** הַסִּיפּוּר.*

גיבושז׳ גִּבּוּשׁ — solidification, cohesiveness
1. חִיבּוּר שֶׁל חֲלָקִים קְטַנִּים:
*הַטִּיּוּל עָזַר **לְגִיבּוּשׁ** הַקְּבוּצָה.*
2. אִירְגּוּן שֶׁל מַחֲשָׁבוֹת, רַעְיוֹנוֹת: — formulation
***גִּיבּוּשׁ** הַהַצָּעוֹת לַיְשִׁיבָה דוֹרֵשׁ זְמַן.*

גיבןתו״ז גִּבֵּן [גִּיבְּנִים] — hunchback
מִי שֶׁיֵּשׁ לוֹ גַּב עָקוֹם מְאוֹד:
*הוּא **גִּיבֵּן**, הוּא לֹא יָכוֹל לַעֲמוֹד יָשָׁר.*
גִּיבֶּנֶת, גִּיבְּנוֹת

גיבשפ׳ גִּבֵּשׁ — solidified, consolidated
1. חִיבֵּר בְּיַחַד:
*הַטִּיּוּל **גִּיבֵּשׁ** אֶת הַכִּיתָּה לִקְבוּצָה.*
2. הִגִּיעַ לְרַעְיוֹן (דֵּיעָה וְכוּ') מְשׁוּתָּף: — formulated
*אַחֲרֵי וִיכּוּחַ אָרוֹךְ **גִּיבַּשְׁנוּ** הַצָּעָה.*
לְגַבֵּשׁ אֶת- / ג.ב.ש, פִּיעֵל / גִּיבַּשְׁתִּי, מְגַבֵּשׁ, יְגַבֵּשׁ, גַּבֵּשׁ!

גידז׳ גִּיד [גִּידִים] — tendon
מִין חוּט דַּק בַּגּוּף, מְחַבֵּר אֶת הַשְּׁרִיר לָעֶצֶם:
*אֲנִי לֹא יָכוֹל לָלֶכֶת, מָתַחְתִּי **גִּיד** בָּרֶגֶל.*

גידולז׳ גִּדּוּל [גִּידּוּלִים] — raising
1. טִיפּוּל בִּילָדִים אוֹ בִּצְמָחִים וּדְאָגָה לְהִתְפַּתְּחוּתָם:
***גִּידּוּל** יְלָדִים דוֹרֵשׁ סַבְלָנוּת רַבָּה מִצַּד הַהוֹרִים.*
2. הַרְחָבָה, עֲלִיָּיה בְּמִסְפָּר: — increase
*הַשָּׁנָה חָל **גִּידּוּל** בְּמִסְפַּר הַתּוֹשָׁבִים בָּעִיר.*
3. צֶמַח שֶׁמְּגַדְּלִים: — plant, crop
הַגִּידּוּלִים בַּשָּׂדוֹת שֶׁלָּנוּ הִצְלִיחוּ הַשָּׁנָה.

גידוףז׳ גִּדּוּף [גִּידּוּפִים] — curse, insult
קְלָלָה, אֲמִירַת דְּבָרִים מְכוֹעָרִים לְמִישֶׁהוּ:
*לֹא מְנוּמָּס לְהִשְׁתַּמֵּשׁ בִּלְשׁוֹן **גִּידּוּפִים**, גַּם כְּשֶׁכּוֹעֲסִים.*

גידלפ׳ גִּדֵּל — raised, brought up, grew
הִצְמִיחַ, עָשָׂה שֶׁיִּהְיֶה גָּדוֹל:
*הוּא **גִּידֵּל** אֶת הַבֵּן שֶׁלּוֹ בְּאַהֲבָה רַבָּה. / הוּא **מְגַדֵּל** פְּרָחִים.*
לְגַדֵּל אֶת- / ג.ד.ל, פִּיעֵל / גִּידַּלְתִּי, מְגַדֵּל, יְגַדֵּל, גַּדֵּל!

גידםז״ת גִּדֵּם [גִּידְמִים] — one-armed, (amputee)
מִי שֶׁחֲסֵרָה לוֹ יָד:
*הוּא **גִּידֵּם**, הוּא אִיבֵּד יָד בַּמִּלְחָמָה.*
גִּידֶּמֶת, גִּידְמוֹת

גידףפ׳ גִּדֵּף — insulted, cursed
אָמַר דְּבָרִים קָשִׁים בְּמִילִּים לֹא יָפוֹת נֶגֶד מִישֶׁהוּ אוֹ מַשֶּׁהוּ:
*אֶפְשָׁר לוֹמַר דִּבְרֵי בִּיקּוֹרֶת, אֲבָל לֹא צָרִיךְ **לְגַדֵּף**.*
לְגַדֵּף אֶת- / ג.ד.ף, פִּיעֵל / גִּידַּפְתִּי, מְגַדֵּף, יְגַדֵּף

גידרפ׳ גִּדֵּר — fenced
בָּנָה גָּדֵר:
***גִּידַּרְנוּ** אֶת הַבַּיִת בְּגָדֵר מֵעֵץ.*
לְגַדֵּר אֶת- / ג.ד.ר., פִּיעֵל / גִּידַּרְתִּי, מְגַדֵּר, יְגַדֵּר, גַּדֵּר!

גיהוץז׳ גִּהוּץ — ironing
הַחְלָקָה שֶׁל בְּגָדִים בְּעֶזְרַת מַגְהֵץ:
*אֵין צוֹרֶךְ **בְּגִיהוּץ**, אֵלֶּה בְּגָדִים סִינְטֶטִיִּים.*

גיהוקז׳ גִּהוּק [גִּיהוּקִים] — burp, belch
קוֹל שֶׁיּוֹצֵא מִן הַפֶּה, כְּשֶׁעוֹלִים גַּזִּים מִן הַקֵּיבָה:
*אַחֲרֵי הָאוֹכֶל הַתִּינוֹק הִשְׁמִיעַ **גִּיהוּק**.*

גיהותנ׳ גֵּהוּת — hygiene, sanitation
שְׁמִירַת הַבְּרִיאוּת:
*מִשְׂרַד הָעֲבוֹדָה מְטַפֵּל **בְּגֵיהוּת** הָעוֹבְדִים.*

גיהינוםז״נ גֵּיהִנּוֹם — hell
1. לְפִי הַדָּת: מָקוֹם לַאֲנָשִׁים רָעִים אַחֲרֵי הַמָּוֶת:
*אִם לֹא תַעֲשֶׂה מַעֲשִׂים טוֹבִים, תֵּלֵךְ **לַגֵּיהִנּוֹם**.*
2. כְּאֵב, צַעַר וְסֵבֶל קָשִׁים מְאוֹד:
*כֹּל מִלְחָמָה הִיא **גֵּיהִנּוֹם**.*

גיהץפ׳ גִּהֵץ — ironed
יִישֵּׁר בְּמַגְהֵץ:
***גִּיהַצְתִּי אֶת** הַבְּגָדִים לְאַחַר הַכְּבִיסָה.*
לְגַהֵץ אֶת- / ג.ה.ץ, פִּיעֵל / גִּיהַצְתִּי, מְגַהֵץ, יְגַהֵץ, גַּהֵץ!

גיהקפ׳ גִּהֵק — burped, belched
הוֹצִיא קוֹל מִן הַפֶּה (בִּגְלַל גַּזִּים בַּקֵּיבָה):
*אֲנִי **מְגַהֵק**, כִּי לוֹחֵץ לִי בַּבֶּטֶן.*
לְגַהֵק / ג.ה.ק, פִּיעֵל / גִּיהַקְתִּי, מְגַהֵק, יְגַהֵק, גַּהֵק!

גיווןפ׳ גִּוֵּן — made colorful
1. הִשְׁתַּמֵּשׁ בְּכַמָּה צְבָעִים, הוֹסִיף צֶבַע:
*הַחַלּוֹנוֹת הַיְּרוּקִים **גִּיוְּונוּ** אֶת הַקִּיר הַלָּבָן.*
2. (מֶטָאפוֹרָה) הוֹסִיף עִנְיָינִים שׁוֹנִים, דוּגְמוֹת וְכוּ': — added variety
*הוּא **גִּיוֵּון** אֶת הַהַרְצָאָה בְּסִיפּוּרִים מִן הַחַיִּים.*
לְגַוֵּון אֶת- / ג.ו.ן, פִּיעֵל / גִּיוַּונְתִּי, מְגַוֵּון, יְגַוֵּון, גַּוֵּון!

גיווןז׳ גִּוּוּן [גִּיוּוּנִים] — variety
1. שִׁימּוּשׁ בְּכַמָּה צְבָעִים, הוֹסָפַת צֶבַע:
*הַצֶּבַע הָאָדוֹם מוֹסִיף **גִּיוּוּן** לַבַּיִת שֶׁכּוּלּוֹ לָבָן.*
2. הוֹסָפָה שֶׁל עִנְיָינִים שׁוֹנִים, דוּגְמוֹת: — variation
*יֵשׁ **גִּיוּוּן** כְּשֶׁלּוֹמְדִים כֹּל מִינֵי מִקְצוֹעוֹת.*
לְשֵׁם גִּיוּוּן — for the sake of variety

גיוסז׳ גִּיּוּס — recruitment, mobilization
קְרִיאַת אֲנָשִׁים לַצָּבָא:
*בִּגְלַל הַמַּצָּב הַבִּטְחוֹנִי הוֹדִיעוּ בָּרַדְיוֹ עַל **גִּיּוּס הַמִּילּוּאִים**.*
גִּיּוּס־כְּסָפִים — fund raising

גיורז׳ גִּיּוּר [גִּיּוּרִים] — conversion to Judaism
הַעֲבָרָה שֶׁל מִי שֶׁאֵינוֹ יְהוּדִי לַיַּהֲדוּת, כְּשֶׁמִּישֶׁהוּ נַעֲשֶׂה יְהוּדִי:
*הוּא עָבַר **גִּיּוּר**, אַחֲרֵי שֶׁלָּמַד אֶת חוּקֵי הַיַּהֲדוּת.*

גיורתנ׳ גִּיּוֹרֶת [גִּיּוֹרוֹת] — female convert to Judaism
מִי שֶׁנַּעַשְׂתָה יְהוּדִיָּיה:
*הִיא **גִּיּוֹרֶת** - הִיא נוֹלְדָה נוֹצְרִיָּיה וְעָבְרָה לַיַּהֲדוּת.*

גיזוםז׳ גִּזּוּם — pruning
כְּשֶׁמְּקַצְּצִים עֲנָפִים, שִׂיחִים וְכוּ':
*עָבַדְתִּי **בְּגִיזּוּם** בַּגִּינָּה שֶׁלִּי.*

גיזרהנ, גִזְרָה [גְזָרוֹת] figure
1. צוּרַת הַגוּף:
*לַדוּגמָנִית יֵשׁ **גִיזרָה** יָפָה.*
2. שֶׁטַח מְסוּיָם: section, zone
*הַצָבָא שׁוֹמֵר עַל הַ**גִיזרָה** הַדְרוֹמִית.*
3. (בְּדִיקדוּק) קבוּצָה שֶׁל מִילִים (verb) conjugation
(פְּעָלִים וְכוּ') שֶׁיֵשׁ לָהּ אוֹתִיוֹת מְשׁוּתָפוֹת וְלָכֵן צוּרוֹת
מְשׁוּתָפוֹת:
*הַפּוֹעַל נָפַל שַׁיָיך לְ**גִיזרַת** פ"נ.*

גיחהנ, גִיחָה [גִיחוֹת] sudden attack, sortie
יְצִיאָה, בְּדֶרֶך כְּלָל פִּתאוֹמִית: *הַמְטוֹסִים חָזרוּ בְּשָׁלוֹם מֵהַ**גִיחָה**.*

גיחוךז, גִחוּך [גִיחוּכִים] giggle
כִּמעַט צחוֹק, דוֹמֶה לְחִיוּך:
*זֶהוּ שִׁיעוּר רְצִינִי, אֵין סִיבָּה לְ**גִיחוּכִים**.*

גיחךפ, גִחֵך giggled
חִייֵך, צָחַק מְעַט:
*הוּא **גִיחֵך**, כְּשֶׁשָׁמַע אֶת הַסִיפּוּר.*
לְגַחֵך / ג.ח.ך, פִּיעֵל / גִיחַכתִי, מְגַחֵך, יְגַחֵך, גַחֵך!

גייספ, גִיֵס recruited
לָקַח אֲנָשִׁים לַצָבָא:
*צַהַ"ל **מְגַייֵס** אֶת כֹּל מִי שֶׁהוּא בֶּן 18.*
לְגַייֵס אֶת- / ג.י.ס, פִּיעֵל / גִייַסתִי, מְגַייֵס, יְגַייֵס

גייסז, גַיִס [גְיָיסוֹת] army corps
יְחִידָה גדוֹלָה בַּצָבָא:
*הַטַנקִים הֵם חֵלֶק חָשׁוּב שֶׁל **גְיָיסוֹת** הַשִׁריוֹן.*
גַיִס־חֲמִישִׁי fifth column

גיירפ, גִיֵר converted someone to Judaism
הָפַך מִישֶׁהוּ לִיהוּדִי:
*הָרַב **מְגַייֵר** אֶת מִי שֶׁרוֹצֶה בֶּאֱמֶת לִהיוֹת יְהוּדִי.*
לְגַייֵר אֶת- / ג.י.ר, פִּיעֵל / גִייַרתִי, מְגַייֵר, יְגַייֵר, גַייֵר!

גילז, גִיל [גִילִים] age
שָׁנִים אוֹ זְמַן שֶׁמַשֶׁהוּ אוֹ מִישֶׁהוּ קַיָים:
*בְּאֵיזֶה **גִיל** הִתחַלתָ לִלמוֹד בְּבֵית הַסֵפֶר? בְּ**גִיל** 6.*
גִיל הַהִתבַּגרוּת adolescence
גִיל הָעֲמִידָה middle age
הַגִיל הָרַך infancy
בֶּן גִילִי my age

גיל (גילה)ז, גִיל (גִילָה) joy
שִׂמחָה:
*הוּא הָיָה עַלִיז וּמָלֵא **גִיל** בַּמְסִיבָּה.*

גילגולז, גִלְגוּל [גִילגוּלִים] rolling, flip, turn
סִיבּוּב, הַתנוּעָה שֶׁל הַגַלגַל:
*הָאַקרוֹבָּט עָשָׂה **גִילגוּל** בָּאֲוויר.*
גִילגוּל נְשָׁמוֹת reincarnation

גילגלפ, גִלְגֵל rolled
סוֹבֵב:
*שַׂחקַן הַכַּדוּרֶגֶל **גִילגֵל** אֶת הַכַּדוּר.*
גִילגֵל כְּסָפִים - עָשָׂה עֲסָקִים
לְגַלגֵל אֶת- / ג.ל.ג.ל, פִּעֵל / גִילגַלתִי, מְגַלגֵל, יְגַלגֵל, גַלגֵל!

גילוחז, גִלּוּחַ shaving
הוֹרָדַת שֵׂיעָר מֵהַפָּנִים:
*הוּא מַבִּיט בַּמַראָה בִּזמַן הַ**גִילוּחַ**.*

גילויז, גִלּוּי [גִילוּיִים] discovery
כְּשֶׁמוֹצאִים מַשֶׁהוּ קַיָים אַך לֹא יָדוּעַ:
***גִילוּי** הַפֶּנִיצִילִין הִצִיל חוֹלִים רַבִּים מִמָוֶות. **גִילוּי** אָמֶרִיקָה הָיָה בְּ-1492.*
גִילוּי לֵב frankness
גִילוּי דַעַת manifesto

גילחפ, גִלֵּחַ (גִלַּח) shaved
הוֹרִיד אֶת הַשֵׂיעָר (שֶׁל הַפָּנִים וְכוּ'):
*הַסַפָּר **גִילַח** אֶת הַזָקָן שֶׁלִי.*
לְגַלֵחַ אֶת- / ג.ל.ח, פִּעֵל / גִילַחתִי, מְגַלֵחַ, יְגַלַח, גַלַח!

גיליוןז, גִלָּיוֹן [גִילִיוֹנוֹת] sheet (of paper)
1. דַף שֶׁל נְיָיר:
*כָּתַבנוּ אֶת הַשֵׁמוֹת עַל **גִילִיוֹן** נְיָיר.*
2. אֶקסֶמפּלָר, אֶחָד issue
הַהֶעתֵקִים שֶׁל עִיתוֹן וְכוּ':
*לֹא קָרָאתִי אֶת הַ**גִילָיוֹן** הָאַחֲרוֹן שֶׁל הָעִיתוֹן.*
גִילִיוֹן אִישׁוּם indictment

גילםפ, גִלֵּם portrayed
בִּיצֵעַ תַפקִיד בַּתֵיאַטרוֹן:
*הַשַׂחקָן **גִילֵם** אֶת הַתַפקִיד שֶׁל הַדוֹד וָנְיָה.*
לְגַלֵם אֶת- / ג.ל.ם, פִּיעֵל / גִילַמתִי, מְגַלֵם, יְגַלֵם, גַלֵם!

גימגוםז, גִמְגּוּם [גִימגוּמִים] stutter
קוֹשִׁי בְּדִיבּוּר:
*לֹא הֵבַנתִי כְּלוּם בִּגלַל הַ**גִימגוּם** שֶׁלוֹ.*

גימגםפ, גִמְגֵם stuttered
הָיָה לוֹ קוֹשִׁי בְּדִיבּוּר:
*הוּא **מְגַמגֵם**, וְלָכֵן אֲנִי לֹא מְבִינָה אוֹתוֹ.*
לְגַמגֵם / ג.מ.ג.ם, פִּיעֵל / גִימגַמתִי, מְגַמגֵם, יְגַמגֵם

גימלאות נ"ר גִּמְלָאוֹת — retirement
כְּשֶׁאָדָם כְּבָר לֹא עוֹבֵד, פֶּנְסְיָה:
*הוּא יָצָא לְ**גִמְלָאוֹת** בְּגִיל 65.*

גימלאי ז׳ גִּמְלַאי [גִימְלָאִים] — pensioner
מִי שֶׁמְּקַבֵּל פֶּנְסְיָה:
*הוּא בֶּן 65, הוּא כְּבָר לֹא עוֹבֵד - הוּא **גִימְלַאי**.*

גימלה נ׳ גִּמְלָה [גִימְלָאוֹת] — pension
כֶּסֶף שֶׁמְּשַׁלְּמִים כֹּל חוֹדֶשׁ (בְּעִיקָר פֶּנְסְיָה):
*אַחֲרֵי 40 שָׁנָה שֶׁל עֲבוֹדָה **הַגִימְלָה** שֶׁלִּי קְטַנָּה.*

ג׳ינג׳י ת׳ ג׳ִינְגִ׳י — red-head
מִי שֶׁיֵּשׁ לוֹ שֵׂיעָר אָדוֹם-צָהוֹב:
*דָּוִיד הַמֶּלֶךְ הָיָה **ג׳ינג׳י**.*
ג׳ינג׳ית, ג׳ינג׳ים, ג׳ינג׳יות

גינה פ׳ גִּנָּה — denounced
אָמַר דְּבָרִים שְׁלִילִיִּים, דִּיבֵּר נֶגֶד:
*הַנָּשִׂיא **גִינָּה אֶת** הַטֶרוֹרִיסְטִים, שֶׁפָּגְעוּ בִּילָדִים.*
לְגַנּוֹת אֶת- / ג.נ.ה, פִּיעֵל / גִינִּיתִי, מְגַנֶּה, יְגַנֶּה, גַּנֵּה!

גינה נ׳ גִּנָּה [גִינּוֹת] — garden
גַּן קָטָן, פְּרָחִים אוֹ יְרָקוֹת לְיַד הַבַּיִת:
*בַּ**גִינָּה** שֶׁל בֵּית הַסֵּפֶר מְגַדְּלִים הַיְלָדִים פְּרָחִים.*

גינוי ז׳ גִּנּוּי [גִינּוּיִים] — denunciation
כְּשֶׁאוֹמְרִים דְּבָרִים שְׁלִילִיִּים:
*בַּנְּאוּם שֶׁל רֹאשׁ הַמֶּמְשָׁלָה הָיָה **גִינּוּי** לַטֶרוֹר.*

גינון ז׳ גִּנּוּן — gardening
עֲבוֹדָה בַּגִינָּה:
***הַגִינּוּן** בַּשְּׁכוּנָה שֶׁלִּי יָפֶה מְאוֹד.*

גיס ז׳ גִּיס [גִיסִים] — brother-in-law
הָאָח שֶׁל הַבַּעַל אוֹ שֶׁל הָאִישָּׁה:
*לְבַעְלִי יֵשׁ 2 אַחִים, הֵם **הַגִיסִים** שֶׁלִּי.*

גיר ז׳ גִּיר [גִירִים] — chalk
חוֹמֶר לָבָן, מְשַׁמֵּשׁ לִכְתִיבָה עַל לוּחַ:
*הַמּוֹרֶה כּוֹתֵב עַל הַלּוּחַ **בְּגִיר**.*

גירגר פ׳ גִּרְגֵּר — gargled
הִכְנִיס נוֹזֵל לַגָּרוֹן בְּלִי לִבְלוֹעַ אוֹתוֹ:
*אֲנִי צָרִיךְ **לְגַרְגֵּר** 3 פְּעָמִים בְּיוֹם, כִּי יֵשׁ לִי אִינְפֶקְצְיָה בַּגָּרוֹן.*
לְגַרְגֵּר / ג.ר.ג.ר, פִּיעֵל / גִירְגַּרְתִּי, מְגַרְגֵּר, יְגַרְגֵּר, גַּרְגֵּר!

גירד פ׳ גֵּרֵד — scratched, scraped
1. שִׁיפְשֵׁף בְּכוֹחַ:
*הוּא **גֵירֵד** אֶת הַצֶּבַע מֵהַמְּכוֹנִית.*
*יֵשׁ לִי אַלֶרְגְיָה. כֹּל הַגּוּף **מְגָרֵד** לִי.*
2. (לְשׁוֹן דִּיבּוּר) הֵבִיא (לֹא בָּרוּר מֵאֵיפֹה): — scrounged
מִנַּיִן גֵירַדְתָּ אֶת הַבְּגָדִים הָאֵלֶּה?
לְגָרֵד אֶת- / ג.ר.ד, פִּיעֵל / גֵירַדְתִּי, מְגָרֵד, יְגָרֵד, גָּרֵד!

גירה פ׳ גֵּרָה — stimulated, irritated
עוֹרֵר אֶת הַהַרְגָּשׁוֹת אוֹ אֶת הַחוּשִׁים:
*הָרֵיחַ שֶׁל הָאוֹכֶל **גֵירָה** אֶת הַתֵּיאָבוֹן שֶׁלּוֹ. הַחוֹל **מְגָרֶה** אֶת הָעֵינַיִים.*
לְגָרוֹת אֶת- / ג.ר.ה, פִּיעֵל / גֵירִיתִי, מְגָרֶה, יְגָרֶה, גָּרֵה!

גירה נ׳ גֵּרָה — cud
אוֹכֶל שֶׁמַּעֲלִים מִן הַקֵּיבָה כְּדֵי לִלְעוֹס אוֹתוֹ שֵׁנִית.
*הַפָּרָה עוֹמֶדֶת בָּרֶפֶת **וּמַעֲלָה גֵירָה**.*
הֶעֱלָה גֵירָה - (מֶטָאפוֹרָה) חוֹזֵר עַל דְּבָרִים יְדוּעִים:
*הַמַּרְצֶה לֹא חִידֵּשׁ דָּבָר - סְתָם **הֶעֱלָה גֵירָה**.*

גירוי ז׳ גֵּרוּי [גֵירוּיִים] — irritation
1. הַרְגָּשָׁה לֹא נוֹחָה בַּגּוּף:
*יֵשׁ לִי **גֵירוּי** בָּעֵינַיִים.*
2. מָה שֶׁגּוֹרֵם לְהַרְגִּישׁ, גּוֹרֵם רֵיאַקְצְיָה: — stimulus
*יֵשׁ בַּסֵּפֶר **גֵירוּי** אִינְטֶלֶקְטוּאָלִי.*

גירוש ז׳ גֵּרוּשׁ [גֵירוּשִׁים] — expulsion, deportation
יְצִיאָה לֹא מֵרָצוֹן מִמָּקוֹם מְסוּיָּם:
***גֵירוּשׁ** הַיְהוּדִים מִסְּפָרַד הָיָה בְּ-1492.*

גירושין ז"ר גֵּרוּשִׁין — divorce
מַצָּב שֶׁבּוֹ בַּעַל וְאִישָּׁה מַפְסִיקִים לִהְיוֹת נְשׂוּאִים זֶה לָזֶה:
*הוּא עָבַר לְתֵל-אָבִיב אַחֲרֵי **הַגֵירוּשִׁין** שֶׁלּוֹ מֵאִישְׁתּוֹ.*

גירסה (גירסא) נ׳ גִּרְסָה (גִּרְסָא) [גִירְסָאוֹת/גִירְסָאוֹת] — version
פֵּירוּשׁ לְטֶקְסְט, דֵּיעָה שׁוֹנָה לְמַשֶּׁהוּ שֶׁקָּרָה וְכוּ׳:
*לְפִי **הַגִירְסָה** שֶׁל הָעִיתּוֹן רֹאשׁ הַמֶּמְשָׁלָה לֹא הָיָה בַּפְּגִישָׁה.*

גירעון ז׳ גֵּרָעוֹן [גֵרְעוֹנוֹת] — deficit
חוֹסֶר כֶּסֶף בְּתַקְצִיב:
*בִּגְלַל הַהוֹצָאוֹת הַגְּדוֹלוֹת וְהַהַכְנָסוֹת הַקְּטַנּוֹת יֵשׁ **גֵירָעוֹן**.*

גירף פ׳ גֵּרֵף — sweeped, shoveled
אָסַף עֲשָׂבִים יְבֵשִׁים, אֲבָנִים קְטַנּוֹת וְכוּ׳ בְּמַכְשִׁיר מְיוּחָד לַעֲבוֹדָה בַּגִינָּה:
***גֵירַפְתִּי** סְבִיב שִׂיחֵי הַפְּרָחִים.*
לְגָרֵף אֶת- / ג.ר.ף, פִּיעֵל / גֵירַפְתִּי, מְגָרֵף, יְגָרֵף, גָּרֵף!

גירש פ׳ גֵּרֵש — drove out, expelled

סִילֵק, הִרחִיק:

*בַּעַל הַבַּיִת **גֵירֵשׁ אֶת** הַיְלָדִים מִן הֶחָצֵר.*

לְגָרֵשׁ אֶת- / ג.ר.ש, פִּיעֵל / גֵירַשְׁתִי, מְגָרֵשׁ, יְגָרֵשׁ, גָּרֵשׁ!

גישה נ׳ גִּישָׁה [גִישׁוֹת] — approach, attitude

יַחַס, הִתנַהֲגוּת:

*יֵשׁ לוֹ **גִישָׁה** מְיוּחֶדֶת לִילָדִים.*

גישוש ז׳ גִּשּׁוּשׁ [גִישׁוּשִׁים] — feeling your way, groping

חִיפּוּשׂ שֶׁל מַשֶׁהוּ עַל־יְדֵי נְגִיעָה:

*מָצָאתִי אֶת הַדֶּלֶת בַּחוֹשֶׁךְ עַל־יְדֵי **גִישׁוּשׁ**.*

כֶּלֶב גִישׁוּשׁ — bloodhound, police dog

גישר פ׳ גִּשֵּׁר — bridged

(בָּנָה גֶשֶׁר) קִישֵׁר בֵּין שְׁנֵי צְדָדִים:

*רָצִיתִי **לְגַשֵׁר** בֵּין הַדֵּיעָה שֶׁל דָוִיד לְבֵין הַדֵּיעָה שֶׁל רוּת.*

לְגַשֵׁר בֵּין- / ג.ש.ר, פִּיעֵל / גִישַׁרתִי, מְגַשֵׁר, יְגַשֵׁר, גַשֵׁר!

גישש פ׳ גִּשֵּׁשׁ — groped

חִיפֵּשׂ בַּיָדַיִים (בְּלִי לִראוֹת):

*הוּא **גִישֵׁשׁ** אֶת דַרכּוֹ, כִּי הָיָה חוֹשֶׁךְ.*

לְגַשֵׁשׁ אֶת- / ג.ש.ש, פִּיעֵל / גִישַׁשְׁתִי, מְגַשֵׁשׁ, יְגַשֵׁשׁ

גל ז׳ גַּל [גַלִים] — wave

1. מֵי יָם גבוֹהִים:

__גַלִים__ גבוֹהִים כִּיסוּ אֶת הָאִישׁ, שֶׁשָּׂחָה בַּיָם.

2. זֶרֶם חָזָק:

***גַל** חוֹם כָּבֵד הוּרגַשׁ הַשָּׁבוּעַ.*

גַלֵי־קוֹל/גַלֵי־אוֹר/גַלֵי־רַדיוֹ

גלאי ז׳ גַּלַּאי [גַלָאִים] — detector

מַכשִׁיר שֶׁמְגַלֶה אֵשׁ, עָשָׁן וְכוּ׳:

*לְפִי **הַגַלַאי** שֶׁל הַמִשׁטָרָה נָהַגתִי מַהֵר מִדַי.*

גלגל ז׳ גַּלְגַּל [גַלגַלִים] — wheel

גוּף עָגוֹל מִסתוֹבֵב:

לַמְכוֹנִית אַרבָּעָה גַלגַלִים.

גַלגַל הַמַזָלוֹת — zodiac

גלה פ׳ גָּלָה — went into exile

הָיָה צָרִיךְ לַעֲזוֹב אֶת הָאָרֶץ שֶׁלוֹ:

*הַיְהוּדִים **גָלוּ** מֵאֶרֶץ יִשׂרָאֵל לִפנֵי 2,000 שָׁנִים.*

לִגלוֹת מִ- / ג.ל.ה, פָּעַל / גָלִיתִי, גוֹלֶה, יִגלֶה, גלֵה!

גלוי ת׳ גָּלוּי — visible, apparent

1. רוֹאִים אוֹתוֹ:

*הַמִכתָב נִמצָא בְּמָקוֹם **גָלוּי**.*

2. יָדוּעַ, מְפוּרסָם: — known

*הַמַטָרָה שֶׁלוֹ **גלוּיָה** לְכוּלָם.*

בְּגָלוּי — openly

גלוּיָה, גלוּיִים, גלוּיוֹת

גלויה נ׳ גְּלוּיָה [גלוּיוֹת] — postcard

כַּרטִיס־דוֹאַר, מִכתָב קָצָר שֶׁשׁוֹלחִים בּלִי מַעֲטָפָה:

*בִּמקוֹם מִכתָב שָׁלַחתִי **גלוּיָה** עִם צִילוּם שֶׁל יְרוּשָׁלַיִם.*

גלולה נ׳ גְּלוּלָה [גלוּלוֹת] — pill

תרוּפָה (כּמוֹ כַּדוּר) שֶׁבּוֹלעִים:

*יֵשׁ לִי **גלוּלוֹת** נֶגֶד כְּאֵבִים.*

גלוּלַת שֵׁינָה — sleeping pill

גלוּלָה נֶגֶד הֵירָיוֹן — contraceptive pill

גלופה נ׳ גְּלוּפָה [גלוּפוֹת] — printing block

'קלִישֶׁה', לוּחַ, שֶׁיֵשׁ עָלָיו אוֹתִיוֹת, צִיוּרִים לְהַדפָּסָה:

***הַגלוּפוֹת** מוּכָנוֹת, אֶפשָׁר לְהַדפִּיס אֶת הָעִיתוֹן.*

גלות נ׳ גָּלוּת [גָלוּיוֹת] — exile

אֶרֶץ זָרָה, לְשָׁם מְגָרשִׁים מֵהַמוֹלֶדֶת:

*הַיְהוּדִים הָיוּ **בַּגָלוּת** אַלפַּיִים שָׁנָה.*

קִיבּוּץ גָלוּיוֹת - עֲלִיָיה שֶׁל יְהוּדִים מִכֹּל הָאֲרָצוֹת לְיִשׂרָאֵל — ingathering of the exiles

גלותי ת׳ גָּלוּתִי — ghetto-like

שֶׁל גָלוּת, כּמוֹ בַּגָלוּת:

*הַחֲסִידִים לוֹבשִׁים גַם בָּאָרֶץ בּגָדִים **גָלוּתִיִים**.*

גָלוּתִית, גָלוּתִיִים, גָלוּתִיוֹת

גלידה נ׳ גְּלִידָה [גלִידוֹת] — ice-cream

קֶרֶם קָפוּא בְּטעָמִים שׁוֹנִים:

*אֵיזוֹ **גלִידָה** אַתָה אוֹהֵב, וָנִיל אוֹ שׁוֹקוֹלָד?*

גליל ז׳ גָּלִיל [גלִילִים] — cylinder

עַמוּד עָגוֹל (צוּרָה גֵיאוֹמֶטרִית):

*לְצִינוֹר יֵשׁ צוּרָה שֶׁל **גָלִיל**.*

גלימה נ׳ גְּלִימָה [גלִימוֹת] — gown, robe

בֶּגֶד שֶׁלוֹבשִׁים מֵעַל הַבּגָדִים:

*הַשׁוֹפֵט בְּבֵית הַמִשׁפָּט לוֹבֵשׁ **גלִימָה** שחוֹרָה.*

גלישה נ׳ גְּלִישָׁה — skiing

1. הַחלָקָה עַל שֶׁלֶג:

*יָצָאנוּ **לִגלִישָׁה** בַּחֶרמוֹן.*

2. טִיסָה בָּאֲוִויר בְּמַכשִׁיר בּלִי מָנוֹעַ: — gliding

***הַגלִישָׁה** מֵהָרִים גבוֹהִים הִיא תַעֲנוּג.*

3. מַעֲבָר מֵעִניָין לְעִניָין: sidetracking
בִּגלַל הַגלִישׁוֹת שֶׁלוֹ מִן הַנוֹשֵׂא קָשֶׁה לִלמוֹד אֶצלוֹ.

גלמודת׳ גַּלְמוּד [גַלמוּדִים] lonely
בּוֹדֵד, מִי שֶׁאֵין לוֹ מִשׁפָּחָה וַחֲבֵרִים:
*כֹּל בְּנֵי מִשׁפַּחתוֹ מֵתוּ, וְהוּא נִשׁאַר **גַלמוּד**.*
גַלמוּדָה, גַלמוּדִים, גַלמוּדוֹת

גלעדז׳ גַּלְעֵד monument
אֶבֶן זִיכָּרוֹן לַאֲנָשִׁים שֶׁמֵתוּ:
*בַּמָקוֹם שֶׁהָיְיתָה מִלחָמָה, הֵקִימוּ **גַלעֵד** לַחַיָילִים שֶׁנֶהֶרגוּ.*

גלעיןז׳ גַּלְעִין [גַלעִינִים] pit
הַחֵלֶק הַקָשֶׁה בְּמֶרכַּז הַפְּרִי, גַרעִין:
*שַׂמתִי אֶת **הַגַלעִין** שֶׁל הַזַיִת בָּאֲדָמָה, כְּדֵי שֶׁיִצמַח עֵץ.*

גלשפ׳ גָּלַשׁ glided, slided
1. יָרַד, הֶחֱלִיק לְמַטָה:
*הוּא **גָלַשׁ** מִן הָהָר. / הֵם **גוֹלשִׁים** עַל הַגַלִים בַּיָם.*
2. יָצָא מִתוֹך כּלִי, כִּי לֹא הָיָה לוֹ מָקוֹם: boiled over
*הֶחָלָב הָרוֹתֵחַ **גָלַשׁ** מִן הַסִיר.*
לִגלוֹשׁ מִ- / ג.ל.שׁ, פָּעַל / גָלַשׁתִי, גוֹלֵשׁ, יִגלוֹשׁ, גלוֹשׁ!

גלשןז׳ גַּלְשָׁן [גַלשָׁנִים] skier, surfer
1. מוּמחֶה בִּגלִישָׁה, יוֹרֵד עַל שֶׁלֶג, עַל גַלִים בַּיָם וְכוּ׳:
*הוּא נִיצַח בְּתַחֲרוּת **גַלשָׁנִים** עַל שֶׁלֶג.*
2. הַמַכשִׁיר שֶׁגוֹלשִׁים בּוֹ: surf-board
*יָצָאנוּ לַיָם עִם **הַגַלשָׁן**.*

גםמ״ק גַּם also
עוֹד, בְּנוֹסָף לְכָך:
*אָכַלתִי **וְגַם** שָׁתִיתִי, לִפנֵי שֶׁבָּאתִי.*
גַם כֵּןמ״ק – also, as well
גַם [בָּא בְּסוֹף הַמִשׁפָּט]:
*דָוִיד הָלַך בָּרֶגֶל, דָן יֵלֵך **גַם כֵּן**.*

גמדז׳ גַּמָּד [גַמָדִים] dwarf
בֶּן אָדָם נָמוּך מְאוֹד:
*יְלָדִים אוֹהֲבִים סִיפּוּרִים עַל **גַמָדִים**.*

גמולז׳ גְּמוּל [גמוּלִים] reward
1. תַשׁלוּם (לֹא רַק בְּכֶסֶף) עַל מַשֶׁהוּ:
***הַגמוּל** עַל מַעֲשֶׂה טוֹב הוּא הַרגָשָׁה טוֹבָה.*
2. כֶּסֶף שֶׁמְקַבּלִים בְּעַד תַפקִיד מְיוּחָד, הַשׂכָּלָה וְכוּ׳: benefit
*קִיבַּלתִי **גמוּל** מְיוּחָד עַל הָעֲבוֹדָה הַקָשָׁה.*

גמורת׳ גָּמוּר finished/ completed (adj.)
1. עָשׂוּי עַד הַסוֹף, מוּשׁלָם:
*הַבַּיִת שֶׁקָנִיתִי עֲדַיִין לֹא **גָמוּר**.*
2. מוּחלָט, אַבּסוֹלוּטִי: absolute, complete
*הָיָה שֶׁקֶט **גָמוּר** בַּחֶדֶר בִּזמַן הַבּחִינָה.*
גמוּרָה, גמוּרִים, גמוּרוֹת

גמילהנ׳ גְּמִילָה weaning, 'kicking the habit'
הַפסָקָה שֶׁל מַשֶׁהוּ, שֶׁקָשֶׁה לְהַפסִיק אוֹתוֹ:
***הַגמִילָה** מִסַמִים וּמֵעִישׁוּן סִיגַריוֹת קָשָׁה מְאוֹד.*
*הַתִינוֹק בְּגִיל **גמִילָה**.*

גמילות חסדפ׳ גְּמִילוּת חֶסֶד charity
עֲשִׂיָיה שֶׁל טוֹבוֹת לְמִישֶׁהוּ:
*הוּא עוֹזֵר לִזקֵנִים וּלְחוֹלִים וְיָדוּעַ בְּמַעֲשִׂים שֶׁל **גמִילוּת חֲסָדִים**.*

גמישת׳ גָּמִישׁ flexible
אֶלַסטִי, נִמתָח וְחוֹזֵר לַמַצָב הַקוֹדֵם:
*הַחֲגוֹרָה הַזֹאת **גמִישָׁה**, כִּי הִיא מִגוּמִי.*
*בְּיַחֲסִים עִם אֲנָשִׁים צָרִיך לִהיוֹת **גמִישִׁים**.*
גמִישָׁה, גמִישִׁים, גמִישׁוֹת

גמישותנ׳ גְּמִישׁוּת elasticity, flexibility
אֶלַסטִיוּת, כּשֶׁמַשֶׁהוּ נַעֲשֶׂה גָדוֹל וְחוֹזֵר לַמַצָב הַקוֹדֵם:
***הַגמִישׁוּת** שֶׁל הַגוּף חֲשׁוּבָה לַבּרִיאוּת. / בְּיַחֲסִים עִם אֲנָשִׁים אִי אֶפשָׁר בּלִי **גמִישׁוּת**.*

גמלז׳ גָּמָל [גמַלִים] camel
בַּעַל־חַיִים, חַי בַּמִדבָּר:
*הַבֶּדוּאִי רָכַב עַל **הַגָמָל**.*

גמלפ׳ גָּמַל rewarded
1. שִׁילֵם (לֹא רַק בְּכֶסֶף) עַל מַשֶׁהוּ:
***גָמַלתִי** לוֹ עַל הָעֶזרָה שֶׁלוֹ.*
2. גָרַם לְמִישֶׁהוּ לְהַפסִיק (עִישׁוּן, סַמִים וְכוּ׳): weaned, caused someone to 'kick the habit'
*הַמוֹסָד הַזֶה **גָמַל** אוֹתִי מֵעִישׁוּן סַמִים קָשִׁים.*
לִגמוֹל לְ-, אֶת-, מִ- / ג.מ.ל, פָּעַל / גָמַלתִי, גוֹמֵל, יִגמוֹל

גמעפ׳ גָּמַע swallowed (liquid)
בָּלַע נוֹזלִים:
***גָמַעתִי** לְאַט אֶת הַמַיִם מִן הַבַּקבּוּק.*
לִגמוֹעַ אֶת- / ג.מ.ע, פָּעַל / גָמַעתִי, גוֹמֵעַ, אֶגמַע, גמַע!

גמרפ׳ גָּמַר finished, completed
סִיֵים, הֵבִיא לְסוֹף:
*דָוִיד **גָמַר אֶת** הָעֲבוֹדָה אַחֲרֵי הַצָהֳרַיִים.*
לִגמוֹר אֶת- / ג.מ.ר, פָּעַל / גָמַרתִי, גוֹמֵר, אֶגמוֹר, גמוֹר!

גמרז, גְּמָר/גֶּמֶר end, completion
סוֹף, סִיוּם:
בְּחִינַת הַגְּמָר הָיְיתָה קָשָׁה. בִּגְמַר הַקּוּרס נַעֲרוֹךְ מְסִיבָּה.
גמר חֲתִימָה טוֹבָה greeting used between Rosh Hashana and Yom Kippur

גמרא/גמרהנ, גְּמָרָא/גְּמָרָה the Talmud
תַּלמוּד, הַסִּפרוּת הַיְהוּדִית שֶׁנִכתְבָה אַחֲרֵי הַתַּנַ"ךְ וְעַד שְׁנַת 500:
יְהוּדִי דָתִי לוֹמֵד כֹּל חַיָיו דַפִּים מִן הַגְּמָרָא.

ג"נ Dear Madam
ר"ת: גְבֶרֶת נִכבָּדָה

גןז, גַּן [גַּנִים] garden, park
גִינָה, פַּארק:
לְיַד הַבַּיִת יֵשׁ גַּן וּבוֹ דֶשֶׁא, עֵצִים וּפְרָחִים.
גַּן-עֵדֶן paradise
גַּן-יְלָדִים kindergarten
גַּן-חַיוֹת zoo

גנאיז, גְּנַאי notoriety, shame
מַשֶׁהוּ שֶׁצָרִיךְ לְהִתבַּיֵישׁ בּוֹ, שלילי:
'חֲמוֹר', 'אִידיוֹט' הֵן מִילוֹת גְּנַאי.
לִגנַאי - לְרָעָה: infamous
דָוִיד יָדוּעַ לִגנַאי בִּגלַל הַשְׁקָרִים שֶׁלוֹ.

גנבפ, גָּנַב stole
לָקַח בלִי רְשוּת דבָרִים שֶׁאֵינָם שֶׁלוֹ:
הַבָּחוּר נִכנַס לַבַּיִת בַּלַילָה וְגָנַב כֵּלִים יְקָרִים.
גָּנַב אֶת הַהַצָגָה - שַׂחקָן לֹא רָאשִׁי, שֶׁשִּׂיחֵק טוֹב מְאוֹד
לִגנוֹב אֶת- / ג.נ.ב, פָּעַל / גָּנַבתִי, גוֹנֵב, אֶגנוֹב, יִגנוֹב, גנוֹב!

גנבז, גַּנָּב [גַּנָבִים] thief
לוֹקֵחַ דבָרִים שֶׁל אֲחֵרִים בּלִי רְשוּת:
הַשּׁוֹטֵר תָּפַס אֶת הַגַּנָב, שֶׁלָקַח אֶת הַכֶּסֶף.
גַּנֶבֶת, גַּנָבוֹת

גנדרןת, גַּנדְרָן dandy, fop
מִי שֶׁאוֹהֵב לִלבּוֹשׁ בּגָדִים יָפִים, טַבָּעוֹת, עֲגִילִים וְכוּ':
הוּא גַּנדְרָן גָדוֹל - כֹּל יוֹם יֵשׁ לוֹ בֶּגֶד חָדָשׁ.
גַנדְרָנִית, גַנדְרָנִים, גַנדְרָנִיוֹת

גנדרנותנ, גַּנדְרָנוּת coquetry, vanity
נְטִיָיה לַעֲשׂוֹת הַרבֵּה בִּשבִיל הַיוֹפִי:
הִיא לוֹבֶשֶׁת פַּרווָה מִתוֹךְ גַּנדְרָנוּת.

גנובת, גָּנוּב stolen
1. גָנבוּ אוֹתוֹ, לָקחוּ אוֹתוֹ בּלִי רְשוּת:
הַסֵּפֶר הַזֶה גָּנוּב מֵהַספרִיָיה.
2. (לְשוֹן דִיבּוּר) **גָּנוּב עַל** - אוֹהֵב מְאוֹד: likes a lot
אֲנִי גָּנוּב עַל רוּת.
גנוּבָה, גנוּבִים, גנוּבוֹת

גנוזת, גָּנוּז concealed/ kept in archives (adj.)
הִסתִירוּ אוֹתוֹ, שָׂמוּ בְּמָקוֹם שָׁמוּר מְאוֹד:
הַסְּפָרִים הָעַתִיקִים גְּנוּזִים בַּמוּזֵיאוֹן.
גנוּזָה, גנוּזִים, גנוּזוֹת

גנוןז, גַּנוֹן [גַנוֹנִים] nursery school
גַן יְלָדִים בְּגִיל שֶׁל שָׁנָה עַד 3 שָׁנִים:
הַיֶלֶד הַקָּטָן שֶׁלִי הוֹלֵךְ כֹּל בּוֹקֶר לַגַּנוֹן.

גנזפ, גָּנַז concealed, kept in archives
הִסתִיר, שָׂם בְּמָקוֹם שָׁמוּר:
הֵם גָּנזוּ אֶת הַתְעוּדוֹת הַחֲשׁוּבוֹת.
לִגנוֹז אֶת- / ג.נ.ז, פָּעַל / גָּנַזתִי, גוֹנֵז, יִגנוֹז, גנוֹז!

גנחפ, גָּנַח moaned
הִשמִיעַ קוֹל אֲנָחָה:
הוּא פֶּסִימִיסט - כֹּל הַיוֹם גּוֹנֵחַ וְאוֹמֵר, שֶׁיִהיֶה רַע.
לִגנוֹחַ / ג.נ.ח, פָּעַל / גָּנַחתִי, גוֹנֵחַ, יִגנַח, גנַח!

גניבהנ, גְּנֵבָה [גְנֵיבוֹת] theft, robbery
לְקִיחַת דבָרִים בּלִי רְשוּת:
בַּזמַן הָאַחֲרוֹן הָיוּ גְּנֵיבוֹת בַּבִּניָין שֶׁלָנוּ.

גניזהנ, גְּנִיזָה [גְנִיזוֹת] archives
מָקוֹם שֶׁשּׁוֹמרִים בּוֹ ספָרִים (אוֹ תְעוּדוֹת וְכוּ'):
דוֹקוּמֶנטִים חֲשׁוּבִים מוּסָרִים לִגנִיזָה.

גנןז, גַּנָּן [גַנָנִים] gardener
אִישׁ שֶׁעוֹבֵד בַּגִינָה:
הַגַּנָן שָׁתַל פְּרָחִים.

גננתנ, גַּנֶּנֶת [גַנָנוֹת] kindergarten teacher
מוֹרָה לִילָדִים בְּגִיל צָעִיר (2-6 שָׁנִים), עוֹבֶדֶת בְּגַן יְלָדִים:
הַגַּנֶנֶת לִימדָה אֶת הַיְלָדִים שִׁירִים וּמִשׂחָקִים.

גסת, גַּס rude, vulgar
1. לֹא עָדִין, לֹא מְנוּמָס:
הוּא דִיבֵּר בְּחוּצפָּה וְהִשׁתַמֵשׁ בְּמִילִים גַּסוֹת.
2. עָבֶה, גָדוֹל: rough, coarse
הוּא לָבַשׁ מְעִיל מִבַּד גַּס.

שֶקֶר גַס/צִיוּר בְּקַווִים גַסִים/גַס־רוּחַ (ווּלגָרִי)
גַסָה, גַסִים, גַסוֹת

גסותנ׳ גַסוּת — rudeness, vulgarity
ווּלגָרִיוּת, חוֹסֶר עֲדִינוּת:
הַגַסוּת שֶלוֹ מַרחִיקָה מִמֶנוּ אֶת הָאֲנָשִים.
גסות־רוּחַ - ווּלגָרִיוּת.
גסוּיוֹת (בִּלשוֹן הַדִיבּוּר) מִילִים לֹא יָפוֹת

גסיסהנ׳ גְסִיסָה [גְסִיסוֹת] — dying
הָרְגָעִים הָאַחֲרוֹנִים לִפנֵי הַמָוֶות:
הַגְסִיסָה שֶלוֹ נִמשְכָה זמַן רַב.

גסספ׳ גָסַס — was dying
הָיָה קָרוֹב מְאוֹד לַמָוֶות:
הַפָּצוּעַ גָסַס וָמֵת.
לִגסוֹס / ג.ס.ס, פָּעַל / גָסַסתִי, גוֹסֵס, יִגסוֹס, גסוֹס!

געגועיםז״ר גַעֲגוּעִים — longings
רָצוֹן לִראוֹת מִישֶהוּ וְלִהיוֹת אִיתוֹ:
אֲנִי מַרגִיש גַעֲגוּעִים לַמִשפָּחָה שֶלִי וְלַחֲבֵרִים, שֶלֹא פָּגַשתִי מִזמַן.

גערפ׳ גָעַר — scolded, reproached
כָּעַס עַל מִישֶהוּ בְּקוֹל:
הוּא גָעַר בַּיֶלֶד, שֶשָבַר חַלוֹן.
לִגעוֹר בְּ- / ג.ע.ר, פָּעַל / גָעַרתִי, גוֹעֵר, יִגעַר, געַר!

גערהנ׳ גְעָרָה [גְעָרוֹת] — scolding
דְבָרִים שֶל כַּעַס:
הַגְעָרָה שֶל הַמוֹרֶה הִרגִיזָה אוֹתִי.

געשז׳ גַּעַש — volcano
סְעָרָה, רַעַש, **הַר גַעַש** - הַר ווּלקָנִי:
הֶווֶזוּב הוּא הַר גַעַש יָדוּעַ בְּאִיטַליָה.

גפייםז״ז גַּפַּיִם — limbs
(מֵהַמִילָה גַף) הַיָדַיִים וְהָרַגלַיִים:
הַגַפַּיִים כּוֹאֲבוֹת לִי מֵהָרִיצָה.
בְּגַפּוֹ — by himself

גפןנ׳ גֶּפֶן [גפָנִים] — vine
הַצֶמַח שֶל הָעֲנָבִים:
מִפְּרִי הַגֶפֶן עוֹשִׂים יַיִן.
צֶמֶר גֶפֶן — cotton (wool)

גפרורז׳ גַפרוּר [גַפרוּרִים] — matchstick
מַקֵל דַק עִם חוֹמֶר מְיוּחָד לְהַדלָקַת אֵש:
יֵש לְךָ גַפרוּר? אֲנִי רוֹצֶה לְעַשֵן.

גרפ׳ גָר — lived, resided
חַי בְּמָקוֹם מְסוּיָם:
הַיוֹם אֲנִי גָר בְּתֵל־אָבִיב, בֶּעָבָר גַרתִי בִּירוּשָלַיִם.
לָגוּר בְּ-, עִם- / ג.ו.ר, פָּעַל / גַרתִי, גָר, אָגוּר, יָגוּר, גוּר!

גרז׳ גֵר [גֵרִים] — convert to Judaism
זָר, מִי שֶנַעֲשָׂה יְהוּדִי, הִתגַייֵר:
הַגֵר לָמַד עַל הַיַהֲדוּת אֵצֶל הָרַב.

גרבפ׳ גָרַב — put on socks/stockings
לָבַש גַרבַּיִים:
הוּא גָרַב אֶת הַגַרבַּיִים הַחֲדָשִים.
לִגרוֹב אֶת- / ג.ר.ב, פָּעַל / גָרַבוּ, יִגרוֹב, גרוֹב!

גרבז׳ גֶּרֶב [גַרבַּיִים] — sock, stocking
כִּיסוּי לָרַגלַיִים (מִצֶמֶר, נַיילוֹן, כּוּתנָה):
הַגֶרֶב הַשָחוֹר נִקרַע, אֲנִי צָרִיך גַרבַּיִים חֲדָשִים.
זוּג גַרבֵּי־צֶמֶר

גרגרז׳ גַרגֵר [גַרגְרִים]
1. פְּרִי קָטָן מְאוֹד: — grain
גַרגְרֵי הָעֲנָבִים הִתפַּזרוּ בְּכָל מָקוֹם.
2. חֵלֶק קָטָן מְאוֹד, פֵּירוּר: — granule
הָרַגלַיִים מְכוּסוֹת גַרגְרֵי חוֹל מִן הַיָם.

גרדוםז׳ גַרדוֹם [גַרדוּמִים] — gallows
הַמָקוֹם שֶמְבַצעִים עוֹנֶש מָוֶות:
הֶעֱלוּ אֶת הַפּוֹשֵעַ לַגַרדוֹם וְתָלוּ אוֹתוֹ.
עָלָה לַגַרדוֹם — was executed

גרוטאהנ׳ גְרוּטָאָה [גרוּטָאוֹת] — junk
מַשֶהוּ יָשָן, שָבוּר וְכוּ':
אֲנָשִים זוֹרקִים לֶחָצֵר אֶת הַגרוּטָאוֹת שֶלָהֶם.

גרוןז׳ גָרוֹן [גרוֹנוֹת] — throat
הַחֵלֶק הַקִדמִי שֶל הַצַוָואר:
כּוֹאֵב לִי הַגָרוֹן, אֲנִי לֹא יָכוֹל לְדַבֵּר אוֹ לֶאֱכוֹל.

גרונית׳ גְרוֹנִי — guttural
יוֹצֵא מִן הַגָרוֹן:
הָאוֹתִיוֹת ח'/ע' הָיוּ פַּעַם אוֹתִיוֹת גרוֹנִיוֹת.
גרוֹנִית, גרוֹנִיים, גרוֹנִיוֹת

גרועת׳ גָרוּעַ — very bad
רַע מְאוֹד:
הַמַצָב גָרוּעַ - אֵין לִי כֶּסֶף, וְאֵין לִי עֲבוֹדָה.
גרוּעָה, גרוּעִים, גרוּעוֹת

גרורה נ׳ גְּרוּרָה [גרורות] satellite (state)
מְדִינָה הַתְּלוּיָה בִּמְדִינָה אַחֶרֶת - חֲזָקָה מִמֶּנָּה:
*פּוֹלִין הָיְתָה **גְּרוּרָה** שֶׁל בְּרִית הַמּוֹעָצוֹת.*

גרוש ת׳ גָּרוּשׁ divorced (adj.)
לֹא חַי עִם אִישְׁתּוֹ:
*דָּן **גָּרוּשׁ**, הוּא רוֹצֶה לְהִתְחַתֵּן פַּעַם שְׁנִיָּה.*
גרוּשָׁה, גרוּשִׁים, גרוּשׁוֹת

גרזן ז׳ גַּרְזֶן [גַרזִינִים] ax
מַכְשִׁיר לַחְתּוֹךְ בּוֹ עֵצִים:
*חָתַכְנוּ אֶת הָעֵצִים **בְּגַרְזֶן**.*

גרידה נ׳ גְּרִידָה [גְרִידוֹת] abortion
פְּעוּלָה כִּירוּרְגִית לְהַפְסָקַת הֵירָיוֹן:
*עָשׂוּ לָהּ **גְּרִידָה** בִּגְלַל מַצָּבָהּ הַבְּרִיאוּתִי.*

גריל ז׳ גְּרִיל grilled meat
1. (מִילָּה לֹא עִבְרִית) בָּשָׂר שֶׁשָּׂמִים עַל רֶשֶׁת וּמְבַשְּׁלִים עַל הָאֵשׁ:
*בַּצָּהֳרַיִים אָכַלְתִּי בְּשַׂר **גְּרִיל** וְסָלָט.*
2. כְּלִי לְבִישּׁוּל בָּשָׂר עַל אֵשׁ: grill
*בַּטִּיּוּל בִּישַּׁלְנוּ בָּשָׂר עַל **גְּרִיל**.*

גרימה נ׳ גְּרִימָה causing
כְּשֶׁעוֹשִׂים שֶׁיִּקְרֶה מַשֶּׁהוּ:
*בְּמִקְרֶה שֶׁל **גְּרִימַת** נֶזֶק לַמְּכוֹנִית מְשַׁלֶּמֶת חֶבְרַת הַבִּיטּוּחַ.*

גרירה נ׳ גְּרִירָה towing
כְּשֶׁמּוֹשְׁכִים (מַשֶּׁהוּ אוֹ מִישֶׁהוּ) מִמָּקוֹם לְמָקוֹם:
*הַ**גְּרִירָה** שֶׁל הַמְּכוֹנִית עָלְתָה הַרְבֵּה כֶּסֶף.*

גרם פ׳ גָּרַם caused
הָיָה סִיבָּה לְמַשֶּׁהוּ:
*הָרַעַשׁ **גָּרַם לִי** כְּאֵב־רֹאשׁ.*
גרם לְ- / ג.ר.ם, פָּעַל / גָּרַמְתִּי, גּוֹרֵם, יִגְרוֹם, גְּרוֹם!

גרס פ׳ גָּרַס ground (grind)
1. טָחַן, עָשָׂה פֵּירוּרִים:
*הַמְּכוֹנָה **גּוֹרֶסֶת** אֲבָנִים לְחוֹל.*
2. חָשַׁב, הָיְתָה לוֹ דֵּיעָה: maintained (an opinion)
*אֲנִי **גּוֹרֵס** אַחֶרֶת.*
לִגְרוֹס אֶת- / ג.ר.ס, פָּעַל / גָּרַסְתִּי, גּוֹרֵס, יִגְרוֹס, גְּרוֹס!

גרע פ׳ גָּרַע reduced
עָשָׂה שֶׁיִּהְיֶה פָּחוֹת:
*הוּא **גָּרַע** 5 מ־10 וְקִיבֵּל 5.*
כּוֹל הַמּוֹסִיף גּוֹרֵעַ too much is too little
לֹא גָּרַע עַיִן didn't take his eye off...
לִגְרוֹעַ אֶת- / ג.ר.ע, פָּעַל / גָּרַעְתִּי, גּוֹרֵעַ, יִגְרַע

גרעין ז׳ גַּרְעִין [גַרְעִינִים] kernel
1. חֵלֶק בַּפְּרִי, שֶׁמִּמֶּנּוּ גָּדֵל צֶמַח חָדָשׁ:
*מִן **הַגַּרְעִין** הַקָּטָן צָמַח עֵץ.*
*בְּיִשְׂרָאֵל אוֹהֲבִים לֶאֱכוֹל **גַּרְעִינִים** שְׁחוֹרִים וּלְבָנִים.*
2. חֵלֶק קָטָן, מֶרְכָּזִי בָּאָטוֹם אוֹ בְּתָא: nucleus
*הַפִיסִיקַאי חָקַר אֶת **גַּרְעִין** הָאָטוֹם.*
3. מַשֶּׁהוּ: grain
*יֵשׁ בִּדְבָרָיו **גַּרְעִין** שֶׁל אֱמֶת.*

גרעיני ת׳ גַּרְעִינִי nuclear
הַחֵלֶק הַקָּטָן בְּיוֹתֵר.
פִיסִיקָה גַּרְעִינִית - הַפִיסִיקָה שֶׁל הָאָטוֹם:
*הוּא פְּרוֹפֶסוֹר לְ**פִיסִיקָה גַּרְעִינִית**.*
נִיסּוּיִים גַּרְעִינִיִּים - כְּשֶׁמְּנַסִּים אֶת הַפְצָצוֹת הָאָטוֹמִיּוֹת
גַּרְעִינִית, גַּרְעִינִיִּים, גַּרְעִינִיּוֹת

גרף פ׳ גָּרַף swept away
1. אָסַף, לָקַח בְּכוֹחַ:
*הַגֶּשֶׁם **גָּרַף** כֹּל מַה שֶּׁהָיָה בַּדֶּרֶךְ.*
2. טִיאטֵא בְּמַגְרֵפָה (מַכְשִׁיר לַגִּינָּה): raked
*הוּא **גָּרַף** אֶת הֶעָלִים מִן הַדֶּרֶךְ.*
לִגְרוֹף אֶת- / ג.ר.ף, פָּעַל / גָּרְפוּ, גּוֹרֵף, יִגְרוֹף, גְּרוֹף!

גרר פ׳ גָּרַר dragged, towed
מָשַׁךְ, סָחַב אַחֲרָיו:
*הַיֶּלֶד **גָּרַר** אֶת הַמְּכוֹנִית הַקְּטַנָּה עַל הָרִצְפָּה. / הוּא **גָּרַר** אוֹתָהּ לְשִׁימּוּשׁ בְּסַמִּים.*
לִגְרוֹר אֶת- / ג.ר.ר, פָּעַל / גָּרַרְתִּי, גּוֹרֵר, יִגְרוֹר, גְּרוֹר!

גרר ז׳ גְּרָר tow truck
מַשֶּׁהוּ, שֶׁקָּשׁוּר בִּגְרִירָה, גַּם תּוֹסֶפֶת שֶׁנִּגְרֶרֶת:
*מְכוֹנִית **הַגְּרָר** הֵבִיאָה אֶת הַמְּכוֹנִית הַמְקוּלְקֶלֶת לַמּוּסָךְ.*

גרש ז׳ גֶּרֶשׁ apostrophe
הַסִּימָן ׳ מֵעַל אוֹת, מְסַמֵּן קִיצוּר שֶׁל מִילָּה:
*בְּעמ׳, **הַגֶּרֶשׁ** מֵעַל הַמֵּם מְסַמֵּן שֶׁזֶּה קִיצוּר הַמִּילָּה ׳עַמּוּד׳.*
גֵּירְשַׁיִים quotation marks, mark used to denote an abbreviation
הַסִּימָן ״ מֵעַל הָאוֹתִיּוֹת:
הַגֵּירְשַׁיִים בַּמִּילָּה ע״י מְסַמְּנִים קִיצוּר שֶׁל ׳עַל־יְדֵי׳.

גשום ת׳ גָּשׁוּם rainy
יוֹרְדִים בּוֹ גְּשָׁמִים רַבִּים:
*הַגָּלִיל הוּא הָאֵיזוֹר **הַגָּשׁוּם** בְּיוֹתֵר בְּיִשְׂרָאֵל.*
גשׁוּמָה, גשׁוּמִים, גשׁוּמוֹת

גשם,ז' גֶּשֶׁם [גְּשָׁמִים] rain
טִיפּוֹת מַיִם הַיוֹרדוֹת מִן הַשָּׁמַיִם:
*הַיוֹם יָרַד **גֶּשֶׁם** חָזָק, לָכֵן לָקַחְתִּי מִטרִיָיה.*
גִשמֵי־בְּרָכָה/גִשמֵי־זַעַף - גֶּשֶׁם חָזָק מְאוֹד

גשמית' גַּשְׁמִי worldly
פִיסִי, הַשַּׁיָיך לַגוּף, לְמַשֶּׁהוּ חוֹמרָנִי:
*יֵשׁ צְרָכִים **גַשמִיִים**, כּמוֹ אוֹכֶל, וְיֵשׁ צְרָכִים רוּחָנִיִים, כּמוֹ סְפָרִים.*
גַשמִית, גַשמִיִים, גַשמִיוֹת

גשמיותנ' גַּשְׁמִיּוּת worldliness
פִיסִיוּת, הַשַּׁיָיך לַגוּף, לָעוֹלָם הַחוֹמרִי:
*הוּא בּוֹרֵחַ מִכֹּל מַה שֶׁיֵשׁ בּוֹ **גַשמִיוּת** אֶל הָעוֹלָם הָרוּחָנִי.*
הִתפַּשטוּת הַגַשמִיוּת ecstasy, trance

גשר,ז' גֶּשֶׁר [גְּשָׁרִים] bridge
מִבנֶה מֵעַל נָהָר אוֹ כּבִישׁ, מְשַמֵשׁ לְמַעֲבָר מִצַד לְצַד:
*עָבַרנוּ עַל **הַגֶּשֶׁר** לַצַד הַשֵׁנִי שֶׁל הַנָהָר.*

גשש ז' גַּשָּׁשׁ [גַּשָּׁשִׁים] scout
מוּמחֶה לִמצוֹא סִימָנִים שֶׁל בְּנֵי אָדָם אוֹ חַיוֹת, שֶׁהָיוּ בַּמָקוֹם:
הַגַשָּׁשׁ מָצָא אֶת הַגַנָב לְפִי סִימָנֵי הַנַעֲלַיִים בַּחוֹל.

ד

ד 4th letter of Heb. alphabet
דָּלֶת, הָאוֹת הָרְבִיעִית בָּאָלֶפְבֵּית הָעִבְרִי. מְסַמֶּנֶת אֶת שֵׁם הַמִּסְפָּר 4, רְבִיעִי/רְבִיעִית:
יוֹם ד' - יוֹם רְבִיעִי, כִּיתָּה ד' - הַכִּיתָּה הָרְבִיעִית
ד' עַל ד' - שֶׁטַח קָטָן: very small area
*יֵשׁ לִי חֶדֶר **ד' עַל ד'**, אֵין בּוֹ מָקוֹם.*

דאמ"ג דָּא this
(בַּאֲרָמִית) זֹאת, זוֹ:
עַל דָּא וְעַל הָא - עַל כֹּל מִינֵי דְּבָרִים: about this and that
*דִּיבַּרְנוּ עַל **דָּא וְעַל הָא**.*

דאבהנ' דְּאָבָה sorrow, pain
כְּאֵב, צַעַר, דְּאָגָה:
***לְדַאֲבַת לִיבִּי**, לִיבְּךָ... ב' - לְצַעֲרִי, לְצַעַרְךָ:*
לְדַאֲבַת לִיבָּם, בְּנָם לֹא רוֹצֶה לִלְמוֹד.

דאבוןז' דַּאֲבוֹן sorrow, regret
כְּאֵב, צַעַר:
***לְדַאֲבוֹנִי**, לֹא יָכוֹלְתִּי לָבוֹא לְהַרְצָאָה שֶׁלְּךָ.*
***לְדַאֲבוֹנִי**ת"פ* unfortunately, to my regret

דאגפ' דָּאַג worried
1. פָּחַד מִפְּנֵי מַשֶּׁהוּ רַע:
*אִימָּא **דָּאֲגָה** לַיְלָדִים, שֶׁהָלְכוּ לִשְׂפַת הַיָּם.*
2. לְטַפֵּל בְּ...: cared for
*מִשְׂרַד הַקְּלִיטָה **דּוֹאֵג** לָעוֹלִים הַחֲדָשִׁים.*
לִדְאוֹג לְ- / ד.א.ג, פָּעַל / דָּאַגְתִּי, דּוֹאֵג, אֶדְאַג, יִדְאַג

דאגהנ' דְּאָגָה [דְּאָגוֹת] worry
פַּחַד שֶׁיִּקְרֶה מַשֶּׁהוּ רַע:
*כְּשֶׁאֵין עֲבוֹדָה, יֵשׁ **דְּאָגָה** בַּלֵּב.*
אַל דְּאָגָה! Don't worry!

דאגנית' דַּאֲגָנִי worrier
שֶׁדּוֹאֵג הַרְבֵּה, פּוֹחֵד שֶׁיִּקְרֶה מַשֶּׁהוּ רַע:
*אִימָּא שֶׁלִּי **דַּאֲגָנִית** גְּדוֹלָה.*
דַּאֲגָנִית, דַּאֲגָנִיִּים, דַּאֲגָנִיּוֹת

דאהפ' דָּאָה soared
עָף בַּשָּׁמַיִם, הָיָה בָּאֲוִויר:
*הַצִּיפּוֹרִים **דּוֹאוֹת**.*
לִדְאוֹת / ד.א.ה, פָּעַל / דָּאִיתִי, דּוֹאֶה, יִדְאֶה, דְּאֵה!

דאוןז' דָּאוֹן [דָּאוֹנִים] glider
מָטוֹס בְּלִי מָנוֹעַ:
*בָּנִיתִי **דָּאוֹן**, וְהֶטַסְתִּי אוֹתוֹ.*

דאייהנ' דְּאִיָּה soaring, gliding
כְּשֶׁנִּמְצָאִים בָּאֲוִויר בְּלִי מָנוֹעַ:
***בִּדְאִיָּה** מַרְגִּישִׁים כְּמוֹ צִיפּוֹר.*

דבוקת' דָּבוּק stuck (together)/glued (adj.)
מְחוּבָּר, נִמְצָא קָרוֹב מְאוֹד:
*הַחוּלְצָה **דְּבוּקָה** לַגּוּף בִּגְלַל הַזֵּיעָה.*
דְּבוּקָה, דְּבוּקִים, דְּבוּקוֹת

דבורהנ' דְּבוֹרָה [דְּבוֹרִים] bee
מִי שֶׁמְּיַיצֶּרֶת דְּבַשׁ מִמִּיץ שֶׁל פְּרָחִים:
***הַדְּבוֹרִים** חַיּוֹת בְּחֶבְרָה. בְּכָל חֶבְרָה יֵשׁ מַלְכָּה וְהַרְבֵּה פּוֹעֲלוֹת שֶׁמְּיַיצְּרוֹת דְּבַשׁ.*

דביקת' דָּבִיק sticky
נִדְבָּק, שֶׁיָּכוֹל לְהִתְחַבֵּר לְחוֹמֶר אַחֵר:
*בַּצַּד הַשֵּׁנִי שֶׁל הַבּוּל יֵשׁ חוֹמֶר **דָּבִיק**.*
דְּבִיקָה, דְּבִיקִים, דְּבִיקוֹת

דביקותנ' דְּבֵקוּת clinging, devotion
1. הִתְחַבְּרוּת חֲזָקָה:
***הַדְּבֵיקוּת** בְּאִידֵיאָה הַצִּיּוֹנִית הֵבִיאָה אוֹתִי לְיִשְׂרָאֵל.*
2. לַעֲשׂוֹת מַשֶּׁהוּ מִתּוֹךְ כַּוָּונָה: zeal
*הוּא מִתְפַּלֵּל **בִּדְבֵיקוּת**.*

דבקפ' דָּבַק clung (to cling)
הִתְחַבֵּר בְּכוֹחַ לְמַשֶּׁהוּ (אוֹ מִישֶׁהוּ):
*הַיֶּלֶד שִׂיחֵק בֶּחָצֵר **וְדָבַק** בּוֹ חוֹל. / הוּא **דָּבַק** בַּדָּת.*
דָּבַק בַּמַּטָּרָה - עָשָׂה הַכּוֹל לְמַעַן הַמַּטָּרָה
לִדְבּוֹק בְּ- / ד.ב.ק, פָּעַל / דָּבַקְתִּי, דָּבֵק, יִדְבַּק, דְּבַק!

דבקז' דֶּבֶק glue
חוֹמֶר שֶׁמְּחַבֵּר בֵּין דְּבָרִים:
*חִיבַּרְתִּי **בְּדֶבֶק** אֶת הָרֶגֶל לַכִּיסֵּא.*

דברז' דָּבָר [דְּבָרִים] thing
1. מַשֶּׁהוּ:
*קָנִיתִי כַּמָּה **דְּבָרִים** בַּחֲנוּת.*
2. מַאֲמָר, מִילָּה: word
***דִּבְרֵי** הָאָב הַזָּקֵן הִשְׁפִּיעוּ עַל הַבֵּן.*
שׁוּם דָּבָר nothing
אֵין דָּבָר it doesn't matter
עַל לֹא דָּבָר - you are welcome
*- תּוֹדָה רַבָּה לָךְ! - **עַל לֹא דָּבָר!***
בִּדְבַר- regarding
*הוּא פָּנָה אֵלַיי **בִּדְבַר** הַתּוֹכְנִית הַחֲדָשָׁה.*

אַחֲרִית דָּבָר, סוֹף דָּבָר epilogue
דְּבַר מָה something
לַאֲמִיתּוֹ שֶׁל דָּבָר as a matter of fact

דֶבֶרז׳ דֶּבֶר plague, pestilence
מַחֲלָה קָשָׁה שֶׁחוֹלְדוֹת וְעַכְבָּרִים מַעֲבִירִים לִבְנֵי אָדָם:
*הַ**דֶּבֶר** הָיָה מַחֲלָה, שֶׁכֹּל אֵירוֹפָּה פָּחֲדָה מִמֶּנָּה.*

דברןז׳ דַּבְּרָן [דַּבְּרָנִים] talkative
מִי שֶׁמְּדַבֵּר הַרְבֵּה:
*אֵין לִי סַבְלָנוּת לְ**דַבְּרָנִים**.*
דַּבְּרָנִית, דַּבְּרָנִיוֹת

דבשז׳ דְּבַשׁ honey
מַה שֶׁהַדְּבוֹרִים מְיַיצְרוֹת, מַאֲכָל מָתוֹק:
*בְּנֵי־אָדָם מִשְׁתַּמְּשִׁים בִּ**דְבַשׁ**־דְּבוֹרִים כְּמָזוֹן וְגַם כִּרְפוּאָה.*
אֶרֶץ זָבַת חָלָב וּדְבַשׁב׳ land of milk and honey
יֶרַח דְּבַשׁ - honeymoon
*כְּשֶׁהִתְחַתַּנְתִּי, נָסַעְנוּ לְ**יֶרַח דְּבַשׁ** בְּאֵילַת.*

דבשתנ׳ דַּבֶּשֶׁת [דַּבָּשׁוֹת] hump
בְּלִיטָה עַל הַגַּב שֶׁל הַגָּמָל:
*הֶחֱזַקְתִּי בְּ**דַבֶּשֶׁת** הַגָּמָל, וְרָכַבְתִּי עָלָיו.*

דגפ׳ דָּג fished
תָּפַס דָּגִים בַּמַּיִם:
*הַדַּיָּיג **דָּג** בַּיָּם.*
לָדוּג אֶת- / ד.ו.ג, פָּעַל / דַּגְתִּי, דָּג, אָדוּג, יָדוּג, דוּג!

דגז׳ דָּג [דָּגִים] fish
בַּעַל חַיִּים, חַי בַּמַּיִם:
*אִמָּא בִּישְּׁלָה **דָּגִים** לְשַׁבָּת.*
דָּג מָלוּחַ herring
דָּגִים מְמוּלָּאִים gefilte fish

דגדגןז׳ דַּגְדְּגָן clitoris
מֵאֵיבְרֵי הַמִּין שֶׁל הָאִישָּׁה:
*הַ**דַּגְדְּגָן** מֵבִיא לְהִתְרַגְּשׁוּת מִינִית.*

דגולת׳ דָּגוּל prominent, illustrious
מְיוּחָד, מְצוּיָּן:
*בֶּן גּוּרְיוֹן הָיָה רֹאשׁ מֶמְשָׁלָה **דָּגוּל**.*
דְּגוּלָה, דְּגוּלִים, דְּגוּלוֹת

דגימהנ׳ דְּגִימָה [דְּגִימוֹת] sample
כְּשֶׁלּוֹקְחִים חוֹמֶר כְּדוּגְמָה, כְּדֵי לִבְדּוֹק אוֹתוֹ:
*הָרוֹפֵא לָקַח מִמֶּנִּי **דְּגִימַת** דָּם.*

דגירהנ׳ דְּגִירָה [דְּגִירוֹת] hatching
1. כְּשֶׁיּוֹשְׁבִים עַל הַבֵּיצִים עַד שֶׁיּוֹצֵא מֵהֶן בַּעַל חַיִּים חָדָשׁ:
*הַתַּרְנְגוֹלֶת שֶׁלָּנוּ עֲסוּקָה בִּ**דְגִירָה** עַל בֵּיצִים.*
2. אִינְקוּבַּצְיָה, הַזְּמַן incubation
מִקַּבָּלַת מַחֲלָה וְעַד שֶׁחוֹלִים מַמָּשׁ:
*הַ**דְּגִירָה** שֶׁל מַחֲלַת הָאֵידְס נִמְשֶׁכֶת כַּמָּה שָׁנִים.*

דגלפ׳ דָּגַל stood for, espoused
שָׂם לוֹ לְאִידֵיאָל:
*הוּא **דָּגַל** בְּחוֹפֶשׁ לְכֹל בְּנֵי הָאָדָם.*
לִדְגּוֹל בְּ- / ד.ג.ל, פָּעַל / דָּגַלְתִּי, דוֹגֵל, יִדְגּוֹל, דְּגוֹל!

דגלז׳ דֶּגֶל [דְּגָלִים] flag
בַּד שֶׁעָלָיו סִימָנִים. מְשַׁמֵּשׁ כְּסֵמֶל לִמְדִינָה וְכוּ׳:
***דֶּגֶל** יִשְׂרָאֵל הוּא כָּחוֹל־לָבָן, וּמָגֵן דָּוִד בָּאֶמְצַע.*

דגםז׳ דֶּגֶם [דְּגָמִים] pattern
מוֹדֶל, מַשֶּׁהוּ לְדוּגְמָה:
*הַ**דֶּגֶם** שֶׁל הַשִּׂמְלָה יָפֶה מְאוֹד.*

דגןז׳ דָּגָן [דְּגָנִים] grain
עוֹשִׂים מִמֶּנּוּ לֶחֶם:
*אִם אֵין **דָּגָן**, אֵין לֶחֶם.*

דגרפ׳ דָּגַר hatched
יָשַׁב עַל בֵּיצִים, עַד שֶׁיָּצְאוּ בַּעֲלֵי חַיִּים חֲדָשִׁים:
*הַתַּרְנְגוֹלֶת **דָּגְרָה** עַל הַבֵּיצִים, עַד שֶׁיָּצְאוּ הָאֶפְרוֹחִים.*
לִדְגּוֹר עַל- / ד.ג.ר, פָּעַל / דָּגַרְתִּי, דוֹגֵר, יִדְגּוֹר, דְּגוֹר!

דגשז׳ דָּגֵשׁ [דְּגֵשִׁים] emphasis
1. עוֹשֶׂה מַשֶּׁהוּ חָזָק יוֹתֵר, חָשׁוּב יוֹתֵר וְכוּ׳:
*צָרִיךְ לָשִׂים **דָּגֵשׁ** עַל הַדְּבָרִים הַחֲשׁוּבִים.*
2. (בְּדִיקְדּוּק): נְקוּדָּה dagesh (a dot in a
בָּאוֹתִיּוֹת, כְּמוֹ בּ כּ פּ: consonant - marking prolonged
*בָּאוֹת ב׳ בְּרֹאשׁ הַמִּילָּה תָּמִיד יֵשׁ **דָּגֵשׁ** [בּ].* pronunciation)

דההפ׳ דָּהָה faded
הַצֶּבַע שֶׁלּוֹ נַעֲשָׂה חַלָּשׁ:
*הַשִּׂמְלָה **דָּהֲתָה** - פַּעַם הִיא הָיְתָה אֲדוּמָּה, וְעַכְשָׁיו הִיא כִּמְעַט לְבָנָה.*
לִדְהוֹת / ד.ה.ה, פָּעַל / דָּהוּי, דּוֹהֶה, יִדְהֶה, יִדְהוּ, דְּהֵה!

דהוית׳ דָּהוּי faded (adj.)
הַצֶּבַע שֶׁלּוֹ חַלָּשׁ:
*הַבֶּגֶד הַזֶּה **דָּהוּי** וְיָשָׁן.*
דְּהוּיָה, דְּהוּיִים, דְּהוּיוֹת

דהיינו ת"פ דְּהַיְנוּ — namely
(מֵאֲרָמִית) זאת אוֹמֶרֶת, כְּלוֹמַר:
*הוּא בָּא לִפְנֵי חוֹדֶשׁ מֵרוּסְיָה, **דְּהַיְינוּ** הוּא עוֹלֶה חָדָשׁ.*

דהר פ' דָּהַר — galloped
רָץ מַהֵר מְאוֹד:
*הוּא **דָּהַר** כְּמוֹ סוּס.*
לִדְהוֹר / ד.ה.ר, פָּעַל / דָּהַרְתִּי, דוֹהֵר, אֶדְהַר, יִדְהַר

דו־ ש"מ דּוּ־ — bi-, di-, two-
שְׁנַיִם, שְׁתַּיִם, (2):
*בְּמִילוֹן **דּוּ**לְשׁוֹנִי יֵשׁ שְׁתֵּי שָׂפוֹת.*
דוּ־חַי ז', אַמְפִיבִּי — amphibious
דוּ־מַשְׁמָעִי ת' — ambiguous
דוּ־סִטְרִי ת' — two-way (street)
דוּ־פַּרְצוּפִי ת' — hypocritical, two-faced
דוּ־צְדָדִי ת' — two-sided, bilateral
דוּ־קוֹמָתִי ת' — two-story (house)
דוּ־קְרָב ז' — duel
דוּ־שִׂיחַ ז' — dialogue
דוּ־שְׁנָתִי ת' — biyearly
דוּ־קִיוּם ז' — coexistence

דואר ז' דּוֹאַר — mail
דַּרְכּוֹ שׁוֹלְחִים מִכְתָּבִים, טֶלֶגְרָמוֹת וַחֲבִילוֹת:
*קָנִיתִי **בַּדּוֹאַר** בּוּלִים, וְשָׁלַחְתִּי לַהוֹרִים מִכְתָּב.*
דּוֹאַר־רָשׁוּם — registered mail
דּוֹאַר־אֲוִויר — airmail
תֵּיבַת־דּוֹאַר — mailbox
בֵּית־דּוֹאַר — post office
דּוֹאַר־נָע — mobile post office

דוב ז' דֹּב [דּוּבִּים] — bear
בַּעַל חַיִּים טוֹרֵף, כָּבֵד וְאִיטִי:
*טוֹלְסְטוֹי כָּתַב אֶת הַסִּיפּוּר עַל הַיַּלְדָּה וּ־3 **הַדּוּבִּים**.*
דּוּבִּי — teddy bear
חִיבּוּק־דּוֹב ב' — bear hug
שֵׁירוּת־דּוֹב ב' — disservice
לֹא דּוּבִּים וְלֹא יַעַר ב' — nothing of the kind

דובדבן ז' דֻּבְדְּבָן [דּוּבְדְּבָנִים] — cherry
פְּרִי עֵץ קָטָן, מָתוֹק וְאָדוֹם:
*צֶ'כוֹב כָּתַב אֶת גַּן **הַדּוּבְדְּבָנִים**.*

דובר ת"ז דּוֹבֵר [דּוֹבְרִים] — spokesman
1. אָדָם שֶׁמּוֹסֵר הוֹדָעוֹת בְּשֵׁם מוֹסָד, וְכוּ':
***דּוֹבֵר** הַמֶּמְשָׁלָה מָסַר הוֹדָעָה לָעִיתּוֹנוֹת עַל הַהֶסְכֵּם.*
2. מְדַבֵּר, אוֹמֵר: — speaking
*הוּא **דּוֹבֵר** אֱמֶת - אֲנִי מַאֲמִין לוֹ.*
דּוֹבֶרֶת, דּוֹבְרוֹת

דובר פ' דֻּבַּר — was discussed
נֶאֱמַר, אָמְרוּ עָלָיו:
*בִּישִׁיבַת הַמּוֹרִים **דּוּבַּר עַל** תּוֹכְנִית הַלִּימּוּדִים הַחֲדָשָׁה.*
/ ד.ב.ר, פּוּעַל / דּוּבַּר עַל-, מְדוּבָּר, יְדוּבַּר

דוברה נ' דּוֹבְרָה [דּוֹבְרוֹת] — raft
מִין "סִירָה־גֶּשֶׁר", שֶׁמַּעֲבִירִים בָּהּ דְּבָרִים עַל הַמַּיִם:
*עָבַרְתִּי **בְּדוֹבְרָה** לַצַּד הַשֵּׁנִי שֶׁל הַנָּהָר.*

דוגמה נ' דֻּגְמָה/דֻּגְמָא [דּוּגְמוֹת/דּוּגְמָאוֹת] — example, sample
דָּבָר אֶחָד שֶׁמִּמֶּנּוּ אֶפְשָׁר לִלְמוֹד עַל אֲחֵרִים:
*כְּלֵי כְּתִיבָה הֵם **לְדוּגְמָה**, עֵט וְעִיפָּרוֹן.*

דוגמן ז' דֻּגְמָן [דּוּגְמָנִים] — male model
מוֹדֶלִיסְט, אִישׁ שֶׁמַּצִּיג בְּגָדִים וְכוּ':
*לֹא כָּל מַה **שֶׁהַדּוּגְמָן** לוֹבֵשׁ מַתְאִים לִי.*
דּוּגְמָנִית, דּוּגְמָנִיּוֹת

דוגמנות נ' דֻּגְמָנוּת — modeling
הַמִּקְצוֹעַ שֶׁל הַצָּגַת בְּגָדִים וְכוּ':
*הִיא עוֹבֶדֶת **בְּדוּגְמָנוּת** - הִיא מַצִּיגָה אֶת הַמּוֹדֶלִים הַחֲדָשִׁים שֶׁל הַקַּיִץ.*

דוד ז' דּוֹד [דּוֹדִים] — uncle
אָח שֶׁל אַבָּא אוֹ שֶׁל אִימָּא:
*הַ**דּוֹד** יוֹסֵף הוּא אָח שֶׁל אַבָּא שֶׁלִּי.*
דּוֹדִי, דּוֹדְךָ, דּוֹדֵךְ, דּוֹדוֹ, דּוֹדָן

דוד ז' דּוּד [דְּוָודִים] — boiler
כְּלִי גָּדוֹל מְאוֹד לְמַיִם, לְמָרָק וְכוּ':
*בַּצָּבָא מְבַשְּׁלִים מָרָק **בְּדוּד** וְלֹא בְּסִיר.*
דּוּד שֶׁמֶשׁ [דּוּדֵי שֶׁמֶשׁ] — solar heater
כְּלִי גָּדוֹל לְמַיִם עַל גַּג הַבַּיִת:
*כְּשֶׁיֵּשׁ **דּוּד שֶׁמֶשׁ**, לֹא צָרִיךְ לְהִשְׁתַּמֵּשׁ בְּחַשְׁמַל.*

דודה נ' דּוֹדָה [דּוֹדוֹת] — aunt
אָחוֹת שֶׁל אַבָּא אוֹ שֶׁל אִימָּא:
***דּוֹדָה** צִיפּוֹרָה הִיא אָחוֹת שֶׁל אִימָּא.*

דווח פ' דֻּוַּח — was reported
נִמְסַר עָלָיו דִּין וְחֶשְׁבּוֹן (= דו"ח), נִמְסְרוּ עָלָיו פְּרָטִים:
***דּוּוַּח** לָנוּ עַל יְשִׁיבַת הַמֶּמְשָׁלָה.*
/ ד.ו.ח, פּוּעַל / דּוּוַּחוּ, מְדוּוָּח, יְדוּוַּח, יְדוּוְּחוּ

דווקאת"פ דַּוְקָא contrary to expectation
1. בְּנִיגוּד לַצִּיפִּיּוֹת:
*חָשַׁבְתִּי שֶׁדָּוִיד יְאַחֵר, וְהוּא **דַּוְקָא** בָּא בַּזְּמַן.*
2. בְּנִיגוּד לַהוֹרָאוֹת, בְּעַקְשָׁנוּת: to spite
*בִּיקְשׁוּ מֵהֶם לִשְׁתּוֹק, וְהֵם **דַּוְקָא** דִּיבְּרוּ.*
לָאו דווקא not necessarily

דוורז' דַּוָּר [דַּוָּרִים] mailman
מִי שֶׁמֵּבִיא מִכְתָּבִים לַבָּתִּים:
*הַ**דַּוָּר** הֵבִיא לִי מִכְתָּב מֵאֲמֶרִיקָה.*

דוושהנ' דַּוְשָׁה [דוושות] pedal
פֶּדָל (בִּמְכוֹנִית, בְּאוֹפַנַּיִים וְכוּ'), לוֹחֲצִים עָלָיו בָּרֶגֶל כְּדֵי לְהַפְעִיל מְכוֹנָה:
*לָחַצְתִּי עַל **דַּוְשַׁת** הַבֶּנְזִין, וְהַמְּכוֹנִית נָסְעָה.*

דו"חז' - דּוּ"חַ (ר"ת דִּין וְחֶשְׁבּוֹן) report
1. סִיפּוּר הָעוּבְדוֹת בִּכְתָב אוֹ בְּעַל־פֶּה:
*שַׂר הָאוֹצָר מָסַר **דּוּ"חַ** עַל הַמַּצָּב הַכַּלְכָּלִי.*
2. הוֹדָעָה עַל עֲבֵירַת תְּנוּעָה: ticket (for traffic violation)
*הַשּׁוֹטֵר רָשַׁם **דּוּ"חַ** לַנֶּהָג, שֶׁנָּסַע בְּאוֹר אָדוֹם.*

דוחהת' דּוֹחֶה repulsive
מַרְחִיק, לֹא נָעִים:
*הוּא אִישׁ **דּוֹחֶה**: לֹא יוֹדֵעַ לְהִתְנַהֵג, לֹא יוֹדֵעַ לֶאֱכוֹל.*
דּוֹחָה, דּוֹחִים, דּוֹחוֹת

דוחקז' דֹּחַק overcrowding, squeeze
לַחַץ, הַרְבֵּה אֲנָשִׁים בְּיַחַד בְּמָקוֹם קָטָן:
*הַ**דּוֹחַק** בָּאוֹטוֹבּוּס גָּדוֹל.*

דוכאפ' דֻּכָּא was oppressed
1. לָחֲצוּ עָלָיו בְּכֹחַ (פִיסִי אוֹ נַפְשִׁי):
*עַמִּים שֶׁ**דּוּכְּאוּ** עַל־יְדֵי דִּיקְטָטוֹר סָבְלוּ מְאוֹד.*
2. לִגְרוֹם שֶׁלֹּא יֵצֵא הַחוּצָה (רֶגֶשׁ וכו'): was suppressed
*הַתֵּיאָבוֹן שֶׁלּוֹ **דּוּכָּא** עַל יְדֵי תְּרוּפוֹת.*
/ ד.כ.א, פּוּעַל / דוכאו, מְדוּכָּא, יְדוּכָּא, יְדוּכְּאוּ

דוכןז' דּוּכָן [דוּכָנִים] stall
שׁוּלְחָן אָרוֹךְ בַּחֲנוּת אוֹ בַּשּׁוּק:
*הַ**דּוּכָנִים** בַּשּׁוּק מְלֵאִים פֵּירוֹת וִירָקוֹת.*

דוםת"פ דֹּם silence, at attention
בְּשֶׁקֶט, בְּלִי לָזוּז:
*כְּשֶׁהַמְּפַקֵּד עוֹבֵר, כָּל הַחַיָּילִים עוֹמְדִים **דּוֹם**.*

דומהת' דּוֹמֶה resembles
נִרְאֶה כְּמוֹ:
*מִרְיָם **דּוֹמָה** לְאִימָּא, וְדָוִיד **דּוֹמֶה** לְאַבָּא.*
וְכַדּוֹמֶה - וּדְבָרִים נוֹסָפִים הַדּוֹמִים לוֹ (כְּמוֹ 'וְכוּ'') and the like, etc.
דּוֹמָה, דּוֹמִים, דּוֹמוֹת

דומייהנ' דּוּמִיָּה silence
שֶׁקֶט, שְׁתִיקָה:
*כְּשֶׁהִתְחִיל הַקּוֹנְצֶרְט, הָיְיתָה **דּוּמִיָּה** בָּאוּלָם.*
דּוּמִיַּית מָוֶות dead silence

דומםת"פ דּוֹמָם silently
בְּשֶׁקֶט, בִּשְׁתִיקָה:
*הוּא יָשַׁב **דּוֹמָם** בְּלִי לְדַבֵּר וּבְלִי לָזוּז.*

דומםת' דּוֹמֵם silent
שָׁקֵט, שׁוֹתֵק:
*הֵם יוֹשְׁבִים **דּוֹמְמִים** וְלֹא מְדַבְּרִים.*
דּוֹמֶמֶת, דּוֹמְמִים, דּוֹמְמוֹת

דומםז' דּוֹמֵם [דּוֹמְמִים] inanimate
מַה שֶּׁלֹּא חַי וְלֹא צוֹמֵחַ:
*אֶבֶן הִיא **דּוֹמֵם**. / זֶה צִיּוּר שֶׁל **דּוֹמֵם**.*

דומניב' דּוֹמַנִי seems to me
(= דּוֹמֶה אֲנִי) אֲנִי חוֹשֵׁב שֶׁ-, נִדְמֶה לִי:
*דּוֹמַנִי **שֶׁיֵּרֵד** הַיּוֹם גֶּשֶׁם.*

דונגז' דּוֹנַג wax
חוֹמֶר שֶׁנּוֹצָר בְּגוּף דְּבוֹרִים, עוֹשִׂים מִמֶּנּוּ נֵרוֹת:
*הַדְּבוֹרִים בּוֹנוֹת מִן הַ**דּוֹנַג** אֶת הַתָּאִים שֶׁלָּהֶן.*

דונםז' דּוּנָם [דּוּנָמִים] 1000 square meters
שֶׁטַח שֶׁל 1,000 מֶטְרִים מְרוּבָּעִים (אוֹרֶךְ x רוֹחַב = 1000 מ"ר):
*קָנִינוּ **דּוּנָם** אֲדָמָה, נִבְנֶה עָלָיו בַּיִת גָּדוֹל.*

דופיז' דֹּפִי fault
מַשֶּׁהוּ נֶגָטִיבִי, שְׁלִילִי, חִיסָּרוֹן:
*אֵין **דּוֹפִי** בַּמְּכוֹנִית הַזֹּאת - הִיא בְּמַצָּב מְצוּיָּן.*
נָתַן בּוֹ **דּוֹפִי** - מָצָא אֶצְלוֹ דְּבָרִים רָעִים

דופןזו"נ דֹּפֶן [דְּפָנוֹת] wall, partition
קִיר דַּק בְּקוּפְסוֹת וְכוּ':
*צָבַעְנוּ אֶת הָאָרוֹן: כָּל **דּוֹפֶן** בְּצֶבַע אַחֵר.*
יוֹצֵא דּוֹפֶן exceptional

דופקז' דֹּפֶק pulse
פּוּלְס, מַה שֶּׁמַּרְגִּישִׁים כְּשֶׁשָּׂמִים יָד עַל הַלֵּב:

הַדּוֹפֶק שֶׁלּוֹ חַלָּשׁ, כִּי הוּא חוֹלֶה.
דּוֹפֶק הַחַיִּים - רִיתְמוּס הַחַיִּים

דוקרנית׳ דוֹקְרָנִי — thorny
חַד, פּוֹצֵעַ כְּמוֹ סִיכָּה:
*בַּשָּׂדֶה יֵשׁ קוֹצִים **דוֹקְרָנִיִּים**.*
תַּיִל דוֹקְרָנִי — barbed wire
דוֹקְרָנִית, דוֹקְרָנִיִּים, דוֹקְרָנִיּוֹת

דורז׳ דּוֹר [דּוֹרוֹת] — generation
אֲנָשִׁים בְּנֵי תְּקוּפָה אַחַת:
*הָאָב, הַבֵּן וְהַנֶּכֶד הֵם שְׁלוֹשָׁה **דּוֹרוֹת** שׁוֹנִים.*
פַּעַר־דּוֹרוֹת — generation gap
דּוֹר הַמִּדְבָּר - דּוֹר שֶׁלֹּא הִתְרַגֵּל לְחַיֵּי חוֹפֶשׁ
לְדוֹרֵי דּוֹרוֹת - לְעוֹלָם, תָּמִיד

דורבנותז״ר דָּרְבָנוֹת — strong words
דְּבָרִים כְּדוֹרְבָנוֹת - דְּבָרִים קָשִׁים, שֶׁאוֹמְרִים בְּדֶרֶךְ יְשִׁירָה:
*מְבַקֶּרֶת הַמְּדִינָה אָמְרָה לַשַּׂר **דְּבָרִים כְּדוֹרְבָנוֹת** עַל הַמַּצָּב.*

דורוןז׳ דּוֹרוֹן [דּוֹרוֹנוֹת] — gift
(בְּשָׂפָה גְבוֹהָה) מַתָּנָה:
*הוּא נָתַן לִי **דּוֹרוֹן** - טַבַּעַת זָהָב.*

דחהפ׳ דָּחָה — rejected
1. לֹא הִסְכִּים, אָמַר 'לֹא':
*הַשּׁוֹפֵט **דָּחָה אֶת** בַּקָּשַׁת הַנֶּאֱשָׁם.*
2. קָבַע לִזְמַן מְאוּחָר יוֹתֵר: — postponed
*יַעֲקֹב **דָּחָה** אֶת הַפְּגִישָׁה מִיּוֹם א' לְיוֹם ה'.*
לִדְחוֹת אֶת- / ד.ח.ה, פָּעַל / דָּחִיתִי, דּוֹחֶה, יִדְחֶה, דְּחֵה!

דחוית׳ דָּחוּי — rejected (adj.)
1. שֶׁלֹּא רוֹצִים אוֹתוֹ בַּחֶבְרָה בַּמִּשְׁפָּחָה:
*הוּא הָיָה יֶלֶד **דָּחוּי** וּמִסְכֵּן.*
2. שַׁיָּיךְ לִזְמַן מְאוּחָר יוֹתֵר: — postponed/ delayed (adj.)
*הוּא שִׁילֵּם לִי בְּצֵ'יק **דָּחוּי** לַחוֹדֶשׁ הַבָּא.*
דְּחוּיָה, דְּחוּיִים, דְּחוּיוֹת

דחוסת׳ דָּחוּס — crowded (adj.), stuffy
שֶׁלָּחֲצוּ אוֹתוֹ, מָלֵא מְאוֹד:
*הָאָרוֹן הַזֶּה **דָּחוּס** מְאוֹד, כִּי יֵשׁ בּוֹ הַרְבֵּה בְּגָדִים.*
דְּחוּסָה, דְּחוּסִים, דְּחוּסוֹת

דחוףת׳ דָּחוּף — urgent
מָהִיר, אֶקְסְפְּרֶס:
*אֲנִי מוּכְרָח לִגְמוֹר אֶת הָעֲבוֹדָה **הַדְּחוּפָה** הַזֹּאת. /שָׁלַחְתִּי מִכְתָּב **דָּחוּף** לַהוֹרִים.*
דְּחוּפָה, דְּחוּפִים, דְּחוּפוֹת

דחוקת׳ דָּחוּק — congested/ squeezed (adj.)
1. צָפוּף, לָחוּץ:
*עָמַדְתִּי בָּאוֹטוֹבּוּס **דָּחוּק** בֵּין אֲנָשִׁים.*
2. בְּמַצָּב כַּלְכָּלִי קָשֶׁה: — hard pressed
*אֵין לִי עֲבוֹדָה, וַאֲנִי **דָּחוּק** בְּכֶסֶף.*
3. לֹא כָּל־כָּךְ הֶגְיוֹנִי: — far-fetched
*הוּא נָתַן הֶסְבֵּר **דָּחוּק** לָאִיחוּר לָעֲבוֹדָה.*
דְּחוּקָה, דְּחוּקִים, דְּחוּקוֹת

דחיז׳ דְּחִי (דֶּחִי)
מִדְּחִי אֶל דֶּחִי - — from bad to worse
*אַחֲרֵי שֶׁמֵּת אָבִיו הוּא הָלַךְ **מִדְּחִי אֶל דֶּחִי**.*

דחייהנ׳ דְּחִיָּה [דְּחִיּוֹת] — rejection
1. אִי־הַסְכָּמָה:
*פָּחַדְתִּי **מִדְּחִיָּיה** שֶׁל הַבַּקָּשָׁה שֶׁלִּי לְוִיזָה.*
2. הַעֲבָרָה שֶׁל דָּבָר לִזְמַן מְאוּחָר יוֹתֵר: — postponement
*קִיבַּלְתִּי **דְּחִיָּיה** לְשָׁנָה מִן הַצָּבָא.*

דחיפהנ׳ דְּחִיפָה [דְּחִיפוֹת] — push
תְּנוּעָה חֲזָקָה שֶׁמְּזִיזָה מִן הַמָּקוֹם:
***הַדְּחִיפָה** שֶׁלּוֹ הִפִּילָה אוֹתִי.*

דחיפותנ׳ דְּחִיפוּת — urgency
חָשׁוּב שֶׁיַּעֲשׂוּ אוֹתוֹ מִיָּד:
*אֵין **דְּחִיפוּת** בַּנִּיתוּחַ, אֶפְשָׁר לְחַכּוֹת.*
בִּדְחִיפוּתת״פ — urgently

דחלילז׳ דַּחְלִיל [דַּחְלִילִים] — scarecrow
בּוּבָּה, שֶׁעוֹמֶדֶת בַּשָּׂדֶה אוֹ בַּגִּינָה כְּדֵי לְגָרֵשׁ אֶת הַצִּיפּוֹרִים:
*הַצִּיפּוֹרִים חוֹשְׁבוֹת, **שֶׁהַדַּחְלִיל** הוּא בֶּן־אָדָם.*

דחספ׳ דָּחַס — stuffed
הִכְנִיס הַרְבֵּה בְּמָקוֹם קָטָן:
*הוּא **דָּחַס** אֶת כֹּל הַבְּגָדִים בִּמְזוּוָדָה קְטַנָּה.*
לִדְחוֹס אֶת- / ד.ח.ס, פָּעַל / דָּחַסְתִּי, דּוֹחֵס, יִדְחַס

דחףפ׳ דָּחַף — pushed
הֵזִיז בְּכוֹחַ:
*הָאִישׁ **דָּחַף אֶת** הַיְלָדִים שֶׁעָמְדוּ לְפָנָיו בַּתּוֹר.*
לִדְחוֹף אֶת- / ד.ח.ף, פָּעַל / דָּחַפְתִּי, דּוֹחֵף, אֶדְחוֹף-אֶדְחַף

דחףז׳ דַּחַף [דְּחָפִים] — impulse, urge
גּוֹרֵם לָאָדָם לַעֲשׂוֹת מַשֶּׁהוּ:
*הוּא כּוֹתֵב מוּסִיקָה מִתּוֹךְ **דַּחַף** פְּנִימִי.*

דחפורז׳ דַּחְפּוֹר [דַּחְפּוֹרִים] — bulldozer
מְכוֹנָה גְּדוֹלָה, שֶׁחוֹפֶרֶת וּמוֹצִיאָה אֲדָמָה:
*בַּמָּקוֹם **שֶׁהַדַּחְפּוֹר** עוֹבֵד, בּוֹנִים בַּיִת.*

דחק פ' דָּחַק — pressed

1. לָחַץ:

דָּחַקְתִּי לָאָרוֹן הַמָּלֵא עוֹד שִׂמְלָה.

2. גָּרַם שֶׁמִּישֶׁהוּ יַעֲשֶׂה מַהֵר: — urged (someone)

דָּחַקְתִּי בּוֹ לְהָבִיא לִי עוֹד כֶּסֶף.

דָּחַק אֶת הַקֵּץ — forced the issue

דָּחַק אֶת רַגְלָיו — encroached upon

לִדחוֹק אֶת-, בְּ- / ד.ח.ק, פָּעַל / דָּחַקְתִּי, דוֹחֵק, יִדחַק

דחק ז' דֹּחַק — pressure, stress

לַחַץ, קוֹשִׁי (עוֹנִי).

בִּשְׁעַת הַדֹּחַק - כְּשֶׁאֵין אֶפְשָׁרוּת אַחֶרֶת: — in time of distress

בִּשְׁעַת הַדֹּחַק אָכַלְנוּ רַק לֶחֶם יָבֵשׁ.

עֲבוֹדַת דֹּחַק — relief work

די (דיי) ת"פ דַּי — enough

מַספִּיק:

יֵשׁ לְךָ דַי זמַן לָנוּחַ בְּשַׁבָּת. / דַי! תַּפסִיק לִצעוֹק!

עַד בְּלִי דַי — endlessly

דַי וְהוֹתֵר — more than enough

דַיי, דַיוֹ, דַיָּהּ

דיבה נ' דִּבָּה — slander

דְּבָרִים רָעִים וְלֹא נְכוֹנִים, שֶׁאוֹמְרִים עַל מִישֶׁהוּ:

כֹּל מַה שֶּׁכָּתבוּ עָלַיי בָּעִיתוֹן הוּא הוֹצָאַת דִּיבָּה.

דיבוק ז' דִּבּוּק — evil spirit

שִׁיגָּעוֹן, רוּחַ רָעָה:

אוֹמְרִים, שֶׁנִּכנַס בּוֹ דִּיבּוּק וְהוּא מְשׁוּגָּע.

דיבור ז' דִּבּוּר [דִּיבּוּרִים] — talk, speech

כֹּל מַה שֶּׁאוֹמְרִים בְּמִילִּים בְּקוֹל:

כְּדֵי לָדַעַת שָׂפָה צָרִיךְ לִלמוֹד כְּתִיבָה, קְרִיאָה וְדִיבּוּר.

בִּלְשׁוֹן דִּיבּוּר - מְקוּבָּל בְּשִׂיחָה יוֹמיוֹמִית וְלֹא בִּכתִיבָה פוֹרמָלִית — in colloquial language

רְשׁוּת דִּיבּוּר - זְכוּת לִנאוֹם בָּאֲסֵיפָה, בַּכְּנֶסֶת וְכוּ'

דיבר פ' דִּבֵּר — spoke

אָמַר דְּבָרִים, הִבִּיעַ אֶת דַּעתּוֹ:

הוּא דִּיבֵּר עִם אִישׁתּוֹ בַּטֶּלֶפוֹן עַל הַבְּעָיוֹת בָּעֲבוֹדָה.

דִּיבֵּר עַל לִיבּוֹ — persuaded

לְדַבֵּר עַל-, עִם- / ד.ב.ר, פִּיעֵל / דִּיבַּרְתִּי, מְדַבֵּר, יְדַבֵּר, דַּבֵּר!

דיברות נ"ר דִּבְּרוֹת — the Ten Commandments

עֲשֶׂרֶת הַדִּיבְּרוֹת -

עֲשֶׂרֶת הַדִּיבְּרוֹת נִיתנוּ לְעַם יִשׂרָאֵל בְּהַר סִינַי וּבָהֶם יְסוֹדוֹת הַמּוּסָר. (בְּיָחִיד דִּיבֵּר)

דיג ז' דַּיִג — fishing

הוֹצָאַת דָּגִים מֵהַיָּם, מִנָּהָר וְכוּ':

בַּחוֹפֶשׁ אֲנִי יוֹצֵא לְדַיִג.

דיגדג פ' דִּגְדֵּג — tickled

נָגַע בַּגּוּף וְגָרַם לִצחוֹק:

הַיְלָדִים דִּיגדְּגוּ זֶה אֶת זֶה וְצָחֲקוּ.

לְדַגדֵּג אֶת- / ד.ג.ד.ג, פִּיעֵל / דִּיגדַּגְתִּי, מְדַגדֵּג, יְדַגדֵּג

דיו נ' דְּיוֹ — ink

נוֹזֵל לִכתִיבָה:

אֲנִי כּוֹתֵב כְּמוֹ פַּעַם, בְּעֵט וּבִדיוֹ.

דיווח פ' דִּוֵּחַ (דִּוַּח) — reported

מָסַר פְּרָטִים מְדוּיָּקִים:

שַׂר הַחוּץ דִּיוֵוחַ לַמֶּמשָׁלָה עַל שִׂיחוֹת הַשָּׁלוֹם.

לְדַוֵוחַ עַל-, לְ- / ד.ו.ח, פִּיעֵל / מְדַוֵוחַ, יְדַוֵוחַ, דַּוֵוחַ!

דיווח ז' דִּוּוּחַ [דִּיוּוּחִים] — reporting, report

מְסִירַת דִּין וְחֶשְׁבּוֹן (דו"חַ), אֲמִירָה אוֹ כּתִיבָה שֶׁל כֹּל הַפְּרָטִים:

הַפָּקִיד מָסַר דִּיוּוּחַ מָלֵא לַמְנַהֵל.

דיון ז' דִּיּוּן [דִּיוּנִים] — debate, discussion

וִיכּוּחַ, הַבָּעַת דֵּיעוֹת בְּעִניָין מְסוּיָּם:

אֶתמוֹל נֶעֱרַךְ דִּיּוּן בַּכְּנֶסֶת עַל תַּקצִיב הַמְּדִינָה.

דיוק ז' דִּיּוּק [דִּיוּקִים] — precision

תְּשׂוּמֶת־לֵב לִזמַן, לְמָקוֹם וְלִפרָטִים:

צָרִיךְ דִּיּוּק רַב, כַּאֲשֶׁר עוֹבדִים בְּמִיקרוֹסקוֹפּ.

בְּדִיּוּק ר'

דיוקן ז' דְּיוֹקָן [דְּיוֹקָנִים] — portrait

מַראֵה הַפָּנִים שֶׁל הָאָדָם:

הַצִּיּוּר הַזֶּה הוּא דְּיוֹקָן עַצמִי שֶׁל רֶמבְּרַנדט.

דיור ז' דִּיּוּר — housing

מָקוֹם לָגוּר - דִּירָה, בַּיִת, שִׁיכּוּן:

הַבְּעָיָה שֶׁל הַדִּיּוּר קָשָׁה מְאוֹד: הַרבֵּה עוֹלִים וּמְעַט דִּירוֹת.

דיחוי ז' דִּחוּי — delay

דְּחִיָּה, הַעֲבָרָה לִזמַן מְאוּחָר יוֹתֵר.

לְלֹא דִּיחוּי - צָרִיךְ לִגמוֹר אֶת הָעֲבוֹדָה לְלֹא דִּיחוּי.

דיי ר' די

דייג ז' דַּיָּג [דַּיָּגִים] — fisherman

אִישׁ שֶׁמּוֹצִיא דָּגִים מֵהַמַּיִם:

הַדַּיָּג הִצלִיחַ לָדוּג שְׁלוֹשָׁה דָּגִים.

דיילז׳, דַּיָּל [דַּיָּלִים] (flight) attendant
תַּפְקִיד שֶׁל מְאָרֵחַ, מְשָׁרֵת אֶת הַנּוֹסְעִים בְּמָטוֹס בַּחֲנוּת וְכוּ׳:
*הוּא רוֹצֶה לִהְיוֹת **דַּיָּל** בְּ׳אֶל־עַל׳.*
דַּיֶּלֶת, דַּיָּלוֹת

דייןז׳, דַּיָּן [דַּיָּנִים] judge
שׁוֹפֵט בְּבֵית מִשְׁפָּט רַבָּנִי (דָּתִי):
*הַ**דַּיָּנִים** מַחְלִיטִים לְפִי הַחוֹק הַיְּהוּדִי - הַהֲלָכָה.*

דייסהנ׳, דַּיְסָה [דייסות] porridge, cereal
1. אוֹכֶל רַךְ מְבוּשָּׁל בְּמַיִם אוֹ בְּחָלָב:
*יְלָדִים אוֹכְלִים **דייסות**, כִּי אֵין לָהֶם שִׁינַּיִים.*
2. (מֶטָאפוֹרָה): כֹּל מִינֵי דְּבָרִים בְּיַחַד: hodgepodge
*יֵשׁ לִי **דַּיְסָה** בָּרֹאשׁ מִכֹּל מַה שֶּׁלָּמַדְתִּי.*

דייקןת׳, דַּיְּקָן punctual
מִי שֶׁעוֹשֶׂה כֹּל דָּבָר בְּדִיּוּק, שָׂם לֵב לְכֹל הַפְּרָטִים:
*רַק אָדָם **דַּיְּקָן** יָכוֹל לִהְיוֹת רוֹפֵא מְנַתֵּחַ.*
דַּיְּקָנִית, דַּיְּקָנִים, דַּיְּקָנִיּוֹת

דייקנותנ׳, דַּיְּקָנוּת precision
עֲשִׂיַּית כֹּל דָּבָר בְּדִיּוּק (בִּזְמַן, בְּמָקוֹם וְכוּ׳):
*אֲנִי מַכִּיר אֶת **הַדַּיְּקָנוּת** שֶׁלּוֹ - הוּא אַף פַּעַם לֹא מְאַחֵר.*

דייקנית׳, דַּיְּקָנִי precise, meticulous
מְדוּיָּק, נַעֲשָׂה בְּדִיּוּק:
*הַשְּׁעוֹנִים הָאֵלֶּה **דַּיְּקָנִיִּים** מְאוֹד.*
דַּיְּקָנִית, דַּיְּקָנִיִּים, דַּיְּקָנִיּוֹת

דיירז׳, דַּיָּר [דַּיָּרִים] tenant
מִי שֶׁגָּר בְּדִירָה אוֹ בְּבַיִת:
*הַ**דַּיָּרִים** בִּרְח׳ אַיְינְשְׁטֵיין 8 הֶחְלִיטוּ לִצְבּוֹעַ אֶת הַבִּנְיָין.*
דַּיְּרֵי־הַבַּיִת

דיכאפ׳, דִּכֵּא (דִּכָּא) opressed
1. הִתְנַהֵג בְּאַכְזָרִיּוּת וּבְאִי־צֶדֶק לְאָדָם, לְעַם...:
*בְּמֶשֶׁךְ שָׁנִים **דִּיכְּאוּ** הַלְּבָנִים אֶת הַשְּׁחוֹרִים.*
2. גָּרַם מַצַּב־רוּחַ רַע: depressed
*הַמַּצָּב הַפּוֹלִיטִי **מְדַכֵּא** אוֹתִי.*
לְדַכֵּא אֶת- / ד.כ.א, פִּיעֵל / דִּיכֵּאתִי, מְדַכֵּא, יְדַכֵּא, דַּכֵּא!

דיכאוןז׳, דִּכָּאוֹן [דִּיכָּאוֹנוֹת] depression
מַצַּב־רוּחַ רַע מְאוֹד, דְּאָגָה קָשָׁה:
*דָּוִד **בְּדִיכָּאוֹן**, כִּי אַבָּא שֶׁלּוֹ מֵת.*

דיכדוךז׳, דִּכְדּוּךְ (slight) depression
מַצַּב רוּחַ רַע, צַעַר:
*אֲנִי בְּמַצָּב שֶׁל **דִּיכְדּוּךְ**, כִּי אֵין לִי עֲבוֹדָה וְאֵין לִי דִּירָה.*

דיכויז׳, דִּכּוּי suppression
(מֶטָאפוֹרָה) יַחַס קָשֶׁה שֶׁל חָזָק נֶגֶד חַלָּשׁ:
*אֲנַחְנוּ נֶגֶד **דִּיכּוּי** הַחוֹפֶשׁ שֶׁל כֹּל בְּנֵי הָאָדָם. / אֲנִי מְחַפֵּשׂ דֶּרֶךְ לְ**דִיכּוּי** הַתֵּיאָבוֹן שֶׁלִּי.*

דילגפ׳, דִּלֵּג leaped (over)
1. קָפַץ:
דִּילַּגְתִּי עַל הַגָּדֵר.
2. עָבַר עַל מַשֶּׁהוּ, לֹא הִתְיַיחֵס, לֹא קָרָא: skipped
*צָרִיךְ לִקְרוֹא אֶת כֹּל הַסֵּפֶר וְלֹא **לְדַלֵּג** עַל דַּפִּים.*
לְדַלֵּג עַל- / ד.ל.ג, פִּיעֵל / דִּילַּגְתִּי, מְדַלֵּג, יְדַלֵּג, דַּלֵּג!

דילדולז׳, דִּלְדּוּל depletion
תַּהֲלִיךְ שֶׁל חוּלְשָׁה, יְרִידָה:
*בִּגְלַל **דִּילְדּוּל** כַּסְפֵּי הַמְּדִינָה יֵשׁ מִסִּים חֲדָשִׁים.*

דילדלפ׳, דִּלְדֵּל depleted
עָשָׂה שֶׁיִּהְיֶה פָּחוֹת, שֶׁיִּהְיֶה חַלָּשׁ יוֹתֵר:
*הַמִּלְחָמָה **מְדַלְדֶּלֶת** אֶת קוּפַּת הַמְּדִינָה.*

דילוגז׳, דִּלּוּג [דִּילּוּגִים] leaping, skipping
קְפִיצָה:
*הַיְלָדִים שִׂיחֲקוּ **בְּדִילּוּגִים**.*

דילולז׳, דִּילּוּל thinning (out), diffusing
1. כְּשֶׁעוֹשִׂים שֶׁיִּהְיֶה פָּחוֹת (פָּחוֹת צָפוּף וְכוּ׳):
***דִּילּוּל** כּוֹחוֹת הַצָּבָא אֶפְשָׁרִי, כְּשֶׁהַגְּבוּל שָׁקֵט.*
2. כְּשֶׁמּוֹסִיפִים מַיִם לְצֶבַע, מָרָק וְכוּ׳: dilution
***דִּילּוּל** הַמָּרָק בְּמַיִם קִילְקֵל אֶת הַטַּעַם שֶׁלּוֹ.*

דיללפ׳, דִּלֵּל diluted
1. הוֹסִיף מַיִם לְצֶבַע, לִשְׁתִיָּה וְכוּ׳:
***דִּילַּלְתִּי** אֶת הַמִּיץ, כִּי הוּא הָיָה מָתוֹק מִדַּי.*
2. לְהוֹצִיא צְמָחִים כְּדֵי שֶׁיִּהְיֶה יוֹתֵר מָקוֹם: thinned out
***דִּילַּלְתִּי** אֶת הַשּׁוּרוֹת שֶׁל הַפְּרָחִים בַּגִּינָּה.*
לְדַלֵּל אֶת- / ד.ל.ל, פִּיעֵל / דִּילַּלְתִּי, מְדַלֵּל, אֲדַלֵּל, דַּלֵּל!

דימדומיםז״ר דִּמְדּוּמִים twilight
הַזְּמַן שֶׁאַחֲרֵי שְׁקִיעַת הַשֶּׁמֶשׁ, בֵּין הַיּוֹם לַלַּיְלָה:
*בִּשְׁעַת **דִּימְדּוּמִים** אֵין כִּמְעַט אוֹר בַּחוּץ.*

דימויז׳, דִּמּוּי [דִּימּוּיִים] likeness
1. הַשְׁוָואָה, מְצִיאַת דְּבָרִים דּוֹמִים:
*אֲנִי אוֹהֵב אֶת **הַדִּימּוּי** שֶׁל הַחַיִּים לְדֶרֶךְ אֲרוּכָּה.*
2. סוּג שֶׁל מֶטָאפוֹרָה: imagery
*בַּשִּׁיר הַזֶּה יֶשְׁנָם **דִּימּוּיִים** רַבִּים.*
דִּימּוּי עַצְמִי self-image

דימוםז׳ דִּמּוּם [דִימּוּמִים] bleeding
יְצִיאָה שֶׁל דָּם, שֶׁטֶף דָּם:
*הָרוֹפֵא עָצַר אֶת הַ**דִּימוּם** וְהִצִּיל אֶת הַיֶּלֶד שֶׁנִּפְצַע.*

דימיוןז׳ דִּמְיוֹן [דִימְיוֹנוֹת] imagination
פַנטַסְיָה, הָאֶפְשָׁרוּת "לִראוֹת" דבָרִים לֹא מְצִיאוּתִיִּים:
*צָרִיךְ **דִימְיוֹן** עָשִׁיר כְּדֵי לִכתוֹב סִיפּוּר כֹּל כָּךְ פַנטַסטִי.*

דימיונית׳ דִּמְיוֹנִי imaginary
פַנטַסטִי, לֹא קַיָּים בַּמְּצִיאוּת:
*זֶה סִיפּוּר **דִימְיוֹנִי**, וְאֵין בּוֹ הַרבֵּה מִן הָאֱמֶת.*
דִימְיוֹנִית, דִימְיוֹנִיִּים, דִימְיוֹנִיּוֹת

דימייןפ׳ דִּמְיֵין imagined
רָאָה בַּדִּימְיוֹן, תֵּיאֵר בַּמַּחְשָׁבָה:
***דִימְיַינְתִּי** לִי, שֶׁאֲנִי נִמְצָא אִיתָּךְ בַּבַּיִת שֶׁלָּנוּ.*
לְדַמְיֵין אֶת- / ד.מ.י.ן, פִּיעֵל / דִימְיַינְתִּי, מְדַמְיֵין, יְדַמְיֵין

דיןז׳ דִּין [דִינִים] justice, judgement
1. מִשְׁפָּט:
*הֵבִיאוּ אֶת הַגַּנָּב **לְדִין**.*
2. חוֹק: law, rule
*יְהוּדִי דָתִי שׁוֹמֵר עַל **דִינֵי** כַּשְׁרוּת.*
דִין וְחֶשְׁבּוֹן report, account
בֵּית־דִין - בֵּית מִשְׁפָּט רַבָּנִי court of law
גְּזַר־דִין sentence
עוֹרֵךְ־דִין lawyer
פְּסַק־דִין verdict
דִין וּדבָרִים argument
הוּא הַדִּין the same applies to...
מִן הַדִּין שֶׁ it's only right that...

דיסקיתנ׳ דִּסְקִית [דִיסקִיּוֹת] dog tag
לוּחַ קָטָן וְדַק, רוֹשְׁמִים עָלָיו שֵׁם, שֵׁם מִשְׁפָּחָה וְכוּ׳:
*לְכֹל חַיָּיל יֵשׁ **דִיסקִית** עִם הַפְּרָטִים הָאִישִׁיִּים שֶׁלּוֹ.*

דיעהנ׳ דֵּעָה [דֵיעוֹת] opinion
הַשְׁקָפָה, עֶמדָה:
*יֵשׁ לִי **דֵיעָה** בּרוּרָה בִּשְׁאֵלָה זוֹ.*
לְפִי דַעְתִּי, לְדַעְתִּי in my opinion
דֵיעָה קְדוּמָה prejudice

דיפדוףז׳ דִּפְדּוּף [דִיפדוּפִים] turning over of pages
הֲפִיכָה שֶׁל דַּפִּים, מַעֲבָר מָהִיר מִדַּף לְדַף:
***מִדִּיפדוּף** בַּסֵּפֶר אִי אֶפְשָׁר לָדַעַת אִם הוּא טוֹב אוֹ רַע.*

דיפדףפ׳ דִּפְדֵּף turned over (pages), leafed
הָפַךְ אֶת הַדַּפִּים בַּסֵּפֶר:
*הַתַּלְמִיד **דִיפדֵף** בַּסֵּפֶר בְּלִי לִקרוֹא בּוֹ.*
לְדַפְדֵף בְּ- / ד.פ.ד.ף, פִּיעֵל / דִיפְדַפְתִּי, מְדַפדֵף, אֲדַפְדֵף

דיקדוקז׳ דִּקְדּוּק grammar
תּוֹרַת הַחוּקִים שֶׁל שָׂפָה:
*כַּאֲשֶׁר לוֹמְדִים שָׂפָה, צָרִיךְ לִלמוֹד גַּם אֶת הַ**דִּיקדוּק** שֶׁלָּה.*

דיקדקפ׳ דִּקְדֵּק was precise/strict
דִייֵק מְאוֹד, שָׂם לֵב לְכֹל הַפְּרָטִים:
*הוּא חוֹקֵר טוֹב, הוּא **מְדַקדֵק** בְּכֹל הַדבָרִים. / הַמְנַהֵל **דִיקדֵק** מְאוֹד עִם הָעוֹבדִים.*
לְדַקדֵק בְּ-, עִם- / ד.ק.ד.ק, פִּיעֵל / דִיקדַקתִּי, מְדַקדֵק

דיקלוםז׳ דִּקְלוּם [דִיקלוּמִים] recitation
קְרִיאָה בְּקוֹל רָם שֶׁל סִפרוּת, שִׁירָה וְכוּ׳:
***דִיקלוּם** שִׁירָה הָיָה מְקוּבָּל מְאוֹד בְּיַלדוּתִי.*

דיקלםפ׳ דִּקְלֵם recited
קָרָא בְּקוֹל רָם קִטעֵי סִפְרוּת, שִׁירָה וְכוּ׳:
*הוּא **דִיקְלֵם** בַּמְּסִיבָּה שִׁיר, שֶׁהוּא כָּתַב.*
לְדַקלֵם אֶת- / ד.ק.ל.ם, פִּיעֵל / דִיקלַמתִּי, מְדַקְלֵם, יְדַקְלֵם

דירז׳ דִּיר [דִירִים] shed, pen
"הַבַּיִת" שֶׁל בַּעֲלֵי חַיִּים כְּמוֹ עִיזִּים, חֲזִירִים וְכוּ׳:
*הַחֶדֶר הַזֶּה נִראֶה כְּמוֹ דִיר **חֲזִירִים**.*

דירבןפ׳ דִּרְבֵּן urged, proded
גָּרַם לְמִישֶׁהוּ לִפעוֹל (אוֹ לְהַצלִיחַ וְכוּ׳):
*הַהַצלָחָה **דִירבְּנָה** אוֹתִי לְהַצלִיחַ יוֹתֵר.*
לְדַרבֵּן אֶת- / ד.ר.ב.ן, פִּיעֵל / דִירבַּנתִּי, מְדַרבֵּן, יְדַרבֵּן

דירגפ׳ דֵּרֵג graded
חִילֵּק דבָרִים לְפִי סֵדֶר חֲשִׁיבוּת, דַרגָה, קוֹשִׁי...:
*אֲנִי **מְדָרֵג** אֶת נוֹשְׂאֵי הַלִּימוּדִים לְפִי הַקּוֹשִׁי.*
לְדָרֵג אֶת- / ד.ר.ג, פִּיעֵל / דֵירַגתִּי, מְדָרֵג, יְדָרֵג, דָרֵג!

דירדרפ׳ דִּרְדֵּר rolled down
1. גִּילגֵּל לְמַטָּה:
*הוּא **מְדַרדֵר** אֲבָנִים עַל הַהוֹלְכִים בַּכְּבִישׁ.*
2. הֵבִיא מַשֶּׁהוּ לְמַצָּב רַע יוֹתֵר: deteriorated
*הַמִּלְחָמָה **דִירדְרָה** אֶת הַמַּצָּב הַכַּלְכָּלִי.*
לְדַרדֵר אֶת- / ד.ר.ד.ר, פִּיעֵל / דִירדַרתִּי, מְדַרדֵר, יְדַרדֵר

דירהנ׳ דִּירָה [דִירוֹת] apartment
יְחִידָה לִמגוּרִים בְּתוֹךְ בִּניָין:
*מִשְׁפַּחַת שָׁמִיר גָּרָה **בְּדִירָה** 6 בְּקוֹמָה שְׁלִישִׁית.*

דירוגנ׳ דֵרוּג [דֵירוּגִים] scale, classification
סִידוּר לְפִי תַפקִיד, מַשׂכּוֹרֶת וְכוּ׳:
*לְפִי **הַדֵירוּג** הֶחָדָש שֶל הָעוֹבדִים מַגִיעַ לִי יוֹתֵר כֶּסֶף.*

דישדשפ׳ דִשְדֵש treaded, trampled
דָרַך בְּרַגלַיִים:
*אֲנִי לֹא עוֹשֶׂה כּלוּם סתָם **מְדַשדֵש** בְּרַגלַיִים בַּחוֹל.*
(מֶטָאפוֹרָה) מְדַשדֵש בְּמָקוֹם אֶחָד - לֹא מִתקַדֵם:
*הָעֲבוֹדָה אֵינָה מִתקַדֶמֶת, אֲנַחנוּ **מְדַשדְשִים** בְּאוֹתוֹ מָקוֹם.*
לְדַשדֵש / ד.ש.ד.ש, פִּיעֵל / דִישדַשתִי, מְדַשדֵש, יְדַשדֵש

דלת׳ דַל poor
עָנִי, שֶאֵין לוֹ כֶּסֶף וְכוּ׳:
*בֵּיתִי קָטָן **וָדַל**.*
דַלָה, דַלִים, דַלוֹת

דלוחת׳ דָלוּחַ murky
לֹא צָלוּל, לֹא שָקוּף:
*הַמַיִם בַּבּרֵיכָה **דלוּחִים**.*
דלוּחָה, דלוּחִים, דְלוּחוֹת

דלוקת׳ דָלוּק burning
1. יֵש אוֹר, בּוֹעֵר:
*בַּחוֹשֶך נוֹסעוֹת כֹּל הַמכוֹנִיוֹת בְּאוֹרוֹת **דלוּקִים**.*
2. (בִּלשוֹן הַדִיבּוּר) רוֹצֶה מְאוֹד, אוֹהֵב: crazy about
*הוּא **דָלוּק** עַל רוּתִי.*
דָלוּק, דלוּקִים, דלוּקוֹת

דלותנ׳ דַלוּת poverty
עוֹנִי, חוֹסֶר, מְעַט מְאוֹד:
*הוּא עָבַד קָשֶה כְּדֵי לָצֵאת מִן **הַדַלוּת** שֶבְּבֵיתוֹ.*

דליז׳ דְלִי [דלָיִים] bucket
כּלִי שֶאֶפשָר לְהַעֲבִיר אוֹ לְהַחֲזִיק בּוֹ מַיִם:
***הַדלִי** הִתהַפֵּך, וְהַמַיִם נִשפְּכוּ.*

דלילת׳ דָלִיל thin
לֹא צָפוּף, אֵין הַרְבֵּה בְּמָקוֹם אֶחָד:
*הַמָרָק הַזֶה **דָלִיל**, הוּא כְּמוֹ מַיִם. / יֵש לוֹ שְׂעָרוֹת **דלִילוֹת**.*
דלִילָה, דלִילִים, דלִילוֹת

דליפהנ׳ דְלִיפָה [דלִיפוֹת] leak
טִיפטוּף, נְזִילָה אִיטִית:
*מוּכרָחִים לְתַקֵן אֶת **הַדלִיפָה** בַּגַג.*

דליקת׳ דָלִיק flammable
שֶנִדלָק בְּקַלוּת, שֶהָאֵש נִתפֶּסֶת בּוֹ בְּקַלוּת:
*הָאֶבֶן הִיא חוֹמֶר לֹא **דָלִיק**.*
דלִיקָה, דלִיקִים, דְלִיקוֹת

דליקהנ׳ דְלֵקָה [דלֵיקוֹת] fire
שְׂרֵיפָה, אֵש:
*מְכַבֵּי־אֵש כִּיבּוּ אֶת **הַדְלֵיקָה**, שֶפָּרצָה בַּבִּניָין.*

דלעילת״פ דִלְעֵיל the above
(מֵאֲרָמִית) שֶלְמַעלָה, מַה שֶנִכתַב קוֹדֶם:
*לְפִי הַכָּתוּב **דלעֵיל** אַתָה מַסכִּים לְהַשׂכִּיר אֶת הַבַּיִת.*

דלעתנ׳ דְלַעַת [דלוּעִים] pumpkin
פְּרִי גָדוֹל - כָּתוֹם, מְבַשלִים בַּמָרָק וְכוּ׳:
***דלַעַת** לֹא מְבוּשֶלֶת אֵינָה טְעִימָה.*

דלףפ׳ דָלַף trickled
1. טִיפטֵף, נָזַל לְאַט:
*הַגֶשֶם **דוֹלֵף** כֹּל הַיוֹם.*
2. (מֶטָאפוֹרָה) יָצָא בּלִי רְשוּת: leaked out
*הַיִדִיעָה הַזֹאת **דָלפָה** מִישִיבַת הַמֶמשָלָה.*
לִדלוֹף / ד.ל.ף, פָּעַל / דָלפוּ, דוֹלֵף, יִדלוֹף, דלוֹף!

דלפוןז׳ דַלְפוֹן [דַלפוֹנִים] poverty-stricken
עָנִי, שֶאֵין לוֹ כִּמעַט שוּם דָבָר:
*הוּא **דַלפוֹן** - בְּקוֹשִי יֵש לוֹ כֶּסֶף לְאוֹכֶל.*

דלפקז׳ דֶלְפֵּק [דֶלפֵּקִים] counter
שוּלחָן צַר וְאָרוֹך בַּחֲנוּת, בְּבָר וְכוּ׳:
*מִצַד אֶחָד שֶל **הַדֶלפֵּק** עוֹמֵד הַמוֹכֵר, וּמִן הָאַחֵר - הַקוֹנֶה.*

דלקפ׳ דָלַק was burning
1. בָּעַר:
*הַתַנוּר **דוֹלֵק** כֹּל הַיוֹם.*
2. רָדַף אַחֲרֵי: chased
*הַחַיָילִים **דָלקוּ** אַחֲרֵי הַמְחַבּלִים.*
לִדלוֹק אַחֲרֵי- / ד.ל.ק, פָּעַל / דָלַקתִי, דוֹלֵק, יִדלוֹק

דלקז׳ דֶלֶק fuel
נוֹזֵל מִן הָאֲדָמָה, מְשַמֵש לְחִימוּם, לִמכוֹנִיוֹת וְכוּ׳:
*קָנִיתִי **דֶלֶק** לַמכוֹנִית בְּתַחֲנַת **דֶלֶק**.*
תַחֲנַת־דֶלֶק gas station

דלקתנ׳ דַלֶקֶת [דַלָקוֹת] inflammation
מַחֲלָה בְּאֶחָד מֵחֶלקֵי הַגוּף, כּוֹלֶלֶת חוֹם וּנפִיחוּת:
*בְּכֹל חוֹרֶף אֲנִי סוֹבֵל **מִדַלֶקֶת** בָּאוֹזנַיִים.*
דַלֶקֶת גָרוֹן sore throat, laryngitis

דלקתית׳ דַּלַּקְתִּי — inflammatory
שֶׁיֵּשׁ בּוֹ דַּלֶּקֶת, שֶׁיֵּשׁ חוֹם, נְפִיחוּת בְּחֵלֶק שֶׁל הַגּוּף:
*לְפִי בְּדִיקַת הַדָּם יֵשׁ סִימְפְּטוֹמִים **דַּלַּקְתִּיִּים** בַּגּוּף.*
דַּלַּקְתִּית, דַּלַּקְתִּיִּים, דַּלַּקְתִּיּוֹת

דלתנ׳ דֶּלֶת [דְּלָתוֹת] — door
סוֹגֶרֶת אוֹ פּוֹתַחַת אֶת הַכְּנִיסָה לְחֶדֶר, לְבִנְיָן,...:
*פָּתַחְתִּי אֶת **הַדֶּלֶת**, וְנִכְנַסְתִּי לַחֶדֶר.*

דםז׳ דָּם — blood
נוֹזֵל אָדֹם בַּגּוּף:
*הָאִישׁ נִפְצַע בַּתְּאוּנָה וְאִיבֵּד **דָּם** רַב.*
בְּדָם קַר - בְּכַוָּונָה, מִתּוֹךְ מַחְשָׁבָה

דמהפ׳ דָּמָה — resembled
הָיָה כְּמוֹ:
*הוּא **דָּמָה** מְאוֹד לְאָבִיו.*
לִדְמוֹת לְ- / ד.מ.ה, פָּעַל / דָּמִיתִי, דּוֹמֶה, יִדְמֶה

דמוית׳ דְּמוּי — shaped, form, like
דּוֹמֶה, שֶׁהוּא כְּמוֹ-:
*יֵשׁ לוֹ רֹאשׁ **דְּמוּי** בֵּיצָה.*
דְּמוּיָה, דְּמוּיִים, דְּמוּיוֹת

דמותנ׳ דְּמוּת [דְּמוּיוֹת] — figure
1. צוּרָה, סִילוּאֶטָה:
*רָאִיתִי בַּחֹשֶׁךְ **דְּמוּת** אָדָם עוֹמֶדֶת עַל־יַד הַחַלּוֹן.*
2. אִישִׁיּוּת (הָאוֹפִי, מָה שֶׁמִּישֶׁהוּ עָשָׂה וְכוּ׳) — personality; image
***הַדְּמוּת** שֶׁל בֶּן גּוּרְיוֹן הִשְׁפִּיעָה עַל אֲנָשִׁים רַבִּים.*
***הַדְּמוּת** בָּרוֹמָן מַזְכִּירָה לִי אוֹתוֹ.*

דמיז׳ דְּמִי
בִּדְמִי יָמָיו - בְּאֶמְצַע הַחַיִּים: — in the prime of his life
*הוּא מֵת **בִּדְמִי יָמָיו**.*
בִּדְמִי הַלַּיְלָה - בַּשֶּׁקֶט שֶׁל הַלַּיְלָה: — in the still of the night
שָׁמַעְתִּי צְעָקָה בִּדְמִי הַלַּיְלָה.

דמיון ר׳ דימיון

דמיםז״ר דָּמִים — money, payment
כֶּסֶף, תַּשְׁלוּם:
*הוּא לֹא שִׁילֵּם לִי עֲדַיִין אֶת **דְּמֵי** הַהַרְצָאָה.*
דְּמֵי־מַפְתֵּחַ — key money
דְּמֵי־חֲנוּכָּה — Hanukka gift
דְּמֵי־כִּיס — allowance
דְּמֵי־כְּנִיסָה — admission fee
דְּמֵי־קְדִימָה — deposit, advance payment

דמםפ׳ דָּמַם — was silent
1. שָׁתַק:
*בִּזְמַן הַחֲדָשׁוֹת בְּרַדְיוֹ כּוּלָם **דָּמְמוּ**.*
2. הִפְסִיק לִפְעוֹל: — stilled, stopped working
*הַמָּנוֹעַ שֶׁל הַמְּכוֹנִית **דָּמַם**.*
לִדְמוֹם / ד.מ.ם, פָּעַל / דָּמְמוּ, דּוֹמֵם, יִדְמוֹם

דממהנ׳ דְּמָמָה — silence
שֶׁקֶט, שְׁתִיקָה:
*בִּזְמַן הַהַצָּגָה צְרִיכָה לִהְיוֹת **דְּמָמָה**.*
דְּמָמַת מָוֶות - שֶׁקֶט אַבְּסוֹלוּטִי

דמעהנ׳ דִּמְעָה [דְּמָעוֹת] — tear
הַנּוֹזֵל שֶׁל הָעֵינַיִים:
*הַיֶּלֶד בָּכָה **בִּדְמָעוֹת** מִכְּאֵב וּמִצַּעַר.*

דןפ׳ דָּן — judged
1. שָׁפַט, הֶחְלִיט עַל עוֹנֶשׁ:
*בֵּית הַמִּשְׁפָּט **דָּן אֶת** הַנֶּאֱשָׁם לְחָמֵשׁ שְׁנוֹת מַאֲסָר.*
2. בֵּירֵר עִנְיָין, הִתְוַוכֵּחַ וְכוּ׳: — discussed
*רֹאשׁ הָעִיר **דָּן בִּשְׁאֵלַת** הַמִּסִּים.*
לָדוּן אֶת-, בְּ- / ד.ו.ן, פָּעַל / דַּנְתִּי, דָּן, אָדוּן, יָדוּן, דּוּן!

דעךפ׳ דָּעַךְ — faded away
הָלַךְ וְנַעֲשָׂה חַלָּשׁ מְאוֹד (בְּעִיקָר אוֹר, נֵר):
*הַנֵּרוֹת **דּוֹעֲכִים**, עוֹד מְעַט יִהְיֶה חוֹשֶׁךְ. / אֶפְשָׁר הָיָה לִרְאוֹת אֵיךְ הַחוֹלֶה **דּוֹעֵךְ** מֵרֶגַע לְרֶגַע.*
לִדְעוֹךְ / ד.ע.ך, פָּעַל / דָּעַכְתִּי, דּוֹעֵךְ, אֶדְעַךְ, יִדְעַךְ

דעתנ׳ דַּעַת — knowledge
(דֵּיעָה, בְּעִיקָר בְּבִיטּוּיִים): חוֹכְמָה, הַשְׂכָּלָה:
*בָּאוּנִיבֶרְסִיטָה קוֹנִים **דַּעַת** = מְקַבְּלִים הַשְׂכָּלָה.*
שָׁקַל בְּדַעְתּוֹ — considered
עַל דַּעַת עַצְמוֹ — on his own accord
עַל דַּעְתּוֹ — with his consent
נָתַן אֶת הַדַּעַת — attended to
מִתְקַבֵּל עַל הַדַּעַת — makes sense, reasonable
גִּילּוּי־דַּעַת — statement, manifesto
דַּעַת־קָהָלנ׳ — public opinion
הַהַשְׁקָפוֹת שֶׁל הַצִּיבּוּר:
***דַּעַת הַקָּהָל** הִשְׁפִּיעָה עַל מְדִינִיּוּת הַמֶּמְשָׁלָה.*

דףז׳ דַּף [דַּפִּים] — page, sheet of paper
טוֹפֶס, נְיָיר לִכְתִיבָה אוֹ לִקְרִיאָה:
*קַח **דַּף** נְיָיר, וְתִרְשׁוֹם אֶת הַטֶּלֶפוֹן וְאֶת הַכְּתוֹבֶת שֶׁלִּי.*

דפדפתנ׳ דַּפְדֶּפֶת [דַּפְדָּפוֹת] — leaf loose notebook
מַחְבֶּרֶת לְמִכְתָּבִים:
*אֲנִי לֹא מִשְׁתַּמֵּשׁ בְּמַחְבָּרוֹת רְגִילוֹת אֶלָּא **בְּדַפְדָּפוֹת**.*

דפוסז׳ דְּפוּס [דפוּסים] print
האותיות של הספרים או העיתונים:
*הַ**דפוּס** שֶׁל הַסֵּפֶר לֹא בָּרוּר.*
דפוּסֵי חַיִּים - מִנְהֲגֵי חַיִּים, הַדֶּרֶךְ שֶׁחַיִּים בָּהּ

דפוקת׳ דָּפוּק hammered (adj.)
(שֶׁהִיכּוּ אוֹתוֹ):
1. נִמְצָא בְּתוֹךְ -:
*הַמַּסְמְרִים **דפוּקִים** לַקִּיר.*
2. (לשון דיבור) לֹא מוּצְלָח: has a screw loose
*הַשֵּׂכֶל שֶׁלּוֹ **דָּפוּק**.*
3. (לשון דיבור) מְסֻכָּן: screwed up
*אֲנַחְנוּ **דפוּקִים** - הַמַּשְׂכּוֹרֶת שֶׁלָּנוּ הֲכִי נְמוּכָה.*
דפוּקָה, דפוּקִים, דפוּקוֹת

דפיקהנ׳ דְּפִיקָה [דפִיקוֹת] knock
1. קוֹל, מַכָּה עַל דֶּלֶת אוֹ עַל מַשֶּׁהוּ אַחֵר:
*שָׁמַעְתִּי **דפִיקָה** חֲזָקָה עַל הַדֶּלֶת.*
2. כִּישָׁלוֹן (לשון דיבור): blow
*לֹא הִצְלַחְתִּי בַּבְּחִינָה, זֹאת הָיְתָה **דפִיקָה** רְצִינִית.*
3. (לשון וולגרית) קִיּוּם יַחֲסֵי מִין: fuck (vulgar)
*הוּא מְחַפֵּשׂ **דפִיקָה**.*
דפִיקוֹת לֵב heartbeats

דפקפ׳ דָּפַק knocked
1. הִיכָּה עַל מַשֶּׁהוּ (דֶּלֶת, קִיר וְכוּ׳):
*מֹשֶׁה **דָּפַק עַל** הַדֶּלֶת, אֲבָל אַף אֶחָד לֹא עָנָה.*
2. "סִידֵּר" אוֹתוֹ: ‘screwed’
*הַמְּנַהֵל **דָּפַק אוֹתוֹ** - בִּיטֵּל לוֹ אֶת הַחוּפְשָׁה.*
3. (לשון וולגרית) קִיֵּים יַחֲסֵי מִין: fucked (vulgar)
*הוּא רָצָה **לִדְפּוֹק** אוֹתָהּ.*

ד"צ ר"ת דואר־צבאי

דקת׳ דַּק thin
לֹא עָבֶה:
*כָּתַבְתִּי מִכְתָּב עַל נְיָיר **דַּק**, וְשָׁלַחְתִּי אוֹתוֹ בְּדוֹאַר־אֲוִויר.*
דַּקָּה, דַּקִּים, דַּקּוֹת

דקדקןז׳ דַּקְדְּקָן [דקדקָנים] pedantic
1. מִי שֶׁשָּׂם לֵב לְכָל פְּרָט:
*הוּא **דַּקְדְּקָן**, בָּעֲבוֹדוֹת שֶׁלּוֹ אֵין אַף טָעוּת.*
2. מִי שֶׁעוֹסֵק בְּדִיקְדּוּק שֶׁל הַשָּׂפָה: grammarian
*הוּא הָיָה **דַּקְדְּקָן** וְכָתַב סֵפֶר דִּיקְדּוּק.*

דקהנ׳ דַּקָּה [דַקּוֹת] minute
יְחִידָה שֶׁל זְמַן, 60 שְׁנִיּוֹת:
*בְּשָׁעָה יֵשׁ שִׁישִּׁים **דַּקּוֹת**.*

דקורת׳ דָּקוּר stabbed (adj.)
שֶׁדָּקְרוּ אוֹתוֹ (בְּסַכִּין בְּמַחַט וְכוּ׳):
*דַּפֵּי הַסֵּפֶר **דְּקוּרִים**, כְּאִילּוּ מִישֶׁהוּ כָּעַס עַל מַה שֶּׁכָּתוּב.*
דקוּרָה, דקוּרִים, דקוּרוֹת

דקותנ׳ דַּקּוּת thinness
1. כְּשֶׁמַּשֶּׁהוּ דַּק מְאוֹד, עָדִין, לֹא עָבֶה:
*אָהַבְתִּי אֶת **דַּקּוּת** הַגִּיזְרָה שֶׁל הָרַקְדָנִית.*
2. עֲדִינוּת, רְגִישׁוּת: subtlety
***דַּקּוּת** הָרֶגֶשׁ בּוֹלֶטֶת בַּשִּׁירִים שֶׁל רָחֵל.*

דקיקת׳ דַּקִּיק very thin
דַּק מְאוֹד, רָזֶה מְאוֹד:
*יֵשׁ לָהּ גּוּף **דַּקִּיק** - הִיא רַקְדָנִית בַּלֶּט.*
דַּקִּיקָה, דַּקִּיקִים, דַּקִּיקוֹת

דקירהנ׳ דְּקִירָה [דקִירוֹת] pricking, stabbing
פְּגִיעָה שֶׁל מַכְשִׁיר חַד וְדַק בַּגּוּף:
*לֹא הִרְגַּשְׁתִּי אֶת הַ**דְּקִירָה**, כְּשֶׁהָרוֹפֵא עָשָׂה לִי זְרִיקָה.*

דקלז׳ דֶּקֶל [דקָלים] palm tree
עֵץ שֶׁהַגֶּזַע שֶׁלּוֹ גָּבוֹהַּ וְחָלָק, בַּקָּצֶה יֵשׁ לוֹ עָלִים רְחָבִים מְאוֹד:
*הַ**דְּקָלִים** צוֹמְחִים בְּסוּרְיָה, בְּמִצְרַיִם וּבִמְקוֹמוֹת אֲחֵרִים עַל־יַד מִדְבָּר.*

דקרפ׳ דָּקַר stabbed
פָּצַע בְּמַכְשִׁיר חַד:
*הַיֶּלֶד **דָּקַר אֶת** עַצְמוֹ בְּסַכִּין חַד.*
לִדקוֹר אֶת- / ד.ק.ר, פָּעַל / דָּקַרְתִּי, דּוֹקֵר, יִדקוֹר, דקוֹר!

דרפ׳ דָּר resided, dwelled
(לָשׁוֹן סִפְרוּתִית) גָּר:
*הוּא **דָּר** בְּבַיִת אֶחָד עִם הוֹרֵי אִשְׁתּוֹ.*
לָדוּר / ד.ו.ר, פָּעַל / דַּרְתִּי, דָּר, אָדוּר, יָדוּר, דוּר!

דרגז׳ דֶּרֶג [דרָגים] rank, level
דַּרְגָּה, מָקוֹם בַּהִירַרְכְיָה:
*הַ**דֶּרֶג** הַגָּבוֹהַּ בַּצָּבָא אַחְרַאי לַבִּיטָּחוֹן.*

דרגהנ׳ דַּרְגָּה [דרגוֹת] rank
מַעֲמָד בַּצָּבָא אוֹ בָּעֲבוֹדָה:
*הַחַיָּיל קִיבֵּל **דַּרְגָּה** שֶׁל קָצִין בְּסוֹף הַקּוּרְס.*
עֲלִיָּיה בְּדַרְגָּה promotion

דרדרז׳ דַּרְדַּר [דרדָרים] thistle, centaury
מִין קוֹץ:
*בַּקַּיִץ הַשָּׂדֶה מָלֵא קוֹצִים **וְדַרְדָּרִים**.*

דרוזי ז"ר/ת דְּרוּזִי [דרוזים] — Druze
קְבוּצָה שֶׁל עֲרָבִים, שֶׁיֵּשׁ לָהֶם דָּת מְיוּחֶדֶת:
בַּכַּרְמֶל וּבַגָּלִיל יֵשׁ כְּפָרִים שֶׁל ***דרוזים***.
דרוזית, דרוזיים, דרוזיות

דרוך ת׳ דָּרוּךְ — tense
1. מָתוּחַ, עַצְבָּנִי:
הוּא ***דרוך*** *מְאוֹד לִפְנֵי הַהִתְחָרוּת.*
2. מוּכָן לִפְעוּלָה: — cocked (weapon) (adj.)
הָרוֹבֶה ***דרוך*** *- לְחִיצָה עַל הַהֶדֶק, וְהוּא יוֹרֶה.*
דרוכה, דרוכים, דרוכות

דרום ז׳ דָּרוֹם — south
צַד יָמִין שֶׁל מִי שֶׁעוֹמֵד מוּל הַשֶּׁמֶשׁ בַּבּוֹקֶר:
הַחַלּוֹן בַּחֶדֶר פּוֹנֶה לְצַד ***דָּרוֹם***.
דָרוֹמָה — southbound

דרומי ת׳ דְּרוֹמִי — southern
נִמְצָא אוֹ בָּא מִצַּד דָּרוֹם:
הָרוּחַ ***הַדְּרוֹמִית*** *הִיא רוּחַ חַמָּה.*
דרומית, דרומיים, דרומיות

דרור ז׳ דְּרוֹר — freedom
1. חוֹפֶשׁ:
אֲנַחְנוּ רוֹצִים לִחְיוֹת חַיִּים שֶׁל ***דְּרוֹר***.
2. צִיפּוֹר קְטַנָּה בְּצֶבַע חוּם וְאָפוֹר: — sparrow
אֲנִי אוֹהֵב לְהִסְתַּכֵּל ***בַּדְּרוֹרִים*** *שֶׁעַל הָעֵץ.*

דרוש ת׳ דָּרוּשׁ — required/needed (adj.)
צְרִיכִים אוֹתוֹ:
לַמִּשְׂרָד ***דָּרוּשׁ*** *פָּקִיד נוֹסָף.*
דרושה, דרושים, דרושות

דריכה נ׳ דְּרִיכָה — treading
הַפְּעוּלָּה שֶׁל הֲרָמָה וְהוֹרָדָה שֶׁל הָרֶגֶל:
בְּפַנְטוֹמִימָה נִרְאֵית ***דְּרִיכָה*** *בְּמָקוֹם כְּמוֹ הֲלִיכָה.*

דריכות נ׳ דְּרִיכוּת — readiness
הַמַּצָּב שֶׁמִּישֶׁהוּ עוֹמֵד מוּכָן וּמְחַכֶּה לְסִימָן.
הַחַיָּילִים הָיוּ בְּמַצָּב שֶׁל ***דְּרִיכוּת*** *לִפְנֵי הַקְּרָב.*

דריסת־רגל ב׳ דְּרִיסַת־רֶגֶל — fothold
כְּשֶׁהָרֶגֶל נוֹגַעַת בַּדֶּרֶךְ בִּזְמַן הֲלִיכָה.
(מֶטָאפוֹרָה) הָרְשׁוּת לְהִיכָּנֵס לְמָקוֹם כָּלְשֶׁהוּ:
אֵין לוֹ ***דְּרִיסַת רֶגֶל*** *בְּבֵיתִי.*

דרישה נ׳ דְּרִישָׁה [דרישות] — demand
פְּנִיָּיה כְּדֵי לְקַבֵּל דְּבַר־מָה: הַמֶּמְשָׁלָה לֹא קִיבְּלָה אֶת **הַדְּרִישָׁה** שֶׁל הַמּוֹרִים.

דרישת־שלום נ׳ דְּרִישַׁת־שָׁלוֹם [דְּרִישׁוֹת־שָׁלוֹם] — regards
בִּרְכַּת־שָׁלוֹם, שֶׁמּוֹסְרִים בְּשֵׁם מִישֶׁהוּ:
מֹשֶׁה מָסַר ***דְּרִישַׁת שָׁלוֹם*** *(ד"ש) לַחֲבֵרִים בִּירוּשָׁלַיִם.*

דרך פ׳ דָּרַךְ — stepped
1. עָבַר בַּדֶּרֶךְ:
אָסוּר ***לִדְרוֹךְ*** *עַל הַדֶּשֶׁא.*
2. הֵכִין נֶשֶׁק (רוֹבֶה, אֶקְדָּח וְכוּ'): — cocked (a weapon)
הוּא ***דָּרַךְ*** *אֶת הָרוֹבֶה וְיָרָה.*
לִדְרוֹךְ אֶת-, עַל- / ד.ר.ך, פָּעַל / דָּרַכְתִּי, דּוֹרֵךְ, יִדְרוֹךְ, דְּרוֹךְ!

דרך נ׳ דֶּרֶךְ [דרכים] — road, way
1. הוֹלְכִים אוֹ נוֹסְעִים בָּהּ מִמָּקוֹם לְמָקוֹם:
מָצָאתִי ***דֶּרֶךְ*** *קְצָרָה לְהַגִּיעַ מִן הַבַּיִת לָעֲבוֹדָה.*
2. מִצַּד אֶחָד שֶׁל מַשֶּׁהוּ לַצַּד הָאַחֵר: — through
רָאִיתִי אֶת הַיֶּלֶד ***דֶּרֶךְ*** *הַחַלּוֹן.*
3. בְּצוּרָה, בְּאוֹפֶן: — manner
הוּא סִיפֵּר אֶת הַסִּיפּוּר ***בְּדֶרֶךְ*** *מְעַנְיֶינֶת.*
דֶּרֶךְ־אַגַּב בְּהִזְדַּמְּנוּת זֹאת: — by the way
דִּיבַּרְתִּי עִם דָּן. ***דֶּרֶךְ אַגַּב****, הוּא יִהְיֶה מָחָר בְּתֵל־אָבִיב.*
בְּדֶרֶךְ כְּלָל - כִּמְעַט תָּמִיד: — usually
בְּדֶרֶךְ כְּלָל אֲנִי קָם בְּשָׁעָה 7.00.
דֶּרֶךְ־אֶרֶץ — respect
דֶּרֶךְ־הַמֶּלֶךְ — main road
דֶּרֶךְ צְלֵחָה! — Farewell!

דרכון ז׳ דַּרְכּוֹן [דרכונים] — passport
תְּעוּדָה לְנוֹסְעִים לְחוּ"ל, פַּסְפּוֹרְט:
עִם ***דַּרְכּוֹן*** *יִשְׂרְאֵלִי אִי אֶפְשָׁר לְהִיכָּנֵס לְאַרְצוֹת עֲרָב.*

דרס פ׳ דָּרַס — ran over
עָלָה עַל מִישֶׁהוּ (אוֹ מַשֶּׁהוּ) וּפָגַע בּוֹ:
הַמְּכוֹנִית נָסְעָה מַהֵר ***וְדָרְסָה אֶת*** *הֶחָתוּל.*
לִדְרוֹס אֶת- / ד.ר.ס, פָּעַל / דָּרַסְתִּי, דּוֹרֵס, יִדְרוֹס, דְּרוֹס!

דרש פ׳ דָּרַשׁ — demanded
תָּבַע, אָמַר שֶׁצָּרִיךְ:
דָּוִיד ***דָּרַשׁ*** *מִמֶּנִּי לָצֵאת מִן הֶחָצֵר.*
דָּרַשׁ בְּשָׁלוֹם - שָׁאַל אֵיךְ מִישֶׁהוּ מַרְגִּישׁ. — sent regards to...
לִדְרוֹשׁ אֶת- / ד.ר.ש, פָּעַל / דָּרַשְׁתִּי, דּוֹרֵשׁ, יִדְרוֹשׁ,

דרשה נ׳ דְּרָשָׁה [דְּרָשׁוֹת] — sermon
הַרְצָאָה בְּבֵית הַכְּנֶסֶת:
הַדְּרָשָׁה *שֶׁל הָרַב בְּשַׁבָּת הָיְתָה מְעַנְיֶינֶת וַחֲשׁוּבָה.*

ד"ש ר"ת דרישת שלום ר׳

דשפ׳ דָּש beat, trampled

1. הֵסִיר אֶת הַקְּלִיפָּה מִגַּרְעִינִים שֶׁעוֹשִׂים מֵהֶם קֶמַח:
__דשנו__ אֶת הַשִּׁיבּוֹלִים, וְהֵכַנּוּ אוֹתָן לִטְחִינָה.
2. (מֶטָאפוֹרָה) עָסַק זְמַן רַב בְּאוֹתוֹ עִנְיָין:
כְּבָר __דשנו__ בְּנוֹשֵׂא זֶה, בּוֹא נְדַבֵּר עַל מַשֶּׁהוּ אַחֵר.
לָדוּשׁ אֶת- / ד.ו.ש, פָּעַל / דָּשִׁים, דָּשׁ, יָדוּשׁ

דשאז׳ דֶּשֶׁא [דְשָׁאִים] lawn, grass

עֵשֶׂב יָרוֹק, גָּדֵל בַּגִּינָה:
__הַדֶּשֶׁא__ שֶׁל הַשָּׁכֵן יָרוֹק יוֹתֵר.

דשןז׳ דֶּשֶׁן [דְשָׁנִים] fertilizer

חוֹמֶר (כִּימִי אוֹ אוֹרְגָנִי) שֶׁמְּפַזְּרִים בַּשָּׂדֶה:
בִּגְלַל __הַדֶּשֶׁן__ הַפְּרָחִים בַּגִּינָה שֶׁלִּי יָפִים כׇּל־כָּךְ.

דתנ׳ דָּת [דָתוֹת] religion

אֱמוּנָה:
לְפִי חוּקֵי __הַדָּת__ הַיְּהוּדִית אָסוּר לֶאֱכוֹל בָּשָׂר עִם חָלָב.
הַדָּת הַיְּהוּדִית/הַדָּת הַנּוֹצְרִית/הַדָּת הַמּוּסְלְמִית

דתית׳ דָּתִי religious

מִי שֶׁשּׁוֹמֵר עַל חוּקֵי הַדָּת וּמַאֲמִין בָּהּ:
דָּן גָּר בִּשְׁכוּנָה __דָתִית__ וְלוֹמֵד בְּבֵית סֵפֶר __דָתִי__.

ה

ה 5th letter of Heb. alphabet
הֵא, הָאוֹת הַחֲמִישִׁית בָּאָלֶפְבֵּית הָעִבְרִי. מְסַמֶּנֶת שֵׁם מִסְפָּר – 5, חֲמִישִׁי/חֲמִישִׁית:
הוּא בֶּן 10, וְהוּא לוֹמֵד בְּכִיתָּה ה'.

ה, הַ/הָ the
ה' הַיְדִיעָה [בָּאָה לִפְנֵי שֵׁם עֶצֶם אוֹ שֵׁם תּוֹאַר יְדוּעִים, סְפֶּצִיפִיִּים]:
קָנִיתִי סֵפֶר, הַסֵּפֶר עַל הַשּׁוּלְחָן.

ה' (סִימָן לְשֵׁם אדוניי) ר' אדוניי God (abbr.)

האדיםפ׳ הֶאֱדִים reddened
נַעֲשָׂה אָדוֹם:
*הַשֶּׁמֶשׁ יָרְדָה לַיָּם, וְהַשָּׁמַיִם **הֶאֱדִימוּ**.*
לְהַאֲדִים / א.ד.ם, הִפְעִיל / הֶאֱדַמְתִּי, מַאֲדִים, אַאֲדִים

האזיןפ׳ הֶאֱזִין listened
שָׁמַע, הִקְשִׁיב:
*הוּא **הֶאֱזִין** לַחֲדָשׁוֹת בָּרַדְיוֹ.*
לְהַאֲזִין לְ- / א.ז.ן, הִפְעִיל / הֶאֱזַנְתִּי, מַאֲזִין, יַאֲזִין, הַאֲזֵן!

האזנהנ׳ הַאֲזָנָה listening
שְׁמִיעָה בִּתְשׂוּמֶת לֵב, פְּעוּלַּת הַמַּקְשִׁיב:
*הִיא עֲסוּקָה **בְּהַאֲזָנָה** לַחֲדָשׁוֹת בָּרַדְיוֹ.*
הַאֲזָנַת סֵתֶר 'bugging'

האטפ׳ הֵאֵט slowed down
עָשָׂה לְאַט יוֹתֵר:
*הוּא **הֵאֵט אֶת** הַקֶּצֶב (הַטֶּמְפּוֹ) שֶׁל הָעֲבוֹדָה.*
לְהָאֵט אֶת- / א.ט.ט, הִפְעִיל / הֵאַטְתִּי, מֵאֵט, יָאֵט, הָאֵט!

האטהנ׳ הֲאָטָה slowdown
הַקְטָנָה שֶׁל מְהִירוּת:
*יֵשׁ **הֲאָטָה** בְּקֶצֶב הָעֲבוֹדָה.*

האיץפ׳ הֵאִיץ accelerated
גָּרַם לִמְהִירוּת גְּדוֹלָה יוֹתֵר:
***הֵאַצְתִּי** בְּדָוִד לִגְמוֹר אֶת הָעֲבוֹדָה.*
לְהָאִיץ בְּ- / א.ו.ץ, הִפְעִיל / הֵאַצְתִּי, מֵאִיץ, יָאִיץ, הָאֵץ!

האירפ׳ הֵאִיר lit up
נוֹתֵן אוֹר:
*הַמְּנוֹרָה **מְאִירָה** אֶת הַחֶדֶר.*
לְהָאִיר אֶת- / א.ו.ר, הִפְעִיל / הֵאַרְתִּי, מֵאִיר, יָאִיר, הָאֵר!
מֵאִיר עֵינַיִים - בָּרוּר מְאוֹד

האכילפ׳ הֶאֱכִיל fed
נָתַן לְמִישֶׁהוּ לֶאֱכוֹל:
*אִימָּא **מַאֲכִילָה אֶת** הַיְלָדִים.*
לְהַאֲכִיל אֶת- / א.כ.ל, הִפְעִיל / הֶאֱכַלְתִּי, מַאֲכִיל, יַאֲכִיל

האכלהנ׳ הַאֲכָלָה feeding
נְתִינָה שֶׁל אוֹכֶל:
*אַחֲרֵי **הַהַאֲכָלָה** שֶׁל הַתִּינוֹק אֲנִי עָיֵף מְאוֹד.*

האם? הַאִם? a word that introduces a question
מִילָּה הַמְסַמֶּנֶת שְׁאֵלָה:
[אַחֲרֵי הַמִּילָּה יָבוֹא מִשְׁפַּט שְׁאֵלָה]:
***הַאִם** קָרָאתָ אֶת הָעִיתּוֹן?*

האמיןפ׳ הֶאֱמִין believed
1. קִיבֵּל אֶת הַדְּבָרִים כָּאֱמֶת:
*סִיפַּרְתִּי לוֹ אֶת כָּל הָאֱמֶת, וְהוּא **הֶאֱמִין** לִי.*
2. בָּטַח בְּמִישֶׁהוּ: trusted, believed in
*הוּא **הֶאֱמִין בְּדָן**, שֶׁיִּתְגַּבֵּר עַל הַקְּשָׁיִים.*
לְהַאֲמִין בְּ-, לְ- / א.מ.ן, הִפְעִיל / הֶאֱמַנְתִּי, מַאֲמִין, יַאֲמִין

האמירפ׳ הֶאֱמִיר increased
נַעֲשָׂה יוֹתֵר:
*הַמְּחִירִים שֶׁל הַדִּירוֹת **הֶאֱמִירוּ בְּ-10%**.*
לְהַאֲמִיר / א.מ.ר, הִפְעִיל / הֶאֱמִירוּ, מַאֲמִיר, יַאֲמִיר

האנשהנ׳ הַאֲנָשָׁה personification
פֶּרְסוֹנִיפִיקַצְיָה, כְּשֶׁמְּדַבְּרִים עַל חַיּוֹת אוֹ חֲפָצִים כְּאִילּוּ הֵם בְּנֵי אָדָם:
*'הַשֶּׁמֶשׁ צוֹחֶקֶת אֵלַיי', זֹאת **הַאֲנָשָׁה** שֶׁל הַשֶּׁמֶשׁ.*

האפילפ׳ הֶאֱפִיל darkened
1. עָשָׂה שֶׁיִּהְיֶה חוֹשֶׁךְ:
***הֶאֱפַלְנוּ אֶת** הַחֶדֶר, כִּי הֶרְאוּ סֶרֶט.*
2. (מֶטָפוֹרָה) שָׂם בְּצֵל מִישֶׁהוּ: overshadowed
*הוּא הַתַּלְמִיד הַטּוֹב בְּיוֹתֵר, הוּא **מַאֲפִיל עַל** כָּל הַתַּלְמִידִים הָאֲחֵרִים.*
לְהַאֲפִיל אֶת-, עַל- / א.פ.ל, הִפְעִיל / הֶאֱפִילוּ, מַאֲפִיל

האפירפ׳ הֶאֱפִיר became gray
נַעֲשָׂה אָפוֹר, קִיבֵּל צֶבַע אָפוֹר:
*הַשְּׂעָרוֹת שֶׁלּוֹ **הֶאֱפִירוּ**.*
לְהַאֲפִיר / א.פ.ר, הִפְעִיל / הֶאֱפַרְתִּי, מַאֲפִיר, יַאֲפִיר

האפלהנ׳ הַאֲפָלָה blackout
כְּשֶׁעוֹשִׂים חוֹשֶׁךְ:
*בִּזְמַן מִלְחָמָה יֵשׁ **הַאֲפָלָה**, אֵין אוֹר בָּרְחוֹב.*

האצה נ, הָאָצָה — acceleration
זֵירוּז, מַה שֶׁנַּעֲשָׂה מַהֵר יוֹתֵר:
*יֵשׁ **הָאָצָה** בְּתַהֲלִיךְ הַשָּׁלוֹם.*

האציל פ, הֶאֱצִיל — delegated
נָתַן מִשֶּׁלוֹ (תַּפְקִיד וְכוּ'):
*מְנַהֵל טוֹב **מַאֲצִיל** תַּפְקִידִים לָעוֹבְדִים.*
לְהַאֲצִיל / א.צ.ל, הִפְעִיל / הֶאֱצַלְתִּי, מַאֲצִיל, אַאֲצִיל

הארה נ, הֶאָרָה [הֶאָרוֹת] — illumination
1. כְּשֶׁעוֹשִׂים אוֹר:
*הַ**הֶאָרָה** שֶׁל הָרְחוֹבוֹת הִיא תַּפְקִיד חֶבְרַת חַשְׁמַל.*
2. הֶסְבֵּר, פֵּירוּשׁ: — clarification
*הַמַּאֲמָר הַזֶּה צָרִיךְ **הֶאָרָה**, כִּי הוּא קָשֶׁה.*

הארחה נ, הַאֲרָחָה — hospitality
הַכְנָסַת אוֹרֵחַ (גַּם תְּמוּרַת כֶּסֶף):
*הַ**הַאֲרָחָה** שֶׁל עוֹלִים חֲדָשִׁים בַּקִּיבּוּצִים הִצְלִיחָה מְאוֹד.*
בֵּית הַאֲרָחָה - פֶּנְסְיוֹן, כְּמוֹ בֵּית מָלוֹן

האריך פ, הֶאֱרִיךְ — lengthened
1. עָשָׂה אָרוֹךְ יוֹתֵר:
***הֶאֱרַכְתִּי אֶת** הַמִּכְנָסַיִים שֶׁל דָּוִיד.*
2. נִמְשַׁךְ זְמַן רַב: — prolonged
*הוּא **הֶאֱרִיךְ בְּ**דִיבּוּר.*
3. נָתַן זְמַן נוֹסָף, דָּחָה: — extended
*הַמּוֹרֶה **הֶאֱרִיךְ אֶת** הַזְּמַן שֶׁל הַבְּחִינָה.*
לְהַאֲרִיךְ אֶת-, בְּ- / א.ר.ך, הִפְעִיל / הֶאֱרַכְתִּי, יַאֲרִיךְ

הארכה נ, הַאֲרָכָה [הַאֲרָכוֹת] — lengthening
1. כְּשֶׁעוֹשִׂים שֶׁיִּהְיֶה אָרוֹךְ יוֹתֵר:
*נָתַתִּי אֶת הַמִּכְנָסַיִים שֶׁל הַיֶּלֶד לְ**הַאֲרָכָה**.*
2. כְּשֶׁנּוֹתְנִים זְמַן נוֹסָף: — extension
*לֹא גָּמַרְנוּ אֶת הַבְּחִינָה, וְקִיבַּלְנוּ **הַאֲרָכָה**.*

הארקה נ, הַאֲרָקָה — grounding
אֶרְדּוּנְג, חִיבּוּר חוּט חַשְׁמַל לָאֲדָמָה כַּהֲגָנָה מִפְּנֵי הִתְחַשְׁמְלוּת:
*אָסוּר לְהִשְׁתַּמֵּשׁ בְּקוּמְקוּם חַשְׁמַלִּי בְּלִי **הַאֲרָקָה**.*

האשים פ, הֶאֱשִׁים — charged
1. הֵבִיא מִישֶׁהוּ לְמִשְׁפָּט:
*הַשּׁוֹטֵר **הֶאֱשִׁים אֶת** הַצָּעִיר בִּגְנֵיבָה.*
2. טָעַן שֶׁמִּישֶׁהוּ אַחֲרַאי לְמַעֲשֶׂה רַע: — accused
*הוּא **הֶאֱשִׁים אֶת** הַמְּנַהֲלִים בְּאַנְטִישֵׁמִיּוּת.*
לְהַאֲשִׁים אֶת- / א.ש.ם, הִפְעִיל / הֶאֱשַׁמְתִּי, אַאֲשִׁים

האשמה נ, הַאֲשָׁמָה [הַאֲשָׁמוֹת] — accusation
כְּשֶׁאוֹמְרִים שֶׁמִּישֶׁהוּ אָשֵׁם, שֶׁעָשָׂה מַשֶּׁהוּ אָסוּר:
*הַ**הַאֲשָׁמָה** בְּלִי סִיבָּה פּוֹגַעַת מְאוֹד.*

הב/הבה ק, הַב/הָבָה — let's
(בִּלְשׁוֹן גְּבוֹהָה) בּוֹאוּ... (לַעֲשׂוֹת מַשֶּׁהוּ):
***הָבָה** נֵצֵא לְטַיֵּיל. / '**הָבָה** נָגִילָה...'.*

הבא ת, הַבָּא — next
אַחֲרֵי הַזֶּה, זֶה שֶׁיִּהְיֶה בֶּעָתִיד:
*בַּשָּׁבוּעַ **הַבָּא** אָבוֹא לְבַקֵּר אוֹתְךָ.*
הַבָּאָה, הַבָּאִים, הַבָּאוֹת

הבאה נ, הֲבָאָה — bringing
הַעֲבָרָה מִמָּקוֹם לְמָקוֹם:
***הֲבָאַת** אוֹכֶל לְבֵית חוֹלִים אֲסוּרָה.*

הבדיל פ, הִבְדִּיל — distinguished
הִכִּיר שֶׁהַדְּבָרִים שׁוֹנִים:
*דָּוִיד וְיוֹנָתָן דּוֹמִים, קָשֶׁה **לְהַבְדִּיל** בֵּינֵיהֶם.*
לְהַבְדִּיל בֵּין- / ב.ד.ל, הִפְעִיל / הִבְדַּלְתִּי, מַבְדִּיל, הַבְדֵּל!

הבדל ז, הֶבְדֵּל [הֶבְדֵּלִים] — difference
מַשֶּׁהוּ שׁוֹנֶה:
*אֵין **הֶבְדֵּל** גָּדוֹל בֵּין הַדִּירָה בְּקוֹמָה א' לַדִּירָה בְּקוֹמָה ב'.*
הֶבְדֵּלֵי־מַעֲמָדוֹת/הֶבְדֵּלֵי חוֹם

הבדלה נ, הַבְדָּלָה — distinction
1. כְּשֶׁיּוֹדְעִים שֶׁמַּשֶּׁהוּ שׁוֹנֶה:
*צָרִיךְ שֶׁתִּהְיֶה **הַבְדָּלָה** בֵּין יְלָדִים לִמְבוּגָּרִים.*
2. בְּרָכָה שֶׁאוֹמְרִים בְּמוֹצָאֵי שַׁבָּת כְּדֵי לְהַבְדִּיל בֵּין שַׁבָּת לְבֵין יְמֵי הַשָּׁבוּעַ: — religious ceremony marking the end of the Sabbath
*אַחֲרֵי הַ**הַבְדָּלָה** מוּתָּר לְעַשֵּׁן.*

הבהיל פ, הִבְהִיל — scared
1. הִפְחִיד, עָשָׂה שֶׁיְּפַחֵד:
*הַהוֹדָעָה עַל מִלְחָמָה **הִבְהִילָה** אוֹתִי.*
2. גָּרַם לְמִישֶׁהוּ לְמַהֵר, זֵירֵז: — rushed
***הִבְהַלְנוּ אֶת** הַחוֹלֶה לְבֵית הַחוֹלִים.*
לְהַבְהִיל אֶת- / ב.ה.ל, הִפְעִיל / הִבְהַלְתִּי, מַבְהִיל, יַבְהִיל

הבהיר פ, הִבְהִיר — lightened
1. עָשָׂה שֶׁיִּהְיֶה בָּהִיר:
***הִבְהַרְתִּי אֶת** הַצֶּבַע שֶׁל הַשְּׂעָרוֹת.*
2. עָשָׂה שֶׁאֶפְשָׁר לְהָבִין, הִסְבִּיר: — clarified
*הוּא **הִבְהִיר אֶת** הַתּוֹכְנִיּוֹת שֶׁלּוֹ.*
לְהַבְהִיר אֶת- / ב.ה.ר, הִפְעִיל / הִבְהַרְתִּי, מַבְהִיר, יַבְהִיר

הבהרהנ׳ הַבְהָרָה [הַבְהָרוֹת] lightening, bleaching
1. כְּשֶׁעוֹשִׂים מַשֶּׁהוּ בָּהִיר יוֹתֵר:
*אַחֲרֵי **הַבְהָרָה** בְּמֵי חַמְצָן יִהְיוּ לִי שְׂעָרוֹת בְּלוֹנְדִינִיּוֹת.*
2. הֶסְבֵּר: clarification
*בִּיקַּשְׁנוּ **הַבְהָרוֹת** מִן הַמְנַהֵל, לִפְנֵי שֶׁחָתַמְנוּ עַל הַהֶסְכֵּם.*

הבזיקפ׳ הִבְזִיק flashed
הֵאִיר לְרֶגַע, פִּיזֵּר אוֹר:
*כְּשֶׁצִּילְמוּ אֶת הַיְלָדִים, **הִבְזִיק** אוֹר.*
(מֶטָאפוֹרָה) **הִבְזִיק** לִי רַעְיוֹן.
לְהַבְזִיק / ב.ז.ק, הִפְעִיל / הִבְזַקְתִּי, מַבְזִיק, יַבְזִיק, הַבְזֵק!

הבזקז׳ הֶבְזֵק [הֶבְזֵקִים] flash
אוֹר פִּתְאוֹמִי:
*כְּשֶׁמְּצַלְּמִים בַּחוֹשֶׁךְ, יֵשׁ **הֶבְזֵק** שֶׁל אוֹר.*

הבחילפ׳ הִבְחִיל was disgusting
1. גָּרַם לְהַרְגָּשָׁה רָעָה:
*הַלִּיכְלוּךְ כָּאן **מַבְחִיל**, גַּם הָרֵיחַ מַבְחִיל.*
2. הִתְאִים לַאֲכִילָה (בְּעִיקָּר פְּרִי): ripened
*שַׂמְנוּ אֶת הַתַּפּוּחִים בַּמַּחְסָן עַד **שֶׁיַּבְחִילוּ**.*
לְהַבְחִיל אֶת- / ב.ח.ל, הִפְעִיל / הִבְחִילָה, מַבְחִיל, יַבְחִיל

הבחיןפ׳ הִבְחִין noticed, differentiated
רָאָה, שָׂם לֵב:
*הַשּׁוֹמֵר **הִבְחִין** בְּאִישׁ זָר לְיַד הַדֶּלֶת.*
*לֹא **הִבְחַנְתִּי** אִם זֶה אִישׁ אוֹ אִישָּׁה.*
לְהַבְחִין,בְּ- / ב.ח.ן, הִפְעִיל / הִבְחַנְתִּי, מַבְחִין, אַבְחִין

הבחנהנ׳ הַבְחָנָה [הַבְחָנוֹת] distinction
כְּשֶׁשָּׂמִים לֵב לְהֶבְדֵּל בֵּין דְּבָרִים:
*לַתִּינוֹק אֵין **הַבְחָנָה** בֵּין טוֹב לְרַע.*

הבטחהנ׳ הַבְטָחָה [הַבְטָחוֹת] promise
כְּשֶׁמִּישֶׁהוּ אוֹמֵר שֶׁיַּעֲשֶׂה מַשֶּׁהוּ:
*קִיַּימְתִּי אֶת **הַהַבְטָחָה**, וְהָלַכְתִּי עִם הַיְלָדִים לְסֶרֶט.*

הבטיחפ׳ הִבְטִיחַ promised
אָמַר שֶׁיַּעֲשֶׂה מַשֶּׁהוּ בֶּעָתִיד:
*דָּוִיד **הִבְטִיחַ לִי**, שֶׁיָּבוֹא לְבִיקּוּר בְּשַׁבָּת.*
הִבְטִיחַ הָרִים וּגְבָעוֹת - אָמַר שֶׁיַּעֲשֶׂה הַרְבֵּה מְאוֹד
לְהַבְטִיחַ לְ-, אֶת- / ב.ט.ח, הִפְעִיל / הִבְטַחְתִּי, מַבְטִיחַ

הביאפ׳ הֵבִיא brought
לָקַח וְהֶעֱבִיר לְמִישֶׁהוּ אוֹ לְמָקוֹם אַחֵר:
*אָחִי **הֵבִיא** לִי מַתָּנָה לֶחָג.*
הֵבִיא לִידֵי - גָּרַם: caused
*הוּא **הֵבִיא** אוֹתִי **לִידֵי** כָּךְ שֶׁאֶעֱזוֹב אֶת הַחֶדֶר.*
לְהָבִיא אֶת-, לְ- / ב.ו.א, הִפְעִיל / הֵבֵאתִי, מֵבִיא, יָבִיא

הביטפ׳ הִבִּיט looked
הִסְתַּכֵּל:
*יַעֲקֹב **הִבִּיט** בַּחַלּוֹן וְרָאָה אֶת הַיְלָדִים מְשַׂחֲקִים בַּחוּץ.*
לְהַבִּיט בְּ-, עַל- /נ.ב.ט, הִפְעִיל / הִבַּטְתִּי, מַבִּיט, יַבִּיט

הביךפ׳ הֵבִיךְ embarrassed
גָּרַם לְהַרְגִּישׁ לֹא נָעִים:
*הַמַּחְמָאוֹת (הַקּוֹמְפְּלִימֶנְטִים) שֶׁלּוֹ **הֵבִיכוּ** אוֹתִי.*
לְהָבִיךְ אֶת- / ב.ו.ך, הִפְעִיל / הֲבַכְתִּי, מֵבִיךְ, אָבִיךְ יָבִיךְ

הבילת׳ הָבִיל steamy, sultry
כְּשֶׁיֵּשׁ רְטִיבוּת (בָּאֲוִויר):
*כְּשֶׁמֶּזֶג הָאֲוִויר **הָבִיל**, לֹא רוֹאִים רָחוֹק.*
הֲבִילָה, הֲבִילִים, הֲבִילוֹת

הביןפ׳ הֵבִין understood
תָּפַס בְּכוֹחַ הַשֵּׂכֶל וְהַמַּחְשָׁבָה:
*הַיֶּלֶד **הֵבִין אֶת** כָּל הַמִּילִים בַּסִּיפּוּר.*
לְהָבִין אֶת- / ב.י.ן, הִפְעִיל / הֵבַנְתִּי, מֵבִין, אָבִין, יָבִין, הָבֵן!

הביספ׳ הֵבִיס defeated
גָּרַם שֶׁיַּפְסִידוּ בְּמִלְחָמָה אוֹ בְּתַחֲרוּת:
*הֶחָזָק **מֵבִיס אֶת** הַחַלָּשׁ.*
לְהָבִיס אֶת- / ב.ו.ס, הִפְעִיל / הֵבַסְתִּי, מֵבִיס, אָבִיס

הביעפ׳ הִבִּיעַ expressed
אָמַר בְּמִילִּים (בְּעַל פֶּה אוֹ בִּכְתָב):
*הוּא **הִבִּיעַ** צַעַר עַל הָאָסוֹן.*
הֶרְאָה אוֹ הִצִּיג רֶגֶשׁ (בְּצִיּוּר, בְּמוּסִיקָה וְכוּ'):
*הַצַּיָּיר **מַבִּיעַ אֶת** הַכְּאֵב שֶׁל הַצַּיָּיר.*
הִבִּיעַ אֶת דַּעְתּוֹ expressed his opinion
לְהַבִּיעַ אֶת- / נ.ב.ע, הִפְעִיל / הִבַּעְתִּי, מַבִּיעַ, יַבִּיעַ, הַבַּע!

הביתהתה"פ הַבַּיְתָה home(ward)
לַבַּיִת שֶׁלִּי, אֶל הַבַּיִת:
*אַחֲרֵי הָעֲבוֹדָה אֲנִי הוֹלֵךְ **הַבַּיְתָה**.*

הבלז׳ הֶבֶל [הֲבָלִים] steam, vapor
1. גַּזִּים שֶׁעוֹלִים מִמַּיִם, מְנוּזָּלִים:
*חֲדַר הָאַמְבַּטְיָה מָלֵא **הֶבֶל**, כִּי עָשִׂיתִי מִקְלַחַת חַמָּה.*
2. (מֶטָאפוֹרָה) **לֹא שָׁוֶה** frivolousness, worthlessness
כְּלוּם, חֲסַר חֲשִׁיבוּת:
***הֶבֶל** הַיּוֹפִי – הָעִיקָּר הָאוֹפִי.*
הֶבֶל פֶּה breath-vapor
הֲבֵל הֲבָלִים vanity, futility

הבלגהנ׳ הַבְלָגָה — self restraint
הִתְאַפְּקוּת, כְּשֶׁלֹּא מַרְאִים כְּאֵב אוֹ כַּעַס:
*כְּשֶׁמִּישֶׁהוּ מַרְגִּיז אוֹתְךָ, **הַהַבְלָגָה** קָשָׁה.*

הבלטהנ׳ הַבְלָטָה [הַבְלָטוֹת] — emphasis, accentuation
כְּשֶׁעוֹשִׂים שֶׁמַּשֶּׁהוּ יִהְיֶה בּוֹלֵט, הַדְגָּשָׁה:
*הַקַּו הָאָדוֹם בָּא **לְהַבְלָטַת** הַדְּבָרִים הַחֲשׁוּבִים.*

הבליגפ׳ הִבְלִיג — restrained himself
לֹא הֶרְאָה, שֶׁהוּא כּוֹעֵס אוֹ שֶׁכּוֹאֵב לוֹ:
*הוּא **מַבְלִיג עַל** הַכְּאֵב וְאֵינוֹ בּוֹכֶה.*
לְהַבְלִיג עַל- / ב.ל.ג, הִפְעִיל / הִבְלַגְתִּי, מַבְלִיג, יַבְלִיג

הבליטפ׳ הִבְלִיט — emphasized, accentuated
עָשָׂה שֶׁיִּהְיֶה בּוֹלֵט:
*הוּא סִימֵן קַו מִתַּחַת הַמִּילָה כְּדֵי **לְהַבְלִיט** אוֹתָהּ.*
לְהַבְלִיט אֶת- / ב.ל.ט, הִפְעִיל / הִבְלַטְתִּי, מַבְלִיט, יַבְלִיט

הבליעפ׳ הִבְלִיעַ — swallowed
1. נִרְאָה כְּאִילוּ בָּלַע:
*לֹא הֵבַנְתִּי מָה אָמַרְתָּ, כִּי **הִבְלַעְתָּ** מִילִּים.*
2. הִכְנִיס מִילִּים, רַעְיוֹנוֹת וְכוּ׳ בְּלִי שֶׁיַּרְגִּישׁוּ: — insinuated, intimated
*הוּא **הִבְלִיעַ** בְּמַאֲמָר דְּבָרִים נֶגֶד הַמֶּמְשָׁלָה.*
לְהַבְלִיעַ אֶת- / ב.ל.ע, הִפְעִיל / הִבְלַעְתִּי, מַבְלִיעַ, יַבְלִיעַ

הבנהנ׳ הֲבָנָה — understanding
1. הָאֶפְשָׁרוּת לִתְפּוֹס בַּשֵּׂכֶל, בְּמַחְשָׁבָה:
*לַפְּסִיכוֹלוֹג יֵשׁ **הֲבָנָה** בְּנֶפֶשׁ הָאָדָם.*
2. (לְשׁוֹן הַדִּיבּוּר) סִימְפַּתְיָה: — sympathy
*יֵשׁ לִי **הֲבָנָה** לְרָצוֹן שֶׁלּוֹ לְהַפְסִיק לִלְמוֹד.*

הבעהנ׳ הַבָּעָה [הַבָּעוֹת] — expression
1. אֲמִירָה אוֹ כְּתִיבָה שֶׁל דְּבָרִים:
הַהַבָּעָה שֶׁלְּךָ בְּעִבְרִית - טוֹבָה.
2. מָה שֶׁהַפָּנִים אוֹ הָעֵינַיִים אוֹמְרוֹת:
*יֵשׁ לוֹ **הַבָּעָה** שֶׁל שִׂמְחָה בַּפָּנִים.*
הַבָּעָה בִּכְתָב — written expression
הַבָּעָה בְּעַל פֶּה — oral expression, speech

הבעירפ׳ הִבְעִיר — set fire
הִדְלִיק, הֶעֱלָה אֵשׁ:
*צָרִיךְ לְהִיזָּהֵר לֹא **לְהַבְעִיר** אֶת הָעֵצִים.*
לְהַבְעִיר אֶת- / ב.ע.ר, הִפְעִיל / הִבְעַרְתִּי, מַבְעִיר, יַבְעִיר

הבקיעפ׳ הִבְקִיעַ — broke through
פָּרַץ בְּכוֹחַ:
*הַצָּבָא **הִבְקִיעַ** אֶת הַחוֹמָה שֶׁל הָעִיר. / שַׂחְקַן הַכַּדּוּרֶגֶל **הִבְקִיעַ** שַׁעַר חָשׁוּב.*
לְהַבְקִיעַ אֶת- / ב.ק.ע, הִפְעִיל / הִבְקַעְתִּי, מַבְקִיעַ, יַבְקִיעַ

הבראהנ׳ הַבְרָאָה — recovery
מַעֲבָר מִמַּצָּב מַחֲלָה לְמַצָּב בְּרִיאוּת:
*הוּא יָצָא מִבֵּית חוֹלִים וְנָסַע **לְהַבְרָאָה** בֶּהָרִים./שַׂר הָאוֹצָר פּוֹעֵל **לְהַבְרָאַת** הַמַּצָּב הַכַּלְכָּלִי.*
בֵּית־הַבְרָאָה — convalescent home

הברהנ׳ הֲבָרָה [הֲבָרוֹת] — syllable
(בְּדִיקְדּוּק) הַיְחִידָה הַקְּטַנָּה בְּיוֹתֵר, שֶׁיֵּשׁ בָּהּ תְּנוּעָה:
*בַּמִּילָה 'יָם' יֵשׁ **הֲבָרָה** אַחַת. בַּמִּילָה 'יֶלֶד' - שְׁתֵּי **הֲבָרוֹת**: יֶ-לֶד. / הוּא מְדַבֵּר **בַּהֲבָרָה** אַשְׁכְּנַזִּית/סְפָרַדִּית.*

הברחהנ׳ הַבְרָחָה [הַבְרָחוֹת] — driving away
גֵּירוּשׁ:
הַבְרָחָה שֶׁל צִיפּוֹרִים מִן הַגִּינָה לֹא תָּמִיד מַצְלִיחָה.
הַעֲבָרָה שֶׁל דְּבָרִים בְּאוֹפֶן לֹא לֵיגָאלִי: — smuggling
*הַמִּשְׁטָרָה עָצְרָה אוֹתוֹ עַל **הַבְרָחָה**.*

הבריאפ׳ הִבְרִיא — recovered
1. נַעֲשָׂה בָּרִיא:
*דָּוִיד הָיָה חוֹלֶה **וְהִבְרִיא**.*
2. גָּרַם שֶׁיִּהְיֶה בָּרִיא: — made healthy
*הָאוֹכֶל הַזֶּה **יַבְרִיא** אוֹתִי.*
לְהַבְרִיא אֶת- / ב.ר.א, הִפְעִיל / הִבְרֵאתִי, מַבְרִיא, יַבְרִיא

הבריגפ׳ הִבְרִיג — screwed
הִכְנִיס בּוֹרֶג לַמָּקוֹם הַמַּתְאִים לוֹ:
*הוּא **הִבְרִיג אֶת** הָרֶגֶל שֶׁל הַכִּסֵּא.*
לְהַבְרִיג אֶת- / ב.ר.ג, הִפְעִיל / הִבְרַגְתִּי, מַבְרִיג, יַבְרִיג

הבריחפ׳ הִבְרִיחַ — bolted
1. סָגַר בְּמַנְעוּל מְיוּחָד (בְּרִיחַ):
***הִבְרַחְתִּי** אֶת הַדֶּלֶת.*
2. הֶעֱבִיר בַּסּוֹד, בְּאוֹפֶן לֹא־חוּקִי: — smuggled
*הָאִישׁ **הִבְרִיחַ** סַמִּים לַחֲבֵרָיו בְּבֵית־הַסּוֹהַר.*
***הִבְרַחְנוּ** אוֹתוֹ לְחוּץ לָאָרֶץ.*
לְהַבְרִיחַ אֶת- / ב.ר.ח, הִפְעִיל / הִבְרַחְתִּי, מַבְרִיחַ, יַבְרִיחַ

הבריקפ׳ הִבְרִיק — polished
1. נִיקָּה וְצִיחְצֵחַ:
*הוּא **הִבְרִיק** אֶת הַנַּעֲלַיִים.*
2. הָיָה לוֹ בָּרָק (כְּמוֹ מַרְאָה): — was shining/brilliant
*הַנַּעֲלַיִים שֶׁלּוֹ **הִבְרִיקוּ**.*
*(מֶטָאפוֹרָה) הוּא "**מַבְרִיק**" בַּלִּימוּדִים.*
3. לִשְׁלוֹחַ טֶלֶגְרָמָה־מִבְרָק: — cabled

הברקתי, *שֶׁאֲנִי מַגִּיעַ מָחָר הַבַּיְתָה.*
לְהַבְרִיק / ב.ר.ק, הִפְעִיל / הִבְרַקְתִּי, מַבְרִיק, יַבְרִיק

הברישפ׳ הִבְרִישׁ brused
סִידֵּר, נִיקָּה בְּמִבְרֶשֶׁת:
הברשתי *אֶת הַשְּׂעָרוֹת.*
הברשתי *אֶת הַמְּעִיל כְּדֵי לְנַקּוֹת אוֹתוֹ מֵאָבָק.*
לְהַבְרִישׁ אֶת- / ב.ר.ש, הִפְעִיל / הִבְרַשְׁתִּי, מַבְרִישׁ, יַבְרִישׁ

הברקהנ׳ הַבְרָקָה [הַבְרָקוֹת] polishing
1. צִיחְצוּחַ מַשֶּׁהוּ עַד שֶׁיֵּירָאֶה כְּמוֹ מַרְאָה:
הַבְרָקָה *שֶׁל כֵּלִים מִכֶּסֶף הִיא עֲבוֹדָה קָשָׁה.*
2. רַעְיוֹן מַבְרִיק, רַעְיוֹן טוֹב בִּמְיוּחָד: brilliant idea
לְאַרְכִימֶדֶס הָיְיתָה ***הַבְרָקָה.***

הבשילפ׳ הִבְשִׁיל ripened
פֵּירוֹת וִירָקוֹת בְּמַצָּב שֶׁאֶפְשָׁר לֶאֱכוֹל אוֹתָם:
בִּגְלַל הַחוֹם ***הִבְשִׁילוּ*** *הָעֲנָבִים לִפְנֵי הַזְּמַן.*
לְהַבְשִׁיל / ב.ש.ל, הִפְעִיל / הִבְשַׁלְתִּי, מַבְשִׁיל, יַבְשִׁיל

הגבההנ׳ הַגְבָּהָה elevation
הֲרָמָה, כְּשֶׁעוֹשִׂים שֶׁמַּשֶּׁהוּ יִהְיֶה גָּבוֹהַּ יוֹתֵר:
אֲנַחְנוּ עוֹבְדִים ***בְּהַגְבָּהָה*** *שֶׁל הַגָּדֵר.*

הגביהפ׳ הִגְבִּיהַּ raised, elevated
עָשָׂה שֶׁיִּהְיֶה גָּבוֹהַּ:
הוּא ***הִגְבִּיהַּ אֶת*** *הַכִּסֵּא.*
לְהַגְבִּיהַּ אֶת- / ג.ב.ה, הִפְעִיל / הִגְבַּהְתִּי, מַגְבִּיהַּ, יַגְבִּיהַּ

הגבילפ׳ הִגְבִּיל limited
שָׂם גְּבוּל, צִימְצֵם:
הָאוּנִיבֶרְסִיטָה ***הִגְבִּילָה אֶת*** *מִסְפַּר הַסְּטוּדֶנְטִים לִרְפוּאָה.*
לְהַגְבִּיל אֶת- / ג.ב.ל, הִפְעִיל / הִגְבַּלְתִּי, מַגְבִּיל, יַגְבִּיל

הגבירפ׳ הִגְבִּיר amplified
חִיזֵּק, עָשָׂה שֶׁיִּהְיֶה חָזָק יוֹתֵר:
הוּא ***הִגְבִּיר אֶת*** *הַקּוֹל, כְּדֵי שֶׁיִּשְׁמְעוּ אוֹתוֹ.*
לְהַגְבִּיר אֶת- / ג.ב.ר, הִפְעִיל / הִגְבַּרְתִּי, מַגְבִּיר, יַגְבִּיר

הגבלהנ׳ הַגְבָּלָה [הַגְבָּלוֹת] restriction, limitation
הַחְלָטָה עַל גְּבוּל, עַל קַו, שֶׁאִי־אֶפְשָׁר לַעֲבוֹר אוֹתוֹ:
הִיא מִשְׁתַּמֶּשֶׁת בְּחַשְׁמַל בְּלִי כָּל ***הַגְבָּלָה.***

הגברהנ׳ הַגְבָּרָה strengthening, amplification
כְּשֶׁעוֹשִׂים כְּדֵי שֶׁמַּשֶּׁהוּ יִהְיֶה חָזָק יוֹתֵר:
בַּלַּיְלָה יֵשׁ ***הַגְבָּרָה*** *שֶׁל הַשְּׁמִירָה.*

הגדהנ׳ הַגָּדָה [הַגָּדוֹת] telling
1. אֲמִירָה שֶׁל דְּבָרִים:
אֲנִי לֹא מַאֲמִין ***בְּהַגָּדַת*** *עֲתִידוֹת.*
2. (כְּמוֹ אַגָּדָה) סִיפּוּר שֶׁיֵּשׁ בּוֹ אֱלֶמֶנְטִים הִיסְטוֹרִיִּים: legend, tale
הַהַגָּדָה *שֶׁל פֶּסַח מְסַפֶּרֶת עַל יְצִיאַת מִצְרַיִם.*

הגדילפ׳ הִגְדִּיל enlarged
עָשָׂה שֶׁיִּהְיֶה גָּדוֹל יוֹתֵר:
הִגְדַּלְנוּ אֶת *הַבַּיִת בְּ-10 מֶטְרִים מְרוּבָּעִים.*
לְהַגְדִּיל אֶת- / ג.ד.ל., הִפְעִיל / הִגְדַּלְתִּי, מַגְדִּיל, אַגְדִּיל

הגדירפ׳ הִגְדִּיר defined
1. קָבַע בְּדִיּוּק מוּבָן שֶׁל מִילָּה אוֹ מוּשָּׂג:
הַמּוֹרֶה ***הִגְדִּיר*** *מַה זֹּאת דֶּמוֹקְרַטְיָה.*
2. קָבַע גְּבוּל - מַה מוּתָּר וּמַה אָסוּר: set boundaries
הַחוֹק ***מַגְדִּיר*** *אֶת הַזְּכֻיּוֹת וְהַחוֹבוֹת שֶׁל כָּל אֶזְרָח.*
לְהַגְדִּיר אֶת- / ג.ד.ר, הִפְעִיל / הִגְדַּרְתִּי, מַגְדִּיר, יַגְדִּיר

הגדלהנ׳ הַגְדָּלָה increase, enlargement
כְּשֶׁעוֹשִׂים שֶׁמַּשֶּׁהוּ יִהְיֶה גָּדוֹל יוֹתֵר:
הוּא בִּיקֵּשׁ ***הַגְדָּלָה*** *שֶׁל הַפֶּנְסְיָה שֶׁלּוֹ.*

הגדרהנ׳ הַגְדָּרָה [הַגְדָּרוֹת] definition
תֵּיאוּר קָצָר שֶׁל מַשֶּׁהוּ, הַמַּשְׁמָעוּת שֶׁלּוֹ, הַתְּכוּנוֹת, הַסּוּג וְכוּ׳:
בַּמִּילּוֹן יֵשׁ ***הַגְדָּרָה*** *לְכָל אַחַת מִן הַמִּילִּים.*
הַגְדָּרָה עַצְמִית self-determination

הגהפ׳ הָגָה articulated
1. אָמַר בְּקוֹל רָם:
הָגִיתִי אֶת *הָאוֹת ע׳ כְּמוֹ אֶת הָאוֹת א׳.*
2. לָמַד: studied
הוּא ***הוֹגֶה*** *בַּתּוֹרָה.*
3. חָשַׁב עַל: contemplated
הָגִיתִי *בַּמַּצָּב, וְהֶחְלַטְתִּי לְסַפֵּר לְךָ.*
לַהֲגוֹת אֶת-, בְּ- / ה.ג.ה., פָּעַל / הָגִיתִי, הוֹגֶה, יֶהֱגֶה

הגהז׳ הֶגֶה [הֶגָאִים] steering wheel
1. גַּלְגַּל, שֶׁהַנֶּהָג (אוֹ הַטַּיָּיס וְכוּ׳) מַחֲזִיק בּוֹ בַּיָּדַיִם:
קָשֶׁה לְסוֹבֵב אֶת ***הַהֶגֶה*** *בִּמְכוֹנִית שֶׁלִּי.*
2. קוֹל, צְלִיל שֶׁיּוֹצֵא מִן הַפֶּה: sound, utterance
אֲנִי לֹא מוֹצִיא ***הֶגֶה,*** *אֲנִי שׁוֹתֵק.*

הגההנ׳ הַגָּהָה [הַגָּהוֹת] proof reading
בְּדִיקָה שֶׁל טֶקְסְט כְּדֵי שֶׁלֹּא יִהְיוּ בּוֹ שְׁגִיאוֹת:
אַחֲרֵי ***הַהַגָּהָה*** *אֶפְשָׁר לְהַדְפִּיס אֶת הַסֵּפֶר.*

הגוית׳ הָגוּי — pronounced (adj.)
שֶׁאָמרוּ אוֹתוֹ בְּקוֹל רָם:
*בַּמִילָה קָרָאתִי הָאוֹת א׳ אֵינָהּ **הֲגוּיָה**.*
הֲגוּיָה, הֲגוּיִים, הֲגוּיוֹת

הגוןת׳ הָגוּן — decent
1. יָשָׁר, לֹא מְשַׁקֵר, אֶפשָׁר לְהַאֲמִין לוֹ:
*דָוִיד הוּא סוֹחֵר **הָגוּן**, לָכֵן אֲנִי קוֹנֶה אֶצלוֹ.*
2. הַרבֵּה: — fair
*הוּא קִיבֵּל חֵלֶק **הָגוּן** מִן הַכֶּסֶף.*
הֲגוּנָה, הֲגוּנִים, הֲגוּנוֹת

הגותנ׳ הָגוּת — meditation
(בִּלשׁוֹן גבוֹהָה) מַחשָׁבָה, פִילוֹסוֹפיָה:
*הוּא קוֹרֵא סִפרֵי **הָגוּת** שֶׁל הַפִילוֹסוֹפִים הַיְוָונִיִים.*

הגזיםפ׳ הִגזִים — exaggerated
אָמַר שֶׁמַשֶׁהוּ הַרבֵּה יוֹתֵר (גָדוֹל, קָטָן וְכוּ׳):
*הוּא אָמַר, שֶׁהִיא יָפָה מְאוֹד - הוּא **הִגזִים**.*
לְהַגזִים / ג.ז.ם, הִפעִיל / הִגזַמתִי, מַגזִים, יַגזִים

הגזמהנ׳ הַגזָמָה [הַגזָמוֹת] — exaggeration
אֲמִירָה שֶׁמַשֶׁהוּ הַרבֵּה יוֹתֵר גָדוֹל אוֹ קָטָן אוֹ יָפֶה וְכוּ׳:
*זֹאת **הַגזָמָה** לְהַגִיד, שֶׁאַתָה "מֵת מֵרָעָב".*

הגיבפ׳ הֵגִיב — reacted
עָשָׂה מַשֶׁהוּ כּתשׁוּבָה:
*הוּא **הֵגִיב** בְּכַעַס **עַל** דִברֵי הַמוֹרֶה. / הָעוֹבדִים **הֵגִיבוּ** בִּשׁבִיתָה עַל עֲלִיַית הַמחִירִים.*
לְהָגִיב עַל- / ג.ו.ב, הִפעִיל / הֵגַבתִי, מֵגִיב, יָגִיב, הָגֵב!

הגיהפ׳ הִגִיהַּ — proof-read
בָּדַק, תִיקֵן שׁגִיאוֹת,לִפנֵי שֶׁהִדפִּיסוּ סֵפֶר אוֹ עִיתוֹן:
*אֲנִי צָרִיך **לְהַגִיהַּ** אֶת הַטֶקסט, לִפנֵי שֶׁהוּא יוֹצֵא לָאוֹר.*
לְהַגִיהַּ אֶת- / נ.ג.ה, הִפעִיל / הִגַהתִי, מַגִיהַּ, יַגִיהַּ

הגיונית׳ הֶגיוֹנִי — logical
לוֹגִי, רַציוֹנָלִי, עַל פִּי הַשֵׂכֶל הַיָשָׁר:
*לַבְּעָיָה יֵשׁ רַק פִּיתרוֹן **הֶגיוֹנִי** אֶחָד.*
הֶגיוֹנִית, הֶגיוֹנִיִים, הֶגיוֹנִיוֹת

הגיחפ׳ הֵגִיחַ — emerged
הִתפָּרֵץ, יָצָא בְּכוֹחַ:
*הַתִינוֹק **הֵגִיחַ** מִבֶּטֶן הָאֵם.*
לְהָגִיחַ מִ- / ג.י.ח, הִפעִיל / הֵגַחתִי, מֵגִיחַ, יָגִיחַ

הגינותנ׳ הֲגִינוּת — decency
הִתנַהֲגוּת שֶׁל אָדָם יָשָׁר וּמְכוּבָּד:
*הַ**גִינוּת** הִיא דָבָר אֶלֶמֶנטָרִי בֵּין אֲנָשִׁים.*

הגיעפ׳ הִגִיעַ — arrived
בָּא לַמָקוֹם:
*דָוִיד **הִגִיעַ** לַפּגִישָׁה בַּזמַן.*
הִגִיעַ לוֹ -ר׳ מַגִיעַ — deserved
הִגִיעַ לְמִצווֹת - בֶּן 13 (בַּר מִצוָוה).
לְהַגִיעַ לְ-, עַד- / נ.ג.ע, הִפעִיל / הִגַעתִי, מַגִיעַ, יַגִיעַ

הגיףפ׳ הֵגִיף — shut
סָגַר:
*הָאִישׁ **הֵגִיף אֶת** הַתרִיס.*
לְהָגִיף אֶת- / ג.ו.ף, הִפעִיל / הֵגַפתִי, מֵגִיף, יָגִיף, הָגֵף!

הגירהנ׳ הֲגִירָה [הֲגִירוֹת] — immigration
כּשֶׁעוֹבְרִים לִחיוֹת בִּמדִינָה אַחֶרֶת:
***הֲגִירַת** הַהוֹרִים לַאֲמֶרִיקָה וַעֲלִיַית הַבָּנִים לְיִשׂרָאֵל פֵּירקָה אֶת הַמִשׁפָּחָה.*

הגישפ׳ הִגִישׁ — served
הֵבִיא וְנָתַן:
*הַמֶלצַר **הִגִישׁ אֶת** הָאוֹכֶל לַשׁוּלחָן.*
לְהַגִישׁ אֶת- / נ.ג.שׁ, הִפעִיל / הִגַשׁתִי, מַגִישׁ, יַגִישׁ, הַגֵשׁ!

הגלהפ׳ הִגלָה — exiled
גֵירֵשׁ מִן הָאָרֶץ:
*הָרוֹמָאִים **הִגלוּ אֶת** הַיְהוּדִים מֵאֶרֶץ יִשׂרָאֵל.*
לְהַגלוֹת אֶת- / ג.ל.ה, הִפעִיל / הִגלֵיתִי, מַגלֶה, יַגלֶה

הגלידפ׳ הִגלִיד — healed
הִתרַפֵּא, נִרפָּא (פֶּצַע וְכוּ׳):
*הַפּצָעִים שֶׁלוֹ **הִגלִידוּ** מַהֵר.*
לְהַגלִיד / ג.ל.ד, הִפעִיל / הִגלִידוּ, מַגלִיד, יַגלִיד, יַגלִידוּ

הגלייהנ׳ הַגלָיָה — banishment, exile
גֵירוּשׁ מֵאֶרֶץ, מִבַּיִת וְכוּ׳, בְּדֶרֶך כְּלָל מִסִיבּוֹת פּוֹלִיטִיוֹת:
***הַגלָיָה** לְאֶרֶץ זָרָה הִיא עוֹנֶשׁ קָשֶׁה מְאוֹד.*

הגלילז׳ הַגָלִיל — the Galilee
אֵיזוֹר בִּצפוֹן יִשׂרָאֵל:
*הָעִיר צפַת הִיא בִּירַת **הַגָלִיל**.*

הגמישפ׳ הִגמִישׁ — moderated, elasticized
עָשָׂה שֶׁיִהיֶה גָמִישׁ, אֶלַסטִי:
*הוּא **הִגמִישׁ אֶת** עֶמדָתוֹ הַפּוֹלִיטִית, הוּא פָּחוֹת קִיצוֹנִי.*
לְהַגמִישׁ אֶת- / ג.מ.שׁ., הִפעִיל / הִגמַשׁתִי, מַגמִישׁ

הגןפ׳ הֵגֵן — protected
שָׁמַר עַל מִישֶׁהוּ אוֹ עַל מַשֶׁהוּ:

*צַה"ל **מֵגֵן עָלֵינוּ** מִפְּנֵי הָאוֹיֵב.*
לְהָגֵן עַל- / ג.נ.ן, הִפְעִיל / הֵגַנְתִּי-הֲגִינוֹתִי, מֵגֵן, יָגֵן, הָגֵן!

הגנהנ, הֲגָנָה — defense, protection
שְׁמִירָה עַל הַשָּׁלוֹם וְהַבִּיטָּחוֹן:
*הַצָּבָא אַחְרָאִי עַל **הַהֲגָנָה** שֶׁל הַמְּדִינָה.*

הגניבפ, הִגְנִיב — snuck (into)
לְהַכְנִיס מַשֶּׁהוּ אוֹ מִישֶׁהוּ בְּלִי שֶׁיַּרְגִּישׁוּ:
***הִגְנַבְתִּי** אוֹתוֹ לַסֶּרֶט, כִּי לֹא הָיָה לוֹ כַּרְטִיס.*
לְהַגְנִיב אֶת- / ג.נ.ב, הִפְעִיל / הִגְנַבְתִּי, מַגְנִיב, יַגְנִיב, הַגְנֵב!

הגנתית, הֲגַנָּתִי — defensive, protective
כְּדֵי לְהָגֵן:
*מִלְחָמָה הִיא לִפְעָמִים פְּעוּלָה **הֲגַנָּתִית**.*
הֲגַנָּתִית, הֲגַנָּתִיִּים, הֲגַנָּתִיּוֹת

הגעהנ, הַגָּעָה — arrival
כְּשֶׁבָּאִים לְמָקוֹם, כְּשֶׁמַּגִּיעִים:
***הַהַגָּעָה** מִן הַטִּיּוּל תִּהְיֶה בְּשָׁעָה 6.00 בָּעֶרֶב.*

הגעילפ, הִגְעִיל — disgusted
1. דָּחָה, נָתַן הַרְגָּשָׁה רָעָה:
*הוּא **הִגְעִיל** אוֹתִי, הוּא שַׁקְרָן, מְכוֹעָר וּמְלוּכְלָךְ.*
2. נִיקָּה אֶת הַכֵּלִים בְּמַיִם רוֹתְחִים (לִפְנֵי פֶּסַח): — rinsed dishes in boiling water (for Passover)
*סַבָּא שֶׁלִּי **הִגְעִיל** אֶת הַכֵּלִים לִפְנֵי הֶחָג.*
הִגְעַלְתִּי אֶת- / ג.ע.ל, הִפְעִיל / מַגְעִיל, יַגְעִיל, הַגְעֵל!

הגרילפ, הִגְרִיל — won (in lottery)
קִיבֵּל בְּהַגְרָלָה:
*קָנִיתִי כַּרְטִיס פַּיִס, **וְהִגְרַלְתִּי** 1,000 שֶׁקֶל.*
לְהַגְרִיל אֶת- / ג.ר.ל., הִפְעִיל / הִגְרַלְתִּי, מַגְרִיל, יַגְרִיל

הגרלהנ, הַגְרָלָה [הַגְרָלוֹת] — lottery
קַבָּלַת פְּרָס עַל פִּי הַמַּזָּל:
*הוּא זָכָה בִּמְכוֹנִית **בְּהַגְרָלָה** שֶׁל 'מָגֵן דָּוִד אָדוֹם'.*

הגשהנ, הַגָּשָׁה — service
הֲבָאָה, כְּשֶׁמְּבִיאִים וְנוֹתְנִים מַשֶּׁהוּ:
*בַּמִּסְעָדָה הַזֹּאת **הַהַגָּשָׁה** מְהִירָה מְאוֹד. / הַיּוֹם הָאַחֲרוֹן **לְהַגָּשַׁת** הָעֲבוֹדוֹת הוּא יוֹם שְׁלִישִׁי.*

הגשיםפ, הִגְשִׁים — fulfilled, realized
בִּיצַּע, עָשָׂה:
*הוּא **הִגְשִׁים אֶת** כֹּל הַתּוֹכְנִיּוֹת שֶׁלּוֹ.*
לְהַגְשִׁים אֶת- / ג.ש.ם, הִפְעִיל / הִגְשַׁמְתִּי, מַגְשִׁים, יַגְשִׁים

הגשמהנ, הַגְשָׁמָה — realization, fulfillment
בִּיצּוּעַ:
*הָעֲלִיָּה הִיא **הַגְשָׁמָה** שֶׁל הָאִידֵאָל הַצִּיּוֹנִי.*

הדז, הֵד [הֵדִים] — echo
קוֹל שֶׁחוֹזֵר:
*כְּשֶׁנִּמְצָאִים בֵּין הָרִים שׁוֹמְעִים **הֵד**.*
הֵדִים - תְּגוּבוֹת לְמָה שֶׁקָּרָה: — reactions
*לַשִּׁירִים שֶׁלּוֹ הָיוּ **הֵדִים** חֲזָקִים.*

הדאיגפ, הִדְאִיג — worried someone
גָּרַם אִי-שֶׁקֶט, גָּרַם פַּחַד:
*הַמַּצָּב שֶׁל הַחוֹלֶה **הִדְאִיג אֶת** מִשְׁפַּחְתּוֹ.*
לְהַדְאִיג אֶת- / ד.א.ג, הִפְעִיל / הִדְאַגְתִּי, מַדְאִיג, יַדְאִיג

הדביקפ, הִדְבִּיק — glued, pasted
1. חִיבֵּר בְּחוֹמֶר מְיוּחָד (דֶּבֶק):
*דָּוִד **הִדְבִּיק אֶת** הַמּוֹדָעָה עַל הַלּוּחַ.*
2. גָּרַם לְהַעֲבָרַת מַחֲלָה: — infected
*הַיֶּלֶד הַחוֹלֶה **הִדְבִּיק** בְּאַדֶּמֶת אֶת כֹּל חֲבֵרָיו.*
לְהַדְבִּיק אֶת- / ד.ב.ק, הִפְעִיל / הִדְבַּקְתִּי, מַדְבִּיק, יַדְבִּיק

הדבירפ, הִדְבִּיר — exterminated
עָשָׂה שֶׁלֹּא יִהְיֶה:
*זֶהוּ חוֹמֶר **שֶׁמַּדְבִּיר** מַזִּיקִים.*
לְהַדְבִּיר אֶת- / ד.ב.ר, פָּעַל / הִדְבַּרְתִּי, מַדְבִּיר, יַדְבִּיר

הדבקהנ, הַדְבָּקָה — sticking, gluing, pasting
1. חִיבּוּר בְּדֶבֶק:
*אֲנִי עָסוּק **בְּהַדְבָּקָה** שֶׁל הַתְּמוּנוֹת בָּאַלְבּוֹם.*
2. הַעֲבָרָה שֶׁל מַחֲלָה: — infection
*הָרוֹפְאִים פּוֹחֲדִים **מֵהַדְבָּקָה**, לָכֵן הוּא בְּאִיזוֹלַצְיָה.*

הדברהנ, הַדְבָּרָה — extermination
פְּעוּלָּה נֶגֶד מַשֶּׁהוּ מַזִּיק (מַחֲלָה, עַכְבָּרִים וְכוּ') כְּדֵי שֶׁלֹּא יִהְיֶה:
***הַדְבָּרַת** הַמָּלַרְיָה בְּאֶרֶץ יִשְׂרָאֵל - הִצְלִיחָה.*

הדגיםפ, הִדְגִּים — demonstrated
1. הֵבִיא דּוּגְמָה כְּדֵי לְהַסְבִּיר:
*הַמִּילּוֹן **מַדְגִּים** אֵיךְ לְהִשְׁתַּמֵּשׁ בַּמִּילִּים.*
2. הִצִּיג, הֶרְאָה: — modeled
*הַדּוּגְמָנִית **הִדְגִּימָה** אֶת הַשִּׂמְלָה.*
לְהַדְגִּים אֶת- / ד.ג.ם, הִפְעִיל / הִדְגַּמְתִּי, מַדְגִּים, יַדְגִּים

הדגישפ, הִדְגִּישׁ — emphasized
1. אָמַר בְּאוֹפֶן חָזָק יוֹתֵר:
*הוּא **הִדְגִּישׁ אֶת** הַדְּבָרִים הַחֲשׁוּבִים בְּקַו אָדוֹם.*

2. (בְּדִיקְדּוּק) שָׂם נְקוּדָּה — put a dagesh (Heb. gram.)
בְּאוֹתִיּוֹת, כְּמוֹ בּ כּ פּ:
*בְּרֹאשׁ מִילָּה צָרִיךְ **לְהַדְגִּישׁ אֶת** הָאוֹת כּ.*
לְהַדְגִּישׁ אֶת- / ד.ג.ש, הִפְעִיל / הִדְגַּשְׁתִּי, מַדְגִּישׁ, יַדְגִּישׁ

הדגמהנ׳ הַדְגָּמָה [הַדְגָּמוֹת] — demonstration
הַצָּגָה שֶׁל דְּבָרִים:
*אַחֲרֵי **הַהַדְגָּמָה** שֶׁל הַתַּהֲלִיךְ, הֵבַנְתִּי יוֹתֵר טוֹב.*

הדגשהנ׳ הַדְגָּשָׁה [הַדְגָּשׁוֹת] — emphasis
1. אֲמִירָה בְּאוֹפֶן חָזָק:
*בִּדְבָרִים שֶׁל רֹאשׁ הַמֶּמְשָׁלָה יֵשׁ **הַדְגָּשָׁה עַל** בִּיטָּחוֹן.*
2. (בְּדִיקְדּוּק) כְּשֶׁשָּׂמִים נְקוּדָּה (דָּגֵשׁ) בְּאוֹתִיּוֹת: — insertion of a dagesh (Heb. gramm.)
***הַהַדְגָּשָׁה** הוֹפֶכֶת אֶת ב (v) לְ-בּ (b).*

הדדית׳ הֲדָדִי — reciprocal, mutual
כְּשֶׁכֹּל הַצְּדָדִים גַּם נוֹתְנִים וְגַם מְקַבְּלִים:
*בַּמּוֹשָׁב יֵשׁ עֶזְרָה **הֲדָדִית**, הַחֲבֵרִים עוֹזְרִים זֶה לָזֶה.*
הֲדָדִית, הֲדָדִיִּים, הֲדָדִיּוֹת

הדהיםפ׳ הִדְהִים — amazed
גָּרַם הַפְתָּעָה:
*הַסִּיפּוּר שֶׁלּוֹ **הִדְהִים** אוֹתִי.*
לְהַדְהִים אֶת- / ד.ה.ם, הִפְעִיל / הִדְהַמְתִּי, מַדְהִים, יַדְהִים

הדוקת׳ הָדוּק — tight
קָשׁוּר חָזָק:
*הַחֲגוֹרָה **הַדְּהוּקָה**, הִיא לוֹחֶצֶת לִי. / (מֶטָאפוֹרָה) יֵשׁ יְחָסִים **הֲדוּקִים** בֵּין רוּת וְדָוִד.*
הֲדוּקָה, הֲדוּקִים, הֲדוּקוֹת

הדורת׳ הָדוּר — elegant
יָפֶה מְאוֹד, מְגוּנְדָּר:
*הוּא לָבַשׁ חֲלִיפָה **הֲדוּרָה**, כְּשֶׁהָלַךְ לַמְּסִיבָּה.*
הֲדוּרָה, הֲדוּרִים, הֲדוּרוֹת

הדחהנ׳ הֲדָחָה — washing dishes
רְחִיצָה, נִיקּוּי שֶׁל כֵּלִים בְּמַיִם:
*עֲבוֹדוֹת הַמִּטְבָּח הֵן בִּישּׁוּל **וַהֲדָחַת** כֵּלִים.*

הדחהנ׳ הַדָּחָה [הַדָּחוֹת] — dismissal
הַרְחָקָה, פִּיטּוּרִין מֵהָעֲבוֹדָה:
*אֲנִי חוֹשֵׁב, **שֶׁהַדָּחַת** הַמְּנַהֵל צוֹדֶקֶת.*

הדחקהנ׳ הַדְחָקָה (הַדְחָקוֹת) — repression
(בִּפְסִיכוֹלוֹגְיָה) כְּשֶׁאָדָם מְנַסֶּה לִשְׁכּוֹחַ מַה שֶּׁקָּרָה:
*הַפְּסִיכוֹאָנָלִיזָה מְגַלָּה אֶת **הַהַדְחָקוֹת** שֶׁלָּנוּ.*

הדיחפ׳ הֵדִיחַ — washed dishes
רָחַץ (כֵּלִים):
*מִי אוֹהֵב **לְהָדִיחַ אֶת** הַצַּלָּחוֹת אַחֲרֵי הָאוֹכֶל?*
לְהָדִיחַ אֶת- / ד.ו.ח, הִפְעִיל / הֵדַחְתִּי, מֵדִיחַ, יָדִיחַ

הדיחפ׳ הִדִּיחַ — ousted
גֵּירֵשׁ, פִּיטֵּר מִתַּפְקִיד:
*הַפַּרְלָמֶנְט **הִדִּיחַ אֶת** רֹאשׁ הַמֶּמְשָׁלָה.*
לְהַדִּיחַ אֶת- / נ.ד.ח, הִפְעִיל / הִדַּחְתִּי, מַדִּיחַ, יַדִּיחַ, הַדַּח!

הדליףפ׳ הִדְלִיף — leaked
הֶעֱבִיר אִינְפוֹרְמַצְיָה סוֹדִית:
*אֶת הַיְּדִיעָה הַזֹּאת **הִדְלִיף** לִי הַמְּנַהֵל.*
לְהַדְלִיף אֶת- / ד.ל.ף, הִפְעִיל / הִדְלַפְתִּי, מַדְלִיף, יַדְלִיף

הדליקפ׳ הִדְלִיק — lit
1. עָשָׂה אֵשׁ:
*הַבָּחוּר **הִדְלִיק אֶת** הַסִּיגַרְיָה.*
2. הִפְעִיל מָקוֹר שֶׁל אוֹר: — switched on...
*הוּא **הִדְלִיק אֶת** הַחַשְׁמַל בַּחֶדֶר.*
לְהַדְלִיק אֶת- / ד.ל.ק, הִפְעִיל / הִדְלַקְתִּי, מַדְלִיק, יַדְלִיק

הדלפהנ׳ הַדְלָפָה [הַדְלָפוֹת] — leakage
פִּירְסוּם שֶׁל דְּבָרִים סוֹדִיִּים:
*רֹאשׁ הַמֶּמְשָׁלָה כָּעַס עַל **הַהַדְלָפוֹת** מִן הַיְּשִׁיבָה.*

הדלקהנ׳ הַדְלָקָה — lighting
פְּעוּלָּה שֶׁיּוֹצֶרֶת אֵשׁ:
*הִזְמַנְתִּי אוֹתוֹ **לְהַדְלָקַת** נֵרוֹת בַּחֲנוּכָּה.*

הדמייהנ׳ הַדְמָיָה [הַדְמָיוֹת] — simulation
סִימוּלַצְיָה, הַצָּגַת תְּנָאִים שֶׁל מְצִיאוּת בְּעֶזְרַת מַחְשֵׁב, מוֹדֶל:
*אֶפְשָׁר לָשֶׁבֶת בַּכִּיתָּה וְלִלְמוֹד נְהִיגָה עַל יְדֵי **הַדְמָיָה**.*

הדסז׳ הֲדַס [הֲדַסִּים] — myrtle
צֶמַח יָפֶה, יֵשׁ לוֹ רֵיחַ נָעִים:
*קָטַפְתִּי עֲנָפִים שֶׁל **הֲדַס** לִכְבוֹד חַג הַסּוּכּוֹת.*

הדףפ׳ הָדַף — warded off, pushed away
הִרְחִיק, דָּחַף רָחוֹק. (בִּסְפּוֹרְט - זָרַק רָחוֹק):
*הַצָּבָא **הָדַף אֶת** הַהַתְקָפָה. / **הָדַפְתִּי** כַּדּוּר בַּרְזֶל.*
לַהֲדוֹף אֶת- / ה.ד.ף, פָּעַל / הָדַפְתִּי, הוֹדֵף, יֶהֱדוֹף, הֲדוֹף!

הדףז׳ הֶדֶף — blast
דְּחִיפָה.
הֶדֶף אֲוִויר - כְּמוֹ מַכָּה שֶׁמְּקַבְּלִים כְּשֶׁמַּשֶּׁהוּ עוֹבֵר מַהֵר:
*נָפַלְנוּ מִן **הַהֶדֶף**, אַחֲרֵי שֶׁהִתְפּוֹצְצָה הַפְּצָצָה.*

הדפיספ' הִדְפִּיס printed
1. כָּתַב בִּמְכוֹנָה מְיוּחֶדֶת:
*אֲנִי יוֹדֵעַ **לְהַדְפִּיס** בִּמְכוֹנַת כְּתִיבָה.*
2. הוֹצִיא לָאוֹר (סֵפֶר, מַאֲמָר וכו'): published
***הִדְפִּיסוּ** אֶת הַמַּאֲמָר שֶׁלּוֹ בָּעִיתוֹן.*
לְהַדְפִּיס אֶת- / ד.פ.ס, הִפְעִיל / הִדְפַּסְתִּי, מַדְפִּיס, יַדְפִּיס

הדפסז' הֶדְפֵּס [הֶדְפֵּסִים] print
הַעְתָּקָה שֶׁל תְּמוּנָה, לִיטוֹגְרַפְיָה:
*זֹאת תְּמוּנָה אוֹרִיגִינָלִית, זֶה לֹא **הֶדְפֵּס**.*

הדפסהנ' הַדְפָּסָה [הַדְפָּסוֹת] printing
כְּתִיבַת אוֹתִיּוֹת בִּמְכוֹנָה:
***הַדְפָּסָה** שֶׁל סֵפֶר נִמְשֶׁכֶת זְמַן רַב.*

הדקז' הֶדֶק trigger
יָדִית קְטַנָּה מְאוֹד בְּרוֹבֶה אוֹ בְּאֶקְדָּח:
*לָחַצְתִּי עַל **הַהֶדֶק** וְיָרִיתִי.*

הדרז' הָדָר splendor
יוֹפִי:
*הוּא לָבוּשׁ **הָדָר**.*
פְּרִי עֵץ הָדָר - תַּפּוּז, אֶשְׁכּוֹלִית וְכוּ' citrus

הדרגהנ' הַדְרָגָה [הַדְרָגוֹת] progression
סֵדֶר עוֹלֶה מִמַּשֶּׁהוּ קַל לְמַשֶּׁהוּ קָשֶׁה יוֹתֵר:
בְּהַדְרָגָה ת"פ - צַעַד אַחַר צַעַד: gradually
*הִפְסַקְתִּי **בְּהַדְרָגָה** לָקַחַת אֶת הַתְּרוּפָה.*

הדרגתית' הַדְרָגָתִי gradual
מְסוּדָּר שָׁלָב אַחֲרֵי שָׁלָב, לֹא פִּתְאוֹמִי (צַעַד אַחַר צַעַד):
*יֵשׁ הִתְקַדְּמוּת **הַדְרָגָתִית** בַּמַּצָּב הַכַּלְכָּלִי.*
הַדְרָגָתִית, הַדְרָגָתִיִּים, הַדְרָגָתִיּוֹת

הדריךפ' הִדְרִיךְ guided
הֶרְאָה אֶת הַדֶּרֶךְ אוֹ אֶת הַמָּקוֹם:
*מוֹרֵה הַדֶּרֶךְ **הִדְרִיךְ** אוֹתָנוּ בְּמֶשֶׁךְ כֹּל הַטִּיּוּל.*
לִפְנֵי שֶׁהָלַכְתִּי לַצָּבָא אָחִי **הִדְרִיךְ** אוֹתִי וְאָמַר לִי מָה לַעֲשׂוֹת וּמָה לֹא לַעֲשׂוֹת.
לְהַדְרִיךְ אֶת- / ד.ר.ך, הִפְעִיל / הִדְרַכְתִּי, מַדְרִיךְ, יַדְרִיךְ

הדרכהנ' הַדְרָכָה guidance
1. הַסְבָּרָה:
*הַמְבַקְּרִים בַּמּוּזֵיאוֹן יְכוֹלִים לְקַבֵּל **הַדְרָכָה** מִמַּדְרִיכִים מְיוּחָדִים לָאוֹמָנוּת.*
2. פְּעוּלַת מוֹרֵה־הַדֶּרֶךְ: guiding
*הַמְטַיְּילִים קִיבְּלוּ **הַדְרָכָה** בְּמֶשֶׁךְ כֹּל יְמֵי הַטִּיּוּל.*

הדרןז' הַדְרָן encore
כְּשֶׁמְּנַגְּנִים בְּקוֹנְצֶרְט יְצִירָה נוֹסֶפֶת לְפִי בַּקָּשַׁת הַקָּהָל:
*הַקָּהָל מָחָא כַּפַּיִם, וְהַפְּסַנְתְּרָן נָתַן **הַדְרָן** - עוֹד סוּוִיטָה שֶׁל בָּאךְ.*

ההואמ"ג/ז' הַהוּא that (m)
זֶה (אוֹתוֹ אֶחָד) שֶׁנִּזְכַּר קוֹדֶם:
*הָאִישׁ **הַהוּא** אָמַר לִי לָבוֹא.*
הַהִיא, הָהֵם, הָהֵן

הואמ"ג/ז' הוּא he
גּוּף שְׁלִישִׁי זָכָר (אוֹמְרִים עַל מִי שֶׁאֵינֶנּוּ נִמְצָא בַּמָּקוֹם):
*מָה דָּוִיד עוֹשֶׂה עַכְשָׁיו? **הוּא** עוֹבֵד.*

הואטפ' הוּאַט was slowed down
הֵאֵטוּ אוֹתוֹ, נַעֲשָׂה לְאַט יוֹתֵר:
***הוּאַט** הַקֶּצֶב שֶׁל הָעֲבוֹדָה.*
/ א.ט.ט, הוּפְעַל / הוּאַטּוּ, מוּאָט, יוּאַט, יוּאַטּוּ

הואילפ' הוֹאִיל was willing, agreed
הִסְכִּים, הֶרְאָה רָצוֹן לַעֲשׂוֹת...:
*הַמְנַהֵל **הוֹאִיל** לַעֲנוֹת לִי בִּכְתָב.*
הוֹאֶל־נָא will you please
הוֹאִיל וְ- מ"ק since, because
לְהוֹאִיל / י.א.ל, הִפְעִיל / הוֹאַלְתִּי, מוֹאִיל, יוֹאִיל, הוֹאֵל!

הואץפ' הוּאַץ was accelerated
הֵאִיצוּ אוֹתוֹ/בּוֹ, נַעֲשָׂה מָהִיר יוֹתֵר:
***הוּאַץ** קֶצֶב הָעֲבוֹדָה.*
/ א.ו.ץ, הוּפְעַל / הוּאֲצוּ, מוּאָץ, יוּאַץ, יוּאֲצוּ

הוארפ' הוּאַר was illuminated
1. הִתְמַלֵּא אוֹר:
*הַבַּיִת **הוּאַר** בְּנֵרוֹת רַבִּים.*
2. נַעֲשָׂה בָּרוּר, מוּבָן: was clarified
*הַטֶּקְסְט **הוּאַר** עַל־יְדֵי הַהֶסְבֵּר שֶׁל הַמּוֹרֶה.*
הוּאֲרָה / א.ו.ר, הוּפְעַל / מוּאָר, יוּאַר, יוּאֲרוּ

הוארךפ' הָאֳרַךְ (הוּאֲרַךְ) was lengthened
1. נַעֲשָׂה אָרוֹךְ יוֹתֵר:
*הַשִּׂמְלָה **הוּאֲרְכָה**, כִּי רוּת גָּדְלָה מְאוֹד.*
2. נִתְּנוּ יוֹתֵר זְמַן: was extended
*זְמַן הַבְּחִינָה **הוּאֲרַךְ** בַּחֲצִי שָׁעָה.*
הוּאַרְכוּ / א.ר.ך, הוּפְעַל / מוּאֳרָךְ, יוּאֲרַךְ, יוּאַרְכוּ

הואשםפ' הָאֳשַׁם (הוּאֲשַׁם) was accused
הֶאֱשִׁימוּ אוֹתוֹ, אָמְרוּ שֶׁהוּא אָשֵׁם (שֶׁעָשָׂה מַעֲשֶׂה רַע):

*דָוִד **הוּאֲשַם** בִּגְנֵיבָה.*
הוּאשמוּ / א.ש.ם, הוּפעַל / מוּאֲשָם, יוּאֲשַם, יוּאשמוּ

הובאפ׳ הוּבָא — was brought
לָקחוּ אותו, הֵבִיאוּ אותו:
*הַחוֹלֶה **הוּבָא** לְבֵית הַחוֹלִים בְּאַמבּוּלַנס.*
הוּבֵאתִי / ב.ו.א, הוּפעַל / מוּבָא, יוּבָא, יוּבאוּ

הובדלפ׳ הֻבְדַל — was separated
הִבדִילוּ אותו, שָׂמוּ אותו לְחוּד:
*הָעוֹלִים שֶיוֹדעִים עִברִית **הוּבדְלוּ** מִן הָאֲחֵרִים.*
הוּבדְלוּ / ב.ד.ל, הוּפעַל / מוּבדָל, יוּבדַל, יוּבדְלוּ

הובהלפ׳ הֻבְהַל — was rushed
זֵירזוּ אותו, עָשׂוּ שֶיָבוֹא מַהֵר:
*הַחוֹלֶה **הוּבהַל** לְבֵית הַחוֹלִים.*
הוּבהֲלוּ / ב.ה.ל, הוּפעַל / מוּבהָל, יוּבהַל, יוּבהֲלוּ

הובהרפ׳ הֻבְהַר — was lightened
1. נַעֲשָׂה בָּהִיר:
*הַצֶבַע הַשָחוֹר **הוּבהַר**, כִּי הוֹסִיפוּ לוֹ צֶבַע לָבָן.*
2. נַעֲשָׂה מוּבָן, בָּרוּר: — was clarified
*בַּנְאוּם שֶל רֹאש הַמֶמשָלָה **הוּבהַר** הַמַצָב.*
הוּבהֲרוּ / ב.ה.ר, הוּפעַל / מוּבהָר, יוּבהַר, יוּבהֲרוּ

הובחןפ׳ הֻבְחַן — was diagnosed
שָׂמוּ לֵב לְ-:
***הוּבחֲנוּ** אֶצלוֹ סִימפּטוֹמִים שֶל מַחֲלָה קָשָה.*
הוּבחֲנוּ / ב.ח.ן, הוּפעַל / מוּבחָן, יוּבחַן, יוּבחֲנוּ

הובטחפ׳ הֻבְטַח — was promised
1. נָתנוּ לוֹ הַבטָחָה, הִבטִיחוּ לוֹ:
***הוּבטַח** לִי שֶהַמְכוֹנִית תַגִיעַ בַּזמַן.*
2. נַעֲשָׂה בָּטוּחַ (הַהֵיפֶך מִמְסוּכָּן): — was secured
*הַכֶּסֶף **מוּבטָח** בַּבַּנק.*
הוּבטְחוּ / ב.ט.ח, הוּפעַל / מוּבטָח, יוּבטַח

הובילפ׳ הוֹבִיל — led
1. הוֹלִיך:
*הַמַדרִיך **הוֹבִיל** אוֹתָנוּ בַּטִיוּל.*
2. הֶעֱבִיר: — carried
*בַּמָטוֹס **מוֹבִילִים** פְּרָחִים לְחוּץ לָאָרֶץ.*
לְהוֹבִיל אֶת- / י.ב.ל, הִפעִיל / הוֹבַלתִי, מוֹבִיל, יוֹבִיל

הובלפ׳ הוּבַל — was led/escorted
הוֹבִילוּ אוֹתוֹ, הוֹלִיכוּ אוֹתוֹ:
*הוּא **הוּבַל** לְבֵית הַמִשפָּט.*
הוּבלוּ / י.ב.ל, הוּפעַל / מוּבָל, יוּבַל, יוּבלוּ

הובלהנ׳ הוֹבָלָה [הוֹבָלוֹת] — moving, carrying
הַעֲבָרָה שֶל דְבָרִים מִמָקוֹם לְמָקוֹם בִּמכוֹנִית וְכוּ':
*שִילַמתִי לַנֶהָג עַל **הַהוֹבָלָה** שֶל הַמְקָרֵר.*

הובלטפ׳ הֻבְלַט — was emphasized/stressed
הִבלִיטוּ אוֹתוֹ, נַעֲשָׂה בּוֹלֵט:
*הַמִילִים הַחֲשוּבוֹת **הוּבלְטוּ** בְּקַו.*
/ ב.ל.ט, הוּפעַל / הוּבלְטוּ, מוּבלָט, יוּבלַט, יוּבלְטוּ

הובןפ׳ הוּבַן — was understood
הֵבִינוּ אוֹתוֹ, נַעֲשָׂה בָּרוּר:
*הַטֶקסט הַקָשֶה לֹא **הוּבַן** בַּכִּיתָה.*
הוּבַנתִי / ב.י.ן, הוּפעַל / מוּבָן, אוּבַן, יוּבַן

הובספ׳ הוּבַס — was defeated
נִיצחוּ אוֹתוֹ:
*הָאוֹיֵב **הוּבַס** וּבָרַח.*
הוּבַסתִי / ב.ו.ס, הוּפעַל / מוּבָס, אוּבַס, יוּבַס

הובעפ׳ הֻבַּע — was articulated
1. נֶאֱמַר:
*הָרַעיוֹנוֹת **הוּבְעוּ** בְּצוּרָה בְּרוּרָה.*
2. רֶגֶש אוֹ אִידֵאָה שֶאוֹמרִים בּלִי מִילִים: — was expressed
*הַכְּאֵב **מוּבָּע** בְּצִיוּר בִּצבָעִים חֲזָקִים.*
הוּבעוּ / נ.ב.ע, הוּפעַל / מוּבָּע, יוּבַּע, יוּבעוּ

הובערפ׳ הֻבְעַר — was set on fire
הִבעִירוּ אוֹתוֹ, הִדלִיקוּ אוֹתוֹ:
***הוּבעֲרָה** אֵש, וְנַעֲשָׂה חַם.*
הוּבעֲרוּ / ב.ע.ר, הוּפעַל / מוּבעָר, יוּבעַר, יוּבעֲרוּ

הובקעפ׳ הֻבְקַע — was penetrated
הִבקִיעוּ אוֹתוֹ, פָּרצוּ אוֹתוֹ בְּכוֹחַ:
*הַחוֹמָה שֶל הָעִיר **הוּבקְעָה** בְּסוֹף הַמִלחָמָה.*
*בְּמִשחַק הַכַּדוּרֶגֶל **הוּבקְעוּ** שנֵי שְעָרִים.* — (a goal) was scored
הוּבקְעוּ / ב.ק.ע, הוּפעַל / מוּבקָע, יוּבקַע, יוּבקְעוּ

הוברגפ׳ הֻבְרַג — was screwed in
הִבְרִיגוּ אוֹתוֹ, הִכנִיסוּ בּוֹרֶג:
*הָרֶגֶל **הוּברְגָה** לַכִּיסֵא.*
הוּברְגוּ / ב.ר.ג, הוּפעַל / מוּברָג, יוּברַג, יוּברְגוּ

הוברחפ׳ הֻבְרַח — was driven away
1. הִברִיחוּ אוֹתוֹ, עָשׂוּ שֶיִברַח:
*הַצִיפּוֹרִים **הוּברְחוּ** מִן הַגִינָה.*
2. הוּעֲבַר בְּאוֹפֶן לֹא לֵיגָאלִי: — was smuggled

*הַקוֹקָאִין **הוּבְרַח** מֵחוּץ־לָאָרֶץ.*
הוּבְרְחוּ / ב.ר.ח, הוּפְעַל / מוּבְרָח, יוּבְרַח

הוברק פ' הֻבְרַק — was shined
1. הִבְרִיקוּ אוֹתוֹ, צִיחצְחוּ אוֹתוֹ:
*הַנַּעֲלַיִים **הוּבְרְקוּ**, הֵן כְּמוֹ חֲדָשׁוֹת.*
2. נִשְׁלַח מִבְרָק (טֶלֶגְרָמָה): — was cabled
***הוּבְרַק** לָנוּ, שֶׁהוּא מַגִּיעַ מָחָר.*
הוּבְרְקוּ / ב.ר.ק, הוּפְעַל / מוּבְרָק, יוּבְרַק, יוּבְרְקוּ

הוברר פ' הֻבְרַר — became clear
נַעֲשָׂה בָּרוּר:
***הוּבְרַר** לִי שֶׁאֵין עֲבוֹדָה.*
הוּבְרְרוּ / ב.ר.ר, הוּפְעַל / מוּבְרָר, יוּבְרַר, יוּבְרְרוּ

הוגבה פ' הֻגְבַּהּ — was elevated
הִגְבִּיהוּ אוֹתוֹ, נַעֲשָׂה גָבוֹהַּ יוֹתֵר:
*הַכִּסֵּא שֶׁל הַתִּינוֹק **הוּגְבַּהּ**.*
הוּגְבְּהוּ / ג.ב.ה, הוּפְעַל / מוּגְבָּהּ, אוּגְבַּהּ, יוּגְבַּהּ, יוּגְבְּהוּ

הוגבל פ' הֻגְבַּל — was restricted
1. **הִגְבִּילוּ** אוֹתוֹ, שָׂמוּ לוֹ גְבוּל:
*הַחֲנָיָיה בָּרְחוֹב הַזֶּה **הוּגְבְּלָה** לְשָׁעָה אַחַת.*
2. נַעֲשָׂה קָטָן יוֹתֵר, מְצוּמְצָם: — was limited
*הָרְאִיָּיה שֶׁלּוֹ **הוּגְבְּלָה** אַחֲרֵי הַנִּיתּוּחַ.*
הוּגְבְּלוּ / ג.ב.ל, הוּפְעַל / מוּגְבָּל, יוּגְבַּל, יוּגְבְּלוּ

הוגבר פ' הֻגְבַּר — was accelerated
נַעֲשָׂה חָזָק יוֹתֵר, אִינְטֶנְסִיבִי:
*קֶצֶב הָעֲבוֹדָה **הוּגְבַּר**.*
הוּגְבְּרוּ / ג.ב.ר, הוּפְעַל / מוּגְבָּר, יוּגְבַּר, תּוּגְבַּר

הוגדל פ' הֻגְדַּל — was enlarged
נַעֲשָׂה גָדוֹל יוֹתֵר:
*תַּקְצִיב הַמְּדִינָה **הוּגְדַּל** בְּ-10%.*
/ ג.ד.ל, הוּפְעַל / הוּגְדְּלוּ, מוּגְדָּל, אוּגְדַּל, יוּגְדַּל

הוגדר פ' הֻגְדַּר — was defined
1. הוּסְבַּר בְּדִיּוּק:
*כָּל הַמִּילִים **הוּגְדְּרוּ** בַּמִּילוֹן.*
2. קָבְעוּ אֶת הַגְּבוּל - מַה מּוּתָּר מַה אָסוּר וְכוּ': — was specified
*זְכוּיּוֹת הָעוֹלִים **הוּגְדְּרוּ** בַּחוֹק.*
/ ג.ד.ר, הוּפְעַל / הוּגְדְּרוּ, מוּגְדָּר, יוּגְדַּר

הוגה תה"ז הוֹגֶה [הוֹגִים] — thinker
חוֹשֵׁב מַחְשָׁבוֹת עֲמוּקוֹת:
*לְרוֹדֶן יֵשׁ פֶּסֶל שֶׁל הָאִישׁ **הַהוֹגֶה**.*

הוֹגֶה דֵעוֹת — philosopher
הוֹגָה, הוֹגוֹת

הוגלה פ' הֻגְלָה — was exiled
גֵּירְשׁוּ אוֹתוֹ מֵהָאָרֶץ שֶׁלּוֹ:
*הַיְּהוּדִים **הוּגְלוּ** מֵהָאָרֶץ לִפְנֵי 2,000 שָׁנָה.*
*נַפּוֹלֵיאוֹן **הוּגְלָה** לָאִי אֶלְבָּה.*
הוּגְלֵיתִי / ג.ל.ה, הוּפְעַל / מוּגְלֶה, יוּגְלֶה, תּוּגְלוּ

הוגן ת' הוֹגֵן — decent, fair
מַתְאִים, כְּמוֹ שֶׁצָּרִיךְ:
*זֶהוּ מְחִיר **הוֹגֵן**.*
הוֹגֶנֶת, הוֹגְנִים, הוֹגְנוֹת

הוגנב פ' הֻגְנַב — was smuggled
הִכְנִיסוּ אוֹ הוֹצִיאוּ אוֹתוֹ בְּלִי שֶׁיַּרְגִּישׁוּ:
*סְפָרִים שֶׁל סוֹלְזֶ'נִיצִין **הוּגְנְבוּ** מֵרוּסְיָה.*
הוּגְנַבְתִּי / ג.נ.ב, הוּפְעַל / מוּגְנָב, אוּגְנַב, יוּגְנַב

הוגף פ' הוּגַף — was shut
סָגְרוּ אוֹתוֹ:
*כָּל הַחַלּוֹנוֹת **הוּגְפוּ** בִּגְלַל הַגֶּשֶׁם.*
הוּגְפוּ / ג.ו.ף, הוּפְעַל / מוּגָף, יוּגַף, יוּגְפוּ

הוגרל פ' הֻגְרַל — was won (in a lottery)
קִיבְּלוּ אוֹתוֹ בְּהַגְרָלָה:
*בַּהַגְרָלָה הָאַחֲרוֹנָה **הוּגְרְלוּ** מְכוֹנִיּוֹת, טֶלֶוִויזְיוֹת וְכוּ'.*
הוּגְרְלוּ / ג.ר.ל, הוּפְעַל / מוּגְרָל, יוּגְרַל, יוּגְרְלוּ

הוגש פ' הֻגַּשׁ — was served
הִגִּישׁוּ אוֹתוֹ, הֵבִיאוּ אוֹתוֹ:
***הוּגַּשׁ** לָנוּ אוֹכֶל טוֹב.*
/ נ.ג.ש, הוּפְעַל / הוּגְשָׁה, מוּגָּשׁ, יוּגַּשׁ, יוּגְשׁוּ

הוגשם פ' הֻגְשַׁם — was realized/fulfilled
נַעֲשָׂה, הִתְבַּצֵּעַ:
*הָאִידֵיאָל שֶׁל הַצִּיּוֹנוּת **הוּגְשַׁם** בָּאָרֶץ.*
הוּגְשְׁמוּ / ג.ש.ם, הוּפְעַל / מוּגְשָׁם, יוּגְשַׁם, יוּגְשְׁמוּ

הוד ז' הוֹד — glory
יוֹפִי רַב וְכָבוֹד רַב:
*בֵּית הַכְּנֶסֶת הוּא מָלֵא **הוֹד**.*
הוֹד מַלְכוּתוֹ — His Majesty

הודאג פ' הֻדְאַג — was worried
גָּרְמוּ שֶׁיְּפַחֵד, שֶׁיִּקְרֶה מַשֶּׁהוּ רַע:
***הוּדְאַגְנוּ** מְאוֹד בִּגְלַל הַיְּדִיעוֹת עַל מִלְחָמָה.*
הוּדְאַגְתִּי / ד.א.ג, הוּפְעַל / מוּדְאָג, אוּדְאַג, יוּדְאַג

הודאהנ׳ הוֹדָאָה [הוֹדָאוֹת] confession
כְּשֶׁאוֹמְרִים אֶת הָאֱמֶת:
בִּגְלַל הַהוֹדָאָה שֶׁלּוֹ בְּבֵית הַמִּשְׁפָּט, קִיבֵּל הַגַּנָּב עוֹנֶשׁ קַל.

הודבקפ׳ הֻדְבַּק was glued
הִדְבִּיקוּ אוֹתוֹ, חִיבְּרוּ אוֹתוֹ בְּדֶבֶק:
הַבּוּל הוּדְבַּק עַל הַמַּעֲטָפָה.
הוּדְבְּקוּ / ד.ב.ק, הוּפְעַל / מוּדְבָּק, יוּדְבַּק, יוּדְבְּקוּ

הודגםפ׳ הֻדְגַּם was illustrated/ demonstrated
הִצִּיגוּ אוֹתוֹ, הֶרְאוּ אֵיךְ לַעֲשׂוֹת:
הַשִּׁימּוּשׁ בַּמִּילִים הוּדְגַּם בַּמִּילוֹן.
הוּדְגְּמוּ / ד.ג.ם, הוּפְעַל / מוּדְגָּם, יוּדְגַּם, יוּדְגְּמוּ

הודגשפ׳ הֻדְגַּשׁ was emphasized
1. הִדְגִּישׁוּ אוֹתוֹ, נֶאֱמַר אוֹ נַעֲשָׂה בְּאוֹפֶן חָזָק:
הַדְּבָרִים הַחֲשׁוּבִים הוּדְגְּשׁוּ בְּקַו אָדוֹם.
2. (בְּדִיקְדּוּק) שָׂמוּ נְקוּדָּה בָּאוֹתִיּוֹת, כְּמוֹ ב, כ, פ: a 'dagesh' was put (Heb. gram.)
הָאוֹת [ב] בַּמִּילָה 'בֵּין' הוּדְגְּשָׁה.
הוּדְגְּשׁוּ / ד.ג.ש, הוּפְעַל / מוּדְגָּשׁ, יוּדְגַּשׁ, יוּדְגְּשׁוּ

הודהפ׳ הוֹדָה thanked
1. (הוֹדָה לְ-) אָמַר תּוֹדָה לְ- :
יוֹסֵף הוֹדָה לְדָוִיד עַל הָעֶזְרָה.
2. (הוֹדָה בְּ-) גִּילָּה אֶת הָאֱמֶת: confessed, admitted
הַנֶּאֱשָׁם הוֹדָה בִּגְנֵיבַת הַכֶּסֶף.
לְהוֹדוֹת לְ-, בְּ-, עַל- / י.ד.ה, הִפְעִיל / הוֹדֵיתִי, מוֹדֶה

הודות ל -מ״ק הוֹדוֹת לְ - thanks to
בִּזְכוּת, בִּגְלַל:
הוֹדוֹת לְדָוִיד קִיבַּלְתִּי עֲבוֹדָה.

הודחפ׳ הוּדַח was washed (dishes)
רָחֲצוּ אוֹתוֹ, סִילְּקוּ אֶת הַלִּיכְלוּךְ:
אַחֲרֵי הָאוֹכֶל הוּדְחוּ הַכֵּלִים.
הוּדְחוּ / ד.ו.ח, הוּפְעַל / מוּדָח, יוּדַח, יוּדְחוּ

הודחפ׳ הֻדַּח was ousted/expelled
גֵּירְשׁוּ אוֹתוֹ, פִּיטְּרוּ אוֹתוֹ מִתַּפְקִיד:
הַמְּנַהֵל הוּדַּח, כִּי הוּא לֹא הִצְלִיחַ בְּתַפְקִידוֹ.
הוּדַּחְתִּי / נ.ד.ח, הוּפְעַל / מוּדָּח, אוּדַּח, יוּדַּח

הודחקפ׳ הֻדְחַק was repressed
הִרְחִיקוּ אוֹתוֹ:
זִיכְרוֹנוֹת לֹא נְעִימִים הוּדְחֲקוּ.
הוּדְחֲקוּ / ד.ח.ק, הוּפְעַל / מוּדְחָק, יוּדְחַק, יוּדְחֲקוּ

הודיעפ׳ הוֹדִיעַ informed, announced
מָסַר יְדִיעָה:
הַמְּנַהֵל הוֹדִיעַ לִי עַל הַשִּׁינּוּיִים בַּמִּשְׂרָד.
לְהוֹדִיעַ אֶת- לְ- / י.ד.ע, הִפְעִיל / הוֹדַעְתִּי, יוֹדִיעַ, הוֹדַע!

הודלףפ׳ הֻדְלַף was leaked
יָצָא הַחוּצָה (דָּבָר סוֹדִי), נוֹדַע עָלָיו:
הוּדְלְפוּ פְּרָטִים מֵחֲקִירַת הַמִּשְׁטָרָה.
הוּדְלְפוּ / ד.ל.ף, הוּפְעַל / מוּדְלָף, יוּדְלַף, יוּדְלְפוּ

הודלקפ׳ הֻדְלַק was lit
הֶעֱלוּ בּוֹ אֵשׁ, אוֹר וְכוּ׳, הִדְלִיקוּ אוֹתוֹ:
לִכְבוֹד הֶחָג הוּדְלְקוּ כָּל הָאוֹרוֹת בָּרְחוֹב.
הוּדְלְקוּ / ד.ל.ק, הוּפְעַל / מוּדְלָק, יוּדְלַק, יוּדְלְקוּ

הודעהנ׳ הוֹדָעָה [הוֹדָעוֹת] announcement
מְסִירַת יְדִיעָה:
קִיבַּלְתִּי בַּטֶּלֶפוֹן אֶת הַהוֹדָעָה עַל הַמְּסִיבָּה.

הודפספ׳ הֻדְפַּס was printed
1. הִדְפִּיסוּ אוֹתוֹ, כָּתְבוּ אוֹתוֹ בִּמְכוֹנָה:
הַדּוֹקְטוֹרָט שֶׁלּוֹ הוּדְפַּס, מָחָר יְקַבֵּל אוֹתוֹ הַפְּרוֹפֶסוֹר.
2. פִּירְסְמוּ אוֹתוֹ (בְּעִיתּוֹן, בְּסֵפֶר): was published
הַמַּאֲמָר שֶׁלּוֹ הוּדְפַּס בָּעִיתּוֹן.
הוּדְפְּסוּ / ד.פ.ס, הוּפְעַל / מוּדְפָּס, יוּדְפַּס, יוּדְפְּסוּ

הודקפ׳ הֻדַּק was tightened/fastened
קָשְׁרוּ אוֹתוֹ חָזָק:
הַחֲגוֹרָה הוּדְקָה חָזָק, וַאֲנִי לֹא יָכוֹל לִנְשׁוֹם.
הוּדְקוּ / ה.ד.ק, פּוּעַל / מְהוּדָּק, יְהוּדַּק

הודרךפ׳ הֻדְרַךְ was guided
נָתְנוּ לוֹ הַדְרָכָה, אָמְרוּ לוֹ מַה לַעֲשׂוֹת, לְאָן לָלֶכֶת וְכוּ׳:
הוּדְרַכְנוּ אֵיךְ לְהַגִּיעַ לְשָׁם, וְהִגַּעְנוּ בְּקַלּוּת.
הוּדְרְכוּ / ד.ר.ך, הוּפְעַל / מוּדְרָךְ, אוּדְרַךְ, יוּדְרַךְ

הווהז׳ הֹוֶה present (tense)
הַזְּמַן שֶׁבֵּין מַה שֶּׁהָיָה אֶתְמוֹל לְבֵין מַה שֶּׁיִּהְיֶה מָחָר:
'כּוֹתֵב', 'כּוֹתֶבֶת', 'כּוֹתְבִים' הֵן צוּרוֹת הַפּוֹעַל בַּהוֹוֶה.
לֹא הֶעָבָר מְעַנְיֵן אוֹתִי אֶלָּא הַהוֹוֶה.

הוויז׳ הֲוַי way of life
דֶּרֶךְ חַיִּים (תַּרְבּוּת, מִנְהָגִים וְכוּ׳):
הֲוַוי הַחַיִּים בַּקִּיבּוּץ שׁוֹנֶה מֵהֲוַוי הַחַיִּים בָּעִיר.

הווייהנ׳ הֲוָיָה [הֲוָיוֹת] existence
הַמְּצִיאוּת, הַקִּיּוּם:

הַסִּפְרוּת עוֹסֶקֶת *בַּהֲוָויָה הָאֱנוֹשִׁית (שֶׁל בְּנֵי הָאָדָם).*

דְּבָרִים כַּהֲוָויָתָם ב' things as they are in reality

הוזה תה"ז הוֹזֶה [הוֹזִים] delirious, hallucinating

1. חוֹלֵם (לֹא בִּזְמַן שֵׁינָה):
*הוּא **הוֹזֶה**, כִּי יֵשׁ לוֹ חוֹם גָּבוֹהַּ.*
2. אֲנָשִׁים רְחוֹקִים מִן הַמְּצִיאוּת: dreamer
עַל הָאִידֵאָלִיסְטִים אוֹמְרִים, שֶׁהֵם הוֹזִים.

הוֹזָה, הוֹזוֹת

הוזהר פ' הֻזְהַר was warned

קִיבֵּל אַזְהָרָה, אָמְרוּ לוֹ שֶׁיִּשְׁמוֹר עַל עַצְמוֹ, שֶׁלֹּא יַעֲשֶׂה מַשֶּׁהוּ וְכוּ':
*הָאֲנָשִׁים **הוּזְהֲרוּ** לֹא לְהִיכָּנֵס לַיָּם הַסּוֹעֵר.*
הוּזְהַרְתִּי / ז.ה.ר, הוּפְעַל / מוּזְהָר, אוּזְהַר, יוּזְהַר

הוזז פ' הוּזַז was moved

הֵזִיזוּ אוֹתוֹ, הֶעֱבִירוּ אוֹתוֹ לְמָקוֹם אַחֵר:
*הַכִּיסֵּא **הוּזַז** מִן הַשּׁוּלְחָן.*
הוּזַזְתִּי / ז.ו.ז, הוּפְעַל / מוּזָז, אוּזַז, יוּזַז

הוזיל פ' הוֹזִיל reduced cost

עָשָׂה שֶׁיִּהְיֶה זוֹל, שֶׁהַמְּחִיר שֶׁלוֹ יִהְיֶה נָמוּךְ יוֹתֵר:
*שַׂר הָאֶנֶרְגִיָּה **הוֹזִיל אֶת** מְחִיר הַבֶּנְזִין.*
לְהוֹזִיל אֶת- / ז.ו.ל-י.ז.ל, הִפְעִיל / הוֹזַלְתִּי, מוֹזִיל, יוֹזִיל

הוזכר פ' הֻזְכַּר was mentioned

הִזְכִּירוּ אוֹתוֹ:
*הַשֵּׁם שֶׁלוֹ **הוּזְכַּר** בָּעִיתּוֹן.*
*הַדְּבָרִים שֶׁאַתָּה אוֹמֵר, **הוּזְכְּרוּ** כְּבָר בַּמַּאֲמָר.*
הוּזְכְּרוּ / ז.כ.ר, הוּפְעַל / מוּזְכָּר, אוּזְכַּר, יוּזְכַּר

הוזל פ' הוּזַל was reduced (cost)

נַעֲשָׂה זוֹל, הַמְּחִיר שֶׁלוֹ יָרַד:
__הוּזְלוּ__ הַמְּחִירִים שֶׁל הַמְּכוֹנִיּוֹת.
הוּזְלוּ / ז.ו.ל-י.ז.ל, הוּפְעַל / מוּזָל, יוּזַל, יוּזְלוּ

הוזלה נ' הוֹזָלָה [הוֹזָלוֹת] reduction of cost

הוֹרָדַת הַמְּחִיר, כְּשֶׁעוֹשִׂים שֶׁהַמְּחִיר יִהְיֶה נָמוּךְ יוֹתֵר:
*בְּסוֹף הַחוֹרֶף יֵשׁ **הוֹזָלוֹת** גְּדוֹלוֹת בִּמְחִירֵי הַבְּגָדִים.*

הוזמן פ' הֻזְמַן was invited

1. הִזְמִינוּ אוֹתוֹ, אָמְרוּ לוֹ לָבוֹא:
***הוּזְמַנְתִּי** לְהַרְצָאָה בָּאוּנִיבֶרְסִיטָה.*
2. (סְחוֹרָה וְכוּ') בִּיקְשׁוּ שֶׁיָּבִיאוּ: was ordered
*כָּל הַמְּכוֹנִיּוֹת שֶׁ**הוּזְמְנוּ** בְּחוּץ לָאָרֶץ נִמְכְּרוּ.*
הוּזְמְנוּ / ז.מ.ן, הוּפְעַל / מוּזְמָן, אוּזְמַן, יוּזְמַן

הוזנח פ' הֻזְנַח was neglected

הִזְנִיחוּ אוֹתוֹ, לֹא דָּאֲגוּ לוֹ, לֹא שָׂמוּ לֵב:
*הַבַּיִת **הוּזְנַח**, לָכֵן אִי אֶפְשָׁר לָגוּר בּוֹ.*
הוּזְנְחוּ / ז.נ.ח, הוּפְעַל / מוּזְנָח, יוּזְנַח, יוּזְנְחוּ

הוזעק פ' הֻזְעַק was rushed/summoned

הִזְעִיקוּ אוֹתוֹ, קָרְאוּ לוֹ לָבוֹא (לְעֶזְרָה, לְמִלְחָמָה וְכוּ'):
*הוּא **הוּזְעַק** לְבֵית הַסֵּפֶר, כִּי בְּנוֹ נִפְצַע.*
הוּזְעַקְתִּי / ז.ע.ק, הוּפְעַל / מוּזְעָק, אוּזְעַק, יוּזְעַק

הוזרם פ' הֻזְרַם was diverted to flow

הִפְנוּ אֶת הַכִּיוּוּן שֶׁלוֹ, נָתְנוּ לוֹ כִּיוּוּן מְסוּיָּם:
*מֵי הַכִּינֶּרֶת **הוּזְרְמוּ** לַשָּׂדוֹת בַּנֶּגֶב.*
הוּזְרְמוּ / ז.ר.ם, הוּפְעַל / מוּזְרָם, יוּזְרַם

הוחבא פ' הֻחְבָּא was hidden

הֶחְבִּיאוּ אוֹתוֹ, הִסְתִּירוּ אוֹתוֹ:
*הַכֶּסֶף **הוּחְבָּא** בָּאָרוֹן.*
הוּחְבְּאוּ / ח.ב.א, הוּפְעַל / מוּחְבָּא, יוּחְבָּא, יוּחְבְּאוּ

הוחזק פ' הֻחְזַק was kept

1. הֶחֱזִיקוּ בּוֹ (בְּעִיקָּר בַּמִּשְׁטָרָה):
*הוּא **הוּחְזַק** בַּמִּשְׁטָרָה שָׁבוּעַ שָׁלֵם.*
2. הֶחֱזִיק אוֹתוֹ, הָיָה בַּיָּד שֶׁלוֹ: was held
*הִיא הָלְכָה וְהָאַרְנָק **הוּחְזַק** בְּיָדָהּ.*
3. שִׁילְּמוּ בִּשְׁבִילוֹ: was maintained
*הַמּוֹסָד **מוּחְזָק עַל יְדֵי** הָעִירִיָּה.*
/ ח.ז.ק, הוּפְעַל / הוּחְזְקוּ, מוּחְזָק, יוּחְזַק

הוחזר פ' הֻחְזַר was returned

הֶחֱזִירוּ אוֹתוֹ, נָתְנוּ (שָׂמוּ) בַּחֲזָרָה:
*הַכִּיסֵּא **הוּחְזַר** לַמָּקוֹם.*
הוּחְזַרְתִּי / ח.ז.ר, הוּפְעַל / מוּחְזָר, יוּחְזַר, יוּחְזְרוּ

הוחכר פ' הֻחְכַּר was leased

מָסְרוּ אוֹתוֹ לְשִׁימּוּשׁ תְּמוּרַת כֶּסֶף לִזְמַן מְסוּיָּם:
*הַבַּיִת **הוּחְכַּר** לִי לְעֶשְׂרִים שָׁנָה.*
הוּחְכְּרוּ / ח.כ.ר, הוּפְעַל / מוּחְכָּר, יוּחְכַּר, יוּחְכְּרוּ

הוחל פ' הוּחַל was enforced

"שָׂמוּ" אוֹתוֹ (יִישְּׂמוּ אוֹתוֹ):
*הַחוֹק הַיִּשְׂרְאֵלִי **הוּחַל עַל** רָמַת הַגּוֹלָן.*
הוּחֲלוּ / ח.ו.ל, הוּפְעַל / מוּחָל, יוּחַל, יוּחֲלוּ

הוחל פ' הוּחַל was started

הִתְחִילוּ בְּ-:
***הוּחַל בִּבְנִיַּית** בָּתִּים חֲדָשִׁים.*
הוּחֲלוּ בְּ- / ח.ל.ל, הוּפְעַל / מוּחָל, יוּחַל, יוּחֲלוּ

הוחלטפ' הֻחְלַט — was decided

הִתְקַבְּלָה הַחְלָטָה לְאַחַר בְּחִירָה בֵּין אֶפְשָׁרֻיּוֹת שׁוֹנוֹת:

*בַּיְשִׁיבָה **הוחלט** עַל תּוֹכְנִית חֲדָשָׁה.*

הוּחְלַט עַל- / ח.ל.ט, הוּפְעַל / מוּחְלָט, יוּחְלַט, יוּחְלְטוּ

הוחלףפ' הֻחְלַף — was changed

הֶחֱלִיפוּ אוֹתוֹ, נָתְנוּ בִּמְקוֹמוֹ אַחֵר:

*הַחוּלְצָה הָיְיתָה קְטַנָּה, הִיא **הוחלְפָה** בִּגְדוֹלָה יוֹתֵר.*

הוּחְלַפְתִּי בְּ- / ח.ל.ף, הוּפְעַל / מוּחְלָף, אוּחְלַף, יוּחְלַף

הוחלשפ' הֻחְלַשׁ — was weakened/lowered

עָשׂוּ שֶׁיִּהְיֶה חַלָּשׁ יוֹתֵר:

*קוֹל הָרַדְיוֹ **הוחלַש**.*

הוּחְלְשׁוּ / ח.ל.ש, הוּפְעַל / מוּחְלָשׁ, יוּחְלַשׁ, יוּחְלְשׁוּ

הוחמץפ' הֻחְמַץ — was pickled

1. עָשׂוּ שֶׁיִּהְיֶה חָמוּץ:

*הַמְּלָפְפוֹנִים **הוחמְצוּ** בְּמַיִם וּבְמֶלַח.*

2. הִפְסִידוּ בּוֹ, לֹא נִיצְּלוּ אוֹתוֹ: — was missed

*הַהִזְדַּמְּנוּת לְנַצֵּחַ בַּמִּשְׂחָק **הוחמְצָה**.*

הוּחְמְצוּ / ח.מ.ץ, הוּפְעַל / מוּחְמָץ, יוּחְמַץ, יוּחְמְצוּ

הוחמרפ' הֻחְמַר — worsened, deteriorated

נַעֲשָׂה חָמוּר, קָשֶׁה יוֹתֵר:

***הוחמר** מַצַּב הַבְּרִיאוּת שֶׁלּוֹ.*

הוחמר הָעוֹנֶשׁ עַל גְּנֵיבָה: — was stiffened (Law)

הוּחְמְרוּ / ח.מ.ר, הוּפְעַל / מוּחְמָר, יוּחְמַר

הוחנהפ' הֻחְנָה — was parked

הֶחֱנוּ אוֹתוֹ, הֶעֱמִידוּ אוֹתוֹ (מְכוֹנִית, אוֹפַנּוֹעַ וְכוּ'):

*הַמְּכוֹנִית **הוחנְתָה** עַל־יַד הַבַּיִת.*

הוּחְנוּ / ח.נ.ה, הוּפְעַל / מוּחְנִים, יוּחְנֶה, יוּחְנוּ

הוחתםפ' הֻחְתַּם — was made to sign

1. הֶחְתִּימוּ אוֹתוֹ, נָתְנוּ לוֹ שֶׁיַּחְתּוֹם:

*הַמְּנַהֵל **הוחתַם** עַל הַהֶסְכֵּם עִם הָעוֹבְדִים.*

2. שָׂמוּ עָלָיו חוֹתֶמֶת (סִימָן שֶׁל דּוֹאַר, מִשְׂרָד וְכוּ'): — was stamped

*הַבּוּלִים **הוחתְמוּ** אֶתְמוֹל.*

הוּחְתְּמוּ / ח.ת.ם, הוּפְעַל / מוּחְתָּם, יוּחְתַּם, יוּחְתְּמוּ

הוטבפ' הוּטַב — improved

נַעֲשָׂה טוֹב יוֹתֵר:

*מַצַּב הַבְּרִיאוּת שֶׁלּוֹ **הוטַב**.*

***הוטַב** לִי מְאוֹד אַחֲרֵי הַנִּיתוּחַ.*

הוּטַבְתִּי / ט.ו.ב-י.ט.ב, הוּפְעַל / מוּטָב, אוּטַב, יוּטַב

הוטלפ' הוּטַל — was thrown/dropped

1. נִזְרַק, זָרְקוּ אוֹתוֹ:

*בַּמִּלְחָמָה **הוטלָה** פְּצָצָה עַל הַבַּיִת הַזֶּה.*

2. יָצָא מִן הַגּוּף שֶׁל תַּרְנְגוֹלֶת: — was laid

*אָסַפְתִּי אֶת הַבֵּיצִים **שֶׁהוטלוּ** בַּלַּיְלָה.*

הוּטְלוּ / ט.ו.ל, הוּפְעַל / מוּטָל, יוּטַל, יוּטְלוּ

הוטלפ' הֻטַּל — was assigned

שָׂמוּ עָלָיו (אַחֲרָיוּת, מִיסִּים וְכוּ'):

***הוטַל** עָלָיו לֶאֱסוֹף כֶּסֶף לַטִּיּוּל.*

הוּטְלוּ / נ.ט.ל, הוּפְעַל / מוּטָל, אוּטַל, יוּטַל

הוטמןפ' הֻטְמַן — was hidden/buried

הֶחְבִּיאוּ אוֹתוֹ, שָׂמוּ אוֹתוֹ עָמוֹק בְּתוֹךְ:

*הַכֶּסֶף **הוטמַן** בְּמָקוֹם לֹא יָדוּעַ. / הַמֵּת **הוטמַן** בָּאֲדָמָה.*

הוּטְמְנוּ / ט.מ.ן, הוּפְעַל / מוּטְמָן, יוּטְמַן, יוּטְמְנוּ

הוטמעפ' הֻטְמַע — was assimilated

1. נַעֲשָׂה כְּמוֹ אֲחֵרִים (עָבָר אַסִּימִילַצְיָה):

*הַיְּהוּדִים לֹא **הוטמְעוּ** בָּעַמִּים, שֶׁבְּתוֹכָם גָּרוּ.*

2. נִכְנַס לְתוֹךְ וְנַעֲשָׂה חֵלֶק מִמֶּנּוּ: — was photosynthesized

*הָאוֹר **הוטמַע** עַל־יְדֵי הַצֶּמַח.*

הוּטְמְעוּ / ט.מ.ע, הוּפְעַל / מוּטְמָע, אוּטְמַע, יוּטְמַע

הוטספ' הוּטַס — was flown

הֵטִיסוּ אוֹתוֹ, הִסִּיעוּ אוֹתוֹ בְּמָטוֹס:

*הָעוֹלִים **הוטסוּ** יָשָׁר לָאָרֶץ.*

הוּטְסוּ / ט.ו.ס, הוּפְעַל / מוּטָס, יוּטַס, יוּטְסוּ

הוטעהפ' הֻטְעָה — was misled

גָּרְמוּ לוֹ לִטְעוֹת:

***הוטעֵיתִי** - אָמְרוּ לִי, שֶׁתֵּל־אָבִיב הִיא עַל־יַד אֵילַת.*

הוּטְעֵיתִי / ט.ע.ה, הוּפְעַל / מוּטְעֶה, אוּטְעֶה, יוּטְעֶה

הוטעןפ' הֻטְעַן — was loaded

1. שָׂמוּ עָלָיו חֲבִילוֹת, סְחוֹרוֹת וְכוּ':

*הָאֳנִיּוֹת **הוטעֲנוּ** בְּתַפּוּזִים לְחוּץ לָאָרֶץ.*

2. שָׂמוּ אוֹתוֹ (מִטְעָן, חֲבִילוֹת):

*הַתַּפּוּזִים **הוטעֲנוּ** עַל הַמְּכוֹנִיּוֹת.*

הוּטְעֲנוּ / ט.ע.ן, הוּפְעַל / מוּטְעָן, יוּטְעַן, יוּטְעֲנוּ

הויק' הוֹי — Oh God!

אוֹמְרִים כְּשֶׁכּוֹאֵב אוֹ כְּשֶׁקּוֹרֶה מַשֶּׁהוּ לֹא טוֹב:

***הוי**, מָה יִהְיֶה?*

הוכהפ' הֻכָּה — was beaten

"קִיבֵּל" מַכָּה, הִיכּוּ אוֹתוֹ:

הוּא הוּכָּה בָּרֹאשׁ וְנָפַל.
הוּכֵּיתִי / נ.כ.ה, הוּפְעַל / מוּכֶּה, אוּכֶּה, יוּכֶּה

הוכחפ׳ הוּכַח — was proven
קִיבֵּל אִישּׁוּר שֶׁהַדָּבָר נָכוֹן, שֶׁכָּךְ קָרָה וְכוּ׳:
***הוּכַח** שֶׁהוּא לֹא גָּנַב.*
הוּכְחוּ / י.כ.ח, הוּפְעַל / מוּכָח, יוּכַח, יוּכְחוּ

הוכחדפ׳ הֻכְחַד — became extinct
הוּשְׁמַד, עָשׂוּ שֶׁלֹּא יִתְקַיֵּים:
*בַּעֲלֵי חַיִּים **הוּכְחֲדוּ**, כִּי אֲנָשִׁים הָרְגוּ אוֹתָם.*
הוּכְחֲדוּ / כ.ח.ד, הוּפְעַל / מוּכְחָד, יוּכְחַד, יוּכְחֲדוּ

הוכחהנ׳ הוֹכָחָה [הוֹכָחוֹת] — proof
אִישּׁוּר אוֹ עֵדוּת, שֶׁהַדָּבָר נָכוֹן:
*עוֹרֵךְ הַדִּין הֵבִיא **הוֹכָחָה** לְדִבְרֵי הָאִישׁ.*

הוכחשפ׳ הֻכְחַשׁ — was denied
נֶאֱמַר שֶׁמַּשֶּׁהוּ לֹא נָכוֹן:
*הַיְּדִיעָה עַל מִיסִּים חֲדָשִׁים **הוּכְחֲשָׁה**.*
הוּכְחֲשׁוּ / כ.ח.ש, הוּפְעַל / מוּכְחָשׁ, יוּכְחַשׁ, יוּכְחֲשׁוּ

הוכיחפ׳ הוֹכִיחַ — proved
הֵבִיא סִימָן אוֹ אִישּׁוּר לִדְבָרִים:
*עוֹרֵךְ הַדִּין **הוֹכִיחַ** לַשּׁוֹפֵט, שֶׁהָאִישׁ דִּיבֵּר אֱמֶת.*
לְהוֹכִיחַ לְ-, אֶת- / י.כ.ח, הִפְעִיל / הוֹכַחְתִּי, מוֹכִיחַ, יוֹכִיחַ

הוכןפ׳ הוּכַן — was prepared
סוּדַּר, נֶעֱרַךְ:
*הַכֹּל **הוּכַן** לִקְרַאת הַטִּיּוּל. גַּם אֲנַחְנוּ **מוּכָנִים**.*
הוּכְנוּ / כ.ו.ן, הוּפְעַל / מוּכָן, יוּכַן, יוּכְנוּ

הוכנספ׳ הֻכְנַס
1. הִכְנִיסוּ אוֹתוֹ, הֵבִיאוּ אוֹתוֹ מִבַּחוּץ: — was brought in
***הוּכְנַסְתִּי** לַחֶדֶר.*
2. שָׂמוּ אוֹתוֹ בְּתוֹךְ: — was entered
*הַמַּאֲמָר שֶׁלִּי **הוּכְנַס** לָעִיתּוֹן.*
הוּכְנַסְתִּי / כ.נ.ס, הוּפְעַל / מוּכְנָס, אוּכְנַס, יוּכְנַס

הוכנעפ׳ הֻכְנַע — was forced to surrender
גָּרְמוּ שֶׁיִּיכָּנַע, שֶׁיַּפְסִיק לְהִילָּחֵם (אוֹ לְהִתְנַגֵּד):
*הַצָּבָא שֶׁל הָאוֹיֵב **הוּכְנַע**.*
הוּכְנְעוּ / כ.נ.ע, הוּפְעַל / מוּכְנָע, יוּכְנַע, יוּכְנְעוּ

הוכפלפ׳ הֻכְפַּל
1. נַעֲשָׂה כָּפוּל, נַעֲשָׂה גָּדוֹל פִּי שְׁנַיִים: — doubled
*הַמְּחִיר **הוּכְפַּל** בִּגְלַל הָאִינְפְלַצְיָה.*
2. נֶעֶשְׂתָה בּוֹ פְּעוּלָה אֲרִיתְמֶטִית: — was multiplied
*הַמִּסְפָּר 2 **הוּכְפַּל** בְּ-3 וְהַתּוֹצָאָה - 6.*
הוּכְפְּלוּ / כ.פ.ל, הוּפְעַל / מוּכְפָּל, יוּכְפַּל, יוּכְפְּלוּ

הוכרפ׳ הֻכַּר
1. הִכִּירוּ אוֹתוֹ, יָדְעוּ מִיהוּ: — was recognized
*הוּא **מוּכָּר** לָנוּ מִן הָעִיתּוֹן.*
2. קִיבֵּל אִישּׁוּר: — was approved
*תְּעוּדָה שֶׁל אוּנִיבֶרְסִיטָה מִיִּשְׂרָאֵל **מוּכֶּרֶת** בְּכָל הָעוֹלָם.*
הוּכְּרוּ / נ.כ.ר, הוּפְעַל / מוּכָּר, יוּכַּר, יוּכְּרוּ

הוכרזפ׳ הֻכְרַז — was declared
הוֹדִיעוּ עָלָיו בַּצִּיבּוּר:
***הוּכְרַז** עַל תּוֹכְנִית כַּלְכָּלִית חֲדָשָׁה.*
הוּכְרְזוּ / כ.ר.ז, הוּפְעַל / מוּכְרָז, אוּכְרַז, יוּכְרַז

הוכרחפ׳ הֻכְרַח — was forced (to)
הִכְרִיחוּ אוֹתוֹ, גָּרְמוּ לוֹ לַעֲשׂוֹת מַשֶּׁהוּ בְּנִיגּוּד לִרְצוֹנוֹ:
***הוּכְרַחְתִּי** לְהִישָּׁאֵר וְלֶאֱכוֹל אִיתָּם.*
הוּכְרְחוּ / כ.ר.ח, הוּפְעַל / מוּכְרָח, אוּכְרַח, יוּכְרַח

הוכרעפ׳ הֻכְרַע
1. נוּצַּח, נִיצְּחוּ אוֹתוֹ: — was defeated
*הַצָּבָא שֶׁל הָאוֹיֵב **הוּכְרַע** בַּקְּרָב.*
2. הוּחְלַט בְּאוֹפֶן סוֹפִי: — was decided
***הוּכְרַע** בַּמֶּמְשָׁלָה מִי יִהְיֶה שַׂר הַחִינּוּךְ.*
הוּכְרְעוּ / כ.ר.ע, הוּפְעַל / מוּכְרָע, יוּכְרַע, יוּכְרְעוּ

הוכשלפ׳ הֻכְשַׁל — was failed
הִכְשִׁילוּ אוֹתוֹ, גָּרְמוּ שֶׁלֹּא יַצְלִיחַ, שֶׁיִּפּוֹל:
*הוּא **הוּכְשַׁל** בַּבְּחִינָה.*
הוּכְשַׁלְתִּי / כ.ש.ל, הוּפְעַל / מוּכְשָׁל, אוּכְשַׁל, יוּכְשַׁל

הוכשרפ׳ הֻכְשַׁר
1. הֵכִינוּ אוֹתוֹ, עָשׂוּ שֶׁיַּתְאִים: — was prepared/trained
*הַמִּגְרָשׁ **הוּכְשַׁר** לִבְנִיָּיה. / הֵם **הוּכְשְׁרוּ** לִהְיוֹת מוֹרִים.*
2. עָשׂוּ פְּעוּלוֹת, כְּדֵי שֶׁיּוּכְלוּ לֶאֱכוֹל אוֹתוֹ אוֹ בּוֹ לְפִי הַדָּת הַיְּהוּדִית: — was made "kosher"
*הַבָּשָׂר **הוּכְשַׁר** לִפְנֵי שֶׁהִגִּיעַ לַחֲנוּת. / הַכֵּלִים **הוּכְשְׁרוּ** לְפֶסַח.*
הוּכְשַׁרְתִּי / כ.ש.ר, הוּפְעַל / מוּכְשָׁר, אוּכְשַׁר, יוּכְשַׁר

הוכתבפ׳ הֻכְתַּב
1. הִכְתִּיבוּ חוֹמֶר, אָמְרוּ מָה לִכְתּוֹב: — was dictated
*הַמִּכְתָּב **הוּכְתַּב** לַמַּזְכִּירָה.*
2. (מֶטָאפוֹרָה) הִכְרִיחוּ לַעֲשׂוֹת מַשֶּׁהוּ: — was imposed
*הַהוֹרָאוֹת הָאֵלֶּה **הוּכְתְּבוּ** מִ"לְּמַעְלָה" עַל־יְדֵי הַמְּנַהֵל.*
הוּכְתְּבוּ / כ.ת.ב, הוּפְעַל / מוּכְתָּב, יוּכְתַּב, יוּכְתְּבוּ

הוכתרפ׳ הֻכְתַּר — was crowned
("שָׂמוּ לוֹ כֶּתֶר") נַעֲשָׂה בַּעַל תַּפְקִיד גָּבוֹהַּ, נָתְנוּ לוֹ כָּבוֹד רַב וְכוּ׳:
*הוּא **הוּכתַר** כִּמנַצֵּחַ בַּתַּחֲרוּת.*
הוּכתַר בְּהַצלָחָה — was crowned with success
/ כ.ת.ר, הוּפעַל / הוּכתַרתִי, מוּכתָר, יוּכתַר

הולאםפ׳ הֻלְאַם — was nationalized
נַעֲשָׂה שֶׁל הָעָם (לֹא שֶׁל אָדָם פְּרָטִי), הוּעֲבַר לַמֶּמְשָׁלָה:
*בַּאֲרָצוֹת אֲחָדוֹת **הוּלאֲמוּ** הַבַּנקִים.*
הוּלאֲמוּ / ל.א.ם, הוּפעַל / מוּלאָם, יוּלאַם, יוּלאֲמוּ

הולבןפ׳ הֻלְבַּן — was whitened/bleached
1. הִלבִּינוּ אוֹתוֹ, נַעֲשָׂה לָבָן:
*הַבַּד הַיָּרוֹק **הוּלבַּן** בְּחוֹמֶר כִּימִי.*
2. (מֶטָאפוֹרָה) הָפכוּ כֶּסֶף — was 'laundered' (money)
לֹא לֵיגָלִי לְכֶסֶף לֵיגָלִי:
*הַכֶּסֶף שֶׁל הַמָּאפיָה **הוּלבַּן** בַּבַּנקִים.*
הוּלבְּנוּ / ל.ב.ן, הוּפעַל / מוּלבָּן, יוּלבַּן, יוּלבְּנוּ

הולדתנ׳ הֻלֶּדֶת — birth
כְּשֶׁהַתִּינוֹק יוֹצֵא מִבֶּטֶן הָאֵם:
*שָׂמַחתִי עַל **הוּלֶדֶת** אָחִי הַקָּטָן.*
יוֹם הוּלֶדֶת - הַיּוֹם בַּשָּׁנָה שֶׁמִּישֶׁהוּ נוֹלַד בּוֹ

הולחןפ׳ הֻלְחַן — was composed
כָּתבוּ מַנגִינָה (מוּסִיקָה):
*הַשִּׁיר הַזֶּה **הוּלחַן** עַל-יְדֵי קוֹמפּוֹזִיטוֹר יִשׂרְאֵלִי.*
הוּלחֲנוּ / ל.ח.ן, הוּפעַל / מוּלחָן, יוּלחַן, יוּלחֲנוּ

הולידפ׳ הוֹלִיד — procreated
1. הַתַּפקִיד שֶׁל הַגֶּבֶר בִּיצִירַת הַיֶּלֶד:
*אַבְרָהָם אָבִינוּ **הוֹלִיד** אֶת יִצחָק, וְיִצחָק **הוֹלִיד** אֶת יַעֲקוֹב.*
2. גוֹרֵם לְ - : — generated
*הַמַּצָּב הֶחָדָשׁ **הוֹלִיד** תִּקווֹת חֲדָשׁוֹת.*
לְהוֹלִיד אֶת- / י.ל.ד, הִפעִיל / הוֹלַדתִי, מוֹלִיד, יוֹלִיד

הוליךפ׳ הוֹלִיךְ — led
הוֹבִיל, הֶראָה אֶת הַדֶּרֶךְ:
*הַמַּדרִיךְ **הוֹלִיךְ** אוֹתָנוּ בְּדֶרֶךְ יָפָה.*
הוֹלִיךְ שׁוֹלָל — led astray
לְהוֹלִיךְ אֶת- / י.ל.ך, הִפעִיל / הוֹלַכתִי, מוֹלִיךְ, יוֹלִיךְ, הוֹלֵךְ!

הולך־רגלז׳ הוֹלֵךְ־רֶגֶל [הוֹלכֵי־רֶגֶל] — pedestrian
אִישׁ שֶׁצּוֹעֵד (לֹא נוֹסֵעַ):
*הַמְּכוֹנִית פָּגעָה **בְּהוֹלֵךְ־רֶגֶל**, שֶׁחָצָה אֶת הַכְּבִישׁ.*

הוללז׳ הוֹלֵל [הוֹלְלִים] — rake
מִי שֶׁחַי לְשֵׁם הֲנָאָה בִּלבַד:
*הוּא חַי כְּמוֹ **הוֹלֵל** - קָם מְאוּחָר, מְבַזבֵּז כֶּסֶף, שׁוֹתֶה וְכוּ׳.*
הוֹלֶלֶת, הוֹלְלוֹת

הוללותנ׳ הוֹלֵלוּת — wild behavior, carousing
הִתנַהֲגוּת לֹא לְפִי הַחוּקִים וְהַמִּנהָגִים:
*הוּא חַי חַיֵי **הוֹלֵלוּת** - אֵינוֹ עוֹבֵד, מְבַזבֵּז הַרבֵּה כֶּסֶף וְכוּ׳.*

הולםת׳ הוֹלֵם — suitable, appropriate
מַתְאִים:
*זֹאת שִׂמלָה **הוֹלֶמֶת** לִמסִיבָּה./הַשִּׂמלָה **הוֹלֶמֶת** אוֹתָךְ.*
הוֹלֶמֶת, הוֹלמִים, הוֹלמוֹת

הומהת׳ הוֹמֶה — noisy
רוֹעֵשׁ, מָלֵא אֲנָשִׁים:
*בְּשַׁבָּת הָרְחוֹבוֹת **הוֹמִים** מֵאֲנָשִׁים.*
נֶפֶשׁ **הוֹמִיָה** - מִתרַגֶשֶׁת, רוֹצָה מְאוֹד
הוֹמָה - הוֹמִיָה, הוֹמִיִּם, הוֹמוֹת - הוֹמִיּוֹת

הומחשפ׳ הֻמְחַשׁ — was demonstrated/ concretized
הֶראוּ אוֹתוֹ בְּצוּרָה מַמָּשִׁית, עָשׂוּ אוֹתוֹ בְּאוֹפֶן קוֹנקרֶטִי:
*חוּקֵי הַפִיסִיקָה **הוּמחֲשׁוּ** עַל-יְדֵי הַמּוֹרֶה.*
הוּמחֲשׁוּ / מ.ח.ש, הוּפעַל / מוּמחָשׁ, יוּמחַשׁ, יוּמחֲשׁוּ

הומייה ר׳ הומה

הומלחפ׳ הֻמְלַח — was salted
שָׂמוּ עָלָיו מֶלַח:
*בָּשָׂר שֶׁלֹּא **הוּמלַח**, אֵינוֹ בָּשָׂר כָּשֵׁר.*
הוּמלְחוּ / מ.ל.ח, הוּפעַל / מוּמלָח, יוּמלַח, יוּמלְחוּ

הומלץפ׳ הֻמְלַץ — was recommended
1. הִמלִיצוּ עָלָיו שֶׁהוּא טוֹב:
***הוּמלַץ** לְפָנַיי לִקנוֹת אֶת הַמְּקָרֵר הַזֶּה.*
2. אָמרוּ שֶׁהוּא מַתְאִים:
*הוּא **הוּמלַץ** לְתַפקִיד הַמְּנַהֵל.*
הוּמלְצוּ / מ.ל.ץ, הוּפעַל / מוּמלָץ, אוּמלַץ, יוּמלַץ

הומעטפ׳ הֻמְעַט — was underestimated
נַעֲשָׂה פָּחוֹת:
*חֲבָל **שֶׁהוּמעַט** בְּעֶרֶךְ שֶׁל הַסֵּפֶר.*
הוּמעֲטוּ / מ.ע.ט, הוּפעַל / מוּמעָט, יוּמעַט, יוּמעֲטוּ

הומצאפ׳ הֻמְצָא — was invented
1. גִּילוּ אוֹ יָצרוּ דָּבָר חָדָשׁ:
*מָתַי **הוּמצְאָה** מְכוֹנִית בְּלִי דֶּלֶק?*
2. אָמרוּ מַשֶּׁהוּ בְּלִי בָּסִיס, מִן הַדִּמיוֹן: — was fabricated

הַסִיפּוּר **הוּמְצָא**, כְּדֵי לְהַסבִּיר מַשֶׁהוּ.
3. נָתנוּ, מָסרוּ מַשֶׁהוּ: was submitted
הַתְעוּדוֹת **הוּמְצְאוּ** בִּזמַן.
הוּמְצֵאתִי / מ.צ.א, הוּפעַל / מוּמְצָא, אוּמְצָא, יוּמְצָא

הוּמַתפ׳ הוּמַת was killed
הֵמִיתוּ אוֹתוֹ, מִישֶׁהוּ הָרַג אוֹתוֹ:
*הוּא **הוּמַת** בִּירִיָה בְּמִלחֶמֶת הָעוֹלָם ה-2.*
הוּמתוּ / מ.ו.ת, הוּפעַל / מוּמָת, יוּמַת, יוּמתוּ

הוּמתַקפ׳ הֻמְתַּק was sweetened
1. נַעֲשָׂה מָתוֹק, שָׂמוּ בּוֹ חוֹמֶר מָתוֹק:
*הַתֵה שֶׁלוֹ **הוּמתַק** בְּסוּכָּר.*
2. נַעֲשָׂה פָּחוֹת קָשֶׁה: was mitigated
*הָעוֹנֶשׁ שֶׁל הָאָסִיר **הוּמתַק**.*
הוּמתְקוּ / מ.ת.ק, הוּפעַל / מוּמתָק, יוּמתַק

הוֹןז׳ הוֹן fortune
1 רְכוּשׁ, כֶּסֶף רַב:
*יֵשׁ לוֹ **הוֹן** גָדוֹל, הוּא מַמָשׁ עָשִׁיר.*
2. קַפִּיטָל, כַּמוּת הַכֶּסֶף שֶׁיֵשׁ לְחֶברָה, לְבַנק: capital
*צָרִיך **הוֹן** מְסוּיָם כְּדֵי לִפתוֹחַ בֵּית חֲרוֹשֶׁת.*
הוֹן חוֹזֵר working capital
הוֹן תוֹעָפוֹת (a) fortune

הוֹנָאָהנ׳ הוֹנָאָה [הוֹנָאוֹת] fraud
רַמָאוּת, שֶׁקֶר:
*בִּגלַל **הוֹנָאָה** שֶׁל מַס הַכנָסָה יֵשׁ לוֹ מִשׁפָּט.*

הוֹנָהפ׳ הוֹנָה cheated, defrauded
רִימָה, שִׁיקֵר לְ- :
*הוּא **הוֹנָה אֶת** הַמֶמשָׁלָה.*
לְהוֹנוֹת אֶת- / י.נ.ה, הִפעִיל / הוֹנֵיתִי, מוֹנֶה, יוֹנֶה

הוּנהַגפ׳ הֻנְהַג was guided/led
1. הִנהִיגוּ אוֹתוֹ, הוֹלִיכוּ אוֹתוֹ:
*חָשׁוּב שֶׁהָעָם **יוּנהַג** בִּזמַן מִלחָמָה.*
2. נִקבַּע אֵיך לַעֲבוֹד, לְהִתנַהֵג וְכוּ׳: was introduced
***הוּנהֲגָה** שִׁיטָה חֲדָשָׁה בָּעֲבוֹדָה.*
הוּנהַגתִי / נ.ה.ג, הוּפעַל / מוּנהָג, אוּנהַג, יוּנהַג

הוּנַחפ׳ הוּנַח was relieved
נָתנוּ לוֹ מְנוּחָה, נַעֲשָׂה לוֹ שֶׁקֶט:
***הוּנַח** לוֹ מִדְאָגוֹת לַבֵּן שֶׁלוֹ.*
הוּנחוּ / נ.ו.ח, הוּפעַל / מוּנָח, יוּנַח, יוּנחוּ

הוּנַחפ׳ הֻנַּח was laid
1. שָׂמוּ אוֹתוֹ:
*הַסְפָרִים **הוּנחוּ** עַל הַשׁוּלחָן.*
2. הָיְיתָה הַנָחָה, דֵיעָה, חָשׁבוּ: it was assumed
***הוּנַח** שֶׁהוֹדִיעוּ לָנוּ עַל הַפּגִישָׁה.*
הוּנחוּ / נ.ו.ח, הוּפעַל / מוּנָח, יוּנַח, יוּנחוּ

הוּנחָהפ׳ הֻנְחָה was guided/led
1. הִדרִיכוּ אוֹתוֹ, אָמרוּ לוֹ לְאָן לָלֶכֶת:
*הוּא **הוּנחָה** לִמקוֹם הַיְשִׁיבָה שֶׁלוֹ.*
2. אִירגְנוּ אוֹתוֹ, נִיהֲלוּ אוֹתוֹ: was moderated/ conducted
*הַדִיוּן בַּטֶלֶוִויזיָה **הוּנחָה** עַל־יְדֵי עִיתוֹנַאי.*
הוּנְחוּ / נ.ח.ה, הוּפעַל / מוּנחֶה, אוּנחֶה, יוּנחֶה

הוּנחַתפ׳ הֻנְחַת was landed
1. הוּרַד עַל הָאֲדָמָה (מָטוֹס וְכוּ׳):
*הַהֶלִיקוֹפּטֶר **הוּנחַת** בַּשָׂדֶה.*
2. *(מֶטָאפוֹרָה)* קָרָה, "נָפַל": was imposed
***הוּנחֲתָה** הוֹרָאָה, שֶׁצָרִיך לַעֲבוֹד בַּלַילָה.*
/ נ.ח.ת, הוּפעַל / הוּנחֲתוּ, מוּנחָת, אוּנחַת, יוּנחַת

הוּנַעפ׳ הוּנַע was propelled/moved
הֵנִיעוּ אוֹתוֹ, הֵזִיזוּ אוֹתוֹ:
*הַמְכוֹנָה **מוּנַעַת** בְּחַשמַל.*
הוּנַעתִי / נ.ו.ע, הוּפעַל / מוּנָע, יוּנַע, יוּנעוּ

הוּנַףפ׳ הוּנַף was hoisted
1. תָלוּ אוֹתוֹ גָבוֹהַ:
*הַדֶגֶל **הוּנַף** עַל הַבַּיִת.*
2. הֵרִימוּ אוֹתוֹ: was raised/waved
*הַסַכִּין **הוּנפָה** מוּל פָּנָיו כְּדֵי לְהַפחִיד אוֹתוֹ.*
הוּנפוּ / נ.ו.ף, הוּפעַל / מוּנָף, יוּנַף, יוּנפוּ

הוּנפַּקפ׳ הֻנְפַּק was issued
הוֹצִיאוּ כְּדֵי לְחַלֵק אוֹ לִמכּוֹר:
*מְנָיוֹת חֲדָשׁוֹת **הוּנפְּקוּ** בַּבּוּרסָה.*
הוּנפְקוּ / נ.פ.ק, הוּפעַל / מוּנפָּק, יוּנפַּק, יוּנפְקוּ

הוּנצַחפ׳ הֻנְצַח was commemorated
הִנצִיחוּ אוֹתוֹ, עָשׂוּ מַשֶׁהוּ (פֶּסֶל, בִּניָין, סטִיפֶּנדיָה וְכוּ׳), כְּדֵי שֶׁיִזכְּרוּ אוֹתוֹ:
*הַחַיָילִים שֶׁנֶהֶרגוּ בַּמִלחָמָה **הוּנצְחוּ** בַּפֶּסֶל הַזֶה.*
הוּנצַחתִי / נ.צ.ח, הוּפעַל / מוּנצָח, אוּנצַח, יוּנצַח

הוּנשַׁםפ׳ הֻנְשַׁם was resuscitated
הִנשִׁימוּ אוֹתוֹ, עָזרוּ לוֹ לִנשׁוֹם:
*הוּא **הוּנשַׁם** מִיָד אַחֲרֵי שֶׁהוֹצִיאוּ אוֹתוֹ מִן הַמַיִם.*
הוּנשַׁמתִי / נ.ש.ם, הוּפעַל / מוּנשָׁם, אוּנשַׁם, יוּנשַׁם

הוּסַבפ׳ הוּסַב — was turned

1. הֵסֵבּוּ אוֹתוֹ, סוֹבְבוּ אוֹתוֹ:
כָּל הָעֵינַיִם ***הוּסַבּוּ*** *אֶל הַבַּחוּרָה הַיָּפָה.*

2. הֶעֱבִירוּ צֶ׳יק: — was endorsed
הַצֶ׳יק ***הוּסַב*** *עַל שֵׁם דָּוִיד.*

הוּסַבְתִּי (הוּסַבּוֹתִי) / ס.ב.ב, הוּפְעַל / מוּסָב, יוּסַב

הוּסברפ׳ הֻסְבַּר — was explained
הִסבִּירוּ אוֹתוֹ, נַעֲשָׂה בָּרוּר, מוּבָן:
הַמִּילִים ***הוּסבְּרוּ*** *בַּכִּיתָה וּבַסֵּפֶר.*
הוּסבְּרוּ / ס.ב.ר, הוּפעַל / מוּסבָּר, יוּסבַּר, יוּסבְּרוּ

הוּסגרפ׳ הֻסְגַּר — was turned in/extradited
נִמסַר לַמִּשטָרָה (בְּדֶרֶךְ כְּלָל פּוֹשֵׁעַ):
הָרוֹצֵחַ ***הוּסגַר*** *לָאִינטֶרפּוֹל.*
הוּסגַרְתִּי / ס.ג.ר, הוּפעַל / מוּסגָר, אוּסגַר, יוּסגַר

הוּסדרפ׳ הֻסְדַּר — was arranged
עָשׂוּ בּוֹ סֵדֶר, קָבְעוּ מַה וְאֵיךְ יִהְיֶה:
הוּסדַר *בֵּינֵינוּ מַה כֹּל אֶחָד עוֹשֶׂה בַּמִּשׂרָד.*
הוּסדְרוּ / ס.ד.ר, הוּפעַל / מוּסדָר, יוּסדַר, יוּסדְרוּ

הוּסווהפ׳ הֻסְוָה — was camouflaged
כִּיסוּ (שָׂמוּ צֶבַע וְכוּ׳) כְּדֵי שֶׁלֹּא יַכִּירוּ אוֹתוֹ:
הַטַּנקִים ***הוּסווּ*** *בְּעֵצִים וּפְרָחִים.*
הוּסוֵויתִי / ס.ו.ה, הוּפעַל / מוּסוֶוה, אוּסוֶוה, יוּסוֶוה

הוֹסִיףפ׳ הוֹסִיף — added
נָתַן עוֹד:
דָּוִיד ***הוֹסִיף*** *פְּרָטִים רַבִּים* ***עַל*** *הַיָּדוּעַ לִי.*
הוֹסִיף שֶׁמֶן לַמְּדוּרָה: — added fuel to the fire
לְהוֹסִיף אֶת-, עַל- / י.ס.ף הִפעִיל / מוֹסִיף, יוֹסִיף, הוֹסֵף!

הוּסכםפ׳ הֻסְכַּם — was agreed upon
כּוּלָם הָיוּ בְּדֵיעָה אַחַת. אָמְרוּ 'כֵּן':
בָּאֲסֵיפַת הָעוֹבדִים ***הוּסכַּם*** *לְהַפסִיק אֶת הַשְּׁבִיתָה.*
הוּסכְּמוּ / ס.כ.ם, הוּפעַל / מוּסכָּם, יוּסכַּם

הוּסמךפ׳ הֻסְמַךְ — was authorized

1. נָתנוּ לוֹ סַמכוּת (אוֹטוֹרִיטָה):
שַׂר הָאוֹצָר ***הוּסמַךְ*** *לְהַחלִיט עַל הַמִּסִּים.*

2. נָתנוּ לוֹ תוֹאַר (אוּנִיבֶרסִיטָה וְכוּ׳): — was certified
הוּא ***הוּסמַךְ*** *כְּעוֹרֵךְ-דִּין.*

הוּסמַכְתִּי / ס.מ.ךְ, הוּפעַל / מוּסמָךְ, אוּסמַךְ, יוּסמַךְ

הוּסעפ׳ הֻסַּע — was driven
הִסִּיעוּ אוֹתוֹ, הֶעֱבִירוּ אוֹתוֹ בִּמכוֹנִית:
הַיְּלָדִים ***הוּסעוּ*** *עַד הַבַּיִת.*
הוּסעוּ / נ.ס.ע, הוּפעַל / מוּסָע, יוּסַע, יוּסעוּ

הוֹסָפָהנ׳ הוֹסָפָה [הוֹסָפוֹת] — addition, raise
תוֹסֶפֶת, יוֹתֵר מִמַּשֶּׁהוּ:
אֲנַחנוּ מְבַקְשִׁים ***הוֹסָפָה*** *לַמַּשׂכּוֹרֶת.*

הוּסקפ׳ הֻסַּק — was heated

1. חִימְּמוּ אוֹתוֹ:
כָּל הַתַּנּוּרִים ***הוּסקוּ****, כִּי קַר מְאוֹד*

2. הִגִּיעוּ לְמַסקָנָה, לָמְדוּ מַשֶּׁהוּ מִמַּשֶּׁהוּ אַחֵר: — was deduced/concluded
חֲבָל שֶׁלֹּא ***הוּסקוּ*** *מַסקָנוֹת מִדּוּ״חַ מְבַקֵּר הַמְּדִינָה.*

הוּסקוּ / נ.ס.ק, הוּפעַל / מוּסָק, יוּסַק, יוּסקוּ

הוּסרפ׳ הוּסַר — was removed
הִרחִיקוּ אוֹתוֹ, הוֹרִידוּ אוֹתוֹ:
הָאִיּוּם שֶׁל הַמִּלחָמָה עוֹד לֹא ***הוּסַר****.*
הוּסרוּ / ס.ו.ר, הוּפעַל / מוּסָר, יוּסַר, יוּסרוּ

הוּסרטפ׳ הֻסְרַט — was filmed
צִילְמוּ לְסֶרֶט (לַקּוֹלנוֹעַ, לְוִידֵאוֹ וְכוּ׳):
הַחֲתוּנָּה ***הוּסרְטָה*** *מִן הַהַתחָלָה וְעַד הַסּוֹף.*
הוּסרְטוּ / ס.ר.ט, הוּפעַל / מוּסרָט, יוּסרַט, יוּסרְטוּ

הוּסתפ׳ הוּסַת — was incited
גָּרמוּ לוֹ לַעֲשׂוֹת מַשֶּׁהוּ רַע:
הֵם ***הוּסתוּ*** *לָצֵאת לַהַפגָּנָה.*
/ ס.ו.ת, הוּפעַל / הוּסתוּ, מוּסָת, יוּסַת, יוּסתוּ

הוּסתרפ׳ הֻסְתַּר — was hidden
הֶחבִּיאוּ אוֹתוֹ בְּמָקוֹם שֶׁקָּשֶׁה לִמצוֹא:
הַכֶּסֶף ***הוּסתַר*** *מִתַּחַת לַמִּיטָה.*
הוּסתַּרְתִּי / ס.ת.ר, הוּפעַל / מוּסתָר, אוּסתַר, יוּסתַר

הוּעברפ׳ הֻעֲבַר (הוּעֲבַר) — was transferred
לָקחוּ אוֹתוֹ מִמָּקוֹם אֶחָד וְהֵבִיאוּ לְמָקוֹם אַחֵר:
הַמִּשׂרָד ***הוּעֲבַר*** *מֵרְחוֹב הַיַּרקוֹן לִרחוֹב בֶּן-יְהוּדָה 7.*
הוּעֲבַרְתִּי / ע.ב.ר, הוּפעַל / מוּעֲבָר, מוּעֲבֶרֶת, יוּעֲבַר

הוּעדףפ׳ הֻעֲדַף (הוּעֲדַף) — was preferred
אָהֲבוּ אוֹתוֹ יוֹתֵר, חָשְׁבוּ שֶׁהוּא טוֹב יוֹתֵר חָשׁוּב יוֹתֵר וְכוּ׳:
אֲנַחנוּ מְחַפְּשִׂים עוֹבדִים. בַּעֲלֵי נִסָּיוֹן ***יוּעֲדְפוּ****.*
הוּעֲדַפְתִּי / ע.ד.ף, הוּפעַל / מוּעֲדָף, אוּעֲדַף, יוּעֲדַף

הוֹעִידפ׳ הוֹעִיד — fixed, assigned, destined, designated
קָבַע זְמַן, תַּפקִיד וְכוּ׳ לְמִישֶׁהוּ:
הוֹעַדְתִּי *אוֹתוֹ לְתַפקִיד מְנַהֵל. / אֶת הַחֶדֶר הַזֶּה* ***הוֹעַדְתִּי***

לְאוֹרְחִים.
לְהוֹעִיד אֶת- / י.ע.ד, הִפְעִיל / הוֹעַדְתִּי, מוֹעִיד, יוֹעִיד

הועילפ׳ הוֹעִיל — was useful
הָיְתָה בּוֹ תוֹעֶלֶת, עָזַר:
*הָעֵיצָה שֶׁלְּךָ **הוֹעִילָה** לָנוּ מְאוֹד.*
לְהוֹעִיל לְ- / י.ע.ל, הִפְעִיל / מוֹעִיל, אוֹעִיל, יוֹעִיל, הוֹעֵל!

הועלהפ׳ הֻעֲלָה (הוּעֲלָה) — was raised
1. הֶעֱלוּ אוֹתוֹ, הֵבִיאוּ אוֹתוֹ לְמַעְלָה:
*הַשּׁוּלְחָן **הוּעֲלָה** לַדִּירָה בְּקוֹמָה ב׳.*
2. נָתְנוּ לוֹ דַּרְגָּה גְּבוֹהָה יוֹתֵר: — was promoted
*הוּא **הוּעֲלָה** בְּדַרְגָּה. עַכְשָׁיו הוּא הַמְּנַהֵל.*
הוּעֲלֵיתִי / ע.ל.ה, הוּפְעַל / מוּעֲלֶה, אוּעֲלֶה, יוּעֲלֶה

הועםפ׳ הוּעַם — was dimmed
(אוֹר) נַעֲשָׂה חַלָּשׁ יוֹתֵר:
*הָאוֹר בָּרְחוֹב **הוּעַם** כְּדֵי לַחֲסוֹךְ בְּחַשְׁמַל.*
/ ע.מ.ם, הוּפְעַל / הוּעַמּוּ, מוּעָם, יוּעַם

הועמדפ׳ הֻעֲמַד (הוּעֲמַד) — was placed/lined/erected
הֶעֱמִידוּ אוֹתוֹ, עָשׂוּ שֶׁיַּעֲמוֹד:
*הַחַיָּילִים **הוּעַמְדוּ** בְּשׁוּרָה לִפְנֵי הַמְּפַקֵּד.*
הוּעֲמַדְתִּי / ע.מ.ד, הוּפְעַל / מוּעֲמָד, אוּעֲמַד, יוּעֲמַד

הועמספ׳ הֻעֲמַס (הוּעֲמַס) — was loaded
שָׂמוּ עָלָיו חֲבִילוֹת, אַרְגָּזִים וְכוּ׳:
*כׇּל הָרָהִיטִים **הוּעַמְסוּ** עַל הַמְּכוֹנִית.*
הוּעַמְסוּ / ע.מ.ס, הוּפְעַל / מוּעֲמָס, יוּעֲמַס, יוּעַמְסוּ

הועמקפ׳ הֻעֲמַק [הוּעֲמַק] — was deepened
עָשׂוּ אוֹתוֹ עָמוֹק יוֹתֵר, נָמוּךְ יוֹתֵר:
*הַבּוֹר **הוּעֲמַק** בְּ-5 מֶטְרִים.*
*(מֶטָאפוֹרָה): הַקְּשָׁרִים בֵּינֵיהֶם **הוּעַמְקוּ**.*
הוּעַמְקוּ / ע.מ.ק, הוּפְעַל / מוּעֲמָק, יוּעֲמַק, יוּעַמְקוּ

הוענקפ׳ הֻעֲנַק [הוּעֲנַק] — was given/granted
1. נָתְנוּ אוֹתוֹ בְּמַתָּנָה:
*לִכְבוֹד הֶחָג **הוּעַנְקוּ** לָעוֹבְדִים 500 ש״ח.*
2. פְּרָס, דַּרְגָּה וְכוּ׳ שֶׁנָּתְנוּ אוֹתָם: — was awarded
*פְּרָס נוֹבֶּל **הוּעֲנַק** לַסּוֹפֵר הַיִּשְׂרְאֵלִי עַגְנוֹן.*
הוּעַנְקוּ לְ- / ע.נ.ק, הוּפְעַל / מוּעֲנָק, יוּעֲנַק, יוּעַנְקוּ

הוענשפ׳ הֻעֲנַשׁ (הוּעֲנַשׁ) — was punished
נָתְנוּ לוֹ עוֹנֶשׁ:
*תַּלְמִיד שֶׁיַּפְרִיעַ **יוּעֲנַשׁ**.*
הוּעֲנַשְׁתִּי / ע.נ.שׁ, הוּפְעַל / מוּעֲנָשׁ, אוּעֲנַשׁ, יוּעֲנַשׁ

הועסקפ׳ הֻעֲסַק (הוּעֲסַק) — was employed
נָתְנוּ לוֹ עֲבוֹדָה, עָשׂוּ שֶׁיִּהְיֶה עָסוּק בַּעֲבוֹדָה:
*הוּא **הוּעֲסַק** בְּמִשְׂרָד שֶׁלִּי.*
הוּעֲסַקְתִּי / ע.ס.ק, הוּפְעַל / מוּעֲסָק, אוּעֲסַק, יוּעֲסַק

הועףפ׳ הוּעַף — was flown/thrown
זָרְקוּ אוֹתוֹ (לְמַעְלָה):
*הַבָּלוֹן **הוּעַף** בָּאֲוִויר. / רָאִינוּ **שֶׁהוּעֲפָה** אֶבֶן לְכִיווּן שֶׁלָּנוּ.*
הוּעֲפוּ / ע.ו.ף, הוּפְעַל / מוּעָף, יוּעַף, יוּעֲפוּ

הוערךפ׳ הֻעֲרַךְ (הוּעֲרַךְ) — was appraised
1. חָשְׁבוּ שֶׁהָעֵרֶךְ שֶׁלּוֹ הוּא...:
*הַמְּכוֹנִית שֶׁלִּי **מוּעֶרֶכֶת** בְּ-10,000 ש״ח.*
2. הֶחְשִׁיבוּ אוֹתוֹ, חָשְׁבוּ שֶׁהוּא טוֹב: — was appreciated
*הָעֶזְרָה שֶׁלָּכֶם **תוּעֲרַךְ** מְאוֹד.*
הוּעֲרַכְתִּי / ע.ר.ך, הוּפְעַל / מוּעֲרָךְ, אוּעֲרַךְ, יוּעֲרַךְ

הועשרפ׳ הֻעֲשַׁר (הוּעֲשַׁר) — was enriched
עָשׂוּ שֶׁיִּהְיֶה טוֹב יוֹתֵר:
*הָאֲדָמָה **הוּעַשְׁרָה** בְּחוֹמָרִים כִּימִיִּים.*
הוּעֲשַׁרְתִּי / ע.שׁ.ר, הוּפְעַל / מוּעֲשָׁר, יוּעֲשַׁר, יוּעַשְׁרוּ

הועתקפ׳ הֻעֲתַק (הוּעֲתַק) — was copied
הֶעְתִּיקוּ אוֹתוֹ, הוּעֲבַר מִדַּף אֶחָד לְדַף אַחֵר:
*הַשִּׁיר **הוּעֲתַק** מֵהַסֵּפֶר לַמַּחְבֶּרֶת.*
הוּעַתְקוּ / ע.ת.ק, הוּפְעַל / מוּעֲתָק, יוּעֲתַק, יוּעַתְקוּ

הופגזפ׳ הֻפְגַּז — was shelled
יָרוּ עָלָיו פְּגָזִים, הִפְגִּיזוּ אוֹתוֹ:
*תֵּל-אָבִיב **הוּפְגְּזָה** בְּטִילִים בְּ-1991.*
הוּפְגַּזְתִּי / פ.ג.ז, הוּפְעַל / מוּפְגָּז, אוּפְגַּז, יוּפְגַּז

הופגןפ׳ הֻפְגַּן — was demonstrated
פִּירְסְמוּ אוֹתוֹ, הֶרְאוּ אוֹתוֹ לְכוּלָּם:
*הָאַהֲבָה שֶׁלּוֹ לְרוּת **מוּפְגֶּנֶת** בַּשִּׁירִים שֶׁכָּתַב.*
הוּפְגְּנוּ / פ.ג.ן, הוּפְעַל / מוּפְגָּן, יוּפְגַּן, יוּפְגְּנוּ

הופגשפ׳ הֻפְגַּשׁ — was introduced (to)
הִפְגִּישׁוּ אוֹתוֹ עִם-, גָּרְמוּ שֶׁיִּפְגּוֹשׁ אֶת -:
*הוּא **הוּפְגַּשׁ עִם** רֹאשׁ הַמֶּמְשָׁלָה.*
הוּפְגְּשׁוּ עִם- / פ.ג.שׁ, הוּפְעַל / מוּפְגָּשׁ, יוּפְגַּשׁ, יוּפְגְּשׁוּ

הופחדפ׳ הֻפְחַד — was frightened/ intimidated
עָשׂוּ שֶׁיְּפַחֵד, הִפְחִידוּ אוֹתוֹ:
*הַיְּלָדִים **הוּפְחֲדוּ**, שֶׁלֹּא לְשַׂחֵק בָּאֵשׁ.*
הוּפְחַדְתִּי / פ.ח.ד, הוּפְעַל / מוּפְחָד, אוּפְחַד, יוּפְחַד

הופיעפ' הוֹפִיעַ performed, appeared
1. הִצִּיג עַל הַבָּמָה:
*הַזַּמָּר **הוֹפִיעַ** אֶתְמוֹל בְּתוֹכְנִית הַטֶּלֶוִויזְיָה.*
2. בָּא: showed up
*הַסטוּדֶנט לֹא **הוֹפִיעַ** לַשִּׁיעוּרִים.*
לְהוֹפִיעַ / י.פ.ע, הִפְעִיל / הוֹפַעְתִּי, מוֹפִיעַ, יוֹפִיעַ, הוֹפַע!

הופלפ' הֻפַּל was dropped/shot down
הִפִּילוּ אוֹתוֹ, גָּרְמוּ שֶׁיִּפּוֹל:
*הַכּוֹס **הוּפְּלָה** וְנִשְׁבְּרָה. הַמָּטוֹס **הוּפַּל** בַּמִּלְחָמָה.*
הוּפַּלְתִּי / נ.פ.ל, הוּפְעַל / מוּפָּל, אוּפַּל, יוּפַּל

הופלהפ' הֻפְלָה was discriminated against
הִפְלוּ אוֹתוֹ, הָיָה אֵלָיו יַחַס מְיוּחָד (לְטוֹב אוֹ לְרַע):
*הַשְּׁחוֹרִים בִּדְרוֹם אַפְרִיקָה **מוּפְלִים לְרָעָה**.*
הוּפְלֵיתִי לְ- / פ.ל.ה, הוּפְעַל / מוּפְלֶה, אוּפְלֶה, יוּפְלֶה

הופנהפ' הֻפְנָה was turned, was reffered
1. הִפְנוּ אוֹתוֹ, גָּרְמוּ שֶׁיִּפְנֶה אֶל -:
*כָּל הָעֵינַיִים **הוּפְנוּ אֶל** הַבַּחוּרָה הַיָּפָה.*
2. גָּרְמוּ שֶׁיֵּלֵךְ אֶל -:
*הוּא **הוּפְנָה אֶל** הַמְּנַהֵל.*
הוּפְנֵיתִי לְ-, אֶל- / פ.נ.ה, הוּפְעַל / מוּפְנֶה, אוּפְנֶה, יוּפְנֶה

הופנםפ' הֻפְנַם was internalized
הִפְנִימוּ אוֹתוֹ, עָשׂוּ שֶׁיִּיכָּנֵס אֶל תּוֹךְ-:
*הַדִּיקְדּוּק הָעִבְרִי שֶׁלָּמַדְנוּ, עֲדַיִין לֹא **הוּפְנַם** עַל-יָדֵינוּ.*
הוּפְנְמוּ / פ.נ.ם, הוּפְעַל / מוּפְנָם, יוּפְנַם, יוּפְנְמוּ

הופסקפ' הֻפְסַק was stopped
הִפְסִיקוּ אוֹתוֹ, נֶעֱצַר בָּאֶמְצַע:
*הַשִּׁיעוּרִים **הוּפְסְקוּ**, כִּי הַמּוֹרֶה חוֹלֶה.*
הוּפְסַקְתִּי / פ.ס.ק, הוּפְעַל / מוּפְסָק, אוּפְסַק, יוּפְסַק

הופעהנ' הוֹפָעָה [הוֹפָעוֹת] appearance
1. צוּרָה חִיצוֹנִית:
***הַהוֹפָעָה** שֶׁלָּהּ יָפָה מְאוֹד.*
2. כְּמוֹ הַצָּגָה (רִיקּוּדִים, שִׁירִים וְכוּ'): performance
***הַהוֹפָעָה** שֶׁל הַזַּמָּר הָיְיתָה מוּצְלַחַת.*
3. פִּירְסוּם, הוֹצָאָה לָאוֹר: publication
*אֲנַחְנוּ מְחַכִּים **לְהוֹפָעַת** הַסֵּפֶר הֶחָדָשׁ.*

הופעלפ' הֻפְעַל was activated
הִפְעִילוּ אוֹתוֹ, עָשׂוּ שֶׁיִּפְעַל, יַעֲבוֹד:
*הַמְּכוֹנָה הַחֲדָשָׁה **הוּפְעֲלָה** בְּהַצְלָחָה.*
הוּפְעַלְתִּי / פ.ע.ל, הוּפְעַל / מוּפְעָל, אוּפְעַל, יוּפְעַל

הופעל הֻפְעַל (הָפְעַל) the passive causative form of Heb. verb
(בְּדִיקְדּוּק) הַבִּנְיָין הַפַּסִּיבִי שֶׁל בִּנְיַין הִפְעִיל:
*הַפּוֹעַל 'הוּכְתַּב' **בְּהוּפְעַל** הוּא הַפַּסִּיב שֶׁל 'הִכְתִּיב'.*

הופץפ' הוּפַץ was distributed
הֵפִיצוּ אוֹתוֹ, פִּיזְּרוּ אוֹתוֹ, הֶעֱבִירוּ אוֹתוֹ לְכוּלָּם:
*הָעִיתּוֹן **הוּפַץ בְּכָל** הֶעָרִים.*
הוּפְצוּ / פ.ו.ץ, הוּפְעַל / מוּפָץ, יוּפַץ, יוּפְצוּ

הופצץפ' הֻפְצַץ was bombed
הִפְצִיצוּ אוֹתוֹ, זָרְקוּ עָלָיו פְּצָצוֹת:
*הָעִיר **הוּפְצְצָה** מִן הָאֲוִויר.*
הוּפְצַצְתִּי / פ.צ.ץ, הוּפְעַל / מוּפְצָץ, אוּפְצַץ, יוּפְצַץ

הופקפ' הוּפַק was extracted
1. הֵפִיקוּ אוֹתוֹ, הוֹצִיאוּ אוֹתוֹ:
*הַשֶּׁמֶן **הוּפַק** מִן הַזֵּיתִים, שֶׁעַל יַד הַבַּיִת שֶׁלּוֹ.*
2. בִּיצְּעוּ אוֹתוֹ (עָשׂוּ סֶרֶט, הַצָּגָה וְכוּ'): was produced
*הַהַצָּגָה **הוּפְקָה** בִּמְעַט כֶּסֶף.*
הוּפְקוּ / פ.ו.ק, הוּפְעַל / מוּפָק, יוּפַק

הופקדפ' הֻפְקַד was deposited
1. הִפְקִידוּ אוֹתוֹ, שָׂמוּ כְּדֵי שֶׁיִּשְׁמְרוּ עָלָיו:
*הַכֶּסֶף שֶׁלִּי **הוּפְקַד** בַּבַּנְק.*
2. שָׂמוּ אוֹתוֹ בְּתַפְקִיד: was appointed
*הוּא **הוּפְקַד** לִשְׁמוֹר עַל הַבַּיִת.*
הוּפְקְדוּ / פ.ק.ד, הוּפְעַל / מוּפְקָד, יוּפְקַד, יוּפְקְדוּ

הופקעפ' הֻפְקַע was expropriated
הִפְקִיעוּ אוֹתוֹ, לָקְחוּ אוֹתוֹ בְּאוֹפֶן לֵיגָלִי בִּשְׁבִיל הַצִּיבּוּר:
*הָאֲדָמָה הַזֹּאת **הוּפְקְעָה** כְּדֵי לִבְנוֹת עָלֶיהָ בֵּית סֵפֶר.*
הוּפְקְעוּ / פ.ק.ע, הוּפְעַל / מוּפְקָע, יוּפְקַע, יוּפְקְעוּ

הופקרפ' הֻפְקַר was abandoned
הִפְקִירוּ אוֹתוֹ, עָזְבוּ אוֹתוֹ בְּלִי שְׁמִירָה:
*הַיְלָדִים **הוּפְקְרוּ**, הַהוֹרִים לֹא מְטַפְּלִים בָּהֶם.*
הוּפְקַרְתִּי / פ.ק.ר, הוּפְעַל / מוּפְקָר, יוּפְקַר, יוּפְקְרוּ

הופרפ' הוּפַר was violated
הֵפֵרוּ אוֹתוֹ, בּוּטַּל:
*גַּם בִּזְמַן מִלְחָמָה אָסוּר **שֶׁיּוּפְרוּ** חוּקֵי הַתְּנוּעָה.*
הוּפְרוּ / פ.ר.ר, הוּפְעַל / מוּפָר, יוּפַר, יוּפְרוּ

הופרדפ' הֻפְרַד was separated
1. הוּרְחַק:
*שְׁנֵי הָאַחִים **הוּפְרְדוּ** זֶה מִזֶּה.*
2. שָׂמוּ לוֹ גְּבוּל: was divided/partitioned

*הַחֶדֶר **הוּפְרַד** מִן הַחֲדָרִים הָאֲחֵרִים בְּוִילוֹן.*
הוּפְרַדְתִּי / פ.ר.ד, הוּפְעַל / מוּפְרָד, אוּפְרַד, יוּפְרַד

הופרהפ' הֻפְרָה — was fertilized
1. גָּרְמוּ שֶׁיִּהְיוּ תּוֹצָאוֹת:
*הַמַּחֲשָׁבָה **הוּפְרְתָה** עַל יְדֵי הַדִּיאָלוֹגִים.*
2. עָשׂוּ שֶׁיִּיתֵּן פְּרִי, יְלָדִים וְכוּ':
*הָעֵצִים **הוּפְרוּ** עַל יְדֵי הַדְּבוֹרִים.*

הופרחפ' הֻפְרַח — was flown
1. הֵעִיפוּ בָּאֲוִויר:
*בְּיוֹם הַהוּלֶדֶת שֶׁלָּהּ **הוּפְרְחוּ** בַּלּוֹנִים בְּכֹל מִינֵי צְבָעִים.*
2. (מֶטָאפוֹרָה) פִּיזְּרוּ, הוֹדִיעוּ לְכֹל הַמְּקוֹמוֹת: — was spread
***הוּפְרְחוּ** שְׁמוּעוֹת שֶׁנְּשִׂיא אַרְצוֹת הַבְּרִית יַגִּיעַ מָחָר.*
הוּפְרְחוּ / פ.ר.ח, הוּפְעַל / מוּפְרָח, יוּפְרַח

הופרךפ' הֻפְרַךְ — was refuted
אָמְרוּ שֶׁזֶּה לֹא נָכוֹן:
*הַיְּדִיעָה **הוּפְרְכָה** עַל־יְדֵי רֹאשׁ הַמֶּמְשָׁלָה.*
הוּפְרְכוּ / פ.ר.ך, הוּפְעַל / מוּפְרָךְ, יוּפְרַךְ, יוּפְרְכוּ

הופרעפ' הֻפְרַע — was disturbed
הִפְרִיעוּ לוֹ, הִפְסִיקוּ אוֹתוֹ:
*הַמְּנוּחָה שֶׁלִּי **הוּפְרְעָה** בִּגְלַל הָרַעַשׁ שֶׁל הַיְּלָדִים.*
הוּפְרַעְתִּי / פ.ר.ע, הוּפְעַל / מוּפְרָע, יוּפְרַע, יוּפְרְעוּ

הופרשפ' הֻפְרַשׁ — was discharged
1. יָצָא הַחוּצָה מִן הַגּוּף:
*הַחוֹמָרִים הַמְּיוּתָּרִים **הוּפְרְשׁוּ** מִן הַגּוּף.*
2. שָׂמוּ בַּצַּד לְשִׁימּוּשׁ מְיוּחָד: — was set aside
*חֵלֶק מִן הַמַּשְׂכּוֹרֶת **יוּפְרַשׁ** לִקְנִיַּית בְּגָדִים.*
הוּפְרְשׁוּ / פ.ר.ש, הוּפְעַל / מוּפְרָשׁ, יוּפְרַשׁ, יוּפְרְשׁוּ

הופשטפ' הֻפְשַׁט — was undressed
הִפְשִׁיטוּ אוֹתוֹ, הוֹרִידוּ מִמֶּנּוּ בֶּגֶד:
*הוּא **הוּפְשַׁט** מִכֹּל בְּגָדָיו.*
הוּפְשַׁטְתִּי / פ.ש.ט, הוּפְעַל / מוּפְשָׁט, יוּפְשַׁט, יוּפְשְׁטוּ

הופשלפ' הֻפְשַׁל — was rolled up
קִיפְּלוּ אוֹתוֹ, הֶעֱלוּ לְמַעְלָה:
*הַשַּׁרְווּלִים **הוּפְשְׁלוּ**, כִּי חַם מְאוֹד.*
הוּפְשְׁלוּ / פ.ש.ל, הוּפְעַל / מוּפְשָׁל, יוּפְשַׁל, יוּפְשְׁלוּ

הופשרפ' הֻפְשַׁר — was thawed
נַעֲשָׂה נוֹזֵל:
*בַּחוֹם הַזֶּה **יוּפְשַׁר** הַקֶּרַח מַהֵר.*
הוּפְשְׁרוּ / פ.ש.ר, הוּפְעַל / מוּפְשָׁר, יוּפְשַׁר, יוּפְשְׁרוּ

הופתעפ' הֻפְתַּע — was surprised
לֹא הָיָה מוּכָן שֶׁיִּקְרֶה מַשֶּׁהוּ, הָיְיתָה לוֹ הַפְתָּעָה:
***הוּפְתַּעְתִּי** מֵהַיְּדִיעָה, שֶׁאָחִי מַגִּיעַ מָחָר.*
הוּפְתְּעוּ מִ- / פ.ת.ע, הוּפְעַל / מוּפְתָּע, אוּפְתַּע, יוּפְתַּע

הוצאפ' הוּצָא — was taken out
1. הוֹצִיאוּ אוֹתוֹ, הֶעֱבִירוּ אוֹתוֹ הַחוּצָה:
*הַסְּפָרִים **הוּצְאוּ מִן** הָאָרוֹן.*
2. הִשְׁתַּמְּשׁוּ בּוֹ (בְּכֶסֶף): — was spent
*חֵלֶק מֵהַתַּקְצִיב שֶׁל הַמְּדִינָה **הוּצָא עַל** חִינּוּךְ.*
הוּצְאוּ / י.צ.א, הוּפְעַל / מוּצָא, אוּצָא, יוּצָא

הוצאהנ' הוֹצָאָה [הוֹצָאוֹת] — taking out, removal
1. הַעֲבָרָה מִתּוֹךְ מָקוֹם הַחוּצָה:
*הַ**הוֹצָאָה** שֶׁל הַבְּגָדִים מִן הָאָרוֹן גָּרְמָה אִי־סֵדֶר.*
2. כֶּסֶף שֶׁמְּשַׁלְּמִים לְצְרָכִים שׁוֹנִים: — expense
*יֵשׁ לִי **הוֹצָאוֹת** גְּדוֹלוֹת עַל שְׂכַר דִּירָה, וּמָזוֹן.*
3. פִּירְסוּם בִּדְפוּס: — publication, edition
***הוֹצָאָה** שֶׁל סֵפֶר בְּשָׁלוֹשׁ שָׂפוֹת הִיא מְסוּבֶּכֶת מְאוֹד. **זֹאת** הַהוֹצָאָה הָרִאשׁוֹנָה שֶׁל הַמִּילּוֹן.*
הוֹצָאַת סְפָרִים — publishing house
הוֹצָאָה לְהוֹרֵג — execution
הוֹצָאָה לַפּוֹעַל — implementation

הוצבפ' הֻצַּב — was placed/erected
1. הֵקִימוּ אוֹתוֹ, הֶעֱמִידוּ אוֹתוֹ:
*הָעַמּוּדִים **הוּצְבוּ** לְיַד הַבַּיִת.*
2. שָׂמוּ אוֹתוֹ, קָבְעוּ לוֹ מָקוֹם: — was stationed
*הַשּׁוֹמֵר **הוּצַּב** לְיַד הַשַּׁעַר.*
הוּצְבוּ / י.צ.ב, הוּפְעַל / מוּצָּב, אוּצַּב, יוּצַּב

הוצגפ' הֻצַּג — was performed
1. הִצִּיגוּ אוֹתוֹ, עָשׂוּ אוֹתוֹ כְּהַצָּגָה:
*הַמַּחֲזֶה 'הַמְלֵט' **הוּצַּג** פְּעָמִים רַבּוֹת.*
2. שָׂמוּ אוֹתוֹ כְּדֵי שֶׁיִּרְאוּ: — was exhibited
*הַתְּמוּנוֹת **יוּצְגוּ** בַּמּוּזֵיאוֹן.*
3. עָשׂוּ הַכָּרָה בֵּין- לְבֵין- : — was presented
*רֹאשׁ הַמֶּמְשָׁלָה הֶחָדָשׁ **הוּצַּג** לִפְנֵי הַנָּשִׂיא.*
הוּצְגוּ / י.צ.ג, הוּפְעַל / מוּצָּג, אוּצַּג, יוּצַּג

הוצדקפ' הֻצְדַּק — was justified
חָשְׁבוּ שֶׁהוּא צוֹדֵק, קִיבְּלוּ מָה שֶׁאָמַר:
*הָאִיחוּרִים וְהַחִיסּוּרִים שֶׁלּוֹ לֹא **הוּצְדְּקוּ**.*
הוּצְדַּקְתִּי / צ.ד.ק, הוּפְעַל / מוּצְדָּק, יוּצְדַּק, יוּצְדְּקוּ

הוצהרפ' הֻצְהַר — was declared
הוֹדִיעוּ עָלָיו בָּרַבִּים:

הוזהר *בְּבֵית הַמִּשְׁפָּט, שֶׁהַתְעוּדָה אֲמִיתִית.*
הוּזְהֲרוּ / צ.ה.ר, הוּפְעַל / מוּזְהָר, יוּזְהַר, יוּזְהֲרוּ

הוציאפ' הוֹצִיא — took out, removed
1. לָקַח מִן הַמָּקוֹם הַחוּצָה:
*דָּוִיד **הוֹצִיא אֶת** הַסְּפָרִים מִן הָאָרוֹן.*
2. שִׁילֵּם כֶּסֶף: — spent
*מִשְׂרַד הַבִּיטָּחוֹן **הוֹצִיא** כֶּסֶף רַב עַל קְנִיַּית מְטוֹסִים.*
הוֹצִיא לָאוֹר — published
הוֹצִיא מִן הַכֵּלִים — drove (someone) crazy
הוֹצִיא לְהוֹרֵג — executed
הוֹצִיא לַפּוֹעַל — implemented
לְהוֹצִיא אֶת- / י.צ.א, הִפְעִיל / הוֹצֵאתִי, מוֹצִיא, יוֹצִיא

הוצמדפ' הֻצְמַד — was attached
חִיבְּרוּ אוֹתוֹ אֶל-:
*הַדַּפִּים **הוּצְמְדוּ לַ**מַּחְבֶּרֶת.*
הוּצְמַדְתִּי / צ.מ.ד, הוּפְעַל / מוּצְמָד, אוּצְמַד, יוּצְמַד

הוצנחפ' הֻצְנַח — was parachuted
1. הוֹרִידוּ אוֹתוֹ בְּמַצְנֵחַ (בַּד שֶׁנִּפְתָּח, כְּשֶׁקּוֹפְצִים מִמָּטוֹס):
*הַחַיָּילִים **הוּצְנְחוּ אֶל** תּוֹךְ הַכְּפָר.*
2. (מֶטָאפוֹרָה) הֵבִיאוּ אוֹתוֹ מֵהַחוּץ: — was appointed (from the outside)
*הַמְנַהֵל **הוּצְנַח לַ**מִּשְׂרָד, הוּא הִגִּיעַ מִמִּשְׂרָד אַחֵר.*
/ צ.נ.ח, הוּפְעַל / הוּצְנְחוּ, מוּצְנָח, יוּצְנַח

הוצעפ' הֻצַּע — was suggested
נִתְּנוּ הַצָּעָה, תּוֹכְנִית אוֹ עֵיצָה:
***הוּצַּע לָנוּ** לַעֲבוֹר לָגוּר בְּבַיִת חָדָשׁ.*
הוּצְּעוּ / י.צ.ע, הוּפְעַל / מוּצָּע, יוּצַּע, יוּצְּעוּ

הוצףפ' הוּצַף — was flooded
1. כִּיסּוּ אוֹתוֹ בְּהַרְבֵּה מַיִם:
*בִּגְלַל הַגֶּשֶׁם **הוּצַף** הַכְּבִישׁ.*
2. (מֶטָאפוֹרָה) פִּיזְּרוּ מַשֶּׁהוּ בְּכַמּוּיוֹת גְּדוֹלוֹת בִּמְיוּחָד:
*הָעִיתּוֹן **הוּצַף בְּ**מִכְתְּבֵי קוֹרְאִים.* — was 'bombarded'
/ צ.ו.ף, הוּפְעַל / הוּצַפְתִּי, מוּצָף, יוּצַף, יוּצְפוּ

הוצתפ' הֻצַּת — was set on fire
נִשְׂרַף, הִדְלִיקוּ בּוֹ אֵשׁ:
*הַיַּעַר **הוּצַּת**, וְכָל הָעֵצִים נִשְׂרְפוּ.*
הוּצְּתוּ / י.צ.ת, הוּפְעַל / מוּצָּת, יוּצַּת, יוּצְּתוּ

הוקדםפ' הֻקְדַּם — was moved up
נַעֲשָׂה לִפְנֵי הַזְּמַן הַקָּבוּעַ:
*הַיְשִׁיבָה **הוּקְדְּמָה** מִשָּׁעָה 5.00 לְשָׁעָה 4.00.*
הוּקְדְּמוּ / ק.ד.ם, הוּפְעַל / מוּקְדָּם, יוּקְדַּם, יוּקְדְּמוּ

הוקדשפ' הֻקְדַּשׁ — was devoted
1. נִתְּנוּ אוֹתוֹ בִּשְׁבִיל-:
*שְׁעוֹת הָעֶרֶב שֶׁלִּי **מוּקְדָּשׁוֹת לְ**מוּסִיקָה.*
2. נִתְּנוּ אוֹתוֹ לִכְבוֹד-: — was dedicated
*הַסֵּפֶר הַזֶּה **הוּקְדַּשׁ לְ**הוֹרַיי.*
הוּקְדְּשׁוּ לְ- / ק.ד.ש, הוּפְעַל / מוּקְדָּשׁ, יוּקְדַּשׁ, יוּקְדְּשׁוּ

הוקזפ' הֻקַּז — (blood) was let
הוֹצִיאוּ דָּם מִן הַגּוּף:
*(מֶטָאפוֹרָה) בַּמִּלְחָמָה **הוּקַּז** דָּם רַב.*
הוּקְּזוּ / נ.ק.ז, הוּפְעַל / מוּקָּז, יוּקַּז, יוּקְּזוּ

הוקטןפ' הֻקְטַן — was made smaller, was reduced
עָשׂוּ אוֹתוֹ קָטָן יוֹתֵר, פָּחוֹת:
*הַתְּמוּנָה הַגְּדוֹלָה **הוּקְטְנָה**./**הוּקְטְנוּ** כַּמּוּיוֹת הַמַּיִם לַחַקְלָאוּת.*
הוּקְטְנוּ / ק.ט.ן, הוּפְעַל / מוּקְטָן, יוּקְטַן, יוּקְטְנוּ

הוקיעפ' הוֹקִיעַ — denounced
הוֹדִיעַ בָּרַבִּים מַעֲשִׂים רָעִים שֶׁל מִישֶׁהוּ:
*הָעִיתּוֹן **הוֹקִיעַ אֶת** מַעֲשָׂיו שֶׁל הַמְנַהֵל.*
לְהוֹקִיעַ אֶת- / י.ק.ע, הִפְעִיל / הוֹקַעְתִּי, מוֹקִיעַ, יוֹקִיעַ

הוקירפ' הוֹקִיר — respected, appreciated
נָתַן כָּבוֹד, יִיחֵס חֲשִׁיבוּת לְמַשֶּׁהוּ אוֹ לְמִישֶׁהוּ:
*הוּא **הוֹקִיר אֶת** הָעֶזְרָה שֶׁקִּיבֵּל מֵהַחֲבֵרִים.*
לְהוֹקִיר אֶת- / י.ק.ר, הִפְעִיל / הוֹקַרְתִּי, מוֹקִיר, יוֹקִיר

הוקלפ' הוּקַל — was alleviated/ reduced
נַעֲשָׂה קַל יוֹתֵר, נוֹחַ יוֹתֵר, פָּחוֹת קָשֶׁה, פָּחוֹת חָמוּר:
*הָעוֹנֶשׁ שֶׁלּוֹ **הוּקַל**, כִּי הוּא הִתְחָרֵט עַל מַה שֶּׁעָשָׂה.*
הוּקַל לִי, לְךָ, לָךְ... — was relieved
הוּקְלוּ / ק.ל.ל, הוּפְעַל / מוּקָל, יוּקַל

הוקלטפ' הֻקְלַט — was recorded
1. עָשׂוּ מִמֶּנּוּ תַּקְלִיט:
*הַשִּׁיר הֶחָדָשׁ **הוּקְלַט לְ**תַקְלִיט הֶחָדָשׁ.*
2. יִשְׁמְעוּ אוֹתוֹ בָּרַדְיוֹ אוֹ יִרְאוּ אוֹתוֹ בַּטֶּלֶוִויזְיָה: — was taped
*הַתּוֹכְנִית הַחֲדָשָׁה **הוּקְלְטָה** אֶתְמוֹל.*
הוּקְלְטוּ / ק.ל.ט, הוּפְעַל / מוּקְלָט, אוּקְלַט, יוּקְלַט

הוקםפ' הוּקַם — was built/founded
בָּנוּ אוֹתוֹ, יָסְדוּ אוֹתוֹ:
*בֵּית הַחוֹלִים הֶחָדָשׁ **הוּקַם** בְּמֶרְכַּז הָעִיר.*
הוּקְמָה / ק.ו.ם, הוּפְעַל / מוּקָם, מוּקֶמֶת, יוּקַם, תּוּקַם

הוקסםפ׳ הֻקְסַם was fascinated/charmed
מָצָא חֵן בְּעֵינָיו מְאוֹד:
*הוּא **הוּקסַם** מִן הַבַּחוּרָה הַיָּפָה.*
הוּקסְמוּ מ- / ק.ס.ם, הוּפעַל / מוּקסָם, אוּקסַם, יוּקסַם

הוקעפ׳ הוּקַע was denounced
פִּירסְמוּ עָלָיו דְבָרִים רָעִים:
*הַגנֵיבָה מִכַּספֵּי הַמְדִינָה **הוּקעָה** בְּכָל הָעִיתוֹנִים.*
הוּקעוּ / י.ק.ע, הוּפעַל / מוּקָע, יוּקַע, יוּקעוּ

הוקעהנ׳ הוֹקָעָה condemnation, denunciation
כְּשֶׁמוֹדִיעִים בְּצִיבּוּר עַל מַעֲשִׂים רָעִים:
***הוֹקָעַת** הַגנֵיבוֹת מִכַּספֵּי הַמְדִינָה זֶה תַפקִיד הָעִיתוֹנוּת.*

הוקףפ׳ הֻקַּף was surrounded
הָיוּ מִכָּל הַצְדָדִים שֶׁלוֹ:
*הֶחָצֵר **מוּקֶפֶת** גָדֵר. / צְבָא הָאוֹיֵב **מוּקָף** בְּחַיָילִים שֶׁלָנוּ.*
הוּקַפתִי / נ.ק.ף, הוּפעַל / מוּקָף, אוּקַף, יוּקַף

הוקפאפ׳ הֻקְפָּא was frozen
1. הִפסִיק לִהיוֹת נוֹזֵל, נַעֲשָׂה קָשֶׁה וְקַר:
הַמַיִם הוּקפְּאוּ בְּ-18°.
2. (מֶטָאפוֹרָה) אָסוּר לְהִשתַמֵשׁ בְּ-:
הַכֶּסֶף הוּקפָּא, עַד שֶׁיֵדעוּ שֶׁל מִי הוּא.
3. לֹא הִשתַנָה:
הַמְחִירִים שֶׁל הָאוֹכֶל הוּקפְּאוּ.
הוּקפְּאוּ / ק.פ.א, הוּפעַל / מוּקפָּא, יוּקפָּא, יוּקפְּאוּ

הוקפדפ׳ הֻקְפַּד was strictly observed
שָׂמוּ לֵב מְאוֹד לְמִישֶׁהוּ/מַשֶׁהוּ:
***הוּקפַּד** מְאוֹד שֶׁנִתנַהֵג יָפֶה.*
הוּקפְּדוּ / ק.פ.ד, הוּפעַל / מוּקפָּד, יוּקפַּד, יוּקפְּדוּ

הוקפץפ׳ הֻקְפַּץ was bounced/alerted
הִקפִּיצוּ אוֹתוֹ, גָרמוּ לוֹ לִקפּוֹץ:
*הַכַּדוּר **הוּקפַּץ** וְעָבַר מִיָד אֶל יָד.*
(בִּלשוֹן הַדִיבּוּר) קָראוּ לוֹ פִּתאוֹם:
*הַחַיָילִים **הוּקפְּצוּ** בְּאֶמצַע הַחוּפשָׁה.*
הוּקפַּצתִי / ק.פ.ץ, הוּפעַל / מוּקפָּץ, יוּקפַּץ, יוּקפְּצוּ

הוקצבפ׳ הֻקְצַב was allocated
קָבעוּ לוֹ כַּמוּת מְסוּיֶמֶת:
***הוּקצַב** כֶּסֶף לְתִיקוּן הַכְּבִישׁ.*
הוּקצְבוּ / ק.צ.ב, הוּפעַל / מוּקצָב, יוּקצַב, יוּקצְבוּ

הוקראפ׳ הֻקְרָא was read
קָראוּ בְּקוֹל לִפנֵי קָהָל:
*הַחלָטוֹת הַוַעַד **הוּקרְאוּ** בָּאֲסֵיפָה.*
הוּקרְאוּ / ק.ר.א, הוּפעַל / מוּקרָא, יוּקרָא, יוּקרְאוּ

הוקרבפ׳ הֻקְרַב was sacrificed
הִקרִיבוּ אוֹתוֹ, נָתנוּ אוֹתוֹ (דָבָר יָקָר):
*כָּל הַחַיִים שֶׁלוֹ **הוּקרְבוּ** בִּשבִיל הָאִידֵיאָל.*
הוּקרְבוּ / ק.ר.ב, הוּפעַל / מוּקרָב, יוּקרַב, יוּקרְבוּ

הוקרהנ׳ הוֹקָרָה respect, honor, recognition
כְּשֶׁנוֹתנִים כָּבוֹד לְמִישֶׁהוּ, כְּשֶׁנוֹתנִים לְמִישֶׁהוּ לְהַרגִישׁ שֶׁהוּא חָשׁוּב:
*הוּא קִיבֵּל אוֹת (מֶדַליָה) **הוֹקָרָה** עַל הָעֶזרָה שֶׁלוֹ לִזקֵנִים.*
בְּהוֹקָרָהת״פ (בְּסוֹף מִכתָב) respectfully

הוקרןפ׳ הֻקְרַן was screened
הֶראוּ אוֹתוֹ בְּקוֹלנוֹעַ, בַּטֶלֶוִויזיָה וְכוּ':
*הַסֶרֶט הַזֶה כְּבָר **הוּקרַן** בְּתֵל־אָבִיב.*
הוּקרְנוּ / ק.ר.ן, הוּפעַל / מוּקרָן, יוּקרַן, יוּקרְנוּ

הוראהנ׳ הוֹרָאָה [הוֹרָאוֹת] order
1. פְּקוּדָה:
*קִיבַּלתִי **הוֹרָאָה** מִן הַמְנַהֵל לִסגוֹר אֶת הַחֲדָרִים.*
2. הַדרָכָה: instruction
*קְרָא אֶת **הַהוֹרָאוֹת** לִפנֵי הַשִׁימוּשׁ בַּכּלִי.*
3. מִקצוֹעַ הַמוֹרֶה: teaching
*אֲנִי לוֹמֵד **הוֹרָאָה** בָּאוּנִיבֶרסִיטָה.*

הורגלפ׳ הֻרְגַּל became used to/ accustomed to
נַעֲשָׂה רָגִיל לְמַשֶׁהוּ:
***הוּרגַלנוּ** לָקוּם מוּקדָם בַּבּוֹקֶר.*
הוּרגְלוּ לְ- / ר.ג.ל, הוּפעַל / מוּרגָל, אוּרגַל, יוּרגַל

הורגשפ׳ הֻרְגַּשׁ was felt
אֶפשָׁר הָיָה לָחוּשׁ, לְהַרגִישׁ:
*אֶתמוֹל **הוּרגַשׁ** שִׁינוּי בְּמֶזֶג הָאֲוִויר.*
הוּרגַשׁ / ר.ג.שׁ, הוּפעַל / מוּרגָשׁ, יוּרגַשׁ, יוּרגְשׁוּ

הורדפ׳ הוּרַד was brought down
הוֹרִידוּ אוֹתוֹ, שָׂמוּ אוֹתוֹ לְמַטָה:
*הַסְפָרִים **הוּרדוּ** מִן הַמַדָפִים.*
(מֶטָאפוֹרָה) נַעֲשָׂה חָשׁוּב פָּחוֹת בְּתַפקִיד וְכוּ': was demoted
*הַקָצִין **הוּרַד** בְּדַרגָה.*
/ י.ר.ד, הוּפעַל / הוּרדוּ, מוּרָד, יוּרַד, יוּרדוּ

הורדהנ׳ הוֹרָדָה taking down
1. הַעֲבָרָה מִלמַעלָה לְמַטָה:
***הַהוֹרָדָה** שֶׁל הֶחָתוּל מִן הָעֵץ הָיְיתָה קָשָׁה.*
2. הַפחָתָה, כְּשֶׁעוֹשִׂים שֶׁיִהיֶה פָּחוֹת: reduction

*בְּסוֹף הַחוֹרֶף תִּהְיֶה **הוֹרָדָה** שֶׁל מְחִירֵי בְּגָדִים.*
הוֹרָדָה בְּדַרְגָּה demoting

הורהפ׳ הוֹרָה taught
1. לִימֵד:
*הוּא **הוֹרָה** אַנְגְּלִית בְּבֵית־הַסֵּפֶר.*
2. סִימֵן: indicated
*[ה] בְּסוֹף מִילָּה **מוֹרָה** עַל שֵׁם בִּנְקֵבָה.*
3. נָתַן הוֹרָאָה, פְּקוּדָה: ordered
*הַמְפַקֵּד **הוֹרָה** לָנוּ לָלֶכֶת לִישׁוֹן.*
לְהוֹרוֹת לְ-, עַל- / י.ר.ה, הִפְעִיל / הוֹרֵיתִי, מוֹרֶה, יוֹרֶה

הורהז׳ הוֹרֶה [הוֹרִים] parent
אָב שֶׁל יֶלֶד אוֹ יַלְדָּה:
*הַ**הוֹרִים** שֶׁלִּי לֹא מְבִינִים אוֹתִי.*

הורותנ׳ הוֹרוּת parenting, parenthood
אַבְהוּת אוֹ אִימָּהוּת, כְּשֶׁאֲנָשִׁים הֵם אַבָּא וְאִימָּא:
*הַיּוֹם יֵשׁ קוּרְסֵי הֲכָנָה לְ**הוֹרוּת**.*

הורחבפ׳ הֻרְחַב was widened/ broadened
עָשׂוּ אוֹתוֹ רָחָב יוֹתֵר, גָּדוֹל יוֹתֵר:
*הַכְּבִישׁ **הוּרְחַב**, כִּי מְכוֹנִיּוֹת רַבּוֹת נוֹסְעוֹת פֹּה.*
הַהַשְׁפָּעָה שֶׁלּוֹ הוּרְחֲבָה.
הוּרְחֲבוּ / ר.ח.ב, הוּפְעַל / מוּרְחָב, יוּרְחַב, יוּרְחֲבוּ

הורחקפ׳ הֻרְחַק was removed
1. נַעֲשָׂה רָחוֹק:
*הָאֲנָשִׁים **הוּרְחֲקוּ** מִמְּקוֹם הַסַּכָּנָה.*
2. גֵּירְשׁוּ אוֹתוֹ: was expelled
*הַתַּלְמִיד **הוּרְחַק** מִן הַכִּיתָּה.*
הוּרְחַקְתִּי מִ-, מִן- / ר.ח.ק, הוּפְעַל / מוּרְחָק, יוּרְחַק

הורטבפ׳ הֻרְטַב was wetted/moistened
הִרְטִיבוּ אוֹתוֹ, עָשׂוּ אוֹתוֹ לַח:
*פְּנֵי הָאִישׁ הַחוֹלֶה **הוּרְטְבוּ** בְּמַיִם.*
הוּרְטְבוּ / ר.ט.ב, הוּפְעַל / מוּרְטָב, יוּרְטַב, יוּרְטְבוּ

הורידפ׳ הוֹרִיד took down, lowered
הֶעֱבִיר מִלְמַעְלָה לְמַטָּה:
*הַמַּעֲלִית **הוֹרִידָה אֶת** הָאֲנָשִׁים לְמַטָּה.*
לְהוֹרִיד אֶת- / י.ר.ד, הִפְעִיל / הוֹרַדְתִּי, מוֹרִיד, אוֹרִיד

הוריםז״ר הוֹרִים parents
אָב וָאֵם (אַבָּא וְאִימָּא):
*הַ**הוֹרִים** שֶׁל רוּתִי גָּרִים בְּתֵל־אָבִיב.*

הוריקפ׳ הוֹרִיק turned green
נַעֲשָׂה יָרוֹק:
*אַחֲרֵי הַגֶּשֶׁם **הוֹרִיקוּ** הַשָּׂדוֹת.*
לְהוֹרִיק / י.ר.ק, הִפְעִיל / הוֹרַקְתִּי, מוֹרִיק, אוֹרִיק, יוֹרִיק

הורישפ׳ הוֹרִישׁ bequeathed
נָתַן כֶּסֶף אוֹ רְכוּשׁ לִילָדָיו (אוֹ לְאַחֵר):
*אָבִי **הוֹרִישׁ אֶת** בֵּיתוֹ לִי וּלְאָחִי.*
לְהוֹרִישׁ אֶת- /י.ר.שׁ, הִפְעִיל / הוֹרַשְׁתִּי, מוֹרִישׁ, אוֹרִישׁ

הורכבפ׳ הֻרְכַּב was assembled
1. חִיבְּרוּ אֶת הַחֲלָקִים שֶׁלּוֹ:
*הַמְּכוֹנָה **הוּרְכְּבָה** לְפִי הַצִּיּוּר.*
2. אָסְפוּ אֲנָשִׁים לְתַפְקִיד מְסוּיָּם: was composed
הַמֶּמְשָׁלָה מוּרְכֶּבֶת מִמִּפְלָגוֹת רַבּוֹת.
הוּרְכְּבוּ / ר.כ.ב, הוּפְעַל / מוּרְכָּב, יוּרְכַּב, יוּרְכְּבוּ

הורםפ׳ הוּרַם was raised
הֶעֱלוּ אוֹתוֹ לְמַעְלָה:
*הַכִּיסְאוֹת **הוּרְמוּ** עַל הַשּׁוּלְחָנוֹת.*
הוּרַמְתִּי / ר.ו.ם, הוּפְעַל / מוּרָם, יוּרַם, יוּרְמוּ

הורעפ׳ הוּרַע worsened
נַעֲשָׂה רַע:
*מַצָּבוֹ הַפִּיסִי **הוּרַע**, אַחֲרֵי שֶׁהוּא נָפַל.*
הוּרְעוּ / ר.ע.ע, הוּפְעַל / מוּרָע, יוּרַע, יוּרְעוּ

הורעבפ׳ הֻרְעַב was starved
לֹא נָתְנוּ לוֹ אוֹכֶל:
*בְּמַחֲנוֹת **הוּרְעֲבוּ** הָאֲנָשִׁים עַד מָוֶות.*
הוּרְעֲבוּ / ר.ע.ב, הוּפְעַל / מוּרְעָב, אוּרְעַב, יוּרְעַב

הורעלפ׳ הֻרְעַל was poisoned
אָכַל, בָּלַע חוֹמֶר מְסוּכָּן, שֶׁיָּכוֹל לַהֲרוֹג:
*הוּא **הוּרְעַל** מִן הָאוֹכֶל הַמְקוּלְקָל.*
הוּרְעַלְתִּי / ר.ע.ל, הוּפְעַל / מוּרְעָל, אוּרְעַל, יוּרְעַל

הורץפ׳ הוּרַץ was given the runaround
הֵרִיצוּ אוֹתוֹ:
*הוּא **הוּרַץ** מִמִּשְׂרָד לְמִשְׂרָד.*
הוּרַצְתִּי / ר.ו.ץ, הוּפְעַל / מוּרָץ, יוּרַץ, יוּרְצוּ

הורקפ׳ הוּרַק was emptied
הֵרִיקוּ אוֹתוֹ, נַעֲשָׂה רֵיק:
*שָׁתִינוּ יַיִן עַד שֶׁ**הוּרְקוּ** כֹּל הַבַּקְבּוּקִים.*
הוּרְקוּ / ר.י.ק, הוּפְעַל / מוּרָק, יוּרַק, יוּרְקוּ

הורשהפ׳ הֻרְשָׁה was permitted
הוּסְכַּם, נָתְנוּ לוֹ רְשׁוּת:

***הורשיתי** לא לָבוא לַעֲבוֹדָה.*
הורשֵיתִי / ר.ש.ה, הופעל / מורשֶה, אורשֶה, יורשֶה

הורשעפ׳ הֻרְשַע was convicted
הרשיעו אותו, בית משפט קבע, שהוא אָשֵם:
*הַגַנָב **הורשע** וְנִשלַח לְבֵית הַסוֹהַר.*
הורשַעתִי / ר.ש.ע, הופעל / מורשָע, אורשַע, יורשַע

הורתחפ׳ הֻרְתַּח was boiled
הרתיחו אותו, חיממו, לְמָשָל מַיִם לְ-100°:
*אַחֲרֵי שֶ**הורתחו** הַמַיִם הֵכַנתִי תֵה.*
הורתְחו / ר.ת.ח, הופעל / מורתָח, יורתַח, יורתְחו

הורתעפ׳ הֻרְתַּע was deterred
גרמו שלא ירצה לַעֲשׂות מַשֶהו:
*אֲנָשִים **הורתעו** מֵעִישון סִיגַריוֹת בִּגלַל הַסַכָּנָה לַבּרִיאוּת.*
הורתַעתִי / ר.ת.ע, הופעל / מורתָע, יורתַע

הושאלפ׳ הֻשְאַל was lent
נתנו מַשֶהו לְשִימוש זמַנִי וְצָריך לְהַחזִיר:
*הַסְפָרִים **הושאלו** מֵהַספרִייָה.*
הושאַלתִי / ש.א.ל, הופעל / מושאָל, אושאַל, יושאַל

הושארפ׳ הֻשְאַר was left
השאירו אותו, עָזבו אותו:
*הַסֵפֶר **הושאר** עַל הַשוּלחָן. / הַתִינוק **הושאַר** בַּחוּץ.*
הושאֲרו / ש.א.ר, הופעל / מושאָר, יושאַר, יושאֲרו

הושבפ׳ הוּשַב was returned
הֵשִיבו אותו, הֶחֱזִירו אותו:
*הַשוּלחָן **הושַב** לִמקוֹמוֹ.*
הושַבתִי / ש.ו.ב, הופעל / מושָב, אושַב, יושַב

הושבעפ׳ הֻשְבַּע was sworn in
השביעו אותו, עָשׂו שֶיִבטִיחַ:
*הָעֵדִים בַּמִשפָּט **הושבעו** לְדַבֵּר אֱמֶת.*
הושבַּעתִי / ש.ב.ע, הופעל / מושבָּע, אושבַּע, יושבַּע

הושבתפ׳ הֻשְבַּת was shut down
הפסיקו אֶת הָעֲבוֹדָה שֶלוֹ:
*בֵּית הַחֲרוֹשֶת **הושבַּת** בְּמֶשֶך יוֹמַיִים.*
הושבְּתו / ש.ב.ת, הופעל / מושבָּת, יושבַּת, יושבְּתו

הושגפ׳ הֻשַּׂג was obtained
הצליחו לְקַבֵּל אותו:
*בְּהִתחָרוּת הַטֶנִיס **הושגו** תוֹצָאוֹת טוֹבוֹת.*
הושׂגו / נ.ש.ג, הופעל / מושָׂג, יושַׂג, יושׂגו

הושווהפ׳ הֻשְוָה was equalized
1. נַעֲשָׂה שָוֶוה, אותו דָבָר:
*הַמַשׂכּוֹרֶת שֶלִי **הושוְותָה** לְמַשׂכּוֹרֶת שֶל מְנַהֵל.*
2. עָשׂוּ הַשווָאָה, בָּדקוּ מַה דוֹמֶה: was compared
*מְחִירֵי הַמְכוֹנִיוֹת **הושווּ** - שֶלִי זוֹלָה יוֹתֵר.*
הושווּ / ש.ו.ה, הופעל / מושוֶוה, יושוֶוה

הושטפ׳ הוּשַט was extended
לִשלוֹחַ אֶת הַיָדַיִים קָדִימָה, לְפָנִים:
*הַיָדַיִים **הושטו** כְּדֵי לְקַבֵּל אֶת הַסְפָרִים.*
יָדֵי **הושטָה** לְשָלוֹם - was stretched out
/ י.ש.ט, הופעל / מושָט, יושַט

הושטפ׳ הוּשַט was navigated/launched
הִסִיעו אותו בַּיָם, בַּמַיִם:
*הָאֳנִיוֹת **הושטו** בַּיָם.*
הושטו / ש.ו.ט-ש.י.ט, הופעל / מושָט, יושַט, יושטו

הושטהנ׳ הוֹשָטָה extending
1. כְּשֶשוֹלחִים אֶת הַיָד לְפָנִים:
הוֹשָטַת יָד לְשָלוֹם מַרְאָה עַל יְדִידוּת.
2. נְתִינָה (עֶזרָה): offering
הוֹשָטַת עֶזרָה לִזקֵנִים הִיא חוֹבָה צִיבּוּרִית.

הושיבפ׳ הוֹשִיב seated, sat (someone) down
עָשָׂה שֶמִישֶהוּ יֵשֵב:
***הושַבתִי** אותו עַל יָדִי.*
לְהוֹשִיב אֶת- / י.ש.ב, הִפעִיל / הוֹשַבתִי, מוֹשִיב, אוֹשִיב

הושיטפ׳ הוֹשִיט handed, extended
שָלַח (בְּדֶרֶך כְּלָל אֶת הַיָד) לְפָנִים, קָדִימָה:
***הושַטתִי** לוֹ אֶת הַמַתָנָה שֶקָנִיתִי. / **הושַטתִי** יָד לְשָלוֹם.*
הוֹשִיט יָד / הוֹשִיט עֶזרָה - עָזַר
לְהוֹשִיט אֶת- / י.ש.ט, הִפעִיל / הוֹשַטתִי, מוֹשִיט, הוֹשֵט!

הושיעפ׳ הוֹשִיעַ saved
(לָשוֹן גבוֹהָה) הִצִיל:
*הוּא **הוֹשִיעַ** אוֹתָנוּ מִמָוֶות.*
לְהוֹשִיעַ אֶת- / י.ש.ע, הִפעִיל / הוֹשַעתִי, מוֹשִיעַ, אוֹשִיעַ

הושכבפ׳ הֻשְכַּב was laid down
הִשכִּיבו אותו, שָׂמוּ אותו בַּמִיטָה:
*הַחוֹלֶה **הושכַּב** לִשלוֹשָה יָמִים בַּמִיטָה.*
הושכְּבו / ש.כ.ב, הופעל / מושכָּב, אושכַּב, יושכַּב

הושכןפ׳ הֻשְכַּן was made/established
נַעֲשָׂה, עָשׂוּ שֶיִהיֶה...:

הושכַּן שָׁלוֹם בֵּין הַשְּׁכֵנִים.
הוּשְׁכְּנוּ / ש.כ.ן, הוּפעל / מוּשְׁכָּן, יוּשְׁכַּן, יוּשְׁכְּנוּ

הושכרפ׳ הֻשְׂכַּר — was rented
הִשְׂכִּירוּ אוֹתוֹ, נָתְנוּ אוֹתוֹ תמוּרַת כֶּסֶף:
*הַדִּירָה **הוּשְׂכְּרָה** לְעוֹלִים חֲדָשִׁים.*
הוּשְׂכְּרוּ / שׂ.כ.ר, הוּפעַל / מוּשְׂכָּר, יוּשְׂכַּר, יוּשְׂכְּרוּ

הושלהפ׳ הֻשְׁלָה — was deluded
הִתְעוּ אוֹתוֹ, עוֹרְרוּ בּוֹ תִקווֹת שֶׁלֹּא יִתְגַּשְּׁמוּ:
***הוּשְׁלֵיתִי** שֶׁאֲקַבֵּל אֶת תַפְקִיד הַמְנַהֵל.*
הוּשְׁלֵיתִי / ש.ל.ה, הוּפעַל / מוּשְׁלֶה, אוּשְׁלֶה, יוּשְׁלֶה

הושלטפ׳ הֻשְׁלַט — was imposed
נַעֲשָׂה, עָשׂוּ שֶׁיִּהְיֶה...:
*סוֹף סוֹף **הוּשְׁלַט** סֵדֶר בַּמִּשְׂרָד.*
הוּשְׁלְטוּ / ש.ל.ט, הוּפעַל / מוּשְׁלָט, יוּשְׁלַט, יוּשְׁלְטוּ

הושלךפ׳ הֻשְׁלַךְ — was discarded
הִשְׁלִיכוּ אוֹתוֹ, זָרְקוּ אוֹתוֹ:
*הַנְּיָירוֹת **הוּשְׁלְכוּ** לַסַּל.*
הוּשְׁלַכְתִּי / ש.ל.ך, הוּפעַל / מוּשְׁלָךְ, אוּשְׁלַךְ, יוּשְׁלַךְ

הושלםפ׳ הֻשְׁלַם — was completed
נִגְמַר:
*הָעֲבוֹדָה **הוּשְׁלְמָה**, צָרִיךְ לְחַפֵּשׂ עֲבוֹדָה חֲדָשָׁה.*
הוּשְׁלְמוּ / ש.ל.ם, הוּפעַל / מוּשְׁלָם, יוּשְׁלַם, יוּשְׁלְמוּ

הושםפ׳ הוּשַׂם — was put/placed
שָׂמוּ אוֹתוֹ, הֵנִיחוּ לְפָנָיו:
*כָּל הַמִּכְתָּבִים **הוּשְׂמוּ** עַל שׁוּלְחַן הַמְנַהֵל.*
הוּשְׂמוּ / שׂ.י.ם, הוּפעַל / מוּשָׂם, יוּשַׂם, יוּשְׂמוּ

הושמדפ׳ הֻשְׁמַד — was exterminated
1. נַעֲשָׂה לוֹ סוֹף, הָרְגוּ אוֹתוֹ:
*הִיטְלֶר רָצָה, שֶׁהָעָם הַיְּהוּדִי **יוּשְׁמַד**.*
2. סִילְּקוּ אוֹתוֹ בְּאוֹפֶן טוֹטָלִי: — was destroyed
*הַדּוֹקוּמֶנְטִים הַסּוֹדִיִּים **הוּשְׁמְדוּ**.*
הוּשְׁמְדוּ / ש.מ.ד, הוּפעַל / מוּשְׁמָד, אוּשְׁמַד, יוּשְׁמַד

הושמטפ׳ הֻשְׁמַט — was left out
הִשְׁמִיטוּ אוֹתוֹ, הוּצָא:
*הַקֶּטַע הַפּוֹרְנוֹגְרָפִי **הוּשְׁמַט מִן** הַסֶּרֶט.*
הוּשְׁמְטוּ / ש.מ.ט, הוּפעַל / מוּשְׁמָט, יוּשְׁמַט, יוּשְׁמְטוּ

הושמעפ׳ הֻשְׁמַע — was played/uttered
הִשְׁמִיעוּ אוֹתוֹ:
*בָּרַדְיוֹ **הוּשְׁמְעָה** מוּסִיקָה מוֹדֶרְנִית.*
הוּשְׁמְעוּ דִּבְרֵי תּוֹדָה בָּאֲסֵיפַת הַמְנַהֲלִים.
הוּשְׁמְעוּ / ש.מ.ע, הוּפעַל / מוּשְׁמָע, יוּשְׁמְעוּ

הושמץפ׳ הֻשְׁמַץ — was defamed
אָמְרוּ עָלָיו דְּבָרִים לֹא יָפִים:
*הַמְנַהֵל **הוּשְׁמַץ בָּעִיתּוֹן**.*
הוּשְׁמַצְתִּי / ש.מ.ץ, הוּפעַל / מוּשְׁמָץ, אוּשְׁמַץ, יוּשְׁמַץ

הושעהפ׳ הֻשְׁעָה — was suspended
הִפְסִיקוּ בְּאוֹפֶן זְמַנִּי אֶת עֲבוֹדָתוֹ:
*הַמְנַהֵל **הוּשְׁעָה מִן** הָעֲבוֹדָה, כִּי חָסֵר כֶּסֶף בַּקּוּפָּה.*
/ ש.ע.ה, הוּפעַל / הוּשְׁעֵיתִי מִ- מִן-, מוּשְׁעֶה, אוּשְׁעֶה

הושפלפ׳ הֻשְׁפַּל — was lowered
1. עָשׂוּ אוֹתוֹ נָמוּךְ יוֹתֵר:
*עֵינָיו **הוּשְׁפְּלוּ** מַטָּה.*
2. הִשְׁפִּילוּ אוֹתוֹ, גָּרְמוּ לוֹ לְהִתְבַּיֵּישׁ: — was humiliated
*הַתַּלְמִיד **הוּשְׁפַּל** לִפְנֵי כָּל הַחֲבֵרִים.*
הוּשְׁפַּלְתִּי / ש.פ.ל, הוּפעַל / מוּשְׁפָּל, יוּשְׁפַּל

הושפעפ׳ הֻשְׁפַּע — was influenced
מַשֶּׁהוּ אוֹ מִישֶׁהוּ עָשָׂה עָלָיו רוֹשֶׁם, הִשְׁפִּיעַ עָלָיו:
*הַיֶּלֶד **הוּשְׁפַּע מִן** הַסֶּרֶט.*
הוּשְׁפַּעְתִּי / ש.פ.ע, הוּפעַל / מוּשְׁפָּע, אוּשְׁפַּע, יוּשְׁפַּע

הושקהפ׳ הֻשְׁקָה — was given to drink
נָתְנוּ לוֹ לִשְׁתּוֹת, הִשְׁקוּ אוֹתוֹ:
*הוּא **הוּשְׁקָה** בִּירָה וְהִשְׁתַּכֵּר. / הַגִּינָה **הוּשְׁקְתָה** בְּצִינּוֹר.*
הוּשְׁקוּ / ש.ק.ה, הוּפעַל / מוּשְׁקֶה, יוּשְׁקֶה, יוּשְׁקוּ

הושקעפ׳ הֻשְׁקַע — was invested
הִשְׁקִיעוּ בּוֹ, שָׂמוּ בְּ־:
*כָּל הַכֶּסֶף שֶׁלִּי **הוּשְׁקַע** בַּבַּנְק.*
*הַרְבֵּה זְמַן **הוּשְׁקַע** בַּפְּרוֹיֶיקְט הַזֶּה.*
הוּשְׁקְעוּ / ש.ק.ע, הוּפעַל / מוּשְׁקָע, יוּשְׁקַע, יוּשְׁקְעוּ

הושרשפ׳ הֻשְׁרַשׁ — took root, was inculcated
הַשּׁוֹרָשִׁים שֶׁלּוֹ הוּכְנְסוּ לָאֲדָמָה
(מֶטָאפוֹרָה) הוּכְנַס לָעוֹמֶק (לִימּוּדִים, חִינּוּךְ וְכוּ׳):
*הַצִּיּוֹנוּת **הוּשְׁרְשָׁה** בְּלֵב הַיְּהוּדִים.*
הוּשְׁרְשׁוּ / ש.ר.ש, הוּפעַל / מוּשְׁרָשׁ, יוּשְׁרַשׁ, יוּשְׁרְשׁוּ

הושתלפ׳ הֻשְׁתַּל — was transplanted
1. (חֵלֶק מִן הַגּוּף) הוּעֲבַר לְגוּף אַחֵר:
*לֵב חָדָשׁ **הוּשְׁתַּל** בְּגוּף שֶׁלּוֹ.*
2. הוּעֲבַר לְאֶרֶץ אַחֶרֶת (אוֹ — was planted
לְחֶבְרָה מִסְחָרִית) כְּדֵי שֶׁיִּמְסוֹר סוֹדוֹת:

*בְּכׇל הַמְּדִינוֹת **הוּשְׁתְּלוּ** מְרַגְּלִים.*
הוּשְׁתַּלְתִּי / ש.ת.ל, הוּפְעַל / מוּשְׁתָּל, יוּשְׁתַּל, יוּשְׁתְּלוּ

הושתקפ׳ הֻשְׁתַּק — was made to shut up
1. הִשְׁתִּיקוּ אוֹתוֹ:
*הוּא **הוּשְׁתַּק** בְּאֶמְצַע הַמִּשְׁפָּט.*
2. עָשׂוּ שֶׁלֹּא יֵדְעוּ מַשֶּׁהוּ: — was silenced
*הַיְּדִיעוֹת עַל הַגְּנֵיבָה בַּבַּנְק **הוּשְׁתְּקוּ**.*
הוּשְׁתַּקְתִּי / ש.ת.ק, הוּפְעַל / מוּשְׁתָּק, יוּשְׁתַּק, יוּשְׁתְּקוּ

הושתתפ׳ הֻשְׁתַּת — was based (on)
בִּיסְּסוּ אוֹתוֹ, הַיְּסוֹד שֶׁלּוֹ הָיָה...:
*הַמַּאֲמָר שֶׁלּוֹ **הוּשְׁתַּת עַל** דִּבְרֵי הַפִילוֹסוֹפִים הַיְּוָונִיִּים.*
הוּשְׁתְּתוּ / ש.ת.ת, הוּפְעַל / מוּשְׁתָּת, יוּשְׁתַּת, יוּשְׁתְּתוּ

הותאםפ׳ הֻתְאַם — was made to fit
עָשׂוּ שֶׁיַּתְאִים, שֶׁיִּהְיֶה בְּהַרְמוֹנְיָה:
*הַשִּׂמְלָה **הוּתְאֲמָה** לַגּוּף שֶׁלִּי.*
הוּתְאֲמוּ / ת.א.ם, הוּפְעַל / מוּתְאָם, יוּתְאַם, יוּתְאֲמוּ

הותזפ׳ הֻתַּז — was splashed
1. הִתִּיזוּ אוֹתוֹ, פִּיזְּרוּ אוֹתוֹ:
*הַמַּיִם מִן הַצִּינּוֹר **הוּתְּזוּ** לְכׇל הַצְּדָדִים.*
2. חָתְכוּ אוֹתוֹ בְּבַת אַחַת: — was cut off
*הַרְבֵּה רָאשִׁים **הוּתְּזוּ** בַּמַּהְפֵּכָה הַצָּרְפָתִית.*
הוּתְּזוּ / נ.ת.ז, הוּפְעַל / מוּתָּז, יוּתַּז, יוּתְּזוּ

הותחלפ׳ הֻתְחַל — was begun
הִתְחִילוּ בּוֹ:
*עוֹד לֹא **הוּתְחַל** בַּפְּרוֹיֶקְט הַבְּנִיָּיה.*
הוּתְחֲלוּ / ת.ח.ל, הוּפְעַל / מוּתְחָל, יוּתְחַל, יוּתְחֲלוּ

הותירפ׳ הוֹתִיר — left (behind)
הִשְׁאִיר:
*לֹא **הוֹתַרְתֶּם** לֶחֶם! מָה נֹאכַל?*
הוּא **הוֹתִיר** אַחֲרָיו בַּמִּשְׂרָד אִי־סֵדֶר.
לְהוֹתִיר אֶת- /י.ת.ר, הִפְעִיל / הוֹתִירוּ, מוֹתִיר, יוֹתִיר

הותךפ׳ הֻתַּךְ — was melted
חִימְּמוּ אוֹתוֹ עַד שֶׁנַּעֲשָׂה נוֹזֵל:
*כְּלֵי הַכֶּסֶף **הוּתְּכוּ** בָּאֵשׁ.*
הוּתְּכוּ / נ.ת.ך, הוּפְעַל / מוּתָּךְ, יוּתַּךְ, יוּתְּכוּ

הותנעפ׳ הֻתְנַע — was started (machine, engine)
עָשׂוּ שֶׁמְּכוֹנָה תִּפְעַל:
*הַמְּכוֹנִית **הוּתְנְעָה**, וְנָסַעְנוּ לְטַיֵּיל.*
הוּתְנְעוּ / ת.נ.ע, הוּפְעַל / מוּתְנָע, יוּתְנַע, יוּתְנְעוּ

הותסספ׳ הֻתְסַס — was fermented
1. גָּרְמוּ לְתַהֲלִיךְ כִּימִי שֶׁל גַּזִּים בְּנוֹזֵל:
*מִיץ הָעֲנָבִים **הוּתְסַס**, וְיֵשׁ לָנוּ יַיִן.*
2. הִתְסִיסוּ אוֹתוֹ, גָּרְמוּ לוֹ אִי־שֶׁקֶט: — was provoked
*הָעוֹבְדִים **הוּתְסְסוּ** נֶגֶד הַהַנְהָלָה.*
הוּתְסְסוּ / ת.ס.ס, הוּפְעַל / מוּתְסָס, יוּתְסַס, יוּתְסְסוּ

הותעהפ׳ הֻתְעָה — was misled
1. עָשׂוּ שֶׁלֹּא יִמְצָא אֶת הַדֶּרֶךְ:
***הוּתְעֵיתִי** בַּדֶּרֶךְ, וְלָכֵן לֹא הִגַּעְתִּי לַבַּיִת.*
2. הִכְשִׁילוּ אוֹתוֹ: — was misinformed
***הוּתְעֵיתִי** בְּאִינְפוֹרְמַצְיָה לֹא נְכוֹנָה.*
הוּתְעֵיתִי / ת.ע.ה, הוּפְעַל / מוּתְעֶה, יוּתְעֶה, יוּתְעוּ

הותקןפ׳ הֻתְקַן — was installed
*צִינּוֹרוֹת מַיִם **הוּתְקְנוּ** בַּמִּטְבָּח.*
הוּתְקְנוּ / ת.ק.ן, הוּפְעַל / מוּתְקָן, יוּתְקַן, יוּתְקְנוּ

הותקףפ׳ הֻתְקַף — was attacked
1. הוּפְעַל נֶגְדּוֹ כּוֹחַ, הִתְנַפְּלוּ עָלָיו:
*הָאוֹיֵב **הוּתְקַף** מִן הָאֲוִויר.*
2. (מֶטָאפוֹרָה) אָמְרוּ נֶגְדּוֹ דְּבָרִים קָשִׁים: — was criticized
*הַתּוֹכְנִית הַכַּלְכָּלִית **הוּתְקְפָה** בַּכְּנֶסֶת.*
הוּתְקַפְתִּי / ת.ק.ף, הוּפְעַל / מוּתְקָף, יוּתְקַף, יוּתְקְפוּ

הותרפ׳ הֻתַּר — was permitted
1. הוּרְשָׁה, נָתְנוּ לוֹ רְשׁוּת:
***הוּתַּר** לָנוּ לְהִשְׁתַּתֵּף בַּטִּיּוּל.*
2. נִפְתַּח (קֶשֶׁר אוֹ מַשֶּׁהוּ קָשׁוּר): — was untied
*הַחֲבָלִים, שֶׁקָּשְׁרוּ אוֹתוֹ לָעֵץ, **הוּתְּרוּ**.*
הוּתְּרוּ / נ.ת.ר, הוּפְעַל / מוּתָּר, יוּתַּר, יוּתְּרוּ

הותשפ׳ הֻתַּשׁ — was weakened/exhausted
נֶחֱלַשׁ, נַעֲשָׂה חַלָּשׁ:
***הוּתַּשְׁתִּי** - אֵין לִי כּוֹחַ!*
/ נ.ת.ש-ת.ש.ש, הוּפְעַל / הוּתְּשׁוּ, מוּתָּשׁ, אוּתַּשׁ

הזדההפ׳ הִזְדַּהָה — identified (himself)
1. אָמַר מַה שְּׁמוֹ וְאֵיפֹה הוּא גָּר:
*הָאִישׁ **הִזְדַּהָה** לִפְנֵי הַשּׁוֹטֵר וּמָסַר אֶת שְׁמוֹ וּכְתוֹבְתּוֹ.*
2. הָיָה בְּדֵיעָה אַחַת עִם מִישֶׁהוּ: — identified with
*אֲנִי **מִזְדַּהֶה עִם** הָרַעְיוֹנוֹת שֶׁל הַמִּפְלָגָה.*
לְהִזְדַּהוֹת עִם- / ז.ה.ה, הִתְפַּעֵל / הִזְדַּהֵיתִי, מִזְדַּהֶה

הזדהותנ׳ הִזְדַּהוּת — bond, alliance
1. הַסְכָּמָה בְּדֵיעוֹת, בְּדֶרֶךְ חַיִּים וְכוּ׳:
*הַ**הִזְדַּהוּת** שֶׁלּוֹ עִם הַמִּפְלָגָה הִיא אַבְּסוֹלוּטִית.*
2. כְּשֶׁמִּישֶׁהוּ אוֹמֵר מַה שְּׁמוֹ אוֹ — identification

מַרְאָה תְּעוּדָה שֶׁרְשׁוּמִים בָּהּ פְּרָטִים אִישִׁיִּים:
הִזְדַּהוּת בַּגְּבוּל נַעֲשֵׂית בְּאֶמְצָעוּת פַּסְפּוֹרְט.

הזדווגפ׳ הִזְדַּוֵּג — copulated
קִיֵּים יַחֲסֵי מִין:
הַכֶּלֶב שֶׁלִּי וְהַכַּלְבָּה שֶׁלּוֹ ***הִזְדַּוְּגוּ.***
לְהִזְדַּוֵּג עִם- / ז.ו.ג, הִתְפַּעֵל / הִזְדַּוַּגְתִּי, מִזְדַּוֵּג, יִזְדַּוֵּג

הזדווגותנ׳ הִזְדַּוְּגוּת — coupling
הָאַקְט הַמִּינִי בֵּין זָכָר לִנְקֵבָה:
מִן ***הַהִזְדַּוְּגוּת*** *נוֹלָדִים יְלָדִים.*

הזדחלפ׳ הִזְדַּחֵל — dragged (along)
הָלַךְ לְאַט, כְּמוֹ זוֹחֵל:
הָיָה יוֹם חַם מְאוֹד. כַּמָּה אֲנָשִׁים ***הִזְדַּחֲלוּ*** *בָּרְחוֹב.*
לְהִזְדַּחֵל / ז.ח.ל, הִתְפַּעֵל / הִזְדַּחַלְתִּי, מִזְדַּחֵל, אֶזְדַּחֵל

הזדמןפ׳ הִזְדַּמֵּן — came by chance
בָּא בְּמִקְרֶה, הִגִּיעַ בְּלִי תִּיכְנוּן:
הִזְדַּמַּנְתִּי *לְבֵית הַקָּפֶה הֶחָדָשׁ וּפָגַשְׁתִּי חֲבֵרִים.*
לְהִזְדַּמֵּן / ז.מ.ן, הִתְפַּעֵל / הִזְדַּמַּנְתִּי, מִזְדַּמֵּן, יִזְדַּמֵּן

הזדמנותנ׳ הִזְדַּמְּנוּת [הִזְדַּמְּנוּיוֹת] — opportunity, chance
מִקְרֶה טוֹב:
לֹא הָיְיתָה לִי ***הִזְדַּמְּנוּת*** *לִפְגּוֹשׁ אוֹתוֹ הַשָּׁנָה.*
בְּהִזְדַּמְּנוּתת״פ — (as a) bargain
קָנִיתִי מְכוֹנִית חֲדָשָׁה ***בְּהִזְדַּמְּנוּת.***

הזדעזעפ׳ הִזְדַּעֲזֵעַ [הִזְדַּעְזֵעַ] — was shocked
1. הִתְרַגֵּשׁ מְאוֹד, הָיָה בְּהֶלֶם:
הִזְדַּעֲזַעְתִּי, *כְּשֶׁשָּׁמַעְתִּי עַל הָאָסוֹן הַנּוֹרָא.*
2. זָז, הִתְנוֹעֵעַ מִצַּד לְצַד: — shook
הַבַּיִת הִזְדַּעֲזֵעַ מִן הַפִּצָּצָה.
לְהִזְדַּעֲזֵעַ / ז.ע.ז.ע, הִתְפַּעֵל / הִזְדַּעֲזַעְתִּי, מִזְדַּעֲזֵעַ

הזדקןפ׳ הִזְדַּקֵּן — aged
נִהְיָה זָקֵן, הִשְׁתַּנָּה עִם הַזְּמַן (בְּאוֹפֶן פִיסִי):
אָבִיו ***הִזְדַּקֵּן*** *מְאוֹד מֵאָז הָאָסוֹן.*
לְהִזְדַּקֵּן / ז.ק.ן, הִתְפַּעֵל / הִזְדַּקַּנְתִּי, מִזְדַּקֵּן, יִזְדַּקֵּן

הזדקנותנ׳ הִזְדַּקְּנוּת — ageing
כְּשֶׁנַּעֲשִׂים זְקֵנִים:
הִזְדַּקְּנוּת *הִיא דָּבָר טִבְעִי.*

הזדקףפ׳ הִזְדַּקֵּף — straightened up
עָמַד יָשָׁר:
הַחַיָּיל ***הִזְדַּקֵּף,*** *כְּשֶׁרָאָה אֶת הַמְּפַקֵּד.*
לְהִזְדַּקֵּף / ז.ק.ף, הִתְפַּעֵל / מִזְדַּקֵּף, יִזְדַּקֵּף, הִזְדַּקֵּף!

הזדקקפ׳ הִזְדַּקֵּק — was in need
הָיָה צָרִיךְ:
כְּשֶׁהָאִישׁ הִזְדַּקֵּן וְחָלָה, הוּא ***הִזְדַּקֵּק*** *לְעֶזְרָה.*
לְהִזְדַּקֵּק לְ- / ז.ק.ק, הִתְפַּעֵל / הִזְדַּקַּקְתִּי, מִזְדַּקֵּק, יִזְדַּקֵּק

הזדקרפ׳ הִזְדַּקֵּר — protruded
בּוֹלֵט לַגּוֹבַהּ:
הַמִּגְדָּל הַזֶּה ***מִזְדַּקֵּר*** *מֵעַל כָּל הַגַּגּוֹת.*
לְהִזְדַּקֵּר / ז.ק.ר, הִתְפַּעֵל / הִזְדַּקֵּר, מִזְדַּקֵּר, יִזְדַּקֵּר

הזדרזפ׳ הִזְדָּרֵז — hurried, hastened
מִיהֵר:
הַפּוֹעֵל ***הִזְדָּרֵז*** *לִגְמוֹר אֶת הָעֲבוֹדָה לִפְנֵי כְּנִיסַת הַשַּׁבָּת.*
לְהִזְדָּרֵז / ז.ר.ז, הִתְפַּעֵל / הִזְדָּרַזְתִּי, מִזְדָּרֵז, יִזְדָּרֵז, הִזְדָּרֵז!

הזהפ׳ הָזָה — daydreamed, hallucinated
רָאָה בַּדִּימְיוֹן, חָלַם (לֹא בְּשֵׁינָה):
הוּא ***הָזָה,*** *כִּי הָיָה לוֹ חוֹם גָּבוֹהַּ.*
לַהֲזוֹת / ה.ז.ה, פָּעַל / הָזִיתִי, הוֹזֶה, יֶהֱזֶה

הזהירפ׳ הִזְהִיר — warned
אָמַר לוֹ, שֶׁיִּישָּׁמֵר מִפְּנֵי אָסוֹן:
הַמַּצִּיל ***הִזְהִיר אֶת*** *הָאֲנָשִׁים לֹא לְהִיכָּנֵס לַיָּם הַסּוֹעֵר.*
לְהַזְהִיר אֶת- / ז.ה.ר, הִפְעִיל / הִזְהַרְתִּי, מַזְהִיר, יַזְהִיר

הזהרהנ׳ הַזְהָרָה [הַזְהָרוֹת] — warning
אוֹמְרִים לְמִישֶׁהוּ לִשְׁמוֹר עַל עַצְמוֹ:
צָרִיךְ לִשְׁמוֹעַ ***לַהַזְהָרוֹת*** *שֶׁל הַמִּשְׁטָרָה.*
ר' אזהרה

הזזהנ׳ הֲזָזָה [הֲזָזוֹת] — moving
הַעֲבָרָה שֶׁל דָּבָר מֵהַמָּקוֹם שֶׁלּוֹ:
הַהֲזָזָה *שֶׁל הַשּׁוּלְחָן גּוֹרֶמֶת רַעַשׁ.*

הזיזפ׳ הֵזִיז — moved
הֶעֱבִיר דָּבָר מֵהַמָּקוֹם שֶׁלּוֹ:
הוּא ***הֵזִיז*** *אֶת הַכִּסֵּא מֵהַשּׁוּלְחָן.*
לְהָזִיז אֶת- / ז.ו.ז, הִפְעִיל / הֵזַזְתִּי-הֱזִיזוֹתִי, מֵזִיז, יָזִיז

הזייהנ׳ הֲזָיָה [הֲזָיוֹת] — hallucination
תְּמוּנוֹת בַּדִּימְיוֹן, חֲלוֹם:
בִּגְלַל הַחוֹם הַגָּבוֹהַּ הוּא סוֹבֵל ***מֵהֲזָיוֹת.***

הזילפ׳ הִזִּיל — dripped, dropped, shed (tears)
גָּרַם שֶׁיְּטַפְטֵף, יִיזַּל:
הֶעָנָנִים ***הִזִּילוּ*** *גֶּשֶׁם. / מֵרוֹב כְּאֵב* ***הִזִּילוּ*** *עֵינָיו דְּמָעוֹת.*
הִזִּיל אֶת- / נ.ז.ל, הִפְעִיל / הִזַּלְתִּי, מַזִּיל, יַזִּיל

הזיןפ׳ הֵזִין — fed, nourished
נָתַן אוֹכֶל:
*הֵם **הֵזִינוּ** אֶת הַיְלָדִים בְּמָזוֹן בָּרִיא.*
לְהָזִין אֶת- / ז.ו.ן, הִפְעִיל / הֵזַנְתִּי, מֵזִין, אָזִין, יָזִין

הזיעפ׳ הֵזִיעַ — perspired
הַגּוּף שֶׁלּוֹ הוֹצִיא מַיִם עַל הָעוֹר:
*אֲנִי **מַזִּיעַ** בְּתֵל־אָבִיב כָּל הַקַּיִץ.*
לְהַזִּיעַ / י.ז.ע, הִפְעִיל / הִזַּעְתִּי, מַזִּיעַ תַּזִּיעַ, יַזִּיעַ

הזיקפ׳ הִזִּיק — harmed, caused damage
גָּרַם נֶזֶק, עָשָׂה מַשֶּׁהוּ רַע:
*הַתְּרוּפוֹת **הִזִּיקוּ** לִי מְאוֹד.*
לְהַזִּיק לְ- / נ.ז.ק, הִפְעִיל / הִזַּקְתִּי, מַזִּיק, יַזִּיק, הַזֵּק!

הזכירפ׳ הִזְכִּיר — reminded
גָּרַם לְמִישֶׁהוּ לִזְכּוֹר, גָּרַם לְמִישֶׁהוּ לֹא לִשְׁכּוֹחַ:
*דָּוִיד **הִזְכִּיר** לִי אֶת שְׁנוֹת יַלְדוּתִי.*
*דָּוִיד **מַזְכִּיר** לִי אֶת אָבִיו, כְּשֶׁהָיָה צָעִיר.*
לְהַזְכִּיר אֶת-, לְ- / ז.כ.ר, הִפְעִיל / מַזְכִּיר, יַזְכִּיר, הַזְכֵּר!

הזכרהנ׳ הַזְכָּרָה [הַזְכָּרוֹת] — mentioning
(ר׳ אזכרה) אֲמִירָה שֶׁל דְּבָרִים יְדוּעִים בְּהַרְצָאָה אוֹ בְּסֵפֶר:
*בִּתְפִילּוֹת רַבּוֹת יֵשׁ **הַזְכָּרָה** שֶׁל יְרוּשָׁלַיִם.*

הזמיןפ׳ הִזְמִין — invited
1. בִּיקֵּשׁ מִמִּישֶׁהוּ שֶׁיָּבוֹא אֵלָיו:
*דָּוִיד **הִזְמִין** אוֹרְחִים לְשַׁבָּת.*
ordered — 2. בִּיקֵּשׁ שֶׁיָּכִינוּ לוֹ:
*דָּוִיד **הִזְמִין** אֲרוּחַת עֶרֶב בְּמִסְעָדָה.*
reserved — 3. בִּיקֵּשׁ שֶׁיִּשְׁמְרוּ בִּשְׁבִילוֹ:
*דָּוִיד **הִזְמִין** כַּרְטִיסֵי טִיסָה.*
לְהַזְמִין אֶת- / ז.מ.ן, הִפְעִיל / הִזְמַנְתִּי, מַזְמִין, יַזְמִין

הזמנהנ׳ הַזְמָנָה [הַזְמָנוֹת] — invitation
1. בַּקָּשָׁה לָבוֹא וּלְהִשְׁתַּתֵּף בְּמַשֶּׁהוּ:
*קִיבַּלְתִּי **הַזְמָנָה** לַחֲתוּנָּה שֶׁל דַּלְיָה וּמִיכָאֵל.*
order — 2. בַּקָּשָׁה לִשְׁלוֹחַ אוֹ לְהָבִיא מַשֶּׁהוּ:
*אֲנַחְנוּ מְכִינִים אֶת **הַהַזְמָנָה** שֶׁל הַסְּפָרִים לַחֲנוּת.*

הזנהנ׳ הֲזָנָה — feeding
כְּשֶׁמַּאֲכִילִים, דּוֹאֲגִים שֶׁיִּהְיֶה אוֹכֶל:
*צָרִיךְ לִדְאוֹג **לַהֲזָנַת** בַּעֲלֵי הַחַיִּים.*

הזנחהנ׳ הַזְנָחָה [הַזְנָחוֹת] — neglect
1. כְּשֶׁלֹּא דּוֹאֲגִים לְנִיקָּיוֹן, סֵדֶר וְכוּ׳:
*בִּגְלַל **הַהַזְנָחָה** לֹא נָעִים לָגוּר בַּבַּיִת הַזֶּה.*
2. כְּשֶׁלֹּא עוֹשִׂים מַה שֶּׁצָּרִיךְ:
*בִּגְלַל **הַזְנָחַת** הָעֲבוֹדָה בַּגִּינָּה לֹא צָמְחוּ פְּרָחִים.*

הזניחפ׳ הִזְנִיחַ — neglected
לֹא עָשָׂה מַה שֶּׁצָּרִיךְ:
***הִזְנַחְתִּי** אֶת הַלִּימּוּדִים, לָכֵן לֹא הִצְלַחְתִּי בַּבְּחִינוֹת.*
לְהַזְנִיחַ אֶת- / ז.נ.ח, הִפְעִיל / הִזְנַחְתִּי, מַזְנִיחַ, יַזְנִיחַ

הזעהנ׳ הַזָּעָה — perspiring, sweating
כְּשֶׁהַגּוּף מוֹצִיא מַיִם עַל הָעוֹר:
*בִּגְלַל **הַהַזָּעָה** בַּקַּיִץ צָרִיךְ לִשְׁתּוֹת הַרְבֵּה מַיִם.*

הזעיקפ׳ הִזְעִיק — summoned
קָרָא לְמִישֶׁהוּ שֶׁיָּבוֹא (לְעֶזְרָה, לְמִלְחָמָה...):
***הִזְעַקְנוּ** רוֹפֵא, כִּי הוּא הִרְגִּישׁ רַע.*
הִזְעַקְתִּי אֶת- /ז.ע.ק, הִפְעִיל / מַזְעִיק, אַזְעִיק, יַזְעִיק

הזעקהנ׳ הַזְעָקָה (ר׳ אזעקה) — summoning
קְרִיאָה לְמִישֶׁהוּ לָבוֹא מִיָּד:
***הַזְעָקַת** הָאַמְבּוּלַנְס נַעֲשְׂתָה בַּטֶּלֶפוֹן.*

הזקיןפ׳ הִזְקִין — became old
1. נַעֲשָׂה זָקֵן:
*הוּא **הִזְקִין** מְאוֹד, מֵאָז שֶׁרָאִיתִי אוֹתוֹ.*
made old — 2. גָּרַם שֶׁיִּהְיֶה אוֹ יֵירָאֶה זָקֵן:
*הַשְּׂעָרוֹת הַלְּבָנוֹת **מַזְקִינוֹת** אוֹתוֹ.*
לְהַזְקִין אֶת- / ז.ק.ן, הִפְעִיל / הִזְקַנְתִּי, מַזְקִין, יַזְקִין

הזריםפ׳ הִזְרִים — caused to flow
גָּרַם שֶׁיִּזְרוֹם, שֶׁיִּיזַּל:
*אֶת הַמַּיִם מֵהַיַּרְדֵּן **הִזְרִימוּ** לַנֶּגֶב.*
(מֶטָאפוֹרָה) *שַׂר הָאוֹצָר **הִזְרִים** כֶּסֶף לְבָתֵּי הַסֵּפֶר.*
לְהַזְרִים אֶת- / ז.ר.ם, הִפְעִיל / הִזְרַמְתִּי, מַזְרִים, יַזְרִים

הזריקפ׳ הִזְרִיק — injected
הִכְנִיס חוֹמֶר לַגּוּף עַל־יְדֵי מַחַט:
*חוֹלֵי סוּכֶּרֶת **מַזְרִיקִים** אִינְסוּלִין לְעַצְמָם.*
לְהַזְרִיק אֶת- / ז.ר.ק, הִפְעִיל / הִזְרַקְתִּי, מַזְרִיק, אַזְרִיק

הזרעהנ׳ הַזְרָעָה [הַזְרָעוֹת] — insemination
הַעֲבָרָה שֶׁל זֶרַע מִן הַזָּכָר לַנְּקֵבָה:
*יֵשׁ מָקוֹם מְיוּחָד **לְהַזְרָעַת** פָּרוֹת.*

הזרקהנ׳ הַזְרָקָה — injection
הַכְנָסַת חוֹמֶר לַגּוּף עַל־יְדֵי מַחַט:
*חוֹלֵי סוּכֶּרֶת צְרִיכִים **הַזְרָקָה** שֶׁל אִינְסוּלִין.*

החביאפ׳ הֶחְבִּיא hid, concealed
הִסְתִּיר, שָׂם בְּמָקוֹם שֶׁקָּשֶׁה לִמְצוֹא:
הֶחְבֵּאתִי אֶת הַכֶּסֶף בָּאָרוֹן.
לְהַחְבִּיא אֶת- / ח.ב.א, הִפְעִיל / הֶחְבֵּאתִי, מַחְבִּיא

החדירפ׳ הֶחְדִּיר inserted, instilled
הִכְנִיס, גָּרַם שֶׁיִּיכָּנֵס:
*הָרוֹפֵא **הֶחְדִּיר** צִינוֹר דַּק לַגָּרוֹן שֶׁלִּי.*
לְהַחְדִּיר אֶת-, לְ- / ח.ד.ר, הִפְעִיל / הֶחְדַּרְתִּי, מַחְדִּיר

החדרהנ׳ הַחְדָּרָה [הַחְדָּרוֹת] insertion
הַכְנָסָה לְתוֹךְ:
***הַחְדָּרַת** הַצִּינוֹר לַגָּרוֹן אֵינָהּ כּוֹאֶבֶת.*

החווירפ׳ הֶחֱוִיר became pale
נַעֲשָׂה חִיוֵּור, כִּמְעַט לָבָן:
*כְּשֶׁשָּׁמַע עַל הָאָסוֹן, הוּא **הֶחֱוִיר** מְאוֹד.*
לְהַחֲוִויר / ח.ו.ר, הִפְעִיל / , הֶחֱוַורְתִּי, מַחֲוִויר, יַחֲוִויר

החוצהב׳ הַחוּצָה outside
אֶל הַחוּץ, אֶל מָקוֹם שֶׁאֵינוֹ בְּתוֹךְ בַּיִת:
*גָּמַרְתִּי אֶת הָעֲבוֹדָה, וְיָצָאתִי **הַחוּצָה**.*

החזיקפ׳ הֶחֱזִיק held
תָּפַס (בַּיָּד אוֹ בְּחֵלֶק אַחֵר בַּגּוּף):
*אִימָּא **הֶחֱזִיקָה** אֶת הַיֶּלֶד בְּיָדוֹ.*
הֶחֱזִיק מַעֲמָד - עָמַד בִּפְנֵי קוֹשִׁי וְלֹא וִיתֵּר: held on
*הַחַיָּילִים **הֶחֱזִיקוּ מַעֲמָד** וְלֹא עָזְבוּ אֶת הַמָּקוֹם.*
לְהַחֲזִיק אֶת- בְּ- / ח.ז.ק, הִפְעִיל / הֶחֱזַקְתִּי, מַחֲזִיק

החזירפ׳ הֶחֱזִיר returned
נָתַן מַשֶּׁהוּ שֶׁלָּקַח קוֹדֶם:
*דָּוִיד **הֶחֱזִיר אֶת** הַסֵּפֶר, שֶׁלָּקַח מִמֶּנִּי בַּשָּׁבוּעַ שֶׁעָבַר.*
לְהַחֲזִיר אֶת- / ח.ז.ר, הִפְעִיל / הֶחֱזַרְתִּי, מַחֲזִיר, יַחֲזִיר

החזקהנ׳ הַחְזָקָה (ר׳ אחזקה) holding
1. כְּשֶׁמַּחֲזִיקִים מַשֶּׁהוּ, אֲחִיזָה:
***הַחְזָקַת** הַיָּד בָּאֲוִויר מְעַיֶּיפֶת מְאוֹד.*
2. הוֹצָאַת כֶּסֶף כְּדֵי שֶׁמַּשֶּׁהוּ יִפְעַל: maintenance
***הַחְזָקַת** מְכוֹנִית **וְהַחְזָקַת** בַּיִת הֵם דָּבָר יָקָר בְּיוֹתֵר.*
הַחְזָקַת-טוֹבָהב׳ gratitude
הַחְזָקַת-מַעֲמָדב׳ holding on

החזרז׳ הֶחְזֵר [הֶחְזֵרִים] refund
כְּשֶׁמַּחֲזִירִים מַשֶּׁהוּ (בְּעִיקָּר כֶּסֶף):
*שִׁילַּמְתִּי יוֹתֵר מִדַּי מִסִּים, וּמַגִּיעַ לִי **הֶחְזֵר**.*

החזרהנ׳ הַחְזָרָה returning
מְסִירָה שֶׁל דָּבָר בַּחֲזָרָה:
*הוּא דָּחָה אֶת **הַחְזָרַת** הַהַלְוָואָה.*
יֵשׁ עֲבוֹדָה רַבָּה **בְּהַחְזָרַת** הַסְּפָרִים לַמָּקוֹם.
הַחְזָרַת אֲבֵידָה - כְּשֶׁמַּחֲזִירִים מַשֶּׁהוּ שֶׁמָּצְאוּ בְּמִקְרֶה

החטאהנ׳ הַחְטָאָה [הַחְטָאוֹת] miss
(לָשׁוֹן גְּבוֹהָה) כְּשֶׁלֹּא פּוֹגְעִים בַּמַּטָּרָה, כְּשֶׁלֹּא מְבַצְּעִים נָכוֹן:
*הַתּוֹכְנִית הַכַּלְכָּלִית הָיְיתָה **הַחְטָאָה** שֶׁל הָעִיקָּר.*

החטיאפ׳ הֶחְטִיא missed
לֹא פָּגַע בַּמַּטָּרָה, לֹא הִשִּׂיג אֶת מַה שֶּׁרָצָה:
*בֵּית הַסֵּפֶר **הֶחְטִיא** אֶת הָעִיקָּר - הוּא לֹא לִימֵּד אוֹתָנוּ מַהִי דֶּמוֹקְרַטְיָה.*
לְהַחְטִיא אֶת- / ח.ט.א, הִפְעִיל / הֶחְטֵאתִי, מַחְטִיא

החטיףפ׳ הֶחְטִיף slapped, slugged
נָתַן מַכָּה:
*הוּא **הֶחְטִיף לִי** סְטִירַת לֶחִי.*
לְהַחְטִיף לְ- / ח.ט.ף, הִפְעִיל / הֶחְטִיפוּ, מַחְטִיף, יַחְטִיף

החייאהנ׳ הַחְיָאָה revival
כְּשֶׁגּוֹרְמִים לְמִישֶׁהוּ לִחְיוֹת, הַחְזָרָה לַחַיִּים:
*הָרוֹפֵא עָשָׂה בּוֹ פְּעוּלַּת **הַחְיָאָה**, וְהוּא הִתְחִיל לִנְשׁוֹם.*

החייהפ׳ הֶחֱיָה revived
הֶחֱזִיר לַחַיִּים, עָשָׂה פְּעוּלּוֹת לְהַחֲזִיר לַחַיִּים:
*הָרוֹפֵא **הֶחֱיָה אֶת** הַפָּצוּעַ.*
לְהַחֲיוֹת אֶת- / ח.י.ה, הִפְעִיל / הֶחֱיֵיתִי, מַחֲיֶה, יַחֲיֶה

החילפ׳ הֵחִיל applied
עָשָׂה שֶׁיִּתְקַיֵּים, שֶׁיִּתְבַּצַּע:
*הַמֶּמְשָׁלָה **הֵחִילָה אֶת** הַחוֹק הַיִּשְׂרְאֵלִי עַל רָמַת הַגּוֹלָן.*
לְהָחִיל אֶת- / ח.ו.ל, הִפְעִיל / הֵחִילוּ, מֵחִיל, יָחִיל, הָחֵל!

החישפ׳ הֵחִישׁ hastened
עָשָׂה שֶׁיִּהְיֶה מַהֵר:
*הַפּוֹעֲלִים **הֵחִישׁוּ אֶת** קֶצֶב הָעֲבוֹדָה.*
לְהָחִישׁ אֶת- / ח.ו.ש, הִפְעִיל / הֵחַשְׁתִּי, מֵחִישׁ, יָחִישׁ

החכירפ׳ הֶחְכִּיר leased
מָסַר מַשֶּׁהוּ בְּתַשְׁלוּם לְשִׁימּוּשׁ לִזְמַן מְסוּיָּם:
***הֶחְכַּרְנוּ אֶת** הַמִּפְעָל **לְעוֹלֶה** חָדָשׁ.*
לְהַחְכִּיר אֶת-, לְ- / ח.כ.ר, הִפְעִיל / הֶחְכַּרְתִּי, מַחְכִּיר

החכרהנ׳ הַחְכָּרָה leasing
מְסִירָה שֶׁל רְכוּשׁ תְּמוּרַת תַּשְׁלוּם לִזְמַן מְסוּיָּם:
***הַחְכָּרַת** הַמִּפְעָל **לְדָוִיד** הִיא לְעֶשֶׂר שָׁנִים.*

החלפ׳ הֵחֵל began
הִתחִיל [פוֹרמָאלִי]:
*הַיֶּלֶד **הֵחֵל** לִלמוֹד בְּגִיל שֵׁשׁ.*
/ ח.ל.ל, הִפעִיל / הֵחֵלוּ, יָחֵל, תָּחֵל, יָחֵלוּ, הָחֵל!

החלטהנ׳ הַחְלָטָה [הַחלָטוֹת] decision
בְּחִירָה בֵּין אֶפשָׁרוּיוֹת כַּאֲשֶׁר יֵשׁ בְּעָיָה:
*הוּא צָרִיך לְקַבֵּל **הַחלָטָה** אִם לִלמוֹד אוֹ לָלֶכֶת לַעֲבוֹד.*

החלטית׳ הֶחְלֵטִי absolute, final
1. אַבּסוֹלוּטִי, וַדָּאִי, אַחֲרוֹן:
***הַחלָטַת** בֵּית הַמִשפָּט הִיא **הֶחלֵטִית**.*
2. תַּקִיף, שֶׁיֵּשׁ בּוֹ כּוֹחַ: decisive
*הוּא קָם בִּתנוּעָה **הֶחלֵטִית** וְעָזַב אֶת הָאֲסֵיפָה.*
הֶחלֵטִית, הֶחלֵטִיִּים, הֶחלֵטִיּוֹת

החלטיותנ׳ הֶחְלֵטִיּוּת decisiveness
אַבּסוֹלוּטִיוּת, כְּשֶׁאֵין סָפֵק:
*בְּכֹל מַה שֶּׁהוּא עוֹשֶׂה יֵשׁ **הֶחלֵטִיּוּת**.*
בְּהֶחלֵטִיּוּתת״פ decisively

החליאפ׳ הֶחֱלִיא made (someone) sick
גָּרַם גּוֹעַל, דָּחָה:
*הַהִתנַהֲגוּת שֶׁלּוֹ **הֶחֱלִיאָה** אוֹתִי.*
לְהַחֲלִיא אֶת- / ח.ל.א, הִפעִיל / הֶחֱלִיאוּ, מַחֲלִיא, יַחֲלִיא

החלידפ׳ הֶחֱלִיד rusted
עָלְתָה עָלָיו חֲלוּדָה:
*כֹּל הַבַּרזִילִים **הֶחֱלִידוּ** בִּגלַל הָרְטִיבוּת.*
לְהַחֲלִיד / ח.ל.ד, הִפעִיל / הֶחֱלִידוּ, מַחֲלִיד, יַחֲלִיד

החליטפ׳ הֶחְלִיט decided
בָּחַר בֵּין הָאֶפשָׁרוּיוֹת הַשּׁוֹנוֹת:
*הַמְנַהֵל **הֶחלִיט** לְקַבֵּל אֶת דָּוִד לָעֲבוֹדָה וְלֹא אֶת דָּן.*
לְהַחלִיט / ח.ל.ט, הִפעִיל / הֶחלַטתִי, מַחלִיט, יַחלִיט

החליםפ׳ הֶחֱלִים recovered
נִרפָּא, נַעֲשָׂה בָּרִיא:
*הוּא **הֶחֱלִים**, וְחָזַר לָעֲבוֹדָה.*
לְהַחֲלִים מִ- / ח.ל.ם, הִפעִיל / הֶחֱלִימוּ, מַחֲלִים, יַחֲלִים

החליףפ׳ הֶחֱלִיף exchanged
1. נָתַן דָּבָר אֶחָד בִּמקוֹם דָּבָר אַחֵר:
*הַתַּיָּיר **הֶחֱלִיף אֶת** הַדּוֹלָרִים בִּשקָלִים יִשׂרְאֵלִיִּים.*
2. שִׁינָה: changed
*דָּוִד **הֶחֱלִיף** בְּגָדִים, כְּשֶׁחָזַר מִן הָעֲבוֹדָה.*
3. בָּא בִּמקוֹם: substituted
*דָּוִד **יַחֲלִיף** אוֹתִי בָּעֲבוֹדָה.*
לְהַחֲלִיף אֶת- / ח.ל.ף, הִפעִיל / הֶחֱלִיף, מַחֲלִיף, יַחֲלִיף

החליקפ׳ הֶחֱלִיק slipped, skidded
1. זָז עַל שֶׁטַח חָלָק:
*הוּא **הֶחֱלִיק עַל** הַשֶּׁלֶג. / **הֶחֱלַקתִי** וְנָפַלתִי.*
2. עָשָׂה שֶׁיִּהיֶה חָלָק, יָשָׁר: smoothed
***הֶחֱלַקתִי** אֶת הַמִּכנָסַיִים בְּמַגהֵץ.*
3. (מֶטָאפוֹרָה) עָשָׂה שֶׁלֹּא יַרגִּיז: soothed, mitigated
***הֶחֱלַקתִי אֶת** הַנִּיגוּדִים בֵּינֵיהֶם.*
לְהַחֲלִיק אֶת-, עַל- / ח.ל.ק, הִפעִיל / הֶחֱלַקתִי, מַחֲלִיק

החלישפ׳ הֶחֱלִישׁ weakened
גָּרַם שֶׁיִּהיֶה חַלָּשׁ יוֹתֵר, שֶׁיִּהיֶה פָּחוֹת:
*הַמַּחֲלָה **הֶחֱלִישָׁה אוֹתִי**.*
לְהַחֲלִישׁ אֶת- / ח.ל.שׁ, הִפעִיל / הֶחֱלַשׁתִי, מַחֲלִישׁ

החלמהנ׳ הַחְלָמָה recovery, convalescence
הַבְרָאָה, מִמַּחֲלָה:
*'תִּהיֶה בָּרִיא' - זֹאת בְּרָכָה **לְהַחלָמָה** מְהִירָה.*

החלפהנ׳ הַחְלָפָה [הַחלָפוֹת] exchange
קַבָּלָה שֶׁל מַשֶּׁהוּ בִּמקוֹם דָּבָר אַחֵר:
*בְּסוֹף הַמִּלחָמָה נֶעֶשְׂתָה **הַחלָפָה** שֶׁל שְׁבוּיִים.*
הַחלָפַת כּוֹחַ recovery

החלקהנ׳ הַחְלָקָה skating, skidding
1. "הֲלִיכָה" עַל שֶׁלֶג, קֶרַח וְכוּ' (בְּדֶרֶך כְּלָל בְּעֶזרַת מַכשִׁיר):
***הַחלָקָה** עַל קֶרַח הִיא סְפּוֹרט וְאוֹמָנוּת.*
זְהִירוּת! יֵשׁ סַכָּנַת **הַחלָקָה** בְּמָקוֹם זֶה.
2. כְּשֶׁעוֹשִׂים מַשֶּׁהוּ חָלָק: smoothing
***הַחלָקָה** שֶׁל בְּגָדִים עוֹשִׂים בְּמַגהֵץ.*

החמיאפ׳ הֶחֱמִיא complimented
1. אָמַר קוֹמפּלִימֶנט, אָמַר דְּבָרִים טוֹבִים:
*הוּא **הֶחֱמִיא** לִי עַל הַשִּׂמלָה הַחֲדָשָׁה.*
2. הִתאִים, הֶרְאָה אֶת הַיָּפֶה בְּמִישֶׁהוּ: flattered
*הַשִּׂמלָה הַזֹּאת **תַּחמִיא** לָךְ.*
לְהַחֲמִיא לְ- / ח.מ.א, הִפעִיל / הֶחֱמֵאתִי, מַחֲמִיא

החמיץפ׳ הֶחֱמִיץ pickled
1. עָשָׂה שֶׁיִּהיֶה חָמוּץ:
***הֶחֱמַצתִי** מְלָפְפוֹנִים.*
2. נַעֲשָׂה חָמוּץ (בְּדֶרֶך כְּלָל מְקוּלקָל): turned sour
*הֶחָלָב **הֶחֱמִיץ**, אִי אֶפשָׁר לִשתוֹת אוֹתוֹ.*
3. הִפסִיד, לֹא נִיצֵל אֶפשָׁרוּת: missed
***הֶחֱמַצתִי** אֶת הָאוֹטוֹבּוּס, הִגַּעתִי אַחֲרֵי שֶׁיָּצָא.*
לְהַחֲמִיץ אֶת- / ח.מ.ץ, הִפעִיל / הֶחֱמַצתִי, מַחֲמִיץ, יַחֲמִיץ

החמירפ׳ הֶחֱמִיר worsened
1. נַעֲשָׂה קָשֶׁה, רַע, חָמוּר:
הֶחֱמִיר מַצַּב הַבְּרִיאוּת שֶׁלּוֹ.
2. עָשָׂה שֶׁיִּהְיֶה קָשֶׁה, stiffened
חָמוּר יוֹתֵר:
הַשּׁוֹפֵט הֶחֱמִיר בָּעֹנֶשׁ שֶׁל הַגַּנָּב.
לְהַחֲמִיר בְּ- / ח.מ.ר, הִפְעִיל / הֶחֱמִירוּ, מַחְמִיר, יַחְמִיר

החמצהנ׳ הַחְמָצָה [הַחְמָצוֹת] souring, pickling
1. כְּשֶׁעוֹשִׂים שֶׁיִּהְיֶה חָמוּץ:
לְהַחְמָצַת מְלָפְפוֹנִים צָרִיךְ קְעָרָה גְּדוֹלָה.
2. הֶפְסֵד, כְּשֶׁלֹּא מְנַצְּלִים missing, miss
הִזְדַּמְּנוּת מוּצְלַחַת:
לֹא קָנִינוּ אֶת הַדִּירָה - וְזֹאת הָיְתָה הַחְמָצָה.

החמרהנ׳ הַחְמָרָה [הַחְמָרוֹת] worsening
1. כְּשֶׁמַּצָּב נַעֲשָׂה קָשֶׁה יוֹתֵר, שִׁנּוּי לְרָעָה:
יֵשׁ הַחְמָרָה בְּמַצַּב בְּרִיאוּתוֹ.
2. כְּשֶׁעוֹשִׂים שֶׁיִּהְיֶה קָשֶׁה, חָמוּר יוֹתֵר: strictness
הַהַחְמָרָה בָּעֹנֶשׁ בָּאָה כְּדֵי לְהַפְחִיד פּוֹשְׁעִים.

החנהפ׳ הֶחֱנָה parked
הֶעֱמִיד אֶת הַמְּכוֹנִית בְּמָקוֹם מְסֻיָּם (בַּחֲנָיָה):
הֶחֱנֵיתִי אֶת הַמְּכוֹנִית עַל־יַד הַבַּיִת.
לְהַחֲנוֹת אֶת- / ח.נ.ה, הִפְעִיל / הֶחֱנֵיתִי, מַחֲנֶה, יַחֲנֶה

החניףפ׳ הֶחֱנִיף sucked up to...
אָמַר לְמִישֶׁהוּ דְּבָרִים כְּדֵי לִמְצוֹא חֵן:
הוּא הֶחֱנִיף לַמְּנַהֵל, לָכֵן קִבֵּל הַעֲלָאָה בַּמַּשְׂכֹּרֶת.
לְהַחֲנִיף לְ- / ח.נ.ף, הִפְעִיל / הֶחֱנַפְתִּי, מַחֲנִיף, יַחֲנִיף

החניקפ׳ הֶחֱנִיק suffocated
1. גָּרַם שֶׁיִּהְיֶה קָשֶׁה לִנְשֹׁם:
עֲשַׁן הַסִּיגַרְיוֹת הֶחֱנִיק אוֹתִי.
2. הִשְׁתַּדֵּל שֶׁלֹּא יֵצֵא (רֶגֶשׁ, שִׁיעוּל...): stifled
הוּא הֶחֱנִיק בְּתוֹכוֹ אֶת הַבֶּכִי.
לְהַחֲנִיק אֶת- / ח.נ.ק, הִפְעִיל / הֶחֱנַקְתִּי, מַחֲנִיק, יַחֲנִיק

החסירפ׳ הֶחְסִיר was absent, missed
1. לֹא הִשְׁתַּתֵּף, לֹא בָּא:
הוּא הֶחְסִיר שִׁיעוּרִים רַבִּים.
2. עָשָׂה שֶׁיִּהְיֶה פָּחוֹת (בְּחֶשְׁבּוֹן): deducted
הֶחְסַרְתִּי 2 מ־5 וְקִיבַּלְתִּי 3.
לְהַחְסִיר אֶת-, מִ- / ח.ס.ר, הִפְעִיל / הֶחְסַרְתִּי, מַחְסִיר

החציןפ׳ הֶחֱצִין externalized
הוֹצִיא הַחוּצָה (מַה שֶּׁהוּא מַרְגִּישׁ, חוֹשֵׁב וְכוּ'):
בַּצִּיּוּרִים שֶׁלּוֹ הוּא מַחְצִין אֶת מַה שֶּׁהוּא מַרְגִּישׁ.
לְהַחְצִין אֶת- / ח.צ.ן, הִפְעִיל / הֶחְצַנְתִּי, מַחְצִין, יַחְצִין

החציף (פנים)פ׳ הֶחֱצִיף (פָּנִים) behaved impudently
הִתְנַהֵג בְּחוּצְפָּה, דִּבֵּר לֹא יָפֶה לַמּוֹרֶה, לַהוֹרִים וְכוּ':
הוּא הֶחֱצִיף פָּנִים לַמְּנַהֵל, לָכֵן פִּיטְרוּ אוֹתוֹ.
לְהַחֲצִיף / ח.צ.ף, הִפְעִיל / הֶחֱצַפְתִּי, מַחֲצִיף, תַּחֲצִיף

החריבפ׳ הֶחֱרִיב destroyed
הָרַס, שָׁבַר (בָּתִּים וְכוּ'):
הַמִּלְחָמָה הֶחֱרִיבָה אֶת הָאָרֶץ.
לְהַחֲרִיב אֶת- / ח.ר.ב, הִפְעִיל / הֶחֱרִיבוּ, מַחֲרִיב, יַחֲרִיב

החרידפ׳ הֶחֱרִיד startled
הִפְחִיד, גָּרַם לְבֶהָלָה, יָצַר אִי־שֶׁקֶט:
הַתְּפוֹצְצוּת הֶחֱרִידָה אֶת כָּל הָרְחוֹב.
לְהַחֲרִיד אֶת- / ח.ר.ד, הִפְעִיל / הֶחֱרִידוּ, מַחֲרִיד, יַחֲרִיד

החריםפ׳ הֶחֱרִים confiscated
1. לָקַח מַשֶּׁהוּ, שֶׁאָסוּר הָיָה לְהַחֲזִיק בּוֹ:
הַמִּשְׁטָרָה הֶחֱרִימָה אֶת הַנֶּשֶׁק הַלֹּא־חוּקִי.
2. אָמַר שֶׁאָסוּר לִהְיוֹת עִם, banned, boycotted
לִהְיוֹת חָבֵר שֶׁל:
בִּימֵי הַבֵּינַיִם הֶחֱרִימוּ סִפְרֵי מַדָּע.
לְהַחֲרִים אֶת- / ח.ר.ם, הִפְעִיל / הֶחֱרַמְתִּי, מַחֲרִים, יַחֲרִים

החריףפ׳ הֶחֱרִיף worsened, exacerbated
1. נַעֲשָׂה קָשֶׁה, רַע יוֹתֵר:
הַיְּחָסִים בֵּין הָעוֹבְדִים לַמְּנַהֵל הֶחֱרִיפוּ.
2. עָשָׂה שֶׁיִּהְיֶה קָשֶׁה יוֹתֵר: aggravated
הַדִּיבּוּרִים שֶׁלּוֹ הֶחֱרִיפוּ אֶת הַיְּחָסִים עִם הַמְּנַהֵל.
לְהַחֲרִיף אֶת- / ח.ר.ף, הִפְעִיל / הֶחֱרַפְתִּי, מַחֲרִיף, יַחֲרִיף

החרישפ׳ הֶחֱרִישׁ remained silent
1. שָׁתַק:
הוּא הֶחֱרִישׁ וְלֹא אָמַר מִלָּה.
2. גָּרַם שֶׁמִּישֶׁהוּ יִהְיֶה חֵירֵשׁ (לֹא יִשְׁמַע): deafened
הַמּוּסִיקָה הַזֹּאת הֶחֱרִישָׁה אֶת הָאָזְנַיִים.
לְהַחֲרִישׁ אֶת- / ח.ר.ש, הִפְעִיל / הֶחֱרַשְׁתִּי, מַחֲרִישׁ, יַחֲרִישׁ

החרפהנ׳ הַחְרָפָה worsening, exacerbation
הֲרָעָה, כְּשֶׁמַּשֶּׁהוּ נַעֲשָׂה רַע וְקָשֶׁה יוֹתֵר:
יֵשׁ הַחְרָפָה בְּמַצַּב בְּרִיאוּתוֹ.

החשיבפ׳ הֶחְשִׁיב attached importance
1. הֶעֱרִיךְ, חָשַׁב שֶׁמַּשֶּׁהוּ חָשׁוּב:
אֲנִי מַחְשִׁיב מְאוֹד אֶת הַלִּימּוּדִים.
2. הֵבִיא בְּחֶשְׁבּוֹן, הִתְיַיחֵס: took into account

*לֹא **הֶחְשִׁיבוּ לוֹ אֶת** הַלִּימוּדִים בְּחוּץ־לָאָרֶץ, הוּא צָרִיךְ לִלְמוֹד מֵהַהַתְחָלָה.*
לְהַחְשִׁיב אֶת-, לְ- / ח.ש.ב, הִפְעִיל / הֶחֱשַׁבְתִּי, מַחֲשִׁיב

החשידפ׳ הֶחֱשִׁיד — cast suspicion
גָּרַם שֶׁיַּחְשְׁדוּ בְּמִישֶׁהוּ, שֶׁיַּחְשְׁבוּ שֶׁעָשָׂה מַשֶּׁהוּ רַע:
*הַדְּבָרִים, שֶׁאָמַר בַּמִּשְׁטָרָה, **הֶחֱשִׁידוּ** אוֹתוֹ, לָכֵן נֶעֱצַר.*
לְהַחֲשִׁיד אֶת- / ח.ש.ד, הִפְעִיל / הֶחֱשִׁידוּ, מַחֲשִׁיד, יַחֲשִׁיד

החשיךפ׳ הֶחְשִׁיךְ — grew dark
1. נַעֲשָׂה חוֹשֶׁךְ:
*כְּשֶׁ**הֶחְשִׁיךְ**, חָזַרְתִּי הַבַּיְתָה.*
2. עָשָׂה שֶׁיִּהְיֶה חוֹשֶׁךְ: — darkened
***הֶחְשַׁכְנוּ אֶת** הַחֶדֶר כְּדֵי לִרְאוֹת סֶרֶט.*
לְהַחְשִׁיךְ אֶת- / ח.ש.ךְ, הִפְעִיל / הֶחְשַׁכְנוּ, מַחְשִׁיךְ

החתיםפ׳ הֶחְתִּים — obtained someone's signature
1. בִּיקֵּשׁ שֶׁיַּחְתּוֹם (שֶׁיִּרְשׁוֹם אֶת שְׁמוֹ עַל מַשֶּׁהוּ כְּמוֹ צֶ'יק וְכוּ'):
***הֶחְתַּמְתִּי אֶת** הַמְּנַהֵל עַל הַצֶ'יק.*
2. שָׂם חוֹתֶמֶת (סִימָן): — stamped
*בַּדּוֹאַר **הֶחְתִּימוּ** אֶת כָּל הַבּוּלִים.*
לְהַחְתִּים אֶת- / ח.ת.ם, הִפְעִיל / הֶחְתַּמְתִּי, מַחְתִּים

הטבהנ׳ הֲטָבָה [הֲטָבוֹת] — improvement
1. שִׁינּוּי לְטוֹבָה:
*יֶשְׁנָה **הֲטָבָה** בְּמַצַּב הַחוֹלֶה.*
2. תַּשְׁלוּם מְיוּחָד אוֹ תְּנָאִים מְיוּחָדִים לָעוֹבֵד: — fringe benefit
*יֵשׁ הַרְבֵּה **הֲטָבוֹת** בָּעֲבוֹדָה הַזֹּאת - נְסִיעוֹת חִינָּם, אֲרוּחוֹת וְעוֹד.*

הטבילפ׳ הִטְבִּיל — dipped, immersed
שָׂם בְּתוֹךְ נוֹזֵל (מַיִם וְכוּ'):
***הִטְבַּלְתִּי אֶת** הַבִּיסְקְוִויט בַּתֵּה.*
לְהַטְבִּיל אֶת- / ט.ב.ל, הִפְעִיל / הִטְבַּלְתִּי, מַטְבִּיל, יַטְבִּיל

הטביעפ׳ הִטְבִּיעַ — drowned (someone)
1. שָׂם בְּמַיִם עַד שֶׁהַמַּיִם כִּיסּוּ:
*חֵיל הַיָּם **הִטְבִּיעַ אֶת** אוֹנִיַּית הָאוֹיֵב.*
2. עָשָׂה מַטְבֵּעַ, כֶּסֶף מִמַּתֶּכֶת: — coined
*אֶת הַמַּטְבְּעוֹת **הִטְבִּיעוּ** בְּבֵית חֲרוֹשֶׁת מְיוּחָד.*
הִטְבִּיעַ אֶת חוֹתָמוֹ עַל - הִשְׁפִּיעַ
לְהַטְבִּיעַ אֶת- / ט.ב.ע, הִפְעִיל / הִטְבַּעְתִּי, מַטְבִּיעַ, יַטְבִּיעַ

הטיב ר׳ היטיב.

הטיחפ׳ הֵטִיחַ — threw forcefully
1. זָרַק בְּמִישֶׁהוּ:
*הוּא **הֵטִיחַ בּוֹ** אֶת הַכִּיסֵּא.*
2. (מֶטָאפוֹרָה) אָמַר דְּבָרִים קָשִׁים: — used insolent language
*הוּא **הֵטִיחַ בַּ**מְּנַהֵל וּבַפְּקִידִים הַאֲשָׁמוֹת קָשׁוֹת.*
לְהָטִיחַ אֶת-, בְּ- / ט.ו.ח, הִפְעִיל / הֵטַחְתִּי, מֵטִיחַ, יָטִיחַ

הטייהנ׳ הַטָּיָה [הַטָּיוֹת] — diversion
1. פְּנִיָּיה, כְּשֶׁמְּזִיזִים לְכִיווּן מְסוּיָּם:
***הַטָּיַית** הַכְּבִישׁ תַּעֲבִיר אֶת הַמְּכוֹנִיּוֹת אֶל מִחוּץ לָעִיר.*
2. (בְּדִיקְדּוּק): פּוֹעַל אוֹ שֵׁם + שֵׁם גּוּף: — conjugation
***הַטָּיַית** הַפּוֹעַל בֶּעָבָר - שָׁמַרְתִּי, שָׁמַרְתָּ...*

הטילפ׳ הִטִּיל — threw, imposed
שָׂם עַל מִישֶׁהוּ (אַחֲרָיוּת, מִיסִּים...):
***הִטַּלְתִּי עָלָיו** עֲבוֹדָה. / הָאוֹצָר **הִטִּיל** מִיסִּים חֲדָשִׁים.*
לְהַטִּיל / נ.ט.ל, הִפְעִיל / הִטַּלְתִּי, מַטִּיל, יַטִּיל, הַטֵּל!

הטילפ׳ הֵטִיל — dropped, intimidated
1. זָרַק:
*הַמָּטוֹס **הֵטִיל** פְּצָצוֹת **וְהֵטִיל** פַּחַד.*
2. הוֹצִיא מִתּוֹךְ עַצְמוֹ:
הֵטִילָה בֵּיצִים — laid eggs (f)
הֵטִיל שֶׁתֶן — urinated (m)
לְהָטִיל אֶת- / ט.ו.ל, הִפְעִיל / הֵטַלְתִּי, מֵטִיל, יָטִיל, הָטֵל!

הטיספ׳ הֵטִיס — flew (a plane)
הֶעֱבִיר בְּמָטוֹס, נָהַג מָטוֹס:
*הֵם **הֵטִיסוּ** בְּגָדִים וּתְרוּפוֹת לְיוּגוֹסְלַבְיָה.*
לְהָטִיס אֶת- / ט.ו.ס, הִפְעִיל / הֵטַסְתִּי, מֵטִיס, יָטִיס

הטל ר׳ היטל

הטלהנ׳ הַטָּלָה — casting, imposing
כְּשֶׁשָּׂמִים עַל מִישֶׁהוּ דָּבָר כָּבֵד, קָשֶׁה:
***הַטָּלַת** הַמִּיסִּים עַל מְכוֹנִיּוֹת - מַרְגִּיזָה אֶת הַצִּיבּוּר.*
הַטָּלַת-אִיסּוּר — prohibiting
הַטָּלַת-קְנָס — imposing a fine
הַטָּלַת-תַּפְקִיד — appointment

הטלהנ׳ הֲטָלָה — throwing, dropping
זְרִיקָה, הוֹצָאָה:
***הֲטָלַת** הַפְּצָצוֹת מִן הַמָּטוֹס הִפְחִידָה אוֹתִי מְאוֹד.*
הֲטָלַת-בֵּיצִים — laying eggs
הֲטָלַת שֶׁתֶן — urination

הטמיןפ׳ הִטְמִין — hid, concealed
הִסְתִּיר, שָׂם בְּמָקוֹם שֶׁקָּשֶׁה לִמְצוֹא:
*הֵם **הִטְמִינוּ אֶת** הַכֶּסֶף בָּאֲדָמָה.*
לְהַטְמִין אֶת- / ט.מ.ן, פָּעַל / הִטְמַנְתִּי, מַטְמִין, יַטְמִין

הטמיעפ׳ הִטְמִיעַ — assimilated

1. עָשָׂה אַסִימִילַצְיָה, הִכְנִיס לְתוֹךְ וְעָשָׂה אוֹתוֹ דוֹמֶה:
*קָשֶׁה **לְהַטְמִיעַ אֶת** הַיְהוּדִים בְּעַמִּים אֲחֵרִים.*

2. (צְמָחִים) קְלִיטָה שֶׁל אוֹר וְכוּ׳: — absorbed
*בְּפוֹטוֹסִינְתֶזָה הַצֶּמַח **מַטְמִיעַ אֶת** הָאוֹר.*

לְהַטְמִיעַ אֶת- / ט.מ.ע, הִפְעִיל / הִטְמַעְתִּי, מַטְמִיעַ

הטסהנ׳ הֲטָסָה — flying (a plane)

נְהִיגָה, הַעֲבָרָה בְּמָטוֹס:
***הֲטָסַת** מְטוֹסִים הִיא עֲבוֹדָה אַחְרָאִית.*

הטעהפ׳ הִטְעָה — misled

גָּרַם לְמִישֶׁהוּ שֶׁיִּטְעֶה:
*הוּא **הִטְעָה** אוֹתִי: אָמַר לִי שֶׁכּוֹתְבִים עִיתוֹן בְּ-ט׳.*

לְהַטְעוֹת אֶת- / ט.ע.ה, הִפְעִיל / הִטְעֵיתִי, מַטְעֶה, יַטְעֶה

הטעייהנ׳ הַטְעָיָה [הַטְעָיוֹת] — misleading, deception

כְּשֶׁגּוֹרְמִים לְמִישֶׁהוּ לַעֲשׂוֹת טָעוּת:
*הַהוֹדָעָה הַזֹּאת הִיא **הַטְעָיָה** שֶׁל הַצִּיבּוּר.*

הטעיםפ׳ הִטְעִים — stressed, emphasized

הִדְגִּישׁ, עָשָׂה שֶׁיִּשְׁמְעוּ אוֹ יַרְגִּישׁוּ בִּמְיוּחָד:
*בַּמִּילָה יֶלֶד צָרִיךְ **לְהַטְעִים** אֶת יֶ׳.*

לְהַטְעִים אֶת- / ט.ע.ם, הִפְעִיל / הִטְעַמְתִּי, מַטְעִים

הטעיןפ׳ הִטְעִין — loaded

שָׂם חֲבִילוֹת וְכוּ׳ עַל מְכוֹנִית, מָטוֹס:
***הִטְעַנּוּ אֶת** אַרְגְּזֵי הַתַּפּוּזִים עַל הַמְּכוֹנִית.*

לְהַטְעִין אֶת- / ט.ע.ן, הִפְעִיל / הִטְעַנְתִּי, מַטְעִין, יַטְעִין

הטעמהנ׳ הַטְעָמָה [הַטְעָמוֹת] — stress, emphasis

הַדְגָּשָׁה, כְּשֶׁרוֹצִים שֶׁמַּשֶּׁהוּ יִבְלוֹט:
*בַּמִּילָה ׳שָׁמַר׳ **הַהַטְעָמָה** הִיא עַל [מַר].*

בְּהַטְעָמָהתה״פ — with emphasis

הטענהנ׳ הַטְעָנָה [הַטְעָנוֹת] — loading

כְּשֶׁשָּׂמִים חֲבִילוֹת, אַרְגָּזִים, עַל מְכוֹנִית, מָטוֹס:
***הַטְעָנַת** הַמְּכוֹנִיּוֹת נִמְשְׁכָה שָׁעָה אַחַת.*

הטפהנ׳ הַטָּפָה [הַטָּפוֹת] — preaching

פְּרוֹפָּגַנְדָה, כְּשֶׁאוֹמְרִים מַשֶּׁהוּ כְּדֵי שֶׁאֲנָשִׁים יַאֲמִינוּ בּוֹ, יִתְנַהֲגוּ לְפִיו וְכוּ׳:
***הַהַטָּפָה** שֶׁלּוֹ לְנִיקְיוֹן הָאֲוִויר חֲשׁוּבָה לְכוּלָּנוּ.*

הַטָּפַת-מוּסָר — moralizing

הטרדהנ׳ הַטְרָדָה [הַטְרָדוֹת] — harassment

כְּשֶׁלֹּא נוֹתְנִים מְנוּחָה, הַפְרָעָה:
*יֵשׁ **הַטְרָדוֹת** בַּטֶּלֶפוֹן, מִישֶׁהוּ סְתָם מְצַלְצֵל.*

הטרידפ׳ הִטְרִיד — pestered, bothered

גָּרַם הַפְרָעָה, הִכְנִיס אִי שֶׁקֶט, בִּיזְבֵּז זְמַן שֶׁל מִישֶׁהוּ:
*הוּא **הִטְרִיד** אוֹתִי בַּבְּעָיוֹת שֶׁלּוֹ.*

לְהַטְרִיד אֶת- / ט.ר.ד, הִפְעִיל / הִטְרַדְתִּי, מַטְרִיד, יַטְרִיד

הטריחפ׳ הִטְרִיחַ — troubled

גָּרַם שֶׁמִּישֶׁהוּ יַעֲשֶׂה בִּשְׁבִילוֹ מַשֶּׁהוּ:
*הוּא **הִטְרִיחַ** אוֹתִי לְחִינָם, לֹא יָכוֹלְתִּי לַעֲזוֹר לוֹ.*

לְהַטְרִיחַ אֶת- / ט.ר.ח, הִפְעִיל / הִטְרַחְתִּי, מַטְרִיחַ

הטריףפ׳ הִטְרִיף — drove (someone) crazy

עָשָׂה מִישֶׁהוּ כְּמוֹ מְשׁוּגָּע:
*הוּא **הִטְרִיף** אֶת דַּעְתֵּנוּ - אֲנַחְנוּ לֹא יוֹדְעִים מָה לַחְשׁוֹב!*

לְהַטְרִיף אֶת- / ט.ר.ף, הִפְעִיל / הִטְרַפְתִּי, מַטְרִיף, יַטְרִיף

היאמ״ג/נ׳ הִיא — she

גּוּף שְׁלִישִׁי נְקֵבָה, נֶאֱמָר עַל מִי שֶׁאֵינֶנָּה בַּמָּקוֹם:
*אֵיפֹה רוּתִי? **הִיא** בַּחֶדֶר שֶׁלָּהּ.*

הַהִיא - — that (f)

*דִּיבַּרְתִּי עִם הָאִישָּׁה **הַהִיא**, שֶׁפָּגַשְׁנוּ אֶתְמוֹל.*

היאבקותנ׳ הֵיאָבְקוּת — wrestling

מִלְחָמָה בַּיָּדַיִם:
***הֵיאָבְקוּת** הִיא סְפּוֹרְט שֶׁל גְּבָרִים.*

היאחזותנ׳ הֵיאָחֲזוּת [הֵיאָחֲזוּיוֹת] — holding (on)

1. הַחְזָקָה, תְּפִישָׂה:
***הֵיאָחֲזוּת** הַטּוֹבֵעַ בַּקֶּרֶשׁ הִצִּילָה אוֹתוֹ.*

2. צוּרָה שֶׁל הִתְיַישְּׁבוּת: — settlement
*הַקִּיבּוּץ הַזֶּה הָיָה פַּעַם **הֵיאָחֲזוּת** נַחַ״ל.*

היבטז׳ הֶבֵּט [הֶיבֵּטִים] — aspect

אַסְפֶּקְט, הַנְּקוּדָה שֶׁמִּסְתַּכְּלִים מִמֶּנָּה (צַד):
*לַבְּעָיוֹת הַכַּלְכָּלִיּוֹת **יֵשׁ הֶיבֵּטִים** פּוֹלִיטִיִּים.*

היגויז׳ הִגּוּי — steering

עֲמִידָה לְיַד הַהֶגֶה, נִיהוּל:
*מְנַהֵל טוֹב צָרִיךְ כּוֹשֶׁר **הִיגּוּי**.*

צֶוֶות-הִיגּוּי — steering committee

*דָּרוּשׁ **צֶוֶות הִיגּוּי** לַפְּרוֹיֶיקְט.*

היגיוןז׳ הִגָּיוֹן — logic, common sense, reason

מַחְשָׁבָה, הַשֵּׂכֶל הַיָּשָׁר:
***הַהִיגָּיוֹן** וְלֹא הָרֶגֶשׁ מַנְחֶה אֶת רוּת בַּחַיִּים.*

בְּהִיגָּיוֹןתה״פ — — logically

*רוּת פָּעֲלָה **בְּהִיגָּיוֹן** לַמְרוֹת הַפַּחַד וְהַהִתְרַגְּשׁוּת.*

היגרפ׳ הִגֵּר — emigrated
עָבַר לָגוּר בִּמְדִינָה אַחֶרֶת:
*יְהוּדִים רַבִּים **הִיגְּרוּ** לַאֲמֶרִיקָה.*
לְהַגֵּר לְ- /ה.ג.ר, פִּיעֵל / הִיגַּרְתִּי, מְהַגֵּר, יְהַגֵּר

היגררותנ׳ הִגָּרְרוּת — dragging along
כְּשֶׁהוֹלְכִים אַחֲרֵי מִישֶׁהוּ אוֹ מַשֶּׁהוּ בְּלִי סִיבָּה מְיוּחֶדֶת, בְּלִי מַחְשָׁבָה:
*ה**הִיגָּרְרוּת** שֶׁלּוֹ אַחֲרֵי כֹּל רַעְיוֹן חָדָשׁ מַרְגִּיזָה אוֹתִי.*

הידבקותנ׳ הִדָּבְקוּת — contracting a disease
קַבָּלַת מַחֲלָה עַל־יְדֵי הַעֲבָרָה שֶׁל וִירוּס וְכוּ׳:
*ה**הִידָּבְקוּת** בְּמָלַרְיָה נַעֲשֵׂית עַל־יְדֵי יַתּוּשׁ הָאָנוֹפֶלֶס.*

הידברותנ׳ הִדָּבְרוּת — agreement reached after negotiations
מַשָּׂא וּמַתָּן, כְּשֶׁשְּׁנֵי הַצְּדָדִים מְדַבְּרִים זֶה עִם זֶה וּמַסְכִּימִים:
*הִפְסַקְנוּ אֶת הַשְּׁבִיתָה אַחֲרֵי **הִידָּבְרוּת** עִם הַמְּנַהֵל.*

הידדק׳ הֵידָד — hurrah
(בְּשָׂפָה גְּבוֹהָה) מִילַּת קְרִיאָה לְשִׂמְחָה, לִבְרָכָה:
***הֵידָד** לַסְּפּוֹרְטָאִים הַמְּנַצְּחִים.*

הידוקז׳ הִדּוּק — tightening
חִיזּוּק, כְּשֶׁעוֹשִׂים שֶׁיִּהְיֶה מְחוּבָּר חָזָק:
***הִידּוּק** הָעֲנִיבָה מַכְאִיב לַצַּוָּואר שֶׁלִּי.*
(מֶטָאפוֹרָה) **הידוק חֲגוֹרָה** — tightening the belt
(נַעֲשָׂה כְּשֶׁיֵּשׁ מַחְסוֹר)
הידוק קְשָׁרִים — strengthening ties

הידקפ׳ הִדֵּק — tightened
חִיזֵּק קֶשֶׁר, חִיבֵּר חָזָק:
***הִידַּקְתִּי** אֶת הָעֲנִיבָה.*
הידק אֶת הַחֲגוֹרָה – — tightened the belt
כְּשֶׁאֵין כֶּסֶף מְהַדְּקִים אֶת הַחֲגוֹרָה.
הידק אֶת הַקְּשָׁרִים – — strengthened the ties
הִידַּקְנוּ אֶת הַקְּשָׁרִים עִם סִין.
לְהַדֵּק אֶת- / ה.ד.ק, פִּיעֵל / הִידַּקְתִּי, מְהַדֵּק, יְהַדֵּק

הידרדרותנ׳ הִדַּרְדְּרוּת — rolling down
1. כְּשֶׁמַּשֶּׁהוּ יוֹרֵד אוֹ מִתְגַּלְגֵּל לְמַטָּה:
***הִידַּרְדְּרוּת** הַמְּכוֹנִית נֶעֶצְרָה עַל־יְדֵי אֶבֶן.*
2. יְרִידָה בְּמַצָּב שֶׁל מַשֶּׁהוּ: — deterioration
*יֶשְׁנָהּ **הִידַּרְדְּרוּת** בַּמַּצָּב הַכַּלְכָּלִי.*

היהפ׳ הָיָה — was
1. נִמְצָא בֶּעָבָר:
*דָּוִד **הָיָה** בִּירוּשָׁלַיִם.*
2. (בְּדִיקְדּוּק) פּוֹעַל הַמְּסַמֵּן זְמַן עָבָר לִפְנֵי תּוֹאַר:
*הַבַּיִת **הָיָה** יָפֶה.*
הָיֹה הָיָה — once upon a time
לִהְיוֹת / ה.י.ה, פָּעַל / הָיִיתִי, יִהְיֶה, הֱיֵה!

היה ל-פ׳ הָיָה לְ- — had, belonged
הָיָה שַׁיָּיךְ לְמִישֶׁהוּ:
***הָיָה לִי** בַּיִת, **הָיְתָה לִי** מִשְׁפָּחָה, **וְהָיוּ לִי** חֲבֵרִים.*
יִהְיוּ לִי, לְךָ, לָנוּ, יִהְיֶה לִי..

היווהפ׳ הִוָּה — constituted, presented
גָּרַם שֶׁיִּהְיֶה, הָיָה:
*הַבַּיִת הַיָּשָׁן **הִיוָּה** סַכָּנָה לַצִּיבּוּר.*
לְהַוּוֹת / ה.ו.ה, פִּיעֵל / הִיוִּינוּ, מְהַוֶּה, יְהַוֶּה

היווצרותנ׳ הִוָּצְרוּת — formation, creation
כְּשֶׁמַּשֶּׁהוּ נַעֲשֶׂה, נוֹצָר:
*צָרִיךְ לִמְנוֹעַ **הִיוָּצְרוּת** שֶׁל שְׁכוּנוֹת-עוֹנִי.*

היוםת״פ הַיּוֹם — today
בְּיוֹם זֶה, בַּיּוֹם שֶׁמְּדַבְּרִים בּוֹ:
***הַיּוֹם** אֲנִי עוֹבֵד, מָחָר יֵשׁ לִי חוֹפֶשׁ.*

היות ש...מ״ק הֱיוֹת שֶׁ... — since, because
מֵאַחַר שֶׁ... מִפְּנֵי שֶׁ...:
***הֱיוֹת** שֶׁיּוֹרֵד גֶּשֶׁם, לֹא אֵצֵא מִן הַבַּיִת.*

היטבת״פ הֵיטֵב — well
בְּצוּרָה טוֹבָה מְאוֹד:
*בָּדַקְתִּי **הֵיטֵב** אֶת כֹּל הַחֶשְׁבּוֹנוֹת.*

היטהפ׳ הִטָּה — diverted
1. הִפְנָה, כִּיוּוֵן לְ-, הֵזִיז לְצַד אַחֵר:
*הוּא **הִיטָּה** אֶת הַמְּכוֹנִית יָמִינָה.*
2. (דִּיקְדּוּק) כָּתַב פְּעָלִים וְשֵׁמוֹת עִם שֵׁם הַגּוּף: — conjugated
***הִטֵּיתִי אֶת** הַפּוֹעַל 'שמר' - שָׁמַרְתִּי, שָׁמַרְתָּ, שָׁמַרְתְּ וְכוּ׳.*
לְהַטּוֹת אֶת- / נ.ט.ה, הִפְעִיל / הִטֵּיתִי, מַטֶּה, יַטֶּה, הַטֵּה!

היטיבפ׳ הֵיטִיב/הֵטִיב — was kind
1. עָשָׂה טוֹבָה לְמִישֶׁהוּ:
*הוּא **הֵיטִיב** אִיתִּי מְאוֹד.*
2. גָּרַם שֶׁיִּהְיֶה טוֹב יוֹתֵר: — improved
*הוּא **הֵיטִיב אֶת** הַהִתְנַהֲגוּת שֶׁלּוֹ.*
לְהֵיטִיב אֶת-, עִם- / י.ט.ב-ט.ו.ב, הִפְעִיל / הֵיטַבְתִּי, יֵיטִיב

היטלז׳ הֶטֵּל [הֶטֵּלִים] — levy
הַהֶטֵּל עַל כַּרְטִיסֵי הַקּוֹלְנוֹעַ - בּוּטַל.

היינות"פ הַיְנוּ — that is, i.e.
(אֲרָמִית) הֲרֵי זֶה, הַכַּוָּונָה לְ-:
לָמַדְתִּי מִקְצוֹעוֹת רֵיאָלִיִּים, ***הַיְינוּ*** *פִיסִיקָה וּמָתֵימָטִיקָה.*
הַיְינוּ הָךְ — one and the same
דְּהַיְינוּ — namely

היישרת"פ הַיְשֵׁר — straight (adv.)
יָשָׁר, לֹא יָמִינָה, לֹא שְׂמֹאלָה וְכוּ':
הַיְישֵׁר *מִן הָעֲבוֹדָה אֲנִי הוֹלֵךְ הַבַּיְתָה.*

היכהפ' הִכָּה — beat, hit
נָתַן מַכָּה, פָּגַע בַּגּוּף:
הוֹרִים מוֹדֶרְנִים לֹא ***מַכִּים אֶת*** *הַיְלָדִים שֶׁלָּהֶם.*
הִיכָּה גַּלִּים — had repercussions
הִיכָּה עַל חֵטְא — repented
לְהַכּוֹת אֶת- / נ.כ.ה, הִפְעִיל / הִכֵּיתִי, מַכֶּה, יַכֶּה, הַכֵּה!

היכון!פ' הִכּוֹן! — stand-by!, ready!
צוּרַת צִיווּי שֶׁל נָכוֹן / כ.ו.ן, נִפְעַל /
תהיֶה מוּכָן (אוֹמְרִים לִפְנֵי תַחֲרוּת רִיצָה וְכוּ'):
הִיכּוֹנוּ *לְרִיצָה!*
הִיכּוֹנִי, הִיכּוֹנוּ

היכלז' הֵיכָל [הֵיכָלִים/הֵיכָלוֹת] — palace
1. אַרְמוֹן, בַּיִת שֶׁל מֶלֶךְ:
הַבַּיִת שֶׁלּוֹ הוּא מַמָּשׁ ***הֵיכָל.***
2. בֵּית מִקְדָּשׁ: — temple
בֵּית אֱלוֹהִים הוּא ***הֵיכָל*** *שֶׁל קוֹדֶשׁ.*
הֵיכַל הַתַּרְבּוּת - בִּנְיָין יָפֶה לְהַצָּגוֹת, קוֹנצֶרְטִים וְכוּ'.

היכן?מ"ש הֵיכָן? — where?
אֵיפֹה?:
שָׁאַלְתִּי אוֹתוֹ ***הֵיכָן*** *נוֹלַד וּמַה גִּילוֹ.*
עַד הֵיכָן? — how far?

היכרז' הֶכֵּר — recognition
שֶׁאֶפְשָׁר לְהַכִּיר:
לַכֶּלֶב שֶׁלִּי סִימַן ***הֶיכֵּר*** *בָּרוּר עַל הָרֹאשׁ.*
סִימַן-הֶיכֵּר — identifying mark

היכרותנ' הֶכֵּרוּת [הֶיכֵּרוּיוֹת] — acquaintance
כְּשֶׁעוֹשִׂים הַכָּרָה, כְּשֶׁמַּכִּירִים:
זֹאת ***הַהֶיכֵּרוּת*** *הָרִאשׁוֹנָה שֶׁלִּי עִם הַשָּׂפָה הָעִבְרִית.*

הילהנ' הִלָּה [הִילוֹת] — halo, radiance
1. עִיגּוּל שֶׁל אוֹר:
לִפְנֵי חַמְסִין יֵשׁ ***הִילָה*** *סְבִיב הַיָּרֵחַ.*
2. (מֶטָאפוֹרָה) כָּרִיזְמָה, כָּבוֹד מְיוּחָד: — aura
לְדָוִיד יֵשׁ ***הִילָה*** *שֶׁל מְשׁוֹרֵר.*

הילוךז' הִלּוּךְ [הִילוּכִים] — gear
הַחֵלֶק בִּמְכוֹנִית שֶׁקּוֹבֵעַ אֶת הַמְּהִירוּת:
הַיּוֹם יֵשׁ מְכוֹנִיּוֹת בְּלִי ***הִילוּכִים.***
תֵּיבַת הִילוּכִים — gearbox

הילולהנ' הִלּוּלָה [הִילוּלוֹת] — celebration, feast
שִׂמְחָה גְּדוֹלָה, מְסִיבָּה גְּדוֹלָה:
עָשִׂינוּ ***הִילוּלָה*** *גְּדוֹלָה לִכְבוֹד סִיּוּם הַלִּימוּדִים.*

היללפ' הִלֵּל — praised
1. אָמַר דְּבָרִים טוֹבִים מְאוֹד:
הַמּוֹרֶה ***הִילֵּל*** *מְאוֹד* ***אֶת*** *דָּוִיד.*
2. בֵּירַךְ: — blessed, glorified
בַּתְּפִילָה ***מְהַלְלִים אֶת*** *אֱלוֹהִים.*
לְהַלֵּל אֶת- / ה.ל.ל, פִּיעֵל / הִילַּלְתִּי, מְהַלֵּל, יְהַלֵּל, הַלֵּל!

הימורז' הִמּוּר [הִימּוּרִים] — bet, wager
נִיסָּיוֹן לְנַחֵשׁ מַה יִהְיוּ תּוֹצָאוֹת שֶׁל מִשְׂחָק וְכוּ':
הַהִימּוּר *שֶׁלִּי הִצְלִיחַ - 'מַכַּבִּי' נִיצְּחָה.*

הימנוןז' הִמְנוֹן [הִימְנוֹנִים] — anthem
שִׁיר שֶׁל מְדִינָה אוֹ קְבוּצָה:
'הַתִּקְוָוה' הִיא ***הַהִימְנוֹן*** *שֶׁל מְדִינַת יִשְׂרָאֵל.*

הימנעותנ' הִמָּנְעוּת — avoidance, abstention
כְּשֶׁלֹּא עוֹשִׂים מַשֶּׁהוּ:
הָרוֹפֵא הַמְּלִיץ עַל ***הִימָּנְעוּת*** *מִסִּיגַרְיוֹת וּמֵאַלְכּוֹהוֹל.*

הימצאותנ' הִמָּצְאוּת — being, existence
קִיּוּם, מַשֶּׁהוּ שֶׁיֶּשְׁנוֹ:
הִימָּצְאוּת *הַמִּשְׁטָרָה בָּרְחוֹבוֹת נוֹתֶנֶת בִּיטָּחוֹן.*

הינהןפ' הִנְהֵן — nodded
אָמַר כֵּן בָּרֹאשׁ:
לֹא שָׁמַעְתִּי שֶׁאָמַר: כֵּן, הוּא רַק ***הִינְהֵן בָּרֹאשׁ.***
לְהַנְהֵן / ה.נ.ה.ן, הִפְעִיל / הִינְהַנְתִּי, מְהַנְהֵן, יְהַנְהֵן, הַנְהֵן!

הינומהנ' הִינוּמָה [הִינוּמוֹת] — veil
צָעִיף שֶׁהַכַּלָּה שָׂמָה עַל הָרֹאשׁ בַּחוּפָּה:
הַהִינוּמָה *שֶׁלָּהּ הִיא בְּצֶבַע לָבָן.*

הינזרותנ' הִנָּזְרוּת — abstinence
הִתְרַחֲקוּת מֵהַחַיִּים הַטּוֹבִים:
הַהִינָּזְרוּת *מֵעִישּׁוּן קָשָׁה בַּהַתְחָלָה.*

הינחהפ׳ הִנְחָה — guided
1. הוֹבִיל, הִדְרִיך:
*הוּא **הִנְחָה** אוֹתִי אֶל הַבַּיִת שֶׁלְּךָ.*
2. נִיהֵל אֲסֵיפָה, סִימְפּוֹזְיוֹן וְכוּ׳: — served as Master of Ceremonies
*הוּא **הִנְחָה אֶת** הַדִּיּוּן, וְהוּא גַּם **יַנְחֶה אֶת** פֶסְטִיבַל הַמּוּסִיקָה.*
לְהַנְחוֹת אֶת- / נ.ח.ה, הִפְעִיל / הִנְחֵיתִי, מַנְחֶה, יַנְחֶה

היניקהפ׳ הֵינִיקָה — breast-fed
נָתְנָה חָלָב מִן הַשָּׁדַיִים:
*חוֹדָשִׁים **הֵינִיקָה** אִימָּא אֶת רוּת.*
לְהֵינִיק אֶת- / י.נ.ק, הִפְעִיל / הֵינַקְתִּי, מֵינִיקָה, תֵּינִיק

הינתקותנ׳ הִנָּתְקוּת — separation, being cut-off
כְּשֶׁנִקְרָע אוֹ נִפְסָק קֶשֶׁר:
*הַ**הִינָּתְקוּת** שֶׁלּוֹ מִן הַחֲבֵרִים קָרְתָה בִּגְלַל אִישְׁתּוֹ.*

היסוסז׳ הִסּוּס [הִיסּוּסִים] — hesitation
מַצָּב שֶׁלֹּא יוֹדְעִים מָה לְהַחְלִיט:
*אַחֲרֵי **הִיסּוּסִים** רַבִּים הֶחְלַטְתִּי לִלְמוֹד כַּלְכָּלָה.*

היסח-דעתז׳ הֶסַּח-דַּעַת — absentmindedness
כְּשֶׁלֹּא שָׂמִים לֵב:
*לֹא הָיְיתָה לִי כַּוָּונָה רָעָה, עָשִׂיתִי זֹאת מִתּוֹךְ **הֶיסַח הַדַּעַת**.*

היסספ׳ הִסֵּס — hesitated
לֹא יָדַע מָה לְהַחְלִיט:
***הִיסַּסְתִּי** אִם לְקַבֵּל אֶת הַהַצָּעָה שֶׁלּוֹ.*
לְהַסֵּס / ה.ס.ס, פִּיעֵל / הִיסַּסְתִּי, מְהַסֵּס, יְהַסֵּס

היסקז׳ הֶסֵּק [הֶיסֵקִים] — inference, conclusion
תּוֹצָאָה, מָה שֶׁמִּתְקַבֵּל בְּאוֹפֶן לוֹגִי:
*הַ**הֶיסֵק** צָרִיךְ לְהִתְבַּסֵּס עַל הָעוּבְדוֹת.*

היעדר ר׳ העדר

היעדרותנ׳ הֵעָדְרוּת [הֵיעָדרוּיוֹת] — absence
כְּשֶׁלֹּא נִמְצָאִים בַּמָּקוֹם:
*בִּגְלַל **הֵיעָדְרוּת** הַפְּקִידִים סָגְרוּ אֶת הַמִּשְׂרָד.*

היעלמותנ׳ הֵעָלְמוּת [הֵיעָלְמוּיוֹת] — disappearance
כְּשֶׁמַּשֶּׁהוּ (אוֹ מִישֶׁהוּ) הָיָה וְאֵינֶנּוּ:
***הֵיעָלְמוּת** הַדִּינוֹזָאוּרִים קָרְתָה לִפְנֵי מִילְיוֹנֵי שָׁנִים.*

היענותנ׳ הֵעָנוּת — response
הַסְכָּמָה:
*יֵשׁ **הֵיעָנוּת** רַבָּה לַבַּקָּשָׁה לַעֲזוֹר לָעוֹלִים.*

היערכותנ׳ הֵעָרְכוּת [הֵיעָרְכוּיוֹת] — preparation, organization
סִידּוּר, כְּשֶׁעוֹשִׂים הֲכָנָה לִקְרַאת מַשֶּׁהוּ:
*יֵשׁ **הֵיעָרְכוּת** בְּמִשְׂרַד הַחִינּוּךְ לִפְתִיחַת בָּתֵּי הַסֵּפֶר.*
*הָרַמַטְ״כָּל הֶחְלִיט עַל **הֵיעָרְכוּת** חֲדָשָׁה שֶׁל הַצָּבָא.*

היפוךז׳ הִפּוּךְ — inversion, contrast
נִיגּוּד, שִׁינּוּי גָּדוֹל, הֵיפֶךְ:
*׳קַר׳ בְּ**הִיפּוּךְ** אוֹתִיּוֹת הוּא ׳רַק׳.*
הַ**הִיפּוּךְ** שֶׁל יוֹם הוּא לַיְלָה.
הִיפּוּכוֹ שֶׁל דָּבָר - — on the contrary
נִכְשַׁלְתָּ? - הִיפּוּכוֹ שֶׁל דָּבָר, הִצְלַחְתִּי!

היפךז׳ הֵפֶךְ [הֲפָכִים] — opposite
נִיגּוּד:
*שָׁחוֹר וְלָבָן הֵם **הֲפָכִים**.*
לְהֵיפֶךְ — on the contrary
*אַתָּה בּוֹכֶה? **לְהֵיפֶךְ**, אֲנִי צוֹחֵק.*

היפלה ר׳ הפלה — **היפרה** ר׳ הפרה

היפנטפ׳ הִפְּנֵט — hypnotized
1. גָּרַם לְמִישֶׁהוּ לִישׁוֹן וְלַעֲשׂוֹת מָה שֶׁהוּא אוֹמֵר:
*הָרוֹפֵא **הִיפְּנֵט** אוֹתוֹ, כְּדֵי שֶׁיַּפְסִיק לְעַשֵּׁן.*
2. (מֶטָאפוֹרָה) הִשְׁאִיר רוֹשֶׁם חָזָק: — mesmerized
*הַמַּרְצֶה **הִיפְּנֵט** אֶת הַקָּהָל.*
לְהַפְּנֵט אֶת- / ה.פ.נ.ט, פִּיעֵל / הִיפְּנַטְתִּי, מְהַפְּנֵט, יְהַפְּנֵט

היצמדותנ׳ הִצָּמְדוּת — clinging, adhering
כְּשֶׁמִּישֶׁהוּ/מַשֶּׁהוּ מִתְקָרֵב מְאוֹד, מִתְחַבֵּר:
*הַ**הִיצָּמְדוּת** לְתֵיאוֹרְיָה אַחַת פּוֹגַעַת בַּמַּחְשָׁבָה הַחוֹפְשִׁית.*

היצעז׳ הֶצֵּעַ [הֶיצֵעִים] — supply
מָה שֶׁמַּצִּיעִים, כֹּל מָה שֶׁאֶפְשָׁר לִקְנוֹת, לְהַשִּׂיג:
*אֵין עַכְשָׁיו **הֶיצֵּעַ** שֶׁל דִּירוֹת בָּאָרֶץ.*

היצףז׳ הֶצֵּף [הֶיצֵפִים] — dumping
כְּשֶׁיֵּשׁ הַרְבֵּה סְחוֹרוֹת זוֹלוֹת מִחוּץ לָאָרֶץ וְהַמְּחִירִים יוֹרְדִים מְאוֹד:
*הַסּוֹחֲרִים מִתְנַגְּדִים לִיבוּא נַעֲלַיִים בִּמְחִירֵי **הֶיצֵף**.*

היקלטותנ׳ הִקָּלְטוּת — absorption
כְּשֶׁנִכְנָסִים אֶל- וּמִתְקַבְּלִים כְּחֵלֶק מִ- (חֶבְרָה וְכוּ׳):
*הַ**הִיקָּלְטוּת** בָּאָרֶץ אֵינָהּ דָּבָר קַל.*

היקףז׳ הֶקֵּף [הֶיקֵפִים] — circumference
1. הַקַּו הַחִיצוֹנִי שֶׁל גּוּף אוֹ שֶׁטַח:
***הֶיקֵּף** הַמַּעְגָּל הוּא $2\pi r$.*

2. גודֶל, רוֹחַב: range, scope
הֶיקֵף הַיְדִיעוֹת שֶׁלוֹ גָדוֹל מְאוֹד.

היקשז, הֶקֵּשׁ [הֶיקֵשִׁים] analogy, syllogism
אֲנָלוֹגְיָה, מַה שֶׁאֶפְשָׁר לִלְמוֹד מִדָּבָר יָדוּעַ:
*דִיקְדוּק שֶׁל שָׂפָה לוֹמְדִים עַל־יְדֵי **הֶיקֵשִׁים**:*
אִם 'שָׁמַרְתִּי' בָּא מִ-ש.מ.ר., 'כָּתַבְתִּי' בָּא מִ-כ.ת.ב.

הירהורז, הִרְהוּר [הִרְהוּרִים] thought
מַחְשָׁבָה:
*אֲנִי שָׁקוּעַ **בְּהִירהוּרִים** עַל הֶעָתִיד.*

הירהרפ, הִרְהֵר reflected, thought
חָשַׁב:
***הִירהַרְתִּי** עַל הַסֵּפֶר שֶׁקָּרָאתִי.*
לְהַרְהֵר עַל- / ה.ר.ה.ר, פִּיעֵל / הִירהַרְתִּי, מְהַרְהֵר, יְהַרְהֵר

היריוןז, הֵרָיוֹן [הֶרְיוֹנוֹת] pregnancy
תִשְׁעַת הֶחוֹדָשִׁים, שֶׁבָּהֶם נִמְצָא הַתִּינוֹק בְּבֶטֶן הָאֵם:
*תְקוּפַת **הַהֵירָיוֹן** עָבְרָה עָלֶיהָ בְּלִי קְשָׁיִים מְיוּחָדִים.*
בְּהֵירָיוֹן – pregnant
*הִיא **בְּהֵירָיוֹן** כְּבָר חֲמִישָּׁה חוֹדָשִׁים.*

הישארותנ, הִשָּׁאֲרוּת staying behind
כְּשֶׁנִשְׁאָרִים, כְּשֶׁנִמְצָאִים:
***הִישָּׁאֲרוּת** הַמְנַהֵל אַחֲרֵי שְׁעוֹת הָעֲבוֹדָה - מְיוּתֶּרֶת.*

הישגז, הֶשֵּׂג [הֶישֵּׂגִים] achievement
דָבָר שֶׁאָדָם הִגִּיעַ אֵלָיו, לְאַחַר שֶׁהִתְאַמֵּץ וְעָבַד קָשֶׁה:
*לַמְרוֹת הַקְּשָׁיִים הִגִּיעַ דָן **לְהֶישֵּׂגִים** מְצוּיָנִים בַּעֲבוֹדָתוֹ.*
הֶישֵּׂג־יָד / בְּהֶישֵּׂג יָד within reach

הישגית, הֶשֵּׂגִי achievement - orientated
מִי שֶׁרוֹצֶה מְאוֹד לְהַצְלִיחַ:
*הוּא תַלְמִיד **הֶישֵּׂגִי**, חֲשׁוּבִים לוֹ הַצִּיוּנִים.*
הֶישֵּׂגִית, הֶישֵּׂגִיִּים, הֶישֵּׂגִיּוֹת

הישגיותנ, הֶשֵּׂגִיּוּת need- achievement, drive for achievement
הָרָצוֹן לְהַצְלִיחַ, לְהַשִּׂיג אֶת הַמַּקְסִימוּם:
***הֶישֵּׂגִיּוּת** בַּלִּימוּדִים חֲשׁוּבָה מְאוֹד בַּמִּשְׁפָּחָה שֶׁלִּי.*

הישנותנ, הִשָּׁנוּת repetition
חֲזָרָה:
***הִישָּׁנוּת** הַמִּקְרֶה מַדְאִיגָה אוֹתִי.*

הישענותנ, הִשָּׁעֲנוּת leaning
כְּשֶׁמַּחֲזִיקִים בְּמִישֶׁהוּ/מַשֶּׁהוּ כְּדֵי לֹא לִיפּוֹל:
***הִישָּׁעֲנוּת** עַל מַקֵּל עוֹזֶרֶת לִזְקֵנִים. / **הַהִישָּׁעֲנוּת** עַל הַהוֹרִים צְרִיכָה לְהִיפָּסֵק בְּגִיל 20.*

הישרדותנ, הִשָּׂרְדוּת survival
כְּשֶׁמַּצְלִיחִים לְהִישָּׁאֵר וּלְהִתְקַיֵּים:
*בֵּין בַּעֲלֵי הַחַיִּים יֵשׁ מִלְחֶמֶת **הִישָּׂרְדוּת**, רַק הַחֲזָקִים נִשְׁאָרִים.*

היתוךז, הִתּוּךְ melting
חִימּוּם חוֹמֶר (כְּמוֹ בַּרְזֶל) עַד שֶׁהוֹפֵךְ לְנוֹזֵל:
***הִיתּוּךְ** בַּרְזֶל נַעֲשֶׂה בְּחוֹם גָּבוֹהַּ.*
כּוּר הִיתּוּךְ melting pot

היתולית, הִתּוּלִי comic, satirical
מַצְחִיק, הוּמוֹרִיסְטִי:
*זֶהוּ מַאֲמָר **הִיתּוּלִי** עַל פּוֹלִיטִיקָאִים.*
הִיתּוּלִית, הִיתּוּלִיִּים, הִיתּוּלִיּוֹת

היתוסף (צורה עתיקה) ר' נוסף

היתיך ר' התיך **היתיר** ר' התיר

היתלפ, הִתֵּל joked, poked fun at
"עָשָׂה" צְחוֹק מִמִּישֶׁהוּ:
*הוּא לֹא הִתְכַּוֵּון בִּרְצִינוּת, הוּא הִתְכַּוֵּון **לְהַתֵּל** בָּנוּ.*
לְהַתֵּל בְּ- / ה.ת.ל, פִּיעֵל / הִתַּלְתִּי, מְהַתֵּל, יְהַתֵּל, הַתֵּל!

היתמםפ, הִתַּמֵּם feigned innocence
עָשָׂה אֶת עַצְמוֹ (כְּאִילוּ אֵינוֹ יוֹדֵעַ וְכוּ'):
*הוּא **הִיתַּמֵּם**, כְּאִילוּ בַּפַּעַם הָרִאשׁוֹנָה שָׁמַע אֶת הַסִּיפּוּר.*
לְהִיתַּמֵּם / ת.מ.ם, הִתְפַּעֵל / הִיתַּמַּמְתִּי, מִיתַּמֵּם, יִיתַּמֵּם

היתקלותנ, הִתָּקְלוּת confrontation, clash
1. הִתְנַגְּשׁוּת:
*יָצָאנוּ בְּשָׁלוֹם **מֵהַהִיתָּקְלוּת** בַּמְּחַבְּלִים.*
*נָפַלְתִּי בִּגְלַל **הִיתָּקְלוּת** בְּאֶבֶן.*
2. פְּגִישָׁה מִקְרִית: encounter
***הַהִיתָּקְלוּת** בַּמְנַהֵל בְּאֶמְצַע הָרְחוֹב הָיְתָה לֹא נְעִימָה.*

היתרז, הֶתֵּר [הֶיתֵּרִים] permit
רְשׁוּת לַעֲשׂוֹת מַשֶּׁהוּ:
*קִיבַּלְנוּ **הֶיתֵּר** לָצֵאת מֵרוּסְיָה.*

הכאהנ, הַכָּאָה [הַכָּאוֹת] beating
כְּשֶׁנּוֹתְנִים מַכָּה:
*אֲנִי נֶגֶד **הַכָּאַת** יְלָדִים.*

הכאיבפ, הִכְאִיב hurt (someone)
גָּרַם כְּאֵב, גָּרַם הַרְגָּשָׁה רָעָה:

רוֹפֵא הַשִּׁינַיִים **הִכְאִיב לִי.**
לְהַכְאִיב, לְ- / כ.א.ב, הִפְעִיל / הִכְאַבְתִּי, מַכְאִיב, יַכְאִיב

הכבדהנ׳ הַכְבָּדָה [הַכְבָּדוֹת] burden, inconvenience
כְּשֶׁעוֹשִׂים שֶׁיִּהְיֶה כָּבֵד, קָשֶׁה:
*הוֹצָאוֹת הַבִּיטָּחוֹן הֵן **הַכְבָּדָה** עַל תַּקְצִיב הַמְּדִינָה.*

הכבידפ׳ הִכְבִּיד burdened
עָשָׂה שֶׁיִּהְיֶה כָּבֵד, קָשֶׁה:
*הוּא **הִכְבִּיד** עָלַיי בְּבַקָּשׁוֹת שֶׁלּוֹ.*
לְהַכְבִּיד עַל- / כ.ב.ד, הִפְעִיל / הִכְבַּדְתִּי, מַכְבִּיד, יַכְבִּיד

הכההפ׳ הִכְהָה darkened
עָשָׂה שֶׁיִּהְיֶה כֵּהֶה יוֹתֵר (קָרוֹב יוֹתֵר לְשָׁחוֹר):
*הוּא **הִכְהָה אֶת** הַצִּיּוּר.*
לְהַכְהוֹת אֶת- / כ.ה.ה, הִפְעִיל / הִכְהֵיתִי, מַכְהֶה, יַכְהֶה

הכוונהנ׳ הַכְוָונָה directing
1. סִימּוּן שֶׁל הַכִּיוּוּן:
*כְּשֶׁאֵין רַמְזוֹרִים, שׁוֹטֵר מְטַפֵּל **בְּהַכְוָונָה** שֶׁל הַתְּנוּעָה.*
2. עֶזְרָה, כְּדֵי שֶׁיֵּדְעוּ בְּמָה לִבְחוֹר: guidance
*אֲנִי צָרִיךְ **הַכְוָונָה** - אֲנִי לֹא יוֹדֵעַ מָה לִלְמוֹד.*

הכזיבפ׳ הִכְזִיב disappointed
לֹא עָשָׂה מַה שֶּׁחָשְׁבוּ אוֹ מַה שֶּׁהִבְטִיחַ:
*חָשַׁבְנוּ שֶׁיִּהְיֶה תַּלְמִיד טוֹב, וְהוּא **הִכְזִיב**.*
לְהַכְזִיב אֶת- / כ.ז.ב, הִפְעִיל / הִכְזַבְתִּי, מַכְזִיב, יַכְזִיב

הכחדהנ׳ הַכְחָדָה extinction
הַשְׁמָדָה, כְּשֶׁעוֹשִׂים שֶׁמַּשֶּׁהוּ יַפְסִיק לִהְיוֹת:
*בַּעֲלֵי חַיִּים וְעֵצִים עוֹמְדִים בִּפְנֵי **הַכְחָדָה**.*

הכחידפ׳ הִכְחִיד destroyed, annihilated
הִשְׁמִיד, גָּרַם שֶׁלֹּא יִהְיוּ:
*צָרִיךְ לִשְׁמוֹר שֶׁלֹּא **יַכְחִידוּ** בַּעֲלֵי חַיִּים.*
לְהַכְחִיד אֶת- / כ.ח.ד, הִפְעִיל / הִכְחַדְתִּי, מַכְחִיד, יַכְחִיד

הכחילפ׳ הִכְחִיל became blue
1. הָיָה כָּחוֹל, נַעֲשָׂה כָּחוֹל:
*פָּנָיו **הִכְחִילוּ** מִקּוֹר.*
2. עָשָׂה שֶׁיִּהְיֶה כָּחוֹל: colored blue
*צָרִיךְ **לְהַכְחִיל** קְצָת **אֶת** הַשָּׁמַיִם בַּצִּיּוּר.*
לְהַכְחִיל, אֶת- / כ.ח.ל, הִפְעִיל / הִכְחַלְתִּי, מַכְחִיל, יַכְחִיל

הכחישפ׳ הִכְחִישׁ denied
אָמַר עַל מַשֶּׁהוּ, שֶׁהוּא לֹא נָכוֹן:
*הוּא **הִכְחִישׁ**, שֶׁגָּנַב אֶת הַכֶּסֶף. / רֹאשׁ הַמֶּמְשָׁלָה **הִכְחִישׁ***
***אֶת** הַיְדִיעָה, שֶׁיִּהְיוּ מִסִּים חֲדָשִׁים.*
לְהַכְחִישׁ אֶת- / כ.ח.ש, הִפְעִיל / הִכְחַשְׁתִּי, מַכְחִישׁ

הכחשהנ׳ הַכְחָשָׁה [הַכְחָשׁוֹת] denial
כְּשֶׁאוֹמְרִים שֶׁמַּשֶּׁהוּ לֹא נָכוֹן:
*הָיְתָה **הַכְחָשָׁה** לַיְדִיעָה, שֶׁיִּהְיוּ מִסִּים חֲדָשִׁים.*

הכי, הֲכִי the most
יוֹתֵר מִכֹּל אֶחָד אַחֵר, (בָּא לִפְנֵי תוֹאַר):
*"אַתָּה הַיֶּלֶד **הֲכִי** נֶחְמָד בָּעוֹלָם", אָמְרָה אִימָּא.*

הכילפ׳ הֵכִיל contained
הָיָה בְּתוֹכוֹ:
*הַחֲבִילָה **מְכִילָה** בְּגָדִים וְנַעֲלַיִים.*
לְהָכִיל אֶת- / כ.ו.ל, הִפְעִיל / הֵכַלְתִּי-הֵכִילוֹתִי, מֵכִיל, אָכִיל

הכיןפ׳ הֵכִין prepared
עָשָׂה, עָרַךְ וְסִידֵּר כֹּל מַה שֶּׁצָּרִיךְ לְסַדֵּר:
*הוּא **הֵכִין** אֲרוּחָה טוֹבָה לַחֲבֵרִים.*
לְהָכִין אֶת- / כ.ו.ן, הִפְעִיל / הֵכַנְתִּי, מֵכִין, יָכִין, הָכֵן!

הכיצד ר׳ כיצד

הכירפ׳ הִכִּיר recognized, knew
1. זִיהָה, יָדַע מִי הָאִישׁ:
*פָּגַשְׁתִּי חָבֵר מִבֵּית הַסֵּפֶר, וְהוּא לֹא **הִכִּיר** אוֹתִי.*
*אֲנִי לֹא **מַכִּיר אֶת** אִישְׁתּוֹ שֶׁל דָּוִיד.*
2. אִישֵּׁר אֶת זְכוּת הַקִּיּוּם שֶׁל-: recognized
*מְדִינוֹת עֲרָב לֹא **הִכִּירוּ** עַד הַיּוֹם **בִּ**מְדִינַת יִשְׂרָאֵל.*
3. הִצִּיג בִּפְנֵי מִישֶׁהוּ: introduced
*דָּוִיד **הִכִּיר** לִי אֶת הַחֲבֵרָה שֶׁלּוֹ.*
לְהַכִּיר אֶת-, בְּ- / נ.כ.ר, הִפְעִיל / הִכַּרְתִּי, מַכִּיר, יַכִּיר, הַכֵּר!

הכישפ׳ הִכִּישׁ (a snake) bit
נָשַׁךְ (נָחָשׁ):
*נְחַשׁ הַקּוֹבְרָה **הִכִּישׁ** אֶת הַיֶּלֶד.*
לְהַכִּישׁ אֶת- / נ.כ.ש, הִפְעִיל / הִכַּשְׁתִּי, מַכִּישׁ, יַכִּישׁ

הכלילפ׳ הִכְלִיל included
1. הִכְנִיס לְתוֹךְ דְּבָרִים אֲחֵרִים:
***הִכְלִילוּ** אֶת שְׁמוֹ בֵּין הָעוֹבְדִים הַמִּצְטַיְּינִים.*
2. עָשָׂה הַכְלָלָה, מָצָא מַשֶּׁהוּ מְשׁוּתָּף בִּדְבָרִים שׁוֹנִים:
*אִי אֶפְשָׁר **לְהַכְלִיל** מִמִּקְרֶה אֶחָד אוֹ שְׁנַיִים.*
לְהַכְלִיל, אֶת- / כ.ל.ל, הִפְעִיל / הִכְלַלְתִּי, מַכְלִיל, יַכְלִיל

הכללהנ׳ הַכְלָלָה [הַכְלָלוֹת] inclusion
1. הַכְנָסָה שֶׁל דָּבָר אֶל תּוֹךְ קְבוּצָה שֶׁל עִנְיָינִים:
*שָׂמַחְתִּי עַל **הַכְלָלַת** נוֹשֵׂא הַשָּׂכָר בַּיְשִׁיבָה.*

2. כְּשֶׁאוֹמְרִים שֶׁיֵּשׁ מַשֶּׁהוּ מְשׁוּתָּף לְהַרְבֵּה פְּרָטִים: — generalization
*לְהַגִּיד שֶׁכָּל הַיְלָדִים יָפִים - זֹאת **הַכְלָלָה**.*

הכן ת"פ הָכֵן — on the alert
כְּשֶׁמִּישֶׁהוּ מוּכָן לַעֲשׂוֹת מַשֶּׁהוּ:
*לִפְנֵי פְּעוּלָּה צְבָאִית הָיָה הַצָּבָא בְּמַצַּב **הָכֵן**.*

הכנה נ' הֲכָנָה [הֲכָנוֹת] — preparation
סִידּוּר, כֹּל מַה שֶּׁצָּרִיךְ לְהָכִין:
*אִי אֶפְשָׁר לִלְמוֹד בְּלִי **הֲכָנַת** שִׁיעוּרִים.*

הכניס פ' הִכְנִיס — brought in
הֵבִיא מֵהַחוּץ פְּנִימָה:
*דָּנִי **הִכְנִיס אֶת** הַכֶּלֶב לְתוֹךְ הַחֶדֶר.*
לְהַכְנִיס אֶת- / כ.נ.ס, הִפְעִיל / הִכְנַסְתִּי, מַכְנִיס, אַכְנִיס

הכניע פ' הִכְנִיעַ — forced to surrender
נִיצֵּחַ, "שָׁבַר" אֶת הַכּוֹחַ שֶׁל מִישֶׁהוּ:
*הַצָּבָא **הִכְנִיעַ אֶת** חַיָּילֵי הָאוֹיֵב.*
לְהַכְנִיעַ אֶת- / כ.נ.ע, הִפְעִיל / הִכְנַעְתִּי, מַכְנִיעַ, יַכְנִיעַ

הכנסה נ' הַכְנָסָה [הַכְנָסוֹת] — income
1. כֶּסֶף שֶׁאָדָם מַרְוִויחַ אוֹ מְקַבֵּל כְּשָׂכָר עֲבוֹדָה:
*הוּא אִישׁ עָשִׁיר, יֵשׁ לוֹ **הַכְנָסוֹת** גְּדוֹלוֹת מֵרְכוּשׁוֹ.*
מַס הַכְנָסָה — income tax
2. הַעֲבָרָה פְּנִימָה (לְתוֹךְ מַשֶּׁהוּ): — bringing/putting in
*עָסַקְתִּי **בְּהַכְנָסַת** בְּגָדִים לָאָרוֹן.*
הַכְנָסַת-אוֹרְחִים — hospitality

הכנעה נ' הַכְנָעָה — submission
כְּשֶׁמִּישֶׁהוּ מְנַצֵּחַ, מֵבִיא לִנְפִילָה שֶׁל אֲחֵרִים:
__הַכְנָעַת__ הַצָּבָא שֶׁל הָאוֹיֵב הִצִּילָה אֶת הָעִיר.
בְּהַכְנָעָה - *פְּנִיָּיה בְּמִכְתָּב לְאִישׁ חָשׁוּב: 'אֲנִי כּוֹתֵב לְךָ **בְּהַכְנָעָה** וּמְבַקֵּשׁ אֶת עֶזְרָתְךָ...'*

הכסיף פ' הִכְסִיף — turned gray
1. נַעֲשָׂה בְּצֶבַע כֶּסֶף:
*הַשְּׂעָרוֹת שֶׁלִּי **הִכְסִיפוּ** אַחֲרֵי גִּיל 40.*
2. כִּיסָּה, צִיפָּה בְּכֶסֶף: — silver-plated
***הִכְסַפְתִּי אֶת** הַצַּלַּחַת.*
לְהַכְסִיף אֶת- / כ.ס.ף, הִפְעִיל / הִכְסִיפוּ, מַכְסִיף, יַכְסִיף

הכעיס פ' הִכְעִיס — angered
גָּרַם שֶׁמִּישֶׁהוּ יִכְעַס, יִתְרַגֵּז:
***הִכְעִיס** אוֹתִי שֶׁאֵיחַרְתָּ.*
לְהַכְעִיס אֶת- / כ.ע.ס, הִפְעִיל / הִכְעַסְתִּי, מַכְעִיס, יַכְעִיס

הכפיל פ' הִכְפִּיל — doubled
1. הִגְדִּיל פִּי שְׁנַיִים:
*הוּא **הִכְפִּיל אֶת** הַכֶּסֶף, שֶׁהָיָה לוֹ בַּבַּנְק.*
2. עָשָׂה פְּעוּלָּה אֲרִיתְמֶטִית: — multiplied
*הוּא **הִכְפִּיל** 3 **בְּ**-3 וְקִיבֵּל 9.*
לְהַכְפִּיל / כ.פ.ל, הִפְעִיל / הִכְפַּלְתִּי, מַכְפִּיל, יַכְפִּיל הַכְפֵּל!

הכפיש פ' הִכְפִּישׁ — slandered
לִיכְלֵךְ, בְּעִיקָּר בְּמוּבָן מֶטָאפוֹרִי - "לִיכְלֵךְ" אֶת שְׁמוֹ שֶׁל מִישֶׁהוּ - אָמַר דְּבָרִים מְכוֹעָרִים עַל מִישֶׁהוּ:
*הוּא **הִכְפִּישׁ אֶת** שְׁמוֹ שֶׁל הַמְּנַהֵל.*
לְהַכְפִּישׁ אֶת- / כ.פ.ש, הִפְעִיל / הִכְפַּשְׁתִּי, מַכְפִּישׁ, יַכְפִּישׁ

הכפלה נ' הַכְפָּלָה [הַכְפָּלוֹת] — doubling
1. הַגְדָּלָה פִּי שְׁנַיִים:
*קָשֶׁה לִחְיוֹת עִם **הַהַכְפָּלָה** שֶׁל מְחִירֵי הַבָּשָׂר.*
2. פְּעוּלָּה אֲרִיתְמֶטִית: — multiplication
***הַכְפָּלָה** שֶׁל שָׁלוֹשׁ בְּשָׁלוֹשׁ הִיא תֵּשַׁע (9 = 3 X 3).*

הכפשה נ' הַכְפָּשָׁה [הַכְפָּשׁוֹת] — slander
לִיכְלוּךְ, בְּעִיקָּר לִיכְלוּךְ שֵׁם שֶׁל מִישֶׁהוּ, אֲמִירָה שֶׁל דְּבָרִים מְכוֹעָרִים עַל מִישֶׁהוּ:
***הַכְפָּשַׁת** שֵׁם שֶׁל אָדָם חָשׁוּב מַזִּיקָה לוֹ מְאוֹד.*

הכרה נ' הַכָּרָה — knowing
1. יְדִיעָה:
***הַכָּרַת** הַמָּקוֹם עָזְרָה לִי לִמְצוֹא אֶת הַבַּיִת.*
2. הַכָּרָה בְּ-, אִישּׁוּר וְהַסְכָּמָה: — recognition
***הַהַכָּרָה** שֶׁל מִצְרַיִם בִּמְדִינַת יִשְׂרָאֵל הֵבִיאָה שָׁלוֹם.*
3. הַהַרְגָּשָׁה הַכְּלָלִית שֶׁל אָדָם חַי: — consciousness
*הוּא הִרְגִּישׁ רַע וְאִיבֵּד **אֶת הַהַכָּרָה**.*
בַּעַל-הַכָּרָה — conscientious
תַּת-הַכָּרָה — subconscious
חֲסַר-הַכָּרָה — unconscious

הכרזה נ' הַכְרָזָה [הַכְרָזוֹת] — declaration
הוֹדָעָה בָּרַבִּים, פִּירְסוּם שֶׁל מַשֶּׁהוּ חָשׁוּב:
***הַהַכְרָזָה** עַל הֲקָמַת מְדִינַת יִשְׂרָאֵל הָיְיתָה בְּ-14.5.1948.*

הכרח ז' הֶכְרֵחַ — (a) must
מַשֶּׁהוּ שֶׁמּוּכְרָחִים, שֶׁחַיָּיבִים:
*יֵשׁ **הֶכְרֵחַ** לַעֲבוֹד כְּדֵי לֶאֱכוֹל.*
מִן הַהֶכְרֵחַ הוּא... — it's a must

הכרחי ת' הֶכְרֵחִי — essential
שֶׁחַיָּיבִים בּוֹ, שֶׁצְּרִיכִים אוֹתוֹ מְאוֹד:
*יְדִיעַת עִבְרִית **הֶכְרֵחִית** בָּעֲבוֹדָה זוֹ.*
הֶכְרֵחִית, הֶכְרֵחִיִּים, הֶכְרֵחִיּוֹת

הכרחיותנ׳ הֶכְרֵחִיּוּת necessity
צוֹרֶךְ גָּדוֹל, אִי אֶפְשָׁר בְּלִי:
*הִסְבַּרְתִּי לוֹ אֶת **הַהֶכְרֵחִיּוּת** בָּעִבְרִית בִּמְדִינַת יִשְׂרָאֵל.*

הכריזפ׳ הִכְרִיז declared
הוֹדִיעַ, פִּירְסֵם מַשֶּׁהוּ חָשׁוּב:
*רֹאשׁ הַמֶּמְשָׁלָה **הִכְרִיז** עַל הַתּוֹכְנִית הַחֲדָשָׁה.*
לְהַכְרִיז עַל- / כ.ר.ז, הִפְעִיל / הִכְרַזְתִּי, מַכְרִיז, יַכְרִיז

הכריחפ׳ הִכְרִיחַ forced
גָּרַם שֶׁמִּישֶׁהוּ יַעֲשֶׂה מַשֶּׁהוּ בְּלִי רָצוֹן:
*הוּא **הִכְרִיחַ** אוֹתִי לָלֶכֶת לְבֵית הַסֵּפֶר.*
לְהַכְרִיחַ אֶת- / כ.ר.ח, הִפְעִיל / הִכְרַחְתִּי, מַכְרִיחַ, יַכְרִיחַ

הכריעפ׳ הִכְרִיעַ subdued, overpowered
1. נִיצַּח מִישֶׁהוּ:
*הוּא **הִכְרִיעַ אֶת** הַמִּתְחָרֶה שֶׁלּוֹ.*
2. קָבַע, הֶחְלִיט: ruled, decided
*הַשּׁוֹפֵט **הִכְרִיעַ** בָּעִנְיָין לְטוֹבַת הַמִּשְׁטָרָה.*
לְהַכְרִיעַ, אֶת-, בְּ- / כ.ר.ע, הִפְעִיל / הִכְרַעְתִּי, מַכְרִיעַ

הכרעהנ׳ הַכְרָעָה [הַכְרָעוֹת] ruling, decision
1. הַחְלָטָה מְחַיֶּיבֶת:
***הַכְרָעַת** הַשּׁוֹפֵט הָיְיתָה שֶׁקְּבוּצַת 'מַכַּבִּי ת"א' נִיצְּחָה.*
2. נִיצָּחוֹן עַל...: subduing, overpowering
***הַכְרָעַת** הָאוֹיֵב קְרוֹבָה.*

הכרתית׳ הַכָּרָתִי conscious
מִתּוֹךְ הַכָּרָה, מִתּוֹךְ יְדִיעָה:
*שִׁיגָּעוֹן הוּא לֹא פְּעוּלָּה **הַכָּרָתִית**.*
תַּת-הַכָּרָתִי subconscious
הַכָּרָתִית, הַכָּרָתִיִּים, הַכָּרָתִיּוֹת

הכשהנ׳ הַכָּשָׁה [הַכָּשׁוֹת] snake bite
נְשִׁיכָה שֶׁל נָחָשׁ (קוֹבְּרָה לְמָשָׁל):
***הַכָּשַׁת** נָחָשׁ מְסוּכֶּנֶת.*

הכשילפ׳ הִכְשִׁיל failed (someone), caused failure
גָּרַם לְמִישֶׁהוּ לֹא לְהַצְלִיחַ:
*הַמּוֹרֶה הַזֶּה **מַכְשִׁיל אֶת** הַסְּטוּדֶנְטִים בַּבְּחִינוֹת.*
לְהַכְשִׁיל אֶת- / כ.ש.ל, הִפְעִיל / הִכְשַׁלְתִּי, מַכְשִׁיל, יַכְשִׁיל

הכשירפ׳ הִכְשִׁיר groomed, trained
1. לִימֵּד, הֵכִין מִישֶׁהוּ לְתַפְקִיד:
***הִכְשַׁרְנוּ** אוֹתוֹ לִהְיוֹת מְפַקֵּד טוֹב.*
2. עָשָׂה שֶׁיִּהְיֶה מוּתָּר, לְפִי הַדָּת הַיְּהוּדִית, לְהִשְׁתַּמֵּשׁ בּוֹ: made (food) kosher
***הִכְשַׁרְנוּ אֶת** הַבָּשָׂר בְּמֶלַח.*
לְהַכְשִׁיר אֶת- / כ.ש.ר, הִפְעִיל / הִכְשַׁרְתִּי, מַכְשִׁיר, יַכְשִׁיר

הכשלהנ׳ הַכְשָׁלָה causing failure
כְּשֶׁגּוֹרְמִים לְמִישֶׁהוּ לֹא לְהַצְלִיחַ:
*מְסִירָה שֶׁל אִינְפוֹרְמַצְיָה לֹא נְכוֹנָה הִיא **הַכְשָׁלָה**.*

הכשרז׳ הֶכְשֵׁר [הֶכְשֵׁרִים] 'kosher' seal
תְּעוּדָה שֶׁמְּקַבְּלִים בָּתֵּי מָלוֹן, מִסְעָדוֹת וְכוּ' שֶׁהָאוֹכֶל שֶׁלָּהֶם מוּתָּר לַאֲכִילָה לַיְּהוּדִים:
*אֵין לוֹ **הֶכְשֵׁר**, כִּי הוּא אֵינוֹ מַפְרִיד בֵּין חָלָב לְבָשָׂר.*

הכשרהנ׳ הַכְשָׁרָה [הַכְשָׁרוֹת] training, preparation
1. לִימּוּד, הֲכָנָה לְתַפְקִיד, לְמִקְצוֹעַ וְכוּ':
*קִיבַּלְתִּי **הַכְשָׁרָה** מְיוּחֶדֶת בְּהַדְרָכַת תַּיָּירִים.*
***הַכְשָׁרַת** הַקַּרְקַע לְגִידּוּל יְרָקוֹת כְּבָר נֶעֶשְׂתָה.*
2. כְּשֶׁעוֹשִׂים שֶׁכֵּלִים, בָּשָׂר וְכוּ' יִהְיוּ מַתְאִימִים לְשִׁימּוּשׁ שֶׁל יְהוּדִים: making (food etc.) 'kosher'
***הַכְשָׁרַת** הַבָּשָׂר נֶעֶשְׂתָה עַל יְדֵי אָדָם מְיוּחָד מִן הָרַבָּנוּת.*

הכתבהנ׳ הַכְתָּבָה [הַכְתָּבוֹת] dictating
1. כְּשֶׁגּוֹרְמִים לְמִישֶׁהוּ לִכְתּוֹב:
*הַמְּנַהֵל עָסוּק **בְּהַכְתָּבָה** שֶׁל מִכְתָּבִים לַמַּזְכִּירָה.*
2. תַּרְגִּיל שֶׁל כְּתִיבָה נְכוֹנָה: dictation
***בְּהַכְתָּבָה** בּוֹדֵק הַמּוֹרֶה, הַאִם כּוֹתְבִים נָכוֹן אֶת הַמִּילִּים.*
3. כְּשֶׁאוֹמְרִים לְמִישֶׁהוּ מַה לַעֲשׂוֹת: imposing
*יִשְׂרָאֵל מִתְנַגֶּדֶת **לְהַכְתָּבַת** תְּנָאֵי שָׁלוֹם.*

הכתיבפ׳ הִכְתִּיב dictated
***הִכְתַּבְתִּי לוֹ אֶת** הַמִּכְתָּב בְּעִבְרִית.*
2. (מֶטָאפוֹרָה) אָמַר מַה לַעֲשׂוֹת:
*אֵינֶנִּי רוֹצֶה, **שֶׁיַּכְתִּיבוּ** לִי מַה לַעֲשׂוֹת.*
לְהַכְתִּיב אֶת -, לְ- / כ.ת.ב, הִפְעִיל / הִכְתַּבְתִּי, מַכְתִּיב

הכתיםפ׳ הִכְתִּים stained
לִיכְלֵךְ, עָשָׂה כֶּתֶם:
***הִכְתַּמְתִּי אֶת** הַמַּפָּה בְּקָפֶה שֶׁנִּשְׁפַּךְ.*
לְהַכְתִּים אֶת- / כ.ת.ם, הִפְעִיל / הִכְתַּמְתִּי, מַכְתִּים

הכתיףפ׳ הִכְתִּיף shouldered
שָׂם עַל הַכָּתֵף:
*הַחַיָּילִים **הִכְתִּיפוּ** אֶת הָרוֹבִים.*
לְהַכְתִּיף אֶת- / כ.ת.ף, הִפְעִיל / הִכְתַּפְתִּי, מַכְתִּיף, יַכְתִּיף

הכתירפ׳ הִכְתִּיר crowned
לָשִׂים כֶּתֶר, לָתֵת תַּפְקִיד חָשׁוּב, כָּבוֹד מְיוּחָד:
***הִכְתִּירוּ** אוֹתוֹ לְרֹאשׁ הָעִיר.*
לְהַכְתִּיר אֶת- לְ- /כ.ת.ר, הִפְעִיל / הִכְתַּרְתִּי, מַכְתִּיר, יַכְתִּיר

הכתרהנ׳ הַכְתָּרָה [הַכתָרוֹת] coronation, crowning
כְּשֶׁשָּׂמִים כֶּתֶר עַל הָרֹאשׁ, כְּשֶׁנּוֹתְנִים כָּבוֹד אוֹ תַּפְקִיד חָשׁוּב לְמִישֶׁהוּ:
*רָאִיתִי בַּטֶּלֶוִיזְיָה אֶת טֶקֶס **הַהַכְתָּרָה** שֶׁל מַלְכַּת אַנְגְּלִיָּה.*

הלאהת״פ הָלְאָה further
1. רָחוֹק מִכָּאן:
*עֲצוֹר! אַל תֵּלֵךְ **הָלְאָה**!*
2. אַחֲרֵי הַזְּמַן הַזֶּה: (from)...on
*מִן הַחוֹדֶשׁ הַבָּא **וָהָלְאָה** נְקַבֵּל מַשְׂכּוֹרֶת.*

הלאיםפ׳ הִלְאִים nationalized
הֶעֱבִיר לִרְשׁוּת הַמְּדִינָה:
*הַמֶּמְשָׁלָה **הִלְאִימָה אֶת** הַבַּנְקִים. הֵם שַׁיָּיכִים עַכְשָׁיו לַמְּדִינָה.*
לְהַלְאִים אֶת- / ל.א.ם, הִפְעִיל / הִלְאַמְתִּי, מַלְאִים, יַלְאִים

הלאמהנ׳ הַלְאָמָה [הַלְאָמוֹת] nationalization
הַעֲבָרָה שֶׁל רְכוּשׁ פְּרָטִי לִרְשׁוּת הַמְּדִינָה:
*בְּחֶבְרָה קַפִּיטָלִיסְטִית אֵין **הַלְאָמוֹת**.*

הלביןפ׳ הִלְבִּין whitened
1. נַעֲשָׂה לָבָן:
*הַשֵּׂיעָר שֶׁלּוֹ **הִלְבִּין** בַּשָּׁנָה הָאַחֲרוֹנָה.*
2. עָשָׂה מַשֶּׁהוּ לָבָן: bleached
*בְּחוֹמָרִים כִּימִיִּים אֶפְשָׁר **לְהַלְבִּין אֶת** הַבַּד.*
לְהַלְבִּין אֶת- / ל.ב.ן, הִפְעִיל / הִלְבַּנְתִּי, מַלְבִּין, יַלְבִּין

הלבישפ׳ הִלְבִּישׁ dressed
שָׂם בְּגָדִים עַל גּוּפוֹ שֶׁל מִישֶׁהוּ:
***הִלְבַּשְׁנוּ** אֶת רוּת בְּשִׂמְלָה חֲדָשָׁה.*
לְהַלְבִּישׁ אֶת- / ל.ב.ש, הִפְעִיל / הִלְבַּשְׁתִּי, מַלְבִּישׁ, יַלְבִּישׁ

הלבנהנ׳ הַלְבָּנָה whitening, bleaching
כְּשֶׁעוֹשִׂים שֶׁמַּשֶּׁהוּ יִהְיֶה לָבָן:
*הַבְּגָדִים הָאֵלֶּה צְרִיכִים **הַלְבָּנָה**, הֵם נִרְאִים אֲפוֹרִים.*
הַלְבָּנַת-כֶּסֶף money laundering

הלבשהנ׳ הַלְבָּשָׁה [הַלְבָּשׁוֹת] clothing, dressing
1. כְּשֶׁשָּׂמִים בְּגָדִים עַל מִישֶׁהוּ:
*בִּזְמַן **הַהַלְבָּשָׁה** הַתִּינוֹק בּוֹכֶה מְאוֹד.*
2. בְּגָדִים (מִכְנָסַיִים, שְׂמָלוֹת, חוּלְצוֹת וְכוּ׳): clothes
*יֵשׁ לוֹ חֲנוּת **לְהַלְבָּשַׁת** יְלָדִים.*

הלהיבפ׳ הִלְהִיב excited
עָשָׂה שֶׁיִּתְרַגְּשׁוּ, שֶׁיַּרְגִּישׁוּ מַשֶּׁהוּ בְּצוּרָה חֲזָקָה:
*הַזַּמָּר **הִלְהִיב אֶת** הַקָּהָל.*
לְהַלְהִיב אֶת- / ל.ה.ב, הִפְעִיל / הִלְהַבְתִּי, מַלְהִיב, יַלְהִיב

הלואמ״ק הֲלוֹא surely
הֲרֵי, מִילָּה לְהַדְגָּשָׁה:
***הֲלוֹא** כְּבָר אָמַרְתִּי לְךָ זֹאת.*

הלואמ״ש הֲלוֹא isn't it so?
הַאִם לֹא? (= הֲ + לֹא):
***הֲלוֹא** הִסְכַּמְתָּ אִיתִּי אֶתְמוֹל?*

הלוואהנ׳ הַלְוָאָה [הַלְוָואוֹת] loan
כֶּסֶף שֶׁנּוֹתְנִים לִזְמַן מְסוּיָּם, וְצָרִיךְ לְהַחֲזִיר אוֹתוֹ:
*קִיבַּלְתִּי **הַלְוָאָה** שֶׁל 5,000 שֶׁקֶל **מִבַּנְק דִּיסְקוֹנְט**.*

הלוואימ״ק הַלְוַאי (שֶׁ...) let's hope that
אֲנִי מְקַוֶּוה שֶׁיִּהְיֶה כָּךְ, לוּ יְהִי [מִילָּה שֶׁל תִּקְוָוה לֶעָתִיד]:
***הַלְוַאי** שֶׁיִּהְיֶה שָׁלוֹם בָּעוֹלָם.*

הלווהפ׳ הִלְוָה lent
נָתַן כֶּסֶף לִזְמַן מְסוּיָּם:
*הַבַּנְק **הִלְוָה לִי** 5000 שֶׁקֶל בְּרִיבִּית שֶׁל 6% לְשָׁנָה.*
לְהַלְווֹת לְ-, אֶת- / ל.ו.ה, הִפְעִיל / הִלְוֵיתִי, מַלְוֶוה, יַלְוֶוה

הלוויהנ׳ הַלְוָיָה [הַלְוָויוֹת] funeral
הֲלִיכָה אַחֲרֵי הַמֵּת:
***הַלְוָיָה** הִיא דָּבָר עָצוּב.*

הלוםת״פ הֲלוֹם hither
(לָשׁוֹן, סִפְרוּתִית) לְכָאן, לְמָקוֹם זֶה:
*גְּשׁוּ **הֲלוֹם**!*
עַד הֲלוֹם - בִּזְכוּת הֶרְצְל הִגַּעְנוּ עַד הֲלוֹם.

הלחיםפ׳ הִלְחִים soldered
חִיבֵּר, הִדְבִּיק (בַּרְזֶל בְּעֶזְרַת אֵשׁ וְכוּ׳):
***הִלְחַמְתִּי** אֶת שְׁנֵי הַצִּינוֹרוֹת זֶה לָזֶה.*
לְהַלְחִים אֶת- / ל.ח.ם, הִפְעִיל / הִלְחַמְתִּי, מַלְחִים, יַלְחִים

הלחיןפ׳ הִלְחִין composed (music)
חִיבֵּר מַנְגִּינָה, מוּסִיקָה:
*הוּא **הִלְחִין** אֶת הַשִּׁיר שֶׁשַּׁרְתִּי.*
לְהַלְחִין אֶת- / ל.ח.ן, הִפְעִיל / הִלְחַנְתִּי, מַלְחִין, יַלְחִין

הלחיץפ׳ הִלְחִיץ put (someone) under pressure
(מֶטָאפוֹרָה) גָּרַם לַחַץ:
*אִימָּא שֶׁלּוֹ **הִלְחִיצָה** אוֹתוֹ בַּדְּרִישׁוֹת שֶׁלָּהּ.*
לְהַלְחִיץ אֶת- / ל.ח.ץ, הִפְעִיל / הִלְחַצְתִּי, מַלְחִיץ, יַלְחִיץ

הלחמהנ׳ הַלְחָמָה [הַלְחָמוֹת] welding
חִיבּוּר שֶׁל מַתֶּכֶת לְמַתֶּכֶת בְּחוֹם גָּבוֹהַּ:
*אֶפְשָׁר לְחַבֵּר **בְּהַלְחָמָה** אֶת שְׁנֵי הַצִּינוֹרוֹת.*

הלחנהנ׳ הַלְחָנָה [הַלְחָנוֹת] composing (music)
כּתִיבָה שֶׁל מוּסִיקָה לְמִילִים שֶׁל שִׁיר:
לֹא כֹּל שִׁיר מַתְאִים לְהַלְחָנָה.

הליךז׳ הָלִיךְ [הֲלִיכִים] proceeding
פּרוֹצֶדוּרָה, פְּעוּלָה (בְּעִיקָר בְּמִשְׁפָּט, בַּחוֹק):
הֲלִיךְ הַמִּשְׁפָּטִי עוֹד לֹא הִתְחִיל.

הליכהנ׳ הֲלִיכָה walking
פְּעוּלָה שֶׁל מַעֲבָר מִמָּקוֹם לְמָקוֹם בָּרֶגֶל:
אַחֲרֵי שָׁעָה שֶׁל הֲלִיכָה, הִגַּעְתִּי הַבַּיְתָה.
הֲלִיכוֹת, הֲלִיכוֹתָיו, הֲלִיכוֹתֶיהָ

הליכוןז׳ הֲלִיכוֹן [הֲלִיכוֹנִים] walker
מַכשִׁיר עֵזֶר לַהֲלִיכָה:
הוּא יָכוֹל לָלֶכֶת רַק בְּעֶזְרַת הֲלִיכוֹן, כִּי הָרֶגֶל כּוֹאֶבֶת לוֹ.

הלךפ׳ הָלַךְ went, walked
עָבַר בְּרַגְלָיו מִמָּקוֹם לְמָקוֹם:
דָוִיד הָלַךְ הַבַּיְתָה.
לָלֶכֶת / ה.ל.ך, פָּעַל / הָלַכְתִּי, הוֹלֵךְ, אֵלֵךְ, יֵלֵךְ, לֵךְ!
הוֹלֵךְ בָּטֵל - מִי שֶׁאֵינוֹ עוֹבֵד idler
הוֹלֵךְ רֶגֶל - מִי שֶׁאֵינוֹ נוֹסֵעַ pedestrian
הָלַךְ לְאִיבּוּד - אָבַד, אֵינֶנּוּ got lost
הָלַךְ לְעוֹלָמוֹ - מֵת died
הָלַךְ לוֹ קְלָף - הִצְלִיחַ succeeded
הָלַךְ מֵחַיִל אֶל חַיִל was very successful
לֵךְ לַעֲזָאזֵל! Go to hell!

הלכהנ׳ הֲלָכָה [הֲלָכוֹת] Jewish religious law
חוּקִים שֶׁל הַדָּת הַיְהוּדִית (הֶמְשֵׁךְ לְחוּקֵי הַתּוֹרָה):
לְפִי הַהֲלָכָה מִי שֶׁנּוֹלָד לְאֵם יְהוּדִיָּה הוּא יְהוּדִי.
כַּהֲלָכָהתה״פ properly
לַהֲלָכָהתה״פ theoretically
הֲלָכָה לְמַעֲשֶׂה putting theory into practice

הללומ״ג הַלָּלוּ these
אֵלֶּה, הָהֵם:
הָאֲנָשִׁים הַלָּלוּ, אֵינִי מַכִּיר אוֹתָם.

הללויהק׳ הַלְלוּיָהּ hallelujah
מִילַּת בְּרָכָה לֵאלוֹהִים, יֵשׁ בַּתְּפִילָּה וְכוּ׳:
׳בָּרְכוּ אֱלוֹהִים, הַלְלוּיָהּ׳.
בְּשִׁימּוּשׁ יוֹמְיוֹמִי - הֵידָד!, מִילַּת קְרִיאָה לְשִׂמְחָה:
הִצְלַחְתִּי לִגְמוֹר אֶת הַסֵּפֶר - הַלְלוּיָהּ!

הלםפ׳ הָלַם suited
1. הִתְאִים:
הַמְּעִיל יָפֶה, הוּא הוֹלֵם אוֹתָךְ.
2. הִיכָּה: hit
הוּא הָלַם בּוֹ בְּפָנִים. / הָאָסוֹן הָלַם בְּנוֹ.
3. מַשְׁמִיעַ קוֹל: beat, throbbed
הַלֵּב שֶׁלִּי הוֹלֵם.
לַהֲלוֹם אֶת-, בְּ- / ה.ל.ם, פָּעַל / הָלַמְתִּי, הוֹלֵם, יַהֲלוֹם

הלםז׳ הֶלֶם shock
טְרָאוּמָה שׁוֹק, מַכָּה, מַשֶּׁהוּ שֶׁקָּרָה וְגוֹרֵם לְהַפְסָקָה שֶׁל כֹּל פְּעִילוּת:
הוּא לֹא מְסוּגָל לַעֲשׂוֹת כְּלוּם - הוּא בְּהֶלֶם.

הלנהנ׳ הֲלָנָה providing sleeping accomodations
1. כְּשֶׁנּוֹתְנִים לְמִישֶׁהוּ מָקוֹם לִישׁוֹן:
יֵשׁ לִי חֶדֶר מְיוּחָד לַהֲלָנַת אוֹרְחִים.
2. כְּשֶׁלֹּא עוֹשִׂים מַשֶּׁהוּ מִיָּד, כְּשֶׁדּוֹחִים מַשֶּׁהוּ: holding back (wages)
הֲלָנַת שָׂכָר - כְּשֶׁלֹּא מְשַׁלְּמִים בַּזְּמַן:
יֵשׁ חוֹק נֶגֶד הֲלָנַת שָׂכָר, מִי שֶׁלֹּא מְשַׁלֵּם בַּזְּמַן לָעוֹבְדִים שֶׁלּוֹ, מְשַׁלֵּם קְנָס.

הלעטהנ׳ הַלְעָטָה gorging
כְּשֶׁמַּאֲכִילִים מִישֶׁהוּ הַרְבֵּה יוֹתֵר מִדַּי:
הַאֲכָלַת תִּינוֹק אֵינָהּ צְרִיכָה לִהְיוֹת הַלְעָטָה.

הלצהנ׳ הֲלָצָה [הֲלָצוֹת] joke
בְּדִיחָה, אֲמִירָה מַצְחִיקָה:
הוּא מְסַפֵּר הֲלָצוֹת, שֶׁכּוּלָּם צוֹחֲקִים מֵהֶן.

הלקהפ׳ הִלְקָה flogged
הִכָּה, נָתַן מַכּוֹת:
אָסוּר לְהַלְקוֹת יְלָדִים בַּחֲגוֹרָה.
לְהַלְקוֹת אֶת- / ל.ק.ה, הִפְעִיל / הִלְקֵיתִי, מַלְקֶה, יַלְקֶה

הלשיןפ׳ הִלְשִׁין squealed, informed (on)
סִיפֵּר עַל מִישֶׁהוּ דָּבָר רַע כְּדֵי לִפְגּוֹעַ בּוֹ:
הוּא הִלְשִׁין עָלָיו לְ׳מַס הַכְנָסָה׳, שֶׁאֵינוֹ מְשַׁלֵּם מִיסִּים.
לְהַלְשִׁין עַל- / ל.ש.ן, הִפְעִיל / הִלְשַׁנְתִּי, מַלְשִׁין, יַלְשִׁין

הלשנהנ׳ הַלְשָׁנָה [הַלְשָׁנוֹת] informing (on), squealing
אֲמִירָה שֶׁל דְּבָרִים רָעִים כְּדֵי לִפְגּוֹעַ:
הַלְשָׁנוֹת עוֹזְרוֹת לַמִּשְׁטָרָה לִתְפּוֹס פּוֹשְׁעִים.

הםמ״ג הֵם they (m.p.)
גּוּף שְׁלִישִׁי רַבִּים, זָכָר (אוֹמְרִים עַל אֵלֶּה שֶׁאֵינָם נִמְצָאִים בַּמָּקוֹם):
רְאוּבֵן וְלֵוִי הֵם הַבָּנִים שֶׁל יַעֲקֹב.

המולהנ׳ הֲמֻלָּה [הֲמוּלּוֹת] tumult
רַעַשׁ גָּדוֹל:
*שָׁמַעְתִּי **הֲמוּלָּה** בָּרְחוֹב, וְיָצָאתִי לִרְאוֹת מַה קָּרָה.*

המוםת׳ הָמוּם stunned (adj.)
לֹא מַאֲמִין, מִתְפַּלֵּא מְאוֹד, נִבְהָל:
*הוּא **הָמוּם** מִמַּה שֶּׁשָּׁמַע.*
הֲמוּמָה, הֲמוּמִים, הֲמוּמוֹת

המוןז׳ הָמוֹן [הֲמוֹנִים] mass, crowd
1. הַרְבֵּה אֲנָשִׁים, קָהָל גָּדוֹל:
***הֶהָמוֹן** צָעַק וְהִפְרִיעַ לַנּוֹאֵם.*
2. הַרְבֵּה מְאוֹד (לֹא פוֹרְמָלִי): lots of
*יֵשׁ לוֹ **הָמוֹן** כֶּסֶף.*

המונית׳ הֲמוֹנִי massive
1. שֶׁיֵּשׁ בּוֹ הַרְבֵּה אֲנָשִׁים:
*הָיְתָה הַפְגָּנָה **הֲמוֹנִית** עַל יַד הָעִירִיָּיה.*
2. ווּלְגָּרִי, לֹא עָדִין: vulgar
*יֵשׁ לָהּ טַעַם **הֲמוֹנִי** בִּבְגָדִים.*
הֲמוֹנִית, הֲמוֹנִיִּים, הֲמוֹנִיּוֹת

המחאהנ׳ הַמְחָאָה [הַמְחָאוֹת] check
צֶ'יק, פֶּתֶק נְיָיר שֶׁכָּתוּב עָלָיו סְכוּם כֶּסֶף, וְהוּא שָׁוֶוה כֶּסֶף:
*קִיבַּלְתִּי **הַמְחָאָה** עַל 2,000 שֶׁקֶל, וְהִכְנַסְתִּי אוֹתָהּ לַבַּנְק.*

המחזהנ׳ הַמְחָזָה [הַמְחָזוֹת] dramatization
כְּשֶׁעוֹשִׂים הַצָּגָה מִסִּיפּוּר:
***הַהַמְחָזָה** שֶׁל הַסֵּפֶר שֶׁל דוֹסְטוֹיֶיבְסְקִי מְעַנְיֶינֶת.*

המחיזפ׳ הִמְחִיז dramatized
עָשָׂה הַצָּגָה מִסִּיפּוּר:
***הִמְחַזְתִּי אֶת** הַסֵּפֶר שֶׁל דוֹסְטוֹיֶיבְסְקִי.*
לְהַמְחִיז אֶת- / מ.ח.ז, הִפְעִיל / הִמְחַזְתִּי, מַמְחִיז, יַמְחִיז

המחישפ׳ הִמְחִישׁ demonstrated, concretized
עָשָׂה שֶׁיִּהְיֶה מַמָּשִׁי:
*הוּא **הִמְחִישׁ אֶת** הַתֵּיאוֹרְיָה בְּסִיפּוּרִים מִן הַחַיִּים.*
לְהַמְחִישׁ אֶת- / מ.ח.ש, הִפְעִיל / הִמְחַשְׁתִּי, מַמְחִישׁ

המחשהנ׳ הַמְחָשָׁה [הַמְחָשׁוֹת] demonstration, concretization
כְּשֶׁמַּסְבִּירִים מַשֶּׁהוּ בְּאֶמְצָעוּת דּוּגְמוֹת, תְּמוּנוֹת וְכוּ':
*אִי אֶפְשָׁר לִלְמֹד פִיסִיקָה בְּלִי **הַמְחָשָׁה**.*

המטירפ׳ הִמְטִיר caused rain
1. הוֹרִיד מָטָר (=גֶּשֶׁם):
*הָעֲנָנִים **הִמְטִירוּ** גֶּשֶׁם חָזָק.*
2. הוֹרִיד, נָתַן הַרְבֵּה מְאוֹד: showered (someone with)
*הוּא **הִמְטִיר** עָלַיי מַחְמָאוֹת.*
לְהַמְטִיר אֶת- / מ.ט.ר, הִפְעִיל / הִמְטִירוּ, מַמְטִיר, יַמְטִיר

המיטפ׳ הֵמִיט cast
הֵטִיל שָׂם, זָרַק.
הֵמִיט אָסוֹןב׳ ־ גָּרַם אָסוֹן:
*הַמִּלְחָמוֹת **מְמִיטוֹת אָסוֹן** עַל בְּנֵי הָאָדָם.*
לְהָמִיט / מ.ו.ט, הִפְעִיל / הֵמַטְתִּי, מֵמִיט, יָמִיט

המירפ׳ הֵמִיר exchanged
הֶחֱלִיף:
*הוּא **הֵמִיר אֶת** הַדּוֹלָרִים בִּשְׁקָלִים.*
לְהָמִיר אֶת- / מ.ו.ר, הִפְעִיל / הֵמַרְתִּי, מֵמִיר, יָמִיר, הָמֵר!

המיתפ׳ הֵמִית killed
הָרַג, גָּרַם מָוֶות:
*מַחֲלוֹת לֵב **מְמִיתוֹת** הַרְבֵּה אֲנָשִׁים.*
לְהָמִית אֶת- / מ.ו.ת, הִפְעִיל / הֵמַתִּי, מֵמִית, יָמִית, הָמֵת!

המלטהנ׳ הַמְלָטָה [הַמְלָטוֹת] (animal's) giving birth
לֵידָה, כְּשֶׁנּוֹלָד בַּעַל־חַיִּים:
*אֲנַחְנוּ מְחַכִּים **לְהַמְלָטָה** שֶׁל הַכַּלְבָּה שֶׁלָּנוּ.*

המליחפ׳ הִמְלִיחַ salted
שָׂם מֶלַח:
*הוּא **הִמְלִיחַ** יוֹתֵר מִדַּיי **אֶת** הַמָּרָק.*
לְהַמְלִיחַ אֶת- / מ.ל.ח, הִפְעִיל / הִמְלַחְתִּי, מַמְלִיחַ

המליטהפ׳ הִמְלִיטָה gave birth (animals)
יָלְדָה, כְּשֶׁמְּדַבְּרִים עַל בַּעֲלֵי חַיִּים:
*הַכַּלְבָּה שֶׁלָּנוּ **הִמְלִיטָה** גּוּרִים.*
לְהַמְלִיט / מ.ל.ט, הִפְעִיל / הִמְלִיטוּ, מַמְלִיטָה, תַּמְלִיט

המליץפ׳ הִמְלִיץ recommended
אָמַר אוֹ כָּתַב דְּבָרִים טוֹבִים עַל...:
*הַמְּנַהֵל **הִמְלִיץ** עַל דָּוִיד לַתַּפְקִיד הֶחָדָשׁ.*
הַמְּבַקֵּר **הִמְלִיץ** עַל הַסֵּפֶר הֶחָדָשׁ שֶׁל עָמוֹס עוֹז.
לְהַמְלִיץ עַל- / מ.ל.ץ, הִפְעִיל / הִמְלַצְתִּי, מַמְלִיץ, יַמְלִיץ

המלצהנ׳ הַמְלָצָה [הַמְלָצוֹת] recommendation
דְּבָרִים טוֹבִים שֶׁאוֹמְרִים אוֹ כּוֹתְבִים עַל מִישֶׁהוּ אוֹ מַשֶּׁהוּ:
*דָּן הֵבִיא מִכְתַּב **הַמְלָצָה** מִמְּקוֹם הָעֲבוֹדָה הַקּוֹדֵם.*

המנון ר' הימנון

המספ, הֵמֵס [הֵמִיס] melted
הָפַךְ לְנוֹזֵל:
*הַחוֹם **הֵמֵס** אֶת הַקֶּרַח.*
לְהָמֵס אֶת- / מ.ס.ס, הִפְעִיל / הֵמַסְתִּי, מֵמִיס (מֵמֵס), יָמֵס

המעטהנ, הַמְעָטָה decrease
הַקְטָנָה, עוֹשִׂים שֶׁיִּהְיֶה פָּחוֹת:
***הַמְעָטָה** בַּחֲשִׁיבוּת הַבִּיטָּחוֹן - מְסוּכֶּנֶת לַמְדִינָה.*

המעיטפ, הִמְעִיט lessened, underrated
1. עָשָׂה שֶׁיִּהְיֶה מְעַט, פָּחוֹת:
*אָסוּר **לְהַמְעִיט** בַּחֲשִׁיבוּת הַשְׁתִיָּיה בְּיוֹם חַם.*
2. עָשָׂה פָּחוֹת: decreased
*הוּא **מַמְעִיט** בַּאֲכִילָה, כִּי הוּא בְּדִיאֶטָה.*
לְהַמְעִיט / מ.ע.ט, הִפְעִיל / הִמְעַטְתִּי, מַמְעִיט, יַמְעִיט

המצאהנ, הַמְצָאָה [הַמְצָאוֹת] invention
גִילוּי אוֹ יְצִירָה שֶׁל מַשֶּׁהוּ חָדָשׁ:
***הַמְצָאַת** הַטֶּלֶפוֹן הִשְׁפִּיעָה עַל הַתִקְשׁוֹרֶת בֵּין הָאֲנָשִׁים.*

המציאפ, הִמְצִיא invented
1. גִילָה אוֹ יָצַר דָבָר חָדָשׁ:
*אֲלֶכְּסַנְדֶר גְרָהָם בֶּל **הִמְצִיא אֶת** מַכְשִׁיר הַטֶּלֶפוֹן הָרִאשׁוֹן.*
2. אָמַר מַשֶּׁהוּ מִן הַדִימְיוֹן, בְּלִי בָּסִיס: fabricated
*הַסִיפּוּר לֹא אֲמִיתִי, הוּא **הִמְצִיא** אוֹתוֹ.*
לְהַמְצִיא אֶת- / מ.צ.א, הִפְעִיל / הִמְצֵאתִי, מַמְצִיא, יַמְצִיא

המראהנ, הַמְרָאָה [הַמְרָאוֹת] takeoff
הַתְחָלַת טִיסָה:
*בִּזְמַן **הַמְרָאָה** אָסוּר לְעַשֵׁן בַּמָטוֹס.*

המרהנ, הֲמָרָה [הֲמָרוֹת] exchange
הַחְלָפָה, שִׁינוּי:
***הֲמָרַת** דוֹלָרִים צָרִיךְ לַעֲשׂוֹת בַּבַּנְק.*

המריאפ, הִמְרִיא took off
עָלָה, הִתְרוֹמֵם (בְּהַתְחָלַת הַטִיסָה):
*הַמָטוֹס **הִמְרִיא** בְּשָׁעָה 12:00.*
לְהַמְרִיא / מ.ר.א, הִפְעִיל / הִמְרֵאָה, מַמְרִיא, יַמְרִיא

המריץפ, הִמְרִיץ urged (on), prodded
עוֹרֵר מִישֶׁהוּ לַעֲשׂוֹת, זֵירֵז לַעֲשׂוֹת:
*הוּא **הִמְרִיץ** אוֹתָנוּ לְסַיֵּים מַהֵר אֶת הָעֲבוֹדָה.*
לְהַמְרִיץ אֶת- / מ.ר.ץ, הִפְעִיל / הִמְרַצְתִּי, מַמְרִיץ, יַמְרִיץ

המשיךפ, הִמְשִׁיךְ continued
לֹא הִפְסִיק:
*יַעֲקֹב **הִמְשִׁיךְ** לָלֶכֶת לַמְרוֹת הַגֶּשֶׁם.*
לְהַמְשִׁיךְ אֶת- / מ.ש.ך, הִפְעִיל / הִמְשַׁכְתִּי, מַמְשִׁיךְ, יַמְשִׁיךְ

המשילפ, הִמְשִׁיל likened, compared
1. הֶרְאָה שֶׁיֵּשׁ מַשֶּׁהוּ דוֹמֶה בֵּין שְׁנֵי דְבָרִים:
*הוּא **הִמְשִׁיל** אֶת הַמַצָּב לְגַן חַיּוֹת.*
2. גָרַם שֶׁמִישֶׁהוּ יִמְשׁוֹל, appointed as ruler
יִשְׁלוֹט:
*הָעָם רָצָה **שֶׁיַּמְשִׁילוּ** מֶלֶךְ חָדָשׁ.*
לְהַמְשִׁיל אֶת- / מ.ש.ל, הִפְעִיל / הִמְשַׁלְתִּי, מַמְשִׁיל, יַמְשִׁיל

המשךז, הֶמְשֵׁךְ [הֶמְשֵׁכִים] continuation
אַחֲרֵי הַהַתְחָלָה, מַה שֶׁבָּא אַחַר כָּךְ:
***הֶמְשֵׁךְ** הַמִשְׁפָּט נִדְחָה לַשָׁבוּעַ הַבָּא.*
סִיפּוּר בְּהֶמְשֵׁכִים serialized story

המשכיותנ, הֶמְשֵׁכִיּוּת continuity, continuation
כְּשֶׁמַצָּב, פְּעוּלָה וְכוּ' נִמְשָׁכִים, כְּשֶׁאֵין בָּהֶם הַפְסָקָה:
***הֶמְשֵׁכִיּוּת** הָעֲלִיָּיה לָאָרֶץ חֲשׁוּבָה לַמְדִינָה.*

המתהנ, הֲמָתָה killing
הֲרִיגָה, גְרִימָה שֶׁל מָוֶות:
*אֲנִי נֶגֶד **הֲמָתָה** שֶׁל בַּעֲלֵי חַיִּים.*
הֲמָתַת-חֶסֶד euthanasia

המתיןפ, הִמְתִּין waited
חִיכָּה:
*דוֹקְטוֹר לֵב עָסוּק, **תַמְתִּין** בְּבַקָשָׁה כַּמָה דַקוֹת.*
הַמְתֵּן עַל הַקַו hold on...
לְהַמְתִּין לְ- / מ.ת.ן, הִפְעִיל / הִמְתַּנְתִּי, מַמְתִּין, יַמְתִּין

המתיקפ, הִמְתִּיק sweetened
עָשָׂה שֶׁיִּהְיֶה מָתוֹק, שָׂם סוּכָּר וְכוּ':
*הוּא **מַמְתִּיק אֶת** הַתֵּה בִּדְבַשׁ.*
לְהַמְתִּיק אֶת הַדִין to mitigate a sentence
לְהַמְתִּיק / מ.ת.ק, הִפְעִיל / הִמְתַּקְתִּי, מַמְתִּיק, יַמְתִּיק

המתנהנ, הַמְתָּנָה waiting
כְּשֶׁמְחַכִּים לְמִישֶׁהוּ אוֹ לְמַשֶּׁהוּ:
*חִיכִּיתִי לָרוֹפֵא בַּחֲדַר־**הַהַמְתָּנָה**.*
חֲדַר־הַמְתָּנָה waiting room

המתקהנ, הַמְתָּקָה sweetening
כְּשֶׁעוֹשִׂים שֶׁיִּהְיֶה מָתוֹק:
*הַתֵּה דוֹרֵשׁ **הַמְתָּקָה**, כִּי הוּא מַר.*

הֵןמ"ג הֵן they (f.)
גוּף שְׁלִישִׁי רַבִּים, נְקֵיבָה (אוֹמְרִים עַל מִי שֶׁאֵינָן נִמְצָאוֹת בַּמָּקוֹם):
רָאִיתִי אֶת דִּינָה וּמִרְיָם. הֵן גָּרוֹת עַכְשָׁיו בְּתֵל־אָבִיב.

הֵןק' הֵן yes
(לָשׁוֹן גְּבוֹהָה) כֵּן:
הֵן, אֲנִי מַסְכִּים.

הֵןמ"ק הֵן surely
הֲרֵי, הִנֵּה, מִילָּה לְהַדְגָּשָׁה:
הֵן אֲנִי כְּבָר אָמַרְתִּי זֹאת אֶתְמוֹל.
הֵן... וְהֵן..- גַּם: *אֲנִי כּוֹתֵב נָכוֹן, הֵן בְּעִבְרִית וְהֵן בְּרוּסִית.*

הנאהנ' הֲנָאָה [הֲנָאוֹת] enjoyment, pleasure
תַּעֲנוּג, כְּשֶׁנֶּהֱנִים, שְׂמֵחִים וּמְבַלִּים:
יֵשׁ לִ הֲנָאָה, כְּשֶׁאֲנִי מְנַגֵּן.
טוֹבַת-הֲנָאָה fringe benefit

הנדסאיז' הַנְדְּסַאי [הַנְדְּסָאִים] technician
מִי שֶׁלָּמַד בְּבֵית סֵפֶר טֶכְנִי, פָּחוֹת מִמְּהַנְדֵּס:
הוּא הַנְדְּסַאי טוֹב, הוּא יִמְצָא עֲבוֹדָה בְּקַלּוּת.

הנדסהנ' הַנְדָּסָה engineering
מִקְצוֹעַ: עוֹסֵק בְּתִיכְנוּן מְכוֹנוֹת, גְּשָׁרִים, בִּנְיָינִים, מְנוֹעִים וְכוּ':
אָחִי לָמַד הַנְדָּסָה בַּטֶּכְנִיּוֹן. הַיּוֹם הוּא מְהַנְדֵּס בִּנְיָין.
הַנְדָּסַת־חַשְׁמַל/הַנְדָּסַת בִּנְיָין/הַנְדָּסַת מְכוֹנוֹת

הנדסית' הַנְדָּסִי geometric
1. גֵּיאוֹמֶטְרִי:
פִּירָמִידָה הִיא גוּף הַנְדָּסִי.
2. שַׁיָּיךְ לְהַנְדָּסָה: relating to engineering
בְּמִשְׂרַד הַנְדָּסִי מְכִינִים תּוֹכְנִיּוֹת שֶׁל בִּנְיָינִים חֲדָשִׁים.
הַנְדָּסִית, הַנְדָּסִיִּים, הַנְדָּסִיּוֹת

הנהת"פ הֵנָּה here, to this place
לְכָאן, לַמָּקוֹם שֶׁאֲנִי נִמְצָא בּוֹ:
"בּוֹא הֵנָּה!" קָרְאָה הָאֵם לַיֶּלֶד.

הנהמ"ק הִנֵּה here (is... are...)
הֲרֵי, (מִילָּה הַמַּצְבִּיעָה עַל דָּבָר קָרוֹב שֶׁאֶפְשָׁר לִרְאוֹת):
הִנֵּה הַתִּיק! יֵשׁ בּוֹ סְפָרִים, מַחְבָּרוֹת וּתְעוּדוֹת אִישִׁיּוֹת.

הנהגהנ' הַנְהָגָה [הַנְהָגוֹת] leadership
הַנְהָלָה, הַמְנַהֲלִים:
הַהַנְהָגָה שֶׁל הַמְּדִינָה הִיא בִּידֵי הַמֶּמְשָׁלָה.

הנהיגפ' הִנְהִיג led
1. הוֹלִיךְ, הָיָה מַנְהִיג:
הוּא הִנְהִיג אֶת הָעָם בִּזְמַן קָשֶׁה.
2. הִכְנִיס, קָבַע אֵיךְ לַעֲבוֹד, לְהִתְנַהֵג: introduced
הוּא הִנְהִיג שִׁיטָה חֲדָשָׁה.
לְהַנְהִיג אֶת- / נ.ה.ג, הִפְעִיל / הִנְהַגְתִּי, מַנְהִיג, יַנְהִיג

הנהלהנ' הַנְהָלָה [הַנְהָלוֹת] management, executive
קְבוּצָה שֶׁל אֲנָשִׁים, שֶׁעוֹמְדִים בְּרֹאשׁ אִירְגּוּן אוֹ מוֹסָד:
הַנְהָלַת הַבַּנְק הוֹדִיעָה עַל תּוֹכְנִית חִיסָּכוֹן חֲדָשָׁה.
הַנְהָלַת חֶשְׁבּוֹנוֹת bookkeeping

הנחהנ' הֲנָחָה [הֲנָחוֹת] discount
הוֹרָדָה בַּמְּחִיר:
קִיבַּלְתִּי הֲנָחָה שֶׁל 20% מִמְּחִיר הַסְּפָרִים.

הנחהנ' הַנָּחָה laying, placing
1. כְּשֶׁשָּׂמִים מַשֶּׁהוּ:
הַנָּחַת הַסְּפָרִים בָּאֲרוֹנוֹת נִמְשְׁכָה זְמַן רַב.
2. תֵּיזָה: assumption
הַהַנָּחָה שֶׁלִּי הִיא שֶׁלֹּא תִּהְיֶה מִלְחָמָה.
הַנָּחַת תְּפִילִּין putting on phylacteries

הנחה ר' הינחה

הנחייהנ' הַנְחָיָה [הַנְחָיוֹת] instruction
הַדְרָכָה, כְּשֶׁאוֹמְרִים לְאָן לָלֶכֶת, מָה לַעֲשׂוֹת:
קִיבַּלְתִּי הַנְחָיוֹת אֵיךְ לְהַגִּיעַ לַבַּיִת הֶחָדָשׁ.

הנחילפ' הִנְחִיל left as a legacy, imparted, transmitted
נָתַן, הֶעֱבִיר לַאֲחֵרִים:
אָבִי הִנְחִיל לִי אֶת אַהֲבַת הָאָרֶץ./הֵם יַנְחִילוּ לְיַלְדֵיהֶם אֶת הָעִבְרִית.
הִנְחִיל נִיצָּחוֹן scored a victory
הִנְחִיל אֶת- לְ- / נ.ח.ל, הִפְעִיל / מַנְחִיל, יַנְחִיל

הנחיתפ' הִנְחִית landed
1. הוֹרִיד:
הוּא הִנְחִית אֶת הַמָּטוֹס בְּשָׁלוֹם.
הוּא נָתַן פְּקוּדָה לְהַנְחִית חַיָּילִים בַּחוֹף.
2. נָתַן פְּקוּדָה, הוֹרָאָה וְכוּ', thrusted upon
כְּשֶׁלֹּא מוּכָנִים:
הַמְּפַקֵּד הִנְחִית עָלֵינוּ הוֹרָאָה - לִהְיוֹת מוּכָנִים לַמִּיפְקָד.
לְהַנְחִית אֶת-, עַל- / נ.ח.ת, הִפְעִיל / הִנְחַתִּי, מַנְחִית

הנחלהנ' הַנְחָלָה imparting, instruction
כְּשֶׁנּוֹתְנִים מַשֶּׁהוּ, מַעֲבִירִים מַשֶּׁהוּ (הַיּוֹם מִשְׁתַּמְּשִׁים בְּעִיקָּר

לְלימוּד עִברית):
מִפעַל הַנחָלַת הַלָּשׁוֹן הָעִברית הִתחיל לִפנֵי קוּם הַמדינָה.

הניאפ, הֵנִיא — dissuaded
מָנַע, גָרַם שֶׁלֹּא יַעֲשׂוּ מַשֶׁהוּ:
*הוּא **הֵנִיא** אוֹתָהּ מִלָּצֵאת לְטִיוּל.*
לְהָנִיא אֶת-, מִ- / נ.ו.א, הִפעִיל / הֵנִיאוֹתִי, מֵנִיא, יָנִיא

הניבפ, הֵנִיב — bore (fruit), yielded
עָשָׂה פְּרִי, תוֹצֶרֶת:
*הָעֵץ **הֵנִיב** הַרבֵּה תַפּוּחִים.*
(מֶטָאפוֹרָה) *הַמַאֲמַצִים שֶׁלוֹ **הֵנִיבוּ** פְּרִי.*
לְהָנִיב / נ.ו.ב, הִפעִיל / הֵנִיבוּ, מֵנִיב, יָנִיב, יָנִיבוּ, הָנֵב!

הנידפ, הֵנִיד — nodded
הֵזִיז, נִיעֲנַע מִצַד לְצַד:
*הוּא **הֵנִיד** רֹאשׁ לְשָׁלוֹם, אֲבָל לֹא אָמַר שָׁלוֹם.*
לֹא הֵנִיד עַפעַף — didn't bat an eyelid
לְהָנִיד / נ.ו.ד, הִפעִיל / הֵנִיד, מֵנִיד, יָנִיד

הניחפ, הִנִּיחַ — put, placed
1. שָׂם:
*הָאִישׁ **הִנִּיחַ** אֶת הַסְפָרִים עַל הַשׁוּלחָן.*
2. נָתַן רְשׁוּת: — permitted
*אַבָּא **מַנִּיחַ** לִי לָקַחַת אֶת הַמְכוֹנִית.*
3. קָבַע תֵיזָה, אֶפשָׁרוּת: — supposed
*הוּא **הִנִּיחַ** שֶׁיוּכַל לִמצוֹא כָּאן עֲבוֹדָה.*
לְהַנִּיחַ אֶת- / נ.ו.ח, הִפעִיל / הִנַּחתִי, מַנִּיחַ, יַנִּיחַ, הַנַּח!

הניחפ, הֵנִיחַ — eased off
גָרַם לִמנוּחָה, נָתַן הַרגָשָׁה שֶׁל מְנוּחָה:
*אִימָא בִּיקשָׁה **שֶׁתָנִיחַ** לָהּ, הִיא עֲיֵיפָה מְאוֹד!*
לְהָנִיחַ / נ.ו.ח, הִפעִיל / הֲנַחתִי, מֵנִיחַ, יָנִיחַ, הָנַח!

הניעפ, הֵנִיעַ — started (a car), set in motion
1. הֵזִיז, גָרַם שֶׁיִפעַל:
***הֵנַעתִי אֶת** הַמְכוֹנָה.*
2. גָרַם לְמִישֶׁהוּ לַעֲשׂוֹת מַשֶׁהוּ: — prompted, motivated
*מָה **הֵנִיעַ** אוֹתךָ לָצֵאת לַטִיוּל?*
לְהָנִיעַ אֶת- / נ.ו.ע, הִפעִיל / הֲנַעתִי, מֵנִיעַ, יָנִיעַ, הָנַע!

הניףפ, הֵנִיף — raised, waved
הֵרִים, שָׂם בְּכִיוּון לְמַעלָה:
*בְּיוֹם הָעַצמָאוּת **הֵנַפנוּ אֶת** דֶגֶל הַמדִינָה.*
הוּא **הֵנִיף** סַכִּין וְרָצָה לִדקוֹר אוֹתִי.
לְהָנִיף אֶת- / נ.ו.ף, הִפעִיל / הֲנַפתִי, מֵנִיף, יָנִיף, הָנֵף!

הנ"ל, הַנַּ"ל — (the) above
(ר"ת: הַנִזכָּר לְמַעלָה) - מָה שֶׁכְּבָר אָמרוּ קוֹדֶם:
*כָּתַבתִי מִכתָב. הַמִכתָב **הַנַּ"ל** הוּא לַמְנַהֵל.*

הנמיךפ, הִנמִיךְ — lowered
עָשָׂה שֶׁיִהיֶה נָמוּךְ יוֹתֵר, קָטָן יוֹתֵר בַּגוֹבַהּ:
***הַנמֵךְ אֶת** קוֹל הָרַדיוֹ, כְּבָר לַילָה!*
לְהַנמִיךְ אֶת- / נ.מ.ך, הִפעִיל / הִנמַכתִי, מַנמִיךְ, יַנמִיךְ

הנמכהנ, הַנמָכָה [הַנמָכוֹת] — lowering
כְּשֶׁעוֹשִׂים שֶׁמַשֶׁהוּ יִהיֶה נָמוּךְ יוֹתֵר:
*עָשִׂינוּ **הַנמָכָה** שֶׁל הַתִקרָה בַּחֲדַר הַשֵׁינָה.*

הנמקהנ, הַנמָקָה [הַנמָקוֹת] — reasoning
אַרגוּמֶנטַציָה, נְתִינָה שֶׁל סִיבָּה לְמַשֶׁהוּ:
***הַהַנמָקוֹת** לַהַחלָטָה שֶׁלָנוּ כְּתוּבוֹת בַּמַחבֶּרֶת.*

הנעהנ, הֲנָעָה — setting in motion
הֲזָזָה, כְּשֶׁגוֹרמִים תנוּעָה:
***הַהֲנָעָה** שֶׁל הַמְכוֹנִית בַּחוֹרֶף קָשָׁה.*

הנעיםפ, הִנעִים — caused enjoyment
עָשָׂה שֶׁיִהיֶה נָעִים:
*הוּא **הִנעִים** לָנוּ אֶת הַזמַן בְּסִיפּוּרִים שֶׁלוֹ עַל הַטִיוּל.*
לְהַנעִים לְ-, אֶת- / נ.ע.ם, הִפעִיל / הִנעַמתִי, מַנעִים

הנעלהנ, הַנעָלָה — footwear
קָשׁוּר בִּנעָלַיִים:
*זֹאת חֲנוּת **לְהַנעָלָה** וּלְהַלבָּשָׁה.*

הנפהנ, הֲנָפָה [הֲנָפוֹת] — raising, waving
הֲרָמָה:
*לִכבוֹד **הֲנָפַת** דֶגֶל הַמדִינָה צָרִיך לַעֲמוֹד בְּשֶׁקֶט.*

הנפיקפ, הִנפִּיק — issued
1. הוֹצִיא לַשׁוּק כֶּסֶף, מְנָיוֹת וְכוּ':
*בַּנק יִשׂרָאֵל **הִנפִּיק** שְׁטַר כֶּסֶף שֶׁל 200 ש"ח.*
2. סִיפֵּק, דָאַג שֶׁיִהיֶה:
*הַצָבָא צָרִיך **לְהַנפִּיק** לַחַיָילִים בְּגָדִים, נֶשֶׁק וְכוּ'.*
לְהַנפִּיק אֶת- / נ.פ.ק, הִפעִיל / הִנפַּקתִי, מַנפִּיק, יַנפִּיק

הנפקהנ, הַנפָּקָה [הַנפָּקוֹת] — issue
אֶמִיסיָה, הוֹצָאָה שֶׁל כֶּסֶף (אוֹ מְנָיוֹת) עַל-יְדֵי הַמֶמשָׁלָה:
*אֶפשָׁר לִקנוֹת בַּבּוּרסָה אֶת **הַהַנפָּקָה** הַחֲדָשָׁה שֶׁל הַמְנָיוֹת.*

הנצחהנ, הַנצָחָה — commemoration
מָה שֶׁעוֹשִׂים כְּדֵי לִזכּוֹר מִישֶׁהוּ שֶׁמֵת:

'יַד וָשֵׁם' הוּא מוּזֵיאוֹן לְהַנְצָחַת הַיְהוּדִים, שֶׁנִּרְצְחוּ עַל יְדֵי הַנָּאצִים.

הנציחפ׳ הִנְצִיחַ — commemorated
עָשָׂה מַשֶּׁהוּ (פֶּסֶל, בִּנְיָן, סְטִיפֶּנְדְיָה וְכוּ') כְּדֵי לְהַזְכִּיר מִישֶׁהוּ שֶׁמֵּת:
*בְּ'יַד וָשֵׁם' **מַנְצִיחִים אֶת** הַיְּהוּדִים, שֶׁנִּרְצְחוּ עַל־יְדֵי הַנָּאצִים.*
לְהַנְצִיחַ אֶת- / נ.צ.ח, הִפְעִיל / הִנְצַחְתִּי, מַנְצִיחַ, יַנְצִיחַ

הנקהנ׳ הֲנָקָה — breast feeding
הָאֲכָלָה שֶׁל תִּינוֹק מִן הַשָּׁדַיִם שֶׁל הָאֵם:
*אֲנִי חוֹשֶׁבֶת שֶׁ**הֲנָקָה** טוֹבָה יוֹתֵר מֵחָלָב בְּבַקְבּוּק.*

הנשיםפ׳ הִנְשִׁים — resuscitated
הֶחֱזִיר נְשִׁימָה לְמִי שֶׁכִּמְעַט מֵת:
*הָרוֹפֵא **הִנְשִׁים אֶת** הַפָּצוּעַ וְהִצִּיל אוֹתוֹ.*
לְהַנְשִׁים אֶת- / נ.ש.ם, הִפְעִיל / הִנְשַׁמְתִּי מַנְשִׁים, יַנְשִׁים

הנשמהנ׳ הַנְשָׁמָה — resuscitation
הַחֲזָרָה שֶׁל הַנְּשִׁימָה לְמִי שֶׁכִּמְעַט מֵת:
*אֶפְשָׁר לְהַצִּיל חַיִּים עַל־יְדֵי **הַנְשָׁמָה** מִפֶּה לְפֶה.*

הסק׳ הַס — hush
(לָשׁוֹן גְּבוֹהָה) שֶׁקֶט.
*'**הוּשְׁלַךְ הַס**': נַעֲשָׂה שֶׁקֶט.*
הַס מִלְּהַזְכִּיר — Not a word!

הסבפ׳ הֵסֵב — turned
1. הִפְנָה, סוֹבֵב אֶת:
*הוּא **הֵסֵב אֶת** הָעֵינַיִם, כִּי לֹא רָצָה לִרְאוֹת אוֹתִי.*
2. גָּרַם: — caused
*הוּא **הֵסֵב** שִׂמְחָה לְאִימָּא שֶׁלּוֹ.*
3. הֶעֱבִיר צֶ'יק לְמִישֶׁהוּ: — endorsed
***הֵסַבְתִּי אֶת** הַצֶּ'יק לְדָוִיד.*
4. יָשַׁב לְיַד הַשּׁוּלְחָן: — reclined
*כָּל הַמִּשְׁפָּחָה **הֵסֵבָּה** לַשּׁוּלְחָן בְּלֵיל הַסֵּדֶר.*
לְהָסֵב אֶת-, לְ- / ס.ב.ב, הִפְעִיל / הֵסַבְתִּי, (הֲסִיבּוֹתִי), מֵסֵב

הסבהנ׳ הֲסָבָה — reclining
1. יְשִׁיבָה נוֹחָה, חֲצִי שְׁכִיבָה:
*בְּעֶרֶב פֶּסַח יוֹשְׁבִים **בַּהֲסָבָה**.*
2. שִׁינּוּי, הַעֲבָרָה (שֶׁל צֶ'יק וְכוּ'): — endorsement
הֲסָבָה שֶׁל צֶ'יק לְמִישֶׁהוּ אַחֵר עוֹשִׂים עַל־יְדֵי חֲתִימָה מֵאָחוֹר.
הֲסָבָה מִקְצוֹעִית — retraining

הסבירפ׳ הִסְבִּיר — explained
עָשָׂה אֶת הַדָּבָר מוּבָן וּבָרוּר:
*דִּינָה **הִסְבִּירָה** לִי אֶת הַמִּילִים, שֶׁלֹּא הֵבַנְתִּי.*
הִסְבִּיר פָּנִים — was friendly
לְהַסְבִּיר אֶת-, לְ- / ס.ב.ר, הִפְעִיל / הִסְבַּרְתִּי, מַסְבִּיר

הסברז׳ הֶסְבֵּר [הֶסְבֵּרִים] — explanation
פֵּירוּשׁ שֶׁעוֹזֵר לְהָבִין:
*הַמּוֹרֶה נָתַן **הֶסְבֵּר** קָצָר לִפְנֵי הַקְּרִיאָה.*

הסברהנ׳ הַסְבָּרָה — information, propaganda
*קִיבַּלְתִּי מַפָּה וּמַדְרִיךְ לַתַּיָּיר בְּמֶרְכַּז **הַהַסְבָּרָה** שֶׁל עִירִיַּית תֵּל־אָבִיב.*

הסגירפ׳ הִסְגִּיר — turned in, extradited
מָסַר מִישֶׁהוּ לַמִּשְׁטָרָה (בְּדֶרֶךְ כְּלָל, פּוֹשֵׁעַ):
*הוּא **הִסְגִּיר אֶת** הַפּוֹשֵׁעַ לָאִינְטֶרְפּוֹל.*
הִסְגִּיר אֶת עַצְמוֹ — turned himself in
לְהַסְגִּיר אֶת- / ס.ג.ר, הִפְעִיל / הִסְגַּרְתִּי, מַסְגִּיר, יַסְגִּיר

הסגרז׳ הֶסְגֵּר — quarantine
מָקוֹם סָגוּר, מָקוֹם שֶׁלֹּא נִכְנָסִים אֵלָיו וְלֹא יוֹצְאִים מִמֶּנּוּ:
*חוֹלִים בְּכוֹלֶירָה שָׂמִים **בְּהֶסְגֵּר**.*
הֶסְגֵּר כַּלְכָּלִי — economic blockade

הסגרהנ׳ הַסְגָּרָה — extradition
כְּשֶׁמּוֹסְרִים פּוֹשֵׁעַ לַמִּשְׁטָרָה:
*הָאִינְטֶרְפּוֹל מְטַפֵּל **בְּהַסְגָּרָה** שֶׁל פּוֹשְׁעִים.*

הסדירפ׳ הִסְדִּיר — settled, arranged
עָשָׂה סֵדֶר, אִירְגֵּן, עָשָׂה מַה שֶּׁצָּרִיךְ לַעֲשׂוֹת:
***הִסְדַּרְנוּ אֶת** הָעִנְיָינִים בָּעִירִיָּיה.*
לְהַסְדִּיר אֶת- /ס.ד.ר, הִפְעִיל / הִסְדַּרְתִּי, מַסְדִּיר, יַסְדִּיר

הסדרז׳ הֶסְדֵּר [הֶסְדֵּרִים] — settlement, arrangement
קְבִיעַת סֵדֶר:
***הַהֶסְדֵּרִים** בַּגְּבוּל אֵינָם טוֹבִים - מְחַכִּים שָׁם הַרְבֵּה זְמַן.*

הסוואהנ׳ הַסְוָאָה — camouflage
כְּשֶׁמְּכַסִּים כְּדֵי שֶׁלֹּא יַכִּירוּ (אוֹ לֹא יִמְצְאוּ):
*הַחַיָּילִים צָבְעוּ אֶת הַטַּנְק בְּחוּם-יָרוֹק לְצוֹרֶךְ **הַסְוָאָה**.*
רֶשֶׁת-הַסְוָאָה — camouflage net

הסווהפ׳ הִסְוָה — camouflaged
כִּיסָּה (שָׂם צֶבַע וְכוּ') כְּדֵי שֶׁלֹּא יַכִּירוּ:
*הַחַיָּילִים **הִסְווּ אֶת** הַטַּנְקִים בְּעֵצִים וּפְרָחִים.*
לְהַסְווֹת אֶת- / ס.ו.ה, הִפְעִיל / הִסְוֵויתִי, מַסְוֶוה, יַסְוֶוה

הסחה, הַסָּחָה — diversion, distraction
הַרְחָקָה.
הַסָּחַת הַדַּעַת, - כְּשֶׁמִּישֶׁהוּ לֹא שָׂם לֵב: — absentmindedness, distraction
בִּגְלַל הַסָּחַת הַדַּעַת הוּא אֵינוֹ שׁוֹמֵעַ מָה אוֹמְרִים לוֹ.
פְּעוּלַת-הַסָּחָה — diversionary tactic(s)

הסיע, הִסִּיעַ — drove
הֶעֱבִיר אֲנָשִׁים בִּמְכוֹנִית:
***הִסַּעְנוּ אֶת** הַיְלָדִים לְבֵית הַסֵּפֶר.*
לְהַסִּיעַ אֶת- / נ.ס.ע, הִפְעִיל / הִסַּעְתִּי, מַסִּיעַ, יַסִּיעַ, הַסַּע!

הסיק, הִסִּיק — concluded
1. לָמַד דָּבָר מִתּוֹךְ דָּבָר:
*הוּא **הִסִּיק** מִתּוֹךְ הַסִּיפּוּר, שֶׁהַחַיִּים בַּקִּיבּוּץ קָשִׁים.*
2. חִימֵּם: — heated
*בִּירוּשָׁלַיִם קַר, לָכֵן **מַסִּיקִים אֶת** הַדִּירוֹת.*
לְהַסִּיק אֶת- / נ.ס.ק, הִפְעִיל / הִסַּקְתִּי, מַסִּיק, יַסִּיק, הַסֵּק!

הסיר, הֵסִיר — took off
פָּשַׁט:
***הֲסִרְתִּי אֶת** הַמְּעִיל.*
לְהָסִיר אֶת- / ס.ו.ר, הִפְעִיל / הֲסַרְתִּי-הֱסִירוֹתִי, מֵסִיר

הסית, הֵסִית — incited
גָּרַם לְמִישֶׁהוּ לַעֲשׂוֹת מַשֶּׁהוּ רַע:
*הוּא **הֵסִית אֶת** הָאֲנָשִׁים נֶגֶד הַמֶּמְשָׁלָה.*
לְהָסִית אֶת- / ס.ו.ת, הִפְעִיל / הֲסַתִּי, מֵסִית, יָסִית, הָסֵת!

הסכים, הִסְכִּים — agreed, approved
אָמַר כֵּן:
*אָחִי **הִסְכִּים** לְבַקָּשָׁתִי וְעָזַר לִי לַעֲבוֹר לְדִירָה הַחֲדָשָׁה.*
לְהַסְכִּים לְ-, עִם- / ס.כ.ם, הִפְעִיל / הִסְכַּמְתִּי, מַסְכִּים

הסכם, הֶסְכֵּם [הֶסְכֵּמִים] — agreement
חוֹזֶה בֵּין אֲנָשִׁים, חֲבָרוֹת, מְדִינוֹת וְכוּ':
*יִשְׂרָאֵל חָתְמָה עַל **הֶסְכֵּם** מִסְחָרִי עִם הַשּׁוּק הָאֵירוֹפִּי.*

הסכמה, הַסְכָּמָה — consent
קַבָּלָה שֶׁל רַעְיוֹן אוֹ בַּקָּשָׁה:
*קִיבַּלְתִּי אֶת **הַהַסְכָּמָה** שֶׁל הַהוֹרִים לַטִּיּוּל.*

הסלמה, הַסְלָמָה — escalation
אֶסְקָלַצְיָה, כְּשֶׁהַמַּצָּב נַעֲשֶׂה רַע יוֹתֵר:
*יֵשׁ **הַסְלָמָה** בְּמַצַּב הַבִּיטָּחוֹן.*

הסמיך, הִסְמִיךְ — authorized
1. נָתַן סַמְכוּת (אַחֲרָיוּת):
*רֹאשׁ הַמֶּמְשָׁלָה **הִסְמִיךְ אֶת** הַשַּׂר לְהַחְלִיט עַל מִיסִּים.*
2. נָתַן תּוֹאַר (אוּנִיבֶרְסִיטָה וְכוּ'): — granted a degree, certified
***הִסְמִיכוּ** אוֹתוֹ כְּעוֹרֵךְ-דִּין.*
לְהַסְמִיךְ אֶת- / ס.מ.ך, הִפְעִיל / הִסְמַכְתִּי, מַסְמִיךְ, יַסְמִיךְ

הסמיק, הִסְמִיק — blushed
נַעֲשָׂה אָדוֹם בַּפָּנִים:
*הוּא דִּיבֵּר עִם בַּחוּרָה **וְהִסְמִיק**.*
לְהַסְמִיק / ס.מ.ק, הִפְעִיל / הִסְמַקְתִּי, מַסְמִיק, יַסְמִיק

הסמכה, הַסְמָכָה — granting a degree
כְּשֶׁהָאוּנִיבֶרְסִיטָה (אוֹ מוֹסָד אַחֵר) נוֹתְנִים תּוֹאַר:
*קִיבַּלְתִּי אֶת **הַהַסְמָכָה** לְעוֹרֵךְ-דִּין.*

הסמקה, הַסְמָקָה — blushing
כְּשֶׁנַּעֲשִׂים אֲדוּמִּים בַּפָּנִים:
***הַהַסְמָקָה** בָּאָה, כְּשֶׁמִּתְרַגְּזִים אוֹ מִתְבַּיְּישִׁים.*

הסםן, הַסְּסָן [הַסְּסָנִים] — hesitant, indecisive
מִי שֶׁלֹּא יָכוֹל לְהַחְלִיט:
*הוּא לֹא הֶחְלִיט מָה לַעֲשׂוֹת, כִּי הוּא **הַסְּסָן**.*

הססנות, הַסְּסָנוּת — hesitancy, indecisiveness
כְּשֶׁלֹּא יוֹדְעִים מָה לְהַחְלִיט:
*בִּגְלַל **הַהַסְּסָנוּת** שֶׁלּוֹ אֵין לוֹ עֲבוֹדָה.*

הסעה, הַסָּעָה [הַסָּעוֹת] — transportation
הַעֲבָרָה שֶׁל אֲנָשִׁים בִּמְכוֹנִית:
*יֵשׁ לָנוּ **הַסָּעָה** לָעֲבוֹדָה.*

הסעיר, הִסְעִיר — caused a storm
1. גָּרַם לִסְעָרָה, עָשָׂה שֶׁלֹּא יִהְיֶה שֶׁקֶט (בַּיָּם וְכוּ'):
*הָרוּחַ **הִסְעִירָה אֶת** הַמַּיִם בַּיָּם.*
2. (מֶטָאפוֹרָה) הִרְגִּיז, גָּרַם שֶׁמִּישֶׁהוּ יִכְעַס מְאוֹד: — agitated
*הַדְּבָרִים שֶׁאָמַרְתִּי, **הִסְעִירוּ אוֹתוֹ**.*
לְהַסְעִיר אֶת- / ס.ע.ר, הִפְעִיל / הִסְעַרְתִּי, מַסְעִיר, יַסְעִיר

הספד, הֶסְפֵּד [הֶסְפֵּדִים] — eulogy
דְּבָרִים שֶׁאוֹמְרִים עַל מֵת:
*בָּכִיתִי כְּשֶׁשָּׁמַעְתִּי אֶת **הַהֶסְפֵּד** עַל יַעֲקֹב.*

הספיד, הִסְפִּיד — eulogized
אָמַר דְּבָרִים שֶׁל צַעַר עַל מֵת:
*הוּא **הִסְפִּיד אֶת** הַמְּנַהֵל שֶׁמֵּת.*
לְהַסְפִּיד אֶת- / ס.פ.ד, הִפְעִיל / הִסְפַּדְתִּי, מַסְפִּיד, יַסְפִּיד

הספיק, הִסְפִּיק — had enough (time)
1. הָיָה לוֹ דֵּי זְמַן לַעֲשׂוֹת מָה שֶׁרָצָה:

*בְּקוֹשִׁי **הִסְפַּקְתִּי** לְהַגִּיעַ לָאוֹטוֹבּוּס.*
2. הָיָה לוֹ דַי בְּכַמּוּת: was enough
*הַכֶּסֶף שֶׁלָּקַחְתִּי אִיתִּי, לֹא **הִסְפִּיק** לִי.*
לְהַסְפִּיק / ס.פ.ק, הִפְעִיל / הִסְפַּקְתִּי, מַסְפִּיק, יַסְפִּיק

הספקז, הֶסְפֵּק [הֶסְפֵּקִים] output
מַה שֶּׁמַּסְפִּיקִים לַעֲשׂוֹת בִּזְמַן מְסוּיָּם:
*הַ**הֶסְפֵּק** שֶׁלִּי בָּעֲבוֹדָה, גָּבוֹהַּ מְאוֹד.*

הספקהנ, הַסְפָּקָה (ר' גם אספקה) supply
כְּשֶׁמְּבִיאִים אוֹ נוֹתְנִים אוֹכֶל, נֵפְט וְכוּ':
*חֶבְרַת הַחַשְׁמַל אַחְרָאִית עַל **הַסְפָּקַת** הַחַשְׁמַל בַּמְּדִינָה.*

הסקהנ, הַסָּקָה deduction, inference
1. מַה שֶּׁמְּבִינִים בְּדֶרֶךְ הֶגְיוֹנִית:
*אֲנִי מֵבִין בְּדֶרֶךְ שֶׁל **הַסָּקָה**, שֶׁאִם אֶלְמַד - אַצְלִיחַ.*
הַסָּקַת מַסְקָנוֹת
2. חִימּוּם בְּנֵפְט, חַשְׁמַל, גַּז וְכוּ': heating
*בִּירוּשָׁלַיִם יֵשׁ **הַסָּקָה** בְּכָל בַּיִת.*

הסרהנ, הֲסָרָה removal
הַרְחָקָה, כְּשֶׁמְּזִיזִים מַשֶּׁהוּ מִן הַמָּקוֹם:
*יֵשׁ חוֹמֶר **לַהֲסָרַת** כֶּתֶם קָפֶה מִבְּגָדִים.*

הסרטהנ, הַסְרָטָה [הַסְרָטוֹת] filming
צִילּוּם שֶׁל סֶרֶט:
***הַסְרָטָה** שֶׁל סֶרֶט קוֹלְנוֹעַ נִמְשֶׁכֶת זְמַן רַב.*

הסריחפ, הִסְרִיחַ stunk
1. הָיָה מִמֶּנּוּ רֵיחַ רַע:
*הַדָּג **הִסְרִיחַ**, כִּי הוּא הָיָה מְקוּלְקָל.*
2. גָּרַם שֶׁיִּהְיֶה רֵיחַ רַע: caused a stench
*הַדָּג הַמְקוּלְקָל **הִסְרִיחַ אֶת** הַמְּקָרֵר.*
לְהַסְרִיחַ, אֶת- / ס.ר.ח, הִפְעִיל / הִסְרַחְתִּי, מַסְרִיחַ

הסריטפ, הִסְרִיט filmed
צִילֵּם סֶרֶט קוֹלְנוֹעַ, וִידֵיאוֹ וְכוּ':
***הִסְרַטְנוּ אֶת** הַחֲתוּנָּה.*
לְהַסְרִיט אֶת- / ס.ר.ט, הִפְעִיל / הִסְרַטְתִּי, מַסְרִיט

הסתאבותנ, הִסְתָּאֲבוּת [הִסְתָּאֲבוּיוֹת] corruption
כְּשֶׁמַּשֶּׁהוּ מִתְלַכְלֵךְ מְאוֹד, נַעֲשָׂה לֹא חוּקִי, לֹא מוּסָרִי:
*בִּגְלַל **הִסְתָּאֲבוּת** הַמְּנַהֵל, פִּיטְרוּ אוֹתוֹ.*

הסתבךפ, הִסְתַּבֵּךְ became entangled
נַעֲשָׂה מְעוּרָב בְּקוֹנְפְלִיקְט, בִּבְעָיוֹת:
*הַבָּחוּר **הִסְתַּבֵּךְ** בְּצָרוֹת בִּגְלַל חֲבֵרָיו.*
לְהִסְתַּבֵּךְ בְּ- / ס.ב.ך, הִתְפַּעֵל / הִסְתַּבַּכְתִּי, מִסְתַּבֵּךְ

הסתבכותנ, הִסְתַּבְּכוּת entanglement, complication
[הִסְתַּבְּכוּיוֹת] כְּנִיסָה לְמַצָּב שֶׁקָּשֶׁה לָצֵאת מִמֶּנּוּ:
*בִּגְלַל **הַהִסְתַּבְּכוּת** פִינַנְסִית הוּא מָכַר אֶת הַבַּיִת.*

הסתבןפ, הִסְתַּבֵּן soaped himself
שָׂם סַבּוֹן עַל הַגּוּף:
*אַחֲרֵי **שֶׁהִסְתַּבַּנְתִּי**, שָׁטַפְתִּי אֶת הַגּוּף בְּמַיִם קָרִים.*
לְהִסְתַּבֵּן / ס.ב.ן, הִתְפַּעֵל / הִסְתַּבַּנְתִּי, מִסְתַּבֵּן, יִסְתַּבֵּן

הסתברפ, הִסְתַּבֵּר became clear
הִתְבָּרֵר, נַעֲשָׂה מוּבָן:
*הָעִנְיָין **הִסְתַּבֵּר** מִתּוֹךְ קְרִיאָה בַּסֵּפֶר.*
לְהִסְתַּבֵּר / ס.ב.ר, הִתְפַּעֵל / הִסְתַּבְּרוּ, מִסְתַּבֵּר, יִסְתַּבֵּר

הסתברותנ, הִסְתַּבְּרוּת probability
1. כְּשֶׁמַּשֶּׁהוּ מִתְקַבֵּל עַל הַדַּעַת:
*יֶשְׁנָהּ **הִסְתַּבְּרוּת** גְּבוֹהָה, שֶׁיֵּרֵד גֶּשֶׁם.*
2. פֶּרֶק בְּסְטָטִיסְטִיקָה:
*לְפִי תּוֹרַת **הַהִסְתַּבְּרוּת** הַסִּיכּוּי לִזְכּוֹת בְּלוֹטוֹ - קָטָן.*

הסתגלפ, הִסְתַּגֵּל adapted
הִתְאִים אֶת עַצְמוֹ:
*אֲנִי **אֶסְתַּגֵּל לַ**מַּצָּב הֶחָדָשׁ.*
לְהִסְתַּגֵּל לְ- / ס.ג.ל, הִתְפַּעֵל / הִסְתַּגַּלְתִּי, מִסְתַּגֵּל, יִסְתַּגֵּל

הסתגלותנ, הִסְתַּגְּלוּת adaptation
כְּשֶׁמִּישֶׁהוּ מַתְאִים עַצְמוֹ לְמַצָּב:
***הַהִסְתַּגְּלוּת** לַחוֹם בַּקַּיִץ קָשָׁה.*

הסתגרפ, הִסְתַּגֵּר locked (himself) in
1. סָגַר אֶת עַצְמוֹ:
*הוּא **הִסְתַּגֵּר בַּ**חֶדֶר וְאֵינוֹ רוֹצֶה לָצֵאת.*
2. חַי עִם עַצְמוֹ, הִתְרַחֵק מֵחֲבֵרִים: secluded himself
*הוּא **הִסְתַּגֵּר בְּ**תוֹךְ עַצְמוֹ וְלֹא דִּיבֵּר עִם אַף אֶחָד.*
לְהִסְתַּגֵּר / ס.ג.ר, הִתְפַּעֵל / הִסְתַּגַּרְתִּי, מִסְתַּגֵּר, יִסְתַּגֵּר

הסתגרותנ, הִסְתַּגְּרוּת seclusion
כְּשֶׁמִּישֶׁהוּ רוֹצֶה לִהְיוֹת לְבַד, הִתְבּוֹדְדוּת:
*קָשֶׁה לַעֲזוֹר לוֹ בִּגְלַל **הַהִסְתַּגְּרוּת** שֶׁלּוֹ בְּתוֹךְ עַצְמוֹ.*

הסתדרפ, הִסְתַּדֵּר was arranged/organized
1. עָמַד בְּסֵדֶר מְסוּיָּם:
*הַתַּלְמִידִים **הִסְתַּדְּרוּ** בְּשׁוּרוֹת.*
2. מָצָא אֶת מְקוֹמוֹ, הִתְרַגֵּל, הִתְאַרְגֵּן: became settled
*הָעוֹלֶה הֶחָדָשׁ **הִסְתַּדֵּר בָּ**עֲבוֹדָה.*
לְהִסְתַּדֵּר בְּ- / ס.ד.ר, הִתְפַּעֵל / הִסְתַּדַּרְתִּי, מִסְתַּדֵּר

הסתדרותנ׳ הִסְתַּדְּרוּת — union
אִירְגוּן:
הִסְתַּדְּרוּת הָעוֹבְדִים הִכְרִיזָה עַל שְׁבִיתָה.

הסתהנ׳ הֲסָתָה [הֲסָתוֹת] — incitement
דִּיבּוּרִים שֶׁמְּבִיאִים לַעֲשִׂיָּיה שֶׁל מַשֶּׁהוּ רַע:
*יֵשׁ הַרְבֵּה דוּגְמוֹת בַּהִיסְטוֹרְיָה לַ**הֲסָתָה** נֶגֶד יְהוּדִים.*

הסתובבפ׳ הִסְתּוֹבֵב — turned around, revolved
1. זָז בְּעִיגּוּל, בְּסִיבּוּב:
*כַּדּוּר הָאָרֶץ **מִסְתּוֹבֵב** סְבִיב הַשֶּׁמֶשׁ.*
2. הָלַךְ לְכָאן וּלְכָאן: — walked about
*הַתַּיָּיר **הִסְתּוֹבֵב** בִּרְחוֹבוֹת הָעִיר.*
3. פָּנָה, שִׁינָּה אֶת הַצַּד: — turned
***הִסְתּוֹבֵב** אֵלַיי, אֲנִי רוֹצָה לִרְאוֹת אֶת הַתִּסְרוֹקֶת!*
לְהִסְתּוֹבֵב / ס.ב.ב, הִתְפַּעֵל / הִסְתּוֹבַבְתִּי, מִסְתּוֹבֵב

הסתחררפ׳ הִסְתַּחְרֵר — spinned
1. הִסְתּוֹבֵב בְּעִיגּוּל:
*הָרוֹקְדִים **הִסְתַּחְרְרוּ** בַּמַּעְגָּל.*
2. (מֶטָאפוֹרָה) הִרְגִּישׁ רַע כְּאִילּוּ הָרֹאשׁ "מִסְתּוֹבֵב":
*מֵרוֹב רִיקּוּדִים **הִסְתַּחְרֵר** לִי הָרֹאשׁ.*
לְהִסְתַּחְרֵר / ס.ח.ר.ר, הִתְפַּעֵל / הִסְתַּחְרַרְתִּי, מִסְתַּחְרֵר

הסתייגפ׳ הִסְתַּיֵּיג — had reservations (about)
לֹא הִסְכִּים עִם מַשֶּׁהוּ:
***הִסְתַּיַּיגְתִּי** מֵהַהַצָּעָה שֶׁלְּךָ.*
לְהִסְתַּיֵּיג מִ- / ס.י.ג, הִתְפַּעֵל / הִסְתַּיַּיגְתִּי, מִסְתַּיֵּיג

הסתייגותנ׳ הִסְתַּיְּגוּת [הִסְתַּייְגוּיוֹת] — reservation
כְּשֶׁלֹּא מַסְכִּימִים עִם כֹּל הַדְּבָרִים:
*הָיוּ לִי **הִסְתַּייְגוּיוֹת** מִכַּמָּה דְּבָרִים שֶׁאָמַר.*

הסתיידותנ׳ הִסְתַּיְּדוּת — calcification
כְּשֶׁמַּשֶּׁהוּ מִתְכַּסֶּה בְּסִיד:
*סְקְלֶרוֹזָה הִיא **הִסְתַּיְּדוּת** בַּמּוֹחַ.*
הִסְתַּיְּדוּת-עוֹרְקִים — arteriosclerosis

הסתייםפ׳ הִסְתַּיֵּים — ended
נִגְמַר:
*שְׁנַת הַלִּימּוּדִים **תִּסְתַּיֵּים** בְּיוּנִי.*
לְהִסְתַּיֵּים / ס.י.ם, הִתְפַּעֵל / הִסְתַּיְּימוּ, מִסְתַּיֵּים

הסתייעפ׳ הִסְתַּיֵּיעַ (הִסְתַּיַּע) — was helped
נֶעֱזַר, עָזְרוּ לוֹ:
*הוּא **הִסְתַּיֵּיעַ** בְּמִילּוֹן כְּדֵי לְהָבִין אֶת הַטֶּקְסְט.*
לְהִסְתַּיֵּיעַ / ס.י.ע, הִתְפַּעֵל / הִסְתַּיַּעְתִּי, הִסְתַּיְּיעוּ

הסתירפ׳ הִסְתִּיר — hid
1. שָׂם בְּמָקוֹם שֶׁאִי-אֶפְשָׁר לִמְצוֹא:
*הָאִישׁ **הִסְתִּיר אֶת** הַכֶּסֶף בְּתוֹךְ הַקִּיר.*
2. לֹא סִיפֵּר, כִּי לֹא רָצָה שֶׁיֵּדְעוּ: — concealed
*הוּא **הִסְתִּיר** מִמֶּנִּי אֶת הָאֱמֶת.*
לְהַסְתִּיר אֶת- / ס.ת.ר, הִפְעִיל / הִסְתַּרְתִּי, מַסְתִּיר, יַסְתִּיר

הסתכלפ׳ הִסְתַּכֵּל — looked, watched
הִבִּיט וְשָׂם לֵב:
הַיְּלָדִים הִסְתַּכְּלוּ בַּטֶּלֶוִויזְיָה.
לְהִסְתַּכֵּל בְּ- / ס.כ.ל, הִתְפַּעֵל / הִסְתַּכַּלְתִּי, מִסְתַּכֵּל

הסתכלותנ׳ הִסְתַּכְּלוּת — observation
כְּשֶׁמַּבִּיטִים בְּאוֹפֶן אִינְטֶנְסִיבִי:
*גַּם עַל-יְדֵי **הִסְתַּכְּלוּת** בִּתְמוּנוֹת לוֹמְדִים...:*
נִשְׁלַח לְהִסְתַּכְּלוּת - נִשְׁלַח לִבְדִיקָה פְּסִיכִיאַטְרִית

הסתכםפ׳ הִסְתַּכֵּם — added up, amounted to
הָיָה בְּחֶשְׁבּוֹן סוֹפִי:
*הַהוֹצָאוֹת **הִסְתַּכְּמוּ** בְּ-1,000 ש"ח.*
לְהִסְתַּכֵּם / ס.כ.ם, הִתְפַּעֵל / הִסְתַּכְּמוּ, מִסְתַּכֵּם, יִסְתַּכֵּם

הסתכןפ׳ הִסְתַּכֵּן — took a risk
הֶעֱמִיד עַצְמוֹ בְּמַצָּב לֹא בָּטוּחַ (בְּסַכָּנָה):
*הוּא **הִסְתַּכֵּן**, כְּשֶׁהִצִּיל אֶת הַיֶּלֶד מִן הָאֵשׁ.*
לְהִסְתַּכֵּן / ס.כ.ן, הִתְפַּעֵל / הִסְתַּכַּנְתִּי, מִסְתַּכֵּן, אֶסְתַּכֵּן

הסתכנותנ׳ הִסְתַּכְּנוּת — risk
כְּשֶׁנִּמְצָאִים בְּמַצָּב שֶׁל סַכָּנָה:
*יֵשׁ **הִסְתַּכְּנוּת** בִּנְהִיגָה מְהִירָה מְאוֹד.*

הסתכסךפ׳ הִסְתַּכְסֵךְ — got into a conflict
רָב, הָיָה בְּיַחֲסִים לֹא טוֹבִים:
***הִסְתַּכְסַכְתִּי עִם** הַשְּׁכֵנִים.*
לְהִסְתַּכְסֵךְ עִם- / ס.כ.ס.ך, הִתְפַּעֵל / הִסְתַּכְסַכְתִּי

הסתלקפ׳ הִסְתַּלֵּק — left, 'split'
הָלַךְ וְהִתְרַחֵק מִן הַמָּקוֹם, עָזַב (גַּם מֵת):
*הוּא **הִסְתַּלֵּק מִן** הַבַּיִת לִפְנֵי שֶׁחָזַרְתִּי.*
תִּסְתַּלֵּק מִכָּאן!!! — beat it!
לְהִסְתַּלֵּק מִ- / ס.ל.ק, הִתְפַּעֵל / הִסְתַּלַּקְתִּי, מִסְתַּלֵּק

הסתלקותנ׳ הִסְתַּלְּקוּת — taking off, (dying)
עֲזִיבָה (מָוֶות):
*בִּגְלַל **הִסְתַּלְּקוּתוֹ** מִן הָעֲבוֹדָה, פִּיטְרוּ אוֹתוֹ.*

הסתמךפ׳ הִסְתַּמֵּךְ — relied (on)
נִשְׁעַן, הֵבִיא הוֹכָחָה (לְרַעְיוֹן, לִידִיעָה):

אֲנִי הִסְתַּמַּכְתִּי עַל מַה שֶּׁשָּׁמַעְתִּי בָּרַדְיוֹ.
לְהִסְתַּמֵּךְ עַל- / ס.מ.ך, הִתְפַּעֵל / הִסְתַּמַּכְתִּי, מִסְתַּמֵּךְ

הסתמכות נ׳, הִסְתַּמְּכוּת — reliance
כְּשֶׁמְּבִיאִים הוֹכָחָה:
***הִסְתַּמְּכוּת** עַל מְקוֹרוֹת הִיא הַצַּעַד הָרִאשׁוֹן בְּמֶחְקָר.*

הסתמן פ׳, הִסְתַּמֵּן — was indicated, was in the offing
הָיָה סִימָן לְ...:
***מִסְתַּמֵּן** הֶסְכֵּם שָׁלוֹם בֵּין עִירָק לְאִירָן.*
לְהִסְתַּמֵּן / ס.מ.ן, הִתְפַּעֵל / הִסְתַּמְּנוּ, מִסְתַּמֵּן, יִסְתַּמֵּן

הסתנוור פ׳, הִסְתַּנְוֵר — was blinded
לֹא רָאָה בִּגְלַל אוֹר חָזָק וְכוּ׳:
***הִסְתַּנְוַרְתִּי** מֵהַשֶּׁמֶשׁ.*
דָּוִיד ***הִסְתַּנְוֵר** מִן הַיּוֹפִי שֶׁל רוּת.* — was dazzled
לְהִסְתַּנְוֵר / ס.נ.ו.ר, הִתְפַּעֵל / הִסְתַּנְוַרְתִּי, מִסְתַּנְוֵר

הסתנן פ׳, הִסְתַּנֵּן — infiltrated
1. עָבַר בְּמָקוֹם אָסוּר:
*הַמְחַבְּלִים **הִסְתַּנְּנוּ** דֶּרֶךְ הַגְּבוּל.*
2. עָבַר בְּמָקוֹם צַר מְאוֹד: — filtered in
*הָאוֹר **הִסְתַּנֵּן** דֶּרֶךְ הַוִּילוֹן.*
לְהִסְתַּנֵּן / ס.נ.ן, הִתְפַּעֵל / הִסְתַּנַּנְתִּי, מִסְתַּנֵּן, יִסְתַּנֵּן

הסתננות נ׳, הִסְתַּנְּנוּת [הִסְתַּנְּנֻיּוֹת] — infiltration
1. מַעֲבָר בְּמָקוֹם אָסוּר:
*יֵשׁ **הִסְתַּנְּנוּת** שֶׁל גַּנָּבִים מֵעֵבֶר לַגְּבוּל.*
2. מַעֲבָר בְּמָקוֹם צַר: — filtering
*יֵשׁ **הִסְתַּנְּנוּת** אוֹר דֶּרֶךְ הַוִּילוֹנוֹת.*

הסתעף פ׳, הִסְתָּעֵף — branched off
הִתְחַלֵּק לַחֲלָקִים:
*הָעֵץ **הִסְתָּעֵף** לַעֲנָפִים. / הַכְּבִישׁ **מִסְתָּעֵף** לְ-3 כְּבִישִׁים.*
לְהִסְתָּעֵף לְ- / ס.ע.ף, הִתְפַּעֵל / הִסְתָּעֲפוּ, מִסְתָּעֵף

הסתעפות נ׳, הִסְתָּעֲפוּת — junction
הַמָּקוֹם שֶׁבּוֹ מַשֶּׁהוּ מִתְחַלֵּק לִסְעִיפִים, לַחֲלָקִים, חֲלָקִים:
*כְּשֶׁתַּגִּיעַ **לְהִסְתָּעֲפוּת**, תִּפְנֶה יָמִינָה.*

הסתער פ׳, הִסְתָּעֵר — stormed, attacked
הִתְנַפֵּל, תָּקַף:
*הַחַיָּלִים **הִסְתָּעֲרוּ** עַל הַבַּיִת.*
(מֶטָאפוֹרָה) *הַיְּלָדִים **הִסְתָּעֲרוּ עַל** הַזַּמָּר וּבִיקְשׁוּ מִמֶּנּוּ חֲתִימָה.* — besieged
לְהִסְתָּעֵר עַל- / ס.ע.ר, הִתְפַּעֵל / הִסְתָּעַרְתִּי, מִסְתָּעֵר

הסתערות נ׳, הִסְתָּעֲרוּת — attack, assault
הִתְנַפְּלוּת, תְּקִיפָה:
*הַ**הִסְתָּעֲרוּת** עַל הַבַּיִת הִצְלִיחָה.*
(מֶטָאפוֹרָה) *הָיְתָה **הִסְתָּעֲרוּת** עַל חֲנוּיוֹת הַחַשְׁמַל.* — rush

הסתפק פ׳, הִסְתַּפֵּק — made do (with)
הָיָה דַּי לוֹ:
*הוּא **מִסְתַּפֵּק** בְּלֶחֶם וּמַיִם.*
הִסְתַּפֵּק בְּמוּעָט — was content with just a little
לְהִסְתַּפֵּק בְּ- / ס.פ.ק, הִתְפַּעֵל / הִסְתַּפְּקוּ, מִסְתַּפֵּק

הסתפקות נ׳, הִסְתַּפְּקוּת — making do
כְּשֶׁחוֹשְׁבִים שֶׁיֵּשׁ דַּי:
***הִסְתַּפְּקוּת** בְּמַה שֶּׁיֵּשׁ עוֹזֶרֶת בִּזְמַנִּים קָשִׁים.*

הסתפר פ׳, הִסְתַּפֵּר — got a haircut
קִיצֵּר אֶת הַשֵּׂעָר בְּמִסְפָּרַיִים אוֹ בְּסַכִּין:
*דָּוִיד **הִסְתַּפֵּר** בַּמִּסְפָּרָה.*
לְהִסְתַּפֵּר / ס.פ.ר, הִתְפַּעֵל / הִסְתַּפַּרְתִּי, מִסְתַּפֵּר, יִסְתַּפֵּר

הסתקרן פ׳, הִסְתַּקְרֵן — became curious
רָצָה לָדַעַת הַרְבֵּה - מַה קּוֹרֶה, מָה אָמְרוּ וְכוּ׳:
*הוּא **הִסְתַּקְרֵן** לָדַעַת אֶת מִי אַתְּ אוֹהֶבֶת.*
לְהִסְתַּקְרֵן / ס.ק.ר.ן, הִתְפַּעֵל / הִסְתַּקְרַנְתִּי, מִסְתַּקְרֵן

הסתר ז׳, הֶסְתֵּר — hiding
סוֹד, כְּשֶׁלֹּא רוֹאִים אוֹ לֹא יוֹדְעִים:
בְּהֶסְתֵּר - בְּלִי שֶׁיּוֹדְעִים אוֹ רוֹאִים:
*מְרַגְּלִים חַיִּים **בְּהֶסְתֵּר** - לֹא יוֹדְעִים מִיהֶם אוֹ מַהֶם.*

הסתרק פ׳, הִסְתָּרֵק — combed (one's own hair)
סִידֵּר אֶת הַשֵּׂעָר בְּמִבְרֶשֶׁת, בְּמַסְרֵק:
***הִסְתָּרַקְתִּי** לִפְנֵי שֶׁיָּצָאתִי מִן הַבַּיִת.*
לְהִסְתָּרֵק / ס.ר.ק, הִתְפַּעֵל / הִסְתָּרַקְתִּי, מִסְתָּרֵק

הסתתר פ׳, הִסְתַּתֵּר — hid
הִתְחַבֵּא, עָשָׂה שֶׁלֹּא יִרְאוּ אוֹתוֹ:
*הַיֶּלֶד **הִסְתַּתֵּר** בָּאָרוֹן, וְלֹא מָצְאוּ אוֹתוֹ.*
לְהִסְתַּתֵּר / ס.ת.ר, הִתְפַּעֵל / הִסְתַּתַּרְתִּי, מִסְתַּתֵּר

העביד פ׳, הֶעֱבִיד — made (someone) work
הִכְרִיחַ מִישֶׁהוּ לַעֲבוֹד:
*בְּיִשְׂרָאֵל אָסוּר **לְהַעֲבִיד** יְלָדִים.*
לְהַעֲבִיד אֶת- / ע.ב.ד, הִפְעִיל / הֶעֱבַדְתִּי, מַעֲבִיד, יַעֲבִיד

העביר פ׳, הֶעֱבִיר — transferred
לָקַח מִמָּקוֹם אֶחָד לְמָקוֹם אַחֵר:

דָוִיד ***הֶעֱבִיר*** *אֶת הָרָהִיטִים מִן הַדִּירָה הַיְשָׁנָה לַחֲדָשָׁה.*
לְהַעֲבִיר אֶת- / ע.ב.ר, הִפְעִיל / הֶעֱבַרְתִּי, מַעֲבִיר, אַעֲבִיר

העברהנ, הַעֲבָרָה [הַעֲבָרוֹת] — transfer
1. הוֹבָלָה מִמָּקוֹם לְמָקוֹם:
הַהַעֲבָרָה *שֶׁל הַשּׁוּלְחָנוֹת נַעֲשְׂתָה בְּמַשָּׂאִית.*
2. טְרַנְסַקְצְיָה (שֶׁל כֶּסֶף אוֹ רְכוּשׁ): — transaction
הַעֲבָרַת *הַבַּיִת עַל שֵׁם הַקּוֹנֶה נַעֲשְׂתָה עַל יְדֵי עוֹרֵךְ דִּין.*

העדיףפ, הֶעֱדִיף — preferred
אָהַב יוֹתֵר, הֶחֱשִׁיב יוֹתֵר:
*יַעֲקֹב **הֶעֱדִיף אֶת** הַבֵּן הַצָּעִיר **עַל** הַבָּנִים הַגְּדוֹלִים.*
לְהַעֲדִיף אֶת- / ע.ד.ף, הִפְעִיל / הֶעֱדַפְתִּי, מַעֲדִיף יַעֲדִיף

העדפהנ, הַעֲדָפָה [הַעֲדָפוֹת] — preference
כְּשֶׁחוֹשְׁבִים שֶׁמַּשֶּׁהוּ טוֹב יוֹתֵר, חָשׁוּב יוֹתֵר.
*אַתָּה חוֹשֵׁב שֶׁיֵּשׁ **הַעֲדָפָה** שֶׁל הָעוֹלִים הַחֲדָשִׁים עַל זוּגוֹת צְעִירִים?*

העדרז, הֶעְדֵּר — lack, absence
אֵין, חוֹסֶר:
*בִּגְלַל **הֶעְדֵּר** כְּסָפִים לֹא בּוֹנִים.*
בְּהֶעְדֵּר - כְּשֶׁאֵין — in the absence of

העזפ, הֵעֵז — dared
לֹא פָּחַד לַעֲשׂוֹת מַשֶּׁהוּ:
*הוּא לֹא **מֵעֵז** לִקְרוֹא וְלִכְתּוֹב בְּעִבְרִית.*
אַל תָּעֵז! שֶׁלֹּא תָּעֵז! בִּיטּוּיִים שֶׁל אַזְהָרָה:
שֶׁלֹּא תָּעֵז *לָצֵאת מִן הַבַּיִת.*
לְהָעֵז / ע.ז.ז, הִפְעִיל / הֵעַזְתִּי, מֵעֵז, יָעֵז, הָעֵז!

העזהנ, הָעָזָה — daring
אוֹמֶץ, פְּעוּלָה שֶׁעוֹשִׂים בְּלִי לְפַחֵד:
*זֹאת **הָעָזָה** לִקְפּוֹץ לְתוֹךְ אֵשׁ.*

העיבפ, הֵעִיב — darkened
1. כִּיסָּה בְּעָנָן:
*הֶעָנָן הַשָּׁחוֹר **הֵעִיב** אֶת הַשֶּׁמֶשׁ.*
2. קִילְקֵל (הַרְגָּשָׁה, יְחָסִים וְכוּ'): — spoiled
*הַיְּדִיעָה הַקָּשָׁה **הֵעִיבָה עַל** מַצַּב הָרוּחַ.*
לְהָעִיב אֶת- ,עַל - / ע.י.ב, הִפְעִיל / הֵעִיבוּ, מֵעִיב, יָעִיב

העידפ, הֵעִיד — testified
סִיפֵּר מַה שֶּׁרָאָה אוֹ שָׁמַע:
*הָאִישׁ, שֶׁרָאָה אֶת הַגַּנָּב, **הֵעִיד** בְּבֵית־הַמִּשְׁפָּט.*
לְהָעִיד עַל- / ע.ו.ד, הִפְעִיל / הֵעַדְתִּי, מֵעִיד, יָעִיד, הָעֵד!

העיףפ, הֵעִיף — flew
1. גָּרַם לְמַשֶּׁהוּ שֶׁיָּעוּף, יָטוּס בָּאֲוִויר:
*הַיֶּלֶד **הֵעִיף אֶת** הַבַּלּוֹן.*
2. (לְשׁוֹן דִּיבּוּר) זָרַק מִישֶׁהוּ הַחוּצָה: — threw out
*הַמּוֹרֶה הִתְרַגֵּז **וְהֵעִיף אֶת** הַתַּלְמִיד מֵהַכִּיתָּה.*
הֵעִיף עַיִן, הֵעִיף מַבָּט - הִסְתַּכֵּל לְרֶגַע — glanced
לְהָעִיף אֶת- / ע.ו.ף, הִפְעִיל / הֵעַפְתִּי, מֵעִיף, יָעִיף, הָעֵף!

העיקפ, הֵעִיק — burdened
לָחַץ, הִכְבִּיד, גָּרַם לְהַרְגָּשָׁה קָשָׁה:
*הָאַחְרָיוּת עַל הַיֶּלֶד הַקָּטָן **הֵעִיקָה עָלָיו.***
לְהָעִיק עַל- / ע.ו.ק, הִפְעִיל / הֵעִיק, מֵעִיק, יָעִיק, הָעֵק!

העירפ, הֵעִיר — woke someone
1. לְהָקִים אֶת מִישֶׁהוּ מִשֵּׁינָה:
*הָאָב **הֵעִיר אֶת** הַבֵּן בְּשָׁעָה 7.00 בַּבּוֹקֶר.*
2. אָמַר הֶעָרָה, אָמַר אֶת דַּעְתּוֹ בְּעִנְיָין כָּלְשֶׁהוּ: — commented
הֵעַרְתִּי לוֹ, *שֶׁהוּא מְדַבֵּר בְּקוֹל רָם.*
לְהָעִיר אֶת-, לְ- / ע.ו.ר, הִפְעִיל / הֵעַרְתִּי, מֵעִיר, יָעִיר

העלאהנ, הַעֲלָאָה [הַעֲלָאוֹת] — raising
1. כְּשֶׁשָּׂמִים מַשֶּׁהוּ לְמַעְלָה, בְּמָקוֹם גָּבוֹהַּ יוֹתֵר:
הַעֲלָאָה *שֶׁל חֲבִילוֹת כְּבֵדוֹת קָשָׁה עָלָיו.*
2. הוֹסָפָה: — raise
*אֲנַחְנוּ רוֹצִים **הַעֲלָאָה** בַּמַּשְׂכּוֹרֶת.*
3. עֲלִיָּיה: — bringing immigrants to Israel
*הַסּוֹכְנוּת מְטַפֶּלֶת **בְּהַעֲלָאָה** שֶׁל עוֹלִים לְיִשְׂרָאֵל.*
הַעֲלָאָה בְּדַרְגָּה — promotion

העלהפ, הֶעֱלָה — lifted
שָׂם לְמַעְלָה:
הֶעֱלֵיתִי אֶת *הַכִּסֵּא עַל הַשּׁוּלְחָן.*
הֶעֱלָה עַל נֵס — praised
לְהַעֲלוֹת / ע.ל.ה, הִפְעִיל / הֶעֱלֵיתִי, מַעֲלֶה, יַעֲלֶה, הַעֲלֵה!

העליבפ, הֶעֱלִיב — insulted, offended
פָּגַע בְּכָבוֹד שֶׁל מִישֶׁהוּ:
*הוּא **הֶעֱלִיב** אוֹתִי, כְּשֶׁדִּיבֵּר אֵלַיי כְּמוֹ אֶל יֶלֶד קָטָן.*
לְהַעֲלִיב אֶת- / ע.ל.ב, הִפְעִיל / הֶעֱלַבְתִּי, מַעֲלִיב, יַעֲלִיב

העלילפ, הֶעֱלִיל — accused falsely
סִיפֵּר שֶׁקֶר מִתּוֹךְ כַּוָּונָה רָעָה:
הֶעֱלִילוּ *עָלַיי, שֶׁגָּנַבְתִּי מְכוֹנִית.*
לְהַעֲלִיל עַל- / ע.ל.ל, הִפְעִיל / הֶעֱלַלְתִּי, מַעֲלִיל, יַעֲלִיל

העליםפ, הֶעֱלִים — hid, concealed
הִסְתִּיר, הֶחְבִּיא, לֹא סִיפֵּר:

*הוּא **הֶעֱלִים** מִמֶּנִּי אֶת הָאֱמֶת עַל הַמַּחֲלָה.*
הֶעֱלִים עַיִן overlooked
לְהַעֲלִים אֶת -, מִ- / ע.ל.ם, הִפְעִיל / הֶעֱלַמְתִּי, מַעֲלִים

העלמהנ' הַעֲלָמָה [הַעֲלָמוֹת] concealment
כְּשֶׁלֹּא רוֹצִים שֶׁיִּרְאוּ אוֹ יֵדְעוּ:
*שֶׁקֶר הוּא **הַעֲלָמָה** שֶׁל הָאֱמֶת.*
הַעֲלָמַת מַס tax evasion

העמדהנ' הַעֲמָדָה [הַעֲמָדוֹת] placing, staging
כְּשֶׁמַּעֲמִידִים מַשֶּׁהוּ אוֹ מִישֶׁהוּ:
*הַבַּמַּאי הִצְלִיחַ **בְּהַעֲמָדָה** שֶׁל הַהַצָּגָה.*
*הַגַּנָּב מְחַכֶּה **לְהַעֲמָדָתוֹ** לְמִשְׁפָּט.* prosecution
הַעֲמָדַת פָּנִים pretence

העמידפ' הֶעֱמִיד raised (someone) to his/her feet
עָשָׂה שֶׁמִּישֶׁהוּ יַעֲמוֹד:
*הֵם **הֶעֱמִידוּ אֶת** הַתִּינוֹק עַל הָרַגְלַיִם.*
הֶעֱמִיד בַּמָּקוֹם put someone in (his/her) place
לְהַעֲמִיד אֶת- / ע.מ.ד, הִפְעִיל / הֶעֱמַדְתִּי, מַעֲמִיד, יַעֲמִיד

העמיד פניםב' הֶעֱמִיד פָּנִים pretended
עָשָׂה אֶת עַצְמוֹ כְּאִילוּ- :
*הוּא **הֶעֱמִיד** פָּנִים, שֶׁלֹּא רָאָה אוֹתִי.*
מַעֲמִיד פְּנֵי עָשִׁיר / הֶעֱמִידָה פָּנִים שְׂמֵחוֹת

העמיספ' הֶעֱמִיס loaded
שָׂם מַשֶּׁהוּ כָּבֵד, קָשֶׁה:
***הֶעֱמַסְתִּי אֶת** הַמְּכוֹנִית בַּחֲבִילוֹת.*
***הֶעֱמַסְתִּי עַל** הַיֶּלֶד עֲבוֹדָה קָשָׁה מִדַּי.*
לְהַעֲמִיס אֶת-, עַל- / ע.מ.ס, הִפְעִיל / הֶעֱמַסְתִּי, מַעֲמִיס

העמיקפ' הֶעֱמִיק deepened
1. עָשָׂה שֶׁמַּשֶּׁהוּ יִהְיֶה עָמוֹק יוֹתֵר:
*הוּא **הֶעֱמִיק אֶת** הַבְּרֵיכָה, אֶפְשָׁר יִהְיֶה לִקְפּוֹץ לְתוֹכָהּ.*
2. לָמַד אוֹ חָשַׁב בְּצוּרָה יְסוֹדִית: delved into
*צָרִיךְ לִקְרוֹא אֶת הַמַּאֲמָר, **וּלְהַעֲמִיק** בּוֹ.*
לְהַעֲמִיק אֶת- / ע.מ.ק, הִפְעִיל / הֶעֱמַקְתִּי, מַעֲמִיק, יַעֲמִיק

העמסהנ' הַעֲמָסָה loading
כְּשֶׁשָּׂמִים חֲבִילוֹת וְכוּ' עַל מְכוֹנִית, מָטוֹס, בַּעֲלֵי חַיִּים וְכוּ':
***הַעֲמָסַת** הַמְּכוֹנִית בְּאַרְגָּזִים נִמְשְׁכָה שָׁעָה אֲרוּכָּה.*

העמקהנ' הַעֲמָקָה deepening
1. כְּשֶׁעוֹשִׂים עָמוֹק יוֹתֵר:
*אֲנִי עוֹבֵד **בְּהַעֲמָקָה** שֶׁל בּוֹרוֹת לְעַמּוּדֵי טֶלֶפוֹן.*
2. כְּשֶׁלּוֹמְדִים אוֹ חוֹשְׁבִים בְּאוֹפֶן יְסוֹדִי: delving
*אִי אֶפְשָׁר לִלְמוֹד פִילוֹסוֹפְיָה בְּלִי **הַעֲמָקָה**.*

העניקפ' הֶעֱנִיק gave, awarded
1. נָתַן בְּמַתָּנָה:
*לִכְבוֹד הֶחָג **הֶעֱנַקְתִּי** לָעוֹבְדִים 500 ש"ח.*
2. נָתַן פְּרָס, דַּרְגָּה וְכוּ': granted
*כֹּל שָׁנָה **מַעֲנִיקִים** פְּרָסִים לַתַּלְמִידִים הַטּוֹבִים.*
לְהַעֲנִיק לְ- / ע.נ.ק, הִפְעִיל / הֶעֱנַקְתִּי, מַעֲנִיק, יַעֲנִיק

הענישפ' הֶעֱנִישׁ punished
נָתַן לְמִישֶׁהוּ עוֹנֶשׁ:
*צָרִיךְ **לְהַעֲנִישׁ** גַּנָּבִים.*
לְהַעֲנִישׁ / ע.נ.שׁ, הִפְעִיל / הֶעֱנַשְׁתִּי, מַעֲנִישׁ, יַעֲנִישׁ

הענקהנ' הַעֲנָקָה [הַעֲנָקוֹת] awarding, granting
נְתִינָה שֶׁל כֶּסֶף (אוֹ חֵפֶץ) בְּדֶרֶךְ כְּלָל בְּמַתָּנָה:
***הַהַעֲנָקָה** שֶׁל פְּרַס נוֹבֶּל תִּהְיֶה בִּשְׁוֶודְיָה.*

הענשהנ' הַעֲנָשָׁה punishing
כְּשֶׁנּוֹתְנִים עוֹנֶשׁ:
*תַּפְקִיד הַשּׁוֹפֵט הוּא **הַעֲנָשָׁה** שֶׁל גַּנָּבִים.*

העסיקפ' הֶעֱסִיק employed
1. נָתַן עֲבוֹדָה:
*הוּא הִבְטִיחַ **לְהַעֲסִיק** אוֹתִי בַּמִּשְׂרָד שֶׁלּוֹ.*
2. הָיָה עָסוּק בְּמַשֶּׁהוּ: kept busy, was occupied
*אֲנִי **מַעֲסִיק אֶת** עַצְמִי בִּסְפּוֹרט.*
לְהַעֲסִיק אֶת- / ע.ס.ק, הִפְעִיל / הֶעֱסַקְתִּי, מַעֲסִיק

העסקהנ' הַעֲסָקָה employing
כְּשֶׁנּוֹתְנִים עֲבוֹדָה לְמִישֶׁהוּ:
*יֵשׁ חוֹק נֶגֶד **הַעֲסָקָה** שֶׁל יְלָדִים.*

העפילפ' הֶעְפִּיל climbed
עָלָה אֶל רֹאשׁ הַר:
*הֵם **הֶעְפִּילוּ** לַמָּקוֹם הַגָּבוֹהַּ בְּיוֹתֵר בָּעוֹלָם.*
לְהַעְפִּיל אֶל- / ע.פ.ל, הִפְעִיל / הֶעְפַּלְתִּי, מַעְפִּיל, יַעְפִּיל

העפלהנ' הַעְפָּלָה mountaineering
1. עֲלִיָּיה אֶל רֹאשׁ הַר:
***הַעְפָּלָה** לְאֶוֶורֶסְט הִיא דָּבָר קָשֶׁה.*
2. עֲלִיָּיה לֹא לֵיגָלִית לְאֶרֶץ יִשְׂרָאֵל לִפְנֵי שֶׁהָיְתָה מְדִינָה: illegal immigration to Palestine before 1948
*הַבְּרִיטִים הִתְנַגְּדוּ **לַהַעְפָּלָה**.*

העציבפ' הֶעֱצִיב saddened
גָּרַם עֶצֶב, צַעַר:
*הַיְּדִיעָה עַל מוֹתוֹ **הֶעֱצִיבָה אוֹתִי**.*
לְהַעֲצִיב אֶת- / ע.צ.ב, הִפְעִיל / הֶעֱצַבְתִּי, מַעֲצִיב, יַעֲצִיב

הערהנ׳ הֶעָרָה [הֶעָרוֹת] remark

1. כְּשֶׁרוֹצִים שֶׁיָּשִׂימוּ לֵב:
הַהֶעָרָה שֶׁל הַמּוֹרֶה פָּגְעָה בִּי.

2. דְּבָרִים בְּקִיצּוּר עַל סֵפֶר אוֹ מַאֲמָר: comment
כָּתַבְתִּי כַּמָּה הֶעָרוֹת עַל הַמַּאֲמָר שֶׁלְּךָ.

3. הַפְסָקָה שֶׁל הַשֵּׁינָה: awakening
הַהֶעָרָה שֶׁל הַחַיָּילִים הִיא בְּ־6.00 בַּבּוֹקֶר.

העריךפ׳ הֶעֱרִיךְ appraised

1. קָבַע כַּמָּה שָׁוֶה מַשֶּׁהוּ:
הוּא הֶעֱרִיךְ אֶת הַמְּכוֹנִית שֶׁלִּי בְּ־10,000 ש"ח.

2. חָשַׁב שֶׁמִּישֶׁהוּ טוֹב, הֶחְשִׁיב מִישֶׁהוּ: appreciated
אֲנִי מַעֲרִיךְ אוֹתוֹ, כִּי הוּא אָדָם יָשָׁר.

3. שִׁיעֵר, חָשַׁב, קָבַע בְּעֵרֶךְ (לֹא בְּדִיּוּק): estimated
אֲנִי מַעֲרִיךְ, שֶׁקְּלִינְטוֹן יִהְיֶה נָשִׂיא טוֹב.

לְהַעֲרִיךְ אֶת־ / ע.ר.ך, הִפְעִיל / הֶעֱרַכְתִּי, מַעֲרִיךְ, יַעֲרִיךְ

העריםפ׳ הֶעֱרִים conned

1. רִימָּה, "סִידֵּר" מִישֶׁהוּ:
הַסּוֹחֵר הֶעֱרִים עָלַיי וּמָכַר לִי בְּיוֹקֶר רַדְיוֹ יָשָׁן.

2. שָׂם דְּבָרִים זֶה עַל זֶה: mounted
(מֶטָאפוֹרָה) *הֶעֱרִים קְשָׁיִים - עָשָׂה הַכּוֹל שֶׁיִּהְיֶה קָשֶׁה.*

לְהַעֲרִים עַל־ / ע.ר.ם, הִפְעִיל / הֶעֱרַמְתִּי, מַעֲרִים, יַעֲרִים

העריץפ׳ הֶעֱרִיץ admired

הִתְפַּעֵל, נָתַן כָּבוֹד רַב:
תָּמִיד הֶעֱרַצְתִּי אֶת דּוֹסְטוֹיֶיבְסְקִי וְאֶת סְפָרָיו.

לְהַעֲרִיץ אֶת־ / ע.ר.ץ, הִפְעִיל / הֶעֱרַצְתִּי, מַעֲרִיץ, יַעֲרִיץ

הערכהנ׳ הַעֲרָכָה [הַעֲרָכוֹת] estimate, evaluation

1. קְבִיעָה, כַּמָּה שָׁוֶה מַשֶּׁהוּ:
לְפִי הַהַעֲרָכָה שֶׁלִּי מְחִיר הַדִּירָה הַזֹּאת לֹא גָּבוֹהַּ.

2. בִּיקּוֹרֶת טוֹבָה (אִם לֹא כָּתוּב 'שְׁלִילִית' וְכוּ'): appreciation
הוּא זָכָה לְהַעֲרָכָה מִצַּד כָּל הָעוֹבְדִים.
הַעֲרָכָה שְׁלִילִית / הַעֲרָכָה חִיּוּבִית

הערצהנ׳ הַעֲרָצָה admiration

יַחַס שֶׁל כָּבוֹד גָּדוֹל:
זַמָּרִים וְשַׂחְקָנִים הֵם אוֹבְּיֶיקְט לְהַעֲרָצָה.

העשירפ׳ הֶעֱשִׁיר made rich

1. עָשָׂה מִישֶׁהוּ עָשִׁיר:
בֵּית הַחֲרוֹשֶׁת הַזֶּה הֶעֱשִׁיר אוֹתוֹ.

2. עָשָׂה מִישֶׁהוּ (אוֹ מַשֶּׁהוּ) טוֹב יוֹתֵר: enriched
הָאוֹמָנוּת מַעֲשִׁירָה אֶת הַנֶּפֶשׁ.

לְהַעֲשִׁיר אֶת־ / ע.ש.ר, הִפְעִיל / הֶעֱשַׁרְתִּי, מַעֲשִׁיר, יַעֲשִׁיר

העשרהנ׳ הַעֲשָׁרָה enrichment

כְּשֶׁעוֹשִׂים מַשֶּׁהוּ (אוֹ מִישֶׁהוּ) טוֹב יוֹתֵר אוֹ עָשִׁיר יוֹתֵר:
הֵם שָׂמוּ כִּימִיקָלִים לְצוֹרֶךְ הַהַעֲשָׁרָה שֶׁל הָאֲדָמָה.
לִימּוּדֵי הַעֲשָׁרָה enrichment programs

העתיקפ׳ הֶעֱתִיק copied

הֶעֱבִיר אֶת הַכָּתוּב לְדַף אַחֵר:
הוּא הֶעֱתִיק אֶת הַשִּׁיר מִן הַלּוּחַ לַמַּחְבֶּרֶת.

לְהַעֲתִיק / ע.ת.ק, הִפְעִיל / הֶעֱתַקְתִּי, מַעֲתִיק, יַעֲתִיק

העתקז׳ הֶעְתֵּק [הֶעְתֵּקִים] copy, duplicate

1. דּוּפְּלִיקָט שֶׁל דַּף, תְּמוּנָה וְכוּ':
בִּיקַּשְׁתִּי הֶעְתֵּק שֶׁל הַמִּכְתָּב הָאוֹרִיגִינָלִי.

2. אִמִיטַצְיָה, דּוֹמֶה לְדָבָר הָאֲמִיתִּי: replica, imitation
הַבַּיִת הַזֶּה הוּא הֶעְתֵּק מְדוּיָּק שֶׁל בִּנְיַין הַכְּנֶסֶת.

העתקהנ׳ הַעְתָּקָה [הַעְתָּקוֹת] copying

הַעֲבָרָה שֶׁל חוֹמֶר כָּתוּב לְדַף חָדָשׁ:
גֵּירְשׁוּ אוֹתוֹ מֵהַכִּיתָּה בִּגְלַל הַעְתָּקָה בַּמִּבְחָן.

הפגזהנ׳ הַפְגָּזָה [הַפְגָּזוֹת] shelling, bombardment

זְרִיקַת פְּצָצוֹת:
בִּגְלַל הַהַפְגָּזָה יָרְדוּ הַתּוֹשָׁבִים לַמִּקְלָטִים.

הפגיזפ׳ הִפְגִּיז shelled

יָרָה פְּגָזִים, יָרָה בְּתוֹתָח:
הָאוֹיֵב הִפְגִּיז אֶת הָעִיר.

לְהַפְגִּיז אֶת־ / פ.ג.ז, הִפְעִיל / הִפְגַּזְתִּי, מַפְגִּיז, יַפְגִּיז, הַפְגֵּז!

הפגיןפ׳ הִפְגִּין demonstrated

יָצָא נֶגֶד מַשֶּׁהוּ בְּאוֹפֶן גָּלוּי, בְּהַפְגָּנָה:
דָּוִיד הִפְגִּין נֶגֶד הַמֶּמְשָׁלָה.

לְהַפְגִּין / פ.ג.ן, הִפְעִיל / הִפְגַּנְתִּי, מַפְגִּין, יַפְגִּין, הַפְגֵּן!

הפגישפ׳ הִפְגִּישׁ introduced

גָּרַם שֶׁתִּהְיֶה פְּגִישָׁה עִם מִישֶׁהוּ:
דָּן הִפְגִּישׁ אוֹתִי עִם הַמִּשְׁפָּחָה שֶׁלּוֹ.

לְהַפְגִּישׁ אֶת־, עִם־ / פ.ג.ש, הִפְעִיל / הִפְגַּשְׁתִּי, מַפְגִּישׁ

הפגנהנ׳ הַפְגָּנָה [הַפְגָּנוֹת] demonstration

תַּהֲלוּכָה, מִצְעָד שֶׁל סְטוּדֶנְטִים, פּוֹעֲלִים וְכוּ' כְּדֵי לְהַבִּיעַ אֶת דַּעְתָּם בַּצִּיבּוּר:
סְטוּדֶנְטִים רַבִּים הִשְׁתַּתְּפוּ בַּהַפְגָּנָה נֶגֶד הַמִּלְחָמָה.
הַפְגָּנַת־כּוֹחַ show of force

הפגנתית׳ הַפְגָּנָתִי demonstrative

דֶּמוֹנְסְטְרָטִיבִי, בְּעַד אוֹ נֶגֶד מַשֶּׁהוּ:

שביתה היא מַעֲשֶׂה הַפְגָּנָתִי.
הַפְגָּנָתִית, הַפְגָּנָתִיִּים, הַפְגָּנָתִיּוֹת

הפוגהנ׳ הֲפוּגָה [הֲפוּגוֹת] — lull
הַפְסָקָה:
אֵין הֲפוּגָה בַּגֶּשֶׁם.

הפוךת׳ הָפוּךְ — upside down
1. בְּמַצָּב שׁוֹנֶה לְגַמְרֵי (מַה שֶׁלְּמַעְלָה-לְמַטָּה, מַה שֶּׁשָּׁחוֹר-לָבָן וְכוּ׳):
הַתַּלְמִיד שָׂם כִּיסֵּא הָפוּךְ עַל הַשּׁוּלְחָן.
2. לֹא מְסוּדָּר: — in a mess
הַבַּיִת הָפוּךְ, שׁוּם דָּבָר לֹא בַּמָּקוֹם.
הֲפוּכָה, הֲפוּכִים, הֲפוּכוֹת
קָפֶה הָפוּךְ — café au lait

הפחדהנ׳ הַפְחָדָה [הַפְחָדוֹת] — intimidation
כְּשֶׁגּוֹרְמִים פַּחַד:
הַפְחָדָה שֶׁל יְלָדִים הִיא דָּבָר רַע.

הפחידפ׳ הִפְחִיד — frightened, intimidated
גָּרַם פַּחַד, גָּרַם חֲשָׁשׁ וּדְאָגָה:
הַכֶּלֶב הִפְחִיד אֶת הַיֶּלֶד.
לְהַפְחִיד אֶת- / פ.ח.ד, הִפְעִיל / הִפְחַדְתִּי, מַפְחִיד, יַפְחִיד

הפחיתפ׳ הִפְחִית — reduced
1. הִקְטִין, צִימְצֵם, עָשָׂה שֶׁיִּהְיֶה פָּחוֹת:
בַּקַּיִץ מַפְחִיתִים אֶת שְׁעוֹת הָעֲבוֹדָה.
2. בַּאֲרִיתְמֶטִיקָה - חִיסֵּר: — deducted
אִם תַּפְחִית 3 מִ-10, תְּקַבֵּל 7.
3. הִקְטִין בַּחֲשִׁיבוּת שֶׁל מַשֶּׁהוּ: — underestimated
הוּא הִפְחִית בָּעֵרֶךְ שֶׁל פִּיקָסוֹ כְּצַיָּיר.
לְהַפְחִית אֶת-, מִ- / פ.ח.ת, הִפְעִיל / הִפְחַתִּי, מַפְחִית

הפחתהנ׳ הַפְחָתָה [הַפְחָתוֹת] — reduction
הַקְטָנָה, הוֹרָדָה, כְּשֶׁעוֹשִׂים שֶׁיִּהְיֶה פָּחוֹת:
שָׂמַחְתִּי לִשְׁמוֹעַ עַל הַפְחָתַת הַמְּחִירִים.

הפטרהנ׳ הַפְטָרָה — A portion from the Prophets, read in synagogue on Shabbat and Holidays
פֶּרֶק מֵהַתַּנַ״ךְ שֶׁקּוֹרְאִים בְּבֵית כְּנֶסֶת בְּשַׁבָּת אוֹ בְּחַג:
הַיֶּלֶד בַּר הַמִּצְוָה, קָרָא אֶת הַהַפְטָרָה.

הפיגפ׳ הֵפִיג — eased
הִפְסִיק, הֶחְלִישׁ, הִפְחִית:
הַתְּרוּפָה הַזֹּאת מְפִיגָה אֶת הַכְּאֵבִים.
לְהָפִיג אֶת- / פ.ו.ג, הִפְעִיל / הֲפַגְתִּי, מֵפִיג, יָפִיג, הָפֵג!

הפיךת׳ הָפִיךְ — reversible
שֶׁיָּכוֹל לְהִשְׁתַּנּוֹת, לַחֲזוֹר לְמַה שֶּׁהָיָה:
מַצַּב הַחוֹלֶה קָשֶׁה אֲבָל עֲדַיִין הָפִיךְ.
בִּלְתִּי-הָפִיךְ — irreversible
הֲפִיכָה, הֲפִיכִים, הֲפִיכוֹת

הפיכהנ׳ הֲפִיכָה [הֲפִיכוֹת] — coup (d'état)
שִׁינּוּי רָדִיקָלִי:
הָיְיתָה הֲפִיכָה צְבָאִית בְּאַרְגֶּנְטִינָה.

הפילפ׳ הִפִּיל — dropped, threw down
זָרַק לְמַטָּה:
הַיֶּלֶד הִפִּיל אֶת הַבַּקְבּוּק עַל הָרִצְפָּה.
לְהַפִּיל אֶת- / נ.פ.ל, הִפְעִיל / הִפַּלְתִּי, מַפִּיל, יַפִּיל, הַפֵּל!

הפיספ׳ הֵפִיס (אֶת דַּעְתּוֹ) — appeased
(לשון גבוהה) הִרְגִּיעַ אוֹתוֹ, עָשָׂה שֶׁיִּהְיֶה מְרוּצֶּה:
כְּדֵי לְהָפִיס אֶת דַּעְתּוֹ שֶׁל אָבִי, אֲנִי הוֹלֵךְ לְבֵית הַסֵּפֶר.
לְהָפִיס אֶת- / פ.י.ס, הִפְעִיל / הֵפַסְתִּי, מֵפִיס, אָפִיס

הפיץפ׳ הֵפִיץ — distributed
פִּיזֵּר, הֶעֱבִיר (יְדִיעָה, עִיתּוֹנִים וְכוּ׳) לְכוּלָּם:
הוּא הֵפִיץ אֶת הָעִיתּוֹנִים לְכָל הַחֲנוּיוֹת.
הֵם מְפִיצִים יְדִיעוֹת לֹא נְכוֹנוֹת.
לְהָפִיץ אֶת- / פ.ו.ץ, הִפְעִיל / הֵפַצְתִּי, מֵפִיץ, אָפִיץ, יָפִיץ

הפיקפ׳ הֵפִיק — produced, extracted
1. הוֹצִיא (מֵהָאֲדָמָה, מֵהַיָּם, מֵעַצְמוֹ וְכוּ׳):
יִשְׂרָאֵל מְפִיקָה כִּימִיקָלִים מִיַּם-הַמֶּלַח.
2. יִיצֵר, עָשָׂה, בִּיצֵּעַ: — produced
ווֹלְט דִּיסְנֵי הֵפִיק סְרָטִים לִילָדִים.
מְדִינוֹת מְפִיקוֹת נֵפְט — OPEC
הֵפִיק תּוֹעֶלֶת — benefited
לְהָפִיק אֶת- / פ.י.ק, הִפְעִיל / הֵפַקְתִּי, מֵפִיק, יָפִיק, הָפֵק!

הפךפ׳ הָפַךְ — turned upside down
1. שִׁינָּה אֶת הַצַּד - מִלְּמַעְלָה לְמַטָּה וּלְהֵיפֶךְ (מִיָּמִין לִשְׂמֹאל, מִלְּפָנִים לְאָחוֹר וְכוּ׳):
הָעוֹזֶרֶת הָפְכָה אֶת הַכִּיסְאוֹת עַל הַשּׁוּלְחָן.
2. גָּרַם לְאִי סֵדֶר: — made a mess
הַיְלָדִים הָפְכוּ אֶת הַבַּיִת.
3. הָפַךְ לְ-, הִשְׁתַּנָּה, נַעֲשָׂה אַחֵר: — turned into
הַבָּחוּר הָפַךְ לְגֶבֶר, וְהַבַּחוּרָה הָפְכָה לְאִישָּׁה.
הָפַךְ אֶת הַיּוֹצְרוֹת — put the cart before the horse
לַהֲפוֹךְ אֶת-, לְ- / ה.פ.ךְ, פָּעַל / הָפַכְתִּי, הוֹפֵךְ, יַהֲפוֹךְ

הפך ר׳ הֵיפֶךְ

הפכפךת' הֲפַכְפַּךְ fickle
מְשַנֶּה כֹּל פַּעַם אֶת דַעְתּוֹ:
*אִי אֶפְשָר לִסְמוֹךְ עָלָיו, הוּא בָּחוּר **הֲפַכְפַּךְ**.*
הֲפַכְפֶּכֶת-הֲפַכְפַּכָּה, הֲפַכְפַּכִּים, הֲפַכְפַּכּוֹת

הפכפכנותנ' הֲפַכְפְּכָנוּת fickleness
כְּשֶמְּשַנִּים כֹּל פַּעַם דֵיעָה:
*בִּגְלַל **הַהֲפַכְפְּכָנוּת** שֶלּוֹ אֵינִי סוֹמֶכֶת עָלָיו.*

הפלא ופלא!ק' הַפְלֵא וָפֶלֶא! How wonderful!
בִּיטוּי לְהַבִּיעַ שֶמַּשֶהוּ מְיוּחָד, יוֹצֵא דוֹפֶן, שֶאִי אֶפְשָר לְהַאֲמִין:
***הַפְלֵא וָפֶלֶא** - סִייַמְתִּי אֶת הַשִיעוּרִים!*

הפלגהנ' הַפְלָגָה [הַפְלָגוֹת] sailing
יְצִיאָה שֶל אוֹנִייָה אוֹ נְסִיעָה בְּאוֹנִייָה:
***הַהַפְלָגָה** בַּיָם הָיְיתָה נְעִימָה.*

הפלהפ' הִפְלָה discriminated
הִבְדִיל לְטוֹבָה אוֹ לְרָעָה:
*אָסוּר **לְהַפְלוֹת בֵּין** שְחוֹרִים לִלְבָנִים.*
לְהַפְלוֹת בֵּין-, לְ- / פ.ל.ה, הִפְעִיל / הִפְלֵיתִי, מַפְלֶה, יַפְלֶה

הפלהנ' הַפָּלָה [הַפָּלוֹת] dropping
1. זְרִיקָה לְמַטָה:
***הַפָּלַת** הַכִּיסֵא פָּצְעָה אוֹתוֹ.*
2. הַפְסָקָה שֶל הֵירָיוֹן: miscarriage
*הַהֵירָיוֹן שֶלָּה נִגְמַר **בְּהַפָּלָה**.*
הַפָּלָה מְלָאכוּתִית abortion

הפליאפ' הִפְלִיא amazed
עָשָׂה דְבָרִים שֶקָּשֶה לְהַאֲמִין:
*הוּא **הִפְלִיא** אוֹתִי בַּהֶישֵׂגִים שֶלּוֹ.*
הִפְלִיא מַכּוֹתָיו beat up severely
לְהַפְלִיא אֶת- / פ.ל.א, הִפְעִיל / הִפְלֵאתִי, מַפְלִיא, אַפְלִיא

הפליגפ' הִפְלִיג sailed
יָצָא בְּסִירָה (אוֹ בְּאוֹנִייָה) לַיָם:
*הוּא **הִפְלִיג לְיָוָון**.*
לְהַפְלִיג לְ- / פ.ל.ג, הִפְעִיל / הִפְלַגְתִּי, מַפְלִיג, יַפְלִיג, הַפְלֵג!

הפליה ר' אפליה

הפלילפ' הִפְלִיל incriminated
הוֹכִיחַ, הֶרְאָה שֶמִּישֶהוּ אָשֵם:
*הַהִתְנַהֲגוּת שֶלּוֹ **הִפְלִילָה** אוֹתוֹ.*
לְהַפְלִיל אֶת- / פ.ל.ל, הִפְעִיל / הִפְלַלְתִּי, מַפְלִיל, יַפְלִיל

הפנהפ' הִפְנָה turned
1. סוֹבֵב:
*הוּא **הִפְנָה אֶת** פָּנָיו אֶל הַכְּבִיש.*
2. גָרַם שֶמִּישֶהוּ יִפְנֶה, יֵלֵךְ אֶל -: referred
***הִפְנֵיתִי** אוֹתוֹ לַמְנַהֵל.*
הִפְנָה עוֹרֶף turned his back
לְהַפְנוֹת אֶת- / פ.נ.ה, הִפְעִיל / הִפְנֵיתִי, מַפְנֶה, יַפְנֶה

הפנייהנ' הַפְנָיָה [הַפְנָיוֹת] turning
1. פְּנִייָה, סִיבוּב:
***הַפְנָיָיה** שֶל הָרֹאש גוֹרֶמֶת לִי כְּאֵב.*
2. כְּשֶאוֹמְרִים לְמִי לִפְנוֹת אוֹ לְאָן לָלֶכֶת: referral
*נָתַתִּי לוֹ **הַפְנָיָיה** לָרוֹפֵא.*

הפניםפ' הִפְנִים internalized
הִכְנִיס פְּנִימָה, שָמַר בַּלֵּב:
*הוּא בַּיְישָן, הוּא **מַפְנִים** מַה שֶהוּא מַרְגִיש.*
עֲדַיִין לֹא **הִפְנַמְתִּי אֶת** חוֹמֶר הַלִּימוּדִים הֶחָדָש.
לְהַפְנִים אֶת- / פ.נ.ם, הִפְעִיל / הִפְנַמְתִּי, מַפְנִים, יַפְנִים

הפנמהנ' הַפְנָמָה internalization
אִינְטְרוֹבֶרְסְיָה, הַכְנָסָה פְּנִימָה:
***הַהַפְנָמָה** שֶל הַדִיקְדוּק קָשָה לְלוֹמְדֵי עִבְרִית.*

הפסדז' הֶפְסֵד [הֶפְסֵדִים] damage
1. קִילְקוּל, נֶזֶק:
*בַּמִּלְחָמָה יֵש **הֶפְסֵדִים** גְדוֹלִים.*
2. כְּשֶאֵין רֶוַוח: loss
*יֵש לִי **הֶפְסֵד** מֵהַמְּכִירָה הַזֹּאת.*

הפסידפ' הִפְסִיד lost
1. אִיבֵּד אֶת הַכֶּסֶף:
*הָאִיש **הִפְסִיד אֶת** רְכוּשוֹ בִּגְלַל הָאִינְפְלַצְיָה.*
2. לֹא נִיצַח, לֹא זָכָה בַּמָּקוֹם הָרִאשוֹן: was defeated
*הַסְפּוֹרְטָאִי **הִפְסִיד בַּתַּחֲרוּת**.*
לְהַפְסִיד אֶת- / פ.ס.ד, הִפְעִיל / הִפְסַדְתִּי, מַפְסִיד, אַפְסִיד

הפסיקפ' הִפְסִיק stopped
עָצַר בָּאֶמְצַע, לֹא הִמְשִיךְ:
*הַמּוֹרֶה **הִפְסִיק אֶת** הַשִיעוּר אַחֲרֵי חֲצִי שָעָה.*
לְהַפְסִיק אֶת- / פ.ס.ק, הִפְעִיל / הִפְסַקְתִּי, מַפְסִיק, יַפְסִיק

הפסקז' הֶפְסֵק pause
הַפְסָקָה:
*פְּסִיק (,) הוּא סִימָן שֶל **הֶפְסֵק**.*
בְּלֹא/לְלֹא הֶפְסֵק endlessly

הפסקה נ, הַפְסָקָה [הַפְסָקוֹת] discontinuation,

1. כַּאֲשֶׁר עוֹצְרִים בְּאֶמְצַע הַפְּעוּלָה: (power failure)

*בִּגְלַל הַגֶּשֶׁם הָיוּ **הַפְסָקוֹת** חַשְׁמַל.*

2. הַזְּמַן שֶׁבֵּין שִׁיעוּר לְשִׁיעוּר אוֹ בֵּין פְּעִילוּת לִפְעִילוּת: break, intermission

*יֵשׁ **הַפְסָקָה** שֶׁל 10 דַּקּוֹת בֵּין הַשִּׁיעוּר הָרִאשׁוֹן לַשֵּׁנִי.*

הַפְסָקַת־אֵשׁ cease-fire

הפעיל ז, הִפְעִיל the active causative form of the Heb. verb

אֶחָד מִ-7 הַבִּנְיָינִים שֶׁל הַפּוֹעַל בְּעִבְרִית, מְסַמֵּן פְּעָלִים גּוֹרְמֵי פְּעוּלָה:

הִלְבִּישׁ, הֶאֱכִיל, הִכְתִּיב הֵם פְּעָלִים בְּבִנְיַין הִפְעִיל.

הפעיל פ, הִפְעִיל operated

עָשָׂה שֶׁמִּישֶׁהוּ אוֹ מַשֶּׁהוּ יַעֲבוֹד:

*הַפּוֹעֲלִים **הִפְעִילוּ אֶת** הַמְּכוֹנוֹת בְּבֵית הַחֲרוֹשֶׁת.*

לְהַפְעִיל אֶת- / פ.ע.ל, הִפְעִיל / הִפְעַלְתִּי, מַפְעִיל, יַפְעִיל

הפעלה נ, הַפְעָלָה operation

כְּשֶׁעוֹשִׂים שֶׁמִּישֶׁהוּ אוֹ מַשֶּׁהוּ יַעֲבוֹד:

*הַ**הַפְעָלָה** שֶׁל בֵּית הַחֲרוֹשֶׁת תִּיתֵּן עֲבוֹדָה לָעוֹלִים.*

הפצה נ, הֲפָצָה [הֲפָצוֹת] distribution, spreading

פִּיזוּר, הַעֲבָרָה אֶל כּוּלָּם:

*הוּא עוֹבֵד **בַּהֲפָצָה** שֶׁל עִיתוֹנִים.*

הפציץ פ, הִפְצִיץ bombed, shelled

זָרַק פְּצָצוֹת:

*הָאֲווִירוֹנִים **הִפְצִיצוּ אֶת** הָעִיר.*

לְהַפְצִיץ אֶת- / פ.צ.ץ, הִפְעִיל / הִפְצַצְתִּי, מַפְצִיץ, יַפְצִיץ

הפציר פ, הִפְצִיר implored

בִּיקֵּשׁ מְאוֹד מְאוֹד:

*הוּא **הִפְצִיר בִּי** לָבוֹא לַמְּסִיבָּה.*

לְהַפְצִיר בְּ- / פ.צ.ר, הִפְעִיל / הִפְצַרְתִּי, מַפְצִיר, יַפְצִיר

הפצצה נ, הַפְצָצָה [הַפְצָצוֹת] bombing, shelling

זְרִיקַת פְּצָצוֹת:

*בִּזְמַן **הַהַפְצָצָה** צָרִיךְ לָשֶׁבֶת בַּמִּקְלָט.*

הפצרה נ, הַפְצָרָה [הַפְצָרוֹת] imploring

(בד"כ בְּרַבִּים) בַּקָּשָׁה חוֹזֶרֶת עוֹד וָעוֹד:

*לַמְרוֹת **הַפְצָרוֹת** הַמִּשְׁפָּחָה עָלִיתִי לְיִשְׂרָאֵל.*

הַפְצָרוֹתַי, הַפְצָרוֹתָיו, הַפְצָרוֹתֶיהָ, הַפְצָרוֹתֵיהֶם־הֶן

הפקדה נ, הַפְקָדָה appointing, depositing (money) [הַפְקָדוֹת]

כְּשֶׁשָּׂמִים מַשֶּׁהוּ אוֹ מִישֶׁהוּ לִשְׁמִירָה אוֹ לְתַפְקִיד:

*בַּבַּנְק יֵשׁ קוּפָּה **לְהַפְקָדָה** שֶׁל כֶּסֶף מְזוּמָן. / **הַפְקָדַת** הֶחָתוּל עַל הַשַּׁמֶּנֶת הִיא לֹא רַעְיוֹן טוֹב.*

הפקה נ, הֲפָקָה [הֲפָקוֹת] production (extraction)

1. הוֹצָאָה:

*הֲ**פָקָה** שֶׁל נֵפְט בְּיִשְׂרָאֵל הִיא לֹא רֶנְטַבִּילִית.*

2. בִּיצּוּעַ, עֲשִׂיָּיה: producing

*הֲ**פָקָה** שֶׁל סֶרֶט עוֹלָה כֶּסֶף רַב.*

הפקיד פ, הִפְקִיד deposited

1. שָׂם כְּדֵי שֶׁיִּשְׁמְרוּ לוֹ:

***הִפְקַדְתִּי אֶת** הַכֶּסֶף בַּבַּנְק.*

2. שָׂם מִישֶׁהוּ בְּתַפְקִיד: appointed, placed

*הוּא **הַפָּקִיד** שׁוֹמֵר בְּשַׁעַר הַקִּיבּוּץ.*

לְהַפְקִיד אֶת- / פ.ק.ד, הִפְעִיל / הִפְקַדְתִּי, מַפְקִיד, יַפְקִיד

הפקיע פ, הִפְקִיעַ confiscated

לָקַח רְכוּשׁ בְּאוֹפֶן לֵיגָלִי בִּשְׁבִיל הַצִּיבּוּר:

*הָעִירִיָּיה **הִפְקִיעָה** אֲדָמָה לִכְבִישִׁים וּלְגִינּוֹת.*

הִפְקִיעַ מְחִירִים - הֶעֱלָה מְחִירִים בְּנִיגּוּד לַחוֹק

לְהַפְקִיעַ אֶת- / פ.ק.ע, הִפְעִיל / הִפְקַעְתִּי, מַפְקִיעַ, אַפְקִיעַ

הפקיר פ, הִפְקִיר abandoned

עָזַב בְּלִי שְׁמִירָה:

*הוּא **הִפְקִיר אֶת** הַיְּלָדִים בַּטִּיּוּל.*

לְהַפְקִיר אֶת- / פ.ק.ר, הִפְעִיל / הִפְקַרְתִּי, מַפְקִיר, אַפְקִיר

הפקירות נ, הֶפְקֵרוּת anarchy, irresponsible behavior

כְּשֶׁמִּתְנַהֲגִים בְּלִי חוֹק, בְּלִי אַחְרָיוּת:

*זֹאת **הֶפְקֵרוּת** לִשְׂחוֹת בְּיָם סוֹעֵר.*

הפקעה נ, הַפְקָעָה [הַפְקָעוֹת] confiscation

לְקִיחָה שֶׁל כֶּסֶף, אֲדָמָה וְכוּ' עַל יְדֵי מֶמְשָׁלָה (אוֹ עִירִיָּיה) בִּשְׁבִיל הַצִּיבּוּר:

*הִתְנַגַּדְנוּ **לְהַפְקָעָה** שֶׁל אֲדָמָה פְּרָטִית.*

הַפְקָעַת מְחִירִים price gouging

הַפְקָעַת מְחִירֵי הַדִּירוֹת מַרְגִּיזָה

הפקר ז, הֶפְקֵר unclaimed property

מַשֶּׁהוּ שֶׁלֹּא שַׁיָּיךְ לְאַף אֶחָד:

*הֵם הִשְׁאִירוּ אֶת הַחֲבִילוֹת **הֶפְקֵר** בָּרְחוֹב.*

*אַתֶּם מִתְנַהֲגִים כְּאִילּוּ הַכּוֹל **הֶפְקֵר**.*

יַלְדֵי הֶפְקֵר waifs

שֶׁטַח הֶפְקֵר no-man's land

הפקרה נ, הַפְקָרָה abandonment

כְּשֶׁשָּׂמִים בְּלִי שְׁמִירָה, בְּלִי דְּאָגָה:

***הַפְקָרַת** יְלָדִים בְּלִי שְׁמִירָה הִיא חוֹסֶר אַחְרָיוּת.*

הפקרות ר' הפקירות

הפרפ' הֵפֵר — violated
בִּיטֵל, לֹא קִיֵּים:
*אָסוּר **לְהָפֵר** חוֹק.*
לְהָפֵר / פ.ר.ר, הִפְעִיל / הֵפַרְתִי, מֵפֵר, יָפֵר, הָפֵר!

הפרדהנ' הַפְרָדָה — separation
[הַפְרָדוֹת] הַרְחָקָה שֶׁל דָּבָר אֶחָד מִדָּבָר אַחֵר:
*בְּבֵית כְּנֶסֶת אוֹרתוֹדוֹכְּסִי יֵשׁ **הַפְרָדָה** בֵּין גְבָרִים וְנָשִׁים.*

הפרהפ' הִפְרָה — inseminated, impregnated
1. עָשָׂה שֶׁהַנְּקֵיבָה תִּהְיֶה בְּהֵירָיוֹן:
*הַזָּכָר **מַפְרֶה** אֶת הַנְּקֵיבָה.*
2. עָשָׂה שֶׁיִּהְיֶה טוֹב יוֹתֵר, הַרְבֵּה יוֹתֵר: — fertilized, enriched
*הַקְּרִיאָה **מַפְרָה** אֶת הַמַּחְשָׁבָה.*
לְהַפְרוֹת אֶת- / פ.ר.ה, הִפְעִיל / הִפְרֵיתִי, מַפְרֶה, יַפְרֶה

הפרהנ' הֲפָרָה [הֲפָרוֹת] — violation, breach
בִּיטּוּל:
***הֲפָרָה** שֶׁל הֶסְכֵּם הִיא דָּבָר לֹא חוּקִי.*
הֲפָרַת־חוֹזֶה — breach of contract
הֲפָרַת־חוֹק — violation of law

הפרזהנ' הַפְרָזָה [הַפְרָזוֹת] — exaggeration
אֲמִירָה שֶׁמַּשֶּׁהוּ הַרְבֵּה יוֹתֵר גָּדוֹל אוֹ קָטָן:
*בְּלִי **הַפְרָזָה** - זֹאת הַצָּגָה מְצוּיֶּנֶת!*

הפרטהנ' הַפְרָטָה [הַפְרָטוֹת] — privatization
הַעֲבָרָה שֶׁל מִפְעָל מֶמְשַׁלְתִּי לְיָדַיִים פְּרָטִיּוֹת:
*אֲנִי בְּעַד **הַפְרָטָה** שֶׁל חֶבְרַת הַטֶּלֶפוֹנִים.*

הפרידפ' הִפְרִיד — separated
הִרְחִיק דָּבָר אֶחָד מִדָּבָר אַחֵר:
*הַחוֹמָה **מַפְרִידָה בֵּין** הָעִיר הָעַתִּיקָה לָעִיר הַחֲדָשָׁה.*
*הַמִּלְחָמָה **הִפְרִידָה בֵּין** הָאוֹהֲבִים.*
לְהַפְרִיד בֵּין- / פ.ר.ד, הִפְעִיל / הִפְרַדְתִי, מַפְרִיד, יַפְרִיד

הפריזפ' הִפְרִיז — exaggerated
הִגְזִים, אָמַר שֶׁמַּשֶּׁהוּ הַרְבֵּה יוֹתֵר גָּדוֹל...:
*הוּא **הִפְרִיז** בְּסִיפּוּרִים עַל הָעוֹשֶׁר שֶׁלוֹ.*
לְהַפְרִיז, בְּ- / פ.ר.ז, הִפְעִיל / הִפְרַזְתִי, מַפְרִיז, יַפְרִיז

הפריחפ' הִפְרִיחַ — caused to fly
1. נָתַן לְמַשֶּׁהוּ לָעוּף בָּאֲוִויר:
*הַיֶּלֶד **הִפְרִיחַ אֶת** הַיּוֹנִים בֶּחָצֵר.*
2. (מֶטָאפוֹרָה) פִּיזֵּר: — spread (rumors, lies)
*הוּא **מַפְרִיחַ** שְׁקָרִים.*
3. עָשָׂה שֶׁיִּהְיֶה פּוֹרֵחַ שֶׁיִּגְדְּלוּ בּוֹ צְמָחִים וְכוּ': — caused to bloom
*צָרִיךְ **לְהַפְרִיחַ אֶת** הַנֶּגֶב.*
לְהַפְרִיחַ אֶת- / פ.ר.ח, הִפְעִיל / הִפְרַחְתִי, מַפְרִיחַ, יַפְרִיחַ

הפרייהנ' הַפְרָיָה [הַפְרָיוֹת] — insemination, fertilization
כְּשֶׁזֶּרַע הַזָּכָר וּבֵיצִית הַנְּקֵבָה נִפְגָּשִׁים:
*הַתִּינוֹק נוֹלַד 9 חוֹדָשִׁים אַחֲרֵי **הַהַפְרָיָה**.*
הַפְרָיָה מְלָאכוּתִית — artificial insemination

הפריךפ' הִפְרִיךְ — refuted
הוֹכִיחַ שֶׁמַּשֶּׁהוּ אֵינוֹ נָכוֹן, אֵינוֹ אֱמֶת וְכוּ':
*עוֹרֵךְ הַדִּין **הִפְרִיךְ אֶת** הַסִּיפּוּר שֶׁל הָעֵד.*
לְהַפְרִיךְ אֶת- / פ.ר.ך, הִפְעִיל / הִפְרַכְתִי, מַפְרִיךְ, יַפְרִיךְ

הפריעפ' הִפְרִיעַ — disturbed
מָנַע אֶת הַשֶּׁקֶט, הַשֵּׁינָה, הָעֲבוֹדָה וְכוּ':
*הַיֶּלֶד **הִפְרִיעַ** לִי לִישׁוֹן.*
לְהַפְרִיעַ לְ- / פ.ר.ע, הִפְעִיל / הִפְרַעְתִי, מַפְרִיעַ, אַפְרִיעַ

הפרישפ' הִפְרִישׁ — allocated
1. שָׂם לְחוּד, הִבְדִּיל:
*הוּא **הִפְרִישׁ** חֲצִי מֵהַמַּשְׂכּוֹרֶת לַמַּשְׁכַּנְתָּה.*
2. הוֹצִיא מִן הַגּוּף: — secreted
*הוּא **מַפְרִישׁ** זֵיעָה.*
לְהַפְרִישׁ אֶת- / פ.ר.ש, הִפְעִיל / הִפְרַשְׁתִי, מַפְרִישׁ, יַפְרִישׁ

הפרעהנ' הַפְרָעָה [הַפְרָעוֹת] — disturbance, interruption
פְּעוּלָה שֶׁמְּקַלְקֶלֶת, מְבַלְבֶּלֶת, גּוֹרֶמֶת בְּעָיוֹת:
*גָּמַרְנוּ אֶת הָעֲבוֹדָה לְלֹא **הַפְרָעָה**.*

הפרשז' הֶפְרֵשׁ [הֶפְרֵשִׁים] — difference
1. הֶבְדֵּל, עוֹדֶף:
*בַּמַּשְׂכּוֹרֶת הַזֹּאת יֵשׁ גַּם **הֶפְרֵשִׁים** מִן הַחוֹדֶשׁ שֶׁעָבַר.*
2. מַה שֶׁנִּשְׁאָר בָּאֲרִיתְמֶטִיקָה בֵּין מִסְפָּר לְמִסְפָּר:
***הַהֶפְרֵשׁ** בֵּין 3 לְ-1 הוּא 2.*

הפרשהנ' הַפְרָשָׁה [הַפְרָשׁוֹת] — allocation
1. כְּשֶׁשָּׂמִים מַשֶּׁהוּ בַּצַּד בִּשְׁבִיל דָּבָר אַחֵר:
***הַהַפְרָשָׁה** שֶׁל 100 ש"ח הִיא בִּשְׁבִיל מַשְׁכַּנְתָּה.*
2. הוֹצָאַת חוֹמָרִים מֵהַגּוּף: — secretion
*שֶׁתֶן וְזֵיעָה הֵן **הַפְרָשׁוֹת** שֶׁל הַגּוּף.*

הפשטהנ' הַפְשָׁטָה [הַפְשָׁטוֹת] — abstraction
אַבְּסְטְרַקְצִיָה, תֵּיאוֹרְיָה, מַה שֶׁיֵּשׁ בַּמַּחְשָׁבָה וְאֵינוֹ קוֹנְקְרֶטִי:
*לִילָדִים קְטַנִּים אֵין יְכוֹלֶת שֶׁל **הַפְשָׁטָה**, הֵם מְבִינִים רַק מַה שֶׁקּוֹנְקְרֶטִי.*

הפשיטפ, הִפְשִׁיט — undressed someone
הֵסִיר בֶּגֶד מִמִּישֶׁהוּ:
***הִפְשַׁטְתִּי אֶת** הַיֶּלֶד לִפְנֵי הַשֵּׁינָה.*
לְהַפְשִׁיט אֶת- / פ.ש.ט, הִפְעִיל / הִפְשַׁטְתִּי, מַפְשִׁיט

הפשילפ, הִפְשִׁיל — rolled up
[שָׂפָה גבוהה] הֵרִים, קִיפֵּל כְּלַפֵּי מַעְלָה:
*הִיא **הִפְשִׁילָה אֶת** הַשַּׁרווּלִים בִּגְלַל הַחוֹם.*
לְהַפְשִׁיל אֶת- / פ.ש.ל, הִפְעִיל / הִפְשַׁלְתִּי, מַפְשִׁיל, יַפְשִׁיל

הפשירפ, הִפְשִׁיר — melted
1. נַעֲשָׂה נוֹזֵל עַל-יְדֵי חִימּוּם:
*הַשֶּׁמֶשׁ יָצְאָה, וְהַשֶּׁלֶג **הִפְשִׁיר**.*
2. לִגְרוֹם שֶׁמַּשֶּׁהוּ יִהְיֶה בְּמַצָּב שֶׁל נוֹזֵל: — defrosted, thawed
***הִפְשַׁרְתִּי אֶת** הַקֶּרַח בַּמְּקָרֵר.*
לְהַפְשִׁיר אֶת- / פ.ש.ר, הִפְעִיל / הִפְשַׁרְתִּי, מַפְשִׁיר, יַפְשִׁיר

הפשרהנ, הַפְשָׁרָה — melting, thawing
1. הֲפִיכָה שֶׁל חוֹמֶר לְנוֹזֵל עַל-יְדֵי חִימּוּם:
***הַפְשָׁרַת** הַשְּׁלָגִים הִיא בְּסוֹף הַחוֹרֶף.*
2. (בֵּין אֲנָשִׁים אוֹ מְדִינוֹת) כְּשֶׁהַיְּחָסִים חַמִּים יוֹתֵר, טוֹבִים יוֹתֵר: — warming (up)
*יֵשׁ **הַפְשָׁרָה** בַּיְּחָסִים בֵּין הַמְּנַהֵל וְהַפְּקִידִים.*

הפתיעפ, הִפְתִּיעַ — surprised
עָשָׂה מַשֶּׁהוּ, אוֹ קָרָה מַשֶּׁהוּ, שֶׁלֹּא צִיפּוּ לוֹ:
*הוּא **הִפְתִּיעַ** אוֹתָהּ בְּמַתָּנָה שֶׁהֵבִיא לָהּ.*
לְהַפְתִּיעַ אֶת- / פ.ת.ע, הִפְעִיל / הִפְתַּעְתִּי, יַפְתִּיעַ, הַפְתַּע!

הפתעהנ, הַפְתָּעָה [הַפְתָּעוֹת] — surprise
דָּבָר שֶׁקּוֹרֶה בְּלִי שֶׁצִּיפּוּ לוֹ:
*הָיְיתָה לִי **הַפְתָּעָה** גְדוֹלָה, כְּשֶׁפָּתַחְתִּי אֶת הַדֶּלֶת.*

הצבהנ, הַצָּבָה [הַצָּבוֹת] — posting
הַעֲמָדָה שֶׁל מִישֶׁהוּ/מַשֶּׁהוּ בְּמָקוֹם מְסוּיָּם:
***הַצָּבַת** הַשּׁוֹמֵר לְיַד הַשַּׁעַר חֲשׁוּבָה לַבִּיטָּחוֹן.*
הַצָּבַת מַצֵּבָה - כְּשֶׁמַּעֲמִידִים אֶבֶן בְּבֵית הַקְּבָרוֹת לְזֵכֶר הַמֵּת — placing a headstone
הַצָּבַת מִסְפָּרִים - הַצָּבַת הַמִּסְפָּר 2 בִּמְקוֹם x. — substitution (math)

הצביעפ, הִצְבִּיעַ — voted
1. הִשְׁתַּתֵּף בַּבְּחִירוֹת, בָּחַר בְּ- :
*דָּוִד **הִצְבִּיעַ** בַּבְּחִירוֹת הָאַחֲרוֹנוֹת לַכְּנֶסֶת.*
2. הֵרִים אֶצְבַּע, כַּאֲשֶׁר סָפְרוּ מִי בְּעַד מַשֶּׁהוּ וּמִי נֶגֶד: — raised his hand
*דָּוִד **הִצְבִּיעַ** בְּעַד הַתּוֹכְנִית, וְרוּת **הִצְבִּיעָה** נֶגְדָּהּ.*
3. הֶרְאָה בְּאֶצְבַּע: — pointed
*הָעֵד **הִצְבִּיעַ עַל** הַנֶּאֱשָׁם וְאָמַר: 'זֶה הָאִישׁ!'*
לְהַצְבִּיעַ עַל- / צ.ב.ע, הִפְעִיל / הִצְבַּעְתִּי, מַצְבִּיעַ, הַצְבַּע!

הצבעהנ, הַצְבָּעָה [הַצְבָּעוֹת] — vote
1. הֲרָמַת יָד בְּעַד אוֹ נֶגֶד הַצָּעָה:
*לְאַחַר הַדִּיּוּן נֶעֶרְכָה **הַצְבָּעָה**. רוֹב הַחֲבֵרִים **הִצְבִּיעוּ** בְּעַד הַמּוּעֲמָד.*
2. הִשְׁתַּתְּפוּת בַּבְּחִירוֹת: — voting
***הַהַצְבָּעָה** לַכְּנֶסֶת צְרִיכָה לִהְיוֹת אִישִׁית וְסוֹדִית.*

הצגהנ, הַצָּגָה [הַצָּגוֹת] — show, play
1. הוֹפָעָה בַּתֵּיאַטְרוֹן:
*הָיִיתִי **בַּהַצָּגָה** הַחֲדָשָׁה שֶׁל 'הַתֵּיאַטְרוֹן הַקָּאמֶרִי'.*
2. הַעֲמָדָה לִפְנֵי אֲנָשִׁים כְּדֵי שֶׁיִּרְאוּ, יַכִּירוּ: — introduction, presentation
***הַצָּגַת** הַמֶּמְשָׁלָה נֶעֶרְכָה בְּבֵית הַנָּשִׂיא.*
הַצָּגַת-בְּכוֹרָה — premiere

הצדיעפ, הִצְדִּיעַ — saluted
1. שָׂם יָד לְיַד הָרֹאשׁ - בְּרָכָה שֶׁל צָבָא:
*הַחַיָּיל **הִצְדִּיעַ** לַמְּפַקֵּד שֶׁלּוֹ.*
2. (מֶטָאפוֹרָה) נָתַן סִימָן שֶׁל בְּרָכָה, כָּבוֹד אוֹ הִזְדַּהוּת:
*הַיְּהוּדִים בָּעוֹלָם **מַצְדִּיעִים** לִמְדִינַת-יִשְׂרָאֵל.*
לְהַצְדִּיעַ לְ- / צ.ד.ע, הִפְעִיל / הִצְדַּעְתִּי, מַצְדִּיעַ, יַצְדִּיעַ

הצדיקפ, הִצְדִּיק — justified
1. אָמַר שֶׁהַצֶּדֶק עִם מִישֶׁהוּ, שֶׁהוּא בְּסֵדֶר:
*הוּא **הִצְדִּיק אֶת** דָּוִד שֶׁאֵיחֵר לָעֲבוֹדָה.*
2. אָמַר מַדּוּעַ עָשָׂה אוֹ לֹא עָשָׂה מַשֶּׁהוּ: — excused
*תַּלְמִידִים צְרִיכִים **לְהַצְדִּיק אֶת** הָאִיחוּרִים שֶׁלָּהֶם.*
לְהַצְדִּיק אֶת- / צ.ד.ק, הִפְעִיל / הִצְדַּקְתִּי, מַצְדִּיק, יַצְדִּיק

הצדעהנ, הַצְדָּעָה [הַצְדָּעוֹת] — salute
סִימָן שֶׁל בְּרָכָה אוֹ כָּבוֹד (בַּצָּבָא עַל יְדֵי תְּנוּעָה שֶׁל הַיָּד לָרֹאשׁ):
*כָּל חַיָּיל חַיָּיב **בְּהַצְדָּעָה** לַמְּפַקֵּד שֶׁלּוֹ.*
***הַצְדָּעָה** לִמְדִינַת יִשְׂרָאֵל הִתְקַיְּימָה בִּרְחוֹבוֹת נְיוּ יוֹרְק.*

הצדקהנ, הַצְדָּקָה [הַצְדָּקוֹת] — justification, excuse
סִיבָּה שֶׁאֶפְשָׁר לְקַבֵּל אוֹתָהּ:
*אֵין לִי **הַצְדָּקָה** לָאִיחוּר.*

הצהיבפ, הִצְהִיב — turned yellow
הָפַךְ לְצָהוֹב:
*הֶעָלִים שֶׁל הָעֵץ **הִצְהִיבוּ** בַּסְּתָיו.*
לְהַצְהִיב / צ.ה.ב, הִפְעִיל / הִצְהַבְתִּי, מַצְהִיב, יַצְהִיב

הצהירפ׳ הִצְהִיר declared
1. אָמַר לִפְנֵי אֲנָשִׁים, נָתַן דֶקְלָרַצְיָה:
*רֹאשׁ הַמֶּמְשָׁלָה **הִצְהִיר**, שֶׁלֹּא יִהְיוּ מִסִּים.*
2. הוֹדִיעַ מַשֶּׁהוּ לְפִי הַחוֹק:
*אֲנִי **מַצְהִיר** כֹּל שָׁנָה **עַל** הָרְכוּשׁ שֶׁלִּי.*
לְהַצְהִיר עַל- / צ.ה.ר, הִפְעִיל / הִצְהַרְתִּי, מַצְהִיר, יַצְהִיר

הצהרהנ׳ הַצְהָרָה [הַצְהָרוֹת] declaration
1. הוֹדָעָה לִפְנֵי אֲנָשִׁים, דֶקְלָרַצְיָה:
*זֹאת **הַצְהָרָה** שֶׁל רֹאשׁ הַמֶּמְשָׁלָה.*
2. הוֹדָעָה לְפִי הַחוֹק:
*נָתַתִּי **הַצְהָרָה** עַל הָרְכוּשׁ שֶׁלִּי.*

הצהרתית׳ הַצְהָרָתִי declarative
דֶקְלָרָטִיבִי, שֶׁל הַצְהָרָה:
*זֹאת תוֹכְנִית פּוֹלִיטִית **הַצְהָרָתִית**, לֹא תוֹכְנִית מַעֲשִׂית.*
הַצְהָרָתִית, הַצְהָרָתִיִּים, הַצְהָרָתִיּוֹת

הצחיקפ׳ הִצְחִיק made laugh
גָּרַם לִצְחוֹק מִתּוֹךְ שִׂמְחָה וַהֲנָאָה:
*הַסֶּרֶט שֶׁל צַ'רְלִי צַ'פְּלִין **הִצְחִיק** אוֹתִי מְאוֹד.*
לְהַצְחִיק אֶת- / צ.ח.ק, הִפְעִיל / הִצְחַקְתִּי, מַצְחִיק

הצטברפ׳ הִצְטַבֵּר was accumulated
נֶאֱסַף בְּיַחַד:
*בְּמֶשֶׁךְ הַזְּמַן **הִצְטַבְּרוּ** אֶצְלִי הַרְבֵּה סְפָרִים.*
לְהִצְטַבֵּר / צ.ב.ר, הִתְפַּעֵל / הִצְטַבְּרוּ, מִצְטַבֵּר, יִצְטַבֵּר

הצטברותנ׳ הִצְטַבְּרוּת [הִצְטַבְּרוּיוֹת] accumulation
הִתְאַסְּפוּת דְּבָרִים רַבִּים בְּיַחַד:
*בַּנָּמֵל יֵשׁ **הִצְטַבְּרוּת** שֶׁל חֲבִילוֹת. / בִּגְלַל **הִצְטַבְּרוּת** מַיִם עַל הַגַּג, רָטוֹב אֶצְלִי.*

הצטדקפ׳ הִצְטַדֵּק apologized, justified himself
הִסְבִּיר אֶת עַצְמוֹ (מַדּוּעַ עָשָׂה אוֹ לֹא עָשָׂה מַשֶּׁהוּ):
***הִצְטַדַּקְתִּי** עַל הָאִיחוּר.*
לְהִצְטַדֵּק עַל- / צ.ד.ק, הִתְפַּעֵל / הִצְטַדַּקְתִּי, מִצְטַדֵּק

הצטדקותנ׳ הִצְטַדְּקוּת [הִצְטַדְּקוּיוֹת] apology, excuse
הִתְנַצְּלוּת, נְתִינַת סִיבָּה לְמַשֶּׁהוּ:
*נִמְאַס לִי לִשְׁמוֹעַ אֶת **הַהִצְטַדְּקוּיוֹת** שֶׁלּוֹ.*

הצטווהפ׳ הִצְטַוָּה was ordered
אָמְרוּ לוֹ לַעֲשׂוֹת אוֹ לֹא לַעֲשׂוֹת מַשֶּׁהוּ:
***הִצְטַוִּינוּ** לְהַגִּיעַ בַּזְּמַן לַפְּגִישָׁה.*
לְהִצְטַוּוֹת / צ.ו.ה, הִתְפַּעֵל / הִצְטַוֵּיתִי, מִצְטַוִּים, יִצְטַווּ

הצטופףפ׳ הִצְטוֹפֵף crowded (together)
עָמַד קָרוֹב מִדַּי לַאֲנָשִׁים אֲחֵרִים, כִּי הַמָּקוֹם קָטָן:
*הַרְבֵּה אֲנָשִׁים **הִצְטוֹפְפוּ בְּתוֹךְ** הַחֶדֶר הַקָּטָן.*
לְהִצְטוֹפֵף בְּ- / צ.פ.ף, הִתְפַּעֵל / הִצְטוֹפַפְתִּי, מִצְטוֹפֵף

הצטופפותנ׳ הִצְטוֹפְפוּת crowding
אֲנָשִׁים רַבִּים בְּמָקוֹם אֶחָד:
***הִצְטוֹפְפוּת** בְּמָקוֹם סָגוּר מְסוּכֶּנֶת.*

הצטחקפ׳ הִצְטַחֵק smiled, chuckled
צָחַק מְעַט, צְחוֹק קַל:
*הַיֶּלֶד **הִצְטַחֵק**, כְּשֶׁרָאָה אוֹתִי מֵרָחוֹק.*
לְהִצְטַחֵק / צ.ח.ק, הִתְפַּעֵל / הִצְטַחַקְתִּי, מִצְטַחֵק

הצטיידפ׳ הִצְטַיֵּד equipped himself
הֵכִין אוֹכֶל וַחֲפָצִים לִפְנֵי טִיּוּל וְכוּ':
***הִצְטַיַּדְנוּ** בְּפַּסְפּוֹרְט וּבְכֶסֶף, וְנָסַעְנוּ לְחוּץ לָאָרֶץ.*
לְהִצְטַיֵּד / צ.י.ד, הִתְפַּעֵל / הִצְטַיַּדְתִּי, מִצְטַיֵּד, יִצְטַיֵּד

הצטיידותנ׳ הִצְטַיְּדוּת equipping oneself
הֲכָנַת אוֹכֶל וַחֲפָצִים לִפְנֵי יְצִיאָה לְטִיּוּל וְכוּ':
*צָרִיךְ לְהַתְחִיל **בְּהִצְטַיְּדוּת** לַטִּיּוּל.*

הצטייןפ׳ הִצְטַיֵּן excelled, distinguished himself
הָיָה מְצוּיָּן, הָיָה הַטּוֹב בְּיוֹתֵר, בּוֹלֵט בְּמַשֶּׁהוּ:
*הוּא **מִצְטַיֵּן** גַּם בְּאַנְגְּלִית וְגַם בִּסְפּוֹרְט. / הָאִישׁ הַזֶּה **מִצְטַיֵּן** בְּיוֹפִיוֹ.*
לְהִצְטַיֵּן בְּ- / צ.י.ן, הִתְפַּעֵל / הִצְטַיַּינְתִּי, מִצְטַיֵּן, יִצְטַיֵּן

הצטיינותנ׳ הִצְטַיְּנוּת excellence
עֲשִׂיָּיה שֶׁל מַשֶּׁהוּ בְּצוּרָה הַטּוֹבָה בְּיוֹתֵר:
*הוּא קִיבֵּל פְּרָס עַל **הִצְטַיְּנוּת** בָּעֲבוֹדָה.*

הצטיירפ׳ הִצְטַיֵּר was pictured/imagined
נִרְאָה (בְּצִיּוּר, וְגַם בְּדִמְיוֹן):
*הוּא **הִצְטַיֵּר** בְּעֵינַיי כְּחָכָם גָּדוֹל.*
לְהִצְטַיֵּר / צ.י.ר, הִתְפַּעֵל / הִצְטַיַּירְתִּי, מִצְטַיֵּר, אֶצְטַיֵּר

הצטלבפ׳ הִצְטַלֵּב crossed himself
1. עָשָׂה עַל עַצְמוֹ סִימָן שֶׁל צְלָב:
*הַנּוֹצְרִי הָאָדוּק **הִצְטַלֵּב** כְּשֶׁנִּכְנַס לַכְּנֵסִיָּיה.*
2. נֶחְתַּךְ עִם קַו אַחֵר בְּצוּרָה שֶׁל צְלָב: intersected
*הָרְחוֹב הַזֶּה **מִצְטַלֵּב עִם** רְחוֹב דִיזֶנְגּוֹף.*
לְהִצְטַלֵּב, עִם- / צ.ל.ב, הִפְעִיל / הִצְטַלְּבוּ, מִצְטַלֵּב, יִצְטַלֵּב

הצטלבותנ׳ הִצְטַלְּבוּת [הִצְטַלְּבוּיוֹת] crossing, intersection
מָקוֹם שֶׁכְּבִישִׁים נִפְגָּשִׁים:
***בְּהִצְטַלְּבוּת** צָרִיךְ לִהְיוֹת רַמְזוֹר.*

הצטלםפ׳ הִצְטַלֵּם was photographed
עָמַד לִפְנֵי הַמַּצְלֵמָה, וְהֶעְתִּיק אֶת תְּמוּנַת עַצְמוֹ:
*דָּן **הִצְטַלֵּם** וְשָׁלַח אֶת הַתְּמוּנָה לְהוֹרָיו.*
לְהִצְטַלֵּם / צ.ל.ם, הִתְפַּעֵל / הִצְטַלַּמְתִּי, מִצְטַלֵּם, יִצְטַלֵּם

הצטלצלפ׳ הִצְטַלְצֵל rang, resounded
1. הִתְחִיל לְצַלְצֵל, לְהַשְׁמִיעַ קוֹל:
*הַטֶּלֶפוֹן **הִצְטַלְצֵל** פִּתְאוֹם.*
2. (לְשׁוֹן דִּיבּוּר) הִתְקַשְּׁרוּ exchanged telephone calls
בַּטֶּלֶפוֹן זֶה אֶל זֶה:
***נִצְטַלְצֵל** בַּשָּׁבוּעַ הַבָּא, טוֹב?*
לְהִצְטַלְצֵל / צ.ל.צ.ל, הִתְפַּעֵל / הִצְטַלְצַלְתִּי, מִצְטַלְצֵל

הצטמצםפ׳ הִצְטַמְצֵם decreased
1. נַעֲשָׂה קָטָן יוֹתֵר:
*הַיְּעָרוֹת בָּעוֹלָם **מִצְטַמְצְמִים** מִשָּׁנָה לְשָׁנָה.*
2. צָרִיךְ לְהוֹצִיא פָּחוֹת: was limited/resticted
*אֲנַחְנוּ צְרִיכִים **לְהִצְטַמְצֵם** בְּהוֹצָאוֹת וּלְשַׁלֵּם אֶת הַמַּשְׁכַּנְתָּה.*
לְהִצְטַמְצֵם בְּ- / צ.מ.צ.ם, הִתְפַּעֵל / הִצְטַמְצַמְתִּי

הצטמקפ׳ הִצְטַמֵּק shrivelled, shrunk
נַעֲשָׂה רָזֶה וּמְיוּבָּשׁ (כְּמוֹ צִימּוּק):
*הָאִישָּׁה הַזְּקֵנָה **הִצְטַמְּקָה** מְאוֹד.*
לְהִצְטַמֵּק / צ.מ.ק, הִתְפַּעֵל / הִצְטַמַּקְתִּי, מִצְטַמֵּק

הצטנןפ׳ הִצְטַנֵּן caught a cold
הִתְקָרֵר:
*דָּנִי **הִצְטַנֵּן** - יֵשׁ לוֹ חוֹם וְנַזֶּלֶת.*
לְהִצְטַנֵּן / צ.נ.ן, הִתְפַּעֵל / הִצְטַנַּנְתִּי, מִצְטַנֵּן, יִצְטַנֵּן

הצטננותנ׳ הִצְטַנְּנוּת [הִצְטַנְּנֻיּוֹת] cooling
1. הִתְקָרְרוּת שֶׁל חוֹמָרִים:
*אֲנִי מְחַכֶּה **לְהִצְטַנְּנוּת** שֶׁל הָאוֹכֶל.*
2. הַרְגָּשָׁה רָעָה בִּגְלַל נַזֶּלֶת וְשִׁיעוּל: a cold
*לֹא בָּאתִי בִּגְלַל **הַהִצְטַנְּנוּת**.*

הצטערפ׳ הִצְטַעֵר was sorry
הִרְגִּישׁ צַעַר, הָיָה עָצוּב:
*דָּוִד **הִצְטַעֵר** מְאוֹד, כְּשֶׁשָּׁמַע **עַל** הָאָסוֹן.*
לְהִצְטַעֵר עַל- / צ.ע.ר, הִתְפַּעֵל / הִצְטַעַרְתִּי, מִצְטַעֵר

הצטרךפ׳ הִצְטָרֵךְ needed (to)
הָיָה צָרִיךְ, הָיָה מוּכְרָח:
*אוּלַי **אֶצְטָרֵךְ** לַעֲבוֹד גַּם הָעֶרֶב.*
לְהִצְטָרֵךְ / צ.ר.ך, הִתְפַּעֵל / הִצְטָרַכְתִּי, הִצְטָרְכוּ, יִצְטָרֵךְ

הצטרףפ׳ הִצְטָרֵף joined
הִתְחַבֵּר לַאֲחֵרִים (לְמִפְלָגָה, לִתְנוּעָה וְכוּ'):
***הִצְטָרַפְתִּי** לְקִיבּוּץ צָעִיר בַּנֶּגֶב.*
לְהִצְטָרֵף לְ- / צ.ר.ף, הִתְפַּעֵל / הִצְטָרַפְתִּי, מִצְטָרֵף

הצטרפותנ׳ הִצְטָרְפוּת joining
הִתְחַבְּרוּת, הִשְׁתַּתְּפוּת עִם אֲחֵרִים:
*הוּא הֶחְלִיט עַל **הִצְטָרְפוּת** לַמִּפְלָגָה.*

הציבפ׳ הִצִּיב positioned, posted
1. הֶעֱמִיד, שָׂם מַשֶּׁהוּ/מִישֶׁהוּ:
*הוּא **הִצִּיב אֶת** הַכִּסֵּא לְיַד הַחַלּוֹן. / הֵם **הִצִּיבוּ** שׁוֹמְרִים לְיַד הַשַּׁעַר.*
2. בְּאַלְגֶּבְּרָה: שָׂם מִסְפָּר בִּמְקוֹם אוֹת: substituted
*הוּא **הִצִּיב אֶת** הַמִּסְפָּר 2 בִּמְקוֹם X.*
לְהַצִּיב אֶת- / י.צ.ב, הִפְעִיל / הִצַּבְתִּי, מַצִּיב, יַצִּיב, הַצֵּב!

הציגפ׳ הִצִּיג performed
1. הוֹפִיעַ בַּתֵּיאַטְרוֹן:
*הַשַּׂחְקָנִים **הִצִּיגוּ אֶת** הַמַּחֲזֶה שֶׁל שֵׁייקְסְפִּיר.*
2. עָשָׂה הֶיכֵּרוּת, הֶרְאָה: presented, introduced
*רוּתִי **הִצִּיגָה אֶת** הֶחָבֵר שֶׁלָּה **לִפְנֵי** הַהוֹרִים.*
לְהַצִּיג אֶת-, לִפְנֵי- / י.צ.ג, הִפְעִיל / מַצִּיג, אַצִּיג, יַצִּיג, הַצֵּג

הצילפ׳ הִצִּיל saved, rescued
הִצְלִיחַ לְהוֹצִיא מִישֶׁהוּ מִסַּכָּנָה, מִצָּרָה:
*הַבָּחוּר **הִצִּיל אֶת** הַיֶּלֶד שֶׁנָּפַל לַבְּרֵיכָה.*
לְהַצִּיל אֶת- / נ.צ.ל, הִפְעִיל / הִצַּלְתִּי, מַצִּיל, אַצִּיל, יַצִּיל

הציעפ׳ הִצִּיעַ suggested
1. הִצִּיג תּוֹכְנִית אוֹ נָתַן עֵיצָה:
*אָחִי **הִצִּיעַ** לִי לַעֲבוֹד יַחַד אִיתּוֹ.*
2. שָׂם סָדִין עַל מִיטָּה: 'made' a bed
***הִצַּעְתִּי** אֶת הַמִּיטָּה לְשֵׁינָה.*
לְהַצִּיעַ אֶת-, לְ- / י.צ.ע, הִפְעִיל / הִצַּעְתִּי, מַצִּיעַ, יַצִּיעַ

הציףפ׳ הֵצִיף flooded
1. כִּיסָּה בְּמַיִם:
*הַגֶּשֶׁם **הֵצִיף אֶת** הַכְּבִישׁ.*
2. (מֶטָאפוֹרָה) פִּיזֵּר כַּמּוּת גְּדוֹלָה: 'bombarded'
*הוּא **מֵצִיף** אוֹתִי בְּמִכְתָּבִים.*
לְהָצִיף אֶת- / צ.ו.ף, הִפְעִיל / הֵצַפְתִּי, מֵצִיף, אָצִיף, יָצִיף

הציץפ׳ הֵצִיץ peeked
1. הִסְתַּכֵּל דֶּרֶךְ חוֹר:
*הוּא **הֵצִיץ** דֶּרֶךְ הַחַלּוֹן.*
2. הִסְתַּכֵּל (אוֹ קָרָא) מַהֵר: glanced

רַק הֵצַצְתִּי בַּמַּאֲמָר, עוֹד לֹא קָרָאתִי אוֹתוֹ.
לְהָצִיץ בְּ- / צ.י.ץ, הִפְעִיל / הֵצַצְתִּי, מֵצִיץ, אָצִיץ, יָצִיץ

הציקפ׳ הֵצִיק — bothered, pestered
גָּרַם כְּאֵב, הַרְגָּשָׁה לֹא נְעִימָה, הִטְרִיד:
*הוּא **הֵצִיק** לִי בִּשְׁאֵלוֹת שֶׁלּוֹ. / הַכְּאֵב בָּרֶגֶל **מֵצִיק** לִי.*
לְהָצִיק לְ- / צ.ו.ק, הִפְעִיל / הֵצַקְתִּי, מֵצִיק, יָצִיק

הציתפ׳ הִצִּית — set fire, ignited
הִדְלִיק אֵשׁ, שָׂרַף:
*מִישֶׁהוּ הִצִּית סִיגַרְיָה, וְהָאֵשׁ **הִצִּיתָה אֶת** הַיַּעַר.*
לְהַצִּית אֶת- / י.צ.ת, הִפְעִיל / הִצַּתִּי, מַצִּית, יַצִּית, הַצֵּת!

הצלפ׳ הֵצֵל — provided shade
עָשָׂה שֶׁיִּהְיֶה צֵל, הֵגֵן מִפְּנֵי שֶׁמֶשׁ, אוֹר:
*הָעֵצִים **מְצִילִים** עָלֵינוּ בַּקַּיִץ.*
לְהָצֵל עַל- /צ.ל.ל, הִפְעִיל / הֵצֵלּוּ, מֵצֵל, יָצֵל, הָצֵל!

הצלהנ׳ הַצָּלָה — saving, rescue
הוֹצָאָה שֶׁל מִישֶׁהוּ מִסַּכָּנָה:
*הַגֶּשֶׁם יָבִיא **הַצָּלָה** לַשָּׂדוֹת.*

הצלחהנ׳ הַצְלָחָה [הַצְלָחוֹת] — success
הֶישֵּׂגִים טוֹבִים מְאוֹד, תוֹצָאוֹת טוֹבוֹת מְאוֹד:
*הַזַּמֶּרֶת זָכְתָה **לְהַצְלָחָה** גְּדוֹלָה.*
בְּהַצְלָחָה! — Good luck!

הצליחפ׳ הִצְלִיחַ — succeeded
הִשִּׂיג תוֹצָאוֹת טוֹבוֹת:
*הַסְּטוּדֶנְט **הִצְלִיחַ** בִּבְחִינוֹת הַגְּמָר.*
לְהַצְלִיחַ, בְּ- / צ.ל.ח, הִפְעִיל / הִצְלַחְתִּי, מַצְלִיחַ, אַצְלִיחַ

הצמדהנ׳ הַצְמָדָה [הַצְמָדוֹת] — attaching
1. חִיבּוּר, קֶשֶׁר חָזָק:
*הֶחְלִיטוּ עַל **הַצְמָדַת** חֲדַר הַמְּנַהֵל לַחֲדַר הַמַּזְכִּירָה.*
2. קֶשֶׁר בֵּין הַשֶּׁקֶל לְמַטְבֵּעַ חוּץ, כְּמוֹ דוֹלָר, יֵן וְכוּ׳:
*הַמְּחִיר עָלָה בִּגְלַל **הַהַצְמָדָה** לַדּוֹלָר.* — linkage
הַצְמָדָה לְדוֹלָר/לַמַּדָּד (לְאִינְדֶקְס)

הצמידפ׳ הִצְמִיד — attached, linked
חִיבֵּר, הִדְבִּיק אֶל:
***הִצְמַדְתִּי אֶת** הַדַּפִּים לַמַּחְבֶּרֶת.*
הֵם **הִצְמִידוּ אֶת** מְחִיר הַדִּירָה לְשַׁעַר הַדּוֹלָר.
לְהַצְמִיד אֶת- / צ.מ.ד, הִפְעִיל / הִצְמַדְתִּי, מַצְמִיד, יַצְמִיד

הצמיחפ׳ הִצְמִיחַ — grew
גָּרַם שֶׁיִּצְמַח:
*הָעֵץ **הִצְמִיחַ** עֲנָפִים גְּדוֹלִים.*
לְהַצְמִיחַ אֶת- / צ.מ.ח, הִפְעִיל / הִצְמַחְתִּי, מַצְמִיחַ

הצניחפ׳ הִצְנִיחַ — dropped by parachute
1. הוֹרִיד מִמָּטוֹס בְּמַצְנֵחַ:
*הֵם **הִצְנִיחוּ** תְּרוּפוֹת לִמְקוֹם הָאָסוֹן.*
2. (לשון דיבור) הִכְנִיסוּ אִישׁ חָדָשׁ לְתַפְקִיד חָשׁוּב: — appointed an outsider
*לַתַּפְקִיד הַזֶּה **הִצְנִיחוּ** אֵיזֶה גֶּנֶרָל, שֶׁעָזַב עַכְשָׁיו **אֶת** הַצָּבָא.*
לְהַצְנִיחַ אֶת- / צ.נ.ח, הִפְעִיל / הִצְנַחְתִּי, מַצְנִיחַ, יַצְנִיחַ

הצעהנ׳ הַצָּעָה [הַצָּעוֹת] — proposal, suggestion
תּוֹכְנִית לְפִיתְרוֹן:
*יֵשׁ לִי **הַצָּעָה** לְפִיתְרוֹן בְּעָיַית הַשִּׁיכּוּן.*
הַצָּעַת־עֲבוֹדָה/הַצָּעַת מְחִיר

הצפהנ׳ הֲצָפָה [הֲצָפוֹת] — flooding
1. שִׁיטָּפוֹן, הַרְבֵּה מַיִם שֶׁמְּכַסִּים מָקוֹם:
*הַגֶּשֶׁם גָּרַם **לַהֲצָפָה** שֶׁל הַכְּבִישִׁים.*
2. הֲבָאָה שֶׁל הַרְבֵּה סְחוֹרָה לַשּׁוּק: — dumping
*בִּגְלַל **הֲצָפַת** הַשּׁוּק בְּטֶלֶוִויזְיוֹת מִיַּפָּן - יָרְדוּ הַמְּחִירִים.*

הצצהנ׳ הֲצָצָה [הֲצָצוֹת] — peeking
1. הִסְתַּכְּלוּת דֶּרֶךְ חוֹר:
***הֲצָצָה** לַחֶדֶר שֶׁל מִישֶׁהוּ הִיא דָּבָר לֹא יָפֶה.*
2. קְרִיאָה שִׁטְחִית: — glancing
*מֵ**הֲצָצָה** בַּסֵּפֶר אִי אֶפְשָׁר לָדַעַת אִם הוּא טוֹב.*

הצרפ׳ הֵצֵר — narrowed
1. עָשָׂה שֶׁיִּהְיֶה צַר:
*רָזִיתִי, לָכֵן **הֵצַרְתִּי** אֶת הַמִּכְנָסַיִים.*
2. הִצְטַעֵר: — regretted
*אֲנִי **מֵצֵר** עַל כָּךְ, שֶׁלֹּא אוּכַל לָבוֹא.*
לְהָצֵר אֶת-, עַל- / צ.ר.ר, הִפְעִיל / הֵצֵרוּ, מֵצֵר, יָצֵר

הצריךפ׳ הִצְרִיךְ — (it) required
חִיֵּיב, דָּרַשׁ:
*הַמַּצָּב שֶׁלּוֹ **הִצְרִיךְ** הִתְעָרְבוּת שֶׁל רוֹפֵא.*
לְהַצְרִיךְ אֶת- / צ.ר.ך, הִפְעִיל / הִצְרִיכוּ, מַצְרִיךְ, יַצְרִיךְ

הצתהנ׳ הַצָּתָה [הַצָּתוֹת] — lighting, igniting
הַדְלָקַת אֵשׁ (גַּם מִתּוֹךְ כַּוָּונָה לִשְׂרוֹף):
***הַצָּתָה** שֶׁל סִיגַרְיָה בַּקּוֹלְנוֹעַ אֲסוּרָה.*

הקאהנ׳ הֲקָאָה [הֲקָאוֹת] — vomiting
הוֹצָאַת אוֹכֶל מֵהַגּוּף דֶּרֶךְ הַפֶּה:
*אַחֲרֵי **הַהֲקָאָה** מַרְגִּישִׁים טוֹב יוֹתֵר.*

הקב"ה ר"ת הַקָּדוֹשׁ-בָּרוּךְ-הוּא God (the Holy One Blessed be He.)
אֶחָד מֵהַשֵּׁמוֹת שֶׁל אֱלוֹהִים:
אֲנִי מַאֲמִין, שֶׁהַקָּדוֹשׁ בָּרוּךְ הוּא שׁוֹמֵר עַל עַם יִשְׂרָאֵל.

הקביל פ' הִקְבִּיל was parallel (to)
1. עָמַד מוּל, הָיָה פָּרָלֶלִי:
*שְׁנֵי הַקִּירוֹת צְרִיכִים **לְהַקְבִּיל** זֶה לָזֶה.*
2. עָשָׂה הַשְׁוָואָה: compared
*יֵשׁ מָקוֹם **לְהַקְבִּיל** בֵּין שְׁנֵי הַסִּיפּוּרִים הָאֵלֶּה.*
הִקְבִּיל פְּנֵי מִישֶׁהוּ welcomed
לְהַקְבִּיל / ק.ב.ל, הִפְעִיל / הִקְבַּלְתִּי, מַקְבִּיל, יַקְבִּיל

הקבלה נ' הַקְבָּלָה [הַקְבָּלוֹת] comparing (and contrasting), parallelism
כְּשֶׁמַּעֲמִידִים שְׁנֵי דְבָרִים זֶה מוּל זֶה, כְּדֵי לְהַשְׁווֹת:
*צָרִיךְ לַעֲשׂוֹת **הַקְבָּלָה** בֵּין הַסִּיפּוּרִים, יֵשׁ בֵּינֵיהֶם דְּבָרִים שׁוֹנִים וְיֵשׁ גַּם דְּבָרִים שָׁוִוים.*

הקבצה נ' הַקְבָּצָה [הַקְבָּצוֹת] grouping
סִידּוּר לְפִי קְבוּצוֹת:
*בְּ**הַקְבָּצָה** א' לוֹמְדִים הַטּוֹבִים בְּמָתֶימָטִיקָה.*

הקדים פ' הִקְדִּים was early, preceded
1. עָשָׂה מַשֶּׁהוּ לִפְנֵי הַזְּמַן הַקָּבוּעַ אוֹ לִפְנֵי מִישֶׁהוּ אַחֵר:
***הִקְדַּמְתִּי** וּבָאתִי לַמִּשְׂרָד לִפְנֵי כּוּלָּם.*
2. אָמַר אוֹ כָּתַב prefaced
*דִּבְרֵי פְּתִיחָה (הַקְדָּמָה): הָאוֹרֵחַ **הִקְדִּים** דִּבְרֵי בְּרָכָה, לִפְנֵי שֶׁפָּתַח בַּהַרְצָאָה.*
הִקְדִּים רְפוּאָה לַמַּכָּה ב' anticipated trouble
לְהַקְדִּים אֶת- / ק.ד.ם, הִפְעִיל / הִקְדַּמְתִּי, מַקְדִּים, יַקְדִּים

הקדיר פ' הִקְדִּיר became dark
נַעֲשָׂה שָׁחוֹר, כֵּהֶה, חָשׁוּךְ:
*הַשָּׁמַיִם **הִקְדִּירוּ** - יֵרֵד גֶּשֶׁם!*
הִקְדִּירוּ פָּנָיו became gloomy
לְהַקְדִּיר אֶת- / ק.ד.ר, הִפְעִיל / הִקְדַּרְנוּ, מַקְדִּיר, יַקְדִּיר

הקדיש פ' הִקְדִּישׁ devoted
1. עָשָׂה אוֹ נָתַן בִּשְׁבִיל -:
*אֶת שְׁעוֹת הָעֶרֶב אֲנִי **מַקְדִּישׁ** לְמוּסִיקָה.*
2. כָּתַב כְּאוֹת כָּבוֹד: dedicated
*אֶת הַסֵּפֶר הָרִאשׁוֹן הוּא **הִקְדִּישׁ** לְאִשְׁתּוֹ.*
לְהַקְדִּישׁ ל- / ק.ד.ש, הִפְעִיל / הִקְדַּשְׁתִּי, מַקְדִּישׁ, יַקְדִּישׁ

הקדם ז' הֶקְדֵּם anticipation
פְּעוּלָּה לִפְנֵי הַזְּמַן.
בְּהֶקְדֵּם ת"פ soon

הקדמה נ' הַקְדָּמָה [הַקְדָּמוֹת] introduction
פְּתִיחָה לְסֵפֶר אוֹ לְמַאֲמָר:
*קָרָאתִי רַק אֶת **הַהַקְדָּמָה** לַסֵּפֶר וְלֹא אֶת הַסֵּפֶר עַצְמוֹ.*

הקדשה נ' הַקְדָּשָׁה [הַקְדָּשׁוֹת] devotion
1. כְּשֶׁנּוֹתְנִים אוֹ עוֹשִׂים בִּשְׁבִיל-:
***הַקְדָּשַׁת** זְמַן לְלִימוּדִים הִיא הֶכְרֵחִית.*
2. כְּתִיבָה לִכְבוֹד מִישֶׁהוּ: dedication
*בָּעַמּוּד הָרִאשׁוֹן שֶׁל הַסֵּפֶר יֵשׁ **הַקְדָּשָׁה** לַמּוֹרֶה שֶׁלִּי.*

הקזה נ' הַקָּזָה [הַקָּזוֹת] letting blood
הוֹצָאָה שֶׁל דָּם:
***הַקָּזָה** שֶׁל דָּם הָיְיתָה בֶּעָבָר מְקוּבֶּלֶת כִּתְרוּפָה.*

הקטין פ' הִקְטִין reduced, diminished
עָשָׂה שֶׁיִּהְיֶה קָטָן יוֹתֵר, הִפְחִית:
***הִקְטַנְתִּי** אֶת כַּמּוּת הַתְּרוּפוֹת, שֶׁאֲנִי בּוֹלֵעַ.*
לְהַקְטִין אֶת- / ק.ט.ן, הִפְעִיל / הִקְטַנְתִּי, מַקְטִין, יַקְטִין

הקטנה נ' הַקְטָנָה reduction, diminutive
כְּשֶׁעוֹשִׂים שֶׁמַּשֶּׁהוּ יִהְיֶה קָטָן יוֹתֵר, הַפְחָתָה:
*הַשֵּׁם 'רָפִי' הוּא **הַקְטָנָה** שֶׁל הַשֵּׁם רְפָאֵל.*
*בִּגְלַל **הַקְטָנַת** הַשּׁוּלְחָן, אֵין מָקוֹם לְכוּלָּם.*

הקיא פ' הֵקִיא vomited
1. הוֹצִיא (דֶּרֶךְ הַפֶּה) מַה שֶּׁאָכַל קוֹדֶם:
*אָכַלְתִּי כֹּל כָּךְ הַרְבֵּה, עַד שֶׁהִרְגַּשְׁתִּי לֹא טוֹב **וְהֵקֵאתִי**.*
2. (מֶטָאפוֹרָה) הוֹצִיא מַשֶּׁהוּ שֶׁלֹּא רוֹצִים בּוֹ: expelled
*צָרִיךְ **לְהָקִיא** אֶת הַפּוֹשְׁעִים מִן הַחֶבְרָה.*
לְהָקִיא אֶת- / ק.י.א, הִפְעִיל / הֵקֵאתִי, מֵקִיא, אָקִיא, יָקִיא

הקיז (דם) פ' הִקִּיז (דָּם) let (blood)
(לָשׁוֹן גְּבוֹהָה) הוֹצִיא דָּם מֵהַגּוּף:
*בֶּעָבָר **הִקִּיזוּ** לַחוֹלִים דָּם כְּדֵי לְרַפֵּא אוֹתָם.*
*הַפּוֹלִיטִיקַאי אָמַר, שֶׁהָעִיתּוֹנָאִים **מַקִּיזִים** אֶת דָּמוֹ.*
לְהַקִּיז אֶת- / נ.ק.ז, הִפְעִיל / הִקַּזְתִּי, מַקִּיז, יַקִּיז, הַקֵּז!

הקים פ' הֵקִים put back on feet
1. הֶעֱמִיד, עָשָׂה שֶׁמִּישֶׁהוּ יַעֲמוֹד:
*הַיֶּלֶד נָפַל, וַאֲנִי **הֲקַמְתִּי** אוֹתוֹ עַל הָרַגְלַיִים.*
2. יָסַד, בָּנָה: established
*רֹאשׁ הָעִיר **הֵקִים אֶת** בֵּית הַחוֹלִים הֶחָדָשׁ.*
לְהָקִים אֶת- / ק.ו.ם, הִפְעִיל / הֲקַמְתִּי, מֵקִים, יָקִים

הקיף פ' הִקִּיף surrounded, circled
1. הָלַךְ סְבִיב מַשֶּׁהוּ:
*הַיָּרֵחַ **מַקִּיף אֶת** כַּדּוּר הָאָרֶץ.*
2. הָיָה בּוֹ, כָּלַל בְּתוֹכוֹ: encompassed

*הַסֵּפֶר **מַקִּיף אֶת** כֹּל הַנּוֹשֵׂא.*
לְהַקִּיף אֶת- / נ.ק.ף, הִפְעִיל / הִקַּפְתִּי, מַקִּיף, יַקִּיף, הַקֵּף!

הקיץפ׳ הֵקִיץ — awakened
1. הִתְעוֹרֵר מִשֵּׁינָה:
*הוּא **הֵקִיץ** מִשְּׁנָתוֹ וְהָלַךְ לָעֲבוֹדָה.*
2. בָּא הַסּוֹף [= קֵץ]: — the end has come
***הֵקִיץ הַקֵּץ** עַל הַתּוֹכְנִיּוֹת שֶׁלּוֹ.*
לְהָקִיץ אֶת- / ק.ו.ץ, הִפְעִיל / הֲקִצוֹתִי-הֱקִיצוֹתִי, מֵקִיץ

הקישפ׳ הִקִּישׁ — knocked
דָּפַק, הִשְׁמִיעַ קוֹל עַל-יְדֵי מַכָּה:
*הוּא **הִקִּישׁ עַל** הַדֶּלֶת, אַךְ לֹא פָּתְחוּ לוֹ.*
לְהַקִּישׁ עַל-, בְּ- / נ.ק.ש, הִפְעִיל / הִקַּשְׁתִּי, מַקִּישׁ, יַקִּישׁ

הקישפ׳ הֵקִישׁ — drew an analogy
עָשָׂה אֲנָלוֹגְיָה:
*הוּא **הֵקִישׁ מִן** הַהִיסְטוֹרְיָה עַל הַמַּצָּב הַיּוֹם.*
לְהָקִישׁ מִ- / ק.ו.ש, הִפְעִיל / הֲקַשְׁתִּי, מֵקִישׁ, יָקִישׁ, הָקֵשׁ!

הקלפ׳ הֵקֵל — lightened
1. עָשָׂה שֶׁיִּהְיֶה קַל יוֹתֵר, פָּחוֹת כָּבֵד:
*הוּא **הֵקֵל** עָלַי, כְּשֶׁלָּקַח מִמֶּנִּי אֶת הַחֲבִילָה.*
*הַשּׁוֹפֵט **הֵקֵל** בָּעוֹנֶשׁ שֶׁל הַגַּנָּב.*
2. עָשָׂה שֶׁיִּכְאַב פָּחוֹת: — eased
*הָרוֹפֵא **הֵקֵל** עַל הַכְּאֵבִים שֶׁלּוֹ.*
3. לֹא נָתַן כָּבוֹד, חֲשִׁיבוּת: — made light of
*הוּא **הֵקֵל** בַּחֲשִׁיבוּת שֶׁל הַלִּימוּדִים.*
לְהָקֵל אֶת-, עַל- / ק.ל.ל, הִפְעִיל / מֵקֵל, יָקֵל, הָקֵל

הקלדהנ׳ הַקְלָדָה — keyboarding, typing
כְּתִיבָה, הַכְנָסַת חוֹמֶר בִּמְכוֹנַת כְּתִיבָה אוֹ בְּמַחְשֵׁב:
*נָתַתִּי אֶת הַסֵּפֶר **לְהַקְלָדָה**.*

הקלהנ׳ הֲקָלָה [הֲקָלוֹת] — relief
כְּשֶׁעוֹשִׂים שֶׁיִּהְיֶה פָּחוֹת קָשֶׁה אוֹ כָּבֵד:
*הִרְגַּשְׁתִּי **הֲקָלָה**, כְּשֶׁשָּׁמַעְתִּי שֶׁהוּא בָּרִיא. / יֵשׁ **הֲקָלָה** בְּמַצַּב הַחוֹלֶה. / בִּיקַּשְׁתִּי **הֲקָלוֹת** בַּמַּס.*
הֲקָלָה בָּעוֹנֶשׁ - הַפְחָתָה בָּעוֹנֶשׁ, עוֹנֶשׁ קַל יוֹתֵר

הקלטהנ׳ הַקְלָטָה [הַקְלָטוֹת] — recording
עֲשִׂיַּית תַּקְלִיט, קַסֶּטָה אוֹ דִּיסְקֶט:
*הַזַּמָּר הִתְרַגֵּשׁ בִּזְמַן **הַהַקְלָטָה** שֶׁל הַשִּׁיר.*

הקלידפ׳ הִקְלִיד — keyed in
הִפְעִיל אֶת הַכַּפְתּוֹרִים בְּמַחְשֵׁב אוֹ בִּמְכוֹנַת כְּתִיבָה כְּדֵי לִכְתּוֹב:
***הִקְלַדְנוּ אֶת** כֹּל הָאִינְפוֹרְמַצְיָה הַחֲדָשָׁה.*
לְהַקְלִיד אֶת- / ק.ל.ד, הִפְעִיל / הִקְלַדְתִּי, מַקְלִיד, יַקְלִיד

הקליטפ׳ הִקְלִיט — recorded
הֶעֱלָה עַל תַּקְלִיט אוֹ קַסֶּטָה בְּמַכְשִׁיר מְיוּחָד:
***הִקְלַטְתִּי אֶת** הַקּוֹנְצֶרְט שֶׁנִּיגְּנוּ בָּרַדְיוֹ.*
לְהַקְלִיט אֶת- / ק.ל.ט, הִפְעִיל / הִקְלַטְתִּי, מַקְלִיט, יַקְלִיט

הקמהנ׳ הֲקָמָה — establishment
הַעֲמָדָה, בְּנִיָּיה:
***הַהֲקָמָה** שֶׁל מְדִינַת יִשְׂרָאֵל הָיְיתָה בְּ־1948.*

הקנהפ׳ הִקְנָה — imparted, taught
נָתַן, הֶעֱבִיר לִידֵי מִישֶׁהוּ:
*בֵּית הַסֵּפֶר צָרִיךְ **לְהַקְנוֹת** יְדִיעוֹת.*
לְהַקְנוֹת אֶת- / ק.נ.ה, הִפְעִיל / הִקְנֵיתִי, מַקְנֶה, יַקְנֶה

הקניטפ׳ הִקְנִיט — teased
הִרְגִּיז:
*הוּא אוֹהֵב **לְהַקְנִיט** יְלָדִים.*
לְהַקְנִיט אֶת- / ק.נ.ט, הִפְעִיל / הִקְנַטְתִּי, מַקְנִיט, יַקְנִיט

הקסיםפ׳ הִקְסִים — charmed
מָצָא חֵן מְאוֹד:
*הִיא **הִקְסִימָה** אוֹתִי בַּסִּיפּוּרִים שֶׁלָּהּ.*
לְהַקְסִים אֶת- / ק.ס.ם, הִפְעִיל / הִקְסַמְתִּי, מַקְסִים, יַקְסִים

הקפאהנ׳ הַקְפָּאָה [הַקְפָּאוֹת] — freezing
1. כְּשֶׁעוֹשִׂים שֶׁנּוֹזֵל יִתְקַשֶּׁה בְּקוֹר:
***מֵהַקְפָּאַת** מַיִם מְקַבְּלִים קֶרַח.*
2. (מֶטָאפוֹרָה) שְׁמִירָה שֶׁמַּצָּב לֹא יִשְׁתַּנֶּה, הַפְסָקָה:
*כְּשֶׁיֵּשׁ **הַקְפָּאַת** תַּקְצִיב שֶׁל הַמֶּמְשָׁלָה, אֵין כֶּסֶף לְפְּרוֹיֶיקְטִים חֲדָשִׁים.*

הקפדהנ׳ הַקְפָּדָה — meticulousness
פַּדְּנוּת, עֲשִׂיָּה בְּדִיּוּק:
***הַקְפָּדָה** עַל הַכְּלָלִים מוֹנַעַת אָסוֹן.*

הקפהנ׳ הֲקָפָה — credit
קְנִיָּיה שֶׁמְּשַׁלְּמִים עָלֶיהָ מְאוּחָר יוֹתֵר:
*קָנִיתִי הַכּוֹל **בְּהַקָּפָה**, אֲשַׁלֵּם בְּסוֹף הַחוֹדֶשׁ.*

הקפהנ׳ הַקָּפָה [הַקָּפוֹת] — circling
הֲלִיכָה סְבִיב מַשֶּׁהוּ:
*הַיָּרֵחַ עוֹשֶׂה **הַקָּפָה** שֶׁל כַּדּוּר הָאָרֶץ. / בְּחַג הַסּוּכּוֹת עוֹשִׂים **הַקָּפוֹת** עִם סֵפֶר תּוֹרָה.*

הקפיאפ׳ הִקְפִּיא froze

1. עָשָׂה שֶׁנוֹזֵל יִהְיֶה קָשֶׁה:

***הִקְפֵּאתִי** מַיִם בַּמְקָרֵר./הַקּוֹר הַזֶּה **מַקְפִּיא** אוֹתִי.*

2. לֹא הִרְשָׁה לְהִשְׁתַּמֵּשׁ בְּ..., לַעֲשׂוֹת...:

*הַמֶּמְשָׁלָה **הִקְפִּיאָה אֶת** תַּקְצִיב הַבְּנִיָּיה - אִי אֶפְשָׁר לִבְנוֹת בָּתִּים חֲדָשִׁים.*

לְהַקְפִּיא אֶת- / ק.פ.א, הִפְעִיל / הִקְפֵּאתִי, מַקְפִּיא, יַקְפִּיא

הקפידפ׳ הִקְפִּיד was meticulous

עָשָׂה בְּדִיּוּק:

*הוּא **מַקְפִּיד עַל** כֹּל פְּרָט וּפְרָט.*

לְהַקְפִּיד עַל- / ק.פ.ד, הִפְעִיל / הִקְפַּדְתִּי, מַקְפִּיד, אַקְפִּיד

הקפיץפ׳ הִקְפִּיץ made (someone/something) jump

1. עָשָׂה שֶׁמַּשֶּׁהוּ יִקְפּוֹץ:

*הוּא **הִקְפִּיץ** אֶת הַכַּדּוּר וְקָלַע סַל.*

(מֶטָאפוֹרָה) - גָּרְמוּ הִתְרַגְּשׁוּת, הִתְנַגְּדוּת, וְכוּ׳:

*הַדְּבָרִים שֶׁאָמַר **הִקְפִּיצוּ אוֹתִי.***

2. (בַּצָּבָא) שָׁלְחוּ יְחִידָה בִּמְהִירוּת: rushed

***הִקְפִּיצוּ אֶת** הַפְּלוּגָה לַגְּבוּל.*

לְהַקְפִּיץ אֶת- / ק.פ.ץ, הִפְעִיל / הִקְפַּצְתִּי, מַקְפִּיץ

הקפצהנ׳ הַקְפָּצָה [הַקְפָּצוֹת] bouncing

כְּשֶׁגּוֹרְמִים לְמִישֶׁהוּ אוֹ מַשֶּׁהוּ (כַּדּוּר) שֶׁיִּקְפּוֹץ:

*הַ**הַקְפָּצָה** שֶׁל הַכַּדּוּר בְּמִשְׂחָק זֶה - אֲסוּרָה.*

(לְשׁוֹן דִּיבּוּר) כְּשֶׁנּוֹתְנִים טְרֶמְפּ: ride

*אֲנִי מְחַכֶּה **לְהַקְפָּצָה** לַקּוֹלְנוֹעַ.*

הקצבהנ׳ הַקְצָבָה [הַקְצָבוֹת] allotment, allowance

1. קְבִיעָה שֶׁל סְכוּם כֶּסֶף לְמַטָּרָה כֹּלשֶׁהִי:

*קִיבַּלְתִּי **הַקְצָבָה** חוֹדְשִׁית מִן הַהוֹרִים.*

2. כְּשֶׁנּוֹתְנִים מַשֶּׁהוּ בְּכַמּוּת מְסוּיֶּמֶת, לֹא גְּדוֹלָה: allocation

*קִיבַּלְתִּי **הַקְצָבָה** מְיוּחֶדֶת שֶׁל סְפָרִים לְלֹא תַּשְׁלוּם.*

הקצהפ׳ הִקְצָה set aside

1. שָׂם הַצִּידָה חֵלֶק מִמַּשֶּׁהוּ:

הִקְצֵיתִי חֲצִי מַשְׂכּוֹרֶת לַמַּשְׁכַּנְתָּה.

2. קָבַע, נָתַן לְמַטָּרָה מְסוּיֶּמֶת: allocated

*הָעִירִיָּיה **הִקְצְתָה אֶת** הַמִּגְרָשׁ הַזֶּה לְבֵית סֵפֶר.*

לְהַקְצוֹת אֶת- / ק.צ.ה, הִפְעִיל / הִקְצֵיתִי, מַקְצֶה, יַקְצֶה

הקציבפ׳ הִקְצִיב allotted, budgeted

קָבַע כַּמּוּת שֶׁל מַשֶּׁהוּ לְמַטָּרָה מְסוּיֶּמֶת:

*הָעִירִיָּיה **הִקְצִיבָה** כֶּסֶף לְתִיקּוּן הַכְּבִישׁ. / לְכֹל נוֹאֵם **הִקְצִיבוּ** 10 דַּקּוֹת.*

לְהַקְצִיב אֶת- / ק.צ.ב, הִפְעִיל / הִקְצַבְתִּי, מַקְצִיב, יַקְצִיב

הקציףפ׳ הִקְצִיף whipped, foamed

עָשָׂה שֶׁיִּהְיֶה קֶצֶף - צֶבַע לָבָן עַל בִּירָה וְכוּ׳:

***הִקְצַפְתִּי אֶת** "הַלָּבָן" שֶׁל הַבֵּיצָה בִּשְׁבִיל הָעוּגָה.*

לְהַקְצִיף אֶת- / ק.צ.ף, הִפְעִיל / הִקְצַפְתִּי, מַקְצִיף, יַקְצִיף

הקצנהנ׳ הַקְצָנָה [הַקְצָנוֹת] becoming extreme

כְּשֶׁיֵּשׁ נְטִיָּיה לְקִיצוֹנִיּוּת:

*הִרְגַּשְׁתִּי **בְּהַקְצָנָה** בַּדְּרִישׁוֹת שֶׁל הָעוֹבְדִים - הֵם דּוֹרְשִׁים עַכְשָׁיו יוֹתֵר מִמַּה שֶּׁדָּרְשׁוּ קוֹדֶם.*

הקראהנ׳ הַקְרָאָה [הַקְרָאוֹת] reading, recitation

כְּשֶׁקּוֹרְאִים בְּקוֹל רָם לִפְנֵי קָהָל:

*שָׁמַעְנוּ **הַקְרָאָה** אוֹמָּנוּתִית שֶׁל הַשִּׁירִים שֶׁכָּתַב.*

הקרבהנ׳ הַקְרָבָה [הַקְרָבוֹת] sacrifice

וִיתּוּר עַל הַתּוֹעֶלֶת הָעַצְמִית בִּשְׁבִיל מִישֶׁהוּ אוֹ מַשֶּׁהוּ אַחֵר:

*זֹאת הָיְיתָה **הַקְרָבָה** - לְוַותֵּר עַל קַרְיֶירָה מַדָּעִית וְלַעֲלוֹת לְיִשְׂרָאֵל.*

הקריאפ׳ הִקְרִיא read, recited

(לְשׁוֹן דִּיבּוּר) קָרָא בְּקוֹל טֶקְסְט:

***הִקְרֵאתִי אֶת** הַסִּיפּוּר לַיְלָדִים שֶׁלִּי.*

לְהַקְרִיא אֶת- / ק.ר.א, הִפְעִיל / הִקְרֵאתִי, מַקְרִיא, יַקְרִיא

הקריבפ׳ הִקְרִיב sacrificed

נָתַן דָּבָר יָקָר לוֹ:

*הוּא **הִקְרִיב אֶת** הָאִינְטֶרֶסִים הָאִישִׁיִּים שֶׁלּוֹ וְעָלָה לְיִשְׂרָאֵל. / הוּא **הִקְרִיב אֶת** חַיָּיו לְמַעַן אִידֵאָל.*

לְהַקְרִיב אֶת- / ק.ר.ב, הִפְעִיל / הִקְרַבְתִּי, מַקְרִיב, יַקְרִיב

הקריחפ׳ הִקְרִיחַ became bald

נַעֲשָׂה קֵירֵחַ, בְּלִי שְׂעָרוֹת עַל הָרֹאשׁ:

*הוּא **הִקְרִיחַ** בְּגִיל צָעִיר.*

לְהַקְרִיחַ / ק.ר.ח, הִפְעִיל / הִקְרַחְתִּי, מַקְרִיחַ, יַקְרִיחַ

הקריןפ׳ הִקְרִין radiated

1. הֵפִיץ אוֹר:

הַמְּנוֹרָה הִקְרִינָה אוֹר נָעִים.

2. (מֶטָאפוֹרָה) הֶעֱבִיר, הוֹצִיא מִתּוֹךְ עַצְמוֹ, הִשְׁפִּיעַ מִן:

*הַפָּנִים שֶׁלּוֹ **הִקְרִינוּ** שִׂמְחָה.*

3. הֶרְאָה סֶרֶט: screened

*מָחָר **יַקְרִינוּ** סֶרֶט יִשְׂרְאֵלִי בַּטֶּלֶוִויזְיָה.*

לְהַקְרִין, אֶת- / ק.ר.ן, הִפְעִיל / הִקְרַנְתִּי, מַקְרִין, יַקְרִין

הקרנהנ׳ הַקְרָנָה [הַקְרָנוֹת] radiation, (radiation therapy)

1. כְּשֶׁאוֹר אוֹ חוֹם וְכוּ׳ מִתְפַּזְּרִים לְכֹל כִּיווּן:

*הִיא קִיבְּלָה **הַקְרָנוֹת**, כִּי מָצְאוּ אֶצְלָהּ סַרְטָן.*

2. כְּשֶׁמַּרְאִים סֶרֶט: screening
הָיִיתִי *בְּהַקְרָנַת* סֶרֶט חָדָשׁ בְּקוֹלְנוֹעַ.

הקשבהנ׳ הַקְשָׁבָה listening
שְׁמִיעָה אִינְטֶנְסִיבִית:
***הַקְשָׁבָה* בַּכִּיתָּה עוֹזֶרֶת לַהֲבָנָה שֶׁל הַחוֹמֶר.**

הקשהפ׳ הִקְשָׁה made hard/difficult
1. עָשָׂה שֶׁיִּהְיֶה קָשֶׁה:
*הַשֶּׁמֶשׁ **הִקְשְׁתָה אֶת** הָאֲדָמָה / הוּא **הִקְשָׁה עָלַיי** לַעֲזוֹב אֶת הַבַּיִת.*
2. שָׁאַל שְׁאֵלָה קָשָׁה: asked a difficult question
*בְּלֵיל הַסֵּדֶר **מַקְשִׁים** קוּשְׁיוֹת (שְׁאֵלוֹת).*
לְהַקְשׁוֹת אֶת-, עַל- / ק.ש.ה, הִפְעִיל / הִקְשֵׁיתִי, מַקְשֶׁה

הקשהנ׳ הֶקֵּשׁ analogy
אֲנָלוֹגְיָה:
*אִי־אֶפְשָׁר לַעֲשׂוֹת **הֶקֵּשׁ** מִמָּה שֶׁקָּרָה אֶתְמוֹל לְמָה שֶׁיִּקְרֶה הַיּוֹם.*

הקשהנ׳ הַקָּשָׁה [הַקָּשׁוֹת] knocking
דְּפִיקָה, הַשְׁמָעָה שֶׁל קוֹל עַל־יְדֵי מַכָּה:
כְּלֵי־הַקָּשָׁה percussion

הקשחהנ׳ הַקְשָׁחָה hardening, stiffening
נַעֲשָׂה קָשׁוּחַ יוֹתֵר, קָשֶׁה יוֹתֵר:
*יֵשׁ **הַקְשָׁחָה** בְּעֶמְדַת הָעוֹבְדִים - הֵם אֵינָם מוּכָנִים עַכְשָׁיו לְשׁוּם וִיתּוּרִים.*

הקשיבפ׳ הִקְשִׁיב listened
שָׁמַע בִּתְשׂוּמֶת לֵב:
*הַתַּלְמִיד **הִקְשִׁיב לְ**דִבְרֵי הַמּוֹרָה.*
לְהַקְשִׁיב לְ- / ק.ש.ב, הִפְעִיל / הִקְשַׁבְתִּי, מַקְשִׁיב, יַקְשִׁיב

הקשיחפ׳ הִקְשִׁיחַ hardened, stiffened
עָשָׂה שֶׁיִּהְיֶה קָשׁוּחַ יוֹתֵר, קָשֶׁה יוֹתֵר (לֹא הִסְכִּים לְוַותֵּר):
*הָעוֹבְדִים **הִקְשִׁיחוּ אֶת** עֶמְדָתָם וּפָתְחוּ בִּשְׁבִיתָה.*
לְהַקְשִׁיחַ אֶת- / ק.ש.ח, הִפְעִיל / הִקְשַׁחְתִּי, מַקְשִׁיחַ

הקשרז׳ הֶקְשֵׁר [הֶקְשֵׁרִים] connection
1. קֶשֶׁר בֵּין דְּבָרִים:
*הַ**הֶקְשֵׁר** בֵּין א׳ לב׳ לֹא מוּבָן.*
2. קוֹנְטֶקְסְט, קֶשֶׁר בְּתוֹךְ טֶקְסְט: context
*אֲנִי מֵבִין אֶת הַמִּילָּה מִתּוֹךְ **הַהֶקְשֵׁר** בַּטֶּקְסְט.*
בְּהֶקְשֵׁר זֶה - בְּהִזְדַּמְּנוּת זוֹ

הרז׳ הַר [הָרִים] mountain
שֶׁטַח גָּבוֹהַּ מְאוֹד (מֵעַל 300 מ׳), כְּמוֹ גִּבְעָה:
*חֵיפָה נִבְנְתָה עַל **הַר** הַכַּרְמֶל.*
הַר־גַּעַשׁ volcano

הראהפ׳ הֶרְאָה showed, exhibited
גָּרַם לְהַבִּיט, לְהִסְתַּכֵּל:
*דָּוִד **הֶרְאָה לִי אֶת** הַמִּכְתָּב.*
לְהַרְאוֹת אֶת-, לְ- / ר.א.ה, הִפְעִיל / הֶרְאֵיתִי, מַרְאֶה

הרבהפ׳ הִרְבָּה increased the amount
עָשָׂה מַשֶּׁהוּ בְּכַמּוּת גְּדוֹלָה:
*הוּא **הִרְבָּה** לְסַפֵּר סִיפּוּרִים עַל חוּץ לָאָרֶץ.*
לְהַרְבּוֹת בְּ- / ר.ב.ה, הִפְעִיל / הִרְבֵּיתִי, מַרְבֶּה, יַרְבֶּה

הרבהתה״פ הַרְבֵּה many, much, plenty
כַּמּוּת גְּדוֹלָה:
*יֵשׁ לִי **הַרְבֵּה** עֲבוֹדָה.*
הַרְבֵּה יוֹתֵר מִ- : much more than
*יֵשׁ פֹּה **הַרְבֵּה** יוֹתֵר מִ-100,000 אִישׁ.*
בְּהַרְבֵּהתה״פ - much, a lot
*הָעִבְרִית שֶׁלִּי הִשְׁתַּפְּרָה **בְּהַרְבֵּה**.*

הרביעפ׳ הִרְבִּיעַ served (a cow etc.)
עָשָׂה שֶׁבַּעַל חַיִּים מִמִּין זָכָר יַכְנִיס לְהֵירָיוֹן נְקֵבָה:
*הוּא **הִרְבִּיעַ אֶת** הַפָּרָה בְּפַר הַטּוֹב בְּיוֹתֵר בַּכְּפָר.*
לְהַרְבִּיעַ אֶת- / ר.ב.ע, הִפְעִיל / הִרְבַּעְתִּי, מַרְבִּיעַ, יַרְבִּיעַ

הרביץפ׳ הִרְבִּיץ spanked, beat
הִכָּה, נָתַן מַכּוֹת:
*הוּא **הִרְבִּיץ לִי** מַכּוֹת חֲזָקוֹת.*
הִרְבִּיץ תּוֹרָה taught
הִרְבִּיץ שֵׁינָהב׳ (לְשׁוֹן דִּיבּוּר) slept
לְהַרְבִּיץ לְ- / ר.ב.ץ, הִפְעִיל / הִרְבַּצְתִּי, מַרְבִּיץ, יַרְבִּיץ

הרגפ׳ הָרַג killed
גָּרַם מָוֶות, רָצַח:
*קַיִן **הָרַג אֶת** הֶבֶל אָחִיו.*
לַהֲרוֹג אֶת- / ה.ר.ג, פָּעַל / הָרַגְתִּי, הוֹרֵג, אֶהֱרוֹג, יַהֲרוֹג

הרגז׳ הֶרֶג killing
כְּשֶׁהוֹרְגִים בְּנֵי אָדָם, כְּשֶׁגּוֹרְמִים מָוֶות:
*בַּמִּלְחָמוֹת יֵשׁ **הֶרֶג** רַב.*

הרגיזפ׳ הִרְגִּיז angered, annoyed
גָּרַם כַּעַס, צַעַר:
*הַיֶּלֶד **הִרְגִּיז אֶת** הָאָחוֹת שֶׁלּוֹ.*
לְהַרְגִּיז אֶת- / ר.ג.ז, הִפְעִיל / הִרְגַּזְתִּי, מַרְגִּיז, יַרְגִּיז, הַרְגֵּז!

הרגילפ׳ הִרְגִּיל got (someone) used to, trained
עָשָׂה שֶׁמִּישֶׁהוּ יִהְיֶה רָגִיל:
*הִרְגַּלְתִּי **אֶת** הַיֶּלֶד שֶׁלִּי לַחֲזוֹר הַבַּיְתָה בַּזְּמַן.*
לְהַרְגִּיל אֶת- / ר.ג.ל, הִפְעִיל / הִרְגַּלְתִּי, מַרְגִּיל, יַרְגִּיל

הרגיעפ׳ הִרְגִּיעַ calmed
עָשָׂה שֶׁיִּהְיֶה שֶׁקֶט:
*הוּא **הִרְגִּיעַ אֶת** הַסְּטוּדֶנְטִים הַכּוֹעֲסִים.*
לְהַרְגִּיעַ אֶת- / ר.ג.ע, הִפְעִיל / הִרְגַּעְתִּי, מַרְגִּיעַ, אַרְגִּיעַ

הרגישפ׳ הִרְגִּישׁ felt
יָדַע בְּחוּשׁ, הָיָה בְּמַצָּב פִיסִי אוֹ מֶנְטָלִי מְסוּיָּם:
*דָּוִיד לֹא **הִרְגִּישׁ** טוֹב אֶתְמוֹל, הוּא הָיָה חוֹלֶה.*
לְהַרְגִּישׁ / ר.ג.שׁ, הִפְעִיל / הִרְגַּשְׁתִּי, מַרְגִּישׁ, אַרְגִּישׁ, יַרְגִּישׁ

הרגלז׳ הֶרְגֵּל [הֶרְגֵּלִים] habit
מַה שֶּׁבֶּן אָדָם עוֹשֶׂה בְּדֶרֶךְ כְּלָל, רָגִיל לַעֲשׂוֹת:
*אֲנִי שׁוֹתֶה קָפֶה בְּלִי סוּכָּר. זֶה הָפַךְ אֶצְלִי **לְהֶרְגֵּל**.*
הֶרְגֵּלֵי סֵדֶר וְנִיקָּיוֹן/הֶרְגֵּלֵי עֲבוֹדָה

הרגעהנ׳ הַרְגָּעָה calming
כְּשֶׁעוֹשִׂים שֶׁיִּהְיֶה שֶׁקֶט:
***הַרְגָּעַת** הַתִּינוֹק הַבּוֹכֶה לֹא הִצְלִיחָה.*
הַרְגָּעַת־הָרוּחוֹת soothing tempers
אוֹת־הַרְגָּעָה all clear

הרגשהנ׳ הַרְגָּשָׁה [הַרְגָּשׁוֹת] feeling
מַצַּב רוּחַ, מַה שֶּׁאָדָם חָשׁ, מַרְגִּישׁ:
*יֵשׁ לִי **הַרְגָּשָׁה** שֶׁהִצְלַחְתִּי בַּבְּחִינָה.*

הרדיםפ׳ הִרְדִּים put to sleep
עָשָׂה שֶׁיִּישַׁן:
***הִרְדַּמְתִּי אֶת** הַתִּינוֹק. / הַסִּיפּוּרִים שֶׁלּוֹ **מַרְדִּימִים** אוֹתִי.*
לְהַרְדִּים אֶת- / ר.ד.ם, הִפְעִיל / הִרְדַּמְתִּי, מַרְדִּים, יַרְדִּים

הרדמהנ׳ הַרְדָּמָה anaesthesia
כְּשֶׁעוֹשִׂים שֶׁמִּישֶׁהוּ יִישַׁן:
*לִפְנֵי הַנִּיתּוּחַ הָרוֹפֵא נָתַן חוֹמֶר **הַרְדָּמָה**.*
*שָׁעָה 8.00 בָּעֶרֶב הִיא הַשָּׁעָה שֶׁל **הַרְדָּמַת** הַתִּינוֹק.*

הרהת׳ נ׳ הָרָה pregnant
אִשָּׁה בְּהֵירָיוֹן:
*קַמְתִּי בָּאוֹטוֹבּוּס לִפְנֵי הָאִשָּׁה **הֶהָרָה**.*
הָרוֹת

הרוגת׳ ז׳ הָרוּג [הֲרוּגִים] dead, slain
1. אָדָם שֶׁמֵּת בַּמִּלְחָמָה, תְּאוּנָה אוֹ אָסוֹן:
*בָּרַדְיוֹ הוֹדִיעוּ עַל שְׁלוֹשָׁה **הֲרוּגִים** בִּתְאוּנַת־דְּרָכִים.*
2. (לְשׁוֹן דִּיבּוּר) עָיֵיף מְאוֹד: 'beat'
*עָבַדְתִּי קָשֶׁה מְאוֹד, אֲנִי "**הָרוּג**" עַכְשָׁיו.*
הֲרוּגָה, הֲרוּגוֹת

הרווהפ׳ הִרְוָה irrigated, saturated, quenched
הִשְׁקָה בְּכַמּוּת מַסְפִּיקָה:
*הַגֶּשֶׁם **הִרְוָה אֶת** הָאֲדָמָה./הַמַּיִם **יַרְווּ** אוֹתְךָ.*
לְהַרְווֹת אֶת- / ר.ו.ה, הִפְעִיל / הִרְוֵיתִי, מַרְוֶוה, יַרְוֶוה

הרוויחפ׳ הִרְוִיחַ earned
עָשָׂה כֶּסֶף בַּעֲסָקִים, בַּעֲבוֹדָה וכו':
*הוּא **הִרְוִיחַ** כֶּסֶף רַב בַּבּוּרְסָה.*
לְהַרְוִויחַ / ר.ו.ח, הִפְעִיל / הִרְוַוחְתִּי, מַרְוִויחַ, יַרְוִויחַ

הרוסת׳ הָרוּס destroyed (adj.)
שָׁבוּר:
*אַחֲרֵי הַמִּלְחָמָה אֵירוֹפָּה הָיְיתָה **הֲרוּסָה**.*
הֲרוּסָה, הֲרוּסִים, הֲרוּסוֹת

הרזייהנ׳ הַרְזָיָה [הַרְזָיוֹת] weight reduction
הַפְחָתָה שֶׁל מִשְׁקַל הַגּוּף:
***לְהַרְזָיָה** צָרִיךְ דִּיאֶטָה.*

הרחבהנ׳ הַרְחָבָה [הַרְחָבוֹת] widening
הַגְדָּלָה:
הַרְחָבַת הַכְּבִישׁ תָּבִיא לִנְסִיעָה בְּטוּחָה יוֹתֵר.
בְּהַרְחָבָהת״פ at length

הרחיבפ׳ הִרְחִיב widened
1. הִגְדִּיל בָּרוֹחַב:
*הַפּוֹעֲלִים **מַרְחִיבִים אֶת** הַכְּבִישׁ.*
2. עָשָׂה (אוֹ אָמַר) יוֹתֵר: broadened
*הוּא **הִרְחִיב אֶת** הַהַשְׂכָּלָה שֶׁלּוֹ.*
לְהַרְחִיב אֶת- / ר.ח.ב, הִפְעִיל / הִרְחַבְתִּי, מַרְחִיב, יַרְחִיב

הרחיקפ׳ הִרְחִיק removed
גָּרַם שֶׁיִּהְיֶה רָחוֹק:
***הִרְחַקְנוּ אֶת** הַיֶּלֶד מֵהָאֵשׁ.*
לְהַרְחִיק אֶת- / ר.ח.ק, הִפְעִיל / הִרְחַקְתִּי, מַרְחִיק, יַרְחִיק

הרחקת״פ הַרְחֵק far away
בְּמָקוֹם רָחוֹק:
*רוּסְיָה נִמְצֵאת **הַרְחֵק** מִכָּאן.*

הרחקהנ׳ הַרְחָקָה [הַרְחָקוֹת] removal
1. כְּשֶׁשָּׂמִים מַשֶּׁהוּ (אוֹ מִישֶׁהוּ) בְּמָקוֹם רָחוֹק:
***הַהַרְחָקָה** שֶׁל הָאֲנָשִׁים מֵהַכְּבִישׁ הִצִּילָה אוֹתָם.*

2. גֵירוּשׁ: expulsion
הַהַרְחָקָה *שֶׁלּוֹ מִבֵּית הַסֵּפֶר הִיא בִּגְלַל הַהִתְנַהֲגוּת שֶׁלּוֹ.*

הרטבהנ׳ הַרְטָבָה wetting
כְּשֶׁעוֹשִׂים שֶׁיִּהְיֶה רָטוֹב:
הַגֶּשֶׁם גָּרַם ***לְהַרְטָבַת*** *הַכְּבִיסָה.*
הַרְטָבָה *אֵצֶל תִּינוֹקוֹת הִיא דָּבָר נוֹרְמָלִי.*

הרטיבפ׳ הִרְטִיב wetted
גָּרַם שֶׁיִּהְיֶה רָטוֹב:
הַגֶּשֶׁם ***הִרְטִיב אֶת*** *הַכְּבִיסָה.*
הַתִּינוֹק ***הִרְטִיב*** *בַּמִּיטָה.*
לְהַרְטִיב אֶת- / ר.ט.ב, הִפְעִיל / הִרְטַבְתִּי, מַרְטִיב, יַרְטִיב

הרימ״ק הֲרֵי here is... (are)
הִנֵּה:
'קוֹל יִשְׂרָאֵל מִירוּשָׁלַיִם, הַשָּׁעָה 8:00, ***וַהֲרֵי*** *הַחֲדָשׁוֹת, וְעִיקָּרָן תְּחִילָּה'. /* ***הֲרֵי*** *דָּוִיד, שֶׁדִּיבַּרְנוּ עָלָיו.*

הרית״פ הֲרֵי is it not that...
הֲלוֹא, יָדוּעַ שֶׁ...:
לָמָּה נָסַעְתָּ לְבַד? ***הֲרֵי*** *אָמַרְתִּי לְךָ, שֶׁאֲנִי רוֹצָה לִנְסוֹעַ אִיתְּךָ!*

הריגהנ׳ הֲרִיגָה [הֲרִיגוֹת] killing
גְּרִימַת מָוֶות:
הוּא יָשַׁב 10 שָׁנִים בְּבֵית הַסּוֹהַר עַל ***הֲרִיגַת*** *הַשָּׁכֵן שֶׁלּוֹ.*

הריחפ׳ הֵרִיחַ smelled
מַה שֶּׁמַּרְגִּישִׁים בָּאַף, בְּחוּשׁ הָרֵיחַ:
הֵרַחְתִּי *אֶת רֵיחַ הַפְּרָחִים בַּשָּׂדֶה.*
לְהָרִיחַ אֶת- / ר.י.ח, הִפְעִיל / הֵרַחְתִּי-הֲרִיחוֹתִי, מֵרִיחַ

הריםפ׳ הֵרִים lifted, raised
הֵבִיא לְמַעְלָה, הֶעֱלָה:
דָּן ***הֵרִים אֶת*** *הַתִּיק שֶׁנָּפַל וְשָׂם אוֹתוֹ עַל הַשּׁוּלְחָן.*
לְהָרִים אֶת- / ר.ו.ם, הִפְעִיל / הֵרַמְתִּי, מֵרִים, יָרִים, הָרֵם!

הריסהנ׳ הֲרִיסָה [הֲרִיסוֹת] demolition
1. שְׁבִירָה:
הָעִירִיָּיה הִתְחִילָה ***בַּהֲרִיסָה*** *שֶׁל הַבָּתִּים הַיְּשָׁנִים.*
2. (בְּרַבִּים) הֲרִיסוֹת: ruins
מַה שֶּׁנִּשְׁאַר אַחֲרֵי שֶׁהוֹרְסִים:
לִפְנֵי שֶׁבּוֹנִים בַּיִת חָדָשׁ, מְסַלְּקִים אֶת ***הַהֲרִיסוֹת*** *שֶׁל הַיָּשָׁן.*

הריעפ׳ הֵרִיעַ cheered
קָרָא בְּקוֹל רָם:
בְּמִגְרַשׁ הַכַּדּוּרֶגֶל ***הֵרִיעוּ*** *כּוּלָּם לַקְּבוּצָה הַמְנַצַּחַת.*
לְהָרִיעַ לְ- / ר.ו.ע, הִפְעִיל / הֵרַעְתִּי-הֲרִיעוֹתִי, מֵרִיעַ, יָרִיעַ

הריץפ׳ הֵרִיץ gave (someone) the runaround
1. גָּרַם לְמִישֶׁהוּ לָרוּץ:
הוּא ***מֵרִיץ*** *אוֹתִי מִמָּקוֹם לְמָקוֹם.*
2. הִפְעִיל מְכוֹנָה כְּדֵי לְנַסּוֹת אוֹתָהּ: ran in (a machine)
צָרִיךְ ***לְהָרִיץ*** *מְכוֹנִית חֲדָשָׁה.*
לְהָרִיץ אֶת- / ר.ו.ץ, הִפְעִיל / הֵרַצְתִּי-הֲרִיצוֹתִי, מֵרִיץ, יָרִיץ

הריקפ׳ הֵרִיק emptied
עָשָׂה שֶׁיִּהְיֶה רֵיק:
הֵרַקְתִּי אֶת *הַבַּקְבּוּק.*
לְהָרִיק אֶת- / ר.י.ק, הִפְעִיל / הֵרַקְתִּי, מֵרִיק, יָרִיק, הָרֵק!

הרכבנ׳ הֶרְכֵּב [הֶרְכֵּבִים] composition
1. חֲלָקִים שֶׁל מַשֶּׁהוּ:
הֶרְכֵּב *הַלֶּחֶם הוּא קֶמַח, בֵּיצָה, מַיִם וְכוּ'.*
2. קְבוּצָה שֶׁל אֲנָשִׁים בְּתַפְקִיד: panel
בֵּית הַמִּשְׁפָּט הוּא ***בְּהֶרְכֵּב*** *מָלֵא. /* ***הֶרְכֵּב*** *נִבְחֶרֶת הַכַּדּוּרֶגֶל הוּא מְצוּיָּן.*

הרכבהנ׳ הַרְכָּבָה [הַרְכָּבוֹת] assembly
1. חִיבּוּר שֶׁל חֲלָקִים:
זֶהוּ בֵּית חֲרוֹשֶׁת ***לְהַרְכָּבַת*** *מְכוֹנִיּוֹת.*
2. כְּשֶׁאוֹסְפִים אֲנָשִׁים לְתַפְקִיד מְסוּיָּם: putting together
רֹאשׁ הַמֶּמְשָׁלָה עָסוּק ***בְּהַרְכָּבַת*** *מֶמְשָׁלָה.*
3. כְּשֶׁשָּׂמִים מִישֶׁהוּ עַל בְּהֵמָה אוֹ עַל אוֹפַנַּיִים: mounting
הַרְכָּבָה *שֶׁל תִּינוֹקוֹת עַל אוֹפַנַּיִים- מְסוּכֶּנֶת.*
4. כְּשֶׁשָּׂמִים מִשְׁקָפַיִים עַל הָאַף: wearing (glasses)
הַרְכָּבַת *מִשְׁקָפַיִים עוֹזֶרֶת לִקְרִיאָה.*
5. חִיבּוּר שֶׁל עָנָף מִצֶּמַח אֶחָד לְצֶמַח אַחֵר: grafting
הַפְּרִי הֶחָדָשׁ הוּא הַרְכָּבָה שֶׁל תַּפּוּז וְאֶשְׁכּוֹלִית.
הַרְכָּבַת אֲבַעְבּוּעוֹת small-pox vaccination

הרכיבפ׳ הִרְכִּיב assembled
1. חִיבֵּר בְּיַחַד חֲלָקִים:
הוּא ***הִרְכִּיב*** *רַדְיוֹ מֵחֲלָקִים שֶׁקָּנָה.*
2. אָסַף אֲנָשִׁים לְתַפְקִיד מְסוּיָּם: put together
רֹאשׁ הַמֶּמְשָׁלָה ***הִרְכִּיב אֶת*** *הַמֶּמְשָׁלָה.*
3. הוֹשִׁיב עַל בְּהֵמָה אוֹ אוֹפַנַּיִים כְּדֵי לִרְכּוֹב: mounted
הִרְכַּבְתִּי *אוֹתוֹ עַל הַחֲמוֹר.*
4. שָׂם מִשְׁקָפַיִים עַל הַפָּנִים: wore (glasses)
הִרְכַּבְתִּי *מִשְׁקָפַיִים כְּדֵי לִקְרוֹא.*
לְהַרְכִּיב אֶת- / ר.כ.ב, הִפְעִיל / הִרְכַּבְתִּי, מַרְכִּיב, יַרְכִּיב

הרכין פ׳, הִרְכִּין — bent (down)

כָּפַף, הִפְנָה כְּלַפֵּי מַטָּה:

*הוּא **הִרְכִּין אֶת** הָרֹאשׁ כְּדֵי לַעֲבוֹר מִתַּחַת לָעֵץ.*

(מֵטָאפוֹרָה) ***הִרְכִּין רֹאשׁ-*** *וִיתֵּר, הִסְכִּים לְמָה שֶׁדָּרְשׁוּ מִמֶּנּוּ.*

לְהַרְכִּין אֶת- / ר.כ.ן, הִפְעִיל / הִרְכַּנְתִּי, מַרְכִּין, יַרְכִּין

הרמה נ׳, הֲרָמָה [הֲרָמוֹת] — raising, lifting

הַעֲלָאָה, כְּשֶׁשָּׂמִים לְמַעְלָה:

*הוּא עָשָׂה לִי סִימָן עַל־יְדֵי **הֲרָמָה** שֶׁל הַיָּד.*

הרמון ז׳, הַרְמוֹן [הַרְמוֹנוֹת] — harem

הַבַּיִת שֶׁל הַנָּשִׁים שֶׁל הַמֶּלֶךְ:

*לַמְּלָכִים הַמִּזְרָחִיִּים הָיוּ **הַרְמוֹנוֹת**.*

הרס פ׳, הָרַס — destroyed

שָׁבַר לְגַמְרֵי:

*הֵם **הָרְסוּ אֶת** הַבָּתִּים הַיְּשָׁנִים כְּדֵי לִבְנוֹת שְׁכוּנָה חֲדָשָׁה.*

לַהֲרוֹס אֶת- / ה.ר.ס, פָּעַל / הָרַסְתִּי, הוֹרֵס, אֶהֱרוֹס, יַהֲרוֹס

הרס ז׳, הֶרֶס — destruction

הֲרִיסָה, דְּבָרִים שְׁבוּרִים:

*הַהַפְצָצָה גָּרְמָה **לְהֶרֶס** רַב בָּעִיר.*

הרסני ת׳, הַרְסָנִי — destructive

גּוֹרֵם הֶרֶס:

*לַתּוֹתָח הַזֶּה כּוֹחַ **הַרְסָנִי**.*

הַרְסָנִית, הַרְסָנִיִּים, הַרְסָנִיּוֹת

הרע פ׳, הֵרֵעַ (הֵרַע) — worsened

פָּגַע, עָשָׂה רָעָה:

*הוּא **יָרֵעַ** לַעֲשׂוֹת, אִם יַפְסִיק לִלְמוֹד.*

*הַמַּחֲלָה הַחֲדָשָׁה **הֵרֵעָה אֶת** מַצָּבוֹ שֶׁל דָּוִיד.*

לְהָרַע לְ-, אֶת- / ר.ע.ע, הִפְעִיל / הֲרֵיעוֹתִי, מֵרַע, יָרַע

הרעה נ׳, הֲרָעָה [הֲרָעוֹת] — deterioration, worsening

שִׁינּוּי לְרָעָה:

*יֵשׁ **הֲרָעָה** בַּמַּצָּב שֶׁל הַחוֹלֶה.*

הרעיב פ׳, הִרְעִיב — starved (someone)

גָּרַם שֶׁיִּהְיֶה רָעֵב, לֹא נָתַן אוֹכֶל:

***הִרְעִיבוּ** אוֹתָנוּ בַּטִּיּוּל, לֹא נָתְנוּ לָנוּ לֶאֱכוֹל.*

לְהַרְעִיב אֶת- / ר.ע.ב, הִפְעִיל / הִרְעַבְתִּי, מַרְעִיב, יַרְעִיב

הרעיד פ׳, הִרְעִיד — shook

1. גָּרַם שֶׁיִּרְעַד, שֶׁיָּזוּז בִּתְנוּעוֹת קְטַנּוֹת:

***הִרְעַדְתִּי אֶת** מִיטַּת הַתִּינוֹק, כְּדֵי שֶׁיֵּירָדֵם מַהֵר.*

2. רָעַד, זָז בִּתְנוּעוֹת קְטַנּוֹת: — trembled

*הַקּוֹל שֶׁלּוֹ **הִרְעִיד** מֵהִתְרַגְּשׁוּת.*

לְהַרְעִיד אֶת- / ר.ע.ד, הִפְעִיל / הִרְעַדְתִּי, מַרְעִיד, יַרְעִיד

הרעיל פ׳, הִרְעִיל — poisoned

שָׂם חוֹמֶר מְסוּכָּן שֶׁיָּכוֹל לַהֲרוֹג:

*הוּא פּוֹחֵד, **שֶׁיַּרְעִילוּ** אוֹתוֹ.*

לְהַרְעִיל אֶת- / ר.ע.ל, הִפְעִיל / הִרְעַלְתִּי, מַרְעִיל, אַרְעִיל

הרעיש פ׳, הִרְעִישׁ — made noise

1. עָשָׂה רַעַשׁ:

*אַל **תַּרְעִישׁוּ**, אֲנִי רוֹצֶה לָנוּחַ!*

2. יָרָה פְּגָזִים וְכוּ׳: — bombarded

*הַצָּבָא **הִרְעִישׁ אֶת** עֶמְדוֹת הָאוֹיֵב.*

3. גָּרַם סֶנְסַצְיָה, עוֹרֵר הִתְרַגְּשׁוּת: — shook

*הַיְּדִיעָה **הִרְעִישָׁה** אוֹתָם.*

הִרְעִישׁ עוֹלָמוֹת- לֹא נָתַן מְנוּחָה, לֹא וִיתֵּר

לְהַרְעִישׁ, אֶת- / ר.ע.ש, הִפְעִיל / הִרְעַשְׁתִּי, מַרְעִישׁ, יַרְעִישׁ

הרעלה נ׳, הַרְעָלָה [הַרְעָלוֹת] — poisoning

גְּרִימַת הַרְגָּשָׁה רָעָה אוֹ מָוֶות עַל־יְדֵי חוֹמֶר:

*יֵשׁ לוֹ **הַרְעָלַת** קֵיבָה, כִּי הָאוֹכֶל הָיָה מְקוּלְקָל.*

הַרְעָלַת־דָּם — blood-poisoning

הרעשה נ׳, הַרְעָשָׁה [הַרְעָשׁוֹת] — bombardment

הַפְגָּזָה, כְּשֶׁיּוֹרִים מִתּוֹתָחִים:

***הַרְעָשַׁת** הָעִיר בְּתוֹתָחִים נִמְשְׁכָה שָׁעָה.*

הרף פ׳, הֶרֶף — let go

(קִיצּוּר שֶׁל הַרְפֵּה!) הָנַח! עֲזוֹב!

***הֶרֶף** מִמֶּנִּי!*

בְּלִי הֶרֶף ת״פ — incessantly

בְּלִי הַפְסָקָה: *הוּא מְדַבֵּר בְּלִי הֶרֶף.*

כְּהֶרֶף עַיִן ת״פ — in no time

הרפה פ׳, הִרְפָּה — let go

עָזַב, נָתַן מְנוּחָה:

*הַכְּאֵב **הִרְפָּה** קְצָת מִמֶּנִּי.*

לְהַרְפּוֹת מִ- / ר.פ.ה, הִפְעִיל / הִרְפֵּיתִי, מַרְפֶּה, הַרְפֵּה!

הרפייה נ׳, הַרְפָּיָה [הַרְפָּיוֹת] — relaxation

הַחְלָשָׁה:

*אַחֲרֵי הַבְּחִינוֹת צָרִיךְ קְצָת **הַרְפָּיָה מִן** הַמֶּתַח.*

*בְּשִׁיעוּר הַהִתְעַמְּלוּת עָבַדְנוּ **עַל הַרְפָּיַית** שְׁרִיר הַגַּב.*

הרפתקה נ׳, הַרְפַּתְקָה [הַרְפַּתְקוֹת/הַרְפַּתְקָאוֹת] — adventure

דְּבָרִים קָשִׁים וּמְעַנְיְינִים שֶׁקּוֹרִים בַּדֶּרֶךְ:

*עַד שֶׁהִגַּעְתִּי לְיִשְׂרָאֵל, עָבַרְתִּי **הַרְפַּתְקוֹת** רַבּוֹת.*

הרפתקןז׳ הַרְפַּתְקָן [הַרְפַּתְקָנִים] adventurer
אֲוַונטוּרִיסט, אוֹהֵב שִׁינוּיִים וְקוֹשִׁי:
*לָמָה הוּא מְטַיֵיל בִּמְקוֹמוֹת מְסוּכָּנִים? כִּי הוּא **הַרְפַּתְקָן**.*

הרפתקנותנ׳ הַרְפַּתְקָנוּת adventurousness
רָצוֹן לִהיוֹת בְּמַצָבִים קָשִׁים וּמְעַניְינִים:
*הוּא אוֹהֵב טִיוּלִים בִּגלַל **הַהַרְפַּתְקָנוּת** שֶׁבּוֹ.*

הרפתקנית׳ הַרְפַּתְקָנִי adventurous
יֵשׁ בּוֹ קוֹשִׁי וְעִניָין:
*זֶה לֹא טִיוּל קַל, זֶה טִיוּל **הַרְפַּתְקָנִי**.*
הַרְפַּתְקָנִית, הַרְפַּתְקָנִיִים, הַרְפַּתְקָנִיוֹת

הרצאהנ׳ הַרְצָאָה [הַרְצָאוֹת] lecture
דִיבּוּר לִפנֵי קָהָל עַל נוֹשֵׂא מְסוּיָם, נְאוּם:
*שָׁמַעתִי **הַרְצָאָה** מְעַניֶינֶת בָּאוּנִיבֶרסִיטָה.*

הרצהפ׳ הִרְצָה lectured
נָאַם, דִיבֵּר עַל נוֹשֵׂא מְסוּיָם בִּפנֵי קָהָל:
*הַפּרוֹפֶסוֹר **הִרְצָה** לִפנֵי הַסטוּדֶנטִים **עַל** הַהִיסטוֹריָה הָעַתִיקָה.*
לְהַרְצוֹת עַל- / ר.צ.ה, הִפְעִיל / הִרצֵיתִי, מַרְצֶה, יַרְצֶה

הרצהנ׳ הֲרָצָה [הֲרָצוֹת] running
1. כְּשֶׁגוֹרְמִים לְמִישֶׁהוּ לָרוּץ:
*הוּא אַחֲרַאי עַל **הֲרָצַת** הַחַיָילִים בַּבּוֹקֶר.*
2. הַפְעָלַת מְכוֹנָה חֲדָשָׁה: running-in (a machine)
*הַמְכוֹנִית צְרִיכָה **הֲרָצָה**.*

הרציןפ׳ הִרְצִין became serious
1. נַעֲשָׂה רְצִינִי, הִתנַהֵג בְּאַחרָיוּת:
*מֵאָז שֶׁהִתחַתֵן הוּא **הִרצִין** מְאוֹד.*
2. נַעֲשָׂה לֹא שָׂמֵחַ:
*פָּנָיו **הִרצִינוּ**, כְּשֶׁשָׁאַלנוּ אוֹתוֹ עַל דָוִיד.*
לְהַרְצִין / ר.צ.ן, הִפְעִיל / הִרצַנְתִי, מַרצִין, יַרצִין

הרקדהנ׳ הַרְקָדָה [הַרְקָדוֹת] dancing event
כְּשֶׁגוֹרְמִים לְמִישֶׁהוּ לִרקוֹד (מַדְרִיךְ וּמוּסִיקָה מַתאִימָה):
*עַל יַד הַיָם בְּמוֹצָאֵי שַׁבָּת תִהיֶה **הַרְקָדָה**.*

הרקהנ׳ הֲרָקָה [הֲרָקוֹת] emptying
עוֹשִׂים שֶׁיִהיֶה רֵיק:
*חָמֵשׁ פְּעָמִים בַּיוֹם יֵשׁ **הֲרָקָה** שֶׁל תֵיבַת הַמִכתָבִים.*

הרקיבפ׳ הִרְקִיב spoiled, became rotten
נִרקַב, הִתקַלְקֵל:
*הַפֵּירוֹת **הִרקִיבוּ**.*
לְהַרְקִיב / ר.ק.ב, הִפְעִיל / הִרקִיבוּ, מַרקִיב, יַרקִיב

הרקידפ׳ הִרְקִיד made (someone) dance
גָרַם לִרקוֹד:
*הַמַדְרִיךְ לְרִיקוּדֵי־עַם **הִרקִיד אֶת** כֹּל הָאוֹרחִים.*
לְהַרקִיד אֶת- /ר.ק.ד, הִפְעִיל / הִרקַדתִי, מַרקִיד, יַרקִיד

הררית׳ הֲרָרִי grown in mountains
1. מִן הָהָר:
*פֵּירוֹת **הֲרָרִיִים** טְעִימִים מְאוֹד.*
2. יֵשׁ בּוֹ הָרִים: mountainous
*צְפוֹן יִשׂרָאֵל הוּא אֵיזוֹר **הֲרָרִי**.*
הֲרָרִית, הֲרָרִיִים, הֲרָרִיוֹת

הרשאהנ׳ הַרְשָׁאָה [הַרְשָׁאוֹת] authorization
הַסכָּמָה שֶׁמִישֶׁהוּ יָכוֹל לַעֲשׂוֹת מַשֶׁהוּ בְּשֵׁם מִישֶׁהוּ אַחֵר:
*יֵשׁ לוֹ **הַרשָׁאָה** לְהוֹצִיא כֶּסֶף מִן הַחֶשׁבּוֹן שֶׁלִי בַּבַּנק.*

הרשהפ׳ הִרְשָׁה permitted
נָתַן רְשׁוּת, הִסכִּים:
*הַמְנַהֵל **הִרשָׁה** לִי לָלֶכֶת הַבַּיתָה מוּקדָם.*
לְהַרשׁוֹת לְ- / ר.ש.ה, הִפְעִיל / הִרשֵׁיתִי, מַרשֶׁה, יַרשֶׁה

הרשיםפ׳ הִרְשִׁים impressed
עָשָׂה רוֹשֶׁם, עָשָׂה מַשֶׁהוּ שֶׁזוֹכרִים:
*הַנְאוּם הַיָפֶה שֶׁלוֹ **הִרשִׁים** אוֹתִי מְאוֹד.*
לְהַרשִׁים אֶת- /ר.ש.ם, הִפְעִיל / הִרשַׁמתִי, מַרשִׁים, יַרשִׁים

הרשיעפ׳ הִרְשִׁיעַ convicted
קָבַע (בֵּית מִשׁפָּט) שֶׁמִישֶׁהוּ אָשֵׁם:
*הַשׁוֹפֵט **הִרשִׁיעַ אֶת** הַנֶאֱשָׁם בִּגנֵיבָה.*
לְהַרשִׁיעַ אֶת- / ר.ש.ע, הִפְעִיל / הִרשַׁעתִי, מַרשִׁיעַ

הרשמהנ׳ הַרְשָׁמָה registration
עֲבוֹדָה מִשְׂרָדִית - כְּתִיבַת שֵׁמוֹת וּפרָטִים שֶׁל מוּעֲמָדִים לְלִימוּדִים, לְטִיוּלִים וְכוּ׳:
*הִתחִילָה **הַהַרשָׁמָה** לִשׁנַת הַלִימוּדִים הַבָּאָה בָּאוּנִיבֶרסִיטָה.*

הרשעהנ׳ הַרְשָׁעָה [הַרְשָׁעוֹת] conviction
כְּשֶׁבֵּית מִשׁפָּט קוֹבֵעַ, שֶׁמִישֶׁהוּ אָשֵׁם:
*זֹאת **הַהַרשָׁעָה** הָרִאשׁוֹנָה שֶׁלוֹ, לָכֵן הָעוֹנֶשׁ קַל.*

הרתהפ׳ הָרְתָה [הָרָה] became pregnant
נִכְנְסָה לְהֵירָיוֹן:
*הִיא **הָרְתָה** מִיָד אַחֲרֵי הַחֲתוּנָה.*
לַהֲרוֹת / ה.ר.ה, פָּעַל / הָרִיתִי, הָרָה, אֶהֱרֶה, תַהֲרֶה

הרתחהנ׳ הַרְתָּחָה boiling
חִימוּם (מַיִם) לְטֶמפֶּרָטוּרָה שֶׁל 100° וְכוּ׳:
*אֶפשָׁר לִשׁתוֹת מַיִם גַם בְּלִי **הַרתָחָה**.*

הרתיחפ׳ הִרְתִּיחַ boiled
חִימֵם (מַיִם לְ-100° וכו׳):
*הַמַּיִם לֹא נְקִיִּים, צָרִיךְ **לְהַרְתִּיחַ** אוֹתָם.*
לְהַרְתִּיחַ אֶת- / ר.ת.ח, הִפְעִיל / הִרְתַּחְתִּי, מַרְתִּיחַ, יַרְתִּיחַ

הרתיעפ׳ הִרְתִּיעַ deterred
עָצַר הִתקַדמוּת, גָרַם לֹא לַעֲשׂוֹת מַשֶּׁהוּ:
*עוֹנֶשׁ **מַרְתִּיעַ** פּוֹשְׁעִים.*
לְהַרְתִּיעַ אֶת- / ר.ת.ע, הִפְעִיל / הִרְתַּעְתִּי, מַרְתִּיעַ, יַרְתִּיעַ

הרתעהנ׳ הַרְתָּעָה deterrence
אַזְהָרָה, כְּשֶׁעוֹצְרִים מִישֶׁהוּ מִלַּעֲשׂוֹת (רַע):
*(בִּזכוּת) בִּגלַל כּוֹחַ **הַהַרְתָּעָה** שֶׁל צַהַ״ל אֵין מִלחָמָה.*

השאילפ׳ הִשְׁאִיל loaned
נָתַן מַשֶּׁהוּ, שֶׁצָּרִיךְ לְהַחזִיר:
***הִשְׁאַלְתִּי** לוֹ סֵפֶר, וְהוּא לֹא הֶחזִיר לִי אוֹתוֹ.*
לְהַשְׁאִיל אֶת- / ש.א.ל, הִפְעִיל / הִשְׁאַלְתִּי, מַשְׁאִיל, יַשְׁאִיל

השאירפ׳ הִשְׁאִיר left behind
עָזַב מִישֶׁהוּ אוֹ מַשֶּׁהוּ בְּמָקוֹם אַחֵר:
*הַאִם **הִשְׁאִירָה אֶת** הַיְלָדִים בַּבַּיִת וְהָלְכָה לַחֲנוּת.*
לְהַשְׁאִיר אֶת- / ש.א.ר, הִפְעִיל / הִשְׁאַרְתִּי, מַשְׁאִיר, יַשְׁאִיר

השאלהנ׳ הַשְׁאָלָה [הַשְׁאָלוֹת] lending, loan
1. כְּשֶׁנּוֹתְנִים מַשֶּׁהוּ וְצָרִיךְ לְהַחזִיר:
*סִפְרִיָּיה הִיא מָקוֹם **לְהַשְׁאָלַת** סְפָרִים.*
2. מֶטָאפוֹרָה, צִיּוּר בַּלָּשׁוֹן: metaphor
*'יָרְדָה לִי אֶבֶן מִן הַלֵּב' - זֹאת **הַשְׁאָלָה**.*
בְּהַשְׁאָלָהתה״פ on loan

השבהנ׳ הֲשָׁבָה returning
הַחזָרָה:
***הֲשָׁבָה** שֶׁל מַה שֶׁהָיָה, זֶה דָבָר בִּלתִי אֶפשָׁרִי.*
הֲשָׁבַת הַסֵּדֶר - הַחזָרַת הַסֵּדֶר

השביעפ׳ הִשְׁבִּיעַ swore in
גָרַם שֶׁיִּיתֵּן שְׁבוּעָה:
*הוּא **הִשְׁבִּיעַ** אוֹתוֹ לְהַגִּיד אֱמֶת.*
לְהַשְׁבִּיעַ אֶת- / ש.ב.ע., הִפְעִיל / הִשְׁבַּעְתִּי, מַשְׁבִּיעַ

השביעפ׳ הִשְׂבִּיעַ satiated
נָתַן אוֹכֶל עַד שֶׁהָרָעָב עָבַר:
*הָאֲרוּחָה הַטּוֹבָה **הִשְׂבִּיעָה** אוֹתִי.*
הִשְׂבִּיעַ רָצוֹן satisfied
לְהַשְׂבִּיעַ אֶת- / שׂ.ב.ע, הִפְעִיל / הִשְׂבַּעְתִּי, מַשְׂבִּיעַ

השביתפ׳ הִשְׁבִּית shut down
הִפסִיק אֶת הָעֲבוֹדָה:
*הַפּוֹעֲלִים **הִשְׁבִּיתוּ אֶת** הָעֲבוֹדָה, כִּי לֹא שִׁילמוּ לָהֶם.*
לְהַשְׁבִּית אֶת- / ש.ב.ת, הִפְעִיל / הִשְׁבַּתִּי, מַשְׁבִּית, יַשְׁבִּית

השבעהנ׳ הַשְׁבָּעָה [הַשְׁבָּעוֹת] swearing in
דֶקלָרַצְיָה לִהיוֹת נֶאֱמָן (לַמְּדִינָה וְכוּ׳):
***הַהַשְׁבָּעָה** שֶׁל הַחַיָּילִים הָיְיתָה לְיַד הַכּוֹתֶל הַמַּעֲרָבִי.*
***הַשְׁבָּעַת** עֵד מְחַיֶּיבֶת אוֹתוֹ לוֹמַר אֱמֶת בְּבֵית הַמִּשְׁפָּט.*

השבתהנ׳ הַשְׁבָּתָה [הַשְׁבָּתוֹת] shutdown (n.)
הַפסָקָה (בְּדֶרֶךְ כְּלָל שֶׁל עֲבוֹדָה):
*הַהִסתַדְּרוּת הֶחלִיטָה עַל **הַשְׁבָּתַת** בֵּית הַחֲרוֹשֶׁת.*
***הַשְׁבָּתַת שִׂמְחָה** - הַפסָקַת שִׂמְחָה, הַפרָעָה לְשִׂמְחָה*

השגהנ׳ הַשָּׂגָה [הַשָּׂגוֹת] attaining, obtaining
1. קַבָּלָה שֶׁל מַשֶּׁהוּ, כְּשֶׁמַּגִּיעִים לְמַשֶּׁהוּ:
*הִצלַחנוּ **בְּהַשָּׂגַת** הַמַּטָּרָה.*
2. תְפִיסָה מֶנטָאלִית: grasp
*הַדָּבָר הַזֶּה קָשֶׁה, הוּא מֵעַל **הַהַשָּׂגָה** שֶׁלִּי.*
3. דְבָרִים שֶׁל בִּיקוֹרֶת: criticism
*יֵשׁ לִי **הַשָּׂגוֹת** עַל הַהַצָּגָה.*

השגחהנ׳ הַשְׁגָּחָה supervision
1. פִּיקוּחַ:
*הוּא נִמְצָא תַּחַת **הַשְׁגָּחָה** שֶׁל פְּסִיכוֹלוֹג.*
2. שֵׁם לֶאֱלוֹהִים: Providence
*הֵם מַאֲמִינִים, שֶׁהֵם נִיצְלוּ בִּזכוּת **הַהַשְׁגָּחָה**.*
הַשְׁגָּחָה עֶליוֹנָה- אֱלוֹהִים God
הַשְׁגָּחָה פְּרָטִית- הָאֱמוּנָה שֶׁאֱלוֹהִים מַשְׁגִּיחַ עַל כֹּל אֶחָד.

השגיחפ׳ הִשְׁגִּיחַ noticed
1. שָׂם לֵב:
***הִשְׁגַּחְתִּי בּוֹ**, רַק כְּשֶׁהָיָה קָרוֹב אֵלַיי.*
2. שָׁמַר עַל-: supervised
*הוּא **מַשְׁגִּיחַ עַל** הַיֶּלֶד הַיָּשֵׁן.*
לְהַשְׁגִּיחַ בְּ-, עַל- / ש.ג.ח, הִפְעִיל / הִשְׁגַּחְתִּי, מַשְׁגִּיחַ

השההפ׳ הִשְׁהָה delayed
גָרַם שֶׁלֹּא יִתבַּצַּע מִיָּד, גָרַם אִיחוּר:
*הוּא **הִשְׁהָה אֶת** תְּשׁוּבָתוֹ.*
לְהַשְׁהוֹת אֶת- / ש.ה.ה, הִפְעִיל / הִשְׁהֵיתִי, מַשְׁהֶה

השהייהנ׳ הַשְׁהָיָה [הַשְׁהָיוֹת] delay
אִיחוּר, כְּשֶׁלֹּא עוֹשִׂים מַשֶּׁהוּ בִּזְמַן:
***הַשְׁהָיַית** תְּשׁוּבָתְךָ גָרְמָה לִי נֶזֶק.*

השוואהנ׳ הַשְׁוָאָה [הַשְׁוָואוֹת] comparison
בָּדַק מַה דּוֹמֶה וּמַה שׁוֹנֶה בֵּין דְּבָרִים:
*הוּא עָרַךְ **הַשְׁוָואָה** בֵּין הַחַיִּים בָּעִיר לַחַיִּים בַּקִּיבּוּץ.*
בְּהַשְׁוָואָה לְ- compared to
***בְּהַשְׁוָואָה** לַחַיִּים בָּעִיר, הַחַיִּים בַּקִּיבּוּץ פְּשׁוּטִים יוֹתֵר.*

השווהפ׳ הִשְׁוָה compared
בָּדַק מַה דּוֹמֶה וּמַה שׁוֹנֶה:
*הַמּוֹרֶה **הִשְׁוָה אֶת** הָעֲבוֹדָה שֶׁל דָּוִד **לַ**עֲבוֹדָה שֶׁל רוּת.*
קַו הַמַּשְׁוֶוה - קַו הָרוֹחַב 0: equator
לְהַשְׁווֹת אֶת- / שׁ.ו.ה, הִפְעִיל / הִשְׁוֵויתִי, מַשְׁוֶה, יַשְׁוֶה

השחיזפ׳ הִשְׁחִיז sharpened
חִידֵּד, עָשָׂה שֶׁיִּהְיֶה חַד:
***הִשְׁחַזְנוּ אֶת** כָּל הַסַּכִּינִים.*
***הִשְׁחַזְתִּי אֶת הַלָּשׁוֹן**- הִתְכּוֹנַנְתִּי לַעֲנוֹת בַּחֲרִיפוּת*
לְהַשְׁחִיז אֶת- / שׁ.ח.ז, הִפְעִיל / הִשְׁחַזְתִּי, מַשְׁחִיז, יַשְׁחִיז

השחילפ׳ הִשְׁחִיל threaded, inserted
1. הִכְנִיס דֶּרֶךְ חוֹר:
***הִשְׁחַלְתִּי** חוּט בְּחוֹר הַמַּחַט.*
2. הִצְלִיחַ לְהַכְנִיס מִישֶׁהוּ: snuck (someone) in
***הִשְׁחַלְתִּי** אוֹתוֹ לַחוּג לְמוּסִיקָה.*
לְהַשְׁחִיל אֶת- / שׁ.ח.ל, הִפְעִיל / הִשְׁחַלְתִּי, מַשְׁחִיל, יַשְׁחִיל

השחירפ׳ הִשְׁחִיר blackened
1. עָשָׂה שֶׁיִּהְיֶה שָׁחוֹר:
***הִשְׁחַרְתִּי אֶת** הַפָּנִים שֶׁלּוֹ בַּצִּיּוּר.*
2. נַעֲשָׂה שָׁחוֹר: became black/dark
*הַשָּׁמַיִם **הִשְׁחִירוּ**- כְּבָר לַיְלָה.*
לְהַשְׁחִיר אֶת- / שׁ.ח.ר, הִפְעִיל / הִשְׁחַרְתִּי, מַשְׁחִיר, יַשְׁחִיר

השחיתפ׳ הִשְׁחִית destroyed
הָרַס, קִילְקֵל:
*מִישֶׁהוּ **הִשְׁחִית אֶת** הָרָהִיטִים. / הַכְּלָבִים **הִשְׁחִיתוּ אֶת** הַגַּן.*
לְהַשְׁחִית אֶת- / שׁ.ח.ת, הִפְעִיל / הִשְׁחַתִּי, מַשְׁחִית, יַשְׁחִית

השיאפ׳ הִשִּׂיא married off
עָרַךְ חֲתוּנָּה:
*הָרַב **הִשִּׂיא אֶת** דָּוִד וְרוּת. / הַהוֹרִים **הִשִּׂיאוּ אֶת** בִּיתָם.*
לְהַשִּׂיא אֶת- / נ.שׂ.א, הִפְעִיל / הִשֵּׂאתִי, מַשִּׂיא, יַשִּׂיא

השיבפ׳ הֵשִׁיב returned
1. הֶחֱזִיר:
***הֲשַׁבְתִּי לוֹ אֶת** הַכֶּסֶף שֶׁנָּתַן לִי.*
2. עָנָה, נָתַן תְּשׁוּבָה: replied
*הוּא תָּמִיד **מֵשִׁיב** תְּשׁוּבוֹת לָעִנְיָין.*
לְהָשִׁיב אֶת- / שׁ.ו.ב, הִפְעִיל / הֲשַׁבְתִּי-הֱשִׁיבוֹתִי, מֵשִׁיב

השיגפ׳ הִשִּׂיג overtook
1. הִגִּיעַ רִאשׁוֹן, עָבַר אֶת הָאֲחֵרִים:
*הוּא רָץ מַהֵר **וְהִשִּׂיג אֶת** הַסְּפּוֹרְטָאִים הָאֲחֵרִים.*
2. הִצְלִיחַ לְקַבֵּל: got, reached
***הִשַּׂגְתִּי** דִּירָה יָפָה וְזוֹלָה. / רַק בָּעֶרֶב **הִשַּׂגְתִּי אֶת** דִּינָה בַּטֶּלֶפוֹן.*
הִשִּׂיגָה יָדוֹ - הָיָה בְּאֶפְשָׁרוּתוֹ: was able to afford
*יָדוֹ לֹא **הִשִּׂיגָה** לִקְנוֹת דִּירָה.*
לְהַשִּׂיג אֶת- / נ.שׂ.ג, הִפְעִיל / הִשַּׂגְתִּי, מַשִּׂיג, יַשִּׂיג, הַשֵּׂג!

השיטפ׳ הֵשִׁיט navigated, sailed
1. עָשָׂה שֶׁיָּשׁוּט; שֶׁאוֹנִיָּיה, סִירָה וְכוּ׳ תָּזוּז בַּמַּיִם:
***הֵשַׁטְנוּ אֶת** הַסִּירָה לְאוֹרֶךְ הַחוֹף.*
2. הֶעֱבִיר אֲנָשִׁים בָּאוֹנִיָּיה, סִירָה וְכוּ׳: transported by boat
***הֵשִׁיטוּ** אוֹתָנוּ בָּאוֹנִיָּיה בַּכִּנֶּרֶת.*
לְהָשִׁיט אֶת- / שׁ.ו.ט, הִפְעִיל / הֵשַׁטְתִּי, מֵשִׁיט, יָשִׁיט

השכבהנ׳ הַשְׁכָּבָה putting to bed
כְּשֶׁשָּׂמִים מִישֶׁהוּ בַּמִּיטָּה כְּדֵי שֶׁיִּשְׁכַּב:
*כְּשֶׁמַּגִּיעַ זְמַן **הַהַשְׁכָּבָה** שֶׁל הַיְלָדִים כּוּלָּם עַצְבָּנִים.*

השכיבפ׳ הִשְׁכִּיב caused to lie (down)
גָּרַם שֶׁמִּישֶׁהוּ יִשְׁכַּב:
*צָרִיךְ **לְהַשְׁכִּיב** אֶת הַתִּינוֹק לִישׁוֹן.*
לְהַשְׁכִּיב אֶת- / שׁ.כ.ב, הִפְעִיל / הִשְׁכַּבְתִּי, מַשְׁכִּיב

השכיחפ׳ הִשְׁכִּיחַ made (someone) forget
גָּרַם שֶׁיִּשְׁכַּח, עָשָׂה שֶׁלֹּא יִזְכּוֹר:
*הַשִּׂמְחָה **הִשְׁכִּיחָה** מִמֶּנִּי אֶת הַחוֹבוֹת שֶׁלִּי.*
לְהַשְׁכִּיחַ אֶת- מִ- / שׁ.כ.ח, הִפְעִיל / הִשְׁכַּחְתִּי, מַשְׁכִּיחַ

השכילפ׳ הִשְׂכִּיל became enlightened/educated
1. נַעֲשָׂה מַשְׂכִּיל, חָכָם, בַּעַל שֵׂכֶל:
*אֲנַחְנוּ לוֹמְדִים בָּאוּנִיבֶרְסִיטָה כְּדֵי **לְהַשְׂכִּיל**.*
2. הִצְלִיחַ: handled wisely
*אֲנִי מְקַוֶּוה, שֶׁהוּא **יַשְׂכִּיל** לְטַפֵּל בָּעִנְיָין.*
לְהַשְׂכִּיל / שׂ.כ.ל, הִפְעִיל / הִשְׂכַּלְתִּי, מַשְׂכִּיל, יַשְׂכִּיל

השכיםפ׳ הִשְׁכִּים got up early
קָם מוּקְדָּם בַּבּוֹקֶר:
*הוּא **הִשְׁכִּים** כְּדֵי לְהַגִּיעַ לָעֲבוֹדָה בַּזְּמַן.*
לְהַשְׁכִּים, הִשְׁכַּמְתִּי, מַשְׁכִּים, יַשְׁכִּים, הַשְׁכֵּם!

השכיןפ׳ הִשְׁכִּין made, established
עָשָׂה שֶׁיִּהְיֶה...:
*הוּא **הִשְׁכִּין** שָׁלוֹם בֵּין הַשְּׁכֵנִים.*
לְהַשְׁכִּין /שׁ.כ.ן, הִפְעִיל / הִשְׁכַּנְתִּי, מַשְׁכִּין, יַשְׁכִּין, הַשְׁכֵּן!

השׂכירפ׳ הִשְׂכִּיר rented, leased
מָסַר דִירָה, מְכוֹנִית, מַכשִיר וְכוּ׳ תמוּרַת כֶּסֶף:
*בַּעַל הַבַּיִת **הִשׂכִּיר לִי אֶת** הַדִירָה.*
לְהַשׂכִּיר לְ-, אֶת- / שׂ.כ.ר, הִפעִיל / הִשׂכַּרתִי, מַשׂכִּיר

השׂכלז׳ הַשְׂכֵּל intelligence
שֵׂכֶל, חוֹכמָה.
מוּסַר-הַשׂכֵּל - רַעיוֹן שֶלוֹמדִים מִסִיפּוּר (אוֹ מֵהַחַיִים): moral (lesson)
כֹּל אֶחָד מֵבִין אֶת מוּסַר הַהַשׂכֵּל שֶל מִשלֵי קרִילוֹב.

השׂכלהנ׳ הַשְׂכָּלָה education
יְדִיעוֹת כּלָלִיוֹת, שֶהֵן תוֹצָאָה שֶל לִימוּדִים אוֹ קרִיאָה:
*יֵש לוֹ **הַשׂכָּלָה** רְחָבָה, הוּא קָרָא סְפָרִים רַבִּים.*
הַשׂכָּלָה גבוֹהָה higher education
הַשׂכָּלָה כּלָלִית general education
הַשׂכָּלָה מִקצוֹעִית vocational education
הַשׂכָּלָה תִיכוֹנִית secondary education

השכםתה״פ הַשְׁכֵּם early (at the crack of dawn)
מוּקדָם בַּבּוֹקֶר:
*הִתעוֹרַרתִי **הַשׁכֵּם** בַּבּוֹקֶר וְהָלַכתִי לָעֲבוֹדָה.*
הַשׁכֵּם וְהַעֲרֵב time and again

השכמהנ׳ הַשְׁכָּמָה wake-up
כְּשֶקָמִים מִשֵינָה (בְּדֶרֶך כּלָל מוּקדָם בַּבּוֹקֶר):
*כֹּל יוֹם יֵש לִי שְעַת **הַשׁכָּמָה** אַחֶרֶת.*

השכנהנ׳ הַשְׁכָּנָה establishing, making (peace)
הַשׁכָּנַת שָלוֹם - כְּשֶעוֹשִׂים שֶיִהיֶה שָלוֹם, שֶיַפסִיקוּ לָרִיב:
*אֲנִי עָסוּק **בְּהַשׁכָּנַת** שָלוֹם בֵּין הַשׁכֵנִים.*

השׂכרהנ׳ הַשְׂכָּרָה renting, leasing
כְּשֶמוֹסרִים דִירָה, מְכוֹנִית וְכוּ׳. תמוּרַת כֶּסֶף לְשִימוּש זמַנִי:
*הַדִירָה פּנוּיָה, הִיא עוֹמֶדֶת **לְהַשׂכָּרָה** בְּ-300 ש״ח לְחוֹדֶש.*

השלהפ׳ הִשְׁלָה deluded
הִתעָה, רָצָה שֶיַאֲמִינוּ, שֶמַשֶהוּ טוֹב יִקרֶה:
*אַתָה **מַשלֶה אֶת** עַצמְךָ, לֹא תַצלִיחַ בּלִי לִלמוֹד.*
*הוּא **הִשלָה** אוֹתָנוּ - הִבטִיחַ שֶנְקַבֵּל עֶזרָה, וְלֹא קִיבַּלנוּ.*
לְהַשלוֹת אֶת- / ש.ל.ה, הִפעִיל / הִשלֵיתִי, מַשלֶה, יַשלֶה

השליטפ׳ הִשְׁלִיט put in command
1. עָשָׂה שֶמִישֶהוּ יִשלוֹט, יִהיֶה הַמַנהִיג וְכוּ׳:
*הַצָבָא הִשלִיט **דִיקטָטוֹר** בַּמְדִינָה.*
2. עָשָׂה שֶיִהיֶה, קָבַע: imposed
*הַמְנַהֵל **הִשלִיט** סֵדֶר בַּמִשׂרָד.*
לְהַשלִיט אֶת- / ש.ל.ט, הִפעִיל / הִשלַטתִי, מַשלִיט, יַשלִיט

השלייהנ׳ הַשְׁלָיָה deception, delusion
(ר׳ אַשלָיָה) כְּשֶעוֹשִׂים שֶמִישֶהוּ יַאֲמִין בּלִי בָּסִיס:
*אוֹמרִים שֶמְחִירֵי הַדִירוֹת יֵרדוּ, זֹאת **הַשלָיַית** הַצִיבּוּר.*

השליךפ׳ הִשְׁלִיךְ threw
1. זָרַק:
*הֵם הִשלִיכוּ אֲבָנִים. **הִשלַכתִי לַפַּח** אֶת הַנַעֲלַיִים הַיְשָנוֹת.*
2. עָשָׂה פּרוֹיֶיקציָה (לָמַד מִמַצָב אֶחָד עַל מַצָב אַחֵר): projected
*הוּא **הִשלִיך מִן** הֶעָבָר עַל הַחַיִים בַּהוֹוֶה.*
לְהַשלִיך אֶת-, מְ- / ש.ל.ך, הִפעִיל / הִשלַכתִי, מַשלִיך

השליםפ׳ הִשְׁלִים completed
1. גָמַר:
דָן הִשלִים אֶת הָעֲבוֹדָה, שֶלֹא גָמַר אֶתמוֹל.
2. עָשָׂה שָלוֹם: made peace, made up
*הֵם רָבוּ אֶתמוֹל **וְהִשלִימוּ** הַיוֹם.*
לְהַשלִים אֶת- / ש.ל.ם, הִפעִיל / הִשלַמתִי, מַשלִים, יַשלִים

השלכהנ׳ הַשְׁלָכָה [הַשלָכוֹת] throwing
1. זרִיקָה:
***הַשלָכַת** אֲבָנִים הִיא לֹא מִשׂחָק. / אַחֲרֵי **הַשלָכַת** הַחֲפָצִים הַמְיוּתָרִים יִהיֶה מָקוֹם בָּאָרוֹן.*
2. פּרוֹיֶיקציָה, הַשפָּעָה: implication
*לַמַצָב הַבִּיטחוֹנִי יֵש **הַשלָכוֹת** עַל הַכַּלכָּלָה.*

השלמהנ׳ הַשְׁלָמָה [הַשלָמוֹת] completion
*אֲנַחנוּ קרוֹבִים **לְהַשלָמָה** שֶל הָעֲבוֹדָה.*
2. תוֹסֶפֶת: supplementary (course)
*אֲנַחנוּ לוֹמדִים בְּקוּרס **הַשלָמָה** לִקצִינִים.*
3. כְּשֶמַסכִּימִים כִּי אֵין בְּרֵירָה: resignation
***הַהַשלָמָה** שֶלוֹ עִם הַמַצָב מַרגִיזָה.*

השמדהנ׳ הַשְׁמָדָה extermination
1. הֲרִיגָה טוֹטָאלִית:
*הַתוֹכנִית שֶל הַנָאצִים הָייתָה **הַשמָדָה** שֶל הָעָם הַיְהוּדִי.*
2. סִילוּק טוֹטָאלִי (שׂרֵיפָה, קרִיעָה): destruction
***הַשמָדָה** שֶל תְעוּדוֹת מַסתִירָה עוּבדוֹת.*
הַשמָדַת-עַם genocide

השמטהנ׳ הַשְׁמָטָה [הַשמָטוֹת] omission, deletion
כְּשֶמַחסִירִים מַשֶהוּ (בְּטֶקסט, וְכוּ׳):
*הַצֶנזוֹר הֶחלִיט עַל **הַשמָטָה** שֶל קֶטַע פּוֹרנוֹגרָפִי בַּסֶרֶט.*

השמידפ׳ הִשְׁמִיד exterminated
1. גָרַם שֶיִהיֶה סוֹף לְמַשֶהוּ עַל יְדֵי הֲרִיגָה:
*הַנָאצִים **הִשמִידוּ אֶת** הַיְהוּדִים בְּמַחֲנוֹת הָרִיכּוּז.*
2. חִיסֵל, קָרַע, שָׂרַף וְכוּ׳: destroyed

*הוּא **הִשְׁמִיד** אֶת הַדּוֹקוּמֶנְטִים, כְּדֵי שֶׁלֹּא יֵדְעוּ מָה עָשָׂה.*
לְהַשְׁמִיד אֶת- / ש.מ.ד, הִפְעִיל / הִשְׁמַדְתִּי, מַשְׁמִיד, יַשְׁמִיד

השמיטפ׳ הִשְׁמִיט — omitted
הוֹצִיא, הֶחְסִיר:
*הוּא **הִשְׁמִיט אֶת** הַמִּילִים שֶׁלֹּא הֵבִין.*
לְהַשְׁמִיט אֶת- / ש.מ.ט, הִפְעִיל / הִשְׁמַטְתִּי, מַשְׁמִיט

השמיןפ׳ הִשְׁמִין — put on weight, got fat
הוֹסִיף בְּמִשְׁקָל, נִהְיָה שָׁמֵן (מְקוּבָּל בְּדִיבּוּר בִּמְקוֹם 'שָׁמַן'):
*דָּנִי **הִשְׁמִין** מְאוֹד, הוּא אָכַל הַרְבֵּה וְלֹא 'עָשָׂה' סְפּוֹרְט.*
לְהַשְׁמִין / ש.מ.ן, הִפְעִיל / הִשְׁמַנְתִּי, מַשְׁמִין, אַשְׁמִין

השמיעפ׳ הִשְׁמִיעַ — uttered, played, sang
1. עָשָׂה שֶׁיִּשְׁמְעוּ: — (for someone)
***הִשְׁמַעְתִּי** לוֹ אֶת הַשִּׁיר הֶחָדָשׁ שֶׁכָּתַבְתִּי.*
2. אָמַר בְּקוֹל: — voiced
***הִשְׁמַעְתִּי אֶת** דֵּיעוֹתַיי בִּפְנֵי חֲבֵרַיי.*
לְהַשְׁמִיעַ אֶת- / ש.מ.ע, הִפְעִיל / הִשְׁמַעְתִּי, מַשְׁמִיעַ

השמיץפ׳ הִשְׁמִיץ — slandered
אָמַר דְּבָרִים לֹא יָפִים עַל מִישֶׁהוּ:
*הוּא **הִשְׁמִיץ אֶת** הַמְּנַהֵל, לָכֵן פִּיטְרוּ אוֹתוֹ.*
לְהַשְׁמִיץ אֶת- / ש.מ.ץ, הִפְעִיל / הִשְׁמַצְתִּי, מַשְׁמִיץ

השמנהנ׳ הַשְׁמָנָה — getting fat
כְּשֶׁנַּעֲשִׂים שְׁמֵנִים:
*בִּגְלַל **הַהַשְׁמָנָה** שֶׁלִּי אֲנִי צְרִיכָה לַעֲשׂוֹת דִּיאֶטָה.*

השמצהנ׳ הַשְׁמָצָה [הַשְׁמָצוֹת] — slander
אֲמִירָה שֶׁל דְּבָרִים לֹא יָפִים עַל מִישֶׁהוּ:
*מָה שֶׁאָמַרְתִּי הוּא לֹא **הַשְׁמָצָה** - זֶה נָכוֹן!*

השניאפ׳ הִשְׂנִיא — caused hatred
עָשָׂה שֶׁמִּישֶׁהוּ יִשְׂנָא:
*הַמּוֹרֶה הַזֶּה **מַשְׂנִיא** עָלַיי אֶת הַמָּתֵימָטִיקָה.*
לְהַשְׂנִיא אֶת-, עַל- / שׂ.נ.א, הִפְעִיל / הִשְׂנֵאתִי, מַשְׂנִיא

השעהפ׳ הִשְׁעָה — suspended
הִפְסִיק בְּאוֹפֶן זְמַנִּי עֲבוֹדָה שֶׁל מִישֶׁהוּ:
*הֶחְלִיטוּ **לְהַשְׁעוֹת אֶת** הַמְּנַהֵל, כִּי חָסֵר כֶּסֶף בַּקּוּפָּה.*
לְהַשְׁעוֹת אֶת- / ש.ע.ה, הִפְעִיל / הִשְׁעֵיתִי, מַשְׁעֶה, יַשְׁעֶה

השעייהנ׳ הַשְׁעָיָה [הַשְׁעָיוֹת] — suspension
הַפְסָקָה זְמַנִּית שֶׁל עֲבוֹדָה שֶׁל מִישֶׁהוּ:
*הַמְּנַהֵל הֶחְלִיט עַל **הַשְׁעָיַית** הַפָּקִיד, כִּי חָסֵר כֶּסֶף בַּקּוּפָּה.*

השעיןפ׳ הִשְׁעִין — leaned (against)
שָׂם כְּדֵי לִתְמוֹךְ, כְּדֵי שֶׁיִּהְיֶה בָּטוּחַ יוֹתֵר אוֹ קַל יוֹתֵר:
***הִשְׁעַנְתִּי אֶת** הַגַּב אֶל הַקִּיר, כָּךְ נוֹחַ לִי יוֹתֵר.*
לְהַשְׁעִין אֶת- / ש.ע.ן, הִפְעִיל / הִשְׁעַנְתִּי, מַשְׁעִין, יַשְׁעִין

השערהנ׳ הַשְׁעָרָה [הַשְׁעָרוֹת] — assumption
מַחְשָׁבָה, תֵּיזָה שֶׁצָּרִיךְ לְהוֹכִיחַ:
***הַהַשְׁעָרָה** שֶׁלּוֹ הָיְיתָה נְכוֹנָה.*

השפילפ׳ הִשְׁפִּיל — lowered
1. הוֹרִיד:
*בִּיקַּשְׁתִּי **שֶׁיַּשְׁפִּיל אֶת** הַקּוֹל וְלֹא יִצְעַק.*
2. עָשָׂה שֶׁמִּישֶׁהוּ יִתְבַּיֵּישׁ: — humiliated
*הוּא **הִשְׁפִּיל אֶת** הַתַּלְמִיד לִפְנֵי הַחֲבֵרִים.*
לְהַשְׁפִּיל אֶת- / ש.פ.ל, הִפְעִיל / הִשְׁפַּלְתִּי, מַשְׁפִּיל, יַשְׁפִּיל

השפיעפ׳ הִשְׁפִּיעַ — influenced, moved
הִשְׁאִיר רוֹשֶׁם, גָּרַם שִׁינּוּי בְּמַעֲשִׂים, בְּמַחְשָׁבוֹת, בָּרְגָשׁוֹת:
*הַסֶּרֶט **הִשְׁפִּיעַ עָלַיי** מְאוֹד. / נִיסִּיתִי **לְהַשְׁפִּיעַ** עָלָיו לִנְסוֹעַ.*
לְהַשְׁפִּיעַ עַל- / ש.פ.ע, הִפְעִיל / הִשְׁפַּעְתִּי, מַשְׁפִּיעַ

השפלהנ׳ הַשְׁפָּלָה [הַשְׁפָּלוֹת] — humiliation
כְּשֶׁעוֹשִׂים שֶׁמִּישֶׁהוּ יִתְבַּיֵּישׁ:
*לָלֶכֶת לְבֵית הַסּוֹהַר זֹאת **הַשְׁפָּלָה**.*

השפעהנ׳ הַשְׁפָּעָה [הַשְׁפָּעוֹת] — influence
פְּעוּלָּה הַגּוֹרֶמֶת שִׁינּוּי בְּהִתְנַהֲגוּת אוֹ בְּהִתְפַּתְּחוּת שֶׁל אֲחֵרִים:
*לַהוֹרִים יֵשׁ **הַשְׁפָּעָה** רַבָּה עַל חִינּוּךְ הַיְלָדִים.*
בַּעַל־הַשְׁפָּעָה- חָשׁוּב: *הוּא אִישׁ בַּעַל הַשְׁפָּעָה רַבָּה.*

השקאהנ׳ הַשְׁקָאָה [ר' השקייה] — irrigation, watering
כְּשֶׁנּוֹתְנִים מַיִם לַשָּׂדוֹת:
*כְּשֶׁאֵין גֶּשֶׁם, צָרִיךְ **הַשְׁקָאָה** מְלָאכוּתִית.*

השקהפ׳ הִשְׁקָה — gave (someone) to drink
1. נָתַן לִשְׁתּוֹת:
*הוּא **הִשְׁקָה** אוֹתִי חָלָב.*
2. נָתַן מַיִם לִצְמָחִים וְכוּ': — watered, irrigated
*הוּא **הִשְׁקָה אֶת** הַגִּינָּה בְּצִינּוֹר.*
לְהַשְׁקוֹת אֶת- / ש.ק.ה, הִפְעִיל / הִשְׁקֵיתִי, מַשְׁקֶה, יַשְׁקֶה

השקיטפ׳ הִשְׁקִיט — quieted down, calmed
1. עָשָׂה שֶׁיִּהְיֶה שֶׁקֶט:
***הִשְׁקַטְתִּי אֶת** הַיְלָדִים שֶׁדִּיבְּרוּ בְּקוֹל רָם.*
2. עָשָׂה שֶׁיִּהְיֶה בִּמְנוּחָה, שֶׁלֹּא יִדְאַג: — cleared (his conscience)
*הוּא עוֹשֶׂה דְּבָרִים כְּדֵי **לְהַשְׁקִיט אֶת** הַמַּצְפּוּן - כְּדֵי לְהַרְגִּישׁ בְּסֵדֶר!*

3. עָשָׂה שֶׁלֹּא יִכְאַב: soothed
*הַתְּרוּפָה **הִשְׁקִיטָה אֶת** כְּאֵב הַשִּׁינַּיִים.*
לְהַשְׁקִיט אֶת- / ש.ק.ט, הִפְעִיל / הִשְׁקַטְתִּי, מַשְׁקִיט

השקיעפ׳ הִשְׁקִיעַ submerged
1. שָׂם בְּתוֹךְ:
*הוּא **הִשְׁקִיעַ אֶת** הַסִּירָה בַּמַּיִם.*
2. הִתְאַמֵּץ, עָשָׂה מַאֲמָץ: put in (effort)
*הוּא **הִשְׁקִיעַ** הַרְבֵּה בַּלִּימוּדִים.*
3. הִכְנִיס כֶּסֶף לַעֲסָקִים כְּדֵי לְהַרְוִויחַ: invested
*הוּא **הִשְׁקִיעַ אֶת** כֹּל כַּסְפּוֹ בַּבּוּרְסָה.*
לְהַשְׁקִיעַ אֶת- / ש.ק.ע, הִפְעִיל / הִשְׁקַעְתִּי, מַשְׁקִיעַ

השקיףפ׳ הִשְׁקִיף looked out
הִסְתַּכֵּל הַחוּצָה, רָחוֹק:
*הוּא **הִשְׁקִיף מִן** הַחַלּוֹן כְּדֵי לִרְאוֹת אֶת הַנּוֹף.*
לְהַשְׁקִיף עַל- / ש.ק.ף, הִפְעִיל / הִשְׁקַפְתִּי, מַשְׁקִיף, יַשְׁקִיף

השקעהנ׳ הַשְׁקָעָה [הַשְׁקָעוֹת] submergence
1. כְּשֶׁשָּׂמִים בְּתוֹךְ:
***הַשְׁקָעַת** חוֹמָרִים כִּימִיִּים בַּיָּם מְלַכְלֶכֶת אוֹתוֹ.*
2. כְּשֶׁשָּׂמִים כֶּסֶף בְּעֵסֶק בִּשְׁבִיל רֶוַוח: investment
***הַהַשְׁקָעָה** בְּדוֹלָרִים הָיְיתָה טָעוּת.*

השקפהנ׳ הַשְׁקָפָה [הַשְׁקָפוֹת] point of view
רְאִיָּיה כּוֹלֶלֶת, מַבָּט כְּלָלִי, דֵּיעוֹת:
*לְפִי **הַהַשְׁקָפָה** שֶׁלּוֹ צָרִיךְ לְהַפְרִיד בֵּין הַדָּת לַמְּדִינָה.*
הַשְׁקָפַת-עוֹלָםב׳ world-view

השראהנ׳ הַשְׁרָאָה inspiration
מוּזָה, מָה שֶׁדּוֹחֵף לִיצִירָה בְּאוֹמָנוּת:
*בְּלִי **הַשְׁרָאָה** אִי אֶפְשָׁר לִכְתּוֹב שִׁירִים.*

השרייהנ׳ הַשְׁרָיָה [הַשְׁרָיוֹת] soaking
כְּשֶׁשָּׂמִים מַשֶּׁהוּ בְּתוֹךְ נוֹזֵל:
***הַשְׁרָיַית** הַחוּלְצָה בְּמַיִם וְסַבּוֹן תּוֹצִיא מִמֶּנָּה אֶת הַכֶּתֶם.*

השרישפ׳ הִשְׁרִישׁ took root, inculcated
(הִכְנִיס שׁוֹרָשִׁים בָּאֲדָמָה): (מֶטָאפוֹרָה) לִימֵּד, חִינֵּךְ בְּצוּרָה עֲמוּקָה:
*הַמּוֹרֶה **הִשְׁרִישׁ** אַהֲבָה לַתַּנַ"ךְ בְּלֵב הַתַּלְמִידִים.*
לְהַשְׁרִישׁ אֶת- / ש.ר.ש, הִפְעִיל / הִשְׁרַשְׁתִּי, מַשְׁרִישׁ

השתאהפ׳ הִשְׁתָּאָה was amazed
הִתְפַּלֵּא, לֹא הֶאֱמִין לְמָה שֶׁרָאָה:
***הִשְׁתָּאֵיתִי** לִרְאוֹת עַד כַּמָּה הִיא יָפָה.*
לְהִשְׁתָּאוֹת / ש.א.ה, הִתְפַּעֵל / הִשְׁתָּאֵיתִי, מִשְׁתָּאֶה

השתבשפ׳ הִשְׁתַּבֵּשׁ went wrong
1. הִתְקַלְקֵל:
*מַשֶּׁהוּ **הִשְׁתַּבֵּשׁ** בַּיְּחָסִים בֵּינֵיהֶם.*
2. הָיְיתָה טָעוּת, הִתְבַּלְבֵּל: was garbled
***הִשְׁתַּבֵּשׁ** מַשֶּׁהוּ בַּטֶּקְסְט.*
הִשְׁתַּבְּשָׁה דַּעְתּוֹ became mad, lost his wits
לְהִשְׁתַּבֵּשׁ / ש.ב.ש, הִתְפַּעֵל / הִשְׁתַּבַּשְׁתִּי, מִשְׁתַּבֵּשׁ

השתגעפ׳ הִשְׁתַּגֵּעַ (הִשְׁתַּגַּע) went out of his mind
1. יָצָא מִדַּעְתּוֹ, (כְּמוֹ מְשׁוּגָע):
*הוּא **הִשְׁתַּגֵּעַ** מֵרוֹב עֲבוֹדָה.*
2. (בְּדִיבּוּר) הִתְאַהֵב בְּ -: was crazy about
*יַעֲקֹב **הִשְׁתַּגֵּעַ אַחֲרֵי** רָחֵל.*
לְהִשְׁתַּגֵּעַ אַחֲרֵי- / ש.ג.ע, הִתְפַּעֵל / הִשְׁתַּגַּעְתִּי, מִשְׁתַּגֵּעַ

השתדלפ׳ הִשְׁתַּדֵּל made an effort
עָשָׂה מַאֲמַצִּים כְּדֵי לְהַשִּׂיג מַשֶּׁהוּ:
*הַסְּטוּדֶנְט **הִשְׁתַּדֵּל** לִלְמוֹד אֶת הַחוֹמֶר הֶחָדָשׁ עַל-פֶּה.*
לְהִשְׁתַּדֵּל / ש.ד.ל, הִתְפַּעֵל / הִשְׁתַּדַּלְתִּי, מִשְׁתַּדֵּל, יִשְׁתַּדֵּל

השתדלותנ׳ הִשְׁתַּדְּלוּת [הִשְׁתַּדְלוּיוֹת] making an effort
הִתְאַמְּצוּת, כְּשֶׁמִּתְאַמְּצִים לְהַשִּׂיג מַשֶּׁהוּ:
*בִּזְכוּת **הַהִשְׁתַּדְּלוּת** שֶׁלִּי אֵצֶל הַמְּנַהֵל קִיבְּלָה רוּתִי עֲבוֹדָה.*

השתובבפ׳ הִשְׁתּוֹבֵב was playful/naughty
הִתְנַהֵג כְּמוֹ יֶלֶד, הִשְׁתּוֹלֵל:
*הַיְּלָדִים **מִשְׁתּוֹבְבִים** בֶּחָצֵר.*
לְהִשְׁתּוֹבֵב / ש.ב.ב, הִתְפַּעֵל / הִשְׁתּוֹבַבְתִּי, מִשְׁתּוֹבֵב

השתווהפ׳ הִשְׁתַּוָּה balanced, matched
1. נַעֲשָׂה שָׁוֶה, אוֹתוֹ דָּבָר:
*חֶשְׁבּוֹן הַהוֹצָאוֹת וְהַהַכְנָסוֹת **הִשְׁתַּוָּה**.*
2. הִתְפַּשֵּׁר, כֹּל אֶחָד וִיתֵּר: compromised
***הִשְׁתַּוִּינוּ** עַל מְחִיר הַדִּירָה.*
לְהִשְׁתַּווֹת / ש.ו.ה, הִתְפַּעֵל / הִשְׁתַּוּוּ, מִשְׁתַּוֶּה, יִשְׁתַּוֶּה

השתוללפ׳ הִשְׁתּוֹלֵל got into a frenzy
הִתְנַהֵג כְּמוֹ פֶּרֶא, בְּחוֹסֶר תַּרְבּוּת:
*הוּא **הִשְׁתּוֹלֵל** וְשָׁבַר הַכּוֹל.*
לְהִשְׁתּוֹלֵל / ש.ל.ל, הִתְפַּעֵל / הִשְׁתּוֹלַלְתִּי, מִשְׁתּוֹלֵל

השתוללותנ׳ הִשְׁתּוֹלְלוּת [הִשְׁתּוֹלְלוּיוֹת] frenzy
הִתְנַהֲגוּת לֹא תַּרְבּוּתִית, פִּרְאִית:
*הַמִּשְׁטָרָה הִפְסִיקָה אֶת **הַהִשְׁתּוֹלְלוּת** בָּרְחוֹב.*

השתומםפ׳ הִשְׁתּוֹמֵם was astonished
הִתְפַּלֵּא, לֹא הֶאֱמִין לְמָה שֶׁרָאָה וְכוּ':

__הִשְׁתּוֹמַמְתִּי__ לִרְאוֹת אֶת כָּל הַיּוֹפִי הַזֶּה.
לְהִשְׁתּוֹמֵם / ש.מ.ם, הִתְפַּעֵל / הִשְׁתּוֹמַמְתִּי, מִשְׁתּוֹמֵם

השתוממותנ, הִשְׁתּוֹמְמוּת — astonishment
כְּשֶׁמִּתְפַּלְּאִים, כְּשֶׁחוֹשְׁבִים שֶׁמַּשֶּׁהוּ הוּא פֶּלֶא:
הַמַּעֲשֶׂה הָיָה בִּלְתִּי צָפוּי וְעוֹרֵר __הִשְׁתּוֹמְמוּת__.

השתוקקפ, הִשְׁתּוֹקֵק — yearned
רָצָה מְאוֹד:
__הִשְׁתּוֹקַקְתִּי__ לִנְסוֹעַ לְטַיֵּיל.
לְהִשְׁתּוֹקֵק לְ- / ש.ק.ק, הִתְפַּעֵל / הִשְׁתּוֹקַקְתִּי, יִשְׁתּוֹקֵק

השתזףפ, הִשְׁתַּזֵּף — got a tan
נַעֲשָׂה כֵּהֶה יוֹתֵר מִן הַשֶּׁמֶשׁ:
נָסַעְנוּ לַיָּם כְּדֵי __לְהִשְׁתַּזֵּף__.
לְהִשְׁתַּזֵּף / ש.ז.ף, הִתְפַּעֵל / הִשְׁתַּזַּפְתִּי, מִשְׁתַּזֵּף, יִשְׁתַּזֵּף

השתחווהפ, הִשְׁתַּחֲוָה — bowed
הִתְכּוֹפֵף מִתּוֹךְ כָּבוֹד:
הַשַּׂחְקָנִים יָצְאוּ אֶל הַבָּמָה בְּסוֹף הַהַצָּגָה __וְהִשְׁתַּחֲווּ__ לַקָּהָל.
לְהִשְׁתַּחֲווֹת לְ- / ש.ח.ה, הִתְפַּעֵל / הִשְׁתַּחֲוֵיתִי, מִשְׁתַּחֲוֶה

השתחררפ, הִשְׁתַּחְרֵר — was freed/released
יָצָא לַחוֹפְשִׁי:
הָאָסִיר __הִשְׁתַּחְרֵר__ מִבֵּית הַסּוֹהַר וְנָסַע לְבֵיתוֹ. / תּוֹשָׁבֵי אֶרֶץ־יִשְׂרָאֵל __הִשְׁתַּחְרְרוּ מִן__ הַשִּׁלְטוֹן הַבְּרִיטִי.
לְהִשְׁתַּחְרֵר מִ- / ש.ח.ר.ר, הִתְפַּעֵל / מִשְׁתַּחְרֵר, יִשְׁתַּחְרֵר

השתחררותנ, הִשְׁתַּחְרְרוּת — release
1. יְצִיאָה לַחוֹפְשִׁי:
הוּא מְחַכֶּה __לְהִשְׁתַּחְרְרוּת__ מִבֵּית הַסּוֹהַר.
2. הִתְפַּטְּרוּת מִתַּפְקִיד: — relief
שָׂמַחְתִּי עַל __הַהִשְׁתַּחְרְרוּת__ מִן הָאַחֲרָיוּת לַבַּיִת.

השתטחפ, הִשְׁתַּטֵּחַ (הִשְׁתַּטַּח) — prostrated himself
פָּרַשׂ אֶת גּוּפוֹ, פָּתַח אֶת הַיָּדַיִים וְהָרַגְלַיִים בִּשְׁכִיבָה:
__הִשְׁתַּטַּחְתִּי__ עַל הַמִּיטָּה וְנִרְדַּמְתִּי.
לְהִשְׁתַּטֵּחַ עַל- / ש.ט.ח, הִתְפַּעֵל / הִשְׁתַּטַּחְתִּי, מִשְׁתַּטֵּחַ

השתייךפ, הִשְׁתַּיֵּיךְ — belonged
הָיָה שַׁיָּיךְ לְ-:
הוּא __מִשְׁתַּיֵּיךְ__ לִקְבוּצָה, שֶׁהוֹלֶכֶת לָגוּר בַּעֲרָד.
לְהִשְׁתַּיֵּיךְ לְ- / ש.י.ך, הִתְפַּעֵל / הִשְׁתַּיַּיכְתִּי, מִשְׁתַּיֵּיךְ

השתייכותנ, הִשְׁתַּיְּכוּת [הִשְׁתַּיְּכֻיּוֹת] — belonging, affiliation
כְּשֶׁשַּׁיָּיכִים לְמַשֶּׁהוּ:
הִפְסַקְתִּי אֶת __הַהִשְׁתַּיְּכוּת__ שֶׁלִּי לְמוֹעֲדוֹן הַבְּרִידְג'.

השתילפ, הִשְׁתִּיל — transplanted
1. הֶעֱבִיר חֵלֶק מִגּוּף אֶחָד לְגוּף אַחֵר:
__הִשְׁתִּילוּ__ לוֹ לֵב חָדָשׁ.
2. הֶעֱבִיר מִישֶׁהוּ לְאֶרֶץ אַחֶרֶת, כְּדֵי שֶׁיִּחְיֶה בָּהּ וְיִמְסוֹר יְדִיעוֹת סוֹדִיּוֹת: — planted
כָּל מְדִינָה __מַשְׁתִּילָה__ מְרַגְּלִים בִּמְדִינוֹת אֲחֵרוֹת.
לְהַשְׁתִּיל אֶת- / ש.ת.ל, הִפְעִיל / הִשְׁתַּלְתִּי, מַשְׁתִּיל

השתיןפ, הִשְׁתִּין — urinated, peed
הוֹצִיא מִן הַגּוּף נוֹזְלִים, הִפְרִישׁ שֶׁתֶן:
הַיֶּלֶד __הִשְׁתִּין__ בַּמִּיטָּה.
לְהַשְׁתִּין / ש.ת.ן, הִפְעִיל / הִשְׁתַּנְתִּי, מַשְׁתִּין, יַשְׁתִּין

השתיקפ, הִשְׁתִּיק — shut (someone) up
1. עָשָׂה שֶׁיִּשְׁתּוֹק:
__הִשְׁתַּקְתִּי__ אוֹתוֹ בְּאֶמְצַע הַמִּשְׁפָּט.
2. עָשָׂה שֶׁלֹּא יֵדְעוּ מַשֶּׁהוּ: — silenced
הַמְּנַהֵל __הִשְׁתִּיק אֶת__ הַיְּדִיעוֹת עַל הַגְּנֵיבָה.
לְהַשְׁתִּיק אֶת- / ש.ת.ק, הִפְעִיל / הִשְׁתַּקְתִּי, מַשְׁתִּיק

השתכללפ, הִשְׁתַּכְלֵל — became improved
נַעֲשָׂה טוֹב יוֹתֵר:
הַמְּכוֹנִיּוֹת __הִשְׁתַּכְלְלוּ__ מְאוֹד בַּשָּׁנִים הָאַחֲרוֹנוֹת.
לְהִשְׁתַּכְלֵל / ש.כ.ל.ל, הִתְפַּעֵל / הִשְׁתַּכְלַלְתִּי, מִשְׁתַּכְלֵל

השתכןפ, הִשְׁתַּכֵּן — moved into
בָּא לָגוּר:
הָעוֹלִים הַחֲדָשִׁים __יִשְׁתַּכְּנוּ__ בַּבָּתִּים הַחֲדָשִׁים.
לְהִשְׁתַּכֵּן בְּ- / ש.כ.ן, הִתְפַּעֵל / הִשְׁתַּכְּנוּ, מִשְׁתַּכֵּן, יִשְׁתַּכֵּן

השתכנעפ, הִשְׁתַּכְנֵעַ (הִשְׁתַּכְנַע) — was talked into, was persuaded
הִסְכִּים לְקַבֵּל מַה שֶּׁאָמְרוּ:
__הִשְׁתַּכְנַעְתִּי__ בְּצוֹרֶךְ לִבְנוֹת בַּיִת חָדָשׁ.
לְהִשְׁתַּכְנֵעַ בְּ-, מִ- / ש.כ.נ.ע, הִתְפַּעֵל / הִשְׁתַּכְנַעְתִּי

השתכרפ, הִשְׁתַּכֵּר — got drunk
שָׁתָה הַרְבֵּה מְאוֹד מַשְׁקָאוֹת חֲרִיפִים:
בִּמְסִיבַּת פּוּרִים מוּתָּר __לְהִשְׁתַּכֵּר__.
לְהִשְׁתַּכֵּר מִ- / ש.כ.ר, הִתְפַּעֵל / הִשְׁתַּכַּרְתִּי, מִשְׁתַּכֵּר

השתכרפ, הִשְׂתַּכֵּר — earned
קִיבֵּל שָׂכָר חוֹדְשִׁי בִּשְׁבִיל עֲבוֹדָתוֹ:
מֹשֶׁה __מִשְׂתַּכֵּר__ 2000 שְׁקָלִים לְחוֹדֶשׁ.
לְהִשְׂתַּכֵּר / שׂ.כ.ר, הִתְפַּעֵל / הִשְׂתַּכַּרְתִּי, מִשְׂתַּכֵּר, יִשְׂתַּכֵּר

השתכרותנ, הִשְׁתַּכְּרוּת — intoxication
יִשְׁתִּיָּה רַבָּה מְאוֹד שֶׁל מַשְׁקָאוֹת חֲרִיפִים:
__הַהִשְׁתַּכְּרוּת__ גּוֹרֶמֶת לְהִתְנַהֲגוּת לֹא רַצְיוֹנָלִית.

השתכרותנ, הִשְׂתַּכְּרוּת earning
קַבָּלָה שֶׁל כֶּסֶף בִּשְׁבִיל עֲבוֹדָה:
*בִּגְלַל **הַהִשְׂתַּכְּרוּת** הַנְּמוּכָה לֹא כֹּל אֶחָד יָכוֹל לִקְנוֹת בַּיִת.*

השתלבפ, הִשְׁתַּלֵּב became part of...
הִתְחַבֵּר לַאֲחֵרִים, הָיָה חֵלֶק מֵהֶם:
*הָעוֹלֶה הֶחָדָשׁ **הִשְׁתַּלֵּב** בַּחֶבְרָה שֶׁלָּנוּ...*
לְהִשְׁתַּלֵּב בְּ- / ש.ל.ב, הִתְפַּעֵל / הִשְׁתַּלַּבְתִּי, מִשְׁתַּלֵּב

השתלבותנ, הִשְׁתַּלְּבוּת adjustment, integration
הִתְחַבְּרוּת, כְּשֶׁדְּבָרִים שׁוֹנִים מִתְחַבְּרִים:
*הַ**הִשְׁתַּלְּבוּת** שֶׁלִּי בַּקְּבוּצָה הָיְיתָה קָשָׁה.*

השתלהנ, הַשְׁתָּלָה [הַשְׁתָּלוֹת] transplantation
1. הַעֲבָרָה שֶׁל חֵלֶק גּוּף לְגוּף אַחֵר:
***הַשְׁתָּלַת** הַכִּלְיָה עָבְרָה בְּהַצְלָחָה.*
2. הַעֲבָרָה שֶׁל מִישֶׁהוּ לְאֶרֶץ אַחֶרֶת כְּדֵי לְרַגֵּל: planting
***הַשְׁתָּלָה** שֶׁל הַמְרַגֵּל מְסוּכֶּנֶת מְאוֹד.*

השתלטפ, הִשְׁתַּלֵּט took control
1. שָׁלַט, תָּפַס אֶת הַשִּׁלְטוֹן:
*הַצָּבָא **הִשְׁתַּלֵּט עַל** הַכְּפָר.*
2. לָמַד וְיוֹדֵעַ: mastered
*הוּא **הִשְׁתַּלֵּט עַל** כֹּל הַחוֹמֶר בְּעִבְרִית.*
לְהִשְׁתַּלֵּט עַל- / ש.ל.ט, הִתְפַּעֵל / הִשְׁתַּלַּטְתִּי, מִשְׁתַּלֵּט

השתלטותנ, הִשְׁתַּלְּטוּת takeover
1. תְּפִיסָה שֶׁל שִׁלְטוֹן:
*הַ**הִשְׁתַּלְּטוּת** עַל הַכְּפָר הָיְיתָה בְּלִי יְרִיּוֹת.*
2. שְׁלִיטָה בְּחוֹמֶר, יְדִיעָה טוֹבָה: mastering
*לְ**הִשְׁתַּלְּטוּת** עַל הַחוֹמֶר בְּעִבְרִית צָרִיךְ זְמַן.*

השתלםפ, הִשְׁתַּלֵּם took extension training
1. לָמַד עוֹד דְּבָרִים בַּמִּקְצוֹעַ שֶׁלּוֹ:
*הוּא **הִשְׁתַּלֵּם** בְּכִירוּרְגְיָה.*
2. הָיָה כְּדַאי, הָיָה רֶוַוח: was worthwhile
***הִשְׁתַּלֵּם** לְהַשְׁקִיעַ בָּאֲנָשִׁים הַצְּעִירִים.*
לְהִשְׁתַּלֵּם בְּ- / ש.ל.ם, הִתְפַּעֵל / הִשְׁתַּלַּמְתִּי, מִשְׁתַּלֵּם

השתלמותנ, הִשְׁתַּלְּמוּת [הִשְׁתַּלְּמוּיוֹת] extension training
כְּשֶׁלּוֹמְדִים עוֹד דְּבָרִים בַּמִּקְצוֹעַ:
*מִשְׂרַד הָעֲבוֹדָה פָּתַח קוּרְסִים לְ**הִשְׁתַּלְּמוּת** בִּרְפוּאָה.*

השתלשלפ, הִשְׁתַּלְשֵׁל hung down
1. הָיָה תָּלוּי בְּכִיווּן מַטָּה:
*הַחֶבֶל **הִשְׁתַּלְשֵׁל** מֵהַגַּג.*
2. הִתְפַּתֵּחַ כְּמוֹ בְּשַׁרְשֶׁרֶת, developed
טַבַּעַת בְּתוֹךְ טַבַּעַת:
*הָעִנְיָינִים **הִשְׁתַּלְשְׁלוּ** כְּמוֹ שֶׁחָשַׁבְנוּ.*
לְהִשְׁתַּלְשֵׁל / ש.ל.ש.ל, הִתְפַּעֵל / הִשְׁתַּלְשַׁלְתִּי, מִשְׁתַּלְשֵׁל

השתלשלותנ, הִשְׁתַּלְשְׁלוּת development
(סֵדֶר עִנְיָינִים) דָּבָר יוֹצֵא מִתּוֹךְ דָּבָר, הִתְפַּתְּחוּת כְּמוֹ בְּשַׁרְשֶׁרֶת, טַבַּעַת אַחֲרֵי טַבַּעַת:
***הִשְׁתַּלְשְׁלוּת** הַסִּיפּוּר מְעַנְיֶינֶת.*

השתמטפ, הִשְׁתַּמֵּט evaded, dodged
לֹא עָשָׂה מַשֶּׁהוּ שֶׁצָּרִיךְ לַעֲשׂוֹת:
*הַבָּחוּר הַצָּעִיר **הִשְׁתַּמֵּט** מִן הַגִּיוּס לַצָּבָא.*
לְהִשְׁתַּמֵּט מִ- / ש.מ.ט, הִתְפַּעֵל / הִשְׁתַּמַּטְתִּי, אֶשְׁתַּמֵּט

השתמטותנ, הִשְׁתַּמְּטוּת [הִשְׁתַּמְּטוּיוֹת] evasion, dodging (the draft)
כְּשֶׁלֹּא עוֹשִׂים מָה שֶׁצְּרִיכִים לַעֲשׂוֹת:
*אִי אֶפְשָׁר לְהַרְשׁוֹת **הִשְׁתַּמְּטוּת** מֵהַצָּבָא.*

השתמעפ, הִשְׁתַּמֵּעַ (הִשְׁתַּמַּע) was implied
אֶפְשָׁר הָיָה לְהָבִין שֶׁ-:
*מִדְּבָרָיו **הִשְׁתַּמֵּעַ**, שֶׁהוּא אֵינוֹ מְרוּצֶה.*
לְהִשְׁתַּמֵּעַ! talk to you soon!
לְהִשְׁתַּמֵּעַ / ש.מ.ע, הִתְפַּעֵל / הִשְׁתַּמֵּעַ, מִשְׁתַּמֵּעַ, יִשְׁתַּמֵּעַ

השתמשפ, הִשְׁתַּמֵּשׁ used
נִיצֵּל, הִפְעִיל לְמַטָּרָה מְסוּיֶּמֶת:
*הַפָּקִיד **הִשְׁתַּמֵּשׁ בַּ**מַּחְשֵׁב.*
לְהִשְׁתַּמֵּשׁ בְּ- / ש.מ.ש, הִתְפַּעֵל / הִשְׁתַּמַּשְׁתִּי, מִשְׁתַּמֵּשׁ

השתנהפ, הִשְׁתַּנָּה changed
אֵינוֹ דּוֹמֶה לְמָה שֶׁהָיָה בֶּעָבָר:
*דָּן **הִשְׁתַּנָּה** מְאוֹד, מֵאָז רָאִיתִי אוֹתוֹ לָאַחֲרוֹנָה.*
לְהִשְׁתַּנּוֹת / ש.נ.ה, הִתְפַּעֵל / הִשְׁתַּנֵּיתִי, מִשְׁתַּנֶּה, יִשְׁתַּנֶּה

השתעבדפ, הִשְׁתַּעְבֵּד became subjugated
נַעֲשָׂה לֹא עַצְמָאִי, מִישֶׁהוּ שָׁלַט בּוֹ:
*אֶרֶץ שֶׁנִּכְבְּשָׁה **הִשְׁתַּעְבְּדָה** לַמְּנַצְּחִים.*
(מֶטָאפוֹרָה) *הוּא **הִשְׁתַּעְבֵּד** לָעֲבוֹדָה, וְאֵין לוֹ זְמַן לַמִּשְׁפָּחָה.* became a slave (to)
לְהִשְׁתַּעְבֵּד לְ- / ש.ע.ב.ד, הִתְפַּעֵל / מִשְׁתַּעְבֵּד, יִשְׁתַּעְבֵּד

השתעלפ, הִשְׁתַּעֵל coughed
בִּגְלַל הִצְטַנְּנוּת הִתְפָּרֵץ אֲוִויר וְקוֹל מִפִּיו:
*הַיֶּלֶד הַחוֹלֶה **הִשְׁתַּעֵל** כֹּל הַלַּיְלָה.*
לְהִשְׁתַּעֵל / ש.ע.ל, הִתְפַּעֵל / הִשְׁתַּעַלְתִּי, מִשְׁתַּעֵל, יִשְׁתַּעֵל

השתעמםפ, הִשְׁתַּעֲמֵם was bored
לֹא הָיָה לוֹ מְעַנְיֵין, לֹא הָיָה לוֹ מָה לַעֲשׂוֹת:

השתַעֲממתי בַּבַּיִת - לֹא הָיָה לִי מַה לַעֲשׂוֹת.
לְהִשתַעֲמֵם / ש.ע.מ.ם, הִתפַּעֵל / הִשתַעֲמַמתִי, מִשתַעֲמֵם

השתעשעפ׳ הִשְׁתַּעֲשֵׁעַ (הִשְׁתַּעֲשַׁע) — amused himself
שִׂיחֵק וְנֶהֱנָה:
*הַתִינוֹק **השתַעֲשֵׁעַ** בַּמכוֹנִיוֹת, שֶׁקָנוּ לוֹ.*
לְהִשתַעֲשֵׁעַ / ש.ע.ש.ע, הִתפַּעֵל / מִשתַעֲשֵׁעַ, יִשתַעֲשֵׁעַ

השתפךפ׳ הִשְׁתַּפֵּךְ — poured out (his feelings)
נִשפַּך לְכֹל הַצדָדִים.
(מֶטָאפוֹרָה) דִיבֵּר הַרבֵּה עַל הַרגָשׁתוֹ, אַהֲבָתוֹ וְכוּ׳:
*הִיא **השתַפּכָה** לְפָנַיי וְסִיפּרָה לִי עַל חַיֶיהָ.*
לְהִשתַפֵּך / ש.פ.ך, הִתפַּעֵל / הִשתַפַּכתִי, מִשתַפֵּך, יִשתַפֵּך

השתפרפ׳ הִשְׁתַּפֵּר — improved
נַעֲשָׂה טוֹב יוֹתֵר:
***השתַפֵּר** מַצַב הַחוֹלֶה.*
לְהִשתַפֵּר / ש.פ.ר, הִתפַּעֵל / הִשתַפַּרתִי, מִשתַפֵּר, יִשתַפֵּר

השתפרותנ׳ הִשְׁתַּפְּרוּת — improvement
כְּשֶׁנַעֲשֶׂה טוֹב יוֹתֵר, הוֹלֵך וָטוֹב:
*יֵשׁ **הִשתַפּרוּת** בְּמַצַב הַחוֹלֶה.*

השתפשףפ׳ הִשְׁתַּפְשֵׁף — got worn out
1. נַעֲשָׂה פָּחוֹת חָדָשׁ (בִּגלַל שִׁימוּשׁ רַב):
*מִכנְסֵי ג׳ִינס אַחֲרֵי שֶׁ**השתַפשְׁפוּ** יָפִים יוֹתֵר.*
2. (לְשוֹן דִיבּוּר, בְּעִיקָר בַּצָבָא) עָבַד קָשֶׁה: — was put through the wringer
*בְּמַחֲנֶה הָאִימוּנִים **השתַפשַׁפנוּ** כַּהוֹגֵן בַּיוֹם וּבַלַילָה.*
לְהִשתַפשֵׁף / ש.פ.ש.ף, הִתפַּעֵל / הִשתַפשַׁפתִי

השתקהנ׳ הַשְׁתָּקָה — silencing
1. כְּשֶׁעוֹשִׂים שֶׁלֹא יְדַבּרוּ, שֶׁיִשתְקוּ:
***הַשׁתָקַת** יְלָדִים בְּאֶמצָעוּת מִשֹחָק אֵינָה דָבָר קַל.*
2. כְּשֶׁלֹא מְטַפּלִים בִּבעָיָה קָשָׁה: — suppressing
***הַשׁתָקָה** שֶׁל הָעִניָין גוֹרֶמֶת נֶזֶק לַמְדִינָה.*

השתקעפ׳ הִשְׁתַּקֵּעַ (הִשְׁתַּקַּע) — settled
בָּא לָגוּר לִזמַן רַב:
***השתַקַענוּ** בְּחֵיפָה, וּמֵאָז אֲנַחנוּ גָרִים בָּהּ.*
לְהִשתַקֵעַ בְּ- / ש.ק.ע, הִתפַּעֵל / הִשתַקַעתִי, מִשתַקֵעַ

השתקףפ׳ הִשְׁתַּקֵּף — was reflected
אֶפשָׁר הָיָה לִראוֹתוֹ בְּתוֹך מַשֶׁהוּ:
*הַפָּנִים שֶׁלִי **השתַקפוּ** בַּמַראָה. / (מֶטָאפוֹרָה) הַחַיִים לִפנֵי 100 שָׁנָה **הִישתַקפוּ** בַּסִיפּוּר.*
לְהִשתַקֵף בְּ- / ש.ק.ף, הִתפַּעֵל / הִשתַקַפתִי, מִשתַקֵף

השתקפותנ׳ הִשְׁתַּקְּפוּת [הִשתַקְפוּיוֹת] — reflection
כְּשֶׁרוֹאִים בְּתוֹך מַשֶׁהוּ:
***הִשתַקפוּת** הַחֶדֶר בַּמַראָה יוֹצֶרֶת רוֹשֶׁם שֶׁהַחֶדֶר גָדוֹל יוֹתֵר. / בַּסֵפֶר יֵשׁ **הִשתַקפוּת** שֶׁל הַחַיִים בַּקִיבּוּץ.*

השתרךפ׳ הִשְׂתָּרֵךְ — plodded along, dragged
הָלַך לְאַט, בִּכבֵדוּת:
*אַחֲרֵינוּ **השׂתָרֵך** תוֹר אָרוֹך.*
לְהִשׂתָרֵך / שׂ.ר.ך, הִתפַּעֵל / הִשׂתָרַכתִי, מִשׂתָרֵך, יִשׂתָרֵך

השתרעפ׳ הִשְׂתָּרֵעַ (הִשְׂתָּרַע) — streched out
1. פָּרַשׂ אֶת הַגוּף בִּשׁכִיבָה:
***השׂתָרַענוּ עַל** הַמִיטָה כְּדֵי לָנוּחַ.*
2. הִתפָּרֵשׂ, "יָצָא" לְכֹל הַצדָדִים: — extended
*הָעֲנָפִים שֶׁל הָעֵץ **השׂתָרעוּ עַל** כֹּל הַגִינָה. (מֶטָאפוֹרָה) הַסִיפּוּר **מִשׂתָרֵעַ עַל** 2 עַמוּדִים.*
לְהִשׂתָרֵעַ עַל- / שׂ.ר.ע, הִתפַּעֵל / הִשׂתָרַעתִי, מִשׂתָרֵעַ

השתררפ׳ הִשְׂתָּרֵר — prevailed
1. נַעֲשָׂה, נִהיָה:
***השׂתָרֵר** שֶׁקֶט בַּחֶדֶר.*
2. הִשתַלֵט: — reigned
*שִׁלטוֹן זָר **השׂתָרֵר** בַּמְדִינָה.*
לְהִשׂתָרֵר / שׂ.ר.ר, הִתפַּעֵל / הִשׂתָררוּ, מִשׂתָרֵר, יִשׂתָרֵר

השתרשפ׳ הִשְׁתָּרֵשׁ — took root
1. הִכנִיס שוֹרֶשׁ לָעוֹמֶק:
*הָעֵצִים הַטרוֹפִּיִים **השתָרשׁוּ** בָּאָרֶץ.*
2. נַעֲשָׂה רָגִיל: — became established
*לֹא **השתָרֵשׁ** עֲדַיִין הַצוֹרֶך לַחסוֹך מַיִם.*
לְהִשתָרֵשׁ / ש.ר.ש, הִתפַּעֵל / הִשתָרַשׁתִי, מִשתָרֵשׁ

השתרשותנ׳ הִשְׁתָּרְשׁוּת — taking root
כְּשֶׁהַשוֹרֶשׁ נִכנָס עָמוֹק:
*לֹא תָמִיד מַצלִיחָה **הַשתָרשׁוּת** שֶׁל עֵצִים טרוֹפִּיִים. **הִשתָרשׁוּת** הָעוֹלִים בָּאָרֶץ חֲשׁוּבָה לְכוּלָם.*

השתתףפ׳ הִשְׁתַּתֵּף — took part, participated
לָקַח חֵלֶק בְּ־, הִצטָרֵף לְ־:
*כֹּל הַחֲבֵרִים **הִשתַתפוּ** בַּמְסִיבָּה. / אֲנִי **מִשתַתֵף** בְּצַעַרךָ עַל מוֹת אָבִיךָ.*
לְהִשתַתֵף בְּ- / ש.ת.ף, הִתפַּעֵל / הִשתַתַפתִי, מִשתַתֵף

השתתפותנ׳ הִשְׁתַּתְּפוּת — participation
כְּשֶׁלוֹקחִים חֵלֶק בְּמַשֶׁהוּ:
***הִשתַתפוּת** הַחֲבֵרִים בַּמְסִיבָּה הָיְיתָה מְלֵאָה.*

השתתקפ׳ הִשְׁתַּתֵּק fell silent
הִפְסִיק לְדַבֵּר אוֹ לְהַשְׁמִיעַ קוֹל כֹּלשֶׁהוּ:
*הַתִּינוֹק **הִשְׁתַּתֵּק**, סוֹף סוֹף הוּא הִפְסִיק לִבְכּוֹת.*
לְהִשְׁתַּתֵּק / ש.ת.ק, הִתְפַּעֵל / מִשְׁתַּתֵּק, יִשְׁתַּתֵּק, הִשְׁתַּתֵּק

התאבדפ׳ הִתְאַבֵּד comitted suicide
גָּרַם לְעַצְמוֹ לָמוּת:
*הוּא **הִתְאַבֵּד** בִּגְלַל דֶּפְּרֶסְיָה.*
לְהִתְאַבֵּד / א.ב.ד, הִתְפַּעֵל / הִתְאַבְּדוּ, מִתְאַבֵּד, יִתְאַבֵּד

התאבדותנ׳ הִתְאַבְּדוּת [הִתְאַבְּדוּיוֹת] suicide
כְּשֶׁמִּישֶׁהוּ הוֹרֵג אֶת עַצְמוֹ:
***הַהִתְאַבְּדוּת** שֶׁלּוֹ הָיְתָה בִּגְלַל דֶּפְּרֶסְיָה.*

התאבלפ׳ הִתְאַבֵּל mourned
הִצְטַעֵר מְאוֹד עַל מִישֶׁהוּ שֶׁמֵּת:
*הוּא **הִתְאַבֵּל עַל** הַבֵּן, שֶׁמֵּת מִמַּחֲלָה קָשָׁה.*
לְהִתְאַבֵּל עַל- / א.ב.ל, הִתְפַּעֵל / הִתְאַבַּלְתִּי, מִתְאַבֵּל

התאבןפ׳ הִתְאַבֵּן was petrified/stultified
נַעֲשָׂה כְּמוֹ אֶבֶן:
***הִתְאַבַּנְתִּי** מֵרוֹב פַּחַד.*
לְהִתְאַבֵּן / א.ב.ן, הִתְפַּעֵל / הִתְאַבַּנְתִּי, מִתְאַבֵּן, יִתְאַבֵּן

התאבנותנ׳ הִתְאַבְּנוּת petrification, calcification
כְּשֶׁמִּישֶׁהוּ נַעֲשֶׂה כְּמוֹ אֶבֶן:
*הִרְגַּשְׁתִּי **הִתְאַבְּנוּת** מִפַּחַד./בְּזִקְנָה יֵשׁ **הִתְאַבְּנוּת** שֶׁל הַגּוּף.*

התאבקפ׳ הִתְאַבֵּק wrestled
נִלְחַם בְּיָדַיִים (מִין סְפּוֹרְט):
*הֵם **הִתְאַבְּקוּ**, וְהוּא נָפַל עַל הָרִצְפָּה.*
לְהִתְאַבֵּק / א.ב.ק, הִתְפַּעֵל / הִתְאַבַּקְתִּי, מִתְאַבֵּק, יִתְאַבֵּק

התאבקותנ׳ הִתְאַבְּקוּת wrestling
מִין סְפּוֹרְט- "מִלְחָמָה בְּיָדַיִים":
*הוּא נִיצַּח בְּהִתְחָרוּת שֶׁל **הִתְאַבְּקוּת**.*

התאגדפ׳ הִתְאַגֵּד became united/organized
הִתְחַבֵּר עִם אֲחֵרִים:
*הַפּוֹעֲלִים **הִתְאַגְּדוּ** כְּדֵי לְהַשִּׂיג תְּנָאִים טוֹבִים יוֹתֵר.*
לְהִתְאַגֵּד / א.ג.ד, הִתְפַּעֵל / הִתְאַגְּדוּ, מִתְאַגֵּד, יִתְאַגְּדוּ

התאגרףפ׳ הִתְאַגְרֵף boxed
נִלְחַם בָּאֶגְרוֹפִים (בּוֹקְס):
*הוּא נוֹסֵעַ לָאוֹלִימְפִּיאָדָה כְּדֵי **לְהִתְאַגְרֵף**.*
לְהִתְאַגְרֵף / א.ג.ר.ף, הִתְפַּעֵל / הִתְאַגְרַפְתִּי, מִתְאַגְרֵף

התאגרפותנ׳ הִתְאַגְרְפוּת [הִתְאַגְרְפוּיוֹת] boxing
מִלְחָמָה בָּאֶגְרוֹפִים (בּוֹקְס):
***הִתְאַגְרְפוּת** הִיא סְפּוֹרְט שֶׁל מַכּוֹת.*

התאדהפ׳ הִתְאַדָּה evaporated
יָצְאוּ מִמֶּנּוּ הַמַּיִם:
*כְּשֶׁחַם, הַמַּיִם **מִתְאַדִּים** מַהֵר.*
לְהִתְאַדּוֹת / א.ד.ה, הִתְפַּעֵל / הִתְאַדּוּ, מִתְאַדֶּה, יִתְאַדֶּה

התאדותנ׳ הִתְאַדּוּת evaporation
יְצִיאָה, הֵיעָלְמוּת שֶׁל מַיִם:
*הַחוֹם גּוֹרֵם **לְהִתְאַדּוּת** הַמַּיִם.*

התאדםפ׳ הִתְאַדֵּם reddened
נַעֲשָׂה אָדוֹם:
*הִיא **הִתְאַדְּמָה** מִבּוּשָׁה.*
לְהִתְאַדֵּם / א.ד.ם, הִתְפַּעֵל / הִתְאַדַּמְתִּי, מִתְאַדֵּם

התאהבפ׳ הִתְאַהֵב fell in love
הִתְחִיל לֶאֱהוֹב מִישֶׁהוּ:
*הוּא **הִתְאַהֵב בְּ**כָל בַּחוּרָה יָפָה.*
לְהִתְאַהֵב בְּ- / א.ה.ב, הִתְפַּעֵל / הִתְאַהַבְתִּי, מִתְאַהֵב

התאהבותנ׳ הִתְאַהֲבוּת falling in love
כְּשֶׁמַּתְחִילִים לֶאֱהוֹב מִישֶׁהוּ/מִישֶׁהִי:
***הִתְאַהֲבוּת** דָּוִיד בְּרוּת הָפְכָה אוֹתוֹ לְאָדָם מְאוּשָּׁר.*

התאווהפ׳ הִתְאַוָּה desired, longed
רָצָה מְאוֹד:
*הוּא **הִתְאַוָּה** לְהִתְקָרֵב אֵלֶיהָ וּלְהַרְגִּישׁ אוֹתָהּ לְיָדוֹ.*
לְהִתְאַוּוֹת לְ- / א.ו.ה, הִתְפַּעֵל / הִתְאַוֵּיתִי, יִתְאַוֶּוה

התאווררפ׳ הִתְאַוְרֵר was aired (out)
1. הִכְנִיסוּ בּוֹ אֲוִויר נָקִי:
*הַחֶדֶר **הִתְאַוְורֵר**, כִּי פָּתְחוּ חַלּוֹן.*
2. נָשַׁם אֲוִויר חָדָשׁ, הִתְרַעֲנֵן: got fresh air
*יָצָאתִי הַחוּצָה **לְהִתְאַוְורֵר**.*
לְהִתְאַוְורֵר / א.ו.ר.ר, הִתְפַּעֵל / הִתְאַוְורַרְתִּי, מִתְאַוְורֵר

התאונןפ׳ הִתְאוֹנֵן complained
דִּיבֵּר עַל מַה שֶּׁמַּפְרִיעַ לוֹ:
*הַמּוֹרֶה **הִתְאוֹנֵן עַל** הַתַּלְמִיד. / הוּא **הִתְאוֹנֵן עַל** כְּאֵבִים.*
לְהִתְאוֹנֵן עַל- / א.נ.ן, הִתְפַּעֵל / הִתְאוֹנַנְתִּי, מִתְאוֹנֵן

התאוששפ׳ הִתְאוֹשֵׁשׁ recovered
הִתְחַזֵּק:
*הוּא **הִתְאוֹשֵׁשׁ** מֵהַמַּחֲלָה.*
לְהִתְאוֹשֵׁשׁ מִ- / הִתְאוֹשַׁשְׁתִּי, מִתְאוֹשֵׁשׁ, יִתְאוֹשֵׁשׁ

התאוששותנ' הִתְאוֹשְׁשׁוּת recovery
הִתְחַזְּקוּת:
*הַ**הִתְאוֹשְׁשׁוּת** שֶׁלּוֹ מִן הַמַּחֲלָה טוֹבָה.*
חֲדַר הִתְאוֹשְׁשׁוּת – recovery room
*אַחֲרֵי הַנִּיתּוּחַ שָׁכַבְתִּי בַּ**חֲדַר הַהִתְאוֹשְׁשׁוּת**.*

התאזןפ' הִתְאַזֵּן was balanced
נַעֲשָׂה שָׁוֶוה:
*הַחֶשְׁבּוֹן **הִתְאַזֵּן**- הַהוֹצָאוֹת וְהַהַכְנָסוֹת שָׁווֹת.*
לְהִתְאַזֵּן / א.ז.ן, הִתְפַּעֵל / הִתְאַזַּנְתִּי, מִתְאַזֵּן, יִתְאַזֵּן

התאזרפ' הִתְאַזֵּר braced himself
הִתְאַזֵּר בְּסַבְלָנוּת - הִתְאַפֵּק, חִיכָּה:
*הַתּוֹר שֶׁלְּךָ יַגִּיעַ, אַתָּה מוּכְרָח **לְהִתְאַזֵּר בְּסַבְלָנוּת**.*
לְהִתְאַזֵּר / א.ז.ר, הִתְפַּעֵל / אֶתְאַזֵּר, מִתְאַזֵּר, יִתְאַזֵּר

התאזרחפ' הִתְאַזְרֵחַ [הִתְאַזרח] acquired citizenship
1. נַעֲשָׂה אֶזְרָח בִּמְדִינָה:
*הָעוֹלִים **יִתְאַזְרְחוּ** בִּמְדִינַת יִשְׂרָאֵל.*
2. נִכְנַס, הִתְקַבֵּל לְתוֹךְ-: assimilated
*מִילִּים מִלָּטִינִית **הִתְאַזְרְחוּ** בְּעִבְרִית.*
לְהִתְאַזְרֵחַ / א.ז.ר.ח, הִתְפַּעֵל / הִתְאַזְרַחְתִּי, מִתְאַזְרֵחַ

התאזרחותנ' הִתְאַזְרְחוּת acquiring citizenship
1. כְּשֶׁנַּעֲשִׂים אֶזְרָח בִּמְדִינָה:
***הִתְאַזְרְחוּת** הָעוֹלִים הִיא מְהִירָה.*
2. כְּשֶׁנַּעֲשִׂים חֵלֶק מ-, נִכְנָסִים לְתוֹךְ-: assimilation
*יֵשׁ בְּעִבְרִית **הִתְאַזְרְחוּת** מִילִּים מִלָּטִינִית.*

התאחדפ' הִתְאַחֵד became united
נַעֲשָׂה לְאֶחָד:
*הַמִּפְלָגוֹת בְּיִשְׂרָאֵל לֹא רוֹצוֹת **לְהִתְאַחֵד**.*
לְהִתְאַחֵד / א.ח.ד, הִתְפַּעֵל / הִתְאַחַדְתִּי, מִתְאַחֵד, יִתְאַחֵד

התאחדותנ' הִתְאַחֲדוּת unification
הִתְחַבְּרוּת (כְּשֶׁנַּעֲשִׂים לְאֶחָד):
***הִתְאַחֲדוּת** הַמִּפְלָגוֹת הַדָּתִיּוֹת לֹא הִצְלִיחָה.*

התאחהפ' הִתְאַחָה was pieced together
הִתְחַבֵּר:
*הָעֶצֶם הַשְּׁבוּרָה **הִתְאַחֲתָה**.*
לְהִתְאַחוֹת / א.ח.ה, הִתְפַּעֵל / הִתְאַחוּ, מִתְאַחִים, יִתְאַחֶה

התאחרפ' הִתְאַחֵר was late
אֵיחֵר, בָּא מְאוּחָר:
*נְחַכֶּה לוֹ, הוּא **מִתְאַחֵר** מְעַט.*
לְהִתְאַחֵר / א.ח.ר, הִתְפַּעֵל / הִתְאַחַרְתִּי, מִתְאַחֵר, יִתְאַחֵר

התאיםפ' הִתְאִים fitted, matched
נִמְצָא בְּהַרְמוֹנְיָה עִם...:
*הַמּוּסִיקָה **מַתְאִימָה** לַמִּילִּים שֶׁל הַשִּׁיר. / **הִתְאַמְתִּי** אֶת הַבֶּגֶד לְמֶזֶג הָאֲוִויר.*
לְהַתְאִים אֶת-, לְ- / ת.א.ם, הִפְעִיל / הִתְאַמְתִּי, מַתְאִים

התאכזבפ' הִתְאַכְזֵב was disappointed
הַתִּקְווֹת שֶׁלּוֹ לֹא הִתְגַּשְּׁמוּ:
*הוּא חָשַׁב שֶׁיְּקַבֵּל אֶת הַפְּרָס, **וְהִתְאַכְזֵב**.*
לְהִתְאַכְזֵב, מ- / א.כ.ז.ב, הִתְפַּעֵל / הִתְאַכְזַבְתִּי, מִתְאַכְזֵב

התאכזרפ' הִתְאַכְזֵר was cruel
הִתְנַהֵג לְמִישֶׁהוּ בְּלִי רַחֲמִים, בְּצוּרָה גְרוּעָה:
*הוּא **מִתְאַכְזֵר** לַכֶּלֶב שֶׁלּוֹ.*
לְהִתְאַכְזֵר לְ- / א.כ.ז.ר, הִתְפַּעֵל / הִתְאַכְזַרְתִּי, מִתְאַכְזֵר

התאכזרותנ' הִתְאַכְזְרוּת cruelty
הִתְנַהֲגוּת קָשָׁה וְרָעָה לַאֲחֵרִים:
*אֲנִי לֹא יְכוֹלָה לִסְבּוֹל **הִתְאַכְזְרוּת** לְבַעֲלֵי חַיִּים.*

התאכסןפ' הִתְאַכְסֵן stayed in/with
בָּא כְּאוֹרֵחַ, גָּר זְמַן קָצָר אֵצֶל מִישֶׁהוּ:
***הִתְאַכְסַנְתִּי** בְּבֵית מָלוֹן.*
לְהִתְאַכְסֵן / א.כ.ס.ן, הִתְפַּעֵל / הִתְאַכְסַנְתִּי, מִתְאַכְסֵן

התאלמןפ' הִתְאַלְמֵן was widowed (m)
נַעֲשָׂה אַלְמָן, אִישְׁתּוֹ מֵתָה:
*הוּא **הִתְאַלְמֵן** לִפְנֵי שָׁנָה, וְעַכְשָׁיו הוּא מִתְחַתֵּן.*
לְהִתְאַלְמֵן / א.ל.מ.ן, הִתְפַּעֵל / הִתְאַלְמַנְתִּי, מִתְאַלְמֵן

התאםז' הֶתְאֵם accord, agreement
הַתְאָמָה, הַרְמוֹנְיָה:
*בְּעִבְרִית צָרִיךְ שֶׁיִּהְיֶה **הֶתְאֵם** בְּמִין וּבְמִסְפָּר בֵּין שֵׁם הָעֶצֶם לְשֵׁם הַתּוֹאַר וְלַפּוֹעַל.*
בְּהֶתְאֵם according (to)

התאמהנ' הַתְאָמָה matching, harmony
מַצָּב שֶׁל הַרְמוֹנְיָה:
*יֵשׁ **הַתְאָמָה** בֵּין הַמּוּסִיקָה לַמִּילִּים שֶׁל הַשִּׁיר.*
אִי הַתְאָמָה incompatibility

התאמןפ' הִתְאַמֵּן trained (himself)
עָשָׂה תַּרְגִּילִים:
*הָאַתְלֵט **הִתְאַמֵּן** בְּרִיצָה.*
לְהִתְאַמֵּן בְּ- / א.מ.ן, הִתְפַּעֵל / הִתְאַמַּנְתִּי, מִתְאַמֵּן

התאמץפ' הִתְאַמֵּץ made an effort
הִשְׁתַּדֵּל מְאוֹד, עָשָׂה מַאֲמָץ:

אומרים, שֶׁאִם *מִתְאַמְּצִים*, מַצְלִיחִים.
לְהִתְאַמֵּץ / א.מ.ץ, הִתְפַּעֵל / הִתְאַמַּצְתִּי, מִתְאַמֵּץ, יִתְאַמֵּץ

התאמצותנ׳ הִתְאַמְּצוּת — exertion
הִשְׁתַּדְּלוּת, נִיסָּיוֹן לַעֲשׂוֹת מַשֶּׁהוּ בְּכֹל הַכּוֹחַ:
*הָעֲלִיָּיה בַּמַּדְרֵגוֹת הִיא **הִתְאַמְּצוּת** גְּדוֹלָה מִדַּי בִּשְׁבִיל הָאִישׁ הַזָּקֵן.*

התאמתפ׳ הִתְאַמֵּת — was verified
הוֹכִיחוּ שֶׁהַדָּבָר נָכוֹן:
*הַסִּיפּוּר שֶׁלּוֹ **הִתְאַמֵּת**.*
לְהִתְאַמֵּת / א.מ.ת, הִתְפַּעֵל / הִתְאַמְּתוּ, מִתְאַמֵּת, יִתְאַמֵּת

התאסלםפ׳ הִתְאַסְלֵם — converted to Islam
נַעֲשָׂה מוּסְלְמִי (מַאֲמִין בְּמוּחַמַּד):
*הַסְּפּוֹרְטַאי הָאֲמֶרִיקָאִי **שֶׁהִתְאַסְלֵם** הוּא מוּחַמַּד עָלִי.*
לְהִתְאַסְלֵם / א.ס.ל.ם, הִתְפַּעֵל / הִתְאַסְלַמְתִּי, מִתְאַסְלֵם

התאסףפ׳ הִתְאַסֵּף — gathered, assembled
בָּאוּ בְּיַחַד לְמָקוֹם אֶחָד:
*הַתַּלְמִידִים **הִתְאַסְּפוּ** בַּחֲצַר בֵּית הַסֵּפֶר. / קָהָל רַב **הִתְאַסֵּף**.*
לְהִתְאַסֵּף / א.ס.ף, הִתְפַּעֵל / הִתְאַסְּפוּ, מִתְאַסֵּף, יִתְאַסֵּף

התאפקפ׳ הִתְאַפֵּק — restrained himself
הִתְאַמֵּץ לֹא לַעֲשׂוֹת מַשֶּׁהוּ:
***הִתְאַפַּקְתִּי** וְלֹא אָכַלְתִּי, כִּי אֲנִי בְּדִיאֶטָה.*
לְהִתְאַפֵּק / א.פ.ק, הִתְפַּעֵל / הִתְאַפַּקְתִּי, מִתְאַפֵּק, יִתְאַפֵּק

התאפקותנ׳ הִתְאַפְּקוּת — restraint
מַאֲמָץ לֹא לַעֲשׂוֹת מַשֶּׁהוּ:
***הִתְאַפְּקוּת** מֵאֲכִילָה הִיא דָּבָר קָשֶׁה.*

התאפרפ׳ הִתְאַפֵּר — put on make-up
אִיפֵּר אֶת עַצְמוֹ. שָׂם צֶבַע עַל הַפָּנִים (כְּמוֹ בַּתֵּיאַטְרוֹן, כְּמוֹ שֶׁעוֹשׂוֹת נָשִׁים לְמַעַן הַיּוֹפִי):
*הַשַּׂחְקָן **הִתְאַפֵּר**, לִפְנֵי שֶׁעָלָה עַל הַבָּמָה.*
לְהִתְאַפֵּר / א.פ.ר, הִתְפַּעֵל / הִתְאַפַּרְתִּי, מִתְאַפֵּר, יִתְאַפֵּר

התאפשרפ׳ הִתְאַפְשֵׁר — was possible
נַעֲשָׂה אֶפְשָׁרִי, שֶׁיְּכוֹלִים לַעֲשׂוֹת וְכוּ׳:
*לֹא **הִתְאַפְשֵׁר** לִי לְהַגִּיעַ אֵלֶיךָ.*
לְהִתְאַפְשֵׁר / א.פ.ש.ר, הִתְפַּעֵל / הִתְאַפְשְׁרוּ, מִתְאַפְשֵׁר

התאקלםפ׳ הִתְאַקְלֵם — adjusted
הִתְאִים אֶת עַצְמוֹ לְמָקוֹם חָדָשׁ:
*צָרִיךְ לַעֲזוֹר לָעוֹלִים **לְהִתְאַקְלֵם** בָּאָרֶץ.*
לְהִתְאַקְלֵם / א.ק.ל.ם, הִתְפַּעֵל / הִתְאַקְלַמְתִּי, מִתְאַקְלֵם

התאקלמותנ׳ הִתְאַקְלְמוּת — acclimatization, adjustment
כְּשֶׁמִּתְרַגְּלִים לְמַשֶּׁהוּ (חֶבְרָה, סְבִיבָה חֲדָשָׁה וְכוּ׳):
*לִימּוּד עִבְרִית עוֹזֵר **בְּהִתְאַקְלְמוּת** שֶׁל הָעוֹלִים הַחֲדָשִׁים.*

התארגןפ׳ הִתְאַרְגֵּן — got organized
הִתְחַבֵּר לְמַטָּרָה מְסוּיֶּמֶת:
*הֵם **הִתְאַרְגְּנוּ** לְטִיּוּל לְאֵילַת.*
לְהִתְאַרְגֵּן / א.ר.ג.ן, הִתְפַּעֵל / הִתְאַרְגַּנְתִּי, מִתְאַרְגֵּן

התארגנותנ׳ הִתְאַרְגְּנוּת — organization
כְּשֶׁאֲנָשִׁים מִתְחַבְּרִים, הִתְקַשְּׁרוּת שֶׁל אֲנָשִׁים לְמַטָּרָה מְסוּיֶּמֶת:
***הִתְאַרְגְּנוּת** הַסְּטוּדֶנְטִים לַעֲבוֹדָה בַּקַּיִץ הִצְלִיחָה יָפֶה.*

התארחפ׳ הִתְאָרֵחַ (הִתְאָרַח) — stayed with, was a guest
הָיָה אוֹרֵחַ אֵצֶל מִישֶׁהוּ:
***הִתְאָרַחְתִּי** אֵצֶל אֲחוֹתִי בְּאֵילַת.*
לְהִתְאָרֵחַ / א.ר.ח, הִתְפַּעֵל / הִתְאָרַחְתִּי, מִתְאָרֵחַ, יִתְאָרֵחַ

התארךפ׳ הִתְאָרֵךְ — became longer
1. נַעֲשָׂה אָרוֹךְ:
*הַיּוֹם הוֹלֵךְ **וּמִתְאָרֵךְ** לִקְרַאת הַקַּיִץ.*
2. נִמְשַׁךְ הַרְבֵּה זְמַן: — was prolonged
*הַהַצָּגָה **הִתְאָרְכָה**, וְהָיָה לִי מְשַׁעֲמֵם.*
לְהִתְאָרֵךְ / א.ר.ך, הִתְפַּעֵל / הִתְאָרַכְתִּי, מִתְאָרֵךְ, יִתְאָרֵךְ

התארספ׳ הִתְאָרֵס — became engaged
הוֹדִיעַ שֶׁהוּא יִתְחַתֵּן (אַקְט לִפְנֵי הַחֲתוּנָּה):
*דָּוִיד וְרוּת **הִתְאָרְסוּ** אֶתְמוֹל.*
לְהִתְאָרֵס / א.ר.ס, הִתְפַּעֵל / הִתְאָרַסְתִּי, מִתְאָרֵס, יִתְאָרֵס

התאשפזפ׳ הִתְאַשְׁפֵּז — was hospitalized
נִכְנַס לְטִיפּוּל בְּבֵית חוֹלִים:
*לִפְנֵי הַנִּיתּוּחַ אֲנִי צָרִיךְ **לְהִתְאַשְׁפֵּז** בְּבֵית הַחוֹלִים.*
לְהִתְאַשְׁפֵּז בְּ- / א.ש.פ.ז, הִתְפַּעֵל / הִתְאַשְׁפַּזְתִּי

התבארפ׳ הִתְבָּאֵר — became clear
אֶפְשָׁר לְהָבִין אֶת הַפֵּירוּשׁ:
*כְּשֶׁקּוֹרְאִים סִיפּוּר **מִתְבָּאֲרוֹת** הַמִּילִים מִן הַקּוֹנְטֶקְסְט.*
לְהִתְבָּאֵר / ב.א.ר, הִתְפַּעֵל / הִתְבָּאֲרוּ, מִתְבָּאֲרִים

התבגרפ׳ הִתְבַּגֵּר — became an adult
נַעֲשָׂה מְבוּגָּר, הִפְסִיק לִהְיוֹת יֶלֶד:
*הוּא לֹא **הִתְבַּגֵּר** עֲדַיִין, הוּא מִתְנַהֵג כְּמוֹ יֶלֶד.*
לְהִתְבַּגֵּר / ב.ג.ר, הִתְפַּעֵל / הִתְבַּגַּרְתִּי, מִתְבַּגֵּר, יִתְבַּגֵּר

התבגרותנ, הִתְבַּגְּרוּת adolescence
הַזְּמַן שֶׁבֵּין גִּיל 12 לְגִיל 18:
*יֵשׁ **הִתְבַּגְּרוּת** פִיסִית, וְיֵשׁ הִתְבַּגְּרוּת מֶנְטָלִית.*

התבדהפ, הִתְבַּדָּה was proven wrong
הוּכַח, הִתְגַּלָּה כְּלֹא נָכוֹן:
*הוּא אָמַר שֶׁיֵּרֵד גֶּשֶׁם, וְ**הִתְבַּדָּה**.*
לְהִתְבַּדּוֹת / ב.ד.ה, הִתְפַּעֵל / הִתְבַּדֵּיתִי, מִתְבַּדֶּה, יִתְבַּדֶּה

התבדחפ, הִתְבַּדֵּחַ (הִתְבַּדַּח) joked
סִיפֵּר בְּדִיחוֹת:
*אֲנִי חוֹשֶׁבֶת, שֶׁצָּרִיךְ **לְהִתְבַּדֵּחַ** גַּם בְּמַצָּבִים קָשִׁים.*
לְהִתְבַּדֵּחַ / ב.ד.ח, הִתְפַּעֵל / הִתְבַּדַּחְתִּי, מִתְבַּדֵּחַ, יִתְבַּדֵּחַ

התבדחותנ, הִתְבַּדְּחוּת [הִתְבַּדְּחוּיוֹת] joking
כְּשֶׁמְּסַפְּרִים בְּדִיחוֹת, דִּיבּוּר קַל, מַצְחִיק:
***הִתְבַּדְּחוּת** עוֹשָׂה אֶת הַחַיִּים קַלִּים יוֹתֵר.*

התבדלפ, הִתְבַּדֵּל isolated himself
הִתְרַחֵק מֵאֲנָשִׁים:
*הוּא **הִתְבַּדֵּל מִן** הַחֲבֵרִים- לֹא אָכַל לֹא שִׂיחֵק אִיתָּם.*
לְהִתְבַּדֵּל מִ- / ב.ד.ל, הִתְפַּעֵל / הִתְבַּדַּלְתִּי, מִתְבַּדֵּל

התבדרפ, הִתְבַּדֵּר found entertainment
יָצָא לְבַלּוֹת (לָשִׁיר, לִרְקוֹד וְכוּ'):
*הוּא הָלַךְ לְסֶרֶט כְּדֵי **לְהִתְבַּדֵּר**.*
לְהִתְבַּדֵּר / ב.ד.ר, הִתְפַּעֵל / הִתְבַּדַּרְתִּי, מִתְבַּדֵּר, אֶתְבַּדֵּר

התבהרפ, הִתְבַּהֵר cleared-up
נַעֲשָׂה בָּהִיר, בָּרוּר:
*אַחֲרֵי הַגֶּשֶׁם **הִתְבַּהֲרוּ** הַשָּׁמַיִם.*
*הַדְּבָרִים **הִתְבַּהֲרוּ** לִי, עַכְשָׁיו אֲנִי מֵבִין.*
לְהִתְבַּהֵר / ב.ה.ר, הִתְפַּעֵל / הִתְבַּהֲרוּ, מִתְבַּהֵר, יִתְבַּהֵר

התבהרותנ, הִתְבַּהֲרוּת [הִתְבַּהֲרוּיוֹת] clearing-up
כְּשֶׁנַּעֲשֶׂה בָּהִיר:
*אַחֲרֵי הַגֶּשֶׁם הָיְיתָה **הִתְבַּהֲרוּת** חֶלְקִית.*

התבודדפ, הִתְבּוֹדֵד was alone, secluded himself
הָיָה לְבַדּוֹ:
*הוּא **מִתְבּוֹדֵד** בַּחֶדֶר שֶׁלּוֹ.*
לְהִתְבּוֹדֵד / ב.ד.ד, הִתְפַּעֵל / הִתְבּוֹדַדְתִּי, מִתְבּוֹדֵד

התבודדותנ, הִתְבּוֹדְדוּת solitude
כְּשֶׁרוֹצִים לִהְיוֹת לְבַד:
*הַ**הִתְבּוֹדְדוּת** עוֹזֶרֶת לִי לַחְשׁוֹב.*

התבוללפ, הִתְבּוֹלֵל assimilated
נִכְנַס לְתוֹךְ, נַעֲשָׂה חֵלֶק:
*חָשׁוּב שֶׁהַיְּהוּדִים לֹא **יִתְבּוֹלְלוּ** בָּאֲרָצוֹת, שֶׁהֵם גָּרִים בָּהֶן.*
לְהִתְבּוֹלֵל / ב.ל.ל, הִתְפַּעֵל / הִתְבּוֹלַלְתִּי, מִתְבּוֹלֵל

התבוללותנ, הִתְבּוֹלְלוּת assimilation
אַסִימִילַצְיָה, הִתְנַהֲגוּת לְפִי מוֹדֶל שֶׁל אֲחֵרִים:
*הַ**הִתְבּוֹלְלוּת** הִיא סַכָּנָה לָעָם הַיְּהוּדִי.*

התבונןפ, הִתְבּוֹנֵן observed
הִסְתַּכֵּל, הִבִּיט וְשָׂם לֵב:
*הוּא **הִתְבּוֹנֵן בַּ**תְּמוּנָה זְמַן רַב.*
לְהִתְבּוֹנֵן בְּ- / ב.י.ן, הִתְפַּעֵל / הִתְבּוֹנַנְתִּי, מִתְבּוֹנֵן, יִתְבּוֹנֵן

התבוננותנ, הִתְבּוֹנְנוּת [הִתְבּוֹנְנוּיוֹת] observation
הִסְתַּכְּלוּת:
*צַיָּיר דּוֹרֵשׁ **הִתְבּוֹנְנוּת** רַבָּה בְּאוֹבְּיֶיקְטִים.*

התבזבזפ, הִתְבַּזְבֵּז was spent/wasted
1. הוֹצִיאוּ הַרְבֵּה מִמֶּנּוּ (כֶּסֶף, וְכוּ'):
*כָּל הַכֶּסֶף שֶׁלָּהֶם **הִתְבַּזְבֵּז עַל** אוֹכֶל.*
2. (לְשׁוֹן דִּיבּוּר) לֹא מְנַצֵּל אֶת הַכִּישְׁרוֹנוֹת שֶׁלּוֹ וְכוּ':
*הוּא **הִתְבַּזְבֵּז בַּ**צָּבָא, לֹא עָשָׂה שׁוּם דָּבָר מוֹעִיל.*
לְהִתְבַּזְבֵּז / ב.ז.ב.ז, הִתְפַּעֵל / מִתְבַּזְבֵּז, יִתְבַּזְבֵּז

התבטאפ, הִתְבַּטֵּא expressed himself
1. אָמַר, דִּיבֵּר:
*הוּא **מִתְבַּטֵּא** יָפֶה בְּעִבְרִית.*
2. נַעֲשָׂה קוֹנְקְרֶטִי, נָתַן סִימָן: manifested itself
*הַקּוֹשִׁי **מִתְבַּטֵּא בִּ**קְרִיאָה. הַמַּחֲלָה **מִתְבַּטֵּאת בְּ**חוֹם גָּבוֹהַּ.*
לְהִתְבַּטֵּא בְּ- / ב.ט.א, הִתְפַּעֵל / הִתְבַּטֵּאתִי, מִתְבַּטֵּא

התבטאותנ, הִתְבַּטְּאוּת expression
הַדֶּרֶךְ שֶׁמְּדַבְּרִים:
*הַ**הִתְבַּטְּאוּת** שֶׁלּוֹ בְּעִבְרִית טוֹבָה מְאוֹד.*

התבטלפ, הִתְבַּטֵּל was canceled
1. לֹא הִתְקַיֵּים:
*בִּגְלַל הַשְּׁבִיתָה **הִתְבַּטְּלוּ** הַשִּׁיעוּרִים.*
2. לֹא עָבַד, לֹא עָשָׂה כְּלוּם: was idle
*כָּל הַחוֹפֶשׁ הוּא **הִתְבַּטֵּל**: לֹא עָבַד וְלֹא לָמַד.*
3. חָשַׁב אֶת עַצְמוֹ לְפָחוֹת belittled himself
מִמִּישֶׁהוּ אַחֵר, לֹא הֶחְשִׁיב אֶת עַצְמוֹ:
*הוּא תָּמִיד **הִתְבַּטֵּל בִּפְנֵי** גְּבוֹהִים מִמֶּנּוּ בְּדַרְגָּה.*
לְהִתְבַּטֵּל, בִּפְנֵי- / ב.ט.ל, הִתְפַּעֵל / הִתְבַּטַּלְתִּי, מִתְבַּטֵּל

התבטלותנ, הִתְבַּטְּלוּת self depreciation
1. כְּשֶׁמִּישֶׁהוּ חוֹשֵׁב אוֹ מַרְגִּישׁ, שֶׁהוּא פָּחוֹת מִמִּישֶׁהוּ אַחֵר:

*אֵין לְעַם יִשְׂרָאֵל סִיבָּה **לְהִתְבַּטְּלוּת** בִּפְנֵי עַמִּים אֲחֵרִים.*

2. כְּשֶׁמַּשֶּׁהוּ לֹא מִתְקַיֵּים, בִּיטּוּל: cancellation

***הִתְבַּטְּלוּת** שִׁיעוּרִים מְשַׂמַּחַת אֶת הַתַּלְמִידִים.*

3. כְּשֶׁלֹּא עוֹשִׂים כְּלוּם: idleness

***הַהִתְבַּטְּלוּת** שֶׁל הַיְלָדִים בַּחוֹפֶשׁ מַפְרִיעָה לִי.*

התביישפ׳ הִתְבַּיֵּישׁ was ashamed

הִרְגִּישׁ לֹא נוֹחַ לִפְנֵי אֲחֵרִים:

*הַיֶּלֶד **הִתְבַּיֵּישׁ** לִפְנֵי אֲנָשִׁים זָרִים.*

לְהִתְבַּיֵּישׁ, בְּ- / ב.י.ש, הִתְפַּעֵל / הִתְבַּיַּישְׁתִּי, מִתְבַּיֵּישׁ

התבייתפ׳ הִתְבַּיֵּית became domesticated

1. נַעֲשָׂה בֵּיתִי, הִתְרַגֵּל לַבַּיִת:

*הֶחָתוּל שֶׁלָּנוּ בּוֹרֵחַ לֶחָצֵר, הוּא לֹא **הִתְבַּיֵּית**.*

2. נִדְבַּק, מִתְלַבֵּשׁ עַל-: homed (in on)

*הַטִּיל **הִתְבַּיֵּית עַל** הַמָּטוֹס וּפוֹצֵץ אוֹתוֹ.*

לְהִתְבַּיֵּית, עַל- / ב.י.ת, הִתְפַּעֵל / מִתְבַּיֵּית, יִתְבַּיֵּית

התבלבלפ׳ הִתְבַּלְבֵּל got mixed up, was confused

הִסְתַּבֵּךְ, לֹא יָדַע מָה לַעֲשׂוֹת, לֹא הִבְדִּיל בֵּין דְּבָרִים שׁוֹנִים:

*הַבָּחוּר **הִתְבַּלְבֵּל** בָּרְחוֹבוֹת וְלֹא מָצָא אֶת הַבַּיִת.*

לְהִתְבַּלְבֵּל / ב.ל.ב.ל, הִתְפַּעֵל / הִתְבַּלְבַּלְתִּי, מִתְבַּלְבֵּל

התבלהפ׳ הִתְבַּלָּה wore out

נַעֲשָׂה יָשָׁן, בְּמַצָּב לֹא טוֹב:

*נַעֲלַיִים שֶׁל יְלָדִים **מִתְבַּלּוֹת** בִּמְהִירוּת.*

לְהִתְבַּלּוֹת / ב.ל.ה, הִתְפַּעֵל / הִתְבַּלּוּ, מִתְבַּלֶּה, יִתְבַּלֶּה

התבלטפ׳ הִתְבַּלֵּט was conspicuous, protruded

1. נִרְאָה עַל פְּנֵי הַשֶּׁטַח:

*הָעַמּוּד הַזֶּה **מִתְבַּלֵּט** מֵעַל כֹּל הָעַמּוּדִים.*

2. הִצְטַיֵּין: stood out, excelled

*הוּא **מִתְבַּלֵּט** בַּכִּיתָּה, הוּא הַתַּלְמִיד הַטּוֹב בְּיוֹתֵר.*

לְהִתְבַּלֵּט / ב.ל.ט, הִתְפַּעֵל / הִתְבַּלַּטְתִּי, מִתְבַּלֵּט, יִתְבַּלֵּט

התבלטותנ׳ הִתְבַּלְּטוּת protrusion

1. מָה שֶׁנִּרְאֶה עַל פְּנֵי הַשֶּׁטַח:

***הִתְבַּלְּטוּת** הַבִּנְיָין הַגָּבוֹהַּ בְּרֹאשׁ הָהָר מְכַעֶרֶת אֶת הַנּוֹף.*

2. הִצְטַיְּינוּת: standing out, excellence

***הַהִתְבַּלְּטוּת** שֶׁלּוֹ בַּלִּימּוּדִים מְשַׂמַּחַת אוֹתִי.*

התבסספ׳ הִתְבַּסֵּס became well established

1. הִתְחַזֵּק, יֵשׁ לוֹ בָּסִיס (מַעֲמָד) טוֹב:

*סוֹף סוֹף הוּא **הִתְבַּסֵּס** בַּעֲבוֹדָה.*

2. הִסְתַּמֵּךְ עַל (סְפָרִים, דּוֹקוּמֶנְטִים וְכוּ׳): was based (on)

*הַהַרְצָאָה שֶׁלּוֹ **הִתְבַּסְּסָה עַל** מֶחְקָר מַדָּעִי.*

לְהִתְבַּסֵּס בְּ-, עַל- / ב.ס.ס, הִתְפַּעֵל / הִתְבַּסַּסְתִּי

התבססותנ׳ הִתְבַּסְּסוּת becoming well-established

1. הִתְחַזְּקוּת, עֲמִידָה חֲזָקָה:

***הִתְבַּסְּסוּת** בֵּית הַחֲרוֹשֶׁת הִיא תוֹצָאָה שֶׁל עֲבוֹדָה קָשָׁה.*

2. כְּשֶׁמִּסְתַּמְּכִים עַל (סְפָרִים וְכוּ׳): reliance

***הִתְבַּסְּסוּת** עַל עוּבְדוֹת הִיא דָּבָר חָשׁוּב.*

התבצעפ׳ הִתְבַּצֵּעַ (הִתְבַּצַּע) was executed

נַעֲשָׂה:

*הָעֲבוֹדוֹת **הִתְבַּצְּעוּ** לְפִי הַתּוֹכְנִית.*

לְהִתְבַּצֵּעַ / ב.צ.ע, הִתְפַּעֵל / הִתְבַּצְּעוּ, מִתְבַּצֵּעַ, יִתְבַּצֵּעַ

התבצרפ׳ הִתְבַּצֵּר stregthened against attack

הֵגֵן עַל עַצְמוֹ עַל-יְדֵי חוֹמָה, חֲפִירוֹת:

*הַצָּבָא **הִתְבַּצֵּר** בְּתוֹךְ הָעִיר.*

הִתְבַּצֵּר בְּעֶמְדָּתוֹ -

1. הֵקִים חוֹמָה וְכוּ׳ בְּמָקוֹם שֶׁהוּא נִמְצָא fortified (himself)

2. לֹא זָז מִדַּעְתּוֹ was tenacious

לְהִתְבַּצֵּר / ב.צ.ר, הִתְפַּעֵל / הִתְבַּצַּרְתִּי, מִתְבַּצֵּר, יִתְבַּצֵּר

התבצרותנ׳ הִתְבַּצְּרוּת fortification

הִתְחַזְּקוּת, הֲגָנָה עַל-יְדֵי קִיר אֲבָנִים וְכוּ׳:

***הִתְבַּצְּרוּת** הַחַיָּילִים עַל הָהָר הִצִּילָה אוֹתָם.*

הִתְבַּצְּרוּת בְּעֶמְדּוֹת - 1. הִתְחַזְּקוּת (צָבָא) בְּמָקוֹם שֶׁהוּא נִמְצָא 2. כְּשֶׁלֹּא מוּכָנִים לָזוּז מִדֵּיעָה

התבקשפ׳ הִתְבַּקֵּשׁ was asked/requested

בִּיקְשׁוּ מִמֶּנּוּ:

***הִתְבַּקַּשְׁתִּי** לֹא לְאַחֵר לַפְּגִישָׁה.*

לְהִתְבַּקֵּשׁ / ב.ק.ש, הִתְפַּעֵל / הִתְבַּקַּשְׁתִּי, מִתְבַּקֵּשׁ

התברךפ׳ הִתְבָּרֵךְ was blessed

זָכָה לִבְרָכָה, יֵשׁ לוֹ דְּבָרִים טוֹבִים בַּחַיִּים:

*הוּא **הִתְבָּרֵךְ** בְּמִשְׁפָּחָה חַמָּה וְאוֹהֶבֶת וּבִבְרִיאוּת טוֹבָה.*

לְהִתְבָּרֵךְ בְּ- / ב.ר.ך, הִתְפַּעֵל / הִתְבָּרַכְתִּי, מִתְבָּרֵךְ, יִתְבָּרֵךְ

התבררפ׳ הִתְבָּרֵר became clear

נַעֲשָׂה בָּרוּר, בָּהִיר, מוּבָן:

*אַחֲרֵי שֶׁשָּׁמַעְתִּי אֶת הַסִּיפּוּר שֶׁלּוֹ, **הִתְבָּרְרָה** לִי הָאֱמֶת.*

לְהִתְבָּרֵר / ב.ר.ר, הִתְפַּעֵל / הִתְבָּרְרוּ, מִתְבָּרֵר, יִתְבָּרֵר

התבשלפ׳ הִתְבַּשֵּׁל was cooked

1. הֵכִינוּ אוֹתוֹ לַאֲכִילָה (עַל אֵשׁ, בַּתַּנּוּר):

*הַבָּשָׂר **הִתְבַּשֵּׁל** בַּסִּיר בְּמֶשֶׁךְ שָׁעָה.*

2. (לְשׁוֹן דִּיבּוּר) תּוּכְנַן מַשֶּׁהוּ: was cooked up

*הַתּוֹכְנִית הַזֹּאת **הִתְבַּשְּׁלָה** הַרְבֵּה זְמַן.*

3. (לְשׁוֹן דִּיבּוּר) נִשְׂרַף בַּשֶּׁמֶשׁ: was sunburnt

***הִתְבַּשַּׁלְתִּי עַל** חוֹף הַיָּם יוֹם שָׁלֵם.*

לְהִתְבַּשֵּׁל / ב.ש.ל, הִתְפַּעֵל / הִתְבַּשַּׁלְתִּי, מִתְבַּשֵּׁל, יִתְבַּשֵּׁל

התגאהפ׳ הִתְגָּאָה boasted
הִתְפָּאֵר, סִיפֵּר עַל הַצְלָחָה:
*הוּא **הִתְגָּאָה** בַּצִּיּוּנִים שֶׁלּוֹ.*
לְהִתְגָּאוֹת בְּ- / ג.א.ה, הִתְפַּעֵל / הִתְגָּאֵיתִי, מִתְגָּאֶה

התגברפ׳ הִתְגַּבֵּר overcame
הָיָה יוֹתֵר חָזָק מ-, נִיצַּח אֶת -:
*הוּא **הִתְגַּבֵּר עַל** הַקְּשָׁיִים וְהִצְלִיחַ בַּכֹּל.*
לְהִתְגַּבֵּר עַל- / ג.ב.ר, הִתְפַּעֵל / הִתְגַּבַּרְתִּי, מִתְגַּבֵּר, יִתְגַּבֵּר

התגברותנ׳ הִתְגַּבְּרוּת increase
הִתְחַזְּקוּת, גִּידּוּל:
*בַּשָּׁנָה הָאַחֲרוֹנָה הוּרְגְּשָׁה **הִתְגַּבְּרוּת** בִּפְעוּלּוֹת הַטֵּירוֹר.*

התגבשפ׳ הִתְגַּבֵּשׁ became crystallized
1. (חוֹמֶר שֶׁ) הִתְחַבֵּר בְּיַחַד:
*הַחוֹל **הִתְגַּבֵּשׁ** וְנַעֲשָׂה חָזָק כְּמוֹ אֶבֶן.*
2. נַעֲשָׂה אֶחָד: became consolidated , merged
*אֲנַחְנוּ צְרִיכִים **לְהִתְגַּבֵּשׁ לְעַם** אֶחָד, לְחֶבְרָה אַחַת.*
לְהִתְגַּבֵּשׁ לְ- / ג.ב.ש, הִתְפַּעֵל / הִתְגַּבְּשׁוּ, מִתְגַּבֵּשׁ, יִתְגַּבֵּשׁ

התגבשותנ׳ הִתְגַּבְּשׁוּת consolidation, cohesiveness
חִיבּוּר שֶׁל חֲלָקִים קְטַנִּים:
*בְּמֶשֶׁךְ הַזְּמַן נַגִּיעַ **לְהִתְגַּבְּשׁוּת** הַחֶבְרָה בְּיִשְׂרָאֵל. / אַחֲרֵי **הַהִתְגַּבְּשׁוּת** נִרְאָה הַמֶּלַח כְּמוֹ אֶבֶן.*

התגונןפ׳ הִתְגּוֹנֵן defended (himself)
הֵגֵן עַל עַצְמוֹ:
*הַקִּיבּוּץ **הִתְגּוֹנֵן** מִפְּנֵי הַהַתְקָפָה שֶׁל הָאוֹיֵב.*
הִתְגּוֹנַנְתִּי / ג.נ.ן, הִתְפַּעֵל / מִתְגּוֹנֵן, אֶתְגּוֹנֵן, יִתְגּוֹנֵן

התגוננותנ׳ הִתְגּוֹנְנוּת self-defense
הֲגָנָה עַצְמִית, כְּשֶׁמִּישֶׁהוּ שׁוֹמֵר עַל עַצְמוֹ:
*אֲנַחְנוּ לוֹמְדִים קָרָטֶה לְצוֹרֶךְ **הִתְגּוֹנְנוּת**.*

התגוררפ׳ הִתְגּוֹרֵר was living (in/at)
גָּר בְּמָקוֹם כָּלְשֶׁהוּ:
*הוּא **הִתְגּוֹרֵר** בְּבַיִת זֶה לִפְנֵי שָׁנָה.*
לְהִתְגּוֹרֵר בְּ- / ג.ו.ר, הִתְפַּעֵל / הִתְגּוֹרַרְתִּי, מִתְגּוֹרֵר

התגוששפ׳ הִתְגּוֹשֵׁשׁ wrestled
נִלְחַם בַּיָּדַיִים:
*הַיְּלָדִים **הִתְגּוֹשְׁשׁוּ** כְּדֵי לִרְאוֹת מִי יוֹתֵר חָזָק.*
לְהִתְגּוֹשֵׁשׁ / ג.ש.ש, הִתְפַּעֵל / הִתְגּוֹשַׁשְׁתִּי, מִתְגּוֹשֵׁשׁ

התגוששותנ׳ הִתְגּוֹשְׁשׁוּת wrestling
"מִלְחָמָה" בַּיָּדַיִים:
***הַהִתְגּוֹשְׁשׁוּת** בֵּין שְׁנֵי הַסְּפּוֹרְטָאִים נִגְמְרָה בְּתֵיקוּ.*

התגייספ׳ הִתְגַּיֵּס enlisted
1. הָלַךְ לְשָׁרֵת בַּצָּבָא:
*דָּוִיד **הִתְגַּיֵּס** לַצָּבָא, לְאַחַר שֶׁגָּמַר אֶת בֵּית הַסֵּפֶר הַתִּיכוֹן.*
2. עָשָׂה מַשֶּׁהוּ כְּדֵי לַעֲזוֹר לַצִּיבּוּר: volunteered
***הִתְגַּיַּסְתִּי** לַעֲזוֹר לִילָדִים עִם בְּעָיוֹת מְיוּחָדוֹת.*
לְהִתְגַּיֵּס / ג.י.ס, הִתְפַּעֵל / הִתְגַּיַּסְתִּי, מִתְגַּיֵּס, יִתְגַּיֵּס

התגייסותנ׳ הִתְגַּיְּסוּת enlisting
1. הֲלִיכָה לְשֵׁירוּת צְבָאִי:
***הַהִתְגַּיְּסוּת** הִיא בְּגִיל 18.*
2. כְּשֶׁעוֹשִׂים מַשֶּׁהוּ וּוֹלוּנְטָרִי: volunteering
***הִתְגַּיְּסוּת** לִקְלִיטַת עֲלִיָּיה הִיא דָּבָר חָשׁוּב.*

התגיירפ׳ הִתְגַּיֵּר converted to Judaism
נַעֲשָׂה יְהוּדִי:
*הוּא רוֹצֶה **לְהִתְגַּיֵּר** וְלִהְיוֹת יְהוּדִי.*
לְהִתְגַּיֵּר / ג.י.ר, הִתְפַּעֵל / הִתְגַּיַּרְתִּי, מִתְגַּיֵּר, יִתְגַּיֵּר

התגלגלפ׳ הִתְגַּלְגֵּל rolled
1. הָיָה בִּתְנוּעָה שֶׁל סִיבּוּב:
*הַכַּדּוּר **הִתְגַּלְגֵּל** מִן הַבַּיִת לֶחָצֵר.*
2. נִמְצָא לֹא בַּמָּקוֹם הַמַּתְאִים: was all over
*הַבְּגָדִים שֶׁלּוֹ **מִתְגַּלְגְּלִים** בְּכָל הַדִּירָה.*
3. עָבַר הַרְבֵּה מְאוֹד מִמָּקוֹם לְמָקוֹם: wandered
*בַּצָּבָא **הִתְגַּלְגַּלְתִּי** מִמַּחֲנֶה לְמַחֲנֶה.*
לְהִתְגַּלְגֵּל / ג.ל.ג.ל, הִתְפַּעֵל / הִתְגַּלְגְּלוּ, מִתְגַּלְגֵּל, יִתְגַּלְגֵּל

התגלהפ׳ הִתְגַּלָּה was revealed
נִמְצָא, נִרְאָה, אַחֲרֵי שֶׁהָיָה נִסְתָּר:
*אָבִי **הִתְגַּלָּה לִי** בַּחֲלוֹם. / **הִתְגַּלּוּ** לִי דְּבָרִים חֲדָשִׁים.*
לְהִתְגַּלּוֹת, לְ- / ג.ל.ה, הִתְפַּעֵל / הִתְגַּלֵּיתִי, מִתְגַּלֶּה, יִתְגַּלֶּה

התגלותנ׳ הִתְגַּלּוּת [הִתְגַּלּוּיוֹת] revelation
גִּילּוּי, כְּשֶׁמּוֹפִיעַ מַשֶּׁהוּ פִּתְאוֹם:
***הִתְגַּלּוּת** אֱלוֹהִים לְמֹשֶׁה הָיְיתָה בְּהַר סִינַי.*

התגלחפ׳ הִתְגַּלֵּחַ (הִתְגַּלַּח) shaved
הוֹרִיד אֶת הַשֵּׂיעָר מֵהַפָּנִים בְּמַכְשִׁיר גִּילּוּחַ:
*יָרוֹן **מִתְגַּלֵּחַ** כָּל בּוֹקֶר, כְּשֶׁהוּא קָם.*
לְהִתְגַּלֵּחַ / ג.ל.ח, הִתְפַּעֵל / הִתְגַּלַּחְתִּי, מִתְגַּלֵּחַ, יִתְגַּלֵּחַ

התגלמותנ׳ הִתְגַּלְּמוּת embodiment
מַה שֶּׁמְּקַבֵּל צוּרָה קוֹנְקְרֶטִית:
*הַתְּמוּנָה הַזֹּאת הִיא **הִתְגַּלְּמוּת** הַיּוֹפִי.*

התגנבפ׳ הִתְגַּנֵּב sneaked (into)
נִכְנַס אוֹ יָצָא בְּלִי שֶׁהִרְגִּישׁוּ בּוֹ:

הוּא *הִתְגַּנֵּב לַחֶדֶר.*
לְהִתְגַּנֵּב / ג.נ.ב, הִתְפַּעֵל / הִתְגַּנַּבְתִּי, מִתְגַּנֵּב, יִתְגַּנֵּב

התגנבותנ׳ הִתְגַּנְּבוּת — infiltration
יְצִיאָה אוֹ כְּנִיסָה בְּלִי שֶׁמִּישֶׁהוּ יַרְגִּישׁ:
הִתְגַּנְּבוּת *הַחַיָּילִים לְשֶׁטַח הָאוֹיֵב הִצְלִיחָה.*
הִתְגַּנְּבוּת יְחִידִים - כְּשֶׁחַיָּיל לְבַדּוֹ נִכְנָס לְשֶׁטַח אוֹיֵב

התגנדרפ׳ הִתְגַּנְדֵּר — put on his best clothes
הִתְלַבֵּשׁ בִּבְגָדִים יָפִים, הִתְקַשֵּׁט:
הוּא ***הִתְגַּנְדֵּר*** *לִכְבוֹד הַמְּסִיבָּה.*
לְהִתְגַּנְדֵּר / ג.נ.ד.ר, הִתְפַּעֵל / הִתְגַּנְדַּרְתִּי, מִתְגַּנְדֵּר

התגנדרותנ׳ הִתְגַּנְדְּרוּת — coquetry, vanity
כְּשֶׁמִּתְלַבְּשִׁים בִּבְגָדִים יָפִים, בְּטַבָּעוֹת וּבַעֲגִילִים,
הִתְקַשְּׁטוּת:
הַהִתְגַּנְדְּרוּת *שֶׁלּוֹ מַצְחִיקָה.*

התגעגעפ׳ הִתְגַּעְגֵּעַ (הִתְגַּעֲגַע) — missed, longed
הִרְגִּישׁ רָצוֹן לִרְאוֹת מִישֶׁהוּ וְלִהְיוֹת קָרוֹב אֵלָיו:
הִתְגַּעֲגַעְתִּי מְאוֹד לְהוֹרַיי וְלַחֲבֵרַיי בְּחוּץ לָאָרֶץ.
לְהִתְגַּעֲגֵעַ לְ- / ג.ע.ג.ע, הִתְפַּעֵל / הִתְגַּעֲגַעְתִּי, מִתְגַּעֲגֵעַ

התגפףפ׳ הִתְגַּפֵּף — fondled, smooched
הִתְחַבֵּק, נָגַע נְגִיעוֹת שֶׁל אוֹהֲבִים:
דָּוִד וְרוּת אוֹהֲבִים זֶה אֶת זֶה, כׇּל הַיּוֹם הֵם ***מִתְגַּפְּפִים.***
לְהִתְגַּפֵּף / ג.פ.ף, הִתְפַּעֵל / הִתְגַּפַּפְתִּי, מִתְגַּפֵּף, יִתְגַּפְּפוּ

התגרדפ׳ הִתְגָּרֵד — scratched himself
גֵּירֵד, שִׁיפְשֵׁף אֶת עַצְמוֹ:
הוּא ***מִתְגָּרֵד*** *בִּגְלַל הָאַלֶרְגְיָה.*
לְהִתְגָּרֵד / ג.ר.ד, הִתְפַּעֵל / הִתְגָּרַדְתִּי, מִתְגָּרֵד, יִתְגָּרֵד

התגרהפ׳ הִתְגָּרָה — provoked
הִתְחִיל לָרִיב, הִרְגִּיז:
הִכֵּיתִי אוֹתוֹ, כִּי הוּא ***הִתְגָּרָה בִּי.***
לְהִתְגָּרוֹת בְּ- / ג.ר.ה, הִתְפַּעֵל / הִתְגָּרֵיתִי, מִתְגָּרֶה, יִתְגָּרֶה

התגרותנ׳ הִתְגָּרוּת [הִתְגָּרוּיוֹת] — provocation
כְּשֶׁמַּתְחִילִים לָרִיב וּמַרְגִּיזִים מִישֶׁהוּ:
לֹא צָרִיךְ לַעֲנוֹת עַל כׇּל ***הִתְגָּרוּת.***

התגרשפ׳ הִתְגָּרֵשׁ — got divorced
נִפְרַד מֵאִישְׁתּוֹ, סִיֵּים אֶת קֶשֶׁר הַנִּישּׂוּאִים:
דָּן וְרוּת ***הִתְגָּרְשׁוּ*** *אַחֲרֵי 10 שְׁנוֹת נִישּׂוּאִין.*
לְהִתְגָּרֵשׁ מִ- / ג.ר.ש, הִתְפַּעֵל / הִתְגָּרַשְׁתִּי, מִתְגָּרֵשׁ

התגשםפ׳ הִתְגַּשֵּׁם — was realized
הִתְקַיֵּים נַעֲשָׂה, הִתְבַּצַּע:
כׇּל הַחֲלוֹמוֹת שֶׁלִּי ***הִתְגַּשְּׁמוּ.***
לְהִתְגַּשֵּׁם / ג.ש.ם, הִתְפַּעֵל / הִתְגַּשְּׁמוּ, מִתְגַּשֵּׁם, יִתְגַּשֵּׁם

התגשמותנ׳ הִתְגַּשְּׁמוּת — realization
כְּשֶׁמַּשֶּׁהוּ נַעֲשֶׂה, מִתְגַּשֵּׁם, מִתְקַיֵּים:
מְדִינַת יִשְׂרָאֵל הִיא ***הִתְגַּשְּׁמוּת*** *הַצִּיּוֹנוּת.*

התדייןפ׳ הִתְדַּיֵּין — was in litigation
הִתְוַוכֵּחַ בְּבֵית מִשְׁפָּט:
הַבַּעַל וְהָאִישָּׁה ***הִתְדַּיְּינוּ*** *בְּמֶשֶׁךְ שָׁנִים* **עַל** *הֶסְכֵּם הַגֵּירוּשִׁין.*
לְהִתְדַּיֵּין / ד.י.ן, הִתְפַּעֵל / הִתְדַּיַּינְתִּי, מִתְדַּיֵּין, יִתְדַּיֵּין

התדיינות/הידיינותנ׳ הִתְדַּיְּנוּת/הִדַּיְּנוּת — litigation
וִיכּוּחַ בְּבֵית מִשְׁפָּט:
הַהִתְדַּיְּינוּת *בֵּין הַבַּעַל וְהָאִישָּׁה בְּבֵית הַמִּשְׁפָּט נִמְשֶׁכֶת.*

התדרדר ר׳ הידרדר

התדרדרות ר׳ הידרדרות

התהדקפ׳ הִתְהַדֵּק — was fastened/tightened
1. לָחֲצוּ אוֹתוֹ מְאוֹד:
(גַּם מֶטָאפוֹרָה) *הַחֶבֶל* ***מִתְהַדֵּק*** *סְבִיב הַצַּוָּואר.*
2. (מֶטָאפוֹרָה) הִתְחַזֵּק קֶשֶׁר: — became intensified
הַיְּחָסִים בֵּין יִשְׂרָאֵל וְסִין ***הִתְהַדְּקוּ.***
לְהִתְהַדֵּק / ה.ד.ק, הִתְפַּעֵל / הִתְהַדְּקוּ, מִתְהַדֵּק, יִתְהַדֵּק

התהווהפ׳ הִתְהַוָּה — came into being
נַעֲשָׂה, נִהְיָה, נוֹצַר:
אַחֲרֵי הַבְּחִירוֹת ***הִתְהַוָּה*** *מַצָּב פּוֹלִיטִי חָדָשׁ.*
לְהִתְהַוּוֹת / ה.ו.ה, הִתְפַּעֵל / הִתְהַוּוּ, מִתְהַוֶּוה, יִתְהַוֶּוה

התהוותנ׳ הִתְהַוּוּת — formation
הִיוָּוצְרוּת, מַצָּב שֶׁנַּעֲשֶׂה בּוֹ מַשֶּׁהוּ:
הִתְהַוּוּת *עֲנָנִים בָּאֵיזוֹר שֶׁלָּנוּ הִיא סִימָן לְגֶשֶׁם.*

התהלךפ׳ הִתְהַלֵּךְ — walked
הָלַךְ מִצַּד לְצַד, מִמָּקוֹם לְמָקוֹם:
הוּא ***הִתְהַלֵּךְ בָּאָרֶץ,*** *כִּי הוּא אוֹהֵב טִיּוּלִים.*
לְהִתְהַלֵּךְ / ה.ל.ך, הִתְפַּעֵל / הִתְהַלַּכְתִּי, מִתְהַלֵּךְ, יִתְהַלֵּךְ

התהפךפ׳ הִתְהַפֵּךְ — turned over
1. עָמַד הָפוּךְ (עַל הַצַּד הָאַחֵר):
הַמְּכוֹנִית ***הִתְהַפְּכָה*** *עַל הַגַּג.*
2. עָבַר מִצַּד לְצַד: — kept turning...
כׇּל הַלַּיְלָה ***הִתְהַפַּכְתִּי*** *בַּמִּיטָּה, לֹא יָכוֹלְתִּי לְהֵירָדֵם.*
לְהִתְהַפֵּךְ / ה.פ.ך, הִתְפַּעֵל / הִתְהַפַּכְתִּי, מִתְהַפֵּךְ, יִתְהַפֵּךְ

התהפכותנ׳ הִתְהַפְּכוּת turning over
עֲמִידָה בְּצַד הֶהָפוּךְ:
*נִפְצַעְתִּי בִּגְלַל **הַהִתְהַפְּכוּת** הַמְּכוֹנִית.*

התוודהפ׳ הִתְוַדָּה confessed
סִיפֵּר כֹּל מַה שֶׁעָשָׂה:
*הוּא **הִתְוַדָּה עַל** כֹּל הַגְּנֵיבוֹת שֶׁגָּנַב.*
לְהִתְוַודּוֹת עַל- / ו.ד.ה, הִתְפַּעֵל / הִתְוַודֵּיתִי, מִתְוַודֶּה

התוודעפ׳ הִתְוַדֵּעַ got acquainted
עָשָׂה הַכָּרָה, פָּגַשׁ:
*דָּוִיד וְרוּת **הִתְוַודְּעוּ** זֶה לָזֶה בִּמְסִיבָּה.*
לְהִתְוַודֵּעַ לְ-, אֶל- / י.ד.ע, הִתְפַּעֵל / הִתְוַודַּעְתִּי, מִתְוַודֵּעַ

התווהפ׳ הִתְוָה outlined
קָבַע תּוֹכְנִית בְּאוֹפֶן כְּלָלִי:
*שַׂר הָאוֹצָר **הִתְוָוה** קַוִּוים כְּלָלִיִּים שֶׁל הַתּוֹכְנִית הַכַּלְכָּלִית.*
לְהַתְווֹת אֶת- / ת.ו.ה, הִפְעִיל / הִתְוֵיתִי, מַתְוֶוה, יַתְוֶוה

התווכחפ׳ הִתְוַכֵּחַ (הִתְוַכַּח) argued
לֹא הִסְכִּים לַדֵּיעָה שֶׁל מִישֶׁהוּ וְהִבִּיעַ אֶת דַּעְתּוֹ:
*חֲבֵר הַכְּנֶסֶת **הִתְוַוכֵּחַ עִם** שַׂר הַחוּץ עַל הַפִּיתְרוֹן הַמְּדִינִי.*
לְהִתְוַוכֵּחַ עִם- / ו.כ.ח, הִתְפַּעֵל / הִתְוַוכַּחְתִּי, מִתְוַוכֵּחַ

התזהנ׳ הַתָּזָה splashing
1. פִּיזוּר, זְרִיקָה (שֶׁל מַיִם וְכוּ׳):
*הַ**הַתָּזָה** שֶׁל מַיִם הִיא בִּיזְבּוּז.*
2. כְּשֶׁחוֹתְכִים בְּבַת אַחַת, שְׁחִיטָה: chopping off
*הַגִּילְיוֹטִינָה הִיא מַכְשִׁיר לְ**הַתָּזַת** רָאשִׁים.*

התחבאפ׳ הִתְחַבֵּא hid
הִסְתַּתֵּר, עָשָׂה שֶׁלֹּא יִרְאוּ אוֹתוֹ:
*הוּא **הִתְחַבֵּא** מֵאֲחוֹרֵי הַבַּיִת, וְלֹא רָאִינוּ אוֹתוֹ.*
לְהִתְחַבֵּא / ח.ב.א, הִתְפַּעֵל / הִתְחַבֵּאתִי, מִתְחַבֵּא, יִתְחַבֵּא

התחבבפ׳ הִתְחַבֵּב endeared himself
נַעֲשָׂה אָהוּב, חָבִיב עַל מִישֶׁהוּ:
*הוּא **הִתְחַבֵּב** עַל כֹּל מִי שֶׁפָּגַשׁ אוֹתוֹ.*
לְהִתְחַבֵּב עַל- / ח.ב.ב, הִתְפַּעֵל / הִתְחַבַּבְתִּי, מִתְחַבֵּב

התחבטפ׳ הִתְחַבֵּט struggled, vacillated
1. לֹא יָדַע מַה לְהַחְלִיט:
*הוּא **הִתְחַבֵּט בִּ**שְׁאֵלָה הַאִם כְּדַאי לְהַחְלִיף עֲבוֹדָה.*
2. עָשָׂה תְּנוּעוֹת (מַכּוֹת) כִּי לֹא הָיָה לוֹ מָקוֹם, fluttered
כִּי רָצָה לָצֵאת מִמָּקוֹם צַר:
*הַצִּיפּוֹר **הִתְחַבְּטָה בַּ**כְּלוּב, הִיא רָצְתָה לָעוּף הַחוּצָה.*
לְהִתְחַבֵּט בְּ- / ח.ב.ט, הִתְפַּעֵל / הִתְחַבַּטְתִּי, מִתְחַבֵּט

התחבקפ׳ הִתְחַבֵּק hugged (each other)
שָׂם יָדַיִם סָבִיב מִישֶׁהוּ וְקֵירֵב אוֹתוֹ אֵלָיו (כְּשֶׁגַּם הָאַחֵר עוֹשֶׂה אוֹתוֹ דָּבָר):
*כְּשֶׁהֵם נִפְגְּשׁוּ הֵם **הִתְחַבְּקוּ** וְהִתְנַשְּׁקוּ.*
לְהִתְחַבֵּק, עִם- / ח.ב.ק, הִתְפַּעֵל / הִתְחַבַּקְתִּי, מִתְחַבֵּק

התחברפ׳ הִתְחַבֵּר joined
1. נוֹסַף לַאֲחֵרִים, הִצְטָרֵף לַאֲחֵרִים:
*הוּא **הִתְחַבֵּר** לַקְּבוּצָה שֶׁהֶחְלִיטָה לָלֶכֶת לַקִּיבּוּץ.*
2. הִתְחַבֵּר- (לָשׁוֹן דִּיבּוּר) הִתְיַידֵּד: befriended
***הִתְחַבַּרְנוּ** עוֹד כְּשֶׁהָיִינוּ בְּבֵית הַסֵּפֶר.*
לְהִתְחַבֵּר אֶל-, עִם- / ח.ב.ר, הִתְפַּעֵל / הִתְחַבַּרְתִּי, מִתְחַבֵּר

התחברותנ׳ הִתְחַבְּרוּת joining
1. הִצְטָרְפוּת:
***הַהִתְחַבְּרוּת** שֶׁלּוֹ עִם הַבָּנוֹת אֵינָהּ מוֹצֵאת חֵן בְּעֵינַיי.*
2. יְצִירָה שֶׁל קֶשֶׁר: connection
*בְּלִי **הִתְחַבְּרוּת** לַחַשְׁמַל לֹא יִהְיֶה לָנוּ אוֹר.*

התחדדפ׳ הִתְחַדֵּד became keen, sharpened
1. נַעֲשָׂה חַד (מֶטָאפוֹרָה):
*הַשֵּׂכֶל וְהַזִּיכָּרוֹן **הִתְחַדְּדוּ** בִּשְׁנוֹת הַלִּימּוּדִים.*
2. נַעֲשָׂה קָשֶׁה, רַע: deteriorated, became tense
*הַיְחָסִים בֵּינֵיהֶם **הִתְחַדְּדוּ**, הֵם רָבִים כֹּל הַזְּמַן.*
לְהִתְחַדֵּד / ח.ד.ד, הִתְפַּעֵל / הִתְחַדְּדוּ, מִתְחַדֵּד, יִתְחַדֵּד

התחדשפ׳ הִתְחַדֵּשׁ something new happened
1. נַעֲשָׂה מַשֶּׁהוּ חָדָשׁ:
*הַרְבֵּה דְּבָרִים **הִתְחַדְּשׁוּ** אֶצְלִי - הִתְחַתַּנְתִּי וְעָבַרְתִּי לַקִּיבּוּץ.*
2. חָזַר לְמַה שֶׁהָיָה: was renewed
*הַלִּימּוּדִים **יִתְחַדְּשׁוּ** בְּחוֹדֶשׁ סֶפְּטֶמְבֶּר.*
'תִּתְחַדֵּשׁ'- אוֹמְרִים לְמִי שֶׁיֵּשׁ לוֹ בֶּגֶד חָדָשׁ, נַעֲלַיִים חֲדָשׁוֹת וְכוּ׳ 'wear it in good health'
לְהִתְחַדֵּשׁ / ח.ד.ש, הִתְפַּעֵל / הִתְחַדְּשׁוּ, מִתְחַדֵּשׁ, יִתְחַדֵּשׁ

התחדשותנ׳ הִתְחַדְּשׁוּת rejuvenation
1. כְּשֶׁעוֹשִׂים מַשֶּׁהוּ חָדָשׁ:
*הַתְּנוּעָה הַצִּיּוֹנִית צְרִיכָה **הִתְחַדְּשׁוּת**, כְּדֵי שֶׁגַּם צְעִירִים יִצְטָרְפוּ אֵלֶיהָ.*
2. כְּשֶׁחוֹזְרִים אַחֲרֵי הַפְסָקָה: renewal
*עִם **הִתְחַדְּשׁוּת** הַלִּימּוּדִים אֶחְזוֹר לְתֵל אָבִיב.*

התחוורפ׳ הִתְחַוֵּר became clear
נַעֲשָׂה בָּרוּר:
*בַּפְּגִישָׁה **הִתְחַוְּורָה** לִי הָאֱמֶת.*
לְהִתְחַוֵּור / ח.ו.ר, הִתְפַּעֵל / הִתְחַוּוֹרוּ, מִתְחַוֵּור, יִתְחַוֵּור

התחוללפ' הִתְחוֹלֵל broke out, happened
הָיָה, קָרָה:
*אִם **תִתחוֹלֵל** סְעָרָה בַּיָם, נַחֲזוֹר הַבַּיְתָה.*
לְהִתחוֹלֵל / ח.ו.ל, הִתְפַּעֵל / הִתחוֹלְלוּ, מִתחוֹלֵל, יִתחוֹלֵל

התחזהפ' הִתְחַזָּה impersonated
עָשָׂה אֶת עַצמוֹ שֶהוּא מִישֶהוּ אַחֵר:
*הוּא **הִתחַזָּה** לְקָצִין גָבוֹהַ- וְהוּא בִּכלָל לֹא חַיָיל.*
לְהִתחַזוֹת לְ- / ח.ז.ה, הִתְפַּעֵל / הִתחַזֵיתִי, מִתחַזֶה, יִתחַזֶה

התחזותנ' הִתְחַזּוּת impersonation
כְּשֶמִישֶהוּ אוֹמֵר, שֶהוּא מִישֶהוּ אַחֵר:
*הַ**הִתחַזוּת** שֶלוֹ לְרוֹפֵא הִתגַלְתָה.*

התחזקפ' הִתְחַזֵּק became stronger
נַעֲשָׂה חָזָק:
*צָרִיך **לְהִתחַזֵק** אַחֲרֵי הַמַחֲלָה. / הַגֶשֶם הוֹלֵך **וּמִתחַזֵק**.*
לְהִתחַזֵק / ח.ז.ק, הִתְפַּעֵל / הִתחַזַקתִי, מִתחַזֵק, יִתחַזֵק

התחזקותנ' הִתְחַזְּקוּת strengthening
כְּשֶנַעֲשִׂים חֲזָקִים יוֹתֵר:
*בִּגלַל **הִתחַזקוּת** הַגְשָמִים לֹא יָצָאנוּ לְטִיוּל.*

התחייבפ' הִתְחַיֵּב committed himself, undertook
1. קִיבֵּל עַל עַצמוֹ:
***הִתחַיַיבתִי** לְשַלֵם אֶת כֹּל שְׂכַר הַדִירָה.*
2. הָיָה תוֹצָאָה מִ-, הִתקַבֵּל עַל דַעַת: was implied
*מִן הַדְבָרִים שֶאָמַר **מִתחַיֵיב**, שֶהוּא עוֹבֵר לָעִיר.*
לְהִתחַיֵיב / ח.ו.ב-ח.י.ב, הִתְפַּעֵל / הִתחַיַיבתִי, מִתחַיֵיב

התחייבותנ' הִתְחַיְּבוּת [הִתחַיְיבוּיוֹת] obligation, commitment
חוֹבָה, אַחֲרָיוּת שֶאָדָם לוֹקֵחַ עַל עַצמוֹ:
*יֵש לִי **הִתחַייבוּת** מִשפַּחתִית, כַּלכָּלִית וּמוּסָרִית לַעֲזוֹר לוֹ.*

התחייךפ' הִתְחַיֵּךְ smiled
צָחַק מְעַט, צָחַק צחוֹק קַל:
*הוּא **הִתחַיֵיך**, כְּשֶרָאָה אוֹתִי.*
לְהִתחַיֵיך / ח.י.ך, הִתְפַּעֵל / הִתחַיַיכתִי, מִתחַיֵיך, יִתחַיֵיך

התחילפ' הִתְחִיל began, started
פָּתַח בְּמַשֶהוּ, הֵחֵל:
*הַמוֹרֶה **הִתחִיל אֶת** הַשִיעוּר בְּדִיוּק בְּשָעָה 8:00.*
לְהַתחִיל אֶת-, בְּ- / ת.ח.ל, הִפְעִיל / הִתחַלתִי, מַתחִיל

התחכםפ' הִתְחַכֵּם tried to outwit
1. עָשָׂה אֶת עַצמוֹ חָכָם:
*הוּא לֹא חָכָם גָדוֹל, הוּא רַק **מִתחַכֵּם**.*
2. נִיסָה לְהַצחִיק: tried to be funny
***הִתחַכַּמתִי** עִם הַיֶלֶד, אַך הוּא בָּכָה.*
לְהִתחַכֵּם / ח.כ.ם, הִתְפַּעֵל / הִתחַכַּמתִי, מִתחַכֵּם, יִתחַכֵּם

התחכמותנ' הִתְחַכְּמוּת [הִתחַכמוּיוֹת] smart alecky behavior
1. כְּשֶרוֹצִים לְהֵירָאוֹת חָכָם, לַעֲשׂוֹת רוֹשֶם שֶל חָכָם:
*הַ**הִתחַכמוּת** שֶלוֹ לֹא מַסתִירָה אֶת הַטִיפְּשוּת שֶלוֹ.*
2. הָרָצוֹן לְהַצחִיק: attempts at being funny
*הַ**הִתחַכמוּיוֹת** שֶלְך לֹא מַצחִיקוֹת אוֹתִי.*

התחלהנ' הַתְחָלָה [הַתחָלוֹת] beginning
רֵאשִית, הַדָבָר הָרִאשוֹן:
***הַתחָלַת** הָעֲבוֹדָה בְּשָעָה 8:00 בַּבּוֹקֶר.*
כֹּל הַהַתחָלוֹת קָשוֹת all beginnings are hard

התחלהפ' הִתְחַלָּה feigned sickness
עָשָׂה אֶת עַצמוֹ חוֹלֶה:
*הוּא **הִתחַלָּה**, כִּי לֹא רָצָה לִפגוֹש אֶת חֲבֶרתוֹ הַיְשָנָה.*
לְהִתחַלוֹת / ח.ל.ה, הִתְפַּעֵל / הִתחַלֵיתִי, מִתחַלֶה, יִתחַלֶה

התחלףפ' הִתְחַלֵּף (ex)changed
הִשתַנָה, בָּא בִּמקוֹם מִישֶהוּ אוֹ מַשֶהוּ אַחֵר:
***הִתחַלַפנוּ** בִּמקוֹמוֹת- הוּא יוֹשֵב בִּמקוֹמִי, וַאֲנִי בִּמקוֹם שֶלוֹ. / רֹאש הַמֶמשָלָה וְהַשָׂרִים **הִתחַלפוּ** אַחֲרֵי הַבּחִירוֹת.*
לְהִתחַלֵף / ח.ל.ף, הִתְפַּעֵל / הִתחַלֵף, מִתחַלֵף, יִתחַלֵף

התחלפותנ' הִתְחַלְּפוּת [הִתחַלפוּיוֹת] change
שִינוּי, בָּא בִּמקוֹם דָבָר אַחֵר:
*אַחֲרֵי **הִתחַלפוּת** הַמֶמשָלָה יִהיוּ מִיסִים חֲדָשִים.*

התחלקפ' הִתְחַלֵּק was divided
1. נַעֲשָׂה חֲלָקִים חֲלָקִים:
*הָעוּגָה **הִתחַלקָה** לְ-6 חֲלָקִים.*
2. נָתַן גַם לְמִישֶהוּ אַחֵר: shared
***הִתחַלַקתִי** בָּעוּגָה עִם אָחִי.*
לְהִתחַלֵק, עִם- / ח.ל.ק, הִתְפַּעֵל / הִתחַלַקתִי, מִתחַלֵק

התחלתית' הַתְחָלָתִי initial
מַה שֶבָּא בַּהַתחָלָה:
*הַמְהִירוּת **הַהַתחָלָתִית** שֶל אוֹפַנוֹעַ גְבוֹהָה מְאוֹד.*
הַתחָלָתִית, הַתחָלָתִיִים, הַתחָלָתִיוֹת

התחמםפ' הִתְחַמֵּם warmed up
נַעֲשָׂה חַם יוֹתֵר:
*הָאוֹכֶל **הִתחַמֵם** עַל הָאֵש. / **הִתחַמַמנוּ** לְיַד הַתַנוּר, כִּי הָיָה קַר מְאוֹד.*
לְהִתחַמֵם / ח.מ.ם, הִתְפַּעֵל / הִתחַמַמתִי, מִתחַמֵם

התחממותנ, הִתְחַמְּמוּת warming
עֲלִיָּיה בַּחוֹם:
*מַרְגִּישִׁים **הִתְחַמְּמוּת**, יֵשׁ עֲלִיָּיה בַּטֶּמְפֶּרָטוּרוֹת.*

התחמקפ, הִתְחַמֵּק slipped away, shirked
1. נֶעֱלַם, הִסְתַּלֵּק בְּלִי שֶׁהִרְגִּישׁוּ:
*הוּא **מִתְחַמֵּק** מֵעֲבוֹדָה קָשָׁה.*
2. לֹא עָשָׂה מַה שֶׁהָיָה צָרִיךְ: evaded
*הוּא **הִתְחַמֵּק** מִתְּשׁוּבָה עַל הַשְּׁאֵלָה שֶׁלִּי.*
לְהִתְחַמֵּק, מִ- / ח.מ.ק, הִתְפַּעֵל / הִתְחַמַּקְתִּי, מִתְחַמֵּק

התחמקותנ, הִתְחַמְּקוּת [הִתְחַמְּקוּיוֹת] slipping away, dodging
1. כְּשֶׁמִּסְתַּלְּקִים בְּלִי שֶׁמִּישֶׁהוּ מַרְגִּישׁ:
*בִּגְלַל **הִתְחַמְּקוּת** מִשִּׁיעוּרֵי אַנְגְּלִית הוּא נִכְשַׁל בַּבְּחִינָה.*
2. כְּשֶׁלֹּא עוֹשִׂים מַה שֶּׁצָּרִיךְ: evading
*הַ**הִתְחַמְּקוּת** מִתְּשׁוּבוֹת הִיא חֲשׁוּדָה.*

התחנחןפ, הִתְחַנְחֵן was coy
הִתְאַמֵּץ לִמְצוֹא חֵן:
*הוּא **יִתְחַנְחֵן** לִפְנֵי הַמְּנַהֵל וִיקַבֵּל מַה שֶּׁהוּא רוֹצֶה.*
לְהִתְחַנְחֵן / ח.נ.ח.ן, הִתְפַּעֵל / הִתְחַנְחַנְתִּי, מִתְחַנְחֵן

התחנךפ, הִתְחַנֵּךְ was educated
קִיבֵּל חִינּוּךְ וְהַשְׂכָּלָה:
*הוּא **הִתְחַנֵּךְ** בְּחוּץ לָאָרֶץ.*
לְהִתְחַנֵּךְ / ח.נ.ך, הִתְפַּעֵל / הִתְחַנַּכְנוּ, מִתְחַנֵּךְ, יִתְחַנֵּךְ

התחנןפ, הִתְחַנֵּן pleaded
בִּיקֵּשׁ מְאוֹד:
***הִתְחַנַּנְתִּי** לְפָנָיו, שֶׁלֹּא יֵלֵךְ.*
לְהִתְחַנֵּן / ח.נ.ן, הִתְפַּעֵל / הִתְחַנַּנְתִּי, מִתְחַנֵּן, יִתְחַנֵּן

התחנףפ, הִתְחַנֵּף sucked up (to)
הִשְׁתַּדֵּל לִמְצוֹא חֵן עַל-יְדֵי אֲמִירַת דְּבָרִים יָפִים עַל מִישֶׁהוּ:
*הוּא **הִתְחַנֵּף** אֵלַיי, כִּי רָצָה שֶׁאֶתֵּן לוֹ עֲבוֹדָה.*
לְהִתְחַנֵּף אֶל-, לְ- / ח.נ.ף, הִתְפַּעֵל / הִתְחַנַּפְתִּי, מִתְחַנֵּף

התחסלפ, הִתְחַסֵּל was liquidated
הִפְסִיק לְהִתְקַיֵּים:
*הַרְבֵּה עֲסָקִים **הִתְחַסְּלוּ** בִּגְלַל הָאִינְפְלַצְיָה.*
לְהִתְחַסֵּל / ח.ס.ל, הִתְפַּעֵל / הִתְחַסְּלוּ, מִתְחַסֵּל, יִתְחַסֵּל

התחסןפ, הִתְחַסֵּן became immune
1. הִתְחַזֵּק בִּפְנֵי מַחֲלוֹת, קִיבֵּל יְכוֹלֶת הִתְנַגְּדוּת לְמַחֲלוֹת:
*הוּא **יִתְחַסֵּן מִפְּנֵי** הַצְטַנְּנוּת אִם יִקַּח כַּדּוּרֵי וִיטָמִין C.*
2. (מֶטָאפוֹרָה) נַעֲשָׂה פָּחוֹת רָגִישׁ became less sensitive
לְמַה שֶׁאוֹמְרִים אוֹ כּוֹתְבִים עָלָיו:
*בְּמֶשֶׁךְ הַשָּׁנִים הוּא **הִתְחַסֵּן מִפְּנֵי** בִּיקּוֹרֶת.*
לְהִתְחַסֵּן / ח.ס.ן, הִתְפַּעֵל / הִתְחַסַּנְתִּי, מִתְחַסֵּן, יִתְחַסֵּן

התחפרפ, הִתְחַפֵּר dug in
1. חָפַר בָּאֲדָמָה מְקוֹם הֲגָנָה מִפְּנֵי הַתְקָפוֹת:
*הַצָּבָא **הִתְחַפֵּר** לְאוֹרֶךְ הַגְּבוּל.*
2. (מֶטָאפוֹרָה) לֹא רָצָה לָזוּז מִדַּעְתּוֹ: stuck to (his/its) guns
*הַוַּעַד **הִתְחַפֵּר** בְּעֶמְדָּתוֹ וְלֹא הִסְכִּים לְפְשָׁרָה.*
לְהִתְחַפֵּר / ח.פ.ר, הִתְפַּעֵל / הִתְחַפַּרְתִּי, מִתְחַפֵּר, יִתְחַפֵּר

התחפשפ, הִתְחַפֵּשׂ put on a costume, disguised himself
עָשָׂה שֶׁלֹּא יַכִּירוּ אוֹתוֹ:
*בְּפוּרִים **הִתְחַפְּשָׂה** הַיַּלְדָּה לְחָתוּל.*
הִתְחַפֵּשׂ לְ- / ח.פ.שׂ, הִתְפַּעֵל / הִתְחַפַּשְׂתִּי, מִתְחַפֵּשׂ

התחצףפ, הִתְחַצֵּף was insolent
הִתְנַהֵג בְּחוּצְפָּה, בְּחוֹסֶר נִימּוּס:
*פִּיטְרוּ אוֹתוֹ, כִּי הוּא **הִתְחַצֵּף** לַמְּנַהֵל.*
לְהִתְחַצֵּף לְ- / ח.צ.ף, הִתְפַּעֵל / הִתְחַצַּפְתִּי, מִתְחַצֵּף

התחצפותנ, הִתְחַצְּפוּת insolence
הִתְנַהֲגוּת חֲצוּפָה, חוֹסֶר נִימּוּס:
*פִּיטְרוּ אוֹתוֹ בִּגְלַל **הִתְחַצְּפוּת** לַמְּנַהֵל.*

התחרהפ, הִתְחָרָה competed
נִיסָּה לִהְיוֹת טוֹב יוֹתֵר מֵאֲחֵרִים:
*הוּא **הִתְחָרָה** בְּרִיצָה וְנִיצַּח. / הוּא **מִתְחָרֶה עַל** הַמָּקוֹם הָרִאשׁוֹן בִּנְגִינָה בְּפְסַנְתֵּר.*
לְהִתְחָרוֹת בְּ-, עַל- / ח.ר.ה, הִתְפַּעֵל / הִתְחָרֵיתִי, מִתְחָרֶה

התחרותנ, הִתְחָרוּת [הִתְחָרוּיוֹת] competition, match
כְּשֶׁמְּנַסִּים לִהְיוֹת הַטּוֹב בְּיוֹתֵר:
*נִיצַּחְנוּ בְּ**הִתְחָרוּת** כַּדּוּרֶגֶל. / יֵשׁ **הִתְחָרוּת** בֵּין הַיַּצְרָנִים.*

התחרטפ, הִתְחָרֵט reneged
1. הֶחְלִיט לֹא לַעֲשׂוֹת מַה שֶּׁהִבְטִיחַ, מַה שֶּׁאָמַר:
*בַּעַל הַדִּירָה **הִתְחָרֵט** עַל הָעִסְקָה- הוּא אֵינוֹ מוּכָן לְהַשְׂכִּיר לָהּ אֶת הַדִּירָה.*
2. הִצְטַעֵר עַל מַה שֶּׁאָמַר אוֹ עָשָׂה: regretted
*לֹא **תִּתְחָרֵט**, אִם תְּקַבֵּל אֶת הַהַצָּעָה שֶׁלִּי.*
לְהִתְחָרֵט, עַל- / ח.ר.ט הִתְפַּעֵל / הִתְחָרַטְתִּי, מִתְחָרֵט

התחשבפ, הִתְחַשֵּׁב took into consideration
1. הֵבִיא בְּחֶשְׁבּוֹן, רָאָה חֲשִׁיבוּת בְּ-:
***הִתְחַשַּׁבְתִּי** בַּשָּׁנִים שֶׁעָבַדְתָּ...*
2. הָיָה לוֹ יַחַס שֶׁל סִימְפַּתְיָה, was considerate (of)
לֹא הִתְנַהֵג רַק לְפִי מַה שֶּׁצָּרִיךְ...:

הוּא לֹא מְבַקֵּשׁ הַרְבֵּה עֲבוּר הַדִּירָה, הוּא **מִתְחַשֵּׁב בִּי**.
לְהִתְחַשֵּׁב בְּ- / ח.ש.ב, הִתְפַּעֵל / הִתְחַשַּׁבְתִּי, מִתְחַשֵּׁב

התחשבותנ׳ הִתְחַשְּׁבוּת — considering
1. כְּשֶׁמְּבִיאִים בְּחֶשְׁבּוֹן, כְּשֶׁחוֹשְׁבִים שֶׁמַּשֶּׁהוּ חָשׁוּב:
*מִתּוֹךְ **הִתְחַשְּׁבוּת** בְּנִיסָּיוֹן שֶׁלְּךָ מחו״ל תְּקַבֵּל דַּרְגָּה גְבוֹהָה.*
2. כְּשֶׁמִּתְנַהֲגִים, מִתּוֹךְ תְּשׂוּמֶת לֵב: — consideration
*אִי אֶפְשָׁר לְהִתְנַהֵג בְּלִי **הִתְחַשְּׁבוּת** בָּאֲנָשִׁים.*

התחשבןפ׳ הִתְחַשְׁבֵּן — settled an account
1. עָשָׂה חֶשְׁבּוֹן עִם מִישֶׁהוּ, גָּמַר עִנְיְינֵי כְּסָפִים וְכוּ׳:
*אֲנַחְנוּ צְרִיכִים **לְהִתְחַשְׁבֵּן** וְלִרְאוֹת כַּמָּה כֹּל אֶחָד שִׁילֵּם.*
2. (מֶטָאפוֹרָה) לְהַחֲזִיר לְמִישֶׁהוּ רָעָה עַל רָעָה:
*אֵינֶנִּי **מִתְחַשְׁבֵּן עִם** חֲבֵרִים.*
לְהִתְחַשְׁבֵּן / ח.ש.ב.ן, הִתְפַּעֵל / הִתְחַשְׁבַּנְתִּי, מִתְחַשְׁבֵּן

התחשמלפ׳ הִתְחַשְׁמֵל — was electrified, was electrocuted
נִפְגַּע מִזֶּרֶם חַשְׁמַל:
***הִתְחַשְׁמַלְתִּי** מִן הַקּוּמְקוּם.*
לְהִתְחַשְׁמֵל / ח.ש.מ.ל, הִתְפַּעֵל / הִתְחַשְׁמְלוּ, מִתְחַשְׁמֵל

התחשקפ׳ הִתְחַשֵּׁק — felt like, fancied
הָיָה רָצוֹן לְ-:
***הִתְחַשֵּׁק לִי** לֶאֱכוֹל עוּגָה.*
לְהִתְחַשֵּׁק לְ- / ח.ש.ק, הִתְפַּעֵל / הִתְחַשְּׁקוּ, מִתְחַשֵּׁק

התחתןפ׳ הִתְחַתֵּן — got married
נָשָׂא אִישָּׁה, הָפַךְ מֵרַוָּוק לְנָשׂוּי:
*יַעֲקֹב **הִתְחַתֵּן עִם** רָחֵל, הַחֲתוּנָּה נֶעֶרְכָה אֶתְמוֹל.*
לְהִתְחַתֵּן עִם- / ח.ת.ן, הִתְפַּעֵל / הִתְחַתַּנְתִּי, מִתְחַתֵּן

התיזפ׳ הִתִּיז — splashed
1. פִּיזֵּר לְמֶרְחָק:
*הֵם **מַתִּיזִים** מַיִם לְכֹל הַצְּדָדִים.*
2. חָתַךְ בְּבַת אַחַת, שָׁחַט: — chopped off
*הֵם **הִתִּיזוּ אֶת** רֹאשׁ הַתַּרְנְגוֹלֶת.*
לְהַתִּיז אֶת- / נ.ת.ז, הִפְעִיל / הִתַּזְתִּי, מַתִּיז, יַתִּיז, הַתֵּז!

התייאשפ׳ הִתְיָאֵשׁ — despaired
אִיבֵּד תִּקְוָוה:
***הִתְיָאַשְׁתִּי מִמֶּנּוּ**- הוּא אָמַר שֶׁיָּבוֹא, וְלֹא בָּא.*
לְהִתְיָאֵשׁ, מִ- / י.א.ש, הִתְפַּעֵל / הִתְיָאַשְׁתִּי, מִתְיָאֵשׁ

התייאשותנ׳ הִתְיָאֲשׁוּת — desperation
כְּשֶׁאֵין תִּקְוָוה:
*הֵם לֹא יַגִּיעוּ לִידֵי **הִתְיָאֲשׁוּת**, הֵם אוֹפְּטִימִים.*

התייבשפ׳ הִתְיַבֵּשׁ — dried up
נַעֲשָׂה יָבֵשׁ, הַמַּיִם יָצְאוּ מִמֶּנּוּ:
*הַשִּׂמְלָה שֶׁלִּי **מִתְיַיבֶּשֶׁת** בַּשֶּׁמֶשׁ.*
לְהִתְיַיבֵּשׁ / י.ב.ש, הִתְפַּעֵל / הִתְיַיבַּשְׁתִּי, מִתְיַיבֵּשׁ, יִתְיַיבֵּשׁ

התייבשותנ׳ הִתְיַבְּשׁוּת — drying up
כְּשֶׁנַּעֲשֶׂה יָבֵשׁ, יְצִיאָה שֶׁל הַמַּיִם:
***הִתְיַבְּשׁוּת** הַכְּבִיסָה הִיא מְהִירָה מְאוֹד בַּקַּיִץ.*

התיידדפ׳ הִתְיַדֵּד — befriended
נַעֲשָׂה יָדִיד, חָבֵר:
*הוּא **הִתְיַידֵּד עִם** הַשְּׁכֵנִים הַחֲדָשִׁים.*
לְהִתְיַידֵּד עִם- / י.ד.ד, הִתְפַּעֵל / הִתְיַידַּדְתִּי, מִתְיַידֵּד

התיידדותנ׳ הִתְיַדְּדוּת [הִתְיַידְּדוּיוֹת] — becoming friends
כְּשֶׁנַּעֲשִׂים יְדִידִים, חֲבֵרִים:
***הִתְיַדְּדוּת** הַיְּלָדִים עִם הַשְּׁכֵנִים שִׂימְּחָה אוֹתִי.*

התייחדפ׳ הִתְיַחֵד — was alone
הָיָה לְבַד, יָחִיד, הִתְבּוֹדֵד:
*הוּא **הִתְיַיחֵד עִם** הַסֵּפֶר, שֶׁהוּא אוֹהֵב.*
הִתְיַיחֵד עִם זִכְרוֹ שֶׁל- — assembled in memory of
הִתְיַיחַדְנוּ עִם זִכְרָם שֶׁל הַנּוֹפְלִים בַּמִּלְחָמוֹת בְּיוֹם הַזִּיכָּרוֹן.
לְהִתְיַיחֵד בְּ-, עִם- / י.ח.ד הִתְפַּעֵל / הִתְיַיחַדְתִּי מִתְיַיחֵד

התייחדותנ׳ הִתְיַחֲדוּת — being alone
כְּשֶׁנִּמְצָאִים לְבַד, הִתְבּוֹדְדוּת:
*אֲנִי אוֹהֵב אֶת **הַהִתְיַיחֲדוּת** עִם סֵפֶר מְעַנְיֵין.*
עֶרֶב הִתְיַיחֲדוּת — commemoration

התייחספ׳ הִתְיַחֵס — treated
1. הִתְנַהֵג עִם-, לְ-:
*דָּוִיד **מִתְיַיחֵס לְ**אִשְׁתּוֹ בְּכָבוֹד רַב.*
2. הָיָה שַׁיָּיךְ (לְמִשְׁפָּחָה מְסוּיֶּמֶת וְכוּ׳): — was a desendant of
*הוּא **מִתְיַיחֵס עַל** מִשְׁפַּחַת רַבָּנִים.*
3. הִזְכִּיר (אִיזְכֵּר) מַשֶּׁהוּ אַחֵר: — referred
*הַיְּדִיעָה הַזֹּאת **מִתְיַיחֶסֶת לְ**מָה שֶׁקָּרָה אֶתְמוֹל.*
לְהִתְיַיחֵס לְ-, עַל- / י.ח.ס, הִתְפַּעֵל / הִתְיַיחַסְתִּי, מִתְיַיחֵס

התייחסותנ׳ הִתְיַחֲסוּת [הִתְיַיחֲסוּיוֹת] — treatment, attitude
1. יַחַס אֶל-, הִתְנַהֲגוּת עִם -:
***הִתְיַיחֲסוּת** אוֹפְּטִימִית לַחַיִּים עוֹזֶרֶת בְּשָׁעוֹת קָשׁוֹת.*
2. נְגִיעָה בְּעִנְיָין, שַׁיָּיכוּת לְעִנְיָין: — reference
*אֵין בַּמַּאֲמָר **הִתְיַיחֲסוּת** לַמַּצָּב הַכַּלְכָּלִי.*
3. שַׁיָּיכוּת לְ(מִשְׁפָּחָה וְכוּ׳): — relation
***הַהִתְיַיחֲסוּת** שֶׁלּוֹ לַמִּשְׁפָּחָה שֶׁלִּי הִיא דֶּרֶךְ סַבָּא.*

התיימרפ׳ הִתְיַמֵּר had pretensions
הָיוּ לוֹ פְּרֶטֶנְזִיוֹת, חָשַׁב שֶׁהוּא יוֹתֵר מִמָּה שֶׁהוּא:
__הִתְיַמַּרְנוּ__ לִהְיוֹת עִם הַסֵּפֶר, וְהִנֵּה הַנּוֹעַר הִפְסִיק לִקְרוֹא.
לְהִתְיַמֵּר / י.מ.ר, הִתְפַּעֵל / הִתְיַימַּרְתִּי, מִתְיַימֵּר, יִתְיַימֵּר

התייסרפ׳ הִתְיַסֵּר suffered, was in agony
1. נִגְרְמוּ לוֹ כְּאֵבִים:
הוּא __הִתְיַיסֵּר__ מְאוֹד בְּמֶשֶׁךְ הַמַּחֲלָה.
2. הִצְטַעֵר מְאוֹד: agonized
__הִתְיַיסַּרְתִּי__ עַל הַפְסָקַת הַקֶּשֶׁר בֵּינֵינוּ.
לְהִתְיַסֵּר / י.ס.ר, הִתְפַּעֵל / הִתְיַיסַּרְתִּי, מִתְיַיסֵּר, יִתְיַיסֵּר

התייעלפ׳ הִתְיַעֵל became more efficient
נַעֲשָׂה יָעִיל, עָבַד טוֹב יוֹתֵר בְּפָחוֹת זְמַן:
הוּא מַרְוִויחַ הַרְבֵּה כֶּסֶף, כִּי הוּא __מִתְיַיעֵל__ כֹּל הַזְּמַן.
לְהִתְיַעֵל / י.ע.ל, הִתְפַּעֵל / הִתְיַיעַלְתִּי, מִתְיַיעֵל, תִּתְיַיעֵל

התייעלותנ׳ הִתְיַעֲלוּת becoming more efficient
כְּשֶׁהָעֲבוֹדָה טוֹבָה יוֹתֵר בְּפָחוֹת זְמַן וְכֶסֶף:
__הַהִתְיַיעֲלוּת__ הִצִּילָה אֶת בֵּית הַחֲרוֹשֶׁת.

התייעץפ׳ הִתְיַעֵץ consulted (with)
בִּיקֵּשׁ וְקִיבֵּל עֵיצָה:
__הִתְיַיעַצְנוּ__ בְּעוֹרֵךְ־דִּין.
לְהִתְיַיעֵץ, בְּ- / י.ע.ץ, הִתְפַּעֵל / הִתְיַיעַצְתִּי, מִתְיַיעֵץ

התייעצותנ׳ הִתְיַעֲצוּת [הִתְיַיעֲצוּיוֹת] consultation
בַּקָּשָׁה וְקַבָּלָה שֶׁל עֵיצָה, דִּיוּן:
שָׂרֵי הַמֶּמְשָׁלָה נִמְצָאִים __בְּהִתְיַיעֲצוּת__ חֲשׁוּבָה.

התייפחפ׳ הִתְיַפֵּחַ [הִתְיַפַּח] sobbed
בָּכָה מְאוֹד:
הַיֶּלֶד __הִתְיַיפֵּחַ__, כִּי לָקְחוּ לוֹ אֶת הַצַּעֲצוּעַ.
לְהִתְיַיפֵּחַ / י.פ.ח, הִתְפַּעֵל / הִתְיַיפַּחְתִּי, מִתְיַיפֵּחַ

התייפחותנ׳ הִתְיַפְּחוּת sobbing
בֶּכִי גָּדוֹל:
הוּא הִפְסִיק אֶת __הַהִתְיַיפְּחוּת__ שֶׁלּוֹ, וְנַעֲשָׂה שֶׁקֶט בַּבַּיִת.

התייפייףפ׳ הִתְיַפֵּיף got 'dolled up'
(לְשׁוֹן דִּיבּוּר) עָשָׂה אֶת עַצְמוֹ יָפֶה, הִתְגַּנְדֵּר:
הִיא __הִתְיַיפְּיְיפָה__ לִפְנֵי הַמְּסִיבָּה.
לְהִתְיַיפְּיֵיף / י.פ.י.ף, הִתְפַּעֵל / הִתְיַיפְּיַיפְתִּי, מִתְיַיפְּיֵיף

התייצבפ׳ הִתְיַצֵּב showed (up)
1. בָּא:
הוּא __מִתְיַיצֵּב__ בָּעֲבוֹדָה בְּ-8.00 בַּבּוֹקֶר.
2. הוֹפִיעַ, נִרְשַׁם לַצָּבָא: reported for military duty
כְּשֶׁהָיִיתִי בֶּן 17 __הִתְיַיצַּבְתִּי__ בַּפַּעַם הָרִאשׁוֹנָה בַּצָּבָא.
3. נַעֲשָׂה יַצִּיב, קָבוּעַ: stabilized
מְחִיר הַדּוֹלָר __הִתְיַיצֵּב__.
לְהִתְיַיצֵּב / י.צ.ב, הִתְפַּעֵל / הִתְיַיצַּבְתִּי, מִתְיַיצֵּב, אֶתְיַיצֵּב

התייצבותנ׳ הִתְיַצְּבוּת showing (up)
1. (לְשׁוֹן פוֹרמָלִית) כְּשֶׁבָּאִים לְמָקוֹם:
__הַהִתְיַיצְּבוּת__ בָּעֲבוֹדָה הִיא בְּ-8.00 בַּבּוֹקֶר.
2. כְּשֶׁנִּרְשָׁמִים לַצָּבָא reporting for military duty
(לִפְנֵי שֶׁמִּתְגַּיְיסִים):
לֹא בָּאתִי אֶתְמוֹל, כִּי הָיְיתָה לִי __הִתְיַיצְּבוּת__ בַּצָּבָא.
3. כְּשֶׁהַמַּצָּב קָבוּעַ, לֹא מִשְׁתַּנֶּה: stabilization
__הִתְיַיצְּבוּת__ הַדּוֹלָר עוֹזֶרֶת לְכַלְכָּלַת יִשְׂרָאֵל.

התייקרפ׳ הִתְיַקֵּר was increased (cost)
נַעֲשָׂה יָקָר יוֹתֵר, הַמְּחִיר שֶׁלּוֹ נַעֲשָׂה גָּבוֹהַּ יוֹתֵר:
מְחִיר הַחַשְׁמַל __יִתְיַיקֵּר__ בַּחוֹדֶשׁ הַבָּא.
לְהִתְיַיקֵּר / י.ק.ר, הִתְפַּעֵל / הִתְיַיקְּרוּ, מִתְיַיקֵּר, יִתְיַיקֵּר

התייקרותנ׳ הִתְיַקְּרוּת [הִתְיַיקְּרוּיוֹת] price-increase
עֲלִיַּית מְחִירִים:
בִּגְלַל __הִתְיַיקְּרוּת__ הַדִּירוֹת גָּרִים צְעִירִים רַבִּים מִחוּץ לָעִיר.

התיישבפ׳ הִתְיַשֵּׁב settled
1. בָּנָה בַּיִת אוֹ יִישׁוּב:
הַקִּיבּוּץ __הִתְיַישֵּׁב__ בַּנֶּגֶב בִּשְׁנַת 1947.
2. תָּפַס מָקוֹם וְיָשַׁב: took a seat
הָאָב __הִתְיַישֵּׁב__ לְיַד בְּנוֹ.
לְהִתְיַישֵּׁב / י.ש.ב, הִתְפַּעֵל / הִתְיַישְּׁבוּ, מִתְיַישֵּׁב, יִתְיַישֵּׁב

התיישבותנ׳ הִתְיַשְּׁבוּת [הִתְיַישְּׁבוּיוֹת] settling
יְשִׁיבָה קְבוּעָה, הַחְלָטָה לִחְיוֹת בְּמָקוֹם כֹּלְשֶׁהוּ:
__הַהִתְיַישְּׁבוּת__ בְּאֶרֶץ הִתְחִילָה לִפְנֵי יוֹתֵר מִמֵּאָה שָׁנִים.

התיישןפ׳ הִתְיַשֵּׁן became obsolete/antiquated
נַעֲשָׂה יָשָׁן:
הַבְּגָדִים שֶׁלִּי __הִתְיַישְּׁנוּ__.
לְהִתְיַישֵּׁן / י.ש.ן, הִתְפַּעֵל / הִתְיַישַּׁנְתִּי, מִתְיַישֵּׁן, יִתְיַישֵּׁן

התיישנותנ׳ הִתְיַשְּׁנוּת obsolescence
כְּשֶׁמַּשֶּׁהוּ נַעֲשָׂה יָשָׁן:
אוֹפְנָה חֲדָשָׁה גּוֹרֶמֶת __לְהִתְיַישְּׁנוּת__ הַבְּגָדִים.

התיישרפ׳ הִתְיַשֵּׁר straightened (itself) out
1. יִישֵּׁר אֶת עַצְמוֹ, נַעֲשָׂה יָשָׁר:
הַשִּׂמְלָה, שֶׁהוֹצֵאתִי מִן הַמִּזְוָודָה, __הִתְיַישְּׁרָה__.
2. (מֶטָאפוֹרָה) הוּא __הִתְיַישֵּׁר__ לְפִי הַקַּו conformed

שֶׁל הַמְּנַהֵל הֶחָדָשׁ.
לְהִתְיַישֵׁר / י.ש.ר, הִתְפַּעֵל / הִתְיַישַׁרְתִּי, מִתְיַישֵׁר, יִתְיַישֵׁר

התייתםפ׳ הִתְיַתֵּם — became an orphan
נַעֲשָׂה יָתוֹם, מֵתוּ עָלָיו אָבִיו אוֹ אִימוֹ וְכוּ׳:
*הוּא **הִתְיַיתֵּם** מֵהוֹרָיו בְּגִיל צָעִיר.*
לְהִתְיַיתֵּם, מִ- / י.ת.ם, הִתְפַּעֵל / הִתְיַיתַּמְתִּי, מִתְיַיתֵּם

התיךפ׳ הִתִּיךְ — melted
חִימֵּם חוֹמֶר (כְּמוֹ בַּרְזֶל) וְהָפַךְ אוֹתוֹ לְנוֹזֵל:
*הַגַּנָּבִים **הִתִּיכוּ** טַבָּעוֹת מִזָּהָב, כְּדֵי שֶׁלֹּא יַכִּירוּ אוֹתָן.*
לְהַתִּיךְ אֶת- / נ.ת.ך, הִפְעִיל / הִתַּכְתִּי, מַתִּיךְ, יַתִּיךְ, הַתֵּךְ!

התירפ׳ הִתִּיר — untied
1. פָּתַח קֶשֶׁר:
*הִתַּרְתִּי **אֶת** הַחֶבֶל, שֶׁקָּשַׁר אֶת הַכֶּלֶב לָעֵץ.*
2. הִרְשָׁה, נָתַן רְשׁוּת: — allowed, permitted
*הִתַּרְתִּי **לוֹ** לְאַחֵר מָחָר לָעֲבוֹדָה.*
לְהַתִּיר אֶת -, לְ- / נ.ת.ר, הִפְעִיל / הִתַּרְתִּי, מַתִּיר, יַתִּיר

התישפ׳ הִתִּישׁ — weakened
הֶחֱלִישׁ, עָשָׂה מַשֶּׁהוּ (אוֹ מִישֶׁהוּ) חַלָּשׁ:
*אֵין לִי כּוֹחַ- הָעֲבוֹדָה **מַתִּישָׁה** אוֹתִי.*
לְהַתִּישׁ אֶת- / ת.ש.ש, הִפְעִיל / הִתַּשְׁתִּי, מַתִּישׁ, אַתִּישׁ

התכבדפ׳ הִתְכַּבֵּד — was honored
1. נָתְנוּ לוֹ כָּבוֹד, תַּפְקִיד מְכוּבָּד:
*הוּא **הִתְכַּבֵּד** לִפְתּוֹחַ אֶת הָאֲסֵיפָה.*
2. לָקַח כִּיבּוּד (אוֹכֶל, עוּגוֹת, שְׁתִיָּיה וְכוּ׳): — helped himself (to)
*הוּא **הִתְכַּבֵּד** בְּעוּגָה וְקָפֶה.*
3. נוֹסָח פוֹרְמָלִי בְּעַל־פֶּה אוֹ בִּכְתָב: — I have the honor (of...)
*אֲנִי **מִתְכַּבֵּד** לְהוֹדִיעַ לָכֶם...*
לְהִתְכַּבֵּד, בְּ- / כ.ב.ד, הִתְפַּעֵל / הִתְכַּבַּדְתִּי, מִתְכַּבֵּד, יִתְכַּבֵּד

התכהנ׳ הַתָּכָה — melting
הֲפִיכָה שֶׁל חוֹמֶר (כְּמוֹ בַּרְזֶל) לְנוֹזֵל:
*הַבַּרְזֶל שֶׁל מְכוֹנִיּוֹת יְשָׁנוֹת נִשְׁלַח **לְהַתָּכָה**.*

התכווןפ׳ הִתְכַּוֵּון — intended, meant
הָיְיתָה לוֹ כַּוָּונָה, חָשַׁב מֵרֹאשׁ (לְהַגִּיד, לַעֲשׂוֹת וְכוּ׳):
הִתְכַּוַּונְתִּי לָלֶכֶת לַיָּם אַחֲרֵי הַצָּהֳרַיִים.
לְהִתְכַּוֵּון, לְ- / כ.ו.ן, הִתְפַּעֵל / הִתְכַּוַּונְתִּי, מִתְכַּוֵּון, יִתְכַּוֵּון

התכווץפ׳ הִתְכַּוֵּוץ — shrank
נַעֲשָׂה קָטָן יוֹתֵר:
*הַסְּוֶודֶר הַיָּפֶה **הִתְכַּוֵּוץ** בַּכְּבִיסָה.*
לְהִתְכַּוֵּוץ / כ.ו.ץ, הִתְפַּעֵל / הִתְכַּוַּוצְתִּי

התכווצותנ׳ הִתְכַּוְּוצוּת [הִתְכַּוְּוצֻיּוֹת] — shrinking
1. כְּשֶׁמַּשֶּׁהוּ נַעֲשֶׂה קָטָן יוֹתֵר:
*בִּגְלַל **הַהִתְכַּוְּוצוּת** הַשִּׂמְלָה לֹא יָכוֹלְתִּי לִלְבּוֹשׁ אוֹתָהּ.*
2. סוּג שֶׁל כְּאֵב בָּא וְהוֹלֵךְ: — cramp, contraction
*יֵשׁ לִי **הִתְכַּוְּוצֻיּוֹת** בַּבֶּטֶן.*

התכונןפ׳ הִתְכּוֹנֵן — got ready for
הֵכִין אֶת עַצְמוֹ, לָמַד כְּדֵי לְהַשִּׂיג מַשֶּׁהוּ:
*הַסְּטוּדֶנְט **הִתְכּוֹנֵן** לִבְחִינָה בְּמֶשֶׁךְ שָׁבוּעַ יָמִים.*
לְהִתְכּוֹנֵן לְ- / כ.ו.ן, הִתְפַּעֵל / הִתְכּוֹנַנְתִּי, מִתְכּוֹנֵן, יִתְכּוֹנֵן

התכופףפ׳ הִתְכּוֹפֵף — bent forward
1. הִפְנָה, הָפַךְ אֶת הַגּוּף כְּלַפֵּי מַטָּה:
*הִתְכּוֹפַפְתִּי **אֶל** הַיֶּלֶד שֶׁנָּפַל.*
2. (לְשׁוֹן דִּיבּוּר) וִיתֵּר, לֹא עָמַד עַל דַּעְתּוֹ: — gave in
*הוּא **הִתְכּוֹפֵף** לִפְנֵי הַמְּנַהֵל וְהִסְכִּים לַתְּנָאִים שֶׁלּוֹ.*
לְהִתְכּוֹפֵף / כ.פ.ף, הִתְפַּעֵל / הִתְכּוֹפַפְתִּי, מִתְכּוֹפֵף

התכחשפ׳ הִתְכַּחֵשׁ — disavowed, denied
אָמַר שֶׁלֹּא עָשָׂה, לֹא רָאָה, 'זֶה לֹא שֶׁלּוֹ' וְכוּ׳:
*הוּא **הִתְכַּחֵשׁ** לְמַה שֶּׁאָמַר בַּמִּשְׁטָרָה. / הוּא **מִתְכַּחֵשׁ** לַיַּהֲדוּת שֶׁלּוֹ.*
לְהִתְכַּחֵשׁ לְ- / כ.ח.ש, הִתְפַּעֵל / הִתְכַּחַשְׁתִּי, מִתְכַּחֵשׁ

התכחשותנ׳ הִתְכַּחֲשׁוּת — disavowal, denial
כְּשֶׁלֹּא מוֹדִים אוֹ לֹא מַכִּירִים בְּמַשֶּׁהוּ אוֹ בְּמִישֶׁהוּ:
*יֵשׁ עַכְשָׁיו **הִתְכַּחֲשׁוּת** לַסּוֹצְיָאלִיזְם.*

התכנספ׳ הִתְכַּנֵּס — assembled
1. הִתְאַסֵּף:
הִתְכַּנַּסְנוּ כָּאן כְּדֵי לִשְׁמוֹעַ הַרְצָאָה.
2. נִסְגַּר בְּתוֹךְ עַצְמוֹ (נִכְנַס אֶל תּוֹךְ עַצְמוֹ): — became withdrawn
*הוּא **הִתְכַּנֵּס** בְּעַצְמוֹ וְלֹא שָׂם לֵב לְמַה שֶּׁקּוֹרֶה מִסָּבִיב.*
לְהִתְכַּנֵּס / כ.נ.ס, הִתְפַּעֵל / הִתְכַּנַּסְנוּ, מִתְכַּנֵּס, נִתְכַּנֵּס

התכנסותנ׳ הִתְכַּנְּסוּת [הִתְכַּנְּסֻיּוֹת] — assembly
1. אֲסֵיפָה:
הַהִתְכַּנְּסוּת הַזֹּאת הִיא לִכְבוֹד הַמְּשׁוֹרֵר הַיָּדוּעַ.
2. כְּשֶׁמִּישֶׁהוּ נִסְגָּר בְּתוֹךְ עַצְמוֹ: — withdrawal
*בִּגְלַל **הַהִתְכַּנְּסוּת** שֶׁלּוֹ בְּתוֹךְ עַצְמוֹ עָזְבוּ אוֹתוֹ הַחֲבֵרִים.*

התכסהפ׳ הִתְכַּסָּה — covered himself
1. כִּיסָּה אֶת עַצְמוֹ, שָׂם מַשֶּׁהוּ עַל הַגּוּף (בֶּגֶד, שְׂמִיכָה):
הִתְכַּסֵּיתִי, כִּי קַר לִי.
2. כִּיסּוּ אוֹתוֹ, שָׂמוּ עָלָיו מַשֶּׁהוּ: — was covered
*הַשֶּׁמֶשׁ **הִתְכַּסְּתָה** בַּעֲנָנִים.*
לְהִתְכַּסּוֹת / כ.ס.ה, הִתְפַּעֵל / הִתְכַּסֵּיתִי, מִתְכַּסֶּה, יִתְכַּסֶּה

התכתבפ׳ הִתְכַּתֵּב corresponded
כָּתַב לְמִישֶׁהוּ, וְקִיבֵּל מִמֶּנּוּ מִכְתָּבִים:
*משֶׁה **מִתְכַּתֵּב עִם** הַחֲבֵרִים בְּחוּ"ל.*
לְהִתְכַּתֵּב עִם- / כ.ת.ב, הִתְפַּעֵל / הִתְכַּתַּבְתִּי, מִתְכַּתֵּב

התכתבותנ׳ הִתְכַּתְּבוּת [הִתְכַּתְּבוּיוֹת] correspondence
קֶשֶׁר בְּמִכְתָּבִים:
*בִּגְלַל הַטֶּלֶפוֹן פָּחֲתָה **הַהִתְכַּתְּבוּת** בֵּין אֲנָשִׁים.*

התלבטפ׳ הִתְלַבֵּט vacillated
לֹא יָדַע מָה לְהַחְלִיט:
*הוּא **מִתְלַבֵּט בֵּין** לִימוּדִים **לְבֵין** טִיּוּל לְחוּץ לָאָרֶץ.*
לְהִתְלַבֵּט / ל.ב.ט, הִתְפַּעֵל / הִתְלַבַּטְתִּי, מִתְלַבֵּט, יִתְלַבֵּט

התלבטותנ׳ הִתְלַבְּטוּת [הִתְלַבְּטוּיוֹת] internal struggle
כְּשֶׁלֹּא יוֹדְעִים מָה לְהַחְלִיט:
***הַהִתְלַבְּטוּת** שֶׁלִּי הִיא בֵּין לִימוּדִים לְבֵין טִיּוּל לְחוּץ־לָאָרֶץ.*

התלבשפ׳ הִתְלַבֵּשׁ got dressed
שָׂם בְּגָדִים עַל הַגּוּף:
*הַשָּׁעָה הָיְיתָה מְאוּחֶרֶת, לָכֵן **הִתְלַבַּשְׁתִּי** מַהֵר וְרַצְתִּי.*
הִתְלַבֵּשׁ עָלָיו (לְשׁוֹן דִּיבּוּר) -
1. מַתְאִים לוֹ: fit
הַסְּוֶודֶר הִתְלַבֵּשׁ עָלֶיהָ מְצוּיָּן.
2. "נִדְבַּק" אֶל, לֹא עָזַב אֶת -: latched onto
*דָּוִיד **הִתְלַבֵּשׁ עָלַיי** וְלֹא נוֹתֵן לִי מְנוּחָה.*
לְהִתְלַבֵּשׁ, עַל- / ל.ב.שׁ, הִתְפַּעֵל / הִתְלַבַּשְׁתִּי, מִתְלַבֵּשׁ

התלהבפ׳ הִתְלַהֵב got excited, became enthusuastic
הִתְרַגֵּשׁ מְאוֹד, מָצָא חֵן בְּעֵינָיו מְאוֹד:
*הוּא **הִתְלַהֵב מִן** הָרַעְיוֹן לַעֲלוֹת לְיִשְׂרָאֵל.*
לְהִתְלַהֵב מִ- / ל.ה.ב, הִתְפַּעֵל / הִתְלַהַבְתִּי, מִתְלַהֵב

התלהבותנ׳ הִתְלַהֲבוּת enthusiasm, excitment
הִתְרַגְּשׁוּת גְּדוֹלָה:
*הַזַּמֶּרֶת גָּרְמָה **לְהִתְלַהֲבוּת** גְּדוֹלָה בַּקָּהָל.*

התלווהפ׳ הִתְלַוָּה accompanied
הָלַךְ בְּיַחַד עִם -:
*הוּא **הִתְלַוָּה** אֵלֵינוּ לַטִּיּוּל.*
לְהִתְלַוּוֹת לְ- / ל.ו.ה, הִתְפַּעֵל / הִתְלַוֵּויתִי, מִתְלַוֶּוה

התלונןפ׳ הִתְלוֹנֵן complained
לֹא הָיָה מְרוּצֶה, כָּעַס וְאָמַר זֹאת בְּמִילִּים:
*הַבָּחוּר **הִתְלוֹנֵן עַל** הַבִּירוֹקְרַטְיָה בָּאָרֶץ.*
לְהִתְלוֹנֵן עַל- / ל.ו.ן, הִתְפַּעֵל / הִתְלוֹנַנְתִּי, מִתְלוֹנֵן

התלוצץפ׳ הִתְלוֹצֵץ jested, joked
"עָשָׂה" צְחוֹק, סִיפֵּר בְּדִיחוֹת:
*הוּא לֹא דִּיבֵּר בִּרְצִינוּת - הוּא **הִתְלוֹצֵץ**.*
לְהִתְלוֹצֵץ / ל.י.ץ, הִתְפַּעֵל / הִתְלוֹצַצְתִּי, מִתְלוֹצֵץ

התלוצצותנ׳ הִתְלוֹצְצוּת [הִתְלוֹצְצוּיוֹת] jesting, joking
אֲמִירָה שֶׁל דְּבָרִים מַצְחִיקִים:
***הִתְלוֹצְצוּת** לֹא מַזִּיקָה בַּחַיִּים.*

התלכדפ׳ הִתְלַכֵּד joined forces
הִתְאַחֵד, נַעֲשָׂה בְּיַחַד:
*שְׁתֵּי הַקְּבוּצוֹת **הִתְלַכְּדוּ** וְהוּפְעֲלוּ בְּיַחַד.*
לְהִתְלַכֵּד / ל.כ.ד, הִפְעִיל / הִתְלַכְּדוּ, מִתְלַכֵּד, יִתְלַכֵּד

התלכלךפ׳ הִתְלַכְלֵךְ became dirty, soiled
נַעֲשָׂה מְלוּכְלָךְ, לֹא נָקִי:
***הִתְלַכְלְכוּ** לִי הַבְּגָדִים, וְאֵין לִי מַה לִּלְבּוֹשׁ.*
לְהִתְלַכְלֵךְ / ל.כ.ל.ך, הִתְפַּעֵל / הִתְלַכְלַכְתִּי, מִתְלַכְלֵךְ

התלקחפ׳ הִתְלַקֵּחַ [הִתְלַקַּח] burst into flames
1. הִתְחִילָה אֵשׁ:
*תּוֹךְ 2 דַּקּוֹת **הִתְלַקַּח** כָּל הַבַּיִת.*
2. פָּרַץ, הִתְעוֹרֵר (נַעֲשָׂה "חַם"): erupted
***הִתְלַקַּח** וִיכּוּחַ סוֹעֵר בַּמֶּמְשָׁלָה.*
לְהִתְלַקֵּחַ / ל.ק.ח, הִתְפַּעֵל / הִתְלַקַּחְתִּי, מִתְלַקֵּחַ

התלקחותנ׳ הִתְלַקְּחוּת [הִתְלַקְּחוּיוֹת] bursting into flames
1. הַתְחָלָה שֶׁל אֵשׁ:
***הִתְלַקְּחוּת** הָאֵשׁ קָרְתָה בְּכַמָּה מְקוֹמוֹת בַּבַּיִת.*
2. (מֶטָאפוֹרָה) הַתְחָלָה שֶׁל וִיכּוּחַ, מִלְחָמָה: eruption, outburst
***הִתְלַקְּחוּת** הַוִּיכּוּחַ גָּרְמָה לִצְעָקוֹת.*

התמדהנ׳ הַתְמָדָה perseverance
כְּשֶׁעוֹשִׂים מַשֶּׁהוּ בְּלִי לְהַפְסִיק:
*הוּא יוֹדֵעַ הַרְבֵּה בִּגְלַל **הַהַתְמָדָה** שֶׁלּוֹ בַּלִּימּוּדִים.*

התמוגגפ׳ הִתְמוֹגֵג dissolved, melted
הִתְרַגֵּשׁ, מַשֶּׁהוּ גָּרַם לוֹ אוֹשֶׁר:
***הִתְמוֹגַגְתִּי** מִשִּׂמְחָה, כְּשֶׁבְּנִי גָּמַר אֶת הָאוּנִיבֶרְסִיטָה.*
לְהִתְמוֹגֵג מִ- / מ.ו.ג, הִתְפַּעֵל / הִתְמוֹגַגְתִּי, מִתְמוֹגֵג

התמודדפ׳ הִתְמוֹדֵד coped (with), competed
נִיסָּה לְהִתְגַּבֵּר (אוֹ לְנַצֵּחַ):
*הוּא **מִתְמוֹדֵד** יָפֶה עִם הַקְּשָׁיִים שֶׁלּוֹ. / הוּא **מִתְמוֹדֵד** עַל הַמָּקוֹם הָרִאשׁוֹן בַּמָּרָתוֹן.*
לְהִתְמוֹדֵד עִם-, עַל- / מ.ד.ד, הִתְפַּעֵל / הִתְמוֹדַדְתִּי

התמודדותנ׳ הִתְמוֹדְדוּת [הִתְמוֹדְדוּיוֹת] contest, coping (with), rivalry
כְּשֶׁמְנַסִּים לְנַצֵּחַ, לִהְיוֹת חָזָק יוֹתֵר, לְהִתְחָרוֹת:
הַהִתְמוֹדְדוּת עִם הַמַּחֲלָה - קָשָׁה.
הַהִתְמוֹדְדוּת בֵּין אַרְצוֹת הַבְּרִית לִבְרִית הַמּוֹעָצוֹת נִגְמְרָה.

התמוטטפ׳ הִתְמוֹטֵט collapsed
נֶהֱרַס:
הַבַּיִת הַיָּשָׁן הִתְמוֹטֵט וְנָפַל.
לְהִתְמוֹטֵט / מ.ו.ט, הִתְפַּעֵל / הִתְמוֹטַטְתִּי, מִתְמוֹטֵט

התמוטטותנ׳ הִתְמוֹטְטוּת [הִתְמוֹטְטוּיוֹת] collapse
הֲרִיסָה:
אַחֲרֵי הִתְמוֹטְטוּת הַבַּיִת נִשְׁאֲרוּ הָאֲנָשִׁים בָּרְחוֹב.
הָאִינְפְלַצְיָה הֵבִיאָה לְהִתְמוֹטְטוּת הַכַּלְכָּלָה.

התמוסספ׳ הִתְמוֹסֵס melted
נַעֲשָׂה נוֹזֵל, נֶעֱלַם בְּנוֹזֵל:
הַסּוּכָּר הִתְמוֹסֵס בַּתֵּה.
לְהִתְמוֹסֵס / מ.ס.ס, הִתְפַּעֵל / הִתְמוֹסַסְתִּי, מִתְמוֹסֵס

התמזגפ׳ הִתְמַזֵּג blended, merged
הִתְעַרְבֵּב, הִתְאַחֵד:
שְׁנֵי הַמִּשְׂרָדִים הִתְמַזְּגוּ לְמִשְׂרָד אֶחָד.
לְהִתְמַזֵּג / מ.ז.ג, הִתְפַּעֵל / הִתְמַזְּגוּ מִתְמַזֵּג, יִתְמַזֵּג

התמזגותנ׳ הִתְמַזְּגוּת blending, merger
עִירְבּוּב, כְּשֶׁכַּמָּה דְּבָרִים מִתְחַבְּרִים:
הִתְמַזְּגוּת הַמִּשְׂרָדִים לְמִשְׂרָד אֶחָד תַּחְסוֹךְ כֶּסֶף.

התמזמזפ׳ הִתְמַזְמֵז fooled around, necked
1 (לְשׁוֹן דִּיבּוּר) נִישֵּׁק, חִיבֵּק, נָגַע בְּצוּרָה מִינִית:
מַה הֵם מִתְמַזְמְזִים שָׁם, כְּאִילוּ אֵין אֲנָשִׁים מִסָּבִיב?
2. (לְשׁוֹן דִּיבּוּר) בִּיזְבֵּז אֶת הַזְּמַן: wasted time, screwed around
הוּא הִתְמַזְמֵז בָּעֲבוֹדָה.
לְהִתְמַזְמֵז / מ.ז.מ.ז, הִתְפַּעֵל / הִתְמַזְמַזְתִּי

התמזמזותנ׳ הִתְמַזְמְזוּת fooling around, necking
1. (בִּלְשׁוֹן דִּיבּוּר) נְגִיעָה מִינִית:
הַהִתְמַזְמְזוּת בָּרַבִּים אֵינָהּ מְקוּבֶּלֶת.
2. (לְשׁוֹן דִּיבּוּר) בִּיזְבּוּז זְמַן, עֲשִׂיַּית דָּבָר בְּלִי תְּשׂוּמַת לֵב: wasting time, screwing around
אֵינֶנִּי רוֹצֶה הִתְמַזְמְזוּת, אֲנִי רוֹצֶה לִרְאוֹת עֲבוֹדָה מַמָּשׁ!

התמחהפ׳ הִתְמַחָה specialized
לָמַד הֵיטֵב, הִתְאַמֵּן בְּנוֹשֵׂא מְסוּיָּם:
הוּא הִתְמַחָה בְּכִירוּרְגִיָּה.
לְהִתְמַחוֹת בְּ- / מ.ח.ה, הִתְפַּעֵל / הִתְמַחֵיתִי, מִתְמַחֶה

התמחותנ׳ הִתְמַחוּת [הִתְמַחוּיוֹת] specialization
סְפֶּצְיָאלִיזַצְיָה, כְּשֶׁמִּישֶׁהוּ מִתְאַמֵּן אוֹ לוֹמֵד בִּמְיוּחָד נוֹשֵׂא:
הַהִתְמַחוּת בְּכִירוּרְגִיָּה נִמְשֶׁכֶת 5 שָׁנִים.

התמידפ׳ הִתְמִיד persevered
עָשָׂה בְּלִי לְהַפְסִיק:
הוּא מַתְמִיד בְּלִימוּד עִבְרִית.
לְהַתְמִיד בְּ- / ת.מ.ד, הִפְעִיל / הִתְמַדְתִּי, מַתְמִיד, יַתְמִיד

התמכרפ׳ הִתְמַכֵּר became addicted
נָתַן אֶת עַצְמוֹ, הָיָה מָסוּר לְמַשֶּׁהוּ:
הוּא הִתְמַכֵּר לִשְׁתִיַּית אַלְכּוֹהוֹל.
לְהִתְמַכֵּר לְ- / מ.כ.ר, הִתְפַּעֵל / הִתְמַכַּרְתִּי, מִתְמַכֵּר

התמכרותנ׳ הִתְמַכְּרוּת addiction
כְּשֶׁמִּישֶׁהוּ "נוֹתֵן" אֶת כּוּלוֹ לְמַשֶּׁהוּ:
הַהִתְמַכְּרוּת לְאַלְכּוֹהוֹל יְכוֹלָה לִגְרוֹם לְמָוֶות.

התמלאפ׳ הִתְמַלֵּא became full
נַעֲשָׂה מָלֵא, אֵין בּוֹ מָקוֹם פָּנוּי:
הִתְמַלֵּאתִי מִן הָאוֹכֶל. / הָאוֹטוֹבּוּס הִתְמַלֵּא נוֹסְעִים.
לְהִתְמַלֵּא, בְּ- / מ.ל.א, הִתְפַּעֵל / הִתְמַלֵּאתִי, מִתְמַלֵּא

התממשפ׳ הִתְמַמֵּשׁ was realized/fulfilled
הִתְקַיֵּים, הִתְבַּצֵּעַ:
הָאִידֵאָלִים שֶׁל הַצִּיּוֹנוּת מִתְמַמְּשִׁים בִּמְדִינַת יִשְׂרָאֵל.
לְהִתְמַמֵּשׁ / מ.מ.ש, הִתְפַּעֵל / הִתְמַמְּשׁוּ, מִתְמַמֵּשׁ

התממשותנ׳ הִתְמַמְּשׁוּת realization, fulfillment
בִּיצּוּעַ, נַעֲשָׂה קוֹנְקְרֶטִי:
הִתְמַמְּשׁוּת חֲלוֹם הִיא דָּבָר לֹא רָגִיל.

התמנהפ׳ הִתְמַנָּה was appointed
נָתְנוּ לוֹ תַּפְקִיד:
הוּא הִתְמַנָּה לְשׁוֹפֵט.
לְהִתְמַנּוֹת לְ- / מ.נ.ה, הִתְפַּעֵל / הִתְמַנֵּיתִי, מִתְמַנֶּה

התמסדפ׳ הִתְמַסֵּד conformed
הִתְנַהֵג לְפִי הַחוּקִּים שֶׁל הַחֶבְרָה:
הֵם כְּבָר לֹא עוֹשִׂים מַה שֶּׁהֵם רוֹצִים, הֵם הִתְמַסְּדוּ.
לְהִתְמַסֵּד / מ.ס.ד, הִתְפַּעֵל / הִתְמַסַּדְתִּי, מִתְמַסֵּד, יִתְמַסֵּד

התמסרפ׳ הִתְמַסֵּר devoted (himself)
נָתַן אֶת עַצְמוֹ:
הוּא הִתְמַסֵּר מְאוֹד לַתַּפְקִיד.
לְהִתְמַסֵּר לְ- / מ.ס.ר, הִתְפַּעֵל / הִתְמַסַּרְתִּי, מִתְמַסֵּר

התמסרותנ׳ הִתְמַסְּרוּת devotion
1. כְּשֶׁמִּישֶׁהוּ נוֹתֵן אֶת עַצְמוֹ לְמַעַן מַשֶּׁהוּ:
*בִּגְלַל **הַהִתְמַסְּרוּת** שֶׁלּוֹ לַתַּפְקִיד אֵין לוֹ זְמַן פָּנוּי.*
2. כְּשֶׁמִּישֶׁהוּ נוֹתֵן אֶת עַצְמוֹ בִּידֵי מִישֶׁהוּ: surrender
***הַהִתְמַסְּרוּת** לִידֵי הַחַיָּילִים הִצִּילָה אוֹתוֹ.*

התמעטפ׳ הִתְמַעֵט decreased
נַעֲשָׂה מְעַט, נַעֲשָׂה פָּחוֹת:
*בְּסוֹף הַחוֹרֶף **הִתְמַעֲטוּ** הַגְּשָׁמִים.*
לְהִתְמַעֵט / מ.ע.ט, הִתְפַּעֵל / הִתְמַעֲטוּ, מִתְמַעֵט, יִתְמַעֵט

התמצאפ׳ הִתְמַצֵּא was familiar with, was well versed
יָדַע אֵיךְ לִמְצוֹא:
*הוּא **מִתְמַצֵּא** בְּכָל עִיר, שֶׁהוּא גָּר בָּהּ. / הוּא **מִתְמַצֵּא** בְּסִפְרוּת עִבְרִית.*
לְהִתְמַצֵּא בְּ- / מ.צ.א, הִתְפַּעֵל / הִתְמַצֵּאתִי, מִתְמַצֵּא

התמצאותנ׳ הִתְמַצְּאוּת orientation
אוֹרְיֶינְטַצְיָה, כְּשֶׁיּוֹדְעִים אֵיךְ לִמְצוֹא:
*בְּצַהַ"ל מְלַמְּדִים **הִתְמַצְּאוּת** בַּלַּיְלָה. / צָרִיךְ שֶׁכָּל אֶחָד תִּהְיֶה לוֹ **הִתְמַצְּאוּת** בַּהִיסְטוֹרְיָה הַיְּהוּדִית.*

התמקדפ׳ הִתְמַקֵּד concentrated/focused (on)
הִתְרַכֵּז בְּנוֹשֵׂא מְסוּיָּם:
***הִתְמַקַּדְתִּי** בַּהִיסְטוֹרְיָה הַיְּהוּדִית שֶׁל הַזְּמַן הֶחָדָשׁ.*
לְהִתְמַקֵּד בְּ- / מ.ק.ד, הִתְפַּעֵל / הִתְמַקַּדְתִּי, מִתְמַקֵּד

התמקדותנ׳ הִתְמַקְּדוּת focusing (on)
טִיפּוּל בְּעִנְיָין אֶחָד מִתּוֹךְ הַרְבֵּה:
***הַהִתְמַקְּדוּת** שֶׁלּוֹ בִּבְעָיוֹת הִרְחִיקָה מִמֶּנּוּ חֲבֵרִים.*

התמקחפ׳ הִתְמַקֵּחַ (הִתְמַקֵּח) bargained
הִתְוַוכֵּחַ עִם מִישֶׁהוּ שֶׁמּוֹכֵר מַשֶּׁהוּ:
***הִתְמַקַּחְתִּי עִם** מוֹכֵר הַיְּרָקוֹת **עַל** מְחִיר הָעַגְבָנִיּוֹת.*
לְהִתְמַקֵּחַ עַל- / מ.ק.ח, הִתְפַּעֵל / הִתְמַקַּחְתִּי, מִתְמַקֵּחַ

התמקחותנ׳ הִתְמַקְּחוּת bargaining
נִיסָּיוֹן לְהוֹרִיד מִן הַמְּחִיר:
*אַחֲרֵי **הִתְמַקְּחוּת** עַל מְחִיר הַדִּירָה, שִׁילַּמְתִּי פָּחוֹת בְּ-10%.*

התמקםפ׳ הִתְמַקֵּם positioned (himself)
קָבַע בְּמָקוֹם לִהְיוֹת בּוֹ זְמַן־מָה:
***הִתְמַקַּמְנוּ** בַּמָּלוֹן, וְיָצָאנוּ לִרְאוֹת אֶת הָעִיר. / הַצָּבָא **הִתְמַקֵּם** בֵּין הָעֵצִים.*
לְהִתְמַקֵּם בְּ- / מ.ק.ם, הִתְפַּעֵל / הִתְמַקַּמְתִּי, מִתְמַקֵּם

התמקמותנ׳ הִתְמַקְּמוּת positioning
קְבִיעָה שֶׁל מָקוֹם לִהְיוֹת בּוֹ זְמַן מָה:
***הַהִתְמַקְּמוּת** שֶׁל הַצָּבָא נִקְבְּעָה מִסִּיבּוֹת אִסְטְרָטֶגִיּוֹת.*

התמרדפ׳ הִתְמָרֵד rebelled
יָצָא נֶגֶד שִׁלְטוֹן, שַׁלִּיט, מִנְהָג, חוֹק:
*הַחַיָּילִים **הִתְמָרְדוּ** נֶגֶד הַמְּפַקֵּד שֶׁלָּהֶם.*
לְהִתְמָרֵד / מ.ר.ד, הִתְפַּעֵל / הִתְמָרַדְתִּי, מִתְמָרֵד, יִתְמָרֵד

התמרדותנ׳ הִתְמָרְדוּת [הִתְמָרְדוּיוֹת] rebellion
כְּשֶׁיּוֹצְאִים נֶגֶד מִישֶׁהוּ אוֹ מַשֶּׁהוּ:
***הִתְמָרְדוּת** הַצָּבָא הֵבִיאָה לְגֵירוּשׁ הַדִּיקְטָטוֹר.*

התמרמרפ׳ הִתְמַרְמֵר was bitter
הִתְרַגֵּז, הִתְלוֹנֵן:
*כּוּלָּנוּ **מִתְמַרְמְרִים עַל** מִיסִּים.*
לְהִתְמַרְמֵר עַל- / מ.ר.מ.ר, הִתְפַּעֵל / הִתְמַרְמְרוּ, יִתְמַרְמֵר

התמרמרותנ׳ הִתְמַרְמְרוּת [הִתְמַרְמְרוּיוֹת]
הִתְרַגְּזוּת, כַּעַס: bitterness, anger
***הַהִתְמַרְמְרוּת** שֶׁלָּנוּ הִיא נֶגֶד הַמִּיסִּים.*

התמשךפ׳ הִתְמַשֵּׁךְ continued
נַעֲשָׂה אָרוֹךְ:
*הַהַרְצָאָה **הִתְמַשְּׁכָה** בְּלִי סוֹף.*
לְהִתְמַשֵּׁךְ / מ.ש.ך, הִתְפַּעֵל / הִתְמַשְׁכוּ, מִתְמַשֵּׁךְ, יִתְמַשֵּׁךְ

התמשכותנ׳ הִתְמַשְּׁכוּת continuation
הִתְאָרְכוּת, כְּשֶׁמַּשֶּׁהוּ נַעֲשָׂה אָרוֹךְ:
***הִתְמַשְּׁכוּת** הַוִּיכּוּחַ הָיְתָה מוּגְזֶמֶת.*

התמתחפ׳ הִתְמַתֵּחַ (הִתְמַתֵּח) stretched out
נַעֲשָׂה גָּדוֹל יוֹתֵר לְכִיווּנִים שׁוֹנִים:
*הוּא קָם מִן הַשֵּׁינָה, **הִתְמַתֵּחַ** וּבִיקֵּשׁ קָפֶה.*
לְהִתְמַתֵּחַ / מ.ת.ח, הִתְפַּעֵל / הִתְמַתַּחְתִּי, מִתְמַתֵּחַ

התמתחותנ׳ הִתְמַתְּחוּת stretching
כְּשֶׁמַּשֶּׁהוּ נַעֲשָׂה גָּדוֹל לְכִיווּנִים שׁוֹנִים:
*בִּגְלַל **הִתְמַתְּחוּת** הַבְּגָדִים אַחֲרֵי הַכְּבִיסָה הַכֹּל גָּדוֹל עָלַיי.*

התמתןפ׳ הִתְמַתֵּן became moderate
1. נַעֲשָׂה פָּחוֹת רָדִיקָלִי:
*הַדֵּיעוֹת הַפּוֹלִיטִיּוֹת שֶׁלּוֹ **הִתְמַתְּנוּ** - הוּא עַכְשָׁיו לִיבֶּרָל דֵמוֹקְרָטִי.*
2. נַעֲשָׂה פָּחוֹת מָהִיר, אִיטִי יוֹתֵר: slowed down
*הֲלִיכָתוֹ **הִתְמַתְּנָה** - הוּא כְּבָר לֹא רָץ.*
לְהִתְמַתֵּן / מ.ת.ן, הִתְפַּעֵל / הִתְמַתַּנְתִּי, מִתְמַתֵּן, יִתְמַתֵּן

התמתנותנ׳ הִתְמַתְּנוּת becoming moderate
כְּשֶׁמִּתְנַהֲגִים, חוֹשְׁבִים בְּצוּרָה פָּחוֹת רָדִיקָלִית:
*יֵשׁ **הִתְמַתְּנוּת** בַּדֵּיעוֹת הַפּוֹלִיטִיּוֹת שֶׁלּוֹ.*
*יֵשׁ **הִתְמַתְּנוּת** בְּקֶצֶב הַחַיִּים שֶׁלּוֹ.*

התנאה ר׳ התנייה

התנבאפ, הִתְנַבֵּא — prophesized, predicted
אָמַר מַה שֶׁיִּהְיֶה בֶּעָתִיד:
*הוּא **הִתְנַבֵּא** שֶׁתִּפְרוֹץ מִלְחָמָה.*
לְהִתְנַבֵּא / נ.ב.א, הִתְפַּעֵל / הִתְנַבֵּאתִי, מִתְנַבֵּא, יִתְנַבֵּא

התנגבפ, הִתְנַגֵּב — wiped himself
נִיגֵּב אֶת עַצְמוֹ, עָשָׂה שֶׁיִּהְיֶה יָבֵשׁ:
*יָצָאתִי מִן הַמִּקְלַחַת **וְהִתְנַגַּבְתִּי**.*
לְהִתְנַגֵּב / נ.ג.ב, הִתְפַּעֵל / הִתְנַגַּבְתִּי, הִתְנַגֵּב, יִתְנַגֵּב

התנגדפ, הִתְנַגֵּד — opposed
1. לֹא הִסְכִּים לָרַעְיוֹן, הָיָה בְּדֵיעָה שׁוֹנָה:
*רֹאשׁ הַמֶּמְשָׁלָה **הִתְנַגֵּד** לַהַצָּעָה שֶׁל שַׂר הָאוֹצָר.*
2. עָשָׂה פְּעוּלָה, כְּדֵי שֶׁלֹּא יַחֲזִיקוּ בּוֹ: — resisted
*הַגַּנָּב **הִתְנַגֵּד** לְמַאֲסָר.*
לְהִתְנַגֵּד לְ- / נ.ג.ד, הִתְפַּעֵל / הִתְנַגַּדְתִּי, מִתְנַגֵּד, יִתְנַגֵּד

התנגדותנ, הִתְנַגְּדוּת — objection, resistance
1. אִי־הַסְכָּמָה:
*אֵין לִי **הִתְנַגְּדוּת** לַהַצָּעוֹת שֶׁלְּךָ.*
2. פְּעוּלָה שֶׁנּוֹבַעַת מֵאִי־הַסְכָּמָה: — opposition
*בִּגְלַל **הִתְנַגְּדוּת** הַתּוֹשָׁבִים לֹא בָּנוּ כָּאן.*

התנגשפ, הִתְנַגֵּשׁ — collided
פָּגַע גּוּף בְּגוּף:
*הַמְּכוֹנִית **הִתְנַגְּשָׁה** בְּעֵץ.*
לְהִתְנַגֵּשׁ בְּ- / נ.ג.שׁ, הִתְפַּעֵל / הִתְנַגַּשְׁתִּי, מִתְנַגֵּשׁ, יִתְנַגֵּשׁ

התנגשותנ, הִתְנַגְּשׁוּת [הִתְנַגְּשׁוּיוֹת] — collision
כְּשֶׁגּוּף פּוֹגֵעַ בְּגוּף:
*הָיְיתָה **הִתְנַגְּשׁוּת** בֵּין שְׁתֵּי מְכוֹנִיּוֹת בָּרְחוֹב הָרָאשִׁי.*

התנדבפ, הִתְנַדֵּב — volunteered
הֶחְלִיט לַעֲשׂוֹת מַשֶּׁהוּ בְּלִי לְקַבֵּל שָׂכָר, מֵרְצוֹנוֹ הַטּוֹב:
*סְטוּדֶנְטִים מִכָּל הָעוֹלָם **הִתְנַדְּבוּ** לַעֲבוֹד בַּקִּיבּוּץ.*
לְהִתְנַדֵּב לְ- / נ.ד.ב, הִתְפַּעֵל / הִתְנַדַּבְתִּי, מִתְנַדֵּב, יִתְנַדֵּב

התנדבותנ, הִתְנַדְּבוּת — volunteering
עֲשִׂיַּית פְּעוּלָה מִתּוֹךְ רָצוֹן חוֹפְשִׁי לְמַעַן הַחֶבְרָה:
***הַהִתְנַדְּבוּת** לַעֲבוֹדָה בְּבֵית הַחוֹלִים גָּבְרָה בִּזְמַן הַמִּלְחָמָה.*

התנדנדפ, הִתְנַדְנֵד — swung
1. זָז מִצַּד לְצַד אוֹ לְמַעְלָה וּלְמַטָּה:
*בַּגַּן יֵשׁ נַדְנֵדָה, וְהַיֶּלֶד **הִתְנַדְנֵד** עָלֶיהָ.*
2. לֹא הָיָה בְּמַצָּב בָּטוּחַ: — was insecure
*הוּא **הִתְנַדְנֵד** הַרְבֵּה זְמַן עַד שֶׁהֶחְלִיטוּ לְהַשְׁאִיר אוֹתוֹ בַּעֲבוֹדָה.*
לְהִתְנַדְנֵד / נ.ד.נ.ד, הִתְפַּעֵל / הִתְנַדְנַדְתִּי, מִתְנַדְנֵד

התנדףפ, הִתְנַדֵּף — evaporated, vanished
1. הִתְפַּזֵּר בָּאֲוִויר וְנֶעֱלַם:
*הָרֵיחַ הָרַע **הִתְנַדֵּף**, כְּבָר לֹא מַרְגִּישִׁים בּוֹ.*
2. (לשון דיבור) הִסְתַּלֵּק, הָלַךְ מִן הַמָּקוֹם: — got lost (left)
*אֲנִי לֹא רוֹצֶה לִרְאוֹת אוֹתְךָ, **תִּתְנַדֵּף** מִכָּאן!*
לְהִתְנַדֵּף / נ.ד.ף, הִתְפַּעֵל / הִתְנַדְּפוּ, מִתְנַדֵּף, יִתְנַדֵּף

התנהפ, הִתְנָה — set conditions/contingencies
עָשָׂה תְּנַאי:
***הִתְנֵיתִי** עִם הַמְּנַהֵל- אִם אַצְלִיחַ, אֲקַבֵּל יוֹתֵר כֶּסֶף.*
לְהַתְנוֹת / ת.נ.ה, הִפְעִיל / הִתְנֵיתִי, מַתְנֶה, יַתְנֶה, הַתְנֵה!

התנהגפ, הִתְנַהֵג — behaved/conducted himself
פָּעַל בְּדֶרֶךְ מְסוּיֶּמֶת, לְפִי מַה שֶּׁהוּא רָגִיל לַעֲשׂוֹת:
*בִּזְמַן הַטִּיּוּל הוּא **הִתְנַהֵג** בְּחוֹסֶר אַחְרָיוּת.*
לְהִתְנַהֵג / נ.ה.ג, הִתְפַּעֵל / הִתְנַהַגְתִּי, מִתְנַהֵג, יִתְנַהֵג

התנהגותנ, הִתְנַהֲגוּת [הִתְנַהֲגוּיוֹת] — behavior
הַדֶּרֶךְ שֶׁבָּהּ אָדָם פּוֹעֵל וּמִתְנַהֵג:
***הִתְנַהֲגוּת** הַשּׁוֹטְרִים הִשְׁפִּיעָה עַל הַצִּיבּוּר.*

התנהלפ, הִתְנַהֵל — proceeded
1. הָיָה, נַעֲשָׂה, הִתְקַדֵּם:
*הַחַיִּים **הִתְנַהֲלוּ** בְּשֶׁקֶט.*
2. נִיהֲלוּ אוֹתוֹ, אִירְגְּנוּ אוֹתוֹ: — was managed
*הַמִּשְׂרָד **הִתְנַהֵל** בְּסֵדֶר.*
3. הָלַךְ: — moved/advanced slowly
*הוּא **הִתְנַהֵל** בִּכְבֵדוּת.*
לְהִתְנַהֵל / נ.ה.ל, הִתְפַּעֵל / הִתְנַהַלְתִּי, מִתְנַהֵל, יִתְנַהֵל

התנווןפ, הִתְנַוֵּון — deteriorated, degenerated
נַעֲשָׂה חַלָּשׁ, עָבַר דֶּגֶנֶרַצְיָה:
*גּוּף הַחוֹלֶה **הִתְנַוֵּון** מֵחוֹסֶר תְּנוּעָה.*
לְהִתְנַוֵּון / נ.ו.ן, הִתְפַּעֵל / הִתְנַוַּונְתִּי, מִתְנַוֵּון, יִתְנַוֵּון

התנוונותנ, הִתְנַוְּונוּת — degeneration, deterioration, decay
דֶּגֶנֶרַצְיָה, כְּשֶׁנַּעֲשָׂה חַלָּשׁ:
*זִקְנָה הִיא תַּהֲלִיךְ שֶׁל **הִתְנַוְּונוּת** הַגּוּף.*

התנוסספ, הִתְנוֹסֵס — flew high
הָיָה בָּאֲוִויר לְמַעְלָה וְזָז מִצַּד אֶל צַד:
*דֶּגֶל מְדִינַת יִשְׂרָאֵל **מִתְנוֹסֵס** מֵעַל הַגַּגּוֹת.*
לְהִתְנוֹסֵס / נ.ס.ס, הִתְפַּעֵל / הִתְנוֹסְסוּ, מִתְנוֹסֵס

התנועע פ׳ הִתְנוֹעֵעַ — moved, swayed

זָז:

*הָעֵץ **הִתְנוֹעֵעַ** בָּרוּחַ.*

לְהִתְנוֹעֵעַ / נ.ו.ע, הִתְפַּעֵל / הִתְנוֹעַעְתִּי, מִתְנוֹעֵעַ

התנחל פ׳ הִתְנַחֵל — settled

בָּא לָגוּר בְּאוֹפֶן קָבוּעַ:

*הֵם **הִתְנַחֲלוּ** לְיַד הָעִיר שְׁכֶם.*

לְהִתְנַחֵל / נ.ח.ל, הִתְפַּעֵל / הִתְנַחַלְתִּי, מִתְנַחֵל, יִתְנַחֵל

התנחלות נ׳ הִתְנַחֲלוּת [הִתְנַחֲלוּיוֹת] — settling

1. הִתְיַישְׁבוּת, כְּשֶׁבָּאִים לִחְיוֹת בְּמָקוֹם:

*ה**הִתְנַחֲלוּת** שֶׁל הַיְהוּדִים בַּנֶּגֶב הִתְחִילָה בְּ-1942.*

2. מָקוֹם שֶׁאֲנָשִׁים בָּאוּ לָגוּר בּוֹ בְּאוֹפֶן קָבוּעַ: — settlement

*אַחֲרֵי 1967 קָמוּ **הִתְנַחֲלוּיוֹת** בִּיהוּדָה וּבְשׁוֹמְרוֹן.*

התנייה נ׳ הַתְנָיָה [הַתְנָיוֹת] — stipulation

הַחְלָטָה עַל תְּנַאי:

*יֵשׁ **הַתְנָיָה** בַּחוֹזֶה - אִם תְּשַׁלֵּם אֶת כֹּל הַכֶּסֶף, תְּקַבֵּל אֶת הַמַּפְתֵּחַ לַדִּירָה.*

התניע פ׳ הִתְנִיעַ — started, turned on (an engine)

הִפְעִיל מְכוֹנָה:

***הִתְנַעְתִּי אֶת** הַמְּכוֹנִית, וְנָסַעְתִּי.*

לְהַתְנִיעַ אֶת- / ת.נ.ע, הִפְעִיל / הִתְנַעְתִּי, מַתְנִיעַ, יַתְנִיעַ

התנכל פ׳ הִתְנַכֵּל — plotled/schemed against

הִתְכַּוֵּון לִגְרוֹם רָעָה לְמִישֶׁהוּ:

*דָּוִיד אֵינוֹ אָשֵׁם, הַמְּנַהֵל **מִתְנַכֵּל לוֹ**.*

לְהִתְנַכֵּל לְ- / נ.כ.ל, הִתְפַּעֵל / הִתְנַכַּלְתִּי, מִתְנַכֵּל, יִתְנַכֵּל

התנכר פ׳ הִתְנַכֵּר — alienated himself

1. עָשָׂה כְּאִילוּ אֵינוֹ מַכִּיר:

*הוּא **הִתְנַכֵּר לִי** וְשָׁכַח כַּמָּה עָזַרְתִּי לוֹ.*

2. לֹא הִשְׁתַּתֵּף בָּרְגָשׁוֹת שֶׁל מִישֶׁהוּ: — ignored

*הוּא **הִתְנַכֵּר לַ**כְּאֵב וְלַסֵּבֶל שֶׁל חֲבֵרוֹ.*

לְהִתְנַכֵּר לְ- / נ.כ.ר, הִתְפַּעֵל / הִתְנַכַּרְתִּי, מִתְנַכֵּר, יִתְנַכֵּר

התנסה פ׳ הִתְנַסָּה — experienced

עָבַר נִיסָּיוֹן, תִּירְגֵל אֶת עַצְמוֹ:

***הִתְנַסֵּיתִי** בְּכֹל סוּגֵי בָּתֵּי הַסֵּפֶר.*

לְהִתְנַסּוֹת בְּ- / נ.ס.ה, הִתְפַּעֵל / הִתְנַסֵּיתִי, מִתְנַסֶּה

התנסות נ׳ הִתְנַסּוּת — experience

כְּשֶׁעוֹבְרִים נִיסָּיוֹן, תִּירְגוּל:

*ה**הִתְנַסּוּת** שֶׁלּוֹ בַּקִּיבּוּץ הָיְיתָה קָשָׁה.*

התנעה נ׳ הַתְנָעָה — starting (an engine)

הַפְעָלָה שֶׁל מְכוֹנָה:

*בְּחוֹרֶף **הַהַתְנָעָה** שֶׁל הַמְּכוֹנִית נִמְשֶׁכֶת זְמַן רַב.*

התנפל פ׳ הִתְנַפֵּל — attacked

הִתְקִיף:

*הַצָּבָא **הִתְנַפֵּל עַל** הָאוֹיֵב בַּחוֹשֶׁךְ. / מָה אַתָּה **מִתְנַפֵּל עָלַיי** בִּצְעָקוֹת?*

לְהִתְנַפֵּל עַל- / נ.פ.ל, הִתְפַּעֵל / הִתְנַפַּלְתִּי, מִתְנַפֵּל

התנפלות נ׳ הִתְנַפְּלוּת [הִתְנַפְּלוּיוֹת] — (an) attack

הַתְקָפָה:

***הִתְנַפְּלוּת** הַמְחַבְּלִים הָיְיתָה בַּלַּיְלָה.*

התנפץ פ׳ הִתְנַפֵּץ — was shattered

נִשְׁבַּר לִרְסִיסִים:

*הַכּוֹס, נָפְלָה עַל הָרִצְפָּה **וְהִתְנַפְּצָה**.*

לְהִתְנַפֵּץ / נ.פ.ץ, הִתְפַּעֵל / הִתְנַפַּצְתִּי, מִתְנַפֵּץ, יִתְנַפֵּץ

התנצל פ׳ הִתְנַצֵּל — apologized

בִּיקֵּשׁ סְלִיחָה, הִצְטַעֵר עַל מָה שֶׁעָשָׂה:

***הִתְנַצַּלְתִּי** לִפְנֵי הַשְּׁכֵנִים **עַל** הָרַעַשׁ שֶׁעָשִׂינוּ.*

לְהִתְנַצֵּל עַל- / נ.צ.ל, הִתְפַּעֵל / הִתְנַצַּלְתִּי, מִתְנַצֵּל, יִתְנַצֵּל

התנצלות נ׳ הִתְנַצְּלוּת [הִתְנַצְּלוּיוֹת] — apology

כְּשֶׁאוֹמְרִים שֶׁמִּצְטַעֲרִים עַל מַשֶּׁהוּ:

*לֹא קִיבַּלְתִּי אֶת **הַהִתְנַצְּלוּת** שֶׁלּוֹ עַל הָאִיחוּר.*

התנצר פ׳ הִתְנַצֵּר — converted to Christianity

עָבַר לַדָּת הַנּוֹצְרִית:

*הָאִינְקְווִיזִיצְיָה דָּרְשָׁה מִיהוּדֵי סְפָרַד **לְהִתְנַצֵּר**.*

לְהִתְנַצֵּר / נ.צ.ר, הִתְפַּעֵל / הִתְנַצַּרְתִּי, מִתְנַצֵּר, יִתְנַצֵּר

התנקם פ׳ הִתְנַקֵּם — took revenge, got even

עָשָׂה לְמִישֶׁהוּ רָעָה בִּגְלַל רָעָה שֶׁעָשׂוּ לוֹ:

*הוּא אָמַר **שֶׁיִּתְנַקֵּם בִּי**, כִּי סִיפַּרְתִּי שֶׁגָּנַב אֶת הַכֶּסֶף.*

לְהִתְנַקֵּם בְּ- / נ.ק.ם, הִתְפַּעֵל / הִתְנַקַּמְתִּי, מִתְנַקֵּם

התנקש פ׳ הִתְנַקֵּשׁ — made an attempt on (someone's) life

פָּגַע בְּמִישֶׁהוּ (כְּדֵי לַהֲרוֹג):

***הִתְנַקְּשׁוּ בְּ**חַיֵּי הַנָּשִׂיא, אַךְ הוּא חַי.*

לְהִתְנַקֵּשׁ בְּ- / נ.ק.ש, הִתְפַּעֵל / הִתְנַקַּשְׁתִּי, מִתְנַקֵּשׁ

התנקשות נ׳ הִתְנַקְּשׁוּת [הִתְנַקְּשׁוּיוֹת] — an attempt on (someone's) life

פְּגִיעָה גּוּפָנִית (בְּדֶרֶךְ כְּלָל מִתּוֹךְ מַטָּרָה לַהֲרוֹג):

*הַחַיָּילִים מְגִינִּים עָלָיו מִפְּנֵי **הִתְנַקְּשׁוּת** בְּחַיָּיו.*

התנשאפ׳ הִתְנַשֵּׂא — rose
1. נַעֲשָׂה גָבוֹהַּ:
*הָהָר הַזֶּה **מִתְנַשֵּׂא** לְגוֹבַה שֶׁל 2 קִילוֹמֶטְרִים.*
2. חָשַׁב עַצְמוֹ לְחָשׁוּב מֵאֲחֵרִים: — was arrogant
*לֹא אוֹהֲבִים אוֹתוֹ, כִּי הוּא **מִתְנַשֵּׂא**.*
לְהִתְנַשֵּׂא / נ.שׂ.א, הִתְפַּעֵל / הִתְנַשֵּׂאתִי, מִתְנַשֵּׂא, יִתְנַשֵּׂא

התנשאותנ׳ הִתְנַשְּׂאוּת — rising
1. כְּשֶׁנַּעֲשִׂים גְבוֹהִים יוֹתֵר:
***הִתְנַשְּׂאוּת** הֶהָרִים יוֹצֶרֶת נוֹף מְעַנְיֵין.*
2. כְּשֶׁחוֹשְׁבִים שֶׁחֲשׁוּבִים מֵאֲחֵרִים: — arrogance
*זֹאת **הִתְנַשְּׂאוּת** לַחְשׁוֹב, שֶׁהַכֹּל אַתָּה יוֹדֵעַ.*

התנשקפ׳ הִתְנַשֵּׁק — kissed
נָתַן נְשִׁיקָה, נָגַע בַּפֶּה בְּמִישֶׁהוּ:
*כְּשֶׁנִּפְגַּשְׁתִּי עִם דָּוִד **הִתְנַשַּׁקְנוּ**.*
לְהִתְנַשֵּׁק עִם- / נ.שׁ.ק, הִתְפַּעֵל / הִתְנַשַּׁקְתִּי, מִתְנַשֵּׁק

התנתקפ׳ הִתְנַתֵּק — was cut off/severed
נִקְרַע, פָּסַק לִהְיוֹת קָשׁוּר:
*הַגַּלְגַּל **הִתְנַתֵּק** מֵהַמְּכוֹנִית וְהִתְחִיל לְהִתְגַּלְגֵּל.*
(מֶטָאפוֹרָה) הוּא **הִתְנַתֵּק** מֵהַמִּשְׁפָּחָה שֶׁלּוֹ.
לְהִתְנַתֵּק מִ- / נ.ת.ק, הִתְפַּעֵל / הִתְנַתַּקְתִּי, מִתְנַתֵּק

התנתקותנ׳ הִתְנַתְּקוּת — separation
כְּשֶׁמַּשֶּׁהוּ נִקְרַע, מַפְסִיק לִהְיוֹת קָשׁוּר:
***הִתְנַתְּקוּת** הַגַּלְגַּל מֵהַמְּכוֹנִית גָּרְמָה תְּאוּנָה.*

התסיספ׳ הִתְסִיס — stirred, agitated, provoked
1. גָּרַם אִי שֶׁקֶט:
*הוּא **הִתְסִיס** אֶת הָעוֹבְדִים נֶגֶד הַהַנְהָלָה.*
2. גָּרַם תַּהֲלִיךְ כִּימִי שֶׁל גַּזִּים בְּנוֹזֵל: — fermented
*צָרִיךְ **לְהַתְסִיס** אֶת הַיַּיִן.*
לְהַתְסִיס אֶת- / ת.ס.ס, הִתְפַּעֵל / הִתְסַסְתִּי, מַתְסִיס

התססהנ׳ הַתְסָסָה — stirring, agitation, provocation
1. כְּשֶׁגּוֹרְמִים אִי־שֶׁקֶט:
*בִּגְלַל **הַתְסָסָה** שֶׁל הָעוֹבְדִים נֶגֶד הַהַנְהָלָה פָּרְצָה שְׁבִיתָה.*
2. כְּשֶׁגּוֹרְמִים תַּהֲלִיךְ שֶׁל גַּזִּים בְּנוֹזֵל: — fermentation
*מֵ**הַתְסָסָה** שֶׁל מִיץ עֲנָבִים יוֹצֵא יַיִן.*

התעגלפ׳ הִתְעַגֵּל — became rounded
נַעֲשָׂה עָגוֹל, דּוֹמֶה לְכַדּוּר:
*הַבֶּטֶן שֶׁלָּהּ **הִתְעַגְּלָה**, כִּי הִיא בְּהֵירָיוֹן.*
לְהִתְעַגֵּל / ע.ג.ל, הִתְפַּעֵל / הִתְעַגַּלְתִּי, מִתְעַגֵּל, יִתְעַגֵּל

התעהפ׳ הִתְעָה — misled, misguided
1. גָּרַם, עָשָׂה שֶׁמִּישֶׁהוּ לֹא יִמְצָא אֶת הַדֶּרֶךְ:
*הוּא **הִתְעָה** אוֹתִי, לָכֵן לֹא מָצָאתִי אֶת הַבַּיִת.*
2. הִכְשִׁיל: — misinformed
*הָאִינְפוֹרְמַצְיָה לֹא נְכוֹנָה, הִיא **הִתְעֲתָה** אוֹתִי.*
לְהַתְעוֹת אֶת- / ת.ע.ה, הִפְעִיל / הִתְעֵיתִי, מַתְעֶה, יַתְעֶה

התעודדפ׳ הִתְעוֹדֵד — cheered up
הִתְגַּבֵּר, נַעֲשָׂה חָזָק:
*אַחֲרֵי הַכִּשָּׁלוֹן בַּבְּחִינָה הוּא **הִתְעוֹדֵד** וְחָזַר לַלִּימוּדִים.*
לְהִתְעוֹדֵד / ע.ד.ד - ע.ו.ד, הִתְפַּעֵל / הִתְעוֹדַדְתִּי

התעוורפ׳ הִתְעַוֵּר — was blinded
נַעֲשָׂה עִיוֵּר, אֵינוֹ יָכוֹל לִרְאוֹת:
*הוּא נִפְצַע בָּעֵינַיִים וְ**הִתְעַוֵּר**.*
לְהִתְעַוֵּר / ע.ו.ר, הִתְפַּעֵל / הִתְעַוַּרְתִּי, מִתְעַוֵּר, יִתְעַוֵּר

התעופףפ׳ הִתְעוֹפֵף — flew off
עָף מִמָּקוֹם לְמָקוֹם, זָז בָּאֲוִויר:
*הַצִּיפּוֹר **הִתְעוֹפְפָה** מֵעַל לָרֹאשׁ שֶׁלִּי.*
לְהִתְעוֹפֵף / ע.ו.ף, הִתְפַּעֵל / הִתְעוֹפַפְתִּי, מִתְעוֹפֵף

התעוררפ׳ הִתְעוֹרֵר — woke up
1. קָם מֵהַשֵּׁינָה:
***הִתְעוֹרַרְתִּי** מִשְּׁנָתִי בְּשָׁעָה 7:00 בַּבּוֹקֶר.*
2. הִתְחִיל בִּפְעוּלָּה אִינְטֶנְסִיבִית: — was awakened
*הַיְּהוּדִים בְּאֵירוֹפָּה **הִתְעוֹרְרוּ** וְעָלוּ לָאָרֶץ.*
3. הוֹפִיעַ: — arose
***הִתְעוֹרְרָה** תִּקְוָה בְּלִבִּי.*
לְהִתְעוֹרֵר / ע.ו.ר, הִתְפַּעֵל / הִתְעוֹרַרְתִּי, מִתְעוֹרֵר

התעוררותנ׳ הִתְעוֹרְרוּת — waking up
1. קִימָה מִשֵּׁינָה:
*הַ**הִתְעוֹרְרוּת** בַּבּוֹקֶר קָשָׁה עָלַיי.*
2. עֲשִׂיָּיה אִינְטֶנְסִיבִית, הִתְלַהֲבוּת: — awakening
***הִתְעוֹרְרוּת** הַיְּהוּדִים בְּרוּסְיָה הֵבִיאָה לַעֲלִיָּיה.*

התעטףפ׳ הִתְעַטֵּף — wrapped himself
שָׂם עַל עַצְמוֹ בֶּגֶד, צָעִיף, טַלִּית וְכוּ':
*הֵם **הִתְעַטְּפוּ** בְּטַלִּית לִפְנֵי הַתְּפִילָּה.*
***הִתְעַטַּפְתִּי** בִּשְׂמִיכָה, כִּי קַר לִי.*
לְהִתְעַטֵּף / ע.ט.ף, הִתְפַּעֵל / הִתְעַטַּפְתִּי, מִתְעַטֵּף, יִתְעַטֵּף

התעטשפ׳ הִתְעַטֵּשׁ — sneezed
הוֹצִיא קוֹל מֵהַפֶּה וּמֵהָאַף, כִּי מַשֶּׁהוּ מַפְרִיעַ לוֹ:
***הִתְעַטַּשְׁתִּי**, כִּי אֲנִי מְצוּנָּן, יֵשׁ לִי נַזֶּלֶת.*
לְהִתְעַטֵּשׁ / ע.ט.ש, הִתְפַּעֵל / הִתְעַטַּשְׁתִּי, מִתְעַטֵּשׁ

התעטשותנ׳ הִתְעַטְּשׁוּת [הִתְעַטְּשׁוּיוֹת] — sneezing
כְּשֶׁמַּשְׁמִיעִים קוֹל מֵהַפֶּה וּמֵהָאַף:
*הַ**הִתְעַטְּשׁוּת** שֶׁלִּי הִיא בִּגְלַל אַלֶּרְגְיָה לִפְרָחִים.*

התעייהנ׳ הַתְעָיָה [הַתְעָיוֹת] misguidance
כְּשגורמים שֶׁמִישֶׁהוּ לֹא יִמְצָא אֶת הַדֶּרֶךְ:
*אָמְרוּ לִי לִפְנוֹת יָמִינָה - אַךְ זֹאת הָיְיתָה **הַתְעָיָה** מְכוּוֶנֶת.*

התעייףפ׳ הִתְעַיֵּיף became tired
נַעֲשָׂה עָיֵיף, בְּלִי כּוֹחַ:
***הִתְעַיַּיפְתִּי מִן** הַהֲלִיכָה.*
לְהִתְעַיֵּיף מִן- / ע.י.ף, הִתְפַּעֵל / הִתְעַיַּיפְתִּי, מִתְעַיֵּיף

התעייפותנ׳ הִתְעַיְּפוּת tiring, fatigue
כְּשֶׁאֵין כּוֹחַ בִּגְלַל עֲבוֹדָה לִימוּדִים וְכוּ׳:
*הַקְרִיאָה גוֹרֶמֶת **לְהִתְעַיְּפוּת** הָעֵינַיִים.*

התעכבפ׳ הִתְעַכֵּב was detained
נֶעֱצַר, מַשֶּׁהוּ הִפְרִיעַ לוֹ לְהַגִּיעַ בַּזְּמַן:
***הִתְעַכַּבְתִּי בַּבַּיִת**, כִּי חִיכִּיתִי לְשִׂיחַת טֶלֶפוֹן.*
לְהִתְעַכֵּב / ע.כ.ב, הִתְפַּעֵל / הִתְעַכַּבְתִּי, מִתְעַכֵּב, יִתְעַכֵּב

התעלהפ׳ הִתְעַלָּה rose above
עָלָה לְרָמָה גְבוֹהָה, הָיָה מֵעַל:
*הוּא **הִתְעַלָּה** מֵעַל הַשְּׁטוּיוֹת שֶׁבְּחַיֵּי הַיּוֹמְיוֹם.*
הִתְעַלָּה עַל עַצְמוֹ surpassed himself
לְהִתְעַלּוֹת עַל- / ע.ל.ה, הִתְפַּעֵל / הִתְעַלֵּיתִי, מִתְעַלֶּה

התעלותנ׳ הִתְעַלּוּת exaltation
עֲלִיָּיה לְדַרְגָּה גְבוֹהָה:
הִתְעַלּוּת הַנֶּפֶשׁ - הַרְגָּשָׁה טוֹבָה בִּמְיוּחָד:
*הַמּוּסִיקָה גוֹרֶמֶת לִי **לְהִתְעַלּוּת** הַנֶּפֶשׁ.*

התעללפ׳ הִתְעַלֵּל abused, tortured
הִתְנַהֵג בְּרוֹעַ לֵב, בְּאַכְזָרִיּוּת:
*הוּא **הִתְעַלֵּל בַּ**יֶּלֶד הַחַלָּשׁ - הִיכָּה אוֹתוֹ וּבָעַט בּוֹ.*
לְהִתְעַלֵּל בְּ- / ע.ל.ל, הִתְפַּעֵל / הִתְעַלַּלְתִּי, מִתְעַלֵּל, יִתְעַלֵּל

התעללותנ׳ הִתְעַלְּלוּת [הִתְעַלְּלוּיוֹת] abuse, torture
הִתְנַהֲגוּת קָשָׁה:
*זֹאת **הִתְעַלְּלוּת** לְהַשְׁאִיר כֶּלֶב בַּחוּץ בְּגֶשֶׁם כָּזֶה.*

התעלםפ׳ הִתְעַלֵּם ignored
עָשָׂה כְּאִילוּ אֵינוֹ רוֹאֶה, שׁוֹמֵעַ וְכוּ׳:
***הִתְעַלַּמְתִּי מִמֶּנּוּ**, כִּי לֹא רָצִיתִי לְדַבֵּר אִיתּוֹ.*
לְהִתְעַלֵּם מִ- / ע.ל.ם, הִתְפַּעֵל / הִתְעַלַּמְתִּי, מִתְעַלֵּם

התעלמותנ׳ הִתְעַלְּמוּת disregard, ignoring
כְּשֶׁלֹּא שָׂמִים לֵב מִתּוֹךְ כַּוָּונָה:
*הַ**הִתְעַלְּמוּת** שֶׁלּוֹ מִמֶּנִּי פָּגְעָה בִּי.*

התעלספ׳ הִתְעַלֵּס made love
"עָשָׂה" אַהֲבָה:
*כֹּל הַסֶּרֶט **הִתְעַלְּסוּ** שְׁנֵי הַשַּׂחְקָנִים.*
לְהִתְעַלֵּס / ע.ל.ס, הִתְפַּעֵל / הִתְעַלַּסְתִּי, מִתְעַלֵּס, אֶתְעַלֵּס

התעלסותנ׳ הִתְעַלְּסוּת [הִתְעַלְּסוּיוֹת] lovemaking
כְּשֶׁ"עוֹשִׂים אַהֲבָה", נְגִיעוֹת מִינִיּוֹת בַּגּוּף:
*הַ**הִתְעַלְּסוּיוֹת** בַּסֶּרֶט הָיוּ מְיוּתָּרוֹת.*

התעלףפ׳ הִתְעַלֵּף fainted
אִיבֵּד אֶת הַהַכָּרָה, לֹא הִרְגִּישׁ שׁוּם דָּבָר:
*הוּא **הִתְעַלֵּף**, כִּי הָיָה לוֹ חוֹם גָּבוֹהַּ.*
לְהִתְעַלֵּף / ע.ל.ף, הִתְפַּעֵל / הִתְעַלַּפְתִּי, מִתְעַלֵּף, יִתְעַלֵּף

התעלפותנ׳ הִתְעַלְּפוּת [הִתְעַלְּפוּיוֹת] fainting
כְּשֶׁלֹּא מַרְגִּישִׁים כְּלוּם, בְּלִי הַכָּרָה:
*הוּא לֹא מֵת, זֹאת רַק **הִתְעַלְּפוּת**.*

התעמלפ׳ הִתְעַמֵּל exercised
עָשָׂה הִתְעַמְּלוּת (תַּרְגִּילִים שֶׁל הַגּוּף):
*אֲנִי **מִתְעַמֵּל** כֹּל בּוֹקֶר בַּבַּיִת.*
לְהִתְעַמֵּל / ע.מ.ל, הִתְפַּעֵל / הִתְעַמַּלְתִּי, מִתְעַמֵּל, יִתְעַמֵּל

התעמלותנ׳ הִתְעַמְּלוּת gymnastics, physical training
סְפּוֹרְט, תַּרְגִּילִים שֶׁל הַגּוּף:
***הִתְעַמְּלוּת** בּוֹקֶר הִיא דָּבָר בָּרִיא.*

התעמקפ׳ הִתְעַמֵּק studied thoroughly
לָמַד אוֹ חָשַׁב בְּצוּרָה יְסוֹדִית:
*הוּא לֹא לוֹמֵד סְתָם, הוּא **מִתְעַמֵּק בְּ**כֹל מַאֲמָר.*
לְהִתְעַמֵּק בְּ- / ע.מ.ק, הִתְפַּעֵל / הִתְעַמַּקְתִּי, מִתְעַמֵּק

התעמקותנ׳ הִתְעַמְּקוּת thorough study
כְּשֶׁחוֹשְׁבִים אוֹ לוֹמְדִים בְּצוּרָה יְסוֹדִית:
*הַ**הִתְעַמְּקוּת** בַּלִּימוּדִים לֹא מַשְׁאִירָה לוֹ זְמַן לְבַלּוֹת.*

התענגפ׳ הִתְעַנֵּג enjoyed
נֶהֱנָה, הָיָה לוֹ טוֹב:
***הִתְעַנַּגְתִּי** עַל הַמּוּסִיקָה שֶׁל מוֹצַרְט.*
לְהִתְעַנֵּג עַל- / ע.נ.ג, הִתְפַּעֵל / הִתְעַנַּגְתִּי, מִתְעַנֵּג, יִתְעַנֵּג

התענייןפ׳ הִתְעַנְיֵין took an interest
רָצָה לָדַעַת (לִרְאוֹת וְכוּ׳) יוֹתֵר:
*הוּא **מִתְעַנְיֵין בְּ**מוּסִיקָה.*
לְהִתְעַנְיֵין בְּ- / ע.נ.י.ן, הִתְפַּעֵל / הִתְעַנְיַינְתִּי, מִתְעַנְיֵין

התעניינותנ׳ הִתְעַנְיְינוּת interest
כְּשֶׁמַּשֶּׁהוּ מוֹשֵׁךְ אֶת הַלֵּב:

כשרוצים לדעת (לראות, לשמוע וכו') יותר:
*ה**התעניינות** העיקרית שלי היא במוסיקה.*

התענןפ׳ הִתְעַנֵּן — became cloudy
הִתְכַּסָּה עֲנָנִים:
*הַשָּׁמַיִם **הִתְעַנְּנוּ** וְיָרַד גֶּשֶׁם.*
לְהִתְעַנֵּן / ע.נ.ן, הִתְפַּעֵל / הִתְעַנֵּן, מִתְעַנֵּן, יִתְעַנֵּן

התעננותנ׳ הִתְעַנְּנוּת — clouding
כְּשֶׁהַשָּׁמַיִם מִתְכַּסִּים בַּעֲנָנִים:
*לְפִי **הִתְעַנְּנוּת** הַשָּׁמַיִם אֲנִי חוֹשֵׁב, שֶׁיֵּרֵד גֶּשֶׁם.*

התעסקפ׳ הִתְעַסֵּק — was busy with, dealt in
1. הָיָה עָסוּק בְּ-, טִיפֵּל:
*הוּא **מִתְעַסֵּק בְּמִסְחָר**.*
2. (לְשׁוֹן דִּיבּוּר) "עָשָׂה" אַהֲבָה: — 'fooled around (with)'
*הוּא **מִתְעַסֵּק עִם** רוּת.*
לְהִתְעַסֵּק בְּ-, עִם- / ע.ס.ק, הִתְפַּעֵל / הִתְעַסַּקְתִּי, מִתְעַסֵּק

התעסקותנ׳ הִתְעַסְּקוּת [הִתְעַסְּקֻיּוֹת] — involvement
1. כְּשֶׁעֲסוּקִים בְּמַשֶּׁהוּ, טִיפּוּל:
***הַהִתְעַסְּקוּת** שֶׁלּוֹ בַּתֵּיאַטְרוֹן מַפְרִיעָה לוֹ לִלְמוֹד.*
2. סוּג הָעֲבוֹדָה אוֹ הַמִּקְצוֹעַ: — occupation
***הַהִתְעַסְּקוּת** שֶׁלּוֹ הִיא בִּתְחוּם הַהַנְדָּסָה.*

התעצבפ׳ הִתְעַצֵּב — was saddened
1. הָיָה עָצוּב, הִצְטַעֵר:
***הִתְעַצַּבְתִּי** כְּשֶׁשָּׁמַעְתִּי, שֶׁהוּא לֹא יָבוֹא.*
2. קִיבֵּל צוּרָה: — was formed/shaped
*הָאוֹפִי שֶׁלּוֹ **הִתְעַצֵּב** בִּזְמַן שֶׁהָיָה יֶלֶד.*
לְהִתְעַצֵּב, עַל- / ע.צ.ב, הִתְפַּעֵל / הִתְעַצַּבְתִּי, מִתְעַצֵּב

התעצבןפ׳ הִתְעַצְבֵּן — got upset
הִתְרַגֵּז, הָיָה בְּלִי סַבְלָנוּת:
***הִתְעַצְבַּנְתִּי**, כִּי הוּא אֵיחֵר בְּשָׁעָה.*
לְהִתְעַצְבֵּן עַל- / ע.צ.ב.ן, הִתְפַּעֵל / הִתְעַצְבַּנְתִּי, מִתְעַצְבֵּן

התעצבנותנ׳ הִתְעַצְבְּנוּת [הִתְעַצְבְּנֻיּוֹת]
הִתְרַגְּזוּת: — aggravation
(לְשׁוֹן דִּיבּוּר) *הָיוּ לִי הַרְבֵּה **הִתְעַצְבְּנֻיּוֹת** בָּעֲבוֹדָה.*

התעצלפ׳ הִתְעַצֵּל — was lazy
עָשָׂה מְעַט מְאוֹד כִּי עָבַד לְאַט, בְּלִי אֶנֶרְגְיָה:
*הוּא **הִתְעַצֵּל בָּעֲבוֹדָה**, לֹא הִסְפִּיק כְּלוּם, וְלָכֵן פִּיטְרוּ אוֹתוֹ.*
לְהִתְעַצֵּל / ע.צ.ל, הִתְפַּעֵל / הִתְעַצַּלְתִּי, מִתְעַצֵּל, יִתְעַצֵּל

התעצםפ׳ הִתְעַצֵּם — became mighty
הִתְחַזֵּק, נַעֲשָׂה חָזָק יוֹתֵר:
*הַצָּבָא שֶׁלָּנוּ **הִתְעַצֵּם**, יֵשׁ לָנוּ הַרְבֵּה יוֹתֵר נֶשֶׁק.*
לְהִתְעַצֵּם / ע.צ.ם, הִתְפַּעֵל / הִתְעַצַּמְתִּי, מִתְעַצֵּם, יִתְעַצֵּם

התעצמותנ׳ הִתְעַצְּמוּת — strengthening
הִתְחַזְּקוּת, כְּשֶׁמַּשֶּׁהוּ נַעֲשָׂה חָזָק יוֹתֵר:
*אֲנַחְנוּ שׁוֹאֲפִים **לְהִתְעַצְּמוּת** כַּלְכָּלִית.*

התעקםפ׳ הִתְעַקֵּם — bent
נַעֲשָׂה עָקוּם, הִפְסִיק לִהְיוֹת יָשָׁר:
*רֶגֶל הַכִּסֵּא **הִתְעַקְּמָה**, וְהִיא עוֹמֶדֶת לְהִישָּׁבֵר.*
לְהִתְעַקֵּם / ע.ק.ם, הִתְפַּעֵל / הִתְעַקַּמְתִּי, מִתְעַקֵּם, יִתְעַקֵּם

התעקשפ׳ הִתְעַקֵּשׁ — insisted
לֹא וִיתֵּר, עָמַד בְּכָל הַכּוֹחַ עַל דַּעְתּוֹ:
*הוּא **הִתְעַקֵּשׁ** לֹא לָלֶכֶת לְבֵית הַסֵּפֶר.*
לְהִתְעַקֵּשׁ, עַל- / ע.ק.ש, הִתְפַּעֵל / הִתְעַקַּשְׁתִּי, מִתְעַקֵּשׁ

התעקשותנ׳ הִתְעַקְּשׁוּת [הִתְעַקְּשֻׁיּוֹת] — stubbornness
כְּשֶׁלֹּא מְוַותְּרִים, כְּשֶׁלֹּא זָזִים מִדֵּיעָה, עֶמְדָה וְכוּ':
***הַהִתְעַקְּשׁוּת** שֶׁל הַמְּנַהֵל גָּרְמָה לַשְּׁבִיתָה.*

התערבפ׳ הִתְעָרֵב — interfered
1 נִכְנַס לְתוֹךְ עִנְיָינִים שֶׁל מִישֶׁהוּ אַחֵר:
*הָאָב לֹא **הִתְעָרֵב** בְּחַיֵּי יְלָדָיו.*
2. נִכְנַס בְּחוֹמֶר אַחֵר (בְּסוּג אַחֵר וְכוּ'): — was mixed
*הֶחָלָב **הִתְעָרֵב** בַּקָּפֶה.*
3. הִסְכִּים עִם מִישֶׁהוּ, שֶׁמִּי — bet
שֶׁצּוֹדֵק יְקַבֵּל כֶּסֶף (אוֹ מַשֶּׁהוּ אַחֵר):
***הִתְעָרַבְתִּי עַל** 100 שֶׁקֶל שֶׁ'מַכַּבִּי' תְּנַצֵּחַ.*
לְהִתְעָרֵב, בְּ- / ע.ר.ב, הִתְפַּעֵל / הִתְעָרַבְתִּי, מִתְעָרֵב

התערבותנ׳ הִתְעָרְבוּת [הִתְעָרְבֻיּוֹת] — interference
1. כְּשֶׁנִּכְנָסִים לְעִנְיָינִים שֶׁל אֲחֵרִים:
*יְלָדִים לֹא אוֹהֲבִים **הִתְעָרְבוּת** בְּחַיֵּיהֶם.*
2. כְּשֶׁחוֹמֶר אֶחָד נִכְנָס בְּחוֹמֶר אַחֵר: — mixing
*אֵין **הִתְעָרְבוּת** שֶׁל שֶׁמֶן בְּמַיִם.*
3. הֶסְכֵּם בֵּין אֲנָשִׁים - מִי שֶׁצּוֹדֵק יְקַבֵּל כֶּסֶף (אוֹ — bet
מַשֶּׁהוּ אַחֵר):
***הַהִתְעָרְבוּת** הָיְיתָה עַל בַּקְבּוּק יַיִן.*

התערהפ׳ הִתְעָרָה — became rooted
הִתְקַבֵּל כְּשַׁיָּיךְ לְ-, כְּחֵלֶק מִ-:
***הִתְעָרֵיתִי בָּאָרֶץ**, וַאֲנִי מַרְגִּישׁ כְּאִילּוּ נוֹלַדְתִּי בָּהּ.*
לְהִתְעָרוֹת בְּ- / ע.ר.ה, הִתְפַּעֵל / הִתְעָרֵיתִי, מִתְעָרֶה

התערותנ׳ הִתְעָרוּת — absorption, striking roots
כְּשֶׁהוֹפְכִים לִהְיוֹת שַׁיָּיכִים לְמָקוֹם וְכוּ':

הַהִתְעָרוּת שֶׁלִּי בָּאָרֶץ נִמְשְׁכָה שְׁנָתַיִים - עַכְשָׁיו אֲנִי מַרְגִּישׁ כְּאִילּוּ נוֹלַדְתִּי כָּאן.

התערערפ, הִתְעַרְעֵר weakened
נַעֲשָׂה לֹא יַצִּיב, לֹא חָזָק, נֶהֱרַס, נִשְׁבַּר:
*מַצָּבוֹ הַפּוֹלִיטִי **הִתְעַרְעֵר** בִּגְלַל הַמְּדִינִיּוּת שֶׁלּוֹ. / מַצָּבוֹ הַגּוּפָנִי **הִתְעַרְעֵר** - הוּא חוֹלֶה מְאוֹד.*
לְהִתְעַרְעֵר / ע.ר.ע.ר, הִתְפַּעֵל / הִתְעַרְעָרוּ, מִתְעַרְעֵר

התערערותנ, הִתְעַרְעֲרוּת deterioration , collapse
הֲרִיסָה, כְּשֶׁמַּשֶּׁהוּ עוֹמֵד לִיפּוֹל, אִי יַצִּיבוּת:
***הִתְעַרְעֲרוּת** הַמַּצָּב הַבִּיטְחוֹנִי מַדְאִיגָה אוֹתִי.*
הִתְעַרְעֲרוּת נַפְשִׁית

התעשרפ, הִתְעַשֵּׁר became rich
נַעֲשָׂה עָשִׁיר:
*הוּא **הִתְעַשֵּׁר** מִמִּסְחָר בִּמְכוֹנִיּוֹת.*
לְהִתְעַשֵּׁר / ע.ש.ר, הִתְפַּעֵל / הִתְעַשַּׁרְתִּי, מִתְעַשֵּׁר, יִתְעַשֵּׁר

התעשרותנ, הִתְעַשְּׁרוּת becoming rich
כְּשֶׁנַּעֲשִׂים עֲשִׁירִים יוֹתֵר:
*הַנֵּפְט הֵבִיא **לְהִתְעַשְּׁרוּת** שֶׁל אֲרָצוֹת רַבּוֹת.*

התפארפ, הִתְפָּאֵר boasted
דִּיבֵּר, סִיפֵּר עַל עַצְמוֹ דְּבָרִים טוֹבִים:
*הוּא **מִתְפָּאֵר** בְּהַצְלָחָה שֶׁלּוֹ בָּעֲסָקִים.*
לְהִתְפָּאֵר בְּ- / פ.א.ר, הִתְפַּעֵל / הִתְפָּאַרְתִּי, מִתְפָּאֵר

התפארותנ, הִתְפָּאֲרוּת boasting
כְּשֶׁמִּישֶׁהוּ מְסַפֵּר עַל עַצְמוֹ דְּבָרִים טוֹבִים:
*יֵשׁ סִיבָּה **לְהִתְפָּאֲרוּת** שֶׁלּוֹ - הוּא מַצְלִיחַ מְאוֹד!*

התפגרפ, הִתְפַּגֵּר croaked, died
מֵת (בְּדֶרֶךְ כְּלָל בַּעַל חַיִּים):
*הַכֶּלֶב **הִתְפַּגֵּר**, כִּי אָכַל בָּשָׂר מְקוּלְקָל.*
לְהִתְפַּגֵּר / פ.ג.ר, הִתְפַּעֵל / הִתְפַּגַּרְתִּי, מִתְפַּגֵּר, יִתְפַּגֵּר

התפוצץפ, הִתְפּוֹצֵץ exploded, burst
1. נִשְׁבַּר לַחֲתִיכוֹת קְטַנּוֹת:
*הַפְּצָצָה **הִתְפּוֹצְצָה** וְהָרְסָה אֶת הַבַּיִת.*
2. (לְשׁוֹן דִּיבּוּר) מַרְגִּישׁ כְּמוֹ 'busted' (with anger)
פְּצָצָה, לִפְנֵי שֶׁהִיא מִתְפּוֹצֶצֶת:
*'אֲנִי **מִתְפּוֹצֵץ** מִכַּעַס עַל הַבֵּן שֶׁלִּי', אָמַר הָאָב.*
לְהִתְפּוֹצֵץ / פ.צ.ץ, הִתְפַּעֵל / הִתְפּוֹצַצְתִּי, מִתְפּוֹצֵץ

התפוצצותנ, הִתְפּוֹצְצוּת [הִתְפּוֹצְצוּיוֹת] explosion
1. שְׁבִירָה לַחֲלָקִים קְטַנִּים בְּקוֹל גָּדוֹל:
*שָׁמַעְנוּ **הִתְפּוֹצְצוּת** בַּמְּכוֹנִית.*
2. בִּיטוּל, כְּשֶׁמַּשֶּׁהוּ לֹא מִתְקַיֵּים: breakup
*הוּא אָשֵׁם **בְּהִתְפּוֹצְצוּת** הַיְשִׁיבָה.*

התפוררפ, הִתְפּוֹרֵר crumbled, disintergrated
1. נִשְׁבַּר לַחֲתִיכוֹת קְטַנּוֹת, הִתְרַסֵּק:
*הַלֶּחֶם **הִתְפּוֹרֵר**, אִי אֶפְשָׁר לֶאֱכוֹל אוֹתוֹ.*
2. נֶהֱרַס: collapsed
*הָאִימְפֶּרְיָה הָרוֹמִית **הִתְפּוֹרְרָה** לִפְנֵי 1,500 שָׁנָה.*
לְהִתְפּוֹרֵר / פ.ר.ר, הִתְפַּעֵל / הִתְפּוֹרַרְתִּי, מִתְפּוֹרֵר

התפוררותנ, הִתְפּוֹרְרוּת [הִתְפּוֹרְרוּיוֹת] disintegration, crumbling
1. הִתְחַלְּקוּת לַחֲתִיכוֹת, הִתְרַסְּקוּת:
***הִתְפּוֹרְרוּת** הָאֶבֶן יוֹצֶרֶת חוֹל.*
2. הֲרִיסָה: collapse
*אַחֲרֵי הַמִּלְחָמָה הָיְיתָה **הִתְפּוֹרְרוּת** שֶׁל אִימְפֶּרְיוֹת.*

התפזרפ, הִתְפַּזֵּר dispersed, scattered
1. נִשְׁבַּר, הִתְפָּרֵק לְכָל צַד:
*אַחֲרֵי הַהַצָּגָה **הִתְפַּזֵּר** הַצִּיבּוּר וְהָלַךְ הַבַּיְתָה.*
2. טִיפֵּל בְּהַרְבֵּה עִנְיָינִים: was unfocused
*הוּא **מִתְפַּזֵּר** עַל הַרְבֵּה מִקְצוֹעוֹת, וְאֵין עֲבוֹדָה בְּאַף אֶחָד מֵהֶם.*
לְהִתְפַּזֵּר / פ.ז.ר, הִתְפַּעֵל / הִתְפַּזַּרְתִּי, מִתְפַּזֵּר, יִתְפַּזֵּר

התפזרותנ, הִתְפַּזְּרוּת dispersion
הִתְפָּרְקוּת וּפְנִיָּיה לְכָל צַד:
*אַחֲרֵי **הִתְפַּזְּרוּת** הָעֲנָנִים יָצָאנוּ לַטִּיּוּל.*

התפטםפ, הִתְפַּטֵּם stuffed himself
אָכַל הַרְבֵּה (כְּדֵי לְהַשְׁמִין), הִתְמַלֵּא:
***הִתְפַּטַּמְתִּי** בָּאֲרוּחָה, וַאֲנִי לֹא יָכוֹל לְהִסְתַּכֵּל עַל אוֹכֶל.*
לְהִתְפַּטֵּם / פ.ט.ם, הִתְפַּעֵל / הִתְפַּטַּמְתִּי, מִתְפַּטֵּם, יִתְפַּטֵּם

התפטמותנ, הִתְפַּטְּמוּת gluttony
אֲכִילָה רַבָּה מְאוֹד (כְּדֵי לְהַשְׁמִין):
*הָאֲכִילָה שֶׁלּוֹ דּוֹמָה **לְהִתְפַּטְּמוּת**, לָכֵן הוּא כֹּל כָּךְ שָׁמֵן.*

התפטרפ, הִתְפַּטֵּר resigned
1. עָזַב אֶת מְקוֹם הָעֲבוֹדָה מֵרְצוֹנוֹ:
***הִתְפַּטַּרְתִּי** מֵהָעֲבוֹדָה וְנָסַעְתִּי לְטַיֵּיל בָּעוֹלָם.*
2. (לְשׁוֹן דִּיבּוּר) הִצְלִיחַ לִבְרוֹחַ מִמִּישֶׁהוּ, לְהַרְחִיק מִישֶׁהוּ: got rid of
*סוֹף סוֹף **הִתְפַּטַּרְתִּי** מִדָּוִיד, שֶׁהָיָה מְבַלְבֵּל לִי אֶת הַמּוֹחַ.*
לְהִתְפַּטֵּר מִ- / פ.ט.ר, הִתְפַּעֵל / הִתְפַּטַּרְתִּי, מִתְפַּטֵּר

התפטרותנ, הִתְפַּטְּרוּת [הִתְפַּטְּרוּיוֹת] resignation
עֲזִיבָה שֶׁל תַּפְקִיד (אוֹ מְקוֹם עֲבוֹדָה):
***הִתְפַּטְּרוּת** הַמְּנַהֵל הִפְתִּיעָה אוֹתִי.*

התפייספ׳ הִתְפַּיֵּס — reconciled
עָשָׂה שָׁלוֹם:
*דָּוִיד וְתָמָר רָבוּ וְ**הִתְפַּיְּסוּ**.*
לְהִתְפַּיֵּס / פ.י.ס, הִתְפַּעֵל / הִתְפַּיַּסְתִּי, מִתְפַּיֵּס, יִתְפַּיֵּס

התפייסותנ׳ הִתְפַּיְּסוּת — reconciliation
כְּשֶׁעוֹשִׂים שָׁלוֹם:
*בִּשְׁבִיל **הִתְפַּיְּסוּת** צָרִיךְ קוֹדֶם לָרִיב...*

התפכחפ׳ הִתְפַּכֵּחַ [הִתְפַּכַּח] — sobered up
1. יָצָא מִמֶּנּוּ הַיַּיִן:
*דָּוִיד שָׁתָה אַלְכּוֹהוֹל בָּעֶרֶב וְ**הִתְפַּכֵּחַ** בַּבּוֹקֶר.*
2. (מֶטָאפוֹרָה) חָזַר לַמְּצִיאוּת: — became disillusioned
*הוּא **הִתְפַּכֵּחַ** מִכָּל הַחֲלוֹמוֹת שֶׁלּוֹ.*
לְהִתְפַּכֵּחַ / פ.כ.ח, הִתְפַּעֵל / הִתְפַּכַּחְתִּי, מִתְפַּכֵּחַ, יִתְפַּכֵּחַ

התפכחותנ׳ הִתְפַּכְּחוּת — sobering up
כְּשֶׁהַהַשְׁפָּעָה שֶׁל הַיַּיִן עוֹבֶרֶת:
*כְּשֶׁשּׁוֹתִים הַרְבֵּה אַלְכּוֹהוֹל, **הַהִתְפַּכְּחוּת** מִמֶּנּוּ קָשָׁה.*
(מֶטָאפוֹרָה) חֲזָרָה לַמְּצִיאוּת, לָרֵיאַלְיָה: — disillusionment
***הַהִתְפַּכְּחוּת** מִן הַחֲלוֹמוֹת כּוֹאֶבֶת מְאוֹד.*

התפלאפ׳ הִתְפַּלֵּא — wondered, was surprised
הִרְגִּישׁ הַפְתָּעָה, הִרְגִּישׁ שֶׁקָּרָה מַשֶּׁהוּ לֹא צָפוּי:
*הוּא **הִתְפַּלֵּא**, כְּשֶׁפָּגַשׁ אוֹתִי בְּיִשְׂרָאֵל.*
לְהִתְפַּלֵּא עַל- / פ.ל.א, הִתְפַּעֵל / הִתְפַּלֵּאתִי, מִתְפַּלֵּא

התפלגפ׳ הִתְפַּלֵּג — was divided
הִתְחַלֵּק:
*הַכְּבִישׁ **מִתְפַּלֵּג** לְ-3 כְּבִישִׁים. הֵם **מִתְפַּלְּגִים** בְּדֵיעוֹתֵיהֶם.*
לְהִתְפַּלֵּג, לְ- / פ.ל.ג, הִתְפַּעֵל / הִתְפַּלַּגְנוּ, מִתְפַּלְּגִים

התפלגותנ׳ הִתְפַּלְּגוּת [הִתְפַּלְּגוּיוֹת] — division, distribution
הִתְחַלְּקוּת:
*אַחֲרֵי 10 ק"מ יֵשׁ **הִתְפַּלְּגוּת** בַּכְּבִישׁ./**הַהִתְפַּלְּגוּת** שֶׁל הָאֲנָשִׁים הִיא לְפִי הַדֵּיעוֹת שֶׁלָּהֶם.*

התפלהנ׳ הַתְפָּלָה — desalinization
הַתְפָּלַת מַיִם - הוֹצָאַת הַמֶּלַח מִמֵּי הַיָּם:
*אֶפְשָׁר לִשְׁתּוֹת מַיִם, שֶׁעָבְרוּ **הַתְפָּלָה**, וּלְהַשְׁקוֹת בָּהֶם שָׂדוֹת.*

התפלחפ׳ הִתְפַּלֵּחַ — snuck (into)
(לְשׁוֹן דִּיבּוּר) נִכְנַס בְּלִי כַּרְטִיס אוֹ בְּלִי רְשׁוּת:
*"**הִתְפַּלַּחְנוּ**" לַסֶּרֶט, אֲבָל הַסַּדְרָן תָּפַס אוֹתָנוּ.*
לְהִתְפַּלֵּחַ / פ.ל.ח, הִתְפַּעֵל / הִתְפַּלַּחְתִּי, מִתְפַּלֵּחַ, יִתְפַּלֵּחַ

התפללפ׳ הִתְפַּלֵּל — prayed
עָרַךְ תְּפִילָּה, פָּנָה לֵאלוֹהִים, בִּיקֵּשׁ מֵאֱלוֹהִים:
*אַבְרָהָם **הִתְפַּלֵּל** שָׁלוֹשׁ פְּעָמִים בְּיוֹם.*
לְהִתְפַּלֵּל / פ.ל.ל, הִתְפַּעֵל / הִתְפַּלֵּל, מִתְפַּלֵּל, יִתְפַּלֵּל

התפלסףפ׳ הִתְפַּלְסֵף — beat around the bush, 'philosophized'
דִּיבֵּר, חָשַׁב "כְּמוֹ פִילוֹסוֹף":
*בִּמְקוֹם לַעֲנוֹת תְּשׁוּבָה בְּרוּרָה הוּא **מִתְפַּלְסֵף**.*
לְהִתְפַּלְסֵף / פ.ל.ס.ף, הִתְפַּעֵל / הִתְפַּלְסַפְתִּי, מִתְפַּלְסֵף

התפנהפ׳ הִתְפַּנָּה — took the time
1. עָשָׂה שֶׁיִּהְיֶה לוֹ זְמַן, שֶׁיִּהְיֶה חוֹפְשִׁי:
***הִתְפַּנֵּיתִי** מִכָּל הָעִנְיָינִים כְּדֵי לְקַבֵּל אוֹרְחִים.*
2. נִהְיָה מָקוֹם פָּנוּי, מָקוֹם שֶׁצָּרִיךְ לְמַלֵּא: — was vacated
***הִתְפַּנָּה** תַּפְקִיד הַמְּנַהֵל בַּמִּשְׂרָד שֶׁלָּנוּ.*
3. (לְשׁוֹן גְּבוֹהָה) הוֹצִיא אֶת הַפְּסוֹלֶת מִן הַגּוּף (הָלַךְ לַשֵּׁירוּתִים): — cleansed himself
***הִתְפַּנֵּיתִי** לִפְנֵי שֶׁיָּצָאתִי מִן הַבַּיִת.*
לְהִתְפַּנּוֹת, מִ- / פ.נ.ה, הִתְפַּעֵל / הִתְפַּנֵּיתִי, מִתְפַּנֶּה, יִתְפַּנֶּה

התפנקפ׳ הִתְפַּנֵּק — pampered himself
הִתְנַהֵג כְּמוֹ מִי שֶׁמַּגִּיעַ לוֹ הַכּוֹל:
*הוּא **הִתְפַּנֵּק**, כְּמוֹ יֶלֶד קָטָן.*
לְהִתְפַּנֵּק / פ.נ.ק, הִתְפַּעֵל / הִתְפַּנַּקְתִּי, מִתְפַּנֵּק, יִתְפַּנֵּק

התפנקותנ׳ הִתְפַּנְּקוּת — pampering oneself
כְּשֶׁמִּישֶׁהוּ רוֹצֶה אַהֲבָה וְחוֹשֵׁב שֶׁהַכּוֹל מַגִּיעַ לוֹ:
***הִתְפַּנְּקוּת** אֵצֶל יְלָדִים הִיא דָּבָר טִבְעִי.*

התפעלפ׳ הִתְפַּעֵל — was impressed
מַשֶּׁהוּ עָשָׂה עָלָיו רוֹשֶׁם, הִתְרַגֵּשׁ:
*הוּא **הִתְפַּעֵל** מֵהַבַּחוּרָה הַיָּפָה.*
לְהִתְפַּעֵל מִ- / פ.ע.ל, הִתְפַּעֵל / הִתְפַּעַלְתִּי, מִתְפַּעֵל

התפעלז׳ הִתְפַּעֵל — reflexive form of the Heb. verb
אֶחָד מִ-7 הַבִּנְיָינִים שֶׁל הַפּוֹעַל בְּעִבְרִית; מְסַמֵּן בְּעִיקָּר פְּעוּלָה רֶפְלֶקְסִיבִית:
*'הִתְלַבֵּשׁ', 'הִתְרַחֵץ', 'הִתְכַּתֵּב' הֵם פְּעָלִים בְּבִנְיַין **הִתְפַּעֵל**.*

התפעלותנ׳ הִתְפַּעֲלוּת — admiration
כְּשֶׁמַּשֶּׁהוּ עוֹשֶׂה רוֹשֶׁם חָזָק, הִתְרַגְּשׁוּת:
*הוּא כָּתַב דִּבְרֵי **הִתְפַּעֲלוּת** עַל הַקּוֹנְצֶרְט.*

התפצלפ׳ הִתְפַּצֵּל — was split
הִתְחַלֵּק, נַעֲשָׂה חֲלָקִים, קְבוּצוֹת:
***הִתְפַּצַּלְנוּ** לְ-4 קְבוּצוֹת לְלִימּוּד אַנְגְּלִית.*
לְהִתְפַּצֵּל, לְ- / פ.צ.ל, הִתְפַּעֵל / הִתְפַּצַּלְתִּי, מִתְפַּצֵּל

התפקדפ׳ הִתְפַּקֵּד — accounted for (someone's) presence
סָפְרוּ אוֹתוֹ:

*הַחַיָּלִים **הִתְפַּקְדוּ** כֹּל בּוֹקֶר - עָמְדוּ בְּשׁוּרָה וְסָפְרוּ אַחַת, שְׁתַּיִם, שָׁלוֹשׁ וְכוּ'.*
לְהִתְפַּקֵד / פ.ק.ד, הִתְפַּעֵל / הִתְפַּקַדְתִּי, מִתְפַּקֵד, יִתְפַּקֵד

התפקעפ׳ הִתְפַּקֵּעַ (הִתְפַּקַּע) — broke, snapped, burst (with)
הִתְפּוֹצֵץ, נִשְׁבַּר:
*הוּא הִפְסִיק לְנַגֵּן, כִּי **הִתְפַּקֵּעַ** מֵיתָר בַּכִּינוֹר שֶׁלוֹ.*
(מֶטָאפוֹרָה) *הִיא **מִתְפַּקַּעַת** מִקִּנְאָה.*
לְהִתְפַּקֵּעַ / פ.ק.ע, הִתְפַּעֵל / הִתְפַּקַּעְתִּי, מִתְפַּקֵּעַ, יִתְפַּקֵּעַ

התפרנספ׳ הִתְפַּרְנֵס — earned a living
עָשָׂה מַשֶּׁהוּ, כְּדֵי שֶׁיִּהְיֶה לוֹ כֶּסֶף לַחַיִּים:
*הוּא **הִתְפַּרְנֵס** מִמְּכִירַת סְפָרִים.*
לְהִתְפַּרְנֵס מִ- / פ.ר.נ.ס, הִתְפַּעֵל / הִתְפַּרְנַסְתִּי, מִתְפַּרְנֵס

התפרסםפ׳ הִתְפַּרְסֵם — became famous
1. נַעֲשָׂה יָדוּעַ וּמוּכָּר:
*הַסּוֹפֵר **הִתְפַּרְסֵם** בְּכֹל הָעוֹלָם.*
2. הוֹדִיעוּ לַצִּיבּוּר: — was publicized
*הַיְדִיעוֹת **הִתְפַּרְסְמוּ** בָּעִיתּוֹן וּבָרַדְיוֹ.*
לְהִתְפַּרְסֵם / פ.ר.ס.ם, הִתְפַּעֵל / הִתְפַּרְסֵם, יִתְפַּרְסֵם

התפרעפ׳ הִתְפָּרֵעַ (הִתְפָּרַע) — went wild, became unruly
הִתְנַהֵג בְּלִי נִימוּס, כְּמוֹ פֶּרֶא:
*הַיְלָדִים **הִתְפָּרְעוּ** בָּרְחוֹב.*
לְהִתְפָּרֵעַ / פ.ר.ע, הִתְפַּעֵל / הִתְפָּרַעְתִּי, מִתְפָּרֵעַ, יִתְפָּרֵעַ

התפרעותנ׳ הִתְפָּרְעוּת [הִתְפָּרְעוּיוֹת] — disturbance, (civil) unrest
הִתְנַהֲגוּת וּולְגָּרִית:
*הַמִּשְׁטָרָה מְטַפֶּלֶת בְּיָד קָשָׁה **בְּהִתְפָּרְעוּיוֹת**.*

התפרפרפ׳ הִתְפַּרְפֵּר — played hooky
1. (לְשׁוֹן דִּיבּוּר) הִסְתַּלֵּק, לֹא עָשָׂה מַה שֶׁצָּרִיךְ:
***הִתְפַּרְפַּרְתִּי** מִן הַשִּׁיעוּר, וְהָלַכְתִּי לַיָּם.*
2. הָיָה לוֹ רוֹמָן "מִן הַצַּד": — fooled around
*הִיא עָזְבָה אוֹתוֹ, כִּי הוּא **הִתְפַּרְפֵּר** לוֹ.*
לְהִתְפַּרְפֵּר / פ.ר.פ.ר, הִתְפַּעֵל / הִתְפַּרְפַּרְתִּי, מִתְפַּרְפֵּר

התפרפרותנ׳ הִתְפַּרְפְּרוּת [הִתְפַּרְפְּרוּיוֹת] — goofing off
1. (לְשׁוֹן דִּיבּוּר) כְּשֶׁמִּישֶׁהוּ מִסְתַּלֵּק, לֹא עוֹשֶׂה מַה שֶּׁצָּרִיךְ:
*בִּגְלַל **הַהִתְפַּרְפְּרוּיוֹת** שֶׁלוֹ מִן הַשִּׁיעוּרִים, הוּא נִכְשַׁל.*
2. כְּשֶׁמִּישֶׁהוּ יֵשׁ לוֹ רוֹמָן "מִן הַצַּד": — fooling around
*הִיא עָזְבָה אוֹתוֹ בִּגְלַל **הַהִתְפַּרְפְּרוּיוֹת**.*

התפרץפ׳ הִתְפָּרֵץ — broke (into/out of)
1. נִכְנַס אוֹ יָצָא בְּכוֹחַ:
*הָאֲנָשִׁים **הִתְפָּרְצוּ** לְתוֹךְ הָאִיצְטַדְיוֹן.*
2. לֹא עָצַר בְּרַגְשׁוֹת שֶׁלוֹ: — burst (into)
*הָאִישָּׁה **הִתְפָּרְצָה** בִּבְכִי, כְּשֶׁשָּׁמְעָה עַל הָאָסוֹן.*
לְהִתְפָּרֵץ, / פ.ר.ץ, הִתְפַּעֵל / הִתְפָּרַצְתִּי, מִתְפָּרֵץ, יִתְפָּרֵץ

התפרצותנ׳ הִתְפָּרְצוּת — breaking into
1. כְּנִיסָה אוֹ יְצִיאָה בְּכוֹחַ:
***הִתְפָּרְצוּת** הַגַּנָּבִים לְתוֹךְ הַבַּיִת הִפְחִידָה אוֹתוֹ.*
2. מֶרֶד: — rebellion
*הֵם נֶאֶסְרוּ **בְּהִתְפָּרְצוּת** נֶגֶד הַמֶּמְשָׁלָה.*
3. הִתְרַגְּשׁוּת: — outburst
*הַיְדִיעָה הַקָּשָׁה גָּרְמָה **לְהִתְפָּרְצוּת** שֶׁל בֶּכִי.*

התפרקפ׳ הִתְפָּרֵק — fell apart, broke up
1. נִשְׁבַּר לַחֲלָקִים:
*הַשּׁוּלְחָן **הִתְפָּרֵק**, וְאִי אֶפְשָׁר לְתַקֵּן אוֹתוֹ.*
(מֶטָאפוֹרָה) כְּשֶׁאֲנָשִׁים שֶׁהָיוּ בְּיַחַד נִפְרְדוּ:
*הַקְּבוּצָה **הִתְפָּרְקָה**.*
2. הִשְׁתַּחְרֵר מִלַּחַץ: — loosened up
*הוּא שׁוֹתֶה אַלְכּוֹהוֹל כְּדֵי **לְהִתְפָּרֵק** וְלִשְׁכּוֹחַ אֶת הַצָּרוֹת.*
לְהִתְפָּרֵק / פ.ר.ק, הִתְפַּעֵל / הִתְפָּרַקְתִּי, מִתְפָּרֵק, יִתְפָּרֵק

התפרקותנ׳ הִתְפָּרְקוּת — breakup
1. חֲלוּקָה לַחֲלָקִים:
*בִּגְלַל **הִתְפָּרְקוּת** הַקִּיבּוּץ עָבַרְתִּי לָעִיר.*
2. יְצִיאָה מִלַּחַץ, מִמִּסְגֶּרֶת: — relaxing
*הַחוֹפֶשׁ מִן הָעֲבוֹדָה הוּא זְמַן טוֹב **לְהִתְפָּרְקוּת**.*

התפשטפ׳ הִתְפַּשֵּׁט — undressed
1. הוֹרִיד אֶת הַבְּגָדִים:
*הוּא **הִתְפַּשֵּׁט** וְנִכְנַס לָאַמְבַּטְיָה.*
2. נַעֲשָׂה גָּדוֹל וְרָחָב יוֹתֵר: — expanded
*כֹּל גּוּף **מִתְפַּשֵּׁט** בְּחוֹם./הָעִיר תֵּל-אָבִיב **הִתְפַּשְּׁטָה** מְאוֹד בַּשָּׁנִים הָאַחֲרוֹנוֹת.*
3. הִגִּיעַ לִמְקוֹמוֹת רַבִּים: — spread
*הַיְדִיעוֹת עַל מַה שֶּׁקָּרָה **הִתְפַּשְּׁטוּ** בְּכֹל הָעוֹלָם.*
לְהִתְפַּשֵּׁט / פ.ש.ט, הִתְפַּעֵל / הִתְפַּשַּׁטְתִּי, מִתְפַּשֵּׁט

התפשטותנ׳ הִתְפַּשְּׁטוּת — expansion
1. הִתְרַחֲבוּת, כְּשֶׁמַּשֶּׁהוּ נַעֲשָׂה גָּדוֹל יוֹתֵר:
*אֶפְשָׁר לִמְדּוֹד אֶת **הִתְפַּשְּׁטוּת** הַחוֹמֶר בְּחוֹם.*
2. כְּשֶׁמַּשֶּׁהוּ נִמְצָא, יָדוּעַ בִּמְקוֹמוֹת רַבִּים: — spreading
*בִּגְלַל **הִתְפַּשְּׁטוּת** אֶמְצָעֵי הַקּוֹמוּנִיקַצְיָה אֲנַחְנוּ שׁוֹמְעִים חֲדָשׁוֹת מִכֹּל הָעוֹלָם.*
3. הוֹרָדַת בְּגָדִים: — undressing
***הַהִתְפַּשְּׁטוּת** מִבִּגְדֵי הָעֲבוֹדָה - נְעִימָה.*

התפשרפ׳ הִתְפַּשֵּׁר — compromised
הִגִּיעַ לְהַסְכָּמָה, כְּשֶׁכֹּל צַד מְוַותֵּר:

הַמְנַהֵל וְהָעוֹבְדִים **הִתְפַּשְּׁרוּ** עַל תְּנָאֵי הָעֲבוֹדָה.
לְהִתְפַּשֵּׁר / פ.ש.ר, הִתְפַּעֵל / הִתְפַּשַּׁרְתִּי, מִתְפַּשֵּׁר, יִתְפַּשֵּׁר

התפשרותנ׳ הִתְפַּשְּׁרוּת — compromise
הַסְכָּמָה עִם וִיתּוּרִים:
בְּכֹל **הִתְפַּשְּׁרוּת** אַף אֶחָד לֹא מְקַבֵּל הַכּוֹל.

התפתהפ׳ הִתְפַּתָּה — was talked into
עָשָׂה מָה שֶׁמִּישֶׁהוּ אָמַר לוֹ (בְּדִיבּוּרִים יָפִים), שֶׁכְּדַאי לַעֲשׂוֹת:
הַיֶּלֶד **הִתְפַּתָּה** לָלֶכֶת עִם הָאִישׁ, שֶׁנָּתַן לוֹ סוּכָּרִיּוֹת.
לְהִתְפַּתּוֹת לְ- / פ.ת.ה, הִתְפַּעֵל / הִתְפַּתֵּיתִי, מִתְפַּתֶּה

התפתחפ׳ הִתְפַּתֵּחַ (הִתְפַּתַּח) — developed
גָּדַל וְהִתְקַדֵּם:
הַיִּישׁוּב הַקָּטָן **הִתְפַּתֵּחַ** בְּמֶשֶׁךְ הַשָּׁנִים וְהָפַךְ לְעִיר.
הוּא **הִתְפַּתֵּחַ** מְאוֹד מִבְּחִינָה אִינְטֶלֶקְטוּאָלִית.
לְהִתְפַּתֵּחַ / פ.ת.ח, הִתְפַּעֵל / הִתְפַּתַּחְתִּי, מִתְפַּתֵּחַ

התפתחותנ׳ הִתְפַּתְּחוּת — development
הִתְקַדְּמוּת:
הַ**הִתְפַּתְּחוּת** שֶׁל הַיֶּלֶד הָיְיתָה נוֹרְמָלִית.
מְעַנְיֵין לִקְרוֹא עַל **הִתְפַּתְּחוּת** הַמַּדָּע.

התפתלפ׳ הִתְפַּתֵּל — was winding
1. הִתְעַקֵּם:
הַכְּבִישׁ **מִתְפַּתֵּל** בֵּין הֶהָרִים. / הַחוֹלֶה **מִתְפַּתֵּל** מִכְּאֵבִים.
2. לֹא עָנָה בְּצוּרָה יְשִׁירָה: — was evasive
הוּא **הִתְפַּתֵּל** בִּדְבָרָיו וְלֹא סִיפֵּר לִי אֵיפֹה הָיָה וּמֶה עָשָׂה.
לְהִתְפַּתֵּל / פ.ת.ל, הִתְפַּעֵל / הִתְפַּתַּלְתִּי, מִתְפַּתֵּל, יִתְפַּתֵּל

התפתלותנ׳ הִתְפַּתְּלוּת — winding
1. כְּשֶׁמַּשֶּׁהוּ מִתְעַקֵּם, הוֹלֵךְ בְּסִיבוּב:
הִתְפַּתְּלוּת הַדֶּרֶךְ מְסוּכֶּנֶת לִמְכוֹנִיּוֹת.
2. דִּיבּוּר לֹא יָשִׁיר, לֹא גָּלוּי: — evasiveness
הַ**הִתְפַּתְּלוּת** שֶׁלּוֹ בַּתְּשׁוּבוֹת מַרְגִּיזָה.

התקבלפ׳ הִתְקַבֵּל — was accepted
הִכְנִיסוּ אוֹתוֹ:
בְּנִי **הִתְקַבֵּל** לְבֵית הַסֵּפֶר לִרְפוּאָה.
הִתְקַבֵּל עַל הַדַּעַתב׳ — made sense
לְהִתְקַבֵּל / ק.ב.ל, הִתְפַּעֵל / הִתְקַבַּלְתִּי, מִתְקַבֵּל, יִתְקַבֵּל

התקבץפ׳ הִתְקַבֵּץ — gathered
הִתְאַסֵּף, הָיָה בְּיַחַד:
הָעוֹלִים **הִתְקַבְּצוּ** מֵאֲרָצוֹת שׁוֹנוֹת.
לְהִתְקַבֵּץ / ק.ב.ץ, הִתְפַּעֵל / הִתְקַבַּצְנוּ, מִתְקַבְּצִים

התקבצותנ׳ הִתְקַבְּצוּת — gathering
הִתְאַסְּפוּת, כְּשֶׁיֵּשְׁנָם בְּיַחַד:
הִתְקַבְּצוּת הַיְּהוּדִים בְּיִשְׂרָאֵל הִיא הָאִידֵאָל שֶׁל הַצִּיּוֹנוּת.

התקדםפ׳ הִתְקַדֵּם — progressed
1. הִתְפַּתֵּחַ, הִגִּיעַ לְרָמָה גְּבוֹהָה יוֹתֵר:
הַסְּטוּדֶנְט **הִתְקַדֵּם** מְאוֹד בְּלִימוּדֵי הָעִבְרִית.
2. הָלַךְ לְפָנִים, הָלַךְ קָדִימָה: — advanced
הַמְטַיְּילִים **הִתְקַדְּמוּ** בִּמְהִירוּת.
לְהִתְקַדֵּם / ק.ד.ם, הִתְפַּעֵל / הִתְקַדַּמְתִּי, מִתְקַדֵּם, יִתְקַדֵּם

התקדמותנ׳ הִתְקַדְּמוּת — advance
1. הֲלִיכָה קָדִימָה:
הַצָּבָא עָצַר אֶת **הִתְקַדְּמוּת** הָאוֹיֵב.
2. הִתְפַּתְּחוּת: — progress
הַ**הִתְקַדְּמוּת** שֶׁלּוֹ בָּעֲבוֹדָה הִיא בִּזְכוּת הַכִּישְׁרוֹנוֹת שֶׁלּוֹ.

התקדרפ׳ הִתְקַדֵּר — became dark
1. נַעֲשָׂה חוֹשֶׁךְ (שָׁחוֹר):
הַשָּׁמַיִם **הִתְקַדְּרוּ**, וְיָרַד גֶּשֶׁם.
2. (מֶטָאפוֹרָה) נַעֲשָׂה עָצוּב אוֹ כּוֹעֵס: — became gloomy
פָּנָיו **הִתְקַדְּרוּ**, כְּשֶׁשָּׁמַע אֶת הַחֲדָשׁוֹת.
לְהִתְקַדֵּר / ק.ד.ר, הִתְפַּעֵל / הִתְקַדְּרוּ, מִתְקַדֵּר, יִתְקַדֵּר

התקדרותנ׳ הִתְקַדְּרוּת — darkening
1. כְּשֶׁנַּעֲשָׂה שָׁחוֹר:
הִתְקַדְּרוּת הַשָּׁמַיִם הִיא סִימָן לְגֶשֶׁם.
2. (מֶטָאפוֹרָה) סִימָן לְצַעַר אוֹ כַּעַס: — gloominess
לְפִי **הִתְקַדְּרוּת** הַפָּנִים שֶׁלּוֹ הֵבַנְתִּי, שֶׁקָּרָה מַשֶּׁהוּ רַע.

התקדשפ׳ הִתְקַדֵּשׁ — became sanctified/consecrated
נַעֲשָׂה קָדוֹשׁ (הָיָה טָהוֹר, קָרוֹב לֵאלוֹהִים):
אַדְמַת אֶרֶץ יִשְׂרָאֵל **הִתְקַדְּשָׁה** עַל הַיְּהוּדִים.
הִתְקַדֵּשׁ הֶחָג — the festival commenced
לְהִתְקַדֵּשׁ / ק.ד.ש, הִתְפַּעֵל /הִתְקַדְּשׁוּ, מִתְקַדֵּשׁ, יִתְקַדֵּשׁ

התקדשותנ׳ הִתְקַדְּשׁוּת — sanctification
1. כְּשֶׁמַּשֶּׁהוּ נַעֲשֶׂה קָדוֹשׁ, הֶחָשׁוּב בְּיוֹתֵר (בְּעִיקָר מִבְּחִינָה דָּתִית), קָרוֹב לֵאלוֹהִים:
הִתְקַדְּשׁוּת סֵפֶר הַתַּנַ"ךְ קָרְתָה לִפְנֵי שָׁנִים רַבּוֹת.
2. הִתְכּוֹנְנוּת לִקְרַאת חַג: — purification
הַ**הִתְקַדְּשׁוּת** לִקְרַאת יוֹם הַכִּיפּוּרִים מַתְחִילָה יוֹם קוֹדֶם.

התקההפ׳ הִתְקַהָה — became dull/blunt
נַעֲשָׂה פָּחוֹת חַד:
קָשֶׁה לַחְתּוֹךְ בְּסַכִּין, שֶׁהִתְקַהֲתָה.

(מֶטָאפוֹרָה) הַשְּׁמִיעָה שֶׁלּוֹ **הִתְקַהֲתָה**.
לְהִתְקַהוֹת / ק.ה.ה, הִתְפַּעֵל / הִתְקַהֵיתִי, מִתְקַהֶה

התקהותנ׳ הִתְקַהוּת — numbness, dullness
כְּשֶׁמַּשֶּׁהוּ נַעֲשָׂה פָּחוֹת חַד:
*אֵצֶל זְקֵנִים יֵשׁ **הִתְקַהוּת** שֶׁל הַחוּשִׁים - שׁוֹמְעִים פָּחוֹת, רוֹאִים פָּחוֹת, אֲבָל אֵין הִתְקַהוּת שֶׁל הָרְגָשׁוֹת.*

התקהלפ׳ הִתְקַהֵל — gathered, assembled
הִתְאַסֵּף, בָּאוּ אֲנָשִׁים רַבִּים:
*הַרְבֵּה אֲנָשִׁים **הִתְקַהֲלוּ** לְיַד הַמְּכוֹנִית הַבּוֹעֶרֶת.*
לְהִתְקַהֵל / ק.ה.ל, הִתְפַּעֵל / הִתְקַהֲלוּ, מִתְקַהֵל, יִתְקַהֵל

התקהלותנ׳ הִתְקַהֲלוּת [הִתְקַהֲלוּיוֹת] — crowd(ing)
כְּשֶׁאֲנָשִׁים רַבִּים מִתְאַסְּפִים:
*הַשּׁוֹטְרִים פִּיזְּרוּ אֶת **הַהִתְקַהֲלוּת** שֶׁל הַמַּפְגִּינִים.*

התקוטטפ׳ הִתְקוֹטֵט — quarreled
רָב:
*הַיְלָדִים שֶׁלָּנוּ **מִתְקוֹטְטִים** כָּל הַזְּמַן.*
לְהִתְקוֹטֵט / ק.ו.ט, הִתְפַּעֵל / הִתְקוֹטַטְתִּי, מִתְקוֹטֵט

התקוטטותנ׳ הִתְקוֹטְטוּת — quarrel(ing)
מְרִיבָה, רִיב:
***הִתְקוֹטְטוּת** שֶׁל יְלָדִים הִיא סוּג שֶׁל מִשְׂחָק.*

התקומםפ׳ הִתְקוֹמֵם — revolted, rebelled
יָצָא נֶגֶד, הִשְׁתַּתֵּף בִּפְעוּלָה נֶגֶד (מֶמְשָׁלָה הַנְהָלָה וְכוּ׳):
*הָעָם **הִתְקוֹמֵם** נֶגֶד הַדִּיקְטָטוֹר.*
לְהִתְקוֹמֵם נֶגֶד- / ק.ו.ם, הִתְפַּעֵל / הִתְקוֹמַמְתִּי, יִתְקוֹמֵם

התקוממותנ׳ הִתְקוֹמְמוּת [הִתְקוֹמְמוּיוֹת] — revolt, rebellion, uprising
הִתְנַגְּדוּת, מַהְפֵּכָה:
*זֹאת **הִתְקוֹמְמוּת** נֶגֶד הַדִּיקְטָטוֹר.*

התקייםפ׳ הִתְקַיֵּם — was fulfilled
1. קָרָה בַּמְּצִיאוּת, הָיָה:
*אֲנִי מְקַוֶּוה, שֶׁכָּל מַה שֶׁהִבְטַחְתָּ לִי **יִתְקַיֵּם**.*
2. נֶעֱרַךְ: — was held, took place
*הַקּוֹנְגְּרֶס **הִתְקַיֵּם** הַקַּיִץ בִּירוּשָׁלַיִם.*
3. הִתְפַּרְנֵס, חַי מִ-: — was sustained
*הֵם **הִתְקַיְּמוּ** מֵהַשְׂכָּרַת חֲדָרִים בַּקַּיִץ.*
לְהִתְקַיֵּם, מִ- / ק.י.ם, הִתְפַּעֵל / הִתְקַיַּמְתִּי, מִתְקַיֵּם

התקיןפ׳ הִתְקִין — installed
1. הֵכִין, סִידֵּר:
*הוּא **הִתְקִין אֶת** צִינּוֹר הַמַּיִם בַּמִּטְבָּח.*
2. קָבַע, הֶחְלִיט: — enacted
*בַּכְּנֶסֶת **הִתְקִינוּ** תַּקָּנָה (כְּמוֹ חוֹק) חֲדָשָׁה.*
לְהַתְקִין אֶת- / ת.ק.ן, הִפְעִיל / הִתְקַנְתִּי, מַתְקִין, יַתְקִין

התקיףפ׳ הִתְקִיף — attacked
1. הִפְעִיל כּוֹחַ נֶגֶד מִישֶׁהוּ, הִתְנַפֵּל:
*הַכּוֹחַ הַצְּבָאִי **הִתְקִיף אֶת** מַחֲנֵה הָאוֹיֵב.*
2. אָמַר דְּבָרִים קָשִׁים נֶגֶד: — criticized
*חֲבֵר הַכְּנֶסֶת **הִתְקִיף אֶת** הַתּוֹכְנִית הַחֲדָשָׁה.*
לְהַתְקִיף אֶת- / ת.ק.ף, הִפְעִיל / הִתְקַפְתִּי, מַתְקִיף, יַתְקִיף

התקלחפ׳ הִתְקַלֵּחַ [הִתְקַלֵּחַ] — showered
רָחַץ אֶת כָּל הַגּוּף שֶׁלּוֹ בְּזֶרֶם מַיִם:
*קַמְתִּי, **הִתְקַלַּחְתִּי**, הִסְתָּרַקְתִּי, וְהָלַכְתִּי לַעֲבוֹדָה.*
לְהִתְקַלֵּחַ / ק.ל.ח, הִתְפַּעֵל / הִתְקַלַּחְתִּי, מִתְקַלֵּחַ

התקלףפ׳ הִתְקַלֵּף — was peeled off
הוֹרִידוּ מִמֶּנּוּ אֶת הַקְּלִיפָּה, אֶת הַשִּׁכְבָה הַחִיצוֹנִית:
*הַתַּפּוּז **הִתְקַלֵּף** בְּקַלּוּת. / (מֶטָאפוֹרָה) **הִתְקַלַּפְתִּי** מִן הַבְּגָדִים.*
לְהִתְקַלֵּף / ק.ל.ף, הִתְפַּעֵל / הִתְקַלְּפוּ, מִתְקַלֵּף, יִתְקַלֵּף

התקלקלפ׳ הִתְקַלְקֵל — broke (down)
1. אֵינוֹ פּוֹעֵל בְּסֵדֶר, נִשְׁבַּר:
*הַמְּכוֹנִית **הִתְקַלְקְלָה** בְּאֶמְצַע הַדֶּרֶךְ.*
2. הַהִתְנַהֲגוּת שֶׁלּוֹ נַעֲשְׂתָה רָעָה: — became ill-mannered
*הוּא **הִתְקַלְקֵל**. אֵיפֹה הַנִּימּוּסִים הַיָּפִים, שֶׁהָיוּ לוֹ?*
לְהִתְקַלְקֵל / ק.ל.ק.ל, הִתְפַּעֵל / הִתְקַלְקְלוּ, מִתְקַלְקֵל

התקמטפ׳ הִתְקַמֵּט — wrinkled
נַעֲשָׂה מְקוּמָּט, הוֹפִיעוּ בּוֹ סִימָנִים עֲמוּקִים:
*הַפָּנִים **יִתְקַמְּטוּ** כְּשֶׁנִּהְיֶה זְקֵנִים.*
לְהִתְקַמֵּט / ק.מ.ט, הִתְפַּעֵל / הִתְקַמַּטְתִּי, מִתְקַמֵּט

התקןז׳ הֶתְקֵן [הֶתְקֵנִים] — device
חֵלֶק שֶׁל מַכְשִׁיר:
*הוֹסַפְנוּ לַמְּכוֹנָה **הֶתְקֵן** לְחִימּוּם מַיִם.*
הֶתְקֵן תּוֹךְ־רַחְמִי — intrauterine device (IUD)

התקנאפ׳ הִתְקַנֵּא — became envious
קִינֵּא, כָּעַס עַל הַהַצְלָחָה שֶׁל מִישֶׁהוּ:
***הִתְקַנֵּאתִי בּוֹ** עַל הַצְלָחָתוֹ.*
לְהִתְקַנֵּא בְּ-, עַל- / ק.נ.א, הִתְפַּעֵל / הִתְקַנֵּא, יִתְקַנֵּא

התקנהנ׳ הַתְקָנָה [הַתְקָנוֹת] — installation
הֲכָנָה, סִידּוּר:
*גָּמַרְנוּ אֶת **הַהַתְקָנָה** שֶׁל הַצִּינּוֹרוֹת לַמַּיִם.*

התקףז׳ הֶתְקֵף [הֶתְקֵפִים] — attack
כְּשֶׁמַּחֲלָה מוֹפִיעָה פִּתְאוֹם:

*הוּא חַלָּשׁ, כִּי הָיָה לוֹ **הֶתְקֵף** שֶׁל אַסְטְמָה.*
הֶתְקֵף לֵב — heart attack

התקפהנ, הַתְקָפָה [הַתְקָפוֹת] — attack
1. פְּעוּלָה שֶׁל כּוֹחַ צְבָאִי נֶגֶד אוֹיֵב:
*הַ**הַתְקָפָה** עַל הַכְּפָר נֶעֶרְכָה בַּלַּיְלָה.*
2. הִתְפַּתְּחוּת מְהִירָה וְקָשָׁה שֶׁל מַחֲלָה:
*הַחוֹלֶה קִיבֵּל **הַתְקָפַת־לֵב** בַּלַּיְלָה.*
הַתְקָפַת־לֵב או גם **הֶתְקֵף־לֵב** ר' התקף

התקפלפ, הִתְקַפֵּל — folded up
1. שָׂם חֵלֶק שֶׁל (נְיָיר, בַּד) עַל חֵלֶק אַחֵר:
*הַדַּפִּים בַּסֵּפֶר **הִתְקַפְּלוּ**.*
2. (לשון דיבור) הִפְסִיק פְּעוּלָּה: — gave up
*בִּגְלַל הַגֶּשֶׁם **הִתְקַפַּלְנוּ** וְחָזַרְנוּ הַבַּיְתָה.*
לְהִתְקַפֵּל / ק.פ.ל, הִתְפַּעֵל / הִתְקַפַּלְתִּי, מִתְקַפֵּל, יִתְקַפֵּל

התקפלותנ, הִתְקַפְּלוּת — folding
קִיפּוּל, כְּשֶׁשָּׂמִים חֵלֶק שֶׁל מַשֶּׁהוּ עַל חֵלֶק אַחֵר:
*הַסֵּפֶר נִרְאֶה יָשָׁן בִּגְלַל **הִתְקַפְּלוּת** הַדַּפִּים.*

התקצרפ, הִתְקַצֵּר — became shorter
נַעֲשָׂה קָצָר יוֹתֵר, קָטָן יוֹתֵר בָּאוֹרֶךְ:
*יוֹם הָעֲבוֹדָה **הִתְקַצֵּר**.*
לְהִתְקַצֵּר / ק.צ.ר, הִתְפַּעֵל / הִתְקַצֵּר, מִתְקַצֵּר, יִתְקַצֵּר

התקצרותנ, הִתְקַצְּרוּת — shortening
כְּשֶׁמַּשֶּׁהוּ נַעֲשָׂה קָצָר יוֹתֵר, קָטָן יוֹתֵר:
*שָׂמַחְנוּ עַל **הִתְקַצְּרוּת** יוֹם הָעֲבוֹדָה בַּמִּשְׂרָד.*

התקרבפ, הִתְקָרֵב — approached
1. נִיגַּשׁ קָרוֹב יוֹתֵר בְּאוֹפֶן פִיסִי:
***הִתְקָרַבְתִּי** לַכִּיסֵּא שֶׁל הַיֶּלֶד.*
2. נַעֲשָׂה קָרוֹב בְּרֶגֶשׁ אוֹ בְּרַעְיוֹנוֹת: — became close
*גַּרְתִּי עִם רִינָה בְּחֶדֶר אֶחָד, וְ**הִתְקָרַבְתִּי** אֵלֶיהָ מְאוֹד.*
לְהִתְקָרֵב לְ- / ק.ר.ב, הִתְפַּעֵל / הִתְקָרַבְתִּי, מִתְקָרֵב

התקרבותנ, הִתְקָרְבוּת — (be)coming close
כְּשֶׁנִּמְצָאִים קָרוֹב יוֹתֵר בִּזְמַן אוֹ בְּמָקוֹם:
***הִתְקָרְבוּת** מְהִירָה שֶׁל הַמְּכוֹנִית גָּרְמָה לִתְאוּנָה.*

התקרחפ, הִתְקָרֵחַ (הִתְקָרֵחַ) — became bald
נַעֲשָׂה קֵירֵחַ, בְּלִי שְׂעָרוֹת עַל הָרֹאשׁ:
*קָשֶׁה לְהַכִּיר אוֹתוֹ, כִּי הוּא **הִתְקָרֵחַ**.*
לְהִתְקָרֵחַ / ק.ר.ח, הִתְפַּעֵל / הִתְקָרַחְתִּי, מִתְקָרֵחַ

התקררפ, הִתְקָרֵר — caught a cold
1. הִצְטַנֵּן, הָיָה חוֹלֶה:
***הִתְקָרַרְתִּי** אֶתְמוֹל, כְּשֶׁיָּצָאתִי בְּלִי מְעִיל בְּגֶשֶׁם וּבְרוּחַ.*
2. נַעֲשָׂה קַר: — got cold
*הַקָּפֶה שֶׁלִּי **הִתְקָרֵר**, לִפְנֵי שֶׁשָּׁתִיתִי אוֹתוֹ.*
לְהִתְקָרֵר / ק.ר.ר, הִתְפַּעֵל / הִתְקָרַרְתִּי, מִתְקָרֵר, יִתְקָרֵר

התקררותנ, הִתְקָרְרוּת [הִתְקָרְרוּיוֹת] — cooling off
1. כְּשֶׁנַּעֲשֶׂה קַר:
*יֵשׁ **הִתְקָרְרוּת** בְּמֶזֶג הָאֲוִויר, מַרְגִּישִׁים שֶׁעוֹד מְעַט חוֹרֶף.*
2. הִצְטַנְּנוּת, כְּשֶׁמִּשְׁתַּעֲלִים וְיֵשׁ נַזֶּלֶת: — a cold
*אֲנִי סוֹבֵל מֵ**הִתְקָרְרוּיוֹת** קָשׁוֹת בַּחוֹרֶף.*

התקרשפ, הִתְקָרֵשׁ — coagulated
נַעֲשָׂה פָּחוֹת נוֹזְלִי:
*הוּא אִיבֵּד הַרְבֵּה דָּם, כִּי הַדָּם שֶׁלּוֹ **הִתְקָרֵשׁ** לְאַט.*
לְהִתְקָרֵשׁ / ק.ר.ש, הִתְפַּעֵל / הִתְקָרְשׁוּ, מִתְקָרֵשׁ, יִתְקָרֵשׁ

התקרשותנ, הִתְקָרְשׁוּת — coagulation, clotting
כְּשֶׁנּוֹזֵל נַעֲשֶׂה קָשֶׁה:
***הִתְקָרְשׁוּת** הַדָּם בַּגּוּף מְסוּכֶּנֶת לַלֵּב.*

התקשהפ, הִתְקַשָּׁה — hardened
1. נַעֲשָׂה קָשֶׁה:
*הָאַסְפַלְט **הִתְקַשָּׁה**, אֶפְשָׁר לִנְסוֹעַ עַל הַכְּבִישׁ.*
2. הָיָה לוֹ קָשֶׁה: — had difficulty
*הוּא **הִתְקַשָּׁה** בְּלִימּוּד אַנְגְּלִית.*
לְהִתְקַשּׁוֹת, בְּ- / ק.ש.ה, הִתְפַּעֵל / הִתְקַשֵּׁיתִי, מִתְקַשֶּׁה

התקשותנ, הִתְקַשּׁוּת — hardening
כְּשֶׁמַּשֶּׁהוּ נַעֲשֶׂה קָשֶׁה יוֹתֵר:
*אֲנִי מְחַכֶּה לְ**הִתְקַשּׁוּת** הַגְּלִידָה בַּמְּקָרֵר.*

התקשטפ, הִתְקַשֵּׁט — adorned himself
שָׂם עַל עַצְמוֹ קִישּׁוּטִים - דְּבָרִים שֶׁמּוֹסִיפִים יוֹפִי:
*הִיא **הִתְקַשְּׁטָה** בְּטַבָּעוֹת וּבַעֲגִילִים.*
לְהִתְקַשֵּׁט בְּ- / ק.ש.ט, הִתְפַּעֵל / הִתְקַשַּׁטְתִּי, מִתְקַשֵּׁט

התקשרפ, הִתְקַשֵּׁר — got in touch, called
1. טִילְפֵּן:
*דָּוִיד **הִתְקַשֵּׁר אֵלַיי** בַּטֶּלֶפוֹן.*
2. יָצַר קֶשֶׁר, נִהְיָה קָרוֹב לְ-: — became attached
*דָּוִיד **הִתְקַשֵּׁר** לַמִּשְׁפָּחָה, שֶׁהִכִּיר בַּקִּיבּוּץ.*
לְהִתְקַשֵּׁר אֶל- / ק.ש.ר, הִתְפַּעֵל / הִתְקַשַּׁרְתִּי, מִתְקַשֵּׁר

התקשרותנ, הִתְקַשְּׁרוּת [הִתְקַשְּׁרוּיוֹת] — connection, bond
1. הִתְחַבְּרוּת, יְצִירַת קֶשֶׁר:
*הַ**הִתְקַשְּׁרוּת** שֶׁל דָּוִיד וְרוּת הִיא מִתּוֹךְ אַהֲבָה.*
2. עֲשִׂיַּית חוֹזֶה, כְּשֶׁיֵּשׁ קֶשֶׁר שֶׁל עֲסָקִים: — contract
*הַ**הִתְקַשְּׁרוּת** שֶׁלִּי עִם דָּוִיד הִיא לְצוֹרֶךְ בְּנִיַּית הַבַּיִת שֶׁלִּי.*

התראהפ׳ הִתְרָאָה — saw, met face to face
נִפגַשׁ עִם מִישֶהוּ:
*דָן לֹא **הִתרָאָה** עִם הוֹרָיו זְמַן רַב.*
לְהִתרָאוֹת - בִּרכַּת פְּרֵידָה, מִתוֹך רָצוֹן לְהִיפָּגֵשׁ שׁוּב: — "au revoir"
"שָׁלוֹם וּלְהִתרָאוֹת בַּשָּׁבוּעַ הַבָּא!"
לְהִתרָאוֹת / ר.א.ה, הִתפַּעֵל / הִתרָאֵיתִי, מִתרָאֶה, יִתרָאֶה

התראהנ׳ הַתְרָאָה [הַתרָאוֹת] — warning
אַזהָרָה; הוֹדָעָה שֶׁצָּרִיך לַעֲשׂוֹת מַשֶּׁהוּ:
*חֶברַת חַשׁמַל שָׁלחָה **הַתרָאוֹת** לְמִי שֶׁלֹּא שִׁילמוּ אֶת הַחוֹב.*

התראייןפ׳ הִתְרַאֲיֵין — was interviewed
1. עָשׂוּ לוֹ רֵיאָיוֹן:
*הוּא הָלַך **לְהִתרַאֲיֵין** כְּדֵי לְקַבֵּל עֲבוֹדָה.*
2. הוֹפִיעַ וְדִיבֵּר בַּטֶלֶוִויזְיָה, בָּרַדיוֹ, בָּעִיתוֹן וְכוּ':
*רֹאשׁ הַמֶּמשָׁלָה **הִתרַאֲיֵין** בְּתוֹכנִית רַדיוֹ.*
לְהִתרַאֲיֵין, בְּ- / ר.א.י.ן, הִתפַּעֵל / הִתרַאֲיַינתִי, מִתרַאֲיֵין

התרבהפ׳ הִתְרַבָּה — multiplied, increased
נַעֲשָׂה הַרבֵּה יוֹתֵר, גָּדַל בְּמִספָּר:
*הֶחָתוּלִים בָּעִיר **הִתרַבּוּ** מְאוֹד.*
לְהִתרַבּוֹת / ר.ב.ה, הִתפַּעֵל / הִתרַבּוּ, מִתרַבֶּה, יִתרַבֶּה

התרבותנ׳ הִתְרַבּוּת — proliferation
כְּשֶׁיֵּשׁ יוֹתֵר, כְּשֶׁהַכַּמוּת גְדֵלָה:
***הִתרַבּוּת** הֶחָתוּלִים מַדאִיגָה אֶת הָעִירִיָיה.*

התרברבפ׳ הִתְרַבְרֵב — boasted
אָמַר הַרבֵּה מְאוֹד דְבָרִים טוֹבִים עַל עַצמוֹ, סִיפֵּר הַרבֵּה עַל הַהַצלָחוֹת שֶׁלּוֹ:
*הוּא אוֹהֵב **לְהִתרַברֵב** בַּהַצלָחוֹת שֶׁלּוֹ עִם נָשִׁים.*
לְהִתרַברֵב, בְּ- / ר.ב.ר.ב, הִתפַּעֵל / הִתרַברַבתִי, מִתרַברֵב

התרברבותנ׳ הִתְרַבְרְבוּת — boasting
כְּשֶׁמִישֶׁהוּ מְסַפֵּר הַרבֵּה עַל הַהַצלָחוֹת שֶׁלּוֹ:
*הַסִיפּוּרִים שֶׁלּוֹ עַל הַהַצלָחוֹת זֹאת סְתָם **הִתרַברְבוּת**.*

התרגזפ׳ הִתְרַגֵּז — got angry
כָּעַס מְאוֹד:
*דָן **הִתרַגֵּז** עָלֵינוּ, כְּשֶׁרָאָה אֶת הַחֶדֶר הַמְלוּכלָך.*
לְהִתרַגֵּז עַל- / ר.ג.ז, הִתפַּעֵל / הִתרַגַּזתִי, מִתרַגֵּז, יִתרַגֵּז

התרגזותנ׳ הִתְרַגְּזוּת — becoming angry, anger
כַּעַס:
*לֹא קָשֶׁה לְהָבִיא אוֹתוֹ לִידֵי **הִתרַגְּזוּת**.*

התרגלפ׳ הִתְרַגֵּל — got used to
נַעֲשָׂה רָגִיל:
*אָחִי **הִתרַגֵּל** בְּקַלּוּת לַחַיִים בָּאָרֶץ.*
לְהִתרַגֵּל לְ- / ר.ג.ל, הִתפַּעֵל / הִתרַגַּלתִי, מִתרַגֵּל, אֶתרַגֵּל

התרגעותנ׳ הִתְרַגְּעוּת — relaxation
כְּשֶׁנַּעֲשָׂה שֶׁקֶט, רָגוּעַ:
*כְּשֶׁהַיְלָדִים לֹא בַּבַּיִת, יֵשׁ לִי שְׁעַת **הִתרַגְּעוּת**.*

התרגשפ׳ הִתְרַגֵּשׁ — got excited
הִרגִישׁ רְגָשׁוֹת חֲזָקִים. הִרגִישׁ סְעָרָה בַּלֵּב:
*יִגאָל **הִתרַגֵּשׁ** מְאוֹד, כְּשֶׁרָאָה אֶת הוֹרָיו בְּנמַל הַתְעוּפָה.*
לְהִתרַגֵּשׁ / ר.ג.ש, הִתפַּעֵל / הִתרַגַּשׁתִי, מִתרַגֵּשׁ, אֶתרַגֵּשׁ

התרגשותנ׳ הִתְרַגְּשׁוּת — excitement
סְעָרָה שֶׁל רְגָשׁוֹת, לַחַץ שֶׁל רְגָשׁוֹת:
*צָחַקתִי וּבָכִיתִי **מֵהַהִתרַגְּשׁוּת** בִּזְמַן הַפְּגִישָׁה.*

התרהפ׳ הִתְרָה — cautioned, warned
הִזהִיר, נָתַן אַזהָרָה:
***הִתרֵיתִי בּוֹ**, שֶׁלֹּא יִנהַג מַהֵר.*
לְהַתרוֹת בְּ- / ת.ר.ה, הִפעִיל / הִתרֵיתִי, מַתרֶה, יַתרֶה

התרהנ׳ הַתָּרָה — untying
1. כְּשֶׁפּוֹתחִים קֶשֶׁר:
*לְאַחַר **הַתָּרַת** הַחֶבֶל פָּתַחתִי אֶת הַחֲבִילָה.*
2. כְּשֶׁמוֹצאִים תשׁוּבָה לִשְׁאֵלָה קָשָׁה: — resolving
*אַחֲרֵי **הַתָּרַת** הַבְּעָיָיה הַזֹּאת לֹא יִהיוּ בְּעָיוֹת.*

התרומםפ׳ הִתְרוֹמֵם — rose (to rise)
1. עָלָה לְמַעלָה:
*הַמָּטוֹס **הִתרוֹמֵם** וְעָלָה לַשָּׁמַיִם.*
2. הָיָה לוֹ שֵׁם טוֹב: — was exalted
*עַל אֱלוֹהִים אוֹמרִים, שֶׁשְּׁמוֹ **יִתרוֹמֵם**.*
לְהִתרוֹמֵם / ר.ו.ם, הִתפַּעֵל / הִתרוֹמַמתִי, מִתרוֹמֵם

התרוממותנ׳ הִתְרוֹמְמוּת — rise
עֲלִיָיה, פְּנִיָיה לְמַעלָה:
*אַחֲרֵי **הִתרוֹממוּת** הַמָּטוֹס הִפסַקנוּ לְפַחֵד.*
הִתרוֹממוּת־רוּחַ — exaltation

התרועעפ׳ הִתְרוֹעֵעַ (הִתְרוֹעַע) — associated/fraternized with
הִתיַידֵד, נַעֲשָׂה חָבֵר שֶׁל-:
***הִתרוֹעַעְנוּ** בִּזְמַן הַלִּימוּדִים.*
לְהִתרוֹעֵעַ / ר.ע.ע, הִתפַּעֵל / הִתרוֹעַעְנוּ, מִתרוֹעֵעַ

התרופףפ׳ הִתְרוֹפֵף — loosened, weakened
נַעֲשָׂה חַלָּשׁ:

*הַקְשָׁרִים בַּמִשְפָּחָה שֶׁלָנוּ **הִתְרוֹפְפוּ**.*
לְהִתרוֹפֵף / ר.פ.ף, הִתפַּעֵל / הִתרוֹפְפוּ, מִתרוֹפֵף, יִתרוֹפֵף

התרופפותנ׳ הִתְרוֹפְפוּת [הִתרוֹפְפוּיוֹת] weakening, loosening
כְּשֶׁמַשֶׁהוּ נַעֲשָׂה חַלָשׁ:
*יֵש **הִתרוֹפְפוּת** בַּמַצָּב הַכַּלכָּלִי.*

התרוצץפ׳ הִתְרוֹצֵץ ran around
רָץ מִמָקוֹם לְמָקוֹם:
*הוּא כֹּל הַיוֹם **מִתרוֹצֵץ** בָּרחוֹב.*
לְהִתרוֹצֵץ / ר.ו.ץ, הִתפַּעֵל / הִתרוֹצַצתִי, מִתרוֹצֵץ

התרוצצותנ׳ הִתְרוֹצְצוּת [הִתרוֹצְצוּיוֹת] running around
רִיצָה מִמָקוֹם לְמָקוֹם:
*הַ**הִתרוֹצְצוּת** מִמִשׂרָד לְמִשׂרָד מְעַיֶיפֶת אוֹתִי.*

התרוקןפ׳ הִתְרוֹקֵן was emptied/depleted
נַעֲשָׂה רֵיק, אֵין בּוֹ כּלוּם:
***הִתרוֹקְנוּ** כֹּל הָרֶזֶרבוֹת שֶל הַמַיִם.*
לְהִתרוֹקֵן / ר.ו.ק.ן, הִתפַּעֵל / הִתרוֹקְנוּ, מִתרוֹקֵן, יִתרוֹקֵן

התרוקנותנ׳ הִתְרוֹקְנוּת depletion
כְּשֶׁנַעֲשֶׂה רֵיק, כְּשֶׁאֵין כּלוּם בְּתוֹך:
*בִּגלַל **הִתרוֹקְנוּת** רֶזֶרבוֹת הַמַיִם לֹא מַשקִים אֶת הַגִינוֹת.*

התרוששפ׳ הִתְרוֹשֵׁש became impoverished
נַעֲשָׂה עָנִי:
*הוּא **הִתרוֹשֵש** - אֵין לוֹ כֶּסֶף בִּכלָל - בִּגלַל הָאִינפלַציָה.*
לְהִתרוֹשֵש / ר.ו.ש, הִתפַּעֵל / הִתרוֹשַשתִי, מִתרוֹשֵש

התרוששותנ׳ הִתְרוֹשְׁשׁוּת becoming impoverished
כְּשֶׁנַעֲשִׂים עֲנִיִים, כְּשֶׁמְאַבּדִים אֶת כֹּל הַכֶּסֶף:
*הַנִיהוּל הָרַע שֶל הֶחָנוּת הֵבִיא אוֹתוֹ לְ**הִתרוֹשְשוּת**.*

התרחבפ׳ הִתְרַחֵב widened, expanded
נַעֲשָׂה רָחָב יוֹתֵר:
*הָעֲסָקִים שֶל הַבַּנקִים **הִתרַחֲבוּ** מְאוֹד.*
לְהִתרַחֵב / ר.ח.ב, הִתפַּעֵל / הִתרַחַבתִי, מִתרַחֵב, יִתרַחֵב

התרחבותנ׳ הִתְרַחֲבוּת [הִתרַחֲבוּיוֹת] widening, expansion
כְּשֶׁמַשֶׁהוּ נַעֲשָׂה רָחָב יוֹתֵר:
*בִּגלַל **הִתרַחֲבוּת** הַמִשפָּחָה צָרִיך דִירָה גדוֹלָה יוֹתֵר.*

התרחץפ׳ הִתְרַחֵץ washed himself
רָחַץ אֶת עַצמוֹ בְּמַיִם:
*רוֹנָה אוֹהֶבֶת **לְהִתרַחֵץ** בְּמַיִם קָרִים.*
לְהִתרַחֵץ / ר.ח.ץ, הִתפַּעֵל / הִתרַחַצתִי, מִתרַחֵץ, יִתרַחֵץ

התרחקפ׳ הִתְרַחֵק went away, distanced himself
הִסתַלֵק, הָלַך רָחוֹק:
*הוּא **הִתרַחֵק** לְאַט, לְאַט עַד שֶנֶעֱלַם.*
לְהִתרַחֵק / ר.ח.ק, הִתפַּעֵל / הִתרַחַקתִי, מִתרַחֵק, יִתרַחֵק

התרחקותנ׳ הִתְרַחֲקוּת becoming distant
כְּשֶׁנַעֲשִׂים רְחוֹקִים מִמִישֶהוּ:
*הַ**הִתרַחֲקוּת** מֵהַחֲבֵרִים מְצַעֶרֶת אוֹתִי.*

התרחשפ׳ הִתְרַחֵשׁ took place, happened
קָרָה:
*הַסִיפּוּר הַזֶה **הִתרַחֵש** לִפנֵי שָנִים רַבּוֹת.*
לְהִתרַחֵש / ר.ח.ש, הִתפַּעֵל / הִתרַחֲשוּ, מִתרַחֵש, יִתרַחֵש

התרחשותנ׳ הִתְרַחֲשׁוּת [הִתרַחֲשוּיוֹת] happening, event
דָבָר שֶקוֹרֶה:
*הוּא סִיפֵּר עַל כֹּל מִינֵי **הִתרַחֲשוּיוֹת** בְּחַיָיו.*

התרטבפ׳ הִתְרַטֵּב got wet
נַעֲשָׂה רָטוֹב, נָגעוּ בּוֹ מַיִם (אוֹ נוֹזֵל אַחֵר):
*הָלַכתִי בַּגֶשֶם וְ**הִתרַטַבתִי** מִן הָרַגלַיִים וְעַד הָרֹאש.*
לְהִתרַטֵב / ר.ט.ב, הִתפַּעֵל / הִתרַטַבתִי, מִתרַטֵב, יִתרַטֵב

התריםפ׳ הִתְרִים raised funds
עָשָׂה שֶמִישֶהוּ יִיתֵן (כֶּסֶף אוֹ חֵפֶץ וְכוּ'):
***הִתרַמתִי אֶת** כֹּל הַמִשפָּחָה לְטוֹבַת יְלָדִים עִיוורִים.*
לְהַתרִים אֶת- / ת.ר.ם, הִפעִיל / הִתרַמתִי, מַתרִים, יַתרִים

התריעפ׳ הִתְרִיעַ protested, warned
הִזהִיר בְּקוֹל רָם (בָּעִיתוֹן וְכוּ'):
***הִתרַעתִי עַל** בִּיזבּוּז כּסָפִים.*
לְהַתרִיעַ עַל-, מִפּנֵי- / ת.ר.ע, הִפעִיל / הִתרַעתִי, מַתרִיעַ

התרכזפ׳ הִתְרַכֵּז gathered
1. הִתאַסֵף בְּמָקוֹם אֶחָד:
*לִפנֵי הַטִיוּל **הִתרַכַּזנוּ** בְּתַחֲנַת הָרַכֶּבֶת.*
2. הָיָה עָסוּק בְּדָבָר אֶחָד: concentrated
*אֲנִי **מִתרַכֵּז** עַכשָיו רַק בְּמוּסִיקָה.*
לְהִתרַכֵּז, בְּ- / ר.כ.ז, הִתפַּעֵל / הִתרַכַּזתִי, מִתרַכֵּז, יִתרַכֵּז

התרכזותנ׳ הִתְרַכְּזוּת gathering
1. כְּשֶׁמִתאַספִים בְּמָקוֹם אֶחָד:
***הִתרַכּזוּת** הַיְהוּדִים בְּאֶרֶץ יִשׂרָאֵל הִיא מַטרַת הַצִיוֹנוּת.*
2. כְּשֶׁכֹּל הָאִינטֶרֶס בְּדָבָר אֶחָד: concentration
***הִתרַכּזוּת** בַּלִימוּדִים מְבִיאָה הַצלָחָה.*

התרכךפ׳ הִתְרַכֵּך softened
נַעֲשָׂה רַך:

*הַבָּשָׂר **הִתְרַכֵּךְ** בַּבִּישּׁוּל.* / (מֶטָאפוֹרָה) *בַּהַתְחָלָה הוּא הִתְנַגֵּד לַבַּקָּשָׁה, אַחַר־כָּךְ הוּא **הִתְרַכֵּךְ**.*
לְהִתְרַכֵּךְ / ר.כ.ך, הִתְפַּעֵל / הִתְרַכַּכְתִּי, מִתְרַכֵּךְ, יִתְרַכֵּךְ

התרככותנ׳ הִתְרַכְּכוּת softening
כְּשֶׁמַּשֶּׁהוּ נַעֲשֶׂה רַךְ:
*בִּישּׁוּל אָרוֹךְ גּוֹרֵם **לְהִתְרַכְּכוּת** הַבָּשָׂר.*

התרמהנ׳ הַתְרָמָה [הַתְרָמוֹת] fund-raising
כְּשֶׁעוֹשִׂים שֶׁמִּישֶׁהוּ יִיתֵּן כֶּסֶף וְכוּ׳:
***הַהַתְרָמָה** לְמַעַן יְלָדִים עִיוְורִים מִתְקַיֶּימֶת מָחָר.*

התרסקפ׳ הִתְרַסֵּק crashed, was smashed
נִשְׁבַּר לַחֲתִיכוֹת:
*הַצַּלַּחַת נָפְלָה **וְהִתְרַסְּקָה**.*
לְהִתְרַסֵּק / ר.ס.ק, הִתְפַּעֵל / הִתְרַסַּקְתִּי, מִתְרַסֵּק

התרסקותנ׳ הִתְרַסְּקוּת (a) crash
כְּשֶׁמַּשֶּׁהוּ נִשְׁבָּר לַחֲתִיכוֹת:
*הוֹדִיעוּ בָּרַדְיוֹ עַל **הִתְרַסְּקוּת** מָטוֹס בָּאֲוִויר.*

התרעהנ׳ הַתְרָעָה [הַתְרָעוֹת] warning
כְּשֶׁאוֹמְרִים בְּקוֹל רָם, בָּעִיתּוֹן וְכוּ׳, שֶׁיֵּשׁ סַכָּנָה:
*הַיְלָדִים לֹא שָׂמוּ לֵב **לַהַתְרָעוֹת** וְשִׂיחֲקוּ בַּכְּבִישׁ.*

התרעםפ׳ הִתְרַעֵם complained, was angry
הִתְלוֹנֵן, כָּעַס, הִתְרַגֵּז:
***הִתְרַעַמְתִּי** עַל הָעוֹבְדִים, שֶׁאֵינָם מַגִּיעִים לָעֲבוֹדָה.*
לְהִתְרַעֵם עַל- / ר.ע.ם, הִתְפַּעֵל / הִתְרַעַמְתִּי, מִתְרַעֵם

התרפקפ׳ הִתְרַפֵּק snuggled, hugged
נִשְׁעַן עַל מִישֶׁהוּ מִתּוֹךְ אַהֲבָה:
*הַיֶּלֶד **מִתְרַפֵּק עַל** אִימּוֹ.*
לְהִתְרַפֵּק עַל- / ר.פ.ק, הִתְפַּעֵל / הִתְרַפַּקְתִּי, מִתְרַפֵּק

התרשלפ׳ הִתְרַשֵּׁל was negligent
לֹא שָׂם לֵב, הִתְנַהֵג בְּלִי אַחֲרָיוּת:
*הוּא **מִתְרַשֵּׁל** בָּעֲבוֹדָה.*
לְהִתְרַשֵּׁל / ר.ש.ל, הִתְפַּעֵל / הִתְרַשַּׁלְתִּי, מִתְרַשֵּׁל, יִתְרַשֵּׁל

התרשלותנ׳ הִתְרַשְּׁלוּת negligence
כְּשֶׁלֹּא שָׂמִים לֵב, הִתְנַהֲגוּת בְּלִי אַחֲרָיוּת:
***הַהִתְרַשְּׁלוּת** שֶׁל הַנֶּהָג גָּרְמָה לַתְּאוּנָה.*

התרשםפ׳ הִתְרַשֵּׁם was impressed
מַשֶּׁהוּ עָשָׂה עָלָיו רוֹשֶׁם, הִשְׁפִּיעַ עָלָיו:
***הִתְרַשַּׁמְתִּי** מְאוֹד מֵהַהַרְצָאָה.*
לְהִתְרַשֵּׁם מִ- / ר.ש.ם, הִתְפַּעֵל / הִתְרַשַּׁמְתִּי, מִתְרַשֵּׁם

התרשמותנ׳ הִתְרַשְּׁמוּת [הִתְרַשְּׁמוּיוֹת] impression
מַה שֶּׁנִּשְׁאַר בַּמַּחְשָׁבָה אַחֲרֵי שֶׁפּוֹגְשִׁים מִישֶׁהוּ (אוֹ מַשֶּׁהוּ):
***הַהִתְרַשְּׁמוּת** שֶׁלִּי מֵהַמָּקוֹם טוֹבָה מְאוֹד.*

התרתחפ׳ הִתְרַתֵּחַ (הִתְרַתֵּחַ) was angry
כָּעַס מְאוֹד:
***הִתְרַתַּחְתִּי** עַל דָּוִיד – תָּמִיד הוּא מְאַחֵר.*
לְהִתְרַתֵּחַ עַל- / ר.ת.ח, הִתְפַּעֵל / הִתְרַתַּחְתִּי, מִתְרַתֵּחַ

התשהנ׳ הַתָּשָׁה weakening, attrition
הַחְלָשָׁה, כְּשֶׁעוֹשִׂים שֶׁמִּישֶׁהוּ יִהְיֶה חַלָּשׁ:
*הָעֲבוֹדָה הַזֹּאת גּוֹרֶמֶת **לְהַתָּשַׁת** הַכּוֹחַ שֶׁלִּי.*

ו

ו 6th letter of Heb. alphabet

וָו, הָאוֹת הַשִּׁישִּׁית בָּאָלֶפְבֵּית הָעִבְרִי, מְסַמֶּנֶת שֵׁם מִסְפָּר - 6/שִׁישִּׁי-שִׁישִּׁית:

יוֹם ו' (יוֹם שִׁישִּׁי) הוּא עֶרֶב שַׁבָּת. / בְּנִי לוֹמֵד בְּכִיתָה ו'.

וּמ"ק (כּמוֹ כֵּן וּ-, וַ-, וְ- וְכוּ') and

סִימָן שֶׁל חִיבּוּר - גַּם:

*גְּבָרִים **וְ**נָשִׁים, יְלָדִים **וִ**ילָדוֹת שָׁרוּ **וְ**רָקְדוּ בַּמְּסִיבָּה.*

ואדיז, וָאדִי [וָאדִיוֹת] wadi, gulch

(מַעֲרָבִית) מָקוֹם צַר בֵּין הָרִים, יֵשׁ בּוֹ מַיִם רַק בַּחוֹרֶף:

*בְּאֶרֶץ יִשְׂרָאֵל יֵשׁ הַרְבֵּה **וָאדִיּוֹת**.*

ואילומ"ק וְאִלּוּ while

מִילַּת נִיגּוּד. מִצַּד אַחֵר, בְּנִיגּוּד לְכָךְ:

*רִינָה גָּרָה בִּירוּשָׁלַיִם, **וְאִילוּ** רוּתִי גָּרָה בְּתֵל-אָבִיב.*

ובכן ר' כן

ודאותנ, וַדָּאוּת [וַדָּאוּיוֹת] certainty

בִּיטָחוֹן גָּמוּר:

***וַדָּאוּת** יֵשׁ רַק בְּמָה שֶׁכְּבָר הָיָה.*

בְּוַודָּאוּתת"פ - *אֲנִי אוֹמֵר לְךָ **בְּוַודָּאוּת**, שֶׁהוּא יָבוֹא מָחָר.*

ודאי ת"פ וַדַּאי certainly

דָּבָר בָּטוּחַ וּבָרוּר:

*הוּא **וַדַּאי** יַגִּיעַ תּוֹךְ כַּמָּה דַּקּוֹת.*

בְּוַודַּאית"פ כּמוֹ ודאי

ודאית, וַדָּאִי certain

בָּטוּחַ:

*הַנִּיצָּחוֹן בְּמִשְׂחַק הַכַּדּוּרֶגֶל מָחָר הוּא **וַדָּאִי**.*

וַדָּאִית, וַדָּאִיִּים, וַדָּאִיּוֹת

ווז, וָו [וָוִים] hook

מַסְמֵר שֶׁיֵּשׁ לוֹ רֹאשׁ גָּדוֹל:

*תָּלִיתִי אֶת הַמְּעִיל עַל **וָו**.*

וידאפ, וִדֵּא made sure

בֵּירֵר אִם מַשֶּׁהוּ יֶשְׁנוֹ אוֹ אִם מַשֶּׁהוּ נָכוֹן:

***וִידֵּאנוּ** שֶׁהַשִּׁיעוּר מִתְקַיֵּים. / הוּא **וִידֵּא**, שֶׁהַיְּדִיעָה נְכוֹנָה.*

לְוַודֵּא אֶת- / ו.ד.א, פִּיעֵל / וִידֵּאתִי, מְוַודֵּא, אֲוַודֵּא, וַודֵּא!

וידויז, וִדּוּי [וִידּוּיִים] confession

1. סִיפּוּר שֶׁל דְּבָרִים אִישִׁיִּים מְאוֹד:

*אֲנִי לֹא אוֹהֵב לִשְׁמוֹעַ **וִידּוּיִים** שֶׁל אַהֲבָה.*

2. (אֵצֶל הַנּוֹצְרִים) כְּשֶׁמִּישֶׁהוּ מְסַפֵּר לַכּוֹמֶר עַל מַעֲשָׂיו הָרָעִים: confession

*הַכּוֹמֶר לֹא מְסַפֵּר לְאַף אֶחָד מָה שֶׁשָּׁמַע **בַּוִּידּוּי**.*

ויכוחז, וִכּוּחַ [וִיכּוּחִים] debate, dispute

שִׂיחָה בֵּין אֲנָשִׁים בַּעֲלֵי דֵּעוֹת שׁוֹנוֹת:

***וִיכּוּחַ** פּוֹלִיטִי חָרִיף הִתְפַּתֵּחַ בֵּין חַבְרֵי הַכְּנֶסֶת מִיָּמִין לְבֵין חַבְרֵי הַכְּנֶסֶת מִשְּׂמֹאל.*

וילוןז, וִילוֹן [וִילוֹנוֹת] curtain, drape

בַּד עַל פְּנֵי הַחַלּוֹן:

*קָנִיתִי **וִילוֹן** חָדָשׁ לְחַלּוֹן חֲדַר הָאוֹכֶל.*

ויסותז, וִסּוּת regulation

רֶגוּלַצְיָה, אִירְגּוּן בְּסֵדֶר קָבוּעַ:

***וִיסּוּת** הַמַּיִם בַּגִּינָּה יָבִיא לְחִיסָּכוֹן בְּמַיִם.*

ויסתפ, וִסֵּת regulated

עָשָׂה שֶׁיִּהְיֶה רֶגוּלָרִי, לְפִי סֵדֶר קָבוּעַ:

*צָרִיךְ **לְוַוסֵּת אֶת** כַּמּוּת הַמַּיִם, שֶׁנּוֹתְנִים לַפְּרָחִים.*

לְוַוסֵּת אֶת- / ו.ס.ת, פִּיעֵל / וִיסַּתִּי, מְוַוסֵּת, אֲוַוסֵּת

ויתורז, וִתּוּר [וִיתּוּרִים] concession

כְּשֶׁמַּסְכִּימִים לֹא לְקַבֵּל מָה שֶׁמַּגִּיעַ:

*גַּם הַמְּנַהֵל וְגַם הָעוֹבְדִים עָשׂוּ **וִיתּוּרִים** כְּדֵי לְהַפְסִיק אֶת הַשְּׁבִיתָה בְּבֵית הַחֲרוֹשֶׁת.*

ויתרפ, וִתֵּר gave up

הִסְכִּים לֹא לְקַבֵּל מָה שֶׁמַּגִּיעַ לוֹ:

*רְאוּבֵן **וִיתֵּר עַל** מְקוֹמוֹ בַּתּוֹר לְטוֹבַת הָאִישָּׁה הַזְּקֵנָה.*

אֶפְשָׁר לְוַותֵּר - can do without

אֶפְשָׁר לְוַותֵּר עַל יוֹם חוֹפֶשׁ.

לְוַותֵּר עַל- / ו.ת.ר, פִּיעֵל / וִיתַּרְתִּי, מְוַותֵּר, יְוַותֵּר, וַתֵּר!

וכד', וְכַד' and the like

קִיצּוּר שֶׁל וְכַדּוֹמֶה, וְכוּ':

כָּךְ אוֹמְרִים כְּשֶׁלֹּא רוֹצִים לְהַזְכִּיר אֶת כֹּל הַפְּרָטִים:

*לָקַחְתִּי לַטִּיּוּל: כּוֹבַע, נַעֲלַיִם, מִכְנָסַיִם **וְכַד'**.*

וכו', וְכוּ' etc.

קִיצּוּר שֶׁל וְכוּלֵּה, וְכֹל הַשְּׁאָר, וְעוֹד:

*קָנִיתִי אוֹכֶל בַּסּוּפֶּרְמַרְקֶט: לֶחֶם, בָּשָׂר **וְכוּ'**.*

וכחןז, וַכְּחָן [וַכְּחָנִים] polemist

אוֹהֵב לְהִתְוַוכֵּחַ:

*הוא **וַכְּחָן**, תָּמִיד הוּא מִתְנַגֵּד לְכָל מַה שֶּׁאוֹמְרִים.*
וַכְּחָנִית, וַכְּחָנִיּוֹת

וכיו"ב *and the like*
ר"ת **וְכַיּוֹצֵא בָּזֶה**. (בְּלָשׁוֹן פוֹרמָלִית) כְּמוֹ זֶה, דּוֹמֶה לָזֶה:
*אֲנַחְנוּ מַדְפִּיסִים סְפָרִים, עִיתּוֹנִים **וְכיו"ב**.*

וסתזר"נ וֶסֶת *menstruation*
דָּם אֵצֶל אִישָּׁה כֹּל 28 יָמִים:
***הַוֶּסֶת** לֹא מַפְרִיעָה לָהּ בַּפְּעִילוּת הַפִּיסִית.*

ועדז' וַעַד [וְעָדִים] *committee*
אֲנָשִׁים שֶׁנִּבְחֲרוּ לַעֲמוֹד בְּרֹאשׁ אִירגּוּן אוֹ חֶבְרָה:
***וַעַד** הָעוֹבְדִים דָּרַשׁ תְּנָאֵי עֲבוֹדָה טוֹבִים יוֹתֵר לַפּוֹעֲלִים.*

ועדהנ' וַעֲדָה [וְעָדוֹת] *committee*
מִספַּר אֲנָשִׁים שֶׁנִּבחֲרוּ כְּדֵי לְאַרגֵּן פְּעִילוּת:
***וַעֲדַת**-הַתַּרבּוּת דּוֹאֶגֶת לַתּוֹכנִית הָאוֹמָנוּתִית לַחַג.*
וַעֲדוֹת-הַכְּנֶסֶת/וַעֲדַת חוּץ וּבִיטָּחוֹן

ועידהנ' וְעִידָה [וְעִידוֹת] *conference*
אֲסֵיפָה שֶׁל נְצִיגִים מִמְּקוֹמוֹת שׁוֹנִים:
*בַּקַּיִץ תִּתְקַיֵּים בִּירוּשָׁלַיִם **וְעִידָה** בֵּינלְאוּמִית שֶׁל רוֹפאִים.*

ורדז' וֶרֶד [וְרָדִים] *rose*
מִין שֶׁל פֶּרַח:
*קִיבַּלתִּי 20 **וְרָדִים** אֲדוּמִּים לְיוֹם הַהוּלֶּדֶת.*

ורדרדת' וְרַדְרַד *pinkish*
צֶבַע וָרוֹד חַלָּשׁ:
*הִיא נִראֵית יָפֶה - יֵשׁ לָהּ לְחָיַיִם **וְרַדְרַדּוֹת**.*
וְרַדְרַדָּה, וְרַדְרַדִּים, וְרַדְרַדּוֹת

ורודת' וָרֹד *pink*
צֶבַע אָדוֹם בָּהִיר:
*הַיַּלדָּה הַקְּטַנָּה לָבְשָׁה שִׂמלָה **וְרוּדָּה**.*
וְרוּדָּה, וְרוּדִּים, וְרוּדּוֹת

ורידז' וְרִיד [וְרִידִים] *vein*
צִינּוֹר בַּגּוּף שֶׁמַּעֲבִיר דָּם לַלֵּב:
*הוֹצִיאוּ לִי דָּם מִן **הַוְּרִיד**.*

ושות', וְשׁוּת' *and Co.*
קִיצּוּר שֶׁל וְשׁוּתָּפָיו. כּוֹתבִים עַל חֶברָה מִסחָרִית, שֶׁיֵּשׁ לָהּ כַּמָּה בְּעָלִים; אֶת הֶחָשׁוּב אוֹ הָרִאשׁוֹן מַזכִּירִים בִּשׁמוֹ:
*דָּוִידוֹבִיץ **וְשׁוּת'** - חֶברַת בְּנִיָּיה.*

ושטז' וֶשֶׁט *esophagus*
צִינּוֹר בַּגָּרוֹן, מַעֲבִיר אֶת הָאוֹכֶל לַקֵּיבָה:
*יֵשׁ לוֹ פֶּצַע **בַּוֶּשֶׁט**, קָשֶׁה לוֹ לִבלוֹעַ.*

ותו לאת"פ וְתוּ לֹא *and no more*
וְלֹא עוֹד:
*זֶה כֹּל מַה שֶּׁאֲנִי יָכוֹל לְסַפֵּר **וְתוּ לֹא**.*

ותיקתו"ז וָתִיק [וָתִיקִים] *veteran, old timer*
נִמצָא שָׁנִים רַבּוֹת בְּמָקוֹם מְסוּיָּם:
*דָּוִד מוֹרֶה **וָתִיק** בָּאוּלפָּן, הוּא עוֹבֵד בּוֹ שָׁנִים רַבּוֹת.*
וָתִיקָה, וָתִיקוֹת

ותקז' וֶתֶק *seniority*
הַזְּמַן שֶׁאָדָם עוֹבֵד בְּמָקוֹם אֶחָד:
*יֵשׁ לוֹ **וֶתֶק** שֶׁל 30 שָׁנָה - מַגִּיעַ לוֹ לִהיוֹת מְנַהֵל.*

ותרןז' וַתְּרָן [וַתְּרָנִים] *lenient*
מִי שֶׁמְּווַתֵּר תָּמִיד, לֹא דּוֹרֵשׁ אֶת הַמַּגִּיעַ לוֹ:
*אִי אֶפשָׁר לָרִיב אִיתּוֹ, כִּי הוּא **וַתְּרָן**.*
וַתְּרָנִית, וַתְּרָנִיּוֹת

ותרנותנ' וַתְּרָנוּת *leniency*
יַחַס, הִתנַהֲגוּת לִיבֶּרָלִית מִדַּיי, כְּשֶׁלֹּא דּוֹרְשִׁים מַה שֶּׁצָּרִיךְ:
*בִּגלַל **הַוַּתְּרָנוּת** שֶׁל הַמְנַהֵל הָעוֹבְדִים מִתבַּטְּלִים.*

ותרנית' וַתְּרָנִי *lenient, indulgent*
לִיבֶּרָלִי מִדַּיי, שֶׁלֹּא דּוֹרֵשׁ מַה שֶּׁצָּרִיךְ:
*לְאַבָּא יֵשׁ אוֹפִי **וַתְּרָנִי**.*
וַתְּרָנִית, וַתְּרָנִיִּים, וַתְּרָנִיּוֹת

ז

ז 7th letter of Heb. alphabet
זַיִן, הָאוֹת הַשְּׁבִיעִית בָּאָלֶפְבֵּית הָעִבְרִי. מְסַמֶּנֶת שֵׁם מִסְפָּר – 7, שְׁבִיעִי/שְׁבִיעִית:
בְּנִי לוֹמֵד בְּכִיתָּה ז'.

זאבז׳ זְאֵב [זְאֵבִים] wolf
בַּעַל חַיִּים טוֹרֵף, חַי בַּיַּעַר, דּוֹמֶה לְכֶלֶב:
הַזְּאֵב יָצָא מִן הַיַּעַר וְהִתְקִיף אֶת הַכְּבָשִׂים.

זאטוטז׳ זַאֲטוּט [זַאֲטוּטִים] small boy
יֶלֶד קָטָן:
יֵשׁ לִי שְׁלוֹשָׁה יְלָדִים, הַזַּאֲטוּט בֵּינֵיהֶם בֶּן 3.

זאתמ״ג זֹאת [אֵלֶּה] this (f.)
שֵׁם לְגוּף אוֹ לְדָבָר מִמִּין נְקֵבָה שֶׁמַּצְבִּיעִים עָלָיו:
זֹאת הַמַּחְבֶּרֶת שֶׁלִּי. / הַסְּטוּדֶנְטִית הַזֹּאת לוֹמֶדֶת אִיתִּי.
זֹאת אוֹמֶרֶתב׳ - בְּמִילִּים אֲחֵרוֹת: i.e., in other words
דָּן סִיֵּים אֶת הַטֶּכְנִיּוֹן, זֹאת אוֹמֶרֶת שֶׁהוּא כְּבָר מְהַנְדֵּס.

זבובז׳ זְבוּב [זְבוּבִים] fly
בַּעַל חַיִּים קָטָן שֶׁעָף:
צָרִיךְ לְגָרֵשׁ אֶת הַזְּבוּבִים מִן הָאוֹכֶל.
הוּא רָזֶה מְאוֹד, יֵשׁ לוֹ מִשְׁקַל זְבוּב.

זבחז׳ זֶבַח [זְבָחִים] sacrifice (of a slaughtered animal)
בְּהֵמָה שֶׁהָיוּ מְבִיאִים קוֹרְבָּן לְבֵית הַמִּקְדָּשׁ:
עוֹלֵי הָרֶגֶל לִירוּשָׁלַיִם הֵבִיאוּ זֶבַח לֵאלוֹהִים.

זבלז׳ זֶ֫בֶל garbage
1. אַשְׁפָּה:
זָרַקְתִּי אֶת הַזֶּבֶל לַפַּח.
2. חוֹמֶר אוֹרְגָנִי אוֹ כִּימִי שֶׁשָּׂמִים בָּאֲדָמָה כְּדֵי לַעֲזוֹר לְגִידּוּל הַצְּמָחִים: fertilizer
כְּדַאי לְפַזֵּר זֶבֶל אוֹרְגָנִי בַּגִּינָה בְּחוֹדֶשׁ אוֹקְטוֹבֶּר.

זבןז׳ זַבָּן [זַבָּנִים] salesperson
מוֹכֵר בַּחֲנוּת:
הַזַּבָּן אָמַר, שֶׁמָּחָר יַגִּיעוּ שְׂמָלוֹת חֲדָשׁוֹת.
זַבָּנִית, זַבָּנִיּוֹת

זגגז׳ זַגָּג [זַגָּגִים] glazier
בַּעַל מְלָאכָה שֶׁעוֹבֵד עִם זְכוּכִית:
הַזַּגָּג הֶחְלִיף אֶת הַזְּכוּכִית הַשְּׁבוּרָה בַּחַלּוֹן.

זגגותנ׳ זַגָּגוּת glass making
הַמִּקְצוֹעַ שֶׁל הַזַּגָּג, תִּיקּוּן חַלּוֹנוֹת אוֹ דַּלְתוֹת מִזְּכוּכִית:
בַּבַּיִת הֶחָדָשׁ עוֹד לֹא גָּמְרוּ אֶת עֲבוֹדוֹת הַזַּגָּגוּת.

זגוגיתנ׳ זְגוּגִית [זְגוּגִיּוֹת] glass, glaze
זְכוּכִית, לוּחַ זְכוּכִית בְּחַלּוֹן אוֹ בְּדֶלֶת:
זְגוּגִית הַחַלּוֹן נִשְׁבְּרָה.

זדוןז׳ זָדוֹן malice
רוֹעַ לֵב.
בְּזָדוֹןת״פ - בְּכַוָּונָה רָעָה:
הוּא לֹא פָּצַע אוֹתוֹ בְּמִקְרֶה אֶלָּא בְּזָדוֹן.

זדונית׳ זְדוֹנִי malicious
רַע, נַעֲשָׂה מִתּוֹךְ כַּוָּונָה רָעָה:
לְהַגִּיד לְבַחוּרָה שֶׁהִיא שְׁמֵנָה זֶה דָּבָר זְדוֹנִי.
זְדוֹנִית, זְדוֹנִיִּים, זְדוֹנִיּוֹת

זהמ״ג זֶה [אֵלֶּה] this (m)
שֵׁם לְגוּף אוֹ לְדָבָר מִמִּין זָכָר, שֶׁמַּצְבִּיעִים עָלָיו:
זֶה הַסֵּפֶר שֶׁלִּי. / הַסֵּפֶר הַזֶּה שֶׁלִּי.

זהבז׳ זָהָב gold
מַתֶּכֶת יְקָרָה שֶׁעוֹשִׂים מִמֶּנָּה מַטְבְּעוֹת, תַּכְשִׁיטִים:
יֵשׁ לִי מַטְבֵּעַ זָהָב עַתִּיק.

זההת׳ זֵהֶה identical
אִידֶנְטִי, אוֹתוֹ דָּבָר:
דָּן וְדָוִיד תְּאוֹמִים זֵהִים. / שְׁנֵי הַבּוּלִים זֵהִים.
זֵהָה, זֵהִים, זֵהוֹת

זהומ״ג זֶהוּ֫ this is
(זֶה + הוּא) זֶה, גּוּף מִמִּין זָכָר שֶׁמַּצְבִּיעִים עָלָיו:
הָיִיתִי בְּיַם־הַמֶּלַח, זֶהוּ הַמָּקוֹם הַנָּמוּךְ בְּיוֹתֵר בָּעוֹלָם.

זהובת׳ זָהֹב/זָהוֹב golden
צֶבַע הַזָּהָב:
בַּשִּׂמְלָה שֶׁלִּי יֵשׁ פַּסִּים זְהוּבִּים.
זְהוּבָּה, זְהוּבִּים, זְהוּבּוֹת

זהותנ׳ זֶהוּת [זֶהוּיוֹת] identity
1. מִיהוּ הָאִישׁ. פְּרָטִים כְּמוֹ: שֵׁם פְּרָטִי, שֵׁם מִשְׁפָּחָה, כְּתוֹבֶת וְכוּ':
הַמִּשְׁטָרָה גִּילְּתָה אֶת זֶהוּת הַגַּנָּב.
2. דִּמְיוֹן מוּחְלָט: exact similarity
לְיִשְׂרָאֵל וְלַאֲמֶרִיקָה יֵשׁ זֶהוּת אִינְטֶרֶסִים.
תְּעוּדַת זֶהוּת ID card

זהירת׳ זָהִיר careful, cautious
שׁוֹמֵר עַל עַצְמוֹ שֶׁלֹּא יִיפָּגַע:

יוסף הוא נֶהָג זָהִיר.
זְהִירָה, זְהִירִים, זְהִירוֹת

זהירותנ׳ זְהִירוּת — caution, care
שמירָה מִכֹּל מִינֵי סַכָּנוֹת:
צָרִיך לִשְׁמוֹר עַל חוּקֵי ***הַזְּהִירוּת*** *בַּדְּרָכִים.*
בִּזְהִירוּתתה״פ - מִתּוֹך שמִירָה עַצְמִית: — with care
הוּא נָהַג ***בִּזְהִירוּת*** *בַּכְּבִישׁ הַמָּהִיר.*

זומ״ג זוֹ [אֵלֶה] — this (f)
זֹאת, הַנִּמְצֵאת כָּאן [שֵׁם גוּף לִנְקֵבָה]:
זוֹ *הַמַּחְבֶּרֶת שֶׁלִּי וְאֵלֶה הַמַּחְבָּרוֹת שֶׁלּוֹ.*

זוב (דם)ז׳ זוֹב (דָּם) — flow
נְזִילָה:
הוּא הִיכָּה אוֹתוֹ עַד זוֹב דָּם.

זוגז׳ זוּג [זוּגוֹת] — couple, pair
שְׁנַיִים יַחַד:
זוּג *צָעִיר רוֹצֶה לִשְׂכּוֹר אֶת הַדִּירָה.*
זוּג אוֹ פֶּרֶט — odd or even
זוּג יוֹנִים/זוּגוֹת צְעִירִים/בֶּן־זוּג/בַּת זוּג

זוגית׳ זוּגִי — even
יֵשׁ מִמֶּנוּ שְׁנַיִים:
הַמִּסְפָּרִים 2, 4, 6 וְכוּ׳ הֵם ***זוּגִיִּים.***
כַּרְטִיס זוּגִי — for two
(בְּדִיקְדּוּק) **צוּרַת הַזּוּגִי** — dual
זוּגִית, זוּגִיִּים, זוּגִיּוֹת

זוגיותנ׳ זוּגִיּוּת — dyad
מַצָּב שֶׁל שְׁנַיִים:
אֲנָשִׁים מִתְחַתְּנִים כְּדֵי לִחְיוֹת ***בְּזוּגִיּוּת.***

זוההפ׳ זוֹהָה — was identified
1. זִיהוּ אוֹתוֹ, יָדְעוּ מִיהוּ:
הוּא ***זוֹהָה*** *בַּמִּשְׁטָרָה.*
2. זוֹהָה עִם - חוֹשְׁבִים שֶׁתָּמַך בְּ-: — was associated with
הוּא ***מְזוֹהֶה*** *עִם הָרָדִיקָלִים.*
זוֹהֵיתִי עִם- / ז.ה.ה, פּוּעַל / מְזוֹהֶה, אֱזוֹהֶה, יְזוֹהֶה

זוהימ״ג/ב׳ זוֹהִי — this is (f)
(זוֹ + הִיא) זֹאת הִיא:
זוֹהִי *אִימָּא שֶׁל דָּוִיד.*

זוהםפ׳ זוֹהַם — was polluted
לִיכְלְכוּ אוֹתוֹ מְאוֹד:
הַיָּם ***זוֹהַם*** *בְּנֵפְט מִן הָאוֹנִיּוֹת.*
/ ז.ה.ם, פּוּעַל / זוֹהֲמוּ, מְזוֹהָם, יְזוֹהַם, יְזוֹהֲמוּ

זוהמהנ׳ זֻהֲמָה — filth
לִיכְלוּך:
צָרִיך לְסַלֵּק אֶת ***הַזּוּהֲמָה*** *מִן הָרְחוֹבוֹת.*

זוהרז׳ זֹהַר — brilliance, radiance
אוֹר:
כְּשֶׁהַשֶּׁמֶשׁ זוֹרַחַת מִתְפַּשֵּׁט ***זֹהַר*** *בְּכָל הָעוֹלָם.*

זוהרת׳ זוֹהֵר — shining, radiating
מַבְרִיק:
הַיַּהֲלוֹם בַּטַּבַּעַת ***זוֹהֵר.*** */ כּוֹכַב הַצָּפוֹן* ***זוֹהֵר*** *בַּשָּׁמַיִם.*
זוֹהֶרֶת, זוֹהֲרִים, זוֹהֲרוֹת

זווגפ׳ זֻוַּג — was paired off
חִיבְּרוּ אוֹתוֹ עִם מִישֶׁהוּ אוֹ מַשֶּׁהוּ:
הוּא ***זוּוַּג*** *לְדָוִיד, וְיַחַד הֵם מְכִינִים אֶת הָעֲבוֹדָה.*
/ ז.ו.ג, פּוּעַל / זוּוַּגְתִּי, מְזוּוָּג, יְזוּוַּג, יְזוּוְּגוּ

זוויתנ׳ זָוִית [זָוִיּוֹת] — edge, corner
1. פִּינָּה:
קִיבַּלְתִּי מַכָּה ***בְּזָוִית*** *הַשּׁוּלְחָן.*
2. בְּגֵיאוֹמֶטְרִיָּה - הַפִּינָּה בִּמְשׁוּלָּשׁ, מְרוּבָּע וְכוּ׳:
בִּמְשׁוּלָּשׁ הַזֶּה יֵשׁ ***זָוִית*** *שֶׁל 90° וּשְׁתֵּי זָוִיּוֹת שֶׁל 45°.*
זָוִית חַדָּה — acute angle
זָוִית יְשָׁרָה — right angle
זָוִית קֵהָה — obtuse angle
זָוִית־רְאִיָּיה — point of view
מַד־זָוִית — protractor

זוועהנ׳ זְוָעָה [זְוָועוֹת] — horror
דָּבָר נוֹרָא:
הֵם עָשׂוּ מַעֲשֵׂי ***זְוָועָה*** *- הָרְגוּ נָשִׁים וִילָדִים.*
מַעֲשֵׂי זְוָועָה — atrocities

זוועתית׳ זְוָעָתִי (זְוָעָתִי) — awful, horrible
אָיוֹם וְנוֹרָא:
לֹא אֶשְׁכַּח אֶת הַמַּרְאֶה ***הַזְּוָועָתִי*** *שֶׁל הַמֵּתִים.*
זְוָעָתִית, זְוָעָתִיִּים, זְוָעָתִיּוֹת

זוזפ׳ זוּז! — move over
לֵך קְצָת לַצַּד:
זוּז *מִפֹּה! אַל תַּעֲמוֹד עַל יָדִי!*
לָזוּז / ז.ו.ז, פָּעַל / (צִיווּי) זוּזִי!, זוּזוּ!

זוחליםז"ר זוֹחֲלִים — reptiles

סוּג בַּעֲלֵי חַיִּים, שֶׁאֵין לָהֶם רַגְלַיִים:

*הַנָּחָשׁ הוּא מִמִּשְׁפַּחַת **הַזּוֹחֲלִים**.*

זוטא (זוטה)ת' זוּטָא — minor, trifle

קָטָן מְאוֹד וְלֹא חָשׁוּב:

*לֹא צָרִיךְ לָשִׂים לֵב **לְזוּטוֹת**.*

מִשְׁפָּט זוּטָא — little trial

זוּטִית, זוּטִים, זוּטוֹת

זוטרת' זוּטָר — junior

קָטָן, נָמוּךְ בְּהִירַרְכִיָּה:

*הוּא פָּקִיד **זוּטָר**, וְחוֹשֵׁב שֶׁהוּא מְנַהֵל גָּדוֹל.*

זוּטָרָה-זוּטֶרֶת, זוּטָרִים, זוּטָרוֹת

זויףפ' זֻיַּף — was forged

זִייפוּ אוֹתוֹ, עָשׂוּ שֶׁיֵּירָאֶה כְּמוֹ הָאוֹרִיגִינָל:

*הַחֲתִימָה שֶׁלִּי בַּצֶ'יק **זוּיְּפָה**.*

/ ז.י.ף, פּוּעַל / זוּיפוּ, מְזוּיָּף, יְזוּיַּף, יְזוּיפוּ

זוכהפ' זֻכָּה — was acquitted

1. יָצָא זַכַּאי בְּמִשְׁפָּט, נִמְצָא לֹא אָשֵׁם:

*הוּא **זוּכָּה** מִכָּל הָאַשְׁמוֹת.*

2. נִרְשַׁם כֶּסֶף לְטוֹבַת מִישֶׁהוּ: — was credited with

*כְּשֶׁנִּכְנְסָה הַמַּשְׂכּוֹרֶת לַבַּנְק **זוּכָּה** הַחֶשְׁבּוֹן ב-2500 ש"ח.*

/ ז.כ.ה, פּוּעַל / זוּכֵּיתִי, מְזוּכֶּה, אֲזוּכֶּה, יְזוּכֶּה

זולת' זוֹל — inexpensive

מְחִיר נָמוּךְ, עוֹלֶה מְעַט כֶּסֶף:

*הַפֵּירוֹת וְהַיְּרָקוֹת **זוֹלִים** בְּעוֹנָה זוֹ.*

בְּזוֹלת"פ - — inexpensively

*קָנִיתִי מְכוֹנִית חֲדָשָׁה **בְּזוֹל**.*

בְּזִיל הַזּוֹלת"פ — dirt cheap

זולתז' זוּלַת — others, the public

הָאַחֵר, מִישֶׁהוּ אַחֵר:

*צָרִיךְ לְהִתְחַשֵּׁב **בַּזּוּלַת**.*

חוּץ מִ- מ"ק — except

*כָּל הַיְּלָדִים **זוּלַת** דָּוִד, יָצְאוּ לְטִיּוּל.*

זומןפ' זֻמַּן — was summoned

הִזְמִינוּ אוֹתוֹ לִפְגִישָׁה (בְּאוֹפֶן פוֹרְמָלִי):

*הֵם **זוּמְּנוּ** לְשָׁעָה 8.00.*

/ ז.מ.ן, פּוּעַל / זוּמַּנְתִּי, מְזוּמָּן, אֲזוּמַּן, יְזוּמַּן

זונהנ' זוֹנָה [זוֹנוֹת] — prostitute

מִי שֶׁמְּקַיֶּימֶת יַחֲסֵי־מִין בְּעַד כֶּסֶף:

*הַמִּשְׁטָרָה גֵּירְשָׁה אֶת **הַזּוֹנוֹת** מֵהָרְחוֹבוֹת.*

זועזעפ' זֻעֲזַע — was shaken

גָּרְמוּ שֶׁיִּתְרַגֵּשׁ מְאוֹד (מִדָּבָר שְׁלִילִי):

***זוּעֲזַעְתִּי** מִן הַהִתְנַהֲגוּת הַמְּכוֹעֶרֶת שֶׁלָּהֶם.*

זוּעֲזַעְתִּי / ז.ע.ז.ע, פּוּעַל / מְזוּעְזָע, יְזוּעֲזַע, יְזוּעַזְעוּ

זזפ' זָז — moved, stirred

עָשָׂה תְנוּעָה קְטַנָּה, נָע:

*הַיֶּלֶד יָשַׁב מוּל הַטֶּלֶוִויזְיָה וְלֹא **זָז** מִמֶּנָּה יָמִינָה אוֹ שְׂמֹאלָה.*

לָזוּז / ז.ו.ז, פָּעַל / זַזְתִּי, זָזָה, אָזוּז, יָזוּז, זוּז!

זחילהנ' זְחִילָה [זְחִילוֹת] — crawling

1. הִתְקַדְּמוּת עַל הַבֶּטֶן, אוֹ עַל הַיָּדַיִים וְהָרַגְלַיִים:

*הַתִּינוֹק מַגִּיעַ לְכָל מָקוֹם **בִּזְחִילָה**.*

2. עֲשִׂיָּיה אִיטִּית: — very slow motion

*זֹאת לֹא רִיצָה, זֹאת **זְחִילָה**.*

3. (מֶטָאפוֹרָה) כְּשֶׁמִּישֶׁהוּ — groveling

מִתְחַנֵּף, מְווַתֵּר עַל הַכָּבוֹד שֶׁלּוֹ:

*"**הַזְּחִילָה**" שֶׁלּוֹ לִפְנֵי הַמְּנַהֵל מְבַיֶּישֶׁת.*

זחלפ' זָחַל — crawled

1. הִתְקַדֵּם עַל הַבֶּטֶן:

*הַתִּינוֹק **זוֹחֵל**, לִפְנֵי שֶׁהוּא לוֹמֵד לָלֶכֶת.*

2. מִתְקַדֵּם לְאַט מְאוֹד:

*הָאוֹטוֹבּוּס הַזֶּה לֹא נוֹסֵעַ - הוּא **זוֹחֵל**!*

לִזְחוֹל עַל- / ז.ח.ל, פָּעַל / זָחַלְתִּי, זוֹחֵל, אֶזְחַל, יִזְחַל

זחל"םז' זַחְלָ"ם — armored truck

כְּלִי רֶכֶב, חֲצִי מְכוֹנִית חֲצִי טַנְק:

*הַחַיָּילִים נָסְעוּ **בְּזַחְלָ"ם**.*

זחלןתו"ז זַחְלָן — slow mover

מִי שֶׁמִּתְקַדֵּם לְאַט:

*הוּא כָּזֶה **זַחְלָן**, הוּא אַף פַּעַם לֹא גּוֹמֵר עֲבוֹדָה בַּזְּמַן.*

זַחְלָנִית, זַחְלָנִים, זַחְלָנִיּוֹת

זיבולז' זִבּוּל — fertilizing

פִּיזּוּר שֶׁל זֶבֶל - חוֹמֶר אוֹרְגָנִי:

*לֹא דַּי **בְּזִיבּוּל** הַגִּינָה, צָרִיךְ גַּם מַיִם.*

'זִיבּוּלֵי רֹאשׁ' — 'bullshit'

זיבלפ' זִבֵּל — fertilized

פִּיזֵּר זֶבֶל - חוֹמֶר אוֹרְגָנִי לְגִידּוּל צְמָחִים:

***זִיבַּלְנוּ** אֶת הַשָּׂדֶה, כְּדֵי שֶׁהָאֲדָמָה תִּהְיֶה טוֹבָה יוֹתֵר.*

(לְשׁוֹן דִּיבּוּר) **זִיבֵּל אֶת הַשֵּׂכֶל** - בִּלְבֵּל אֶת הַמּוֹחַ.

לְזַבֵּל אֶת- / ז.ב.ל, פִּיעֵל / זִיבַּלְתִּי, מְזַבֵּל, אֲזַבֵּל, זַבֵּל!

זיההפ' זִהָה — identified

הִכִּיר לְפִי הַפָּנִים אוֹ לְפִי סִימָנִים אֲחֵרִים:

*הַיֶּלֶד **זִיהָה אֶת** אָבִיו בֵּין כֹּל הַחַיָּילִים.*
לְזַהוֹת אֶת- / ז.ה.ה, פִּיעֵל / זִיהִיתִי, מְזַהֶה, אֲזַהֶה, יְזַהֶה

זיהויז, זִהוּי [זִיהוּיִים] — identification
אִידֶנְטִיפִיקַצְיָה, מִישֶׁהוּ שֶׁהִכִּירוּ מִיהוּ:
*הַ**זִּיהוּי** נַעֲשָׂה לְפִי הַשִּׁינַּיִים.*

זיהוםז, זִהוּם [זִיהוּמִים] — pollution
לִיכְלוּךְ:
*עֲשַׁן הַמְּכוֹנִיוֹת גָּרַם **זִיהוּם** אֲוִויר.*

זיהםפ, זִהֵם — polluted
לִיכְלֵךְ:
*הֶעָשָׁן שֶׁל הַמְּכוֹנִיּוֹת **מְזַהֵם** אֶת הָאֲוִויר.*
לְזַהֵם אֶת- / ז.ה.ם, פִּיעֵל / זִיהַמְתִּי, מְזַהֵם, אֲזַהֵם, יְזַהֵם

זיוז, זִיו — brilliance
זִיו פָּנִים - פָּנִים נְעִימוֹת (עִם אוֹר וְזוֹהַר):
*מָתַי אֶרְאֶה אֶת **זִיו** פָּנַיִךְ?*

זיווגפ, זִוֵּג — paired, matched (off)
חִיבֵּר שְׁנַיִים לְזוּג:
*הוּא **זִיוֵּג** בֵּין רוּת לְדָוִיד.*
לְזַוֵּוג אֶת- / ז.ו.ג, פִּיעֵל / זִיוַּוגְתִּי, מְזַוֵּוג, אֲזַוֵּוג, יְזַוֵּוג

זיווגז, זִוּוּג [זִיוּוּגִים] — coupling, matching
חִיבּוּר בֵּין שְׁנַיִים, עֲשִׂיַּית זוּג:
*הַ**זִּיוּוּג** שֶׁל רוּת וְדָוִיד לֹא הִצְלִיחַ - הֵם נִפְרְדוּ.*
זִיוּוּג מִן הַשָּׁמַיִםב — a match made in heaven

זיוןז, זִיּוּן [זִיּוּנִים] — arming
1. הֲכָנָה שֶׁל נֶשֶׁק לְמִלְחָמָה:
זִיּוּן מְדִינַת יִשְׂרָאֵל עוֹלֶה כֶּסֶף רַב.
2. חִיזּוּק שֶׁל חוֹמָרִים: — reinforcement
זִיּוּן הַבֵּטוֹן חָשׁוּב לַבְּנִיָּיה.
3. (בְּלָשׁוֹן וּולְגָרִית) יַחֲסֵי מִין: — fucking (vulgar)
*דָּן בֶּן אָמוֹץ כָּתַב סֵפֶר פְּרוֹבוֹקָטִיבִי בְּשֵׁם '**זִיּוּנִים** זֶה לֹא הַכּוֹל'.*

זיוףז, זִיּוּף [זִיּוּפִים] — forgery
1. עֲשִׂיָּיה שֶׁל מַשֶּׁהוּ דוֹמֶה (כְּדֵי לְרַמּוֹת):
זִיּוּף הַחֲתִימָה נִרְאֶה מוּצְלָח מְאוֹד.
2. עֲשִׂיָּיה לֹא מְדוּיֶּקֶת: — being off-key
*הָיוּ הַרְבֵּה **זִיּוּפִים** בַּשִּׁירָה שֶׁלָּה.*

זייןפ, זִיֵּן — armed
1. דָּאַג לְנֶשֶׁק:
*אַרְצוֹת הַבְּרִית **מְזַיֶּינֶת** אֶת מְדִינַת יִשְׂרָאֵל בְּתוֹתָחִים.*
2. חִיזֵּק: — reinforced
*צָרִיךְ **לְזַיֵּין** אֶת הַבֵּטוֹן לַבְּנִיָּיה.*
3. (לָשׁוֹן וּולְגָרִית) קִיֵּים יַחֲסֵי מִין: — fucked (vulgar)
זַיֵּין אֶת הַשֵּׂכֶל - בִּילְבֵּל אֶת הַמּוֹחַ
לְזַיֵּין אֶת- /ז.י.ן, פִּיעֵל / זִיַּינְתִּי, מְזַיֵּין, יְזַיֵּין, זַיֵּין!

זייןז, זַיִן — arms, weapons
1. נֶשֶׁק (רוֹבֶה, אֶקְדָּח וְכוּ'):
*אֲנַחְנוּ קוֹנִים כְּלֵי **זַיִן** כְּדֵי לְהָגֵן עַל עַצְמֵנוּ.*
2. (בְּלָשׁוֹן וּולְגָרִית): אֵיבַר הַמִּין שֶׁל הַגֶּבֶר: — penis
דָּן בֶּן אָמוֹץ כָּתַב סֵפֶר פְּרוֹבוֹקָטִיבִי בְּשֵׁם -
'לֹא שָׂם **זַיִן**' (שֶׁפֵּירוּשׁוֹ: לֹא אִיכְפַּת לִי מִכְּלוּם).

זייףפ, זִיֵּף — forged
1. עָשָׂה שֶׁיִּהְיֶה כְּמוֹ (כְּדֵי לְרַמּוֹת):
*הוּא **זִיֵּיף** אֶת הַחֲתִימָה שֶׁלִּי.*
2. לֹא דִּייֵּק, לֹא עָשָׂה כְּמוֹ שֶׁצָּרִיךְ: — was off-key
*הִיא לֹא יוֹדַעַת לָשִׁיר, הִיא **מְזַיֶּיפֶת**.*
לְזַיֵּיף אֶת- / ז.י.ף, פִּיעֵל / זִיַּיפְתִּי, מְזַיֵּיף, אֲזַיֵּיף, יְזַיֵּיף

זייפןז, זַיְּפָן [זַיְּפָנִים] — forger
1. מַעְתִּיק חֲתִימוֹת (כֶּסֶף וְכוּ') כְּדֵי לְרַמּוֹת:
*אָסוּר לִקְנוֹת אֶצְלוֹ מַטְבְּעוֹת, כִּי הוּא **זַיְּפָן**.*
2. הָעוֹשֶׂה לֹא בְּדִיּוּק: — someone who is off-key
*הַ**זַּיְּפָן** שָׁר לֹא נָכוֹן.*
זַיְּפָנִית, זַיְּפָנִיּוֹת

זיכהפ, זִכָּה — acquitted
1. קָבַע שֶׁאֵינוֹ אָשֵׁם:
*הַשּׁוֹפֵט **זִיכָּה** אֶת הָאִישׁ וְאָמַר, שֶׁהוּא לֹא אָשֵׁם.*
2. שָׂם כֶּסֶף בְּחֶשְׁבּוֹן הַבַּנְק: — credited
*הַבַּנְק **זִיכָּה** אֶת הַחֶשְׁבּוֹן שֶׁלִּי בְּ-1000 שֶׁקֶל.*
לְזַכּוֹת אֶת- / ז.כ.ה, פִּיעֵל / זִיכִּיתִי, מְזַכֶּה, יְזַכֶּה, זַכֵּה!

זיכויז, זִכּוּי [זִיכּוּיִים] — acquittal
1. בִּיטּוּל שֶׁל אַשְׁמָה:
*עוֹרֵךְ הַדִּין הִשִּׂיג אֶת **זִיכּוּי** הַנֶּאֱשָׁם.*
2. (בִּבְּהוּכַלְטֶרְיָה): כְּשֶׁרוֹשְׁמִים כֶּסֶף לְטוֹבַת מִישֶׁהוּ: — credit
*הִכְנַסְתִּי צֶ'יק לַבַּנְק, עַכְשָׁיו יֵשׁ לִי **זִיכּוּי** שֶׁל 1000 ש"ח.*
זִיכּוּיִים אִישִׁיִּים — personal deductions

זיכיוןז, זִכָּיוֹן [זִיכְיוֹנוֹת] — concession
(קוֹנְצֶסְיָה), זְכוּת פוֹרְמָלִית לְהִשְׁתַּמֵּשׁ בְּמַשֶּׁהוּ צִיבּוּרִי וּלְהַרְוִויחַ:
*יֵשׁ לוֹ **זִיכָּיוֹן** לְחַפֵּשׂ נֵפְט בָּאָרֶץ.*

זיכךפ, זִכֵּךְ — refined
נִיקָּה (בְּעִיקָּר נוֹזְלִים):

*הוּא **זִיכֵּךְ** אֶת הַשֶּׁמֶן.*
לְזַכֵּךְ אֶת- / ז.כ.ך, פִּיעֵל / זִיכַּכְתִּי, מְזַכֵּךְ, אֲזַכֵּךְ, יְזַכֵּךְ

זיכרון ז, זִכָּרוֹן [זיכרונות] memory
שְׁמִירַת אִינְפוֹרְמַצְיָה בָּרֹאשׁ, בְּלִי לִשְׁכּוֹחַ:
*יֵשׁ לוֹ **זִיכָּרוֹן** טוֹב, הוּא זוֹכֵר כֹּל מַה שֶּׁלָּמַד.*
יוֹם הַזִּיכָּרוֹן memorial day
זִיכְרוֹן דְּבָרִים minutes
זִיכְרוֹנוֹ לִבְרָכָה ר' ז"ל blessed be his memory
זִיכְרוֹנוֹת memoirs

זילזול ז, זִלְזוּל disregard
חוֹסֶר תְּשׂוּמֶת לֵב, הַיַּחַס לְמַשֶּׁהוּ לֹא חָשׁוּב:
*הַ**זִּילְזוּל** בְּחוּקֵי הַתְּנוּעָה מֵבִיא אָסוֹן.*
*הַמְּנַהֵל פִּיטֵּר אוֹתוֹ בִּגְלַל הַ**זִּילְזוּל** שֶׁלּוֹ בָּעֲבוֹדָה.*

זילזל פ, זִלְזֵל disrespected
הִתְנַהֵג בְּלִי כָּבוֹד, חָשַׁב שֶׁמַּשֶּׁהוּ לֹא חָשׁוּב:
*הוּא **מְזַלְזֵל** בַּאֲנָשִׁים צְעִירִים מִמֶּנּוּ.*
לְזַלְזֵל בְּ- / ז.ל.ז.ל, פִּיעֵל / זִילְזַלְתִּי, מְזַלְזֵל, אֲזַלְזֵל, יְזַלְזֵל

זימון ז, זִמּוּן [זימונים] summons
קְבִיעָה שֶׁל פְּגִישָׁה פוֹרְמָלִית:
*יֵשׁ לוֹ **זִימּוּן** לַצָּבָא.*

זימזום ז, זִמְזוּם [זימזומים] buzz
1. קוֹל שֶׁל דְּבוֹרָה, יַתּוּשׁ וְכוּ':
*הַ**זִּימְזוּם** הֵעִיר אוֹתִי מֵהַשֵּׁינָה.*
2. כְּשֶׁ"שָּׁרִים" בְּפֶה סָגוּר: hum
*הִיא שָׁרָה בְּקוֹל רָם, וַאֲנַחְנוּ לִיוִּינוּ אוֹתָהּ **בְּזִימְזוּם**.*

זימזם פ, זִמְזֵם buzzed
1. עָשָׂה קוֹל שֶׁל דְּבוֹרָה, יַתּוּשׁ וְכוּ':
*הַדְּבוֹרִים **מְזַמְזְמוֹת** וּמַפְרִיעוֹת לִישׁוֹן.*
2. "שָׁר" בְּפֶה סָגוּר: hummed
*אֲנִי **מְזַמְזֵם**, כִּי אֲנִי לֹא יוֹדֵעַ לָשִׁיר.*
לְזַמְזֵם / ז.מ.ז.ם, פִּיעֵל / זִימְזַמְתִּי, מְזַמְזֵם, אֲזַמְזֵם, יְזַמְזֵם

זימן פ, זִמֵּן summoned
1. קָבַע פְּגִישָׁה, הִזְמִין בְּאוֹפֶן פוֹרְמָלִי:
*הַמְּנַהֵל **זִימֵּן** אוֹתִי אֵלָיו.*
2. גָּרַם שֶׁיִּיפָּגְשׁוּ: got together
*הוּא **זִימֵּן** אֶת כֹּל הַחֲבֵרִים מִבֵּית הַסֵּפֶר.*
לְזַמֵּן אֶת- / ז.מ.ן, פִּיעֵל / זִימַּנְתִּי, מְזַמֵּן, אֲזַמֵּן, יְזַמֵּן

זימר פ, זִמֵּר sang
שָׁר:
*הִיא **מְזַמֶּרֶת** בְּמַקְהֵלָה.*
לְזַמֵּר / ז.מ.ר, פִּיעֵל / זִימַּרְתִּי, מְזַמֵּר, אֲזַמֵּר, יְזַמֵּר, זַמֵּר!

זינוק ז, זִנּוּק [זינוקים] leap
1. קְפִיצָה פִּתְאוֹמִית:
*הַ**זִּינּוּק** שֶׁל הֶחָתוּל מַפְחִיד אֶת הָעַכְבָּר.*
2. הַתְחָלָה שֶׁל הִתְחָרוּת: start
*אַחֲרֵי סִימַן הַ**זִּינּוּק** כּוּלָּם הִתְחִילוּ לָרוּץ.*

זינק פ, זִנֵּק bounced
1. קָפַץ פִּתְאוֹם, הִתְנַפֵּל:
*הֶחָתוּל **זִינֵּק** עַל הָעַכְבָּר.*
2. הִתְחִיל בְּהִתְחָרוּת: started
*כְּשֶׁשָּׁמְעוּ אֶת הַסִּימָן, **זִינְּקוּ** כֹּל הָרָצִים לַדֶּרֶךְ.*
לְזַנֵּק עַל- / ז.נ.ק, פִּיעֵל / זִינַּקְתִּי, מְזַנֵּק, אֲזַנֵּק, יְזַנֵּק, זַנֵּק!

זיעה נ, זֵעָה sweat, perspiration
נוֹזֵל שֶׁיּוֹצֵא מִן הַגּוּף דֶּרֶךְ הָעוֹר:
*כֹּל הַיּוֹם אֲנִי מְנַגֵּב אֶת הַ**זֵּיעָה**.*
בְּזֵיעַת אַפֶּיךָ - בַּעֲבוֹדָה קָשָׁה: *'**בְּזֵיעַת אַפֶּיךָ** תֹּאכַל לֶחֶם'.*

זיעזע פ, זִעְזַע (זַעֲזַע) startled, jolted
1. גָּרַם לְרַעַד:
*קוֹל הַפִּצְצָה **זִיעְזַע** אֶת הַבַּיִת.*
2. גָּרַם לְהִתְרַגְּשׁוּת, לְאִי-שֶׁקֶט: shook... up
*הַיְּדִיעָה עַל הָאָסוֹן **זִיעְזְעָה** אוֹתוֹ.*
לְזַעֲזֵעַ אֶת- / ז.ע.ז.ע, פִּיעֵל / זִיעַזַעְתִּי, מְזַעֲזֵעַ, יְזַעֲזֵעַ

זיפות ז, זִפּוּת pitching
כִּיסּוּי גַּג אוֹ כְּבִישׁ וְכוּ' בְּזֶפֶת (חוֹמֶר שָׁחוֹר):
__זִיפּוּת__ הַגַּג מֵגֵן עַל הַבַּיִת מִפְּנֵי גֶּשֶׁם.

זיפזיף ז, זִיפְזִיף gravel
חוֹל עָבֶה שֶׁלְּיַד הַיָּם:
*מִשְׁתַּמְּשִׁים **בְּזִיפְזִיף** לְבְנִיַּית בָּתִּים.*

זיפת פ, זִפֵּת pitched
שָׂם זֶפֶת שְׁחוֹרָה עַל כְּבִישׁ, גַּג וְכוּ':
*לִפְנֵי הַחוֹרֶף צָרִיךְ **לְזַפֵּת** אֶת הַגַּג.*
לְזַפֵּת אֶת- / ז.פ.ת, פִּיעֵל / זִיפַּתִּי, מְזַפֵּת, אֲזַפֵּת, יְזַפֵּת

זיק ז, זִיק [זיקים] spark
1. מַשֶּׁהוּ קָטָן שֶׁעוֹלֶה מִן הָאֵשׁ וּמֵאִיר לְרֶגַע:
*מִתּוֹךְ הַשְּׂרֵיפָה עָפוּ בָּאֲוִויר **זִיקִים** שֶׁל אֵשׁ.*
2. מְטָאפוֹרָה לְמַשֶּׁהוּ שֶׁיֵּשׁ מִמֶּנּוּ glimmer
מְעַט מְאוֹד (חַיִּים, תִּקְוָה, אַהֲבָה וְכוּ'):
*צָרִיךְ שֶׁיִּהְיֶה תָּמִיד **זִיק** שֶׁל תִּקְוָה.*

זיקהנ׳ זִקָּה [זיקוֹת] — affinity (rapport)

קֶשֶׁר, יַחַס בֵּין דְּבָרִים:

*יֵשׁ **זִיקָה** בֵּין מַה שֶׁעוֹשִׂים לְמַה שֶׁמְּקַבְּלִים.*

זיקוקז׳ זִקּוּק [זיקוּקים] — refining

1. נִיקוּי, טִיהוּר:

*כֶּסֶף וְזָהָב עוֹבְרִים תַּהֲלִיךְ שֶׁל **זִיקוּק**.*

2. זיקוּקים - אֵשׁ קְטַנָּה פִּתְאוֹמִית: — fireworks

*בְּיוֹם הָעַצְמָאוּת מַדְלִיקִים **זִיקוּקִים** בַּשָּׁמַיִם.*

בָּתֵּי זיקוּק - מָקוֹם שֶׁ"מְנַקִּים" נֵפְט מִן הָאֲדָמָה. — refineries

זיקוּקֵי דִינוּר (אֲרָמִית) - נִיצוֹצוֹת שֶׁל אֵשׁ

זיקיתנ׳ זִקִּית [זיקִיוֹת] — chameleon

בַּעַל חַיִּים זוֹחֵל, מַחְלִיף צְבָעִים:

*הַ**זִּיקִית** עַל הָאֲדָמָה מְקַבֶּלֶת צֶבַע חוּם.*

הוּא מַחְלִיף אֶת הַדֵּיעוֹת שֶׁלּוֹ כְּמוֹ **זִיקִית**.

זיקנהנ׳ זִקְנָה — old age

תְּקוּפַת הַחַיִּים הַמְאוּחֶרֶת יוֹתֵר:

*הוּא בֶּן 80, הוּא הִגִּיעַ לְגִיל **זִיקְנָה**.*

קָפְצָה עָלָיו זִיקְנָהב׳ — aged prematurely

זיקפהנ׳ זְקִפָּה [זיקפוֹת] — erection

כְּשֶׁאֵבֶר הַמִּין שֶׁל הַגֶּבֶר מִתְקַשֶּׁה:

*הָיְתָה לוֹ **זִיקְפָה**.*

זיקקפ׳ זִקֵּק — refined

נִיקָּה מֵחוֹמָרִים מְיוּתָּרִים, טִיהֵר:

*פֹּה **מְזַקְּקִים** אֶת הַנֵּפְט שֶׁמּוֹצְאִים בָּאֲדָמָה.*

לְזַקֵּק אֶת- / ז.ק.ק, פִּיעֵל / זִיקַּקְתִּי, מְזַקֵּק, אֲזַקֵּק, יְזַקֵּק

זירהנ׳ זִירָה [זירוֹת] — arena

1. אִיצְטַדְיוֹן, מָקוֹם לְקִירְקָס, לְתַחֲרוּיוֹת...:

*הָאֲרָיוֹת מוֹפִיעִים **בַּזִּירָה**.*

2. תְּחוּם, מָקוֹם: — scene, theatre

*בַּ**זִּירָה** הַבֵּינלְאוּמִית אֵין חָדָשׁ.*

זירוזז׳ זֵרוּז — prodding

כְּשֶׁמְּעוֹרְרִים מִישֶׁהוּ לְמַהֵר: כֹּל בּוֹקֶר אֲנִי עָסוּק **בְּזֵירוּז** הַיְלָדִים לָלֶכֶת לְבֵית הַסֵּפֶר.

זירזפ׳ זֵרֵז — hastened, prodded

גָּרַם שֶׁמִּישֶׁהוּ יְמַהֵר:

*"בּוֹא מַהֵר!" **זֵירֵז** הָאָב אֶת הַבֵּן.*

לְזָרֵז אֶת- / ז.ר.ז, פִּיעֵל / זֵירַזְתִּי, מְזָרֵז, אֲזָרֵז, יְזָרֵז, זָרֵז!

זיתז׳ זַיִת [זֵיתִים] — olive

פְּרִי עֵץ שֶׁעוֹשִׂים מִמֶּנּוּ שֶׁמֶן:

*בָּאָרֶץ יֵשׁ עֲצֵי **זַיִת** רַבִּים.*

שֶׁמֶן-זַיִת/זֵיתִים שְׁחוֹרִים/זֵיתִים יְרוּקִים

זךת׳ זַךְ — pure, clear

נָקִי, וּבָהִיר:

*אֲנִי **מִשְׁתַּמֵּשׁ** בְּשֶׁמֶן זַךְ.*

זַכָּה, זַכִּים, זַכּוֹת

זכאיתה״ז זַכַּאי [זַכָּאִים] — innocent

1. לֹא אָשֵׁם, אֵין עָלָיו אַשְׁמָה:

*הוּא יָצָא **זַכַּאי** בַּמִּשְׁפָּט.*

2. מַגִּיעַ לוֹ: — entitled

*הוּא **זַכַּאי** לְהַעֲלָאָה בַּמַּשְׂכֹּרֶת.*

אֲנַחְנוּ **זַכָּאִים** לְהַלְוָואָה מִמִּשְׂרַד הַקְּלִיטָה.

זַכָּאִית, זַכָּאִים, זַכָּאִיּוֹת

זכהפ׳ זָכָה — was acquitted

1. יָצָא לֹא אָשֵׁם בְּמִשְׁפָּט:

*הוּא **זָכָה** בַּמִּשְׁפָּט.*

2. הִגִּיעַ לְמָקוֹם רִאשׁוֹן, — won

הִצְלִיחַ לְהַשִּׂיג מַשֶּׁהוּ:

*דָּוִיד **זָכָה** בַּפְּרָס הָרִאשׁוֹן בַּתַּחֲרוּת.*

3. מַשֶּׁהוּ שֶׁרָצָה, קָרָה הִתְגַּשֵּׁם: — fulfilled

*אוּלַי בַּשָּׁנָה הַבָּאָה **נִזְכֶּה** לַעֲלוֹת לְיִשְׂרָאֵל.*

לִזְכּוֹת בְּ- / ז.כ.ה, פָּעַל / זָכִיתִי, זוֹכֶה, אֶזְכֶּה, זְכֵה!

זכוכיתנ׳ זְכוּכִית [זְכוּכִיוֹת] — glass

חוֹמֶר שָׁקוּף, נִשְׁבָּר בְּקַלּוּת. מְשַׁמֵּשׁ לַחַלּוֹנוֹת:

*הַחַלּוֹן עָשׂוּי **מִזְּכוּכִית** שְׁקוּפָה.*

נְיַר-זְכוּכִית - — sandpaper

זְכוּכִית מַגְדֶּלֶת - — magnifying glass

זכותנ׳ זְכוּת [זכוּיוֹת] — right, privilege

רְשׁוּת (לְפִי הַחוֹק) הַהֵיפֶךְ מֵ'חוֹבָה':

*לְכָל אֶזְרָח מֵעַל גִּיל 18 יֵשׁ **זְכוּת** בְּחִירָה.*

בִּזְכוּתמ״י - בִּגְלַל + מַשֶּׁהוּ חִיּוּבִי: — thanks to

***בִּזְכוּת** הַכִּשְׁרוֹנוֹת שֶׁלּוֹ הוּא קִיבֵּל עֲבוֹדָה.*

זְכוּת-יוֹצְרִים — copyright

זְכוּת-בְּחִירָה — right to vote

זכותנ׳ זַכּוּת — clarity

בְּהִירוּת, צְלִילוּת:

*אֲנִי מַעֲדִיף בְּרֵיכָה זוֹ בִּגְלַל **זַכּוּת** הַמַּיִם בָּהּ.*

זכייהנ׳ זְכִיָּה [זְכִיּוֹת] — winning

קַבָּלָה שֶׁל מַשֶּׁהוּ בְּלִי תַּשְׁלוּם:

*הַ**זְּכִיָּה** הַגְּדוֹלָה בְּ'פַּיִס' הִיא 300,000 ש"ח.*

זכירהנ׳ זְכִירָה — remembering
שמִירָה בַּזִיכָּרוֹן:
אֲנִי חַלָּשׁ בִּזְכִירָה שֶׁל שֵׁמוֹת וּמִספָּרִים.

זכרז׳ זָכָר — male, masculine
אֶחָד מִן הַמִּינִים, הַהֵיפֶךְ מִ'נְקֵבָה':
נוֹלַד לוֹ בֵּן זָכָר.
'סֵפֶר', 'עֵט', 'בַּחוּר', 'כַּד' הֵם שֵׁמוֹת מִמִּין **זָכָר**.

זכרפ׳ זָכַר — remembered
שָׁמַר בַּזִיכָּרוֹן, לֹא שָׁכַח:
דָוִיד זָכַר אֶת הַבַּיִת שֶׁגָּר בּוֹ, כְּשֶׁהָיָה בֶּן 5.
לִזכּוֹר אֶת- / ז.כ.ר, פָּעַל / זָכַרתִי, זוֹכֵר, יִזכּוֹר, זכוֹר!

זכר׳ז׳ זֵכֶר — memory
1. זִיכָּרוֹן, כּשֶׁזוֹכרִים מִישֶׁהוּ אוֹ מַשֶּׁהוּ:
זֵכֶר הַמֵּתִים בַּמִלחָמוֹת תָּמִיד אִיתָּנוּ.
2. **לְזֵכֶר** - כְּדֵי לִזכּוֹר: — in memory of
חַג הַפֶּסַח הוּא לְזֵכֶר יְצִיאַת מִצרַיִם.

ז"ל, זַ"ל — blessed be his memory
ר"ת שֶׁל 'זִיכרוֹנוֹ **לִ**בְרָכָה'.
אוֹמרִים כּשֶׁמַּזכִּירִים שֵׁם שֶׁל מֵת:
סָבִי זַ"ל מֵת לִפנֵי שָׁנִים רַבּוֹת.

זלגפ׳ זָלַג — shed (tears)
נָזַל, יָרַד:
הוּא בָּכָה, וְהַדמָעוֹת זָלגוּ מֵעֵינָיו.
לִזלוֹג מִ- / ז.ל.ג, פָּעַל / זָלגוּ, זוֹלֵג, יִזלוֹג, יִזלְגוּ

זלילהנ׳ זְלִילָה — gorging
אֲכִילָה שֶׁל הַרבֵּה אוֹכֶל:
צָרִיךְ לְהַפסִיק אֶת הַזלִילָה, כְּדֵי לֹא לְהַשמִין.

זללפ׳ זָלַל — gorged himself
אָכַל הַרבֵּה מְאוֹד:
זָלַלתִי הַרבֵּה שוֹקוֹלָד, וַאֲנִי צָרִיךְ דִיאֶטָה.
לִזלוֹל אֶת- / ז.ל.ל, פָּעַל / זָלַלתִי, זוֹלֵל, יִזלוֹל, זלוֹל!

זלףפ׳ זָלַף — drizzled
טִיפטֵף, נָזַל לְאַט:
הַגֶּשֶׁם זוֹלֵף.
לִזלוֹף / ז.ל.ף, פָּעַל / זָלַפתִי, זוֹלֵף, אֶזלוֹף, יִזלוֹף, זלוֹף!

זמזםז׳ זַמְזָם [זַמזָמִים] — buzzer
מַכשִׁיר שֶׁמַּשמִיעַ זִימזוּם (מַכשִׁיר מוֹרס וְכוּ'):
הַזַמזָם מוֹדִיעַ, שֶׁהַתַּנוּר הַחַשמַלִי הִפסִיק לִפעוֹל.

זמיןת׳ זָמִין — available
אֶפשָׁר לְהַשִּׂיג אוֹתוֹ:
הָעִיתוֹן הַזֶּה זָמִין, אֶפשָׁר לִקנוֹת אוֹתוֹ בְּכָל מָקוֹם.
זמִינָה, זמִינִים, זמִינוֹת

זמירז׳ זָמִיר — nightingale
צִיפּוֹר שֶׁשָּׁרָה:
הַזָמִיר הוּא צִיפּוֹר שִׁיר יָפָה.
יֵשׁ לוֹ קוֹל יָפֶה כּמוֹ לְזָמִיר.

זמירותנ"ר זְמִירוֹת — Sabbath hymns
שִׁירִים שֶׁשָּׁרִים, בְּעִיקָר שִׁירִים דָתִיִים:
סַבָּא שֶׁלִי אָהַב לָשִׁיר זְמִירוֹת בְּשַׁבָּתוֹת וּבְחַגִּים.

זמםפ׳ זָמַם — schemed
עָשָׂה תוֹכנִיוֹת כְּדֵי לַעֲשׂוֹת רָעָה:
זָמַמתִי לְהָעִיר אוֹתוֹ בְּאֶמצַע הַלַּילָה.
לִזמוֹם / ז.מ.ם, פָּעַל / זָמַמתִי, זוֹמֵם, אֶזמוֹם, יִזמוֹם

זמןז׳ זְמַן [זמַנִים] — time
הַיָּמִים שֶׁל הֶעָבָר, הַהוֹוֶה וְהֶעָתִיד אוֹ חֵלֶק מֵהֶם:
'הַזמַן קָצָר, וְהַמְלָאכָה מְרוּבָּה'.
בִּזְמַנּוֹ — at one time
לֹא מִזְמַן — not long ago
מִזמַן — long ago
זמַן-אֱמֶת — real time
זמַן-מָה — a while
בִּזמַן שֶׁ — when, while

זמנית׳ זְמַנִּי — temporary
לֹא קָבוּעַ, לִתקוּפָה מְסוּיֶמֶת:
בַּעַל הַבַּיִת שָׂכַר עוֹבֵד זְמַנִּי לַעֲבוֹדָה בַּגִּינָה.
זמַנִית, זמַנִיִים, זמַנִיוֹת

זמניתת"פ זְמַנִּית — temporarily
בְּאוֹפֶן זמַנִי, לֹא בִּקבִיעוּת:
הַמִשׂרָד נִסגַר זְמַנִּית.

זמרז׳ זַמָּר [זַמָּרִים] — singer
מִי שֶׁיּוֹדֵעַ לָשִׁיר וְשָׁר לִפנֵי קָהָל:
הַזַמָּר שָׁר בָּאוֹפֶּרָה.
זַמֶּרֶת, זַמָּרוֹת

זמר׳ז׳ זֶמֶר — singing, song
שִׁיר שֶׁשָּׁרִים:
הִיא קִיבְּלָה פְּרָס רִאשׁוֹן בְּתַחֲרוּת זֶמֶר.
כְּלֵי זֶמֶר - מְנַגְּנִים עֲמָמִיִים, — ethnic musicians
מְנַגנִים בְּעִיקָר בַּחֲתוּנוֹת

זמרהנ׳ זִמְרָה — singing
שִירָה, פעולַת הַשִירָה:
*בְּשִיעוּר **זמרה** לִימדו שִיר חָדָש.*

זןז׳ זַן [זַנִים] — variety, species
סוג שֶל פְּרִי, עֵץ וְכוּ׳:
*הָאַגְרוֹנוֹמִים מְפַתְּחִים **זַנִים** חֲדָשִים.*

זנבז׳ זָנָב [זְנָבוֹת] — tail
חֵלֶק בְּקָצֶה שֶל גוּף בַּעֲלֵי חַיִים:
לַכֶּלֶב, לַסוּס וְלַקוֹף יֵש זָנָב.
קִיפֵּל אֶת הַזָנָב (בִּלשוֹן הַדִיבּוּר) - וִיתֵר, הִסתַלֵק — 'put his tail between his legs'

זנוחת׳ זָנוּחַ — neglected (adj.), forgotten
לֹא מְטַפְּלִים בּוֹ, עָזוּב:
*מָצָאתִי אֶת הַסְפָרִים **זנוּחִים** בֶּחָצֵר.*
זנוּחָה, זנוּחִים, זנוּחוֹת

זנותנ׳ זנוּת — prostitution
יַחֲסֵי מִין בְּכֶסֶף:
***הַזנוּת** אֲסוּרָה בַּחוֹק.*

זנחפ׳ זָנַח — neglected, abandoned
עָזַב:
*הוּא **זָנַח** אֶת הַיְלָדִים שֶלוֹ.*
לִזנוֹחַ אֶת- / ז.נ.ח, פָּעַל / זָנַחתִי, זוֹנֵחַ, אֶזנַח, יִזנַח

זניחת׳ זָנִיחַ — negligible
בִּלתִי חָשוּב, אֵין צוֹרֶך לְהִתחַשֵב בּוֹ:
*הַהֶבדֵל בֵּינֵיהֶם **זָנִיחַ** מִבּחִינָה סטָטִיסטִית.*
זנִיחָה, זנִיחִים, זנִיחוֹת

זעפ׳ זָע — moved
רָעַד, זָז:
*הוּא עוֹמֵד כּמוֹ אֶבֶן, הוּא לֹא **זָע** וְלֹא נָע.*
לָזוּעַ / ז.ו.ע, פָּעַל / זַעתִי, זָע, אָזוּעַ, יָזוּעַ

זעוםת׳ זָעוּם — meager (amount)
1. מְעַט, קָטָן מְאוֹד:
*גַם כַּמוּת **זְעוּמָה** שֶל רַדיוֹאַקטִיבִיוּת מְסוּכֶּנֶת.*
2. כּוֹעֵס: — angry
יֵש לוֹ פָּנִים זְעוּמוֹת.
זְעוּמָה, זְעוּמִים, זְעוּמוֹת

זעזועז׳ זַעֲזוּעַ [זַעֲזוּעִים] — shock
1. תנוּעָה חֲזָקָה, כּשֶמַשֶהוּ זָז בְּכוֹחַ:
*הַפִּיצוּץ גָרַם **זַעֲזוּעַ** לְכֹל הַבַּיִת.*
2. (מֶטָאפוֹרָה) שִינוּי דרַסטִי, קִיצוֹנִי (לֹא תָמִיד לְטוֹבָה): — trauma
***זַעֲזוּעִים** קָשִים עוֹבְרִים עַל מַעֲרֶכֶת הַחִינוּך.*
3. (מֶטָאפוֹרָה) הִתרַגשוּת רַבָּה בִּגלַל אָסוֹן וְכוּ׳:
*הוּא עָבַר **זַעֲזוּעַ** קָשֶה, כּשֶיַלדוֹ מֵת.*
זַעֲזוּעַ מוֹחַ — concussion

זעירת׳ זָעִיר — minuscule, tiny
קָטָן מְאוֹד:
*חֶלקֵי הַשָעוֹן **זְעִירִים** בִּמיוּחָד.*
זְעִירָה, זְעִירִים, זְעִירוֹת

זעירת׳ זְעֵיר — very small
1. (אֲרָמִית) קָטָן, זָעִיר:
2. **זְעֵיר בּוּרגָנִי** - (הַשקָפָה) שֶל סוֹחֲרִים קטַנִים וְכוּ׳: — petit bourgeois
*גָדַלתִי בְּמִשפָּחָה **זְעֵיר-בּוּרגָנִית** טִיפּוּסִית.*
3. **זְעֵיר אַנפִּין** - מוּקטָן, מִינִיאָטוּרָה: — miniature
*קִיבּוּץ הוּא מְדִינָה **בִּזעֵיר אַנפִּין**.*
זְעֵיר-בּוּרגָנִית, זְעֵיר-בּוּרגָנִיים, זְעֵיר-בּוּרגָנִיוֹת

זעםפ׳ זָעַם — was angry/enraged
כָּעַס מְאוֹד:
*הַמְנַהֵל **זָעַם** עַל הָאִיחוּר.*
לִזעוֹם עַל- / ז.ע.ם, פָּעַל / זָעַמתִי, זוֹעֵם, אֶזעַם (אֶזעוֹם)

זעםז׳ זַעַם — anger, rage
רוֹגֶז, כַּעַס גָדוֹל:
*צָרִיך לְהִיזָהֵר **מֵהַזַעַם** שֶלוֹ.*
שָפַך זַעֲמוֹ עַל — vent his anger
עַד יַעֲבוֹר זַעַם — till the storm blows over

זעףפ׳ זָעַף — was angry
רָגַז, כָּעַס:
*הוּא **זוֹעֵף** עַל כֹּל דָבָר קָטָן.*
לִזעוֹף עַל- / ז.ע.ף, פָּעַל / זָעַפתִי, זוֹעֵף, אֶזעַף, יִזעַף

זעקפ׳ זָעַק — cried out
צָעַק, קָרָא לְעֶזרָה:
*הֵם **זָעֲקוּ** לְעֶזרָה, וְאִיש לֹא עָנָה.*
לִזעוֹק / ז.ע.ק, פָּעַל / זָעַקתִי, זוֹעֵק, יִזעַק, זְעַק!

זעקהנ׳ זְעָקָה [זְעָקוֹת] — outcry
צְעָקָה, בַּקָשַת עֶזרָה בְּקוֹל:
***הַזְעָקוֹת** שֶל הַפּצוּעִים נִשמְעוּ בְּכֹל הָעִיר.*

זפתנ׳ זֶפֶת — tar, pitch
חוֹמֶר שָחוֹר, מְכַסִים בּוֹ גַגוֹת, כּבִישִים וְכוּ׳:
***הַזֶפֶת** מְגִינָה עַל הַגַג מִפּנֵי הַגֶשֶם.*

זפתז׳ זֶפֶת [זְפָתִים] pitcher
עוֹשֶׂה זֶפֶת, מִשתַמֵּשׁ בְּזֶפֶת:
הַזַּפָּת כִּיסָה אֶת הַגַּג בְּזֶפֶת לְהֲגָנָה מִפְּנֵי הַגֶּשֶׁם.

זקוניםז״ר זְקוּנִים old age
תקוּפַת הַזִּיקְנָה.
בֵּן/בַּת זקוּנִים - מִי שֶׁנוֹלַד לְהוֹרִים מְבוּגָּרִים אוֹ זְקֵנִים:
*דָּוִיד הוּא **בֶּן הַזְּקוּנִים** שֶׁלָּנוּ.*

זקוףת׳ זָקוּף erect, upright
עוֹמֵד יָשָׁר:
*יֵשׁ זְקֵנִים כְּפוּפִים, וְיֵשׁ זְקֵנִים **זְקוּפִים**.*
זקוּפָה, זקוּפִים, זקוּפוֹת

זקוקת׳ זָקוּק in need (of)
צָרִיךְ לְמַשֶּׁהוּ:
*הוּא **זָקוּק** לְכֶסֶף.*
זקוּקָה, זקוּקִים, זקוּקוֹת

זקןתו״ז זָקֵן [זקֵנִים] old, elderly man
מִי שֶׁחַי זְמַן רַב. הִגִּיעַ לְגִיל גָּבוֹהַּ:
*אִישׁ **זָקֵן**, בֶּן 85, עָלָה לָאוֹטוֹבּוּס.*
זקֵנָה, זקֵנוֹת

זקןז׳ זָקָן [זְקָנִים] beard
שֵׂיעָר הַפָּנִים אֵצֶל הַגֶּבֶר:
*לְסָבִי הָיָה **זָקָן** אָרוֹךְ וְלָבָן.*

זקנה ר׳ זיקנה

זקףפ׳ זָקַף straightened
1. הֵרִים, הֶעֱמִיד יָשָׁר:
*הוּא **זָקַף** אֶת הַגַּב וְהִמשִׁיךְ לָלֶכֶת.*
2. הוֹסִיף לְחֶשְׁבּוֹן: credited
הַבַּנק זָקַף לְחֶשְׁבּוֹנִי אֶת הָרֶוַוח מֵהָרִיבִּית.
לִזקוֹף אֶת-, לְ- / ז.ק.ף, פָּעַל / זָקַפְתִּי, זוֹקֵף, אֶזקוֹף, זקוֹף!

זרתו״ז זָר [זָרִים] foreign
לֹא מְקוֹמִי, מֵאֶרֶץ אַחֶרֶת אוֹ מֵעַם אַחֵר:
*דָּן, שֶׁהוּא סטוּדֶנט **זָר** מֵאַנגלִיָה, לוֹמֵד עַכשָׁיו בְּתֵל־אָבִיב.*
שָׂפָה זָרָה/סטוּדֶנט זָר/שֵׁמוֹת זָרִים
זָרָה, זָרוֹת

זרז׳ זֵר [זֵרִים] bouquet, wreath
קבוּצָה מְסוּדֶּרֶת (שֶׁל פְּרָחִים):
*כֹּל שַׁבָּת הוּא מֵבִיא לִי **זֵר** פְּרָחִים.*

זרבוביתנ׳ זַרבּוּבִית [זַרבּוּבִיּוֹת] spout
1. חֵלֶק בִּכלִי (קוּמקוּם וְכוּ׳) שֶׁשּׁוֹפְכִים מִמֶּנּוּ:
*מְקוּמקוּם בּלִי **זַרבּוּבִית** הַמַּיִם נִשְׁפָּכִים לְכֹל צַד.*
2. מַה שֶׁיֵּשׁ לְבַעַל חַיִּים בִּמקוֹם אַף: snout
*הַ**זַּרבּוּבִית** שֶׁל הַכֶּלֶב רְטוּבָּה תָּמִיד.*

זרדנ׳ זֶרֶד [זְרָדִים] twig, sprig
עָנָף דַּק:
*נִיקִינוּ אֶת הַגִּינָה מִ**זְּרָדִים** יְבֵשִׁים.*

זרהפ׳ זָרָה sprinkled
פִּיזֵר:
***זָרִיתִי** מֶלַח עַל הַסָּלָט.*
לִזרוֹת אֶת- / ז.ר.ה, פָּעַל / זָרִיתִי, זוֹרֶה, אֶזרֶה, יִזרֶה

זרוענ׳ זְרוֹעַ [זרוֹעוֹת] arm
1. חֵלֶק בַּיָּד (בֵּין הַמַּרפֵּק לַכָּתֵף):
*נִפצַעתִי **בַּזְּרוֹעַ**, קָשֶׁה לִי לְהָזִיז אֶת הַיָּד.*
2. כּמוֹ יָדִית בְּמַכשִׁיר: handle, temple
*נִשׁבְּרָה **זרוֹעַ** הַמִּשקָפַיִים.*
בִּזרוֹעוֹת פּתוּחוֹת with open arms
בַּעַל זרוֹעַ muscleman

זרוקת׳ זָרוּק thrown away
1. זָרקוּ אוֹתוֹ:
*צָרִיךְ לְהָרִים אֶת הַנְּייָר **הַזָּרוּק** בָּרְחוֹב.*
2. (בִּלשוֹן הַדִּיבּוּר) בּוֹהֶמִי - (*stylishly*) unkempt
לֹא מְסוּדָּר (בִּבגָדִים, בּלִי עֲבוֹדָה וְכוּ׳):
*הוּא כָּזֶה **זָרוּק**, לֹא אִיכפַּת לוֹ מִכְּלוּם.*
זרוּקָה, זרוּקִים, זרוּקוֹת

זרותנ׳ זָרוּת [זָרוּיוֹת] alienation
1. הַהַרגָּשָׁה שֶׁל לֹא-שַׁיָּיךְ, אַחֵר:
*צָרִיךְ לְהִתגַּבֵּר עַל הַרגָּשַׁת **הַזָּרוּת**.*
2. דָּבָר מְשׁוּנֶּה, לֹא רָגִיל: peculiarity
*לֹא הִתרַגַּלתִי **לְזָרוּיוֹת** שֶׁלּוֹ.*

זרחפ׳ זָרַח shone
הֵאִיר, נָתַן אוֹר:
*הַשֶּׁמֶשׁ **זוֹרַחַת** בַּשָּׁמַיִם.*
לִזרוֹחַ / ז.ר.ח, פָּעַל / זָרַחתִי, זוֹרֵחַ, אֶזרַח, יִזרַח, זרַח!

זרחןז׳ זַרחָן phosphorus
פוֹספוֹרוּס, חוֹמֶר שֶׁבּוֹעֵר בְּקַלּוּת:
*יֵשׁ **זַרחָן** בְּזֶבֶל כִּימִי.*

זריזת׳ זָרִיז quick, agile
מָהִיר, שֶׁעוֹשֶׂה מַהֵר:

*היא יַלְדָה **זריזה** לָכֵן הִיא מַסְפִּיקָה לַעֲשׂוֹת הַכּוֹל.*
זְרִיזָה, זְרִיזִים, זְרִיזוֹת

זריזותנ׳ זְרִיזוּת — agility
מְהִירוּת:
*בִּגְלַל **הַזְּרִיזוּת** שֶׁלִּי, אֲנִי מַסְפִּיק כֹּל כָּךְ הַרְבֵּה.*

זריחהנ׳ זְרִיחָה [זריחוֹת] — sunrise
הוֹפָעָה שֶׁל הַשֶּׁמֶשׁ:
*אֲנִי קָם מוּקְדָם, עִם **זְרִיחַת** הַשֶּׁמֶשׁ.*

זרימהנ׳ זְרִימָה — flowing
1. תְנוּעָה שֶׁל אֲוִויר, מַיִם חַשְׁמַל וְכוּ׳:
זְרִימָה שֶׁל מַיִם בָּרְחוֹב זֶה בִּיזְבּוּז.
2. תנוּעָה חֲזָקָה: — flow
הַזְּרִימָה שֶׁל הַמְּכוֹנִיּוֹת בַּכְּבִישִׁים לֹא נִפְסֶקֶת בַּלַּיְלָה.

זריעהנ׳ זְרִיעָה — sowing
כְּשֶׁשָּׂמִים זְרָעִים בָּאֲדָמָה:
*בִּזְמַן **הַזְּרִיעָה** מִתְפַּלְּלִים, שֶׁיֵּרֵד גֶּשֶׁם וְיִגְדְּלוּ הַצְּמָחִים.*

זריקהנ׳ זְרִיקָה [זריקוֹת] — throwing
1. הַשְׁלָכָה, תנוּעָה מְהִירָה (כְּדֵי לְהַעֲבִיר אֶבֶן, כַּדּוּר וְכוּ׳):
זְרִיקַת אֲבָנִים הִיא מִשְׂחָק מְסוּכָּן.
2. הַכְנָסַת תרוּפָה לַגּוּף עַל יְדֵי מַחַט: — injection
*הָאָחוֹת נָתְנָה לִי **זְרִיקָה** נֶגֶד מָלַרְיָה.*

זרםפ׳ זָרַם — flowed
נָזַל בִּמְהִירוּת:
*אַחֲרֵי הַגֶּשֶׁם **זָרְמוּ** מַיִם בָּרְחוֹבוֹת.*
*תנוּעַת הַמְּכוֹנִיּוֹת בַּכְּבִישׁ **זוֹרֶמֶת** בְּלִי הַפְסָקָה.*
לִזְרוֹם / ז.ר.ם, פָּעַל / זָרְמוּ, זוֹרֵם, יִזְרוֹם, זְרוֹם!

זרםז׳ זֶרֶם [זְרָמִים] — stream, flow
תנוּעָה שֶׁל אֲוִויר, מַיִם, חַשְׁמַל, דָּם וְכוּ׳:
זֶרֶם חָזָק שֶׁל מַיִם עָבַר בַּוָּאדִי אַחֲרֵי הַגֶּשֶׁם.
זֶרֶם חַשְׁמַל — electric current
שָׂחָה נֶגֶד הַזֶּרֶם — swam against the current

זרעפ׳ זָרַע — sowed
שָׂם זֶרַע כְּדֵי שֶׁיִּגְדְּלוּ צְמָחִים:
זָרַעְתִּי פֶּטְרוֹזִילְיָה בַּגִּינָה.
לִזְרוֹעַ אֶת- / ז.ר.ע, פָּעַל / זָרַעְתִּי, זוֹרֵעַ, אֶזְרַע, יִזְרַע

זרעז׳ זֶרַע [זְרָעִים] — seed
גַּרְעִין קָטָן, הַחֵלֶק שֶׁמִּמֶּנּוּ צוֹמֵחַ עֵץ וְכוּ׳:
*מִן **הַזֶּרַע** הַקָּטָן צוֹמֵחַ עֵץ גָּדוֹל.*

זרקפ׳ זָרַק — threw
הֶעֱבִיר בָּאֲוִויר בְּכוֹחַ, בִּתנוּעָה שֶׁל הַיָּד:
*הַיְלָדִים **זָרְקוּ** אֲבָנִים עַל הַמְּכוֹנִיּוֹת.*
זָרַק אוֹר עַל - הֵאִיר, עָשָׂה שֶׁמַּשֶּׁהוּ יִהְיֶה בָּרוּר — shed light
לִזְרוֹק אֶת- / ז.ר.ק, פָּעַל / זָרַקְתִּי, זוֹרֵק, יִזְרוֹק, זְרוֹק!

זרקורז׳ זַרְקוֹר [זַרְקוֹרִים] — spotlight, projector
פְּרוֹזֶ׳קְטוֹר, (זוֹרֵק + אוֹר):
*הֵם עוֹבְדִים בַּלַּיְלָה לְאוֹר **הַזַּרְקוֹרִים**.*
*הִיא רָצְתָה, שֶׁכָּל **הַזַּרְקוֹרִים** יָאִירוּ אוֹתָהּ.*

זרתנ׳ זֶרֶת [זְרָתוֹת/זְרָתַיִם] — pinky
הָאֶצְבַּע הַקְּטַנָּה בַּיָּד:
הַטַּבַּעַת הַקְּטַנָּה תַּתְאִים **לַזֶּרֶת**.

ח

ח 8th letter of Heb. alphabet
חֵית, הָאוֹת הַשְּׁמִינִית בָּאָלֶפְבֵּית הָעִבְרִי: מְסַמֶּנֶת שֵׁם מִסְפָּר — 8 שְׁמִינִי/שְׁמִינִית:
בְּנִי לוֹמֵד בְּכִיתָּה ח'.

חאקי ר' חקי

חבפ׳ חָב owed
הָיָה חַיָּיב:
*הוּא **חָב** לִי חוֹב שֶׁל 2,000 ש"ח.*
לָחוּב לְ- / ח.ו.ב, פָּעַל / חַבְתִּי, חָב, חָבָה, יָחוּב

חבויח׳ חָבוּי hidden
הֶחְבִּיאוּ אוֹתוֹ, נִסְתַּר:
*הַכֶּסֶף הָיָה **חָבוּי** בַּקּוּפָּה.*
חֲבוּיָה, חֲבוּיִים, חֲבוּיוֹת

חבולח׳ חָבוּל wounded (adj.)
פָּצוּעַ, מִי שֶׁהִיכּוּ אוֹתוֹ:
*הַיֶּלֶד חָזַר **חָבוּל** מֵהַגַּן.*
חֲבוּלָה, חֲבוּלִים, חֲבוּלוֹת

חבוקח׳ חָבוּק embraced (adj.)
מִישֶׁהוּ מְחַבֵּק אוֹתוֹ, יֵשׁ יָדַיִים סְבִיבוֹ:
*רוּת וְדָוִיד נִרְאוּ **חֲבוּקִים** בַּקּוֹלְנוֹעַ.*
חֲבוּקָה, חֲבוּקִים, חֲבוּקוֹת

חבורהנ׳ חַבּוּרָה [חַבּוּרוֹת] bruise
מָקוֹם נָפוּחַ, כְּמוֹ פֶּצַע, בַּגּוּף:
*יֵשׁ לוֹ **חַבּוּרָה** עַל הַמֵּצַח.*

חבורהנ׳ חֲבוּרָה [חֲבוּרוֹת] group
חֶבְרָה, קְבוּצָה שֶׁל אֲנָשִׁים:
***חֲבוּרָה** שֶׁל יְלָדִים מְשַׂחֶקֶת בַּחוּץ.*

חבטפ׳ חָבַט beat
1. הִיכָּה:
*הוּא **חָבַט** בּוֹ וּפָצַע אוֹתוֹ.*
2. בְּספּוֹרט (טֶנִיס וְכוּ'), זָרַק: hit
*הוּא **חָבַט** בַּכַּדּוּר.*
לַחְבּוֹט בְּ- / ח.ב.ט, פָּעַל / חָבַטְתִּי, חוֹבֵט, יַחְבּוֹט, חֲבוֹט!

חבטהנ׳ חֲבָטָה [חֲבָטוֹת] blow, bang
מַכָּה, הַפְּעוּלָה שֶׁל מִי שֶׁמַּכֶּה:
*שָׁמַעְנוּ **חֲבָטָה** - הַיֶּלֶד נָפַל מֵהַמִּיטָּה.*

חביבח׳ חָבִיב agreeable, pleasant
1. נֶחְמָד, מִתְנַהֵג יָפֶה לְמִישֶׁהוּ:
*הוּא **חָבִיב** לְכָל אָדָם.*
2. אָהוּב **עַל** מִישֶׁהוּ: likeable, beloved
*הוּא **חָבִיב** עַל הַחֲבֵרִים.*
***חֲבִיבִי**, בּוֹא הֵנָּה! (בִּלְשׁוֹן הַדִּיבּוּר - חַבִּיבִּי)*
חֲבִיבָה, חֲבִיבִים, חֲבִיבוֹת

חביבותנ׳ חֲבִיבוּת pleasantness
יְדִידוּת, הִתְנַהֲגוּת נְעִימָה:
*הַפָּנִים שֶׁלָּה מַבִּיעִים **חֲבִיבוּת**.*

חבילהנ׳ חֲבִילָה [חֲבִילוֹת] package, parcel
דְּבָרִים הַקְּשׁוּרִים יַחַד:
*הוֹרַיי שָׁלְחוּ לִי **חֲבִילָה** בַּדּוֹאַר.*

חבירות ר' חברות

חביתנ׳ חָבִית [חָבִיוֹת] barrel
כְּלִי גָּדוֹל (בְּדֶרֶךְ כְּלָל מֵעֵץ) לְיַיִן, שֶׁמֶן וְכוּ':
*אֲנִי שׁוֹתֶה בִּירָה מִן **הֶחָבִית**.*

חביתהנ׳ חֲבִיתָה [חֲבִיתוֹת] omelet
מַאֲכָל מִבֵּיצִים מְעוּרְבָּבוֹת וּמְטוּגָּנוֹת בְּמַחֲבַת:
*אָכַלְתִּי **חֲבִיתָה** מִשְּׁתֵּי בֵּיצִים בַּאֲרוּחַת הַבּוֹקֶר.*

חבלז׳ חֶבֶל [חֲבָלִים] rope, cord
חוּט עָבֶה וְחָזָק:
*קָשַׁרְתִּי אֶת הַחֲבִילָה **בְּחֶבֶל**.*
חֶבֶל-אֶרֶץ - אֵיזוֹר
חֲבָלִים - כְּאֵבִים (מֵהַמִּילָּה חֵבֶל).
חֶבְלֵי לֵידָה labor pains

חבלמ"ק חֲבָל what a pity, alas
צַר מְאוֹד! אוֹי! (מִילָּה שֶׁל צַעַר):
***חֲבָל** שֶׁלֹּא בָּאת אֶתְמוֹל לַמְּסִיבָּה.*

חבלהנ׳ חַבָּלָה [חַבָּלוֹת] sabotage
גְּרִימָה שֶׁל נֶזֶק בְּכַוָּונָה:
*אֵין מַיִם, כִּי הָיְיתָה **חַבָּלָה** בַּצִּינּוֹר.*
מִטְעַן חַבָּלָה - חוֹמֶר נֶפֶץ, דִּינָמִיט explosive device

חבלןז׳ חַבְּלָן [חַבְּלָנִים] demolition expert
1. אִישׁ מִשְׁטָרָה אוֹ אִישׁ צָבָא שֶׁמְּטַפֵּל בְּחוֹמֶר נֶפֶץ (רִימּוֹנִים, פְּצָצוֹת וְכוּ'):
***חַבְּלָן** הַמִּשְׁטָרָה פֵּירֵק אֶת הַפְּצָצָה.*

2. מִי שֶׁפּוֹגֵעַ, מְקַלְקֵל וְהוֹרֵס: saboteur
*הַיֶּלֶד הַזֶּה מַמָּשׁ **חַבְּלָן** - הוּא שׁוֹבֵר כֹּל דָּבָר.*
חַבְּלָנִית, חַבְּלָנִיּוֹת

חבלנית, חַבְּלָנִי of terrorism
שֶׁיֵּשׁ בּוֹ חַבָּלָה, הֶרֶס, פְּגִיעָה:
*הַהִתְפּוֹצְצוּת הָיְיתָה מַעֲשֶׂה **חַבְּלָנִי**.*
חַבְּלָנִית, חַבְּלָנִיִּים, חַבְּלָנִיּוֹת

חבצלתנ, חֲבַצֶּלֶת [חֲבַצָּלוֹת] lily
מִין פֶּרַח לָבָן, צוֹמֵחַ עַל שְׂפַת הַיָּם:
*שָׁלַחְתִּי לָהּ זֵר **חֲבַצָּלוֹת** לְיוֹם הַהוּלֶּדֶת.*

חבקפ, חָבַק embraced, girded
חִיבֵּק, שָׂם סָבִיב:
*הַחֲגוֹרָה **חוֹבֶקֶת** אֶת הַמּוֹתְנַיִים.*
חוֹבֵק זרועות עולם possesses an all-embracing knowledge
לַחֲבוֹק אֶת- / ח.ב.ק, פָּעַל / חָבַקְתִּי, חוֹבֵק, יַחֲבוֹק

חברז, חָבֵר [חֲבֵרִים] friend
1. יָדִיד קָרוֹב:
*יֵשׁ לִי **חָבֵר** טוֹב בִּירוּשָׁלַיִם.*
2. כֹּל אֶחָד הַשַּׁיָּיךְ לְאִירְגּוּן, אֲגוּדָּה וְכוּ': member
*דָּוִיד הוּא **חָבֵר** קִיבּוּץ.*
3. בַּעַל אוֹתוֹ מִקְצוֹעַ, מֵאוֹתוֹ מְקוֹם עֲבוֹדָה: colleague
*דָּן הוּא מוֹרֶה כָּמוֹנִי, הוּא **חָבֵר** לַעֲבוֹדָה.*
חֲבֵר־מוֹעֲדוֹן / חֲבֵרַת־מֶמְשָׁלָה / חַבְרֵי־מִפְלָגָה.
חֲבֵרָה, חֲבֵרוֹת

חברז, חֶבֶר association, league
קְבוּצָה שֶׁל אֲנָשִׁים וְכוּ', שֶׁיֵּשׁ לָהֶם אִינְטֶרֶס מְשׁוּתָּף.
חֶבֶר הָעַמִּים - מִסְפַּר עַמִּים שֶׁהָיוּ פַּעַם חֵלֶק מִבְּרִית הַמּוֹעָצוֹת

חבר כנסתז, חֲבֵר כְּנֶסֶת [חַבְרֵי כְּנֶסֶת] Member of the Knesset (M.K.)
כֹּל אֶחָד מִ־120 הַנִּבְחָרִים הַיּוֹשְׁבִים בַּפַּרְלָמֶנְט הַיִּשְׂרְאֵלִי:
*כֹּל **חַבְרֵי־הַכְּנֶסֶת** בָּאוּ לִישִׁיבַת הַפְּתִיחָה.*
חֲבֵרַת כְּנֶסֶת / חַבְרוֹת כְּנֶסֶת

חברהנ, חֶבְרָה [חֲבָרוֹת] company
1. קְבוּצַת אֲנָשִׁים, יְדִידִים, חֲבֵרִים:
*דָּוִיד אוֹהֵב **חֶבְרָה**, הוּא מְבַלֶּה הַרְבֵּה עִם חֲבֵרָיו.*
2. קְבוּצָה לְמַטָּרָה מִסְחָרִית:
*צָרִיךְ לְבַטֵּחַ אֶת הַדִּירָה **בְּחֶבְרַת־בִּיטּוּחַ**.*
חֶבְרָה קַדִּישָׁא burial services
חֶבְרַת מְנָיוֹת share-holding company

חברותנ, חֲבֵרוּת friendship
1. יְדִידוּת:
*הַ**חֲבֵרוּת** שֶׁלָּנוּ הִיא מִתְּקוּפַת הַצָּבָא.*
2. הִשְׁתַּיְּיכוּת (לִקְבוּצָה וְכוּ'): membership
*חִידַּשְׁתִּי אֶת הַ**חֲבֵרוּת** שֶׁלִּי בְּ"מַכַּבִּי".*

חברותית, חַבְרוּתִי friendly
יְדִידוּתִי:
*הוּא אָדָם **חַבְרוּתִי** מְאוֹד.*
חַבְרוּתִית, חַבְרוּתִיִּים, חַבְרוּתִיּוֹת

חברתית, חֶבְרָתִי social
1. שַׁיָּיךְ לִפְעִילוּת מְשׁוּתֶּפֶת שֶׁל אֲנָשִׁים:
*הַפְּעִילוּת הַ**חֶבְרָתִית** בַּקִּיבּוּץ רַבָּה.*
2. סוֹצְיָאלִי:
*הַמְּדִינִיּוּת הַ**חֶבְרָתִית** צְרִיכָה לְהִשְׁתַּנּוֹת.*
חֶבְרָתִית, חֶבְרָתִיִּים, חֶבְרָתִיּוֹת

חבשפ, חָבַשׁ wore (a hat)
1. לָבַשׁ, שָׂם (כּוֹבַע עַל הָרֹאשׁ):
*הוּא **חוֹבֵשׁ** כּוֹבַע מַצְחִיק.*
2. שָׂם תַּחְבּוֹשֶׁת: bandaged (a wound)
*הָאָחוֹת **חָבְשָׁה** אֶת הַיָּד הַפְּצוּעָה.*
3. שָׂם בְּבֵית הַסּוֹהַר: imprisoned
*הַשּׁוֹטֵר **חָבַשׁ** אוֹתוֹ בְּבֵית הַסּוֹהַר.*
לַחֲבוֹשׁ אֶת- / ח.ב.ש, פָּעַל / חָבַשְׁתִּי, חוֹבֵשׁ, יַחֲבוֹשׁ

חגז, חַג [חַגִּים] holiday, festival
יוֹם־טוֹב לְזֵכֶר מְאוֹרָע דָּתִי, הִיסְטוֹרִי, לְאוּמִּי...:
*בְּ**חַג** הַפֶּסַח אוֹכְלִים מַצּוֹת.*
*כֹּל יוֹם חוֹפֶשׁ מֵהַצָּבָא הוּא בִּשְׁבִילִי יוֹם **חַג**.*

חגפ, חָג circled, revolved
(עָשָׂה עִיגּוּל) הִסְתּוֹבֵב, טָס סָבִיב:
*הַמָּטוֹס **חָג** מֵעַל הָעִיר.*
לָחוּג- / ח.ו.ג, פָּעַל / חַגְתִּי, חָג, יָחוּג, חוּג!

חגגפ, חָגַג celebrated
עָשָׂה חַג אוֹ מְסִיבָּה:
*הוּא **חָגַג** אֶת יוֹם הוּלַּדְתּוֹ בְּשִׂמְחָה.*
לַחֲגוֹג (גַּם לָחוֹג) אֶת- / ח.ג.ג, פָּעַל / חָגַגְתִּי, חוֹגֵג, יַחֲגוֹג

חגורת, חָגוּר belted (adj.)
סָגוּר בַּחֲגוֹרָה:
*הַנּוֹסְעִים חַיָּיבִים לִהְיוֹת **חֲגוּרִים** בַּחֲגוֹרַת בִּטָּחוֹן.*
חֲגוּרָה, חֲגוּרִים, חֲגוּרוֹת

חגורז׳ חֲגוֹר — accouterments
כֹּל הַצִּיּוּד שֶׁל חַיָּיל, כְּשֶׁהוּא יוֹצֵא לַדֶּרֶךְ:
רַצְנוּ עִם כֹּל הֶחָגוֹר - תַּרְמִיל, מֵימִיָּה וְכוּ׳ - וְהָיָה קָשֶׁה.

חגורהנ׳ חֲגוֹרָה [חֲגוֹרוֹת] — belt
בַּד אוֹ עוֹר שֶׁקּוֹשְׁרִים עַל הַמּוֹתְנַיִים מֵעַל לְבֶגֶד:
*קָנִיתִי **חֲגוֹרָה** מַתְאִימָה לַמִּכְנָסַיִים.*
חֲגוֹרַת־בְּטִיחוּת — safety belt
חֲגוֹרַת־הַצָּלָה — life-preserver

חגיגהנ׳ חֲגִיגָה [חֲגִיגוֹת] — celebration, party
מְסִיבָּה:
*בֵּית הַסֵּפֶר עָרַךְ **חֲגִיגָה** לִכְבוֹד סִיּוּם הַשָּׁנָה.*

חגיגית׳ חֲגִיגִי — festive
1. שֶׁל חַג:
*לִכְבוֹד הַפֶּסַח לָבַשְׁתִּי שִׂמְלָה **חֲגִיגִית**.*
2. חָשׁוּב, מְיוּחָד: — festive, celebratory
*הוּא אָמַר דְּבָרִים **חֲגִיגִיִּים** לִכְבוֹד פְּתִיחַת הַשָּׁנָה.*
חֲגִיגִית, חֲגִיגִיִּים, חֲגִיגִיּוֹת

חגיגיותנ׳ חֲגִיגִיּוּת — festivity
אַטְמוֹסְפֵירָה שֶׁל חַג:
*בְּעֶרֶב שַׁבָּת יֵשׁ הַרְגָּשָׁה שֶׁל **חֲגִיגִיּוּת** בָּרְחוֹב.*

חגרפ׳ חָגַר — girded, wore a belt
קָשַׁר חֲגוֹרָה אוֹ אֶל חֲגוֹרָה:
*הִיא **חָגְרָה** חֲגוֹרָה רְחָבָה. / הַחַיָּיל **חָגַר** אֶת הֶחָגוֹר.*
לַחֲגוֹר אֶת- / ח.ג.ר, פָּעַל / חָגַרְתִּי, חוֹגֵר, אֶחְגּוֹר, יַחְגּוֹר

חדת׳ חַד — sharp
יָכוֹל לַחְתּוֹךְ, דַּק מְאוֹד:
*צָרִיךְ לְהִיזָּהֵר מִן הַסַּכִּין **הַחַד**.*
חַד־מוֹחַ — sharp-witted
חַד־עַיִן — sharp-eyed
חַד וְחָלָק — short and to the point
חַדָּה, חַדִּים, חַדּוֹת

חדש״מ/ז׳ חַד — mono-, uni-, one -
(קִיצוּר שֶׁל אֶחָד)
חַד־מַשְׁמָעִי — unequivocal
חַד־סִטְרִי — one-way
חַד־פַּעֲמִי — unique

חדגונית׳ חַדְגּוֹנִי — monotonous
חַד (= אֶחָד) + גּוֹן (= צֶבַע) - שֶׁיֵּשׁ לוֹ צֶבַע אֶחָד. מוֹנוֹטוֹנִי, מְשַׁעֲמֵם:
*זֹאת מוּסִיקָה **חַדְגּוֹנִית**.*
חַדְגּוֹנִית, חַדְגּוֹנִיִּים, חַדְגּוֹנִיּוֹת

חדווהנ׳ חֶדְוָה — joy
שִׂמְחָה:
*הוּא עוֹשֶׂה הַכּוֹל מִתּוֹךְ **חֶדְוָה**.*

חדותנ׳ חַדּוּת — sharpness, acuteness
כְּשֶׁמַּשֶּׁהוּ חַד, חָרִיף:
*הוּא רוֹאֶה הַכּוֹל, הוּא מִצְטַיֵּין **בְּחַדּוּת** רְאִיָּיה.*

חדירת׳ חָדִיר — penetrable, permeable
אֶפְשָׁר לַחְדּוֹר אוֹתוֹ, אֶפְשָׁר לַעֲבוֹר דַּרְכּוֹ:
*הַגַּג **חָדִיר** לְמַיִם. / הַמְּכוֹנִית לֹא **חֲדִירָה** לְכַדּוּרֵי רוֹבֶה.*
חֲדִירָה, חֲדִירִים, חֲדִירוֹת

חדירהנ׳ חֲדִירָה [חֲדִירוֹת] — penetration
כְּנִיסָה לְתוֹךְ (בְּדֶרֶךְ כְּלָל בְּכוֹחַ):
***הַחֲדִירָה** שֶׁל הָאוֹר לַחֶדֶר מַפְרִיעָה לִי לִישׁוֹן.*

חדישת׳ חָדִישׁ — modern, new
מוֹדֶרְנִי:
*אֲנִי לֹא מֵבִין אֶת הַשִּׁירָה **הַחֲדִישָׁה**.*
חֲדִישָׁה, חֲדִישִׁים, חֲדִישׁוֹת

חדלפ׳ חָדַל — stopped
פָּסַק, הִפְסִיק:
*הוּא **חָדַל** לָבוֹא לַשִּׁיעוּרִים. / הַגֶּשֶׁם **חָדַל** לָרֶדֶת.*
לַחְדּוֹל, מִ- / ח.ד.ל, פָּעַל / חָדַלְתִּי, חָדֵל, יֶחְדַּל, יֶחְדַּל, חֲדַל!

חדלת׳ חָדֵל — ceasing
נִפְסָק, אֵין.
חֲדַל אוֹנִים - חֲסַר כּוֹחַ, אֵין לוֹ כּוֹחַ: — helpless
*אִי אֶפְשָׁר לִסְמוֹךְ עָלָיו, הוּא **חֲדַל אוֹנִים**.*
חֲדַל תִּקְוָוה - אֵין לוֹ תִּקְוָוה: — hopeless
*הַחוֹלֶה בְּמַצָּב **חֲדַל תִּקְוָוה**.*
חֲדַל אִישִׁים - מִישֶׁהוּ שֶׁאֵין לוֹ עֵרֶךְ, "לֹא בֶּן־אָדָם" — worthless person
חֲדֵלָה, חֲדֵלִים, חֲדֵלוֹת

חדקז׳ חֶ֫דֶק — trunk, proboscis
צִינּוֹר בָּרֹאשׁ שֶׁל בַּעֲלֵי חַיִּים, הֵם תּוֹפְסִים בּוֹ מָזוֹן:
*הַפִּיל הֵרִים אוֹתִי **בַּחֶדֶק** שֶׁלּוֹ.*

חדרז׳ חֶ֫דֶר [חֲדָרִים] — room
חֵלֶק בַּבַּיִת שֶׁיֵּשׁ לוֹ קִירוֹת מִסָּבִיב:
*בַּדִּירָה יֵשׁ שְׁלוֹשָׁה **חֲדָרִים**, לְכָל סְטוּדֶנְט **חֶדֶר** מִשֶּׁלּוֹ.*
חֲדַר־בַּקָּרָה — control room

חֲדַר־מִיּוּן emergency room
חֲדַר־אוֹכֶל / חַדְרֵי־אוֹכֶל dining room

חדר פ׳ חָדַר penetrated
נִכְנַס בְּכוֹחַ:
*הַגַּנָּב **חָדַר** לַבַּיִת דֶּרֶךְ הַחַלּוֹן.*
לַחְדּוֹר אֶל-, לְ- / ח.ד.ר, פָּעַל / חָדַרְתִּי, חוֹדֵר, יַחְדּוֹר

חדרון ז׳ חַדְרוֹן [חַדְרוֹנִים] small room
חֶדֶר קָטָן:
*אֲנִי גָּר **בַּחַדְרוֹן** שֶׁבֶּחָצֵר.*

חדרן ז׳ חַדְרָן [חַדְרָנִים] room-attendant
מְנַקֶּה וּמְסַדֵּר חֲדָרִים (בְּבָתֵּי מָלוֹן וְכוּ׳):
*נָתַתִּי **לַחַדְרָן** טִיפּ (תֶּשֶׁר) 3 שְׁקָלִים.*
חַדְרָנִית, חַדְרָנִיּוֹת

חדש ת׳ חָדָשׁ new
מַשֶּׁהוּ שֶׁלֹּא הָיָה קוֹדֶם (הַהֵיפֶךְ מִ"יָּשָׁן"):
*מַה **חָדָשׁ** אֶצְלְךָ? קָנִיתִי בַּיִת **חָדָשׁ**.*
חֲדָשָׁה, חֲדָשִׁים, חֲדָשׁוֹת

חדשות נ״ר חֲדָשׁוֹת news
יְדִיעוֹת, בְּדֶרֶךְ כְּלָל מַה שֶּׁמּוֹסְרִים בָּרַדְיוֹ וְכוּ׳:
*אֲנִי מַקְשִׁיב **לַחֲדָשׁוֹת** בָּרַדְיוֹ כֹּל בּוֹקֶר. / קִיבַּלְתִּי **חֲדָשׁוֹת** מִבְּנִי, שֶׁמְּטַיֵּיל עַכְשָׁיו בָּעוֹלָם.*

חדשן ז׳ חַדְשָׁן [חַדְשָׁנִים] innovator
מַמְצִיא דְּבָרִים חֲדָשִׁים:
*הוּא **חַדְשָׁן** בְּמוּסִיקָה.*
חַדְשָׁנִית, חַדְשָׁנִיּוֹת

חדשנות נ׳ חַדְשָׁנוּת inventiveness, experimentalism
כְּשֶׁעוֹשִׂים דְּבָרִים חֲדָשִׁים:
***הַחַדְשָׁנוּת** בָּאוֹמָנוּת לֹא תָּמִיד מוּבֶנֶת לִי.*

חדשני ת׳ חַדְשָׁנִי innovative, experimental
שֶׁיֵּשׁ בּוֹ דְּבָרִים חֲדָשִׁים:
*זֹאת מוּסִיקָה **חַדְשָׁנִית** מְאוֹד.*
חַדְשָׁנִית, חַדְשָׁנִיִּים, חַדְשָׁנִיּוֹת

חוב ז׳ חוֹב [חוֹבוֹת] debt
כֶּסֶף שֶׁצָּרִיךְ לְהַחְזִיר:
*אֲנִי צָרִיךְ לְשַׁלֵּם **חוֹבוֹת** רַבִּים לַבַּנְקִים.*

חובב ת׳ חוֹבֵב enthusiast, fan
1. אוֹהֵב:
*הוּא **חוֹבֵב** סְפּוֹרְט.*
2. לֹא מִקְצוֹעִי: amateur
*זֶהוּ תֵּיאַטְרוֹן **חוֹבְבִים**.*
חוֹבֶבֶת, חוֹבְבִים, חוֹבְבוֹת

חובבנות נ׳ חוֹבְבָנוּת dilettantism, amateurism
דִּילֶטַנְטִיּוּת, הִתְעַסְּקוּת לֹא מִקְצוֹעִית:
*זֹאת עֲבוֹדָה לֹא רְצִינִית - זֹאת **חוֹבְבָנוּת**.*

חובבני ת׳ חוֹבְבָנִי amateurish
דִּילֶטַנְטִי, לֹא מִקְצוֹעִי:
*תֵּיאַטְרוֹן "הַבִּימָה" לֹא מַצִּיג הַצָּגוֹת **חוֹבְבָנִיּוֹת**.*
חוֹבְבָנִית, חוֹבְבָנִיִּים, חוֹבְבָנִיּוֹת

חובה נ׳ חוֹבָה [חוֹבוֹת] duty, obligation
1. מַה שֶּׁחַיָּיבִים (מוּכְרָחִים) לַעֲשׂוֹת:
*בְּיִשְׂרָאֵל **חוֹבָה** עַל כֹּל בֶּן 18 לְשָׁרֵת בַּצָּבָא.*
חִינּוּךְ חוֹבָה compulsory education
2. אַשְׁמָה (הַהֵיפֶךְ מִזְּכוּת): guilt
*(בְּבֵית מִשְׁפָּט) הַתּוֹבֵעַ מְלַמֵּד **חוֹבָה** עַל הַנֶּאֱשָׁם.*
3. דֶּבִּיט, כֶּסֶף שֶׁהוֹצִיאוּ: debit
*אֲנִי בְּ"**חוֹבָה**" בַּבַּנְק - אֲנִי חַיָּיב לַבַּנְק כֶּסֶף.*

חובל ז׳ חוֹבֵל [חוֹבְלִים] sailor.
מַלָּח, עוֹבֵד עַל אוֹנִיָּיה:
*הוּא גָּמַר קוּרְס **חוֹבְלִים**.*
רַב־חוֹבֵל - מְפַקֵּד אוֹנִיָּיה skipper, captain

חובר פ׳ חֻבַּר was connected/linked
1. חִיבְּרוּ אוֹתוֹ, נִקְשַׁר:
*הַחֲבָלִים **חוּבְּרוּ** לְחֶבֶל אֶחָד.*
2. (בְּחֶשְׁבּוֹן) נֶעֶשְׂתָה פְּעוּלַּת פְּלוּס: was added
*הַמִּסְפָּרִים 2 וְ־3 **חוּבְּרוּ** וְקִיבַּלְנוּ 5.*
3. נִכְתַּב (סֵפֶר, יְצִירָה מוּסִיקָלִית וְכוּ׳): was written/composed
*הַסֵּפֶר **חוּבַּר** לִפְנֵי 20 שָׁנָה.*
/ ח.ב.ר, פּוּעַל / חוּבַּרְתִּי, מְחוּבָּר, אֲחוּבַּר, יְחוּבַּר

חוברת נ׳ חוֹבֶרֶת [חוֹבָרוֹת] booklet
סֵפֶר דַּק:
*הַשָּׁבוּעַ יָצְאָה לָאוֹר **חוֹבֶרֶת** שֶׁל "מַדָּע".*

חובש ז׳ חוֹבֵשׁ [חוֹבְשִׁים] paramedic
מְטַפֵּל בִּפְצָעִים (לֹא רוֹפֵא):
*הָרוֹפֵא אָמַר, **שֶׁהַחוֹבֵשׁ** יְטַפֵּל בַּפֶּצַע.*
חוֹבֶשֶׁת, חוֹבְשׁוֹת

חוג ז׳ חוּג [חוּגִים] circle, tropic
1. עִיגּוּל: (חוּג הַגְּדִי, חוּג הַסַּרְטָן)
חוּג הַמִּשְׁפָּחָה the family circle

2. מַחלָקָה בָּאוּנִיבֶרסִיטָה: department
אֲנִי לוֹמֵד בַּחוּג לְסִפרוּת.
3. קבוּצָה שֶׁיֵשׁ לָה עִניָין מְשוּתָף: group, club
אֲנִי רוֹקֵד בְּחוּג לְרִיקוּדֵי עַם.

חוגגתה"ז חוֹגֵג [חוֹגְגִים] celebrator
שָׂמֵחַ, מַרגִישׁ כּמוֹ בַּחֲגִיגָה:
הַחוֹגְגִים רָקדוּ בָּרחוֹב.
חוֹגֶגֶת, חוֹגְגִים, חוֹגְגוֹת

חוגהנ' חוּגָה [חוּגוֹת] dial
חֵלֶק מִסתוֹבֵב בַּטֶלֶפוֹן, הַמִספָּרִים רְשׁוּמִים עָלָיו:
בַּטֶלֶפוֹנִים הַחֲדָשִׁים אֵין חוּגָה אֶלָא כַּפתוֹרִים.

חודז' חֹד [חוּדִים] point, edge
1. קָצֶה חַד:
נִשׁבַּר לִי חוֹד הָעִיפָּרוֹן.
2. (מֶטָאפוֹרָה) נְקוּדָה קְטַנָה מְאוֹד, דָבָר קָטָן: tiny
הַהַחלָטָה הִתקַבְּלָה עַל חוּדוֹ שֶׁל קוֹל. majority of one

חודשז' חֹדֶשׁ [חוֹדָשִׁים] month
רֹאשׁ הַשָּׁנָה הָעִברִי חָל בְּחוֹדֶשׁ תִשׁרֵי.
בְּחוֹדֶשׁ אוֹגוּסט אֲנִי יוֹצֵא לְחוּפשָׁה.
חוֹדשֵׁי־הַשָּׁנָה

חודשפ' חֻדַּשׁ was restored/renovated
1. נַעֲשָׂה כּמוֹ חָדָשׁ:
הָרָהִיטִים הַיְשָׁנִים חוּדשׁוּ.
2. חָזַר לְמַה שֶׁהָיָה: was renewed
אַחֲרֵי הַחוּפשָׁה חוּדשׁוּ הַלִימוּדִים.
/ ח.ד.שׁ, פּוּעַל / חוּדשׁוּ, מְחוּדָשׁ, יְחוּדַשׁ, יְחוּדשׁוּ

חודשית' חָדְשִׁי monthly
חוֹזֵר כֹּל חוֹדֶשׁ:
הַמַשׂכּוֹרֶת הַחוֹדשִׁית שֶׁלִי נְמוּכָה.
חוֹדשִׁית, חוֹדשִׁיִים, חוֹדשִׁיוֹת

חווהפ' חָוָה experienced
הָיְיתָה לוֹ חֲוָויָה, הִתנַסוּת:
חָוִויתִי אֶת הַמִלחָמָה עַל בְּשָׂרִי.
לַחֲווֹת אֶת- / ח.ו.ה, פָּעַל / חָוִויתִי, חוֹוֶה, יֶחֱוֶוה, חֲוֵוה!

חווהנ' חַוָּה [חַוּוֹת] farm
בַּיִת + מֶשֶׁק חַקלָאִי:
בְּאַרצוֹת הַבּרִית יֵשׁ חַוּוֹת רַבּוֹת, שֶׁמגַדלִים בָּהֶן פָּרוֹת.

חוויהנ' חֲוָיָה [חֲוָויוֹת] experience
נִיסָיוֹן חַיִים, מַשֶׁהוּ שֶׁמַשׁאִיר רוֹשֶׁם עָמוֹק:
הַחַיִים בַּקִיבּוּץ הָיוּ חֲוָויָה עֲמוּקָה בִּשׁבִילוֹ.

חווילהנ' חֲוִילָה [חֲוִוילוֹת] villa
וִילָה, בַּיִת שֶׁל עֲשִׁירִים לְמִשׁפָּחָה אַחַת:
נָסַענוּ לַחֲוִוילָה שֶׁלוֹ עַל שְׂפַת הַיָם.

חוויתית' חֲוָיָתִי of sensual or spiritual quality
יֵשׁ בּוֹ חֲוָויָה, גוֹרֵם הִתרַגשׁוּת וְכוּ':
בָּאוֹמָנוּת יֵשׁ אֶלֶמֶנט חֲוָויָתִי וְאֶלֶמֶנט רַציוֹנָלִי.
חֲוָויָתִית, חֲוָויָתִיִים, חֲוָויָתִיוֹת

חוות־דעתנ' חַוַּת-דַּ֫עַת [חַווֹת־דַעַת] (expert) opinion
הַבָּעָה שֶׁל דֵיעָה:
לְפִי חַוַות הַדַעַת שֶׁל הַמְהַנדֵס צָרִיך לַהֲרוֹס אֶת הַבַּיִת.

חוזהז' חוֹזֶה [חוֹזִים] contract
הֶסכֵּם חוּקִי בֵּין שנֵי צדָדִים אוֹ יוֹתֵר:
דָוִיד חָתַם חוֹזֶה עִם בַּעַל הַבַּיִת, לִפנֵי שֶׁשָׂכַר אֶת הַדִירָה.

חוזהתה"ז חוֹזֶה [חוֹזִים] prophet, visionary
(רוֹאֶה) נָבִיא, מִי שֶׁאוֹמֵר אֶת הֶעָתִיד:
אֵינִי מַאֲמִין שֶׁיֵשׁ הַיוֹם חוֹזִים שֶׁל אֱמֶת.
חוֹזֶה-בַּכּוֹכָבִים astrologer
חוֹזָה, חוֹזוֹת

חוזקז' חֹ֫זֶק strength
כּוֹחַ, עַד כַּמָה מַשֶׁהוּ חָזָק:
הַחוֹזֶק שֶׁל הַבַּרזֶל לֹא מַספִּיק.
בְּחוֹזֶקתה"פ - בְּכוֹחַ by force

חוזרתה"ז חוֹזֵר [חוֹזרִים] bulletin
הוֹדָעָה כּתוּבָה לָעוֹבדִים, לַחֲבֵרִים בָּאִירגוּן...:
בַּחוֹזֵר הָאַחֲרוֹן, הָיָה כָּתוּב, שֶׁבַּשָׁבוּעַ הַבָּא יֵשׁ אֲסֵיפָה.
הוֹן-חוֹזֵר working capital
חוֹזֵר בִּתשׁוּבָה a 'born-again' Jew
חוֹזֶרֶת, חוֹזרוֹת

חוטז' חוּט [חוּטִים] thread
חֶבֶל דַק מְאוֹד לְתפִירַת בֶּגֶד אוֹ לַעֲשִׂיַית בַּדִים:
הִשׁתַמַשׁתִי בְּחוּט וּמַחַט כּדֵי לִתפּוֹר כַּפתוֹר שֶׁנָפַל.
חוּט-שִׁדרָה spinal cord
מוֹשֵׁך בַּחוּטִים pulls the strings
מִחוּט-וְעַד שׂרוֹך נַעַל - מִן הַדָבָר הַקָטָן וְעַד הַגָדוֹל. both large and small

חוטםז' חֹ֫טֶם [חוֹטָמִים] nose, snout
(לָשׁוֹן סִפרוּתִית) אַף:
הַחוֹטֶם שֶׁלוֹ בּוֹלֵט.

חויבפ׳ חַיַּב — was made/forced (to)

1. הִכְרִיחוּ אוֹתוֹ, הָיָה צָרִיךְ (לְשַׁלֵּם, לַעֲשׂוֹת מַשֶּׁהוּ וְכוּ׳):
*הֵם **חוּיְּבוּ** לְשַׁלֵּם אֶת כָּל הַהוֹצָאוֹת.*

2. רָשְׁמוּ בְּחֶשְׁבּוֹן לְחוֹבַת מִישֶׁהוּ: — was debited
*חֶשְׁבּוֹן הַבַּנְק שֶׁלּוֹ **חוּיַּב** בַּהוֹצָאוֹת.*

/ ח.ו.ב-ח.י.ב, פּוּעַל / חוּיַּבְתִּי, מְחוּיָּב, יְחוּיַּב

חוכמהנ׳ חָכְמָה — wisdom, brains, intelligence

שֵׂכֶל, הִיגָּיוֹן:
לֹא דַּי בְּחוֹכְמָה כְּדֵי לִהְיוֹת תַּלְמִיד טוֹב.

"חוכמות" - (בִּלְשׁוֹן הַדִּיבּוּר) דְּבָרִים מַצְחִיקִים: — wise-cracks
*אֲנִי לֹא אוֹהֵב אֶת **הַחוֹכְמוֹת** שֶׁלּוֹ.*

חוכמת יִשְׂרָאֵל - מִקְצוֹעוֹת הַקְּשׁוּרִים בַּיַּהֲדוּת: הִיסְטוֹרְיָה יְהוּדִית, פִילוֹסוֹפְיָה, סִפְרוּת וְלָשׁוֹן — Jewish studies

חוכרז׳ חוֹכֵר [חוֹכְרִים] — lessee

שׂוֹכֵר, מִי שֶׁמְּשַׁלֵּם וּמְקַבֵּל רְשׁוּת לְהִשְׁתַּמֵּשׁ בָּאֲדָמָה, בְּבַיִת וְכוּ׳:
*לַ**חוֹכֵר** אָסוּר לִמְכּוֹר אֶת הַשָּׂדֶה.*

חולז׳ חוֹל [חוֹלוֹת] — sand

סוּג שֶׁל אֲדָמָה: (בַּמִּדְבָּר, עַל חוֹף הַיָּם וְכוּ׳):
*יָשַׁבְתִּי עַל **הַחוֹל** לְיַד שְׂפַת הַיָּם.*

טומן ראשו בחול — buries his head in the sand

חולז׳ חֹל — secular, profane

הַהֵיפֶךְ מִ"קוֹדֶשׁ":
*הַיּוֹם שַׁבָּת, וּמָחָר יוֹם-**חוֹל**.*

יְמוֹת-הַחוֹל - יְמֵי הַשָּׁבוּעַ, שֶׁהֵם יְמֵי עֲבוֹדָה

חוֹל-הַמּוֹעֵד - בְּפֶסַח וּבְסוּכּוֹת, יָמִים שֶׁהֵם חֲצִי חַג וּמוּתָּר לַעֲבוֹד בָּהֶם

חולין (צוּרַת רַבִּים בַּאֲרָמִית) - חוֹל וְלֹא קוֹדֶשׁ

שִׂיחַת-חוּלִין - דִּיבּוּר בְּעִנְיָינִים שֶׁל יוֹם-יוֹם

חו"ל, חו"ל — abroad

(ר"ת: **חוּץ לָאָרֶץ**) כָּל הָאֲרָצוֹת וְהַמְּדִינוֹת שֶׁאֵינָן אֶרֶץ יִשְׂרָאֵל:
*יִשְׂרְאֵלִים רַבִּים מְטַיְּילִים בַּקַּיִץ **בְּחוּ"ל**.*

חולהז׳ חוֹלֶה [חוֹלִים] — sick, ill

מִי שֶׁאֵינוֹ בָּרִיא, סוֹבֵל מִמַּחֲלָה:
*הָרוֹפֵא שָׁלַח אֶת **הַחוֹלֶה** לְבֵית-חוֹלִים.*

חוֹלֵה-נֶפֶשׁ — mental patient

בִּיקּוּר-חוֹלִים — visiting the sick

חוֹלָה, חוֹלוֹת

חוליהנ׳ חֻלְיָה [חוּלִיוֹת] — ring, link

1. טַבַּעַת:
*חֲסֵרוֹת **חוּלְיוֹת** בַּשַּׁרְשֶׁרֶת.*

2. הָעֲצָמוֹת שֶׁל הַגַּב, שֶׁדּוֹמוֹת לְטַבָּעוֹת: — vertebra
*זֶזָה לִי **חוּלְיָה**, לָכֵן כּוֹאֵב לִי הַגַּב.*

בַּעֲלֵי חוליות — vertebrate

חוללפ׳ חוֹלֵל — created, generated

1. עָשָׂה, יָצַר:
*הַמִּלְחָמָה **חוֹלְלָה** שִׁינּוּי בַּמַּצָּב בָּעוֹלָם.*

2. רָקַד: — danced
*הֵם **יְחוֹלְלוּ** בַּמְּסִיבָּה.*

לְחוֹלֵל, אֶת- / ח.ו.ל, פִּיעֵל / חוֹלַלְתִּי, מְחוֹלֵל, יְחוֹלֵל

חוללפ׳ חֻלַּל — was desecrated

פָּגְעוּ בְּמַשֶּׁהוּ קָדוֹשׁ (שֶׁל אֱלוֹהִים):
*בֵּית-הַקְּבָרוֹת **חוּלַּל** עַל-יְדֵי חוּלִיגָנִים.*

/ ח.ל.ל, פּוּעַל / חוּלְּלוּ, מְחוּלָּל, יְחוּלַּל

חולנית׳ חוֹלָנִי — sickly

כִּמְעַט תָּמִיד חוֹלֶה:
*הוּא יֶלֶד **חוֹלָנִי**, לָכֵן לֹא בָּא לְבֵית הַסֵּפֶר.*

חוֹלָנִית, חוֹלָנִיִּים, חוֹלָנִיּוֹת

חולץפ׳ חֻלַּץ — was rescued

חִילְּצוּ אוֹתוֹ, הוֹצִיאוּ אוֹתוֹ, הִצִּילוּ אוֹתוֹ:
*הַיֶּלֶד **חוּלַּץ** מֵהַבּוֹר בָּרִיא וְשָׁלֵם.*

/ ח.ל.ץ, פּוּעַל / חוּלַּצְתִּי, מְחוּלָּץ, אֲחוּלַּץ, יְחוּלַּץ

חולצהנ׳ חֻלְצָה [חוּלְצוֹת] — shirt, blouse

בֶּגֶד לַחֲצִי הַגּוּף הָעֶלְיוֹן:
*לָבַשְׁתִּי **חוּלְצָה** לְבָנָה וַחֲלִיפָה שְׁחוֹרָה.*

חולקפ׳ חֻלַּק — was divided

1. חִילְּקוּ אוֹתוֹ, עָשׂוּ מִמֶּנּוּ חֲלָקִים:
*הַמִּגְרָשׁ **חוּלַּק** בֵּין שְׁנֵי הָאַחִים.*

2. נָתְנוּ אוֹתוֹ לְכַמָּה אֲנָשִׁים: — was distributed
*הַכֶּסֶף **חוּלַּק** לָעֲנִיִּים.*

/ ח.ל.ק, פּוּעַל / חוּלְּקוּ, מְחוּלָּק, יְחוּלַּק

חולשהנ׳ חֻלְשָׁה [חוּלְשׁוֹת] — weakness

1. חוֹסֶר כּוֹחַ:
*אֲנִי מַרְגִּישׁ **חוּלְשָׁה**, כִּי הָיִיתִי חוֹלֶה.*

2. נְקוּדָה רְגִישָׁה (בְּמַשְׁמָעוּת אַבְּסְטְרַקְטִית): — 'soft spot'
*יֵשׁ לוֹ **חוּלְשָׁה** לְבַחוּרוֹת יָפוֹת.*

חוםז׳ חֹם — heat, temperature

טֶמְפֶּרָטוּרָה גְּבוֹהָה:
*הַיֶּלֶד חָלָה וְקִיבֵּל **חוֹם** גָּבוֹהַּ. / בַּקַּיִץ צָרִיךְ לִשְׁתּוֹת הַרְבֵּה בִּגְלַל **הַחוֹם**.*

חוםת, חוּם — brown
צֶבַע, דוֹמֶה לְצֶבַע הָאֲדָמָה:
*עֵינֶיהָ שֶׁל רוּת **חוּמוֹת**.*
חוּמָה, חוּמִים, חוּמוֹת

חומהנ, חוֹמָה [חוֹמוֹת] — wall (around a city)
קִיר מְסָבִיב לָעִיר אוֹ לַבַּיִת:
*מְסָבִיב לִירוּשָׁלַיִם הָעַתִּיקָה יֵשׁ **חוֹמָה גְבוֹהָה**.*
חוֹמַת־הָעִיר

חומוסז, חוּמוּס — hummus (chickpea paste)
מַאֲכָל מִזְרָחִי - כַּדּוּרִים קְטַנִּים מְבוּשָּׁלִים:
*אָכַלְתִּי **חוּמוּס** בְּפִיתָה וְסָלָט.*

חומץז, חֹמֶץ — vinegar
נוֹזֵל חָמוּץ (עוֹשִׂים אוֹתוֹ מִיַּיִן וְכוּ'):
*בַּסָּלָט יֵשׁ לִימוֹן וְלֹא **חוֹמֶץ**.*

חומצהנ, חֻמְצָה [חוּמְצוֹת] — acid
חוֹמֶר כִּימִי, הַטַּעַם שֶׁלּוֹ חָמוּץ:
*אוּלְקוּס נִגְרָם מֵעוֹדֶף **חוּמְצָה** בַּקֵּיבָה.*

חומרז, חֹמֶר [חוֹמָרִים] — material
1. הַדָּבָר שֶׁמִּמֶּנּוּ עָשׂוּי מַשֶּׁהוּ:
*מֵאֵיזֶה **חוֹמֶר** הָרָהִיטִים, מֵעֵץ אוֹ מִפְּלַסְטִיק?*
2. עוּבְדוֹת, מִקְרִים, אִינְפוֹרְמַצְיָה וְכוּ': — stuff
*הַסְּטוּדֶנְט קָרָא אֶת כָּל הַ**חוֹמֶר** לִפְנֵי הַבְּחִינָה.*
חוֹמֶר־נֶפֶץ — explosive
חוֹמֶר־גֶּלֶם — raw material

חומרהז, חֻמְרָה — severity
כְּמוֹ שֶׁצָּרִיךְ לִהְיוֹת, בְּלִי הֲקָלוֹת.
חוּמְרַת הָעוֹנֶשׁ - הַסָּנֵיגוֹר בִּיקֵּשׁ מִן הַשּׁוֹפֵט לְהָקֵל אֶת חוּמְרַת הָעוֹנֶשׁ.

חומרנותנ, חָמְרָנוּת — materialism
מָטֶרְיָאלִיזְם, הַשְׁקָפַת עוֹלָם שֶׁרוֹאָה בַּחוֹמֶר אֶת הָעִיקָּר:
*בִּמְקוֹם אִידֵיאָלִיזְם יֵשׁ עַכְשָׁיו **חוֹמְרָנוּת**.*

חומשז, חֹמֶשׁ — five-year (period)
תְּקוּפָה שֶׁל חָמֵשׁ שָׁנִים:
*תּוֹכְנִית הַ**חוֹמֶשׁ** שֶׁל הַמֶּמְשָׁלָה הוּגְשָׁה לַכְּנֶסֶת.*

חומשז, חֻמָּשׁ [חוּמָשִׁים] — the Pentateuch
אֶחָד מֵחֲמִישָּׁה סִפְרֵי תּוֹרָה:
*הִתְחַלְנוּ לִלְמוֹד **חוּמָּשׁ**. **בַּחוּמָּשׁ** כְּתוּבִים חוּקֵּי הַיַּהֲדוּת.*
חֲמִישָּׁה חוּמְשֵׁי תּוֹרָה - "בְּרֵאשִׁית", "שְׁמוֹת", "וַיִּקְרָא", "בַּמִּדְבָּר", "דְּבָרִים"

חונךז, חוֹנֵךְ [חוֹנְכִים] — coach, counselor
מַדְרִיךְ, עוֹזֵר בַּלִּימוּדִים אוֹ בָּעֲבוֹדָה:
*הַ**חוֹנְכִים** שֶׁל בְּנֵי הַ־13 הֵם בְּנֵי הַ־17.*
חוֹנֶכֶת, חוֹנְכוֹת

חוסלפ, חֻסַּל — was liquidated
נַעֲשָׂה לוֹ סוֹף, נִגְמַר:
*כָּל הָאוֹכֶל בַּבַּיִת **חוּסַּל**. / יְחִידַת הַמְחַבְּלִים **חוּסְּלָה**.*
/ ח.ס.ל, פּוּעַל / חוּסְּלוּ, מְחוּסָּל, יְחוּסַּל

חוסןז, חֹסֶן — immunity, strength
כּוֹחַ:
*אֵין לוֹ **חוֹסֶן** נַפְשִׁי - הוּא מְפַחֵד מִכָּל דָּבָר.*

חוסרז, חֹסֶר — lack
כַּמּוּת קְטַנָּה מִדַּי וְלֹא מַסְפִּיקָה (אוֹ שׁוּם דָּבָר):
*מְדִינוֹת רַבּוֹת בְּאַפְרִיקָה סוֹבְלוֹת מֵ**חוֹסֶר** מָזוֹן.*

חוףז, חוֹף [חוֹפִים] — beach, seashore, coast
הָאֲדָמָה לְיַד הַיָּם, שְׂפַת־יָם:
*יָשַׁבְתִּי בְּבֵית קָפֶה עַל **חוֹף** הַיָּם מוּל הַמַּיִם.*
חוֹפֵי־הַיָּם

חופהנ, חֻפָּה [חוּפּוֹת] — canopy
1. בַּד מָתוּחַ עַל אַרְבָּעָה מַקְלוֹת; מִתַּחַת עוֹרְכִים אֶת טֶקֶס הַחֲתוּנָּה:
*מִתַּחַת לַ**חוּפָּה** עָמְדוּ הֶחָתָן וְהַכַּלָּה, הָרַב וְהַהוֹרִים.*
2. הַחֵלֶק בַּמִּצְנָח, שֶׁנִּפְתָּח בָּרוּחַ: — parachute
*כָּל צַנְחָן מִתְפַּלֵּל שֶׁ**חוּפַּת** הַמִּצְנָח תִּיפָּתַח.*

חופןז, חֹפֶן [חוֹפְנַיִים] — handful
הַכַּמּוּת שֶׁאֶפְשָׁר לְהַחֲזִיק בְּכַף הַיָּד:
*אָכַלְתִּי **חוֹפֶן** אֱגוֹזִים.*
מְלוֹא חוֹפְנַיִיםב - הַרְבֵּה — plenty

חופףת, חוֹפֵף — congruent
1. (בְּגֵיאוֹמֶטְרִיָּה) שָׁוֶה בַּצּוּרָה וּבַגּוֹדֶל:
*2 הַמְּשׁוּלָּשִׁים **חוֹפְפִים**, כִּי 3 הַצְּלָעוֹת שֶׁלָּהֶם שָׁווֹת.*
2. זֵהֶה, אוֹתוֹ דָּבָר: — overlapping
תַּפְקִיד שֶׁל מְנַהֵל מַחְלָקָה
***חוֹפֵף** לְתַפְקִיד מְנַהֵל בֵּית סֵפֶר.*
חוֹפֶפֶת, חוֹפְפִים, חוֹפְפוֹת

חופשז, חֹפֶשׁ — freedom
חֵירוּת:
*לָחַמְנוּ עַל **חוֹפֶשׁ** הַדִּיבּוּר וְחוֹפֶשׁ הָעִיתּוֹנוּת.*
"הַחוֹפֶשׁ הַגָּדוֹל" — summer vacation

חוֹפֶשׁ־פְּעוּלָה - freedom of action
*יֵשׁ לִי **חוֹפֶשׁ פְּעוּלָה** בָּעֲבוֹדָה.*

חופשה נ׳, חֻפְשָׁה [חופשות] vacation, holiday
שִׁיחְרוּר לִזְמַן מְסוּיָּם מֵעֲבוֹדָה, מִלִּימּוּדִים, מֵהַצָּבָא וְכוּ׳:
*נָסַעְתִּי לְ**חוּפְשָׁה** שְׁנָתִית בְּאֵילַת.*

חופשי ת׳, חָפְשִׁי free
1. מִי שֶׁיֵּשׁ לוֹ חוֹפֶשׁ, חֵירוּת:
*הָאָסִיר רוֹצֶה לִהְיוֹת **חוֹפְשִׁי**.*
2. פָּנוּי, יֵשׁ לוֹ זְמַן:
*אֲנִי **חוֹפְשִׁי** הָעֶרֶב, אֲנִי לֹא עוֹבֵד.*
יַד־חוֹפְשִׁית - חוֹפֶשׁ פְּעוּלָה free hand
כְּנִיסָה־חוֹפְשִׁית free admission
מִקְצוֹעַ חוֹפְשִׁי profession
חוֹפְשִׁית - חוֹפְשִׁיָּה, חוֹפְשִׁיִּים, חוֹפְשִׁיּוֹת

חוץ ת״פ, חוּץ outside
הַהֵיפֶךְ מִ'פְּנִים', כֹּל מַה שֶּׁאֵינוֹ בְּתוֹךְ:
*דָּוִד עוֹמֵד **בַּחוּץ** וְאֵינוֹ נִכְנָס הַבַּיְתָה.*
מִחוּץ - *אֲנִי גָּרָה **מִחוּץ** לָעִיר, בַּכְּפָר.*
הַחוּצָה - אֶל הַחוּץ: outside
*יָצָאתִי מֵהַבַּיִת **הַחוּצָה**, אֶל הָרְחוֹב.*
חוּץ מִ- לְהוֹצִיא מִן הַכְּלָל: except
*הַסִּפְרִיָּיה פְּתוּחָה כֹּל יוֹם **חוּץ מִשַּׁבָּתוֹת** וְחַגִּים.*

חוצפה נ׳, חֻצְפָּה insolence
חוֹסֶר נִימּוּס, חוֹסֶר כָּבוֹד, גַּסּוּת:
*הַיֶּלֶד הִתְנַהֵג אֶל הַזָּקֵן **בְּחוּצְפָּה**.*

חוצפן ת׳/ז׳, חַצְפָן [חוצפנים] insolent
מִי שֶׁמְּדַבֵּר בְּלִי נִימּוּס, בְּגַסּוּת:
*הַתְּשׁוּבָה **הַחוּצְפָּנִית** שֶׁלּוֹ הִרְגִּיזָה אוֹתִי.*
חוּצְפָּנִית, חוּצְפָּנִיּוֹת

חוק ז׳, חֹק [חוקים] law
דִּין, כְּלָל מִשְׁפָּטִי:
*לְפִי **הַחוֹק**, אָסוּר לְהַפְרִיעַ אֶת מְנוּחַת הָאֲנָשִׁים בַּלַּיְלָה.*
חוֹק הַשְּׁבוּת – Law of Return
הַחוֹק שֶׁכֹּל יְהוּדִי יָכוֹל לַעֲלוֹת לָאָרֶץ וּלְקַבֵּל אֶזְרָחוּת
חוֹק עֵזֶר by-law

חוקה נ׳, חֻקָּה [חוקות] constitution
קוֹנְסְטִיטוּצְיָה:
*לִמְדִינַת יִשְׂרָאֵל אֵין **חוּקָּה** אֶלָּא מַעֲרֶכֶת שֶׁל חוּקִּים.*

חוקי ת׳, חֻקִּי legal
לְפִי הַחוֹק, לֵיגָלִי:
*הַחוֹזֶה שֶׁחָתַמְתָּ לֹא **חוּקִּי**.*
בִּלְתִּי חוּקִּי - לֹא חוּקִּי, לֹא לֵיגָלִי illegal
חוּקִּית, חוּקִּיִּים, חוּקִּיּוֹת

חוקן ז׳, חֹקֶן [חוקנים] enema
מַכְשִׁיר שֶׁמַּכְנִיס מַיִם דֶּרֶךְ הָרֶקְטוּם לְנִיקּוּי הַקֵּיבָה:
*צָרִיךְ לַעֲשׂוֹת **חוֹקֶן** לִפְנֵי צִילּוּם קֵיבָה.*

חוקר ז׳, חוֹקֵר [חוקרים] researcher
1. אִישׁ מַדָּע, עוֹשֶׂה מֶחְקָר מַדָּעִי:
*הַ**חוֹקֵר** פִּירְסֵם אֶת הַמֶּחְקָר שֶׁלּוֹ בְּסֵפֶר.*
2. אִישׁ מִשְׁטָרָה שֶׁשּׁוֹאֵל וּבוֹדֵק חֲשׁוּדִים: investigator
*הַ**חוֹקֵר** בָּדַק אִם הַפְּרָטִים שֶׁמָּסַרְתִּי נְכוֹנִים.*
חוֹקֶרֶת, חוֹקְרוֹת

חור ז׳, חוֹר [חורים] hole
פֶּתַח (בַּקִּיר, בָּאֲדָמָה, בַּבֶּגֶד וְכוּ׳):
*בַּחוּלְצָה יֵשׁ **חוֹר** מִסִּיגַרְיָה. / הָרַעַשׁ שֶׁל הַיְלָדִים עוֹשֶׂה לִי "**חוֹר** בָּרֹאשׁ".*

חורבה נ׳, חֻרְבָּה [חורבות] run-down/ruined house
מָקוֹם (בַּיִת, כְּפָר וְכוּ׳) הָרוּס:
*הוּא קָנָה **חוּרְבָּה** וְעָשָׂה מִמֶּנָּה אַרְמוֹן. / הָאַרְכֵיאוֹלוֹגִים גִּילּוּ **חוּרְבוֹת** שֶׁל עִיר עַתִּיקָה.*

חורבן ז׳, חֻרְבָּן destruction
הֶרֶס:
*אַחֲרֵי **חוּרְבַּן** יְרוּשָׁלַיִם עָזְבוּ רוֹב הַיְּהוּדִים אֶת הָאָרֶץ.*
*חָזַרְתִּי הַבַּיְתָה, וּמָצָאתִי **חוּרְבָּן**.*
חוּרְבַּן בַּיִת רִאשׁוֹן the destruction of the First Temple

חורג ת׳, חוֹרֵג deviating
1. יוֹצֵא מִן הַשּׁוּרָה, בּוֹלֵט, אַחֵר:
*אָסוּר לָקַחַת מִטְעָן **חוֹרֵג**, שֶׁבּוֹלֵט מִחוּץ לַמְּכוֹנִית.*
2. **אָב חוֹרֵג / אֵם חוֹרֶגֶת / בֵּן חוֹרֵג / בַּת חוֹרֶגֶת** מִי שֶׁיֵּשׁ לוֹ תַּפְקִיד בַּמִּשְׁפָּחָה בְּלִי קִרְבַת דָּם: step - (mother/father/son etc.)
*דָּוִד, הַבַּעַל שֶׁל רוּת, הוּא **אָב חוֹרֵג** שֶׁל דּוֹב, הַבֵּן שֶׁל רוּת.*
חוֹרֶגֶת, חוֹרְגִים, חוֹרְגוֹת

חורף ז׳, חֹרֶף [חורפים] winter
עוֹנַת הַשָּׁנָה שֶׁלִּפְנֵי הָאָבִיב (דֶּצֶמְבֶּר־יָנוּאָר):
***הַחוֹרֶף** בְּיִשְׂרָאֵל קַר, וְיוֹרֵד בּוֹ גֶּשֶׁם.*

חורש ז׳, חֹרֶשׁ [חורשים] grove
יַעַר שֶׁל עֵצִים נְמוּכִים, שִׂיחִים וְכוּ׳:
***בַּחוֹרֶשׁ** בְּהַר הַכַּרְמֶל יֵשׁ עֵצִים צְעִירִים.*

חורשהנ, חֻרְשָׁה (חֹרְשָׁה) [חורשות] thicket
חוֹרֶשׁ, יַעַר שֶׁל עֵצִים קְטַנִּים:
*יָצָאנוּ לַ**חוּרְשָׁה** לְפִּיקְנִיק - תַּחַת הָעֵצִים קָרִיר, וְיֵשׁ צֵל.*

חושז, חוּשׁ [חוּשִׁים] sense
1. אֶחָד מִן הַכּוֹחוֹת שֶׁל הַגּוּף לְהַכִּיר בִּדְבָרִים:
*לָאָדָם יֵשׁ חֲמִישָּׁה **חוּשִׁים**: **חוּשׁ** רְאִיָּה, **חוּשׁ** שְׁמִיעָה, **חוּשׁ** רֵיחַ, **חוּשׁ** טַעַם וְ**חוּשׁ** מִישּׁוּשׁ.*
2. הַרְגָּשָׁה: (gut) feeling
*הוּא יָדַע בְּ**חוּשׁ**, שֶׁהַמַּצָּב קָשֶׁה.*
חוש הומור sense of humor

חושבפ, חֻשַּׁב was calculated
חִישְּׁבוּ אוֹתוֹ, עָשׂוּ בּוֹ פְּעוּלוֹת חֶשְׁבּוֹן:
*הַמַּשְׂכּוֹרֶת **חוּשְּׁבָה** לְפִי יְמֵי עֲבוֹדָה.*
/ ח.ש.ב, פּוּעַל / חוּשְּׁבוּ, מְחוּשָּׁב, יְחוּשַּׁב, יְחוּשְּׁבוּ

חושית, חוּשִׁי sensory
שַׁיָּיךְ לְחוּשׁ:
*הָאוֹזֶן הִיא אֵיבָר **חוּשִׁי**.*
חוּשִׁית, חוּשִׁיִּים, חוּשִׁיּוֹת

חושךז, חֹשֶׁךְ darkness
חוֹסֶר אוֹר:
*קָשֶׁה לִי לִנְהוֹג בַּלַּיְלָה בַּ**חוֹשֶׁךְ**.*
חוֹשֶׁךְ מִצְרַיִם complete darkness

חושלפ, חֻשַּׁל was forged/strengthened
חִיזְּקוּ אוֹתוֹ, הִתְחַזֵּק:
*הַגּוּף שֶׁלּוֹ **חוּשַּׁל** בְּטִיּוּלִים וְאִימּוּנִים בַּשָּׂדֶה.*
/ ח.ש.ל, פּוּעַל / חוּשַּׁלְתִּי, מְחוּשָּׁל, אֲחוּשַּׁל, יְחוּשַּׁל

חושנית, חוּשָׁנִי sensual
פּוֹעֵל עַל הַחוּשִׁים, גּוּפָנִי וְלֹא רוּחָנִי:
*זֹאת לֹא אַהֲבָה אַפְּלָטוֹנִית אֶלָּא אַהֲבָה **חוּשָׁנִית**.*
חוּשָׁנִית, חוּשָׁנִיִּים, חוּשָׁנִיּוֹת

חושניותנ, חוּשָׁנִיּוּת sensuality
פְּעוּלָּה עַל הַחוּשִׁים - הִתְיַיחֲסוּת גּוּפָנִית, לֹא רוּחָנִית:
*בַּבַּחוּרָה הַזֹּאת יֵשׁ גַּם יוֹפִי וְגַם **חוּשָׁנִיּוּת**.*

חושפנית, חוֹשְׂפָנִי revealing
חוֹשֵׂף וּמְגַלֶּה:
*בַּקַּיִץ לוֹבְשׁוֹת הַבַּחוּרוֹת שְׂמָלוֹת **חוֹשְׂפָנִיּוֹת**.*
חוֹשְׂפָנִית, חוֹשְׂפָנִיִּים, חוֹשְׂפָנִיּוֹת

חותמתנ, חוֹתֶמֶת [חותמות] stamp, seal
סִימָן עַל תְּעוּדָה, בּוּל דּוֹאַר וְכוּ':
*בְּלִי **חוֹתֶמֶת** שֶׁל מִשְׂרַד הַפְּנִים, אֵין עֵרֶךְ לַפַּסְפּוֹרְט.*

חותןז, חוֹתֵן [חוֹתְנִים] father-in-law
אַבָּא שֶׁל הָאִישָּׁה:
*לְהוֹרֵי אִשְׁתִּי יֵשׁ חֲנוּת, וַאֲנִי עוֹבֵד עִם הַ**חוֹתֵן** שֶׁלִּי.*
חוֹתֶנֶת, חוֹתְנוֹת

חותנתנ, חוֹתֶנֶת [חותנות] mother-in-law
אִימָּא שֶׁל הָאִישָּׁה:
*הַ**חוֹתֶנֶת** שֶׁלִּי הִיא הַסַּבְתָּא שֶׁל הַיְּלָדִים שֶׁלִּי.*

חזאיז, חַזַּאי [חַזָּאִים] forecaster, weatherman
עוֹבֵד בְּתַחֲנָה מֶטֶאוֹרוֹלוֹגִית:
*הַ**חַזַּאי** הוֹדִיעַ, שֶׁיֵּרֵד גֶּשֶׁם.*
חַזָּאִית, חַזָּאִיּוֹת

חזהפ, חָזָה watched, saw
1. רָאָה:
***חָזִיתִי** בַּהַצָּגָה שֶׁל צ'כוֹב.*
2. רָאָה אֶת הֶעָתִיד, נִיבָּא: predicted, foresaw
***חָזִיתִי** מֵרֹאשׁ, שֶׁהוּא לֹא יָבוֹא.*
לַחֲזוֹת אֶת-, בְּ- / ח.ז.ה, פָּעַל / חָזִיתִי, חוֹזֶה, יֶחֱזֶה

חזהז, חָזֶה [חָזוֹת] chest, breast
חֵלֶק בַּגּוּף בֵּין הַצַּוָּואר וְהַבֶּטֶן:
*הֶ**חָזֶה** שֶׁלּוֹ מָלֵא מֶדַלְיוֹת.*
בֵּית-הֶחָזֶה thorax

חזוית, חָזוּי predicted/ forcast (adj.)
יוֹדְעִים, רוֹאִים אוֹתוֹ מֵרֹאשׁ:
*הַתּוֹצָאוֹת שֶׁל הַמֶּחְקָר הָיוּ **חֲזוּיוֹת** מֵרֹאשׁ.*
*הַטֶּמְפֶּרָטוּרוֹת הַ**חֲזוּיוֹת** לְמָחָר גְּבוֹהוֹת.*
חֲזוּיָה, חֲזוּיִים, חֲזוּיוֹת

חזוןז, חָזוֹן [חֲזוֹנוֹת] vision, prophecy
1. מַה שֶּׁרָאוּ וְדִיבְּרוּ הַנְּבִיאִים בַּתַּנַ"ךְ:
***חֲזוֹן** יְשַׁעְיָהוּ הָיָה עַל שָׁלוֹם עוֹלָמִי.*
2. אִידֵיאָל: ideal
*צָרִיךְ לְהַפְרִיד בֵּין **חָזוֹן** לִמְצִיאוּת.*

חזותנ, חָזוּת appearance
1. מַרְאֶה, צוּרָה:
*הֶ**חָזוּת** שֶׁלּוֹ מְגַלָּה, שֶׁהוּא מְאוּשָּׁר.*
2. רְאִיָּיה שֶׁל מַה שֶּׁיִּקְרֶה בֶּעָתִיד: (future) outlook
*הֶאֱמַנְתָּ לֶ**חָזוּת** הַכַּלְכָּלִית הַקָּשָׁה?*

חזותית, חָזוּתִי visual
קָשׁוּר בִּרְאִיָּיה:
*יֵשׁ לוֹ זִכָּרוֹן **חָזוּתִי** - הוּא זוֹכֵר כֹּל מַה שֶּׁהוּא רוֹאֶה.*
חָזוּתִית, חָזוּתִיִּים, חָזוּתִיּוֹת

חזייהנ׳ חֲזִיָּה [חֲזִיּוֹת] bra
בֶּגֶד שֶׁנָּשִׁים לוֹבְשׁוֹת עַל הַשָּׁדַיִים:
*נָשִׁים לוֹבְשׁוֹת **חֲזִיָּה** עַל הֶחָזֶה.*

חזירז׳ חֲזִיר [חֲזִירִים] pig, pork
בַּעַל־חַיִּים:
*הַתּוֹרָה אוֹסֶרֶת עַל אֲכִילַת **חֲזִיר**.*

חזירותנ׳ חֲזִירוּת [חֲזִירוּיוֹת] rude/vulgar behavior
הִתְנַהֲגוּת כְּמוֹ שֶׁל חֲזִיר, גַּסּוּת:
*זֹאת **חֲזִירוּת** לֹא לְהַשְׁאִיר אוֹכֶל בַּמְקָרֵר.*

חזיתנ׳ חֲזִית [חֲזִיתוֹת] front
1. צַד הַפָּנִים (שֶׁל בִּנְיָין וְכוּ׳):
*צֶבַע **חֲזִית** הַבַּיִת יָרוֹק.*
2. הַמָּקוֹם שֶׁנִּלְחָמִים בּוֹ: frontline(s)
*הַחַיָּילִים חָזְרוּ מִן **הַחֲזִית**.*
3. (מֶטָאפוֹרָה) תְּחוּם, נוֹשֵׂא: realm, domain
*בַּ**חֲזִית** הַפּוֹלִיטִית אֵין חָדָשׁ.*

חזיתית׳ חֲזִיתִי frontal
פּוֹנֶה אֶל הַחֲזִית, אֶל הַפָּנִים:
*קָנִינוּ דִּירָה **חֲזִיתִית**, וְרוֹאִים מִמֶּנָּה אֶת הָרְחוֹב.*
הַתְקָפָה חֲזִיתִית frontal attack
חֲזִיתִית, חֲזִיתִיִּים, חֲזִיתִיּוֹת

חזןז׳ חַזָּן [חַזָּנִים] cantor
מִי שֶׁשָּׁר בְּבֵית הַכְּנֶסֶת:
*הַ**חַזָּן** שָׁר אֶת הַתְּפִלָּה בְּקוֹל גָּדוֹל.*
חַזָּנִית, חַזָּנִיּוֹת

חזנותנ׳ חַזָּנוּת cantorship
1. הַתַּפְקִיד שֶׁל הַחַזָּן:
*הוּא עוֹסֵק בְּ**חַזָּנוּת** שְׁלוֹשִׁים שָׁנָה.*
2. סוּג שֶׁל שִׁירָה (תְּפִילּוֹת וְכוּ׳): cantoral music
*בָּרַדְיוֹ יֵשׁ תּוֹכְנִית מְיוּחֶדֶת לְ**חַזָּנוּת**.*

חזקת׳ חָזָק strong
בַּעַל כּוֹחַ רַב:
*שִׁמְשׁוֹן הָיָה אִישׁ **חָזָק** מְאוֹד.*
חֲזַק וֶאֱמַץפ׳ scouts salute
חֲזָקָה, חֲזָקִים, חֲזָקוֹת

חזקהנ׳ חֶזְקָה [חֶזְקוֹת] power (math)
בַּאֲרִיתְמֶטִיקָה: מִסְפָּר מְסוּיָּם פִּי אוֹתוֹ מִסְפָּר:
*2 **בְּחֶזְקַת** 2 (2^2) = 4.*

חזקהנ׳ חֲזָקָה right of claim
זְכוּת מְסוּיֶּמֶת:
*יֵשׁ לִי **חֲזָקָה** עַל הַמָּקוֹם הַזֶּה.*

חזרפ׳ חָזַר returned
1. שָׁב לַמָּקוֹם שֶׁהָלַךְ מִמֶּנּוּ:
*הָאָב **חָזַר מִן** הָעֲבוֹדָה בָּעֶרֶב.*
2. עָשָׂה מַשֶּׁהוּ כַּמָּה פְּעָמִים, שׁוּב וָשׁוּב: repeated, reviewed
*הַסְּטוּדֶנְטִים **חָזְרוּ עַל** הַחוֹמֶר לִפְנֵי הַבְּחִינָה.*
חָזַר בִּתְשׁוּבָה repented
חָזַר לְאֵיתָנוֹ recovered
חָזַר בּוֹ retracted
לַחֲזוֹר, עַל- / ח.ז.ר, פָּעַל / חָזַרְתִּי, חוֹזֵר, יַחֲזוֹר, חֲזוֹר!

חזרהנ׳ חֲזָרָה return
1. שִׁיבָה, לָבוֹא לַמָּקוֹם הַקּוֹדֵם:
*מֹשֶׁה קָנָה כַּרְטִיס רַכֶּבֶת לְחֵיפָה **וַחֲזָרָה**.*
2. עֲשִׂיַּית אוֹתוֹ הַדָּבָר repetition, review
כַּמָּה פְּעָמִים לְצוֹרֶךְ לִימּוּד:
*הַמּוֹרָה עָשְׂתָה **חֲזָרָה** עַל הַחוֹמֶר לַמִּבְחָן.*
בַּחֲזָרָהת״פ - לְאָחוֹר, בַּדֶּרֶךְ הַהֲפוּכָה

חזרתנ׳ חַזֶּרֶת mumps
מַחֲלָה שֶׁל יְלָדִים - הַפָּנִים לְיַד הָאוֹזְנַיִים מִתְנַפְּחִים:
*הַפָּנִים שֶׁלּוֹ נְפוּחִים, כִּי יֵשׁ לוֹ **חַזֶּרֶת**.*

חטאז׳ חֵטְא [חֲטָאִים] sin
מַעֲשֶׂה לֹא מוּסָרִי (לֹא מוֹרָלִי):
*בְּיוֹם הַכִּיפּוּרִים אָנוּ מְבַקְּשִׁים סְלִיחָה עַל **חֲטָאִים** שֶׁעָשִׂינוּ.*

חטאפ׳ חָטָא sinned
עָשָׂה מַשֶּׁהוּ נֶגֶד הַמּוּסָר, עָשָׂה דָּבָר אָסוּר:
*כּוּלָּנוּ **חוֹטְאִים** לִפְעָמִים.*
לַחֲטוֹא / ח.ט.א, פָּעַל / חָטָאתִי, חוֹטֵא, יֶחֱטָא

חטבפ׳ חָטַב cut (wood)
חָתַךְ (עֵצִים בַּיַּעַר):
*בַּאֲרָצוֹת קָרוֹת **חוֹטְבִים** עֵצִים לְחִימּוּם בַּחוֹרֶף.*
לַחֲטוֹב אֶת- / ח.ט.ב, פָּעַל / חָטַבְתִּי, חוֹטֵב, יַחְטוֹב

חטובת׳ חָטוּב curved (adj.), curvaceous
גָּזוּר, שֶׁיֵּשׁ לוֹ צוּרָה יָפָה:
*לַבַּחוּרָה יֵשׁ גּוּף **חָטוּב**.*
חֲטוּבָה, חֲטוּבִים, חֲטוּבוֹת

חטוטרתנ׳ חֲטוֹטֶרֶת [חֲטוֹטָרוֹת] hump, hunch
גִּבְנוּן, בְּלִיטָה בַּגַּב:
*לַגָּמָל יֵשׁ **חֲטוֹטֶרֶת**.*

חטוףת׳ חָטוּף — abducted (adj.)

1. מִי שֶׁחָטְפוּ אוֹתוֹ, לָקְחוּ אוֹתוֹ בְּכוֹחַ וְהֶחְבִּיאוּ אוֹתוֹ:

*הַמִּשְׁטָרָה שִׁיחְרְרָה אֶת **הַחֲטוּפִים**.*

2. מָהִיר, בְּבַת אַחַת: — sudden

*הוּא מֵת מִיתָה **חֲטוּפָה**.*

חֲטוּפָה, חֲטוּפִים, חֲטוּפוֹת

חטטןז׳ חַטְטָן [חַטְטָנִים] — nosey, picky

מִי שֶׁמִּתְעַנְיֵין בִּדְבָרִים קְטַנִּים מְאוֹד:

*יֵשׁ לָנוּ שְׁכֵנָה **חַטְטָנִית**, הִיא רוֹצָה לָדַעַת הַכּוֹל.*

חַטְטָנִית, חַטְטָנִיּוֹת

חטטנותנ׳ חַטְטָנוּת — being picky

כְּשֶׁמְּטַפְּלִים בִּדְבָרִים קְטַנִּים מְאוֹד:

*זֹאת **חַטְטָנוּת** לְחַפֵּשׂ שְׁגִיאוֹת בְּכָל מִילָּה.*

חטטנית׳ חַטְטָנִי — nosey, inquisitive

שֶׁמִּתְעַסֵּק בִּדְבָרִים קְטַנִּים:

*יֶשְׁנָם עִיתּוֹנָאִים **חַטְטָנִים**, שֶׁמְּחַפְּשִׂים סֶנְסַצְיוֹת.*

חַטְטָנִית, חַטְטָנִיִּים, חַטְטָנִיּוֹת

חטיבהנ׳ חֲטִיבָה [חֲטִיבוֹת] — cutting wood

1. כְּשֶׁעוֹקְרִים וְחוֹתְכִים עֵצִים:

***חֲטִיבַת** עֵצִים זֹאת עֲבוֹדָה קָשָׁה.*

2. יְחִידָה צְבָאִית גְּדוֹלָה (בְּרִיגָדָה): — brigade

*אֲנִי קָצִין **בַּחֲטִיבָה** שֶׁל טַנְקִים.*

בַּחֲטִיבָה אַחַת — at once, in one piece

חֲטִיבַת־הַבֵּינַיִים — middle school

חטיףז׳ חָטִיף [חֲטִיפִים] — snack

אוֹכֶל קַל, שֶׁאוֹכְלִים בָּרְחוֹב אוֹ לִפְנֵי הָאֲרוּחָה:

*לִפְנֵי הָאֲרוּחָה הִגַּשְׁתִּי **חֲטִיפִים**.*

חטיפהנ׳ חֲטִיפָה [חֲטִיפוֹת] — kidnapping

1. כְּשֶׁלּוֹקְחִים מִישֶׁהוּ בְּלִי רְצוֹנוֹ וּמַסְתִּירִים אוֹתוֹ:

*עַל **חֲטִיפַת** יְלָדִים יֵשׁ עוֹנֶשׁ קָשֶׁה.*

2. לְקִיחָה מְהִירָה: — snatching

*לִפְנֵי הַמִּלְחָמָה הָיְיתָה **חֲטִיפָה** שֶׁל אוֹכֶל מִן הַחֲנוּיוֹת.*

חטףפ׳ חָטַף — seized by force, hijacked

1. לָקַח בְּכוֹחַ:

*הוּא **חָטַף** אֶת הַמָּטוֹס.*

2. לָקַח בִּמְהִירוּת: — grabbed

*הֵם **חָטְפוּ** כֹּל מַה שֶּׁרָאוּ בַּחֲנוּת.*

3. (בִּלְשׁוֹן הַדִּיבּוּר): קִיבֵּל: — 'got' it

*מִיַּד **תַּחְטוֹף** מִמֶּנִּי מַכּוֹת.*

לַחֲטוֹף אֶת- / ח.ט.ף, פָּעַל / חָטַפְתִּי, חוֹטֵף, יַחְטוֹף, חֲטוֹף!

חטף פתחז׳ חֲטַף פַּתָּח — a semivowel (composed of a shva and a vowel)

סִימַן הַתְּנוּעָה ֲ בְּעִבְרִית:

*בַּמִּילָּה אֲדָמָה יֵשׁ **חֲטַף פַּתָּח** בָּ-א'.*

חיפ׳ חַי — lives

מַעֲבִיר אֶת הַחַיִּים בְּדֶרֶךְ מְסוּיֶּמֶת:

*הוּא **חַי** בַּקִּיבּוּץ כָּל הַשָּׁנִים.*

לִחְיוֹת בְּ- / ח.י.י-ח.י.ה, פָּעַל / חָיִיתִי, חַי, יִחְיֶה, חֲיֵה!

חית׳ חַי — alive

יֶשְׁנוֹ, נִמְצָא, קַיָּים, שֶׁאֵינוֹ מֵת:

*עַם יִשְׂרָאֵל **חַי** וְקַיָּים.*

חַיָּה, חַיִּים, חַיּוֹת

דוּגְמָה חַיָּה — living example

הָרוּחַ־הַחַיָּה — the life of

חיבבפ׳ חִבֵּב — liked

1. אָהַב:

*אֲנִי **מְחַבֵּב** מְאוֹד אֶת רוּת.*

2. עָשָׂה שֶׁמִּישֶׁהוּ יֹאהַב: — caused (someone) to like

*הוּא **מְחַבֵּב** עָלֵינוּ אֶת הַלִּימוּדִים.*

לְחַבֵּב אֶת- עַל- / ח.ב.ב, פִּיעֵל / מְחַבֵּב, יְחַבֵּב, חַבֵּב!

חיבהנ׳ חִבָּה — fondness

רֶגֶשׁ שֶׁל אַהֲבָה וִידִידוּת:

*אֲנִי מַרְגִּישָׁה **חִיבָּה** רַבָּה לַיְּלָדִים שֶׁל אָחִי.*

חיבוקז׳ חִבּוּק [חִיבּוּקִים] — embrace, hug

כְּשֶׁשָּׂמִים אֶת הַיָּדַיִים מִסָּבִיב לְמִישֶׁהוּ, כְּשֶׁמַּחֲזִיקִים מִישֶׁהוּ בַּיָּדַיִים קָרוֹב לַגּוּף:

*הוּא נִפְגַּשׁ עִם חֲבֵרָיו **בְּחִיבּוּקִים** וּבִנְשִׁיקוֹת.*

בְּחִיבּוּק יָדַיִים - בְּלִי לַעֲשׂוֹת כְּלוּם: — idle

*אַל תֵּשֵׁב **בְּחִיבּוּק יָדַיִים**, עֲזוֹר לִי!*

חיבורז׳ חִבּוּר [חִיבּוּרִים] — connection

1. קִישּׁוּר בֵּין דְּבָרִים:

***הַחִיבּוּר** שֶׁל חוּטֵי הַחַשְׁמַל אֵינוֹ טוֹב.*

2. כְּתִיבָה בְּנוֹשֵׂא מְסוּיָּם: — writing, composing

*הוּא עָסוּק **בְּחִיבּוּר** מִילּוֹן.*

3. מַאֲמָר, סֵפֶר וְכוּ': — essay, composition

*הוּא קִיבֵּל פְּרָס עַל **הַחִיבּוּר** הַסִּפְרוּתִי שֶׁכָּתַב.*

חיבלפ׳ חִבֵּל — sabotaged

שָׁבַר, קִילְקֵל:

*הוּא **חִיבֵּל** בְּצִינּוֹר הַנֵּפְט.*

לְחַבֵּל בְּ- / ח.ב.ל, פִּיעֵל / חִיבַּלְתִּי, מְחַבֵּל, יְחַבֵּל, חַבֵּל!

חיבקפ׳ חִבֵּק — hugged, embraced
שָׂם יָדָיו מִסָּבִיב לְמִישֶׁהוּ אוֹ לְמַשֶּׁהוּ:
*הָאֵם **חִיבְּקָה** אֶת הַבֵּן וְנִישְּׁקָה אוֹתוֹ בְּאַהֲבָה.*
לְחַבֵּק אֶת- / ח.ב.ק, פִּיעֵל / חִיבַּקְתִּי, מְחַבֵּק, יְחַבֵּק, חַבֵּק!

חיברפ׳ חִבֵּר — joined
1. שָׂם בְּיַחַד:
*הַפָּקִיד **חִיבֵּר** אֶת הַדַּפִּים בְּסִיכָּה.*
2. כָּתַב מַאֲמָר, שִׁיר, סִיפּוּר, מוּסִיקָה — wrote, composed
*ח״נ בְּיָאלִיק **חִיבֵּר** שִׁירִים וְסִיפּוּרִים.*
לְחַבֵּר אֶת- / ח.ב.ר, פִּיעֵל / חִיבַּרְתִּי, מְחַבֵּר, יְחַבֵּר, חַבֵּר!

חידדפ׳ חִדֵּד — sharpened
1. עָשָׂה שֶׁיִּהְיֶה חַד:
*הוּא **חִידֵּד** אֶת הָעִיפָּרוֹן.*
2. פִּיתַּח אֶת הַשֵּׂכֶל, הַכִּישָׁרוֹן וְכוּ׳: — improved
*לִימוּד עַל-פֶּה **מְחַדֵּד** אֶת הַזִּיכָּרוֹן.*
לְחַדֵּד אֶת- / ח.ד.ד, פִּיעֵל / חִידַּדְתִּי, מְחַדֵּד, יְחַדֵּד, חַדֵּד!

חידהנ׳ חִידָה [חִידוֹת] — riddle
שְׁאֵלָה, שֶׁהַתְּשׁוּבָה עָלֶיהָ לִפְעָמִים הֶגְיוֹנִית, לִפְעָמִים מַצְחִיקָה וְכוּ׳:
*יְלָדִים אוֹהֲבִים שֶׁשּׁוֹאֲלִים אוֹתָם **חִידוֹת**. / **חִידָה**: מָה אָדוֹם בִּפְנִים וְיָרוֹק בַּחוּץ? תְּשׁוּבָה: אֲבַטִּיחַ.*
2. (מֶטָאפוֹרָה) דָּבָר שֶׁקָּשֶׁה לְהָבִין: — enigma
חִידָה הִיא בְּעֵינַיי מַדּוּעַ הוּא מִתְנַהֵג כָּךְ.

חידודז׳ חִדּוּד [חִידוּדִים] — sharpening
1. כְּשֶׁעוֹשִׂים מַשֶּׁהוּ חַד:
***חִידּוּד** עִיפָּרוֹן הוּא בִּיזְבּוּז זְמַן.*
2. דִּיבּוּר חָרִיף, בְּדִיחָה: — wit
*מְעַנְיֵין בַּהַרְצָאוֹת שֶׁלּוֹ, כִּי יֵשׁ בָּהֶן **חִידּוּדֵי** לָשׁוֹן.*

חידוןז׳ חִידוֹן [חִידוֹנִים] — quiz
תַּחֲרוּת תְּשׁוּבוֹת עַל שְׁאֵלוֹת קְצָרוֹת:
*צָרִיךְ לָדַעַת הַרְבֵּה כְּדֵי לְנַצֵּחַ בְּ**חִידוֹן** עַל אֶרֶץ-יִשְׂרָאֵל.*

חידושז׳ חִדּוּשׁ [חִידוּשִׁים] — renewing
1. כְּשֶׁעוֹשִׂים שֶׁמַּשֶּׁהוּ יִהְיֶה כְּמוֹ חָדָשׁ:
*הוּא עָסוּק בְּ**חִידּוּשׁ** הַצֶּבַע עַל הַקִּירוֹת.*
2. הַמְצָאָה שֶׁל דָּבָר חָדָשׁ: — innovation
*הִכְנַסְנוּ **חִידּוּשִׁים** לַמִּשְׂרָד.*
3. כְּשֶׁמַּתְחִילִים מַשֶּׁהוּ שֶׁנִּגְמַר: — renewal
*אֶת **חִידּוּשׁ** הַדַּרְכּוֹן עוֹשִׂים בְּמִשְׂרַד הַפְּנִים.*

חידלוןז׳ חִדָּלוֹן — nothingness, cessation
אֶפֶס, לֹא-כְלוּם:
*לַמְשׁוֹרֵר יֵשׁ הַרְגָּשָׁה שֶׁל **חִידָּלוֹן**, כִּי אֵינוֹ יָכוֹל לִכְתּוֹב.*

חידשפ׳ חִדֵּשׁ — renewed
1. עָשָׂה שֶׁיִּהְיֶה כְּמוֹ חָדָשׁ:
*הוּא **חִידֵּשׁ** אֶת צֶבַע הַמְּכוֹנִית.*
2. הִמְצִיא מַשֶּׁהוּ חָדָשׁ: — innovated
*הוּא **מְחַדֵּשׁ** מִילִּים, שֶׁחֲסֵרוֹת בְּעִבְרִית.*
3. הִתְחִיל מַשֶּׁהוּ שֶׁנִּגְמַר: — renewed
*הֵם **חִידְּשׁוּ** אֶת הָעֲבוֹדָה אַחֲרֵי הַשְּׁבִיתָה.*
לְחַדֵּשׁ אֶת- / ח.ד.ש, פִּיעֵל / חִידַּשְׁתִּי, מְחַדֵּשׁ, יְחַדֵּשׁ

חיהנ׳ חַיָּה [חַיּוֹת] — animal
בַּעַל חַיִּים (אַרְיֵה, נָמֵר, דּוֹב וְכוּ׳):
*הָאַרְיֵה הוּא מֶלֶךְ **הַחַיּוֹת**.*
חַיַּת-בָּר — wild animal
חַיַּת-טֶרֶף — beast of prey

חיובז׳ חִיּוּב [חִיּוּבִים] — billing
1. כְּשֶׁמִּישֶׁהוּ חַיָּב (לְשַׁלֵּם וְכוּ׳):
*קִיבַּלְתִּי אֶת חֶשְׁבּוֹנוֹת **הַחִיּוּב** שֶׁל הַחַשְׁמַל וְהַמַּיִם.*
2. הוֹדָעַת הַשּׁוֹפְטִים שֶׁמִּישֶׁהוּ אָשֵׁם, חַיָּב בַּדִּין: — conviction
***הַחִיּוּב** שֶׁלּוֹ בַּמִּשְׁפָּט הִפְלִיא אוֹתִי.*
בְּחִיּוּבת״פ — affirmatively

חיובית׳ חִיּוּבִי — positive
1. טוֹב, פּוֹזִיטִיבִי:
*קִיבַּלְתִּי תְּשׁוּבָה **חִיּוּבִית** לַבַּקָּשָׁה שֶׁלִּי.*
2. טוֹב, פְּלוּס:
*יֵשׁ לוֹ צְדָדִים **חִיּוּבִיִּים**.*
חִיּוּבִית, חִיּוּבִיִּים, חִיּוּבִיּוֹת

חיוגז׳ חִיּוּג [חִיּוּגִים] — dialing
1. סִיבּוּב שֶׁל טַבַּעַת הַמִּסְפָּרִים (בַּטֶּלֶפוֹן):
*בִּיקַּשְׁתִּי מִמֶּנּוּ **חִיּוּג** לְמִסְפָּר 222222.*
2. יְצִירַת קֶשֶׁר בַּטֶּלֶפוֹן:
*יֵשׁ **חִיּוּג** יָשִׁיר לִבְרִית הַמּוֹעָצוֹת.*

חיווהפ׳ חִוָּה — expressed
אָמַר:
*הוּא **חִיוָּה** דֵּיעָה עַל הַסֵּפֶר.*
לְחַווֹת / ח.ו.ה, פִּיעֵל / מְחַוֶּוה, יְחַוֶּוה, חַוֵּוה!

חיוויז׳ חִוּוּי [חִיוּוּיִים] — statement, expression (of opinion)
אֲמִירָה, הַבָּעָה:
*אֶת **חִיוּוּי** דַּעְתִּי אֲנִי עוֹשֶׂה בִּכְתָב.*
מִשְׁפַּט חִיוּוּי - (בְּתַחְבִּיר) מִשְׁפָּט שֶׁמּוֹסֵר עוּבְדוֹת

חיוורת׳ חִוֵּר — pale
לָבָן אוֹ כֹּל צֶבַע בָּהִיר אַחֵר:

הַפָּנִים שֶׁלְּךָ **חִיוורוֹת**. / מוּקדם בַּבּוֹקֶר הָאוֹר עֲדַיִין **חִיוֵור**.
חִיוֶּרֶת, חִיוורִים, חִיוורוֹת

חיוורון ז, חִוָּרוֹן — paleness, pallor
צֶבַע חַלָּשׁ, כִּמְעַט בְּלִי צֶבַע:
*הַ**חִיוָּרוֹן** שֶׁל הַפָּנִים שֶׁלּוֹ מַדְאִיג.*

חיוך ז, חִיּוּךְ [חִיּוּכִים] — smile
צחוק קַל:
*יֵשׁ לָהּ **חִיוּךְ** נָעִים.*

חיוני ת, חִיּוּנִי — vital
1. הֶכְרֵחִי לַחַיִּים. בִּלְעָדָיו אֵין חַיִּים:
*מָזוֹן וּמַיִם **חִיוּנִיִּים** לְחַיֵּי אָדָם.*
2. מָלֵא חַיִּים: — vivacious
*הוּא טִיפּוּס **חִיוּנִי**, מָלֵא מֶרֶץ וְהִתְלַהֲבוּת.*
חִיוּנִית, חִיוּנִיִּים, חִיוּנִיּוֹת

חיוניות נ, חִיּוּנִיּוּת — vital importance
1. צוֹרֶךְ, הֶכְרֵחַ:
*אֵין וִיכּוּחַ עַל הַ**חִיוּנִיּוּת** שֶׁל הָעֲלִיָּיה לְיִשְׂרָאֵל.*
2. וִיטָלִיּוּת, רַעֲנַנּוּת: — vitality
*הוּא נִרְאֶה צָעִיר גַּם בִּגְלַל הַ**חִיוּנִיּוּת** שֶׁבּוֹ.*

חיזוק ז, חִזּוּק [חִיזוּקִים] — strengthening, reinforcement
1. כְּשֶׁעוֹשִׂים שֶׁיִּהְיֶה חָזָק יוֹתֵר:
*הוּא מְקַבֵּל וִיטָמִינִים לְ**חִיזוּק**. / שַׂמְנוּ בַּרְזֶל בַּבִּנְיָין לְ**חִיזוּק**.*
2. מַה שֶּׁאוֹמְרִים כְּדֵי לְעוֹדֵד: — encouragement
*יֶלֶד קָטָן צָרִיךְ **חִיזוּקִים**: "אַתָּה חָכָם", "אַמִּיץ", "כִּישְׁרוֹנִי" וְכוּ'.*

חיזור ז, חִזּוּר [חִיזוּרִים] — courting
לָלֶכֶת אַחֲרֵי (אִישָּׁה) כְּדֵי לְהַשִּׂיג מַשֶּׁהוּ:
*אַחֲרֵי 10 חוֹדָשִׁים שֶׁל **חִיזוּרִים** התחתנו דָן וְרוּת. / בִּזְמַן הַ**חִיזוּר** אַחֲרֵי הַבּוֹחֲרִים מַבְטִיחִים הַפּוֹלִיטִיקָאִים הַכּוֹל.*

חיזיון ז, חִזָּיוֹן [חֶזְיוֹנוֹת] — play, drama, spectacle
1. מַחֲזֶה, דְרָאמָה:
*הַ**חִיזָּיוֹן**, שֶׁהַתֵּיאַטְרוֹן מַעֲלֶה, אֵינוֹ מְעַנְיֵין.*
2. תְּמוּנוֹת בַּחֲלוֹם: — vision
*הַסִּיפּוּרִים שֶׁלּוֹ הֵם **חֶזְיוֹנוֹת** לַיְלָה, וְאֵין בָּהֶם אֱמֶת.*
3. מַשֶּׁהוּ חָשׁוּב שֶׁקּוֹרֶה: — unique event
*הֲקָמַת הַמְּדִינָה הָיְיתָה **חִיזָּיוֹן** הִיסטוֹרִי.*

חיזק פ, חִזֵּק — reinforced
עָשָׂה שֶׁיִּהְיֶה חָזָק:
__חִיזַּקְתִּי__ אֶת הַכִּסֵּא בְּמַסְמְרִים.

חִיזֵּק אֶת יָדָיו — encouraged
לְחַזֵּק אֶת- / ח.ז.ק, פִּיעֵל / חִיזַּקְתִּי, מְחַזֵּק, יְחַזֵּק

חיזר פ, חִזֵּר — courted
הִתְאַמֵּץ לִמְצוֹא חֵן, כְּדֵי לְהַשִּׂיג מַשֶּׁהוּ:
*הוּא **מְחַזֵּר אַחֲרֵי** רוּת, כִּי הוּא רוֹצֶה לְהִתְחַתֵּן אִיתָּהּ. /*
*הוּא **מְחַזֵּר אַחֲרֵי** הַבּוֹחֲרִים - הוּא רוֹצֶה לְהִיבָּחֵר לַכְּנֶסֶת.*
לְחַזֵּר אַחֲרֵי- / ח.ז.ר, פִּיעֵל / חִיזַּרְתִּי, מְחַזֵּר, יְחַזֵּר, חַזֵּר!

חיטה נ, חִטָּה [חִיטִּים] — wheat
צֶמַח שֶׁעוֹשִׂים מִמֶּנּוּ לֶחֶם:
*לֶחֶם לֹא גָּדֵל עַל עֵץ, הוּא עָשׂוּי מֵ**חִיטָּה**.*

חיטוט ז, חִטּוּט [חִיטוּטִים] — picking, pecking
1. גֵּירוּד, חֲפִירָה בְּשֶׁטַח קָטָן:
*הַ**חִיטוּט** בָּאַף בְּחֶבְרָה - דּוֹחֶה.*
(מֶטָאפוֹרָה) **חִיטוּט בִּפְצָעִים** - גּוֹרֵם כְּאֵב.
2. הִתְעַסְּקוּת בִּפְרָטִים קְטַנִּים: — prying
*הָעִיתּוֹנָאִים אוֹהֲבִים אֶת הַ**חִיטוּט** בְּחַיֵּי הַפְּרָט.*

חיטוי ז, חִטּוּי — disinfection
נִיקּוּי מִבַּעֲלֵי חַיִּים קְטַנִּים, מֵחַיְידַּקִים וְכוּ':
*עָשִׂינוּ **חִיטּוּי** בָּאֲרוֹנוֹת.*

חיטט פ, חִטֵּט — pecked, picked
1. חָפַר וְהוֹצִיא (בְּשֶׁטַח קָטָן):
*הַתַּרְנְגוֹל **מְחַטֵּט** בְּפַח הָאַשְׁפָּה.*
2. הִתְעַסֵּק בִּפְרָטִים: — pried
*הָעִיתּוֹנָאִי **חִיטֵּט** בַּחַיִּים הַפְּרָטִיִּים שֶׁל הַשַּׂחְקָן.*
לְחַטֵּט / ח.ט.ט, פִּיעֵל / חִיטַּטְתִּי, מְחַטֵּט, יְחַטֵּט, חַטֵּט!

חייב ת, חַיָּב — owes
1. צָרִיךְ לְשַׁלֵּם, צָרִיךְ לְהַחֲזִיר:
*דָּוִד **חַיָּיב** לַבַּנְק כֶּסֶף רַב.*
2. צָרִיךְ, מוּכְרָח: — must
*דָּוִד **חַיָּיב** לִגְמוֹר אֶת הָעֲבוֹדָה.*
3. אָשֵׁם: — guilty
*בֵּית הַמִּשְׁפָּט מָצָא אֶת הַנֶּאֱשָׁם **חַיָּיב**.*
חַיֶּיבֶת, חַיָּיבִים, חַיָּיבוֹת

חייב פ, חִיֵּב — forced
1. הִכְרִיחַ:
*הַמּוֹרֶה **חִייֵּב** אוֹתִי לָצֵאת לַטִּיּוּל.*
2. הוֹסִיף לְחֶשְׁבּוֹן הַחוֹבָה בַּבַּנְק: — debited, charged
*הַבַּנְק **חִייֵּב** אוֹתִי בְּרִיבִּית.*
3. הִסְכִּים: — approved of
*הוּא **חִייֵּב** אֶת הַמְּדִינִיּוּת שֶׁל הַמֶּמְשָׁלָה.*
לְחַיֵּיב אֶת- / ח.י.ב, פִּיעֵל / חִייַּבְתִּי, מְחַיֵּיב, יְחַיֵּיב, חַיֵּיב!

חייגפ' חִיֵּג dialed
הִפְעִיל אֶת הַטֶּלֶפוֹן, הֵזִיז אֶת הַמִּסְפָּרִים:
חִייַּגְתִּי אֶת מִסְפַּר הַטֶּלֶפוֹן שֶׁל דָּן: 414947.
לְחַיֵּג אֶת-, לְ- / ח.י.ג, פִּיעֵל / חִייַּגְתִּי, מְחַיֵּג, יְחַיֵּג, חַיֵּג!

חיידקז' חַיְדַּק [חַיְידַקִּים] germ, microbe
מִיקְרוֹב, בַּעַל חַיִּים קָטָן מְאוֹד, שֶׁרוֹאִים רַק בְּמִיקְרוֹסְקוֹפּ:
הַחַיְידַקִּים גּוֹרְמִים מַחֲלוֹת.

חייטז' חַיָּט [חַיָּטִים] tailor
מִי שֶׁהַמִּקְצוֹעַ שֶׁלּוֹ תְּפִירָה שֶׁל חֲלִיפוֹת, מְעִילִים...:
אֶת הַמְּעִיל הַזֶּה חָפַר חַיָּט מוּמְחֶה.

חייךפ' חִיֵּךְ smiled
צָחַק צְחוֹק קַל:
הַתִּינוֹק חִיֵּךְ, כְּשֶׁרָאָה אֶת אִימּוֹ.
לְחַיֵּיךְ / ח.י.ך, פִּיעֵל / חִייַּכְתִּי, מְחַיֵּיךְ, יְחַיֵּיךְ, חַיֵּיךְ!

חייכןתו"ז חַיְּכָן [חַייְכָנִים] smiling
אוֹהֵב לְחַיֵּיךְ:
הוּא בָּחוּר חַייְכָן, וְהִיא בַּחוּרָה רְצִינִית.
חַייְכָנִית, חַייְכָנִיּוֹת

חיילז' חַיָּל [חַיָּילִים] soldier
אִישׁ צָבָא:
הַחַיָּיל בָּא הַבַּיְתָה מֵהַצָּבָא.
חַיֶּילֶת, חַיָּילוֹת

חייםז"ר חַיִּים life
הַזְּמַן מִן הַלֵּידָה וְעַד הַמָּוֶות:
הַחַיִּים בַּקִּיבּוּץ שׁוֹנִים מִן הַחַיִּים בָּעִיר.
לְחַיִּים! Cheers!
אוֹרַח-חַיִּים - ר' אורח
בַּעַל חַיִּים - חַיָּה, בְּהֵמָה, עוֹף וְכוּ' animal
"עָשָׂה חַיִּים" *(לשון דיבור)* - had a good time
בִּילָה בְּרִיקוּדִים, שְׁתִיָּיה וְכוּ'.
שְׁאֵלַת חַיִּים אוֹ מָוֶות - a matter of life and death
שְׁאֵלָה חֲשׁוּבָה מְאוֹד

חיךז' חֵךְ [חִיכִּים] palate
גַּג הַפֶּה, מַה שֶׁנִּמְצָא לְמַעְלָה בְּתוֹךְ הַפֶּה:
אֶת הַטַּעַם שֶׁל הָאוֹכֶל מַרְגִּישִׁים בַּחֵיךְ.
עָרֵב לְחִיכּוֹ - טָעִים לוֹ was palatable

חיכהפ' חִכָּה waited
הִמְתִּין:
דָּוִיד חִיכָּה לְרוּת חֲצִי שָׁעָה.
לְחַכּוֹת לְ- / ח.כ.ה, פִּיעֵל / חִיכִּיתִי, מְחַכֶּה, יְחַכֶּה, חַכֵּה!

חיכוךז' חִכּוּךְ [חִיכּוּכִים] rubbing
1. שִׁיפְשׁוּף, נְגִיעָה שֶׁל 2 גּוּפִים זֶה בָּזֶה:
מֵחִיכּוּךְ שֶׁל 2 מַקְלוֹת תֵּצֵא אֵשׁ.
2. מַגָּע שֶׁל גּוּף אֶחָד בְּגוּף אַחֵר: friction
הַחִיכּוּךְ בָּאֲוויר מַשְׁפִּיעַ עַל מְהִירוּת הַמָּטוֹס.
3. אִי הַסְכָּמָה, רִיב קַל: disagreement, conflict
יֵשׁ חִיכּוּכִים בֵּין הַמְּנַהֵל וְהַפְּקִידִים.

חיכךפ' חִכֵּךְ rubbed
גֵּירֵד, שִׁיפְשֵׁף:
הוּא מְחַכֵּךְ אֶת הַיָּדַיִים זוֹ בְּזוֹ.
לְחַכֵּךְ אֶת- / ח.כ.ך, פִּיעֵל / חִיכַּכְתִּי, מְחַכֵּךְ, יְחַכֵּךְ, חַכֵּךְ!

חילז' חַיִל (חֵילוֹת) [חֲיָילוֹת] force, corps
כּוֹחַ צְבָאִי גָּדוֹל:
בְּאֵיזֶה חֵיל הָיִיתָ בַּצָּבָא? בְּחֵיל הַיָּם.
חֵיל-הַקֶּשֶׁר signal corps
חֵיל-שָׂדֶה field army
חֵיל-אֲוויר air force
חֵיל-הַיָּם navy
חֵיל-רַגְלִים infantry
חֵיל-שִׁירְיוֹן armored forces
חֵיל-תּוֹתְחָנִים artillery

חילולז' חִלּוּל desecration
1. כְּשֶׁעוֹשִׂים שֶׁמַּשֶּׁהוּ קָדוֹשׁ (שֶׁל אֱלוֹהִים) נַעֲשֶׂה חוֹל:
נְסִיעָה בְּשַׁבָּת זֶה-חִילּוּל שַׁבָּת.
2. פְּגִיעָה: dishonoring, violating
בִּגְלַל חִילּוּל כְּבוֹד הַמִּשְׁפָּחָה הָרַג הָאָב אֶת הַבָּחוּר.
חִילּוּל הַשֵּׁם blasphemy

חילונית' חִלּוֹנִי secular
שֶׁאֵין לוֹ קֶשֶׁר לַדָּת, לֹא-דָּתִי:
הַצִּיבּוּר הַחִילּוֹנִי נוֹסֵעַ בְּשַׁבָּת.
חִילּוֹנִית, חִילּוֹנִיִּים, חִילּוֹנִיּוֹת

חילוניותנ' חִלּוֹנִיּוּת secularism
שֶׁאֵין לוֹ קֶשֶׁר לַדָּת:
הָאֲנָשִׁים הַדָּתִיִּים מִתְנַגְּדִים לַחִילּוֹנִיּוּת בַּחַיִּים.

חילוףז' חִלּוּף [חִילּוּפִים] exchange, replacement
הַחְלָפָה, מַשֶּׁהוּ בִּמְקוֹם דָּבָר אַחֵר:
הַחִילּוּפִים שֶׁל שָׂרֵי הַמֶּמְשָׁלָה יִהְיוּ מָחָר.
יֵשׁ חִילּוּפֵי מִכְתָּבִים בֵּינֵיהֶם.
חִילּוּף חוֹמָרִים metabolism
חִילּוּף יוֹצְרוֹת putting the cart before the horse
חִילּוּפֵי דְבָרִים altercation

חילוקז, חִלּוּק [חִילוּקִים] division
פְּעוּלָה אֲרִיתְמֶטִית (y : x)
*קִיבַּלְנוּ תַרְגִּילֵי **חִילוּק**, כְּמוֹ 6:2.*
חִילוּקֵי דֵיעוֹת differences of opinion

חילזוןז, חִלָּזוֹן [חֶלְזוֹנוֹת] snail
בַּעַל חַיִּים רַךְ, הַ"בַּיִת" שֶׁלּוֹ הוֹלֵךְ אִיתּוֹ לְכֹל מָקוֹם:
*הַיְלָדִים מָצְאוּ **חֶלְזוֹנוֹת** עַל הַשִּׂיחִים וְהַפְּרָחִים.*

חילחלפ, חִלְחֵל seeped
נִכְנַס פְּנִימָה:
*מֵי הַגֶּשֶׁם **מְחַלְחֲלִים** לְתוֹךְ הָאֲדָמָה.*
לְחַלְחֵל / ח.ל.ח.ל, פִּיעֵל / חִילְחַלְתִּי, מְחַלְחֵל, יְחַלְחֵל

חיללפ, חִלֵּל desecrated, violated, defiled
1. הִתְיַיחֵס בְּלִי כָּבוֹד לִדְבָרִים קְדוֹשִׁים:
*הַנָּאצִים **חִילְּלוּ** אֶת בָּתֵּי־הַכְּנֶסֶת.*
2. נִיגֵּן בְּחָלִיל: played the flute
*הוּא **מְחַלֵּל** בַּתִּזְמוֹרֶת הַפִילְהַרְמוֹנִית.*
לְחַלֵּל אֶת-, בְּ- / ח.ל.ל, פִּיעֵל / חִילַּלְתִּי, מְחַלֵּל, יְחַלֵּל

חילץפ, חִלֵּץ rescued, extricated
הוֹצִיא, הִצִּיל:
***חִילַּצְתִּי** אֶת הַיֶּלֶד מִן הַבּוֹר.*
לְחַלֵּץ אֶת-, מִ- / ח.ל.ץ, פִּיעֵל / חִילַּצְתִּי, מְחַלֵּץ, יְחַלֵּץ

חילקפ, חִלֵּק divided, distributed
הִפְרִיד לַחֲתִיכוֹת, נָתַן חֲלָקִים...:
*הָאִישׁ הֶעָשִׁיר **חִילֵּק** אֶת כַּסְפּוֹ בֵּין הָעֲנִיִּים.*
לְחַלֵּק אֶת-, לְ- / ח.ל.ק, פִּיעֵל / חִילַּקְתִּי, מְחַלֵּק, יְחַלֵּק, חַלֵּק!

חימהנ, חֵמָה rage
כַּעַס, רוֹגֶז:
*הוּא הִתְמַלֵּא **חֵימָה**, כְּשֶׁשָּׁמַע שֶׁהַמְּכוֹנִית נִפְגְּעָה.*
שָׁפַךְ חֲמָתוֹ עַל- took out his anger (on)
מַשֶּׁהוּ הִרְגִּיז אוֹתוֹ, וְהוּא שָׁפַךְ אֶת חֲמָתוֹ עָלַיי.

חימושז, חִמּוּשׁ arming
אַסְפָּקָה שֶׁל נֶשֶׁק:
*הַ**חִימּוּשׁ** שֶׁל הַצָּבָא עוֹלֶה כֶּסֶף רַב.*

חימםפ, חִמֵּם heated, warmed
נָתַן חוֹם:
*הַתַּנּוּר **חִימֵּם** אֶת הַחֶדֶר בַּיָּמִים הַקָּרִים.*
לְחַמֵּם אֶת- / ח.מ.ם, פִּיעֵל / חִימַּמְתִּי, מְחַמֵּם, יְחַמֵּם

חימצןפ, חִמְצֵן oxidized
חִיבֵּר עִם הָאֶלֶמֶנְט הַכִּימִי - חַמְצָן (O_2):
*הָאֲוִויר **מְחַמְצֵן** אֶת הַבַּרְזֶל.*
לְחַמְצֵן אֶת- / ח.מ.צ.ן, פִּיעֵל / חִימְצַנְתִּי, מְחַמְצֵן, יְחַמְצֵן

חימשפ, חִמֵּשׁ armed
1. חִילֵּק, נָתַן נֶשֶׁק:
***חִימְּשׁוּ** אֶת הַצָּבָא בְּתוֹתָחִים חֲדָשִׁים.*
2. שָׂם חוֹמֶר נֶפֶץ בִּכְלֵי יְרִיָּה: armed, loaded
*פָּחַדְנוּ שֶׁהָאוֹיֵב **חִימֵּשׁ** אֶת הַטִּילִים בְּחוֹמֶר בִּיוֹלוֹגִי.*
לְחַמֵּשׁ אֶת- / ח.מ.ש, פִּיעֵל / חִימַּשְׁתִּי, מְחַמֵּשׁ, יְחַמֵּשׁ

חינוךז, חִנּוּךְ education
לִימּוּד שִׁיטָתִי וְהַדְרָכָה, בִּמְיוּחָד לִצְעִירִים:
***חִינּוּךְ** הַיְלָדִים בְּבֵית הַסֵּפֶר הוּא חוֹבָה וְלֹא רְשׁוּת.*
חִינּוּךְ גּוּפָנִי/שַׂר הַתַּרְבּוּת וְהַחִינּוּךְ
חִינּוּךְ־חוֹבָה compulsory education
חִינּוּךְ־יְסוֹדִי elementary education
חִינּוּךְ־תִּיכוֹן secondary education
חִינּוּךְ־מְיוּחָד special education

חינוכית, חִנּוּכִי educational
פֶּדָגוֹגִי, מְחַנֵּךְ:
*מִשְׂחָק **חִינּוּכִי** גַּם מְלַמֵּד אֶת הַיֶּלֶד.*
חִינּוּכִית, חִינּוּכִיִּים, חִינּוּכִיּוֹת

חינךפ, חִנֵּךְ educated
לִימֵּד, הִדְרִיךְ:
*הָאָב **חִינֵּךְ** אֶת בְּנוֹ מִגִּיל צָעִיר.*
לְחַנֵּךְ אֶת- / ח.נ.ך, פִּיעֵל / חִינַּכְתִּי, מְחַנֵּךְ, יְחַנֵּךְ, חַנֵּךְ!

חינםת"פ, חִנָּם free (of charge)
בְּלִי לְשַׁלֵּם כֶּסֶף:
*קִיבַּלְתִּי כַּרְטִיס **חִינָּם** לַהַצָּגָה.*
בְּחִינָּם / בַּחֲצִי־חִינָּם
לְחִינָּם in vain
שִׂנְאַת־חִינָּם - שִׂנְאָה בְּלִי סִיבָּה unfounded hatred

חיננית, חִנָּנִי graceful
יֵשׁ לוֹ חֵן, נָעִים, יָפֶה:
*הַבַּחוּרָה הַזֹּאת **חִינָּנִית** מְאוֹד.*
חִינָּנִית, חִינָּנִיִּים, חִינָּנִיּוֹת

חינניותנ, חִנָּנִיּוּת gracefulness
כְּשֶׁיֵּשׁ חֵן, נְעִימוּת:
***חִינָּנִיּוּת** חֲשׁוּבָה לִפְעָמִים יוֹתֵר מִיוֹפִי.*

חיסולז, חִסּוּל liquidation, elimination
גְּמָר, סִיּוּם, לִיקְווִידַצְיָה:

*הַמֶּמְשָׁלָה צְרִיכָה לַעֲשׂוֹת הַכּוֹל **לְחִיסוּל** הָאַבְטָלָה.*
מְכִירַת חִיסוּל liquidation sale

חיסוןז, חִסּוּן [חִיסוּנִים] immunization
הִתְנַגְּדוּת הַגּוּף לְמַחֲלוֹת (נַעֲשָׂה עַל יְדֵי הַזְרָקָה שֶׁל חוֹמֶר אוֹ לְקִיחַת נְסִיּוּב דֶּרֶךְ הַפֶּה):
*קִיבַּלְתִּי בְּקוּפַּת חוֹלִים **חִיסּוּן** נֶגֶד שַׁפַּעַת.*

חיסורז, חִסּוּר [חִיסּוּרִים] subtraction
1. כְּשֶׁעוֹשִׂים מַשֶּׁהוּ פָּחוֹת (מִינוּס):
*יֵשׁ לִי תַּרְגִּילֵי **חִיסּוּר** כְּמוֹ 10 = 10 – 20.*
2. כְּשֶׁלֹּא בָּאִים לְבֵית הַסֵּפֶר: absence
*לְדָוִיד **חִיסּוּרִים** רַבִּים, כִּי הָיָה חוֹלֶה.*

חיסכוןז, חִסָּכוֹן [חֶסְכוֹנוֹת] saving
1. כְּשֶׁלֹּא מוֹצִיאִים הַרְבֵּה כֶּסֶף (אוֹ מַיִם וְכוּ'):
*עֲבוֹדָה בְּמַחְשֵׁב מְבִיאָה **לְחִיסָּכוֹן** בִּזְמַן.*
2. תּוֹכְנִית בַּבַּנְק - כֶּסֶף שֶׁאוֹסְפִים וְשׁוֹמְרִים: savings (account)
*יֵשׁ לִי חֶשְׁבּוֹן **חִיסָּכוֹן** בַּבַּנְק. **אֲנִי** אֶקְנֶה מְכוֹנִית מִן הַכֶּסֶף שֶׁל תּוֹכְנִית **הַחִיסָּכוֹן**.*

חיסלפ, חִסֵּל liquidated
1. גָּמַר, הֵבִיא לְסִיּוּם:
*הוּא **חִיסֵּל** אֶת הָעֲסָקִים שֶׁלּוֹ וְעָלָה לָאָרֶץ.*
2. הָרַג, הִשְׁמִיד: destroyed
*הַצָּבָא **חִיסֵּל** אֶת כָּל הַנֶּשֶׁק שֶׁל הָאוֹיֵב.*
לְחַסֵּל אֶת- / ח.ס.ל, פִּיעֵל / חִיסַּלְתִּי, מְחַסֵּל, יְחַסֵּל, חַסֵּל!

חיסןפ, חִסֵּן immunized, strengthened
1. חִיזֵּק:
*מִקְלַחַת קָרָה **מְחַסֶּנֶת** אֶת הַגּוּף.*
2. הִכְנִיס חוֹמֶר לַגּוּף נֶגֶד מַחֲלוֹת: immunized, inoculated
*הָרוֹפֵא **חִיסֵּן** אֶת הַיְּלָדִים נֶגֶד פּוֹלְיוֹ.*
לְחַסֵּן אֶת- / ח.ס.ן, פִּיעֵל / חִיסַּנְתִּי, מְחַסֵּן, יְחַסֵּן, חַסֵּן!

חיספוסז, חִסְפּוּס [חִיסְפּוּסִים] roughness
1. כְּשֶׁמַּשֶּׁהוּ לֹא חָלָק, יֵשׁ בְּלִיטוֹת:
*הַ**חִיסְפּוּס** עַל לוּחַ הַשּׁוּלְחָן לֹא נָעִים.*
2. כְּשֶׁעוֹשִׂים מַשֶּׁהוּ לֹא חָלָק: making rough/bumpy
*הַ**חִיסְפּוּס** שֶׁל הַכְּבִישׁ מֵבִיא לִנְהִיגָה אִיטִּית יוֹתֵר.*

חיסרפ, חִסֵּר subtracted
1. עָשָׂה שֶׁיִּהְיֶה פָּחוֹת:
*הוּא **חִיסֵּר** 3 מִ־10 וְקִיבֵּל 7.*
2. מוֹרִיד, לוֹקֵחַ פָּחוֹת: cut down, lessened
*הוּא **מְחַסֵּר** מֵעַצְמוֹ וְנוֹתֵן לַיְּלָדִים.*
לְחַסֵּר, אֶת- / ח.ס.ר, פִּיעֵל / חִיסַּרְתִּי, מְחַסֵּר, יְחַסֵּר, חַסֵּר!

חיסרוןז, חִסָּרוֹן [חֶסְרוֹנוֹת] drawback, disadvantage
פְּגָם, מַשֶּׁהוּ חָסֵר:
*יֵשׁ **חִיסָּרוֹן** בַּבַּיִת הַזֶּה - הוּא מִחוּץ לָעִיר.*

חיפהפ, חִפָּה shielded, protected
1. הִסְתִּיר אִינְפוֹרְמַצְיָה כְּדֵי לְהָגֵן עַל מִישֶׁהוּ:
*הַיְּלָדִים **חִיפּוּ עַל** הַיֶּלֶד, שֶׁזָּרַק אֶת הָאֶבֶן.*
2. הֵגֵן עַל מִישֶׁהוּ בְּנֶשֶׁק, בִּפְעוּלָּה צְבָאִית: covered, protected
*הַחַיָּילִים **חִיפּוּ עַל** אֵלֶּה שֶׁתָּקְפוּ.*
לְחַפּוֹת עַל- / ח.פ.ה, פִּיעֵל / חִיפִּיתִי, מְחַפֶּה, יְחַפֶּה

חיפויז, חִפּוּי cover-up
1. כִּיסּוּי, הַסְתָּרָה שֶׁל אִינְפוֹרְמַצְיָה כְּדֵי לְהָגֵן עַל מִישֶׁהוּ:
*הַ**חִיפּוּי** עַל גְּנֵיבוֹת גּוֹרֵם נֶזֶק קָשֶׁה לַמִּשְׂרָד.*
2. הֲגָנָה בְּנֶשֶׁק שֶׁל חַיָּילִים עַל חַיָּילִים הַמְּבַצְּעִים פְּעוּלָּה: cover
*בִּיצַּעְנוּ אֶת הַהַתְקָפָה **בְּחִיפּוּי** מְטוֹסִים.*

חיפושז, חִפּוּשׂ [חִיפּוּשִׂים] search, exploration
1. בְּדִיקָה כְּדֵי לִמְצוֹא מַשֶּׁהוּ:
***חִיפּוּשֵׂי** הַנֵּפְט בָּאָרֶץ נִמְשָׁכִים.*
2. בְּדִיקָה בַּבַּיִת (אוֹ עַל הַגּוּף) שֶׁל מִי שֶׁחָשׁוּד בְּפֶשַׁע: search, frisk
*בַּ**חִיפּוּשׂ** בַּבַּיִת מָצְאוּ הַשּׁוֹטְרִים כְּלֵי נֶשֶׁק.*

חיפושיתנ, חִפּוּשִׂית [חִיפּוּשִׂיּוֹת] beetle
חַיָּה קְטַנָּה חַיָּה בְּדֶרֶךְ כְּלָל בַּזֶּבֶל:
*הַ**חִיפּוּשִׂית** מַזִּיקָה לַחַקְלָאוּת.*

חיפזוןז, חִפָּזוֹן haste, rush
מְהִירוּת גְּדוֹלָה:
*הוּא עָזַב אֶת הַבַּיִת **בְּחִיפָּזוֹן**.*

חיפשפ, חִפֵּשׂ searched, looked for
נִיסָּה לִמְצוֹא, בָּדַק בְּכָל מָקוֹם:
*יַעֲקֹב **חִיפֵּשׂ** בְּכָל מָקוֹם אֶת הַמַּפְתֵּחַ שֶׁאָבַד.*
לְחַפֵּשׂ אֶת- / ח.פ.שׂ, פִּיעֵל / חִיפַּשְׂתִּי, מְחַפֵּשׂ, יְחַפֵּשׂ

חיץז, חַיִץ partition
קִיר מַפְרִיד בֵּין 2 דְּבָרִים:
*בְּבֵית הַכְּנֶסֶת יֵשׁ **חַיִץ** בֵּין גְּבָרִים לְנָשִׁים.*
אֵיזוֹר־חַיִץ buffer zone

חיצונית, חִיצוֹנִי exterior, external
נִמְצָא בַּחוּץ:
*הַקִּיר **הַחִיצוֹנִי** שֶׁל הַדִּירָה פּוֹנֶה לַמַּעֲרָב.*

בחינות חיצוניות external examinations
חִיצוֹנִית, חִיצוֹנִיִים, חִיצוֹנִיוֹת

חיצוניותנ' חִיצוֹנִיּוּת exterior
הַצַּד שֶׁבַּחוּץ:
הַחִיצוֹנִיוּת שֶׁלּוֹ יָפָה, אֲבָל יֵשׁ לוֹ אוֹפִי רַע.

חיקז' חֵיק bosom
הַחֵלֶק בַּגּוּף בֵּין הֶחָזֶה וְהַיָּדַיִים:
רוּת הֶחֱזִיקָה אֶת הַתִּינוֹק בַּחֵיק שֶׁלָּה. (בְּחֵיקָהּ)
בְּחֵיק־הַטֶּבַע in the bosom of nature

חיקהפ' חִקָּה imitated
עָשָׂה מַשֶּׁהוּ כְּמוֹ מִישֶׁהוּ אַחֵר:
הַקּוֹף חִיקָה אֶת תְּנוּעוֹת הָאֲנָשִׁים שֶׁעָמְדוּ מוּלוֹ.
לְחַקּוֹת אֶת- / ח.ק.ה, פִּיעֵל / חִיקִּיתִי, מְחַקֶּה, יְחַקֶּה

חיקויז' חִקּוּי [חִיקּוּיִים] imitation
1. כְּשֶׁעוֹשִׂים מַשֶּׁהוּ כְּמוֹ מִישֶׁהוּ אַחֵר:
הַצִּיּוּרִים הָאֵלֶּה נִרְאִים כְּמוֹ חִיקּוּי שֶׁל פִּיקָאסוֹ.
2. כְּמוֹ פָּרוֹדְיָה, עֲשִׂיָּיה שֶׁל תְּנוּעוֹת כְּמוֹ מִישֶׁהוּ אַחֵר כְּדֵי לְהַצְחִיק: parody, impression
בַּמְּסִיבָּה עָשׂוּ חִיקּוּיִים שֶׁל הַמּוֹרִים.

חירבןפ' חִרְבֵּן screwed-up
1. (לָשׁוֹן דִּיבּוּר) קִילְקֵל, לֹא הִצְלִיחַ:
חִירְבַּנְתִּי אֶת הַבְּחִינָה.
2. הוֹצִיא מִן הַגּוּף אֶת הַפְּסוֹלֶת: defecated
הוּא מְחַרְבֵּן.
3. (מֶטָאפוֹרָה) לֹא אִיכְפַּת לִי: 'screwed him/her' (vulgar)
חִרְבֵּן עָלָיו - מָה אִיכְפַּת לְךָ מִמֶּנּוּ...
לְחַרְבֵּן, עַל- / ח.ר.ב.ן, פִּיעֵל / חִירְבַּנְתִּי, מְחַרְבֵּן, יְחַרְבֵּן

חירוםז' חֵרוּם emergency
צָרָה, זְמַן מִלְחָמָה וְכוּ':
לִפְנֵי הַמִּלְחָמָה הוֹדִיעוּ עַל מַצַּב חֵירוּם.
מְנַת־חֵירוּם food ration

חירוףז' חֵרוּף [חֵירוּפִים] cursing
קְלָלָה, מִילִּים לֹא יָפוֹת:
אֲנִי לֹא אוֹהֵב לִשְׁמוֹעַ אֶת הַחֵירוּפִים שֶׁלּוֹ.
חֵירוּף־נֶפֶשׁ - אוֹמֶץ, כְּשֶׁלֹּא מִתְחַשְּׁבִים בַּסַּכָּנָה: great courage, self-sacrifice
הוּא נִלְחַם בְּחֵירוּף נֶפֶשׁ וְהִצִּיל אֶת חֲבֵרָיו.

חירותנ' חֵרוּת liberty
חוֹפֶשׁ:
עַמִּים רַבִּים נִלְחָמִים לְמַעַן הַחֵירוּת שֶׁלָּהֶם.
חַג־הַחֵירוּת - חַג הַפֶּסַח Passover

חירחרפ' חִרְחֵר grunted
1. הִשְׁמִיעַ קוֹל מִן הַגָּרוֹן (מִי שֶׁקָּשֶׁה לוֹ לְדַבֵּר אוֹ לִנְשׁוֹם):
הַחוֹלֶה מְחַרְחֵר, כִּי יֵשׁ לוֹ מַיִם בָּרֵיאוֹת.
2. רָב, עוֹרֵר רִיב: incited, provoked
הוּא תָּמִיד מְחַרְחֵר רִיב בֵּין הָאַחִים.
לְחַרְחֵר / ח.ר.ח.ר, פִּיעֵל / חִירְחַרְתִּי, מְחַרְחֵר, יְחַרְחֵר

חיריקז' חִירִיק (חִירֶק) chirik, Heb. vowel - 'i' sound
נְקוּדָה מִתַּחַת לְאוֹת, מְסַמֶּנֶת תְּנוּעַת i:
בַּמִּילָּה 'שִׁירִים' יֵשׁ 2 חִירִיקִים.

חירףפ' חֵרֵף cursed
קִילֵּל, אָמַר מִילִּים לֹא יָפוֹת:
הוּא מְחָרֵף כֹּל מִי שֶׁלֹּא מוֹצֵא חֵן בְּעֵינָיו.
חֵירֵף אֶת נַפְשׁוֹב' exposed himself to danger
לְחָרֵף אֶת- / ח.ר.ף, פִּיעֵל / מְחָרֵף, יְחָרֵף, חָרֵף

חירשז' חֵרֵשׁ [חֵירְשִׁים] deaf
מִי שֶׁלֹּא שׁוֹמֵעַ:
יֵשׁ לוֹ מַכְשִׁיר בָּאוֹזֶן, כִּי הוּא חֵירֵשׁ.
חֵירֶשֶׁת, חֵירְשִׁים, חֵירְשׁוֹת

חישת"פ חִישׁ quickly
(לָשׁוֹן סִפְרוּתִית) מַהֵר:
בּוֹא הֵנָּה חִישׁ!

חישבפ' חִשֵּׁב calculated
עָשָׂה חֶשְׁבּוֹן:
חִישַּׁבְתִּי וּמָצָאתִי שֶׁ- 2+2 הֵן אַרְבַּע.
לְחַשֵּׁב, אֶת- / ח.שׁ.ב, פִּיעֵל / חִישַּׁבְתִּי, מְחַשֵּׁב, יְחַשֵּׁב

חישבןפ' חִשְׁבֵּן calculated, summed up
עָשָׂה חֶשְׁבּוֹן, הוֹסִיף מִסְפָּר לְמִסְפָּר וְכוּ':
חִישְׁבַּנְתִּי וּמָצָאתִי כַּמָּה כֶּסֶף נִשְׁאַר לִי.
לְחַשְׁבֵּן / ח.שׁ.ב, פִּיעֵל / חִישְׁבַּנְתִּי, מְחַשְׁבֵּן, יְחַשְׁבֵּן

חישובז' חִשּׁוּב calculation
עֲרִיכַת חֶשְׁבּוֹן, כְּשֶׁעוֹשִׂים חֶשְׁבּוֹן:
לְפִי הַחִישּׁוּב שֶׁלִּי אֲנִי צָרִיךְ לְשַׁלֵּם 1,000 ש"ח.

חישלפ' חִשֵּׁל forged
1. נָתַן צוּרָה לְבַרְזֶל בָּאֵשׁ אוֹ בְּפַטִּישׁ:
הוּא חִישֵּׁל אֶת הַבַּרְזֶל בָּאֵשׁ.
2. חִיזֵּק: strengthened

*הַצָּבָא **חִישֵׁל אוֹתוֹ.***
לְחַשֵּׁל אֶת- / ח.ש.ל, פִּיעֵל / חִישַּׁלְתִּי, מְחַשֵּׁל, יְחַשֵּׁל

חישמל פ׳ חִשְׁמֵל — electrocuted
1. הִזְרִים זֶרֶם חַשְׁמַל:
*הַמְּנוֹרָה **מְחַשְׁמֶלֶת**, הִיזָּהֵר!*
2. (מֶטָאפוֹרָה) גָּרַם הִתְרַגְּשׁוּת: — electrified, thrilled
*הַהַצָּגָה הָיְיתָה **מְחַשְׁמֶלֶת**.*
לְחַשְׁמֵל אֶת- / ח.ש.מ.ל, פִּיעֵל / חִישְׁמַלְתִּי, מְחַשְׁמֵל

חיתול ז׳ חִתּוּל [חִיתּוּלִים] — diaper
מַה שֶּׁשָּׂמִים בֵּין הָרַגְלַיִים שֶׁל הַתִּינוֹק, כְּדֵי שֶׁלֹּא יַרְטִיב:
*כֹּל הַיּוֹם אֲנִי מַחְלִיפָה לַתִּינוֹק אֶת **הַחִיתּוּל**.*
(מֶטָאפוֹרָה) **בְּחִיתּוּלָיו / בְּחִיתּוּלֶיהָ:** - — nascent
*הַפְּרוֹיֶיקְט עֲדַיִין **בְּחִיתּוּלָיו**.*

חיתל פ׳ חִתֵּל — diapered
שָׂם חִיתּוּל (בֵּין הָרַגְלַיִים שֶׁל הַתִּינוֹק):
*אֲנִי יוֹדֵעַ **לְחַתֵּל** תִּינוֹק.*
לְחַתֵּל אֶת- / ח.ת.ל, פִּיעֵל / חִיתַּלְתִּי, מְחַתֵּל, יְחַתֵּל

חיתן פ׳ חִתֵּן — married off
גָּרַם שֶׁיִּתְחַתֵּן (שֶׁיִּיקַּח אִישָּׁה/בַּעַל):
*אִמָּא שֶׁלִּי רוֹצָה **לְחַתֵּן** אוֹתִי.*
לְחַתֵּן אֶת- / ח.ת.ן, פִּיעֵל / חִיתַּנְתִּי, מְחַתֵּן, יְחַתֵּן, חַתֵּן!

חכה נ׳ חַכָּה [חַכּוֹת] — fishing rod
מַכְשִׁיר לָדוּג דָּגִים - מַקֵּל עִם חוּט וָוו וְעָלָיו שָׂמִים אוֹכֶל:
*לָקַחְנוּ אֶת **הַחַכָּה**, וְהָלַכְנוּ לָדוּג בַּיָּם.*

חכור ת׳ חָכוּר — hired/ leased (adj.)
שֶׁחָכְרוּ אוֹתוֹ, שִׁילְּמוּ כֶּסֶף כְּדֵי לְהִשְׁתַּמֵּשׁ בּוֹ (בַּיִת, אֲדָמָה וְכוּ׳) לִזְמַן מְסוּיָּם:
*הָאֲדָמָה **חֲכוּרָה**, הִיא לֹא שֶׁלָּנוּ.*
חֲכוּרָה, חֲכוּרִים, חֲכוּרוֹת

חכירה נ׳ חֲכִירָה [חֲכִירוֹת] — leasing
שִׁימּוּשׁ בְּבַיִת (אוֹ אֲדָמָה וְכוּ׳) לִזְמַן מְסוּיָּם תְּמוּרַת כֶּסֶף:
***הַחֲכִירָה** שֶׁל הַחֲנוּת הִיא לִשְׁנָתַיִים.*

חכך פ׳ חָכַךְ — rubbed
1. שִׁיפְשֵׁף:
*הוּא **חוֹכֵךְ** אֶת הַיָּדַיִים זוֹ בְּזוֹ.*
2. חָשַׁב, לֹא יָדַע מָה לְהַחְלִיט: — hesitated
*הוּא **חוֹכֵךְ** בְּדַעְתּוֹ אִם לִקְנוֹת אֶת הַבַּיִת הַזֶּה.*
לַחְכּוֹךְ אֶת- / ח.כ.ך, פָּעַל / חָכַכְתִּי, חוֹכֵךְ, יַחְכּוֹךְ, חֲכוֹךְ!

חכם תה״ז חָכָם [חֲכָמִים] — wise man
בַּעַל יֶדַע, בַּעַל שֵׂכֶל:
*הַתַּלְמִיד **הֶחָכָם** הִצְלִיחַ לִפְתּוֹר אֶת הַבְּעָיוֹת בְּכוֹחַ כִּישְׁרוֹנוֹ, יְדִיעוֹתָיו וְנִיסְיוֹנוֹ הָרַב.*
חָכָם בַּלַּיְלָה - (בִּצְחוֹק) הַכַּוָּונָה לְטִיפֵּשׁ
לְשׁוֹן חֲכָמִים - הָעִבְרִית שֶׁל הַמִּשְׁנָה וְהַתַּלְמוּד
תַּלְמִיד חָכָם - מִי שֶׁלּוֹמֵד כֹּל הַזְּמַן
חֲכָמָה, חֲכָמוֹת

חכר פ׳ חָכַר — leased, rented
שִׁילֵּם בִּשְׁבִיל שִׁימּוּשׁ (בְּקַרְקַע, בַּיִת וְכוּ׳) לִזְמַן מְסוּיָּם:
***חָכַרְתִּי** אֶת הַחֲנוּת לְ-3 שָׁנִים.*
לַחְכּוֹר אֶת- / ח.כ.ר, פָּעַל / חָכַרְתִּי, חוֹכֵר, אֶחְכּוֹר, יַחְכּוֹר

חל פ׳ חָל — fell on (date)
קָרָה אוֹ קוֹרֶה בְּתַאֲרִיךְ מְסוּיָּם (בְּשָׂפָה פוֹרְמָלִית):
*יוֹם הַהוּלֶּדֶת שֶׁלִּי **חָל** בְּתִשְׁעָה בְּמַאי.*
חָל מִפְנֶה/חָל שִׁינּוּי/חָלָה הִתְפַּתְּחוּת
לָחוּל / ח.ו.ל, פָּעַל / חָלוּ, חָל, יָחוּל, יָחוּלוּ

חלאה נ׳ חֶלְאָה [חֲלָאוֹת] — scum, filth
לִיכְלוּךְ (גַּם בְּמוּבָן אַבְּסְטְרַקְטִי):
*רַק מִי שֶׁהוּא **חֶלְאָה** רוֹצֵחַ יְלָדִים.*
חֶלְאַת אָדָם — human scum

חלב פ׳ חָלַב — milked
הוֹצִיא חָלָב מִפָּרָה וְכוּ׳:
***חוֹלְבִים** אֶת הַפָּרוֹת בַּבּוֹקֶר וּבָעֶרֶב.*
(לְשׁוֹן דִּיבּוּר) לָקַח כֹּל מַה שֶּׁאֶפְשָׁר, נִיצֵּל:
*הוּא **חָלַב** אֶת הוֹרָיו עַד הַשֶּׁקֶל הָאַחֲרוֹן.*
לַחֲלוֹב אֶת- / ח.ל.ב, פָּעַל / חָלַבְתִּי, חוֹלֵב, יַחֲלוֹב, חֲלוֹב!

חלב ז׳ חָלָב — milk
נוֹזֵל לָבָן, מְקוֹרוֹ בְּגוּף הָאִישָּׁה אוֹ הַנְּקֵבָה בְּבַעֲלֵי חַיִּים מְסוּיָּמִים:
*יְלָדִים שׁוֹתִים **חָלָב**.*
שְׁבִיל הֶחָלָב - קְבוּצָה שֶׁל כּוֹכָבִים בַּשָּׁמַיִם
שִׁינֵּי חָלָב - הַשִּׁינַּיִים הָרִאשׁוֹנוֹת שֶׁל הַיְלָדִים
זָבַת חָלָב וּדְבַשׁ - יֵשׁ הַרְבֵּה חָלָב וְהַרְבֵּה דְּבַשׁ,(אֶרֶץ יִשְׂרָאֵל), יֵשׁ בָּהּ מִכֹּל טוּב

חלבון ז׳ חֶלְבּוֹן [חֶלְבּוֹנִים] — protein
1. פְּרוֹטֶאִין, חוֹמֶר אוֹרְגָנִי:
***הַחֶלְבּוֹן** חָשׁוּב בְּיוֹתֵר לְבִנְיַית הַגּוּף.*
2. הַ"לָּבָן" שֶׁל הַבֵּיצָה: — egg white
*מוּתָּר לִי לֶאֱכוֹל רַק אֶת **הַחֶלְבּוֹן** שֶׁל הַבֵּיצָה.*

חלבית׳ חֲלָבִי milky
1. כְּמוֹ חָלָב:
*לַבַּד יֵשׁ צֶבַע **חֲלָבִי**.*
2. שַׁיָּךְ לְאוֹכֶל שֶׁעָשׂוּי מֵחָלָב: dairy
*הַכֵּלִים הָאֵלֶּה הֵם **חֲלָבִיִּים**, לֹא אוֹכְלִים בָּהֶם בָּשָׂר.*
חֲלָבִית, חֲלָבִיִּים, חֲלָבִיּוֹת

חלהפ׳ חָלָה became ill
נַעֲשָׂה חוֹלֶה, נִפְגְּעָה בְּרִיאוּתוֹ:
*הַיֶּלֶד **חָלָה** בְּשַׁפַּעַת וְשָׁכַב בַּמִּיטָה.*
לַחֲלוֹת בְּ- / ח.ל.ה, פָּעַל / חָלִיתִי, חוֹלֶה, יֶחֱלֶה

חלהנ׳ חַלָּה [חַלּוֹת] challa (white bread)
סוּג שֶׁל לֶחֶם לָבָן, מְיוּחָד לְשַׁבָּתוֹת וּלְחַגִּים:
*בְּשַׁבָּת אֲנַחְנוּ אוֹכְלִים **חַלָּה** וְלֹא לֶחֶם.*

חלודת׳ חָלוּד rusty
שֶׁיֵּשׁ עָלָיו חֲלוּדָה (צֶבַע אָדוֹם שֶׁיֵּשׁ עַל בַּרְזֶל בִּגְלַל רְטִיבוּת וְכוּ׳):
*הַמַּסְמְרִים לֹא טוֹבִים, הֵם **חֲלוּדִים**.*
חֲלוּדָה, חֲלוּדִים, חֲלוּדוֹת

חלודהנ׳ חֲלוּדָה rust
צֶבַע אָדוֹם-כָּתוֹם שֶׁמּוֹפִיעַ עַל בַּרְזֶל בִּגְלַל רְטִיבוּת...:
*מָה מֵגֵן עַל הַמְּכוֹנִית מִפְּנֵי **חֲלוּדָה**?*

חלולת׳ חָלוּל hollow
רֵיק בְּתוֹכוֹ (כְּמוֹ צִינוֹר וְכוּ׳):
*הַגַּלְגַּל **חָלוּל**, לָכֵן הוּא צָף עַל הַמַּיִם.*
חֲלוּלָה, חֲלוּלִים, חֲלוּלוֹת

חלוםז׳ חֲלוֹם [חֲלוֹמוֹת] dream
מָה שֶׁאָדָם רוֹאֶה בַּשֵּׁינָה:
*יוֹסֵף רָאָה **בַּחֲלוֹם** שֶׁבַע פָּרוֹת שְׁמֵנוֹת וְשֶׁבַע פָּרוֹת רָזוֹת.*
חֲלוֹם בַּלָּהוֹת nightmare

חלומית׳ חֲלוֹמִי dream-like, wonderful
(לְשׁוֹן דִּיבּוּר) יָפֶה כְּמוֹ חֲלוֹם:
*הָיָה טִיּוּל **חֲלוֹמִי**.*
חֲלוֹמִית, חֲלוֹמִיִּים, חֲלוֹמִיּוֹת

חלוןז׳ חַלּוֹן [חַלּוֹנוֹת] window
פֶּתַח בַּקִּיר לְאוֹר וְלַאֲוִויר:
*חַם בַּחֶדֶר, צָרִיךְ לִפְתּוֹחַ אֶת **הַחַלּוֹן**.*
חַלּוֹן רַאֲוָוה shop window

חלופית׳ חֲלוּפִי alternative (adj.)
אַחֵר, אַלְטֶרְנָטִיבִי:
*הַדֶּרֶךְ הַזֹּאת סְגוּרָה הַיּוֹם; סַע בְּדֶרֶךְ **חֲלוּפִית**. / אֶפְשָׁר לְהַגִּיעַ לְפִיתְרוֹן הַבְּעָיָה בְּדֶרֶךְ **חֲלוּפִית**.*
חֲלוּפִית, חֲלוּפִיִּים, חֲלוּפִיּוֹת

חלוץז׳ חָלוּץ [חֲלוּצִים] pioneer
1. רִאשׁוֹן, עוֹשֶׂה מַשֶּׁהוּ לִפְנֵי הָאֲחֵרִים:
*הָאִישׁ, שֶׁבָּנָה אֶת בֵּית הַחֲרוֹשֶׁת הַזֶּה, הוּא **מֵחֲלוּצֵי** הַתַּעֲשִׂיָּיה בְּאֶרֶץ יִשְׂרָאֵל.*
2. צָעִיר, שֶׁעָלָה לְאֶרֶץ יִשְׂרָאֵל לִפְנֵי קוּם הַמְּדִינָה כְּדֵי לִבְנוֹת אוֹתָהּ וְלִחְיוֹת בָּהּ: Israeli pioneer
*הַ**חֲלוּצִים** בָּנוּ קִיבּוּצִים וּמוֹשָׁבִים וְהִתְיַישְּׁבוּ בָּהֶם.*
3. שַׂחְקָן קִדְמִי בְּכַדּוּרֶגֶל: center-forward (soccer)
*הֶ**חָלוּץ** הַמֶּרְכָּזִי רָץ עִם הַכַּדּוּר לַשַּׁעַר.*
חֲלוּצָה, חֲלוּצוֹת

חלוקת׳ חָלוּק different, disagreeing
1. שׁוֹנֶה, מְנוּגָּד:
*הַדֵּיעוֹת הָיוּ **חֲלוּקוֹת**. / הוּא **חָלוּק** עָלַיי בַּנּוֹשֵׂא הַכַּלְכָּלִי.*
2. קָשֶׁה לוֹ לְהַחְלִיט: divided (adj.)
*אֲנִי **חָלוּק** בְּדַעְתִּי (בְּלִיבִּי) אִם לִנְסוֹעַ לְטַיֵּיל אוֹ לְהִתְכּוֹנֵן לַבְּחִינָה.*
חֲלוּקָה, חֲלוּקִים, חֲלוּקוֹת

חלוקז׳ חָלוּק [חֲלוּקִים] gown, robe
שִׂמְלָה/מְעִיל שֶׁלּוֹבְשִׁים בַּבַּיִת אוֹ בַּעֲבוֹדוֹת מְיוּחָדוֹת (מַעְבָּדָה, בֵּית־חֲרוֹשֶׁת וְכוּ׳):
*קָנִיתִי **חָלוּק** בַּיִת חַם.*

חלוקהנ׳ חֲלֻקָּה [חֲלוּקוֹת] division, partition
1. הַפְרָדָה, פֵּירוּק לַחֲלָקִים:
*הִסְכַּמְנוּ עַל **חֲלוּקַת** הַחֶדֶר לִשְׁנַיִים - לְכֹל יֶלֶד יִהְיֶה חֶדֶר. / **חֲלוּקַת** הָרְכוּשׁ לֹא הָיְיתָה צוֹדֶקֶת.*
2. מְסִירָה: distribution
*אֵין **חֲלוּקָה** שֶׁל דּוֹאַר בְּשַׁבָּת.*

חלחלהנ׳ חַלְחָלָה shudder
רַעַד, פַּחַד:
*כְּשֶׁשָּׁמַעְתִּי עַל הָאָסוֹן, תְּקָפָה אוֹתִי **חַלְחָלָה**.*

חליבהנ׳ חֲלִיבָה [חֲלִיבוֹת] milking
הַפְּעוּלָה שֶׁל הוֹצָאַת הֶחָלָב מִפָּרָה וְכוּ׳:
*אֲנִי עוֹבֵד מָחָר **בַּחֲלִיבָה** שֶׁל הַפָּרוֹת.*

חלילז׳ חָלִיל [חֲלִילִים] flute
כְּלִי נְגִינָה בַּפֶּה; דּוֹמֶה לְצִינוֹר וְיֵשׁ בּוֹ חוֹרִים לָאֶצְבָּעוֹת:
*בָּאַךְ כָּתַב מוּסִיקָה **לְחָלִיל** וְצֶ׳מְבָּלוֹ.*

חלילהק' חָלִ֫ילָה — God forbid!
לֹא יִיתָּכֵן, אָסוּר:
חָלִילָה לְךָ לְסַפֵּר לוֹ מַה קָּרָה!

חלילהנ' חָלִ֫ילָה — around
סִיבוּב.
וְחוֹזֵר חֲלִילָה - again and again
אֶצְלִי כֹּל יוֹם אוֹתוֹ דָּבָר - עֲבוֹדָה, יְלָדִים, טֶלֶוִויזְיָה וְחוֹזֵר חֲלִילָה.

חלילןז' חֲלִילָן [חֲלִילָנִים] — flautist
מְנַגֵּן בְּחָלִיל:
הוּא חֲלִילָן רָאשִׁי בַּתִּזְמוֹרֶת הַפִילְהַרְמוֹנִית.
חֲלִילָנִית, חֲלִילָנִיּוֹת

חליפהנ' חֲלִיפָה [חֲלִיפוֹת] — suit
1. בֶּגֶד; מִכְנָסַיִים וְזָ'קֶט, חֲצָאִית וְזָ'קֶט:
הַגְּבָרִים לָבְשׁוּ חֲלִיפוֹת עֶרֶב בַּמְּסִיבָּה הַחֲגִיגִית.
2. הַחְלָפַת דָּבָר בְּדָבָר: — exchange
חֲלִיפַת הַמִּכְתָּבִים עִם דָּוִיד נִפְסְקָה.
חֲלִיפוֹתתה"פ - in turns
רוּת וְדָוִיד עוֹבְדִים חֲלִיפוֹת בַּחֲנוּת יוֹם רוּת וְיוֹם דָּוִיד.

חליפיןז"ר חֲלִיפִין — barter
(אֲרָמִית, צוּרַת רַבִּים) הַחְלָפַת דָּבָר בְּדָבָר:
לִפְנֵי הַשִּׁימוּשׁ בְּכֶסֶף הָיָה רַק סַחַר חֲלִיפִין.
שַׁעַר חֲלִיפִין - rate of exchange
שַׁעַר הַחֲלִיפִין שֶׁל הַדּוֹלָר עָלָה.

חליצהנ' חֲלִיצָה [חֲלִיצוֹת] — removal
1. הוֹצָאָה:
אַחֲרֵי חֲלִיצַת הַנַּעַל הַלּוֹחֶצֶת נַעֲשָׂה לִי טוֹב.
2. שִׁיחְרוּר בְּטֶקֶס דָּתִי: — ceremony freeing a widow from marrying her late husband's brother
אִישָׁה, שֶׁמֵּת בַּעֲלָהּ וְאֵין לָהּ בָּנִים, צְרִיכָה לְקַבֵּל חֲלִיצָה מֵהָאָח שֶׁל הַבַּעַל, אִם בִּרְצוֹנָהּ לְהִתְחַתֵּן.

חללז' חָלָל [חֲלָלִים] — killed in war/disaster
1. הָרוּג, מִי שֶׁנֶּהֱרַג בְּמִלְחָמָה אוֹ בְּאָסוֹן:
בְּיוֹם הַזִּיכָּרוֹן מַזְכִּירִים אֶת הַחֲלָלִים, שֶׁנָּפְלוּ בַּמִּלְחָמוֹת.
2. מַה שֶּׁנִּמְצָא מִחוּץ לָאֲוויר הָעוֹלָם: — space
הָאַסְטְרוֹנָאוּטִים יָצְאוּ בִּסְפִינַת הֶחָלָל אֶל הַיָּרֵחַ.
חָלָל רֵיק — vacuum
טַיִּיס חָלָל — astronaut

חלליתנ' חֲלָלִית [חֲלָלִיּוֹת] — spaceship
"אוֹנִיָּיה" שֶׁטָּסָה מִחוּץ לָאַטְמוֹסְפֵרָה:
אֶל הַיָּרֵחַ אֶפְשָׁר לְהַגִּיעַ בַּחֲלָלִית.

חלםפ' חָלַם — dreamed
רָאָה דְּבָרִים בִּזְמַן הַשֵּׁינָה:
הַיֶּלֶד חָלַם חֲלוֹם מַפְחִיד וְהִתְעוֹרֵר בִּבְכִי.
חָלַם בְּהָקִיץ — daydreamed
לַחֲלוֹם, עַל- / ח.ל.ם, פָּעַל / חָלַמְתִּי, חוֹלֵם, יַחֲלוֹם

חלמוןז' חֶלְמוֹן [חֶלְמוֹנִים] — yolk
הַחֵלֶק הַצָּהוֹב בַּבֵּיצָה:
לַבֵּיצָה הַזֹּאת שְׁנֵי חֶלְמוֹנִים.

חלףפ' חָלַף — passed by, ended
נִגְמַר, עָבַר:
הַחַיִּים חוֹלְפִים מַהֵר. / סַכָּנַת הַמִּלְחָמָה חָלְפָה.
לַחֲלוֹף / ח.ל.ף, פָּעַל / חָלַפְתִּי, חוֹלֵף, יַחֲלוֹף, חֲלוֹף!

חלפןז' חַלְפָן [חַלְפָנִים] — money-changer
מִי שֶׁמַּחֲלִיף כֶּסֶף שֶׁל כֹּל מִינֵי מְדִינוֹת:
הַחַלְפָן מָכַר לִי דּוֹלָרִים.

חלץפ' חָלַץ — took off (shoes)
1. פָּשַׁט (נַעֲלַיִים):
חָלַצְתִּי אֶת נַעֲלֵי הָעֲבוֹדָה.
2. הוֹצִיא בְּכוֹחַ: — pulled out, drew
קָשֶׁה לִי לַחֲלוֹץ אֶת הַפְּקָק.
חָלְצָה שַׁד — breast fed
לַחֲלוֹץ אֶת- / ח.ל.ץ, פָּעַל / חָלַצְתִּי, חוֹלֵץ, יַחֲלוֹץ, חֲלוֹץ!

חלקז' חֵ֫לֶק [חֲלָקִים] — part, section
מַשֶּׁהוּ, קְצָת מִדָּבָר שָׁלֵם, כְּמוֹ 1/2, 1/3...:
חִילַּקְתִּי עוּגָה לִשְׁלוֹשָׁה חֲלָקִים, כֹּל יֶלֶד קִיבֵּל חֵלֶק אֶחָד.

חלקת' חָלָק — smooth
יָשָׁר, אֵין בּוֹ שׁוּם דָּבָר בּוֹלֵט:
עוֹר הַפָּנִים שֶׁל הַתִּינוֹק חָלָק מְאוֹד.
הָעִנְיָין אֵינוֹ חָלָק — it isn't simple
חַד וְחָלָק — brief and to the point
לְשׁוֹן חֲלָקָה — flattery
חֲלָקָה, חֲלָקִים, חֲלָקוֹת

חלקהנ' חֶלְקָה [חֲלָקוֹת] — piece of land
שֶׁטַח מְסוּיָּם שֶׁל שָׂדֶה, גִּינָּה וְכוּ':
בַּחֶלְקָה שֶׁלִּי אֲנִי מְגַדֵּל עַגְבָנִיּוֹת.

חלקית' חֶלְקִי — partial
לֹא שָׁלֵם:
אֲנִי עוֹבֶדֶת עֲבוֹדָה חֶלְקִית.
חֶלְקִית, חֶלְקִיִּים, חֶלְקִיּוֹת

חלקיקז׳ חֶלְקִיק [חֶלְקִיקִים] — particle
חֵלֶק קָטָן בְּיוֹתֵר:
צָרִיךְ מִיקרוֹסקוֹפּ כְּדֵי לִראוֹת אֶת ***הַחֶלְקִיקִים****.*

חלקלקת׳ חֲלַקְלַק — smooth, slippery
1. חָלָק (לֹא בְּיוֹתֵר):
הָרִצְפָּה ***חֲלַקְלַקָּה****, כִּי שָׁטְפוּ אוֹתָהּ.*
2. (מֶטָאפוֹרָה) מְדַבֵּר אוֹ — sleek, 'smooth operator'
מִתנַהֵג יָפֶה, אַךְ אִי אֶפשָׁר לְהַאֲמִין לוֹ:
אֲנִי לֹא אוֹהֵב אוֹתוֹ, כִּי יֵשׁ לוֹ אוֹפִי ***חֲלַקְלַק****.*
חֲלַקְלַקָּה, חֲלַקְלַקִּים, חֲלַקְלַקּוֹת

חלשפ׳ חָלַשׁ — commanded, overlooked
שָׁלַט, עָמַד מֵעַל:
הַגִבעָה הַזֹּאת ***חוֹלֶשֶׁת*** *עַל הַכְּבִישׁ.*
לַחֲלוֹשׁ עַל- / ח.ל.ש, פָּעַל / חָלַשׁתִי, חוֹלֵשׁ, יַחֲלוֹשׁ

חלשת׳ חַלָּשׁ — weak
בְּלִי כּוֹחַ:
אֲנִי מַרגִישׁ ***חַלָּשׁ*** *בִּגלַל הַמַחֲלָה.*
חַלָּשָׁה, חַלָּשִׁים, חַלָּשׁוֹת

חםת׳ חַם — hot
בַּעַל טֶמפֶּרָטוּרָה גבוֹהָה מִן הָרָגִיל:
מֶזֶג הָאֲוִויר ***חַם*** *בַּקַיִץ. שָׁתִינוּ קָפֶה* ***חַם****.*
חַם־מֶזֶג — warm-blooded
נֶשֶׁק חַם — firearms
חַמָּה, חַמִּים, חַמּוֹת

חםז׳ חָם [חָמִים] — father-in-law
אַבָּא שֶׁל הָאִישָׁה אוֹ הַבַּעַל:
חָמִי*, אַבָּא שֶׁל אִשׁתִי, הוּא הַסַבָּא שֶׁל הַיְלָדִים שֶׁלִי.*

חמאהנ׳ חֶמְאָה — butter
מָזוֹן שָׁמֵן עָשׂוּי מֵחָלָב; שָׂמִים אוֹתוֹ עַל לֶחֶם:
חַנָה אוֹכֶלֶת כֹּל בּוֹקֶר לֶחֶם ***בְּחֶמְאָה****.*

חמדפ׳ חָמַד — coveted
רָצָה מְאוֹד מַשֶׁהוּ שֶׁאֵינוֹ שֶׁלוֹ:
הוּא ***חוֹמֵד*** *אֶת הָאִישָׁה שֶׁל אָחִיו!*
לַחֲמוֹד אֶת- / ח.מ.ד, פָּעַל / חָמַדתִי, חוֹמֵד, יַחְמוֹד, חֲמוֹד!

חמדז׳ חֶמֶד — charm(ing), delight(ful)
יוֹפִי, מַה שֶׁמוֹשֵׁךְ אֶת הַלֵב:
"אֵיזֶה ***חֶמֶד*** *שֶׁל בָּחוּר!"*

חמדנותנ׳ חַמְדָנוּת — greed
חֵשֶׁק, רָצוֹן חָזָק לְמַשֶׁהוּ שֶׁלֹּא שֶׁלוֹ:
הוּא רוֹצֶה גַם אֶת הַבַּיִת שֶׁלְךָ וְגַם אֶת אִשׁתְךָ - ***הַחַמְדָנוּת*** *שֶׁלוֹ אֵין לָהּ גבוּל.*

חמהנ׳ חַמָּה — sun
(לָשׁוֹן גבוֹהָה) שֶׁמֶשׁ:
הַחַמָּה *לוֹהֶטֶת בַּשָׁמַיִם.*
לִיקוּי־חַמָּה — eclipse
שְׁקִיעַת־הַחַמָּה — sunset

חמודת׳ חָמוּד — cute
נָעִים, נֶחמָד, מוֹצֵא חֵן:
כֹּל הַיְלָדִים ***חֲמוּדִים****.*
חֲמוּדָה, חֲמוּדִים, חֲמוּדוֹת

חמוםת׳ חָמוּם — hot-tempered
חֲמוּם־מוֹחַ [חֲמוּמֵי־מוֹחַ] מִתרַגֵז אוֹ מִתרַגֵשׁ בְּקַלוּת:
הוּא אִישׁ ***חֲמוּם*** *מוֹחַ וּכְדַאי לְהִיזָהֵר מִמֶנוּ.*
חֲמוּמָה, חֲמוּמִים, חֲמוּמוֹת

חמוץת׳ חָמוּץ — sour
טַעֲמוֹ כְּטַעַם הַלִימוֹן אוֹ הַחוֹמֶץ:
אֲנִי קוֹנֶה רַק סוּכָּרִיוֹת ***חֲמוּצוֹת*** *וְלֹא מְתוּקוֹת.*
חֲלָב חָמוּץ — sour milk
חָמוּץ־מָתוֹק — sweet and sour
חֲמוּצִיםז״ר - זֵיתִים, מְלָפְפוֹנִים וְכוּ׳- — pickles
שֶׁמַשׁאִירִים בְּמֶלַח וּמַיִם עַד שֶׁיַחמִיצוּ:
חֲמוּצָה, חֲמוּצִים, חֲמוּצוֹת

חמורז׳ חֲמוֹר [חֲמוֹרִים] — donkey
בַּעַל־חַיִים דוֹמֶה לְסוּס אֲבָל קָטָן מִמֶנוּ:
אוֹמרִים שֶׁהַמָשִׁיחַ יָבוֹא עַל ***חֲמוֹר*** *לָבָן.*

חמורת׳ חָמוּר — grave, critical
רְצִינִי, קָשֶׁה:
הַמַצָב שֶׁל הַחוֹלֶה ***חָמוּר*** *מְאוֹד.*
חֲמוּרָה, חֲמוּרִים, חֲמוּרוֹת

חמושת׳ חָמוּשׁ — armed (adj.)
יֵשׁ עָלָיו נֶשֶׁק:
הוּא ***חָמוּשׁ*** *בְּרוֹבֶה וְכַדוּרִים.*
חֲמוּשָׁה, חֲמוּשִׁים, חֲמוּשׁוֹת

חמותנ׳ חָמוֹת — mother-in-law
אִימָא שֶׁל הַבַּעַל אוֹ הָאִישָׁה:
אִימָא שֶׁל אִשׁתִי רוּת הִיא ***חֲמוֹתִי****.*

חמימותנ׳ חֲמִימוּת — warmth
1. טֶמפֶּרָטוּרָה שֶׁל חוֹם בֵּינוֹנִי:

*יֶשְׁנָה **חֲמִימוּת** בָּאֲוִויר - לֹא חַם וְלֹא קַר.*
2. (מֶטָאפוֹרָה) הַרְגָּשָׁה נְעִימָה, חֲבִיבָה:
*הִיא מְדַבֶּרֶת אֶל כֹּל אֶחָד **בַּחֲמִימוּת**.*

חמיצהנ׳ חֲמִיצָה [חֲמִיצוֹת] borscht
סוּג שֶׁל מָרָק חָמוּץ (מִכְּרוּב וְכוּ׳):
*אֲנִי אוֹהֵב לֶאֱכוֹל **חֲמִיצַת** כְּרוּב.*

חמישהש״מ חֲמִשָּׁה five (m.)
הַמִּסְפָּר 5 בְּזָכָר:
*יֵשׁ לִי **חֲמִישָּׁה** בָּנִים גְּדוֹלִים. / **חֲמִישָּׁה** חוּמְשֵׁי תּוֹרָה.*
חֲמִישָּׁה עָשָׂרז׳ - הַמִּסְפָּר 15 fifteen (m.)
***חֲמִישָּׁה עָשָׂר** בִּשְׁבָט.*

חמישית׳ חֲמִישִׁי fifth
אַחֲרֵי הָרְבִיעִי וְלִפְנֵי הַשִּׁישִׁי:
*אֲנִי הָרְבִיעִי בַּתּוֹר, וְאַחֲרַיי **הַחֲמִישִׁי**. / אַרְבַּע בַּחוּרוֹת עָמְדוּ לְפָנַיי בַּתּוֹר, וַאֲנִי - **הַחֲמִישִׁית**.*
חֲמִישִׁיתנ׳ - הַמִּסְפָּר 1/5 a fifth
יוֹם חֲמִישִׁי Thursday
חֲמִישִׁית, חֲמִישִׁיִּים, חֲמִישִׁיּוֹת

חמישיםש״מ/זו״נ חֲמִשִּׁים fifty
הַמִּסְפָּר 50:
*הוֹרַיי עָלוּ לְיִשְׂרָאֵל לִפְנֵי **חֲמִישִּׁים** שָׁנָה.*

חמלהנ׳ חֶמְלָה compassion
רַחֲמִים, רֶגֶשׁ שֶׁל אֶמְפַּתְיָה:
*הָאָחוֹת מְטַפֶּלֶת בַּחוֹלָה **בְּחֶמְלָה** רַבָּה.*

חממהנ׳ חֲמָמָה [חֲמָמוֹת] greenhouse
מָקוֹם סָגוּר, שֶׁמְּגַדְּלִים בּוֹ יְרָקוֹת, פְּרָחִים וְכוּ׳:
*הַיְּרָקוֹת מִן **הַחֲמָמָה** יָפִים אֲבָל לֹא כֹּל כָּךְ טְעִימִים.*

חמניתנ׳ חַמָּנִית [חַמָּנִיּוֹת] sunflower
צֶמַח צָהוֹב גָּדוֹל מְאוֹד, מִן הַגַּרְעִינִים שֶׁלּוֹ עוֹשִׂים שֶׁמֶן:
*לַצַּיָּיר וַאן גוֹךְ יֵשׁ צִיּוּר מְפוּרְסָם שֶׁל **חַמָּנִיּוֹת**.*

חמספ׳ חָמַס robbed
(לָשׁוֹן סִפְרוּתִית) לָקַח בְּכוֹחַ:
*הוּא **חָמַס** אֶת כֹּל הַזָּהָב וְהַכֶּסֶף, שֶׁמָּצָא בַּבַּיִת הָרֵיק.*
לַחֲמוֹס אֶת- / ח.מ.ס, פָּעַל / חָמַסְתִּי, חוֹמֵס, יַחְמוֹס

חמסיןז׳ חַמְסִין [חַמְסִינִים] hot desert wind
רוּחַ חַמָּה מֵהַמִּזְרָח:
*הַיּוֹם חַם וְיָבֵשׁ בַּחוּץ, כִּי יֵשׁ **חַמְסִין**.*

חמץז׳ חָמֵץ leavened (bread)
בָּצֵק שֶׁאוֹפִים מִמֶּנּוּ לֶחֶם. כֹּל מַה שֶׁאָסוּר לֶאֱכוֹל בַּפֶּסַח:
*אֲנִי אוֹכֵל בַּפֶּסַח רַק מַה שֶׁכָּתוּב עָלָיו "כָּשֵׁר לַפֶּסַח" - הַשְּׁאָר **חָמֵץ**.*
בִּיעוּר חָמֵץ removal of leaven for Passover

חמצמץת׳ חֲמַצְמַץ vinegary
חָמוּץ מְעַט:
*טַעַם הָעוּגָה **חֲמַצְמַץ**, צָרִיךְ לְהוֹסִיף סוּכָּר.*
חֲמַצְמַצָּה, חֲמַצְמַצִּים, חֲמַצְמַצּוֹת

חמצןז׳ חַמְצָן oxygen
אֶלֶמֶנְט כִּימִי (O_2):
*קָשֶׁה לִי לִנְשׁוֹם, כִּי אֵין דַּי **חַמְצָן**.*

חמקפ׳ חָמַק slipped away
הִסְתַּלֵּק אוֹ עָבַר בְּלִי שֶׁהִרְגִּישׁוּ:
*הוּא **חָמַק מִן** הַבַּיִת, לֹא רָאִיתִי מָתַי יָצָא.*
לַחֲמוֹק / ח.מ.ק, פָּעַל / חָמַקְתִּי, חוֹמֵק, יַחֲמוֹק, חֲמוֹק!

חמקמקת׳ חֲמַקְמַק evasive
אַף פַּעַם לֹא אוֹמֵר בְּדִיּוּק אֵיפֹה הוּא אוֹ מַה הוּא חוֹשֵׁב:
*שָׁאַלְתִּי מָתַי נִתְחַתֵּן, וְהַתְּשׁוּבָה שֶׁלּוֹ הָיְיתָה **חֲמַקְמַקָּה**.*
חֲמַקְמַקָּה, חֲמַקְמַקִּים, חֲמַקְמַקּוֹת

חמשש״מ חָמֵשׁ five (f)
הַמִּסְפָּר 5 בִּנְקֵבָה:
*בְּכֹל יָד יֵשׁ **חָמֵשׁ** אֶצְבָּעוֹת.*
חֲמֵשׁ־עֶשְׂרֵהנ׳ - הַמִּסְפָּר 15:
***חֲמֵשׁ עֶשְׂרֵה** יְלָדוֹת בַּכִּיתָּה.*

חןז׳ חֵן grace, charm
יוֹפִי, נְעִימוּת:
*הַבַּחוּרָה הַזֹּאת מְלֵאַת **חֵן**.*
חֵן חֵן thanks
אֶבֶן־חֵן precious stone
לִוְיַת־חֵן ornament
מָצָא חֵן בְּעֵינַיי... I liked...

חנהפ׳ חָנָה parked
הִשְׁאִיר אֶת הַמְּכוֹנִית בְּמָקוֹם כֹּלשֶׁהוּ:
***חָנִיתִי** רָחוֹק מֵהַבַּיִת, כִּי אֵין מָקוֹם אַחֵר.*
לַחֲנוֹת / ח.נ.ה, פָּעַל / חָנִיתִי, חוֹנֶה, יַחֲנֶה, חֲנֵה!

חנווניז׳ חֶנְוָנִי [חֶנְוָונִים] grocer
בַּעַל חֲנוּת מַכּוֹלֶת - מוֹכֵר לֶחֶם, סוּכָּר, חָלָב וְכוּ׳:
***הַחֶנְוָונִי** מָכַר לִי בֵּיצִים.*
חֶנְוָונִית, חֶנְוָונִיּוֹת

חנוט ת"ז חָנוּט [חֲנוּטִים] mummy
גוּף מֵת שֶׁנִּשְׁמַר בְּאוֹפֶן כִּימִי:
*בְּמִצְרַיִם מָצְאוּ **חֲנוּטִים** מִלִּפְנֵי 3,500 שָׁנָה.*
חֲנוּטָה, חֲנוּטוֹת

חנוכה נ' חֲנֻכָּה inauguration, dedication
1. חֲגִיגָה לִכְבוֹד בַּיִת חָדָשׁ (מִשְׂרָד וְכוּ'):
חֲנֻכַּת אוּלַם הַקּוֹנְצֶרְטִים הָיְתָה חֲגִיגִית.
2. חַג לִכְבוֹד הַנִּיצָּחוֹן שֶׁל הַיְּהוּדִים Hanukka
עַל הַיְּוָונִים וַחֲנֻכַּת בֵּית הַמִּקְדָּשׁ:
בְּחַג הַחֲנֻכָּה מַדְלִיקִים נֵרוֹת 8 יָמִים.

חנוכייה נ' חֲנֻכִּיָּה [חֲנוּכִּיּוֹת] Hanukka lamp
מְנוֹרָה שֶׁל חַג הַחֲנֻכָּה, יֵשׁ בָּהּ מָקוֹם ל-9 נֵרוֹת:
*יֵשׁ לָנוּ בַּבַּיִת **חֲנוּכִּיָּה** עַתִּיקָה שֶׁל סַבָּא.*

חנופה נ' חֲנֻפָּה [חֲנוּפּוֹת] flattery
דִּיבּוּרִים אוֹ מַעֲשִׂים יָפִים כְּדֵי לִמְצוֹא־חֵן בְּעֵינֵי מִישֶׁהוּ:
*הַמְּנַהֵל הַזֶּה שׂוֹנֵא **חֲנֻפָּה**.*

חנוק ת' חָנוּק strangled/choked (adj.)
1. כְּשֶׁהַגָּרוֹן סָתוּם (גַּם מִי שֶׁמֵּת בִּגְלַל זֶה):
*אֲנִי מַרְגִּישׁ **חָנוּק**, כִּי אֵין אֲוִויר בַּחֶדֶר. / מָצְאוּ אוֹתוֹ **חָנוּק** כְּשֶׁחֶבֶל סְבִיב הַצַּוָּואר שֶׁלּוֹ.*
2. (מֶטָאפוֹרָה) חַלָּשׁ, בְּקוֹשִׁי אֶפְשָׁר לִשְׁמוֹעַ: stifled (adj.)
*שָׁמַעְתִּי פִּתְאוֹם קוֹל בֶּכִי **חָנוּק**.*
3. (מֶטָאפוֹרָה) שֶׁאֵין לוֹ כֶּסֶף, לָחוּץ: hard-pressed
*אֲנִי מַמָּשׁ **חָנוּק**, יֵשׁ לִי חוֹבוֹת, צָרִיךְ לְשַׁלֵּם שְׂכַר דִּירָה וְכוּ'.*
חֲנוּקָה, חֲנוּקִים, חֲנוּקוֹת

חנות נ' חֲנוּת [חֲנוּיוֹת] shop
מָקוֹם שֶׁמּוֹכְרִים בּוֹ דְּבָרִים שׁוֹנִים:
*קָנִיתִי אוֹכֶל **בַּחֲנוּת** הַמַּכּוֹלֶת.*

חנט פ' חָנַט embalmed
שָׁמַר (בְּאֶמְצָעִים כִּימִיִּים וְכוּ') שֶׁגּוּף מֵת לֹא יִתְפּוֹרֵר, יִישָּׁאֵר כְּמוֹ שֶׁהוּא:
*עַד הַיּוֹם לֹא יוֹדְעִים אֵיךְ **חָנְטוּ** הַמִּצְרִים אֶת הַמֵּתִים.*
לַחֲנוֹט אֶת- / ח.נ.ט, פָּעַל / חָנַטְתִּי, חוֹנֵט, יַחֲנוֹט, חֲנוֹט!

חניון ז' חַנְיוֹן [חַנְיוֹנִים] parking lot
מָקוֹם שֶׁמַּשְׁאִירִים בּוֹ מְכוֹנִיּוֹת:
*אֵין דַּי **חַנְיוֹנִים** בְּתֵל־אָבִיב.*

חניטה נ' חֲנִיטָה [חֲנִיטוֹת] embalming
מַה שֶּׁעוֹשִׂים (בְּאוֹפֶן כִּימִי) כְּדֵי שֶׁגּוּף מֵת לֹא יִתְפּוֹרֵר:
***הַחֲנִיטָה** שֶׁל הַמִּצְרִים שָׁמְרָה עַל גּוּף הַמְּלָכִים בְּמֶשֶׁךְ 3,500 שָׁנָה.*

חנייה נ' חֲנָיָה(חֲנִיָּה) parking
עֲמִידָה בְּמָקוֹם מְסוּיָּם אַחֲרֵי נְסִיעָה:
*אֵין דַּי מְקוֹמוֹת **חֲנָיָה** לִמְכוֹנִיּוֹת בְּתֵל־אָבִיב.*
מְקוֹם חֲנָיָה/מִגְרַשׁ חֲנָיָה

חניך ז' חָנִיךְ [חֲנִיכִים] trainee, apprentice
1. תַּלְמִיד שֶׁלּוֹמֵד מִקְצוֹעַ בִּמְקוֹם הָעֲבוֹדָה:
*הוּא עוֹבֵד **כְּחָנִיךְ** בְּבֵית הַחֲרוֹשֶׁת.*
2. שַׁיָּיךְ לִתְנוּעַת נוֹעַר: member of a youth movement
***הַחֲנִיכִים** שֶׁל הַ"צּוֹפִים" יָצְאוּ לְטִיּוּל.*
חֲנִיכָה, חֲנִיכוֹת

חניכיים ז"ז חֲנִיכַיִם gums
הַמָּקוֹם שֶׁל הַשִּׁינַּיִים בַּפֶּה:
*צָרִיךְ לְטַפֵּל גַּם בַּשִּׁינַּיִים וְגַם **בַּחֲנִיכַיִם**.*

חנינה נ' חֲנִינָה [חֲנִינוֹת] pardon
סְלִיחָה, כְּשֶׁנְּשִׂיא הַמְּדִינָה אוֹ וַעֲדָה מְבַטְּלִים אוֹ מַקְטִינִים עוֹנֶשׁ שֶׁל בֵּית מִשְׁפָּט:
*הוּא קִיבֵּל **חֲנִינָה** בִּגְלַל הִתְנַהֲגוּת טוֹבָה בְּבֵית הַסּוֹהַר.*

חנית נ' חֲנִית [חֲנִיתוֹת] spear
כְּלִי נֶשֶׁק עַתִּיק - מַקֵּל שֶׁבַּקָּצֶה שֶׁלּוֹ בַּרְזֶל חַד:
*הַיּוֹם לֹא נִלְחָמִים **בַּחֲנִיתוֹת**.*

חנך פ' חָנַךְ inaugurated, dedicated
1. פָּתַח בְּאוֹפֶן חֲגִיגִי מָקוֹם חָדָשׁ:
*אֲנַחְנוּ **חוֹנְכִים** אוּלַם קוֹנְצֶרְטִים חָדָשׁ.*
2. מְלַמֵּד, מַדְרִיךְ: trained, taught
*אֲנִי **חוֹנֵךְ** יֶלֶד, שֶׁאֵין לוֹ חֵשֶׁק לִלְמוֹד.*
לַחֲנוֹךְ אֶת- / ח.נ.ך, פָּעַל / חָנַכְתִּי, חוֹנֵךְ, יַחֲנוֹךְ, חֲנוֹךְ!

חנן פ' חָנַן pardoned
1. נָתַן חֲנִינָה, וִיתֵּר עַל עוֹנֶשׁ:
*נְשִׂיא הַמְּדִינָה **חָנַן** אֶת הָאָסִיר.*
2. נָתַן, הֶעֱנִיק: bestowed
*הַטֶּבַע **חָנַן** אוֹתוֹ בְּכִישְׁרוֹנוֹת גְּדוֹלִים.*
לָחוֹן אֶת- / ח.נ.ן, פָּעַל / חָנַנְתִּי, חוֹנֵן, יָחוֹן, חוֹן!

חנפן ז' חַנְפָן [חַנְפָנִים] flatterer
מִי שֶׁמְּדַבֵּר יָפֶה כְּדֵי לִמְצוֹא חֵן:
*הוּא אוֹמֵר לְכוּלָּם, שֶׁהֵם יָפִים וְטוֹבִים, כִּי הוּא **חַנְפָן**.*
חַנְפָנִית, חַנְפָנִיּוֹת

חנפנות נ' חַנְפָנוּת flattery
חֲנוּפָּה, דִּיבּוּר יָפֶה כְּדֵי לִמְצוֹא חֵן:
*הוּא מַשִּׂיג הַרְבֵּה בְּדִבְרֵי **הַחַנְפָנוּת** שֶׁלּוֹ.*

חנקפ׳ חָנַק strangled
גָרַם מָוֶות בִּסתִימָה שֶל הָאֲוִויר בַּגָרוֹן:
*הַחֶבֶל **חָנַק** אוֹתוֹ, וְהוּא כִּמעַט מֵת.*
לַחֲנוֹק אֶת- / ח.נ.ק, פָּעַל / חָנַקתִי, חוֹנֵק, יַחֲנוֹק, חֲנוֹק!

חנקז׳ חֶנֶק strangulation
הַרגָשָה שֶאִי אֶפשָר לִנשוֹם:
הוּא מֵת מֵחֶנֶק - לֹא הָיָה לוֹ אֲוִויר.

חספ׳ חָס pitied
1. רִיחֵם:
*אֲנִי **חָס** עָלָיו לָכֵן אֲנִי מְווַתֵר לוֹ.*
2. הָיָה חָבָל לוֹ: *הוּא **חָס** עַל כַּספּוֹ.* spared
חָס עַל כּבוֹדוֹ spared his honor
לָחוּס עַל- / ח.ו.ס, פָּעַל / חַסתִי, חָס, יָחוּס

חס...ת״פ חַס... Heaven forbid!
חַס וְחָלִילָה - לֹא וָלֹא:
חַס וְחָלִילָה! אֲנִי לֹא אֲסַפֵּר לוֹ מַה קָרָה.
חַס וְשָלוֹם - לֹא וָלֹא:
חַס וְשָלוֹם! לֹא חָשַבתִי לְהַגִיד לוֹ מַה קָרָה.

חסדז׳ חֶסֶד [חֲסָדִים] favor
עֲשִׂיַית מַעֲשִׂים טוֹבִים, עֶזרָה:
*עֲשֵׂה אִיתִי **חֶסֶד**, וְהַלווֵה לִי 1,000 ש״ח.*
בְּחֶסֶד עֶליוֹן - par excellence
הוּא מוּסִיקַאי בְּחֶסֶד עֶליוֹן.
חֶסֶד שֶל אֱמֶת - genuine kindness
הוּא הָלַך לַלְוָויָה שֶל אִיש בּוֹדֵד וְעָשָׂה אִיתוֹ חֶסֶד שֶל אֱמֶת.
גמִילוּת חֲסָדִים charity
לְשֵבֶט אוֹ לְחֶסֶדב׳ for good or for evil

חסהפ׳ חָסָה found shelter
מָצָא מָקוֹם בָּטוּחַ, מוּגָן:
*הַיֶלֶד **חוֹסֶה** בְּמוֹסָד, כִּי אֵין לוֹ בַּיִת.*
לַחֲסוֹת / ח.ס.ה, פָּעַל / חָסִיתִי, חוֹסֶה, יֶחֱסֶה

חסהנ׳ חַסָה [חַסוֹת] lettuce
עָלִים גדוֹלִים יְרוּקִים שֶאוֹכלִים בְּסָלָט:
*בַּסָלָט הַזֶה יֵש **חַסָה** וּבָצָל.*

חסוית׳ חָסוּי confidential
מוּסתָר, סוֹדִי:
*הָאִינפוֹרמַציָה **חֲסוּיָה**, אָסוּר לִי לִמסוֹר דָבָר.*
חֲסוּיָה, חֲסוּיִים, חֲסוּיוֹת

חסוםת׳ חָסוּם blocked (adj.)
סָגוּר, אִי אֶפשָר לַעֲבוֹר דַרכּוֹ:
*הַדֶרֶך **חֲסוּמָה** בְּקִיר.*
חֲסוּמָה, חֲסוּמִים, חֲסוּמוֹת

חסוןת׳ חָסוֹן sturdy
חָזָק וּבָרִיא:
*יֵש לוֹ גוּף **חָסוֹן** וְיָפֶה.*
חֲסוֹנָה, חֲסוֹנִים, חֲסוֹנוֹת

חסותנ׳ חָסוּת protection
1. מָקוֹם בָּטוּחַ:
*הוּא בָּרַח וּמָצָא **חָסוּת** אֵצֶל חָבֵר.*
2. אַפּוֹטרוֹפּסוּת: guardianship
*הַיֶלֶד נִמצָא **בְּחָסוּת** הַהוֹרִים.*
אֶרֶץ/מְדִינַת חָסוּת protectorate

חסידת׳ר׳ז׳ חָסִיד [חֲסִידִים] pious, saintly
1. מִתנַהֵג בְּיוֹשֶר, בְּטוּב לֵב וְכוּ׳:
*הוּא הָאָדָם הַיָשָר וְהַטוֹב בְּיוֹתֵר שֶפָּגַשתִי - מַמָש **חָסִיד**.*
2. מַאֲמִין מְאוֹד בְּאִידֵאָה כֹּלשֶהִי: devotee, believer
*אֲנִי **חָסִיד** שֶל שִיטוֹת רְפוּאָה לֹא קוֹנוֶונציוֹנָלִיוֹת.*
3. שַיָיך לִקבוּצָה מְיוּחֶדֶת שֶל מַאֲמִינִים יְהוּדִיִים: Hassid
*כּמוֹ כֹּל **הַחֲסִידִים** הוּא לוֹבֵש בּגָדִים מְיוּחָדִים.*
חֲסִידָה, חֲסִידוֹת

חסידהנ׳ חֲסִידָה [חֲסִידוֹת] stork
צִיפּוֹר גדוֹלָה, שֶעוֹבֶרֶת בַּחוֹרֶף לַאֲרָצוֹת חַמוֹת:
***הַחֲסִידוֹת** עוֹבְרוֹת מֵעָלֵינוּ בַּדֶרֶך מֵאֵירוֹפָּה לְאַפרִיקָה.*
הִיא מְחַכָּה לַחֲסִידָהב׳ pregnant

חסידותנ׳ חֲסִידוּת charity, kindness
1. עֲשִׂיָיה שֶל מַעֲשִׂים טוֹבִים:
***הַחֲסִידוּת** שֶלָה מְפוּרסֶמֶת - הִיא עוֹזֶרֶת לַקשִישִים, מְבַשֶלֶת לְחוֹלִים וְכוּ׳.*
2. קבוּצָה מְיוּחֶדֶת שֶל יְהוּדִים דָתִיִים: Hassidism
***הַחֲסִידוּת** מְלַמֶדֶת, שֶצָרִיך לְהִתפַּלֵל בְּשִׂמחָה.*

חסידית׳ חֲסִידִי Hassidic, pious
שַיָיך לִקבוּצָה מְסוּיֶמֶת בָּאוֹרתוֹדוֹכּסִיָה הַיְהוּדִית:
*יֵש רַבָּנִים **חֲסִידִיִים**, וְיֵש גַם רַבָּנִים אֲחֵרִים.*
חֲסִידִית, חֲסִידִיִים, חֲסִידִיוֹת

חסימהנ׳ חֲסִימָה [חֲסִימוֹת] blocking
סתִימָה, סגִירָה:
*יֵש **חֲסִימָה** בַּצִינוֹר, לָכֵן הַמַיִם לֹא מַגִיעִים.*

חסיןת׳ חָסִין immune, -proof
לֹא נִפגָע, לֹא מִתקַלקֵל (בְּאֵש וְכוּ׳):
*הוּא שוֹחֶה בַּיָם בַּחוֹרֶף, לָכֵן הוּא **חָסִין** מִפּנֵי מַחֲלוֹת.*

*הַסִּיר הוּא **חָסִין** אֵשׁ, אֶפְשָׁר לְבַשֵּׁל בּוֹ.*
חֲסִינָה, חֲסִינִים, חֲסִינוֹת

חסינותנ׳ חֲסִינוּת — immunity
1. הַיְכוֹלֶת לְהִתְנַגֵּד:
*לַגּוּף שֶׁלּוֹ יֵשׁ **חֲסִינוּת** מִפְּנֵי מַחֲלוֹת.*
2. כְּשֶׁאִי אֶפְשָׁר לְהַעֲמִיד מִישֶׁהוּ חָשׁוּב לְמִשְׁפָּט: — (diplomatic) immunity
*לְחַבְרֵי הַכְּנֶסֶת יֵשׁ **חֲסִינוּת** פַּרְלָמֶנְטָרִית.*

חסךפ׳ חָסַךְ — saved (money)
לֹא הוֹצִיא אוֹתוֹ:
*הוּא **חָסַךְ** 200 שְׁקָלִים וְשָׂם אוֹתָם **בְּבַנְק דִּיסְקוֹנְט!***
לַחְסוֹךְ אֶת- / ח.ס.ך, פָּעַל / חָסַכְתִּי, חוֹסֵךְ, יַחְסוֹךְ, חֲסוֹךְ!

חסךז׳ חֶסֶךְ [חֲסָכִים] — deficiency, lack
חוֹסֶר, מַשֶּׁהוּ שֶׁחָסֵר:
*לַיֶּלֶד הַזֶּה יֵשׁ **חֶסֶךְ** בְּאַהֲבָה.*

חסכונית׳ חֶסְכוֹנִי — economical
מְצוּמְצָם בְּהוֹצָאָה שֶׁל כֶּסֶף, בְּמָקוֹם וְכוּ׳:
*הַמְּכוֹנִית הַזֹּאת **חֶסְכוֹנִית** בְּדֶלֶק.*
חֶסְכוֹנִית, חֶסְכוֹנִיִּים, חֶסְכוֹנִיּוֹת

חסכןז׳ חַסְכָן [חַסְכָנִים] — thrifty, frugal
מִי שֶׁלֹּא מְבַזְבֵּז (כֶּסֶף וְכוּ׳):
*הוּא **חַסְכָן** - הוּא קוֹנֶה רַק מַה שֶּׁצָּרִיךְ.*
חַסְכָנִית, חַסְכָנִיּוֹת

חסםפ׳ חָסַם — blocked
סָגַר, לֹא נָתַן לַעֲבוֹר:
*הֵם **חָסְמוּ** אֶת הַדֶּרֶךְ בְּקִיר.*
לַחְסוֹם אֶת- / ח.ס.ם, פָּעַל / חָסַמְתִּי, חוֹסֵם, יַחְסוֹם

חסרת׳ חָסֵר — lacking
1. שֶׁאֵין לוֹ מַה שֶּׁצָּרִיךְ:
***חָסֵר** מֶלַח בַּמָּרָק.*
2. שֶׁאֵינוֹ נִמְצָא: — absent
*הַרְבֵּה תַּלְמִידִים **חֲסֵרִים** הַיּוֹם בַּכִּתָּה.*
חֲסַר־אוֹנִים - בְּלִי כּוֹחַ
חֲסַר־טַעַם - בְּלִי טַעַם - לֹא מָתוֹק, לֹא מָלוּחַ וְכוּ׳
חָסֵר לוֹ בּוֹרֶגב׳ - (לָשׁוֹן דִּיבּוּר) - לֹא כֹּל כָּךְ נוֹרְמָלִי
חֲסֵרָה, חֲסֵרִים, חֲסֵרוֹת

חףת׳ חַף — innocent (of a crime)
לֹא אָשֵׁם, נָקִי מֵאַשְׁמָה:
*הוּא לֹא הָרַג אֶת הָאִישׁ, הוּא **חַף** מִפֶּשַׁע.*
חַפָּה, חַפִּים, חַפּוֹת

חפוזת׳ חָפוּז — hurried (adj.), hasty
נַעֲשֶׂה מַהֵר מִדַּיי:
*הוּא מְקַבֵּל הַחְלָטוֹת **חֲפוּזוֹת**.*
חֲפוּזָה, חֲפוּזִים, חֲפוּזוֹת

חפיפהנ׳ חֲפִיפָה [חֲפִיפוֹת] — congruence
1. שִׁיוּוּיוֹן גָּמוּר (בַּגֵּיאוֹמֶטְרִיָּה):
*אֵין **חֲפִיפָה** בֵּין מְשׁוּלָּשׁ לְבֵין רִיבּוּעַ.*
2. בְּאוֹתוֹ זְמַן: — overlapping
*הַמְּנַהֵל הַיּוֹצֵא וְהַמְּנַהֵל הֶחָדָשׁ עָבְדוּ חוֹדֶשׁ **בַּחֲפִיפָה**.*
3. רְחִיצָה שֶׁל הַשֵּׂיעָר: — shampooing
*הָלַכְתִּי לַמִּסְפָּרָה **לַחֲפִיפַת** הַשֵּׂיעָר.*

חפירהנ׳ חֲפִירָה [חֲפִירוֹת] — digging
1. הוֹצָאָה שֶׁל אֲדָמָה כְּדֵי לַעֲשׂוֹת בּוֹר וְכוּ׳:
*עָבַדְתִּי **בַּחֲפִירוֹת** אַרְכֵיאוֹלוֹגִיּוֹת. / עָבַדְתִּי **בַּחֲפִירַת** תְּעָלָה לְמֵי הַגְּשָׁמִים.*
2. מָקוֹם שֶׁהוֹצִיאוּ מִמֶּנּוּ אֲדָמָה - בּוֹר, תְּעָלָה: — ditch
*הַ**חֲפִירָה** הַזֹּאת עֲמוּקָה וּמְסוּכֶּנֶת.*

חפןפ׳ חָפַן — clutched
לָקַח וּמִילֵּא אֶת כַּף הַיָּד:
*הוּא **חָפַן** אֶת פָּנֶיהָ בְּיָדָיו.*
לַחְפּוֹן אֶת- / ח.פ.ן, פָּעַל / חָפַנְתִּי, חוֹפֵן, יַחְפּוֹן, חֲפוֹן!

חפףפ׳ חָפַף — was congruent
1. הָיָה שָׁוֶה, כִּיסָּה בְּדִיּוּק (בַּגֵּיאוֹמֶטְרִיָּה):
*שְׁנֵי הַמְּשׁוּלָּשִׁים **חוֹפְפִים**.*
2. רָחַץ (בְּעִיקָּר אֶת הָרֹאשׁ): — shampooed
***חָפְפוּ** לִי אֶת הָרֹאשׁ בַּמִּסְפָּרָה.*
לַחְפוֹף אֶת- / ח.פ.ף, פָּעַל / חָפַפְתִּי, חוֹפֵף, יַחְפוֹף, חֲפוֹף!

חפץפ׳ חָפַץ (חָפֵץ) — desired
(לָשׁוֹן גְּבוֹהָה) רָצָה:
***חָפַצְתִּי** לְבַקֵּשׁ מִמְּךָ טוֹבָה.*
לַחְפּוֹץ / ח.פ.ץ, פָּעַל / חָפַצְתִּי, חָפֵץ, יַחְפּוֹץ

חפץז׳ חֵפֶץ [חֲפָצִים] — object, thing
1. דָּבָר:
*הַ**חֵפֶץ** הַזֶּה הוּא כְּלִי לְבִישׁוּל.*
2. (לָשׁוֹן גְּבוֹהָה) רָצוֹן: — wish
כֹּל חֶפְצִי הוּא שֶׁיִּהְיֶה שָׁלוֹם.
חֶפְצֵי־עֵרֶךְ — valuables
מְחוֹז־חֶפְצִי — destination
בְּחֵפֶץ־לֵבת״פ — willingly

חפרפ׳ חָפַר — dug
הוֹצִיא אֲדָמָה, עָשָׂה בּוֹר בָּאֲדָמָה:

*הָאַרְכֵיאוֹלוֹג **חָפַר** בַּתֵּל וּמָצָא כֵּלִים עַתִּיקִים.*
לַחְפּוֹר / ח.פ.ר, פָּעַל / חוֹפֵר, אֶחְפּוֹר, יַחְפּוֹר, חֲפוֹר!

חץ ז, חֵץ [חִיצִים] — arrow
1. מַקֵּל דַּק שֶׁיּוֹרִים מִכְּלִי נֶשֶׁק (קֶשֶׁת):
*הָאִינְדְיָאנִים **יָרוּ** חִיצִים.*
2. סִימָן (←) הַמַּרְאֶה אֶת הַכִּיווּן:
***הַחֵץ** מַרְאֶה לְאָן לִנְסוֹעַ.*

חצאית נ, חֲצָאִית [חֲצָאִיּוֹת] — skirt
בֶּגֶד שֶׁל נָשִׁים, הַחֵלֶק הַתַּחְתּוֹן שֶׁל שִׂמְלָה:
*חַיָּילוֹת יְכוֹלוֹת לִלְבּוֹשׁ **חֲצָאִית** אוֹ מִכְנָסַיִים.*

חצב פ, חָצַב — chiseled
הוֹצִיא אֲבָנִים אוֹ חוֹל מֵהָהָר אוֹ מִסֶּלַע:
***חָצַבְתִּי** אֲבָנִים לִבְנוֹת לִי בַּיִת.*
לַחְצוֹב / ח.צ.ב, פָּעַל / חָצַבְתִּי, חוֹצֵב, יַחְצוֹב, חֲצוֹב!

חצב ז, חָצָב [חֲצָבִים] — squill
צֶמַח שֶׁגָּדֵל לְיַד הַיָּם, יֵשׁ לוֹ פְּרָחִים לְבָנִים:
***הֶחָצָב** פּוֹרֵחַ בְּסוֹף הַקַּיִץ, וְהוּא מְסַמֵּן שֶׁהַסְּתָיו קָרוֹב.*

חצבת נ, חַצֶּבֶת — measles
מַחֲלַת יְלָדִים, הַגּוּף מְכוּסֶּה בִּפְצָעִים אֲדוּמִים:
*כֹּל יַלְדֵי הַכִּיתָּה חָלוּ **בְּחַצֶּבֶת**.*

חצה פ, חָצָה — halved
1. חִילֵּק לִשְׁנֵי חֲלָקִים שָׁוִוים:
*הוּא **חָצָה** אֶת הַתַּפּוּחַ לִשְׁנַיִים.*
2. עָבַר אֶת הַכְּבִישׁ (אוֹ הַיָּם וְכוּ') מִצַּד לְצַד: — crossed
*אָסוּר **לַחֲצוֹת** אֶת הַכְּבִישׁ בָּאוֹר אָדוֹם.*
לַחֲצוֹת אֶת- / ח.צ.ה, פָּעַל / חָצִיתִי, חוֹצֶה, יֶחֱצֶה, חֲצֵה!

חצוי ת, חָצוּי — divided/halved (adj.)
1. שֶׁחִילְּקוּ אוֹתוֹ לִשְׁנֵי חֲלָקִים:
*הַשָּׂדֶה **חָצוּי** לִשְׁנַיִים: חֵלֶק אֶחָד שֶׁלִּי וְחֵלֶק אֶחָד שֶׁל אָחִי.*
2. לֹא יוֹדֵעַ לְהַחְלִיט בֵּין שְׁנֵי דְּבָרִים: — undecided (adj.)
*אֲנִי **חָצוּי** בֵּין הָרָצוֹן לָלֶכֶת לִישׁוֹן לְבֵין הַצּוֹרֶךְ לִגְמוֹר אֶת הָעֲבוֹדָה.*
חֲצוּיָה, חֲצוּיִים, חֲצוּיוֹת

חצוף ת, חָצוּף — insolent
נוֹהֵג בְּגַסּוּת וּבְחוֹסֶר נִימוּס:
*"מִי שׁוֹאֵל אוֹתְךָ?" - זֶהוּ דִּיבּוּר **חָצוּף**.*
חֲצוּפָה, חֲצוּפִים, חֲצוּפוֹת

חצוצרה נ, חֲצוֹצְרָה [חֲצוֹצְרוֹת] — trumpet
1. כְּלִי נְגִינָה בַּפֶּה, יֵשׁ לוֹ קוֹל חָזָק מְאוֹד:
*בְּקוֹנְצֶרְט שֶׁל מוּסִיקַת ג'ז נִיגְּנוּ **בַּחֲצוֹצְרָה**.*
2. חֵלֶק בְּאֵיבַר הַמִּין שֶׁל הָאִשָּׁה, עוֹבֶרֶת בּוֹ הַבֵּיצִית: — fallopian tube
*הִיא לֹא יְכוֹלָה לָלֶדֶת, כִּי **הַחֲצוֹצְרוֹת** שֶׁלָּהּ סְתוּמוֹת.*

חצות נ, חֲצוֹת — midnight
הַשָּׁעָה 12:00 אֶמְצַע (הַלַּיְלָה/הַיּוֹם):
*הַמְּסִיבָּה נִגְמְרָה **בַּחֲצוֹת** הַלַּיְלָה.*

חצי ז, חֲצִי/חֵצִי [חֲצָאִים] — half
1/2, חֵלֶק אֶחָד מִמַּשֶּׁהוּ שֶׁחִילְּקוּ לִשְׁנַיִים:
*עָלִיתִי לְיִשְׂרָאֵל לִפְנֵי שָׁנָה **וָחֵצִי**.*
חֲצִי־שָׁעָה — half an hour
חֲצִי־אִי — peninsula
חֲצִי־גְּמָר — semi-final
בַּחֲצִי־פֶּה ת"פ — reluctantly

חציה נ, חֲצִיָּה [חֲצִיּוֹת] — dividing into two
1. חֲלוּקָה לִשְׁנֵי חֲלָקִים:
***לַחֲצִיָּיה** שֶׁל תַּפּוּחַ צָרִיךְ סַכִּין.*
2. מַעֲבָר מִצַּד אֶל צַד: — crossing
*צָרִיךְ לְהִסְתַּכֵּל יָמִינָה וּשְׂמֹאלָה בִּזְמַן **חֲצִיָּיה** שֶׁל כְּבִישׁ.*
מַעֲבַר חֲצִיָּיה - מָקוֹם מְסוּמָּן בַּכְּבִישׁ לְמַעֲבָר מִצַּד לְצַד — pedestrian crossing

חציל ז, חָצִיל [חֲצִילִים] — eggplant
יָרָק, גָּדֵל בַּשָּׂדֶה יֵשׁ לוֹ צֶבַע סָגוֹל כֵּהֶה:
*אֲנִי אוֹהֵב סָלָט **חֲצִילִים**.*

חציצה נ, חֲצִיצָה [חֲצִיצוֹת] — partition
מַשֶּׁהוּ (קִיר דַּק וְכוּ') שֶׁמַּפְרִיד בֵּין שְׁנֵי חֲלָקִים:
*יֵשׁ **חֲצִיצָה** בֵּין גְּבָרִים לְנָשִׁים בְּבֵית־הַכְּנֶסֶת.*

חצץ פ, חָצַץ — separated, partitioned
שָׂם מַשֶּׁהוּ לְהַפְרִיד בֵּין שְׁנֵי דְּבָרִים:
*הַקִּיר הַזֶּה **חָצַץ** בֵּין הַחֶדֶר שֶׁלָּנוּ לַחֶדֶר שֶׁלּוֹ.*
לַחְצוֹץ בֵּין / ח.צ.ץ, פָּעַל / חָצַצְתִּי, חוֹצֵץ, יַחְצוֹץ, חֲצוֹץ!

חצץ ז, חָצָץ — gravel
אֲבָנִים קְטַנּוֹת:
*פִּיזַּרְנוּ **חָצָץ** בַּגִּינָה, עָלָיו מוּתָּר לִדְרוֹךְ.*

חצר נ, חָצֵר [חֲצֵרוֹת] — yard
הַשֶּׁטַח מִסָּבִיב לַבַּיִת אוֹ עַל יָדוֹ:
*הַיְלָדִים יָצְאוּ מִן הַבַּיִת וְשִׂיחֲקוּ **בֶּחָצֵר** הַגְּדוֹלָה.*

חקי ז, חָקִי/חָאקִי — khaki
צֶבַע יָרוֹק־צָהוֹב אוֹ חוּם־צָהוֹב, הַצֶּבַע שֶׁל הַצָּבָא:
*הַחַיָּילִים לָבְשׁוּ מַדִּים **בְּצֶבַע חָקִי**.*

חקייןז' חַקְיָן [חַקְיָנִים] imitator, mimic
מִי שֶׁמְּחַקֶּה (עוֹשֶׂה כְּמוֹ) מִישֶׁהוּ אַחֵר:
*הוּא לֹא צַיָּר טוֹב, הוּא **חַקְיָן**. / לֹא הַנָּשִׂיא דִּיבֵּר עַכְשָׁיו, אֶלָּא **חַקְיָן** שֶׁדִּיבֵּר כְּמוֹ הַנָּשִׂיא.*
חַקְיָנִית, חַקְיָנִיּוֹת

חקיקהנ' חֲקִיקָה [חֲקִיקוֹת] legislation
1. קְבִיעָה שֶׁל חוּקִים:
*תַּפְקִיד הַכְּנֶסֶת הוּא **חֲקִיקָה**.*
2. כְּתִיבָה אוֹ צִיּוּר בְּאֶבֶן: carving, engraving
*לִפְנֵי אַלְפֵי שָׁנִים הָיְיתָה **הַחֲקִיקָה** כְּמוֹ הַכְּתִיבָה שֶׁל יָמֵינוּ.*

חקירהנ' חֲקִירָה [חֲקִירוֹת] investigation, inquest
בְּדִיקָה לִמְצִיאַת אִינְפוֹרְמַצְיָה, בְּדִיקָה עַל יְדֵי שְׁאֵלוֹת:
*הָאָסִיר הוּבָא **לַחֲקִירָה** בַּמִּשְׁטָרָה.*
חֲקִירַת שְׁתִי וָעֶרֶבב' cross-examination
*חָקְרוּ אוֹתִי חֲקִירַת **שְׁתִי וָעֶרֶב**.*

חקלאותנ' חַקְלָאוּת agriculture
עֲבוֹדַת הָאֲדָמָה:
*קִיבּוּצִים רַבִּים עוֹסְקִים **בְּחַקְלָאוּת**.*

חקלאית' חַקְלָאִי [חַקְלָאִים] agricultural
שַׁיָּיךְ לַעֲבוֹדַת הָאֲדָמָה:
*חַבְרֵי הַקִּיבּוּץ עוֹבְדִים בַּעֲבוֹדָה **חַקְלָאִית**.*
חַקְלָאִית, חַקְלָאִים, חַקְלָאִיּוֹת

חקלאיז' חַקְלַאי [חַקְלָאִים] farmer
אִיכָּר, עוֹבֵד אֲדָמָה:
*הֶ**חַקְלַאי** עוֹבֵד בַּשָּׂדֶה וּבַגַּן.*

חקקפ' חָקַק carved, engraved
1. כָּתַב בְּתוֹךְ אֶבֶן (גֵּירֵד בָּאֶבֶן):
*הוּא **חָקַק** אֶת שְׁמוֹ בַּסֶּלַע.*
2. קָבַע חוֹק: legislated
*הַכְּנֶסֶת **חָקְקָה** חוּקִים חֲדָשִׁים.*
לַחְקוֹק אֶת־ / ח.ק.ק, פָּעַל / חָקַקְתִּי, חוֹקֵק, יַחְקוֹק, חֲקוֹק!

חקרפ' חָקַר researched, investigated
בָּדַק, שָׁאַל שְׁאֵלוֹת, רָצָה לְגַלּוֹת מַה שֶּׁלֹּא יָדוּעַ:
*הַשּׁוֹפֵט **חָקַר** אֶת הָעֵדִים בַּמִּשְׁפָּט.*
*הוּא **חָקַר** אֶת מַחֲלַת הַסַּרְטָן.*
לַחְקוֹר אֶת- / ח.ק.ר, פָּעַל / חָקַרְתִּי, חוֹקֵר, יַחְקוֹר, חֲקוֹר!

חקרז' חֵקֶר researching, survey, inquiry
בְּדִיקָה, חֲקִירָה:
*הוּא עוֹסֵק **בְּחֵקֶר** הַהִיסְטוֹרְיָה הַיְּהוּדִית.*

חרבפ' חָרַב was destroyed
1. נֶהֱרַס:
*נָפְלָה פְּצָצָה, וְהַבַּיִת **חָרַב**.*
2. נַעֲשָׂה יָבֵשׁ: dried up
*לֹא יָרַד גֶּשֶׁם, וְהַנָּהָר **חָרַב**.*
/ ח.ר.ב, פָּעַל / חָרְבוּ, חָרֵב, יֶחֱרַב

חרבנ' חֶרֶב [חֲרָבוֹת] sword
כְּלִי נֶשֶׁק, כְּמוֹ סַכִּין אֲרוּכָּה מְאוֹד:
***הַחֶרֶב** הִיא הַנֶּשֶׁק שֶׁל הַזְּמַן הָעַתִּיק.*
צִיחצוּחַ חֲרָבוֹת sabre rattling

חרגפ' חָרַג deviated, digressed
יָצָא הַחוּצָה:
*הוּא **חָרַג** מִן הַמִּסְגֶּרֶת. הַמְּנַהֵל **חָרַג** מִסַּמְכוּתוֹ.*
לַחֲרוֹג מִ- / ח.ר.ג, פָּעַל / חָרַגְתִּי, חוֹרֵג, יַחְרוֹג, חֲרוֹג!

חרגולז' חַרְגּוֹל [חַרְגּוֹלִים] grasshopper
בַּעַל חַיִּים קָטָן שֶׁעָף, יֵשׁ לוֹ רַגְלַיִים אֲרוּכּוֹת:
*אֵין מַה לְּפַחֵד - זֶה סְתָם **חַרְגּוֹל**!*

חרדפ' חָרַד was afraid/anxious
1. פָּחַד, נִבְהַל:
*הוּא **חָרַד** מִמִּלְחָמָה.*
2. דָּאַג לְמִישֶׁהוּ: worried
***חָרַדְתִּי** לִבְרִיאוּת הַיֶּלֶד.*
לַחֲרוֹד לְ-, מִ- / ח.ר.ד, פָּעַל / חָרַדְתִּי, חָרֵד, יֶחֱרַד

חרדתו"ז חָרֵד [חֲרֵדִים] fearful, afraid
1. מְפַחֵד:
*מִי **שֶׁחָרֵד** מִן הַמַּיִם לֹא יִלְמַד לִשְׂחוֹת.*
2. דָּתִי מְאוֹד, אוֹרְתוֹדוֹכְּסִי: very orthodox Jew
***הַחֲרֵדִים** חַיִּים בִּשְׁכוּנוֹת נִפְרָדוֹת.*
חֲרֵדָה-חֲרֵדִית, חֲרֵדוֹת-חֲרֵדִיּוֹת

חרדהנ' חֲרָדָה [חֲרָדוֹת] fear
1. פַּחַד גָּדוֹל:
***הַחֲרָדָה** מִפְּנֵי הַמִּלְחָמָה גְּדוֹלָה מְאוֹד.*
2. דְּאָגָה גְּדוֹלָה: worry, anxiety
*בִּגְלַל **הַחֲרָדָה** לַיְּלָדִים אֲנִי לֹא יָשֵׁן.*
חֶרְדַּת קוֹדֶשׁ reverence

חרדית' חֲרֵדִי orthodox
דָּתִי מְאוֹד:
*הַיְּהוּדִים **הַחֲרֵדִים** אֵינָם הוֹלְכִים לְקוֹלְנוֹעַ וְאֵין לָהֶם טֶלֶוִויזְיָה.*
חֲרֵדִית, חֲרֵדִים-חֲרֵדִיִּים, חֲרֵדִיּוֹת

חרדלז' חַרְדָּל — mustard
צֶמַח שֶׁעוֹשִׂים מִמֶּנּוּ תַּבְלִין חָרִיף, צִבְעוֹ צָהוֹב:
*אֲנִי אוֹהֵב לֶאֱכוֹל נַקְנִיקִיָּיה וְ**חַרְדָּל** בְּתוֹךְ לַחְמָנִיָּיה.*

חרהפ' חָרָה — was angry/upset
כָּעַס.
חָרָה לוֹ - הִרְגִּיז אוֹתוֹ:
***חָרָה** לִי מְאוֹד שֶׁהַמְסִיבָּה לֹא הִתְקַיְּימָה.*
/ ח.ר.ה, פָּעַל / חוֹרֶה, יֶחֱרֶה

חרה (/חרא)ז' חָרָה (/חָרָא) — shit (vulgar)
(מִן הָעַרְבִית) צוֹאָה, מַה שֶׁיּוֹצֵא מִן הַגּוּף. (לָשׁוֹן וּולְגָּרִית) לֹא שָׁוֶוה כְּלוּם, רַע מְאוֹד:
*אֵיךְ הָיְיתָה הַבְּחִינָה? אַל תִּשְׁאַל - **חָרָה**!!*

חרובז' חָרוּב [חֲרוּבִים] — carob (tree)
עֵץ בַּעַל עֲנָפִים רְחָבִים, הַפְּרִי שֶׁלּוֹ מָתוֹק, כֵּהֶה וְקָשֶׁה. בְּהֵמוֹת אוֹכְלוֹת אוֹתוֹ:
*הַיּוֹם רַק פָּרוֹת אוֹכְלוֹת **חֲרוּבִים**, בֶּעָבָר אָכְלוּ אוֹתָם גַּם אֲנָשִׁים.*

חרוזז' חָרוּז [חֲרוּזִים] — bead
1. כַּדּוּר קָטָן, שֶׁיֵּשׁ לוֹ חוֹר כְּדֵי לְהַעֲבִיר חוּט:
***חֲרוּזִים** עַל הַצַּוָּואר הֵם קִישּׁוּט יָפֶה.*
2. בְּעִיקָּר בְּשִׁירָה - מִילִּים שֶׁהַסּוֹף שֶׁלָּהֶן דּוֹמֶה אוֹ שָׁוֶוה: — rhyme
*בְּשִׁיר הַיְּלָדִים הַזֶּה יֵשׁ **חֲרוּזִים** - "אוֹי חֲבָל חֲבָל חֲבָל חֲבָל עַל תַּפּוּחַ שֶׁנָּפַל..."*

חרוטת' חָרוּט — engraved/ carved (adj.)
כָּתוּב עַל יְדֵי גֵּירוּד בְּחוֹמֶר:
*הַשֵּׁם שֶׁלִּי **חָרוּט** עַל הָאֶבֶן.*
חֲרוּטָה, חֲרוּטִים, חֲרוּטוֹת

חרוטז' חָרוּט [חֲרוּטִים] — cone
קוֹנוּס, גּוּף גֵּיאוֹמֶטְרִי - עָגוֹל לְמַטָּה וְחַד לְמַעְלָה:
*לַמִּגְדָּל יֵשׁ צוּרָה שֶׁל **חָרוּט**.*

חרוסתנ' חֲרֹסֶת — mixture of fruits, herbs and wine eaten on Passover night.
מַאֲכָל סִימְבּוֹלִי לְסֵדֶר פֶּסַח, עָשׂוּי מִפֵּירוֹת וְיַיִן, דּוֹמֶה לְחוֹמֶר שֶׁעוֹשִׂים מִמֶּנּוּ לְבֵנִים:
*אֲנִי אוֹהֵב **חֲרוֹסֶת** עַל מַצָּה.*

חרוץת' חָרוּץ — industrious
מִתְאַמֵּץ, מוּכָן לַעֲבוֹד, עוֹבֵד בִּיעִילוּת:
*הַטֶּכְנַאי **הֶחָרוּץ** קִיבֵּל אֶת פְּרַס הָעוֹבֵד הַמִּצְטַיֵּין.*
חֲרוּצָה, חֲרוּצִים, חֲרוּצוֹת

חרושתנ' חֲרֹשֶׁת — industry
תַּעֲשִׂיָּיה:
*מִי שֶׁעוֹבֵד בַּ**חֲרוֹשֶׁת** עוֹבֵד בְּמְכוֹנוֹת וְלֹא בַּיָּדַיִם.*
בֵּית חֲרוֹשֶׁת — factory

חרותת' חָרוּת — engraved/ carved/ etched/(adj.)
כָּתוּב אוֹ מְצוּיָּר בְּתוֹךְ (עֵץ, אֶבֶן וְכוּ'):
*הַכְּתוֹבֶת **חֲרוּתָה** עַל אֶבֶן.*
חֲרוּתָה, חֲרוּתִים, חֲרוּתוֹת

חרזפ' חָרַז — strung (beads)
1. הֶעֱבִיר חוּט דֶּרֶךְ כַּדּוּרִים קְטַנִּים:
***חָרַזְתִּי** אֶת הַפְּנִינִים לְשַׁרְשֶׁרֶת לַצַּוָּואר.*
2. כָּתַב בַּחֲרוּזִים (הַסּוֹף שֶׁל הַמִּילִּים דּוֹמֶה אוֹ שָׁוֶוה): — rhymed
*הוּא **חוֹרֵז** לֹא רַק בְּשִׁירָה, אֶלָּא גַּם כְּשֶׁהוּא מְדַבֵּר.*
לַחֲרוֹז, אֶת- / ח.ר.ז, פָּעַל / חָרַזְתִּי, חוֹרֵז, יַחֲרוֹז, חֲרוֹז!

חרטפ' חָרַט — engraved, etched
1. עָשָׂה קַוִּוים בְּמַשֶּׁהוּ חַד:
***חָרַטְתִּי** אֶת שְׁמִי עַל הַשּׁוּלְחָן.*
2. עָבַד בְּמַחְרֵטָה, נָתַן צוּרָה עַל-יְדֵי שִׁיפְשׁוּף מָהִיר: — chisled
*אֲנִי **חוֹרֵט** בּוֹרֶג, כְּדֵי שֶׁיַּתְאִים לַמְּכוֹנָה.*
לַחֲרוֹט אֶת- / ח.ר.ט, פָּעַל / חָרַטְתִּי, חוֹרֵט, יַחֲרוֹט, חֲרוֹט!

חרטהנ' חֲרָטָה [חֲרָטוֹת] — regret, remorse
כְּשֶׁמִּצְטַעֲרִים עַל מַה שֶּׁאָמְרוּ, עָשׂוּ:
*הִבַּעְתִּי **חֲרָטָה** עַל מַה שֶּׁעָשִׂיתִי.*

חרטוםז' חַרְטֹם [חַרְטוּמִים] — Egyptian scribe, magician
1. קוֹסֵם בְּמִצְרַיִם הָעַתִּיקָה:
*רָאִיתִי בַּמּוּזֵיאוֹן לוּחוֹת בִּכְתַב **הַחַרְטוּמִים**.* — hieroglyphics
2. (מֶטָאפוֹרָה) כְּתָב, שֶׁאִי אֶפְשָׁר לִקְרוֹא, שֶׁאִי אֶפְשָׁר לְהָבִין: — illegible handwriting
*אַתָּה כּוֹתֵב כְּתַב **חַרְטוּמִים** - מִי יָכוֹל לִקְרוֹא?*

חריגת'/ז' חָרִיג [חֲרִיגִים] — exception
1. לֹא כְּמוֹ כּוּלָּם, יוֹצֵא מִן הַכְּלָל:
*בְּכָל שָׂפָה יֵשׁ **חֲרִיגִים**.*
2. (בְּעִיקָּר יְלָדִים) מִי שֶׁיֵּשׁ לוֹ בְּעָיוֹת לִימּוּד אוֹ הִתְנַהֲגוּת: — exceptional, handicapped
*יֶלֶד **חָרִיג** צָרִיךְ עֶזְרָה.*
חֲרִיגָה, חֲרִיגוֹת

חריגהנ' חֲרִיגָה [חֲרִיגוֹת] — deviation
יְצִיאָה מִן הַמִּסְגֶּרֶת, מִן הַחוּקִּים וְכוּ':
***הַחֲרִיגָה** מִן הַתְּנָאִים שֶׁל הַהֶסְכֵּם אֲסוּרָה.*

חריזהנ׳ חֲרִיזָה [חֲרִיזוֹת] stringing

1. הַעֲבָרָה שֶׁל חוּט דֶּרֶךְ כַּדּוּרִים קְטַנִּים:

הִיא עוֹסֶקֶת בַּחֲרִיזָה שֶׁל כֹּל מִינֵי אֲבָנִים טוֹבוֹת.

2. כְּתִיבָה שֶׁל חֲרוּזִים (הַסּוֹף שֶׁל הַמִּילִים דּוֹמֶה אוֹ שָׁוֶוה): rhyming

בַּשִּׁירָה הַמּוֹדֶרְנִית אֵין חֲרִיזָה.

חריףת׳ חָרִיף hot (taste)

1. בַּעַל טַעַם כְּמוֹ שֶׁל פִּילְפֵּל:

הוּא אוֹהֵב אוֹכֶל מִזְרָחִי חָרִיף.

2. בַּעַל שֵׂכֶל חַד: sharp, witty

הוּא עוֹרֵךְ דִּין מַצְלִיחַ, יֵשׁ לוֹ שֵׂכֶל חָרִיף.

תְּשׁוּבָה חֲרִיפָה/בִּיקוֹרֶת חֲרִיפָה/אֶמְצָעִים חֲרִיפִים

חֲרִיפָה, חֲרִיפִים, חֲרִיפוֹת

חריץז׳ חָרִיץ [חֲרִיצִים] crack, slot

סֶדֶק (חֲתָךְ), פֶּתַח צַר, שְׂרִיטָה:

כְּדֵי לְטַלְפֵּן צָרִיךְ לָשִׂים אֶת הָאֲסִימוֹן בְּתוֹךְ הֶחָרִיץ.

חריצותנ׳ חָרִיצוּת diligence, industriousness

כְּשֶׁמִּתְאַמְּצִים וְעוֹבְדִים קָשֶׁה:

הֶחָרִיצוּת חֲשׁוּבָה בָּעֲבוֹדָה וּבְבֵית הַסֵּפֶר.

חריקהנ׳ חֲרִיקָה [חֲרִיקוֹת] squeak, screech

קוֹל לֹא נָעִים (כְּשֶׁמְּכוֹנִית נֶעֱצֶרֶת אוֹ כְּשֶׁמְּזִיזִים מַשֶּׁהוּ):

מוּכְרָחִים לָשִׂים שֶׁמֶן בַּדֶּלֶת כְּדֵי לְהַפְסִיק אֶת הַחֲרִיקָה.

(מֶטָאפוֹרָה) כְּשֶׁמַּשֶּׁהוּ לֹא בְּסֵדֶר: difficulty

בָּעֲבוֹדָה שֶׁל הַמֶּמְשָׁלָה יֵשׁ חֲרִיקוֹת.

חרישית׳ חֲרִישִׁי silent, soft

שָׁקֵט מְאוֹד:

נָשְׁבָה רוּחַ חֲרִישִׁית בַּבּוֹקֶר.

חֲרִישִׁית, חֲרִישִׁיִּים, חֲרִישִׁיּוֹת

חרךפ׳ חָרַךְ scorched

שָׂרַף מְעַט:

הָאֵשׁ חָרְכָה אֶת הָעִיתּוֹן.

לַחֲרוֹךְ אֶת- / ח.ר.ך, פָּעַל / חָרַכְתִּי, חוֹרֵךְ, יַחֲרוֹךְ, חֲרוֹךְ!

חרםז׳ חֵרֶם boycott

אִיסּוּר לִהְיוֹת בְּקֶשֶׁר עִם-:

הָאֲרָצוֹת הָעַרְבִיּוֹת הֵטִילוּ (שָׂמוּ) חֵרֶם עַל יִשְׂרָאֵל.

חֵרֶם כַּלְכָּלִי economic/trade -embargo

חרמןז׳ חַרְמָן [חַרְמָנִים] 'horny'

(לָשׁוֹן וּולְגָרִית) מִי שֶׁחוֹשֵׁב כֹּל הַיּוֹם עַל בַּחוּרוֹת וְעַל סֶקְס:

חַרְמָן כָּזֶה - אֵין בַּחוּרָה, שֶׁהוּא לֹא "הִתְחִיל" אִיתָּהּ.

חרסז׳ חֶרֶס [חֲרָסִים] clay, pottery

חוֹמֶר שֶׁעוֹשִׂים מִמֶּנּוּ כֵּלִים (אֲדָמָה + מַיִם, שׂוֹרְפִים בְּתַנּוּר):

בְּבֵית סָבָא בִּישְּׁלוּ בְּסִירִים מֵחֶרֶס.

חרסינהנ׳ חַרְסִינָה [חַרְסִינוֹת] porcelain, china

1. חוֹמֶר שֶׁעוֹשִׂים מִמֶּנּוּ כֵּלִים עֲדִינִים:

הֵם שָׁתוּ תֵּה מִסְפָלִים שֶׁל חַרְסִינָה סִינִית עַתִּיקָה.

2. מַרְצָפוֹת שֶׁמַּדְבִּיקִים עַל הַקִּיר: tile

קִירוֹת הָאַמְבַּטְיָה מְכוּסִים בְּחַרְסִינָה לְבָנָה.

חרפהנ׳ חֶרְפָּה [חֲרָפוֹת] disgrace

מַשֶּׁהוּ שֶׁצָּרִיךְ לְהִתְבַּיֵּישׁ בִּגְלָלוֹ:

זֹאת חֶרְפָּה לֹא לִדְאוֹג לַזְּקֵנִים.

סָבַל חֶרְפַּת רָעָב (לָשׁוֹן גְבוֹהָה) - לֹא הָיָה לוֹ מַה לֶּאֱכוֹל

חרץפ׳ חָרַץ cut, slit

1. חָתַךְ, שָׂרַט, עָשָׂה חָרִיץ:

הַיֶּלֶד חָרַץ בַּקִּיר בְּמַסְמֵר.

2. הֶחְלִיט, קָבַע (שׁוֹפֵט בְּמִשְׁפָּט): decided

הַשּׁוֹפֵט חָרַץ אֶת עוֹנְשׁוֹ שֶׁל הַגַּנָּב.

לַחֲרוֹץ בְּ-, אֶת- / ח.ר.ץ, פָּעַל / חָרַצְתִּי, חוֹרֵץ, יַחֲרוֹץ

חרצןז׳ חַרְצָן [חַרְצַנִּים] pit, pip

הַגַּרְעִין (חֵלֶק קָשֶׁה) שֶׁיֵּשׁ בְּתוֹךְ פְּרִי:

קָנִיתִי עֲנָבִים בְּלִי חַרְצַנִּים.

חרקפ׳ חָרַק squeaked

הִשְׁמִיעַ קוֹל שֶׁל שִׁיפְשׁוּף:

הַדֶּלֶת חָרְקָה, כְּשֶׁפָּתַחְנוּ אוֹתָהּ.

חָרַק שִׁינַּיִים (מֶטָאפוֹרָה) כָּעַס מְאוֹד: was very angry

כְּשֶׁשָּׁמַעְתִּי מַה הוּא עָשָׂה, חָרַקְתִּי שִׁינַּיִים וְשָׁתַקְתִּי.

לַחֲרוֹק / ח.ר.ק, פָּעַל / חָרַקְתִּי, חוֹרֵק, יַחֲרוֹק, חֲרוֹק!

חרקז׳ חֶרֶק [חֲרָקִים] insect

שֵׁם כְּלָלִי לְבַעֲלֵי חַיִּים קְטַנִּים, נִמְצָאִים כִּמְעַט בְּכֹל מָקוֹם:

בַּקַּיִץ יֵשׁ הַרְבֵּה חֲרָקִים בַּבַּיִת וּבַגִּינָּה.

חרשפ׳ חָרַשׁ plowed

1. הָפַךְ אֶת הָאֲדָמָה וְהֵכִין אוֹתָהּ לִזְרִיעָה:

פַּעַם חָרְשׁוּ אֶת הַשָּׂדוֹת בְּעֶזְרַת סוּס.

2. (מֶטָאפוֹרָה) חִיפֵּשׂ בְּכֹל מָקוֹם: searched everywhere

חָרַשְׁתִּי אֶת כֹּל הָעִיר כְּדֵי לִמְצוֹא דִּירָה.

3. (מֶטָאפוֹרָה) לָמַד הַרְבֵּה: 'crammed'

חָרַשְׁתִּי כֹּל הַשָּׁנָה וְעָבַרְתִּי אֶת הַבְּחִינוֹת.

4. תִּיכְנֵן (בְּעִיקָּר דָּבָר רַע): plotted against

הָאוֹיֵב חוֹרֵשׁ עָלֵינוּ רָעָה.

לַחֲרוֹשׁ אֶת- / ח.ר.ש, פָּעַל / חָרַשְׁתִּי, חוֹרֵשׁ, יַחֲרוֹשׁ

חרשת"פ חֶרֶשׁ — silently
בְּסוֹד, בְּלִי שֶׁשּׁוֹמְעִים אוֹ יוֹדְעִים:
*הַחַיָּילִים צָעֲדוּ **חֶרֶשׁ** בַּלַּיְלָה.*

חרתפ' חָרַת — carved, engraved
1. (כמו חָרַט) עָשָׂה קַוִּוים בְּמַשֶּׁהוּ חַד:
*הֵם **חָרְתוּ** אֶת שְׁמָם עַל הָעֵץ בַּגִּינָה.*
2. רָשַׁם בַּזִּיכָּרוֹן (מֶטָאפוֹרָה): — inscribed
חָרַתִּי עַל לוּחַ לִיבִּי אֶת הַהַבְטָחָה שֶׁלְּךָ.
לַחֲרוֹת / ח.ר.ת פָּעַל / חָרַתִּי, חוֹרֵת, יַחְרוֹת

חשפ' חָשׁ — sensed, felt
1. הִרְגִּישׁ:
*הוּא **חָשׁ** בְּרַע/ הוּא **חָשׁ** שֶׁמַּשֶּׁהוּ עוֹמֵד לִקְרוֹת.*
2. מִיהֵר: — hurried
*הֵם **חָשׁוּ** לַעֲזוֹר לַפָּצוּעַ.*
לָחוּשׁ, בְּ- / ח.ו.שׁ, פָּעַל / חַשְׁתִּי, חָשׁ, יָחוּשׁ, חוּשׁ!

חשאית' חֲשָׁאִי — secret (adj.)
סוֹדִי, לֹא גָּלוּי:
*הַבְּחִירוֹת לַכְּנֶסֶת הֵן **חֲשָׁאִיּוֹת**, אִישׁ לֹא יוֹדֵעַ לְמִי אַתָּה מַצְבִּיעַ.*
חֲשָׁאִית, חֲשָׁאִיִּים, חֲשָׁאִיּוֹת

חשבפ' חָשַׁב — thought
הֶעֱלָה בַּמּוֹחַ רַעְיוֹנוֹת:
*הַבָּחוּר **חָשַׁב** הַרְבֵּה, לִפְנֵי שֶׁעָנָה עַל הַשְּׁאֵלָה.*
לַחְשׁוֹב עַל- / ח.ש.ב, פָּעַל / חָשַׁבְתִּי, חוֹשֵׁב, יַחְשׁוֹב

חשבז' חַשָּׁב [חַשָּׁבִים] — accountant
מִי שֶׁהַמִּקְצוֹעַ שֶׁלּוֹ לְנַהֵל חֶשְׁבּוֹנוֹת:
*בְּמִשְׂרְדֵי הַמֶּמְשָׁלָה יֵשׁ **חַשָּׁבִים**.*

חשבוןז' חֶשְׁבּוֹן [חֶשְׁבּוֹנוֹת] — arithmetic
1. אֲרִיתְמֶטִיקָה:
*יְלָדִים לוֹמְדִים **חֶשְׁבּוֹן** בְּבֵית הַסֵּפֶר.*
2. סְכוּם הַכֶּסֶף, שֶׁהַקּוֹנֶה צָרִיךְ לְשַׁלֵּם: — bill
*הַמֶּלְצָר הִגִּישׁ אֶת הַ**חֶשְׁבּוֹן** בְּסוֹף הָאֲרוּחָה.*
3. נִיהוּל עִנְיְינֵי הַכֶּסֶף שֶׁל אָדָם בַּבַּנְק: — account
*יֵשׁ לִי **חֶשְׁבּוֹן** בְּבַנְק דִּיסְקוֹנְט.*
הֵבִיא בְּחֶשְׁבּוֹן — considered
חֶשְׁבּוֹן־נֶפֶשׁ — soul searching
חֶשְׁבּוֹן־עוֹבֵר וָשָׁב — current account
מְנַהֵל־חֶשְׁבּוֹנוֹת — bookkeeper

חשבונאותנ' חֶשְׁבּוֹנָאוּת — accounting
טִיפּוּל בְּחֶשְׁבּוֹנוֹת, הַנְהָלַת חֶשְׁבּוֹנוֹת:
*הוּא לוֹמֵד **חֶשְׁבּוֹנָאוּת** בָּאוּנִיבֶרְסִיטָה.*

חשבוניתנ' חֶשְׁבּוֹנִית [חֶשְׁבּוֹנִיּוֹת] — invoice, bill
קַבָּלָה עַל תַּשְׁלוּם:
*שִׁילַּמְתִּי אֶת הַחֶשְׁבּוֹן בַּחֲנוּת, וְקִיבַּלְתִּי **חֶשְׁבּוֹנִית**.*

חשדפ' חָשַׁד — suspected
חָשַׁב שֶׁמִּישֶׁהוּ עָשָׂה דָּבָר מָה רַע:
*בַּעַל הַמָּלוֹן **חָשַׁד** בַּצָּעִיר, שֶׁהוּא הַגַּנָּב.*
לַחְשׁוֹד בְּ- / ח.ש.ד, פָּעַל / חָשַׁדְתִּי, חוֹשֵׁד, יַחְשׁוֹד, חֲשׁוֹד!

חשדז' חֲשָׁד [חֲשָׁדוֹת] — suspicion
כְּשֶׁיֵּשׁ הַרְגָּשָׁה שֶׁנַּעֲשָׂה מַשֶּׁהוּ רַע:
*הָיָה **חֲשָׁד**, שֶׁהוּא גָּנַב כֶּסֶף מֵהַקּוּפָּה.*

חשדןז' חַשְׁדָן [חַשְׁדָנִים] — suspicious
חוֹשֵׁד בָּאֲחֵרִים, לֹא מַאֲמִין:
*הוּא כָּל־כָּךְ **חַשְׁדָן**, הַכּוֹל הוּא בּוֹדֵק וְשׁוֹאֵל.*
חַשְׁדָנִית, חַשְׁדָנִיּוֹת

חשדנותנ' חַשְׁדָנוּת — suspiciousness
כְּשֶׁחוֹשְׁדִים, לֹא מַאֲמִינִים:
*הַ**חַשְׁדָנוּת** מַצִּילָה אוֹתָנוּ לִפְעָמִים מִפְּנֵי רַמָּאִים.*

חשובת' חָשׁוּב — important
בַּעַל הַשְׁפָּעָה גְּדוֹלָה, רְצִינִי:
*מֶחְקָר **חָשׁוּב** עַל מַחֲלַת הַסַּרְטָן הִתְפַּרְסֵם לָאַחֲרוֹנָה.*
חֲשׁוּבָה, חֲשׁוּבִים, חֲשׁוּבוֹת

חשודת"ז חָשׁוּד — (a) suspect
חוֹשְׁבִים שֶׁהוּא אָשֵׁם בְּמַעֲשֶׂה רַע:
*הֵבִיאוּ אֶת הֶ**חָשׁוּד** בִּגְנֵיבָה לְבֵית הַמִּשְׁפָּט.*
חֵפֶץ חָשׁוּד
חֲשׁוּדָה, חֲשׁוּדִים, חֲשׁוּדוֹת

חשווןז' חֶשְׁוָן — Heshvan, (month, Oct.- Nov.)
שֵׁם חוֹדֶשׁ עִבְרִי, הַתְחָלַת הַחוֹרֶף - חוֹדֶשׁ אוֹקְטוֹבֶּר:
*בְּחוֹדֶשׁ **חֶשְׁוָן** מַתְחִילִים הַגְּשָׁמִים.*

חשוךת' חֲשׂוּךְ — lacking, deprived (of)
שֶׁאֵין לוֹ:
*דָּוִד וְרוּת **חֲשׂוּכֵי** יְלָדִים, לָכֵן רָצוּ לְאַמֵּץ יֶלֶד.*
חֲשׂוּךְ־מַרְפֵּא — incurable
חֲשׂוּךְ־בָּנִים — childless
חֲשׂוּכָה, חֲשׂוּכִים, חֲשׂוּכוֹת

חשוךת"ז חָשׁוּךְ — dark
1. שֶׁאֵין בּוֹ אוֹר:
***חָשׁוּךְ** פֹּה, תַּדְלִיק אֶת הָאוֹר.*
2. הַהֵיפֶךְ מִמִּתְקַדֵּם, מִתְנַגֵּד לָעוֹלָם הַמּוֹדֶרְנִי: — unenlightened

*יֵשׁ לוֹ רַעְיוֹנוֹת **חֲשׁוּכִים**. אֵיפֹה הוּא חַי, בִּימֵי הַבֵּינַיִים?*
חֲשׁוּכָה, חֲשׁוּכִים, חֲשׁוּכוֹת

חשוףת׳ חָשׂוּף — bare, uncovered (adj.)
1. גָלוּי:
*חַם לָהּ, לָכֵן הַיָדַיִים שֶׁלָה **חֲשׂוּפוֹת**.*
2. נָתוּן, פָּתוּחַ לְ-, אֶפשָר שֶׁיִהיֶה: — exposed (adj.)
*אֲנַחנוּ **חֲשׂוּפִים** לְבִיקוֹרֶת. / אֲנַחנוּ **חֲשׂוּפִים** לְסַכָּנוֹת.*
חֲשׂוּפָה, חֲשׂוּפִים, חֲשׂוּפוֹת

חשיבהנ׳ חֲשִׁיבָה — thinking
הַדֶרֶך שֶׁחוֹשְׁבִים:
***הַחֲשִׁיבָה** שֶׁלְךָ אֵינָה רַצְיוֹנָלִית.*

חשיבותנ׳ חֲשִׁיבוּת — importance
עֵרֶך גָבוֹהַ, עֲדִיפוּת:
*יֵשׁ **חֲשִׁיבוּת** גדוֹלָה לְבִיקוּר הַנָשִׂיא בְּצָרְפַת.*

חשיפהנ׳ חֲשִׂיפָה [חֲשִׂיפוֹת] — uncovering, exposure
גִילוּי:
*עָבַדנוּ בְּאַרכֵיאוֹלוֹגיָה **בַּחֲשִׂיפָה** שֶׁל הָעִיר הָעַתִיקָה.*
*הָעִיתוֹנַאי שׁוֹאֵף **לַחֲשִׂיפַת** הָאֱמֶת.*

חשישז׳ חֲשִׁישׁ — hashish, 'pot'
עֵשֶׂב שֶׁמְעַשְׁנִים אוֹתוֹ, אָסוּר לְפִי הַחוֹק:
*הַמִשְׁטָרָה תָפְסָה אוֹתָם מְעַשְׁנִים **חֲשִׁישׁ**.*

חשךפ׳ חָשַׂך — withheld
עָצַר, לֹא נָתַן:
*הוֹרַיי לֹא **חָשְׂכוּ** מִמֶנִי דָבָר - הַכֹּל נָתנוּ לִי.*
לַחשׂוֹך / ח.שׂ.ך, פָּעַל / חָשַׂכתִי, חוֹשֵׂך, יַחשׂוֹך, חֲשׂוֹך!

חשךפ׳ חָשַׁך — became dark
נַעֲשָׂה חוֹשֶׁך:
*הַשֶׁמֶשׁ שָׁקְעָה וְהַיוֹם **חָשַׁך**.*
חָשְׁכוּ עֵינָיו — was stunned (by what he saw)
/ ח.שׁ.ך, פָּעַל / חָשְׁכוּ, חֲשֵׁכִים, יֶחשַׁך

חשמלז׳ חַשׁמַל — electricity
צוּרָה שֶׁל אֶנֶרגִיָה הַמְסַפֶּקֶת אוֹר, חוֹם וְכוּ׳:
*בִּגלַל הַפסָקַת **הַחַשׁמַל** לֹא הִספַּקתִי לִגמוֹר אֶת הָעֲבוֹדָה.*

חשמלאיז׳ חַשׁמַלַאי [חַשׁמַלָאִים] — electrician
מִי שֶׁהַמִקצוֹעַ שֶׁלוֹ חַשׁמַל-מְתַקֵן כְּלֵי חַשׁמַל, חוּטֵי חַשׁמַל וְכוּ׳:
***הַחַשׁמַלַאי** הֶחלִיף אֶת כֹּל חוּטֵי הַחַשׁמַל בַּבַּיִת.*

חשמלית׳ חַשׁמַלִּי — electrical
עוֹבֵד עַל חַשׁמַל:
*הַקוּמקוּם **הַחַשׁמַלִּי** הִתקַלקֵל.*
מַכשִׁיר חַשׁמַלִּי / מְכוֹנָה חַשׁמַלִּית
חַשׁמַלִּית, חַשׁמַלִּיִים, חַשׁמַלִּיוֹת

חשףפ׳ חָשַׂף — uncovered, exposed
גִילָה:
*הָאַרכֵיאוֹלוֹגִים **חָשְׂפוּ אֶת** הַבַּיִת הָעַתִיק. / הָעִיתוֹנַאי **חָשַׂף אֶת** הָאֱמֶת.*
לַחשׂוֹף אֶת- / ח.שׂ.ף, פָּעַל / חָשַׂפתִי, חוֹשֵׂף, אֶחשׂוֹף

חשפנותנ׳ חַשׂפָנוּת — striptease
כְּשֶׁפּוֹשׁטִים בּגָדִים לִפנֵי אֲנָשִׁים:
*אֲנִי לֹא הוֹלֵך לְהַצָגוֹת **חַשׂפָנוּת**.*

חשפניתנ׳ חַשׂפָנִית [חַשׂפָנִיוֹת] — stripper
אִישָׁה שֶׁמִתפַּשֶׁטֶת לִפנֵי אֲנָשִׁים:
*הִיא לֹא רַקדָנִית, הִיא **חַשׂפָנִית**.*

חשקפ׳ חָשַׁק — desired
רָצָה מְאוֹד:
*הוּא **חוֹשֵׁק** בְּרוּת.*
לַחשׁוֹק בְּ- / ח.שׁ.ק, פָּעַל / חָשַׁקתִי, חוֹשֵׁק, אֶחשׁוֹק

חשקז׳ חֵשֶׁק — desire
רָצוֹן רַב:
*אֵין לִי **חֵשֶׁק** לָלֶכֶת לִמסִיבָּה.*

חששפ׳ חָשַׁשׁ — was concerned, feared
דָאַג, פָּחַד שֶׁיִקרֶה מַשֶׁהוּ רַע:
***חָשַׁשׁתִי**, שֶׁהוּא לֹא יָבוֹא. / **חָשַׁשׁתִי** לוֹ, כִּי הוּא עֲדַיִין יֶלֶד קָטָן.*

חששז׳ חֲשָׁשׁ [חֲשָׁשׁוֹת] — apprehension
פַּחַד, דְאָגָה:
*בַּחוֹם הַזֶה קַיָים **חֲשָׁשׁ** לִשׂרֵיפוֹת.*

חששןז׳ חַששָׁן [חַששָׁנִים] — hesitant
פַּחדָן:
***הַחַששָׁן** לֹא יָכוֹל לִהיוֹת מְנַהֵל.*
חַששָׁנִית, חַששָׁנִיוֹת

חששנותנ׳ חַששָׁנוּת — apprehensiveness, hesitation
אִי בִּיטָחוֹן, קוֹשִׁי לְהַחלִיט:
*בִּגלַל **הַחַששָׁנוּת** שֶׁלוֹ הוּא. לֹא רוֹצֶה לִהיוֹת מְנַהֵל*

חתוךת' חָתוּךְ — cut (adj.)
גָזוּר, מַשֶׁהוּ שֶׁחָתְכוּ אוֹתוֹ:
*אֲנִי אוֹכֵל יְרָקוֹת **חֲתוּכִים**.*
חֲתוּכָה, חֲתוּכִים, חֲתוּכוֹת

חתולז' חָתוּל [חֲתוּלִים] — cat
חַיַּית־בַּיִת:
*הַיֶּלֶד גִידֵל **חָתוּל** סִיאָמִי בְּבֵיתוֹ.*
חֲתוּלָה, חֲתוּלוֹת

חתולית' חֲתוּלִי — cattish
דוֹמֶה לְחָתוּל, שַׁיָּיךְ לְחָתוּל:
*יֵשׁ לוֹ הֲלִיכָה **חֲתוּלִית**.*
חֲתוּלִית, חֲתוּלִיִּים, חֲתוּלִיוֹת

חתוםת' חָתוּם — signed (adj.)
1. מִישֶׁהוּ חָתַם עָלָיו (כָּתַב אֶת שְׁמוֹ לְאִישׁוּר):
*הַצֶ'יק אֵינוֹ **חָתוּם** - אֵין לוֹ עֵרֶךְ.*
2. מָנוּי, כְּשֶׁמִישֶׁהוּ מְקַבֵּל עִיתוֹן וְכוּ' בִּזְמַן קָבוּעַ: — subscriber
*אֲנִי **חָתוּם** עַל עִיתוֹן סִפְרוּתִי וּמְקַבֵּל אוֹתוֹ פַּעַם בְּחוֹדֶשׁ.*
3. סָגוּר: — sealed (adj.)
*הַמַעֲטָפָה **חֲתוּמָה**, אִי אֶפְשָׁר לָדַעַת מַה יֵשׁ בָּהּ.*
חֲתוּמָה, חֲתוּמִים, חֲתוּמוֹת

חתונהנ' חֲתֻנָּה [חֲתוּנוֹת] — wedding
טֶקֶס נִישׂוּאִין:
*אוֹרְחִים רַבִּים בָּאוּ לַ**חֲתוּנָה** שֶׁל דָן וְרוּת.*
רָקַד עַל שְׁתֵי חֲתוּנוֹת - עָשָׂה שְׁנֵי דְבָרִים יַחַד

חתיכהנ' חֲתִיכָה [חֲתִיכוֹת] — piece
1. חֵלֶק, מָנָה:
*אָכַלְתִּי רַק **חֲתִיכָה** קְטַנָּה מִן הָעוּגָה.*
2. בַּחוּרָה מוֹשֶׁכֶת שֶׁיֵּשׁ לָהּ גוּף יָפֶה (לְשׁוֹן דִיבּוּר): — attractive/'cool' woman
*רוּתִי מַמָּשׁ **חֲתִיכָה**.*

חתימהנ' חֲתִימָה [חֲתִימוֹת] — signature
1. כְּתִיבַת הַשֵּׁם כְּסִימָן שֶׁל הַסְכָּמָה וְאִישׁוּר:
*בְּסוֹף הַמִכְתָב מָצָאתִי אֶת הַ**חֲתִימָה** שֶׁל הַכּוֹתֵב.*
2. סוֹף: — conclusion
*הַ**חֲתִימָה** שֶׁל הַמִשְׁנָה נֶעֶשְׂתָה בִּשְׁנַת 200.*

חתךפ' חָתַךְ — cut
חִילֵק בְּסַכִּין אוֹ בְּמַכְשִׁיר חַד אַחֵר:
*הוּא **חָתַךְ** אֶת הַבָּשָׂר לַחֲתִיכוֹת קְטַנּוֹת.*
לַחְתוֹךְ אֶת- / ח.ת.ך, פָּעַל / חָתַכְתִּי, חוֹתֵךְ, יַחְתוֹךְ, חֲתוֹךְ!

חתךז' חֲתָךְ [חֲתָכִים] — (a) cut
מָקוֹם שֶׁחָתְכוּ בּוֹ:
*יֵשׁ לִי **חֲתָךְ** בָּאֶצְבַּע מִסַּכִּין מִטְבָּח.*

חתלתולז' חֲתַלְתּוּל [חֲתַלְתּוּלִים] — kitten
חָתוּל קָטָן:
*קִיבַּלְנוּ **חֲתַלְתּוּל**, וְעַכְשָׁיו הוּא חָתוּל גָדוֹל.*
חֲתַלְתּוּלָה, חֲתַלְתּוּלוֹת

חתםפ' חָתַם — signed
כָּתַב אֶת שְׁמוֹ עַל מִכְתָב אוֹ חוֹזֶה לְאַשֵּׁר שֶׁהוּא מַסְכִּים עִם הַכָּתוּב:
*שְׁנֵי הַצְדָדִים **חָתְמוּ** עַל הַחוֹזֶה.*
לַחְתוֹם עַל- / ח.ת.ם, פָּעַל / חָתַמְתִּי, חוֹתֵם, יַחְתוֹם

חתןז' חָתָן [חֲתָנִים] — bridegroom
גֶבֶר בְּיוֹם הַחֲתוּנָּה שֶׁלּוֹ:
*הֶ**חָתָן** שָׂם אֶת הַטַבַּעַת עַל אֶצְבַּע הַכַּלָּה.*

חתרפ' חָתַר — rowed (a boat)
1. שָׁט בְּסִירָה בְּעֶזְרַת מְשׁוֹטִים:
*הוּא **חָתַר** בִּמְהִירוּת לַחוֹף.*
2. עָשָׂה בַּסֵתֶר פְּעוּלָּה נֶגֶד מִישֶׁהוּ: — plotted
*הוּא **חוֹתֵר תַחַת** הַמְנַהֵל שֶׁלּוֹ.*
3. הִתְכַּוֵּון, הִתְאַמֵּץ: — strove
*הוּא **חוֹתֵר** לִהְיוֹת מְנַהֵל.*
לַחְתוֹר, לְ- / ח.ת.ר, פָּעַל / חָתַרְתִּי, חוֹתֵר, יַחְתוֹר, חֲתוֹר!

חתרןז' חַתְרָן [חַתְרָנִים] — underminer
מִי שֶׁפּוֹעֵל נֶגֶד מִישֶׁהוּ:
*אֲנִי לֹא סוֹמֵךְ עָלָיו, כִּי הוּא **חַתְרָן**.*
חַתְרָנִית, חַתְרָנִיּוֹת

חתרנותנ' חַתְרָנוּת — subversion
פְּעוּלָּה נֶגֶד מִישֶׁהוּ:
*הַפָּלַת הַמֶמְשָׁלָה הָיְתָה תוֹצָאָה שֶׁל **חַתְרָנוּת**.*

ט

ט — 9th letter of Heb. alphabet
טֵית, הָאוֹת הַתְּשִׁיעִית בָּאָלֶפְבֵּית הָעִבְרִי, מְסַמֶּנֶת שֵׁם מִספָּר – 9, תְשִׁיעִי/תְשִׁיעִית:
בְּנִי לוֹמֵד בְּכִיתָה ט'. / ט' בְּאָב - יוֹם צוֹם לְזֵכֶר חוּרבַּן בֵּית הַמִקדָשׁ.

טאטאפ׳ טִאטֵא — swept
אָסַף אֶת הַלִיכלוּך מֵהָרִצפָּה:
*הַיַלדָה **טִאטְאָה אֶת** הַבַּיִת וְהֶחָצֵר בְּמַטאֲטֵא.*
לְטַאטֵא אֶת- / ט.א.ט.א, פִּיעֵל / טִאטֵאתִי, מְטַאטֵא

טבועת׳ טָבוּעַ — sunken
1. מִישֶהוּ אוֹ מַשֶהוּ שֶשָקְעוּ בְּמַיִם:
*הוֹצִיאוּ אֶת הָאוֹנִיָיה **הַטְבוּעָה** מִן הַמַיִם.*
2. רָשׁוּם, קָבוּעַ, עָמוֹק: — impressed (adj.), inherent
*הַקֶשֶר לְאֶרֶץ־יִשׂרָאֵל **טָבוּעַ** בְּלִבִּי.*
טבוּעָה, טבוּעִים, טבוּעוֹת

טבורז׳ טַבּוּר [טַבּוּרִים] — navel
1. קוּרקְבָן, הַכַּפתוֹר בְּאֶמצַע הַבֶּטֶן:
*תִינוֹק שֶנוֹלַד קָשׁוּר לָאֵם **בַּטַבּוּר**.*
2. אֶמצַע, מֶרכָּז: — center
*הוּא נִמצָא **בְּטַבּוּר** הָעִניָינִים.*

טבחפ׳ טָבַח — butchered, slaughtered
הָרַג בְּהֵמָה, שָׁחַט:
*בְּהוֹדוּ אָסוּר **לִטבּוֹחַ** פָּרוֹת.*
לִטבּוֹחַ אֶת- / ט.ב.ח, פָּעַל / טָבַחתִי, טוֹבֵחַ, יִטבַּח, טבַח!

טבחז׳ טַבָּח [טַבָּחִים] — cook
אָדָם שֶמִקצוֹעוֹ בִּישׁוּל:
__הַטַבָּח__ בִּישֵל אֶת הָאוֹכֶל בְּמִטבַּח בֵּית־הַמָלוֹן.
טַבָּחִית, טַבָּחִיוֹת

טבחז׳ טֶבַח — slaughter
(הֲרִיגַת בְּהֵמָה) מֶטָאפוֹרָה - רֶצַח אַכזָרִי:
*הַנָאצִים עָשׂוּ **טֶבַח** בְּאֶזרָחִים.*

טבילהנ׳ טְבִילָה [טבִילוֹת] — dipping, dip
כְּשֶמַכנִיסִים מַשֶהוּ לְתוֹך נוֹזֵל:
__טבִילַת__ הַלֶחֶם בְּתֵה עוֹשָׂה אוֹתוֹ רַך יוֹתֵר. / אַחֲרֵי __טבִילַת__ בּוֹקֶר בַּיָם אֲנִי הוֹלֵך לַעֲבוֹדָה.

טביעהנ׳ טְבִיעָה [טבִיעוֹת] — drowning
1. שְׁקִיעָה שֶל גוּף בְּמַיִם:
*הוּא מֵת **בִּטבִיעָה** בַּיָם.*
2. הֲכָנָה שֶל כֶּסֶף מִמַתֶכֶת (מַטבְּעוֹת): — minting
*הַמֶמשָלָה הֶחלִיטָה עַל **טבִיעַת** מַטבֵּעַ חָדָש שֶל 10 אֲגוֹרוֹת.*
טבִיעַת אֶצבָּעוֹת — fingerprints
טבִיעַת עַיִן — perceptiveness

טבלפ׳ טָבַל — dipped, dunked
1. שָׂם בְּנוֹזֵל:
*טָבַלתִי אֶת **הָעוּגִיָיה** בַּתֵה.*
2. נִכנַס לַמַיִם: — dipped
__טָבַלתִי__ בַּבְּרֵיכָה.
3. (מֶטָאפוֹרָה) הָיָה בְּכַמוּת גְדוֹלָה: — was immersed
*בַּקַיִץ, הָעִיר **טוֹבֶלֶת** בְּשֶמֶש.*
לִטבּוֹל, אֶת- / ט.ב.ל, פָּעַל / טָבַלתִי, טוֹבֵל, יִטבּוֹל, טבוֹל!

טבלהנ׳ טַבלָה [טַבלוֹת/טַבלָאוֹת] — board, bar
1. לוּחַ, חֲתִיכָה שטוּחָה שֶל עֵץ וְכוּ':
*בַּמִטבָּח יֵש **טַבלָה** שֶל שַיִש.*
2. רְשִימוֹת שֶל שֵמוֹת, מִספָּרִים וְכוּ': — table, chart
*בָּדַקתִי **בְּטַבלַת** הַמְחִירִים כַּמָה עוֹלוֹת בַּנָנוֹת.*

טבליתנ׳ טַבלִית [טַבלִיוֹת] — tablet
תרוּפָה בְּצוּרַת כַּדוּר קָטָן:
*בָּלַעתִי אֶת **הַטַבלִיוֹת**, שֶרָשַם לִי הָרוֹפֵא.*

טבעפ׳ טָבַע — drowned
1. שָקַע בַּמַיִם (בְּדֶרֶך כְּלָל מֵת):
*הָאִיש **טָבַע** בַּיָם הַסוֹעֵר.*
2. נָתַן צוּרָה מְסוּיֶמֶת (לְכֶסֶף וְכוּ'): — minted, coined
*גַם לִפנֵי אַלפֵי שָנִים יָדעוּ **לִטבּוֹעַ** מַטבְּעוֹת כֶּסֶף.*
לִטבּוֹעַ, אֶת- / ט.ב.ע, פָּעַל / טָבַעתִי, טוֹבֵעַ, יִטבַּע

טבעז׳ טֶבַע — nature
1. הָעוֹלָם וְכֹל מַה שֶבּוֹ - הַחַי, הַצוֹמֵחַ, הָאֲדָמָה וְכוּ' (הַכּוֹל חוּץ מִמַעֲשֵׂי הָאָדָם):
*הֵם נִלחֲמוּ בְּכוֹחוֹת **הַטֶבַע** וְהָפכוּ אֶת הַמִדבָּר לְגַן פּוֹרֵחַ.*
2. אוֹפִי: — character
*יֵש לוֹ **טֶבַע** נָעִים.*
מַדעֵי־הַטֶבַע — natural sciences
טֶבַע שֵנִי — second nature
בְּדֶרֶך־הַטֶבַע — naturally
חֵיק־הַטֶבַע — the bossom of nature
מִטֶבַע הַדבָרִים — in the nature of things

טבעונותנ׳ טִבעוֹנוּת — vegetarianism
אִידֵיאוֹלוֹגיָה שֶל אֲכִילַת אוֹכֶל טִבעִי, לֹא מְבוּשָל:
*אֲנִי מַאֲמִין שֶ**הַטִבעוֹנוּת** הִיא דֶרֶך חַיִים בּרִיאָה.*

טבעוניתר"ז טִבְעוֹנִי — vegetarian
מי שֶׁאוֹכֵל רַק פֵּירוֹת וִירָקוֹת לֹא מְבוּשָּׁלִים:
*אוֹכֶל **טִבְעוֹנִי** הוּא בָּרִיא מִכֹּל אוֹכֶל אַחֵר.*
טִבְעוֹנִית, טִבְעוֹנִים/טִבְעוֹנִיִּים, טִבְעוֹנִיּוֹת

טבעית׳ טִבְעִי — natural
1. כמוֹ בַּטֶּבַע, בְּמַצָּב שֶׁל הַטֶּבַע:
*זֶהוּ יַעַר **טִבְעִי**, לֹא אֲנָשִׁים נָטְעוּ אוֹתוֹ.*
2. לֹא מְלָאכוּתִי, אֲמִיתִּי: — genuine
*הַמִּשְׂחָק בַּהַצָּגָה הָיָה **טִבְעִי**.*
עַל־טִבְעִי — supernatural
טִבְעִית, טִבְעִיִּים, טִבְעִיּוֹת

טבעיותנ׳ טִבְעִיּוּת — naturalness
הִתְנַהֲגוּת פְּשׁוּטָה, טִבְעִית, אֲמִיתִּית:
*אֲנִי אוֹהֵב אֶת **הַטִּבְעִיּוּת** בְּהִתְנַהֲגוּת שֶׁלּוֹ.*
בְּטִבְעִיּוּת — naturally

טבעתנ׳ טַבַּעַת [טַבָּעוֹת] — ring
1. עִיגּוּל:
*הָאוֹת O נִרְאֵית כְּמוֹ **טַבַּעַת**.*
2. תַּכְשִׁיט לָאֶצְבַּע בְּצוּרַת עִיגּוּל מִזָּהָב, כֶּסֶף וְכוּ׳:
*הֶחָתָן שָׂם **טַבַּעַת** עַל אֶצְבַּע הַכַּלָּה.*

טבתז׳ טֵבֵת — Tevet (month, Dec.-Jan.)
שֵׁם חוֹדֶשׁ עִבְרִי, חוֹדֶשׁ שֶׁל חוֹרֶף (בְּעֵרֶךְ יָנוּאָר):
***בְּטֵבֵת** יָכוֹל לָרֶדֶת שֶׁלֶג בִּירוּשָׁלַיִם.*

טהורת׳ טָהוֹר — pure
נָקִי, אֵין בּוֹ תוֹסֶפֶת שֶׁל דָּבָר (חוֹמֶר) אַחֵר:
*הַטַּבַּעַת הַזֹּאת הִיא מִזָּהָב **טָהוֹר**.*
טְהָר־לֵב — pure of heart
אוֹמָנוּת טְהוֹרָה — art for art's sake
טְהוֹרָה, טְהוֹרִים, טְהוֹרוֹת

טהרןז׳ טַהֲרָן [טַהֲרָנִים] — purist
פּוּרִיסְט, שׁוֹמֵר עַל חוּקֵי הַלָּשׁוֹן וְכוּ׳:
***הַטַּהֲרָן** אֵינוֹ מִשְׁתַּמֵּשׁ בְּמִילִּים מִשָּׂפוֹת זָרוֹת.*
טַהֲרָנִים, טַהֲרָנִיּוֹת

טו בשבט ר׳ שבט

טואטאפ׳ טֻאְטָא (טֻאֲטָא) — was swept
נִיקּוּ אוֹתוֹ:
*הָרִצְפָּה **טוּאטְאָה** בְּמַטְאֲטֵא.*
/ ט.א.ט.א, פּוּעַל / טוּאַטְאוּ, מְטוּאֲטָא, יְטוּאַטְאוּ

טובת׳ טוֹב — good
1. הַהֵיפֶךְ מִ׳רַע׳:
*רְאוּבֵן הוּא חָבֵר **טוֹב** שֶׁלִּי.*
2. כֵּן, ׳בְּסֵדֶר׳: — O.K.
*בּוֹא לַקּוֹלְנוֹעַ! - **טוֹב**, אֲנִי בָּא.*
3. מַעֲשֶׂה נָכוֹן: — good deed
*עֲשִׂיַּית **טוֹב** עוֹזֶרֶת לַחֶבְרָה.*
4. ת״פ: הִרְגַּשְׁתִּי **טוֹב**. — well
טוֹבָה, טוֹבִים, טוֹבוֹת

טובז׳ טוּב — goodness
דְּבָרִים טוֹבִים, מַעֲשִׂים טוֹבִים:
בַּבַּיִת שֶׁלִּי יֵשׁ מִכֹּל טוּב - יְרָקוֹת פֵּירוֹת, בָּשָׂר וְכוּ׳.
טוּב־טַעַם — good taste
טוּב־לֵב — kindness
כׇּל־טוּב — all the best

טוביןז״ר טוּבִין — goods
(אֲרָמִית) רְכוּשׁ, שֶׁאֶפְשָׁר לְהַעֲבִיר מִמָּקוֹם לְמָקוֹם:
*הוּא עָשִׁיר מְאוֹד - יֵשׁ לוֹ כֶּסֶף, אֲדָמוֹת **וְטוּבִין**.*

טובהנ׳ טוֹבָה — favor
1. מַעֲשֶׂה טוֹב, מַעֲשֶׂה חִיּוּבִי:
*הוּא עוֹשֶׂה **טוֹבוֹת** לַאֲנָשִׁים.*
2. תּוֹעֶלֶת, אִינְטֶרֶס: — welfare
*הַחוֹק הַזֶּה הוּא **לְטוֹבַת** כּוּלָּנוּ.*
טוֹבַת־הַכְּלָל — the common good
טוֹבַת־הֲנָאָה — (personal) benefit

טובעת׳ טוֹבֵעַ — drowning (person)
מִי שֶׁטָּבַע, שָׁקַע בַּמַּיִם, וְיֵשׁ סַכָּנָה לְחַיָּיו:
*הִצְלַחְנוּ לְהַצִּיל אֶת **הַטּוֹבְעִים**.*
טוֹבַעַת, טוֹבְעִים, טוֹבְעוֹת

טובענית׳ טוֹבְעָנִי — swampy
שֶׁאֶפְשָׁר לִשְׁקוֹעַ בּוֹ בְּקַלּוּת:
*קָשֶׁה לָלֶכֶת בְּחוֹל **טוֹבְעָנִי**.*
חוֹל טוֹבְעָנִי — quicksand
טוֹבְעָנִית, טוֹבְעָנִיִּים, טוֹבְעָנִיּוֹת

טוגןפ׳ טֻגַּן — was fried
בִּישְּׁלוּ אוֹתוֹ בְּשֶׁמֶן רוֹתֵחַ, טִיגְּנוּ אוֹתוֹ:
*הַבָּצָל **טוּגַּן** בְּשֶׁמֶן עָמוֹק.*
/ ט.ג.ן, פּוּעַל / טוּגְּנוּ, מְטוּגָּן, יְטוּגַּן, יְטוּגְּנוּ

טוגןז׳ טֻגָּן [טוּגָּנִים] — french fries, potato chips
צ׳יפְּס, פְּרוּסוֹת דַּקּוֹת שֶׁל תַּפּוּחֵי אֲדָמָה מְטוּגָּנוֹת בְּשֶׁמֶן:
*הַיְלָדִים שֶׁלִּי אוֹכְלִים רַק **טוּגָּנִים** לַאֲרוּחַת צׇהֳרַיִים.*

טוהרפ׳ טֹהַר was purified
1. ניקו אותו, טיהרו אותו:
*הַמַּיִם **טוּהֲרוּ** מִן הַחוֹמָרִים הַמַּזִּיקִים.*
2. (מֶטָאפוֹרָה) הֶחֱזִירוּ לוֹ אֶת שמוֹ הַטוֹב, רֵיהַבִּילִיטַצְיָה: was rehabilitated
*שמוֹ שֶׁל הַסּוֹפֵר **טוּהַר** לְאַחַר מוֹת סטָלִין.*
/ ט.ה.ר, פּוּעַל / טוּהַרתִי, מְטוּהָר, אֲטוּהַר, יְטוּהַר

טוהרז׳ טֹהַר purity, honesty
נִיקָיוֹן, (מֶטָאפוֹרָה) יוֹשֶׁר:
יֵשׁ בָּהּ טוֹהַר.
טוֹהַר מִידוֹת - integrity
***טוֹהַר מִידוֹת** הוּא קְרִיטֶרְיוֹן רִאשׁוֹן לְשׁוֹפֵט.*

טוהרהנ׳ טָהֳרָה purity, clarity
1. נִיקָיוֹן, בְּהִירוּת, (מֶטָאפוֹרָה) בְּלִי תוֹסָפוֹת, אֲמִיתִי:
*אֲנִי אוֹהֵב אֶת הַשִּׁירָה הַקְּלָאסִית **בְּטוֹהֳרָתָהּ**.*
2. קדוּשָׁה, מַה שֶׁמּוּתָּר לַעֲשׂוֹת לְפִי הַדָּת הַיְהוּדִית: purification, cleansing
*לְפִי חוּקֵי **הַטּוֹהֳרָה** רוֹחֲצִים אֶת הַמֵּת לִפְנֵי הַקְּבוּרָה.*

טווהפ׳ טָוָה spun, weaved
1. עָשָׂה חוּט מִצֶּמֶר, מִכּוּתְנָה וְכוּ׳:
*פַּעַם **טָווּ** חוּטִים בַּבַּיִת, הַיּוֹם יֵשׁ בָּתֵּי חֲרוֹשֶׁת.*
2. (מֶטָאפוֹרָה) חִיבֵּר: put together
*הוּא **טָוָוה** סִיפּוּר מִדְּבָרִים שֶׁקָּרוּ.*
לִטווֹת אֶת- / ט.ו.ה, פָּעַל / טָוִיתִי, טוֹוֶה, יִטְוֶוה, טְוֵוה!

טווחז׳ טְוָח [טְוָוחִים] range
מֶרְחָק שֶׁל מָקוֹם אוֹ זְמַן:
***טְוַוח** הַתּוֹתָחִים הוּא 1,000 ק״מ. זֹאת תוֹכְנִית **לִטְוָוח** אָרוֹךְ, לְ־10 שָׁנִים לְפָחוֹת.*

טוטוז׳ טוֹטוֹ soccer pool
כְּשֶׁמְּקַבְּלִים כֶּסֶף, כִּי אָמְרוּ מֵרֹאשׁ מַה יִהְיוּ הַתּוֹצָאוֹת בַּסְּפּוֹרט:
*זָכִיתִי בְּ־500,000 ש״ח **בְּטוֹטוֹ**.*

טוטפתנ׳ טוֹטֶפֶת [טוֹטָפוֹת] phylactery
קוּפְסָה קְטַנָּה מֵעוֹר, בְּתוֹכָהּ קְטָעִים מִן הַתּוֹרָה; קוֹשְׁרִים אוֹתָהּ לְיַד שְׂמֹאל אוֹ לָרֹאשׁ בִּתְפִילַּת הַבּוֹקֶר שֶׁל יְהוּדִים:
*'...וְהָיוּ **לְטוֹטָפוֹת** בֵּין עֵינֶיךָ' (= עַל הַמֵּצַח).*

טוויהנ׳ טְוִיָּה [טְוִיּוֹת] spinning, weaving
1. עֲשִׂיָּה שֶׁל חוּטִים מִצֶּמֶר, מִכּוּתְנָה וְכוּ׳:
*אֶת עֲבוֹדַת **הַטְּוִיָּה** שֶׁל הַחוּטִים עוֹשִׂים בְּבֵית חֲרוֹשֶׁת.*
2. (מֶטָאפוֹרָה) אִירְגּוּן putting together, planning
מַחְשָׁבוֹת, רַעְיוֹנוֹת וְכוּ׳:
*הוּא עָסוּק **בִּטְוִיָּה** שֶׁל תוֹכְנִיּוֹת לֶעָתִיד.*

טולטלפ׳ טֻלְטַל was moved/carried around uncomfortably
הֵזִיזוּ אוֹתוֹ, הֶעֱבִירוּ אוֹתוֹ מִמָּקוֹם לְמָקוֹם:
*הַחוֹלֶה **טוּלְטַל** מִבֵּית חוֹלִים לְבֵית חוֹלִים.*
/ ט.ל.ט.ל, פּוּעַל / טוּלְטַלְתִי, מְטוּלְטָל, יְטוּלְטַל

טומאהנ׳ טֻמְאָה [טוּמְאוֹת] impurity, defilement
לִיכְלוּךְ, הַהֵיפֶךְ מִטּוֹהֳרָה:
*לְפִי הַדָּת הַיְהוּדִית - נְגִיעָה בְּגוּף הַמֵּת הִיא **טוּמְאָה**.*

טומטוםז׳ טֻמְטוּם [טוּמְטוּמִים] moron
מִי שֶׁאֵין לוֹ שֵׂכֶל, "סָתוּם" (לְשׁוֹן דִּיבּוּר):
*רַק **טוּמְטוּם** יָכוֹל לִנְהוֹג כָּךְ בַּכְּבִישׁ.*

טונףפ׳ טֻנַּף was made filthy
לִיכְלְכוּ אוֹתוֹ מְאוֹד:
*בִּגְדֵי הַיְלָדִים **טוּנְּפוּ** בַּבּוֹץ.*
/ ט.נ.ף, פּוּעַל / טוּנַּפְתִי, מְטוּנָּף, יְטוּנַּף, יְטוּנְּפוּ

טופחפ׳ טֻפַּח was cultivated/nurtured
טִיפְּלוּ בּוֹ עַד שֶׁגָּדַל וְהִתְפַּתֵּחַ:
*הַגִּינָּה הַזֹּאת **טוּפְּחָה** בְּאַהֲבָה רַבָּה.*
/ ט.פ.ח, פּוּעַל / טוּפַּחְתִי, מְטוּפָּח, יְטוּפַּח, יְטוּפְּחוּ

טופלפ׳ טֻפַּל was cared for/taken care of
דָּאֲגוּ לוֹ, טִיפְּלוּ בּוֹ:
*עִנְיְינֵי הַמַּיִם **מְטוּפָּלִים** בָּעִירִיָּיה.*
*הוּא **מְטוּפָּל** בְּבֵית הַחוֹלִים.*
מְטוּפָּל בִּילָדִים burdened with children
/ ט.פ.ל, פּוּעַל / טוּפַּלְתִי, מְטוּפָּל, יְטוּפַּל, יְטוּפְּלוּ

טופסז׳ טֹפֶס [טְפָסִים] form
שְׁאֵלוֹן, דַּף פוֹרְמָלִי, יֵשׁ בּוֹ שְׁאֵלוֹת:
*צָרִיךְ לְמַלֵּא **טוֹפֶס** כְּדֵי לְהֵירָשֵׁם לָאוּנִיבֶרְסִיטָה.*
טוֹפֶס הַרְשָׁמָה registration form

טורז׳ טוּר [טוּרִים] single file, line
1. זֶה אַחֲרֵי זֶה, שׁוּרָה:
*הַחַיָּילִים עָמְדוּ **בְּטוּר** אֶחָד אָרוֹךְ.*
2. שׁוּרוֹת קְצָרוֹת בְּעִיתּוֹן, בְּמִילּוֹן: column
*בְּדַף שֶׁל הַמִּילּוֹן יֵשׁ שְׁנֵי **טוּרִים**.*

טוראיז׳ טוּרַאי [טוּרָאִים] private (in army)
חַיָּיל פָּשׁוּט:
*כֹּל קָצִין הָיָה פַּעַם **טוּרַאי**.*
טוּרַאי רִאשׁוֹן private first-class

רב־טוּרַאי corporal
טוּרָאִית, טוּרָאִיּוֹת

טורחז, טֹרַח bother, trouble
מַה שֶּׁקָּשׁוּר בַּעֲבוֹדָה רַבָּה, שֶׁגּוֹרֵם לַחַץ, דְּאָגָה וְכוּ':
*הַרְבֵּה **טוֹרַח** הוּשְׁקַע בָּעֲבוֹדָה הַזֹּאת.*

טורייהנ, טוּרִיָּה [טוּרִיּוֹת] hoe
כְּלִי לַעֲבוֹדַת יָדַיִים בַּגִּינָה אוֹ בַּשָּׂדֶה:
*עָבַדְתִּי **בְּטוּרִיָּה** יוֹם שָׁלֵם, וְכָאֲבוּ לִי מְאוֹד הַיָּדַיִים.*

טורףתר"ז טוֹרֵף [טוֹרְפִים] carnivorous
שֶׁאוֹכֵל בָּשָׂר שֶׁל בַּעַל חַיִּים אַחֵר:
*לֹא כָּל בַּעֲלֵי הַחַיִּים הֵם **טוֹרְפִים**.*
(מֶטָאפוֹרָה) אוֹכֵל בְּלִי סוֹף:
*הוּא מַמָּשׁ **טוֹרֵף** כֹּל מַה שֶּׁיֵּשׁ עַל הַשּׁוּלְחָן.*
טוֹרֶפֶת, טוֹרְפִים, טוֹרְפוֹת

טורפדפ' טֻרְפַּד was torpedoed
(מֵהַמִּילָה טוֹרְפֶּדוֹ = מוֹקֵשׁ יָם)
1. הִתְקִיפוּ אוֹתוֹ בְּטוֹרְפֶּדוֹ:
*הָאוֹנִיָּה **טוּרְפְּדָה** וְטָבְעָה.*
2. הִכְשִׁילוּ אוֹתוֹ: was foiled
*הַתּוֹכְנִית **טוּרְפְּדָה** עַל יְדֵי הָאוֹפּוֹזִיצְיָה.*
/ ט.ר.פ.ד, פּוּעַל / טוּרְפְּדוּ, מְטוּרְפָּד, יְטוּרְפַּד

טושטשפ' טֻשְׁטַשׁ was blurred/smudged
נַעֲשָׂה לֹא בָּרוּר, טִישְׁטְשׁוּ אוֹתוֹ:
*הָאוֹתִיּוֹת בַּמִּכְתָּב **טוּשְׁטְשׁוּ**, קָשֶׁה לִקְרוֹא.*
/ ט.ש.ט.ש, פּוּעַל / טוּשְׁטַשׁ, מְטוּשְׁטָשׁ, יְטוּשְׁטַשׁ

טחבז, טֹחַב mildew
רְטִיבוּת, אֲוִויר לֹא נָעִים:
*הַיֶּלֶד חוֹלֶה בִּגְלַל **הַטַּחַב** בַּדִּירָה.*

טחובת' טָחוּב damp, moist
רָטוֹב, סָפוּג לַחוּת:
*הָאֲוִויר בַּחֶדֶר **טָחוּב**, פְּתַח חַלּוֹן!*
טְחוּבָה, טְחוּבִים, טְחוּבוֹת

טחולז, טְחוֹל [טְחוֹלִים] spleen
חֵלֶק בַּבֶּטֶן, מְנַקֶּה אֶת הַדָּם:
*כְּאֵב הַבֶּטֶן הוּא בִּגְלַל **הַטְּחוֹל** הַנָּפוּחַ.*

טחוןת' טָחוּן ground (adj.)
עָשׂוּי מִמֶּנּוּ פֵּירוּרִים קְטַנִּים:
*קָנִיתִי בָּשָׂר **טָחוּן** לִקְצִיצוֹת.*
טְחוּנָה, טְחוּנִים, טְחוּנוֹת

טחוריםז"ר טְחוֹרִים hemorrhoids
מַחֲלָה שֶׁל וְרִידִים בָּרֶקְטוּם:
*הוּא עָבַר נִיתּוּחַ **טְחוֹרִים**.*

טחינהנ, טְחִינָה grinding
הֲפִיכָה שֶׁל חוֹמֶר לְפֵירוּרִים (לְקֶמַח) וְכוּ':
*בַּשִּׁינַּיִים נַעֲשֵׂית הַפְּעוּלָּה הָרִאשׁוֹנָה שֶׁל **טְחִינַת** הָאוֹכֶל.*

טחינהנ, טְחִינָה tehina (sesame seed paste)
אוֹכֶל מִזְרָחִי - נִרְאֶה כְּמוֹ מִשְׁחָה, עוֹשִׂים אוֹתָהּ מִגַּרְגִּירֵי שׁוּמְשׁוּם:
*בְּמִסְעָדָה מִזְרָחִית אוֹכְלִים **טְחִינָה** וְחוּמוּס.*

טחןפ' טָחַן ground
עָשָׂה פֵּירוּרִים (אוֹ קֶמַח וְכוּ') מֵחוֹמֶר כָּלְשֶׁהוּ:
*הוּא **טָחַן** אֶת הַבָּשָׂר וְהֵכִין קְצִיצוֹת.*
טָחַן קֶמַח טָחוּן-(מֶטָאפוֹרָה) חָזַר עַל דָּבָר יָדוּעַ. rehashed
טָחַן מַיִם - עָשָׂה דָּבָר חֲסַר חֲשִׁיבוּת ground water
לִטְחוֹן אֶת- / ט.ח.ן, פָּעַל / טָחַנְתִּי, טוֹחֵן, יִטְחַן, טְחַן!

טחנהנ, טַחֲנָה [טְחָנוֹת] mill
מָקוֹם שֶׁטּוֹחֲנִים בּוֹ גַּרְעִינִים לְקֶמַח:
*הָאִיכָּר מֵבִיא אֶת הַחִיטָּה **לַטַּחֲנָה**.*
טַחֲנַת־רוּחַ windmill

טיבז, טִיב quality, nature, character
הָעֵרֶךְ אוֹ הָאוֹפִי שֶׁל מַשֶּׁהוּ (אוֹ מִישֶׁהוּ):
*אֲנִי לֹא יוֹדֵעַ עֲדַיִין מַה **טִיבוֹ** שֶׁל הַמְּנַהֵל הֶחָדָשׁ. הַמְּהַנְדֵּס בּוֹדֵק אֶת **טִיב** הַבְּנִיָּיה.*

טיבעפ' טִבֵּעַ (טִבַּע) sank
הִטְבִּיעַ, הִשְׁקִיעַ בְּתוֹךְ הַמַּיִם:
*הַמְּטוֹסִים **טִיבְּעוּ** אֶת אוֹנִיַּית הָאוֹיֵב.*
לְטַבֵּעַ אֶת- / ט.ב.ע, פִּיעֵל / טִיבַּעְתִּי, מְטַבֵּעַ, יְטַבֵּעַ

טיגוןז, טִגּוּן [טִיגּוּנִים] frying
בִּישּׁוּל בְּשֶׁמֶן:
***הַטִּיגּוּן** אֵינוֹ בָּרִיא לְמִי שֶׁסּוֹבֵל מֵעוֹדֶף כּוֹלֶסְטֶרוֹל.*

טיגןפ' טִגֵּן fried
בִּישֵּׁל בְּשֶׁמֶן:
*הַטַּבָּח **טִיגֵּן** תַּפּוּחֵי אֲדָמָה לַאֲרוּחַת הַצָּהֳרַיִים.*
לְטַגֵּן אֶת- / ט.ג.ן, פִּיעֵל / טִיגַּנְתִּי, מְטַגֵּן, יְטַגֵּן, טַגֵּן!

טיהורז, טִהוּר [טִיהוּרִים] purification, purge
נִיקּוּי, הַרְחָקָה שֶׁל חוֹמֶר מְסוּכָּן:
*כְּלוֹר הוּא חוֹמֶר **לְטִיהוּר** מַיִם.*
(מֶטָאפוֹרָה) *סְטָלִין עָשָׂה **טִיהוּר** שֶׁל הַמִּתְנַגְּדִים שֶׁלּוֹ.*

טיהרפ׳ טִהֵר — purified

1. נִיקָה, הִרְחִיק חוֹמֶר מְסוּכָּן:

*צָרִיךְ **לְטַהֵר אֶת** מֵי הַשְׁתִיָּיה.*

2. (בַּאֲרָצוֹת דִיקְטָטוֹרִיּוֹת) סִילּוּק מִתְנַגְּדִים: — purged

*סְטָלִין **טִיהֵר אֶת** הַשִׁלְטוֹן מִיסוֹדוֹת דֶמוֹקְרָטִיִּים.*

לְטַהֵר אֶת- / ט.ה.ר, פִּיעֵל / טִיהַרְתִּי, מְטַהֵר, יְטַהֵר, טַהֵר!

טיוחז׳ טִיּוּחַ — plastering

1. כְּשֶׁשָּׂמִים טִיחַ (חוֹמֶר שֶׁמְּכַסֶּה קִירוֹת לִפְנֵי צְבִיעָה):

*בְּלִי **טִיּוּחַ** אִי אֶפְשָׁר לִצְבּוֹעַ קִיר.*

2. (מֶטָאפוֹרָה) כְּשֶׁמַּסְתִּירִים מַשֶּׁהוּ, לֹא מְגַלִּים אֶת כֹּל הָאֱמֶת: — cover-up

*צָרִיךְ חֲקִירָה יְסוֹדִית, כִּי יֵשׁ כָּאן נִיסָּיוֹן **לְטִיּוּחַ** שֶׁל הָעוּבְדוֹת.*

טיוטהנ׳ טְיוּטָה [טְיוּטוֹת] — draft

כְּתִיבָה רִאשׁוֹנָה שֶׁל מִכְתָּב (סֵפֶר וְכוּ'):

*אֲנִי צָרִיךְ לְהַעְתִּיק אֶת הַחִיבּוּר **מֵהַטְיוּטָה** לַמַּחְבֶּרֶת.*

טיולז׳ טִיּוּל [טִיּוּלִים] — trip

הֲלִיכָה בָּרֶגֶל אוֹ נְסִיעָה בִּמְכוֹנִית כְּדֵי לְבַקֵּר בִּמְקוֹמוֹת שׁוֹנִים:

*הַתַּיָּירִים יָצְאוּ **לְטִיּוּל** בַּגָּלִיל.*

טיוליתנ׳ טִיּוּלִית [טִיּוּלִיּוֹת] — sightseeing bus

מְכוֹנִית לְטִיּוּלִים, כְּמוֹ אוֹטוֹבּוּס:

*נַהַג **הַטִּיּוּלִית** הִסְבִּיר לָנוּ אֶת הַדֶּרֶךְ.*

טיחז׳ טִיחַ — plaster

חוֹמֶר שֶׁמְּכַסִּים בּוֹ קִירוֹת (בְּעִיקָּר לִפְנֵי הַצֶּבַע):

***הַטִּיחַ** בַּבַּיִת הַיָּשָׁן מִתְקַלֵּף.*

טיטז׳ טִיט — clay, loam

הַחוֹמֶר, שֶׁעוֹשִׂים מִמֶּנּוּ קֶרָמִיקָה (אֲדָמָה, חוֹל וְכוּ' מְעוֹרָבִים בְּמַיִם):

*הַפֶּסֶל הַזֶּה הוּא **מִטִּיט** שֶׁשָּׂרְפוּ בַּתַּנּוּר.*

טייחפ׳ טִיֵּחַ (טִיַּח) — plastered

1. כִּיסָּה קִיר בְּחוֹמֶר שֶׁעָלָיו צוֹבְעִים:

*כִּיסִּיתִי **בְּטִיחַ** אֶת הַחוֹרִים בַּקִּיר.*

2. (מֶטָאפוֹרָה) הִסְתִּיר אֶת הָאֱמֶת: — 'whitewashed'

*הַמְּנַהֵל **מְטַיֵּחַ** אֶת מַה שֶׁקָּרָה.*

לְטַיֵּחַ אֶת- / ט.י.ח, פִּיעֵל / טִייַּחְתִּי, מְטַיֵּחַ, יְטַיֵּחַ, טַיֵּחַ!

טייחז׳ טַיָּח [טַיָּיחִים] — plasterer

בַּעַל מְלָאכָה, שֶׁמְּכַסֶּה אֶת הַקִּירוֹת בְּטִיחַ:

*לֹא **בּוֹנִים**, כִּי אֵין **בַּנָּאִים וְטַיָּיחִים**.*

טיילפ׳ טִיֵּל — went on a trip

הָלַךְ בָּרֶגֶל אוֹ נָסַע כְּדֵי לְבַקֵּר מְקוֹמוֹת:

*הַתַּיָּיר **טִיֵּיל בְּכֹל** הָאָרֶץ מֵאֵילַת וְעַד מְטוּלָּה.*

לְטַיֵּיל / ט.י.ל, פִּיעֵל / טִיַּילְתִּי, מְטַיֵּיל, יְטַיֵּיל, טַיֵּיל!

טיילז׳ טַיָּל [טַיָּילִים] — experienced hiker

מִי שֶׁאוֹהֵב לְטַיֵּיל:

*פָּגַשְׁנוּ **טַיָּילִים** רַבִּים בְּהִימָלָאיָה.*

טיילתנ׳ טַיֶּלֶת [טַיָּילוֹת] — promenade

כְּבִישׁ, דֶּרֶךְ לִמְטַיְּילִים:

***הַטַּיֶּלֶת** לְאוֹרֶךְ הַיָּם בְּתֵל־אָבִיב יָפָה מְאוֹד.*

טייסז׳ טַיָּס [טַיָּיסִים] — pilot

הָאִישׁ הַנּוֹהֵג בְּמָטוֹס:

*הוּא הָיָה **טַיָּס** בְּחֵיל הָאֲוִויר, וְעַכְשָׁיו הוּא **טַיָּס** בְּ'אֶל־עָל'.*

טַיֶּסֶת, טַיָּיסוֹת

טייסתנ׳ טַיֶּסֶת [טַיָּיסוֹת] — squadron

קְבוּצָה שֶׁל מְטוֹסִים שֶׁפּוֹעֶלֶת בְּיַחַד:

*הָיִיתִי בַּצָּבָא **בְּטַיֶּסֶת** הֶלִיקוֹפְּטֶרִים.*

טיכספ׳ טִכֵּס — discussed, considered

טִיכֵּס עֵיצָה - הִתְיַיעֵץ:

*הֵם **טִיכְּסוּ עֵיצָה** אֵיךְ לִקְלוֹט אֶת הָעוֹלִים.* — consulted

לְטַכֵּס / ט.כ.ס, פִּיעֵל / טִיכַּסְתִּי, מְטַכֵּס, יְטַכֵּס, טַכֵּס!

טילז׳ טִיל [טִילִים] — missile

פְּצָצָה שֶׁיּוֹרִים מִתּוֹתָח מְיוּחָד:

*יֵשׁ **טִילִים** שֶׁפּוֹגְעִים בְּמֶרְחָק שֶׁל 1,000 ק"מ.*

טילגרףפ׳ טִלְגְּרֵף — cabled

שָׁלַח מִבְרָק (טֶלֶגְרָמָה):

***טִילְגְּרַפְתִּי** הַבַּיְתָה, שֶׁהַכּוֹל בְּסֵדֶר.*

לְטַלְגְּרֵף / ט.ל.ג.ר.ף, פִּיעֵל / טִילְגְּרַפְתִּי, מְטַלְגְּרֵף, טַלְגְּרֵף!

טילוןז׳ טִילוֹן [טִילוֹנִים] — ice-cream cone

גְּלִידָה בְּגָבִיעַ (לִילָדִים):

*הַיֶּלֶד רוֹצֶה **טִילוֹן** שֶׁל שׁוֹקוֹלָד וָנִיל.*

טילטולז׳ טִלְטוּל [טִילְטוּלִים] — wandering

1. הַעֲבָרָה מִמָּקוֹם לְמָקוֹם:

*עָבַרְנוּ **טִילְטוּלִים** רַבִּים, עַד שֶׁעָלִינוּ לָאָרֶץ.*

2. נִיעְנוּעַ, נִידְנוּד: — rocking

***הַטִּילְטוּלִים** שֶׁל הַמְּכוֹנִית מַרְדִּימִים אוֹתִי.*

טילטלפ׳ טִלְטֵל — moved/carried from place to place

1. הֶעֱבִיר מִמָּקוֹם לְמָקוֹם:

טִילטְלוּ אֶת הַחוֹלֶה מֵהַבַּיִת לְבֵית הַחוֹלִים.
2. נִידנֵד, נִיעֲנֵעַ: — rocked, swung
טִילטְלוּ אֶת הַתִינוֹק לְמַעלָה וּלְמַטָה.
לְטַלטֵל אֶת- / ט.ל.ט.ל, פִּיעֵל / טִילטַלתִי, מְטַלטֵל

טילפןפ׳ טִלְפֵּן — phoned
הִתקַשֵר בְּטֶלֶפוֹן לְמִישֶהוּ:
טִילפַנתִי לַמִשׂרָד, וְלֹא הָיְיתָה תשוּבָה.
לְטַלפֵן לְ- / ט.ל.פ.ן, פִּיעֵל / טִילפַנתִי, מְטַלפֵן, יְטַלפֵן

טימטוםז׳ טִמְטוּם — stupidity, idiocy
טִיפְּשוּת:
*זֶה **טִימטוּם** לִלמוֹד הַכּוֹל עַל־פֶּה.*

טימטםפ׳ טִמְטֵם — made dense, stupefied
עָשָׂה מִישֶהוּ לִמְטוּמטָם, טִיפֵּש:
*הַשֵינָה **טִימטְמָה** אוֹתוֹ.*
לְטַמטֵם אֶת- / ט.מ.ט.ם, פִּיעֵל / טִימטַמתִי, מְטַמטֵם

טינהנ׳ טִינָה [טִינוֹת] — grudge
שִׂנאָה, כַּעַס: יֵש לוֹ **טִינָה** בַּלֵב עַל אִישתוֹ לְשֶעָבַר.
נָטַר טִינָה — carried a grudge

טינופתנ׳ טִנֹּפֶת — filth
לִיכלוּך גָדוֹל:
*אֲנָשִים זוֹרקִים הַכּוֹל לָרְחוֹב - אֵיזוֹ **טִינוֹפֶת!***

טינףפ׳ טִנֵּף — dirtied, sullied
לִיכלֵך:
*אַתָה **מְטַנֵף** אֶת הָרִצפָּה - יֵש לְךָ בּוֹץ עַל הַנַעֲלַיִים.*
לְטַנֵף אֶת- / ט.נ.ף, פִּיעֵל / טִינַפתִי, מְטַנֵף, יְטַנֵף, טַנֵף!

טיסז׳ טַיִס — flying
הַמִקצוֹעַ שֶל הַטַיָיס:
*מְגִיל צָעִיר רָצִיתִי לַעֲסוֹק **בְּטַיִס**.*

טיסהנ׳ טִיסָה [טִיסוֹת] — flight
נְסִיעָה בְּמָטוֹס:
***הַטִיסָה** מִישׂרָאֵל לְארה״ב נִמשֶכֶת 10 שָעוֹת.*

טיסןז׳ טִיסָן [טִיסָנִים] — model airplane
מוֹדֶל (דֶגֶם) שֶל מָטוֹס:
*הוּא הִתחִיל בַּהֲטָסַת **טִיסָנִים**, וְעַכשָיו הוּא טַיָיס.*

טיסנאותנ׳ טִיסָנָאוּת — aeromodeling
בְּנִיָיה וַהֲטָסָה שֶל טִיסָנִים:
*בְּגִיל צָעִיר הָיִיתִי בְּקוּרס **טִיסָנָאוּת**, וְעַכשָיו אֲנִי טַיָיס.*

טיעוןז׳ טִעוּן [טִיעוּנִים] — argumentation, argument
אֲמִירָה שֶל טְעָנוֹת (סִיבּוֹת, הוֹכָחוֹת):
*הַ**טִיעוּן** 'לֹא יָדַעתִי' - לֹא יִתקַבֵּל בְּבֵית הַמִשפָּט.*

טיפהנ׳ טִפָּה [טִיפּוֹת] — drop
כַּמוּת קְטַנָה מְאוֹד שֶל מַיִם אוֹ נוֹזֵל אַחֵר:
*הָרוֹפֵא רָשַם לַחוֹלֶה **טִיפּוֹת** עֵינַיִים.*
טִיפָּה מָרָהב׳ — alcoholic drink
טִיפִּין טִיפִּיןב׳ — little by little
טִיפַּת־חָלָב — infant-care clinic

טיפוחז׳ טִפּוּחַ — cultivating, nurturing
טִיפּוּל בְּמִישֶהוּ (אוֹ מַשֶהוּ), כְּדֵי שֶיִגדַל וְיִתפַּתֵחַ:
*אֲנִי עָסוּק **בְּטִיפּוּחַ** הַגִינָה.*
טְעוּנֵי־טִיפּוּחַ — underprivileged children

טיפולז׳ טִפּוּל [טִיפּוּלִים] — care, treatment
1. דְאָגָה לְמִישֶהוּ, הַשגָחָה:
*הַ**טִיפּוּל** הָרְפוּאִי טוֹב בְּיוֹתֵר.*
2. הִתעַסקוּת בְּעִניָינִים בִּיוּרוֹקרָטִיִים וְכוּ׳: — handling
*הַ**טִיפּוּל** בִּקלִיטַת הָעֲלִיָיה הוּא בִּידֵי מִשׂרַד הַקלִיטָה.*

טיפונתנ׳ טִפֹּנֶת — droplet
טִיפָּה קְטַנָה, מְעַט מְאוֹד:
*תְנִי לִי לִשתוֹת **טִיפּוֹנֶת** יַיִן.*

טיפוסז׳ טִפּוּס [טִיפּוּסִים] — type, sort
1. אוֹפִי, סוּג:
*הוּא **טִיפּוּס** אוֹפּטִימִי. / זֹאת מְכוֹנִית **מִטִיפּוּס** חָדָש.*
2. (מֶטָאפוֹרָה) מִישֶהוּ מְיוּחָד, לֹא רָגִיל: — a ‘character’
*הוּא לֹא כְּמוֹ כּוּלָם, הוּא **טִיפּוּס!***
3. עֲלִיָיה עַל מַשֶהוּ בְּרַגלַיִים, לִפעָמִים בְּעֶזרַת הַיָדַיִים: — climbing
***טִיפּוּס** הָרִים הוּא סְפּוֹרט קָשֶה.*

טיפוסית׳ טִפּוּסִי — typical, characteristic
מְיוּחָד לְסוּג מְסוּיָם:
*הִתנַהֲגוּת פְּתוּחָה **טִיפּוּסִית** לְיִשׂרְאֵלִים. / הָרַעַש הַזֶה **טִיפּוּסִי** לִילָדִים צְעִירִים.*
טִיפּוּסִית, טִיפּוּסִיִים, טִיפּוּסִיוֹת

טיפחפ׳ טִפַּח (טִפֵּחַ) — cultivated, nurtured
דָאַג, טִיפֵּל וְגִידֵל:
*הִיא **מְטַפַּחַת** אֶת הַגִינָה. / הוּא **טִיפַּח** תִקווֹת וְהִתאַכזֵב.*
לְטַפֵּחַ אֶת- / ט.פ.ח, פִּיעֵל / טִיפַּחתִי, מְטַפֵּחַ, יְטַפֵּחַ

טיפטוףז׳ טִפְטוּף [טִיפטוּפִים] — dripping
נְזִילָה אִיטִית (טִיפּוֹת):
*אֲנִי שוֹמֵעַ **טִפטוּף**, צָרִיך לִסגוֹר אֶת הַבֶּרֶז.*

טיפטף פ, טִפְטֵף — dripped

1. נָזַל / יָרַד בְּטִיפּוֹת:

*הַבֶּרֶז **טִיפְטֵף**, כִּי לֹא סָגַרְת אוֹתוֹ.*

2. שָׂם טִיפּוֹת לְמִישֶׁהוּ (אוֹ בְּמַשֶּׁהוּ): — put drops

***טִיפְטַפְתִּי** לַיֶּלֶד טִיפּוֹת לָעֵינַיִים.*

לְטַפְטֵף / ט.פ.ט.ף, פִּיעֵל / טִיפְטַפְתִּי, מְטַפְטֵף, יְטַפְטֵף

טיפל פ, טִפֵּל — took care of, cared for

דָאַג, הִתְעַסֵּק בְּ-:

*הָאֵם **טִיפְּלָה** בַּתִּינוֹק בְּאַהֲבָה. / אֲנִי **אֲטַפֵּל** בָּאִישּׁוּר שֶׁלְּךָ.*

לְטַפֵּל בְּ- / ט.פ.ל, פִּיעֵל / טִיפַּלְתִּי, מְטַפֵּל, יְטַפֵּל, טַפֵּל!

טיפס פ, טִפֵּס — climbed

עָלָה עַל הַר, עַל עֵץ גָּבוֹהַּ וְכוּ':

*הַתַּיָּיר **טִיפֵּס עַל** הָהָר הַגָּבוֹהַּ.*

לְטַפֵּס עַל- / ט.פ.ס, פִּיעֵל / טִיפַּסְתִּי, מְטַפֵּס, יְטַפֵּס, טַפֵּס!

טיפש תו"ז טִפֵּשׁ [טִיפְּשִׁים] — stupid, fool

חֲסַר שֵׂכֶל וְחוֹכְמָה:

*רַק **טִיפֵּשׁ** מַאֲמִין לְכֹל דָּבָר.*

טִיפְּשָׁה, טִיפְּשׁוֹת

טיפשות נ, טִפְּשׁוּת [טִיפְּשׁוּיוֹת] — stupidity

חוֹסֶר חוֹכְמָה, מַעֲשֶׂה (אוֹ רַעְיוֹן וְכוּ') לֹא חָכָם:

*כְּשֶׁלֹּא חוֹשְׁבִים עוֹשִׂים מַעֲשֵׂי **טִיפְּשׁוּת**.*

טיפשי ת, טִפְּשִׁי — stupid, foolish, silly

לֹא חָכָם, בְּלִי שֵׂכֶל:

*אֵיךְ אֶפְשָׁר לַעֲנוֹת עַל שְׁאֵלוֹת **טִיפְּשִׁיּוֹת**?*

טִיפְּשִׁית, טִיפְּשִׁיִּים, טִיפְּשִׁיּוֹת

טיקטוק ז, טִקְטוּק [טִיקְטוּקִים] — ticking

(אוֹנוֹמָטוֹפֵּאָה) כְּמוֹ צְלִיל שֶׁל שָׁעוֹן:

*הַ**טִּיקְטוּק** שֶׁל הַשָּׁעוֹן מַזְכִּיר אֶת סַבָּא.*

טיקטק פ, טִקְטֵק — ticked

(אוֹנוֹמָטוֹפֵּיאָה) הִשְׁמִיעַ קוֹל 'טִיק, טַק':

*הַשָּׁעוֹן **מְטַקְטֵק**.*

(מֶטָאפוֹרָה) כָּתַב בִּמְכוֹנַת כְּתִיבָה (הַדְפָּסָה): — typed

*אֲנִי **אֲטַקְטֵק** לְךָ אֶת הַמִּכְתָּב.*

לְטַקְטֵק אֶת- / ט.ק.ט.ק, פִּיעֵל / טִיקְטַקְתִּי, מְטַקְטֵק

טירדה נ, טִרְדָּה [טְרָדוֹת] — trouble, bother

עִיסּוּק וְטִיפּוּל רַב בְּמַשֶּׁהוּ:

*זֹאת לֹא **טִירְדָּה** בִּשְׁבִילִי לָלֶכֶת לָעִירִיָּיה.*

טירה נ, טִירָה [טִירוֹת] — castle

בַּיִת גָּדוֹל, יֵשׁ לוֹ קִירוֹת חֲזָקִים, מִגְדָּלִים וְכוּ':

*הָאֲרִיסְטוֹקְרָטִים חָיוּ **בְּטִירוֹת**.*

טירון ז, טִירוֹן [טִירוֹנִים] — recruit

1. חַיָּיל שֶׁרַק עַכְשָׁיו הִתְגַּיֵּיס:

*כְּשֶׁהָיִיתִי **טִירוֹן**, פָּחַדְתִּי מִכֹּל מְפַקֵּד.*

2. מִי שֶׁהוּא חָדָשׁ בַּמִּקְצוֹעַ, בְּלִי נִיסָּיוֹן: — novice

*הוּא עֲדַיִין **טִירוֹן** בָּעֲבוֹדָה, צָרִיךְ לַעֲזוֹר לוֹ.*

טִירוֹנִית, טִירוֹנִיּוֹת

טירונות נ, טִירוֹנוּת — basic training

הַזְּמַן הָרִאשׁוֹן שֶׁל חַיָּילִים חֲדָשִׁים:

*בַּ**טִּירוֹנוּת** מַתְחִילִים לְהַכִּיר אֶת הַצָּבָא.*

טירוף ז, טֵרוּף [טֵירוּפִים] — madness, insanity

שִׁיגָּעוֹן, בִּילְבּוּל:

*הוּא צָעַק וּבָכָה מִתּוֹךְ **טֵירוּף**.*

טֵירוּף הַדַּעַת - בִּילְבּוּל הַדַּעַת, אִי־רַצְיוֹנָלִיּוּת

טירחה נ, טִרְחָה [טְרָחוֹת] — bother, trouble

עֲבוֹדָה רַבָּה:

*קַבָּלַת אוֹרְחִים הִיא **טִירְחָה** רַבָּה.*

טירפד פ, טִרְפֵּד — torpedoed

1. (מֵהַמִּילָּה טוֹרְפֶּדוֹ) הִתְקִיף בְּטוֹרְפֶּדוֹ:

*הָאוֹיֵב **טִירְפֵּד** אֶת הָאוֹנִיָּיה.*

2. (מֶטָאפוֹרָה) הִכְשִׁיל: — ruined

*הַמְּנַהֵל **טִירְפֵּד** אֶת הַהֶסְכֵּם עִם הָעוֹבְדִים.*

לְטַרְפֵּד אֶת- / ט.ר.פ.ד, פִּיעֵל / טִירְפַּדְתִּי, מְטַרְפֵּד

טישטוש ז, טִשְׁטוּשׁ [טִישְׁטוּשִׁים] — blurring

1. מְחִיקָה, כְּשֶׁעוֹשִׂים שֶׁמַּשֶּׁהוּ יִהְיֶה לֹא בָּרוּר:

*הַגֶּשֶׁם גָּרַם **לְטִישְׁטוּשׁ** סִימָנֵי הַנַּעֲלַיִים.*

2. (מֶטָאפוֹרָה) כִּיסּוּי הָאֱמֶת: — concealing

*בִּגְלַל **טִישְׁטוּשׁ** הַהוֹכָחוֹת הַמִּשְׁטָרָה לֹא יוֹדַעַת מִי גָּנַב אֶת הַכֶּסֶף.*

3. (מֶטָאפוֹרָה) הַרְגָּשָׁה שֶׁל עֲיֵיפוּת: — grogginess

*אֲנִי מַרְגִּישׁ **טִישְׁטוּשׁ** מֵרוֹב לִימּוּדִים.*

טישטש פ, טִשְׁטֵשׁ — blurred, smudged

1. מָחַק וְקָשָׁה לִרְאוֹת, עָשָׂה שֶׁיִּהְיֶה לֹא בָּרוּר:

*הַגֶּשֶׁם **טִישְׁטֵשׁ אֶת** סִימָנֵי הַנַּעֲלַיִים.*

2. (מֶטָאפוֹרָה) כִּיסָּה עַל הָאֱמֶת: — covered-up

*הוּא **טִישְׁטֵשׁ אֶת** הַהוֹכָחוֹת עַל הַגְּנֵיבָה.*

לְטַשְׁטֵשׁ אֶת- / ט.ש.ט.ש, פִּיעֵל / טִישְׁטַשְׁתִּי, מְטַשְׁטֵשׁ

טכנאי ז, טֶכְנַאי [טֶכְנָאִים] — technician

מִי שֶׁמְּתַקֵּן מְכוֹנוֹת, חַשְׁמַל וְכוּ':

*טֶכְנַאי הַחַשְׁמַל **חִיבֵּר אֶת** כֹּל הַמַּכְשִׁירִים לַחַשְׁמַל.*

טֶכְנָאִית, טֶכְנָאִיּוֹת

טכנית, טֶכְנִי technical
שַׁיָּךְ לְטֶכְנִיקָה, קָשׁוּר בִּמְכוֹנוֹת וְכוּ׳:
*יֵשׁ לוֹ כִּשָּׁרוֹן **טֶכְנִי** - הַכֹּל הוּא מְתַקֵּן.*
טֶכְנִית, טֶכְנִיִּים, טֶכְנִיּוֹת

טכניוןז, טֶכְנִיּוֹן the Technion (Israel Institute of Technology)
טֶכְנִיקוּם, מוֹסָד אֲקָדֶמִי לִמְהַנְדְּסִים וּמַדְּעָנִים:
*בַּ**טֶּכְנִיּוֹן** בְּחֵיפָה לוֹמְדִים גַּם הַנְדָּסָה וְגַם מָתֵימָטִיקָה.*

טכס ר׳ טקס

טכסיסז, טַכְסִיס [טַכְסִיסִים] tactic, strategy, trick
אִסְטְרָטֶגְיָה, דֶּרֶךְ פְּעוּלָּה:
*הַ**טַּכְסִיס** שֶׁל הָאוֹיֵב לֹא הִצְלִיחַ.*

טכסיסןז, טַכְסִיסָן [טַכְסִיסָנִים] tactician
מוּמְחֶה בְּאִסְטְרָטֶגְיָה, מְתַכְנֵן פְּעוּלּוֹת:
*הוּא תָּמִיד מַצְלִיחַ, כִּי הוּא **טַכְסִיסָן** טוֹב.*

טכסיסנותנ, טַכְסִיסָנוּת tactics, strategy
אִסְטְרָטֶגְיָה, תִּיכְנוּן דַּרְכֵי פְּעוּלָּה:
*הַמִּשְׁתַּמְּשִׁים בְּ**טַכְסִיסָנוּת** מַשִּׂיגִים בְּדֶרֶךְ כְּלָל אֶת הַמַּטָּרָה.*

טלז, טַל [טְלָלִים] dew
טִיפּוֹת שֶׁנּוֹצָרוֹת בַּלַּיְלָה בִּגְלַל הַלַּחוּת בָּאֲוִויר:
*בַּבֹּקֶר מָצָאתִי אֶת הַמְּכוֹנִית רְטוּבָּה מִ**טַּל** הַלַּיְלָה.*

טלאיז, טְלַאי [טְלָאִים] patch
חֲתִיכַת בַּד, עוֹר וְכוּ׳ שֶׁמְּכַסָּה חוֹר:
*בַּבֶּגֶד שֶׁל הֶעָנִי יֵשׁ הַרְבֵּה **טְלָאִים**.*

טלהז, טָלֶה [טְלָאִים/טְלָיִים] lamb
הַבֵּן שֶׁל הַכִּבְשָׂה (בַּעַל חַיִּים שֶׁמְּפִיקִים מִמֶּנּוּ צֶמֶר):
*אֲנִי אוֹהֵב לִשְׁמוֹעַ אֶת הַקּוֹל שֶׁל הַ**טָּלֶה**: 'מֶה', 'מֶה'.*

טלטלהנ, טַלְטֵלָה [טַלְטֵלוֹת] hurl, fling
1. תְּנוּעָה חֲזָקָה, כְּשֶׁמְּזִיזִים מַשֶּׁהוּ מַהֵר:
*הִרְגַּשְׁנוּ **טַלְטֵלָה** בַּמְּכוֹנִית, וּמָצָאנוּ אֶת עַצְמֵנוּ עַל מִדְרָכָה.*
2. (מֶטָאפוֹרָה) מַשְׁבֵּר, שִׁינּוּי קִיצוֹנִי, זַעֲזוּעַ: shake-up
*הַמְּדִינָה עָבְרָה **טַלְטֵלָה** אַחֲרֵי הַמִּלְחָמָה.*

טליתנ, טַלִּית [טַלִּיתוֹת] prayer shawl
בֶּגֶד עֶלְיוֹן, יְהוּדִים שָׂמִים אוֹתוֹ בִּשְׁעַת הַתְּפִילָּה:
*בֵּית הַכְּנֶסֶת מָלֵא מִתְפַּלְּלִים לְבוּשִׁים בְּ**טַלִּיתוֹת**.*
טַלִּית קָטָן small fringed shawl
טַלִּית שֶׁכּוּלָּה תְּכֵלֶת paragon of virtue

טלפוניתת״פ טֶלֶפוֹנִית by telephone
עַל־יְדֵי הַטֶּלֶפוֹן, בַּטֶּלֶפוֹן:
*הוֹדִיעוּ לִי **טֶלֶפוֹנִית**, שֶׁמָּחָר יֵשׁ יְשִׁיבָה.*

טלפןז, טַלְפָן [טַלְפָנִים] switchboard operator
מִי שֶׁעוֹבֵד בְּמֶרְכָּזִיָּיה שֶׁל טֶלֶפוֹנִים, מְקַשֵּׁר עִם חוּץ לָאָרֶץ, מוֹסֵר אִינְפוֹרְמַצְיָה וְכוּ׳:
*סְטוּדֶנְטִים רַבִּים עוֹבְדִים בַּלַּיְלָה כְּ**טַלְפָנִים**.*
טַלְפָנִית, טַלְפָנִיּוֹת

טמאת, טָמֵא unclean (ritually, morally)
אָסוּר לְפִי הַדָּת:
*הַחֲזִיר הוּא בְּהֵמָה **טְמֵאָה**.*
טְמֵאָה, טְמֵאִים, טְמֵאוֹת

טמוןת, טָמוּן concealed (adj.)
מוּסְתָּר, הֶחְבִּיאוּ אוֹתוֹ:
*הַכֶּסֶף **טָמוּן** בָּאֲדָמָה.*
טְמוּנָה, טְמוּנִים, טְמוּנוֹת

טמיעהנ, טְמִיעָה assimilation
אַסִימִילַצְיָה, הִתְבּוֹלְלוּת:
*הַדָּת הַיְּהוּדִית נִלְחֶמֶת בִּ**טְמִיעָה** שֶׁל יְהוּדִים בָּעַמִּים זָרִים.*

טמןפ, טָמַן concealed
הֶחְבִּיא, הִסְתִּיר:
***טָמַנְתִּי** אֶת הַכֶּסֶף בָּאָרוֹן.*
טָמַן יָדוֹ בַּצַּלַּחַתב was idle
לִטְמוֹן אֶת- / ט.מ.ן, פָּעַל / טָמַנְתִּי, טוֹמֵן, יִטְמוֹן, טְמוֹן!

טנאז, טֶנֶא [טְנָאִים] fruit basket
(לָשׁוֹן גְּבוֹהָה) סַל מִקַּשׁ:
*שַׂמְתִּי אֶת הַפֵּירוֹת **בַּטֶּנֶא**.*

טספ, טָס flew (in plane)
נָסַע בְּמָטוֹס:
*הוּא **טָס** לְצָרְפַת בְּ'אֶל־עַל'.*
לָטוּס / ט.ו.ס, פָּעַל / טַסְתִּי, טָס, יָטוּס, טוּס!

טעהפ, טָעָה made a mistake
עָשָׂה שְׁגִיאָה:
*הַפָּקִיד **טָעָה** בַּחֶשְׁבּוֹן.*
לִטְעוֹת בְּ- / ט.ע.ה, פָּעַל / טָעִיתִי, טוֹעֶה, יִטְעֶה

טעוןת, טָעוּן requiring
1. צָרִיךְ, חַיָּיב, דּוֹרֵשׁ:
*הַהַצָּעָה **טְעוּנָה** מַחְשָׁבָה נוֹסֶפֶת.*
2. יֵשׁ עָלָיו מַשָּׂא (חֲבִילוֹת, רָהִיטִים וְכוּ׳): loaded (adj.)

*הַמְּכוֹנִית **טְעוּנָה** בְּתַפּוּזִים.*

3. מָלֵא (כְּלִי נֶשֶׁק שֶׁיֵּשׁ בּוֹ כַּדּוּרִים): loaded (adj.)

*הָאֶקְדָּח לֹא יָרָה, כִּי לֹא הָיָה **טָעוּן**.*

טְעוּנָה, טְעוּנִים, טְעוּנוֹת

טעון טיפוח ר׳ טיפוח

טעותנ׳ טָעוּת [טָעוּיוֹת] error, mistake

שְׁגִיאָה:

*הָיְיתָה לִי רַק **טָעוּת** אַחַת בַּבְּחִינָה.*

טָעוּת בְּמִסְפָּר wrong number

טָעוּת דְּפוּס misprint

טעיםת׳ טָעִים tasty

נָעִים וְטוֹב לַאֲכִילָה:

*רוּנָה אָפְתָה עוּגָה **טְעִימָה** בִּמְיוּחָד.*

טְעִימָה, טְעִימִים, טְעִימוֹת

טעימהנ׳ טְעִימָה [טְעִימוֹת] tasting, sampling

כְּשֶׁלּוֹקְחִים כַּמּוּת קְטַנָּה מְאוֹד מֵאוֹכֶל וְכוּ׳ כְּדֵי לָדַעַת הַאִם הוּא טוֹב, מָלוּחַ מָתוֹק וְכוּ׳:

*אַחֲרֵי **טְעִימָה** מִכֹּל הַצַּלָּחוֹת אֲנִי כְּבָר לֹא צָרִיךְ לֶאֱכוֹל.*

טעינהנ׳ טְעִינָה loading

1. כְּשֶׁשָּׂמִים מַשָּׂא (חֲבִילוֹת וְכוּ׳) עַל מְכוֹנִית, אֲווירוֹן וְכוּ׳):

*הַ**טְּעִינָה** שֶׁל הַיְּרָקוֹת לְחוּץ לָאָרֶץ נַעֲשֵׂית בִּזְהִירוּת.*

2. מִילּוּי (מַכְשִׁירֵי חַשְׁמַל וְכוּ׳): charging

*מְכוֹנַת הַגִּילּוּחַ פּוֹעֶלֶת אַחֲרֵי **טְעִינָה** בַּחַשְׁמַל.*

טעםפ׳ טָעַם tasted

1. לָקַח לַפֶּה מֵהָאוֹכֶל כְּדֵי לִבְדּוֹק אִם הוּא טוֹב:

*הַטַּבָּח **טָעַם אֶת** הַמָּרָק וְהוֹסִיף לוֹ מֶלַח.*

2. הָיָה טָעִים: was tasty

*הָאֲרוּחָה **טָעֲמָה** לִי מְאוֹד.*

לִטְעוֹם אֶת- / ט.ע.ם, פָּעַל / טָעַמְתִּי, טוֹעֵם, אֶטְעַם

טעםז׳ טַ֫עַם [טְעָמִים] taste

1. מַה שֶּׁהָאָדָם מַרְגִּישׁ בַּפֶּה, כְּשֶׁהוּא אוֹכֵל:

***טַעַם** הַסּוּכָּר מָתוֹק, וְ**טַעַם** הַלִּימוֹן - חָמוּץ.*

2. הַדְגָּשָׁה בַּמִּילָּה: stress

*הַ**טַּעַם** בַּמִּילָּה 'דָּבָר' הוּא בְּ-'בָר'.*

3. תּוֹעֶלֶת, סִיבָּה: reason

*אֵין **טַעַם** לָלֶכֶת לַמִּשְׂרָד, הוּא סָגוּר עַכְשָׁיו.*

4. **טַעֲמֵי הַמִּקְרָא** - הַסִּימָנִים בְּסֵפֶר הַתַּנַ"ךְ מֵעַל הַמִּילִּים וּמִתַּחַת לָהֶן: signs indicating musical stresses in the Bible

הַטְּעָמִים בַּתַּנַ"ךְ מְסַמְּנִים, כְּמוֹ תָּווִים, אֶת הַמַּנְגִּינָה שֶׁל הַטֶּקְסְט.

חֲסַר טַעַם tasteless

טוּב טַעַם good taste

טַעַם לְוַואי aftertaste

טַעַם לִפְגַם fault, defect

מִטַּעַם on behalf of...

טעןפ׳ טָעַן loaded

1. שָׂם חֲבִילוֹת בִּמְכוֹנִית וְכוּ׳:

*הֵם **טָעֲנוּ** אֶת הָאַרְגָּזִים עַל הַמְּכוֹנִיּוֹת.*

2. אָמַר, הִבִּיעַ אֶת דַּעְתּוֹ: argued

*עוֹרֵךְ הַדִּין **טָעַן**, שֶׁהָעֵד מְשַׁקֵּר.*

3. 'מִילֵּא' מַכְשִׁירֵי חַשְׁמַל: charged

***טָעַנְתִּי** אֶת מַצְבֵּר הַמְּכוֹנִית.*

לִטְעוֹן אֶת- / ט.ע.ן, פָּעַל / טָעַנְתִּי, טוֹעֵן, יִטְעַן, טְעַן!

טענהנ׳ טַעֲנָה [טְעָנוֹת] argument, plea

1. קְבִיעָה, אֲמִירָה שֶׁל סִיבּוֹת וְכוּ׳:

*הַ**טַּעֲנָה** שֶׁהִשְׁמִיעַ בְּבֵית הַמִּשְׁפָּט לֹא הִתְקַבְּלָה.*

2. תְּלוּנָה, מַשֶּׁהוּ שֶׁלֹּא מוֹצֵא חֵן: complaint

*לַמּוֹרֶה יֵשׁ **טְעָנוֹת** נֶגֶד הַתַּלְמִיד.*

טףז׳ טַף small children

יְלָדִים:

*הַהַצָּגָה לְכָל הַמִּשְׁפָּחָה - הוֹרִים וָ**טַף**.*

טפחפ׳ טָפַח struck lightly

הִיכָּה בַּיָּד בְּקַלּוּת:

*הוּא **טָפַח** לַיֶּלֶד עַל הַלֶּחִי מִתּוֹךְ אַהֲבָה.*

לִטְפּוֹחַ לְ- / ט.פ.ח, פָּעַל / טָפַחְתִּי, טוֹפֵחַ, יִטְפַּח, טְפַח!

טפחז׳ טֶ֫פַח span, a little

מִידָּה קְטַנָּה (הָרוֹחַב שֶׁל כַּף הַיָּד).

*(מֶטָאפוֹרָה) מְעַט: הוּא מְגַלֶּה רַק **טֶפַח** מִמַּה שֶּׁקָּרָה.*

טפחותנ״ר טְפָחוֹת roof

קְרָשִׁים שֶׁל גַּג הַבִּנְיָין

מִן הַמַּסָּד עַד הַטְּפָחוֹתב׳ - מֵהַהַתְחָלָה וְעַד הַסּוֹף: from beginning to end

שִׁינִּיתִי אֶת כָּל הַתּוֹכְנִיּוֹת מִן הַמַּסָּד וְעַד הַטְּפָחוֹת.

טפטפהנ׳ טַפְטָפָה [טַפְטָפוֹת] drip-sprinkler

מַכְשִׁיר שֶׁיּוֹצְאוֹת מִמֶּנּוּ טִיפּוֹת מַיִם כְּדֵי לְקָרֵר אֶת הָאֲוִויר אוֹ לְהַשְׁקוֹת גִּינּוֹת:

*הַמַּיִם יוֹצְאִים מִן הַ**טַּפְטָפָה** לְאַט וּבְכַמּוּת הַדְּרוּשָׁה.*

טפיחהנ׳ טְפִיחָה [טְפִיחוֹת] light tap

מַכָּה:

*הוּא נָתַן לִי **טְפִיחָה** עַל הַגַּב.*

טפילז', טַפִּיל [טַפִּילִים] parasite
בַּעַל חַיִּים אוֹ צֶמַח שֶׁחַיִּים עַל חֶשְׁבּוֹן אֲחֵרִים:
*הַצֶּמַח הַזֶּה הוּא **טַפִּיל**. / דָּוִד הוּא **טַפִּיל** שֶׁחַי עַל חֶשְׁבּוֹנִי.*
טַפִּילָה, טַפִּילוֹת

טפלפ', טָפַל slandered
(מֶטָאפוֹרָה) אוֹמֵר, מְיַיחֵס לְמִישֶׁהוּ (בְּדֶרֶךְ כְּלָל דְּבָרִים לֹא נְכוֹנִים):
*הוּא **טָפַל עָלַיי** דִּבְרֵי שֶׁקֶר.*
לִטפּוֹל עַל- / ט.פ.ל, פָּעַל / טָפַלְתִּי, טוֹפֵל, יִטפּוֹל, טפוֹל!

טפלת', טָפֵל insipid
לֹא עִיקָּרִי, צְדָדִי, לֹא חָשׁוּב:
*בַּהַרְצָאָה הָיוּ דְּבָרִים **טְפֵלִים**.*
אֱמוּנָה טְפֵלָה superstition
טְפֵלָה, טְפֵלִים, טְפֵלוֹת

טקסז', טֶקֶס [טְקָסִים] ceremony
צֶרֶמוֹנְיָה, מְסִיבָּה פוֹרְמָלִית, (חֲתוּנָּה, לְוָויָה, חֲלוּקַת פְּרָסִים וְכוּ'):
*בְּסוֹף שְׁנַת הַלִּימּוּדִים יִתְקַיֵּים **טֶקֶס** חֲלוּקַת תְּעוּדוֹת.*

טרדפ', טָרַד troubled
הִפְרִיעַ:
*הֶעָתִיד שֶׁל בְּנִי **טוֹרֵד** אֶת שְׁנָתִי.*
לִטרוֹד אֶת- / ט.ר.ד, פָּעַל / טָרַדְתִּי, טוֹרֵד, יִטרוֹד

טרדןז', טַרְדָן [טַרְדָנִים] pest, bothersome person
מִי שֶׁ'מְבַלְבֵּל אֶת הַמּוֹחַ', מַפְרִיעַ בִּדְבָרִים קְטַנִּים:
*הוּא **טַרְדָן** גָּדוֹל, כָּל הַזְּמַן שׁוֹאֵל שְׁאֵלוֹת.*
טַרְדָנִית, טַרְדָנִיּוֹת

טרודת', טָרוּד busy, troubled (adj.)
עָסוּק:
*אֲנִי **טָרוּד** בָּעֲבוֹדָה יוֹם וָלַיְלָה.*
טְרוּדָה, טְרוּדִים, טְרוּדוֹת

טרוםמ"י, טְרוֹם- pre-
קוֹדֶם, לִפְנֵי-:
*יְלָדִים בְּנֵי 4, הוֹלְכִים לְגַן **טְרוֹם**-חוֹבָה.*

טרחפ', טָרַח took the trouble, worked hard
עָבַד קָשֶׁה, הִשְׁתַּדֵּל מְאוֹד:
__טָרַחְתִּי__ הַרְבֵּה לִפְנֵי הַמְּסִיבָּה.
לִטרוֹחַ / ט.ר.ח, פָּעַל / טָרַחְתִּי, טוֹרֵחַ, יִטרַח, טְרַח!

טרית', טָרִי fresh
חָדָשׁ (בְּעִיקָּר אוֹכֶל כְּמוֹ לֶחֶם, בָּשָׂר):
*קָנִיתִי יְרָקוֹת וּפֵירוֹת **טְרִיִּים** בַּשּׁוּק.*
טְרִיָּה, טְרִיִּים, טְרִיּוֹת

טריפהנ', טְרֵפָה [טְרֵיפוֹת] non-kosher food
בַּעַל חַיִּים שֶׁאָסוּר בַּאֲכִילָה לְפִי הַדָּת הַיְּהוּדִית:
*הַבָּשָׂר שֶׁל פָּרָה מֵתָה הוּא **טְרֵפָה**.*

טריקהנ', טְרִיקָה [טְרִיקוֹת] slam
סְגִירָה בְּכוֹחַ:
*הוּא יָצָא **בִּטְרִיקַת** דֶּלֶת.*

טרםתה"פ, טֶרֶם not yet
1. עֲדַיִין לֹא:
***טֶרֶם** רָאִיתִי אֶת דָּוִד.*
2. לִפְנֵי-: before
***טֶרֶם** עֲלִיָּיתִי לָאָרֶץ עָבַדְתִּי בְּבֵית סֵפֶר.*
טֶרֶם עֵת/בְּטֶרֶם עֵת untimely

טרףפ', טָרַף devoured
בָּלַע (בְּדֶרֶךְ כְּלָל בַּעֲלֵי חַיִּים):
*הָאַרְיֵה **טָרַף** אֶת הַכֶּבֶשׂ. / (מֶטָאפוֹרָה) **טָרַפְתִּי** כָּל מַה שֶּׁהָיָה בַּמְּקָרֵר.*
2. עִירְבֵּב, בִּילְבֵּל: mixed, shuffled
*הוּא **טָרַף** אֶת הַקְּלָפִים, וְהִתְחַלְנוּ לְשַׂחֵק.*
לִטרוֹף אֶת- / ט.ר.ף, פָּעַל / טָרַפְתִּי, טוֹרֵף, יִטרוֹף, טְרוֹף!

טרףת', טָרֵף non-kosher (food)
לֹא כָּשֵׁר, אָסוּר לֶאֱכוֹל לְפִי חוּקֵּי הַכַּשְׁרוּת שֶׁל הַדָּת הַיְּהוּדִית:
*סִיר שֶׁבִּישְּׁלוּ בּוֹ חָלָב וּבָשָׂר הוּא **טָרֵף**.*
טְרֵיפָה, טְרֵיפִים, טְרֵיפוֹת

טרףז', טֶרֶף prey
בַּעַל-חַיִּים שֶׁטָּרְפוּ אוֹתוֹ, בָּלְעוּ אוֹתוֹ:
הָאַרְיֵה בָּלַע אֶת הַטֶּרֶף, כִּי הָיָה רָעֵב.
חַיַּית טֶרֶף beast of prey

טרקפ', טָרַק slammed
סָגַר בְּכוֹחַ:
*הוּא יָצָא **וְטָרַק** אַחֲרָיו אֶת הַדֶּלֶת.*
לִטרוֹק אֶת- / ט.ר.ק, פָּעַל / טָרַקְתִּי, טוֹרֵק, אֶטרוֹק

טרקליןז', טְרַקְלִין [טְרַקְלִינִים] parlor
אוּלָם, חֶדֶר גָּדוֹל מְאוֹד, סָלוֹן:
*אֶת הַמְּסִיבּוֹת עוֹרְכִים **בַּטְּרַקְלִין**.*

טרשיםז"ר, טְרָשִׁים rocks and stones
סְלָעִים בּוֹלְטִים:
*הַדֶּרֶךְ הָיְתָה קָשָׁה בִּגְלַל **הַטְּרָשִׁים** וְהָאֲבָנִים הַגְּדוֹלוֹת.*
אַדְמַת טְרָשִׁים - אֲדָמָה שֶׁיֵּשׁ בָּהּ הַרְבֵּה סְלָעִים.

י

י 10th letter of Heb. alphabet
יוד/יוּד, הָאוֹת הָעֲשִׂירִית בָּאָלֶפְבֵּית הָעִבְרִי; מְסַמֶּנֶת שֵׁם מִספָּר – 10, עֲשִׂירִי/עֲשִׂירִית:
בְּנִי לוֹמֵד בְּכִיתָה י'.

יאהת' יָאֶה proper, nice
יָפֶה, טוֹב:
*לֹא **יָאֶה** לְדַבֵּר כָּךְ.*
יָאָה, יָאִים, יָאוֹת

יבבהנ' יְבָבָה [יְבָבוֹת] whimper
בֶּכִי בְּקוֹל חַלָּשׁ:
*שָׁמַעְנוּ קוֹל **יְבָבָה**, וּבָאנוּ לַעֲזוֹר.*

יבואז' יְבוּא import
כֹּל מַה שֶּׁקּוֹנִים בְּחוּץ לָאָרֶץ וּמוֹכְרִים בָּאָרֶץ:
***יְבוּא** הַמְּכוֹנִיּוֹת מִיַּפָּן לְיִשְׂרָאֵל גָּדֵל מִשָּׁנָה לְשָׁנָה.*

יבואןז' יְבוּאָן [יְבוּאָנִים] importer
מִי שֶׁמֵּבִיא סְחוֹרוֹת מִחוּץ לָאָרֶץ:
*הוּא **יְבוּאָן** שֶׁל מְכוֹנִיּוֹת יַפָּנִיּוֹת לְיִשְׂרָאֵל.*
יְבוּאָנִית, יְבוּאָנִיּוֹת

יבולז' יְבוּל [יְבוּלִים] crop
הָאוֹכֶל שֶׁגָּדֵל בָּאֲדָמָה:
***יְבוּל** הָעַגְבָנִיּוֹת הַשָּׁנָה מוּצְלָח מְאוֹד.*

יבלתנ' יַבֶּלֶת [יַבָּלוֹת] callus, wart
בְּלִיטָה בָּעוֹר:
*יֵשׁ לִי **יַבָּלוֹת** בָּרַגְלַיִים מֵרוֹב הֲלִיכָה.*

יבשת' יָבֵשׁ dry
1. שֶׁאֵין בּוֹ מַיִם:
*מֶזֶג הָאֲוִויר הַיּוֹם חַם **וְיָבֵשׁ**, צָרִיךְ לִשְׁתּוֹת הַרְבֵּה מַיִם.*
2. (מֶטָאפוֹרָה) לֹא מְעַנְיֵין: dull
*הוּא אָדָם **יָבֵשׁ**.*
יַיִן יָבֵשׁ dry wine
נִיקּוּי יָבֵשׁ dry cleaning
יְבֵשָׁה, יְבֵשִׁים, יְבֵשׁוֹת

יבשהנ' יַבָּשָׁה [יַבָּשׁוֹת] dry land
אֲדָמָה, אֶרֶץ (נִיגּוּד לְיָם וּלְמַיִם):
*הַנּוֹסְעִים בָּאוֹנִיָּיה רָאוּ מֵרָחוֹק אֶת **הַיַּבָּשָׁה**.*

יבשתנ' יַבֶּשֶׁת [יַבָּשׁוֹת] continent
קוֹנְטִינֶנְט, (אַסְיָה, אַפְרִיקָה, אֵירוֹפָּה וְכוּ'):
*אוֹסְטְרַלְיָה הִיא **הַיַּבֶּשֶׁת** הַקְּטַנָּה בֵּין שֵׁשׁ הַיַּבָּשׁוֹת.*

יגוןז' יָגוֹן [יְגוֹנוֹת/יְגוֹנִים] grief
צַעַר עָמוֹק, אֵבֶל:
*אֲנַחְנוּ מוֹדִיעִים **בְּיָגוֹן** כָּבֵד, שֶׁאָבִינוּ מֵת.*

יגורפ' יָגֹר feared
(לְשׁוֹן גְבוֹהָה) פָּחַד:
*הָאָסוֹן, אֲשֶׁר **יָגוֹרְתִּי**, בָּא.*
/ י.ג.ר, פָּעַל / יָגוֹרְתִּי, יָגוֹר, גוּר!

יגיע (כפיים)ב' יְגִיעַ (כַּפַּיִם) fruits of hard labor
הַתּוֹצָאָה שֶׁל עֲבוֹדָה קָשָׁה:
*הַיְּרָקוֹת הָאֵלֶּה הֵם **מִיגִיעַ כַּפַּיי**.*

יגיעהנ' יְגִיעָה [יְגִיעוֹת] toil, hard work
מַאֲמָץ, עֲבוֹדָה קָשָׁה: רַק **בִּיגִיעָה** רַבָּה מַגִּיעִים לְתוֹצָאוֹת טוֹבוֹת.

יגעפ' יָגַע toiled
הִתְאַמֵּץ, עָבַד קָשֶׁה:
***יָגַעְתִּי** וְהִצְלַחְתִּי.*
/ י.ג.ע, פָּעַל / יָגַעְתִּי, יָגֵעַ, אִיגַע, תִּיגַע

יגעת' יָגֵעַ tired
1. (לְשׁוֹן סִפְרוּתִית) עָיֵיף:
*עִם לַיְלָה בָּאָה מְנוּחָה **לַיָּגֵעַ**.*
2. מִתְנַהֲלִים בְּקוֹשִׁי, בְּעָיָיתִיִּים: problematic
*הָעִנְיָינִים בֵּינֵיהֶם **יְגֵעִים**.*
יְגֵעָה, יְגֵעִים, יְגֵעוֹת

ידנ' יָד [יָדַיִים] hand
חֵלֶק בְּגוּף הָעֶלְיוֹן מְשַׁמֵּשׁ לַעֲבוֹדָה:
אֲנִי כּוֹתֶבֶת בְּיָד יָמִין.
יָד וָשֵׁם Yad Va'shem memorial
בְּיָדַיִים רֵיקוֹת empty handed
בְּיָד רְחָבָה generously
הֵרִים יָדַיִים gave up
יָדוֹ עַל הָעֶלְיוֹנָה has the upper hand
יָדוֹ עַל הַתַּחְתּוֹנָה is at a disadvantage
יָד רוֹחֶצֶת יָד one hand washes the other
עָשׂוּ יָד אַחַת collaborated
כְּיַד הַמֶּלֶךְ lavishly, regally
כִּלְאַחַר יָד offhand
מִן הַיָּד אֶל הַפֶּה from hand to mouth
יָדִי, יָדְךָ, יָדֵךְ, יָדוֹ, יָדָהּ וְכוּ'

על־יד ר' על

ידועת' יָדוּעַ — (well) known, famous
1. מְפוּרסָם, שֶיוֹדעִים עָלָיו:
*פִּיקָסוֹ הוּא צַיָּיר מוֹדֶרנִי **יָדוּעַ**.*
2. מְסוּיָם: — certain
*בְּמִידָה **יְדוּעָה** אַתָה צוֹדֵק.*
יְדוּעָה בַּצִיבּוּר — common-law wife
יָדוּעַ לְשִׁימצָה — infamous
יְדוּעָה, יְדוּעִים, יְדוּעוֹת

ידידז' יָדִיד [יְדִידִים] — friend
חָבֵר:
*דִינָה הִזמִינָה אֶת כֹּל **הַיְדִידִים** שֶלָה לִמסִיבָּה.*
יְדִיד נֶפֶש — bosom friend
יְדִידָה, יְדִידוֹת

ידידותנ' יְדִידוּת — friendship
קֶשֶר בֵּין חֲבֵרִים אוֹ עַמִים:
***הַיְדִידוּת** בֵּין הַחֲבֵרִים נִמשְׁכָה הַרבֵּה שָנִים.*

ידידותית' יְדִידוּתִי — friendly
יֵש בּוֹ יְדִידוּת, חֲבֵרוּת, אַהֲבָה:
*אֵין קְשָרִים **יְדִידוּתִיִים** בֵּין הַשׁכֵנִים.*
יְדִידוּתִית, יְדִידוּתִיִים, יְדִידוּתִיוֹת

ידיעהנ' יְדִיעָה [יְדִיעוֹת] — knowledge
1. מַשֶהוּ שֶיוֹדעִים:
*הוּא עוֹשֶׂה הַכֹּל בְּלִי **יְדִיעַת** אִישתוֹ.*
2. אִינפוֹרמַציָה בְּנוֹשֵׂא מְסוּיָם: — information
*יֵש לוֹ **יְדִיעוֹת** רְחָבוֹת בְּהִיסטוֹריָה.*
3. חֲדָשָה, אִינפוֹרמַציָה: — news item
*הָעִיתוֹן מֵבִיא לַקוֹרְאִים **יְדִיעוֹת** מִכֹּל הָעוֹלָם.*

ידיעוןז' יְדִיעוֹן [יְדִיעוֹנִים] — bulletin
חוֹבֶרֶת אוֹ סֵפֶר שֶל אִינפוֹרמַציָה:
*קָנִיתִי אֶת **הַיְדִיעוֹן** שֶל אוּנִיבֶרסִיטַת תֵל-אָבִיב.*

ידיתנ' יָדִית [יָדִיוֹת] — handle
הַחֵלֶק שֶמַחֲזִיקִים בּוֹ בְּמַכשִיר:
*בַּדֶלֶת אֵין **יָדִית**, כִּי הִיא נִפתַחַת בְּאוֹפֶן אוֹטוֹמָטִי.*

ידעפ' יָדַע — knew
הֵבִין בְּשִׂכלוֹ, הָיָה בַּעַל אִינפוֹרמַציָה וַהֲבָנָה:
*הוּא **יָדַע** אֶת כֹּל הַתְשׁוּבוֹת לַשְאֵלוֹת בַּמִבחָן.*
לָדַעַת אֶת- / י.ד.ע, פָּעַל / יָדַעתִי, יוֹדֵעַ, יֵדַע, דַע!

ידעז' יֶדַע — knowledge, information
אִינפוֹרמַציָה, יְדִיעָה, בְּעִיקָר שֶל עוּבדוֹת (טֶכנִיוֹת וְכוּ'):
*יֵש לוֹ **יֶדַע** וְנִיסָיוֹן בְּמַחשְׁבִים.*

ידעןז' יַדְעָן [יַדעָנִים] — knowledgeable, expert
מִי שֶיוֹדֵעַ הַרבֵּה:
*הוּא **יַדעָן** גָדוֹל בְּמַחשְׁבִים.*
יַדעָנִית, יַדעָנִיוֹת

יהדותנ' יַהֲדוּת — Judaism
1. כֹּל מַה שֶקָשוּר לַדָת הַיְהוּדִית וּלְעַם יִשׂרָאֵל:
*לִימוּדֵי **הַיַהֲדוּת** הֵם: תַנַ"ך, הִיסטוֹריָה שֶל עַם יִשׂרָאֵל, לָשוֹן וְסִפרוּת עִברִית.*
2. כֹּל הַיְהוּדִים בְּאַחַת הַמְדִינוֹת: — Jewry
***יַהֲדוּת** ארה"ב עָזרָה הַרבֵּה לַהֲקָמַת הַמְדִינָה.*

יהודיתו"ז יְהוּדִי [יְהוּדִים] — Jew
בֵּן לְעַם יִשׂרָאֵל:
***יְהוּדִים** רַבִּים חַיִים בִּברִית הַמוֹעָצוֹת וּבְאַרצוֹת הַבְּרִית.*
יְהוּדִי ת' – — Jewish
*אֶרֶץ יִשׂרָאֵל הִיא הַמוֹלֶדֶת שֶל הָעָם **הַיְהוּדִי**.*
יְהוּדִיָיה - יְהוּדִית, יְהוּדִיִים, יְהוּדִיוֹת

יהירת' יָהִיר — vain, arrogant
גֵאֶה, חוֹשֵב אֶת עַצמוֹ לְחָשוּב, חָכָם:
*הוּא **יָהִיר** מְאוֹד - חוֹשֵב שֶהַכּוֹל הוּא יוֹדֵעַ.*
יְהִירָה, יְהִירִים, יְהִירוֹת

יהירותנ' יְהִירוּת — vanity, arrogance
גַאֲוָוה, כּשֶמִישֶהוּ חוֹשֵב אֶת עַצמוֹ חָכָם (חָשוּב וְכוּ'):
*בִּגלַל **הַיְהִירוּת** שֶלוֹ הוּא לֹא לוֹמֵד מֵאֲחֵרִים.*

יהלוםז' יַהֲלוֹם [יַהֲלוֹמִים] — diamond
אֶבֶן יְקָרָה:
*קִיבַּלתִי מִדָוִיד טַבַּעַת **יַהֲלוֹמִים**.*

יהלומןז' יַהֲלוֹמָן [יַהֲלוֹמָנִים] — diamond dealer
מִי שֶמִתעַסֵק בְּיַהֲלוֹמִים - מוֹכֵר, קוֹנֶה:
***הַיַהֲלוֹמָנִים** מַכנִיסִים הַרבֵּה דוֹלָרִים לָאָרֶץ.*

יובאפ' יֻבָּא — was imported
הֵבִיאוּ אוֹתוֹ מִחוּץ לָאָרֶץ כִּסחוֹרָה:
*הַמְכוֹנִיוֹת **יוּבְּאוּ** מִיַפָּן.*
/ י.ב.א, פּוּעַל / יוּבְּאוּ, מְיוּבָּא, יְיוּבָּא, יְיוּבְּאוּ

יובלז' יוֹבֵל [יוֹבְלִים/יוֹבְלוֹת] — fifty years
1. תקוּפָה שֶל חֲמִישִים שָנָה:
*עָלִיתִי לָאָרֶץ לִפנֵי **יוֹבֵל** שָנִים.*
2. כֹּל תקוּפָה "עֲגוּלָה" - 20 שָנָה, 25, 30 וְכוּ': — jubilee
*חָגַגנוּ אֶת **יוֹבֵל** הַ-40 לַקִיבּוּץ. הָיְיתָה מְסִיבָּה גְדוֹלָה.*
יוֹבְלוֹת - *כְּבָר יוֹבְלוֹת לֹא נִפגַשנוּ.* — ages

יובשפ׳ יֻבַּשׁ — was dried (up)
הוציאו מִמֶּנּוּ אֶת הַמַּיִם:
*הַבְּגָדִים שֶׁנִּרְטְבוּ בַּגֶּשֶׁם **יוּבְּשׁוּ** לְיַד הַתַּנּוּר.*
/ י.ב.ש, פּוּעַל / יוּבַּשׁוּ, מְיוּבָּשׁ, אֲיוּבַּשׁ, יְיוּבַּשׁ

יובשז׳ יֹבֶשׁ — dryness
מַצָּב שֶׁל חוֹסֶר רְטִיבוּת:
*הַקַּיִץ בְּיִשְׂרָאֵל הוּא תְקוּפָה שֶׁל **יוֹבֶשׁ**.*

יודעפ׳ יֻדַּע — was informed
מָסְרוּ לוֹ אִינְפוֹרְמַצְיָה:
*הוּא **יוּדַּע** בְּקֶשֶׁר לָאָסוֹן.*
/ י.ד.ע, פּוּעַל / יוּדְּעוּ, מְיוּדָּע, יְיוּדַּע, יְיוּדְּעוּ

יוהדפ׳ יֻהַד — was converted to Judaism
1. נַעֲשָׂה יְהוּדִי, גִּיְּרוּ אוֹתוֹ:
*אַחֲרֵי שֶׁהוּא **יוּהַד**, הוּא יְהוּדִי גָּמוּר.*
2. קִיבֵּל אוֹפִי יְהוּדִי: — became Judaized
*הָאֵיזוֹר הַזֶּה **מְיוּהָד** מֵאָז 1948.*
/ י.ה.ד, פּוּעַל / יוּהֲדוּ, מְיוּהָד, יְיוּהַד, יְיוּהֲדוּ

יוהרהנ׳ יֻהֲרָה (יָהֲרָה) — arrogance
גַּאֲוָה, כְּשֶׁמִּישֶׁהוּ חוֹשֵׁב שֶׁהוּא חָכָם, חָשׁוּב:
*הַ**יּוּהֲרָה** שֶׁלְּךָ מַרְחִיקָה מִמְּךָ חֲבֵרִים.*

יווןנ׳ יָוָן — Greece
מְדִינָה יָם תִיכוֹנִית בִּדְרוֹם הַבַּלְקָן:
*אַתּוּנָה, בִּירַת **יָוָן**, הִיא עִיר עַתִּיקָה.*

יוונית׳ יְוָנִי — Greek
שַׁיָּיךְ לְאֶרֶץ יָוָן, בָּא מִיָּוָן וְכוּ׳:
*אֲנִי אוֹהֵב מוּסִיקָה **יְוָנִית**.*
יְוָנִית, יְוָנִיִּים, יְוָנִיּוֹת

יווניתנ׳ יְוָנִית — Greek (language)
הַשָּׂפָה שֶׁמְּדַבְּרִים בְּאֶרֶץ יָוָן:
*הַ**יְּוָנִית** הִיא שָׂפָה עַתִּיקָה.*

יוזמהנ׳ יָזְמָה [יוֹזְמוֹת] — initiative
רָצוֹן לְהַתְחִיל דְּבָרִים חֲדָשִׁים:
*בֵּית הַחֲרוֹשֶׁת הֶחָדָשׁ הוּקַם **בְּיוֹזְמַת** אַנְשֵׁי הַמָּקוֹם.*

יוחדפ׳ יֻחַד — was allocated/devoted (to)
קָבְעוּ אוֹתוֹ לְמַטָּרָה מְיוּחֶדֶת:
*הַפֶּרֶק הַזֶּה בַּסֵּפֶר **יְיוּחַד** לְאוֹמָנוּת.*
/ י.ח.ד, פּוּעַל / יוּחֲדוּ, מְיוּחָד, יְיוּחַד, יְיוּחֲדוּ

יוחספ׳ יֻחַס — was attributed (to)
יִיחֲסוּ אוֹתוֹ לְמִישֶׁהוּ (אוֹ מַשֶּׁהוּ), חָשְׁבוּ שֶׁהוּא שַׁיָּיךְ לְ..., נִכְתַּב עַל־יְדֵי־:
*הַסֵּפֶר הַזֶּה **יוּחַס** לְסוֹפֵר צָרְפָתִי.*
/ י.ח.ס, פּוּעַל / יוּחֲסוּ, מְיוּחָס, יְיוּחַס, יְיוּחֲסוּ

יולדפ׳ יֻלַּד — was born
נוֹלַד:
*הַבֵּן **יוּלַּד** בְּבֵית הַחוֹלִים בְּתֵל-אָבִיב.*
/ י.ל.ד, פּוּעַל / יוּלְּדוּ, מְיוּלָּד, יְיוּלַּד, יְיוּלְּדוּ

יולדתנ׳ יוֹלֶדֶת [יוֹלְדוֹת] — mother (in maternity ward)
אִישָּׁה זְמַן קָצָר אַחֲרֵי שֶׁנּוֹלַד לָהּ יֶלֶד:
*רוּת נִמְצֵאת עַכְשָׁיו בְּבֵית הַחוֹלִים בְּמַחְלֶקֶת **הַיּוֹלְדוֹת**.*

יוםז׳ יוֹם [יָמִים] — day
הַזְּמַן מֵהַבּוֹקֶר עַד הָעֶרֶב:
***יוֹם** שַׁבָּת הוּא **יוֹם** מְנוּחָה.*
כַּיּוֹם — nowadays
יוֹם טוֹב — holiday
יְמוֹת־הַמָּשִׁיחַ — days of redemption
יְמֵי־בְּרֵאשִׁית — days of creation
יְמֵי־הַבֵּינַיִים — the middle ages
יְמֵי־קֶדֶם — ancient times
דִּבְרֵי־הַיָּמִים — history
מִידֵי יוֹם בְּיוֹמוֹ — every day
בִּן־יוֹם — within a day
סֵדֶר־הַיּוֹם — the agenda
מִיָּמִים יָמִימָה — from time immemorial (colloq.)
בָּא בַּיָּמִים — advanced in years
מִשֶּׁכְּבָר הַיָּמִים — ages ago
שְׂבַע־יָמִים — very old

יומית׳ יוֹמִי — daily
שֶׁל כֹּל יוֹם:
*אֲנִי קוֹרֵאת עִיתּוֹן **יוֹמִי** כֹּל יוֹם.*
הַצָּגָה יוֹמִית - סֶרֶט שֶׁמַּצִּיגִים בַּיּוֹם וְלֹא בָּעֶרֶב
פּוֹעֵל יוֹמִי - פּוֹעֵל שֶׁמְּקַבֵּל שָׂכָר לְפִי מִסְפַּר יְמֵי הָעֲבוֹדָה שֶׁעָבַד, בְּנִיגּוּד לְפוֹעֵל בְּשָׂכָר חוֹדְשִׁי

יומיוםז׳ יוֹמְיוֹם — everyday
(יוֹם־יוֹם) ת״פ בְּכֹל יוֹם וָיוֹם:
***יוֹמְיוֹם** אֲנִי הוֹלֵךְ לַעֲבוֹדָה בְּשָׁעָה 8.00*

יומיומית׳ יוֹמְיוֹמִי — daily
מַשֶּׁהוּ שֶׁחוֹזֵר בְּכֹל יוֹם, מַשֶּׁהוּ רָגִיל:
*הָעֲבוֹדָה **הַיּוֹמְיוֹמִית** בַּמִּשְׂרָד מְשַׁעֲמֶמֶת אוֹתִי.*
יוֹמְיוֹמִית, יוֹמְיוֹמִיִּים, יוֹמְיוֹמִיּוֹת

יומיתת"פ יוֹמִית on a daily basis
לְפִי יוֹם (כְּשֶׁמְּשַׁלְּמִים לְפִי יוֹם, לֹא לְפִי חוֹדֶשׁ):
*אֲנִי עוֹבֵד **יוֹמִית**.*
"עָשִׂיתִי אֶת הַיּוֹמִית שֶׁלִּי" (לְשׁוֹן דִּיבּוּר) - daily quota
עָבַדְתִּי מַסְפִּיק לְיוֹם אֶחָד.

יומןז' יוֹמָן [יוֹמָנִים] diary
1. מַחְבֶּרֶת שֶׁכּוֹתְבִים בָּהּ מַה קָּרָה כָּל יוֹם:
*'**הַיּוֹמָן** שֶׁל אַנָּה פְרַנְק' תּוּרְגַּם לְשָׂפוֹת רַבּוֹת.*
2. מַחְבֶּרֶת שֶׁתַּלְמִידִים כּוֹתְבִים בָּהּ מַה צָּרִיךְ לִלְמוֹד בַּבַּיִת: notebook for homework assignment
*הֵכַנְתִּי שִׁיעוּרִים, עָשִׂיתִי מַה שֶּׁכָּתוּב **בַּיּוֹמָן**.*
3. תֵּיאוּר בָּרַדְיוֹ אוֹ בַּטֶּלֶוִויזְיָה שֶׁל מַה שֶּׁקָּרָה (בַּיּוֹם, בַּשָּׁבוּעַ וְכוּ'): journal
*הַתּוֹכְנִית שֶׁל '**יוֹמַן הַשָּׁבוּעַ**' הָיְיתָה מְעַנְיֶינֶת מְאוֹד.*
יוֹמַן הַכִּיתָּה attendance sheet

יומרהנ' יֻמְרָה [יוּמְרוֹת] pretension
כְּשֶׁמִּישֶׁהוּ חוֹשֵׁב, שֶׁהוּא טוֹב בִּמְיוּחָד:
*יֵשׁ לוֹ **יוּמְרָה** לִהְיוֹת שַׂחְקָן.*

יומרנית' יֻמְרָנִי pretentious
מִי שֶׁיֵּשׁ לוֹ פְּרֶטֶנְזִיּוֹת, "נָפוּחַ":
*הַשָּׂפָה שֶׁלּוֹ **יוּמְרָנִית**.*
יוּמְרָנִית, יוּמְרָנִיִּים, יוּמְרָנִיּוֹת

יונהנ' יוֹנָה [יוֹנִים] pigeon, dove
צִיפּוֹר בַּיִת:
*הַ**יּוֹנָה** הַלְּבָנָה הִיא סֵמֶל הַשָּׁלוֹם.*
יוֹנַת דּוֹאַר homing pigeon

יונקז' יוֹנֵק [יוֹנְקִים] suckling, baby
תִּינוֹק שֶׁמְּקַבֵּל חָלָב מִגּוּף הָאֵם:
*הָאָחוֹת עוֹבֶדֶת בַּמַּחְלָקֶת **הַיּוֹנְקִים** בְּבֵית הַחוֹלִים.*
יוֹנְקִים mammals

יוסףפ' יֻסַּף was revaluated
עָשׂוּ שֶׁיִּהְיֶה לוֹ עֵרֶךְ גָּדוֹל יוֹתֵר:
*מְחִיר הַשֶּׁקֶל **יוּסַף**, אֶפְשָׁר לִקְנוֹת בְּשֶׁקֶל הַרְבֵּה דְּבָרִים.*
/ י.ס.ף, פּוּעַל / יוּסְפוּ, מְיוּסָּף, יְיוּסְפוּ

יועץז' יוֹעֵץ [יוֹעֲצִים] adviser
מוּמְחֶה שֶׁנּוֹתֵן עֵיצוֹת וּמַדְרִיךְ בְּמִקְצוֹעַ מְסוּיָּם:
*לְרֹאשׁ הַמֶּמְשָׁלָה יֵשׁ **יוֹעֵץ** מִשְׁפָּטִי, **יוֹעֵץ** כַּלְכָּלִי וְכוּ'.*
יוֹעֶצֶת, יוֹעֲצוֹת

יופיז' יֹפִי beauty
1. מַה שֶּׁיֵּשׁ בְּדָבָר יָפֶה, שֶׁנָּעִים לִרְאוֹת אוֹתוֹ:
*אֲנִי אוֹהֵב אֶת **הַיּוֹפִי** שֶׁל יְרוּשָׁלַיִם. / רוּת נִבְחֲרָה לְמַלְכַּת **יוֹפִי**.*
2. (לְשׁוֹן דִּיבּוּר) נֶהְדָּר! נִפְלָא!: great!
*- סוֹף סוֹף הֵם מִתְחַתְּנִים. - **יוֹפִי**! מָתַי?*
מְכוֹן לְיוֹפִי beauty salon
יוֹפִי שֶׁל מוּסִיקָה/יוֹפִי לוֹ!/אֵיזֶה יוֹפִי!

יוצאת' יוֹצֵא(ר' יצא) coming out
בָּא הַחוּצָה, מִתּוֹךְ מַשֶּׁהוּ אוֹ מִישֶׁהוּ.
יוֹצֵא דּוֹפֶןב' - לֹא רָגִיל: exceptional
*דָּוִיד גָּבוֹהַּ מְאוֹד, הוּא **יוֹצֵא דּוֹפֶן** בֵּין בְּנֵי גִילוֹ.*
יוֹצֵאת דּוֹפֶן, יוֹצְאֵי דּוֹפֶן, יוֹצְאוֹת דּוֹפֶן
יוֹצֵא מִן הַכְּלָלב' – irregular
1. לֹא רָגִיל, שׁוֹנֶה מֵאֲחֵרִים, מְיוּחָד:
*לְכָל כְּלָל דִּיקְדּוּקִי יֵשׁ צוּרוֹת **יוֹצְאוֹת מִן הַכְּלָל**.*
2. טוֹב, יָפֶה בִּמְיוּחָד: wonderful
*זֶה הָיָה קוֹנְצֶרְט **יוֹצֵא מִן הַכְּלָל**.*
יוֹצֵאת מִן הַכְּלָל, יוֹצְאִים מִן הַכְּלָל, יוֹצְאוֹת מִן הַכְּלָל
יוֹצֵא צָבָאב' - eligible for military service
*כָּל יִשְׂרְאֵלִי בֶּן 18 וָמַעְלָה הוּא **יוֹצֵא צָבָא**.*

יוצרת"ז יוֹצֵר [יוֹצְרִים] creator, artist
מַמְצִיא, מִי שֶׁכּוֹתֵב סִפְרוּת, מוּסִיקָה...:
*לֹא תָּמִיד יוֹדֵעַ **הַיּוֹצֵר** לְהַסְבִּיר אֶת מַה שֶּׁכָּתַב.*
דִּמְיוֹן יוֹצֵר creative imagination
זְכוּת יוֹצְרִים copyright
יוֹצֶרֶת, יוֹצְרוֹת

יוקרז' יֹקֶר high cost
מְחִיר גָּבוֹהַּ, יָקָר:
*לֹא קָנִיתִי בְּגָדִים בִּגְלַל **הַיּוֹקֶר** שֶׁלָּהֶם.*
יוֹקֶר־הַמִּחְיָה cost of living
תּוֹסֶפֶת־יוֹקֶר cost of living increase

יוקרהנ' יֻקְרָה prestige
פְּרֶסְטִיזָ'ה. עֶמְדָּה מְיוּחֶדֶת בִּגְלַל חֲשִׁיבוּת, הַצְלָחָה וְכוּ':
***הַיּוּקְרָה** שֶׁל רֹאשׁ הַמֶּמְשָׁלָה גְּבוֹהָה מְאוֹד.*

יוקרתית' יֻקְרָתִי prestigious
שֶׁיֵּשׁ בּוֹ פְּרֶסְטִיזָ'ה, שֶׁנֶּחְשָׁב לְמַצְלִיחַ, לְחָשׁוּב וְכוּ':
*בַּחֲנוּת **יוּקְרָתִית** הַמְּחִירִים גְּבוֹהִים מְאוֹד.*
יוּקְרָתִית, יוּקְרָתִיִּים, יוּקְרָתִיּוֹת

יורדז' יוֹרֵד [יוֹרְדִים] an Israeli who emigrates from Israel
כָּךְ קוֹרְאִים לְיִשְׂרְאֵלִי שֶׁעָזַב לְאֶרֶץ אַחֶרֶת:
*בְּאַרְצוֹת הַבְּרִית יֵשׁ הַרְבֵּה **יוֹרְדִים**.*
יוֹרֵד יָם seaman
יוֹרֶדֶת, יוֹרְדוֹת

יורשז, יוֹרֵשׁ [יוֹרְשִׁים] — heir
מִי שֶׁמְּקַבֵּל אֶת הַכֶּסֶף וְהָרְכוּשׁ אַחֲרֵי מוֹת מִישֶׁהוּ:
הַבָּנִים הֵם הַיּוֹרְשִׁים הַטִּבְעִיִּים שֶׁל הַהוֹרִים.
יוֹרֵשׁ עֶצֶר — crown prince
יוֹרֶשֶׁת, יוֹרְשׁוֹת

יו"ש, יו"ש — Judea and Samaria (abbr.)
(ר"ת יְהוּדָה וְשׁוֹמְרוֹן) אֵיזוֹר בְּמֶרְכַּז אֶרֶץ יִשְׂרָאֵל, נִכְבַּשׁ בְּ-1967 עַל-יְדֵי צַהַ"ל:
בְּצַד הַיִּישׁוּבִים הָעַרְבִיִּים יֵשׁ בְּיו"ש הִתְנַחֲלוּיוֹת יְהוּדִיּוֹת.

יושבפ, יֻשַּׁב — was settled (by)
1. עָשׂוּ אוֹתוֹ מָקוֹם לָגוּר וְלִחְיוֹת בּוֹ:
הַנֶּגֶב יוּשַּׁב עַל-יְדֵי עוֹלִים.
2. שָׂמוּ מִישֶׁהוּ בְּמָקוֹם, כְּדֵי שֶׁיָּגוּר בּוֹ: — was settled (in)
הָעוֹלִים יוּשְּׁבוּ בַּנֶּגֶב.
3. סִידְּרוּ אוֹתוֹ, עָשׂוּ שֶׁיִּהְיֶה בְּסֵדֶר: — was settled
הַקּוֹנְפְלִיקְט בֵּין הָעוֹבְדִים יוּשַּׁב.
/ י.ש.ב, פּוּעַל / יוּשְּׁבָה, מְיוּשָּׁב, יְיוּשַּׁב

יושב ראשז, יוֹשֵׁב-רֹאשׁ — chairperson
(ר"ת - יו"ר) מִי שֶׁמְּנַהֵל אֲסֵיפָה אוֹ וְעִידָה:
יוֹשֵׁב רֹאשׁ הַכְּנֶסֶת פָּתַח אֶת הַיְשִׁיבָה בְּנוֹשֵׂא הַתַּקְצִיב.

יושםפ, יֻשַּׂם — was applied
בִּיצְּעוּ אוֹתוֹ (רַעְיוֹן, תֵּיאוֹרְיָה) בִּמְצִיאוּת:
לֹא כֹּל הַפְּרִינְצִיפִּים יוּשְּׂמוּ בַּחַיִּים.
/ י.שׂ.ם, פּוּעַל / יוּשְּׂמוּ, מְיוּשָּׂם, יְיוּשַּׂם, יְיוּשְּׂמוּ

יושרז, יֹשֶׁר — honesty, integrity
אֱמֶת, הַמַּצָּב שֶׁל אָדָם יָשָׁר:
אֲנָשִׁים אוֹהֲבִים אוֹתוֹ בִּגְלַל הַיּוֹשֶׁר שֶׁלּוֹ.

יושרפ, יֻשַּׁר — was straightened/flattened
עָשׂוּ שֶׁיִּהְיֶה יָשָׁר:
הַדְּרָכִים יוּשְּׁרוּ בְּעֶזְרַת טְרַקְטוֹרִים.
/ י.שׁ.ר, פּוּעַל / יוּשְּׁרוּ, מְיוּשָּׁר, יְיוּשַּׁר, יְיוּשְּׁרוּ

יותרתה"פ יוֹתֵר — more
בְּמִידָּה אוֹ בְּכַמּוּת גְּדוֹלוֹת מִן הַקּוֹדֶם:
8 הוּא מִסְפָּר יוֹתֵר גָּדוֹל מִ-7. עָבַדְתִּי הַרְבֵּה יוֹתֵר מִמְּךָ.
בְּיוֹתֵר (ר')
יוֹתֵר מִדַּי — too much
פָּחוֹת אוֹ יוֹתֵר — more or less
לְכֹל הַיּוֹתֵר — at most

יזוםת, יָזוּם — initiated (adj.)
חָשְׁבוּ עָלָיו וְתִיכְנְנוּ אוֹתוֹ:
הַפְּרוֹיֶיקְט הַזֶּה יָזוּם עַל יְדֵי הַמֶּמְשָׁלָה.
יְזוּמָה, יְזוּמִים, יְזוּמוֹת

יזכור, יִזְכֹּר — memorial prayer
שֵׁם שֶׁל תְּפִילָּה עַל מֵת:
בְּבֵית הַקְּבָרוֹת אָמְרוּ 'יִזְכּוֹר'.

יזםפ, יָזַם — initiated
חָשַׁב עַל בִּיצּוּעַ שֶׁל דָּבָר חָדָשׁ:
הוּא יָזַם אֶת בְּנִיַּית בֵּית הַחֲרוֹשֶׁת הַזֶּה.
לִיזוֹם אֶת- / י.ז.ם, פָּעַל / יָזַמְתִּי, יוֹזֵם, יִיזוֹם, יְזוֹם!

יזםז, יַזָּם [יַזָּמִים] — entrepreneur
מִי שֶׁיֵּשׁ לוֹ הָאִינִיצְיָאטִיבָה, מִי שֶׁמִּתְכַּנֵּן לְהָקִים דָּבָר חָדָשׁ:
הַיַּזָּם בָּא לָעִירִיָּיה עִם הַצָּעוֹת חֲשׁוּבוֹת.

יזעז, יֶזַע — perspiration
זֵיעָה, נוֹזֵל שֶׁיּוֹצֵא דֶּרֶךְ עוֹר הַגּוּף.
(מֶטָאפוֹרָה) מַאֲמָץ גָּדוֹל: — great effort
הַבַּיִת נִבְנָה בְּיֶזַע רַב.

יחדתה"פ יַחַד — together
אָדָם אֶחָד עִם עוֹד אֲנָשִׁים, זֶה עִם זֶה:
דָּוִיד וְרוּת נָסְעוּ יַחַד לְטִיּוּל.
בְּיַחַד - שְׁנֵי אֲנָשִׁים אוֹ יוֹתֵר, לֹא לְבַד

יחדיותה"פ יַחְדָּיו — together
יַחַד, זֶה עִם זֶה:
דָּוִיד וַאֲנִי, יַחְדָּיו הָלַכְנוּ לְבֵית הַסֵּפֶר.

יחי! ק, יְחִי! — long live ...!
קְרִיאָה לִכְבוֹד מִישֶׁהוּ:
יְחִי רֹאשׁ הַמֶּמְשָׁלָה!

יחידת, יָחִיד — single, only
1. רַק אֶחָד, אֵין עוֹד כָּמוֹהוּ:
מֹשֶׁה הוּא בֵּן יָחִיד, אֵין לוֹ אַחִים וַאֲחָיוֹת, וְרוּת - בַּת יְחִידָה.
2. אִינְדִּיבִידוּאוּם, פְּרָט: — individual
דַּעְתִּי הִיא דֵּיעָה שֶׁל יָחִיד.
יְחִידִים - מְעַטִּים: — few
רַק יְחִידִים הֵבִינוּ אֶת הַהַרְצָאָה.
יָחִיד בְּמִינוֹ — unique
יְחִיד סְגוּלָּה — exceptional
יְחִידָה, יְחִידִים, יְחִידוֹת

יחידהנ, יְחִידָה [יְחִידוֹת] — unit
1. קְבוּצָה קְטַנָּה, חֵלֶק מִקְּבוּצָה גְּדוֹלָה:

יְחִידָה שֶׁל חַיָּלִים שָׁמְרָה עַל הַכְּפָר.

2. גוֹדֶל מְסוּיָּם: — quantity, amount

הַשֶּׁקֶל הוּא יְחִידָה שֶׁל כֶּסֶף.

3. הַמִּסְפָּרִים מ-1 עד 9: — single digit number

2 = שְׁתֵּי יְחִידוֹת.

יחידנית' יְחִידָנִי — individual (adj.)

כֹּל אֶחָד בְּעַצְמוֹ:

בְּלִימּוּד יְחִידָנִי כֹּל תַּלְמִיד לוֹמֵד לְפִי הַיְכוֹלֶת שֶׁלּוֹ.

יְחִידָנִית, יְחִידָנִיִּים, יְחִידָנִיּוֹת

יחסז' יַחַס [יְחָסִים] — relation(ship)

1. קֶשֶׁר, שַׁיָּיכוּת:

דָוִד גִּילָּה יַחַס חַם לְהוֹרָיו. / אֵין יְחָסִים דִּיפְּלוֹמָטִיִּים בֵּין יִשְׂרָאֵל לִמְדִינוֹת עֲרָב.

2. הִתְנַהֲגוּת: — treatment, conduct

יַחַס הַשּׁוֹטְרִים הָיָה טוֹב.

מִילַּת־יַחַס — preposition

יַחֲסֵי־אֱנוֹשׁ — human relations

יַחֲסֵי־גּוֹמְלִין — reciprocity

יַחֲסֵי־מִין — sexual relations

יַחֲסֵי־צִיבּוּר — public relations

בְּיַחַס לְ- — regarding

יחסותנ' יַחֲסוּת — relativity

רֶלָטִיבִיּוּת, קֶשֶׁר בֵּין 2 דְּבָרִים, שִׁינּוּי בְּאֶחָד מַשְׁפִּיעַ עַל הָאַחֵר:

אַיְינְשְׁטַיְין פִּיתַּח אֶת תּוֹרַת הַיַּחֲסוּת.

יחסית' יַחֲסִי — relative

לֹא מוּחְלָט, מִשְׁתַּנֶּה לְפִי הַמַּצָּב וְהַתְּנָאִים:

הַזְּמַן הוּא מוּשָּׂג יַחֲסִי:

יַחֲסִית, יַחֲסִיִּים, יַחֲסִיּוֹת

יחסיותנ' יַחֲסִיּוּת — relativism

רֶלָטִיבִיּוּת:

יֵשׁ יַחֲסִיּוּת בַּחַיִּים - אֵין טוֹב אַבְּסוֹלוּטִי.

יחסיתת"פ יַחֲסִית — relatively

לֹא בְּאוֹפֶן מוּחְלָט, בְּאוֹפֶן רֶלָטִיבִי:

יַחֲסִית לַכִּיתָּה הִצְלַחְתִּי בַּמִּבְחָן.

יחסןז' יַחְסָן [יַחְסָנִים] — of good family, 'stuck up'

בֵּן לְמִשְׁפָּחָה חֲשׁוּבָה, מִי שֶׁחוֹשֵׁב שֶׁ"מַּגִּיעַ לוֹ":

הוּא יַחְסָן גָּדוֹל - לֹא מוּכָן לַעֲבוֹד בְּכֹל עֲבוֹדָה.

יַחְסָנִית, יַחְסָנִיּוֹת

יחףת' יָחֵף — barefoot

הוֹלֵךְ בְּלִי נַעֲלַיִים:

אֲנִי אוֹהֵב לָלֶכֶת יָחֵף עַל הַחוֹף לְיַד הַיָּם.

יְחֵיפָה, יְחֵיפִים, יְחֵיפוֹת

יחפןכ' יַחְפָן [יַחְפָנִים] — vagrant

מִי שֶׁחַי בָּרְחוֹב, לֹא עוֹבֵד וְכוּ':

נָתַתִּי לַיַּחְפָן 10 שְׁקָלִים.

יַחְפָנִית, יַחְפָנִיּוֹת

יחצ"ןז' יַחְצָ"ן [יַחְצָ"נִים] — public relations expert

(ר"ת - יַחֲסֵי צִיבּוּר) מִי שֶׁמְּפַרְסֵם זַמָּרִים, שַׂחְקָנִים, חֲבָרוֹת:

הִיא זַמֶּרֶת בֵּינוֹנִית, אֲבָל יֵשׁ לָהּ יַחְצָ"ן טוֹב שֶׁעוֹזֵר לָהּ.

ייאשפ' יֵאֵשׁ — caused despair

גָּרַם יֵיאוּשׁ, גָּרַם לְהַרְגִּישׁ שֶׁאֵין תִּקְוָוה:

הוּא יֵיאֵשׁ אוֹתִי, אָמַר שֶׁלֹּא אַצְלִיחַ.

לְיָיאֵשׁ אֶת- / י.א.ש, פִּיעֵל / יֵיאַשְׁתִּי, מְיָיאֵשׁ, יְיָאֵשׁ

ייאושז' יֵאוּשׁ — despair

חוֹסֶר תִּקְוָוה:

גַּם בַּמִּלְחָמָה לֹא הִגַּעְנוּ לִידֵי יֵיאוּשׁ.

אַל יֵיאוּשׁ! — don't despair!

לְאַחַר יֵיאוּשׁת"פ — hopeless

ייבאפ' יִבֵּא — imported

הֵבִיא סְחוֹרוֹת מִחוּץ לָאָרֶץ:

מְכוֹנִיּוֹת מְיֻיבָּאִים מִיַּפָּן.

לְיַיבֵּא אֶת- / י.ב.א, פִּיעֵל / יִיבֵּאתִי, מְיַיבֵּא, יְיַבֵּא, יַבֵּא!

ייבבפ' יִבֵּב — wailed

בָּכָה בְּקוֹל שָׁקֵט:

הַתִּינוֹק מְיַיבֵּב, כִּי הוּא רָעֵב.

לְיַיבֵּב / י.ב.ב, פִּיעֵל / יִיבַּבְתִּי, מְיַיבֵּב, יְיַבֵּב, יַבֵּב!

ייבוםז' יִבּוּם — Levirate marriage

מִנְהָג יְהוּדִי עַתִּיק לְפִיו הִתְחַתֵּן אָדָם עִם אֵשֶׁת אָחִיו, שֶׁמֵּת בְּלִי לְהַשְׁאִיר בָּנִים:

הַיִּיבּוּם אָסוּר בְּיָמֵינוּ.

ייבושז' יִבּוּשׁ — drying

כְּשֶׁמְּיַיבְּשִׁים מַשֶּׁהוּ:

יִיבּוּשׁ הַיָּם בְּהוֹלַנְד הִגְדִּיל אֶת הַשֶּׁטַח שֶׁלָּהּ.

מְכוֹנַת יִיבּוּשׁ — dryer

ייבםפ' יִבֵּם — married his brother's widow

הִתְחַתֵּן עִם אֵשֶׁת אָחִיו (אָח שֶׁמֵּת וְלֹא הִשְׁאִיר אַחֲרָיו יְלָדִים):

*לְפִי הַמִּנְהָג הָאָח שֶׁ**יְּיַבֵּם** אִישָׁה שָׁמַר עַל זֵכֶר הַמֵּת.*
לְיַיבֵּם אֶת- / י.ב.ם, פִּיעֵל / יִיבַּמְתִּי, מְיַיבֵּם, יְיַבֵּם, יַבֵּם!

ייבשפ׳ יִבֵּשׁ — dried
עָשָׂה שֶׁלֹּא יִהְיֶה רָטוֹב:
*הַשֶּׁמֶשׁ **יִיבְּשָׁה** אֶת הַכְּבִיסָה.*
לְיַיבֵּשׁ אֶת- / י.ב.ש, פִּיעֵל / יִיבַּשְׁתִּי, מְיַיבֵּשׁ, יְיַבֵּשׁ, יַבֵּשׁ!

ייגעפ׳ יִגֵּעַ (יִגַּע) — tired (someone)
גָּרַם עֲיֵיפוּת:
*הוּא **מְיַיגֵּעַ** מְאוֹד בַּדִּיבּוּרִים שֶׁלּוֹ.*
לְיַיגֵּעַ אֶת- / י.ג.ע, פִּיעֵל / יִיגַּעְתִּי, מְיַיגֵּעַ, יְיַגַּע

יידעפ׳ יִדֵּעַ — informed
1. מָסַר מֵידָע (אִינְפוֹרְמַצְיָה):
***יִידַּעְתִּי** אוֹתוֹ עַל הַיְשִׁיבָה.*
2. הוֹסִיף אֶת **ה׳** הַיְדִיעָה: — added the definite article
*אִם רוֹצִים **לְיַידֵּעַ** אֶת הַמִּילָּה ׳סֵפֶר׳, מוֹסִיפִים לָהּ ׳הַ׳ - ׳הַסֵּפֶר׳.*
לְיַידֵּעַ אֶת- / י.ד.ע, פִּיעֵל / יִידַּעְתִּי, מְיַידֵּעַ, יְיַדֵּעַ, יַדֵּעַ!

ייהדפ׳ יִהֵד — converted (someone) to Judaism
הָפַךְ מִישֶׁהוּ לִיהוּדִי, גִּייֵּר:
*הָרַב **יִיהֵד אֶת** מִי שֶׁלֹּא נוֹלְדוּ יְהוּדִים.*
לְיַיהֵד אֶת- / י.ה.ד, פִּיעֵל / יִיהַדְתִּי, מְיַיהֵד, יְיַהֵד, יַהֵד!

ייחדפ׳ יִחֵד — singled out
1. קָבַע שֶׁיִּהְיֶה בְּתַפְקִיד מְסוּיָּם:
*הַשַּׂר **יִיחֵד** אוֹתוֹ לְנַהֵל אֶת בֵּית הַסֵּפֶר.*
2. קָבַע מָקוֹם לְמַשֶּׁהוּ מְסוּיָּם: — allocated
***יִיחַדְנוּ** חֶדֶר לְאוֹרְחִים.*
לְיַיחֵד אֶת- / יִיחַדְתִּי, מְיַיחֵד, יְיַחֵד, יַחֵד!

ייחודז׳ יִחוּד — uniqueness
1. מַה שֶּׁמְּיוּחָד, הַשּׁוֹנֶה מִן הָאֲחֵרִים:
*הַ**יִּיחוּד** שֶׁלָּהּ הוּא בְּצֶבַע הַשֵּׂיעָר.*
2. קְבִיעָה שֶׁל דָּבָר לְצוֹרֶךְ כָּלְשֶׁהוּ: — allocating, devoting
*הֶחְלַטְנוּ עַל **יִיחוּד** חֶדֶר לְסִפְרִיָּיה.*
בְּיִיחוּד — especially

ייחודית׳ יִחוּדִי — exclusive
מְיוּחָד בְּמִינוֹ, אֵין דּוֹמֶה לוֹ:
*מִילּוֹן עִבְרִי-רוּסִי-אַנְגְּלִי הוּא מִילּוֹן **יִיחוּדִי**.*
יִיחוּדִית, יִיחוּדִיִּים, יִיחוּדִיּוֹת

ייחודיותנ׳ יִחוּדִיּוּת — exclusivity, uniqueness
אֶקְסְקְלוּסִיבִיּוּת, מַשֶּׁהוּ מְיוּחָד:
*אֲנִי לֹא מוֹצֵא כָּל **יִיחוּדִיּוּת** בַּצִּיּוּר שֶׁלּוֹ.*

ייחוסז׳ יִחוּס [יִיחוּסִים] — pedigree, lineage
1. כְּשֶׁשַּׁיָּיכִים לְמִשְׁפָּחָה מְסוּיֶּמֶת:
אֲנִי לֹא יוֹדֵעַ מַהוּ הַיִּיחוּס שֶׁלּוֹ.
2. הַקְּבִיעָה שֶׁמַּשֶּׁהוּ שַׁיָּיךְ לְ...: — attribution
***יִיחוּס** הַסֵּפֶר לְסוֹפֵר צָרְפָתִי הוּא טָעוּת.*
יִיחוּס אָבוֹת — good family

ייחלפ׳ יִחֵל — yearned
קִיוָּוה, חִיכָּה:
*הוּא **יִיחֵל** לְמִכְתָּב מֵאָבִיו.*
לְיַיחֵל לְ- / י.ח.ל, פִּיעֵל / יִיחַלְתִּי, מְיַיחֵל, יְיַחֵל, יַחֵל!

ייחספ׳ יִחֵס — attributed
1. שִׁיֵּיךְ, עָשָׂה שֶׁיִּהְיֶה קָשׁוּר לְ-:
*הוּא **יִיחֵס** לִי דְּבָרִים, שֶׁלֹּא עָשִׂיתִי.*
2. הֶעֱרִיךְ מַשֶּׁהוּ, חָשַׁב שֶׁיֵּשׁ — attached
בּוֹ (יוֹפִי, טוֹב, רַע וְכוּ׳):
*אֲנִי **מְיַיחֵס** חֲשִׁיבוּת לְדִבְרֵי הַמְּנַהֵל.*
לְיַיחֵס לְ- / י.ח.ס, פִּיעֵל / יִיחַסְתִּי, מְיַיחֵס, יְיַחֵס, יַחֵס!

יילדפ׳ יִלֵּד — delivered (a baby)
עָזַר לְאִישָׁה יוֹלֶדֶת:
*הָאָחוֹת **יִילְּדָה** אֶת הַתִּינוֹקֶת.*
לְיַילֵּד אֶת- / י.ל.ד, פִּיעֵל / יִילַּדְתִּי, מְיַילֵּד, יְיַלֵּד, יַלֵּד!

ייללפ׳ יִלֵּל — cried, wailed, meowed
הִשְׁמִיעַ קוֹל כְּמוֹ שֶׁל בֶּכִי:
*הֶחָתוּל **מְיַילֵּל**.*
לְיַילֵּל / י.ל.ל, פִּיעֵל / יִילַּלְתִּי, מְיַילֵּל, יְיַלֵּל, יַלֵּל!

ייןז׳ יַיִן [יֵינוֹת] — wine
מַשְׁקֶה אַלְכּוֹהוֹלִי, עָשׂוּי מֵעֲנָבִים:
*בְּלֵיל הַסֵּדֶר שׁוֹתִים אַרְבַּע כּוֹסוֹת שֶׁל **יַיִן**.*

ייסדפ׳ יִסֵּד — founded
הֵקִים, בָּנָה מַשֶּׁהוּ חָדָשׁ:
*בְּ־1909 **יִיסְּדוּ** 70 מְתוֹשָׁבֵי יָפוֹ **אֶת** הָעִיר תֵּל־אָבִיב.*
לְיַיסֵּד אֶת- / י.ס.ד, פִּיעֵל / יִיסַּדְתִּי, מְיַיסֵּד, יְיַסֵּד, יַסֵּד!

ייסודז׳ יִסּוּד — founding, establishing
הֲקָמָה, בְּנִיָּיה שֶׁל מַשֶּׁהוּ חָדָשׁ:
*לְ**יִיסּוּד** בֵּית חֲרוֹשֶׁת צָרִיךְ כֶּסֶף.*

ייסוףז׳ יִסּוּף [יִיסּוּפִים] — revaluation
רֶוָולוּאַצְיָה, כְּשֶׁהַכֶּסֶף נַעֲשֶׂה יָקָר יוֹתֵר:
*הוֹדִיעוּ עַל **יִיסּוּף** הַשֶּׁקֶל - אֶתְמוֹל הַשֶּׁקֶל הָיָה שָׁוֶה 1 דוֹלָר, הַיּוֹם הוּא שָׁוֶה 1 דוֹלָר וְ־10 סֶנְטִים.*

ייסורים ז"ר יִסּוּרִים — agony, torment

כְּאֵבִים, צַעַר:

*הוּא מֵת **בְּיִיסּוּרִים** קָשִׁים.*

ייסוּרֵי־מַצפּוּן — pangs of conscience

ייסף פ' יִסֵּף — revaluated

עָשָׂה רֶוָלוּאַצְיָה, עָשָׂה שֶׁיִּהְיֶה שָׁוֶוה יוֹתֵר:

*שַׂר הָאוֹצָר **יִיסֵּף** אֶת הַשֶּׁקֶל בְּ-2%.*

לְיַיסֵּף אֶת- / י.ס.ף, פִּיעֵל / יִיסַּפְתִּי, מְיַיסֵּף, יְיַסֵּף, יַסֵּף!

ייסר פ' יִסֵּר — tormented

1. גָּרַם כְּאֵב (יִיסּוּרִים):

*הוּא **מְיַיסֵּר** אֶת עַצְמוֹ בִּגְלַל הַכִּישָּׁלוֹן.*

2. דִּיבֵּר בְּצוּרָה קָשָׁה: — admonished

*הָאָב **יִיסֵּר** אֶת הַבֵּן, שֶׁהִפְסִיק לִלְמוֹד.*

לְיַיסֵּר אֶת- / יִיסַּרְתִּי, מְיַיסֵּר, יְיַסֵּר, יַסֵּר!

ייעד פ' יִעֵד — designated, dedicated

קָבַע בִּשְׁבִיל-:

*אֲנִי **מְיַיעֵד** אֶת הַכֶּסֶף לְסִפְרִיָּיה.*

לְיַיעֵד אֶת- / י.ע.ד, פִּיעֵל / יִיעַדְתִּי, מְיַיעֵד, יְיַעֵד, יַעֵד!

ייעוד ז' יִעוּד — designation, dedication

1. קְבִיעָה:

***יִיעוּדוֹ** שֶׁל הַכֶּסֶף הוּא לְבְנִיַּית בֵּית חוֹלִים.*

2. מַטָּרָה, שְׁלִיחוּת: — mission

***הַיִּיעוּד** שֶׁלּוֹ הוּא לִהְיוֹת רוֹפֵא.*

ייעול ז' יִעוּל — increasing efficiency

כְּשֶׁעוֹשִׂים שֶׁמַּשֶּׁהוּ יִהְיֶה יָעִיל יוֹתֵר, טוֹב יוֹתֵר:

*הִכְנַסְנוּ לַמִּשְׂרָד מַחְשֵׁב לְצוֹרֶךְ **יִיעוּל** הָעֲבוֹדָה.*

ייעוץ ז' יִעוּץ — advice, counseling

נְתִינַת עֵיצוֹת וְהַדְרָכָה:

*הָעוֹלֶה הֶחָדָשׁ קִיבֵּל **יִיעוּץ** פִינַנְסִי **בְּבַנְק דִיסְקוֹנְט**.*

ייעור ז' יִעוּר — forestation

נְטִיעַת עֵצִים רַבִּים כְּדֵי שֶׁיִּצְמַח יַעַר:

***הַיִּיעוּר** טוֹב לָאֶקוֹלוֹגְיָה.*

ייעל פ' יִעֵל — increased efficiency

עָשָׂה שֶׁיִּהְיֶה טוֹב יוֹתֵר, יָעִיל יוֹתֵר:

*צָרִיךְ **לְיַיעֵל** אֶת הָעֲבוֹדָה בַּמִּשְׂרָדִים.*

לְיַיעֵל אֶת- / י.ע.ל, פִּיעֵל / יִיעַלְתִּי, מְיַיעֵל, יְיַעֵל, יַעֵל!

ייעץ פ' יִעֵץ — advised

נָתַן עֵיצָה, אָמַר מָה כְּדַאי לַעֲשׂוֹת וְכוּ':

*הוּא **יִיעֵץ** לָנוּ לֹא לִקְנוֹת אֶת הַבַּיִת.*

לְיַיעֵץ לְ- / י.ע.ץ, פִּיעֵל / יִיעַצְתִּי, מְיַיעֵץ, יְיַעֵץ, יַעֵץ!

ייפה פ' יִפָּה — beautified

עָשָׂה שֶׁיִּהְיֶה יָפֶה:

*הַקּוֹסְמֶטִיקָה **מְיַיפָּה** אֶת הָאִישָּׁה.*

ייפָּה אֶת כּוֹחוֹ ב- — gave power of attorney

***יִיפִּיתִי אֶת כּוֹחוֹ** לַעֲנוֹת בִּשְׁמִי.*

לְיַיפּוֹת אֶת- / י.פ.ה, פִּיעֵל / יִיפִּיתִי, מְיַיפֶּה, יְיַפֶּה, יַפֵּה!

ייפוי ז' יִפּוּי — beautification

כְּשֶׁמּוֹסִיפִים יוֹפִי, עוֹשִׂים שֶׁיִּהְיֶה יָפֶה:

הָעִירִיָּיה דוֹאֶגֶת לְיִיפּוּי הָעִיר עַל־יְדֵי גִינּוֹת, עֵצִים וְכוּ'.

ייפּוּי כּוֹחַ — authorization

נָתַתִּי לוֹ יִיפּוּי כּוֹחַ לַחְתּוֹם בִּשְׁמִי.

ייצא פ' יִצֵּא — exported

עָשָׂה אֶכְּסְפּוֹרְט, מָכַר סְחוֹרָה לְחוּץ לָאָרֶץ:

*אֲנַחְנוּ **מְיַיצְּאִים** תַּפּוּזִים.*

לְיַיצֵּא אֶת- / י.צ.א, פִּיעֵל / יִיצֵּאתִי, מְיַיצֵּא, יְיַצֵּא, יַצֵּא!

ייצב פ' יִצֵּב — stabilized

עָשָׂה שֶׁיִּהְיֶה יַצִּיב, קָבוּעַ, חָזָק:

*צָרִיךְ **לְיַיצֵּב** אֶת הַכַּלְכָּלָה בְּיִשְׂרָאֵל.*

לְיַיצֵּב אֶת- / י.צ.ב, פִּיעֵל / יִיצַּבְתִּי, מְיַיצֵּב, יְיַצֵּב, יַצֵּב!

ייצג פ' יִצֵּג — represented

הוֹפִיעַ בְּשֵׁם חֶבְרָה, מְדִינָה וְכוּ':

*דָּוִיד **יִיצֵּג** אֶת הַמְּדִינָה בְּחוּץ לָאָרֶץ.*

לְיַיצֵּג אֶת- / י.צ.ג, פִּיעֵל / יִיצַּגְתִּי, מְיַיצֵּג, יְיַצֵּג, יַצֵּג!

ייצוג ז' יִצּוּג [יִיצוּגִים] — representation

כְּשֶׁמִּישֶׁהוּ בָּא בְּשֵׁם מִישֶׁהוּ אַחֵר:

***הַיִּיצוּג** שֶׁלִּי בַּמִּשְׁפָּט הוּא בִּידֵי עוֹרֵךְ־דִּין.*

ייצור ז' יִצּוּר — production

עֲשִׂיָּיה וְעִיבּוּד שֶׁל מַכְשִׁירִים, סְחוֹרוֹת וְכוּ':

*בֵּית הַחֲרוֹשֶׁת הִגְדִּיל אֶת **יִיצּוּר** הַסִּירִים.*

ייצר פ' יִצֵּר — produced

עָשָׂה, הֵכִין:

*בֵּית הַחֲרוֹשֶׁת הֶחָדָשׁ בְּכַרְמִיאֵל **מְיַיצֵּר** נַעֲלַיִים.*

לְיַיצֵּר אֶת- / י.צ.ר, פִּיעֵל / יִיצַּרְתִּי, מְיַיצֵּר, יְיַצֵּר, יַצֵּר!

ייקור ז' יִקּוּר — price increase

עֲלִיָּיה בִּמְחִיר:

***הַיִּיקּוּר** בִּמְחִירֵי הַדִּירוֹת מַדְאִיג אוֹתִי.*

ייקרפ׳ יִקֵּר — raised prices
עָשָׂה שֶׁיַּעֲלֶה יוֹתֵר כֶּסֶף, שֶׁיִּהְיֶה יָקָר יוֹתֵר:
*הַמֶּמְשָׁלָה **ייקרה** אֶת הַלֶּחֶם.*
לְיַיקֵּר אֶת- / י.ק.ר, פִּיעֵל / יִיקַּרְתִּי, מְיַיקֵּר, יְיַקֵּר, יַקֵּר!

יירטפ׳ יֵרֵט — intercepted
הִכְרִיחַ לְשַׁנּוֹת אֶת הַדֶּרֶךְ (בְּמטוֹסִים), הִכְרִיחַ לִנְחוֹת:
*מָטוֹס שֶׁלָּנוּ **יֵירֵט** מָטוֹס שֶׁל הָאוֹיֵב.*
לְיָירֵט אֶת- / י.ר.ט, פִּיעֵל / יֵירַטְתִּי, מְיָירֵט, יְיָרֵט, יָרֵט!

יישבפ׳ יִשֵּׁב — settled (someone)
1. הֵבִיא אֲנָשִׁים שֶׁיָּגוּרוּ בְּמָקוֹם:
*הַמֶּמְשָׁלָה **מְיַישֶּׁבֶת** אֶת הָעוֹלִים בַּגָּלִיל.*
2. עָשָׂה שֶׁהַמָּקוֹם יִהְיֶה יִישׁוּב: — inhabited
*צָרִיךְ **לְיַישֵּׁב** אֶת הַגָּלִיל.*
3. עָשָׂה שָׁלוֹם, פָּתַר בְּעָיָה: — settled (a problem)
***יִישַּׁבְנוּ** אֶת הַסִּכְסוּךְ בֵּין הַשְּׁכֵנִים.*
לְיַישֵּׁב אֶת- / י.ש.ב, פִּיעֵל / יִישַּׁבְתִּי, מְיַישֵּׁב, יְיַשֵּׁב, יַשֵּׁב!

יישובז׳ יִשּׁוּב [יִישׁוּבִים] — inhabited place, settlement
1. מָקוֹם שֶׁגָּרִים בּוֹ (עִיר, כְּפָר, וְכוּ'):
*לִפְנֵי שָׁנִים גַּרְתִּי **בְּיִישׁוּב** קָטָן בַּצָּפוֹן.*
2. כְּשֶׁמְּבִיאִים אֲנָשִׁים כְּדֵי שֶׁיָּגוּרוּ בְּמָקוֹם: — settling
*אֲנִי עוֹסֵק **בְּיִישׁוּב** הָעוֹלִים בַּגָּלִיל וּבַגּוֹלָן.*
3. כֹּל הָאֲנָשִׁים שֶׁגָּרִים בָּאָרֶץ: — population
***הַיִּישׁוּב** הַיְּהוּדִי בְּאֶרֶץ יִשְׂרָאֵל הָיָה בֶּן 600,000 אִישׁ בְּ-1948.*
4. הֶסְדֵּר, הַגָּעָה לְהֶסְכֵּם: — settling (a problem)
*אֲנַחְנוּ רוֹצִים **בְּיִישׁוּב** הַבְּעָיָה בְּדַרְכֵי שָׁלוֹם.*

יישוםז׳ יִשּׂוּם [יִישׂוּמִים] — application
אַפְּלִיקַצְיָה, בִּיצוּעַ שֶׁל תֵּאוֹרְיָה:
*מְהַנְדְּסִים עוֹסְקִים **בְּיִישׂוּם** שֶׁל שִׁיטוֹת חֲדָשׁוֹת, גַּם **בְּיִישׂוּמֵי** מַחְשֵׁב.*

יישורז׳ יִשּׁוּר — straightening
כְּשֶׁעוֹשִׂים שֶׁמַּשֶּׁהוּ יִהְיֶה יָשָׁר:
*אַחֲרֵי **יִישׁוּר** הַשֶּׁטַח נַתְחִיל לִבְנוֹת אֶת הַבַּיִת.*
*הַיֶּלֶד הָלַךְ לְאוֹרְתוֹדֶנְט **לְיִישׁוּר** שִׁינַּיִים.*
יִישׁוּר-שִׁינַּיִים — orthodontics

יישםפ׳ יִשֵּׂם — applied
בִּיצַּע רַעְיוֹן בַּמְּצִיאוּת:
*אֲנִי **מְיַישֵּׂם** אֶת מַה שֶׁלָּמַדְתִּי בַּטֶּכְנִיּוֹן.*
לְיַישֵּׂם אֶת- / י.ש.ם, פִּיעֵל / יִישַּׂמְתִּי, מְיַישֵּׂם, יְיַשֵּׂם

יישןפ׳ יִשֵּׁן — put to sleep
עָשָׂה שֶׁמִּישֶׁהוּ יִישַׁן:
*אִימָּא **מְיַישֶּׁנֶת** אֶת הַתִּינוֹק.*
לְיַישֵּׁן אֶת- / י.ש.ן, פִּיעֵל / יִישַּׁנְתִּי, מְיַישֵּׁן, יְיַשֵּׁן, יַשֵּׁן!

יישרפ׳ יִשֵּׁר — straightened
1. עָשָׂה שֶׁיִּהְיֶה יָשָׁר (הַהֵיפֶךְ מְעָקוֹם):
*הַחַיָּילִים **מְיַישְּׁרִים** אֶת הַשּׁוּרָה.*
2. עָשָׂה שֶׁיִּהְיֶה בְּגוֹדֶל אֶחָד: — evened
*הַסַּפָּר **יִישֵּׁר** בְּמִסְפָּרַיִים אֶת הַשְּׂעָרוֹת.*
לְיַישֵּׁר אֶת- / י.ש.ר, פִּיעֵל / יִישַּׁרְתִּי, מְיַישֵּׁר, יְיַשֵּׁר, יַשֵּׁר!

ייתכןתה״פ יִתָּכֵן — it is possible
יָכוֹל לִהְיוֹת, אוּלַי:
***יִיתָּכֵן** שֶׁהַבַּקָּשָׁה שֶׁלְּךָ לָגוּר כָּאן תִּתְקַבֵּל.*
לֹא יִיתָּכֵן — it is impossible

יכולפ׳ יָכֹל — was able, could
הָיָה לוֹ הַכּוֹחַ, אֶפְשָׁר הָיָה:
*לֹא **יָכוֹלְתִּי** לָבוֹא.*
/ י.כ.ל, פָּעַל / יָכוֹלְתִּי, יָכְלוּ, יָכוֹל, אוּכַל, יוּכַל

יכולת׳ יָכוֹל — able, can, may
1. יֵשׁ לוֹ אֶפְשָׁרוּת, יֵשׁ לוֹ כּוֹחַ לַעֲשׂוֹת:
*הוּא **יָכוֹל** לַעֲבוֹד שָׁעוֹת אֲרוּכּוֹת בְּלִי הַפְסָקָה.*
2. פְּנִיָּיה שֶׁל נִימוּס: — could (you)?
*אַתָּה **יָכוֹל** לְהַעֲבִיר לִי אֶת הַמֶּלַח?*
יָכוֹל לִהְיוֹת - יִיתָּכֵן: — it is possible
*לֹא **יָכוֹל** לִהְיוֹת שֶׁאֵין לֶחֶם.*
יְכוֹלָה, יְכוֹלִים, יְכוֹלוֹת

יכולתנ׳ יְכֹלֶת [יְכוֹלוֹת] — ability
אֶפְשָׁרוּת, כּוֹחַ:
*אֵין לִי הַ**יְכוֹלֶת** לְשַׁלֵּם כֹּל כָּךְ הַרְבֵּה.*
בַּעַל-יְכוֹלֶת -
1. עָשִׁיר: — man of means
***בַּעֲלֵי הַיְכוֹלֶת** מְטַיְּילִים בָּעוֹלָם.*
2. מוּכְשָׁר לְלִימּוּדִים: — capable
*הוּא תַּלְמִיד **בַּעַל יְכוֹלֶת**.*

ילדז׳ יֶלֶד [יְלָדִים] — boy, child
בֵּן צָעִיר (עַד גִּיל 13 בְּעֵרֶךְ):
*בְּנִי אֲרִיאֵל הוּא **יֶלֶד** טוֹב וְחָכָם.*
יֶלֶד טִיפּוּחִים - יֶלֶד שֶׁמְּטַפְּלִים בּוֹ הַרְבֵּה

ילדהפ׳ יָלְדָה — gave birth
הֵבִיאָה יֶלֶד לָעוֹלָם:
*הִיא **תֵּלֵד** בְּעוֹד חוֹדֶשׁ.*
לָלֶדֶת / י.ל.ד, פָּעַל / יָלַדְתִּי, יוֹלֶדֶת, אֵלֵד, תֵּלֵד

ילדהנ׳ יַלְדָּה [יְלָדוֹת] girl
בַּת צְעִירָה (עַד גִּיל 13 בְּעֶרֶךְ):
הַיַּלְדָּה שִׂיחֲקָה בְּצַעֲצוּעִים.

ילדונתנ׳ יַלְדּוֹנֶת little girl
יַלְדָּה קְטַנָּה:
הִיא כְּבָר בַּת 20, אֲבָל הִיא נִרְאֵית יַלְדּוֹנֶת.

ילדותנ׳ יַלְדוּת childhood
הַתְּקוּפָה שֶׁבְּנֵי אָדָם הֵם יְלָדִים:
לְחַנָּה הָיְיתָה יַלְדוּת קָשָׁה, הִיא גָּדְלָה בְּלִי אָב וּבְלִי אֵם.

ילדותית׳ יַלְדוּתִי childish
מִתְנַהֵג (אוֹ נִרְאֶה וְכוּ׳) כְּמוֹ יֶלֶד:
לְסַבָּא שֶׁלִּי פָּנִים יַלְדוּתִיּוֹת.
יַלְדוּתִית, יַלְדוּתִיִּים, יַלְדוּתִיּוֹת

ילדותיותנ׳ יַלְדוּתִיּוּת childish behavior
אִינְפַנְטִילִיּוּת, הִתְנַהֲגוּת שֶׁל יֶלֶד:
הוּא לֹא רוֹצֶה לְהַזִּיק, הוּא עוֹשֶׂה זֹאת מִתּוֹךְ יַלְדוּתִיּוּת.

ילודהנ׳ יְלוּדָה birthrate
כֹּל אֵלֶּה שֶׁנּוֹלְדוּ:
יֵשׁ עַמִּים שֶׁהַיְּלוּדָה אֶצְלָם גְּבוֹהָה.

ילידז׳ יָלִיד [יְלִידִים] native
מִי שֶׁנּוֹלַד בְּמָקוֹם מְסוּיָּם:
הַיְּלִידִים בְּאַפְרִיקָה מְדַבְּרִים בְּשָׂפוֹת אַפְרִיקָנִיּוֹת.
יְלִיד־הָאָרֶץ Israeli-born
יְלִידָה, יְלִידוֹת

יללהנ׳ יְלָלָה [יְלָלוֹת] wailing
קוֹל דּוֹמֶה לִבְכִי:
הַיְלָלוֹת שֶׁל הֶחָתוּל מַפְרִיעוֹת לִישׁוֹן.

ילקוטז׳ יַלְקוּט [יַלְקוּטִים] (school) bag, satchel
תִּיק לִסְפָרִים וְכוּ׳:
הַיַּלְקוּט כָּבֵד, כִּי יֵשׁ בּוֹ סְפָרִים וּמַחְבָּרוֹת.
(מֶטָאפוֹרָה) אוֹסֶף שֶׁל שִׁירִים, סִיפּוּרִים וְכוּ׳: anthology
קָנִיתִי אֶת יַלְקוּט הַשִּׁירָה הַמּוֹדֶרְנִית.

יםז׳ יָם [יַמִּים] sea
1. שֶׁטַח גָּדוֹל שֶׁל מַיִם מְלוּחִים:
אֶרֶץ יִשְׂרָאֵל נִמְצֵאת עַל חוֹף הַיָּם. / לְשְׁוַייץ אֵין יָם.
2. (מֶטָאפוֹרָה) הַרְבֵּה מְאוֹד: a great amount (of)
יֵשׁ לִי יָם שֶׁל עֲבוֹדוֹת.
הַיָּם הַתִּיכוֹן the Mediterranean
יָם הַמֶּלַח the Dead Sea
יָם כִּינֶּרֶת the Sea of Galilee
יָם סוּף the Red Sea
כְּטִיפָּה בַּיָּםת״פ like a drop in the ocean

ימאותנ׳ יַמָּאוּת seamanship
הָעֲבוֹדָה בַּיָּם, בָּאֳנִיּוֹת וְכוּ׳:
הוּא לוֹמֵד יַמָּאוּת.

ימאיז׳ יַמַּאי [יַמָּאִים] sailor, seaman
מִי שֶׁעוֹבֵד בָּאוֹנִיָּיה עַל הַיָּם:
אֲנִי רוֹצֶה לִהְיוֹת יַמַּאי וּלְהַגִּיעַ לַאֲרָצוֹת רְחוֹקוֹת.

ימח שמוב׳ ר׳ מחה

ימית׳ יַמִּי marine (adj.)
שֶׁל הַיָּם, קָשׁוּר בַּיָּם:
הַמֶּחְקָר הַיַּמִּי עוֹסֵק בְּדָגִים.
תַּת־יַמִּי underwater
יַמִּית, יַמִּיִּים, יַמִּיּוֹת

ימיןז׳ יָמִין right
הֵיפֶךְ מִשְּׂמֹאל. הַצַּד שֶׁל הַיָּד שֶׁעוֹבְדִים בָּהּ:
רוֹב הָאֲנָשִׁים כּוֹתְבִים בְּיַד יָמִין. / מִפְלֶגֶת הַיָּמִין.
יָמִינָהת״פ to the right

יממהנ׳ יְמָמָה [יְמָמוֹת] 24 hours
יוֹם + לַיְלָה (24 שָׁעוֹת):
שְׁתֵּי יְמָמוֹת לֹא יָשַׁנְתִּי.

ימנית׳ יְמָנִי on the right (side)
1. מַה שֶּׁבְּצַד יָמִין:
אֲנִי גָּר בַּבַּיִת הַיְּמָנִי עַל יַד הַדּוֹאַר.
2. בְּפּוֹלִיטִיקָה - קוֹנְסֶרְוָוטִיבִי, שַׁמְרָן: right-winger
אָבִיו הָיָה סוֹצְיָאלִיסְט, וְאָבִי - יְמָנִי.
יְמָנִית, יְמָנִיִּים, יְמָנִיּוֹת

יניקהנ׳ יְנִיקָה [יְנִיקוֹת] sucking
1. מְצִיצָה שֶׁל חָלָב מִן הַשָּׁדַיִים:
הַתִּינוֹק מְקַבֵּל חָלָב עַל־יְדֵי יְנִיקָה מֵאִימּוֹ.
2. חֲדִירָה שֶׁל מָזוֹן אוֹ מַיִם: absorption
הָעֵץ מְקַבֵּל מַיִם עַל יְדֵי יְנִיקָה מֵהָאֲדָמָה.

ינקפ׳ יָנַק was breast-fed
1. מָצַץ ("אָכַל") מִן הַשָּׁדַיִים שֶׁל אִימּוֹ:
כְּשֶׁיִּגְמוֹר הַתִּינוֹק לִינוֹק, נַשְׁכִּיב אוֹתוֹ לִישׁוֹן.
2. לָקַח מִ-, סָפַג: absorbed
הָעֵץ יוֹנֵק אֶת הַמַּיִם מִן הָאֲדָמָה.
3. (מֶטָאפוֹרָה) קִיבֵּל הַשְׁפָּעָה, לָמַד: was influenced/

/inspired הוא *יָנַק* אֶת הָאַהֲבָה לְמוּסִיקָה מֵהוֹרָיו.
לִינוֹק אֶת- / י.נ.ק, פָּעַל / יָנַקְתִּי, יוֹנֵק, יִינַק

ינקותנ׳ יַנְקוּת infancy
הַזְּמַן שֶׁמִּישֶׁהוּ תִּינוֹק:
בִּתְקוּפַת הַיַּנְקוּת שֶׁלִּי גַּרְנוּ בְּחוּץ לָאָרֶץ.

ינשוףז׳ יַנְשׁוּף [יַנְשׁוּפִים] owl
צִיפּוֹר לַיְלָה, אוֹכֶלֶת עַכְבָּרִים:
לַיַּנְשׁוּף יֵשׁ פַּרְצוּף שֶׁמַּזְכִּיר בֶּן אָדָם.

יסדפ׳ יָסַד founded, established
הֵקִים דָּבָר חָדָשׁ - בִּנְיָין וְכוּ׳:
הֶרְצְל יָסַד אֶת מְדִינַת הַיְּהוּדִים.
יָסַדְתִּי אֶת- / י.ס.ד, פָּעַל / יוֹסֵד, יִיסַד, תִּיסְדוּ

יסודז׳ יְסוֹד [יְסוֹדוֹת] foundation, basis
1. בָּסִיס, הַחֵלֶק הָרִאשׁוֹן בְּבִנְיָיה:
הָעוֹבְדִים הֵנִיחוּ אֶת הַיְּסוֹדוֹת לְבִנְיַין הַמּוּזֵיאוֹן.
2. הַדָּבָר הָעִיקָּרִי, הֶחָשׁוּב: principle
הַיֶּלֶד לָמַד אֶת יְסוֹדוֹת הַקְּרִיאָה וְהַכְּתִיבָה.
3. אֶלֶמֶנְט, חוֹמֶר רִאשׁוֹנִי: element
מֶנְדֶּלֵיְיב עָרַךְ אֶת הַיְּסוֹדוֹת הַכִּימִיִּים בְּטַבְלָה.

יסודית׳ יְסוֹדִי thorough
1. עָשׂוּי בְּצוּרָה טוֹבָה:
הוּא עָשָׂה טִיפּוּל יְסוֹדִי בַּמְּכוֹנִית.
2. רִאשׁוֹנִי, בְּסִיסִי, אֶלֶמֶנְטָרִי: elementary
יְלָדִים לוֹמְדִים בְּבֵית סֵפֶר יְסוֹדִי מִגִּיל 6.
חִינּוּךְ יְסוֹדִי / עֲבוֹדָה יְסוֹדִית
יְסוֹדִית, יְסוֹדִיִּים, יְסוֹדִיּוֹת

יסודיותנ׳ יְסוֹדִיּוּת thoroughness
עֲשִׂיָּיה טוֹבָה בְּיוֹתֵר, עַד הַשּׁוֹרֶשׁ:
בִּגְלַל הַיְּסוֹדִיּוּת שֶׁלּוֹ הוּא מַצְלִיחַ.

יסמיןז׳ יַסְמִין jasmine
פֶּרַח שֶׁיֵּשׁ לוֹ רֵיחַ נָעִים מְאוֹד:
הָרֵיחַ הַזֶּה הוּא מִן הַיַּסְמִין שֶׁגָּדֵל בַּגִּינָה.

יעדז׳ יַעַד [יְעָדִים] goal
1. מַטָּרָה:
הַיַּעַד שֶׁלִּי הוּא לִימוּדִים בָּאוּנִיבֶרְסִיטָה.
2. מָקוֹם שֶׁצְּרִיכִים לְהַגִּיעַ אֵלָיו: destination
הַחַיָּילִים הִגִּיעוּ לַיַּעַד בִּמְהִירוּת.

יעהז׳ יָעֶה [יָעִים] shovel
כַּף גְּדוֹלָה, אוֹסְפִים בָּהּ אֶת הַלִּיכְלוּךְ:
לָקַחְתִּי מַטְאֲטֵא וְיָעֶה כְּדֵי לְנַקּוֹת אֶת הַחֶדֶר.

יעילת׳ יָעִיל efficient
1. מַגִּיעַ לְתוֹצָאוֹת טוֹבוֹת בִּזְמַן קָצָר:
מֹשֶׁה יָעִיל מְאוֹד בַּעֲבוֹדָתוֹ.
2. מוֹעִיל, עוֹזֵר: effective
אַסְפִּירִין הוּא תְּרוּפָה יְעִילָה לִכְאֵב רֹאשׁ.
יְעִילָה, יְעִילִים, יְעִילוֹת

יעילותנ׳ יְעִילוּת efficiency
הַיַּחַס בֵּין הָעֲבוֹדָה לַתּוֹצָאוֹת:
צָרִיךְ לְהַגְדִּיל אֶת הַיְּעִילוּת בָּעֲבוֹדָה.

יעץפ׳ יָעַץ advised
נָתַן עֵיצָה, אָמַר מַה כְּדַאי לַעֲשׂוֹת:
הֵם יָעֲצוּ לִי לִקְנוֹת אֶת הַבַּיִת.
יָעַצְתִּי לְ- / י.ע.ץ, פָּעַל / יָעַצְתִּי, יוֹעֵץ, יִיעַץ, יְעַץ!

יערז׳ יַעַר [יְעָרוֹת] forest
שֶׁטַח גָּדוֹל שֶׁגְּדֵלִים בּוֹ עֵצִים:
נָעִים מְאוֹד לְטַיֵּיל בְּיַעֲרוֹת הַכַּרְמֶל.

יפהת׳ יָפֶה beautiful, handsome
1. נֶחְמָד, בַּעַל צוּרָה, מוֹצֵא חֵן:
הוּא יָפֶה כְּמוֹ שַׂחְקָן קוֹלְנוֹעַ.
2. ת״פ בְּצוּרָה טוֹבָה מְאוֹד: (very) well
תְּנַקֶּה יָפֶה אֶת הַחֶדֶר.
בְּעַיִן יָפָה generously
יְפֵה־נֶפֶשׁ bleeding-heart
יְפֵה־תוֹאַר handsome
"יָפָה שָׁעָה אַחַת קוֹדֶם"ב׳ - the sooner, the better
יָפָה, יָפִים, יָפוֹת

יפיפהת׳ יְפֵיפֶה very beautiful/handsome
יָפֶה מְאוֹד:
יֵשׁ לָהֶם יְלָדִים יְפֵיפִיִּים.
יְפֵיפִיָּה, יְפֵיפִיִּים, יְפֵיפִיּוֹת/יְפֶהפִיָּה, יְפֶהפִיִּים, יְפֶהפִיּוֹת

יצאפ׳ יָצָא went/came out
הָלַךְ הַחוּצָה:
בְּנֵי יִשְׂרָאֵל יָצְאוּ מִמִּצְרַיִם. / יָצָאתִי מִן הַבִּנְיָין לֶחָצֵר.
יָצָא לָאוֹר - הוֹפִיעַ בִּדְפוּס: was published
הָעִיתּוֹן יוֹצֵא לָאוֹר פַּעַם בְּשָׁבוּעַ.
יָצָא לַפּוֹעַל was carried out
יָצָא מִדַּעְתּוֹ lost his mind
יָצָא מִכֵּלָיו lost his temper
יָצְאָה נִשְׁמָתוֹ died
יָצָא יְדֵי חוֹבָה did his duty
יָצָא הַמַּרְצֵעַ מִן הַשַּׂקב׳ - the cat was let out of the bag

יָצָא שְׂכָרוֹ בְּהֶפְסֵדוֹ — his loss exceeded his gain
לָצֵאת / י.צ.א, פָּעַל / יָצָאתִי, יוֹצֵא, אֵצֵא, יֵצֵא, צֵא!

יצאניתנ׳, יַצְאָנִית [יַצְאָנִיּוֹת] — prostitute
אִישָּׁה שֶׁשּׁוֹכֶבֶת עִם גְּבָרִים בִּשְׁבִיל כֶּסֶף:
הַיַּצְאָנִית נֶעֶצְרָה עַל יְדֵי הַמִּשְׁטָרָה.

יצואז׳, יְצוּא — export
אֶקְסְפּוֹרְט, סְחוֹרוֹת שֶׁמּוֹכְרִים בְּחוּץ לָאָרֶץ:
*הַשָּׁנָה גָּדַל **יְצוּא** הַתַּפּוּזִים מִיִּשְׂרָאֵל לְאַנְגְלִיָּה.*

יצואןז׳, יְצוּאָן [יְצוּאָנִים] — exporter
מִי שֶׁמּוֹכֵר סְחוֹרָה בְּחוּץ לָאָרֶץ:
*דָּוִד הוּא **יְצוּאָן** שֶׁל תַּפּוּזִים.*
יְצוּאָנִית, יְצוּאָנִיּוֹת

יצורז׳, יְצוּר [יְצוּרִים] — creature
כֹּל מָה שֶׁחַי (בַּעֲלֵי חַיִּים, בְּנֵי אָדָם):
*לְכֹל **הַיְּצוּרִים** עַל פְּנֵי כַּדּוּר הָאָרֶץ יֵשׁ הַזְּכוּת לִחְיוֹת.*

יציאהנ׳, יְצִיאָה [יְצִיאוֹת] — going out, departure
1. הֲלִיכָה הַחוּצָה, עֲזִיבָה:
*מָחָר יֵיעָרֵךְ טִיּוּל. **הַיְּצִיאָה** תִּהְיֶה בְּשָׁעָה 8:00 בַּבֹּקֶר.*
2. פֶּתַח לָצֵאת בּוֹ: — exit
*בְּסוֹף הַהַצָּגָה פָּתְחוּ אֶת דֶּלֶת **הַיְּצִיאָה** לָרְחוֹב.*
יְצִיאַת־מִצְרַיִם — the Exodus from Egypt
יְצִיאַת־חֵירוּם — emergency exit

יציבת׳, יַצִּיב — stable, sturdy
קָבוּעַ, עוֹמֵד חָזָק בִּמְקוֹמוֹ:
*הַבִּנְיָין הַזֶּה **יַצִּיב** מְאוֹד. / הַמְּחִירִים **יַצִּיבִים**.*
יַצִּיבָה, יַצִּיבִים, יַצִּיבוֹת

יציבהנ׳, יְצִיבָה [יְצִיבוֹת] — posture
הַמַּצָּב שֶׁל הַגּוּף בַּעֲמִידָה:
*הַ**יְּצִיבָה** שֶׁלּוֹ טוֹבָה - יֵשׁ לוֹ גַּב יָשָׁר.*

יציבותנ׳, יַצִּיבוּת — stability
קְבִיעוּת, חוֹזֶק:
*אֲנַחְנוּ מְקַוִּוים שֶׁתִּהְיֶה **יַצִּיבוּת** כַּלְכָּלִית בָּאָרֶץ.*

יציגת׳, יָצִיג — representative
יָכוֹל לְיַיצֵּג מִישֶׁהוּ, מַשֶּׁהוּ:
*הַחַיָּילִים הֵם חֲתָךְ **יָצִיג** שֶׁל הַחֶבְרָה בְּיִשְׂרָאֵל.*
שַׁעַר יָצִיג - **הַשַּׁעַר** הָרִשְׁמִי שֶׁל הַדּוֹלָר בָּאָרֶץ לְפִי מָה שֶׁמַּצִּיג בַּנְק יִשְׂרָאֵל.
יְצִיגָה, יְצִיגִים, יְצִיגוֹת

יציעז׳, יָצִיעַ [יְצִיעִים] — gallery
גָּלֶרְיָה, הַחֵלֶק הָעֶלְיוֹן בְּאוּלָם תֵּיאַטְרוֹן, קוֹלְנוֹעַ:
*אֲנִי אוֹהֶבֶת לָשֶׁבֶת **בַּיָּצִיעַ** בַּשּׁוּרָה הָרִאשׁוֹנָה.*

יציקהנ׳, יְצִיקָה [יְצִיקוֹת] — casting, pouring
1. כְּשֶׁשּׁוֹפְכִים חוֹמֶר נוֹזֵל:
*הוּא עוֹבֵד **בִּיצִיקָה** שֶׁל גַּג מִבֶּטוֹן.*
2. חוֹמֶר נוֹזְלִי שֶׁהִתְקַשָּׁה: — cast (iron)
*הַקְּעָרָה הַזֹּאת הִיא **יְצִיקָה** שֶׁל בַּרְזֶל.*

יצירהנ׳, יְצִירָה [יְצִירוֹת] — creation
1. עֲשִׂיָּיה שֶׁל מַשֶּׁהוּ חָדָשׁ:
*הָאוֹמָנוּת הִיא **יְצִירָה**.*
2. חִיבּוּר בְּסִפְרוּת, בְּמוּסִיקָה וְכוּ׳: — composition
*שָׁמַעְנוּ בַּקּוֹנְצֶרְט **יְצִירָה** שֶׁל מוֹצַארְט.*

יצירתיותנ׳, יְצִירָתִיּוּת — creativity
הַכִּישָּׁרוֹן לְהַמְצִיא דָּבָר חָדָשׁ:
***הַיְּצִירָתִיּוּת** חֲשׁוּבָה לַמַּדָּע וְלָאוֹמָנוּת.*

יצקפ׳, יָצַק — poured, cast
שָׁפַךְ חוֹמֶר נוֹזֵל:
***יָצַקְתִּי** מָרָק לַצַּלַּחַת. / **יָצַקְתִּי** בַּרְזֶל חַם לַתַּבְנִית.*
לָצֶקֶת / י.צ.ק, פָּעַל / יָצַקוּ, יוֹצֵק, אֶצוֹק, צוֹק!

יצרפ׳, יָצַר — created
1. עָשָׂה מַשֶּׁהוּ חָדָשׁ:
*אֱלוֹהִים **יָצַר** אֶת הָאֲנָשִׁים.*
2. חִיבֵּר, עָשָׂה דָּבָר אוֹמָנוּתִי: — composed, produced
*שֵׁיקְסְפִּיר **יָצַר** מַחֲזוֹת נִפְלָאִים.*
לִיצוֹר אֶת- / י.צ.ר, פָּעַל / יָצַרְתִּי, יוֹצֵר, יִיצוֹר, צוֹר!

יצרז׳, יֵצֶר [יְצָרִים] — instinct, drive
אִינְסְטִינְקְט, מָה שֶׁדּוֹחֵף אוֹתָנוּ לַעֲשׂוֹת:
*בְּכֹל אָדָם יֵשׁ **יֵצֶר** הַחַיִּים.*
יֵצֶר הַמִּין — sex-drive
יֵצֶר הָרַע — evil inclination

יצרית׳, יִצְרִי — instinctive, sensual
יֵשׁ בּוֹ אִינְסְטִינְקְטִים חֲזָקִים, רְגָשׁוֹת חֲזָקִים:
*הָרִיקּוּדִים וְהַשִּׁירִים הָאֵלֶּה - **יִצְרִיִּים** מְאוֹד.*
יִצְרִית, יִצְרִיִּים, יִצְרִיּוֹת

יצרןז׳, יַצְרָן [יַצְרָנִים] — manufacturer
מִי שֶׁמְּיַיצֵּר בַּדִּים, כֵּלִים וְכוּ׳:
*צָרִיךְ שֶׁיִּהְיוּ יוֹתֵר **יַצְרָנִים** וּפָחוֹת פְּקִידִים.*
יַצְרָנִית, יַצְרָנִיּוֹת

יצרנית׳ יַצְרָנִי productive
מַשֶּׁהוּ שֶׁיֵּשׁ בּוֹ עֲשִׂיָּיה:
*צָרִיךְ לִתְמוֹךְ בַּסֶּקְטוֹר **הַיַּצְרָנִי**.*
יַצְרָנִית, יַצְרָנִיִּים, יַצְרָנִיּוֹת

יקבז׳ יֶקֶב [יְקָבִים] winery
הַמָּקוֹם שֶׁעוֹשִׂים בּוֹ יַיִן:
*רַק עֲנָבִים מְיוּחָדִים מְבִיאִים **לַיֶּקֶב**.*

יקוםז׳ יְקוּם (the) universe
הָעוֹלָם כּוּלוֹ (כּוֹלֵל הָאַטְמוֹסְפֵירָה, הַכּוֹכָבִים וְכוּ'):
*הַמַּדָּע חוֹקֵר אֵיךְ נוֹצַר **הַיְּקוּם**.*

יקיצהנ׳ יְקִיצָה [יְקִיצוֹת] awakening
הִתְעוֹרְרוּת מִשֵּׁינָה:
*שְׁעַת **הַיְּקִיצָה** לְבֵית הַסֵּפֶר הִיא 7.00 בַּבּוֹקֶר.*

יקרת׳ יָקָר dear
1. חָשׁוּב, קָרוֹב:
*דָּוִיד **הַיָּקָר**, מַה שְׁלוֹמְךָ?*
2. עוֹלֶה הַרְבֵּה כֶּסֶף: expensive
*הַבֶּגֶד שֶׁרָצִיתִי לִקְנוֹת **יָקָר** מִדַּי.*
יְקַר הַמְּצִיאוּת rare
יְקָרָה, יְקָרִים, יְקָרוֹת

יראפ׳ יָרֵא was afraid
פָּחַד:
*(לָשׁוֹן גְּבוֹהָה) הוּא **יָרֵא** מִן הַחוֹשֶׁךְ.*
לִירוֹא מִ- / י.ר.א, פָּעַל / יָרֵאתִי, אִירָא, יִירָא, יְרָא!

ירא (שמים/אלוהים)ב׳ יְרֵא- God-fearing, pious
אָדוּק מְאוֹד:
*הֵם **יִרְאֵי שָׁמַיִם** - מְקַיְּימִים אֶת כֹּל הַמִּצְווֹת.*
יִרְאַת-, יְרֵאִים-, יְרֵאוֹת-

ירדפ׳ יָרַד came down, descended
1. עָבַר מִמָּקוֹם גָּבוֹהַּ לְמָקוֹם נָמוּךְ יוֹתֵר:
*דָּוִיד **יָרַד** בַּמַּדְרֵגוֹת לְמַטָּה, אֶל הָרְחוֹב.*
2. נַעֲשָׂה פָּחוֹת: decreased
*שַׁעַר הַדּוֹלָר **יָרַד** בַּזְּמַן הָאַחֲרוֹן.*
3. עָזַב אֶת אֶרֶץ-יִשְׂרָאֵל: emigrated from Israel
*חֲבֵרִי **יָרַד** מִן הָאָרֶץ.*
יָרַד לְטִימְיוֹן was ruined/lost
יָרַד לְסוֹף דַּעְתּוֹ fully understood
יָרַד מִנְּכָסָיו became impoverished
יָרַד בְּמִשְׁקָל lost weight
לָרֶדֶת / י.ר.ד, פָּעַל / יָרַדְתִּי, יוֹרֵד, יֵרֵד, רֵד!

ירהפ׳ יָרָה shot
הִשְׁתַּמֵּשׁ בְּנֶשֶׁק:
*הַשּׁוֹטֵר **יָרָה** בָּאֲוִויר כְּדֵי לְהַפְחִיד אֶת הַגַּנָּב.*
לִירוֹת בְּ- / י.ר.ה, פָּעַל / יָרִיתִי, יוֹרֶה, יִירֶה, יְרֵה!

ירוקת׳ יָרֹק green
צֶבַע הֶעָלִים וְהַדֶּשֶׁא:
*צֶבַע הָעֵצִים **יָרוֹק**. / הַדֶּשֶׁא שֶׁל הַשָּׁכֵן **יָרוֹק** יוֹתֵר.*
יְרוּקָה, יְרוּקִים, יְרוּקוֹת

ירושהנ׳ יְרֻשָּׁה [יְרוּשׁוֹת] inheritance
מַה שֶּׁאָדָם מְקַבֵּל מֵהוֹרִים אוֹ מִקְּרוֹבִים לְאַחַר מוֹתָם:
*קִיבַּלְתִּי **יְרוּשָּׁה** גְּדוֹלָה אַחֲרֵי מוֹת אָבִי.*

ירחז׳ יָרֵחַ [יְרֵחִים] moon
גּוּף בַּשָּׁמַיִם, הַמֵּאִיר בַּלַּיְלָה:
*הַשֶּׁמֶשׁ מְאִירָה בַּיּוֹם, וְאִילּוּ **הַיָּרֵחַ** מֵאִיר בַּלַּיְלָה.*

ירחז׳ יֶרַח [יְרָחִים] (lunar) month
(לָשׁוֹן גְּבוֹהָה) חוֹדֶשׁ.
יֶרַח דְּבַשׁ: honeymoon
*הֵם נָסְעוּ **לְיֶרַח דְּבַשׁ** לְאֵילַת. / (מֶטָאפוֹרָה) **יֶרַח הַדְּבַשׁ** בֵּין הַמְּנַהֵל לָעוֹבְדִים - נִגְמַר.*

ירחוןז׳ יַרְחוֹן [יַרְחוֹנִים] monthly (magazine)
עִיתּוֹן הַיּוֹצֵא פַּעַם בְּחוֹדֶשׁ:
*כֹּל חוֹדֶשׁ אֲנִי קוֹנֶה אֶת **הַיַּרְחוֹן** לְסִפְרוּת.*

יריבז׳ יָרִיב [יְרִיבִים] opponent
מִתְנַגֵּד, מִי שֶׁרוֹצֶה לִתְפּוֹס מָקוֹם שֶׁל אַחֵר:
*הַ**יָּרִיב** שֶׁלִּי בְּתַחֲרוּת הָרִיצָה הִשְׁתַּתֵּף בָּאוֹלִימְפִּיאָדָה.*
יְרִיבָה, יְרִיבוֹת

יריבותנ׳ יְרִיבוּת rivalry
מַצָּב שֶׁשְּׁנַיִים מִתְנַגְּדִים זֶה לָזֶה, רוֹצִים לִתְפּוֹס מָקוֹם אֶחָד, לְנַצֵּחַ בְּתַחֲרוּת וְכוּ':
*הַ**יְּרִיבוּת** בֵּין דָּוִיד וְיוֹנָתָן הִתְחִילָה עוֹד בְּבֵית הַסֵּפֶר.*

ירידז׳ יָרִיד [יְרִידִים] fair
שׁוּק גָּדוֹל:
*פַּעַם בְּשָׁנָה יֵשׁ **יְרִיד** סְפָרִים.*

ירידהנ׳ יְרִידָה [יְרִידוֹת] going down, descent
1. מַעֲבָר מִמָּקוֹם גָּבוֹהַּ לְמָקוֹם נָמוּךְ יוֹתֵר:
*הַ**יְּרִידָה** מִן הָהָר לָעֵמֶק נִמְשְׁכָה שָׁעָה.*
2. כְּשֶׁמַּשֶּׁהוּ נַעֲשֶׂה פָּחוֹת: drop, decrease
*הָיְתָה **יְרִידָה** בַּטֶּמְפֶּרָטוּרוֹת.*

3. עֲזִיבַת אֶרֶץ יִשְׂרָאֵל: — emigrating from Israel
צָרִיךְ לַעֲצוֹר אֶת הַיְּרִידָה.

ירייהנ׳ יְרִיָּה [יְרִיּוֹת] — shot
הַפְּעוּלָּה שֶׁל הַנֶּשֶׁק: רוֹבֶה, תּוֹתָח וְכוּ׳:
הַשּׁוֹטֵר יָרָה בָּאֲוִויר כְּדֵי לְהַפְחִיד אֶת הַגַּנָּב.

יריעהנ׳ יְרִיעָה [יְרִיעוֹת] — sheet (of cloth/plastic etc.)
חֲתִיכָה גְדוֹלָה שֶׁל בַּד, פְּלַסְטִיק וְכוּ׳:
כִּיסִיתִי אֶת הַבְּגָדִים בִּירִיעַת פְּלַסְטִיק.

יריקהנ׳ יְרִיקָה [יְרִיקוֹת] — spitting
הוֹצָאָה שֶׁל נוֹזֵל מִן הַפֶּה:
יְרִיקָה בַּפָּנִים הִיא דָּבָר מַעֲלִיב וּפוֹגֵעַ.

ירקפ׳ יָרַק — spat
הוֹצִיא מִן הַפֶּה:
הוּא יָרַק אֶת הָאוֹכֶל.
לִירוֹק אֶת- / י.ר.ק, פָּעַל / יָרַקְתִּי, יוֹרֵק, יִירַק

ירקז׳ יֶרֶק — greenery
כֹּל הָעֲשָׂבִים, הַצְּמָחִים הַיְּרוּקִים:
בָּעִיר הַזֹּאת יֵשׁ הַרְבֵּה יֶרֶק.

ירקותז״ר יְרָקוֹת (יָרָק) — vegetables
פֵּירוֹת הָאֲדָמָה, צוֹמְחִים בַּשָּׂדֶה: עַגְבָנִיָּה, בָּצָל, חַסָּה וְכוּ׳:
אֲנִי אוֹהֵב לֶאֱכוֹל סָלַט יְרָקוֹת.

ירקןז׳ יַרְקָן [יַרְקָנִים] — grocer
מוֹכֵר יְרָקוֹת:
הַיַּרְקָן שָׁלַח לִי פֵּירוֹת טְרִיִּים.
יַרְקָנִית, יַרְקָנִיּוֹת

ירקרקת׳ יְרַקְרַק — greenish
יָרוֹק חִיוֵּור, חַלָּשׁ:
הִיא לָבְשָׁה שִׂמְלָה יְרַקְרַקָּה.
יְרַקְרַקָּה-יְרַקְרֶקֶת, יְרַקְרַקִּים יְרַקְרַקּוֹת

ירשפ׳ יָרַשׁ — inherited
קִיבֵּל רְכוּשׁ מֵהוֹרָיו (אוֹ מִמִּישֶׁהוּ אַחֵר) אַחֲרֵי מוֹתָם:
הוּא יָרַשׁ מֵאָבִיו בָּתִּים רַבִּים.
לָרֶשֶׁת אֶת- / י.ר.ש, פָּעַל / יָרַשְׁתִּי, יוֹרֵשׁ, יִירַשׁ

ישז׳ יֵשׁ — there is/are
מַשֶּׁהוּ קַיָּם, נִמְצָא:
יֵשׁ בְּתֵל-אָבִיב חַיֵּי תַּרְבּוּת עֲשִׁירִים.
הַאִם יֵשׁ חַיִּים עַל הַיָּרֵחַ?
יֵשׁ אוֹמְרִים — some say
יֵשׁ וָיֵשׁ! — there's enough to go around
מַה יֵּשׁ? — what's the matter?

ישבפ׳ יָשַׁב — sat
1. הָיָה בְּמַצָּב שֶׁחֲצִי הַגּוּף הַתַּחְתּוֹן נָח עַל כִּסֵּא אוֹ עַל הָאֲדָמָה:
הָאִישׁ יָשַׁב עַל הַכִּסֵּא וְקָרָא בָּעִיתּוֹן.
2. גָּר: — resided
הוּא יוֹשֵׁב בְּתֵל-אָבִיב כְּבָר 20 שָׁנָה.
יָשַׁב שִׁבְעָה - הָיָה בְּאֵבֶל, יָשַׁב בַּבַּיִת 7 יָמִים, כִּי מִישֶׁהוּ קָרוֹב לוֹ מֵת — was in mourning
לָשֶׁבֶת עַל-, בְּ- / י.ש.ב, פָּעַל / יָשַׁבְתִּי, אֵשֵׁב, יֵשֵׁב, שֵׁב!

ישבןז׳ יַשְׁבָן [יַשְׁבָנִים] — buttocks, behind
הַחֵלֶק הָאֲחוֹרִי בַּגּוּף, הַחֵלֶק שֶׁיּוֹשְׁבִים עָלָיו:
כּוֹאֵב לִי הַיַּשְׁבָן מֵרוֹב יְשִׁיבָה.

ישועהנ׳ יְשׁוּעָה [יְשׁוּעוֹת] — salvation
(לָשׁוֹן גְּבוֹהָה) הַצָּלָה, עֶזְרָה:
בִּשְׁעַת צָרָה מְחַכִּים לִישׁוּעָה.

ישותנ׳ יֵשׁוּת [יֵשׁוּיוֹת] — existence, reality
1. מְצִיאוּת, קִיּוּם:
לְכֹל עַם יֵשׁ יֵשׁוּת מִשֶּׁלּוֹ.
2. כֹּל הַכּוֹחוֹת הָרוּחָנִיִּים שֶׁיֵּשׁ בָּאָדָם: — being, essence
אֲנִי מַרְגִּישׁ אֶת הַדָּבָר בְּכֹל יֵשׁוּתִי.

ישיבהנ׳ יְשִׁיבָה [יְשִׁיבוֹת] — meeting, session
הַיְּשִׁיבָה שֶׁל הַכְּנֶסֶת נִמְשְׁכָה עַד אֶמְצַע הַלַּיְלָה.
2. הַפְּעוּלָּה שֶׁל מִי שֶׁיּוֹשֵׁב: — sitting
הַיְּשִׁיבָה קָשָׁה עָלַיי, כִּי כּוֹאֵב לִי הַגַּב.
3. הַמָּקוֹם שֶׁיּוֹשְׁבִים עָלָיו (כִּסֵּא וְכוּ׳): — seat
אֵין מְקוֹמוֹת יְשִׁיבָה, הָאוֹטוֹבּוּס מָלֵא.
יְשִׁיבָה מִזְרָחִית - יְשִׁיבָה עַל הָרִצְפָּה בְּרַגְלַיִים מְקוּפָּלוֹת

ישימוןז׳ יְשִׁימוֹן [יְשִׁימוֹנִים] — desert, wasteland
מִדְבָּר, מָקוֹם שֶׁלֹּא צוֹמֵחַ בּוֹ דָּבָר:
הָלַכְנוּ בִּישִׁימוֹן, רַק חוֹלוֹת וּסְלָעִים מְסָבִיבֵנוּ.

ישירת׳ יָשִׁיר — direct
פּוֹנֶה לַמַּטָּרָה, לֹא פּוֹנֶה לַצְּדָדִים:
קִיבַּלְתִּי מִמֶּנּוּ תְּשׁוּבוֹת יְשִׁירוֹת לְכֹל הַשְּׁאֵלוֹת.
2. אוֹטוֹבּוּס שֶׁנּוֹסֵעַ בְּלִי לַעֲצוֹר בַּדֶּרֶךְ: — direct bus
הָאוֹטוֹבּוּס הַיָּשִׁיר לִירוּשָׁלַיִם יוֹצֵא כֹּל שָׁעָה.
3. בְּלִי תִּיווּךְ, בְּלִי שֶׁמִּישֶׁהוּ יְקַשֵּׁר בֵּין הַצְּדָדִים: — direct (line/dial)
יֵשׁ כְּבָר חִיּוּג יָשִׁיר לְמוֹסְקְבָה.
יְשִׁירָה, יְשִׁירִים, יְשִׁירוֹת

ישישת׳ יָשִׁישׁ — very old man

זָקֵן, בֶּן 70 וָמַעְלָה:

*עָזַרְתִּי לַ**יָּשִׁישׁ** לַעֲלוֹת לָאוֹטוֹבּוּס.*

יְשִׁישָׁה, יְשִׁישִׁים, יְשִׁישׁוֹת

ישןפ׳ יָשֵׁן (יָשַׁן) — slept

נִרְדַּם, גּוּפוֹ בְּמַצָּב שֶׁל מְנוּחָה:

*הַתִּינוֹק **יָשֵׁן** עַכְשָׁיו, הוּא **לֹא יָשֵׁן** כֹּל הַלַּיְלָה.*

לִישׁוֹן / י.שׁ.ן, פָּעַל / יָשַׁנְתִּי, יָשֵׁן, אִישַׁן, יִישַׁן

ישןת׳ יָשָׁן — old

מַשֶּׁהוּ שֶׁקַּיָּים הַרְבֵּה זְמַן, לֹא חָדָשׁ:

*אֲנִי אוֹהֶבֶת לְטַיֵּיל בֵּין הַבָּתִּים **הַיְשָׁנִים** שֶׁל תֵּל-אָבִיב.*

יָשָׁן נוֹשָׁן — ancient

יְשָׁנָה, יְשָׁנִים, יְשָׁנוֹת

ישנונית׳ יַשְׁנוּנִי — sleepy

1. קָרוֹב לְשֵׁינָה:

*אַתָּה נִרְאֶה לִי **יַשְׁנוּנִי** - לֵךְ לַמִּיטָּה!*

2. יָשֵׁן הַרְבֵּה: — languid, sluggish

*הוּא טִיפּוּס **יַשְׁנוּנִי**, חֲסַר מֶרֶץ.*

יַשְׁנוּנִית, יַשְׁנוּנִיִּים, יַשְׁנוּנִיּוֹת

ישרת׳ יָשָׁר — honest

1. דּוֹבֵר אֱמֶת:

*הוּא אִישׁ **יָשָׁר**, אַתָּה יָכוֹל לְהַאֲמִין לְכֹל מַה שֶּׁהוּא אוֹמֵר.*

2. קָדִימָה, בְּלִי לִפְנוֹת לַצְּדָדִים: — straight

*לֵךְ **יָשָׁר** עַד סוֹף הָרְחוֹב, וְתַגִּיעַ לַכְּתוֹבֶת, שֶׁאַתָּה מְחַפֵּשׂ.*

יְשָׁרָה, יְשָׁרִים, יְשָׁרוֹת

ישׂראלנ׳ יִשְׂרָאֵל — Israel

1. הַשֵּׁם שֶׁל הַמְּדִינָה הַיְּהוּדִית:

__יִשְׂרָאֵל__ הִיא מְדִינָה צְעִירָה.

2. כֹּל הַיְּהוּדִים:

*כֹּל **יִשְׂרָאֵל** חֲבֵרִים.*

בְּנֵי יִשְׂרָאֵל/עַם יִשְׂרָאֵל

ישׂראלית״ז יִשְׂרְאֵלִי [יִשְׂרְאֵלִים] — Israeli

שֶׁל מְדִינַת יִשְׂרָאֵל:

*לְכֹל אֶזְרָח **יִשְׂרְאֵלִי** יֵשׁ תְּעוּדַת זֶהוּת יִשְׂרְאֵלִית.*

יִשְׂרְאֵלִית, יִשְׂרְאֵלִיִּים, יִשְׂרְאֵלִיּוֹת

יתוםז׳ יָתוֹם [יְתוֹמִים] — orphan

מִי שֶׁהוֹרָיו מֵתוּ:

*הוֹרָיו שֶׁל הַיֶּלֶד נֶהֶרְגוּ בִּתְאוּנַת דְּרָכִים, עַכְשָׁיו הוּא **יָתוֹם**.*

יְתוֹמָה, יְתוֹמוֹת

יתושז׳ יַתּוּשׁ [יַתּוּשִׁים] — mosquito

דּוֹמֶה לִזְבוּב, עוֹקֵץ:

*בַּקַּיִץ יֵשׁ הַרְבֵּה **יַתּוּשִׁים**.*

יתמותנ׳ יַתְמוּת — the state of being an orphan

הַמַּצָּב שֶׁל הַיָּתוֹם, כְּשֶׁאֵין אָב וָאֵם:

__יַתְמוּת__ בְּגִיל צָעִיר הִיא דָּבָר עָצוּב.

(מֶטָאפוֹרָה) בְּדִידוּת: — loneliness

*יֵשׁ לִי הַרְגָּשָׁה שֶׁל **יַתְמוּת** - כֹּל חֲבֵרַיי נָסְעוּ.*

יתרז׳ יֶתֶר — the rest

1. מַה שֶּׁנִּשְׁאַר:

*אֲנִי אֶקַּח 2 תַּפּוּחִים, אֶת **הַיֶּתֶר** קַח אַתָּה.*

2. מַה שֶּׁהוּא יוֹתֵר: — excess

*הוּא מִשְׁתַּמֵּשׁ **בְּיֶתֶר** כּוֹחַ שֶׁלֹּא לְצוֹרֶךְ.*

3. בְּגֵיאוֹמֶטְרִיָּה - הַקַּו, הַצֶּלַע הָאֲרוּכָּה בִּמְשׁוּלָּשׁ, שֶׁיֵּשׁ לוֹ זָוִית שֶׁל 90°: — hypotenuse

בֵּין הַיֶּתֶר — among other things

זְכוּת־יֶתֶר — privilege

יתרת׳ יָתֵר — surplus

1. נוֹסָף, מְיוּתָּר:

*יֵשׁ כָּאן אֲנָשִׁים **יְתֵרִים** עַל מִסְפַּר הַמְּקוֹמוֹת.*

2. הַרְבֵּה מְאוֹד: — a lot of, great

*יֵשׁ לוֹ חוֹכְמָה **יְתֵרָה**.*

יְתֵרָה מִזּוֹ — in addition

יָתֵר עַל כֵּן — more than that

יְתֵרָה, יְתֵרִים, יְתֵרוֹת

יתרהנ׳ יִתְרָה [יְתָרוֹת] — balance, remainder

מַה שֶּׁנִּשְׁאַר בְּחֶשְׁבּוֹן הַבַּנְק:

*צִילְצַלְתִּי לַבַּנְק כְּדֵי לְבָרֵר מַה **הַיִּתְרָה** בְּחֶשְׁבּוֹן שֶׁלִּי.*

יתרוןז׳ יִתְרוֹן [יִתְרוֹנוֹת] — advantage

הַצַּד הַטּוֹב שֶׁל מַשֶּׁהוּ:

*לְמִילוֹן עִבְרִי-עִבְרִי יֵשׁ **יִתְרוֹנוֹת** גְּדוֹלִים, יֵשׁ בּוֹ הֶסְבֵּרִים וְדוּגְמוֹת בְּשָׂפָה הָעִבְרִית.*

כ

כ — 11th letter of Heb. alphabet
כַּף, הָאוֹת הָאַחַת עֶשְׂרֵה בָּאָלֶפְבֵּית הָעִבְרִי, מְסַמֶּנֶת שֵׁם מִסְפָּר — 20:
אֲנִי בֶּן כ' שָׁנִים.
בְּסוֹף מִילָה נִכְתֶּבֶת כַּף סוֹפִית - ך.

כ- מ"י כְּ- — as, like
1. כְּמוֹ:
הוּא גִיבּוֹר כְּאַרְיֵה.
2. בְּעֵרֶךְ, קָרוֹב לְ-: — about
בַּמְסִיבָּה הָיוּ כְּ-200 אוֹרְחִים.
3. בְּתַפְקִיד שֶׁל: — as
הוּא עוֹבֵד בְּבֵית־חוֹלִים כְּרוֹפֵא.

כאב פ' כָּאַב — ached, felt pain
הִרְגִּישׁ סֵבֶל בַּגּוּף:
*הָיִיתִי חוֹלֶה. כָּל הַגּוּף **כָּאַב לִי**.*
לִכְאוֹב / כ.א.ב, פָּעַל / כָּאַבְתִּי, כּוֹאֵב, יִכְאַב

כאב ז' כְּאֵב [כְּאֵבִים] — pain, ache
הַרְגָּשָׁה שֶׁל סֵבֶל:
*יֵשׁ לִי **כְּאֵבִים** בָּרַגְלַיִים.*
כְּאֵב רֹאשׁ — headache

כאילו מ"ק כְּאִלּוּ — as if
כְּמוֹ מִישֶׁהוּ, כְּמוֹ מַשֶּׁהוּ:
*הוּא תֵּיאֵר אֶת הַבַּיִת, **כְּאִילּוּ** נוֹלַד וְחַי בּוֹ.*

כאן ת"פ כָּאן — here
פֹּה, בַּמָּקוֹם הַזֶּה:
כָּאן פָּגַשְׁתִּי אֶת הָאִישׁ.
מִכָּאן וָאֵילָךְ — from here on
מִכָּאן וּמִכָּאן — from here and from there
עַד כָּאן — up to this point

כאשר מ"ק כַּאֲשֶׁר — when, whenever
כְּשֶׁ-, בִּזְמַן שֶׁ-:
כַּאֲשֶׁר אֲנִי בָּא לְתֵל־אָבִיב, אֲנִי הוֹלֵךְ לַיָּם.

כבאות נ' כַּבָּאוּת — firefighting
הָעֲבוֹדָה שֶׁל מִי שֶׁמְּכַבֶּה אֵשׁ:
*בָּעִירִיָּיה יֵשׁ מַחְלָקָה מְיוּחֶדֶת **לְכַבָּאוּת**.*

כבאי ז' כַּבַּאי [כַּבָּאִים] — firefighter
מוּמְחֶה שֶׁמְּכַבֶּה אֵשׁ בִּזְמַן שְׂרֵיפָה:
הַכַּבָּאִים בָּאוּ וְכִיבּוּ אֶת הַשְּׂרֵיפָה.

כבד ת' כָּבֵד — heavy
שֶׁהַמִּשְׁקָל שֶׁלּוֹ גָּדוֹל, לֹא קַל:
*הַשּׁוּלְחָן **כָּבֵד** מְאוֹד. מִשְׁקָלוֹ 50 ק"ג.*
אָסוֹן כָּבֵד — terrible disaster
נֶשֶׁק כָּבֵד — heavy weapons
כְּבַד־פֶּה — stammerer
כְּבַד־שְׁמִיעָה — hard of hearing
כְּבַד־תְּנוּעָה — clumsy
כְּבֵדָה, כְּבֵדִים, כְּבֵדוֹת

כבד ז' כָּבֵד [כְּבֵדִים] — liver
אֵיבָר בַּגּוּף - נִמְצָא בַּבֶּטֶן, מְעַבֵּד אֶת הַסּוּכָּר:
*הוּא עָבַר נִיתּוּחַ שֶׁל הַשְׁתָּלַת **כָּבֵד**.*

כבדות נ' כְּבֵדוּת — heaviness
כּוֹבֶד, מִשְׁקָל גָּדוֹל:
אֲנִי מַרְגִּישׁ כְּבֵדוּת בָּרַגְלַיִים.

כבה פ' כָּבָה — was extinguished, went out (light)
הִפְסִיק לִבְעוֹר, לִדְלוֹק:
*הָאֵשׁ **כָּבְתָה**.*
לִכְבּוֹת / כ.ב.ה, פָּעַל / כָּבוּ, כָּבֶה, יִכְבֶּה

כבוד ז' כָּבוֹד — respect, honor
הַרְגָּשָׁה שֶׁל הַעֲרָכָה רַבָּה, חֲשִׁיבוּת:
*יֵשׁ לִי **כָּבוֹד** רַב לָאִישׁ וּלְמַעֲשָׂיו.*
בְּכָבוֹד רַב — Yours respectfully
לִכְבוֹד — To...
עִם כָּל הַכָּבוֹד ב' — with all due respect
בִּכְבוֹדוֹ וּבְעַצְמוֹ ב' — he himself, in person
חָלַק כָּבוֹד — acted with respect
כְּבוֹד־עַצְמִי — self-respect

כבודה נ' כְּבֻדָּה — possessions
(לָשׁוֹן גְּבוֹהָה) רְכוּשׁ, חֲפָצִים כְּמוֹ שׁוּלְחָנוֹת, אֲרוֹנוֹת וְכוּ' הַשַּׁיָּיכִים לְמִישֶׁהוּ:
*הֵם הֶעֱבִירוּ אֶת כָּל **הַכְּבוּדָה** לַדִּירָה הַחֲדָשָׁה.*

כבוי ת' כָּבוּי — extinguished (adj.), extinct
שֶׁהִפְסִיק לִבְעוֹר:
*הַסִּיגָרִיָּה שֶׁלְּךָ **כְּבוּיָה**.*
כְּבוּיָה, כְּבוּיִים, כְּבוּיוֹת

כבול ת' כָּבוּל — handcuffed/ chained (adj.)
1. מִי שֶׁשָּׂמוּ עָלָיו חֲבָלִים,קָשׁוּר:
*הַגַּנָּב **כָּבוּל** - הוּא לֹא יִבְרַח.*

2. (מֶטָאפוֹרָה) מִי שֶׁאֵין לוֹ חוֹפֶשׁ פְּעוּלָה: bound (adj.)
*אֲנִי **כָּבוּל** בַּהַבְטָחָה שֶׁנָּתַתִּי לְדָוִיד.*
כבוּלה, כבוּלִים, כבוּלוֹת

כבושת׳ כָּבוּשׁ conquered/occupied (adj.)
1. עַם אוֹ שֶׁטַח שֶׁכָּבְשׁוּ אוֹתוֹ, שֶׁשּׁוֹלְטִים בּוֹ:
*עַמִּים **כְּבוּשִׁים** נִלְחָמִים לְעַצְמָאוּת.*
2. אוֹכֶל שֶׁשָּׂמִים בְּמֶלַח, בְּחוֹמֶץ: pickled (adj.)
*אֲנִי אוֹהֵב מְלָפְפוֹנִים **כְּבוּשִׁים** בְּמֶלַח.*
כבוּשָׁה, כבוּשִׁים, כבוּשׁוֹת

כביכולת״פ כִּבְיָכוֹל supposedly
(כְּ+בְּ+יָכוֹל) כְּאִילוּ הַדָּבָר אֶפְשָׁרִי:
*הוּא **כִּבְיָכוֹל** יוֹדֵעַ הַכֹּל.*

כביסת׳ כָּבִיס washable
שֶׁאֶפְשָׁר לְכַבֵּס אוֹתוֹ: *הַבְּגָדִים הַסִּינְטֶטִיִּים **כְּבִיסִים**.*
כּבִיסָה, כּבִיסִים, כּבִיסוֹת

כביסהנ׳ כְּבִיסָה laundering, washing
1. הַפְּעוּלָה שֶׁל רְחִיצַת הַבְּגָדִים:
*אֶת הַ**כְּבִיסָה** עוֹשָׂה מְכוֹנָה.*
2. הַבְּגָדִים הַמְלוּכְלָכִים: laundry
*לָקַחְתִּי אֶת הַ**כְּבִיסָה** שֶׁלִּי לַמִּכְבָּסָה.*
מְכוֹנַת כּבִיסָה washing machine

כבירת׳ כַּבִּיר grand, great, mighty
גָּדוֹל מְאוֹד:
*יֵשׁ לִי רָצוֹן **כַּבִּיר**.*
כַּבִּירָה, כַּבִּירִים, כַּבִּירוֹת

כבישז׳ כְּבִישׁ [כְּבִישִׁים] (paved) road, highway
דֶּרֶךְ מְסוּדֶּרֶת לִמְכוֹנִיּוֹת:
*הַמְּכוֹנִיּוֹת נוֹסְעוֹת בַּ**כְּבִישִׁים**.*

כבלפ׳ כָּבַל chained
1. קָשַׁר בְּחֶבֶל עָבֶה אוֹ בְּטַבָּעוֹת שֶׁל בַּרְזֶל:
*הַשּׁוֹטְרִים **כָּבְלוּ** אֶת הַגַּנָּב.*
2. (מֶטָאפוֹרָה) הִגְבִּיל אֶת חוֹפֶשׁ הַפְּעוּלָה: restricted
*הַהַבְטָחוֹת שֶׁנָּתַתִּי, **כָּבְלוּ** אֶת יָדַיי.*
לִכבּוֹל אֶת- / כ.ב.ל, פָּעַל / כָּבַלְתִּי, כּוֹבֵל, יִכבּוֹל, כּבוֹל!

כבלז׳ כֶּבֶל [כְּבָלִים] chain, cable
חֶבֶל עָבֶה, שַׁרְשֶׁרֶת:
*הַשּׁוֹטְרִים שָׂמוּ **כְּבָלִים** עַל הַיָּדַיִים שֶׁל הַגַּנָּב/חוֹשֶׁךְ! - **כֶּבֶל** הַחַשְׁמַל נִקְרַע.*

כבספ׳ כִּבֵּס washed, laundered
רָחַץ בְּגָדִים וְכוּ׳:
כִּבַּסְתִּי אֶת כָּל הַגַּרְבַּיִים.
לְכַבֵּס אֶת- / כ.ב.ס, פִּעֵל / כִּבַּסְתִּי, מְכַבֵּס, יְכַבֵּס

כבסיםז״ר כְּבָסִים laundry, wash
בְּגָדִים, סְדִינִים וְכוּ׳ שֶׁמְּכַבְּסִים:
*הַ**כְּבָסִים** שֶׁלִּי תְּלוּיִים עַל הַחֶבֶל.*

כברת״פ כְּבָר already
עַד עַכְשָׁיו, עַד הַזְּמַן הַזֶּה:
*הָיִיתָ **כְּבָר** בִּירוּשָׁלַיִם? עוֹד לֹא.*
מִכְּבָר long ago

כברהנ׳ כִּבְרָה plot of land
כִּבְרַת אֲדָמָה - שֶׁטַח אֲדָמָה מְסוּיָּם:
קָנִינוּ כִּבְרַת אֲדָמָה כְּדֵי לִבְנוֹת בַּיִת.
כִּבְרַת דֶּרֶךְ - מֶרְחָק מְסוּיָּם: a certain distance
הָלַכְנוּ כִּבְרַת דֶּרֶךְ וְנָחְנוּ.

כבשפ׳ כָּבַשׁ conquered
1. תָּפַשׂ בְּכוֹחַ וְשָׁלַט עַל אֲנָשִׁים אוֹ שֶׁטַח:
*הַצָּבָא **כָּבַשׁ אֶת** הָעִיר.*
2. הֵכִין יְרָקוֹת בְּמֶלַח, חוֹמֶץ וְכוּ׳: pickled
***כָּבַשְׁנוּ** מְלָפְפוֹנִים.*
כָּבַשׁ אֶת יִצְרוֹ - הִתְגַּבֵּר עַל רְצוֹנוֹ: suppressed his desire
׳אֵיזֶהוּ גִּבּוֹר הַכּוֹבֵשׁ אֶת יִצְרוֹ׳
לִכבּוֹשׁ אֶת- / כ.ב.ש, פָּעַל / כָּבַשְׁתִּי, כּוֹבֵשׁ, יִכבּוֹשׁ, כּבוֹשׁ!

כבשז׳ כֶּבֶשׁ gangway, ramp
מַדְרֵגוֹת שֶׁעוֹזְרוֹת לַעֲלוֹת אוֹ לָרֶדֶת:
*עָלִיתִי **בְּכֶבֶשׁ** הַמָּטוֹס וְנוֹפַפְתִּי בַּיָּד לְשָׁלוֹם.*

כבשז׳**/כבשה**נ׳ כֶּבֶשׂ/כִּבְשָׂה [כְּבָשִׂים] sheep
בַּעֲלֵי־חַיִּים, (בְּהֵמַת־בַּיִת):
*הַ**כְּבָשִׂים** מְסַפְּקוֹת לָאָדָם חָלָב, בָּשָׂר וְצֶמֶר.*
כִּבְשָׂה שְׁחוֹרָה black sheep

כגוןת״פ כְּגוֹן like, such as
כְּמוֹ-, לְדוּגְמָה:
*אֲנִי אוֹהֵב פֵּירוֹת, **כְּגוֹן** תַּפּוּחִים וְתַפּוּזִים.*

כדז׳ כַּד [כַּדִּים] jug
כְּלִי לְנוֹזְלִים:
*עַל שׁוּלְחַן הָאוֹכֶל יֵשׁ **כַּד** מַיִם.*

כדאית״פ כְּדַאי worthwhile
רָאוּי לְ-, רָצוּי:

כְּדַאי לְךָ *לִקְרוֹא אֶת הַסֵּפֶר הֶחָדָשׁ. /* **כְּדַאי** *מְאוֹד לִקְנוֹת יְרָקוֹת בְּ'שׁוּק הַכַּרְמֶל'.*

כדאית׳ כְּדָאִי — worthwhile, profitable
רָצוּי, מוּצְלָח:
קְנִיַּית הַדִּירָה הָיְתָה **כְּדָאִית.**
כְּדָאִית, כְּדָאִיִּים, כְּדָאִיּוֹת

כדאיותנ׳ כְּדָאִיּוּת — profitability, desirability
מַשֶּׁהוּ רָצוּי, מוֹעִיל:
שָׁאַלְתִּי אוֹתוֹ עַל **הַכְּדָאִיּוּת** *שֶׁל הַשְׁקָעַת כֶּסֶף בַּבּוּרְסָה.*

כדורז׳ כַּדּוּר [כַּדּוּרִים] — ball
1. גּוּף עָגוֹל הַמְשַׁמֵּשׁ לְמִשְׂחָק:
הַיֶּלֶד שִׂיחֵק **בְּכַדּוּר.**
2. תְּרוּפָה: — pill
כָּאַב לִי הָרֹאשׁ, וְלָקַחְתִּי **כַּדּוּר** *אַסְפִּירִין.*
3. יוֹרִים אוֹתוֹ מֵרוֹבֶה, מֵאֶקְדָּח וְכוּ': — bullet
הַחַיָּל נִפְצַע **מִכַּדּוּר** *רוֹבֶה.*
כַּדּוּרֶגֶל — football, soccer
כַּדּוּרְסַל — basketball
כַּדּוּר־יָד — handball
כַּדּוּר־מַיִם — water polo
כַּדּוּר־עָף — volleyball
כַּדּוּר־הָאָרֶץ — the globe

כדורית׳ כַּדּוּרִי — round, spherical
נִרְאֶה כְּמוֹ כַּדּוּר, עָגוֹל:
אֲנִי אוֹהֵב צוּרוֹת **כַּדּוּרִיּוֹת** *וְלֹא צוּרוֹת מְרוּבָּעוֹת.*
כַּדּוּרִית, כַּדּוּרִיִּים, כַּדּוּרִיּוֹת

כדורתנ׳ כַּדֹּרֶת — bowling
מִשְׂחָק בְּכַדּוּר (צָרִיךְ לִפְגּוֹעַ בְּכַדּוּר אַחֵר אוֹ בְּ"בוּבּוֹת" עֵץ):
אֲנִי אוֹהֵב לְשַׂחֵק בְּמִשְׂחַק **הַכַּדֹּרֶת.**

כדימ״ק כְּדֵי — in order (to)
בִּשְׁבִיל, בְּמַטָּרָה...:
הוּא נָסַע **כְּדֵי** *לִפְגּוֹשׁ חָבֵר. / עָזַרְתִּי לוֹ* **כְּדֵי** *שֶׁיַּצְלִיחַ.*
תּוֹךְ כְּדֵי — while, during

כדלהלןת״פ כִּדְלְהַלָּן — as follows
(אֲרָמִית) כְּמוֹ שֶׁכָּתוּב (אוֹ נֶאֱמַר) אַחַר כָּךְ:
תַּגִּיד לוֹ כִּדְלְהַלָּן: א)..... ב).....

כדלקמןת״פ כִּדְלְקַמָּן — as follows
כְּמוֹ שֶׁלְּפָנֵינוּ, כְּמוֹ שֶׁכָּתוּב מִיָּד:
הַתְּנָאִים שֶׁל הַחוֹזֶה הֵם **כִּדְלְקַמָּן:** *א)..... ב).....*

כהת״פ כֹּה — thus, so
כָּךְ:
(לָשׁוֹן גְּבוֹהָה) **כֹּה** *אָמַר הַמֶּלֶךְ.*
שֶׁכֹּה אֶחְיֶה! — So help me God!
עַד כֹּה — so far
בֵּין כֹּה וָכֹה — anyhow
כֹּה לֶחָי! — Congratulations!

כההת׳ כֵּהֶה — dark
1. לֹא בָּהִיר, נוֹטֶה לְשָׁחוֹר:
צֶבַע הַשִּׂמְלָה שֶׁלִּי יָרוֹק **כֵּהֶה.**
2. (לָשׁוֹן גְּבוֹהָה) חַלָּשׁ: — faint, dull
לְסַבָּא שֶׁלִּי יֵשׁ עֵינַיִים **כֵּהוֹת** *מִזִּקְנָה.*
כֵּהָה, כֵּהִים, כֵּהוֹת

כההפ׳ כָּהָה — dimmed, darkened
הַשֶּׁמֶשׁ שָׁקְעָה, וְהַשָּׁמַיִם **כָּהוּ.**
(סִפְרוּתִי) נַעֲשָׂה חַלָּשׁ (עֵינַיִים וְכוּ'): — became feeble/faint
הָעֵינַיִים שֶׁל הַזָּקֵן **כָּהוּ.**
לִכְהוֹת / כ.ה.ה, פָּעַל / כָּהוּ, כֵּהֶה (/כּוֹהֶה) יִכְהֶה

כהוגןת״פ כַּהֹגֶן — duly, properly
כְּמוֹ שֶׁצָּרִיךְ, מְאוֹד:
כָּעַסְתִּי עָלָיו **כַּהוֹגֶן.**

כהונהנ׳ כְּהֻנָּה [כְּהוּנּוֹת] — priesthood
1. הַתַּפְקִיד שֶׁל הַכּוֹהֵן בְּבֵית הַמִּקְדָּשׁ:
מֵאָז שֶׁנֶּהֱרַס בֵּית הַמִּקְדָּשׁ, אֵין **כְּהוּנָּה** *בְּעַם יִשְׂרָאֵל.*
2. תַּפְקִיד חָשׁוּב: — office, position
הוּא נִכְנַס **לִכְהוּנַּת** שַׂר הָאוֹצָר לִפְנֵי שְׁנָתַיִים.

כהלכהת״פ כַּהֲלָכָה — as should be
כְּמוֹ שֶׁצָּרִיךְ לִהְיוֹת:
הוּא תַּלְמִיד **כַּהֲלָכָה.**

כובדז׳ כֹּבֶד — heaviness
מִשְׁקָל:
אֲנִי הוֹלֵךְ לְאַט בִּגְלַל **כּוֹבֶד** *הַמִּזְוָודָה.*
בְּכוֹבֶד רֹאשׁ — seriously
מֶרְכַּז הַכּוֹבֶד — center of gravity

כובהפ׳ כֻּבָּה — was extinguished
כִּיבּוּ אוֹתוֹ, עָשׂוּ שֶׁלֹּא יִבְעַר:
הָאוֹר **כּוּבָּה** *וְנַעֲשָׂה חוֹשֶׁךְ. / הָאֵשׁ* **כּוּבְּתָה.**
/ כ.ב.ה, פּוּעַל / כּוּבּוּ, מְכוּבֶּה, יְכוּבֶּה

כובעז׳ כּוֹבַע [כּוֹבָעִים] — hat
כִּיסוּי לָרֹאשׁ:

*בַּשֶׁמֶשׁ כְּדַאי לְכַסּוֹת אֶת הָרֹאשׁ **בְּכוֹבַע**.*

כּוֹבַע־פְּלָדָה helmet

כּוֹבַע טֶמְבֶּל 'Tembel' hat

בַּקָּרִיקָטוּרוֹת כּוֹבַע טֶמְבֶּל הוּא סֵמֶל לְיִשְׂרְאֵלִי.

כובעוןז, כּוֹבָעוֹן [כּוֹבָעוֹנִים] small hat

1. כּוֹבַע קָטָן:

*הָיָה לָהּ עַל הָרֹאשׁ **כּוֹבָעוֹן** אָדוֹם.*

2. קוֹנדוֹם - כִּיסּוּי לְאֵיבַר הַמִּין שֶׁל הַגֶּבֶר: condom

***הַכּוֹבָעוֹן** מָגֵן מִפְּנֵי אֵידְס.*

כובשתר"ז כּוֹבֵשׁ conquerer

מִי שֶׁתּוֹפֵס בְּכוֹחַ מְדִינָה אַחֶרֶת וְשׁוֹלֵט בָּהּ:

***כּוֹבְשִׁים** רַבִּים הָיוּ בַּהִיסְטוֹרְיָה שֶׁל אֶרֶץ יִשְׂרָאֵל.*

כּוֹבֶשֶׁת, כּוֹבְשִׁים, כּוֹבְשׁוֹת

כוהלז, כֹּהַל spirit (alchohol)

נוֹזֵל שֶׁנִּדְלָק בְּקַלּוּת (סְפִּירְט):

*נִיקִּיתִי אֶת הַפֶּצַע **בְּכוֹהַל**.*

כוהןז, כֹּהֵן [כּוֹהֲנִים] priest

1. אִישׁ קָדוֹשׁ, עוֹבֵד בְּבֵית הַמִּקְדָּשׁ:

***כּוֹהֵן** גָּדוֹל הָיָה רַק אֶחָד בְּבֵית הַמִּקְדָּשׁ.*

2. (מֶטָאפוֹרָה) אוֹמָן גָּדוֹל: High Priest

*טוֹלְסְטוֹי הוּא **הַכּוֹהֵן** הַגָּדוֹל שֶׁל הַסִּפְרוּת הָרוּסִית.*

כּוֹהֶנֶת, כּוֹהֲנוֹת

כוונהנ, כַּוָּנָה [כַּוָּונוֹת] intention, intent

מַטָּרָה, רָצוֹן לַעֲשׂוֹת מַשֶּׁהוּ:

*לֹא הָיְיתָה לִי כֹּל **כַּוָּונָה** לִפְגּוֹעַ בּוֹ.*

בְּכַוָּונָה intentionally

שֶׁלֹּא בְּכַוָּונָה unintentionally

כוונתנ, כַּוֶּנֶת [כַּוָּונוֹת] rifle sight

חֵלֶק בְּמַכְשִׁיר שֶׁמְּכַוּוֹנִים בּוֹ:

*הִסְתַּכַּלְתִּי דֶּרֶךְ **הַכַּוֶּונֶת** שֶׁל הָרוֹבֶה, וְיָרִיתִי לַמַּטָּרָה.*

שָׂם מִישֶׁהוּ עַל הַכַּוֶּונֶתב - 'got on someone's case'

שַׂמְתִּי אוֹתוֹ עַל הַכַּוֶּונֶת.

כוזבת, כּוֹזֵב untrue, false

לֹא אֲמִיתִּי, לֹא נָכוֹן:

*הַסִּיפּוּרִים שֶׁלּוֹ **כּוֹזְבִים**, אֵין בָּהֶם אַף מִילָּה אֱמֶת.*

כּוֹזֶבֶת, כּוֹזְבִים, כּוֹזְבוֹת

כוחז, כֹּחַ [כּוֹחוֹת] power, strength

1. יְכוֹלֶת, כּוֹשֶׁר פִיסִי לַעֲשׂוֹת מַשֶּׁהוּ:

*אֵין לִי **כּוֹחַ** לְהַמְשִׁיךְ בָּעֲבוֹדָה הַזֹּאת.*

2. יְחִידָה שֶׁל הַצָּבָא אוֹ הַמִּשְׁטָרָה: force

***כּוֹחוֹת** הַמִּשְׁטָרָה פִּיזְּרוּ אֶת הַהַפְגָּנָה.*

כּוֹחַ־הַמְּשִׁיכָה gravitation

כּוֹחַ־אָדָם manpower

כּוֹחַ־סוּס horsepower

כּוֹחַ עֶלְיוֹן force majeure

בָּא־כּוֹחַ representative

בְּכוֹחַ forcefully

כּוֹחַ־גַּבְרָא sexual potency

מִכּוֹחַ by the power of

כוחנית, כֹּחָנִי aggressive, power-orientated

מִשְׁתַּמֵּשׁ בְּכוֹחַ, מַחְשִׁיב כּוֹחַ:

*הַדֵּיעוֹת הַפּוֹלִיטִיּוֹת שֶׁלּוֹ **כּוֹחָנִיּוֹת**.*

כּוֹחָנִית, כּוֹחָנִיִּים, כּוֹחָנִיּוֹת

כוחניותנ, כֹּחָנִיּוּת aggression

שִׁימּוּשׁ בְּכוֹחַ, תְּמִיכָה בְּשִׁימּוּשׁ בְּכוֹחַ:

***הַכּוֹחָנִיּוּת** יְכוֹלָה לְהָבִיא לְמִלְחָמָה.*

כוויהנ, כְּוִיָּה [כְּוִיּוֹת] (a) burn

פֶּצַע בָּעוֹר, שֶׁהוּא תּוֹצָאָה שֶׁל אֵשׁ (מַיִם רוֹתְחִים וְכוּ'):

*הַגּוּף שֶׁלּוֹ מָלֵא **כְּוִיּוֹת** מִן הַשֶּׁמֶשׁ.*

כוכבז, כּוֹכָב [כּוֹכָבִים] star

1. גּוּף הַנִּרְאֶה בַּלַּיְלָה בַּשָּׁמַיִם כְּמוֹ נְקוּדַת אוֹר:

*דָּוִיד מַכִּיר אֶת **הַכּוֹכָבִים** בַּשָּׁמַיִם בִּשְׁמוֹתֵיהֶם.*

2. מִי שֶׁמַּצְלִיחַ מְאוֹד בְּמַשֶּׁהוּ:

*הוּא **כּוֹכָב** עוֹלֶה בַּתֵּיאַטְרוֹן.*

3. סִימָן (דוֹמֶה לְצוּרָה שֶׁל כּוֹכָב) בְּסֵפֶר, בִּכְתִיבָה וְכוּ': asterisk

*עַל יַד הַמִּילִּים הַקָּשׁוֹת יֵשׁ **כּוֹכָב**, סִימָן לְהֶסְבֵּר בְּהֶעָרָה.*

כּוֹכַב־לֶכֶת planet

כּוֹכֶבֶת, כּוֹכָבוֹת

כול ר' כל

כולי, כֻּלִּי all of me

כֹּל + אֲנִי:

***כּוּלִּי** נִרְגָּשׁ - הֶחְלַטְנוּ לְהִתְחַתֵּן!*

כֹּל כּוּלּוֹ - בִּשְׁלֵמוּתוֹ: the whole of...

*' **כָּל** הָעוֹלָם **כּוּלּוֹ** גֶּשֶׁר צַר מְאוֹד...'*

כּוּלִּי, כּוּלְּךָ, כּוּלֵּךְ, כּוּלּוֹ, כּוּלָּהּ, כּוּלָּנוּ, כּוּלְּכֶם־ן, כּוּלָּם־ן

כוללת, כּוֹלֵל inclusive, including

יֵשׁ בּוֹ הַכּוֹל:

*זֹאת רְשִׁימָה **כּוֹלֶלֶת** שֶׁל כֹּל הַסְּפָרִים, שֶׁיָּצְאוּ בְּעִבְרִית.*

כּוֹלֶלֶת, כּוֹלְלִים, כּוֹלְלוֹת

כוללנית, כּוֹלְלָנִי — global, comprehensive

1. גלובָּלִי, יֵשׁ בּוֹ הַכּוֹל:

*צָרִיךְ לְהַגִּיעַ לְהַשְׁקָפָה **כּוֹלְלָנִית**.*

2. לא סְפֶּצִיפִי, שִׁטְחִי: — general

*הַסֵּפֶר הַזֶּה **כּוֹלְלָנִי** מִדַּי, הוּא לֹא יְסוֹדִי.*

כּוֹלְלָנִית, כּוֹלְלָנִיִּים, כּוֹלְלָנִיּוֹת

כולםז"ר, כֻּלָּם — everybody

(כֹּל + הֵם) הָאֲנָשִׁים, הַקָּהָל, הַצִּיבּוּר:

***כּוּלָּם** אוֹמְרִים, שֶׁכְּדַאי לְבַקֵּר בִּמְצָדָה.*

כומרז, כֹּמֶר [כְּמָרִים] — priest, minister

כּוֹהֵן דָּת נוֹצְרִי:

*הַ**כּוֹמֶר** אֵצֶל הַנּוֹצְרִים הוּא כְּמוֹ הָרַב אֵצֶל הַיְּהוּדִים.*

כומתהנ, כֻּמְתָּה [כּוּמְתוֹת] — beret

בֶּרֶט, כּוֹבַע שֶׁל חַיָּילִים:

*לַצַּנְחָנִים יֵשׁ **כּוּמְתוֹת** אֲדוּמּוֹת.*

כונןז, כּוֹנָן [כּוֹנָנִים] — on duty, on call

1. מִי שֶׁצָּרִיךְ לְמַלֵּא תַּפְקִיד, לִהְיוֹת מוּכָן לַעֲשׂוֹת מַשֶּׁהוּ (רוֹפֵא וְכוּ'):

*ד"ר לֵוִי נִמְצָא קָרוֹב לַטֶּלֶפוֹן, כִּי הוּא **כּוֹנָן** הַיּוֹם.*

2. חֵלֶק בַּמַּחְשֵׁב. (קוֹרֵא אֶת הַתּוֹכְנָה מִן הַדִּיסְקֶט): — disk-drive

*בַּמַּחְשֵׁב שֶׁלִּי יֵשׁ שְׁנֵי **כּוֹנָנִים**.*

כוננותנ, כּוֹנְנוּת [כּוֹנְנוּיוֹת] — (state of) alert/readiness

כְּשֶׁמִּישֶׁהוּ מוּכָן מִיָּד לְמַלֵּא אֶת תַּפְקִידוֹ (רוֹפֵא, צָבָא וְכוּ'):

*הַחַיָּיל הָיָה **בְּכוֹנְנוּת**, לָכֵן לֹא בָּא לְחוֹפֶשׁ.*

כונניתנ, כּוֹנָנִית [כּוֹנָנִיּוֹת] — bookcase

אָרוֹן פָּתוּחַ (לִסְפָרִים וְכוּ'):

*הַסְּפָרִים מְסוּדָּרִים **בַּכּוֹנָנִית**.*

כונס־נכסיםז, כּוֹנֵס־נְכָסִים [כּוֹנְסֵי נְכָסִים] — official receiver

פָּקִיד מֶמְשַׁלְתִּי שֶׁמְּטַפֵּל בִּפְשִׁיטוֹת רֶגֶל:

*לְאַחַר פְּשִׁיטַת הָרֶגֶל עָבַר רְכוּשִׁי לִידֵי **כּוֹנֵס נְכָסִים**.*

כוסנ, כּוֹס [כּוֹסוֹת] — glass

כְּלִי לִשְׁתִיָּיה:

*אֲנִי אוֹהֶבֶת לִשְׁתּוֹת תֵּה **בְּכוֹס**.*

הֵרִים כּוֹס — toasted

כוסהפ, כֻּסָּה — was covered

שָׂמוּ עָלָיו מַשֶּׁהוּ, כְּדֵי שֶׁיִּהְיֶה לוֹ חַם, אוֹ כְּדֵי שֶׁלֹּא יִרְאוּ אוֹתוֹ:

*הַשָּׁמַיִם **כּוּסּוּ** עֲנָנִים./ הַתִּינוֹקוֹת **כּוּסּוּ** בִּשְׂמִיכוֹת צֶמֶר.*

/ כ.ס.ה, פּוּעַל / כּוּסֵּיתִי, מְכוּסֶּה, יְכוּסֶּה

כוסיתנ, כּוֹסִית [כּוֹסִיּוֹת] — small glass/goblet

כּוֹס קְטַנָּה:

***בְּכוֹסִית** שׁוֹתִים יַיִן.*

כופףפ, כּוֹפֵף — bent

כָּפַף, עִיקֵּם, קִיפֵּל:

***כּוֹפַפְתִּי** אֶת הַגַּב.*

לְכוֹפֵף אֶת- / כ.פ.ף, פִּיעֵל / כּוֹפַפְתִּי, מְכוֹפֵף, יְכוֹפֵף

כופרז, כּוֹפֵר [כּוֹפְרִים] — infidel

מִי שֶׁאֵינוֹ מַאֲמִין בְּדָת, בֵּאלוֹהִים, אוֹ מִי שֶׁיֵּשׁ לוֹ דֵּיעוֹת אֲחֵרוֹת:

*הַכְּנֵסִיָּיה קָרְאָה לַיְּהוּדִים וְלַמּוּסְלְמִים **כּוֹפְרִים**.*

כּוֹפֶרֶת, כּוֹפְרוֹת

כופרז, כֹּפֶר — ransom

1. כֶּסֶף שֶׁמְּשַׁלְּמִים כְּדֵי לְהַצִּיל מִישֶׁהוּ:

*הַשּׁוֹדְדִים בִּיקְשׁוּ **כּוֹפֶר** תְּמוּרַת הַיֶּלֶד שֶׁחָטְפוּ.*

2. קְנָס, כֶּסֶף שֶׁמְּשַׁלְּמִים, כְּדֵי שֶׁלֹּא יִהְיֶה מִשְׁפָּט: — fine

*שִׁילַּמְתִּי **כּוֹפֶר** גָּבוֹהַּ לְמַס הַכְנָסָה.*

כורז, כּוּר [כּוּרִים] — furnace, smelter

תַּנּוּר שֶׁהוֹפֵךְ בַּרְזֶל וְכוּ' לְנוֹזֵל:

כּוּר גַּרְעִינִי — nuclear reactor

כּוּר הִיתּוּךְ — melting pot

כורהז, כּוֹרֶה [כּוֹרִים] — miner

מִי שֶׁעוֹבֵד מִתַּחַת לָאֲדָמָה וְחוֹפֵר זָהָב, פֶּחָם וְכוּ':

*חַיֵּי הַ**כּוֹרִים** קָשִׁים מְאוֹד.*

כורחז, כֹּרַח — necessity

הֶכְרֵחַ, מַשֶּׁהוּ שֶׁמַּכְרִיחַ:

*הַעֲלָאַת הַמִּיסִּים הִיא **כּוֹרַח** הַמְּצִיאוּת.*

(בְּ)עַל כּוֹרְחוֹ — against his will

כורךז, כּוֹרֵךְ [כּוֹרְכִים] — bookbinder

מִי שֶׁמְּחַבֵּר דַּפֵּי סֵפֶר וְשָׂם בְּתוֹךְ כְּרִיכָה:

*הַיּוֹם אֵין כִּמְעַט **כּוֹרְכִים**, מְכוֹנוֹת כּוֹרְכוֹת אֶת הַסְּפָרִים.*

כורכרז, כֻּרְכָּר — limestone

אֶבֶן סִיד, נִמְצֵאת לְיַד חוֹף הַיָּם:

*מִשְׁתַּמְּשִׁים **בְּכוּרְכָּר** לִבְנִיַּית בָּתִּים.*

כורםז, כּוֹרֵם [כּוֹרְמִים] — vinegrower

מִי שֶׁיֵּשׁ לוֹ כֶּרֶם עֲנָבִים, מִי שֶׁעוֹבֵד בַּכֶּרֶם:

הַכּוֹרְמִים מָכְרוּ עֲנָבִים לְיַיִן.
כּוֹרֶמֶת, כּוֹרמוֹת

כורסה/כורסאנ, כּוּרְסָה/כּוּרְסָא [כּוּרסוֹת/כּוּרסָאוֹת] armchair
כִּסֵּא גָּדוֹל, נוֹחַ לִישִׁיבָה (בְּדֶרֶךְ כְּלָל עָשׂוּי בַּד):
*קָנִינוּ סַפָּה וּשְׁתֵּי **כּוּרסוֹת**.*

כושיז, כּוּשִׁי [כּוּשִׁים] black (person)
מִי שֶׁיֵּשׁ לוֹ עוֹר שָׁחוֹר (אַפְרִיקָנִי):
*הַ**כּוּשִׁים** הִגִּיעוּ לַאֲמֶרִיקָה מֵאַפְרִיקָה.*
כּוּשִׁית, כּוּשִׁיּוֹת

כושרז, כֹּשֶׁר [כְּשָׁרִים] ability, strength
יְכֹלֶת, אֶפְשָׁרוּת לַעֲשׂוֹת מַשֶּׁהוּ, כּוֹחַ:
*הוּא בַּעַל **כּוֹשֶׁר** עֲבוֹדָה מְעוּלֶה, וְלָכֵן הוּא מַצְלִיחַ.*
כּוֹשֶׁר גוּפָנִי physical fitness
כּוֹשֶׁר קְרָבִי combat-ready
שְׁעַת-כּוֹשֶׁר an opportune moment
חִיכִּיתִי לִשְׁעַת כּוֹשֶׁר, וְהִתְנַקַּמְתִּי בּוֹ.

כותונתנ, כֻּתֹּנֶת [כּוּתוֹנוֹת] shirt, night-shirt
חוּלְצָה, שִׂמְלַת לַיְלָה:
*פָּשַׁטְתִּי אֶת הַ**כּוּתוֹנֶת**, כִּי חַם לִי.*

כותלז, כֹּתֶל [כְּתָלִים] wall
קִיר:
*הַרְבֵּה אֲנָשִׁים מִתְפַּלְּלִים לְיַד הַ**כּוֹתֶל** הַמַּעֲרָבִי בִּירוּשָׁלַיִם.*
הַכּוֹתֶל הַמַּעֲרָבִי the Wailing Wall
חֲגִיגַת בַּר הַמִּצְוָה נֶעֶרְכָה לְיַד הַכּוֹתֶל הַמַּעֲרָבִי.

כותנהנ, כֻּתְנָה cotton
צֶמַח שֶׁעוֹשִׂים מִמֶּנּוּ חוּטִים וּבַדִּים (לַקַּיִץ):
*יֵשׁ שְׂמָלוֹת מִ**כּוּתְנָה**, וְיֵשׁ מִבַּדִּים סִינְטֶטִיִּים.*

כותרז, כּוֹתֶר [כּוֹתָרִים] title, caption
שֵׁם הַסֵּפֶר:
*בַּחֲנוּת יֵשׁ אַלְפֵי סְפָרִים שֶׁל **כּוֹתֶר** אֶחָד.*

כותרתנ, כּוֹתֶרֶת [כּוֹתָרוֹת] capital of pillar
1. קִישׁוּט בְּרֹאשׁ עַמּוּד שֶׁל בִּנְיָן:
*הַ**כּוֹתֶרֶת** שֶׁל הָעַמּוּד עֲשׂוּיָה כְּמוֹ פֶּרַח.*
2. הַמִּילִים בְּרֹאשׁ מַאֲמָר אוֹ סֵפֶר: headline
*בַּבּוֹקֶר אֲנִי קוֹרֵא רַק אֶת הַ**כּוֹתָרוֹת** בָּעִיתּוֹן.*
3. הֶעָלִים שֶׁל הַפֶּרַח: petal
*עֲלֵי הַ**כּוֹתֶרֶת** שֶׁל הַוֶּרֶד אֲדוּמִּים.*

כזאתמ"ג/נ, כָּזֹאת such as this (f)
כְּמוֹ זֹאת:
*זֹאת דִּירָה יָפָה. בְּדִירָה **כָּזֹאת** הָיִיתִי רוֹצֶה לָגוּר.*

כזבז, כָּזָב [כְּזָבִים] falsehood
שֶׁקֶר:
*הוּא מְפַרְסֵם **כְּזָבִים** בָּעִיתּוֹן.*

כזהמ"ג/ז, כָּזֶה such as this (m)
כְּמוֹ זֶה:
*חַם הַיּוֹם. בְּחוֹם **כָּזֶה** צָרִיךְ לִשְׁתּוֹת הַרְבֵּה מַיִם.*

כחולת, כָּחֹל blue
צֶבַע הַיָּם וְהַשָּׁמַיִם:
*הַדֶּגֶל שֶׁל יִשְׂרָאֵל הוּא **כָּחוֹל-לָבָן**.*
כְּחוּלָה, כְּחוּלִים, כְּחוּלוֹת

כחושת, כָּחוּשׁ lean, emaciated
1. רָזֶה:
*הוּא נִרְאֶה **כָּחוּשׁ** בִּגְלַל הַמַּחֲלָה.*
2. שֶׁיֵּשׁ בּוֹ מְעַט קָלוֹרִיּוֹת: fat-free, lean
*גְּבִינָה **כְּחוּשָׁה** טוֹבָה לְדִיאֶטָה.*
כְּחוּשָׁה, כְּחוּשִׁים, כְּחוּשׁוֹת

כחלחלת, כְּחַלְחַל blueish
יֵשׁ בּוֹ מִן הַצֶּבַע הַכָּחוֹל:
*לָבַשְׁתִּי שִׂמְלָה **כְּחַלְחַלָּה**.*
כְּחַלְחַלָּה, כְּחַלְחַלִּים, כְּחַלְחַלּוֹת

כחשפ, כָּחַשׁ became lean
נַעֲשָׂה רָזֶה:
*גּוּפוֹ **כָּחַשׁ** בִּגְלַל הַמַּחֲלָה.*
לִכְחוֹשׁ / כ.ח.ש, פָּעַל / כָּחַשְׁתִּי, כָּחֲשָׁה, יִכְחַשׁ, תִּכְחַשׁ

כחשז, כַּחַשׁ lie, deceit
שֶׁקֶר.
סָבַב בְּכַחַשׁ - רִימָּה:
*הֶאֱמַנְתִּי לְךָ, וְאַתָּה סוֹבַבְתָּ אוֹתִי **בְּכַחַשׁ**.*

כימ"ק כִּי because
1. מִשּׁוּם שֶׁ, מִפְּנֵי שֶׁ, בִּגְלַל:
*לֹא בָּאתִי, **כִּי** לֹא הָיָה לִי זְמַן.*
2. שֶׁ, אֲשֶׁר: that
*רֹאשׁ הַמֶּמְשָׁלָה הוֹדִיעַ, **כִּי** הַפְּגִישָׁה נִדְחֲתָה.*
אִם כִּי - אַף עַל פִּי שֶׁ...: even though
*גָּמַרְתִּי אֶת הָעֲבוֹדָה, **אִם כִּי** הָיִיתִי עָיֵף.*
בְּכִי טוֹב very well
בְּכִי רָע very bad
כִּי אִם - אֶלָּא: but (rather)
לֹא דָּוִד בָּא כִּי אִם דָּן.

כיאותת"פ כַּיָּאוּת properly
מתאים, כמו שֶׁצָּרִיךְ לִהיות, כָּרָאוּי:
*הוא מְמַלֵּא אֶת תַּפְקִידוֹ **כַּיָּאוּת**.*

כיבז׳ כִּיב [כִּיבִים] ulcer
פֶּצַע שֶׁיֵּשׁ בּוֹ מוּגְלָה (מִין נוֹזֵל צָהוֹב):
*הָרוֹפֵא אָמַר, שֶׁיֵּשׁ לִי **כִּיב** קֵיבָה.*

כיבדפ׳ כִּבֵּד respected, honored
1. הִתְיַיחֵס בְּהַעֲרָכָה כְּפִי שֶׁמִּתְיַיחֲסִים לְאִישׁ חָשׁוּב, (בַּעַל עֶמְדָּה, מְבוּגָּר וְכוּ'):
*'**כַּבֵּד** אֶת אָבִיךָ וְאֶת אִמֶּךָ'. / **כִּיבַּדְנוּ** אֶת הַנָּשִׂיא וְקַמְנוּ.*
2. הִגִּישׁ אוֹכֶל קַל מִתּוֹךְ נִימוּס: served (refreshments)
*הִיא **כִּיבְּדָה** אֶת הָאוֹרְחִים בְּקָפֶה.*
'כַּבְּדֵהוּ וְחַשְׁדֵהוּ'ב׳ respect him and suspect him
לְכַבֵּד אֶת- /כ.ב.ד, פִּיעֵל / כִּיבַּדְתִּי, מְכַבֵּד, יְכַבֵּד, כַּבֵּד!

כיבהפ׳ כִּבָּה extinguished
הִפְסִיק מַשֶּׁהוּ דוֹלֵק, (אֵשׁ, סִיגָרִיָּה וְכוּ'):
*דָּוִיד **כִּיבָּה** אֶת הַשְּׂרֵיפָה.*
לְכַבּוֹת אֶת- / כ.ב.ה, פִּיעֵל / כִּיבִּיתִי, מְכַבֶּה, יְכַבֶּה, כַּבֵּה!

כיבודז׳ כִּבּוּד [כִּיבּוּדִים] respect
1. נְתִינַת כָּבוֹד לְאִישׁ חָשׁוּב, לְאָדָם מְבוּגָּר וְכוּ':
*אֲנַחְנוּ חַיָּיבִים **בְּכִיבּוּד** הַהוֹרִים.*
2. הַגָּשָׁה שֶׁל עוּגוֹת וְכוּ' לְאוֹרְחִים: refreshments
*קָנִיתִי **כִּיבּוּד** - עוּגוֹת וְשׁוֹקוֹלָד.*

כיבויז׳ כִּבּוּי extinguishing, extinction
הַפְסָקָה שֶׁל פְּעוּלַּת הָאֵשׁ:
***כִּיבּוּי** הַשְּׂרֵיפָה בַּיַּעַר הָיָה קָשֶׁה.*

כיבושז׳ כִּבּוּשׁ [כִּיבּוּשִׁים] occupation (by force)
תְּפִיסָה שֶׁל מָקוֹם בְּכוֹחַ:
*הַפַּרְטִיזָנִים לָחֲמוּ נֶגֶד **הַכִּיבּוּשׁ**.*
כִּיבּוּשׁ-הַיֵּצֶר self-control, restraint

כיבספ׳ כִּבֵּס laundered
נִיקָּה בְּגָדִים בְּמַיִם:
*דָּן **כִּיבֵּס אֶת** הַבְּגָדִים בִּמְכוֹנַת כְּבִיסָה.*
לְכַבֵּס אֶת- / כ.ב.ס, פִּיעֵל / כִּיבַּסְתִּי, מְכַבֵּס, יְכַבֵּס, כַּבֵּס!

כידוןז׳ כִּידוֹן [כִּידוֹנִים] spear
נֶשֶׁק קַר - מַקֵּל מִבַּרְזֶל, חַד בַּקָּצֶה:
*לִפְנֵי הַרְבֵּה שָׁנִים נִלְחֲמוּ בַּחֲרָבוֹת **וּבְכִידוֹנִים**.*

כידרורז׳ כִּדְרוּר bouncing/ dribbling (a ball)
כְּשֶׁעוֹשִׂים שֶׁהַכַּדּוּר יִקְפּוֹץ כַּמָּה פְּעָמִים:
***הַכִּידְרוּר** מוּתָּר בְּכַדּוּרְסַל.*

כידררפ׳ כִּדְרֵר bounced/dribbled (a ball)
עָשָׂה שֶׁהַכַּדּוּר יִקְפּוֹץ כַּמָּה פְּעָמִים:
*הוּא **מְכַדְרֵר**, כִּי אֵין לְמִי לִמְסוֹר אֶת הַכַּדּוּר.*
לְכַדְרֵר אֶת- / כ.ד.ר.ר, פִּיעֵל / כִּידְרַרְתִּי, מְכַדְרֵר, יְכַדְרֵר

כיהןפ׳ כִּהֵן served as...
הָיָה בְּתַפְקִיד מְכוּבָּד:
*הוּא **כִּיהֵן** אַרְבַּע שָׁנִים כִּנְשִׂיא הַמְּדִינָה.*
לְכַהֵן / כ.ה.ן, פִּיעֵל / כִּיהַנְתִּי, מְכַהֵן, יְכַהֵן, כַּהֵן!

כיו"בר"ת כַּיּוֹצֵא בָּזֶה and so forth, etc.
מַה שֶּׁדּוֹמֶה לוֹ כָּמוֹהוּ:
*בַּחֲנוּת הַזֹּאת מוֹכְרִים תַּפּוּחִים, עֲנָבִים שְׁזִיפִים **וְכיו"ב**.*

כיווןפ׳ כִּוֵּן directed
1. אָמַר לְאָן לִפְנוֹת, לְאֵיזֶה צַד:
*הַשּׁוֹטֵר **כִּיוֵּון** אֶת הַמְּכוֹנִיּוֹת לִכְבִישׁ אַחֵר.*
2. סִידֵּר שֶׁשָּׁעוֹן יִפְעַל בְּשָׁעָה מְסוּיֶּמֶת: set a watch/clock
***כִּיוַונְתִּי** אֶת הַשָּׁעוֹן הַמְעוֹרֵר לְשָׁעָה 6:00.*
לְכַוֵּון אֶת- / כ.ו.ן, פִּיעֵל / כִּיוַונְתִּי, מְכַוֵּון, יְכַוֵּון, כַּוֵּון!

כיווןז׳ כִּוּוּן [כִּיוּוּנִים] direction
צַד:
*לְאֵיזֶה **כִּיוּוּן** פָּנָה הַיֶּלֶד, יָמִינָה אוֹ שְׂמֹאלָה?*

כיוון ש-מ"ק כֵּיוָן שֶׁ- since
מִשּׁוּם שֶׁ-, כִּי, מִפְּנֵי שֶׁ-:
***כֵּיוָן שֶׁהָיָה** לוֹ זְמַן, יָצָא לְטַיֵּיל בָּעִיר.*
מִכֵּיוָון שֶׁ-, מִפְּנֵי שֶׁ-: because
*הוּא לֹא בָּא אֶתְמוֹל, **מִכֵּיוָן שֶׁהָיָה** חוֹלֶה.*

כיווץז׳ כִּוּוּץ [כִּיוּוּצִים] shrinking, gathering
כְּשֶׁעוֹשִׂים שֶׁמַּשֶּׁהוּ יִהְיֶה מְצוּמְצָם יוֹתֵר, קוֹמְפַּקְטִי יוֹתֵר:
*תָּפַרְתִּי לָהּ שִׂמְלָה עִם **כִּיוּוּצִים** בַּמּוֹתְנַיִים.*
כִּיוּוּץ שְׁרִירִים cramp

כיווץפ׳ כִּוֵּץ shrunk, gathered
עָשָׂה קָטָן יוֹתֵר:
*הַמַּיִם **מְכַוְּוצִים** אֶת הַבַּד.*
לְכַוֵּוץ אֶת- / כ.ו.ץ, פִּיעֵל / כִּיוַוצְתִּי, מְכַוֵּוץ, יְכַוֵּוץ, כַּוֵּוץ!

כיורז׳ כִּיּוֹר [כִּיּוֹרִים] sink
קְעָרָה עִם בֶּרֶז, רוֹחֲצִים בָּהּ כֵּלִים, יָדַיִים וּפָנִים:
***הַכִּיּוֹר** מָלֵא סִירִים מְלוּכְלָכִים.*

כיחדפ׳ כִּחֵד — hid
(לשון גבוהה) הסתיר, לא אָמַר אֶת כֹּל הָאֱמֶת:
*לא **כִּיחַדְתִּי** מִמְּךָ דָּבָר.*
לְכַחֵד מִ- / כ.ח.ד, פִּיעֵל / כִּיחַדְתִּי, מְכַחֵד, יְכַחֵד

כייספ׳ כִּיֵּס — pickpocketed
גָּנַב מִן הַכִּיס:
***כִּייְסוּ** מִמֶּנִּי אֶת הָאַרְנָק.*
לְכַיֵּס אֶת- / כ.י.ס, פִּיעֵל / כִּייַסְתִּי, מְכַיֵּס, יְכַיֵּס, כַּיֵּס!

כייסז׳ כַּיָּס [כַּיָּיסִים] — pickpocket
מִי שֶׁגּוֹנֵב מִן הַכִּיסִים:
*צָרִיךְ לְהִיזָּהֵר **מִכַּיָּיסִים**.*
כַּיֶּיסֶת, כַּיָּיסוֹת

כייףפ׳ כִּיֵּף — had fun
(לשון דיבור) "עָשָׂה חַיִּים" בִּילָה וְנֶהֱנָה:
*נָסַעְנוּ לְתֵל־אָבִיב **לְכַיֵּף**.*
לְכַיֵּף / כ.י.ף, פִּיעֵל / כִּייַפְתִּי, מְכַיֵּף, יְכַיֵּף, כַּיֵּף!

כיכבפ׳ כִּכֵּב — starred (in theater/movies)
(לשון דיבור - כִּיכֵּב) הוֹפִיעַ כְּשַׂחְקָן רָאשִׁי:
*הִיא **מְכַכֶּבֶת** בְּסֶרֶט חָדָשׁ.*
לְכַכֵּב / כ.כ.ב, פִּיעֵל / כִּיכַּבְתִּי, מְכַכֵּב, יְכַכֵּב כַּכֵּב!

כיכרנ׳ כִּכָּר [כִּכָּרוֹת] — town square
1. שֶׁטַח בְּפִינַּת רְחוֹבוֹת, לָרוֹב עָגוֹל:
*אֲנָשִׁים רַבִּים הִתְאַסְּפוּ **בַּכִּיכָּר** הַמֶּרְכָּזִית שֶׁל הָעִיר.*
2. (זו"נ) יְחִידָה שֶׁל לֶחֶם (וַחֲמָרִים אֲחֵרִים עֲגוּלִים): — loaf
*אָכַלְתִּי **כִּיכָּר** שְׁלֵמָה שֶׁל לֶחֶם.*

כילהפ׳ כִּלָּה — completed
1. גָּמַר:
***כִּילִּיתִי** אֶת כֹּל הָאוֹכֶל.*
2. הִשְׁמִיד: — caused to perish
*הָאֵשׁ **כִּילְּתָה אֶת** כֹּל הַיַּעַר.*
לְכַלּוֹת אֶת- / כ.ל.ה, פִּיעֵל / כִּילִּיתִי, מְכַלֶּה, יְכַלֶּה כַּלֵּה!

כיליוןז׳ כִּלָּיוֹן — annihilation
סוֹף מוּחְלָט:
*פְּצָצַת־הָאַטוֹם הֵבִיאָה **כִּילָּיוֹן** עַל כֹּל הַחַי וְהַצּוֹמֵחַ.*
כִּילְיוֹן נֶפֶשׁ - — strong yearnings
כְּשֶׁמִּתְגַּעְגְּעִים מְאוֹד:
יְהוּדִים מְחַכִּים לַמָּשִׁיחַ בְּכִילְיוֹן נֶפֶשׁ.
בְּכִילְיוֹן עֵינַיִים - — patiently
*אֲנִי מְחַכֶּה לְךָ **בְּכִילְיוֹן עֵינַיִים**.*

כילייז׳ כִּילַי [כִּילַיִים/כִּילָאִים] — miser
קַמְצָן גָּדוֹל, מִי שֶׁלֹּא מוֹצִיא כֶּסֶף עַל שׁוּם דָּבָר:
*הוּא **כִּילַיי**, הוּא לֹא יִיתֵּן אַף שֶׁקֶל.*

כילכלפ׳ כִּלְכֵּל — supported (fed, clothed)
פִּירְנֵס דָּאַג שֶׁיִּהְיֶה אוֹכֶל, בְּגָדִים וְכוּ':
*הַהוֹרִים **כִּילְכְּלוּ** אוֹתִי עַד סוֹף הַלִּימּוּדִים.*
לְכַלְכֵּל אֶת- / כ.ל.כ.ל, פִּיעֵל / כִּילְכַּלְתִּי, מְכַלְכֵּל, יְכַלְכֵּל

כינהנ׳ כִּנָּה [כִּינִּים] — louse
בַּעַל חַיִּים קָטָן מְאוֹד, חַי בַּשְּׂעָרוֹת שֶׁל בְּנֵי אָדָם:
*יֵשׁ חוֹמָרִים שֶׁהוֹרְגִים אֶת **הַכִּינִּים** בָּרֹאשׁ.*

כינהפ׳ כִּנָּה — (nick)named
קָרָא בְּשֵׁם:
*הוּא **כִּינָּה** אוֹתִי טִיפֵּשׁ.*
לְכַנּוֹת אֶת- / כ.נ.ה, פִּיעֵל / כִּינִּיתִי, מְכַנֶּה, יְכַנֶּה, כַּנֵּה!

כינויז׳ כִּנּוּי [כִּינּוּיִים] — nickname
שֵׁם, בְּדֶרֶךְ כְּלָל שֵׁם נוֹסָף לַשֵּׁם הָרָגִיל:
*שְׁמוֹ דֹּב, **וְהַכִּינּוּי** שֶׁלּוֹ דּוּבִּי.*
כִּינּוּי סִפְרוּתִי — pseudonym
כִּינּוּי גוּף — pronoun

כינוסז׳ כִּנּוּס [כִּינּוּסִים] — conference, convention
כֶּנֶס וְעִידָה, אֲסֵיפָה:
*ד"ר סְפּוֹק לֹא הִגִּיעַ **לְכִינּוּס** הָרוֹפְאִים בִּירוּשָׁלַיִם.*

כינורז׳ כִּנּוֹר [כִּינּוֹרוֹת] — violin
כְּלִי נְגִינָה שֶׁיֵּשׁ לוֹ מֵיתָרִים, מְנַגְּנִים בּוֹ בְּקֶשֶׁת, כְּשֶׁהוּא מוּנָח עַל הַכָּתֵף:
*יָאשָׁה חֵפֶץ נִיגֵּן **בְּכִינּוֹר**.*

כינמתנ׳ כִּנֶּמֶת — pediculosis
מַחֲלָה שֶׁל שְׂעָרוֹת נִגְרֶמֶת בִּגְלַל כִּינִּים:
***הַכִּינֶּמֶת** מִתְפַּשֶּׁטֶת בֵּין יְלָדִים.*

כינספ׳ כִּנֵּס — gathered
1. אָסַף לְמָקוֹם אֶחָד:
***כִּינַּסְתִּי** אֶת כֹּל הַתַּלְמִידִים בֶּחָצֵר.*
2. הִזְמִין לַאֲסֵיפָה: — assembled
*הַמְּנַהֵל **כִּינֵּס** אֶת הָעוֹבְדִים לָדוּן בִּשְׂכָרָם.*
לְכַנֵּס אֶת- / כ.נ.ס, פִּיעֵל / כִּינַּסְתִּי, מְכַנֵּס, יְכַנֵּס, כַּנֵּס!

כיסז׳ כִּיס [כִּיסִים] — pocket
מָקוֹם קָטָן בַּבֶּגֶד, שֶׁאֶפְשָׁר לִשְׁמוֹר בּוֹ דְּבָרִים:
*שַׂמְתִּי אֶת הַמַּפְתֵּחַ **בְּכִיס** הַמְּעִיל.*

כִּיס אֲוִויר air pocket
סֵפֶר כִּיס pocketbook

כיסא ז׳, כִּסֵּא [כִּיסאוֹת] chair
רָהִיט שֶׁיּוֹשְׁבִים עָלָיו:
*יָשַׁבְתִּי עַל הַ**כִּיסֵּא** לְיַד הַשּׁוּלְחָן.*
כִּיסֵּא גַלגַלִּים wheelchair
בֵּית כִּיסֵּא lavatory
כִּיסֵּא נוֹחַ lounge chair

כיסה פ׳, כִּסָּה covered
1. שָׂם מַשֶּׁהוּ כְּדֵי שֶׁלֹּא יִרְאוּ מַה מִּתַּחַת:
***כִּיסִּיתִי** אֶת הַיֶּלֶד בִּשְׂמִיכָה.*
2. שִׁילֵּם הוֹצָאוֹת, חוֹבוֹת וְכוּ׳: covered (expenses)
*אָבִי **כִּיסָּה** אֶת הַהוֹצָאוֹת שֶׁהָיוּ לִי.*
לְכַסּוֹת אֶת- / כ.ס.ה, פִּיעֵל / כִּיסִּיתִי, מְכַסֶּה, יְכַסֶּה, כַּסֵּה!

כיסוי ז׳, כִּסּוּי [כִּיסוּיִים] cover
1. מִכסֶה, מַשֶּׁהוּ שֶׁמְּכַסֶּה, מַסתִּיר:
*אָסוּר לִהיוֹת בְּלִי **כִּיסּוּי** רֹאשׁ בַּשֶּׁמֶשׁ.*
2. מַשֶּׁהוּ שֶׁמַּסתִּיר מַעֲשִׂים לֹא חוּקִּיִּים: cover-up
*חֲנוּת הַסְּפָרִים הָיְיתָה רַק **כִּיסּוּי** לְמוֹכֵר הַסַּמִּים.*
3. כֶּסֶף מַמָּשׁ אוֹ אַחֲרָיוּת לְתַשלוּם: covering, backing
*הַבַּנק לֹא מְקַבֵּל צֶ׳יק לְלֹא **כִּיסּוּי**.*

כיסופים ז״ר כִּסּוּפִים longings
שְׁאִיפָה חֲזָקָה, מְשִׁיכָה חֲזָקָה לְמַשֶּׁהוּ:
*יְהוּדִים הִרגִּישׁוּ תָמִיד **כִּיסּוּפִים** לְאֶרֶץ־יִשׂרָאֵל.*

כיסח פ׳, כִּסֵּחַ [כִּסַּח] mowed
1. קִיצֵץ, עָקַר:
*הַדֶּשֶׁא גָּבוֹהַּ, צָרִיך **לְכַסֵּחַ אוֹתוֹ**.*
2. (לְשׁוֹן דִּיבּוּר) אָמַר דְּבָרִים קָשִׁים, בִּיקּוֹרֶת קָשָׁה: 'bashed'
*הָעִיתוֹנַאי **כִּיסֵּחַ אֶת** רֹאשׁ הָעִיר בַּכְּתָבָה.*
לְכַסֵּחַ אֶת- / כ.ס.ח, פִּיעֵל / כִּיסַּחתִי, מְכַסֵּחַ, יְכַסֵּחַ, כַּסַּח!

כיעור ז׳, כִּעוּר ugliness
הַהֵיפֶך מִיּוֹפִי:
*אֲנִי אוֹהֵב דְּבָרִים יָפִים, הַ**כִּיעוּר** מַרגִּיז אוֹתִי.*

כיף ז׳, כֵּיף good time
(לְשׁוֹן דִּיבּוּר) בִּילּוּי, כְּשֶׁנָּעִים מְאוֹד:
*הָיָה **כֵּיף** בַּיָּם.*

כיפה נ׳, כִּפָּה [כִּיפּוֹת] skullcap
1. כּוֹבַע קָטָן לְכִיסּוּי הָרֹאשׁ:
*דָּן כִּיסָּה אֶת רֹאשׁוֹ **בְּכִיפָּה**, כְּשֶׁנִּכנַס לְבֵית הַכְּנֶסֶת.*
2. גַּג עָגוֹל בְּרֹאשׁ מִבנֶה אוֹ בַּיִת: dome
*מֵעַל הַמִּסגָּד הַמּוּסלְמִי יֵשׁ **כִּיפָּה** עֲגוּלָה.*
תַּחַת כִּיפַּת הַשָּׁמַיִם in the open air

כיפור, כיפורים ז״ר כִּפּוּר, כִּפּוּרִים forgiveness, atonement
סלִיחָה: רָצוֹן לְתַקֵּן מַעֲשֶׂה רַע:
*אֵין **כִּיפּוּרִים** לְמַעֲשֵׂי רֶצַח.*
יוֹם כִּיפּוּר/כִּיפּוּרִים Yom Kippur (Day of Atonement)

כיפר פ׳, כִּפֵּר atoned
תִּיקֵּן מַעֲשֶׂה רַע שֶׁעָשָׂה (בְּמַעֲשֶׂה אוֹ בִּדבָרִים):
*הוּא שׁוֹלֵחַ פְּרָחִים וְחוֹשֵׁב שֶׁ**כִּיפֵּר** עַל מַעֲשָׂיו.*
לְכַפֵּר עַל- / כ.פ.ר, פִּיעֵל / כִּיפַּרתִי, מְכַפֵּר, יְכַפֵּר, כַּפֵּר!

כיפתור ז׳, כִּפְתּוּר buttoning
"סגִירַת" מְעִיל (אוֹ חוּלצָה וְכוּ׳) בְּכַפתּוֹרִים:
*הַ**כִּיפתּוּר** שֶׁל הַמְּעִיל מֵגֵן מִפְּנֵי הַקּוֹר.*

כיפתר פ׳, כִּפְתֵּר buttoned
"סָגַר" אֶת הַכַּפתּוֹרִים:
***כִּיפתַּרתִּי** אֶת הַחוּלצָה.*
לְכַפתֵּר אֶת- / כ.פ.ת.ר, פִּיעֵל / כִּיפתַּרתִי, מְכַפתֵּר, יְכַפתֵּר

כיצד? מ״ש כֵּיצַד? how?
אֵיך? בְּאֵיזֶה אוֹפֶן? בְּאֵיזוֹ דֶּרֶך?:
***כֵּיצַד** הִצלַחתָּ לִגמוֹר אֶת הָעֲבוֹדָה?*

כירה נ׳, כֵּרָה [כֵּירוֹת] feast, banquet
אֲרוּחָה חֲגִיגִית:
*עָשִׂינוּ **כֵּירָה** לְכָל הַחֲבֵרִים.*

כיריים זו״נ/ז׳ כִּירַיִם stove
תַּנּוּר לְבִישּׁוּל מָזוֹן:
*בַּמִּטבָּח יֵשׁ **כִּירַיִם** חַשמַלִּיִּים.*

כירכור ז׳, כִּרְכּוּר [כִּירכּוּרִים] twirl, antic
(לָרוֹב בְּמַשמָעוּת שְׁלִילִית) סִיבּוּבִים, רִיקּוּד, קְפִיצָה וְכוּ׳:
*אֲנִי לֹא סוֹבֵל אֶת הַ**כִּירכּוּרִים** שֶׁל הַזַּמָּר הַזֶּה עַל הַבָּמָה.*

כירכר פ׳, כִּרְכֵּר twirled, danced attendance on
הִסתּוֹבֵב סבִיב מִישֶׁהוּ, עָזַר לוֹ, הִתחַנֵּף אֵלָיו:
*הוּא **מְכַרכֵּר** סבִיב אֲנָשִׁים חֲשׁוּבִים.*
לְכַרכֵּר / כ.ר.כ.ר, פִּיעֵל / כִּירכַּרתִי, מְכַרכֵּר יְכַרכֵּר, כַּרכֵּר!

כירכרה נ׳, כִּרְכָּרָה [כִּירכָּרוֹת] carriage
עֲגָלָה שֶׁמּוֹבִיל אוֹתָהּ סוּס, חֲמוֹר וְכוּ׳:
*חָזַרנוּ מִן הַשָּׂדֶה **בְּכִירכָּרָה**.*

כירסםפ' כִּרְסֵם gnawed, nibbled
1. חָתַךְ בְּשִׁינַּיִים:
*הָעַכְבָּר **מְכַרְסֵם** בָּעֵץ.*
2. (מֶטָאפוֹרָה) הִטְרִיד הִפְרִיעַ: troubled, worried
*הַדְּאָגָה **מְכַרְסֶמֶת** בַּלֵּב.*
לְכַרְסֵם אֶת- / כ.ר.ס.ם, פִּיעֵל / כִּירְסַמְתִּי, מְכַרְסֵם, יְכַרְסֵם

כישוףז' כִּשּׁוּף witchcraft, magic
קֶסֶם, מַעֲשֶׂה לֹא טִבְעִי:
*לְדַעְתִּי, מַעֲשִׂים שֶׁל **כִּישּׁוּף** הֵם אֲחִיזַת עֵינַיִים וְלֹא אֱמֶת.*

כישוריםז"ר כִּשּׁוּרִים qualifications, skills
הַדְּבָרִים שֶׁעוֹשִׂים אָדָם מַתְאִים לְתַפְקִיד:
*יֵשׁ לוֹ כֹּל **הַכִּישּׁוּרִים** לִהְיוֹת מְנַהֵל.*

כישכשפ' כִּשְׁכֵּשׁ wagged, wiggled
נִידְנֵד (אֶת הַזָּנָב):
*הַכֶּלֶב **מְכַשְׁכֵּשׁ** בַּזָּנָב, כְּשֶׁהוּא שָׂמֵחַ.*
לְכַשְׁכֵּשׁ / כ.ש.כ.ש, פִּיעֵל / כִּישְׁכַּשְׁתִּי, מְכַשְׁכֵּשׁ, יְכַשְׁכֵּשׁ

כישלוןז' כִּשָּׁלוֹן [כִּישְׁלוֹנוֹת] failure
חוֹסֶר הַצְלָחָה:
*קָשֶׁה לְהִתְגַּבֵּר עַל **הַכִּישָּׁלוֹן** בָּעֲבוֹדָה.*

כישףפ' כִּשֵּׁף bewitched
עָשָׂה קֶסֶם:
*הַמְכַשֵּׁפָה **כִּישְּׁפָה** אֶת הַנָּסִיךְ וְהָפְכָה אוֹתוֹ לִצְפַרְדֵּעַ.*
לְכַשֵּׁף אֶת- / כ.ש.ף, פִּיעֵל / כִּישַּׁפְתִּי, מְכַשֵּׁף, אֲכַשֵּׁף, כַּשֵּׁף!

כישרוןז' כִּשְׁרוֹן [כִּישְׁרוֹנוֹת] talent, skill, ability
הָאֶפְשָׁרוּת לִלְמוֹד מַהֵר וּלְהַצְלִיחַ:
*יֵשׁ לָהּ **כִּישְׁרוֹן** מוּסִיקָלִי יוֹצֵא מִן הַכְּלָל.*

כישרונית' כִּשְׁרוֹנִי talented, capable
שֶׁיֵּשׁ לוֹ כִּישְׁרוֹנוֹת, מוּכְשָׁר:
*הוּא תַלְמִיד **כִּישְׁרוֹנִי**.*
כִּישְׁרוֹנִית, כִּישְׁרוֹנִיִּים, כִּשְׁרוֹנִיּוֹת

כיתהנ' כִּתָּה [כִּיתּוֹת] class
1. קְבוּצָה שֶׁל אֲנָשִׁים שֶׁלּוֹמְדִים יַחַד:
*תַּלְמִידֵי **כִּיתָּה** א' לוֹמְדִים לִקְרוֹא.*
2. קְבוּצָה קְטַנָּה שֶׁל חַיָּילִים: platoon
***הַכִּיתָּה** שֶׁלִּי שׁוֹמֶרֶת הַיּוֹם עַל הַמַּחֲנֶה.*

כיתרפ' כִּתֵּר surrounded
הִקִּיף סָגַר מִכֹּל הַצְּדָדִים:
*הַצָּבָא **כִּיתֵּר** אֶת הָעִיר.*
לְכַתֵּר אֶת- / כ.ת.ר, פִּיעֵל / כִּיתַּרְתִּי, מְכַתֵּר יְכַתֵּר, כַּתֵּר!

כיתתית' כִּתָּתִי class (adj.)
הַשַּׁיָּיךְ לְכִיתָּה, לְכַת:
*יָצָאנוּ לְטִיּוּל **כִּיתָּתִי**.*
כִּיתָּתִית, כִּיתָּתִיִּים, כִּיתָּתִיּוֹת

כיתתיותנ' כִּתָּתִיּוּת factionalism
הִתְאַרְגְּנוּת בִּקְבוּצוֹת קְטַנּוֹת:
*בִּגְלַל **הַכִּיתָּתִיּוּת** אֵין לָנוּ הַרְגָּשָׁה שֶׁל אַחְדוּת.*

כךת"פ כָּךְ this way, like this, so
בְּאוֹפֶן זֶה, בְּדֶרֶךְ זוֹ:
אֲנִי לוֹמֵד בָּאוּלְפָּן, רַק כָּךְ אֶפְשָׁר לִלְמוֹד עִבְרִית.
אַחַר-כָּךְ later
דָּבָר שֶׁל מַה בְּכָךְ trifle
כֹּל כָּךְ so much
עַד כְּדֵי כָּךְ so much so that...

ככהת"פ כָּכָה so
כָּךְ, בְּאוֹפֶן זֶה:
*- לָמָּה אֵין קַבָּלַת קָהָל הַיּוֹם? - **כָּכָה** זֶה!*
כָּכָה-כָּכָהב' so so

כלז' כֹּל all
כּוּלָּם, הַכְּלָל, הַצִּיבּוּר, הַשָּׁלֵם (בְּנִיגּוּד לְחֵלֶק מִ-):
1. כֹּל + שֵׁם עֶצֶם בְּרַבִּים:
***כֹּל** הַיִּשְׂרְאֵלִים מְשָׁרְתִים בַּצָּבָא.*
2. כֹּל + שֵׁם עֶצֶם בְּיָחִיד: every
***כֹּל** יִשְׂרְאֵלִי מְשָׁרֵת בַּצָּבָא.*
3. כֹּל + שֵׁם עֶצֶם עִם ה' הַיְּדִיעָה: the whole
*הָיִיתִי בִּירוּשָׁלַיִם **כֹּל** הַשָּׁבוּעַ.*
הַכּוֹל everything
כֹּל אֶחָד everyone
כֹּל יָכוֹל omnipotent
כֹּל עוֹד as long as
כֹּל שֶׁכֵּן all the more so
בְּכֹל זֹאת nevertheless
מִכֹּל וָכֹל entirely
כֹּל טוּב! All the best!
כֹּל כָּךְת"פ so (much)

כלאפ' כָּלָא imprisoned
שָׂם בְּבֵית סוֹהַר:
*הַשּׁוֹטֵר **כָּלָא** אֶת הַגַּנָּב.*
לִכְלוֹא אֶת- / כ.ל.א, פָּעַל / כָּלָאתִי, כּוֹלֵא, יִכְלָא, כְּלָא!

כלאז' כֶּלֶא prison
בֵּית סוֹהַר, מְקוֹם מַעְצָר:
*הַגַּנָּב יָשַׁב **בַּכֶּלֶא** שָׁלוֹשׁ שָׁנִים.*

כלב ז׳, כֶּלֶב [כְּלָבִים] — dog (m)

חַיַּת בַּיִת נֶאֱמָנָה לָאָדָם:

הַכֶּלֶב שָׁמַר עַל הַבַּיִת מִפְּנֵי גַּנָּבִים.

כַּלְבָּה, [כַּלְבוֹת] — dog (f), bitch

קוֹר כְּלָבִים — bitter cold

חַיֵּי כֶּלֶב — a dog's life

כלבו (כולבו) ז׳, כֹּלְבּוֹ — department store

(הַ)כּוֹל + בּוֹ, חֲנוּת גְּדוֹלָה, שֶׁיֵּשׁ בָּהּ הַרְבֵּה מַחְלָקוֹת:

אֲנִי אוֹהֵב לִקְנוֹת בַּכֹּלְבּוֹ.

כלבלב ז׳, כְּלַבְלַב [כְּלַבְלַבִּים] — puppy

כֶּלֶב קָטָן:

הַכְּלַבְלַב נוֹבֵחַ כֹּל הַיּוֹם.

כלבת נ׳, כַּלֶּבֶת — rabies

מַחֲלָה שֶׁכְּלָבִים מַעֲבִירִים:

כְּשֶׁכֶּלֶב נוֹשֵׁךְ, צָרִיךְ לְקַבֵּל זְרִיקוֹת נֶגֶד כַּלֶּבֶת.

כלה נ׳, כַּלָּה [כַּלּוֹת] — bride

1. בַּחוּרָה בְּטֶקֶס הַחֲתוּנָּה שֶׁלָּהּ:

הַכַּלָּה לָבְשָׁה שִׂמְלָה לְבָנָה בַּחֲתוּנָּה שֶׁלָּהּ.

2. הָאִישָּׁה שֶׁל הַבֵּן: — daughter-in-law

הַיְּחָסִים בֵּין הַחָמוֹת וְהַכַּלָּה רָעִים.

כלה פ׳, כָּלָה — ended

(לָשׁוֹן גְּבוֹהָה) נִגְמַר:

מָתַי יִכְלוּ הַצָּרוֹת?

לִכְלוֹת / כ.ל.ה, פָּעַל / כָּלוּ, כָּלָה, יִכְלֶה

כלוא ת׳, כָּלוּא — imprisoned (adj.)

1. מִי שֶׁשָּׂמוּ אוֹתוֹ בְּבֵית סוֹהַר:

הוּא כָּלוּא כְּבָר שָׁנָה.

2. סָגוּר בְּתוֹךְ-: — trapped (adj.)

הַכַּדּוּר כָּלוּא בְּתוֹךְ הָרֶשֶׁת.

כְּלוּאָה, כְּלוּאִים, כְּלוּאוֹת

כלול ת׳, כָּלוּל — included (adj.)

הֵבִיאוּ אוֹתוֹ בְּחֶשְׁבּוֹן:

הַמַּס כָּלוּל בַּמְּחִיר.

כְּלוּלָה, כְּלוּלִים, כְּלוּלוֹת

כלולות נ״ר, כְּלוּלוֹת — betrothal, wedding

נִישּׂוּאִים, חֲתוּנָּה:

הִיא קָנְתָה שִׂמְלַת כְּלוּלוֹת יָפָה.

כלום ז׳, כְּלוּם — nothing

מַשֶּׁהוּ, דְּבַר-מָה:

אֵין לִי כְּלוּם בָּעוֹלָם.

לֹא-כְלוּם — nothing

כְּמוֹ כְּלוּם ת״פ — easily

כלומר מ״ק, כְּלוֹמַר — that is, i.e.

זֹאת אוֹמֶרֶת:

דָּוִיד הוּא צַבָּר, כְּלוֹמַר הוּא נוֹלַד בְּיִשְׂרָאֵל.

כלי ז׳, כְּלִי [כֵּלִים] — tool, instrument

מַכְשִׁיר לְמַטָּרָה מְסוּיֶּמֶת:

סַכִּין הוּא כְּלִי עֲבוֹדָה שֶׁל טַבָּח.

כְּלֵי-אוֹכֶל — eating utensils

כְּלֵי בַּיִת — household goods

כְּלֵי-כְתִיבָה - — writing tools, stationery

עֵט, עִיפָּרוֹן, מַחְבֶּרֶת וְכוּ׳

כְּלֵי-מִיטָּה - — bedding

כַּר, סָדִין, שְׂמִיכָה, צִיפָּה וְכוּ׳.

כְּלֵי-נְגִינָה - — musical instruments

פְּסַנְתֵּר, חָלִיל, תּוֹף, כִּינּוֹר

כְּלִי-רֶכֶב — vehicle

יָצָא מִכֵּלָיו — lost his temper

כליה נ׳, כִּלְיָה [כְּלָיוֹת] — kidney

אֵיבָר בַּגּוּף, אַחֲרָאִי עַל נִיקּוּי הַדָּם:

הָרוֹפֵא מָצָא אֶצְלוֹ אֲבָנִים בַּכְּלָיוֹת.

כליה נ׳, כְּלָיָה — extinction

סוֹף, מָוֶות:

יֵשׁ סַכָּנָה שֶׁתָּבוֹא כְּלָיָה עַל הַיְּעָרוֹת בָּעוֹלָם.

כליון ר׳ כיליון

כליל ת׳, כָּלִיל — perfect

1. (לָשׁוֹן גְּבוֹהָה) מוּשְׁלָם:

הַבַּיִת הַזֶּה הוּא כְּלִיל יוֹפִי וּבַעֲלַת הַבַּיִת - כְּלִילַת יוֹפִי.

כְּלִיל הַשְּׁלֵמוּת — acme of perfection

כְּלִיל יוֹפִי — paragon of beauty

2. ת״פ לְגַמְרֵי: — completely

הַכֶּסֶף נִגְמַר כָּלִיל.

כְּלִילָה, כְּלִילִים, כְּלִילוֹת

כלימה נ׳, כְּלִמָּה [כְּלִימוֹת] — shame

בּוּשָׁה:

הַכְּלִימָה כִּיסְּתָה אֶת פָּנָיו.

בּוּשָׁה וּכְלִימָה - בּוּשָׁה גְּדוֹלָה

כלכלה נ׳, כַּלְכָּלָה — economics

1. מִקְצוֹעַ הָעוֹסֵק בִּכְסָפִים, בְּהַכְנָסוֹת, בְּהוֹצָאוֹת וְכוּ׳:

*בְּעָיוֹת **הַכַּלְכָּלָה** שֶׁל הַמְּדִינָה עוֹד לֹא נִפְתְּרוּ.*
2. כֹּל מַה שֶּׁהָאָדָם צָרִיךְ כְּדֵי לִחְיוֹת: maintenance
*הַהוֹרִים דוֹאֲגִים **לְכַלְכָּלַת** הַיְלָדִים.*
כַּלְכָּלַת בַּיִת - home economics
*הִיא מְנַהֶלֶת אֶת **כַּלְכָּלַת הַבַּיִת**.*

כלכלית׳ כַּלְכָּלִי economic
קָשׁוּר בְּאִירְגּוּן הַחַיִּים - בְּהוֹצָאָה וּבְהַכְנָסָה שֶׁל כֶּסֶף:
*בַּשָּׁנִים הָאַחֲרוֹנוֹת הָיָה הַמַּצָּב **הַכַּלְכָּלִי** קָשֶׁה.*
כַּלְכָּלִית, כַּלְכָּלִיִּים, כַּלְכָּלִיּוֹת

כלכלןז׳ כַּלְכָּלָן [כַּלְכְּלָנִים] economist
מוּמְחֶה לְהוֹצָאוֹת וְהַכְנָסוֹת שֶׁל כֶּסֶף:
***הַכַּלְכְּלָנִים** אוֹמְרִים, שֶׁכְּדַאי לַחְסוֹךְ כֶּסֶף.*
כַּלְכְּלָנִית, כַּלְכְּלָנִיּוֹת

כללפ׳ כָּלַל included
יֵשׁ בְּתוֹכוֹ, יֵשׁ בּוֹ גַּם כֵּן:
*הוּא **כָּלַל** אֶת שְׁמוֹת הַמּוֹרִים בִּרְשִׁימַת הַמּוּזְמָנִים.*
*הַחֶשְׁבּוֹן בַּמִּסְעָדָה **כּוֹלֵל** מַס וְשֵׁירוּת.*
לִכְלוֹל אֶת- / כ.ל.ל, פָּעַל / כָּלַלְתִּי, כּוֹלֵל, יִכְלוֹל, כְּלוֹל!

כללז׳ כְּלָל [כְּלָלִים] rule
1. חוֹק, מִנְהָג מְקוּבָּל:
*עָלֶיךָ לִשְׁמוֹר עַל **הַכְּלָלִים**, אִם אַתָּה רוֹצֶה לָגוּר בִּמְעוֹנוֹת הַסְּטוּדֶנְטִים. / **הַכְּלָלִים** בַּדִּיקְדּוּק קָשִׁים.*
2. צִיבּוּר, קָהָל, חֶבְרָה: community
*כֹּל אָדָם הוּא חֵלֶק מִן **הַכְּלָל**.*
כְּלָלֵי זְהִירוּת safety regulations
בְּדֶרֶךְ כְּלָלב׳ generally
בִּכְלָל in general
יוֹצֵא מִן הַכְּלָל exceptional
לְטוֹבַת הַכְּלָל - for the general good
*הַמִּתְנַדְּבִים עוֹבְדִים **לְטוֹבַת הַכְּלָל**.*

כללית׳ כְּלָלִי general
1. שֶׁל כּוּלָּם:
*בַּחֲדַר הָאוֹכֶל **הַכְּלָלִי** הִתְקַיְּימָה הָאֲסֵפָה שֶׁל הַחֲבֵרִים.*
2. שֶׁאֵין בּוֹ פְּרָטִים: universal
*הַהַרְצָאָה הָיְיתָה **כְּלָלִית**.*
3. אוּנִיבֶרְסָלִי:
*לָמַדְתִּי הִיסְטוֹרְיָה **כְּלָלִית** וְהִיסְטוֹרְיָה יְהוּדִית.*
מְנַהֵל כְּלָלִי chief executive officer
כְּלָלִית, כְּלָלִיִּים, כְּלָלִיּוֹת

כלניתנ׳ כַּלָּנִית [כַּלָּנִיּוֹת] anemone
פֶּרַח בַּר אָדוֹם (יֵשׁ גַּם בִּצְבָעִים אֲחֵרִים), פּוֹרֵחַ בַּחוֹרֶף:
*אַחֲרֵי הַגֶּשֶׁם מְכוּסֶּה הָהָר **כַּלָּנִיּוֹת**.*

כלעומתמ״י כִּלְעֻמַּת in the same way
בְּאוֹתוֹ אוֹפֶן:
*הוּא חָזַר **כִּלְעוּמַּת** שֶׁבָּא.*

כלפימ״י כְּלַפֵּי towards, vis-a-vis
מוּל, נֶגֶד:
*הִסְתּוֹבֵב **כְּלַפֵּי** מַעֲרָב!*
כְּלַפַּיי, כְּלַפֶּיךָ, כְּלַפַּיִךְ, כְּלַפָּיו, כְּלַפֶּיהָ, כְּלַפֵּינוּ, כְּלַפֵּיכֶם, כְּלַפֵּיהֶם

כלשהוז׳ כָּלְשֶׁהוּ (כֹּלְשֶׁהוּ) somewhat (m), of sorts
(כֹּל + שֶׁ + הוּא) מְעַט:
*יֵשׁ בָּהּ יוֹפִי **כָּלְשֶׁהוּ**.*

כלשהינ׳ כָּלְשֶׁהִי (כֹּלְשֶׁהִי) somewhat (f), of sorts
(כֹּל + שֶׁ + הִיא) מְעַט:
*יֵשׁ לָהּ אַמְבִּיצְיָה **כָּלְשֶׁהִי**.*

כמדומהתה״פ כִּמְדֻמֶּה it appears/seems
כַּנִּרְאֶה, אוּלַי, יִיתָּכֵן:
***כִּמְדוּמֶּה** שֶׁיֵּרֵד גֶּשֶׁם.*

כמדומניב׳ כִּמְדֻמַּנִי it seems to me
(כִּמְדוּמֶּה + אֲנִי) נִדְמֶה לִי, יִיתָּכֵן, אוּלַי:
***כִּמְדוּמַּנִי** שֶׁיֵּרֵד גֶּשֶׁם.*

כמה?מ״ש כַּמָּה? How many? How much?
1. מִילַּת שְׁאֵלָה לְכַמּוּת:
***כַּמָּה** יְלָדִים יֵשׁ לְךָ? - שְׁלוֹשָׁה.*
בֶּן כַּמָּה אַתָּה? בַּת כַּמָּה אַתְּ? (כָּךְ שׁוֹאֲלִים עַל הַגִּיל) How old are you?
בְּכַמָּה זֶה? How much is it?
2. מִסְפָּר קָטָן שֶׁל מַשֶּׁהוּ: several
*בַּחֶדֶר הָיוּ רַק **כַּמָּה** אֲנָשִׁים.*
עַל אַחַת כַּמָּה וְכַמָּהב׳ all the more (so)

כמהפ׳ כָּמַהּ yearned
רָצָה מְאוֹד, שָׁאַף:
*הִיא **כָּמְהָה** לִרְאוֹת אֶת הוֹרֶיהָ.*
לִכְמוֹהַּ אֶל-, לְ- / כ.מ.ה, פָּעַל / כָּמַהְתִּי, כָּמֵהַּ, אֶכְמַהּ, יִכְמַהּ

כמהת׳ כָּמֵהַּ yearning (adj.)
רוֹצֶה מְאוֹד, שׁוֹאֵף, מִתְגַּעְגֵּעַ:
*הַלֵּב **כָּמֵהַּ** לִרְאוֹת אֶת הַיְלָדִים.*
כְּמֵהָה, כְּמֵהִים, כְּמֵהוֹת

כמומ״י כְּמוֹ like
דוֹמֶה לְ-, כְּ-, בְּצוּרַת-:
*הַבֵּן נִרְאֶה **כְּמוֹ** הָאָב.*

כמו כֵּן — as well
כמו כלום (לשון דיבור) — easily
כמו שֶׁהוּא — as (he/it) is
כָּמוֹנִי, כָּמוֹךָ, כָּמוֹהוּ, כָּמוֹהָ, כְּמוֹכֶם, כְּמוֹהֶם (כְּמוֹתָם)

כמובן ת"פ כַּמּוּבָן — of course
וַדַּאי, לְלֹא סָפֵק:
*הַמְפַקֵּד נָתַן פְּקוּדָה וַאֲנִי, **כַּמּוּבָן**, עָשִׂיתִי מַה שֶּׁאָמַר.*

כמוס ת' כָּמוּס — hidden
מוּסְתָּר, שֶׁהֶחְבִּיאוּ אוֹתוֹ:
*הַסִּיפּוּר הַזֶּה **כָּמוּס** אִיתִּי שָׁנִים רַבּוֹת.*
סוֹד כָּמוּס — top secret
כמוּסָה, כמוּסִים, כמוּסוֹת

כמות נ' כַּמּוּת [כַּמּוּיוֹת] — quantity
מִידָּה שֶׁל מַשֶּׁהוּ - הַמִּסְפָּר, הַמִּשְׁקָל, הַגּוֹדֶל:
*הַשָּׁנָה יָרְדָה **כַּמּוּת** גְּדוֹלָה שֶׁל גְּשָׁמִים.*

כמותי ת' כַּמּוּתִי — quantitative
שֶׁשַּׁיָּיךְ לַכַּמּוּת, לַגּוֹדֶל, לַמִּשְׁקָל וְכוּ':
*יֵשְׁנָהּ יְרִידָה **כַּמּוּתִית** בַּמַּיִם בַּכִּינֶּרֶת.*
כַּמּוּתִית, כַּמּוּתִיִּים, כַּמּוּתִיּוֹת

כמות שהוא ב' כְּמוֹת שֶׁהוּא — as (he/it) is
כְּמוֹ שֶׁהוּא, בְּאוֹתוֹ מַצָּב:
*אֲנִי אוֹהֶבֶת אוֹתוֹ **כְּמוֹת שֶׁהוּא**.*
שֶׁכְּמוֹתוֹ – — like him
*טִיפֵּשׁ **שֶׁכְּמוֹתוֹ** מִזְּמַן לֹא רָאִיתִי.*
כְּמוֹת שֶׁהִיא, כְּמוֹת שֶׁהֵם, כְּמוֹת שֶׁהֵן

כמיהה נ' כְּמִיהָה [כְּמִיהוֹת] — yearning
שְׁאִיפָה, גַּעְגּוּעִים:
*הַ**כְּמִיהָה** לְאֶרֶץ יִשְׂרָאֵל הָיְיתָה תָּמִיד חֲזָקָה אֵצֶל הַיְּהוּדִים.*

כמעט ת"פ כִּמְעַט — almost
קָרוֹב מְאוֹד לְ-, עוֹד מְעַט:
***כִּמְעַט** גָּמַרְתִּי אֶת הָעֲבוֹדָה. / זֶה **כִּמְעַט** אוֹתוֹ דָּבָר.*

כן, כֵּן — yes
מִילַּת הַסְכָּמָה, חִיּוּב, הַהֵיפֶךְ מ"לא":
*אַתָּה רָעֵב? **כֵּן**, אֲנִי רוֹצֶה לֶאֱכוֹל.*

כן ת' כֵּן — frank
נָכוֹן, אֲמִיתִּי:
*הִיא עָנְתָה תְּשׁוּבָה **כֵּנָה**.*
כֵּנָה, כֵּנִים, כֵּנוֹת

כן ת"פ כֵּן — thus
כָּךְ:
*עָשִׂיתִי **כֵּן**, כְּמוֹ שֶׁאָמַרְתָּ.*
אֶלָּא אִם כֵּן — unless
אִם כֵּן — if so... (then)
אַף עַל פִּי כֵן — nonetheless
וּבְכֵן — well, ...if so
יָתֵר עַל כֵּן — moreover
לָכֵן — therefore

כנהוג ת"פ כַּנָּהוּג — as is customary
כְּפִי שֶׁמְּקוּבָּל, רָגִיל:
*בָּאתִי לַהַצָּגָה, וְ**כַנָּהוּג** אֶצְלֵנוּ, הָיָה אִיחוּר שֶׁל חֲצִי שָׁעָה.*

כנופייה נ' כְּנוּפְיָה [כְּנוּפְיוֹת] — gang
קְבוּצָה (בְּדֶרֶךְ כְּלָל שֶׁל חוּלִיגָנִים):
*לְאַנְשֵׁי הַ**כְּנוּפְיָה** אֵין מַה לַעֲשׂוֹת.*

כנות נ' כֵּנוּת — frankness, sincerity
יוֹשֶׁר, אֱמֶת:
*הוּא דִּיבֵּר **בְּכֵנוּת** וַאֲנִי מַאֲמִין לוֹ.*
בְּכָל הַכֵּנוּת — in all sincerity

כניסה נ' כְּנִיסָה [כְּנִיסוֹת] — entrance, entry
1. פֶּתַח כְּדֵי לַעֲבוֹר לְתוֹךְ מָקוֹם פְּנִימָה:
*בַּ**כְּנִיסָה** לַקּוֹלְנוֹעַ עוֹמֵד שׁוֹמֵר.*
2. הַפְּעוּלָּה שֶׁל מִי שֶׁנִּכְנָס: — entrance
*הַ**כְּנִיסָה** שֶׁל הַזַּמָּר הָיְיתָה גְרַנְדְיוֹזִית./ **הַכְּנִיסָה** חוֹפְשִׁית.*
3. הַתְחָלָה: — beginning
*הִגַּעְנוּ הַבַּיְתָה לִפְנֵי **כְּנִיסַת** הַשַּׁבָּת.*
אֵין כְּנִיסָה — no entry

כניעה נ' כְּנִיעָה [כְּנִיעוֹת] — surrender
1. קַבָּלָה שֶׁל שִׁלְטוֹן זָר (מִתּוֹךְ הֶכְרֵחַ):
*שָׁמַעְתִּי בָּרַדְיוֹ עַל הַ**כְּנִיעָה** שֶׁל הָאוֹיֵב.*
2. וִיתּוּר: — giving-in
*הַ**כְּנִיעָה** שֶׁל הַהוֹרִים הָיְיתָה בִּגְלַל לַחַץ הַיְלָדִים.*

כנ"ל, כַּנַּ"ל — as mentioned above
1. (ר"ת: כַּנִּזְכָּר לְמַעְלָה) כְּמוֹ שֶׁכְּבָר נֶאֱמַר אוֹ נִכְתַּב:
*אֲנִי מוֹכֵר אֶת הַדִּירָה בְּהֶתְאֵם לַתְּנָאִים **כַּנַּ"ל**.*
2. אוֹתוֹ דָּבָר: — also, as well
*יִצְחָק וְדָוִיד יָבוֹאוּ בְּ-8.00, וְ**כַנַּ"ל** רוּת.*

כנס ז' כֶּנֶס [כְּנָסִים] — conference, convention
וְעִידָה שֶׁל אֲנָשִׁים שׁוֹנִים לְדִיּוּן בְּעִנְיָינִים מְסוּיָּמִים:
*הַ**כֶּנֶס** הַשְּׁנָתִי שֶׁל אִירְגּוּן הַמְהַנְדְּסִים נֶעֱרַךְ בְּתֵל־אָבִיב.*

כנסייהנ׳ כְּנֵסִיָּה [כְּנֵסִיּוֹת] — church
1. מְקוֹם הַתְּפִילָּה שֶׁל הַנּוֹצְרִים:
*הַנּוֹצְרִים מִתְפַּלְּלִים **בַּכְּנֵסִיָּה**.*
2. אִירְגּוּן שֶׁל נוֹצְרִים-דָּתִיִּים:
*בְּרוּסְיָה **הַכְּנֵסִיָּה** הִיא פְּרַבוֹסְלָבִית.*

כנסתנ׳ כְּנֶסֶת — Israeli parliament
הַפַּרְלָמֶנְט שֶׁל מְדִינַת יִשְׂרָאֵל:
*מֵאָה וְעֶשְׂרִים חַבְרֵי **כְּנֶסֶת** הִשְׁתַּתְּפוּ בַּיְשִׁיבָה הַחֲגִיגִית.*
בֵּית-כְּנֶסֶת — synagogue
חֲבֵר כְּנֶסֶת — Member of the Knesset

כנעןש״פ כְּנַעַן — Canaan
אַחַד הַשֵּׁמוֹת הָעַתִּיקִים שֶׁל אֶרֶץ יִשְׂרָאֵל:
*לִפְנֵי 3,000 שָׁנָה נִקְרְאָה אֶרֶץ-יִשְׂרָאֵל אֶרֶץ **כְּנַעַן**.*

כנףנ׳ כָּנָף [כְּנָפַיִים] — wing
1. הַחֵלֶק בְּגוּף הַצִּיפּוֹר (וְהַמָּטוֹס) שֶׁעוֹזֵר לָעוּף:
*לַצִּיפּוֹר יֵשׁ **כְּנָפַיִים** רְחָבוֹת. / יָשַׁבְתִּי לְיַד **הַכָּנָף** בַּמָּטוֹס.*
2. יְחִידָה בְּחֵיל הָאֲוִויר: — air-force wing
***בַּכָּנָף** יֵשׁ טַיָּיסִים וּמְכוֹנָאִים.*
פְּסַנְתֵּר כָּנָף — grand piano
כַּנְפוֹת הָאָרֶץ - — the four corners of the earth
לְיִשְׂרָאֵל בָּאִים עוֹלִים מִכׇּל כַּנְפוֹת הָאָרֶץ.

כנרז׳ כַּנָּר [כַּנָּרִים] — violinist
מִי שֶׁמְּנַגֵּן בְּכִינּוֹר:
*בַּתִּזְמוֹרֶת יֵשׁ הַרְבֵּה **כַּנָּרִים** טוֹבִים.*
כַּנֶּרֶת (כַּנָּרִית), כַּנָּרִיּוֹת

כנראה תה״פ כַּנִּרְאֶה — apparently
קָרוֹב לְוַודַּאי, סָבִיר שֶׁ-, אֶפְשָׁר לְהַנִּיחַ שֶׁ-:
*דָּוִיד לֹא בָּא אֶתְמוֹל, הוּא, **כַּנִּרְאֶה**, חוֹלֶה.*

כסז׳ כֵּס — seat
(לָשׁוֹן גְּבוֹהָה) כִּיסֵּא.
כֵּס הַמְּלוּכָה - הַכִּיסֵּא שֶׁל הַמֶּלֶךְ: — throne
*הוּא עָלָה עַל **כֵּס הַמְּלוּכָה** (נַעֲשָׂה מֶלֶךְ), כְּשֶׁהָיָה בֶּן 18.*
יָשַׁב עַל כֵּס הַמִּשְׁפָּט - שִׁימֵּשׁ בְּתַפְקִיד שׁוֹפֵט: — sat on the bench
*עַל **כֵּס הַמִּשְׁפָּט** יָשַׁב הַשּׁוֹפֵט לַנְדָּאוּ.*

כסילז׳ כְּסִיל [כְּסִילִים] — fool
(לָשׁוֹן סִפְרוּתִית) טִיפֵּשׁ:
*הוּא **כְּסִיל** גָּדוֹל.*

כסילותנ׳ כְּסִילוּת — foolishness, stupidity
(לָשׁוֹן סִפְרוּתִית) טִיפְּשׁוּת:
*הַדְּבָרִים שֶׁאָמַר הֵם דִּבְרֵי **כְּסִילוּת**.*

כסליוז׳ כִּסְלֵו — Kislev (Heb. month, Nov.-Dec.)
שֵׁם חוֹדֶשׁ עִבְרִי מַקְבִּיל בְּעֵרֶךְ לְדֶצֶמְבֶּר:
*חוֹדֶשׁ **כִּסְלֵיו** הוּא מֵחוֹדְשֵׁי הַחוֹרֶף.*

כסספ׳ כָּסַס — bit (nails)
1. חָתַךְ, כִּירְסֵם:
*הוּא **כּוֹסֵס צִפּוֹרְנַיִים**.*
2. הִטְרִיד, הִפְרִיעַ: — pestered, worried
*דַּאֲגוֹת הַמִּשְׁפָּחָה **כּוֹסְסוֹת** בַּלֵּב.*
לִכְסוֹס אֶת- / כ.ס.ס, פָּעַל / כָּסַסְתִּי, כּוֹסֵס, יִכְסוֹס

כסףז׳ כֶּסֶף [כְּסָפִים] — money
1. מְשַׁלְּמִים בּוֹ (כׇּל סוּגֵי הַמַּטְבְּעוֹת שֶׁל מְדִינָה):
*קָנִיתִי דִּירָה וְשִׁילַּמְתִּי **כֶּסֶף** רַב.*
2. מַתֶּכֶת יְקָרָה: — silver
*יֵשׁ לִי כְּלֵי **כֶּסֶף** עַתִּיקִים, שֶׁקִּיבַּלְתִּי בִּירוּשָּׁה.*
כֶּסֶף קָטָן — small change

כספית׳ כַּסְפִּי — financial
הַשַּׁיָּיךְ לְעִנְיְינֵי כֶּסֶף:
*הַמַּצָּב **הַכַּסְפִּי** שֶׁלִּי לֹא טוֹב.*
כַּסְפִּית, כַּסְפִּיִּים, כַּסְפִּיּוֹת

כספיתנ׳ כַּסְפִּית — mercury
נוֹזֵל כִּימִי, נִמְצָא בְּטֶרְמוֹמֶטֶר:
*הוּא רָץ מִמָּקוֹם לְמָקוֹם כְּמוֹ **כַּסְפִּית**.*

כספתנ׳ כַּסֶּפֶת [כַּסָּפוֹת] — safe (n)
מָקוֹם בָּטוּחַ לִשְׁמִירָה שֶׁל כֶּסֶף, זָהָב וְכוּ׳:
*יֵשׁ לִי **כַּסֶּפֶת** בַּבַּנְק.*

כעךז׳ כַּעַךְ (כְּעָךְ) [כְּעָכִים] — pretzel
בֵּייגֶלֶה עָשׂוּי מִבָּצֵק בְּצוּרָה שֶׁל טַבַּעַת:
*אָכַלְתִּי **כְּעָכִים** מְלוּחִים שֶׁקָּנִיתִי בַּקִּיּוֹסְק.*

כעספ׳ כָּעַס — was angry
הִתְרַגֵּז:
*יַעֲקֹב **כָּעַס** מְאוֹד עַל חֲבֵרוֹ דָּוִיד.*
לִכְעוֹס עַל- / כ.ע.ס, פָּעַל / כָּעַסְתִּי, כּוֹעֵס, יִכְעַס, כְּעַס!

כעסז׳ כַּעַס — anger
רוֹגֶז:
*דָּוִיד מוֹצִיא אֶת **הַכַּעַס** שֶׁלּוֹ עַל הַיְּלָדִים.*

כעתתה״פ כָּעֵת — now
עַכְשָׁיו, בַּהֹוֶה:
*לִפְנֵי שָׁנָה גַּרְתִּי בִּירוּשָׁלַיִם. **כָּעֵת** אֲנִי גָּר בְּתֵל-אָבִיב.*

כףנ׳ כַּף [כַּפּוֹת] — spoon

1. כְּלִי אוֹכֶל לַאֲכִילַת מָרָק:

*אֲנִי אוֹכֶלֶת מָרָק **בְּכַף** גְדוֹלָה.*

2. חֵלֶק בַּיָד אוֹ בָּרֶגֶל, אֵלָיו מְחוּבָּרוֹת אֶצְבָּעוֹת: — palm (hand), sole (foot)

*יֵשׁ לוֹ **כַּפּוֹת** יָדַיִים גדולות.*

כַּף־מֹאזְנַיִים — scale

מָחָא כַּף — applauded

מִכַּף רֶגֶל וְעַד רֹאשׁ — from head to foot

דָן לְכַף־זכוּת — acquitted

דָן לְכַף־חוֹבָה — found guilty

נְקִי־כַּפַּיִים — innocent

יְגִיעַ־כַּפַּיִים — hard work

כפהפ׳ כָּפָה — forced, compelled

הִכְרִיחַ:

*הוּא **כָּפָה** עָלַיי לָלֶכֶת לַיָם. / **כָּפִיתָ** אֶת דַעתְךָ עַל אֲחֵרִים.*

לִכפּוֹת אֶת- / כ.פ.ה, פָּעַל / כָּפִיתִי, כּוֹפֶה, יִכפֶּה, כּפֵה!

כפוית׳ כָּפוּי — forced/compelled (adj.)

כְּשֶׁמַכרִיחִים לַעֲשׂוֹת מַשֶׁהוּ:

*הַהֶסדֵר הַזֶה **כָּפוּי** עָלַיי.*

כְּפוּי־טוֹבָה — ingrate

כּפוּיָה, כּפוּיִים, כּפוּיוֹת

כפולת׳ כָּפוּל — double (adj.)

1. גָדוֹל פִּי שְׁנַיִים:

*הַמְחִיר הַיוֹם **כָּפוּל** מִן הַמְחִיר לִפנֵי שָׁנָה.*

2. שֶׁיֵשׁ מִסוּגוֹ שְׁנַיִים: — twofold

*הַתַפקִיד שֶׁל בֵּית הַסֵפֶר **כָּפוּל** - לְלַמֵד וּלְחַנֵך.*

3. פְּעוּלָה בְּחֶשְׁבּוֹן, פִּי-: — multiplied (adj.)

***2 כָּפוּל 2** שָׁוֶוה 4.*

כּפוּלָה, כּפוּלִים, כּפוּלוֹת

כפולהנ׳ כְּפוּלָה [כּפוּלוֹת] — multiple

בְּחֶשְׁבּוֹן - מִספָּר שֶׁכּוֹפְלִים (פִּי...):

*4, 6, 8, 10 הֵם **כְּפוּלָה** שֶׁל 2.*

כפוףת׳ כָּפוּף — bent (adj.)

1. גוּף מְקוּפָּל, לֹא יָשָׁר:

*אַל תֵלֵך **כָּפוּף**, יַשֵׁר אֶת הַגַב!*

2. תַחַת הַנהָלָה שֶׁל מִישֶׁהוּ: — subordinate

*הַחַיָילִים **כְּפוּפִים** לַמְפַקדִים.*

3. עַל פִּי הוֹרָאָה, חוֹק וְכוּ׳: — subject (to)

*הַבּנִיָיה הִיא **בְּכָפוּף** לַחוֹק.*

כּפוּפָה, כּפוּפִים, כּפוּפוֹת

כפורז׳ כְּפוֹר — frost

קוֹר חָזָק מְאוֹד:

*לְבַשׁ מְעִיל חַם, כִּי **כְּפוֹר** בַּחוּץ.*

כפורתנ׳ כַּפּוֹרֶת [כַּפּוֹרוֹת] — curtain covering the Holy Ark

וִילוֹן שֶׁמְכַסֶּה אֶת אֲרוֹן הַקוֹדֶשׁ בְּבֵית הַכּנֶסֶת:

*הֵזִיזוּ אֶת הַ**כַּפּוֹרֶת**, פָּתחוּ אֶת הָאָרוֹן, וְהוֹצִיאוּ אֶת הַתוֹרָה.*

כפימ״ק כְּפִי — according to

עַד כַּמָה, בְּהֶתאֵם לְ...:

*כֹּל אֶחָד עוֹבֵד **כְּפִי** יְכוֹלתוֹ.*

כְּפִי הַנִראֶה — apparently

כפיות־טובהנ׳ כְּפִיוּת־טוֹבָה — ingratitude

כְּשֶׁלֹא מַחֲזִירִים טוֹבָה עַל טוֹבָה שֶׁמִישֶׁהוּ עָשָׂה:

*זֹאת **כְּפִיוּת־טוֹבָה** לֹא לַעֲזוֹר לְמִי שֶׁעָזַר לְךָ.*

כפייהנ׳ כְּפִיָּה — coercion, compulsion

הֶכרֵחַ, כְּשֶׁעוֹשִׂים שֶׁלֹא מֵרָצוֹן:

*אֲנִי מֵכִין שִׁיעוּרִים מִתוֹך **כְּפִיָיה**.*

עֲבוֹדַת־כְּפִיָיה – — forced labor

*עֲבוֹדוֹת **הַכְּפִיָיה** בַּמַחֲנוֹת הָיוּ נוֹרָאוֹת.*

כפילז׳ כָּפִיל [כְּפִילִים] — a double

מִישֶׁהוּ שֶׁדוֹמֶה מְאוֹד לְמִישֶׁהוּ אַחֵר:

*בַּקוֹלנוֹעַ יֵשׁ **כְּפִילִים** לַשַׂחקָנִים הָרָאשִׁיִים.*

כּפִילָה, כּפִילוֹת

כפילותנ׳ כְּפִילוּת [כְּפִילוּיוֹת] — overlapping, duplication

כְּשֶׁיֵשׁ שְׁנַיִים מֵאוֹתוֹ דָבָר:

*יֵשׁ **כְּפִילוּת** בַּמִשׂרָד - שְׁנֵי פְּקִידִים עוֹשִׂים אוֹתוֹ דָבָר.*

כפיפהנ׳ כְּפִיפָה [כּפִיפוֹת] — bending

הִתקַפְּלוּת, עִיקוּם:

*בְּשִׁיעוּרֵי הַהִתעַמְלוּת עָשִׂינוּ **כְּפִיפוֹת** גַב.*

כפירז׳ כְּפִיר [כּפִירִים] — young lion

אַריֵה צָעִיר וְחָזָק:

*הַ**כְּפִיר** הוּא סֵמֶל הַכּוֹחַ.*

כפירהנ׳ כְּפִירָה [כּפִירוֹת] — denial

1. כְּשֶׁאוֹמְרִים שֶׁמַשֶׁהוּ אֵינוֹ נָכוֹן:

***הַכּפִירָה** בָּאַשְׁמָה מִצַד הַנֶאֱשָׁם לֹא הִשׁפִּיעָה עַל הַשׁוֹפֵט.*

2. יְצִיאָה נֶגֶד הַדָת: — heresy

*אֶת הַפִילוֹסוֹף שְׁפִּינוֹזָה הֶאֱשִׁימוּ **בִּכפִירָה**.*

כפיתנ׳ כַּפִּית [כַּפִּיוֹת] — teaspoon

כַּף קְטַנָה, לְמָשָׁל לַאֲכִילַת גְלִידָה:

*אֲנִי שׁוֹתֶה תֵה עִם **כַּפִּית** סוּכָּר אַחַת.*

כפלפ׳ כָּפַל — doubled
1. הִגְדִּיל פִּי שְׁנַיִם:
*הַמְּנַהֵל **כָּפַל** אֶת הַמַּשְׂכֹּרֶת שֶׁלִּי.*
2. (בְּחֶשְׁבּוֹן) פְּעוּלָּה שֶׁל פִּי כַּמָּה: — multiplied
***כָּפַלְתִּי** 2 בְּ-3 וְקִיבַּלְתִּי 6.*
לִכְפּוֹל אֶת- / כ.פ.ל, פָּעַל / כָּפַלְתִּי, כּוֹפֵל, יִכְפּוֹל, כְּפוֹל!

כפלז׳ כֶּפֶל — multiplication
(פַּעֲמַיִם) בְּחֶשְׁבּוֹן - הַגְדָּלַת מִסְפָּר פִּי...:
*דּוּגְמָה לְתַרְגִּיל **כֶּפֶל** - 3 X 3=9*
לוּחַ הַכֶּפֶל — multiplication table
כִּפְלַיִים — double
כֶּפֶל כִּפְלַיִים — many times over
כֶּפֶל לָשׁוֹן — double meaning

כפלייםתה״פ כִּפְלַיִם — double, twice as much
פִּי שְׁנַיִים:
*אֲנִי אֶתֵּן לְךָ בִּשְׁבִיל הַמְּכוֹנִית **כִּפְלַיִים** מִמָּה שֶׁדָּוִיד נוֹתֵן.*

כפפהנ׳ כְּפָפָה [כְּפָפוֹת] — glove
בְּמָה שֶׁמְּכַסִּים אֶת כַּף הַיָּד:
*בַּחוֹרֶף **הַכְּפָפוֹת** מְחַמְּמוֹת אֶת הַיָּדַיִים.*

כפרז׳ כְּפָר [כְּפָרִים] — village
יִישׁוּב קָטָן, לָרוֹב יִישׁוּב חַקְלָאִי:
*דָּוִיד גָּר **בִּכְפָר** קָטָן וְעוֹבֵד בְּחַקְלָאוּת.*

כפרפ׳ כָּפַר — denied, repudiated
1. לֹא הֶאֱמִין (בֵּאלוֹהִים, בְּרַעְיוֹן):
*הֵם **כָּפְרוּ** בְּצֶדֶק שֶׁל הַמִּשְׁפָּט.*
2. אָמַר שֶׁמַּשֶּׁהוּ לֹא נָכוֹן: — denied
*הַנֶּאֱשָׁם **כָּפַר** בָּאַשְׁמָה.*
לִכְפּוֹר בְּ- / כ.פ.ר, פָּעַל / כָּפַרְתִּי, כּוֹפֵר, יִכְפּוֹר

כפרהנ׳ כַּפָּרָה [כַּפָּרוֹת] — pardon, expiation
1. סְלִיחָה עַל מַעֲשֶׂה רַע שֶׁנַּעֲשָׂה:
*אֵין **כַּפָּרָה** לְהַשְׁמָדַת 6,000,000 יְהוּדִים בִּידֵי הַנָּאצִים.*
2. לִהְיוֹת בִּמְקוֹם מִישֶׁהוּ אַחֵר בְּאָסוֹן, מַחֲלָה מָוֶות וְכוּ׳: — susbstitute
*אֲנִי מוּכָנָה לִהְיוֹת **כַּפָּרָתוֹ** שֶׁל בְּנִי.*
כַּפָּרוֹת - — expiatory sacrifice
*טֶקֶס שֶׁנֶּעֱרָךְ לִפְנֵי יוֹם כִּיפּוּר. שׁוֹחֲטִים תַּרְנְגוֹל **לְכַפָּרוֹת**, הַתַּרְנְגוֹל יֵלֵךְ לַמָּוֶות, וְהָאָדָם יִזְכֶּה לְחַיִּים אֲרוּכִּים.*

כפריתו״ז כַּפְרִי (כְּפָרִי) — rural, villager
הַשַּׁיָּיךְ לַכְּפָר, יֵשׁ בּוֹ מֵהַחַיִּים בַּכְּפָר:
***הַכַּפְרִיִּים** לֹא אוֹהֲבִים אֶת הָעִיר. / אֲנִי גָּר בְּיִישׁוּב **כַּפְרִי**.*
כַּפְרִית, כַּפְרִיִּים, כַּפְרִיּוֹת

כפתפ׳ כָּפַת — tied, bound
קָשַׁר אֶת הַיָּדַיִים וְהָרַגְלַיִים:
*הַשּׁוֹטֵר **כָּפַת אֶת** יְדֵי הָאָסִיר.*
לִכְפּוֹת אֶת- / כ.פ.ת, פָּעַל / כָּפַתִּי, כּוֹפֵת, יִכְפּוֹת, כְּפוֹת!

כפתורז׳ כַּפְתּוֹר [כַּפְתּוֹרִים] — button
עִיגּוּל אוֹ כַּדּוּר קָטָן, "סוֹגְרִים" בּוֹ חוּלְצָה, מְעִיל:
***הַכַּפְתּוֹרִים** בַּחוּלְצָה שֶׁלְּךָ פְּתוּחִים.*

כפתןז׳ כַּפְתָּן [כַּפְתָּנִים] — caftan (long garment)
מְעִיל אָרוֹךְ וְגָדוֹל:
*הַדָּתִיִּים לוֹבְשִׁים **כַּפְתָּנִים** שְׁחוֹרִים בֶּחָג.*

כרז׳ כַּר [כָּרִים] — pillow
1. מִין "שַׂק", שָׂמִים בַּמִּיטָה תַּחַת הָרֹאשׁ:
*שַׂמְתִּי אֶת הָרֹאשׁ עַל **הַכַּר**, וְנִרְדַּמְתִּי מִיָּד.*
2. שָׂדֶה יָרוֹק: — meadow
*בָּעֵמֶק יֵשׁ **כָּרֵי** דֶּשֶׁא.*

כראויתה״פ כָּרָאוּי — as should be
כְּמוֹ שֶׁצָּרִיךְ, כְּמוֹ שֶׁנָּכוֹן:
*הוּא אֵינוֹ עוֹבֵד **כָּרָאוּי**.*

כרבולתנ׳ כַּרְבֹּלֶת [כַּרְבּוֹלוֹת] — cock's comb
בָּשָׂר, חֵלֶק אָדוֹם בְּרֹאשׁ תַּרְנְגוֹל:
*לַתַּרְנְגוֹל שֶׁלָּנוּ יֵשׁ **כַּרְבּוֹלֶת** אֲדוּמָּה.*

כרגילתה״פ כָּרָגִיל — as usual
כְּמוֹ בְּדֶרֶךְ כְּלָל:
*הַחֲנוּיוֹת נִפְתָּחוֹת **כָּרָגִיל** בְּשָׁעָה 8:00 בַּבּוֹקֶר.*

כרגעתה״פ כָּרֶגַע — immediately, at this moment
מִיָּד, עַכְשָׁיו:
***כָּרֶגַע** אֵין לִי זְמַן.*

כרהפ׳ כָּרָה — dug
חָפַר:
*הוּא **כָּרָה** קֶבֶר לַמֵּת. / **כָּרִיתִי** בּוֹר בַּגִּינָּה.*
לִכְרוֹת אֶת- / כ.ר.ה, פָּעַל / כָּרִיתִי, כּוֹרֶה, יִכְרֶה, כְּרֵה!

כרובז׳ כְּרוּב [כְּרוּבִים] — cabbage
1. סוּג שֶׁל יָרָק, נִרְאֶה כְּמוֹ רֹאשׁ יָרוֹק:
*סָלָט **כְּרוּב** בָּרִיא לַקֵּיבָה.*
2. מַלְאָךְ: — cherub (angel)
*עַל יַד כִּסֵּא אֱלוֹהִים יוֹשְׁבִים **כְּרוּבִים**.*

כרוביתנ׳ כְּרוּבִית [כְּרוּבִיּוֹת] — cauliflower
סוּג שֶׁל יָרָק, יֵשׁ לוֹ פְּרָחִים לְבָנִים קָשִׁים:
*בִּישַּׁלְתִּי מְרַק **כְּרוּבִית**.*

כרוזז, כָּרוֹז [כָּרוֹזוֹת] announcer, town-crier
אִישׁ שֶׁמּוֹדִיעַ בְּקוֹל רָם:
הַכָּרוֹז מוֹדִיעַ, שֶׁהָרַכֶּבֶת הִגִּיעָה.

כרוזז, כְּרוּז [כְּרוּזִים] proclamation, manifesto
הוֹדָעָה כְּתוּבָה לְכָל הָאֲנָשִׁים:
חִילַּקְנוּ כְּרוּזִים פּוֹלִיטִיִּים.

כרוית, כָּרוּי dug/mined (adj.)
1. שֶׁחָפְרוּ אוֹתוֹ:
צָרִיךְ לְהִיזָּהֵר לֹא לִיפּוֹל לְבוֹר כָּרוּי.
2. פָּתוּחַ: attentive
הָאוֹזְנַיִים שֶׁלִּי כְּרוּיוֹת לְכָל מַה שֶּׁתֹּאמַר.
כְּרוּיָה, כְּרוּיִים, כְּרוּיוֹת

כרוךת, כָּרוּךְ wrapped (adj.)
1. עָטוּף (בְּדֶרֶךְ כְּלָל בְּחֶבֶל):
הַחֶבֶל כָּרוּךְ עַל הַצַּוָּואר.
2. מְחוּבָּר וְיֵשׁ לוֹ עֲטִיפָה (כְּרִיכָה): bound (book) (adj.)
הַסֵּפֶר כָּרוּךְ, אֶפְשָׁר לִמְכּוֹר אוֹתוֹ.
כָּרוּךְ אַחֲרֵי - קָשׁוּר אֶל-: attached to (adj.)
הוּא כָּרוּךְ אַחֲרֵי אֲחוֹתוֹ הַגְּדוֹלָה וַחֲבֵרוֹתֶיהָ.
כְּרוּכָה, כְּרוּכִים, כְּרוּכוֹת

כרזהנ, כְּרָזָה [כְּרָזוֹת] poster
פְּלָקָט, מוֹדָעָה גְּדוֹלָה:
בַּכְּרָזָה כָּתוּב, שֶׁיֵּשׁ פֶסְטִיבָל.

כרטיסז, כַּרְטִיס [כַּרְטִיסִים] ticket
פֶּתֶק אוֹ נְיָיר לֹא גָּדוֹל כְּדֵי לְהִיכָּנֵס לְמָקוֹם וְכוּ':
קָנִיתִי כַּרְטִיס טִיסָה בְּאֶל-עָל.
כַּרְטִיס בִּיקּוּר business card
כַּרְטִיסֵי-נְסִיעָה / כַּרְטִיס קוֹלְנוֹעַ

כרטיסייהנ, כַּרְטִיסִיָּה [כַּרְטִיסִיּוֹת] punch card
כַּרְטִיס (פֶּתֶק שֶׁל רְשׁוּת כְּנִיסָה) לְשִׁימּוּשׁ מִסְפַּר פְּעָמִים:
קָנִיתִי כַּרְטִיסִיָּיה לָאוֹטוֹבּוּס.

כרטיסןז, כַּרְטִיסָן [כַּרְטִיסָנִים] conductor
מִי שֶׁמּוֹכֵר כַּרְטִיסִים (רְשׁוּת כְּנִיסָה):
הוּא עוֹבֵד כְּכַרְטִיסָן בָּאוֹטוֹבּוּס.
כַּרְטִיסָנִית, כַּרְטִיסָנִיּוֹת

כרטסתנ, כַּרְטֶסֶת [כַּרְטָסוֹת] card-index
הַרְבֵּה כַּרְטִיסִים, שֶׁיֵּשׁ עֲלֵיהֶם אִינְפוֹרְמַצְיָה:
בַּסִּפְרִיָּיה יֵשׁ כַּרְטֶסֶת לְפִי שְׁמוֹת הַסּוֹפְרִים.

כרייהנ, כְּרִיָּה [כְּרִיּוֹת] mining, digging
פְּעוּלַּת הַחֲפִירָה:
כְּרִיַּת הַתְּעָלָה נִמְשֶׁכֶת זְמַן רַב.

כריךז, כָּרִיךְ [כְּרִיכִים] sandwich
סֶנְדְוִויץ':
הֵכַנְתִּי כָּרִיךְ מִ-2 פְּרוּסוֹת לֶחֶם, נַקְנִיק וּמְלָפְפוֹן חָמוּץ.

כריכהנ, כְּרִיכָה [כְּרִיכוֹת] (book) binding, wrapping
1. פְּעוּלָּה שֶׁל חִיבּוּר אוֹ עֲטִיפָה:
הַכְּרִיכָה שֶׁל הַתְּפִילִּין הִיא עַל יַד שְׂמֹאל. / הַסֵּפֶר בִּכְרִיכָה.
2. מַה שֶּׁעוֹטֵף סֵפֶר וְכוּ': (book) cover
עַל כְּרִיכַת הַסֵּפֶר כָּתוּב שֵׁם הַמְחַבֵּר.

כריכייהנ, כְּרִיכִיָּה [כְּרִיכִיּוֹת] book-bindery
מָקוֹם שֶׁכּוֹרְכִים (מְחַבְּרִים יַחַד אֶת הַדַּפִּים) סְפָרִים:
הַסֵּפֶר בַּכְּרִיכִיָּיה, מִשָּׁם הוּא יֵצֵא לַחֲנוּיוֹת.

כריעהנ, כְּרִיעָה [כְּרִיעוֹת] kneeling
יְרִידָה עַל הַבִּרְכַּיִים:
גַּם כְּשֶׁהוּא בְּמַצָּב שֶׁל כְּרִיעָה, הוּא גָּבוֹהַּ מִמֶּנִּי.

כרישז, כָּרִישׁ [כְּרִישִׁים] shark
דָּג גָּדוֹל טוֹרֵף:
כָּאן אָסוּר לְהִיכָּנֵס לַיָּם, כִּי יֵשׁ כְּרִישִׁים.

כריתנ, כָּרִית [כָּרִיּוֹת] (small) pillow
כַּר קָטָן שֶׁשָּׂמִים מִתַּחַת לָרֹאשׁ וְכוּ':
יְלָדִים לֹא צְרִיכִים כָּרִיּוֹת גְּדוֹלוֹת.

כריתהנ, כְּרִיתָה [כְּרִיתוֹת] cutting
1. גְּזִירָה, כְּשֶׁחוֹתְכִים עֵצִים וְכוּ':
כְּרִיתָה שֶׁל יְעָרוֹת אֲסוּרָה.
2. עֲשִׂיַּית חוֹזֶה חָשׁוּב (בֵּין מְדִינוֹת וְכוּ'): signing (a treaty, agreement etc.)
אֲנִי בְּעַד כְּרִיתַת חוֹזֶה יְדִידוּת עִם כָּל הַמְּדִינוֹת.

כריתותנ, כְּרִיתוּת divorce
גֵּירוּשִׁין.
סֵפֶר כְּרִיתוּת - תְּעוּדַת הַגֵּירוּשִׁין: divorce papers
קִיבַּלְתִּי סֵפֶר כְּרִיתוּת מִבַּעֲלִי.

כרךז, כְּרַךְ [כְּרַכִּים] metropolis, city
עִיר גְּדוֹלָה:
תֵּל-אָבִיב הִיא כְּרַךְ.
כְּרַכֵּי הַיָּם - עָרִים גְּדוֹלוֹת בְּחוּף לָאָרֶץ.

כרךפ׳ כָּרַךְ — tied, wrapped

1. קָשַׁר מִסָּבִיב:

כָּרַכְתִּי חֶבֶל סְבִיב הָעֵץ.

2. חִיבֵּר אֶת דַּפֵּי הַסֵּפֶר וְהָעֲטִיפָה: — bound (book)

כָּרַכְתִּי אֶת הַסְּפָרִים, הֵם מוּכָנִים לִמְכִירָה. / (מֶטָאפוֹרָה) הוּא כּוֹרֵךְ שְׁנֵי עִנְיָינִים יַחַד.

לִכְרוֹךְ אֶת- / כ.ר.ך, פָּעַל / כָּרַכְתִּי, כּוֹרֵךְ, יִכְרוֹךְ, כְּרוֹךְ!

כרךז׳ כֶּרֶךְ [כְּרָכִים] — volume (book)

כֹּל חֵלֶק בְּסֵפֶר אֶחָד הַמּוֹפִיעַ לְעַצְמוֹ:

אֶפְשָׁר לִקְנוֹת מִילוֹן בְּאַרְבָּעָה כְּרָכִים וְאֶפְשָׁר בְּכֶרֶךְ אֶחָד.

כרכובז׳ כַּרְכֹּב [כַּרְכּוּבִּים] — cornice

מִסְגֶּרֶת סְבִיב בִּנְיָין:

כַּרְכּוֹב הַבַּיִת צָבוּעַ יָרוֹק.

כרםז׳ כֶּרֶם [כְּרָמִים] — vineyard

הַמָּקוֹם שֶׁגְּדֵלִים בּוֹ עֲנָבִים, תַּפּוּחִים וְכוּ׳:

כְּשֶׁעָבַדְתִּי בַּכֶּרֶם, אָכַלְתִּי עֲנָבִים.

כרסנ׳ כֶּרֶס [כְּרֵסִים] — belly

בֶּטֶן:

הוּא מְמַלֵּא אֶת הַכֶּרֶס בְּאוֹכֶל.

כְּרֵסָהּ בֵּין שִׁינֶּיהָ — pregnant

כרעפ׳ כָּרַע — kneeled

יָרַד אוֹ נָפַל עַל הַבִּרְכַּיִים:

כָּרַעְתִּי בֶּרֶךְ לְפָנֶיהָ, וּבִיקַּשְׁתִּי שֶׁתִּהְיֶה אִישְׁתִּי.

כָּרְעָה לָלֶדֶת — was ready to give birth

לִכְרוֹעַ / כ.ר.ע, פָּעַל / כָּרַעְתִּי, כּוֹרֵעַ, יִכְרַע

כרעז׳ כֶּרַע [כְּרָעַיִים] — leg (of animal)

רֶגֶל שֶׁל תַּרְנְגוֹל וְכוּ׳:

אֲנִי אוֹהֵב לֶאֱכוֹל כַּרְעֵי תַּרְנְגוֹלֶת.

עוֹמֵד עַל כַּרְעֵי תַּרְנְגוֹלֶתב׳ - — unstable

כֹּל הָאִימְפֶּרְיָה עוֹמֶדֶת עַל כַּרְעֵי תַּרְנְגֹלֶת...

כרפסז׳ כַּרְפַּס — celery

יָרָק שֶׁל גִּינָּה, סֶלֶרִי:

אֲנִי שָׂם עָלֵי כַּרְפַּס בַּסָּלָט.

כרתפ׳ כָּרַת — cut (off)

חָתַךְ, גָּזַר:

כָּרְתוּ אֶת כֹּל הָעֵצִים.

לִכְרוֹת אֶת- / כ.ר.ת, פָּעַל / כָּרַתִּי, כּוֹרֵת, יִכְרוֹת, כְּרוֹת!

כשורהתה״פ כַּשּׁוּרָה — properly

לְפִי הַשּׁוּרָה, כְּמוֹ שֶׁצָּרִיךְ, כָּרָאוּי:

הוּא מִתְנַהֵג כַּשּׁוּרָה.

כשירת׳ כָּשִׁיר — fit, capable

יָכוֹל לְבַצֵּעַ, יֵשׁ לוֹ הַיְכוֹלֶת:

הוּא כָּשִׁיר לְכֹל עֲבוֹדָה.

כְּשִׁירָה, כְּשִׁירִים, כְּשִׁירוֹת

כשירותנ׳ כְּשִׁירוּת — competence, qualification

הַיְכוֹלֶת:

צָרִיךְ לִבְדּוֹק אֶת כְּשִׁירוּת הָעוֹבְדִים - מַה הֵם יוֹדְעִים לַעֲשׂוֹת.

כשלפ׳ כָּשַׁל — stumbled

נַעֲשָׂה חַלָּשׁ וְנָפַל:

הוּא כָּשַׁל בְּרִיצָה.

כָּשַׁל כּוֹחַ הַסַּבָּלב׳ — couldn't hold on

/ כ.ש.ל, פָּעַל / כָּשְׁלוּ, כּוֹשֵׁל, כּוֹשְׁלִים

כשלז׳ כֶּשֶׁל — mistake, lapse, failure

טָעוּת שֶׁלֹּא בְּכַוָּונָה.

כֶּשֶׁל לָשׁוֹן — slip of the tongue

כשםמ״ק כְּשֵׁם — just as

כְּמוֹ שֶׁ-, כְּפִי שֶׁ-:

כְּשֵׁם שֶׁאַתָּה לוֹמֵד, כָּךְ גַּם הֵם לוֹמְדִים.

כשפיםז״ר כְּשָׁפִים — wichcraft

מַעֲשִׂים לֹא טִבְעִיִּים, לֹא מִתְקַבְּלִים עַל הַדַּעַת:

בִּמְקוֹם לָלֶכֶת לְרוֹפֵא הוּא פּוֹנֶה לְעוֹשֵׂה כְּשָׁפִים.

כשרת׳ כָּשֵׁר — kosher (food)

מוּתָּר לְפִי הַחוֹק וְהַמִּנְהָג:

אֲנִי אוֹכֵל רַק אוֹכֶל כָּשֵׁר בְּמִסְעָדָה כְּשֵׁרָה.

2. מַתְאִים: — fit

הוּא כָּשֵׁר לְשֵׁירוּת צְבָאִי.

כְּשֵׁרָה, כְּשֵׁרִים, כְּשֵׁרוֹת

כשרותנ׳ כַּשְׁרוּת — being kosher

הַמַּצָּב שֶׁל אוֹכֶל, שֶׁמּוּתָּר לֶאֱכוֹל לְפִי הַדָּת הַיְּהוּדִית:

הוּא שׁוֹמֵר כַּשְׁרוּת, אֵינוֹ אוֹכֵל חָלָב עִם בָּשָׂר.

כתנ׳ כַּת [כִּיתּוֹת / כַּתּוֹת] — sect, cult

קְבוּצָה שֶׁל אֲנָשִׁים שֶׁמַּאֲמִינִים בְּאוֹתוֹ דָּבָר:

בְּהוֹדוּ יֵשׁ כַּתּוֹת שֶׁל אֲנָשִׁים, שֶׁהֵם מִחוּץ לַחֶבְרָה.

כתבפ׳ כָּתַב — wrote

רָשַׁם אוֹתִיּוֹת וּמִילִּים שֶׁאֶפְשָׁר לִקְרוֹא אוֹתָן:

אָבִי *כָּתַב לִי מִכְתָּב בְּעִבְרִית.*
לִכתוֹב אֶת- / כ.ת.ב, פָּעַל / כָּתַבְתִּי, כּוֹתֵב, יִכתוֹב, כּתוֹב!

כתבז, כְּתָב [כְּתָבִים] writing, handwriting
1. סִימָנִים, (אוֹתִיּוֹת) הַמְשַׁמְּשִׁים בִּקרִיאָה וּבִכתִיבָה:
כְּתַב הַצִּיוּרִים קָדַם לִכְתַב הָאָלֶפְבֵּיתִי.
2. **כְּתָבִים**ז"ר - טֶקסט כָּתוּב, סֵפֶר: works (of an outhor)
קָרָאתִי אֶת כֹּל הַכְּתָבִים שֶׁל טוֹלסטוֹי.
כְּתַב יָד handwriting
כְּתַב יָד manuscript
כְּתַב סֵתֶר code
כְּתַב עֵת magazine, journal
כִּתְבֵי הַקּוֹדֶשׁ the Holy Scriptures
הוּא קוֹרֵא בְּכִתְבֵי הַקּוֹדֶשׁ בְּכֹל יוֹם.

כתבז, כַּתָּב [כַּתָּבִים] reporter, correspondent
מִי שֶׁכּוֹתֵב לָעִיתוֹן, לָרַדיוֹ, לַטֶלֶוִויזיָה, נָצִיג שֶׁל עִיתוֹן:
כַּתַּב הָעִיתוֹן בְּאֵירוֹפָּה שָׁלַח אֶת הַיְדִיעָה הַזֹּאת לָעִיתוֹן.
כַּתֶּבֶת, כַּתָּבוֹת

כתבהנ, כַּתָּבָה [כַּתָּבוֹת] news story, article
מַאֲמָר, חֲדָשׁוֹת בָּעִיתוֹן, בָּרַדיוֹ וְכוּ':
קָרָאתִי כַּתָּבָה מְעַניֶינֶת בָּעִיתוֹן.

כתבנותנ, כַּתְבָנוּת typewriting
הַמִּקצוֹעַ שֶׁל כּתִיבָה בִּמכוֹנָה:
מִי שֶׁעוֹבֵד כְּפָקִיד, צָרִיך לָדַעַת כַּתְבָנוּת.

כתבניתנ, כַּתְבָנִית [כַּתְבָנִיּוֹת] typist (f)
מִי שֶׁעוֹבֶדֶת בִּכתִיבָה בִּמכוֹנָה:
לַמִּשׂרָד שֶׁלִּי דְרוּשָׁה כַּתְבָנִית.

כתובת, כָּתוּב written (adj.)
רָשׁוּם בְּאוֹתִיּוֹת וּבְמִילִים:
הַסֵּפֶר כָּתוּב בְּעִברִית.
כְּתוּבִיםז"ר the Writings
כְּתוּבָה, כּתוּבִים, כּתוּבוֹת

כתובהנ, כְּתֻבָּה [כּתוּבּוֹת] marriage contract
(אֵצֶל יְהוּדִים) הַחוֹזֶה שֶׁל אֲנָשִׁים שֶׁמִּתחַתנִים:
בַּחוּפָּה קוֹרֵא הָרַב אֶת הַכְּתוּבָּה.

כתובתנ, כְּתֹבֶת [כּתוֹבוֹת] address
1. הַמָּקוֹם הַמְּדוּיָק שֶׁהָאָדָם גָר בּוֹ:
מָה הַכְּתוֹבֶת שֶׁלךָ? רח' מְצָדָה 2 בְּתֵל-אָבִיב.
2. מַשֶּׁהוּ כָּתוּב (עַל קִיר, אֶבֶן וְכוּ'): inscription
עַל הַבִּניָין יֵשׁ כּתוֹבֶת עַתִּיקָה.
כְּתוֹבֶת קַעֲקַע tattoo

כתוםת, כָּתֹם orange (color)
צֶבַע בֵּין צָהוֹב לְאָדוֹם:
צֶבַע הַגֶּזֶר כָּתוֹם.
כְּתוּמָה, כּתוּמִים, כּתוּמוֹת

כתיבז, כְּתִיב spelling
יְדִיעַת הָאוֹתִיּוֹת הַנְּכוֹנוֹת לִכתִיבַת מִילָה:
יֵשׁ לִי שׁגִיאוֹת כְּתִיב רַבּוֹת בְּעִברִית.
כְּתִיב חָסֵר Heb. spelling without vowel-letters
כְּתִיב מָלֵא Heb. spelling with vowel-letters

כתיבהנ, כְּתִיבָה writing
פְּעוּלָה שֶׁל צִיּוּר הָאוֹתִיּוֹת כְּדֵי לִקרוֹא:
בְּכִיתָּה א' לוֹמְדִים קרִיאָה וּכְתִיבָה.
שׁוּלחַן כְּתִיבָה desk
מַכשִׁירֵי כְּתִיבָה stationery
מְכוֹנַת כְּתִיבָה typewriter

כתםז, כֶּתֶם [כְּתָמִים] stain
1. לִיכלוּך בְּמָקוֹם מְסוּיָם:
הֶחלַפְתִּי חוּלצָה, כִּי יֵשׁ עָלֶיהָ כֶּתֶם.
2. שֶׁטַח קָטָן בְּצֶבַע שׁוֹנֶה מִצֶּבַע גוּף, בַּד וְכוּ': spot
לֶחָתוּל הַלָּבָן יֵשׁ כֶּתֶם שָׁחוֹר עַל הַזָּנָב.

כתףנ, כָּתֵף [כְּתֵפַיִים] shoulder
חֵלֶק בַּגּוּף, הַיָּדַיִים מְחוּבָּרוֹת אֵלָיו.
שַׂמְתִּי אֶת הַתִּינוֹק עַל הַכְּתֵפַיִים.

כתפייהנ, כְּתֵפִיָּה [כְּתֵפִיּוֹת] suspender, (shoulder) strap
סֶרֶט בַּד אוֹ עוֹר שֶׁשָּׂמִים עַל הַכְּתֵפַיִים:
אֲנִי לוֹבֵשׁ כְּתֵפִיּוֹת כְּדֵי שֶׁהַמִּכנָסַיִים לֹא יִיפְּלוּ לִי.

כתרז, כֶּתֶר [כְּתָרִים] crown
1. עִיגּוּל (בְּדֶרֶך כְּלָל מִזָּהָב) עַל רֹאשׁ מֶלֶך:
הַכֶּתֶר הוּא סֵמֶל הַמֶּלֶך וְהַמַּלכָּה.
2. מַה שֶׁשָּׂמִים עַל שֵׁן חַלָּשָׁה: (dental) crown
רוֹפֵא הַשִּׁינַּיִים הִלבִּישׁ כֶּתֶר עַל הַשֵּׁן הַשְּׁבוּרָה.

כתשפ, כָּתַשׁ crushed, ground
עָשָׂה לְפֵירוּרִים קטַנִּים (כּמוֹ חוֹל):
כָּתַשְׁנוּ אֶת גַּרעִינֵי הַקָּפֶה.
לִכתוֹשׁ אֶת- / כ.ת.ש, פָּעַל / כָּתַשְׁתִּי, כּוֹתֵשׁ, יִכתוֹשׁ

כתתפ, כָּתַת crushed, pounded
טָחַן, עָשָׂה חוֹמֶר מְסוּיָם לְפֵירוּרִים קטַנִּים:
כָּתַתְנוּ אֶת הָאֶבֶן לְחוֹל.
לִכתוֹת אֶת- / כ.ת.ת, פָּעַל / כָּתַתִּי, כּוֹתֵת, יִכתוֹת

ל

ל 12th letter of Heb. alphabet
לָמֶד, הָאוֹת הַשְּׁתֵּים עֶשְׂרֵה בָּאָלֶפְבֵּית הָעִבְרִי, מְסַמֶּנֶת אֶת שֵׁם הַמִּסְפָּר 30:
*קָרָאתִי בַּתַּנַ"ךְ בְּסֵפֶר יִרְמְיָהוּ פֶּרֶק **ל'**.*

ל- מ"י לְ, לַ, לִ — to
1. אֶל (מָקוֹם):
*נָסַעְתִּי **לְ**תֵל־אָבִיב.*
2. + (זמן): — for (a certain time)
*הִזְמַנְתִּי אוֹרְחִים **לְ**מָחָר.*
3. בִּשְׁבִיל-, לְמַעַן: — for
*תָּרַמְתִּי כֶּסֶף **לַ**'אֲגוּדָה לְמִלְחָמָה בְּסַרְטָן'.*

לא ת"פ לֹא — no, not
1. מִילַּת שְׁלִילָה, הַהֵיפֶךְ מִכֵּן:
***לֹא** אָבוֹא מָחָר. / זֶה סִיפּוּר **לֹא** רָגִיל.*
2. אַל! שֶׁלֹּא תַּעֲשֶׂה בְּשׁוּם אוֹפֶן: — don't
*בַּעֲשֶׂרֶת הַדִּיבְּרוֹת כָּתוּב: **לֹא תִּרְצָח!***
לֹא וָלֹא — absolutely not
בְּלֹא — without
הֲלֹא ר' הלוא
וָלֹא - — if not
*בּוֹא בְּדִיּוּק בַּזְּמַן, **וָלֹא** - יְפַטְּרוּ אוֹתְךָ.*
לְלֹא - בְּלִי: *נִשְׁאַרְתִּי **לְלֹא** בַּיִת.* — without
לֹא כְלוּם - שׁוּם דָּבָר: — nothing
*מָה עֲשִׂיתֶם אֶתְמוֹל? **לֹא כְּלוּם.***
לֹא בְּאֶלֶף רַבָּתִיב' — — definitely not
*לְהַצָּעַת הַשָּׁלוֹם הֵם עָנוּ לָנוּ - **לֹא בְּאֶלֶף רַבָּתִי!***
לֹא עָלֵינוּב' — — God forbid
*הוּא חוֹלֶה בְּסַרְטָן, **לֹא עָלֵינוּ...***

לאה ת' לֵאֶה — weary, exhausted
עָיֵיף, בְּלִי כּוֹחַ:
*אֲנִי מַרְגִּישׁ **לֵאֶה** אַחֲרֵי הַמַּחֲלָה.*
לֵאָה, לֵאִים, לֵאוֹת

לאו, לָאו — negative
מִילַּת שְׁלִילָה, הַהֵיפֶךְ מִ-כֵּן:
*הַתְּשׁוּבָה שֶׁלִּי הִיא **לָאו** מוּחְלָט.*
לָאו דַּוְקָא - אֶפְשָׁר גַּם אַחֶרֶת: — not necessarily
*זֹאת **לָאו דַּוְקָא** הַתְּשׁוּבָה הַיְּחִידָה.*
בְּלָאו הָכֵי - כָּךְ אוֹ כָּךְ: — anyhow
*לֹא נִיגַּשְׁתִּי לַבְּחִינָה, **בְּלָאו הָכֵי** הָיִיתִי נִכְשָׁל.*

לאוםז' לְאֹם [לְאוּמִים] — nation
עַם, אוּמָּה, אֲנָשִׁים מִמּוֹצָא מְשׁוּתָּף:
*הָאוּנִיבֶרְסִיטָה פְּתוּחָה לִסְטוּדֶנְטִים לְלֹא הֶבְדֵּל **לְאוֹם.***

לאומית' לְאֻמִּי — national(istic)
1. שֶׁל הָאוּמָּה אוֹ הָעָם:
*'אֶל עָל' הִיא חֶבְרַת הַתְּעוּפָה הַ**לְּאוּמִּית** שֶׁל יִשְׂרָאֵל.*
2. פַּטְרִיּוֹט: — patriotic
*אֲנִי מְשָׁרֵת בַּצָּבָא מִתּוֹךְ רֶגֶשׁ **לְאוּמִּי.***
הִימְנוֹן לְאוּמִּי — national anthem
לְאוּמִּית, לְאוּמִּיִּים, לְאוּמִּיּוֹת

בין לאומי ר' בינלאומי

לאומיותנ' לְאֻמִּיּוּת — nationalism, nationality
לִהְיוֹת שַׁיָּיךְ לְעַם מְסוּיָּם:
*הַ**לְּאוּמִּיּוּת** הִתְעוֹרְרָה בַּמֵּאָה הַ-19.*

לאומנותנ' לְאֻמָּנוּת — chauvinism
שׁוֹבִינִיזְם, כְּשֶׁהָעָם שֶׁלְּךָ מֵעַל לַכּוֹל:
*הַ**לְּאוּמָּנוּת** מְעוֹרֶרֶת שִׂנְאָה לְעַמִּים אֲחֵרִים.*

לאומנית' לְאֻמָּנִי — chauvinistic
שׁוֹבִינִיסְט קִיצוֹנִי:
*קְבוּצוֹת שֶׁל צְעִירִים **לְאוּמָּנִיִּים** הִתְקִיפוּ פּוֹעֲלִים זָרִים.*
לְאוּמָּנִית, לְאוּמָּנִיִּים, לְאוּמָּנִיּוֹת

לאותנ' לֵאוּת — fatigue, weariness
עֲיֵיפוּת:
*הִרְגַּשְׁתִּי **לֵאוּת** אַחֲרֵי הַטִּיּוּל הָאָרוֹךְ.*

לאחר מ"ק לְאַחַר — after
(לְ+אַחַר) אַחֲרֵי זְמַן:
*חִיכִּיתִי לוֹ בְּבֵית קָפֶה, **לְאַחַר** שָׁעָה וָחֵצִי הָלַכְתִּי.*
לְאַחַר מִכֵּן — after that
*חִיכִּיתִי לְךָ שָׁעָה, **לְאַחַר מִכֵּן** הָלַכְתִּי.*

לאחרונה ת"פ לָאַחֲרוֹנָה — lately
בַּזְּמַן הָאַחֲרוֹן:
***לָאַחֲרוֹנָה** אֲנִי מַרְבֶּה לְעַשֵּׁן.*

לאט ת"פ לְאַט — slowly
לֹא בִּמְהִירוּת:
*יֵשׁ לוֹ זְמַן, וְהוּא הוֹלֵךְ **לְאַט.***

לאלתר ת"פ לְאַלְתַּר — immediately, at once
(אֲרָמִית) תֵּיכֶף וּמִיָּד:
*הוּא בִּיקֵּשׁ לְהַתְחִיל בָּעֲבוֹדָה **לְאַלְתַּר.***

לאמורפ׳ לֵאמֹר — namely, thus
זאת אומֶרֶת, כלוֹמַר:
שמו נִקרָא גִיל, לֵאמוֹר - הוּא יָבִיא שִׂמחָה לַמִשפָּחָה.
ר׳ אמרפ׳

לאן?מ״ש לְאָן? — where to?
לְאֵיזֶה מָקוֹם?
לְאָן אַתָה הוֹלֵך? - לְבֵית הַסֵפֶר.

לבז׳ לֵב [לְבָבוֹת] — heart
1. הָאֵיבָר הָעִיקָרִי בַּגוּף, מֶרכַּז הַחַיִים וְהָרֶגֶשׁ:
דָוִיד עָבַר נִיתוּחַ לֵב מְסוּכָּן.
כּוֹאֵב לִי הַלֵב, כְּשֶׁאֲנִי רוֹאֶה אֶת הַיֶלֶד הַחוֹלֶה.
2. הַחֵלֶק הָאֶמצָעִי, הַמֶרכָּזִי: — center
אֲנִי גָר בְּלֵב הָעִיר.
לִיבִּי, לִיבּוֹ, לִיבָּהּ, לִיבֵּנוּ
בְּלֵב וָנֶפֶשׁ — with heart and soul
הֶתקֵף-לֵב — heart attack
טוּב-לֵב — kindness
מוּג-לֵבת׳ — coward
מִלֵב אֶל לֵב — from heart to heart
דִיבֵּר אֶל/עַל לִיבּוֹ - — persuaded
דִיבַּרתִי עַל לִיבּוֹ לַחֲזוֹר הַבַּיתָה.
לָקַח לַלֵב (לָשׁוֹן דִיבּוּר) - — took to heart
לָקַחתִי לַלֵב אֶת הַמַצָב הַקָשֶׁה.
שָׂם לֵב — paid attention
תְשׂוּמֶת-לֵבנ׳ — attention

לבבז׳ לֵבָב [לְבָבוֹת] — heart
לֵב:
הַהִימנוֹן שֶׁל מְדִינַת יִשׂרָאֵל מַתחִיל כָּך: 'כֹּל עוֹד בַּלֵבָב פְּנִימָה'...

לבבית׳ לְבָבִי — cordial
מִתוֹך הַלֵב, שֶׁיֵשׁ לוֹ כַּוָונָה טוֹבָה:
הוּא אָדָם לְבָבִי, אִישׁ חָבִיב מְאוֹד.
לְבָבִית, לְבָבִיִים, לְבָבִיוֹת

לבביותנ׳ לְבָבִיוּת — cordiality
מַה שֶׁבָּא מִתוֹך הַלֵב, נָעִים, חָבִיב:
הֵם קִיבְּלוּ אוֹתָנוּ בְּבֵיתָם בִּלְבָבִיוּת רַבָּה.

לבדת״פ לְבַד — alone
בְּלִי אַף אֶחָד, לֹא יַחַד, לְחוּד:
גַרתִי לְבַד בַּדִירָה הַקְטַנָה.
בִּלבַד - רַק — only
מִלבַד - 1. נוֹסָף עַל-: — in addition
מִלבַד דָוִיד הָיוּ גַם רוּת וְיִצחָק.
2. (עִם 'לֹא') רַק זֶה וְלֹא יוֹתֵר: — apart from
מִלבַדִי לֹא הָיָה אִישׁ בָּרְחוֹב.
לְבַדִי, לְבַדְךָ, לְבַדֵך, לְבַדוֹ, לְבַדָהּ

לבדז׳ לֶבֶד — felt (material)
סוּג שֶׁל בַּד חָזָק וְעָבֶה:
כּוֹבַע הַלֶבֶד הַזֶה הוּא שֶׁל סַבָּא שֶׁלִי.

לבושת׳ לָבוּשׁ — dressed (adj.)
שֶׁיֵשׁ עָלָיו בֶּגֶד, לֹא עָרוֹם:
דַלְיָה הִגִיעָה לַמְסִיבָּה לְבוּשָׁה בְּבִגדֵי עֶרֶב.
לְבוּשָׁה, לְבוּשִׁים, לְבוּשׁוֹת

לבושז׳ לְבוּשׁ [לְבוּשִׁים] — dress, clothing, attire
בֶּגֶד:
בַּמְסִיבָּה הָיוּ כּוּלָם בִּלבוּשׁ עֶרֶב.

לביאז׳ לָבִיא [לְבִיאִים/לְבָאִים] — lion
אַריֵה, מֶלֶך הַחַיוֹת:
אֲנִי מַרגִישׁ כְּמוֹ לָבִיא - חָזָק, בָּרִיא.
לְבִיאָה/לְבִיָיה, לְבִיאוֹת

לביבהנ׳ לְבִיבָה [לְבִיבוֹת] — potato pancake
"עוּגָה" קְטַנָה מְטוּגֶנֶת (מִתַפּוּחֵי אֲדָמָה, גבִינָה וְכוּ'):
בְּחַג הַחֲנוּכָּה אוֹכלִים לְבִיבוֹת.

לבישת׳ לָבִישׁ — wearable
שֶׁאֶפשָׁר, שֶׁמַתאִים לִלבּוֹשׁ אוֹתוֹ:
הַחוּלצָה אֵינָהּ לְבִישָׁה, הִיא יְשָׁנָה וּקרוּעָה.
לְבִישָׁה, לְבִישִׁים, לְבִישׁוֹת

לבלמ״ק לְבַל — lest
(לָשׁוֹן סִיפרוּתִית) כְּדֵי שֶׁלֹא:
אֲנִי מִתפַּלֵל לְבַל תִהיֶה מִלחָמָה.

לבלבז׳ לַבלָב [לַבלָבִּים] — pancreas
אֵיבָר בַּגוּף, מֵאֲחוֹרֵי הַקֵיבָה, מְיַיצֵר אִינסוּלִין:
כְּשֶׁהַלַבלָב לֹא פּוֹעֵל נָכוֹן יֵשׁ סוּכֶּרֶת.

לבלרז׳ לַבלָר [לַבלָרִים] — clerk
פָּקִיד:
הוּא הִתחִיל כְּלַבלָר בְּמִשׂרָד, עַכשָׁיו הוּא הַמְנַהֵל.

לבלרותנ׳ לַבלָרוּת — clerical work
עֲבוֹדָה שֶׁל פָּקִיד, כְּתִיבָה וְכוּ' בְּמִשׂרָד:
עֲבוֹדַת הַלַבלָרוּת אֵינָהּ מְעַנְיֶינֶת אוֹתִי.

לבןת' לָבָן — white
הַצֶּבַע שֶׁל שֶׁלֶג וְחָלָב, הַהֵיפֶך מִשָּׁחוֹר:
לָאִישׁ הַזָּקֵן יֵשׁ שֵׂיעָר ***לָבָן****.*
לְבָנָה, לְבָנִים, לְבָנוֹת

לבנים ר'

לבןז' לֶבֶּן — leben, sour milk
מַאֲכָל עָשׂוּי מֵחָלָב:
הַלֶּבֶּן *טָעִים, בָּרִיא וְדַל קָלוֹרִיּוֹת.*

לבנבןת' לְבַנְבַּן — whitish
קְצָת לָבָן, שֶׁיֵּשׁ לוֹ מַשֶּׁהוּ מִן הַצֶּבַע הַלָּבָן:
הַשָּׁמַיִם ***לְבַנְבַּנִּים****, אֲבָל לֹא יָרַד גֶּשֶׁם.*
לְבַנְבֶּנֶת-לְבַנְבַּנָּה, לְבַנְבַּנִּים, לְבַנְבַּנּוֹת

לבנהנ' לְבָנָה — moon
יָרֵחַ, מֵאִיר בַּלַּיְלָה בַּשָּׁמַיִם:
הָיָה לֵיל ***לְבָנָה*** *וְאֶפְשָׁר הָיָה לִרְאוֹת אֶת הַדֶּרֶךְ.*

לבנהנ' לְבֵנָה [לְבֵנִים] — brick
מִין אֶבֶן שֶׁעוֹשִׂים בְּבֵית חֲרוֹשֶׁת:
קִיר ***הַלְּבֵנִים*** *מַפְרִיד בֵּין הַבַּיִת לָרְחוֹב.*

לבנונית' לַבְנוּנִי — whitish
קְצָת לָבָן:
לְיַד הַיָּם יֵשׁ חוֹל ***לַבְנוּנִי*** *וָרַךְ.*
לַבְנוּנִית, לַבְנוּנִיִּים, לַבְנוּנִיּוֹת

לבניםז"ר לְבָנִים — underwear
שֵׁם כְּלָלִי לְמַה שֶׁאָדָם לוֹבֵשׁ מִתַּחַת לַבְּגָדִים:
כִּיבַּסְתִּי אֶת ***הַלְּבָנִים*** *– אֶת הַגּוּפִיּוֹת, הַתַּחְתּוֹנִים וְכוּ'.*

לבסוף ר' סוף

לבקןת' לַבְקָן — albino
מִי שֶׁהָעוֹר וְהַשְּׂעָרוֹת שֶׁלּוֹ לְבָנִים, בְּלִי פִּיגְמֶנְטִים:
הוּא לֹא בְּלוֹנְדִינִי, הוּא ***לַבְקָן****.*
לַבְקָנִית, לַבְקָנִים, לַבְקָנִיּוֹת

לבשפ' לָבַשׁ — wore
שָׂם בֶּגֶד עַל הַגּוּף:
אָחִי ***לָבַשׁ*** *בִּגְדֵי קַיִץ קַלִּים וְהָלַךְ לַיָּם.*
לִלְבּוֹשׁ אֶת- / ל.ב.ש, פָּעַל / לָבַשְׁתִּי, לוֹבֵשׁ, אֶלְבַּשׁ

לגבימ"י לְגַבֵּי- — regarding
בְּיַחַס לְ-, עַל-:
אֵין לִי מָה לוֹמַר ***לְגַבֵּי*** *הַהַצָּעָה. /* ***לְגַבַּי*** *אֵין בְּעָיָה - אֲנִי מַסְכִּים לְכָל הַחְלָטָה.*
לְגַבַּיי, לְגַבֵּיךָ, לְגַבָּיו, לְגַבֵּיהֶם

לגימהנ' לְגִימָה [לְגִימוֹת] — sip
פְּעוּלָה אַחַת שֶׁל שְׁתִיָּיה:
תֵּן לִי ***לְגִימָה*** *מֵהַקָּפֶה שֶׁלְּךָ.*

לגלגנותנ' לַגְלְגָנוּת — mockery
יַחַס סַרְקַסְטִי, כְּשֶׁצּוֹחֲקִים עַל מִישֶׁהוּ:
הַלַּגְלְגָנוּת *שֶׁבִּדְבָרָיו פָּגְעָה בִּי מְאוֹד.*

לגלגנית' לַגְלְגָנִי — mocking, sneering
שֶׁל לַעַג, סַרְקַסְטִי:
הַיַּחַס ***הַלַּגְלְגָנִי*** *שֶׁלּוֹ פָּגַע בִּי.*
לַגְלְגָנִית, לַגְלְגָנִיִּים, לַגְלְגָנִיּוֹת

לגםפ' לָגַם — sipped, gulped
שָׁתָה פַּעַם אַחַת:
לָגַמְתִּי *מִן הַמַּיִם הַקָּרִים.*
לִלְגּוֹם אֶת- / ל.ג.ם, פָּעַל / לָגַמְתִּי, לוֹגֵם, יִלְגּוֹם, יִלְגְּמוּ

לגמרית"פ לְגַמְרֵי — completely
בְּאוֹפֶן מוּחְלָט, אַבְּסוֹלוּטִי, עַד הַסּוֹף:
הַשּׁוּלְחָן שָׁבוּר ***לְגַמְרֵי****.*

לדוגמא/לדוגמה ר' דוגמה

לדידימ"ג לְדִידִי — as for me
(מֵאֲרָמִית) מִן הַצַּד שֶׁלִּי:
אַתָּה יָכוֹל לַעֲזוֹב, ***לְדִידִי*** *זֶה לֹא מְשַׁנֶּה.*

לדעתי, לְדַעְתִּי — in my opinion
[לְפִי הַדֵּיעָה שֶׁלִּי] אֲנִי חוֹשֵׁב שֶׁ...:
לְדַעְתִּי, הוּא רֹאשׁ־עִיר מְצוּיָּן.
לְדַעְתְּךָ, לְדַעְתֵּךְ, לְדַעְתּוֹ, לְדַעְתָּהּ, לְדַעְתֵּנוּ, לְדַעַתְכֶם־ן

להבז' לַהַב [לְהָבִים] — blade, flame
הַחֵלֶק הַחַד (הַחוֹתֵךְ) שֶׁל הַסַּכִּין:
הוּא נִפְצַע ***מִלַּהַב*** *הַסַּכִּין שֶׁנִּכְנַס לוֹ לַבֶּטֶן.*

להבאת"פ לְהַבָּא — from now on
(לְ + הַבָּא) לַזְּמַן שֶׁיָּבוֹא:
לְהַבָּא *לֹא אַסְכִּים לַעֲבוֹד אִיתְּךָ.*

להבדילת"פ לְהַבְדִּיל — on the other hand, to differentiate
בְּשׁוֹנֶה מִ-(שִׁינּוּי מוּחְלָט):
רִאשׁוֹנֵי הַקִּיבּוּץ כְּבָר נִפְטְרוּ, רְאוּבֵן, ***לְהַבְדִּיל****, חַי וְעוֹבֵד.*

להבא ר' בא

להבה נ' לֶהָבָה [לֶהָבוֹת] — flame
אֵשׁ:
הַלֶּהָבָה שֶׁל הַנֵּר כָּבְתָה בָּרוּחַ.

להביור ז' לַהֲבִיוֹר [לַהֲבִיוֹרִים] — flame-thrower
נֶשֶׁק שֶׁיּוֹרֶה אֵשׁ:
הַחַיָּלִים יָרוּ בְּלַהֲבִיוֹרִים וְשָׂרְפוּ אֶת הַשָּׂדֶה.

להג ז' לַהַג [לְהָגִים] — dialect
1. דִּיאָלֶקְט:
לַשָּׂפָה הָעֲרָבִית יֵשׁ לְהָגִים רַבִּים.
2. הַרְבֵּה דִּיבּוּרִים לֹא חֲשׁוּבִים: — verbosity, idle talk
בַּיְשִׁיבָה הָיָה הַרְבֵּה לַהַג וּמְעַט הַחְלָטוֹת.

להד"ם, לַהֲדַ"ם — it is absolutely untrue
ר"ת: **לֹא הָיוּ דְבָרִים מֵעוֹלָם**
(אֵין בַּדְּבָרִים שׁוּם אֱמֶת!):
הַדְּבָרִים שֶׁכָּתְבוּ עָלַיי בָּעִיתּוֹן - לַהֲדַ"ם!

להווי ידוע ב' לֶהֱוֵי יָדוּעַ — let it be known (that)
(שָׂפָה פוֹרמָלִית) לִידִיעָתְךָ, אַתָּה צָרִיךְ לָדַעַת:
לֶהֱוֵי יָדוּעַ לָכֶם, שֶׁדָּוִיד לֵוִי הִפְסִיק לַעֲבוֹד בְּמִשְׂרָדֵנוּ.

להוט ת' לָהוּט — enthusiastic, 'crazy about'
רוֹצֶה מְאוֹד, נִמְשָׁךְ אַחֲרֵי-:
אֲנִי לָהוּט אַחֲרֵי שׁוֹקוֹלָד.
לְהוּטָה, לְהוּטִים, לְהוּטוֹת

להוציא מ"ק לְהוֹצִיא — except
חוּץ מִ-:
כָּל הַתּוֹשָׁבִים, לְהוֹצִיא הַיְּלָדִים, הִשְׁתַּתְּפוּ בַּבְּחִירוֹת.

להט פ' לָהַט — burned
בָּעַר, הָיָה חַם מְאוֹד:
הַשֶּׁמֶשׁ לָהֲטָה, הָיָה יוֹם חַם מְאוֹד.
לִלְהוֹט / ל.ה.ט, פָּעַל / לָהַטְתִּי, לוֹהֵט, יִלְהַט

להט ז' לַהַט — blaze
1. חוֹם גָּדוֹל:
לֹא בָּרִיא לִהְיוֹת בַּחוּץ בַּצָּהֳרַיִים בִּגְלַל לַהַט הַשֶּׁמֶשׁ.
2. הִתְלַהֲבוּת גְּדוֹלָה, הִתְרַגְּשׁוּת: — excitement
בְּלַהַט הַוִּיכּוּחַ הוּא אָמַר נֶגְדִּי דְּבָרִים קָשִׁים.

להטוטים ז"ר לַהֲטוּטִים — magic, tricks
פְּעוּלָה שֶׁל קֶסֶם:
הַקּוֹסֵם עוֹשֶׂה לַהֲטוּטִים מוֹצִיא מִטְפָּחוֹת מִן הַכּוֹבַע וְכוּ'.

להטוטן ז' לַהֲטוּטָן [לַהֲטוּטָנִים] — juggler, trickster
מִי שֶׁעוֹשֶׂה דְּבָרִים שֶׁקָּשֶׁה לְהַאֲמִין בָּהֶם:
הוּא לַהֲטוּטָן - מוֹצִיא יוֹנִים מִן הַכּוֹבַע וְעוֹד.
לַהֲטוּטָנִית, לַהֲטוּטָנִיּוֹת

להיט ז' לָהִיט [לְהִיטִים] — hit, best-seller
"שְׁלָאגֶר", מַשֶּׁהוּ שֶׁכּוּלָּם רוֹצִים לִשְׁמוֹעַ, לִקְנוֹת:
מִכְנְסֵי גִ'ינְס קְרוּעִים הֵם הַלָּהִיט הָאַחֲרוֹן.

להיטות נ' לְהִיטוּת — passion, eagerness
רָצוֹן חָזָק מְאוֹד לְמַשֶּׁהוּ:
הוּא שָׁמֵן בִּגְלַל הַלְּהִיטוּת שֶׁלּוֹ לֶאֱכוֹל.

להיפך תה"פ לְהֵפֶךְ — on the contrary
בְּמַצָּב שׁוֹנֶה לְגַמְרֵי, הָפוּךְ:
לֹא שָׁכַחְתִּי אוֹתָהּ - לְהֵפֶךְ, אֲנִי חוֹשֵׁב עָלֶיהָ כָּל הַזְּמַן.

להכעיס תה"פ לְהַכְעִיס — out of spite
כְּדֵי לְהַרְגִּיז מִישֶׁהוּ:
בִּיקַּשְׁתִּי שֶׁקֶט, וְהוּא לְהַכְעִיס הִדְלִיק אֶת הָרַדְיוֹ!

להלכה ר' הלכה

להלן תה"פ לְהַלָּן — below
הַלְּאָה, (בְּטֶקְסְט וְכוּ') שֶׁיָּבוֹא אַחֲרֵי:
לְהַלָּן רְשִׁימַת הַסּוֹפְרִים הָרוּסִיִּים - דוֹסְטוֹיֶבְסְקִי, טוֹלְסְטוֹי, צֶ'כוֹב...

להק ז' לַהַק — group, squadron
קְבוּצָה, כַּמָּה יַחַד:
לַהַק מְטוֹסִים עָבַר בַּשָּׁמַיִם.

להקה נ' לַהֲקָה [לְהָקוֹת] — group
1. קְבוּצָה שֶׁעוֹשָׂה מַשֶּׁהוּ בְּיַחַד:
לַהֲקוֹת צִיפּוֹרִים עָפוֹת בַּשָּׁמַיִם.
2. קְבוּצָה שֶׁל שַׂחְקָנִים, זַמָּרִים: — band, company
לַהֲקַת הַמָּחוֹל רָקְדָה רִיקּוּדֵי עַם יִשְׂרְאֵלִים.
לַהֲקָה צְבָאִית — military entertainment unit

להת' קיצור של להתראות ר'

להתראות ק' לְהִתְרָאוֹת! — So long!
בִּרְכַּת פְּרֵידָה בֵּין אֲנָשִׁים, שֶׁרוֹצִים לְהִיפָּגֵשׁ בֶּעָתִיד:
...אֲנִי הוֹלֵךְ, שָׁלוֹם וּלְהִתְרָאוֹת!
ר' התראה פ'

לו מ"ק לוּ — if (hypothetical condition)
מִילַּת תְּנַאי כְּמוֹ אִילוּ:
לוּ יָכוֹלְתִּי, הָיִיתִי בָּאָה לְבַקֵּר אֶתְכֶם לַמְרוֹת הַגֶּשֶׁם.

לובןפ׳ לֻבַּן — was heated (iron)

1. הֶעֱבִירוּ אוֹתוֹ בָּאֵשׁ:
*הַבַּרְזֶל **לֻבַּן** בָּאֵשׁ.*

2. דָּנוּ (בִּבְעָיָה), הִתְוַכְּחוּ: — was clarified
*הַנּוֹשֵׂא **לֻבַּן** בָּאֲסֵיפַת הַחֲבֵרִים.*

/ל.ב.ן, פּוּעַל / לוּבְּנוּ, מְלוּבָּן, יְלוּבַּן

לובןז׳ לֹבֶן — whiteness

הַצֶּבַע הַלָּבָן שֶׁל מַשֶּׁהוּ:
*בִּגְלַל **לֹבֶן** הַקִּירוֹת פָּחוֹת חַם בַּבַּיִת.*

לוואיז׳ לְוַאי [לְוָואִים] — secondary, by-, after taste

1. מַה שֶּׁהוֹלֵךְ עִם, מִצְטָרֵף לְ-:
*לַסָּלָט יֵשׁ טַעַם **לְוַאי** - אוּלַי הוּא מְקוּלְקָל.*

2. (בְּדִיקְדּוּק) מִילָּה (אוֹ קְבוּצַת מִילִּים) שֶׁמְּתָאֶרֶת מִילָּה אַחֶרֶת: — auxilliary , attribute
*בְּמִשְׁפָּט 'הַיֶּלֶד הַיָּפֶה גָּר כָּאן', הַמִּילָּה 'הַיָּפֶה' הִיא **לְוַאי**.*

ר׳ הלוואי

לווהפ׳ לָוָה — borrowed

קִיבֵּל כֶּסֶף לִזְמַן מְסוּיָּם, וְצָרִיךְ לְהַחֲזִיר אוֹתוֹ:
*הוּא **לָוָה** כֶּסֶף בְּבַּנְק דִּיסְקוֹנְט כְּדֵי לִקְנוֹת מְכוֹנִית.*

לִלְווֹת, אֶת- / ל.ו.ה, פָּעַל / לָוִויתִי, לוֹוֶה, אֶלְוֶוה

לווהז׳ לוֹוֶה [לוֹוִים] — borrower

מִי שֶׁלּוֹקֵחַ כֶּסֶף לִזְמַן מְסוּיָּם וְצָרִיךְ לְהַחֲזִירוֹ:
*הַ**לּוֹוֶה** חַיָּיב לְהַחֲזִיר אֶת הַחוֹב לַבַּנְק.*

לוֹוָה, לוֹווֹת

לוויהנ׳ לְוָיָה [לְוָיוֹת] — funeral

1. הַטֶּקֶס לִפְנֵי שֶׁקּוֹבְרִים אֶת הַמֵּת:
*אֲנָשִׁים רַבִּים בָּאוּ לַ**לְּוָיָה** שֶׁל סָבִי ז״ל.*

2. הֲלִיכָה עִם מִישֶׁהוּ: — entourage, accompaniment

בֶּן לְוָיָה - מִי שֶׁבָּא עִם-:
*רֹאשׁ הַמֶּמְשָׁלָה **וּבְנֵי לְוָויָתוֹ** הִתְקַבְּלוּ אֵצֶל הַנָּשִׂיא.*

בִּלְוויַת - עִם, בְּחֶבְרַת:
*הוּא בָּא **בִּלְוויַת** אִישְׁתּוֹ.*

לווייןז׳ לַוְיָן [לַוְויָנִים] — satellite

יָרֵחַ מְלָאכוּתִי, גּוּף שֶׁמִּסְתּוֹבֵב בַּשָּׁמַיִם:
*יֵשׁ בַּשָּׁמַיִם **לַוְויָנִים** שֶׁמְּצַלְּמִים אֶת מַה שֶּׁקּוֹרֶה בָּאָרֶץ.*

לוויתןז׳ לִוְיָתָן [לִוְויָתָנִים] — whale

1. בַּעַל חַיִּים גָּדוֹל מְאוֹד, שֶׁחַי בַּיָּם:
***לִוְויָתָן** יָכוֹל לִפְגּוֹעַ בָּאוֹנִיָּיה.*

2. (מֶטָאפוֹרָה) בַּעַל עֲסָקִים עָשִׁיר מְאוֹד: — magnate
*הַאִם גַּם הַ**לִּוְויָתָנִים** הַגְּדוֹלִים מְשַׁלְּמִים מִיסִּים גְּבוֹהִים?*

לוחז׳ לוּחַ [לוּחוֹת] — blackboard

עָלָיו כּוֹתֵב הַמּוֹרֶה בַּכִּיתָּה:
*הַמּוֹרֶה כּוֹתֵב עַל הַ**לּוּחַ** בְּגִיר.*

לוּחַ־מוֹדָעוֹת — bulletin board
לוּחַ־שָׁנָה — calendar
לוּחוֹת־הַבְּרִית — The Ten Commandments

לוחיתנ׳ לוּחִית [לוּחִיּוֹת] — plate

לוּחַ קָטָן, כּוֹתְבִים עָלָיו מִסְפַּר חֶדֶר וְכוּ׳:
*עַל הַדֶּלֶת יֵשׁ **לוּחִית** וְעָלֶיהָ רָשׁוּם מִסְפַּר הַדִּירָה שֶׁלִּי.*

לוחםתו״ז לוֹחֵם [לוֹחֲמִים] — fighter

אִישׁ צָבָא, חַיָּיל:
*הַ**לּוֹחֲמִים** יָצְאוּ לַקְּרָב נֶגֶד הָאוֹיֵב.*

לוֹחֶמֶת, לוֹחֲמוֹת

לוחמהנ׳ לָחְמָה — warfare

הַשִּׁיטָה וְהַמָּקוֹם שֶׁנִּלְחָמִים בָּהֶם:
*לְסַדָּאם חוּסֵיין יֵשׁ הָאֶמְצָעִים **לְלוֹחְמָה** כִּימִית.*

לוטת׳ לוּט — covered (adj.)

1. מְכוּסֶּה, עָטוּף:
*הָרְחוֹב **לוּט** בָּעֲרָפֶל.*

2. מְצוֹרָף, נוֹסָף: — enclosed (adj.)
*בְּסוֹף הַמִּכְתָּב כָּתוּב: '**לוּט** בָּזֶה הָאִישּׁוּר שֶׁבִּיקַּשְׁתֶּם'.*

לוּטָה, לוּטִים, לוּטוֹת

לויז׳ לֵוִי [לְוִויִּים] — Levi

אֶחָד מִ-12 הַשְּׁבָטִים שֶׁל עַם יִשְׂרָאֵל. הַשֵּׁבֶט שֶׁעָבַד בְּבֵית הַמִּקְדָּשׁ:
*הַ**לְוִויִּים** הָיוּ מוֹרֵי הָעָם וּמַדְרִיכָיו.*

לְוִויָּה, לְוִויּוֹת

לוכסןז׳ לוֹכְסָן [לוֹכְסָנִים] — slash

קַו קָצָר שֶׁמַּפְרִיד בֵּין מִסְפָּרִים, מִילִּים וְכוּ׳:
*תִּמְצָא אֶת הַחוֹק בְּסָעִיף 2 **לוֹכְסָן** 10 (2/10).*

לולז׳ לוּל [לוּלִים] — chicken-coop

1. הַבַּיִת שֶׁל הַתַּרְנְגוֹלִים:
*יֵשׁ לָנוּ בֶּחָצֵר לוּל **תַּרְנְגוֹלוֹת**.*

2. "מִיטָּה" גְּדוֹלָה שֶׁל תִּינוֹק, הוּא יָכוֹל לְטַיֵּיל בָּהּ וְכוּ׳: — playpen
*הַתִּינוֹק יָשֵׁן **בַּלּוּל**, כִּי אֵין לוֹ מִיטָּה.*

לולאמ״ק לוּלֵא (לוּלֵי) — had it not been that...

(לוּ + לֹא) מִילַּת תְּנַאי הִיפּוֹתֶטִי:
***לוּלֵא** לָמַדְתִּי, הָיִיתִי נִכְשָׁל בַּבְּחִינָה.*

לולאהנ׳ לוּלָאָה [לוּלָאוֹת] buttonhole
1. "חור" בִּשְׁבִיל כַּפְתּוֹר:
*קָנִיתִי כַּפְתּוֹרִים לְפִי מִסְפַּר **הַלּוּלָאוֹת**.*
2. "חור" שֶׁנּוֹצָר כְּשֶׁקּוֹשְׁרִים חֶבֶל בְּצוּרָה מְסוּיֶּמֶת: loop
*חִיבַּרְנוּ אֶת הַחֶבֶל לַמַּסְמֵר בְּעֶזְרַת **לוּלָאָה**.*

לולבז׳ לוּלָב [לוּלָבִים] palm-branch for Succoth
עֲנַף "סָגוּר" שֶׁל עֵץ תָּמָר, לְשִׁימוּשׁ בְּחַג הַסּוּכּוֹת:
*קָנִיתִי **לוּלָב** וְאֶתְרוֹג לִכְבוֹד חַג הַסּוּכּוֹת.*

לולייןז׳ לוּלְיָן [לוּלְיָנִים] acrobat
אַקְרוֹבָּט, מִי שֶׁעוֹשֶׂה תַּרְגִּילִים קָשִׁים בְּקִרְקָס:
*פָּחַדְתִּי שֶׁ**הַלּוּלְיָן** יִפּוֹל מִן הַחֶבֶל.*

לוליינותנ׳ לוּלְיָנוּת acrobatics
אַקְרוֹבָּטִיקָה, תַּרְגִּילִים קָשִׁים בִּסְפּוֹרְט, בְּקִרְקָס וְכוּ':
*הָלַכְתִּי לִרְאוֹת אֶת מַעֲשֵׂי **הַלּוּלְיָנוּת** בַּקִּרְקָס.*

לוליינית׳ לוּלְיָנִי spiral
סְפִּירָלִי, אֵינוֹ בְּקַו יָשָׁר, מִסְתּוֹבֵב סְבִיב עַצְמוֹ:
*עָלִינוּ בַּמִּגְדָּל בְּמַדְרֵגוֹת **לוּלְיָנִיּוֹת**.*
לוּלְיָנִית, לוּלְיָנִיִּים, לוּלְיָנִיּוֹת

לולןז׳ לוּלָן [לוּלָנִים] poultry farmer
מִי שֶׁעוֹבֵד בַּלּוּל, מְטַפֵּל בְּתַרְנְגוֹלוֹת:
*אֲנִי **לוּלָן** בַּקִּיבּוּץ.*
לוּלָנִית, לוּלָנִיּוֹת

לומדהנ׳ לָמְדָה [לוֹמְדוֹת] educational software
(מַחְשְׁבִים) סוּג שֶׁל תּוֹכְנִית, מְלַמֶּדֶת מַשֶּׁהוּ, מַדְרִיכָה:
*הַיְלָדִים לָמְדוּ חֶשְׁבּוֹן בְּאֶמְצָעוּת **לוֹמְדָה** חֲדָשָׁה.*

לועז׳ לֹעַ [לוֹעוֹת] pharynx
1. הַחֵלֶק הָעֶלְיוֹן שֶׁל הַגָּרוֹן, הַחֵלֶק שֶׁבּוֹלְעִים בּוֹ אֶת הָאוֹכֶל:
*נִתְקְעָה לִי עֶצֶם **בַּלֹּעַ**.*
2. (מֶטָאפוֹרָה) פֶּה שֶׁל הַר גַּעַשׁ (ווּלְקָן) רוֹבֶה וְכוּ': crater, muzzle
*מִ**לֹּעַ** הָהָר וְזוֹב עוֹלֶה עָשָׁן.*

לועזית׳ לוֹעֲזִי not Hebrew
זָר, לֹא עִבְרִי:
*לְתוֹךְ הָעִבְרִית הַמּוֹדֶרְנִית נִכְנְסוּ גַּם מִילִּים **לוֹעֲזִיּוֹת**.*
מִילּוֹן עִבְרִי-לוֹעֲזִי/שֵׁמוֹת לוֹעֲזִיִּים
לוֹעֲזִית, לוֹעֲזִיִּים, לוֹעֲזִיּוֹת

לועזיתנ׳ לוֹעֲזִית foreign language
שָׂפָה זָרָה, לֹא עִבְרִית:
*שׁוֹמְעִים הַרְבֵּה **לוֹעֲזִית** בָּרְחוֹב.*

לזותנ׳ לְזוּת slander
לְזוּת שְׂפָתַיִים - (שָׂפָה סִפְרוּתִית) רְכִילוּת, דִּיבָּה, דִּבְרֵי שֶׁקֶר:
*כְּדֵי לִמְנוֹעַ **לְזוּת שְׂפָתַיִים** סִיפַּרְתִּי לוֹ אֶת הָאֱמֶת.*

לחת׳ לַח humid, moist
רָטוֹב מְעַט:
*הַבְּגָדִים שֶׁתָּלִיתִי בַּחוּץ עֲדַיִין **לַחִים**.*
לַחָה, לַחִים, לַחוֹת

לחודת״פ לְחוּד separately
בְּלִי אֲחֵרִים, לְבַד:
*דִּיבַּרְתִּי עִם כָּל יֶלֶד **לְחוּד**.*

לחוץת׳ לָחוּץ compressed (adj.), tight
1. כְּשֶׁיֵּשׁ מַשֶּׁהוּ כָּבֵד עָלָיו:
*הַסְּפָרִים בָּאָרוֹן **לְחוּצִים**, אֵין מָקוֹם לְסֵפֶר נוֹסָף.*
2. (מֶטָאפוֹרָה) כְּשֶׁיֵּשׁ הַרְבֵּה עֲבוֹדָה, דְּאָגָה וְכוּ': under pressure
*אֲנִי **לָחוּץ**. לֹא גָּמַרְתִּי אֶת הָעֲבוֹדָה.*
לְחוּצָה, לְחוּצִים, לְחוּצוֹת

לחותנ׳ לַחוּת humidity
רְטִיבוּת לֹא גְּדוֹלָה:
*יֵשׁ **לַחוּת** בָּאֲוויר, כִּי אֲנַחְנוּ לְיַד הַיָּם.*

לחינ׳ לֶחִי/לְחִי [לְחָיַיִם] cheek
צַד הַפָּנִים (בֵּין הָאַף וְהָאוֹזֶן):
*יֵשׁ לָהּ **לְחָיַיִם** אֲדוּמוֹת.*

לחיים!ק׳ לְחַיִּים! Cheers!
בְּרָכָה לִפְנֵי שֶׁשּׁוֹתִים יַיִן
*הוּא הֵרִים אֶת כּוֹס הַיַּיִן וּבֵירֵךְ אֶת הָאֲנָשִׁים: '**לְחַיִּים!**'.*

לחימהנ׳ לְחִימָה [לְחִימוֹת] fighting
פְּעוּלָה בְּמִלְחָמָה:
*זֹאת הָיְיתָה **לְחִימָה** מִבַּיִת לְבַיִת.*
לְחִימָה פָּנִים אֶל פָּנִים - hand to hand fighting
כְּשֶׁנִּלְחָמִים קָרוֹב מְאוֹד זֶה לָזֶה

לחיצהנ׳ לְחִיצָה [לְחִיצוֹת] pressing
פְּעוּלָה חֲזָקָה עַל שֶׁטַח קָטָן:
*הַדֶּלֶת נִפְתַּחַת עַל־יְדֵי **לְחִיצָה** עַל כַּפְתּוֹר.*
לְחִיצַת יָד handshake

לחישהנ׳ לְחִישָׁה [לְחִישׁוֹת] whisper(ing)
כְּשֶׁמְּדַבְּרִים בְּשֶׁקֶט גָּמוּר:
*הוּא מְדַבֵּר **בִּלְחִישָׁה** כְּדֵי לֹא לְהָעִיר אֶת הַתִּינוֹק.*

לחלוחיתנ׳ לַחְלוּחִית — moisture
1. רְטִיבוּת מְעַטָה:
*יֵשׁ **לַחְלוּחִית** בָּאֲוִויר, כִּי יָרַד גֶּשֶׁם.*
2. (מֶטָאפוֹרָה) רַעֲנַנּוּת, מַשֶּׁהוּ שֶׁנָּעִים לִשְׁמוֹעַ וְכוּ׳: — freshness, vitality
*הַהַרְצָאָה הָיְיתָה יְבֵשָׁה, בְּלִי שׁוּם **לַחְלוּחִית**.*

לחלוטיןת״פ לַחֲלוּטִין — absolutely
בְּהֶחְלֵט, בְּאוֹפֶן סוֹפִי, גָּמוּר:
*אֵינֶנִּי מְקַבֵּל **לַחֲלוּטִין** אֶת הַצָּעָתְךָ.*

לחםפ׳ לָחַם — fought
1. הָיָה בְּמִלְחָמָה, עָשָׂה מִלְחָמָה נֶגֶד:
***לָחַמְתִּי** בְּמִלְחֶמֶת 'שֵׁשֶׁת הַיָּמִים'.*
2. רָצָה לְהַשִּׂיג מַשֶּׁהוּ וּפָעַל לְמַעַן זֶה: — fought for
***לָחַמְתִּי** לְבִיטּוּל הַמַּס הֶחָדָשׁ.*
לִלְחוֹם אֶת- / ל.ח.ם, פָּעַל / לָחַמְתִּי, לוֹחֵם, יִלְחַם-יִלְחוֹם

לחםז׳ לֶחֶם [לְחָמִים] — bread
הָאוֹכֶל הָעִיקָּרִי שֶׁל הָאָדָם:
*אֲנִי אוֹכֶלֶת **לֶחֶם** וְחֶמְאָה כֹּל בּוֹקֶר.*
פַּת לֶחֶם — a slice of bread
לֶחֶם חוֹק - (לֶחֶם חוּקִּי, חוּקְּךָ וְכוּ׳) - מַשֶּׁהוּ רָגִיל, קָבוּעַ, שֶׁלֹּא רוֹצִים לְשַׁנּוֹת — daily routine, regular procedure

לחמנייהנ׳ לַחְמָנִיָּה [לַחְמָנִיּוֹת] — (bread-)roll
לֶחֶם קָטָן מְאוֹד:
*לָקַחְתִּי שְׁתֵּי **לַחְמָנִיּוֹת** לָעֲבוֹדָה.*

לחןז׳ לַחַן [לְחָנִים] — melody
מֶלוֹדְיָה, מַנְגִּינָה שֶׁל שִׁיר:
*אֶת הַמִּילִּים וְ**הַלַּחַן** חִיבֵּר הַזַּמָּר.*

לחץפ׳ לָחַץ — pressed, pressured
הִשְׁתַּמֵּשׁ בְּכוֹחַ פִיסִי אוֹ אֶמוֹצְיוֹנָלִי:
*אִימִּי **לָחֲצָה עָלַיי** לְהַמְשִׁיךְ לְנַגֵּן בְּפְּסַנְתֵּר.*
*הַנַּעֲלַיִים **לָחֲצוּ** לִי, לָכֵן קָנִיתִי נַעֲלַיִים חֲדָשׁוֹת.*
לִלְחוֹץ עַל- / ל.ח.ץ, פָּעַל / לָחַצְתִּי, לוֹחֵץ, אֶלְחַץ, יִלְחַץ

לחץז׳ לַחַץ [לְחָצִים] — pressure
כּוֹחַ פִיסִי אוֹ רִגְשִׁי שֶׁמַּפְעִילִים עַל מִישֶׁהוּ/מַשֶּׁהוּ:
*הַמְּדִינָה נִמְצֵאת **בְּלַחַץ** פּוֹלִיטִי וְכַלְכָּלִי קָשֶׁה בְּיוֹתֵר.*
*הַקִּיר נָפַל בִּגְלַל **לַחַץ** הַגַּג.*
לַחַץ דָּם — blood pressure

לחצןז׳ לַחְצָן [לַחְצָנִים] — switch
כַּפְתּוֹר שֶׁלּוֹחֲצִים עָלָיו (בַּטֶּלֶפוֹן וְכוּ׳):
*הוּא הִסְפִּיק לָגַעַת **בַּלַּחְצָן** וּלְהַזְמִין אַמְבּוּלַנְס.*

לחצניתנ׳ לַחְצָנִית [לַחְצָנִיּוֹת] — press-button
2 כַּפְתּוֹרִים קְטַנִּים, שֶׁנִּכְנָסִים זֶה בָּזֶה:
נִקְרְעָה לִי הַלַּחְצָנִית, וְהַחוּלְצָה נִפְתְּחָה.
*קַל לִפְתּוֹחַ חוּלְצָה, כְּשֶׁיֵּשׁ **לַחְצָנִיּוֹת** בִּמְקוֹם כַּפְתּוֹרִים.*

לחשפ׳ לָחַשׁ — whispered
דִּיבֵּר בְּשֶׁקֶט:
*הוּא **לָחַשׁ** לִי בָּאוֹזֶן, כְּדֵי שֶׁאַף אֶחָד לֹא יִשְׁמַע.*
לִלְחוֹשׁ / ל.ח.ש, פָּעַל / לָחַשְׁתִּי, לוֹחֵשׁ, יִלְחַשׁ, לְחַשׁ!

לחשז׳ לַחַשׁ [לְחָשִׁים] — whisper
דִּיבּוּר בְּשֶׁקֶט:
אֲנִי שׁוֹמֵעַ לַחַשׁ, אֲבָל אֲנִי לֹא שׁוֹמֵעַ מָה אוֹמְרִים.
בְּלַחַשׁ — whisperingly

לטאהנ׳ לְטָאָה [לְטָאוֹת] — lizard
בַּעַל חַיִּים לֹא גָּדוֹל, זוֹחֵל, נִמְצָא בַּשָּׂדֶה:
*תָּפַסְתִּי **לְטָאָה** בַּזָּנָב, וְהוּא נִשְׁאַר לִי בַּיָּד.*

לטיפהנ׳ לְטִיפָה [לְטִיפוֹת] — caress, patting
נְגִיעָה עֲדִינָה בַּיָּד (בְּדֶרֶךְ כְּלָל מִתּוֹךְ אַהֲבָה):
*הַתִּינוֹק נֶהֱנָה מִן **הַלְּטִיפוֹת** שֶׁלִּי.*

לטשפ׳ לָטַשׁ — stared, glared
לָטַשׁ עֵינַיִים - הִסְתַּכֵּל בְּאִינְטֶנְסִיבִיּוּת:
*הוּא **לוֹטֵשׁ עֵינַיִים** לְכֹל הַבַּחוּרוֹת.*
לִלְטוֹשׁ / ל.ט.ש, פָּעַל / לָטַשְׁתִּי, לוֹטֵשׁ, יִלְטוֹשׁ

לימ״ג לִי — to me
לְ + אֲנִי:
*אָחִי נָתַן **לִי** מַתָּנָה.*
לִי, לְךָ, לָךְ, לוֹ, לָהּ, לָנוּ, לָכֶם-ן, לָהֶם-ן

ליאות ר׳ לאות

ליבהפ׳ לִבָּה — inflamed, stirred (up)
עָשָׂה שֶׁתִּהְיֶה אֵשׁ גְּדוֹלָה יוֹתֵר:
*הוּא הוֹסִיף עֵצִים כְּדֵי **לְלַבּוֹת** אֶת הָאֵשׁ. / (מֶטָאפוֹרָה) הוּא **לִיבָּה** אֶת הַוִּיכּוּחַ.*
לְלַבּוֹת / ל.ב.ה, פִּיעֵל / לִיבִּיתִי, מְלַבֶּה, יְלַבֶּה

ליבויז׳ לִבּוּי — inflaming, inciting
כְּשֶׁמַּגְדִּילִים אֶת הָאֵשׁ:
*הוֹסָפַת נֵפְט עָזְרָה **לְלִיבּוּי** הָאֵשׁ. / (מֶטָאפוֹרָה) בַּדְּבָרִים שֶׁאָמַרְתָּ יֵשׁ **לִיבּוּי** שִׂנְאָה.*

ליבוןז׳ לִבּוּן — heating (iron)
1. כְּשֶׁשָּׂמִים בַּרְזֶל בָּאֵשׁ:

לְלִיבּוּן צָרִיךְ אֵשׁ חֲזָקָה מְאוֹד.

2. בֵּירוּר, דִיוּן בְּנוֹשֵׂא כְּדֵי לְהָבִין, לִפְעוֹל וְכוּ׳: — clarification

*אַחֲרֵי **לִיבּוּן** הַנּוֹשֵׂא אֶפְשָׁר לְהַחְלִיט.*

ליבלבפ׳ לִבְלֵב — blossomed, bloomed

הוֹצִיא עָלִים חֲדָשִׁים, הִתְחִיל לִגְדוֹל:

*אַחֲרֵי הַגֶּשֶׁם **יְלַבְלְבוּ** הָעֵצִים.*

לְלַבְלֵב / ל.ב.ל.ב, פִּיעֵל / לִיבְלְבוּ, מְלַבְלֵב, יְלַבְלֵב

ליבלובז׳ לִבְלוּב — blossoming, blooming

צְמִיחָה חֲדָשָׁה שֶׁל עָלִים:

*יָפֶה לִרְאוֹת אֶת **לִיבְלוּב** הָעֵצִים וְהַפְּרָחִים.*

ליבןפ׳ לִבֵּן — made white-hot

1. הֶעֱבִיר בָּאֵשׁ:

***לִיבַּנְתִּי** אֶת הַסַּכִּין בָּאֵשׁ.*

2. בֵּירֵר, דָן, הִתְוַוכֵּחַ: — clarified

***לִיבַּנּוּ** אֶת הַנּוֹשֵׂא בַּאֲסֵיפַת חֲבֵרִים.*

לְלַבֵּן אֶת- / ל.ב.ן, פִּיעֵל / לִיבַּנּוּ, מְלַבֵּן, יְלַבֵּן, לַבֵּן!

ליגיוןז׳ לִגְיוֹן [לִיגְיוֹנוֹת] — legion

קְבוּצָה גדוֹלָה מְאוֹד שֶׁל חַיָּילִים (6000-3000):

*לָאִימְפֶּרְיָה הָרוֹמִית הָיוּ **לִיגְיוֹנוֹת** רַבִּים.*

לִיגְיוֹן הַזָּרִים — the Foreign Legion

ליגלגפ׳ לִגְלֵג — sneered, ridiculed

צָחַק עַל מִישֶׁהוּ, הָיָה סַרְקַסְטִי:

*הוּא **לִיגְלֵג** עַל דְּבָרַיי, וַאֲנִי נִפְגַּעְתִּי מְאוֹד.*

לְלַגְלֵג עַל- / ל.ג.ל.ג, פִּיעֵל / לִיגְלַגְתִּי, מְלַגְלֵג, יְלַגְלֵג, לַגְלֵג!

ליגלוגז׳ לִגְלוּג — sneer, ridicule

סַרְקַזְם, כְּשֶׁצּוֹחֲקִים עַל מִישֶׁהוּ:

*הַ**לִּיגְלוּג** שֶׁבִּדְבָרָיו פּוֹגֵעַ מְאוֹד בָּאֲנָשִׁים.*

לידמ״י לְיַד — near, next to, at

עַל יַד, קָרוֹב לְ-:

*יָשַׁבְתִּי **לְיַד** הַשּׁוּלְחָן וְכָתַבְתִּי מִכְתָּב.*

לְיָדִי, לְיָדְךָ, לְיָדֵךְ, לְיָדוֹ, לְיָדָהּ

לידהנ׳ לֵדָה [לֵידוֹת] — birth

כְּשֶׁהַתִּינוֹק יוֹצֵא מִבֶּטֶן אִימּוֹ:

*מָה תַּאֲרִיךְ הַ**לֵּידָה** שֶׁלְּךָ? 19.5.74.*

תְּעוּדַת לֵידָה — birth certificate

לידי-מ״י לִידֵי- — to

(לְ + יְדֵי) לְ-, לַיָּדַיִים שֶׁל-:

*מָסַרְתִּי אֶת הַסֵּפֶר **לִידֵי** דָּוִיד.*

הִגִּיעַ/בָּא לִידֵי - הִגִּיעַ לְמַצָּב שֶׁל-: — got into a state of

*הִיזָּהֵר שֶׁלֹּא **תַּגִּיעַ לִידֵי** שִׁיעָמוּם.*

ליהוקז׳ לִהוּק — casting

קְבִיעָה מִי יִשְׁתַּתֵּף בִּקְבוּצַת שַׂחְקָנִים, רַקְדָנִים וְכוּ׳:

*הַ**לִּיהוּק** שֶׁל הַהַצָּגָה לֹא נִקְבַּע עֲדַיִין.*

ליהקפ׳ לִהֵק — cast

קָבַע מִי יִשְׁתַּתֵּף בְּהַצָּגָה, בָּרִיקוּד וְכוּ׳:

*הַבַּמַּאי **יְלַהֵק** אֶת הַהַצָּגָה הַחֲדָשָׁה.*

לְלַהֵק / ל.ה.ק, פִּיעֵל / לִיהַקְתִּי, מְלַהֵק, יְלַהֵק, לַהֵק!

ליווהפ׳ לִוָּה — escorted

1. הָלַךְ יַחַד עִם מִישֶׁהוּ:

*חֲבֵרִי **לִיוָּוה** אוֹתִי עַד הַבַּיִת.*

2. הוֹסִיף: — accompanied

*הַפְּסַנְתְּרָן **לִיוָּוה** אֶת הַזַּמֶּרֶת בִּנְגִינָה.*

לְלַוּוֹת אֶת- / ל.ו.ה, פִּיעֵל / לִיוִּויתִי, מְלַוֶּוה, יְלַוֶּוה, לַוֵּוה!

ליוויז׳ לִוּוּי — accompaniment, escort

כְּשֶׁעוֹשִׂים מַשֶּׁהוּ עִם-:

*אֵינֶנִּי רוֹצָה לָלֶכֶת בַּחוֹשֶׁךְ בְּלִי **לִיוּוּי**.*

*הַזַּמֶּרֶת שָׁרָה **בְּלִיוּוּי** שֶׁל פְּסַנְתֵּר.*

ליחהנ׳ לֵחָה — mucus

נוֹזֵל מִן הַגָּרוֹן, רוֹק וְכוּ׳:

*אֲנִי חוֹלֶה, וְכַאֲשֶׁר אֲנִי מִשְׁתַּעֵל יֵשׁ לִי **לֵיחָה**.*

ליטוףז׳ לִטּוּף [לִיטּוּפִים] — patting, caress

נְגִיעַת יָד קַלָּה מִתּוֹךְ אַהֲבָה:

*הַתִּינוֹק הִפְסִיק לִבְכּוֹת בִּזְכוּת הַ**לִּיטּוּפִים** שֶׁל אִימּוֹ.*

ליטושז׳ לִטּוּשׁ — polishing, honing

1. כְּשֶׁעוֹשִׂים שֶׁמַּשֶּׁהוּ יִהְיֶה חָלָק יוֹתֵר, חַד יוֹתֵר:

*אַחֲרֵי הַ**לִּיטּוּשׁ** הַשּׁוּלְחָן יִהְיֶה חָלָק כְּמוֹ מַרְאָה.*

2. (מֶטָאפוֹרָה) הַתִּיקּוּן הָאַחֲרוֹן, מָה שֶׁעוֹשֶׂה אֶת הַדָּבָר גָּמוּר, הַטּוֹב בְּיוֹתֵר: — finishing touch

*הַכְּתִיבָה שֶׁלְּךָ צְרִיכָה **לִיטּוּשׁ**.*

לִיטּוּשׁ יַהֲלוֹמִים — diamond-cutting

ליטףפ׳ לִטֵּף — patted, caressed

נָגַע בְּקַלּוּת בְּמִישֶׁהוּ מִתּוֹךְ אַהֲבָה:

*הוּא **לִיטֵּף** אֶת פָּנַיי.*

לְלַטֵּף אֶת- / ל.ט.ף, פִּיעֵל / לִיטַּפְתִּי, מְלַטֵּף, יְלַטֵּף, לַטֵּף!

ליטשפ׳ לִטֵּשׁ — polished, honed

1. עָשָׂה שֶׁיִּהְיֶה חָלָק, חַד:

ליטשתי את השולחן, עכשיו הוא חלק מאוד.
2. תיקן, עשה שיהיה הטוב ביותר: perfected
אני צריך ללטש את הסיגנון של המאמר.
ללטש / ל.ט.ש, פיעל / ליטשתי, מלטש, ילטש

ליכדפ׳ לכד united
חיבר, עשה לגוף אחד:
העבר המשותף ליכד אותם לקבוצה חזקה.
ללכד את- / ל.כ.ד, פיעל / ליכדתי, מלכד, ילכד, לכד!

ליכודז׳ לכוד unity
אחדות, התחברות אנשים לקבוצה אחת:
ליכוד חברתי הוא תנאי חשוב בחיי הקבוצה.
מפלגת הליכוד the Likud Party

ליכלוךז׳ לכלוך [ליכלוכים] dirt
חוסר ניקיון, זיהום:
אני לא אוכל במסעדה הזאת בגלל הליכלוך.

ליכלוכיתנ׳ לכלוכית [ליכלוכיות] Cinderella
סינדרלה (בסיפור ילדים):
הסיפור ליכלוכית הוא סיפור עצוב עם סוף טוב.

ליכלךפ׳ לכלך soiled, messed up
עשה שיהיה לא נקי:
הכלב ליכלך את החדר.
ללכלך את- / ל.כ.ל.ך, פיעל / ליכלכתי, מלכלך, ילכלך

ליל ר׳ לילה

לילהז׳ לילה [לילות] night
הזמן מהערב עד הבוקר:
אני הולכת לישון כל לילה ב־23:00.
לילה טוב, ליל מנוחה Good night
ליל־שבת Friday night
ליל שימורים vigil
ליל הסדר היה ליל שימורים - לא ישנו כל הלילה.

ליל הסדר ר׳ סדר

לילית׳ לילי nocturnal
כמו הלילה, של הלילה:
התנשמת היא ציפור לילית.
לילית, ליליים, ליליות

לימדפ׳ למד taught
העביר ידיעות לתלמידים, נתן שיעורים:
המורה לימד עברית באולפן.
ללמד את- / ל.מ.ד, פיעל / לימדתי, מלמד, ילמד, למד!

לימודז׳ למוד teaching, study
העברת ידיעות (לתלמיד):
זה בית ספר מיוחד ללימוד שפות.
ר׳ לימודים

לימודית׳ למודי of study, educational
השייך ללימודים, להעברה של ידיעות:
פיסיקה וספרות הם נושאים לימודיים.
לימודית, לימודיים, לימודיות

לימודיםז״ר למודים studies
העברת ידיעות לתלמידים או קבלת ידיעות בנושאים שונים:
הלימודים באוניברסיטה מתחילים באוקטובר.
שנת־הלימודים school year
לימודי המתמטיקה/לימודי עזר

לימוןז׳ לימון [לימונים] lemon
פרי חמוץ, הקליפה שלו ירוקה - צהובה:
אני שותה תה עם לימון.

לינהנ׳ לינה [לינות] staying the night
שינה:
לינה בבתי מלון עולה כסף רב.

ליפףפ׳ לפף wound
עטף, שם סביב סביב, מכל צד:
צריך לליפף את חוט החשמל.
ללפף את- / ל.פ.ף, פיעל / ליפפתי, מלפף, ילפף, לפף!

ליצןז׳ ליצן [ליצנים] clown
מי שהתפקיד שלו להצחיק אנשים:
בקרקס יש ליצנים, שעושים דברים מצחיקים.
תפקיד הליצן אצל שיקספיר הוא להגיד למלך את האמת.

ליצנותנ׳ ליצנות clowning, jesting
דברים מצחיקים:
אני אוהב דברי ליצנות, לא תמיד צריך להיות רציני.

ליקוטז׳ לקוט [ליקוטים] collection, gathering
כשאוספים משהו ביחד:
אני עסוק בליקוט חומר לספר חדש.

ליקויז׳ לקוי [ליקויים] defect, deficiency
משהו שיש בו קילקול, פגם:

צָרִיךְ לְתַקֵּן אֶת הַ**לִּיקּוּיִים** בַּמַּאֲמָר.

לִיקּוּי חַמָּה solar eclipse

לִיקּוּי יָרֵחַ lunar eclipse

ליקוקז׳ לִקּוּק [לִיקּוּקִים] licking

1. נְגִיעָה בַּלָּשׁוֹן בְּמַשֶּׁהוּ:

*לְפִי **לִיקּוּק** הַשְּׂפָתַיִים אֲנִי מֵבִין, שֶׁהַתִּינוֹק רָעֵב.*

2. (לְשׁוֹן דִּיבּוּר) מַה שֶׁעוֹשִׂים כְּדֵי לִמְצוֹא חֵן בְּעֵינֵי מִישֶׁהוּ חָשׁוּב: sucking up

*בִּגְלַל הַ**לִּיקּוּקִים** שֶׁלּוֹ הַמְּנַהֵל הֶעֱלָה אוֹתוֹ בְּדַרְגָּה.*

ליקטפ׳ לִקֵּט collected, gathered

אָסַף:

***לִיקַּטְתִּי** יְדִיעוֹת מִכָּל מִי שֶׁהִכִּיר אוֹתוֹ.*

***לִיקַּטְתִּי** אֶת הַתַּפּוּחִים, שֶׁנָּפְלוּ מִן הָעֵץ.*

לְלַקֵּט אֶת / ל.ק.ט, פִּיעֵל / לִיקַּטְתִּי, מְלַקֵּט, יְלַקֵּט, לַקֵּט!

ליקקפ׳ לִקֵּק licked

1. הִשְׁתַּמֵּשׁ בַּלָּשׁוֹן כְּדֵי לִנְגּוֹעַ:

***לִיקַּקְתִּי** מִן הַגְּלִידָה שֶׁלְּךָ.*

2. (לְשׁוֹן דִּיבּוּר) רָצָה לִמְצוֹא חֵן בְּעֵינֵי מִישֶׁהוּ חָשׁוּב: sucked up to

*הוּא **מְלַקֵּק** לַמְּנַהֵל, כְּדֵי שֶׁיַּעֲלֶה אוֹתוֹ בְּדַרְגָּה.*

לִיקֵּק אֶת הָאֶצְבָּעוֹת (לְשׁוֹן דִּיבּוּר) - הָיָה מְרוּצֶה מְאוֹד

לִיקֵּק אֶת הַפְּצָעִים - הִפְסִיד (אֲבָל הוּא מוּכָן לְהַתְחִיל שׁוּב) licked his wounds

לְלַקֵּק אֶת- / ל.ק.ק, פִּיעֵל / לִיקַּקְתִּי, מְלַקֵּק, יְלַקֵּק, לַקֵּק!

לך!פ׳ לֵךְ! go!

פְּקוּדָה לָלֶכֶת, לְהִסְתַּלֵּק:

*'יֶלֶד, **לֵךְ** הַבַּיְתָה!' אָמַר דָּוִיד.*

לְכִי! לְכוּ!

ר׳ הלך

לכאורהת״פ לִכְאוֹרָה seemingly

כְּמוֹ שֶׁהַדָּבָר נִרְאֶה בְּצוּרָה שִׁטְחִית, (מוּטְעֵית לֹא מְדוּיֶּקֶת):

***לִכְאוֹרָה** אֲנִי שָׂמֵחַ, אֲבָל בְּלִבִּי אֲנִי עָצוּב.*

לכב׳ (לכב׳) קִיצּוּר שֶׁל: לִכְבוֹד to (Mr., Miss, etc)

אֶל: (פְּנִיָּיה פוֹרְמָלִית בְּמִכְתָּב): to

*עַל הַמַּעֲטָפָה הָיָה כָּתוּב: **לכב׳** מַר מִזְרָחִי.*

לכדפ׳ לָכַד captured, caught

תָּפַס:

*הַמִּשְׁטָרָה **לָכְדָה** אֶת הַגַּנָּבִים.*

לִלְכּוֹד אֶת- / ל.כ.ד, פָּעַל / לָכַדְתִּי, לוֹכֵד, יִלְכּוֹד, לְכוֹד!

לכודת׳ לָכוּד captured/caught (adj.)

תָּפוּס, אֵינוֹ יָכוֹל לִפְעוֹל בְּאוֹפֶן חוֹפְשִׁי:

*הַצִּיפּוֹר **לְכוּדָה** בֵּין עַנְפֵי הָעֵץ.*

לְכוּדָה, לְכוּדִים, לְכוּדוֹת

לכל היותר ר׳ יותר **לכל הפחות** ר׳ פחות

לכןמ״ק לָכֵן therefore

בִּגְלַל זֶה, עַל־כֵּן:

*עָבַדְתִּי בַּלַּיְלָה, **לָכֵן** לֹא בָּאתִי אֶתְמוֹל.*

קוֹדֶם לָכֵן - לִפְנֵי כֵן

לכש-מ״ק לִכְשֶׁ־ when, after

(לָשׁוֹן סִפְרוּתִית) אַחֲרֵי שֶׁ-, כַּאֲשֶׁר:

***לִכְשֶׁיָּבוֹא** הַמָּשִׁיחַ - יִהְיֶה שָׁלוֹם בָּעוֹלָם.*

לכתנ׳ לֶכֶת going

הֲלִיכָה.

שִׁיר לֶכֶת - מַרְשׁ: marching song

הַתִּזְמוֹרֶת נִיגְּנָה שִׁירֵי לֶכֶת.

כּוֹכַב לֶכֶת - planet

***כּוֹכְבֵי הַלֶּכֶת** מִסְתּוֹבְבִים סְבִיב הַשֶּׁמֶשׁ.*

למדפ׳ לָמַד studied, learned

רָכַשׁ יְדִיעוֹת חֲדָשׁוֹת:

*הַנַּעַר **לָמַד** בְּבֵית הַסֵּפֶר 12 שָׁנִים.*

לִלְמוֹד אֶת- / ל.מ.ד, פָּעַל / לָמַדְתִּי, לוֹמֵד, יִלְמַד, לְמַד!

למדיית״פ לְמַדַּי enough

בְּכַמּוּת מַסְפִּיקָה, דֵּי הַרְבֵּה:

*בָּעֶרֶב אֲנִי עָיֵיף **לְמַדַּיי**.*

למדןז׳ לַמְדָן [לַמְדָנִים] scholar, studious person

מִי שֶׁלּוֹמֵד הַרְבֵּה וְיֵשׁ לוֹ הַרְבֵּה יְדִיעוֹת:

*דָּוִיד הָיָה **לַמְדָן** גָּדוֹל עוֹד בְּיַלְדוּתוֹ.*

לַמְדָנִית, לַמְדָנִיּוֹת

למה?מ״ש לָמָּה? what for

1. לְשֵׁם מָה? לְאֵיזוֹ מַטָּרָה?:?

***לָמָּה** לִי הָעֵצוֹת שֶׁלְּךָ?*

2. (בְּשִׁימּוּשׁ מוּדְגָּשׁ) מַדּוּעַ? בִּגְלַל מָה? מֵאֵיזוֹ סִיבָּה?: why?

***לָמָּה** לֹא בָּאתָ אֶתְמוֹל?*

(ל)מהדריןת״פ לַמְהַדְרִין (for the) meticulous

(אֲרָמִית) לְמִי שֶׁזָּהִיר מְאוֹד, לְמִי שֶׁמַּקְפִּיד מְאוֹד בְּ-:

*בְּמִסְעָדָה זוֹ יֵשׁ אוֹכֶל כָּשֵׁר **לַמְהַדְרִין**.*

למוחרת ר׳ מוחרת **למיזער** ר׳ מיזער

למוכ"ז לְמוֹכָּ"ז — to the bearer of this letter (abbr.)
ר"ת לְמוֹסֵר כְּתָב זֶה: נָא לָתֵת **לְמוֹכָּ"ז** אֶת הַחֲבִילָה.

למטה ת"פ לְמַטָּה — down(ward)
אֶל מָקוֹם נָמוּךְ יוֹתֵר, הַהֵיפֶךְ מִלְמַעְלָה:
*כְּשֶׁהִגִּיעָה הַמּוֹנִית יָרַדְתִּי **לְמַטָּה** בַּמַּדְרֵגוֹת.*

למידה נ' לְמִידָה — learning
מַה שֶּׁעוֹשִׂים כְּדֵי לָדַעַת יוֹתֵר:
*שִׁיטוֹת **הַלְּמִידָה** הִשְׁתַּנּוּ בַּשָּׁנִים הָאַחֲרוֹנוֹת.*

למכביר ת"פ לְמַכְבִּיר — abundantly
בְּשֶׁפַע, בְּמִידָּה רַבָּה:
*יֵשׁ לָנוּ שֶׁמֶשׁ **לְמַכְבִּיר**.*

למעט מ"ק לְמַעֵט — except (for)
חוּץ מִ-:
*כָּל הַסְּטוּדֶנְטִים נָסְעוּ לַטִּיּוּל, **לְמַעֵט** הַקְּבוּצָה מִירוּשָׁלַיִם.*

למעלה ת"פ לְמַ֫עְלָה — up(ward)
מָקוֹם יוֹתֵר גָּבוֹהַּ, הַהֵיפֶךְ מִלְמַטָּה:
*עָלִיתִי בַּמַּדְרֵגוֹת **לְמַעְלָה** לַדִּירָה בְּקוֹמָה ב'.*

למען מ"י לְמַ֫עַן — for, for the sake of
בִּשְׁבִיל, לְטוֹבַת...:
*הֵם הִפְגִּינוּ **לְמַעַן** יְהוּדֵי רוּסְיָה.*
לְמַעַן הַשֵּׁם - בְּשֵׁם — For Heaven's sake
אֱלוֹהִים, אוֹמְרִים כְּדֵי לְהַשְׁפִּיעַ עַל מִישֶׁהוּ לַעֲשׂוֹת מַשֶּׁהוּ

למעשה ת"פ לְמַעֲשֶׂה — in fact, actually
בַּמְּצִיאוּת, בְּאוֹפֶן מַעֲשִׂי:
*רָצִינוּ לְטַיֵּיל בְּכָל הָאָרֶץ אֲבָל, **לְמַעֲשֶׂה**, בִּיקַּרְנוּ רַק בַּנֶּגֶב.*

למפרע ת"פ לְמַפְרֵ֫עַ — retroactively
לֶעָבָר, לַזְּמַן שֶׁהָיָה:
*אֶת הַמַּשְׂכּוֹרֶת מְשַׁלְּמִים **לְמַפְרֵעַ** - קוֹדֶם עוֹבְדִים וְאַחֲרֵי חוֹדֶשׁ מְקַבְּלִים כֶּסֶף.*

למקוטעין ת"פ לְמִקְּטָעִין — in a fragmented way
בְּאוֹפֶן לֹא רָצוּף, בְּהַפְסָקוֹת:
*שָׁמַעְתִּי אֶת דְּבָרֶיךָ בַּטֶּלֶפוֹן רַק **לְמִקּוּטָעִין**.*

למרבה- ת"פ לְמַרְבֵּה-
לְרוֹב, לְכַמּוּת גְּדוֹלָה. — at most, much
לְמַרְבֵּה הַצַּעַר - — unfortunately
לְמַרְבֵּה הַצַּעַר הוּא חָלָה מְאוֹד.
לְמַרְבֵּה הַפֶּלֶא - — surprisingly
לְמַרְבֵּה הַפֶּלֶא לָמַדְתִּי עִבְרִית בְּקַלּוּת.

למרות ת"פ לַמְרוֹת — in spite of
אַף עַל פִּי:
לַמְרוֹת הַגֶּשֶׁם נִמְשַׁךְ הַטִּיּוּל לְפִי הַתּוֹכְנִית.

למשל מ"ק לְמָשָׁל — for example
לְדוּגְמָה:
*אֲנִי מְדַבֵּר מִסְפַּר שָׂפוֹת, **לְמָשָׁל** עִבְרִית, אַנְגְּלִית, רוּסִית...*

למשעי ת"פ לְמִשְׁעִי — neatly
בְּצוּרָה נְקִיָּיה, עָשׂוּי טוֹב:
*הוּא מְגוּלָּח **לְמִשְׁעִי**.*

לן פ' לָן — stayed the night
יָשַׁן, הֶעֱבִיר אֶת הַלַּיְלָה בְּמָקוֹם:
*חֲבֵרַי **לָן** בְּבֵית מָלוֹן בְּאֵילַת.*
לָלוּן / ל.ו.ן, פָּעַל / לַנְתִּי, לָן, אָלוּן, יָלוּן

לסירוגין ת"פ לְסֵירוּגִין — intermittently
לֹא בְּרֶצֶף, פַּעַם כֵּן, פַּעַם לֹא:
*אֲנִי עוֹבֵד **לְסֵירוּגִין**-שָׁבוּעַ בַּיּוֹם, שָׁבוּעַ בַּלַּיְלָה.*

לסת נ' לֶ֫סֶת [לְסָתוֹת] — jaw
בַּפֶּה, הַחֵלֶק שֶׁהַשִּׁינַּיִים צוֹמְחוֹת בּוֹ:
*קִיבַּלְתִּי מַכָּה **בַּלֶּסֶת** הַתַּחְתּוֹנָה.*

לעג פ' לָעַג — mocked, ridiculed
צָחַק עַל... הִתְנַהֵג בְּסַרְקָזְם:
*מְחַבֵּר הַסָּטִירָה **לָעַג** לָעֲשִׁירִים הַחֲדָשִׁים.*
לִלְעוֹג לְ- / ל.ע.ג, פָּעַל / לָעַגְתִּי, לוֹעֵג, אֶלְעַג, יִלְעַג

לעג ז' לַ֫עַג — mockery
צְחוֹק פּוֹגֵעַ:
*יֵשׁ צְלִיל שֶׁל **לַעַג** בַּדְּבָרִים שֶׁאָמַרְתָּ.*

לעד ת"פ לָעַד — forever
תָּמִיד, לָנֶצַח:
*הוּא הִבְטִיחַ, שֶׁיֹּאהַב אוֹתִי **לָעַד**.*

לעולם ת"פ לְעוֹלָם — forever, always
לְתָמִיד, עַד סוֹף הַזְּמַנִּים:
*לֹא אֶשְׁכַּח **לְעוֹלָם** אֶת שְׁנוֹת יַלְדוּתִי.*

לעומת מ"י לְעֻמַּת — compared with
*הַמְּחִירִים יָרְדוּ **לְעוּמַּת** הַשָּׁנָה שֶׁעָבְרָה.*
לְעוּמַּת זֹאת - בְּנִיגּוּד לְכָךְ: — however, in contrast to
*בַּשָּׁנָה הָאַחֲרוֹנָה הָיְיתָה עֲלִיָּיה גְּדוֹלָה מֵאַרְגֶּנְטִינָה, **לְעוּמַּת זֹאת** לֹא הִגִּיעוּ עוֹלִים מִקָּנָדָה.*
לְעוּמָּתִי, לְעוּמָּתְךָ, לְעוּמָּתֵךְ, לְעוּמַּתְכֶם

לעוסת' לָעוּס chewed/rehashed (adj.)
1. שֶׁחָתְכוּ אוֹתוֹ בַּשִּׁינַּיִים (טָחֲנוּ):
*צָרִיךְ לִבְלוֹעַ רַק אוֹכֶל **לָעוּס**.*
2. (מֶטָאפוֹרָה) כְּבָר אָמְרוּ אוֹתוֹ הַרְבֵּה פְּעָמִים:
*בַּהַרְצָאָה הוּא אָמַר דְּבָרִים **לְעוּסִים**.*
לְעוּסָה, לְעוּסִים, לְעוּסוֹת

לעזז' לַעַז foreign language
1. שָׂפָה זָרָה:
*הֵם מְדַבְּרִים **בְּלַעַז**, וַאֲנִי יוֹדֵעַ רַק עִבְרִית.*
2. שֵׁם רַע, דְּבָרִים לֹא יָפִים: slander
*הוֹצִיאוּ עָלָיו **לַעַז**, שֶׁהוּא שִׁיכּוֹר.*

לעזאזלת"פ לַעֲזָאזֵל Damn, (go to) hell!
לְכָל הרוּחוֹת! (קְלָלָה):
*לֵךְ **לַעֲזָאזֵל**! רַק צָרוֹת אַתָּה מֵבִיא עָלַיי.*
***לַעֲזָאזֵל**! שׁוּב נִכְשַׁלְתִּי בְּמִבְחַן הַנְהִיגָה.*
שְׂעִיר לַעֲזָאזֵל scapegoat

לעילת"פ לְעֵיל above
לְמַעְלָה, (מַה שֶׁנִּזְכַּר) קוֹדֶם לָכֵן:
*כְּמוֹ שֶׁכָּתוּב **לְעֵיל**, זֶהוּ סִפְרִי הַשֵּׁנִי בְּנוֹשֵׂא זֶה.*

לעילאת"פ לְעֵילָּא
(אֲרָמִית) יוֹתֵר מִ-, מֵעַל לְ-, הֲכִי (טוֹב).
לְעֵילָּא וּלְעֵילָּא - the best
*הַקּוֹנְצֶרְט הָיָה **לְעֵילָּא וּלְעֵילָּא**.*

לעיסהנ' לְעִיסָה [לְעִיסוֹת] chewing, rehashing
כְּשֶׁחוֹתְכִים אֶת הָאוֹכֶל בַּשִּׁינַּיִים (טוֹחֲנִים):
*הַ**לְּעִיסָה** שֶׁל הַבָּשָׂר הַזֶּה קָשָׁה.*
(מֶטָאפוֹרָה) *הַהַרְצָאוֹת שֶׁלּוֹ הֵן **לְעִיסַת** חוֹמֶר יָדוּעַ.*

לעיתיםת"פ לְעִתִּים sometimes, at times
לִפְעָמִים:
***לְעִיתִּים** אֲנִי נוֹסֵעַ לִירוּשָׁלַיִם בְּמוֹנִית.*
לְעִיתִּים קְרוֹבוֹת / תְּכוּפוֹת often
לְעִיתִּים רְחוֹקוֹת seldom

לעספ' לָעַס chewed
חָתַךְ בַּשִּׁינַּיִים לַחֲתִיכוֹת קְטַנּוֹת:
*צָרִיךְ **לִלְעוֹס** אֶת הָאוֹכֶל הֵיטֵב.*
לִלְעוֹס אֶת- / ל.ע.ס, פָּעַל / לָעַסְתִּי, לוֹעֵס, יִלְעַס, לְעַס!

לעת מצואת"פ לְעֵת מְצֹא for an opportune moment
עַד לְהִזְדַּמְּנוּת הַמַּתְאִימָה:
*יֵשׁ לִי כֵּלִים נוֹסָפִים **לְעֵת מְצוֹא**.*

לעת עתהת"פ לְעֵת עַתָּה for the time being
בֵּינְתַיִים:
***לְעֵת עַתָּה** אֲנִי גָר אֵצֶל הוֹרַיי.*

לפחותת"פ לְפָחוֹת at least
(מִסְפָּר אוֹ כַּמּוּת) מִינִימוּם, הֲכִי מְעַט:
***לְפָחוֹת** חֲצִי מֵחֲבֵרַיי נוֹלְדוּ בְּיִשְׂרָאֵל.*

לפימ"ק לְפִי according to
בְּהֶתְאֵם לְ..., עַל פִּי...:
***לְפִי** דַּעְתִּי, כְּדַאי לִרְאוֹת אֶת הַסֶּרֶט.*
לְפִי שָׁעָה for the time being

לפידז' לַפִּיד [לַפִּידִים] torch
מַקֵּל, שֶׁבְּרֹאשׁוֹ חוֹמֶר בּוֹעֵר בָּאֵשׁ (נֵפְט, בֶּנְזִין):
*הָאֲנָשִׁים הָלְכוּ בְּשׁוּרוֹת **וְלַפִּידִים** בִּידֵיהֶם.*

לפיכךמ"ק לְפִיכָךְ hence, therefore
לָכֵן, עַל־כֵּן מִסִּיבָּה זוֹ:
*הוֹרַיי אֵינָם יְכוֹלִים לַעֲזוֹר לִי, **לְפִיכָךְ** עָלַיי לַעֲבוֹד.*

לפנות-ת"פ לִפְנוֹת- before, towards
לִפְנֵי, בְּשָׁעָה מוּקְדֶמֶת לְ-:
לִפְנוֹת בּוֹקֶר - at dawn
*הִתְעוֹרַרְתִּי בְּ-5:00 **לִפְנוֹת בּוֹקֶר**.*
לִפְנוֹת עֶרֶב - at dusk
לִפְנוֹת עֶרֶב טִיַּילְתִּי עַל שְׂפַת הַיָּם.

לפנימ"י לִפְנֵי before, ago
1. קוֹדֶם בִּזְמַן:
***לִפְנֵי** שָׁנָה עָלִיתִי לְיִשְׂרָאֵל.*
2. מוּל: in front of, opposite
*פִּתְאוֹם עָמַד **לְפָנַיי** כֶּלֶב גָּדוֹל.*
3. קוֹדֶם, בְּמָקוֹם, בָּרֹאשׁ: ahead of
הַמְּפַקֵּד צָעַד לִפְנֵי כֹּל הַחַיָּילִים.
לִפְנֵי הַסְּפִירָה B.C.E.
לְפָנֶיךָ, לְפָנַיִךְ, לְפָנָיו, לְפָנֶיהָ, לִפְנֵיכֶם־ן, לִפְנֵיהֶם־ן

לפניםת"פ לְפָנִים in front, forward
(לְ + פָּנִים) 1. בָּרֹאשׁ, בַּמָּקוֹם הַקִּדְמִי:
***לְפָנִים** עָמַד הַמְּפַקֵּד וּמֵאֲחוֹרָיו הַחַיָּילִים.*
2. (בִּזְמַן) לִפְנֵי הַרְבֵּה שָׁנִים: long ago
***לְפָנִים** הַחַיִּים הָיוּ פְּשׁוּטִים יוֹתֵר.*

לפעמיםת"פ לִפְעָמִים sometimes
מִזְּמַן לִזְמַן, כֹּל אֵיזֶה זְמַן, בְּאוֹפֶן לֹא קָבוּעַ:
***לִפְעָמִים** אֲנִי נוֹסֵעַ בָּאוֹטוֹבּוּס, וְלֹא בַּמְּכוֹנִית שֶׁלִּי.*

לפרקים ת"פ לִפְרָקִים — from time to time
מִזְמַן לִזְמַן, לִפְעָמִים:
***לִפְרָקִים** אֲנִי נוֹסֵעַ לְאֵילַת לְחוּפְשָׁה.*

לפת פ' לָפַת — grasped
תָּפַס וְהֶחֱזִיק חָזָק:
*הַשּׁוֹטֵר **לָפַת** אֶת יַד הַגַּנָּב, כְּדֵי שֶׁלֹּא יִבְרַח.*
לִלְפּוֹת אֶת- / ל.פ.ת, פָּעַל / לָפַתִי, לוֹפֵת, יִלְפּוֹת, לְפוֹת!

לפתן ז' לִפְתָּן [לִפְתָּנִים] — dessert
'מָנָה אַחֲרוֹנָה' בָּאוֹכֶל - מָרָק מִפֵּירוֹת:
*אֲנִי אוֹהֵב **לִפְתָּן** תַּפּוּחִים.*

לפתע ת"פ לְפֶתַע — suddenly
פִּתְאוֹם, כְּשֶׁקּוֹרֶה מַשֶּׁהוּ שֶׁלֹּא מְחַכִּים לוֹ:
***לְפֶתַע** יָרַד גֶּשֶׁם חָזָק.*

לץ ז' לֵץ [לֵיצִים] — jester, buffoon
מִי שֶׁאוֹהֵב לְהַצְחִיק:
*הוּא **לֵץ** גָּדוֹל, כְּשֶׁהוּא מְדַבֵּר כּוּלָּם צוֹחֲקִים.*

לצון ז' לָצוֹן — jesting
מַשֶּׁהוּ מַצְחִיק, לֹא רְצִינִי:
*אָמַרְתִּי דִּבְרֵי **לָצוֹן** כְּדֵי לְשַׂמֵּחַ אֶת הָאֲנָשִׁים.*
חָמַד לָצוֹן ב' "עָשָׂה צְחוֹק" (מִמִּישֶׁהוּ) — made fun (of)

לצמיתות ת"פ לִצְמִיתוּת — forever
לְתָמִיד, לְעוֹלָם:
*אֲנִי עוֹזֶבֶת אוֹתוֹ **לִצְמִיתוּת**.*

לצערי, לְצַעֲרִי — unfortunately
מִילַּת נִימּוּס, נֶאֱמֶרֶת עַל מִקְרֶה עָצוּב:
***לְצַעֲרִי,** לֹא יָכוֹלְתִּי לְהִשְׁתַּתֵּף אֶתְמוֹל בַּמְּסִיבָּה.*
לְצַעַרְךָ, לְצַעֲרוֹ, לְצַעֲרָם

לקה פ' לָקָה — was stricken
1. (לְשׁוֹן הַתַּנַ"ךְ), קִיבֵּל מַכּוֹת:
*פַּרְעֹה וַאֲנָשָׁיו **לָקוּ** בְּכָל מִינֵי מַכּוֹת.*
2. חָלָה, נִפְגַּע: — was afflicted
***לָקִיתִי** בְּשַׁפַּעַת, וְלָכֵן לֹא בָּאתִי לָעֲבוֹדָה.*
לוֹקֶה בְּחָסֵר ב' - יֵשׁ בּוֹ חִיסָּרוֹן, פְּגָם: — defective, flawed
*הַדִּירָה הַזֹּאת **לוֹקָה בְּחָסֵר**.*
לִלְקוֹת / ל.ק.ה, פָּעַל / לָקִיתִי, לוֹקֶה, יִלְקֶה

לקוח ז' לָקוֹחַ [לְקוֹחוֹת] — customer
קוֹנֶה, מִי שֶׁבָּא לִקְנוֹת:
***לְקוֹחוֹת** רַבִּים עָמְדוּ בַּתּוֹר לַקּוּפָּה.*
לְקוֹחָה

לקוח ת' לָקוּחַ — taken (adj.)
שֶׁלָּקְחוּ אוֹתוֹ, הֶעֱבִירוּ אוֹתוֹ מִ-, לְ-:
*הַמִּשְׁפָּט הַזֶּה **לָקוּחַ** מִשֵּׁיקְסְפִּיר.*
לְקוּחָה, לְקוּחִים, לְקוּחוֹת

לקוי ת' לָקוּי — deficient, defective
יֵשׁ בּוֹ חִיסָּרוֹן, פְּגָם:
*הַבְּרִיאוּת שֶׁלּוֹ **לְקוּיָה**.*
לְקוּיָה, לְקוּיִים, לְקוּיוֹת

לקח פ' לָקַח — took
נָגַע וְהֶחֱזִיק בַּיָּד. הַהֵיפֶךְ מִנָּתַן:
*דָּוִיד **לָקַח** אֶת הַסֵּפֶר בְּיָדוֹ וְקָרָא בּוֹ.*
לָקַח חֵלֶק ב' — participated
לָקַחַת אֶת- / ל.ק.ח, פָּעַל / לָקַחְתִּי, לוֹקֵחַ, יִיקַּח, קַח!

לקח ז' לֶקַח [לְקָחִים] — lesson, moral
מַסְקָנָה, מַה שֶּׁאָדָם לוֹמֵד מִן הַנִּיסָּיוֹן וְכוּ':
*מִי שֶׁלֹּא לוֹמֵד **לֶקַח** חוֹזֵר עַל אוֹתָן שְׁגִיאוֹת.*
לִקְחֵי הֶעָבָר - מַה שֶּׁאֶפְשָׁר לִלְמוֹד מִמַּה שֶּׁהָיָה

לקט ז' לֶקֶט [לְקָטִים] — collection
אוֹסֶף, דְּבָרִים שׁוֹנִים שֶׁנִּמְצָאִים יַחַד:
*הַסֵּפֶר הַזֶּה הוּא **לֶקֶט שֶׁל** סִיפּוּרִים בְּעִבְרִית.*

לקיחה נ' לְקִיחָה [לְקִיחוֹת] — taking
כְּשֶׁמַּחֲזִיקִים מַשֶּׁהוּ בַּיָּד, מַעֲבִירִים לַיָּד:
*יֵשׁ אִיסּוּר עַל **לְקִיחַת** סְפָרִים מֵהָאָרוֹן.*

לקקן ז' לַקְקָן [לַקְקָנִים] — sweet-tooth (m.)
מִי שֶׁאוֹהֵב דְּבָרִים מְתוּקִים:
*הוּא שָׁמֵן, כִּי הוּא **לַקְקָן**.*
לַקְקָנִית, לַקְקָנִיּוֹת

לקקנות נ' לַקְקָנוּת — sweet-tooth (n.)
מְשִׁיכָה לִדְבָרִים מְתוּקִים:
*הוּא שָׁמֵן בִּגְלַל **הַלַּקְקָנוּת** שֶׁלּוֹ.*

לקראת מ"י לִקְרַאת — towards
1. אֶל... אֶל פְּנֵי...:
*הַיֶּלֶד רָץ **לִקְרַאת** אִמּוֹ.*
2. לִכְבוֹד, בִּגְלַל: — for
***לִקְרַאת** הַחוֹפֶשׁ אֲנִי מֵכִין לִי עִיתּוֹנִים לִקְרִיאָה.*
לִקְרָאתִי, לִקְרָאתְךָ, לִקְרָאתוֹ, לִקְרָאתֵנוּ, לִקְרַאתְכֶם-כֶן

לראשונה ת"פ לָרִאשׁוֹנָה — for the first time
בַּהַתְחָלָה, בַּפַּעַם הָרִאשׁוֹנָה:
*פָּגַשְׁתִּי בּוֹ **לָרִאשׁוֹנָה** בָּאוּנִיבֶרְסִיטָה.*

בְּרֹאשׁ וּבְרִאשׁוֹנָה - לִפְנֵי הַכֹּל: first of all
בְּרֹאשׁ וּבְרִאשׁוֹנָה אֲנִי רוֹצֶה לְהוֹדוֹת לְהוֹרַיי.

לרבותת״פ לְרַבּוֹת including
כּוֹלֵל, לְהָבִיא בְּחֶשְׁבּוֹן, גַּם...:
*כּוּלָּם הָיוּ בַּטִּיּוּל, **לְרַבּוֹת** דָּוִד וְרוּת.*

לרגלמ״י לְרֶגֶל on the occasion of
בִּגְלַל, בְּעִנְיַין:
*נָסַעְתִּי לִירוּשָׁלַיִם **לְרֶגֶל** קַבָּלַת הַפְּרָס.*
לְרַגְלֵי - בְּתַחְתִּית, לְמַטָּה: at the foot of
*עָמַדְתִּי **לְרַגְלֵי** הָהָר וְהִבַּטְתִּי לְמַעְלָה.*

לרובת״פ לָרֹב most of the time
לְעִיתִּים קְרוֹבוֹת, בְּחֵלֶק גָּדוֹל מִן הַמִּקְרִים:
לָרוֹב אֵין לִי זְמַן לִרְאוֹת סְרָטִים.

לריקת״פ לָרִיק in vain
לְחִינָּם, לְלֹא תוֹצָאוֹת:
*עָבַדְתִּי **לָרִיק**, הַגֶּשֶׁם הָרַס אֶת הַכּוֹל.*

לשפ׳ לָשׁ kneaded
עִירְבֵּב בַּיָּדַיִם חוֹמֶר + נוֹזֵל (קֶמַח וּמַיִם):
***לַשְׁתִּי** בָּצֵק לְלַחְמָנִיּוֹת.*
לָלוּשׁ אֶת- / ל.ו.ש, פָּעַל / לַשְׁתִּי, לָשׁ, אָלוּשׁ, לוּשׁ!

לשדז׳ לְשַׁד sap, vigor, essence
(לָשׁוֹן גְּבוֹהָה) נוֹזֵל שָׁמֵן, (בָּעֲצָמוֹת). (מֶטָאפוֹרָה) כּוֹחַ, כּוֹחַ הַחַיִּים:
*הָעֲבוֹדָה הַזֹּאת מוֹצֶצֶת אֶת **לְשַׁד** עַצְמוֹתַיי.*

לשוואת״פ לַשָּׁוְא in vain
לְחִינָּם, בְּלִי תוֹצָאוֹת:
*עָבַדְתִּי **לַשָּׁוְא**, הַכּוֹל נֶהֱרַס.*
הַבְטָחוֹת־שָׁוְא false promises
מִקְסַם־שָׁוְא - אִילוּזְיָה illusion

לשוןנ׳ לָשׁוֹן [לְשׁוֹנוֹת] tongue
1. חֵלֶק בַּפֶּה, בְּעֶזְרָתוֹ אוֹכְלִים וּמְדַבְּרִים:
*טָעַמְתִּי אֶת הָאוֹכֶל בִּקְצֵה **הַלָּשׁוֹן**.*
2. שָׂפָה: language
***הַלָּשׁוֹן** הָעִבְרִית שַׁיֶּיכֶת לְמִשְׁפַּחַת **הַלְּשׁוֹנוֹת** הַשֵּׁמִיּוֹת.*
לְשׁוֹן־אֵם mother tongue
לְשׁוֹן־הָרָע - דְּבָרִים רָעִים שֶׁאוֹמְרִים עַל מִישֶׁהוּ slander, gossip
לְשׁוֹן־הַקּוֹדֶשׁ - עִבְרִית Hebrew
כִּכְתָבוֹ וְכִלְשׁוֹנוֹב׳ - בְּדִיּוּק כְּמוֹ שֶׁכָּתוּב אוֹ כְּמוֹ שֶׁנֶּאֱמַר: חוּקִּים צָרִיךְ לְקַיֵּים כִּכְתָבָם וְכִלְשׁוֹנָם. literally

לשונאיז׳ לְשׁוֹנַאי [לְשׁוֹנָאִים] linguist, philologist
מִי שֶׁעוֹסֵק בְּפִילוֹלוֹגְיָה, בְּדִיקְדּוּק וְכוּ׳:
***הַלְּשׁוֹנַאי** תִּיקֵּן אֶת הַשְּׁגִיאוֹת שֶׁל הַקַּרְיָין בָּרַדְיוֹ.*
לְשׁוֹנָאִית, לְשׁוֹנָאִיּוֹת

לשונית׳ לְשׁוֹנִי linguistic
הַשַּׁיָּיךְ לַשָּׂפָה, שֶׁיֵּשׁ לוֹ קֶשֶׁר לְשָׂפָה לְלָשׁוֹן:
*הַמּוֹרֶה לְדִיקְדּוּק הִסְבִּיר בְּעָיוֹת **לְשׁוֹנִיּוֹת**.*
לְשׁוֹנִית, לְשׁוֹנִיִּים, לְשׁוֹנִיּוֹת

לשכהנ׳ לִשְׁכָּה [לְשָׁכוֹת] chamber, bureau
1. מִשְׂרָד:
*אֲנִי עוֹבֵד **בְּלִשְׁכַּת** הַשַּׂר.*
2. אִירְגּוּן, קְבוּצָה שֶׁל אֲנָשִׁים, שֶׁיֵּשׁ לָהֶם אִינְטֶרֶס מְשׁוּתָּף: association
*אֲנִי חָבֵר **בְּלִשְׁכַּת** עוֹרְכֵי הַדִּין.*
לִשְׁכַּת מוֹדִיעִין - חֶדֶר קָטָן, מָקוֹם שֶׁמּוֹסְרִים אִינְפוֹרְמַצְיָה information bureau
לִשְׁכַּת הָעֲבוֹדָה - הַמִּשְׂרָד שֶׁשּׁוֹלֵחַ אֲנָשִׁים לַעֲבוֹדוֹת שׁוֹנוֹת employment office

לשםמ״י לְשֵׁם for (the sake of)
בִּשְׁבִיל:
*פָּנִיתִי אֵלֶיךָ **לְשֵׁם** קַבָּלַת אִינְפוֹרְמַצְיָה.*
לְשֵׁם שָׁמַיִם - בִּשְׁבִיל רַעְיוֹן, לֹא בִּשְׁבִיל רֶוַוח

לשעברת״פ לְשֶׁעָבַר previously, ex-
קוֹדֶם לָכֵן, בֶּעָבָר:
*בַּעֲלִי **לְשֶׁעָבַר** הִתְחַתֵּן עִם בַּחוּרָה צְעִירָה.*

מ

מ 13th letter of Heb. alphabet
מֵם, הָאוֹת הַשְׁלוֹשׁ־עֶשְׂרֵה בָּאָלֶפְבֵּית הָעִבְרִי. מְסַמֶּנֶת אֶת שֵׁם הַמִּסְפָּר 40:
*אֲנִי בֶּן **מ'** שָׁנִים.*
מֵם סוֹפִית - בְּסוֹף מִילָּה נִכְתֶּבֶת - ם.

מ - מ"י מ/מֵ from
קִיצּוּר שֶׁל מִילַּת הַיַּחַס מִן-, מִתּוֹךְ-, מִילָּה הַמְצַיֶּינֶת אֶת נְקוּדַת הַיְצִיאָה:
*בְּנֵי יִשְׂרָאֵל יָצְאוּ **מִמִּצְרַיִם**. קִיבַּלְתִּי מִכְתָּב **מֵאַפְרִיקָה**.*
יוֹתֵר מִ- more than
חֵלֶק מִ- part of
עָשׂוּי מִ- made of

מאבחןז' מְאַבְחֵן [מְאַבְחֲנִים] evaluator of aptitude tests
מִי שֶׁקּוֹבֵעַ לְאֵיזֶה נוֹשֵׂא אוֹ מִקְצוֹעַ מִישֶׁהוּ מַתְאִים:
***הַמְאַבְחֶנֶת** בַּצָּבָא קָבְעָה, שֶׁאֲנִי מַתְאִים לְחֵיל אֲוִויר.*
מְאַבְחֶנֶת, מְאַבְחֲנוֹת

מאבקז' מַאֲבָק [מַאֲבָקִים] struggle
מִלְחָמָה לְמַעַן מַטָּרָה מְסוּיֶּמֶת:
*הַפּוֹעֲלִים מְנַהֲלִים **מַאֲבָק** עַל קִיצּוּר שְׁבוּעַ הָעֲבוֹדָה.*

מאגרז' מַאֲגָר [מַאֲגָרִים] reservoir
מָקוֹם שֶׁיֵּשׁ בּוֹ חוֹמָרִים (מַיִם וְכוּ'):
***מַאֲגַר** הַמַּיִם שֶׁל הַמְּדִינָה קָטָן מְאוֹד.*

מאדיםז' מַאְדִּים Mars
הַשֵּׁם הָעִבְרִי שֶׁל הַכּוֹכָב מַרְס:
*לֹא יוֹדְעִים אִם יֵשׁ חַיִּים עַל **הַמַּאְדִּים**.*

מאהנ' מֵאָה [מֵאוֹת] one hundred
הַמִּסְפָּר 100:
*הָיוּ אוּלַי **מֵאָה** אֲנָשִׁים בַּמְּסִיבָּה.*
הַמֵּאָה - תְּקוּפָה שֶׁל מֵאָה שָׁנִים: century
*הַמֵּאָה הַ-20, **הַמֵּאָה** הַתְּשַׁע־עֶשְׂרֵה*
בַּעַל הַמֵּאָה a rich man

מאהבז' מְאַהֵב [מְאַהֲבִים] lover
מִי שֶׁאוֹהֵב אִישָּׁה, וְהִיא לֹא אִשְׁתּוֹ:
*בַּעֲלָהּ לֹא יוֹדֵעַ, שֶׁיֵּשׁ לָהּ **מְאַהֵב**.*
מְאַהֶבֶת, מְאַהֲבוֹת

מאהלז' מַאֲהָל [מַאֲהָלִים] encampment, bivouac
מָקוֹם שֶׁעוֹמְדִים בּוֹ אוֹהָלִים ("בַּיִת" מִבַּד):
*זֶה **מַאֲהָל** שֶׁל הַצָּבָא.*

מאובטחת' מְאֻבְטָח secured (adj.)
יֵשׁ לוֹ אַבְטָחָה, מְגִינִּים עָלָיו:
*מְטוֹסֵי 'אֶל עָל' **מְאוּבְטָחִים** הֵיטֵב.*
מְאוּבְטַחַת, מְאוּבְטָחִים, מְאוּבְטָחוֹת

מאובןת' מְאֻבָּן fossil
1. נַעֲשָׂה כְּמוֹ אֶבֶן:
*מָצָאנוּ **מְאוּבָּנִים** שֶׁל בַּעֲלֵי חַיִּים מִלִּפְנֵי מִילְיוֹנֵי שָׁנִים.*
2. קוֹנְסֶרְבָטִיבִי, לֹא מִתְחַדֵּשׁ: stagnant
*הַמַּחְשָׁבָה הַפּוֹלִיטִית שֶׁלּוֹ **מְאוּבֶּנֶת**.*
3. (ת"פ) מְשׁוּתָּק, לֹא יָכוֹל לָזוּז: dumfounded
*הוּא עָמַד **מְאוּבָּן**, כְּשֶׁשָּׁמַע עַל הָאָסוֹן.*
מְאוּבֶּנֶת, מְאוּבָּנִים, מְאוּבָּנוֹת

מאובקת' מְאֻבָּק dusty
יֵשׁ עָלָיו אָבָק:
*בָּאתִי מֵהָרְחוֹב, וְהַנַּעֲלַיִים שֶׁלִּי **מְאוּבָּקוֹת**.*
מְאוּבֶּקֶת, מְאוּבָּקִים, מְאוּבָּקוֹת

מאוגדת' מְאֻגָּד member of a union
חָבֵר בַּאֲגוּדָּה מְסוּיֶּמֶת, בִּקְבוּצָה שֶׁיֵּשׁ לָהּ אִינְטֶרֶס מְשׁוּתָּף:
*הַפּוֹעֲלִים **מְאוּגָּדִים** בַּהִסְתַּדְּרוּת.*
מְאוּגֶּדֶת, מְאוּגָּדִים, מְאוּגָּדוֹת

מאודת"פ מְאֹד very
בְּמִידָּה רַבָּה:
*אֲנִי שָׂמֵחַ **מְאוֹד** לִרְאוֹת אוֹתְךָ.*
בְּכָל מְאוֹדִי, מְאוֹדְךָ, וְכוּ' with all my heart and soul
אֲנִי רוֹצֶה בָּךְ בְּכָל מְאוֹדִי.

מאודהת' מְאֻדֶּה steamed (adj.)
אוֹכֶל מְבוּשָּׁל עַל אֵדִים (עוֹלִים מִמַּיִם רוֹתְחִים):
*יְרָקוֹת **מְאוּדִּים** טוֹבִים לְדִיאֶטָה.*
מְאוּדָּה-מְאוּדֵית, מְאוּדִּים, מְאוּדּוֹת

מאוהבת' מְאֹהָב in love
אוֹהֵב מְאוֹד:
*דָּוִיד וְרוּת **מְאוֹהָבִים** זֶה בָּזֶה.*
מְאוֹהֶבֶת, מְאוֹהָבִים, מְאוֹהָבוֹת

מאווייםז"ר מַאֲוַויִּים wishes, desires, aspirations
רְצוֹנוֹת, שְׁאִיפוֹת:
*לֹא כָּל **הַמַּאֲוַויִּים** שֶׁלּוֹ הִתְגַּשְּׁמוּ.*

מאווררת"ז מְאַוְורֵר [מְאַוְורְרִים] cooling fan
1. וֶנְטִילָטוֹר, מַכְשִׁיר שֶׁעוֹשֶׂה רוּחַ:

הַמְאַוְורֵר מְקָרֵר אֶת הָאֲוִויר לֹא פָּחוֹת טוֹב מְמַזְגָן.
2. מַחלִיף אֲוִויר לַאֲוִויר נָקִי: ventilates
*פְּתִיחַת חַלּוֹן **מְאַוְורֶרֶת** אֶת הַחֶדֶר.*
מְאַוְורֶרֶת, מְאַוְורְרוֹת

מאווררת' מְאֻוְורָר ventilated (adj.)
שֶׁיֵּשׁ בּוֹ אֲוִויר נָקִי:
*תִּפתַח אֶת הַחַלּוֹן, הַחֶדֶר לֹא **מְאוּוְורָר**.*
מְאוּוְורֶרֶת, מְאוּוְורָרִים, מְאוּוְורָרוֹת

מאוזןת' מְאֻזָּן horizontal
1. הוֹרִיזוֹנטָלִי, הַקַּו הַיָּשָׁר מֵאוֹזֶן לְאוֹזֶן:
*בָּאוֹת **ח** יֵשׁ קַו אֶחָד מְאוּזָּן.*
2. שֶׁיֵּשׁ בּוֹ שִׁיוּוּי מִשקָל: balanced (adj.)
*הַגַּלגַּלִּים בַּמְּכוֹנִית **מְאוּזָּנִים**.*
3. סוֹלִידִי, לֹא קִיצוֹנִי: well adjusted
*הַיֶּלֶד הַזֶּה **מְאוּזָּן**, אֵין לוֹ בְּעָיוֹת מְיוּחָדוֹת.*
4. בְּכַלכָּלָה - הַהוֹצָאוֹת וְהַהַכנָסוֹת שָׁווֹת: balanced (adj.)
*מָתַי יִהיֶה תַּקצִיב הַמְּדִינָה **מְאוּזָּן**?*
מְאוּזֶּנֶת, מְאוּזָּנִים, מְאוּזָּנוֹת

מאוחדת' מְאֻחָד united/unified (adj.)
1. מְחוּבָּר מִכַּמָּה גּוּפִים:
*בְּיִשׂרָאֵל יֵשׁ מִפלֶגֶת פּוֹעֲלִים **מְאוּחֶדֶת**.*
2. כְּשֶׁעוֹשִׂים אוֹ חוֹשְׁבִים אוֹתוֹ דָּבָר: united (adj.)
*אֲנַחנוּ **מְאוּחָדִים** בַּדֵּיעָה, שֶׁיִּהיֶה טוֹב.*
הָאוּמּוֹת הַמְאוּחָדוֹת the United Nations
מְאוּחֶדֶת, מְאוּחָדִים, מְאוּחָדוֹת

מאוחסןת' מְאֻחְסָן stored (adj.)
נִמצָא בְּמַחסָן, שָׁמוּר בְּחֶדֶר מְיוּחָד:
*הָרָהִיטִים שֶׁלָּנוּ **מְאוּחסָנִים** עַל־יַד הַנָּמֵל.*
מְאוּחסֶנֶת, מְאוּחסָנִים, מְאוּחסָנוֹת

מאוחרת"פ מְאֻחָר late (adv.)
1. בָּא אַחֲרֵי הַזְּמַן שֶׁנִּקבַּע:
*מֹשֶׁה הִגִּיעַ **מְאוּחָר** לָעֲבוֹדָה.*
2. ת' אַחֲרֵי מַשֶּׁהוּ קוֹדֶם, הַהֵיפֶךְ מִמּוּקדָם: late (adj.)
*חָזַרתִי הַבַּיתָה בְּשָׁעָה **מְאוּחֶרֶת**, בְּ־2:00 בַּלַּילָה.*
מְאוּחֶרֶת, מְאוּחָרִים, מְאוּחָרוֹת

מאויםת' מְאֻיָּם threatened (adj.)
שֶׁמִּישֶׁהוּ מְאַיֵּים עָלָיו, מַפחִיד:
*אֲנִי מַרגִּישׁ **מְאוּיָּם**, כְּשֶׁמְּפַטְּרִים עוֹבדִים.*
מְאוּיֶּמֶת, מְאוּיָּמִים, מְאוּיָּמוֹת

מאוירת' מְאֻיָּר illustrated (adj.)
מְקוּשָּׁט בְּצִיוּרִים:
*סִפרֵי הַיְּלָדִים **מְאוּיָּרִים**.*
מְאוּיֶּרֶת, מְאוּיָּרִים, מְאוּיָּרוֹת

מאוישת מְאֻיָּשׁ manned (adj.)
תָּפוּס (תַּפקִיד וְכוּ') עַל יְדֵי מִישֶׁהוּ:
*תַּפקִיד הַמְּנַהֵל עֲדַיִין לֹא **מְאוּיָּשׁ**.*
מְאוּיֶּשֶׁת, מְאוּיָּשִׁים, מְאוּיָּשׁוֹת

מאוכזבת' מְאֻכְזָב disappointed (adj.)
מִי שֶׁהַתִּקוָוה שֶׁלּוֹ לֹא הִתגַּשְּׁמָה:
*אֲנִי **מְאוּכזָב** מִן הַצִּיוּן הַנָּמוּךְ שֶׁקִּיבַּלתִי בַּבְּחִינָה.*
מְאוּכזֶבֶת, מְאוּכזָבִים, מְאוּכזָבוֹת

מאוכלסת' מְאֻכְלָס populated (adj.)
שֶׁיֵּשׁ בּוֹ תּוֹשָׁבִים רַבִּים:
*הַנֶּגֶב עֲדַיִין לֹא **מְאוּכלָס**.*
מְאוּכלֶסֶת, מְאוּכלָסִים, מְאוּכלָסוֹת

מאולףת' מְאֻלָּף tame/trained (adj.)
מְחוּנָּךְ, מִי שֶׁאִימְּנוּ אוֹתוֹ לְבַצֵּעַ:
*כֶּלֶב **מְאוּלָּף** הוּא הַיָּדִיד שֶׁל הָעִיוֵּור.*
מְאוּלֶּפֶת, מְאוּלָּפִים, מְאוּלָּפוֹת

מאולץת' מְאֻלָּץ forced/strained (adj.), artificial
מְלָאכוּתִי, לֹא טִבעִי:
*הַמִּשׂחָק בַּהַצָּגָה הָיָה **מְאוּלָּץ**.*
מְאוּלֶּצֶת, מְאוּלָּצִים, מְאוּלָּצוֹת

מאולתרת' מְאֻלְתָּר improvised (adj.)
נַעֲשָׂה בּלִי הֲכָנָה, בְּאִימפְּרוֹבִיזַצְיָה:
*הַתּוֹכנִית בַּמְּסִיבָּה הָייתָה **מְאוּלתֶּרֶת**.*
מְאוּלתֶּרֶת, מְאוּלתָּרִים, מְאוּלתָּרוֹת

מאומהז' מְאוּמָה something, (nothing)
מַשֶּׁהוּ, דְּבַר־מָה (בְּדֶרֶךְ כְּלָל עִם 'לֹא'):
*לֹא אָכַלתִי **מְאוּמָה**.*

מאומןת' מְאֻמָּן trained (adj.)
מִי שֶׁעָשָׂה תַּרגִּילִים רַבִּים, הִתאַמֵּן:
*צָבָא טוֹב הוּא צָבָא **מְאוּמָּן**.*
מְאוּמֶּנֶת, מְאוּמָּנִים, מְאוּמָּנוֹת

מאומץת' מְאֻמָּץ adopted (adj.)
1. יֶלֶד שֶׁהַהוֹרִים שֶׁלּוֹ אֵינָם הוֹרָיו הַבִּיוֹלוֹגִיִּים:
*יֶלֶד **מְאוּמָּץ** הוּא כְּמוֹ יֶלֶד שֶׁנּוֹלַד לְהוֹרָיו.*
2. קָשֶׁה, בְּהַשקָעָה שֶׁל הַרבֵּה אֶנֶרגִיָּה: strenuous

*אַחֲרֵי עֲבוֹדָה **מְאוּמֶּצֶת** גָּמַרְנוּ אֶת הַבַּיִת.*
מְאוּמֶּצֶת, מְאוּמָּצִים, מְאוּמָּצוֹת

מאומתת׳ מְאֻמָּת — verified (adj.)
נִבְדַּק וְנִמְצָא נָכוֹן, אֲמִיתִי:
*קִיבַּלְנוּ מֵידָע **מְאוּמָּת** מֵהָעִיתּוֹן.*
מְאוּמֶּתֶת, מְאוּמָּתִים, מְאוּמָּתוֹת

מאונךת׳ מְאֻנָּךְ — vertical
קַו מִלְמַעְלָה לְמַטָּה, נִיצָּב:
*הַקִּיר בַּבַּיִת **מְאוּנָּךְ**.*
מְאוּנֶּכֶת, מְאוּנָּכִים, מְאוּנָּכוֹת

מאוסת׳ מָאוּס — loathsome
דּוֹחֶה, מְכוֹעָר:
*הָרַעְיוֹן, שֶׁלֹּא כָּל בְּנֵי הָאָדָם שָׁוִוים, הוּא **מָאוּס**.*
מְאוּסָה, מְאוּסִים, מְאוּסוֹת

מאופייןת׳ מְאֻפְיָן — characterized (adj.)
שֶׁיֵּשׁ לוֹ סִימָנֵי הֶיכֵּר:
*הַמּוּסִיקָה הַמּוֹדֶרְנִית **מְאוּפְיֶינֶת** בְּרַעַשׁ שֶׁלָּהּ.*
מְאוּפְיֶינֶת, מְאוּפְיָינִים, מְאוּפְיָינוֹת

מאופסת׳ מְאֻפָּס — balanced (zeroed) (adj.)
מְכוּוָּן לְפִי הָאֶפֶס אוֹ לְפִי נְקוּדָה כּלשֶׁהִי:
*הַמֹּאזְנַיִים **מְאוּפָּסִים**. / הַמִּשְׁקָל **מְאוּפָּס**.*
אֶפֶס מְאוּפָּס — worthless
מְאוּפֶּסֶת, מְאוּפָּסִים, מְאוּפָּסוֹת

מאופקת׳ מְאֻפָּק — reserved/restrained (adj.)
מִי שֶׁמִּתְאַפֵּק, לֹא פָּתוּחַ, לֹא חוֹפְשִׁי:
*הוּא **מְאוּפָּק** - אִי אֶפְשָׁר לָדַעַת אִם הוּא שָׂמֵחַ אוֹ עָצוּב.*
מְאוּפֶּקֶת, מְאוּפָּקִים, מְאוּפָּקוֹת

מאופרת׳ מְאֻפָּר — made-up (adj.)
שֶׁאִיפְּרוּ אוֹתוֹ, צָבְעוּ אֶת הַפָּנִים שֶׁלּוֹ:
*הַבַּחוּרָה הַזֹּאת **מְאוּפֶּרֶת** בַּעֲדִינוּת.*
מְאוּפֶּרֶת, מְאוּפָּרִים, מְאוּפָּרוֹת

מאורז׳ מָאוֹר [מְאוֹרוֹת] — (source of) light
גּוּף שֶׁנּוֹתֵן אוֹר:
*הַשֶּׁמֶשׁ הִיא הַ**מָּאוֹר** הַגָּדוֹל.*
מְאוֹר עֵינַיִים — eyesight, the apple of one's eye
מְאוֹר פָּנִים — bright/happy face

מאורגןת׳ מְאֻרְגָּן — organized (adj.)
מְסוּדָּר, שֶׁמִּישֶׁהוּ עָרַךְ, סִידֵּר:
*טִיַּילְתִּי בְּטִיּוּל **מְאוּרְגָּן**.*
מְאוּרְגֶּנֶת, מְאוּרְגָּנִים, מְאוּרְגָּנוֹת

מאורהנ׳ מְאוּרָה [מְאוּרוֹת] — lair, hole
חוֹר בָּאֲדָמָה שֶׁחַיּוֹת גָּרוֹת בּוֹ:
*הַשּׁוּעָל מִתְחַבֵּא בַּ**מְּאוּרָה** שֶׁלּוֹ.*

מאורסת״ז מְאֹרָס [מְאוֹרָסִים] — engaged (adj.)
מִי שֶׁהוּא לִפְנֵי הַחֲתוּנָּה:
*קוֹדֶם הָיִינוּ חֲבֵרִים, אַחַר־כָּךְ **מְאוֹרָסִים** וּבְסוֹף הִתְחַתַּנּוּ.*
מְאוֹרֶסֶת, מְאוֹרָסוֹת

מאורעז׳ מְאֹרָע [מְאוֹרָעוֹת] — event
מִקְרֶה, מַשֶּׁהוּ שֶׁהָיָה:
*הֲקָמַת מְדִינַת יִשְׂרָאֵל הָיְיתָה **מְאוֹרָע** הִיסְטוֹרִי חָשׁוּב לְכָל הָעָם הַיְּהוּדִי.*
מְאוֹרְעוֹת־דָּמִים — bloodbath, massacre

מאושפזת׳ מְאֻשְׁפָּז — hospitalized (adj.)
חוֹלֶה שֶׁנִּמְצָא בְּבֵית הַחוֹלִים:
*ד"ר א. מְטַפֵּל בַּחוֹלִים הַ**מְּאוּשְׁפָּזִים** בַּמַּחְלָקָה הַזֹּאת.*
מְאוּשְׁפֶּזֶת, מְאוּשְׁפָּזִים, מְאוּשְׁפָּזוֹת

מאושרת׳ מְאֻשָּׁר — happy
1. שָׂמֵחַ, מְרוּצֶּה מְאוֹד:
*בֵּירַכְתִּי אֶת הָאָב הַ**מְּאוּשָּׁר** עַל הוּלֶּדֶת בְּנוֹ.*
2. מַה שֶּׁקִּיבֵּל אִישּׁוּר, הֶחְלִיטוּ לְקַבֵּל אוֹתוֹ: — approved (adj.)
*הַמְּנַהֵל אָמַר, שֶׁתּוֹכְנִית הַבְּנִיָּיה **מְאוּשֶּׁרֶת**.*
מְאוּשֶּׁרֶת, מְאוּשָּׁרִים, מְאוּשָּׁרוֹת

מאוששת׳ מְאֻשָּׁשׁ — regaining strength, strong
מִתְחַזֵּק, חָזָק:
*אֲנִי **מְאוּשָּׁשׁ** בִּזְכוּת הַטִּיפּוּל הָרְפוּאִי.*
מְאוּשֶּׁשֶׁת, מְאוּשָּׁשִׁים, מְאוּשָּׁשׁוֹת

מאזת״פ מֵאָז — since then
1. מִלִּפְנֵי הַרְבֵּה זְמַן:
*לֹא רָאִיתִי אוֹתוֹ **מֵאָז**.*
2. מֵאוֹתוֹ הַזְּמַן וָהָלְאָה: — since
מֵאָז הַצָּבָא, לֹא פָּגַשְׁתִּי אוֹתוֹ.

מאזיןז׳ מַאֲזִין [מַאֲזִינִים] — listener
שׁוֹמֵעַ, מִי שֶׁמַּקְשִׁיב מִתּוֹךְ רָצוֹן לִשְׁמוֹעַ:
*'קוֹל יִשְׂרָאֵל מִירוּשָׁלַיִם. לְכָל הַ**מַּאֲזִינִים**, שָׁלוֹם רַב...'*
מַאֲזִינָה, מַאֲזִינוֹת

מאזןז׳ מַאֲזָן [מַאֲזָנִים] balance-sheet
1. הַשְׁוָואָה שֶׁל חֶשְׁבּוֹנוֹת זכות וְחוֹבָה:
הַבַּנְק פִּירסֵם אֶת הַמַּאֲזָן הַשְּׁנָתִי בְּסוֹף הַשָּׁנָה.
2. הַשְׁוָואָה, יַחַס בֵּין כּוֹחוֹת, מַצָּבִים: balance
מַאֲזַן הַכּוֹחוֹת בֵּין יִשְׂרָאֵל וְסוּרִיָה הִשְׁתַּנָּה.
מַאֲזַן תַּשְׁלוּמִים balance of payments

מאזנייםז״ז מֹאזְנַיִם scales
מַכשִׁיר שֶׁשּׁוֹקְלִים בּוֹ:
הַמֹּאזְנַיִם הָאֵלֶּה אֵינָם מְדוּיָּקִים.
עַל כַּף הַמֹּאזְנַיִםב׳ at stake
לְשׁוֹן מֹאזְנַיִם - pivot of balance
*מִפלָגָה קְטַנָּה הִיא **לְשׁוֹן מֹאזְנַיִם** בֵּין מִפלָגוֹת גדוֹלוֹת.*

מאחורת״פ מֵאָחוֹר from behind
מֵהַצַּד שֶׁל הַגַּב, מֵהַצַּד הֶהָפוּךְ לַפָּנִים:
*לֹא רָאִיתִי אוֹתְךָ, כִּי הִגַּעְתָּ **מֵאָחוֹר**.*

מאחורימ״י מֵאֲחוֹרֵי behind
מִצַּד הַגַּב, הַהֵיפֶךְ מִ'לִפְנֵי':
*הַיֶּלֶד הִתְחַבֵּא **מֵאֲחוֹרֵי** הַבַּיִת.*
מֵאֲחוֹרֵי הַקְּלָעִיםב׳ behind the curtains, backstage

מאחזז׳ מַאֲחָז [מַאֲחָזִים] military settlement, hold
שֶׁטַח שֶׁהַצָּבָא תָּפַס וְהוּא מַחֲזִיק בּוֹ:
*הַצָּבָא הֵקִים **מַאֲחָז** חָדָשׁ בְּרָמַת הַגּוֹלָן.*

מאחר ש-מ״ק מֵאַחַר שֶׁ- since, because
מִפְּנֵי שֶׁ-:
***מֵאַחַר שֶׁ**יָּרַד גֶּשֶׁם, לֹא בָּאתִי.*

מאידך גיסאב׳ מֵאִידָךְ גִּיסָא on the other hand
(אֲרָמִית) לְעוּמַת זֹאת, מִצַּד שֵׁנִי:
*הָיִיתִי גָר כָּאן בְּרָצוֹן, אַךְ **מֵאִידָךְ גִּיסָא**, הַדִּירָה קְטַנָּה.*

מאיידז׳ מְאַיֵּד [מְאַיידִים] carburetor
חֵלֶק בַּמָּנוֹעַ שֶׁמְּעַרבֵּב דֶּלֶק עִם אֲוִויר:
***הַמְאַיֵּד** בַּמְּכוֹנִית הִתְקַלְקֵל, צָרִיךְ לְתַקֵּן אוֹתוֹ.*

מאיןמ״ש מֵאַיִן? from where?
מֵאֵיזֶה מָקוֹם?:
***מֵאַיִן** יִצְחָק? יִצְחָק מֵאַרגֶנְטִינָה.*

מאיץתה״ז מֵאִיץ [מְאִיצִים] accelerator, booster
מַכשִׁיר (בְּפִיסִיקָה) שֶׁמְּזָרֵז אֶת הַתְּנוּעָה שֶׁל הָאֶלֶקטרוֹנִים:
*בְּמְכוֹן וַייצמָן יֵשׁ **מֵאִיץ** חֲלִקִיקִים.*
מְאִיצָה, מְאִיצוֹת

מאכזבת׳ מְאַכְזֵב disappointing
לֹא מַגשִׁים אֶת הַתִּקווֹת:
*הַהַצָּגָה הָיְיתָה **מְאַכזֶבֶת**.*
מְאַכזֶבֶת, מְאַכזְבִים, מְאַכזְבוֹת

מאכלז׳ מַאֲכָל [מַאֲכָלִים] food, dish
מָזוֹן, אוֹכֶל:
*אֲנִי לֹא אוֹכֵל **מַאַכְלֵי** בָּשָׂר עִם **מַאַכְלֵי** חָלָב.*

מאליות״פ מֵאֵלָיו by itself
מֵעַצמוֹ, בְּלִי עֶזרָה, בְּלִי פְּעוּלָּה כֹּלשֶׁהִי:
*הַמַּצָּב מוּבָן **מֵאֵלָיו**, לֹא צָרִיךְ הֶסבֵּר.*
מֵאֵלֶיהָ, מֵאֲלֵיהֶם

מאלףז׳ מְאַלֵּף [מְאַלְּפִים] trainer
1. מְאַמֵּן, מִי שֶׁמְּלַמֵּד הִתנַהֲגוּת מְסוּיֶּמֶת (בְּעִיקָר חַיּוֹת):
*הוּא **מְאַלֵּף** כְּלָבִים שֶׁל נָכִים.*
2. ת׳ - מְלַמֵּד: instructive
*הַהַרצָאָה הָיְיתָה **מְאַלֶּפֶת**.*
מְאַלֶּפֶת, מְאַלְּפוֹת

מאמיןתה״ז מַאֲמִין [מַאֲמִינִים] believer, devout
דָּתִי, מִי שֶׁיֵּשׁ לוֹ אֱמוּנָה בְּרַעְיוֹן וְכוּ':
*הוּא יְהוּדִי **מַאֲמִין**.*
מַאֲמִינָה, מַאֲמִינוֹת

מאמןז׳ מְאַמֵּן [מְאַמְּנִים] coach, trainer
אָדָם שֶׁמִּקצוֹעוֹ לְתַרגֵּל וּלְהַדרִיךְ, בְּעִיקָר סְפּוֹרטָאִים:
***הַמְאַמֵּן** תִּירגֵּל אֶת הַסְּפּוֹרטָאִים בְּמִגרַשׁ הַכַּדּוּרֶגֶל.*
מְאַמֶּנֶת, מְאַמְּנוֹת

מאמץז׳ מַאֲמָץ [מַאֲמַצִּים] effort, exertion
שִׁימּוּשׁ בְּכוֹחַ וְאֶנֶרגִיָה כְּדֵי לַעֲשׂוֹת מַשֶּׁהוּ, כְּשֶׁמִּשְׁתַּדְּלִים:
*עֲבוֹדָה חַקלָאִית דּוֹרֶשֶׁת **מַאֲמָץ** פִיסִי. / אֲנִי עוֹשֶׂה אֶת כֹּל **הַמַּאֲמַצִּים** לְהַצלִיחַ בָּעֲבוֹדָה.*

מאמרז׳ מַאֲמָר [מַאֲמָרִים] article
חִיבּוּר בְּעִיתּוֹן אוֹ בְּכִתבֵי-עֵת:
*הָעִיתּוֹנַאי פִּירסֵם בָּעִיתּוֹן **מַאֲמָר** עַל בְּעָיוֹת הַחֶברָה.*

מאספ׳ מָאַס became tired of, detested
דָּחָה, לֹא רָצָה לְקַבֵּל, לַעֲשׂוֹת וְכוּ':
***מָאַסְתִּי** בַּלִּימּוּדִים, אֲנִי רוֹצֶה לַעֲשׂוֹת מַשֶּׁהוּ אַחֵר.*
לִמאוֹס בְּ- / מ.א.ס, פָּעַל / מָאַסְתִּי, מוֹאֵס, אֶמְאַס, יִמְאַס

מאסףז׳ מְאַסֵּף [מְאַסְּפִים] local bus
אוֹטוֹבּוּס שֶׁעוֹצֵר בְּכֹל תַּחֲנָה:
*הַנְּסִיעָה **בַּמְּאַסֵּף** נִמשֶׁכֶת זְמַן רַב.*

מאסרז, מַאֲסָר [מַאֲסָרִים] imprisonment
יְשִׁיבָה בְּבֵית סוֹהַר:
*אַחֲרֵי שְׁנָתַיִם **מַאֲסָר** יָצָא הָאָסִיר מִבֵּית הַסּוֹהַר.*
מַאֲסַר־בַּיִת house arrest
מַאֲסַר־עוֹלָם life sentence
מַאֲסָר עַל תְּנַאי suspended prison sentence

מאפהז, מַאֲפֶה [מַאֲפִים] baked goods
מַשֶּׁהוּ אָפוּי מִבָּצֵק:
*קָנִיתִי אֶת הָעוּגָה בַּחֲנוּת לְדִבְרֵי **מַאֲפֶה**.*

מאפייהנ, מַאֲפִיָּה [מַאֲפִיּוֹת] bakery
הַמָּקוֹם שֶׁאוֹפִים בּוֹ לֶחֶם וְעוּגוֹת:
*בַּ**מַּאֲפִיָּה** אוֹפִים לֶחֶם בְּמֶשֶׁךְ הַלַּיְלָה.*

מאפרז, מְאַפֵּר [מְאַפְּרִים] makeup man
מִי שֶׁמּוּמְחֶה בִּצְבִיעַת פָּנִים:
*לַשַּׂחְקָנִים יֵשׁ **מְאַפֵּר**, שֶׁמַּתְאִים אֶת הַפָּנִים לַתַּפְקִיד.*
מְאַפֶּרֶת, מְאַפְּרוֹת

מאפרהנ, מַאֲפֵרָה [מַאֲפֵרוֹת] ashtray
כְּלִי לָאֵפֶר שֶׁל הַסִּיגָרִיּוֹת:
*נָא לְהִשְׁתַּמֵּשׁ בְּ**מַאֲפֵרוֹת** וְלֹא לִזְרוֹק אֵפֶר עַל הָרִצְפָּה.*

מארבז, מַאֲרָב [מַאֲרָבִים] ambush, stakeout
1. הַמָּקוֹם שֶׁמִּתְחַבְּאִים בּוֹ כְּדֵי לְהַפְתִּיעַ מִישֶׁהוּ:
*יָשַׁבְנוּ לַיְלָה שָׁלֵם בְּ**מַאֲרָב**.*
2. חַיָּילִים (מִשְׁטָרָה) הַמִּתְחַבְּאִים כְּדֵי לְהַפְתִּיעַ אוֹיֵב:
*עָלִינוּ עַל **מַאֲרָב** שֶׁל מְחַבְּלִים.*
הִצִּיב מַאֲרָב set an ambush
נִתְקַל בְּמַאֲרָב walked into an ambush

מארגןז, מְאַרְגֵּן [מְאַרְגְּנִים] organizer
מִי שֶׁאַחְרָאִי עַל הַסֵּדֶר, הַתּוֹכְנִית...:
*אֲנִי הָיִיתִי הַ**מְאַרְגֵּן** שֶׁל הַטִּיּוּל.*
מְאַרְגֶּנֶת, מְאַרְגְּנוֹת

מארחז, מְאָרֵחַ [מְאָרְחִים] host
מִי שֶׁמְּקַבֵּל אוֹרְחִים:
*בְּסוֹף הַמְּסִיבָּה נִפְרַדְתִּי מִן הַ**מְאָרְחִים**, וְהָלַכְתִּי הַבַּיְתָה.*
מְאָרַחַת, מְאָרְחוֹת

מאשרמ"ק מֵאֲשֶׁר than
(יוֹתֵר) מִן:
*יֵשׁ לִי יוֹתֵר כֶּסֶף **מֵאֲשֶׁר** לְךָ.*

מאתמ"י מֵאֵת from, by
מ(מִישֶׁהוּ), עַל יְדֵי-:
*קִיבַּלְתִּי תְּשׁוּבָה **מֵאֵת** הָעוֹרֵךְ שֶׁל הָעִיתּוֹן. 'מִלְחָמָה וְשָׁלוֹם' הוּא רוֹמָן **מֵאֵת** טוֹלְסְטוֹי.*

מאתייםש"מ מָאתַיִם two hundred
הַמִּסְפָּר 200:
*הַמַּהְפֵּכָה הַצָּרְפָתִית הָיְתָה לִפְנֵי **מָאתַיִם** שָׁנָה.*

מבדחת, מְבַדֵּחַ funny
גּוֹרֵם שִׂמְחָה, צְחוֹק:
*הוּא סִיפֵּר עַל עַצְמוֹ בְּצוּרָה **מְבַדַּחַת**.*
מְבַדַּחַת, מְבַדְּחִים, מְבַדחוֹת

מבדלתנ, מַבְדֶּלֶת [מַבְדָּלוֹת] divider, folding screen
(מַבְדִּיל + דֶּלֶת) "קִיר" קַל, שֶׁאֶפְשָׁר לְהָזִיז אוֹתוֹ:
*שַׂמְנוּ **מַבְדֶּלֶת** לְהַפְרִיד בֵּין הַמִּטְבָּח לְבֵין הַסָּלוֹן.*

מבדקז, מִבְדָּק [מִבְדָּקִים] test
בְּדִיקָה, מִבְחָן:
*אֲנִי הוֹלֵךְ לְ**מִבְדָּקִים** לְקוּרְס קְצִינִים.*

מבהילת, מַבְהִיל frightening
גּוֹרֵם פַּחַד, מַפְחִיד:
*הַסֶּרֶט הָיָה **מַבְהִיל**, קָרוּ בּוֹ דְּבָרִים שֶׁלֹּא חִיכִּיתָ לָהֶם.*
מַבהִילָה, מַבהִילִים, מַבהִילוֹת

מבהיקת, מַבְהִיק shining
מַבְרִיק, נוֹצֵץ:
*הַחוֹף **מַבְהִיק** בַּשֶּׁמֶשׁ.*
מַבהִיקָה, מַבהִיקִים, מַבהִיקוֹת

מבואז, מָבוֹא [מְבוֹאוֹת] entry, outskirts
1. כְּנִיסָה, מָקוֹם שֶׁנִּכְנָסִים דַּרְכּוֹ:
*אֲנִי גָּר בִּ**מְבוֹאוֹת** הָעִיר, לֹא בַּמֶּרְכָּז.*
2. פְּתִיחָה לְסֵפֶר: preface
*בַּ**מָּבוֹא** כָּתוּב נוֹשֵׂא הַסֵּפֶר וְהַתּוֹכֶן שֶׁלּוֹ.*
3. הַרְצָאָה אוֹ סֵפֶר כַּהֲכָנָה לְמִקְצוֹעַ מְסוּיָּם: introduction
*הַשִּׁיעוּר **מָבוֹא** לְכַלְכָּלָה מְעַנְיֵין מְאוֹד.*

מבוארת, מְבֹאָר explained (adj.)
בֵּיאֲרוּ אוֹתוֹ, הוּא מְפוֹרָשׁ:
*הַטֶּקְסְט **מְבוֹאָר**, לָכֵן הוּא מַתְאִים לְתַלְמִידִים.*
מְבוֹאֶרֶת, מְבוֹאָרִים, מְבוֹאָרוֹת

מבוגרתו"ז מְבֻגָּר [מְבוּגָּרִים] adult
בּוֹגֵר בְּגִיל, לְפָחוֹת בֶּן 18 שָׁנִים: *בַּקּוֹלְנוֹעַ מַצִּיגִים סֶרֶט לִ**מְבוּגָּרִים** בִּלְבַד.* מְבוּגֶּרֶת, מְבוּגָּרוֹת

מבודדת׳ מְבוֹדָד isolated (adj.)
לְבַד, בְּלִי אֲנָשִׁים אוֹ דְבָרִים עַל יָדוֹ:
*הָיִיתִי בְּמָקוֹם רָחוֹק, **מְבוֹדָד** מֵהָעוֹלָם.*
סַכָּנָה! חוּט הַחַשְׁמַל אֵינוֹ **מְבוֹדָד**.
מְבוֹדֶדֶת, מְבוֹדָדִים, מְבוֹדָדוֹת

מבודחת׳ מְבֻדָּח good-humored
שָׂמֵחַ, בְּמַצָּב רוּחַ טוֹב, מַצְחִיק:
*צָרִיךְ לְקַבֵּל אֶת דְּבָרָיו בְּצוּרָה **מְבוּדַּחַת**, הוּא לֹא הִתְכַּוֵּון בִּרְצִינוּת.*
מְבוּדַּחַת, מְבוּדָּחִים, מְבוּדָּחוֹת

מבוהלת׳ מְבֹהָל frightened (adj.)
מְפַחֵד, פּוֹחֵד שֶׁמַּשֶּׁהוּ יִקְרֶה:
*דָּוִיד נִרְאָה לִי **מְבוֹהָל** מְאוֹד אַחֲרֵי הַהִתְפּוֹצְצוּת.*
מְבוֹהֶלֶת, מְבוֹהָלִים, מְבוֹהָלוֹת

מבוזבזת׳ מְבֻזְבָּז wasted (adj.)
כְּשֶׁמּוֹצִיאִים הַרְבֵּה (כֶּסֶף וְכוּ׳) לֹא לְצוֹרֶךְ:
*הַצִּינּוֹר הִתְפּוֹצֵץ! חֲבָל עַל הַמַּיִם **הַמְבוּזְבָּזִים**.*
מְבוּזְבֶּזֶת, מְבוּזְבָּזִים, מְבוּזְבָּזוֹת

מבוטחת׳ מְבֻטָּח insured (adj.)
מִי שֶׁמְּקַבֵּל פִּיצּוּי, כֶּסֶף, בְּמִקְרֶה שֶׁל תְּאוּנָה, גַּנָּבִים, אֵשׁ וְכוּ׳:
*הַבַּיִת **מְבוּטָּח** מִפְּנֵי גְנֵיבוֹת.*
מְבוּטַּחַת, מְבוּטָּחִים, מְבוּטָּחוֹת

מבוטלת׳ מְבֻטָּל canceled (adj.)
1. שֶׁבִּיטְּלוּ אוֹתוֹ, אֵין לוֹ עֵרֶךְ, שִׁימּוּשׁ:
*הַהֶסְכֵּם בֵּינֵינוּ **מְבוּטָּל**.*
2. בַּעַל עֵרֶךְ קָטָן מְאוֹד, כַּמּוּת קְטַנָּה: negligible
*כַּמּוּת הַסּוּכָּר בִּירָקוֹת **מְבוּטֶּלֶת**.*
בָּטֵל וּמְבוּטָּלב׳ null and void
מְבוּטֶּלֶת, מְבוּטָּלִים, מְבוּטָּלוֹת

מבויז׳ מָבוֹי [מְבוֹאוֹת] alley
רְחוֹב צַר מְאוֹד.
מָבוֹי סָתוּםב׳ - blind alley, deadlock, standstill
*הַוַּעַד וְהַמְנַהֵל הִגִּיעוּ **לְמָבוֹי סָתוּם** בְּעִנְיַן הַשָּׂכָר.*

מבוילת׳ מְבֻיָּל stamped (adj.)
שֶׁהִדְבִּיקוּ עָלָיו בּוּל:
*הַחוֹזֶה צָרִיךְ לִהְיוֹת **מְבוּיָּל**.*
מְבוּיֶּלֶת, מְבוּיָּלִים, מְבוּיָּלוֹת

מבויםת׳ מְבֻיָּם directed/staged (adj.)
עָרְכוּ אוֹתוֹ כְּהַצָּגָה:
*הַהַצָּגָה **מְבוּיֶּמֶת** יָפֶה.*
מְבוּיֶּמֶת, מְבוּיָּמִים, מְבוּיָּמוֹת

מבוישת׳ מְבֻיָּשׁ ashamed
מַרְגִּישׁ לֹא נוֹחַ, מִישֶׁהוּ אָמַר לוֹ מַשֶּׁהוּ:
*הִרְגַּשְׁתִּי **מְבוּיָּשׁ**, כִּי הַמְנַהֵל צָעַק עָלַיי לִפְנֵי כּוּלָם.*
מְבוּיֶּשֶׁת, מְבוּיָּשִׁים, מְבוּיָּשׁוֹת

מבויתת׳ מְבֻיָּת domesticated (adj.)
(חַיּוֹת) חַי בַּבַּיִת, לֹא בַּטֶּבַע:
*הַכֶּלֶב הוּא בַּעַל חַיִּים **מְבוּיָּת**.*
מְבוּיֶּתֶת, מְבוּיָּתִים, מְבוּיָּתוֹת

מבוךז׳ מָבוֹךְ [מְבוֹכִים] maze, labyrinth
מָקוֹם שֶׁיֵּשׁ בּוֹ דְּרָכִים רַבּוֹת וְקָשֶׁה לָצֵאת מִמֶּנּוּ:
*הַשְּׁכוּנָה הַזֹּאת הִיא כְּמוֹ **מָבוֹךְ** - הוֹלְכִים וְלֹא מַגִּיעִים.*

מבוכהנ׳ מְבוּכָה [מְבוּכוֹת] embarrassment
הַרְגָּשָׁה לֹא נוֹחָה, כְּשֶׁלֹּא יוֹדְעִים מָה לַעֲשׂוֹת, אֵיךְ לְהִתְנַהֵג:
*אֲנִי מַרְגִּישׁ **מְבוּכָה** בֵּין אֲנָשִׁים זָרִים.*
בָּא בִּמְבוּכָה - became embarrassed
הוּא בָּא בִּמְבוּכָה בֵּין זָרִים.
הֵבִיא בִּמְבוּכָה - embarrassed
הַשְּׁאֵלוֹת שֶׁלּוֹ הֵבִיאוּ אוֹתִי בִּמְבוּכָה.

מבולז׳ מַבּוּל flood, deluge
1. גֶּשֶׁם חָזָק מְאוֹד:
*קָרָאתִי בַּתַּנַ"ךְ עַל נֹחַ **וְהַמַּבּוּל**.*
2. שֶׁפַע שֶׁל מַשֶּׁהוּ, זֶרֶם גָּדוֹל: downpour
*יָרַד עָלֵינוּ **מַבּוּל** שֶׁל מִכְתָּבִים.*

מבולבלת׳ מְבֻלְבָּל mixed-up (adj.)
1. לֹא מְסוּדָּר:
*הַחִיבּוּר שֶׁכָּתַבְתָּ **מְבוּלְבָּל**, קָשֶׁה לְהָבִין אוֹתוֹ.*
2. לֹא יוֹדֵעַ מָה לְהַגִּיד אוֹ מָה לַעֲשׂוֹת: confused (adj.)
*כְּשֶׁפָּגַשְׁתִּי אוֹתוֹ, הָיִיתִי **מְבוּלְבֶּלֶת**.*
מְבוּלְבֶּלֶת, מְבוּלְבָּלִים, מְבוּלְבָּלוֹת

מבולגןת׳ מְבֻלְגָּן messy
(לְשׁוֹן דִּיבּוּר) שֶׁיֵּשׁ בּוֹ אִי-סֵדֶר:
*הַחֶדֶר שֶׁלִּי **מְבוּלְגָּן**, אֵינֶנִּי יָכוֹל לִמְצוֹא בּוֹ כְּלוּם.*
מְבוּלְגֶּנֶת, מְבוּלְגָּנִים, מְבוּלְגָּנוֹת

מבוססת׳ מְבֻסָּס based (adj.)
יַצִּיב, שֶׁעוֹמֵד עַל בָּסִיס חָזָק:
*הַדְּבָרִים שֶׁלִּי **מְבוּסָּסִים** עַל נִיסּוּיִים מַדָּעִיִּים.*
(מֶטָאפוֹרָה) הוּא בָּא מִמִּשְׁפָּחָה well-established

מְבוּסֶסֶת, *יֵש לָהֶם כֶּסֶף וּרכוּש.*
מְבוּסֶסֶת, מְבוּסָסִים, מְבוּסָסוֹת

מבועתת׳ מְבֹעָת — frightened (adj.)
פּוֹחֵד מְאוֹד, מְבוֹהָל:
*הוּא הִתעוֹרֵר **מְבוֹעָת** מֵחֲלוֹם רַע שֶחָלַם.*
מְבוֹעֶתֶת, מְבוֹעָתִים, מְבוֹעָתוֹת

מבוצרת׳ מְבֻצָּר — fortified (adj.)
1. מוּגָן, שֶיֵש לוֹ קִירוֹת חֲזָקִים, חוֹמוֹת וְכוּ׳:
*הָעִיר **מְבוּצֶרֶת**, שוּם צָבָא לֹא יוּכַל לְהִיכָּנֵס אֵלֶיהָ.*
2. לֹא מוּכָן לְשַנוֹת, לָזוּז: — barricaded (adj.), firm
*הוּא **מְבוּצָר** בְּעֶמדָתוֹ וְאֵינוֹ מִתפַּשֵר.*
מְבוּצֶרֶת, מְבוּצָרִים, מְבוּצָרוֹת

מבוקרת׳ מְבֻקָּר — under control/ inspection
מַשֶהוּ שֶבָּדקוּ אוֹתוֹ, מַשֶהוּ שֶהוּא תַחַת בִּיקוֹרֶת:
*מִשֹרְדֵי הַמֶמשָלָה הֵם גוּפִים **מְבוּקָרִים**.*
מְבוּקֶרֶת, מְבוּקָרִים, מְבוּקָרוֹת

מבוקשת׳ מְבֻקָּש — popular, sought after
1. פּוֹפּוּלָרִי, רוֹצִים אוֹתוֹ:
*זֹאת מְכוֹנִית **מְבוּקֶשֶת** מְאוֹד.*
2. מַשֶהוּ שֶמְבַקשִים, שֶרוֹצִים: — wished for/requested (adj.)
*נָתַתִי לָה אֶת **מְבוּקָשָה**.*
3. מִישֶהוּ שֶמְחַפּשִׂים, שֶהוּא דָרוּש: — needed (adj.), in demand
***מְבוּקָשִים** פְּקִידִים יוֹדְעֵי צָרְפָתִית.*
מְבוּקֶשֶת, מְבוּקָשִים, מְבוּקָשוֹת

מבורךת׳ מְבֹרָךְ — blessed (adj.)
1. מִי שֶיֵש לוֹ הַרבֵּה מִמַשֶהוּ:
*הוּא **מְבוֹרָך** בִּילָדִים.*
2. מִישֶהוּ אוֹ מַשֶהוּ שֶמַגִיעַ לוֹ שֶבַח: — worthy
*עֶזרָה לִילָדִים הִיא מַעֲשֶׂה **מְבוֹרָך**.*
מְבוֹרֶכֶת, מְבוֹרָכִים, מְבוֹרָכוֹת

מבושיםז״ר מְבוּשִים — genitals
אֵיבְרֵי הַמִין שֶל הַגֶבֶר:
*הוּא כִּיסָה אֶת **מְבוּשָיו**.*

מבושלת׳ מְבֻשָּל — cooked (adj.)
מָזוֹן שֶהֵכִינוּ אוֹתוֹ בְּמַיִם עַל הָאֵש:
*הָרוֹפֵא אָמַר לִי לֶאֱכוֹל רַק אוֹכֶל **מְבוּשָל**.*
מְבוּשֶלֶת, מְבוּשָלִים, מְבוּשָלוֹת

מבושםת׳ מְבֻשָּם — perfumed (adj.)
1. יֵש לוֹ רֵיחַ טוֹב (שֶל בּוֹשֶׂם):
*הָאֲוִויר **מְבוּשָם** מִן הַפְּרָחִים שֶל עֲצֵי הַתַפּוּזִים.*
2. מִי שֶשָתָה הַרבֵּה, שִיכּוֹר: — intoxicated (adj.)
*הוּא **מְבוּשָם**, הוּא לֹא יוֹדֵעַ מַה הוּא מְדַבֵּר.*
מְבוּשֶׂמֶת-מְבוּשָׂמָה, מְבוּשָׂמִים, מְבוּשָׂמוֹת

מבותרת׳ מְבֻתָּר — dissected (adj.), cleft
חָתוּך, מְחוּלָק לַחֲלָקִים:
*הַגוּף הַמֵת נִמצָא **מְבוּתָר**. / הַשֶטַח **מְבוּתָר** בְּוָדִיוֹת.*
מְבוּתֶרֶת, מְבוּתָרִים, מְבוּתָרוֹת

מבזקז׳ מִבְזָק [מִבזָקִים] — flash
מַשֶהוּ קָצָר וּמָהִיר.
מִבזַק חֲדָשוֹת - — news flash
*אֲנַחנוּ מוֹסרִים **מִבזַק** חֲדָשוֹת וְלֹא יְדִיעוֹת מְפוֹרָטוֹת וּמלֵאוֹת.*

מבחילת׳ מַבְחִיל — nauseating, disgusting
דוֹחֶה, מַגעִיל:
*הַלִיכלוּך בָּרְחוֹב הוּא מַרְאֶה **מַבחִיל**.*
מַבחִילָה, מַבחִילִים, מַבחִילוֹת

מבחינהמ״י מִבְּחִינָה — from the point of view of
מִן הָאַספֶּקט, מִן הַצַד הַ-:
*הָרוֹפֵא אָמַר, **שֶמִבּחִינָה** רְפוּאִית הָאִיש בָּרִיא לְגַמרֵי.*
מִבּחִינָתִי, מִבּחִינָתוֹ, מִבּחִינָתָה

מבחןז׳ מִבְחָן [מִבחָנִים] — test
בְּדִיקָה כְּדֵי לִקבּוֹעַ רָמָה שֶל הֶישֵׂגִים אוֹ יְכוֹלֶת:
*כְּדֵי לְקַבֵּל רִישיוֹן נְהִיגָה צָרִיך לַעֲבוֹר **מִבחַן** נְהִיגָה.*
עָמַד בְּמִבחָן — passed the test
עָמַד לְמִבחָן — took a test
קְצִין מִבחָן — probation officer
*הוּא בְּפִיקוּחַ שֶל **קְצִין מִבחָן**.*

מבחנהנ׳ מַבְחֵנָה [מַבחֵנוֹת] — test-tube
צִינוֹר זְכוּכִית סָגוּר מִצַד אֶחָד, מְשַמֵש לִבדִיקוֹת דָם וְכוּ׳:
***מַבחֵנָה** צְרִיכָה לִהיוֹת סטֶרִילִית.*

מבחרז׳ מִבְחָר — selection, choice
1. מִספָּר דְבָרִים שֶאֶפשָר לִבחוֹר מֵהֶם:
*בַּשוּק יֵש **מִבחָר** גָדוֹל שֶל פֵּירוֹת וִירָקוֹת.*
2. אוֹסֶף שֶל עֲבוֹדוֹת בְּסִפרוּת, בְּצִיוּר וְכוּ׳: — collection
*יָצָא **מִבחַר** שִירִים שֶל לֶרמוֹנטוֹב.*

מבטז׳ מַבָּט [מַבָּטִים] — look
מַרְאֶה, הִסתַכְּלוּת, צוּרַת רְאִייָה:
*לַיֶלֶד הָיָה **מַבָּט** עָצוּב בָּעֵינַיִים.*
נְקוּדַת־מַבָּט - אַספֶּקט: — point of view
*הַסִיפּוּר נִכתַב **מִנְקוּדַת מַבָּט** שֶל יֶלֶד.*

מבטאז, מִבְטָא [מִבְטָאִים] pronunciation, accent
הִיגוּי, אוֹפֶן אֲמִירַת הַצְּלִילִים שֶׁל הַשָּׂפָה:
*רוּתִי מְדַבֶּרֶת עִבְרִית בְּ**מִבְטָא** צָרְפָתִי.*

מבטחיםז״ר מִבְטַחִים secure/protected (adj.)
(מָקוֹם) בָּטוּחַ:
*אֲנִי מְחַפֵּשׂ מָקוֹם **מִבְטַחִים**.*
חוֹף מִבְטַחִים (safe) haven
שָׂם מִבְטָחוֹב put his trust (in)

מבטיחת, מַבְטִיחַ promising (adj.)
מִישֶׁהוּ אוֹ מַשֶּׁהוּ שֶׁחוֹשְׁבִים שֶׁיַּצְלִיחַ:
*הוּא מַדְעָן **מַבְטִיחַ**.*
מַבְטִיחָה, מַבְטִיחִים, מַבְטִיחוֹת

מביךת, מֵבִיךְ embarrassing (adj)
גּוֹרֵם לְהַרְגָּשָׁה לֹא נְעִימָה, מְבַלְבֵּל:
*הַדְּבָרִים שֶׁאָמַרְתָּ **מְבִיכִים**.*
מְבִיכָה, מְבִיכִים, מְבִיכוֹת

מבישת, מֵבִישׁ shameful
שֶׁצָּרִיךְ לְהִתְבַּיֵּישׁ בּוֹ:
*הַהִתְנַהֲגוּת שֶׁלּוֹ **מְבִישָׁה**.*
מְבִישָׁה, מְבִישִׁים, מְבִישׁוֹת

מבנהז, מִבְנֶה [מִבְנִים] structure, building
1. בִּנְיָין, בַּיִת אוֹ מַשֶּׁהוּ בָּנוּי:
*בָּרְחוֹב הַזֶּה יֵשׁ **מִבְנֶה** יָשָׁן שֶׁל בֵּית-כְּנֶסֶת.*
2. הַשִּׁיטָה, הַתּוֹכְנִית שֶׁל מַשֶּׁהוּ: formation
*הַחוֹקֵר הִסְבִּיר אֶת הַ**מִּבְנֶה** שֶׁל הַתָּא.*
מִבְנֵה הַמִּשְׁפָּט בַּשָּׂפָה הָעִבְרִית

מבעז, מַבָּע [מַבָּעִים] expression
מַה שֶּׁרוֹאִים בָּעֵינַיִים, בַּפָּנִים וְכוּ':
*הָעֵינַיִים שֶׁלּוֹ חַסְרוֹת **מַבָּע**, הֵן כְּאִילּוּ רֵיקוֹת.*

מבעד ל-מ״י, מִבַּעַד לְ- from behind, through
מֵאֲחוֹרֵי:
***מִבַּעַד** לַחַלּוֹן רָאִיתִי אֶת הַמְּכוֹנִיּוֹת הַנּוֹסְעוֹת.*

מבצעז, מִבְצָע [מִבְצָעִים] project, operation
פְּעוּלָּה אוֹ תּוֹכְנִית מְיוּחֶדֶת:
*הַשָּׁנָה עָשִׂינוּ **מִבְצָע** מְיוּחָד - עָבַדְנוּ כְּמִתְנַדְּבִים בַּקִּיבּוּץ.*
קְצִין מִבְצָעִים - קָצִין בַּצָּבָא שֶׁמְּתַכְנֵן פְּעוּלּוֹת מִלְחָמָה

מבצעית, מִבְצָעִי operational
אוֹפֶּרָטִיבִי, מַה שֶּׁעוֹשִׂים מַמָּשׁ:
*הַמְּפַקֵּד יָצָא לִפְעוּלָּה **מִבְצָעִית**, הוּא לֹא בַּמִּשְׂרָד.*
מִבְצָעִית, מִבְצָעִיִּים, מִבְצָעִיּוֹת

מבצרז, מִבְצָר [מִבְצָרִים] fortress
מִבְנֶה שֶׁיֵּשׁ לוֹ קִירוֹת וְחוֹמָה לַהֲגָנָה מִפְּנֵי אוֹיֵב:
*הוֹרְדוֹס הָפַךְ אֶת מְצָדָה **לְמִבְצָר**.*

מבקרז, מְבַקֵּר [מְבַקְּרִים] visitor
1. אוֹרֵחַ, מִי שֶׁבָּא לְבַקֵּר:
*הָיוּ לִי הַרְבֵּה **מְבַקְּרִים** בְּשַׁבָּת.*
2. מִי שֶׁבּוֹדֵק אִם הַכֹּל בְּסֵדֶר: inspector
*הַ**מְּבַקֵּר** עָלָה לָאוֹטוֹבּוּס וּבָדַק אֶת הַכַּרְטִיסִים.*
3. מִי שֶׁכּוֹתֵב עַל סְפָרִים, הַצָּגוֹת וְכוּ': critic
*הַ**מְּבַקְּרִים** מַסְכִּימִים, שֶׁהַהַצָּגָה מְצוּיֶּנֶת.*
מְבַקֵּר־הַמְּדִינָה State Comptroller
מְבַקֶּרֶת, מְבַקְּרוֹת

מבקשז, מְבַקֵּשׁ [מְבַקְשִׁים] applicant
מִי שֶׁרוֹצֶה אוֹ צָרִיךְ מַשֶּׁהוּ:
*הַ**מְּבַקְשִׁים** פַּסְפּוֹרְטִים צְרִיכִים לְחַכּוֹת בַּתּוֹר.*
מְבַקֶּשֶׁת, מְבַקְשׁוֹת

מברגז, מַבְרֵג [מַבְרְגִים] screwdriver
מַכְשִׁיר שֶׁמּוֹצִיא וּמַכְנִיס בְּרָגִים:
*אֲנִי לֹא יָכוֹל לִפְתּוֹחַ אֶת הָאַרְגָּז, כִּי אֵין לִי **מַבְרֵג**.*

מבריחז, מַבְרִיחַ [מַבְרִיחִים] smuggler
מִי שֶׁמַּכְנִיס סְחוֹרָה בְּלִי מֶכֶס (מַס):
*תָּפְשׂוּ אֶת הַ**מַּבְרִיחַ** שֶׁל מַכְשִׁירֵי הָאֶלֶקְטְרוֹנִיקָה.*
מַבְרִיחָה, מַבְרִיחוֹת

מבריקת, מַבְרִיק shining
נוֹצֵץ, שֶׁיֵּשׁ לוֹ בָּרָק:
*כְּלֵי הַכֶּסֶף **מַבְרִיקִים**.*
2. (מֶטָאפוֹרָה) מוּכְשָׁר מְאוֹד, חָכָם, פִּיקֵחַ: brilliant
*הוּא בָּחוּר **מַבְרִיק**.*
מַבְרִיקָה, מַבְרִיקִים, מַבְרִיקוֹת

מברקז, מִבְרָק [מִבְרָקִים] cable, telegram
טֶלֶגְרָמָה:
*לֹא יָכוֹלְתִּי לִנְסוֹעַ לַחֲתוּנָּה, לָכֵן שָׁלַחְתִּי **מִבְרַק** בְּרָכָה.*

מברקהנ, מִבְרָקָה telegraph office
מָקוֹם בַּדּוֹאַר שֶׁשּׁוֹלְחִים בּוֹ טֶלֶגְרָמָה:
*נִיגַּשְׁתִּי **לַמִּבְרָקָה** וְשָׁלַחְתִּי מִבְרָק.*

מברשתנ, מִבְרֶשֶׁת [מִבְרָשׁוֹת] brush
מַכְשִׁיר לְנִיקּוּי, שֶׁיֵּשׁ לוֹ שְׂעָרוֹת:

*דָוִיד קָנָה כֹּל מִינֵי **מִבְרָשׁוֹת** - **מִבְרֶשֶׁת** שִׁינַּיִים, **מִבְרֶשֶׁת** נַעֲלַיִים, **מִבְרֶשֶׁת** בְּגָדִים וְכוּ'.*

מבשלז, מְבַשֵּׁל [מְבַשְּׁלִים] cook
מִי שֶׁעוֹסֵק בְּבִישּׁוּל, טַבָּח:
*יֵשׁ לָנוּ בַּבַּיִת מְנַקָּה **וּמְבַשֶּׁלֶת**.*
מְבַשֶּׁלֶת, מְבַשְּׁלוֹת

מבשׂרז, מְבַשֵּׂר [מְבַשְּׂרִים] messenger, bearer of news
מוֹדִיעַ, (בְּדֶרֶךְ כְּלָל יְדִיעוֹת טוֹבוֹת):
*הַצִּיפּוֹרִים הָאֵלֶּה הֵן **מְבַשְּׂרוֹת** הַחוֹרֶף.*
מְבַשֶּׂרֶת, מְבַשְּׂרוֹת

מבתרז, מִבְתָּר [מִבְתָּרִים] cut(ting), space, area
שֶׁטַח מְחוּלָּק:
*גִּבְעַת **הַמִּבְתָּר** בִּירוּשָׁלַיִם מְחוּלֶּקֶת עַל-יְדֵי חֲפִירוֹת.*

מגבז, מַגֵּב [מַגְּבִים] windshield wiper
1. מַכְשִׁיר עַל חַלּוֹן הַמְּכוֹנִית מִבַּחוּץ, מְסַלֵּק אֶת מֵי הַגֶּשֶׁם:
*הַ**מַּגֵּב** עוֹבֵד כְּשֶׁיּוֹרֵד גֶּשֶׁם.*
2. שָׁטִיחַ לְנִיגּוּב רַגְלַיִים: doormat
*חֲבָל שֶׁאֵין **מַגֵּב** לִפְנֵי הַדֶּלֶת.*
3. מִין מַטְאֲטֵא לְסִילּוּק מַיִם: mop
*אֲנִי שׁוֹטֵף אֶת הָרִצְפָּה בְּעֶזְרַת **מַגֵּב**.*

מגבהז, מַגְבֵּהַּ [מַגְבְּהִים] jack
מַכְשִׁיר לַהֲרָמַת מַשֶּׁהוּ כָּבֵד:
*כְּשֶׁאֲנִי מַחֲלִיף גַּלְגַּל בַּמְּכוֹנִית אֲנִי צָרִיךְ **מַגְבֵּהַּ**.*

מגבילת, מַגְבִּיל limiting (adj.)
מְצַמְצֵם, קוֹבֵעַ גְּבוּל צַר:
*אֲנִי נֶגֶד הַחוֹק **הַמַּגְבִּיל** אֶת מְהִירוּת הַנְּסִיעָה.*
מַגְבִּילָה, מַגְבִּילִים, מַגְבִּילוֹת

מגבירת, מַגְבִּיר strengthening, amplifying
מְחַזֵּק, מַגְדִּיל:
*הַשְּׁמִירָה **מַגְבִּירָה** אֶת הַבִּיטָּחוֹן.*
מַגְבִּיר-קוֹל amplifier, loudspeaker
מַגְבִּירָה, מַגְבִּירִים, מַגְבִּירוֹת

מגביתנ, מַגְבִּית [מַגְבִּיוֹת] (fund-raising) drive
אִיסּוּף כְּסָפִים לְמַטָּרָה מְיוּחֶדֶת:
*כֶּסֶף רַב נֶאֱסַף **בַּמַּגְבִּית** לְמַעַן יְלָדִים חַסְרֵי-בַּיִת.*
הַמַּגְבִּית הַיְּהוּדִית הַמְאוּחֶדֶת the United Jewish Fund

מגבלהנ, מִגְבָּלָה [מִגְבָּלוֹת] limitation, restriction
1. מַשֶּׁהוּ שֶׁמְּצַמְצֵם אֶפְשָׁרוּיוֹת:
*יֵשׁ לִי **מִגְבָּלָה** כַּסְפִּית.*
2. חִיסָּרוֹן, לֹא לְגַמְרֵי טוֹב: shortcoming, deficiency
*לְכָל מַכְשִׁיר יֵשׁ **הַמִּגְבָּלוֹת** שֶׁלּוֹ.*

מגבעתנ, מִגְבַּעַת [מִגְבָּעוֹת] hat
כּוֹבַע שֶׁיֵּשׁ לוֹ שׁוּלַיִים:
*גְּבָרִים שַׁמְרָנִיִּים חוֹבְשִׁים **מִגְבַּעַת**.*

מגברז, מַגְבֵּר [מַגְבְּרִים] amplifier
מַכְשִׁיר שֶׁמְּחַזֵּק אֶת הַקּוֹל:
*הַ**מַּגְבֵּר** בָּרַדְיוֹ שֶׁלִּי הִתְקַלְקֵל.*

מגבתנ, מַגֶּבֶת [מַגָּבוֹת] towel
בַּד לְנַגֵּב בּוֹ מַיִם מֵהַגּוּף אוֹ מִכֵּלִים:
*אֲנִי צָרִיךְ **מַגֶּבֶת** כְּדֵי לְנַגֵּב אֶת הַגּוּף אַחֲרֵי הַמִּקְלַחַת.*

מג"דז, מַגָּ"ד [מַגָּ"דִים] commander of a regiment
ר"ת: מְפַקֵּד גְּדוּד (יְחִידָה בַּצָּבָא):
*קוֹדֶם הָיִיתִי מְפַקֵּד פְּלוּגָה, עַכְשָׁיו אֲנִי **מַגָּ"ד**.*

מגדלז, מִגְדָּל [מִגְדָּלִים] tower
בִּנְיָין גָּבוֹהַּ וְצַר:
*עָלִיתִי עַל **הַמִּגְדָּל**, וְרָאִיתִי מִלְמַעְלָה אֶת כֹּל הָעִיר.*
מִגְדַּל-מַיִם water tower
מִגְדָּל פּוֹרֵחַ בָּאֲוִויר castle(s) in the air
מִגְדַּל-שֵׁן ivory tower
מִגְדַּל-פִּיקּוּחַ control tower

מגדלז, מְגַדֵּל [מְגַדְּלִים] grower, breeder
מִי שֶׁמִּתְעַסֵּק בְּגִידּוּל שֶׁל בַּעֲלֵי חַיִּים, צְמָחִים וְכוּ':
***מְגַדְּלֵי** הַפְּרָחִים דּוֹרְשִׁים לְהוֹרִיד אֶת מְחִיר הַמַּיִם.*
***מְגַדְּלֵי** הַסּוּסִים הִתְאַרְגְּנוּ.*

מגדלורז, מִגְדַּלּוֹר [מִגְדַּלּוֹרִים] lighthouse
מִגְדָּל לְיַד הַיָּם, שֶׁמֵּאִיר לָאוֹנִיּוֹת:
*בְּפֶתַח הַנָּמֵל נִמְצָא **מִגְדַּלּוֹר**.*

מגדלתנ, מַגְדֶּלֶת magnifying glass, magnifier
זְכוּכִית מַגְדֶּלֶת - עוֹשָׂה שֶׁיֵּירָאֶה גָּדוֹל יוֹתֵר (בְּמִיקְרוֹסְקוֹפּ וְכוּ'):
*אִי אֶפְשָׁר לִקְרוֹא אֶת הָאוֹתִיּוֹת בַּמַּפָּה בְּלִי זְכוּכִית **מַגְדֶּלֶת**.*

מגדנייהנ, מִגְדָּנִיָּה [מִגְדָּנִיּוֹת] confectionery, pastry shop
חֲנוּת שֶׁמּוֹכֶרֶת מַמְתַּקִּים וְעוּגוֹת:
*קָנִיתִי שׁוֹקוֹלָד **בַּמִּגְדָּנִיָּה**.*

מגהץז, מַגְהֵץ [מַגְהֵצִים] iron
מַכְשִׁיר לְגִיהוּץ, לְהַחְלָקַת הַבְּגָדִים אַחֲרֵי הַכְּבִיסָה:
*אֲנִי צָרִיךְ **מַגְהֵץ** כְּדֵי לְגַהֵץ אֶת הַבְּגָדִים.*

מגואלת׳ מְגֹאָל soiled (adj.)
(שָׂפָה ספרותית) מְלוּכלָך:
*הוּא רָחַץ אֶת יָדָיו הַ**מְגוֹאָלוֹת** בְּדָם.*
מְגוֹאֶלֶת, מְגוֹאָלִים, מְגוֹאָלוֹת

מגובבת׳ מְגֻבָּב heaped/piled (adj.)
דְבָרִים מוּנָחִים זֶה עַל זֶה בְּלִי סֵדֶר:
*כֹּל הַבְּגָדִים **מְגוּבָּבִים** עַל הַמִיטָה.*
מְגוּבֶּבֶת, מְגוּבָּבִים, מְגוּבָּבוֹת

מגובשת׳ מְגֻבָּשׁ consolidated (adj.), cohesive
מְלוּכָּד, עָשׂוּי כִּיחִידָה אַחַת:
*הַכִּיתָה שֶׁלָנוּ **מְגוּבֶּשֶׁת**. / הִגַשְׁנוּ הַצָעָה **מְגוּבֶּשֶׁת**.*
מְגוּבֶּשֶׁת, מְגוּבָּשִׁים, מְגוּבָּשׁוֹת

מגודלת׳ מְגֻדָּל grown (adj.)
שֶׁגִידלוּ אוֹתוֹ, שֶׁגָדַל מְאוֹד:
*הוּא יֶלֶד **מְגוּדָל**. / הַזָקָן שֶׁלְךָ **מְגוּדָל**.*
מְגוּדֶלֶת, מְגוּדָלִים, מְגוּדָלוֹת

מגוהץת׳ מְגֹהָץ ironed (adj.)
בֶּגֶד שֶׁהֶחלִיקוּ אוֹתוֹ בְּמַכשִׁיר מְיוּחָד:
*כֹּל הַבְּגָדִים הַ**מְגוֹהָצִים** - בָּאָרוֹן.*
מְגוֹהֶצֶת, מְגוֹהָצִים, מְגוֹהָצוֹת

מגווןת׳ מְגֻוָּן varied (adj.)
1. שֶׁיֵשׁ לוֹ הַרבֵּה צבָעִים, צִבעוֹנִי:
*הֵן לָבְשׁוּ שִׂמלוֹת מִבַּדִים **מְגוּוָנִים**.*
2. שֶׁיֵשׁ בּוֹ סוּגִים שׁוֹנִים שֶׁל חוֹמֶר: diverse
*תוֹכנִית הָעֶרֶב **מְגוּוֶנֶת** - שִׁירִים, רִיקוּדִים וְכוּ׳.*
מְגוּוֶנֶת, מְגוּוָנִים, מְגוּוָנוֹת

מגווןז׳ מִגְוָן [מִגוָונִים] variety
כּשֶׁיֵשׁ כַּמָה צבָעִים, סוּגִים מִינִים וְכוּ׳:
*בַּסוּפֶּרמַרקֶט יֵשׁ **מִגוָון** גָדוֹל שֶׁל גבִינוֹת.*

מגוחךת׳ מְגֻחָךְ ridiculous
מִי/מָה שֶׁצוֹחֲקִים וְלוֹעֲגִים לוֹ, לֹא מִתקַבֵּל עַל הַדַעַת:
*הָרַעיוֹן הַזֶה **מְגוּחָךְ**, מַמָשׁ שטוּיוֹת.*
מְגוּחֶכֶת, מְגוּחָכִים, מְגוּחָכוֹת

מגויסת״ז מְגֻיָּס [מְגוּיָסִים] recruit
1. מִי שֶׁמְשָׁרֵת בַּצָבָא אוֹ בְּתַפקִיד צִיבּוּרִי:
*כֹּל **מְגוּיָס** מְקַבֵּל בּגָדִים וּתעוּדָה.*
2. (מֶטָאפוֹרָה) מִישֶׁהוּ / mobilized/engaged (adj.)
מַשֶׁהוּ שֶׁמְשַׁמֵשׁ לְמַטָרָה כּלֶשֶׁהִי:
*אֲנִי נֶגֶד סִפרוּת **מְגוּיֶסֶת** לְרַעיוֹן.*
מְגוּיֶסֶת, מְגוּיָסוֹת

מגולגלת׳ מְגֻלְגָּל rolled (adj.)
שֶׁגִילגְלוּ אוֹתוֹ, קִיפּלוּ אוֹתוֹ:
*שַׂמתִי אֶת הַשָׁטִיחַ הַ**מְגוּלגָל** מִתַחַת לַמִיטָה.*
מְגוּלגֶלֶת, מְגוּלגָלִים, מְגוּלגָלוֹת

מגולווןת׳ מְגֻלְוָן galvanized (adj.)
יֵשׁ עָלָיו צִיפּוּי שֶׁל מַתֶכֶת שֶׁנַעֲשָׂה בְּעֶזרַת חַשמַל:
*אֵלֶה צִינוֹרוֹת **מְגוּלוָונִים**.*
מְגוּלוֶונֶת, מְגוּלוָונִים, מְגוּלוָונוֹת

מגולחת׳ מְגֻלָּח shaved (adj.)
שֶׁהֵסִירוּ מִמֶנוּ אֶת כֹּל הַשְׂעָרוֹת:
*הָיוּ לוֹ תַלתַלִים - עַכשָׁיו יֵשׁ לוֹ רֹאשׁ **מְגוּלָח**.*
מְגוּלַחַת, מְגוּלָחִים, מְגוּלָחוֹת

מגומגםת׳ מְגֻמְגָּם jumbled (adj.), unclear
נֶאֱמַר בְּהַפסָקוֹת וּבַחֲזָרוֹת (בִּגלַל פְּגַם, פַּחַד וְכוּ׳):
*הוּא אָמַר דבָרִים **מְגוּמגָמִים** וְלֹא בּרוּרִים.*
מְגוּמגֶמֶת, מְגוּמגָמִים, מְגוּמגָמוֹת

מגונדרת׳ מְגֻנְדָּר all dressed up
מְקוּשָׁט, לָבוּשׁ יָפֶה מְאוֹד:
*הוּא הוֹלֵךְ לַמְסִיבָּה **מְגוּנדָר** כּמוֹ חָתָן.*
מְגוּנדֶרֶת, מְגוּנדָרִים, מְגוּנדָרוֹת

מגונהת׳ מְגֻנֶּה indecent
לֹא הָגוּן, גַס וּמְכוֹעָר:
*הוּא הִצִיעַ הַצָעוֹת **מְגוּנוֹת** לַבַּחוּרָה שֶׁעָבדָה אִיתוֹ.*
מַעֲשֶׂה מְגוּנֶה indecent act
מְגוּנָה, מְגוּנִים, מְגוּנוֹת

מגוףז׳ מָגוֹף [מְגוֹפִים] sluice, (gate) valve
יָדִית לִפתִיחַת צִינוֹר:
*חֲבָל, הַמַיִם זוֹרמִים, צָרִיךְ לִסגוֹר אֶת הַ**מָגוֹף**.*

מגורדת׳ מְגֹרָד scraped (adj.)
שֶׁגֵירדוּ אוֹתוֹ, מְקוּלָף:
*קִיר הַחֶדֶר **מְגוֹרָד**, צָרִיךְ לִצבּוֹעַ אוֹתוֹ.*
מְגוֹרֶדֶת, מְגוֹרָדִים, מְגוֹרָדוֹת

מגורהת׳ מְגֹרֶה irritated (adj.), tender
1. שֶׁיֵשׁ בּוֹ גֵירוּי (פֶּצַע), לֹא בָּרִיא:
*הַמָקוֹם שֶׁל הַנִיתוּחַ עֲדַיִין **מְגוֹרֶה**.*
2. מִי שֶׁעוֹרְרוּ אוֹתוֹ מִבּחִינָה מִינִית: aroused (adj.)
*הַכּלָבִים **מְגוֹרִים** בִּגלַל הַכַּלבָּה.*
מְגוֹרָה-מְגוֹרֵית, מְגוֹרִים, מְגוֹרוֹת

מגורים ז"ר מְגוּרִים — residence, dwelling
מָקוֹם שֶׁאָדָם גָּר בּוֹ, בַּיִת, דִּירָה:
*אֲנִי מְחַפֵּשׂ **מְגוּרִים** בְּמֶרְכַּז הָעִיר.*
בֵּית מְגוּרִים

מגורש ז' מְגֹרָשׁ [מְגוֹרָשִׁים] — expelled/exiled (adj.)
1. מִי שֶׁגֵּירְשׁוּ אוֹתוֹ:
*הַיְּהוּדִים, **מְגוֹרְשֵׁי** סְפָרַד, עָבְרוּ לִצְפוֹן אַפְרִיקָה.*
2. גָּרוּשׁ, מִי שֶׁקִּיבֵּל גֵּט מֵאִשְׁתּוֹ: — divorced (adj.)
*הִיא **מְגוֹרֶשֶׁת** - בַּעְלָהּ נָתַן לָהּ גֵּט.*
מְגוֹרֶשֶׁת, מְגוֹרָשׁוֹת

מגושם ת' מְגֻשָּׁם — clumsy, coarse
גַּס וְכָבֵד:
*הַגּוּף שֶׁלּוֹ **מְגוּשָּׁם** וְכָבֵד.*
מְגוּשֶּׁמֶת, מְגוּשָּׁמִים, מְגוּשָּׁמוֹת

מגזר ז' מִגְזָר [מִגְזָרִים] — sector
חֵלֶק מִן הַתּוֹשָׁבִים, שֶׁיֵּשׁ לָהֶם מַשֶּׁהוּ מְשׁוּתָּף:
*לַ**מִּגְזָר** הָעַרְבִי יֵשׁ בְּעָיוֹת חֶבְרָתִיּוֹת וְכַלְכָּלִיּוֹת.*

מגיד ז' מַגִּיד [מַגִּידִים] — narrator, preacher
אוֹמֵר, מְסַפֵּר, מוֹדִיעַ:
*(בְּבֵית הַכְּנֶסֶת) הַ**מַּגִּיד** סִיפֵּר סִיפּוּר כְּדֵי לְהַסְבִּיר רַעְיוֹן.*
מַגִּיד־עֲתִידוֹת — fortune teller
מַגִּידָה, מַגִּידוֹת

מגיה ז' מַגִּיהַּ [מַגִּיהִים] — proof-reader
מִי שֶׁבּוֹדֵק הַדְפָּסָה וּמְתַקֵּן אֶת הַשְּׁגִיאוֹת:
*לֹא תָמִיד הַ**מַּגִּיהִים** בְּעִיתּוֹן שָׂמִים לֵב לַשְּׁגִיאוֹת.*
מַגִּיהָה, מַגִּיהוֹת

מגילה נ' מְגִלָּה [מְגִילּוֹת] — scroll
סֵפֶר מְגוּלְגָּל כְּמוֹ בִּתְקוּפָה עַתִּיקָה (חָשׁוּב, חֲגִיגִי):
*סִפְרֵי הַתּוֹרָה הַנִּמְצָאִים בָּאֲרוֹן הַקּוֹדֶשׁ בְּבֵית הַכְּנֶסֶת, כְּתוּבִים עַל **מְגִילּוֹת**.*
מְגִילַּת־אֶסְתֵּר — book of Esther
מְגִילַּת־יוּחֲסִין — family tree, pedigree
הַמְּגִילּוֹת הַגְּנוּזוֹת — the Dead Sea Scrolls
מְגִילַּת־הָעַצְמָאוּת — Proclamation of Independence

מגירה נ' מְגֵרָה [מְגֵירוֹת] — drawer
חֵלֶק בָּאָרוֹן, בַּשּׁוּלְחָן, שֶׁאֶפְשָׁר לְהוֹצִיא וּלְהַכְנִיס:
*שַׂמְתִּי אֶת הַתְּעוּדוֹת שֶׁלִּי **בִּמְגֵירַת** הַשּׁוּלְחָן.*

מגיש ז' מַגִּישׁ [מַגִּישִׁים] — waiter (server)
מֶלְצַר, מִי שֶׁעוֹבֵד בְּבֵית קָפֶה, בְּמִסְעָדָה:
*הִיא מַרְוִיחָה הַרְבֵּה כֶּסֶף **כְּמַגִּישָׁה**.*
מַגִּישָׁה, מַגִּישׁוֹת

מגל ז' מַגָּל [מַגָּלִים] — scythe
סַכִּין עֲקוּמָה שֶׁחוֹתְכִים בָּהּ בַּשָּׂדֶה:
*הַסֵּמֶל שֶׁל הַקּוֹמוּנִיזְם הוּא **מַגָּל** וּפַטִּישׁ.*

מגלב ז' מַגְלֵב [מַגְלֵבִים] — whip
שׁוֹט, מַקֵּל שֶׁמְּחוּבָּר אֵלָיו חֶבֶל אוֹ רְצוּעַת עוֹר:
*פַּעַם הָיוּ מַכִּים עֲבָדִים **בְּמַגְלֵבִים**.*

מגלה ז' מְגַלֶּה [מְגַלִּים] — discoverer
מִי שֶׁמּוֹצֵא דָּבָר חָדָשׁ:
*קוֹלוֹמְבּוּס הוּא הַ**מְגַלֶּה** שֶׁל אֲמֶרִיקָה.*
מְגַלֵּה־מוֹקְשִׁים — mine detector
מְגַלָּה, מְגַלּוֹת

מגלשה נ' מַגְלֵשָׁה [מַגְלֵשׁוֹת] — slide
1. מִתְקָן גָּבוֹהַּ, אֲלַכְסוֹנִי, שֶׁיְּלָדִים יוֹרְדִים בּוֹ:
*הַיֶּלֶד הֶחֱלִיק **בַּמַּגְלֵשָׁה** שֶׁבְּמִגְרַשׁ הַמִּשְׂחָקִים.*
2. לוּחַ, מַכְשִׁיר, שֶׁיּוֹרְדִים בּוֹ מֵרֹאשׁ הָהָר (עַל קֶרַח אוֹ שֶׁלֶג): — toboggan, sled
*הֶחֱלַקְנוּ בִּמְהִירוּת **בַּמַּגְלֵשָׁה** מִלְמַעְלָה לְמַטָּה.*

מגלשיים ז"ז מִגְלָשַׁיִם — skis
מְחַבְּרִים אוֹתָם לַנַּעֲלַיִם מְיוּחָדוֹת כְּשֶׁעוֹשִׂים סְקִי:
*הַשֶּׁלֶג עָמוֹק, רַק **בְּמִגְלָשַׁיִם** אֶפְשָׁר לָזוּז.*

מגמגם תה"ז מְגַמְגֵּם [מְגַמְגְּמִים] — stutterer
מִי שֶׁקָּשֶׁה לוֹ לְדַבֵּר בָּרוּר:
*צָרִיךְ לִשְׁמוֹעַ בְּסַבְלָנוּת אֶת **הַמְגַמְגְּמִים**.*
מְגַמְגֶּמֶת, מְגַמְגְּמוֹת

מגמה נ' מְגַמָּה [מְגַמּוֹת] — aim, direction, tendency
1. כִּיוּוּן, מַטָּרָה:
*לַסִּיפּוּר יֵשׁ **מְגַמָּה** בְּרוּרָה - לְהַצִּיג אֶת בְּעָיוֹת הַחֶבְרָה.*
2. (בְּבֵית סֵפֶר) כִּיתָּה שֶׁיֵּשׁ לָהּ מִקְצוֹעוֹת מֶרְכָּזִיִּים: — major course of studies
*הוּא לוֹמֵד **בַּמְּגַמָּה** הַבִּיוֹלוֹגִית.*

מגמתי ת' מְגַמָּתִי — tendentious
שֶׁיֵּשׁ לוֹ מַטָּרָה אוֹ כִּיוּוּן בָּרוּר:
*רָאִיתִי סֶרֶט **מְגַמָּתִי** - נֶגֶד עִישּׁוּן סִיגַרְיוֹת.*
מְגַמָּתִית, מְגַמָּתִיִּים, מְגַמָּתִיּוֹת

מגמתיות נ' מְגַמָּתִיּוּת — tendentiousness
נְטִיָּיה לְכִיוּוּן מְסוּיָּם:
*אֲנִי נֶגֶד **מְגַמָּתִיּוּת** בְּסִפְרוּת.*

מגןז, מָגֵן [מָגִינִּים] — protector, shield
אֶמְצָעִי לַהֲגָנָה. שׁוֹמֵר עַל הַגּוּף מִפְּגִיעָה בְּמִלְחָמָה, מֵחִיצִּים, מֵאֲבָנִים, מֵחֶרֶב וְכוּ':
*בִּזְמַן הַמִּלְחָמָה בָּנוּ קִיר **מָגֵן** לְיַד הַכְּנִיסָה לַבַּיִת.*
מָגֵן דָּוִיד - — Star of David
סֵמֶל יְהוּדִי עַתִּיק. הַיּוֹם עַל דֶּגֶל יִשְׂרָאֵל
מָגֵן דָּוִיד אָדוֹם — the 'Red Cross' of Israel
בַּלּוּטַת־מָגֵן — thyroid

מגןז, מֵגֵן [מְגִינִים] — defender
אָדָם שֶׁשּׁוֹמֵר:
*הַ**מְּגִינִים** הִצִּילוּ אֶת הַיִּישׁוּב.*
2. (בְּכַדּוּרֶגֶל) הַשַּׂחְקָנִים שֶׁעוֹזְרִים לְהָגֵן עַל הַשַּׁעַר: — back (soccer)
*הוּא מְשַׂחֵק **כְּמֵגֵן** יְמָנִי.*
מְגִינָה, מְגִינוֹת

מגעז, מַגָּע [מַגָּעִים] — touch
1. נְגִיעָה בַּגּוּף:
*הַתִּינוֹק אוֹהֵב אֶת **הַמַּגָּע** שֶׁל גּוּף הָאֵם.*
2. יְצִירַת קֶשֶׁר: — contact
*נִמְסַר עַל **מַגָּעִים** מְדִינִיִּים בֵּין יִשְׂרָאֵל לְסִין.*
עֲדָשׁוֹת מַגָּע — contact lenses

מגעילת, מַגְעִיל — disgusting, repugnant
מְעוֹרֵר גּוֹעַל, דּוֹחֶה:
*רֵיחַ הַבִּיּוּב **מַגְעִיל**.*
מַגְעִילָה, מַגְעִילִים, מַגְעִילוֹת

מגףז, מַגָּף [מַגָּפַיִים] — boot
נַעַל גְּבוֹהָה מְאוֹד:
*אֲנִי הוֹלֵךְ **בְּמַגָּפַיִים** רַק בַּחוֹרֶף.*

מגפהנ, מַגֵּפָה [מַגֵּפוֹת] — plague, epidemic
מַחֲלָה מִידַּבֶּקֶת, שֶׁהַרְבֵּה אֲנָשִׁים חוֹלִים בָּהּ:
*בַּחוֹרֶף יֵשׁ **מַגֵּפָה** שֶׁל שַׁפַעַת.*

מגרהת, מְגָרֶה — tempting, provoking
גּוֹרֵם גֵּירוּי, מְעוֹרֵר:
*רֵיחַ הָאוֹכֶל **מְגָרֶה** אֶת הַתֵּיאָבוֹן.*
מְגָרָה, מְגָרִים, מְגָרוֹת

מגרעתנ, מִגְרַעַת [מִגְרָעוֹת] — fault, defect, shortcoming
1. חִיסָּרוֹן, מַשֶּׁהוּ לֹא טוֹב:
*לְכֹל אָדָם יֵשׁ **מִגְרָעוֹת** - אֶחָד פַּטְפְּטָן, אֶחָד עָצֵל וְכוּ'.*
2. מָקוֹם קָטָן, רֵיק, בְּקִיר, בְּחֶדֶר וְכוּ': — niche
*בַּ**מִּגְרַעַת** שֶׁבַּקִּיר יִהְיֶה אָרוֹן לִבְגָדִים.*

מגרפהנ, מַגְרֵפָה [מַגְרֵפוֹת] — rake
מַכְשִׁיר לַגִּינָה, דּוֹמֶה לְמַסְרֵק גָּדוֹל מְחוּבָּר לְמַקֵּל:
*בַּ**מַּגְרֵפָה** אֲנִי מְסַלֵּק אֶת הֶעָלִים הַיְּבֵשִׁים.*

מגררתנ, מְגֶרֶרֶת [מְגָרְרוֹת] — grater
פּוּמְפִּיָּה, לוּחַ שֶׁיֵּשׁ בּוֹ חוֹרִים לְרִיסּוּק יְרָקוֹת...:
*אֲנִי מַעֲדִיף גֶּזֶר מְרוּסָּק **בִּמְגֶרֶרֶת**.*

מגרשז, מִגְרָשׁ [מִגְרָשִׁים] — plot, lot, site
שֶׁטַח אֲדָמָה:
*הוּא בָּנָה בִּנְיָין עַל **מִגְרָשׁ** גָּדוֹל בְּמֶרְכַּז הָעִיר.*

מגשז, מַגָּשׁ [מַגָּשִׁים] — tray
כְּמוֹ לוּחַ גָּדוֹל, שָׂמִים עָלָיו אוֹכֶל, צַלָּחוֹת, כּוֹסוֹת:
*הַ**מַּגָּשׁ** נָפַל, וְכָל הַצַּלָּחוֹת נִשְׁבְּרוּ.*

מדז, מַד [מַדִּים] — measuring device
מַכְשִׁיר שֶׁמּוֹדֵד.
מַד-חוֹם — thermometer
מַד-אוֹר — light-meter
מַד-לַחַץ — manometer
מַד-לַחַץ-אַטְמוֹסְפֵירָה — barometer

מד"א ר"ת מגן דויד אדום ר' מגן

מדאיגת, מַדְאִיג — worrying, worrisome
מְעוֹרֵר דְּאָגָה, חֲשָׁשׁ:
*מַצָּבוֹ הַבְּרִיאוּתִי **מַדְאִיג**, יֵשׁ לוֹ מַחֲלָה קָשָׁה.*
מַדְאִיגָה, מַדְאִיגִים, מַדְאִיגוֹת

מדבקהנ, מַדְבֵּקָה [מַדְבֵּקוֹת] — sticker, label
פֶּתֶק שֶׁמַּדְבִּיקִים (עַל מַחְבֶּרֶת וְכוּ') וְכוֹתְבִים עָלָיו שֵׁם, מִקְצוֹעַ וְכוּ':
*לְפִי **הַמַּדְבֵּקָה** אֲנִי יוֹדֵעַ מַה כָּתוּב בַּמַּחְבֶּרֶת.*

מדברז, מִדְבָּר [מִדְבָּרִיּוֹת] — desert
אֵיזוֹר אֶרֶץ יָבֵשׁ, בְּלִי מַיִם, בְּלִי עֵצִים וְכוּ':
*בַּטִּיּוּל **לְמִדְבַּר** יְהוּדָה רָכַבְנוּ עַל גְּמַלִּים.*
נְוֵה־מִדְבָּר — oasis

מדברית, מִדְבָּרִי — desert-like, of the desert
כְּמוֹ בַּמִּדְבָּר, שַׁיָּיךְ לַמִּדְבָּר:
*רוּחַ **מִדְבָּרִית** הִיא רוּחַ יְבֵשָׁה.*
מִדְבָּרִית, מִדְבָּרִיִּים, מִדְבָּרִיּוֹת

מדגהז, מִדְגֶּה — fishery
גִּידּוּל דָּגִים בִּבְרֵכוֹת:
*צָרִיךְ לְפַתֵּחַ בָּאָרֶץ אֶת עֲנַף **הַמִּדְגֶּה**.*

מדגם ז', מִדְגָּם [מִדְגָּמִים] sample
חֵלֶק קָטָן, פְּרָט, שֶׁהוּא דוּגמָה לַכְּלָל:
*אֶפשָׁר לָדַעַת אֶת תוֹצאוֹת הַבּחִירוֹת לְפִי **מִדגָּם** סטָטִיסטִי.*

מדגרה נ', מַדְגֵּרָה [מַדגֵרוֹת] hatchery, incubator
אִינקוּבָּטוֹר, מָקוֹם מְחוּמָם לְגִידוּל אֶפרוֹחִים:
*הָאֶפרוֹחִים מִתחַזקִים **בַּמַדגֵרָה**.*

מדד פ', מָדַד measured
1. בָּדַק מַה הַגוֹדֶל שֶׁל מַשֶׁהוּ:
*הוּא **מָדַד אֶת** הָאוֹרֶך וְהָרוֹחַב שֶׁל הַחֶדֶר.*
2. נִיסָה אִם (הַבֶּגֶד) מַתאִים: tried (on)
*אָחִי **מָדַד אֶת** הַחוּלצָה לִפנֵי הַקנִיָיה.*
לִמדוֹד אֶת- / מ.ד.ד, פָּעַל / מָדַדתִי, מוֹדֵד, יִמדוֹד, מְדוֹד!

מדד ז', מַדָּד [מַדָדִים] index
מִספָּר הַמַרְאֶה בַּאֲחוּזִים וְכוּ' שִׁינוּי בִּמְחִירִים:
***מַדַד** הַמחִירִים בְּאוֹגוּסט עָלָה בְּ-3%.*
מַדַד יוֹקֶר הַמִחיָיה cost-of-living index

מדובלל ת', מְדֻבְלָל shabby, sparse
מְעַט וּבְאִי-סֵדֶר (שְׂעָרוֹת וְכוּ'):
*הַשְׂעָרוֹת שֶׁלוֹ **מְדוּבלָלוֹת**, צָרִיך לְטַפֵּל בָּהֶן.*
מְדוּבלֶלֶת, מְדוּבלָלִים, מְדוּבלָלוֹת

מדובר ת', מְדֻבָּר discussed (adj.)
מַשֶׁהוּ אוֹ מִישֶׁהוּ שֶׁדִיבּרוּ עָלָיו:
*זֶה הַסֵפֶר **הַמְדוּבָּר** בְּיוֹתֵר עַכשָׁיו.*
מְדוּבֶּרֶת, מְדוּבָּרִים, מְדוּבָּרוֹת

מדוד ת', מָדוּד measured (adj.)
1. שֶׁמָדדוּ אוֹתוֹ:
*הַסחוֹרָה **מְדוּדָה** וּשקוּלָה.*
2. בְּמִידָה - לֹא יוֹתֵר מִדַיי: well-measured, deliberate
*הָלַכתִי בִּצעָדִים **מְדוּדִים**.*
מְדוּדָה, מְדוּדִים, מְדוּדוֹת

מדויק ת', מְדֻיָּק precise, exact
עָשׂוּי בְּדִיוּק, לֹא פָּחוֹת וְלֹא יוֹתֵר, לֹא מוּקדָם וְלֹא מְאוּחָר:
*מַהוּ הַמִשׁקָל **הַמְדוּיָק** שֶׁל כַּדוּר הָאָרֶץ?*
מַדָעִים מְדוּיָקִים exact sciences
מְדוּיֶקֶת, מְדוּיָקִים, מְדוּיָקוֹת

מדוכא ת', מְדֻכָּא depressed (adj.)
1. כְּשֶׁיֵש מַצַב רוּחַ רַע:
*הוּא **מְדוּכָּא**, כִּי נִכשַׁל בַּבּחִינָה.*
2. כְּשֶׁשּׁוֹלְטִים בְּמִישֶׁהוּ בְּיָד קָשָׁה: oppressed (adj.)
*מִי יַעֲזוֹר לְכֹל הָעַמִים **הַמְדוּכָּאִים**?*
מְדוּכֵּאת-מְדוּכָּאָה, מְדוּכָּאִים, מְדוּכָּאוֹת

מדוכדך ת', מְדֻכְדָּךְ depressed/dejected (adj.)
מְדוּכָּא, בְּמַצַב רוּחַ רַע:
*הוּא **מְדוּכדָך**, כִּי אִישׁתוֹ עָזבָה אוֹתוֹ.*
מְדוּכדֶכֶת, מְדוּכדָכִים, מְדוּכדָכוֹת

מדולדל ת', מְדֻלְדָּל dwindled (adj.)
1. שֶׁנִשׁאַר מִמֶנוּ מְעַט:
*אוֹצַר הַמְדִינָה **מְדוּלדָל**.*
2. תָלוּי בְּצוּרָה עֲלוּבָה, בּלִי כּוֹחַ: dangling, loose
*הַזָנָב שֶׁל הַכֶּלֶב הַחוֹלֶה **מְדוּלדָל**.*
מְדוּלדֶלֶת, מְדוּלדָלִים, מְדוּלדָלוֹת

מדומה ת', מְדֻמֶּה imaginary
לֹא אֲמִיתִי, נִראֶה כְּאִילוּ:
*לֹא הָיְיתָה סַכָּנָה שֶׁל מַמָשׁ, זֹאת הָיְיתָה סַכָּנָה **מְדוּמָה**.*
כִּמְדוּמֶה it seems
מְדוּמָה-מְדוּמֵית, מְדוּמִים, מְדוּמוֹת

מדוע? מ"ש מַדּוּעַ? why?
לָמָה? מֵאֵיזוֹ סִיבָּה?
***מַדוּעַ** לֹא הוֹדַעתֶם לִי עַל הַפּגִישָׁה?*

מדופלם ת', מְדֻפְלָם certified (adj.)
שֶׁיֵשׁ לוֹ דִיפּלוֹמָה, מוּמחֶה:
*הוּא חַשמַלַאי **מְדוּפלָם**.*
מְדוּפלֶמֶת, מְדוּפלָמִים, מְדוּפלָמוֹת

מדופרס ת', מְדֻפְרָס depressed (adj.)
(לְשוֹן דִיבּוּר) כְּשֶׁיֵשׁ מַצַב רוּחַ רַע:
*אֲנִי **מְדוּפרָס** נוֹרָא בִּגלַל הַמַצָב.*
מְדוּפרֶסֶת, מְדוּפרָסִים, מְדוּפרָסוֹת

מדוקדק ת', מְדֻקְדָּק strict, detailed (adj.)
מְדוּיָק מְאוֹד:
*עָרַכנוּ בִּיקוֹרֶת **מְדוּקדֶקֶת** שֶׁל הַחֶשׁבּוֹנוֹת.*
מְדוּקדֶקֶת, מְדוּקדָקִים, מְדוּקדָקוֹת

מדור ז', מָדוֹר [מְדוֹרִים] compartment
1. חֵלֶק, תָא, מָקוֹם שֶׁגָרִים בּוֹ:
*הַמַלָחִים בָּאוֹנִיָיה גָרִים **בַּמָדוֹר** הַתַחתוֹן.*
2. מַחלָקָה (בָּעִירִיָיה, בְּמוֹסָד וְכוּ'): department
*הַ**מָדוֹר** לְחִיפּוּשׂ קרוֹבִים עוֹזֵר לָעוֹלִים.*
3. מָקוֹם מְיוּחָד בָּעִיתוֹן: section
*כֹּל יוֹם אֲנִי קוֹרֵא אֶת **מְדוֹר** הַספּוֹרט.*

מדורגת׳ מְדֹרָג — gradual (adj.)
1. שֶׁיֵּשׁ בּוֹ מַדְרֵגוֹת:
*עָלִינוּ בַּשְּׁבִיל הַ**מְּדוֹרָג** אֶל רֹאשׁ הָהָר.*
2. נִמְצָא בְּמָקוֹם — ranked/scaled/graded (adj.)
כֹּלשֶׁהוּ לְפִי סֵדֶר:
*הוּא **מְדוֹרָג** בַּמָּקוֹם הַשֵּׁנִי בְּטֶנִיס.*
מְדוֹרֶגֶת, מְדוֹרָגִים, מְדוֹרָגוֹת

מדורהנ׳ מְדוּרָה [מְדוּרוֹת] — bonfire
אֵשׁ בּוֹעֶרֶת בַּעֲרֵמָה שֶׁל עֵצִים:
*יָשַׁבְנוּ לְיַד הַ**מְּדוּרָה** וְהִתְחַמַּמְנוּ.*
הוֹסִיף שֶׁמֶן לַמְּדוּרָה — added fuel to the fire

מדזוויתנ׳ מַדְזָוִית — protractor
מַכְשִׁיר לִמְדִידַת גּוֹדֶל הַפִּינּוֹת (הַזָּוִויוֹת):
*בַּ**מַּדְזָוִית** יֵשׁ 180°.*

מדחוםז׳ מַדְחֹם — thermometer
טֶרְמוֹמֶטֶר, מַכְשִׁיר לִבְדִיקַת גּוֹבַהּ הַחוֹם:
*אֲנִי מִשְׁתַּמֵּשׁ בְּ**מַדְחוֹם** צֶלְזִיוּס לִמְדִידַת הַחוֹם.*

מדחןז׳ מַדְחָן [מַדְחָנִים] — parking meter
מַכְשִׁיר שֶׁמּוֹדֵד כַּמָּה זְמַן חוֹנָה מְכוֹנִית:
*אֶת הַ**מַּדְחָנִים** הֶחְלִיפוּ כַּרְטִיסֵי חֲנָיָה.*

מדחסז׳ מַדְחֵס [מַדְחֲסִים] — compressor
קוֹמְפְּרֶסוֹר, מַכְשִׁיר שֶׁלּוֹחֵץ גָּזִים:
*הַ**מַּדְחֵס** מְקוּלְקָל, לָכֵן הַמַּזְגָן לֹא פּוֹעֵל.*

מדימ״י מִדֵּי — every once in a while
1. מִפַּעַם לְפַעַם, לִפְעָמִים:
*אֲנִי רוֹאֶה אוֹתוֹ **מִדֵּי** פַּעַם.*
2. בְּכֹל (שָׁבוּעַ, חוֹדֶשׁ, וְכוּ׳): — every (day, week etc.)
*אֲנִי עוֹבֶדֶת **מִדֵּי** יוֹם.*

מדידת׳ מָדִיד — measurable
שֶׁאֶפְשָׁר לִמְדוֹד אוֹתוֹ:
*רֶגֶשׁ אֵינוֹ **מָדִיד**.*
מְדִידָה, מְדִידִים, מְדִידוֹת

מדידהנ׳ מְדִידָה [מְדִידוֹת] — measuring, survey
1. כְּשֶׁבּוֹדְקִים אוֹרֶךְ, רוֹחַב וְכוּ׳...:
*לִפְנֵי שֶׁבּוֹנִים בַּיִת צָרִיךְ לַעֲשׂוֹת **מְדִידוֹת** בַּמִּגְרָשׁ.*
2. כְּשֶׁמְּנַסִּים בֶּגֶד חָדָשׁ: — a fitting
*הָלַכְתִּי לַתּוֹפֶרֶת **לִמְדִידַת** הַשִּׂמְלָה.*

מדיח (כלים)ז׳ מֵדִיחַ (כֵּלִים) [מְדִיחֵי-כֵּלִים] — dishwasher
מְכוֹנָה שֶׁרוֹחֶצֶת כֵּלִים:
*קָנִיתִי **מֵדִיחַ**, כִּי אֲנִי שׂוֹנֵאת לִרְחוֹץ כֵּלִים.*

מדיםז״ר מַדִּים — uniform
בֶּגֶד שֶׁל חַיָּילִים, שׁוֹטְרִים וְכוּ׳:
*הַחַיָּילִים לָבְשׁוּ **מַדִּים** יְרוּקִים.*

מדינאותנ׳ מְדִינָאוּת — statesmanship, diplomacy
דִּיפְּלוֹמַטְיָה, עִנְיְינֵי מְדִינָה:
*הוּא עוֹסֵק **בִּמְדִינָאוּת**.*

מדינאיז׳ מְדִינַאי [מְדִינָאִים] — statesman, diplomat
דִּיפְּלוֹמָט, מִי שֶׁמִּתְעַסֵּק בְּעִנְיְינֵי מְדִינָה:
*רֹאשׁ הַמֶּמְשָׁלָה הוּא **מְדִינַאי** טוֹב.*
מְדִינָאִית, מְדִינָאִיּוֹת

מדינהנ׳ מְדִינָה [מְדִינוֹת] — state
אֶרֶץ בַּעֲלַת אִירְגּוּן פּוֹלִיטִי וּמוֹסָדוֹת שִׁלְטוֹן:
מְדִינַת יִשְׂרָאֵל קָמָה בּ-1948.
מְדִינַת-חוֹק — law-abding nation
מְדִינַת-סַעַד — welfare state

מדינית׳ מְדִינִי — political
פּוֹלִיטִי, שֶׁל הַמְּדִינָה:
*הַדִּיּוּן הַ**מְּדִינִי** בַּכְּנֶסֶת נִמְשַׁךְ שָׁעוֹת אֲרוּכּוֹת.*
מְדִינִית, מְדִינִיִּים, מְדִינִיּוֹת

מדיניותנ׳ מְדִינִיּוּת — policy, politics
פּוֹלִיטִיקָה, עֶקְרוֹנוֹת הַנִּיהוּל שֶׁל מוֹסָד אוֹ אִירְגּוּן:
*מִפְלֶגֶת הַמַּעֲרָךְ מִתְנַגֶּדֶת **לִמְדִינִיּוּת** הַלִּיכּוּד.*
(מֶטָאפוֹרָה) דֶּרֶךְ נִיהוּל שֶׁל עֲסָקִים וְכוּ׳: — policy
***מְדִינִיּוּת** מִפְעַל הָאֶלֶקְטְרוֹנִיקָה הִיא לְהַעֲסִיק מְהַנְדְּסִים.*

מדכאת׳ מְדַכֵּא — depressing
גּוֹרֵם צַעַר, מַצַּב רוּחַ רַע:
*הַהַצָּגָה הָיְיתָה **מְדַכֵּאת**.*
מְדַכֵּאת-מְדַכְּאָה, מְדַכְּאִים, מְדַכְּאוֹת

מדכדךת׳ מְדַכְדֵּךְ — depressing
מְדַכֵּא, גּוֹרֵם מַצַּב רוּחַ רַע:
*הַמַּצָּב הַכַּלְכָּלִי **מְדַכְדֵּךְ** אוֹתִי.*
מְדַכְדֶּכֶת, מְדַכְדְּכִים, מְדַכְדְּכוֹת

מדליקת׳ מַדְלִיק — 'cool', 'far out'
(לְשׁוֹן דִּיבּוּר) נִפְלָא, מוּצְלָח, יָפֶה:
*הִיא בַּחוּרָה **מַדְלִיקָה**.*
מַדְלִיקָה, מַדְלִיקִים, מַדְלִיקוֹת

מדמיעת׳ מַדְמִיעַ — causing tears
גּוֹרֵם לִדְמָעוֹת:

*הַמִשְׁטָרָה פִּיזְרָה אֶת הַמַפְגִינִים בְּגַז **מַדמִיעַ**.*
מַדמִיעָה, מַדמִיעִים, מַדמִיעוֹת

מדעז׳ מַדָע [מַדָעִים] science
יֶדַע שֶׁמְבוּסָס עַל מֶחקָר וְעַל עוּבדוֹת:
*פִיסִיקָה, מָתֵמָטִיקָה, בִּיוֹלוֹגיָה וְהִיסטוֹריָה הֵם **מַדָעִים**.*
אִישׁ-מַדָע scientist
מַדְעֵי־הָרוּחַ the humanities
מַדְעֵי־הַטֶבַע natural sciences
מַדְעֵי־הַחֶברָה social studies
מַדָע בִּדיוֹנִי science fiction

מדעית׳ מַדָעִי scientific
שֶׁל הַמַדָע, מְבוּסָס עַל מֶחקָר:
*קָרָאתִי דו"חַ בְּיַרחוֹן **מַדָעִי** עַל מֶחקָרִים בְּפִיסִיקָה.*
מַדָעִית, מַדָעִיִים, מַדָעִיוֹת

מדעןז׳ מַדְעָן [מַדְעָנִים] scientist
אִישׁ מַדָע, מִי שֶׁעוֹסֵק בְּמֶחקָר:
*אַיינשְׁטֵיין הָיָה **מַדְעָן** מְפוּרסָם.*
מַדְעָנִית, מַדְעָנִיוֹת

מדףז׳ מַדָף [מַדָפִים] shelf
לוּחַ שֶׁל עֵץ שֶׁשָׂמִים עָלָיו סְפָרִים וְכוּ':
*הַסֵפֶר הוּא עַל **הַמַדָף** הַגָבוֹהַ.*

מדפסתנ׳ מַדְפֶּסֶת [מַדְפָּסוֹת] printer
מְכוֹנָה שֶׁמוֹצִיאָה דַפִּים כּתוּבִים מֵהַמַחשֵׁב:
***הַמַדפֶּסֶת** תוֹצִיא אֶת הָאִינפוֹרמַצִיָה שֶׁבַּמַחשֵׁב.*

מדרגז׳ מַדְרָג [מַדְרָגִים] hierarchy, grading system
הִירַרכִיָה שֶׁל פְּקִידִים, מַשׂכּוֹרוֹת:
*לְפִי **הַמַדרָג** הֶחָדָשׁ קִיבַּלתִי דַרגָה גבוֹהָה יוֹתֵר.*

מדרגהנ׳ מַדְרֵגָה [מַדְרֵגוֹת] step, stair
מִשׁטָח בָּנוּי לָרֶגֶל, מְשַׁמֵשׁ לַעֲלִייָה וִירִידָה:
*צָרִיך לַעֲלוֹת **בַּמַדרֵגוֹת** כְּדֵי לְהַגִיעַ לַדִירָה שֶׁלִי.*
חֲדַר־מַדרֵגוֹת stairway
שֵׁפֶל הַמַדרֵגָה - the pits/dumps
*הוּא אִיבֵּד אֶת רְכוּשׁוֹ, וְהִגִיעַ **לְשֵׁפֶל הַמַדרֵגָה**.*

מדרוןז׳ מִדְרוֹן [מִדרוֹנִים/מִדרוֹנוֹת] slope
מַצַב הַשֶׁטַח שֶׁל הַר מִלמַעלָה לְמַטָה:
*רַצנוּ **בַּמִדרוֹן**, וְהִגַענוּ רִאשׁוֹנִים.*

מדרחובז׳ מִדְרְחוֹב [מִדרְחוֹבוֹת] pedestrian walk, mall
(מִדרָכָה + רְחוֹב) רְחוֹב סָגוּר לִמכוֹנִיוֹת:
***בְּמִדרְחוֹב** יֵשׁ בָּתֵי קָפֶה וְנָעִים לָשֶׁבֶת שָׁם.*

מדריךז׳ מַדְרִיךְ [מַדרִיכִים] guide
1. מוֹרֵה-דֶרֶך, אָדָם שֶׁתַפְקִידוֹ לְלַמֵד וְלַעֲזוֹר:
*הַמְטַיילִים יָצאוּ לְטִיוּל עִם **מַדרִיך** מִקצוֹעִי.*
2. סֵפֶר-עֵזֶר: directory
*אֶפשָׁר לִמצוֹא אֶת הַכּתוֹבֶת **בְּמַדרִיך** הַטֶלֶפוֹן.*
מַדרִיכָה, מַדרִיכוֹת

מדרךז׳ מִדְרָךְ [מִדרָכִים] foothold
מָקוֹם שֶׁדוֹרְכִים בָּרֶגֶל:
*בֵּין הַסלָעִים אֵין מָקוֹם **מִדרָך** לְכַף הָרֶגֶל.*

מדרכהנ׳ מִדְרָכָה [מִדרָכוֹת] sidewalk
מָקוֹם בְּצַד הָרְחוֹב לַאֲנָשִׁים שֶׁהוֹלְכִים בָּרֶגֶל:
*הָעִירִייָה בּוֹנָה **מִדרָכוֹת** לְהוֹלכֵי-רֶגֶל.*

מדרסז׳ מִדְרָס [מִדרָסִים] foot support (pad)
שָׂמִים בַּנַעַל כְּדֵי שֶׁיִהיֶה נוֹחַ לָלֶכֶת:
*הָאוֹרתוֹפֵּד אָמַר, שֶׁאֲנִי צָרִיך **מִדרָסִים**.*

מדרשז׳ מִדְרָשׁ [מִדרָשִׁים] midrash
1. לִימוּד. study
בֵּית מִדרָשׁ - מָקוֹם שֶׁלוֹמדִים בּוֹ אֶת סִפרֵי הַדָת הַיְהוּדִית (מִשׁנָה, תַלמוּד)
*הָלַכתִי **לְבֵית־הַמִדרָשׁ** אַחֲרֵי הָעֲבוֹדָה, וְלָמַדתִי דַף גְמָרָא.*
2. פֵּירוּשׁ, בְּמְיוּחָד שֶׁל סִפרֵי הַקוֹדֶשׁ: commentary (esp. of the Scriptures)
*בְּסִפרֵי **הַמִדרָשִׁים** יֵשׁ סִיפּוּרִים יָפִים.*

מדרשהנ׳ מִדְרָשָׁה [מִדרָשׁוֹת] college, school
בֵּית סֵפֶר גָבוֹהַ לְמִקצוֹעוֹת מְיוּחָדִים:
*הוּא לוֹמֵד **בְּמִדרָשָׁה** לְצִיוּר.*

מדשאהנ׳ מִדְשָׁאָה [מִדשָׁאוֹת] lawn
מָקוֹם מְכוּסֶה דֶשֶׁא:
*בַּפַּרק יֵשׁ עֵצִים לְצֵל **וּמִדשָׁאוֹת** לִמנוּחָה.*

מה ?מ"ש מָה? what?
מִילַת שְׁאֵלָה לְמַשֶׁהוּ לֹא יָדוּעַ:
מָה אַתָה רוֹצֶה?
מָה שְׁמך? what's your name?
מָה נִשׁמַע? what's new?
מָה שְׁלוֹמך? how are you?
מָה גַם - especially
קָשֶׁה לִי לָקוּם, מָה גַם בַּחוֹרֶף.
מָה (יָפֶה, גָדוֹל... וְכוּ') - how (pretty, big, etc.)
מָה יָפֶה הַגַן בְּיוֹם אָבִיב!
מָה שֶׁ... - that which
מָה שֶׁאָמַרתָ נָכוֹן.

מהבהבת׳ מְהַבְהֵב flickering
מֵאִיר וְכָבֶה, עוֹשֶׂה אוֹר וְחוֹשֶׁךְ:
*הָאוֹר **הַמְּהַבְהֵב** בִּמְכוֹנִית מְסַמֵּן, שֶׁהוּא פּוֹנֶה יָמִינָה.*
מְהַבְהֶבֶת, מְהַבְהֲבִים, מְהַבְהֲבוֹת

מהבילת׳ מַהְבִּיל steaming, steamy
אוֹכֶל אוֹ נוֹזֵל חַמִּים, שֶׁעוֹלִים מֵהֶם אֵדִים:
*אֲנִי אוֹהֵב תֵּה **מַהְבִּיל** בַּחוֹרֶף.*
מַהְבִּילָה, מַהְבִּילִים, מַהְבִּילוֹת

מהגרז׳ מְהַגֵּר [מְהַגְּרִים] immigrant
מִי שֶׁעוֹזֵב אֶת אַרְצוֹ לְאֶרֶץ אַחֶרֶת:
***מְהַגְּרִים** הִתְיַישְּׁבוּ בְּאָמֶרִיקָה.*
מְהַגֶּרֶת, מְהַגְּרוֹת

מהדורהנ׳ מַהֲדוּרָה [מַהֲדוּרוֹת] edition
כֹּל הַכַּמּוּת שֶׁל סֵפֶר חָדָשׁ, שֶׁיָּצָא לִמְכִירָה:
*מָכַרְנוּ אֶת כֹּל **הַמַּהֲדוּרָה** הָרִאשׁוֹנָה שֶׁל הַמִּילּוֹן.*
מַהֲדוּרַת־חֲדָשׁוֹת news edition

מהדקז׳ מְהַדֵּק [מְהַדְּקִים] clip, clamp
קְלִיפְּס, מִין סִיכָּה לְחִיבּוּר דַּפִּים:
*חִיבַּרְתִּי אֶת הַדַּף לַמַּחְבֶּרֶת **בִּמְהַדֵּק**.*

מהדרת׳ מְהַדֵּר meticulous
פֶּדַנְט, מַקְפִּיד מְאוֹד:
***הַמְּהַדְּרִים** בְּכַשְׁרוּת אֵינָם אוֹכְלִים מִחוּץ לַבַּיִת.*
מְהַדֶּרֶת, מְהַדְּרִים, מְהַדְּרוֹת

מהו?מ״ש/ז׳ מַהוּ? what is (he)?
(מַה + הוּא) מִילַּת שְׁאֵלָה: אֵיזֶה הוּא?
***מַהוּ** הַשֵּׁם הַיָּדוּעַ בְּיוֹתֵר בָּאָרֶץ?*
מַהִי? מָהֵם? ד״ר

מהוגןת׳ מְהֻגָּן decent, fair
הָגוּן, יָשָׁר, מְכוּבָּד:
*רוֹב הָאֲנָשִׁים הֵם אֲנָשִׁים **מְהוּגָּנִים**.*
מְהוּגֶּנֶת, מְהוּגָּנִים, מְהוּגָּנוֹת

מהודקת׳ מְהֻדָּק fastened (adj.)
מְחוּבָּר חָזָק:
*הַחֲגוֹרָה **מְהוּדֶּקֶת** לַמּוֹתְנַיִים.*
מְהוּדֶּקֶת, מְהוּדָּקִים, מְהוּדָּקוֹת

מהודרת׳ מְהֻדָּר fancy, elegant
מְגוּנְדָּר, מְקוּשָּׁט, יָפֶה:
*בַּחֲתוּנָּה הוּא לָבַשׁ חֲלִיפָה **מְהוּדֶּרֶת**.*
מְהוּדֶּרֶת, מְהוּדָּרִים, מְהוּדָּרוֹת

מהוהת׳ מְהֹוֶּה shabby
נִרְאֶה יָשָׁן, דָּהוּי וּמְקוּמָּט:
*הַצָּעִיר לָבַשׁ מִכְנְסֵי ג׳ִינְס **מְהוּוִּים**.*
מְהוּוָּה, מְהוּוִּים, מְהוּווֹת

מהולת׳ מָהוּל diluted (adj.)
מְעוּרָב, שֶׁעִירְבְּבוּ אוֹתוֹ עִם נוֹזֵל אַחֵר:
*הַיַּיִן **מָהוּל** בְּמַיִם.*
מְהוּלָה, מְהוּלִים, מְהוּלוֹת

מהוללת׳ מְהֻלָּל praised/exalted (adj.)
מְפוּרְסָם, טוֹב בְּיוֹתֵר, חָשׁוּב:
*רֹאשׁ הַמֶּמְשָׁלָה **הַמְּהוּלָּל** הִצִּיל אֶת הַמְּדִינָה.*
מְהוּלֶּלֶת, מְהוּלָּלִים, מְהוּלָּלוֹת

מהומהנ׳ מְהוּמָה [מְהוּמוֹת] tumult
1. רַעַשׁ גָּדוֹל, אִי־סֵדֶר וְכוּ׳:
*הַיְּלָדִים מְקִימִים **מְהוּמָה** גְּדוֹלָה.*
2. אִי סֵדֶר בָּרְחוֹב, הִתְנַגְּדוּת פּוֹלִיטִית: disturbance, turmoil, riot
*הַמִּשְׁטָרָה הִשְׁתַּלְּטָה עַל **הַמְּהוּמוֹת** שֶׁל הַמַּפְגִּינִים.*

מהוסהת׳ מְהֻסֶּה hushed (adj.)
שֶׁהִשְׁתִּיקוּ אוֹתוֹ, (מְדַבֵּר) בְּקוֹל חַלָּשׁ מְאוֹד:
*הוּא דִּיבֵּר אֵלַיי בְּקוֹל **מְהוּסֶּה**.*
מְהוּסָּה-מְהוּסֵּית, מְהוּסִּים, מְהוּסּוֹת

מהוססת׳ מְהֻסָּס indecisive, hesitating
שֶׁיֵּשׁ בּוֹ הִיסּוּס, לֹא בָּטוּחַ:
*הוּא דִּיבֵּר אֶל הַמְּנַהֵל בְּקוֹל **מְהוּסָּס**.*
מְהוּסֶּסֶת, מְהוּסָּסִים, מְהוּסָּסוֹת

מהופךת׳ מְהֻפָּךְ reversed (adj.), upside-down
הָפוּךְ, שֶׁהָפְכוּ אוֹתוֹ:
*סֵדֶר הָאָלֶפְבֵּית **מְהוּפָּךְ** - מֵהָאוֹת ת׳ לָאוֹת א׳.*
מְהוּפֶּכֶת, מְהוּפָּכִים, מְהוּפָּכוֹת

מהופנטת׳ מְהֻפְּנָט hypnotized (adj.)
מִי שֶׁעָשׂוּ לוֹ הִיפְּנוֹזָה, טִיפְּלוּ בּוֹ בְּהַרְדָּמָה.
(מֶטָאפוֹרָה) מוּקְסָם, תַּחַת רוֹשֶׁם חָזָק:
*הַקָּהָל יָשַׁב **מְהוּפְּנָט** בַּהַצָּגָה.*
מְהוּפְּנֶטֶת, מְהוּפְּנָטִים, מְהוּפְּנָטוֹת

מהוקצעת׳ מְהֻקְצָע planed (adj.)
1. עֵץ (אוֹ כֹּל חוֹמֶר קָשֶׁה) שֶׁעָשׂוּ אוֹתוֹ חָלָק:
*אֶפְשָׁר לְקַבֵּל פֶּצַע מִקֶּרֶשׁ לֹא **מְהוּקְצָע**.*
2. (מֶטָאפוֹרָה) אָדָם שֶׁיֵּשׁ לוֹ חִינּוּךְ טוֹב, הִתְנַהֲגוּת עֲדִינָה: polished,cultured/sophisticated (adj.)

*חינוך עוֹשֶׂה אֲנָשִׁים **לִמְהוּקְצָעִים**.*
מְהוּקְצַעַת, מְהוּקְצָעִים, מְהוּקְצָעוֹת

מהורהרת׳ מְהֻרְהָר — pensive
בְּמַצָּב שֶׁל מַחְשָׁבָה, הִירְהוּרִים:
*הוּא יָשַׁב **מְהוּרְהָר** וְלֹא הִקְשִׁיב לַשִּׁירָה.*
מְהוּרְהֶרֶת, מְהוּרְהָרִים, מְהוּרְהָרוֹת

מהותנ׳ מַהוּת [מַהוּיוֹת] — essence
הָעִיקָר שֶׁל מַשֶּׁהוּ:
*צָרִיךְ לְטַפֵּל **בַּמַּהוּת** וְלֹא בְּעִנְיָינִים צְדָדִיִּים.*

מהותית׳ מַהוּתִי — essential
מַה שֶׁמִּתְיַיחֵס לָעִיקָר:
*הַבְּעָיָה **הַמַּהוּתִית** שֶׁלָּנוּ הִיא הַבִּיטָּחוֹן.*
מַהוּתִית, מַהוּתִיִּים, מַהוּתִיּוֹת

מהילהנ׳ מְהִילָה — mixing, diluting
עִירְבּוּב שֶׁל נוֹזְלִים:
***מְהִילָה** שֶׁל מַיִם בְּיַיִן מְקַלְקֶלֶת אֶת הַיַּיִן.*

מהימןת׳ מְהֵימָן — reliable
נֶאֱמָן, שֶׁאֶפְשָׁר לִסְמוֹךְ עָלָיו:
*עִיתּוֹנַאי **מְהֵימָן** בּוֹדֵק כֹּל יְדִיעָה לִפְנֵי הַפִּירְסוּם.*
מָקוֹר מְהֵימָן — reliable source
מְהֵימָנָה, מְהֵימָנִים, מְהֵימָנוֹת

מהימנותנ׳ מְהֵימָנוּת — reliability, trust
נֶאֱמָנוּת, כְּשֶׁאֶפְשָׁר לִסְמוֹךְ עַל מִישֶׁהוּ:
*הַמְּנַהֵל דּוֹרֵשׁ **מְהֵימָנוּת** בָּעֲבוֹדָה.*

מהירת׳ מָהִיר — fast
עוֹשֶׂה מַשֶּׁהוּ בִּזְמַן קָצָר:
*הָרַכֶּבֶת **הַמְּהִירָה** לְחֵיפָה יוֹצֵאת בְּשָׁעָה 7:00 בַּבּוֹקֶר.*
מְהִירָה, מְהִירִים, מְהִירוֹת

מהירותנ׳ מְהִירוּת [מְהִירוּיוֹת] — speed, rate
1. עֲשִׂיָּיה בְּקֶצֶב מָהִיר:
*הַמְּכוֹנִית נוֹסַעַת **בִּמְהִירוּת** גְּבוֹהָה שֶׁל 90 קמ״ש לְשָׁעָה.*
2. כַּמּוּת הַהִתְקַדְּמוּת, סוּג שֶׁל קֶצֶב:
*לַפְּטִיפוֹן יֵשׁ שָׁלוֹשׁ **מְהִירוּיוֹת**.*
מְהִירוּת־הַבָּזָק — (in) a flash

מהלפ׳ מָהַל — mixed, diluted
עִירְבֵּב נוֹזֵל בְּנוֹזֵל:
***מָהַלְתִּי** אֶת הַיַּיִן בְּמַיִם.*
לִמְהוֹל אֶת- / מ.ה.ל, פָּעַל / מָהַלְתִּי, מוֹהֵל, אֶמְהַל, יִמְהַל

מהלומהנ׳ מַהֲלֻמָּה [מַהֲלוּמוֹת] — blow
מַכָּה חֲזָקָה:
***הַמַּהֲלוּמָה** הִפִּילָה אוֹתִי.*

מהלךז׳ מַהֲלָךְ [מַהֲלָכִים] — walking distance
1. הַמֶּרְחָק שֶׁעוֹבְרִים בָּרֶגֶל:
*הַבַּיִת שֶׁלִּי הוּא **בְּמַהֲלָךְ** שֶׁל שָׁעָה מִן הַמִּשְׂרָד.*
2. דֶּרֶךְ, סֵדֶר: — course ,move
*הַמִּלְחָמָה הִשְׁפִּיעָה עַל **מַהֲלַךְ** הַחַיִּים.*
***הַמַּהֲלָכִים** הַכַּלְכָּלִיִּים הֵם כְּדֵי לַעֲצוֹר אֶת הָאִינְפְלַצְיָה.*

מהםמ״י מֵהֶם — from/of them (m)
מִן/(מִ-) + הֵם:
*אֲנַחְנוּ חֲכָמִים **מֵהֶם**.*

מהמורהנ׳ מַהֲמוֹרָה [מַהֲמוֹרוֹת] — pit, hole
בּוֹר:
*הַכְּבִישׁ לֹא טוֹב, יֵשׁ בּוֹ **מַהֲמוֹרוֹת**.*

מהמםת׳ מְהַמֵּם — shocking
מַרְשִׁים, מַפְתִּיעַ:
*הַהַצָּגָה הָיְיתָה **מְהַמֶּמֶת**.*
מְהַמֶּמֶת, מְהַמְּמִים, מְהַמְּמוֹת

מהמרת׳ר׳ז מְהַמֵּר [מְהַמְּרִים] — gambler
מִי שֶׁמְּשַׂחֵק בְּמִשְׂחֲקֵי מַזָּל (קְלָפִים, קוּבִּיָּיה...):
***הַמְּהַמְּרִים** הִפְסִידוּ כֶּסֶף, כִּי הֶאֱמִינוּ שֶׁהַסּוּס הַשָּׁחוֹר יְנַצֵּחַ.*
מְהַמֶּרֶת, מְהַמְּרוֹת

מהןמ״י מֵהֶן — from/of them (f)
מִן/(מִ-) + הֵן:
*אֲנִי אֲבַקֵּשׁ **מֵהֶן** אֶת הַסֵּפֶר.*

מהנדסז׳ מְהַנְדֵּס [מְהַנְדְּסִים] — engineer
אָדָם שֶׁעוֹבֵד בְּתִיכְנוּן וּבְבְנִיָּיה שֶׁל בָּתִּים, מְכוֹנוֹת, וְכוּ׳:
*דָּוִד לָמַד בַּטֶּכְנִיּוֹן, הַיּוֹם הוּא **מְהַנְדֵּס** אֶלֶקְטְרוֹנִיקָה.*
מְהַנְדֶּסֶת, מְהַנְדְּסוֹת

מהנהת׳ מְהַנֶּה — enjoyable
גּוֹרֵם הֲנָאָה, נָעִים:
*סֶרֶט הַקּוֹלְנוֹעַ הָיָה **מְהַנֶּה** מְאוֹד.*
מְהַנָּה, מְהַנִּים, מְהַנּוֹת

מהפךז׳ מַהְפָּךְ [מַהְפָּכִים] — change-over, reversal, upheaval, shake-up
שִׁינּוּי רָדִיקָלִי:
*חָל **מַהְפָּךְ** בְּחַיַּי - הִתְחַתַּנְתִּי.*

מהפכהנ׳ מַהְפֵּכָה [מַהְפֵּכוֹת] revolution
1. הוֹרָדַת הַשִּׁלְטוֹן הַיָּשָׁן בְּכוֹחַ, וְהַחְלָפָתוֹ:
הַמַּהְפֵּכָה הַצָּרְפָתִית הָיְיתָה בִּשְׁנַת 1789.
2. שִׁינּוּי יְסוֹדִי בְּאוֹרַח חַיִּים: turnabout, transformation
הָעֲלִיָּיה הֵבִיאָה לְמַהְפֵּכָה בְּחַיַּי.
3. אִי-סֵדֶר: mess
נִכְנַסְתִּי לַחֲדַר-הַיְלָדִים - אֵיזוֹ מַהְפֵּכָה!

מהפכןז׳ מַהְפְּכָן [מַהְפְּכָנִים] revolutionary
רֶבוֹלוּצְיוֹנֶר, מִי שֶׁמִּשְׁתַּתֵּף בְּמַהְפֵּכָה וְרוֹצֶה שִׁינּוּיִים רָדִיקָלִיִּים:
לֶנִין הָיָה מַהְפְּכָן.
מַהְפְּכָנִית, מַהְפְּכָנִיּוֹת

מהפכנותנ׳ מַהְפְּכָנוּת revolutionism
שְׁאִיפָה לְמַהְפֵּכָה, לְשִׁינּוּי רָדִיקָלִי:
הַמַּהְפְּכָנוּת הוֹרֶסֶת אֶת הַיָּשָׁן וְרוֹצָה לִבְנוֹת מַשֶּׁהוּ חָדָשׁ.

מהפכנית׳ מַהְפְּכָנִי revolutionary (adj.)
שׁוֹנֶה לְגַמְרֵי, בְּאוֹפֶן רָדִיקָלִי:
צָרִיךְ שִׁינּוּי מַהְפְּכָנִי בַּחִינּוּךְ.
מַהְפְּכָנִית, מַהְפְּכָנִיִּים, מַהְפְּכָנִיּוֹת

מהפנטתו״ז מְהַפְּנֵט [מְהַפְּנְטִים] hypnotist
מוּמְחֶה לְהִיפְּנוֹזָה, מִי שֶׁמַּרְדִּים אֲנָשִׁים וְאוֹמֵר לָהֶם מַה לַּעֲשׂוֹת:
הַמְהַפְּנֵט אָמַר לָהּ לִרְקוֹד, וְהִיא רָקְדָה.
מְהַפְּנֶטֶת, מְהַפְּנְטוֹת

מהרת״פ מַהֵר quickly
בִּזְמַן קָצָר:
רַצְתִּי מַהֵר, וְהִגַּעְתִּי בַּזְּמַן לַפְּגִישָׁה.

מהרהת״פ מְהֵרָה quickly, soon
בִּמְהִירוּת, בִּזְמַן קָצָר בְּיוֹתֵר:
בִּמְהֵרָה אָבוֹא לְבַקֵּר אֶתְכֶם.

מהתלהנ׳ מַהֲתַלָּה [מַהֲתַלּוֹת] joke, funny tale
1. בְּדִיחָה, סִיפּוּר קָצָר, מַצְחִיק:
הוּא סִיפֵּר מַהֲתַלָּה, וְכוּלָּם צָחֲקוּ.
2. לֹא חָשׁוּב, טִיפְּשִׁי: joke, silly
כָּל הָרַעְיוֹן הוּא מַהֲתַלָּה - רַעְיוֹן לֹא רְצִינִי.

מואזיןז׳ מוּאַזִּין [מוּאַזִּינִים] Muezzin (Arabic)
(עֲרָבִית) מִי שֶׁקּוֹרֵא לִתְפִילָּה אֵצֶל הַמּוּסְלְמִים:
הַמּוּאַזִּין קָרָא בְּקוֹל לַמּוּסְלְמִים לָבוֹא לְהִתְפַּלֵּל.

מובאהנ׳ מוּבָאָה [מוּבָאוֹת] quotation
קֶטַע שֶׁמְּבִיאִים בְּסֵפֶר (אוֹ בְּהַרְצָאָה וְכוּ׳) מִסֵּפֶר אַחֵר:
בַּמַּאֲמָר יֵשׁ מוּבָאוֹת מֵהַסֵּפֶר הֶחָדָשׁ שֶׁל ע. עוֹז.

מובדלת׳ מֻבְדָּל isolated/separated (adj.)
נִפְרָד, לֹא עִם הָאֲחֵרִים:
הוּא עוֹמֵד מוּבְדָּל מִכָּל יַלְדֵי הַכִּיתָּה.
מוּבְדֶּלֶת, מוּבְדָּלִים, מוּבְדָּלוֹת

מובהקת׳ מֻבְהָק clear, par excellence
מַמָּשׁ בָּרוּר:
מָתֵימָטִיקָה הִיא מִקְצוֹעַ מַדָּעִי מוּבְהָק.
מוּבְהֶקֶת, מוּבְהָקִים, מוּבְהָקוֹת

מובחרת׳ מֻבְחָר choice
טוֹב מְאוֹד, נִבְחָר:
הַיַּיִן הָאִיטַלְקִי הוּא יַיִן מוּבְחָר.
מִן הַמּוּבְחָר the choicest
מוּבְחֶרֶת, מוּבְחָרִים, מוּבְחָרוֹת

מובטחת׳ מֻבְטָח assured (adj.)
הִבְטִיחוּ לוֹ, בָּטוּחַ:
מוּבְטָח לְךָ שֶׁתִּתְקַבֵּל לָעֲבוֹדָה.
הָאָרֶץ הַמּוּבְטַחַת The Promised Land
מוּבְטַחַת, מוּבְטָחִים, מוּבְטָחוֹת

מובטלתו״ז מֻבְטָל [מוּבְטָלִים] unemployed, out of work
מִי שֶׁאֵין לוֹ עֲבוֹדָה:
אֲנִי מוּבְטָל, כִּי בֵּית הַחֲרוֹשֶׁת נִסְגַּר.
מוּבְטֶלֶת, מוּבְטָלוֹת

מובלעת׳ מֻבְלָע implicit
נִמְצָא בְּתוֹךְ מַשֶּׁהוּ בְּלִי לִבְלוֹט:
בַּהַרְצָאָה הָיְיתָה בִּיקּוֹרֶת מוּבְלַעַת עַל הַשַּׂר.
מוּבְלַעַת, מוּבְלָעִים, מוּבְלָעוֹת

מובלעתנ׳ מֻבְלַעַת [מוּבְלָעוֹת] enclave, pocket
טֶרִיטוֹרְיָה קְטַנָּה שֶׁל מְדִינָה אַחַת בְּתוֹךְ מְדִינָה אַחֶרֶת:
בִּלְבָנוֹן יְשָׁנָה מוּבְלַעַת סוּרִית.

מובןת׳ מוּבָן understood (adj.)
בָּרוּר, אֶפְשָׁר לְהָבִין אוֹתוֹ:
הַאִם כָּל מַה שֶּׁכָּתַבְתִּי מוּבָן לָכֶם?
מוּבָן מֵאֵלָיו self explanatory
כַּמּוּבָן of course
מוּבֶנֶת, מוּבָנִים, מוּבָנוֹת

מוברחת' מֻבְרָח — smuggled (adj.)
שֶׁהִבְרִיחוּ אוֹתוֹ, הִכְנִיסוּ אוֹ הוֹצִיאוּ מִן הָאָרֶץ בְּלִי רְשׁוּת:
*הַמִּשְׁטָרָה תָּפְסָה טֶלֶוִויזְיוֹת **מוּבְרָחוֹת** מִיַּפָּן.*
מוּבְרַחַת, מוּבְרָחִים, מוּבְרָחוֹת

מוגת' מוּג [מוּגִים] — faint-hearted, coward
מוּג־לֵב - פַּחְדָן:
*הוּא לֹא יִסְתַּכֵּן, כִּי הוּא **מוּג-לֵב**.*
מוּגָה, מוּגוֹת

מוגבלת' מֻגְבָּל — limited (adj.)
1. קָטָן מְאוֹד, מְצוּמְצָם:
*הָאֶפְשָׁרוּיוֹת הַכַּלְכָּלִיּוֹת שֶׁלִּי **מוּגְבָּלוֹת**.*
2. שֶׁיֵּשׁ לוֹ גְּבוּל: — restricted/bounded (adj.)
*הַשִּׁלְטוֹן **מוּגְבָּל** עַל יְדֵי חוּקִים.*
יֶלֶד מוּגְבָּל - יֶלֶד שֶׁהַיְּכוֹלֶת שֶׁלּוֹ לִלְמוֹד קְטַנָּה מֵהָרָגִיל. — handicapped child
בְּעֵירָבוֹן מוּגְבָּל (בע"מ) — limited, LTD
מוּגְבֶּלֶת, מוּגְבָּלִים, מוּגְבָּלוֹת

מוגבלותנ' מֻגְבָּלוּת — handicap, limitation, retardation
צִימְצוּם בְּכוֹשֶׁר פְּעוּלָּה פִיסִי אוֹ מֶנְטָלִי:
*אֶפְשָׁר לְטַפֵּל **בְּמוּגְבָּלוּת** אֵצֶל יְלָדִים.*

מוגברת' מֻגְבָּר — intensified (adj.)
מְחוּזָּק, גָּדוֹל יוֹתֵר:
*אֲנַחְנוּ מְקַוִּוים, שֶׁתִּהְיֶה פְּעִילוּת כַּלְכָּלִית **מוּגְבֶּרֶת**.*
מוּגְבֶּרֶת, מוּגְבָּרִים, מוּגְבָּרוֹת

מוגדלת' מֻגְדָּל — enlarged (adj.)
שֶׁעָשׂוּ אוֹתוֹ גָּדוֹל יוֹתֵר:
*קִיבַּלְתִּי תְּמוּנָה **מוּגְדֶּלֶת** שֶׁל כֹּל הַמִּשְׁפָּחָה.*
מוּגְדֶּלֶת, מוּגְדָּלִים, מוּגְדָּלוֹת

מוגדרת' מֻגְדָּר — defined (adj.)
1. בָּרוּר, קָבוּעַ:
*יֵשׁ לִי תַּפְקִיד **מוּגְדָּר** בָּעֲבוֹדָה.*
2. שֶׁסִּידְּרוּ אוֹתוֹ לְפִי הַשֵּׁם, הַמִּין וְכוּ' (בְּבּוֹטָנִיקָה): — classified (adj.)
*כֹּל הַצְּמָחִים **מוּגְדָּרִים** בַּ'מַגְדִּיר לְצִמְחֵי אֶרֶץ יִשְׂרָאֵל'.*
מוּגְדֶּרֶת, מוּגְדָּרִים, מוּגְדָּרוֹת

מוגזםת' מֻגְזָם — exaggerated (adj.)
מוּפְרָז, יוֹתֵר מִדַּי גָּדוֹל, יָקָר, לֹא מְצִיאוּתִי:
*מְחִיר הַשִּׂמְלָה **מוּגְזָם**! יֵשׁ דְּבָרִים זוֹלִים יוֹתֵר?*
מוּגְזֶמֶת, מוּגְזָמִים, מוּגְזָמוֹת

מוגלהנ' מֻגְלָה — pus
מַה שֶּׁיּוֹצֵא מִפֶּצַע, שֶׁיֵּשׁ בּוֹ אִינְפֶקְצְיָה:
*יֵשׁ לִי **מוּגְלָה** בַּגָּרוֹן, וַאֲנִי צָרִיךְ אַנְטִיבְּיוֹטִיקָה.*

מוגלתית' מֻגְלָתִי — pussy
שֶׁיֵּשׁ בּוֹ מוּגְלָה (חוֹמֶר לָבָן-צָהוֹב בְּפֶצַע):
*הַפֶּצַע **מוּגְלָתִי**, צָרִיךְ אַנְטִיבְּיוֹטִיקָה.*
מוּגְלָתִית, מוּגְלָתִיִּים, מוּגְלָתִיּוֹת

מוגמרת' מֻגְמָר — completed (adj.)
שֶׁנִּגְמַר, שֶׁהִגִּיעַ לְסוֹפוֹ:
*הַמְּכוֹנוֹת **הַמּוּגְמָרוֹת** נִשְׁלָחוֹת לְחוּץ לָאָרֶץ.*
עוּבְדָה מוּגְמֶרֶת — fait accompli
מוּגְמֶרֶת, מוּגְמָרִים, מוּגְמָרוֹת

מוגרפ' מֻגַּר — was defeated
נִיצְּחוּ אוֹתוֹ, הִשְׁמִידוּ אוֹתוֹ:
*הָאוֹיֵב **מוּגַּר** בִּקְרַב מְטוֹסִים.*
/ מ.ג.ר, פּוּעַל / מוּגַּרְתִּי, מְמוּגָּר, יְמוּגַּר, יְמוּגְּרוּ

מוגשת' מֻגָּשׁ — served (adj.)
שֶׁמַּגִּישִׁים אוֹתוֹ, מְבִיאִים אוֹתוֹ קָרוֹב:
*הָאוֹכֶל **מוּגָּשׁ** בְּצַלָּחוֹת לְבָנוֹת.*
מוּגֶּשֶׁת, מוּגָּשִׁים, מוּגָּשׁוֹת

מודאגת' מֻדְאָג — worried (adj.)
דּוֹאֵג, פּוֹחֵד שֶׁקָּרָה אוֹ יִקְרֶה מַשֶּׁהוּ רַע:
*הוּא חוֹלֶה כְּבָר הַרְבֵּה זְמַן, וַאֲנִי **מוּדְאָג** מְאוֹד.*
מוּדְאֶגֶת, מוּדְאָגִים, מוּדְאָגוֹת

מודגםת' מֻדְגָּם — exemplified/demonstrated (adj.)
מַרְאִים אוֹתוֹ מַמָּשׁ, נוֹתְנִים דּוּגְמָאוֹת:
*הָרַעְיוֹן **מוּדְגָּם** בְּדוּגְמָאוֹת קוֹנְקְרֶטִיּוֹת.*
*תּוֹכְנִית הַבַּיִת הֶחָדָשׁ **מוּדְגֶּמֶת** בַּצִּיּוּר הַזֶּה.*
מוּדְגֶּמֶת, מוּדְגָּמִים, מוּדְגָּמוֹת

מודגשת' מֻדְגָּשׁ — emphasized (adj.)
1. שֶׁהִדְגִּישׁוּ אוֹתוֹ, עָשׂוּ שֶׁיִּבְלוֹט:
*הַדְּבָרִים הַחֲשׁוּבִים **מוּדְגָּשִׁים** בְּקַו אָדוֹם.*
2. (בְּדִיקְדּוּק עִבְרִי) - שֶׁיֵּשׁ בּוֹ דָּגֵשׁ: — with a dagesh (Heb. gram.)
*בַּמִּילָּה צִבּוּר הַ-בּ' **מוּדְגֶּשֶׁת**.*
מוּדְגֶּשֶׁת, מוּדְגָּשִׁים, מוּדְגָּשׁוֹת

מודדז' מוֹדֵד [מוֹדְדִים] — surveyor
1. מִי שֶׁעוֹבֵד בִּמְדִידָה שֶׁל אֲדָמָה:
הַמּוֹדֵד קָבַע אֶת הַגְּבוּל בֵּין שְׁתֵּי הַחֲצֵרוֹת.
2. קְרִיטֶרְיוֹן שֶׁלְּפִיו מוֹדְדִים: — criterion

המוֹדֵד שֶׁל הַצְלָחַת הַקוֹנצֶרט הוּא מִספַּר הַכַּרטִיסִים שֶׁנִמכְּרוּ.
מוֹדֶדֶת, מוֹדְדוֹת

מודחת' מוּדָח washed dishes (adj.)
רָחוּץ, שֶׁנִיקוּ אוֹתוֹ:
*סִידַרתִי אֶת הַכֵּלִים **הַמוּדָחִים** בָּאָרוֹן.*
מוּדַחַת, מוּדָחִים, מוּדָחוֹת

מודחת' מֻדָּח ousted/expelled (adj.)
שֶׁגֵירְשׁוּ אוֹתוֹ:
*הַנָשִׂיא **הַמוּדָח** בָּרַח מֵהָאָרֶץ.*
מוּדַחַת, מוּדָחִים, מוּדָחוֹת

מודחקת' מֻדְחָק repressed (adj.)
(פסיכולוגיה) שֶׁלֹא רוֹצִים לִזכּוֹר אוֹתוֹ, לָדַעַת מִמֶנוּ וְכוּ':
*הָרָצוֹן **הַמוּדחָק** שֶׁלִי הוּא לִהיוֹת שַׂחקָנִית.*
מוּדחֶקֶת, מוּדחָקִים, מוּדחָקוֹת

מודיעז' מוֹדִיעַ [מוֹדִיעִים] informer
מִי שֶׁמוֹסֵר יְדִיעוֹת (בְּדֶרֶךְ כְּלָל סוֹדִיוֹת וְכוּ'):
*לַמִשטָרָה יֵשׁ **מוֹדִיעִים**, שֶׁמוֹסרִים לָהּ אִינפוֹרמַציָה.*
מוֹדִיעָה, מוֹדִיעוֹת

מודיעיןז"ר מוֹדִיעִין information
1. אִינפוֹרמַציָה, יְדִיעוֹת:
*כְּשֶׁלֹא יוֹדעִים מִספַּר טֶלֶפוֹן, שׁוֹאֲלִים **בַּמוֹדִיעִין** 144.*
2. מַחלָקָה בַּצָבָא אוֹ בַּמִשטָרָה, שֶׁאוֹסֶפֶת יְדִיעוֹת: intelligence
*אָחִי מְשָׁרֵת בַּצָבָא **בְּמוֹדִיעִין**.*

מודיעינית' מוֹדִיעִינִי intelligence (adj.)
שַׁיָיךְ לַמוֹדִיעִין, לָאִינפוֹרמַציָה סוֹדִית:
*הָיָה לִי תַפקִיד **מוֹדִיעִינִי** בַּצָבָא.*
מוֹדִיעִינִית, מוֹדִיעִינִיִים, מוֹדִיעִינִיוֹת

מודעתו"ז מוּדָע aware
1. שָׂם לֵב, יוֹדֵעַ:
*אֲנִי **מוּדָע** לְכָךְ, שֶׁאֲנִי לֹא מוּכשָׁר בְּצִיוּר.*
2. (בפסיכולוגיה) כֹּל מַה שֶׁהָאָדָם יוֹדֵעַ עַל עַצמוֹ: conscious
*הַזִיכָּרוֹן שַׁיָיךְ לִתחוּם **הַמוּדָע**.*
תַת-מוּדָע subconscious
בְּמוּדָע ת"פ consciously
בִּלתִי מוּדָע unconscious
מוּדַעַת, מוּדָעִים, מוּדָעוֹת

מודעז' מוֹדָע [מוֹדָעִים] acquaintance
מַכָּר, יָדִיד:
*הוּא **מוֹדָע** וָתִיק שֶׁלָנוּ.*

מודעהנ' מוֹדָעָה [מוֹדָעוֹת] advertisement
יְדִיעָה אוֹ פִּירסוּם בָּעִיתוֹן, בָּרחוֹבוֹת אוֹ עַל לוּחַ מְיוּחָד לְכָךְ:
*רָאִיתִי **מוֹדָעָה** בָּעִיתוֹן עַל קוּרס מַחשְׁבִים.*
מוֹדַעַת אֵבֶל obituary

מודעותנ' מוּדָעוּת awareness
מַה שֶׁמוּדָעִים לוֹ, כְּשֶׁשָׂמִים לֵב לְמַשֶׁהוּ:
***הַמוּדָעוּת** שֶׁלוֹ לְעַצמוֹ גָדְלָה, לְאַחַר שֶׁלָמַד פּסִיכוֹלוֹגיָה.*

מודפסת' מֻדְפָּס printed (adj.)
שֶׁהִדפִּיסוּ אוֹתוֹ, הוֹצִיאוּ אוֹתוֹ בְּדפוּס:
*בְּיָוָון הָעַתִיקָה לֹא הָיוּ סְפָרִים **מוּדפָּסִים**.*
מוּדפֶּסֶת, מוּדפָּסִים, מוּדפָּסוֹת

מודרגת' מֻדְרָג graduated/graded (adj.), gradual
מִתקַדֵם מַדרֵגָה אַחֲרֵי מַדרֵגָה, מִן הַקַל אֶל הַקָשֶׁה:
*הַסֵפֶר בָּנוּי בְּצוּרָה **מוּדרֶגֶת** - מִלִימוּד הָא"ב וְעַד לְרָמָה ג'.*
מוּדרֶגֶת, מוּדרָגִים, מוּדרָגוֹת

מוהלז' מוֹהֵל [מוֹהֲלִים] circumciser
מִי שֶׁעוֹשֶׂה בְּרִית מִילָה:
***הַמוֹהֵל** הַזֶה עָשָׂה בְּרִית מִילָה לַבֵּן שֶׁלִי.*

מוהרז' מֹהַר dowry
כֶּסֶף שֶׁנוֹתֵן הֶחָתָן כְּדֵי לִקנוֹת לוֹ אִישָׁה:
***הַמוֹהַר** לֹא נָהוּג בַּחֶברָה הַמוֹדֶרנִית.*

מוותז' מָוֶת death
הֵיפֶךְ מֵחַיִים, הַמַצָב שֶׁאֵין עוֹד חַיִים בַּגוּף:
*הִצטַעַרנוּ לִשׁמוֹעַ עַל **הַמָוֶות** הַפִּתאוֹמִי שֶׁל חֲבֵרֵנוּ.*
מוֹת-גִיבּוֹרִים heroic death
אֵימַת-מָוֶות deadly fear
סַכָּנַת-מָוֶות mortal danger
מוֹתִי, מוֹתוֹ, מוֹתָם, מוֹתָן, מוֹתֵנוּ, מוֹתכֶם-כֶן, מוֹתָם

מוזגז' מוֹזֵג [מוֹזגִים] barman
מִי שֶׁמוֹכֵר מַשׁקֶה אַלכּוֹהוֹלִי בְּבָּר:
*בִּיקַשׁתִי מִן **הַמוֹזֵג**ווֹדקָה.*
מוֹזֶגֶת, מוֹזגוֹת

מוזהבת' מֻזְהָב gold-plated (adj.)
מְצוּפֶּה זָהָב:
*הַצַלַחַת הַזֹאת אֵינֶנָה מִזָהָב מַמָשׁ, הִיא רַק **מוּזהֶבֶת**.*
מוּזהֶבֶת, מוּזהָבִים, מוּזהָבוֹת

מוזכרת' מֻזְכָּר mentioned (adj.)
שֶׁהִזכִּירוּ אוֹתוֹ, הַנִזכָּר, שֶׁנֶאֱמַר קוֹדֶם:

*הַבִּיבְּלִיוֹגְרַפְיָה **מוּזְכֶּרֶת** בְּסוֹף הַסֵּפֶר.*
מוּזְכֶּרֶת, מוּזְכָּרִים, מוּזְכָּרוֹת

מוזלת' מוּזָל — reduced (adj.)
שֶׁהוֹרִידוּ אֶת הַמְּחִיר שֶׁלּוֹ:
*הַבְּגָדִים נִמְכְּרוּ בִּמְחִירִים **מוּזָלִים**.*
מוּזֶלֶת, מוּזָלִים, מוּזָלוֹת

מוזמןז' מֻזְמָן [מוּזְמָנִים] — invited (adj.)
אִישׁ שֶׁהִזְמִינוּ אוֹתוֹ, אוֹרֵחַ:
*כָּל **הַמּוּזְמָנִים** הִגִּיעוּ לִמְסִיבַּת בַּר-הַמִּצְוָה.*
מוּזְמֶנֶת, מוּזְמָנוֹת

מוזנחת' מֻזְנָח — neglected/abandoned (adj.)
שֶׁלֹּא טִיפְּלוּ בּוֹ, עָזוּב:
*הַכֶּלֶב הַזֶּה **מוּזְנָח** - אֵין לוֹ בַּיִת.*
מוּזְנַחַת, מוּזְנָחִים, מוּזְנָחוֹת

מוזרת' מוּזָר — strange, odd
מְשׁוּנֶּה, לֹא רָגִיל:
*הַסִּיפּוּר שֶׁלּוֹ **מוּזָר**. / מֹשֶׁה בָּחוּר **מוּזָר**.*
מוּזָרָה, מוּזָרִים, מוּזָרוֹת

מוזרותנ' מוּזָרוּת — strangeness, oddness
הִתְנַהֲגוּת לֹא רְגִילָה:
*הוּא לֹא מַשִּׂיג עֲבוֹדָה בִּגְלַל **הַמּוּזָרוּת** שֶׁלּוֹ.*

מוזרםת' מֻזְרָם — conducted (adj.)*(water,electricity)*
שֶׁמַּעֲבִירִים אוֹתוֹ בְּזֶרֶם (מַיִם, דָּם, גם חַשְׁמַל):
*הַמַּיִם **הַמּוּזְרָמִים** מִן הַכִּינֶּרֶת נְקִיִּים.*
מוּזְרֶמֶת, מוּזְרָמִים, מוּזְרָמוֹת

מוזרקת' מֻזְרָק — injected (adj.)
מוּכְנָס לַגּוּף בְּמַחַט (מַזְרֵק):
*הַחוֹמֶר **הַמּוּזְרָק** לַגּוּף מְחַזֵּק אוֹתוֹ נֶגֶד מַחֲלוֹת.*
מוּזְרֶקֶת, מוּזְרָקִים, מוּזְרָקוֹת

מוחז' מֹחַ [מוֹחוֹת] — brain(s)
הַחוֹמֶר הָאָפוֹר בָּרֹאשׁ, מֶרְכַּז הָעֲצַבִּים, הַמַּחְשָׁבָה וְהָאִינְטֶלֶקְט:
*הוּא מַדְעָן מַבְרִיק בַּעַל **מוֹחַ** חָרִיף.*
שטיפת-מוח — brainwashing
בילבול-מוח — bother, annoyance

מוחזקת' מֻחְזָק — held, kept (adj.)
1. שֶׁמַּחֲזִיקִים בּוֹ/אוֹתוֹ:
*הוּא **מוּחְזָק** בְּבֵית הַסּוֹהַר.*
2. מִישֶׁהוּ מְשַׁלֵּם אֶת — supported/maintained (adj.)
כָּל הַהוֹצָאוֹת שֶׁלּוֹ:
*הַמּוּזֵיאוֹן **מוּחְזָק** עַל יְדֵי הָעִירִיָּיה.*
3. נֶחְשָׁב כְּ-: — considered (adj.)
*אַתָּה **מוּחְזָק** בְּעֵינַיי כְּאָדָם יָשָׁר.*
מוּחְזֶקֶת, מוּחְזָקִים, מוּחְזָקוֹת

מוחלטת' מֻחְלָט — absolute
אַבְּסוֹלוּטִי, שֶׁאֵין בּוֹ סָפֵק:
*לַיֶּלֶד יֵשׁ אֵמוּן **מוּחְלָט** בְּאִימּוֹ. / אֵין לִי הוֹכָחָה **מוּחְלֶטֶת**...*
מוּחְלֶטֶת, מוּחְלָטִים, מוּחְלָטוֹת

מוחמץת' מֻחְמָץ — pickled (adj.)
1. כְּשֶׁשָּׂמִים יְרָקוֹת בְּמַיִם וָמֶלַח וְכוּ':
*הַמְּלָפְפוֹנִים הָאֵלֶּה **מוּחְמָצִים**.*
2. שֶׁלֹּא הִשְׁתַּמְּשׁוּ בּוֹ, כְּשֶׁאֶפְשָׁר הָיָה: — missed (adj.)
*אִם לֹא קוֹנִים כְּשֶׁהַמְּחִיר יוֹרֵד, הַהִזְדַּמְּנוּת **מוּחְמֶצֶת**.*
מוּחְמֶצֶת, מוּחְמָצִים, מוּחְמָצוֹת

מוחצןת' מֻחְצָן — extrovert(ed)
מִי שֶׁמּוֹצִיא הַחוּצָה מַה שֶּׁהוּא מַרְגִּישׁ:
*אָדָם **מוּחְצָן** מְסַפֵּר מַה שֶּׁהוּא מַרְגִּישׁ.*
מוּחְצֶנֶת, מוּחְצָנִים, מוּחְצָנוֹת

מוחקז' מוֹחֵק [מוֹחֲקִים] — eraser
(לְשׁוֹן דִּיבּוּר) גּוּמִי שֶׁמּוֹחֵק מַשֶּׁהוּ כָּתוּב, מְבַטֵּל:
*כְּשֶׁכּוֹתְבִים בְּעִיפָּרוֹן אֶפְשָׁר לְהִשְׁתַּמֵּשׁ **בְּמוֹחֵק**.*

מוחרםת' מֻחֲרָם [מֻחְרָם] — boycotted (adj.)
1. שֶׁהֶחֱרִימוּ אוֹתוֹ, הִרְחִיקוּ אוֹתוֹ, לֹא בָּאִים אִיתּוֹ בְּקֶשֶׁר:
*הַסְּחוֹרוֹת הַיִּשְׂרְאֵלִיּוֹת **מוּחְרָמוֹת** בְּאַרְצוֹת הָעֲרָבִיּוֹת.*
2. שֶׁלָּקְחוּ אוֹתוֹ מִבַּעַל-הַדָּבָר בִּגְלַל אִי-תַּשְׁלוּם וְכוּ': — confiscated (adj.)
*הַטֶּלֶוִויזְיוֹת **מוּחְרָמוֹת**, כִּי הֵן הִגִּיעוּ לָאָרֶץ בְּלִי רִישְׁיוֹן.*
מוּחְרֶמֶת, מוּחְרָמִים, מוּחְרָמוֹת

מוחרתת"פ מָחֳרָת — the following day
בַּיּוֹם הַבָּא:
*בְּשַׁבָּת שֶׁעָבְרָה הָיִיתִי בְּתֵל-אָבִיב, **לְמוֹחֳרָת** נָסַעְתִּי לְחֵיפָה.*

מוחרתייםת"פ מָחֳרָתַיִם — the day after tomorrow
הַיּוֹם שֶׁאַחֲרֵי מָחָר:
*הַיּוֹם יוֹם שֵׁנִי, מָחָר יוֹם שְׁלִישִׁי, **מוֹחֳרָתַיִם** - יוֹם רְבִיעִי.*

מוחשבפ' מֻחְשַׁב — was computerized
עָבַר לְטִיפּוּל שֶׁל מַחְשֵׁב:
*כָּל הַחֶשְׁבּוֹנוֹת בַּבַּנְק **מוּחְשְׁבוּ**.*
/ מ.ח.ש.ב, פּוּעַל / מוּחְשְׁבוּ, מְמוּחְשָׁב, יְמוּחְשַׁב

מוחשית׳ מוּחָשִׁי — concrete, tangible
שֶׁתּוֹפְשִׂים אוֹתוֹ בַּחוּשִׁים (עֵינַיִים, אוֹזנַיִים וְכוּ׳), מַמָּשִׁי:
*צָרִיךְ לְהַסבִּיר בְּעָיוֹת בְּמָתֵימָטִיקָה בְּאוֹפֶן **מוּחָשִׁי**.*
מוּחָשִׁית, מוּחָשִׁיִים, מוּחָשִׁיוֹת

מוחשיותנ׳ מוּחָשִׁיוּת — concreteness, tangibility, reality
מַשֶּׁהוּ מְצִיאוּתִי (מַמָּשִׁי), קוֹנקרֶטִיוּת:
*הַצִּיוּר כֹּל כָּךְ אֲמִיתִי, הוּא נוֹתֵן הַרגָשָׁה שֶׁל **מוּחָשִׁיוּת**.*

מוטז׳ מוֹט [מוֹטוֹת] — pole, rod
מַקֵל:
*תָּקַענוּ **מוֹטוֹת** בָּאֲדָמָה, וְקָשַׁרנוּ בֵּינֵיהֶם חֶבֶל.*

מוטבת״פ מוּטָב — it is better (to), preferable
1. טוֹב יוֹתֵר:
***מוּטָב** לַעֲבוֹד בַּבַּיִת מֵאֲשֶׁר בַּשֶּׁמֶשׁ.*
חָזַר לְמוּטָב - — reformed
*אַחֲרֵי שֶׁיָּצָא מִבֵּית הַסוֹהַר, חָזַר הָאִישׁ **לְמוּטָב**.*
2. **מוּטָב** - מִי שֶׁצָּרִיךְ לְשַׁלֵּם לוֹ אֶת הַצֵּ׳יק: — beneficiary
*שִׁלֵּם **לַמוּטָב** אֶת הַכֶּסֶף.*

מוטבעת׳ מֻטְבָּע — coined/ingrained (adj.)
צוּרָה כֹּלשֶׁהִי בְּתוֹךְ חוֹמֶר:
*הַשֵּׁם **מוּטבָּע** עַל הַבַּקבּוּק.*
מוּטבַּעַת, מוּטבָּעִים, מוּטבָּעוֹת

מוטהת׳ מֻטֶּה — slanting, inclined (adj.)
1. לֹא עוֹמֵד יָשָׁר:
*הַמִגדָּל בְּפִּיזָה **מוּטֶה** בְּזָוִוית שֶׁל כְּ-5°.*
2. כְּשֶׁמִתיַיחֲסִים בְּאוֹפֶן לֹא אוֹבּייֶקטִיבִי, כְּשֶׁמַשֶּׁהוּ מַשׁפִּיעַ: — biased
*מַאֲמָר מַדָּעִי אָסוּר לוֹ לִהיוֹת **מוּטֶה**.*
מוּטֵית-מוּטָה, מוּטִים, מוּטוֹת

מוטלת׳ מֻטָּל — imposed/placed (adj.)
חוֹבָה שֶׁשָּׂמִים עַל מִישֶׁהוּ:
*הַמִיסִים **הַמוּטָלִים** עָלֵינוּ גְבוֹהִים.*
מוּטֶלֶת, מוּטָלִים, מוּטָלוֹת

מוטמעת׳ מֻטְמָע — absorbed (adj.)
1. שֶׁנִכנָס וּמִתעָרֵב:
*אוֹר הַשֶּׁמֶשׁ **מוּטמָע** בְּתוֹךְ הַצֶּמַח.*
2. נַעֲשָׂה חֵלֶק מִמַשֶּׁהוּ: — assimilated (adj.)
*הַתַרבּוּת הָרוּסִית **מוּטמַעַת** בַּתַרבּוּת הַיְהוּדִית.*
מוּטמַעַת, מוּטמָעִים, מוּטמָעוֹת

מוטעהת׳ מֻטְעֶה — mistaken
לֹא נָכוֹן:
*קִיבַּלנוּ אִינפוֹרמַציָה **מוּטעֵית**, לָכֵן לֹא מָצָאנוּ אֶת הַמָקוֹם.*
מוּטעֵית-מוּטעָה, מוּטעִים, מוּטעוֹת

מוטעםת׳ מֻטְעָם — emphasized/accented (adj.)
שֶׁמַדגִישִׁים אוֹתוֹ:
*הַמִילָה ׳דָבָר׳ **מוּטעֶמֶת** בַּהֲבָרָה הָאַחֲרוֹנָה.*
קְרִיאָה מוּטעֶמֶת — recitation
מוּטעֶמֶת, מוּטעָמִים, מוּטעָמוֹת

מוטעןת׳ מֻטְעָן — loaded (adj.)
שֶׁשָּׂמוּ עָלָיו מִטעָן (חוֹמֶר, חֲפָצִים):
*הָרַכֶּבֶת **מוּטעֶנֶת** בְּחוֹל.*
מוּטעֶנֶת, מוּטעָנִים, מוּטעָנוֹת

מוטרדת׳ מֻטְרָד — troubled (adj.)
דוֹאֵג, לֹא שָׁקֵט:
*אֲנִי **מוּטרָד** מֵהַמַצָּב הַכַּלכָּלִי.*
מוּטרֶדֶת, מוּטרָדִים, מוּטרָדוֹת

מויןפ׳ מֻיַּן — was sorted out/classified
סִידרוּ אוֹתוֹ לְפִי מִין, סוּג וְכוּ׳:
*הַפֵּירוֹת **מוּיְנוּ**, הַטוֹבִים הֵם לְאֶקספּוֹרט.*
/ מ.י.ן, פּוּעַל / מוּינוּ, מְמוּיָּן, יְמוּינוּ

מוכהת׳ מֻכֶּה — beaten, battered (adj.)
מִי שֶׁמַכִּים אוֹתוֹ, מִי שֶׁמְקַבֵּל מַכּוֹת:
*זֶה בַּיִת לְנָשִׁים **מוּכּוֹת**, שֶׁבָּרחוּ מִן הַבְּעָלִים שֶׁלָהֶן.*
מוּכֵּה-גוֹרָל — stricken by misfortune
מוּכֵּית, מוּכִּים, מוּכּוֹת

מוכחת׳ מוּכָח — proven
שֶׁהֶראוּ, שֶׁהוֹכִיחוּ, שֶׁהוּא נָכוֹן:
*הָעוּבדָה הַזֹּאת **מוּכַחַת**.*
מוּכַחַת, מוּכָחִים, מוּכָחוֹת

מוכןת׳ מוּכָן — ready
1. מַשֶּׁהוּ שֶׁהֵכִינוּ אוֹתוֹ:
*הָאוֹכֶל **מוּכָן**, אֶפשָׁר לָגֶשֶׁת לַשּׁוּלחָן. / אֲנִי **מוּכָן** לַבּחִינָה.*
2. מַסכִּים, רוֹצֶה: — willing
*אֲנִי **מוּכָן** לַעֲבוֹד בִּמקוֹם חֲבֵרִי, שֶׁנָסַע לְחוּפשָׁה.*
מוּכָנָה, מוּכָנִים, מוּכָנוֹת

מוכןפ׳ מֻכַּן — was mechanized
הִכנִיסוּ אֶת הַשִּׁימוּשׁ בִּמכוֹנוֹת:
*לָאִיכָּר קַל יוֹתֵר מֵאָז **שֶׁמוּכְּנָה** הַחַקלָאוּת.*
/ מ.כ.ן, פּוּעַל / מוּכְּנָה, מְמוּכָּן, יְמוּכַּן, יְמוּכְּנוּ

מוכס ז, מוֹכֵס [מוֹכְסִים] customs inspector
מִי שֶׁעוֹבֵד בַּמֶּכֶס, גוֹבֶה מִיסִים:
הַמּוֹכֵס לֹא הִרְשָׁה לְשַׁחְרֵר אֶת הַמְּכוֹנִיּוֹת.

מוכסף ת, מְכֻסָּף silver-plated (adj.)
מְכוּסֶּה, מְצוּפֶּה כֶּסֶף:
הַכַּפּוֹת וְהַכַּפִּיּוֹת מוּכְסָפוֹת, הֵן לֹא מַמָּשׁ מִכֶּסֶף.
מוּכְסֶפֶת, מוּכְסָפִים, מוּכְסָפוֹת

מוכר ז, מוֹכֵר [מוֹכְרִים] seller, salesman
אִישׁ שֶׁנּוֹתֵן סְחוֹרָה תְּמוּרַת כֶּסֶף:
מוֹכֵר הַבְּגָדִים עָזַר לִי לִבְחוֹר חוּלְצָה.
מוֹכֶרֶת, מוֹכְרוֹת

מוכר ת, מֻכָּר known
1. יָדוּעַ, מַכִּירִים אוֹתוֹ:
הַסִּיפּוּר הַזֶּה מוּכָּר מִזְּמַן. / פָּנֶיהָ מוּכָּרוֹת, אֵינֶנִּי זוֹכֵר הֵיכָן פָּגַשְׁתִּי אוֹתָהּ.
2. שֶׁיֵּשׁ לוֹ אִישּׁוּר מֵהַמֶּמְשָׁלָה, עִירִיָּיה וְכוּ׳: recognized (adj)
יֶשְׁנָן הוֹצָאוֹת, שֶׁמּוּכָּרוֹת עַל־יְדֵי מַס הַכְנָסָה.
מוּכֶּרֶת, מוּכָּרִים, מוּכָּרוֹת

מוכרח ת, מֻכְרָח must
צָרִיךְ, חַיָּיב:
אַתָּה מוּכְרָח לָלֶכֶת לְרוֹפֵא מָחָר, גַּם אִם אַתָּה לֹא רוֹצֶה.
מוּכְרָחָה, מוּכְרָחִים, מוּכְרָחוֹת

מוכשר ת, מֻכְשָׁר talented, capable
1. מִי שֶׁיֵּשׁ לוֹ יְכוֹלֶת טוֹבָה לַעֲשׂוֹת מַשֶּׁהוּ:
חַנָּה תַּלְמִידָה מוּכְשֶׁרֶת לְמוּסִיקָה, הִיא מְנַגֶּנֶת גַּם בְּפְסַנְתֵּר וְגַם בְּכִינּוֹר.
2. הֵכִינוּ אוֹתוֹ כָּךְ שֶׁיְּהוּדִים יוּכְלוּ לֶאֱכוֹל אוֹתוֹ, עָשׂוּ אוֹתוֹ ׳כָּשֵׁר׳: kosher
הַבָּשָׂר הַזֶּה מוּכְשָׁר, הוּא כְּבָר הוּמְלַח וְהוּדַח.
מוּכְשֶׁרֶת, מוּכְשָׁרִים, מוּכְשָׁרוֹת

מוכתם ת, מֻכְתָּם stained (adj.)
שֶׁיֵּשׁ עָלָיו כֶּתֶם, לִיכְלוּךְ:
צָרִיךְ לְכַבֵּס אֶת הַשִּׂמְלָה הַמּוּכְתֶּמֶת.
מוּכְתֶּמֶת, מוּכְתָּמִים, מוּכְתָּמוֹת

מוכתר ז, מֻכְתָּר [מוּכְתָּרִים] head of a village (Arabic)
(עֲרָבִית) רֹאשׁ כְּפָר:
דִּיבַּרְנוּ עִם הַמּוּכְתָּר בַּעֲרָבִית.

מול מ״י, מוּל opposite, facing
עִם הַפָּנִים אֶל...:
דִּינָה קָנְתָה דִּירָה מוּל בִּנְיַן הָעִירִיָּיה.
מִמּוּל opposite

מו״ל ז, מו״ל [מו״לִים] publisher
ר״ת: מוֹצִיא לָאוֹר - מִי שֶׁדּוֹאֵג שֶׁיַּדְפִּיסוּ אֶת הַסֵּפֶר, וְשֶׁהוּא יַגִּיעַ לַשּׁוּק:
הַמּו״ל שֶׁלִּי הִבְטִיחַ לְפַרְסֵם אֶת הַסֵּפֶר.

מולא פ, מֻלָּא was filled
1. מִילְאוּ אוֹתוֹ, שָׂמוּ בְּתוֹכוֹ:
הַכּוֹסוֹת מוּלְאוּ בְּיַיִן, וְשָׁתִינוּ ׳לְחַיִּים׳.
2. (מֶטָאפוֹרָה) עָשָׂה שֶׁיִּתְקַיֵּים: was fulfilled
כָּל הַבַּקָּשׁוֹת שֶׁלִּי מוּלְאוּ.
/ מ.ל.א, פּוּעַל / מוּלְאוּ, מְמוּלָּא, יְמוּלָּא, יְמוּלְאוּ

מולאם ת, מֻלְאָם nationalized (adj.)
מַה שֶּׁמַּעֲבִירִים לִרְשׁוּת הַמְּדִינָה:
בַּאֲרָצוֹת קוֹמוּנִיסְטִיּוֹת הַתַּעֲשִׂיָּיה מוּלְאֶמֶת, שַׁיֶּיכֶת לַמְּדִינָה.
מוּלְאֶמֶת, מוּלְאָמִים, מוּלְאָמוֹת

מולד ז, מוֹלָד [מוֹלָדִים/מוֹלָדוֹת] birth
כְּשֶׁמַּשֶּׁהוּ נוֹלָד, מַתְחִיל לָצֵאת. כְּשֶׁהַיָּרֵחַ מַתְחִיל לְהוֹפִיעַ:
הַחוֹדֶשׁ הָעִבְרִי מַתְחִיל עִם מוֹלַד הַיָּרֵחַ. new moon
חַג-הַמּוֹלָד Christmas

מולד ת, מוּלָד innate
שֶׁיֶּשְׁנוֹ מִזְּמַן הַלֵּידָה:
הַיְכוֹלֶת לְדַבֵּר מוּלֶדֶת אֵצֶל בְּנֵי אָדָם.
מוּלֶדֶת, מוּלָדִים, מוּלָדוֹת

מולדת נ, מוֹלֶדֶת homeland
אֶרֶץ שֶׁאָדָם נוֹלַד בָּהּ, אֶרֶץ מוֹצָא:
אֶרֶץ יִשְׂרָאֵל הִיא מוֹלֶדֶת הָעָם הַיְּהוּדִי.

מוליך ז, מוֹלִיךְ [מוֹלִיכִים] conductor
חוֹמֶר שֶׁמַּעֲבִיר חוֹם אוֹ חַשְׁמַל:
בַּרְזֶל הוּא מוֹלִיךְ טוֹב שֶׁל חוֹם.

מולכד פ, מֻלְכַּד was booby-trapped/ mined
שָׂמוּ בּוֹ חוֹמֶר שֶׁמִּתְפּוֹצֵץ:
סַכָּנָה! הַבַּיִת מוּלְכַּד בְּחוֹמֶר נֶפֶץ!
/ מ.ל.כ.ד, פּוּעַל / מוּלְכְּדוּ, מְמוּלְכָּד, יְמוּלְכַּד, יְמוּלְכְּדוּ

מום ז, מוּם [מוּמִים] defect, deformity
מַשֶּׁהוּ לֹא שָׁלֵם, פְּגָם:
הַתִּינוֹק נוֹלַד עִם מוּם בַּלֵּב.
בַּעַל-מוּם cripple

מו"מז, מו"מ — negotiation(s)

ר"ת: מַשָּׂא וּמַתָּן – דִּיוּנִים בֵּין הַצְּדָדִים:

*מָתַי יַתְחִיל הַ**מּוֹ"מ** לְשָׁלוֹם עִם הָעֲרָבִים?*

מומחהתו"ז מֻמְחֶה [מוּמחִים] — expert

בַּעַל יֶדַע וְנִיסָיוֹן רַב בְּמִקְצוֹעַ מְסוּיָּם:

*ד"ר בֶּרְנַרְד הוּא **מוּמְחֶה** לְמַחֲלוֹת לֵב.*

מוּמחָה-מוּמחִית, מוּמחִיוֹת-מוּמחוֹת

מומחזת, מֻמְחָז — dramatized/staged (adj.)

טֶקסְט שֶׁעָשׂוּ מִמֶּנּוּ הַצָּגָה:

*סֵפֶר **מוּמְחָז** הוּא כְּמוֹ יְצִירָה חֲדָשָׁה.*

מוּמחֶזֶת, מוּמחָזִים, מוּמחָזוֹת

מומחיותנ, מֻמְחִיּוּת — expertise

יְדִיעָה טוֹבָה בְּתחוּם מְסוּיָּם, בְּמִקצוֹעַ וְכוּ':

*הַ**מּוּמְחִיּוּת** שֶׁלּוֹ הִיא תִּיקּוּן מְכוֹנִיּוֹת.*

מומחשת, מֻמְחָשׁ — demonstrated/concretized (adj.)

עָשׂוּ אוֹתוֹ מַמָּשִׁי, לֹא תֵּיאוֹרֶטִי:

*הַתֵּיאוֹרִיּוֹת הַ**מּוּמְחָשׁוֹת** בַּמַּעְבָּדָה מוּבָנוֹת יוֹתֵר.*

מוּמחֶשֶׁת, מוּמחָשִׁים, מוּמחָשׁוֹת

מומלץת, מֻמְלָץ — recommended (adj.)

אָמרוּ עָלָיו דְּבָרִים טוֹבִים:

***מוּמְלָץ** לִרְאוֹת אֶת הַסֶּרֶט הֶחָדָשׁ.*

מוּמלֶצֶת, מוּמלָצִים, מוּמלָצוֹת

מומןפ, מֻמַּן — was financed

שִׁילמוּ בִּשְׁבִילוֹ:

*הַפּרוֹיֶיקְט **מוּמַּן** עַל-יְדֵי הָעִירִיָּיה.*

/ מ.מ.ן, פּוּעַל / מוּמנוּ, מְמוּמָן, יְמוּמַן, יְמוּמנוּ

מומשפ, מֻמַּשׁ — was realized

בִּיצעוּ אוֹתוֹ, נַעֲשָׂה:

*הַתּוֹכְנִית **תְּמוּמַשׁ**, כְּשֶׁיִּהְיֶה כֶּסֶף.*

/ מ.מ.ש, פּוּעַל / מוּמשׁוּ, מְמוּמָשׁ, יְמוּמַשׁ, יְמוּמשׁוּ

מונהפ, מֻנָּה — was appointed

מִינוּ אוֹתוֹ, נָתנוּ לוֹ תַּפְקִיד:

***מוּנֵּיתִי** לְתַפְקִיד הַמְּנַהֵל.*

/ מ.נ.ה, פּוּעַל / מוּנֵּיתִי, מְמוּנֶּה, אֲמוּנֶּה, יְמוּנֶּה

מונהז, מוֹנֶה [מוֹנִים] — numerator

1. הַמִּספָּר הָעֶליוֹן בַּשֶּׁבֶר $\frac{2}{3}$:

2. שָׁעוֹן שֶׁמּוֹדֵד מַיִם, חַשׁמַל וְכוּ': — meter

*הַ**מּוֹנֶה** בַּמּוֹנִית הֶרְאָה 25 שְׁקָלִים.*

מונחתו"ז מֻנָּח [מוּנָחִים] — laid/put (adj.)

1. שָׂמוּ אוֹתוֹ הֵנִיחוּ אוֹתוֹ:

*הַסֵּפֶר **מוּנָּח** עַל הַשּׁוּלְחָן.*

2. מִילָּה מְיוּחֶדֶת לְמוּשָּׂג אוֹ לְרַעֲיוֹן מְסוּיָּם: — term

*אֲנִי צָרִיךְ מִילּוֹן לְ**מוּנָּחִים** בִּפְסִיכוֹלוֹגְיָה.*

מוּנַּחַת, מוּנָּחוֹת

מונחהת, מֻנְחֶה — guided (adj.)

שֶׁמַּנְחִים אוֹתוֹ, מַדְרִיכִים אוֹתוֹ:

*לְצַהַ"ל יֵשׁ פְּצָצוֹת **מוּנְחוֹת** בְּדֶרֶךְ אֶלֶקְטרוֹנִית.*

מוּנחֵית-מוּנחָה, מוּנחִים, מוּנחוֹת

מוניטיןז"ר מוֹנִיטִין — (good) reputation

(מִלָּטִינִית) שֵׁם טוֹב:

*לַתּוֹצֶרֶת הַזֹּאת יֵשׁ **מוֹנִיטִין** בְּכָל הָעוֹלָם.*

מוניתנ, מוֹנִית [מוֹנִיּוֹת] — cab

טֶקסִי, מְכוֹנִית וְנֶהָג שֶׁמַּסִּיעִים אֲנָשִׁים תְּמוּרַת כֶּסֶף:

*הִזְמַנְתִּי **מוֹנִית** בַּטֶּלֶפוֹן כְּדֵי לִנְסוֹעַ לַקּוֹנְצֶרְט.*

מוסברת, מֻסְבָּר — explained (adj.)

שֶׁהִסבִּירוּ אוֹתוֹ, בֵּיאֲרוּ אוֹתוֹ:

*הַדְּבָרִים הַ**מּוּסְבָּרִים** בַּסֵּפֶר - קָשִׁים.*

מוּסבֶּרֶת, מוּסבָּרִים, מוּסבָּרוֹת

מוסגרת, מֻסְגָּר — turned in (adj.)

1. הִסגִּירוּ אוֹתוֹ, מָסרוּ אוֹתוֹ (מִישֶׁהוּ שֶׁבָּרַח):

*פּוֹשֵׁעַ, שֶׁמְּחַפֵּשׂ מִקְלָט בְּיִשְׂרָאֵל, **מוּסְגָּר** לָאִינְטֶרְפּוֹל.*

2. (בְּדִקדּוּק) "סָגוּר" בֵּין שְׁנֵי — parenthetic clause

פְּסִיקִים, שְׁנֵי קַוִּוים, סוֹגְרַיִים...:

*בְּמִשְׁפָּט 'הַבָּחוּר, זֶה שֶׁעָבַד פֹּה, נָסַע לִירוּשָׁלַיִם' יֵשׁ מִשְׁפָּט **מוּסְגָּר**.*

בְּמַאֲמָר מוּסְגָּר - הוּא כָּתַב לִי (וּבְמַאֲמָר — by the way

מוּסְגָּר הוּא כּוֹתֵב נִפְלָא) הַרְבֵּה מִכְתָּבִים.

מוּסגֶּרֶת, מוּסגָּרִים, מוּסגָּרוֹת

מוסדז, מוֹסָד [מוֹסָדוֹת] — institution

אִירגּוּן אוֹ חֶבְרָה לְמַטָּרוֹת מְיוּחָדוֹת (חִינּוּךְ בְּרִיאוּת וְכוּ'):

*הָאוּנִיבֶרְסִיטָה הִיא **מוֹסָד** אֲקָדֶמִי.*

מוסווהת, מֻסְוֶה — camouflaged (adj.)

אִי אֶפשָׁר לְהַכִּירוֹ, יֵשׁ עָלָיו כִּיסּוּי:

*הַמְּטוֹסִים **מוּסְוִוים** בְּרִשְׁתוֹת בְּצֶבַע הָאֲדָמָה.*

מוּסוֵוית, מוּסוִוים, מוּסווֹת

מוסחת, מֻסָּח — diverted (adj.)

שֶׁהִרחִיקוּ אוֹתוֹ, סִילְּקוּ אוֹתוֹ:

*דַּעְתִּי **מוּסַחַת**, חָשַׁבְתִּי עַל דָּבָר אַחֵר.*
מוּסַחַת, מוּסָחִים, מוּסָחוֹת

מוסךז׳, מוּסָךְ [מוּסַכִּים] garage
מְקוֹם חֲנִיָּיה אוֹ מָקוֹם לְתִיקּוּן מְכוֹנִיּוֹת:
*הִשְׁאַרְתִּי אֶת הַמְּכוֹנִית **בַּמּוּסָךְ**.*

מוסכםת׳, מֻסְכָּם agreed upon (adj.)
1. מַה שֶׁמַּסְכִּימִים לוֹ, שֶׁמְּקַבְּלִים אוֹתוֹ:
*הַתּוֹכְנִית **מוּסְכֶּמֶת** עַל כּוּלָּם.*
2. דָּבָר שֶׁמַּחְלִיטִים מֵרֹאשׁ:
*לַחֵירְשִׁים יֵשׁ סִימָנִים **מוּסְכָּמִים**.*
שֶׁקֶר מוּסְכָּם white lie
מוּסְכֶּמֶת, מוּסְכָּמִים, מוּסְכָּמוֹת

מוסכמהנ׳, מֻסְכָּמָה [מוּסְכָּמוֹת] convention
קוֹנְוֶנְצְיָה, מַשֶּׁהוּ מְקוּבָּל, רָגִיל:
*הוּא אֵינוֹ מִתְנַהֵג לְפִי **הַמּוּסְכָּמוֹת** - הוֹלֵךְ יָחֵף, לֹא מִסְתַּפֵּר...*

מוסלמית׳, מֻסְלְמִי Moslem
בֶּן דַּת הָאִיסְלָם, מִי שֶׁמַּאֲמִין בְּמוּחַמַּד:
*רוֹב הָעֲרָבִים וְהָאִירָנִים הֵם **מוּסְלְמִים**.*
מוּסְלְמִית, מוּסְלְמִים, מוּסְלְמִיּוֹת

מוסמךת׳, מֻסְמָךְ authorized (adj.)
1. יֵשׁ לוֹ רְשׁוּת, אוֹטוֹרִיטָה:
*הַשּׁוֹפֵט **מוּסְמָךְ** לַחְקוֹר אֶת הַנֶּאֱשָׁם.*
2. אַחְרָאִי: certified/authorized (adj.)
*קִיבַּלְתִּי הוֹדָעָה **מוּסְמֶכֶת**.*
3. בַּעַל תּוֹאַר - M.A., M.Sc.
*יַעֲקֹב הוּא **מוּסְמַךְ** הָאוּנִיבֶרְסִיטָה.*
מוּסְמֶכֶת, מוּסְמָכִים, מוּסְמָכוֹת

מוסףתו״ז מוּסָף [מוּסָפִים] supplement
1. תּוֹסֶפֶת, שֶׁבָּא לְהוֹסִיף:
*בְּיוֹם שִׁישִּׁי יֵשׁ בָּעִיתּוֹן **מוּסָף** לְסִפְרוּת.*
2. תְּפִילָּה שֶׁאוֹמְרִים בְּשַׁבָּת וּבַחַגִּים: a prayer
*אֶחְזוֹר מִבֵּית הַכְּנֶסֶת אַחֲרֵי תְּפִילַּת **מוּסָף**.*
מַס־עֵרֶךְ־מוּסָף V.A.T.
מוּסֶפֶת, מוּסָפוֹת

מוספיתנ׳, מוּסָפִית [מוּסָפִיּוֹת] affix
אוֹת נוֹסֶפֶת לַשּׁוֹרֶשׁ שֶׁל הַמִּילָּה:
*בַּמִּילָּה מִכְתָּב הַמ׳ הִיא **מוּסָפִית**.*

מוסקת׳, מֻסָּק deduced/inferred (adj.)
1. מִתְקַבֵּל בְּאוֹפֶן הֶגְיוֹנִי:
*הַתּוֹצָאָה **מוּסֶּקֶת** מִן הַחוֹמֶר שֶׁקָּרָאתִי.*
2. שֶׁהִדְלִיקוּ בּוֹ אֵשׁ: heated (adj.)
*הַתַּנּוּר **מוּסָק**, לָכֵן חַם בַּחֶדֶר.*
מוּסֶקֶת, מוּסָקִים, מוּסָקוֹת

מוסרז׳, מוּסָר ethics, moral(s)
1. אֶתִיקָה, עֶקְרוֹנוֹת שֶׁל טוֹב וָרַע:
*רַק אֲנָשִׁים שֶׁיֵּשׁ לָהֶם **מוּסָר** גָּבוֹהַּ יְכוֹלִים לִהְיוֹת שׁוֹפְטִים.*
2. מַה שֶׁאוֹמְרִים כְּדֵי לְחַנֵּךְ: moralizing
*אַבָּא כֹּל הַזְּמַן מַטִּיף לִי **מוּסָר**.*
מוּסַר הַשֵּׂכֶל moral
מוּסַר כְּלָיוֹת - pangs of conscience
יֵשׁ לִי מוּסַר כְּלָיוֹת כִּי לֹא כָּתַבְתִּי לְהוֹרַיי.

מוסרית׳, מוּסָרִי moral, ethical
מִי שֶׁיֵּשׁ לוֹ נוֹרְמוֹת שֶׁל טוֹב וָרַע:
*אָדָם לֹא **מוּסָרִי** יָכוֹל לִגְנוֹב אוֹ לִרְצוֹחַ בְּלִי לְהַרְגִּישׁ רַע.*
מוּסָרִית, מוּסָרִיִּים, מוּסָרִיּוֹת

מוסריותנ׳, מוּסָרִיּוּת morality, code of ethics
הִתְנַהֲגוּת לְפִי הָאֶתִיקָה:
*אֲנִי סוֹמֵךְ עָלָיו, **הַמּוּסָרִיּוּת** שֶׁלּוֹ מְפוּרְסֶמֶת.*

מוסתת׳, מוּסָת incited (adj.)
מִי שֶׁהֵסִיתוּ אוֹתוֹ, עוֹרְרוּ אוֹתוֹ נֶגֶד...:
*הַקָּהָל **הַמּוּסָת** יָצָא נֶגֶד הַמֶּמְשָׁלָה.*
מוּסֶתֶת, מוּסָתִים, מוּסָתוֹת

מוסתרת׳, מֻסְתָּר hidden
שֶׁהִסְתִּירוּ אוֹתוֹ, הֶחְבִּיאוּ אוֹתוֹ:
*הַכֶּסֶף **מוּסְתָּר** בְּמָקוֹם שֶׁאִי אֶפְשָׁר לִמְצוֹא אוֹתוֹ.*
מוּסְתֶּרֶת, מוּסְתָּרִים, מוּסְתָּרוֹת

מועדת׳, מוּעָד habitual
1. שֶׁהִזְהִירוּ אוֹתוֹ עַל מַעֲשֶׂה רַע שֶׁעָשָׂה:
*הוּא פּוֹשֵׁעַ **מוּעָד**, זֹאת לֹא הַפַּעַם הָרִאשׁוֹנָה שֶׁנִּתְפַּס.*
2. יֵשׁ בּוֹ פּוֹטֶנְצְיָאל שֶׁל סַכָּנָה: susceptible/prone (to)
*הַמָּקוֹם הַזֶּה **מוּעָד** לִנְפִילָה.*
3. **פָּנִים מוּעָדוֹת** - פּוֹנֶה לְכִיווּן: directed/bound (adj.)
פָּנַיי מוּעָדוֹת הַבַּיְתָה.
מוּעֶדֶת, מוּעָדִים, מוּעָדוֹת

מועדז׳, מוֹעֵד [מוֹעֲדִים] appointed time
1. זְמַן, תַּאֲרִיךְ קָבוּעַ:
*בָּאוּנִיבֶרְסִיטָה אֶפְשָׁר לְהִיבָּחֵן **בְּמוֹעֵד** א׳ אוֹ **בְּמוֹעֵד** ב׳.*
*קָבַעְנוּ **מוֹעֵד** לַיְשִׁיבָה.*
2. חַג: festival (holiday)

בִּימֵי חַג וּמוֹעֵד, אֲנַחְנוּ אֵצֶל סַבָּא.
חוֹל הַמּוֹעֵד - יָמִים מְסוּיָּמִים בְּסוּכּוֹת וּבְפֶסַח שֶׁמּוּתָּר לַעֲבוֹד בָּהֶם (בֵּין הֶחָג הָרִאשׁוֹן לֶחָג הָאַחֲרוֹן). intermediate (secular) days during the holidays.
מוֹעֲדִים לְשִׂמְחָה Happy Holidays
קְצַר-מוֹעֵד short term

מועדוןז, מוֹעֲדוֹן [מוֹעֲדוֹנִים] club
מְקוֹם פְּגִישָׁה שֶׁל חֲבֵרִים (**מוֹעֲדוֹן** לַיְלָה, וְכו'):
*אֲנִי חָבֵר בְּ**מוֹעֲדוֹן** סְפּוֹרט, שָׁם אֲנִי שׂוֹחֶה וּמְשַׂחֵק טֶנִיס.*

מועדףת, מֻעֲדָף (מָעֳדָף) preferred (adj.)
שֶׁיֵּשׁ לוֹ עֲדִיפוּת, שֶׁרוֹצִים בּוֹ יוֹתֵר:
*הָאוֹכֶל הַ**מּוּעֲדָף** עָלַי הוּא יְרָקוֹת.*
מוּעֲדֶפֶת, מוּעֲדָפִים, מוּעֲדָפוֹת

מועה"ב ר"ת מועצת הביטחון ר' מועצה

מועטת, מוּעָט few, a small amount
מְעַט, שֶׁאֵין מִמֶּנּוּ הַרְבֵּה:
מוּעָטִים הַדְּבָרִים שֶׁמַּרְגִּיזִים אוֹתִי.
מִסְתַּפֵּק בְּמוּעָט frugal
מוּעֶטֶת, מוּעָטִים, מוּעָטוֹת

מועילת, מוֹעִיל useful, beneficial
עוֹזֵר, מֵבִיא תּוֹצָאוֹת טוֹבוֹת:
*אֲכִילַת פֵּירוֹת וִירָקוֹת **מוֹעִילָה** לַבְּרִיאוּת.*
מוֹעִילָה, מוֹעִילִים, מוֹעִילוֹת

מועלז, מוֹעֵל embezzler
מִי שֶׁלּוֹקֵחַ כֶּסֶף לֹא שֶׁלּוֹ בְּלִי רְשׁוּת:
*הַפָּקִיד בַּבַּנְק הוּא הַ**מּוֹעֵל**.*
מוֹעֶלֶת, מוֹעֲלוֹת

מועמדת, מֻעֲמָד (מָעֳמָד) candidate
אָדָם שֶׁמַּצִּיעַ אֶת עַצְמוֹ לְתַפְקִיד:
*אֲנִי **מוּעֲמָד** לַעֲבוֹדָה בָּעִירִיָּה.*
מוּעֲמֶדֶת, מוּעֲמָדִים, מוּעֲמָדוֹת

מועמדותנ, מֻעֲמָדוּת (מָעֳמָדוּת) candidacy
הַסְכָּמָה אוֹ רָצוֹן לִהְיוֹת מוּעֲמָד לְתַפְקִיד:
*הוּא הִצִּיג אֶת הַ**מּוּעֲמָדוּת** שֶׁלּוֹ לְתַפְקִיד רֹאשׁ הָעִיר.*

מועןז, מוֹעֵן [מוֹעֲנִים] sender
מִי שֶׁשּׁוֹלֵחַ מִכְתָּב:
*קִיבַּלְתִּי מִכְתָּב, הַ**מּוֹעֵן** הוּא מִשְׂרַד הַבְּרִיאוּת.*
מוֹעֶנֶת, מוֹעֲנוֹת

מועסקתר"ז מֻעֲסָק (מָעֳסָק) [מוּעֲסָקִים] employed (adj.)
מִי שֶׁעוֹבֵד אֵצֶל מִישֶׁהוּ:
*הוּא **מוּעֲסָק** בַּעֲבוֹדָה לֹא מַתְאִימָה.*
מוּעֲסֶקֶת, מוּעֲסָקוֹת

מועצהנ, מוֹעָצָה [מוֹעָצוֹת] council
קְבוּצָה שֶׁל אֲנָשִׁים שֶׁנִּבְחֲרוּ כְּדֵי לְיַיעֵץ, לְהַחְלִיט אוֹ לְבַצֵּעַ תּוֹכְנִיּוֹת:
*הַנּוֹשֵׂא יִידּוֹן בַּ**מּוֹעָצָה** הַכְּלָלִית שֶׁל הַכְּנֶסֶת.*
מוֹעֶצֶת-הַבִּיטָּחוֹן Security Council
בְּרִית-הַמּוֹעָצוֹת U.S.S.R.
מוֹעָצָה מְקוֹמִית local council

מועצםת, מֻעֲצָם (מָעֳצָם) intensified/magnified (adj.)
עָשׂוּי גָּדוֹל בְּיוֹתֵר, עָצוּם:
*בְּסִיפּוּרִים שֶׁלּוֹ הַכּוֹל **מוּעֲצָם** פִּי מֵאָה:*
מוּעֲצֶמֶת, מוּעֲצָמִים, מוּעֲצָמוֹת

מועקהנ, מוּעָקָה heavy burden, pressure
לַחַץ נַפְשִׁי, כְּשֶׁמַּשֶּׁהוּ מַכְבִּיד עַל הַלֵּב:
*אֲנִי מַרְגִּישׁ **מוּעָקָה**, אֲנִי דּוֹאֵג וּפוֹחֵד.*

מועשרת, מֻעֲשָׁר (מָעֳשָׁר) enriched (adj.)
שֶׁעָשׂוּ אוֹתוֹ עָשִׁיר יוֹתֵר, שֶׁיֵּשׁ בּוֹ יוֹתֵר...:
*לִפְצָצָה אֲטוֹמִית מִשְׁתַּמְּשִׁים בְּאוּרַנְיוּם **מוּעֲשָׁר**.*
מוּעֲשֶׁרֶת, מוּעֲשָׁרִים, מוּעֲשָׁרוֹת

מופגזת, מֻפְגָּז shelled (adj.)
שֶׁהִפְגִּיזוּ אוֹתוֹ, יָרוּ בּוֹ פְּגָזִים (מִין פְּצָצוֹת):
*הַתּוֹשָׁבִים בָּרְחוּ מֵהָאֵיזוֹר הַ**מּוּפְגָּז**.*
מוּפְגֶּזֶת, מוּפְגָּזִים, מוּפְגָּזוֹת

מופגןת, מֻפְגָּן demonstrative
כְּשֶׁעוֹשִׂים שֶׁכּוּלָּם יִרְאוּ:
*זֹאת הִתְנַהֲגוּת **מוּפְגֶּנֶת**, הַיֶּלֶד רוֹצֶה לוֹמַר שֶׁאֵינֶנּוּ מְרוּצֶּה.*
מוּפְגֶּנֶת, מוּפְגָּנִים, מוּפְגָּנוֹת

מופלאת, מֻפְלָא wonderful, wondrous
מְיוּחָד בְּמִינוֹ:
*זֶה סֵפֶר **מוּפְלָא**. / שָׁמַעְתִּי סִיפּוּר **מוּפְלָא**.*
מוּפְלָאָה, מוּפְלָאִים, מוּפְלָאוֹת

מופלגת, מֻפְלָג extremely
הַרְבֵּה מְאוֹד מְאוֹד:
*הוּא בֶּן 100 - זָקֵן **מוּפְלָג**.*
*יֵשׁ לוֹ יְדִיעוֹת **מוּפְלָגוֹת*** (a) paragon (of knowledge)
מוּפְלֶגֶת, מוּפְלָגִים, מוּפְלָגוֹת

מופלהת׳ מֻפְלֶה discriminated against (adj.)

שֶׁיֵּשׁ אֵלָיו יַחַס מְיֻחָד:

*יֵשׁ אֲנָשִׁים הַ**מּוּפלִים** לְרָעָה בִּגְלַל צֶבַע הָעוֹר שֶׁלָּהֶם.*

מוּפלֵית, מוּפלִים, מוּפלוֹת

מופנהת׳ מֻפְנֶה directed (adj)

שֶׁהַכִּיוּוּן שֶׁלּוֹ הוּא אֶל-:

*הַפָּנִים שֶׁלּוֹ **מוּפנִים** לַשֶּׁמֶשׁ.*

מוּפנֵית, מוּפנִים, מוּפנוֹת

מופנםת׳ מֻפְנָם introverted

1. אִינטֶרוֹוֶרטִי, סָגוּר בְּתוֹךְ עַצמוֹ:

*אֵינֶנוּ יוֹדעִים עָלָיו הַרבֵּה, כִּי הוּא יֶלֶד **מוּפנָם**.*

2. מַה שֶׁהוּא חֵלֶק מִמִּישֶׁהוּ: internalized (adj.)

*הֵבַנתִי אֶת חוּקֵי הַדִּיקדוּק, אֲבָל הֵם עוֹד לֹא **מוּפנָמִים** בִּי.*

מוּפנֶמֶת, מוּפנָמִים, מוּפנָמוֹת

מופסדת׳ מֻפְסָד loser

1. מִי שֶׁהִפסִיד, שֶׁלֹּא נִיצַח:

*הוּא יָצָא **מוּפסָד** בְּמִשׂחַק הַשַּׁח-מָט.*

2. שֶׁהִפסִידוּ אוֹתוֹ (כֶּסֶף וְכוּ׳): lost (adj.)

*אֶת הַכֶּסֶף הַ**מּוּפסָד** אִי אֶפשָׁר לְהַחֲזִיר.*

מוּפסֶדֶת, מוּפסָדִים, מוּפסָדוֹת

מופעז׳ מוֹפָע [מוֹפָעִים] show, performance

הוֹפָעָה, הַצָּגָה, רִיקוּד וְכוּ׳:

*צָרִיךְ שֶׁיִּהיוּ יוֹתֵר **מוֹפעֵי** תַרבּוּת.*

מופעלת׳ מֻפְעָל activated/operated (adj.)

שֶׁמַּפעִילִים אוֹתוֹ, גוֹרמִים לוֹ לִפעוֹל, לַעֲבוֹד:

*הַמְּכוֹנִית **מוּפעֶלֶת** בְּבֶנזִין.*

מוּפעֶלֶת, מוּפעָלִים, מוּפעָלוֹת

מופצץת׳ מֻפְצָץ bombed (adj.)

שֶׁהִפצִיצוּ אוֹתוֹ, זָרקוּ עָלָיו פְּצָצוֹת:

*לֹא נִשׁאַר כְּלוּם מֵהַבַּיִת הַ**מּוּפצָץ**.*

מוּפצֶצֶת, מוּפצָצִים, מוּפצָצוֹת

מופקת׳ מוּפָק derived/produced (adj.)

מַה שֶׁמּוֹצִיאִים מִמַּשֶּׁהוּ:

*הַחַשׁמַל הַ**מּוּפָק** מִן הַגֶּנֶרָטוֹר אֵינוֹ מַספִּיק.*

מוּפֶקֶת, מוּפָקִים, מוּפָקוֹת

מופקדת׳ מֻפְקָד in charge

1. מְמוּנֶה, הַתַפקִיד שֶׁלּוֹ הוּא...:

*הוּא **מוּפקָד** עַל הַשּׁמִירָה בַּמַּחֲנֶה.*

2. נָתנוּ אוֹתוֹ לִשׁמִירָה: deposited (adj.)

*הַכֶּסֶף **מוּפקָד** בַּבַּנק.*

מוּפקֶדֶת, מוּפקָדִים, מוּפקָדוֹת

מופקעת׳ מֻפְקָע expropriated (adj.)

1. שֶׁהוֹצִיאוּ אוֹתוֹ מִידֵי מִישֶׁהוּ לְטוֹבַת הַכְּלָל:

*עַל הַשֶּׁטַח הַ**מּוּפקָע** יָקִימוּ בֵּית-סֵפֶר.*

2. מוּגזָם, לְמַעלָה מִן הַמּוּתָר: exorbitant

*לֹא צָרִיךְ לִקנוֹת בִּמחִיר **מוּפקָע**.*

מוּפקַעַת, מוּפקָעִים, מוּפקָעוֹת

מופקרת׳ מֻפְקָר wild, licentious

1. עוֹשֶׂה מַה שֶׁהוּא רוֹצֶה, בְּנִיגוּד לַחוֹק וְלַנִּימוּס:

*הַהִתנַהֲגוּת הַ**מּוּפקֶרֶת** שֶׁלּוֹ גָרמָה לָנוּ צָרוֹת.*

2. לֹא שַׁיָּיךְ לְאִישׁ: abandoned (adj.)

*זֹאת מְכוֹנִית **מוּפקֶרֶת**, כֹּל אֶחָד יָכוֹל לָקַחַת אוֹתָהּ.*

מוּפקֶרֶת, מוּפקָרִים, מוּפקָרוֹת

מופקרתנ׳ מֻפְקֶרֶת [מוּפקָרוֹת] prostitute

אִישָּׁה שֶׁמְּקַייֶמֶת יַחֲסֵי-מִין בִּשׁבִיל כֶּסֶף:

*הִיא **מוּפקֶרֶת** - מַזמִינָה אֵלֶיהָ גְבָרִים מֵהָרְחוֹב.*

מופרהת׳ מֻפְרֶה fertilized (adj.)

שֶׁעָשׂוּ אוֹתוֹ פּוֹרֶה, שֶׁיִּצמַח מִמֶּנּוּ צֶמַח חָדָשׁ, יֶלֶד וְכוּ׳:

*כְּשֶׁהַבֵּיצִית **מוּפרֵית**, הָאִישָּׁה בְּהֵירָיוֹן.*

מוּפרֵית, מוּפרִים, מוּפרוֹת

מופרזת׳ מֻפְרָז exaggerated (adj.)

גָבוֹהַּ, גָדוֹל הַרבֵּה יוֹתֵר מִשֶּׁצָּרִיךְ:

*הַמְּחִירִים כָּאן **מוּפרָזִים**.*

מוּפרֶזֶת, מוּפרָזִים, מוּפרָזוֹת

מופרךת׳ מֻפְרָךְ refuted (adj.)

לֹא מִתקַבֵּל עַל הַדַּעַת:

*הַדְּבָרִים שֶׁאָמַר **מוּפרָכִים**, אֵין לָהֶם בָּסִיס.*

מוּפרֶכֶת, מוּפרָכִים, מוּפרָכוֹת

מופרעת׳ מֻפְרָע interrupted (adj.)

1. מְבוּטָל, לֹא מִתקַיֵּים:

*בְּכֹל רֶגַע **מוּפרָע** הַשֶּׁקֶט בִּגלַל הַמְּכוֹנִיּוֹת.*

2. שֶׁיֵּשׁ לוֹ בְּעָיוֹת מֶנטָלִיּוֹת: mentally disturbed

*יֶלֶד **מוּפרָע** צָרִיךְ טִיפּוּל מְיוּחָד.*

מוּפרַעַת, מוּפרָעִים, מוּפרָעוֹת

מופרעותנ׳ מֻפְרָעוּת emotional/mental disfunction

מַצָּב שֶׁל מִי שֶׁיֵּשׁ לוֹ הַפרָעוֹת פּסִיכוֹלוֹגִיּוֹת:

*בְּ**מוּפרָעוּת** צָרִיךְ לְטַפֵּל פּסִיכוֹלוֹג.*

מופרשת׳ מֻפְרָשׁ appropriated (adj.)
מַשֶּׁהוּ שֶׁשָּׂמִים בַּצַּד לְמַטָּרָה מְיוּחֶדֶת:
*בַּכֶּסֶף **הַמּוּפְרָשׁ** מֵהַמַּשְׂכּוֹרֶת קוֹנִים מַתָּנוֹת לַחַגִּים.*
מוּפְרֶשֶׁת, מוּפְרָשִׁים, מוּפְרָשׁוֹת

מופשטת׳ מֻפְשָׁט abstract
אַבְּסְטְרַקְטִי, לֹא קוֹנְקְרֶטִי:
*אִידֵיאוֹת הֵן דָּבָר **מוּפְשָׁט**.*
שֵׁם עֶצֶם מוּפְשָׁט - שֵׁמוֹת כְּמוֹ חוֹכְמָה, אַהֲבָה וְכוּ׳
מוּפְשֶׁטֶת, מוּפְשָׁטִים, מוּפְשָׁטוֹת

מופשלת׳ מֻפְשָׁל rolled-up (adj.)
חֵלֶק בַּבֶּגֶד כְּשֶׁמְּרִימִים אוֹתוֹ:
*חַם לִי, לָכֵן אֲנִי בְּשַׁרְווּלִים **מוּפְשָׁלִים**.*
מוּפְשֶׁלֶת, מוּפְשָׁלִים, מוּפְשָׁלוֹת

מופתז׳ מוֹפֵת [מוֹפְתִים] miracle
1. פֶּלֶא, נֵס:
*אֱלוֹהִים עָשָׂה **מוֹפְתִים**, כְּדֵי שֶׁיַּאֲמִינוּ בּוֹ.*
2. דוּגְמָה: example
*הוּא יָכוֹל לְשַׁמֵּשׁ **מוֹפֵת** לְכָל הַתַּלְמִידִים.*
3. סִימָן, הוֹכָחָה: proof
*אֲנִי אָבִיא אוֹתוֹת **וּמוֹפְתִים** לְהוֹכִיחַ שֶׁהָיִיתִי שָׁם.*
לְמוֹפֵת ת״פ exemplarily
סִפְרֵי־מוֹפֵת the classics

מופתית׳ מוֹפְתִי exemplary
שֶׁיָּכוֹל לִהְיוֹת לְדוּגְמָה, מְצוּיָּן:
*הַהִתְנַהֲגוּת שֶׁלָּהּ **מוֹפְתִית**.*
מוֹפְתִית, מוֹפְתִיִּים, מוֹפְתִיּוֹת

מופתעת׳ מֻפְתָּע surprised (adj.)
לֹא הָיָה מוּכָן שֶׁיִּקְרֶה מַשֶּׁהוּ:
*הָיִינוּ **מוּפְתָּעִים** מִן הַבִּיקּוּר שֶׁל הָאוֹרְחִים מֵאָמֶרִיקָה.*
מוּפְתַּעַת, מוּפְתָּעִים, מוּפְתָּעוֹת

מוצאז׳ מוֹצָא (place of) origin
1. הַמָּקוֹם שֶׁמִּישֶׁהוּ בָּא מִמֶּנּוּ אוֹ מַשֶּׁהוּ מַתְחִיל:
*מָה אֶרֶץ **הַמּוֹצָא** שֶׁל אָבִיךָ? - רוּסְיָה; אָבִי בָּא מֵרוּסְיָה.*
2. פִּיתְרוֹן, דֶּרֶךְ לָצֵאת מִבְּעָיָה: solution, way out, remedy
*אֲנִי מְחַפֵּשׂ **מוֹצָא** מִן הַקְּשָׁיִים הַכַּלְכָּלִיִּים שֶׁלִּי.*

מוצאי שבת, מוֹצָאֵי־שַׁבָּת Saturday night
(ר״ת: מוֹצָ״שׁ) יוֹם שַׁבָּת בַּלַּיְלָה:
***בְּמוֹצָאֵי שַׁבָּת** נִפְתָּחִים בָּתֵּי הַקּוֹלְנוֹעַ, וְהָאוֹטוֹבּוּסִים מַתְחִילִים לִנְסוֹעַ.*

מוצבז׳ מֻצָּב [מוּצָּבִים] (military) post
מָקוֹם שֶׁיֵּשׁ בּוֹ יְחִידָה צְבָאִית, הַשּׁוֹמֶרֶת עַל הַשֶּׁטַח:
***הַמּוּצָּבִים** שׁוֹמְרִים עַל הַגְּבוּל מִפְּנֵי הָאוֹיֵב.*

מוצגז׳ מֻצָּג [מוּצָּגִים] exhibit
דָּבָר שֶׁמַּצִּיגִים, שֶׁמַּרְאִים בְּתַעֲרוּכָה, בְּחַלּוֹן שֶׁל חֲנוּת וְכוּ׳:
***הַמּוּצָּגִים** בְּתַעֲרוּכַת הָרָהִיטִים מוֹדֶרְנִיִּים מְאוֹד.*
מוּצֶּגֶת, מוּצָּגִים, מוּצָּגוֹת

מוצדקת׳ מֻצְדָּק justified (adj.)
לְפִי הַצֶּדֶק, נָכוֹן, כָּךְ צָרִיךְ לִהְיוֹת:
*דְּרִישׁוֹת הָרוֹפְאִים לְהַעֲלָאַת שָׂכָר - **מוּצְדָּקוֹת**!*
מוּצְדֶּקֶת, מוּצְדָּקִים, מוּצְדָּקוֹת

מוצהפ׳ מֻצָּה was exhausted
נַעֲשָׂה, נֶאֱמַר בּוֹ הַכּוֹל:
*הַנּוֹשֵׂא **מוּצָּה**.*
/ מ.צ.ה, פּוּעַל / מוּצוּ, מְמוּצֶּה, יְמוּצֶּה, יְמוּצוּ

מוצלת׳ מוּצָל shaded (adj.)
שֶׁיֵּשׁ עָלָיו צֵל, מוּגָן מִפְּנֵי הַשֶּׁמֶשׁ:
*הָרְחוֹב **מוּצָל**, כִּי יֵשׁ בּוֹ עֵצִים.* (מֵהַשּׁוֹרֶשׁ צ.ל.ל.)
מוּצֶלֶת, מוּצָלִים, מוּצָלוֹת

מוצלת׳ מֻצָּל saved/rescued (adj.)
(מֵהַשּׁוֹרֶשׁ נ.צ.ל.) שֶׁהִצִּילוּ אוֹתוֹ מִסַּכָּנָה:
אוּד מוּצָּל מֵאֵשׁ survivor (of the Holocaust)
מוּצֶּלֶת, מוּצָּלִים, מוּצָּלוֹת

מוצלחת׳ מֻצְלָח successful, talented
מַשֶּׁהוּ שֶׁהִצְלִיחַ, שֶׁהוּא טוֹב:
*הַצִּיּוּר הַזֶּה **מוּצְלָח** מְאוֹד. / דָּוִד יֶלֶד **מוּצְלָח**.*
מוּצְלַחַת, מוּצְלָחִים, מוּצְלָחוֹת

מוצעת׳ מֻצָּע made (bed)
1. שֶׁשָּׂמוּ עָלָיו (מִיטָּה וְכוּ׳) סָדִין, כַּר וְכוּ׳:
*הַמִּיטָּה **מוּצַּעַת**, אֲנִי הוֹלֵךְ לִישׁוֹן.*
2. שֶׁהֵבִיאוּ אוֹתוֹ כְּהַצָּעָה: proposed/suggested (adj.)
***מוּצָּעוֹת** שְׁתֵּי תוֹכְנִיּוֹת, צָרִיךְ לִבְחוֹר בְּאַחַת.*
מוּצַּעַת, מוּצָּעִים, מוּצָּעוֹת

מוצףת׳ מוּצָף flooded (adj.)
1. מְכוּסֶּה בְּמַיִם:
*בַּשָּׂדוֹת **הַמּוּצָפִים** מְגַדְּלִים אוֹרֶז.*
2. מָלֵא וְיֵשׁ עוֹדֵף: saturated (adj.)
*הַשּׁוּק **מוּצָף** בְּמַכְשִׁירֵי חַשְׁמַל.*
מוּצֶפֶת, מוּצָפִים, מוּצָפוֹת

מוצפןת׳ מֻצְפָּן — coded (adj.)
שֶׁהוּא בְּצוֹפֶן, בְּקוֹד, בְּסִימָנִים סוֹדִיִּים:
*הַיְדִיעָה שֶׁהִתְקַבְּלָה הָיְתָה **מוּצְפֶּנֶת**, לָכֵן לֹא הֵבַנּוּ אוֹתָהּ.*
מוּצְפֶּנֶת, מוּצְפָּנִים, מוּצְפָּנוֹת

מוצץז׳ מוֹצֵץ [מוֹצְצִים] — pacifier
מַה שֶׁמַּכְנִיסִים לַתִּינוֹק לַפֶּה, יֶשְׁנוֹ גַּם בַּבַּקְבּוּק:
*יֵשׁ תִּינוֹקוֹת שֶׁמּוֹצְצִים אֶצְבַּע, וְיֵשׁ שֶׁרוֹצִים **מוֹצֵץ**.*

מוצקת׳ מוּצָק — solid
1. חוֹמֶר שֶׁאֵינוֹ נוֹזֵל וְאֵינוֹ גַּז:
*נוֹזֵל הוֹפֵךְ **לְמוּצָק** בְּטֶמְפֶּרָטוּרָה נְמוּכָה.*
2. חָזָק, בָּרִיא: — sturdy
*אֵיתָן הוּא בָּחוּר חָזָק, בַּעַל גּוּף **מוּצָק**.*
מוּצֶקֶת, מוּצָקִים, מוּצָקוֹת

מוצרז׳ מוּצָר [מוּצָרִים] — product
דָּבָר שֶׁמְּיַיצְּרִים בְּבֵית חֲרוֹשֶׁת אוֹ בַּעֲבוֹדָה:
*הֵם מְיַיצְּרִים **מוּצָרִים** אֶלֶקְטְרוֹנִיִּים: מַחְשְׁבִים, מַזְגָנִים וְכוּ׳.*

מוצ״ש, מוֹצָ״שׁר״ת מוֹצָאֵי שַׁבָּת, ר׳ מוצאי שבת

מוקדז׳ מוֹקֵד [מוֹקְדִים] — fire
1. אֵשׁ בּוֹעֶרֶת.
עָלָה עַל הַמּוֹקֵד - שָׂרְפוּ אוֹתוֹ (מִסִּיבּוֹת דָּתִיּוֹת וְכוּ׳): — burnt at the stake
*הָאִינְקְוִויזִיצְיָה הֶעֶלְתָה אֲנָשִׁים **עַל הַמּוֹקֵד**.*
2. מֶרְכָּז: — focus
***מוֹקֵד** הַבְּעָיָה הוּא הַבִּיטָּחוֹן.*

מוקדםת׳ מֻקְדָּם — early
לִפְנֵי הַזְּמַן, הַהֵיפֶךְ מִמְּאוּחָר:
*שָׁעָה 5:00 לִפְנוֹת בֹּקֶר הִיא שָׁעָה **מוּקְדֶּמֶת**.*
מוּקְדֶּמֶת, מוּקְדָּמִים, מוּקְדָּמוֹת

מוקדשת׳ מֻקְדָּשׁ — devoted (adj.)
1. מְכוּוָּן לְעִנְיָן מְסוּיָּם:
*כָּל זְמַנִּי הַפָּנוּי **מוּקְדָּשׁ** לַיְלָדִים.*
2. עוֹשִׂים אוֹ נוֹתְנִים אוֹתוֹ לִכְבוֹד מִישֶׁהוּ אוֹ מַשֶּׁהוּ: — dedicated (adj.)
*הַסֵּפֶר **מוּקְדָּשׁ** לְאִשְׁתִּי.*
מוּקְדֶּשֶׁת, מוּקְדָּשִׁים, מוּקְדָּשׁוֹת

מוקיוןז׳ מוּקְיוֹן [מוּקְיוֹנִים] — clown
מִי שֶׁמּוֹפִיעַ בְּהַצָּגוֹת מַצְחִיקוֹת בַּקִּירְקָס וְכוּ׳:
***הַמּוּקְיוֹן** מַצְחִיק אֶת הָאֲנָשִׁים, גַּם כְּשֶׁהוּא עָצוּב.*

מוקיונית׳ מוּקְיוֹנִי — clownish
מְעוֹרֵר לַעַג וּצְחוֹק:
*הִפְרִיעָה לִי הַהוֹפָעָה **הַמּוּקְיוֹנִית** שֶׁל הַשַּׂחְקָן.*
מוּקְיוֹנִית, מוּקְיוֹנִיִּים, מוּקְיוֹנִיּוֹת

מוקלטת׳ מֻקְלָט — recorded (adj.)
נִמְצָא בְּתַקְלִיט, נִשְׁמַר וְאֶפְשָׁר לִשְׁמוֹעַ אוֹתוֹ:
*שָׁמַעְנוּ תּוֹכְנִיּוֹת **מוּקְלָטוֹת** מִלִּפְנֵי שָׁנָה.*
מוּקְלֶטֶת, מוּקְלָטִים, מוּקְלָטוֹת

מוקנטת׳ מֻקְנָט — teased/vexed (adj.)
שֶׁהִקְנִיטוּ (הִרְגִּיזוּ) אוֹתוֹ:
*אֲנִי מַרְגִּישׁ עַצְמִי **מוּקְנָט**, בִּגְלַל הַדְּבָרִים שֶׁהוּא אָמַר לִי.*
מוּקְנֶטֶת, מוּקְנָטִים, מוּקְנָטוֹת

מוקסםת׳ מֻקְסָם — enchanted (adj.)
מִתְרַגֵּשׁ מִיּוֹפִי, נִמְשָׁךְ אַחֲרֵי מַשֶּׁהוּ:
*אֲנִי **מוּקְסָם** מִן הַנּוֹף.*
מוּקְסֶמֶת, מוּקְסָמִים, מוּקְסָמוֹת

מוקףת׳ מֻקָּף — surrounded (adj.)
יֵשׁ מְסָבִיב לוֹ:
*הַבַּיִת **מוּקָּף** שׁוֹטְרִים.*
מוּקֶּפֶת, מוּקָּפִים, מוּקָּפוֹת

מוקפאת׳ מֻקְפָּא — frozen
1. שֶׁהִקְפִּיאוּ אוֹתוֹ, קַר בְּיוֹתֵר:
*מַה זֶה קֶרַח? - מַיִם **מוּקְפָּאִים**.*
2. לֹא מִשְׁתַּמְּשִׁים בּוֹ, לֹא מַמְשִׁיכִים אֶת הַפְּעוּלָּה שֶׁלּוֹ:
*תּוֹכְנִית הַבְּנִיָּיה **מוּקְפֵּאת**, כִּי אֵין כֶּסֶף.*
מוּקְפֵּאת, מוּקְפָּאִים, מוּקְפָּאוֹת

מוקצבת׳ מֻקְצָב — allocated (adj.)
כֶּסֶף, אוֹכֶל וְכוּ׳ שֶׁנּוֹתְנִים אוֹתוֹ לְפִי מִידָּה מְסוּיֶּמֶת:
*הַכֶּסֶף **הַמּוּקְצָב** לְחִינּוּךְ אֵינוֹ מַסְפִּיק.*
מוּקְצֶבֶת, מוּקְצָבִים, מוּקְצָבוֹת

מוקצהת׳ מֻקְצֶה — allotted (adj.)
שֶׁקָּבְעוּ שֶׁיְּשַׁמֵּשׁ לְמַטָּרָה:
*הַחֶדֶר **הַמּוּקְצֶה** לָאוֹרְחִים - גָּדוֹל.*
מוּקְצֶה מֵחֲמַת מִיאוּס — loathsome
מוּקְצָה-מוּקְצֵית, מוּקְצִים, מוּקְצוֹת

מוקרםת׳ מֻקְרָם — crusted (adj.)
שֶׁיֵּשׁ עָלָיו שִׁכְבָה דַּקָּה שֶׁל חוֹמֶר (גְּבִינָה וְכוּ׳):
*אֲנִי אוֹהֵב מָרָק **מוּקְרָם**.*
מוּקְרֶמֶת, מוּקְרָמִים, מוּקְרָמוֹת

מוקרןת׳ מֻקְרָן — radiating
1. מְפוּזָּר, יוֹצֵא וּמִתְפַּזֵּר:
*הַחוֹם **הַמּוּקְרָן** מִן הַתַּנּוּר נָעִים מְאוֹד.*

2. שֶׁמַּצִּיגִים אוֹתוֹ (סֶרֶט): screened (adj.)
*רָאִיתִי אֶת הַסֶּרֶט **הַמּוּקְרָן** בְּקוֹלְנוֹעַ 'חֵן'.*
מוּקְרֶנֶת, מוּקְרָנִים, מוּקְרָנוֹת

מוקשז׳ מוֹקֵשׁ [מוֹקְשִׁים] mine
1. פְּצָצָה שֶׁשָּׂמִים נֶגֶד מְכוֹנִיּוֹת, טַנְקִים וְכוּ':
*נִפְצַעְתִּי, כְּשֶׁהַטַּנְק עָלָה עַל **מוֹקֵשׁ**.*
2. מִכְשׁוֹל, מַשֶּׁהוּ שֶׁמַּפְרִיעַ: obstacle
*יֵשׁ הַרְבֵּה **מוֹקְשִׁים** בַּדֶּרֶךְ לַמַּטָּרָה.*
שְׂדֵה-מוֹקְשִׁים minefield

מורז׳ מֹר myrrh
(לָשׁוֹן סִפְרוּתִית) שִׂיחַ שֶׁעוֹשִׂים מִמֶּנּוּ בּוֹשֶׂם:
*נוֹדֵף מִמֶּנָּה רֵיחַ **הַמּוֹר**.*

מוראז׳ מוֹרָא fear, awe
(לָשׁוֹן סִפְרוּתִית) פַּחַד גָּדוֹל:
*הַכֶּלֶב הַגָּדוֹל מֵטִיל **מוֹרָא** עַל כֹּל הַסְּבִיבָה.*

מורגלת׳ מֻרְגָּל accustomed (adj.)
שֶׁהִרְגִּילוּ אוֹתוֹ, עָשׂוּ שֶׁיִּהְיֶה רָגִיל:
הוּא מוּרְגָּל לַקֹּור שֶׁל יְרוּשָׁלַיִם.
מוּרְגֶּלֶת, מוּרְגָּלִים, מוּרְגָּלוֹת

מורגשת׳ מֻרְגָּשׁ felt (adj.)
שֶׁמַּרְגִּישִׁים אוֹתוֹ, שֶׁשָּׂמִים לֵב אֵלָיו:
***מוּרְגָּשׁ** שֶׁהוּא מְאוּשָּׁר.*
מוּרְגֶּשֶׁת, מוּרְגָּשִׁים, מוּרְגָּשׁוֹת

מורדז׳ מוֹרֵד [מוֹרְדִים] rebel
מִי שֶׁמִּתְנַגֵּד לַשִּׁלְטוֹן וְנִלְחָם בּוֹ:
***הַמּוֹרְדִים** הִשְׁתַּלְּטוּ עַל בִּנְיַן הָעִירִיָּה.*
מוֹרֶדֶת, מוֹרְדוֹת

מורדז׳ מוֹרָד [מוֹרָדוֹת] slope, descent
יְרִידָה מִן הַשֶּׁטַח, מֵרֹאשׁ הָהָר כְּלַפֵּי מַטָּה:
*רַצְנוּ **בַּמּוֹרָד**, וְהִגַּעְנוּ לְמַטָּה רִאשׁוֹנִים.*

מורהז׳ מוֹרֶה [מוֹרִים] teacher
מִי שֶׁמְּלַמֵּד תַּלְמִידִים:
*מַר גִּינְצְבּוּרְג הוּא **מוֹרֶה** וָתִיק. הוּא מְלַמֵּד כְּבָר 20 שָׁנָה.*
מוֹרֵה-דֶּרֶךְ guide
מוֹרָה, מוֹרוֹת

מורווחת׳ מֻרְוָח with a profit
שֶׁיֵּשׁ בּוֹ רֶוַח:
יָצָאתִי מוּרְוָח מִמְּכִירַת הַסְּפָרִים.
מוּרְוַחַת, מוּרְוָחִים, מוּרְוָחוֹת

מורחבת׳ מֻרְחָב extended/widened (adj.)
שֶׁהִגְדִּילוּ אוֹתוֹ, הִרְחִיבוּ:
*בַּבַּיִת **הַמּוּרְחָב** יֵשׁ הַרְבֵּה יוֹתֵר מָקוֹם.*
מוּרְחֶבֶת, מוּרְחָבִים, מוּרְחָבוֹת

מורחקת׳ מֻרְחָק expelled (adj)
מִי שֶׁגֵּירְשׁוּ אוֹתוֹ, הִרְחִיקוּ אוֹתוֹ:
*הַמְּנַהֵל הֶחְלִיט שֶׁהַתַּלְמִיד **הַמּוּרְחָק** לֹא יַחֲזוֹר לְבֵית הַסֵּפֶר.*
מוּרְחֶקֶת, מוּרְחָקִים, מוּרְחָקוֹת

מורךז׳ מֹרֶךְ cowardice, fear, timidity
(לָשׁוֹן גְּבוֹהָה) חוּלְשָׁה, פַּחַד:
*הוּא מִילֵּא אֶת תַּפְקִידוֹ בַּצָּבָא לְלֹא **מוֹרֶךְ** לֵב.*

מורכבת׳ מֻרְכָּב complex, intricate
1. מְסוּבָּךְ, לֹא פָּשׁוּט:
*הַבְּעָיָה הַפָּלֶשְׂתִּינָאִית הִיא בְּעָיָה פּוֹלִיטִית **מוּרְכֶּבֶת**.*
2. שֶׁיֵּשׁ בּוֹ כַּמָּה חֲלָקִים: composed (adj.)
*הַמִּשְׂחָק **מוּרְכָּב** מִקּוּבִּיּוֹת יְרוּקוֹת וַאֲדוּמּוֹת.*
מִשְׁפָּט מוּרְכָּב (בְּדִיקְדּוּק) complex sentence
מוּרְכֶּבֶת, מוּרְכָּבִים, מוּרְכָּבוֹת

מורכבותנ׳ מֻרְכָּבוּת complexity
הַהֵיפֶךְ מִפַּשְׁטוּת, שֶׁיֵּשׁ לוֹ חֲלָקִים שׁוֹנִים:
*בִּגְלַל **הַמּוּרְכָּבוּת** שֶׁל הַתּוֹכְנִית קָשֶׁה לְבַצֵּעַ אוֹתָהּ.*

מורסהנ׳ מֻרְסָה [מוּרְסוֹת] abscess
פֶּצַע שֶׁיֵּשׁ בּוֹ גַּם נוֹזֵל צָהוֹב (מוּגְלָה):
*הָרוֹפֵא פָּתַח אֶת **הַמּוּרְסָה** בְּנִיתּוּחַ קָטָן.*

מורעבת׳ מֻרְעָב starved (adj.)
רָעֵב, לֹא אָכַל, מִי שֶׁהִרְעִיבוּ אוֹתוֹ:
*מַצָּבָם שֶׁל הַיְלָדִים **הַמּוּרְעָבִים** קָשֶׁה בְּיוֹתֵר.*
מוּרְעֶבֶת, מוּרְעָבִים, מוּרְעָבוֹת

מורעלת׳ מֻרְעָל poisoned (adj.)
שֶׁשָּׂמוּ בּוֹ רַעַל:
*הָאוֹכֶל הָיָה **מוּרְעָל**, וְהָאִישׁ מֵת.*
מוּרְעֶלֶת, מוּרְעָלִים, מוּרְעָלוֹת

מורשה ר׳ מורשת

מורשהז׳ מֻרְשֶׁה [מוּרְשִׁים] authorized representative
מִי שֶׁיֵּשׁ לוֹ הָרְשׁוּת לְדַבֵּר וְלִפְעוֹל בְּשֵׁם מִישֶׁהוּ אַחֵר:
***הַמּוּרְשֶׁה** שֶׁלִּי יָכוֹל לַחְתּוֹם בִּשְׁמִי.*
מוּרְשֶׁה-מוּרְשֵׁית, מוּרְשׁוֹת

מורשעת' מֻרְשָׁע convicted (adj.)

מי שֶׁבֵּית הַמִּשְׁפָּט קָבַע, שֶׁהוּא אָשֵׁם:

*כֹּל **הַמּוּרְשָׁעִים** בְּמִשְׁפָּט אוֹמְרִים, שֶׁהֵם לֹא אֲשֵׁמִים.*

מורשַׁעַת, מורשָׁעִים, מורשָׁעוֹת

מורשתנ' מוֹרֶשֶׁת [מוֹרָשׁוֹת] legacy, heritage

מַה שֶׁמַּעֲבִיר אָב לַבֵּן, מָסוֹרֶת:

*הַתַּנַ"ךְ הוּא חֵלֶק מִן **הַמּוֹרֶשֶׁת** הַהִיסְטוֹרִית שֶׁל עַם יִשְׂרָאֵל.*

מוֹרֶשֶׁת רוּחָנִית spiritual legacy

מורת-רוחנ' מֹרַת-רוּחַ discontent

מַה שֶׁהוּא מְנוּגָד לָרָצוֹן שֶׁל מִישֶׁהוּ:

*הַהַחְלָטָה הִיא **לְמוֹרַת רוּחִי**.*

מורתחת' מֻרְתָּח boiled (adj.)

שֶׁהִרְתִּיחוּ אוֹתוֹ, הִגִּיעַ לְחוֹם שֶׁל 100°:

*אֲנִי שׁוֹתֶה רַק מַיִם **מוּרְתָּחִים**.*

מורתַחַת, מורתָּחִים, מורתָּחוֹת

מושאז' מֻשָּׂא [מוּשָּׂאִים] object

1. אוֹבְּיֶיקְט, מַשֶּׁהוּ שֶׁמִּתְכַּוְּונִים אֵלָיו:

__מוּשָּׂא__ הָאַהֲבָה שֶׁלִּי הוּא גְּבֶרֶת צְעִירָה וְיָפָה.

2. (בְּדִקְדּוּק) הַמַּשְׁלִים שֶׁל הַפּוֹעַל: object (gram.)

*בְּמִשְׁפָּט 'כָּתַבְתִּי מִכְתָּב', הַמִּילָה 'מִכְתָּב' הִיא **הַמּוּשָּׂא**.*

מושאלת' מֻשְׁאָל borrowed (adj.)

1. שֶׁנָּתְנוּ בְּהַשְׁאָלָה, שֶׁצָּרִיךְ לְהַחֲזִיר:

*זֶה לֹא סֵפֶר שֶׁלִּי, הוּא **מוּשְׁאָל**.*

2. מֶטָאפוֹרִי, צִיּוּרִי: metaphorical

*'יָרְדָה לִי אֶבֶן מִן הַלֵּב' זֶהוּ בִּיטּוּי **מוּשְׁאָל**.*

מושאֶלֶת, מושאָלִים, מושאָלוֹת

מושבז' מוֹשָׁב [מוֹשָׁבִים] cooperative village

סוּג שֶׁל יִישׁוּב חַקְלָאִי בְּיִשְׂרָאֵל:

__בְּמוֹשָׁב__ לָאִיכָּרִים יֵשׁ בַּיִת וַאֲדָמָה מִשֶּׁלָּהֶם. אֶת הַתּוֹצֶרֶת הַחַקְלָאִית הֵם שׁוֹלְחִים יַחַד לַשּׁוּק, כְּמוֹ בְּקוֹאוֹפֶּרָטִיב.

מושבהנ' מוֹשָׁבָה [מוֹשָׁבוֹת] village

1. סוּג שֶׁל יִישׁוּב חַקְלָאִי יִשְׂרְאֵלִי, לְכֹל אִיכָּר בַּיִת וַאֲדָמָה פְּרָטִיִּים:

*דָּן חַי **בַּמּוֹשָׁבָה** וְעוֹבֵד בַּמֶּשֶׁק הַחַקְלָאִי שֶׁל אָבִיו.*

2. אֶרֶץ הַנִּמְצֵאת תַּחַת שִׁלְטוֹן שֶׁל מְדִינָה זָרָה: colony

*בְּרִיטַנְיָה שָׁלְטָה **בַּמּוֹשָׁבוֹת** שֶׁלָּהּ מֵעֵבֶר לַיָּם: הוֹדוּ, נִיגֶרְיָה, בּוּרְמָה וְכוּ'.*

מושבעת"ז מֻשְׁבָּע [מושבָּעִים] juror

1. קְבוּצַת אֲנָשִׁים מִן הָעָם שֶׁמְּשַׁמְּשִׁים שׁוֹפְטִים:

__הַמּוּשְׁבָּעִים__ קָבְעוּ, שֶׁהוּא לֹא אָשֵׁם.

2. מוּחְלָט, קִיצוֹנִי: avowed

*הוּא תּוֹמֵךְ **מוּשְׁבָּע** בַּמִּפְלָגָה הַלִּיבֶּרָלִית.*

מושבַּעַת, מושבָּעִים, מושבָּעוֹת

מושבתת' מֻשְׁבָּת locked out (adj.)

1. שֶׁיֵּשׁ בּוֹ שְׁבִיתָה, שֶׁהִפְסִיקוּ אֶת עֲבוֹדָתוֹ:

*בֵּית הַחֲרוֹשֶׁת **מוּשְׁבָּת**, כִּי אֵין כֶּסֶף לְשַׁלֵּם לַפּוֹעֲלִים.*

2. שֶׁהִפְסִיקוּ אוֹתוֹ, הִפְרִיעוּ לוֹ: disrupted (adj.)

*הַשִּׂמְחָה **מוּשְׁבֶּתֶת** בִּגְלַל מַחֲלַת הַיֶּלֶד.* מושבֶּתֶת, מושבָּתִים, מושבָּתוֹת

מושגז' מֻשָּׂג [מוּשָּׂגִים] idea, notion, concept

1. אִידֵאָה, רַעְיוֹן:

*לַיְּלָדִים יֵשׁ **מוּשָּׂגִים** אֲחֵרִים עַל הַחַיִּים...*

2. הֲבָנָה, יְדִיעָה: knowledge, grasp

*אֵין לִי **מוּשָּׂג** בְּפִיסִיקָה.*

מושחזת' מֻשְׁחָז sharpened (adj.)

שֶׁעָשׂוּ אוֹתוֹ חַד:

*הִיזָּהֵר, הַסַּכִּין **מוּשְׁחֶזֶת** וְהִיא חַדָּה מְאוֹד.*

מושחֶזֶת, מושחָזִים, מושחָזוֹת

מושחלת' מֻשְׁחָל threaded (adj.)

שֶׁהִכְנִיסוּ אוֹתוֹ (חוּט) דֶּרֶךְ חוֹר קָטָן:

*הַחוּט הָאָדוֹם **מוּשְׁחָל** בַּמַּחַט.*

מושחֶלֶת, מושחָלִים, מושחָלוֹת

מושחרת' מֻשְׁחָר blackened (adj.)

שֶׁעָשׂוּ אוֹתוֹ שָׁחוֹר:

*פָּנָיו **מוּשְׁחָרִים**, כִּי הוּא מְשַׂחֵק אֶת הַתַּפְקִיד שֶׁל אוֹתֶלוֹ.*

מושחֶרֶת, מושחָרִים, מושחָרוֹת

מושחתת' מֻשְׁחָת destroyed (adj.)

1. שֶׁקִּילְקְלוּ אוֹתוֹ:

*הַסֵּפֶר **מוּשְׁחָת**, הַדַּפִּים קְרוּעִים, וְאִי אֶפְשָׁר לִקְרוֹא בּוֹ.*

2. רַע, לֹא הוֹלֵךְ בְּדֶרֶךְ יְשָׁרָה: corrupt

*הוּא אָדָם **מוּשְׁחָת**, אֵין לוֹ מַצְפּוּן.*

מושחֶתֶת, מושחָתִים, מושחָתוֹת

מושטת' מוּשָׁט extended (adj.)

מוּפְנֶה, מְכוּוָּן קָדִימָה:

*יָדִי **מוּשֶׁטֶת** לְשָׁלוֹם.*

מושֶׁטֶת, מושָׁטִים, מושָׁטוֹת

מושיעז' מוֹשִׁיעַ [מוֹשִׁיעִים] savior

מַצִּיל, עוֹזֵר בִּזְמַן אָסוֹן:

הִנֵּה הַמּוֹשִׁיעַ שֶׁלָּנוּ - הוּא הוֹצִיא אוֹתָנוּ מֵהַבַּיִת הַבּוֹעֵר.
מוֹשִׁיעָה, מוֹשִׁיעוֹת

מושךת' מוֹשֵׁךְ — attractive
אַטְרַקְטִיבִי, מְעַנְיֵין מְאוֹד:
*הִיא בַּחוּרָה **מוֹשֶׁכֶת**. / הַסֵּפֶר **מוֹשֵׁךְ** מְאוֹד.*
מוֹשֶׁכֶת, מוֹשְׁכִים, מוֹשְׁכוֹת

מושכותנ"ר מוֹשְׁכוֹת — reins
מִין חֶבֶל שֶׁקּוֹשְׁרִים לְסוּס, חֲמוֹר וְכוּ':
*בְּעֶזְרַת הַ**מּוֹשְׁכוֹת** אֲנִי אוֹמֵר לַסּוּס לְאָן לָלֶכֶת.*

מושכלז' מֻשְׂכָּל — axiom
אַקְסִיוֹמָה, תֵּיזָה שֶׁלֹּא צָרִיךְ לְהוֹכִיחַ:
***מוּשְׂכָּל** רִאשׁוֹן - הַשָּׁלֵם גָּדוֹל מִכֹּל אֶחָד מִן הַחֲלָקִים שֶׁלּוֹ.*

מושכןפ' מֻשְׁכַּן — was mortgaged
רְכוּשׁ שֶׁנִּיתַּן כְּדֵי לְהַבְטִיחַ שֶׁיַּחֲזִירוּ הַלְוָואָה:
*הַבַּיִת **מוּשְׁכַּן** לַבַּנְק עַד שֶׁאֲשַׁלֵּם אֶת כֹּל הַכֶּסֶף.*
/ מ.ש.כ.ן, פּוּעַל / מוּשְׁכְּנוּ, מְמוּשְׁכָּנִים, יְמוּשְׁכַּן

מושכרת' מֻשְׂכָּר — rented (adj.)
שֶׁהִשְׂכִּירוּ אוֹתוֹ, נָתְנוּ אוֹתוֹ תְּמוּרַת תַּשְׁלוּם בִּשְׁבִיל הַשִּׁימוּשׁ:
*הַבַּיִת **מוּשְׂכָּר** לְסְטוּדֶנְטִים.*
מוּשְׂכֶּרֶת, מוּשְׂכָּרִים, מוּשְׂכָּרוֹת

מושלז' מוֹשֵׁל [מוֹשְׁלִים] — governor
מִי שֶׁאַחְרָאִי עַל אֵיזוֹר, מְדִינָה עִיר:
*הַ**מּוֹשֵׁל** הוּא רֹאשׁ הָאַדְמִינִיסְטְרַצְיָה שֶׁל הַמָּקוֹם.*
מוֹשֶׁלֶת, מוֹשְׁלוֹת

מושלגת' מֻשְׁלָג — snow-covered
מְכוּסֶּה שֶׁלֶג:
*אֲנִי אוֹהֵב נוֹף **מוּשְׁלָג**.*
מוּשְׁלֶגֶת, מוּשְׁלָגִים, מוּשְׁלָגוֹת

מושלךת' מֻשְׁלָךְ — thrown away
שֶׁהִשְׁלִיכוּ אוֹתוֹ, זָרְקוּ אוֹתוֹ:
*מָצָאתִי אֶת הַכּוֹבַע **מוּשְׁלָךְ** עַל הָרִצְפָּה.*
מוּשְׁלֶכֶת, מוּשְׁלָכִים, מוּשְׁלָכוֹת

מושלםת' מֻשְׁלָם — perfect
1. בְּלִי טָעוּת אוֹ שְׁגִיאָה, מְצוּיָּן:
*בִּיצּוּעַ הַקּוֹנְצֶרְט הָיָה **מוּשְׁלָם**!*
2. לֹא חָסֵר בּוֹ כְּלוּם, גָּמוּר: — completed (adj.)
*סוֹף סוֹף הָעֲבוֹדָה **מוּשְׁלֶמֶת**.*
מוּשְׁלֶמֶת, מוּשְׁלָמִים, מוּשְׁלָמוֹת

מושמץת' מֻשְׁמָץ — slandered (adj.)
שֶׁהִשְׁמִיצוּ אוֹתוֹ, אָמְרוּ דְּבָרִים רָעִים:
*מֵאָז הַבְּחִירוֹת הוּא **מוּשְׁמָץ** בְּכֹל הָעִיתּוֹנִים.*
מוּשְׁמֶצֶת, מוּשְׁמָצִים, מוּשְׁמָצוֹת

מושעהת' מֻשְׁעֶה — suspended (adj.)
מִי שֶׁהִפְסִיקוּ אֶת עֲבוֹדָתוֹ עַד שֶׁיַּעֲמוֹד לְמִשְׁפָּט:
*הַפָּקִיד הַ**מּוּשְׁעֶה** יַחֲזוֹר לָעֲבוֹדָה, אִם בֵּית הַמִּשְׁפָּט יִקְבַּע, שֶׁהוּא לֹא אָשֵׁם.*
מוּשְׁעֵית, מוּשְׁעִים, מוּשְׁעוֹת

מושפלת' מֻשְׁפָּל — lowered (adj.)
1. פּוֹנֶה לְמַטָּה:
*הוּא מְדַבֵּר בְּעֵינַיִים **מוּשְׁפָּלוֹת**, כִּי הוּא מִתְבַּיֵּישׁ.*
2. מִישֶׁהוּ שֶׁפָּגְעוּ בִּכְבוֹדוֹ, גָּרְמוּ לוֹ לְהִתְבַּיֵּישׁ, לְהַרְגִּישׁ חֲסַר עֵרֶךְ: — humiliated (adj.)
*הִרְגַּשְׁנוּ **מוּשְׁפָּלִים** כְּשֶׁהַמְּנַהֵל צָעַק עָלֵינוּ.*
מוּשְׁפֶּלֶת, מוּשְׁפָּלִים, מוּשְׁפָּלוֹת

מושפעת' מֻשְׁפָּע — influenced (adj.)
מְקַבֵּל הַשְׁפָּעָה, עוֹשֶׂה מַשֶּׁהוּ בִּגְלַל...:
*אֲנִי **מוּשְׁפָּע** מִיּוֹפִי.*
מוּשְׁפַּעַת, מוּשְׁפָּעִים, מוּשְׁפָּעוֹת

מושקעת' מֻשְׁקָע — invested (adj.)
מַה שֶּׁנִּמְצָא בְּתוֹךְ:
*הַכֶּסֶף שֶׁלִּי **מוּשְׁקָע** בַּחֲנוּת שֶׁל אָחִי.*
מוּשְׁקַעַת, מוּשְׁקָעִים, מוּשְׁקָעוֹת

מושרשת' מֻשְׁרָשׁ — rooted
1. שֶׁשָּׁלַח שׁוֹרֶשׁ, שֶׁיֵּשׁ לוֹ שׁוֹרָשִׁים (בָּאֲדָמָה):
*הָעֵץ **מוּשְׁרָשׁ** בָּאֲדָמָה, וְהָרוּחַ לֹא תַּפִּיל אוֹתוֹ.*
2. מְבוּסָּס, נִמְצָא עָמוֹק בְּתוֹךְ: — well-established
*נוֹלַדְתִּי בָּאָרֶץ וַאֲנִי **מוּשְׁרָשׁ** בָּהּ.*
מוּשְׁרֶשֶׁת, מוּשְׁרָשִׁים, מוּשְׁרָשׁוֹת

מושתןת' מֻשְׁתָּן — shitty, insignificant
(לָשׁוֹן דִּיבּוּר) עָלוּב, לֹא שָׁוֶוה:
*הַמְּפַקֵּד הַ**מּוּשְׁתָּן** הַזֶּה הִשְׁאִיר אוֹתִי בַּבָּסִיס.*
מוּשְׁתֶּנֶת, מוּשְׁתָּנִים, מוּשְׁתָּנוֹת

מושתתת' מֻשְׁתָּת — based (adj.)
עוֹמֵד עַל בָּסִיס שֶׁל:
*הַדְּבָרִים שֶׁאָמַרְתִּי **מוּשְׁתָּתִים** עַל הַנִּיסָּיוֹן.*
מוּשְׁתֶּתֶת, מוּשְׁתָּתִים, מוּשְׁתָּתוֹת

מותאםת' מֻתְאָם — fitted/adjusted (adj.)
עָשׂוּ אוֹתוֹ מַתְאִים, טוֹב לְמַשֶּׁהוּ:

*הבגדים **מותאמים** לגוף.*
מותאֶמת, מותאָמים, מותאָמות

מותווהת׳ מֻתְוֶה outlined (adj.)
יֵש לו כִּיוּון, מסוּמָן בְּאוֹפֶן כּלָלי:
*התוכנית **מותווית** על יְדֵי התנאים בּשֶטַח.*
מותוֵית, מותוִים, מותווֹת

מותחת׳ מוֹתֵחַ thrilling
מוֹשֵך, אַטרַקטִיבִי:
*אֲני אוֹהֵב לִקרוֹא ספָרים **מוֹתחים**.*
מוֹתַחַת, מוֹתחים, מותחות

מותחןז׳ מוֹתְחָן [מוֹתחָנים] thriller
סיפּוּרים אוֹ סרָטים מוֹתחים, שֶמַחזיקים בְּמֶתַח:
*אַחֲרֵי שֶאֲנִי רוֹאֶה **מוֹתחָן** בַּטֶלֶוויזיָה, קָשֶה לי לִישוֹן.*

מותןז׳ מֹתֶן [מוֹתנַיִים] waist, hip
נִמצָא בְּעֶרֶך בְּאֶמצַע גוּף הָאָדָם:
*יֵש לָה **מוֹתנַיִים** צָרים. / החֲגוֹרָה על **המוֹתנַיִים**.*

מותנהת׳ מֻתְנֶה conditioned (adj.), contingent on
תָלוּי בְּמַשֶהוּ אַחֵר:
*קִיוּם הַטִיוּל **מוּתנֶה** בְּמֶזֶג הָאֲוִויר.*
מוּתנֵית-מוּתנָה, מוּתנִים, מוּתנוֹת

מותניים ר׳ מותן

מותקז׳ מֹתֶק sweetness, sweetheart
הַטַעַם שֶל הַסוּכָּר.
(בּלשוֹן הַדִיבּוּר) פּנִייה שֶל אַהֲבָה:
*אֵיזֶה **מוֹתֶק** הַיֶלֶד שֶלךָ! / **מוֹתֶק**, בּוֹאִי רֶגַע, יֵש קָפֶה?*

מותקןת׳ מֻתְקָן installed (adj.)
מְסוּדָר, מוּכָן:
*הַבֶּרֶז בַּמִטבָּח **מוּתקָן**, אֶפשָר לִרחוֹץ כֵּלִים.*
מוּתקֶנֶת, מוּתקָנִים, מוּתקָנוֹת

מותרת׳ מֻתָּר allowed (adj.)
יֵש רְשוּת לַעֲשוֹת מַשֶהוּ:
*הוֹרים צריכים לְלַמֵד אֶת יַלדֵיהֶם, מַה **מוּתָר** וּמַה אָסוּר.*
*מְהִירוּת הַנסִיעָה **הַמוּתֶרֶת** בָּעִיר הִיא 50 קמ״ש.*
מוּתֶרֶת, מוּתָרים, מוּתָרוֹת

מותרז׳ מוֹתָר surplus, advantage
מַה שֶהוּא יוֹתֵר, עֲדִיפוּת:
***מוֹתַר** הָאָדָם מִן הַבְּהֵמָה - הַשֵׂכֶל.*
לְמוֹתָר ת״פ - needless
לְמוֹתָר לוֹמַר מַה דַעתִי עָלָיו.
מוֹתָרוֹת luxury

מזבחז׳ מִזְבֵּחַ [מִזבְּחוֹת] alter
דוֹמֶה לְשוּלחָן, מְשַמֵש לְטֶקֶס דָתִי. (בְּבֵית הַמִקדָש הִקרִיבוּ עָלָיו קוֹרבָּנוֹת):
*מֵאָז שֶבֵּית הַמִקדָש נֶהֱרַס - אֵין **מִזבְּחוֹת** לִיהוּדִים.*
עַל מִזבַּח for the sake of

מזבלהנ׳ מִזְבָּלָה [מִזבָּלוֹת] garbage dump
מָקוֹם מֶרכָּזִי שֶזוֹרקִים בּוֹ לִיכלוּך:
*יֵש רֵיחַ רַע מִן **הַמִזבָּלָה** הָעִירוֹנִית.*

מזגפ׳ מָזַג poured
שָפַך נוֹזֵל אֶל תוֹך כּלִי:
***מָזַגתִי** מִיץ לְכָל הַכּוֹסוֹת.*
לִמזוֹג אֶת- / מ.ז.ג, פָּעַל / מָזַגתִי, מוֹזֵג, יִמזוֹג, מְזוֹג!

מזגז׳ מֶזֶג temperament
טֶמפֶּרָמֶנט, הָאוֹפִי שֶל הָאָדָם:
*יֵש לוֹ **מֶזֶג** טוֹב, הוּא אַף פַּעַם אֵינוֹ מִתרַגֵז.*

מזג אווירז׳ מֶזֶג-אֲוִיר weather
מַצַב הַחוֹם, הַקוֹר, הַשֶמֶש, וְכוּ׳:
*מַה **מֶזֶג הָאֲוויר** הַיוֹם בְּתֵל-אָבִיב? חַם וְיָבֵש.*

מזגןז׳ מַזְגָן [מַזגָנִים] air-conditioner
מַכשִיר שֶמְקָרֵר אוֹ מְחַמֵם אֶת הַבַּיִת:
*בִּגלַל הַחוֹם אִי אֶפשָר לִלמוֹד כָּאן בּלִי **מַזגָן**.*

מזהירת׳ מַזְהִיר brilliant
מִצטַיֵין, מַצלִיחַ מְאוֹד:
*הוּא מָתֵימָטִיקָאִי **מַזהִיר**.*
מַזהִירָה, מַזהִירִים, מַזהִירוֹת

מזה״ת ר״ת **המזרח התיכון** ר׳ מזרח

מזוההת׳ מְזֹהֶה identified (adj.)
נֶחשָב לְתוֹמֵך בְּ-:
*הוּא **מְזוֹהֶה עִם** הַמִפלָגָה הַלִיבֶּרָלִית.*
מְזוֹהָה, מְזוֹהִים, מְזוֹהוֹת

מזוהםת׳ מְזֹהָם filthy, infected (adj.)
מְלוּכלָך מְאוֹד:
*הָרִצפָּה **מְזוֹהֶמֶת**.*
מְזוֹהֶמֶת, מְזוֹהָמִים, מְזוֹהָמוֹת

מזוודהנ׳ מִזְוָדָה [מִזְוָודוֹת] suitcase, valise
תִיק גָדוֹל שֶל נוֹסעִים, שָׂמִים בּוֹ בּגָדִים וַחֲפָצִים:
*נָסַעתִי לְחוּ"ל עִם **מִזוָודָה** אַחַת, וּבָהּ כֹּל הַבּגָדִים שֶלִי.*

מזווהז׳ מִזָוֶה [מִזָוִוים] pantry
מַחסָן, אָרוֹן לְיַד הַמִטבָּח לְמִצרְכֵי אוֹכֶל רֶזֶרבִיים:
בַּמִזָוֶוה יֵש קוּפסָאוֹת שֶל מְלָפְפוֹנִים חֲמוּצִים.

מזוויעת׳ מַזְוִיעַ horrifying
(לְשוֹן דִיבּוּר) מְעוֹרֵר זְוָועָה, דוֹחֶה, אָיוֹם:
*קָרתָה תְאוּנַת דרָכִים **מַזוִויעָה**.*
מַזוִויעָה, מַזוִויעִים, מַזוִויעוֹת

מזוזהנ׳ מְזוּזָה [מְזוּזוֹת] mezuza, a tiny scroll fixed to the doorpost of a Jewish home
מְגִילָה קְטַנָה שֶשָׂמִים
בְּפֶתַח בַּיִת יְהוּדִי:
*כּשֶנִכנַסתִי לַבַּיִת הֶחָדָש, שַׂמתִי **מְזוּזָה** מִיָמִין לַדֶלֶת.*

מזויןת׳ מְזֻיָּן armed (adj.)
1. שֶיֵש עָלָיו נֶשֶק - אֶקדָח וְכוּ':
*הַשוֹטרִים מִסתוֹבבִים **מְזוּיָנִים** בְּאֶקדָחִים.*
2. (בִּלשוֹן וּולגָרִית) לֹא שָוֶוה כּלוּם: 'fucking' (vulgar)
*הַמְכוֹנִית **הַמְזוּיֶנֶת** הַזֹאת לֹא נוֹסַעַת.*
בֵּטוֹן מְזוּיָן reinforced concrete
מְזוּיֶנֶת, מְזוּיָינִים, מְזוּיָנוֹת

מזויףת׳ מְזֻיָּף counterfeit, false
לֹא אֲמִיתִי, חִיקוּי שֶל מַשֶהוּ אַחֵר:
*הָאִיש מָכַר דוֹלָרִים **מְזוּיָפִים**. / יֵש לוֹ חִיוּך **מְזוּיָף**.*
מְזוּיֶפֶת, מְזוּיָפִים, מְזוּיָפוֹת

מזוכךת׳ מְזֻכָּךְ purified (adj.)
נָקִי, צָלוּל:
*אַחֲרֵי הַגֶשֶם הָאֲוויר **מְזוּכָּך**.*
מְזוּכֶּכֶת, מְזוּכָּכִים, מְזוּכָּכוֹת

מזומןת׳ מְזֻמָּן cash
1. כֶּסֶף מַמָש (לֹא צֶ'יק וְכוּ'):
*בַּשוּק מוֹכרִים רַק בְּכֶסֶף **מְזוּמָן**.*
2. מוּכָן, רוֹצֶה: willing
אֲנִי מוּכָן וּמְזוּמָן לַעֲשוֹת כֹּל מַה שֶתְבַקשִי.
בִּמְזוּמָנִים ת"פ in cash
לְעִיתִים מְזוּמָנוֹת often
מְזוּמֶנֶת, מְזוּמָנִים, מְזוּמָנוֹת

מזוןז׳ מָזוֹן [מְזוֹנוֹת] food, nourishment
אוֹכֶל:
*הַ**מְזוֹנוֹת** הָעִיקָרִיִים שֶל הָאָדָם הֵם לֶחֶם, בָּשָׂר וִירָקוֹת.*
בִּרכַּת-הַמָזוֹן Grace
אַבוֹת-הַמָזוֹן the basic food groups
דמֵי-מְזוֹנוֹת alimony, palimony

מזועזעת׳ מְזֻעְזָע shocked/shaken (adj.)
נִדהָם, מַשֶהוּ נָגַע לוֹ לַלֵב:
*הָיִיתִי **מְזוּעזָע** מֵהָאָסוֹן.*
מְזוּעֲזַעַת, מְזוּעֲזָעִים, מְזוּעֲזָעוֹת

מזופתת׳ מְזֻפָּת tarred (adj.)
שֶשָׂמוּ עָלָיו זֶפֶת (חוֹמֶר אִיטוּם שָחוֹר, מוֹרחִים בּוֹ כּבִישִים):
*הַגַג **מְזוּפָּת** כְּדֵי שֶהַגֶשֶם לֹא יַחדוֹר.*
(לְשוֹן דִיבּוּר) לֹא שָוֶוה כּלוּם, רַע מְאוֹד: lousy
*זֶה סֶרֶט **מְזוּפָּת**.*
מְזוּפֶּתֶת, מְזוּפָּתִים, מְזוּפָּתוֹת

מזוקןת׳ מְזֻקָּן [מְזוּקָנִים] bearded
שֶיֵש לוֹ זָקָן:
*הַחַיָיל **הַמְזוּקָן** הוּא בָּחוּר יָפֶה.*

מזוקקת׳ מְזֻקָּק refined (adj.)
נוֹזֵל שֶנִיקוּ אוֹתוֹ מֵחוֹמָרִים מְיוּתָרִים:
*הַבֶּנזִין **הַמְזוּקָק** טוֹב לְמְטוֹסִים.*
מְזוּקֶקֶת, מְזוּקָקִים, מְזוּקָקוֹת

מזורזת׳ מְזֹרָז accelerated (adj.)
בְּצוּרָה מְהִירָה:
*עָבַדנוּ בְּקֶצֶב **מְזוֹרָז** כְּדֵי לִגמוֹר אֶת הַפּרוֹיֶיקט.*
מְזוֹרֶזֶת, מְזוֹרָזִים, מְזוֹרָזוֹת

מזחז׳ מֵזַח pier
דוֹמֶה לְגֶשֶר בְּתוֹך הַיָם, עַל יָדוֹ עוֹגנוֹת אוֹנִיוֹת...:
*עַל **הַמֵזַח** יָשבוּ דַיָיגִים וְנִיסוּ לִתפּוֹס דָגִים.*

מזחלתנ׳ מִזְחֶלֶת [מִזחָלוֹת] sled
עֲגָלָה שֶנוֹסעִים בָּהּ בַּשֶלֶג:
*הַיְלָדִים יָרדוּ **בְּמִזחֶלֶת** מִן הָהָר הַגָבוֹהַ.*

מזיגהנ׳ מְזִיגָה fusion, mixture
1. כּשֶשָׂמִים בְּיַחַד דבָרִים שוֹנִים, עִירבּוּב:
*צָרִיך לְהַגִיעַ **לִמְזִיגָה** בֵּין הָעֵדוֹת הַשוֹנוֹת.*
2. כּשֶשוֹפכִים נוֹזֵל לִכלִי: pouring
*אֲנִי עָסוּק **בִּמְזִיגַת** תֵה חַם.*

מזידת׳ מֵזִיד with malicious intent
בְּמֵזִידת"פ - מִתוֹך כַּוָונָה רָעָה:
*הוּא פָּגַע בָּה **בְּמֵזִיד**.*

מזימהנ׳ מְזִמָּה [מְזִימוֹת] conspiracy
רַעְיוֹן, תוֹכְנִית לַעֲשׂוֹת מַשֶּׁהוּ רַע:
הַמְזִמָּה שֶׁלּוֹ הָיְתָה לְהַכְשִׁיל אֶת הַמְנַהֵל.

מזיןת׳ מֵזִין nourishing
אוֹכֶל שֶׁהוּא טוֹב לַגּוּף:
יְרָקוֹת וּפֵירוֹת הֵם אוֹכֶל מֵזִין.
מְזִינָה, מְזִינִים, מְזִינוֹת

מזכירז׳ מַזְכִּיר [מַזְכִּירִים] secretary
1. פָּקִיד הָאַחְרָאִי עַל הָעֲבוֹדָה בַּמִּשְׂרָד:
הַמַּזְכִּיר שֶׁל שַׂר הַבְּרִיאוּת קָבַע לִי פְּגִישָׁה בְּיוֹם ב׳ הַבָּא.
2. הָאִישׁ הַמְּרַכֵּז בְּאִירְגּוּנִים גְּדוֹלִים:
מַזְכִּיר הַמִּפְלָגָה פָּתַח אֶת הָאֲסֵיפָה בְּנְאוּם.
מַזְכִּיר כְּלָלִי (מַזְכָּ"ל) general secretary
מַזְכִּירָה, מַזְכִּירוֹת

מזכירותנ׳ מַזְכִּירוּת [מַזְכִּירוּיוֹת] secretariat
הַמָּקוֹם שֶׁמְּרַכֵּז אֶת עֲבוֹדַת הַמִּשְׂרָד:
תְּבָרֵר בַּמַּזְכִּירוּת אִם כְּבָר שָׁלְחוּ לְךָ אֶת הַמַּשְׂכּוֹרֶת.

מזכ"ל ר"ת מזכיר כללי ר׳ מזכיר

מזכרז׳ מִזְכָּר [מִזְכָּרִים] memorandum
מֶמוֹרַנְדוּם, תְּעוּדָה, הֶסְכֵּם כְּלָלִי:
חָתַמְנוּ עַל מִזְכָּר הֲבָנָה עִם הַהַנְהָלָה.

מזכרתנ׳ מַזְכֶּרֶת [מַזְכָּרוֹת] souvenir
חֵפֶץ שֶׁקּוֹנִים אוֹ נוֹתְנִים כְּדֵי שֶׁיַּזְכִּיר מַשֶּׁהוּ:
הַתַּיָּיר הֵבִיא מַזְכֶּרֶת מִכָּל עִיר שֶׁטִּיֵּיל בָּהּ.

מזלז׳ מַזָּל [מַזָּלוֹת] luck
גּוֹרָל, מַשֶּׁהוּ שֶׁקּוֹרֶה בַּחַיִּים בְּמִקְרֶה (לָרוֹב טוֹב):
יֵשׁ לִי מַזָּל, זָכִיתִי בְּהַגְרָלַת הַלּוֹטוֹ.
מַזָּל טוֹב congratulations
מַזָּל בִּישׁ bad luck
בַּר-מַזָּל lucky
לְרוֹעַ-הַמַּזָּל ת"פ unfortunately
שִׂיחֵק לוֹ הַמַּזָּל he was lucky
מִשְׂחֲקֵי-מַזָּל gambling
מַזָּלוֹת signs of the zodiac
לוּחַ-הַמַּזָּלוֹת - הוֹרוֹסְקוֹפּ horoscope

מזלגז׳ מַזְלֵג [מַזְלְגוֹת] fork
כְּלִי אוֹכֶל בַּעַל שִׁינַּיִים:
חוּמוּס וּטְחִינָה אוֹכְלִים בְּפִיתָה וְלֹא בְּמַזְלֵג.
עַל קְצֵה הַמַּזְלֵגב׳ very little

מזל"ט ר"ת מטוס זעיר ללא טייס, ר׳ מטוס

מזללהנ׳ מִזְלָלָה [מִזְלָלוֹת] diner, joint
מִסְעָדָה קְטַנָּה:
אֲנִי רָעֵב, יֵשׁ פֹּה אֵיזוֹ מִזְלָלָה לִקְפּוֹץ אֵלֶיהָ?

מזלףז׳ מַזְלֵף [מַזְלְפִים] dropper
מַכְשִׁיר שֶׁהַנּוֹזְלִים יוֹצְאִים מִמֶּנּוּ בְּטִיפּוֹת:
אֲנִי שָׂמָה בּוֹשֶׂם בְּמַזְלֵף.

מזמוז ר׳ מיזמוז

מזמורז׳ מִזְמוֹר [מִזְמוֹרִים] song, psalm
שִׁיר, בְּדֶרֶךְ כְּלָל שִׁירִים דָּתִיִּים:
שַׁרְנוּ מִזְמוֹרִים לִכְבוֹד שַׁבָּת.

מזמז ר׳ מיזמז

מזנוןז׳ מִזְנוֹן [מִזְנוֹנִים] snack-bar
1. מָקוֹם לִמְכִירַת מַשְׁקָאוֹת קַלִּים, מַמְתַּקִּים, סֶנְדְוִויצִ'ים:
הָאוֹכֶל בְּמִזְנוֹן הָאוּנִיבֶרְסִיטָה טָעִים וְזוֹל.
2. אָרוֹן נָמוּךְ, שֶׁשָּׂמִים בּוֹ צַלָּחוֹת, כּוֹסוֹת וְכוּ׳: sideboard, breakfront
קָנִינוּ מִזְנוֹן חָדָשׁ לַחֲדַר הָאוֹכֶל.
3. שׁוּלְחָן אָרוֹךְ וְעָלָיו כֹּל מִינֵי מַאֲכָלִים: buffet
בַּחֲתוּנָּה הָיָה מִזְנוֹן לָאוֹרְחִים.

מזעזעת׳ מְזַעֲזֵעַ shocking
נוֹרָא, אָיוֹם:
הַמַּרְאֶה שֶׁל הַמְּכוֹנִית הַהֲפוּכָה מְזַעֲזֵעַ.
מְזַעֲזַעַת, מְזַעַזְעִים, מְזַעַזְעוֹת

מזער ר׳ מיזער

מזקקהנ׳ מַזְקֵקָה [מַזְקֵקוֹת] refinery
כֵּלִים שֶׁמְּזַקְּקִים בָּהֶם נוֹזְלִים (מְנַקִּים מִכֹּל הַחוֹמָרִים הַמְּיוּתָּרִים):
בְּמַזְקֵקָה מְכִינִים אוֹפְיוּם.

מזרון ר׳ מזרן

מזרחז׳ מִזְרָח east
הַצַּד שֶׁהַשֶּׁמֶשׁ זוֹרַחַת בּוֹ בַּבּוֹקֶר:
הַמִּתְפַּלְּלִים פָּנוּ לְצַד מִזְרָח, לִירוּשָׁלַיִם.
הַמִּזְרָח הַתִּיכוֹן the Middle East
הַמִּזְרָח הָרָחוֹק the Far East
עֲדוֹת-הַמִּזְרָח Jews from Asia and North Africa
נוֹלַדְתִּי בְּמָרוֹקוֹ, אֲנִי מֵעֲדוֹת הַמִּזְרָח.

מזרחית׳ מִזְרָחִי — eastern
נִמְצָא בְּצַד מִזְרָח אוֹ בָּא מִצַּד מִזְרָח:
*אֲנַחְנוּ גָּרִים בִּירוּשָׁלַיִם **הַמִּזְרָחִית**.*
הַגּוּשׁ הַמִּזְרָחִי — the Eastern Bloc
מִזְרָחִית, מִזְרָחִיִּים, מִזְרָחִיּוֹת

מזרחןז׳ מִזְרְחָן [מִזְרְחָנִים] — a Middle East scholar
אוֹרְיֶינְטָלִיסְט, מִי שֶׁעוֹסֵק בַּפּוֹלִיטִיקָה, בַּהִיסְטוֹרְיָה וְכוּ׳ שֶׁל אַרְצוֹת הַמִּזְרָח הַתִּיכוֹן:
*שָׁאַלְנוּ **מִזְרְחָן** עַל הַקֶּשֶׁר בֵּין עִירָק וְסוּרְיָה.*
מִזְרְחָנִית, מִזְרְחָנִיּוֹת

מזרחנותנ׳ מִזְרְחָנוּת — Middle Eastern Studies
הַמַּדָּע שֶׁל הַמִּזְרָח, הַהִיסְטוֹרְיָה שֶׁל עִירָק, מִצְרַיִם וְכוּ׳:
*אֲנִי לוֹמֵד **מִזְרְחָנוּת** בָּאוּנִיבֶרְסִיטָה.*

מזרןז׳ מִזְרָן [מִזְרָנִים] — mattress
נִמְצָא בְּדֶרֶךְ כְּלָל עַל הַמִּיטָה, שׁוֹכְבִים עָלָיו:
***מִזְרָן** קָשֶׁה בָּרִיא לַגַּב.*

מזרקז׳ מַזְרֵק [מַזְרְקִים] — syringe
מַכְשִׁיר שֶׁיֵּשׁ לוֹ מַחַט כְּדֵי לְהַכְנִיס נוֹזֵל לַגּוּף:
*אֲנִי מַכְנִיס לַגּוּף אִינְסוּלִין **בְּמַזְרֵק**.*

מזרקהנ׳ מִזְרָקָה [מִזְרָקוֹת] — fountain
מַשְׁאֵבָה בָּרְחוֹב, שֶׁיּוֹצְאִים מִמֶּנָּה מַיִם בְּצוּרוֹת יָפוֹת:
*בְּרוֹמָא יֵשׁ הַרְבֵּה **מִזְרָקוֹת** בָּרְחוֹב.*

מחא-כףב׳ מָחָא-כַּף — applauded
הִיכָּה כַּף אֶל כַּף (בְּתוֹדָה, בְּשִׂמְחָה אוֹ בְּהַעֲרָכָה):
*הַקָּהָל **מָחָא כַּף** לַזַּמָּר וְלַתִּזְמוֹרֶת בְּסוֹף הַקּוֹנְצֶרְט.*

מחאהנ׳ מְחָאָה [מְחָאוֹת] — protest
הַבָּעַת הִתְנַגְּדוּת וְאִי הַסְכָּמָה בְּמִילִים, בְּמַעֲשִׂים:
*הַמְּדִינָה הִגִּישָׁה **מְחָאָה** לָאוּ״ם.*

מחבואז׳ מַחֲבוֹא מַחְבּוֹא / [מַחֲבוֹאִים] — hideout
מָקוֹם שֶׁמִּסְתַּתְּרִים, מִתְחַבְּאִים בּוֹ:
*מַנְהִיג הַהֲפֵיכָה יָצָא **מֵהַמַּחֲבוֹא**.*
מַחְבּוֹאִים - מִשְׂחַק יְלָדִים — hide and seek

מחבושז׳ מַחְבּוֹשׁ — detention, imprisonment
כְּשֶׁשָּׂמִים מִישֶׁהוּ בְּבֵית הַסּוֹהַר:
*הַחַיָּיל אֵיחַר לַחֲזוֹר וְקִיבֵּל חֲמִישָּׁה יְמֵי **מַחְבּוֹשׁ**.*

מחבטז׳ מַחְבֵּט [מַחְבְּטִים] — tennis-racket
1. רַקֶּטָה לְמִשְׂחַק טֶנִיס:
*עָצַרְתִּי אֶת הַכַּדּוּר **בַּמַּחְבֵּט**.*
2. מַקֵּל שֶׁחוֹבְטִים בּוֹ (מַכִּים) שְׁטִיחִים: — carpet-beater
*הִכֵּיתִי **בַּמַּחְבֵּט** בַּשָּׁטִיחַ, וְיָצָא אָבָק רַב.*

מחבלז׳ מְחַבֵּל [מְחַבְּלִים] — terrorist
טֶרוֹרִיסְט, מִשְׁתַּמֵּשׁ בְּכוֹחַ, בְּנֶשֶׁק אוֹ בְּאִיּוּמִים, בִּמְיוּחָד לְמַטָּרוֹת פּוֹלִיטִיּוֹת:
***מְחַבְּלִים** חָטְפוּ מָטוֹס נוֹסְעִים, וְהֵטִיסוּ אוֹתוֹ לְלוּב.*
מְחַבֶּלֶת, מְחַבְּלוֹת

מחברז׳ מְחַבֵּר [מְחַבְּרִים] — author, composer
סוֹפֵר אוֹ יוֹצֵר שֶׁל דָּבָר מְקוֹרִי:
*עָמוֹס עוֹז הוּא **מְחַבֵּר** הַסֵּפֶר 'פֹּה וָשָׁם בְּאֶרֶץ יִשְׂרָאֵל'.*
*נָעֳמִי שֶׁמֶר הִיא **מְחַבֶּרֶת** הַמִּילִים וְהַמּוּסִיקָה שֶׁל שִׁיר זֶה.*
מְחַבֶּרֶת, מְחַבְּרוֹת

מחברתנ׳ מַחְבֶּרֶת [מַחְבָּרוֹת] — notebook
דַּפִּים מְחוּבָּרִים יַחַד, מְשַׁמְּשִׁים לִכְתִיבָה:
*כָּתַבְתִּי אֶת הַסִּיפּוּר **בַּמַּחְבֶּרֶת**.*

מחבתנ׳ מַחֲבַת [מַחֲבַתּוֹת] — frying pan
כְּלִי לְטִיגּוּן בְּשֶׁמֶן:
*הַטַּבָּח טִיגֵּן תַּפּוּחֵי אֲדָמָה **בַּמַּחֲבַת**.*

מחד גיסאת״פ מֵחַד גִּיסָא — on the one hand (Aram.)
(אֲרָמִית) מִצַּד אֶחָד:
***מֵחַד גִּיסָא** אֲנִי מַסְכִּים אִיתּוֹ, אַךְ מֵאִידָךְ גִּיסָא (מִצַּד אַחֵר) אֵינֶנִּי יָכוֹל לַעֲזוֹר לוֹ.*

מחדדז׳ מַחְדֵּד/מְחַדֵּד [מַחְדְּדִים] — (pencil) sharpener
מַכְשִׁיר שֶׁמְּחַדְּדִים בּוֹ עִיפָּרוֹן:
*קָנִיתִי **מַחְדֵּד** מְיוּחָד לְעֶפְרוֹנוֹת הַצִּיּוּר.*

מחדלז׳ מֶחְדָּל [מֶחְדָּלִים] — oversight
כִּישָּׁלוֹן שֶׁהוּא תּוֹצָאָה שֶׁל אִי-עֲשִׂיָּיה:
*בִּגְלַל **מֶחְדָּל** שֶׁל הַמֶּמְשָׁלָה פָּרְצָה מִלְחָמָה.*

מחדשתר״ז מְחַדֵּשׁ [מְחַדְּשִׁים] — innovator
1. מַמְצִיא, דְּבָרִים חֲדָשִׁים:
*הָאָקָדֶמְיָה לַלָּשׁוֹן הָעִבְרִית הִיא **מְחַדֶּשֶׁת** הַמִּילִים בְּעִבְרִית.*
2. עוֹשֶׂה מִדָּבָר יָשָׁן - חָדָשׁ: — renovator
***מְחַדֵּשׁ** הָרָהִיטִים עָשָׂה עֲבוֹדָה נִפְלָאָה.*
מְחַדֶּשֶׁת, מְחַדְּשׁוֹת

מחהפ׳ מָחָה — wiped-off
1. מָחַק, נִיגֵּב:
***מָחִיתִי** אוֹתוֹ מֵהַזִּיכָּרוֹן. / **מָחִיתִי אֶת** הַזֵּיעָה.*
2. הִשְׁמִיד, חִיסֵּל, "גָּמַר": — wiped out
*הַהַפְצָצוֹת **מָחוּ אֶת** הַכְּפָר.*

3. אָמַר שֶׁהוּא מִתנַגֵּד: protested
מַחִינוּ עַל הַחוּקִים הַחֲדָשִׁים.
לִמחוֹת עַל- / מ.ח.ה, פָּעַל / מָחִיתִי, מוֹחֶה, יִמחֶה, מְחֵה!

מחובקת׳ מְחֻבָּק embraced (adj.)
כְּשֶׁמִישֶׁהוּ מַחזִיק אִישָׁה, יֶלֶד קָרוֹב לַגוּף:
*זוּגוֹת **מְחוּבָּקִים** טִיילוּ בַּגַן.*
מְחוּבֶּקֶת, מְחוּבָּקִים, מְחוּבָּקוֹת

מחוברת׳ מְחֻבָּר connected (adj.)
קָשׁוּר בְּיַחַד:
*הַכִּיסֵא **מְחוּבָּר** לָרִצפָּה.*
מִשׁפָּט מְחוּבָּר compound sentence
מְחוּבֶּרֶת, מְחוּבָּרִים, מְחוּבָּרוֹת

מחוגז׳ מָחוֹג [מְחוֹגִים] (clock's) hand
הַ"יָד" שֶׁמַרְאָה אֶת הַזְמַן בְּשָׁעוֹן:
*כְּשֶׁהַ**מָחוֹג** הַקָטָן עַל 2 וְהַגָּדוֹל עַל 12, הַשָּׁעָה הִיא 2:00.*

מחוגהנ׳ מְחוּגָה [מְחוּגוֹת] compass
מַכשִׁיר לְצִיוּר מַעגָלִים:
*בְּשִׁיעוּרֵי גֵיאוֹמֶטרִיָה מִשתַמשִׁים בְּסַרגֵל **וּמְחוּגָה**.*

מחודדת׳ מְחֻדָּד sharpened/renewed (adj.)
שֶׁחִידְדוּ אוֹתוֹ, עָשׂוּ אוֹתוֹ דַק, חַד:
*הָעֶפרוֹנוֹת **הַמְחוּדָּדִים** בָּאָרוֹן.*
מְחוּדֶּדֶת, מְחוּדָּדִים, מְחוּדָּדוֹת

מחודשת׳ מְחֻדָּשׁ renovated/renewed (adj.)
שֶׁחִידְשׁוּ אוֹתוֹ, עָשׂוּ שֶׁיִהיֶה כּמוֹ חָדָשׁ:
*הַקוֹלנוֹעַ **הַמְחוּדָּשׁ** נָעִים יוֹתֵר.*
מְחוּדֶּשֶׁת, מְחוּדָּשִׁים, מְחוּדָּשׁוֹת

מחווהנ׳ מֶחֱוָה [מֶחֱווֹת] gesture
גֶ'סטָה, מַעֲשֶׂה שֶׁמַרְאֶה עַל כַּוָונוֹת טוֹבוֹת:
*בָּאנוּ לַתַעֲרוּכָה **כְּמֶחֱוָוה** לַצַיָיר.*

מחוורת׳ מְחֻוָּר clear
בָּרוּר:
*הַמַשמָעוּת שֶׁל הַכָּתוּב אֵינָהּ **מְחוּוֶּרֶת** לִי.*
מְחוּוֶּרֶת, מְחוּוָּרִים, מְחוּוָּרוֹת

מחוזז׳ מָחוֹז [מְחוֹזוֹת] district
חֵלֶק בְּתוֹך מְדִינָה:
*בָּאָרֶץ יֵשׁ **מָחוֹז** צְפוֹנִי וּמָחוֹז דְרוֹמִי.*
מְחוֹז חֶפצוֹ his destination

מחוזית׳ מְחוֹזִי district-
הַשַׁיָיך לַמָחוֹז, אַחרָאִי לַמָחוֹז:
*הָרוֹפֵא **הַמְחוֹזִי** אִישֵׁר אֶת הַטִיפּוּל.*
מְחוֹזִית, מְחוֹזִיִים, מְחוֹזִיוֹת

מחוטאת׳ מְחֻטָּא sterilized (adj.)
סטֶרִילִי, מְנוּקֶה:
*חֲדַר הַנִיתוּחַ **מְחוּטָּא**.*
מְחוּטֵאת, מְחוּטָּאִים, מְחוּטָּאוֹת

מחוטבת׳ מְחֻטָּב carved (adj.), shapely
גָזוּר, בְּדֶרֶך כְּלָל הַכַּוָונָה שֶׁיֵשׁ לוֹ צוּרָה יָפָה:
*לַדוּגמָנִית גוּף **מְחוּטָּב**.*
מְחוּטֶּבֶת, מְחוּטָּבִים, מְחוּטָּבוֹת

מחוטטת׳ מְחֻטָּט pimply
שֶׁיֵשׁ לוֹ חוֹרִים וְסִימָנִים עַל הַפָּנִים:
*הַיוֹם יֵשׁ פִּתרוֹנוֹת קוֹסמֶטִיִים לְפָנִים **מְחוּטָּטוֹת**.*
מְחוּטֶּטֶת, מְחוּטָּטִים, מְחוּטָּטוֹת

מחויבת׳ מְחֻיָּב obliged (adj.)
מוּכרָח, צָרִיך:
*אֲנִי **מְחוּיָּב** לִדאוֹג לַיְלָדִים.*
מְחוּיַּב הַמְצִיאוּת - a must
הַחוֹק הַזֶה מְחוּיַּב הַמְצִיאוּת.
מְחוּיֶּבֶת, מְחוּיָּבִים, מְחוּיָּבוֹת

מחויבותנ׳ מְחֻיָּבוּת obligation
כְּשֶׁחַיָיבִים לְמִישֶׁהוּ מַשֶׁהוּ, כְּשֶׁמַבטִיחִים:
*יֵשׁ לִי **מְחוּיָּבוּת** לַעֲבוֹדָה, אֲנִי מוּכרָח לִגמוֹר דָבָר מָה.*

מחויטת׳ מְחֻיָּט tailored (adj.)
תָפוּר הֵיטֵב, בְּתַפִירָה שֶׁל חַיָיט:
*לָבַשׁתִי חֲלִיפָה **מְחוּיֶּטֶת**.*
מְחוּיֶּטֶת, מְחוּיָּטִים, מְחוּיָּטוֹת

מחויךת׳ מְחֻיָּך smiling
שֶׁיֵשׁ חִיוּך קַל עַל פָּנָיו:
*הוּא מִסתַכֵּל עָלֶיהָ בְּפָנִים **מְחוּיָּכוֹת**.*
מְחוּיֶּכֶת, מְחוּיָּכִים, מְחוּיָּכוֹת

מחוילת׳ מְחֻיָּל enlisted/inducted (adj.)
מְגוּיָס לַצָבָא:
*דָוִיד כְּבָר **מְחוּיָּל**, וְהוּא בָּא הַבַּיתָה רַק לְחוֹפֶשׁ.*
מְחוּיֶּלֶת, מְחוּיָּלִים, מְחוּיָּלוֹת

מחוךז׳ מָחוֹך [מְחוֹכִים] girdle, corset
חֲגוֹרָה רְחָבָה שֶׁלוֹבשִׁים מִתַחַת לַבְּגָדִים:
*הִיא נִראֵית רָזָה, כִּי הִיא לוֹבֶשֶׁת **מָחוֹך**.*

מחוכםת׳ מְחֻכָּם smart
נַעֲשָׂה בְּחוכמָה מְיוּחֶדֶת:
*הָרַעְיוֹן שֶׁלְּךָ **מְחוּכָּם** מְאוֹד.*
מְחוּכֶּמֶת, מְחוּכָּמִים, מְחוּכָּמוֹת

מחולז׳ מָחוֹל [מְחוֹלוֹת] dance, dancing
רִיקוּד:
*הִיא מוֹרָה **לְמָחוֹל** קְלָאסִי.*
מְחוֹל-שֵׁדִים chaotic and irresponsible behavior

מחולת׳ מָחוּל forgiven
כְּשֶׁסּוֹלְחִים עַל מַשֶּׁהוּ:
***מְחוּלִים** לְךָ מַעֲשֶׂיךָ הָרָעִים.*
מְחוּלָה, מְחוּלִים, מְחוּלוֹת

מחוללז׳ מְחוֹלֵל [מְחוֹלְלִים] dancer
1. רַקְדָן:
*כֶּנֶס שֶׁל **מְחוֹלְלִים** יִתְקַיֵּים בְּהֵיכַל הַתַּרְבּוּת.*
2. גּוֹרֵם, עוֹשֶׂה .
מְחוֹלֵל יִישׁוּמִים - application generator
תוֹכְנַת עֵזֶר לְמִי שֶׁמִּשְׁתַּמֵּשׁ בְּמַחְשֵׁב: בְּעֶזְרַת מְחוֹלֵל יִישׁוּמִים קַל לִכְתּוֹב תוֹכְנִיּוֹת בַּמַּחְשֵׁב.
מְחוֹלֶלֶת, מְחוֹלְלוֹת

מחוללת׳ מְחֻלָּל desecrated (adj.)
פָּגוּעַ, שֶׁפָּגְעוּ בִּכְבוֹדוֹ, בָּעֵרֶךְ שֶׁלּוֹ (בְּעִיקָּר שֶׁל דְּבָרִים קְדוֹשִׁים):
*הַשַּׁבָּת **מְחוּלֶּלֶת**, אִם עוֹבְדִים בָּהּ.*
מְחוּלֶּלֶת, מְחוּלָּלִים, מְחוּלָּלוֹת

מחולקת׳ מְחֻלָּק divided (adj.)
1. עָשׂוּ מִמֶּנּוּ חֲלָקִים:
*הַסֵּפֶר **מְחוּלָּק** לִשְׁנַיִים - חֵלֶק רִאשׁוֹן וְחֵלֶק שֵׁנִי.*
2. (בְּחֶשְׁבּוֹן) מִסְפָּר שֶׁמְּחַלְּקִים אוֹתוֹ בְּמִסְפָּר אַחֵר:
*10 **מְחוּלָּק** בְּ-2 שָׁוֶוה חָמֵשׁ.*
מְחוּלֶּקֶת, מְחוּלָּקִים, מְחוּלָּקוֹת

מחומםת׳ מְחֻמָּם warmed/heated (adj.)
1. שֶׁחִימְּמוּ אוֹתוֹ:
*הַמַּיִם **מְחוּמָּמִים**, אֶפְשָׁר לְהִתְרַחֵץ.*
2. מִתְרַגֵּשׁ מְאוֹד, כּוֹעֵס (לְשׁוֹן דִּיבּוּר): angry
*לֹא כְּדַאי לְדַבֵּר אִיתּוֹ עַכְשָׁיו, כִּי הוּא **מְחוּמָּם**.*
מְחוּמֶּמֶת, מְחוּמָּמִים, מְחוּמָּמוֹת

מחומצןת׳ מְחֻמְצָן oxygenized (adj.)
שֶׁיֵּשׁ בּוֹ חַמְצָן:
*לֹא כָּל שֵׂיעָר בְּלוֹנְדִינִי הוּא שֵׂיעָר **מְחוּמְצָן**.*
מְחוּמְצֶנֶת, מְחוּמְצָנִים, מְחוּמְצָנוֹת

מחומשתו״ז מְחֻמָּשׁ pentagon, five-sided
צוּרָה גֵיאוֹמֶטְרִית שֶׁיֵּשׁ לָהּ 5 צְלָעוֹת:
*הַפֶּנְטָגוֹן הָאֲמֶרִיקָאִי בָּנוּי בְּצוּרַת **מְחוּמָּשׁ**.*
מְחוּמֶּשֶׁת, מְחוּמָּשִׁים, מְחוּמָּשׁוֹת

מחונךת׳ מְחֻנָּךְ well brought up
שֶׁיֵּשׁ לוֹ חִינּוּךְ טוֹב, מִתְנַהֵג יָפֶה:
*לֹא כָּל הָאֲנָשִׁים **מְחוּנָּכִים** כְּמוֹ שֶׁצָּרִיךְ.*
מְחוּנֶּכֶת, מְחוּנָּכִים, מְחוּנָּכוֹת

מחונןת׳ מְחוֹנָן gifted
מוּכְשָׁר מְאוֹד, טוֹב מְאוֹד:
*הוּא סוֹפֵר **מְחוֹנָן**.*
מְחוֹנֶנֶת, מְחוֹנָנִים, מְחוֹנָנוֹת

מחוסלת׳ מְחֻסָּל finished (adj.), over and done with
אָבוּד, גָּמוּר:
*הָעֵסֶק שֶׁלּוֹ **מְחוּסָּל**, הוּא לֹא נִיהֵל אוֹתוֹ הֵיטֵב.*
מְחוּסֶּלֶת, מְחוּסָּלִים, מְחוּסָּלוֹת

מחוסןת׳ מְחֻסָּן immune
1. שֶׁיֵּשׁ לוֹ הַכּוֹחַ לַעֲמוֹד בִּפְנֵי קוֹשִׁי:
*הוּא **מְחוּסָּן** בִּפְנֵי הַבִּיקּוֹרֶת.*
2. שֶׁיֵּשׁ לוֹ חִיסּוּן נֶגֶד מַחֲלוֹת: immunized (adj.)
*הוּא **מְחוּסָּן** נֶגֶד כָּל מַחֲלוֹת הַיְלָדִים.*
מְחוּסֶּנֶת, מְחוּסָּנִים, מְחוּסָּנוֹת

מחוספסת׳ מְחֻסְפָּס rough, bumpy
1. לֹא חָלָק:
*הַמְּכוֹנִית רוֹעֶדֶת, כִּי הַכְּבִישׁ **מְחוּסְפָּס**.*
2. לֹא עָדִין בְּהִתְנַהֲגוּת: rude, unrefined (adj.)
*הוּא לֹא אָדָם רַע, הוּא קְצָת **מְחוּסְפָּס**.*
מְחוּסְפֶּסֶת, מְחוּסְפָּסִים, מְחוּסְפָּסוֹת

מחוסרת׳ מְחֻסָּר lacking
1. שֶׁאֵין לוֹ:
*הוּא **מְחוּסַּר** עֲבוֹדָה.*
2. מִסְפָּר שֶׁמְּחַסְּרִים מִמֶּנּוּ: minuend
*בַּתַּרְגִּיל 2=4-6 הַמִּסְפָּר 6 הוּא **הַמְּחוּסָּר**.*
מְחוּסֶּרֶת, מְחוּסָּרִים, מְחוּסָּרוֹת

מחופהת׳ מְחֻפֶּה roofed/covered (adj.)
מְכוּסֶּה, מוּגָן:
*בֵּית הַקָּפֶה **מְחוּפֶּה** כְּמוֹ סוּכָּה.*
מְחוּפָּה-מְחוּפֵּית, מְחוּפִּים, מְחוּפּוֹת

מחופרת׳ מְחֻפָּר dug in (adj.)
נִמְצָא בְּתוֹךְ חֲפִירָה (בּוֹר, תְּעָלָה):

*הַחַיָּלִים **מְחוּפָּרִים** הֵיטֵב, קָשֶׁה לִפְגוֹעַ בָּהֶם.*
מְחוּפֶּרֶת, מְחוּפָּרִים, מְחוּפָּרוֹת

מחופשת׳ מְחֻפָּשׂ — disguised (adj.)
מִי שֶׁלָּבַשׁ בְּגָדִים כְּדֵי לְהֵירָאוֹת אַחֵר:
*בִּמְסִיבַּת פּוּרִים הָיִיתִי **מְחוּפָּשׂ** לְרַקְדָנִית.*
מְחוּפֶּשֶׂת, מְחוּפָּשִׂים, מְחוּפָּשׂוֹת

מחוץת׳ מְחוּץ — crushed (adj.)
שֶׁלָּחֲצוּ אוֹתוֹ, שָׁבוּר, פָּצוּעַ:
*הַמְּכוֹנִית **מְחוּצָה** לְגַמְרֵי, אִי־אֶפְשָׁר יִהְיֶה לִנְסוֹעַ בָּהּ.*
מְחוּצָה, מְחוּצִים, מְחוּצוֹת

מחוץ ל...מ״י מִחוּץ לְ... — out of
לֹא בְּתוֹךְ הַמָּקוֹם, לֹא בִּפְנִים:
*דָּוִיד גָּר **מִחוּץ לָ**עִיר. / סְטוּדֶנְטִים **מִחוּץ לָ**אָרֶץ בָּאוּ לִלְמוֹד בָּאוּנִיבֶרְסִיטַת תֵּל־אָבִיב.*

מחוצףת׳ מְחֻצָּף — insolent, impertinent
חֲסַר נִימוּס, גַּס רוּחַ:
*הוּא קִיבֵּל עוֹנֶשׁ, כִּי עָנָה תְּשׁוּבָה **מְחוּצֶּפֶת**.*
מְחוּצֶּפֶת, מְחוּצָּפִים, מְחוּצָּפוֹת

מחוקת׳ מָחוּק — erased (adj.)
מַשֶּׁהוּ שֶׁמָּחֲקוּ אוֹתוֹ, עָשָׂה שֶׁמַּשֶּׁהוּ כָּתוּב לֹא יִהְיֶה:
*הַשֶּׁלֶט **מָחוּק**, וְאִי אֶפְשָׁר לִקְרוֹא אוֹתוֹ.*
מְחוּקָה, מְחוּקִים, מְחוּקוֹת

מחוקקז׳ מְחוֹקֵק [מְחוֹקְקִים] — legislator
קוֹבֵעַ חוּקִים, כִּינּוּי לְחַבְרֵי כְּנֶסֶת:
*הַ**מְּחוֹקֵק** קָבַע, שֶׁכֹּל אֶזְרָח מִגִּיל 18 יָכוֹל לִבְחוֹר לַכְּנֶסֶת.*
בֵּית־הַמְּחוֹקְקִים — legislature
מְחוֹקֶקֶת, מְחוֹקְקוֹת

מחורבןת׳ מְחֻרְבָּן — lousy, rotten, shitty
(בְּלָשׁוֹן וּולְגָרִית) לֹא מוּצְלָח, רַע:
*זֹאת מְכוֹנִית **מְחוּרְבֶּנֶת**.*
מְחוּרְבֶּנֶת, מְחוּרְבָּנִים, מְחוּרְבָּנוֹת

מחורזת׳ מְחֹרָז — rhymed (adj.)
כָּתוּב בַּחֲרוּזִים (צְלִיל דּוֹמֶה בַּסִּיּוּמוֹת):
*הוּא כּוֹתֵב שִׁירִים **מְחוֹרָזִים** לִילָדִים.*
מְחוֹרֶזֶת, מְחוֹרָזִים, מְחוֹרָזוֹת

מחורייןת׳ מְחֻרְיָן — lousy, rotten, shitty
(בְּלָשׁוֹן וּולְגָרִית) גָּרוּעַ, לֹא שָׁוֶה כְּלוּם:
*הַמְּכוֹנִית **הַמְּחוּרְיֶינֶת** הַזֹּאת לֹא נוֹסַעַת בִּכְלָל.*
מְחוּרְיֶינֶת, מְחוּרְיָינִים, מְחוּרְיָינוֹת

מחוררת׳ מְחֹרָר — perforated (adj.)
שֶׁיֵּשׁ בּוֹ הַרְבֵּה חוֹרִים:
*הַדַּף **מְחוֹרָר**, וְאֶפְשָׁר לִקְרוֹעַ אוֹתוֹ בְּקַלּוּת מִן הַבְּלוֹק.*
מְחוֹרֶרֶת, מְחוֹרָרִים, מְחוֹרָרוֹת

מחושז׳ מָחוֹשׁ [מְחוֹשִׁים] — antenna
בְּעֶזְרָתוֹ הַפַּרְפַּר וּבַעֲלֵי חַיִּים אֲחֵרִים מְרִיחִים:
*הַ**מְּחוֹשִׁים** שֶׁל הַפַּרְפַּר הֵם מִשְּׁנֵי צִידֵּי הָרֹאשׁ.*

מחוש ר׳ מיחוש

מחושבת׳ מְחֻשָּׁב — calculated (adj.)
1. עָשׂוּ חֶשְׁבּוֹן לְגַבָּיו:
*הַמַּשְׂכּוֹרֶת **מְחוּשֶּׁבֶת** לְפִי שְׁעַת עֲבוֹדָה.*
2. שֶׁחָשְׁבוּ עָלָיו קוֹדֶם: — taken into account
*זֶה לֹא קָרָה בְּמִקְרֶה, הַכֹּל הָיָה **מְחוּשָּׁב** מֵרֹאשׁ.*
מְחוּשֶּׁבֶת, מְחוּשָּׁבִים, מְחוּשָּׁבוֹת

מחושלת׳ מְחֻשָּׁל — forged (adj.), firm, solid
שֶׁעָשׂוּ אוֹתוֹ קָשֶׁה, חָזָק:
*יֵשׁ לוֹ אוֹפִי **מְחוּשָּׁל**, כִּי הָיוּ לוֹ קְשָׁיִים רַבִּים בַּחַיִּים.*
מְחוּשֶּׁלֶת, מְחוּשָּׁלִים, מְחוּשָּׁלוֹת

מחושמלת׳ מְחֻשְׁמָל — electrified (adj.)
1. שֶׁחִישְׁמְלוּ אוֹתוֹ, עוֹבֵר דַּרְכּוֹ חַשְׁמַל:
*סַכָּנָה! הַגָּדֵר **מְחוּשְׁמֶלֶת**.*
2. מַצָּב שֶׁל הִתְרַגְּשׁוּת אוֹ מֶתַח: — tense
*הָאֲוִירָה בָּאֲסֵיפָה הָיְתָה **מְחוּשְׁמֶלֶת**.*
מְחוּשְׁמֶלֶת, מְחוּשְׁמָלִים, מְחוּשְׁמָלוֹת

מחושקת׳ מְחֻשָּׁק — girdled (adj.)
מְחוּזָּק הֵיטֵב, שֶׁיֵּשׁ עָלָיו חִישׁוּקִים (טַבָּעוֹת וַחֲבָלִים מִבַּרְזֶל):
*הָאַרְגָּז **מְחוּשָּׁק**, הוּא לֹא יִישָּׁבֵר.*
בִּשְׂפָתַיִים מְחוּשָּׁקוֹת — with sealed lips
מְחוּשֶּׁקֶת, מְחוּשָּׁקִים, מְחוּשָּׁקוֹת

מחותלת׳ מְחֻתָּל — diapered (adj.)
1. שֶׁיֵּשׁ לוֹ חִיתּוּלִים עַל הַגּוּף:
*הַתִּינוֹק **מְחוּתָּל**, אֶפְשָׁר לָקַחַת אוֹתוֹ עַל הַיָּדַיִים.*
מְחוּתֶּלֶת, מְחוּתָּלִים, מְחוּתָּלוֹת

מחותןת׳ מְחֻתָּן [מְחוּתָּנִים] — father of son-/daughter-in-law
הַקֶּשֶׁר הַמִּשְׁפַּחְתִּי בֵּין הוֹרֵי הֶחָתָן וְהוֹרֵי הַכַּלָּה:
*אֲנַחְנוּ יַחַד עִם **הַמְּחוּתָּנִים** קָנִינוּ דִּירָה לַזּוּג הַצָּעִיר.*
מְחוּתֶּנֶת, מְחוּתָּנוֹת

מחזאותנ׳ מַחֲזָאוּת play-writing
כְּתִיבַת מַחֲזוֹת (טֶקְסְט שֶׁל הַצָּגוֹת), עִיבּוּד שֶׁל מַחֲזוֹת וְכוּ׳:
הַמַּחֲזָאוּת בְּאֶרֶץ הִתְפַּתְּחָה יָפֶה בַּשָּׁנִים הָאַחֲרוֹנוֹת.

מחזאיז׳ מַחֲזַאי [מַחֲזָאִים] playwright
סוֹפֵר שֶׁכּוֹתֵב מַחֲזוֹת (הַצָּגוֹת):
צ׳כוֹב הָיָה מַחֲזַאי חָשׁוּב.
מַחֲזָאִית, מַחֲזָאִיּוֹת

מחזהז׳ מַחֲזֶה [מַחֲזוֹת] play
1. דְּרָמָה, יְצִירָה סִפְרוּתִית בְּצוּרַת דִּיאָלוֹגִים:
הַתֵּיאַטְרוֹן 'הַבִּימָה' מַעֲלֶה מַחֲזֶה חָדָשׁ בָּעוֹנָה הַבָּאָה.
2. מַשֶּׁהוּ שֶׁרוֹאִים: spectacle, sight
הַתְּאוּנָה הָיְיתָה מַחֲזֶה מַפְחִיד.

מחזורז׳ מַחֲזוֹר [מַחֲזוֹרִים] cycle
1. מַה שֶּׁמַּתְחִיל וְנִגְמָר בְּאוֹתָהּ נְקוּדָה.
מַחֲזוֹר-הַדָּם blood circulation
מַחֲזוֹר-הַכְּסָפִים turnover
2. קְבוּצָה שֶׁל בְּנֵי אוֹתוֹ גִּיל: graduating class
הַמַּחֲזוֹר שֶׁלִּי הָלַךְ לַצָּבָא בְּ-1970.
3. וֶסֶת, דִּימוּם אֵצֶל אִישָּׁה, שֶׁמּוֹפִיעַ פַּעַם בְּחוֹדֶשׁ: menstrual cycle
בִּזְמַן הַהֵירָיוֹן נִפְסַק הַמַּחֲזוֹר.
4. סֵפֶר הַתְּפִילוֹת לְרֹאשׁ הַשָּׁנָה וְיוֹם כִּיפּוּר: prayer book
הַמִּתְפַּלְּלִים קָרְאוּ אֶת הַתְּפִילּוֹת בַּמַּחֲזוֹר.

מחזורית׳ מַחֲזוֹרִי cyclical
הַחוֹזֵר בִּזְמַנִּים קְבוּעִים:
קַיִץ, חוֹרֶף, אָבִיב וּסְתָיו הֵם מַחֲזוֹרִיִּים.
מַחֲזוֹרִית, מַחֲזוֹרִיִּים, מַחֲזוֹרִיּוֹת

מחזוריותנ׳ מַחֲזוֹרִיּוּת rotation, periodicity
תּוֹפָעוֹת שֶׁחוֹזְרוֹת בְּאוֹפֶן קָבוּעַ:
עוֹנוֹת הַשָּׁנָה הֵן חֵלֶק מִן הַמַּחֲזוֹרִיּוּת בַּטֶּבַע.

מחזיק־מפתחותז׳ מַחֲזִיק־מַפְתְּחוֹת [מַחֲזִיקֵי־מַפְתְּחוֹת] keychain
שַׁרְשֶׁרֶת אוֹ טַבַּעַת שֶׁהַמַּפְתְּחוֹת נִמְצָאִים בָּהֶן בְּיַחַד:
אִיבַּדְתִּי אֶת מַחֲזִיק הַמַּפְתְּחוֹת וְעָלָיו מַפְתֵּחַ הַבַּיִת.

מחזמרז׳ מַחֲזֶמֶר musical
הַצָּגָה קַלָּה, שֶׁיֵּשׁ בָּהּ שִׁירִים וְרִיקּוּדִים:
מַחֲזֶמֶר מְפוּרְסָם הוּא 'אוֹקְלָהוֹמָה'.

מחזרז׳ מְחַזֵּר [מְחַזְּרִים] suitor
בָּחוּר שֶׁהוֹלֵךְ אַחֲרֵי בַּחוּרָה, רוֹצֶה קֶשֶׁר אִיתָּהּ:
לְרוּת יֵשׁ מְחַזְּרִים רַבִּים.
מְחַזֶּרֶת, מְחַזְּרוֹת

מחטנ׳ מַחַט [מְחָטִים] needle
כְּלִי לִתְפִירָה, שֶׁיֵּשׁ בּוֹ חוֹר בִּשְׁבִיל חוּט:
אֲנִי צָרִיךְ חוּט וּמַחַט כְּדֵי לִתְפּוֹר אֶת הַכַּפְתּוֹר.

מח״טז׳ מַחָ"ט division commander
ר״ת מְפַקֵּד חֲטִיבָה - מְפַקֵּד שֶׁל יְחִידָה גְּדוֹלָה בַּצָּבָא:
הַמַּחָ"ט בָּא לַמִּפְקָד.

מחיז׳ מְחִי blow, stroke
מַכָּה. מְחִי-יָד - מַכָּה מְהִירָה.
בִּמְחִי יָד ת״פ - with one blow
הוּא הִפִּיל אוֹתִי בִּמְחִי יָד.

מחיאות־כפייםנ״ר מְחִיאוֹת-כַּפַּיִים applause
פְּעוּלָה שֶׁל אֲנָשִׁים הַמַּכִּים כַּף אֶל כַּף בְּסוֹף קוֹנְצֶרְט, הַצָּגָה, הַרְצָאָה, וְכוּ׳ כְּתוֹדָה וּכְהַעֲרָכָה:
הַקָּהָל קִיבֵּל אֶת הַזַּמָּר בִּמְחִיאוֹת כַּפַּיִים.

מחייבת׳ מְחַיֵּיב binding
שֶׁיֵּשׁ עָלָיו הִתְחַיְּיבוּת, אַחְרָיוּת וְכוּ׳:
חֲתִימָה עַל צֶ׳יק הִיא דָּבָר מְחַיֵּיב.
מְחַיֶּיבֶת, מְחַיְּיבִים, מְחַיְּיבוֹת

מחייהנ׳ מִחְיָה subsistence
מַה שֶּׁצְּרִיכִים לַחַיִּים (אוֹכֶל, בְּגָדִים):
קָשֶׁה לְסַפֵּק אֶת צוֹרְכֵי הַמִּחְיָה.
יוֹקֶר-הַמִּחְיָה cost of living
מֶרְחַב-מִחְיָה living space
מוֹצֵא אֶת מִחְיָתוֹ makes his living

מחילהנ׳ מְחִילָה [מְחִילוֹת] forgiveness
1. סְלִיחָה:
אֲנִי מְבַקֵּשׁ מְחִילָה עַל מַה שֶּׁעָשִׂיתִי לְךָ.
2. כְּשֶׁמְּוַותְּרִים עַל עוֹנֶשׁ, עַל כָּבוֹד וְכוּ׳: pardon
הוּא קִיבֵּל מְחִילָה עַל עוֹנֶשׁ הַמַּאֲסָר.
בִּמְחִילָה מִמְּךָ (לָשׁוֹן סִפְרוּתִית) with all due respect

מחילהנ׳ מְחִלָּה [מְחִילוֹת] tunnel, burrow
חוֹר גָּדוֹל וְאָרוֹךְ מִתַּחַת לָאֲדָמָה:
מִתַּחַת לַבַּיִת יֵשׁ מְחִילוֹת שֶׁל עַכְבָּרִים.

מחיצהנ׳ מְחִצָּה [מְחִיצוֹת] partition
קִיר דַּק בֵּין שְׁנֵי חֲדָרִים:
בְּאֶמְצַע הַחֶדֶר בָּנוּ מְחִיצָה, וְנוֹצְרוּ שְׁנֵי חֲדָרִים.
עָמַד בִּמְחִיצָתוֹ stood close to

מחיקהנ׳ מְחִיקָה [מְחִיקוֹת] — crossing out

1. כְּשֶׁעוֹשִׂים שֶׁמַּשֶּׁהוּ כָּתוּב לֹא יִהְיֶה:

*מַדּוּעַ יֵשׁ כָּל-כָּךְ הַרְבֵּה **מְחִיקוֹת** בַּמַּחְבֶּרֶת.*

2. בִּיטּוּל שֶׁל מַשֶּׁהוּ (שֶׁהוּא כָּתוּב): — erasing, writing off

*הַבַּנְק הִסְכִּים עַל **מְחִיקַת** הַחוֹב.*

מחירז׳ מְחִיר [מְחִירִים] — price, cost

הָעֵרֶךְ הַכַּסְפִּי שֶׁל מַשֶּׁהוּ, כַּמָּה הוּא עוֹלֶה:

*שִׁילַּמְתִּי **מְחִיר** יָקָר בִּשְׁבִיל הַסֵּפֶר הָעַתִּיק הַזֶּה.*

לוּחַ-מְחִירִים — price list

מחירוןז׳ מְחִירוֹן [מְחִירוֹנִים] — price list

לוּחַ מְחִירִים שֶׁל סְחוֹרוֹת:

*שִׁילַּמְתִּי עֲבוּר הַמְּכוֹנִית לְפִי **הַמְּחִירוֹן**.*

מחיתנ׳ מְחִית — mash, puree

פִּירֶה, אוֹכֶל שֶׁנִּרְאֶה כְּמוֹ דַּיְסָה:

*אֲנִי אוֹהֵב **מְחִית** תַּפּוּחֵי אֲדָמָה.*

מחלפ׳ מָחַל — forgave

1. סָלַח:

*הוּא **מָחַל לִי** עַל מַה שֶּׁעָשִׂיתִי.*

2. וִיתֵּר, לֹא דָּרַשׁ אֶת הַמַּגִּיעַ לוֹ: — waived

***מָחַלְתִּי עַל** הַכָּבוֹד לָשֶׁבֶת בְּרֹאשׁ הַשּׁוּלְחָן.*

לִמְחוֹל לְ-, עַל- / מ.ח.ל, פָּעַל / מָחַלְתִּי, מוֹחֵל, יִמְחַל

מחלבהנ׳ מַחְלָבָה [מַחְלָבוֹת] — dairy

מָקוֹם שֶׁעוֹשִׂים אוֹ מוֹכְרִים בּוֹ גְּבִינוֹת, חֶמְאָה...:

*תּוֹצֶרֶת הֶחָלָב **בַּמַּחְלָבָה** טְרִיָּיה מְאוֹד.*

מחלהנ׳ מַחֲלָה [מַחֲלוֹת] — illness, disease

פְּגִיעָה אוֹ הַפְרָעָה בַּבְּרִיאוּת הַגּוּף:

***מַחֲלַת** הַסַּרְטָן הִיא מַחֲלָה קָשָׁה.*

מַחֲלָה מִידַּבֶּקֶת — contagious disease

מַחֲלָה מַמְאֶרֶת — malignant disease

מַחֲלַת-נֶפֶשׁ — mental illness

מחלוקתנ׳ מַחֲלֹקֶת [מַחֲלוֹקוֹת] — dispute

כְּשֶׁלֹּא מַסְכִּימִים בְּעִנְיָין כָּלְשֶׁהוּ:

***הַמַּחֲלוֹקֶת** בֵּינֵינוּ הִיא אֵיךְ לִפְתּוֹר אֶת בְּעָיוֹת הַכַּלְכָּלָה.*

סֶלַע-מַחֲלוֹקֶת — bone of contention

שָׁנוּי בְּמַחֲלוֹקֶת — controversial

מחליםז׳ מַחֲלִים [מַחֲלִימִים] — recuperating

מַבְרִיא מִמַּחֲלָה, עוֹד לֹא בָּרִיא לְגַמְרֵי:

*אַחֲרֵי הַנִּיתּוּחַ רָצוּי **שֶׁהַמַּחֲלִימִים** יִהְיוּ בְּהַשְׁגָּחַת אָחוֹת.*

מַחֲלִימָה, מַחֲלִימִים, מַחֲלִימוֹת

מחליףז׳ מַחֲלִיף [מַחֲלִיפִים] — substitute

מִי שֶׁבָּא בִּמְקוֹם מִישֶׁהוּ אַחֵר:

*כְּשֶׁאֶהְיֶה בְּחוּפְשָׁה, יִהְיֶה לִי **מַחֲלִיף** בָּעֲבוֹדָה.*

מַחֲלִיפָה, מַחֲלִיפוֹת

מחליקייםז״ז מַחֲלִיקַיִים — ice-skates

נַעֲלַיִים מְיוּחָדוֹת לְשֶׁלֶג:

*בְּלִי **מַחֲלִיקַיִים** קָשֶׁה לְהַחֲלִיק עַל הַקֶּרַח.*

מחללז׳ מְחַלֵּל [מְחַלְּלִים] — plays the flute

מִי שֶׁמְּנַגֵּן בֶּחָלִיל:

*הַקְמְנוּ תִּזְמוֹרֶת שֶׁל **מְחַלְּלִים** בִּלְבַד.*

מְחַלֶּלֶת, מְחַלְּלוֹת

מחלףז׳ מֶחְלָף [מֶחְלָפִים] — interchange

צוֹמֶת, כְּשֶׁהַכְּבִישִׁים עוֹבְרִים זֶה מֵעַל זֶה:

*הַנְּסִיעָה בַּכְּבִישׁ מְהִירָה יוֹתֵר, כְּשֶׁיֵּשׁ **מֶחְלָפִים**.*

מחלץז׳ מַחְלֵץ [מַחְלְצִים] — corkscrew

מַכְשִׁיר שֶׁמּוֹצִיא אֶת הַפְּקָק מֵהַבַּקְבּוּק:

*פָּתַחְתִּי אֶת בַּקְבּוּק הַיַּיִן **בְּמַחְלֵץ** פְּקָקִים.*

מחלץתר״ז מְחַלֵּץ [מְחַלְּצִים] — rescuer

מוֹצִיא מִמַּצָּב קָשֶׁה:

***הַמְחַלְּצִים** הִצִּילוּ יֶלֶד שֶׁנָּפַל לַבּוֹר.*

מְחַלֶּצֶת, מְחַלְּצוֹת

מחלקז׳ מֶחְלָק — squad

מַחְלָקָה בַּמִּשְׁטָרָה שֶׁמְּטַפֶּלֶת בְּנוֹשֵׂא מְסוּיָּם:

*שׁוֹטְרִים שֶׁל **מֶחְלַק** הַסַּמִּים תָּפְסוּ הֵירוֹאִין.*

מחלקהנ׳ מַחְלָקָה [מַחְלָקוֹת] — department, ward

יְחִידָה בְּמוֹסָד גָּדוֹל אוֹ בְּאִירְגּוּן וְכוּ׳:

*פְּרוֹפ׳ גְּרִין הוּא רֹאשׁ **הַמַּחְלָקָה** לְפִילוֹסוֹפְיָה. פְּרוֹפ׳ זֶמֶר מְנַהֶלֶת אֶת **הַמַּחְלָקָה** הַפְּנִימִית בְּבֵית הַחוֹלִים.*

מַחְלָקָה בַּצָּבָא — platoon

מחמאהנ׳ מַחְמָאָה [מַחְמָאוֹת] — compliment

מִילִּים טוֹבוֹת עַל מִישֶׁהוּ אוֹ מַשֶּׁהוּ:

*הַשַּׂחְקָן זָכָה **לְמַחְמָאוֹת** עַל הַמִּשְׂחָק הַמְּצוּיָּן בַּהַצָּגָה.*

מחמדז׳ מַחְמָד [מַחֲמַדִּים] — delight, darling

דָּבָר יָקָר, מִישֶׁהוּ שֶׁמְּטַפְּלִים בּוֹ:

*בְּנִי **מַחְמַדִּי**, מַה שְּׁלוֹמְךָ?*

חַיַּית-מַחְמָד — pet

מחמירת׳ מַחְמִיר — strict

כְּשֶׁמִּישֶׁהוּ דּוֹרֵשׁ הַרְבֵּה (מֵאֲחֵרִים, מֵעַצְמוֹ), קַפְּדָן:

הַמּוֹרֶה **מַחְמִיר** מְאוֹד אִיתָּנוּ.
מַחְמִירָה, מַחְמִירִים, מַחְמִירוֹת

מחמלז, מַחְמָל — beloved, favorite
דָּבָר יָקָר לַלֵּב, אָהוּב:
*אֲהוּבִי **מַחְמַל** נַפְשִׁי, מַה שְׁלוֹמְךָ?*

מחמציםז״ר מַחְמַצִּים — pickles
יְרָקוֹת בְּמֶלַח וּמַיִם:
*מִבֵּין **הַמַּחְמַצִּים** אֲנִי אוֹהֵב זֵיתִים וּמְלָפְפוֹנִים חֲמוּצִים.*

מחמתמ״י, מֵחֲמַת — because of
בִּגְלַל, מִפְּנֵי:
*אֲנִי מַזִּיעַ **מֵחֲמַת** הַחוֹם.*

מחנאותנ, מַחֲנָאוּת — camping
כְּשֶׁמְּקִימִים מַחֲנֶה (אוֹהָלִים וְכוּ'):
*יָצָאנוּ לְיוֹם **מַחֲנָאוּת**-הֵקַמְנוּ אוֹהָלִים, בִּישַּׁלְנוּ עַל אֵשׁ.*

מחנהז, מַחֲנֶה [מַחֲנוֹת] — camp
מָקוֹם שֶׁל אוֹהָלִים (שֶׁל צָבָא, מְטַיְּילִים וְכוּ'):
*הַיְלָדִים יָצְאוּ **לְמַחֲנֵה** קַיִץ בַּחוּפְשָׁה. / הַחַיָּילִים יָשְׁנוּ בָּאוֹהָלִים בְּתוֹךְ **הַמַּחֲנֶה** הַצְּבָאִי.*
מַחֲנֵה-רִיכּוּז — concentration camp
מַחֲנֵה-הַשְׁמָדָה — extermination camp

מחניקת, מַחֲנִיק — suffocating, stifling
גּוֹרֵם הַרְגָּשָׁה שֶׁאִי אֶפְשָׁר לִנְשׁוֹם:
***מַחֲנִיק** בַּחֶדֶר, כְּדַאי לִפְתּוֹחַ חַלּוֹן.*
מַחֲנִיקָה, מַחֲנִיקִים, מַחֲנִיקוֹת

מחנךז, מְחַנֵּךְ [מְחַנְּכִים] — homeroom teacher, educator
מוֹרֶה שֶׁגַּם מְטַפֵּל בַּכִּיתָּה, בַּתַּלְמִידִים וְכוּ':
***לַמְחַנֵּךְ** שֶׁל הַכִּיתָּה יֵשׁ קֶשֶׁר אִישִׁי עִם כָּל תַּלְמִיד.*
מְחַנֶּכֶת, מְחַנְּכוֹת

מחנקז, מַחֲנָק — suffocation, stuffiness
הַרְגָּשָׁה שֶׁאִי אֶפְשָׁר לִנְשׁוֹם:
*הִרְגַּשְׁתִּי **מַחֲנָק** בַּחֶדֶר הַסָּגוּר.*

מחסהז, מַחֲסֶה [מַחֲסִים] — cover, shelter
מָקוֹם שֶׁמָּגֵן:
*מָצָאנוּ **מַחֲסֶה** מִפְּנֵי הַגֶּשֶׁם.*

מחסוםז, מַחְסוֹם [מַחְסוֹמִים] — roadblock
1. מַשֶּׁהוּ שֶׁעוֹצֵר, סוֹגֵר אֶת הַדֶּרֶךְ:
*כְּשֶׁעוֹבֶרֶת הָרַכֶּבֶת, יוֹרֵד **מַחְסוֹם** עַל הַכְּבִישׁ.*
2. סוֹגֵר אֶת הַפֶּה לְבַעַל חַיִּים: — muzzle
*שָׂמוּ לַכֶּלֶב **מַחְסוֹם**, כְּדֵי שֶׁלֹּא יִישׁוֹךְ.*
שָׂם מַחְסוֹם לְפִיוב — kept his mouth shut

מחסורז, מַחְסוֹר — lack, shortage
1. חוֹסֶר, יֵשׁ פָּחוֹת מִמָּה שֶׁצָּרִיךְ:
*יִשְׂרָאֵל סוֹבֶלֶת **מִמַּחְסוֹר** בְּמַיִם.*
2. עוֹנִי, כְּשֶׁאֵין מַה שֶׁצָּרִיךְ לַחַיִּים: — poverty
*הוּא סוֹבֵל **מִמַּחְסוֹר**.*

מחסןז, מַחְסָן [מַחְסָנִים] — warehouse
מָקוֹם לִשְׁמִירַת חֲפָצִים:
*לְיַד הַחֲנוּת יֵשׁ **מַחְסָן** לְחוֹמְרֵי בִּנְיָין.*
מַחְסְנֵי-עֲרוּבָּה — bonded warehouses

מחסנאיז, מַחְסְנַאי [מַחְסְנָאִים] — warehouseman
מִי שֶׁעוֹבֵד בְּמַחְסָן, הָאַחְרַאי עַל סְחוֹרָה, מְסַדֵּר וְכוּ':
*תְּבַקֵּשׁ מִן **הַמַּחְסְנַאי** שֶׁיִּיתֵּן לְךָ אַרְגָּז.*
מַחְסְנָאִית, מַחְסְנָאִיּוֹת

מחסניתנ, מַחְסָנִית [מַחְסָנִיּוֹת] — magazine (in rifle)
הַמָּקוֹם בָּרוֹבֶה אוֹ בָּאֶקְדָּח, שֶׁשָּׂמִים בּוֹ אֶת הַכַּדּוּרִים:
*כְּדֵי שֶׁהָרוֹבֶה לֹא יִירֶה, הוֹצֵאתִי אֶת **הַמַּחְסָנִית**.*

מחפירת, מַחְפִּיר — shameful
שֶׁצָּרִיךְ לְהִתְבַּיֵּישׁ בִּגְלָלוֹ:
*גְּנֵיבַת הַכֶּסֶף הִיא מַעֲשֶׂה **מַחְפִּיר**.*
מַחְפִּירָה, מַחְפִּירִים, מַחְפִּירוֹת

מחץפ, מָחַץ — crushed
לָחַץ, שָׁבַר:
*הַמְּכוֹנִית **מָחֲצָה** אוֹתוֹ.*
לִמְחוֹץ אֶת- / מ.ח.ץ, פָּעַל / מָחַצְתִּי, מוֹחֵץ, אֶמְחַץ

מחץז, מַחַץ — heavy blow
1. פְּגִיעָה קָשָׁה:
*הַצָּבָא הִיכָּה בָּהֶם מַכַּת **מַחַץ**.*
2. (לְשׁוֹן דִּיבּוּר) מְאוֹד מְאוֹד: — smashing, extremely
*הַטִּיּוּל הָיָה מְעַיֵּיף **הַמַּחַץ**.*

מחצבז, מַחְצָב [מַחְצָבִים] — mineral, quarry
חוֹמֶר (מִינֶרָלִים וְכוּ') שֶׁמּוֹצִיאִים מִן הָאֲדָמָה:
*בְּיִשְׂרָאֵל אֵין **מַחְצָבִים** שֶׁל זָהָב.*

מחצבהנ, מַחְצָבָה [מַחְצָבוֹת] — quarry
מָקוֹם שֶׁחוֹצְבִים, שֶׁמּוֹצִיאִים מִמֶּנּוּ אֲבָנִים וְכוּ':
*הָאֲבָנִים לְבִנְיָין בָּאוֹת **מֵהַמַּחְצָבָה** שֶׁבָּהָר.*

מחצהנ, מֶחֱצָה — half

חֲצִי:

*אָבוֹא בְּשָׁעָה 6 **וּמֶחֱצָה** (6:30).*

מחציתנ, מַחֲצִית [מַחֲצִיּוֹת] — half

חֲצִי:

***מַחֲצִית** הַכִּיתָּה נִשְׁאֲרָה בָּעִיר, וְהַ**מַּחֲצִית** הָאַחֶרֶת נָסְעָה.*

מחצלתנ, מַחְצֶלֶת [מַחְצָלוֹת] — mat

שָׁטִיחַ מִקַּשׁ (עֵשֶׂב יָבֵשׁ):

*בְּיַפָּן יוֹשְׁבִים עַל **מַחְצֶלֶת** לְיַד שׁוּלְחָן נָמוּךְ מְאוֹד.*

מחקפ, מָחַק — erased

עָשָׂה שֶׁלֹּא יִהְיֶה (מַשֶּׁהוּ כָּתוּב וְכוּ'):

*הוּא **מָחַק** אֶת כֹּל מַה שֶּׁכָּתַב.*

לִמְחוֹק אֶת- / מ.ח.ק, פָּעַל / מָחַקְתִּי, מוֹחֵק, אֶמְחַק

מחקז, מַחַק [מְחָקִים] — eraser

גּוּמִי שֶׁמְּשַׁמֵּשׁ לִמְחִיקָה:

*נֶעֱלַם לִי **הַמַּחַק**, וַאֲנִי לֹא יָכוֹל לִמְחוֹק אֶת הַשְּׁגִיאוֹת.*

מחקהז, מְחַקֶּה [מְחַקִּים] — mimic, imitator

מִי שֶׁעוֹשֶׂה כְּמוֹ אֲחֵרִים:

*בַּמְּסִיבָּה הָיָה **מְחַקֶּה**, שֶׁדִּיבֵּר כְּמוֹ רֹאשׁ הַמֶּמְשָׁלָה.*

מְחַקָּה, מְחַקּוֹת

מחקרז, מֶחְקָר [מֶחְקָרִים] — research

1. עֲבוֹדָה מַדָּעִית, כְּשֶׁעוֹסְקִים בַּחֲקִירָה בְּמַעְבָּדָה, בְּדוֹקוּמֶנְטִים וְכוּ':

*הַפְּרוֹפֶסוֹרִים מְלַמְּדִים סְטוּדֶנְטִים וְעוֹבְדִים **בַּמֶּחְקָר**.*

2. סֵפֶר אוֹ חִיבּוּר מַדָּעִי: — study

*פְּרוֹפ' גִּלְבּוֹעַ פִּירְסֵם **מֶחְקָרִים** רַבִּים בְּפִיסִיקָה.*

תַּלְמִיד-מֶחְקָר — research student

מחקרית, מֶחְקָרִי — research (adj.)

מַה שֶּׁקָּשׁוּר בַּעֲבוֹדָה בְּמֶחְקָר (מַעְבָּדָה, דוֹקוּמֶנְטִים וְכוּ'):

*זֹאת לֹא רֶפּוֹרְטָז'ה, זֶה מַאֲמָר **מֶחְקָרִי**.*

מֶחְקָרִית, מֶחְקָרִיִּים, מֶחְקָרִיּוֹת

מחרתה"פ/ז מָחָר — tomorrow

בַּיּוֹם הַבָּא, בְּעוֹד יוֹם:

*הַיּוֹם יוֹם שְׁלִישִׁי, **מָחָר** יוֹם רְבִיעִי.*

מחראהנ, מַחֲרָאָה [מַחֲרָאוֹת] — latrine

בֵּית שִׁימּוּשׁ פְּרִימִיטִיבִי, בּוֹר לַעֲשִׂיַּית צְרָכִים:

*הַלִּיכְלוּךְ כָּאן הוּא כְּמוֹ **בְּמַחֲרָאָה**.*

מחרוזתנ, מַחֲרֹזֶת [מַחֲרוֹזוֹת] — necklace

אֲבָנִים קְטַנּוֹת (חֲרוּזִים), נִמְצָאוֹת יַחַד עַל חוּט:

*עַל הַצַּוָּואר יֵשׁ לָהּ **מַחֲרוֹזֶת** פְּנִינִים.*

מַחֲרוֹזֶת-שִׁירִים — medley

מחרחרתר"ז מְחַרְחֵר [מְחַרְחֲרִים] — (war) monger, inciter

1. גּוֹרֵם לִמְרִיבוֹת:

*יֵשׁ מְדִינוֹת **מְחַרְחֲרוֹת** מִלְחָמָה.*

2. מַשְׁמִיעַ קוֹל, כְּשֶׁאֵין דַּי אֲוִויר לִנְשִׁימָה: — grunts

*חוֹלֵי אַסְתְּמָה **מְחַרְחֲרִים**, כְּשֶׁיֵּשׁ לָהֶם הֶתְקֵף.*

מְחַרְחֶרֶת, מְחַרְחֲרוֹת

מחרטהנ, מַחְרֵטָה [מַחְרֵטוֹת] — lathe

מְכוֹנָה שֶׁעוֹשָׂה סִימָנִים בְּבַרְזֶל, בָּעֵץ וְכוּ':

*אֶת הַחֵלֶק הַזֶּה שֶׁל הַמְּכוֹנָה צָרִיךְ לַעֲשׂוֹת **בְּמַחְרֵטָה**.*

מחרידת, מַחֲרִיד — terrible, shocking

נוֹרָא, מַפְחִיד:

*הָיְיתָה תְּאוּנָה **מַחֲרִידָה** בֵּין מְכוֹנִית לְרַכֶּבֶת.*

מַחֲרִידָה, מַחֲרִידִים, מַחֲרִידוֹת

מחרישת, מַחֲרִישׁ — silent

1. שׁוֹתֵק:

*יָשַׁבְנוּ **מַחֲרִישִׁים** בִּזְמַן הַהַרְצָאָה.*

2. גּוֹרֵם שֶׁיִּהְיֶה חֵירֵשׁ: — deafening

*זֶהוּ רַעַשׁ **מַחֲרִישׁ** אוֹזְנַיִים.*

מַחֲרִישָׁה, מַחֲרִישִׁים, מַחֲרִישׁוֹת

מחרשהנ, מַחֲרֵשָׁה [מַחֲרֵשׁוֹת] — plow

מַכְשִׁיר שֶׁחוֹרְשִׁים בּוֹ (הוֹפְכִים) אֶת הָאֲדָמָה:

*פַּעַם הָיוּ **מַחֲרֵשׁוֹת** מֵעֵץ, וְסוּס הָיָה מוֹבִיל אוֹתָן.*

מחשבז, מַחְשֵׁב [מַחְשְׁבִים] — computer

קוֹמְפְּיוּטֶר, מַכְשִׁיר אֶלֶקְטְרוֹנִי, שׁוֹמֵר אִינְפוֹרְמַצְיָה, מְנַתֵּחַ אוֹתָהּ וּמֵפִיק מִמֶּנָּה נְתוּנִים:

*אֶת כֹּל הַחִישּׁוּבִים בִּסְטָטִיסְטִיקָה אֲנִי עוֹשֶׂה **בְּמַחְשֵׁב**.*

מחשבהנ, מַחֲשָׁבָה [מַחֲשָׁבוֹת] — thought, idea

רַעְיוֹן:

***הַמַּחֲשָׁבָה** עַל עֲתִיד הַיְּלָדִים הִדְאִיגָה אוֹתִי.*

בְּמַחֲשָׁבָה תְּחִילָּה — deliberately

מחשבוןז, מַחְשְׁבוֹן [מַחְשְׁבוֹנִים] — pocket calculator

מַחְשֵׁב כִּיס קָטָן, מַכְשִׁיר עַל בַּטָּרִיּוֹת שֶׁעוֹשֶׂה חֶשְׁבּוֹן:

*אֲנִי לֹא הוֹלֵךְ לִקְנִיּוֹת בְּלִי **מַחְשְׁבוֹן**.*

מחשבתנ, מַחֲשֶׁבֶת — highly-skilled

שֶׁיֵּשׁ בּוֹ אֶלֶמֶנְט אוּמָּנוּתִי:

*הַשִּׂמְלָה הַזֹּאת הִיא מְלֶאכֶת **מַחֲשֶׁבֶת**.*

מחשוףז, מַחְשׂוֹף [מַחשׂוֹפִים] — low neckline
מָקוֹם לֹא מְכוּסֶה (בְּבֶגֶד):
*בַּקַּיִץ הוֹלְכוֹת הַנָּשִׁים בְּשִׂמְלוֹת **מַחשׂוֹף**.*

מחשךז, מַחְשָׁךְ [מַחשַׁכִּים] — dark(ness)
מָקוֹם שֶׁיֵּשׁ בּוֹ חוֹשֶׁךְ, מָקוֹם שֶׁמִּסְתַּתְּרִים בּוֹ:
*יָשַׁבְנוּ **בְּמַחשַׁכִּים**, וְחִיכִּינוּ שֶׁהָאוֹיֵב יִסְתַּלֵּק.*

מחששהנ, מַחְשָׁשָׁה [מַחשָׁשׁוֹת] — drug-joint
מָקוֹם שֶׁמְּעַשְּׁנִים בּוֹ חֲשִׁישׁ:
*הַמִּשְׁטָרָה גִּילְּתָה **מַחשָׁשָׁה** בְּבֵית הַגָּדוֹל.*

מחתרתנ, מַחְתֶּרֶת [מַחתָּרוֹת] — underground
קְבוּצָה לֹא חוּקִית, פּוֹעֶלֶת נֶגֶד הַשִּׁלְטוֹן:
*אַנְשֵׁי **הַמַּחתֶּרֶת** בְּאִירְלַנְד פּוֹעֲלִים נֶגֶד הַשִּׁלְטוֹן הַבְּרִיטִי.*
יָרַד לַמַּחתֶּרֶת — went underground

מחתרתית, מַחְתַּרְתִּי — underground (adj.), clandestine
סוֹדִי, שֶׁאָסוּר לָדַעַת עָלָיו:
*הָאִירְגּוּנִים **הַמַּחתַּרְתִּיִּים** הֵם מִחוּץ לַחוֹק.*
מַחתַּרְתִּית, מַחתַּרְתִּיִּים, מַחתַּרְתִּיּוֹת

מטפ, מָט — waddled, swayed
נַעֲשָׂה לֹא יַצִּיב, מִתְנַדְנֵד:
*הַבַּיִת **מָט** לִיפּוֹל.*
לָמוּט / מ.ו.ט, פָּעַל / מַטְתָּ, מָט, מָטָה, יָמוּט

מטאטאז, מַטְאֲטֵא [מַטאֲטְאִים] — broom
מַכְשִׁיר לְאִיסּוּף הַלִּיכְלוּךְ מִן הָרִצְפָּה:
*אַחֲרֵי הַמְּסִיבָּה לָקַח יַעֲקֹב **מַטאֲטֵא** וְטִיאטֵא אֶת הַבַּיִת.*

מטבחז, מִטְבָּח [מִטבָּחִים] — kitchen
חֶדֶר בִּישּׁוּל כּוֹלֵל בֶּרֶז מַיִם, תַּנּוּר, מְקָרֵר וְכוּ':
*חַנָּה אוֹהֶבֶת לְבַשֵּׁל, הִיא נִמְצֵאת כֹּל הַיּוֹם **בַּמִּטבָּח**.*
מִטבָּחוֹן — kitchenette

מטבחייםז"ר, מִטְבָּחַיִם — slaughter-house
מָקוֹם שֶׁשּׁוֹחֲטִים בּוֹ פָּרוֹת וְכוּ':
***בֵּית הַמִּטבָּחַיִים** הוּא מִחוּץ לָעִיר.*

מטבעז, מַטְבֵּעַ [מַטבְּעוֹת] — coin
כֶּסֶף מַתֶּכֶת (לֹא מְנִייָר):
*הַשָּׁנָה יָצָא **מַטבֵּעַ** חָדָשׁ שֶׁל שֶׁקֶל אֶחָד. / יֵשׁ לִי אוֹסֶף שֶׁל **מַטבְּעוֹת** עַתִּיקִים.*
מַטבֵּעַ זָר / **מַט"ח** ר"ת מַטבֵּעַ חוּץ — foreign currency
מַטבֵּעַ־לָשׁוֹן — idiom
מַטבֵּעַ קָשֶׁה — hard currency

מטבעהנ, מִטְבָּעָה [מִטבָּעוֹת] — mint
מָקוֹם שֶׁהַמְּדִינָה מְיַיצֶּרֶת בּוֹ מַטבְּעוֹת (=כֶּסֶף):
***בַּמִּטבָּעָה** מְכִינִים כֶּסֶף חָדָשׁ.*

מטהת"פ מַטָּה — down(ward)
בַּחֵלֶק הַנָּמוּךְ בְּיוֹתֵר:
*יָרַדְנוּ **מַטָּה, מַטָּה**.*
לְמַטָּה — down(ward)
מִלְּמַטָּה — from below
הֶחָתוּם מַטָּה — the undersigned

מטהז, מַטֶּה [מַטּוֹת] — stick
1. (לָשׁוֹן סִפְרוּתִית) מַקֵּל:
*הַמַּדְרִיךְ הֶרְאָה **בַּמַּטֶּה** אֶת כִּיווּן הַהֲלִיכָה.*
2. מִפְקָדָה, הָאַחְרָאִים בַּצָּבָא וְכוּ': — headquarters
***בְּמַטֵּה** הַגְּדוּד דָּנוּ בְּתוֹכְנִית הָאִימּוּנִים.*
מַטֶּה כְּלָלִי (מַטְכָּ"ל) — general staff

מטוגןת, מְטוּגָּן — fried (adj.)
מְבוּשָּׁל בְּשֶׁמֶן אוֹ בְּחֶמְאָה:
*הָרוֹפֵא אָסַר עָלַיי לֶאֱכוֹל דָּגִים **מְטוּגָּנִים**.*
מְטוּגֶּנֶת, מְטוּגָּנִים, מְטוּגָּנוֹת

מטוהרת, מְטוֹהָר — purified (adj.)
1. שֶׁנַּעֲשָׂה טָהוֹר, נָקִי:
*מוּתָּר לִשְׁתּוֹת אֶת הַמַּיִם **הַמְּטוֹהָרִים**.*
2. קִיבֵּל רֶהַבִּילִיטַצְיָה: — purged (adj.)
*עַכְשָׁיו הוּא **מְטוֹהָר** מִכֹּל אַשְׁמָה.*
מְטוֹהֶרֶת, מְטוֹהָרִים, מְטוֹהָרוֹת

מטווחת, מְטוּוָּח — on target
מְכוּוָּן לַמַּטָּרָה:
*הַתּוֹתָח **מְטוּוָּח** לַבַּיִת שֶׁבַּפִּינָּה.*
מְטוּוַּחַת, מְטוּוָּחִים, מְטוּוָּחוֹת

מטוטלתנ, מְטוּטֶּלֶת [מְטוּטָּלוֹת] — pendulum
חוּט, שֶׁבַּקָּצֶה שֶׁלּוֹ כַּדּוּר כָּבֵד הַמִּתְנַדְנֵד מִצַּד אֶל צַד:
*בַּשָּׁעוֹן שֶׁל הַסַּבָּא שֶׁלִּי הָיְיתָה **מְטוּטֶּלֶת**.*

מטויחת, מְטוּיָּח — plastered (adj.)
1. שֶׁכִּיסּוּ אוֹתוֹ בְּטִיחַ:
*הַבַּיִת **מְטוּיָּח**, צָרִיךְ עַכְשָׁיו לִצְבּוֹעַ אוֹתוֹ.*
2. (מֶטָאפוֹרָה) כְּשֶׁרוֹצִים לְהַסְתִּיר אֶת הָאֱמֶת, לְכַסּוֹת: — covered up/'whitewashed' (adj.)
*הָאֱמֶת **מְטוּיַּחַת**, בִּמְקוֹם לִבְדּוֹק מָה קָרָה מְכַסִּים עָלֶיהָ.*
מְטוּיַּחַת, מְטוּיָּחִים, מְטוּיָּחוֹת

מטולז' מָטוֹל [מְטוֹלִים] overhead projector
פרוֹ'קטוֹר, מַכשִיר שֶזוֹרֵק תמוּנוֹת עַל הַקִיר אוֹ עַל מָסָך:
הַמָטוֹל עוֹזֵר בְּשִיעוּרֵי עִברִית.

מטולאת' מְטֻלָּא patched (adj.)
כּשֶיֵש בַּד עַל חוֹר בְּבֶגֶד, בְּנַעַל וְכוּ':
אֲנִי לֹא רוֹצָה מְעִיל מְטוּלָא.
מְטוּלֵאת-מְטוּלָאָה, מְטוּלָאִים, מְטוּלָאוֹת

מטולטלת ר' מטוטלת

מטומטםתו"ז מְטֻמְטָם [מְטוּמטָמִים] dumb
טִיפֵּש גָדוֹל:
אֲנִי חוֹשֵב שֶזֶה רַעיוֹן מְטוּמטָם. / הוּא מְטוּמטָם.
מְטוּמטֶמֶת, מְטוּמטָמִים, מְטוּמטָמוֹת

מטונףת' מְטֻנָּף filthy
מְלוּכלָך מְאוֹד:
הַנַעֲלַיִים מְטוּנָפוֹת מֵהַבּוֹץ.
מְטוּנֶפֶת, מְטוּנָפִים, מְטוּנָפוֹת

מטוסז' מָטוֹס [מְטוֹסִים] aircraft
אֲווִירוֹן. כּלִי תַחבּוּרָה הַטָס בָּאֲוִויר:
לְ'אֶל-עַל' יֵש מָטוֹס נוֹסעִים חָדָש.
מְטוֹס-סִילוֹן jet plane
נוֹשֵׂאת-מְטוֹסִים aircraft carrier
מָטוֹס זָעִיר לְלֹא טַיָיס (מזל"ט) mini R.P.V.
מְטוֹס-קְרָב fighter plane

מטופחת' מְטֻפָּח cultivated (adj.)
1. שֶטִיפּלוּ בּוֹ:
הַגַן מְטוּפָּח, כִּי יֵש לָנוּ גַנָן טוֹב.
2. מִי שֶשוֹמֵר עַל הוֹפָעָה יָפָה: well groomed
הַגֶברֶת הַמְטוּפַּחַת הִיא הַמְנַהֶלֶת.
מְטוּפַּחַת, מְטוּפָּחִים, מְטוּפָּחוֹת

מטופלת' מְטֻפָּל burdened (with)
1. שֶיֵש לוֹ יְלָדִים רַבִּים:
הוּא מְטוּפָּל בַּעֲשָׂרָה יְלָדִים.
2. מְטַפּלִים בּוֹ, דוֹאֲגִים לוֹ: cared for (adj.)
הוּא מְטוּפָּל הֵיטֵב בְּבֵית הַחוֹלִים.
מְטוּפֶּלֶת, מְטוּפָּלִים, מְטוּפָּלוֹת

מטופשת' מְטֻפָּש stupid
טִיפּשִי, לֹא חָכָם:
זֶה רַעיוֹן מְטוּפָּש.
טִיפֵּש מְטוּפָּש an absolute idiot
מְטוּפֶּשֶת, מְטוּפָּשִים, מְטוּפָּשוֹת

מטורזןת' מְטֻרְזָן dandy, fop
לָבוּש יָפֶה בִּמיוּחָד, מְגוּנדָר:
הַבָּחוּר הַמְטוּרזָן, מְנַסֶה "לַעֲשׂוֹת רוֹשֶם".
מְטוּרזֶנֶת, מְטוּרזָנִים, מְטוּרזָנוֹת

מטורףת' מְטֹרָף mad
1. מְשוּגָע:
הוּא מִתנַהֵג כּמוֹ מְטוֹרָף.
2. (לשון דיבור) **מְטוֹרָף אַחֲרֵי** - מִתלַהֵב מְאוֹד: mad about
הוּא מְטוֹרָף אַחֲרֵי רוּתִי.
מְטוֹרֶפֶת, מְטוֹרָפִים, מְטוֹרָפוֹת

מטושטשת' מְטֻשְטָש blurred (adj.)
1. לֹא בָּרוּר, קָשֶה לִראוֹת:
אֲנִי לֹא יָכוֹל לִקרוֹא, כִּי הָאוֹתִיוֹת מְטוּשטָשוֹת.
2. (לשון דיבור) מַרגִיש עָיֵיף, לֹא מְרוּכָּז: dazed (adj.)
אֲנִי מְטוּשטָש, כִּי לֹא יָשַנתִי.
מְטוּשטֶשֶת, מְטוּשטָשִים, מְטוּשטָשוֹת

מטותאנ' מְטוּתָא please
(מֵאֲרָמִית, לָשוֹן ספרוּתִית גבוֹהָה) בְּבַקָשָה:
בְּמָטוּתָא מִמךָ, אַל תִנהַג מַהֵר כֹּל כָּך.

מטחז' מַטָּח [מַטָחִים] barrage
כּשֶהַרבֵּה אֲנָשִים יוֹרִים אוֹ זוֹרקִים מַשֶהוּ:
פִּתאוֹם יָרַד עָלֵינוּ מַטַח אֲבָנִים.

מט"ח ר"ת מטבע חוץ ר' מטבע

מטיילז' מְטַיֵּל [מְטַיילִים] hiker, traveler
מִי שֶיוֹצֵא לְטִיוּלִים, הוֹלֵך בִּדרָכִים:
פָּגַשתִי אֶת הַמְטַיילִים, כּשֶהָלכוּ בָּרֶגֶל אֶל הַכִּינֶרֶת.
מְטַיֶילֶת, מְטַיילוֹת

מטילז' מְטִיל [מְטִילִים] metal bar
חֲתִיכָה גדוֹלָה וּכבֵדָה:
זָרקוּ עָלָיו מְטִיל בַּרזֶל, וְשָבְרוּ לוֹ אֶת הָרֹאש.

מטיףז' מַטִּיף [מַטִיפִים] preacher
מִי שֶמְדַבֵּר לִפנֵי קָהָל בְּשֵם אִידֵאָה, דָת:
הַאִם הַמַטִיפִים הֵם סתָם דֶמָגוֹגִים?
מַטִיפָה, מַטִיפוֹת

מטכ"ל ר"ת מטה כללי ר' מטה

מטלהנ' מַטָּלָה [מַטָלוֹת] task, assignment
תַפקִיד, מַשֶהוּ שֶצָרִיך לַעֲשׂוֹת:
הַמַטָלָה בַּצוֹפִים הָייתָה לְהַגִיעַ לְבַד לַמַחֲנֶה לְפִי מַפָּה.

מטליתנ, מַטְלִית [מַטְלִיּוֹת] duster
חֲתִיכַת בַּד שֶׁמְּנַגְּבִים בָּהּ אָבָק:
*צָרִיךְ **מַטְלִית** רְטוּבָּה כְּדֵי לְנַקּוֹת יָפֶה אֶת הַשּׁוּלְחָן.*

מטמוןז, מַטְמוֹן [מַטְמוֹנִים] hidden treasure
אוֹצָר, מַשֶּׁהוּ יָקָר שֶׁהֶחְבִּיאוּ אוֹתוֹ:
*מָצָאנוּ **מַטְמוֹן** שֶׁל מַטְבְּעוֹת זָהָב.*

מטסז, מַטָּס [מַטָּסִים] flyover
קְבוּצָה שֶׁל כַּמָּה מְטוֹסִים טָסִים בְּיַחַד:
*הַ**מַּטָּס** עָבַר מֵעַל הָרֹאשׁ.*

מטעז, מַטָּע [מַטָּעִים] plantation, orchard
גַּן שֶׁל עֲצֵי פְּרִי:
*יֵשׁ לָנוּ **מַטָּע** שֶׁל תַּפּוּחִים.*

מטעהת, מַטְעֶה misleading
גּוֹרֵם לְטָעוּת, עוֹשֶׂה שֶׁמִּישֶׁהוּ יִטְעֶה:
*הָאִינְפוֹרְמַצְיָה שֶׁמָּסַרְתָּ **מַטְעָה**.*
מַטְעָה, מַטְעִים, מַטְעוֹת

מטעמיםז"ר מַטְעַמִּים delicacies, goodies
אוֹכֶל טוֹב בִּמְיוּחָד:
*אִימִּי מְכִינָה **מַטְעַמִּים** לְשַׁבָּת.*

מטעןז, מִטְעָן [מִטְעָנִים] cargo
מַה שֶּׁשּׁוֹלְחִים (סְחוֹרָה חֲפָצִים וְכוּ'):
*נָסַעְתִּי בְּלִי **מִטְעָן**. / **מִטְעָן** שֶׁל קֶמַח יַגִּיעַ מָחָר.*
מִטְעַן חוֹמֶר נֶפֶץ explosive charge

מטפהז, מַטְפֶּה [מַטְפִּים] fire-extinguisher
מַכְשִׁיר שֶׁמְּכַבֶּה שְׂרֵיפוֹת:
*בְּכָל אוֹטוֹבּוּס צָרִיךְ לִהְיוֹת **מַטְפֶּה**.*

מטפחתנ, מִטְפַּ֫חַת [מִטְפָּחוֹת] handkerchief, scarf
בַּד שֶׁנָּשִׁים שָׂמוֹת עַל הָרֹאשׁ וְעַל הַצַּוָּואר:
*בְּבֵית הַכְּנֶסֶת הַנָּשִׁים מְכַסּוֹת אֶת הָרֹאשׁ **בְּמִטְפַּחַת**.*

מטפטףז, מְטַפְטֵף [מְטַפְטְפִים] dropper
מַכְשִׁיר שֶׁשָּׂמִים בּוֹ טִיפּוֹת לָעֵינַיִים וְכוּ':
*קַל לִסְפּוֹר אֶת **הַטִּיפּוֹת** שֶׁיּוֹצְאוֹת מִן הַמְטַפְטֵף.*

מטפלז, מְטַפֵּל [מְטַפְּלִים] caretaker, nanny
מִי שֶׁדּוֹאֵג לְיֶלֶד, לְזָקֵן, תְּמוּרַת כֶּסֶף:
***הַמְטַפֶּלֶת** שֶׁל הַיֶּלֶד לֹא הִגִּיעָה, לָכֵן לֹא הָלַכְתִּי לָעֲבוֹדָה.*
מְטַפֶּלֶת, מְטַפְּלוֹת

מטפסז, מְטַפֵּס [מְטַפְּסִים] creeper
1. צֶמַח שֶׁגָּדֵל עַל יַד גָּדֵר וּמְטַפֵּס עָלֶיהָ:
***הַמְטַפֵּס** מְכַסֶּה כְּבָר אֶת כָּל הַבַּיִת.*
2. מִי שֶׁעוֹשֶׂה סְפּוֹרְט שֶׁל עֲלִיָּיה לֶהָרִים: mountain-climber
***מְטַפְּסֵי** הֶהָרִים יָצְאוּ לְהִימָלַיָה.*
מְטַפֶּסֶת, מְטַפְּסוֹת

מטרז, מָטָר [מְטָרוֹת] rainfall
גֶּשֶׁם, מַיִם מֵהַשָּׁמַיִם:
*מָחָר יִהְיֶה גֶּשֶׁם, **מְטָרוֹת** חֲזָקִים יֵרְדוּ בְּמֶשֶׁךְ כָּל הַיּוֹם.*
מְטַר סוֹחֵף downpour

מטרז, מֶ֫טֶר [מֶטְרִים] meter
אוֹרֶךְ מְסוּיָּם, מִידָּה מְקוּבֶּלֶת בְּרוֹב הָעוֹלָם:
מֶטֶר מְרוּבָּע square meter
מֶטֶר מְעוּקָּב cubic meter
מֶטֶר 'רָץ' linear meter

מטרדז, מִטְרָד [מִטְרָדִים] nuisance
מַשֶּׁהוּ שֶׁמַּפְרִיעַ:
*הַמְּכוֹנִית הַמְקוּלְקֶלֶת בְּאֶמְצַע הָרְחוֹב הִיא **מִטְרָד** צִיבּוּרִי.*

מטרהנ, מַטָּרָה [מַטָּרוֹת] aim, target, goal
דָּבָר שֶׁאָדָם רוֹצֶה לְהַשִּׂיג:
***הַמַּטָּרָה** שֶׁל הַצִּיּוֹנוּת הָיְיתָה לְהָקִים מְדִינָה יְהוּדִית.*
קָלַע לַמַּטָּרָה hit the target

מטרוניתנ, מַטְרוֹנִית [מַטְרוֹנִיּוֹת] matron
(מִלָּטִינִית) גְּבֶרֶת מְכוּבֶּדֶת:
*הִיא מִתְנַהֶגֶת כְּמוֹ **מַטְרוֹנִית**.*

מטרייהנ, מִטְרִיָּה [מִטְרִיּוֹת] umbrella
1. מָגֵן, כִּיסּוּי מִפְּנֵי הַגֶּשֶׁם, שֶׁאָדָם מַחֲזִיק בַּיָּד:
*קַח אִיתְּךָ **מִטְרִיָּה**, הוֹדִיעוּ שֶׁיֵּרֵד גֶּשֶׁם.*
2. הֲגָנָה (מֶטָאפוֹרָה): air umbrella (defense)
*חֵיל הָאֲוִויר הוּא **הַמִּטְרִיָּה** הָאֲוִירִית שֶׁל יִשְׂרָאֵל.*

מימ"ג מִי who?
1. מִילַּת שְׁאֵלָה, בָּאָה לְבָרֵר שֵׁם אוֹ זֶהוּת:
*מִי אַתָּה? **מִי** שָׁלַח אוֹתְךָ אֵלַיי?*
2. מִי שֶׁ-, זֶה שֶׁ-: whoever
***מִי** שֶׁרוֹצֶה לָחֶם יָרִים יָד.*
3. מִישֶׁהוּ, הָאֶחָד: some(one)
*כּוּלָּם בָּאוּ לַפְּגִישָׁה **מִי** בָּרֶכֶב, **מִי** בָּרֶגֶל.*

מיאןפ, מֵאֵן refused
לֹא רָצָה, לֹא הִסְכִּים:

הוּא מְמָאֵן לָתֵת כֶּסֶף.
לְמָאֵן / מ.א.ן, פִּיעֵל / מֵיאַנתִי, מְמָאֵן, אֲמָאֵן, יְמָאֵן

מיבדק ר' מבדק **מיבזק** ר' מבזק
מיבטא ר' מבטא **מיבצע** ר' מבצע
מיברק ר' מברק **מיגדל** ר' מגדל
מיגוון ר' מגוון

מיגוןז' מִגּוּן protection, securing
הֲגָנָה:
*בְּלִי אֶמְצָעֵי **מִיגוּן** מַתאִימִים כּמוֹ קִירוֹת עָבִים, אָסוּר לְהִישָּׁאֵר כָּאן.*

מיגורז' מִגּוּר defeating, wiping out
חִיסוּל עַד הַסוֹף:
*הַמַּטָרָה שֶׁלָנוּ הִיא **מִיגוּר** הָאוֹיֵב.*

מיגזר ר' מגזר

מיגןפ' מִגֵּן protected, secured
דָאַג שֶׁהַמָּקוֹם יִהיֶה מוּגָן, בָּטוּחַ:
***מִיגַנּוּ** אֶת הַחַלוֹנוֹת שֶׁל הַמְּכוֹנִית בִּזכוּכִית מְיוּחֶדֶת.*
לְמַגֵּן אֶת- / מ.ג.ן, פִּיעֵל / מִיגַנתִי, מְמַגֵּן, יְמַגֵּן, מַגֵּן!

מיגרפ' מִגֵּר defeated, wiped out
הִשמִיד, חִיסֵל, גָרַם מַפָּלָה:
***מִיגַרנוּ** אֶת הָאוֹיֵב.*
לְמַגֵּר אֶת- / מ.ג.ר, פִּיעֵל / מִיגַרנוּ, מְמַגֵּר, יְמַגֵּר, מַגֵּר!

מיגרעת ר' מגרעת **מיגרש** ר' מגרש

מידת"פ מִיָּד at once, immediately
תֵיכֶף, בְּלִי לְחַכּוֹת:
*דָוִיד, כְּבָר מְאוּחָר, בּוֹא **מִיָּד** הַבַּיְתָה! תֵיכֶף **וּמִיָּד**.*

מידבקת' מִדַּבֵּק sticky, adhesive
שֶׁקַל לְהַדבִּיק:
*קָנִיתִי אֶגֶד (פְּלַסטֶר) **מִידַבֵּק**.*
מַחֲלָה מִידַבֶּקֶת contagious desease
מִידַבֶּקֶת, מִידַבְּקִים, מִידַבְּקוֹת

מידבר ר' מדבר **מידגם** ר' מדגם

מידהנ' מִדָּה [מִידּוֹת] size, measurement
1. גוֹדֶל, יְחִידָה שֶׁל כַּמּוּת, מִשקָל, חוֹם, אוֹרֶך וְכוּ':
*מַה **הַמִּידָה** שֶׁל הַנַעֲלַיִים שֶׁלְךָ 42 אוֹ 44?*
2. תְכוּנָה, אוֹפִי: attribute
*הוּא בַּעַל **מִידּוֹת** טוֹבוֹת - חָכָם, טוֹב לֵב וְכוּ'.*

מִידַּת-חוֹם degree
בְּמִידָה in moderation
בְּמִידָה נִיכֶּרֶת considerably
בְּמִידָה שֶׁ- if, to the extent that
יָתֵר עַל הַמִּידָה excessively
קְנֵה־מִידָה scale

מידורז' מִדּוּר compartmentalization
חֲלוּקָה לְפִי מְדוֹרִים, וְכוּ':
*אֲנִי עוֹבֵד **בְּמִידוּר** הַחוֹמֶר בַּמִּשׂרָד.*

מידימ"י מִידֵי from
מִ-, מֵאֵת (מִן הַיָּדַיִים שֶׁל):
*קִיבַּלתִי אֶת הַסֵּפֶר **מִידֵי** דָוִיד.*

מידי ר' מדי **מידי** ר' מיידי
מידיות ר' מיידיות

מידעז' מֵידָע information
אִינפוֹרמַציָה, יְדִיעוֹת:
*יֵש לוֹ **מֵידָע** רָחָב עַל אֶפשָׁרוּיוֹת הַלִּימוּד וְהָעֲבוֹדָה כָּאן.*

מידרפ' מִדֵּר compartmentalized
סִידֵר לְפִי מְדוֹרִים (נוֹשׂאִים, סוּגִים, וְכוּ'):
***מִידַרנוּ** אֶת הַמִּשׂרָד לְפִי הַשִּׁיטוֹת הַמּוֹדֶרנִיוֹת.*
לְמַדֵּר אֶת- / מ.ד.ר, פִּיעֵל / מִידַרתִי, מְמַדֵּר, יְמַדֵּר, מַדֵּר!

מידרון ר' מדרון **מידרס** ר' מדרס

מיהו?מ"ש/ מִיהוּ who is he?
(מִי + הוּא), מִי זֶה?:
***מִיהוּ** הָאִישׁ לְיַד הַחֲנוּת?*

מיהרפ' מִהֵר hurried
עָשָׂה מַשֶּׁהוּ בִּזמַן קָצָר מְאוֹד:
*מֹשֶׁה רָץ כָּל הַדֶּרֶך, הוּא **מִיהֵר** לִפגִישָׁה חֲשׁוּבָה.*
לְמַהֵר, לְ- / מ.ה.ר, פִּיעֵל / מִיהַרתִי, מְמַהֵר, יְמַהֵר, מַהֵר!

מיואשת' מְיֹאָשׁ desperate
בְּלִי תִקוָוה, קָשֶׁה מְאוֹד:
*אֲנִי **מְיוֹאָשׁ** מֵהַמַּצָּב הַכַּלכָּלִי.*
מְיוֹאֶשֶׁת, מְיוֹאָשִׁים, מְיוֹאָשׁוֹת

מיובאת' מְיֻבָּא imported (adj.)
שֶׁהֵבִיאוּ אוֹתוֹ מִחוּץ לָאָרֶץ, אִימפּוֹרט:
*הַנַעֲלַיִים הָאֵלֶה יְקָרוֹת, כִּי הֵן **מְיוּבָּאוֹת**.*
מְיוּבֵּאת, מְיוּבָּאִים, מְיוּבָּאוֹת

מיובשת׳ מְיֻבָּשׁ dried (adj.)
חָסֵר נוֹזְלִים, נַעֲשָׂה יָבֵשׁ:
*אֲנִי אוֹהֵב פֵּירוֹת **מְיוּבָּשִׁים** (תְּאֵנִים, תַּפּוּחִים וְכוּ׳).*
מְיוּבֶּשֶׁת, מְיוּבָּשִׁים, מְיוּבָּשׁוֹת

מיוגעת׳ מְיֻגָּע tired (adj.)
עָיֵיף מְאוֹד:
*חָזַרְתִּי **מְיוּגָּע** מִן הָעֲבוֹדָה.*
מְיוּגַּעַת, מְיוּגָּעִים, מְיוּגָּעוֹת

מיודדת׳ מְיֻדָּד friendly
בְּיַחֲסֵי חֲבֵרוּת:
*אֲנִי **מְיוּדָּד** עִם דָּוִיד.*
מְיוּדֶּדֶת, מְיוּדָּדִים, מְיוּדָּדוֹת

מיודעת״ז מְיֻדָּע [מְיוּדָּעִים] acquaintance, acquainted (adj.)
1. חָבֵר, מִישֶׁהוּ שֶׁמַּכִּירִים:
*הוֹדַעְתִּי לְכָל **מְיוּדָּעַיי**, שֶׁחָזַרְתִּי לָאָרֶץ.*
2. (בְּדִיקְדּוּק) שֶׁיֵּשׁ לוֹ סִימָן שֶׁל יִידּוּעַ (הַ): containing the definite article
*שֵׁם עֶצֶם **מְיוּדָּע** - הַמִּילָּה 'הַסֵּפֶר', שֵׁם עֶצֶם בִּלְתִּי **מְיוּדָּע** - הַמִּילָּה 'סֵפֶר'.*
מְיוּדַּעַת, מְיוּדָּעִים, מְיוּדָּעוֹת

מיוזעת׳ מְיֻזָּע sweaty
מַזִּיעַ, מְכוּסֶּה זֵיעָה:
*אֲנִי **מְיוּזָּע**, כִּי הָלַכְתִּי בַּשֶּׁמֶשׁ.*
מְיוּזַּעַת, מְיוּזָּעִים, מְיוּזָּעוֹת

מיוחדת׳ מְיֻחָד special
שׁוֹנֶה מֵאֲחֵרִים, לֹא רָגִיל:
*...זֶה הָיָה יוֹם **מְיוּחָד**, הִרְגַּשְׁתִּי כְּמוֹ מֶלֶךְ לְיוֹם אֶחָד.*
*בָּעִיתּוֹן יֵשׁ דַּף **מְיוּחָד** בְּנוֹשֵׂא כַּלְכָּלָה.*
מְיוּחָד בְּמִינוֹ unique
בִּמְיוּחָד ת״פ especially
מְיוּחֶדֶת, מְיוּחָדִים, מְיוּחָדוֹת

מיוחדותנ׳ מְיֻחָדוּת uniqueness, singularity
מַשֶּׁהוּ שׁוֹנֶה, לֹא כְּמוֹ כּוּלָּם:
*אֲנִי בְּעַד **מְיוּחָדוּת** בְּבֵית הַסֵּפֶר, לֹא כֹּל הַתַּלְמִידִים צְרִיכִים לִלְמוֹד אוֹתוֹ דָּבָר.*

מיוחלת׳ מְיֻחָל longed for (adj.)
שֶׁרוֹצִים בּוֹ מְאוֹד:
*הַיְּדִיעָה **הַמְּיוּחֶלֶת** הִגִּיעָה סוֹף סוֹף.*
מְיוּחֶלֶת, מְיוּחָלִים, מְיוּחָלוֹת

מיוחםת׳ מְיֻחָם in heat
שֶׁרוֹצָה מְאוֹד לְקַיֵּים יַחֲסֵי מִין:
*הֶחָתוּלָה מְיַלֶּלֶת, כִּי הִיא **מְיוּחֶמֶת**.*
מְיוּחֶמֶת, מְיוּחָמִים, מְיוּחָמוֹת

מיוחסת׳ מְיֻחָס well bred, distinguished (adj.)
1. אֲרִיסְטוֹקְרָטִי:
*הוּא מִמִּשְׁפָּחָה **מְיוּחֶסֶת**.*
2. שַׁיָּיךְ לְ-, (שֶׁל): attributed to (adj.)
*הַדְּבָרִים **מְיוּחָסִים** לְרֹאשׁ הַמֶּמְשָׁלָה.*
מְיוּחֶסֶת, מְיוּחָסִים, מְיוּחָסוֹת

מיומןת׳ מְיֻמָּן skilled, proficient
מְאוּמָּן, מִי שֶׁלָּמַד וְיוֹדֵעַ הֵיטֵב:
*הוּא נֶהָג **מְיוּמָּן**.*
מְיוּמֶּנֶת, מְיוּמָּנִים, מְיוּמָּנוֹת

מיומנותנ׳ מְיֻמָּנוּת proficiency, dexterity
יְכוֹלֶת טוֹבָה בְּבִיצּוּעַ שֶׁל פְּעוּלָּה מְסוּיֶּמֶת:
*הַ**מְּיוּמָּנוּת** שֶׁלָּהּ בָּעֲבוֹדָה גְּבוֹהָה מְאוֹד.*

מיוןז׳ מִיּוּן [מִיּוּנִים] classification
קְלַסִּיפִיקַצְיָה, סִידּוּר לְפִי הַמִּין, הַסּוּג:
*אֲנִי עוֹבֵד **בְּמִיּוּן** מִכְתָּבִים בַּדּוֹאַר.*
חֲדַר-מִיּוּן emergency room

מיוסדת׳ מְיֻסָּד based/founded (on) (adj.)
בָּנוּי עַל, מְבוּסָּס עַל:
*הַקִּיבּוּץ **מְיוּסָּד** עַל עִיקָּרוֹן שֶׁל שִׁוְויוֹן.*
מְיוּסֶּדֶת, מְיוּסָּדִים, מְיוּסָּדוֹת

מיוסרת׳ מְיֻסָּר tormented (adj.)
סוֹבֵל, מַרְגִּישׁ כְּאֵב:
*הוּא נִרְאֶה **מְיוּסָּר**, כְּאִילּוּ קָרָה לוֹ מַשֶּׁהוּ.*
מְיוּסֶּרֶת, מְיוּסָּרִים, מְיוּסָּרוֹת

מיועדת׳ מְיֹעָד intended/designated (adj.)
שֶׁיִּהְיֶה בֶּעָתִיד, זֶה שֶׁיָּבוֹא:
*הַמְּנַהֵל **הַמְּיוֹעָד** עֲדַיִין לֹא נִמְצָא בַּמִּשְׂרָד.*
מְיוֹעֶדֶת, מְיוֹעָדִים, מְיוֹעָדוֹת

מיוערת׳ מְיֹעָר forested (adj.)
מְכוּסֶּה בְּיַעַר:
*בַּדֶּרֶךְ רָאִינוּ הָרִים **מְיוֹעָרִים**.*
מְיוֹעֶרֶת, מְיוֹעָרִים, מְיוֹעָרוֹת

מיופהת׳ מְיֻפֶּה beautified (adj.)
1. מְקוּשָּׁט, שֶׁעָשׂוּ אוֹתוֹ יָפֶה:

*הַמָּקוֹם **מְיוּפֶּה** לִכְבוֹד בִּיקוּר הַמְּנַהֵל.*

מְיוּפֶּה כּוֹחַ - יֵשׁ לוֹ רְשׁוּת לְדַבֵּר וְלִפְעוֹל בְּשֵׁם מִישֶׁהוּ: authorized representative

***מְיוּפֶּה הַכּוֹחַ** שֶׁלִּי יְטַפֵּל בִּמְכִירַת הַבַּיִת.*

מְיוּפֵּית-מְיוּפָּה, מְיוּפִּים, מְיוּפּוֹת

מיופייףת' מְיֻפְיָף — overly ornate

מְקוּשָּׁט מְאוֹד, מְגוּנְדָּר (לשון דיבור):

*לְאָן אַתָּה הוֹלֵךְ **מְיוּפְיָיף** כׇּל-כָּךְ?*

מְיוּפְיֶיפֶת, מְיוּפְיָיפִים, מְיוּפְיָיפוֹת

מיוצאת' מְיֻצָּא — exported (adj.)

נִשְׁלַח לְחוּץ לָאָרֶץ לִמְכִירָה, אֶקְסְפּוֹרְט:

*הַתַּפּוּזִים **הַמְיוּצָּאִים** לְאֵירוֹפָּה מַכְנִיסִים לַמְּדִינָה דוֹלָרִים.*

מְיוּצֵאת, מְיוּצָּאִים, מְיוּצָּאוֹת

מיוצגת' מְיֻצָּג — represented (by)

שֶׁיֵּשׁ לוֹ נְצִיגוּת, מִישֶׁהוּ פּוֹעֵל בִּשְׁמוֹ:

*אֲנִי **מְיוּצָּג** עַל-יְדֵי עוֹרֵךְ דִּין.*

מְיוּצֶּגֶת, מְיוּצָּגִים, מְיוּצָּגוֹת

מיוצרת' מְיֻצָּר — produced (adj.)

עָשׂוּי בְּבֵית חֲרוֹשֶׁת:

*הַמְּקָרְרִים **הַמְיוּצָּרִים** בָּאָרֶץ טוֹבִים.*

מְיוּצֶּרֶת, מְיוּצָּרִים, מְיוּצָּרוֹת

מיושבת' מְיֻשָּׁב — settled (adj.)

1. שֶׁגָּרִים בּוֹ:

*רוֹב אֵיזוֹר הַנֶּגֶב אֵינוֹ **מְיוּשָּׁב**.*

2. רְצִינִי, חוֹשֵׁב עַל כׇּל מַה שֶּׁהוּא עוֹשֶׂה: sedate

*הוּא אָדָם **מְיוּשָּׁב** בְּדַעְתּוֹ.*

מְיוּשֶּׁבֶת, מְיוּשָּׁבִים, מְיוּשָּׁבוֹת

מיושןת' מְיֻשָּׁן — old, out-of-date

1. יָשָׁן מְאוֹד:

*הַמּוֹדֶל שֶׁל הַמְּכוֹנִית **מְיוּשָּׁן**.*

2. רוֹצֶה לִישׁוֹן: sleepy

*אֲנִי מַרְגִּישׁ **מְיוּשָּׁן**.*

מְיוּשֶּׁנֶת, מְיוּשָּׁנִים, מְיוּשָּׁנוֹת

מיושרת' מְיֻשָּׁר — straightened (adj.)

שֶׁיִּישְּׁרוּ אוֹתוֹ, עָשׂוּ אוֹתוֹ יָשָׁר:

*בָּנוּ אֶת הַבַּיִת עַל הַמִּגְרָשׁ **הַמְיוּשָּׁר**.*

מְיוּשֶּׁרֶת, מְיוּשָּׁרִים, מְיוּשָּׁרוֹת

מיותםת' מְיֻתָּם — orphaned, lonely

מִי שֶׁאֵין לוֹ אַף אֶחָד, בּוֹדֵד:

*כּוּלָּם נָסְעוּ, וַאֲנִי מַרְגִּישׁ **מְיוּתָּם**.*

מְיוּתֶּמֶת, מְיוּתָּמִים, מְיוּתָּמוֹת

מיותרת' מְיֻתָּר — superfluous

שֶׁלֹּא צָרִיךְ אוֹתוֹ, שֶׁיֵּשׁ יוֹתֵר מִדַּי:

*הַכִּסֵּא הַזֶּה **מְיוּתָּר**, אֶפְשָׁר לְהוֹצִיא אוֹתוֹ מֵהַחֶדֶר.*

מְיוּתֶּרֶת, מְיוּתָּרִים, מְיוּתָּרוֹת

מיזבלה ר' מזבלה

מיזגפ' מִזֵּג — merged

1. שָׂם בְּיַחַד, עֵירֵב:

*הַשַּׂר הֶחְלִיט **לְמַזֵּג אֶת** שְׁנֵי הַמִּשְׂרָדִים.*

2. הִכְנִיס מַזְגָן (מַכְשִׁיר לְקֵירוּר וּלְחִימּוּם): air-conditioned

*אֲנַחְנוּ **מְמַזְּגִים אֶת** כׇּל הַבַּיִת.*

לְמַזֵּג אֶת- / מ.ז.ג, פִּיעֵל / מִיזַּגְתִּי, מְמַזֵּג, יְמַזֵּג, מַזֵּג!

מיזוגז' מִזּוּג — merger

1. עִירְבּוּב, חִיבּוּר שֶׁל כַּמָּה דְּבָרִים יַחַד:

*הַ**מִּיזּוּג** שֶׁל שְׁתֵּי הַחֲבָרוֹת יָצַר חֶבְרָה חֲזָקָה אַחַת.*

2. קֵירוּר אוֹ חִימּוּם — air-conditioning

שֶׁל חֶדֶר, בַּיִת, בְּמַכְשִׁיר חַשְׁמַלִּי:

*קָשֶׁה בַּקַּיִץ בְּלִי **מִיזּוּג** אֲוִויר.*

מִיזּוּג גָּלוּיוֹת — integration of exiles

מיזוודה ר' מזוודה **מיזכר** ר' מזכר

מיזמוזז' מִזְמוּז [מִיזְמוּזִים] — petting, necking

1. (לשון דיבור) נְגִיעוֹת בְּגוּף שֶׁל גֶּבֶר וְאִישָּׁה:

*זֶה לֹא מָקוֹם **לְמִיזְמוּזִים**!*

2. (לשון דיבור) בִּיזְבּוּז (שֶׁל זְמַן): goofing off

*אֲנִי שׂוֹנֵא אֶת **מִיזְמוּז** הַזְּמַן בַּמִּשְׂרָד שֶׁלְּךָ.*

מיזמזפ' מִזְמֵז — goofed off

1. (לשון דיבור) בִּיזְבֵּז:

*אֲנַחְנוּ **מְמַזְמְזִים אֶת** הַזְּמַן.*

2. (לשון דיבור) נָגַע נְגִיעוֹת מִינִיּוֹת: petted, necked

*הֶחָצוּף הַזֶּה נִיסָּה **לְמַזְמֵז** אוֹתִי!*

לְמַזְמֵז אֶת- / מ.ז.מ.ז, פִּיעֵל / מִיזְמַזְתִּי, מְמַזְמֵז, אֲמַזְמֵז

מיזנון ר' מזנון **מיזרח** ר' מזרח

מיזרן ר' מזרן

מיזעורז' מִזְעוּר [מִיזְעוּרִים] — minimalization, miniaturization

הַקְטָנָה:

***מִיזְעוּר** חֶלְקֵי הַמַּחְשֵׁב עָשָׂה אוֹתוֹ פּוֹפּוּלָרִי.*

מיזערפ׳ מִזְעֵר minimalized, miniaturized
עָשָׂה שֶׁיִּהְיֶה קָטָן מְאוֹד:
*הַמְהַנְדְּסִים **מִיזְעֲרוּ** אֶת חֶלְקֵי הַטְרַנְזִיסְטוֹר.*
לְמַזְעֵר אֶת- / מ.ז.ע.ר, פִּיעֵל / מִיזְעַרְתִּי, מְמַזְעֵר, יְמַזְעֵר

מיזערת״פ מִזְעָר little, few
(לָשׁוֹן סִפְרוּתִית) מְעַט מְאוֹד, מִינִימוּם:
*אֲנָשִׁים **מִיזְעָר** בָּאוּ לָאֲסֵיפָה.*

מיזערית׳ מִזְעָרִי minimal
מְעַט מְאוֹד, מִינִימָלִי:
*כַּמּוּת הַיַּיִן בָּאוֹכֶל **מִיזְעָרִית**.*
מִיזְעָרִית, מִיזְעָרִיִּים, מִיזְעָרִיּוֹת

מיחושז׳ מֵחוּשׁ [מְחוּשִׁים] ache, pain
הַרְגָּשָׁה שֶׁל כְּאֵב:
*יֵשׁ לִי **מְחוּשֵׁי** רֹאשׁ.*

מיחזורז׳ מִחְזוּר [מִיחְזוּרִים] recycling
שִׁימוּשׁ חוֹזֵר בְּחוֹמָרִים:
***מִיחְזוּר** נְיַיר הָעִיתוֹן חוֹסֵךְ כֶּסֶף.*

מיחזרפ׳ מִחְזֵר recycled
הִשְׁתַּמֵּשׁ עוֹד פַּעַם בְּחוֹמֶר כֹּלְשֶׁהוּ:
***מִיחְזַרְנוּ אֶת** הַמַּיִם הַמְלוּכְלָכִים כְּדֵי לְהַשְׁקוֹת גִּינּוֹת.*
לְמַחְזֵר אֶת- / מ.ח.ז.ר, פִּיעֵל / מִיחְזַרְתִּי, מְמַחְזֵר, מַחְזֵר!

מיחםז׳ מֵחַם [מְחַמִּים] big kettle, samovar
סִיר גָּדוֹל מְאוֹד שֶׁמְּחַמְּמִים בּוֹ מַיִם, כְּמוֹ קוּמְקוּם:
*הַ**מֵּיחָם** עַל הַשּׁוּלְחָן, כֹּל אֶחָד יָכוֹל לִמְזוֹג לְעַצְמוֹ תֵּה.*

מיחשבפ׳ מִחְשֵׁב computerized
הִכְנִיס מַחְשֵׁב כְּדֵי לְבַצֵּעַ אֶת הָעֲבוֹדָה:
*הוּא **מִיחְשֵׁב אֶת** כֹּל הַפְּעוּלּוֹת שֶׁל הַבַּנְק.*
לְמַחְשֵׁב אֶת- / מ.ח.ש.ב, פִּיעֵל / מִיחְשַׁבְתִּי, מְמַחְשֵׁב

מיחשובז׳ מִחְשׁוּב computerizaion
הַכְנָסָה שֶׁל שִׁימּוּשׁ בְּמַחְשֵׁב:
*בַּבַּנְק עוֹבְרִים לְ**מִיחְשׁוּב** שֶׁל כֹּל הַחֶשְׁבּוֹנוֹת.*

מיטבז׳ מֵיטָב best
הַחֵלֶק הַטּוֹב בְּיוֹתֵר:
*רָאִינוּ אֶת **מֵיטַב** הַהַצָּגוֹת.*
עָשָׂה כְּמֵיטַב יְכוּלְתּוֹ did his best

מיטבח ר׳ מטבח

מיטהנ׳ מִטָּה [מִיטּוֹת] bed
רָהִיט לִשְׁכִיבָה וְלִשֵׁינָה:
*הַיֶּלֶד גָּדַל, וְהַהוֹרִים קָנוּ לוֹ **מִיטָּה** חֲדָשָׁה.*
מִיטַּת סְדוֹם procrustean bed

מיטווחז׳ מִטְוָח [מִיטְוָוחִים] shooting range
אִימּוּן בִּירִיָּיה מְדוּיֶּקֶת וּמְקוֹם הַתִּירְגּוּל:
*אֲנַחְנוּ מִתְכּוֹנְנִים לְ**מִיטְוָוח** בְּרוֹבֶה 'גָּלִיל'.*
*הַ**מִּטְוָוח** נִמְצָא מִחוּץ לָעִיר.*

מיטיבתר״ז מֵיטִיב [מֵיטִיבִים] benefactor
מִי שֶׁעוֹשֶׂה טוֹבוֹת לָאֲנָשִׁים:
*תַּגִּיד תּוֹדָה לְמִי **שֶׁמֵּיטִיב** אִיתְּךָ.*
2. עוֹשֶׂה בְּצוּרָה טוֹבָה: is good at
*הוּא **מֵיטִיב** לְנַגֵּן בְּפְּסַנְתֵּר.*
מֵיטִיבָה, מֵיטִיבוֹת

מיטלטלת׳ מִטַּלְטֵל portable
שֶׁאֶפְשָׁר לְהַעֲבִיר אוֹתוֹ מִמָּקוֹם לְמָקוֹם:
*קָנִיתִי טֶלֶוְויזְיָה קְטַנָּה **מִיטַּלְטֶלֶת**.*
מִיטַּלְטֶלֶת, מִיטַּלְטְלִים, מִיטַּלְטְלוֹת

מיטלטליןז״ר מִטַּלְטְלִין/מִטַּלְטְלִים movable property, belongings
(לָשׁוֹן סִפְרוּתִית) חֲפָצִים שֶׁאֶפְשָׁר לְהַעֲבִיר מִמָּקוֹם לְמָקוֹם:
*לָקַחְתִּי אֶת **הַמִּיטַּלְטְלִין** שֶׁלִּי וְעָבַרְתִּי לְדִירָה חֲדָשָׁה.*

מיטען ר׳ מטען **מיטרד** ר׳ מטרד
מיטרייה ר׳ מטרייה

מייגעת׳ מְיַגֵּעַ tiring, tiresome
גּוֹרֵם עֲיֵיפוּת, מְעַיֵּיף:
*הַטִּיּוּל הָיָה אָרוֹךְ **וּמְיַיגֵּעַ**.*
מְיַיגַּעַת, מְיַיגְּעִים, מְיַיגְּעוֹת

מייד ר׳ מיד

מיידית׳ מִיָּדִי immediate
מָהִיר:
*צָרִיךְ פְּעוּלָּה **מִיָּדִית** לִקְלִיטַת עֲלִיָּיה.*
מִיָּדִית, מִיָּדִיִּים, מִיָּדִיּוֹת

מיידיותנ׳ מִיָּדִיּוּת immediacy
עֲשִׂיָּיה מִיָּד, תֵּיכֶף, בְּלִי דְּחִיָּיה:
*הוּא מַקְפִּיד עַל **מִיָּדִיּוּת** בָּעֲבוֹדָה, לָכֵן הַכֹּל מוּכָן בַּזְּמַן.*

מיילדתר״ז מְיַלֵּד obstetrician
מִי שֶׁמְּטַפֵּל בְּאִישָּׁה בִּזְמַן לֵידָה:
*הוּא רוֹצֶה לִהְיוֹת רוֹפֵא **מְיַילֵּד**.*

מיילדותנ׳ מְיַלְּדוּת midwifery
הַשִּׁיטָה שֶׁעוֹזֶרֶת לָאִישָּׁה לָלֶדֶת:
*הִיא לוֹמֶדֶת **מְיַלְּדוּת**.*

מיילדתנ׳ מְיַלֶּדֶת [מְיַילְּדוֹת] midwife
מִי שֶׁעוֹזֶרֶת לָאִישָּׁה בִּזְמַן הַלֵּידָה:
*כְּשֶׁיָּלַדְתִּי, הָיוּ עַל יָדִי רוֹפֵא **וּמְיַלֶּדֶת**.*

מייןפ׳ מִיֵּן sorted, classified
סִידֵּר לְפִי הַמִּין, הַסּוּג:
***מִיַּינְתִּי** תַּפּוּחִים לְפִי הַגּוֹדֶל.*
לְמַיֵּין אֶת- / מ.י.ן, פִּיעֵל / מְמַיֵּין, אֲמַיֵּין, יְמַיֵּין, מַיֵּין!

מייסדז׳ מְיַסֵּד [מְיַיסְּדִים] founder
מִי שֶׁהֵקִים מַשֶּׁהוּ חָדָשׁ:
***מְיַסֵּד** הַסִּפְרִיָּיה רָצָה, שֶׁכָּל סֵפֶר עִבְרִי יִהְיֶה בָּהּ.*
דּוֹר הַמְּיַיסְּדִים the founding fathers
מְיַיסֶּדֶת, מְיַיסְּדוֹת

מייעץת׳ מְיַיעֵץ advisory, adviser
נוֹתֵן עֵיצוֹת, מַצִּיעַ מַה לַעֲשׂוֹת:
*הוּא בַּוַּעֲדָה **הַמְּיַיעֶצֶת** לְרֹאשׁ הַמֶּמְשָׁלָה.*
מְיַיעֶצֶת, מְיַיעֲצִים, מְיַיעֲצוֹת

מייצבת׳ מְיַיצֵּב stabilizer
עוֹשֶׂה שֶׁיִּהְיֶה חָזָק, קָבוּעַ:
*הַמַּכְשִׁיר הַזֶּה **מְיַיצֵּב** אֶת הַמְּכוֹנִית.*
מְיַיצֶּבֶת, מְיַיצְּבִים, מְיַיצְּבוֹת

מייצגת׳ מְיַיצֵּג representative, representing
מִי שֶׁבָּא בִּמְקוֹם מִישֶׁהוּ / מַשֶּׁהוּ אַחֵר:
*עוֹרֵךְ הַדִּין שֶׁלִּי הוּא **הַמְּיַיצֵּג** אוֹתִי. / זֹאת דּוּגְמָה **מְיַיצֶּגֶת**.*
מְיַיצֶּגֶת, מְיַיצְּגִים, מְיַיצְּגוֹת

מיישבת׳ מְיַישֵּׁב settling
דּוֹאֵג שֶׁאֲנָשִׁים יָגוּרוּ בְּמָקוֹם מְסוּיָּם:
*תִּשְׁאֲלוּ אֶת הַמִּשְׂרָד **הַמְּיַישֵּׁב** אֵיפֹה יָקוּם הַקִּיבּוּץ.*
מְיַישֶּׁבֶת, מְיַישְּׁבִים, מְיַישְּׁבוֹת

מיכבסה ר׳ מכבסה
מיכל ר׳ מכל
מיכלית ר׳ מכלית
מיכללה ר׳ מכללה

מיכןפ׳ מִכֵּן mechanized
הִכְנִיס מְכוֹנוֹת לְשִׁימּוּשׁ:
*אֲנַחְנוּ **מְמַכְּנִים** אֶת הַמִּפְעָל.*
לְמַכֵּן אֶת- / מ.כ.ן, פִּיעֵל / מִיכַּנְתִּי, מְמַכֵּן, אֲמַכֵּן, יְמַכֵּן

מיכסה ר׳ מכסה
מיכשול ר׳ מכשול

מיכשורז׳ מִכְשׁוּר [מִיכְשׁוּרִים] instrumentation
הַכְנָסַת מַכְשִׁירִים לָעֲבוֹדָה, לַמִּשְׂרָד:
*הַיּוֹם יֵשׁ יוֹתֵר **מִיכְשׁוּר** וּפָחוֹת עֲבוֹדַת יָדַיִים.*

מיכתב ר׳ מכתב

מיכתםז׳ מִכְתָּם [מִכְתָּמִים] epigram
מִשְׁפָּט קָצָר, שֶׁיֵּשׁ לוֹ כַּוָּונָה מְיוּחֶדֶת:
*'אֵין עָשָׁן בְּלִי אֵשׁ' הוּא **מִכְתָּם** יָדוּעַ.*

מילאפ׳ מִלֵּא filled
שָׂם הַרְבֵּה בְּתוֹךְ מַשֶּׁהוּ, עַד שֶׁאֵין מָקוֹם לְהוֹסִיף:
***מִילֵּאתִי** כּוֹס מַיִם.*
לְמַלֵּא אֶת- / מ.ל.א, פִּיעֵל / מִילֵּאתִי, מְמַלֵּא, יְמַלֵּא, מַלֵּא!

מילאק׳ מֵילָא never mind, so be it
שֶׁיִּהְיֶה, אֵין דָּבָר:
***מֵילָא**, אֲנִי מַרְשֶׁה לְךָ לָלֶכֶת.*
מִמֵּילָא ת״פ in any case

מילגהנ׳ מִלְגָּה [מִלְגוֹת] scholarship
כֶּסֶף שֶׁנּוֹתְנִים לְתַלְמִיד לְלִימּוּדִים:
*הַיּוֹם מְחַלְּקִים **מִלְגוֹת** לְתַלְמִידִים מְצַטְּיְינִים.*

מילהנ׳ מִלָּה [מִילִּים] word
צְלִילִים שֶׁיֵּשׁ לָהֶם מַשְׁמָעוּת, כְּמוֹ 'אֲנִי', 'אָמַר':
*לָמַדְתִּי הַרְבֵּה **מִילִּים** חֲדָשׁוֹת בְּעִבְרִית.*
מִילָּה בְּמִילָּה verbatim
מִילַּת יַחַס ר׳ יחס

מילהנ׳ מִילָה [מִילוֹת] circumcision
טֶקֶס שֶׁעוֹשִׂים לְיֶלֶד יְהוּדִי בֶּן 8 יָמִים:
*בְּרִית **הַמִּילָה** שֶׁל הַתִּינוֹק נַעַשְׂתָה בַּבַּיִת עַל יְדֵי מוֹהֵל.*
בְּרִית-מִילָה circumcision ceremony

מילואיםז״ר מִלּוּאִים reserves (army)
1. הָרֶזֶרְבָה שֶׁל הַצָּבָא. מִי שֶׁיּוֹצְאִים חוֹדֶשׁ בְּשָׁנָה לְאִימּוּנִים בַּצָּבָא:
*דָּוִד לֹא בַּבַּיִת, הוּא **בְּמִילּוּאִים** עַד סוֹף הַחוֹדֶשׁ.*
2. מַשֶּׁהוּ שֶׁבָּא לְהוֹסִיף: supplements
*בְּסוֹף הַמִּילּוֹן יֵשׁ פֶּרֶק **מִילּוּאִים**.*

מילווה ר׳ מלווה

מילוטז׳ מִלּוּט rescue
הַצָּלָה מִסַּכָּנָה:
*צָרִיךְ לַחְשׁוֹב עַל דֶּרֶךְ **מִילּוּט**, אִם תִּפְרוֹץ שְׂרֵיפָה.*

כִּיסֵא-מִילוּט ejection seat

מַדְרֵגוֹת-מִילוּט emergency stairs

מילויז, מִלּוּי [מִילוּיִים/מִילוּאִים] filling, stuffing
מַה שֶׁמַּכְנִיסִים לְתוֹךְ:
הַמִּילוּי שֶׁל הָעֵט נִגְמַר. / אֲנִי אוֹהֵב מִילוּי תַּפּוּחִים בְּעוּגוֹת.

מילולית, מִלּוּלִי literal
לְפִי פֵּירוּשׁ שֶׁל כֹּל מִילָּה:
אֲנִי מֵבִין בְּאוֹפֶן מִילוּלִי מַה כָּתוּב, אֲבָל מַה הַכַּוָּונָה?
תַּרְגּוּם מִילוּלִי literal translation
מִילוּלִית, מִילוּלִיִּים, מִילוּלִיּוֹת

מילוןז, מִלּוֹן [מִילוֹנִים] dictionary
סֵפֶר שֶׁל מִילִּים, מְסוּדָּר בְּסֵדֶר אָלֶפְבֵּיתִי:
מִילוֹן זֶה כּוֹלֵל אֶת כֹּל הַמִּילִּים הַבְּסִיסִיּוֹת בַּשָּׂפָה.

מילונאותנ, מִלּוֹנָאוּת lexicography
כְּתִיבָה שֶׁל מִילוֹן:
הַמִּילוֹנָאוּת הִיא עֲבוֹדָה מְעַנְיֶינֶת.

מילונאיז, מִלּוֹנַאי lexicographer
מִי שֶׁכּוֹתֵב מִילוֹן:
הַמִּילוֹנַאי יוֹדֵעַ אֶת כֹּל הַמִּילִּים בַּמִּילוֹן.
מִילוֹנָאִית, מִילוֹנָאִיּוֹת

מילונית, מִלּוֹנִי lexical
קָשׁוּר בְּמִילוֹן, בִּכְתִיבַת מִילִּים וְהַהֶסְבֵּר שֶׁלָּהֶן:
הָעֲבוֹדָה הַמִּילוֹנִית דּוֹרֶשֶׁת דַּייקָנוּת (פֶּדַנְטִיּוּת).
מִילוֹנִית, מִילוֹנִיִּים, מִילוֹנִיּוֹת

מילחייה ר' מלחייה **מילחמה** ר' מלחמה

מילטפ, מִלֵּט saved, rescued
הִצִּיל, הִבְרִיחַ כְּדֵי לְהַצִּיל:
הוּא מִילֵּט אוֹתִי מִן הַגֶּטוֹ.
לְמַלֵּט אֶת- / מ.ל.ט, פִּיעֵל / מִילַּטְתִּי, מְמַלֵּט, אֲמַלֵּט, יְמַלֵּט

מיליתנ, מִלִּית [מִילִּיּוֹת] particle (gram.)
מִילָּה קְצָרָה, מִילַּת יַחַס, וְכוּ':
'אֶל', 'עַל' וְכוּ' הֵן מִילִּיּוֹת יַחַס.

מילכדפ, מִלְכֵּד booby-trapped
שָׂם מַשֶּׁהוּ שֶׁיִּפָּגַע (פְּצָצָה, מוֹקֵשׁ):
מִילְכְּדוּ אֶת הַבַּיִת, מִי שֶׁיִּיכָּנֵס עָלוּל לָמוּת.
לְמַלְכֵּד אֶת- / מ.ל.כ.ד, פִּיעֵל / מִילְכַּדְתִּי, מְמַלְכֵּד, מַלְכֵּד!

מילכודז, מִלְכּוּד [מִילְכּוּדִים] booby-trap, catch
מַצָּב שֶׁקָּשֶׁה לָצֵאת מִמֶּנּוּ:
אֲנִי בְּמִילְכּוּד - אִם אַגִּיד שֶׁרוּת צוֹדֶקֶת, רָחֵל תִּכְעַס, אִם אַגִּיד שֶׁרָחֵל צוֹדֶקֶת רוּת תִּכְעַס.

מיללפ, מִלֵּל spoke, uttered
(בְּלָשׁוֹן סִפְרוּתִית) דִּיבֵּר סִיפֵּר:
מִי יְמַלֵּל גְּבוּרוֹת יִשְׂרָאֵל?
לְמַלֵּל אֶת- / מ.ל.ל, פִּיעֵל / מִילַּלְתִּי, מְמַלֵּל, יְמַלֵּל, מַלֵּל!

מילמולז, מִלְמוּל [מִילְמוּלִים] mumbling
דִּיבּוּר לֹא בָּרוּר:
כֹּל הַשִּׁיעוּר שׁוֹמְעִים מִילְמוּלִים, אֲנִי מְבַקֵּשׁ שֶׁקֶט!

מילמלפ, מִלְמֵל mumbled
דִּיבֵּר בְּצוּרָה לֹא בְּרוּרָה:
אַתָּה מְמַלְמֵל מַשֶּׁהוּ, וַאֲנִי לֹא מֵבִין.
לְמַלְמֵל אֶת- / מ.ל.מ.ל, פִּעֵל / מִילְמַלְתִּי, מְמַלְמֵל, יְמַלְמֵל

מיםז"ר מַיִם water
נוֹזֵל חֲסַר צֶבַע וָרֵיחַ (H_2O):
אֲנִי צָמֵא מְאוֹד, אֲנִי רוֹצֶה לִשְׁתּוֹת מַיִם קָרִים.
מֵי שְׁתִיָּיה drinking water
מַיִם מְתוּקִים fresh water
מַיִם מְזוּקָּקִים distilled water
מַיִם רְדוּדִים shallow water
עַל מֵי-מְנוּחוֹת feacefully
בָּאוּ מַיִם עַד נֶפֶשׁב (I, he, etc...) can take no more

מימדז, מֵמַד [מְמַדִּים] dimension
אוֹרֶךְ, רוֹחַב וְעוֹמֶק:
בְּצִיּוּר אֶפְשָׁר לִרְאוֹת שְׁנֵי מְמַדִּים וּבְפִיסּוּל - שְׁלוֹשָׁה.

מימוןז, מִמּוּן financing
נְתִינַת כֶּסֶף לְמַשֶּׁהוּ:
מִימוּן פְּרוֹיֶיקְט הַבְּנִיָּיה לָעוֹלִים בָּא מִן הַמֶּמְשָׁלָה.

מימושז, מִמּוּשׁ [מִימוּשִׁים] realization
בִּיצּוּעַ, כְּשֶׁעוֹשִׂים מַשֶּׁהוּ מַמָּשִׁי, קוֹנְקְרֶטִי:
הָעֲלִיָּיה לְיִשְׂרָאֵל הִיא מִימוּשׁ הָאִידֵאָה הַצִּיּוֹנִית.

מימטרים ר' ממטרים

מימית, מֵימִי watery
נוֹזֵל מְעוֹרָב בְּהַרְבֵּה מַיִם:
הַמָּרָק הַזֶּה מֵימִי, הוּא לֹא טָעִים.
מֵימִית, מֵימִיִּים, מֵימִיּוֹת

מימייהנ, מֵימִיָּה [מֵימִיּוֹת] canteen
כְּלִי לְמַיִם שֶׁלּוֹקְחִים לְטִיּוּל, בַּצָּבָא וְכוּ':
*אָסוּר לָצֵאת לְטִיּוּל בְּלִי **מֵימִיָּה** מְלֵאָה מַיִם.*

מימיןת' מַיְמִין turning right
פּוֹנֶה לְצַד יָמִין:
***הַמַּיְמִינִים** בַּפּוֹלִיטִיקָה הֵם נֶגֶד הַסּוֹצְיָאלִיזְם.*
מַיְמִינָה, מַיְמִינִים, מַיְמִינוֹת

מימןפ' מִמֵּן financed
נָתַן מָמוֹן (=כֶּסֶף), שִׁילֵּם עֲבוּר מַשֶּׁהוּ:
*הוֹרַיי **מִימְּנוּ** אֶת הַלִּימוּדִים בָּאוּנִיבֶרְסִיטָה.*
לְמַמֵּן אֶת- / מ.מ.ן, פִּיעֵל / מִימַּנְתִּי, מְמַמֵּן, אֲמַמֵּן, מַמֵּן!

מימןז' מֵימָן hydrogen
אֶחָד מִשְּׁנֵי הַמַּרְכִּיבִים שֶׁל מַיִם,
*בְּמַיִם יֵשׁ 2 אֲטוֹמִים **מֵימָן** וְאֶחָד חַמְצָן (H_2O):*
פְּצָצַת-מֵימָן hydrogen bomb

מימסד ר' ממסד **מימסדי** ר' ממסד
מימצא ר' ממצא **מימרח** ר' ממרח

מימרהנ, מֵימְרָה/מֵימְרָא [מֵימְרוֹת] saying
פִּתְגָם, בִּיטּוּי:
***הַמֵּימְרָה**, 'אֵין חָכָם כְּבַעַל נִיסָּיוֹן', נְכוֹנָה מְאוֹד.*

מימשפ' מִמֵּשׁ realized, carried out
בִּיצֵּעַ, עָשָׂה שֶׁיִּהְיֶה:
*הוּא **מִימֵּשׁ** אֶת שְׁאִיפָתוֹ וְעָלָה לְיִשְׂרָאֵל.*
לְמַמֵּשׁ אֶת- / מ.מ.ש, פִּיעֵל / מִימַּשְׁתִּי, מְמַמֵּשׁ, מַמֵּשׁ!

מימשל ר' ממשל

מיןז' מִין [מִינִים] kind, sort
1. סוּג, קְבוּצָה:
*אֵיזֶה **מִין** עֵץ זֶה? / יֵשׁ כֹּל **מִינֵי** דָּגִים בַּיָּם.*
2. (בְּדִיקְדּוּק) gender
*'יֶלֶד', 'שׁוּלְחָן', 'כִּיסֵּא' - שֵׁמוֹת **מִמִּין** זָכָר. / 'יַלְדָּה', 'דֶּלֶת', 'חֲנוּת' - שֵׁמוֹת **מִמִּין** נְקֵבָה.*
3. זָכָר וּנְקֵבָה בְּעוֹלָם הַחַי וְהַצּוֹמֵחַ: sex
*בְּיִשְׂרָאֵל יֵשׁ זְכוּיוֹת שָׁווֹת לְכוּלָּם לְלֹא הֶבְדֵּל **מִין**.*
4. סֶקְס, הַיְּחָסִים הָאִינְטִימִיִּים בֵּין גְּבָרִים וְנָשִׁים: sex
*קָרָאתִי סֵפֶר חָדָשׁ עַל 'חַיֵּי **הַמִּין** שֶׁל הָאָדָם'.*
5. קְבוּצָה טִבְעִית (קְבוּצָה שֶׁל שַׁיָּיכוּת): species
*כֶּלֶב בַּיִת, זְאֵב וְתַן הֵם **מִינִים** שׁוֹנִים שֶׁל כֶּלֶב.*
הַמִּין הָאֱנוֹשִׁי mankind
מָצָא מִין אֶת מִינוֹ birds of a feather flock together

מינהפ' מִנָּה appointed
נָתַן לְמִישֶׁהוּ עֲבוֹדָה אוֹ תַּפְקִיד:
*נְשִׂיא הַמְּדִינָה **מִינָּה** שׁוֹפְטִים חֲדָשִׁים.*
לְמַנּוֹת אֶת- / מ.נ.ה, פִּיעֵל / מִינִּיתִי, מְמַנֶּה, יְמַנֶּה, מַנֵּה!

מינהג ר' מנהג **מינהל** ר' מנהל
מינהלה ר' מנהלה **מינהרה** ר' מנהרה

מינוחז' מִנּוּחַ [מִינּוּחִים] terminology
כְּשֶׁנּוֹתְנִים שֵׁם מְדוּיָּק לִדְבָרִים:
***הַמִּינּוּחַ** הָעִבְרִי לְאֶלֶקְטְרוֹנִיקָה הוּא חַשְׁמַל.*

מינויז' מִנּוּי [מִינּוּיִים] appointment
כְּשֶׁנּוֹתְנִים לְמִישֶׁהוּ תַּפְקִיד:
*אֲנַחְנוּ מְחַכִּים **לְמִינּוּי** שֶׁל מְנַהֵל חָדָשׁ.*
כְּתַב-מִינּוּי letter of appointment

מינוןז' מִנּוּן [מִינּוּנִים] dosage
כַּמּוּת מַתְאִימָה (שֶׁל תְּרוּפוֹת וְכוּ'):
*אֲנִי לוֹקֵחַ מִן הַתְּרוּפָה הַזֹּאת **בְּמִינּוּן** נָמוּךְ.*

מינזר ר' מנזר **מינחה** ר' מנחה
מינחת ר' מנחת

מינית' מִינִי sexual
הַשַּׁיָּיךְ לַיְּחָסִים שֶׁבֵּין גֶּבֶר לְאִישָּׁה:
*הַהִתְנַהֲגוּת **הַמִּינִית** שֶׁל כֹּל בַּעֲלֵי הַחַיִּים דּוֹמָה.*
מִינִית, מִינִיִּים, מִינִיּוֹת

מיניותנ, מִינִיּוּת sexuality
הַמְּשִׁיכָה בֵּין גְּבָרִים וְנָשִׁים:
***הַמִּינִיּוּת** מַבְטִיחָה אֶת הֶמְשֵׁךְ הַחַיִּים בָּעוֹלָם.*

מינסרה ר' מנסרה **מינשר** ר' מנשר

מיסבז' מֵסַב [מֵסַבִּים] bearing
קוּגֶּלֶגֶר, טַבַּעַת שֶׁבְּתוֹכָהּ מִסְתּוֹבֵב גַּלְגַּל:
*הָיָה צָרִיךְ לְהַחֲלִיף אֶת **מֵיסַב** הַגַּלְגַּלִּים בַּמְּכוֹנָה.*

מיסגד ר' מסגד

מיסגורז' מִסְגּוּר framing
כְּשֶׁשָּׂמִים מִסְגֶּרֶת, כְּשֶׁסּוֹגְרִים בְּתוֹךְ מִסְגֶּרֶת:
***מִיסְגּוּר** הַתְּמוּנוֹת שׁוֹמֵר עֲלֵיהֶן.*

מיסגרפ' מִסְגֵּר framed
שָׂם תְּמוּנָה בְּמִסְגֶּרֶת:

*מִיסגַרְתִּי **אֶת** הַצִּיוּרִים וְתָלִיתִי אוֹתָם.*
לְמַסְגֵּר אֶת- / מ.ס.ג.ר, פִּיעֵל / מִיסגַרְתִּי, מְמַסְגֵּר, יְמַסְגֵּר

מיסד פ, מִסֵּד — institutionalized
עָשָׂה שֶׁהַדָּבָר יִהְיֶה קָבוּעַ, לְפִי חוֹק:
*חֲתוּנָּה **מְמַסֶּדֶת** קְשָׁרִים בֵּין בָּחוּר לְבֵין בַּחוּרָה.*
לְמַסֵּד אֶת- / מ.ס.ד, פִּיעֵל / מִיסַּדְתִּי, מְמַסֵּד, יְמַסֵּד

מיסדר ר׳ מסדר

מיסוי ז, מִסּוּי — taxation
קְבִיעָה שֶׁל מַס:
*אֶת **הַמִּיסּוּי** עַל מְכוֹנִיּוֹת קוֹבַעַת הַמֶּמְשָׁלָה.*

מיסחר פ, מִסְחֵר — commercialized
עָשָׂה שֶׁמַּשֶּׁהוּ יִהְיֶה כְּמוֹ סְחוֹרָה - יִקְנוּ וְיִמְכְּרוּ אוֹתוֹ:
*הוּא **מִיסְחֵר** אֶת הָאוֹמָנוּת שֶׁלּוֹ.*
לְמַסְחֵר אֶת- / מ.ס.ח.ר, פִּיעֵל / מִיסְחַרְתִּי, מְמַסְחֵר

מיסמוס ז, מִסְמוּס — dissolving
הֲפִיכָה לְנוֹזֵל:
***מִיסְמוּס** הַסּוּכָּר בְּמַיִם קָרִים נַעֲשֶׂה בְּקוֹשִׁי.*

מיסמך ר׳ מסמך

מיסמס פ, מִסְמֵס — dissolved
עָשָׂה שֶׁיִּהְיֶה נוֹזֵל:
***מִיסְמַסְתִּי** **אֶת** הַסּוּכָּר בְּמַיִם חַמִּים.*
לְמַסְמֵס אֶת- / מ.ס.מ.ס, פִּיעֵל / מְמַסְמֵס, יְמַסְמֵס

מיסמר פ, מִסְמֵר — nailed
חִיבֵּר בְּמַסְמְרִים:
***מִיסְמַרְתִּי** **אֶת** הָאָרוֹן לַקִּיר.*
לְמַסְמֵר אֶת- / מ.ס.מ.ר, פִּיעֵל / מְמַסְמֵר, יְמַסְמֵר

מיסעף ז, מִסְעָף [מִיסְעָפִים] — junction
מָקוֹם שֶׁהַכְּבִישׁ מִתְחַלֵּק לְכַמָּה כְּבִישִׁים בְּכִיווּנִים שׁוֹנִים:
*כְּשֶׁתַּגִּיעַ **לַמִּיסְעָף**, תִּיסַּע בַּכְּבִישׁ הַיְמָנִי עַד הַסּוֹף.*

מיספר פ, מִסְפֵּר — numerated
סִימֵן אוֹ קָבַע מִסְפָּרִים:
***מִיסְפַּרְתִּי** אֶת הַדַּפִּים בַּמַּחְבֶּרֶת מ-1 עד 72.*
לְמַסְפֵּר אֶת- / מ.ס.פ.ר, פִּיעֵל / מִיסְפַּרְתִּי, מְמַסְפֵּר, מַסְפֵּר!

מיספור ז, מִסְפּוּר — numeration
קְבִיעַת מִסְפָּרִים, סִימּוּן מִסְפָּרִים:
***מִיסְפּוּר** דַּפִּים בְּסֵפֶר חָשׁוּב לַקּוֹרֵא.*

מיעוט ז, מִעוּט [מִיעוּטִים] — minority
1. הַחֵלֶק הַקָּטָן מִתּוֹךְ קְבוּצָה:
*הָרוֹב הִצְבִּיעַ בְּעַד הַטִּיּוּל, **וְהַמִּיעוּט** נֶגֶד.*
2. מְעַט, פָּחוֹת: — little (small quantity)
*אֲנִי סוֹבֵל **מִמִּיעוּט** בְּשֵׁינָה.*
מִיעוּטִים — minorities

מיעט פ, מִעֵט — reduced
עָשָׂה שֶׁיִּהְיֶה קָטָן, פָּחוֹת:
*הוּא רָזֶה, כִּי הוּא **מְמַעֵט** בַּאֲכִילָה.*
מִיעֵט בְּעֶרְכּוֹ — underestimated
לְמַעֵט בְּ- / מ.ע.ט, פִּיעֵל / מִיעַטְתִּי, מְמַעֵט, יְמַעֵט, מַעֵט!

מיען פ, מִעֵן — addressed
כָּתַב אֶת הַכְּתוֹבֶת (עַל מִכְתָּב וְכוּ׳):
*צָרִיךְ **לְמַעֵן** **אֶת** הַמִּכְתָּבִים בִּכְתָב בָּרוּר.*
לְמַעֵן אֶת- / מ.ע.ן, פִּיעֵל / מִיעַנְתִּי, מְמַעֵן, יְמַעֵן, מַעֵן!

מיפגן ר׳ מפגן — **מיפגע** ר׳ מפגע
מיפגש ר׳ מפגש

מיפה פ, מִפָּה — mapped
צִיֵּיר מַפָּה (גֵיאוֹגְרָפִית, טוֹפּוֹגְרָפִית וְכוּ׳):
***מִיפִּינוּ** **אֶת** הָאֵיזוֹרִים, שֶׁיָּרַד בָּהֶם מְעַט גֶּשֶׁם.*
לְמַפּוֹת אֶת- / מ.פ.ה, פִּיעֵל / מִיפִּיתִי, מְמַפֶּה, יְמַפֶּה

מיפוי ז, מִפּוּי [מִיפּוּיִים] — mapping
צִיּוּר מַפָּה, תֵּיאוּר מְקוֹמוֹת בְּאֵיזוֹר מְסוּיָּם:
***הַמִּיפּוּי** שֶׁל הַכְּבִישִׁים בָּאָרֶץ חָשׁוּב לְכָל נֶהָג.*

מיפלט ר׳ מפלט — **מיפלס** ר׳ מפלס
מיפנה ר׳ מפנה — **מיפעל** ר׳ מפעל
מיפקד ר׳ מפקד — **מיפקדה** ר׳ מפקדה
מיפרט ר׳ מפרט — **מיפרעה** ר׳ מפרעה
מיפרץ ר׳ מפרץ — **מיפרק** ר׳ מפרק
מיפרש ר׳ מפרש — **מיפשק** ר׳ מפשק
מיפתח ר׳ מפתח — **מיפתן** ר׳ מפתן

מיץ ז, מִיץ [מִיצִים] — juice
מַשְׁקֶה אוֹ נוֹזֵל מִפֵּירוֹת:
*מָה אַתָּה מַעֲדִיף - **מִיץ** תַּפּוּזִים אוֹ **מִיץ** אֶשְׁכּוֹלִיּוֹת?*

מיצב ז, מֵיצָב [מֵיצָבִים] — installation (art)
יְצִירַת אוֹמָנוּת מוֹדֶרְנִית, כְּשֶׁמַּצִּיבִים/מַעֲמִידִים מַשֶּׁהוּ בְּשֶׁטַח אוֹ בְּמֶרְחָב:
*כְּשֶׁהָיִיתִי בַּמּוּזֵיאוֹן, הִסְתַּכַּלְתִּי **בַּמֵּיצָבִים** שֶׁבַּתַּעֲרוּכָה.*

מיצבור ר׳ מצבור

מיצבעה נ, מִצְבָּעָה [מִיצְבָּעוֹת] dyer's shop
מָקוֹם שֶׁצּוֹבְעִים בַּדִּים וְכוּ':
בַּמִּיצְבָּעָה צָבְעוּ אֶת הַמְּכוֹנִית בְּצֶבַע אָדוֹם.

מיצג ז, מֵיצָג [מֵיצָגִים] performance art
יְצִירַת אוֹמָנוּת מוּרְכֶּבֶת - רִיקּוּד, צִיּוּר וְסֶרֶט בְּיַחַד:
מֵיצָג הוּא חִידּוּשׁ שֶׁל הָאוֹמָנוּת הַמּוֹדֶרְנִית.

מיצה פ, מִצָּה exhausted
עָשָׂה בְּאוֹפֶן יְסוֹדִי, הוֹצִיא כֹּל מַה שֶּׁאֶפְשָׁר:
הַמַּרְצֶה מִיצָּה אֶת הַנּוֹשֵׂא.
לְמַצּוֹת אֶת- / מ.צ.ה, פִּיעֵל / מִיצִּיתִי, מְמַצֶּה, אֲמַצֶּה

מיצוי ז, מִצּוּי exhaustion
כְּשֶׁמּוֹצִיאִים מִמַּשֶּׁהוּ כֹּל מַה שֶּׁאֶפְשָׁר:
הִגַּעְתִּי לְמִיצּוּי הַנּוֹשֵׂא, אֵין לִי מַה לְהוֹסִיף.
מִיצּוּי-הַדִּין 'throwing the book' at somebody

מיצלול ז, מִצְלוֹל sound, resonance
הַצְּלִילִים, הַקּוֹלוֹת שֶׁשּׁוֹמְעִים (בְּמוּסִיקָה, בְּשִׁירָה וְכוּ'):
הַמִּיצְלוֹל שֶׁל כִּינּוֹר סטרָדִיוַורִיוּס הוּא נִפְלָא.

מיצמוץ ז, מִצְמוּץ [מִיצְמוּצִים] blinking
תְּנוּעָה קְטַנָּה בָּעֵינַיִים:
הַמִּיצְמוּץ בָּעֵינַיִים בָּא בִּגְלַל עַצְבָּנוּת.

מיצמץ פ, מִצְמֵץ blinked
עָשָׂה תְּנוּעָה קְטַנָּה בָּעֵינַיִים:
הוּא מְמַצְמֵץ, כִּי הָאוֹר חָזָק.
לְמַצְמֵץ / מ.צ.מ.ץ, פִּיעֵל / מִיצְמַצְתִּי, מְמַצְמֵץ, יְמַצְמֵץ

מיצעד ר' מצעד

מיצער ת', מִצְעָר trifle
(לָשׁוֹן סִפְרוּתִית) קָטָן מְאוֹד:
רַק שָׂרִיד מִיצְעָר נִשְׁאַר מִן הַמִּשְׁפָּחָה.
לַמִּיצְעָר ת"פ at least

מיצפה ר' מצפה

מיצפור ז, מִצְפּוֹר [מִיצְפּוֹרִים] lookout point
מָקוֹם גָּבוֹהַּ, שֶׁמִּמֶּנּוּ רוֹאִים נוֹף יָפֶה:
מִן הַמִּיצְפּוֹר שֶׁעַל רֹאשׁ הָהָר רוֹאִים אֶת הָעֵמֶק כְּאִילּוּ בְּעֵינֵי צִיפּוֹר (מִלְמַעְלָה).

מיצר ז, מֵצַר [מְצָרִים] strait
מָקוֹם צַר (אֲדָמָה צָרָה בְּתוֹךְ יָם, מַעֲבָר יָם בֵּין שְׁתֵּי יַבָּשׁוֹת):
מֵהַיָּם הַתִּיכוֹן לָאוֹקְיָינוֹס יוֹצְאִים דֶּרֶךְ מֵיצַר גִּיבְּרַלְטַר.
בֵּין הַמְּצָרִים in (dire) straits
מִן הַמֵּיצַר out of distress

מיצרך ר' מצרך **מיקבע** ר' מקבע

מיקד פ, מִקֵּד focused
רִיכֵּז, צִימְצֵם לִנְקוּדָּה אַחַת:
הוּא מִיקֵּד אֶת הַהַרְצָאָה בְּנוֹשֵׂא הַבִּיטָּחוֹן.
לְמַקֵּד אֶת- / מ.ק.ד, פִּיעֵל / מִיקַּדְתִּי, מְמַקֵּד, יְמַקֵּד, מַקֵּד!

מיקדמה ר' מקדמה **מיקדמי** ר' מקדמי
מיקדש ר' מקדש

מיקוד ז, מִקּוּד zip code
1. קוֹד, מִסְפָּרִים בִּמְקוֹם שֵׁם, מָקוֹם, וְכוּ':
הַמִּיקּוּד שֶׁל הַשְּׁכוּנָה שֶׁלִּי הוּא 69016.
2. רִיכּוּז בְּעִנְיָין אֶחָד, בִּנְקוּדָּה אַחַת: focus(ing)
אֲנִי צָרִיךְ מִשְׁקָפַיִים כְּדֵי לְתַקֵּן אֶת מִיקּוּד הָעֵינַיִים שֶׁלִּי.

מיקווה ר' מקווה

מיקוח ז, מִקּוּחַ [מִיקּוּחִים] bargaining
וִיכּוּחַ עַל מְחִיר בִּזְמַן קְנִיָּיה:
אַחֲרֵי מִיקּוּחַ אָרוֹךְ שִׁילַּמְתִּי 100 ש"ח.

מיקום ז, מִקּוּם [מִיקּוּמִים] location
בְּחִירָה וּקְבִיעָה שֶׁל מָקוֹם:
הַמִּיקּוּם שֶׁל הַבַּיִת טוֹב.

מיקח ז, מִקָּח buying
מַה שֶּׁלּוֹקְחִים, קוֹנִים.
מִיקָּח וּמִמְכָּר - buying and selling
מִיקָּח וּמִמְכָּר נַעֲשִׂים בַּשּׁוּק.
מִיקַּח טָעוּת ב' - bad buy
קְנִיַּית הַמְּכוֹנִית הָיְיתָה מִיקַּח טָעוּת.
עָמַד עַל הַמִּיקָּח ב' - bargained
בַּחֲנוּת הַזֹּאת לֹא עוֹמְדִים עַל הַמִּיקָּח.

מיקטע ז, מִקְטָע [מִיקְטָעִים] segment, fragment
חֵלֶק מִמַּשֶּׁהוּ שָׁלֵם:
זֹאת לֹא כֹּל הַתְּמוּנָה, זֶה רַק מִקְטָע.

מיקלדת ר' מקלדת **מיקלט** ר' מקלט

מיקם פ, מִקֵּם placed, positioned
בָּחַר אוֹ קָבַע מָקוֹם:

הָאַרכִיטֶקט **מִיקֵם** אֶת הַבַּיִת בְּרֹאשׁ הַגִבעָה.
לְמַקֵם אֶת- / מ.ק.ם, פִּיעֵל / מִיקַמתִי, מְמַקֵם, יְמַקֵם

מיקפאז, מִקְפָּא — gelatine
אוֹכֶל שֶׁנִראֶה שָׁקוּף, עָשׂוּי מְנוֹזֵל עִם ג'ֶלָטִין:
*בְּסוֹף הָאֲרוּחָה קִיבַּלנוּ **מִיקפָּא** לִימוֹן.*

מיקצב ר' מקצב

מיקצהז, מִקְצֶה [מִיקצִים] — heat
קבוּצָה קְטַנָה שֶׁיֵשׁ לָהּ תַפקִיד מְסוּיָם (חַיָילִים, ספּוֹרטָאִים וְכוּ'):
*בַּ**מִיקצֶה** שֶׁלִי הָיוּ 5 שַׂחיָינִים, וַאֲנִי הִגַעתִי רִאשׁוֹן.*

מיקצוע ר' מקצוע   **מיקרא** ר' מקרא
מיקראה ר' מקראה

מיקשפ, מִקֵשׁ — mined
שָׂם מוֹקֵשׁ (מִין פְּצָצָה):
*הַצָבָא **מִיקֵשׁ אֶת** הַדֶרֶך לַמַחֲנֶה.*
לְמַקֵשׁ אֶת- / מ.ק.ש, פִּיעֵל / מִיקַשׁתִי, מְמַקֵשׁ, יְמַקֵשׁ

מיקשאה ר' מקשאה   **מיקשה** ר' מקשה

מירבז, מֵרַב — most of
הַחֵלֶק הַגָדוֹל בְּיוֹתֵר, מַקסִימוּם:
*אֶת **מֵירַב** הַכֶּסֶף הוֹצֵאתִי עַל סְפָרִים.*

מירבית, מֵרַבִּי — maximum, maximal
הַגָדוֹל בְּיוֹתֵר, מַקסִימָלִי:
*הוּא קִיבֵּל אֶת הָעוֹנֶשׁ **הַמֵירַבִּי** - 25 שְׁנוֹת מַאֲסָר.*
מֵירַבִּית, מֵירַבִּיִים, מֵירַבִּיוֹת

מירבץז, מִרְבָּץ [מִירבָּצִים] — layer, deposit
שִׁכבָה, מִשׁטָח דַק:
*עַל יַד אֵילַת יֵשׁ **מִירבְּצֵי** נְחוֹשֶׁת.*

מירדףז, מִרְדָּף [מִרדָפִים] — chase
רְדִיפָה, כְּשֶׁרוֹצִים לִתפּוֹס מִישֶׁהוּ שֶׁבּוֹרֵחַ:
*הִשׁתַתַפתִי **בְּמִירדָף** אַחֲרֵי הַגַנָבִים.*

מירווחז, מִרְוָח [מִירוָוחִים] — space
שֶׁטַח רֵיק בֵּין שְׁנֵי דְבָרִים:
*צָרִיך לְהַגדִיל אֶת **הַמִירוָוח** בֵּין הַשׁוּלחָנוֹת.*

מירוץז, מֵרוֹץ [מְרוֹצִים] — race
רִיצָה מְאוּרגֶנֶת:
*מֵ**ירוֹץ** הַמָרָתוֹן הוּא לְ-42 ק"מ.*
מֵירוֹץ-סוּסִים — horse race
מֵירוֹץ-הַחִימוּשׁ — arms race
מֵירוֹץ-מִיכשׁוֹלִים — steeplechase
מֵירוֹץ-שְׁלִיחִים — relay-race

מירוקז, מֵרוּק [מֵירוּקִים] — polishing
צִיחצוּחַ, שִׁיפשׁוּף, כְּדֵי שֶׁמַשֶׁהוּ יִהיֶה מַברִיק:
*אֲנִי עֲסוּקָה **בְּמֵירוּק** כְּלֵי הַכֶּסֶף.*

מירכאות ר' מרכאות

מירכזפ, מִרְכֵּז — centralized, centered
עָשָׂה צֶנטרָלִיזַציָה, שָׂם הַכּוֹל בְּמֶרכָּז אֶחָד, בְּמָקוֹם אֶחָד:
*הַמְנַהֵל **מְמַרכֵּז** אֶת כָּל הָעֲבוֹדָה בְּיָדָיו.*
לְמַרכֵּז אֶת- / מ.ר.כ.ז, פִּיעֵל / מִירכַּזתִי, מְמַרכֵּז, יְמַרכֵּז

מירכזת ר' מרכזייה   **מירמה** ר' מרמה

מירמסז, מִרְמָס — trampling
(לָשׁוֹן סִפרוּתִית) כְּשֶׁלוֹחֲצִים, דוֹרְסִים בָּרַגלַיִים:
*בָּנִינוּ גָדֵר, כְּדֵי שֶׁהַפְּרָחִים לֹא יִהיוּ **לְמִירמָס**.*

מירפאה ר' מרפאה

מירקפ, מֵרֵק — polished
נִיקָה נִיקָיוֹן יְסוֹדִי, שִׁיפשֵׁף:
*הִיא **מְמָרֶקֶת** אֶת הַבַּיִת.*
לְמָרֵק אֶת- / מ.ר.ק, פִּיעֵל / מֵירַקתִי, מְמָרֵק, אֲמָרֵק, יְמָרֵק

מירקע ר' מרקע   **מירקם** ר' מרקם

מיררפ, מֵרֵר — embittered
הִרגִיז, עָשָׂה שֶׁלְמִישֶׁהוּ יִהיֶה רַע:
*הוּא **מְמָרֵר** לְאִשׁתוֹ אֶת הַחַיִים.*
מֵירֵר בִּבכִי — cried bitterly
לְמָרֵר אֶת- / מ.ר.ר, פִּיעֵל / מֵירַרתִי, מְמָרֵר, יְמָרֵר

מירשם ר' מרשם   **מישאל** ר' משאל
מישאלה ר' משאלה   **מישגב** ר' משגב
מישגה ר' משגה   **מישגל** ר' משגל
מישדר ר' משדר

מישהומ"ג/ז' מִישֶׁהוּ — someone (m)
(מִי + שֶׁהוּא) אִישׁ לֹא סְפֶּצִיפִי, אֶחָד:
מִישֶׁהוּ סִיפֵּר לִי עָלֶיךָ.

מישהימ"ג נ' מִישֶׁהִי — someone (f)
(מִי + שֶׁהִיא) אִישָׁה לֹא סְפֶּצִיפִית, אַחַת:
מִישֶׁהִי בָּאָה אֵלַיי אֶתמוֹל, אֲנִי לֹא מַכִּירָה אוֹתָהּ.

מישוואה ר' משוואה

מישורז, מִישׁוֹר [מִישׁוֹרִים] plain
מָקוֹם יָשָׁר, בְּלִי הָרִים:
*תֵּל-אָבִיב הִיא בְּ**מִישׁוֹר** הַחוֹף.*

מישורית, מִישׁוֹרִי flat, plane
מָקוֹם שָׁטוּחַ, יָשָׁר:
*קַל לָלֶכֶת בְּדֶרֶךְ **מִישׁוֹרִית**.*
מִישׁוֹרִית, מִישׁוֹרִיִּים, מִישׁוֹרִיּוֹת

מישושז, מִשּׁוּשׁ touch, touching
נְגִיעָה בַּיָּד:
*כְּשֶׁלֹּא רוֹאִים, אֶפְשָׁר לְהַכִּיר דְּבָרִים עַל-יְדֵי **מִישּׁוּשׁ**.*

מישחה ר' משחה **מישחטה** ר' משחטה
מישחק ר' משחק **מישטח** ר' משטח
מישטר ר' משטר **משטרה** ר' משטרה
מישכב ר' משכב **מישכל** ר' משכל
מישכן ר' משכן

מישכןפ, מִשְׁכֵּן mortgaged
נָתַן מַשֶּׁהוּ (בַּיִת חֵפֶץ), וְקִיבֵּל כֶּסֶף בְּהַלְוָואָה:
*הוּא **מִישְׁכֵּן אֶת** הַבַּיִת, כְּשֶׁלָּקַח הַלְוָואָה.*
לְמַשְׁכֵּן אֶת- / מ.ש.כ.ן, פִּיעֵל / מִישְׁכַּנְתִּי, מְמַשְׁכֵּן, יְמַשְׁכֵּן

מישלב ר' משלב **מישלוח** ר' משלוח
מישלח-יד ר' משלח-יד **מישלט** ר' משלט
מישמן ר' משמן **מישמע** ר' משמע
מישמעת ר' משמעת **מישמר** ר' משמר
מישמרת ר' משמרת

מישמשפ, מִשְׁמֵשׁ touched, handled
נָגַע בָּאֶצְבָּעוֹת, מִישֵׁשׁ:
*הוּא **מִישְׁמֵשׁ אֶת** כָּל הָעַגְבָנִיּוֹת בַּשּׁוּק.*
לְמַשְׁמֵשׁ אֶת- / מ.ש.מ.ש, פִּיעֵל / מִישְׁמַשְׁתִּי, מְמַשְׁמֵשׁ

מישמשז, מִשְׁמֵשׁ [מִישְׁמְשִׁים] apricot
פְּרִי צָהוֹב לֹא גָּדוֹל, צוֹמֵחַ עַל עֵץ:
*אֲנִי אוֹהֵב לֶאֱכוֹל **מִישְׁמְשִׁים**.*

מישמשז, מִשְׁמָשׁ mess, mishmash
(לשון דיבור) אִי סֵדֶר גָּדוֹל:
*יֵשׁ לִי כָּזֶה **מִישְׁמָשׁ** בָּאַרְנָק, אִי אֶפְשָׁר לִמְצוֹא כְּלוּם.*

מישנה ר' משנה **מישני** ר' משני
מישעול ר' משעול **מישען** ר' משען
מישענת ר' משענת **מישקע** ר' משקע

מישרד ר' משרד **מישרה** ר' משרה

מישרין (מישרים)ז״ר מֵישָׁרִין [מֵישָׁרִים] directly
בְּמֵישָׁרִים - בְּאוֹפֶן יָשָׁר: פָּנִיתִי אֵלָיו **בְּמֵישָׁרִין**, לֹא דֶּרֶךְ מִישֶׁהוּ. (מתנהל) **לְמֵישָׁרִין** ת״פ — smoothly
*הַתּוֹכְנִית מִתְנַהֶלֶת **לְמֵישָׁרִין**.*

מיששפ, מִשֵּׁשׁ touched, felt
נָגַע בָּאֶצְבָּעוֹת:
*אֲנִי **מְמַשֵּׁשׁ אֶת** הַבַּד כְּדֵי לָדַעַת אִם הוּא טוֹב.*
לְמַשֵּׁשׁ אֶת- / מ.ש.ש, פִּיעֵל / מִישַּׁשְׁתִּי, מְמַשֵּׁשׁ, יְמַשֵּׁשׁ

מיתאם ר' מתאם **מיתאר** ר' מתאר

מיתהנ, מִיתָה [מִיתוֹת] death
מָוֶת:
*הוּא מֵת **מִיתָה** פִּתְאוֹמִית.*

מיתווה ר' מתווה

מיתוןז, מִתּוּן moderation
1. כְּשֶׁעוֹשִׂים שֶׁלֹּא יִהְיֶה קִיצוֹנִי:
*הַשֵּׂכֶל עוֹזֵר **לְמִיתּוּן** הָאֱמוֹצִיּוֹת.*
2. (בְּכַלְכָּלָה) כְּשֶׁאֵין הִתְקַדְּמוּת, כְּשֶׁיֵּשׁ הֲאָטָה: recession
*הַמַּצָּב הַכַּלְכָּלִי לֹא טוֹב - יֵשׁ **מִיתּוּן** וַאֲנִי דּוֹאֵג.*

מיתחם ר' מתחם

מיתמםת, מִתַּמֵּם feigns innocence
עוֹשֶׂה כְּאִילּוּ לֹא מֵבִין, לֹא יוֹדֵעַ:
*מַדּוּעַ אַתָּה **מִיתַּמֵּם**? אַתָּה יוֹדֵעַ טוֹב מְאוֹד, שֶׁאָסוּר לַחֲנוֹת פֹּה!*
מִיתַּמֶּמֶת, מִיתַּמְּמִים, מִיתַּמְּמוֹת

מיתןפ, מִתֵּן toned down
1. עָשָׂה יוֹתֵר לְאַט:
*הוּא **מִיתֵּן אֶת** קֶצֶב הַחַיִּים שֶׁלּוֹ.*
2. עָשָׂה שֶׁיִּהְיֶה לֹא קִיצוֹנִי: moderated
*הוּא **מִיתֵּן אֶת** הַדֵּיעוֹת הַפּוֹלִיטִיּוֹת שֶׁלּוֹ.*
לְמַתֵּן אֶת- / מ.ת.ן, פִּיעֵל / מִיתַּנְתִּי, מְמַתֵּן, אֲמַתֵּן, מַתֵּן!

מיתקן ר' מתקן **מיתקפה** ר' מתקפה
מיתרס ר' מתרס

מיתרז, מֵיתָר [מֵיתָרִים] string
1. חוּט אוֹ חֶבֶל שֶׁקּוֹשְׁרִים בֵּין שְׁתֵּי נְקוּדוֹת:
*לַכִּינּוֹר אַרְבָּעָה **מֵיתָרִים**.*
2. (בְּגֵיאוֹמֶטְרִיָּה) הַקַּו הַמְּחַבֵּר שְׁתֵּי נְקוּדוֹת בַּמַּעְגָּל: diameter

שְׁנֵי רַדִיוּסִים הֵם הַמֵּיתָר הַגָּדוֹל בְּיוֹתֵר בְּמַעְגָּל.
מֵיתְרֵי הַקּוֹל the vocal cords

מכאובז׳ מַכְאוֹב [מַכְאוֹבִים] pain
כְּאֵב:
*יֵשׁ לִי **מַכְאוֹבִים** בַּגַּב.*

מכאןת״פ מִכָּאן from here
מִמָּקוֹם זֶה, מִפֹּה:
*לֵךְ **מִכָּאן**!*
מִכָּאן וָאֵילָךְ - from now on
מִכָּאן וָאֵילָךְ אֵין בָּתִּים. מִכָּאן וָאֵילָךְ אֶכְתּוֹב לְךָ.

מכבה־אשז׳ מְכַבֵּה־אֵשׁ [מְכַבֵּי־אֵשׁ] firefighter
מִי שֶׁמְּכַבֶּה שְׂרֵיפוֹת:
***מְכַבֵּי הָאֵשׁ** הִגִּיעוּ וְכִיבּוּ אֶת הָאֵשׁ.*

מכבי (מקבי)ת׳ מַכַּבִּי [מַכַּבִּים] Maccabi
1. מִשְׁפָּחָה חֲשׁוּבָה בַּהִיסְטוֹרְיָה הַיְּהוּדִית (הַמֵּאָה ה-2 לפנה״ס):
*יְהוּדָה **הַמַּכַּבִּי** הִצִּיל אֶת עַם יִשְׂרָאֵל מִידֵי הַיְּוָונִים.*
2. שֵׁם אֲגוּדַּת סְפּוֹרְט: 'Maccabi', a sports club in Israel
***מַכַּבִּי** תֵּל־אָבִיב נִיצְּחוּ בְּמִשְׂחַק כַּדּוּרֶגֶל.*

מכבייהנ׳ מַכַּבִּיָּה [מַכַּבִּיּוֹת] Maccabean games
"אוֹלִימְפִּיָאדָה" שֶׁל יְהוּדִים בְּיִשְׂרָאֵל:
***בַּמַּכַּבִּיָּה** הִשְׁתַּתְּפוּ סְפּוֹרְטָאִים יְהוּדִים מִכָּל הָעוֹלָם.*

מכבסהנ׳ מִכְבָּסָה [מִכְבָּסוֹת] laundry
חֲנוּת, מָקוֹם לְנִיקּוּי וְלִכְבִיסָה שֶׁל בְּגָדִים:
*אֶת הַבֶּגֶד הַזֶּה צָרִיךְ לִמְסוֹר **לַמִּכְבָּסָה**.*

מכבשז׳ מַכְבֵּשׁ [מַכְבְּשִׁים] steamroller
מְכוֹנָה כְּבֵדָה שֶׁלּוֹחֶצֶת וּמְיַישֶּׁרֶת כְּבִישׁ, דֶּרֶךְ וְכוּ׳:
***הַמַּכְבֵּשׁ** עוֹבֵר עַל הָאַסְפַלְט בַּכְּבִישׁ וּמְיַישֵּׁר אוֹתוֹ.*

מכהנ׳ מַכָּה [מַכּוֹת] blow, hit
1. פְּגִיעָה קָשָׁה בַּגּוּף:
*נָפַלְתִּי וְקִיבַּלְתִּי **מַכָּה** חֲזָקָה בָּרֶגֶל.*
2. צָרָה גְּדוֹלָה: disaster
*הַשָּׁנָה לֹא יָרְדוּ גְּשָׁמִים. זֹאת **מַכָּה** קָשָׁה לַמְּדִינָה.*
מַכַּת־בַּצּוֹרֶת drought
מַכּוֹת־מִצְרַיִם the plagues of Egypt
מַכַּת־שֶׁמֶשׁ sunstroke

מכובדת׳ר״ז מְכֻבָּד respectable, dignified (adj.)
חָשׁוּב, שֶׁנּוֹתְנִים לוֹ כָּבוֹד:
*בַּפְּגִישָׁה בְּבֵית הַנָּשִׂיא הִשְׁתַּתְּפוּ אֲנָשִׁים **מְכוּבָּדִים**.*
מְכוּבֶּדֶת, מְכוּבָּדִים, מְכוּבָּדוֹת

מכובסת׳ מְכֻבָּס washed (adj.)
שֶׁכִּיבְּסוּ אוֹתוֹ, נִיקּוּ אוֹתוֹ בְּמַיִם וְסַבּוֹן:
*יֵשׁ בְּגָדִים **מְכוּבָּסִים** וּנְקִיִּים בָּאָרוֹן.*
מְכוּבֶּסֶת, מְכוּבָּסִים, מְכוּבָּסוֹת

מכווץת׳ מְכֻוָּץ shrunk (adj.)
מְצוּמְצָם, הַהֵיפֶךְ מִמָּתוּחַ:
*הוּא יוֹשֵׁב **מְכוּוָּץ**, כִּי קַר לוֹ.*
מְכוּוֶּצֶת, מְכוּוָּצִים, מְכוּוָּצוֹת

מכוח ר׳ כוח

מכולהנ׳ מְכוּלָה [מְכוּלוֹת] container
אַרְגָּז גָּדוֹל מְאוֹד. אוֹנִיָּה אוֹ מְכוֹנִית גְּדוֹלוֹת מְאוֹד, מַעֲבִירִים בָּהֶן נֵפְט, תְּבוּאָה וְכוּ׳:
*בַּנָּמֵל מְחַכּוֹת אוֹנִיּוֹת **מְכוּלָה**, שֶׁצָּרִיךְ לִפְרוֹק אוֹתָן.*

מכולתנ׳ מַכֹּלֶת grocery store
חֲנוּת שֶׁמּוֹכְרִים בָּהּ דִּבְרֵי אוֹכֶל:
*אֲנִי קוֹנָה **בַּמַּכּוֹלֶת** וְלֹא בַּסּוּפֶּרְמַרְקֶט.*

מכוןז׳ מָכוֹן [מְכוֹנִים] institute
מוֹסָד לְמַטָּרָה מְסוּיֶּמֶת:
***מְכוֹן** וַיְצְמָן מְפוּרְסָם בְּכָל הָעוֹלָם בְּמֶחְקָרָיו.*
מְכוֹן סְפּוֹרְט/מְכוֹן יוֹפִי

מכונאותנ׳ מְכוֹנָאוּת mechanics
הַמִּקְצוֹעַ שֶׁל מִי שֶׁעוֹסֵק בִּמְכוֹנוֹת:
*לָמַדְתִּי **מְכוֹנָאוּת** בְּבֵית סֵפֶר מִקְצוֹעִי.*

מכונאיז׳ מְכוֹנַאי [מְכוֹנָאִים] mechanic
מוּמְחֶה לִמְכוֹנוֹת, יוֹדֵעַ לְתַקֵּן מְכוֹנוֹת:
*צָרִיךְ לְהָבִיא אֶת הַמְּכוֹנִית **לַמְּכוֹנַאי** לְתִיקּוּן.*

מכונהנ׳ מְכוֹנָה [מְכוֹנוֹת] machine
מַכְשִׁיר מוּרְכָּב שֶׁעוֹשֶׂה עֲבוֹדָה מְסוּיֶּמֶת:
*אֲנִי מְכַבֵּס **בִּמְכוֹנַת** כְּבִיסָה אֶת הַבְּגָדִים הַמְלוּכְלָכִים.*
מְכוֹנַת־גִּילּוּחַ electric razor
מְכוֹנַת־יִיבּוּשׁ dryer
מְכוֹנַת־יְרִיָּה machine gun
מְכוֹנַת־כְּבִיסָה washing machine
מְכוֹנַת־תְּפִירָה sewing machine

מכונהת׳ מְכֻנֶּה called (adj.), known as
קוֹרְאִים לוֹ בְּשֵׁם:

*בָּתֵּי זְקֵנִים **מְכוּנִים** בָּתֵּי אָבוֹת.*
מְכוּנָה-מְכוּנֶית, מְכוּנִים, מְכוּנוֹת

מכוניתנ' מְכוֹנִית [מְכוֹנִיּוֹת] car
אוֹטוֹ, כְּלִי לִנְסִיעָה בִּכְבִישִׁים:
*אֲנִי נוֹהֵג **בִּמְכוֹנִית** חֲדָשָׁה.*

מכונסת' מְכֻנָּס assembled (adj.)
נִמְצָא בְּיַחַד:
*כָּל הָעוֹבְדִים **מְכוּנָּסִים** בָּאוּלָם.*
מְכוּנָּס בְּתוֹךְ עַצְמוֹ - introverted
(אָדָם) סָגוּר, אֵינוֹ קָרוֹב לַאֲחֵרִים מְכוּנֶּסֶת, מְכוּנָּסִים, מְכוּנָּסוֹת

מכוסהת' מְכֻסֶּה covered (adj.)
שֶׁשָּׂמוּ עָלָיו מַשֶּׁהוּ (בַּד, מִטְפַּחַת וְכוּ'):
*הַשּׁוּלְחָן **מְכוּסֶּה** בְּמַפָּה לְבָנָה.*
מְכוּסֵּית-מְכוּסָּה, מְכוּסִּים, מְכוּסּוֹת

מכוערת' מְכֹעָר ugly
לֹא יָפֶה:
*לְפִי דַּעְתִּי, הַבִּנְיָן הַמּוֹדֶרְנִי הַזֶּה **מְכוֹעָר** מְאוֹד.*
מְכוֹעֶרֶת, מְכוֹעָרִים, מְכוֹעָרוֹת

מכופתרת' מְכֻפְתָּר buttoned (up) (adj.)
1. שֶׁהַכַּפְתּוֹרִים שֶׁלּוֹ סְגוּרִים:
*כְּשֶׁהַמְּעִיל **מְכוּפְתָּר** הוּא יָפֶה יוֹתֵר.*
2. (מֶטָאפוֹרָה) רְצִינִי, לָבוּשׁ בְּצוּרָה קוֹנְסֶרְוָטִיבִית: straight-laced
*הוּא טִיפּוּס **מְכוּפְתָּר**, לֹא סְפּוֹנְטָנִי.*
מְכוּפְתֶּרֶת, מְכוּפְתָּרִים, מְכוּפְתָּרוֹת

מכורת' מָכוּר sold (adj.)
1. שֶׁמָּכְרוּ אוֹתוֹ:
*הַדִּירָה **מְכוּרָה**, זוּג צָעִיר קָנָה אוֹתָהּ.*
2. לֹא יָכוֹל בְּלִי: addicted
*הוּא **מָכוּר** לְאַלְכּוֹהוֹל.*
מְכוּרָה, מְכוּרִים, מְכוּרוֹת

מכורבלת' מְכֻרְבָּל wrapped (adj.)
עָטוּף (בִּמְעִיל, בִּשְׂמִיכָה וְכוּ'):
*אִי אֶפְשָׁר לָדַעַת מִי **מְכוּרְבָּל** שָׁם בַּמְּעִיל.*
מְכוּרְבֶּלֶת, מְכוּרְבָּלִים, מְכוּרְבָּלוֹת

מכורכםת' מְכֻרְכָּם yellow, gloomy
(לָשׁוֹן סִפְרוּתִית) שֶׁיֵּשׁ לוֹ צֶבַע צָהוֹב-כָּתוֹם:
*הַפָּנִים שֶׁלּוֹ **מְכוּרְכָּמוֹת** מִבּוּשָׁה.*
מְכוּרְכֶּמֶת, מְכוּרְכָּמִים, מְכוּרְכָּמוֹת

מכורסםת' מְכֻרְסָם nibbled (adj.)
שֶׁחָתְכוּ מִמֶּנּוּ חֲתִיכוֹת קְטַנּוֹת בַּשִּׁינַּיִים:
*בִּגְלַל הַכֶּלֶב הָרַגְלַיִים שֶׁל הַכִּיסְאוֹת **מְכוּרְסָמוֹת**.*
מְכוּרְסֶמֶת, מְכוּרְסָמִים, מְכוּרְסָמוֹת

מכושףת' מְכֻשָּׁף bewitched (adj.), spell-bound
שֶׁעָשׂוּ בּוֹ כִּישׁוּף, מַגִּיָה:
*יְלָדִים מַאֲמִינִים שֶׁיֵּשׁ מְקוֹמוֹת **מְכוּשָּׁפִים**.*
(מֶטָאפוֹרָה) כְּשֶׁמַּרְגִּישִׁים כְּאִילּוּ קָרָה מַשֶּׁהוּ מְיוּחָד:
*הִסְתַּכַּלְנוּ **מְכוּשָּׁפִים** בָּרִיקּוּד שֶׁלָּהּ.*
מְכוּשֶּׁפֶת, מְכוּשָּׁפִים, מְכוּשָּׁפוֹת

מכותבתה"ז מְכֻתָּב [מְכוּתָּבִים] addressee
מִי שֶׁכּוֹתְבִים אֵלָיו:
*בְּסוֹף הַמִּכְתָּב יֵשׁ רְשִׁימָה שֶׁל הַ**מְכוּתָּבִים**, שֶׁאֲלֵיהֶם הוּא נִשְׁלַח.*
מְכוּתֶּבֶת, מְכוּתָּבוֹת

מכותרת' מְכֻתָּר surrounded (adj.)
מוּקָף, יֵשׁ מִסָּבִיב לוֹ (חַיָּילִים וְכוּ'):
*הַצָּבָא הַ**מְכוּתָּר** הִפְסִיד בַּמִּלְחָמָה.*
מְכוּתֶּרֶת, מְכוּתָּרִים, מְכוּתָּרוֹת

מכחולז' מִכְחוֹל [מִכְחוֹלִים] paintbrush
מִבְרֶשֶׁת דַּקָּה לְצִיּוּר, לְאִיפּוּר וְכוּ':
*לַצַּיָּיר יֵשׁ **מִכְחוֹלִים** וּצְבָעִים רַבִּים.*

מכיוון ש־ ר' כיוון

מכינהנ' מְכִינָה preparatory program
קוּרְס הֲכָנָה לְמִי שֶׁמְּבַקֵּשׁ לִלְמוֹד בְּמוֹסָד מְסוּיָּם (אוּנִיבֶרְסִיטָה, טֶכְנִיּוֹן...):
*בַּקַּיִץ נִפְתְּחָה **מְכִינָה** לְעִבְרִית לְסְטוּדֶנְטִים עוֹלִים.*

מכירת' מָכִיר saleable
1. שֶׁאֶפְשָׁר לִמְכּוֹר אוֹתוֹ:
*הַבַּיִת הַזֶּה אֵינוֹ **מָכִיר**.*
2. שֶׁנִּמְכָּר טוֹב: marketable
*הַמְּכוֹנִיּוֹת הַחֲדָשׁוֹת **מְכִירוֹת**.*
מְכִירָה, מְכִירִים, מְכִירוֹת

מכירהנ' מְכִירָה [מְכִירוֹת] sale
פְּעוּלָּה שֶׁל הַמּוֹכֵר, קַבָּלַת כֶּסֶף בִּשְׁבִיל סְחוֹרָה:
*הַ**מְּכִירָה** שֶׁל הַדִּירוֹת נִמְשֶׁכֶת.*
מְכִירָה פּוּמְבִּית auction

מכלולז' מִכְלוֹל [מִכְלוֹלִים] full range, gamut
מַעֲרֶכֶת שְׁלֵמָה, כָּל מָה שֶׁקָּשׁוּר לְ':
*צָרִיךְ לִפְתּוֹר אֶת **מִכְלוֹל** הַבְּעָיוֹת שֶׁל הַמְּדִינָה.*

מכליתנ, מְכָלִית [מְכָלִיּוֹת] — tanker
אוֹנִיָּה/מְכוֹנִית שֶׁמַּעֲבִירִים בָּהּ בֶּנְזִין, סוֹלֶר וְכוּ':
*אָסוּר לְהַדְלִיק אֵשׁ לְיַד **מְכָלִית** שֶׁל נֵפְט.*

מכללהנ, מִכְלָלָה [מִכְלָלוֹת] — college
מִין אוּנִיבֶרְסִיטָה:
*אֲנִי לוֹמֵד **בַּמִּכְלָלָה** לְחִינּוּךְ לִהְיוֹת מוֹרֶה.*

מכ"םז, מַכָּ"ם — radar
ר"ת מְגַלֶּה כִּיווּן מָקוֹם - רָדָאר, מַכְשִׁיר שֶׁרוֹאִים בּוֹ אֵיפֹה נִמְצָא מָטוֹס בַּשָּׁמַיִם, אוֹנִיָּה בַּיָּם, מְכוֹנִית וְכוּ':
*רָאִינוּ **בַּמַּכָּ"ם** אֶת הַמָּטוֹס הַזָּר.*

מכנהז, מְכַנֶּה [מְכַנִּים] — denominator
הַמִּסְפָּר שֶׁמִּתַּחַת לַקַּו:
*בְּמִסְפָּר 12 חֶלְקֵי 23, 23 הוּא **הַמְּכַנֶּה**, מְחַלְּקִים בּוֹ אֶת הַמִּסְפָּר הָעֶלְיוֹן (12:23).*
מְכַנֶּה מְשׁוּתָּף — common denominator

מכנית, מֶכָנִי — mechanical
1. מַה שֶּׁקָּשׁוּר לִמְכוֹנָה:
*יֵשׁ קִילְקוּל **מֶכָנִי** בַּמְּכוֹנִית.*
2. בְּצוּרָה אוֹטוֹמָטִית, בְּלִי מַחְשָׁבָה: — automatic
*עֲבוֹדָה **מֶכָנִית** מְשַׁעֲמֶמֶת אוֹתִי.*
מֶכָנִית, מֶכָנִיִּים, מֶכָנִיּוֹת

מכנסייםז"ז מִכְנָסַיִם — trousers, pants
בֶּגֶד שֶׁלּוֹבְשִׁים עַל הָרַגְלַיִים:
*קָנִיתִי **מִכְנָסַיִים** אֲרוּכִּים לָעֶרֶב.*
מִכְנְסֵי סְפּוֹרְט / מִכְנָסַיִם קְצָרִים / מִכְנְסֵי ג'ִינְס

מכסז, מֶכֶס [מְכָסִים] — customs
תַּשְׁלוּם עַל סְחוֹרוֹת שֶׁמְּבִיאִים מִחוּץ לָאָרֶץ: *שִׁילַּמְתִּי **מֶכֶס** עַל מַכְשִׁיר הַטֶּלֶוִויזְיָה, שֶׁהֵבֵאתִי מֵאַנְגְלִיָּה.*

מכסהז, מִכְסֶה [מִכְסִים] — cover, lid
דָּבָר שֶׁסּוֹגֵר אוֹ מְכַסֶּה מַשֶּׁהוּ:
*לְכָל סִיר יֵשׁ **מִכְסֶה** מַתְאִים.*

מכסהנ, מִכְסָה [מִכְסוֹת] — quota
כַּמּוּת שֶׁהֶחְלִיטוּ עָלֶיהָ:
*לְכָל חַקְלַאי יֵשׁ **מִכְסָה** שֶׁל מַיִם וְאָסוּר לַעֲבוֹר אוֹתָהּ.*

מכסחהנ, מַכְסֵחָה [מַכְסֵחוֹת] — lawn-mower
מַכְשִׁיר שֶׁחוֹתֵךְ דֶּשֶׁא:
*עָבַרְתִּי **בַּמַּכְסֵחָה** עַל הַדֶּשֶׁא בַּגִּינָּה.*

מכפלהנ, מַכְפֵּלָה [מַכְפֵּלוֹת] — product (arith.)
תּוֹצָאָה שֶׁל פְּעוּלַת כֶּפֶל בְּחֶשְׁבּוֹן:
*8 הוּא **מַכְפֵּלָה** שֶׁל 2 וְ-4.*

מכפלתנ, מַכְפֶּלֶת [מַכְפֵּלוֹת] — hem
הַחֵלֶק בַּבֶּגֶד (בְּשִׂמְלָה, מִכְנָסַיִם וְכוּ') שֶׁמְּקַפְּלִים:
*הַשִּׂמְלָה אֲרוּכָּה, צָרִיךְ לְקַצֵּר אֶת **הַמַּכְפֶּלֶת**.*

מכרפ, מָכַר — sold
נָתַן מַשֶּׁהוּ וְקִיבֵּל כֶּסֶף בִּשְׁבִילוֹ:
*דָּוִד **מָכַר** אֶת הַבַּיִת לִרְאוּבֵן.*
לִמְכּוֹר אֶת- / מ.כ.ר, פָּעַל / מָכַרְתִּי, מוֹכֵר, אֶמְכּוֹר, יִמְכּוֹר

מכרז, מֶכֶר — sale
מְכִירָה, נְתִינָה שֶׁל דָּבָר תְּמוּרַת כֶּסֶף:
*הוּא עוֹסֵק בִּסְחַר **וּבְמֶכֶר** שֶׁל מְכוֹנִיּוֹת.*
סְחַר מֶכֶר — bargaining
רַב־מֶכֶר — bestseller
שְׁטַר־מֶכֶר — bill of sale

מכרז, מַכָּר [מַכָּרִים] — acquaintance
אָדָם שֶׁפּוֹגְשִׁים מִפַּעַם לְפַעַם:
*פָּגַשְׁתִּי בִּמְסִיבָּה **מַכָּרִים**, שֶׁלֹּא רָאִיתִי מִזְּמַן.*
מַכָּרָה, מַכָּרוֹת

מכרהז, מִכְרֶה [מִכְרוֹת] — mine
חֲפִירָה בָּאֲדָמָה כְּדֵי לְהוֹצִיא יַהֲלוֹמִים, זָהָב וְכוּ':
*הָעֲבוֹדָה **בַּמִּכְרֶה** קָשָׁה.*
מִכְרֵה־זָהָב — gold mine

מכרזז, מִכְרָז [מִכְרָזִים] — tender, bid
הוֹדָעָה בַּצִּיבּוּר שֶׁיֵּשׁ מְכִירָה, קְנִיָּיה, תַּפְקִיד פָּנוּי וְכוּ':
*יֵשׁ בָּעִיתּוֹן **מִכְרָז** לְתַפְקִיד מְנַהֵל.*

מכרסמיםז"ר מְכַרְסְמִים — rodents
בַּעֲלֵי חַיִּים לֹא גְּדוֹלִים יֵשׁ לָהֶם שִׁינַּיִים בּוֹלְטוֹת:
*הָעַכְבָּר שַׁיָּיךְ לְמִשְׁפַּחַת **הַמְּכַרְסְמִים**.*

מכשולז, מִכְשׁוֹל [מִכְשׁוֹלִים] — obstacle, hurdle
הַפְרָעָה, מַשֶּׁהוּ שֶׁמַּפְרִיעַ:
*בָּאוֹלִימְפִּיאָדָה יֵשׁ רִיצַת **מִכְשׁוֹלִים**.*
צָרִיךְ לְסַלֵּק אֶת כָּל **הַמִּכְשׁוֹלִים** לַשָּׁלוֹם.

מכשור ר' מִיכְשׁוּר

מכשירז, מַכְשִׁיר [מַכְשִׁירִים] — tool, instrument
*אֲנִי מִשְׁתַּמֵּשׁ **בְּמַכְשִׁירֵי** חַשְׁמַל רַבִּים בַּבַּיִת - רַדְיוֹ, מְקָרֵר,*

מְכוֹנַת-כְּבִיסָה, מַחְשֵׁב... וְכוּ'.
מַכְשִׁירֵי-כְּתִיבָה stationary

מכשלהנ, מִכְשֹׁלָה [מִכְשֹׁלוֹת] stumbling block
מַשֶׁהוּ שֶׁיָכוֹל לְהַכְשִׁיל, לְהַפְרִיעַ, לְקַלְקֵל:
*הַתַּפְקִיד הַזֶּה הוּא **מִכְשֹׁלָה** לְכָל מְנַהֵל.*

מכשףז, מְכַשֵּׁף [מְכַשְּׁפִים] wizard
מִי שֶׁעוֹשֶׂה כִּישׁוּף, מַגִּיָּה:
*הַיֶּלֶד פּוֹחֵד שֶׁיָּבוֹא **מְכַשֵּׁף** וְיִקַּח אוֹתוֹ.*

מכשפהנ, מְכַשֵּׁפָה [מְכַשְּׁפוֹת] witch
1. אִישָׁה שֶׁעוֹשָׂה כְּשָׁפִים, מַגִּיָּה:
*הוּא פּוֹחֵד שֶׁ**הַמְכַשֵּׁפָה** תַּהֲפוֹךְ אוֹתוֹ לִצְפַרְדֵּעַ.*
2. אִישָׁה רָעָה: bitch
*הַשְּׁכֵנָה שֶׁלִּי הִיא **מְכַשֵּׁפָה** גְּדוֹלָה.*
צֵיד־מְכַשְּׁפוֹת witch-hunt

מכתבז, מִכְתָּב [מִכְתָּבִים] letter
אִיגֶּרֶת, מַשֶּׁהוּ כָּתוּב, שֶׁאָדָם שׁוֹלֵחַ לְמִישֶׁהוּ:
*כָּתַבְתִּי **מִכְתָּב** לַחֲבֵרִים בְּחוּ"ל.*
מִכְתָּב רָשׁוּם registered letter
מִכְתָּב דָּחוּף express letter

מכתבהנ, מַכְתֵּבָה/מִכְתָּבָה [מִכְתָּבוֹת] desk, secretaire
שׁוּלְחַן כְּתִיבָה, מַדָּף שֶׁכּוֹתְבִים עָלָיו:
*לְכָל תַּלְמִיד יֵשׁ **מַכְתֵּבָה** וְכִסֵּא.*

מכתשז, מַכְתֵּשׁ [מַכְתְּשִׁים] crater
1. שֶׁטַח נָמוּךְ, מִסָּבִיב לוֹ הָרִים:
*בִּיקַּרְתִּי בַּנֶּגֶב **בַּמַּכְתֵּשׁ** הַגָּדוֹל.*
2. בּוֹר שֶׁנַּעֲשָׂה עַל יְדֵי פְּצָצָה, מוֹקֵשׁ וְכוּ': crater
*אַחֲרֵי הַהִתְפּוֹצְצוּת מָצָאנוּ **מַכְתֵּשׁ** לְיַד הַבַּיִת.*
3. כְּלִי עָמוֹק, טוֹחֲנִים בּוֹ קָפֶה בַּיָּד: mortar
*פַּעַם בְּכָל בַּיִת הָיוּ **מַכְתֵּשׁ** וַעֲלִי כְּדֵי לִטְחוֹן קָפֶה.*

מלפ, מָל circumcized
(חָתָן) עָשָׂה בְּרִית מִילָה:
*כְּשֶׁהַתִּינוֹק יִהְיֶה בֶּן שְׁמוֹנָה יָמִים, **יָמוּל** אוֹתוֹ הַמּוֹהֵל.*
לָמוּל אֶת- / מ.ו.ל, פָּעַל / מַלְתִּי, מָל, אָמוּל, יָמוּל

מלאת, מָלֵא full
יֵשׁ בּוֹ הַרְבֵּה, וְאִי אֶפְשָׁר לְהַכְנִיס בּוֹ שׁוּם דָּבָר:
*הָאוֹטוֹבּוּס **מָלֵא** בְּנוֹסְעִים. אֵין עוֹד מָקוֹם.*
מָלֵא וְגָדוּשׁ brimful
כְּתִיב מָלֵא Heb. spelling including vowel letters
מָלֵא מִפֶּה לְפֶה full to capacity
מְלֵאָה, מְלֵאִים, מְלֵאוֹת

מלאיז, מְלַאי [מְלָאִים] stock
רֶזֶרְבָה, סְחוֹרוֹת שֶׁיֵּשׁ בַּמַּחְסָן:
*נִגְמַר לָנוּ **הַמְּלַאי**, צָרִיךְ לִקְנוֹת סוּכָּר.*

מלאךז, מַלְאָךְ [מַלְאָכִים] angel
שָׁלִיחַ שֶׁל אֱלוֹהִים:
*הַיֶּלֶד צִיֵּיר אֶת **הַמַּלְאָךְ** כְּמוֹ אִישׁ עִם כְּנָפַיִים.*
*(מֶטָאפוֹרָה) הוּא עוֹזֵר לְכוּלָּם, מַמָּשׁ **מַלְאָךְ**.*
מַלְאַךְ־הַמָּוֶת angel of death

מלאכהנ, מְלָאכָה [מְלָאכוֹת] work, craft
עֲבוֹדָה, פְּעוּלָּה שֶׁל עוֹבֵד:
*יֵשׁ לוֹ יָדַיִים טוֹבוֹת, הוּא יוֹדֵעַ לַעֲשׂוֹת **מְלָאכוֹת** רַבּוֹת.*
בֵּית־מְלָאכָה workshop
בַּעַל־מְלָאכָה craftsman
מְלֶאכֶת־יָד handicraft
מְלֶאכֶת־מַחְשֶׁבֶת highly skilled work

מלאכותית, מְלָאכוּתִי artificial
1. לֹא טִבְעִי, עָשׂוּי בְּיַד אָדָם:
*אֲנִי מַעֲדִיפָה פְּרָחִים טִבְעִיִּים עַל פְּרָחִים **מְלָאכוּתִיִּים**.*
2. (מֶטָאפוֹרָה) לֹא אֲמִיתִי, phony, forced (adj.)
מְנַסֶּה לִהְיוֹת כְּמוֹ:
*הַמִּשְׂחָק בַּהַצָּגָה הָיָה **מְלָאכוּתִי**.*
מְלָאכוּתִית, מְלָאכוּתִיִּים, מְלָאכוּתִיּוֹת

מלאכית, מַלְאָכִי angel-like
כְּמוֹ מַלְאָךְ (יָפֶה, טוֹב וְכוּ'):
*יֵשׁ לָהּ פָּנִים **מַלְאָכִיּוֹת**.*
מַלְאָכִית, מַלְאָכִיִּים, מַלְאָכִיּוֹת

מלבבת, מְלַבֵּב endearing
מְשַׂמֵּחַ אֶת הַלֵּב, נָעִים:
*הַתִּינוֹקוֹת הָאֵלֶּה **מְלַבְּבִים** מְאוֹד.*
מְלַבֶּבֶת, מְלַבְּבִים, מְלַבְּבוֹת

מלבדמ"י, מִלְבַד besides
(מִן + לְבַד) נוֹסָף עַל, גַּם הוּא:
__מִלְבַד__ דָּוִיד יָצְאוּ גַּם רוּת וְיִצְחָק לְטִיּוּל.
מִלְבַדִּי, מִלְבַדְּךָ, מִלְבַדּוֹ, מִלְבַדָּהּ, מִלְבַדֵּנוּ וְכוּ'

מלבושז, מַלְבּוּשׁ [מַלְבּוּשִׁים] garment, outfit
בֶּגֶד, מַה שֶּׁלּוֹבְשִׁים:
*בֶּחָג יוֹצְאִים לְטַיֵּיל **בְּמַלְבּוּשִׁים** יָפִים.*

מלבןז, מַלְבֵּן [מַלְבֵּנִים] rectangle
צוּרָה גֵיאוֹמֶטְרִית. 4 צְדָדִים וּבֵינֵיהֶם 90°. קַוֵּי הָאוֹרֶךְ וְהָרוֹחַב אֵינָם שָׁוִוים:
*לַחֶדֶר צוּרָה שֶׁל **מַלְבֵּן** 4 X 3*

מלבנית' מַלְבֵּנִי rectangular
אֲנִי אוֹהֵב חֶדֶר **מַלְבֵּנִי** - צַר וְאָרוֹךְ. מַלְבֵּנִית, מַלְבֵּנִיִּים, מַלְבֵּנִיּוֹת

מלגה ר' מילגה

מלהיבת' מַלְהִיב causing enthusiasm/excitement
גּוֹרֵם הִתְרַגְּשׁוּת, אֶכְּסְטָזָה:
*הַדְּבָרִים **הַמַּלְהִיבִים** שֶׁל הַנּוֹאֵם גָּרְמוּ הִתְרַגְּשׁוּת רַבָּה.*
מַלְהִיבָה, מַלְהִיבִים, מַלְהִיבוֹת

מלואז' מְלוֹא fullness
(לָשׁוֹן סִפְרוּתִית) כֹּל מַה שֶּׁנִּמְצָא בְּתוֹךְ מַשֶּׁהוּ:
*אֲנִי אֶתֵּן לְךָ אֶת **מְלוֹא** הַבַּיִת.*
עוֹלָם וּמְלוֹאוֹב' the whole world

מלובהת' מְלֻבֶּה inflamed (adj.)
שֶׁהִדְלִיקוּ אוֹתוֹ:
*אֵשׁ **מְלוּבָּה** הִיא סַכָּנָה לַיַּעַר.*
מְלוּבָּה-מְלוּבֵּית, מְלוּבִּים, מְלוּבּוֹת

מלובןת' מְלֻבָּן red-hot (iron) (adj.)
1. חַם מְאוֹד מִן הָאֵשׁ:
*סַכָּנָה, בַּרְזֶל **מְלוּבָּן**!*
2. (מֶטָאפוֹרָה) נוֹשֵׂא שֶׁעָסְקוּ בּוֹ הַרְבֵּה: clarified (adj.)
*נוֹשֵׂא הַבִּיטָּחוֹן **מְלוּבָּן**, אֵין מַה לְחַדֵּשׁ בּוֹ.*
מְלוּבֶּנֶת, מְלוּבָּנִים, מְלוּבָּנוֹת

מלווהתו"ז מְלַוֶּה [מְלַוִּים] escort, entourage
1. מִי שֶׁהוֹלֵךְ עִם מִישֶׁהוּ אַחֵר:
*רֹאשׁ הַמֶּמְשָׁלָה **וְהַמְלַוִּים** שֶׁלּוֹ בִּיקְּרוּ כָּאן.*
2. מִי שֶׁמְּנַגֵּן בְּקוֹנְצֶרְט עִם כַּנָּר, זַמָּר...: accompanist
*הַ**מְלַוָּה** בִּפְסַנְתֵּר מְנַגֶּנֶת יָפֶה כְּמוֹ הַכַּנָּר.*
מְלַוָּה, מְלַווֹת

מלווהז' מִלְוֶה [מִלְוִוים] loan
הַלְוָאָה. בְּעִיקָּר כֶּסֶף שֶׁהַמֶּמְשָׁלָה לֹוָה מֵהַצִּיבּוּר:
הַמֶּמְשָׁלָה תַּחְזִיר אֶת מִלְוֵה הַקְּלִיטָה בְּ-1995.

מלוחת' מָלוּחַ salty, salted (adj.)
שֶׁיֵּשׁ בּוֹ מֶלַח:
*יֵשׁ יוֹתֵר מִדַּי **מֶלַח** בַּמָּרָק.*
מַיִם מְלוּחִים salt water
מְלוּחָה, מְלוּחִים, מְלוּחוֹת

מלוחלחת' מְלַחְלָח moist, damp
רָטוֹב, לַח:
*הָעֵינַיִים **מְלוּחְלָחוֹת** מֵהִתְרַגְּשׁוּת.*
מְלוּחְלַחַת, מְלוּחְלָחִים, מְלוּחְלָחוֹת

מלוטשת' מְלֻטָּשׁ polished (adj.)
חָלָק, מַבְרִיק:
*הָרִצְפָּה **מְלוּטֶּשֶׁת** כְּמוֹ מַרְאָה. / יֵשׁ לוֹ סִגְנוֹן דִּיבּוּר **מְלוּטָּשׁ**.*
מְלוּטֶּשֶׁת, מְלוּטָּשִׁים, מְלוּטָּשׁוֹת

מלוכדת' מְלֻכָּד united (adj.)
נִמְצָא בְּיַחַד:
*לְחֶבְרָה **מְלוּכֶּדֶת** יֵשׁ כּוֹחַ רַב.*
מְלוּכֶּדֶת, מְלוּכָּדִים, מְלוּכָּדוֹת

מלוכהנ' מְלוּכָה [מְלוּכוֹת] kingdom
מוֹנַרְכְיָה, שִׁלְטוֹן שֶׁל מֶלֶךְ:
*בְּרוֹב אַרְצוֹת אֵירוֹפָּה אֵין **מְלוּכָה**.*
כִּסֵּא הַמְּלוּכָה royal throne
חֲצַר הַמְּלוּכָה royal court

מלוכלךת' מְלֻכְלָךְ dirty, soiled (adj.)
לֹא נָקִי:
*הַבַּיִת **מְלוּכְלָךְ**, צָרִיךְ לְנַקּוֹת אוֹתוֹ.*
מְלוּכְלֶכֶת, מְלוּכְלָכִים, מְלוּכְלָכוֹת

מלוכניתו"ז מְלוּכָנִי [מְלוּכָנִים] monarchist, royalist
מִי שֶׁרוֹצֶה שֶׁיִּהְיֶה שִׁלְטוֹן שֶׁל מֶלֶךְ:
***הַמְּלוּכָנִים** רוֹצִים לְהַחְזִיר אֶת מֶלֶךְ סְפָרַד לַשִּׁילְטוֹן.*
*יֵשׁ לוֹ דֵּיעוֹת **מְלוּכָנִיּוֹת**.*

מלוכסןת' מְלֻכְסָן oblique, slanted
קַו יָשָׁר, שֶׁהַקְּצָווֹת שֶׁלּוֹ אֵינָם בְּאוֹתוֹ גּוֹבַהּ:
*יֵשׁ לוֹ עֵינַיִים **מְלוּכְסָנוֹת**.*
מְלוּכְסֶנֶת, מְלוּכְסָנִים, מְלוּכְסָנוֹת

מלומדתו"ז מְלֻמָּד learned (adj.)
1. שֶׁלָּמַד הַרְבֵּה, יֵשׁ לוֹ יְדִיעוֹת רַבּוֹת:
*הַרְבֵּה **מְלוּמָּדִים** דָּנוּ בַּשְּׁאֵלָה זוֹ.*
2. כִּינּוּי שֶׁל כָּבוֹד (בְּבֵית מִשְׁפָּט וְכוּ'): חֲבֵרִי **הַמְּלוּמָּד**.
מְלוּמֶּדֶת, מְלוּמָּדִים, מְלוּמָּדוֹת

מלוןז' מָלוֹן [מְלוֹנוֹת] hotel
מָקוֹם שֵׁינָה לְתַיָּירִים אוֹ אוֹרְחִים מִחוּץ לָעִיר:
*הַתַּיָּירִים יָשְׁנוּ בַּלַּיְלָה **בְּמָלוֹן**.*
בָּתֵּי מָלוֹן

מלוןז' מֶלוֹן [מֶלוֹנִים] melon, cantaloupe
פְּרִי - אֲבַטִּיחַ צָהוֹב:
*יִשְׂרָאֵל מְיַיצֵּאת **מֶלוֹנִים** טְעִימִים לְאֵירוֹפָּה.*

מלונאותנ׳ מְלוֹנָאוּת — hotel management
כֹּל מַה שֶׁקָּשׁוּר בַּעֲבוֹדָה בְּמָלוֹן:
*לָמַדְתִּי **מְלוֹנָאוּת**, וְעַכְשָׁיו אֲנִי מְנַהֵל מָלוֹן בְּאֵילַת.*

מלונהנ׳ מְלוּנָה [מְלוּנוֹת] — kennel
סוּכָּה, בַּיִת קָטָן בֶּחָצֵר, בְּעִיקָר לְכֶלֶב:
*הַכֶּלֶב קָשׁוּר **בַּמְּלוּנָה** שֶׁלּוֹ.*

מלונועז׳ מְלוֹנוֹעַ [מְלוֹנוֹעִים] — motel
מָלוֹן לַאֲנָשִׁים וּלְמְכוֹנִיּוֹת בַּדְּרָכִים:
*בְּמֶרְכַּז נְיוּ יוֹרְק יֵשׁ מְלוֹנוֹת וְלֹא **מְלוֹנוֹעִים**.*

מלופףת׳ מְלֻפָּף — wrapped (adj.)
כְּשֶׁמִּסָּבִיב לוֹ קְשׁוּרִים חוּטִים, חֲבָלִים וְכוּ׳:
*הַמָּנוֹעַ **מְלוּפָּף** בְּחוּטֵי חַשְׁמַל.*
מְלוּפֶּפֶת, מְלוּפָּפִים, מְלוּפָּפוֹת

מלחז׳ מֶלַח [מְלָחִים] — salt
*אִי אֶפְשָׁר לֶאֱכוֹל אֶת הַמָּרָק הַזֶּה, יֵשׁ בּוֹ יוֹתֵר מִדַּי **מֶלַח**!*
יָם-הַמֶּלַח — the Dead Sea
מֶלַח-שׁוּלְחָן — table salt

מלחז׳ מַלָּח [מַלָּחִים] — sailor
מִי שֶׁעוֹבֵד בָּאוֹנִיָּה:
***הַמַּלָּח** אוֹהֵב לִחְיוֹת בַּיָּם.*

מלחייהנ׳ מִלְחִיָּה [מִלְחִיּוֹת] — salt shaker
כְּלִי שֶׁיֵּשׁ בּוֹ חוֹרִים קְטַנִּים לְמֶלַח:
*עַל הַשּׁוּלְחָן יֵשׁ **מִלְחִיָּה**, לֶחֶם וְסַכִּין.*

מלחיןז׳ מַלְחִין [מַלְחִינִים] — composer
קוֹמְפּוֹזִיטוֹר, מִי שֶׁכּוֹתֵב מוּסִיקָה:
***הַמַּלְחִין** שֶׁל הַשִּׁיר הַזֶּה לֹא יָדוּעַ.*
מַלְחִינָה, מַלְחִינוֹת

מלחםז׳ מַלְחֵם [מַלְחֵמִים] — soldering iron
מַכְשִׁיר שֶׁמַּלְחִימִים, מְחַבְּרִים בּוֹ חוֹמָרִים קָשִׁים:
*הָאִינְסְטָלָטוֹר חִיבֵּר אֶת שְׁנֵי הַצִּינּוֹרוֹת **בְּמַלְחֵם**.*

מלחמהנ׳ מִלְחָמָה [מִלְחָמוֹת] — war
סִיכְסוּךְ בֵּין מְדִינוֹת, שֶׁמִּשְׁתַּתְּפִים בּוֹ חַיָּילִים, נֶשֶׁק:
***הַמִּלְחָמָה** בֵּין יִשְׂרָאֵל וְאַרְצוֹת עֲרָב פָּרְצָה בְּמַאי 1948.*
מִלְחֶמֶת־הַשִּׁיחְרוּר — the War of Independence
מִלְחֶמֶת־הָעוֹלָם הָרִאשׁוֹנָה — the First World War
מִלְחֶמֶת־הָעוֹלָם הַשְּׁנִיָּה — the Second World War
מִלְחֶמֶת־אֶזְרָחִים — civil war
מִלְחָמָה גַּרְעִינִית — nuclear war
מִלְחֶמֶת־עֲצַבִּים — psychological warfare
מִלְחֶמֶת־קִיּוּם — struggle for survival

מלחמתית׳ מִלְחַמְתִּי — warlike
שֶׁשַּׁיָּיךְ לְמִלְחָמָה:
*מַפְחִיד אוֹתִי הַמַּצָּב **הַמִּלְחַמְתִּי**.*
מִלְחַמְתִּית, מִלְחַמְתִּיִּים, מִלְחַמְתִּיּוֹת

מלחצייםז״ר מֶלְחָצַיִם — vise
מַכְשִׁיר הַדּוֹמֶה לְמִסְפָּרַיִים (אוֹ צְבָת), מַחְזִיקִים בּוֹ קְרָשִׁים וְכוּ׳:
*כְּשֶׁהַקֶּרֶשׁ **בַּמֶּלְחָצַיִים**, הוּא לֹא יָכוֹל לָזוּז.*

מלטז׳ מֶלֶט — cement
חוֹמֶר לְבְנִיָּיה:
*אֶת **הַמֶּלֶט** עוֹשִׂים מִסִּיד וּמַיִם.*

מלטשהנ׳ מִלְטָשָׁה [מִלְטָשׁוֹת] — diamond polishing plant
מָקוֹם שֶׁמְּעַבְּדִים בּוֹ אֲבָנִים יְקָרוֹת:
*הָיְיתָה גְּנֵיבָה **בְּמִלְטֶשֶׁת** יַהֲלוֹמִים.*

מליאהנ׳ מְלִיאָה — plenum
(מַשֶּׁהוּ שָׁלֵם, מָלֵא) אֲסֵיפָה שֶׁמִּשְׁתַּתְּפִים בָּהּ כֹּל הַחֲבֵרִים:
*חוּקִים מִתְקַבְּלִים **בִּמְלִיאַת** הַכְּנֶסֶת.*
יְשִׁיבַת מְלִיאָה — plenary session

מליחז׳ מָלִיחַ [מְלִיחִים] — herring
מַאֲכָל שֶׁנִּשְׁמַר בְּמֶלַח (דָּג מָלוּחַ וְכוּ׳):
***הַמְּלִיחִים** מוֹסִיפִים תֵּיאָבוֹן.*

מליחותנ׳ מְלִיחוּת — saltiness
כַּמּוּת הַמֶּלַח בְּמַשֶּׁהוּ:
***מְלִיחוּת** יָם הַמֶּלַח הִיא הַגְּבוֹהָה בָּעוֹלָם.*

מליץז׳ מֵלִיץ [מְלִיצִים] — fine talker
מִי שֶׁמְּדַבֵּר יָפֶה.
מֵלִיץ יוֹשֶׁר - סַנֵּיגוֹר, מִי שֶׁמֵּגֵן עַל אֲנָשִׁים: — advocate, apologist
מִי צָרִיךְ מְלִיצֵי יוֹשֶׁר - אֲנִי יָכוֹל לְדַבֵּר בְּעַצְמִי.
מְלִיצָה, מְלִיצוֹת

מליצהנ׳ מְלִיצָה [מְלִיצוֹת] — rhetoric, flowery language
1. דִּיבּוּר בְּמִילִּים יָפוֹת:
*בְּשִׁירָה יֵשׁ הַרְבֵּה **מְלִיצוֹת**.*
2. (בְּמוּבָן שְׁלִילִי) מִילִּים גְּבוֹהוֹת: — platitude
***הַמְּלִיצוֹת** שֶׁלּוֹ נִמְאֲסוּ עָלַיי.*
מְלִיצָה נְבוּבָה — inflated rhetoric

מליצית׳ מְלִיצִי — high flown (language)
הַכָּתוּב בְּשָׂפָה גבוהה:
*יֵש לוֹ סיגנון **מְלִיצִי**, וַאֲנִי לֹא מֵבִין אותו.*
מְלִיצִית, מְלִיצִיִּים, מְלִיצִיּוֹת

מליתנ׳ מְלִית — filling
הַחוֹמֶר שֶׁמְּמַלְאִים בּוֹ אוֹכֶל:
***הַמְּלִית** שֶׁל הָעוּגָה טְעִימָה מְאוֹד.*

מלךפ׳ מָלַךְ — reigned
הָיָה מֶלֶךְ:
***הַמֶּלֶךְ** מָלַךְ שלושים שָׁנָה.*
לִמְלוֹךְ עַל- / מ.ל.ך, פָּעַל / מָלַכְתִּי, מוֹלֵךְ, אֶמְלוֹךְ, יִמְלוֹךְ

מלךז׳ מֶלֶךְ [מְלָכִים] — king
שַׁלִּיט עֶלְיוֹן. תַּפְקִיד הָעוֹבֵר מֵאָב לְבֵן:
*'דָּוִיד **מֶלֶךְ** יִשְׂרָאֵל חַי וְקַיָּים!'*
דֶּרֶךְ־הַמֶּלֶךְ — highway
כְּיַד־הַמֶּלֶךְ — lavishly, abundantly
מִשְׂחַק־הַמְּלָכִים — chess
מַלְכָּה, מְלָכוֹת

מלכודתנ׳ מַלְכֹּדֶת [מַלכּוּדוֹת] — trap
1. מַכְשִׁיר שֶׁתּוֹפֵס אוֹ פּוֹגֵעַ בְּמִי שֶׁנּוֹגֵעַ בּוֹ:
*שַׂמְנוּ **מַלְכּוֹדֶת** כְּדֵי לִתְפּוֹס אֶת הָעַכְבָּר.*
2. פְּעוּלָה כְּדֵי לִתְפּוֹס מִישֶׁהוּ: — ambush
*הַנֶּהָג הַשִּׁיכּוֹר נִתְפַּס **בְּמַלְכּוֹדֶת** הַמִּשְׁטָרָה.*

מלכותנ׳ מַלְכוּת [מַלְכוּיוֹת] — kingdom
כְּשֶׁיֵּשׁ מֶלֶךְ:
*בִּזְמַן **מַלְכוּת** דָּוִיד הָיוּ מִלְחָמוֹת רַבּוֹת.*

מלכותית׳ מַלְכוּתִי — royal, regal
כְּמוֹ מֶלֶךְ:
*יֵשׁ לָהּ הוֹפָעָה **מַלְכוּתִית**.*
מַלְכוּתִית, מַלְכוּתִיִּים, מַלְכוּתִיּוֹת

מלכתחילהת״פ מִלְּכַתְּחִלָּה — from the beginning
(מִ + לְ + כַּ + תחילה) מִן הַהַתְחָלָה, מֵרֹאשׁ:
***מִלְּכַתְּחִילָּה** לֹא הֶאֱמַנְתִּי לוֹ.*

מללז׳ מֶלֶל — lyrics
(לָשׁוֹן ספרותית) מילים וּמִשְׁפָּטִים, דיבּוּר:
*הַמּוּסִיקָה לֹא מַתְאִימָה **לַמֶּלֶל**.*
2. דִּיבּוּרִים בְּלִי תּוֹכֶן: — verbosity
*אֲנִי לֹא אוֹהֵב הַרְצָאוֹת, כִּי יֵשׁ בָּהֶן **מֶלֶל** רַב.*

מלמדז׳ מְלַמֵּד [מְלַמְּדִים] — teacher
מוֹרֶה, בְּעִיקָּר מִי שֶׁמְּלַמֵּד יְלָדִים לִקְרוֹא בַּתּוֹרָה:
*סָבִי לָמַד לִקְרוֹא בַּ'חֶדֶר' אֵצֶל **הַמְּלַמֵּד**.*

מלמלהנ׳ מַלְמָלָה [מַלְמָלוֹת] — fine cloth
מִין בַּד דַּק וְעָדִין:
*אֲנִי אוֹהֵב וִילוֹנוֹת **מַלְמָלָה**.*

מלעילת״פ מִלְּעֵיל — penultimate accent
(אֲרָמִית) מִלְמַעְלָה. כְּשֶׁהַהַדְגָּשָׁה בַּמִּילָה הִיא לִפְנֵי הַסּוֹף:
*הַמִּילָה 'מַחְבֶּרֶת' הִיא **בְּמִלְּעֵיל**.*

מלפפוןז׳ מְלָפְפוֹן [מְלָפְפוֹנִים] — cucumber
יָרָק אָרוֹךְ וְיָרוֹק:
*הֵכַנְתִּי סָלָט **מִמְּלָפְפוֹנִים** וַעֲגְבָנִיּוֹת.*

מלצרז׳ מֶלְצַר [מֶלְצָרִים] — waiter
עוֹבֵד בְּמִסְעָדָה, מַגִּישׁ אוֹכֶל וּשְׁתִיָּיה לָאוֹרְחִים:
*משֶׁה עוֹבֵד כָּל עֶרֶב, הוּא **מֶלְצַר** בְּמִסְעָדָה.*
מֶלְצָרִית, מֶלְצָרִיּוֹת

מלקפ׳ מָלַק — wrung (a neck)
חָתַךְ אֶת הָרֹאשׁ שֶׁל בַּעַל חַיִּים:
*הוּא **מָלַק** אֶת רֹאשׁ הַתַּרְנְגוֹלֶת.*
לִמְלוֹק אֶת- / מ.ל.ק, פָּעַל / מָלַקְתִּי, מוֹלֵק, אֶמְלוֹק

מלקושז׳ מַלְקוֹשׁ [מַלְקוֹשִׁים] — last rain
הַגֶּשֶׁם הָאַחֲרוֹן לִפְנֵי הַקַּיִץ:
*עוֹד לֹא יָרַד **הַמַּלְקוֹשׁ**, חוֹרֶף עֲדַיִין.*

מלקותנ״ר מַלְקוֹת — lashes
מַכּוֹת:
*הָעוֹנֶשׁ שֶׁלּוֹ הוּא אַרְבָּעִים **מַלְקוֹת**.*

מלקחייםז״ז מֶלְקָחַיִם — forceps
מַכְשִׁיר הַדּוֹמֶה לְמִסְפָּרַיִים גדולים אוֹ לְצָבָת:
*הַתִּינוֹק נוֹלַד בְּעֶזְרַת **מֶלְקָחַיִים**.*
תְּנוּעַת־מֶלְקָחַיִים — pincer movement

מלרעת״פ מִלְּרַע — ultimate accent
(אֲרָמִית) מִלְמַטָּה. כְּשֶׁהַהַדְגָּשָׁה הִיא בְּסוֹף הַמִּילָה:
*הַמִּילָה יְלָדִים הִיא **בְּמִלְּרַע**.*

מלשיןז׳ מַלְשִׁין [מַלְשִׁינִים] — informer
מִי שֶׁמּוֹסֵר יְדִיעוֹת עַל מִישֶׁהוּ כְּדֵי לְהַזִּיק לוֹ:
*בַּתְּפִילָּה כָּתוּב: 'וְלַ**מַּלְשִׁינִים** לֹא תְּהִיֶה תִקְוָוה'.*
מַלְשִׁינָה, מַלְשִׁינוֹת

מלשינותנ׳ מַלְשִׁינוּת — informing
מְסִירָה שֶׁל יְדִיעוֹת עַל מִישֶׁהוּ כְּדֵי לְהַזִּיק לוֹ:
*מִשְׁטָרִים טוֹטָלִיטָרִיִּים מְעוֹדְדִים **מַלְשִׁינוּת**.*

מלתחהנ׳ מֶלְתָּחָה [מֶלְתָּחוֹת] — wardrobe
1. מָקוֹם שֶׁשָּׂמִים בּוֹ בְּגָדִים (מְעִילִים וְכוּ׳):
*לִפְנֵי הַקּוֹנְצֶרְט אֲנִי מַשְׁאִיר אֶת הַמְּעִיל **בַּמֶּלְתָּחָה**.*
2. מָקוֹם שֶׁמַּחְלִיפִים בּוֹ בְּגָדִים:
*הָלַכְתִּי **לַמֶּלְתָּחָה** לִלְבּוֹשׁ בֶּגֶד יָם.*

מלתעותנ״ר מַלְתָּעוֹת — incisors
הַשִּׁינַּיִים הָאֲרוּכּוֹת שֶׁל חַיּוֹת:
*הָאַרְיֵה תָּפַס אֶת הַצְּבִי **בְּמַלְתָּעוֹת** שֶׁלּוֹ.*

מ״מ, מֵם-מֵם — substitute, acting-
1. ר״ת מְמַלֵּא מָקוֹם. מִי שֶׁבָּא בִּמְקוֹם מִישֶׁהוּ אַחֵר:
*הַמְּנַהֵל בְּחוּפְשָׁה, אֲבָל יֵשׁ לוֹ **מְמַלֵּא מָקוֹם**.*
2. (בַּצָּבָא) מְפַקֵּד מַחְלָקָה: — platoon commander
*אַחֲרֵי הַקּוּרְס נַעֲשֵׂיתִי **מ״מ**.*

ממאירת׳ מַמְאִיר — malignant
דּוֹקֵר, מְסוּכָּן.
גִּידּוּל מַמְאִיר — malignant tumor
מַחֲלָה מַמְאֶרֶת — malignant disease
מַמְאִירָה-מַמְאֶרֶת, מַמְאִירִים, מַמְאִירוֹת

ממוגןת׳ מְמֻגָּן — protected (adj.)
מָקוֹם מוּגָן, שֶׁיֵּשׁ בּוֹ אֶמְצָעֵי הֲגָנָה:
*הַבַּיִת **מְמוּגָּן** - אִי אֶפְשָׁר לִפְרוֹץ אֵלָיו.*
מְמוּגֶּנֶת, מְמוּגָּנִים, מְמוּגָּנוֹת

ממוזגת׳ מְמֻזָּג — air-conditioned (adj.)
1. שֶׁיֵּשׁ בּוֹ מַזְגָן לְחִימּוּם, לְקֵירוּר:
*בְּבַיִת **מְמוּזָּג** נָעִים גַּם בַּקַּיִץ וְגַם בַּחוֹרֶף.*
2. לֹא קַר וְלֹא חַם: — temperate
*הָאַקְלִים שֶׁל אֶרֶץ-יִשְׂרָאֵל **מְמוּזָּג**.*
מְמוּזֶּגֶת, מְמוּזָּגִים, מְמוּזָּגוֹת

ממוזמזת׳ מְמֻזְמָז — wasted (time) (adj.)
(לְשׁוֹן דִּיבּוּר) מְבוּזְבָּז (זְמַן):
*אֲנַחְנוּ לֹא עוֹשִׂים כְּלוּם - סְתָם זְמַן **מְמוּזְמָז**.*
מְמוּזְמֶזֶת, מְמוּזְמָזִים, מְמוּזְמָזוֹת

ממוחשבת׳ מְמֻחְשָׁב — computerized (adj.)
שֶׁיֵּשׁ בּוֹ מַחְשֵׁב, שֶׁמִּשְׁתַּמְּשִׁים בּוֹ בְּמַחְשֵׁב:
*הַמִּשְׂרָד שֶׁלָּנוּ **מְמוּחְשָׁב**.*
מְמוּחְשֶׁבֶת, מְמוּחְשָׁבִים, מְמוּחְשָׁבוֹת

ממוטטת׳ מְמוֹטָט — shaky
לֹא יַצִּיב, אֵין לוֹ כּוֹחַ:
*אֲנִי מַרְגִּישׁ **מְמוֹטָט** אַחֲרֵי הַטִּיּוּל.*
מְמוֹטֶטֶת, מְמוֹטָטִים, מְמוֹטָטוֹת

ממויןת׳ מְמֻיָּן — classified/sorted (adj.)
מְסוּדָּר לְפִי מִין, סוּג וְכוּ׳:
*אֶפְשָׁר לְחַלֵּק אֶת הַמִּכְתָּבִים - הֵם **מְמוּיָּנִים** לְפִי הַכְּתוֹבוֹת.*
מְמוּיֶּנֶת, מְמוּיָּנִים, מְמוּיָּנוֹת

ממוכןת׳ מְמֻכָּן — mechanized (adj.)
שֶׁיֵּשׁ בּוֹ מְכוֹנוֹת, שֶׁהָעֲבוֹדָה נַעֲשֵׂית בִּמְכוֹנוֹת:
*הַמִּשְׂרָד שֶׁלָּנוּ **מְמוּכָּן**, זֶהוּ מִשְׂרָד מוֹדֶרְנִי.*
מְמוּכֶּנֶת, מְמוּכָּנִים, מְמוּכָּנוֹת

ממולת״פ מִמּוּל — opposite
(מִ + מוּל) נֶגֶד, עִם הַפָּנִים אֶל...:
*אֲנִי גָּר **מִמּוּל**.*

ממולאת׳ מְמֻלָּא — stuffed/filled (adj.)
שֶׁשָּׂמוּ בּוֹ מַשֶּׁהוּ, מִילְּאוּ אוֹתוֹ:
*אֲנִי אוֹהֵב דָּגִים **מְמוּלָּאִים**.*
מְמוּלָּאָה-מְמוּלֵּאת, מְמוּלָּאִים, מְמוּלָּאוֹת

ממולחת׳ מְמֻלָּח — witty, sharp
מִי שֶׁהוּא פִּיקֵּחַ, חָכָם מְאוֹד:
*הוּא בָּחוּר **מְמוּלָּח**, אִי אֶפְשָׁר לְרַמּוֹת אוֹתוֹ.*
מְמוּלַּחַת, מְמוּלָּחִים, מְמוּלָּחוֹת

ממולכדת׳ מְמֻלְכָּד — booby-trapped (adj.)
שֶׁשָּׂמוּ בּוֹ מַלְכּוֹדֶת (פְּצָצָה וְכוּ׳) כְּדֵי לִפְגּוֹעַ:
*הִיזָּהֵר! הַחֶדֶר **מְמוּלְכָּד**.*
מְמוּלְכֶּדֶת, מְמוּלְכָּדִים, מְמוּלְכָּדוֹת

ממומןת׳ מְמֻמָּן — financed (adj.)
מִישֶׁהוּ מְשַׁלֵּם עֲבוּרוֹ:
*הַפְּרוֹיֶיקְט **מְמוּמָּן** עַל-יְדֵי הַמֶּמְשָׁלָה.*
מְמוּמֶּנֶת, מְמוּמָּנִים, מְמוּמָּנוֹת

ממומשת׳ מְמֻמָּשׁ — realized (adj.)
(נַעֲשָׂה מַמָּשׁ) מְבוּצָּע, שֶׁעוֹשִׂים אוֹתוֹ:
*שָׂמַחְתִּי לִשְׁמוֹעַ שֶׁהַפְּרוֹיֶיקְט **מְמוּמָּשׁ**.*
מְמוּמֶּשֶׁת, מְמוּמָּשִׁים, מְמוּמָּשׁוֹת

ממוןז׳ מָמוֹן [מָמוֹנוֹת] — capital, money
כֶּסֶף:
*אֲנִי צָרִיךְ **מָמוֹן** כְּדֵי לִקְנוֹת בַּיִת.*

ממונהת"ז מְמֻנֶּה [מְמוּנִים] — in charge
מִי שֶׁנָּתְנוּ לוֹ תַּפְקִיד:
*הַ**מְּמוּנֶּה** עַל הַבִּיטָּחוֹן הוּא שַׂר הַבִּיטָּחוֹן.*
מְמוּנָּה-מְמוּנֵית, מְמוּנוֹת

ממונעת' מְמֻנָּע — motorized (adj.)
שֶׁיֵּשׁ לוֹ מָנוֹעַ, מוֹטוֹר:
*הַצָּבָא הַיּוֹם יוֹתֵר **מְמוּנָּע**, פָּחוֹת הוֹלְכִים בָּרֶגֶל.*
מְמוּנַּעַת, מְמוּנָּעִים, מְמוּנָּעוֹת

ממוסגרת' מְמֻסְגָּר — framed (adj.)
שֶׁשָּׂמוּ (נִמְצָא) בְּתוֹךְ מִסְגֶּרֶת:
*תְּמוּנָה **מְמוּסגֶּרֶת** אֶפְשָׁר לִתְלוֹת עַל קִיר.*
מְמוּסגֶּרֶת, מְמוּסגָּרִים, מְמוּסגָּרוֹת

ממוסדת' מְמֻסָּד — established (adj.)
מִתְנַהֵג לְפִי חוּקִים וּכְלָלִים:
*זֶה תֵּיאַטְרוֹן **מְמוּסָּד** וְלֹא תֵּיאַטְרוֹן אָוַונְגַּרְדִּי.*
מְמוּסֶּדֶת, מְמוּסָּדִים, מְמוּסָּדוֹת

ממוסחרת' מְמֻסְחָר — commercialized (adj.)
שֶׁנַּעֲשָׂה כְּמוֹ סְחוֹרָה, קוֹנִים וּמוֹכְרִים אוֹתוֹ:
*אוֹמָנוּת **מְמוּסְחֶרֶת** אֵינָהּ מַתְאִימָה לְמוּזֵיאוֹנִים.*
מְמוּסְחֶרֶת, מְמוּסְחָרִים, מְמוּסְחָרוֹת

ממוספרת' מְמֻסְפָּר — numerated (adj.)
יֵשׁ לוֹ מִסְפָּר, סִימְנוּ בּוֹ מִסְפָּרִים:
*קַל לִמְצוֹא אֶת הַבַּיִת, כִּי הוּא **מְמוּסְפָּר**.*
מְמוּסְפֶּרֶת, מְמוּסְפָּרִים, מְמוּסְפָּרוֹת

ממוצעת"ז מְמֻצָּע [מְמוּצָּעִים] — average
נִמְצָא בְּאֶמְצַע, לֹא גָּדוֹל וְלֹא קָטָן, בֵּינוֹנִי:
*לְחַנָּה יֵשׁ גּוֹבַהּ **מְמוּצָּע**, הִיא לֹא גְּבוֹהָה וְלֹא נְמוּכָה.*
הַ**מְּמוּצָּע** שֶׁל 3, 5, 10 הוּא 6.
מְמוּצַּעַת, מְמוּצָּעוֹת

ממוקדת' מְמֻקָּד — focused (adj.)
מְכוּוָּן לִנְקוּדָה אַחַת אוֹ לְעִנְיָין אֶחָד:
*הַצִּילּוּם לֹא **מְמוּקָּד**, לָכֵן אֵינוֹ בָּרוּר.*
מְמוּקֶּדֶת, מְמוּקָּדִים, מְמוּקָּדוֹת

ממוקםת' מְמֻקָּם — located/situated (adj.)
נִמְצָא בְּמָקוֹם מְסוּיָּם:
*הַבַּיִת **מְמוּקָּם** בְּרֹאשׁ הָהָר.*
מְמוּקֶּמֶת, מְמוּקָּמִים, מְמוּקָּמוֹת

ממוקשת' מְמֻקָּשׁ — mined (adj.)
פִּיזְּרוּ בּוֹ מוֹקְשִׁים:
*אָסוּר לִנְסוֹעַ כָּאן, כִּי הַדֶּרֶךְ **מְמוּקֶּשֶׁת**.*
מְמוּקֶּשֶׁת, מְמוּקָּשִׁים, מְמוּקָּשׁוֹת

ממורטת' מְמֹרָט — polished (adj.)
1. מְצוּחְצָח:
*כּוֹסוֹת הַכֶּסֶף **מְמוֹרָטוֹת**.*
2. מְשׁוּמָּשׁ מְאוֹד: — shabby
*הַמְּעִיל שֶׁלִּי **מְמוֹרָט**, צָרִיךְ לִקְנוֹת חָדָשׁ.*
מְמוֹרֶטֶת, מְמוֹרָטִים, מְמוֹרָטוֹת

ממורטטת' מְמֻרְטָט — shabby
שֶׁהִתְיַישֵּׁן, נִרְאֶה יָשָׁן:
*הַבְּגָדִים שֶׁלְּךָ **מְמוּרְטָטִים**.*
מְמוּרְטֶטֶת, מְמוּרְטָטִים, מְמוּרְטָטוֹת

ממורמרת' מְמֻרְמָר — bitter
לֹא מְרוּצֶּה, מַרְגִּישׁ מְרִירוּת:
*הוּא **מְמוּרְמָר**, כִּי לֹא קִיבֵּל אֶת הַתַּפְקִיד שֶׁרָצָה בּוֹ.*
מְמוּרְמֶרֶת, מְמוּרְמָרִים, מְמוּרְמָרוֹת

ממושךת' מְמֻשָּׁךְ — prolonged (adj.)
נִמְשָׁךְ, אוֹרֵךְ זְמַן רַב:
*הֵן הִגִּיעוּ לְהַחְלָטָה רַק אַחֲרֵי דִּיּוּן **מְמוּשָּׁךְ**.*
מְמוּשָּׁכוֹתת"פ — at length
מְמוּשֶּׁכֶת, מְמוּשָּׁכִים, מְמוּשָּׁכוֹת

ממושכןת' מְמֻשְׁכָּן — mortgaged (adj.)
שֶׁיֵּשׁ עָלָיו מַשְׁכַּנְתָּה, אִי אֶפְשָׁר לִמְכּוֹר אוֹתוֹ בִּגְלַל חוֹב:
*הַבַּיִת **מְמוּשְׁכָּן**, כִּי אֲנִי חַיָּיב כֶּסֶף לַבַּנְק.*
מְמוּשְׁכֶּנֶת, מְמוּשְׁכָּנִים, מְמוּשְׁכָּנוֹת

ממושמעת' מְמֻשְׁמָע — disciplined (adj.)
מִי שֶׁעוֹשֶׂה מַה שֶּׁאוֹמְרִים לוֹ, מְמַלֵּא פְּקוּדוֹת וְהוֹרָאוֹת:
*הוּא חַיָּיל **מְמוּשְׁמָע**.*
מְמוּשְׁמַעַת, מְמוּשְׁמָעִים, מְמוּשְׁמָעוֹת

ממושקףת' מְמֻשְׁקָף — bespectacled
מִי שֶׁמַּרְכִּיב מִשְׁקָפַיִים:
*דָּוִיד **מְמוּשְׁקָף**, הוּא אֵינוֹ רוֹאֶה לְמֵרָחוֹק.*
מְמוּשְׁקֶפֶת, מְמוּשְׁקָפִים, מְמוּשְׁקָפוֹת

ממותןת' מְמֻתָּן — moderate
שֶׁעָשׂוּ אוֹתוֹ מָתוּן יוֹתֵר, פָּחוֹת מָהִיר, קִיצוֹנִי וְכוּ':
*הַהַצָּעָה הַ**מְּמוּתֶּנֶת** הִתְקַבְּלָה.*
מְמוּתֶּנֶת, מְמוּתָּנִים, מְמוּתָּנוֹת

ממותקת' מְמֻתָּק — sweetened (adj.)
שֶׁהִמְתִּיקוּ אוֹתוֹ, שָׂמוּ בּוֹ סוּכָּר וְכוּ':

הָתֶה מְמוּתָּק כְּמוֹ שֶׁבִּיקַשְׁתָּ.
מְמוּתֶּקֶת, מְמוּתָּקִים, מְמוּתָּקוֹת

ממזר ז׳, מַמְזֵר [מַמְזֵרִים] — bastard
1. בֵּן שֶׁנּוֹלַד לְאִישָּׁה לֹא מִבַּעְלָהּ:
*אוּלַי הוּא נוֹלַד **מַמְזֵר**, אֲבָל הוּא חַי כְּמוֹ מֶלֶךְ.*
2. כָּךְ קוֹרְאִים לְאָדָם פִּיקֵחַ שֶׁ"יוֹדֵעַ לְהִסְתַדֵּר": — shrewd, crafty
*דָּוִיד **מַמְזֵר** גָּדוֹל, תָּמִיד הוּא מַרְוִויחַ.*
מַמְזֵרָה, מַמְזֵרוֹת

ממזרות נ׳, מַמְזֵרוּת — bastardy
הַמַּצָּב שֶׁל הַמַּמְזֵר (שֶׁל מִי שֶׁנּוֹלַד לְאִישָּׁה לֹא מִבַּעְלָהּ הַחוּקִי):
*הַ**מַּמְזֵרוּת** יְכוֹלָה לְהַפְרִיעַ בְּנִישׂוּאִין יְהוּדִיִּים.*

ממזרי ת׳, מַמְזֵרִי — mischievious
שֶׁיֵּשׁ בּוֹ פִּיקְחוּת:
*יֵשׁ לוֹ חִיּוּךְ **מַמְזֵרִי**.*
מַמְזֵרִית, מַמְזֵרִיִּים, מַמְזֵרִיּוֹת

ממחטה נ׳, מִמְחָטָה [מִמְחָטוֹת] — handkerchief
מִטְפַּחַת שֶׁמְּנַגְּבִים בָּהּ אֶת הָאַף:
*יֵשׁ לִי נַזֶּלֶת, וַאֲנִי צְרִיכָה לִקְנוֹת **מִמְחָטוֹת** נְיָיר.*

ממטרה נ׳, מַמְטֵרָה [מַמְטֵרוֹת] — sprinkler
מַכְשִׁיר לְפִיזּוּר מַיִם בְּגִינָּה, בַּשָּׂדֶה וְכוּ׳:
*חַם וְיָבֵשׁ, צָרִיךְ לִפְתּוֹחַ אֶת הַ**מַּמְטֵרוֹת** בַּגִּינָּה.*

ממטרים ז״ר מִמְטָרִים — showers (rains)
גֶּשֶׁם:
*מָחָר יֵרְדוּ **מִמְטָרִים** בְּכָל אֵזוֹרֵי הָאָרֶץ.*

ממילא ר׳ מילא

ממלכה נ׳, מַמְלָכָה [מַמְלָכוֹת] — kingdom
מְדִינָה שֶׁיֵּשׁ לָהּ מֶלֶךְ:
*בְּרֹאשׁ **מַמְלֶכֶת** יַרְדֵּן עוֹמֵד הַמֶּלֶךְ חוּסֵין.*

ממלכתי ת׳, מַמְלַכְתִּי — state (adj.)
שֶׁשַּׁיָּיךְ לַמְּדִינָה, לְכָל הַצִּיבּוּר שֶׁל הַמְּדִינָה:
רוֹב בָּתֵּי הַסֵּפֶר בָּאָרֶץ **מַמְלַכְתִּיִּים**, מְעַטִּים מְאוֹד - פְּרָטִיִּים.
הַבִּיקּוּר הַ**מַּמְלַכְתִּי** שֶׁל רֹאשׁ הַמֶּמְשָׁלָה עָבַר בְּהַצְלָחָה.
מַמְלַכְתִּית, מַמְלַכְתִּיִּים, מַמְלַכְתִּיּוֹת

ממלכתיות נ׳, מַמְלַכְתִּיּוּת — statehood
מָה שֶׁהוּא שֶׁל כָּל הָאֲנָשִׁים בַּמְּדִינָה:
*הַ**מַּמְלַכְתִּיּוּת** מְאַחֶדֶת אוֹתָנוּ, גַּם אִם יֶשְׁנָן דֵּעוֹת שׁוֹנוֹת.*

ממנן ז׳, מְמַמֵּן [מְמַמְּנִים] — financier
מִי שֶׁנּוֹתֵן כֶּסֶף לַעֲבוֹדָה, לְמִפְעָל וְכוּ׳:
*הַ**מְּמַמֵּן** הָאֲמֶרִיקָאִי שֶׁל הַפְּרוֹיֶיקְט בָּא לָאָרֶץ.*
מְמַמֶּנֶת, מְמַמְּנוֹת

ממני מ״י, מִמֶּנִּי — from me, than I
(מִן + אֲנִי) מֵאֵת:
*הוּא קִיבֵּל **מִמֶּנִּי** מַתָּנָה לְיוֹם הַהוּלֶּדֶת.*
מִמֶּנִּי, מִמְּךָ, מִמֵּךְ, מִמֶּנּוּ, מִמֶּנָּה, מִכֶּם, מִכֶּן, מֵהֶם, מֵהֶן

ממסד ז׳, מִמְסָד [מִמְסָדִים] — establishment
מִי שֶׁקּוֹבְעִים מְדִינִיּוּת, הָאֲנָשִׁים הַחֲשׁוּבִים שֶׁמַּחְלִיטִים בִּדְבָרִים הַחֲשׁוּבִים:
*הַ**מִּמְסָד** הוּא קוֹנְסֶרְוָוטִיבִי, אֵינוֹ אוֹהֵב חִידּוּשִׁים.*

ממסדי ת׳, מִמְסָדִי — establishment (adj.)
הַשַּׁיָּיךְ לַמִּמְסָד, לַמֶּמְשָׁלָה, לְכָל מִינֵי אִירְגּוּנִים חֲשׁוּבִים:
*הוּא צַיָּיר אַנְטִי-**מִמְסָדִי**, לָכֵן לֹא מַצִּיגִים אֶת תְּמוּנוֹתָיו בַּמּוּזֵיאוֹן.*
מִמְסָדִית, מִמְסָדִיִּים, מִמְסָדִיּוֹת

ממצא ז׳, מִמְצָא [מִמְצָאִים] — finding
כֹּל מָה שֶׁנִּמְצָא בִּבְדִיקָה אוֹ בְּמֶחְקָר:
*הַמַּדְעָן דִּיוֵּוחַ עַל **מִמְצְאֵי** הַמֶּחְקָר.*
בְּלִי מִמְצָא פָּתוֹלוֹגִי — no malignancy
(ר״ת: ב.מ.פ.)

ממצה ת׳ מְמַצֶּה — exhaustive
שֶׁכּוֹלֵל הַכּוֹל, שֶׁיֵּשׁ בּוֹ כֹּל מָה שֶׁחָשׁוּב:
*אַחֲרֵי חֲקִירָה **מְמַצָּה** נִמְצְאוּ הַתְּמוּנוֹת שֶׁנִּגְנְבוּ.*
מְמַצָּה, מְמַצִּים, מְמַצּוֹת

ממציא ז׳, מַמְצִיא [מַמְצִיאִים] — inventor
מִי שֶׁמְּגַלֶּה, מוֹצֵא דְבָרִים חֲדָשִׁים:
*הַ**מַּמְצִיא** שֶׁל הַטֶּלֶפוֹן הָיָה בֶּל.*
מַמְצִיאָה, מַמְצִיאוֹת

ממרח ז׳, מִמְרָח [מִמְרָחִים] — spread
מַשֶּׁהוּ שֶׁמּוֹרְחִים עַל לֶחֶם (חֶמְאָה, גְּבִינָה וְכוּ׳):
*הֵכַנְתִּי **מִמְרָחִים** שׁוֹנִים לַאֲרוּחַת הָעֶרֶב.*

ממש ז׳ ת״פ מַמָּשׁ — substance, reality
1. מְצִיאוּת, דָּבָר קַיָּים, יְסוֹד:
*בִּדְבָרִים שֶׁלְּךָ אֵין **מַמָּשׁ**.*
2. מְאוֹד, בֶּאֱמֶת: — really
*אֲנִי **מַמָּשׁ** מְאוּשֶּׁרֶת!*

ממשותנ, מַמָּשׁוּת — reality, substance
מַשֶּׁהוּ קַיָּם, מְצִיאוּת:
*אֵין שׁוּם **מַמָּשׁוּת** בַּדְּבָרִים שֶׁאָמַר.*

ממשית, מַמָּשִׁי — concrete
אֲמִיתִי, מְצִיאוּתִי, קוֹנקְרֶטִי:
*הָאֲנָשִׁים הָאֵלֶּה צְרִיכִים עֶזְרָה **מַמָּשִׁית** וְלֹא הַבְטָחוֹת.*
מַמָּשִׁית, מַמָּשִׁיִּים, מַמָּשִׁיּוֹת

ממשלהנ, מֶמְשָׁלָה [מֶמְשָׁלוֹת] — government
מִי שֶׁמְּנַהֵל אֶת הַמְּדִינָה, הַשִּׁלְטוֹן בַּמְּדִינָה:
הַמֶּמְשָׁלָה מִתְכַּנֶּסֶת לִישִׁיבָה 3 פְּעָמִים בְּשָׁבוּעַ.
מֶמְשֶׁלֶת יִשְׂרָאֵל — the Israeli government
רֹאשׁ הַמֶּמְשָׁלָה — the prime minister
מֶמְשֶׁלֶת בּוּבּוֹת — puppet government

ממשלתית, מֶמְשַׁלְתִּי — governmental, government (adj.)
שֶׁל הַמֶּמְשָׁלָה:
*אֲנִי עוֹבֵד בְּמִשְׂרָד **מֶמְשַׁלְתִּי**.*
מֶמְשַׁלְתִּית, מֶמְשַׁלְתִּיִּים, מֶמְשַׁלְתִּיּוֹת

ממשמשת, מְמַשְׁמֵשׁ — imminent, approaching
מְמַשְׁמֵשׁ וּבָא - מִתְקָרֵב:
*חַג הַפֶּסַח **מְמַשְׁמֵשׁ וּבָא**.*
מְמַשְׁמֶשֶׁת, מְמַשְׁמְשִׁים, מְמַשְׁמְשׁוֹת

ממתקז, מַמְתָּק [מַמְתַּקִּים] — a sweet
מַשֶּׁהוּ מָתוֹק (סוּכָּרִיָּה, בִּיסְקוִויט, שׁוֹקוֹלָד):
*מִי שֶׁאוֹכֵל הַרְבֵּה **מַמְתַּקִּים** מַשְׁמִין.*

מןמ"י, מִן — from
1. מ-, מֵ-, מְסַמֶּנֶת נְקוּדַת מוֹצָא בְּמָקוֹם אוֹ בִּזְמַן:
*בָּאתִי **מִן** הַשּׁוּק עָיֵף מְאוֹד. / עָבַדְתִּי **מִן** הַבּוֹקֶר עַד הָעֶרֶב.*
2. מִתּוֹךְ: — from within
*יָצָאתִי **מִן** הַבַּיִת.*
מִן הַדִּין — it is appropriate
מִן הַנִּמְנָע — it is impossible

מןז, מָן — manna
הַלֶּחֶם שֶׁיָּרַד מִן הַשָּׁמַיִם כְּשֶׁיָּצְאוּ בְּנֵי יִשְׂרָאֵל מִמִּצְרַיִם:
'טַעַם הַמָּן' נִשְׁאַר סֵמֶל לְמַשֶּׁהוּ טָעִים בִּמְיוּחָד.

מנגדת"פ, מִנֶּגֶד — opposite, across (from)
מִמּוּל, מִן הַצַּד הָרָחוֹק:
*יָשַׁבְתִּי **מִנֶּגֶד**, וְהִסְתַּכַּלְתִּי בָּאֲנָשִׁים הַמְטַיְּילִים בָּרְחוֹב.*

מנגינהנ, מַנְגִּינָה [מַנְגִּינוֹת] — melody
מוּסִיקָה שֶׁל שִׁיר:
*הַקּוֹמְפּוֹזִיטוֹר כָּתַב **מַנְגִּינָה** לְשִׁיר שֶׁל בְּיָאלִיק.*

מנגנוןז, מַנְגָּנוֹן [מַנְגְּנוֹנִים] — mechanism
1. מֶכָנִיזְם שֶׁמַּפְעִיל מַכְשִׁיר:
*לְשָׁעוֹן יֵשׁ **מַנְגָּנוֹן** מְסוּבָּךְ.*
2. צֶוֶות, קְבוּצָה שֶׁל פְּקִידִים: — staff
*בְּ**מַנְגְּנוֹן** הָעִירִיָּיה חֲסֵרִים פְּקִידִים.*

מנהפ, מָנָה — counted
1. סָפַר:
מָנִיתִי אֶת הַכֶּסֶף.
2. הִגִּיעַ לְמִסְפָּר מְסוּיָּם: — numbered, amounted to
*הַכִּיתָּה שֶׁלִּי **מוֹנָה** 40 תַּלְמִידִים.*
לִמְנוֹת אֶת- / מ.נ.ה, פָּעַל / מָנִיתִי, מוֹנֶה, יִמְנֶה, מְנֵה!

מנהנ, מָנָה [מָנוֹת] — portion, dose, ration, course
1. חֵלֶק שֶׁל אֲרוּחָה, כַּמּוּת שֶׁל אוֹכֶל:
*בַּאֲרוּחַת צָהֳרַיִים אֲנִי רָגִיל לֶאֱכוֹל שָׁלוֹשׁ **מָנוֹת**.*
2. (בַּאֲרִיתְמֶטִיקָה) הַמִּסְפָּר שֶׁמִּתְקַבֵּל בִּפְעוּלַּת חִילּוּק: — quotient
*הַ**מָּנָה** שֶׁל 8:2 (8/2) הִיא 4.*
מְנַת מִשְׂכָּל — I.Q.

מנהגז, מִנְהָג [מִנְהָגִים] — custom, tradition
פְּעִילוּת מְקוּבֶּלֶת, שֶׁאָדָם אוֹ קְבוּצָה רְגִילִים לַעֲשׂוֹת:
*לְפִי הַ**מִּנְהָג** שֶׁל יְהוּדֵי מָרוֹקוֹ חוֹגְגִים לְמָחֳרַת הַפֶּסַח אֶת חַג הַמִּימוּנָה.*

מנהיגתו"ז, מַנְהִיג [מַנְהִיגִים] — leader
שַׁלִּיט, אָדָם שֶׁעוֹמֵד בְּרֹאשׁ עַם, מִפְלָגָה וְכוּ':
*מֹשֶׁה הָיָה הַ**מַּנְהִיג** שֶׁל בְּנֵי יִשְׂרָאֵל בַּמִּדְבָּר.*
מַנְהִיגָה, מַנְהִיגוֹת

מנהיגותנ, מַנְהִיגוּת — leadership
מִי שֶׁעוֹמְדִים בְּרֹאשׁ מְדִינָה, מִפְלָגָה וְכוּ':
*אֲנַחְנוּ בּוֹחֲרִים אֶת הַ**מַּנְהִיגוּת** בִּבְחִירוֹת דֶּמוֹקְרָטִיּוֹת.*

מנהלתו"ז, מְנַהֵל [מְנַהֲלִים] — manager, director
רֹאשׁ חֶבְרָה, מוֹסָד, בֵּית חֲרוֹשֶׁת:
מְנַהֵל הַבַּנְק הִצְלִיחַ בַּעֲבוֹדָתוֹ.
מְנַהֵל־חֶשְׁבּוֹנוֹת — accountant
מְנַהֶלֶת, מְנַהֲלוֹת

מנהלז, מִנְהָל — administration
1. אַדְמִינִיסְטְרַצְיָה, מִשְׂרָדִים לְתִיכְנוּן, אִירְגּוּן וְכוּ':
*בְּ**מִנְהַל** הַחִינּוּךְ בָּעִירִיָּיה הֶחְלִיטוּ לִבְנוֹת בָּתֵּי סֵפֶר חֲדָשִׁים.*
2. הַצּוּרָה שֶׁמְּנַהֲלִים מוֹסָד, מִשְׂרָד וְכוּ': — management
***מִנְהָל** נָכוֹן חוֹסֵךְ כֶּסֶף.*

מנהלהנ׳ מִנְהָלָה — management, administration
הַפְּקִידִים הַגְּבוֹהִים, קְבוּצַת הַמְנַהֲלִים:
הַמִּנְהָלָה מַחְלִיטָה עַל שִׁיטוֹת עֲבוֹדָה חֲדָשׁוֹת.

מנהלית׳ מִנְהָלִי — administrative, managerial
הַשַּׁיָּךְ לַמִּנְהָל, לָאַדְמִינִיסְטְרַצְיָה:
*אֲנַחְנוּ מְחַכִּים לְהַחְלָטָה **מִנְהָלִית**.*
מִנהָלִית, מִנהָלִיִּים, מִנהָלִיּוֹת

מנהרהנ׳ מִנְהָרָה [מִנְהָרוֹת] — tunnel
מַעֲבָר, חֲפִירָה מִתַּחַת לָאֲדָמָה:
*הָרַכֶּבֶת נוֹסַעַת **בְּמִנְהָרָה**, לָכֵן אֵין רוֹאִים דָּבָר.*

מנוגדת׳ מְנֻגָּד — opposite, contrary
שׁוֹנֶה לְגַמְרֵי, הָפוּךְ:
*הַדֵּעוֹת שֶׁלִּי **מְנוּגָּדוֹת** לְשֶׁלְּךָ.*
מְנוּגֶּדֶת, מְנוּגָּדִים, מְנוּגָּדוֹת

מנוגןת׳ מְנֻגָּן — played (adj.)
שֶׁמְּנַגְּנִים אוֹתוֹ:
*הַשִּׁירִים שֶׁלּוֹ **מְנוּגָּנִים** בָּרַדְיוֹ.*
מְנוּגֶּנֶת, מְנוּגָּנִים, מְנוּגָּנוֹת

מנודז׳ מָנוֹד — nod
(לָשׁוֹן סִפְרוּתִית) תְּנוּעָה קְטַנָּה:
*הוּא הִסְכִּים אִיתִּי **בְּמָנוֹד** רֹאשׁ.*

מנודהת׳ מְנֻדֶּה — ostracized/excommunicated (adj.)
מִישֶׁהוּ שֶׁמִּתְרַחֲקִים מִמֶּנּוּ, לֹא רוֹצִים כֹּל קֶשֶׁר אִיתּוֹ:
*אֲנִי מַרְגִּישׁ **מְנוּדֶּה**, אֲנִי כֹּל כָּךְ זָר בַּמָּקוֹם.*
מְנוּדָּה, מְנוּדִּים, מְנוּדּוֹת

מנוהלת׳ מְנֻהָל — managed/directed (adj.)
הַדֶּרֶךְ שֶׁעוֹשִׂים מַשֶּׁהוּ אוֹ מְנַהֲלִים מַשֶּׁהוּ:
*עִנְיְנֵי הַכַּלְכָּלָה **מְנוּהָלִים** בְּמִשְׂרַד הָאוֹצָר.*
מְנוּהֶלֶת, מְנוּהָלִים, מְנוּהָלוֹת

מנוולת׳ מְנֻוָּל — vile, mean
עוֹשֶׂה מַעֲשִׂים רָעִים:
*הוּא **מְנוּוָּל** גָּדוֹל - הוּא רִימָּה אוֹתִי.*
מְנוּוֶּלֶת, מְנוּוָּלִים, מְנוּוָּלוֹת

מנווןת׳ מְנֻוָּן — degenerate(d) (adj.)
שֶׁנַּעֲשָׂה חַלָּשׁ, בְּלִי יְכוֹלֶת פְּעוּלָּה:
*הַשְּׁרִירִים שֶׁלּוֹ **מְנוּוָּנִים**, כִּי הוּא לֹא הוֹלֵךְ.*
מְנוּוֶּנֶת, מְנוּוָּנִים, מְנוּוָּנוֹת

מנוזלת׳ מְנֻזָּל — has a running nose
שֶׁיֵּשׁ לוֹ נַזֶּלֶת, שֶׁנּוֹזֵל לוֹ מֵהָאַף:
*אֲנִי מַרְגִּישָׁה רַע, אֲנִי **מְנוּזֶּלֶת** וּמִשְׁתַּעֶלֶת.*
מְנוּזֶּלֶת, מְנוּזָּלִים, מְנוּזָּלוֹת

מנוחתר״ז מָנוֹחַ [מְנוֹחִים] — respite, peace
1. מְנוּחָה שֶׁקֶט:
*תֵּן לִי **מָנוֹחַ**.*
2. כְּשֶׁמְּדַבְּרִים בְּכָבוֹד עַל מִי שֶׁמֵּת: — late
*אָבִי **הַמָּנוֹחַ** אָהַב מוּסִיקָה.*
מְנוֹחָה, מְנוֹחוֹת

מנוחהנ׳ מְנוּחָה [מְנוּחוֹת] — rest
מַצָּב שֶׁל חוֹסֶר תְּנוּעָה, כְּשֶׁהַגּוּף לֹא עוֹבֵד:
*יוֹם שַׁבָּת הוּא יוֹם **מְנוּחָה**. / **מְנוּחַת** צָהֳרַיִים.*
לֵיל־מְנוּחָה — good night
לִמְנוּחוֹת ת״פ — laid to rest

מנויז׳ מָנוּי [מְנוּיִים] — subscriber
מִי שֶׁיֵּשׁ לוֹ כַּרְטִיס קָבוּעַ לְהַצָּגָה, קוֹנְצֶרְט, וְכוּ׳ אוֹ מִי שֶׁמְּקַבֵּל בִּזְמַן קָבוּעַ עִיתּוֹן, סְפָרִים וְכוּ׳:
*אֲנִי **מָנוּי** עַל הָעִיתּוֹן 'הָאָרֶץ'.*
מָנוּי וְגָמוּר - — has been definitely decided
מָנוּי וְגָמוּר עִימָּנוּ - אֲנַחְנוּ מִתְחַתְּנִים.
מְנוּיָה, מְנוּיוֹת

מנוכרת׳ מְנֻכָּר — alienated (adj.)
מַרְגִּישׁ זָר, נִמְצָא מִחוּץ לְ-:
*הוּא **מְנוּכָּר** לַסְּבִיבָה שֶׁהוּא חַי בָּהּ.*
מְנוּכֶּרֶת, מְנוּכָּרִים, מְנוּכָּרוֹת

מנומנםת׳ מְנֻמְנָם — sleepy, drowsy
רוֹצֶה לִישׁוֹן, לֹא עֵר לְגַמְרֵי:
*אַתְּ נִרְאֵית **מְנוּמְנֶמֶת**, לְכִי לִישׁוֹן!*
מְנוּמְנֶמֶת, מְנוּמְנָמִים, מְנוּמְנָמוֹת

מנומסת׳ מְנֻמָּס — polite
מִתְנַהֵג יָפֶה, מִתְחַשֵּׁב בָּאֲנָשִׁים אֲחֵרִים:
*הַפְּקִידִים בַּמִּשְׂרָד אֵינָם **מְנוּמָּסִים**, הֵם עוֹנִים בְּחוּצְפָּה.*
מְנוּמֶּסֶת, מְנוּמָּסִים, מְנוּמָּסוֹת

מנומקת׳ מְנֻמָּק — reasoned/explained (adj.)
שֶׁיֵּשׁ לוֹ הֶסְבֵּר טוֹב:
*כָּתַבְתִּי בַּקָּשָׁה **מְנוּמֶּקֶת** לְתוֹסֶפֶת בַּמַּשְׂכּוֹרֶת.*
מְנוּמֶּקֶת, מְנוּמָּקִים, מְנוּמָּקוֹת

מנומרת׳ מְנֻמָּר — spotted/mottled (adj.)
שֶׁנִּרְאֶה כְּמוֹ נָמֵר - יֵשׁ לוֹ נְקוּדוֹת וּכְתָמִים:

הַמְּעִיל שֶׁלּוֹ מְנוּמָּר.
מְנוּמֶּרֶת, מְנוּמָּרִים, מְנוּמָּרוֹת

מנומשת׳ מְנֻמָּשׁ freckled
שֶׁיֵּשׁ לוֹ נְמָשִׁים (נְקוּדוֹת חוּמוֹת עַל הַפָּנִים):
הַפָּנִים שֶׁלּוֹ מְנוּמָּשִׁים, הוּא גִ׳ינְגִ׳י.
מְנוּמֶּשֶׁת, מְנוּמָּשִׁים, מְנוּמָּשׁוֹת

מנוסז׳ מָנוֹס escape, refuge
(לָשׁוֹן סִפְרוּתִית) בְּרִיחָה.
אֵין מָנוֹס - אִי אֶפְשָׁר שֶׁלֹּא: there's no escape
אֵין מָנוֹס מֵהַטָּלַת מִיסִּים.

מנוסהת׳ מְנֻסֶּה experienced (adj.)
שֶׁיֵּשׁ לוֹ נִיסָּיוֹן, שֶׁהוּא מוּמְחֶה:
הוּא כְּבָר רוֹפֵא מְנוּסֶּה.
מְנוּסָּה, מְנוּסִּים, מְנוּסּוֹת

מנוסהנ׳ מְנוּסָה [מְנוּסוֹת] flight
בְּרִיחָה:
הַהַפְצָצָה גָּרְמָה לִמְנוּסַת הַתּוֹשָׁבִים מִן הָעִיר.

מנוסחת׳ מְנֻסָּח phrased/styled (adj.)
כָּתוּב בְּצוּרָה..., יֵשׁ לוֹ סִגְנוֹן...:
הַמִּכְתָּב מְנוּסָּח בְּעִבְרִית טוֹבָה.
מְנוּסַּחַת, מְנוּסָּחִים, מְנוּסָּחוֹת

מנועז׳ מָנוֹעַ [מְנוֹעִים] engine, motor
הַחֵלֶק שֶׁיּוֹצֵר תְּנוּעָה וּמַפְעִיל מְכוֹנָה:
בְּיָמִים קָרִים קָשֶׁה לְהַפְעִיל אֶת הַמָּנוֹעַ בַּמְּכוֹנִית.

מנועת׳ מָנוּעַ prevented (adj.)
שֶׁלֹּא מַרְשִׁים לוֹ, אוֹסְרִים עָלָיו:
אֲנִי מָנוּעַ מִלִּמְסוֹר לְךָ אֶת הָאִינְפוֹרְמַצְיָה.
מְנוּעָה, מְנוּעִים, מְנוּעוֹת

מנועית׳ מְנוֹעִי motorized (adj.)
כְּלִי, מַכְשִׁיר שֶׁיֵּשׁ לוֹ מָנוֹעַ (=מוֹטוֹר):
טַסְתִּי בְּמָטוֹס דוּ-מְנוֹעִי, (שֶׁיֵּשׁ לוֹ שְׁנֵי מְנוֹעִים).
מְנוֹעִית, מְנוֹעִיִּים, מְנוֹעִיּוֹת

מנוףז׳ מָנוֹף [מְנוֹפִים] crane
1. מַכְשִׁיר שֶׁמֵּרִים דְּבָרִים כְּבֵדִים (אֲבָנִים, וְכוּ׳):
הַמָּנוֹף הַזֶּה יָכוֹל לְהָרִים בַּיִת.
2. (מֶטָאפוֹרָה) גּוֹרֵם שֶׁיַּעֲשׂוּ מַשֶּׁהוּ, מַפְעִיל: lever, impetus
הַתּוֹכְנִית הַחֲדָשָׁה תִּהְיֶה מָנוֹף לְפִיתּוּחַ הַתַּעֲשִׂיָּה.

מנופהת׳ מְנֻפֶּה sifted (adj.)
שֶׁהֶעֱבִירוּ דֶּרֶךְ רֶשֶׁת כְּדֵי לְנַקּוֹת אוֹתוֹ:
לְעוּגָה צָרִיךְ קֶמַח מְנוּפֶּה.
מְנוּפָּה, מְנוּפִּים, מְנוּפּוֹת

מנופחת׳ מְנֻפָּח inflated (adj.)
1. שֶׁמִּילְאוּ אוֹתוֹ אֲוִויר:
הַכַּדּוּר מְנוּפָּח, אֶפְשָׁר לְשַׂחֵק בּוֹ.
2. עוֹשֶׂה אֶת עַצְמוֹ חָשׁוּב: haughty
הוּא כֹּל כָּךְ מְנוּפָּח, אִי אֶפְשָׁר לְדַבֵּר אִיתּוֹ.
3. כּוֹעֵס: sulky
מָה קָרָה? מָה אַתָּה מְנוּפָּח כָּל-כָּךְ?
מְנוּפַּחַת, מְנוּפָּחִים, מְנוּפָּחוֹת

מנופץת׳ מְנֻפָּץ shattered (adj.)
שָׁבוּר לַחֲתִיכוֹת קְטַנּוֹת:
מָצָאתִי אֶת הַצַּלַּחַת מְנוּפֶּצֶת.
מְנוּפֶּצֶת, מְנוּפָּצִים, מְנוּפָּצוֹת

מנוצחת׳ מְנֻצָּח beaten/defeated (adj.)
שֶׁנִּיצְּחוּ אוֹתוֹ, מִי שֶׁהִפְסִיד (בְּמִלְחָמָה, בְּתַחֲרוּת):
הַצָּבָא הַמְּנוּצָּח עָזַב אֶת הָעִיר.
מְנוּצַּחַת, מְנוּצָּחִים, מְנוּצָּחוֹת

מנוצלת׳ מְנֻצָּל exploited (adj.)
1. שֶׁמְּנַצְּלִים אוֹתוֹ, מִשְׁתַּמְּשִׁים בּוֹ לְטוֹבַת מִישֶׁהוּ אַחֵר:
הַפּוֹעֲלִים הַמְּנוּצָּלִים, הִכְרִיזוּ עַל שְׁבִיתָה.
2. מִשְׁתַּמְּשִׁים בּוֹ, יֵשׁ בּוֹ תּוֹעֶלֶת: utilized (adj.)
הַזְּמַן שֶׁלִּי מְנוּצָּל יָפֶה לַעֲבוֹדָה וְלִלִּימּוּדִים.
מְנוּצֶּלֶת, מְנוּצָּלִים, מְנוּצָּלוֹת

מנוקבת׳ מְנֻקָּב perforated/punched (adj.)
שֶׁיֵּשׁ בּוֹ חוֹר:
הַחוּלְצָה מְנוּקֶּבֶת מִכַּדּוּרֵי רוֹבֶה.
מְנוּקֶּבֶת, מְנוּקָּבִים, מְנוּקָּבוֹת

מנוקדת׳ מְנֻקָּד vocalized (adj.)
1. שֶׁיֵּשׁ בּוֹ סִימָנֵי הַתְּנוּעוֹת בְּעִבְרִית:
קַל יוֹתֵר לִקְרוֹא טֶקְסְט מְנוּקָּד.
2. שֶׁיֵּשׁ לוֹ נְקוּדוֹת:
יֵשׁ לִי שִׂמְלָה מְנוּקֶּדֶת בִּנְקוּדוֹת לְבָנוֹת.
מְנוּקֶּדֶת, מְנוּקָּדִים, מְנוּקָּדוֹת

מנורהנ׳ מְנוֹרָה [מְנוֹרוֹת] lamp
מַכְשִׁיר נוֹתֵן אוֹר:
הִדְלַקְתִּי אֶת הַמְּנוֹרָה מֵעַל שׁוּלְחַן הָעֲבוֹדָה.

מנושלת׳ מְנֻשָּׁל — dispossessed (adj.)
מְגוֹרָשׁ, (מִישֶׁהוּ) שֶׁגֵּירְשׁוּ אוֹתוֹ:
*הֵם **מְנוּשָּׁלִים** מִבָּתֵּיהֶם.*
מְנוּשֶּׁלֶת, מְנוּשָּׁלִים, מְנוּשָּׁלוֹת

מנותחת׳ מְנֻתָּח — operated on (adj.)
1. (מִישֶׁהוּ) שֶׁעָבַר נִיתּוּחַ, שֶׁחָתְכוּ בַּגּוּף שֶׁלוֹ כְּדֵי לְרַפֵּא אוֹתוֹ:
*הַ**מְּנוּתָּח** הוֹלֵךְ וּמַבְרִיא.*
2. שֶׁפֵּירְקוּ אוֹתוֹ לַחֲלָקִים: — analyzed (adj.)
*הַשִּׁיר **מְנוּתָּח** בְּשִׁיטָה חֲדָשָׁה.*
מְנוּתַּחַת, מְנוּתָּחִים, מְנוּתָּחוֹת

מנותקת׳ מְנֻתָּק — cut off/disconnected (adj.)
קָרוּעַ, בְּלִי קֶשֶׁר:
*חוּטֵי הַטֶּלֶפוֹן **מְנוּתָּקִים** מֵאָז הַגֶּשֶׁם הַגָּדוֹל. / אֲנִי **מְנוּתָּק** מִן הַמִּשְׁפָּחָה שֶׁלִּי.*
מְנוּתֶּקֶת, מְנוּתָּקִים, מְנוּתָּקוֹת

מנזרז׳ מִנְזָר [מִנְזָרִים] — monastery, convent
מָקוֹם שֶׁגָּרִים בּוֹ נְזִירִים (אַנְשֵׁי דָּת, שֶׁאֵינָם מִתְחַתְּנִים וְכוּ׳):
*בְּאֵירוֹפָּה יֵשׁ **מִנְזָרִים** בְּנֵי 500 שָׁנָה וְיוֹתֵר.*

מנחהז׳ מַנְחֶה [מַנְחִים] — emcee, moderator
מִי שֶׁמְּנַהֵל אֲסֵיפָה, דִּיּוּן וְכוּ׳:
*הַ**מַּנְחֶה** הִרְשָׁה לִי לְדַבֵּר.*
מַנְחָה, מַנְחוֹת

מנחהנ׳ מִנְחָה [מְנָחוֹת] — afternoon prayer
1. תְּפִילָּה שֶׁל אַחֲרֵי הַצָּהֳרַיִים:
*הִתְפַּלַּלְתִּי **מִנְחָה** וּמַעֲרִיב.*
2. (מֶטָאפוֹרָה) שָׁעוֹת אַחַר הַצָּהֳרַיִים, לִפְנוֹת עֶרֶב: — afternoon hours
*הִזְמִנוּ אוֹתוֹ לְתֵה שֶׁל **מִנְחָה**.*
3. (בְּלָשׁוֹן סִפְרוּתִית) מַתָּנָה: — gift
*הָאוֹרְחִים הִגִּישׁוּ **מִנְחָה** לַמֶּלֶךְ.*

מנחםז׳ מְנַחֵם [מְנַחֲמִים] — consoler
מִי שֶׁאוֹמֵר דְּבָרִים טוֹבִים כְּדֵי לְהַרְגִּיעַ:
*הַ**מְּנַחֲמִים** בָּאִים לְמִי שֶׁמֵּת לוֹ אָדָם קָרוֹב.*
מְנַחֶמֶת, מְנַחֲמוֹת

מנחתז׳ מִנְחָת [מִנְחָתִים] — landing strip
מָקוֹם שֶׁהַמְּטוֹסִים נוֹחֲתִים (יוֹרְדִים לַקַּרְקַע):
*לְיַד הַקִּיבּוּץ יֵשׁ **מִנְחַת** מְטוֹסִים.*

מנימ״י מִנִּי — since, from (formal)
צוּרָה עַתִּיקָה שֶׁל מִן, מ-:
מִנִּי אָז - מֵאָז — from then on
אֶחָד מִנִּי אֶלֶף - אֶחָד מִתּוֹךְ אֶלֶף — one in a thousand

מניהנ׳ מְנָיָה [מְנָיוֹת] — share
אַקְצִיָּה, תְּעוּדָה שֶׁלְּמִישֶׁהוּ יֵשׁ חֵלֶק בָּרְכוּשׁ אוֹ בַּכֶּסֶף שֶׁל חֶבְרָה מִסְחָרִית:
*הוּא אִישׁ עָשִׁיר, יֵשׁ לוֹ **מְנָיוֹת** שֶׁל כָּל מִינֵי חֲבָרוֹת.*

מנייהנ׳ מְנִיָּה [מְנִיּוֹת] — counting
סְפִירָה, כְּשֶׁרוֹצִים לָדַעַת כַּמָּה (כֶּסֶף, אֲנָשִׁים וְכוּ׳) יֵשׁ:
*הוּא עָסוּק **בִּמְנִיַּית** הַכֶּסֶף שֶׁלּוֹ.*

מנייןז׳ מִנְיָן [מִנְיָנִים] — number, counting
1. כַּמּוּת, סְפִירָה:
*עֲדַיִין לֹא גָּמְרוּ אֶת **מִנְיַן** הַקּוֹלוֹת שֶׁל הַמַּצְבִּיעִים לַכְּנֶסֶת.*
2. עֲשָׂרָה יְהוּדִים לְפָחוֹת לְצוֹרֶךְ תְּפִילָּה: — Quorum (10 male Jews)
*כְּשֶׁנֶּאֱסַף **מִנְיָן** הִתְחִיל טֶקֶס הַבְּרִית.*
מִנְיַן־הַשָּׁנִים — A.D., C.E.
מִן הַמִּנְיָן — of recognizable status

מנייןמ״ש מִנַּיִן — where from? how?
מֵאֵיזֶה דָּבָר? מֵאֵיזֶה עִנְיָן?
***מִנַּיִן** לְךָ שֶׁלֹּא אָבוֹא?*

מניעתה״ז מֵנִיעַ [מְנִיעִים] — motive, cause
גּוֹרֵם, דָּבָר שֶׁמֵּבִיא לִפְעוּלָּה, סִיבָּה:
*הַ**מְּנִיעִים** שֶׁלּוֹ הֵם פּוֹלִיטִיִּים. / הַגּוֹרֵם הַ**מֵּנִיעַ** לְמַעֲשָׂיו הוּא פּוֹלִיטִי.*

מניעהנ׳ מְנִיעָה [מְנִיעוֹת] — prevention, hindrance
מַשֶּׁהוּ שֶׁמַּפְרִיעַ:
*אֵין **מְנִיעָה** שֶׁתַּתְחִיל לַעֲבוֹד.*
צַו־מְנִיעָה — injunction
אֶמְצָעֵי־מְנִיעָה — contraceptive

מניפהנ׳ מְנִיפָה [מְנִיפוֹת] — fan
מַכְשִׁיר שֶׁמְּזִיזִים לִפְנֵי הַפָּנִים, כְּדֵי שֶׁתִּהְיֶה קְצָת רוּחַ:
*הָיָה כָּל כָּךְ חַם, לָכֵן עָשִׂיתִי מֵהָעִיתּוֹן **מְנִיפָה**.*

מנכ״לז׳ מַנְכָּ״ל [מַנְכָּ״לִים] — general manager
(ר״ת **מְנַהֵל כְּלָלִי**)
מִי שֶׁאַחְרָאִי לְנִיהוּל שֶׁל גּוּף, חֶבְרָה, עֵסֶק:
***מַנְכָּ״ל** הַבַּנְק הוֹדִיעַ לָעוֹבְדִים עַל קִיצּוּר שְׁבוּעַ הָעֲבוֹדָה.*
מַנְכָּ״לִית, מַנְכָּ״לִיּוֹת

מנסרהנ׳ מִנְסָרָה [מִנְסָרוֹת] — prism
1. (בְּגֵיאוֹמֶטְרִיָּה) גּוּף, שֶׁהַחֵלֶק הָעֶלְיוֹן וְהַתַּחְתּוֹן שֶׁלּוֹ שָׁוִים

וּמְקֻבָּלִים:
*לַקּוּפְסָה יֵשׁ צוּרָה שֶׁל **מִנְסָרָה**.*
2. מָקוֹם שֶׁחוֹתְכִים בּוֹ עֵצִים לְלוּחוֹת וּקְרָשִׁים: — lumber mill
*קָנִיתִי בַּ**מִּנְסָרָה** עֵץ לִבְנִיַּת שׁוּלְחָן.*

מנע פ, מָנַע — prevented
1. לֹא נָתַן לַעֲשׂוֹת, עָצַר:
*הַתְּרוּפָה הַחֲדָשָׁה **מָנְעָה** אֶת הִתְפַּתְּחוּת הַמַּחֲלָה.*
2. לֹא נָתַן: — withheld
__מָנַעְתִּי__ מִמֶּנּוּ אוֹכֶל.
לִמְנוֹעַ אֶת-, מִ- / מ.נ.ע, פָּעַל / מָנַעְתִּי, מוֹנֵעַ, יִמְנַע

מנע ז, מֶנַע — prevention
מְנִיעָה, פְּעוּלָה שֶׁבָּאָה כְּדֵי לַעֲצוֹר.
מִלְחֶמֶת מֶנַע — preventive war
מַכַּת מֶנַע — pre-emptive strike

מנעול ז, מַנְעוּל [מַנְעוּלִים] — lock
הַחֵלֶק שֶׁפּוֹתֵחַ וְסוֹגֵר דֶּלֶת:
*אַתָּה צָרִיךְ **מַנְעוּל** וּמַפְתֵּחַ כְּדֵי לִנְעוֹל אֶת הַדֶּלֶת.*

מנעל ז, מִנְעָל [מִנְעָלִים] — footwear
(לָשׁוֹן סִפְרוּתִית) נַעֲלַיִים:
*הַ**מִּנְעָלִים** הַחֲדָשִׁים יָפִים.*

מנעם ז, מַנְעָם [מַנְעַמִּים] — pleasure, delicacy
דָּבָר נָעִים, אוֹכֶל וְכוּ':
*הוּא נֶהֱנֶה מִכֹּל **מַנְעַמֵּי** הַחַיִּים.*

מנצח תר"ז, מְנַצֵּחַ [מְנַצְּחִים] — winner
1. מִי שֶׁהִצְלִיחַ בְּמִלְחָמָה, בְּתַחֲרוּת:
*גַּם לַ**מְּנַצְּחִים** בְּמִלְחָמָה יֵשׁ הֲרוּגִים. / הַצָּבָא הַ**מְּנַצֵּחַ** חוֹגֵג.*
2. מַדְרִיךְ וּמְנַהֵל שֶׁל תִּזְמוֹרֶת אוֹ מַקְהֵלָה: — conductor
*פָּגַשְׁתִּי אֶת הָאִישָׁה הַ**מְּנַצַּחַת** עַל הַתִּזְמוֹרֶת הַפִילְהַרְמוֹנִית.*
מְנַצַּחַת, מְנַצְּחִים, מְנַצְּחוֹת

מנשר ז, מִנְשָׁר [מִנְשָׁרִים] — proclamation, manifesto
הוֹדָעָה חֲשׁוּבָה שֶׁל מֶמְשָׁלָה:
*הִתְפַּרְסֵם **מִנְשָׁר** לְשִׁינּוּי שִׁיטַת הַבְּחִירוֹת.*

מנת נ, מְנָת — portion
חֵלֶק:
מְנָת־חֶלְקוֹ — someone's lot
עַל־מְנָת — in order to, so that

מנתח תר"ז, מְנַתֵּחַ [מְנַתְּחִים] — surgeon
רוֹפֵא שֶׁעוֹשֶׂה נִיתוּחִים, כִּירוּרְג:
*הוּא רוֹפֵא **מְנַתֵּחַ** בְּבֵית חוֹלִים גָּדוֹל.*
מְנַתֵּחַ מַעֲרָכוֹת — systems analyst
מְנַתַּחַת, מְנַתְּחוֹת

מס ז, מַס [מִיסִּים] — tax
כֶּסֶף שֶׁהַתּוֹשָׁבִים חַיָּיבִים לְשַׁלֵּם לַמֶּמְשָׁלָה, לָעִירִיָּיה:
*הָעִירִיָּיה מִשְׁתַּמֶּשֶׁת בְּכַסְפֵּי הַ**מִּיסִּים** לְפִיתּוּחַ הָעִיר.*
מַס-הַכְנָסָה — income tax
מַס-עֵרֶךְ-מוּסָף — VAT (value added tax)
מַס-שְׂפָתַיִים — lip service
מַס-רְכוּשׁ — property tax

מסבאה נ, מִסְבָּאָה [מִסְבָּאוֹת] — bar
בָּר, מָקוֹם שֶׁשּׁוֹתִים בּוֹ יַיִן, בִּירָה (גַּם מִסְעָדָה):
*הָלַכְנוּ אֶתְמוֹל לַ**מִּסְבָּאָה**, וְשָׁתִינוּ הַרְבֵּה.*

מסגד ז, מִסְגָּד [מִסְגָּדִים] — mosque
מְקוֹם הַתְּפִילָּה שֶׁל הַמּוּסְלְמִים:
*הַמַּאֲמִינִים הִגִּיעוּ אֶל הַ**מִּסְגָּד** לִתְפִילַּת הָעֶרֶב.*

מסגר ז, מַסְגֵּר [מַסְגְּרִים] — locksmith, welder
מִי שֶׁמְּתַקֵּן מַפְתְּחוֹת, מַנְעוּלִים וְכוּ':
*הַ**מַּסְגֵּר** הֶחְלִיף אֶת הַיָּדִית בַּדֶּלֶת.*

מסגרות נ, מַסְגְּרוּת — iron works
הַמִּקְצוֹעַ שֶׁל הַמַּסְגֵּר - תִּיקּוּן מַפְתְּחוֹת, מַנְעוּלִים:
*אֲנִי לוֹמֵד **מַסְגְּרוּת** בְּבֵית סֵפֶר מִקְצוֹעִי.*

מסגרייה נ, מַסְגֵּרִיָּיה [מַסְגֵּרִיּוֹת] — locksmith's workshop
בֵּית מְלָאכָה שֶׁמְּתַקְּנִים בּוֹ מַנְעוּלִים וְכוּ':
*תִּיקַּנְתִּי בַּ**מַּסְגֵּרִיָּיה** אֶת הַמַּנְעוּל הַשָּׁבוּר.*

מסגרת נ, מִסְגֶּרֶת [מִסְגָּרוֹת] — frame
1. מַה שֶּׁנִּמְצָא סְבִיב חַלּוֹן, תְּמוּנָה וְכוּ' (מֵעֵץ, מֵאֲלוּמִינְיוּם):
*הַ**מִּסְגֶּרֶת** מַתְאִימָה לַתְּמוּנָה.*
2. מַה שֶּׁבְּתוֹךְ (קְבוּצָה, מוֹסָד וְכוּ'): — framework
***בְּמִסְגֶּרֶת** בֵּית הַסֵּפֶר יֵשׁ גַּם מְסִיבּוֹת.*

מסד ז, מַסָּד [מַסָּדִים] — foundation, basis
יְסוֹד, בָּסִיס:
*הַ**מַּסָּד** חָשׁוּב, עָלָיו עוֹמֵד הַבִּנְיָין.*

מסדר ז, מִסְדָּר [מִסְדָּרִים] — line-up
1. מִפְקָד, אֲנָשִׁים מְסוּדָּרִים לְפִי שׁוּרוֹת:
*מָחָר יֵשׁ **מִסְדָּר** לִכְבוֹד סִיּוּם הַקּוּרְס.*
מִסְדַּר זִיהוּי — police line-up
2. קְבוּצָה שֶׁל אֲנָשִׁים, שֶׁיֵּשׁ לָהֶם עִנְיָין מְשׁוּתָּף: — order

מִסדַר הַפרַנצִיסקָנִים. / מִסדַר 'בְּנֵי בְּרִית'. מִסדַר 'הַבּוֹנִים הַחוֹפשִׁיִּים'.

מסדרוןז, מִסדְּרוֹן [מִסדְּרוֹנוֹת] corridor
חֶדֶר צַר וְאָרוֹךְ שֶׁאֵלָיו נִפתָּחִים חֲדָרִים:
הַחֶדֶר שֶׁלִּי נִמצָא בִּקצֵה הַמִּסדְּרוֹן.

מסהנ, מַסָּה [מַסּוֹת] essay
מַאֲמָר עַל סִפרוּת, חֶברָה, פּוֹלִיטִיקָה וְכוּ':
פַּעַם עִיתוֹנָאִים כָּתבוּ מַסּוֹת, הַיּוֹם הֵם רָצִים אַחֲרֵי הַחֲדָשׁוֹת.

מסואבת, מְסוֹאָב corrupt
מְלוּכלָךְ, גַּם מִבּחִינָה מוּסָרִית:
הַחֶברָה מְסוֹאֶבֶת כְּשֶׁאֵין לָהּ אִידֵיאָלִים.
מְסוֹאֶבֶת, מְסוֹאָבִים, מְסוֹאָבוֹת

מסובבתה"ז מְסוּבָּב effect, result
תוֹצָאָה, מַה שֶׁנִּגרָם:
הַסִּיבָּה גוֹרֶמֶת לַמְּסוּבָּב.
מְסוּבֶּבֶת, מְסוּבָּבִים, מְסוּבָּבוֹת

מסוביןתה"ז/ר מְסֵבִּין [מְסֵבִּים] reclining
(לָשׁוֹן סִפרוּתִית מֵהַמִּילָּה מֵסֵב) יוֹשׁבִים נוֹחַ, עַל כָּרִים:
בְּפֶסַח אֲנַחנוּ מְסוּבִּים לְיַד הַשּׁוּלחָן.

מסובךת, מְסֻבָּךְ complicated (adj.)
מוּרכָּב, לֹא פָּשׁוּט:
אַחֲרֵי הַבּחִירוֹת נוֹצַר מַצָּב פּוֹלִיטִי מְסוּבָּךְ.
מְסוּבֶּכֶת, מְסוּבָּכִים, מְסוּבָּכוֹת

מסובןת, מְסֻבָּן soaped (adj.)
שֶׁיֵּשׁ עָלָיו סַבּוֹן:
עָמַדתִּי מְסוּבָּן בָּאַמבַּטיָה, וּפִתאוֹם נִפסְקוּ הַמַּיִם.
מְסוּבֶּנֶת, מְסוּבָּנִים, מְסוּבָּנוֹת

מסובסדת, מְסֻבְסָד subsidized (adj.)
שֶׁנָּתנוּ לוֹ סוּבּסִידיָה, הַמֶּמשָׁלָה תּוֹמֶכֶת בּוֹ, נוֹתֶנֶת כֶּסֶף:
הַלֶּחֶם מְסוּבסָד, לֹא מְשַׁלּמִים אֶת הַמְּחִיר הָרֵיאָלִי שֶׁלּוֹ.
מְסוּבסֶדֶת, מְסוּבסָדִים, מְסוּבסָדוֹת

מסוגלת, מְסֻגָּל capable
יָכוֹל, יֵשׁ לוֹ הַכּוֹחַ אוֹ הַיְּכוֹלֶת:
הוּא מְסוּגָּל לִלמוֹד כֹּל דָּבָר.
מְסוּגֶּלֶת, מְסוּגָּלִים, מְסוּגָּלוֹת

מסוגנןת, מְסֻגְנָן stylized (adj.)
כָּתוּב לְפִי הַכּלָלִים:
הַמַּאֲמָרִים שֶׁלּוֹ מוּבָנִים וּמְסוּגנָנִים.
מְסוּגנֶנֶת, מְסוּגנָנִים, מְסוּגנָנוֹת

מסוגףת, מְסֻגָּף ascetic
רָזֶה וְסוֹבֵל:
הוּא נִראֶה רַע - יֵשׁ לוֹ פָּנִים מְסוּגָּפוֹת.
מְסוּגֶּפֶת, מְסוּגָּפִים, מְסוּגָּפוֹת

מסוגרת, מְסֻגָּר closed in (adj.)
1. סָגוּר הֵיטֵב:
בֵּית הַסּוֹהַר סָגוּר וּמְסוּגָּר - אֵין יוֹצֵא וְאֵין בָּא.
2. אִינטרוֹוֶורטִי, מִי שֶׁאֵינוֹ מְסַפֵּר עַל עַצמוֹ: introverted
הוּא אָדָם מְסוּגָּר, וְאִי אֶפשָׁר לָדַעַת מַה הוּא מַרגִּישׁ.
מְסוּגֶּרֶת, מְסוּגָּרִים, מְסוּגָּרוֹת

מסודרת, מְסֻדָּר arranged/settled (adj.)
כְּשֶׁכֹּל דָּבָר בִּמקוֹמוֹ:
הַדִּירָה שֶׁל שׁוֹשַׁנָּה תָּמִיד נְקִיָּיה וּמְסוּדֶּרֶת. / עוֹרֵךְ הַדִּין הוֹדִיעַ לִי שֶׁהָעִניָין מְסוּדָּר.
מְסוּדֶּרֶת, מְסוּדָּרִים, מְסוּדָּרוֹת

מסווגת, מְסֻוָּג categorized (adj.)
1. מְסוּדָּר לְפִי סוּגִים:
הַקָּטָלוֹג בַּסִּפרִייָה מְסוּוָּג לְפִי הַנּוֹשׂאִים.
2. (בְּצָבָא) יְדִיעָה, מִכתָב וְכוּ' סוֹדִיִּים: classified (adj.)
בַּחוֹמֶר הַמְּסוּוָּג מְטַפּלִים רַק מִי שֶׁיּוֹדעִים לִשׁמוֹר סוֹד.
מְסוּוֶּגֶת, מְסוּוָּגִים, מְסוּוָּגוֹת

מסווהז, מַסְוֶה [מַסוִוים] cover (up), disguise
כִּיסּוּי, מַשֶּׁהוּ שֶׁמַּסתִּיר:
הַבּגָדִים הָאֵלֶּה הֵם מַסוֶה, כְּדֵי שֶׁלֹּא יַכִּירוּ אוֹתוֹ.

מסוחררת, מְסֻחְרָר dizzy
יֵשׁ לוֹ סַחֲרוּרֶת, "מִסתּוֹבֵב" לוֹ הָרֹאשׁ:
הוּא מְסוּחרָר מִן הָרִיקּוּד. / הוּא מְסוּחרָר מִן הַהַצלָחָה.
מְסוּחרֶרֶת, מְסוּחרָרִים, מְסוּחרָרוֹת

מסויגת, מְסֻיָּג reserved (adj.)
מְרוּחָק, מְסוּגָּר, לֹא כֹּל כָּךְ מַסכִּים:
הַהִתנַהֲגוּת שֶׁלּוֹ מְסוּיֶּגֶת. / הוּא מְסוּיָּג מִן הַהַחלָטָה.
מְסוּיֶּגֶת, מְסוּיָּגִים, מְסוּיָּגוֹת

מסויםת, מְסֻיָּם certain
1. קְצָת, לֹא הַרבֵּה:
אֲנִי מַאֲמִין שֶׁיֵּשׁ בְּדִברֵי הַנֶּאֱשָׁם מִידָּה מְסוּיֶּמֶת שֶׁל אֱמֶת.
2. יָדוּעַ, מוּגדָּר: specific
בְּמַצָּבִים מְסוּיָּמִים אֲנִי לֹא יוֹדֵעַ מַה לַּעֲשׂוֹת.
מְסוּיֶּמֶת, מְסוּיָּמִים, מְסוּיָּמוֹת

מסוכןת׳ מְסֻכָּן — dangerous

1. יָכוֹל לִגְרוֹם לִפְגִיעָה בַּבְּרִיאוּת, בַּקִּיּוּם...:

*עִישּׁוּן סִיגָרִיּוֹת **מְסוּכָּן** לַבְּרִיאוּת.*

2. חוֹלֶה מְאוֹד: — severe, critical

*הוּא בְּמַצָּב **מְסוּכָּן**, אֲנִי לֹא חוֹשֵׁב שֶׁיַּבְרִיא.*

מְסוּכֶּנֶת, מְסוּכָּנִים, מְסוּכָּנוֹת

מסוכסךת׳ מְסֻכְסָךְ — in conflict (with)

שֶׁיֵּשׁ לוֹ רִיב עִם מִישֶׁהוּ:

*אֲנִי **מְסוּכסָךְ** עִם הַשְּׁכֵנִים בִּגְלַל הַכֶּלֶב שֶׁלִּי.*

מְסוּכסֶכֶת, מְסוּכסָכִים, מְסוּכסָכוֹת

מסולסלת׳ מְסֻלְסָל — curly

שֶׁיֵּשׁ לוֹ תַּלְתַּלִּים, לֹא יָשָׁר:

*יֵשׁ לִי שֵׂיעָר **מְסוּלסָל**.*

מְסוּלסֶלֶת, מְסוּלסָלִים, מְסוּלסָלוֹת

מסולףת׳ מְסֻלָּף — distorted (adj.)

שֶׁשִּׁינּוּ אוֹתוֹ בְּכַוָּונָה, אֵינוֹ מַתְאִים לָאֱמֶת:

*הוּא הֶעֱבִיר יְדִיעָה **מְסוּלֶּפֶת**.*

מְסוּלֶּפֶת, מְסוּלָּפִים, מְסוּלָּפוֹת

מסולקת׳ מְסֻלָּק — removed/expelled (adj.)

1. שֶׁסִּילְּקוּ אוֹתוֹ, גֵּירְשׁוּ אוֹתוֹ, הִרְחִיקוּ אוֹתוֹ:

*הַתַּלְמִידִים **הַמְסוּלָּקִים** לֹא יַחְזְרוּ לְבֵית הַסֵּפֶר.*

2. כְּשֶׁמְּשַׁלְּמִים כֶּסֶף שֶׁחַיָּיבִים: — paid (adj.)

*חוֹבוֹת לֹא **מְסוּלָּקִים** נֶחְשָׁבִים לַאֲבוּדִים.*

מְסוּלֶּקֶת, מְסוּלָּקִים, מְסוּלָּקוֹת

מסומלת׳ מְסֻמָּל — symbolized (adj.)

מַשֶּׁהוּ שֶׁמִּתְכַּוּונִים אֵלָיו, אֲבָל אוֹמְרִים אוֹתוֹ עַל-יְדֵי מַשֶּׁהוּ אַחֵר:

*הָאָבִיב **מְסוּמָל** עַל-יְדֵי פֶּרַח.*

מְסוּמֶּלֶת, מְסוּמָּלִים, מְסוּמָּלוֹת

מסומםתר״ז מְסֻמָּם [מְסוּמָּמִים] — drugged (adj.)

1. מִי שֶׁבָּלַע סַם, תְּרוּפָה מַרְדִּימָה וְכוּ׳:

*הוּא **מְסוּמָּם** מִתְּרוּפוֹת נֶגֶד כְּאֵבִים.*

2. הִשְׁתַּמֵּשׁ בְּאוֹפְיוּם, הֵירוֹאִין וְכוּ׳: — drugged-out

***הַמְסוּמָּמִים** לֹא יוֹדְעִים מַה קוֹרֶה סְבִיבָם.*

מְסוּמֶּמֶת, מְסוּמָּמוֹת

מסומןת׳ מְסֻמָּן — marked (adj.)

שָׂמוּ בּוֹ סִימָן:

*הַמִּשְׁטָרָה הִשְׁתַּמְּשָׁה בְּכֶסֶף **מְסוּמָּן** כְּדֵי לִתְפּוֹס אֶת הַגַּנָּב.*

מְסוּמֶּנֶת, מְסוּמָּנִים, מְסוּמָּנוֹת

מסונדלת׳ מְסֻנְדָּל — wearing sandals

שֶׁיֵּשׁ לוֹ סַנְדָּלִים עַל הָרַגְלַיִים.

שֶׁשָּׂמוּ לַמְּכוֹנִית שֶׁלּוֹ מִין "סַנְדָּל" וְאִי אֶפְשָׁר לִנְסוֹעַ בָּהּ: — (vehicle) mounted with Denver boots

*הַמְּכוֹנִית שֶׁלִּי **מְסוּנדֶּלֶת**, כִּי חָנִיתִי בְּמָקוֹם אָסוּר.*

מְסוּנדֶּלֶת, מְסוּנדָּלִים, מְסוּנדָּלוֹת

מסונוורת׳ מְסֻנְוָר — blinded (by light)

אֵינוֹ רוֹאֶה הֵיטֵב בִּגְלַל אוֹר חָזָק:

*יָצָאתִי מֵחוֹשֶׁךְ לָאוֹר, וַאֲנִי **מְסוּנוֶור**.*

(מֶטָאפוֹרָה) לֹא אוֹבְּיֶיקְטִיבִי, מוּשְׁפָּע מִמַּשֶּׁהוּ מְסוּיָּם: — dazzled (adj.)

*הוּא **מְסוּנוָור** מֵהַיּוֹפִי שֶׁלָּהּ.*

מְסוּנוֶורֶת, מְסוּנוָורִים, מְסוּנוָורוֹת

מסונןת׳ מְסֻנָּן — strained/filtered (adj.)

נוֹזֵל נָקִי שֶׁהֶעֱבִירוּ דֶּרֶךְ כְּלִי עִם חוֹרִים קְטַנִּים:

*אֲנִי אוֹהֵב מִיץ תַּפּוּזִים **מְסוּנָּן**.*

מְסוּנֶּנֶת, מְסוּנָּנִים, מְסוּנָּנוֹת

מסועףת׳ מְסֹעָף — branched (out) (adj.)

יֵשׁ לוֹ חֲלָקִים הַיּוֹצְאִים מִמֶּנּוּ:

*זֶה לֹא כְּבִישׁ אֶחָד, זֹאת רֶשֶׁת **מְסוּעֶפֶת** שֶׁל כְּבִישִׁים.*

מְסוּעֶפֶת, מְסוּעָפִים, מְסוּעָפוֹת

מסוףז׳ מָסוֹף [מְסוֹפִים] — terminal

1. תַּחֲנָה אַחֲרוֹנָה, הַמָּקוֹם הַסּוֹפִי:

*עַל-יַד הָרַכֶּבֶת יֵשׁ **מָסוֹף** שֶׁל אוֹטוֹבּוּסִים.*

2. תַּחֲנָה שֶׁמְּחוּבֶּרֶת לְמַחְשֵׁב מֶרְכָּזִי:

*הַפְּרָטִים עָבְרוּ מִן **הַמָּסוֹף** בַּמִּשְׂרָד לְמַחְשֵׁב הָאוּנִיבֶרְסִיטָה.*

מסופחת׳ מְסֻפָּח — attached/annexed (adj.)

מַשֶּׁהוּ שֶׁמְּצָרְפִים, מְחַבְּרִים אֶל-:

*הָעִיר יָפוֹ **מְסוּפַּחַת** לְתֵל-אָבִיב.*

מְסוּפַּחַת, מְסוּפָּחִים, מְסוּפָּחוֹת

מסופקת׳ מְסֻפָּק — doubtful (adj.)

1. לֹא בָּטוּחַ, בְּסָפֵק:

*אֲנִי **מְסוּפָּק** אִם אֲקַבֵּל אֶת הָעֲבוֹדָה.*

2. שֶׁיֵּשׁ לוֹ אַסְפָּקָה, שֶׁקִּיבֵּל סְחוֹרָה: — supplied (adj.)

*הַסְּחוֹרָה **מְסוּפֶּקֶת** עַל-יְדֵי הַמִּפְעָל בְּחֵיפָה.*

מְסוּפֶּקֶת, מְסוּפָּקִים, מְסוּפָּקוֹת

מסופרת׳ מְסֻפָּר — told/narrated (adj.)

1. שֶׁסִּיפְּרוּ עָלָיו, אוֹתוֹ:

*בַּסֵּפֶר **מְסוּפָּר** עַל מִלְחֶמֶת הָעוֹלָם.*

2. שֶׁעָשׂוּ לוֹ תִּסְפּוֹרֶת, גָּזְרוּ אֶת הַשְּׂעָרוֹת שֶׁלּוֹ: — (hair) cut (adj.)

דָוִיד *מְסוּפָּר יָפֶה.*
מְסוּפֶּרֶת, מְסוּפָּרִים, מְסוּפָּרוֹת

מסוקז, מַסּוֹק [מַסּוֹקִים] helicopter
אֲווירוֹן שֶׁיָּכוֹל לָנחוֹת בְּכָל מָקוֹם:
הַמַּסּוֹק הִגִּיעַ, הוֹרִידוּ לִי חֶבֶל וְהֶעֱלוּ אוֹתִי.

מסוקרןת, מְסֻקְרָן curious
רוֹצֶה מְאוֹד לָדַעַת, לִראוֹת וְכוּ':
אֲנִי מְסוּקְרָן לִשְׁמוֹעַ אֶת סוֹף הַסִּיפּוּר.
מְסוּקְרֶנֶת, מְסוּקְרָנִים, מְסוּקְרָנוֹת

מסורז, מַסּוֹר [מַסּוֹרִים] saw
מַכשִׁיר שֶׁחוֹתֵךְ (=מְנַסֵּר) עֵץ, וְכוּ':
אֲנִי לֹא מִשְׁתַּמֵּשׁ בְּמַסּוֹר, הַיּוֹם הַמְּכוֹנוֹת חוֹתְכוֹת הַכּוֹל.

מסורת, מָסוּר delivered/given (adj.)
1. נִתנוּ לוֹ, מָסרוּ לוֹ:
לֹא הַכּוֹל מָסוּר בִּידֵי בְּנֵי אָדָם.
2. נֶאֱמָן, שֶׁאֶפשָׁר לִסמוֹךְ עָלָיו: devoted (adj.)
הוּא מָסוּר מְאוֹד לַמִּשְׁפָּחָה.
מְסוּרָה, מְסוּרִים, מְסוּרוֹת

מסורבז, (עלייה) מְסֹרָב [מְסוֹרָבִים] refusenik
מִי שֶׁסֵּירבוּ לוֹ, לֹא נָתנוּ לוֹ רִישָּׁיוֹן לַעֲלוֹת לְיִשְׂרָאֵל:
מְסוֹרְבֵי עֲלִיָּיה מִבְּרִה"מ חִיכּוּ שָׁנִים רַבּוֹת לְרִישָּׁיוֹן יְצִיאָה.
מְסוֹרֶבֶת, מְסוֹרָבוֹת

מסורבלת, מְסֻרְבָּל clumsy
כָּבֵד:
יֵשׁ לוֹ הֲלִיכָה מְסוּרְבֶּלֶת כְּמוֹ שֶׁל פִּיל.
מְסוּרְבֶּלֶת, מְסוּרְבָּלִים, מְסוּרְבָּלוֹת

מסורגת, מְסֹרָג barred/latticed (adj.)
שֶׁיֵּשׁ בּוֹ סוֹרֵג (=רֶשֶׁת אוֹ פַּסִּים שֶׁל בַּרְזֶל):
הַחַלּוֹנוֹת בַּבַּיִת מְסוֹרָגִים, כְּדֵי שֶׁלֹּא יִיכָּנְסוּ גַּנָּבִים.
מְסוֹרֶגֶת, מְסוֹרָגִים, מְסוֹרָגוֹת

מסורטט ר' משורטט

מסורסת, מְסֹרָס castrated (adj.)
1. גֶּבֶר שֶׁאֵיבַר הַמִּין שֶׁלּוֹ נִפגַּע:
לִגְבָרִים מְסוֹרָסִים יֵשׁ קוֹלוֹת שֶׁל נָשִׁים.
2. לֹא מְדוּיָּק: distorted (adj.)
הַיְּדִיעָה הִגִּיעָה בְּצוּרָה מְסוֹרֶסֶת.
מְסוֹרֶסֶת, מְסוֹרָסִים, מְסוֹרָסוֹת

מסורקת, מְסֹרָק combed (adj.)
מִי שֶׁסִּידְרוּ אֶת הַשְּׂעָרוֹת שֶׁלּוֹ בְּמַסְרֵק:
הוּא נִראֶה נָקִי וּמְסוֹרָק.
מְסוֹרֶקֶת, מְסוֹרָקִים, מְסוֹרָקוֹת

מסורתנ, מָסֹרֶת [מָסוֹרוֹת] tradition, custom
הַעֲבָרַת אֱמוּנוֹת, מִנהָגִים וְכוּ' מִדּוֹר לְדוֹר:
לְפִי הַמָּסוֹרֶת בַּמִּשְׁפָּחָה שֶׁלִּי, אֲנַחנוּ מִשֵּׁבֶט לֵוִי.
שׁוֹמֵר־מָסוֹרֶת observes tradition

מסורתית, מָסָרְתִּי (מָסוֹרְתִּי) traditional, conservative
1. שֶׁל הַמָּסוֹרֶת, שֶׁיֵּשׁ לוֹ קֶשֶׁר לְמִנהֲגֵי הַיַּהֲדוּת:
אֲנַחנוּ מִשְׁפָּחָה מָסוֹרְתִית.
2. מִנהָג, טֶקֶס, חֲגִיגָה, שֶׁחוֹזְרִים בְּתַאֲרִיךְ מְסוּיָּם: traditional, customary
הָיִיתִי בַּפְּגִישָׁה הַמָּסוֹרְתִית שֶׁל בּוֹגְרֵי הָאוּנִיבֶרְסִיטָה.
מָסוֹרְתִית, מָסוֹרְתִיִּים, מָסוֹרְתִיּוֹת

מסותתת, מְסֻתָּת chiseled (adj.)
שֶׁעָשׂוּ אוֹתוֹ (אֶבֶן וְכוּ') חָלָק וְיָשָׁר:
בִּירוּשָׁלַיִם בּוֹנִים בָּתִּים מֵאֲבָנִים מְסוּתָּתוֹת.
מְסוּתֶּתֶת, מְסוּתָּתִים, מְסוּתָּתוֹת

מסחטהנ, מַסְחֵטָה [מַסְחֵטוֹת] squeezer, juicer
מַכשִׁיר שֶׁמּוֹצִיאִים בּוֹ אֶת הַנּוֹזֵל מִפְּרִי אוֹ יָרָק:
קָנִיתִי מַסְחֵטָה לְלִימוֹנִים.

מסחרפ, ר' מיסחר

מסחרז, מִסְחָר commerce, trade
קְנִיָּיה וּמְכִירָה שֶׁל סְחוֹרוֹת:
יִשְׂרָאֵל רוֹצָה לִפְתֹּחַ יַחֲסֵי מִסחָר עִם מְדִינוֹת אֵירוֹפָּה.
מִסחָר-בֵּינלְאוּמִי / מִשְׂרַד הַמִּסחָר וְהַתַּעֲשִׂיָּיה

מסחרית, מִסְחָרִי commercial
קָשׁוּר בִּקְנִיָּיה וּמְכִירָה:
מֶרְכָּז מִסחָרִי נִפתַּח בְּתֵל-אָבִיב.
מִסחָרִית, מִסחָרִיִּים, מִסחָרִיּוֹת

מסחררת, מְסַחְרֵר causing dizziness
גּוֹרֵם סְחַרחוֹרֶת (הַרגָּשָׁה שֶׁהָרֹאשׁ "מִסתּוֹבֵב"):
יַיִן הוּא מַשְׁקֶה מְסַחְרֵר. / הוּא נוֹהֵג בִּמְהִירוּת מְסַחְרֶרֶת.
מְסַחְרֶרֶת, מְסַחְרְרִים, מְסַחְרְרוֹת

מסיבהנ, מְסִבָּה [מְסִיבּוֹת] party
חֲגִיגָה, שִׂמְחָה שֶׁמִּשְׁתַּתְּפִים בָּהּ הַרְבֵּה אֲנָשִׁים:
הִזְמַנְתִּי אוֹרְחִים לִמְסִיבַּת רִיקּוּדִים בְּיוֹם הַהוּלֶּדֶת שֶׁלִּי.
מְסִיבַּת-עִיתּוֹנָאִים press conference

מסיבותנ"ר [מְסִבּוֹת] circumstances
מַצָּב, אֵירוּעִים, מִקְרִים:
הַמְּסִבּוֹת גָּרְמוּ שֶׁאֶשָּׁאֵר לָגוּר כָּאן.

מסיג־(גבול) מַסִּיג־(גְּבוּל) [מַסִּיגֵי־גבול] trespasser
מַרְחִיק, מֵזִיז, נִכְנָס לִתְחוּם לֹא שֶׁלּוֹ:
הוּא מַסִּיג גְּבוּל - עוֹבֵר בֶּחָצֵר שֶׁלִּי בְּלִי רְשׁוּת.

מסיחז, מַסִּיחַ [מַסִּיחִים] distractor
אַחַת הָאֶפְשָׁרֻיּוֹת שֶׁצָּרִיךְ לִבְחוֹר מֵהֶן תְּשׁוּבָה נְכוֹנָה לַשְּׁאֵלָה:
לְכָל שְׁאֵלָה בַּמִּבְחָן 4 תְּשׁוּבוֹת - אַחַת נְכוֹנָה וּשְׁלוֹשָׁה מַסִּיחִים.

מסייעת, מְסַיֵּעַ aiding, assisting
עוֹזֵר:
זֶהוּ הַסְּטוּדֶנְט הַמְּסַיֵּעַ בַּפְּרוֹיֶקְט.
נֶשֶׁק מְסַיֵּעַ auxiliary arms
מְסַיַּעַת, מְסַיְּעִים, מְסַיְּעוֹת

מסיכהנ, מַסֵּכָה [מַסֵּיכוֹת] mask
מַה שֶּׁשָּׂמִים עַל הַפָּנִים כְּדֵי שֶׁלֹּא יַכִּירוּ:
רָצִיתִי שֶׁלֹּא יַכִּירוּ אוֹתִי, לָכֵן שַׂמְתִּי מַסֵּכָה עַל הַפָּנִים.
מַסֵּיכַת־גַּז gas mask
נֶשֶׁף־מַסֵּיכוֹת masquerade ball

מסילהנ, מְסִלָּה [מְסִילוֹת] track
דֶּרֶךְ (בְּדֶרֶךְ כְּלָל פַּסֵּי בַּרְזֶל לְרַכָּבוֹת):
הָרַכֶּבֶת נוֹסַעַת עַל הַמְּסִלָּה.
מְסִילַּת־בַּרְזֶל railway (track/s)

מסיקז, מָסִיק olive harvest
הָעֲבוֹדָה שֶׁל קְטִיף הַזֵּיתִים:
אֲנִי אוֹהֵב לַעֲבוֹד בְּמָסִיק.

מסיקז, מַסִּיק [מַסִּיקִים] stocker
מִי שֶׁאַחְרַאי עַל הָאֵשׁ בָּאוֹנִיָּה, בָּרַכֶּבֶת וְכוּ':
בְּרַכֶּבֶת חַשְׁמַלִּית אֵין מַסִּיק.

מסירהנ, מְסִירָה [מְסִירוֹת] delivery, handing
נְתִינָה, הַעֲבָרָה מִיָּד אַחַת לְיָד אַחֶרֶת:
מְסִירָה שֶׁל חֲבִילוֹת לְמִשְׁלוֹחַ נַעֲשֵׂית בְּבֵית הַדּוֹאַר.

מסירותנ, מְסִירוּת devotion
נֶאֱמָנוּת, כְּשֶׁמִּישֶׁהוּ עוֹשֶׂה הַרְבֵּה בִּשְׁבִיל מִישֶׁהוּ אוֹ מַשֶּׁהוּ:
הָעֲבוֹדָה הַזֹּאת דוֹרֶשֶׁת מְסִירוּת.
מְסִירוּת־נֶפֶשׁ self-sacrifice

מסיתז, מֵסִית [מְסִיתִים] instigator
מִי שֶׁמְּעוֹרֵר אֲנָשִׁים לַעֲשׂוֹת מַשֶּׁהוּ רַע:
יֵשׁ מְסִיתִים בֵּין הַפּוֹעֲלִים, וְהֵם אֲשֵׁמִים בַּשְּׁבִיתָה.
מְסִיתָה, מְסִיתוֹת

מסךז, מָסָךְ [מָסַכִּים] curtain, screen
וִילוֹן גָּדוֹל (בַּתֵּיאַטְרוֹן וְכוּ'):
הַמָּסָךְ עָלָה, וְהַהַצָּגָה הִתְחִילָה.
מָסַךְ־אֵשׁ barrage (of fire)
מָסַךְ־הַבַּרְזֶל the Iron Curtain

מסכןת, מִסְכֵּן miserable, poor
סוֹבֵל, בְּמַצָּב רַע:
עָצוּב לִרְאוֹת אֶת הָאִישׁ הַמִּסְכֵּן בְּפִנַּת הָרְחוֹב.
מִסְכֵּנָה, מִסְכֵּנִים, מִסְכֵּנוֹת

מסכנותנ, מִסְכֵּנוּת wretchedness
כְּשֶׁמִּישֶׁהוּ מִסְכֵּן (עָנִי, סוֹבֵל וְכוּ'):
הוּא חַי חַיִּים שֶׁל מִסְכֵּנוּת - בְּלִי בַּיִת וּבְלִי מִשְׁפָּחָה.

מסכתנ, מַסֶּכֶת [מַסַּכְתּוֹת] tractate, chapter
1. פֶּרֶק גָּדוֹל בְּסֵפֶר שֶׁל חוּקִים, פִילוֹסוֹפְיָה וְכוּ':
בַּתַּלְמוּד יֵשׁ 37 מַסַּכְתּוֹת.
2. כַּמָּה עִנְיָנִים הַקְּשׁוּרִים יַחַד, מַעֲרֶכֶת: set, web
הוּא הִתְחִיל בְּמַסֶּכֶת שְׁקָרִים, שֶׁאֵין לָהּ סוֹף.

מסלולז, מַסְלוּל [מַסְלוּלִים] track, route
1. שְׁבִיל, דֶּרֶךְ:
מַסְלוּל הָרִיצָה אָרוֹךְ מְאוֹד.
2. הַחַיִּים הָרְגִילִים, הַדֶּרֶךְ הָרְגִילָה: course
הַחַיִּים שָׁבוּ לְמַסְלוּלָם.

מסלקהנ, מִסְלָקָה [מִסְלָקוֹת] clearing house
הַמָּקוֹם שֶׁבּוֹ נְצִיגִים שֶׁל בַּנְקִים מַחְלִיפִים בֵּינֵיהֶם צֵ'יקִים, שְׁטָרוֹת וְכוּ' (מְסַלְּקִים חוֹבוֹת זֶה לָזֶה):
הַבַּנְק מַעֲבִיר אֶת כָּל הַצֵּ'יקִים לַמִּסְלָקָה בְּסוֹף הַיּוֹם.

מסמךז, מִסְמָךְ [מִסְמָכִים] document
תְּעוּדָה, אִישּׁוּר פוֹרְמָאלִי:
לָקַחְתִּי אֶת כָּל הַמִּסְמָכִים - פַּסְפּוֹרְט, רִשְׁיוֹן נְהִיגָה, וְכוּ'.
מִסְמָךְ הִיסְטוֹרִי historical document

מסמרז, מַסְמֵר [מַסְמְרִים] nail
1. חֵלֶק קָטָן מִמַּתֶּכֶת, מִשְׁתַּמְּשִׁים בּוֹ כְּדֵי לְחַבֵּר דְּבָרִים:
דָּפַקְתִּי מַסְמֵר בַּקִּיר כְּדֵי לִתְלוֹת עָלָיו תְּמוּנָה.
2. (מֶטָאפוֹרָה) מִישֶׁהוּ אוֹ מַשֶּׁהוּ מוּצְלָח: (the) life of...
רוּת הָיְתָה "מַסְמֵר" הָעֶרֶב.

מסנוור ת׳ מְסַנְוֵר — blinding
גּוֹרֵם לִרְאִיָּה לֹא בְּרוּרָה (אוֹר חָזָק):
*הַשֶּׁלֶג הַלָּבָן **מְסַנְוֵר** אוֹתִי.*
מְסַנְוֶרֶת, מְסַנְוְרִים, מְסַנְוְרוֹת

מסנן ז׳ מַסְנֵן [מַסְנְנִים] — filter
כְּלִי שֶׁמְּסַנֵּן (שֶׁמַּעֲבִירִים בּוֹ נוֹזֵל, אֲוִויר וְכוּ׳ כְּדֵי לְנַקּוֹת אוֹתָם):
*כְּדַאי לְהִשְׁתַּמֵּשׁ **בְּמַסְנֵן** וְלִשְׁתּוֹת מַיִם נְקִיִּים.*

מסננת נ׳ מְסַנֶּנֶת (מְסַנֶּנֶת) [מְסַנְנוֹת] — strainer
כְּלִי שֶׁיֵּשׁ בּוֹ חוֹרִים כְּדֵי שֶׁמַּיִם (נוֹזֵל) יֵצְאוּ:
*שַׂמְתִּי סְפָּגֶטִי מְבוּשָּׁל **בִּמְסַנֶּנֶת**, וְשָׁטַפְתִּי בְּמַיִם קָרִים.*

מסע ז׳ מַסָּע — journey, march
טִיּוּל מְאוּרְגָּן בָּרֶגֶל:
*הַ**מַּסָּע** הַקָּשֶׁה בְּיוֹתֵר בַּצָּבָא הָיָה מִמְּטוּלָה לְאֵילַת.*
מַסְעֵי הַצְּלָב — Crusades

מסעד ז׳ מִסְעָד [מִסְעָדִים] — support, rest
מַשֶּׁהוּ שֶׁתּוֹמֵךְ, הַחֵלֶק הָאֲחוֹרִי שֶׁל הַכִּיסֵּא:
*אָסוּר לִנְסוֹעַ בִּמְכוֹנִית, שֶׁאֵין בָּהּ **מִסְעָד** לָרֹאשׁ.*

מסעדה נ׳ מִסְעָדָה [מִסְעָדוֹת] — restaurant
מָקוֹם שֶׁקּוֹנִים וְאוֹכְלִים בּוֹ אֲרוּחוֹת:
*אֲנִי אוֹהֶבֶת לֶאֱכוֹל **בְּמִסְעָדָה**.*
מִסְעָדָה סִינִית / מִסְעָדָה צִמְחוֹנִית / מִסְעָדָה מִזְרָחִית

מסעדן ז׳ מִסְעָדָן [מִסְעֲדָנִים] — restauranteur
מִי שֶׁיֵּשׁ לוֹ מִסְעָדָה:
***מִסְעָדָן** יָדוּעַ פָּתַח חָמֵשׁ מִסְעָדוֹת חֲדָשׁוֹת.*
מִסְעֲדָנִית, מִסְעֲדָנִיּוֹת

מסעף ר׳ מיסעף

מספד ז׳ מִסְפֵּד [מִסְפְּדִים] — lament, mourning
(לָשׁוֹן סִפְרוּתִית) אֵבֶל גָּדוֹל:
*תִּשְׁעָה בְּאָב הוּא יוֹם צוֹם **וּמִסְפֵּד** עַל חוּרְבַּן יְרוּשָׁלַיִם.*

מספוא ז׳ מִסְפּוֹא — fodder
אוֹכֶל לַבְּהֵמוֹת:
*לֹא הָיָה לָהֶם **מִסְפּוֹא** לַפָּרוֹת בִּשְׁנוֹת הָרָעָב.*

מספיק ת״פ מַסְפִּיק — enough
דַּי:
***מַסְפִּיק** לְדַבֵּר, יֵשׁ פֹּה רַעַשׁ נוֹרָא.*
(ת׳) שֶׁיֵּשׁ בּוֹ דַּי: — sufficient
*יֵשׁ לוֹ כֶּסֶף **מַסְפִּיק** לְלִימּוּדִים וּלְאוֹכֶל.*
*יֵשׁ לִי כֶּסֶף בְּמִידָּה **מַסְפֶּקֶת**.*
מַסְפִּיקָה-מַסְפֶּקֶת, מַסְפִּיקִים, מַסְפִּיקוֹת

מספנה נ׳ מִסְפָּנָה [מִסְפָּנוֹת] — shipyard
מָקוֹם שֶׁבּוֹנִים אוֹנִיּוֹת אוֹ מְתַקְּנִים אוֹתָן:
*דָּרוּשׁ מְהַנְדֵּס אוֹנִיּוֹת **לַמִּסְפָּנָה** בְּחֵיפָה.*

מספק ת׳ מְסַפֵּק — satisfying
1. מַשְׂבִּיעַ רָצוֹן:
*מִשַּׁעֲמֵם לִי, הָעֲבוֹדָה אֵינָהּ **מְסַפֶּקֶת** אוֹתִי.*
2. נוֹתֵן, מֵבִיא דָּבָר מָה שֶׁיֵּשׁ בּוֹ צוֹרֶךְ: — supplier
*הָאִישׁ **הַמְסַפֵּק** חָלָב לַחֲנוּיוֹת, חוֹלֶה הַיּוֹם.*
מְסַפֶּקֶת, מְסַפְּקִים, מְסַפְּקוֹת

מספר ז׳ מְסַפֵּר [מְסַפְּרִים] — narrator, storyteller
מִי שֶׁכּוֹתֵב סִיפּוּרִים (אוֹ אוֹמֵר אוֹתָם):
*הַ**מְּסַפֵּר** כּוֹתֵב עַל מָה שֶׁקָּרָה לוֹ.*
מְסַפֶּרֶת, מְסַפְּרוֹת

מספר ר׳ מיספר

מספר ז׳ מִסְפָּר [מִסְפָּרִים] — number
1. מוּשָּׂג בְּחֶשְׁבּוֹן:
*1, 15, 20, 100 הֵם **מִסְפָּרִים**.*
2. סִימּוּן שֶׁל דַּף, חֶדֶר, בַּיִת וְכוּ׳: — no.
*מָה **מִסְפַּר** הַחֶדֶר שֶׁלְּךָ?*
מִסְפָּר יְסוֹדִי — cardinal number
מִסְפָּר זוּגִי — even number
מִסְפָּר סִידּוּרִי — ordinal number
מִסְפָּר שָׁלֵם — integer
3. כַּמּוּת, סְכוּם: — quantity
***מִסְפָּר** רַב שֶׁל אֲנָשִׁים הִגִּיעַ לַהַרְצָאָה.*
4. לֹא רַבִּים: — few
*אֲנָשִׁים **מִסְפָּר** הִגִּיעוּ לַהַרְצָאָה.*
טָעוּת בְּמִסְפָּר — wrong number
שֵׁם־מִסְפָּר — numeral

מספרה נ׳ מִסְפָּרָה [מִסְפָּרוֹת] — barber-shop, beauty parlor
מָקוֹם שֶׁמְּטַפְּלִים בּוֹ בַּשֵּׂעָר:
*חַנָּה הָלְכָה לְהִסְתַּפֵּר **בַּמִּסְפָּרָה**.*

מספרי ת׳ מִסְפָּרִי — numerical
הַשַּׁיָּיךְ לְמִסְפָּר, לְכַמּוּת:
*מִבְּחִינָה **מִסְפָּרִית** אֵין הַרְבֵּה אוּנִיבֶרְסִיטוֹת בְּיִשְׂרָאֵל.*
מִסְפָּרִית, מִסְפָּרִיִּים, מִסְפָּרִיּוֹת

מספריים ז״ז מִסְפָּרַיִם — scissors
מַכְשִׁיר הַמְשַׁמֵּשׁ לִגְזִירָה:
*דָּוִיד הִשְׁתַּמֵּשׁ **בְּמִסְפָּרַיִם** כְּדֵי לִגְזוֹר אֶת הַבַּד.*

מסקפ׳ מָסַק — harvested olives
קָטַף זֵיתִים:
*בְּקִיבּוּץ **מָסְקוּ** זֵיתִים וְקָטְפוּ תַפּוּזִים.*
לִמסוֹק אֶת- / מ.ס.ק, פָּעַל / מָסַקְתִּי, מוֹסֵק, אֶמסוֹק

מסקנהנ׳ מַסְקָנָה [מַסְקָנוֹת] — conclusion
תוֹצָאָה, מַה שֶׁאֶפְשָׁר לִלמוֹד מֵעוּבדוֹת:
*בְּסוֹף הַמֶּחקָר כָּתַב הַמּוּמחֶה אֶת **הַמַּסְקָנוֹת** שֶׁלּוֹ.*

מסקרז׳ מִסְקָר [מִסְקָרִים] — review
מִפקָד, שׁוּרוֹת אֲנָשִׁים בְּסֵדֶר מְסוּיָּם:
*מַדרִיךְ הַסְפּוֹרט עָרַךְ **מִסְקָר** וּבָדַק אֶת נַעֲלֵי הָאַתלֶטִים.*

מסקרןת׳ מְסַקְרֵן — arouses curiosity
מַשֶּׁהוּ שֶׁרוֹצִים לִראוֹת, לָדַעַת וְכוּ׳:
*סוֹף הַסֵּפֶר **מְסַקְרֵן** אוֹתִי מְאוֹד.*
מְסַקרֶנֶת, מְסַקרְנִים, מְסַקרְנוֹת

מסרפ׳ מָסַר — delivered
1. הֶעֱבִיר לַאֲחֵרִים נָתַן:
*דָּוִיד **מָסַר** לִי אֶת הַסֵּפֶר שֶׁל דָּן.*
2. הֶעֱבִיר אִינפוֹרמַצְיָה, הוֹדִיעַ: — informed, transmitted
*הָעִיתוֹן **מוֹסֵר** לְקוֹרְאָיו **אֶת** הַחֲדָשׁוֹת.*
מָסַר אֶת נַפְשׁוֹ עַל- — sacrificed his life for...
לִמסוֹר אֶת-, לְ- / מ.ס.ר, פָּעַל / מָסַרתִּי, מוֹסֵר, יִמסוֹר

מסרז׳ מֶסֶר [מְסָרִים] — message
רַעְיוֹן מֶרכָּזִי, מַשֶּׁהוּ חָשׁוּב שֶׁרוֹצִים שֶׁיֵּדְעוּ:
*הַ**מֶּסֶר** שֶׁל הַסֵּפֶר לֹא מוּבָן לִי.*
מֶסֶר כָּפוּל — double message

מסרגהנ׳ מַסְרֵגָה [מַסְרֵגוֹת] — knitting needle
מִין מַקֵּל דַּק, בְּעֶזְרָתוֹ עוֹשִׂים בֶּגֶד מִצֶּמֶר וְכוּ׳:
*אֶת הַמְּעִיל הַזֶּה עָשִׂיתִי מִצֶּמֶר **בְּמַסְרֵגוֹת** עָבוֹת.*

מסרטהנ׳ מַסְרֵטָה [מַסְרֵטוֹת] — movie camera
מַכשִׁיר שֶׁעוֹשִׂים בּוֹ סְרָטִים לְקוֹלנוֹעַ, וִידֵאוֹ וְכוּ׳:
*לַצַּלָּם הַקּוֹלנוֹעַ יֵשׁ **מַסְרֵטָה** חֲדָשָׁה.*

מסריחת׳ מַסְרִיחַ — stinking
שֶׁיֵּשׁ לוֹ רֵיחַ רַע:
*הַדָּג **מַסְרִיחַ**, כִּי הוּא מְקוּלקָל.*
מַסרִיחָה, מַסרִיחִים, מַסרִיחוֹת

מסריטז׳ מַסְרִיט [מַסְרִיטִים] — cameraman
מִי שֶׁעוֹמֵד מֵאֲחוֹרֵי מְכוֹנָה וּמַרְאֶה סֶרֶט:
*אָמַרנוּ **לַמַּסְרִיט**, שֶׁלֹּא רוֹאִים טוֹב אֶת הַסֶּרֶט.*
מַסרִיטָה, מַסרִיטוֹת

מסרקז׳ מַסְרֵק [מַסְרְקִים] — comb
מַכשִׁיר בַּעַל שִׁינַּיִים לְסִידּוּר הַשֵּׂיעָר:
*רִינָה מְסָרֶקֶת אֶת הַשֵּׂיעָר **בְּמַסְרֵק**.*

מסתברת׳ מִסְתַּבֵּר — it seems
1. מִתקַבֵּל עַל הַדַּעַת, הֶגיוֹנִי:
***מִסתַּבֵּר** שֶׁלֹּא יָדַעַת מַה קָּרָה.*
2. נַעֲשֶׂה בָּרוּר, מוּבָן: — becomes apparent
*הַקּוֹשִׁי **מִסתַּבֵּר** בַּפֶּרֶק הַבָּא.*
מִסתַּבֶּרֶת, מִסתַּבְּרִים, מִסתַּבְּרוֹת

מסתגףתו״ז מִסְתַּגֵּף [מִסְתַּגְּפִים] — ascetic
מִי שֶׁגּוֹרֵם לְעַצְמוֹ לִסבּוֹל:
*הוּא **מִסתַּגֵּף** - לֹא אוֹכֵל, לֹא שׁוֹתֶה וְלֹא נֶהֱנֶה מִן הַחַיִּים.*
מִסתַּגֶּפֶת, מִסתַּגְּפוֹת

מסתורז׳ מִסְתּוֹר [מִסְתּוֹרִים] — refuge
מָקוֹם שֶׁמִּסתַּתְּרִים בּוֹ, מִתחַבְּאִים בּוֹ:
*חִיפַּשְׂתִּי **מִסתּוֹר** מִפְּנֵי הַגֶּשֶׁם.*

מסתורית׳ מִסְתּוֹרִי — mysterious
סוֹדִי, שֶׁלֹּא יוֹדְעִים:
*יֵשׁ בּוֹ מַשֶּׁהוּ **מִסתּוֹרִי**, לֹא יוֹדְעִים מִיהוּ וּמֵאַיִן בָּא.*
מִסתּוֹרִית, מִסתּוֹרִיִּים, מִסתּוֹרִיּוֹת

מסתוריותנ׳ מִסְתּוֹרִיּוּת — secrecy, mystery
מַשֶּׁהוּ שֶׁיֵּשׁ בּוֹ סוֹד:
*מַה **הַמִּסתּוֹרִיּוּת** הַזֹּאת? אַתָּה לֹא יָכוֹל לְהַגִּיד אֵיפֹה הָיִיתָ?*

מסתוריןז״ר מִסְתּוֹרִין — mystery
סוֹד, מַשֶּׁהוּ שֶׁמַּסתִּירִים, לֹא מְגַלִּים:
*יֵשׁ אַטמוֹסְפֵירָה שֶׁל **מִסתּוֹרִין** סְבִיב הַדְּמוּת שֶׁלּוֹ.*
סִיפּוּרֵי מִסתּוֹרִין — mysteries

מסתייגת׳ מִסְתַּיֵּג — taking exception to
מִי שֶׁלֹּא מַסכִּים בְּעִניָין מְסוּיָּם:
***הַמִּסתַּיְּגִים** מִן הַהַצָּעָה הֶעֱלוּ הַצָּעָה אַחֶרֶת.*
מִסתַּיֶּגֶת, מִסתַּייְגִים, מִסתַּייְגוֹת

מסתםז׳ מַסְתֵּם [מַסְתְּמִים] — plug
מַשֶּׁהוּ שֶׁסּוֹתֵם בַּקבּוּק וְכוּ׳:
***הַמַּסתֵּם** בַּצִּינוֹר לֹא פָּעַל, לָכֵן נוֹזְלִים מַיִם.*

מסתנןז׳ מִסְתַּנֵּן [מִסְתַּנְּנִים] — infiltrator
מִי שֶׁנִּכנַס בְּלִי רְשׁוּת, בְּלִי תְּעוּדוֹת וְכוּ׳:
*כְּשֶׁהִגִּיעָה הָאוֹנִיָּיה לָאָרֶץ גִּילּוּ אֶת **הַמִּסתַּנֵּן**.*
מִסתַּנֶּנֶת, מִסתַּנְּנוֹת

מסתערבת"ז מִסְתַּעֲרֵב [מִסְתַּעַרְבִים] disguised as an Arab
שֶׁעוֹשֶׂה אֶת עַצְמוֹ עֲרָבִי:
*הַ**מִּסְתַּעַרְבִים** אָסְפוּ אִינְפוֹרְמַצְיָה בַּכְּפָרִים הָעַרְבִיִּים.*
מִסְתַּעֶרֶבֶת, מִסְתַּעַרְבוֹת

מסתריםז"ר מִסְתָּרִים (in) secret
(לָשׁוֹן סִפְרוּתִית) מָקוֹם שֶׁמִּסְתַּתְּרִים בּוֹ, שֶׁלֹּא יוֹדְעִים עָלָיו:
*הוּא בּוֹכֶה **בַּמִּסְתָּרִים**, עַל אֲהוּבָתוֹ שֶׁמֵּתָה.*

מסתתז, מְסַתֵּת [מְסַתְּתִים] stonecutter
מִי שֶׁחוֹתֵךְ אֲבָנִים וְעוֹשֶׂה אוֹתָן יְשָׁרוֹת:
*הַ**מְּסַתְּתִים** מְכִינִים אֲבָנִים לְבִנְיָן.*

מעבד ז, מְעַבֵּד [מְעַבְּדִים] processor
מַכְשִׁיר לַהֲכָנַת דְּבָרִים.
מְעַבֵּד מָזוֹן - מַכְשִׁיר שֶׁטּוֹחֵן אוֹ מְעַרְבֵּב אוֹכֶל: food processor
הֲכַנְתִּי אֶת הָעוּגָה בִּמְעַבֵּד מָזוֹן.
מְעַבֵּד תַּמְלִילִים - פוּנְקְצִיָּה בַּמַּחְשֵׁב מְשַׁמֶּשֶׁת לִכְתִיבַת חוֹמֶר, אִירְגּוּן חוֹמֶר וְכוּ': word processor
*בִּ**מְעַבֵּד תַּמְלִילִים** אֶפְשָׁר מִיָּד לְתַקֵּן אֶת הַשְּׁגִיאוֹת.*

מעבדהנ, מַעְבָּדָה [מַעְבָּדוֹת] laboratory
חֶדֶר מְיוּחָד לְנִיסּוּיִים מַדָּעִיִּים וּבְדִיקוֹת:
*דָּוִיד הָלַךְ לַעֲשׂוֹת בְּדִיקַת-דָּם **בַּמַּעְבָּדָה**.*
מַעְבָּדָה כִּימִית / מַעְבָּדָה לְשׁוֹנִית / מַעְבֶּדֶת צִילּוּם

מעבהז, מַעֲבֶה [מַעֲבִים] thicket, (in the bowels of the earth)
(לָשׁוֹן סִפְרוּתִית) בְּתוֹךְ (מַשֶּׁהוּ עָבֶה), בָּעוֹמֶק:
*נֵפְט מְחַפְּשִׂים **בְּמַעֲבֵה** הָאֲדָמָה.*

מעבורתנ, מַעְבֹּרֶת [מַעְבּוֹרוֹת] ferry (boat)
אוֹנִיָּה שֶׁמַּעֲבִירָה מִמָּקוֹם לְמָקוֹם:
*נָסַעְנוּ מִיָּוָן לְאִיטַלְיָה **בְּמַעְבּוֹרֶת**.*
מַעְבּוֹרֶת־חָלָל space shuttle

מעבידז, מַעֲבִיד [מַעֲבִידִים] employer
נוֹתֵן-עֲבוֹדָה, מַעֲסִיק:
*הִסְתַּדְּרוּת הַפְּקִידִים חָתְמָה עַל הֶסְכֵּם עִם **הַמַּעֲבִידִים**.*
מַעֲבִידָה, מַעֲבִידוֹת

מעברז, מַעֲבָר [מַעֲבָרִים] passage
1. דֶּרֶךְ מִמָּקוֹם אֶחָד לְמָקוֹם אַחֵר:
*יֵשׁ **מַעֲבָר** מֵרְחוֹב זֶה לִדְרוֹם הָעִיר?*
2. פְּעוּלָה שֶׁל שִׁינּוּי מִמַּצָּב לְמַצָּב: transition
*הַ**מַּעֲבָר** מֵחַיֵּי הָעִיר לְחַיֵּי הַקִּיבּוּץ הָיָה קָשֶׁה.*
בְּחִינַת־מַעֲבָר intermediate exam
תְּעוּדַת־מַעֲבָר pass, laissez-passer
תְּקוּפַת־מַעֲבָר transition period
גִּיל־הַמַּעֲבָר menopause

מעברהנ, מַעְבָּרָה [מַעְבָּרוֹת] transit camp
מָקוֹם זְמַנִּי, שֶׁעוֹלִים חֲדָשִׁים גָּרוּ בּוֹ:
*הַחַיִּים **בַּמַּעְבָּרָה** הָיוּ קָשִׁים בַּחוֹרֶף.*

מעגלז, מַעְגָּל [מַעְגָּלִים] circle
קַו עָקוֹם סָגוּר מִסָּבִיב לְשֶׁטַח:
*הַיְלָדִים רָקְדוּ **בְּמַעְגָּל** סָבִיב הַשּׁוּלְחָן.*
מַעְגָּל חַשְׁמַלִּי electric circuit
מַעְגָּל קְסָמִים vicious circle

מעגלית, מַעְגָּלִי circular
שֶׁיֵּשׁ לוֹ צוּרָה שֶׁל מַעְגָּל:
*הַמַּיִם יָרְדוּ בַּכִּיּוֹר בִּתְנוּעָה **מַעְגָּלִית**.*
מַעְגָּלִית, מַעְגָּלִיִּים, מַעְגָּלִיּוֹת

מעגןז, מַעֲגָן [מַעֲגָנִים] marina, anchorage
מָקוֹם בַּיָּם שֶׁאוֹנִיּוֹת אוֹ סִירוֹת עוֹצְרוֹת אוֹ נִמְצָאוֹת:
*יָרַדְנוּ **לְמַעֲגַן** הַסִּירוֹת, כִּי רָצִינוּ לָצֵאת לַיָּם.*

מעדפ, מָעַד stumbled, tripped
1. כִּמְעַט נָפַל, רֶגַע לִפְנֵי שֶׁנָּפַל:
***מָעַדְתִּי** בִּגְלַל הָאֶבֶן, וְנָפַלְתִּי.*
2. (מֶטָאפוֹרָה) עָשָׂה מַעֲשֶׂה לֹא חוּקִי (בַּפַּעַם הָרִאשׁוֹנָה): lapsed, slipped
*הוּא **מָעַד** וְלָקַח כֶּסֶף לֹא שֶׁלּוֹ.*
לִמְעוֹד / מ.ע.ד, פָּעַל / מָעַדְתִּי, מוֹעֵד, יִמְעַד, יִמְעֲדוּ

מעדןז, מַעֲדָן [מַעֲדַנִּים] delicacy
דֶּלִיקָטֶס, אוֹכֶל טָעִים וְעָדִין:
*הַמָּרָק הַזֶּה הוּא מַמָּשׁ **מַעֲדָן**.*

מעדנייהנ, מַעֲדָנִיָּה [מַעֲדָנִיּוֹת] delicatessen
חֲנוּת דֶּלִיקָטֶסִים (גְּבִינוֹת מְיוּחָדוֹת סָלָטִים וְכוּ'):
***בַּמַּעֲדָנִיָּה** לְיַד הַבַּיִת יֵשׁ אֲפִילוּ קַוְויָאר.*

מעדרז, מַעְדֵּר [מַעְדְּרִים] hoe
כְּלִי עֲבוֹדָה בַּגִּינָה, מְשַׁמֵּשׁ לַחֲפִירָה בָּאֲדָמָה:
*הָעֲבוֹדָה **בַּמַּעְדֵּר** מַכְנִיסָה אֲוִויר לָאֲדָמָה.*

מעובדת, מְעוּבָּד processed (adj.)
שֶׁשִּׁינּוּ אוֹתוֹ, שֶׁעִבְּדוּ וְהֵכִינוּ אוֹתוֹ:
*הַשּׁוּלְחָן הוּא מֵעֵץ **מְעוּבָּד**.*
מְעוּבֶּדֶת, מְעוּבָּדִים, מְעוּבָּדוֹת

מעובהת, מְעוּבֶּה thickened (adj.)
סָמִיךְ, שֶׁיֵּשׁ בּוֹ פָּחוֹת נוֹזְלִים:

*הַמָּרָק **מְעוּבֶּה** בְּאִיטְרִיּוֹת וִירָקוֹת.*
מְעוּבָּה, מְעוּבִּים, מְעוּבּוֹת

מעוברתת׳/נ מְעֻבֶּרֶת [מְעוּבָּרוֹת] — pregnant
שֶׁיֵּשׁ לָהּ יֶלֶד בַּבֶּטֶן:
*אִישָּׁה **מְעוּבֶּרֶת** יוֹלֶדֶת אַחֲרֵי 9 חוֹדָשִׁים.*
שָׁנָה מְעוּבֶּרֶת — leap year

מעוגלת׳ מְעֻגָּל — rounded (adj.)
שֶׁיֵּשׁ לוֹ קַוִּים עֲגוּלִים, לֹא חַדִּים:
*הַשּׁוּלְחָן שֶׁלָּנוּ **מְעוּגָּל** בַּפִּינּוֹת.*
מְעוּגֶּלֶת, מְעוּגָּלִים, מְעוּגָּלוֹת

מעוגןת׳ מְעֻגָּן — anchored (adj.)
מְבוּסָּס, קָשׁוּר חָזָק:
*הַדְּבָרִים שֶׁאָמַרְתִּי **מְעוּגָּנִים** בַּמְּצִיאוּת.*
מְעוּגֶּנֶת, מְעוּגָּנִים, מְעוּגָּנוֹת

מעודדת׳ מְעוֹדֵד — encouraging
מְחַזֵּק, נוֹתֵן תִּקְוָוה:
*הַדְּבָרִים שֶׁאָמַרְתְּ **מְעוֹדְדִים**.*
מְעוֹדֶדֶת, מְעוֹדְדִים, מְעוֹדְדוֹת

מעודדת׳ מְעוֹדָד (מְעוּדָּד) — encouraged (adj.)
נָתְנוּ לוֹ חִיזּוּק, תִּקְוָוה:
*אֲנִי **מְעוֹדָד** מְאוֹד מִן הַתּוֹצָאוֹת הַטּוֹבוֹת.*
מְעוֹדֶדֶת, מְעוֹדָדִים, מְעוֹדָדוֹת

מעודכןת׳ מְעֻדְכָּן — up-to-date
כְּשֶׁיֵּשׁ כֹּל הָאִינְפוֹרְמַצְיָה עַד הַיּוֹם:
*הָאִינְפוֹרְמַצְיָה שֶׁלְּךָ לֹא **מְעוּדְכֶּנֶת**.*
מְעוּדְכֶּנֶת, מְעוּדְכָּנִים, מְעוּדְכָּנוֹת

מעודןת׳ מְעֻדָּן — delicate, refined (adj.)
עָדִין, רָגִישׁ, הַהֵיפֶךְ מִגַּס:
*יֵשׁ לָהּ טַעַם **מְעוּדָּן** בְּמוּסִיקָה.*
מְעוּדֶּנֶת, מְעוּדָּנִים, מְעוּדָּנוֹת

מעוותת׳ מְעֻוָּת — distorted (adj.)
לֹא נָכוֹן, לֹא יָשָׁר, מְקוּלְקָל:
*יֵשׁ לוֹ פָּנִים **מְעוּוָּתִים** בִּגְלַל נִיתּוּחַ.*
מְעוּוֶּתֶת, מְעוּוָּתִים, מְעוּוָּתוֹת

מעוזז׳ מָעוֹז [מָעוּזִּים] — stronghold
מִקְלָט, מָקוֹם שֶׁמְּשַׁמֵּשׁ לַהֲגָנָה:
*הַחַיָּילִים שֶׁשָּׁמְרוּ עַל הַגְּבוּל יָשְׁבוּ **בְּמָעוּזִּים**.*

מעוטי יכולתתר״ז/ר׳ מְעוּטֵי-יְכוֹלֶת — low income people
מִי שֶׁמַּצָּבָם הַכַּלְכָּלִי קָשֶׁה:
*צָרִיךְ לַעֲזוֹר לְסְטוּדֶנְטִים **מְעוּטֵי יְכוֹלֶת**.*

מעוטרת׳ מְעֻטָּר — decorated (adj.)
מְקוּשָּׁט:
*הַדַּף **מְעוּטָּר** בְּצִיּוּרִים שֶׁל צִיפּוֹרִים.*
מְעוּטֶּרֶת, מְעוּטָּרִים, מְעוּטָּרוֹת

מעויןתר״ז מְעֻיָּן [מְעוּיָּנִים] — rhombus
רוֹמְבּוּס, צוּרָה גֵיאוֹמֶטְרִית:
*לַעֲפִיפוֹן שֶׁל הַיֶּלֶד יֵשׁ צוּרָה שֶׁל **מְעוּיָּן**.*
מְעוּיֶּנֶת, מְעוּיָּנוֹת

מעוךת׳ מָעוּךְ — crushed (adj.)
מְקוּמָּט, (כָּךְ נִרְאֶה מַשֶּׁהוּ אַחֲרֵי שֶׁיָּשְׁבוּ עָלָיו):
*הַבָּנָנָה שֶׁהָיְיתָה בְּתוֹךְ הַתִּיק **מְעוּכָה** עַכְשָׁיו.*
מְעוּכָה, מְעוּכִים, מְעוּכוֹת

מעוכבת׳ מְעֻכָּב — detained (adj.)
שֶׁעִיכְּבוּ אוֹתוֹ, לֹא נָתְנוּ לוֹ לְהַמְשִׁיךְ:
*הַמְּכוֹנִיּוֹת **מְעוּכָּבוֹת** עַד שֶׁתַּעֲבוֹר הָרַכֶּבֶת.*
מְעוּכֶּבֶת, מְעוּכָּבִים, מְעוּכָּבוֹת

מעוכלת׳ מְעֻכָּל — digested (adj.)
אוֹכֶל שֶׁעָבַר בַּקֵּיבָה וְהִתְפָּרֵק:
*יְרָקוֹת **מְעוּכָּלִים** אַחֲרֵי שָׁעָה, בָּשָׂר אַחֲרֵי 3 שָׁעוֹת.*
מְעוּכֶּלֶת, מְעוּכָּלִים, מְעוּכָּלוֹת

מעולהת׳ מְעֻלֶּה — superb
1. הַטּוֹב בְּיוֹתֵר, מְצוּיָּן:
*הָאוֹכֶל **מְעוּלֶּה**.*
2. הַצִּיּוּן הַגָּבוֹהַּ בְּיוֹתֵר: — excellent
*קִיבַּלְתִּי צִיּוּן **מְעוּלֶּה** בַּבְּחִינָה.*
מְעוּלָּה מְעוּלִּים, מְעוּלּוֹת

מעולםתה״פ מֵעוֹלָם — ever, never
(בְּמִשְׁפָּט שֶׁיֵּשׁ בּוֹ 'לֹא') אֲפִילוּ לֹא פַּעַם אַחַת:
***מֵעוֹלָם** לֹא רָאִיתִי אוֹתוֹ.*

מעולףת׳ מְעֻלָּף — faint (adj.)
מִי שֶׁהִתְעַלֵּף, שׁוֹכֵב כְּמוֹ מֵת:
*מָצָאתִי אוֹתוֹ **מְעוּלָּף** בְּלִי רוּחַ חַיִּים.*
מְעוּלֶּפֶת, מְעוּלָּפִים, מְעוּלָּפוֹת

מעומלןת׳ מְעֻמְלָן — starched (adj.)
יֵשׁ בּוֹ חוֹמֶר, שֶׁעוֹשֶׂה אֶת הַבַּד קָשֶׁה:

*אֲנִי אוֹהֵב מַפּוֹת וְצִיּוּרוּנִים **מְעוּמְלָנִים**.*
מְעוּמְלֶנֶת, מְעוּמְלָנִים, מְעוּמְלָנוֹת

מעומעםת׳ מְעֻמְעָם — dim, hazy
חַלָּשׁ, לֹא בָּרוּר:
*אֲנִי לֹא יָכוֹל לִקְרוֹא בְּאוֹר **מְעוּמְעָם**.*
בִּמְעוּמְעָם — vaguely
מְעוּמְעֶמֶת, מְעוּמְעָמִים, מְעוּמְעָמוֹת

מעוןז׳ מָעוֹן [מְעוֹנוֹת] — residence
מָקוֹם שֶׁגָּרִים בּוֹ:
*אֲנִי גָּר **בִּמְעוֹנוֹת** הַסְּטוּדֶנְטִים.*
מְעוֹן לִילָדִים — day-care center
מְעוֹנוֹת (הַסְּטוּדֶנְטִים) — dormitories

מעונהת׳ מְעֻנֶּה — tortured (adj.)
סוֹבֵל כְּאֵב, עִינּוּיִים, צַעַר וְכוּ׳:
*הוּא נִרְאָה כְּאָדָם **מְעוּנֶּה**, סוֹבֵל.*
קָדוֹשׁ מְעוּנֶּה — martyr
מְעוּנָּה-מְעוּנֵּית, מְעוּנִּים, מְעוּנּוֹת

מעונייןת׳ מְעֻנְיָן — interested (adj.)
רוֹצֶה בְּמַשֶּׁהוּ, נִמְשָׁךְ אֶל מִישֶׁהוּ:
*דָּנִי **מְעוּנְיָין** לִפְגּוֹשׁ בְּרוּתִי, הִיא **מְעוּנְיֶינֶת**?*
מְעוּנְיֶינֶת, מְעוּנְיָינִים, מְעוּנְיָינוֹת

מעונןת׳ מְעֻנָּן — cloudy
מְכוּסֶּה בַּעֲנָנִים:
*הַשָּׁמַיִם **מְעוּנָּנִים**, עוֹמֵד לָרֶדֶת גֶּשֶׁם.*
מְעוּנֶּנֶת, מְעוּנָּנִים, מְעוּנָּנוֹת

מעוףז׳ מָעוֹף — flight
1. כְּשֶׁנִּמְצָאִים בָּאֲוִויר, בְּטִיסָה:
מִמְּעוֹף הַצִּיפּוֹר רוֹאִים אֶת הָעוֹלָם אַחֶרֶת.
2. רַעְיוֹנוֹת גְּדוֹלִים, תּוֹכְנִיּוֹת גְּדוֹלוֹת: — vision
*הוּא אָדָם עִם **מָעוֹף**.*

מעופףת׳ מְעוֹפֵף — flying (adj.)
טָס בָּאֲוִויר:
*קָנִיתִי לוֹ צַעֲצוּעַ - צִיפּוֹר **מְעוֹפֶפֶת**.*
מְעוֹפֶפֶת, מְעוֹפְפִים, מְעוֹפְפוֹת

מעופשת׳ מְעֻפָּשׁ — moldy
שֶׁיֵּשׁ עָלָיו פִּטְרִיּוֹת שֶׁמְּקַלְקְלוֹת אוֹתוֹ:
*אָסוּר לֶאֱכוֹל לֶחֶם **מְעוּפָּשׁ**.*
מְעוּפֶּשֶׁת, מְעוּפָּשִׁים, מְעוּפָּשׁוֹת

מעוצבת׳ מְעֻצָּב — shaped/designed (adj.)
שֶׁיֵּשׁ לוֹ צוּרָה מְסוּיֶּמֶת:
*הַדִּירָה שֶׁלְּךָ **מְעוּצֶּבֶת** בְּטַעַם טוֹב.*
מְעוּצֶּבֶת, מְעוּצָּבִים, מְעוּצָּבוֹת

מעוצבןת׳ מְעֻצְבָּן — irritated (adj.)
לֹא שָׁקֵט, לֹא מוֹצֵא מְנוּחָה:
*הוּא **מְעוּצְבָּן**, כִּי רוּת לֹא חָזְרָה מֵאָז הַבּוֹקֶר.*
מְעוּצְבֶּנֶת, מְעוּצְבָּנִים, מְעוּצְבָּנוֹת

מעוקבת׳ מְעֻקָּב [מְעוּקָּבִים] — cubic
(בְּגֵיאוֹמֶטְרִיָּה) שֶׁיֵּשׁ לוֹ שְׁלוֹשָׁה מְמַדִּים (אוֹרֶךְ, רוֹחַב, גּוֹבַהּ):
*נֶפַח הַחֶדֶר שֶׁלִּי 27 מֶטְרִים **מְעוּקָּבִים** (3 x 3 x 3).*

מעוקלת׳ מְעֻקָּל — curved (adj.), winding
1. עָקוֹם, לֹא יָשָׁר:
*הַכְּבִישׁ **מְעוּקָּל**, אָסוּר לִנְסוֹעַ מַהֵר!*
2. כְּשֶׁלּוֹקְחִים מִמִּישֶׁהוּ — confiscated (adj.)
רְכוּשׁ, מִפְּנֵי שֶׁהוּא חַיָּיב מַס:
*הַטֶּלֶוִויזְיָה **מְעוּקֶּלֶת**, כִּי לֹא שִׁילַּמְתִּי אֶת הָאַגְרָה:*
מְעוּקֶּלֶת, מְעוּקָּלִים, מְעוּקָּלוֹת

מעוקרת׳ מְעֻקָּר — sterilized/pasteurized (adj.)
1. עָבַר סְטֶרִילִיזַצְיָה, נָקִי מֵחַיידַּקִּים:
*אֲנַחְנוּ שׁוֹתִים חָלָב **מְעוּקָּר**.*
2. עָבַר נִיתּוּחַ וְלֹא יוּכַל לְהוֹלִיד: — spayed (adj.)
*הַכַּלְבָּה שֶׁלָּנוּ **מְעוּקֶּרֶת**, לֹא יִהְיוּ לָהּ גּוּרִים.*
מְעוּקֶּרֶת, מְעוּקָּרִים, מְעוּקָּרוֹת

מעורבת׳ מְעֹרָב — mixed (adj.)
1. שֶׁיֵּשׁ בּוֹ כָּל מִינֵי סוּגִים בְּיַחַד:
*זֶה סָלָט **מְעוֹרָב**, יֵשׁ בּוֹ כָּל מִינֵי יְרָקוֹת.*
2. מִשְׁתַּתֵּף בְּמַשֶּׁהוּ: — involved (adj.)
*דָּוִיד **מְעוֹרָב** בִּפְעִילוּת פּוֹלִיטִית.*
רְגָשׁוֹת מְעוֹרָבִים — mixed feelings
מְעוֹרֶבֶת, מְעוֹרָבִים, מְעוֹרָבוֹת

מעורבבת׳ מְעֻרְבָּב — mixed/scrambled (adj.)
1. שֶׁעִירְבְּבוּ אוֹתוֹ, כַּמָּה חוֹמָרִים (קְבוּצוֹת, אֲנָשִׁים) בְּיַחַד:
*הַחוֹמָרִים שֶׁל הָעוּגָה **מְעוּרְבָּבִים** הֵיטֵב.*
2. כְּשֶׁאֵין סֵדֶר: — mixed up (adj.)
*הַדַּפִּים **מְעוּרְבָּבִים**, וְקָשֶׁה לְהָבִין מַה כָּתוּב בָּהֶם.*
מְעוּרְבֶּבֶת, מְעוּרְבָּבִים, מְעוּרְבָּבוֹת

מעורבותנ׳ מְעֹרָבוּת — involvement
כְּשֶׁאִיכְפַּת לְמִישֶׁהוּ, כְּשֶׁמִּשְׁתַּתְּפִים בְּמַשֶּׁהוּ:
*צָרִיךְ שֶׁתִּהְיֶה **מְעוֹרָבוּת** פּוֹלִיטִית.*

מעורהת׳ מְעֹרֶה — involved in (adj.)

קָשׁוּר, יֵשׁ לוֹ עִנְיָן, הוּא חֵלֶק מִ-:

הוּא מְעוֹרֶה בְּכֹל מַה שֶׁקּוֹרֶה בָּאָרֶץ.

מְעוֹרָה-מְעוֹרֵית, מְעוֹרִים, מְעוֹרוֹת

מעורטלת׳ מְעֻרְטָל — bare, naked

(לָשׁוֹן ספרותית) בְּלִי כִּיסּוּי, בְּלִי בְּגָדִים:

*אֶפְשָׁר לִרְאוֹת אֲנָשִׁים **מְעוּרְטָלִים** עַל שְׂפַת-הַיָּם.*

מְעוּרְטֶלֶת, מְעוּרְטָלִים, מְעוּרְטָלוֹת

מעורערת׳ מְעֻרְעָר — unstable

הָרוּס, לֹא יַצִּיב:

*הַמַּצָּב הַכַּלְכָּלִי **מְעוּרְעָר**.*

מְעוּרְעֶרֶת, מְעוּרְעָרִים, מְעוּרְעָרוֹת

מעורפלת׳ מְעֻרְפָּל — foggy

לֹא בָּהִיר, מְכוּסֶּה בַּעֲרָפֶל, לֹא בָּרוּר:

*הַשָּׁמַיִם **מְעוּרְפָּלִים** - יֵרֵד גֶּשֶׁם.*

מְעוּרְפֶּלֶת, מְעוּרְפָּלִים, מְעוּרְפָּלוֹת

מעוררת׳ מְעוֹרֵר — arousing, stimulating

גּוֹרֵם, עוֹשֶׂה שֶׁיִּקְרֶה:

*הַהַרְצָאָה **מְעוֹרֶרֶת** מַחְשָׁבוֹת.*

שָׁעוֹן מְעוֹרֵר — alarm clock

מְעוֹרֶרֶת, מְעוֹרְרִים, מְעוֹרְרוֹת

מעושהת׳ מְעֻשֶּׂה — artificial, phony

לֹא טִבְעִי, מְלָאכוּתִי:

*הַחִיּוּךְ **הַמְעוּשֶּׂה** שֶׁלּוֹ מַרְגִּיז אוֹתִי.*

מְעוּשָּׂה-מְעוּשֵּׂית, מְעוּשִּׂים, מְעוּשּׂוֹת

מעושןת׳ מְעֻשָּׁן — smoked (adj.)

אוֹכֶל שֶׁהֶעֱבִירוּ בְּעָשָׁן וְקִיבֵּל טַעַם מְיוּחָד:

*אֲנִי אוֹהֵב בָּשָׂר **מְעוּשָּׁן**.*

מְעוּשֶּׁנֶת, מְעוּשָּׁנִים, מְעוּשָּׁנוֹת

מעטת׳/ת״פ מְעַט — (a) little, (a) few

קְצָת, בְּכַמּוּת קְטַנָּה, לֹא הַרְבֵּה:

***מְעַט** מְאוֹד אֲנָשִׁים הִגִּיעוּ לְהַרְצָאָה. / אֲנִי יוֹדֵעַ **מְעַט** עִבְרִית. / רַק אֲנָשִׁים **מְעַטִּים** בָּאוּ הַיּוֹם.*

כִּמְעַט — almost

עוֹד מְעַט — in a little while

מְעַטָּה, מְעַטִּים, מְעַטּוֹת

מעטהז׳ מַעֲטֶה [מַעֲטִים] — cover

(בֶּגֶד) כִּיסּוּי, מַשֶּׁהוּ שֶׁשָּׂמִים כְּדֵי לְכַסּוֹת:

*בִּגְלַל הַגֶּשֶׁם נִרְאֶה הַנּוֹף כְּמוֹ מֵאֲחוֹרֵי **מַעֲטֶה** שָׁקוּף.*

מעטפהנ׳ מַעֲטָפָה [מַעֲטָפוֹת] — envelope

כִּיס שֶׁל נְיָיר, שֶׁשָּׂמִים בְּתוֹכוֹ מִכְתָּב:

*אַתָּה צָרִיךְ **מַעֲטָפָה** כְּדֵי לִשְׁלוֹחַ אֶת הַמִּכְתָּב.*

מעיז׳ מְעִי [מֵעַיִים] — intestine

צִינּוֹר בַּבֶּטֶן, שֶׁהָאוֹכֶל עוֹבֵר דַּרְכּוֹ:

*עָבַרְתִּי נִיתּוּחַ **בַּמֵּעַיִים**.*

הַמְּעִי הַגַּס — large intestine

הַמְּעִי הַדַּק — small intestine

מעידהנ׳ מְעִידָה [מְעִידוֹת] — stumble

כְּשֶׁהָרֶגֶל מַחְלִיקָה, רֶגַע לִפְנֵי הַנְּפִילָה:

*רָאִיתִי אֶת **הַמְּעִידָה** שֶׁלּוֹ, וְנָתַתִּי לוֹ יָד.*

מעייןז׳ מַעְיָן [מַעְיָינוֹת] — spring

מְקוֹר מַיִם, שֶׁיּוֹצְאִים מִן הָאֲדָמָה:

*בַּטִּיּוּל שָׁתִיתִי מַיִם יָשָׁר מִן **הַמַּעְיָן**.*

כָּל מַעְיָינָיו — his entire being

מַעְיָינַי, מַעְיָינַיִךְ, מַעְיָינָיו, מַעְיָינֶיהָ

מעיכהנ׳ מְעִיכָה [מְעִיכוֹת] — squashing

לְחִיצָה, כְּשֶׁמַּשֶּׁהוּ נַעֲשֶׂה רַךְ אוֹ מְקוּמָּט יוֹתֵר:

*אַחֲרֵי **מְעִיכַת** הַפֵּירוֹת אָכַל אוֹתָם הַתִּינוֹק.*

מעילז׳ מְעִיל [מְעִילִים] — coat

בֶּגֶד שֶׁלּוֹבְשִׁים עַל בְּגָדִים אֲחֵרִים, בְּעִיקָּר כְּשֶׁקַּר:

*קַר בַּחוּץ. אִי אֶפְשָׁר לָצֵאת בְּלִי **מְעִיל**.*

מעילהנ׳ מְעִילָה [מְעִילוֹת] — embezzlement

כְּשֶׁמִּישֶׁהוּ לוֹקֵחַ אוֹ מִשְׁתַּמֵּשׁ בְּכֶסֶף שֶׁל מְקוֹם הָעֲבוֹדָה שֶׁלּוֹ וְכוּ':

*הָיְתָה **מְעִילָה** בַּבַּנְק, לֹא יוֹדְעִים עֲדַיִין מִי אָשֵׁם.*

מְעִילָה בְּאֵימוּן — betraying a trust

מעיןמ״י מֵעֵין — like, quasi

דּוֹמֶה לְ-:

*אֲנִי כּוֹתֵב **מֵעֵין** רוֹמָאן.*

מעיקת׳ מֵעִיק — oppressive

לוֹחֵץ, גּוֹרֵם לְהַרְגָּשָׁה שֶׁל כּוֹבֶד:

*בִּגְלַל הַחוֹם **הַמֵּעִיק** לֹא יָצָאתִי מֵהַבַּיִת.*

מְעִיקָה, מְעִיקִים, מְעִיקוֹת

מעךפ׳ מָעַךְ — squashed

לָחַץ וְעָשָׂה מַשֶּׁהוּ שֶׁיִּהְיֶה דַּק אוֹ רַךְ:

***מָעַכְתִּי אֶת** הַבָּנָנָה, כְּדֵי שֶׁהַתִּינוֹק יוּכַל לֶאֱכוֹל אוֹתָהּ.*

לִמְעוֹךְ אֶת- / מ.ע.ך, פָּעַל / מָעַכְתִּי, מוֹעֵךְ, אֶמְעַךְ, יִמְעַךְ

מעלפ׳ מָעַל embezzled
לָקַח כֶּסֶף לֹא שֶׁלּוֹ בְּלִי רְשׁוּת:
*הַמְנַהֵל **מָעַל** בְּכַסְפֵּי הַבַּנְק.*
לִמְעוֹל בְּ- / מ.ע.ל, פָּעַל / מָעַלְתִּי מוֹעֵל, אֶמְעַל, יִמְעַל

מעלת״פ/מ״י מֵעַל from above
1. מִן הַגּוֹבַהּ שֶׁל-, מִלְמַעְלָה, לְמַעְלָה מִ-:
*הָאֲוִוירוֹן טָס **מֵעַל** הַבַּיִת.*
2. יוֹתֵר מִ- over
*הוּא **מֵעַל** גִּיל 6.*

מעלה-גירהתה״ז מַעֲלֵה־גֵּרָה [מַעֲלֵי-גֵירָה] ruminant
בְּהֵמָה שֶׁחוֹזֶרֶת וְלוֹעֶסֶת אֶת הָאוֹכֶל אַחֲרֵי שֶׁבָּלְעָה אוֹתוֹ:
*הַפָּרוֹת **מַעֲלוֹת גֵּירָה**.*
מַעֲלַת-גֵּירָה, מַעֲלוֹת-גֵּירָה

מעלהת״פ מַעְלָה upward
לְכִיווּן הַנְּקוּדָה הַגְּבוֹהָה יוֹתֵר:
*מַדּוּעַ אַתָּה מִסְתַּכֵּל כְּלַפֵּי **מַעְלָה**?*
לְמַעְלָה upwards
מִלְמַעְלָה from above
מִשִּׁכְמוֹ וָמַעְלָהב׳ person of stature

מעלהז׳ מַעֲלֶה [מַעֲלוֹת] ascent, uphill
עֲלִיָּיה, מָקוֹם שֶׁהוֹלֵךְ וְעוֹלֶה:
*עָלִינוּ **בְּמַעֲלֵה** הָהָר.*

מעלהנ׳ מַעֲלָה [מַעֲלוֹת] degree
1. יְחִידַת מְדִידָה (שֶׁל חוֹם, זָווִית וְכוּ׳):
*בְּיוֹם חַם עוֹלָה הַטֶּמְפֶּרָטוּרָה בְּתֵל-אָבִיב עַד 40 **מַעֲלוֹת**.*
2. שֶׁיֵּשׁ לוֹ עֵרֶךְ, יִתְרוֹן: advantage
*טוּב לֵב הוּא **מַעֲלָה** וְלֹא חִיסָּרוֹן.*
הוֹד מַעֲלָתוֹ His Excellency

מעליבת׳ מַעֲלִיב insulting
פּוֹגֵעַ, גּוֹרֵם לְמִישֶׁהוּ הַרְגָּשָׁה רָעָה:
*הוּא אָמַר לִי דְּבָרִים **מַעֲלִיבִים**.*
מַעֲלִיבָה, מַעֲלִיבִים, מַעֲלִיבוֹת

מעליתנ׳ מַעֲלִית [מַעֲלִיּוֹת] elevator, lift
תָּא בְּבִנְיָין, מַעֲלֶה וּמוֹרִיד אֲנָשִׁים מִקּוֹמָה לְקוֹמָה:
***הַמַּעֲלִית** לֹא פּוֹעֶלֶת, צָרִיךְ לַעֲלוֹת בַּמַּדְרֵגוֹת.*

מעלליםז״ר מַעֲלָלִים exploits
פְּעוּלוֹת, מַעֲשִׂים (בְּדֶרֶךְ כְּלָל מַעֲשִׂים רָעִים):
*אֲנִי אֲסַפֵּר עַל **מַעֲלָלֶיךָ** לְאַבָּא.*

מע״מ, (מַעַ״מ) VAT
ר״ת מַס עֵרֶךְ מוּסָף - מַס שֶׁמְּשַׁלְּמִים עַל קְנִיָּיה אוֹ שֵׁירוּת:
*מְחִיר הַשּׁוּלְחָן - אֶלֶף שְׁקָלִים כּוֹלֵל **מַעַ״מ**.*

מעמדז׳ מַעֲמָד [מַעֲמָדוֹת] status, class
1. מַצָּב, סְטָטוּס חֶבְרָתִי:
*אֶפְשָׁר לְחַלֵּק חֶבְרָה לִשְׁלוֹשָׁה **מַעֲמָדוֹת***
*הַ**מַּעֲמָד** הַגָּבוֹהַ, הַ**מַּעֲמָד** הַבֵּינוֹנִי וְהַ**מַּעֲמָד** הַנָּמוּךְ.*
2. רֶגַע אוֹ טֶקֶס חֲגִיגִיִּים: ceremony, occasion
*בְּ**מַעֲמָד** חֲגִיגִי חִילֵּק הַנָּשִׂיא אֶת פְּרַס יִשְׂרָאֵל לְסִפְרוּת.*
בְּאוֹתוֹ מַעֲמָד on that occasion
הֶחֱזִיק מַעֲמָד stood firm
בְּמַעֲמָדוֹ שֶׁל... in the presence of
הַמַּעֲמָד הַבֵּינוֹנִי the middle class
מַעֲמַד-הַפּוֹעֲלִים the working class
מִלְחֶמֶת-מַעֲמָדוֹת class struggle

מעמדית׳ מַעֲמָדִי class (adj.)
הַשַּׁיָּיךְ לְמַעֲמָד מְסוּיָּם, לְמָקוֹם בַּהִיֵּרַרְכְיָה הַחֶבְרָתִית:
*בֵּין בַּעֲלֵי הַתַּעֲשִׂיָּיה לְבֵין הַפּוֹעֲלִים יֵשׁ הֶבְדֵּלִים **מַעֲמָדִיִּים**.*
מַעֲמָדִית, מַעֲמָדִיִּים, מַעֲמָדִיּוֹת

מעמסהנ׳ מַעֲמָסָה [מַעֲמָסוֹת] burden
כּוֹבֶד, מַשֶּׁהוּ שֶׁמַּכְבִּיד:
*הַפַּרְנָסָה הִיא **מַעֲמָסָה** קָשָׁה.*

מעמקיםז״ר מַעֲמַקִּים deep place
מָקוֹם עָמוֹק:
*אוּלַי **בְּמַעֲמַקֵּי** הָאֲדָמָה יֵשׁ נֵפְט?*

מעןז׳ מַעַן address
כְּתוֹבֶת (שֵׁם הָרְחוֹב, מִסְפַּר הַבַּיִת, הָעִיר וְכוּ׳):
*הַ**מַּעַן** שֶׁלִּי הוּא רח׳ ארלוזורוב 2 ת״א.*

מענהז׳ מַעֲנֶה [מַעֲנִים/מַעֲנוֹת] response, reply
תְּשׁוּבָה:
*נִשְׁאַרְתִּי בְּלִי **מַעֲנֶה**.*

מענייןת׳ מְעַנְיֵין interesting
מוֹשֵׁךְ תְּשׂוּמַת לֵב, מְעוֹרֵר עִנְיָין:
*קָרָאתִי סֵפֶר **מְעַנְיֵין** מְאוֹד עַל אֱלִיעֶזֶר בֶּן-יְהוּדָה.*
מְעַנְיֶינֶת, מְעַנְיְינִים, מְעַנְיְינוֹת

מענקז׳ מַעֲנָק [מַעֲנָקִים] grant
1. כֶּסֶף שֶׁנּוֹתְנִים לְמִישֶׁהוּ כִּפְרָס אוֹ כֶּסֶף לַעֲבוֹדָה מְיוּחֶדֶת:
*קִיבַּלְתִּי **מַעֲנָק** מֵהָאוּנִיבֶרְסִיטָה כְּתַלְמִיד מִצְטַיֵּין.*
2. כֶּסֶף שֶׁנּוֹתְנִים לָעוֹבֵד בְּאוֹפֶן חַד-פַּעֲמִי: bonus
*הָעוֹבְדִים קִיבְּלוּ **מַעֲנָק** כִּי עָבְדוּ הֵיטֵב.*

מעסיקז, מַעֲסִיק [מַעֲסִיקִים] employer
מַעֲבִיד, נוֹתֵן עֲבוֹדָה:
*הַ**מַּעֲסִיקִים** מְחַפְּשִׂים פּוֹעֲלִים מִקְצוֹעִיִּים.*
מַעֲסִיקָה, מַעֲסִיקוֹת

מעפילז, מַעְפִּיל [מַעְפִּילִים] illegal immigrant to Palestine
מִי שֶׁעָלָה לָאָרֶץ בְּאוֹפֶן לֹא לֶגָלִי לִפְנֵי 1948:
*עָזַרְתִּי בְּהוֹרָדַת **מַעְפִּילִים** מִן הָאוֹנִיָּה.*
מַעְפִּילָה, מַעְפִּילוֹת

מע"ץז, מַעַ"ץ public works department
(ר"ת) מַחְלֶקֶת עֲבוֹדוֹת צִיבּוּרִיּוֹת - מִשְׂרָד מֶמְשַׁלְתִּי, שֶׁסּוֹלֵל כְּבִישִׁים וְכוּ':
*בְּ**מַעַ"ץ** עוֹבְדִים מְהַנְדְּסִים רַבִּים.*

מעצבז, מְעַצֵּב [מְעַצְּבִים] designer
מִי שֶׁמְּתַכְנֵן בְּגָדִים, רָהִיטִים, דִּירוֹת וְכוּ':
*קָנִיתִי שִׂמְלָה מְיוּחֶדֶת אֵצֶל **מְעַצֵּב** אוֹפְנָה.*
מְעַצֵּב-פְּנִים interior designer
מְעַצֶּבֶת, מְעַצְּבוֹת

מעצבןת, מְעַצְבֵּן annoying
מַרְגִּיז, "עוֹלֶה עַל הָעֲצַבִּים":
*הָעֲבוֹדָה הַ**מְּעַצְבֶּנֶת** הַזֹּאת לֹא נִגְמֶרֶת.*
מְעַצְבֶּנֶת, מְעַצְבְּנִים, מְעַצְבְּנוֹת

מעצורז, מַעֲצוֹר [מַעֲצוֹרִים] brake, inhibition
מַשֶּׁהוּ שֶׁעוֹצֵר, שֶׁלֹּא נוֹתֵן לְהִתְקַדֵּם:
*הַ**מַּעֲצוֹרִים** בַּמְּכוֹנִית הִתְקַלְקְלוּ. / הוּא מְשַׁקֵּר בְּלִי **מַעֲצוֹרִים**.*

מעציבת, מַעֲצִיב saddening
גּוֹרֵם צַעַר, עֶצֶב:
*הַסִּיפּוּרִים שֶׁלּוֹ **מַעֲצִיבִים** אוֹתִי.*
מַעֲצִיבָה, מַעֲצִיבִים, מַעֲצִיבוֹת

מעצמהנ, מַעֲצָמָה [מַעֲצָמוֹת] power
מְדִינָה גְּדוֹלָה וַחֲשׁוּבָה שֶׁיֵּשׁ לָהּ הַשְׁפָּעָה:
*מִי הֵן הַיּוֹם הַ**מַּעֲצָמוֹת** הַגְּדוֹלוֹת בְּיוֹתֵר בָּעוֹלָם?*
מַעֲצֶמֶת-עָל super power

מעצרז, מַעֲצָר [מַעֲצָרִים] arrest
כְּשֶׁהַמִּשְׁטָרָה עוֹצֶרֶת מִישֶׁהוּ לִפְנֵי מִשְׁפָּט:
*הוּא נִמְצָא **בְּמַעֲצָר**, כִּי נָהַג בִּמְכוֹנִית גְּנוּבָה.*
מַעֲצַר-בַּיִת house arrest

מעקבז, מַעֲקָב [מַעֲקָבִים] follow-up
1. בְּדִיקָה שֶׁל מַשֶּׁהוּ בְּמֶשֶׁךְ זְמַן מְסוּיָּם:
*יֵשׁ **מַעֲקָב** אַחֲרֵי הַשִּׁינּוּיִים בְּמֶזֶג הָאֲוִויר.*
2. כְּשֶׁהוֹלְכִים אַחֲרֵי מִישֶׁהוּ כְּדֵי לָדַעַת עָלָיו: surveillance
*הַמִּשְׁטָרָה שָׂמָה עָלָיו **מַעֲקָב** בַּיּוֹם וּבַלַּיְלָה.*

מעקהז, מַעֲקֶה [מַעֲקִים] rail(ing)
קִיר אוֹ גָּדֵר כְּדֵי לְהָגֵן מִפְּנֵי נְפִילָה:
*אֲנִי מַחֲזִיק **בַּמַּעֲקֶה**, כְּשֶׁאֲנִי יוֹרֵד בַּמַּדְרֵגוֹת.*

מעקףז, מַעֲקָף [מַעֲקָפִים] detour
1. דֶּרֶךְ שֶׁעוֹבֶרֶת מִסָּבִיב, עוֹקֶפֶת:
*אֲנִי עוֹשֶׂה **מַעֲקָף** וְנוֹסֵעַ מִסָּבִיב לַכְּפָר.*
2. (בְּגוּף הָאָדָם) כְּלִי דָּם חָדָשׁ, שֶׁהוּכְנַס בְּנִיתּוּחַ בִּמְקוֹם כְּלִי דָּם סָתוּם: by-pass
*נִיתּוּחַ **מַעֲקָפִים** בַּלֵּב הוּא נִיתּוּחַ קָשֶׁה.*

מערבז, מַעֲרָב west
הַצַּד שֶׁהַשֶּׁמֶשׁ שׁוֹקַעַת בּוֹ בָּעֶרֶב:
*הַחַלּוֹן בַּחֶדֶר שֶׁלִּי פּוֹנֶה **לְצַד מַעֲרָב**.*
כְּרָחוֹק מִזְרָח מִמַּעֲרָב poles apart

מערבולתנ, מְעַרְבֹּלֶת [מְעַרְבּוֹלוֹת] whirlpool, turbulence
מַשֶּׁהוּ שֶׁיֵּשׁ לוֹ תְּנוּעָה בְּמַעְגָּלִים:
*נִכְנַסְתִּי לְתוֹךְ **מְעַרְבֹּלֶת** בַּיָּם, וּבְקוֹשִׁי נִיצַּלְתִּי.*

מערבוןז, מַעֲרָבוֹן [מַעֲרָבוֹנִים] western (movie)
סֶרֶט עַל "הַמַּעֲרָב הַפָּרוּעַ" בְּאָמֶרִיקָה:
*אֲנִי אוֹהֵב **מַעֲרָבוֹנִים**. בַּמַּעֲרָבוֹן הַ"טּוֹבִים" תָּמִיד מְנַצְּחִים.*

מערבית, מַעֲרָבִי western
פּוֹנֶה לְצַד מַעֲרָב, בָּא מִצַּד מַעֲרָב:
*רַק הַכּוֹתֶל הַ**מַּעֲרָבִי** נִשְׁאַר מִן הַחוֹמָה שֶׁל בֵּית הַמִּקְדָּשׁ.*
חֲצִי הַכַּדּוּר הַמַּעֲרָבִי Western Hemisphere
מַעֲרָבִית, מַעֲרָבִיִּים, מַעֲרָבִיּוֹת

מערבלז, מְעַרְבֵּל [מְעַרְבְּלִים] mixer
מְכוֹנָה שֶׁמְּעַרְבֶּבֶת חוֹמָרִים שׁוֹנִים:
*יֵשׁ לִי **מְעַרְבֵּל** חַשְׁמַלִּי (מִיקְסֶר).*

מערהנ, מְעָרָה [מְעָרוֹת] cave
חוֹר אוֹ פֶּתַח טִבְעִי בָּהָר אוֹ בְּתוֹךְ הָאֲדָמָה:
*הָאָדָם הַקַּדְמוֹן גָּר **בִּמְעָרוֹת**.*
מְעָרַת-הַמַּכְפֵּלָה the Cave of Machpelah
שׁוֹכְנֵי-הַמְּעָרוֹת cavemen

מערוךז, מַעֲרוֹךְ [מַעֲרוֹכִים] rolling-pin
מַקֵּל עָגוֹל שֶׁמְּגַלְגְּלִים עָלָיו בָּצֵק:
*בְּעֶזְרַת הַ**מַּעֲרוֹךְ** מְכִינִים בָּצֵק לְלֶחֶם וּלְעוּגוֹת.*

מערומיםתר"ז מַעֲרֻמִּים nakedness
עֵירוֹם, כְּשֶׁאֵין בְּגָדִים עַל הַגּוּף:
*אַל תסתובב בַּבַּיִת **בְּמַעֲרוּמֶיךָ**.*

מעריבתה"פ מַעֲרִיב evening prayer
הַתְּפִילָּה שֶׁל הָעֶרֶב:
*לִפְנוֹת עֶרֶב אָבוֹא לְבֵית הַכְּנֶסֶת לִתְפִילַּת **מַעֲרִיב**.*

מעריךז, מַעֲרִיךְ [מַעֲרִיכִים] appraiser
מִי שֶׁמּוּמְחֶה וְיוֹדֵעַ כַּמָּה שָׁוֶה מַשֶּׁהוּ:
***הַמַּעֲרִיךְ** אָמַר, שֶׁהַתְּמוּנָה שָׁוָה הַרְבֵּה כֶּסֶף.*
מַעֲרִיכָה, מַעֲרִיכוֹת

מעריץז, מַעֲרִיץ [מַעֲרִיצִים] admirer
מִי שֶׁחוֹשֵׁב, שֶׁמִּישֶׁהוּ אוֹ מַשֶּׁהוּ מְצוּיָּנִים:
*אֲנִי **מַעֲרִיץ** שֶׁל הַזַּמָּר הַזֶּה.*
מַעֲרִיצָה, מַעֲרִיצוֹת

מערךז, מַעֲרָךְ [מַעֲרָכִים] layout
1. דְּבָרִים לְפִי סֵדֶר מְסוּיָּם:
***הַמַּעֲרָךְ** הַצְּבָאִי שֶׁלָּנוּ מוּכָן לְהַתְקָפָה.*
2. קְבוּצוֹת גְּדוֹלוֹת שֶׁמְּאוּרְגָּנוֹת לִפְעוּלָּה מְשׁוּתֶּפֶת: alignment
*מִפְלְגוֹת הַפּוֹעֲלִים הֵקִימוּ **מַעֲרָךְ** מְשׁוּתָּף.*
מִפְלֶגֶת הַמַּעֲרָךְ Ma'arach party (Labor)
מַעֲרַךְ־שִׁיעוּר lesson plan

מערכהנ, מַעֲרָכָה [מַעֲרָכוֹת] act (in a play)
1. חֵלֶק, פֶּרֶק בְּמַחֲזֶה אוֹ בְּהַצָּגָה:
*בֵּין **מַעֲרָכָה לְמַעֲרָכָה** יֵשׁ הַפְסָקָה.*
2. מִלְחָמָה, קְרָב: battle, campaign
***הַמַּעֲרָכָה** הָיְיתָה קָשָׁה, חַיָּילִים רַבִּים נֶהֶרְגוּ.*
שִׁידּוּד מַעֲרָכוֹת reshuffle

מערכוןז, מַעֲרְכוֹן [מַעֲרְכוֹנִים] skit
מַחֲזֶה קָצָר בְּדֶרֶךְ הוּמוֹרִיסְטִית:
*בַּמְּסִיבָּה הָיוּ **מַעֲרְכוֹנִים**, שֶׁהֵכִינוּ הַתַּלְמִידִים.*

מערכתנ, מַעֲרֶכֶת [מַעֲרָכוֹת] editorial board
1. הָעוֹרֵךְ הָרָאשִׁי וְהָעִיתּוֹנָאִים הָאַחְרָאִים עַל הָעִיתּוֹן:
*בִּישִׁיבַת **הַמַּעֲרֶכֶת** דָּנוּ בַּמַּאֲמָרִים שֶׁיִּכָּנְסוּ לָעִיתּוֹן.*
2. סֶט, קְבוּצָה שֶׁל דְּבָרִים שֶׁיֵּשׁ לָהֶם מַשֶּׁהוּ מְשׁוּתָּף: set
*קָנִיתִי **מַעֲרֶכֶת** כְּלֵי־שׁוּלְחָן - מַזְלְגוֹת, סַכִּינִים וְכוּ'.*
3. תּוֹכְנִית שֶׁל שִׁיעוּרִים אוֹ עֲבוֹדָה לְפִי שָׁעוֹת וְיָמִים: schedule, timetable
*לְפִי **מַעֲרֶכֶת** הַשִּׁיעוּרִים מָחָר אֵין שִׁיעוּר בְּמָתֵימָטִיקָה.*
מַעֲרֶכֶת־הָעֲצַבִּים nervous system
מַעֲרֶכֶת־הַשֶּׁמֶשׁ solar system

מערערז, מְעַרְעֵר [מְעַרְעֲרִים] appellant
מִי שֶׁלֹּא מַסְכִּים עִם מַה שֶּׁבֵּית הַמִּשְׁפָּט קָבַע:
***הַמְעַרְעֵר** אָמַר בְּבֵית הַמִּשְׁפָּט שֶׁהָעוֹנֶשׁ לֹא צוֹדֵק.*
מְעַרְעֶרֶת, מְעַרְעֲרוֹת

מעשהז, מַעֲשֶׂה [מַעֲשִׂים] deed, action
פְּעוּלָּה, עֲבוֹדָה, עֲשִׂיָּיה שֶׁל מַשֶּׁהוּ:
*הִיא עוֹשָׂה **מַעֲשִׂים** טוֹבִים.*
לְאַחַר מַעֲשֶׂה - לְאַחַר שֶׁהַפְּעוּלָּה נִגְמְרָה: post factum
*אָמַרְתִּי לוֹ דְּבָרִים קָשִׁים. **לְאַחַר מַעֲשֶׂה** הִצְטַעַרְתִּי.*
לְמַעֲשֶׂה ת"פ in fact
מַעֲשֶׂה בְּ- (it's) a tale about
מַעֲשֵׂה־סְדוֹם sodomy
הֲלָכָה לְמַעֲשֶׂה putting theory into pratice, actually
מַעֲשֶׂה מְגוּנֶּה indecent act
מַעֲשֵׂי־אֵיבָה acts of hostility

מעשית, מַעֲשִׂי practical
1. יוֹדֵעַ לְבַצֵּעַ, מַעֲדִיף לַעֲשׂוֹת דְּבָרִים מֵאֲשֶׁר לְדַבֵּר עֲלֵיהֶם:
*גַּבִּי הוּא בָּחוּר **מַעֲשִׂי**, הוּא יוֹדֵעַ תָּמִיד מַה כְּדַאי לַעֲשׂוֹת.*
2. מַשֶּׁהוּ שֶׁאֶפְשָׁר לַעֲשׂוֹת אוֹ לְבַצֵּעַ: workable
*הַהַמְצָאָה שֶׁלְּךָ מְעַנְיֶינֶת אֲבָל לֹא **מַעֲשִׂית**.*
מַעֲשִׂית, מַעֲשִׂיִּים, מַעֲשִׂיּוֹת

מעשיותנ, מַעֲשִׂיּוּת practicality
הַיְּכוֹלֶת לְבַצֵּעַ:
*אֲנִי אוֹהֵב אֶת **הַמַּעֲשִׂיּוּת** שֶׁלּוֹ - תָּמִיד פּוֹעֵל וְעוֹשֶׂה מַה שֶּׁצָּרִיךְ.*

מעשייהנ, מַעֲשִׂיָּה [מַעֲשִׂיּוֹת] (fairy) tale
סִיפּוּר, אַגָּדָה, סִיפּוּר שֶׁלֹּא קָרָה:
*יְלָדִים אוֹהֲבִים לִשְׁמוֹעַ **מַעֲשִׂיּוֹת**.*

מעשןתה"ז מְעַשֵּׁן [מְעַשְּׁנִים] smoker
1. מִי שֶׁמִּשְׁתַּמֵּשׁ בְּסִיגָרִיּוֹת:
***לַמְעַשְּׁנִים** יֵשׁ מָקוֹם מְיוּחָד בָּאוֹטוֹבּוּס.*
2. מַה שֶּׁיּוֹצֵא מִמֶּנּוּ עָשָׁן: smoking
*צָרִיךְ לְתַקֵּן אֶת הַתַּנּוּר, הוּא **מְעַשֵּׁן**.*
מְעַשֶּׁנֶת, מְעַשְּׁנוֹת

מעשרז, מַעֲשֵׂר [מַעַשְׂרוֹת] tithe
הַחֵלֶק הָעֲשִׂירִי, הַחֵלֶק שֶׁאֲנָשִׁים דָּתִיִּים אֵינָם אוֹכְלִים מִלֶּחֶם, פֵּירוֹת וְכוּ':
*צָרִיךְ לְהַפְרִישׁ (=לָשִׂים הַצִּידָּה) **מַעֲשֵׂר** מִן הַלֶּחֶם, כְּמוֹ שֶׁעָשׂוּ כְּשֶׁבֵּית הַמִּקְדָּשׁ הָיָה קַיָּים.*

מ"פר"ת מֵם פֵּא platoon commander (abbr.)
(בַּצָּבָא) **מְפַקֵּד פְּלוּגָה**:
***הַמ"פ** שֶׁלָּנוּ הוּא קָצִין טוֹב.*

מפאתמ"י, מִפְּאַת because (of)
מִפְּנֵי, בִּגלַל-:
מִפְּאַת הַגֶּשֶׁם לֹא בָּאתִי אֵלֶיךָ.

מפגיןז, מַפְגִּין [מַפגִינִים] demonstrator
מִי שֶׁמִתנַגֵד לְמַשֶׁהוּ (לַמֶמשָׁלָה וְכוּ') וְיוֹצֵא לָרְחוֹב:
הַמַפגִינִים נֶגֶד הַתוֹכנִית הַכַּלכָּלִית הִתאַסְפוּ בַּכִּיכָּר.
מַפגִינָה מַפגִינוֹת

מפגןז, מִפְגָּן [מִפגָנִים] rally, spectacle
1. הַצָגָה, הוֹפָעָה שֶׁל קבוּצָה מְאוּרגֶנֶת:
הָאוֹלִימפּיָאדָה נִפתְחָה בְּמִפגָן ספּוֹרט נִפלָא.
2. כְּשֶׁעוֹשִׂים מַשֶׁהוּ כְּדֵי לַעֲשׂוֹת demonstration
רוֹשֶׁם, לְהַפחִיד וְכוּ':
מַה שֶׁאָמַר הַנָשִׂיא הָיָה מִפגָן כּוֹחַ מוּסָרִי.

מפגעז, מִפְגָּע [מִפגָעִים] hazard
מַשֶׁהוּ שֶׁמַפרִיעַ, מְקַלקֵל, פּוֹגֵעַ:
הַלִיכלוּך בָּרְחוֹבוֹת הוּא מִפגָע תַברוּאָתִי.

מפגרת, מְפַגֵּר retarded, slow
מְאַחֵר, לֹא מִתקַדֵם כּמוֹ כּוּלָם:
סלִיחָה, מַה הַשָׁעָה? - אֲנִי לֹא יוֹדֵעַ, הַשָׁעוֹן שֶׁלִי מְפַגֵר.
שִׁמעוֹן מְפַגֵר בְּלִימוּדָיו וְזָקוּק לְעֶזרָה.
מְפַגֶרֶת, מְפַגרִים, מְפַגרוֹת

מפגשז, מִפְגָּשׁ [מִפגָשִׁים] get-together, reunion
1. פּגִישָׁה, כְּשֶׁאֲנָשִׁים מִתאַסְפִים לְמַטָרָה מְסוּיֶמֶת:
חֲבָל שֶׁלֹא בָּאתָ לַמִפגָשׁ אֶתמוֹל.
2. מָקוֹם שֶׁנִפגָשִׁים בּוֹ (כּבִישִׁים וְכוּ'): junction
הוּא גָר בְּמִפגַשׁ הָרְחוֹבוֹת דִיזֶנגוֹף וְאַרלוֹזוֹרוֹב.

מפד"לנ, מַפְדָ"ל National Religious Party (NRP)
ר"ת מִפלָגָה דָתִית לְאוּמִית:
לַמַפדָל מַצבִּיעִים צִיוֹנִים-דָתִיִים.

מפהנ, מַפָּה [מַפּוֹת] tablecloth
1. בַּד שֶׁמְכַסֶה אֶת הַשׁוּלחָן:
אִימִי שָׂמָה מַפָּה לְבָנָה עַל הַשׁוּלחָן.
2. צִיוּר פּנֵי הָאָרֶץ (אֲרָצוֹת, יַמִים, נְהָרוֹת) עַל נְיָיר: map
מְדִינַת יִשׂרָאֵל נִראֵית קְטַנָה מְאוֹד בַּמַפָּה.

מפוארת, מְפֹאָר lavish, luxurious
נֶהדָר, נִפלָא, יָפֶה מְאוֹד:
בָּרְחוֹב הַזֶה הֵקִימוּ בִּניָינִים מְפוֹאָרִים - אַרמוֹנוֹת, תֵיאַטרוֹנִים, בִּניַין אוֹפֶּרָה וְכוּ'.
מְפוֹאֶרֶת, מְפוֹאָרִים, מְפוֹאָרוֹת

מפוברקת, מְפֻבְרָק fabricated (adj.)
(בִּלשׁוֹן הַדִיבּוּר) מַשֶׁהוּ לֹא נָכוֹן, שֶׁמִישֶׁהוּ "הִמצִיא":
הַיְדִיעָה בָּעִיתוֹן הָיְתָה מְפוּברֶקֶת.
מְפוּברֶקֶת, מְפוּברָקִים, מְפוּברָקוֹת

מפוזרת, מְפֻזָּר scattered/spread (adj.)
1. זָרוּק בְּכָל מָקוֹם, לֹא בַּמָקוֹם:
הַבּגָדִים שֶׁל דָוִיד מְפוּזָרִים בְּכָל הַבַּיִת./ הַיְהוּדִים מְפוּזָרִים בְּכָל הָעוֹלָם.
2. לֹא מְרוּכָּז, עוֹבֵר מֵעִניָין לְעִניָין: absent-minded
הוּא כָּל-כָּך מְפוּזָר! קָשֶׁה לְהָבִין אֶת הָרַעיוֹנוֹת שֶׁלוֹ.
מְפוּזֶרֶת, מְפוּזָרִים, מְפוּזָרוֹת

מפוחז, מַפּוּחַ [מַפּוּחִים] bellows
מַכשִׁיר שֶׁמַעֲבִיר אֲוויר בְּזֶרֶם חָזָק:
בְּעֶזרַת הַמַפּוּחַ מַגבִּירִים אֶת הָאֵשׁ בַּתַנוּר.

מפוחדת, מְפֻחָד frightened (adj.)
פּוֹחֵד מְאוֹד, מְבוֹהָל:
הוּא מְפוּחָד, כִּי שָׁמַע הִתפּוֹצְצוּת.
מְפוּחֶדֶת, מְפוּחָדִים, מְפוּחָדוֹת

מפוחיתנ, מַפּוּחִית [מַפּוּחִיוֹת] harmonica
כּלִי נְגִינָה עֲמָמִי מִמַתֶכֶת, מְנַגנִים בּוֹ בַּפֶּה:
רָקַדנוּ רִיקוּדִים עֲמָמִיִים לְצלִילֵי הַמַפּוּחִית.

מפוחלץת, מְפֻחְלָץ stuffed animal
בַּעַל חַיִים מֵת, שֶׁמְשַׁמְרִים אֶת גוּפוֹ:
בְּמוּזֵיאוֹן לְטֶבַע יֵשׁ צִיפּוֹרִים מְפוּחלָצוֹת.
מְפוּחלֶצֶת, מְפוּחלָצִים, מְפוּחלָצוֹת

מפוחםת, מְפֻחָם black as coal
שָׁחוֹר כּמוֹ פֶּחָם:
תַפּוּחֵי הָאֲדָמָה יָצְאוּ מִן הָאֵשׁ מְפוּחָמִים.
מְפוּחֶמֶת, מְפוּחָמִים, מְפוּחָמוֹת

מפוטםת, מְפֻטָּם stuffed (with food) (adj.)
שֶׁהִכנִיסוּ בּוֹ הַרבֵּה מְאוֹד אוֹכֶל:
אֲנִי מַרגִישׁ מְפוּטָם אַחֲרֵי הָאֲרוּחָה הַזֹאת.
מְפוּטֶמֶת, מְפוּטָמִים, מְפוּטָמוֹת

מפוטרת, מְפֻטָּר dismissed/fired (adj.)
שֶׁפִּיטרוּ אוֹתוֹ, הִפסִיקוּ אֶת עֲבוֹדָתוֹ:
הַפּוֹעֲלִים מְפוּטָרִים, כִּי הַמִפעָל נִסגַר.
מְפוּטֶרֶת, מְפוּטָרִים, מְפוּטָרוֹת

מפויחת, מְפֻיָּח covered with soot (adj.)
אָפוֹר-שָׁחוֹר, שֶׁיֵשׁ עָלָיו פִּיחַ (לִיכלוּך מֵהָאֵשׁ):

*בִּגְלַל הַשְּׂרֵפָה כָּל הַבַּיִת **מְפוּיָח**.*
מְפוּיַחַת, מְפוּיָחִים, מְפוּיָחוֹת

מפויסת׳ מְפֻיָּס — appeased (adj.)
שֶׁהִפְסִיק לִכְעוֹס, שֶׁנַּעֲשָׂה שָׁקֵט וּמְרוּצֶה:
*הוּא נִרְאֶה **מְפוּיָּס**, שָׁכַח אֶת מַה שֶּׁהָיָה.*
מְפוּיֶּסֶת, מְפוּיָּסִים, מְפוּיָּסוֹת

מפוכחת׳ מְפֻכָּח — sober
1. שֶׁהַיַּיִן הִפְסִיק לְהַשְׁפִּיעַ עָלָיו:
*הוּא לֹא נִרְאֶה **מְפוּכָּח**, הוּא שִׁיכּוֹר.*
2. רֵיאָלִיסְט, בְּלִי אִילוּזְיוֹת: — realistic
*הוּא מִסְתַּכֵּל בַּחַיִּים בְּצוּרָה **מְפוּכַּחַת**.*
מְפוּכַּחַת, מְפוּכָּחִים, מְפוּכָּחוֹת

מפולגת׳ מְפֻלָּג — divided (adj.)
מְחוּלָּק, לֹא בְּיַחַד:
*הָעָם **מְפוּלָּג** בְּדֵיעוֹתָיו בַּשְּׁאֵלָה הַפָּלֶשְׂתִּינָאִית.*
מְפוּלֶּגֶת, מְפוּלָּגִים, מְפוּלָּגוֹת

מפולפלת׳ מְפֻלְפָּל — peppered (adj.)
1. שֶׁשָּׂמוּ בּוֹ הַרְבֵּה פִּילְפֵּל:
*הַמָּרָק **מְפוּלְפָּל** יוֹתֵר מִדַּי.*
2. פִּיקֵחַ מְאוֹד, שֶׁיֵּשׁ לוֹ שֵׂכֶל "חָרִיף": — witty
*הַתְּשׁוּבָה שֶׁלְּךָ **מְפוּלְפֶּלֶת** מְאוֹד.*
מְפוּלְפֶּלֶת, מְפוּלְפָּלִים, מְפוּלְפָּלוֹת

מפולתנ׳ מַפֹּלֶת [מַפּוֹלוֹת] — collapse
כְּשֶׁדְּבָרִים כְּבֵדִים נוֹפְלִים (אֲבָנִים וְכוּ'):
***מַפּוֹלֶת** שֶׁלֶג הִיא דָּבָר מְסוּכָּן מְאוֹד.*

מפונדרקת׳ מְפֻנְדְּרָק — spoiled (adj.)
(לָשׁוֹן דִּיבּוּר) מְפוּנָּק, מְחַכֶּה שֶׁאֲחֵרִים יַעֲשׂוּ לוֹ הַכּוֹל:
*הַיֶּלֶד **מְפוּנְדְּרָק**, הוּא לֹא זָז בְּלִי אִימָא.*
מְפוּנְדֶּרֶקֶת, מְפוּנְדְּרָקִים, מְפוּנְדְּרָקוֹת

מפונהת׳-ז׳ מְפֻנֶּה — vacated (adj.)
1. רֵיק, שֶׁפִּינּוּ מִמֶּנּוּ הַכּוֹל:
*הַבַּיִת רֵיק, **מְפוּנֶּה** מִכָּל הָרָהִיטִים.*
2. מִי שֶׁהוֹצִיאוּ אוֹתוֹ מִן הַדִּירָה, מִן הַבַּיִת שֶׁלּוֹ: — evacuated (adj.)
***הַמְפוּנִּים** מִן הַבָּתִּים שֶׁנֶּהֶרְסוּ גָּרִים בְּמָלוֹן.*
מְפוּנֶּה-מְפוּנֵּית, מְפוּנִּים, מְפוּנּוֹת

מפונקת׳ מְפֻנָּק [מְפוּנָּקִים] — spoiled (adj.)
מִי שֶׁעוֹשִׂים בִּשְׁבִילוֹ הַכּוֹל:
*הוּא יֶלֶד **מְפוּנָּק**. הוּא רָגִיל לְקַבֵּל כָּל מַה שֶּׁהוּא רוֹצֶה.*
מְפוּנֶּקֶת, מְפוּנָּ

מפוסטרת׳ מְפֻסְטָר — pasteurized (adj.)
(עַל שֵׁם לוּאִי פַּסְטֶר) נְקִי מֵחַיְידַּקִים:
*הַיּוֹם שׁוֹתִים רַק חָלָב **מְפוּסְטָר**.*
מְפוּסְטֶרֶת, מְפוּסְטָרִים, מְפוּסְטָרוֹת

מפוספסת׳ מְפֻסְפָּס — botched (adj.)
(לָשׁוֹן דִּיבּוּר) שֶׁלֹּא הִצְלִיחַ, לֹא מוּצְלָח:
*הָאֲרוּחָה שֶׁהֵכַנְתִּי יָצְאָה **מְפוּסְפֶּסֶת**.*
מְפוּסְפֶּסֶת, מְפוּסְפָּסִים, מְפוּסְפָּסוֹת

מפוסקת׳ מְפֻסָּק — punctuated (adj.)
שֶׁיֵּשׁ בּוֹ נְקוּדוֹת וּפְסִיקִים:
*הַחִיבּוּר שֶׁכָּתַבְתִּי **מְפוּסָּק** לְפִי הַכְּלָלִים.*
מְפוּסֶּקֶת, מְפוּסָּקִים, מְפוּסָּקוֹת
ר' מפושק

מפוענחת׳ מְפֻעֲנָח — deciphered (adj.)
הָיָה קָשֶׁה לִקְרִיאָה, עַכְשָׁיו הוּא מוּבָן:
*רוֹב הַכְּתוֹבוֹת הָעַתִּיקוֹת שֶׁעַל הַקִּיר **מְפוּעֲנָחוֹת**.*
מְפוּעֲנַחַת, מְפוּעֲנָחִים, מְפוּעֲנָחוֹת

מפוצלת׳ מְפֻצָּל — split (up) (adj.)
שֶׁהוּא חֲלָקִים, חֲלָקִים:
*אֲנִי עוֹבֵד יוֹם **מְפוּצָּל** - 4 שָׁעוֹת בַּבּוֹקֶר וְ-4 בָּעֶרֶב.*
מְפוּצֶּלֶת, מְפוּצָּלִים, מְפוּצָּלוֹת

מפוצץת׳ מְפוֹצֵץ — smashing
(לָשׁוֹן דִּיבּוּר) יוֹצֵא מִן הַכְּלָל, נִפְלָא:
*הָיְתָה מְסִיבָּה **מְפוֹצֶצֶת**.*
מְפוֹצֶצֶת, מְפוֹצְצִים, מְפוֹצְצוֹת

מפוצץת׳ מְפֻצָּץ — broken, exploded (adj.)
1. שָׁבוּר:
*הַצִּינּוֹר **מְפוּצָּץ**, לָכֵן יוֹצְאִים מַיִם.*
(בִּלְשׁוֹן הַדִּיבּוּר) צָפוּף מְאוֹד, מָלֵא לְגַמְרֵי: — overcrowded (adj.)
*הַדִּיסְקוֹטֶק הָיָה **מְפוּצָּץ** בַּאֲנָשִׁים.*
מְפוּצֶּצֶת, מְפוּצָּצִים, מְפוּצָּצוֹת

מפוקפקת׳ מְפֻקְפָּק — dubious
1. לֹא בָּטוּחַ, בְּסָפֵק:
*זֹאת הַצְלָחָה **מְפוּקְפֶּקֶת**.*
2. לֹא יָשָׁר: — shady, doubtful
*הוּא אָדָם **מְפוּקְפָּק** בְּעֵינַיי.*
מְפוּקְפֶּקֶת, מְפוּקְפָּקִים, מְפוּקְפָּקוֹת

מפורדת׳ מְפֹרָד — separated/scattered (adj.)
לֹא בְּיַחַד, חֲלָקִים, חֲלָקִים:

*הַמִּשְׁפָּחָה **מְפוֹרֶדֶת** - חֶלְקָה בָּאָרֶץ, וְחֶלְקָה בְּרוּסְיָה.*
מְפוֹרֶדֶת, מְפוֹרָדִים, מְפוֹרָדוֹת

מפורזת' מְפֹרָז — demilitarized (adj.)
שֶׁאֵין בּוֹ צָבָא וּכְלֵי נֶשֶׁק:
*בֵּין יִשְׂרָאֵל לְסוּרִיָה הָיָה שֶׁטַח **מְפוֹרָז**.*
מְפוֹרֶזֶת, מְפוֹרָזִים, מְפוֹרָזוֹת

מפורטת' מְפֹרָט — detailed (adj.)
שֶׁיֵּשׁ בּוֹ פְּרָטִים רַבִּים:
*מָסַרְתִּי לוֹ רְשִׁימָה **מְפוֹרֶטֶת** מַה צָּרִיךְ לִקְנוֹת.*
מְפוֹרֶטֶת, מְפוֹרָטִים, מְפוֹרָטוֹת

מפורכסת' מְפֻרְכָּס — made-up (adj.)
מְקוּשָּׁט, בְּעִיקָּר כְּשֶׁיֵּשׁ צֶבַע עַל הַפָּנִים:
*הַגְּבֶרֶת **הַמְּפוּרְכֶּסֶת** הִיא שַׂחְקָנִית.*
מְפוּרְכֶּסֶת, מְפוּרְכָּסִים, מְפוּרְכָּסוֹת

מפורסםת' מְפֻרְסָם — famous, well known
יָדוּעַ, כּוּלָּם מַכִּירִים אוֹתוֹ:
*הַתַּנַ"ךְ הוּא אֶחָד הַסְּפָרִים **הַמְּפוּרְסָמִים** בְּיוֹתֵר בָּעוֹלָם.*
2. שֶׁמּוֹדִיעִים עָלָיו: — publicized (adj.)
*דְּבָרִים חֲשׁוּבִים **מְפוּרְסָמִים** בָּעִיתּוֹן.*
מְפוּרְסֶמֶת, מְפוּרְסָמִים, מְפוּרְסָמוֹת

מפורץת' מְפֹרָץ — having inlets
שֶׁיֵּשׁ בּוֹ מִפְרָצִים (חוֹף יָם וְכוּ') וְאֵינוֹ יָשָׁר:
*הַחוֹף בְּחֵיפָה **מְפוֹרָץ**, לָכֵן הֵקִימוּ בּוֹ נָמֵל.*
מְפוֹרֶצֶת, מְפוֹרָצִים, מְפוֹרָצוֹת

מפורקת' מְפֹרָק — dismantled (adj.)
1. לֹא בְּיַחַד, נִמְצָא בַּחֲלָקִים:
*מְתַקְּנִים אֶת הַבֶּרֶז, לָכֵן הוּא **מְפוֹרָק**.*
2. (עֵסֶק) גָּמוּר, לֹא קַיָּים עוֹד: — liquidated (adj.)
*עוֹרֵךְ הַדִּין מְטַפֵּל בָּעֵסֶק **הַמְּפוֹרָק**.*
מְפוֹרֶקֶת, מְפוֹרָקִים, מְפוֹרָקוֹת

מפוררת' מְפוֹרָר — crumbled (adj.)
שֶׁהוּא בַּחֲלָקִים קְטַנִּים, פֵּירוּרִים:
*הָעוּגָה **מְפוֹרֶרֶת**, הִיא לֹא טְרִיָּיה.*
מְפוֹרֶרֶת, מְפוֹרָרִים, מְפוֹרָרוֹת

מפורשת' מְפֹרָשׁ — interpreted (adj.)
1. שֶׁפֵּירְשׁוּ אוֹתוֹ, הִסְבִּירוּ אוֹתוֹ:
*טֶקְסְט **מְפוֹרָשׁ** הוּא טֶקְסְט, שֶׁיֵּשׁ בּוֹ הֶסְבֵּרִים מְיוּחָדִים.*
2. בָּרוּר: — explicit
*אֲנִי מְדַבֵּר דְּבָרִים **מְפוֹרָשִׁים**.*
בִּמְפוֹרָשׁ ת"פ — explicitly

הַשֵּׁם הַמְּפוֹרָשׁ - הַשֵּׁם הַמְיוּחָד שֶׁל — God
אֱלוֹהִים - 'י.ה.ו.ה' (בְּדֶרֶךְ כְּלָל לֹא אוֹמְרִים אוֹתוֹ) מְפוֹרֶשֶׁת, מְפוֹרָשִׁים, מְפוֹרָשׁוֹת

מפורשותת"פ מְפֹרָשׁוֹת — explicitly
בְּאוֹפֶן מְפוֹרָשׁ, בָּרוּר בְּיוֹתֵר:
*אָמַרְתִּי לוֹ **מְפוֹרָשׁוֹת**, שֶׁהוּא אֵינוֹ מַתְאִים לַתַּפְקִיד.*

מפושטת' מְפֻשָּׁט — simplified (adj.)
שֶׁעוֹשִׂים אוֹתוֹ פָּשׁוּט:
*צָרִיךְ לְהַסְבִּיר לַיֶּלֶד בְּצוּרָה **מְפוּשֶּׁטֶת**, כְּדֵי שֶׁיָּבִין.*
מְפוּשֶּׁטֶת, מְפוּשָּׁטִים, מְפוּשָּׁטוֹת

מפושקת' מְפֻשָּׂק — astride
כְּשֶׁכָּל חֵלֶק בְּצַד אַחֵר (יָדַיִים, רַגְלַיִים):
*הִתְכּוֹפַפְתִּי בְּרַגְלַיִים **מְפוּשָּׂקוֹת** וְנָגַעְתִּי בָּרִצְפָּה.*
מְפוּשֶּׂקֶת, מְפוּשָּׂקִים, מְפוּשָּׂקוֹת

מפותחת' מְפֻתָּח — developed (adj.)
1. בְּמַצָּב גּוּפָנִי אוֹ שִׂכְלִי טוֹב:
*הַגּוּף שֶׁלּוֹ **מְפוּתָּח** יָפֶה, כִּי הוּא עוֹשֶׂה סְפּוֹרְט. / הַתִּינוֹק **מְפוּתָּח** יוֹתֵר מִבְּנֵי גִּילוֹ.*
2. סֶרֶט (פִילְם) שֶׁעָבַר מִנֶּגָטִיב לְפּוֹזִיטִיב:
*הַתְּמוּנוֹת שֶׁצִּילַּמְתָּ בַּטִּיּוּל כְּבָר **מְפוּתָּחוֹת**?*
מְפוּתַּחַת, מְפוּתָּחִים, מְפוּתָּחוֹת

מפותלת' מְפֻתָּל — winding
עָקוֹם, לֹא בְּקַו יָשָׁר:
*הַשְּׁבִיל **מְפוּתָּל**, וְהַדֶּרֶךְ אֲרוּכָּה.*
מְפוּתֶּלֶת, מְפוּתָּלִים, מְפוּתָּלוֹת

מפחז' מַפָּח — breathing out
יְצִיאָה שֶׁל אֲוִויר.
מַפַּח־נֶפֶשׁ - — disappointment
*בְּנִי גָּרַם לִי **מַפַּח נֶפֶשׁ**, הוּא נִכְשַׁל בַּבְּחִינוֹת.*

מפחידת' מַפְחִיד — frightening (adj.)
גּוֹרֵם פַּחַד:
*הַחוֹשֶׁךְ **מַפְחִיד** אוֹתִי.*
מַפְחִידָה, מַפְחִידִים, מַפְחִידוֹת

מפטירתו"ז מַפְטִיר — reader of the concluding portion of the prayer, before the reading from the Prophets.
מִי שֶׁעוֹלֶה לַתּוֹרָה אַחֲרוֹן (בְּבֵית כְּנֶסֶת) בְּשַׁבָּת וּבַחַגִּים, וְאוֹמֵר אֶת הַבְּרָכוֹת לִפְנֵי שֶׁקּוֹרְאִים בְּסִפְרֵי הַנְּבִיאִים:
הַמַּפְטִיר כְּבָר עָלָה, הַקְּרִיאָה בַּתּוֹרָה הִסְתַּיְּימָה.
(מַפְטִירָה), מַפְטִירִים, (מַפְטִירוֹת)

מפיץ ז, מֵפִיץ [מְפִיצִים] — distributor
מִי שֶׁדּוֹאֵג, שֶׁסְּחוֹרָה תַּגִּיעַ לְכָל מָקוֹם:
אֲנִי הוּא הַמֵּפִיץ שֶׁל עִיתּוֹנֵי הָעֶרֶב.
מְפִיצָה, מְפִיצוֹת

מפיק ז, מֵפִיק [מְפִיקִים] — producer
סֶרֶט, הַצָּגָה וְכוּ':
בְּלִי מֵפִיק שֶׁיַּשְׁקִיעַ כֶּסֶף, אִי אֶפְשָׁר לַעֲשׂוֹת סֶרֶט.
מְפִיקָה, מְפִיקוֹת

מפיק ז, מַפִּיק — a dot in the letter "Hey", indicating that it should be pronounced
(בְּדִיקְדּוּק) נְקוּדָה בְּ־ה'
מְסַמֶּנֶת שֶׁצָּרִיךְ לְבַטֵּא אוֹתָהּ:
בַּמִּילָה גָּבַהּ יֵשׁ מַפִּיק, כִּי צָרִיךְ לְבַטֵּא אֶת הַ־הֵא.

מפית נ, מַפִּית [מַפִּיּוֹת] — napkin
מַפָּה קְטַנָּה מִבַּד אוֹ מְנְיָיר לַיָּדַיִים, לַפֶּה וְכוּ':
הַשּׁוּלְחָן עָרוּךְ - יֵשׁ סַכּוּ"ם, צַלָּחוֹת וּמַפִּיּוֹת.

מפכ"ל ר"ת מפקח כללי ר' מפקח

מפל ז, מַפָּל [מַפָּלִים] — (water)fall
מַשֶּׁהוּ שֶׁנּוֹפֵל, בְּעִיקָּר מַיִם שֶׁיּוֹרְדִים בְּכוֹחַ:
מַפְּלֵי הַנִּיאָגָרָה הֵם הַגְּדוֹלִים בָּעוֹלָם.

מפלג ז, מִפְלָג — section, squad
מַחְלָקָה בַּמִּשְׁטָרָה, שֶׁעוֹסֶקֶת בִּבְעָיוֹת מְיוּחָדוֹת:
מִפְלַג הַנּוֹעַר מְטַפֵּל בִּילָדִים שֶׁעָבְרוּ עַל הַחוֹק.

מפלגה נ, מִפְלָגָה [מִפְלָגוֹת] — political party
אִירְגּוּן פּוֹלִיטִי שֶׁל אֲנָשִׁים בַּעֲלֵי רַעְיוֹנוֹת דּוֹמִים:
חַבְרֵי הַמִּפְלָגָה הַלִּיבֶּרָלִית בָּחֲרוּ נְצִיגִים לַכְּנֶסֶת.

מפלגתי ת, מִפְלַגְתִּי — partisan
קָשׁוּר בַּמִּפְלָגָה, שַׁיָּיךְ לְאִירְגּוּן פּוֹלִיטִי:
לִפְנֵי הַבְּחִירוֹת יֵשׁ פְּעִילוּת מִפְלַגְתִּית.
מִפְלַגְתִּית, מִפְלַגְתִּיִּים, מִפְלַגְתִּיּוֹת

מפלה נ, מַפָּלָה [מַפָּלוֹת] — defeat
כִּישָּׁלוֹן, הֶפְסֵד (בְּמִלְחָמָה, בְּתַחֲרוּת):
אֲנִי פֶּסִימִי מְאוֹד בִּגְלַל הַמַּפָּלָה שֶׁל הַצָּבָא.

מפלט ז, מִפְלָט — refuge
הַמָּקוֹם שֶׁבּוֹרְחִים אֵלָיו (בְּעִיקָּר בִּגְלַל סַכָּנָה):
חִיפַּשְׂנוּ מִפְלָט מִן הַהַפְצָצוֹת.

מפלט ז, מַפְלֵט [מַפְלְטִים] — exhaust pipe
צִינּוֹר שֶׁדַּרְכּוֹ יוֹצְאִים הַגָּזִים:
הֶחְלַפְתִּי אֶת הַמַּפְלֵט בַּמְּכוֹנִית שֶׁלִּי.

מפלס ז, מִפְלָס [מִפְלָסִים] — level
קַו הַגּוֹבַהּ:
מִפְלַס הַמַּיִם בַּכִּינֶּרֶת יַעֲלֶה בַּחוֹרֶף.

מפלצת נ, מִפְלֶצֶת [מִפְלָצוֹת] — monster
דְּמוּת מַפְחִידָה:
הַיֶּלֶד בּוֹכֶה, הוּא רָאָה מִפְלֶצֶת בַּחֲלוֹם.

מפלצתי ת, מִפְלַצְתִּי — monstrous
מְכוֹעָר דּוֹחֶה וְכוּ':
יֵשׁ לוֹ צוּרָה מִפְלַצְתִּית.
מִפְלַצְתִּית, מִפְלַצְתִּיִּים, מִפְלַצְתִּיּוֹת

מפ"ם נ, מַפָּ"ם — Mapam (United Labor party)
ר"ת מִפְלֶגֶת פּוֹעֲלִים מְאוּחֶדֶת -
מִפְלָגָה סוֹצְיָאלִיסְטִית בְּיִשְׂרָאֵל:
מַפָּ"ם הָיְיתָה בְּקוֹאָלִיצְיָה עִם מִפְלֶגֶת הָעֲבוֹדָה.

מפנה ז, מִפְנֶה [מִפְנִים] — turn
שִׁינּוּי שֶׁל כִּיווּן:
יֵשׁ מִפְנֶה לְטוֹבָה בַּמַּצָּב הַפּוֹלִיטִי.
נְקוּדַת־מִפְנֶה — turning point

מפני־ מ"י, מִפְּנֵי־ — from
1. מִן, מ-:
בָּרַחְתִּי מִפְּנֵי הַגֶּשֶׁם.
2. בִּגְלַל, מִסִּיבָּה שֶׁל-: — because
הָלַכְתִּי לִישׁוֹן מִפְּנֵי שֶׁהָיִיתִי עָיֵף.

מפסק ז, מַפְסֵק [מַפְסְקִים] — switch
כַּפְתּוֹר שֶׁמַּדְלִיקִים אוֹ מְכַבִּים בּוֹ אֶת הַחַשְׁמַל:
תָּרִים אֶת הַמַּפְסֵק, וִיהִיֶה אוֹר.

מפעל ז, מִפְעָל [מִפְעָלִים] — factory, plant
1. מְקוֹם עֲבוֹדָה בַּתַּעֲשִׂיָּיה:
קִיבּוּץ יוֹטְבָתָה הֵקִים מִפְעָל גָּדוֹל לְמוּצְרֵי חָלָב.
2. מַעֲשֶׂה חָשׁוּב: — project, enterprise
קוֹנְצֶרְטִים לְנוֹעַר זֶהוּ מִפְעָל יָפֶה.
מִפְעַל-חַיִּים — life work
מִפְעַל־הַפַּיִס — state lottery

מפץ ז, מַפָּץ [מַפָּצִים] — bang
פִּיצוּץ, קוֹל חָזָק מְאוֹד:
פִּתְאוֹם שָׁמַעְנוּ קוֹל מַפָּץ - צִינּוֹר הַמַּיִם הִתְפּוֹצֵץ.
הַמַּפָּץ הַגָּדוֹל — the big bang (theory)

מפצח ז, מַפְצֵחַ (מַפְצֵחַ) [מַפְצְחִים] — nut cracker
כְּלִי לְפִיצּוּחַ, לְקִילּוּף שֶׁל אֱגוֹזִים:
אַל תְּפַצַּח אֱגוֹזִים בַּשִּׁינַּיִים, קַח מַפְצֵחַ.

מפציץז, מְפַצִיץ [מְפַצִיצִים] bomber
אֲווירוֹן שֶׁזוֹרֵק פְּצָצוֹת:
*פִּתְאוֹם הוֹפִיעַ **מְפַצִיץ** בַּשָּׁמַיִם וְזָרַק פְּצָצוֹת.*

מפקדז, מִפְקָד [מִפְקָדִים] roll call
כְּשֶׁסוֹפְרִים שׁוּרוֹת שֶׁל חַיָּילִים, תַּלְמִידִים וְכוּ':
*בַּצָּבָא יֵשׁ **מִפְקָד** כֹּל בּוֹקֶר.*
מִפְקַד־אוּכְלוּסִין census

מפקדז, מְפַקֵּד [מְפַקְּדִים] commander
מִי שֶׁאַחְרָאִי עַל חַיָּילִים, בַּעַל דַּרְגָּה:
***הַמְפַקֵּד** פָּקַד עַל הַחַיָּילִים לִפְתּוֹחַ בְּאֵשׁ.*
מְפַקֶּדֶת, מְפַקְּדוֹת

מפקדהנ, מִפְקָדָה [מִפְקָדוֹת] headquarters
קְבוּצָה שֶׁל מְפַקְּדִים וְהָעוֹזְרִים שֶׁלָּהֶם, אוֹ הַמִּשְׂרָד שֶׁהֵם יוֹשְׁבִים בּוֹ:
*בַּ**מִפְקָדָה** שֶׁל הַצָּבָא נִמְצָאִים הָרַמַטְכַּ"ל וְהָאַלּוּפִים.*

מפקחז, מְפַקֵּחַ [מְפַקְּחִים] supervisor, inspector
מַשְׁגִּיחַ שֶׁהַכּוֹל יִהְיֶה בְּסֵדֶר, לְפִי הַתּוֹכְנִית:
*הַיּוֹם הָיָה אֶצְלִי **מְפַקֵּחַ** בַּשִּׁיעוּר.*
מְפַקֵּחַ כְּלָלִי (מְפַכַּ"ל) chief of police
מְפַקַּחַת, מְפַקְּחוֹת

מפקידז, מַפְקִיד [מַפְקִידִים] depositor
מִי שֶׁשָּׂם כֶּסֶף בַּבַּנְק (אוֹ מַשֶּׁהוּ לִשְׁמִירָה):
***הַמַּפְקִידִים** דוֹרְשִׁים, שֶׁהַבַּנְק יְשַׁלֵּם רִיבִּית גְּבוֹהָה.*
מַפְקִידָה, מַפְקִידוֹת

מפקיעז, מַפְקִיעַ [מַפְקִיעִים]
מְבַקֵּעַ, עוֹבֵר קַו/חוֹק.
מַפְקִיעַ שְׁעָרִים / מְחִירִים - מִי שֶׁמַּעֲלֶה אֶת הַמְּחִירִים בְּצוּרָה רָדִיקָלִית: profiteer
***מַפְקִיעֵי** הַמְּחִירִים הוּבְאוּ לְמִשְׁפָּט.*
מַפְקִיעָה, מַפְקִיעוֹת

מפרז, מֵפֵר (מֵפִיר) [מְפִירִים] violator
לֹא מְקַיֵּים, עוֹשֶׂה נֶגֶד:
***מְפִירֵי** הַשְּׁבִיתָה עָבְדוּ כָּרָגִיל.*
מְפִירָה, מְפִירוֹת

מפרטז, מִפְרָט [מִפְרָטִים] specifications
כֹּל הַפְּרָטִים הַשַּׁיָּיכִים לְמַשֶּׁהוּ:
*צָרִיךְ לְהַגִּישׁ **מִפְרָט** שֶׁל הַדִּירָה וְלֹא תוֹכְנִית כְּלָלִית.*

מפריעז, מַפְרִיעַ [מַפְרִיעִים] unruly, heckler
מִי שֶׁגּוֹרֵם נֶזֶק, לֹא נוֹתֵן לְהַצְלִיחַ:
*הַמּוֹרָה כָּעַס בִּגְלַל **הַמַּפְרִיעִים** בַּכִּיתָה.*
בְּאֵין מַפְרִיעַ - without interruption
יָשַׁבְתִּי בַּגַּן בְּאֵין מַפְרִיעַ.
מַפְרִיעָה, מַפְרִיעוֹת

מפרךת, מְפָרֵךְ exhausting (adj.)
קָשֶׁה בְּיוֹתֵר, מְעַיֵּיף (שׁוֹבֵר אֶת הַגּוּף):
*הָעֲבוֹדָה בַּבִּנְיָין הִיא עֲבוֹדָה **מְפָרֶכֶת**.*
מְפָרֶכֶת, מְפָרְכִים, מְפָרְכוֹת

מפרנסתו"ז מְפַרְנֵס [מְפַרְנְסִים] breadwinner
מִי שֶׁדּוֹאֵג לָאוֹכֶל, לַבְּגָדִים, וְכוּ':
*אָבִי לוֹמֵד, וְאִימִּי הִיא **מְפַרְנֶסֶת** הַמִּשְׁפָּחָה.*
מְפַרְנֶסֶת, מְפַרְנְסוֹת

מפרעז, מַפְרֵעַ retroactively
לְמַפְרֵעַת"פ - רֶטְרוֹאַקְטִיבִי, לֶעָבָר:
*אֶת הַמַּשְׂכּוֹרֶת מְשַׁלְּמִים **לְמַפְרֵעַ**, אַחֲרֵי שֶׁעוֹבְדִים חוֹדֶשׁ.*

מפרעהנ, מִפְרָעָה [מִפְרָעוֹת] advance
תַּשְׁלוּם עַל חֶשְׁבּוֹן מַה שֶּׁמַּגִּיעַ:
*לֹא שִׁילְּמוּ לִי מַשְׂכּוֹרֶת, קִיבַּלְתִּי רַק **מִפְרָעָה**.*

מפרץז, מִפְרָץ [מִפְרָצִים] bay, gulf
הַמָּקוֹם שֶׁהַיָּם פּוֹרֵץ לַיַּבָּשָׁה:
*אֶת הַנָּמֵל בָּנוּ בְּתוֹךְ **הַמִּפְרָץ** הַטִּבְעִי.*

מפרקז, מִפְרָק [מִפְרָקִים] joint
הַמָּקוֹם שֶׁמִּתְחַבְּרִים בּוֹ חֲלָקִים שֶׁל הַגּוּף:
*הַיּוֹם אֶפְשָׁר לְהַחְלִיף **מִפְרָק** שָׁבוּר **בְּמִפְרָק** מְלָאכוּתִי.*

מפרקתנ, מַפְרֶקֶת [מַפְרָקוֹת] nape (of the neck)
הָעֲצָמוֹת בַּצַּוָּאר:
***מַפְרֶקֶת** שְׁבוּרָה גּוֹרֶמֶת מָוֶת בָּטוּחַ.*

מפרשז, מִפְרָשׂ [מִפְרָשִׂים] sail
(בַּיָּם) בַּד מָתוּחַ בְּסִירָה, שֶׁהָרוּחַ דוֹחֶפֶת אוֹתוֹ:
*הָרוּחַ הַחֲזָקָה קָרְעָה אֶת **הַמִּפְרָשִׂים**.*

מפרשז, מְפָרֵשׁ [מְפָרְשִׁים] interpreter, commentator
מִי שֶׁמַּסְבִּיר דָּבָר קָשֶׁה, בְּעִיקָר בְּסִפְרֵי קוֹדֶשׁ:
*כְּדַאי לָדַעַת מַה כָּתְבוּ **הַמְפָרְשִׁים** שֶׁל הַתַּנַ"ךְ.*
מְפָרֶשֶׁת, מְפָרְשׁוֹת

מפרשיתנ, מִפְרָשִׂית [מִפְרָשִׂיּוֹת] sailboat
סִירָה שֶׁשָּׁטָה בְּעֶזְרַת מִפְרָשׂ:
***הַמִּפְרָשִׂית** לֹא זָזָה, כִּי לֹא הָיְתָה רוּחַ.*

מִפְשָׂעָהנ, מִפְשָׂעָה [מִפְשָׂעוֹת] groin
הַמָּקוֹם בַּגּוּף שֶׁהָרַגְלַיִם מִתְחַבְּרוֹת בּוֹ:
בִּגְלַל הַפֶּצַע בָּרֶגֶל הִרְגַּשְׁתִּי כְּאֵב בַּבְּלוּטוֹת שֶׁבַּמִּפְשָׂעָה.

מִפְשָׂקז, מִפְשָׂק [מִפְשָׂקִים] straddle
הָרֶוַח, הַחֵלֶק הָרֵיק בֵּין הָרַגְלַיִם, כְּשֶׁהֵן רְחוֹקוֹת זוֹ מִזּוֹ:
הַמִּכְנָסַיִם צָרִים מִדַּי, לֹא נוֹחַ לִי בַּמִּפְשָׂק.

מְפַשֵּׁרז, מְפַשֵּׁר [מְפַשְּׁרִים] mediator
מִי שֶׁעוֹשֶׂה פְּשָׁרָה, מְקָרֵב בֵּין דֵּעוֹת שׁוֹנוֹת:
הַמְּפַשֵּׁר הִצִּיעַ, שֶׁכֹּל צַד יְוַתֵּר קְצָת, וְהַשְּׁבִיתָה תִּיגָּמֵר.
מְפַשֶּׁרֶת, מְפַשְּׁרוֹת

מַפְתֵּחַז, מַפְתֵּחַ [מַפְתְּחוֹת] key
1. מַכְשִׁיר שֶׁבְּעֶזְרָתוֹ פּוֹתְחִים אוֹ סוֹגְרִים דֶּלֶת:
אֲנִי אֶפְתַּח אֶת הַדֶּלֶת בְּמַפְתֵּחַ.
2. אִינְדֶקְס, רְשִׁימָה שֶׁל שֵׁמוֹת וְכוּ' בְּדֶרֶךְ כְּלָל בְּסוֹף סֵפֶר: index
לְפִי הַמַּפְתֵּחַ בַּמִּילוֹן אֶפְשָׁר לִמְצוֹא כֹּל מִילָּה.
3. קְרִיטֶרְיוֹן, שִׁיטָה: criterion
הָאֲנָשִׁים נִבְחֲרוּ לַכְּנֶסֶת לְפִי מַפְתֵּחַ מִפְלַגְתִּי.
דְּמֵי-מַפְתֵּחַ – 'key' money
סְכוּם כֶּסֶף שֶׁמְּקַבֵּל בַּעַל־בַּיִת מִדַּיָּיר תְּמוּרַת זְכוּיוֹת מְיוּחָדוֹת בַּדִּירָה.
עֶמְדַת-מַפְתֵּחַ key position

מִפְתָּחז, מִפְתָּח [מִפְתָּחִים] opening, slit
פֶּתַח בַּבֶּגֶד, בְּעִיקָּר סְבִיב הַצַּוָּאר:
מִפְתַּח הַצַּוָּאר בַּחוּלְצָה גָּדוֹל מִדַּי.

מַפְתִּיעַת, מַפְתִּיעַ surprising (adj.)
גּוֹרֵם הַפְתָּעָה, לֹא צָפוּי:
הַהַצְלָחָה שֶׁלּוֹ בַּבְּחִינוֹת מַפְתִּיעָה.
מַפְתִּיעָה, מַפְתִּיעִים, מַפְתִּיעוֹת

מִפְתָּןז, מִפְתָּן [מִפְתָּנִים] threshold
הַחֵלֶק בַּפֶּתַח שֶׁדּוֹרְכִים עָלָיו:
לֹא נָתַתִּי לוֹ לַעֲבוֹר אֶת מִפְתַּן הַבַּיִת.

מ"צר"ת מֵם צָדִיק military policeman (abbr.)
(בַּצָּבָא) מִשְׁטָרָה צְבָאִית אוֹ חַיָּיל בְּמִשְׁטָרָה צְבָאִית:
עָצַר אוֹתִי מ"צ וּבִיקֵּשׁ אֶת תְּעוּדַת הַחַיָּיל שֶׁלִּי.

מצאפ, מָצָא found, discovered
1. גִּילָּה מַשֶּׁהוּ שֶׁאָבַד אוֹ נֶעֱלַם:
דָּן מָצָא מִתַּחַת לַשּׁוּלְחָן אֶת הַמַּפְתֵּחַ שֶׁאָבַד לוֹ.
2. הֵבִין, הִגִּיעַ לַתְּשׁוּבָה: found out
הַתַּלְמִיד מָצָא אֶת הַפִּיתְרוֹן שֶׁל הַתַּרְגִּיל.

מָצָא חֵן בְּעֵינַיי... - I liked...
הַחַיִּים בַּקִּיבּוּץ מָצְאוּ חֵן בְּעֵינַיי.
מָצָא מִין אֶת מִינוֹ birds of a feather, flock together
לִמְצוֹא אֶת- / מ.צ.א, פָּעַל / מָצָאתִי, מוֹצֵא, אֶמְצָא, מְצָא!

מְצַאיז, מְצַאי inventory
אִינְוֶנְטָר, מַה שֶּׁיֵּשׁ בְּמַחְסָן וְכוּ':
צָרִיךְ לָדַעַת מַהוּ מְצַאי הַשּׁוּלְחָנוֹת בַּחֲנוּת.

מַצָּבז, מַצָּב [מַצָּבִים] situation, condition
תְּנָאִים שֶׁמִּישֶׁהוּ אוֹ מַשֶּׁהוּ נִמְצָאִים בָּהֶם:
הַפָּצוּעַ שׁוֹכֵב בְּבֵית הַחוֹלִים בְּמַצָּב קָשֶׁה.
מַצַּב־הָכֵן (on) stand by
מַצַּב־חֵירוּם state of emergency
מַצַּב־רוּחַ mood
חֵיל־מַצָּב garrison

מַצֵּבָהנ, מַצֵּבָה [מַצֵּבוֹת] headstone
אֶבֶן עַל קֶבֶר שֶׁל מֵת:
עַל הַמַּצֵּבָה כָּתוּב שֵׁם הַמֵּת וְתַאֲרִיךְ הַמָּוֶת.

מַצָּבָהנ, מַצָּבָה [מַצָּבוֹת] status of manpower
רְשִׁימָה שֶׁל הָעוֹבְדִים וְהַתַּפְקִיד שֶׁלָּהֶם (בָּעֲבוֹדָה, בַּצָּבָא):
שְׁמוֹ לֹא נִמְצָא בַּמַּצָּבָה שֶׁל עוֹבְדֵי הַבַּנְק.
מַצֶּבֶת כּוֹחַ אָדָם

מִצְבּוֹרז, מִצְבּוֹר [מִצְבּוֹרִים] dump, cache
מָקוֹם שֶׁמְּרוּכָּזִים בּוֹ דְּבָרִים:
מָצָאנוּ מִצְבּוֹר שֶׁל נֶשֶׁק.

מַצְבִּיאז, מַצְבִּיא [מַצְבִּיאִים] military commander
מְפַקֵּד גָּבוֹהַּ בַּצָּבָא:
הָרַמַטְכָּ"ל הוּא הַמַּצְבִּיא הָעֶלְיוֹן שֶׁל הַצָּבָא בְּיִשְׂרָאֵל.

מַצְבִּיעַז, מַצְבִּיעַ [מַצְבִּיעִים] voter
מִי שֶׁמִּשְׁתַּתֵּף בַּבְּחִירוֹת לַכְּנֶסֶת, לָעִירִיָּיה וְכוּ':
אֲחוּז הַמַּצְבִּיעִים לַכְּנֶסֶת גָּבוֹהַּ - כְּ-80%.
מַצְבִּיעָה, מַצְבִּיעוֹת

מצבעה ר' מיצבעה

מַצְבֵּרז, מַצְבֵּר [מַצְבְּרִים] battery
מַכְשִׁיר שֶׁיֵּשׁ בּוֹ אֶנֶרְגְיָה חַשְׁמַלִּית:
הַמַּצְבֵּר בַּמְּכוֹנִית רֵיק, וְאִי אֶפְשָׁר לִנְסוֹעַ.
לְמַלֵּא אֶת הַמַּצְבְּרִים - (מֶטָאפוֹרָה) לֶאֱסוֹף כּוֹחַ, לְהִתְחַזֵּק

מְצַדֵּדז, מְצַדֵּד [מְצַדְּדִים] supporter
תּוֹמֵךְ, בְּעַד צַד מְסוּיָּם:

לַהַצָּעָה שֶׁלִּי יֵשׁ **מְצַדְּדִים** וְיֵשׁ מִתנַגדִים.
מְצַדֶּדֶת, מְצַדְּדוֹת

מַצָּהנ׳ מַצָּה [מַצּוֹת] matzo
מִין לֶחֶם שֶׁאוֹכלִים בְּפֶּסַח (בָּצֵק שֶׁלֹא הֶחמִיץ):
בְּחַג הַפֶּסַח אוֹכלִים ***מַצּוֹת*** *שִׁבעָה יָמִים.*

מצוברחת׳ מְצֻבְרָח in a bad mood
(לשון דיבור) כְּשֶׁמִישֶׁהוּ בְּמַצָּב רוּחַ רַע:
מַדוּעַ אַתָה ***מְצוּבְרָח?*** *נִכשַלתִי בַּבּחִינָה.*
מְצוּבְרַחַת, מְצוּבְרָחִים, מְצוּבְרָחוֹת

מצודז׳ מָצוֹד (man-) hunt
רְדִיפָה אַחֲרֵי פּוֹשֵׁעַ (גַנָב, רוֹצֵחַ):
*הַ**מָּצוֹד** אַחֲרֵי שׁוֹדְדֵי הַבַּנק נִמשָׁך.*

מצודדת׳ מְצוֹדֵד enticing
אַטרַקטִיבִי, מוֹשֵׁך אֶת הַלֵב:
לְרוּת יֵשׁ צוּרָה ***מְצוֹדֶדֶת.***
מְצוֹדֶדֶת, מְצוֹדְדִים, מְצוֹדְדוֹת

מצודהנ׳ מְצוּדָה [מְצוּדוֹת] fortress
בִּניָין שֶׁיֵשׁ לוֹ קִירוֹת חֲזָקִים, מְשַׁמֵשׁ לַהֲגָנָה:
קָשֶׁה מְאוֹד לִכבּוֹשׁ אֶת ***הַמְּצוּדָה.***

מצווהנ׳ מִצְוָה [מִצְווֹת] religious duty
1. חוֹבָה דָתִית:
הוּא מְקַיֵים אֶת כֹּל ***הַמִּצְווֹת:*** *שׁוֹמֵר שַׁבָּת, אוֹכֵל כָּשֵׁר וְכוּ׳.*
2. מַעֲשֶׂה טוֹב: charitable deed
זֹאת ***מִצְוָוה*** *לַעֲזוֹר לְחוֹלִים.*
מִצוַות לֹא תַעֲשֶׂה ban
מִצוַות-עֲשֵׂה positive commandment
בַּר-מִצוָוה bar mitzvah
מִלחֶמֶת-מִצוָוה holy war
תַרְיַ"ג-מִצווֹת 613 Commandments (do's and dont's)

מצוחצחת׳ מְצֻחְצָח shining, polished (adj.)
נִראֶה מַברִיק, נָקִי מְאוֹד:
הִשׁאַרתִי בַּיִת ***מְצוּחצָח,*** *אַל תְלַכלְכוּ אוֹתוֹ.*
מְצוּחצַחַת, מְצוּחצָחִים, מְצוּחצָחוֹת

מצוטטת׳ מְצֻטָּט quoted (adj.)
מוֹסרִים אוֹתוֹ בְּדִיוּק כְּמוֹ שֶׁנֶאֱמַר אוֹ נִכתַב:
הַקֶטַע הַזֶה ***מְצוּטָט*** *מִתוֹך סֵפֶר שֶׁקָרָאתִי.*
מְצוּטֶטֶת, מְצוּטָטִים, מְצוּטָטוֹת

מצוית׳ מָצוּי available
יֶשנוֹ, שֶׁאֶפשָׁר לְהַשִׂיג אוֹתוֹ:
הַמַכשִׁיר הַיַפָּנִי הֶחָדָשׁ כְּבָר מָצוּי בַּשׁוּק.
מְצוּיָה, מְצוּיִים, מְצוּיוֹת

מצוידת׳ מְצֻיָּד equipped (adj.)
שֶׁיֵשׁ לוֹ מַה שֶׁצָרִיך (לְטִיוּל, לַעֲבוֹדָה):
בֵּית הַחֲרוֹשֶׁת ***מְצוּיָד*** *בִּמכוֹנוֹת חֲדִישׁוֹת.*
מְצוּיֶדֶת, מְצוּיָדִים, מְצוּיָדוֹת

מצויןת׳ מְצֻיָּן excellent
1. טוֹב מְאוֹד, יוֹצֵא מִן הַכְּלָל:
גִדעוֹן הִגִיעַ לְהֶישֵׂגִים ***מְצוּיָנִים*** *בַּלִימוּדִים.*
2. מְסוּמָן, כָּתוּב: mentioned (adj.)
שֵׁם הַמְחַבֵּר ***מְצוּיָן*** *עַל גַב הַסֵפֶר.*
מְצוּיֶנֶת, מְצוּיָנִים, מְצוּיָנוֹת

מצוירת׳ מְצֻיָּר painted/drawn (adj.)
עָשׂוּי כְּתמוּנָה - בִּצבָעִים, וְכוּ׳:
הַתמוּנָה הַזֹאת ***מְצוּיֶרֶת*** *בְּצִבעֵי מַיִם.*
סְפָרִים מְצוּיָרִים illustrated books
מְצוּיֶרֶת, מְצוּיָרִים, מְצוּיָרוֹת

מצולהנ׳ מְצוּלָה [מְצוּלוֹת] depth (of the sea)
עוֹמֶק הַיָם (לָשׁוֹן סִפרוּתִית):
הַסְפִינָה הִתהַפְּכָה, וְכוּלָם יָרדוּ ***לִמְצוּלוֹת-יָם.***

מצולםת׳ מְצֻלָּם photographed (adj.)
שֶׁצִילמוּ אוֹתוֹ, מוֹפִיעַ בִּתמוּנָה:
הַיַלדָה ***הַמְצוּלֶמֶת*** *בָּעִיתוֹן - נִיצחָה.*
מְצוּלֶמֶת, מְצוּלָמִים, מְצוּלָמוֹת

מצולעז׳ מְצֻלָּע [מְצוּלָעִים] polygon
צוּרָה גֵיאוֹמֶטרִית שֶׁיֵשׁ לָהּ צלָעוֹת (='צדָדִים'):
הַמְשׁוּלָשׁ הוּא ***מְצוּלָע,*** *שֶׁיֵשׁ לוֹ 3 צלָעוֹת.*

מצולקת׳ מְצֻלָּק scarred (adj.)
שֶׁיֵשׁ לוֹ צַלֶקֶת, סִימָן שֶׁל פֶּצַע יָשָׁן:
הוּא נִפצַע בִּתאוּנָה וְיֵשׁ לוֹ פָּנִים ***מְצוּלָקוֹת.***
מְצוּלֶקֶת, מְצוּלָקִים, מְצוּלָקוֹת

מצומצםת׳ מְצֻמְצָם limited (adj.)
קָטָן בְּכַמוּת אוֹ בְּמִספָּר:
בַּקוּפָּה נִשׁאַר מִספָּר ***מְצוּמצָם*** *שֶׁל כַּרטִיסִים.*
מְצוּמצֶמֶת, מְצוּמצָמִים, מְצוּמצָמוֹת

מצומקת׳ מְצֻמָּק shriveled (adj.)
יָבֵשׁ וְקָטָן (כְּמוֹ צִימוּק):
מֵאָז הַמַחֲלָה הוּא נִראֶה ***מְצוּמָק*** *וְרָזֶה.*
מְצוּמֶקֶת, מְצוּמָקִים, מְצוּמָקוֹת

מצונזרת׳ מְצֻנְזָר censored (adj.)
שֶׁיֵּשׁ עָלָיו צֶנְזוּרָה, אָסוּר לְהַצִּיג אוֹ לְהַדְפִּיס דְּבָרִים מְסוּיָּמִים:
*הָעִיתוֹן הַזֶּה **מְצוּנְזָר**, וְאֵין בּוֹ יְדִיעוֹת סוֹדִיּוֹת.*
מְצוּנְזֶרֶת, מְצוּנְזָרִים, מְצוּנְזָרוֹת

מצונןת׳ מְצֻנָּן has a cold
מִי שֶׁחָלָה בְּנַזֶּלֶת, שִׁיעוּל:
*דָּוִיד **מְצוּנָּן**, יֵשׁ לוֹ כְּאֵבֵי רֹאשׁ וְחוֹם.*
מְצוּנֶּנֶת, מְצוּנָּנִים, מְצוּנָּנוֹת

מצונףת׳ מְצֻנָּף coiled/rolled up (adj.)
(לָשׁוֹן סִפְרוּתִית) מְגוּלְגָּל כְּמוֹ כַּדּוּר בְּתוֹךְ עַצְמוֹ:
*הֶחָתוּל יָשֵׁן **מְצוּנָּף** בַּפִּינָּה.*
מְצוּנֶּפֶת, מְצוּנָּפִים, מְצוּנָּפוֹת

מצועצעת׳ מְצֻעְצָע (overly) ornate
מָלֵא קִישׁוּטִים וּצְבָעִים (כְּמוֹ צַעֲצוּעַ):
*הַשִּׂמְלָה **מְצוּעֲצַעַת** מִדַּי - כַּפְתּוֹרִים אֲדוּמִים, פַּסִּים כְּחוּלִים, כִּיסִים יְרוּקִים...*
מְצוּעֲצַעַת, מְצוּעֲצָעִים, מְצוּעֲצָעוֹת

מצוףז׳ מָצוֹף [מְצוֹפִים] buoy
מַכְשִׁיר שֶׁצָּף, נִמְצָא מֵעַל הַמַּיִם:
*אֲנִי פּוֹחֶדֶת לִשְׂחוֹת בְּלִי **מְצוֹפִים**.*

מצופהת׳ מְצֻפֶּה covered/coated (adj.)
שֶׁיֵּשׁ עָלָיו צִיפּוּי, מְכוּסֶּה:
*הַכֵּלִים הָאֵלֶּה **מְצוּפִּים** כֶּסֶף.*
כַּמְצוּפֶּהתה״פ as expected
מְצוּפָּה-מְצוּפֵּית, מְצוּפִּים, מְצוּפּוֹת

מצוץת׳ מָצוּץ sucked (adj.)
שֶׁהוֹצִיאוּ מִמֶּנּוּ אֶת הַנּוֹזְלִים.
מָצוּץ מִן הָאֶצְבַּע figment of the imagination
(לָשׁוֹן דִּיבּוּר) אֵין לוֹ בָּסִיס, הוֹכָחָה:
*כָּל הַסִּיפּוּר שֶׁלּוֹ **מָצוּץ** מִן הָאֶצְבַּע...*
מְצוּצָה, מְצוּצִים, מְצוּצוֹת

מצוקז׳ מָצוֹק [מְצוּקִים] cliff
סֶלַע גָּבוֹהַּ, שֶׁקָּשֶׁה לְטַפֵּס בּוֹ:
*הָלַכְנוּ בִּשְׁבִיל צַר לְאוֹרֶךְ **הַמָּצוֹק**.*

מצוקהנ׳ מְצוּקָה [מְצוּקוֹת] distress
מַצָּב קָשֶׁה מִבְּחִינָה כַּלְכָּלִית, פְּסִיכוֹלוֹגִית וְכוּ׳:
*צָרִיךְ לַעֲזוֹר לְמִשְׁפָּחוֹת **בִּמְצוּקָה**.*

מצורז׳ מָצוֹר siege
כְּשֶׁצָּבָא סוֹגֵר עַל עִיר וְאִי אֶפְשָׁר לָצֵאת וּלְהִיכָּנֵס:
*הַצָּבָא שָׂם **מָצוֹר** עַל הָעִיר.*

מצורעז׳ מְצֹרָע [מְצוֹרָעִים] leper
שֶׁיֵּשׁ לוֹ מַחֲלַת הַצָּרַעַת, מַחֲלַת עוֹר קָשָׁה:
*פַּעַם הָיוּ מַרְחִיקִים אֶת **הַמְּצוֹרָעִים** מֵהַחֶבְרָה.*
מְצוֹרַעַת, מְצוֹרָעוֹת

מצורףת׳ מְצֹרָף attached (adj.)
מְחוּבָּר, בָּא בְּיַחַד עִם:
*אֶל הַמִּכְתָּב **מְצוֹרָפוֹת** תְּמוּנוֹת וְקַבָּלוֹת.*
מְצוֹרֶפֶת, מְצוֹרָפִים, מְצוֹרָפוֹת

מצחז׳ מֵצַח [מְצָחִים] forehead
1. הַחֵלֶק בַּפָּנִים שֶׁבֵּין הָעֵינַיִים לַשְּׂעָרוֹת:
*הוּא, כַּנִּרְאֶה, אָדָם חוֹשֵׁב, יֵשׁ לוֹ **מֵצַח** גָּדוֹל...*
2. **עַזּוּת מֵצַח** - inpudence, insolence
*זֹאת **עַזּוּת מֵצַח** לְהָרִים יָד עַל אִישׁ זָקֵן.*

מצחייהנ׳ מִצְחִיָּה [מִצְחִיּוֹת] (sun-)visor
חֵלֶק בַּכּוֹבַע, מָגֵן מִפְּנֵי הַשֶּׁמֶשׁ:
*קָנִיתִי לַטִּיּוּל כּוֹבַע עִם **מִצְחִיָּה**.*

מצחיןת׳ מַצְחִין stinking (adj.)
שֶׁיֵּשׁ לוֹ רֵיחַ רַע, מַסְרִיחַ:
*בַּבִּיצָה יֵשׁ מַיִם עוֹמְדִים **וּמַצְחִינִים**.*
מַצְחִינָה, מַצְחִינִים, מַצְחִינוֹת

מצחיקת׳ מַצְחִיק funny
גּוֹרֵם לִצְחוֹק, מְשַׁעֲשֵׁעַ:
*שָׁמַעְתִּי בְּדִיחָה **מַצְחִיקָה**: 'יְהוּדִי אֶחָד נָסַע בָּרַכֶּבֶת...'*
מַצְחִיקָה, מַצְחִיקִים, מַצְחִיקוֹת

מצחיקןז׳ מַצְחִיקָן [מַצְחִיקָנִים] funny man
מִי שֶׁרָגִיל לְהַצְחִיק, יוֹדֵעַ לְהַצְחִיק:
*הוּא **מַצְחִיקָן**, לָכֵן מַזְמִינִים אוֹתוֹ לְכָל מְסִיבָּה.*
מַצְחִיקָנִית, מַצְחִיקָנִיּוֹת

מצטייןת׳ מִצְטַיֵּן excellent (m)
טוֹב מְאוֹד:
*הוּא תַּלְמִיד **מִצְטַיֵּן**.*
מִצְטַיֶּינֶת, מִצְטַיְּינִים, מִצְטַיְּינוֹת

מציאהנ׳ מְצִיאָה [מְצִיאוֹת] finding
1. מַשֶּׁהוּ שֶׁמּוֹצְאִים אַחֲרֵי שֶׁאָבַד אוֹ נֶעֱלַם אוֹ לֹא יָדְעוּ אֵיפֹה הוּא:
מְצִיאַת הַכְּתוֹבֶת שֶׁלּוֹ - קָשָׁה.

2. מַשֶׁהוּ שֶׁקּוֹנִים בְּזוֹל: (a) bargain
*קָנִיתִי גִ'ינס בַּחֲצִי מְחִיר - מַמָּשׁ **מְצִיאָה**!*
קָפַץ עַל הַמְּצִיאָה (לְשׁוֹן דִּיבּוּר) jumped at the bargain

מציאותנ, מְצִיאוּת [מְצִיאוּיוֹת] reality
מַצַּב הַדְּבָרִים בָּעוֹלָם, הַהֵיפֶךְ מֵחֲלוֹם / מִדִּמְיוֹן:
*כָּל הַחֲלוֹמוֹת וְהַתִּקְווֹת שֶׁלִּי רְחוֹקִים מִן **הַמְּצִיאוּת**.*
יְקַר-הַמְּצִיאוּת hard to come by
מְחוּיַּב-הַמְּצִיאוּת inescapable

מציאותית, מְצִיאוּתִי realistic
רֵיאָלִיסְטִי, מַה שֶׁקַּיָּים:
*אִי אֶפְשָׁר לַחֲלוֹם, צָרִיךְ לִהְיוֹת **מְצִיאוּתִי**.*
מְצִיאוּתִית, מְצִיאוּתִיִּים, מְצִיאוּתִיּוֹת

מצייהנ, מַצִּיָּה [מַצִּיּוֹת] cracker, wafer
1. מַצָּה קְטַנָּה, מִין לֶחֶם:
*מִספַּר הַקָּלוֹרִיּוֹת **בְּמַצִּיָּה** קָטָן מְאוֹד.*
2. מַצָּה מְטוּגֶּנֶת בְּבֵיצָה: fried matzo
*אֲנִי אוֹהֵב אֶת **הַמַּצִּיּוֹת** שֶׁאִימִּי מְכִינָה.*

מצילז, מַצִּיל [מַצִּילִים] lifeguard
שׁוֹמֵר עַל הַמִּתְרַחֲצִים בַּבְּרֵיכָה אוֹ בַּיָּם:
***הַמַּצִּיל** הִצִּיל אֶת חַיָּיו שֶׁל הַיֶּלֶד שֶׁטָּבַע בַּיָּם.*
מַצִּילָה, מַצִּילוֹת

מצילתייםז"ז, מְצִלְתַּיִם cymbals
כְּלִי נְגִינָה - 2 "צַלָּחוֹת" מִמַּתֶּכֶת שֶׁמַּכִּים בָּהֶן:
*כְּשֶׁיֵּשׁ **מְצִלְתַּיִם** בְּקוֹנצֶרט אִי אֶפְשָׁר לִישׁוֹן...*

מציצהנ, מְצִיצָה [מְצִיצוֹת] suction, sucking
כְּשֶׁיּוֹנְקִים בַּשְּׂפָתַיִים, בַּלָּשׁוֹן:
*קִיבַּלְתִּי סוּכָּרִיּוֹת **לִמְצִיצָה** נֶגֶד כְּאֵב גָּרוֹן.*

מצית ר' מצת

מצלת, מֵצֵל provides shade
נוֹתֵן צֵל, מַסתִּיר מִפְּנֵי הַשֶּׁמֶשׁ:
*הָעֵצִים **מְצִילִים** עַל הָרְחוֹב.*
מְצִילָה, מְצִילִים, מְצִילוֹת

מצלול ר' מיצלול

מצליחת, מַצְלִיחַ successful
מִי שֶׁהַכּוֹל "יוֹצֵא לוֹ" טוֹב:
*הוּא אִישׁ **מַצְלִיחַ** מְאוֹד בַּעֲסָקִים.*
מַצְלִיחָה, מַצְלִיחִים, מַצְלִיחוֹת

מצליחןז, מַצְלִיחָן [מַצְלִיחָנִים] successful, yuppie
"אִישׁ יָפֶה" - מִי שֶׁיֵּשׁ לוֹ כֶּסֶף, רְכוּשׁ וְכוּ':
*הוּא **מַצְלִיחָן**, כָּל מַה שֶׁהוּא עוֹשֶׂה מַצְלִיחַ.*
מַצְלִיחָנִית, מַצְלִיחָנִיּוֹת

מצליףז, מַצְלִיף [מַצְלִיפִים] lasher, whip
בַּכְּנֶסֶת - מִי שֶׁדּוֹאֵג שֶׁחַבְרֵי הַמִּפְלָגָה שֶׁלּוֹ יִהְיוּ בַּהַצְבָּעוֹת:
***הַמַּצְלִיף** יָדוּעַ בִּלְשׁוֹנוֹ הַחַדָּה.*
מַצְלִיפָה, מַצְלִיפוֹת

מצלמהנ, מַצְלֵמָה [מַצְלֵמוֹת] camera
מַכשִׁיר לְצִילּוּם תְּמוּנוֹת:
*רוּתִי לָקְחָה **מַצְלֵמָה** לַטִּיּוּל וְצִילְּמָה אֶת כָּל הַחֲבֵרִים.*

מצלצליםז"ר, מְצַלְצְלִים coins
כֶּסֶף מִמַּתֶּכֶת, שֶׁיֵּשׁ לוֹ "קוֹל":
***הַמְּצַלְצְלִים** מְמַלְּאִים אֶת הָאַרְנָק.*

מצמדז, מַצְמֵד [מַצְמְדִים] clutch
(חֵלֶק בִּמְכוֹנִית) מַפְסִיק אֶת הַקֶּשֶׁר בֵּין הַמָּנוֹעַ וְהַגַּלְגַּלִּים:
*כְּשֶׁמַּחֲלִיפִים מַהֲלָךְ בִּמְכוֹנִית לוֹחֲצִים עַל **הַמַּצְמֵד**.*

מצמררת, מְצַמְרֵר causing shivers
גּוֹרֵם רַעַד בַּגּוּף:
*הַיְּדִיעָה עַל מַה שֶּׁקָּרָה **מְצַמְרֶרֶת**.*
מְצַמְרֶרֶת, מְצַמְרְרִים, מְצַמְרְרוֹת

מצנחז, מַצְנֵחַ [מַצְנְחִים] parachute
בַּד שֶׁנִּפְתָּח כְּשֶׁקּוֹפְצִים מֵאֲווִירוֹן:
***הַמַּצְנֵחַ** נִפְתַּח וַאֲנִי יָרַדְתִּי לְאַט לְכִיווּן הָאֲדָמָה.*

מצנםז, מַצְנֵם [מַצְנְמִים] toaster
מַכשִׁיר חַשְׁמַלִּי, מְיַיבֵּשׁ פְּרוּסוֹת לֶחֶם:
*עָשִׂיתִי טוֹסט **בַּמַּצְנֵם**.*

מצנןז, מַצְנֵן [מַצְנְנִים] radiator
מַכשִׁיר שֶׁמְּשַׁמֵּשׁ לְקֵירוּר (בְּעִיקָּר שֶׁל מְכוֹנוֹת):
***הַמַּצְנֵן** מֵגֵן עַל הַמָּנוֹעַ מִפְּנֵי הִתְחַמְּמוּת.*

מצנפתנ, מִצְנֶפֶת [מִצְנָפוֹת] hat, turban
כּוֹבַע:
*(לָשׁוֹן סִפרוּתִית) הָאִישָּׁה חָבְשָׁה **מִצְנֶפֶת** עַל רֹאשָׁהּ.*

מצעז, מַצָּע [מַצָּעִים] bedding
1. מַה שֶּׁשָּׂמִים עַל מִיטָּה לִפְנֵי הַשֵּׁינָה:
*סִידַּרְתִּי אֶת **הַמַּצָּעִים** - סָדִין, שְׂמִיכָה וְכַר.*
2. תּוֹכנִית אִידֵיאוֹלוֹגִית, עֶקְרוֹנוֹת פּוֹלִיטִיִּים: platform
*אֲנִי מַסכִּים עִם **הַמַּצָּע** שֶׁל הַמִּפְלָגָה.*

מצעדז' מִצְעָד [מִצְעָדִים] parade
הֲלִיכָה מְאוּרְגֶּנֶת בְּיוֹם חַג אוֹ זִיכָּרוֹן:
*צַהַ"ל עָרַךְ **מִצְעָד** צְבָאִי בְּיוֹם הָעַצְמָאוּת.*

מצערת' מְצַעֵר saddening
גוֹרֵם צַעַר, כְּאֵב, עֶצֶב:
*קָרָאתִי בָּעִיתּוֹן יְדִיעָה **מְצַעֶרֶת** - דָּוִיד מֵת.*
מְצַעֶרֶת, מְצַעֲרִים, מְצַעֲרוֹת

מצפהז' מִצְפֶּה [מִצְפִּים] watchtower
1. מָקוֹם גָּבוֹהַּ, שֶׁמִּסְתַּכְּלִים מִמֶּנּוּ עַל נוֹף:
*מִן **הַמִּצְפֶּה** אֶפְשָׁר לִרְאוֹת אֶת הָעֵמֶק.*
2. יִישׁוּב בְּמָקוֹם גָּבוֹהַּ: hillside settlement
בַּגָּלִיל הֵקִימוּ מִצְפִּים רַבִּים.
מִצְפֵּה-כּוֹכָבִים observatory

מצפוןז' מַצְפּוּן conscience
הָרֶגֶשׁ שֶׁאוֹמֵר לָנוּ מָה אָסוּר וּמָה מוּתָּר:
*רַק אָדָם חֲסַר **מַצְפּוּן** יָכוֹל לִגְנוֹב מִזְּקֵנִים.*
נְקִיפוֹת-מַצְפּוּן - pangs of conscience
הָיוּ לִי נְקִיפוֹת מַצְפּוּן כְּשֶׁחָשַׁבְתִּי עָלָיו.

מצפונית' מַצְפּוּנִי conscientious
שֶׁקָּשׁוּר לַמַּצְפּוּן, לַמּוּסָר:
*הַאִם לְהַגִּיד אֶת הָאֱמֶת? זֹאת שְׁאֵלָה **מַצְפּוּנִית**.*
מַצְפּוּנִית, מַצְפּוּנִיִּים, מַצְפּוּנִיּוֹת

מצפןז' מַצְפֵּן [מַצְפְּנִים] compass
מַכְשִׁיר שֶׁמַּרְאֶה אֶת הַצָּפוֹן:
*תָּעִינוּ בַּדֶּרֶךְ, כִּי לֹא הָיָה לָנוּ **מַצְפֵּן**.*

מצץפ' מָצַץ sucked
יָנַק בְּעֶזְרַת הַשְּׂפָתַיִים וְהַלָּשׁוֹן:
*הַרְבֵּה תִּינוֹקוֹת **מוֹצְצִים** אֶצְבַּע.*
לִמְצוֹץ / מ.צ.ץ, פָּעַל / מָצַצְתִּי, מוֹצֵץ, אֶמְצוֹץ, יִמְצוֹץ

מצקתנ' מַצֶּקֶת [מַצָּקוֹת] ladle
כַּף גְּדוֹלָה שֶׁמַּעֲבִירִים בָּהּ נוֹזֵל מִסִּיר לְצַלַּחַת:
*אֵיךְ אֶקַּח מָרָק מִן הַסִּיר לַצַּלַּחַת בְּלִי **מַצֶּקֶת**?*

מצריתו"ז מִצְרִי [מִצְרִים] Egyptian
הַשַּׁיָּיךְ לְמִצְרַיִם, מִי שֶׁנּוֹלַד וְחַי בְּמִצְרַיִם:
*הַפִּירָמִידוֹת הֵן חֵלֶק מִן הַתַּרְבּוּת **הַמִּצְרִית** הָעַתִּיקָה.*
מִצְרִית-מִצְרִיָּיה, מִצְרִיִּים, מִצְרִיּוֹת

מצריםנ' מִצְרַ֫יִם Egypt
*בְּנֵי יִשְׂרָאֵל יָצְאוּ **מִמִּצְרַיִם** לִפְנֵי אַלְפֵי שָׁנִים.*
חוֹשֶׁךְ מִצְרַיִם pitch-dark

מצרךז' מִצְרָךְ [מִצְרָכִים] commodity
סְחוֹרָה שֶׁאָדָם קוֹנֶה, וְהִיא מְסַפֶּקֶת צוֹרֶךְ מְסוּיָּם שֶׁלּוֹ:
*לֶחֶם וּבְגָדִים הֵם **מִצְרָכִים** חִיּוּנִיִּים.*
מִצְרְכֵי-מָזוֹן groceries
מִצְרַךְ-הַשָּׁבוּעַ/הַחוֹדֶשׁ item of the week/month

מצת/מציתז' מַצֵּת/מַצִּית [מַצְּתִים] lighter
מַכְשִׁיר שֶׁמַּדְלִיקִים בּוֹ אֵשׁ:
*הִדְלַקְתִּי אֶת הַסִּיגַרְיָה **בְּמַצִּית**.*

מקבילת' מַקְבִּיל parallel
קַו פָּרַלֶלִי. כֹּל נְקוּדָה בּוֹ נִמְצֵאת בְּמֶרְחָק שָׁוֶוה מֵהַקַּו שֶׁמִּמּוּלוֹ:
*שְׁנֵי קַוִּוים **מַקְבִּילִים** לְעוֹלָם לֹא יִיפָּגְשׁוּ.*
מַקְבִּילִיםז"ר - 2 צִינוֹרוֹת בַּרְזֶל מְחוּבָּרִים בְּמֶרְחָק שָׁוֶוה, מַכְשִׁיר לִסְפּוֹרְט.
בְּמַקְבִּיל תה"פ coinciding, at the same time
מַקְבִּילָה, מַקְבִּילִים, מַקְבִּילוֹת

מקבילהנ' מַקְבִּילָה [מַקְבִּילוֹת] equivalent
מַשֶּׁהוּ דּוֹמֶה מְאוֹד, שֶׁנִּמְצָא בְּמָקוֹם אַחֵר:
*הַכְּנֶסֶת הִיא **הַמַּקְבִּילָה** שֶׁל הַפַּרְלָמֶנְט בְּאַנְגְלִיָּה.*
*לַבִּיטּוּי הַזֶּה אֵין **מַקְבִּילָה** בְּרוּסִית.*

מקביליתנ' מַקְבִּילִית [מַקְבִּילִיּוֹת] parallelogram
(בְּגֵיאוֹמֶטְרִיָּה) צוּרָה הַנְדָּסִית בַּת אַרְבַּע צְלָעוֹת, כֹּל שְׁתַּיִים נֶגְדִּיּוֹת שָׁווֹת וּמַקְבִּילוֹת:
*בַּתְּמוּנָה יֵשׁ לְגַג הַבַּיִת צוּרָה שֶׁל **מַקְבִּילִית**.*

מקבץז' מִקְבָּץ [מִקְבָּצִים] grouping
רִיכּוּז שֶׁל נְקוּדוֹת, אוֹסֶף שֶׁל-:
*יָרִינוּ לַמַּטָּרָה, **בְּמִקְבָּץ** שֶׁלִּי הָיוּ הַפְּגִיעוֹת קְרוֹבוֹת.*

מקבתנ' מַקֶּבֶת [מַקָּבוֹת] mallet
פַּטִּישׁ, כְּלִי עֲבוֹדָה כָּבֵד מִבַּרְזֶל אוֹ מֵעֵץ:
*תָּקַעְנוּ עַמּוּדִים בָּאֲדָמָה בְּעֶזְרַת **מַקֶּבֶת**.*

מקדחז' מַקְדֵּחַ [מַקְדְּחִים] drill
כְּלִי עֲבוֹדָה לַעֲשִׂיַּית חוֹרִים:
*עָשִׂיתִי חוֹר **בַּמַּקְדֵּחַ**, וְהַבּוֹרֶג נִכְנַס בְּקַלּוּת.*

מקדחהנ' מַקְדֵּחָה [מַקְדֵּחוֹת] (electric) drill
מְכוֹנָה שֶׁעוֹשָׂה חוֹרִים:
*קַל מְאוֹד לַעֲשׂוֹת חוֹר **בְּמַקְדֵּחָה** חַשְׁמַלִּית.*

מקדםז' מְקַדֵּם [מְקַדְּמִים] coefficient
1. (בְּמָתֵמָטִיקָה) מִסְפָּר הָעוֹמֵד בְּהַתְחָלָה וּמַכְפִּיל מִסְפָּר אַחֵר:

מְקַדֵּם הַחִיכּוּךְ שֶׁל מְכוֹנִית בִּכְבִישׁ רָטוֹב הוּא 0.3.
2. מְעוֹדֵד, עוֹשֶׂה שֶׁיִּהְיֶה יוֹתֵר: promoter
*הוּא **מְקַדֵּם** הַמְּכִירוֹת שֶׁל בֵּית הַחֲרוֹשֶׁת.*
מְקַדֶּמֶת, מְקַדְּמוֹת

מקדמהנ׳ מִקְדָּמָה [מִקְדָּמוֹת] advance payment
כֶּסֶף שֶׁנּוֹתְנִים לִפְנֵי שֶׁמְּשַׁלְּמִים אֶת כֹּל הַסְּכוּם:
*נָתַתִּי **מִקְדָּמָה** עַל חֶשְׁבּוֹן שְׂכַר הַדִּירָה.*

מקדמית׳ מִקְדָּמִי preliminary
שֶׁנַּעֲשָׂה לִפְנֵי מַשֶּׁהוּ:
*עוֹרֵךְ הַדִּין דָּרַשׁ דִּיּוּן **מִקְדָּמִי** לַמִּשְׁפָּט עַצְמוֹ.*
מִקְדָּמִית, מִקְדָּמִיִּים, מִקְדָּמִיּוֹת

מקדשז׳ מִקְדָּשׁ [מִקְדָּשִׁים] temple
מָקוֹם קָדוֹשׁ, מֶרְכָּז דָּתִי:
*שְׁלֹמֹה הַמֶּלֶךְ בָּנָה אֶת בֵּית **הַמִּקְדָּשׁ** הָרִאשׁוֹן.*

מקהלהנ׳ מַקְהֵלָה [מַקְהֵלוֹת] choir
קְבוּצָה שֶׁל אֲנָשִׁים שֶׁשָּׁרִים בְּיַחַד:
***הַמַּקְהֵלָה** מוֹפִיעָה בִּתְכוּנִית שִׁירִים חֲדָשָׁה.*

מקובלת׳ מְקֻבָּל accepted (adj.), customary
1. לְפִי הַמִּנְהָג, לְפִי הַמָּסוֹרֶת:
*הוּא שׁוֹמֵר עַל כְּלָלֵי הַנִּימוּס **הַמְּקוּבָּלִים**.*
2. רָצוּי, פּוֹפּוּלָרִי, אָהוּב: popular
*דָּנִי **מְקוּבָּל** מְאוֹד בְּחֶבְרַת הַיְּלָדִים.*
מְקוּבֶּלֶת, מְקוּבָּלִים, מְקוּבָּלוֹת

מקובעת׳ מְקֻבָּע fixed (adj.)
שֶׁהֶחֱזִירוּ לַמָּקוֹם הַקָּבוּעַ, הַנָּכוֹן:
*הוּא שָׁבַר אֶת הָרֶגֶל, עַכְשָׁיו הִיא **מְקוּבַּעַת** בְּגֶבֶס.*
מְקוּבַּעַת, מְקוּבָּעִים, מְקוּבָּעוֹת

מקובץת׳ מְקֻבָּץ collected (adj.)
שֶׁאָסְפוּ אוֹתוֹ וְשָׂמוּ בְּיַחַד:
*כֹּל הַשִּׁירִים שֶׁלּוֹ **מְקוּבָּצִים** בַּסֵּפֶר.*
מְקוּבֶּצֶת, מְקוּבָּצִים, מְקוּבָּצוֹת

מקודשת׳ מְקֻדָּשׁ holy, sacred
נֶחְשָׁב לְקָדוֹשׁ, שֶׁיֵּשׁ אֵלָיו יַחַס רֶלִיגְיוֹזִי:
*יְרוּשָׁלַיִם **מְקוּדֶּשֶׁת** לַיְּהוּדִים, לַנּוֹצְרִים וְלַמּוּסְלְמִים.*
מְקוּדֶּשֶׁת betrothed (f)
מְקוּדֶּשֶׁת, מְקוּדָּשִׁים, מְקוּדָּשׁוֹת

מקווהז׳ מִקְוֶה [מִקְווֹת/מִקְוִים] reservoir
1. מָקוֹם שֶׁנֶּאֶסְפוּ בּוֹ מַיִם, מִין בְּרֵיכָה:
*אַחֲרֵי הַגֶּשֶׁם נוֹצַר כָּאן **מִקְוֵה** מַיִם גָּדוֹל.*
2. מְקוֹם רַחֲצָה רִיטוּאָלִי ritual bath
לַיְּהוּדִים. הַשִּׁימּוּשׁ בּוֹ הוּא מִנְהָג דָּתִי:
*לְכֹל שְׁכוּנָה בָּעִיר יֵשׁ **מִקְוֶה** מִשֶּׁלָּהּ.*

מקווקות׳ מְקֻוְקָו lined/striped (adj.)
מוּרְכָּב מֵהַרְבֵּה קַוִּים קְטַנִּים:
*הִיא לָבְשָׁה שִׂמְלָה **מְקוּוְקֶוֶת**.*
מְקוּוְקֶוֶת, מְקוּוְקָוִים, מְקוּוְקָווֹת

מקוזזת׳ מְקֻזָּז set-off/withheld (adj.)
שֶׁהִפְחִיתוּ מִמֶּנּוּ בִּגְלַל חוֹב:
*הַמַּשְׂכּוֹרֶת שֶׁלִּי **מְקוּזֶּזֶת** בִּגְלַל חוֹב לְמַס הַכְנָסָה.*
מְקוּזֶּזֶת, מְקוּזָּזִים, מְקוּזָּזוֹת

מקוטבת׳ מְקֻטָּב polarized (adj.)
שֶׁהוּא מְנוּגָּד מְאוֹד, נִמְצָא בַּצַּד הָאַחֵר:
*קָשֶׁה לְהַגִּיעַ לְהֶסְכֵּם כְּשֶׁהַדֵּעוֹת **מְקוּטָּבוֹת** כֹּל־כָּךְ.*
מְקוּטֶּבֶת, מְקוּטָּבִים, מְקוּטָּבוֹת

מקוטלגת׳ מְקֻטְלָג catalogued (adj.)
מְסוּדָּר לְפִי מִין, נוֹשֵׂא, סוּג וְכוּ':
*כֹּל שְׁמוֹת הַתַּלְמִידִים **מְקוּטְלָגִים** לְפִי הַגִּיל שֶׁלָּהֶם.*
מְקוּטְלֶגֶת, מְקוּטְלָגִים, מְקוּטְלָגוֹת

מקוטעת׳ מְקֻטָּע fragmented (adj.)
לֹא שָׁלֵם, שֶׁיֵּשׁ בּוֹ רַק כַּמָּה חֲלָקִים:
*הַהַרְצָאָה הָיְתָה **מְקוּטַּעַת**, כִּי הָיוּ שְׁאֵלוֹת רַבּוֹת.*
מְקוּטַּעַת, מְקוּטָּעִים, מְקוּטָּעוֹת

מקטע ר' מיקטע

מקולז׳ מָקוֹל [מְקוֹלִים] phonograph, gramophone
פָּטִיפוֹן, מַכְשִׁיר שֶׁשּׁוֹמְעִים בּוֹ מוּסִיקָה:
*הֵבֵאנוּ **מָקוֹל** וְתַקְלִיטִים, וְרָקַדְנוּ כֹּל עֶרֶב.*

מקוללת׳ מְקֻלָּל cursed (adj.)
מִישֶׁהוּ/מַשֶּׁהוּ שֶׁאַף פַּעַם לֹא מַצְלִיחַ, שֶׁתָּמִיד קוֹרִים לוֹ דְּבָרִים רָעִים:
*זֹאת אֲדָמָה **מְקוּלֶּלֶת**, שׁוּם דָּבָר לֹא צוֹמֵחַ כָּאן.*
מְקוּלֶּלֶת, מְקוּלָּלִים, מְקוּלָּלוֹת

מקולףת׳ מְקֻלָּף peeled (adj.)
שֶׁהוֹרִידוּ מִמֶּנּוּ אֶת הַקְּלִיפָּה:
*אֲנִי אוֹכֵל תַּפּוּחַ **מְקוּלָּף**.*
מְקוּלֶּפֶת, מְקוּלָּפִים, מְקוּלָּפוֹת

מקולקלת׳ מְקֻלְקָל out of order, spoilt
בְּמַצָּב לֹא טוֹב, שָׁבוּר (מַכְשִׁיר), יֵשׁ לוֹ רֵיחַ רַע (אוֹכֶל):

*הַמְּכוֹנִית **מְקוּלְקֶלֶת** וְצָרִיךְ לְתַקֵּן אוֹתָהּ. / הָאוֹכֶל **מְקוּלְקָל**, אָסוּר לֶאֱכוֹל אוֹתוֹ.*
מְקוּלְקֶלֶת, מְקוּלְקָלִים, מְקוּלְקָלוֹת

מָקוֹםז׳, מָקוֹם [מְקוֹמוֹת] — place
1. שֶׁטַח, אֵיזוֹר, עִיר, כְּפָר:
*הוּא גָר **בְּמָקוֹם** יָפֶה. / אֲנִי לֹא מֵאַנְשֵׁי **הַמָּקוֹם**.*
2. רֶוַוח פָּנוּי, שֶׁטַח שֶׁאֶפְשָׁר לִהְיוֹת בּוֹ: — room, space
*יֵשׁ בַּחֶדֶר **מָקוֹם** לַעֲשָׂרָה אֲנָשִׁים.*
3. שֶׁטַח יְשִׁיבָה (עַל כִּסֵּא, סַפְסָל וְכוּ'): — seat
*מָצָאתִי **מָקוֹם** פָּנוּי עַל יַד הַחַלּוֹן, וְיָשַׁבְתִּי בּוֹ.*
בִּמְקוֹם — instead of
מִכָּל־מָקוֹם — in any case, anyhow
מְמַלֵּא־מָקוֹם — stand-in, deputy, substitute

מְקוֹמוֹןז׳, מְקוֹמוֹן [מְקוֹמוֹנִים] — local newspaper
עִיתּוֹן מְקוֹמִי, שֶׁל עִיר, אֵיזוֹר וְכוּ':
*בַּ**מְּקוֹמוֹן** יֵשׁ כַּתָּבָה עַל מֶרְכַּז הַקְּנִיּוֹת שֶׁלָּנוּ.*

מְקוּמָּטת׳, מְקֻמָּט — wrinkled (adj.)
לֹא חָלָק (נְיָיר, בַּד, עוֹר וְכוּ'):
*הַבֶּגֶד הַזֶּה **מְקוּמָּט**, צָרִיךְ לְגַהֵץ אוֹתוֹ!*
מְקוּמֶּטֶת, מְקוּמָּטִים, מְקוּמָּטוֹת

מְקוֹמִית׳, מְקוֹמִי — local
1. שֶׁל הַמָּקוֹם, שֶׁל הָעִיר אוֹ מָקוֹם מְגוּרִים מְסוּיָּם:
*רַק הַתּוֹשָׁבִים **הַמְּקוֹמִיִּים** מַכִּירִים אֶת הָרְחוֹב הַזֶּה.*
2. לֹא שַׁיָּיךְ לְכָל הַשֶּׁטַח אֶלָּא לְחֵלֶק מִמֶּנּוּ:
*בַּנִּיתּוּחַ הַזֶּה עוֹשִׂים הַרְדָּמָה **מְקוֹמִית**, רַק לָרֶגֶל.*
מְקוֹמִי, מְקוֹמִיִּים, מְקוֹמִיּוֹת

מְקוּמָּרת׳, מְקֻמָּר — convex, arched (adj.)
בְּצוּרָה שֶׁל קֶשֶׁת, כְּמוֹ חֲצִי עִיגּוּל:
*בָּאַרְכִיטֶקְטוּרָה הַמּוּסְלְמִית יֵשׁ חֲדָרִים **מְקוּמָּרִים** וְכִיפּוֹת.*
מְקוּמֶּרֶת, מְקוּמָּרִים, מְקוּמָּרוֹת

מַקּוֹףז׳, מַקּוֹף [מַקּוֹפִים] — beat, precinct
שֶׁטַח מְסוּיָּם:
*כָּל שׁוֹטֵר **מַקּוֹף** שׁוֹמֵר עַל שְׁכוּנָה אַחַת.*

מְקוּפָּחת׳, מְקֻפָּח — deprived (adj.)
מִי שֶׁלֹּא מְקַבֵּל מָה שֶׁמַּגִּיעַ לוֹ:
*הָעוֹבְדִים **הַמְּקוּפָּחִים** דּוֹרְשִׁים מַשְׂכּוֹרֶת שָׁוָה לַאֲחֵרִים.*
מְקוּפַּחַת, מְקוּפָּחִים, מְקוּפָּחוֹת

מְקוּפָּלת׳, מְקֻפָּל — folded (adj.)
עָשׂוּ אוֹתוֹ קָטָן, כְּשֶׁשָּׂמוּ חֵלֶק עַל חֵלֶק:

*הַמַּגָּבוֹת **מְקוּפָּלוֹת**, אֶפְשָׁר לְסַדֵּר אוֹתָן בָּאָרוֹן.*
מְקוּפֶּלֶת, מְקוּפָּלִים, מְקוּפָּלוֹת

מְקוּצָּרת׳, מְקֻצָּר — shortened (adj.)
יוֹתֵר קָצָר, יוֹתֵר קָטָן:
*הַפּוֹעֲלִים רוֹצִים שְׁבוּעַ עֲבוֹדָה **מְקוּצָּר** שֶׁל 5 יְמֵי עֲבוֹדָה.*
מְקוּצֶּרֶת, מְקוּצָּרִים, מְקוּצָּרוֹת

מָקוֹרז׳, מָקוֹר [מְקוֹרוֹת] — origin
1. נְקוּדַת הַמּוֹצָא, מָקוֹם שֶׁמַּשֶּׁהוּ מַתְחִיל בּוֹ:
*עַם יִשְׂרָאֵל הוּא **הַמָּקוֹר** שֶׁל הַמּוֹנוֹתֵאִיזְם.*
2. מִסְמָכִים הַמְּשַׁמְּשִׁים כְּחוֹמֶר לְמֶחְקָר: — source
*הִשְׁתַּמַּשְׁתִּי **בִּמְקוֹרוֹת** הִיסְטוֹרִיִּים כְּדֵי לִכְתּוֹב עַל הֶרְצְל.*
3. רְכוּשׁ אוֹ עוֹשֶׁר, בְּדֶרֶךְ כְּלָל שֶׁל מְדִינָה: — resource(s)
*מְקוֹרוֹת **הַמַּיִם שֶׁל יִשְׂרָאֵל מְעַטִּים.*
בַּמָּקוֹר - — in the original
*קָרָאתִי אֶת הַתַּנַ"ךְ **בַּמָּקוֹר** וְלֹא בְּתִירְגּוּם.*
מְקוֹרוֹת יוֹדְעֵי־דָּבָר — informed sources

מַקּוֹרז׳, מַקּוֹר [מַקּוֹרִים] — beak
הַפֶּה שֶׁל הַצִּיפּוֹרִים:
*לַחֲסִידָה **מַקּוֹר** אָרוֹךְ, וְלַתַּרְנְגוֹלֶת - קָצָר.*

מְקוֹרָבת׳, מְקֹרָב — close
קָרוֹב לְמִישֶׁהוּ מִבְּחִינָה חֶבְרָתִית, יָדִיד שֶׁל:
*הוּא **מְקוֹרָב** לְכָל הָאֲנָשִׁים הַחֲשׁוּבִים.*
מְקוֹרֶבֶת, מְקוֹרָבִים, מְקוֹרָבוֹת

מְקוֹרֶהת׳, מְקֹרֶה — roofed (adj.)
שֶׁיֵּשׁ לוֹ תִּקְרָה, גַּג:
*בַּמִּרְפֶּסֶת **מְקוֹרָה** יֵשׁ הֲגָנָה מִפְּנֵי הַשֶּׁמֶשׁ וְהַגֶּשֶׁם.*
מְקוֹרָה-מְקוֹרֵית, מְקוֹרִים, מְקוֹרוֹת

מְקוּרְזָלת׳, מְקֻרְזָל — curly, kinky
שֶׁיֵּשׁ לוֹ תַּלְתַּלִּים קְטַנִּים מְאוֹד בַּשְּׂעָרוֹת:
*הִיא רוֹצָה לְיַישֵּׁר אֶת הַשְּׂעָרוֹת **הַמְּקוּרְזָלוֹת** שֶׁלָּהּ.*
מְקוּרְזֶלֶת, מְקוּרְזָלִים, מְקוּרְזָלוֹת

מְקוֹרִית׳, מְקוֹרִי — original
רִאשׁוֹנִי, אֵינוֹ הֶעְתֵּק שֶׁל מַשֶּׁהוּ אַחֵר:
*זֹאת תְּמוּנָה **מְקוֹרִית** שֶׁל הַצַּיָּיר פִּיקָאסוֹ. / לַסּוֹפֵר הַזֶּה יֵשׁ רַעְיוֹנוֹת **מְקוֹרִיִּים** וּמְעַנְיְינִים.*
מְקוֹרִית, מְקוֹרִיִּים, מְקוֹרִיּוֹת

מְקוֹרִיּוּתנ׳, מְקוֹרִיּוּת — originality
כְּשֶׁיֵּשׁ בּוֹ רַק מֵעַצְמוֹ וְלֹא מִשֶּׁל אֲחֵרִים:
*כָּל צַיָּיר רוֹצֶה לְהַרְאוֹת אֶת **הַמְּקוֹרִיּוּת** שֶׁלּוֹ.*

מקורקעת׳ מְקֻרְקָע grounded (adj.)
שֶׁאָסוּר לוֹ לָטוּס:
*הַמָּטוֹס **מְקוּרקָע**, כִּי יֵשׁ בּוֹ קִילקוּל.*
מְקוּרקַעַת, מְקוּרקָעִים, מְקוּרקָעוֹת

מקוררת׳ מְקֹרָר chilled (adj.)
1. שֶׁנַּעֲשָׂה קַר:
*כְּדַאי לִשתוֹת יַיִן לָבָן, כְּשֶׁהוּא **מְקוֹרָר**.*
2. מִי שֶׁמִּשתַּעֵל וְיֵשׁ לוֹ נַזֶּלֶת, מְצוּנָן: has a cold
*אַתָּה **מְקוֹרָר**, כִּי לֹא לָבַשׁתָ מְעִיל...*
מְקוֹרֶרֶת, מְקוֹרָרִים, מְקוֹרָרוֹת

מקושטת׳ מְקֻשָּׁט decorated (adj.)
שֶׁיֵּשׁ לוֹ קִישׁוּטִים, מַשֶּׁהוּ שֶׁעוֹשֶׂה אוֹתוֹ יָפֶה יוֹתֵר:
*הַבַּיִת **מְקוּשָּׁט** בִּפרָחִים.*
מְקוּשֶּׁטֶת, מְקוּשָּׁטִים, מְקוּשָּׁטוֹת

מקושקשת׳ מְקֻשְׁקָשׁ scribbled (adj.)
יֵשׁ עָלָיו סתָם קַוִּוים וְצוּרוֹת בּלִי תוֹכֶן:
*הַמַּחבֶּרֶת שֶׁלְּךָ **מְקוּשקֶשֶׁת**, לֹא כָּתוּב בָּהּ כּלוּם.*
מְקוּשקֶשֶׁת, מְקוּשקָשִׁים, מְקוּשקָשׁוֹת

מקטורןז׳ מִקְטֹרֶן [מִקטוֹרנִים] jacket
מְעִיל קָצָר (זָ׳קֶט):
*הוּא לָבַשׁ **מִקטוֹרֶן** וַעֲנִיבָה, וְהָלַךְ לַמְּסִיבָּה.*

מקטרגז׳ מְקַטְרֵג [מְקַטרְגִים] accuser, adversary
מִי שֶׁמְּדַבֵּר נֶגֶד מִישֶׁהוּ אוֹ מַשֶּׁהוּ:
***הַמְּקַטרְגִים** אוֹמרִים, שֶׁהוּא נִכשַׁל בְּתַפקִיד.*
מְקַטרֶגֶת, מְקַטרְגוֹת

מקטרתנ׳ מִקְטֶרֶת [מִקטָרוֹת] pipe
כּלִי לְעִישׁוּן טַבָּק:
*הוּא אֵינוֹ מְעַשֵּׁן סִיגַריוֹת אֶלָּא **מִקטֶרֶת**.*

מקיףת׳ מַקִּיף comprehensive
שֶׁיֵּשׁ בּוֹ הַרבֵּה פּרָטִים וְעִניָינִים:
*זֶהוּ סֵפֶר **מַקִּיף** בְּהִיסטוֹריָה.*
בֵּית-סֵפֶר מַקִּיף comprehensive school
מַקִּיפָה, מַקִּיפִים, מַקִּיפוֹת

מקלז׳ מַקֵּל [מַקלוֹת] stick
עֲנַף עֵץ (בְּעֵרֶךְ 1 מֶטֶר אוֹרֶךְ), מַחזִיקִים בּוֹ בַּיָּד:
*הַזָּקֵן הָלַךְ בְּקוֹשִׁי בְּעֶזרַת **מַקֵּל**. / הַיֶּלֶד נָתַן לִי מַכָּה **בַּמַּקֵּל**.*

מקלדתנ׳ מִקְלֶדֶת [מִקלָדוֹת] keyboard
מַעֲרֶכֶת כַּפתוֹרִים (אוֹ מְנַעֲנְעִים בִּפסַנתֵר), שֶׁעַל יְדֵי לְחִיצָה קַלָּה מַפעִילִים מַחשֵׁב וְכוּ׳:
*הַפְּקִידָה מַדפִּיסָה עַל **הַמִּקלֶדֶת** בִּמהִירוּת גְּדוֹלָה.*

מקלחתנ׳ מִקְלַחַת [מִקלָחוֹת] shower
1. צִינוֹר שֶׁיֵּשׁ בּוֹ חוֹרִים לְמַיִם, מְשַׁמֵּשׁ לְרַחֲצָה:
*אֲנִי מַעֲדִיף לְהִתקַלֵּחַ **בְּמִקלַחַת** וְלֹא לְהִתרַחֵץ בָּאַמבַּטיָה.*
2. הַחֶדֶר שֶׁמִּתרַחֲצִים (מִתקַלְּחִים) בּוֹ:
*אֵיפֹה דָּוִיד? - הוּא **בַּמִּקלַחַת**.*

מקלטז׳ מִקְלָט [מִקלָטִים] shelter
מָקוֹם לְהִתחַבֵּא בּוֹ בִּשׁעַת סַכָּנָה:
*בִּזמַן הַהַפצָצוֹת יָרְדוּ הַתּוֹשָׁבִים **לַמִּקלָטִים**.*
מִקלָט מְדִינִי political asylum

מקלטז׳ מַקְלֵט [מַקלְטִים] receiver
רַדיוֹ וְטֶלֶוִויזיָה, מַכשִׁירִים שֶׁקּוֹלְטִים קוֹלוֹת וּתמוּנוֹת:
*הִדלַקתִּי אֶת **מַקלֵט** הַטֶּלֶוִויזיָה וְהִקשַׁבתִּי לַחֲדָשׁוֹת.*

מקלעז׳ מַקְלֵעַ [מַקלְעִים] machine-gun
רוֹבֶה אוֹטוֹמָטִי:
***הַמַּקלֵעַ** טוֹב מִן הָרוֹבֶה, הוּא יוֹרֶה מַהֵר יוֹתֵר.*
תַּת-מַקלֵעַ submachine-gun

מקסיםת׳ מַקְסִים charming
יָפֶה מְאוֹד, מוֹשֵׁךְ לֵב וְעַיִן:
*הוּא אִישׁ **מַקסִים**.*
מַקסִימָה, מַקסִימִים, מַקסִימוֹת

מקףז׳ מַקָּף (מַקֵּף) [מַקָּפִים] hyphen
קַו שֶׁמְּחַבֵּר שׁתֵי מִילִים, שֶׁיֵּשׁ בֵּינֵיהֶן קֶשֶׁר:
*בַּמִּילִים ׳בֵּית-סֵפֶר׳, ׳אַף-עַל-פִּי-כֵן׳ יֵשׁ **מַקָּפִים**.*

מקפצהנ׳ מַקְפֵּצָה [מַקפֵּצוֹת] springboard
קֶרֶשׁ, שֶׁעוֹזֵר לְמִי שֶׁרָץ אוֹ קוֹפֵץ לְהַגִּיעַ רָחוֹק יוֹתֵר:
*עָלִיתִי עַל **הַמַּקפֵּצָה**, וְקָפַצתִי מִמֶּנָּה לַמַּיִם.*

מקצבז׳ מִקְצָב [מִקצָבִים] rhythm
רִיתמוּס, מֶרחָק בֵּין צלִילִים, צְעָדִים בְּרִיקוּד...:
*אֲנִי אוֹהֵב אֶת **הַמִּקצָב** שֶׁל הַגֶּ׳ז.*

מקצה ר׳ מיקצה

מקצועז׳ מִקְצוֹעַ [מִקצוֹעוֹת] occupation, profession
עֲבוֹדָה שֶׁאָדָם לוֹמֵד כְּדֵי לַעֲסוֹק בָּהּ:
*מָה **הַמִּקצוֹעַ** שֶׁלְּךָ, מֹשֶׁה? אֲנִי רוֹפֵא.*

מקצועית׳ מִקְצוֹעִי professional
פּרוֹפֶסיוֹנָאלִי. מוּמחֶה בַּעֲבוֹדָתוֹ:

*הוּא מוּסִיקַאי **מִקצוֹעִי**, כְּדַאי לְהַצִיעַ לוֹ עֲבוֹדָה בָּאוֹפֶּרָה.*
*הַהִסתַדרוּת נוֹתֶנֶת הֲגָנָה **מִקצוֹעִית** לָעוֹבדִים.*
מִקצוֹעִית, מִקצוֹעִיִים, מִקצוֹעִיוֹת

מקצועיותנ׳ מִקצוֹעִיוּת — professionalism
פּרוֹפֶסיוֹנָלִיוּת, מוּמחִיוּת בְּמִקצוֹעַ:
*אֲנִי דוֹרֵשׁ **מִקצוֹעִיוּת** מִן הָעוֹבדִים שֶׁלִי.*

מקצועןז׳ מִקצוֹעָן [מִקצוֹעָנִים] — (a) professional
מוּמחֶה, טוֹב מְאוֹד בַּעֲבוֹדָה, בְּספּוֹרט...:
*שַׂחקָנֵי כַּדוּרסַל **מִקצוֹעָנִים** מַרוִויחִים כֶּסֶף רַב.*
מִקצוֹעָנִית, מִקצוֹעָנִיוֹת

מקצףז׳ מַקצֵף [מַקצְפִים] — whisk
מַכשִׁיר שֶׁעוֹשֶׂה קֶצֶף שֶׁל חֶלבּוֹן, שַׁמֶנֶת, וְכוּ׳:
*בַּ**מַקצֵף** קַל לַעֲשׂוֹת קֶצֶף לְעוּגָה.*

מקצתנ׳ מִקצָת — some, part of
(מִן/מִ + קְצָת) חֵלֶק קָטָן:
***מִקצָת** הַתַלמִידִים לֹא יָדעוּ, שֶׁיֵשׁ שִׁיעוּר.*
בְּמִקצָת — a little
מִקצָתִי, מִקצָתךָ, מִקצָתוֹ, מִקצָתָהּ, מִקצָתֵנוּ, מִקצָתכֶם

מקקז׳ מַקָק [מַקָקִים] — cockroach
ג׳וּק, בַּעֲלֵי חַיִים קְטַנִים שֶׁנִכנָסִים לַבַּיִת:
*צָרִיךְ לְנַקוֹת אֶת אֲרוֹנוֹת הַמִטבָּח, כִּי יֵשׁ שָׁם **מַקָקִים**.*

מקראז׳ מִקרָא [מִקרָאִים/מִקרָאוֹת] — the Bible
(קְרִיאָה) סֵפֶר הַתַנַ"ךְ:
*גַם יְלָדִים קְטַנִים אוֹהֲבִים לִשׁמוֹעַ אֶת סִיפּוּרֵי **הַמִקרָא**.*

מקראהנ׳ מִקרָאָה [מִקרָאוֹת] — reader, anthology
סֵפֶר לִימוּד, שֶׁיֵשׁ בּוֹ אוֹסֶף שֶׁל שִׁירִים וְסִיפּוּרִים:
*בַּסֵפֶר '**מִקרָאוֹת** יִשׂרָאֵל' יֵשׁ סִיפּוּרִים מְעַניְינִים.*

מקראית׳ מִקרָאִי — biblical
הַשַׁיָיך לַמִקרָא, לְסִפרֵי הַתַנַ"ךְ:
*הוּא כּוֹתֵב בְּלָשׁוֹן **מִקרָאִית**.*
מִקרָאִית, מִקרָאִיִים, מִקרָאִיוֹת

מקרבמ״י מִקֶּרֶב — from among
מִתוֹךְ-:
*בָּחַרתִי בְּדָוִיד **מִקֶרֶב** מוּעֲמָדִים רַבִּים.*
מִקֶרֶב לֵב - *אֲנִי מוֹדֶה לָכֶם מִקֶרֶב לֵב עַל הַמַתָנָה.* — from the bottom of one's heart
מִקִרבּוֹ, מִקִרבָּהּ, מִקִרבָּם, מִקִרבֵּנוּ, מִקִרבְּכֶם

מקרהז׳ מִקרֶה [מִקרִים] — occurrence, incident
דָבָר שֶׁקָרָה, דָבָר לֹא מְתוּכנָן:
*אֶתמוֹל קָרָה לִי **מִקרֶה** לֹא רָגִיל. פָּגַשׁתִי **בְּמִקרֶה** אָדָם, שֶׁהִיכַּרתִי הֵיטֵב לִפנֵי 40 שָׁנָה.*
בְּמִקרֶה ת״פ — by chance, accidentally

מקרית׳ מִקרִי — accidental
לֹא מְתוּכנָן, בָּא בְּמִקרֶה, לֹא מִתוֹךְ כַּוָונָה:
*לִזכּוֹת בַּפַּיִס - זֶהוּ דָבָר **מִקרִי** לְגַמרֵי.*
מִקרִית, מִקרִיִים, מִקרִיוֹת

מקריותנ׳ מִקרִיוּת — chance
שֶׁבָּא בְּמִקרֶה, בְּלִי כַּוָונָה:
*יֵשׁ **מִקרִיוּת** בַּחַיִים, לֹא עַל הַכּוֹל אֶפשָׁר לַחשׁוֹב מֵרֹאשׁ.*

מקריחת׳ מַקרִיחַ — balding
מִי שֶׁהַשֵׂיעָר שֶׁלוֹ נוֹשֵׁר, יֵשׁ לוֹ פָּחוֹת וּפָחוֹת שְׂעָרוֹת:
*אַתָה **מַקרִיחַ**, עוֹד מְעַט תִישָׁאֵר בְּלִי שְׂעָרוֹת.*
מַקרִיחָה, מַקרִיחִים, מַקרִיחוֹת

מקריןת׳ מַקרִין — radiating (adj.)
1. מְפַזֵר אוֹר אוֹ חוֹם:
*הַתַנוּר הַזֶה **מַקרִין** חוֹם.*
2. (מֶטָאפוֹרָה) מַשׁפִּיעַ: — reflecting (adj.)
*הִתנַהֲגוּת הַהוֹרִים **מַקרִינָה** עַל הַיְלָדִים.*
מַקרִינָה, מַקרִינִים, מַקרִינוֹת

מקרןז׳ מַקרֵן [מַקרְנִים] — projector
1. מַכשִׁיר לְהַרְאוֹת סְרָטִים, תְמוּנוֹת וְכוּ׳:
*הִפעַלתִי אֶת **הַמַקרֵן** וְהֶראֵיתִי לָהֶם אֶת הַסֶרֶט.*
2. צִינוֹרוֹת, שֶׁיֵשׁ בָּהֶם שֶׁמֶן אוֹ מַיִם, כְּדֵי לְחַמֵם אֶת הַבַּיִת. — radiator
*חַם בַּבַּיִת, בְּכָל חֶדֶר יֵשׁ **מַקרֵן**.*

מקרקעיןז״ר מְקַרקְעִין — real estate
(צוּרָה אֲרָמִית) מַה שֶׁאִי אֶפשָׁר לְהָזִיז מֵהַמָקוֹם (בַּיִת, אֲדָמָה):
*הוּא עָשִׁיר גָדוֹל, הָרְכוּשׁ שֶׁלוֹ כּוּלוֹ **בִּמקַרקְעִין**.*

מקררז׳ מְקָרֵר [מְקָרְרִים] — refrigerator
מִין אָרוֹן לְקֵירוּר מָזוֹן, נִמצָא בַּמִטבָּח:
*אִימָא הִכנִיסָה **לַמְקָרֵר** אֶת הָאוֹכֶל הַמְבוּשָׁל.*

מקשז׳ מַקֵשׁ (מַקָשׁ) [מַקָשִׁים] — key
הַחֲלָקִים בִּמכוֹנַת כְּתִיבָה וּבְמַחשֵׁב שֶׁשָׂמִים עֲלֵיהֶם אֶת הָאֶצבָּעוֹת:
*תָשִׂים אֶת הָאֶצבָּעוֹת עַל **הַמַקָשִׁים** וְתַתחִיל לִכתוֹב.*

מקשאהני מִקְשָׁאָה [מִקְשָׁאוֹת] watermelon patch
שָׂדֶה שֶׁגְּדֵלִים בּוֹ אֲבַטִּיחִים:
*אָסַפְנוּ אֶת כָּל הָאֲבַטִּיחִים מֵהַ**מִּקְשָׁאָה**, וּמָכַרְנוּ אוֹתָם.*

מקשהת׳ מַקְשֶׁה person who questions
1. מִי שֶׁשּׁוֹאֵל שְׁאֵלוֹת:
*תַּלְמִיד **מַקְשֶׁה** הוּא תַּלְמִיד חוֹשֵׁב. (מֵהַמִּילָה קוּשְׁיָה)*
2. עוֹשֶׂה שֶׁיִּהְיֶה קָשֶׁה: creates difficulty
*הַיְלָדִים **מַקְשִׁים** עָלַיי אֶת הַחַיִּים.*
מַקְשָׁה, מַקְשִׁים, מַקְשׁוֹת

מקשהני מִקְשָׁה [מִקְשׁוֹת] solid, of one piece
מַשֶּׁהוּ שֶׁעָשׂוּי מֵחֲתִיכָה אַחַת:
*זֶה מַשֶּׁהוּ מְיוּחָד - פֶּסֶל גָּבוֹהַּ עָשׂוּי **מִקְשָׁה** אַחַת.*

מקשרת׳ מְקַשֵּׁר liaison
מִי שֶׁתַּפְקִידוֹ לְחַבֵּר בֵּין שְׁנֵי מִשְׂרָדִים, שְׁתֵּי קְבוּצוֹת וְכוּ׳:
*דָּוִיד הָיָה **הַמְקַשֵּׁר** בֵּין הָאוֹרְחִים לְחַבְרֵי הַקִּיבּוּץ.*
(בְּכַדּוּרֶגֶל) **מְקַשֵּׁר יְמָנִי** right inside forward (soccer)
מְקַשֶּׁרֶת, מְקַשְּׁרִים, מְקַשְּׁרוֹת

מרת׳ מַר bitter
לֹא מָתוֹק, טַעַם חָרִיף, לֹא נָעִים:
*אֲנִי לֹא אוֹהֵב אֶת הַטַּעַם **הַמַּר** שֶׁל הָאֶשְׁכּוֹלִית.*
מַר-נֶפֶשׁ embittered
טָעוּת מָרָה grave mistake
טִיפָּה מָרָה alcoholic drink
מָרָה, מָרִים, מָרוֹת

מרז׳ מַר Mr.
אָדוֹן, תּוֹאַר כָּבוֹד לְאָדָם. בָּא לִפְנֵי שֵׁם הַמִּשְׁפָּחָה:
***מַר** יַעֲקוֹבִי יַרְצֶה הָעֶרֶב עַל פְּסִיכוֹלוֹגְיָה בְּחִינּוּךְ.*

מראהני מַרְאָה [מַרְאוֹת] mirror
זְכוּכִית לֹא שְׁקוּפָה, מִי שֶׁעוֹמֵד מוּלָהּ רוֹאֶה אֶת עַצְמוֹ:
*הִסְתָּרַקְתִּי וְהִתְאַפַּרְתִּי מוּל **הַמַּרְאָה**.*

מראהז׳ מַרְאֶה [מַרְאוֹת] sight, view
1. מַה שֶּׁרוֹאִים:
***הַמַּרְאֶה** מִן הָהָר יָפֶה מְאוֹד.*
2. צוּרָה: appearance, look
*יֵשׁ לָהּ **מַרְאֶה** יָפֶה.*
לְמַרְאֶה - *הַתַּפּוּחַ יָפֶה לְמַרְאֶה.* to the eye
מַרְאֵה-מָקוֹם - הַמָּקוֹם הַמְּדוּיָּק reference
בְּסֵפֶר (פֶּרֶק, עַמּוּד וְכוּ׳) כָּתוּב בּוֹ מַה שֶּׁמִּישֶׁהוּ הִזְכִּיר

מראייןז׳ מְרַאֲיֵן [מְרַאַיְינִים] interviewer
מִי שֶׁשּׁוֹאֵל (אוֹרֵחַ בַּטֶּלֶוִויזְיָה/עוֹבֵד חָדָשׁ וְכוּ׳) שְׁאֵלוֹת
שׁוֹנוֹת:
***הַמְרַאֲיֵן** בַּטֶּלֶוִויזְיָה שׂוֹחֵחַ עִם רֹאשׁ הַמֶּמְשָׁלָה.*
מְרַאֲיֶינֶת, מְרַאַיְינוֹת

מראיתני מַרְאִית appearance
מַרְאֶה, צוּרָה:
***מִמַּרְאִית** פָּנָיו נִרְאֶה שֶׁהוּא חוֹלֶה.*
לְמַרְאִית עַיִן - apparently
רַק לְמַרְאִית עַיִן הוּא שָׂמֵחַ.

מראשת״פ מֵרֹאשׁ in advance
קוֹדֶם, לִפְנֵי כֵן, לִפְנֵי שֶׁהַדָּבָר קָרָה:
*הוֹדַעְתִּי לוֹ **מֵרֹאשׁ**, שֶׁלֹּא אָבוֹא בַּשָּׁבוּעַ הַבָּא לָעֲבוֹדָה.*

מראשותנ״ר מְרַאֲשׁוֹת head-rest
לְיַד הָרֹאשׁ, כְּשֶׁשּׁוֹכְבִים בַּמִּיטָה:
*הוּא יָשַׁב **לִמְרַאֲשׁוֹת** אָבִיו הַחוֹלֶה.*

מרב ר׳ מירב **מרבי** ר׳ מירבי

מרבדז׳ מַרְבָד [מַרְבַדִּים] rug, carpet
שָׁטִיחַ, מַה שֶּׁשָּׂמִים עַל הָרִצְפָּה בַּבַּיִת:
*בְּכָל חֶדֶר יֵשׁ לִי **מַרְבָד** בְּצֶבַע אַחֵר.*
מַרְבַד הַקְּסָמִים magic carpet

מרבהת״פ מַרְבֶּה having a lot
שֶׁיֵּשׁ לוֹ הַרְבֵּה.
מַרְבֵּה-רַגְלַיִים ז׳ centipede
לְמַרְבֵּה-הַצַּעַר ב׳ - unfortunately
לְמַרְבֵּה הַצַּעַר לֹא יָצָאתִי לַטִּיּוּל.
לְמַרְבֵּה-הַפֶּלֶא ב׳ - surprisingly
לְמַרְבֵּה הַפֶּלֶא לֹא אֵיחַרְתִּי הַיּוֹם.

מרביתני מַרְבִּית most
הַחֵלֶק הַגָּדוֹל שֶׁל-:
***מַרְבִּית** חֲבֵרַיי מְהַנְדְּסִים.*

מרבץ ר׳ מירבץ

מרגוע ז׳ מַרְגּוֹעַ rest
מְנוּחָה, שֶׁקֶט:
*בַּכְּפָר אֲנִי מוֹצֵא **מַרְגּוֹעַ** לְעַצְמִי.*
בֵּית-מַרְגּוֹעַ sanatorium

מרגיעת׳ מַרְגִּיעַ calming
גּוֹרֵם לְשֶׁקֶט, לִמְנוּחָה:
*הַשֶּׁקֶט בַּכְּפָר **מַרְגִּיעַ** אֶת הָעֲצַבִּים.*
מַרְגִּיעָה, מַרְגִּיעִים, מַרְגִּיעוֹת

מרגלז, מְרַגֵּל [מְרַגְּלִים] spy
מִי שֶׁאוֹסֵף סוֹדוֹת וּמַעֲבִיר לְזָרִים:
הַמְרַגֵּל הֶעֱבִיר סוֹדוֹת צְבָאִיִּים מְסוּרִיָּה לְיִשְׂרָאֵל.
מְרַגֶּלֶת, מְרַגְּלוֹת

מרגלותנ"ר מַרְגְּלוֹת (at) the foot of
הַמָּקוֹם שֶׁהָרַגְלַיִים מוּנָּחוֹת כְּשֶׁשּׁוֹכְבִים:
הוּא יָשַׁב לְמַרְגְּלוֹתַיי וְחִיכָּה שֶׁאֶתְעוֹרֵר מֵהַשֵּׁינָה.

מרגליתנ, מַרְגָּלִית [מַרְגָּלִיּוֹת] gem, jewel, pearl
אֶבֶן יְקָרָה, (מֶטָאפוֹרָה) דָּבָר יָקָר:
יֵשׁ לִי בַּת מַמָּשׁ מַרְגָּלִית.

מרגמהנ, מַרְגֵּמָה [מַרְגֵּמוֹת] mortar
כְּלִי יְרִיָּיה גָּדוֹל מְרוּבֶּה וְקָטָן מְתוּתָח:
הֵם יָרוּ עָלֵינוּ פְּגָזִים מִמַּרְגֵּמוֹת.

מרגניתנ, מַרְגָּנִית [מַרְגָּנִיּוֹת] daisy
פֶּרַח לֹא גָּדוֹל אֲבִיבִי, צָהוֹב-לָבָן:
קָנִיתִי מַרְגָּנִיּוֹת, אֲנִי אוֹהֵב אוֹתָן בָּאָבִיב.

מרגרינהנ, מַרְגָּרִינָה margarine
מִין חֶמְאָה מִשּׁוּמָן שֶׁל צְמָחִים (לֹא מֵחָלָב):
מָרַחְתִּי מַרְגָּרִינָה עַל הַלֶּחֶם - כָּךְ טָעִים לִי.

מרגשז, מַרְגָּשׁ feeling, mood
מַה שֶּׁמַּרְגִּישִׁים, הַרְגָּשָׁה, מַצַּב-רוּחַ:
אֵיךְ הַמַּרְגָּשׁ? - לֹא רַע!

מרדפ, מָרַד rebelled
נִלְחַם נֶגֶד שִׁלְטוֹן אוֹ אוֹטוֹרִיטָה:
בַּר כּוֹכְבָא מָרַד בַּשִּׁלְטוֹן הָרוֹמָאִי וְנִלְחַם בּוֹ שָׁלוֹשׁ שָׁנִים.
לִמְרוֹד בְּ- / מ.ר.ד, פָּעַל / מָרַדְתִּי, מוֹרֵד, אֶמְרוֹד, יִמְרוֹד

מרדז, מֶרֶד rebellion, revolt
הִתְפָּרְצוּת בְּכוֹחַ נֶגֶד הַשִּׁלְטוֹן:
מֶרֶד בַּר-כּוֹכְבָא בָּרוֹמָאִים פָּרַץ בִּשְׁנַת 132 לַסְּפִירָה.

מרדיםת, מַרְדִּים anesthetic, anesthetist
גּוֹרֵם שֶׁמִּישֶׁהוּ יִישַׁן:
הָרוֹפֵא הַמַּרְדִּים נָתַן לִי תְּרוּפָה מַרְדִּימָה לִפְנֵי הַנִּיתּוּחַ.
מַרְדִּימָה, מַרְדִּימִים, מַרְדִּימוֹת

מרדןת, מַרְדָן rebellious
מִי שֶׁאֵינוֹ מְקַבֵּל אוֹטוֹרִיטָה:
הוּא יֶלֶד מַרְדָן, עוֹשֶׂה מַה שֶּׁהוּא רוֹצֶה.
מַרְדָנִית, מַרְדָנִים, מַרְדָנִיּוֹת

מרדנותנ, מַרְדָנוּת rebelliousness
הַנְּטִיָּיה לֹא לְקַבֵּל אוֹטוֹרִיטָה:
מַרְדָנוּת אֵצֶל יְלָדִים בְּנֵי 16 הִיא דָּבָר טִבְעִי.

מרדף ר' מירדף

מרהנ, מָרָה gall(bladder)
אֵיבָר בַּבֶּטֶן, מְעַבֵּד אֶת הַשּׁוּמָן שֶׁאוֹכְלִים:
הָיוּ לוֹ אֲבָנִים בַּמָּרָה, וְהוֹצִיאוּ לוֹ אוֹתָן.
מָרָה שְׁחוֹרָה (מֶטָאפוֹרָה) melancholy

מרהיבת, מַרְהִיב spectacular
נֶהְדָּר, יָפֶה בְּיוֹתֵר:
הַנּוֹף מִכָּאן מַרְהִיב.
מַרְהִיבָה, מַרְהִיבִים, מַרְהִיבוֹת

מרואייןז, מְרוּאֲיָין [מְרוּאֲיָינִים] interviewee
מִי שֶׁמְּרַאַיְינִים אוֹתוֹ, שׁוֹאֲלִים אוֹתוֹ (בַּטֶּלֶוִויזְיָה בָּרַדְיוֹ...):
הַמְרוּאֲיָין עָשָׂה רוֹשֶׁם טוֹב - הוּא דִּיבֵּר יָפֶה.
מְרוּאֲיֶינֶת, מְרוּאֲיָינוֹת

מרוב ר' רוב

מרובהת, מְרֻבֶּה numerous
הַרְבֵּה:
יֵשׁ לוֹ בְּעָיוֹת מְרוּבּוֹת, אֲבָל הוּא לֹא מִתְיָיאֵשׁ.
תָּפַסְתָּ מְרוּבֶּה - לֹא תָּפַסְתָּ grasp all, lose all
מְרוּבָּה-מְרוּבֵּית, מְרוּבִּים, מְרוּבּוֹת

מרובעת, מְרֻבָּע square
צוּרָה גֵּיאוֹמֶטְרִית שֶׁיֵּשׁ לָהּ אַרְבַּע פִּינּוֹת:
יֵשׁ לִי חֶדֶר מְרוּבָּע, 3 מֶטְרִים אוֹרֶךְ עַל 4 מֶטְרִים רוֹחַב.
אוֹתִיּוֹת מְרוּבָּעוֹת - הָאוֹתִיּוֹת הָעִבְרִיּוֹת שֶׁבְּדְפוּס
מְרוּבַּעַת, מְרוּבָּעִים, מְרוּבָּעוֹת

מרוגזת, מְרֻגָּז angry
כּוֹעֵס:
אֲנִי מְרוּגֶּזֶת בִּגְלַל הָרַעַשׁ וְהַצְּעָקוֹת בַּחוּץ.
מְרוּגֶּזֶת, מְרוּגָּזִים, מְרוּגָּזוֹת

מרוגשת, מְרֻגָּשׁ excited (adj.)
מָלֵא הִתְרַגְּשׁוּת, שָׂמֵחַ מְאוֹד וְכוּ':
הוּא מְרוּגָּשׁ, כִּי רוּת הִסְכִּימָה לְהִתְחַתֵּן אִיתּוֹ.
מְרוּגֶּשֶׁת, מְרוּגָּשִׁים, מְרוּגָּשׁוֹת

מרודת, מָרוּד wretched
בְּמַצָּב כַּלְכָּלִי קָשֶׁה מְאוֹד:

*הוא לא סתם עָנִי, הוא עָנִי **מָרוּד**.*
מְרוּדָה, מְרוּדִים, מְרוּדוֹת

מרוהטת׳ מְרֹהָט — furnished (adj.)
שֶׁיֵּשׁ בּוֹ רָהִיטִים (שוּלְחָן, אָרוֹן וְכוּ׳):
*אֲנִי מְחַפֵּשׂ חֶדֶר **מְרוֹהָט** לָגוּר בּוֹ.*
מְרוֹהֶטֶת, מְרוֹהָטִים, מְרוֹהָטוֹת

מרווהת׳ מַרְוֶה — quenching
מְסַפֵּק נוֹזְלִים, מַפְסִיק אֶת הַצָּמָא:
*תֵּה קַר **מַרְוֶוה** מְאוֹד בַּקַּיִץ.*
מַרְוָוה, מַרְווִים, מַרְווֹת

מרווחת׳ מְרֻוָּח — spacious
מָקוֹם רָחָב, כְּשֶׁיֵּשׁ הַרְבֵּה מָקוֹם:
*הַדִּירָה שֶׁלָּהֶם **מְרוּוַחַת** מְאוֹד.*
מְרוּוַחַת, מְרוּוָחִים, מְרוּוָחוֹת

מרווח ר׳ מירווח

מרוחת׳ מָרוּחַ — smeared/spread (adj.)
1. נִמְצָא בְּשִׁכְבָה דַקָּה, שָׂמוּ עָלָיו מִשְׁחָה:
*הַלֶּחֶם **מָרוּחַ** בְּחֶמְאָה.*
2. (לשון דיבּוּר) נִמְשָׁךְ יוֹתֵר מִדַּיי זְמַן, מְשַׁעֲמֵם: — shallow, boring
*הָעֶרֶב הָיָה **מָרוּחַ**. חֲבָל עַל הַזְּמַן.*
מְרוּחָה, מְרוּחִים, מְרוּחוֹת

מרוחקת׳ מְרֻחָק — far away, distant
שֶׁנִּמְצָא רָחוֹק:
*הַבַּיִת שֶׁלִּי **מְרוּחָק** מִבֵּית הוֹרַיי.*
מְרוּחֶקֶת, מְרוּחָקִים, מְרוּחָקוֹת

מרוטת׳ מָרוּט — plucked (adj.)
שֶׁהוֹצִיאוּ אוֹתוֹ מִן הַשּׁוֹרֶשׁ, עָקְרוּ אוֹתוֹ:
*הַכֶּלֶב נִלְחַם בִּכְלָבִים אֲחֵרִים, וְהַשֵּׂעָר שֶׁלּוֹ **מָרוּט**.*
מְרוּט עֲצַבִּיםת׳ — nervous
מְרוּטָה, מְרוּטִים, מְרוּטוֹת

מרוטשת׳ מְרֻטָּשׁ — torn to pieces
1. מְרוּסָק, קָרוּעַ וְשָׁבוּר לְגַמְרֵי:
*הַמִּשְׁטָרָה מָצְאָה גוּפָה **מְרוּטֶשֶׁת**.*
2. (צִילוּם) שֶׁתִּיקְנוּ אוֹתוֹ, שֶׁעָשׂוּ אוֹתוֹ בָּרוּר יוֹתֵר: — retouched (adj.)
*בַּצִּילוּם **הַמְרוּטָשׁ** הִיא מַמָּשׁ יְפֵיפִיָּה.*
מְרוּטֶשֶׁת, מְרוּטָשִׁים, מְרוּטָשׁוֹת

מרוכזת׳ מְרֻכָּז — centralized (adj.)
1. כַּמָּה דְּבָרִים קְרוֹבִים לִנְקוּדָה אַחַת:
*כָּל הַחֲנוּיוֹת **מְרוּכָּזוֹת** בַּכִּיכָּר.*
2. כּוּלּוֹ בְּעִנְיָן אֶחָד: — focused (adj.)
*כְּשֶׁדָּן **מְרוּכָּז** בַּלִּימוּדִים הוּא מַצְלִיחַ מְאוֹד.*
3. כּוֹלֵל הַרְבֵּה מֵאוֹתוֹ סוּג: — concentrated (adj.)
*קָנִיתִי מִיץ **מְרוּכָּז**.*
4. מְשַׁמֵּשׁ כַּמָּה אֲנָשִׁים בְּיַחַד: — collective
*כְּשֶׁקּוֹנִים בִּקְנִיָּה **מְרוּכֶּזֶת** הַמְּחִיר נָמוּךְ יוֹתֵר.*
מְרוּכֶּזֶת, מְרוּכָּזִים, מְרוּכָּזוֹת

מרוכךת׳ מְרֻכָּךְ — softened (adj.)
שֶׁעָשׂוּ אוֹתוֹ רַךְ יוֹתֵר:
*הַדְּבָרִים שֶׁאָמַר הַיּוֹם, הֵם אוֹתָם הַדְּבָרִים שֶׁאָמַר אֶתְמוֹל, אֲבָל בְּצוּרָה **מְרוּכֶּכֶת**.*
מְרוּכֶּכֶת, מְרוּכָּכִים, מְרוּכָּכוֹת

מרוםז׳ מָרוֹם [מְרוֹמִים] — high place
1. מָקוֹם גָּבוֹהַּ בְּיוֹתֵר:
*אֲנִי גָּר **בִּמְרוֹמֵי** הַר הַכַּרְמֶל.*
2. שָׁמַיִם (הַמָּקוֹם הַגָּבוֹהַּ בְּיוֹתֵר): — sky
*הָאֲוִירוֹן טָס **בַּמָּרוֹם**.*

מרומהת׳ מְרֻמֶּה — cheated (adj.)
שֶׁרִימּוּ אוֹתוֹ, שִׁיקְּרוּ לוֹ:
*אֲנִי מַרְגִּישׁ **מְרוּמֶּה** - הַמְּכוֹנִית שֶׁקָּנִיתִי בְּיוֹקֶר מִתְקַלְקֶלֶת כָּל הַזְּמַן.*
מְרוּמָּה-מְרוּמֵּית, מְרוּמִּים, מְרוּמּוֹת

מרומזת׳ מְרֻמָּז — hinted/alluded (adj.)
שֶׁאָמְרוּ אוֹתוֹ בְּרֶמֶז, לֹא בְּדִיּוּק וְלֹא הַכּוֹל:
*אֲנִי לֹא מֵבִין דְּבָרִים **מְרוּמָּזִים**, אֲנִי רוֹצֶה שֶׁתְּדַבֵּר בָּרוּר.*
מְרוּמֶּזֶת, מְרוּמָּזִים, מְרוּמָּזוֹת

מרומםת׳ מְרוֹמָם — elevated (adj.), high
גָּבוֹהַּ מְאוֹד, (מֶטָאפוֹרָה) מַצָּב רוּחַ טוֹב בִּמְיוּחָד:
*מַצַּב הָרוּחַ שֶׁלּוֹ **מְרוֹמָם**, כִּי הַהַצָּגָה הִצְלִיחָה.*
מְרוֹמָמָה-מְרוֹמֶמֶת, מְרוֹמָמִים, מְרוֹמָמוֹת

מרוסןת׳ מְרֻסָּן — restrained (adj.)
סוֹלִידִי, לֹא מִתְפָּרֵץ:
*הוּא מִתְנַהֵג כְּמוֹ סוּס לֹא **מְרוּסָּן**.*
מְרוּסֶּנֶת, מְרוּסָּנִים, מְרוּסָּנוֹת

מרוססת׳ מְרֻסָּס — sprayed (adj.)
שֶׁרִיסְּסוּ אוֹתוֹ, פִּיזְּרוּ עָלָיו טִיפּוֹת קְטַנּוֹת:
*הַשָּׂדֶה **מְרוּסָּס** בְּחוֹמָרִים כִּימִיִּים נֶגֶד מַחֲלוֹת.*
מְרוּסֶּסֶת, מְרוּסָּסִים, מְרוּסָּסוֹת

מרוסקת' מְרֻסָּק crushed/mashed (adj.)
שָׁבוּר, שֶׁעָשׂוּ אוֹתוֹ פֵּירוּרִים, פֵּירוּרִים:
*תִינוֹקוֹת אוֹכלִים אוֹכֶל **מְרוּסָק**.*
מְרוּסֶקֶת, מְרוּסָקִים, מְרוּסָקוֹת

מרוענןת' מְרֻעֲנָן refreshed (adj.)
שֶׁנַעֲשָׂה רַעֲנָן, טָרִי, כּמוֹ חָדָשׁ:
*אֲנִי מַרגִישׁ **מְרוּעֲנָן** אַחֲרֵי הַמִקלַחַת.*
מְרוּעֲנֶנֶת, מְרוּעֲנָנִים, מְרוּעֲנָנוֹת

מרופדת' מְרֻפָּד upholstered (adj.)
רָהִיט שֶׁיֵשׁ עָלָיו כִּיסוּי (בַּד וְכוּ'):
*נוֹחַ יוֹתֵר לָשֶׁבֶת בְּכִיסֵא **מְרוּפָּד**.*
מְרוּפֶּדֶת, מְרוּפָּדִים, מְרוּפָּדוֹת

מרופטת' מְרֻפָּט shabby
יָשָׁן, מְשׁוּפשָׁף, קָרוּעַ, שֶׁהִשׁתַמשׁוּ בּוֹ הַרבֵּה:
*מִכנְסֵי ג'ִינס **מְרוּפָּטִים** הֵם עַכשָׁיו בָּאוֹפנָה שֶׁל הַצְעִירִים.*
מְרוּפֶּטֶת, מְרוּפָּטִים, מְרוּפָּטוֹת

מרוץ ר' מירוץ

מרוצהת' מְרֻצֶּה satisfied/pleased (adj.)
שְׂבַע-רָצוֹן, שָׂמֵחַ בְּ...:
*דִינָה **מְרוּצָה** מִן הָעֲבוֹדָה שֶׁלָה.*
מְרוּצֶה מִ- מִן-, מְרוּצִים מִ-, מְרוּצוֹת מִ-

מרוצהנ' מְרוּצָה [מְרוּצוֹת] haste
מְהִירוּת (כּמוֹ בְּרִיצָה).
בִּמרוּצָה ת"פ - בִּמהִירוּת: hastily
*אֲנִי עוֹשֶׂה הַכּוֹל **בִּמרוּצָה** - אוֹכֵל, עוֹבֵד וְכוּ'.*
בִּמרוּצַת הַזמַן in due course

מרוצףת' מְרֻצָּף paved (adj.)
שֶׁיֵשׁ עָלָיו לוּחוֹת אֶבֶן (מִרצָפוֹת):
*עַל-יַד הַבַּיִת אֵין מִדרָכָה **מְרוּצֶפֶת** אֶלָא חוֹל וַאֲבָנִים.*
מְרוּצֶפֶת, מְרוּצָפִים, מְרוּצָפוֹת

מרוקןת' מְרוֹקָן emptied (adj.)
רֵיק, שֶׁהוֹצִיאוּ מִמֶנוּ הַכּוֹל:
*הַבַּיִת **מְרוֹקָן**, כִּי הַיְלָדִים אֵינָם.*
מְרוֹקֶנֶת, מְרוֹקָנִים, מְרוֹקָנוֹת

מרורז' מָרוֹר [מְרוֹרִים] bitter herbs
צֶמַח שֶׁהַטַעַם שֶׁל הַשוֹרֶשׁ שֶׁלוֹ מַר:
*בְּ'לֵיל הַסֵדֶר' בְּפֶּסַח צָרִיך לִטעוֹם מִן **הַמָרוֹר**.*

מרוריםז"ר מְרוֹרִים trouble(s), suffering(s)
(מֶטָאפוֹרָה) צָרָה, אָסוֹן:
*הוּא יָדַע **מְרוֹרִים** בִּימֵי חַיָיו.*
הֶאֱכִיל מְרוֹרִיםב' caused grief

מרושלת' מְרֻשָּׁל untidy
נִראֶה לֹא מְסוּדָר:
*יֵשׁ לְךָ הוֹפָעָה **מְרוּשֶׁלֶת** - הַחוּלצָה פּתוּחָה הַמִכנָסַיִים מְקוּמָטִים...*
מְרוּשֶׁלֶת, מְרוּשָׁלִים, מְרוּשָׁלוֹת

מרושעת' מְרֻשָּׁע evil
רַע מְאוֹד:
*הוּא אָמַר עָלַיי דבָרִים **מְרוּשָׁעִים**.*
מְרוּשַׁעַת, מְרוּשָׁעִים, מְרוּשָׁעוֹת

מרוששת' מְרוֹשָׁשׁ impoverished (adj.)
שֶׁנַעֲשָׂה עָנִי, נִשׁאַר בּלִי כּלוּם:
*הוּא הָיָה פַּעַם עָשִׁיר, אֲבָל עַכשָׁיו הוּא **מְרוֹשָׁשׁ**.*
מְרוֹשֶׁשֶׁת, מְרוֹשָׁשִׁים, מְרוֹשָׁשׁוֹת

מרושתת' מְרֻשָּׁת covered with net
נִראֶה כּמוֹ רֶשֶׁת אוֹ מְכוּסֶה בְּרֶשֶׁת:
*הַחַלוֹנוֹת **מְרוּשָׁתִים** נֶגֶד זבוּבִים וְיַתוּשִׁים.*
מְרוּשֶׁתֶת, מְרוּשָׁתִים, מְרוּשָׁתוֹת

מרותנ' מָרוּת authority, discipline
אוֹטוֹרִיטָה, שׁלִיטָה:
*הוּא אֵינוֹ מְקַבֵּל **מָרוּת**, הוּא עוֹשֶׂה מַה שֶׁהוּא רוֹצֶה.*
הֵטִיל מָרוּת excercized authority

מרותקת' מְרֻתָּק bound/grounded (adj.)
קָשׁוּר, לֹא יָכוֹל לָזוּז מִן הַמָקוֹם:
*הוּא **מְרוּתָק** לַבַּיִת, כִּי אִישׁתוֹ חוֹלָה.* fascinated, absorbed (adj.)
*אֲנִי **מְרוּתָק** לַתוֹכנִית בְּרַדיוֹ. הַיְלָדִים יוֹשׁבִים **מְרוּתָקִים**.*
מְרוּתֶקֶת, מְרוּתָקִים, מְרוּתָקוֹת

מרזבז' מַרזֵב [מַרזְבִים] gutter
צִינוֹר לְסִילוּק מַיִם, שֶׁמִתאַסְפִים בְּמָקוֹם אֶחָד:
*לִפנֵי הַגֶשֶׁם צָרִיך לִפתוֹחַ אֶת **הַמַרזֵב** בַּגַג.*

מרזחז' מַרזֵחַ bar, pub
בֵּית-מַרזֵחַ (לָשׁוֹן סִפרוּתִית) - בָּר, מָקוֹם שֶׁמוֹכרִים בּוֹ וִיסקִי, בִּירָה וְכוּ':
*הֵם נִפגְשׁוּ בְּבֵית **מַרזֵחַ** לְיַד הַנָמֵל.*

מרחפ' מָרַח — spread, smeared
1. כִּיסָה בְּשִׁכְבָה דַקָּה:
מָרַחְתִּי חֶמְאָה עַל פְּרוּסַת הַלֶּחֶם, וְאָכַלְתִּי אוֹתָהּ.
2. (לשון דיבּוּר) מְבַזְבֵּז אֶת — did sloppy work
הַזְּמַן, עוֹשֶׂה עֲבוֹדָה שִׁטְחִית:
הוּא מָרַח אֶת הָעֲבוֹדָה.
לִמְרוֹחַ אֶת- / מ.ר.ח, פָּעַל / מָרַחְתִּי, מוֹרֵחַ, יִמְרַח

מרחבז' מֶרְחָב [מֶרְחָבִים] — (wide/open) space
מָקוֹם גָּדוֹל וְרָחָב:
בָּעִיר אֵין מֶרְחָב בֵּין הַבָּתִּים. / מָתַי נֵצֵא לַמֶּרְחָב?
מֶרְחַב־מִחְיָה — viable space

מרחבית' מֶרְחָבִי — spatial
שֶׁל הַמֶּרְחָב, שֶׁל שֶׁטַח מְסוּיָּם:
הוּא אַחְרָאִי עַל הַהֲגָנָה הַמֶּרְחָבִית שֶׁל הָאֵיזוֹר.
מֶרְחָבִית, מֶרְחָבִיִּים, מֶרְחָבִיּוֹת

מרחץז' מֶרְחָץ [מֶרְחֲצָאוֹת] — bath, (hot) spring(s)
מָקוֹם צִיבּוּרִי שֶׁמִּתְרַחֲצִים בּוֹ:
אֲנִי נוֹסֵעַ לִטְבֶרְיָה לַמֶּרְחֲצָאוֹת הַחַמִּים.
מֶרְחַץ-דָּמִים — bloodbath
בֵּית-מֶרְחָץ — public bath

מרחקז' מֶרְחָק [מֶרְחַקִּים] — distance
1. הָאוֹרֶךְ בֵּין שְׁתֵּי נְקוּדוֹת (בְּמָקוֹם וּבִזְמַן):
הַמֶּרְחָק בֵּין תֵּל-אָבִיב לְחֵיפָה הוּא כְּ-100 ק"מ.
2. מָקוֹם רָחוֹק: — far away
אֲנִי בָּא עַכְשָׁיו מִמֶּרְחַקִּים.

מרחשוון ר' חשוון

מרטפ' מָרַט — plucked/pulled (feathers)
קָרַע, תָּלַשׁ:
מָרַטְנוּ אֶת הַנּוֹצוֹת מִן הַתַּרְנְגוֹלֶת. / הִיא מָרְטָה אֶת הַשְּׂעָרוֹת מֵרוֹב צַעַר.
מוֹרֵט עֲצַבִּים (מֶטָאפוֹרָה) — gets on someone's nerves
לִמְרוֹט אֶת- / מ.ר.ט, פָּעַל / מָרַטְתִּי, מוֹרֵט, יִמְרוֹט

מרטיטת' מַרְטִיט — titillating, tantalizing
גּוֹרֵם שֶׁיִּרְעַד:
שָׁמַעְנוּ שִׁירָה הַמַּרְטִיטָה אֶת הַלֵּב.
מַרְטִיטָה, מַרְטִיטִים, מַרְטִיטוֹת

מריז' מֶרִי — civil disobedience, insubordination
(לשון ספרותית) הִתְנַגְּדוּת (פַּסִּיבִית אוֹ אַקְטִיבִית):
בַּעֲלֵי הַחֲנוּיוֹת הוֹדִיעוּ עַל מֶרִי אֶזְרָחִי, הֵם לֹא יְשַׁלְּמוּ מִיסִּים.

מריז' מְרִי — bitterness
מְרִירוּת, כַּעַס:
הוּא שָׁפַךְ לְפָנַיי אֶת מְרִי לִיבּוֹ.

מריבהנ' מְרִיבָה [מְרִיבוֹת] — quarrel
רִיב, הַהֵיפֶךְ מִידִידוּת:
בֵּין הַשְּׁכֵנִים פָּרְצָה מְרִיבָה.

מרידהנ' מְרִידָה [מְרִידוֹת] — rebellion
הִתְקוֹמְמוּת, הִתְנַגְּדוּת בְּכוֹחַ לְשִׁלְטוֹן:
הָיְיתָה מְרִידָה שֶׁל חַיָּילִים נֶגֶד הַמְּפַקְּדִים שֶׁלָּהֶם.

מריחה, מְרִיחָה [מְרִיחוֹת] — spreading, smearing
1. כְּשֶׁשָּׂמִים חוֹמֶר בְּשִׁכְבָה דַקָּה (צֶבַע וְכוּ'):
שַׂמְתִּי עַל הַלֶּחֶם שׁוֹקוֹלָד לִמְרִיחָה.
2. (לשון דיבּוּר) כְּשֶׁעוֹשִׂים מַשֶּׁהוּ — sloppy work
בְּצוּרָה לֹא טוֹבָה:
זֹאת לֹא הָיְיתָה עֲבוֹדָה אֶלָּא "מְרִיחָה".

מריטהנ' מְרִיטָה [מְרִיטוֹת] — plucking, pulling off
קְרִיעָה, הוֹצָאָה שֶׁל שֵׂיעָר, נוֹצוֹת:
מְרִיטַת שְׂעָרוֹת הִיא סִימָן לְעַצְבָּנוּת.
מְרִיטַת-עֲצַבִּים — nerve-racking

מריצהנ' מְרִיצָה [מְרִיצוֹת] — wheelbarrow
מִין עֲגָלָה שֶׁמַּסִּיעִים בַּיָּד:
אֲנִי מַעֲבִיר בִּמְרִיצָה אֲדָמָה לַגִּינָּה.

מרירת' מָרִיר — bitterish
שֶׁיֵּשׁ לוֹ טַעַם קְצָת מַר:
אֲנִי אוֹהֵב שׁוֹקוֹלָד מָרִיר. / הוּא אִישׁ מָרִיר וְכוֹעֵס.
מְרִירָה, מְרִירִים, מְרִירוֹת

מרירותנ' מְרִירוּת — bitterness
1. טַעַם מַר:
אֲנִי אוֹהֵב אֶת הַמְּרִירוּת שֶׁל הָאֶשְׁכּוֹלִית.
2. הַרְגָּשָׁה שֶׁל כַּעַס, שֶׁל מִי שֶׁלֹּא מְרוּצֶה: — embitterment
יֵשׁ לוֹ רִגְשֵׁי מְרִירוּת כְּלַפֵּי הַמְּנַהֵל.

מרכאותנ"ר מֶרְכָאוֹת — quotation marks
שְׁנֵי קַוִּוים קְטַנִּים, שֶׁרוֹשְׁמִים לִפְנֵי דְּבָרִים שֶׁמִּישֶׁהוּ אוֹמֵר וְאַחֲרֵיהֶם:
אָמַרְתִּי לְדָוִיד: "לֵךְ הַבַּיְתָה!" - לִפְנֵי 'לֵךְ' וְאַחֲרֵי 'הַבַּיְתָה' יֵשׁ מֶרְכָאוֹת.

מרכבז' מֶרְכָּב [מֶרְכָּבִים] — chassis
הַגּוּף שֶׁל הַמְּכוֹנִית:

אֶת הַמֶּרְכָּב שֶׁל הַמְּכוֹנִית מְיַיצְּרִים בָּאָרֶץ, וְאֶת הַמָּנוֹעַ מְבִיאִים מִיַּפָּן.

מרכבה, נ׳ מֶרְכָּבָה [מֶרְכָּבוֹת] carriage
עֲגָלָה עִם סוּסִים, שִׁימְּשָׁה כְּמוֹ אוֹטוֹבּוּס:
*לִפְנֵי 100 שָׁנָה הָיוּ נוֹסְעִים מִיָּפוֹ לִירוּשָׁלַיִם **בְּמֶרְכָּבוֹת**.*

מרכול, ז׳ מַרְכּוֹל [מַרְכּוֹלִים] supermarket
חֲנוּת גְּדוֹלָה שֶׁיֵּשׁ בָּהּ הַרְבֵּה סְחוֹרוֹת:
*אֲנִי קוֹנֶה **בַּמַּרְכּוֹל** אֶת כֹּל מַה שֶּׁאֲנִי צָרִיךְ לַבַּיִת.*

מרכולת, נ׳ מַרְכֹּלֶת merchandise
(לָשׁוֹן סִפְרוּתִית) סְחוֹרָה, דְּבָרִים שֶׁמּוֹכְרִים וְקוֹנִים:
*הוּא מָכַר אֶת כֹּל **מַרְכֻּלְתּוֹ** בַּשּׁוּק.*

מרכז, ז׳ מְרַכֵּז [מְרַכְּזִים] coordinator
מִי שֶׁאַחְרָאִי עַל כַּמָּה נוֹשְׂאִים אוֹ אֲנָשִׁים:
***מְרַכֵּז** הָעֲבוֹדָה בַּקִּיבּוּץ מַחְלִיט אֵיפֹה יַעֲבוֹד כֹּל אֶחָד.*
מְרַכֶּזֶת, מְרַכְּזוֹת

מרכז, ז׳ מֶרְכָּז [מֶרְכָּזִים] center
1. אֶמְצַע:
*אֲנִי גָּר **בְּמֶרְכַּז** הָעִיר. / אֲנִי מַצְבִּיעַ לְמִפְלֶגֶת **הַמֶּרְכָּז**.*
2. מוֹעָצָה, גּוּף שֶׁנִּבְחַר central committee
בְּמִפְלָגָה, בְּסֶקְטוֹר מְסוּיָּם וְכוּ׳:
***בְּמֶרְכַּז** הַמִּפְלָגָה בָּחֲרוּ בִּנְצִיגִים לַכְּנֶסֶת.*
מֶרְכַּז-קְנִיּוֹת shopping center

מרכזי, ת׳ מֶרְכָּזִי central
שֶׁנִּמְצָא בַּמֶּרְכָּז, בָּאֶמְצַע (וְלָכֵן חָשׁוּב):
*רח׳ אִבְּן גְּבִירוֹל הוּא רְחוֹב **מֶרְכָּזִי** בְּתֵל-אָבִיב.*
הַתַּחֲנָה הַמֶּרְכָּזִית central bus station
מֶרְכָּזִית, מֶרְכָּזִיִּים, מֶרְכָּזִיּוֹת

מרכזיות, נ׳ מֶרְכָּזִיּוּת centralism
כְּשֶׁנִּמְצָאִים בַּמֶּרְכָּז, בְּמָקוֹם חָשׁוּב:
*אֲנִי נֶגֶד **הַמֶּרְכָּזִיּוּת** שֶׁל הַמִּפְלָגָה בַּחַיִּים הַדֶּמוֹקְרָטִיִּים.*

מרכזייה, נ׳ מֶרְכָּזִיָּה [מֶרְכָּזִיּוֹת] center
מָקוֹם רָאשִׁי, שֶׁיֵּשׁ בּוֹ חוֹמֶר רַב בְּעִנְיָין כָּלְשֶׁהוּ:
***בַּמֶּרְכָּזִיָּה** הַפֶּדָגוֹגִית יֵשׁ סְפָרִים עַל חִינּוּךְ, סְרָטִים וְכוּ׳.*
מֶרְכָּזִיַּית-טֶלֶפוֹנִים switchboard

מרכזן, ז׳ מֶרְכְּזָן [מֶרְכְּזָנִים] switchboard operator
מִי שֶׁמְּקַבֵּל וּמַעֲבִיר שִׂיחוֹת:
***הַמֶּרְכְּזָנִיּוֹת** עוֹזְרוֹת לִמְצוֹא מִסְפְּרֵי טֶלֶפוֹן בְּחוּץ לָאָרֶץ.*
מֶרְכְּזָנִית, מֶרְכְּזָנִיּוֹת

מרכיב, ז׳ מַרְכִּיב [מַרְכִּיבִים] component
קוֹמְפּוֹנֶנְט, אֶלֶמֶנְט, חֵלֶק מִן הַשָּׁלֵם:
***הַמַּרְכִּיבִים** שֶׁל מַיִם הֵם מֵימָן (H) וְחַמְצָן (O).*

מרמה, נ׳ מִרְמָה fraud, deceit
שֶׁקֶר:
*הוּא נִתְפַּס בְּמַעֲשֵׂה **מִרְמָה**: נָתַן צֶ׳יקִים שֶׁל מִישֶׁהוּ אַחֵר.*

מרמיטה, נ׳ מַרְמִיטָה [מַרְמִיטוֹת] marmot
בַּעַל חַיִּים שֶׁבַּחוֹרֶף יָשֵׁן בְּתוֹךְ הָאֲדָמָה.
יָשֵׁן שְׁנַת מַרְמִיטָה, ב׳ in deep sleep

מרנין, ת׳ מַרְנִין joyful
מְשַׂמֵּחַ: אֵיזוֹ תְּמוּנָה **מַרְנִינָה** - עֵצִים, פְּרָחִים וִילָדִים מְשַׂחֲקִים. מַרְנִינָה, מַרְנִינִים, מַרְנִינוֹת

מרעה, ז׳ מִרְעֶה pasture
שָׂדֶה יָרוֹק שֶׁיֵּשׁ בּוֹ מָזוֹן לַפָּרוֹת, לַכְּבָשִׂים וְכוּ׳:
*הוּא הוֹצִיא אֶת הַכְּבָשִׂים וְהָעִיזִּים **לַמִּרְעֶה**.*

מרעום, ז׳ מַרְעוֹם [מַרְעוֹמִים] fuse
הַחֵלֶק שֶׁמַּפְעִיל חוֹמֶר נֶפֶץ בִּפְגָז, רִימּוֹן וְכוּ׳:
***הַמַּרְעוֹם** לֹא פָּעַל, וְהַמּוֹקֵשׁ לֹא הִתְפּוֹצֵץ.*

מרענן, ת׳ מְרַעֲנֵן refreshing
גּוֹרֵם הַרְגָּשָׁה נְעִימָה שֶׁל מַשֶּׁהוּ טָרִי, חָדָשׁ:
*מִקְלַחַת הִיא דָּבָר **מְרַעֲנֵן**.*
מְרַעֲנֶנֶת, מְרַעַנְנִים, מְרַעַנְנוֹת

מרפא, ז׳ מַרְפֵּא cure
בְּרִיאוּת, מַה שֶּׁמֵּבִיא בְּרִיאוּת לָאָדָם:
*הָאֲוִויר לְיַד הַיָּם הוּא **מַרְפֵּא** לַגּוּף וְלַנֶּפֶשׁ.*
חֲשׂוּךְ־מַרְפֵּא incurable

מרפא, ז׳ מְרַפֵּא [מְרַפְּאִים] healer
רוֹפֵא לְלֹא דִּיפְּלוֹמָה:
***לַמְרַפֵּא** הַשִּׁינַּיִים יֵשׁ נִיסָּיוֹן עָשִׁיר, אַךְ אֵין לוֹ תְּעוּדוֹת מֵהָאוּנִיבֶרְסִיטָה.*
מְרַפֵּאת, מְרַפְּאוֹת

מרפאה, נ׳ מִרְפָּאָה [מִרְפָּאוֹת] clinic
קְלִינִיקָה, מוֹסָד רְפוּאִי, מָקוֹם שֶׁחוֹלִים בָּאִים אֵלָיו כְּדֵי לְקַבֵּל טִיפּוּל אַמְבּוּלָטוֹרִי:
*ד״ר זֶמֶר מְקַבֶּלֶת חוֹלִים **בַּמִּרְפָּאָה** כֹּל יוֹם בַּבּוֹקֶר.*
מִרְפְּאַת-שִׁינַּיִים / מִרְפְּאַת קוּפַּת-חוֹלִים

מרפדייה, נ׳ מִרְפָּדִיָּה [מִרְפָּדִיּוֹת] upholstery workshop
בֵּית מְלָאכָה שֶׁעוֹסֵק בְּרִיפּוּד שֶׁל כִּיסְאוֹת, סַפּוֹת וְכוּ׳:
***בַּמִּרְפָּדִיָּה** הֶחְלִיפוּ אֶת הַבַּד שֶׁל הַסַּפָּה בְּבַד חָדָשׁ וְיָפֶה.*

מרפסתנ׳ מִרְפֶּסֶת [מִרְפָּסוֹת] balcony
חֵלֶק בְּדִירָה שֶׁפָּתוּחַ הַחוּצָה:
נָעִים לָשֶׁבֶת בְּמִרְפֶּסֶת בָּעֲרָבִים הַחַמִּים שֶׁל הַקַּיִץ.

מרפקז׳ מַרְפֵּק [מַרְפְּקִים] elbow
הַמָּקוֹם בְּאֶמְצַע הַיָּד, הַמָּקוֹם שֶׁהַיָּד "מִתְקַפֶּלֶת":
הַשַּׁרְווּל שֶׁל הַחוּלְצָה מְכַסֶּה אֶת הַמַּרְפֵּק.
בַּעַל מַרְפְּקִים ruffian

מרפרףת׳ מְרַפְרֵף skimming through
עוֹבֵר מֵעַל הַשֶּׁטַח, לֹא מַעֲמִיק:
מִקְרִיאָה מְרַפְרֶפֶת אִי אֶפְשָׁר לָדַעַת אִם הַסֵּפֶר טוֹב אוֹ רַע.
מְרַפְרֶפֶת, מְרַפְרְפִים, מְרַפְרְפוֹת

מרץז׳ מֶרֶץ energy, vigor
אֶנֶרְגְיָה, פְּעִילוּת:
יֵשׁ לוֹ מֶרֶץ, הוּא גַּם עוֹבֵד קָשֶׁה, גַּם לוֹמֵד וְגַם עוֹשֶׂה סְפּוֹרְט כֹּל יוֹם. / בַּעַל-מֶרֶץ / מֶרֶץ נְעוּרִים.
בְּמֶרֶץ ת״פ vigorously, energetically

מרצהז׳ מַרְצֶה [מַרְצִים] lecturer
מוֹרֶה בָּאוּנִיבֶרְסִיטָה:
ד״ר דָּן יָרוֹן עוֹבֵד כְּמַרְצֶה בָּאוּנִיבֶרְסִיטָה בַּחוּג לְפִיסִיקָה.
מַרְצָה, מַרְצוֹת

מרצעז׳ מַרְצֵעַ [מַרְצְעִים] awl
מַכְשִׁיר לַעֲשִׂיַּית חוֹרִים בְּעוֹר וְכוּ׳:
לַסַּנְדְּלָר יֵשׁ מַרְצֵעַ לַעֲשִׂיַּית חוֹרִים בַּנַּעֲלַיִים.
יָצָא הַמַּרְצֵעַ מִן הַשַּׂק 'the cat is out of the bag'

מרצפתנ׳ מַרְצֶפֶת [מַרְצָפוֹת] floor tile
גם מִרְצֶפֶת [מִרְצָפוֹת] לוּחַ מֵאֶבֶן שֶׁעָלָיו הוֹלְכִים בַּבַּיִת, בַּמַּדְרֵגָה וְכוּ׳:
עַל הַמַּרְצָפוֹת בַּבַּיִת שֶׁלִּי יֵשׁ שְׁטִיחִים.

מרקז׳ מָרָק [מְרָקִים] soup
מַאֲכָל נוֹזְלִי מִבָּשָׂר וְכוּ׳ מְבוּשָּׁל בְּמַיִם:
טוֹב לֶאֱכוֹל מָרָק חַם בְּיוֹם חוֹרֶף קַר.

מרקחהנ׳ מֶרְקָחָה mixture
בִּילְבּוּל, תַּעֲרוֹבֶת שֶׁל חוֹמָרִים שׁוֹנִים.
כַּמֶּרְקָחָה ת״פ in turmoil
(מֶטָאפוֹרָה) בְּהִתְרַגְּשׁוּת רַבָּה:
כְּשֶׁהוֹדִיעוּ עַל הַבְּחִינָה, הַכִּיתָּה הָיְיתָה כַּמֶּרְקָחָה.

מרקחתנ׳ מִרְקַחַת jam, mixture
תַּעֲרוֹבֶת שֶׁל חוֹמָרִים - תְּרוּפוֹת, רִיבּוֹת...:
אִימָּא הֵכִינָה מִרְקַחַת מְדוּבְדְּבָנִים, עוֹד לֹא אָכַלְתָּ כָּזֹאת!
בֵּית־מִרְקַחַת pharmacy

מרקייהנ׳ מָרָקִיָּה [מָרָקִיּוֹת] soup tureen
כְּלִי גָּדוֹל שֶׁשָּׂמִים בּוֹ מָרָק:
אֵין כְּבָר מָרָק בַּמָּרָקִיָּה, תָּבִיא אֶת הַסִּיר!

מרקםז׳ מִרְקָם [מִרְקָמִים] texture
הַמִּבְנֶה הַסּוֹפִי שֶׁל חוֹמֶר (בַּד, מָזוֹן וְכוּ׳):
הַמִּרְקָם שֶׁל הַצִּיּוּר מְעַנְיֵין מְאוֹד, הוּא גַּם חָלָק וְגַם מְחוּסְפָּס.
מִרְקָם חֶבְרָתִי social fabric

מרקעז׳ מִרְקָע [מִרְקָעִים] screen
עָלָיו מוֹפִיעוֹת הַתְּמוּנוֹת בַּטֶּלֶוִויזְיָה:
רָאִינוּ עַל הַמִּרְקָע אֶת רֹאשׁ הַמֶּמְשָׁלָה נוֹאֵם בַּכְּנֶסֶת.

מרשהז׳ מַרְשֶׁה [מַרְשִׁים] (attorney's) client
(בְּבֵית-מִשְׁפָּט) מִי שֶׁשּׁוֹלֵחַ מִישֶׁהוּ (עוֹרֵךְ דִּין וְכוּ׳) בִּמְקוֹמוֹ:
מַרְשִׁי אוֹמֵר, שֶׁהוּא לֹא אָשֵׁם.
מַרְשָׁה (מַרְשָׁתִי) מַרְשׁוֹת

מרשיםת׳ מַרְשִׁים impressive
עוֹשֶׂה רוֹשֶׁם רַב, גּוֹרֵם לְהִתְפַּעֲלוּת:
הַהַצָּגָה מַרְשִׁימָה מְאוֹד - טֶקְסְט יָפֶה, בָּמָה מְסוּגְנֶנֶת.
מַרְשִׁימָה, מַרְשִׁימִים, מַרְשִׁימוֹת

מרשםז׳ מִרְשָׁם [מִרְשָׁמִים] prescription
רֶצֶפְּט, פֶּתֶק שֶׁכָּתוּב עָלָיו שֵׁם שֶׁל תְּרוּפָה אוֹ חוֹמָרִים לַהֲכָנַת אוֹכֶל:
בְּלִי מִרְשָׁם שֶׁל רוֹפֵא לֹא תְּקַבֵּל אֶת הַתְּרוּפָה. / יֵשׁ לִי הַרְבֵּה מִרְשָׁמִים לְעוּגוֹת.
מִרְשַׁם־הַתּוֹשָׁבִים registration, census

מרשעתנ׳ מִרְשַׁעַת [מִרְשָׁעוֹת] bitch, shrew
אִישָּׁה רָעָה מְאוֹד:
אִישְׁתּוֹ מִרְשַׁעַת, כֹּל הַחֲבֵרִים שׂוֹנְאִים אוֹתָהּ.

מרתיעת׳ מַרְתִּיעַ deterrent
גּוֹרֵם שֶׁלֹּא יַעֲשׂוּ מַשֶּׁהוּ:
עוֹנֶשׁ צָרִיךְ לִהְיוֹת דָּבָר מַרְתִּיעַ.
מַרְתִּיעָה, מַרְתִּיעִים, מַרְתִּיעוֹת

מרתףז׳ מַרְתֵּף [מַרְתְּפִים] cellar, basement
חֶדֶר מִתַּחַת לָאֲדָמָה, גָּרִים בּוֹ אוֹ שׁוֹמְרִים בּוֹ אוֹכֶל וְכוּ׳:
אֲנִי גָּר בְּמַרְתֵּף. / יַיִן שׁוֹמְרִים בְּמַרְתֵּף.

מרתק, מְרַתֵּק fascinating
קושר, מושך מאוד:
*הַסֵפֶר שֶׁאֲנִי קוֹרֵא **מְרַתֵּק**, אֲנִי לֹא יָכוֹל לְהַפְסִיק לִקְרוֹא.*
מְרַתֶּקֶת, מְרַתְּקִים, מְרַתקוֹת

מש, מָשׁ moved
זָז מִן הַמָקוֹם:
*הוּא לֹא **מָשׁ** מִמְקוֹמוֹ, עַד אֲשֶׁר הִגַעְתִּי.*
לָמוּשׁ / מ.ו.ש, פָּעַל / מַשׁתִי, מָשׁ, אָמוּשׁ, יָמוּשׁ

משא, מַשָּׂא [מַשָּׂאוֹת] load
מִטעָן, דָבָר כָּבֵד שֶׁמְרִימִים:
*אֶת כֹּל **הַמַשָּׂא** הוּא שָׂם עַל הַגַב שֶׁלוֹ.*

משא ומתן, מַשָּׂא וּמַתָּן (ר"ת מו"מ) negotiations
דִיוּן בֵּין שְׁנֵי צְדָדִים בְּעִנְיָן מְדִינִי אוֹ מִסחָרִי:
*אַחֲרֵי **מַשָּׂא וּמַתָּן** אָרוֹךְ עִם בַּעֲלֵי הַדִירָה הִגַעְנוּ לְהֶסכֵּם.*

משאבה, מַשְׁאֵבָה [מַשאֵבוֹת] pump
1. מְכוֹנָה לְהוֹצָאַת נוֹזְלִים (מִן הָאֲדָמָה וְכוּ'):
*יֵשׁ כָּאן **מַשְׁאֵבוֹת** שֶׁמַעֲבִירוֹת אֶת הַמַיִם לַצִינוֹרוֹת וּמִשָּׁם לַבָּתִים שֶׁלָנוּ.*
2. מְכוֹנָה לְהַכְנָסַת אֲוִויר לַגַלגַלִים: air pump
*אֲנִי צָרִיךְ **מַשְׁאֵבָה**, כִּי יָצָא הָאֲוִויר מִגַלגַל הָאוֹפַנַיִים.*

משאבים, מַשְׁאַבִּים resources
מָקוֹר שֶׁל חוֹמָרִים חֲשׁוּבִים כְּמוֹ נֵפט וְכוּ':
*לִמְדִינַת יִשׂרָאֵל אֵין **מַשְׁאַבִּים** טִבעִיִים.*

משאית, מַשָּׂאִית [מַשָּׂאִיוֹת] truck
מְכוֹנִית שֶׁמַעֲבִירִים בָּהּ חֲבִילוֹת וּדבָרִים גדוֹלִים:
***הַמַשָּׂאִית** הֶעֱבִירָה אֶת כֹּל הָרָהִיטִים לַדִירָה הַחֲדָשָׁה.*

משאל, מִשְׁאָל [מִשאָלִים] survey
כְּשֶׁשׁוֹאֲלִים אֲנָשִׁים רַבִּים כְּדֵי לָדַעַת מַה הֵם חוֹשְׁבִים עַל הַמֶמשָׁלָה וְכוּ':
*לְפִי **הַמִשְׁאָל** שֶׁעָרַכְנוּ - הַמִילוֹן הַזֶה מוֹעִיל מְאוֹד.*
מִשאַל-עַם referendum

משאלה, מִשְׁאָלָה [מִשאָלוֹת] wish
בַּקָשָׁה, מַשֶׁהוּ שֶׁרוֹצִים בּוֹ:
***הַמִשְׁאָלָה** שֶׁל כּוּלָנוּ הִיא שֶׁיִהְיֶה שָׁלוֹם.*

משאף, מַשְׁאֵף [מַשאֲפִים] inhaler, aspiration
מַכשִׁיר שֶׁעוֹזֵר לִנשׁוֹם (לְחוֹלֵי אַסְטְמָה):
*הִרגַשְׁתִּי שֶׁאֵין לִי אֲוִויר, **וְהַמַשְׁאֵף** עָזַר לִי.*

משאת-נפש, מַשְׂאַת-נֶפֶשׁ ideal, aspiration
שְׁאִיפָה גדוֹלָה, רָצוֹן חָזָק שֶׁמַשֶׁהוּ יִקְרֶה:
***מַשְׂאַת הַנֶפֶשׁ** שֶׁל הָעָם הַיְהוּדִי הָיְיתָה מְדִינָה מִשֶׁלוֹ.*

משב, מַשָּׁב [מַשָּׁבִים] breeze
נְשִׁיבָה, תנוּעָה שֶׁל אֲוִויר, רוּחַ:
*בַּבּוֹקֶר יֵשׁ **מַשַּׁב** רוּחַ נָעִים.*

משביע-רצון, מַשְׂבִּיעַ-רָצוֹן satisfactory
מְסַפֵּק, גוֹרֵם שִׂמחָה:
*הַצִיוּנִים שֶׁלִי לֹא **מַשְׂבִּיעִים אֶת רְצוֹנִי**.*
מַשׂבִּיעַת רָצוֹן, מַשׂבִּיעֵי רָצוֹן, מַשׂבִּיעוֹת רָצוֹן

משבצת, מִשְׁבֶּצֶת [מִשבְּצוֹת] check, square
רִיבּוּעַ:
*בְּמִשׂחַק הַשַׁחמָט מַעֲבִירִים כֵּלִים **מִמִשְׁבֶּצֶת לְמִשְׁבֶּצֶת**.*

משבר, מַשְׁבֵּר [מַשבְּרִים] crisis
נְקוּדָה קָשָׁה בְּמַחֲלָה, בַּחַיִים בַּהִיסטוֹרְיָה וְכוּ':
***הַמַשְׁבֵּר** הַכַּלכָּלִי גָרַם לְחוֹסֶר עֲבוֹדָה. / הָיִיתִי **בְּמַשְׁבֵּר** נַפשִׁי, כְּשֶׁפּוּטַרתִי מֵהָעֲבוֹדָה.*

משגב, מִשְׂגָּב [מִשׂגַבִּים] fortress
מָקוֹם שֶׁיֵשׁ לוֹ הֲגָנָה טִבעִית (שֶׁל סלָעִים וְכוּ'):
*הַקִיבּוּץ שֶׁשׁוֹמֵר עַל גבוּל הַצָפוֹן נִקרָא **'מִשְׂגַב-עַם'**.*

משגה, מִשְׁגֶּה [מִשגִים] mistake
טָעוּת, שגִיאָה:
*זֶה הָיָה **מִשְׁגֶּה** לִקְנוֹת אֶת הַדִירָה הַזֹּאת.*

משגיח, מַשְׁגִּיחַ [מַשגִיחִים] supervisor, monitor
מְפַקֵחַ, שׁוֹמֵר עַל הַסֵדֶר וְכוּ':
***הַמַשְׁגִיחִים** בַּבְּחִינוֹת אֵינָם מַרשִׁים לְדַבֵּר.*
מַשגִיחָה, מַשגִיחוֹת

משגל, מִשְׁגָּל [מִשגָלִים] sexual intercourse
יַחֲסֵי מִין:
***הַמִשְׁגָל** הוּא אַקט מִינִי בֵּין גֶבֶר לְאִישָׁה.*

משגע, מְשַׁגֵּעַ terrific
נֶהְדָר, נִפלָא (בְּשָׂפָה לֹא פוֹרמָלִית):
*דָוִיד בָּחוּר **מְשַׁגֵּעַ**, גַם חָכָם וְגַם יָפֶה.*
מְשַׁגַעַת, מְשַׁגעִים, מְשַׁגעוֹת

משגר, מַשְׁגֵּר [מַשגְרִים] launcher
כְּלִי, מַכשִׁיר שֶׁשׁוֹלֵחַ טִילִים, פּצָצוֹת וְכוּ':
*הֶעֱבַרנוּ אֶת **מַשְׁגֵּר** הַטִילִים לְמָקוֹם סוֹדִי.*

משגשגת׳ מְשַׂגְשֵׂג flourishing, prospering
פּוֹרֵחַ, מַצְלִיחַ:
*יֵשׁ לוֹ עֵסֶק **מְשַׂגְשֵׂג** - הוּא מַרְוִויחַ הַרְבֵּה כֶּסֶף.*
מְשַׂגְשֶׂגֶת, מְשַׂגְשְׂגִים, מְשַׂגְשְׂגוֹת

משדרז׳ מִשְׁדָּר [מִשְׁדָּרִים] broadcast
תּוֹכְנִית שֶׁל רַדְיוֹ וְטֶלֶוִויזְיָה:
*בְּשַׁבָּת אֵין **מִשְׁדָּרִים** בַּטֶּלֶוִויזְיָה הַיִּשְׂרְאֵלִית.*

משדרז׳ מַשְׁדֵּר [מַשְׁדְּרִים] transmitter
מַכְשִׁיר שֶׁמַּעֲבִיר תּוֹכְנִיּוֹת רַדְיוֹ, טֶלֶוִויזְיָה:
*כְּדֵי שֶׁבְּרוּסְיָה יִשְׁמְעוּ אֶת 'קוֹל יִשְׂרָאֵל' צָרִיךְ **מַשְׁדֵּר** חָזָק.*

משהפ׳ מָשָׁה pulled out (of water)
הוֹצִיא מִן הַמַּיִם:
(לְשׁוֹן הַתַּנַ"ךְ) ***מָשִׁיתִי אֶת** הַיֶּלֶד מִן הַמַּיִם.*
לִמְשׁוֹת אֶת- / מ.ש.ה, פָּעַל / מָשִׁיתִי, מוֹשֶׁה, אֶמְשֶׁה

משהוז׳ מַשֶּׁהוּ something, anything
מַה + שֶׁהוּא, דָּבָר-מָה:
*דָּוִיד הִשְׁאִיר לְךָ **מַשֶּׁהוּ** עַל הַשּׁוּלְחָן. / אָמַרְתָּ **מַשֶּׁהוּ**?*

משוא-פניםב׳ מַשּׂוֹא-פָּנִים bias, prejudice
כְּשֶׁמַּעֲדִיפִים מִישֶׁהוּ (חָבֵר, קָרוֹב, אִישׁ עָשִׁיר וְכוּ'):
*הַבִּיקוֹרֶת שֶׁלּוֹ הִיא לְלֹא **מַשּׂוֹא-פָּנִים**.*

משואהנ׳ מַשּׂוּאָה [מַשּׂוּאוֹת] beacon
אֵשׁ שֶׁמַּדְלִיקִים כְּדֵי לְהוֹדִיעַ מַשֶּׁהוּ, כְּסִימְבּוֹל:
*בְּיוֹם הָעַצְמָאוּת מַדְלִיקִים 12 **מַשּׂוּאוֹת** לִכְבוֹד הַמְּדִינָה.*

משובז׳ מָשׁוֹב [מְשׁוֹבִים] feedback
אִינְפוֹרְמַצְיָה שֶׁמְּקַבֵּל מִישֶׁהוּ עַל תּוֹצְאוֹת עֲבוֹדָתוֹ:
*לְפִי הַ**מָּשׁוֹב** שֶׁקִּיבַּלְתִּי, הַמִּילוֹן הֶחָדָשׁ מְצוּיָּן.*

משובחת׳ מְשׁוּבָּח excellent, choice
הַטּוֹב בְּיוֹתֵר:
*הַיַּיִן הַזֶּה **מְשׁוּבָּח**.*
מְשׁוּבַּחַת, מְשׁוּבָּחִים, מְשׁוּבָּחוֹת

משובץת׳ מְשׁוּבָּץ checkered (adj.)
1. שֶׁיֵּשׁ בּוֹ קַוִּוים לָאוֹרֶךְ וְלָרוֹחַב:
*הַסְּקוֹטִים לוֹבְשִׁים חֲצָאִיּוֹת **מְשׁוּבָּצוֹת**.*
2. מְסוּדָּר, מוּכְנָס: inlaid
*בְּטַבַּעַת **מְשׁוּבָּצוֹת** אֲבָנִים יְקָרוֹת. אֲנִי **מְשׁוּבָּץ** לַעֲבוֹדָה מָחָר.*
מְשׁוּבֶּצֶת, מְשׁוּבָּצִים, מְשׁוּבָּצוֹת

משובשת׳ מְשׁוּבָּשׁ distorted (adj.) faulty, in bad condition
1. שֶׁיֵּשׁ בּוֹ שְׁגִיאוֹת, לֹא נָכוֹן:
*הַיְּדִיעָה בָּרַדְיוֹ **מְשׁוּבֶּשֶׁת**.*
2. מְקוּלְקָל:
*הַדֶּרֶךְ **מְשׁוּבֶּשֶׁת** מְאוֹד.*
מְשׁוּבֶּשֶׁת, מְשׁוּבָּשִׁים, מְשׁוּבָּשׁוֹת

משוגעתר"ז מְשׁוּגָּע [מְשׁוּגָּעִים] mad, crazy
חוֹלֵה-רוּחַ, לֹא רַצְיוֹנָלִי:
*הוּא נוֹהֵג כְּמוֹ **מְשׁוּגָּע**, מֵאָה וְעֶשְׂרִים קמ"ש בְּשָׁעָה!*
"חַיִּים מְשׁוּגָּעִים" (לְשׁוֹן דִּיבּוּר) 'a great time'
מְשׁוּגָּע לְדָבָר obsessed

משודרת׳ מְשׁוּדָּר broadcast (adj.)
מַעֲבִירִים אוֹתוֹ בָּרַדְיוֹ אוֹ בַּטֶּלֶוִויזְיָה:
*בָּרַדְיוֹ וּבַטֶּלֶוִויזְיָה **מְשׁוּדָּרוֹת** תּוֹכְנִיּוֹת בְּרוּסִית.*
מְשׁוּדֶּרֶת, מְשׁוּדָּרִים, מְשׁוּדָּרוֹת

משוואהנ׳ מִשְׁוָואָה [מִשְׁוָואוֹת] equation
בְּאַלְגֶּבְּרָה - כְּשֶׁשְּׁנֵי הַצְּדָדִים שָׁוִוים:
*לְמָה שָׁוֶוה x בַּ**מִּשְׁוָואָה** 13 = 5 + x?*
*(מֶטָאפוֹרָה) הַ**מִּשְׁוָואָה** כֶּסֶף = אוֹשֶׁר לֹא תָּמִיד נְכוֹנָה.*

משווהז׳ מַשְׁוֶוה equator
קַו שֶׁחוֹתֵךְ בְּאוֹפֶן שָׁוֶוה (בְּגֵיאוֹגְרַפְיָה).
קַו הַמַּשְׁוֶוה - הַקַּו הַמְּחַלֵּק אֶת הַגְּלוֹבּוּס לִשְׁנַיִים:
*אֶקְוָודוֹר נִמְצֵאת עַל קַו הַ**מַּשְׁוֶוה**.*

משוחת׳ מָשׁוּחַ greased (adj.)
שֶׁמָּרְחוּ עָלָיו, שָׂמוּ חוֹמֶר בְּשִׁכְבָה דַּקָּה:
*הָעוּגִיּוֹת **מְשׁוּחוֹת** בְּחֶמְאָה.*
מְשׁוּחָה, מְשׁוּחִים, מְשׁוּחוֹת

משוחדת׳ מְשׁוּחָד bribed (adj.)
1. שֶׁנָּתְנוּ לוֹ שׁוֹחַד, קִיבֵּל כֶּסֶף וְכוּ', כְּדֵי שֶׁיַּעֲשֶׂה מַשֶּׁהוּ לֹא חוּקִי:
*הָעֵדִים **מְשׁוּחָדִים**, וְלָכֵן הֵם מַאֲשִׁימִים אוֹתִי.*
2. מִי שֶׁיֵּשׁ לוֹ דֵּיעָה מוּקְדֶּמֶת עַל מִישֶׁהוּ אוֹ מַשֶּׁהוּ: biased
*אֲנִי **מְשׁוּחָד**, כְּשֶׁאֲנִי מְדַבֵּר עַל יְלָדַיי.*
מְשׁוּחֶדֶת, מְשׁוּחָדִים, מְשׁוּחָדוֹת

משוחזרת׳ מְשׁוּחְזָר reconstructed (adj.)
שֶׁעָשׂוּ אוֹתוֹ כְּמוֹ שֶׁהָיָה, הֶחֱזִירוּ אוֹתוֹ לַמַּצָּב הַקּוֹדֵם:
*הַבַּיִת הַזֶּה **מְשׁוּחְזָר** לְפִי הַתּוֹכְנִית שֶׁל הַבַּיִת הָעַתִּיק.*
מְשׁוּחְזֶרֶת, מְשׁוּחְזָרִים, מְשׁוּחְזָרוֹת

משוחרר ת׳ מְשֻׁחְרָר — liberated (adj.)

1. חוֹפְשִׁי, יָצָא לַחוֹפְשִׁי:
*צָרִיךְ לַעֲזוֹר לָאֲסִירִים **מְשׁוּחְרָרִים** לִמְצוֹא עֲבוֹדָה.*

2. בְּלִי לְחָצִים, בְּלִי אִינְהִיבִּיצְיוֹת: — uninhibited
*אֲנִי מַרְגִּישׁ **מְשׁוּחְרָר**, אֲנִי עוֹשֶׂה מַה שֶּׁאֲנִי רוֹצֶה.*
מְשׁוּחְרֶרֶת, מְשׁוּחְרָרִים, מְשׁוּחְרָרוֹת

משוט ז׳ מָשׁוֹט [מְשׁוֹטִים] — oar

מַקֵּל אָרוֹךְ, מְשַׁמֵּשׁ לְהָזִיז סִירָה בַּמַּיִם:
*אֵין רוּחַ, הַסִּירָה לֹא תָזוּז בְּלִי **מְשׁוֹטִים**.*

משוטט תה״ז מְשׁוֹטֵט [מְשׁוֹטְטִים] — hiker, vagrant

מְטַיֵּיל, עוֹבֵר מִמָּקוֹם לְמָקוֹם:
*אֲנִי בְּאִירְגּוּן שֶׁל **מְשׁוֹטְטִים**, כָּל שַׁבָּת אֲנַחְנוּ יוֹצְאִים לְטִיּוּל בָּרֶגֶל. / רָאִיתִי כֶּלֶב **מְשׁוֹטֵט**.*
מְשׁוֹטֶטֶת, מְשׁוֹטְטוֹת

משוך ת׳ מָשׁוּךְ — drawn

שֶׁמַּעֲבִירִים אוֹתוֹ (צֶ׳יק):
*הַצֶ׳יק **מָשׁוּךְ** עַל שְׁמִי.*
מְשׁוּכָה, מְשׁוּכִים, מְשׁוּכוֹת

משוכה נ׳ מְשׂוּכָה [מְשׂוּכוֹת] — hedge

1. גֶּדֶר שֶׁל צְמָחִים:
*בֵּין הָרְחוֹב לַחֲצַר הַבַּיִת יֵשׁ **מְשׂוּכָה**.*

2. מַשֶּׁהוּ שֶׁצָּרִיךְ לַעֲבוֹר, שֶׁעוֹצֵר אֶת מִי שֶׁרָץ: — hurdle
*הַסּוּס קָפַץ מֵעַל הַ**מְּשׂוּכָה**.*

מֵירוֹץ-מְשׂוּכוֹת — hurdle race

משוכל ת׳ מְשֻׁכָּל — crossed (adj.)

כְּשֶׁיָּדַיִים אוֹ רַגְלַיִים זוֹ עַל זוֹ:
*הַגְּבֶרֶת יוֹשֶׁבֶת בְּרַגְלַיִים **מְשׁוּכָּלוֹת**.*
מְשׁוּכֶּלֶת, מְשׁוּכָּלִים, מְשׁוּכָּלוֹת

משוכלל ת׳ מְשֻׁכְלָל [מְשׁוּכְלָלִים] — improved (adj.)

עָשׂוּ בּוֹ שִׁיפּוּרִים, שִׁינּוּיִים לְטוֹבָה:
*זֹאת מְכוֹנִית **מְשׁוּכְלֶלֶת** לְעוּמַּת הַמְּכוֹנִית הַיְּשָׁנָה.*
מְשׁוּכְלֶלֶת, מְשׁוּכְלָלוֹת

משוכן ת׳ מְשֻׁכָּן — housed (adj.)

שֶׁנָּתְנוּ לוֹ מָקוֹם לָגוּר בּוֹ:
*הָעוֹלִים הַחֲדָשִׁים **מְשׁוּכָּנִים** בַּיָּמִים הָרִאשׁוֹנִים בְּמָלוֹן.*
מְשׁוּכֶּנֶת, מְשׁוּכָּנִים, מְשׁוּכָּנוֹת

משוכנע ת׳ מְשֻׁכְנָע — convinced (adj.)

בָּטוּחַ מְאוֹד שֶׁ-, יוֹדֵעַ לְלֹא סָפֵק שֶׁ-:
*אֲנִי **מְשׁוּכְנָע** שֶׁאַתָּה טוֹעֶה!*
מְשׁוּכְנַעַת, מְשׁוּכְנָעִים, מְשׁוּכְנָעוֹת

משוכפל ת׳ מְשֻׁכְפָּל — xeroxed (adj.)

שֶׁעָשׂוּ מִמֶּנּוּ הֶעְתֵּק (אוֹ הֶעְתֵּקִים):
*אֶת הַהוֹדָעָה הַ**מְּשׁוּכְפֶּלֶת** חִילַּקְנוּ לְכָל הָעוֹבְדִים.*
מְשׁוּכְפֶּלֶת, מְשׁוּכְפָּלִים, מְשׁוּכְפָּלוֹת

משול ת׳ מָשׁוּל — analogous, like

דּוֹמֶה, אֶפְשָׁר לְהַשְׁווֹת אוֹתוֹ עִם:
*יֶלֶד קָטָן **מָשׁוּל** לְפֶרַח.*
מְשׁוּלָה, מְשׁוּלִים, מְשׁוּלוֹת

משולב ת׳ מְשֻׁלָּב — combined (adj.)

נִמְצָא יַחַד עִם, מְחוּבָּר:
*בַּהַצָּגָה **מְשׁוּלָּבִים** שִׁירִים וְרִיקּוּדִים.*
מְשׁוּלֶּבֶת, מְשׁוּלָּבִים, מְשׁוּלָּבוֹת

משולהב ת׳ מְשֻׁלְהָב — excited (adj.)

מָלֵא הִתְרַגְּשׁוּת, בְּאֶכְּסְטָזָה:
*הוּא חָזַר **מְשׁוּלְהָב** מִן הַמְּסִיבָּה.*
מְשׁוּלְהֶבֶת, מְשׁוּלְהָבִים, מְשׁוּלְהָבוֹת

משולל ת׳ מְשֻׁלָּל — lacking, -less

שֶׁאֵין לוֹ אוֹ בּוֹ:
*הָרַעְיוֹן שֶׁלְּךָ **מְשׁוּלָּל** הִיגָּיוֹן. / הוּא **מְשׁוּלָּל** זְכוּיוֹת, כִּי הוּא לֹא אֶזְרַח הַמְּדִינָה.*
מְשׁוּלֶּלֶת, מְשׁוּלָּלִים, מְשׁוּלָּלוֹת

משולם ת׳ מְשֻׁלָּם — paid (adj.)

שֶׁשִּׁילְּמוּ אוֹתוֹ, כְּשֶׁלֹּא חַיָּיבִים כֶּסֶף עֲבוּרוֹ:
*חֶשְׁבּוֹן הַחַשְׁמַל כְּבָר **מְשׁוּלָּם**.*
מְשׁוּלֶּמֶת, מְשׁוּלָּמִים, מְשׁוּלָּמוֹת

משולש ז׳ מְשֻׁלָּשׁ [מְשׁוּלָּשִׁים] — triangle

צוּרָה גֵּאוֹמֶטְרִית, יֵשׁ לָהּ שְׁלוֹשָׁה צְדָדִים:
*בְּגֵיאוֹמֶטְרִיָּה לָמַדְתִּי עַל סוּגִים שׁוֹנִים שֶׁל **מְשׁוּלָּשִׁים**.*

משולשל ת׳ מְשֻׁלְשָׁל — dangling, lowered (adj.)

שֶׁמּוֹרִידִים אוֹתוֹ לְמַטָּה:
*הַחֲבָלִים הַ**מְּשׁוּלְשָׁלִים** עוֹזְרִים לַעֲלוֹת עַל הָהָר.*
מְשׁוּלְשֶׁלֶת, מְשׁוּלְשָׁלִים, מְשׁוּלְשָׁלוֹת

משום מ״ק מִשּׁוּם — because (of)

בִּגְלַל.

מִשּׁוּם כָּךְ - מִסִּיבָּה זוֹ, בִּגְלַל זֶה: — because of that
*הָיִיתִי עָיֵיף, **מִשּׁוּם כָּךְ** בִּיטַּלְתִּי אֶת הַפְּגִישָׁה.*

מִשּׁוּם ש...- מִפְּנֵי שֶׁ-, כֵּיוָון שֶׁ-: because
*אַתָּה לֹא מַצְלִיחַ, **מִשּׁוּם שֶׁ**אַתָּה לֹא לוֹמֵד.*

משומדז׳ מְשֻׁמָּד convert (from Judaism)
מִי שֶׁנּוֹלַד יְהוּדִי וְעָבַר לְדָת אַחֶרֶת:
*ה**מְשׁוּמָּדִים** נִיסוּ לְהִיקָּלֵט בַּחֶבְרָה הַנּוֹצְרִית.*
מְשׁוּמֶּדֶת, מְשׁוּמָּדִים, מְשׁוּמָּדוֹת

משומןת׳ מְשֻׁמָּן greased/oiled (adj.)
שֶׁמָּרְחוּ אוֹתוֹ בְּשֶׁמֶן:
*הַגַּלְגַּלִּים מִסְתּוֹבְבִים יָפֶה, כִּי הֵם **מְשׁוּמָּנִים**.*
מְשׁוּמֶּנֶת, מְשׁוּמָּנִים, מְשׁוּמָּנוֹת

משומרת׳ מְשֻׁמָּר canned/preserved (adj.)
אוֹכֶל שֶׁעוֹבֵר תַּהֲלִיךְ מְיוּחָד וְאֶפְשָׁר לֶאֱכוֹל אוֹתוֹ אַחֲרֵי הַרְבֵּה זְמַן:
*חָלָב **מְשׁוּמָּר** לֹא צָרִיךְ קֵירוּר.*
יַיִן מְשׁוּמָּר - יַיִן טוֹב, שֶׁנִּמְצָא בַּמַּרְתֵּף
מְשׁוּמֶּרֶת, מְשׁוּמָּרִים, מְשׁוּמָּרוֹת

משומשת׳ מְשֻׁמָּשׁ used (adj.), second-hand
שֶׁהִשְׁתַּמְּשׁוּ בּוֹ, לֹא חָדָשׁ:
*סְפָרִים **מְשׁוּמָּשִׁים** זוֹלִים יוֹתֵר.*
מְשׁוּמֶּשֶׁת, מְשׁוּמָּשִׁים, מְשׁוּמָּשׁוֹת

משונהת׳ מְשֻׁנֶּה strange, odd
שׁוֹנֶה, מוּזָר, לֹא רָגִיל:
*הוּא אִישׁ **מְשׁוּנֶּה**, הוּא לֹא כְּמוֹ כּוּלָּם.*
מְשׁוּנָּה, מְשׁוּנִּים, מְשׁוּנּוֹת

משונותנ׳ מְשֻׁנּוּת strangeness, eccentricity
לִהְיוֹת אַחֵר, מוּזָרוּת:
*ה**מְשׁוּנּוּת** לֹא מוּבֶנֶת לְרוֹב הָאֲנָשִׁים.*

משונןת׳ מְשֻׁנָּן serrated (adj.)
1. שֶׁיֵּשׁ לוֹ קָצֶה לֹא חָלָק, כְּאִילּוּ יֵשׁ לוֹ שִׁינַּיִים קְטַנּוֹת:
*סַכִּין **מְשׁוּנֶּנֶת** חוֹתֶכֶת הֵיטֵב.*
2. שֶׁלָּמְדוּ וְחָזְרוּ וְלָמְדוּ: memorized (adj.)
*הַטֶּכְסְט שֶׁלִּי לַהַצָּגָה כְּבָר **מְשׁוּנָּן**.*
מְשׁוּנֶּנֶת, מְשׁוּנָּנִים, מְשׁוּנָּנוֹת

משונסת׳ מְשֻׁנָּס girded/girdled (adj.)
שֶׁיֵּשׁ לוֹ חֲגוֹרָה. (מֶטָאפוֹרָה) הִתְכּוֹנֵן, הִתְחַזֵּק:
***מְשׁוּנָּס** מוֹתְנַיִים יָצָאתִי לִכְבּוֹשׁ אֶת הָעוֹלָם.*
מְשׁוּנֶּסֶת, מְשׁוּנָּסִים, מְשׁוּנָּסוֹת

משוסהת׳ מְשֻׁסֶּה incited (adj.)
שֶׁמִּישֶׁהוּ אָמַר לוֹ לִפְגּוֹעַ:
*הַכֶּלֶב הַ**מְשׁוּסֶּה** עַל-יְדֵי הַיְּלָדִים הִתְנַפֵּל עָלַיי.*
מְשׁוּסֵית, מְשׁוּסִּים, מְשׁוּסּוֹת

משועבדת׳ר״ז מְשֻׁעְבָּד enslaved (adj.)
1. לֹא חוֹפְשִׁי:
*בְּנֵי יִשְׂרָאֵל הָיוּ **מְשׁוּעְבָּדִים** לְפַרְעֹה בְּמִצְרַיִם. / הוּא **מְשׁוּעְבָּד** לַטֶּלֶוִויזְיָה, רוֹאֶה תּוֹכְנִיּוֹת בַּיּוֹם וּבַלַּיְלָה.*
2. רְכוּשׁ אוֹ כֶּסֶף שֶׁמְּשַׁמֵּשׁ mortgaged (adj.)
כְּבִיטָּחוֹן לְמִי שֶׁנָּתַן הַלְוָואָה:
*אֲנִי לֹא יָכוֹל לִמְכּוֹר אֶת הַדִּירָה, הִיא **מְשׁוּעְבֶּדֶת** לַבַּנְק.*
מִשְׁפָּט מְשׁוּעְבָּד subordinate clause
מְשׁוּעְבֶּדֶת, מְשׁוּעְבָּדִים, מְשׁוּעְבָּדוֹת

משועמםת׳ מְשֻׁעֲמָם bored (adj.)
שׁוּם דָּבָר אֵינוֹ מְעַנְיֵין אוֹתוֹ:
*הוּא **מְשׁוּעֲמָם**, הַסֶּרֶט הַזֶּה לֹא מְעַנְיֵין אוֹתוֹ.*
מְשׁוּעֲמֶמֶת, מְשׁוּעֲמָמִים, מְשׁוּעֲמָמוֹת

משוערת׳ מְשֹׁעָר estimated (adj.)
שֶׁהוּא לֹא מְדוּיָּק, בְּעֶרֶךְ:
*הַסְּכוּם הַ**מְשׁוֹעָר** שֶׁאֲקַבֵּל הוּא 1,000 שְׁקָלִים (אוּלַי יוֹתֵר, וְאוּלַי פָּחוֹת).*
מְשׁוֹעֶרֶת, מְשׁוֹעָרִים, מְשׁוֹעָרוֹת

משועשעת׳ מְשֻׁעֲשָׁע amused (adj.)
מַשֶּׁהוּ מַצְחִיק אוֹתוֹ, גּוֹרֵם לוֹ הֲנָאָה:
*יָשַׁבְתִּי **מְשׁוּעֲשָׁע** בַּהַצָּגָה: שָׁרוּ, רָקְדוּ, סִיפְּרוּ בְּדִיחוֹת.*
מְשׁוּעֲשַׁעַת, מְשׁוּעֲשָׁעִים, מְשׁוּעֲשָׁעוֹת

משופםת׳ מְשׁוּפָם moustached
שֶׁיֵּשׁ לוֹ שָׂפָם, שְׂעָרוֹת מֵעַל הַפֶּה:
*הַבָּחוּר הַגָּבוֹהַ וְהַ**מְשׁוּפָם** מוֹצֵא-חֵן בְּעֵינַיי.*
מְשׁוּפֶּמֶת, מְשׁוּפָמִים, מְשׁוּפָמוֹת

משופעת׳ מְשֻׁפָּע slanted (adj.)
1. שֶׁאֵינוֹ עוֹמֵד יָשָׁר, אֲלַכְסוֹנִי:
*קָשֶׁה לַעֲלוֹת בָּרְחוֹב כִּי הוּא **מְשׁוּפָּע** כְּלַפֵּי מַעְלָה.*
2. שֶׁיֵּשׁ בּוֹ הַרְבֵּה (בְּשֶׁפַע): abundant
*יִשְׂרָאֵל **מְשׁוּפַּעַת** בְּשֶׁמֶשׁ.*
מְשׁוּפַּעַת, מְשׁוּפָּעִים, מְשׁוּפָּעוֹת

משופץת׳ מְשֻׁפָּץ renovated/remodeled (adj.)
שֶׁתִּיקְּנוּ אוֹתוֹ, עָשׂוּ אוֹתוֹ כְּמוֹ חָדָשׁ:
*הַדִּירָה הַ**מְשׁוּפֶּצֶת** נִרְאֵית כְּמוֹ חֲדָשָׁה.*
מְשׁוּפֶּצֶת, מְשׁוּפָּצִים, מְשׁוּפָּצוֹת

משופרת׳ מְשֻׁפָּר improved (adj.)
שֶׁעָשׂוּ אוֹתוֹ טוֹב יוֹתֵר, יָפֶה יוֹתֵר:

*זאת הַצָּעָה **משופֶּרֶת** שֶׁל הַתּוֹכְנִית הָרִאשׁוֹנָה.*
מְשׁוּפֶּרֶת, מְשׁוּפָּרִים, מְשׁוּפָּרוֹת

משופשףת׳ מְשֻׁפְשָׁף worn out
מְשׁוּמָשׁ מְאוֹד, כְּבָר יָרַד מִמֶּנּוּ חֵלֶק:
*הַסּוּלְיוֹת שֶׁל הַנַּעֲלַיִים **מְשׁוּפְשָׁפוֹת** לְגַמְרֵי.*
מְשׁוּפְשֶׁפֶת, מְשׁוּפְשָׁפִים, מְשׁוּפְשָׁפוֹת

משוקללת׳ מְשֻׁקְלָל weighted average
מְחוּשָּׁב כָּךְ שֶׁלְּכֹל מַרְכִּיב בּוֹ יֵשׁ עֵרֶךְ שׁוֹנֶה:
*הַצִּיּוּן הַסּוֹפִי **מְשׁוּקְלָל** כָּךְ: 20% - שִׁיעוּרֵי בַּיִת, 50% צִיּוּן הַבְּחִינָה, 30% - עֲבוֹדָה.*
מְשׁוּקְלֶלֶת, מְשׁוּקְלָלִים, מְשׁוּקְלָלוֹת

משוקםת׳ מְשֻׁקָּם rehabilitated (adj.)
שֶׁהֵקִימוּ אוֹתוֹ מֵחָדָשׁ, הֶחֱזִירוּ אוֹתוֹ לַמַּצָּב הַקּוֹדֵם:
*עַכְשָׁיו הַפָּצוּעַ **מְשׁוּקָּם**, לִימְּדוּ אוֹתוֹ לָלֶכֶת מֵחָדָשׁ.*
מְשׁוּקֶּמֶת, מְשׁוּקָּמִים, מְשׁוּקָּמוֹת

משוקעת׳ מְשֻׁקָּע immersed (adj.)
נִמְצָא בְּתוֹךְ-:
*בַּסִּיפּוּר **מְשׁוּקָּעִים** נוֹשְׂאִים רַבִּים, שֶׁבִּקְרִיאָה רִאשׁוֹנָה לֹא מַרְגִּישִׁים בָּהֶם.*
מְשׁוּקַּעַת, מְשׁוּקָּעִים, מְשׁוּקָּעוֹת

משור ר׳ מסור

משורבבת׳ מְשֻׁרְבָּב put in by mistake
1. נִמְצָא בְּטָעוּת, הִכְנִיסוּ אוֹתוֹ בְּטָעוּת:
*יֵשׁ קְטָעִים בַּסִּיפּוּר שֶׁנִּרְאִים **מְשׁוּרְבָּבִים**, לֹא שַׁיָּיכִים.*
2. תָּלוּי: hanging
*הַלָּשׁוֹן שֶׁל הַכֶּלֶב **מְשׁוּרְבֶּבֶת** הַחוּצָה, כִּי הוּא צָמֵא.*
מְשׁוּרְבֶּבֶת, מְשׁוּרְבָּבִים, מְשׁוּרְבָּבוֹת

משורבטת׳ מְשֻׁרְבָּט scribbled (adj.)
מְקוּשְׁקָשׁ, כָּתוּב, מְצוּיָּר בְּלִי לָשִׂים לֵב:
*יְלָדִים קְטַנִּים חוֹשְׁבִים, שֶׁכַּמָּה קַוִּוים **מְשׁוּרְבָּטִים** זֶה צִיּוּר.*
מְשׁוּרְבֶּטֶת, מְשׁוּרְבָּטִים, מְשׁוּרְבָּטוֹת

משורהנ׳ מְשׂוּרָה [מְשׂוּרוֹת] measuring cup/vessel
כְּלִי לִמְדִידָה שֶׁל נוֹזְלִים.
בִּמְשׂוּרָה ת״פ - מְעַט: small quantity
*קִיבַּלְתִּי מַיִם **בִּמְשׂוּרָה**, לָכֵן אֲנִי צָמֵא.*

משורטטת׳ מְשֻׂרְטָט drawn, sketched (adj.)
שֶׁיֵּשׁ עָלָיו קַוִּוים, צִיּוּר פָּשׁוּט בְּיוֹתֵר:
*מִן הַתּוֹכְנִית **הַמְשׂוּרְטֶטֶת** אֶפְשָׁר לָדַעַת אֵיךְ יִהְיֶה הַבַּיִת.*
מְשׂוּרְטֶטֶת, מְשׂוּרְטָטִים, מְשׂוּרְטָטוֹת

משורייןתו״ז מְשֻׁרְיָן [מְשׁוּרְיָינִים] armored (adj.)
1. שֶׁיֵּשׁ לוֹ הֲגָנָה שֶׁל לוּחוֹת פְּלָדָה וְכוּ׳:
*בִּזְמַן מִלְחָמָה נוֹסְעִים בִּמְכוֹנִיּוֹת **מְשׁוּרְיָינוֹת**.*
2. שֶׁשּׁוֹמְרִים לְצוֹרֶךְ מְסוּיָּם: reserved (adj.)
***מְשׁוּרְיָין** לִי מָקוֹם בַּשּׁוּרָה הַשְּׁלִישִׁית.*
מְשׁוּרְיֶינֶת, מְשׁוּרְיָינוֹת

משוררז׳ מְשׁוֹרֵר [מְשׁוֹרְרִים] poet
מִי שֶׁכּוֹתֵב שִׁירָה:
*בְּיָאלִיק הוּא גָּדוֹל **מְשׁוֹרְרֵי** יִשְׂרָאֵל.*
מְשׁוֹרֶרֶת, מְשׁוֹרְרוֹת

משושז׳ מָשׂוֹשׂ joy
(שָׂפָה סִפְרוּתִית) שִׂמְחָה:
***לִמְשׂוֹשׂ** לִיבּוֹ הִסְכִּימָה רוּת לְהִתְחַתֵּן אִיתּוֹ.*

משושהתו״ז מְשֻׁשֶּׁה [מְשׁוּשִׁים] hexagon
צוּרָה גֵּיאוֹמֶטְרִית שֶׁיֵּשׁ לָהּ שִׁישָּׁה צְדָדִים:
*קָנִינוּ שׁוּלְחָן **מְשׁוּשֶּׁה** לְ-6 אֲנָשִׁים.*

משותףת׳ מְשֻׁתָּף common, joint
מַשֶּׁהוּ שֶׁשַּׁיָּיךְ לְיוֹתֵר מֵאָדָם אֶחָד:
*בַּקִּיבּוּץ יֵשׁ חֲדַר אוֹכֶל **מְשׁוּתָּף**.*
בַּיִת מְשׁוּתָּף condominium
מְשׁוּתֶּפֶת, מְשׁוּתָּפִים, מְשׁוּתָּפוֹת

משותקת׳ מְשֻׁתָּק paralyzed (adj.)
1. אָדָם שֶׁאֶחָד מֵאֵיבְרֵי הַגּוּף שֶׁלּוֹ לֹא פּוֹעֵל:
*קָשֶׁה לוֹ לָלֶכֶת, הָרֶגֶל שֶׁלּוֹ **מְשׁוּתֶּקֶת**.*
2. לֹא פָּעִיל: immobilized (adj.)
*בְּחַג **מְשׁוּתֶּקֶת** תְּנוּעַת הָאוֹטוֹבּוּסִים.*
מְשׁוּתֶּקֶת, מְשׁוּתָּקִים, מְשׁוּתָּקוֹת

משחפ׳ מָשַׁח greased, put
שָׂם, מָרַח מִשְׁחָה קְרֶם וְכוּ׳:
***מָשַׁחְתִּי** קְרֶם עַל הַפָּנִים.*
בִּזְמַן הַתַּנַ״ךְ - **מָשְׁחוּ** בְּשֶׁמֶן anointed
אֶת מִי שֶׁנִּבְחַר לִהְיוֹת מֶלֶךְ. לִמְשׁוֹחַ אֶת- / מ.שׁ.ח, פָּעַל / מָשַׁחְתִּי, מוֹשֵׁחַ, יִמְשַׁח

משחהנ׳ מִשְׁחָה [מְשָׁחוֹת] paste
חוֹמֶר רַךְ שֶׁשָּׂמִים עַל פֶּצַע, נַעֲלַיִים, שִׁינַּיִים וְכוּ׳:
*קָנִיתִי **מִשְׁחַת** שִׁינַּיִים כְּדֵי לְצַחְצֵחַ אֶת הַשִּׁינַּיִים.*
מִשְׁחַת נַעֲלַיִים / מִשְׁחַת גִּילּוּחַ

משחהז׳ מִשְׂחֶה [מִשְׂחִים] swimming race
תַּחֲרוּת שְׂחִיָּיה:
*בַּ**מִּשְׂחֶה** הָרִאשׁוֹן נִיצַּחְתִּי, בַּשֵּׁנִי לֹא הָיָה לִי כּוֹחַ.*

משחולתנ, מִשְׁחֹלֶת [מִשְׁחוֹלוֹת] pull-through
חֶבֶל שֶׁבְּקָצֵה שֶׁלּוֹ מַשֶּׁהוּ כָּבֵד, מְנַקִּים בּוֹ אֶת הָרוֹבֶה וְכוּ':
*שַׂמְתִּי חֲתִיכַת בַּד עַל **הַמִּשְׁחוֹלֶת**, וְנִיקִּיתִי אֶת הָרוֹבֶה.*

משחזתנ, מַשְׁחֶזֶת sharpener
מַכְשִׁיר, מְחַדֵּד מִסְפָּרַיִים, סַכִּין וְכוּ':
*הַסַּכִּין חוֹתֶכֶת יָפֶה, כִּי חִידַּדְנוּ אוֹתָהּ בְּאֶבֶן **מַשְׁחֶזֶת**.*

משחטהנ, מִשְׁחָטָה [מִשְׁחָטוֹת] slaughterhouse
מָקוֹם שֶׁשּׁוֹחֲטִים פָּרוֹת, תַּרְנְגוֹלִים:
*אִי אֶפְשָׁר לָדַעַת שֶׁכָּאן **מִשְׁחָטָה** - אֵין דָּם וְהַכֹּל נָקִי.*

משחקז, מִשְׂחָק [מִשְׂחָקִים] playing
1. פְּעִילוּת שֶׁל אֲנָשִׁים בִּזְמַנָּם הַחוֹפְשִׁי:
*אֶת הָעֲרָבִים אֲנַחְנוּ מְבַלִּים **בְּמִשְׂחֲקֵי** קְלָפִים וְשַׁחְמָט.*
2. תַּחֲרוּת סְפּוֹרְט: game
*רָאִיתִי אֶת **מִשְׂחַק** הַכַּדּוּרְסַל בֵּין 'מַכַּבִּי' ת"א לְ'הַפּוֹעֵל'.*
3. הַבִּיצוּעַ שֶׁל הַשַּׂחְקָנִים בַּהַצָּגָה: acting
***הַמִּשְׂחָק** בַּהַצָּגָה הַחֲדָשָׁה מְצוּיָּן, וְהַנּוֹשֵׂא מְעַנְיֵין.*
4. הַדָּבָר שֶׁמְּשַׂחֲקִים בּוֹ: game
*קָנִיתִי לַיֶּלֶד **מִשְׂחָק** חָדָשׁ.*

משחיתז, מַשְׁחִית lethal weapon
כְּלִי מַשְׁחִית (שָׂפָה סִפְרוּתִית) - כְּלִי שֶׁהוֹרֵס וּמְקַלְקֵל:
*רוֹבֶה וְסַכִּין בְּיָדַיִים לֹא נְכוֹנוֹת הֵם **כְּלֵי מַשְׁחִית**.*

משחתתנ, מַשְׁחֶתֶת [מַשְׁחָתוֹת] destroyer
מִין אוֹנִיַּית מִלְחָמָה, בְּעִיקָּר נֶגֶד צוֹלְלוֹת:
***הַמַּשְׁחָתוֹת** מְגִינּוֹת עַל הַמְּדִינָה מִן הַיָּם.*

משטחז, מִשְׁטָח [מִשְׁטָחִים] plane, surface
1. מָקוֹם שָׁטוּחַ, מָקוֹם מְסוּיָּם:
***בְּמִשְׁטָח** לִפְנֵי הַבַּיִת מְשַׂחֲקִים יְלָדִים.*
2. (בִּרְפוּאָה) מְעַט נוֹזֵל שֶׁלּוֹקְחִים לִבְדִיקָה: culture (med.)
*לָקְחוּ לִי **מִשְׁטָח** גָּרוֹן כְּדֵי לָדַעַת אִם יֵשׁ לִי אִינְפֶקְצְיָה.*

משטמהנ, מַשְׂטֵמָה animosity
שִׂנְאָה גְּדוֹלָה:
*הוּא נִרְאָה אֲחוּז **מַשְׂטֵמָה**, כְּאִילּוּ הוּא רוֹצֶה לַהֲרוֹג מִישֶׁהוּ.*

משטרז, מִשְׁטָר [מִשְׁטָרִים] regime
צוּרָה שֶׁל שִׁלְטוֹן (- דֶּמוֹקְרַטְיָה, דִּיקְטָטוּרָה וְכוּ'):
***הַמִּשְׁטָר** הַדֶּמוֹקְרָטִי הוּא הַטּוֹב בְּיוֹתֵר שֶׁאֲנִי מַכִּיר.*
מִשְׁטַר-חֵירוּם emergency rule

משטרהנ, מִשְׁטָרָה [מִשְׁטָרוֹת] police
מִשְׂרָד מֶמְשַׁלְתִּי - תַּפְקִידוֹ לִשְׁמוֹר עַל הַסֵּדֶר וְהַחוֹק בַּמְּדִינָה (גַּם הַמָּקוֹם שֶׁהַשּׁוֹטְרִים עוֹבְדִים בּוֹ):
***הַמִּשְׁטָרָה** שָׁמְרָה עַל הַסֵּדֶר וְהַבִּיטָּחוֹן בִּזְמַן הַהַפְגָּנָה.*

משיז, מֶשִׁי silk
סוּג שֶׁל בַּד, עָשׂוּי מְחוּטִים דַּקִּים וַעֲדִינִים:
*קָנִיתִי חוּלְצַת **מֶשִׁי** יְקָרָה.*
תּוֹלְעֵי-מֶשִׁי silkworms

משיבוןז, מְשִׁיבוֹן [מְשִׁיבוֹנִים] answering machine
"מַזְכִּירָה" אוֹטוֹמָטִית, מַכְשִׁיר שֶׁעוֹנֶה לַטֶּלֶפוֹן:
*הִשְׁאַרְתִּי לְךָ הוֹדָעָה **בַּמְּשִׁיבוֹן**.*

משיחז, מָשִׁיחַ [מְשִׁיחִים] Messiah
הוּא יָבִיא אֶת הַגְּאוּלָּה בֶּעָתִיד הָרָחוֹק:
*אֲנִי מַאֲמִין בֶּאֱמוּנָה שְׁלֵמָה שֶׁ**הַמָּשִׁיחַ** יָבוֹא.*
יְמוֹת-הַמָּשִׁיחַ the end of days

משיחית, מְשִׁיחִי messianic
שֶׁל הַמָּשִׁיחַ, הַקָּשׁוּר בַּמָּשִׁיחַ:
*יֵשׁ לוֹ רַעֲיוֹנוֹת **מְשִׁיחִיִּים** - הוּא לֹא כָּל-כָּךְ רֵיאָלִיסְטִי.*
מְשִׁיחִית, מְשִׁיחִיִּים, מְשִׁיחִיּוֹת

משיחיותנ, מְשִׁיחִיּוּת messianism
הָאֱמוּנָה בַּמָּשִׁיחַ:
*רַעְיוֹן **הַמְּשִׁיחִיּוּת** נָתַן תִּקְוָוה רַבָּה לַמַּאֲמִינִים.*

משיכהנ, מְשִׁיכָה [מְשִׁיכוֹת] pulling, drawing
1. כְּשֶׁמַּשֶּׁהוּ זָז בִּגְלַל כּוֹחַ שֶׁהִפְעִילוּ:
*הַחוּט נִקְרַע בִּגְלַל **הַמְּשִׁיכָה** הַחֲזָקָה.*
2. כְּשֶׁרוֹצִים לְהִתְקָרֵב אֶל: attraction
*הוּא הִרְגִּישׁ **מְשִׁיכָה** חֲזָקָה אֶל הַבַּחוּרָה.*
3. כְּשֶׁמּוֹצִיאִים כֶּסֶף מִן הַחֶשְׁבּוֹן בַּבַּנְק: withdrawing
*כָּל **מְשִׁיכָה** שֶׁל כֶּסֶף מִן הַחֶשְׁבּוֹן נִרְשֶׁמֶת בַּבַּנְק.*
מְשִׁיכַת-יֶתֶר overdraft
כּוֹחַ-הַמְּשִׁיכָה gravitation, gravity

משימהנ, מְשִׂימָה [מְשִׂימוֹת] mission, task, assignment
תַּפְקִיד מְסוּיָּם, מַשֶּׁהוּ שֶׁצָּרִיךְ לְבַצֵּעַ:
***הַמְּשִׂימָה** שֶׁלָּנוּ הָיְיתָה לְנַקּוֹת אֶת הַבַּיִת.*

משיקז, מַשִּׁיק [מַשִּׁיקִים] relates to, applies
1. נוֹגֵעַ בִּנְקוּדָה כָּלְשֶׁהִי:
*הַנּוֹשֵׂא שֶׁכָּתַבְתָּ עָלָיו **מַשִּׁיק** לַנּוֹשֵׂא שֶׁלִּי.*
2. קַו יָשָׁר שֶׁנּוֹגֵעַ בִּנְקוּדָה אַחַת בְּקַו עָקוֹם: tangent
*קַו יָשָׁר **מַשִּׁיק** לַמַּעְגָּל בִּנְקוּדָה אַחַת בִּלְבַד.*

משךז, מֶשֶׁךְ — duration
אוֹרֶךְ שֶׁל זמַן:
מֶשֶׁךְ זמַן הַבְּחִינָה הוּא 3 שָׁעוֹת.
בְּמֶשֶׁךְ — during
בְּמֶשֶׁךְ־הַזמַן — in due course

משךפ, מָשַׁךְ — pulled
1. סָחַב, הֶעֱבִיר מִמָּקוֹם לְמָקוֹם:
הַסּוּס מָשַׁךְ אֶת הָעֲגָלָה.
2. הוֹצִיא כֶּסֶף מֵהַחֶשְׁבּוֹן בַּבַּנְק: — withdrew (money)
מָשַׁכְתִּי אֶלֶף שֶׁקֶל מֵהַחֶשְׁבּוֹן בַּבַּנְק.
3. לִגרוֹם לְמִישֶׁהוּ לֶאֱהוֹב, לָשִׂים־לֵב: — attracted
הַסֵּפֶר הֶחָדָשׁ מָשַׁךְ תְּשׂוּמֶת לֵב רַבָּה.
בָּחוּר מוֹשֵׁךְ / בַּחוּרָה מוֹשֶׁכֶת / רַעֲיוֹן מוֹשֵׁךְ
מוֹשֵׁךְ בְּעוֹל — bears the yoke
מָשַׁךְ יָדוֹ מִ- — washed his hands of...
לִמשׁוֹךְ אֶת- / מ.ש.ך, פָּעַל / מָשַׁכְתִּי, מוֹשֵׁךְ, יִמשׁוֹךְ

משכבז, מִשְׁכָּב [מִשְׁכָּבִים] — bed, couch
הַמָּקוֹם שֶׁשּׁוֹכְבִים עָלָיו, מִיטָה וְכוּ':
(לָשׁוֹן סִפרוּתִית) *לֹא יָרַדְתִּי מֵעַל מִשְׁכָּבִי כֹּל הַיּוֹם.*
נָפַל לְמִשְׁכָּב — became ill

משכוןז, מַשְׁכּוֹן [מַשְׁכּוֹנוֹת] — pawn
חֵפֶץ שֶׁנּוֹתְנִים כְּדֵי לְהַבְטִיחַ שֶׁיַּחֲזִירוּ הַלְוָואָה:
נָתַתִּי אֶת הַטַּבַּעַת כְּמַשְׁכּוֹן, וְהוּא הִלְוָוה לִי 1000 ש"ח.

משכורתנ, מַשְׂכֹּרֶת [מַשְׂכּוֹרוֹת] — salary
תַּשְׁלוּם כֶּסֶף שֶׁמְּקַבְּלִים בְּעַד עֲבוֹדָה:
הַמַּעֲבִיד מְשַׁלֵּם לִי אֶת הַמַּשְׂכּוֹרֶת בִּתְחִילַּת הַחוֹדֶשׁ.

משכילז, מַשְׂכִּיל [מַשְׂכִּילִים] — educated (adj.)
מִישֶׁהוּ שֶׁלָּמַד, וְיֵשׁ לוֹ יְדִיעוֹת רַבּוֹת:
הוּא בָּחוּר מַשְׂכִּיל, מְעַנְיֵין לְדַבֵּר אִיתּוֹ.

משכיםז, מַשְׁכִּים [מַשְׁכִּימִים] — early-riser
מִי שֶׁקָּם מוּקְדָּם בַּבּוֹקֶר:
אֲנִי מֵהַמַּשְׁכִּימִים קוּם, לָכֵן אֲנִי מַגִּיעַ רִאשׁוֹן לָעֲבוֹדָה.
מַשְׁכִּימָה, מַשְׁכִּימוֹת

משכירז, מַשְׂכִּיר [מַשְׂכִּירִים] — renter
נוֹתֵן דִּירָה, מְכוֹנִית וְכוּ' לְשִׁימּוּשׁ תְּמוּרַת כֶּסֶף.
מַשְׂכִּיר הַדִּירָה הֶעֱלָה אֶת הַמְּחִיר.
מַשְׂכִּירָה, מַשְׂכִּירוֹת

משכיתנ, מַשְׂכִּית [מַשְׂכִּיּוֹת] — ornament
(לָשׁוֹן סִפרוּתִית) קִישּׁוּט, תַּכְשִׁיט (טַבַּעַת, מֶדַלְיוֹן וְכוּ'):
קִיבַּלְתִּי מַשְׂכִּית עַתִּיקָה מִסַּבְתָּא שֶׁלִּי.

משכלז, מֻשְׂכָּל — intelligence
אִינְטֶלִיגֶנְצְיָה, יְכוֹלֶת שִׂכְלִית.
מְנַת מִשְׂכָּל - כַּמּוּת — intelligence quotient (I.Q.)
הָאִינְטֶלִיגֶנְצְיָה, הַיְּכוֹלֶת הַשִּׂכְלִית בְּגִיל מְסוּיָּם:
הַמִּבְחָן בָּדַק אֶת מְנַת הַמִּשְׂכָּל שֶׁל הַיֶּלֶד.

משכןז, מִשְׁכָּן [מִשְׁכָּנִים] — dwelling, residence
1. בַּיִת, מָקוֹם שֶׁגָּרִים בּוֹ (לָשׁוֹן סִפרוּתִית):
הוּזמַנְתִּי לְמִשְׁכַּן הַנָּשִׂיא בִּירוּשָׁלַיִם.
2. מָקוֹם לִפְעִילוּת צִיבּוּרִית: — house
מִשְׁכַּן הַכְּנֶסֶת הוּא בִּירוּשָׁלַיִם.

משכנעת, מְשַׁכְנֵעַ — convincing
מַשְׁפִּיעַ, מוֹכִיחַ שֶׁהַדָּבָר הוּא רַק כָּךְ:
מַעֲשִׂים מְשַׁכְנְעִים אוֹתִי יוֹתֵר מִדִּיבּוּרִים.
מְשַׁכְנַעַת, מְשַׁכְנְעִים, מְשַׁכְנְעוֹת

משכנתהנ, מַשְׁכַּנְתָּה [מַשְׁכַּנְתָּאוֹת] — mortgage
הַלְוָואָה שֶׁאָדָם מְקַבֵּל לִקְנִיַּית בַּיִת אוֹ דִּירָה (הַבַּיִת מְשַׁמֵּשׁ כְּהַבְטָחָה שֶׁהַכֶּסֶף יוּחזַר):
קִיבַּלְתִּי מִבַּנְק דִּיסְקוֹנְט מַשְׁכַּנְתָּה עַל הַדִּירָה הַחֲדָשָׁה.

משכרת, מְשַׁכֵּר — intoxicating
גּוֹרֵם לְהִתְנַהֲגוּת לֹא כֹּל־כָּךְ רַצְיוֹנָלִית:
הַיַּיִן הַזֶּה מְשַׁכֵּר אוֹתִי.
מַשְׁקָאוֹת מְשַׁכְּרִים — alcoholic beverages
מְשַׁכֶּרֶת, מְשַׁכְּרִים, מְשַׁכְּרוֹת

משלפ, מָשַׁל — ruled
שָׁלַט, הָיָה הַמַּחְלִיט בִּמְדִינָה וְכוּ':
מ-1918 - עַד 1948 מָשְׁלָה אַנְגְלִיָּה בְּאֶרֶץ יִשְׂרָאֵל.
מָשַׁל בְּרוּחוֹ — controlled his temper
לִמשׁוֹל עַל-, בְּ- / מ.ש.ל, פָּעַל / מָשַׁלְתִּי, מוֹשֵׁל

משלז, מָשָׁל [מְשָׁלִים] — fable, parable
סִיפּוּר אַלֶגּוֹרִי קָצָר הַמְּלַמֵּד אֱמֶת חַיִּים:
הַמְּשָׁלִים שֶׁל אִיסוֹפּוֹס מְסַפְּרִים עַל בַּעֲלֵי-חַיִּים וּמִתְכַּוּוְנִים לַאֲנָשִׁים.
לְמָשָׁל - לְדוּגמָה — for example
מָשָׁל ת"פ (לָשׁוֹן סִפרוּתִית) כְּאִילּוּ: — as if
הוּא שׁוֹתֵק, מָשָׁל אִילֵּם הוּא.

משלבז, מִשְׁלָב [מִשְׁלָבִים] — register
רָמַת הַדִּיבּוּר הַמַּתְאִימָה מִבְּחִינָה חֶבְרָתִית:
הוּא מְדַבֵּר בְּמִשְׁלָב גָּבוֹהַּ גַּם עִם הַיְּלָדִים שֶׁלּוֹ.

משלוחז, מִשְׁלוֹחַ [מִשְׁלוֹחִים] — delivery, shipment
הַעֲבָרָה שֶׁל דָּבָר מִמָּקוֹם לְמָקוֹם:

מִשְׁלוֹחַ סְפָרִים מִתֵּל-אָבִיב לִירוּשָׁלַיִם נַעֲשָׂה תּוֹךְ יוֹמַיִם.
מִשְׁלוֹחַ-מָנוֹת Purim gifts

משלח־יד ב׳ מִשְׁלַח־יָד [מִשְׁלְחֵי-יָד] occupation
מִקְצוֹעַ, עֵסֶק שֶׁאָדָם עוֹבֵד בּוֹ כְּדֵי לְהִתְפַּרְנֵס:
*אֵין לִי **מִשְׁלַח יָד** קָבוּעַ, אֲנִי עוֹבֵד בַּעֲבוֹדוֹת שׁוֹנוֹת.*

משלחת נ׳ מִשְׁלַחַת [מִשְׁלָחוֹת] delegation
קְבוּצָה שֶׁבָּאָה בְּשֵׁם מְדִינָה אוֹ אִירְגּוּן:
***מִשְׁלָחוֹת** מִכָּל הָעוֹלָם בָּאוּ לְתַחֲרוּת הַשַּׁחְמָט בְּחֵיפָה.*

משלט ז׳ מִשְׁלָט [מִשְׁלָטִים] fortified lookout post
מָקוֹם גָּבוֹהַּ, מִמֶּנּוּ רוֹאִים אֶת כֹּל הַסְּבִיבָה:
*בַּמִּלְחָמָה יָשַׁבְתִּי **בְּמִשְׁלָט**, שֶׁשָּׁמַר עַל הַדֶּרֶךְ לִירוּשָׁלַיִם.*

משלי ז״ר מִשְׁלֵי Book of Proverbs
אֶחָד מִסִּפְרֵי הַתַּנַ״ךְ - מְשָׁלִים, דִּבְרֵי חוֹכְמָה קְצָרִים:
*בְּסֵפֶר **מִשְׁלֵי** יֵשׁ פִּתְגָּמִים וּמְשָׁלִים רַבִּים.*

משלים ת׳ מַשְׁלִים completing
גּוֹמֵר, עוֹשֶׂה מַשֶּׁהוּ שָׁלֵם:
*הַסֵּפֶר הַזֶּה **מַשְׁלִים** אֶת הַטְרִילוֹגְיָה עַל הַחַיִּים שֶׁכָּתַבְתִּי.*
מַשְׁלִימָה, מַשְׁלִימִים, מַשְׁלִימוֹת

משלשל ת׳ מְשַׁלְשֵׁל laxative
גּוֹרֵם שִׁילְשׁוּל (-מַחֲלַת קֵיבָה):
*זֹאת תְּרוּפָה **מְשַׁלְשֶׁלֶת**.*
מְשַׁלְשֶׁלֶת, מְשַׁלְשְׁלִים, מְשַׁלְשְׁלוֹת

משמאיל ת׳ מַשְׂמְאִיל turning left
פּוֹנֶה לְצַד שְׂמֹאל:
*הַדֶּרֶךְ **מַשְׂמְאִילָה**.*
מַשְׂמְאִילָה, מַשְׂמְאִילִים, מַשְׂמְאִילוֹת

משמח ת׳ מְשַׂמֵּחַ causing happiness/joy
גּוֹרֵם שִׂמְחָה:
*חֲתוּנָה הִיא דָּבָר **מְשַׂמֵּחַ**.*
מְשַׂמַּחַת, מְשַׂמְּחִים, מְשַׂמְּחוֹת

משמין ת׳ מַשְׁמִין fattening
1. עוֹשֶׂה שֶׁמִּישֶׁהוּ יִהְיֶה שָׁמֵן:
*אוֹכֶל טוֹב **מַשְׁמִין**.*
2. נַעֲשֶׂה שָׁמֵן: becoming fat
*דָּוִיד **מַשְׁמִין**, כִּי הוּא אוֹכֵל כֹּל הַיּוֹם:*
מַשְׁמִינָה, מַשְׁמִינִים, מַשְׁמִינוֹת

משמיץ ת׳ מַשְׁמִיץ slanderous
אוֹמֵר דְּבָרִים רָעִים:
*קָרָאתִי מַאֲמָר **מַשְׁמִיץ** עַל דָּוִיד.*
מַשְׁמִיצָה, מַשְׁמִיצִים, מַשְׁמִיצוֹת

משמן ז׳ מִשְׁמָן [מִשְׁמַנִּים] fatty flesh
1. (לָשׁוֹן סִפְרוּתִית) מַשֶּׁהוּ שָׁמֵן, בָּרִיא:
***מִשְׁמַנֵּי** בְּשָׂרוֹ מִתְנַדְנְדִים לְכֹל הַצְּדָדִים.*
2. (לְשׁוֹן הַתַּנַ״ךְ) שֶׁנּוֹתֵן הַרְבֵּה תּוֹצֶרֶת: fat (of the land)
*הָאִיכָּר הֶחָרוּץ נֶהֱנֶה **מִמִּשְׁמַנֵּי** הָאָרֶץ.*

משמע ז׳ מִשְׁמָע hearing
מַה שֶּׁשּׁוֹמְעִים, שְׁמִיעָה:
*אֲנִי לֹא מַאֲמִין **לְמִשְׁמַע** אוֹזְנַיי.*

משמע ז׳ מַשְׁמָע [מַשְׁמָעִים] meaning
מַשְׁמָעוּת, הַתּוֹכֶן שֶׁל הַמִּילִים:
*אֲנִי מְבַקֵּשׁ שֶׁתַּפְסִיק לְהַפְרִיעַ, פָּשׁוּטוֹ **כְּמַשְׁמָעוֹ**. (פָּשׁוּט מְאוֹד, כְּמוֹ שֶׁאַתָּה שׁוֹמֵעַ).*
מַשְׁמָע שֶׁ- - הַכַּוָּונָה הִיא..., זֹאת אוֹמֶרֶת שֶׁ-:
*אִם אַתָּה מְטַלְפֵן אֵלַיי, **מַשְׁמָע** שֶׁיֵּשׁ לְךָ זְמַן...*

משמעות נ׳ מַשְׁמָעוּת [מַשְׁמָעוּיוֹת] meaning
הַפֵּירוּשׁ שֶׁל מִילָּה אוֹ מוּשָּׂג:
*אַבְרָהָם חִיפֵּשׂ בַּמִּילּוֹן אֶת **מַשְׁמָעוּת** הַמִּילִּים הַחֲדָשׁוֹת.*

משמעותי ת׳ מַשְׁמָעוּתִי meaningful
שֶׁיֵּשׁ לוֹ תּוֹכֶן, שֶׁיֵּשׁ לוֹ חֲשִׁיבוּת:
*רֹאשׁ הַמֶּמְשָׁלָה אָמַר דְּבָרִים **מַשְׁמָעוּתִיִּים** עַל הַשָּׁלוֹם.*
מַשְׁמָעוּתִית, מַשְׁמָעוּתִיִּים, מַשְׁמָעוּתִיּוֹת

משמעי ת׳ מַשְׁמָעִי meaningful
שֶׁיֵּשׁ לוֹ פֵּירוּשׁ, תּוֹכֶן:
*הַתְּשׁוּבָה שֶׁלִּי הִיא חַד **מַשְׁמָעִית**: כֵּן!*
דּוּ־מַשְׁמָעִי having a double meaning
רַב־מַשְׁמָעִי ambiguous
מַשְׁמָעִית, מַשְׁמָעִיִּים, מַשְׁמָעִיּוֹת

משמעת נ׳ מִשְׁמַעַת discipline
דִּיסְצִיפְּלִינָה, שְׁמִירַת סֵדֶר, כְּשֶׁעוֹשִׂים מַה שֶּׁחַיָּיבִים וְכוּ׳:
*בַּכִּיתָּה יֵשׁ בְּעָיוֹת **מִשְׁמַעַת** - יֵשׁ רַעַשׁ וְקָשֶׁה לִלְמוֹד.*
מִשְׁמַעַת עַצְמִית self-discipline

משמר ת׳ מְשַׁמֵּר preservative
עוֹזֵר לִשְׁמוֹר בְּמַצָּב טוֹב, טָרִי וְכוּ׳:
*אֲנִי שׁוֹתָה מִיץ טִבְעִי, שֶׁאֵין בּוֹ חוֹמָרִים כִּימִיִּים **מְשַׁמְּרִים**.*
מְשַׁמֶּרֶת, מְשַׁמְּרִים, מְשַׁמְּרוֹת

משמר ז׳ מִשְׁמָר [מִשְׁמָרוֹת] guard
קְבוּצָה שֶׁל אֲנָשִׁים שֶׁשּׁוֹמְרִים עַל דְּבַר-מָה:

*הַנָּשִׂיא הִתְקַבֵּל עַל יְדֵי **מִשְׁמָר** כָּבֹד שֶׁל חַיָּלִים.*

מִשְׁמַר אֶזְרָחִי civil guard

מִשְׁמַר-הַגְּבוּל border patrol

מִשְׁמַר-כָּבוֹד honor guard

עָמַד עַל הַמִּשְׁמָר stood on guard

משמרתנ׳ מִשְׁמֶרֶת [מִשְׁמָרוֹת] watch, shift

1. זְמַן מְסוּיָּם מִן הַיּוֹם וְהַלַּיְלָה שֶׁאֲנָשִׁים עוֹבְדִים בּוֹ שׁוֹמְרִים בּוֹ וְכוּ׳:

*אֲנִי עוֹבֵד **בְּמִשְׁמֶרֶת** לַיְלָה הַשָּׁבוּעַ.*

2. קְבוּצָה שֶׁל אֲנָשִׁים שֶׁשּׁוֹמְרִים: guard

***מִשְׁמְרוֹת** הַפּוֹעֲלִים לֹא נָתְנוּ לַמְנַהֵל לְהִיכָּנֵס.*

3. כְּשֶׁשּׁוֹמְרִים מַשֶּׁהוּ לְמֶשֶׁךְ זְמַן שְׁמִירָה: safe keeping

*הַתְּעוּדוֹת נִמְצָאוֹת אֶצְלִי **לְמִשְׁמֶרֶת**.*

משנהז׳ מִשְׁנֶה [מִשְׁנִים] vice-

1. בָּא אַחֲרֵי- בַּחֲשִׁיבוּת:

*כְּשֶׁהַמְנַהֵל יַעֲזוֹב, **הַמִּשְׁנֶה** יָבוֹא בִּמְקוֹמוֹ.*

2. הַשֵּׁנִי, הָאַחֵר: (the) second

*יוֹם אֶחָד הוּא אוֹמֵר 'כֵּן' **וּבְמִשְׁנֵהוּ** 'לֹא'.*

3. פִּי שְׁנַיִים: double

*חָזַרְנוּ לַעֲבוֹדָה **בְּמִשְׁנֵה** מֶרֶץ.*

אַלּוּף־מִשְׁנֶה colonel

וַעֲדַת־מִשְׁנֶה subcommittee

כּוֹתֶרֶת־מִשְׁנֶה subtitle

משנהנ׳ מִשְׁנָה [מִשְׁנָיוֹת] Mishna (oral law)

1. סֵפֶר שֶׁל חוּקִים, מִן הַסְּפָרִים הַחֲשׁוּבִים שֶׁל הַיְּהוּדִים, נִכְתַּב אַחֲרֵי הַתַּנַ"ךְ:

*הַחוּקִים שֶׁעָבְרוּ מִדּוֹר לְדוֹר בְּעַל פֶּה סוּדְּרוּ **בַּמִּשְׁנָה**.*

2. כֹּל קֶטַע בְּסֵפֶר הַמִּשְׁנָה paragraph of the Mishna

נִקְרָא גַּם הוּא מִשְׁנָה (חוֹק, כְּלָל):

*לָמַדְנוּ **מִשְׁנָיוֹת** חֲדָשׁוֹת.*

3. תּוֹרָה, רַעְיוֹנוֹת, פִילוֹסוֹפְיָה שֶׁל מִישֶׁהוּ: theory, ideology

*לָמַדְנוּ אֶת **מִשְׁנָתוֹ** שֶׁל אַפְלָטוֹן.*

משנית׳ מִשְׁנִי secondary

שֵׁנִי לְמַשֶּׁהוּ, בְּדַרְגָּה שְׁנִיָּה:

*הַמִּקְצוֹעַ הָרָאשִׁי שֶׁלִּי סִפְרוּת, **וְהַמִּשְׁנִי** הִיסְטוֹרְיָה.*

מִשְׁנִית, מִשְׁנִיִּים, מִשְׁנִיּוֹת

משעבדתה״ז מְשַׁעְבֵּד [מְשַׁעְבְּדִים] enslaver, oppressor

כְּשֶׁמִּישֶׁהוּ שׁוֹלֵט בְּאָדָם, בִּמְדִינָה:

*הַיּוֹם יֵשׁ פָּחוֹת עַמִּים **מְשַׁעְבְּדִים**, לְרוֹב הַמְּדִינוֹת יֵשׁ עַצְמָאוּת.*

מְשַׁעְבֶּדֶת, מְשַׁעְבְּדוֹת

משעולז׳ מִשְׁעוֹל [מִשְׁעוֹלִים] path

שְׁבִיל, דֶּרֶךְ צָרָה:

*אֲנִי אוֹהֵב לְטַיֵּיל **בַּמִּשְׁעוֹלִים** בֶּהָרִים.*

משעית׳ מֶשִׁי neat(ly)

לְמִשְׁעִית״פ בְּצוּרָה נְקִיָּה מְאוֹד:

*דָּוִד נִרְאֶה יָפֶה - הוּא מְגוּלָּח **לְמִשְׁעִי**.*

משעמםת׳ מְשַׁעֲמֵם boring

לֹא מְעַנְיֵין:

*זֶה הָיָה סֶרֶט **מְשַׁעֲמֵם** מְאוֹד, עָזַבְתִּי לִפְנֵי הַסּוֹף.*

מְשַׁעֲמֶמֶת, מְשַׁעַמְמִים, מְשַׁעַמְמוֹת

משעןז׳ מִשְׁעָן [מִשְׁעָנִים] support, rest

מַשֶּׁהוּ שֶׁעוֹזֵר, תּוֹמֵךְ, שֶׁנִּשְׁעָנִים עָלָיו:

*הוּא הָיָה לִי **לְמִשְׁעָן** בִּזְמַנִּים הַקָּשִׁים.*

משענתנ׳ מִשְׁעֶנֶת [מִשְׁעָנוֹת] (arm/back) support

מַקֵּל אוֹ חֵלֶק שֶׁל כִּסֵּא שֶׁנִּשְׁעָנִים עָלָיו:

*קָנִינוּ כִּיסְאוֹת עִם **מִשְׁעָנוֹת**, כְּדֵי שֶׁיִּהְיֶה נוֹחַ לָשֶׁבֶת.*

מִשְׁעֶנֶת קָנֶה רָצוּץ ב׳ broken reed

משעשעת׳ מְשַׁעֲשֵׁעַ amusing

גּוֹרֵם הֲנָאָה:

*הַקּוֹמֶדְיָה הָיְיתָה **מְשַׁעֲשַׁעַת**.*

מְשַׁעֲשַׁעַת, מְשַׁעַשְׁעִים, מְשַׁעַשְׁעוֹת

משפחהנ׳ מִשְׁפָּחָה [מִשְׁפָּחוֹת] family

שֵׁם כּוֹלֵל לְהוֹרִים, בָּנִים, נְכָדִים:

*כֹּל **הַמִּשְׁפָּחָה** בָּאָה לָחוֹג יַחַד אֶת 'לֵיל הַסֵּדֶר'.*

2. קְבוּצָה שֶׁיֵּשׁ לָהּ מַשֶּׁהוּ מְשׁוּתָּף: group, category

*הָעִבְרִית שַׁיֶּיכֶת **לְמִשְׁפַּחַת** הַשָּׂפוֹת הַשֵּׁמִיּוֹת.*

שֵׁם־מִשְׁפָּחָה last name

משפחתית׳ מִשְׁפַּחְתִּי familial, family (adj.)

שֶׁל הַמִּשְׁפָּחָה:

*יֵשׁ לָנוּ אֲרוּחוֹת **מִשְׁפַּחְתִּיּוֹת** בְּשַׁבָּת.*

מִשְׁפַּחְתִּית, מִשְׁפַּחְתִּיִּים, מִשְׁפַּחְתִּיּוֹת

משפטז׳ מִשְׁפָּט [מִשְׁפָּטִים] law

1. חוֹק, מַה מּוּתָּר וּמָה אָסוּר עַל פִּי הַחוֹק:

*הוּא לוֹמֵד **מִשְׁפָּטִים**, הוּא רוֹצֶה לִהְיוֹת עוֹרֵךְ דִּין.*

2. כְּשֶׁמִּישֶׁהוּ עָבַר עַל הַחוֹק, וְהוּא עוֹמֵד לִפְנֵי שׁוֹפֵט: trial

***הַמִּשְׁפָּט** שֶׁל הַגַּנָּב יִתְקַיֵּים מָחָר.*

3. (בְּדִקְדּוּק) קְבוּצָה שֶׁל מִילִּים שֶׁמְּבִיעָה רַעְיוֹן: sentence

*בְּסוֹף **מִשְׁפָּט** יֵשׁ נְקוּדָה (.) אוֹ סִימַן שְׁאֵלָה (?) וְכוּ׳.*

משפטית׳ מִשְׁפָּטִי — legal
הַשַּׁיָּךְ לַמִּשְׁפָּט לַחוֹק וְכוּ׳:
*נִפְתְּחָה חֲקִירָה **מִשְׁפָּטִית** בְּנוֹשֵׂא הַכֶּסֶף שֶׁנֶּעֱלַם.*
יוֹעֵץ מִשְׁפָּטִי — legal advisor
מִשְׁפָּטִית, מִשְׁפָּטִיִּים, מִשְׁפָּטִיּוֹת

משפטןז׳ מִשְׁפְּטָן [מִשְׁפְּטָנִים] — lawyer, attorney
עוֹרֵךְ-דִּין:
*הַ**מִּשְׁפְּטָנִים** מִתְנַגְּדִים לַחוֹק הֶחָדָשׁ.*
מִשְׁפְּטָנִית, מִשְׁפְּטָנִיּוֹת

משפילת׳ מַשְׁפִּיל — lowering
1. מוֹרִיד, עוֹשֶׂה שֶׁיִּהְיֶה נָמוּךְ:
*מִי **שֶׁמַּשְׁפִּיל** אֶת הָעֵינַיִם הוּא בַּיְשָׁן.*
2. (מֶטָאפוֹרָה) פּוֹגֵעַ בַּכָּבוֹד שֶׁל מִישֶׁהוּ: — humiliating, degrading
*אָמְרוּ לִי דְּבָרִים **מַשְׁפִּילִים**.*
מַשְׁפִּילָה, מַשְׁפִּילִים, מַשְׁפִּילוֹת

משפךז׳ מַשְׁפֵּךְ [מַשְׁפְּכִים] — funnel
כְּלִי רָחָב מִצַּד אֶחָד וְצַר מִצַּד אַחֵר, מְשַׁמֵּשׁ לְהַעֲבָרָה שֶׁל נוֹזְלִים וְכוּ׳:
*בְּלִי **מַשְׁפֵּךְ** אֲנִי לֹא יָכוֹל לְמַלֵּא אֶת הַבַּקְבּוּק.*

משקז׳ מֶשֶׁק [מְשָׁקִים] — farm
1. יְחִידָה חַקְלָאִית (שֶׁל קִיבּוּץ אוֹ שֶׁל אָדָם פְּרָטִי):
*דָּוִיד עוֹבֵד **בַּמֶּשֶׁק** - בַּשָּׂדֶה, בָּרֶפֶת, בַּלּוּל.*
2. הַצַּד הַכַּלְכָּלִי שֶׁל אִירְגּוּן אוֹ מוֹסָד: — economy
*יְצוּא הַתַּפּוּזִים חָשׁוּב מְאוֹד **לְמֶשֶׁק** הַמְּדִינָה.*
מֶשֶׁק-בַּיִת — household

משקז׳ מַשָּׁק [מַשָּׁקִים] — rattle
רַעַשׁ, בְּדֶרֶךְ כְּלָל שֶׁל כְּנָפַיִים שֶׁל צִיפּוֹר:
***מַשַּׁק** כַּנְפֵי הַצִּיפּוֹרִים הֵעִיר אוֹתִי בַּבּוֹקֶר.*
מַשַּׁק כַּנְפֵי הַהִיסְטוֹרְיָה ב׳ - — history in the making
מַשֶּׁהוּ חָשׁוּב שֶׁקּוֹרֶה לָעַם

מש״קז׳ מַשָּׁק [מַשָּׁ״קִים] — non commissioned officer (N.C.O.)
ר״ת מְפַקֵּד (בַּצָּבָא) שֶׁאֵינוֹ קָצִין:
*עַכְשָׁיו הוּא **מַשָּׁ״ק**, אֲבָל הוּא רוֹצֶה לִהְיוֹת קָצִין.*

משקהז׳ מַשְׁקֶה [מַשְׁקָאוֹת] — drink
מַשֶּׁהוּ שֶׁשּׁוֹתִים:
*אֶפְשָׁר לְהַצִּיעַ לְךָ **מַשְׁקֶה**? יַיִן? **מַשְׁקֶה** קַל?*
מַשְׁקָאוֹת חֲרִיפִים — alcoholic beverages
מַשְׁקָאוֹת קַלִּים — light beverages

משקולתנ׳ מִשְׁקֹלֶת [מִשְׁקוֹלוֹת] — weight, barbell
בַּרְזֶל שֶׁתּוֹלִים בְּקָצֶה שֶׁל חוּט:
*הוֹרַדְנוּ **מִשְׁקוֹלֶת** כְּדֵי לִבְדּוֹק אִם הַקִּיר יָשָׁר.*
הֲרָמַת־מִשְׁקוֹלוֹת - — weight lifting
הוּא מִתְאַמֵּן בַּהֲרָמַת מִשְׁקוֹלוֹת.

משקוףז׳ מַשְׁקוֹף [מַשְׁקוֹפִים] — doorframe
מִסְגֶּרֶת שֶׁל דֶּלֶת אוֹ חַלּוֹן:
*בַּבַּיִת שֶׁלִּי **הַמַּשְׁקוֹף** חוּם וְהַדֶּלֶת לְבָנָה.*

משקית׳ מִשְׁקִי — economic
שֶׁל הַמֶּשֶׁק, כַּלְכָּלִי וְחַקְלָאִי:
*יֵשׁ לָנוּ בְּעָיוֹת **מִשְׁקִיּוֹת** - מְחִירֵי הַמַּיִם עָלוּ, הַבָּנִים בַּצָּבָא, וְאֵין מִי שֶׁיַּעֲבוֹד בַּשָּׂדֶה.*
מִשְׁקִית, מִשְׁקִיִּים, מִשְׁקִיּוֹת

משקיעז׳ מַשְׁקִיעַ [מַשְׁקִיעִים] — investor
מִי שֶׁקּוֹנֶה מְנָיוֹת וּרְכוּשׁ וְנִכְנָס לַעֲסָקִים:
*מְדִינַת יִשְׂרָאֵל צְרִיכָה **מַשְׁקִיעִים** לְפְּרוֹיֶיקְטִים כַּלְכָּלִיִּים.*
מַשְׁקִיעָה, מַשְׁקִיעוֹת

משקיףתר״ז מַשְׁקִיף [מַשְׁקִיפִים] — observer
1. מִסְתַּכֵּל מִן הַצַּד (בְּוִיכּוּחַ), לֹא מִתְעָרֵב:
*אֵין לִי רְשׁוּת לְדַבֵּר בָּאֲסֵיפָה, אֲנִי רַק **מַשְׁקִיף**.*
2. אַנְשֵׁי הָאוּ״ם שֶׁנִּמְצָאִים בִּמְקוֹמוֹת שֶׁיְּכוֹלָה לִפְרוֹץ מִלְחָמָה: — U.N. observer
***מַשְׁקִיפֵי** הָאוּ״ם צְרִיכִים לִהְיוֹת אוֹבְּיֶיקְטִיבִיִּים.*
מַשְׁקִיפָה, מַשְׁקִיפוֹת

משקלז׳ מִשְׁקָל [מִשְׁקָלוֹת] — weight
1.כֹּבֶד שֶׁל גּוּף:
*מָה **מִשְׁקַל** הַחֲבִילָה? -10 ק״ג.*
2. הַמַּכְשִׁיר שֶׁשּׁוֹקֵל: — scales
*עָלִיתִי עַל **הַמִּשְׁקָל** וְרָאִיתִי שֶׁרָזִיתִי בְּ-3 ק״ג.*
3. (בְּשִׁירָה) רִיתְמוּס: — meter
*לָאֶפּוֹס הַקְּלַאסִי הָיָה **מִשְׁקָל** מְיוּחָד (דַּקְטִיל).*
4. (בְּדִיקְדּוּק) מִבְנֶה מְשׁוּתָּף שֶׁל מִילִּים: — nominal pattern
*הַמִּילִּים ׳סַבָּל׳, ׳נַגָּר׳ הֵן בְּאוֹתוֹ **מִשְׁקָל**.*
5. עֵרֶךְ, חֲשִׁיבוּת: — value
*לִדְבָרִים שֶׁלּוֹ אֵין כָּל **מִשְׁקָל**.*
מִשְׁקָל סְגוּלִי — specific weight
שִׁיוּוּי־מִשְׁקָל — balance

משקעז׳ מִשְׁקָע [מִשְׁקָעִים] — deposit
מָה שֶׁשּׁוֹקֵעַ בְּתוֹךְ נוֹזֵל:
*שָׁתִיתִי קָפֶה, וְנִשְׁאַר **מִשְׁקָע** שָׁחוֹר בַּכּוֹס.*
*הַגֵּירוּשִׁים הִשְׁאִירוּ **מִשְׁקָע** לֹא נָעִים.*
מִשְׁקָעִים - — precipitation
כַּמּוּת הַמִּשְׁקָעִים בַּנֶּגֶב קְטַנָּה מְאוֹד.
סֶלַע־מִשְׁקָע — sedimentary rock

משקפייםז"ר, מִשְׁקָפַיִם — eyeglasses
מַרכִּיבִים עַל הָעֵינַיִים כְּדֵי לִראוֹת טוֹב יוֹתֵר:
אֲנִי לֹא מַצלִיחַ לִקרוֹא מֵהַלוּחַ, אֲנִי צָרִיך ***מִשׁקָפַיִים***.
זוּג מִשׁקָפַיִים — a pair of glasses
מִשׁקְפֵי-שֶׁמֶשׁ — sunglasses

משקפתנ, מִשְׁקֶפֶת [מִשקָפוֹת] — binoculars
מַכשִׁיר אוֹפּטִי, דֶרֶך הַמִשׁקֶפֶת הָרָחוֹק נִראֶה קָרוֹב:
*הִסתַכַּלתִי עַל הַשַׂחקָן דֶרֶך הַ****מִשׁקֶפֶת****, וְרָאִיתִי אֶת פָּנָיו.*

משרדז, מִשְׂרָד [מִשׂרָדִים] — office
1. מָקוֹם שֶׁעוֹבדִים בּוֹ פְּקִידִים, מַזכִּירָה וְכוּ':
בְּמִשׂרַד *הָעִירִיָיה אֵין קַבָּלַת קָהָל בְּיוֹם שִׁישִׁי.*
2. מִינִיסטֶריוֹן, בְּרֹאשׁוֹ עוֹמֵד שַׂר: — ministry
מִשׂרַד *הַחִינוּך אַחרָאִי עַל כֹּל בָּתֵי הַסֵפֶר וְהָאוּנִיבֶרסִיטָאוֹת בָּאָרֶץ.*

משרדי הממשלה ר' כנסת וממשלה בנספח

משרדית, מִשְׂרָדִי — clerical, office-
שֶׁל מִשׂרָד, שֶׁל אַדמִינִיסטרַציָה:
זֶהוּ שׁוּלחָן ***מִשׂרָדִי*** *וְלֹא שׁוּלחַן אוֹכֶל.*
בֵּין-מִשׂרָדִי — inter-office
מִשׂרָדִית, מִשׂרָדִיִים, מִשׂרָדִיוֹת

משרהנ, מִשְׂרָה [מִשׂרוֹת] — position, post
מְקוֹם עֲבוֹדָה, תַפקִיד שֶׁאָדָם חַי מִמֶנוּ:
אֲנִי מְחַפֵּשׂ ***מִשׂרָה*** *בַּמֶמשָׁלָה.*

משרוקיתנ, מַשְׁרוֹקִית [מַשרוֹקִיוֹת] — whistle
מַה שֶׁשָׂמִים בַּפֶּה וּמַשׁמִיעַ קוֹל חַד:
הַשׁוֹטֵר שָׁרַק ***בְּמַשׁרוֹקִית*** *כְּדֵי לְסַמֵן לַמְכוֹנִית לַעֲצוֹר.*

משרטטז, מְשַׂרְטֵט [מְשַׂרטְטִים] — draftsman
מוּמחֶה לְצִיוּר מַפּוֹת, תוֹכנִיוֹת שֶׁל בָּתִים...:
הִיא עוֹבֶדֶת ***כִּמְשַׂרטֶטֶת*** *בְּמִשׂרָד שֶׁל אַרכִיטֶקטִים.*
מְשַׂרטֶטֶת, מְשַׂרטְטוֹת

משרפהנ, מִשְׂרָפָה [מִשׂרָפוֹת] — crematorium
מָקוֹם שֶׁשּׂוֹרפִים בּוֹ מַשֶּׁהוּ:
יְהוּדִים רַבִּים מֵתוּ ***בַּמִשׂרָפוֹת*** *שֶׁל הַנָאצִים.*

משרתז, מְשָׁרֵת [מְשָׁרתִים] — servant
עוֹשֶׂה עֲבוֹדָה בִּשׁבִיל מִישֶׁהוּ בַּבַּיִת (לָרוֹב בְּשָׂכָר נָמוּך):
בַּמֵאָה הַ-19 הָיוּ לְאָדָם עָשִׁיר ***מְשָׁרתִים*** *רַבִּים.*
מְשָׁרֶתֶת, מְשָׁרתוֹת

משתהז, מִשְׁתֶּה [מִשׁתִים] — feast
אֲרוּחָה חֲגִיגִית, מְסִיבָּה עִם הַרבֵּה אוֹכֶל וּשׁתִיָיה:
זֹאת לֹא הָייתָה סתָם מְסִיבָּה, זֶה הָיָה ***מִשׁתֶה***.

משתכןז, מִשְׁתַּכֵּן [מִשׁתַכּנִים] — tenant
מִי שֶׁבָּא לָגוּר בְּבַיִת, בְּדִירָה וְכוּ':
סוֹף סוֹף נִכנְסוּ ***הַמִשׁתַכּנִים*** *הַחֲדָשִׁים לַבָּתִים.*
מִשׁתַכֶּנֶת, מִשׁתַכּנוֹת

משתלהנ, מִשְׁתָּלָה [מִשׁתָלוֹת] — nursery
מָקוֹם שֶׁמְגַדלִים בּוֹ צמָחִים צעִירִים וּמְטַפּלִים בָּהֶם:
קָנִיתִי ***בַּמִשׁתָלָה*** *עֵצִים, וְנָטַעתִי אוֹתָם בַּגַן שֶׁלִי.*

משתמטתו"ז מִשְׁתַּמֵּט [מִשׁתַמטִים] — shirker, dodger
מִי שֶׁלֹא עוֹשֶׂה מַה שֶׁצָרִיך לַעֲשׂוֹת (לֹא הוֹלֵך לַצָבָא):
הוּא ***מִשׁתַמֵט*** *מִכֹּל אַחרָיוּת.*
מִשׁתַמֶטֶת, מִשׁתַמטוֹת

משתנהנ, מִשְׁתָּנָה [מִשׁתָנוֹת] — urinal
מָקוֹם שֶׁגְבָרִים מַשׁתִינִים בּוֹ, בֵּית שִׁימוּשׁ:
צָרִיך שֶׁבְּכֹל עִיר גדוֹלָה יִהיוּ מִספַּר ***מִשׁתָנוֹת***.

משתנהתו"ז מִשְׁתַּנֶּה [מִשׁתַנִים] — changing
1. שֶׁלֹא נִשׁאָר אוֹתוֹ דָבָר, לֹא קָבוּעַ:
מֶזֶג הָאֲוִויר ***הַמִשׁתַנֶה*** *גוֹרֵם לִי לִכאֵב רֹאשׁ.*
2. (בְּמָתֵימָטִיקָה) בִּיטוּי שֶׁיֵשׁ לוֹ עֲרָכִים שׁוֹנִים: — variable
מִין הוּא ***מִשׁתַנֶה****, שֶׁהָעֲרָכִים שֶׁלוֹ הֵם זָכָר וּנקֵבָה.*
מִשׁתַנָה-מִשׁתַנִית, מִשׁתַנִים, מִשׁתַנוֹת

משתף פעולהז, מְשַׁתֵּף פְּעֻלָּה [מְשַׁתפֵי פְּעוּלָה] — collaborator
עוֹזֵר לַמִשׁטָרָה, לַשִׁלטוֹן וְכוּ' נֶגֶד חֲבֵרִים שֶׁלוֹ:
הַיְדִיעוֹת הִגִיעוּ לַמִשׁטָרָה ***מִמְשַׁתפֵי פְּעוּלָה***.

משתקז, מַשְׁתֵּק [מַשׁתְקִים] — silencer
מַכשִׁיר שֶׁגוֹרֵם שֶׁלֹא יִשׁמְעוּ קוֹל:
לֹא שָׁמַענוּ יְרִיָיה, כִּי לָאֶקדָח יֵשׁ ***מַשׁתֵק*** *קוֹל.*

משתתףז, מִשְׁתַּתֵּף [מִשׁתַתפִים] — participant
מִי שֶׁעוֹשֶׂה עִם אֲחֵרִים:
כֹּל ***הַמִשׁתַתפִים*** *בַּטִיוּל נִפגְשׁוּ בְּשַׁבָּת.*
מִשׁתַתֶפֶת, מִשׁתַתפוֹת

מתפ, מֵת — died
1. נִפטַר, לֹא חַי עוֹד:
סַבָּא שֶׁלִי ז"ל ***מֵת*** *אַחֲרֵי מַחֲלָה מְמוּשֶׁכֶת.*
2. מֵת לְ-, עַל-, (לְשוֹן דִיבּוּר): — eager, crazy for/about

אֲנִי מֵת לָלֶכֶת...
לָמוּת / מ.ו.ת, פָּעַל / מֵתָה, יָמוּתוּ

מֵת תה"ז מֵת [מֵתִים] — dead
מִי שֶׁאֵינוֹ חַי (אֵינוֹ נוֹשֵׁם וְכוּ'):
*אֶת **הַמֵּתִים** קָבְרוּ בְּבֵית הַקְּבָרוֹת.*
מֵתָה, מֵתוֹת

מתאבד ז' מִתְאַבֵּד [מִתְאַבְּדִים] — (a) suicide
מִי שֶׁהוֹרֵג אֶת עַצְמוֹ:
***מִתְאַבְּדִים** הֵם אֲנָשִׁים, שֶׁאֵין לָהֶם הַכּוֹחַ לְהַמְשִׁיךְ לִחְיוֹת.*
מִתְאַבֶּדֶת, מִתְאַבְּדוֹת

מתאבל ז' מִתְאַבֵּל [מִתְאַבְּלִים] — mourner
מִי שֶׁמִּצְטַעֵר עַל מָוֶת שֶׁל מִישֶׁהוּ:
***הַמִּתְאַבְּלִים** לָבְשׁוּ בְּגָדִים שְׁחוֹרִים.*
מִתְאַבֶּלֶת, מִתְאַבְּלוֹת

מתאבן ז' מְתַאֲבֵן [מְתַאַבְּנִים] — appetizer
מַה שֶּׁנּוֹתֵן חֵשֶׁק לֶאֱכוֹל:
*הִגַּשְׁנוּ **מְתַאַבְּנִים** - דָּג מָלוּחַ, זֵיתִים וְכוּ'.*

מתאגרף ז' מִתְאַגְרֵף [מִתְאַגְרְפִים] — boxer
מִי שֶׁעוֹסֵק בִּסְפּוֹרְט שֶׁל מַכּוֹת בֶּאֱגְרוֹפִים, בּוֹקְסֶר:
*לַ**מִּתְאַגְרֵף** נִשְׁבַּר הָאַף.*

מתאים ת' מַתְאִים — suitable
טוֹב לְמִישֶׁהוּ (בְּגוֹדֶל, בְּצֶבַע, בְּצוּרָה):
*אֵין לִי תְּשׁוּבָה **מַתְאִימָה** לַשְּׁאֵלָה שֶׁלְּךָ.*
מַתְאִימָה, מַתְאִימִים, מַתְאִימוֹת

מתאם ז' מִתְאָם [מִתְאָמִים] — correlation
קוֹרֶלַצְיָה, יַחַס בֵּין שְׁנֵי דְּבָרִים - כְּשֶׁהָאֶחָד מִשְׁתַּנֶּה, מִשְׁתַּנֶּה גַּם הָאַחֵר:
*יֵשׁ **מִתְאָם** בֵּין הַצְלָחָה בְּמָתֵימָטִיקָה לְהַצְלָחָה בְּדִיקְדּוּק.*

מתאר ז' מִתְאָר [מִתְאָרִים] — contour, outline
קוֹנְטוּר, קַו חִיצוֹנִי שֶׁל גּוּף:
*לְפִי **הַמִּתְאָר** אֲנִי מֵבִין שֶׁמְּדוּבָּר בְּמָקוֹם גָּבוֹהַּ.*
תּוֹכְנִית מִתְאָר — outline scheme

מתבודד ת' מִתְבּוֹדֵד — recluse
מִי שֶׁרוֹצֶה לִהְיוֹת לְבַד:
*הַיֶּלֶד הַזֶּה **מִתְבּוֹדֵד** בַּחֶדֶר שֶׁלּוֹ וְאֵינוֹ רוֹצֶה לִפְגּוֹשׁ חֲבֵרִים.*
מִתְבּוֹדֶדֶת, מִתְבּוֹדְדִים, מִתְבּוֹדְדוֹת

מתבולל ז' מִתְבּוֹלֵל [מִתְבּוֹלְלִים] — assimilant
אַסִּימִילָטוֹר, מִי שֶׁרוֹצֶה לִהְיוֹת כְּמוֹ אֲחֵרִים:
***הַמִּתְבּוֹלְלִים** הַיְּהוּדִים הִתְרַחֲקוּ מִן הַיַּהֲדוּת וְנִיסוּ לִהְיוֹת רוּסִים, גֶּרְמָנִים, צָרְפָתִים וְכוּ'.*
מִתְבּוֹלֶלֶת, מִתְבּוֹלְלוֹת

מתבונן תה"ז מִתְבּוֹנֵן [מִתְבּוֹנְנִים] — observer
מִי שֶׁמִּסְתַּכֵּל:
***הַמִּתְבּוֹנֵן** יָכוֹל לִרְאוֹת גַּם אֶת הַפְּרָטִים הַקְּטַנִּים בַּצִּיּוּר.*
מִתְבּוֹנֶנֶת, מִתְבּוֹנְנוֹת

מתבן ז' מַתְבֵּן [מַתְבְּנִים] — hayloft
מַחְסָן, מָקוֹם שֶׁיֵּשׁ בּוֹ תֶּבֶן (=קַשׁ קָצוּץ):
*הֵם עוֹבְדִים **בַּמַּתְבֵּן** בַּקִּיבּוּץ.*

מתג ז' מֶתֶג [מְתָגִים] — bit (bridle)
1. מַקֵּל קָצָר שֶׁשָּׂמִים בַּפֶּה שֶׁל סוּס, חֲמוֹר:
*שַׂמְתִּי לַסּוּס **מֶתֶג** בַּפֶּה כְּדֵי לְסַמֵּן לוֹ לְאָן לָלֶכֶת.*
2. מַדְלִיק אוֹ מַפְסִיק זֶרֶם חַשְׁמַלִּי: — switch
*הֵרַמְתִּי אֶת **מֶתֶג** הַחַשְׁמַל.*

מתגייס ז' מִתְגַּיֵּס [מִתְגַּיְּסִים] — inductee
מִי שֶׁהוֹלֵךְ לְשָׁרֵת בַּצָּבָא:
***הַמִּתְגַּיְּסִים** הַחֲדָשִׁים קִיבְּלוּ בְּגָדִים וָנֶשֶׁק.*
מִתְגַּיֶּסֶת, מִתְגַּיְּסוֹת

מתואם ת' מְתוֹאָם — coordinated (adj.)
1. מְסוּדָּר לְפִי מַשֶּׁהוּ אַחֵר:
*זְמַנֵּי הַמְּטוֹסִים **מְתוֹאָמִים** - אַתָּה בָּא לְרוֹמָא, וּמִיָּד יֵשׁ לְךָ מָטוֹס לְלוֹנְדוֹן.*
2. כְּשֶׁיֵּשׁ קֶשֶׁר טוֹב, מְשׁוּלָּב:
*פְּעוּלָּה **מְתוֹאֶמֶת** שֶׁל מִשְׂרְדֵי הַמֶּמְשָׁלָה תַּעֲזוֹר לָעוֹלִים.*
מְתוֹאֶמֶת, מְתוֹאָמִים, מְתוֹאָמוֹת

מתואר ת' מְתוֹאָר — described (adj.)
שֶׁתֵּיאֲרוּ אוֹתוֹ, צִיְּירוּ, סִיפְּרוּ עָלָיו וְכוּ':
*הַטִּיּוּל **מְתוֹאָר** יָפֶה בַּסֵּפֶר שֶׁלִּי.*
מְתוֹאֶרֶת, מְתוֹאָרִים, מְתוֹאָרוֹת

מתובל ת' מְתוּבָּל — spiced/seasoned (adj.)
שֶׁהוֹסִיפוּ לוֹ טְעָמִים (חָמוּץ, חָרִיף):
*הָאוֹכֶל הַמִּזְרָחִי הוּא אוֹכֶל **מְתוּבָּל**.*
מְתוּבֶּלֶת, מְתוּבָּלִים, מְתוּבָּלוֹת

מתווה נ' מִתְוֶה [מִתְווֹת] — layout
סְקִיצָה, צִיּוּר בְּקַוִּים כְּלָלִיִּים:
*הֵכַנְתִּי אֶת **הַמִּתְוֶה** שֶׁל הַבָּמָה בְּלִי לְהִיכָּנֵס לִפְרָטִים.*

מתווך תה"ז מְתַוֵּךְ [מְתַוּוכִים] — mediator
1. מִי שֶׁנִּמְצָא בָּאֶמְצַע, בֵּין שְׁנֵי צְדָדִים:

*אָמֶרִיקָה **מְתַוֶּכֶת** בֵּין יִשְׂרָאֵל לְבֵין אַרְצוֹת עֲרָב.*
2. מִי שֶׁמְּקַשֵּׁר בֵּין קוֹנֶה וּמוֹכֵר שֶׁל בַּיִת וְכוּ': broker
***הַמְתַוֵּךְ** הֵבִיא אוֹתָנוּ לַדִּירָה הַזֹּאת.*
מְתַוֶּכֶת, מְתַווכוֹת

מתוזמרת׳ מְתֻזְמָר orchestrated (adj.)
שֶׁמַּתְאִימִים אוֹתוֹ לְתִזְמוֹרֶת:
*הַשִּׁירִים **הַמְתוּזְמָרִים** נִשְׁמְעוּ כְּמוֹ סִימְפוֹנְיָה.*
מְתוּזְמֶרֶת, מְתוּזְמָרִים, מְתוּזְמָרוֹת

מתוחת׳ מָתוּחַ stretched (adj.)
1. כְּשֶׁמּוֹשְׁכִים מַשֶּׁהוּ מִכָּל הַצְּדָדִים:
*יֵשׁ חֶבֶל **מָתוּחַ** בֵּין הָעֵצִים.*
2. כְּשֶׁמִּישֶׁהוּ לֹא שָׁקֵט, פּוֹחֵד מֵרַע: tense
*לִפְנֵי בְּחִינוֹת אֲנִי **מָתוּחַ** מְאוֹד.*
מְתוּחָה, מְתוּחִים, מְתוּחוֹת

מתוחכםת׳ מְתֻחְכָּם sophisticated
מְשׁוּכְלָל, עָשׂוּי בְּחוֹכְמָה גְדוֹלָה:
*הוּא נָתַן תְּשׁוּבָה **מְתוּחְכֶּמֶת**. / זֶהוּ מַכְשִׁיר **מְתוּחְכָּם**.*
מְתוּחְכֶּמֶת, מְתוּחְכָּמִים, מְתוּחְכָּמוֹת

מתוחםת׳ מְתֻחָם demarcated (adj.)
(שֶׁטַח) שֶׁשָּׂמוּ, קָבְעוּ לוֹ גְבוּל:
*בַּשֶּׁטַח **הַמְתוּחָם** יִהְיֶה גַּן פְּרָחִים.*
מְתוּחֶמֶת, מְתוּחָמִים, מְתוּחָמוֹת

מתויקת׳ מְתֻיָּק filed (adj.)
שֶׁשָּׂמוּ אוֹתוֹ בְּתִיק, מְסוּדָּר לְפִי נוֹשְׂאִים:
*כָּל הַמִּכְתָּבִים **הַמְתוּיָּקִים** נִמְצָאִים בָּאָרוֹן.*
מְתוּיֶּקֶת, מְתוּיָּקִים, מְתוּיָּקוֹת

מתוך-מ״י מִתּוֹךְ- from within
1. מִן, מִפְּנִים שֶׁל-:
*הַמַּיִם עוֹלִים **מִתּוֹךְ** הָאֲדָמָה.*
2. בְּמַצָּב שֶׁל: out of
*אֲנִי עוֹשֶׂה דְּבָרִים **מִתּוֹךְ** רְצִינוּת.*

מתוכנןת׳ מְתֻכְנָן planned (adj.)
מְסוּדָּר לְפִי תּוֹכְנִית:
*הַזְּמַן שֶׁלִּי **מְתוּכְנָן**, כָּל שָׁעָה אֲנִי יוֹדֵעַ מָה אֲנִי עוֹשֶׂה.*
מְתוּכְנֶנֶת, מְתוּכְנָנִים, מְתוּכְנָנוֹת

מתוכנתת׳ מְתֻכְנָת programed (adj.)
פּוֹעֵל לְפִי תּוֹכְנִית שֶׁל מַחְשֵׁב:
*כָּל הַמְּכוֹנוֹת בְּבֵית הַחֲרוֹשֶׁת הַזֶּה **מְתוּכְנָתוֹת**.*
מְתוּכְנֶתֶת, מְתוּכְנָתִים, מְתוּכְנָתוֹת

מתולעת׳ מְתֻלָּע wormy
שֶׁיֵּשׁ בּוֹ תּוֹלָעִים:
*אִי אֶפְשָׁר לֶאֱכוֹל תַּפּוּחִים **מְתוּלָּעִים**.*
מְתוּלַּעַת, מְתוּלָּעִים, מְתוּלָּעוֹת

מתולתלת׳ מְתֻלְתָּל curly
שֶׁיֵּשׁ לוֹ תַּלְתַּלִּים אוֹ גַלִּים בַּשֵּׂיעָר:
*לִי יֵשׁ שֵׂיעָר **מְתוּלְתָּל** וְלֹא חָלָק וְיָשָׁר.*
מְתוּלְתֶּלֶת, מְתוּלְתָּלִים, מְתוּלְתָּלוֹת

מתוםז׳ מְתֹם uninjured part (of body)
(לָשׁוֹן סִפְרוּתִית) מָקוֹם שָׁלֵם, בָּרִיא:
*כָּל הַגּוּף שֶׁלּוֹ פָּצוּעַ, אֵין בּוֹ **מְתוֹם**.*

מתומןתו״ז מְתֻמָּן [מְתוּמָנִים] octagon
שֶׁיֵּשׁ לוֹ שְׁמוֹנֶה צְלָעוֹת (צְדָדִים):
*לְיַד הַשּׁוּלְחָן **הַמְתוּמָּן** יוֹשְׁבִים שְׁמוֹנָה אֲנָשִׁים.*
מְתוּמֶּנֶת, מְתוּמָּנוֹת

מתומצתת׳ מְתֻמְצָת summarized (adj.)
קָצָר יוֹתֵר, וְיֵשׁ בּוֹ הָעִיקָּר:
*הַסְּטוּדֶנְטִים לוֹמְדִים מֵחוֹמֶר **מְתוּמְצָת** בִּמְקוֹם מִן הַסֵּפֶר.*
מְתוּמְצֶתֶת, מְתוּמְצָתִים, מְתוּמְצָתוֹת

מתוןת׳ מָתוּן moderate
לֹא קִיצוֹנִי - לֹא מָהִיר וְלֹא אִיטִי וְכוּ':
*הוּא אָדָם **מָתוּן**, הוּא חוֹשֵׁב לִפְנֵי שֶׁהוּא מַחְלִיט מַשֶּׁהוּ.*
מְתוּנָה, מְתוּנִים, מְתוּנוֹת

מתוסבךת׳ מְתֻסְבָּךְ neurotic, conflicted
יֵשׁ לוֹ קוֹמְפְּלֶקְסִים:
*דָּוִיד **מְתוּסְבָּךְ**, כִּי הָיוּ לוֹ צָרוֹת כְּשֶׁהָיָה יֶלֶד קָטָן.*
מְתוּסְבֶּכֶת, מְתוּסְבָּכִים, מְתוּסְבָּכוֹת

מתוסכלת׳ מְתֻסְכָּל frustrated (adj.)
מְאוּכְזָב, מַרְגִּישׁ רַע, כִּי לֹא קָרָה מָה שֶׁחָשַׁב אוֹ קִיוָּה:
*אֲנִי **מְתוּסְכָּל** מֵהָעֲבוֹדָה, אֲנִי לֹא עוֹשֶׂה שׁוּם דָּבָר מְעַנְיֵין.*
מְתוּסְכֶּלֶת, מְתוּסְכָּלִים, מְתוּסְכָּלוֹת

מתועבת׳ מְתֹעָב abominable
נוֹרָא, רַע מְאוֹד (מִבְּחִינָה מוּסָרִית):
*קָרָאתִי בָּעִיתּוֹן עַל הָרֶצַח **הַמְתוֹעָב**.*
מְתוֹעֶבֶת, מְתוֹעָבִים, מְתוֹעָבוֹת

מתועדת׳ מְתֹעָד documented (adj.)
שֶׁיֵּשׁ עָלָיו תְּעוּדָה, דּוֹקוּמֶנְט:
*כָּל מָה שֶׁקָּרָה בְּמִלְחֶמֶת הָעוֹלָם הַשְּׁנִיָּה **מְתוֹעָד**.*
מְתוֹעֶדֶת, מְתוֹעָדִים, מְתוֹעָדוֹת

מתועלת׳ מְתֹעָל canalized (adj.)
1. שֶׁיֵּשׁ בּוֹ תְּעָלוֹת (לְהַעֲבָרַת מַיִם):
הַגִּינָּה מְתוּעֶלֶת הֵיטֵב, כְּדֵי שֶׁהַמַּיִם יַגִּיעוּ לְכָל הָעֵצִים.
2. מְכוּוָּן, פּוֹנֶה אֶל: channelled (adj.)
כָּל הַפְּעוּלּוֹת שֶׁלּוֹ מְתוּעָלוֹת לְאִינְטֶרֶס אֶחָד.
מְתוּעֶלֶת, מְתוּעָלִים, מְתוּעָלוֹת

מתופףז׳ מְתוֹפֵף [מְתוֹפְפִים] drummer
מִי שֶׁמַּכֶּה, מְנַגֵּן בְּתוֹף:
הַמְּתוֹפֵף נָתַן אֶת הַקֶּצֶב בְּמִצְעַד הַצְּבָאִי.
מְתוֹפֶפֶת, מְתוֹפְפוֹת

מתוקת׳ מָתוֹק sweet
בְּטַעַם דְּבַשׁ אוֹ סוּכָּר:
בְּרֹאשׁ הַשָּׁנָה אוֹכְלִים דְּבַשׁ, שֶׁהוּא מָתוֹק, כְּדֵי שֶׁהַשָּׁנָה הַבָּאָה תִּהְיֶה טוֹבָה וּמְתוּקָה.
מְתוּקָה, מְתוּקִים, מְתוּקוֹת

מתוקןת׳ מְתֻקָּן repaired (adj.)
1. הָיָה מְקוּלְקָל וְעַכְשָׁיו - בְּסֵדֶר:
הַמְּכוֹנִית מְתוּקֶּנֶת, בּוֹא לָקַחַת אוֹתָהּ.
2. עָשׂוּי כְּמוֹ שֶׁצָּרִיךְ: proper
בִּמְדִינָה מְתוּקֶּנֶת כָּל הָאֶזְרָחִים מְשַׁלְּמִים מִסִּים.
מְתוּקֶּנֶת, מְתוּקָּנִים, מְתוּקָּנוֹת

מתורבתת׳ מְתֻרְבָּת civilized/cultured (adj)
שֶׁיֵּשׁ לוֹ הַשְׂכָּלָה וְחִינּוּךְ וְכוּ׳:
חֶבְרָה מְתוּרְבֶּתֶת מַשְׁקִיעָה כֶּסֶף בְּמוּזֵיאוֹנִים.
מְתוּרְבֶּתֶת, מְתוּרְבָּתִים, מְתוּרְבָּתוֹת

מתורגלת׳ מְתֻרְגָּל practiced (adj.)
עָשָׂה תַּרְגִּילִים רַבִּים, רָגִיל לַעֲשׂוֹת:
הַחַיָּילִים מְתוּרְגָּלִים בְּרִיצָה אֲרוּכָּה.
מְתוּרְגֶּלֶת, מְתוּרְגָּלִים, מְתוּרְגָּלוֹת

מתורגםת׳ מְתֻרְגָּם translated (adj.)
חוֹמֶר כָּתוּב שֶׁהֶעֱבִירוּ מִשָּׂפָה לְשָׂפָה:
סֵפֶר הַתַּנַ"ךְ מְתוּרְגָּם לְרוֹב הַשָּׂפוֹת בָּעוֹלָם.
מְתוּרְגֶּמֶת, מְתוּרְגָּמוֹת

מתורגמןז׳ מְתֻרְגְּמָן [מְתוּרְגְּמָנִים] translator
מוּמְחֶה לְתַרְגּוּם מִשָּׂפָה לְשָׂפָה:
דְּרוּשִׁים מְתוּרְגְּמָנִים מֵעִבְרִית לְסִינִית.
מְתוּרְגְּמָנִית, מְתוּרְגְּמָנִיּוֹת

מתחפ׳ מָתַח stretched
1. מָשַׁךְ חֶבֶל, בַּד וְכוּ׳ לְכָל הַצְּדָדִים:
מָתַחְנוּ חֶבֶל בֵּין שְׁנֵי עֵצִים.
2. עוֹרֵר עִנְיָין מְיוּחָד: was suspenseful
הַסֵּפֶר מָתַח אוֹתִי, מִיהוּ הָרוֹצֵחַ?
3. סִיפֵּר מַשֶּׁהוּ בִּצְחוֹק וְגָרַם שֶׁיַּאֲמִינוּ לוֹ: pulled (someone's) leg
מָתַחְנוּ אֶת דָּוִיד - אָמַרְנוּ לוֹ שֶׁמָּחָר לֹא עוֹבְדִים, וְהוּא הֶאֱמִין.
מָתַח בִּיקּוֹרֶת עַל criticized
לִמְתוֹחַ אֶת- / מ.ת.ח, פָּעַל / מָתַחְתִּי, מוֹתֵחַ, אֶמְתַּח

מתחז׳ מֶתַח [מְתָחִים] tension
1. מַצָּב שֶׁל אִי-שֶׁקֶט, עַצְבָּנוּת, הִתְרַגְּשׁוּת:
הָיִיתִי בְּמֶתַח, כִּי לֹא יָדַעְתִּי אֶת תּוֹצְאוֹת הַבְּחִינָה.
2. מַכְשִׁיר סְפּוֹרְט גָּבוֹהַּ, horizontal bar
עוֹשִׂים עָלָיו תַּרְגִּילֵי הִתְעַמְּלוּת:
הוּא נָפַל מִן הַמֶּתַח בְּאֶמְצַע הַתַּרְגִּיל.
מֶתַח (חַשְׁמַלִּי) גָּבוֹהַּ high voltage
סֶרֶט-מֶתַח thriller

מתחזהתו"ז מִתְחַזֶּה [מִתְחַזִּים] imposter
אוֹמֵר עַל עַצְמוֹ, שֶׁהוּא מִישֶׁהוּ אַחֵר:
הַמִּתְחַזֶּה לְרוֹפֵא נִתְפַּס בְּמִקְרֶה.
מִתְחַזָּה-מִתְחַזֵּית, מִתְחַזּוֹת

מתחילז׳ מַתְחִיל [מַתְחִילִים] beginner
1. מִי שֶׁנִּמְצָא בְּרֵאשִׁית הַדְּבָרִים:
לַמַּתְחִילִים בְּדָבָר חָדָשׁ קָשֶׁה לִפְעָמִים.
2. מִי שֶׁלֹּא יָדַע קוֹדֶם שׁוּם דָּבָר:
אֲנִי לוֹמֵד רוּסִית בְּקוּרְס לְמַתְחִילִים.
מַתְחִילָה, מַתְחִילוֹת

מתחכםת׳ מִתְחַכֵּם affecting wisdom
1. רוֹצֶה לְהֵרָאוֹת שֶׁהוּא חָכָם גָּדוֹל;
הַסֵּפֶר הַזֶּה הוּא סֵפֶר מִתְחַכֵּם - יֵשׁ בּוֹ דְּבָרִים טְרִיוויָאלִיִּים בְּמִילִּים גְּבוֹהוֹת.
2. כְּשֶׁמִּישֶׁהוּ אוֹמֵר מַשֶּׁהוּ מַצְחִיק: smart alec
הוּא לֹא מִתְכַּוֵּון בִּרְצִינוּת, הוּא רַק מִתְחַכֵּם.
מִתְחַכֶּמֶת, מִתְחַכְּמִים, מִתְחַכְּמוֹת

מתחלהת׳ מִתְחַלֶּה malingerer
עוֹשֶׂה עַצְמוֹ חוֹלֶה, שֶׁיַּחְשְׁבוּ שֶׁהוּא חוֹלֶה:
דָּוִיד סְתָם מִתְחַלֶּה, אֵין לוֹ שׁוּם מַחֲלָה.
מִתְחַלֵּית-מִתְחַלָּה, מִתְחַלִּים, מִתְחַלּוֹת

מתחםז׳ מִתְחָם [מִתְחָמִים] demarcated area
שֶׁטַח שֶׁיֵּשׁ לוֹ גְּבוּלוֹת בְּרוּרִים:
בְּמִתְחָם זֶה יֵשׁ מַחֲנֶה צְבָאִי.

מתחסדת׳ מִתְחַסֵּד hypocrite, self-righteous
עוֹשֶׂה אֶת עַצְמוֹ כְּאִילּוּ הוּא טוֹב, יָשָׁר:

*הוּא **מִתְחַסֵּד**, הוּא לֹא כָּזֶה צַדִּיק.*
מִתְחַסֶּדֶת, מִתְחַסְּדִים, מִתְחַסְּדוֹת

מתחרהז׳ מִתְחָרֶה [מִתְחָרִים] — competitor
מִי שֶׁעוֹסֵק בְּאוֹתוֹ מִקְצוֹעַ (סְפּוֹרְט וְכוּ׳) וְרוֹצֶה לְהַצְלִיחַ יוֹתֵר מֵהָאֲחֵרִים:
*נִיצַּחְתִּי אֶת כָּל **הַמִּתְחָרִים** שֶׁלִּי בְּרִיצָה.*
מִתְחָרָה, מִתְחָרוֹת

מתי?מ״ש מָתַי? — when?
בְּאֵיזֶה זְמַן? בְּאֵיזוֹ תְּקוּפָה?
***מָתַי** אַתָּה חוֹזֵר הַבַּיְתָה?*
עַד מָתַי? — till when?

מתיחהנ׳ מְתִיחָה [מְתִיחוֹת] — stretching
1. אֶלַסְטִיּוּת, מְשִׁיכָה שֶׁל בַּד, חֶבֶל וְכוּ׳:
*נָתַתִּי אֶת הַוִּילוֹן לִכְבִיסָה וְלִ**מְתִיחָה**.*
2. (לְשׁוֹן דִּיבּוּר) כְּשֶׁמְּסַפְּרִים — prank
מַשֶּׁהוּ לֹא נָכוֹן בִּצְחוֹק, כְּדֵי שֶׁמִּישֶׁהוּ יַאֲמִין:
*אֶחָד בְּאַפְּרִיל הוּא יוֹם שֶׁל **מְתִיחוֹת**.*

מתיחותנ׳ מְתִיחוּת — tension
אִי שֶׁקֶט, מַצָּב שֶׁל לַחַץ (חֶבְרָתִי, נַפְשִׁי וְכוּ׳):
*הָרַדְיוֹ מָסַר עַל **מְתִיחוּת** גּוֹבֶרֶת בִּגְבוּל הַצָּפוֹן.*
בִּמְתִיחוּת ת״פ - — tensely
*הוּא חִיכָּה **בִּמְתִיחוּת** לְתוֹצָאוֹת הַמִּבְחָן.*

מתיישבז׳ מִתְיַשֵּׁב [מִתְיַישְּׁבִים] — settler
מִי שֶׁבָּא לִחְיוֹת בְּמָקוֹם חָדָשׁ (בְּעִיקָר בְּמָקוֹם חַקְלָאִי):
***הַמִּתְיַישְּׁבִים** הָרִאשׁוֹנִים בָּאָרֶץ הֵקִימוּ אֶת זִכְרוֹן יַעֲקֹב.*
מִתְיַישֶּׁבֶת, מִתְיַישְּׁבוֹת

מתינותנ׳ מְתִינוּת — moderation
עֲשִׂיָּיה לֹא קִיצוֹנִית, לֹא לְאַט וְלֹא מַהֵר:
*כְּשֶׁמִּתְנַהֲגִים **בִּמְתִינוּת** לֹא מִצְטַעֲרִים בְּדֶרֶךְ כְּלָל.*

מתיקהנ׳ מְתִיקָה — sweet
מַשֶּׁהוּ מָתוֹק:
*בְּסוֹף הָאֲרוּחָה אֲנִי מוּכְרָח דָּבָר **מְתִיקָה**, כְּמוֹ שׁוֹקוֹלָד.*

מתיקותנ׳ מְתִיקוּת — sweetness
הַטַּעַם שֶׁל מַה שֶּׁהוּא מָתוֹק:
*לַדְּבַשׁ יֵשׁ **מְתִיקוּת** רַבָּה מִדַּי.*
בִּמְתִיקוּת ת״פ — — sweetly
*הִיא תָּמִיד מְדַבֶּרֶת **בִּמְתִיקוּת** לַיְּלָדִים.*

מתירנותנ׳ מַתִּירָנוּת — permissiveness, promiscuity
הִתְנַהֲגוּת חוֹפְשִׁית (בְּעִיקָר מִינִית):
*הַיּוֹם יֵשׁ פָּחוֹת **מַתִּירָנוּת** בִּגְלַל הָאֵיידְס.*

מתירנית׳ מַתִּירָנִי — permissive
שֶׁמַּרְשֶׁה לַעֲשׂוֹת הַכּוֹל:
*הוֹרִים **מַתִּירָנִים** לֹא אוֹמְרִים לַיְּלָדִים שֶׁלָּהֶם מַה לַּעֲשׂוֹת.*
מַתִּירָנִית, מַתִּירָנִיִּים, מַתִּירָנִיּוֹת

מתכווןת׳ מִתְכַּוֵּן — intending
יֵשׁ לוֹ כַּוָּונָה, מַחְשָׁבָה מֵרֹאשׁ:
בְּמִתְכַּוֵּון ת״פ - — intentionally
*סְלִיחָה, פָּגַעְתִּי בְּךָ שֶׁלֹּא **בְּמִתְכַּוֵּון**.*

מתכוונןת׳ מִתְכַּוְונֵן — adjustable
שֶׁמְּכַוֵּון אֶת עַצְמוֹ, שֶׁאֶפְשָׁר לְהַפְנוֹת אוֹתוֹ לִצְדָדִים שׁוֹנִים:
*הָאַנְטֶנָה שֶׁל הַטֶּלֶוִויזְיָה **מִתְכַּוְונֶנֶת** מֵעַצְמָהּ.*
מִתְכַּוְונֶנֶת, מִתְכַּוְונְנִים, מִתְכַּוְונְנוֹת

מתכוןז׳ מַתְכּוֹן [מַתְכּוֹנִים] — recipe
רֶצֶפְּט, הוֹרָאוֹת אֵיךְ לַעֲשׂוֹת אוֹכֶל וְכוּ׳:
*אָפִיתִי עוּגָה לְפִי **מַתְכּוֹן** שֶׁל אִימָּא שֶׁלִּי.*

מתכונתנ׳ מַתְכֹּנֶת [מַתְכּוֹנוֹת] — format
תַּבְנִית, מַשֶּׁהוּ שֶׁעָשׂוּי בְּדוֹמֶה לְ-:
*הָעִיתּוֹן יָצָא **בְּמַתְכּוֹנֶת** חֲדָשָׁה.*

מתכלהת׳ מִתְכַּלֶּה — perishable
הוֹלֵךְ וְנִגְמָר, מַפְסִיק לִהְיוֹת:
*חוֹמָרִים פְּלַסְטִיִּים אֵינָם **מִתְכַּלִּים** וְלָכֵן גּוֹרְמִים לְזִיהוּם.*
מִתְכַּלִּית-מִתְכַּלָּה, מִתְכַּלִּים, מִתְכַּלּוֹת

מתכנןז׳ מְתַכְנֵן [מְתַכְנְנִים] — planner, designer
מִי שֶׁעוֹשֶׂה תּוֹכְנִית שֶׁל בַּיִת, עִיר...:
***הַמְתַכְנְנִים** הֶרְאוּ לְרֹאשׁ הָעִיר אֵיךְ תֵּירָאֶה הַשְּׁכוּנָה.*
מְתַכְנֶנֶת, מְתַכְנְנוֹת

מתכנתז׳ מְתַכְנֵת [מְתַכְנְתִים] — programmer
מִי שֶׁמֵּכִין תּוֹכְנִיּוֹת לַמַּחְשֵׁב:
*הוּא עוֹבֵד **כִּמְתַכְנֵת** בְּחֶבְרַת מַחְשְׁבִים גְּדוֹלָה.*
מְתַכְנֶתֶת, מְתַכְנְתוֹת

מתכתנ׳ מַתֶּכֶת [מַתָּכוֹת] — metal
שֵׁם כְּלָלִי לְחוֹמָרִים כְּמוֹ בַּרְזֶל, זָהָב, נְחוֹשֶׁת:
*רוֹב כְּלֵי הָעֲבוֹדָה עֲשׂוּיִים **מִמַּתֶּכֶת** וְלֹא מֵעֵץ.*

מתכתית׳ מַתַּכְתִּי — metallic
שֶׁהוּא עָשׂוּי מַתֶּכֶת (בַּרְזֶל, נְחוֹשֶׁת וְכוּ׳):
*אֲנִי לֹא אוֹהֵב רָהִיטִים **מַתַּכְתִּיִּים**, לֹא בַּמִּשְׂרָד וְלֹא בַּבַּיִת.*
מַתַּכְתִּית, מַתַּכְתִּיִּים, מַתַּכְתִּיּוֹת

מתלהז, מַתְלֶה [מַתלִים] loop
1. הַחֵלֶק בְּבֶגֶד שֶׁתוֹלִים בּוֹ בֶּגֶד, מִטרִייָה וְכוּ':
*שַׂמתִי אֶת הַמְּעִיל עַל הַכִּיסֵא, כִּי הַ**מַּתלֶה** שֶׁלוֹ נִקרַע.*
2. מַכשִׁיר עַל קִיר, דֶּלֶת, תוֹלִים עָלָיו בְּגָדִים: rack, hook
*אֵין לָנוּ **מַתלֶה**, לָכֵן הַמְּעִילִים עַל הַכִּיסאוֹת.*

מתלמדז, מִתְלַמֵּד [מִתלַמדִים] trainee
מִי שֶׁלוֹמֵד וַעֲדַיִין אֵינוֹ מוּמחֶה:
*הוּא עֲדַיִין אֵינוֹ עוֹרֵך-דִין, הוּא **מִתלַמֵּד**.*
מִתלַמֶּדֶת, מִתלַמדוֹת

מתמחהז, מִתְמַחֶה [מִתמַחִים] intern
מִי שֶׁגָּמַר אֶת הַלִּימוּדִים וּמַתחִיל לַעֲבוֹד בַּמִּקצוֹעַ:
*שֵׁשׁ שָׁנִים לָמַדתִי רְפוּאָה, וְשָׁנָה הָיִיתִי **מִתמַחֶה**.*
מִתמַחִית-מִתמַחָה, מִתמַחוֹת

מתמידתו"ז מַתְמִיד [מַתמִידִים] diligent
1. כָּךְ קוֹראִים לְתַלמִיד שֶׁלוֹמֵד הַרבֵּה:
*הוּא תַלמִיד מְצֻיָּין - גַּם מוּכשָׁר וְגַם **מַתמִיד**.*
2. מַה שֶׁנִּמשָׁך, לֹא נִפסָק: constant
*יֶשנָה עֲלִייָה **מַתמֶדֶת** בְּמִספַּר הַמְּכוֹנִיוֹת.*
מַתמִידָה, מַתמִידוֹת

מתמיהת, מַתְמִיהַּ astonishing
מְעוֹרֵר שְׁאֵלוֹת, מַפתִיעַ:
*גֶּשֶׁם בְּקַיִץ בְּיִשׂרָאֵל הוּא דָבָר **מַתמִיהַּ**.*
מַתמִיהָה, מַתמִיהִים, מַתמִיהוֹת

מתןז, מַתָּן [מַתָּנִים] gift, giving
מַשֶּׁהוּ שֶׁנּוֹתנִים (גַּם מַתָּנָה):
*הִשתַתַפתִי בְּטֶקֶס **מַתַּן** הַתְּעוּדוֹת.*
מַשָּׂא וּמַתָּן negotiations
מַתַּן־תוֹרָה giving of the Torah
מַתָּן בַּסֵּתֶר anonymous charity

מתנגדתו"ז מִתְנַגֵּד [מִתנַגדִים] opponent
1. מִישֶׁהוּ אוֹ מַשֶּׁהוּ נֶגֶד (אַנטִי-):
*לֹא קִיבְּלוּ אֶת הַהַצָּעָה, הָיוּ הַרבֵּה **מִתנַגדִים**.*
2. יְהוּדִים דָתִיִּים, שֶׁהָיוּ נֶגֶד תנוּעַת 'הַחֲסִידוּת': opponent of Hassidism
*אָבִי הָיָה **מִתנַגֵּד** וְלֹא הִסכִּים שֶׁאֶתחַתֵּן עִם חָסִיד.*
מִתנַגֶּדֶת, מִתנַגדוֹת

מתנדבז, מִתְנַדֵּב [מִתנַדבִים] volunteer
מִי שֶׁעוֹשֶׂה מֵרָצוֹן בּלִי לְקַבֵּל כֶּסֶף:
***מִתנַדבִים** רַבִּים מֵחוּ"ל בָּאוּ לַעֲזוֹר בַּעֲבוֹדוֹת הַקִּיבּוּץ.*
מִתנַדֶּבֶת, מִתנַדבוֹת

מתנהנ, מַתָּנָה [מַתָּנוֹת] gift, present
מַה שֶׁנּוֹתנִים בְּיוֹם הוּלֶדֶת וְכוּ':
*שָׁלַחתִי לַחֲבֵרִי **מַתָּנָה** לְסִיּוּם הַלִּימוּדִים.*

מתנחלז, מִתְנַחֵל [מִתנַחֲלִים] settler
מִי שֶׁבָּא לָגוּר בְּמָקוֹם חָדָשׁ, בְּעִיקָר יְהוּדִים הַגָּרִים בַּחֲלָקִים שֶׁל אֶרֶץ יִשׂרָאֵל, שֶׁנִּכבְּשׁוּ בְּ-1967:
*הַ**מִּתנַחֲלִים** הֵקִימוּ יִישׁוּבִים בִּיהוּדָה וּבְשׁוֹמרוֹן.*
מִתנַחֶלֶת, מִתנַחֲלוֹת

מתנייעת, מִתְנַיֵּעַ self-propelled
שֶׁיָּכוֹל לָזוּז מִמָּקוֹם לְמָקוֹם:
*יֵשׁ בָּתִים **מִתנַייעִים**, שֶׁנּוֹסעִים בָּהֶם מִמָּקוֹם לְמָקוֹם.*
מִתנַיַּיעַת, מִתנַייעִים, מִתנַייעוֹת

מתנ"סז, מַתְנָ"ס community center
ר"ת **מֶ**רכַּז **תַ**רבּוּת, **נ**וֹעַר **וּ**ספּוֹרט:
*אֲנַחנוּ נִפגָּשִׁים כִּמעַט כֹּל עֶרֶב **בַּמַּתנָ"ס** שֶׁל הַשְּׁכוּנָה.*

מתנעז, מַתְנֵעַ [מַתנְעִים] starter
מַה שֶׁגּוֹרֵם שֶׁהַמָּנוֹעַ (הַמְּכוֹנָה) יַתחִיל לִפעוֹל:
*הִפעַלתִי אֶת הַ**מַּתנֵעַ** בַּמְּכוֹנִית וְנָסַעתִי.*

מתסכלת, מְתַסְכֵּל frustrating
גּוֹרֵם הַרגָּשָׁה שֶׁל אַכזָבָה, מַה שֶׁמַּרגִּישִׁים כְּשֶׁמַּשֶּׁהוּ אֵינוֹ מַצלִיחַ:
*זֹאת עֲבוֹדָה **מְתַסכֶּלֶת** - עוֹבדִים וְעוֹבדִים וְלֹא מַצלִיחִים.*
מְתַסכֶּלֶת, מְתַסכְּלִים, מְתַסכְּלוֹת

מתעהת, מַתְעֶה misleading
גּוֹרֵם שֶׁלֹּא לַעֲשׂוֹת אֶת הַדָּבָר הַנָּכוֹן:
*הֶעֱבַרנוּ בְּכַוָּונָה אִינפוֹרמַציָה **מַתעָה**, וְכָך נִיצַחנוּ אוֹתָם.*
מַתעָה, מַתעִים, מַתעוֹת

מתעמלז, מִתְעַמֵּל [מִתעַמלִים] gymnast
מִי שֶׁעוֹשֶׂה תַרגִּילֵי ספּוֹרט:
*הַ**מִּתעַמֵּל**, שֶׁעָשָׂה סַלטָה בָּאֲוִויר, נִיצַּח בָּאוֹלִימפִּיאָדָה.*
מִתעַמֶּלֶת, מִתעַמלוֹת

מתעתעת, מְתַעְתֵּעַ misleading, deceiving
שֶׁאֵינוֹ אוֹמֵר אֶת הָאֱמֶת וְגוֹרֵם לְטָעוּת:
*אַל תַּאֲמִין לוֹ הוּא **מְתַעתֵּעַ בָּנוּ**.*
מְתַעתַעַת, מְתַעַתעִים, מְתַעַתעוֹת

מתפללז, מִתְפַּלֵּל [מִתפַּלְלִים] one who prays
אוֹמֵר תפִילָה, בָּא לְבֵית הַכְּנֶסֶת:
*הַ**מִּתפַּלְלִים** סִיימוּ אֶת הַתפִילוֹת בִּברָכַּת 'שַׁבָּת שָׁלוֹם'!*

מתפלסף ת"ז מִתְפַּלְסֵף [מִתפַּלסְפִים] — quibbler
(לשון דיבור) מִי שֶׁמְדַבֵּר כְּמוֹ פִילוֹסוֹף:
*דָוִיד **מִתפַּלסֵף**, בִּמקוֹם תשובה פשוטה הוא נוֹתֵן הַרצָאָה.*
מִתפַּלסֶפֶת, מִתפַּלסְפוֹת

מתפר ז' מַתְפֵּר [מַתפְּרִים] — tapered seam
תֶּפֶר (שֶׁעוֹשִׂים בְּחוּט וּמַחַט אוֹ בְּמְכוֹנָה) שֶׁנוֹתֵן לַבֶּגֶד אֶת צוּרַת הַגוּף:
*אֲנִי אוֹהֵב חולצות יְשָׁרוֹת בְּלִי **מַתפְּרִים**.*

מתפרה נ' מִתְפָּרָה [מִתפָּרוֹת] — sewing factory
מָקוֹם שֶׁתוֹפְרִים בּוֹ בְּגָדִים:
*אֵיפֹה הַמִכנָסַיִים? הֵם בְּתִיקוּן **בַּמִתפָּרָה**.*

מתקדם ת"ז מִתְקַדֵּם [מִתקַדְמִים] — advanced (adj.)
1. לֹא בַּהַתחָלָה:
*אֲנִי בְּקוּרס עִברִית **לְמִתקַדְמִים**.*
2. שֶׁיֵשׁ לוֹ דֵיעוֹת מוֹדֶרנִיוֹת יוֹתֵר: — progressive
*חֲבָל שֶׁהוֹרַיי אֵינָם **מִתקַדְמִים** יוֹתֵר...*
מִתקַדֶמֶת, מִתקַדְמוֹת

מתקומם ת"ז מִתְקוֹמֵם [מִתקוֹמְמִים] — rebel, upriser
מוֹרֵד, מִי שֶׁמְדַבֵּר וּפוֹעֵל נֶגֶד:
*הַמִשטָרָה פִּיזְרָה אֶת **הַמִתקוֹמְמִים** נֶגֶד הַשִׁלטוֹן.*
מִתקוֹמֶמֶת, מִתקוֹמְמוֹת

מתקן ז' מִתְקָן [מִתקָנִים] — device
מַכשִׁיר שֶׁמְשַׁמֵשׁ לְמַשֶׁהוּ:
*קָנִיתִי **מִתקָן** לְמַיִם קָרִים.*

מתקפה נ' מִתְקָפָה [מִתקָפוֹת] — attack, offensive
הַתקָפָה, כְּשֶׁמִתנַפְּלִים עַל אוֹיֵב:
*הַ**מִתקָפָה** עַל הַבָּסִיס הַצְבָאִי הִתחִילָה בַּלַיְלָה.*
מִתקֶפֶת-נֶגֶד — counter-attack

מתקתק ת' מְתַקְתַּק — sweetish
שֶׁיֵשׁ לוֹ טַעַם מָתוֹק מְעַט:
*הַבָּשָׂר **מְתַקתַק**, כִּי בִּישַׁלנוּ אוֹתוֹ בִּדבַשׁ.*
מְתַקתַקָה, מְתַקתַקִים, מְתַקתַקוֹת

מתרגם ת"ז מְתַרְגֵּם [מְתַרגְמִים] — translator
מִי שֶׁמַעֲבִיר מִשָׂפָה לְשָׂפָה:
*הוּא **מְתַרגֵם** שֶׁל סְפָרִים מֵעִברִית לְרוּסִית.*
מְתַרגֶמֶת, מְתַרגְמוֹת

מתרים ז' מַתְרִים [מַתרִימִים] — fund-raiser
אוֹסֵף כֶּסֶף מֵאֲנָשִׁים לְמַטָרָה פִילַנטרוֹפִּית:
*נָתַתִי **לַמַתרִימִים** 100 שְׁקָלִים בִּשׁבִיל יְלָדִים עִיוְורִים.*
מַתרִימָה, מַתרִימוֹת

מתרס ז' מִתְרָס [מִתרָסִים] — barricade
אֲבָנִים, קְרָשִׁים וְכוּ', שֶׁמִישֶׁהוּ שָׂם בַּדֶרֶך, כְּדֵי לַעֲצוֹר צָבָא, מִשׁטָרָה:
***הַמִתרָסִים** עָצרוּ אֶת הַטַנקִים בַּכּנִיסָה לָעִיר.*

מת"ש מַתָ"ש — accounts payable department
1. ר"ת מַחלֶקֶת **תַ**שׁלוּמִים בְּמוֹסָד:
*אֲנִי עוֹבֵד **בְּמַתָ"ש** כְּבָר שָׁנָה.*
2. מַחלֶקֶת **תְ**נָאֵי-**שֵׁ**ירוּת (milit.) — personal affairs unit
בַּצָבָא, דוֹאֶגֶת לִבעָיוֹת אִישִׁיוֹת שֶׁל הַחַיָיל:
*הַקְצִינָה **בְּמַתָ"ש** מְטַפֶּלֶת בְּחַיָיל, שֶׁאֵין לוֹ מִשׁפָּחָה בָּאָרֶץ.*

מתת נ' מַתָּת — gift
(בְּשָׂפָה סִפרוּתִית) מַשֶׁהוּ שֶׁנוֹתנִים מַתָנָה:
*קִיבַּלנוּ **מַתַת** כֶּסֶף לִכבוֹד הֶחָג.*
מַתַת אֱלֹהִים - בִּרכַּת אֱלֹהִים, מַשֶׁהוּ שֶׁיֵשׁ מִלֵידָה (כִּישׁרוֹנוֹת, יוֹפִי וְכוּ')

נ

נ 14th letter of Heb. alphabet
נוּן, הָאוֹת הָאַרְבַּע עֶשְׂרֵה בָּאָלֶפְבֵּית הָעִבְרִי; מְסַמֶּנֶת אֶת שֵׁם הַמִּסְפָּר 50:
מֵאָה עַמּוּדִים בַּסֵּפֶר, עַמּוּד נ' הוּא בְּאֶמְצַע הַסֵּפֶר.
נוּן סוֹפִית ־ בְּסוֹף מִילָּה הָאוֹת נוּן נִכְתֶּבֶת - ן.

נאק׳ נָא please
1. בְּבַקָּשָׁה (פְּנִיָּיה פוֹרמָלִית):
נָא לְהִיכָּנֵס פְּנִימָה! / סְלַח **נָא** לִי...
2. **נָא** ת׳ - לֹא מְבוּשָׁל: rare, raw
*אֲנִי לֹא אוֹכֵל בָּשָׂר **נָא**.*

נאבד פ׳ נֶאֱבַד was lost
נֶעֱלַם, הָיָה וְאֵינֶנּוּ:
***נֶאֶבְדוּ** לִי הַמַּפְתְּחוֹת.*
לְהֵיאָבֵד / א.ב.ד, נִפְעַל / נֶאֶבְדוּ, נֶאֱבַד, יֵיאָבֵד

נאבק פ׳ נֶאֱבַק struggled, fought
נִלְחַם, עָשָׂה מַאֲמַצִּים:
*הַפּוֹעֲלִים **נֶאֶבְקוּ** בַּחוֹם וּבַמָּלַרְיָה.*
לְהֵיאָבֵק בְּ-, עַל- / א.ב.ק, נִפְעַל / נֶאֱבַקְתִּי, נֶאֱבֶקֶת, יֵיאָבֵק

נאגר פ׳ נֶאֱגַר was collected/accumulated
אָגְרוּ אוֹתוֹ, אָסְפוּ אוֹתוֹ:
*הַרְבֵּה מַיִם **נֶאֶגְרוּ** בַּבּוֹרוֹת.*
לְהֵיאָגֵר / א.ג.ר, נִפְעַל / נֶאֶגְרוּ, נֶאֱגָר, יֵיאָגֵר

נאד ז׳ נֹאד [נֹאדוֹת] goatskin bag
כְּלִי מֵעוֹר לְנוֹזְלִים, דּוֹמֶה לְשַׂק:
*הַמַּיִם **בַּנֹּאד** נִשְׁמָרִים קָרִים זְמַן רַב.*
נֹאד נָפוּחַ ב׳ pompous ass

נאדר ת׳ נֶאְדָּר mighty, sublime
חָזָק, גָּדוֹל וְנִפְלָא:
*עַל אֱלוֹהִים אוֹמְרִים שֶׁהוּא **נֶאְדָּר**.*
נֶאְדֶּרֶת, נֶאְדָּרִים, נֶאְדָּרוֹת

נאה ת׳ נָאֶה good-looking, pleasant
1. יָפֶה, נֶחְמָד:
*חַנָה הִיא בַּחוּרָה **נָאָה**.*
*מֶזֶג־אֲוִויר **נָאֶה** צָפוּי מָחָר.*
2. מַתְאִים, כְּמוֹ שֶׁצָּרִיךְ: nice, befitting
*לֹא **נָאֶה** לְדַבֵּר כָּךְ לְאָדָם מְבוּגָּר.*
נְאוֹת מִדְבָּר oasis
נָאָה, נָאִים, נָאוֹת

נאהב ת׳/ז׳ נֶאֱהָב [נֶאֱהָבִים] loved (adj.), lover
מִי שֶׁאוֹהֲבִים אוֹתוֹ, אָהוּב:
*דָּוִד וְרוּת הֵם זוּג **נֶאֱהָבִים**.*
נֶאֱהֶבֶת, נֶאֱהָבוֹת

נאווה ת׳ נָאוֶה beautiful
יָפֶה (בְּדֶרֶךְ כְּלָל מִשְׁתַּמְּשִׁים לְבַחוּרָה, נָאוָה):
*רוּת הִיא **נָאוָה** וַחֲכָמָה.*
נָאוָה, נָאוִים, נָאווֹת

נאום ז׳ נְאוּם [נְאוּמִים] speech
דִּיבּוּר, הַרְצָאָה לִפְנֵי קָהָל:
*שָׁמַעְתִּי בָּרַדְיוֹ אֶת **נְאוּם** הַבְּרָכָה שֶׁל הַנָּשִׂיא.*

נאור ת׳ נָאוֹר enlightened (adj.)
מִי שֶׁיֵּשׁ לוֹ הַשְׂכָּלָה, דֵּיעוֹת לִיבֶּרָלִיּוֹת:
*בָּעוֹלָם **הַנָּאוֹר** לֹא מַכִּים יְלָדִים.*
נְאוֹרָה, נְאוֹרִים, נְאוֹרוֹת

נאות ת׳ נָאוֹת suitable, appropriate
מַתְאִים, כְּמוֹ שֶׁצָּרִיךְ לִהְיוֹת:
*יֵשׁ דְּרָכִים **נְאוֹתוֹת** לְהַשִּׂיג מַה שֶּׁרוֹצִים, לֹא צָרִיךְ לְהִשְׁתַּמֵּשׁ בְּכוֹחַ.*
נְאוֹתָה, נְאוֹתִים, נְאוֹתוֹת

נאות מדבר ר׳ נאה

נאחז פ׳ נֶאֱחַז held on (to)
תָּפַס, הֶחֱזִיק:
***נֶאֱחַזְתִּי** בָּעַמּוּד כְּדֵי לֹא לִיפּוֹל.*
לְהֵיאָחֵז בְּ- / א.ח.ז, נִפְעַל / נֶאֱחַזְתִּי, נֶאֱחָז, יֵיאָחֵז

נאטם פ׳ נֶאֱטַם was sealed off
נִסְגַּר בְּאוֹפֶן הֶרְמֵטִי:
*כָּל הַגַּגּוֹת **נֶאֶטְמוּ** לִפְנֵי הַחוֹרֶף.*
לְהֵיאָטֵם / א.ט.ם, נִפְעַל / נֶאֶטְמוּ, נֶאֱטָם, יֵיאָטֵם

נאכל פ׳ נֶאֱכַל was eaten (up)
1. אָכְלוּ אוֹתוֹ:
*כָּל הַסָּלָט **נֶאֱכַל** בְּרֶגַע אֶחָד.*
2. (מֶטָאפוֹרָה) לֹא נִשְׁאַר מִמֶּנּוּ דָּבָר: was used up
*כָּל הַכֶּסֶף שֶׁהָיָה לִי **נֶאֱכַל**.*
לְהֵיאָכֵל / א.כ.ל, נִפְעַל / נֶאֱכַלְתִּי, נֶאֱכָל, יֵיאָכְלוּ

נאכף פ׳ נֶאֱכַף was enforced
הִכְרִיחוּ לְקַיֵּים (חוֹק, חוֹבָה וְכוּ'):

*חוקי הַתנוּעָה **נֶאֱכָפִים** עַל־יְדֵי הַמִשטָרָה.*
לְהֵיאָכֵף / א.כ.ף, נִפעַל / נֶאֱכפוּ, נֶאֱכָף, יֵיאָכֵף, יֵיאָכפוּ

נאלחת׳ נֶאֱלָח — corrupt, disgusting
מְלוּכלָך, בְּעִיקָר מִבּחִינָה מוּסָרִית:
*הוּא טִיפּוּס **נֶאֱלָח**, מְסַדֵר וּמְשַקֵר אֶת כּוּלָם.*
נֶאֱלַחַת, נֶאֱלָחִים, נֶאֱלָחוֹת

נאלםת׳ נֶאֱלָם — dumbfounded (adj.)
שוֹתֵק, לֹא מוֹצִיא קוֹל:
*כְּשֶיֵש הַרבֵּה אֲנָשִים, הוּא **נֶאֱלָם** דוֹם, אֵין לוֹ מִילִים.*
נֶאֱלָמָה, נֶאֱלָמִים, נֶאֱלָמוֹת

נאלץפ׳ נֶאֱלַץ — was forced
מוּכרָח, חַייָב, הִצטָרֵך:
*לְצַעֲרִי, **נֶאֱלַצתִי** לְהַפסִיק אֶת הַלִימוּדִים.*
לְהֵיאָלֵץ / א.ל.ץ, נִפעַל / נֶאֱלַצתִי, נֶאֱלָץ, יֵיאָלֵץ

נאםפ׳ נָאַם — delivered a speech
דִיבֵּר לִפנֵי קָהָל:
*רֹאש הַמֶמשָלָה **נָאַם** בַּכּנֶסֶת.*
לִנאוֹם / נ.א.ם, פָּעַל / נָאַמתִי, נוֹאֵם, אֶנאַם, יִנאַם

נאמדפ׳ נֶאֱמַד — was estimated
קָבעוּ בְּעֵרֶך אֶת הַכַּמוּת שֶלוֹ, כַּמָה הוּא שָוֶוה:
*הַבַּיִת **נֶאֱמַד** בְּ-100.000 ש״ח.*
*מִספַּר הָאֲנָשִים שֶבָּאוּ **נֶאֱמַד בְּ-**1,000 אִיש.*
לְהֵיאָמֵד בְּ- / א.מ.ד, נִפעַל / נֶאֶמדוּ, נֶאֱמַד, יֵיאָמֵד

נאמןת״ז נֶאֱמָן [נֶאֱמָנִים] — loyal, faithful
1. אֲמִיתִי, שֶאֶפשָר לִסמוֹך עָלָיו:
*יִצחָק הוּא חָבֵר **נֶאֱמָן**.*
2. מִי שֶמְפַקֵחַ עַל מוֹסָד כּלשֶהוּ: — trustee
*חֶבֶר **הַנֶאֱמָנִים** שֶל הָאוּנִיבֶרסִיטָה מִתאַסֵף פַּעַם בְּשָנָה.*
3. מִי שֶשוֹמֵר עַל כֶּסֶף עַד בִּיצוּעַ פְּעוּלָה: — fiduciary
*הַכֶּסֶף יִימָצֵא בִּידֵי **נֶאֱמָן** עַד סוֹף הַמִשפָּט.*
נֶאֱמָנָה, נֶאֱמָנוֹת

נאמנותנ׳ נֶאֱמָנוּת [נֶאֱמָנוּיוֹת] — loyalty, trust
כְּשֶמִישֶהוּ מִתנַהֵג בְּיוֹשֶר וְאֶפשָר לִסמוֹך עָלָיו:
*אֲנִי דוֹרֵש מִן הָעוֹבדִים **נֶאֱמָנוּת** גמוּרָה.*

נאמרפ׳ נֶאֱמַר — was said
דוּבַּר, אָמרוּ אֶת הַדָבָר:
*בַּאֲסִיפַת הַוַעַד **נֶאֶמרוּ** דבָרִים קָשִים נֶגֶד הַמְנַהֵל.*
לְהֵיאָמֵר / א.מ.ר, נִפעַל / נֶאֶמרוּ, נֶאֱמָרִים, יֵיאָמרוּ

נאנחפ׳ נֶאֱנַח — sighed
הִשמִיעַ קוֹל בִּגלַל כְּאֵב אוֹ צַעַר:
*מַדוּעַ אַתָה **נֶאֱנָח**? כּוֹאֵב לְךָ מַשֶהוּ?*
לְהֵיאָנַח / א.נ.ח, נִפעַל / נֶאֱנַחתִי, נֶאֱנָח, יֵיאָנַח

נאנספ׳ נֶאֱנַס — was forced
1. עָשׂוּ לוֹ מַשֶהוּ בְּנִיגוּד לָרָצוֹן שֶלוֹ:
***נֶאֱנַסנוּ** לָבוֹא לַמְסִיבָּה - לֹא רָצִינוּ לָבוֹא.*
2. קִיימוּ אִיתוֹ יַחֲסֵי מִין בְּכוֹחַ: — was raped
*רוּת **נֶאֶנסָה** בַּלַילָה בַּפָּארק.*
לְהֵיאָנֵס / א.נ.ס, נִפעַל / נֶאֱנַסתִי, נֶאֱנָס, יֵיאָנֵס

נאנסתתר״ז נֶאֱנֶסֶת [נֶאֱנָסוֹת] — raped (adj. f.)
אִישָה שֶהִכרִיחוּ אוֹתָה לְקַייֵם יַחֲסֵי מִין:
***הַנֶאֱנֶסֶת** הִתלוֹננָה בַּמִשטָרָה.*

נאסףפ׳ נֶאֱסַף — was gathered/assembled
הִתאַסֵף, בָּא אוֹ הֵבִיאוּ אוֹתוֹ לְמָקוֹם אֶחָד:
*הַתַפּוּחִים **נֶאֶספוּ** בְּאַרגָזִים.*
לְהֵיאָסֵף / א.ס.ף, נִפעַל / נֶאֱסַפתִי, נֶאֱסָף, יֵיאָסֵף, יֵיאָספוּ

נאסףתר״ז נֶאֱסָף [נֶאֱסָפִים] — gathered (adj.), assembled (adj.)
מִי שֶבָּאוּ לְאוֹתוֹ מָקוֹם:
*בֵּין **הַנֶאֱסָפִים** הָיוּ גַם עוֹלִים חֲדָשִים.*
*הָאֲנָשִים **הַנֶאֱסָפִים** כָּאן מְחַכִּים לָאוֹטוֹבּוּס.*
נֶאֱסֶפֶת, נֶאֱסָפוֹת

נאסרפ׳ נֶאֱסַר — was arrested
שָׂמוּ אוֹתוֹ בְּבֵית סוֹהַר:
*הַגַנָב **נֶאֱסַר** לְמֶשֶך שלוֹשָה חוֹדָשִים.*
נֶאֱסַר עַל - — was forbidden
אֵין לְמִישֶהוּ רְשוּת, אָסוּר לוֹ:
*בִּגלַל הַמַחֲלָה **נֶאֱסַר עָלַיי** לֶאֱכוֹל סוּכָּר.*
לְהֵיאָסֵר / א.ס.ר, נִפעַל / נֶאֱסַרתִי, נֶאֱסָר, אֵיאָסֵר, יֵיאָסֵר

נאףפ׳ נָאַף — committed adultery
קִיים יַחֲסֵי מִין אֲסוּרִים:
*אִם דָוִיד **נָאַף** אוֹ לֹא - זֶה עִניָינוֹ.*
לִנאוֹף / נ.א.ף, פָּעַל / נָאַפתִי, נוֹאֵף, אֶנאַף, יִנאַף

נאצהנ׳ נְאָצָה [נְאָצוֹת] — blasphemy
פְּגִיעָה קָשָה בְּמִישֶהוּ, אֲמִירָה שֶל מִילִים פּוֹגעוֹת מְאוֹד וְכוּ׳:
*הָאַנטִישֵמִים פִּירסְמוּ דִברֵי **נְאָצָה** עַל הַיְהוּדִים.*

נאצלת׳ נֶאֱצָל — noble (adj.)
1. מִי שֶמִתנַהֵג בַּעֲדִינוּת, כּמוֹ אֲרִיסטוֹקרָט:
*יֵש לוֹ אוֹפִי **נֶאֱצָל** - הוּא מֵעוֹלָם לֹא פָּגַע בְּמִישֶהוּ.*

2. כּוֹחַ, רַעְיוֹן וְכוּ', שֶׁעוֹבֵר לְמִישֶׁהוּ אוֹ לְמַשֶּׁהוּ אַחֵר: — ennobled (adj.)
*כְּשֶׁאַתָּה מְדַבֵּר אִיתּוֹ, אַתָּה מַרְגִּישׁ שֶׁהַחוֹכְמָה שֶׁלּוֹ **נֶאֱצֶלֶת** עָלֶיךָ.*
נֶאֱצֶלֶת, נֶאֱצָלִים, נֶאֱצָלוֹת

נאקה, נ' נְאָקָה [נְאָקוֹת] — groan
אֲנָחָה, קוֹל שֶׁל מִישֶׁהוּ שֶׁסּוֹבֵל, שֶׁכּוֹאֵב לוֹ וְכוּ':
***הַנְּאָקוֹת** שֶׁל הַפָּצוּעַ הֵעִירוּ אוֹתִי מֵהַשֵּׁינָה.*

נארז, פ' נֶאֱרַז — was packed
אָרְזוּ אוֹתוֹ, עָשׂוּ מִמֶּנּוּ חֲבִילָה:
*כָּל הַסְּפָרִים **נֶאֶרְזוּ**; הֵם מוּכָנִים לְמִשְׁלוֹחַ לָאָרֶץ.*
לְהֵיאָרֵז / א.ר.ז, נִפְעַל / נֶאֶרְזוּ, נֶאֱרַז, יֵיאָרֵז

נאשם, פ' נֶאֱשַׁם — was accused
הֵבִיאוּ אוֹתוֹ לְמִשְׁפָּט עַל מַעֲשֶׂה לֹא חוּקִי:
*הַצָּעִיר **נֶאֱשַׁם** בִּגְנֵיבָה.*
לְהֵיאָשֵׁם בְּ- / א.ש.ם, נִפְעַל / נֶאֱשַׁמְתִּי, נֶאֱשַׁם, אֵיאָשֵׁם

נאשם, תו"ז נֶאֱשָׁם [נֶאֱשָׁמִים] — accused (adj.)
מִי שֶׁהֵבִיאוּ אוֹתוֹ לְדִין:
*הַשּׁוֹפֵט קָרָא אֶת פְּסַק־הַדִּין בְּאוֹזְנֵי **הַנֶּאֱשָׁם**.*
נֶאֱשֶׁמֶת, נֶאֱשָׁמוֹת

נבדל, פ' נִבְדַּל — was different
1. הָיָה אַחֵר, שׁוֹנֶה:
*הַיְּהוּדִים **נִבְדְּלוּ** מִן הָעַמִּים בְּדָת וּבְמִנְהָגִים שֶׁלָּהֶם.*
2. לֹא הָיָה יַחַד עִם כּוּלָּם: — was separated
*הוּא **נִבְדַּל** מִן הַכִּיתָה וְהָלַךְ.*
יִיבָּדֵל לְחַיִּים - בְּרָכָה לְמִי שֶׁנִּזְכָּר יַחַד עִם מִי שֶׁמֵּת:
אָבִי נִפְטַר וְאִימִּי, תִּיבָּדֵל לְחַיִּים, מַמְשִׁיכָה אֶת עֲבוֹדָתוֹ.
לְהִיבָּדֵל, מִ- / ב.ד.ל, נִפְעַל / נִבְדַּלְתִּי, נִבְדָּל, אֶבָּדֵל

נבדל, תו"ז נִבְדָּל [נִבְדָּלִים] — different
1. שׁוֹנֶה, אֵינוֹ אוֹתוֹ דָּבָר:
*סֶקְס וְאַהֲבָה הֵם שְׁנֵי דְּבָרִים **נִבְדָּלִים**.*
2. בְּכַדּוּרֶגֶל - כְּשֶׁמִּישֶׁהוּ מְנַסֶּה לִקְלוֹעַ לַשַּׁעַר מֵאֲחוֹרֵי הַהֲגָנָה: — offside (soccer)
*הַשּׁוֹפֵט קָבַע **נִבְדָּל** - אֵין שַׁעַר!*
נִבְדֶּלֶת, נִבְדָּלוֹת

נבדק, פ' נִבְדַּק — was examined
רָצוּ לָדַעַת אִם הוּא בָּרִיא:
***נִבְדַּקְתִּי** אֵצֶל הָרוֹפֵא בְּקוּפַּת חוֹלִים.*
לְהִיבָּדֵק / ב.ד.ק, נִפְעַל / נִבְדַּקְתִּי, נִבְדָּק, יִיבָּדֵק, הִיבָּדֵק!

נבהל, פ' נִבְהַל — was frightened
פָּחַד:
*הַיֶּלֶד **נִבְהַל** מֵהַכֶּלֶב.*
לְהִיבָּהֵל מִ- /ב.ה.ל, נִפְעַל / נִבְהַלְתִּי, נִבְהָל, אֶבָּהֵל, יִיבָּהֵל

נבואה, נ' נְבוּאָה [נְבוּאוֹת] — prophecy
כְּשֶׁאוֹמְרִים מָה יִהְיֶה בֶּעָתִיד:
***הַנְּבוּאוֹת** שֶׁל יִרְמְיָהוּ, יְשַׁעְיָהוּ וִיחֶזְקֵאל כְּתוּבוֹת בַּתַּנַ"ךְ.*

נבואי, ת' נְבוּאִי — prophetic
הַשַּׁיָּיךְ לִנְבוּאָה, אוֹמְרִים מָה יִקְרֶה בֶּעָתִיד:
*לְהֶרְצְל הָיָה אִינְסְטִינְקְט **נְבוּאִי**.*
נְבוּאִית, נְבוּאִיִּים, נְבוּאִיּוֹת

נבוב, ת' נָבוּב — hollow
רֵיק, שֶׁאֵין בּוֹ כְּלוּם:
*הָעֵץ הַזֶּה **נָבוּב**, הוּא לֹא יַעֲמוֹד הַרְבֵּה זְמַן.*
(מֶטָאפוֹרָה) מְדַבֵּר מִילִּים יָפוֹת בְּלִי תּוֹכֶן: — vacuous
*הַהַרְצָאָה הָיְיתָה **נְבוּבָה**.*
נְבוּבָה, נְבוּבִים, נְבוּבוֹת

נבוך, ת' נָבוֹךְ — self-conscious, confused
*הוּא **נָבוֹךְ**, כְּשֶׁהוּא מְדַבֵּר עִם בַּחוּרָה.*
נְבוֹכָה, נְבוֹכִים, נְבוֹכוֹת

נבול, ת' נָבוּל — wilted/withered (adj.)
צֶמַח שֶׁמֵּת:
*זָרַקְתִּי אֶת הַפְּרָחִים **הַנְּבוּלִים**.*
נְבוּלָה, נְבוּלִים, נְבוּלוֹת

נבון, ת' נָבוֹן — wise, intelligent
1. חָכָם, מִי שֶׁיֵּשׁ לוֹ שֵׂכֶל:
*הוּא לֹא רַק תַּלְמִיד חָרוּץ, הוּא גַּם **נָבוֹן**.*
2. מָה שֶׁעוֹשִׂים בְּשֵׂכֶל, בְּחוֹכְמָה: — clever
*הַהַחְלָטָה לַעֲלוֹת לְיִשְׂרָאֵל הָיְיתָה צַעַד **נָבוֹן**.*
נְבוֹנָה, נְבוֹנִים, נְבוֹנוֹת

נבזה, ת' נִבְזֶה — despicable (m)
רַע, מְכוֹעָר מִבְּחִינָה מוּסָרִית:
*הָאִישׁ שֶׁהִיכָּה אֶת הַזָּקֵן הוּא **נִבְזֶה**.*
נִבְזֵית-נִבְזָה, נִבְזִים, נִבְזוֹת

נבזות, נ' נִבְזוּת — despicable act
מַעֲשֶׂה רַע, מְכוֹעָר מִבְּחִינָה מוּסָרִית:
*זֹאת **נִבְזוּת** לָקַחַת כֶּסֶף מֵחֲבֵרִים וְלִבְרוֹחַ מֵהָאָרֶץ.*

נבזית' נִבְזִי — despicable (adj.)

רַע, מְכוֹעָר מִבְּחִינָה מוּסָרִית:

*הוּא עָשָׂה דָּבָר **נִבְזִי** - לָקַח כֶּסֶף וְלֹא הֶחֱזִיר.*

נִבְזִית, נִבְזִיִּים, נִבְזִיּוֹת

נבחפ' נָבַח — barked

הִשְׁמִיעַ קוֹל שֶׁל כֶּלֶב:

*הַכֶּלֶב **נָבַח עַל** הָאֲנָשִׁים הַזָּרִים.*

(מֶטָאפוֹרָה) דִּיבֵּר לֹא יָפֶה, בִּצְעָקוֹת:

*הַמְנַהֵל **נָבַח** עָלַיי, כְּאִילוּ עָשִׂיתִי מַשֶּׁהוּ נוֹרָא.*

לִנְבּוֹחַ, עַל- / נ.ב.ח, פָּעַל / נָבְחָה, נוֹבֵחַ, יִנְבַּח

נבחןפ' נִבְחַן — was tested

בָּדְקוּ אוֹתוֹ (בְּדֶרֶךְ כְּלָל בְּדִיקָה בְּלִימוּדִים):

*הוּא **נִבְחַן** אֶתְמוֹל **בְּ**מָתֵימָטִיקָה.*

לְהִיבָּחֵן בְּ- / ב.ח.ן, נִפְעַל / נִבְחַנְתִּי, נִבְחָן, אֶבָּחֵן, יִיבָּחֵן

נבחןז' נִבְחָן [נִבְחָנִים] — examinee

מִי שֶׁיֵּשׁ לוֹ בְּחִינָה:

*כֹּל הַ**נִּבְחָנִים** צְרִיכִים לָבוֹא רֶבַע שָׁעָה לִפְנֵי הַבְּחִינָה.*

נִבְחֶנֶת, נִבְחָנוֹת

נבחןז' נַבְחָן [נַבְחָנִים] — barking (dog)

כֶּלֶב שֶׁנּוֹבֵחַ הַרְבֵּה:

*הַכֶּלֶב שֶׁלִּי **נַבְחָן** גָּדוֹל אֲבָל אֵינוֹ מַזִּיק.*

נבחרפ' נִבְחַר — was chosen/elected

בָּחֲרוּ בּוֹ מִבֵּין אֲחֵרִים:

*רֹאשׁ הָעִיר **נִבְחַר** לְתַפְקִידוֹ בְּרוֹב גָּדוֹל.*

לְהִיבָּחֵר לְ- / ב.ח.ר, נִפְעַל / נִבְחַרְתִּי, נִבְחָר, אֶבָּחֵר

נבחרתו"ז נִבְחָר [נִבְחָרִים] — chosen

1. הַטּוֹב בְּיוֹתֵר:

*הַסֵּפֶר הַ**נִּבְחָר** שֶׁל הַשָּׁנָה הוּא שֶׁל סוֹפֵר צָעִיר.*

2. נָצִיג, אִישׁ שֶׁבָּחֲרוּ בּוֹ: — elected (for office) (adj.)

*הַכְּנֶסֶת הִיא בֵּית הַ**נִּבְחָרִים** שֶׁל הַמְּדִינָה.*

נִבְחֶרֶת, נִבְחָרוֹת

נבחרתנ' נִבְחֶרֶת [נִבְחָרוֹת] — (selected) team

קְבוּצָה שֶׁל מְצַטְיְינִים, לְמָשָׁל בִּסְפּוֹרְט:

***נִבְחֶרֶת** יִשְׂרָאֵל בְּכַדּוּרֶגֶל זָכְתָה בְּתַחֲרוּת.*

נבטפ' נָבַט — sprouted

יָצָא רַק עַכְשָׁיו מִן הָאֲדָמָה (צֶמַח קָטָן):

*אַחֲרֵי הַגֶּשֶׁם **יִנְבְּטוּ** כֹּל הַצְּמָחִים וְהַפְּרָחִים.*

לִנְבּוֹט / נ.ב.ט, פָּעַל / נָבְטוּ, נוֹבֵט, יִנְבּוֹט, יִנְבְּטוּ

נבטז' נֶבֶט [נְבָטִים] — sprout, bud

צְמָחִים שֶׁרַק עַכְשָׁיו יָצְאוּ מֵהָאֲדָמָה:

*אִם יֵרֵד גֶּשֶׁם, יִצְמְחוּ הַ**נְּבָטִים** לַגּוֹבַהּ.*

נביאז' נָבִיא [נְבִיאִים] — prophet

מִי שֶׁ"רוֹאֶה" אֶת הֶעָתִיד וּמְדַבֵּר בְּשֵׁם אֱלוֹהִים:

*יִרְמִיָהוּ, יְשַׁעְיָהוּ וִיחֶזְקֵאל הָיוּ **נְבִיאִים**.*

נְבִיאָה, נְבִיאוֹת

נביחהנ' נְבִיחָה [נְבִיחוֹת] — bark

הַקּוֹל שֶׁהַכְּלָבִים מַשְׁמִיעִים:

*הִתְעוֹרַרְתִּי מִ**נְּבִיחוֹת** הַכְּלָבִים.*

נביטהנ' נְבִיטָה [נְבִיטוֹת] — sprouting, budding

הַפְּעוּלָּה שֶׁל הַתְחָלַת הַצְּמִיחָה, כְּשֶׁמַּתְחִילִים לִרְאוֹת אֶת הַצֶּמַח:

*אַחֲרֵי הַגֶּשֶׁם הָרִאשׁוֹן מַתְחִילָה הַ**נְּבִיטָה**.*

נבילהת' נְבֵלָה [נְבֵילוֹת] — carcass, cadaver

1. גּוּף מֵת שֶׁל אָדָם אוֹ חַיָּה:

*יֵשׁ צִיפּוֹרִים שֶׁאוֹכְלוֹת **נְבֵילוֹת**.*

2. גּוּף מֵת שֶׁל בַּעַל חַיִּים, שֶׁאָסוּר לֶאֱכוֹל אוֹתוֹ לְפִי הַדָּת הַיְּהוּדִית: — dead animal, not slaughtered ritually

*בְּשַׂר פָּרָה שֶׁמֵּתָה אָסוּר לֶאֱכוֹל, זֹאת **נְבֵילָה**.*

נביעהנ' נְבִיעָה [נְבִיעוֹת] — flow

כְּשֶׁהַמַּיִם יוֹצְאִים וְזוֹרְמִים:

*יֵשׁ פֹּה **נְבִיעָה** שֶׁל מַיִם - אֶפְשָׁר לְגַדֵּל פֹּה צְמָחִים.*

נבירהנ' נְבִירָה [נְבִירוֹת] — pecking, nosey search

כְּשֶׁבּוֹדְקִים דְּבָרִים כְּדֵי לִמְצוֹא מַשֶּׁהוּ, חִיטּוּט:

*לִפְעָמִים נִרְאֶה לִי שֶׁהַפְּסִיכוֹלוֹגְיָה הִיא **נְבִירָה** בַּנְּשָׁמָה.*

נבלפ' נָבַל — withered

הִתְיַיבֵּשׁ, נַעֲשָׂה חֲסַר חַיִּים:

*הַפְּרָחִים **נָבְלוּ**, צָרִיךְ לִזְרוֹק אוֹתָם.*

*פָּנָיו הַיָּפִים **נָבְלוּ** - הוּא נִרְאֶה זָקֵן מְאוֹד.*

לִנְבּוֹל / נ.ב.ל. פָּעַל / נָבַלְתִּי, נוֹבֵל, אֶבּוֹל, יִבּוֹל

נבלת' נָבָל [נְבָלִים] — scoundrel

רַע, מִישֶׁהוּ שְׁלִילִי:

*הוּא **נָבָל** - מְסוּגָּל לְכֹל מַעֲשֶׂה רַע.*

נבלז' נֵבֶל [נְבָלִים] — harp

כְּלִי נְגִינָה גָּדוֹל, עוֹמֵד, יֵשׁ לוֹ מֵיתָרִים:

*לַ**נֵּבֶל** יֵשׁ צְלִיל עָדִין מְאוֹד.*

נבלה נ׳, נְבָלָה [נְבָלוֹת] meanness, wickedness
מַעֲשִׂים רָעִים וּמְכוֹעָרִים:
*לִגְנוֹב מֵעֲנִיִּים זֶהוּ מַעֲשֶׂה **נְבָלָה**.*

נבלם פ׳, נִבְלַם was curbed
נֶעֱצַר:
*הָאוֹטוֹבּוּס **נִבְלַם** עַל־יְדֵי הַנֶּהָג בָּרֶגַע הָאַחֲרוֹן.*
*נִיצַלְנוּ - הַתְקָפַת הָאוֹיֵב **נִבְלְמָה**.*
לְהִיבָּלֵם / ב.ל.ם, נִפְעַל / נִבְלַמְתִּי, נִבְלָם, אֶבָּלֵם, יִיבָּלֵם

נבלע פ׳, נִבְלַע was swallowed
נִכְנַס פְּנִימָה, לַגּוּף, לָאֲדָמָה וְכוּ׳:
*הָאוֹכֶל **נִבְלַע** בַּפֶּה, וְלֹא נִשְׁאַר סִימָן בַּצַּלַּחַת.*
*לְאָן נֶעֱלַמְתָּ? חָשַׁבְתִּי **שֶׁנִּבְלַעְתָּ** בָּאֲדָמָה.*
לְהִיבָּלַע / ב.ל.ע, נִפְעַל / נִבְלְעוּ, נִבְלָע, יִיבָּלַע, הִיבָּלַע!

נבנה פ׳, נִבְנָה was built
בָּנוּ אוֹתוֹ, הֵקִימוּ אוֹתוֹ:
*הַבַּיִת הַזֶּה **נִבְנָה** לִפְנֵי 50 שָׁנָה.*
לְהִיבָּנוֹת / ב.נ.ה, נִפְעַל / נִבְנֵיתִי, נִבְנֶה, אֶבָּנֶה, יִיבָּנֶה

נבע פ׳, נָבַע flowed
1. יָצָא (כְּמוֹ זֶרֶם מַיִם):
*הַמַּיִם **נָבְעוּ מִן** הַבְּאֵר.*
2. הִתְקַבֵּל, יָצָא בְּאוֹפֶן הֶגְיוֹנִי: was derived
*מִן הַמֶּחְקָר **נוֹבְעוֹת** מַסְקָנוֹת חֲשׁוּבוֹת.*
לִנְבּוֹעַ מִן- / נ.ב.ע, פָּעַל / נוֹבֵעַ, נוֹבַעַת, יִנְבַּע, יִנְבְּעוּ

נבער ת׳, נִבְעָר ignorant
1. מִי שֶׁאֵין לוֹ הַשְׂכָּלָה, יְדִיעוֹת וְכוּ׳:
*אָדָם **נִבְעָר** הוּא מִי שֶׁאֵינוֹ יוֹדֵעַ לִקְרוֹא וְלִכְתּוֹב.*
2. טִיפְּשִׁי: stupid, ignorant
*הוּא אָמַר דְּבָרִים **נִבְעָרִים**.*
נִבְעֶרֶת, נִבְעָרִים, נִבְעָרוֹת

נבעת פ׳, נִבְעַת was terrified
נִבְהַל, תָּפַס אוֹתוֹ פַּחַד:
*הַיֶּלֶד **נִבְעַת** כְּשֶׁרָאָה אֶת הַכֶּלֶב הַגָּדוֹל עַל־יָדוֹ.*
לְהִיבָּעֵת / ב.ע.ת, נִפְעַל / נִבְעַתִּי, נִבְעַת, אֶבָּעֵת, יִיבָּעֵת

נבצר פ׳, נִבְצַר was picked (grapes)
1. קָטְפוּ אֶת הָעֲנָבִים:
*כָּל הָעֲנָבִים **נִבְצְרוּ**, אֵין עֲנָבִים עוֹד.*
2. הָיָה קָשֶׁה, בִּלְתִּי אֶפְשָׁרִי: (it) was impossible
***נִבְצַר** מִמֶּנִּי לָבוֹא בִּגְלַל הַגֶּשֶׁם.*
נִבְצְרוּ, מִ- / ב.צ.ר, נִפְעַל / נִבְצַר

נבקע פ׳, נִבְקַע split
נֶחְתַּךְ לִשְׁנֵי חֲלָקִים:
*הָאֶבֶן **נִבְקְעָה** לִשְׁנַיִים.*
לְהִיבָּקַע / ב.ק.ע, נִפְעַל / נִבְקְעוּ, נִבְקָע, יִיבָּקַע, הִיבָּקַע!

נבר פ׳, נָבַר pecked, searched
בָּדַק וְחִיפֵּשׂ בְּכָל מָקוֹם, חִיטֵּט:
*הַתַּרְנְגוֹלֶת **נוֹבֶרֶת** בָּאֲדָמָה כְּדֵי לִמְצוֹא אוֹכֶל.*
*בַּסִּפְרִיָּיה אֲנִי **נוֹבֵר** בַּסְּפָרִים, אוּלַי אֶמְצָא חוֹמֶר חָדָשׁ.*
לִנְבּוֹר בְּ- / נ.ב.ר, פָּעַל / נָבַרְתִּי, נוֹבֵר, יִנְבּוֹר, יִנְבְּרוּ

נברא פ׳, נִבְרָא was created
נַעֲשָׂה, יָצְרוּ אוֹתוֹ:
*הָאָדָם הָרִאשׁוֹן **נִבְרָא** בַּיּוֹם הַשִּׁישִּׁי בַּשָּׁבוּעַ.*
לְהִיבָּרֵא / ב.ר.א, נִפְעַל / נִבְרֵאתִי, נִבְרָא, אֶבָּרֵא, יִיבָּרֵא

נברן ז׳, נַבְרָן [נַבְרָנִים] incorrigible searcher
מִי שֶׁבּוֹדֵק וּמְחַפֵּשׂ בְּכָל פִּינָה:
*הוּא **נַבְרָן** - יוֹשֵׁב בַּסִּפְרִיָּיה וּמְחַפֵּשׂ חִידּוּשִׁים בַּסְּפָרִים.*
2. סוּג שֶׁל עַכְבָּר: field mouse
***הַנַּבְרָנִים** הֵצִיקוּ לַשָּׂדוֹת.*

נברשת נ׳, נִבְרֶשֶׁת [נִבְרָשׁוֹת] chandelier
מְנוֹרָה מְקוּשֶּׁטֶת הַיּוֹרֶדֶת מִתִּקְרָה שֶׁל חֶדֶר:
***הַנִּבְרֶשֶׁת** הַחֲדָשָׁה מְאִירָה אֶת הַחֶדֶר בְּאוֹר חָזָק.*

נגאל פ׳, נִגְאַל was saved/redeemed
הִצִּילוּ אוֹתוֹ, הִשְׁתַּחְרֵר:
*הוּא **נִגְאַל** מִן הַמַּחֲלָה עַל־יְדֵי הַמָּוֶות.*
לְהִיגָּאֵל / ג.א.ל, נִפְעַל / נִגְאַלְתִּי, נִגְאָל, אֶגָּאֵל, יִיגָּאֵל

נגב ז׳, נֶגֶב south
1. צַד דָּרוֹם:
*הָרוּחוֹת הַחַמּוֹת בָּאוֹת מִן **הַנֶּגֶב**.*
2. אֵיזוֹר בִּדְרוֹם מְדִינַת יִשְׂרָאֵל: Negev
*בֶּן גּוּרְיוֹן אָמַר, שֶׁצָּרִיךְ לְהִתְיַישֵּׁב **בַּנֶּגֶב**.*

נגד פ׳, נָגַד contradicted
הָיָה הָפוּךְ לְ...:
*דַּעְתִּי **נוֹגֶדֶת** אֶת דַּעְתְּךָ.*
לִנְגּוֹד אֶת- / נ.ג.ד, פָּעַל / נָגַדְתִּי, נוֹגֵד, יִנְגּוֹד, יִנְגְּדוּ

נגד מ״י, נֶגֶד against, opposite
בְּנִיגּוּד לְ-, בְּדֵיעָה הֲפוּכָה לְ-:
*בְּתַחֲרוּת הַכַּדּוּרְסַל שִׂיחֲקָה 'מַכַּבִּי' **נֶגֶד** 'הַפּוֹעֵל'.*
*הַסְּטוּדֶנְטִים הִפְגִּינוּ **נֶגֶד** מְדִינִיּוּת הַמֶּמְשָׁלָה.*
נֶגְדִּי, נֶגְדְּךָ, נֶגְדּוֹ, נֶגְדֵּנוּ, נֶגְדָּם

הַתְקָפַת-נֶגֶד counter attack
מַהְפֵּכַת-נֶגֶד counter revolution

נגדית׳ נֶגְדִּי opposite
1. מַה שֶּׁנִּמְצָא מִמּוּל:
*בְּטרַפֵּז יֵשׁ שְׁנֵי קַוִּים **נֶגְדִּיִּים** מַקְבִּילִים.*
2. מַה שֶּׁהוּא הָפוּךְ לְ-: counter-
*דָּוִיד תָּבַע לְמִשְׁפָּט אֶת יִצְחָק, וְיִצְחָק הִגִּישׁ תְּבִיעָה **נֶגְדִּית**.*
נֶגְדִּית, נֶגְדִּיִּים, נֶגְדִּיּוֹת

נגדעפ׳ נִגְדַּע was cut off
קָצְצוּ אוֹתוֹ, חָתְכוּ אוֹתוֹ:
*הָעֲנָפִים הַגְּבוֹהִים **נִגְדְּעוּ**, כִּי הִסְתִּירוּ אֶת הַשֶּׁמֶשׁ.*
לְהִיגָּדַע / ג.ד.ע, נִפְעַל / נִגְדְּעוּ, נִגְדַּע, יִיגָּדַע, יִיגָּדְעוּ

נגהפ׳ נָגַהּ shone
פִּיזֵּר אוֹר:
*הָיָה חוֹשֶׁךְ, וּפִתְאוֹם **נָגַהּ** אוֹר מֵהַחַלּוֹן.*
לִנְגוֹהַּ / נ.ג.ה, נִפְעַל / נָגַהְתִּי, נוֹגֵהַּ, יִיגַהּ, יִיגְהוּ

נגוההנ׳ נְגֹהָה [נְגוֹהוֹת] bright light
אוֹר:
*הַשֶּׁמֶשׁ הֵאִירָה אֶת הַיָּם בְּאַלְפֵי **נְגוֹהוֹת**.*

נגוסת׳ נָגוּס bitten into (adj.)
שֶׁחָתְכוּ אוֹתוֹ בְּשִׁינַּיִים:
*הַתַּפּוּחַ **נָגוּס**, כַּנִּרְאֶה מִישֶׁהוּ טָעַם מִמֶּנּוּ.*
נְגוּסָה, נְגוּסִים, נְגוּסוֹת

נגועת׳ נָגוּעַ contaminated/infected (adj.)
שֶׁמִּישֶׁהוּ פָּגַע בּוֹ:
*אַל תֹּאכַל אֶת הַתַּפּוּחַ - הוּא **נָגוּעַ**.*
*אָסוּר לְבַקֵּר אֶת דָּוִיד, הוּא **נָגוּעַ** בְּמַחֲלָה מִידַּבֶּקֶת.*
נְגוּעָה, נְגוּעִים, נְגוּעוֹת

נגזלפ׳ נִגְזַל was robbed
לָקְחוּ אוֹתוֹ בְּכוֹחַ, שָׁדְדוּ אוֹתוֹ:
*הָרְכוּשׁ הַזֶּה **נִגְזַל** מִמִּשְׁפַּחְתֵּנוּ בִּזְמַן הַמִּלְחָמָה.*
לְהִיגָּזֵל / ג.ז.ל, נִפְעַל / נִגְזַלְתִּי, נִגְזָל, יִיגָּזֵל, יִיגָּזְלוּ

נגזלת׳ נִגְזָל robbed (adj.)
מִישֶׁהוּ שֶׁלָּקְחוּ מִמֶּנּוּ מַשֶּׁהוּ בְּכוֹחַ:
*רְכוּשׁ **הַנִּגְזָלִים** יוּחְזַר לְפִי הַחוֹק.*
נִגְזֶלֶת, נִגְזָלִים, נִגְזָלוֹת

נגזרפ׳ נִגְזַר was cut
1. נֶחְתַּךְ, חָתְכוּ אוֹתוֹ:
*הַבַּד **נִגְזַר** כְּבָר, עַכְשָׁיו צָרִיךְ לִתְפּוֹר אֶת הַמְּעִיל.*
2. הֶחְלִיטוּ אִם מִישֶׁהוּ אָשֵׁם וּמַה הָעוֹנֶשׁ: was decreed
***נִגְזַר עָלָיו** לָשֶׁבֶת בְּבֵית הַסּוֹהַר.*
3. (בְּדִיקְדּוּק) יוֹצֵא מִ-, בָּנוּי עַל: was derived
*הַשֵּׁם יִצְחָק **נִגְזַר** מִ־צָחַק.*
לְהִיגָּזֵר, מִ-, עַל- / ג.ז.ר, נִפְעַל / נִגְזְרוּ, נִגְזָר, יִיגָּזֵר, יִיגָּזְרוּ

נגחפ׳ נָגַח gored
פָּגַע בְּקַרְנַיִים (אֵצֶל בַּעֲלֵי־חַיִּים):
*בִּסְפָרַד רָאִיתִי שׁוֹר, **שֶׁנָּגַח** כֹּל מִי שֶׁהִתְקָרֵב אֵלָיו.*
לִנְגוֹחַ אֶת- / נ.ג.ח, פָּעַל / נָגַחְתִּי, נוֹגֵחַ, אֶגַּח, יִיגַּח

נגחת׳ נַגָּח goring (adj.)
שֶׁרָגִיל לִנְגוֹחַ (=לִפְגוֹעַ בְּעֶזְרַת הַקַּרְנַיִים):
*שׁוֹר **נַגָּח** הוּא סַכָּנָה לַצִּיבּוּר.*
נַגַּחַת, נַגָּחִים, נַגָּחוֹת

נגחןז׳ נַגְחָן [נַגְחָנִים] goring (m)
מִי שֶׁרָגִיל לִנְגוֹחַ (=לִפְגוֹעַ בְּקַרְנַיִים):
*הַפָּרָה שֶׁלָּנוּ **נַגְחָנִית**, צָרִיךְ לְהִיזָּהֵר!*
נַגְחָנִית, נַגְחָנִיּוֹת

נגידז׳ נָגִיד [נְגִידִים] director, governor
1. חָשׁוּב מְאוֹד, מַנְהִיג:
***נְגִיד-בַּנְק** יִשְׂרָאֵל קוֹבֵעַ אֶת הַמְּדִינִיּוּת הַמּוֹנִיטָרִית בָּאָרֶץ.*
2. עָשִׁיר מְאוֹד: a pillar of society
*מוֹנְטִיפְיוֹרִי הָיָה **נָגִיד** מְפוּרְסָם.*
נְגִידָה, נְגִידוֹת

נגיחהנ׳ נְגִיחָה [נְגִיחוֹת] goring
מַכָּה בְּקַרְנַיִים:
***הַנְּגִיחָה** שֶׁל הַפָּרָה הִפִּילָה אוֹתִי.*

נגינהנ׳ נְגִינָה playing music
כְּשֶׁמַּשְׁמִיעִים מוּסִיקָה:
*אֲנִי אוֹהֶבֶת לְהַקְשִׁיב **לִנְגִינָה** שֶׁל הַתִּזְמוֹרֶת.*
כְּלֵי־נְגִינָה musical instruments

נגיסהנ׳ נְגִיסָה [נְגִיסוֹת] bite
כְּשֶׁחוֹתְכִים בְּשִׁינַּיִים:
*תֵּן לִי **נְגִיסָה** מֵהַתַּפּוּחַ שֶׁלְּךָ!*

נגיעהנ׳ נְגִיעָה [נְגִיעוֹת] touch
1. כְּשֶׁיֵּשׁ קֶשֶׁר בֵּין שְׁנֵי גּוּפִים, בְּלִי רֶוַוח:
*אֲנִי מְכַבָּה אֶת הַחַשְׁמַל **בִּנְגִיעָה** בַּכַּפְתּוֹר.*
2. קֶשֶׁר, יַחַס: connection
*לַסִּיפּוּר אֵין **נְגִיעָה** בַּמְּצִיאוּת.*

נגיף ז׳, נָגִיף [נְגִיפִים] virus
וִירוּס, מַה שֶׁגּוֹרֵם לְמַחֲלוֹת כְּמוֹ נַזֶּלֶת:
*נֶגֶד **נָגִיף** לֹא נוֹתְנִים אַנְטִיבְּיוֹטִיקָה, כִּי זֶה לֹא עוֹזֵר.*

נגיפי ת׳, נְגִיפִי viral
שֶׁנִּגְרָם עַל-יְדֵי נָגִיף (וִירוּס):
*אֵידְס הִיא מַחֲלָה **נְגִיפִית**.*
נְגִיפִית, נְגִיפִיִּים, נְגִיפִיּוֹת

נגיש ת׳, נָגִישׁ accessible
שֶׁאֶפְשָׁר לָגֶשֶׁת אֵלָיו בְּקַלּוּת:
*הַחוֹמֶר הַמַּדָּעִי **נָגִישׁ** - אֶפְשָׁר לִמְצוֹא אוֹתוֹ בַּסִּפְרִיָּיה.*
נְגִישָׁה, נְגִישִׁים, נְגִישׁוֹת

נגישה נ׳, נְגִישָׂה [נְגִישׂוֹת] oppression
לַחַץ, מַצָּב שֶׁהֶחָזָק מַכְרִיחַ אֶת הֶחָלָשׁ לַעֲשׂוֹת מַשֶּׁהוּ:
***נְגִישָׂה** שֶׁל עַמִּים קְטַנִּים צְרִיכָה לְהִיפָּסֵק.*

נגישות נ׳, נְגִישׁוּת accessibility
כְּשֶׁיֶּשְׁנָהּ אֶפְשָׁרוּת לָגֶשֶׁת:
*חָשׁוּב **שֶׁהַנְּגִישׁוּת** לְחוֹמֶר הַלִּימוּד תִּהְיֶה קַלָּה.*

נגלה פ׳, נִגְלָה was uncovered
1. גִּילוּ אוֹתוֹ, רָאוּ אוֹתוֹ:
*בָּאַרְכֵיאוֹלוֹגְיָה **נִגְלִים** דְּבָרִים מִלִּפְנֵי אַלְפֵי שָׁנִים.*
2. נוֹדַע: was revealed
*הַסּוֹד הַגָּדוֹל **נִגְלָה** לִי אֶתְמוֹל.*
לְהִיגָּלוֹת לְ- / ג.ל.ה, נִפְעַל / נִגְלֵיתִי, נִגְלֶה, יִיגָּלֶה

נגלה ת׳, נִגְלֶה apparent
גָּלוּי, מַה שֶׁאֶפְשָׁר לִרְאוֹת:
*דְּבָרִים **נִגְלִים** הֵם דְּבָרִים מוּבָנִים וִידוּעִים.*
נִגְלֵית, נִגְלִים, נִגְלוֹת

נגמל פ׳, נִגְמַל was weaned
1. הִפְסִיק לִינוֹק חָלָב מֵהָאֵם:
*הוּא בֶּן שְׁלוֹשָׁה חוֹדָשִׁים וּכְבָר **נִגְמַל** וְשׁוֹתֶה מִבַּקְבּוּק.*
2. הִפְסִיק מַשֶּׁהוּ, שֶׁהָיָה רָגִיל לַעֲשׂוֹת: 'kicked' a habit
*שָׁלְחוּ אוֹתוֹ **לְהִיגָּמֵל** מֵהֵירוֹאִין.*
לְהִיגָּמֵל מִ- / ג.מ.ל, נִפְעַל / נִגְמַלְתִּי, נִגְמָל, יִיגָּמֵל, הִיגָּמֵל!

נגמר פ׳, נִגְמַר was finished, ended
1. הִסְתַּיֵּים, בָּא לְסוֹפוֹ:
*הַקּוֹנְצֶרְט **נִגְמַר** בְּשָׁעָה 12:00 בַּלַּיְלָה.*
2. אֵין עוֹד:
***נִגְמַר** לִי הַכֶּסֶף.*
לְהִיגָּמֵר, בְּ- / ג.מ.ר, נִפְעַל / נִגְמַרְתִּי, נִגְמָר, אֶגָּמֵר, יִיגָּמֵר

נגמ"ש ז׳, נַגְמָ"שׁ [נַגְמָ"שִׁים] armored troops vehicle
ר"ת **נוֹשֵׂא גְּיָיסוֹת מְשׁוּרְיָין**: רֶכֶב צְבָאִי (חֲצִי מְכוֹנִית חֲצִי טַנְק), שֶׁמַּעֲבִיר חַיָּילִים:
*נָסַעְנוּ **בַּנַּגְמָ"שׁ** עַד הַגְּבוּל.*

נגן ז׳, נַגָּן [נַגָּנִים] player, musician
מִי שֶׁהַמִּקְצוֹעַ שֶׁלּוֹ נְגִינָה בִּכְלִי מוּסִיקָלִי:
*הוּא **נַגָּן** צֶ'לוֹ מְפוּרְסָם.*
נַגָּנִית-נַגֶּנֶת, נַגָּנִים, נַגָּנִיּוֹת

נגנב פ׳, נִגְנַב was stolen
נִלְקַח בְּדֶרֶךְ לֹא חוּקִית:
*הַמְּכוֹנִית **נִגְנְבָה** בַּלַּיְלָה וַעֲדַיִין לֹא נִמְצְאָה.*
לְהִיגָּנֵב /ג.נ.ב, נִפְעַל / נִגְנַבְתִּי, נִגְנָב, אֶגָּנֵב, יִיגָּנֵב

נגנז פ׳, נִגְנַז was stored
1. שָׂמוּ אוֹתוֹ בְּמָקוֹם שֶׁשּׁוֹמְרִים בּוֹ דְּבָרִים:
*הַתְּמוּנוֹת **נִגְנְזוּ**, עַד שֶׁיִּהְיֶה מוּזֵיאוֹן מַתְאִים.*
2. הֶחְלִיטוּ לֹא לְבַצֵּעַ: was shelved
*תּוֹכְנִית הָעִיר הַחֲדָשָׁה **נִגְנְזָה** בֵּינְתַיִים.*
לְהִיגָּנֵז / ג.נ.ז, נִפְעַל / נִגְנְזוּ, נִגְנָז, יִיגָּנֵז

נגס פ׳, נָגַס bit
חָתַךְ בַּשִּׁינַּיִים:
***נָגַסְתִּי** מִן הַתַּפּוּחַ.*
לִנְגּוֹס מִ- / נ.ג.ס, נִפְעַל / נָגַסְתִּי, נוֹגֵס, יִנְגּוֹס

נגע פ׳, נָגַע touched
1. הִתְקָרֵב עַד שֶׁהִרְגִּישׁ בְּיָדוֹ בְּדָבָר אַחֵר:
*הַיֶּלֶד **נָגַע** בַּתַּנּוּר הַחַם וְהִתְחִיל לִבְכּוֹת.*
2. אִיכְפַּת לְ-: concerned
*הַסִּיפּוּר שֶׁל הַיֶּלֶד **נָגַע** לְלִבִּי. מַה זֶה **נוֹגֵעַ** לְךָ, לָמָּה אַתָּה מִתְעַנְיֵין?*
לִנְגּוֹעַ בְּ-, לְ- / נ.ג.ע, פָּעַל / נָגַעְתִּי, נוֹגֵעַ, יִיגַּע, גַּע!

נגע ז׳, נֶגַע [נְגָעִים] affliction, disease
מַחֲלָה קָשָׁה, צָרָה:
*הַ**נֶּגַע** הַזֶּה עָלוּל לִפְגּוֹעַ בִּילָדִים.*
(מֶטָאפוֹרָה) כֹּל מַעֲשֶׂה רַע: 'plague'
*צָרִיךְ לְהַפְסִיק אֶת **נֶגַע** הָאִיחוּרִים לָעֲבוֹדָה.*

נגעל פ׳, נִגְעַל was disgusted
מַשֶּׁהוּ דָּחָה אוֹתוֹ:
***נִגְעַלְתִּי** מֵהַלִּיכְלוּךְ בָּרְחוֹבוֹת.*
לְהִיגָּעֵל מִ- / ג.ע.ל, נִפְעַל / נִגְעֲלוּ, נִגְעָל, יִיגָּעֵל

נגף ז׳, נֶגֶף stumbling-block
אֶבֶן נֶגֶף ב׳ - אֶבֶן שֶׁגּוֹרֶמֶת לִיפּוֹל. (מֶטָאפוֹרָה) מַשֶּׁהוּ שֶׁמַּפְרִיעַ,

מַכשִׁיל:
*הַרבֵּה **אַבנֵי נֶגֶף** יֶשנָן בַּדֶּרֶך לַשָּׁלוֹם.*

נגר ז' נַגָּר [נַגָּרִים] carpenter
מִי שֶׁעוֹשֶׂה עֲבוֹדוֹת עֵץ לְשִׁימוּשׁ מַעֲשִׂי:
*ה**נַּגָּר** עוֹשֶׂה רָהִיטִים מֵעֵץ - שׁוּלחָנוֹת, אֲרוֹנוֹת וְכוּ'.*

נגרות נ' נַגָּרוּת carpentry
הָעֲבוֹדָה שֶׁל הַנַּגָּר (עוֹשֶׂה עֲבוֹדוֹת מֵעֵץ):
*לָמַדתִי **נַגָּרוּת**, וְעַכשָׁיו אֲנִי עוֹשֶׂה כִּיסאוֹת וְשׁוּלחָנוֹת.*

נגרייה נ' נַגָּרִיָּה [נַגָּרִיּוֹת] carpenter's workshop
הַמָּקוֹם שֶׁעוֹשִׂים בּוֹ עֲבוֹדוֹת מֵעֵץ:
*הָרָהִיטִים הַחֲדָשִׁים - הָאָרוֹן וְהַשּׁוּלחָן - הִגִיעוּ מִן ה**נַּגָּרִיָּה**.*

נגרם פ' נִגרַם was caused
קָרָה בִּגלַל...:
*בַּתְּאוּנָה **נִגרַם** נֶזֶק כָּבֵד לַמְּכוֹנִית.*
לְהִיגָּרֵם / ג.ר.ם, נִפעַל / נִגרְמוּ, נִגרָם, יִיגָּרֵם, יִיגָּרְמוּ

נגרע פ' נִגרַע was lessened/diminished
נַעֲשָׂה פָּחוֹת:
*גַם אִם לֹא אֶהיֶה מְנַהֵל, לֹא **יִיגָּרַע** מִכְּבוֹדִי.*
לְהִיגָּרַע מִ- / ג.ר.ע, נִפעַל / נִגרַע, יִיגָּרַע, יִיגָּרְעוּ

נגרר פ' נִגרַר (was) towed, trailed along
נִמשַׁך, נִסחַב:
*אֵין לוֹ דֵיעָה, הוּא **נִגרָר** אַחֲרֵי הַחֲבֵרִים.*
*הַמְּכוֹנִית **נִגרְרָה** עַל-יְדֵי הַמִּשׁטָרָה.*
לְהִיגָּרֵר / ג.ר.ר, נִפעַל / נִגרַרתִי, נִגרָר, אֶגָּרֵר, יִיגָּרֵר

נגרר ת' נִגרָר follower, copycat
הוֹלֵך אַחֲרֵי אֲחֵרִים, אֵינוֹ עַצמָאִי:
*אֵינִי אוֹהֵב אֶת ה**נִּגרָרִים** אַחֲרֵי כֹּל אוֹפנָה.*
נִגרֶרֶת, נִגרָרִים, נִגרָרוֹת

נגש פ' נָגַשׂ oppressed, pressed
לָחַץ עַל מִישֶׁהוּ חַלָּשׁ מִמֶּנוּ:
*הַמְּנַהֵל **נָגַשׂ** בָּנוּ, כִּי רָצָה שֶׁנַּעֲבוֹד יוֹתֵר.*
לִנגוֹשׂ בְּ- / נ.ג.שׂ, פָּעַל / נָגַשׂתִי, נוֹגֵשׂ, אֶנגוֹשׂ, יִנגוֹשׂ

נד פ' נָד wandered
1. (לָשׁוֹן סִפרוּתִית) נָדַד, זָז מִמָּקוֹם לְמָקוֹם:
*נִמאַס לִי **לָנוּד** בָּעוֹלָם, אֲנִי רוֹצֶה מָקוֹם קָבוּעַ.*
2. הֵזִיז. nodded
נָד בְּרֹאשׁוֹ - עָשָׂה תְנוּעָה קְטַנָּה בָּראשׁ.
לָנוּד / נ.ו.ד, פָּעַל / נָד, יָנוּד, יָנוּדוּ

נד ת' נָד moving
זָז, לֹא עוֹמֵד בְּמָקוֹם אֶחָד.
נָע וָנָד ב' - מִי שֶׁלֹא נִמצָא זְמַן רַב בְּמָקוֹם אֶחָד:
*הָעָם הַיְהוּדִי הָיָה **נָע וָנָד** בְּמֶשֶׁך אַלפֵי שָׁנִים.*
נָדָה, נָדִים, נָדוֹת

נדבה נ' נְדָבָה [נְדָבוֹת] donation, charity
כֶּסֶף שֶׁאָדָם נוֹתֵן לֶעָנִי:
*הָאִישׁ נָתַן **נְדָבָה** לֶעָנִי, שֶׁיָּשַׁב בְּפִינַּת הָרְחוֹב.*
גֶשֶׁם נְדָבוֹת - הַרבֵּה גֶשֶׁם

נדבך ר' נידבך

נדבן ז' נַדבָן [נַדבָנִים] philanthropist
מִי שֶׁנּוֹתֵן כֶּסֶף לָעֲנִיִּים אוֹ לְמוֹסָדוֹת:
*בְּכֶּסֶף שֶׁל **נַדבָנִים** בָּנִינוּ אֶת הַמּוּזֵיאוֹן.*
נַדבָנִית, נַדבָנִיּוֹת

נדבנות נ' נַדבָנוּת philanthropy
פִילַנתרוֹפְּיָה, כְּשֶׁנּוֹתנִים כֶּסֶף לְמִי שֶׁצְרִיכִים לוֹ:
*בִּזכוּת ה**נַּדבָנוּת** שֶׁל אֲנָשִׁים הֵקַמנוּ סִפרִיָּיה לְעִיוְורִים.*

נדבק פ' נִדבַּק was glued/stuck (together)
1. הִתחַבֵּר אֶל:
*שְׁנֵי דַפִּים בַּסֵּפֶר **נִדבְּקוּ** זֶה לָזֶה.*
2. לְקַבֵּל מַחֲלָה מִמִּישֶׁהוּ: contracted (a disease)
*הוּא **נִדבַּק** בְּשַׁפַּעַת מִן הַבֵּן שֶׁלוֹ.*
לְהִידָּבֵק, בְּ- / ד.ב.ק, נִפעַל / נִדבַּקתִי, נִדבָּק, אֶדָּבֵק, יִידָּבֵק

נדבר פ' נִדבַּר agreed on
דִיבֵּר וְהִסכִּים עִם מִישֶׁהוּ עַל מַשֶׁהוּ:
***נִדבַּרנוּ** לְהִיפָּגֵשׁ אֶצלִי.*
לְהִידָּבֵר / ד.ב.ר, נִפעַל / נִדבַּרתִי, נִדבָּר, אֶדָּבֵר, יִידָּבֵר

נדד פ' נָדַד migrated, wandered
1. זָז, עָבַר מִמָּקוֹם לְמָקוֹם:
*הַיְהוּדִים **נָדְדוּ** מֵאֶרֶץ לְאֶרֶץ בְּמֶשֶׁך מֵאוֹת שָׁנִים.*
2. הִתרַחֵק:
*אֲנִי לֹא יָשֵׁן בַּלַּילָה, שְׁנָתִי **נוֹדֶדֶת**.*
לִנדוֹד / נ.ד.ד, פָּעַל / נָדַדתִי, נוֹדֵד, אֶדוֹד, יִידוֹד

נדהם פ' נִדהַם was astonished
הִתפַּלֵּא מְאוֹד, הֵגִיב לְמַשֶׁהוּ שֶׁלֹא חִיכָּה לוֹ:
***נִדהַמתִי** לִשׁמוֹעַ, שֶׁדָּוִיד לֹא יָבוֹא לַחֲתוּנָה.*
לְהִידָּהֵם / ד.ה.ם, נִפעַל / נִדהַמתִי, נִדהָם, יִידָּהֵם, יִידָּהֲמוּ

נדודים ז"ר נְדוּדִים wandering
1. מַעֲבָר מִמָּקוֹם לְמָקוֹם:

נִמְאַס לִי מֵהַנְּדוּדִים מִדִּירָה לְדִירָה.

נְדוּדֵי־שֵׁינָה - insomnia

יֵשׁ לִי נְדוּדֵי שֵׁינָה.

נדוןפ׳ נָדוֹן וגם נִדּוֹן — was discussed

1. הָיָה דִּיּוּן עַל-, דִּיבְּרוּ עַל-:

*הַבַּקָּשָׁה שֶׁלְּךָ **נְדוֹנָה** בַּיְשִׁיבָה הָאַחֲרוֹנָה.*

2. קָבְעוּ לוֹ עוֹנֶשׁ בְּבֵית הַמִּשְׁפָּט: — was sentenced

*הוּא **נָדוֹן לְ-3** שָׁנִים בְּבֵית סוֹהַר.*

לְהִידּוֹן, לְ- / ד.ו.ן, נִפְעַל / נְדוֹנוֹתִי, נָדוֹן, יִידּוֹן, יִידּוֹנוּ

נדוןתו״ז נָדוֹן (נִדּוֹן) [נְדוֹנִים/נִידּוֹנִים] — subject under discussion

1. הַנּוֹשֵׂא שֶׁמְּדַבְּרִים עָלָיו (בְּמִכְתָּב פוֹרמָלִי):

*'לִכב' הַמְנַהֵל, **הַנָּדוֹן:** בַּקָּשַׁת עֲבוֹדָה...'*

2. מִי שֶׁעוֹמֵד לְמִשְׁפָּט אוֹ — the accused

מִי שֶׁבֵּית הַמִּשְׁפָּט קָבַע אֶת עוֹנְשׁוֹ:

***הַנִּדּוֹנִים** לְמַאֲסַר עוֹלָם יוֹשְׁבִים בְּתָא אַחֵר.*

נְדוֹנָה-נִידּוֹנָה, נְדוֹנוֹת-נִידּוֹנוֹת

נדוניהנ׳ נְדֻנְיָה [נְדוּנִיּוֹת] — dowry

כֶּסֶף אוֹ רְכוּשׁ, שֶׁהַהוֹרִים נוֹתְנִים לַחֲתוּנָה:

*אֲנִי אוֹהֵב אוֹתָהּ, וְלֹא אִיכְפַּת לִי מֵה**נְּדוּנְיָה** שֶׁלָּהּ.*

(מֶטָאפוֹרָה) מַה שֶּׁמִּישֶׁהוּ מֵבִיא אִיתּוֹ (טוֹב אוֹ רַע):

*הוּא הֵבִיא לַשּׁוּתָפוּת **נְדוּנְיָה** שֶׁל חוֹבוֹת כְּבֵדִים.*

נדושת׳ נָדוֹשׁ — banal, trite

בָּנָאלִי, אֵין בּוֹ דְּבָרִים חֲדָשִׁים:

*בַּמַּאֲמָר יֵשׁ דְּבָרִים **נְדוֹשִׁים** - אֶלֶף פְּעָמִים קָרָאנוּ אוֹתָם.*

נְדוֹשָׁה, נְדוֹשִׁים, נְדוֹשׁוֹת

נדחהפ׳ נִדְחָה — was postponed

1. הֶעֱבִירוּ אוֹתוֹ לִזְמַן מְאוּחָר יוֹתֵר:

*הַיְשִׁיבָה **נִדְחֲתָה** עַל־יְדֵי הַמְנַהֵל.*

2. לֹא הִתְקַבֵּל: — was rejected

*בַּקָּשַׁת הַפָּקִיד **נִדְחֲתָה** עַל יְדֵי הַמְנַהֵל.*

לְהִידָּחוֹת / ד.ח.ה, נִפְעַל / נִדְחֵיתִי, נִדְחֶה, אֶדָּחֶה, יִידָּחֶה

נדחהת׳ נִדְחֶה — rejected (adj.)

מַשֶּׁהוּ שֶׁלֹּא הִתְקַבֵּל:

*בֵּין הַבַּקָּשׁוֹת **הַנִּדְחוֹת** נִמְצֵאת גַּם הַבַּקָּשָׁה שֶׁלִּי.*

נִדְחֵית, נִדְחִים, נִדְחוֹת

נדחספ׳ נִדְחַס — was compressed, crammed into

לָחֲצוּ אוֹתוֹ, הִכְנִיסוּ הַרְבֵּה בְּכוֹחַ:

*לַמְּכוֹנִית הַקְּטַנָּה **נִדְחֲסוּ** עֲשָׂרָה אֲנָשִׁים.*

לְהִידָּחֵס / ד.ח.ס, נִפְעַל / נִדְחַסְנוּ, נִדְחָס, אֶדָּחֵס, יִידָּחֵס

נדחףפ׳ נִדְחַף — (was) shoved

זָז בְּכוֹחַ:

*הוּא תָּמִיד **נִדְחָף** בַּתּוֹר. / **נִדְחַפְתִּי** עַל־יְדֵי מִישֶׁהוּ וְנָפַלְתִּי.*

לְהִידָּחֵף / ד.ח.ף, נִפְעַל / נִדְחַפְתִּי, נִדְחָף, אֶדָּחֵף, יִידָּחֵף

נדחקפ׳ נִדְחַק — pushed (himself) in

הִתְאַמֵּץ לְהִיכָּנֵס:

*הוּא **נִדְחַק** לָאוֹטוֹבּוּס, אַף־עַל־פִּי שֶׁלֹּא הָיָה מָקוֹם.*

לְהִידָּחֵק / ד.ח.ק, נִפְעַל / נִדְחַקְתִּי, נִדְחָק, אֶדָּחֵק, יִידָּחֵק

נדיבת׳ נָדִיב — generous

מִי שֶׁיֵּשׁ לוֹ לֵב טוֹב וְנוֹתֵן מִשֶּׁלּוֹ:

*הוּא **נָדִיב** - הוּא נוֹתֵן כֶּסֶף לְכָל פּוֹנֶה.*

נְדִיבָה, נְדִיבִים, נְדִיבוֹת

נדיבותנ׳ נְדִיבוּת — generosity

כְּשֶׁמִּישֶׁהוּ נוֹתֵן מִתּוֹךְ טוּב לֵב, בְּרָצוֹן:

*הוּא עוֹזֵר מִתּוֹךְ **נְדִיבוּת** וְלֹא כְּדֵי לְהַשִּׂיג מַשֶּׁהוּ.*

נדידהנ׳ נְדִידָה [נְדִידוֹת] — migration

מַעֲבָר מִמָּקוֹם לְמָקוֹם:

***נְדִידַת** הַצִּיפּוֹרִים לְאַפְרִיקָה מַתְחִילָה בְּסוֹף הַקַּיִץ.*

נדירת׳ נָדִיר — rare

לֹא רָגִיל, לֹא קוֹרֶה בְּדֶרֶךְ כְּלָל:

*רָאִיתִי כִּתְבֵי יָד **נְדִירִים** בַּמּוּזֵיאוֹן.*

*בְּ־1950 יָרַד שֶׁלֶג בְּתֵל־אָבִיב, זֶה הָיָה מִקְרֶה **נָדִיר**.*

נְדִירָה, נְדִירִים, נְדִירוֹת

נדכאת׳ נִדְכָּא — oppressed (adj.)

סוֹבֵל, נִלְחָץ, חַלָּשׁ:

*בַּמֵּאָה הַ־20 יֵשׁ עֲדַיִין עַמִּים **נִדְכָּאִים**.*

נִדְכָּאָה-נִדְכֵּאת, נִדְכָּאִים, נִדְכָּאוֹת

נדל"ן, נַדְלָ"ן ר"ת נִכְסֵי דְּלָא נָיְידֵי — real-estate

רְכוּשׁ שֶׁאִי אֶפְשָׁר לְהָזִיז - בַּיִת, מִגְרָשׁ וְכו':

*אֲנִי עוֹסֵק **בְּנַדְלָ"ן** - קוֹנֶה וּמוֹכֵר דִּירוֹת.*

נדלקפ׳ נִדְלַק — was lit

1. שֶׁהִדְלִיקוּ אוֹתוֹ, הָיָה בּוֹ אֵשׁ אוֹ אוֹר:

*פִּתְאוֹם **נִדְלַק** אוֹר.*

2. (בִּלְשׁוֹן הַדִּיבּוּר) הִתְלַהֵב מְאוֹד: — became excited

*הוּא **נִדְלַק עַל** רוּת.*

לְהִידָּלֵק עַל- / ד.ל.ק, נִפְעַל / נִדְלַקְתִּי, נִדְלָק, אֶדָּלֵק, יִידָּלֵק

נדםפ׳ נָדַם — fell silent

הִשְׁתַּתֵּק, נִפְסַק:

הַמָּנוֹעַ **נָדַם**. / הָרַעַשׁ בַּחוּץ **נָדַם**.
לְהִידוֹם / ד.מ.ם, נִפְעַל / נָדַמּוּ, נָדַם, יִידַמּוּ

נדמהפ׳ נִדְמָה resembled
הָיָה דוֹמֶה, הָיָה כְּמוֹ:
*הִיא רוֹצָה **לְהִידַּמּוֹת** לְאִימָּא שֶׁלָּהּ.*
לְהִידַּמּוֹת לְ- / ד.מ.ה, נִפְעַל / נִדְמֵיתִי, נִדְמֶה, יִידָּמֶה

נדמהת׳ נִדְמֶה it seems
יֵשׁ לְמִישֶׁהוּ סִיבָּה לַחְשׁוֹב שֶׁ-, כַּנִּרְאֶה:
***נִדְמֶה לִי** שֶׁרָאִיתִי אוֹתְךָ בָּרְחוֹב אֶתְמוֹל.*
נִדְמֶה לְךָ, נִדְמֶה לָנוּ, נִדְמֶה לָכֶם
נִדְמָה-נִדְמֵית, נִדְמִים, נִדְמוֹת

נדנדהנ׳ נַדְנֵדָה [נַדְנֵדוֹת] swing
מִשְׂחַק יְלָדִים, יוֹשְׁבִים עַל קֶרֶשׁ שֶׁעוֹלֶה וְיוֹרֵד:
*דָּוִיד אוֹהֵב שֶׁה**נַּדְנֵדָה** עוֹלָה וְיוֹרֶדֶת פִּתְאוֹם.*

נדףפ׳ נָדַף spread, dispersed
(רֵיחַ) יָצָא לְכָל הַכִּיווּנִים:
*מִן הָאוֹכֶל **נוֹדֵף** רֵיחַ טוֹב.*
לִנְדּוֹף מִ- / נ.ד.ף, פָּעַל / נָדְפוּ, נוֹדֵף, יִנְדּוֹף, יִנְדְּפוּ

נדפספ׳ נִדְפַּס was printed
כָּתְבוּ אוֹתוֹ בִּמְכוֹנָה מְיוּחֶדֶת (סְפָרִים וְכוּ׳):
*הַסֵּפֶר הַזֶּה **נִדְפַּס** בַּפַּעַם הָרִאשׁוֹנָה בָּאָרֶץ.*
לְהִידָּפֵס בְּ- / ד.פ.ס, נִפְעַל / נִדְפְּסוּ, נִדְפָּס, יִידָּפֵס

נדפקפ׳ נִדְפַּק (נִדְפַק) was ’screwed’ (vulgar)
(לְשׁוֹן דִּיבּוּר) סִידְּרוּ אוֹתוֹ, נִכְשַׁל:
***נִדְפַּקְתִּי** בַּבְּחִינָה, הַשְּׁאֵלוֹת הָיוּ קָשׁוֹת.*
לְהִידָּפֵק בְּ- / ד.פ.ק, נִפְעַל / נִדְפַּקְנוּ, נִדְפָּק, יִידָּפֵק

נדקרפ׳ נִדְקַר was stabbed
מַשֶּׁהוּ חַד פָּגַע בּוֹ:
*הוּא **נִדְקַר** בְּסַכִּין. / **נִדְקַרְתִּי** מִן הַסִּיכָּה הַזֹּאת.*
לְהִידָּקֵר בְּ-, מִ- / ד.ק.ר, נִפְעַל / נִדְקַרְתִּי, נִדְקָר, אֶדָּקֵר

נדרפ׳ נָדַר vowed
הִבְטִיחַ לַעֲשׂוֹת אוֹ לֹא לַעֲשׂוֹת מַשֶּׁהוּ:
*הוּא **נָדַר** לָתֵת כֶּסֶף לְבֵית הַכְּנֶסֶת.*
לִנְדּוֹר / נ.ד.ר, פָּעַל / נָדַרְתִּי, נוֹדֵר, אֶדּוֹר, יִידּוֹר

נדרז׳ נֶדֶר [נְדָרִים] vow
הַבְטָחָה חֲשׁוּבָה (בְּדֶרֶךְ כְּלָל דָּתִית) לַעֲשׂוֹת אוֹ לֹא לַעֲשׂוֹת מַשֶּׁהוּ:
***נֶדֶר** חַיָּיבִים לְקַיֵּים.*
בְּלִי-נֶדֶרב׳ - בְּלִי לְהִתְחַיֵּיב יוֹתֵר מִדַּיי

נדרספ׳ נִדְרַס was run over
דָּבָר כָּבֵד עָלָה עָלָיו וּפָגַע בּוֹ:
*הַכֶּלֶב **נִדְרַס** בֵּין גַּלְגַּלֵּי הַמְּכוֹנִית.*
לְהִידָּרֵס / ד.ר.ס, נִפְעַל / נִדְרַסְתִּי, נִדְרָס, אֶדָּרֵס, יִידָּרֵס

נדרשפ׳ נִדְרַשׁ was demanded
1. הָיָה חַיָּיב לַעֲשׂוֹת מַשֶּׁהוּ:
***נִדְרַשְׁתִּי** לְשַׁלֵּם אֶת כֹּל הַמִּיסִים.*
2. הָיָה צוֹרֶךְ בְּ-: was needed
***יִידָּרְשׁוּ** כַּמָּה אֲנָשִׁים לַעֲזוֹר בָּעֲבוֹדָה.*
לְהִידָּרֵשׁ / ד.ר.שׁ, נִפְעַל / נִדְרַשְׁתִּי, נִדְרָשׁ, אֶדָּרֵשׁ, יִידָּרֵשׁ

נהגפ׳ נָהַג drove
1. הִסִּיעַ מְכוֹנִית, רַכֶּבֶת וְכוּ׳:
*הַבָּחוּר **נָהַג** בִּמְהִירוּת רַבָּה.*
2. הָיָה רָגִיל: used to
***נָהַגְתִּי** לְבַקֵּר אֶת סָבָתִי כֹּל שָׁבוּעַ.*
3. גִּילָּה יַחַס, הִתְיַיחֵס אֶל: treated
*הוּא **נוֹהֵג** כָּבוֹד בְּהוֹרָיו.*
לִנְהוֹג, בְּ- / נ.ה.ג, פָּעַל / נָהַגְתִּי, נוֹהֵג, אֶנְהַג, נְהַג!

נהגז׳ נֶהָג [נֶהָגִים] driver
אִישׁ שֶׁמַּסִּיעַ מְכוֹנִית, רַכֶּבֶת וְכוּ׳:
***נֶהַג** הָאוֹטוֹבּוּס נָסַע בִּמְהִירוּת רַבָּה.*
נַהֶגֶת, נֶהָגוֹת

נהגהפ׳ נֶהֱגָה was pronounced
1. הָגוּ אוֹתוֹ, אָמְרוּ אוֹתוֹ בְּקוֹל:
*בִּזְמַן הַתַּנַ"ךְ לֹא **נֶהֶגְתָה** הָעַ׳ כְּמוֹ א׳.*
2. חָשְׁבוּ עָלָיו (רַעְיוֹן): was contemplated/conceived
*הָרַעְיוֹנוֹת הַחֲשׁוּבִים בְּיוֹתֵר **נֶהֱגוּ** בְּמִקְרֶה.*
לְהֵיהָגוֹת / ה.ג.ה, נִפְעַל / נֶהֶגְתָה, נֶהֱגֶה, יֵיהָגוּ

נהגותנ׳ נְהָגוּת driving
הָאוֹפֶן שֶׁמַּסִּיעִים בּוֹ מְכוֹנִית (מִקְצוֹעַ הַנֶּהָג):
*הוּא עוֹבֵד **בִּנְהָגוּת**, יֵשׁ לוֹ מוֹנִית.*
רִישְׁיוֹן-נְהָגוּת driver’s license
שִׁיעוּרֵי-נְהָגוּת driving lessons

נהדףפ׳ נֶהֱדַף was repelled
דָּחֲפוּ אוֹתוֹ אֲחוֹרָה:
*הַתְקָפַת הָאוֹיֵב **נֶהֶדְפָה**.*
לְהֵיהָדֵף / ה.ד.ף, נִפְעַל / נֶהֱדַפְתִּי, נֶהֱדָף, יֵיהָדֵף

נהדרת׳ נֶהְדָּר wonderful
יָפֶה מְאוֹד, נִפְלָא!
*הַמְּסִיבָּה אֶתְמוֹל הָיְתָה **נֶהְדֶּרֶת!***
נֶהְדֶּרֶת, נֶהְדָּרִים, נֶהְדָּרוֹת

נהה פ' נָהָה — followed, yearned
הָלַךְ אַחֲרֵי, נִמְשַׁךְ:
*הוּא **נוֹהֶה אַחֲרֵי** רוֹב הָאֲנָשִׁים.*
לִנהוֹת אַחֲרֵי- / נ.ה.ה, פָּעַל / נָהִיתִי, נוֹהֶה, אֶנהֶה, יִנהֶה

נהוג ת' נָהוּג — customary
רָגִיל, מַה שֶׁעוֹשִׂים בְּדֶרֶךְ כְּלָל:
***נָהוּג** לָבוֹא רֶבַע שָׁעָה לִפנֵי הַקוֹנצֶרט.*
כַּנָהוּג — according to custom
נְהוּגָה, נְהוּגִים, נְהוּגוֹת

נהיגה נ' נְהִיגָה — driving
פְּעוּלַת הַנֶהָג הַמֵנִיעַ אֶת הַמְכוֹנִית:
***נְהִיגָה** בַּגֶשֶׁם מְסוּכֶּנֶת מְאוֹד.*
רִשְׁיוֹן־נְהִיגָה - driver's license
יֵשׁ לִי רִשְׁיוֹן נְהִיגָה יִשׂרְאֵלִי מִגִיל 17.

נהייה נ' נְהִיָּה [נְהִיוֹת] — yearning, following
הֲלִיכָה אַחֲרֵי, מְשִׁיכָה אֶל:
*אֲנִי נֶגֶד **הַנְהִיָּה** אַחֲרֵי חַיִים קַלִים.*

נהימה נ' נְהִימָה [נְהִימוֹת] — growling
קוֹל לֹא חָזָק שֶׁל אֲנָשִׁים אוֹ בַּעֲלֵי חַיִים:
*שָׁמַעתִי בַּיַעַר קוֹל **נְהִימָה** מַפחִיד.*

נהיר ת' נָהִיר — clear
בָּרוּר:
*הַדְבָרִים אֵינָם **נְהִירִים** לִי - אֲנִי צָרִיךְ הֶסבֵּר.*
נְהִירָה, נְהִירִים, נְהִירוֹת

נהירה נ' נְהִירָה — swarming, streaming
הֲלִיכָה שֶׁל אֲנָשִׁים לְכִיווּן אֶחָד:
***הַנְהִירָה** הַזֹאת שֶׁל הָאֲנָשִׁים הִיא לְתַחֲרוּת אַתלֶטִיקָה.*

נהם פ' נָהַם — growled
הִשמִיעַ קוֹל רַעַשׁ נָמוּךְ:
*הַכֶּלֶב שׁוֹכֵב **וְנוֹהֵם**.*
לִנהוֹם / נ.ה.ם, פָּעַל / נָהַמתִי, נוֹהֵם, אֶנהוֹם, יִנהוֹם

נהנה פ' נֶהֱנָה — enjoyed
קִיבֵּל סִיפּוּק מִמַשֶׁהוּ:
*חַנָה **נֶהֱנֵית** לְגַדֵל אֶת הַתִינוֹקוֹת שֶׁלָה.*
נֶהֱנָה מִן הַסָפֵק - enjoyed the benefit of the doubt
יָצָא זַכַּאי, כִּי אֵין הוֹכָחָה, שֶׁהוּא אָשֵׁם
לֵיהָנוֹת / ה.נ.ה, נִפעַל / נֶהֱנֵיתִי, נֶהֱנֵית, אֵיהָנֶה, יֵיהָנֶה

נהנתן ז' נֶהֱנָתָן — hedonist, likes the good life
מְבַלֶה הַרבֵּה:
*הוּא **נֶהֱנָתָן** - הוֹלֵךְ לְכֹל הַמְסִיבּוֹת, לְכֹל הַמִסעָדוֹת.*
נֶהֱנָתָנִית, נֶהֱנָתָנִים, נֶהֱנָתָנִיוֹת

נהנתנות נ' נֶהֱנָתָנוּת — hedonism
הַהַחלָטָה לְבַלוֹת, לִחיוֹת חַיִים טוֹבִים:
*הוּא חַי חַיִים שֶׁל **נֶהֱנָתָנוּת**, וְלֹא חָשַׁב מַה יִהיֶה מָחָר.*

נהפוך ת"פ נַהֲפוֹךְ — on the contrary
בְּדִיוּק לְהֵיפֶךְ, בְּאוֹפֶן אַחֵר:
*אֲנִי אוֹהֵב עוּגוֹת? **נַהֲפוֹךְ** הוּא, אֲנִי אוֹהֵב רַק אוֹכֶל מָלוּחַ.*

נהפך פ' נֶהְפַּךְ — turned over
1. הָפוּךְ, עָמַד עַל הַצַד הַשֵׁנִי:
*הַמְכוֹנִית **נֶהֶפְכָה** כְּשֶׁהַגַלגַלִים לְמַעלָה.* — turned into
2. *הָיָה לְ-: הוּא **נֶהְפַּךְ** לְצִמחוֹנִי.*
לְהֵיהָפֵךְ (לֵיהָפֵךְ) / ה.פ.ך, נִפעַל / נֶהֶפַּכתִי, נֶהְפָּךְ, יֵיהָפֵךְ

נהר פ' נָהַר — streamed, surged
1. הָלַךְ בְּכִיווּן מְסוּיָם:
*כֹּל הָאֲנָשִׁים **נָהֲרוּ** אֶל הַקוֹלנוֹעַ.*
2. הָיָה מָלֵא אוֹר, זָרַח: — shone
*כְּשֶׁרָאָה אֶת הַתִינוֹק שֶׁלוֹ **נָהֲרוּ** פָּנָיו.*
לִנהוֹר / נ.ה.ר, פָּעַל / נָהַרתִי, נוֹהֵר, אֶנהַר, יִנהַר

נהר ז' נָהָר [נְהָרוֹת] — river
דֶרֶךְ שֶׁל מַיִם, הַרבֵּה מַיִם שֶׁ"הוֹלְכִים" בְּכִיווּן אֶחָד:
*הָאֲמָזוֹנָס הוּא **הַנָהָר** הַגָדוֹל בְּיוֹתֵר בָּעוֹלָם.*
נְהַר־הַיַרְדֵן — the Jordan River

נהרג פ' נֶהֱרַג — was killed
מֵת בִּתאוּנָה אוֹ בְּמִלחָמָה:
*הָאִישׁ **נֶהֱרַג** בִּתאוּנַת דְרָכִים קָשָׁה.*
לְהֵיהָרֵג / ה.ר.ג, נִפעַל / נֶהֶרְגָה, נֶהֱרָגִים, יֵיהָרֵג, תֵיהָרֵג

נהרה נ' נְהָרָה — brightness
(לָשׁוֹן סִפרוּתִית) אוֹר גָדוֹל: *הָעֲנָנִים הִתפַּזְרוּ, הַשֶׁמֶשׁ יָצְאָה, **וּנְהָרָה** הִתפַּשְׁטָה בַּכּוֹל.*

נהרס פ' נֶהֱרַס — was destroyed
נָפַל וְנִשבַּר, נִשבַּר לְגַמרֵי:
*הָעִיר **נֶהֶרְסָה** בַּמִלחָמָה. / הַמַעֲמָד הַכַּלכָּלִי שֶׁלוֹ **נֶהֱרַס**.*
לְהֵיהָרֵס / ה.ר.ס, נִפעַל / נֶהֶרסוּ, נֶהֱרָסִים, יֵיהָרֵס

נואל ת' נוֹאָל — foolish
טִיפְּשִׁי:
*הָרַעֲיוֹן **הַנוֹאָל** הַזֶה גָרַם לָנוּ הֶפסֵד.*
נוֹאֶלֶת, נוֹאָלִים, נוֹאָלוֹת

נואםז׳ נוֹאֵם [נוֹאֲמִים] speaker, orator
מִי שֶׁמְּדַבֵּר לִפְנֵי קָהָל:
*הַקָּהָל הִקְשִׁיב **לַנּוֹאֵם** וּמָחָא כַּפַּיִים בְּאֶמְצַע הַנְּאוּם.*
נוֹאֶמֶת, נוֹאֲמוֹת

נואףז׳ נוֹאֵף [נוֹאֲפִים] adulterer
מִי שֶׁמְּקַיֵּים יַחֲסֵי מִין אֲסוּרִים:
*יָצָא לוֹ שֵׁם שֶׁל **נוֹאֵף**, וְאִישְׁתּוֹ עָזְבָה אוֹתוֹ.*
נוֹאֶפֶת, נוֹאֲפוֹת

נואשפ׳ נוֹאַשׁ despaired
אִיבֵּד תִקְוָוה, הִתְיָיאֵשׁ:
*הוּא **נוֹאַשׁ** מֵהַתִּקְוָוה לְהִתְקַבֵּל לַפָּקוּלְטָה לִרְפוּאָה.*
לְהִיוָּאֵשׁ מִ- /י.א.ש, נִפְעַל / נוֹאַשְׁתִּי, נוֹאַשׁ, אֶוָּואֵשׁ

נואשת׳ נוֹאָשׁ desperate
שֶׁאֵין לוֹ תִקְוָוה:
*אָמַרְתִּי **לַנּוֹאָשִׁים**, שֶׁהַמַּצָּב יִשְׁתַּנֶּה לְטוֹבָה בְּקָרוֹב.*
נוֹאֶשֶׁת, נוֹאָשִׁים, נוֹאָשׁוֹת

נואשותת״פ נוֹאָשׁוֹת desperately
מִתּוֹךְ חוֹסֶר תִקְוָוה, מְיוֹאָשׁ מְאוֹד:
*צָעַקְתִּי **נוֹאָשׁוֹת**, וְאַף אֶחָד לֹא בָּא לַעֲזוֹר.*

נובלת׳ נוֹבֵל withered (adj.)
בְּלִי חַיִּים, יָבֵשׁ:
*הֶעָלִים **הַנּוֹבְלִים** כִּיסּוּ אֶת הָאֲדָמָה.*
נוֹבֶלֶת, נוֹבְלִים, נוֹבְלוֹת

נובעת׳ נוֹבֵעַ flowing (adj.)
1. יוֹצֵא בְּזֶרֶם:
*מַיִם **נוֹבְעִים** הֵם מַיִם טוֹבִים.*
2. יוֹצֵא מִ׳, בָּנוּי עַל: derived (adj.)
***נוֹבֵעַ מִן** הַמַּצָּב, שֶׁצָּרִיךְ לַעֲשׂוֹת מַשֶּׁהוּ.... נוֹבַעַת, נוֹבְעִים, נוֹבְעוֹת*

נוגדת׳ נוֹגֵד opposing (adj.)
בְּנִיגּוּד, הָפוּךְ לְמַשֶּׁהוּ:
*דַּעְתִּי **נוֹגֶדֶת** לְדַעְתְּךָ.*
נוֹגֶדֶת, נוֹגְדִים, נוֹגְדוֹת

נוגדןז׳ נוֹגְדָן [נוֹגְדָנִים] antibody
נִמְצָא בְּגוּף הָאָדָם, פּוֹעֵל נֶגֶד הַמַּחֲלוֹת:
*הוּא חוֹלֶה הַרְבֵּה, כִּי אֵין לוֹ **נוֹגְדָנִים** בַּגּוּף.*

נוגהת׳ נוּגֶה gloomy
עָצוּב, בְּמַצַּב רוּחַ לֹא טוֹב:
*לְרוּת יֵשׁ עֵינַיִים **נוּגוֹת**.*

נוגותת״פ - בְּעֶצֶב, בְּלִי "מַצַּב רוּחַ"
נוּגֶה-נוּגָה, נוּגִים, נוּגוֹת

נוגהז׳ נֹגַהּ bright light
אוֹר:
***נֹגַהּ** הַיָּרֵחַ מֵאִיר אֶת הַלַּיְלָה.*
2. הַשֵּׁם הָעִבְרִי שֶׁל הַכּוֹכָב וֶנוּס: Venus
*עַל הַכּוֹכָב **נֹגַהּ** אֵין חַיִּים.*

נוגחת׳ נוֹגֵחַ goring (adj.)
מַכֶּה בַּקַּרְנַיִים (בַּעַל חַיִּים):
*צָרִיךְ לְהִיזָּהֵר מִשּׁוֹר **נוֹגֵחַ**.*
נוֹגַחַת, נוֹגְחִים, נוֹגְחוֹת

נוגןפ׳ נֻגַּן was played
נִיגְּנוּ אוֹתוֹ בִּכְלִי נְגִינָה (פְּסַנְתֵּר, כִּינּוֹר...):
*בַּקּוֹנְצֶרְט **נוּגְּנָה** סִימְפוֹנְיָה שֶׁל בֶּטְהוֹבֶן.*
/ נ.ג.ן, פּוּעַל / נוּגְּנָה, מְנוּגָּן, יְנוּגְּנוּ

נוגעת׳ נוֹגֵעַ concerned (adj.), touching
שֶׁיֵּשׁ לוֹ קֶשֶׁר:
*מַה זֶה **נוֹגֵעַ לִי**?*
נוֹגֵעַ בַּדָּבָר ב׳ - interested (adj.)
אֲנִי פּוֹנֶה אֵלֶיךָ כְּנוֹגֵעַ בַּדָּבָר.
בְּנוֹגֵעַ לְ- concerning
דִּיבַּרְנוּ בְּנוֹגֵעַ לַמַּצָּב שֶׁל רוּת.
נוֹגַעַת, נוֹגְעִים, נוֹגְעוֹת

נודדת׳ נוֹדֵד wanderer, migrating (adj.)
מִישֶׁהוּ שֶׁהוֹלֵךְ מִמָּקוֹם לְמָקוֹם:
*הַצִּיפּוֹרִים **הַנּוֹדְדוֹת** מְבַלּוֹת אֶת הַקַּיִץ בְּאֵירוֹפָּה.*
נוֹדֶדֶת, נוֹדְדִים, נוֹדְדוֹת

נודהפ׳ נֻדָּה was ostracized
הִפְסִיקוּ לְדַבֵּר אִיתּוֹ, הִרְחִיקוּ אוֹתוֹ:
*חוֹלֵה הָאֵידְס **נוּדָּה** מִמִּשְׁפַּחְתּוֹ וּמֵחֲבֵרָיו.*
/ נ.ד.ה, פּוּעַל / נוּדֵּיתִי, מְנוּדֶּה, אֲנוּדֶּה, יְנוּדֶּה

נודעפ׳ נוֹדַע became known
הָיְיתָה, הִתְקַבְּלָה יְדִיעָה:
***נוֹדַע לִי** שֶׁהַבַּיִת עוֹמֵד לִמְכִירָה.*
לְהִיוָּדַע לְ- / י.ד.ע, נִפְעַל / נוֹדְעוּ, נוֹדַע, יִיוָּדַע, הִיוָּדַע!

נודעת׳ נוֹדָע famous, well-known
1. יָדוּעַ, מְפוּרְסָם:
*הַסּוֹפֵר **הַנּוֹדָע** זָכָה בִּפְרַס־נוֹבֶּל.*
2. יֵשׁ, קַיָּים: *לַמַּעֲשֶׂה הַזֶּה **נוֹדַעַת** חֲשִׁיבוּת רַבָּה.* there is
נוֹדַעַת, נוֹדָעִים, נוֹדָעוֹת

נוהגז, נֹהַג [נְהָגִים] — custom, habit

דֶּרֶךְ רְגִילָה שֶׁעוֹשִׂים בָּהּ דְּבָרִים:

*יֵשׁ לִי **נוֹהַג** לָלֶכֶת כֹּל שָׁבוּעַ לְאִימִּי.*

נוהלפ, נֹהַל — was managed/directed

נִיהֲלוּ אוֹתוֹ, אִירְגְנוּ אוֹתוֹ, קָבְעוּ בּוֹ אֶת סֵדֶר הָעֲבוֹדָה וְכוּ׳:

*בֵּית הַסֵּפֶר **נוֹהַל** עַל־יְדֵי הַמּוֹרִים הַוָּתִיקִים.*

/ נ.ה.ל, פּוּעַל / נוֹהַלְוּ, מְנוֹהָל, יְנוֹהַל, יְנוֹהֲלוּ

נוהלז, נֹהַל [נְהָלִים] — procedure

הַדֶּרֶךְ הָרְגִילָה שֶׁמְּבַצְּעִים בָּהּ דְּבָרִים:

*בִּמְקוֹם לְדַבֵּר עַל הַשָּׁלוֹם מְדַבְּרִים בְּעִנְיְינֵי **נוֹהַל** - מִי יְדַבֵּר רִאשׁוֹן וְכוּ׳.*

לְפִי הַנּוֹהַל - לְפִי הַכְּלָלִים הָרְגִילִים

נוודז, נַוָּד [נַוָּדִים] — nomad, vagrant

מִי שֶׁאֵין לוֹ מָקוֹם קָבוּעַ:

*הוּא נוֹלַד **נַוָּד**, הוּא אֵינוֹ יָכוֹל לִחְיוֹת בְּמָקוֹם אֶחָד.*

נַוֶּדֶת, נַוָּדוֹת

נווהז, נָוֶה — dwelling, oasis

מָקוֹם שֶׁגָּרִים בּוֹ וְאוֹהֲבִים אוֹתוֹ, בַּיִת:

(לָשׁוֹן סִפְרוּתִית) *חָזַרְתִּי אֶל **נָוִי**.*

נְוֵה שַׁאֲנָן — tranquil place

נְוֵה-קַיִץ — summer retreat

נווטפ, נֻוַּט — was navigated

אָמְרוּ לוֹ בְּאֵיזוֹ דֶּרֶךְ לָלֶכֶת אוֹ לָטוּס:

*הֵם **נוּוְטוּ** לְדֶרֶךְ צְדָדִית.*

/ נ.ו.ט, פּוּעַל / נוּוַטְתִּי, מְנֻוָּט, אֲנוּוַט, יְנוּוַט

נווטז, נַוָּט [נַוָּטִים] — navigator

מִי שֶׁאוֹמֵר לַטַּיָּס לְאָן לָטוּס וְכוּ׳:

*בַּצָּבָא **הַנַּוָּט** טָס יַחַד עִם הַטַּיָּס.*

נוזלתו״ז, נוֹזֵל [נוֹזְלִים] — liquid, fluid

1. מַיִם, שֶׁמֶן, אַלְכּוֹהוֹל - הֵם נוֹזְלִים:

*בְּחוֹם הַקַּיִץ צָרִיךְ לִשְׁתּוֹת הַרְבֵּה **נוֹזְלִים**.*

2. בְּמַצָּב שֶׁדּוֹמֶה לְמַיִם: — liquid (adj.)

*אֲנִי מִשְׁתַּמֵּשׁ בְּסַבּוֹן **נוֹזֵל** לִרְחִיצַת כֵּלִים.*

נוֹזֶלֶת, נוֹזְלוֹת

נוזלית, נוֹזְלִי — liquid (adj.)

שֶׁהוּא בְּמַצָּב שֶׁדּוֹמֶה לְמַיִם:

*יֵשׁ סַבּוֹן קָשֶׁה, וְיֵשׁ סַבּוֹן **נוֹזְלִי**.*

נוֹזְלִית, נוֹזְלִיִּים, נוֹזְלִיּוֹת

נוחת, נֹוחַ [נוֹחִים] — convenient, comfortable

טוֹב, מַתְאִים, נָעִים:

*קָנִיתִי נַעֲלַיִים **נוֹחוֹת** לַהֲלִיכָה.*

נוֹחַ לָגוּר בְּמֶרְכַּז הָעִיר.

עֲמוֹד נוֹחַ! — at ease!

נוֹחָה, נוֹחִים, נוֹחוֹת

נוחז, נוֹחַ — rest, calm

מְנוּחָה, הַרְגָּשָׁה שֶׁל שֶׁקֶט.

***נוּחוֹ עֵדֶן** - כָּךְ אוֹמְרִים עַל מֵת (מִילּוֹת כָּבוֹד) - שֶׁיִּהְיֶה לוֹ שֶׁקֶט בָּעוֹלָם הַבָּא, בְּגַן עֵדֶן*

נוחותנ, נוֹחוּת — comfort, convenience

מַצָּב נוֹחַ, נָעִים, קַל:

*לְ**נוֹחוּת** הָאֲנָשִׁים יֵשׁ סַפְסָלִים בָּרְחוֹב.*

נוחיותנ, נוֹחִיּוּת — comfort

1. חַיִּים שֶׁנּוֹחַ בָּהֶם, קַל, נָעִים:

*אֲנִי אוֹהֵב **נוֹחִיּוּת** - מְכוֹנִית, מַעֲלִית וְכוּ׳.*

2. בֵּית שִׁימּוּשׁ: — restroom, toilet

*לִפְנֵי שֶׁיּוֹצְאִים מִן הַבַּיִת כְּדַאי לְהִיכָּנֵס **לַנּוֹחִיּוּת**.*

נוחםפ, נֻחַם — was consoled

עָבַר לוֹ הַצַּעַר, הַכְּאֵב עַל אָסוֹן שֶׁקָּרָה:

*לֹא **נוּחַמְתִּי** מִן הַצַּעַר עַל מוֹת אָבִי.*

/ נ.ח.ם, פּוּעַל / נוּחַמְתִּי, מְנוּחָם, אֲנוּחַם, יְנוּחַם

נוטהת, נוֹטֶה — leaning (adj.)

1. פּוֹנֶה לְכִיווּן כֹּלְשֶׁהוּ:

*הַמִּגְדָּל **הַנּוֹטֶה** שֶׁל פִּיזָה לֹא יִיפּוֹל.*

2. קָרוֹב לְהַסְכִּים, קָרוֹב לְדֵיעָה, לְרַעְיוֹן: — about to, inclined (adj.)

*אֲנִי **נוֹטֶה** לְקַבֵּל אֶת הַתַּפְקִיד.*

נוֹטָה-נוֹטִית, נוֹטִים, נוֹטוֹת

נוטריוןז, נוֹטַרְיוֹן [נוֹטַרְיוֹנִים] — public notary

עוֹרֵךְ דִּין בַּעַל סַמְכוּת לְאַשֵּׁר תְּעוּדוֹת:

*בְּלִי חֲתִימַת **נוֹטַרְיוֹן**, לֹא יְקַבְּלוּ אֶת הֶעְתֵּק שֶׁל הַתְּעוּדָה.*

נוטרלפ, נֻטְרַל — was neutralized

נַעֲשָׂה נֵיטְרָלִי, לֹא פָּעִיל:

*הַפְּצָצָה **נוּטְרְלָה** הִיא כְּבָר לֹא מְסוּכֶּנֶת.*

/ נ.ט.ר.ל, פּוּעַל / נוּטְרַלְתִּי, מְנוּטְרָל, אֲנוּטְרַל, יְנוּטְרַל

נויז, נוֹי — beauty

יוֹפִי:

*צָרִיךְ לְהוֹסִיף קְצָת **נוֹי** לָעִיר - גִּינוֹת, עֵצִים.*

עֲצֵי נוֹי - עֵצִים לְיוֹפִי (עֵצִים שֶׁאֵין לָהֶם פֵּירוֹת)

נוידפ׳ נֻיַּד was rendered mobile
עָשׂוּ שֶׁיָּזוּז בְּקַלּוּת:
*הַיְחִידָה הַצְּבָאִית **נוּיְדָה**, אֵין לָהֶם מַחֲנֶה קָבוּעַ.*
/ נ.י.ד, פּוּעַל / נוּיַּדְתִי, מְנוּיָּד, אֲנוּיַּד, יְנוּיַּד

נוכהפ׳ נֻכָּה was deducted
כֶּסֶף שֶׁמּוֹרִידִים מֵהַמַּשְׂכּוֹרֶת וְכוּ׳:
*הַמַּס **נוּכָּה** עוֹד לִפְנֵי שֶׁקִּיבַּלְתִּי אֶת הַמַּשְׂכּוֹרֶת.*
/ נ.כ.ה. פּוּעַל / נוּכּוּ, מְנוּכֶּה, יְנוּכּוּ

נוכחפ׳ נוֹכַח was convinced
קִיבֵּל הוֹכָחָה, מַסְכִּים שֶׁהַדָּבָר נָכוֹן:
*אַחֲרֵי שֶׁקָּרָאתִי אֶת הַדּוּ״חַ, **נוֹכַחְתִּי** לָדַעַת שֶׁהוּא צוֹדֵק.*
לְהִיוָּכַח, בְּ- /י.כ.ח, נִפְעַל / נוֹכַחְתִּי, נוֹכָח, נוֹכַחַת, יִיוָּכַח

נוכחתה״ז נוֹכֵחַ [נוֹכְחִים] present
1. מִי שֶׁנִּמְצָא בַּמָּקוֹם:
*בַּחֶדֶר **נוֹכְחִים** כָּל בְּנֵי הַמִּשְׁפָּחָה, רַק דָּן חָסֵר.*
2. (בְּדִקְדּוּק) גּוּף שֵׁנִי (אַתָּה, second person (gram.)
אַתְּ, אַתֶּם, אַתֶּן):
*'יָשַׁבְתָּ' - פּוֹעַל בֶּעָבָר, גּוּף **נוֹכֵחַ**.*
נוֹכַחַת, נוֹכְחוֹת

נוכחמ״י נֹכַח in front of, facing
מוּל, לִפְנֵי-, לְיַד:
*אֲנַחְנוּ עוֹמְדִים **נוֹכַח** הַיָּם.*
***לְנוֹכַח**-1. מוּל:* opposite
נִכְנַסְתִּי לַחֶדֶר וּלְנוֹכַח עֵינַיי עָמַד הַמְּנַהֵל.
2. בְּהֶתְאֵם לְ: in the face of
לְנוֹכַח הָעֲלִיָּיה הַגְּדוֹלָה צָרִיךְ לִדְאוֹג לִמְקוֹמוֹת עֲבוֹדָה.

נוכחותנ׳ נוֹכְחוּת presence
כְּשֶׁמִּישֶׁהוּ נִמְצָא בַּמָּקוֹם:
*הַקּוֹנְצֶרְט הַחֲגִיגִי נִפְתַּח **בְּנוֹכְחוּת** רֹאשׁ הַמֶּמְשָׁלָה.*
***הַנּוֹכְחוּת** בִּישִׁיבָה הָיְיתָה מְעַטָּה, רַק מְעַטִּים בָּאוּ.*

נוכחית׳ נוֹכְחִי present (adj.)
הַשַּׁיָּיךְ לַזְּמַן הַזֶּה:
*הַמַּצָּב הַכַּלְכָּלִי **הַנּוֹכְחִי** קָשֶׁה.*
נוֹכְחִית, נוֹכְחִיִּים, נוֹכְחִיּוֹת

נוכלז׳ נוֹכֵל [נוֹכְלִים] crook
מִי שֶׁמְּשַׁקֵּר בָּעֲסָקִים, מוֹצִיא מֵאֲנָשִׁים כֶּסֶף:
***הַנּוֹכֵל** לָקַח אֶת הַכֶּסֶף שֶׁל הַבַּנְק וּבָרַח.*
נוֹכֶלֶת, נוֹכְלוֹת

נוכלותנ׳ נוֹכְלוּת [נוֹכְלוּיוֹת] swindle
רַמָּאוּת, כְּשֶׁמְּשַׁקְּרִים כְּדֵי לְסַדֵּר מִישֶׁהוּ:
*הוּא 'מָכַר' דִּירוֹת שֶׁלֹּא הָיוּ שֶׁלּוֹ, זֹאת **נוֹכְלוּת**!*

נוכריתה״ז נָכְרִי [נוֹכְרִים] foreigner, alien
זָר, מֵאֶרֶץ אַחֶרֶת, מֵעַם אַחֵר:
*אֲנִי מַרְגִּישׁ עַצְמִי **נוֹכְרִי** בְּחוּץ לָאָרֶץ.*
נוֹכְרִיָּה, נוֹכְרִיִּים, נוֹכְרִיּוֹת

נוכשפ׳ נֻכַּשׁ was weeded
הוֹצִיאוּ מִמֶּנּוּ אֶת הָעֲשָׂבִים הַמְּיוּתָּרִים:
*הַגִּינָּה **נוּכְּשָׁה**, כְּדֵי שֶׁהַפְּרָחִים יִפְרְחוּ.*
/ נ.כ.ש, פּוּעַל / נוּכְּשׁוּ, מְנוּכָּשׁ, יְנוּכַּשׁ, יְנוּכְּשׁוּ

נולדפ׳ נוֹלַד was born
בָּא לָעוֹלָם:
*בְּנִי **נוֹלַד** בְּתֵל-אָבִיב לִפְנֵי 15 שָׁנִים.*
(מֶטָאפוֹרָה) יָצָא, נוֹצַר (בְּעִיקָּר מַשֶּׁהוּ חָדָשׁ):
*הָרַעְיוֹן הַצִּיּוֹנִי **נוֹלַד** בְּסוֹף הַמֵּאָה ה־19.*
לְהִיוָּלֵד / י.ל.ד, נִפְעַל / נוֹלַדְתִּי, נוֹלָד, יִיוָּלֵד, יִיוָּלְדוּ

נולדתה״ז נוֹלָד [נוֹלָדִים] newborn
1. מִי שֶׁרַק יָצָא מִבֶּטֶן הָאֵם:
*רָאִיתִי אֶת **הַנּוֹלָדִים** הַחֲדָשִׁים, הֵם כָּל־כָּךְ קְטַנִּים.*
2. מַה שֶּׁיִּהְיֶה: the future
*מִי שֶׁרוֹאֶה אֶת **הַנּוֹלָד** עוֹשֶׂה פָּחוֹת טָעוּיוֹת.*
נוֹלֶדֶת, נוֹלָדוֹת

נומקפ׳ נֻמַּק was explained
נָתְנוּ סִיבָּה, הִסְבִּירוּ מַדּוּעַ:
*אֲנִי חוֹשֵׁב, שֶׁהַהַצָּעוֹת, שֶׁלֹּא **נוּמְקוּ**, אִי אֶפְשָׁר לְקַבֵּל.*
/ נ.מ.ק, פּוּעַל / נוּמְקוּ, מְנוּמָּק, יְנוּמַּק, יְנוּמְקוּ.

נוסדפ׳ נוֹסַד was established
נִבְנָה, הוּקַם, הִתְחִילוּ לִבְנוֹת אוֹתוֹ:
*תֵּל־אָבִיב **נוֹסְדָה** בּ־1909.*
לְהִיוָּסֵד / י.ס.ד, נִפְעַל / נוֹסְדָה, נוֹסָד, יִיוָּסֵד, יִיוָּסְדוּ

נוסהפ׳ נֻסָּה was tried/tested
נִיסּוּ אוֹתוֹ, בָּדְקוּ אוֹתוֹ בַּפְּרַקְטִיקָה:
*הַמַּכְשִׁיר הֶחָדָשׁ **נוּסָּה**, הוּא מַכְשִׁיר מְצוּיָּן.*
/ נ.ס.ה, פּוּעַל / נוּסֵּיתִי, נוּסּוּ, מְנוּסֶּה, יְנוּסֶּה

נוסחפ׳ נֻסַּח was formulated/worded
עָרְכוּ אוֹתוֹ בְּצוּרָה מְסוּיֶּמֶת (מַשֶּׁהוּ שֶׁכּוֹתְבִים אוֹ אוֹמְרִים):
*הַחוֹק **נוּסַּח** עַל יְדֵי עוֹרְכֵי־דִּין.*
/ נ.ס.ח, פּוּעַל / נוּסְּחוּ, מְנוּסָּח, יְנוּסַּח, יְנוּסְּחוּ

נוסחז׳ נֹסַח / נֻסָּח [נוּסָּחִים/נוּסְחוֹת] manner, style
הַסֵּדֶר הַקָּבוּעַ, הַצּוּרָה (הַכְּתוּבָה אוֹ הָאֲמוּרָה) שֶׁל הַדְּבָרִים:
הַנּוֹסַח** שֶׁל כָּל הַחוּקִים דּוֹמֶה. אֲנַחְנוּ מִתְפַּלְּלִים **בְּנוֹסַח

סְפָרַדִּי, וְהֵם - version
*בְּ**נוּסָח** אַשְׁכְּנַזִּי.*

נוסחהנ, נֻסְחָה [נוּסְחָאוֹת] formula, version
פוֹרמוּלָה, חוֹק אוֹ כְּלָל בְּקִיצוּר:
H_2O *זֹאת הַ**נּוּסְחָה** הַכִּימִית שֶׁל מַיִם.*
*הָעוֹבְדִים וְהַמְנַהֵל חָתְמוּ עַל **נוּסְחַת** הַהֶסְכֵּם.*

נוסעז, נוֹסֵעַ [נוֹסְעִים] passenger, traveler
מִי שֶׁעוֹבֵר מִמָּקוֹם לְמָקוֹם בִּמְכוֹנִית, רַכֶּבֶת, מָטוֹס וְכוּ':
*כָּל הַ**נּוֹסְעִים** עָלוּ לַמָּטוֹס.*
נוֹסַעַת, נוֹסְעוֹת

נוסףפ, נוֹסַף was added, joined
הִצְטָרֵף, הָיָה עוֹד:
*שָׁכֵן חָדָשׁ **נוֹסַף** לְדִירַת הַסְטוּדֶנְטִים.*
לְהִיוָּסֵף / י.ס.ף, נִפְעַל / נוֹסְפוּ, נוֹסָף, יִיוָּסֵף

נוסףת, נוֹסָף additional
עוֹד, יוֹתֵר מִמָּה שֶׁהָיָה:
*קִיבַּלְנוּ עוֹבֵד **נוֹסָף** לַמִּשְׂרָד.*
עֲבוֹדָה נוֹסֶפֶת / מֵידָע נוֹסָף / שָׁעוֹת נוֹסָפוֹת
נוֹסֶפֶת, נוֹסָפִים, נוֹסָפוֹת

נוסרפ, נֻסַּר was sawn off
חָתְכוּ אוֹתוֹ בְּמַסּוֹר:
*כָּל הָעֲנָפִים הַגְּבוֹהִים **נוּסְרוּ**.*
/ נ.ס.ר, פּוּעַל / נוּסְרוּ, מְנוּסָּר, יְנוּסַּר, יְנוּסְרוּ

נועדפ, נוֹעַד was designed/intended
1. קָבְעוּ אוֹתוֹ לְמַשֶּׁהוּ מְסוּיָּם:
*הַהַרְצָאָה **נוֹעֲדָה** לְדוֹבְרֵי רוּסִית.*
2. נִפְגַּשׁ עִם-: met with
*רֹאשׁ הַמֶּמְשָׁלָה **נוֹעַד עִם** שַׂר הַבִּיטָּחוֹן.*
לְהִיוָּעֵד לְ-, עִם- /ו.ע.ד, נִפְעַל / נוֹעַדְתִּי, נוֹעָד, יִיוָּעֵד

נועזת, נוֹעָז brave, bold
שֶׁיֵּשׁ לוֹ אוֹמֶץ, בְּלִי פַּחַד מִסַּכָּנָה:
*הוּא עָשָׂה מַעֲשֶׂה **נוֹעָז**, כְּשֶׁהִצִּיל אֶת הַיֶּלֶד מִן הָאֵשׁ.*
נוֹעֶזֶת, נוֹעָזִים, נוֹעָזוֹת

נועםז, נֹעַם pleasantness
עֲדִינוּת, נְעִימוּת, כְּשֶׁמַּשֶּׁהוּ נָעִים:
*בַּפָּנִים שֶׁלּוֹ יֵשׁ **נוֹעַם**. / הוּא מְדַבֵּר **בְּנוֹעַם**.*

נועץפ, נוֹעַץ consulted
בִּיקֵּשׁ עֵיצָה, שָׁאַל מָה לַעֲשׂוֹת:
*נוֹעַצְתִּי **בְּדָוִיד** מָה לִלְמוֹד. / הַמְנַהֲלִים **נוֹעֲצוּ** בֵּינֵיהֶם.*
לְהִיוָּעֵץ, בְּ- / י.ע.ץ, נִפְעַל / נוֹעַצְתִּי, נוֹעָץ, יִיוָּעֵץ, הִיוָּעֵץ!

נוערפ, נֹעַר was shaken
הוֹצִיאוּ מִמֶּנּוּ לִיכְלוּךְ בִּתְנוּעָה קְטַנָּה:
*הַשָּׁטִיחַ **נוֹעַר**, וְכָל פֵּירוּרֵי הַלֶּחֶם נָפְלוּ מִמֶּנּוּ.*
/ נ.ע.ר, פּוּעַל / נוֹעֲרוּ, מְנוֹעָר, יְנוֹעַר, יְנוֹעֲרוּ

נוערז, נֹעַר youth
שֵׁם כְּלָלִי לַאֲנָשִׁים צְעִירִים בְּגִיל 13-17:
*בְּנֵי **נוֹעַר** רַבִּים יָצְאוּ לְמַחֲנוֹת קַיִץ וּלְטִיּוּלִים.*
תנועת-נוער youth movement

נוףז, נוֹף [נוֹפִים] view, landscape
מַרְאֶה הַסְּבִיבָה, פָּנוֹרָמָה:
*הִסְתַּכַּלְתִּי **בַּנּוֹף** דֶּרֶךְ חַלּוֹן הָאוֹטוֹבּוּס.*

נופהפ, נֻפָּה was sifted
1. נִיקּוּ דֶּרֶךְ כְּלִי שֶׁל רֶשֶׁת:
*הַקֶּמַח **נוּפָּה**, כָּל הַלִּיכְלוּךְ נִשְׁאַר בַּנָּפָה.*
2. הוֹצִיאוּ אוֹתוֹ, כִּי לֹא הָיָה מַתְאִים: was removed
*חֲמִישָּׁה חַיָּילִים **נוּפּוּ** מִקּוּרְס קְצִינִים.*
/ נ.פ.ה, פּוּעַל / נוּפֵּיתִי, מְנוּפֶּה, אֲנוּפֶּה, יְנוּפֶּה

נופחפ, נֻפַּח was inflated
1. מִילְאוּ אוֹתוֹ בַּאֲוִויר:
*הַגַּלְגַּלִּים **נוּפְּחוּ**, עַכְשָׁיו אֶפְשָׁר לִנְסוֹעַ.*
2. עָשׂוּ אוֹתוֹ גָּדוֹל יוֹתֵר מִמָּה שֶׁהוּא was exaggerated
בֶּאֱמֶת:
*הַסִּיפּוּר עַל רוּת וְדָוִיד **נוּפַּח** מֵעֵבֶר לְכָל פְּרוֹפּוֹרְצִיָּה.*
/ נ.פ.ח, פּוּעַל / נוּפַּחְתִּי, מְנוּפָּח, יְנוּפַּח, יְנוּפְּחוּ

נופךז, נֹפֶךְ personal touch
תּוֹסֶפֶת שֶׁל טַעַם מְיוּחָד, קִישּׁוּט וְכוּ':
*גַּם לְבֶגֶד פָּשׁוּט הִיא מוֹסִיפָה **נוֹפֶךְ** מִשֶּׁלָּהּ.*

נופלז, נוֹפֵל [נוֹפְלִים] killed in action
1. מִי שֶׁמֵּת בְּמִלְחֲמוֹת יִשְׂרָאֵל:
*אֲנַחְנוּ זוֹכְרִים אֶת הַ**נּוֹפְלִים** לֹא רַק בִּימֵי זִיכָּרוֹן.*
2. **נוֹפֵל מִ-**, פָּחוֹת: inferior to
*הוּא **נוֹפֵל מִמֶּנָּה** בִּיְדִיעוֹת שֶׁלּוֹ.*
נוֹפֶלֶת, נוֹפְלוֹת

נופףפ, נוֹפֵף waved
הֵזִיז מַשֶּׁהוּ בָּאֲוִויר מִצַּד לְצַד:
***נוֹפַפְתִּי** לוֹ בַּיָּד לְשָׁלוֹם.*
לְנוֹפֵף לְ-, בְּ- / נ.ו.ף, פִּיעֵל / נוֹפַפְתִּי, מְנוֹפֵף, יְנוֹפֵף

נופץפ׳ נֻפַּץ — was broken to pieces

שָׁבְרוּ אוֹתוֹ לַחֲתִיכוֹת קְטַנּוֹת:

*הַכּוֹס **נוּפְּצָה** לִרְסִיסִים.*

/ נ.פ.ץ, פּוּעַל / נוּפְּצוּ, מְנוּפָּץ, יְנוּפַּץ, יְנוּפְּצוּ

נופשז׳ נֹפֶשׁ — rest, vacation

מְנוּחָה:

*בַּקַּיִץ אֲנַחְנוּ יוֹצְאִים לְ**נוֹפֶשׁ** לֶהָרִים.*

נופשז׳ נוֹפֵשׁ [נוֹפְשִׁים] — vacationer

מִי שֶׁנָּח בְּמָקוֹם מְיוּחָד בִּזְמַן חוֹפֶשׁ:

***הַנּוֹפְשִׁים** יוֹשְׁבִים וּמְשַׂחֲקִים קְלָפִים.*

נוֹפֶשֶׁת, נוֹפְשׁוֹת

נוצהנ׳ נוֹצָה [נוֹצוֹת] — feather

מַה שֶּׁצּוֹמֵחַ עַל עוֹר הַתַּרְנְגוֹלֶת אוֹ הַצִּיפּוֹר:

*אֲנִי אוֹהֵב לִישׁוֹן עַל כַּר **מְנוֹצוֹת**.*

נוצחפ׳ נֻצַּח — was defeated

נִיצְּחוּ אוֹתוֹ, הִפְסִיד בְּתַחֲרוּת, בְּמִלְחָמָה:

***נוּצַּחְנוּ** בְּמִשְׂחָק כַּדּוּרֶסֶל.*

/ נ.צ.ח, פּוּעַל / נוּצַּחְתִּי, מְנוּצָּח, יְנוּצַּח

נוצלפ׳ נֻצַּל

1. הִשְׁתַּמְּשׁוּ בּוֹ: — was utilized

*הַמַּחְשֵׁב **יְנוּצַּל** לְכָל מִינֵי נוֹשְׂאִים.*

2. הִשְׁתַּמְּשׁוּ בּוֹ וְלֹא שִׁילְּמוּ לוֹ כָּרָאוּי: — was exploited

*הָעוֹבְדִים **נוּצְּלוּ** - הֵם עָבְדוּ קָשֶׁה וְקִיבְּלוּ מְעַט כֶּסֶף.*

/ נ.צ.ל, פּוּעַל / נוּצַּלְתִּי, מְנוּצָּל, אֲנוּצַּל, יְנוּצַּל

נוצץת׳ נוֹצֵץ — shining

מַבְרִיק, כְּאִילוּ יוֹצֵא מִמֶּנּוּ אוֹר:

*הַכּוֹכָבִים **נוֹצְצִים** בַּלַּיְלָה. / לָבַשְׁתִּי שִׂמְלָה **נוֹצֶצֶת**.*

נוֹצֶצֶת, נוֹצְצִים, נוֹצְצוֹת

נוצרפ׳ נוֹצַר — was created/made

נַעֲשָׂה, נִהְיָה:

*בַּתַּנַ"ךְ כָּתוּב, שֶׁהָעוֹלָם **נוֹצַר** בְּשִׁישָּׁה יָמִים.*

בִּגְלַל הַשְּׁבִיתָה **נוֹצַר** מַחְסוֹר בְּלֶחֶם.

לְהִיוָּצֵר / י.צ.ר, נִפְעַל / נוֹצַרְתִּי, נוֹצָר, אֶוָּצֵר, יִיוָּצֵר

נוצריתו"ז נוֹצְרִי [נוֹצְרִים] — Christian

שַׁיָּיךְ לַדָּת הַנּוֹצְרִית, לַמַּאֲמִינִים בְּיֵשׁוּ:

***נוֹצְרִים** רַבִּים מְבַקְּרִים בַּכְּנֵסִיּוֹת בְּבֵית־לֶחֶם וּבְנָצֶרֶת.*

כְּנֵסִיָּיה נוֹצְרִית — Church

נוֹצְרִית-נוֹצְרִיָּיה, נוֹצְרִיִּים, נוֹצְרִיּוֹת

נוקבפ׳ נֻקַּב — was perforated/punched

עָשׂוּ בּוֹ חוֹר:

*אִי אֶפְשָׁר לְהִשְׁתַּמֵּשׁ בְּכַרְטִיס **שֶׁנּוּקַּב**.*

/ נ.ק.ב, פּוּעַל / נוּקְּבוּ, מְנוּקָּב, יְנוּקַּב, יְנוּקְּבוּ

נוקבת׳ נוֹקֵב — piercing, penetrating

חוֹדֵר, רְצִינִי, מַכְאִיב:

*הוּא כָּתַב בִּיקּוֹרֶת **נוֹקֶבֶת** עַל הַמַּצָּב בָּעִיר.*

נוֹקֶבֶת, נוֹקְבִים, נוֹקְבוֹת

נוקדפ׳ נֻקַּד — was vocalized

(בְּדִיקְדּוּק עִבְרִי) סִימְּנוּ בּוֹ נְקוּדוֹת, תְּנוּעוֹת:

*סִפְרֵי הַיְלָדִים **נוּקְּדוּ**, כְּדֵי שֶׁיִּהְיֶה קַל לִקְרוֹא.*

/ נ.ק.ד, פּוּעַל / נוּקַּד, מְנוּקָּד, יְנוּקַּד יְנוּקְּדוּ

נוקהפ׳ נֻקָּה

1. נַעֲשָׂה נָקִי: — was cleaned

*הַחֶדֶר **נוּקָּה** וְסוּדַּר.*

2. קָבְעוּ שֶׁאֵינֶנּוּ אָשֵׁם: — was exonerated

*דָּוִיד **נוּקָּה** בְּמִשְׁפָּט מִכָּל אַשְׁמָה.*

/ נ.ק.ה, פּוּעַל / נוּקֵּיתִי, מְנוּקֶּה, יְנוּקֶּה

נוקזפ׳ נֻקַּז — was drained

כִּיוּוּנוּ (אֶת הַמַּיִם וְכוּ') לְמָקוֹם מְסוּיָּם:

*מֵי הַגֶּשֶׁם **נוּקְּזוּ** אֶל הַשָּׂדוֹת.*

/ נ.ק.ז, פּוּעַל / נוּקְּזוּ, מְנוּקָּז, יְנוּקַּז

נוקםת׳ נוֹקֵם — vengeful

עוֹשֶׂה רָעָה לְמִי שֶׁפָּגַע בּוֹ:

*הוּא טִיפּוּס **נוֹקֵם**, הוּא לֹא יִשְׁכַּח מַה שֶּׁעָשִׂיתָ לוֹ.*

נוֹקֶמֶת, נוֹקְמִים, נוֹקְמוֹת

נוקמנית׳ נוֹקְמָנִי — vindictive

מִי שֶׁרוֹצֶה לְהַחֲזִיר רָעָה לְזֶה שֶׁפָּגַע בּוֹ:

*אֲנָשִׁים **נוֹקְמָנִיִּים** אֵינָם יוֹדְעִים לִסְלוֹחַ.*

נוֹקְמָנִית, נוֹקְמָנִיִּים, נוֹקְמָנִיּוֹת

נוקשהת׳ נֻקְשֶׁה

1. לֹא רַךְ, לֹא גָּמִישׁ: — stiff

*עוֹר הַנַּעֲלַיִים **נוּקְשֶׁה**, לָכֵן הֵן לֹא נוֹחוֹת.*

2. לֹא מְוַותֵּר, לֹא מְשַׁנֶּה מִמִּנְהָגוֹ: — rigid

*הוּא אָדָם **נוּקְשֶׁה**, וְקָשֶׁה לְהִסְתַּדֵּר אִיתּוֹ.*

נוּקְשָׁה-נוּקְשִׁית, נוּקְשִׁים, נוּקְשׁוֹת

נוקשותנ׳ נֻקְשׁוּת — rigidity

חוֹסֶר גְּמִישׁוּת (חוֹסֶר אֶלַסְטִיוּת):

*בִּגְלַל **הַנּוּקְשׁוּת** שֶׁלּוֹ, קָשֶׁה לְהַשְׁפִּיעַ עָלָיו.*

נוֹרָאת' נוֹרָא — terrible

1. מַפְחִיד, קָשֶׁה:

*בִּזְמַן הַמִּלְחָמָה הָיָה שָׁם מַצָּב **נוֹרָא**.*

2. **נוֹרָא** ת"פ - מְאוֹד: — terribly

*אֲנִי **נוֹרָא** מִצְטַעֵר...* (לְשׁוֹן דִּיבּוּר)

הַיָּמִים הַנּוֹרָאִים — the High Holidays

נוֹרָאָה, נוֹרָאִים, נוֹרָאוֹת

נוֹרָאִית' נוֹרָאִי — awful

(לְשׁוֹן דִּיבּוּר) רַע מְאוֹד:

*הָיְיתָה לָנוּ בְּחִינָה **נוֹרָאִית**.*

נוֹרָאִית, נוֹרָאִיִּים, נוֹרָאִיּוֹת

נוֹרָהפ' נוֹרָה — was shot

1. יָרוּ בּוֹ (בְּרוֹבֶה וְכוּ'):

*הוּא **נוֹרָה** בָּרֹאשׁ.*

2. יָרוּ אוֹתוֹ (כַּדּוּר שֶׁל רוֹבֶה וְכוּ'): — was fired

*הַכַּדּוּר **נוֹרָה** מֵהָרוֹבֶה שֶׁל הַחַיָּל.*

לְהִיָּרוֹת / י.ר.ה, נִפְעַל / נוֹרֵיתִי, נוֹרֶה, יִיָּרֶה, יִיָּרוּ

נוּרָהנ' נוּרָה [נוּרוֹת] — light bulb

מְמַנָּה יוֹצֵא אוֹר, נִרְאֵית כְּמוֹ אַגָּס מִזְכוּכִית:

*קָנִיתִי **נוּרָה** שֶׁל 100 וָאט.*

נוֹשֵׂאז' נוֹשֵׂא [נוֹשְׂאִים] — subject, topic

1. עִנְיָן שֶׁמְּדַבְּרִים עָלָיו:

*מֶזֶג הָאֲוִויר הוּא **נוֹשֵׂא** מְשַׁעֲמֵם.*

2. רַעְיוֹן מֶרְכָּזִי, בְּעָיָה שֶׁדָּנִים בָּהּ: — theme, thesis

***נוֹשֵׂא** הָעֲבוֹדָה הוּא הָאֶנֶרְגְיָה הָאֲטוֹמִית.*

3. (בְּדִיקְדּוּק) עַל מָה אוֹ עַל מִי שֶׁהַמִּשְׁפָּט מְדַבֵּר: — subject (gram.)

*בְּמִשְׁפָּט 'דָּוִד הָלַךְ' - דָּוִד הוּא הַ**נּוֹשֵׂא**.*

4. מֵרִים, מַחֲזִיק גָּבוֹהַּ: — carrier, bearer

***נוֹשֵׂא** הַדֶּגֶל הָלַךְ בָּרֹאשׁ.*

נוֹשֵׂא-מִכְתָּבִים — mailman

נוֹשֵׂא-כֵּלִים — helper, disciple

נוֹשְׂאַת־מְטוֹסִיםנ' נוֹשְׂאַת־מְטוֹסִים [נוֹשְׂאוֹת־מְטוֹסִים] — aircraft carrier

אוֹנִיַּית מִלְחָמָה גְּדוֹלָה שֶׁמַּעֲבִירָה מְטוֹסִים:

*הוּא יַמַּאי עַל **נוֹשְׂאַת** מְטוֹסִים אֲמֵרִיקָאִית.*

נוֹשֶׁהז' נוֹשֶׁה [נוֹשִׁים] — creditor

מִי שֶׁחַיָּיבִים לוֹ כֶּסֶף:

*כְּשֶׁהוּא רוֹאֶה אֶת הַ**נּוֹשִׁים** שֶׁלּוֹ, הוּא בּוֹרֵחַ.*

נוֹשָׁה, נוֹשׁוֹת

נוּשַּׁלפ' נֻשַּׁל — was dispossessed

לָקְחוּ אֶת הָרְכוּשׁ שֶׁלּוֹ - בַּיִת וְכוּ':

*הוּא הִפְסִיד אֶת כָּל כַּסְפּוֹ **וְנוּשַּׁל** מִבֵּיתוֹ.*

/ נ.ש.ל, פּוּעַל / נוּשַּׁלְתִּי, מְנוּשָּׁל, אֲנוּשַּׁל, יְנוּשַּׁל

נוֹשָׁןת' נוֹשָׁן — very old, ancient

יָשָׁן מְאוֹד:

*זֶהוּ שִׁיר **נוֹשָׁן** מִלִּפְנֵי 40 שָׁנָה.*

נוֹשָׁנוֹת - דְּבָרִים שֶׁנַּעֲשׂוּ יְשָׁנִים

נוֹשֶׁנֶת-נוֹשָׁנָה, נוֹשָׁנִים, נוֹשָׁנוֹת

נוֹשַׁעפ' נוֹשַׁע — was saved

(לְשׁוֹן סִפְרוּתִית) הִצִּילוּ אוֹתוֹ:

*הוּא **נוֹשַׁע** מִצָּרָה גְּדוֹלָה בָּרֶגַע הָאַחֲרוֹן.*

לְהִיוָּשַׁע / י.ש.ע, נִפְעַל / נוֹשַׁעְתִּי, נוֹשָׁע, יִוָּשַׁע

נוּתַּחפ' נֻתַּח — was operated on

1. נִיתְּחוּ אוֹתוֹ. רוֹפֵא כִּירוּרג עָשָׂה לוֹ נִיתּוּחַ:

*הוּא **נוּתַּח** בַּגַּב - הוּא מַרְגִּישׁ טוֹב עַכְשָׁיו.*

2. (מֶטָאפוֹרָה) עָשׂוּ לוֹ אֲנָלִיזָה: — was analyzed

*הַיְּצִירָה **נוּתְּחָה** בַּשִּׁיעוּר לְסִפְרוּת.*

/ נ.ת.ח, פּוּעַל / נוּתַּחְתִּי, מְנוּתָּח, יְנוּתַּח

נוּתַּץפ' נֻתַּץ — was smashed

שָׁבְרוּ אוֹתוֹ לַחֲתִיכוֹת:

*הָאֶבֶן הַגְּדוֹלָה **נוּתְּצָה**.*

/ נ.ת.ץ, פּוּעַל / נוּתְּצוּ, מְנוּתָּץ, יְנוּתַּץ, יְנוּתְּצוּ

נוּתַּקפ' נֻתַּק — was cut off

1. נִקְרַע, נֶחְתַּךְ:

*הַחֶבֶל שֶׁחִיבֵּר אֶת שְׁנֵי הָעַמּוּדִים **נוּתַּק**.*

2. נִפְסַק הַקֶּשֶׁר: — was disconnected

*שִׂיחַת הַטֶּלֶפוֹן עִם אִימִּי **נוּתְּקָה**.*

/ נ.ת.ק, פּוּעַל / נוּתַּקְתִּי, מְנוּתָּק, אֲנוּתַּק, יְנוּתַּק

נוֹתַרפ' נוֹתַר — remained

נִשְׁאַר:

*לֹא **נוֹתַר** לֶחֶם בַּבַּיִת. / **נוֹתַרְנוּ** לְבַדֵּנוּ.*

לְהִיוָּתֵר / י.ת.ר, נִפְעַל / נוֹתַרְתִּי, נוֹתָר, אִוָּתֵר, יִוָּתֵר

נוֹתָרת' נוֹתָר — remaining (adj.)

מַה שֶּׁנִּשְׁאַר:

*אֶת הַסְּפָרִים הַ**נּוֹתָרִים** אֶקַּח מָחָר.*

נוֹתֶרֶת, נוֹתָרִים, נוֹתָרוֹת

נִזְדַּמֵּן ר' הזדמן

נזהר פ׳, נִזְהַר — was careful

שָׁמַר עַל עַצְמוֹ:

נִזְהַרְתִּי מִפְּנֵי הַמְּכוֹנִיּוֹת, כְּשֶׁעָבַרְתִּי אֶת הַכְּבִישׁ.

לְהִיזָּהֵר מִ- / ז.ה.ר, נִפְעַל / נִזְהַרְתִּי, נִזְהָר, יִיזָּהֵר, הִיזָּהֵר!

נזוף ת׳, נָזוּף — reprimanded (adj.)

מִי שֶׁכָּעֲסוּ עָלָיו, שֶׁאָמְרוּ לוֹ מִילִּים קָשׁוֹת:

*הוּא יָצָא **נָזוּף** מֵחֲדַר הַמְּנַהֵל.*

נְזוּפָה, נְזוּפִים, נְזוּפוֹת

נזיד ז׳, נָזִיד [נְזִידִים] — pottage, porridge

(לָשׁוֹן סִפְרוּתִית) מָרָק מִירָקוֹת מְבוּשָּׁלִים:

*נָעִים לֶאֱכוֹל בַּחוֹרֶף **נָזִיד** טוֹב.*

נזיל ת׳, נָזִיל — liquid/fluid (adj.)

שֶׁיָּכוֹל לָזוּל (לִהְיוֹת כְּמוֹ מַיִם).

(מֶטָאפוֹרָה) ***כֶּסֶף נָזִיל** - כֶּסֶף שֶׁאֶפְשָׁר לְהִשְׁתַּמֵּשׁ בּוֹ, אֵינוֹ בְּחֶשְׁבּוֹן חִיסָּכוֹן.*

נְזִילָה, נְזִילִים, נְזִילוֹת

נזילה נ׳, נְזִילָה [נְזִילוֹת] — leak

כְּשֶׁמַּיִם (אוֹ כֹּל נוֹזֵל אַחֵר) יוֹצְאִים וְזוֹרְמִים:

*יֵשׁ **נְזִילָה** שֶׁל מַיִם מִן הַצִּינּוֹר שֶׁבַּמִּטְבָּח.*

נזילות נ׳, נְזִילוּת — fluidity, liquidity

הַיְכוֹלֶת (שֶׁל מַיִם וְנוֹזְלִים אֲחֵרִים) לִזְרוֹם, לָזוּל.

כְּשֶׁאֶפְשָׁר לְהִשְׁתַּמֵּשׁ בְּכֶסֶף פָּנוּי, כִּי אֵינוֹ בְּחֶשְׁבּוֹן חִיסָּכוֹן וְכוּ׳: — liquidity

*מַצַּב **הַנְּזִילוּת** שֶׁל הַבַּנְקִים מִשְׁתַּנֶּה ב׳ - / לִפְעָמִים אֵין נְזִילוּת, כִּי אֵין דַּי כֶּסֶף מְזוּמָּן.*

נזיפה נ׳, נְזִיפָה [נְזִיפוֹת] — reprimand

אֲמִירַת מִילִּים קָשׁוֹת, שֶׁיֵּשׁ בָּהֶן כַּעַס:

*הוּא קִיבֵּל **נְזִיפָה** מֵהַמְּנַהֵל, כִּי אֵיחֵר לָעֲבוֹדָה.*

נזיקין ז״ר, נְזִיקִין — damages

(צוּרָה אֲרָמִית) נֶזֶק, פְּגִיעָה לְגוּף, לִרְכוּשׁ וְכוּ׳:

*יֵשׁ עוֹרְכֵי דִּין מוּמְחִים לְעִנְיְינֵי **נְזִיקִין**.*

נזיר ז׳, נָזִיר [נְזִירִים] — monk

מִי שֶׁחַי רָחוֹק מֵהַחֶבְרָה, לֹא מִתְחַתֵּן וְכוּ׳:

***הַנְּזִירִים** בָּחֲרוּ לִחְיוֹת סְגוּרִים בְּמִנְזָר.*

נְזִירָה, נְזִירוֹת

נזירות נ׳, נְזִירוּת — abstinence

הַמַּצָּב שֶׁמִּישֶׁהוּ חַי מִחוּץ לַחֶבְרָה, לֹא מִתְחַתֵּן וְכוּ׳:

*אֵצֶל הַנּוֹצְרִים **הַנְּזִירוּת** הִיא הַדֶּרֶךְ לַעֲבוֹד אֶת אֱלוֹהִים.*

נזכר פ׳, נִזְכַּר — recalled, remembered

1. הֶעֱלָה בַּזִּיכָּרוֹן, בַּמַּחְשָׁבָה:

*דָּוִד **נִזְכַּר** בְּהוֹרָיו, שֶׁנִּשְׁאֲרוּ בְּחוּ״ל.*

2. אָמְרוּ, הִזְכִּירוּ אוֹתוֹ: — was mentioned

*בַּסֵּפֶר **נִזְכְּרוּ** דְּבָרִים שֶׁקָּרוּ מִזְּמַן.*

לְהִיזָּכֵר בְּ- / ז.כ.ר, נִפְעַל / נִזְכַּרְתִּי, נִזְכָּר, אֶזָּכֵר, יִיזָּכֵר

נזכר ת׳, נִזְכָּר — mentioned (adj.)

מַשֶּׁהוּ שֶׁהִזְכִּירוּ, אָמְרוּ קוֹדֶם:

*עַל הַנּוֹשֵׂא **הַנִּזְכָּר** נִכְתְּבוּ הַרְבֵּה סְפָרִים.*

נִזְכֶּרֶת, נִזְכָּרִים, נִזְכָּרוֹת

נזל פ׳, נָזַל — leaked

יָרַד (נוֹזֵל) זָרַם:

*הַמַּיִם **נָזְלוּ** מִן הַגַּג אֶל תּוֹךְ הַבַּיִת.*

לָנְזוֹל, מִ- / נ.ז.ל, פָּעַל / נָזְלוּ, נוֹזֵל, יִיזַּל, יִיזְלוּ

נזלת נ׳, נַזֶּלֶת [נַזָּלוֹת] — cold, running nose

יְצִיאַת נוֹזְלִים רַבִּים מֵהָאַף:

*יֵשׁ לִי **נַזֶּלֶת** לָכֵן הָאַף שֶׁלִּי אָדוֹם.*

נזם ז׳, נֶזֶם [נְזָמִים] — nose-ring

טַבַּעַת, עָגִיל בָּאַף:

*רָאִיתִי צִילּוּם שֶׁל אַפְרִיקָאִית עִם **נֶזֶם** בָּאַף.*

***נֶזֶם זָהָב בְּאַף חֲזִיר** - אוֹמְרִים עַל מִי שֶׁבַּחוּץ נִרְאֶה יָפֶה וְעָשִׁיר, אֲבָל הוּא פָּשׁוּט וְגַס*

נזעם פ׳, נִזְעַם — was enraged/furious

כָּעַס, הִתְרַגֵּז:

*הוּא **נִזְעַם**, כִּי לֹא עָשׂוּ מַה שֶּׁאָמַר.*

לְהִיזָּעֵם / ז.ע.ם, נִפְעַל / נִזְעַמְתִּי, נִזְעָם, יִיזָּעֵם

נזעם ת׳, נִזְעָם — enraged, furioius

כּוֹעֵס, מָלֵא רוֹגֶז, כַּעַס:

*פָּנֶיהָ **נִזְעָמוֹת**, כִּי לֹא עָשׂוּ מַה שֶּׁבִּיקְּשָׁה.*

נִזְעֶמֶת, נִזְעָמִים, נִזְעָמוֹת

נזעק פ׳, נִזְעַק — was summoned

בָּא כִּי קָרְאוּ לוֹ:

*הָרוֹפְאִים **נִזְעֲקוּ** וּבָאוּ בִּמְהִירוּת.*

נִזְעַקְתִּי / ז.ע.ק, נִפְעַל / נִזְעָק, אֶזָּעֵק, יִיזָּעֵק, יִיזָּעֲקוּ

נזף פ׳, נָזַף — reprimanded

כָּעַס וְאָמַר מִילִּים קָשׁוֹת:

*הַמְּנַהֵל **נָזַף בּוֹ**, כִּי הוּא לֹא הִגִּיעַ בַּזְּמַן.*

לִנְזוֹף בְּ- / נ.ז.ף, פָּעַל / נָזַפְתִּי, נוֹזֵף, אֶנְזוֹף, יִנְזוֹף

נזקז׳ נֶזֶק [נְזָקִים] damage
הֶפְסֵד, פְּגִיעָה:
*הַגְּשָׁמִים הַחֲזָקִים גָּרְמוּ **נֶזֶק** לַעֲצֵי הַפְּרִי.*

נזקףפ׳ נִזְקַף was charged/credited/ attributed
הוֹסִיפוּ לַחֶשְׁבּוֹן, סָפְרוּ אוֹתוֹ עִם דְּבָרִים אֲחֵרִים:
*הַמַּעֲשִׂים הַטּוֹבִים שֶׁעָשִׂיתָ, **נִזְקָפִים** לְטוֹבָתְךָ.*
לְהִיזָּקֵף לְ־ / ז.ק.ף, נִפְעַל / נִזְקַפְתִּי, נִזְקָף, יִיזָּקֵף, יִיזָּקְפוּ

נזקקפ׳ נִזְקַק in need (of)
הִצְטָרֵךְ, צָרִיךְ לְ־:
*אֲנִי **נִזְקַק** לְעֶזְרָה בָּעֲבוֹדָה.*
לְהִיזָּקֵק לְ־ / ז.ק.ק, נִפְעַל / נִזְקַקְתִּי, נִזְקָק, יִיזָּקֵק

נזקקת׳ נִזְקָק needy
מִי שֶׁצָּרִיךְ עֶזְרָה, מִי שֶׁאֵין לוֹ:
*הָעִירִיָּיה דּוֹאֶגֶת לַ**נִּזְקָקִים** לְאוֹכֶל זוֹל.*
נִזְקֶקֶת, נִזְקָקִים, נִזְקָקוֹת

נזרעפ׳ נִזְרַע was sown
פִּיזְּרוּ בּוֹ זְרָעִים שֶׁל צְמָחִים:
*הַשָּׂדֶה **נִזְרַע**, אַחֲרֵי הַגֶּשֶׁם הוּא יִהְיֶה יָרוֹק. / הַיְּרָקוֹת **נִזְרְעוּ**.*
לְהִיזָּרַע / ז.ר.ע, נִפְעַל / נִזְרְעוּ, נִזְרָע, יִיזָּרַע, יִיזָּרְעוּ

נזרקפ׳ נִזְרַק was thrown
1. זָרְקוּ אוֹתוֹ, הִרְחִיקוּ בִּתְנוּעָה חֲזָקָה:
*הָאֲבָנִים **נִזְרְקוּ** מִן הַגַּג.*
2. (לשון דיבור) גֵּירְשׁוּ אוֹתוֹ: was expelled
*הוּא **נִזְרַק** מִבֵּית הַסֵּפֶר.*
לְהִיזָּרֵק / ז.ר.ק, נִפְעַל / נִזְרְקוּ, נִזְרָק, יִיזָּרֵק, יִיזָּרְקוּ

נחפ׳ נָח rested
לֹא עָבַד, הָיָה בִּמְנוּחָה:
*בְּשַׁבָּת אֲנִי לֹא עוֹבֵד, אֲנִי **נָח**.*
לָנוּחַ / נ.ו.ח, פָּעַל / נַחְתִּי, נָח, אָנוּחַ, יָנוּחַ

נחבאפ׳ נֶחְבָּא hid
1. עָשָׂה שֶׁלֹּא יִרְאוּ אוֹ יִמְצְאוּ אוֹתוֹ:
*הֵם **נֶחְבְּאוּ** מֵאֲחוֹרֵי הָעֵץ.*
2. לֹא מָצְאוּ אוֹתוֹ:
*הַסֵּפֶר **נֶחְבָּא** בֵּין כֹּל הַחֲפָצִים הָאֲחֵרִים.*
לְהֵיחָבֵא / ח.ב.א, נִפְעַל / נֶחְבֵּאתִי, נֶחְבָּא, יֵיחָבֵא

נחבאת׳ נֶחְבָּא hidden (adj.)
מִסְתַּתֵּר, אִי אֶפְשָׁר לִרְאוֹת אוֹתוֹ:
*הַשֶּׁמֶשׁ **נֶחְבֵּאת בֵּין** הָעֲנָנִים.*

נֶחְבָּא אֶל הַכֵּלִיםב׳ shy
נֶחְבֵּאת, נֶחְבָּאִים, נֶחְבָּאוֹת

נחבטפ׳ נֶחְבַּט was struck
קִיבֵּל מַכָּה, נִפְגַּע, פָּגְעוּ בּוֹ:
*הוּא נָפַל **וְנֶחְבַּט** מֵאֶבֶן.*
לְהֵיחָבֵט / ח.ב.ט, נִפְעַל / נֶחְבַּטְתִּי, נֶחְבָּט, יֵיחָבֵט

נחבלפ׳ נֶחְבַּל was injured
קִיבֵּל מַכָּה, נִפְגַּע, נִפְצַע:
*הוּא נָפַל **וְנֶחְבַּל** בָּרֶגֶל.*
לְהֵיחָבֵל / ח.ב.ל, נִפְעַל / נֶחְבַּלְתִּי, נֶחְבָּל, יֵיחָבֵל

נחוץת׳ נָחוּץ necessary, required (adj.)
דָּרוּשׁ, מַשֶּׁהוּ שֶׁצְּרִיכִים:
***נָחוּץ לִי** כֶּסֶף כְּדֵי לְשַׁלֵּם שְׂכַר דִּירָה.*
נְחוּצָה, נְחוּצִים, נְחוּצוֹת

נחושת׳ נָחוּשׁ determined (adj.)
חָזָק, קָשֶׁה:
*יֵשׁ לוֹ רָצוֹן **נָחוּשׁ** לְהַצְלִיחַ בָּעֲבוֹדָה.*
נָחוּשׁ בְּדַעְתּוֹ resolute
נְחוּשָׁה, נְחוּשִׁים, נְחוּשׁוֹת

נחושתנ׳ נְחֹשֶׁת copper
מַתֶּכֶת צְהוּבָּה אוֹ אֲדוּמָּה:
*אֵצֶל הַסַּבְתָּא שֶׁלִּי הָיוּ צַלָּחוֹת **מִנְּחוֹשֶׁת**.*

נחותת׳ נָחוּת inferior
פָּחוֹת, בְּמַעֲמָד נָמוּךְ, לֹא חָשׁוּב:
אֵין אֲנָשִׁים נְחוּתִים בִּפְנֵי הַחוֹק.
נְחוּתָה, נְחוּתִים, נְחוּתוֹת

נחטףפ׳ נֶחְטַף was kidnapped
1. חָטְפוּ אוֹתוֹ, לָקְחוּ אוֹתוֹ בְּכוֹחַ:
*הַיֶּלֶד **נֶחְטַף** מִבֵּיתוֹ, אֲנִי לֹא יוֹדֵעַ מִי חָטַף אוֹתוֹ.*
2. לָקְחוּ מַהֵר: was snatched
*הַכַּרְטִיסִים לַקּוֹנְצֶרְט **נֶחְטְפוּ** מִיָּד.*
לְהֵיחָטֵף / ח.ט.ף, נִפְעַל / נֶחְטַפְתִּי, נֶחְטָף, יֵיחָטֵף

נחיצותנ׳ נְחִיצוּת urgent necessity
צוֹרֶךְ גָּדוֹל:
*הַ**נְּחִיצוּת** שֶׁל הָעֲלִיָּיה לִמְדִינַת יִשְׂרָאֵל הִיא עֶלְיוֹנָה.*

נחירז׳ נְחִיר [נְחִירַיִים] nostril
חוֹר בָּאַף:
*אֲנִי לֹא יָכוֹל לִנְשׁוֹם, כִּי הַ**נְּחִירַיִים** סְתוּמִים.*

נחירהנ׳ נְחִירָה [נְחִירוֹת] snoring
הַקּוֹל שֶׁיּוֹצֵא מֵהָאַף אוֹ מֵהַפֶּה כְּשֶׁיְּשֵׁנִים:
הַנְּחִירוֹת שֶׁלְּךָ לֹא נוֹתְנוֹת לִי לִישׁוֹן.

נחיתהנ׳ נְחִיתָה [נְחִיתוֹת] landing
יְרִידָה:
בִּזְמַן הַנְּחִיתָה שֶׁל הַמָּטוֹס אָסוּר לְעַשֵּׁן.
נְחִיתַת־אוֹנֶס forced landing

נחיתותנ׳ נְחִיתוּת inferiority
הַמַּצָּב שֶׁל מִי שֶׁפָּחוֹת חָשׁוּב, נָמוּךְ:
אֲנַחְנוּ לֹא בְּמַצָּב שֶׁל נְחִיתוּת מַדָּעִית.
תַּסְבִּיךְ-נְחִיתוּת inferiority complex

נחכרפ׳ נֶחְכַּר was leased
הִשְׂכִּירוּ, לָקְחוּ בַּיִת, אֲדָמָה תְּמוּרַת כֶּסֶף:
הָאֲדָמָה נֶחְכְּרָה לְמֶשֶׁךְ - 49 שָׁנִים.
לְהֵיחָכֵר / ח.כ.ר, נִפְעַל / נֶחְכְּרוּ, נֶחְכָּר, יֵיחָכֵר

נחלפ׳ נָחַל inherited
(לָשׁוֹן סִפְרוּתִית) קִיבֵּל רְכוּשׁ, אֲדָמָה וְכוּ':
הַבָּנִים נָחֲלוּ אֶת הַבַּיִת אַחֲרֵי מוֹת הַהוֹרִים.
(מֶטָאפוֹרָה) *הוּא נָחַל כָּבוֹד רַב.*
נָחַל מַפָּלָה was defeated
נָחַל נִיצָּחוֹן was victorious
לִנְחוֹל, אֶת- / נ.ח.ל, פָּעַל / נָחַלְתִּי, נוֹחֵל, יִנְחַל, יִנְחֲלוּ

נחלז׳ נַחַל [נְחָלִים] stream
מָקוֹם שֶׁזּוֹרְמִים בּוֹ מַיִם. קָטָן יוֹתֵר מִנָּהָר:
כָּל הַנְּחָלִים זוֹרְמִים אֶל הַיָּם.
נַחַל אֵיתָן perennial stream
נַחַל אַכְזָב dry stream

נח"לר"ת נַחַ"ל pioneering combat unit
נוֹעַר חֲלוּצִי לוֹחֵם - יְחִידָה בַּצָּבָא, חֵלֶק מִן הַזְּמַן הַחַיָּילִים עוֹבְדִים בְּיִישׁוּבִים חַקְלָאִיִּים:
חַיָּילֵי הַנַּחַ"ל רוֹצִים לִחְיוֹת בְּקִיבּוּץ.

נחלאיז׳ נַחְלָאִי [נַחְלָאִים] member of the pioneering combat unit
חַיָּיל שֶׁחֵלֶק מִן הַזְּמַן עוֹבֵד בְּחַקְלָאוּת:
הַנַּחְלָאִים הֵם חַיָּילִים, שֶׁמְּכִינִים אֶת עַצְמָם לִחְיוֹת בְּקִיבּוּץ.
נַחְלָאִית, נַחְלָאִיּוֹת

נחלהנ׳ נַחֲלָה [נַחֲלָאוֹת] estate, property
1. (לָשׁוֹן סִפְרוּתִית) רְכוּשׁ, בְּעִיקָּר אֲדָמָה:
חִילְּקוּ אֶת הַשֶּׁטַח לְנַחֲלָאוֹת, לְכָל מִשְׁפָּחָה נַחֲלָה.
2. (מֶטָאפוֹרָה) חֵלֶק, מַשֶּׁהוּ מְשׁוּתָּף: neither part nor lot
אֵין לִי חֵלֶק וְנַחֲלָה בָּעִנְיָין הַזֶּה.
נַחֲלַת-הַכְּלָל public domain
נַחֲלַת-הַפְּרָט private domain

נחליאליז׳ נַחֲלִיאֵלִי [נַחֲלִיאֵלִים] wagtail
צִיפּוֹר שֶׁשָּׁרָה, בָּאָה לְיִשְׂרָאֵל בְּסֶפְּטֶמְבֶּר:
הַנַּחֲלִיאֵלִי מוֹדִיעַ שֶׁהַסְּתָיו הִגִּיעַ.

נחלץפ׳ נֶחֱלַץ was extricated
1. הוֹצִיאוּ אוֹתוֹ, הִצִּילוּ אוֹתוֹ:
הוּא נֶחֱלַץ מֵהַבּוֹר, שֶׁנָּפַל בּוֹ.
2. יָצָא כְּדֵי לַעֲזוֹר: came to someone's help
נֶחֱלַצְתִּי לְעֶזְרַת הַפְּצוּעִים.
לְהֵיחָלֵץ מִ-, לְ- / ח.ל.ץ, נִפְעַל / נֶחֱלָץ, יֵיחָלֵץ

נחלקפ׳ נֶחֱלַק was divided
1. נַעֲשָׂה חֲלָקִים, חָתְכוּ, חִילְּקוּ אוֹתוֹ:
הַבַּיִת נֶחֱלַק לְחָמֵשׁ דִּירוֹת.
2. הִתְנַגֵּד, דַּעְתּוֹ אַחֶרֶת: differed, opposed
בְּנוֹשֵׂא הַבִּיטָּחוֹן נֶחֱלַקְנוּ בֵּינֵינוּ.
לְהֵיחָלֵק, לְ- /ח.ל.ק, נִפְעַל / נֶחְלְקוּ, נֶחֱלָק, יֵיחָלֵק

נחלשפ׳ נֶחֱלַשׁ was weakened
נַעֲשָׂה חַלָּשׁ, בְּלִי כּוֹחַ:
נֶחֱלַשְׁתִּי מְאוֹד אַחֲרֵי הַמַּחֲלָה.
לְהֵיחָלֵשׁ / ח.ל.ש, נִפְעַל / נֶחֱלַשְׁתִּי, נֶחֱלָשׁ, יֵיחָלֵשׁ

נחמדת׳ נֶחְמָד lovely, nice
יָפֶה, נָעִים, חָמוּד:
יֵשׁ לוֹ יֶלֶד נֶחְמָד, כּוּלָּם אוֹהֲבִים אוֹתוֹ.
נֶחְמָדָה, נֶחְמָדִים, נֶחְמָדוֹת

נחמדותנ׳ נֶחְמָדוּת loveliness, niceness
הִתְנַהֲגוּת יָפָה, שֶׁמּוֹצֵאת חֵן:
אֲנִי לֹא אוֹהֵב אֶת הַנֶּחְמָדוּת שֶׁלּוֹ - לְפִי דַּעְתִּי הִיא לֹא אֲמִיתִּית.

נחמהנ׳ נֶחָמָה [נֶחָמוֹת] consolation
מִילִּים אוֹ מַעֲשִׂים שֶׁעוֹזְרִים לְמִי שֶׁסּוֹבֵל:
אֵין לִי נֶחָמָה אַחֲרֵי הָאָסוֹן שֶׁקָּרָה לִי.

נחמץפ׳ נֶחְמַץ turned sour
נַעֲשָׂה חָמוּץ, הִתְקַלְקֵל (אוֹכֶל):
הֶחָלָב נֶחְמַץ, כִּי הוּא לֹא הָיָה בַּמְּקָרֵר.
לְהֵיחָמֵץ / ח.מ.ץ, נִפְעַל / נֶחְמְצוּ, נֶחְמָץ, יֵיחָמֵץ

נחנטפ׳ נֶחְנַט was embalmed
שִׁימְּרוּ אוֹתוֹ שֶׁלֹּא יִתְקַלְקֵל (גּוּף מֵת):

*הַמְּלָכִים בְּמִצְרַיִם **נֶחְנְטוּ** לִפְנֵי שֶׁנִּקְבְּרוּ.*
לְהֵיחָנֵט / ח.נ.ט, נִפְעַל / נֶחְנְטוּ, נֶחְנַט, יֵיחָנֵט, יֵיחָנְטוּ

נחנךפ׳ נֶחֱנַךְ — was inaugurated/ dedicated
נִגְמְרָה הַבְּנִיָּיה שֶׁל מַשֶּׁהוּ וְאֶפְשָׁר לְהִשְׁתַּמֵּשׁ בּוֹ (בִּנְיָין וְכוּ'):
*מוּזֵיאוֹן חָדָשׁ **יֵיחָנֵךְ** מָחָר בְּטֶקֶס גָּדוֹל.*
לְהֵיחָנֵךְ / ח.נ.ך, נִפְעַל / נֶחְנְכוּ, נֶחֱנַךְ, יֵיחָנֵךְ, יֵיחָנְכוּ

נחנקפ׳ נֶחֱנַק — was strangled/stifled
לֹא הָיָה יָכוֹל לִנְשׁוֹם:
*אֶפְשָׁר **לְהֵיחָנֵק** - אֵין אֲוִויר כָּאן. / הוּא **נֶחֱנַק** מִדְּמָעוֹת.*
לְהֵיחָנֵק, מ- / ח.נ.ק, נִפְעַל / נֶחֱנַקְתִּי, נֶחֱנַק, יֵיחָנֵק

נחסךפ׳ נֶחְסַךְ — was saved
1. שָׂמוּ בַּצַּד, לֹא הִשְׁתַּמְּשׁוּ בּוֹ (כֶּסֶף וְכוּ'):
*בַּכֶּסֶף **שֶׁיֵּיחָסֵךְ** בַּבַּנְק, נִקְנֶה מְכוֹנִית.*
2. לֹא קָרָה: — was spared
*הַרְבֵּה צָרוֹת **נֶחְסְכוּ** בִּגְלַל עֵיצָה טוֹבָה.*
לְהֵיחָסֵךְ / ח.ס.ך, נִפְעַל / נֶחְסְכוּ, נֶחְסַךְ, יֵיחָסֵךְ, יֵיחָסְכוּ

נחסםפ׳ נֶחְסַם — was closed/blocked
1. אִי אֶפְשָׁר הָיָה לַעֲבוֹר, לַעֲשׂוֹת:
*הַדֶּרֶךְ **נֶחְסְמָה** בַּאֲבָנִים גְּדוֹלוֹת.*
2. נִסְגַּר: — was blocked
*מַעֲבַר הַדָּם אֶל הַלֵּב **נֶחְסַם**.*
לְהֵיחָסֵם / ח.ס.ם, נִפְעַל / נֶחְסַמְתִּי, נֶחְסָם, יֵיחָסֵם

נחפזפ׳ נֶחְפַּז — was in a rush
מִיהֵר מְאוֹד:
***נֶחְפַּזְתִּי** לַחֲנוּת, כִּי הָיָה מְאוּחָר.*
לְהֵיחָפֵז / ח.פ.ז, נִפְעַל / נֶחְפַּזְתִּי, נֶחְפָּז, יֵיחָפֵז

נחפזת׳ נֶחְפָּז — hasty
עוֹשֶׂה בְּלִי לַחְשׁוֹב הַרְבֵּה:
*הוּא **נֶחְפָּז** בִּדְבָרָיו, וְאַחַר כָּךְ מִצְטַעֵר.*
נֶחְפֶּזֶת, נֶחְפָּזִים, נֶחְפָּזוֹת

נחפרפ׳ נֶחְפַּר — was dug
הוֹצִיאוּ אֲדָמָה וְעָשׂוּ בּוֹר, חוֹר:
*תְּעָלָה לְמַיִם **נֶחְפְּרָה** בֶּחָצֵר שֶׁלָּנוּ.*
לְהֵיחָפֵר / ח.פ.ר, נִפְעַל / נֶחְפְּרוּ, נֶחְפָּר, יֵיחָפֵר, יֵיחָפְרוּ

נחצבפ׳ נֶחֱצַב — was hewn/carved
חָתַךְ אֲבָנִים אוֹ אֲדָמָה מֵהָהָר:
*הַשַּׁיִשׁ שֶׁהִשְׁתַּמֵּשׁ בּוֹ מִיכָאֵל אַנְגֶ'לוֹ **נֶחְצַב** בְּקָרָרָה.*
לְהֵיחָצֵב בְּ-, מִ- / ח.צ.ב, נִפְעַל / נֶחְצְבוּ, נֶחֱצָב, יֵיחָצֵב

נחצהפ׳ נֶחֱצָה — was halved
נַעֲשָׂה שְׁנַיִים, חִילְּקוּ לִשְׁנֵי חֲלָקִים:
*הַתַּפּוּחַ **נֶחֱצָה לִשְׁנַיִים** - חֲצִי לְדָוִיד, וַחֲצִי לְרוּת.*
לְהֵיחָצוֹת,לְ- / ח.צ.ה, נִפְעַל / נֶחֱצֵיתִי, נֶחֱצֶה, יֵיחָצֶה

נחקקפ׳ נֶחְקַק — was legislated
1. נַעֲשָׂה חוֹק, הֶחְלִיטוּ עַל חוֹק:
*חוּקֵי מְדִינַת יִשְׂרָאֵל **נֶחְקָקִים** בַּכְּנֶסֶת.*
2. חָדַר לָעוֹמֶק, נִשְׁמַר (מַרְאֶה, זִיכָּרוֹן): — was inscribed
*הַפָּנִים שֶׁלּוֹ **נֶחְקְקוּ** בַּזִּיכָּרוֹן שֶׁלִּי.*
לְהֵיחָקֵק / ח.ק.ק, נִפְעַל / נֶחְקְקוּ, נֶחְקַק, יֵיחָקֵק

נחקרפ׳ נֶחְקַר — was interrogated
1. חָקְרוּ אוֹתוֹ, שָׁאֲלוּ אוֹתוֹ שְׁאֵלוֹת כְּדֵי לָדַעַת מַשֶּׁהוּ:
***נֶחְקַרְתִּי** בַּמִּשְׁטָרָה בְּקֶשֶׁר לַגְּנֵיבָה.*
2. עָשׂוּ מֶחְקָר מַדָּעִי, בָּדְקוּ: — was researched
*נוֹשֵׂא הָאֵידְס **נֶחְקַר** בְּהַרְבֵּה מְדִינוֹת.*
לְהֵיחָקֵר / ח.ק.ר, נִפְעַל / נֶחְקַרְתִּי, נֶחְקַר, יֵיחָקֵר

נחקרתו״ז נֶחְקָר [נֶחְקָרִים] — interrogee (m.)
1. מִי שֶׁחוֹקְרִים אוֹתוֹ (בַּמִּשְׁטָרָה):
*הַ**נֶּחְקָר** עָנָה עַל שְׁאֵלוֹת הַשּׁוֹטְרִים.*
2. מַה שֶּׁבּוֹדְקִים בְּצוּרָה מַדָּעִית: — researched (adj.)
*נוֹשְׂאִים **הַנֶּחְקָרִים** בָּאוּנִיבֶרְסִיטָה מִתְפַּרְסְמִים בָּעוֹלָם.*
נֶחְקֶרֶת, נֶחְקָרוֹת

נחרפ׳ נָחַר — snored
הִשְׁמִיעַ קוֹל מֵהָאַף אוֹ מֵהַפֶּה כְּשֶׁיָּשֵׁן:
*הוּא **נָחַר** כָּל הַלַּיְלָה, וְלֹא יָכוֹלְתִּי לִישׁוֹן.*
לִנְחוֹר / נ.ח.ר, פָּעַל / נָחַרְתִּי, נוֹחֵר, יִנְחַר, יִנְחֲרוּ

נחרבפ׳ נֶחֱרַב — was destroyed
נֶהֱרַס, נִשְׁבַּר לְגַמְרֵי - בַּיִת, עִיר...:
*הָעִיר **נֶחֶרְבָה** מֵהַפְצָצוֹת אֲוִויר.*
לְהֵיחָרֵב / ח.ר.ב, נִפְעַל / נֶחֶרְבוּ, חָרֵב, יֵיחָרֵב, יֵיחָרְבוּ

נחרדפ׳ נֶחֱרַד — became anxious/frightened
נִבְהַל מְאוֹד, תָּפַשׂ אוֹתוֹ פַּחַד:
***נֶחֱרַדְתִּי** לִשְׁמוֹעַ, שֶׁהוּא נִפְצַע.*
לְהֵיחָרֵד / ח.ר.ד, נִפְעַל / נֶחֱרַדְתִּי, נֶחֱרַד, יֵיחָרֵד

נחרהנ׳ נַחֲרָה [נְחָרוֹת] — snore
קוֹל מִן הָאַף אוֹ מִן הַפֶּה בִּזְמַן שֵׁינָה:
***הַנְּחָרוֹת** שֶׁלּוֹ מְעִירוֹת אֶת כָּל הַיְּשֵׁנִים.*

נחרזפ׳ נֶחֱרַז — was rhymed
הִתְאִים בַּצְּלִיל שֶׁל סוֹף הַמִּילִּים:

*הַמִּילִים 'שָׁמַיִם' וּ'מַיִם' **נֶחְרָזוֹת**.*
לְהֵיחָרֵז / ח.ר.ז, נִפְעַל / נֶחְרְזוּ, נֶחֱרָז, יֵיחָרֵז, יֵיחָרְזוּ

נחרט פ׳ נֶחֱרַט — was engraved
נַעֲשָׂה סִימָן בְּחוֹמֶר קָשֶׁה:
*הַצִּיוּרִים הָעַתִּיקִים **נֶחֶרְטוּ** בַּסֶּלַע.*
לְהֵיחָרֵט / ח.ר.ט, נִפְעַל / נֶחֶרְטוּ, נֶחֱרָט, יֵיחָרֵט, יֵיחָרְטוּ

נחרך פ׳ נֶחֱרַךְ — was scorched
נִשְׂרַף קְצָת:
*הַשְּׂעָרוֹת שֶׁלִּי **נֶחֶרְכוּ**, כִּי יָשַׁבְתִּי קָרוֹב לָאֵשׁ.*
לְהֵיחָרֵךְ / ח.ר.ך, נִפְעַל / נֶחֶרְכוּ, נֶחֱרָךְ, יֵיחָרֵךְ, יֵיחָרְכוּ

נחרן ז׳ נַחְרָן [נַחְרָנִים] — snorer
מִי שֶׁמַּשְׁמִיעַ קוֹל מֵהָאַף אוֹ מֵהַפֶּה בִּזְמַן הַשֵּׁינָה:
***הַנַּחְרָנִים** יִישְׁנוּ בְּחֶדֶר אֶחָד, כְּדֵי שֶׁלֹּא יַפְרִיעוּ לַאֲחֵרִים.*
נַחְרָנִית, נַחְרָנִיּוֹת

נחרץ פ׳ נֶחֱרַץ — was decided
1. הֶחְלִיטוּ עָלָיו:
*הָעוֹנֶשׁ שֶׁלּוֹ **נֶחֱרַץ** בְּבֵית הַמִּשְׁפָּט.*
2. עָשׂוּ חָרִיץ, קַו בְּתוֹךְ מַשֶּׁהוּ: — was notched
*הַקַּוִּוים הָאֵלֶּה **נֶחֶרְצוּ** בַּשּׁוּלְחָן בְּמֶשֶׁךְ הַשָּׁנִים.*
לְהֵיחָרֵץ / ח.ר.ץ, נִפְעַל / נֶחֶרְצוּ, נֶחֱרַץ, יֵיחָרֵץ, יֵיחָרְצוּ

נחרץ ת׳ נֶחֱרָץ — decisive
מוּחְלָט, תַּקִּיף:
*אַחֲרֵי הַדְּבָרִים **הַנֶּחֱרָצִים** שֶׁלּוֹ כּוּלָּם שָׁתְקוּ.*
נֶחֱרָצוֹת ת״פ - בְּאוֹפֶן קָשֶׁה, תַּקִּיף:
*דִּיבַּרְתִּי אִיתּוֹ **נֶחֱרָצוֹת**.*
נֶחֱרֶצֶת, נֶחֱרָצִים, נֶחֱרָצוֹת

נחרש פ׳ נֶחֱרַשׁ — was plowed
1. חָרְשׁוּ אוֹתוֹ (שָׂדֶה וְכוּ'):
*לִפְנֵי הַגֶּשֶׁם **תֵּיחָרֵשׁ** הָאֲדָמָה.*
2. נַעֲשָׂה חֵירֵשׁ, לֹא יָכוֹל לִשְׁמוֹעַ: — became deaf
***נֶחֱרַשְׁתִּי** מֵהַמּוּסִיקָה הַחֲזָקָה.*
לְהֵיחָרֵשׁ / ח.ר.ש, נִפְעַל / נֶחֱרַשְׁתִּי, נֶחֱרַשׁ, יֵיחָרֵשׁ

נחרת פ׳ נֶחֱרַת — was etched/inscribed
רָשְׁמוּ אוֹ לָמְדוּ כְּדֵי שֶׁיִּישָּׁמֵר:
*הָאוֹתִיּוֹת **נֶחֶרְתוּ** בָּאֶבֶן.*
*מַה שֶּׁאָמַרְתָּ לִי **נֶחֱרַת** בְּזִיכְרוֹנִי.*
לְהֵיחָרֵת / ח.ר.ת, נִפְעַל / נֶחֶרְתוּ, נֶחֱרַת, יֵיחָרֵת, יֵיחָרְתוּ

נחש ז׳ נָחָשׁ [נְחָשִׁים] — snake
בַּעַל חַיִּים, זוֹחֵל:
*קוֹבְּרָה הוּא **נָחָשׁ** מְסוּכָּן מְאוֹד.*

נחשב פ׳ נֶחְשַׁב — was considered
1. קָבְעוּ דֵּיעָה עַל מִישֶׁהוּ אוֹ מַשֶּׁהוּ:
*הוּא **נֶחְשַׁב** לְקוֹמְפּוֹזִיטוֹר גָּדוֹל.*
2. הֵבִיאוּ אוֹתוֹ בְּחֶשְׁבּוֹן: — was taken into account
*הַתַּרְגִּיל **יֵיחָשֵׁב** כְּחֵלֶק מִן הַצִּיּוּן.*
לְהֵיחָשֵׁב לְ- / ח.ש.ב, נִפְעַל / נֶחְשַׁבְתִּי, נֶחְשַׁב, יֵיחָשֵׁב

נחשד פ׳ נֶחְשַׁד — was suspected
חָשְׁדוּ בּוֹ, חָשְׁבוּ שֶׁעָשָׂה מַשֶּׁהוּ רַע:
*הוּא **נֶחְשַׁד בִּגְנֵיבָה**.*
לְהֵיחָשֵׁד בְּ- / ח.ש.ד, נִפְעַל / נֶחְשַׁדְתִּי, נֶחְשַׁד, יֵיחָשֵׁד

נחשול ז׳ נַחְשׁוֹל [נַחְשׁוֹלִים] — tidal wave
1. גַּל גָּבוֹהַּ מְאוֹד בַּיָּם:
*פָּחַדְנוּ שֶׁהַ**נַּחְשׁוֹלִים** יְשַׁבְּרוּ אֶת הַסִּירָה.*
2. (מֶטָאפוֹרָה) זֶרֶם גָּדוֹל: — surge
***נַחְשׁוֹל** הָעֲלִיָּיה מִבְּרִית הַמּוֹעָצוֹת לֹא פָּסַק.*

נחשון ז׳ נַחְשׁוֹן [נַחְשׁוֹנִים] — daring first
1. מִי שֶׁהוֹלֵךְ רִאשׁוֹן אֶל סַכָּנָה:
*הוּא הָיָה **הַנַּחְשׁוֹן**, אַחֲרָיו בָּאוּ הַרְבֵּה אֲנָשִׁים.*
2. (מֶטָאפוֹרָה) רִאשׁוֹן בְּמִבְצָע: — pioneer
*הָיִינוּ **הַנַּחְשׁוֹנִים** בְּהַכְנָסַת מַחְשְׁבִים לַבַּנְק.*

נחשל ת׳ נֶחְשָׁל — backward
בְּרָמָה פְּחוֹת טוֹבָה מֵאֲחֵרִים:
*הַתַּלְמִידִים **הַנֶּחְשָׁלִים** מְקַבְּלִים שִׁיעוּרֵי עֵזֶר.*
נֶחְשֶׁלֶת, נֶחְשָׁלִים, נֶחְשָׁלוֹת

נחשלות נ׳ נֶחְשָׁלוּת — backwardness
פִּיגּוּר, מַצָּב שֶׁל מִי שֶׁנִּשְׁאַר מֵאָחוֹר:
***נֶחְשָׁלוּת** כַּלְכָּלִית יְכוֹלָה לְהָבִיא **לְנֶחְשָׁלוּת** תַּרְבּוּתִית.*

נחשף פ׳ נֶחְשַׂף — was uncovered
1. נַעֲשָׂה גָּלוּי, אֶפְשָׁר הָיָה לִרְאוֹת:
*כֵּלִים עַתִּיקִים **נֶחְשְׂפוּ** בַּחֲפִירוֹת הָאַרְכֵיאוֹלוֹגִיּוֹת.*
2. בְּלִי הֲגָנָה: — was exposed
***נֶחְשַׂפְנוּ** לַשֶּׁמֶשׁ, וְלֹא הָיוּ לָנוּ כּוֹבָעִים.*
לְהֵיחָשֵׂף, לְ- / ח.ש.ף, נִפְעַל / נֶחְשַׂפְתִּי, נֶחְשַׂף, יֵיחָשֵׂף

נחשק ת׳ נֶחְשָׁק — desirable
מִישֶׁהוּ אוֹ מַשֶּׁהוּ שֶׁרוֹצִים בּוֹ מְאוֹד:
*הִיא תָּמִיד מְשַׂחֶקֶת בְּתַפְקִיד שֶׁל אִישָּׁה **נֶחְשֶׁקֶת**.*
נֶחְשֶׁקֶת, נֶחְשָׁקִים, נֶחְשָׁקוֹת

נחת פ׳ נָחַת — landed
יָרַד (מָטוֹס אוֹ צִיפּוֹר אוֹ מִישֶׁהוּ שֶׁיָּרַד מִמָּטוֹס):

*הָאֲווירוֹן **נָחַת** בִּשְׂדֵה הַתְּעוּפָה.*
לָנחוֹת / נ.ח.ת, פָּעַל / נָחֲתוּ, נוֹחֵת, נוֹחֲתִים, יִנחַת

נחתני, נַחַת — satisfaction, pleasure
1. הַרגָשָׁה נְעִימָה, שִׂמחָה:
*לְדָוִיד יֵשׁ **נַחַת** מִן הַיְלָדִים.*
2. שֶׁקֶט, מְנוּחָה, בּלִי מֶתַח: — tranquility, calm
*הוּא מְדַבֵּר **בְּנַחַת**.*
נַחַת־רוּחַ — satisfaction

נחתוםזי, נַחְתּוֹם [נַחתוֹמִים] — baker
(לָשׁוֹן סִפרוּתִית) אוֹפֶה, מִי שֶׁמֵּכִין לֶחֶם, עוּגוֹת:
*קָנִיתִי לֶחֶם מְיוּחָד אֵצֶל **הַנַּחתוֹם**.*

נחתךפי, נֶחְתַּךְ — was sliced
1. נִגזַר, נַעֲשָׂה כַּמָּה חֲלָקִים:
*הַלֶּחֶם **נֶחתַּךְ** בְּסַכִּין מְיוּחֶדֶת.*
2. קִיבֵּל שְׂרִיטָה ("קַו" בַּבָּשָׂר): — was cut
***נֶחתַכתִי** בָּאֶצבַּע כְּשֶׁהֵכַנתִי סָלָט.*
3. קוֹבעִים אוֹתוֹ, מַחלִיטִים עָלָיו: — was decided
*הָעִניָין **יֵיחָתֵךְ** בְּעוֹד שָׁעָה.*
לְהֵיחָתֵךְ / ח.ת.ך, נִפעַל / נֶחתַכתִי, נֶחתַךְ, יֵיחָתֵךְ

נחתםפי, נֶחְתַּם — was signed
1. חָתמוּ עָלָיו אֶת שׁמָם (סִימָן לְהַסכָּמָה):
*הַחוֹזֶה שֶׁל מְכִירַת הַדִּירָה **נֶחתַם** אֵצֶל עוֹרֵךְ דִּין.*
2. נִסגַר, נִגמַר (וְנִשׁאַר בַּזִּיכָּרוֹן): — was completed/sealed
*תְּקוּפַת הַנְּעוּרִים **נֶחתְמָה** בְּלִיבִּי.*
לְהֵיחָתֵם / ח.ת.ם, נִפעַל / נֶחתְמוּ, נֶחתָם, יֵיחָתֵם

נחתתני, נַחֶתֶת [נַחָתוֹת] — landing craft
סִירָה שֶׁמַּעֲבִירָה חַיָּילִים, טַנקִים וְכוּ':
*הַחַיָּילִים **בַּנַּחֶתֶת** יָרדוּ אֶל הַחוֹף.*

נטבחפי, נִטְבַּח — was slaughtered
שָׁחֲטוּ אוֹתוֹ (הַכַּוָונָה לִבהֵמָה). (מִשׁתַּמּשִׁים כְּמֶטָאפוֹרָה לַאֲנָשִׁים) נִרצַח, הָרגוּ אוֹתוֹ בְּכַוָונָה בְּצוּרָה אַכזָרִית:
*6 מִילִיוֹנֵי יְהוּדִים **נִטבְּחוּ** עַל־יְדֵי הַנָּאצִים.*
לְהִיטָּבַח / ט.ב.ח, נִפעַל / נִטבְּחוּ, נִטבָּח, יִיטָּבַח

נטהפי, נָטָה — turned, tilted, inclined
1. פָּנָה:
*הַשֶּׁמֶשׁ **נָטתָה** לַמַּעֲרָב, עוֹד מְעַט תִּשׁקַע.*
2. הָיָה קָרוֹב לְ- (בְּדֵיעָה): — leaned towards
*אֲנִי **נוֹטֶה** לַסוֹציָאלִיזם.*
3. הֵקִים (אוֹהֶל), מָתַח: — pitched (a tent)
***נָטִינוּ** אֶת הָאוֹהֶל לְיַד הַיָּם.*
4. (בְּדִיקדוּק) יָצַר צוּרוֹת שֶׁל פּוֹעַל: — conjugated
***נָטִיתִי** אֶת הַשּׁוֹרֶשׁ שׁ.מ.ר. בֶּעָתִיד, פָּעַל.*
נָטָה לָמוּת — was dying
לִנטוֹת אֶת־, לְ- / נ.ט.ה, פָּעַל / נָטִיתִי, נוֹטֶה, יִיטֶּה, נְטֵה!

נטויתי, נָטוּי — bent/inclined (adj.)
1. לֹא יָשָׁר, פּוֹנֶה לְצַד כּלשֶׁהוּ:
*הַגַּב שֶׁלּוֹ **נָטוּי** קָדִימָה.*
2. פָּרוּשׂ, (בַּד) מָתוּחַ: — pitched (adj.)
*כְּשֶׁהִגַּענוּ, הָיָה הָאוֹהֶל **נָטוּי**.*
3. (בְּדִיקדוּק) צוּרָה דִּיקדוּקִית לְפִי שׁוֹרֶשׁ, בִּניָין, גוּף...: — conjugated (adj.)
יֵשׁ כָּאן רְשִׁימָה שֶׁל פְּעָלִים נְטוּיִים בֶּעָבָר.
וְעוֹד יָדִי נְטוּיָהבי — still going strong
נְטוּיָה, נְטוּיִים, נְטוּיוֹת

נטולתי, נָטוּל — lacking, -less
חָסֵר, אֵין בּוֹ:
*אֲנִי שׁוֹתָה קָפֶה **נְטוּל** קָפֶאִין.*
נְטוּל־טַעַם — tasteless
נְטוּל־צֶבַע — colorless
נְטוּלָה, נְטוּלִים, נְטוּלוֹת

נטועתי, נָטוּעַ — planted (adj.)
נִמצָא בָּאֲדָמָה כְּדֵי לִגדוֹל:
*הָעֵצִים **נְטוּעִים** בֶּחָצֵר שֶׁלִּי.*
(מֶטָאפוֹרָה) הוּא **נָטוּעַ** בִּמקוֹמוֹ וְלֹא זָז מִמֶּנּוּ. — stuck (adj.)
נְטוּעָה, נְטוּעִים נְטוּעוֹת

נטורי־קרתאז"ר, נְטוּרֵי־קַרְתָּא — extreme orthodox Jewish zealots
(אֲרָמִית) שׁוֹמרֵי הָעִיר. יְהוּדִים אוֹרתוֹדוֹכּסִים קִיצוֹנִיִּים, חַיִּים בִּשׁכוּנוֹת מְיוּחָדוֹת בִּירוּשָׁלַיִם:
***נְטוּרֵי קַרתָּא** מִתנַגְּדִים לַצִּיוֹנוּת.*

נטושתי, נָטוּשׁ — abandoned (adj.)
1. מִי שֶׁעָזבוּ אוֹתוֹ:
*הַמְּכוֹנִית נִמצְאָה **נְטוּשָׁה** בַּכְּבִישׁ.*
2. קַיָּים, יֵשׁ: — taking place
*מִלחָמָה קָשָׁה **נְטוּשָׁה** בְּאַפרִיקָה.*
רְכוּשׁ נָטוּשׁ — abandoned property
נְטוּשָׁה, נְטוּשִׁים, נְטוּשׁוֹת

נטייהני, נְטִיָּה [נְטִיּוֹת] — deviation, tendency
1. כְּשֶׁפּוֹנִים לְצַד כּלשֶׁהוּ:
*לַקִּיר יֵשׁ **נְטִיָּיה** יְמִינָה, הוּא לֹא יָשָׁר.*
2. אִינטֶרֶס, יַחַס מְיוּחָד: — inclination
*יֵשׁ לִי **נְטִיָּיה** לָאוֹמָנוּת.*
3. (בְּדִיקדוּק) יְצִירָה שֶׁל פּוֹעַל — conjugation

אוֹ שֵׁם לְפִי שׁוֹרֶשׁ וְכוּ':
*הַמַּחְבֶּרֶת שֶׁלִּי מְלֵאָה **נְטִיּוֹת** שֶׁל פְּעָלִים וְשֵׁמוֹת.*

נטילהנ, נְטִילָה — taking
לְקִיחָה:
*יֵשׁ אִיסּוּר עַל **נְטִילַת** הַסְּפָרִים הָאֵלֶּה הַבַּיְתָה.*
נְטִילַת־יָדַיִים — washing hands
נְטִילַת־צִיפּוֹרְנַיִים — paring nails
נְטִילַת־רְשׁוּת — obtaining permission

נטיעהנ, נְטִיעָה [נְטִיעוֹת] — planting
1. כְּשֶׁתּוֹקְעִים עֵץ קָטָן בָּאֲדָמָה, כְּדֵי שֶׁיִּצְמַח:
*עָבַדְתִּי **בִּנְטִיעַת** כֶּרֶם עֲנָבִים.*
2. צֶמַח צָעִיר: — sapling
*צָרִיךְ לְהָגֵן עַל **הַנְּטִיעוֹת** מִפְּנֵי רוּחַ.*

נטיףז, נָטִיף [נְטִיפִים] — stalactite
סטָלַקְטִיט, טִיפָּה שֶׁהָפְכָה לְאֶבֶן:
*מְעָרַת **הַנְּטִיפִים** נִרְאֵית כְּמוֹ אַרְמוֹן.*

נטישהנ, נְטִישָׁה [נְטִישׁוֹת] — abandonment
כְּשֶׁעוֹזְבִים מָקוֹם אוֹ מִישֶׁהוּ:
*בִּגְלַל הַהַפְצָצוֹת הִתְחִילָה **נְטִישָׁה** שֶׁל הָעִיר.*

נטלפ, נָטַל — took
לָקַח:
*הוּא **נָטַל אֶת** הַסְּפָרִים וְהָלַךְ.*
הוּא **נוֹטֵל עַל** עַצְמוֹ תַּפְקִידִים קָשִׁים.
נָטַל יָדַיִים — washed hands
נָטַל עֵיצָה — took advice
נָטַל רְשׁוּת מִן — obtained permission
לִנְטוֹל אֶת- / נ.ט.ל, פָּעַל / נָטַלְתִּי, נוֹטֵל

נטלז, נֵטֶל — burden, weight
כּוֹבֶד, מַשֶּׁהוּ כָּבֵד:
*כָּל **נֵטֶל** הַמִּשְׁפָּחָה הוּא עָלַיי. / **נֵטֶל** הַמִּיסִים גָּדוֹל.*

נטמןפ, נִטְמַן — was hidden
1. שָׂמוּ אוֹתוֹ בְּמָקוֹם שֶׁקָּשֶׁה לִמְצוֹא:
*הַכֶּסֶף **נִטְמַן בָּאֲדָמָה**.*
2. קָבְרוּ אוֹתוֹ (אֶת הַמֵּת): — was buried
*אַחֲרֵי שֶׁהוּא **נִטְמַן בָּאֲדָמָה**, אָמַר בְּנוֹ 'קַדִּישׁ'.*
לְהִיטָּמֵן בְּ- / ט.מ.ן, נִפְעַל / נִטְמְנוּ נִטְמַן, יִיטָּמֵן

נטמעפ, נִטְמַע — was assimilated
נַעֲשָׂה כְּמוֹ מַשֶּׁהוּ אַחֵר, דוֹמֶה לְ-:
*הָיוּ יְהוּדִים, **שֶׁנִּטְמְעוּ בָּ**עַמִּים שֶׁיָּשְׁבוּ בְּתוֹכָם.*
לְהִיטָּמַע בְּ- / ט.מ.ע, נִפְעַל / נִטְמַעְתִּי, נִטְמַע, יִיטָּמַע

נטעפ, נָטַע — planted
שָׂם עֵצִים צְעִירִים בָּאֲדָמָה כְּדֵי שֶׁיִּגְדְּלוּ:
*הַיְלָדִים **נָטְעוּ** עֵצִים בְּט"וּ בִּשְׁבָט.*
לִנְטוֹעַ / נ.ט.ע, פָּעַל / לָטַעַת, נָטַעְתִּי, נוֹטֵעַ, יִיטַּע

נטעז, נֶטַע [נְטָעִים] — seedling
צֶמַח צָעִיר שֶׁמַּכְנִיסִים לָאֲדָמָה כְּדֵי שֶׁיִּגְדַּל:
*שָׁתַלְנוּ אֶת **הַנְּטָעִים** בַּגַּן שֶׁלָּנוּ.*

נטעןפ, נִטְעַן — was loaded
1. שָׂמוּ עָלָיו (חֲבִילוֹת וְכוּ'):
*הָאַרְגָּזִים **נִטְעֲנוּ** עַל הָאוֹנִיָּיה.*
2. נֶאֱמַר, הוּבָא כְּאַרְגּוּמֶנְט — was argued
בְּוִיכּוּחַ, בְּמִשְׁפָּט וְכוּ':
*בַּדִּיּוּן **נִטְעַן**, שֶׁלֹּא מַשְׁקִיעִים כֶּסֶף בְּחִינּוּךְ.*
לְהִיטָּעֵן / ט.ע.ן, נִפְעַל / נִטְעֲנוּ, נִטְעַן, יִיטָּעֵן, יִיטָּעֲנוּ

נטףפ, נָטַף — dripped
יָרַד טִיפּוֹת, טִיפּוֹת:
*הַמַּיִם **נָטְפוּ** מִן הַגַּג.*
לִנְטוֹף / נ.ט.ף, פָּעַל / נָטְפוּ, נוֹטֵף, יִיטּוֹף

נטףז, נֶטֶף [נְטָפִים] — drop
טִיפָּה, כַּמּוּת קְטַנָּה מְאוֹד שֶׁל נוֹזֵל:
*עַל חַלּוֹן הַמְּכוֹנִית יֵשׁ **נִטְפֵי** מַיִם.*

נטפלפ, נִטְפַּל — clung (to), pestered, harassed
"נִדְבַּק" לְמִישֶׁהוּ (שֶׁלֹּא רוֹצֶה בּוֹ):
*הַמּוֹרֶה **נִטְפַּל אֵלַיי**, תָּמִיד הוּא שׁוֹאֵל אוֹתִי.*
לְהִיטָּפֵל אֶל- / ט.פ.ל, נִפְעַל / נִטְפַּלְתִּי, נִטְפַּל, יִיטָּפֵל

נטרפ, נָטַר — guarded
1. (לְשׁוֹן הַתַּנַ"ךְ) שָׁמַר:
*הַשּׁוֹמֵר **נָטַר אֶת** הַכֶּרֶם.*
2. שָׁמַר כַּעַס בַּלֵּב: — bore a grudge
***נָטַרְתִּי לוֹ** שָׁנִים עַל הַשְּׁקָרִים שֶׁסִּיפֵּר.*
לִנְטוֹר לְ- /נ.ט.ר, פָּעַל / נָטַרְתִּי, נוֹטֵר, יִנְטוֹר-יִיטּוֹר

נטרףפ, נִטְרַף — was devoured
1. אָכְלוּ אוֹתוֹ (בַּעַל חַיִּים):
*הַצִּיפּוֹר **נִטְרְפָה עַל-יְדֵי** הַכֶּלֶב.*
(מֶטָאפוֹרָה) כָּל הָאוֹכֶל שֶׁהֵכַנְתִּי **נִטְרַף**.
2. עִירְבְּבוּ אוֹתוֹ: — was mixed/beaten
*הַבֵּיצִים **נִטְרְפוּ** בִּשְׁבִיל הָעוּגָה.*
3. נִהְיָה מְבוּלְבָּל (מִבְּחִינָה מֶנְטָלִית): — became insane
*דַּעְתּוֹ **נִטְרְפָה עָלָיו**, הוּא הִשְׁתַּגֵּעַ.*
4. טָבַע (אוֹנִיָּיה וְכוּ'): — was wrecked (ship)

*הָאוֹנִיָּה **נִטְרְפָה** בְּלֵב יָם.*
לְהִיטָּרֵף / ט.ר.ף, נִפְעַל / נִטְרְפוּ, נִטְרָף, יִיטָּרֵף, הִיטָּרֵף!

נטשפ, נָטַשׁ abandoned
עָזַב בְּלִי אַחְרָיוּת:
*הַחַיָּיל **נָטַשׁ אֶת** הַקְּרָב וּבָרַח.*
לִנְטוֹשׁ אֶת- / נ.ט.שׁ, פָּעַל / נָטַשְׁתִּי, נוֹטֵשׁ, יִיטּוֹשׁ, יִיטְשׁוּ

ניאוףז, נִאוּף adultery
יַחֲסֵי מִין אֲסוּרִים:
*בַּחוֹק הַדָּתִי **הַנִּיאוּף** אָסוּר.*

ניאותפ, נֵאוֹת agreed
הִסְכִּים:
*אֲנִי מְקַוֶּוה, שֶׁהוּא **יֵיאוֹת לְהַצָּעָה** שֶׁלִּי.*
לְהֵיאוֹת לְ- / א.ו.ת, נִפְעַל / נֵיאוֹתוּ, נָאוֹת, אֵיאוֹת, יֵיאוֹת

ניבז, נִיב [נִיבִים] idiom
1. בִּיטּוּי, אִי אֶפְשָׁר לְתַרְגֵּם אוֹתוֹ בְּאוֹפֶן מִילּוּלִי:
*צָרִיךְ לִלְמוֹד גַּם **נִיבִים** בְּשָׂפָה חֲדָשָׁה. לְמָשָׁל: 'הַהַחְלָטָה הִתְקַבְּלָה פֶּה אֶחָד', 'פֶּה אֶחָד' הוּא נִיב.*
2. דִּיאָלֶקְט (לָשׁוֹן שֶׁל מָקוֹם אוֹ קְבוּצָה): dialect
*תּוֹשְׁבֵי הַכְּפָר הַקָּטָן דִּיבְּרוּ **בְּנִיב** מְיוּחָד.*
3. שֵׁן אֲרוּכָּה: fang
*לַכֶּלֶב יֵשׁ **נִיבִים** חַדִּים.*

ניבאפ, נִבֵּא (נִבָּא) predicted, prophesized
אָמַר דְּבָרִים עַל הֶעָתִיד אוֹ דִּיבֵּר בְּשֵׁם אֱלוֹהִים:
*מִי יָכוֹל **לְנַבֵּא** מָתַי יָבוֹא הַשָּׁלוֹם?*
לְנַבֵּא אֶת / נ.ב.א, פִּיעֵל / נִיבֵּאתִי, מְנַבֵּא, אֲנַבֵּא, יְנַבֵּא
לְהִינָּבֵא / נ.ב.א, נִפְעַל / נִיבֵּאתִי, נִיבָּא, יִינָּבֵא, הִינָּבֵא!

ניבויז, נִבּוּי [נִיבּוּיִים] prediction
רְאִיָּה שֶׁל מַה שֶׁיִּהְיֶה:
*בְּכָל תּוֹכְנִית כַּלְכָּלִית יֵשׁ מַשֶּׁהוּ מִן **הַנִּיבּוּי**.*

ניבולז, נִבּוּל [נִיבּוּלִים] filth, obscenity
מַשֶּׁהוּ מְכוֹעָר.
***נִיבּוּל פֶּה** - לָשׁוֹן מְלוּכְלֶכֶת, גַּסָּה:* foul language
*אֲנִי לֹא עוֹנֶה עַל **נִיבּוּלֵי פֶּה**.*

ניבוןז, נִיבוֹן [נִיבוֹנִים] lexicon of idioms
לֶקְסִיקוֹן שֶׁל נִיבִים, בִּיטּוּיִים:
***נִיבוֹן** הוּא מִילוֹן מְיוּחָד לְצֵירוּפִים, כְּמוֹ 'מָלֵא מִפֶּה לָפֶה' (מָלֵא לְגַמְרֵי).*

ניבטפ, נִבַּט was seen
נִרְאָה, אֶפְשָׁר הָיָה לִרְאוֹת:
*הַפַּחַד **נִיבַּט** מִתּוֹךְ הָעֵינַיִים שֶׁלּוֹ.*
/ נ.ב.ט, נִפְעַל / נִיבְּטוּ, נִיבָּט, נִיבָּטִים

ניבלפ, נִבֵּל used foul language
הִשְׁתַּמֵּשׁ בְּשָׂפָה וּולְגָּרִית:
*הוּא **מְנַבֵּל אֶת פִּיו** גַּם לִפְנֵי הַיְּלָדִים.*
לְנַבֵּל אֶת- / נ.ב.ל, פִּיעֵל / נִיבַּלְתִּי, מְנַבֵּל, יְנַבֵּל, יְנַבְּלוּ

ניגבפ, נִגֵּב dried, wiped dry
יִיבֵּשׁ:
*הוּא **נִיגֵּב אֶת** הַיָּדַיִים בְּמַגֶּבֶת.*
לְנַגֵּב אֶת- / נ.ג.ב, פִּיעֵל / נִיגַּבְתִּי, מְנַגֵּב, אֲנַגֵּב, יְנַגֵּב

ניגובז, נִגּוּב wiping, drying
יִיבּוּשׁ:
*גָּמַרְתִּי אֶת **נִיגּוּב** כָּל הַכֵּלִים.*

ניגודז, נִגּוּד [נִיגּוּדִים] contrast, conflict
הֶבְדֵּל קִיצוֹנִי, עֶמְדָה הֲפוּכָה:
*יֵשׁ **נִיגּוּד** בּוֹלֵט בֵּין שָׁחוֹר לְלָבָן.*
יֵשׁ **נִיגּוּדֵי** דֵּיעוֹת בֵּין מִפְלְגוֹת הַשְּׂמֹאל וְהַיָּמִין.
בְּנִיגּוּד לְ- contrary to

ניגודית, נִגּוּדִי contrasting
הָפוּךְ לְמַשֶּׁהוּ:
*הַצָּפוֹן הוּא צַד **נִיגּוּדִי** לַדָּרוֹם.*
נִיגּוּדִית, נִיגּוּדִיִּים, נִיגּוּדִיּוֹת

ניגודיותנ, נִגּוּדִיּוּת contrast
כְּשֶׁשְּׁנֵי דְּבָרִים הֲפוּכִים זֶה לָזֶה:
***בַּנִּיגּוּדִיּוּת** יֵשׁ אַטְרַקְצְיָה - לָכֵן לֹא פַּעַם מִתְחַתְּנִים שְׁנֵי אֲנָשִׁים שׁוֹנִים מְאוֹד זֶה מִזֶּה.*

ניגוחז, נִגּוּחַ provocation, gibe
פְּגִיעָה, מַכָּה (גַּם בְּדִיבּוּר):
*זֶה לֹא וִיכּוּחַ אִידֵיאוֹלוֹגִי, זֶה סְתָם **נִיגּוּחַ**.*

ניגוןז, נִגּוּן [נִיגּוּנִים] playing (a musical instrument)
1. כְּשֶׁמַּשְׁמִיעִים נְגִינָה:
***הַנִּיגּוּן** שֶׁלּוֹ מַפְרִיעַ לִישׁוֹן.*
2. מֶלוֹדְיָה, מַנְגִּינָה: melody
*אֲנַחְנוּ אוֹהֲבִים לָשִׁיר **נִיגּוּנִים** יְשָׁנִים.*

ניגחפ, נִגַּח (נִגֵּחַ) gored, gibed
הִיכָּה, פָּגַע:
*הֵם **מְנַגְּחִים** זֶה אֶת זֶה כְּמוֹ שְׁנֵי תַּרְנְגוֹלִים.*
לְנַגֵּחַ אֶת / נ.ג.ח, פִּיעֵל / נִיגְּחוּ, מְנַגֵּחַ, אֲנַגֵּחַ, יְנַגֵּחַ, נַגֵּחַ

ניגןפ׳ נִגֵּן — played
הִשְׁמִיעַ מוּסִיקָה בִּכְלֵי נְגִינָה:
*שִׁמְעוֹן **מְנַגֵּן** בְּכִינּוֹר בַּתִּזְמוֹרֶת הַקָּאמֶרִית.*
לְנַגֵּן בְּ- / נ.ג.ן, פִּיעֵל / נִיגַּנְתִּי, מְנַגֵּן, אֲנַגֵּן, יְנַגֵּן, נַגֵּן!

ניגףפ׳ נִגַּף — was defeated
הִפְסִיד בַּמִּלְחָמָה:
*הָאוֹיְבִים **נִיגְפוּ** וּבָרְחוּ.*
לְהִינָּגֵף / נ.ג.ף, נִפְעַל / נִיגַּפְתִּי, נִיגָּף, אֶנָּגֵף, יִינָּגֵף

ניגרפ׳ נִגַּר — flowed
נָזַל, נִשְׁפַּךְ:
*דָּם **נִיגַּר מִן** הַפֶּצַע.*
לְהִינָּגֵר / נ.ג.ר, נִפְעַל / נִיגְּרוּ, נִיגָּר, יִינָּגֵר, יִינָּגְרוּ

ניגרת׳ נִגָּר — liquid (adj.), flowing
בְּמַצָּב שֶׁל נוֹזֵל:
*בַּקַּיִץ הַדְּבַשׁ **נִיגָּר**, בַּחוֹרֶף הוּא קָשֶׁה.*
נִיגֶּרֶת, נִיגָּרִים, נִיגָּרוֹת

ניגשפ׳ נִגַּשׁ — approached
הִתְקָרֵב, בָּא עַד-:
*יַעֲקֹב **נִיגַּשׁ** לַחַלּוֹן וּפָתַח אוֹתוֹ.*
/ נ.ג.ש, נִפְעַל / נִיגַּשְׁתִּי, נִיגָּשׁ, נִיגֶּשֶׁת
/ נ.ג.ש., פָּעַל / אֶגַּשׁ, תִּיגַּשׁ, יִיגַּשׁ, גַּשׁ!

נידז׳ נִיד — movement, nod
תְּנוּעָה קְטַנָּה:
*לְפִי **נִיד** הָרֹאשׁ הֵבַנְתִּי, שֶׁאָמַר 'כֵּן'.*

נידבפ׳ נִדֵּב — donated
נָתַן כֶּסֶף אוֹ מַשֶּׁהוּ אַחֵר מֵרָצוֹן:
*הוּא **נִידֵּב** הַרְבֵּה כֶּסֶף לַהֲקָמַת הַמּוּזֵיאוֹן.*
לְנַדֵּב אֶת- לְ- / נ.ד.ב, פִּיעֵל / נִידַּבְתִּי, מְנַדֵּב, אֲנַדֵּב, יְנַדֵּב

נידבךז׳ נִדְבָּךְ [נִידְבָּכִים] — layer (of bricks)
1. שׁוּרָה שֶׁל אֲבָנִים, קְרָשִׁים וְכוּ':
*בָּנִינוּ אֶת הַקִּיר **נִידְבָּךְ** עַל גַּבֵּי נִידְבָּךְ.*
2. (מֶטָאפוֹרָה) לְאַט, לְאַט בְּאוֹפֶן סִיסְטֶמָטִי: — step by step
*אֶת הַתָּכְנִית הַכַּלְכָּלִית צָרִיךְ לְבַצֵּעַ **נִידְבָּךְ** עַל גַּבֵּי **נִידְבָּךְ**.*

נידהנ׳ נִדָּה [נִידּוֹת] — menstruating
(לְשׁוֹן הַתַּנַ"ךְ) הַמַּצָּב שֶׁל הָאִישָּׁה בְּכָל חוֹדֶשׁ בִּזְמַן הַוֶּסֶת:
*אִם הָאִישָּׁה **נִידָּה**, הִיא אֵינָהּ בְּהֵירָיוֹן.*

נידויז׳ נִדּוּי [נִידּוּיִים] — ostracism
כְּשֶׁמַּרְחִיקִים מִישֶׁהוּ, לֹא מְדַבְּרִים אִיתּוֹ...:
*קָשֶׁה לִחְיוֹת **בְּנִידּוּי** חֶבְרָתִי.*

נידון (נדון)פ׳ נִדּוֹן (/נָדוֹן) — was sentenced
1. נִשְׁפַּט וְקִיבֵּל עוֹנֶשׁ:
*הַנֶּאֱשָׁם **נִידּוֹן** לִשְׁלוֹשָׁה חוֹדְשֵׁי מַאֲסָר.*
2. דִּיבְּרוּ עָלָיו, הִתְוַוכְּחוּ עָלָיו: — was discussed
*הַנּוֹשֵׂא **נִידּוֹן** בַּמֶּמְשָׁלָה.*
לְהִידּוֹן / ד.ו.ן, נִפְעַל / נְדוֹנוֹתִי, נִידּוֹן, יִידּוֹן, יִידּוֹנוּ

נידחת׳ נִדָּח — banished (adj.)
1. שֶׁהִרְחִיקוּ אוֹתוֹ, שֶׁגֵּירְשׁוּ אוֹתוֹ:
*יִשְׂרָאֵל הִיא הַמְּדִינָה שֶׁל כׇּל הַיְּהוּדִים **הַנִּידָּחִים**.*
2. רָחוֹק מְאוֹד: — remote
*הוּא גָּר בְּמָקוֹם **נִידָּח**, קָשֶׁה לְהַגִּיעַ לְשָׁם.*
נִידַּחַת, נִידָּחִים, נִידָּחוֹת

נידנדפ׳ נִדְנֵד — rocked
1. עָשָׂה שֶׁיָּזוּז כׇּל הַזְּמַן:
***נִידְנַדְתִּי אֶת** הַמִּיטָּה, כְּדֵי שֶׁהַתִּינוֹק יִישַׁן.*
2. (לְשׁוֹן דִּיבּוּר) דִּיבֵּר וְלֹא נָתַן מְנוּחָה: — nagged
*הַיֶּלֶד **נִידְנֵד** לִי, בַּסּוֹף הִסְכַּמְתִּי שֶׁיֵּלֵךְ לַקּוֹלְנוֹעַ.*
לְנַדְנֵד אֶת-, לְ- / נ.ד.נ.ד, פִּיעֵל / נִידְנַדְתִּי, מְנַדְנֵד, אֲנַדְנֵד

נידנודז׳ נִדְנוּד [נִידְנוּדִים] — rocking
1. תְּנוּעָה מִצַּד אֶל צַד:
***נִידְנוּד** הַמִּיטָּה גּוֹרֵם לַתִּינוֹק לִישׁוֹן.*
2. (לְשׁוֹן דִּיבּוּר) כְּשֶׁמְּדַבְּרִים יוֹתֵר מִדַּיי: — nagging
*בִּגְלַל **"הַנִּידְנוּדִים"** שֶׁלּוֹ, כּוּלָּם בּוֹרְחִים מִמֶּנּוּ.*

נידףת׳ נִדָּף — scattered (adj.)
שֶׁפִּיזְּרוּ אוֹתוֹ:
*כְּשֶׁפּוֹתְחִים חַלּוֹן **נִידָּף** הָרֵיחַ הָרַע.*
כְּעָלֶה נִידָּף — very weak
נִידֶּפֶת, נִידָּפִים, נִידָּפוֹת

ניהולז׳ נִהוּל — management
1. הַתַּפְקִיד שֶׁל מְנַהֵל - אִירְגּוּן, קְבִיעַת עֲבוֹדָה, עוֹבְדִים וְכוּ':
*אֲנִי רוֹצֶה לְהַגִּיעַ **לְנִיהוּל** הַמִּשְׂרָד.*
2. הַדֶּרֶךְ שֶׁדְּבָרִים צְרִיכִים לִפְעוֹל: — conducting
***נִיהוּל** הַמִּלְחָמָה הוּא בִּידֵי הַצָּבָא.*

ניהולית׳ נִהוּלִי — managerial
הַשַּׁיָּיךְ לְנִיהוּל, אִירְגּוּנִי:
*הַתַּפְקִיד **הַנִּיהוּלִי** הוּא בִּידֵי הַמְּנַהֵל.*
נִיהוּלִית, נִיהוּלִיִּים, נִיהוּלִיּוֹת

ניהלפ׳ נִהֵל — managed
עָמַד בְּרֹאשׁ מוֹסָד אוֹ עֵסֶק:

הוּא **נִיהֵל אֶת** הַמָּלוֹן בְּהַצְלָחָה רַבָּה.
לְנַהֵל אֶת- / נ.ה.ל, פִּיעֵל / נִיהַלְתִּי, מְנַהֵל, אֲנַהֵל, יְנַהֵל

ניווטפ׳ נִוֵּט navigated
1. נָהַג בָּאֲווירוֹן, אָמַר לַטַּיָּיס לְאָן לָטוּס:
הוּא **נִיוֵּט אֶת** הַמָּטוֹס לְפִי הַמַּפָּה.
2. הֶרְאָה אֶת הַדֶּרֶךְ (טִיוּל, צָבָא): led, guided
הוּא **נִיוֵּט אֶת** הַקְּבוּצָה לְפִי הַכּוֹכָבִים.
3. (מֶטָאפוֹרָה) הוֹבִיל בַּכִּיווּן שֶׁהוּא רוֹצֶה: directed
הוּא **נִיוֵּט אֶת** הַוִּיכּוּחַ בְּהַצְלָחָה.
לְנַוֵּוט אֶת- / נ.ו.ט, פִּיעֵל / נִיוַוטְתִּי, מְנַוֵּוט, יְנַוֵּוט

ניווטז׳ נִוּוּט [נִיוּוּטִים] navigation
הַיֶּדַע לִמְצוֹא אֶת הַדֶּרֶךְ בְּעֶזְרַת מַכְשִׁירִים אוֹ מַפָּה:
נִיוּוּט הַמָּטוֹס בָּעֲרָפֶל הָיָה מְסוּבָּךְ.

ניווןפ׳ נִוֵּן degenerated
עָשָׂה שֶׁיִּהְיֶה חַלָּשׁ, יַפְסִיק לִפְעוֹל:
הַנְּסִיעָה בִּמְכוֹנִית בִּמְקוֹם הֲלִיכָה **מְנַוֶּונֶת אֶת** הַגּוּף.
לְנַוֵּון אֶת- / נ.ו.ן, פִּיעֵל / נִיוְונוּ, מְנַוֵּון, אֲנַוֵּון, יְנַוֵּון

ניווןז׳ נִוּוּן degeneration
(הַהֵיפֶךְ מֵהִתְפַּתְּחוּת) כְּשֶׁחֵלֶק בַּגּוּף נֶחֱלָשׁ:
הַמַּחֲלָה גָּרְמָה **לְנִיוּוּן** הַגּוּף.
נִיוּוּן-שְׁרִירִים muscular dystrophy

ניזוןפ׳ נִזּוֹן was fed/nourished
קִיבֵּל אֶת הָאוֹכֶל:
אֲנַחְנוּ **נִיזּוֹנִים** מִירָקוֹת וּפֵירוֹת בִּלְבַד.
(מֶטָאפוֹרָה) הוּא **נִיזּוֹן מֵ**הָאִינְפוֹרְמַצְיָה בָּעִיתּוֹנִים.
לְהִיזּוֹן מִ- / ז.ו.ן, נִפְעַל / נִזּוֹנוֹתִי, נִיזּוֹן, יִיזּוֹן

ניזוקתו״ז נִזּוֹק (נִזָּק) damaged (adj.)
מִי שֶׁנִּפְגַּע, קָרָה לוֹ נֶזֶק:
הַנִּיזּוֹקִים מִן הַגְּשָׁמִים יְקַבְּלוּ עֶזְרָה מִן הָעִירִיָּיה.
נִיזֶּקֶת-נִיזּוֹקָה, נִיזּוֹקִים-נִיזָּקִים, נִיזּוֹקוֹת-נִיזָּקוֹת

ניזקפ׳ נִזַּק (נִזּוֹק) was damaged
פָּגְעוּ בּוֹ, גָּרְמוּ לוֹ נֶזֶק:
הַבַּיִת **נִיזַּק** (נִיזּוֹק) בִּגְלַל הַגֶּשֶׁם.
לְהִינָּזֵק מִ- / נ.ז.ק, נִפְעַל / נִיזַּקְתִּי, נִיזַּק, אֶנָּזֵק, יִינָּזֵק

ניחאתה״פ נִיחָא so be it
(אֲרָמִית) 'שֶׁיִּהְיֶה', נֶאֱמַר כְּשֶׁאֵין הִתְנַגְּדוּת:
נִיחָא, אֲנִי מַסְכִּים.

ניחוחז׳ נִיחוֹחַ [נִיחוֹחוֹת] aroma
רֵיחַ טוֹב:
מִן הַפְּרָחִים עוֹלִים **נִיחוֹחוֹת**.

ניחוםז׳ נִחוּם [נִיחוּמִים] consolation
מַה שֶּׁאוֹמְרִים לְמִי שֶׁמִּצְטַעֵר, לְמִי שֶׁמֵּת קָרוֹב שֶׁלּוֹ:
אָבִיו מֵת, וַאֲנַחְנוּ הוֹלְכִים **לְנִיחוּם** אֲבֵלִים.

ניחושז׳ נִחוּשׁ [נִיחוּשִׁים] guess
כְּשֶׁמּוֹצְאִים תְשׁוּבָה לֹא בְּדֶרֶךְ לוֹגִית, בְּמִקְרֶה:
אֵיךְ יָדַעְתָּ אֶת הַתְּשׁוּבָה? - סְתָם **נִיחוּשׁ**!

ניחותאנ׳ נִיחוּתָא calm, ease
שֶׁקֶט, מְנוּחָה, בְּלִי הִתְרַגְּשׁוּת:
הוּא מְדַבֵּר **בְּנִיחוּתָא**.

ניחםפ׳ נִחַם regretted
1. הִצְטַעֵר עַל מַה שֶּׁעָשָׂה:
נִיחַמְתִּי עַל כָּךְ, שֶׁלֹּא בָּאתִי לַעֲזוֹר לְךָ.
2. הִתְנַחֵם, נַעֲשָׂה פָּחוֹת עָצוּב: was consoled
קָשֶׁה **לְהִינָּחֵם** כְּשֶׁמִּישֶׁהוּ אָהוּב מֵת.
לְהִינָּחֵם / נ.ח.ם, נִפְעַל / נִיחַמְתִּי, נִיחַם, יִינָּחֵם, יִינָּחֲמוּ

ניחםפ׳ נִחֵם consoled
אָמַר דְּבָרִים טוֹבִים לְמִישֶׁהוּ עָצוּב:
נִיסִּיתִי **לְנַחֵם** אוֹתוֹ עַל מוֹת אִימּוֹ.
לְנַחֵם אֶת- / נ.ח.ם, פִּיעֵל / נִיחַמְתִּי, מְנַחֵם, יְנַחֵם, נַחֵם!

ניחןפ׳ נֵחַן was endowed
הָיָה לוֹ (כִּישָׁרוֹן, יְכוֹלֶת וְכוּ'):
הֵם **נֵיחֲנוּ בְּ**כִישְׁרוֹנוֹת רַבִּים בְּמָתֶמָטִיקָה, בְּמוּסִיקָה וְעוֹד.
/ ח.נ.ן, נִפְעַל / נֵיחַנוּ בְּ-, נֵיחַנְתְּ, נֵיחַן

ניחרת׳ נִחָר parched (adj.)
יָבֵשׁ מְאוֹד:
קָשֶׁה לָשִׁיר בְּגָרוֹן **נִיחָר**.
נִיחֶרֶת, נִיחָרִים, נִיחָרוֹת

ניחשפ׳ נִחֵשׁ guessed
פָּתַר שְׁאֵלָה לֹא מִתּוֹךְ יְדִיעָה, בְּמִקְרֶה:
נִיחַשְׁתִּי אֶת הַתְּשׁוּבוֹת הַנְּכוֹנוֹת וְהִצְלַחְתִּי.
לְנַחֵשׁ אֶת- / נ.ח.שׁ, פִּיעֵל / נִיחַשְׁתִּי, מְנַחֵשׁ, אֲנַחֵשׁ, נַחֵשׁ!

ניחתפ׳ נִחַת struck from above
יָרַד בְּבַת אַחַת, פִּתְאוֹם:
הָאָסוֹן הַזֶּה **נִיחַת עָלֵינוּ** פִּתְאוֹם.
לְהִינָּחֵת עַל- / נ.ח.ת, נִפְעַל / נִיחֲתוּ, נִיחָתִים, יִינָּחֵת

ניטהפ׳ נִטָּה was pitched (tent)
1. הֵקִימוּ אוֹהֶל וְכוּ':
הָאוֹהָלִים **נִיטּוּ** בֵּין הָעֵצִים.
2. (בְּדִיקְדּוּק) הִשְׁתַּנָּה (פּוֹעַל) לְפִי הַבִּנְיָין: was conjugated

'ש.מ.ר.' *יִינָטֶה בְּבִנְיַן פָּעַל: שָׁמַרְתִּי, שָׁמַרְתָּ...*
לְהִינָטוֹת / נ.ט.ה, נִפְעַל / נִיטוּ, נִיטֶה, יִינָטֶה, יִינָטוּ

ניטלפ׳ נִטַּל — was taken
לָקְחוּ אוֹתוֹ, נִלְקַח:
*הַמִּכְתָּבִים **נִיטְלוּ** מִכָּאן, וְהֵם כְּבָר בַּדּוֹאַר.*
לְהִינָּטֵל מִ- / נ.ט.ל, נִפְעַל / נִיטְּלוּ, נִיטָּל, יִינָּטֵל, יִינָּטְלוּ

ניטרולז׳ נִטְרוּל — neutralization
כְּשֶׁעוֹשִׂים שֶׁמַּשֶּׁהוּ יִהְיֶה נֵיטְרָלִי, בְּלִי הַשְׁפָּעָה:
***נִיטְרוּל** הַחוֹמֶר הַמְּסוּכָּן הִצִּיל אֶת הָאֲנָשִׁים.*

ניטרלפ׳ נִטְרֵל — neutralized
עָשָׂה שֶׁיִּהְיֶה נֵיטְרָלִי, לֹא פָּעִיל:
***נִיטְרַלְנוּ אֶת** הַחוֹמֶר הַכִּימִי הַמְּסוּכָּן.*
לְנַטְרֵל אֶת- / נ.ט.ר.ל, פִּיעֵל / נִיטְרַלְתִּי, מְנַטְרֵל, אֲנַטְרֵל

ניטשפ׳ נִטַּשׁ — was abandoned
עָזְבוּ אוֹתוֹ בְּלִי טִיפּוּל, בְּלִי הַשְׁגָּחָה:
*הַיִּישׁוּב **נִיטַּשׁ** מִכֹּל הַתּוֹשָׁבִים, כִּי אֵין עֲבוֹדָה.*
לְהִינָּטֵשׁ / נ.ט.ש, נִפְעַל / נִיטַּשְׁנוּ, נִיטָּשׁ, יִינָּטֵשׁ, יִינָּטְשׁוּ

ניידפ׳ נִיֵּד — mobilized
עָשָׂה שֶׁיָּזוּז, שֶׁיַּעֲבוֹר מִמָּקוֹם לְמָקוֹם:
***נִייַּדְנוּ אֶת** הַתּוֹתָחִים, יֵשׁ לָהֶם גַּלְגַּלִּים.*
לְנַיֵּיד אֶת- / נ.י.ד, פִּיעֵל / נִייַּדְתִּי, מְנַיֵּיד, יְנַיֵּיד, נַיֵּיד!

ניידת׳ נַיָּד — mobile
זָז מִמָּקוֹם לְמָקוֹם, לֹא קָבוּעַ:
*אֲנִי **נַיָּיד** - יֵשׁ לִי מְכוֹנִית, וַאֲנִי מַגִּיעַ לְכֹל מָקוֹם.*
נַיֶּידֶת, נַיָּידִים, נַיָּידוֹת

ניידותנ׳ נַיָּדוּת — mobility
הַיְּכוֹלֶת לַעֲבוֹר מִמָּקוֹם לְמָקוֹם:
*הַמְּכוֹנִית עוֹזֶרֶת **לַנַּיָּידוּת** שֶׁל כּוּלָּנוּ.*

ניידתנ׳ נַיֶּדֶת [נַיָּידוֹת] — patrol car
מְכוֹנִית מִשְׁטָרָה שֶׁנִּמְצֵאת בַּכְּבִישׁ:
*הַ**נַּיֶּידֶת** הִגִּיעָה מִיָּד לִמְקוֹם הַתְּאוּנָה.*

נייחת׳ נַיָּח — stationary
לֹא זָז, בְּלִי תְּנוּעָה:
*הַתּוֹתָחִים **הַנַּיָּיחִים** נִמְצָאִים תָּמִיד בְּאוֹתוֹ מָקוֹם.*
נַיַּיחַת, נַיָּיחִים, נַיָּיחוֹת

ניירז׳ נְיָר [נְיָירוֹת] — paper
1. חוֹמֶר לִכְתִיבָה אוֹ הַדְפָּסָה:
*אֲנִי צָרִיךְ **נְיָיר** מִכְתָּבִים כְּדֵי לִכְתּוֹב לְהוֹרַיי מִכְתָּב.*
2. (מֶטָאפוֹרָה) דוֹקוּמֶנְטִים, תְּעוּדוֹת: — document
*הַפָּקִיד בִּיקֵּשׁ אֶת **הַנְּיָירוֹת**.*
נְיַיר-עֶרֶךְ - תְּעוּדָה שֶׁיֵּשׁ לָהּ עֵרֶךְ כַּסְפִּי

ניירתנ׳ נַיֶּרֶת — paperwork
הַנְּיָירוֹת (תְּעוּדוֹת וְכוּ') שֶׁצָּרִיךְ לְטַפֵּל בָּהֶם:
*הַפְּקִידִים עֲסוּקִים **בַּנַּיֶּירֶת**.*

ניכהפ׳ נִכָּה — deducted
לָקַח לְעַצְמוֹ (מַס הַכְנָסָה, בַּנְק וְכוּ') סְכוּם כֶּסֶף מְסוּיָּם:
*הַבַּנְק **מְנַכֶּה** מִכֹּל רֶוַוח אָחוּז אֶחָד בִּשְׁבִילוֹ.*
לְנַכּוֹת אֶת- / נ.כ.ה, פִּיעֵל / נִיכִּיתִי, מְנַכֶּה, יְנַכֶּה, נַכֵּה!

ניכויז׳ נִכּוּי [נִיכּוּיִים] — deduction
כְּשֶׁמּוֹרִידִים מִיסִּים וְכוּ' מִסְּכוּם כֶּסֶף:
*אַחֲרֵי כֹּל **הַנִּיכּוּיִים** לֹא נִשְׁאֶרֶת כִּמְעַט מַשְׂכּוֹרֶת.*
נִיכּוּי מַס בַּמָּקוֹר - — withholding tax
*מָכַרְתִּי מִילוֹנִים לְמִשְׂרַד הַחִינּוּךְ. הֵם דָּאֲגוּ **לְנִיכּוּי מַס בַּמָּקוֹר**, לִפְנֵי שֶׁשִּׁילְּמוּ לִי.*

ניכורז׳ נִכּוּר — alienation
רִיחוּק, הַרְגָּשָׁה שֶׁל מִי שֶׁלֹּא שַׁיָּיךְ:
*בֵּינוֹ לְבֵין אָבִיו יֵשׁ **נִיכּוּר**.*

ניכרפ׳ נִכַּר — was recognized/seen
נִרְאָה, אֶפְשָׁר הָיָה לִרְאוֹת:
*סִימָנֵי הָעֲיֵיפוּת **נִיכְּרוּ עַל** פָּנָיו.*
לְהִינָּכֵר / נ.כ.ר, נִפְעַל / נִיכַּרְתִּי, נִיכָּר, יִינָּכֵר

ניכרת׳ נִכָּר — recognizable, considerable
1. מוּרְגָּשׁ, נִרְאֶה לָעַיִן:
*יֵשׁ שִׁינּוּי **נִיכָּר** בַּמַּצָּב שֶׁל הַחוֹלֶה.*
2. אֶפְשָׁר לִרְאוֹת, לְהַכִּיר: — apparent
***נִיכָּר בּוֹ** שֶׁהוּא אָדָם יָשָׁר.*
נִיכֶּרֶת, נִיכָּרִים, נִיכָּרוֹת

ניכרז׳ נֵכָר — foreign land
מָקוֹם זָר, אֶרֶץ זָרָה:
*כְּשֶׁאֲנִי בְּחוּץ לָאָרֶץ, אֲנִי מַרְגִּישׁ שֶׁאֲנִי **בַּנֵּיכָר**.*

ניכשפ׳ נִכֵּשׁ — weeded
הוֹצִיא עֲשָׂבִים מְיוּתָּרִים:
***נִיכַּשְׁנוּ אֶת** הָעֲשָׂבִים לְיַד הָעֵץ.*
לְנַכֵּשׁ אֶת- / נ.כ.ש, פִּיעֵל / נִיכַּשְׁתִּי, מְנַכֵּשׁ, אֲנַכֵּשׁ, יְנַכֵּשׁ

ניםת״פ נִים — sleeping (Aramic)
נִים וְלֹא נִים - חֲצִי יָשֵׁן: — half awake
*שָׁכַבְתִּי בַּמִּיטָּה **נִים וְלֹא נִים**, כְּשֶׁהוּא נִכְנַס.*

נימהנ, נִימָה [נִימוֹת / נִימִים] thread, hair, string
1. (לשון ספרותית) חוּט דַק, שַׂעֲרָה:
*הַסִיפּוּר נָגַע **בְּנִימֵי** לִיבִּי.*
2. צְלִיל, קוֹל חַלָּש: tone
*הוּא מְדַבֵּר **בְּנִימָה** שְׁקֵטָה.*

נימולת, נִמּוֹל [נִימוֹלִים] circumcised (adj.)
מִי שֶׁעָשׂוּ לוֹ בְּרִית מִילָה:
*כָּל הַיְהוּדִים הֵם **נִימוֹלִים**.*

נימוסז, נִימוּס [נִימוּסִים] politeness
הִתְנַהֲגוּת יָפָה, הִתְנַהֲגוּת מְקוּבֶּלֶת:
*הַיְלָדִים הִתְנַהֲגוּ **בְּנִימוּס**; אָמְרוּ תוֹדָה, בְּבַקָּשָׁה וְכוּ'.*
נִימוּסִים - כְּלָלֵי הִתְנַהֲגוּת יָפִים manners
בִּיקוּר-נִימוּסִין - בִּיקוּר מִתּוֹךְ כָּבוֹד וִידִידוּת

נימוסית, נִימוּסִי polite, courteous
מִתְנַהֵג יָפֶה, בַּעֲדִינוּת, לְפִי הַכְּלָלִים:
*אֲנִי מְחַנֵּךְ אֶת יְלָדַיי שֶׁיִּהְיוּ **נִימוּסִיִּים**.*
נִימוּסִית, נִימוּסִיִּים, נִימוּסִיּוֹת

נימוסיותנ, נִימוּסִיּוּת politeness
הִתְנַהֲגוּת יָפָה, כְּמוֹ שֶׁצָּרִיךְ:
*אֲנִי אוֹמֵר 'תוֹדָה', 'בְּבַקָּשָׁה' מִתּוֹךְ **נִימוּסִיּוּת**.*

נימוקז, נִמּוּק [נִימוּקִים] reason, grounds
הֶסְבֵּר הֶגְיוֹנִי, סִיבָּה:
*כְּשֶׁמַּעֲלִים הַצָּעָה, צָרִיךְ לְהָבִיא **נִימוּקִים** - מַדּוּעַ הַהַצָּעָה טוֹבָה וְכוּ'.*

נימנוםז, נִמְנוּם nap, snooze
שֵׁינָה קַלָּה:
*לֹא יָשַׁנְתִּי, זֶה הָיָה רַק **נִימְנוּם** קַל.*

נימנםפ, נִמְנֵם dozed off, snoozed
יָשַׁן שֵׁינָה קַלָּה:
***נִימְנַמְתִּי** בִּישִׁיבָה לְיַד הַטֶּלֶוִויזְיָה.*
לְנַמְנֵם / נ.מ.נ.ם, פִּיעֵל / נִימְנַמְתִּי, מְנַמְנֵם, יְנַמְנֵם, נַמְנֵם!

נימקפ, נִמֵּק explained, reasoned
נָתַן סִיבָּה:
*הוּא **נִימֵּק אֶת** הַהַצָּעָה - בְּטוֹבַת הַמְּדִינָה.*
לְנַמֵּק אֶת- / נ.מ.ק, פִּיעֵל / נִימַּקְתִּי, מְנַמֵּק, יְנַמֵּק, נַמֵּק!

ניןז, נִין [נִינִים] great-grandson
הַיֶּלֶד שֶׁל הַנֶּכֶד:
*סָבִי בֶּן 90. יֵשׁ לוֹ כְּבָר אַרְבָּעָה **נִינִים**.*
נִינָה, נִינוֹת

נינוחת, נִנּוֹחַ restful, calm, comfortable
בְּמַצָּב שֶׁל מְנוּחָה, שֶׁקֶט:
*אַחֲרֵי הַבְּחִינוֹת הוּא פָּחוֹת עַצְבָּנִי, יוֹתֵר **נִינוֹחַ**.*
נִינוֹחָה, נִינוֹחִים, נִינוֹחוֹת

נינוחותנ, נִנּוֹחוּת restfulness, calm, comfort
הַרְגָּשָׁה שֶׁל שֶׁקֶט, מְנוּחָה:
*הַכּוֹל הוּא עוֹשֶׂה **בְּנִינוֹחוּת** וּבְשַׁלְוָה.*

ניסהפ, נִסָּה tried, attempted
1. עָשָׂה מַשֶּׁהוּ וְקִיוָּה שֶׁיַּצְלִיחַ:
***נִיסִּיתִי** לְהִתְקַשֵּׁר אִיתּוֹ בַּטֶּלֶפוֹן, וְלֹא הִצְלַחְתִּי.*
2. בָּחַן, בָּדַק פַּעַם וְעוֹד פַּעַם...: experimented, tested
*הָרוֹפְאִים **נִיסּוּ** אֶת הַתְּרוּפָה הַחֲדָשָׁה.*
לְנַסּוֹת אֶת- / נ.ס.ה, פִּיעֵל / נִיסִּיתִי, מְנַסֶּה, יְנַסֶּה, נַסֵּה!

ניסוחז, נִסּוּחַ [נִיסּוּחִים] phrasing, formulation
הַצּוּרָה שֶׁנּוֹתְנִים לְמַה שֶׁכּוֹתְבִים אוֹ מְדַבְּרִים:
***נִיסּוּחַ** שֶׁל חוֹק צָרִיךְ לִהְיוֹת בָּרוּר לְכוּלָּם.*

ניסויז, נִסּוּי [נִיסּוּיִים] experiment
בְּדִיקָה שֶׁעוֹשִׂים כְּדֵי לִלְמוֹד אוֹ לְהוֹכִיחַ:
*הַחוֹקֵר עָרַךְ **נִיסּוּי** בְּפִיסִיקָה כְּדֵי לִבְדּוֹק תֵּיאוֹרְיָה.*

ניסויית, נִסּוּיִי empirical
מְבוּסָּס עַל נִיסּוּי, שֶׁבּוֹדְקִים אוֹתוֹ:
*רַק מֶחְקָר **נִיסּוּיִי** יוֹכִיחַ אֶת הַתֵּיזָה הַזֹּאת.*
נִיסּוּיִית, נִיסּוּיִים, נִיסּוּיִיּוֹת

ניסחפ, נִסֵּחַ (נִסַּח) formulated, worded
נָתַן צוּרָה, בָּחַר מִילִּים לַדְּבָרִים שֶׁכָּתַב אוֹ אָמַר:
***נִיסַּחְתִּי אֶת** הַהַצָּעָה מֵחָדָשׁ, עַכְשָׁיו כּוּלָּם מְבִינִים.*
לְנַסֵּחַ אֶת- / נ.ס.ח, פִּיעֵל / נִיסַּחְתִּי, מְנַסֵּחַ, יְנַסֵּחַ

ניסיוןז, נִסָּיוֹן [נִיסְיוֹנוֹת] experiment
(לשון דיבור) נִיסּוּי, בְּדִיקָה מַדָּעִית:
*עָרַכְנוּ **נִיסָּיוֹן** בַּמַּעְבָּדָה לְבִּיוֹלוֹגְיָה.*
2. יֶדַע שֶׁאָדָם רוֹכֵשׁ בְּמֶשֶׁךְ הַשָּׁנִים: experience
*לְד"ר גֶּבַע יֵשׁ **נִיסָּיוֹן** רַב בְּטִיפּוּל בְּמַחֲלוֹת לֵב.*
עָמַד בַּנִּיסָּיוֹן - הִתְגַּבֵּר עַל קוֹשִׁי וְהִצְלִיחַ

ניסיונית, נִסְיוֹנִי experimental
אֶקְסְפֶּרִימֶנְטָלִי, עֲדַיִין לֹא הֶחְלִיטוּ אִם הוּא טוֹב, מַתְאִים וְכוּ':
*זֹאת תּוֹכְנִית **נִיסְיוֹנִית**, אִי אֶפְשָׁר לָדַעַת אִם תַּצְלִיחַ.*
נִיסְיוֹנִית, נִיסְיוֹנִיִּים, נִיסְיוֹנִיּוֹת

ניסןז, נִיסָן Nissan (month, March-April)
שֵׁם חוֹדֶשׁ בְּלוּחַ הַשָּׁנָה הָעִבְרִי - (אַפּרִיל):
*חַג הַפֶּסַח הוּא בְּחוֹדֶשׁ **נִיסָן**.*

ניסרפ, נִסֵּר sawed
חָתַךְ (קֶרֶשׁ, עֵץ וְכוּ') בְּמַכְשִׁיר, מְיוּחָד:
***נִיסַרְתִּי אֶת** הַקְּרָשִׁים, וְהֵכַנְתִּי אֶת חֶלְקֵי הַשּׁוּלְחָן.*
לְנַסֵּר אֶת- / נ.ס.ר, פִּיעֵל / נִיסַרְתִּי, מְנַסֵּר, יְנַסֵּר, נַסֵּר!

ניעז, נִיעַ movement
תנוּעָה, הֲזָזָה:
*הַצִּיפּוֹרִים עָמְדוּ בְּלֹא **נִיעַ**.*

ניעהנ, נִיעָה [נִיעוֹת] movement
תנוּעָה (גַּם בְּספּוֹרט):
*בְּשִׁיעוּר הַספּוֹרט עָשִׂינוּ **נִיעוֹת** יָדַיִים לְמַעְלָה וּלְמַטָּה.*

ניענועז, נִעֲנוּעַ [נִיעֲנוּעִים] nodding, rocking
כְּשֶׁמְּזִיזִים מַשֶּׁהוּ מִצַּד לְצַד:
*אֶפְשָׁר לוֹמַר 'שָׁלוֹם' **בְּנִיעֲנוּעַ** רֹאשׁ.*

ניענעפ, נִעֲנַע (נִעֲנֵעַ) nodded, shook
עָשָׂה שֶׁמַּשֶּׁהוּ יָזוּז, תִּהְיֶה בּוֹ תנוּעָה:
***נִיעֲנַעְתִּי אֶת** הָעֵץ, כְּדֵי שֶׁהַזֵּיתִים יִיפְּלוּ עַל הָאָרֶץ.*
לְנַעֲנֵעַ אֶת- / נ.ע.נ.ע, פִּיעֵל / נִיעֲנַעְתִּי, מְנַעֲנֵעַ, יְנַעֲנֵעַ

ניערפ, נִעֵר shook (off)
הֵזִיז מַשֶּׁהוּ בִּתנוּעוֹת קְטַנּוֹת וּמְהִירוֹת:
***נִיעַרְתִּי אֶת** הַמַּפָּה אַחֲרֵי הָאוֹכֶל.*
לְנַעֵר אֶת- / נ.ע.ר, פִּיעֵל / נִיעַרְתִּי, מְנַעֵר, אֲנַעֵר, יְנַעֵר

ניפהפ, נִפָּה sifted
1. נִיקָּה קֶמַח בִּכְלִי עִם חוֹרִים קְטַנִּים:
***נִיפִּיתִי אֶת** הַקֶּמַח לִפְנֵי אֲפִיַּית הָעוּגָה.*
removed
2. עָשָׂה שֶׁלֹּא יִהְיֶה בּוֹ מַשֶּׁהוּ מְיוּתָּר:
***נִיפִּיתִי** פְּרָטִים מְיוּתָּרִים מִן הַמַּאֲמָר.*
לְנַפּוֹת אֶת- / נ.פ.ה, פִּיעֵל / נִיפִּיתִי, מְנַפֶּה, יְנַפֶּה

ניפויז, נִפּוּי [נִיפּוּיִים] sifting
כְּשֶׁעוֹשִׂים שֶׁיִּהְיֶה נָקִי (קֶמַח):
*הַקֶּמַח נָקִי, הוּא אֵינוֹ צָרִיךְ **נִיפּוּי**.*
scrutinizing
(מֶטָאפוֹרָה) כְּשֶׁעוֹשִׂים שֶׁלֹּא יִהְיוּ שְׁגִיאוֹת:
*הַסֵּפֶר עָבַר **נִיפּוּי** מִכֹּל שְׁגִיאָה דִּיקְדּוּקִית.*

ניפוץז, נִפּוּץ [נִיפּוּצִים] shattering, smashing
1. שְׁבִירָה לַחֲתִיכוֹת קְטַנּוֹת:
*הַפְּצָצָה גָּרְמָה **לְנִיפּוּץ** הַחַלּוֹן.*
2. (מֶטָאפוֹרָה) בִּיטּוּל שֶׁל רַעֲיוֹן, אֱמוּנָה וְכוּ':
*הַדּוֹר הַצָּעִיר מַאֲמִין **בְּנִיפּוּץ** מִיתוֹסִים.*

ניפחפ, נִפַּח (נִפֵּחַ) inflated
1. הִכְנִיס אֲוִויר, כְּדֵי שֶׁיִּהְיֶה גָּדוֹל יוֹתֵר:
***נִיפַּחְתִּי אֶת** הַבַּלּוֹן.*
2. עָשָׂה שֶׁיִּהְיֶה גָּדוֹל מִמַּה שֶׁהוּא בֶּאֱמֶת: exaggerated
*הוּא **מְנַפֵּחַ** כֹּל דָּבָר קָטָן לְאָסוֹן גָּדוֹל.*
(לְשׁוֹן דִּיבּוּר) נִיפֵּחַ אֶת הַשֵּׂכֶל - בִּילְבֵּל אֶת הַמּוֹחַ
לְנַפֵּחַ אֶת- / נ.פ.ח, פִּיעֵל / נִיפַּחְתִּי, מְנַפֵּחַ, יְנַפֵּחַ

ניפנףפ, נִפְנֵף waved
הֵזִיז מִצַּד לְצַד:
*הַיֶּלֶד **נִיפְנֵף** בַּיָּד כְּדֵי לְהַגִּיד שָׁלוֹם.*
לְנַפְנֵף בְּ- / נ.פ.נ.ף, פִּיעֵל / נִיפְנַפְתִּי, מְנַפְנֵף, יְנַפְנֵף, נַפְנֵף!

ניפץפ, נִפֵּץ shattered, smashed
שָׁבַר לַחֲתִיכוֹת קְטַנּוֹת:
*הוּא **נִיפֵּץ אֶת** כּוֹסוֹת הַזְּכוּכִית.*
לְנַפֵּץ אֶת- / נ.פ.ץ, פִּיעֵל / נִיפַּצְתִּי, מְנַפֵּץ, יְנַפֵּץ, נַפֵּץ!

ניפקפ, נִפֵּק issued, provided
סִיפֵּק, דָּאַג שֶׁיִּהְיֶה:
*הַצָּבָא **יְנַפֵּק** לָנוּ נַעֲלַיִים וּבְגָדִים.*
לְנַפֵּק אֶת-, לְ- / נ.פ.ק, פִּיעֵל / נִיפַּקְתִּי, מְנַפֵּק, יְנַפֵּק, נַפֵּק!

ניצבפ, נִצַּב stood upright
עָמַד, קָם:
*הֶחַיָּיל **נִיצַּב** לְיַד הַשַּׁעַר.*
/ י.צ.ב, נִפְעַל / נִיצַּבְתִּי, נִיצָּב, נִיצֶּבֶת

ניצבתו"ז נִצָּב [נִיצָּבִים] standing (upright)
1. עוֹמֵד:
*הַנָּשִׂיא בֵּירֵךְ אֶת כֹּל **הַנִּיצָּבִים**.*
*הַשּׁוֹמֵר, **הַנִּיצָּב** לְיַד בִּנְיַין הַכְּנֶסֶת, לֹא זָז מִמְּקוֹמוֹ.*
2. דַּרְגָּה גְּבוֹהָה בַּמִּשְׁטָרָה: (police) commander
*אֵין הַרְבֵּה קְצִינֵי מִשְׁטָרָה בְּדַרְגַּת **נִיצָּב**.*
3. סְטָטִיסְט בְּתֵיאַטְרוֹן אוֹ בְּקוֹלְנוֹעַ: extra
*מְחַפְּשִׂים **נִיצָּבִים** לַסֶּרֶט הֶחָדָשׁ.*
4. *קַו יָשָׁר מִלְמַעְלָה לְמַטָּה:* perpendicular
***הַנִּיצָּב** יוֹצֵר זָוִית שֶׁל 90° עִם הָרִצְפָּה.*
נִיצֶּבֶת, נִיצָּבוֹת

ניצוחז, נִצּוּחַ conducting
נִיהוּל שֶׁל תִּזְמוֹרֶת, מַקְהֵלָה וְכוּ':
*הַתִּזְמוֹרֶת אֵינָהּ יְכוֹלָה לְנַגֵּן בְּלִי **נִיצּוּחַ**.*
(מֶטָאפוֹרָה) נִיהוּל שֶׁל מִבְצָע: direction
***הַנִּיצּוּחַ** עַל הַמְּסִיבָּה הָיָה בִּידֵי דָּוִד.*

ניצול ז, נִצּוּל [נִיצוּלִים] utilization

1. שִׁימוּשׁ מַקְסִימָלִי:

***ניצול** לֹא נָכוֹן שֶׁל הַמַּיִם יִגְרוֹם לְמַחְסוֹר.*

2. כְּשֶׁמַּרְוִויחִים עַל חֶשְׁבּוֹן אַחֵר: exploitation

*הַסּוֹצְיָאלִיסְטִים נִלְחֲמוּ נֶגֶד **נִיצוּל** פּוֹעֲלִים.*

ניצול ז, נִצּוֹל [נִיצוֹלִים] survivor

מִי שֶׁיָּצָא בַּחַיִּים מֵאָסוֹן גָּדוֹל:

*אֵין **נִיצוֹלִים** מִן הַמָּטוֹס שֶׁנָּפַל.*

נִיצוֹל שׁוֹאָה - יְהוּדִי שֶׁחַי תַּחַת הַשִּׁלְטוֹן הַנָּאצִי בְּמִלְחֶמֶת הָעוֹלָם הַשְּׁנִיָּיה וְנִשְׁאַר בַּחַיִּים

נִיצוֹלֵי הַמַּחֲנוֹת - יְהוּדִים שֶׁיָּצְאוּ בַּחַיִּים מִמַּחֲנוֹת הַמָּוֶות

נִיצוֹלָה, נִיצוֹלוֹת

ניצוץ ז, נִיצוֹץ [נִיצוֹצוֹת] spark

חֵלֶק קָטָן מְאוֹד שֶׁל אֵשׁ, שֶׁנִּפְלָט מִמֶּנָּה:

*בַּשְּׂרֵיפָה עָפוּ **נִיצוֹצוֹת** לְכָל הַצְּדָדִים.*

ניצח פ, נִצֵּחַ (נִצַּח) won

1. זָכָה בַּתַּחֲרוּת, גָּבַר עַל מִישֶׁהוּ אַחֵר:

*הַיֶּלֶד **נִיצֵּחַ אֶת** אָבִיו בְּשַׁחְמָט.*

2. הִדְרִיךְ אֶת הַתִּזְמוֹרֶת: conducted

*הוּא **נִיצֵּחַ עַל** הַקּוֹנְצֶרְט שֶׁל הַתִּזְמוֹרֶת.*

לְנַצֵּחַ אֶת-, עַל- / נ.צ.ח, פִּיעֵל / נִיצַּחְתִּי, מְנַצֵּחַ, יְנַצֵּחַ

ניצח ת, נִצָּח decisive

סוֹפִי, מוּחְלָט:

*אֵין לִי תְּשׁוּבָה **נִיצַּחַת** עַל הַשְּׁאֵלָה הַזֹּאת.*

נִיצַּחַת, נִיצָּחִים, נִיצָּחוֹת

ניצחון ז, נִצָּחוֹן [נִיצְחוֹנוֹת] victory

הַצְלָחָה גְּדוֹלָה בְּמִלְחָמָה אוֹ בְּתַחֲרוּת:

***נִיצָּחוֹן** בְּמִלְחָמָה לֹא תָּמִיד מֵבִיא שָׁלוֹם.*

ניצי ת, נִצִּי hawkish

דּוֹמֶה אוֹ קָרוֹב לְנֵץ (צִיפּוֹר טֶרֶף). (בְּפוֹלִיטִיקָה) מִי שֶׁיֵּשׁ לוֹ דֵּיעוֹת לְאוּמִיּוֹת מִילִיטַנְטִיּוֹת:

*הוּא שַׁיָּיךְ לַקְּבוּצָה **הַנִּיצִּית** בַּמִּפְלָגָה.*

נִיצִּית, נִיצִּיִּים, נִיצִּיּוֹת

ניצל פ, נִצֵּל exploited

1. הִשְׁתַּמֵּשׁ בְּמִשֶּׁהוּ לְטוֹבָתוֹ הָאִישִׁית:

*בַּעַל בֵּית־הַחֲרוֹשֶׁת **נִיצֵּל אֶת** הַפּוֹעֲלִים.*

2. הִשְׁתַּמֵּשׁ בְּמִשֶּׁהוּ בְּצוּרָה מַקְסִימָלִית: utilized

*הוּא **נִיצֵּל אֶת** הַכֶּסֶף, שֶׁאָבִיו הִשְׁאִיר לוֹ, וּבָנָה בַּיִת גָּדוֹל.*

לְנַצֵּל אֶת- / נ.צ.ל, פִּיעֵל / מְנַצֵּל, יְנַצֵּל, נַצֵּל!

ניצל פ, נִצַּל was saved, survived

הִצְלִיחַ לָצֵאת מֵאָסוֹן גָּדוֹל:

*הוּא **נִיצַּל** מִמָּוֶות, הָיָה לוֹ מַזָּל גָּדוֹל.*

לְהִינָּצֵל מִ- / נ.צ.ל, נִפְעַל / נִיצַּלְתִּי, נִיצָּל, יִינָּצֵל, נִינָּצֵל

ניצן ז, נִצָּן [נִיצָּנִים] bud

הַמָּקוֹם שֶׁמִּמֶּנּוּ יוֹצֵא פֶּרַח, עָלֶה אוֹ עָנָף:

*אֵין עֲדַיִין פְּרָחִים בַּגִּינָה, אֲבָל יֵשׁ **נִיצָּנִים**.*

ניצנוץ ז, נִצְנוּץ [נִיצְנוּצִים] glitter, twinkling

אוֹר שֶׁמּוֹפִיעַ:

*בַּחוֹשֶׁךְ אֶפְשָׁר לִרְאוֹת אֶת **נִיצְנוּץ** הַכּוֹכָבִים.*

ניצנץ פ, נִצְנֵץ glittered, twinkled

אוֹר שֶׁהֵאִיר וְהִבְרִיק:

*הַכּוֹכָבִים **מְנַצְנְצִים** בַּלַּיְלָה.*

לְנַצְנֵץ / נ.צ.נ.ץ, פִּיעֵל / נִיצְנְצוּ, מְנַצְנֵץ, יְנַצְנֵץ, נַצְנֵץ!

ניקב פ, נִקֵּב perforated, punched

עָשָׂה חוֹר:

*נֶהָג הָאוֹטוֹבּוּס **נִיקֵּב אֶת** הַכַּרְטִיס.*

לְנַקֵּב אֶת- / נ.ק.ב, פִּיעֵל / נִיקַּבְתִּי, מְנַקֵּב, יְנַקֵּב, נַקֵּב!

ניקד פ, נִקֵּד vocalized (Heb.)

כָּתַב אֶת הַנְּקוּדוֹת, כְּדֵי שֶׁאֶפְשָׁר יִהְיֶה לָדַעַת אֵיךְ לִקְרוֹא בְּעִבְרִית:

*אֲנִי **מְנַקֵּד אֶת** הַמִּילִים הַקָּשׁוֹת.*

לְנַקֵּד אֶת- / נ.ק.ד, פִּיעֵל / נִיקַּדְתִּי, מְנַקֵּד, יְנַקֵּד, נַקֵּד!

ניקה פ, נִקָּה cleaned

סִילֵּק, הִרְחִיק אֶת הַלִּיכְלוּךְ:

***נִיקִּיתִי אֶת** הַבַּיִת נִיקָּיוֹן יְסוֹדִי.*

לְנַקּוֹת אֶת- / נ.ק.ה, פִּיעֵל / נִיקִּיתִי, מְנַקֶּה, יְנַקֶּה, נַקֵּה!

ניקוב ז, נִקּוּב [נִיקּוּבִים] perforation, punching

עֲשִׂיָּיה שֶׁל חוֹר:

*אֶפְשָׁר לְהִשְׁתַּמֵּשׁ בְּכַרְטִיס אוֹטוֹבּוּס, שֶׁאֵין בּוֹ **נִיקּוּב**.*

ניקוד ז, נִקּוּד [נִיקּוּדִים] vocalization

הַסִּימָנִים בְּטֶקְסְט עִבְרִי, עוֹזְרִים לִקְרוֹא אֶת הַמִּילִים:

*בְּסִפְרֵי יְלָדִים יֵשׁ **נִיקּוּד** מָלֵא.*

ניקוז ז, נִקּוּז drainage

אִירְגּוּן הַמַּיִם בִּתְעָלוֹת:

*הַ**נִּיקּוּז** לֹא טוֹב, וְלָכֵן יֵשׁ מַיִם בַּכְּבִישִׁים.*

ניקוי ז, נִקּוּי cleaning

הוֹצָאַת לִיכְלוּךְ, עֲבוֹדַת הַנִּיקָּיוֹן:

ניקוּי הַבַּיִת נִמְשַׁךְ כֹּל הַבּוֹקֶר.
ניקוּי יָבֵשׁ dry cleaning

ניקור ז', נִקּוּר pecking
הוֹצָאָה שֶׁל חֵלֶק קָטָן מִתּוֹךְ מַשֶּׁהוּ:
הַתַּרְנְגוֹלוֹת מוֹצִיאוֹת אוֹכֶל עַל־יְדֵי ***נִיקוּר*** *בָּאֲדָמָה.*

ניקז פ', נִקֵּז drained
סִידֵּר שֶׁהַמַּיִם יִזְרְמוּ בְּצוּרָה מְסוּדֶּרֶת:
הַצִּינוֹר ***מְנַקֵּז אֶת*** *מֵי הַגְּשָׁמִים לְמָקוֹם אֶחָד.*
לְנַקֵּז אֶת- / נ.ק.ז, פִּיעֵל / נִיקַּזְתִּי, מְנַקֵּז, יְנַקֵּז, נַקֵּז!

ניקיון ז', נִקָּיוֹן [נִיקְיוֹנוֹת] cleanliness
כְּשֶׁאֵין לִיכְלוּךְ:
הַתּוֹשָׁבִים הִתְבַּקְּשׁוּ לִשְׁמוֹר עַל ***הַנִּיקָּיוֹן*** *בָּרְחוֹבוֹת.*
ניקיון כַּפַּיִים incorruptibility

ניקר פ', נִקֵּר pecked
עָשָׂה חוֹר, וְהוֹצִיא מַשֶּׁהוּ בְּמַכְשִׁיר חַד:
הַתַּרְנְגוֹלֶת ***מְנַקֶּרֶת*** *בָּאֲדָמָה כְּדֵי לִמְצוֹא אוֹכֶל.*
לְנַקֵּר אֶת הָעֵינַיִים - (מֶטָאפוֹרָה) לְעוֹרֵר קִנְאָה:
יֵשׁ לוֹ מְכוֹנִית ***מְנַקֶּרֶת*** *עֵינַיִים.*
לְנַקֵּר / נ.ק.ר, פִּיעֵל / נִיקַּרְתִּי, מְנַקֵּר, יְנַקֵּר, נַקֵּר!

ניר ז', נִיר [נִירִים] plowed field
(שָׂפָה סִפְרוּתִית) שָׂדֶה שֶׁהֵכִינוּ לִזְרִיעָה:
לַנִּיר יֵשׁ רֵיחַ טוֹב שֶׁל אֲדָמָה שֶׁהָפְכוּ אוֹתָהּ.

נירמול ז', נִרְמוּל normalization
כְּשֶׁעוֹשִׂים שֶׁיִּהְיֶה נוֹרְמָלִי:
פָּעַלְנוּ ***לְנִירְמוּל*** *הַיְּחָסִים הַדִּיפְּלוֹמָטִיִּים עִם רוּסְיָה.*

נישא פ', נִשָּׂא got married
הִתְחַתֵּן:
מַזָּל טוֹב! דָּוִיד וְרוּת ***נִישְּׂאוּ.***
לְהִינָּשֵׂא / נ.ש.א, נִפְעַל / נִישֵּׂאתִי, נִישָּׂא, יִינָּשֵׂא, הִינָּשֵׂא!

נישואין ז"ר, נִשּׂוּאִין marriage
חֲתוּנָּה:
הָרַב עָרַךְ אֶת טֶקֶס ***הַנִּישּׂוּאִין*** *שֶׁל דָּוִיד וְרוּת.*
הַנִּישּׂוּאִין *הֵם קֶשֶׁר קָבוּעַ בֵּין גֶּבֶר וְאִישָּׁה.*
נִישּׂוּאֵי-תַּעֲרוֹבֶת mixed marriage

נישול ז', נִשּׁוּל dispossession
כְּשֶׁמְּגָרְשִׁים, לוֹקְחִים בְּכוֹחַ בַּיִת, אֲדָמָה...:
הַחוֹק מֵגֵן מִפְּנֵי ***נִישּׁוּל*** *אֲנָשִׁים מֵהַבַּיִת שֶׁלָּהֶם.*

נישום ז', נִשּׁוֹם [נִישּׁוֹמִים] taxpayer
מִי שֶׁצָּרִיךְ לְשַׁלֵּם מִיסִים:
הַנִּישּׁוֹמִים *חוֹשְׁבִים שֶׁהַמַּס, שֶׁהֵם צְרִיכִים לְשַׁלֵּם, גָּבוֹהַּ.*
נִישּׁוֹמָה, נִישּׁוֹמוֹת

נישוק ז', נִשּׁוּק [נִישּׁוּקִים] kissing
כְּשֶׁנּוֹתְנִים נְשִׁיקָה:
יְלָדִים אֵינָם אוֹהֲבִים ***נִישּׁוּקִים*** *שֶׁל דּוֹדוֹת.*

נישל פ', נִשֵּׁל dispossessed
גֵּירֵשׁ, לָקַח בְּכוֹחַ (בַּיִת, אֲדָמָה וְכוּ'):
הוּא אֵינוֹ יָכוֹל ***לְנַשֵּׁל*** *אוֹתִי מִבֵּיתִי.*
לְנַשֵּׁל אֶת- / נ.ש.ל, פִּיעֵל / נִישַּׁלְתִּי, מְנַשֵּׁל, יְנַשֵּׁל, נַשֵּׁל!

נישק פ', נִשֵּׁק kissed
נָגַע בַּשְּׂפָתַיִים בְּמִישֶׁהוּ אַחֵר כְּסִימָן לְאַהֲבָה:
הָאֵם ***נִישְּׁקָה אֶת*** *הַיֶּלֶד לִפְנֵי הַשֵּׁינָה.*
לְנַשֵּׁק אֶת- / נ.ש.ק, פִּיעֵל / נִישַּׁקְתִּי מְנַשֵּׁק, יְנַשֵּׁק, נַשֵּׁק!

ניתב פ', נִתֵּב directed, routed
הֶרְאָה דֶּרֶךְ, הֶרְאָה כִּיוּוּן:
צָרִיךְ ***לְנַתֵּב אֶת*** *הָאוֹנִיָּיה אֶל תּוֹךְ הַנָּמֵל.*
לְנַתֵּב אֶת- / נ.ת.ב, פִּיעֵל / נִיתַּבְתִּי, מְנַתֵּב, יְנַתֵּב, נַתֵּב!

ניתוח ז', נִתּוּחַ [נִיתּוּחִים] operation, surgery
1. שִׁימּוּשׁ בְּכִירוּרְגִיָה, חִיתּוּךְ שֶׁל רוֹפֵא בַּגּוּף:
דָּנִי עָבַר ***נִיתּוּחַ*** *לֵב פָּתוּחַ.*
2. אֲנָלִיזָה שֶׁל דְּבָרִים: analysis
בְּלִי ***נִיתּוּחַ*** *שֶׁל הָעוּבְדוֹת לֹא תִּיפָּתֵר הַבְּעָיָה.*
נִיתּוּחַ קֵיסָרִי Caesarean section

ניתוסף ר' נוסף

ניתוץ ז', נִתּוּץ smashing, demolition
שְׁבִירָה, הֲרִיסָה:
רָאִיתִי אֶת ***נִיתּוּץ*** *חוֹמַת בֶּרְלִין.*

ניתוק ז', נִתּוּק [נִיתּוּקִים] disconnection, breaking off, severance
1. קְרִיעָה, חִיתּוּךְ:
הָיָה חוֹשֶׁךְ בִּגְלַל ***נִיתּוּק*** *חוּטֵי הַחַשְׁמַל.*
2. הַפְסָקָה, בִּיטּוּל (מֶטָאפוֹרָה):
נִיתּוּק *הַקְּשָׁרִים בֵּין יִשְׂרָאֵל לִבְרִית הַמּוֹעָצוֹת נִמְשַׁךְ 25 שָׁנָה.*

ניתור ז', נִתּוּר [נִיתּוּרִים] skip, jump
קְפִיצָה:
כֹּל שִׁיעוּר הִתְעַמְּלוּת מַתְחִיל ***בְּנִיתּוּרִים*** *בַּמָּקוֹם.*

ניתזפ׳ נִתַּז squirted, sprayed
מַשֶּׁהוּ שֶׁיָּצָא פִּתְאוֹם (בְּעִיקָר נוֹזֵל):
*הַמַּיִם **ניתזו** וְהִרְטִיבוּ אוֹתִי.*
לְהִינָּתֵז / נ.ת.ז, נִפְעַל / נִיתַּזוּ, נִיתָּז, יִינָּתֵז, יִינָּתְזוּ

ניתחפ׳ נִתַּח (נִתֵּחַ) operated
1. חָתַךְ בְּסַכִּין בְּגוּף חַי כְּדֵי לְרַפֵּא:
*הָרוֹפֵא **נִיתֵּחַ אֶת** הַחוֹלֶה בְּבֵית הַחוֹלִים.*
2. חָקַר מַשֶּׁהוּ, בָּדַק אֶת הַסִּיבּוֹת, analyzed
הַפְּרָטִים, הַתּוֹצָאוֹת וְכוּ׳: *הַהִיסְטוֹרְיוֹן **נִיתֵּחַ אֶת** הַמַּצָּב הַחֶבְרָתִי בַּמֵּאָה ה־18.*
לְנַתֵּחַ אֶת- / נ.ת.ח, פִּיעֵל / נִיתַּחְתִּי, מְנַתֵּחַ, יְנַתֵּחַ, נַתֵּחַ!

ניתךפ׳ נִתַּךְ poured forcefully
1. יָרַד (נוֹזֵל) בְּכוֹחַ:
*גֶּשֶׁם חָזָק **נִיתַּךְ עַל** הַבַּיִת.*
2. נַעֲשָׂה נוֹזֵל (בִּגְלַל חוֹם): melted
*הַבַּרְזֶל **נִיתַּךְ** וְהָפַךְ **לְנוֹזֵל**.*
לְהִינָּתֵךְ / נ.ת.ך, נִפְעַל / נִיתְּכוּ, נִיתָּךְ, יִינָּתֵךְ, יִינָּתְכוּ

ניתןפ׳ נִתַּן was given
1. נָתְנוּ אוֹתוֹ, מָסְרוּ אוֹתוֹ:
***נִיתְּנוּ** מַתָּנוֹת לְכָל הַיְלָדִים.*
2. נַעֲשָׂה אֶפְשָׁרִי: became possible
*הַדָּבָר לֹא **נִיתָּן לְ**בִיצּוּעַ.*
לְהִינָּתֵן לְ- / נ.ת.ן, נִפְעַל / נִיתְּנוּ, נִיתָּן, יִינָּתֵן, יִינָּתְנוּ

ניתץפ׳ נִתֵּץ smashed
שָׁבַר לַחֲתִיכוֹת:
***נִיתַּצְתִּי אֶת** הַקִּיר.*
לְנַתֵּץ אֶת- / נ.ת.ץ, פִּיעֵל / נִיתַּצְתִּ, מְנַתֵּץ, יְנַתֵּץ, נַתֵּץ!

ניתץפ׳ נִתַּץ was smashed
נִשְׁבַּר לַחֲתִיכוֹת:
*הָאֲבָנִים הַגְּדוֹלוֹת **נִיתְּצוּ** וְהָפְכוּ לַאֲבָנִים קְטַנּוֹת.*
לְהִינָּתֵץ / נ.ת.ץ, נִפְעַל / נִיתְּצוּ, נִיתָּץ, יִינָּתֵץ, יִינָּתְצוּ

ניתקפ׳ נִתֵּק disconnected, cut off
קָרַע, בִּיטֵּל:
***נִיתַּקְתִּי אֶת** הַחוּט שֶׁחִיבֵּר אֶת שְׁנֵי הָעַמּוּדִים. / בְּרִית הַמּוֹעָצוֹת **נִיתְּקָה אֶת** הַקְּשָׁרִים הַדִּיפְּלוֹמָטִיִּים עִם יִשְׂרָאֵל.*
לְנַתֵּק אֶת- / נ.ת.ק, פִּיעֵל / נִיתַּקְתִּי, מְנַתֵּק, יְנַתֵּק, נַתֵּק!

ניתקפ׳ נִתַּק was disconnected
נִקְרַע, בִּיטְּלוּ אוֹתוֹ, נִפְסַק:
*חוּטֵי הַחַשְׁמַל **נִיתְּקוּ**.*
לְהִינָּתֵק / נ.ת.ק, נִפְעַל / נִיתַּקְתִּי, נִיתָּק, יִינָּתֵק, הִינָּתֵק!

ניתרפ׳ נִתֵּר skipped, jumped
קָפַץ:
*אֲנִי **מְנַתֵּר** בַּמָּקוֹם כְּדֵי לְהִתְחַמֵּם.*
לְנַתֵּר / נ.ת.ר, פִּיעֵל / נִיתַּרְתִּי, מְנַתֵּר, אֲנַתֵּר, יְנַתֵּר, נַתֵּר!

ניתרפ׳ נִתַּר became untied
נִפְתַּח (קֶשֶׁר שֶׁל חוּטִים וְכוּ׳):
*הַחֶבֶל, שֶׁחִיזֵּק אֶת הַחֲבִילָה, **נִיתַּר**.*
לְהִינָּתֵר / נ.ת.ר, נִפְעַל / נִיתְּרוּ, נִיתָּר, יִינָּתֵר, יִינָּתְרוּ

נכאיםז״ר נְכָאִים sadness, grief
מַצָּב רוּחַ רַע מְאוֹד:
*יֵשׁ כָּאן אֲוִירַת **נְכָאִים**, הִפְסַדְנוּ בְּמִשְׂחַק כַּדּוּרְסַל.*

נכבדת׳ נִכְבָּד distinguished (adj.), respectable
1. חָשׁוּב, שֶׁנּוֹתְנִים לוֹ כָּבוֹד:
הוּא בָּא מִמִּשְׁפָּחָה נִכְבָּדָה.
2. (פְּנִיָּיה פוֹרְמָלִית בְּעַל־פֶּה אוֹ בִּכְתָב):
*'קָהָל **נִכְבָּד**, אָנוּ שְׂמֵחִים לְאָרֵחַ אֶתְכֶם הָעֶרֶב'.*
א"נ (אָדוֹן נִכְבָּד) - פְּנִיָּיה בְּמִכְתָּבִים לְגֶבֶר Dear Sir
ג"נ (גְּבֶרֶת נִכְבָּדָה) - פְּנִיָּיה בְּמִכְתָּב לְאִישָּׁה Dear Madam
נִכְבָּדָה, נִכְבָּדִים, נִכְבָּדוֹת

נכבלפ׳ נִכְבַּל was tied/chained
קָשְׁרוּ אוֹתוֹ:
*הַגַּנָּב נִתְפַּס עַל־יְדֵי הַשּׁוֹטְרִים **וְנִכְבַּל**.*
לְהִיכָּבֵל / כ.ב.ל, נִפְעַל / נִכְבַּלְתִּי, נִכְבָּל, אֶכָּבֵל, יִיכָּבֵל

נכבשפ׳ נִכְבַּשׁ was conquered
1. צָבָא הִשְׁתַּלֵּט עָלָיו (עַל הַמָּקוֹם):
*יְרוּשָׁלַיִם **נִכְבְּשָׁה עַל** יְדֵי הָרוֹמָאִים.*
2. נִסְלַל (כְּבִישׁ, דֶּרֶךְ): was paved
*דֶּרֶךְ חֲדָשָׁה **נִכְבְּשָׁה** בַּבּוּלְדוֹזֶרִים.*
3. יְרָקוֹת שֶׁשָּׂמוּ אוֹתָם בְּתַחְמִיץ: was pickled
*הַזֵּיתִים **נִכְבְּשׁוּ** בְּמֶלַח בַּשָּׁנָה שֶׁעָבְרָה.*
לְהִיכָּבֵשׁ / כ.ב.ש, נִפְעַל / נִכְבְּשָׁה, נִכְבָּשׁ, יִיכָּבֵשׁ

נכדז׳ נֶכֶד [נְכָדִים] grandson
בֵּן שֶׁל בֵּן אוֹ בֵּן שֶׁל בַּת:
*אַבָּא, בֵּן **וְנֶכֶד** הֵם שְׁלוֹשָׁה דּוֹרוֹת.*
נֶכְדָּה, נְכָדוֹת

נכהתו״ז נָכֶה [נָכִים] cripple, disabled (adj.)
אִינְווֹלִיד, מִי שֶׁהַגּוּף שֶׁלּוֹ לֹא שָׁלֵם:
*יֵשׁ הַרְבֵּה **נָכִים** בִּגְלַל הַמִּלְחָמוֹת.*
נְכֵה-מִלְחָמָה disabled serviceman
נָכָה, נָכוֹת

נכווהפ׳ נִכְוָה was burnt
1. נִפְגַע מֵאֵשׁ אוֹ מִשֶׁמֶשׁ:
***נִכְוֵיתִי** בַּיָד מִן הַסִיגַרְיָה.*
2. (מֶטָאפוֹרָה) נִפְגַע, הָיָה לוֹ נִיסָיוֹן לֹא טוֹב: was hurt
*הוּא כְּבָר **נִכְוָוה** פַּעַם בְּאַהֲבָה.*
לְהִיכָּווֹת בְּ- / כ.ו.ה, נִפְעַל / נִכְוֵיתִי, נִכְוֶוה, יִיכָּוֶוה

נכוןת׳ נָכוֹן correct, proper
1. אֲמִיתִי, מְדוּיָק:
*הֵם מְדַבְּרִים עִברִית **נְכוֹנָה**.*
2. כְּמוֹ שֶׁצָרִיך: right
*עָשִׂיתָ אֶת הַמַעֲשֶׂה **הַנָכוֹן**.*
3. מוּכָן, מַסכִּים: ready
*אֲנִי **נָכוֹן** לַעֲשׂוֹת כֹּל מַה שֶׁתֹאמַר לִי. נְכוֹנָה, נְכוֹנִים, נְכוֹנוֹת*

נכונותנ׳ נְכוֹנוּת accuracy, correctness
1. מַה שֶׁהוּא נָכוֹן, אֲמִיתִי:
*צָרִיך לִבדוֹק אֶת **נְכוֹנוּת** הַדבָרִים שֶׁאָמַר.*
2. כְּשֶׁמוּכָנִים וּמַסכִּימִים: readiness
*אֵין לָנוּ **הַנְכוֹנוּת** לְהַתחִיל הַכֹּל מֵחָדָש.*

נכותנ׳ נְכוֹת museum
בֵּית-נְכוֹת – מוּזֵיאוֹן:
*בְּבֵית **הַנְכוֹת** הַלְאוּמִי יֵשׁ אוֹסֶף אַרכֵיאוֹלוֹגִי גָדוֹל.*

נכותנ׳ נָכוּת disability
הַמַצָב שֶׁל אִינווֹלִידִיוּת, שֶׁל מִי שֶׁהַגוּף שֶׁלוֹ אֵינוֹ שָׁלֵם:
*הוּא צָרִיך עֶזרָה בִּגלַל **הַנָכוּת** שֶׁלוֹ.*

נכחפ׳ נָכַח was present
הָיָה בְּמָקוֹם כֹּלשֶׁהוּ, הִשׁתַתֵף:
*כֹּל תַלמִידֵי הַכִּיתָה **נָכחוּ** בַּשִׁיעוּר.*
/ נ.כ.ח, פָּעַל / נָכַחתִי בְּ-, נוֹכֵחַ, נוֹכְחִים

נכחדפ׳ נִכְחַד was extinct, perished
נֶהֱרַס, הִשׁמִידוּ אוֹתוֹ, נֶעֱלַם:
*הַדִינוֹזָאוּרִים **נִכחֲדוּ** מִן הָעוֹלָם.*
לְהִיכָּחֵד / כ.ח.ד, נִפְעַל / נִכחֲדוּ, נִכחַד, יִיכָּחֵד

נכלאפ׳ נִכְלָא was imprisoned
סָגרוּ אוֹתוֹ (גַם בְּבֵית סוֹהַר):
*הַגַנָב **נִכלָא** לְעֶשֶׂר שָׁנִים.*
לְהִיכָּלֵא / כ.ל.א, נִפְעַל / נִכלֵאתִי, נִכלָא, אֶכָּלֵא, יִיכָּלֵא

נכללפ׳ נִכְלַל was included
הָיָה בֵּין אֵלֶה שֶׁ-:
***נִכלַלתִי** בְּמִשׁלַחַת הַספּוֹרט לָאוֹלִימפּיָאדָה.*
לְהִיכָּלֵל בְּ- / כ.ל.ל, נִפְעַל / נִכלְלוּ, נִכלַל, יִיכָּלֵל

נכלםת׳ נִכְלָם ashamed
מַרגִישׁ בּוּשָׁה, מַרגִישׁ שֶׁלֹא בְּנוֹחַ:
*הוּא עָמַד **נִכלָם** לִפנֵי אִימוֹ הַזקֵנָה, כִּי שִׁיקֵר לָה.*
נִכלֶמֶת, נִכלָמִים, נִכלָמוֹת

נכמרפ׳ נִכְמַר became hot
(נַעֲשָׂה חַם) הִתרַגֵשׁ.
נִכמְרוּ רַחֲמָיו took pity (on)
לְהִיכָּמֵר / כ.מ.ר, נִפְעַל / נִכמְרוּ, נִכמַר, יִיכָּמֵר, יִיכָּמְרוּ

נכנספ׳ נִכְנַס entered, came in
בָּא לְתוֹך:
נִכנַסתִי לַמִשׂרָד בַּבּוֹקֶר, וְלֹא יָצָאתִי מִמֶנוּ עַד הָעֶרֶב.
נִכנַס לְמָבוֹי סָתוּם reached a dead end
נִכנַס לְתוֹך דבָרָיו interrupted
נִכנְסָה לְהֵירָיוֹן became pregnant
לְהִיכָּנֵס לְ- / כ.נ.ס, נִפְעַל / נִכנַסתִי, נִכנַס, יִיכָּנֵס, הִיכָּנֵס!

נכנעפ׳ נִכְנַע surrendered
"הֵרִים יָדַיִים", הִפסִיק לְהִילָחֵם:
*רָאִינוּ אֶת הַדֶגֶל הַלָבָן, וְיָדַעְנוּ שֶׁהָאוֹיֵב **נִכנַע**.*
לְהִיכָּנַע, לְ- / כ.נ.ע. נִפְעַל / נִכנַעתִי, נִכנַע, יִיכָּנַע, הִיכָּנַע!

נכסז׳ נֶכֶס [נְכָסִים] asset, property
רְכוּשׁ (בַּיִת, אֲדָמָה וְכוּ'):
*הוּא אִישׁ עָשִׁיר בַּעַל **נְכָסִים** רַבִּים.*
נִכסֵי דְלָא נַיידֵי - בָּתִים, real estate
אֲדָמָה וְכוּ'
נִכסֵי צֹאן בַּרזֶלב׳ - יְסוֹד, inalienable goods
דָבָר עִיקָרִי: הַתַנַ"ך הוּא מִנִכסֵי צֹאן הַבַּרזֶל שֶׁל עַם יִשׂרָאֵל.

נכסףפ׳ נִכְסַף yearned
רָצָה מְאוֹד:
*הוּא **נִכסַף** לַעֲלוֹת לְיִשׂרָאֵל.*
לְהִיכָּסֵף לְ- / כ.ס.ף, נִפְעַל / נִכסַפתִי, נִכסָף, אֶכָּסֵף

נכסףת׳ נִכְסָף long awaited
מַשֶׁהוּ שֶׁרוֹצִים בּוֹ מְאוֹד:
*יֵשׁ לִי חֲלוֹם **נִכסָף** - לִהיוֹת סוֹפֵר.*
נִכסֶפֶת, נִכסָפִים, נִכסָפוֹת

נכפהפ׳ נִכְפָּה was forced (on)
מַשֶׁהוּ שֶׁהִכרִיחוּ לַעֲשׂוֹת אוֹ לְקַבֵּל:
*הַתַפקִיד הַזֶה **נִכפָּה עָלַיי**.*
/ כ.פ.ה, נִפְעַל / נִכפּוּ, נִכפֶּה, יִיכָּפֶה, יִיכָּפוּ

נכרךפ׳ נִכְרַך was bound
1. עָשׂוּ מִמֶנוּ סֵפֶר, חִיבּרוּ יַחַד:

כֹּל הַדַּפִּים *נִכְרְכוּ* יַחַד לְסֵפֶר.
2. הָיָה קָרוֹב לְמִישֶׁהוּ, הָלַךְ אַחֲרֵי...: was attached
הַיֶּלֶד נִכְרָךְ אַחֲרֵי אִימָא שֶׁלּוֹ.
לְהִיכָּרֵךְ / כ.ר.ך, נִפְעַל / נִכְרַכְתִּי, נִכְרָךְ, יִיכָּרֵךְ, יִיכָּרְכוּ

נכרתפ׳ נִכְרַת was cut off
חָתְכוּ אוֹתוֹ:
הָעֲנָפִים שֶׁל הָעֵץ נִכְרְתוּ.
לְהִיכָּרֵת / כ.ר.ת, נִפְעַל / נִכְרְתוּ, נִכְרַת, יִיכָּרֵת, יִיכָּרְתוּ

נכשלפ׳ נִכְשַׁל failed
לֹא הִצְלִיחַ:
הַתּוֹכְנִית שֶׁלּוֹ לְהָבִיא שָׁלוֹם לָעוֹלָם - נִכְשְׁלָה.
לְהִיכָּשֵׁל בְּ- / כ.ש.ל, נִפְעַל / נִכְשַׁלְתִּי, נִכְשָׁל, אֶכָּשֵׁל

נכתבפ׳ נִכְתַּב was written
כָּתְבוּ אוֹתוֹ, רָשְׁמוּ אוֹתוֹ:
הַסֵּפֶר נִכְתַּב עִבְרִית וְתוּרְגַם לְאַנְגְלִית.
לְהִיכָּתֵב / כ.ת.ב, נִפְעַל / כָּתְבָה, נִכְתְּבוּ, יִיכָּתֵב, יִיכָּתְבוּ

נכתםפ׳ נִכְתַּם was stained
הִתְלַכְלֵךְ, נַעֲשָׂה לוֹ כֶּתֶם:
הַבְּגָדִים נִכְתְּמוּ מֵהָאוֹכֶל.
/ כ.ת.ם, נִפְעַל / נִכְתְּמוּ, נִכְתַּם

נלאהפ׳ נִלְאָה became tired
נַעֲשָׂה עָיֵיף:
נִלְאֵיתִי לַחֲזוֹר עַל הַסִּיפּוּר.
ל.א.ה, נִפְעַל / נִלְאֵיתִי, נִלְאוּ, נִלְאֶה

נלאהת׳ נִלְאֶה tired (adj.)
בְּלִי כּוֹחַ, עָיֵיף:
בִּזְכוּת מַאֲמָץ בִּלְתִּי נִלְאֶה הִצְלַחְנוּ לְנַצֵּחַ בַּתַּחֲרוּת.
נִלְאֵית, נִלְאִים, נִלְאוֹת

נלבבת׳ נִלְבָּב cordial
נוֹגֵעַ לַלֵּב, נָעִים, נֶחְמָד:
יֵשׁ לָהּ יַחַס נִלְבָּב לָאֲנָשִׁים.
נִלְבֶּבֶת, נִלְבָּבִים, נִלְבָּבוֹת

נלהבת׳ נִלְהָב enthusiastic
מִתְרַגֵּשׁ, שֶׁיֵּשׁ לוֹ יַחַס חַם:
אֲנִי תּוֹמֵךְ נִלְהָב שֶׁל 'מַכַּבִּי תֵּל־אָבִיב'.
נִלְהֶבֶת, נִלְהָבִים, נִלְהָבוֹת

נלווהפ׳ נִלְוָה accompanied
הָלַךְ עִם-, הִתְחַבֵּר אֶל-:
דָּוִיד נִלְוָה לְאָבִיו לְבֵית הַמִּשְׁפָּט.
לְהִילָּווֹת לְ- / ל.ו.ה, נִפְעַל / נִלְוֵיתִי, נִלְוֶוה, אֶלָּוֶוה

נלווהת׳ נִלְוֶה accompanying, attached (adj.)
מִצְטָרֵף אֶל-, מִתְחַבֵּר אֶל-:
בְּמִכְתָּב נִלְוֶה כָּתַבְתִּי אֶת כֹּל הַפְּרָטִים.
נִלְוֵית, נִלְוִוים, נִלְווֹת

נלוזת׳ נָלוֹז deviant
עָקוֹם, לֹא יָשָׁר. (מֶטָאפוֹרָה) לֹא מוּסָרִי: depraved
הוּא חַי חַיִּים נְלוֹזִים.
נְלוֹזָה, נְלוֹזִים, נְלוֹזוֹת

נלחםפ׳ נִלְחַם fought
1. הִשְׁתַּמֵּשׁ בְּכוֹחַ נֶגֶד אוֹיֵב, יָצָא לְמִלְחָמָה:
הַצָּבָא נִלְחַם בָּאוֹיֵב.
2. לֹא וִיתֵּר: battled
הַחוֹלֶה נִלְחַם בַּמַּחֲלָה הַקָּשָׁה שֶׁלּוֹ.
לְהִילָּחֵם בְּ- / ל.ח.ם, נִפְעַל / נִלְחַמְתִּי, נִלְחָם, יִילָּחֵם

נלחץפ׳ נִלְחַץ was pressed
1. לָחֲצוּ אוֹתוֹ, נַעֲשָׂה לוֹ פָּחוֹת מָקוֹם:
הָאֲנָשִׁים בָּאוֹטוֹבּוּס נִלְחֲצוּ זֶה אֶל זֶה, כִּי לֹא הָיָה מָקוֹם.
2. נַעֲשָׂה לוֹ קָשֶׁה, כָּבֵד: became anxious/tense
אֲנִי נִלְחָץ לִפְנֵי בְּחִינוֹת.
לְהִילָּחֵץ / ל.ח.ץ, נִפְעַל / נִלְחַצְתִּי /נִלְחָץ, יִילָּחֵץ

נלחשפ׳ נִלְחַשׁ was whispered
אָמְרוּ בְּשֶׁקֶט:
נִלְחַשׁ לִי שֶׁהַשַּׂר רוֹצֶה לְהִתְפַּטֵּר.
לְהִילָּחֵשׁ / ל.ח.ש, נִפְעַל / נִלְחֲשׁוּ, נִלְחָשׁ, יִילָּחֵשׁ

נלכדפ׳ נִלְכַּד was captured
תָּפְסוּ אוֹתוֹ:
הַגַּנָּב נִלְכַּד עַל־יְדֵי הַמִּשְׁטָרָה.
לְהִילָּכֵד / ל.כ.ד, נִפְעַל / נִלְכַּדְתִּי, נִלְכָּד, אֶלָּכֵד, יִילָּכֵד

נלמדפ׳ נִלְמַד was studied
לָמְדוּ אוֹתוֹ:
יֵשׁ נוֹשְׂאִים שֶׁלֹּא נִלְמְדוּ בַּכִּיתָּה.
לְהִילָּמֵד / ל.מ.ד, נִפְעַל / נִלְמְדוּ, נִלְמָד, יִילָּמֵד, יִילָּמְדוּ

נלעגת׳ נִלְעָג ridiculous, ludicrous
מְעוֹרֵר לַעַג, לֹא חָכָם:
הוּא אוֹמֵר דְּבָרִים נִלְעָגִים.
נִלְעֶגֶת, נִלְעָגִים, נִלְעָגוֹת

נלקחפ׳ נִלְקַח was taken
1. לָקְחוּ אוֹתוֹ, הֶעֱבִירוּ מִן הַמָּקוֹם:

כֹּל הַסְּפָרִים **נִלְקְחוּ** לַסִּפְרִיָּה.
2. (מֶטָאפוֹרָה) מֵת: passed away
הוּא **נִלְקַח** מֵאִיתָּנוּ בְּגִיל צָעִיר.
לְהִילָּקַח / ל.ק.ח, נִפְעַל / נִלְקְחוּ, נִלְקַח, יִילָּקַח, הִילָּקַח!

נםפ׳ נָם slept
יָשֵׁן:
*אֲנִי אוֹהֵב **לָנוּם** אַחַר-הַצׇּהֳרַיִים.*
לָנוּם / נ.ו.ם, פָּעַל / נַמְתִּי, נָם, אָנוּם, יָנוּם, נוּם!

נמאספ׳ נִמְאַס was sick and tired
לֹא רָצוּ בּוֹ עוֹד:
***נִמְאֲסוּ** עָלַיי הַלִּימּוּדִים. / (בִּשְׂפַת הַדִּיבּוּר) **נִמְאַס לִי** - נִמְאַס לִי לִשְׁמוֹעַ אֶת הַמּוּסִיקָה הַזֹּאת (נִמְאַס לוֹ, לָהּ וְכוּ׳).*
לְהִימָּאֵס עַל- / מ.א.ס, נִפְעַל / נִמְאַסְתִּי, נִמְאַס, יִימָּאֵס

נמדדפ׳ נִמְדַּד was measured
מָדְדוּ אוֹתוֹ, קָבְעוּ מָה הָאוֹרֶךְ, הָרוֹחַב...:
*שֶׁטַח הַמִּגְרָשׁ **נִמְדַּד** בְּמֶטְרִים רְבוּעִים (מ״ר).*
לְהִימָּדֵד / מ.ד.ד, נִפְעַל / נִמְדְּדוּ, נִמְדָּד, יִימָּדֵד, הִימָּדֵד!

נמוגפ׳ נָמוֹג faded away
נֶעֱלַם, לֹא הָיָה:
*הַשֶּׁלֶג נָמֵס **וְנָמוֹג**.*
לְהִימּוֹג / מ.ו.ג, נִפְעַל / נָמוֹגוּ, נָמוֹג, יִימּוֹג, יִימּוֹגוּ

נמוךת׳ נָמוּךְ low, short
לֹא גָּבוֹהַּ, בַּעַל קוֹמָה קְצָרָה:
*יַם הַמֶּלַח הוּא הַמָּקוֹם **הַנָּמוּךְ** בְּיוֹתֵר בָּעוֹלָם.*
*הִסְתַּכַּלְתִּי בָּאָב וּבִבְנוֹ, הָאָב - **נָמוּךְ** וְהַבֵּן - גָּבוֹהַּ.*
נְמוּכָה, נְמוּכִים, נְמוּכוֹת

נמחקפ׳ נִמְחַק was erased
1. הָיָה כָּתוּב וּבִיטְּלוּ אוֹתוֹ:
*הָרְשִׁימָה **נִמְחֲקָה** בַּמַּחְשֵׁב, צָרִיךְ לְהָכִין רְשִׁימָה חֲדָשָׁה.*
2. לֹא הִתְחַשְּׁבוּ בּוֹ עוֹד, לֹא קַיָּים: was canceled
*הַחוֹב שֶׁל קוּפַּת חוֹלִים **נִמְחַק**.*
לְהִימָּחֵק / מ.ח.ק, נִפְעַל / נִמְחֲקוּ, נִמְחָק, יִימָּחֵק

נמכרפ׳ נִמְכַּר was sold
מָכְרוּ אוֹתוֹ, נָתְנוּ אוֹתוֹ בְּכֶסֶף:
*כֹּל הַתַּפּוּחִים **נִמְכְּרוּ**.*
לְהִימָּכֵר / מ.כ.ר, נִפְעַל / נִמְכְּרוּ, נִמְכָּר, יִימָּכֵר, יִימָּכְרוּ

נמלז׳ נָמָל [נְמָלִים] port
שֶׁטַח מַיִם סָגוּר, מָקוֹם בָּטוּחַ לָאוֹנִיּוֹת:
*הָאוֹנִיָּיה הִגִּיעָה **לִנְמַל** חֵיפָה, וְהַנּוֹסְעִים יָרְדוּ לַחוֹף.*
נְמַל-תְּעוּפָה airport

נמלאפ׳ נִמְלָא was filled
נַעֲשָׂה מָלֵא, הִתְמַלֵּא:
*הַבַּיִת **נִמְלָא** אָבָק.*
לְהִימָּלֵא / מ.ל.א, נִפְעַל / נִמְלֵאתִי, נִמְלָא, אֶמָּלֵא, יִימָּלֵא

נמלהנ׳ נְמָלָה [נְמָלִים] ant
בַּעַל חַיִּים קָטָן מְאוֹד, חַי בִּקְבוּצוֹת:
***הַנְּמָלָה** הִיא בַּעַל חַיִּים חָרוּץ - תָּמִיד עוֹבֶדֶת.*

נמלטפ׳ נִמְלַט escaped
1. בָּרַח כְּדֵי לְהַצִּיל אֶת עַצְמוֹ:
*הוּא **נִמְלַט** מִבֵּית הַסּוֹהַר.*
2. הִצְלִיחַ לֹא לְקַבֵּל (עוֹנֶשׁ וְכוּ׳): eluded
*הַגַּנָּב הִצְלִיחַ **לְהִימָּלֵט** מֵעוֹנֶשׁ בִּזְכוּת עוֹרֵךְ הַדִּין.*
לְהִימָּלֵט מִ- / מ.ל.ט, נִפְעַל / נִמְלַטְתִּי, נִמְלָט, יִימָּלֵט

נמנהפ׳ נִמְנָה was counted
1. סָפְרוּ אוֹתוֹ:
*הַחַיָּילִים **נִמְנוּ**, אִישׁ אֵינוֹ חָסֵר.*
2. שַׁיָּיךְ לְ- : was considered
*הוּא **נִמְנָה עִם** הַמַּדְעָנִים הַיְּדוּעִים.*
לְהִימָּנוֹת עַל-, עִם-, בֵּין- / מ.נ.ה, נִפְעַל / נִמְנֵיתִי, נִמְנֶה

נמנעפ׳ נִמְנַע avoided
1. הִתְרַחֵק מִ-, הִפְסִיק לַעֲשׂוֹת מַשֶּׁהוּ:
*הוּא **נִמְנַע** מִכֹּל פְּגִישָׁה עִם הַמִּשְׁפָּחָה.*
2. לֹא הִצְבִּיעַ בְּעַד וְלֹא נֶגֶד: abstained
*80 חַבְרֵי כְּנֶסֶת הִצְבִּיעוּ בְּעַד הַחוֹק, 30 - נֶגֶד, וְ-10 **נִמְנְעוּ**.*
לְהִימָּנַע מִ-/ מ.נ.ע, נִפְעַל / נִמְנַעְתִּי, נִמְנָע, יִימָּנַע, הִימָּנַע!

נמנעת׳ נִמְנָע impossible
אִי אֶפְשָׁר:
*מִן **הַנִּמְנָע** הוּא שֶׁאָבוֹא אֵלֶיךָ.*
בִּלְתִּי-נִמְנָע - מַשֶּׁהוּ unavoidable
שֶׁאִי-אֶפְשָׁר לַעֲצוֹר אוֹ לְהַפְסִיק:
*הִתְפַּתְּחוּת הַמַּחֲלָה הָיְיתָה **בִּלְתִּי נִמְנַעַת**.*
אֵין זֶה מִן הַנִּמְנָע - it is not impossible
אֵין זֶה מִן הַנִּמְנָע שֶׁתְּקַבֵּל אֶת הַתַּפְקִיד.
נִמְנַעַת, נִמְנָעִים, נִמְנָעוֹת

נמספ׳ נָמַס melted
הָפַךְ לְנוֹזֵל:
*הַחֶמְאָה וְהַמַּרְגָּרִינָה **נָמַסּוּ** בַּחוֹם.*
/ מ.ס.ס, נִפְעַל / נָמֵס, נְמַסָּה, יִימַּס, תִּימַּס

נמסרפ׳ נִמְסַר was delivered
1. נָתְנוּ אוֹתוֹ, הוּעֲבַר:
*הַמִּכְתָּב **נִמְסַר** בְּאוֹתוֹ יוֹם לִידֵי הָאִישׁ.*

2. הֶעֱבִירוּ יְדִיעָה: was announced
*הַבּוֹקֶר **נִמְסַר** בַּחֲדָשׁוֹת עַל הָאָסוֹן.*
לְהִימָּסֵר, לְ- / מ.ס.ר, נִפְעַל / נִמְסְרָה, נִמְסֶרֶת, יִימָּסֵר

נמעך פ׳ נִמְעַךְ — was crushed
לָחֲצוּ עָלָיו וְהוּא קִיבֵּל צוּרָה אַחֶרֶת:
*הָעַגְבָנִיָּיה **נִמְעֲכָה**, כִּי דָרַכְתִּי עָלֶיהָ.*
לְהִימָּעֵךְ / מ.ע.ך, נִפְעַל / נִמְעַכוּ, נִמְעָךְ, יִימָּעֵךְ

נמען ז׳ נִמְעָן [נִמְעָנִים] — addressee
מִי שֶׁכּוֹתְבִים אֵלָיו: אֲנִי כּוֹתֵב מִכְתָּב לְדָוִיד, דָוִיד הוּא **הַנִּמְעָן**. נִמְעֶנֶת, נִמְעָנוֹת

נמצא פ׳ נִמְצָא — was found
1. הִתְגַּלָּה, מִישֶׁהוּ מָצָא אוֹתוֹ:
*הַכֶּלֶב, שֶׁהָלַךְ לְאִיבּוּד, **נִמְצָא** אַחֲרֵי שָׁבוּעַ.*
2. קַיָּים, יֶשְׁנוֹ: exists
*דָּוִיד וְכָל מִשְׁפַּחְתּוֹ **נִמְצָאִים** עַכְשָׁיו בִּירוּשָׁלַיִם.*
לְהִימָּצֵא / מ.צ.א, נִפְעַל / נִמְצְאָה, נִמְצֵאת, יִימָּצֵא

נמק פ׳ נָמַק — rotted
נַעֲשָׂה רָקוּב, מְקוּלְקָל:
*(מֶטָאפוֹרָה) הוּא **נָמַק** בְּבֵית הַסּוֹהַר בְּלִי סִיבָּה.*
/ מ.ק.ק, נִפְעַל / נָמַקּוּ, נָמֵק, יִימַּק, יִימַּקּוּ

נמק ז׳ נֶמֶק — gangrene
גַנְגְרֶנָה, כְּשֶׁחֵלֶק בְּגוּף מֵת:
*קָטְעוּ לוֹ רֶגֶל כְּדֵי לַעֲצוֹר אֶת **הַנֶּמֶק**.*

נמר ז׳ נָמֵר [נְמֵרִים] — tiger
בַּעַל חַיִּים גָּדוֹל וּמְסוּכָּן, הַצֶּבַע שֶׁלּוֹ חוּם-צָהוֹב עִם עִיגּוּלִים שְׁחוֹרִים:
***הַנָּמֵר** טוֹרֵף בַּעֲלֵי חַיִּים.*
נְמֵרָה, נְמֵרוֹת

נמרח פ׳ נִמְרַח — was spread
שָׂמוּ אוֹתוֹ (צֶבַע וְכוּ׳) עַל מַשֶּׁהוּ:
*הַצֶּבַע **נִמְרַח** בְּקַלּוּת עַל הַקִּיר.*
לְהִימָּרַח / מ.ר.ח, נִפְעַל / נִמְרְחוּ, נִמְרָח, יִימָּרַח, יִימָּרְחוּ

נמרץ ת׳ נִמְרָץ — energetic
חָזָק, אִינְטֶנְסִיבִי:
*הוּא טִיפּוּס **נִמְרָץ** - תָּמִיד פָּעִיל, תָּמִיד עָסוּק.*
בְּקִיצּוּר נִמְרָץ — very briefly
טִיפּוּל נִמְרָץ — intensive care
נִמְרֶצֶת, נִמְרָצִים, נִמְרָצוֹת

נמרצות ת״פ נִמְרָצוֹת — emphatically
בְּצוּרָה חֲרִיפָה, חַדָּה:
*דִּיבַּרְתִּי אֵלָיו **נִמְרָצוֹת**, וְדָרַשְׁתִּי שֶׁיַּחֲזִיר אֶת הַכֶּסֶף.*

נמשים ז״ר נְמָשִׁים — freckles
נְקוּדוֹת מִן הַשֶּׁמֶשׁ עַל הָעוֹר:
*יֵשׁ לָהּ שְׂעָרוֹת בְּלוֹנְדִינִיּוֹת **וּנְמָשִׁים** עַל הַפָּנִים.*

נמשך פ׳ נִמְשַׁךְ — continued
1. לֹא נִגְמַר עֲדַיִין, הִתְאָרֵךְ בִּזְמַן:
*הַהַרְצָאָה **נִמְשְׁכָה** לְמַעְלָה מִשָּׁלוֹשׁ שָׁעוֹת.*
2. נִמְשַׁךְ מִ-, נִלְקַח, הוּצָא מִ- : was withdrawn
*הַכֶּסֶף לַטִּיּוּל **נִמְשַׁךְ** מֵהַחֶשְׁבּוֹן שֶׁלִּי.*
3. **נִמְשַׁךְ** אַחֲרֵי-, רָצָה לִהְיוֹת קָרוֹב לְ-: was attracted
*הוּא **נִמְשַׁךְ אַחֲרֵי** בַּחוּרוֹת צְעִירוֹת.*
לְהִימָּשֵׁךְ אַחֲרֵי- / מ.ש.ך, נִפְעַל / נִמְשַׁכְתִּי, נִמְשָׁךְ, אֶמָּשֵׁךְ

נמשל פ׳ נִמְשַׁל — resembled
(לָשׁוֹן סִפְרוּתִית) הָיָה דוֹמֶה לְ- :
*הַחַיִּים **נִמְשְׁלוּ** לְדֶרֶךְ אֲרוּכָּה.*
לְהִימָּשֵׁל לְ- / מ.ש.ל, נִפְעַל / נִמְשַׁלְתִּי, נִמְשָׁלִים, יִימָּשֵׁל

נמשל ז׳ נִמְשָׁל [נִמְשָׁלִים] — moral (of a fable)
הַדָּבָר שֶׁמִּתְכַּוּוֹנִים אֵלָיו בְּסִיפּוּר אַלֶּגוֹרִי:
***הַנִּמְשָׁל** שֶׁל סִיפּוּרֵי חַיּוֹת הוּא הִתְנַהֲגוּת בְּנֵי אָדָם.*

נמתח פ׳ נִמְתַּח — was stretched
1. (בַּד אוֹ חֶבֶל) שֶׁמָּשְׁכוּ אוֹתוֹ לַצְּדָדִים:
*חוּטֵי חַשְׁמַל **נִמְתְּחוּ** בֵּין הַבָּתִּים.*
2. הָיָה בְּמֶתַח, הָיָה לֹא שָׁקֵט, כִּי חִיכָּה לְמַשֶּׁהוּ: was in suspense
***נִמְתַּחְתִּי** לִשְׁמוֹעַ מַה קָּרָה בְּסוֹף הַסִּיפּוּר.*
לְהִימָּתַח / מ.ת.ח, נִפְעַל / נִמְתַּחְתִּי, נִמְתָּח, אֶמָּתַח

ננזף פ׳ נִנְזַף (נָזַף) — was reprimanded
נָזְפוּ בּוֹ, כָּעֲסוּ עָלָיו:
*הַפָּקִיד שֶׁאִיחֵר **נִנְזַף** עַל-יְדֵי הַמְּנַהֵל.*
לְהִינָּזֵף / נ.ז.ף, נִפְעַל / נִנְזַף, יִינָּזֵף, יִינָּזְפוּ

ננס ז׳ נַנָּס [נַנָּסִים] — dwarf
אָדָם נָמוּךְ בִּמְיוּחָד:
*בִּגְלַל בְּעָיוֹת הוֹרְמוֹנָלִיּוֹת הוּא נִשְׁאַר **נַנָּס**.*
נַנֶּסֶת, נַנָּסוֹת

ננסי ת׳ נַנָּסִי — dwarfish
קָטָן מְאוֹד:
*בְּיַפָּן מְגַדְּלִים עֵצִים **נַנָּסִיִּים**.*
נַנָּסִית, נַנָּסִיִּים, נַנָּסִיּוֹת

ננעלפ׳ נִנְעַל — was locked

1.. נִסְגַּר בְּמַפְתֵּחַ:

*הַדֶּלֶת **נִנְעֲלָה**, אִי אֶפְשָׁר לְהִיכָּנֵס לַחֶדֶר.*

2. נִגְמַר: — was concluded

*הַיְשִׁיבָה **נִנְעֲלָה**.*

לְהִינָּעֵל / נ.ע.ל, נִפְעַל / נִנְעַלְתִּי, נִנְעַל, יִינָּעֵל

ננעץפ׳ נִנְעַץ — was stuck in/inserted

נִתְקַע, נִכְנַס פְּנִימָה (מַשֶּׁהוּ חַד - סִיכָּה, מַסְמֵר וְכוּ'):

*הַסִּיכָּה **נִנְעֲצָה בָּאֶצְבַּע**.*

לְהִינָּעֵץ / נ.ע.ץ, נִפְעַל / נִנְעֲצוּ, נִנְעַץ, אֶנָּעֵץ, יִינָּעֵץ

ננקטפ׳ נִנְקַט — was taken (measures etc.)

הִשְׁתַּמְּשׁוּ בְּ-:

***נִנְקְטוּ** עוֹנָשִׁים נֶגֶד חֲנִיָּיה עַל מִדְרָכָה.*

לְהִינָּקֵט / נ.ק.ט, נִפְעַל / נִנְקַט, יִינָּקֵט, יִינָּקְטוּ

נספ׳ נָס — escaped

בָּרַח:

*הוּא **נָס מִן** הַסַּכָּנָה.*

נָס עַל נַפְשׁוֹ - בָּרַח כְּדֵי לְהַצִּיל אֶת עַצְמוֹ

לָנוּס מִ- / נ.ו.ס, פָּעַל / נַסְתִּי, נָס, אָנוּס, יָנוּס

נסז׳ נֵס [נִיסִּים] — miracle

מִקְרֶה אוֹ מַעֲשֶׂה עַל-טִבְעִיִּים:

*אֲפִילּוּ הָרוֹפְאִים אָמְרוּ, שֶׁ**נֵּס** שֶׁהִיא נִשְׁאֲרָה בַּחַיִּים.*

2. דֶּגֶל, בַּד שֶׁמְּסַמֵּן מְדִינָה וְכוּ': — banner

*לְכָל יְחִידָה בַּצָּבָא יֵשׁ **נֵס** מְיוּחָד.*

נִיסִּים וְנִפְלָאוֹת — miracles and wonders

נָסַבפ׳ נָסַב — revolved (around)

פָּנָה לְצַד-, לְכִיווּן:

(מֶטָאפוֹרָה) *הַשִּׂיחָה **נָסַבָּה עַל** עִנְיָינִים פּוֹלִיטִיִּים.*

/ ס.ב.ב, נִפְעַל / נְסַבּוֹתִי, נָסַב, יִיסַּב, יִיסַּבּוּ

נסבלת׳ נִסְבָּל — bearable

אֶפְשָׁר לִסְבּוֹל, אֶפְשָׁרִי:

*הַחוֹם הַיּוֹם **נִסְבָּל**.*

בִּלְתִּי-נִסְבָּל — unbearable

נִסְבֶּלֶת, נִסְבָּלִים, נִסְבָּלוֹת

נסגרפ׳ נִסְגַּר — was shut/closed

1. מִישֶׁהוּ סָגַר אוֹתוֹ, הַהֵיפֶךְ מִנִּפְתַּח:

*כָּל הַחֲנוּיוֹת **נִסְגָּרוֹת** בְּיוֹם שִׁישִּׁי אַחֲרֵי הַצָּהֳרַיִים.*

2. סָגַר אֶת עַצְמוֹ: — shut himself up

*הוּא **נִסְגַּר** בַּחֶדֶר וְלֹא רָצָה לָצֵאת.*

לְהִיסָּגֵר בְּ- / ס.ג.ר, נִפְעַל / נִסְגְּרָה, נִסְגַּר, יִיסָּגֵר

נסדקפ׳ נִסְדַּק — was cracked

נַעֲשָׂה בּוֹ חָתָךְ, סִימָן שֶׁל שְׁבִירָה:

*הַצַּלַּחַת **נִסְדְּקָה** וְהִיא עֲלוּלָה לְהִישָּׁבֵר לְגַמְרֵי.*

לְהִיסָּדֵק / ס.ד.ק, נִפְעַל / נִסְדְּקוּ, נִסְדַּק, יִיסָּדֵק

נסוגפ׳ נָסוֹג — retreated

1. הָלַךְ לְאָחוֹר:

*הַחַיָּילִים **נָסוֹגוּ** בִּגְלַל הָאֵשׁ הַחֲזָקָה.*

2. (מֶטָאפוֹרָה) בִּיטֵּל אֶת מָה שֶׁאָמַר, עָשָׂה וְכוּ': — withdrew, retracted

***נְסוֹגוֹתִי** מִמָּה שֶׁאָמַרְתִּי - אַתָּה צוֹדֵק.*

לְהִיסּוֹג / ס.ו.ג, נִפְעַל / נְסוֹגוֹתִי, נָסוֹג, יִיסּוֹג, הִיסּוֹג!

נסוגת׳ נָסוֹג — withdrawing (adj.)

הוֹלֵךְ לְאָחוֹר:

*הַחַיָּילִים **הַנְּסוֹגִים** הָיוּ עֲיֵיפִים וּפְצוּעִים.*

נְסוֹגָה, נְסוֹגִים, נְסוֹגוֹת

נסחבפ׳ נִסְחַב — dragged along

1. הָלַךְ אַחֲרֵי מִישֶׁהוּ:

*הַיֶּלֶד **נִסְחַב אַחֲרֵי** אָחוֹתוֹ לְכָל מָקוֹם.*

2. נִמְשַׁךְ מִן הַמָּקוֹם שֶׁלּוֹ: — was pulled

*הַמַּפָּה **נִסְחֲבָה מִן** הַשּׁוּלְחָן.*

לְהִיסָּחֵב / ס.ח.ב, נִפְעַל / נִסְחַבְתִּי, נִסְחָב, אֶסָּחֵב

נסחטפ׳ נִסְחַט — was squeezed

הוֹצִיאוּ מִמֶּנּוּ אֶת הַנּוֹזֵל:

*שָׁתִינוּ מִיץ מִפֵּירוֹת שֶׁ**נִּסְחֲטוּ**.*

לְהִיסָּחֵט / ס.ח.ט, נִפְעַל / נִסְחַטְתִּי, נִסְחָט, אֶסָּחֵט, יִיסָּחֵט

נסחףפ׳ נִסְחַף — was eroded/swept away

עָבַר מִמָּקוֹם לְמָקוֹם בְּלִי שֶׁעָשָׂה פְּעוּלָּה כָּלְשֶׁהִי:

*הָאֲדָמָה **נִסְחֲפָה מִן** הָהָר עַל-יְדֵי הַגֶּשֶׁם.*

לְהִיסָּחֵף / ס.ח.ף, נִפְעַל / נִסְחַפְתִּי, נִסְחָף, יִיסָּחֵף

נסחרפ׳ נִסְחַר — was traded

עוֹשִׂים בּוֹ מִסְחָר, מוֹכְרִים וְקוֹנִים אוֹתוֹ:

*הַנֵּפְט **נִסְחַר** בִּמְחִיר גָּבוֹהַּ.*

לְהִיסָּחֵר / ס.ח.ר, נִפְעַל / נִסְחֲרוּ, נִסְחָר, יִיסָּחֵר, יִיסָּחֲרוּ

נסיבהנ׳ נְסִבָּה [נְסִיבּוֹת] — circumstance

מַצָּב, סִיבָּה, תְּנַאי:

*בִּגְלַל **הַנְּסִיבּוֹת** אֵינֶנִּי יָכוֹל לָצֵאת לַטִּיּוּל.*

צֵירוּף-נְסִיבּוֹת — *coincidence*

נסיבתית׳ נְסִבָּתִי — circumstantial

קָשׁוּר לִסִיבּוֹת, לִתְנָאִים מְסוּיָּמִים:

עֵדוּת נְסִבָּתִית — circumstantial evidence

*כָּל הָעֵדוּיוֹת נֶגֶד דָּוִיד הָיוּ **נְסִבָּתִיּוֹת**, אַף אֶחָד לֹא רָאָה*

אותו בְּמקום הָרֶצַח.
נְסִיגָתִית, נְסִיגָתִיים, נְסִיגָתִיוֹת

נסיגהנ' נְסִיגָה [נְסִיגוֹת] retreat, withdrawal
הֲלִיכָה לְאָחוֹר, בַּחֲזָרָה, הַהֵיפֶך מֵהִתקַדמוּת:
הַנְסִיגָה שֶל הַצָבָא נִמשְכָה זמַן רַב.

נסיךז' נָסִיך [נְסִיכִים] prince
מִי שֶהוּא מִמִשפַּחַת הַמֶלֶך, מִן הָאֲרִיסטוֹקרַטיָה:
סַנט אֶכְּזוּפֶּרִי כָּתַב אֶת הַסֵפֶר 'הַנָסִיך הַקָטָן'.
נְסִיכָה, נְסִיכוֹת

נסיכותנ' נְסִיכוּת [נְסִיכוּיוֹת] principality
מְדִינוֹת שֶהַשִלטוֹן בָּהֶן עוֹבֵר מֵאָב לְבֵן:
כּוּוֵית הִיא נְסִיכוּת.

נסיעהנ' נְסִיעָה [נְסִיעוֹת] trip, journey
מַעֲבָר בִּכלִי רֶכֶב, בִּמכוֹנִית, בְּאוֹטוֹבּוּס...:
הַנְסִיעָה מִירוּשָלַיִם לְתֵל-אָבִיב נִמשֶכֶת כְּשָעָה. / חָזַרתִי מִנְסִיעָה לְחוּץ לָאָרֶץ.

נסלחפ' נִסלַח was pardoned/forgiven
הִפסִיקוּ לִכעוֹס עַל מִישֶהוּ:
מַה שֶעָשִׂיתָ יִיסָלַח לְךָ, אִם תְבַקֵש סלִיחָה.
לְהִיסָלַח / ס.ל.ח, נִפעַל / נִסלְחוּ, נִסלָח, יִיסָלַח, יִיסָלחוּ

נסללפ' נִסלַל was paved
עָשׂוּ דֶרֶך, כּבִיש וְכוּ':
כּבִיש חָדָש נִסלַל מִתֵל-אָבִיב לִירוּשָלַיִם.
לְהִיסָלֵל / ס.ל.ל, נִפעַל / נִסלְלוּ, נִסלָל, יִיסָלֵל, יִיסָלְלוּ

נסמךפ' נִסמַך was supported
נִשעַן:
הוּא נִסמַך אֶל הַקִיר וְלָכֵן הוּא לֹא נָפַל.
לְהִיסָמֵך / ס.מ.ך, נִפעַל / נִסמַכתִי, נִסמָך, יִיסָמֵך

נסמךז' נִסמָך [נִסמָכִים] the first word in a compound
(בְּדִיקדוּק) גֶנֶטִיב. מִילָה שֶקשוּרָה בַּמִילָה שֶאַחֲרֶיהָ:
הַמִילָה 'בַּיִת' הִיא צוּרַת נִסמָך, תָמִיד תוֹפִיעַ אַחֲרֶיהָ מִילָה אַחֶרֶת (בֵּית-סֵפֶר, בֵּית־חוֹלִים וְכוּ').

נסעפ' נָסַע travelled
עָבַר מִמָקוֹם לְמָקוֹם בִּמכוֹנִית, בְּרַכֶּבֶת וְכוּ':
הַתַיָיר נָסַע מִירוּשָלַיִם לְתֵל-אָבִיב בִּמוֹנִית.
לִנסוֹעַ מִ-, בְּ- / נ.ס.ע, פָּעַל / נָסַעתִי, נוֹסֵעַ, יִיסַע, אֶסַע

נסערפ' נִסעַר was enraged/agitated
הִתרַגֵז, הִתרַגֵש:
הֵם נִסעֲרוּ כְּשֶבִּיטלוּ אֶת הַטִיוּל.
לְהִיסָעֵר / ס.ע.ר, נִפעַל / נִסעַרתִי, נִסעָר, יִיסָעֵר

נסערת' נִסעָר enraged/agitated (adj.)
נִמצָא בְּהִתרַגשוּת:
הָאֲסֵיפָה הִתנַהֲלָה בָּאֲוִוירָה נִסעֶרֶת.
נִסעֶרֶת, נִסעָרִים, נִסעָרוֹת

נספגפ' נִספַּג was absorbed
נִכנַס לְתוֹך וְנֶעֱלַם (נוֹזֵל וְכוּ'):
מֵי הַגְשָמִים נִספְּגוּ בָּאֲדָמָה.
לְהִיסָפֵג / ס.פ.ג, נִפעַל / נִספְּגוּ, נִספָּג, יִיסָפֵג, יִיסָפגוּ

נספהפ' נִספָּה was killed
מֵת בְּאָסוֹן, נֶהֱרַג:
הוּא נִספָּה בְּהִתנַגשוּת בֵּין מְכוֹנִיוֹת.
לְהִיסָפוֹת בְּ- / ס.פ.ה, נִפעַל / נִספּוּ, נִספֶּה, יִיסָפֶה, יִיסָפוּ

נספחפ' נִספַּח was attached/added
הִצטָרֵף, הִתחַבֵּר:
נִספַּחנוּ לַטִיוּל שֶל כִּיתָה אַחֶרֶת.
לְהִיסָפַח לְ- / ס.פ.ח, נִפעַל / נִספַּחתִי, נִספָּח, אֶסָפַח

נספחז' נִספָּח [נִספָּחִים] appendix
1. תוֹסֶפֶת, חֵלֶק נוֹסָף, בְּסֵפֶר:
בְּסוֹף הַסֵפֶר יֵש נִספָּח - מִילוֹן שֶל מִילִים קָשוֹת.
2. מִי שֶיֵש לוֹ תַפקִיד בַּשַגרִירוּת: attaché
ל. דָוִיד הוּא הַנִספָּח הַצבָאִי שֶלָנוּ בְּוושִינגטוֹן.

נספיםז"ר נִספִּים dead (pl.)
מִי שֶמֵתוּ בְּאָסוֹן, נֶהֶרגוּ:
בֵּין הַנִספִּים בָּאָסוֹן הָיוּ שלוֹשָה יְלָדִים.

נספרפ' נִספַּר was counted
סָפרוּ אוֹתוֹ, עָשׂוּ חֶשבּוֹן כַּמָה:
נִספְּרוּ כְּבָר 50 מְכוֹנִיוֹת חֲדָשוֹת.
לְהִיסָפֵר / ס.פ.ר, נִפעַל / נִספְּרוּ, נִספָּר, יִיסָפֵר, יִיסָפרוּ

נסקפ' נָסַק rose, ascended
עָלָה לְמַעלָה:
הַהֶלִיקוֹפּטֶר נָסַק לַשָמַיִם.
לִנסוֹק לְ- / נ.ס.ק, פָּעַל / נָסקוּ, נוֹסֵק, יִיסַק, יִיסקוּ

נסקלפ' נִסקַל was stoned
זָרקוּ בּוֹ מַשֶהוּ (אֲבָנִים וְכוּ'):

*המכוניות **נסקלו** בָּאֲבָנִים.*
לְהִיסָקֵל בְּ- / ס.ק.ל, נִפְעַל / נִסְקְלוּ, נִסקַל, יִיסָקֵל

נסקרפ׳ נִסְקַר — was inspected
1. הִסתַכְּלוּ בּוֹ, הִבִּיטוּ בּוֹ:
*הַחַיָּילִים הָעוֹבְרִים **נִסקָרוּ** עַל-יְדֵי הַמְּפַקֵד.*
2. הִרצוּ עָלָיו, כָּתבוּ עָלָיו בְּאוֹפֶן כְּלָלִי: — was reviewed
*הַתוֹכנִית הַכַּלכָּלִית **נִסקְרָה** עַל-יְדֵי הַשַּׂר.*
לְהִיסָקֵר / ס.ק.ר, נִפְעַל / נִסקְרוּ, נִסקַר, יִיסָקֵר, יִיסָקרוּ

נסרך ר׳ נשׂרך

נסרקפ׳ נִסְרַק — was searched
בָּדקוּ מַשֶׁהוּ בְּצוּרָה יְסוֹדִית:
*הַבִּניָין **נִסרַק**, וְלֹא נִמצְאָה בּוֹ פְּצָצָה.*
לְהִיסָרֵק / ס.ר.ק, נִפְעַל / נִסרְקוּ, נִסרַק, יִיסָרֵק, יִיסָרקוּ

נסתיים ר׳ הסתיים **נסתייע** ר׳ הסתייע

נסתםפ׳ נִסְתַּם — was blocked/clogged
נִסגַר עַל-יְדֵי מַשֶׁהוּ:
*הַצִּינוֹר **נִסתַם** וְהַמַּיִם אֵינָם עוֹבְרִים בּוֹ.*
לְהִיסָתֵם / ס.ת.ם, נִפְעַל / נִסתְמוּ, נִסתַם, יִיסָתֵם

נסתרפ׳ נִסְתַּר — was concealed
1. לֹא רָאוּ אוֹתוֹ, נֶעֱלַם:
*הָעוּבדוֹת הַחֲדָשׁוֹת **נִסתְרוּ** מֵאִיתָנוּ.*
2. הוֹכִיחוּ שֶׁהַדָבָר לֹא הֶגיוֹנִי: — was refuted
*הַתֵיאוֹריָה שֶׁלוֹ **נִסתְרָה** עַל-יְדֵי הַמַּדְעָן.*
לְהִיסָתֵר / ס.ת.ר, נִפְעַל / נִסתְרוּ, נִסתַר, יִיסָתֵר, הִיסָתֵר!

נסתרתה״ז נִסְתָּר [נִסתָרִים] — secret (adj.), hidden
1. שֶׁלֹא רוֹאִים אוֹתוֹ, נֶעְלָם:
*יֵשׁ לִי חֲלוֹמוֹת **נִסתָרִים**.*
2. (בְּדִיקדוּק) גוּף שְׁלִישִׁי, הוּא: — third person (gram.)
*הַפּוֹעַל 'שָׁבַר' הוּא בְּגוּף **נִסתָר**.*
נִסתָרוֹת - דְבָרִים לֹא גלוּיִים, שֶׁלֹא יוֹדעִים עֲלֵיהֶם
נִסתֶרֶת, נִסתָרוֹת

נעפ׳ נָע — moved
זָז, הָלַךְ מִמָּקוֹם לְמָקוֹם:
*כּוֹחַ שֶׁל צַהַ״ל **נָע** כֹּל הַלַּילָה לְאוֹרֶך הַגבוּל.*
נָע וָנָד — nomad
לָנוּעַ / נ.ו.ע, פָּעַל / נַעתִי, נָע, אָנוּעַ יָנוּעַ

נעדרפ׳ נֶעְדַר — was absent
לֹא נִמצָא, לֹא הָיָה, הָיָה חָסֵר:
*הִיא **נֶעְדְרָה** מֵהָעֲבוֹדָה לְמַעלָה מֵחוֹדֶשׁ בִּגלַל מַחֲלָה.*
לְהֵיעָדֵר, מִ- / ע.ד.ר, נִפְעַל / נֶעֱדַרתִי, נֶעֱדַר, יֵיעָדֵר

נעדרתה״ז נֶעְדָּר [נֶעדָרִים] — missing in action (M.I.A.)
1. חַיָּיל שֶׁלֹא יוֹדעִים אִם הוּא חַי אוֹ מֵת:
*אֲנַחנוּ מְקַווִים שֶׁהַ**נֶעדָרִים** חַיִים.*
2. אֵין לוֹ, חָסֵר, בְּלִי: — devoid of...
*הֵם **נֶעְדְרֵי** רֶגֶשׁ אֱנוֹשִׁי.*
נֶעדֶרֶת, נֶעדָרוֹת

נעולת׳ נָעוּל — locked (adj.)
1. סָגוּר הֵיטֵב (בְּמַפְתֵחַ וְכוּ'):
*הַדֶלֶת **נְעוּלָה**, אִי אֶפשָׁר לְהִיכָּנֵס.*
2. נִגמַר, גָמוּר: — concluded (adj.)
*הַיְשִׁיבָה **נְעוּלָה**.*
3. שֶׁיֵשׁ לוֹ נַעֲלַיִים עַל הָרַגלַיִים: — wearing shoes
*הוּא **נָעוּל** בְּנַעֲלֵי ספּוֹרט.*
נְעוּלָה, נְעוּלִים, נְעוּלוֹת

נעוץת׳ נָעוּץ — stuck (adj.)
1. נִמצָא בְּתוֹך מַשֶׁהוּ וְקָשֶׁה לְהוֹצִיא אוֹתוֹ:
*הַמַּחַט **נְעוּצָה** בַּבַּד.*
2. בִּגלַל מַשֶׁהוּ, שַׁיָיך לְ- יוֹצֵא מִ: — attributed (adj.)
*הַהֶפסֵד בְּכַדוּרסַל **נָעוּץ** בְּחוֹסֶר מוֹטִיבַציָה.*
נְעוּצָה, נְעוּצִים, נְעוּצוֹת

נעוריםז״ר נְעוּרִים — youth
הַתקוּפָה שֶׁבֵּין גִיל 12 לְ-18.
*בִּתקוּפַת הַ**נְעוּרִים** הַכּוֹל נִראֶה אוֹפּטִימִי.*

נעזבפ׳ נֶעֱזַב — was abandoned
עָזבוּ אוֹתוֹ, הִשׁאִירוּ בְּלִי שְׁמִירָה:
*הַבַּיִת **נֶעֱזַב** בִּזמַן הַמִּלחָמָה.*
לְהֵיעָזֵב / ע.ז.ב, נִפְעַל / נֶעֱזַבתִי, נֶעֱזַב, יֵיעָזֵב, יֵיעָזבוּ

נעזרפ׳ נֶעֱזַר — was helped/aided
הָייתָה לוֹ עֶזרָה, קִיבֵּל עֶזרָה:
***נֶעֱזַרתִי** בְּמַקֵל, כִּי קָשֶׁה לִי לָלֶכֶת.*
לְהֵיעָזֵר בְּ- / ע.ז.ר, נִפְעַל / נֶעֱזַרתִי, נֶעֱזַר, יֵיעָזֵר, הֵיעָזֵר!

נעילהנ׳ נְעִילָה [נְעִילוֹת] — locking (adj.)
1. סגִירָה (בְּמַפתֵחַ):
*הוּא אַחֲרָאִי עַל **נְעִילַת** כֹּל הַדלָתוֹת.*
2. סוֹף שֶׁל אֲסֵיפָה וְכוּ': — closing (adj.)
*הַמְּנַהֵל הוֹדִיעַ עַל **נְעִילַת** הָאֲסֵיפָה.*
3. תפִילָה אַחֲרוֹנָה בְּיוֹם כִּיפּוּר: — concluding prayer on Yom Kippur
*אַחֲרֵי תפִילַת **נְעִילָה** נִגמַר הַצוֹם.*

נעיםת׳ נָעִים — pleasant
1. נֶחְמָד, נוֹחַ, טוֹב:
מֶזֶג הָאֲוִויר נָעִים מְאוֹד.
נָעִים מְאוֹד - מִילוֹת נִימוּס — 'how do you do'
פּוֹרמָלִיוֹת, כְּשֶׁפּוֹגשִׁים מִישֶׁהוּ בַּפַּעַם הָרִאשׁוֹנָה:
בְּבַקָּשָׁה לְהַכִּיר, דָן לֵוִי חָבֵר שֶׁלִי. - נָעִים מְאוֹד.
תְּבַלּוּ בִּנְעִימִים — 'have a good time'
נְעִימָה, נְעִימִים, נְעִימוֹת

נעימהנ׳ נְעִימָה [נְעִימוֹת] — melody
1. מַנגִינָה, מֶלוֹדְיָה:
שָׁמַעתִי בְּרַדיוֹ אֶת הַנְּעִימָה, שֶׁהוּא חִיבֵּר לַשִּׁיר שֶׁלִי.
2. צְלִיל, טוֹן: — tone, sound
אֵינִי אוֹהֵב אֶת נְעִימַת הַקּוֹל שֶׁלוֹ.

נעירהנ׳ נְעִירָה [נְעִירוֹת] — braying
הַקּוֹל שֶׁל הַחֲמוֹר:
הַקּוֹל הַזֶּה דוֹמֶה לִנְעִירַת חֲמוֹר.

נעכלפ׳ נֶעְכַּל — was digested
(אוֹכֶל) נִספַּג לְמַחזוֹר הַדָּם בַּגוּף:
מָזוֹן שֶׁאֵינוֹ נֶעְכָּל יוֹצֵא מִן הַגוּף.
לְהֵיעָכֵל / ע.כ.ל, נִפעַל / נֶעְכְּלוּ, נֶעְכָּל, יֵיעָכֵל, יֵיעָכְלוּ

נעכרפ׳ נֶעְכַּר (נֶעְכָּר) — became muddy/ gloomy
נַעֲשָׂה לֹא בָּהִיר. (מֶטָאפוֹרָה) נַעֲשָׂה עָצוּב, בְּמַצַּב רוּחַ רַע:
כְּשֶׁשָּׁמַעתִי שֶׁקָּרָה אָסוֹן נֶעְכְּרָה עָלַיי רוּחִי.
לְהֵיעָכֵר / ע.כ.ר, נִפעַל / נֶעְכְּרוּ, נֶעְכַּר (נֶעְכָּר) יֵיעָכֵר

נעלפ׳ נָעַל — locked
1. סָגַר בְּמַפתֵחַ:
הוּא נָעַל אֶת דֶלֶת הַבַּיִת וְהָלַךְ לַעֲבוֹדָה.
2. גָמַר: — concluded
הַמְנַהֵל נָעַל אֶת הַיְשִׁיבָה.
3. שָׂם עַל הָרַגלַיִים נַעֲלַיִים: — put on (shoes etc.)
בַּקַּיִץ אֲנִי נוֹעֶלֶת סַנדָלִים.
לִנעוֹל אֶת- / נ.ע.ל, פָּעַל / נָעַלתִי, נוֹעֵל, אֶנעַל, יִנעַל

נעלנ׳ נַעַל [נַעֲלַיִים] — shoe
מַה שֶׁלוֹבשִׁים עַל הָרֶגֶל:
אֵין לְךָ נַעֲלַיִים שְׁחוֹרוֹת? יֵשׁ לִי, אֲבָל אֲנִי מַעֲדִיף סַנדָלִים.
נַעֲלֵי-בַּיִת — slippers
נַעֲלֵי-סְפּוֹרט — sneakers

נעלבפ׳ נֶעֱלַב — was insulted
נִפגַע בִּכבוֹדוֹ:
הוּא דִיבֵּר אֵלַיי בְּחוּצפָּה, וַאֲנִי נֶעֱלַבתִי.
לְהֵיעָלֵב / ע.ל.ב, נִפעַל / נֶעֱלַבתִי, נֶעֱלָב, אֵיעָלֵב, יֵיעָלֵב

נעלהת׳ נַעֲלֶה — sublime
נִכבָּד, חָשׁוּב:
רֹאשׁ הַמֶּמשָׁלָה הוּא אִישִׁיּוּת נַעֲלָה. / יֵשׁ לוֹ רַעֲיוֹנוֹת נַעֲלִים עַל צֶדֶק וֶאֱמֶת.
נַעֲלֵית-נַעֲלָה, נַעֲלִים, נַעֲלוֹת

נעלםפ׳ נֶעֱלַם — disappeared
לֹא נִמצָא, לֹא יָדוּעַ אֵיפֹה הוּא:
הַנַּעַר נֶעֱלַם מִן הַבַּיִת, הַהוֹרִים מְחַפְּשִׂים אַחֲרָיו.
לְהֵיעָלֵם / ע.ל.ם, נִפעַל / נֶעֱלַמתִי, נֶעֱלָם, אֵיעָלֵם

נעלםת׳ נֶעֱלָם — unknown
1. סוֹדִי, שֶׁלֹא יוֹדעִים עָלָיו, נִסתָר:
יֵשׁ הַרבֵּה דבָרִים נֶעֱלָמִים, שֶׁהַמַּדָע אֵינוֹ יוֹדֵעַ לְהַסבִּיר.
2. (בְּאַלגֶּבּרָה) מִספָּר לֹא יָדוּעַ (x, y וְכוּ')
פָּתַרתִי תַרגִיל בְּ-2 נֶעֱלָמִים.
נֶעֱלֶמֶת-נַעֲלָמָה, נֶעֱלָמִים-נַעֲלָמִים, נֶעֱלָמוֹת-נַעֲלָמוֹת

נעםפ׳ נָעַם — was pleasant
הָיָה נָעִים, טוֹב, גָרַם תַעֲנוּג, אוֹשֶׁר:
הַשִּׂיחָה אִיתוֹ נָעֲמָה לִי מְאוֹד.
/ נ.ע.ם, פָּעַל / נָעֲמוּ, נָעִים, יִנעַם, יִנעֲמוּ

נעמדפ׳ נֶעֱמַד — stopped walking
1. נֶעֱצַר, הִפסִיק לָלֶכֶת:
הוּא נֶעֱמַד בְּאֶמצַע הַדֶּרֶךְ וְלֹא רָצָה לָזוּז.
2. קָם: — stood up
פִּתאוֹם הוּא קָפַץ וְנֶעֱמַד עַל הָרַגלַיִים.
לְהֵיעָמֵד / ע.מ.ד, נִפעַל / נֶעֱמַדתִי, נֶעֱמָד, יֵיעָמֵד, הֵיעָמֵד!

נענהפ׳ נַעֲנָה — was answered
1. קִיבֵּל תשׁוּבָה:
הַמִכתָבִים שֶׁלִי לָעִירִיָּיה אֵינָם נַעֲנִים.
2. הִסכִּים לַבַּקָּשָׁה שֶׁל מִישֶׁהוּ:
נַעֲנֵיתִי לְבַקָּשָׁתךָ לְשַׁנוֹת אֶת שְׁעוֹת הָעֲבוֹדָה.
לְהֵיעָנוֹת לְ- / ע.נ.ה, נִפעַל / נַעֲנֵיתִי, נַעֲנֶה, יֵיעָנֶה, יֵיעָנוּ

נענשפ׳ נֶעֱנַשׁ — was punished
קִיבֵּל עוֹנֶשׁ עַל מַעֲשֶׂה רַע שֶׁעָשָׂה:
נֶעֱנַשׁתִי עַל הָאִיחוּרִים שֶׁלִי לָעֲבוֹדָה - שִׁילמוּ לִי פָּחוֹת.
לְהֵיעָנֵשׁ / ע.נ.שׁ, נִפעַל / נֶעֶנשׁוּ, נֶעֱנָשׁ, יֵיעָנֵשׁ, הֵיעָנֵשׁ!

נעץפ׳ נָעַץ — stuck in (pin etc.)
תָקַע, הִכנִיס מַשֶּׁהוּ חַד לְתוֹך:
נָעַצתִי אֶת הַמַּחַט בַּבַּד.
לִנעוֹץ בְּ- / נ.ע.ץ, נִפעַל / נָעַצתִי, נוֹעֵץ, אֶנעַץ, יִנעַץ

נעץז' נַעַץ [נְעָצִים] thumbtack

דּוֹמֶה לְמַסְמֵר אוֹ לְסִיכָּה, מַכְנִיסִים אוֹתוֹ (לְעֵץ, קִיר וְכוּ') בִּלְחִיצָה:

*אֲנִי מְחַבֵּר **בִּנְעָצִים** אֶת הַתְּמוּנָה לַלּוּחַ.*

נעצבפ' נֶעֱצַב was saddened

הָיָה עָצוּב, הִצְטַעֵר:

***נֶעֱצַבְתִּי**, כִּי שָׁמַעְתִּי שֶׁלֹּא יִתְקַיֵּים טִיּוּל.*

לְהֵיעָצֵב / ע.צ.ב, נִפְעַל / נֶעֱצַבְתִּי, נֶעֱצָב, יֵיעָצֵב, הֵיעָצֵב!

נעצםפ' נֶעֱצַם was closed (eyes)

נִסְגַּר:

*הָעֵינַיִים **נֶעֱצָמוֹת** לִי מֵרוֹב עֲיֵיפוּת.*

לְהֵיעָצֵם / ע.צ.ם, נִפְעַל / נֶעֶצְמוּ, נֶעֱצָם, יֵיעָצֵם, יֵיעָצְמוּ

נעצרפ' נֶעֱצַר stopped

1. נִפְסְקָה הַפְּעוּלָּה שֶׁלּוֹ:

*הַמְּכוֹנִית **נֶעֶצְרָה** בְּאֶמְצַע הַדֶּרֶךְ.*

2. הוּכְנַס לְבֵית סוֹהַר עַד הַמִּשְׁפָּט: was detained

*הָאִישׁ **נֶעֱצַר** לְ-48 שָׁעוֹת, אַחַר-כָּךְ יָבִיאוּ אוֹתוֹ לִפְנֵי שׁוֹפֵט.*

לְהֵיעָצֵר / ע.צ.ר, נִפְעַל / נֶעֱצַרְתִּי, נֶעֱצָר, אֵיעָצֵר, יֵיעָצֵר

נעקףפ' נֶעֱקַף was circumvented/bypassed

הָלְכוּ מִסָּבִיב לוֹ:

*הַמְּכוֹנִית הַמְּקוּלְקֶלֶת **נֶעֶקְפָה** עַל-יְדֵי מְכוֹנִיּוֹת נוֹסְעוֹת.*

לְהֵיעָקֵף / ע.ק.ף, נִפְעַל / נֶעֶקְפוּ, נֶעֱקָף, יֵיעָקֵף

נעקץפ' נֶעֱקַץ was stung

נִדְקַר עַל-יְדֵי בַּעַל-חַיִּים (זְבוּב, דְּבוֹרָה וְכוּ'):

*מְגָרֵד לִי, כִּי **נֶעֱקַצְתִּי** בְּכָל הַגּוּף.*

לְהֵיעָקֵץ / ע.ק.ץ, נִפְעַל / נֶעֱקַצְתִּי, נֶעֱקָץ, יֵיעָקֵץ

נעקרפ' נֶעֱקַר was uprooted

הוֹצִיאוּ אוֹתוֹ (מִן הָאֲדָמָה אוֹ מִמָּקוֹם שֶׁהָיָה בּוֹ זְמַן רַב):

*הָעֵצִים **נֶעֶקְרוּ עַל יְדֵי** הָרוּחַ. / אֲנָשִׁים רַבִּים **נֶעֶקְרוּ** מִבָּתֵּיהֶם בִּגְלַל הַמִּלְחָמָה.*

לְהֵיעָקֵר / ע.ק.ר, נִפְעַל / נֶעֱקַרְתִּי, נֶעֱקָר, יֵיעָקֵר, הֵיעָקֵר!

נערפ' נָעַר brayed

הִשְׁמִיעַ קוֹל (חֲמוֹר):

*הַחֲמוֹר **נָעַר** בַּבּוֹקֶר וְהִפְרִיעַ לִי לִישׁוֹן.*

לִנְעוֹר / נ.ע.ר, פָּעַל / נָעַרְתִּי, נוֹעֵר, אֶנְעַר, יִנְעַר

נערז' נַעַר [נְעָרִים] young man, a youth

צָעִיר בְּגִיל 12-17:

***נְעָרִים** וּנְעָרוֹת רַבִּים יָצְאוּ לְטַיֵּיל בְּחוּפְשַׁת הַקַּיִץ.*

נַעֲרָה, נְעָרוֹת

נערהנ' נְעָרָה [נְעָרוֹת] braying

קוֹל שֶׁל חֲמוֹר:

***נַעֲרַת** הַחֲמוֹר הֵעִירָה אוֹתִי.*

נערותנ' נַעֲרוּת youth

גִּיל שֶׁל 12-17:

*בִּתְקוּפַת **הַנַּעֲרוּת** עוֹשִׂים שְׁטוּיוֹת.*

נערית' נַעֲרִי boyish

כְּמוֹ נַעַר (יֶלֶד בְּגִיל 12-17):

*יֵשׁ לָהּ תִּסְרוֹקֶת **נַעֲרִית**.*

נַעֲרִית, נַעֲרִיִּים, נַעֲרִיּוֹת

נערךפ' נֶעֱרַךְ took place

1. הִתְקַיֵּים, נַעֲשָׂה, אוּרְגַּן:

*הַקּוֹנְגְרֶס **נֶעֱרַךְ** בְּתֵל-אָבִיב.*

2. נַעֲשָׂה לְפִי סֵדֶר מְסוּיָּם: was arranged

*הַצַּלָּחוֹת **נֶעֶרְכוּ** עַל הַשּׁוּלְחָן.*

3. סִידְּרוּ וְתִיקְנוּ אוֹתוֹ: was edited

*הַסֵּפֶר **נֶעֱרַךְ** מֵחָדָשׁ וְיֵצֵא לָאוֹר הַחוֹדֶשׁ.*

לְהֵיעָרֵךְ / ע.ר.ך, נִפְעַל / נֶעֶרְכָה, נֶעֶרְכוּ, נֶעֱרֶכֶת, יֵיעָרֵךְ

נערםפ' נֶעֱרַם was piled up

שָׂמוּ אוֹתוֹ בַּעֲרֵימָה עִם עוֹד דְּבָרִים:

*כָּל הַסְּפָרִים **נֶעֶרְמוּ** בַּחֶדֶר.*

לְהֵיעָרֵם / ע.ר.ם, נִפְעַל / נֶעֶרְמוּ, נֶעֱרָם, יֵיעָרֵם, יֵיעָרְמוּ

נערףפ' נֶעֱרַף was beheaded

1. חָתְכוּ לוֹ אֶת הָרֹאשׁ:

*הָרֹאשׁ שֶׁלּוֹ **נֶעֱרַף** בְּגִילְיוֹטִינָה.*

2. (מֶטָאפוֹרָה) פִּיטְרוּ אוֹתוֹ: was fired

*בַּמִּשְׂרָד **נֶעֶרְפוּ** רָאשִׁים, כְּשֶׁבָּא הַמְּנַהֵל הֶחָדָשׁ.*

לְהֵיעָרֵף / ע.ר.ף, נִפְעַל / נֶעֶרְפוּ, נֶעֱרָף, יֵיעָרֵף, יֵיעָרְפוּ

נערץת' נַעֲרָץ admired (adj.)

נוֹתְנִים לוֹ כָּבוֹד גָּדוֹל:

*הַשַּׂחְקָן **הַנַּעֲרָץ** עָלַיי הוּא מַרְלוֹן בְּרַנְדוֹ.*

נַעֲרָצָה-נַעֲרֶצֶת, נַעֲרָצִים, נַעֲרָצוֹת

נעשהפ' נַעֲשָׂה was made

1. נִהְיָה, עָשׂוּ אוֹתוֹ, הֵכִינוּ אוֹתוֹ:

*הָעֲבוֹדָה **נֶעֶשְׂתָה** בְּמֶשֶׁךְ שָׁבוּעַ. / הַקִּיר **נַעֲשָׂה** מִלְּבֵנִים.*

2. הָפַךְ לְמַשֶּׁהוּ אַחֵר: became

*הַפָּקִיד **נַעֲשָׂה** לִמְנַהֵל.*

לְהֵיעָשׂוֹת / ע.ש.ה, נִפְעַל / נַעֲשֵׂיתִי, נַעֲשֶׂה, אֵיעָשֶׂה

נעתקפ' נֶעְתַּק was displaced/ removed

(לָשׁוֹן סִפְרוּתִית) עָבַר אוֹ הוּעֲבַר:

*הָאֶבֶן הַגְּדוֹלָה **נֶעֶתְקָה** מִן הַקִּיר.*
נֶעֶתְקוּ מִילִים מִפִּי — was dumbfounded
לְהֵיעָתֵק / ע.ת.ק, נִפְעַל / נֶעֶתְקוּ, נֶעֱתַק, יֵיעָתֵק, יֵיעָתְקוּ

נעתרפ׳ נֶעְתַּר — granted (a request etc.)
קִיבֵּל, הִסְכִּים:
***נֶעְתַּרְתִּי** לְבַקָּשָׁתְךָ - תְּקַבֵּל הַעֲלָאָה בַּמַּשְׂכּוֹרֶת.*
לְהֵיעָתֵר לְ- / ע.ת.ר, נִפְעַל / נֶעְתַּרְתִּי, נֶעְתַּר, יֵיעָתֵר

נפגםפ׳ נִפְגַּם — was damaged
הִתְקַלְקֵל:
*הַסַּכִּין **נִפְגְּמָה** - הִיא אֵינָהּ חוֹתֶכֶת.*
לְהִיפָּגֵם / פ.ג.ם, נִפְעַל / נִפְגְּמוּ, נִפְגַּם, יִיפָּגֵם, יִיפָּגְמוּ

נפגעפ׳ נִפְגַּע — was hurt
נִפְצַע, סָבַל בְּאוֹפֶן פִיסִי אוֹ נַפְשִׁי:
*הַבָּחוּר **נִפְגַּע** בִּתְאוּנָה. / הַצָּעִיר **נִפְגַּע** מֵהַיַּחַס שֶׁלָּהּ.*
לְהִיפָּגַע, מ- / פ.ג.ע, נִפְעַל / נִפְגַּעְתִּי, נִפְגַּע, יִיפָּגַע

נפגעת׳ נִפְגָּע — casualty
מִי שֶׁנִּפְצַע בְּמִלְחָמָה, בִּתְאוּנָה, בְּאָסוֹן וְכוּ׳:
*מִסְפַּר **הַנִּפְגָּעִים** בִּתְאוּנוֹת דְּרָכִים עוֹלֶה מִשָּׁנָה לְשָׁנָה.*
נִפְגַּעַת, נִפְגָּעִים, נִפְגָּעוֹת

נפגשפ׳ נִפְגַּשׁ — met with
1. בָּא לִפְגִישָׁה עִם מִישֶׁהוּ:
*דָּוִיד **נִפְגַּשׁ עִם** יִצְחָק בְּבֵית-קָפֶה.*
2. (בְּרַבִּים) רָאוּ זֶה אֶת זֶה: — met
*הֵם **נִפְגְּשׁוּ** בָּרְחוֹב בְּמִקְרֶה.*
לְהִיפָּגֵשׁ עִם- / פ.ג.ש, נִפְעַל / נִפְגַּשְׁתִּי, נִפְגַּשׁ, יִיפָּגֵשׁ

נפדהפ׳ נִפְדָּה — was redeemed/released
שִׁילְמוּ עֲבוּרוֹ (כֶּסֶף) כְּדֵי לְשַׁחְרֵר אוֹתוֹ:
*הַטַּיָּיס הַשָּׁבוּי שֶׁלָּנוּ **נִפְדָּה** תְּמוּרַת שְׁבוּיִים שֶׁלָּהֶם.*
לְהִיפָּדוֹת / פ.ד.ה, נִפְעַל / נִפְדּוּ, נִפְדֶּה, יִיפָּדֶה

נפהנ׳ נָפָה [נָפוֹת] — sieve
1. כְּלִי שֶׁיֵּשׁ בּוֹ חוֹרִים קְטַנִּים:
*הַקֶּמַח לֹא הָיָה נָקִי, נִשְׁאַר הַרְבֵּה לִכְלוּךְ **בַּנָּפָה**.*
2. אֵיזוֹר מְסוּיָּם: — region
*הָיִיתִי בְּתַחֲנַת הַמִּשְׁטָרָה שֶׁל **הַנָּפָה** הַדְּרוֹמִית.*

נפוחת׳ נָפוּחַ — inflated/swollen (adj.)
גָּדוֹל, שָׁמֵן בִּגְלַל אֲוויר אוֹ מַחֲלָה:
*הָרַגְלַיִים שֶׁלִּי **נְפוּחוֹת** וְקָשֶׁה לִי לָלֶכֶת.*
נְפוּחָה, נְפוּחִים, נְפוּחוֹת

נפולת׳ נָפוּל — fallen, unwell
תָּלוּי בְּלִי כּוֹחַ, נִרְאֶה חַלָּשׁ:
*הַפָּנִים שֶׁלּוֹ **נְפוּלִים**.*
נְפוּלָה, נְפוּלִים, נְפוּלוֹת

נפוץפ׳ נָפוֹץ — dispersed, spread
הִתְפַּזֵּר, הִתְפַּשֵּׁט, הִגִּיעַ לְכָל מָקוֹם:
*הַיְּהוּדִים **נָפוֹצוּ** בְּכָל אַרְצוֹת הָעוֹלָם. / הַיְּדִיעוֹת **נָפוֹצוּ** בְּעֶזְרַת הָרַדְיוֹ וְהַטֶּלֶוִויזְיָה.*
/ פ.ו.ץ, נִפְעַל / נְפוֹצוֹתִי, נָפוֹץ, יָפוּץ, יָפוֹצוּ

נפוץת׳ נָפוֹץ — popular
מְפוּרְסָם, יָדוּעַ, פּוֹפּוּלָרִי:
*מַה שֵּׁם הָעִיתּוֹן **הַנָּפוֹץ** בְּיוֹתֵר בְּיִשְׂרָאֵל?*
נְפוֹצָה, נְפוֹצִים, נְפוֹצוֹת

נפחפ׳ נָפַח — blew, puffed (air)
הִכְנִיס אֲוויר:
*הוּא **נָפַח** אֲוויר לְתוֹךְ פִּיו שֶׁל הַפָּצוּעַ וְהִצִּיל אוֹתוֹ.*
לִנְפּוֹחַ / נ.פ.ח, פָּעַל / נָפַחְתִּי, נוֹפֵחַ, יִיפַּח

נפחז׳ נֶפַח [נְפָחִים] — volume
1. (בְּגֵיאוֹמֶטְרִיָּה) הָאוֹרֶךְ x הָרוֹחַב x הַגּוֹבַהּ:
*נֶפַח **הַקּוּפְסָה** 800 סמ"ק (10 ס"מ x 10 ס"מ x 8 ס"מ)*
2. (מֶטָאפוֹרָה) גּוֹדֶל, מָקוֹם, רֵיק: — capacity
***נֶפַח** הַמְּטוֹסִים גָּדַל, אֶפְשָׁר לְהַעֲבִיר בָּהֶם הַכּוֹל.*
נֶפַח הַשּׁוּק - כַּמּוּת הַסְּחוֹרָה שֶׁאֶפְשָׁר לִמְכּוֹר

נפחז׳ נַפָּח [נַפָּחִים] — blacksmith
מִי שֶׁעוֹשֶׂה אוֹ מְתַקֵּן כֵּלִים מִפַּח:
הַנַּפָּח חִיבֵּר אֶת שְׁנֵי הַלּוּחוֹת.

נפחדת׳ נִפְחָד — scared (adj.)
נִבְהַל, מְבוֹהָל, תָּפַס אוֹתוֹ פַּחַד:
*פָּגַשְׁנוּ בַּטִּיּוּל יְלָדִים **נִפְחָדִים**, שֶׁאִיבְּדוּ אֶת הוֹרֵיהֶם.*
נִפְחֶדֶת, נִפְחָדִים, נִפְחָדוֹת

נפטז׳ נֵפְט — petroleum
חוֹמֶר שֶׁנִּמְצָא בָּאֲדָמָה, מְשַׁמֵּשׁ לִמְכוֹנוֹת, מְכוֹנִיּוֹת וְכוּ׳:
*לְסָעוּדְיָה יֵשׁ הַרְבֵּה **נֵפְט**.*

נפטרפ׳ נִפְטַר — passed away
1. מֵת:
*סָבִי ז"ל **נִפְטַר** אַחֲרֵי מַחֲלָה קָשָׁה.*
2. הִצְלִיחַ לְהִשְׁתַּחְרֵר מִמַּשֶּׁהוּ לֹא רָצוּי: — got rid of
*רַק בַּזְּמַן הָאַחֲרוֹן **נִפְטַרְתִּי** מֵהַחוֹב בַּבַּנְק.*
לְהִיפָּטֵר מִ- / פ.ט.ר, נִפְעַל / נִפְטַרְתִּי, נִפְטַר, יִיפָּטֵר

נפטרז׳ נִפְטָר [נִפְטָרִים] deceased
מֵת:
הִכַּרְתִּי אֶת הַנִּפְטָר עוֹד בְּחוּץ לָאָרֶץ.
נִפְטֶרֶת, נִפְטָרוֹת

נפיחותנ׳ נְפִיחוּת [נְפִיחוּיוֹת] swelling
מָקוֹם בַּגוּף וְכוּ׳ שֶׁנַּעֲשָׂה גָּדוֹל יוֹתֵר:
יֵשׁ לִי נְפִיחוּת בָּרַגְלַיִים, וְקָשֶׁה לִי לָלֶכֶת.

נפילהנ׳ נְפִילָה [נְפִילוֹת] fall, collapse
1. יְרִידָה פִּתְאוֹמִית, לֹא צְפוּיָה:
הוּא נִפְצַע מִנְּפִילָה מֵעֵץ. / (מֶטָאפוֹרָה) הָיְיתָה נְפִילָה בַּבּוּרְסָה, וְהִפְסַדְתִּי כֶּסֶף רַב.
2. (בִּלְשׁוֹן הַדִּיבּוּר) מַשֶּׁהוּ לֹא טוֹב שֶׁקּוֹרֶה: fiasco
הַבְּחִינָה הָיְיתָה נְפִילָה.

נפלפ׳ נָפַל fell, dropped
1. יָרַד בְּכוֹחַ מִלְמַעְלָה לְמַטָּה (שֶׁלֹּא מֵרְצוֹנוֹ):
הַתַּפּוּחַ נָפַל מִן הָעֵץ.
2. נֶהֱרַג בְּמִלְחָמָה: was killed (in action)
הַחַיָּיל נָפַל בַּמִּלְחָמָה.
3. לֹא הִצְלִיחַ לְהַמְשִׁיךְ לִהְיוֹת, לִפְעוֹל וְכוּ׳: fell
הַמֶּמְשָׁלָה נָפְלָה בְּהַצְבָּעַת אִי-אֵימוּן. / הָעִיר נָפְלָה בִּידֵי הָאוֹיֵב.
4. נֶעֱלַם (בְּדִיקְדוּק): was omitted
בַּמִּילָּה אֶסַּע, שׁוֹרֶשׁ נ.ס.ע נָפְלָה הָאוֹת נוּן.
5. קָרָה: occurred
נָפְלָה טָעוּת בָּעִיתּוֹן וְצָרִיךְ לְתַקֵּן אוֹתָהּ.
נָפַל לְמִשְׁכָּב fell ill
נָפַל בַּשֶּׁבִי was taken captive
לִיפּוֹל / נ.פ.ל, פָּעַל / נָפַלְתִּי, נוֹפֵל, יִיפּוֹל

נפלז׳ נֵפֶל [נְפָלִים] aborted fetus
1. יֶלֶד מֵת, שֶׁנּוֹלַד לִפְנֵי הַזְּמַן:
הִיא יָלְדָה נֵפֶל בַּחוֹדֶשׁ הַשִּׁישִּׁי לְהֵרָיוֹן.
2. מַשֶּׁהוּ לֹא מוּצְלָח: abortive (plan/scheme)
זוֹהִי תּוֹכְנִית נֵפֶל.
הַתְקָפַת-נֵפֶל abortive attack

נפלאת׳ נִפְלָא wonderful
מְצוּיָּן, נֶהְדָּר:
מֵרֹאשׁ הָהָר רוֹאִים נוֹף נִפְלָא.
נִפְלָאָה, נִפְלָאִים, נִפְלָאוֹת

נפלטפ׳ נִפְלַט was unintentionally discharged
יָצָא הַחוּצָה פִּתְאוֹם:
נִפְלַט לִי כַּדּוּר מֵהָאֶקְדָּח בִּזְמַן הַנִּיקּוּי.
נִפְלַט לִי מֵהַפֶּה slipped
(לְשׁוֹן דִּיבּוּר) סְלִיחָה, אָמַרְתִּי שְׁטוּת, זֶה נִפְלַט לִי מֵהַפֶּה.
לְהִיפָּלֵט / פ.ל.ט, נִפְעַל / נִפְלְטוּ, נִפְלָט, יִיפָּלֵט, הִיפָּלֵט!

נפלםז׳ נַפַּלְם napalm
(מֵאַנְגְלִית) חוֹמֶר שֶׁנִּשְׂרָף בְּקַלּוּת, מִשְׁתַּמְּשִׁים בּוֹ לִפְצָצוֹת:
הַמְּטוֹסִים זָרְקוּ פְּצָצוֹת נַפַּלְם וְשָׂרְפוּ אֶת הַכְּפָר.

נפסדת׳ נִפְסָד worthless
(לָשׁוֹן סִפְרוּתִית) מְקוּלְקָל, לֹא נָכוֹן, לֹא טוֹב:
הַפְּשִׁיזְם, הוּא רַעְיוֹן נִפְסָד.
נִפְסֶדֶת, נִפְסָדִים, נִפְסָדוֹת

נפסלפ׳ נִפְסַל was disqualified
הֶחְלִיטוּ שֶׁהוּא לֹא מַתְאִים:
הַסֶּרֶט נִפְסַל עַל-יְדֵי הַצֶּנְזוּרָה.
לְהִיפָּסֵל / פ.ס.ל, נִפְעַל / נִפְסַלְתִּי, נִפְסָל, יִיפָּסֵל

נפסקפ׳ נִפְסַק stopped
לֹא נִמְשַׁךְ, הָיָה לוֹ סוֹף:
הַגֶּשֶׁם נִפְסַק, וְהַשֶּׁמֶשׁ יָצְאָה.
לְהִיפָּסֵק / פ.ס.ק, נִפְעַל / נִפְסְקוּ, נִפְסָק, יִיפָּסֵק, הִיפָּסֵק!

נפעלז׳ נִפְעַל a verb conjugation paradigm
(בְּדִיקְדוּק) אֶחָד מ-7 הַבִּנְיָינִים שֶׁל הַפּוֹעַל בְּעִבְרִית - מְסַמֵּן פְּעוּלָּה פַּסִּיבִית וְאִינְטְרַנְזִיטִיבִית:
הַפּוֹעַל 'נִכְתַּב' הוּא בְּבִנְיַין נִפְעַל.

נפעםפ׳ נִפְעַם was moved/excited
הִתְרַגֵּשׁ:
נִפְעַמְתִּי לִשְׁמוֹעַ, שֶׁדָּוִיד הִגִּיעַ!
לְהִיפָּעֵם / פ.ע.ם, נִפְעַל / נִפְעַמְתִּי, נִפְעָם, יִיפָּעֵם, יִיפָּעֲמוּ

נפעםת׳ נִפְעָם excited/startled (adj.)
נִרְגָּשׁ, שֶׁהַלֵּב שֶׁלּוֹ דוֹפֵק חָזָק:
לִיבִּי נִפְעָם מֵרוֹב שִׂמְחָה.
נִפְעֶמֶת, נִפְעָמִים, נִפְעָמוֹת

נפערפ׳ נִפְעַר opened widely
נַעֲשָׂה בּוֹ פֶּתַח (חוֹר וְכוּ׳) גָּדוֹל:
בּוֹר גָּדוֹל נִפְעַר בַּכְּבִישׁ.
לְהִיפָּעֵר / פ.ע.ר, נִפְעַל / נִפְעֲרוּ, נִפְעָר, יִיפָּעֵר, יִיפָּעֲרוּ

נפץז׳ נֶפֶץ explosion
הִתְפּוֹצְצוּת, כְּשֶׁמַּשֶּׁהוּ נִשְׁבָּר לַחֲתִיכוֹת:
שָׁמַעְנוּ קוֹלוֹת נֶפֶץ, וְלֹא יָדַעְנוּ מַה קָּרָה.

נפץז׳ נַפָּץ [נַפָּצִים] detonator
חֵלֶק בַּפְּצָצָה שֶׁגּוֹרֵם לָהּ לְהִתְפּוֹצֵץ:
הַנַּפָּץ לֹא פָּעַל, וְהַפְּצָצָה לֹא הִתְפּוֹצְצָה.

נפצעפ׳, נִפְצַע was wounded

נִפְגַע בְּגוּפוֹ:

*בַּתְּאוּנָה הַקָּשָׁה **נִפְצְעוּ** שִׁבְעָה נוֹסְעִים.*

לְהִיפָּצַע / פ.צ.ע, נִפְעַל / נִפְצַעְתִּי, נִפְצַע, אֶפָּצַע, תִּיפָּצַע

נפקדפ׳, נִפְקַד was counted

1. סָפְרוּ אוֹתוֹ:

*מִי שֶׁהִגִּיעַ צָרִיךְ **לְהִיפָּקֵד**, כְּדֵי שֶׁנֵּדַע כַּמָּה יוֹצְאִים לַטִּיּוּל.*

2. הָיָה חָסֵר, לֹא הָיָה: was absent

*שְׁלוֹשָׁה פְּקִידִים **נִפְקְדוּ** אֶתְמוֹל מִן הָעֲבוֹדָה.*

לְהִיפָּקֵד, מִ- / פ.ק.ד, נִפְעַל / נִפְקְדוּ, נִפְקַד, יִיפָּקֵד

נפקדת׳, נִפְקָד missing

1. חָסֵר, אֵינֶנּוּ:

*הַחַיָּיל **הַנִּפְקָד** מִן הַצָּבָא נֶעֱנַשׁ.*

2. **נִפְקָדִים** - מִי שֶׁבָּרְחוּ בַּמִּלְחָמָה absentee

וְאֵינָם נִמְצָאִים בַּמְּדִינָה: *רְכוּשׁ **הַנִּפְקָדִים** נִמְצָא בִּידֵי אַפּוֹטְרוֹפּוֹס.*

נִפְקֶדֶת, נִפְקָדִים, נִפְקָדוֹת

נפקדותנ׳, נִפְקָדוּת absenteeism

כְּשֶׁלֹּא בָּאִים לְמָקוֹם שֶׁצְּרִיכִים לִהְיוֹת בּוֹ:

*הוּא יָשַׁב בְּבֵית סוֹהַר בִּגְלַל **נִפְקָדוּת** מֵהַצָּבָא.*

נפקחפ׳, נִפְקַח was opened (eyes/ears)

נִפְתַּח:

*עֵינָיו **נִפְקְחוּ** לִרְאוֹת אֶת אוֹר הַיּוֹם.*

לְהִיפָּקֵחַ / פ.ק.ח, נִפְעַל / נִפְקְחוּ, נִפְקַח, יִיפָּקַח, יִיפָּקְחוּ

נפרדפ׳, נִפְרַד departed from

1. אָמַר שָׁלוֹם לִפְנֵי שֶׁהָלַךְ וְהִתְרַחֵק:

*דָּוִיד **נִפְרַד** מֵהוֹרָיו וּמֵחֲבֵרָיו וְנָסַע לִלְמוֹד בְּחוּץ לָאָרֶץ.*

2. עָזַב אֶת אִשְׁתּוֹ: separated

*דָּוִיד וְרוּת **נִפְרְדוּ**, הֵם חַיִּים בְּנִפְרָד.*

לְהִיפָּרֵד מִ- / פ.ר.ד, נִפְעַל / נִפְרַדְתִּי, נִפְרָד, אֶפָּרֵד, יִיפָּרֵד

נפרדת׳, נִפְרָד separate (adj.)

1. מְיוּחָד, שׁוֹנֶה, אַחֵר:

*לְכָל פָּקִיד יֵשׁ חֶדֶר **נִפְרָד**.*

2. (בְּדִיקְדּוּק) הַצּוּרָה שֶׁל הַשֵּׁם, כְּשֶׁהוּא לֹא קָשׁוּר: in absolute state (gram.)

*הַצּוּרָה 'יַלְדָּה' הִיא צוּרַת **נִפְרָד** ('יַלְדַּת' הִיא צוּרַת נִסְמָךְ).*

בְּנִפְרָד separately

נִפְרֶדֶת, נִפְרָדִים, נִפְרָדוֹת

נפרםפ׳, נִפְרַם became unstitched

נִפְתַּח קֶשֶׁר, תֶּפֶר וְכוּ׳:

*הַסְּוֶודֶר **נִפְרַם**, צָרִיךְ לְתַקֵּן אוֹתוֹ.*

לְהִיפָּרֵם / פ.ר.ם, נִפְעַל / נִפְרְמוּ, נִפְרָם, יִיפָּרֵם, יִיפָּרְמוּ

נפרספ׳, נִפְרַס was sliced

נֶחְתַּךְ לִפְרוּסוֹת:

*הַלֶּחֶם **נִפְרַס** בַּיָּד וְלֹא בִּמְכוֹנָה.*

לְהִיפָּרֵס / פ.ר.ס, נִפְעַל / נִפְרְסוּ, נִפְרָס, יִיפָּרֵס, יִיפָּרְסוּ

נפרעפ׳, נִפְרַע became unruly

1. נַעֲשָׂה פָּרוּעַ, לֹא מְסוּדָּר:

*הַשְּׂעָרוֹת שֶׁלִּי **נִפְרְעוּ** בָּרוּחַ.*

2. שִׁילְּמוּ אוֹתוֹ (חוֹב וְכוּ׳): was paid up

*הַהַלְוָואָה שֶׁקִּיבַּלְתִּי **נִפְרְעָה**.*

לְהִיפָּרַע / פ.ר.ע, נִפְעַל / נִפְרְעוּ, נִפְרָע, יִיפָּרַע

נפרץפ׳, נִפְרַץ was broken through

1. נַעֲשָׂה בּוֹ חוֹר:

*הַקִּיר **נִפְרַץ**, וְיֵשׁ בּוֹ פֶּתַח גָּדוֹל.*

2. נִכְנְסוּ אֵלָיו בְּלִי רְשׁוּת: was broken into

*הַדִּירָה **נִפְרְצָה**, וְגָנְבוּ לִי אֶת הָרַדְיוֹ.*

לְהִיפָּרֵץ / פ.ר.ץ, נִפְעַל / נִפְרְצוּ, נִפְרָץ, יִיפָּרֵץ, יִיפָּרְצוּ

נפרקפ׳, נִפְרַק was unloaded

הוֹרִידוּ מִמֶּנּוּ חֲבִילוֹת וְכוּ׳:

*הַשּׁוּלְחָנוֹת **נִפְרְקוּ** מִן הַמְּכוֹנִית.*

לְהִיפָּרֵק / פ.ר.ק, נִפְעַל / נִפְרְקוּ, נִפְרָק, יִיפָּרֵק, יִיפָּרְקוּ

נפרשפ׳, נִפְרַשׂ was spread

שָׂמוּ אוֹתוֹ מָתוּחַ, יָשָׁר:

*הַמַּפָּה **נִפְרְשָׂה** עַל הַשּׁוּלְחָן.*

לְהִיפָּרֵשׂ / פ.ר.שׂ, נִפְעַל / נִפְרְשׂוּ, נִפְרָשׂ, יִיפָּרֵשׂ, יִיפָּרְשׂוּ

נפשפ׳, נָפַשׁ vacationed

נָח:

*אֲנִי אוֹהֵב **לִנְפּוֹשׁ** לְיַד הַיָּם.*

לִנְפּוֹשׁ / נ.פ.ש, פָּעַל / נָפַשְׁתִּי, נוֹפֵשׁ, יִנְפּוֹשׁ

נפשנ׳, נֶפֶשׁ [נְפָשׁוֹת] soul

1. רוּחַ הָאָדָם, הַחֵלֶק הַלֹּא פִיסִי:

*צָרִיךְ לִשְׁמוֹר עַל **הַנֶּפֶשׁ** הָרַכָּה שֶׁל הַיְּלָדִים.*

2. אָדָם: person

*אַל תְּסַפֵּר זֹאת **לְנֶפֶשׁ** חַיָּה! / הֵם גָּרוּ בִּתְנָאִים קָשִׁים: אַרְבַּע **נְפָשׁוֹת** בְּחֶדֶר אֶחָד.*

אוֹיֵב בַּנֶּפֶשׁ - שׂוֹנֵא גָּדוֹל: sworn enemy

הַנָּאצִים הָיוּ אוֹיְבִים בַּנֶּפֶשׁ שֶׁל הַיְּהוּדִים.

גּוֹעַל־נֶפֶשׁ - מַשֶּׁהוּ דּוֹחֶה: disgust

הַלִּיכְלוּךְ כָּאן אָיוֹם. מַמָּשׁ גּוֹעַל נֶפֶשׁ.

חוֹלֵה־נֶפֶשׁ ז׳ - חוֹלֵה רוּחַ: mentally ill

פְּסִיכִיאַטְרִים מְטַפְּלִים בְּחוֹלֵי נֶפֶשׁ.

חֶשְׁבּוֹן־נֶפֶשׁ - בִּיקוֹרֶת עַצְמִית: soul-searching
פַּעַם בְּשָׁנָה צָרִיךְ לַעֲשׂוֹת חֶשְׁבּוֹן נֶפֶשׁ.

סַכָּנַת־נְפָשׁוֹת - mortal danger
זוֹ סַכָּנַת נְפָשׁוֹת לְהִתְרַחֵץ בְּחוֹף הַזֶּה.

חֵירוּף־נֶפֶשׁ - risking one's life
נִלְחַמְתִּי בְּחֵירוּף נֶפֶשׁ בָּאֵשׁ.

יְפֵה־נֶפֶשׁ - refined, bleeding heart
יְפֵי הַנֶּפֶשׁ חוֹשְׁבִים שֶׁכּוּלָּם טוֹבִים.

עוֹגְמַת־נֶפֶשׁ - grief
הָיְיתָה לִי עוֹגְמַת נֶפֶשׁ, אִיבַּדְתִּי אֶת הַטַּבַּעַת.

צִיפּוֹר־הַנֶּפֶשׁ - the most precious thing
הַחוֹפֶשׁ הוּא צִיפּוֹר הַנֶּפֶשׁ שֶׁל הָאָדָם.

שְׁאָט־נֶפֶשׁ - מַשֶּׁהוּ דוֹחֶה: contempt
שָׁמַעְתִּי בִּשְׁאָט נֶפֶשׁ אֶת הַנְּאוּם הַגִּזְעָנִי.

עָמַד עַל נַפְשׁוֹ - נִלְחַם עַל חַיָּיו: defended his life
הוּא עָמַד עַל נַפְשׁוֹ וְנִלְחַם בָּרוֹצֵחַ.

עָשָׂה נְפָשׁוֹת - גִּייֵּס תּוֹמְכִים: recruited followers
הוּא עָשָׂה נְפָשׁוֹת לְרַעְיוֹנוֹתָיו.

הִגִּיעוּ מַיִם עַד נֶפֶשׁ - הַצָּרָה גְדוֹלָה the suffering reached its climax

נפשית׳ נַפְשִׁי mental, spiritual
שֶׁל הַנֶּפֶשׁ, לֹא שֶׁל הַגּוּף:
*הוּא צָרִיךְ עֶזְרָה **נַפְשִׁית**.*
נַפְשִׁית, נַפְשִׁיִּים, נַפְשִׁיּוֹת

נפשעת׳ נִפְשָׁע sinful, criminal
רַע מְאוֹד, שֶׁאָסוּר לַעֲשׂוֹת:
*רֶצַח שֶׁל יֶלֶד הוּא מַעֲשֶׂה **נִפְשָׁע**.*
נִפְשַׁעַת, נִפְשָׁעִים, נִפְשָׁעוֹת

נפתחפ׳ נִפְתַּח was opened
1. הֵהֵיפֶךְ מִנִּסְגַּר:
*הַחַלּוֹן **נִפְתַּח** בִּגְלַל הָרוּחַ הַחֲזָקָה. / בְּמוֹצָאֵי שַׁבָּת **נִפְתָּחִים** כֹּל בָּתֵּי-הַקּוֹלְנוֹעַ.*
2. הִתְחִיל: began, started
*הָעֶרֶב **נִפְתַּח** בְּהַרְצָאָה.*
לְהִיפָּתַח / פ.ת.ח, נִפְעַל / נִפְתְּחָה, נִפְתַּחַת, יִיפָּתַח

נפתלת׳ נִפְתָּל twisted/winding (adj.)
עָקוֹם, לֹא יָשָׁר:
*הָלַכְנוּ בִּדְרָכִים **נִפְתָּלוֹת**.*
נִפְתֶּלֶת, נִפְתָּלִים, נִפְתָּלוֹת

נפתרפ׳ נִפְתַּר was solved
נַעֲשָׂה מוּבָן, נָתְנוּ תְּשׁוּבָה לְדָבָר קָשֶׁה:
*בְּעָיַית הַבִּיטָּחוֹן לֹא **נִפְתְּרָה** עֲדַיִין.*
לְהִיפָּתֵר / פ.ת.ר, נִפְעַל / נִפְתְּרוּ, נִפְתָּר, יִיפָּתֵר, יִיפָּתְרוּ

נץז׳ נֵץ [נִיצִים] hawk
עוֹף שֶׁאוֹכֵל תַּרְנְגוֹלוֹת וְכוּ':
*הַ**נֵּץ** רָדַף אַחֲרֵי הַיּוֹנָה.*
(מֶטָאפוֹרָה) מִי שֶׁיֵּשׁ לוֹ דֵיעוֹת רָדִיקָלִיּוֹת בְּנוֹשֵׂא הַבִּיטָּחוֹן:
*הַ**נִּיצִים** חוֹשְׁבִים שֶׁמִּלְחָמוֹת פּוֹתְרוֹת בְּעָיוֹת.*

נצורת׳ נָצוּר locked (adj.)
1. סָגוּר וְשָׁמוּר:
*הָרוֹבֶה **נָצוּר**, הוּא לֹא יוֹרֶה.*
2. כְּשֶׁהָאוֹיְבִים מִסָּבִיב, וְאִי אֶפְשָׁר לָצֵאת אוֹ לְהִיכָּנֵס: besieged (adj.)
*הָעִיר **נְצוּרָה**, וְאִי אֶפְשָׁר לְהַעֲבִיר אֵלֶיהָ אוֹכֶל.*
נְצוּרָה, נְצוּרִים, נְצוּרוֹת

נצחז׳ נֶצַח eternity
בְּלִי סוֹף (בִּזְמַן):
*אַתָּה מַאֲמִין בְּחַיֵּי **נֶצַח**?*
לָנֶצַח forever

נצחית׳ נִצְחִי eternal
קַיָּים לְעוֹלָם, לֹא נִפְסָק אַף פַּעַם:
*הָעוֹלָם הוּא **נִצְחִי**, הָאָדָם - לֹא!*
נִצְחִית, נִצְחִיִּים, נִצְחִיּוֹת

נצחיותנ׳ נִצְחִיּוּת eternity
זְמַן לְלֹא סוֹף, אֵין סוֹפִיּוּת:
*אֲנִי מַאֲמִין **בְּנִצְחִיּוּת** עַם יִשְׂרָאֵל.*

נצטווה ר׳ הצטווה **נצטייר** ר׳ הצטייר

נציבז׳ נְצִיב [נְצִיבִים] commissioner, governor
1. מוֹשֵׁל, רֹאשׁ מְדִינָה לֹא חוֹפְשִׁית:
*בְּ-1918-1948 הָיָה בְּאֶרֶץ יִשְׂרָאֵל **נְצִיב** בְּרִיטִי.*
2. מְנַהֵל בְּמִשְׂרָד שֶׁל הַמֶּמְשָׁלָה:
נְצִיב־מַס־הַכְנָסָה income-tax commissioner
נְצִיב־שֵׁירוּת־הַמְּדִינָה Civil Service Commissioner

נציבותנ׳ נְצִיבוּת [נְצִיבוּיוֹת] commission, mandate
1. הַתַּפְקִיד שֶׁל הַנְּצִיב, הַמּוֹשֵׁל:
*הַ**נְּצִיבוּת** הַבְּרִיטִית לֹא הָיְיתָה אֲהוּבָה עַל הַיְּהוּדִים.*
2. מִשְׂרְדֵי מֶמְשָׁלָה:
*הַרְבֵּה פְּקִידִים עוֹבְדִים **בִּנְצִיבוּת** מַס-הַכְנָסָה.*

נציגז׳ נָצִיג [נְצִיגִים] representative
מִי שֶׁמְּדַבֵּר בְּשֵׁם הַרְבֵּה אֲנָשִׁים:

*לַמִּפְלָגוֹת יֵשׁ **נְצִיגִים** בַּכְּנֶסֶת.*
נְצִיגָה, נְצִיגוֹת

נציגותנ, נְצִיגוּת [נְצִיגוּיוֹת] representation
קְבוּצָה שֶׁל אֲנָשִׁים שֶׁבָּאוּ בְּשֵׁם אִירְגוּן אוֹ מוֹסָד:
*לְכָל מִפְלָגָה יֵשׁ **נְצִיגוּת** בַּכְּנֶסֶת לְפִי גוֹדְלָהּ בַּבְּחִירוֹת.*

נצלבפ, נִצְלַב was crucified
תָּלוּ אוֹתוֹ בַּיָּדַיִים וּבָרַגְלַיִים:
*יֵשׁוּ הַנּוֹצְרִי **נִצְלַב** עַל-יְדֵי הָרוֹמָאִים.*
לְהִיצָּלֵב / צ.ל.ב, נִפְעַל / נִצְלְבוּ, נִצְלָב, יִיצָּלֵב, יִיצָּלְבוּ

נצלהפ, נִצְלָה was roasted
שָׂמוּ עַל אֵשׁ וּבִישְּׁלוּ אוֹתוֹ מִכֹּל צַד:
*הַבָּשָׂר **נִצְלָה** בַּתַּנּוּר.*
(מֶטָאפוֹרָה) *יָשַׁבְנוּ עַל חוֹף הַיָּם **וְנִצְלֵינוּ** בַּשֶּׁמֶשׁ.* was sunburned
לְהִיצָּלוֹת / צ.ל.ה, נִפְעַל / נִצְלֵיתִי, נִצְלֶה, יִיצָּלֶה

נצלןז, נַצְלָן [נַצְלָנִים] exploiter
מִי שֶׁמִּשְׁתַּמֵּשׁ בַּעֲבוֹדָה שֶׁל אֲחֵרִים לְטוֹבָתוֹ, מִי שֶׁמְּשַׁלֵּם מְעַט מִדַּיי:
*בַּעַל בֵּית הַחֲרוֹשֶׁת **נַצְלָן** גָּדוֹל, דוֹרֵשׁ הַרְבֵּה וּמְשַׁלֵּם מְעַט.*
נַצְלָנִית, נַצְלָנִיּוֹת

נצלנותנ, נַצְלָנוּת exploitation
שִׁימוּשׁ בַּעֲבוֹדָה שֶׁל אֲחֵרִים, תַּשְׁלוּם מוּעָט בְּעַד עֲבוֹדָה רַבָּה:
*הָעוֹבְדִים צְרִיכִים לְהִתְנַגֵּד **לְנַצְלָנוּת**.*

נצמדפ, נִצְמַד clung, adhered
הָיָה קָרוֹב בְּיוֹתֵר, הִתְחַבֵּר אֶל:
*הַיְלָדִים **נִצְמְדוּ** לְאִימָּם, הֵם פָּחֲדוּ לְאַבֵּד אוֹתָהּ.*
לְהִיצָּמֵד לְ- / צ.מ.ד, נִפְעַל / נִצְמְדוּ, נִצְמָד, יִיצָּמֵד, נִיצָּמֵד

נצפהפ, נִצְפָּה was forecasted/foreseen
רָאוּ מֵרֹאשׁ, יָדְעוּ קוֹדֶם:
*מֶזֶג הָאֲוויר הַחַם **נִצְפָּה** עוֹד בְּשַׁבָּת שֶׁעָבְרָה.*
לְהִיצָּפוֹת / צ.פ.ה, נִפְעַל / נִצְפּוּ, נִצְפֶּה, יִיצָּפֶה, יִיצָּפוּ

נצרפ, נָצַר kept, guarded
1. שָׁמַר:
***נָצַרְתִּי** בְּלִיבִּי **אֶת** מַה שֶּׁאָמַר לִי, וְלֹא סִיפַּרְתִּי לְאִישׁ.*
2. סָגַר כְּלִי נֶשֶׁק, כְּדֵי שֶׁלֹּא תִּהְיֶה יְרִיָּיה: locked
***נָצַרְתִּי אֶת** הָרוֹבֶה.*
לִנְצוֹר אֶת- / נ.צ.ר, פָּעַל / נָצַרְתִּי, נוֹצֵר, יִנְצוֹר, נְצוֹר!

נצרז, נֵצֶר [נְצָרִים] shoot, sprout
1. עָנָף דַּק:
*יֵשׁ לִי תִּיק **מִנְּצָרִים**.*
2. בֵּן אוֹ בַּת שֶׁל (מִשְׁפָּחָה): scion
*הוּא **נֵצֶר** לְמִשְׁפָּחָה אֲרִיסְטוֹקְרָטִית.*

נצרבפ, נִצְרַב was scorched
נִשְׂרַף, קִיבֵּל סִימָן מֵאֵשׁ, מֵחוֹם:
*הַפָּנִים שֶׁלִּי **נִצְרְבוּ מִן** הַשֶּׁמֶשׁ.*
לְהִיצָּרֵב / צ.ר.ב, נִפְעַל / נִצְרַבְתִּי, נִצְרָב, יִיצָּרֵב

נצרדפ, נִצְרַד became hoarse
נַעֲשָׂה צָרוּד, הַקּוֹל שֶׁלּוֹ נַעֲשָׂה חַלָּשׁ:
***נִצְרַדְתִּי**, כִּי צָעַקְתִּי הַרְבֵּה.*
לְהִיצָּרֵד / צ.ר.ד, נִפְעַל / נִצְרַדְתִּי, נִצְרָד, יִיצָּרֵד, יִיצָּרְדוּ

נצרהנ, נְצָרָה [נְצָרוֹת] safety latch
הַחֵלֶק שֶׁסּוֹגֵר רוֹבֶה אוֹ אֶקְדָּח כְּדֵי שֶׁלֹּא יִירוּ:
*הוּא פָּתַח **אֶת הַנְּצָרָה** וְיָרָה.*

נצרותנ, נַצְרוּת Christianity
הַדָּת שֶׁל מִי שֶׁמַּאֲמִין בְּיֵשׁוּ:
*הָעִיר בֵּית לֶחֶם קְדוֹשָׁה **לַנַּצְרוּת**.*

נצרךפ, נִצְרַךְ was in need of
1. הָיָה לוֹ צוֹרֶךְ בְּ-, הָיָה צָרִיךְ:
***נִצְרַכְתִּי** לְעֶזְרָה שֶׁל הַמּוֹרֶה.*
2. הִשְׁתַּמְּשׁוּ בּוֹ: was consumed/used
*כַּמָּה תַּפּוּחֵי אֲדָמָה **נִצְרָכִים** בְּיִשְׂרָאֵל בְּמֶשֶׁךְ שָׁנָה?*
לְהִיצָּרֵךְ לְ- / צ.ר.ך, נִפְעַל / נִצְרַכְתִּי, נִצְרָךְ, יִיצָּרֵךְ

נצרךת, נִצְרָךְ needy
מִי שֶׁחֲסֵרִים לוֹ דְּבָרִים אֶלֶמֶנְטָרִיִּים - אוֹכֶל וְכוּ':
*מִסְפַּר **הַנִּצְרָכִים** עָלָה, כִּי אֵין עֲבוֹדָה.*
נִצְרֶכֶת, נִצְרָכִים, נִצְרָכוֹת

נקבפ, נָקַב punched (a hole)
1. עָשָׂה חוֹר:
***נָקַבְתִּי** חוֹר חָדָשׁ בַּחֲגוֹרָה, כִּי רָזִיתִי.*
2. קָבַע, הֶחְלִיט: stated, specified
***נָקַבְתִּי אֶת** הַמְּחִיר שֶׁל הַשִּׂמְלָה.*
3. אָמַר בְּאוֹפֶן בָּרוּר: named
*הוּא **נָקַב** בְּשֵׁם הַגַּנָּב.*
לִנְקוֹב אֶת- / נ.ק.ב, פָּעַל / נָקַבְתִּי, נוֹקֵב, יִיקוֹב, נְקוֹב!

נקבז, נֶקֶב [נְקָבִים] hole, orifice
חוֹר:
*הֶעֱבַרְתִּי חוּט דֶּרֶךְ **הַנֶּקֶב** שֶׁל הַמַּחַט.*

נקבהנ׳ נְקֵבָה [נְקֵבוֹת] female
1. הַמִּין שֶׁל אִישָׁה, יַלְדָּה, חֲתוּלָה (לֹא שֶׁל אִישׁ, יֶלֶד, חָתוּל):
*אֵצֶל בְּנֵי הָאָדָם וּבַעֲלֵי הַחַיִּים **הַנְּקֵבוֹת** יוֹלְדוֹת.*
2. (בְּדִיקְדּוּק) שֵׁם הַשַּׁיָּיךְ לְמִין שֶׁאֵינוֹ זָכָר: feminine
*'דֶּלֶת', 'מַחְבֶּרֶת' הֵם שֵׁמוֹת מִמִּין **נְקֵבָה**.*

נקבהנ׳ נִקְבָּה [נְקָבוֹת] tunnel
דֶּרֶךְ מִתַּחַת לָאֲדָמָה:
*חוֹפְרִים **נִקְבָּה** מִתַּחַת לָהָר.*

נקבובית׳ נַקְבּוּבִי perforated (adj.), porous
שֶׁיֵּשׁ בּוֹ חוֹרִים קְטַנִּים:
*בַּד **נַקְבּוּבִי** לֹא מְחַמֵּם בַּקַּיִץ.*
נַקְבּוּבִית, נַקְבּוּבִיִּים, נַקְבּוּבִיּוֹת

נקבוביתנ׳ נַקְבּוּבִית [נַקְבּוּבִיּוֹת] pore
חוֹר קָטָן:
*עוֹר הַגּוּף נוֹשֵׁם דֶּרֶךְ **הַנַּקְבּוּבִיּוֹת**.*

נקבית׳ נְקֵבִי feminine
מִמִּין נְקֵבָה (אִישָׁה, דֶּלֶת וְכוּ'):
*הַרְבֵּה שֵׁמוֹת **נְקֵבִיִּים** מִסְתַּיְּימִים בְּ-ה (יַלְדָּה דִּירָה...).*
נְקֵבִית, נְקֵבִיִּים, נְקֵבִיּוֹת

נקבעפ׳ נִקְבַּע was set/scheduled
1. הוּסְכַּם הוּחְלַט:
*הַפְּגִישָׁה **נִקְבְּעָה** לְשָׁעָה 5:00 אַחֲרֵי הַצָּהֳרַיִים.*
2. שָׂמוּ אוֹתוֹ בְּאוֹפֶן קָבוּעַ: was fixed
נִקְבַּע שֶׁלֶט מֵעַל הַדֶּלֶת: ד"ר דָּוִיד.
לְהִיקָּבַע / ק.ב.ע, נִפְעַל / נִקְבְּעָה, נִקְבַּע, יִיקָּבַע

נקבץפ׳ נִקְבַּץ (was) assembled
1. הִתְאַסֵּף:
*קָהָל גָּדוֹל **נִקְבַּץ** לְיַד הַתֵּיאַטְרוֹן.*
2. אָסְפוּ אוֹתוֹ: was collected/compiled
*הַמַּאֲמָרִים **נִקְבְּצוּ** בְּסֵפֶר.*
לְהִיקָּבֵץ / ק.ב.ץ, נִפְעַל / נִקְבְּצוּ, נִקְבָּץ, יִיקָּבֵץ, יִיקָּבְצוּ

נקברפ׳ נִקְבַּר was buried
1. הִכְנִיסוּ בָּאֲדָמָה (מֵת):
*סָבִי **נִקְבַּר** בְּבֵית הַקְּבָרוֹת בִּירוּשָׁלַיִם.*
2. (מֶטָאפוֹרָה) לֹא הִתְיַיחֲסוּ אֵלָיו, לֹא בִּיצְּעוּ אוֹתוֹ:
*הַתּוֹכְנִית **נִקְבְּרָה**, עוֹד לִפְנֵי שֶׁדָּנוּ בָּהּ.*
לְהִיקָּבֵר / ק.ב.ר, נִפְעַל / נִקְבַּרְתִּי, נִקְבָּר, יִיקָּבֵר, הִיקָּבֵר!

נקובת׳ נָקוּב perforated (adj.)
1. שֶׁיֵּשׁ בּוֹ חוֹר:
*שַׂמְתִּי אֶת הָאִיטְרִיּוֹת בְּסִיר **נָקוּב**.*
2. כָּתוּב אוֹ נֶאֱמַר מַמָּשׁ: specified (adj.)
*מִי שֶׁשְּׁמוֹ **נָקוּב** בָּרְשִׁימָה עָבַר אֶת הַבְּחִינָה.*
מְחִיר נָקוּב - nominal price
*הַמְּחִיר **הַנָּקוּב** שֶׁל הַסֵּפֶר - 50 שְׁקָלִים, וְיֵשׁ 20% הֲנָחָה.*
נְקוּבָה, נְקוּבִים, נְקוּבוֹת

נקודהנ׳ נְקֻדָּה [נְקוּדוֹת] dot
1. סִימָן קָטָן עָגוֹל:
*לָבַשְׁתִּי שִׂמְלָה עִם **נְקוּדוֹת** שְׁחוֹרוֹת וּלְבָנוֹת.*
2. סִימָן לְסוֹף מִשְׁפָּט: period
*אַל תִּשְׁכַּח לָשִׂים **נְקוּדָה** בְּסוֹף הַמִּשְׁפָּט!*
3. יִישׁוּב: settlement
*בַּגּוֹלָן הֵקִימוּ שָׁלוֹשׁ **נְקוּדוֹת** חֲדָשׁוֹת.*
4. **נְקוּדוֹת** - סִימָנֵי הַתְּנוּעוֹת: vowels
*אֲנִי יוֹדֵעַ לִקְרוֹא בְּעִבְרִית, רַק כְּשֶׁיֵּשׁ **נְקוּדוֹת**.*
5. עִניָין, נוֹשֵׂא: issue, item
*הִבַּעְתִּי אֶת דַּעְתִּי בִּשְׁתֵּי **נְקוּדוֹת**.*
6. מָה שֶׁסּוֹפְרִים בְּתַחֲרוּת: point
*נִיצַּחְתִּי אוֹתוֹ בְּ-5 **נְקוּדוֹת**.*
נְקוּדַת אֲחִיזָה - foothold
לַסִּיפּוּר הַזֶּה אֵין שׁוּם נְקוּדַת אֲחִיזָה בַּמְּצִיאוּת.
נְקוּדַת מַבָּט - point of view
הַסִּיפּוּר הַזֶּה נִכְתַּב מִנְּקוּדַת מַבָּט שֶׁל יֶלֶד.
נְקוּדַת מוֹצָא - point of departure
נְקוּדַת הַמּוֹצָא לַטִּיּוּל הָיְיתָה הָעִיר הָעַתִּיקָה. הַמֶּחְקָר נֶעֱרַךְ מִנְּקוּדַת מוֹצָא כַּלְכָּלִית-חֶבְרָתִית.
נְקוּדַת מִפְנֶה - turning point
הָעֲלִיָּיה לָאָרֶץ הָיְיתָה נְקוּדַת מִפְנֶה בְּחַיַּיי.
נְקוּדַת תּוּרְפָּה - Achilles' heel
הַמַּחְסוֹר בִּמְקוֹמוֹת עֲבוֹדָה - זֹאת נְקוּדַת הַתּוּרְפָּה שֶׁלָּנוּ.

נקודתייםנ״ז נְקֻדָּתַיִם colon
שְׁתֵּי נְקוּדוֹת (:) סִימָן פִּיסּוּק בַּמִּשְׁפָּט:
*לִפְנֵי דִּיבּוּר יָשִׁיר צָרִיךְ לָשִׂים **נְקוּדָתַיִם**.*

נקווהפ׳ נִקְוָה (was) collected
הִתְאַסֵּף (מַיִם וְכוּ'):
*מֵי הַגְּשָׁמִים **נִקְווּ** בְּצַד הַכְּבִישׁ.*
לְהִיקָּווֹת / ק.ו.ה, נִפְעַל / נִקְווּ, נִקְוִוים, יִיקָּווּ

נקוטת׳ נָקוּט used/taken/resorted to (adj.)
שֶׁמִּשְׁתַּמְּשִׁים בּוֹ (חוֹק, מִנְהָג וְכוּ'):
*הָעוֹנֶשׁ **הַנָּקוּט** נֶגֶד נֶהָגִים פְּרוּעִים הוּא שְׁלִילַת רִישָׁיוֹן.*
נְקוּטָה, נְקוּטִים, נְקוּטוֹת

נקועת׳ נָקוּעַ dislocated (joint) (adj.)
כְּשֶׁעֶצֶם זָזָה מִן הַמָּקוֹם:

הָרֶגֶל שֶׁלִּי נְקוּעָה, אָסוּר לִי לִדְרוֹךְ עָלֶיהָ.
נְקוּעָה, נְקוּעִים, נְקוּעוֹת

נקט פ׳ נָקַט — took (measures etc.)
הִשְׁתַּמֵּשׁ בְּ-, הִפְעִיל, עָשָׂה:
*צָרִיךְ **לִנְקוֹט** כֹּל הָאֶמְצָעִים כְּדֵי שֶׁלֹּא יִהְיוּ גְנֵיבוֹת.*
לִנקוֹט בְּ- / נ.ק.ט, פָּעַל / נָקַטְתִּי, נוֹקֵט, אֶנקוֹט, יִנקוֹט

נקטל פ׳ נִקְטַל — was killed
1. הָרְגוּ אוֹתוֹ, מֵת עַל-יְדֵי מִישֶׁהוּ אוֹ מַשֶּׁהוּ:
*הַרְבֵּה בַּעֲלֵי חַיִּים **נִקְטְלוּ** בַּחוֹם.*
2. אָמְרוּ שֶׁהוּא רַע מְאוֹד (סֵפֶר, הַצָּגָה וְכוּ׳): — was torn to pieces (by critics)
*הַהַצָּגָה הַחֲדָשָׁה **נִקְטְלָה עַל-יְדֵי** הַמְבַקֵּר.*
לְהִיקָּטֵל עַל-יְדֵי- / ק.ט.ל, נִפְעַל / נִקְטְלוּ, נִקְטָל, יִיקָּטֵל

נקטע פ׳ נִקְטַע — was cut off
1. חָתְכוּ אוֹתוֹ:
*הַזָּנָב שֶׁל הַכֶּלֶב נִתְפַּס בַּדֶּלֶת **וְנִקְטַע**.*
2. נִפְסַק בְּאֶמְצַע: — was interrupted
*הַהַרְצָאָה **נִקְטְעָה** עַל-יְדֵי רַעַשׁ מִבַּחוּץ.*
לְהִיקָּטַע / ק.ט.ע, נִפְעַל / נִקְטְעוּ, נִקְטָע, יִיקָּטַע, יִיקָּטְעוּ

נקטף פ׳ נִקְטַף — was picked
חָתְכוּ אוֹתוֹ מִ-(פְּרִי, צֶמַח וְכוּ׳):
*הַפֵּירוֹת **נִקְטְפוּ** אֶתְמוֹל מִן הָעֵץ.*
נִקְטַף בְּאִיבּוֹ ב׳ — died young
לְהִיקָּטֵף / ק.ט.ף, נִפְעַל / נִקְטְפוּ, נִקְטָף, יִיקָּטֵף

נקי ת׳ נָקִי — clean
1. לֹא מְלוּכלָךְ:
*הַבַּיִת שֶׁלּוֹ תָּמִיד **נָקִי** וּמְסוּדָר.*
2. לֹא אָשֵׁם: — exonerated (adj.)
*הוּא יָצָא **נָקִי** מִן הַמִּשְׁפָּט.*
נְקִי־כַּפַּיִים — honest, incorruptible
דָּם נָקִי — innocent victim
נְקִיָּיה, נְקִיִּים, נְקִיּוֹת

נקיבה ר׳ נקבה

נקיטה נ׳ נְקִיטָה — taking, holding
1. הַחְזָקָה, אֲחִיזָה:
*דְּרוּשָׁה **נְקִיטַת** עֶמְדָּה בְּרוּרָה מִצַּד הַמֶּמְשָׁלָה.*
2. שִׁימּוּשׁ, עֲשִׂיָּיה: — using
***נְקִיטַת** עוֹנָשִׁים לֹא תָּמִיד עוֹזֶרֶת.*

נקיפה נ׳ נְקִיפָה [נְקִיפוֹת] — beating
מַכָּה קַלָּה.

נְקִיפוֹת־מַצְפּוּן, נְקִיפוֹת־לֵב - — qualms
יֵשׁ לִי נְקִיפוֹת לֵב עַל שֶׁלֹּא עָזַרְתִּי לוֹ.
נְקִיפַת־אֶצְבַּע - — lifting a finger
הוּא מַצְלִיחַ בְּלִי נְקִיפַת אֶצְבַּע.

נקיק ז׳ נָקִיק [נְקִיקִים] — crevice
סֶדֶק, רֶוַוח קָטָן בְּתוֹךְ אֶבֶן, הַר וְכוּ׳:
*יֵשׁ צִיפּוֹרִים הַחַיּוֹת **בַּנְּקִיקִים**.*

נקישה נ׳ נְקִישָׁה [נְקִישׁוֹת] — knock, tap
דְּפִיקָה, מַכָּה שֶׁמַּשְׁמִיעָה צְלִיל:
*שָׁמַעְתִּי **נְקִישָׁה** קַלָּה בַּדֶּלֶת - מִישֶׁהוּ בָּא.*

נקל ת׳ נָקֵל — easy
(לָשׁוֹן סִפְרוּתִית) קַל, פָּשׁוּט:
***נָקֵל** בְּעֵינַיי לְוַותֵּר עַל הַכָּבוֹד.*
בְּנָקֵל — easily
עַל-נְקַלָּה — easily
נְקַלָּה, נְקַלִּים, נְקַלּוֹת

נקלה ת׳ נִקְלֶה — despicable
לֹא מְכוּבָּד:
*הוּא אָדָם **נִקְלֶה** - מְחַפֵּשׂ לְהַרְווִיחַ מִכֹּל מַצָּב.*
נִקְלֵית, נִקְלִים, נִקְלוֹת

נקלט פ׳ נִקְלַט — struck roots
1. נִכְנַס לְתוֹךְ, נַעֲשָׂה חֵלֶק מִ- :
*הַצֶּמַח הַטְּרוֹפִּי **נִקְלַט** בָּאֲדָמָה. / הָעוֹלִים **נִקְלְטוּ** בָּאָרֶץ.*
2. שָׁמְעוּ אוֹתוֹ: — was received
*הַתּוֹכְנִיּוֹת שֶׁל קוֹל יִשְׂרָאֵל **נִקְלְטוּ** בְּרוּסְיָה.*
לְהִיקָּלֵט, בְּ- / ק.ל.ט, נִפְעַל / נִקְלַטְתִּי, נִקְלָט, יִיקָּלֵט

נקלע פ׳ נִקְלַע — happened to be
1. בָּא בְּמִקְרֶה:
*כְּשֶׁבָּאתִי לַקִּיבּוּץ, **נִקְלַעְתִּי** לִמְסִיבָּה.*
2. חִיבְּרוּ אוֹתוֹ, עָשׂוּ מִמֶּנּוּ רֶשֶׁת וְכוּ׳: — was weaved
*הַשְּׂעָרוֹת שֶׁלִּי **נִקְלְעוּ** לְצַמָּה.*
לְהִיקָּלַע לְ- / ק.ל.ע, נִפְעַל / נִקְלַעְתִּי, נִקְלָע, אֶקָּלַע

נקלף פ׳ נִקְלַף — was peeled
הוֹרִידוּ מִמֶּנּוּ אֶת הַקְּלִיפָּה:
*הַתַּפּוּז **נִקְלַף** בְּקַלּוּת.*
לְהִיקָּלֵף / ק.ל.ף, נִפְעַל / נִקְלְפוּ, נִקְלָף, יִיקָּלֵף, יִיקָּלְפוּ

נקם פ׳ נָקַם — avenged
עָשָׂה מַשֶּׁהוּ רַע לְמִי שֶׁפָּגַע בּוֹ:

הוא **נָקַם אֶת** מוֹת אָחִיו וְהָרַג אֶת הָרוֹצֵחַ. / *אֲנִי רוֹצָה* ***לִנקוֹם בַּ****בַּחוּרָה שֶׁעָזְבָה אוֹתִי.*
לִנקוֹם אֶת-, בְּ- / נ.ק.ם, פָּעַל / נָקַמתִי, נוֹקֵם, יִיקוֹם

נקםז' נָקָם — revenge, vengeance
כְּשֶׁמַחזִירִים בְּמַעֲשֶׂה רַע עַל מַעֲשֶׂה רַע:
יֵשׁ בּוֹ רֶגֶשׁ ***נָקָם*** *- הוּא רוֹצֶה לַהֲרוֹג אֶת הָרוֹצֵחַ.*

נקמהנ' נְקָמָה [נְקָמוֹת] — revenge
פְּגִיעָה בְּמִישֶׁהוּ שֶׁפָּגַע בְּךָ, רָעָה תַחַת רָעָה:
נְקָמָה *בִּקרוֹבֵי מִשׁפָּחָה שֶׁל רוֹצֵחַ הָיְיתָה מְקוּבֶּלֶת בֶּעָבָר.*
נִקמַת-דָם — vendetta

נקמןז' נַקְמָן [נַקְמָנִים] — vindictive
מִי שֶׁלֹא שׁוֹכֵחַ רָעָה שֶׁעָשׂוּ לוֹ:
הִיא ***נַקמָנִית****, הִיא תַחזִיר לְךָ רָעָה עַל מַה שֶׁעָשִׂיתָ לָהּ.*
נַקמָנִית, נַקמָנִיוֹת

נקמנותנ' נַקְמָנוּת — vindictiveness
כְּשֶׁמְחַפְּשִׂים הִזדַמנוּת לְהַחֲזִיר רָעָה לְמִי שֶׁעָשָׂה לְךָ רָעָה:
הִיא לֹא קִיבְּלָה אוֹתִי לַעֲבוֹדָה מִתוֹךְ ***נַקמָנוּת****.*

נקמנית' נַקְמָנִי — vindictive
שֶׁיֵשׁ בּוֹ הַחזָרַת רָעָה לְמִי שֶׁעָשָׂה רָעָה:
יֵשׁ לוֹ אוֹפִי ***נַקמָנִי*** *- הוּא לֹא יִשׁכַּח אֶת הָעֶלבּוֹן.*
נַקמָנִית, נַקמָנִיִים, נַקמָנִיוֹת

נקנהפ' נִקְנָה — was bought
1. קָנוּ אוֹתוֹ, נָתנוּ כֶּסֶף וְלָקחוּ:
הַסְפָרִים הָאֵלֶה ***נִקנוּ*** *בְּזוֹל.*
2. נַעֲשָׂה שֶׁל מִישֶׁהוּ: — was acquired
אַהֲבָה ***נִקנֵית*** *בְּאַהֲבָה.*
לְהִיקָנוֹת בְּ- / ק.נ.ה, נִפעַל / נִקנוּ, נִקנֶה, יִיקָנֶה, יִיקָנוּ

נקניקז' נַקְנִיק [נַקנִיקִים] — sausage
מַאֲכָל עָשׂוּי מִבָּשָׂר:
אֶפשָׁר לְקַבֵּל סֶנדְוִויץ' עִם ***נַקנִיק****?*

נקניקייהנ' נַקְנִיקִיָּה [נַקנִיקִיוֹת] — hot dog, frankfurter
נַקנִיק קָטָן:
אָכַלתִי לֶחֶם עִם ***נַקנִיקִיָה****, וַאֲנִי לֹא רָעֵב.*

נקנספ' נִקְנַס — was fined
קִיבֵּל עוֹנֶשׁ כַּספִּי, צָרִיךְ לְשַׁלֵם כְּעוֹנֶשׁ:
מִי שֶׁנוֹסֵעַ בְּאוֹר אָדוֹם ***יִיקָנֵס בְּ-1,000*** *ש"ח.*
לְהִיקָנֵס בְּ- / ק.נ.ס, נִפעַל / נִקנַסתִי, נִקנָס, אֶקָנֵס, יִיקָנֵס

נקעפ' נָקַע — dislocated (joint), sprained
יָצָא, זָז מִן הַמָקוֹם בַּגוּף:
נָקַעתִי אֶת *הָרֶגֶל.*
נָקעָה נַפשִׁי - — despised
נָקעָה נַפשִׁי מִן הַצְעִירִים הַנֵיאוֹ־נָאצִים בְּגֶרמַנְיָה.
לִנקוֹעַ אֶת- / נ.ק.ע, פָּעַל / נָקַעתִי, נוֹקֵעַ, אֶנקַע, יִנקַע

נקעז' נֶקַע [נְקָעִים] — dislocation (of joint), sprain
יְצִיאָה שֶׁל עֶצֶם מִן הַמָקוֹם שֶׁלָה:
יֵשׁ לִי ***נֶקַע*** *בָּרֶגֶל.*

נקףפ' נָקַף — passed, went round
חָזַר וּבָא:
נָקפָה *שָׁנָה מֵאָז נָסַעתָ מִכָּאן.*
לֹא נָקַף אֶצבַּעב' - — didn't lift a finger
הוּא לֹא נָקַף אֶצבַּע כְּדֵי לַעֲזוֹר לִי.
לִנקוֹף / נ.ק.ף, פָּעַל / נָקַפתִי, נוֹקֵף, יִנקוֹף

נקצץפ' נִקְצַץ — was chopped
חָתכוּ אוֹתוֹ:
כֹּל הָעֲנָפִים הַיְבֵשִׁים ***נִקצְצוּ****.*
לְהִיקָצֵץ / ק.צ.ץ, נִפעַל / נִקצְצוּ, נִקצָץ, יִיקָצֵץ, יִיקָצְצוּ

נקצרפ' נִקְצַר — was reaped
חָתכוּ, קָצרוּ מַה שֶׁגָדֵל בַּשָׂדֶה:
הָאוֹכֶל לַבְּהֵמוֹת ***נִקצַר*** *וְנֶאֱסַף לְמָקוֹם אֶחָד.*
לְהִיקָצֵר / ק.צ.ר, נִפעַל / נִקצְרוּ, נִקצָר, יִיקָצֵר, יִיקָצְרוּ

נקרז' נֶקֶר [נְקָרִים] — flat tire
פַּנצֶ'ר, חוֹר בְּגַלגַל שֶׁל מְכוֹנִית, אוֹפַנַיִים:
הֶחלַפתִי גַלגַל, כִּי יֵשׁ לִי ***נֶקֶר****.*

נקראפ' נִקְרָא — was read
1. קָרְאוּ בּוֹ אוֹ אוֹתוֹ:
הַסֵפֶר הַזֶה ***נִקרָא*** *בְּקַלוּת.*
2. קָראוּ לוֹ בְּשֵׁם, הָיָה שְׁמוֹ: — was named
הַיֶלֶד הַזֶה ***נִקרָא*** *דָוִיד עַל שֵׁם סַבָּא שֶׁלוֹ.*
3. קָרְאוּ לוֹ לָבוֹא: — was called
הוּא ***נִקרָא*** *לַמְנַהֵל בְּקֶשֶׁר לָעֲבוֹדָה.*
לְהִיקָרֵא, לְ- / ק.ר.א, נִפעַל / נִקרֵאתִי, נִקרָא, יִיקָרֵא

נקרהפ' נִקְרָה — happened to come
בָּא בְּמִקרֶה:
נִקרֵיתִי *לְבֵיתוֹ, וְנִשאַרתִי לֶאֱכוֹל.*
לְהִיקָרוֹת לְ- / ק.ר.ה, נִפעַל / נִקרֵיתִי, נִקרֶה, אֶקָרֶה, יִיקָרֶה

נקרהנ' נִקְרָה [נְקָרוֹת] — crevice
מָקוֹם רֵיק בְּתוֹךְ הַר:
בִּגלַל הַנְקָרוֹת בַּסבִיבָה קָראוּ לַקִיבּוּץ רֹאשׁ ***הַנִקרָה****.*

נקרעפ' נִקְרַע — got torn
1. קָרְעוּ אוֹתוֹ, נֶחְתַּךְ:
*הַמְּעִיל נִתְפַּס בַּגָּדֵר **וְנִקְרַע**.*
2. (מֶטָאפוֹרָה) לֹא יוֹדֵעַ לְהַחְלִיט בֵּין שְׁנֵי דְּבָרִים: — was torn/undecided
*אֲנִי **נִקְרָע** בֵּין הָרָצוֹן לֶאֱכוֹל וְהָרָצוֹן לִרְזוֹת.*
לְהִיקָּרַע / ק.ר.ע, נִפְעַל / נִקְרַעְתִּי, נִקְרָע, יִיקָּרַע

נקרשפ' נִקְרַשׁ — congealed
הִפְסִיק לִהְיוֹת נוֹזֵל:
*הַדָּם **שֶׁנִּקְרַשׁ** סוֹגֵר עַל הַפֶּצַע.*
לְהִיקָּרֵשׁ / ק.ר.ש, נִפְעַל / נִקְרְשׁוּ, נִקְרָשׁ, יִיקָּרֵשׁ

נקשפ' נָקַשׁ — knocked, rattled
דָּפַק, הִיכָּה:
***נָקַשְׁתִּי** בַּדֶּלֶת. / הַשִּׁינַּיִים שֶׁלִּי **נוֹקְשׁוֹת** מִקּוֹר.*
לִנְקוֹשׁ / נ.ק.ש, פָּעַל / נָקַשְׁתִּי, נוֹקֵשׁ, אֶקּוֹשׁ-אֶנְקוֹשׁ

נקשרפ' נִקְשַׁר — was tied
1. חִיבְּרוּ אוֹתוֹ (בְּחֶבֶל, בְּחוּט):
*הַחֲבִילוֹת **נִקְשְׁרוּ** עַל גַּג הַמְּכוֹנִית.*
2. הָיָה לוֹ רֶגֶשׁ חָזָק, יַחַס מְיוּחָד לְ-: — became attached
***נִקְשַׁרְתִּי** לַמִּשְׁפָּחָה שֶׁגַּרְתִּי אֶצְלָהּ.*
לְהִיקָּשֵׁר, לְ- / ק.ש.ר, נִפְעַל / נִקְשַׁרְתִּי, נִקְשָׁר, אֶקָּשֵׁר

נרז' נֵר [נֵרוֹת] — candle
מַדְלִיקִים אוֹתוֹ (כְּשֶׁאֵין חַשְׁמַל וְכוּ'):
*אִימָּא מַדְלִיקָה **נֵרוֹת** בְּעֶרֶב שַׁבָּת.*
נֵר־זִיכָּרוֹן, נֵר־נְשָׁמָה — yahrzeit candle
חִיפֵּשׂ בְּנֵרוֹת — searched everywhere
נֵר לְרַגְלוֹ — guiding light

נראהפ' נִרְאָה — was visible
1. רָאוּ אוֹתוֹ:
*מֵרָחוֹק **נִרְאָה** כֶּלֶב שָׁחוֹר גָּדוֹל.*
2. עָשָׂה שֶׁיִּרְאוּ אוֹתוֹ: — was seen
*הוּא אוֹהֵב **לְהֵירָאוֹת** בְּכָל מָקוֹם.*
לְהֵירָאוֹת / ר.א.ה, נִפְעַל / נִרְאֵיתִי, נִרְאֶה, יֵירָאֶה

נראהת' נִרְאֶה — visible, looking
1. דָּבָר שֶׁמַּרְגִּישִׁים בּוֹ, רוֹאִים אוֹתוֹ:
*חַנָּה רָזְתָה מְאוֹד. עַכְשָׁיו הִיא **נִרְאֵית** יָפָה.*
2. מוֹצֵא חֵן, מִתְקַבֵּל עַל הַדַּעַת: — appealing
***נִרְאֶה לִי** הָרַעְיוֹן לָלֶכֶת לְסֶרֶט הָעֶרֶב.*
כְּפִי הַנִּרְאֶה, כַּנִּרְאֶה ת"פ - — apparently
*הֵם לֹא הִגִּיעוּ - **כַּנִּרְאֶה**, הָאוֹטוֹבּוּס אֵיחֵר.*
נִרְאֵית, נִרְאִים, נִרְאוֹת

נרגזת' נִרְגָּז — angry
כּוֹעֵס, לֹא מְרוּצֶה:
*דָּוִיד **נִרְגָּז**, כִּי מַפְרִיעִים לוֹ.*
נִרְגֶּזֶת, נִרְגָּזִים, נִרְגָּזוֹת

נרגםפ' נִרְגַּם — was stoned
רָגְמוּ אוֹתוֹ, זָרְקוּ עָלָיו אֲבָנִים:
*מְכוֹנִית **נִרְגְּמָה** בַּאֲבָנִים.*
לְהֵירָגֵם / ר.ג.ם, נִפְעַל / נִרְגְּמוּ נִרְגָּם, יֵירָגֵם, יֵירָגְמוּ

נרגןת' נִרְגָּן — cranky
אֵינוֹ מְרוּצֶה, מִתְלוֹנֵן:
*יֵשׁ לִי שָׁכֵן **נִרְגָּן** - שׁוּם דָּבָר לֹא מוֹצֵא חֵן בְּעֵינָיו.*
נִרְגֶּנֶת, נִרְגָּנִים, נִרְגָּנוֹת

נרגנותנ' נִרְגָּנוּת — grumbling
כְּשֶׁאַף פַּעַם לֹא מְרוּצִים בַּמֶּה שֶׁיֵּשׁ:
***הַנִּרְגָּנוּת** שֶׁלּוֹ מַרְגִּיזָה, שׁוּם דָּבָר לֹא מוֹצֵא חֵן בְּעֵינָיו.*

נרגעפ' נִרְגַּע — calmed down
נַעֲשָׂה שָׁקֵט, הִגִּיעַ לִמְנוּחָה:
*כְּשֶׁשָּׁמַעְתִּי שֶׁהַכּוֹל בְּסֵדֶר, **נִרְגַּעְתִּי**. / הַיָּם **נִרְגַּע**.*
לְהֵירָגַע / ר.ג.ע, נִפְעַל / נִרְגַּעְתִּי, נִרְגָּע, אֵירָגַע, יֵירָגַע

נרגשת' נִרְגָּשׁ — excited/moved (adj.)
נִמְצָא בְּמַצָּב שֶׁל הִתְרַגְּשׁוּת:
*דָּן הָיָה **נִרְגָּשׁ** מְאוֹד, כְּשֶׁפָּגַשׁ סוֹף סוֹף אֶת מִשְׁפַּחְתּוֹ.*
נִרְגֶּשֶׁת, נִרְגָּשִׁים, נִרְגָּשׁוֹת

נרדםפ' נִרְדַּם — fell asleep
עָבַר לְמַצָּב שֶׁל שֵׁינָה:
*הַיֶּלֶד שָׁמַע אֶת הַסִּיפּוּר שֶׁל אִימָּא **וְנִרְדַּם**.*
לְהֵירָדֵם / ר.ד.ם, נִפְעַל / נִרְדַּמְתִּי, נִרְדָּם, יֵירָדֵם

נרדףפ' נִרְדַּף — was pursued
1. בָּרַח, כִּי רָדְפוּ אַחֲרָיו:
*הוּא **נִרְדַּף** עַל-יְדֵי אֲנָשִׁים, שֶׁהוּא חַיָּיב לָהֶם כֶּסֶף.*
2. עָשׂוּ לוֹ צָרוֹת, פָּגְעוּ בּוֹ: — was persecuted
*הַיְּהוּדִים **נִרְדְּפוּ** עַל יְדֵי הַנָּאצִים.*
לְהֵירָדֵף / ר.ד.ף, נִפְעַל / נִרְדַּפְתִּי, נִרְדָּף, אֵירָדֵף, יֵירָדֵף

נרדףת' נִרְדָּף — persecuted (adj.)
1. מִי שֶׁרוֹדְפִים אַחֲרָיו וּפוֹגְעִים בּוֹ:
*הָעָם הַיְּהוּדִי הָיָה עַם **נִרְדָּף**.*
2. מִילָּה אַחֶרֶת, שֶׁיֵּשׁ לָהּ אוֹתוֹ פֵּירוּשׁ: — synonym
*הַמִּילִּים 'עַלְמָה' וְ'נַעֲרָה' הֵן מִילִּים **נִרְדָּפוֹת**.*
נִרְדֶּפֶת, נִרְדָּפִים, נִרְדָּפוֹת

נרחבת׳ נִרְחָב — wide
רָחָב, גָדוֹל בַּשֶּׁטַח:
*יֵשׁ שֶׁטַח **נִרְחָב** בֵּין הַבַּיִת לַיָּם.*
נִרְחֶבֶת, נִרְחָבִים, נִרְחָבוֹת

נרחץפ׳ נִרְחַץ — was washed
רָחֲצוּ אוֹתוֹ, עָשׂוּ אוֹתוֹ נָקִי בְּמַיִם וְכוּ׳:
*הַכֵּלִים מֵאֲרוּחַת הַבּוֹקֶר **נִרְחֲצוּ** כְּבָר.*
לְהֵירָחֵץ / ר.ח.ץ, נִפְעַל / נִרְחֲצוּ, נִרְחָץ, יֵירָחֵץ, יֵירָחֲצוּ

נרטבפ׳ נִרְטַב — got wet
נַעֲשָׂה רָטוֹב, הָיוּ בּוֹ נוֹזְלִים:
*הַבְּגָדִים שֶׁלִּי **נִרְטְבוּ** בַּגֶּשֶׁם.*
לְהֵירָטֵב / ר.ט.ב, נִפְעַל / נִרְטַבְתִּי, נִרְטָב, אֵירָטֵב, יֵירָטֵב

נרכןפ׳ נִרְכַּן — bent
הִתְכּוֹפֵף, הוֹרִיד אֶת הָרֹאשׁ אוֹ הַגַּב לְמַטָּה:
*הָאִישׁ **נִרְכַּן אֶל** הַיֶּלֶד כְּדֵי לִשְׁמוֹעַ מַה הוּא אוֹמֵר.*
לְהֵירָכֵן / ר.כ.ן, נִפְעַל / נִרְכַּנְתִּי, נִרְכָּן, יֵירָכֵן

נרכספ׳ נִרְכַּס — was fastened
חִיבְּרוּ אוֹתוֹ בְּעֶזְרַת חוּט, כַּפְתּוֹר וְכוּ׳:
*הַחֲצָאִית **נִרְכֶּסֶת** בְּרוֹכְסָן (רִיץ׳ רָץ׳).*
לְהֵירָכֵס / ר.כ.ס, נִפְעַל / נִרְכְּסוּ, נִרְכָּס, יֵירָכֵס

נרכשפ׳ נִרְכַּשׁ — was purchased
1. קָנוּ אוֹתוֹ:
***נִרְכְּשׁוּ** שְׁנֵי בָּתִּים בִּשְׁבִיל הַמִּשְׂרָד שֶׁלָּנוּ.*
2. (מֶטָאפוֹרָה) נַעֲשָׂה שֶׁל... שַׁיָּיךְ: — was acquired
*הַמִּקְצוֹעַ **נִרְכַּשׁ** בַּעֲבוֹדָה וּבְלִימוּדִים.*
לְהֵירָכֵשׁ / ר.כ.ש, נִפְעַל / נִרְכְּשׁוּ, נִרְכָּשׁ, יֵירָכֵשׁ, יֵירָכְשׁוּ

נרמזפ׳ נִרְמַז — was implied
לֹא אָמְרוּ בְּפֵירוּשׁ רַק נָתְנוּ סִימָן:
***נִרְמַז לִי** שֶׁתִּהְיֶה מַשְׂכּוֹרֶת גְבוֹהָה יוֹתֵר.*
2. קִיבֵּל רֶמֶז, סִימָן (לֹא דָבָר בָּרוּר): — was hinted
***נִרְמַזְתִּי** שֶׁאֶשְׁתּוֹק, לָכֵן שָׁתַקְתִּי.*
לְהֵירָמֵז / ר.מ.ז, נִפְעַל / נִרְמַזְתִּי, נִרְמָז, אֵירָמֵז, יֵירָמְזוּ

נרמספ׳ נִרְמַס — was trampled
רָמְסוּ אוֹתוֹ, דָּרְכוּ עָלָיו (בְּרַגְלַיִים וְכוּ׳):
*הַפְּרָחִים **נִרְמְסוּ**, אֲנָשִׁים דָּרְכוּ עֲלֵיהֶם.*
לְהֵירָמֵס / ר.מ.ס, נִפְעַל / נִרְמַסְתִּי, נִרְמָס, אֵירָמֵס

נרעדפ׳ נִרְעַד — trembled, shook
רָעַד, הָיְיתָה בּוֹ תְּנוּעָה:
***נִרְעַדְתִּי** כּוּלִּי, כְּשֶׁשָּׁמַעְתִּי שֶׁהַמָּטוֹס נָפַל.*
לְהֵירָעֵד / ר.ע.ד, נִפְעַל / נִרְעַדְתִּי, נִרְעָד, יֵירָעֵד

נרעשת׳ נִרְעָשׁ — was upset/startled
מִתְרַגֵּשׁ, מְבוּלְבָּל:
*הוּא **נִרְעָשׁ** מֵהַיְּדִיעָה שֶׁהוֹפִיעָה בָּעִיתּוֹן.*
נִרְעֶשֶׁת, נִרְעָשִׁים, נִרְעָשׁוֹת

נרפאפ׳ נִרְפָּא — recovered
נַעֲשָׂה בָּרִיא, כְּבָר לֹא חוֹלֶה:
*הוּא **נִרְפָּא מִן** הַשַּׁפַּעַת.*
לְהֵירָפֵא מִ- / ר.פ.א, נִפְעַל / נִרְפֵּאתִי, נִרְפָּא, אֵירָפֵא

נרפהת׳ נִרְפֶּה — slack, lazy
לֹא מִתְאַמֵּץ, עָצֵל:
*אַל תִּהְיֶה **נִרְפֶּה** כָּל-כָּךְ, קוּם לַעֲבוֹדָה!*
נִרְפֵּית, נִרְפִּים, נִרְפּוֹת

נרצחפ׳ נִרְצַח — was murdered
הָרְגוּ אוֹתוֹ מִתּוֹךְ כַּוָּונָה:
*הוּא **נִרְצַח**, כִּי חָשְׁבוּ שֶׁמָּסַר אִינפוֹרמַצְיָה לַמִּשְׁטָרָה.*
לְהֵירָצַח / ר.צ.ח, נִפְעַל / נִרְצְחוּ, נִרְצָח, יֵירָצַח, יֵירָצְחוּ

נרצחז׳ נִרְצָח — murder victim
מִישֶׁהוּ שֶׁהָרְגוּ אוֹתוֹ בְּכַוָּונָה:
*הַמִּשְׁטָרָה מָצְאָה אֶת **הַנִּרְצָח** בְּתוֹךְ הַמְּכוֹנִית.*
נִרְצַחַת, נִרְצָחִים, נִרְצָחוֹת

נרצעת׳ נִרְצָע — subjugated (adj.)
מִי שֶׁמּוּכָן לְווַתֵּר עַל חוֹפֶשׁ:
עֶבֶד נִרְצָע — submissive servant (m.)
שִׁפְחָה נִרְצַעַת — submissive servant (f.)
נִרְצַעַת, נִרְצָעִים, נִרְצָעוֹת

נרקבפ׳ נִרְקַב — rotted
הִתְקַלְקֵל:
*הָעַגְבָנִיָּיה **נִרְקְבָה**, אִי אֶפְשָׁר לֶאֱכוֹל אוֹתָהּ.*
לְהֵירָקֵב / ר.ק.ב, נִפְעַל / נִרְקְבוּ, נִרְקָב, יֵירָקֵב, יֵירָקְבוּ

נרקיסז׳ נַרְקִיס [נַרְקִיסִים] — daffodil
פֶּרַח שֶׁגָּדֵל בַּחוֹרֶף, יֵשׁ לוֹ עָלִים לְבָנִים:
***הַנַּרְקִיס** גָּדֵל לְיַד מַיִם עוֹמְדִים.*

נרקםפ׳ נִרְקַם — was embroidered
1. עָשׂוּ צִיּוּר בְּחוּט וּבְמַחַט עַל בַּד:
*הַשְּׂמָלוֹת **נִרְקְמוּ** בְּחוּטֵי מֶשִׁי בִּצְבָעִים שׁוֹנִים.*
2. הֵכִינוּ תּוֹכְנִית (מֶטָאפוֹרָה): — was devised
***נִרְקֶמֶת** תּוֹכְנִית לְעִיר חֲדָשָׁה בַּנֶּגֶב.*
לְהֵירָקֵם / ר.ק.ם, נִפְעַל / נִרְקְמוּ, נִרְקָם, יֵירָקֵם, יֵירָקְמוּ

נרשםפ׳ נִרְשַׁם — was recorded/registered

כָּתבוּ אותוֹ:

*הַשֵּׁם וְהַכְּתוֹבֶת שֶׁלִּי **נִרְשְׁמוּ** בַּכַּרְטִיס. / דָּוִיד **נִרְשַׁם** לְלִימוּדֵי רְפוּאָה בָּאוּנִיבֶרְסִיטָה.*

לְהֵירָשֵׁם / ר.שׁ.ם, נִפְעַל / נִרשַׁמתִי, נִרשָׁם, יֵירָשֵׁם

נרתיקז׳ נַרְתִּיק [נַרתִּיקִים] — case

1. תִּיק לֹא גָּדוֹל:

*שַׂמְתִּי בַּ**נַּרְתִּיק** סַבּוֹן וּמַסְרֵק.*

2. הַכְּנִיסָה לָרֶחֶם בְּגוּף הָאִישָׁה: — vagina

*בִּזְמַן הַלֵּידָה מִתְרַחֵב **הַנַּרְתִּיק**.*

נרתםפ׳ נִרְתַּם — was harnessed

1. קָשְׁרוּ אוֹתוֹ:

*הַסּוּס **נִרְתַּם** לַעֲגָלָה.*

2. (מֶטָאפוֹרָה) הִשְׁקִיעַ כּוֹחַ וּזמַן בַּעֲבוֹדָה מְסוּיֶּמֶת: — embarked upon

***נִרְתַּמְנוּ** לַעֲזוֹר בְּקָטִיף הַתַּפּוּזִים.*

לְהֵירָתֵם, לְ- / ר.ת.ם, נִפְעַל / נִרְתְּמוּ, נִרתָּם, יֵירָתֵם

נרתעפ׳ נִרְתַּע — recoiled, flinched

1. זָז אֲחוֹרָה (מִפַּחַד וְכוּ'):

***נִרְתַּעְתִּי** כְּשֶׁרָאִיתִי אֶת הָרַכֶּבֶת עוֹבֶרֶת.*

2. (מֶטָאפוֹרָה) וִיתֵּר, לֹא הִמְשִׁיךְ: — retracted, withdrew

***נִרְתַּעְתִּי** מֵהַתּוֹכנִית הַמְסוּבֶּכֶת.*

לְהֵירָתַע מִ- / ר.ת.ע, נִפְעַל / נִרתַּעתִי, נִרתָּע, יֵירָתַע

נשאפ׳ נָשָׂא — carried

1. הֵרִים, הֶחֱזִיק לְמַעְלָה:

*הוּא **נָשָׂא** אֶת הַשּׁוּלְחָן עַל הַגַּב.*

2. **נָשָׂא אִישָׁה** - הִתְחַתֵּן (לָשׁוֹן סִפרוּתִית): — married (m)

*דָּנִי **נָשָׂא** אֶת רוּתִי לְאִישָׁה.*

נָשָׂא דְּבָרִים — delivered a speech

נָשָׂא חֵן — was well-liked

נָשָׂא וְנָתַן — negotiated

נָשָׂא עֵינָיו — cast his eyes upon

נָשָׂא בְּעוֹל — bore the burden

נָשָׂא פְּרִי — bore fruit

נָשָׂא רַגְלָיו — took to his heels

נָשָׂא רְווָחִים — was profitable

לָשֵׂאת אֶת- / נ. שׂ.א, פָּעַל / נָשָׂאתִי, נוֹשֵׂא, יִישָּׂא

נשאז׳ נַשָּׂא [נַשָּׂאִים] — carrier

מִי שֶׁיֵּשׁ לוֹ, מִי שֶׁיֵּשׁ בְּגוּפוֹ וִירוּס:

*יֵשׁ אֲנָשִׁים שֶׁהֵם **נַשָּׂאִים** שֶׁל וִירוּס הָאֵידְס, אִם כִּי בֵּינְתַיִים לֹא חָלוּ בַּמַּחֲלָה.*

נשאבפ׳ נִשְׁאַב — was drawn (water)

1. שָׁאֲבוּ אוֹתוֹ, הוֹצִיאוּ אוֹתוֹ:

*הַמַּיִם **נִשְׁאֲבוּ מִן** הַבּוֹר.*

2. (מֶטָאפוֹרָה) נִלְקַח: — was derived

*הָרַעְיוֹן **נִשְׁאַב מִן** הַסִּפְרוּת הָעַתִּיקָה.*

לְהִישָּׁאֵב מִ- / שׁ.א.ב, נִפְעַל / נִשׁאֲבוּ, נִשׁאָב, יִישָּׁאֵב

נשאלפ׳ נִשְׁאַל — was asked

1. שָׁאֲלוּ אוֹתוֹ, רָצוּ שֶׁיַּעֲנֶה עַל שְׁאֵלָה:

*דָּוִיד **נִשְׁאַל** אִם הוּא רוֹצֶה לָגוּר כָּאן.*

2. מַה שֶׁשָּׁאֲלוּ:

*אֲנִי יוֹדֵעַ אֶת הַתְּשׁוּבוֹת לַשְּׁאֵלוֹת **שֶׁנִּשְׁאֲלוּ**.*

לְהִישָּׁאֵל / שׁ.א.ל, נִפְעַל / נִשׁאַלתִי, נִשׁאָל, יִישָּׁאֵל

נשאלז׳ נִשְׁאָל [נִשְׁאָלִים] — respondent

מִי שֶׁשּׁוֹאֲלִים אוֹתוֹ כְּדֵי לָדַעַת מָה אֲנָשִׁים חוֹשְׁבִים:

***הַנִּשְׁאָלִים** עָנוּ שֶׁצָּרִיךְ תּוֹכנִית כַּלְכָּלִית חֲדָשָׁה.*

נִשאֶלֶת, נִשאָלוֹת

נשאףפ׳ נִשְׁאַף — was inhaled

נִכְנַס לְתוֹךְ (אֲוִויר וְכוּ'):

*עֲשַׁן הַסִּיגָרִיּוֹת, **שֶׁנִּשְׁאָף אֶל** תּוֹךְ הַגּוּף, מְסוּכָּן.*

לְהִישָּׁאֵף / שׁ.א.ף, נִפְעַל / נִשׁאֲפוּ, נִשׁאָף, יִישָּׁאֵף

נשארפ׳ נִשְׁאַר — remained, stayed

1. לֹא הָלַךְ מִן הַמָּקוֹם:

*הַהַרְצָאָה הָיְיתָה מְעַנְיֶינֶת, לָכֵן **נִשְׁאַרְתִּי** עַד הַסּוֹף.*

2. הָיָה בְּמַצָּב שֶׁל: — went on being

*הוּא לֹא הִשְׁתַּנָּה, הוּא **נִשְׁאַר** כְּמוֹ שֶׁהָיָה.*

לְהִישָּׁאֵר / שׁ.א.ר, נִפְעַל / נִשׁאַרתִי, נִשׁאָר, יִישָּׁאֵר, הִישָּׁאֵר!

נשבפ׳ נָשַׁב — blew

עָשָׂה שֶׁתִּהְיֶה תְּנוּעָה בָּאֲוִויר:

*הָרוּחַ הַחֲזָקָה **שֶׁנָּשְׁבָה** הִפִּילָה עֵצִים.*

לִנשׁוֹב / נ.שׁ.ב, פָּעַל / נָשַׁבתִי, נוֹשֵׁב, אֶשּׁוֹב יִישּׁוֹב

נשבהפ׳ נִשְׁבָּה — was captured

1. תָּפְסוּ אוֹתוֹ בַּמִּלחָמָה וְאָסְרוּ אוֹתוֹ:

*הוּא **נִשְׁבָּה עַל-יְדֵי** הָאוֹיֵב.*

2. (מֶטָאפוֹרָה) נִמְשַׁךְ מְאוֹד,לֹא יָכוֹל הָיָה שֶׁלֹּא...: — was captivated

*לִבִּי **נִשְׁבָּה** בְּיוֹפִי שֶׁלָּהּ.*

לְהִישָּׁבוֹת בְּ- / שׁ.ב.ה, נִפְעַל / נִשׁבּוּ, נִשׁבֶּה, יִישָּׁבֶה

נשבעפ׳ נִשְׁבַּע — swore, took an oath

הִבְטִיחַ, הִתְחַיֵּיב:

*הָעֵד **נִשְׁבַּע** בְּבֵית הַמִּשְׁפָּט לוֹמַר אֶת הָאֱמֶת, אֶת כָּל הָאֱמֶת וְרַק אֶת הָאֱמֶת.*

לְהִישָּׁבַע, בְּ- / שׁ.ב.ע, נִפְעַל / נִשׁבַּעתִי, נִשׁבָּע, אֶשָּׁבַע

נשברפ׳ נִשְׁבַּר — was broken, broke

1. נֶהֱרַס, לֹא נִשְׁאַר שָׁלֵם:

*הַכּוֹס נָפְלָה מִן הַשּׁוּלְחָן וְ**נִשְׁבְּרָה**.*

2. לֹא הֶחֱזִיק מַעֲמָד: — cracked under pressure

*הוּא **נִשְׁבַּר** כְּשֶׁחָקְרוּ אוֹתוֹ בַּמִּשְׁטָרָה.*

נִשְׁבַּר לִי - נִמְאַס לִי: — was fed up

נִשְׁבַּר לָהּ מִדָּוִיד.

לְהִישָּׁבֵר / ש.ב.ר, נִפְעַל / נִשְׁבַּרְתִּי, נִשְׁבַּר, אֶשָּׁבֵר, יִישָּׁבֵר

נשגבת׳ נִשְׂגָּב — sublime

(גָּדוֹל) יָפֶה מְאוֹד, חָשׁוּב מְאוֹד:

*הַתַּנַ"ךְ הוּא יְצִירָה **נִשְׂגֶּבֶת**.*

נִשְׂגֶּבֶת, נִשְׂגָּבִים, נִשְׂגָּבוֹת

נשדדפ׳ נִשְׁדַּד — was robbed

לָקְחוּ מִמֶּנּוּ בְּכוֹחַ:

*דָּוִיד **נִשְׁדַּד** אֶתְמוֹל - לָקְחוּ מִמֶּנּוּ אֶת כָּל הַכֶּסֶף.*

לְהִישָּׁדֵד / ש.ד.ד, נִפְעַל / נִשְׁדַּדְנוּ, נִשְׁדַּד, יִישָּׁדֵד, יִישָּׁדְדוּ

נשואת׳/ז׳ נָשׂוּא [נְשׂוּאִים] — raised/cast (adj.)

1. שֶׁמְּרִימִים אוֹתוֹ:

*כָּל הָעֵינַיִים **נְשׂוּאוֹת** אֶל רֹאשׁ הַמֶּמְשָׁלָה.*

2. (בְּדִיקְדּוּק) פְּרֶדִיקָט, הַחֵלֶק בַּמִּשְׁפָּט — predicate (gram.)

שֶׁאוֹמֵר מַה קָּרָה, מַה קּוֹרֶה וְכוּ':

*בַּמִּשְׁפָּט 'דָּוִיד הָלַךְ', 'הָלַךְ' הוּא **הַנָּשׂוּא**.*

נְשׂוּאָה, נְשׂוּאוֹת, ר' נָשׂוּי

נשואהנ׳ נְשׂוּאָה [נְשׂוּאוֹת] — a married woman

אִישָּׁה שֶׁהִתְחַתְּנָה, שֶׁיֵּשׁ לָהּ בַּעַל:

*חַנָּה הִתְחַתְּנָה הַשָּׁבוּעַ, עַכְשָׁיו הִיא **נְשׂוּאָה** לְדָן.*

(נָשׂוּי, נְשׂוּאִים)

נשואית׳ נְשׂוּאִי — predicative (gram.)

בְּדִיקְדּוּק) שֶׁהוּא שַׁיָּיךְ לַנָּשׂוּא (הַחֵלֶק בַּמִּשְׁפָּט שֶׁאוֹמֵר מַה קָּרָה אוֹ קוֹרֶה וְכוּ'):

*בְּעִבְרִית - הַפּוֹעַל הוּא בְּדֶרֶךְ כְּלָל הַחֵלֶק **הַנְּשׂוּאִי** בַּמִּשְׁפָּט.*

נְשׂוּאִית, נְשׂוּאִיִּים, נְשׂוּאִיּוֹת

נשויז׳ נָשׂוּי [נְשׂוּאִים] — a married man

אִישׁ שֶׁהִתְחַתֵּן וְיֵשׁ לוֹ אִישָּׁה:

*מַה מַּצָּבוֹ הַמִּשְׁפַּחְתִּי שֶׁל דָּן? הוּא **נָשׂוּי** וְיֵשׁ לוֹ יֶלֶד.*

נְשׂוּאָה, נְשׂוּאוֹת

נשורתנ׳ נְשֹׁרֶת — fallout

1. חֲלָקִים קְטַנִּים (כְּמוֹ אָבָק) שֶׁנּוֹפְלִים מִמַּשֶּׁהוּ:

*יֵשׁ סַכָּנָה שֶׁל **נְשׁוֹרֶת** רַדְיוֹאַקְטִיבִית.*

2. מַה שֶּׁנּוֹשֵׁר, שֶׁנּוֹפֵל: — trimmings

*הֶעָלִים הַיְּבֵשִׁים הֵם **הַנְּשׁוֹרֶת** שֶׁל הָעֵצִים.*

נשזףפ׳ נִשְׁזַף — became tanned

נַעֲשָׂה חוּם מֵהַשֶּׁמֶשׁ:

*הָיִיתִי בַּיָּם וְ**נִשְׁזַפְתִּי**.*

לְהִישָּׁזֵף / ש.ז.ף, נִפְעַל / נִשְׁזַפְתִּי, נִשְׁזַף, יִישָּׁזֵף

נשחטפ׳ נִשְׁחַט — was slaughtered

חָתְכוּ אֶת הַצַּוָּואר וְהָרְגוּ אוֹתוֹ (בַּעַל חַיִּים וְכוּ'):

*אַחֲרֵי שֶׁהַתַּרְנְגוֹל **נִשְׁחַט**, הֵכִינוּ מִמֶּנּוּ מָרָק.*

לְהִישָּׁחֵט / ש.ח.ט, נִפְעַל / נִשְׁחֲטוּ, נִשְׁחַט, יִישָּׁחֵט

נשחקפ׳ נִשְׁחַק — became eroded, was worn away

1. הִשְׁתַּפְשֵׁף עַד שֶׁנַּעֲשָׂה קָטָן:

*הָאֲבָנִים **נִשְׁחֲקוּ** וְהָפְכוּ לְאָבָק.*

2. נַעֲשָׂה יָשָׁן בִּגְלַל שִׁימּוּשׁ רַב: — was worn out

*הַגִּ'ינְס שֶׁלִּי **נִשְׁחֲקוּ** וְנִקְרְעוּ.*

3. הִתְעַיֵּיף, אִיבֵּד אֶת הַכּוֹחַ: — was burned out

*הוּא **נִשְׁחַק** בָּעֲבוֹדָה.*

לְהִישָּׁחֵק / ש.ח.ק, נִפְעַל / נִשְׁחַקְתִּי, נִשְׁחַק, אֶשָּׁחֵק, יִישָּׁחֵק

נשחתפ׳ נִשְׁחַת — was spoilt

הִתְקַלְקֵל:

*הַצֶּבַע שֶׁל הַמְּכוֹנִית **נִשְׁחַת מִן** הַשֶּׁמֶשׁ הַחֲזָקָה.*

לְהִישָּׁחֵת / ש.ח.ת, נִפְעַל / נִשְׁחֲתוּ, נִשְׁחַת, יִישָּׁחֵת

נשטףפ׳ נִשְׁטַף — was washed away

1. הָלַךְ עִם זֶרֶם מַיִם:

*הָעִיתּוֹנִים **נִשְׁטְפוּ** בַּגֶּשֶׁם אֶל הַיָּם.*

2. נַעֲשָׂה נָקִי: — was rinsed

*הַכֵּלִים **נִשְׁטְפוּ**, וְהֵם נְקִיִּים.*

לְהִישָּׁטֵף / ש.ט.ף, נִפְעַל / נִשְׁטְפוּ, נִשְׁטַף, יִישָּׁטֵף

נשית׳ נָשִׁי — feminine, effeminate

שֶׁל אִישָּׁה:

*רוּת **נָשִׁית** מְאוֹד. / יֵשׁ לוֹ תְּנוּעוֹת **נָשִׁיּוֹת**.*

נָשִׁית, נָשִׁיִּים, נָשִׁיּוֹת

נשיאז׳ נָשִׂיא [נְשִׂיאִים] — president

1. הָאִישׁ הָעוֹמֵד בְּרֹאשׁ הַמְּדִינָה:

*ד"ר חַיִּים וַיצְמָן הָיָה **הַנָּשִׂיא** הָרִאשׁוֹן שֶׁל מְדִינַת יִשְׂרָאֵל.*

2. מִי שֶׁעוֹמֵד בְּרֹאשׁ מוֹסָד:

***נְשִׂיא** הָאוּנִיבֶרְסִיטָה נָאַם לִפְנֵי הַסְּטוּדֶנְטִים.*

נְשִׂיאָה, נְשִׂיאוֹת

נשיאותנ׳ נְשִׂיאוּת — presidium

1. הַתַּפְקִיד שֶׁל הַנָּשִׂיא:

*אַחֲרֵי 8 שָׁנִים יִגְמוֹר הַנָּשִׂיא אֶת תְּקוּפַת **נְשִׂיאוּתוֹ**.*

2. הַנְהָלָה רָאשִׁית שֶׁל מוֹסָד: — presidency

*נִבְחֲרָה **נְשִׂיאוּת** הַהִסְתַּדְּרוּת הַצִּיּוֹנִית.*

נשיותנ׳, נָשִׁיּוּת — femininity, effeminacy
מה שֶׁמְּיוּחָד לַנָּשִׁים:
*הִיא מַשִּׂיגָה הַכֹּל בִּזְכוּת **הַנָּשִׁיּוּת** שֶׁלָּהּ.*

נשיכהנ׳, נְשִׁיכָה [נְשִׁיכוֹת] — bite
כְּשֶׁתּוֹפְסִים בַּשִּׁינַּיִים וּמְנַסִּים לַחְתּוֹךְ בָּהֶן:
***נְשִׁיכַת** הַכֶּלֶב מְסוּכֶּנֶת.*

נשילהנ׳, נְשִׁילָה [נְשִׁילוֹת] — falling off
כְּשֶׁמַּשֶּׁהוּ נוֹפֵל:
*בִּגְלַל הָרוּחַ יֵשׁ **נְשִׁילָה** שֶׁל פֵּירוֹת מִן הָעֵצִים.*

נשיםנ״ר, נָשִׁים — women
צוּרַת הָרַבִּים שֶׁל אִישָּׁה:
***נָשִׁים** רַבּוֹת עוֹבְדוֹת כְּמוֹרוֹת בְּבָתֵּי הַסֵּפֶר.*
עֶזְרַת־נָשִׁים — women's gallery in a synagogue

נשימהנ׳, נְשִׁימָה [נְשִׁימוֹת] — breath
תַּהֲלִיךְ פִיסִיוֹלוֹגִי, הַכְנָסַת הָאֲוִויר לַגּוּף וְהוֹצָאָתוֹ:
*חוֹלֵי אַסְתְּמָה סוֹבְלִים מִקּוֹצֶר־**נְשִׁימָה**.*
בִּנְשִׁימָה אַחַת — in one breath
בִּנְשִׁימָה עֲצוּרָה — with bated breath

נשיפהנ׳, נְשִׁיפָה [נְשִׁיפוֹת] — blowing (out)
הוֹצָאָה שֶׁל אֲוִויר דֶּרֶךְ הַפֶּה:
*כִּיבִּיתִי אֶת הָאֵשׁ **בִּנְשִׁיפָה**.*
כְּלִי־נְשִׁיפָה — wind instrument

נשיקהנ׳, נְשִׁיקָה [נְשִׁיקוֹת] — kiss
נְגִיעַת הַשְּׂפָתַיִים בְּגוּף אַחֵר כְּסִימָן לְאַהֲבָה:
*דָּנִי נָתַן לְרוּתִי **נְשִׁיקָה** וְעָלָה לָרַכֶּבֶת.*
מִיתַת־נְשִׁיקָה — *painless death*

נשירת׳, נָשִׁיר — deciduous
שֶׁנּוֹשְׁרִים, נוֹפְלִים מִמֶּנּוּ עָלִים אוֹ שְׂעָרוֹת:
*הָעֵצִים **הַנְּשִׁירִים** עָמְדוּ בְּלִי עָלִים כָּל הַחוֹרֶף.*
נְשִׁירָה, נְשִׁירִים, נְשִׁירוֹת

נשירהנ׳, נְשִׁירָה [נְשִׁירוֹת] — falling out
1. כְּשֶׁעָלִים אוֹ שְׂעָרוֹת נוֹפְלִים:
*יֵשׁ לִי **נְשִׁירָה** שֶׁל שְׂעָרוֹת, עוֹד מְעַט אֶהְיֶה קֵירֵחַ.*
2. יְרִידָה, כְּשֶׁיֵּשׁ פָּחוֹת אֲנָשִׁים בְּמָקוֹם כָּלְשֶׁהוּ: — dropping out
***הַנְּשִׁירָה** שֶׁל תַּלְמִידִים מִבָּתֵּי הַסֵּפֶר גּוֹרֶמֶת דְּאָגָה בְּמִשְׂרַד הַחִינּוּךְ.*

נשךפ׳, נָשַׁךְ — bit
(הִכְנִיס) תָּקַע אֶת הַשִּׁינַּיִים בְּמַשֶּׁהוּ:
*הַכֶּלֶב **נָשַׁךְ** אוֹתִי.*
לִנְשׁוֹךְ אֶת־ / נ.ש.ך, פָּעַל / נָשַׁכְתִּי, נוֹשֵׁךְ, אֶשּׁוֹךְ, יִישּׁוֹךְ

נשכבפ׳, נִשְׁכַּב — lay down
שָׂם אֶת עַצְמוֹ עַל מִיטָּה, רִצְפָּה וְכוּ׳ וְנָח:
***נִשְׁכַּבְתִּי** לָנוּחַ וְנִרְדַּמְתִּי.*
לְהִישָּׁכֵב / ש.כ.ב, נִפְעַל / נִשְׁכַּבְתִּי, נִשְׁכָּב, אֶשָּׁכֵב, יִישָּׁכֵב

נשכחפ׳, נִשְׁכַּח — was forgotten
לֹא זָכְרוּ אוֹתוֹ:
*הַדְּבָרִים שֶׁקָּרוּ לִפְנֵי 20 שָׁנָה **נִשְׁכְּחוּ** כְּבָר.*
לְהִישָּׁכַח / ש.כ.ח, נִפְעַל / נִשְׁכַּחְתִּי, נִשְׁכָּח, אֶשָּׁכַח, יִישָּׁכַח

נשכחת׳, נִשְׁכָּח — forgotten (adj.)
שֶׁשָּׁכְחוּ אוֹתוֹ, לֹא זוֹכְרִים אוֹתוֹ:
*מָצָאנוּ מִכְתָּבִים מְעַנְיְינִים שֶׁל מְשׁוֹרֵר **נִשְׁכָּח**.*
נִשְׁכָּחוֹת - דְּבָרִים שֶׁלֹּא זוֹכְרִים כְּבָר (סִיפּוּרִים וְכוּ׳)
נִשְׁכַּחַת, נִשְׁכָּחִים, נִשְׁכָּחוֹת

נשכןת׳, נַשְׁכָן — biting (adj.), biter
מִי שֶׁתּוֹפֵס בַּשִּׁינַּיִים, תּוֹקֵעַ שִׁינַּיִים:
*הִיזָּהֵר! הַכֶּלֶב הוּא כֶּלֶב **נַשְׁכָן**.*
נַשְׁכָנִית, נַשְׁכָנִים, נַשְׁכָנִיּוֹת

נשכרפ׳, נִשְׂכַּר — was hired
1. עָבַד בְּאוֹפֶן זְמַנִּי:
*הוּא **נִשְׂכַּר** לַעֲבוֹדָה בַּגִּינָּה.*
2. בַּיִת אוֹ כְּלִי שֶׁמְּקַבְּלִים תְּמוּרַת תַּשְׁלוּם קָבוּעַ: — was rented
*הַדִּירוֹת הָאֵלֶּה **נִשְׂכְּרוּ** עֲבוּר עוֹלִים חֲדָשִׁים.*
לְהִישָּׂכֵר / ש.כ.ר, נִפְעַל / נִשְׂכַּרְתִּי, נִשְׂכָּר, יִישָּׂכֵר

נשלפ׳, נָשַׁל — fell, dropped off
נָפַל:
*הֶעָלִים **נוֹשְׁלִים** מִן הָעֵצִים.*
לִנְשׁוֹל / נ.ש.ל, פָּעַל / נָשְׁלוּ, נוֹשֵׁל, יִישּׁוֹל, יִישְּׁלוּ

נשלהפ׳, נִשְׁלָה — was drawn (out of liquid)
הוֹצִיאוּ אוֹתוֹ, הוּצָא מִן הַמַּיִם:
*הַכּוֹבַע נָפַל לַמַּיִם **וְנִשְׁלָה** בְּעֶזְרַת מַקֵּל.*
לְהִישָּׁלוֹת / ש.ל.ה, נִפְעַל / נִשְׁלוּ, נִשְׁלֶה, יִישָּׁלֶה, יִישָּׁלוּ

נשלחפ׳, נִשְׁלַח — was sent
1. שָׁלְחוּ אוֹתוֹ:
*דִּיפְּלוֹמָט מְיוּחָד **נִשְׁלַח** לְאֵירוֹפָּה כְּדֵי לְלַוּוֹת אֶת הַנָּשִׂיא.*
2. הֶעֱבִירוּ אוֹתוֹ מִמָּקוֹם אֶחָד לְמָקוֹם אַחֵר: — was dispatched
*הַמִּכְתָּב וְהַחֲבִילָה **נִשְׁלְחוּ** בְּדוֹאַר אֲוִויר.*
לְהִישָּׁלַח / ש.ל.ח, נִפְעַל / נִשְׁלַחְתִּי, נִשְׁלָח, יִישָּׁלַח

נשלטפ׳ נִשְׁלַט was ruled

שָׁלטוּ בּוֹ, אָמרוּ לוֹ מַה לַעֲשׂוֹת:

*אֶרֶץ יִשׂרָאֵל **נִשלְטָה** עַל יְדֵי הַמַנדָט הַבּרִיטִי.*

לְהִישָׁלֵט / ש.ל.ט, נִפעַל / נִשלְטוּ, נִשׁלָט, יִישָׁלֵט

נשללפ׳ נִשׁלַל was rejected

1. לֹא הִתקַבֵּל, קִיבֵּל תשׁוּבָה נֶגָטִיבִית:

*הָרַעיוֹן **נִשׁלַל** עַל יְדֵי הַמְנַהֵל.*

2. לָקחוּ אוֹתוֹ מִמִישֶׁהוּ: was denied/deprived

*רִישׁיוֹן הַנְהִיגָה **נִשׁלַל** לְשָׁנָה.*

לְהִישָׁלֵל / ש.ל.ל, נִפעַל / נִשׁלְלוּ, נִשׁלָל, יִישָׁלֵל

נשלםפ׳ נִשְׁלַם was completed

נִגמַר:

*הָעֲבוֹדָה **נִשׁלְמָה**.*

לְהִישָׁלֵם / ש.ל.ם, נִפעַל / נִשׁלְמוּ, נִשׁלָם, יִישָׁלֵם

נשלףפ׳ נִשְׁלַף was pulled out

הוֹצִיאוּ אוֹתוֹ הַחוּצָה בְּבַת אַחַת:

*פִּתאוֹם רָאִיתִי **שֶׁנִשׁלַף** אֶקדָח.*

לְהִישָׁלֵף / ש.ל.ף, נִפעַל / נִשׁלְפוּ, נִשׁלָף, יִישָׁלֵף, יִישָׁלפוּ

נשםפ׳ נָשַׁם breathed

הִכנִיס אֲוִויר לַגוּף וְהוֹצִיא אוֹתוֹ:

***נָשַׁמתִי** בְּקוֹשִׁי רַב, כַּאֲשֶׁר עָלִיתִי עַל הָהָר הַגָבוֹהַּ.*

לִנשׁוֹם / נ.שׁ.ם, פָּעַל / נָשַׁמתִי, נוֹשֵׁם, יִנשׁוֹם

נשמהנ׳ נְשָׁמָה [נְשָׁמוֹת] soul, spirit, life

מַה שֶׁיֵשׁ בְּאָדָם חַי, הָאֲוִויר שֶׁבַּגוּף:

*כֹּל עוֹד **נְשָׁמָה** בִּי, אַאֲמִין שֶׁיִהיֶה טוֹב.*

נֵר־נְשָׁמָה memorial candle

פָּרחָה נִשׁמָתִיב׳ I fainted

נשמטפ׳ נִשְׁמַט dropped

1. נָפַל בְּלִי כַּוָונָה:

*הַסֵפֶר **נִשׁמַט** לִי מֵהַיָד.*

2. נֶעֱלַם, לֹא הִכנִיסוּ אוֹתוֹ בְּלִי כַּוָונָה: was omitted, slipped (from)

*כַּמָה מִילִים **נִשׁמְטוּ** מִן הַסֵפֶר שֶׁלִי.*

***נִשׁמַט** מִזִיכרוֹנִי, שֶׁהַיוֹם יֵשׁ יְשִׁיבָה.*

לְהִישָׁמֵט / ש.מ.ט, נִפעַל / נִשׁמְטוּ, נִשׁמָט, יִישָׁמֵט

נשמעפ׳ נִשְׁמַע was heard

1. הִגִיעַ לָאוֹזנַיִים, שָׁמעוּ אוֹתוֹ:

*קוֹל הַמוּסִיקָה **נִשׁמַע** מֵרָחוֹק.*

2. עָשָׂה מַה שֶׁאָמרוּ לוֹ לַעֲשׂוֹת: obeyed

*הַחַיָילִים **נִשׁמְעוּ** לַפְּקוּדוֹת שֶׁל הַמְפַקֵד.*

מַה נִשׁמָע? - אֲמִירָה שֶׁל נִימוּס, What's new?

כּמוֹ 'מַה חָדָשׁ?' 'מַה שְׁלוֹמְךָ?' לְהִישָׁמַע לְ- / ש.מ.ע, נִפעַל / נִשׁמַעתִי, נִשׁמָע, יִישָׁמַע

נשמרפ׳ נִשְׁמַר was kept

1. שָׁמרוּ אוֹתוֹ אוֹ עָלָיו:

*הַמִכתָבִים **נִשׁמְרוּ** בָּאָרוֹן.*

2. דָאַג לְעַצמוֹ, שֶׁלֹא יִקרֶה לוֹ מַשֶׁהוּ: was careful

***נִשׁמַרתִי** שֶׁלֹא לְקַבֵּל מַחֲלוֹת.*

לְהִישָׁמֵר, מִ- / ש.מ.ר, נִפעַל / נִשׁמַרתִי, נִשׁמָר, יִישָׁמֵר

נשנהפ׳ נִשְׁנָה was repeated

נַעֲשָׂה פַּעַם שׁנִיָיה:

*הַטָעוּיוֹת שֶׁלךָ **יִישָׁנוּ**, אִם לֹא תָשִׂים לֵב.*

לְהִישָׁנוֹת / ש.נ.ה, נִפעַל / נִשׁנוּ, נִשׁנֶה, יִישָׁנֶה, יִישָׁנוּ

נשנהת׳ נִשְׁנֶה recurring

חוֹזֵר עַל עַצמוֹ, קוֹרֶה יוֹתֵר מִפַּעַם אַחַת:

*הַמַצָב חוֹזֵר **וְנִשׁנֶה** - כֹּל חוֹרֶף יֵשׁ הַפסָקוֹת חַשׁמַל.*

נִשׁנֵית, נִשׁנִים, נִשׁנוֹת

נשנקפ׳ נִשְׁנַק was choked

נֶחֱנַק פִּתאוֹם, לֹא הָיָה לוֹ אֲוִויר:

*הוּא הִרגִישׁ, שֶׁהוּא **נִשׁנָק**, וְלָכֵן הִפסִיק לְדַבֵּר.*

לְהִישָׁנֵק / ש.נ.ק, נִפעַל / נִשׁנַקתִי, נִשׁנָק, אֶשָׁנֵק, יִישָׁנֵק

נשעןפ׳ נִשְׁעַן leaned

1. עָמַד קָרוֹב וְנָגַע בְּמַשֶׁהוּ כְּדֵי לֹא לִיפּוֹל:

***נִשׁעַנתִי** אֶל הַקִיר.*

2. הִרגִישׁ בָּטוּחַ בְּ-: depended/relied on

*אֲנִי צָרִיךְ **לְהִישָׁעֵן עַל** עַצמִי.*

לְהִישָׁעֵן עַל- / ש.ע.ן, נִפעַל / נִשׁעַנתִי, נִשׁעָן, אֶשָׁעֵן

נשףפ׳ נָשַׁף blew (air)

הוֹצִיא רוּחַ מֵהַפֶּה אוֹ מֵהָאַף:

***נָשַׁפתִי** וְכִיבִּיתִי אֶת הָאֵשׁ.*

לִנשׁוֹף בְּ- / נ.שׁ.ף, פָּעַל / נָשַׁפתִי, נוֹשֵׁף, אֶנשׁוֹף, יִנשׁוֹף

נשףז׳ נֶשֶׁף [נְשָׁפִים] ball, party

מְסִיבָּה גדוֹלָה:

*הִזמִינוּ אוֹתִי **לְנֶשֶׁף** רִיקוּדִים.*

נשפטפ׳ נִשְׁפַּט was tried

1. שָׁפטוּ אוֹתוֹ, הֶעֱמִידוּ אוֹתוֹ לְמִשׁפָּט:

*הוּא **נִשׁפַּט עַל** גנֵיבָה.*

2. קִיבֵּל עוֹנֶשׁ בְּמִשׁפָּט: was sentenced

*הוּא **נִשׁפַּט לְ-10** חוֹדָשִׁים בְּבֵית סוֹהַר.*

לְהִישָׁפֵט לְ-, עַל- / ש.פ.ט, נִפעַל / נִשׁפַּטתִי, נִשׁפָּט, יִישָׁפֵט

נשפייהני נִשְׁפִּיָּה [נִשְׁפִּיּוֹת] (small) party
מְסִיבָּה:
הָיִיתִי בְּנִשְׁפִּיָּה לִכְבוֹד יוֹם הַהוּלֶּדֶת שֶׁלּוֹ.

נשפךפ׳ נִשְׁפַּךְ was spilled/poured
יָצָא הַחוּצָה (נוֹזֵל אוֹ אֲבָקָה):
הַמַּיִם נִשְׁפְּכוּ מִן הַכּוֹס.
לְהִישָּׁפֵךְ מ- / ש.פ.ך, נִפְעַל / נִשְׁפְּכוּ, נִשְׁפָּךְ, יִישָּׁפֵךְ

נשקפ׳ נָשַׁק kissed
1. נָתַן נְשִׁיקָה, נָגַע בְּמִישֶׁהוּ בִּשְׂפָתַיִים:
נָשַׁקְתִּי לְאָבִי וּלְאִימִּי כְּשֶׁחָזַרְתִּי הַבַּיְתָה.
2. נָגַע, הָיָה קָרוֹב מְאוֹד לְ-: touched
הַיָּם וְהַשָּׁמַיִם נוֹשְׁקִים זֶה לָזֶה.
לִנְשׁוֹק אֶת-, לְ- / נ.ש.ק, פָּעַל / נָשַׁקְתִּי, נוֹשֵׁק, יִישַּׁק

נשקז׳ נַשָּׁק [נַשָּׁקִים] armorer
חַיָּיל שֶׁמְּטַפֵּל בְּרוֹבִים, מְנַקֶּה, מְתַקֵּן וְכוּ׳:
בִּיקַּשְׁתִּי מֵהַנַּשָּׁק שֶׁיַּחְלִיף לִי אֶת הָרוֹבֶה.
נַשָּׁקִית, נַשָּׁקִיּוֹת

נשקז׳ נֶשֶׁק arms, weapons
שֵׁם כְּלָלִי לִכְלֵי מִלְחָמָה:
בְּרִית הַמּוֹעָצוֹת שָׁלְחָה נֶשֶׁק לְסוּרְיָה וּלְאִירָן.
2. אֶמְצָעִי שֶׁמִּשְׁתַּמְּשִׁים בּוֹ כְּדֵי לְהַשִּׂיג מַשֶּׁהוּ:
הַשְּׁבִיתָה הִיא הַנֶּשֶׁק שֶׁל הַפּוֹעֲלִים.
שְׁבִיתַת־נֶשֶׁק armistice

נשקלפ׳ נִשְׁקַל was weighed
1. שָׁקְלוּ אוֹתוֹ, בָּדְקוּ כַּמָּה הוּא כָּבֵד:
נִשְׁקַלְתִּי אֶתְמוֹל, מִשְׁקָלִי 60 ק״ג.
2. חָשְׁבוּ עָלָיו, חָשְׁבוּ אֵיךְ לַעֲשׂוֹת וְכוּ׳: was considered
כָּל הָאַלְטֶרְנָטִיבוֹת נִשְׁקְלוּ.
לְהִישָּׁקֵל / ש.ק.ל, נִפְעַל / נִשְׁקַלְתִּי, נִשְׁקָל, יִישָּׁקֵל

נשקףפ׳ נִשְׁקַף was visible/reflected
1. נִרְאָה, רָאוּ אוֹתוֹ:
פָּנֶיהָ נִשְׁקְפוּ מֵהַחַלּוֹן.
2. הָיָה לוֹ סִיכּוּי, אֶפְשָׁר הָיָה לָדַעַת: was imminent/ predictable
נִשְׁקֶפֶת סַכָּנָה לְחַיָּיו.
לְהִישָּׁקֵף / ש.ק.ף, נִפְעַל / נִשְׁקְפוּ, נִשְׁקָף, יִישָּׁקֵף

נשרפ׳ נָשַׁר fell off
1. נָפַל:
הַתַּפּוּחַ נָשַׁר מֵהָעֵץ. / הַשְּׂעָרוֹת שֶׁלִּי נוֹשְׁרוֹת.
2. עָזַב, לֹא שַׁיָּיךְ: dropped out
הָיִינוּ קְבוּצָה שֶׁל 10 רָצִים, 5 - נָשְׁרוּ.
לִנְשׁוֹר / נ.ש.ר, פָּעַל / נָשְׁרוּ, נוֹשֵׁר, יִנְשׁוֹר, יִנְשְׁרוּ, נְשׁוֹר!

נשרז׳ נֶשֶׁר [נְשָׁרִים] eagle
עוֹף גָּדוֹל, מֶלֶךְ הָעוֹפוֹת, אוֹכֵל בְּשַׂר מֵתִים: *הַנֶּשֶׁר עָף בִּמְהִירוּת גְּדוֹלָה.*

נשרטפ׳ נִשְׂרַט was lacerated
1. קִיבֵּל פֶּצַע לֹא עָמוֹק:
לֹא קָרָה כְּלוּם, נִשְׂרַטְתִּי מֵהָאֲבָנִים.
2. מַכְשִׁיר חַד פָּגַע בּוֹ, קִילְקֵל אוֹתוֹ: was scratched
הַשּׁוּלְחָן נִשְׂרַט, כִּי חָתַכְתָּ עָלָיו לֶחֶם.
לְהִישָּׂרֵט / שׂ.ר.ט, נִפְעַל / נִשְׂרַטְתִּי, נִשְׂרָט, יִישָּׂרֵט

נשרית׳ נִשְׁרִי eagle-like, aquiline
דּוֹמֶה לְנֶשֶׁר, לְמַשֶּׁהוּ עָקוֹם, בּוֹלֵט:
יֵשׁ לוֹ אַף נִשְׁרִי - אַף גָּדוֹל וְעֶצֶם בּוֹלֶטֶת בּוֹ.
נִשְׁרִית, נִשְׁרִיִּים, נִשְׁרִיּוֹת

נשרךפ׳ נִשְׂרַךְ (was) dragged
נִמְשַׁךְ, זָז תּוֹךְ נְגִיעָה בְּמַשֶּׁהוּ:
הַחֲצָאִית אֲרוּכָּה, וְהִיא נִשְׂרֶכֶת מֵאָחוֹר.
לְהִישָּׂרֵךְ / שׂ.ר.ך, נִפְעַל / נִשְׂרְכוּ, נִשְׂרָךְ, יִישָּׂרֵךְ, יִישָּׂרְכוּ

נשרףפ׳ נִשְׂרַף was burnt
עָלָה בָּאֵשׁ:
מְכַבֵּי הָאֵשׁ הִגִּיעוּ אַחֲרֵי שֶׁהַבִּנְיָין נִשְׂרַף.
לְהִישָּׂרֵף / שׂ.ר.ף, נִפְעַל / נִשְׂרַפְתִּי, נִשְׂרָף, אֶשָּׂרֵף

נשתהפ׳ נִשְׁתָּה was drunk
שָׁתוּ אוֹתוֹ, הִכְנִיסוּ לַפֶּה וְלַבֶּטֶן (נוֹזֵל):
הַמִּיץ וְהַבִּירָה נִשְׁתּוּ, לֹא נִשְׁאַר כְּלוּם.
לְהִישָּׁתוֹת / ש.ת.ה, נִפְעַל / נִשְׁתּוּ, נִשְׁתֶּה, יִישָּׁתֶה

נשתלפ׳ נִשְׁתַּל was planted
1. שָׂמוּ אוֹתוֹ בָּאֲדָמָה כְּדֵי שֶׁיִּגְדַּל:
הָעֵצִים הָאֵלֶּה נִשְׁתְּלוּ לִפְנֵי 30 שָׁנָה.
2. (מֶטָאפוֹרָה) כְּשֶׁמְּדִינָה מַכְנִיסָה מְרַגֵּל:
הַמְרַגֵּל נִשְׁתַּל בְּמִשְׂרַד הַבִּיטָּחוֹן 7 שָׁנִים לִפְנֵי שֶׁנִּתְפַּס.
לְהִישָּׁתֵל / ש.ת.ל, פָּעַל / נִשְׁתָּל, אֶשָּׁתֵל, יִישָּׁתֵל

נתאפשר ר׳ התאפשר **נתאלמן** ר׳ התאלמן

נתב״גש״פ נַתְבָּ״ג Ben Gurion airport
ר״ת נְמַל הַתְּעוּפָה בֶּן-גּוּרְיוֹן

נתבעפ׳ נִתְבַּע was demanded
1. דָּרְשׁוּ מִמֶּנּוּ, אָמְרוּ בְּצוּרָה חֲרִיפָה:
נִתְבַּעְתִּי לְהַחֲזִיר אֶת הַכֶּסֶף.
2. עָשׂוּ לוֹ מִשְׁפָּט: was sued

***נִתְבַּעְתִּי** בְּבֵית מִשְׁפָּט לְהַחֲזִיר אֶת הַכֶּסֶף.*
לְהִיתָּבַע / ת.ב.ע, נִפְעַל / נִתְבַּעְתִּי, נִתְבָּע, אֶתָּבַע, יִיתָּבַע

נתבעז' נִתְבָּע [נִתְבָּעִים] defendant
מִי שֶׁיֵּשׁ נֶגְדוֹ מִשְׁפָּט:
*הַ**נִּתְבָּע** צָרִיךְ לְהוֹכִיחַ, שֶׁלֹּא לָקַח אֶת הַכֶּסֶף.*
נִתְבַּעַת, נִתְבָּעוֹת

נתבקש ר' התבקש **נתגשם** ר' התגשם

נתוןתה"ז נָתוּן [נְתוּנִים] given/placed (adj.)
1. נִמְצָא, יֶשְׁנוֹ:
*הוּא **נָתוּן** בְּמַצָּב כַּלְכָּלִי קָשֶׁה.*
2. פְּרָט יָדוּעַ, שֶׁעָלָיו אֶפְשָׁר לִבְנוֹת given variable
תֵּיזָה אוֹ שְׁאֵלָה בְּאַלְגֶּבְּרָה וְכוּ':
***נָתוּן** אֶחָד יֵשׁ לִי - כַּמָּה עוֹלֶה סֵפֶר, אֲבָל חָסֵר לִי עוֹד **נָתוּן** - כַּמָּה סְפָרִים מָכַרְתָּ?*
נְתוּנָה, נְתוּנוֹת

נתזז' נֶתֶז [נְתָזִים] ricochet, spatter
טִיפָּה אוֹ חֲתִיכָה, שֶׁעָפוֹת פִּתְאוֹם:
*מְסוּכָּן שֶׁ**נֶּתֶז** שֶׁל עֵץ יִיכָּנֵס לָעַיִן.*

נתחז' נֵתַח [נְתָחִים] chunk
חֲתִיכָה, חֵלֶק שֶׁחָתְכוּ אוֹתוֹ:
*אָכַלְתִּי **נֵתַח** גָּדוֹל שֶׁל בָּשָׂר.*

נתחבב ר' התחבב

נתחםפ' נִתְחַם was demarcated
קָבְעוּ אֶת קַו הַגְּבוּל שֶׁלּוֹ:
*הַמִּגְרָשׁ **נִתְחַם** בְּגָדֵר גְּבוֹהָה.*
לְהִיתָּחֵם / ת.ח.ם, נִפְעַל / נִתְחֲמוּ, יִיתָּחֵם, יִיתָּחֲמוּ

נתיבז' נָתִיב [נְתִיבִים] way, route
1. דֶּרֶךְ:
*בָּחַרְנוּ בְּ**נָתִיב** שֶׁעוֹבֵר בֵּין שְׁנֵי הָרִים.*
2. חֵלֶק מִכְּבִישׁ, מַסְלוּל: lane
*נָסַעְנוּ בְּ**נָתִיב** הַיְמָנִי שֶׁבַּכְּבִישׁ.*
3. דֶּרֶךְ לְמְטוֹסִים, אוֹנִיּוֹת וְכוּ': route
***נְתִיבֵי** הָאֲוִויר סְתוּמִים מֵרוֹב מְטוֹסִים.*

נתיחהנ' נְתִיחָה [נְתִיחוֹת] surgery
נִיתּוּחַ, כְּשֶׁחוֹתְכִים בְּגוּף שֶׁל בְּנֵי אָדָם:
*לְפִי הַ**נְּתִיחָה** שֶׁאַחֲרֵי הַמָּוֶות יוֹדְעִים מִמָּה הוּא מֵת.*

נתיןז' נָתִין [נְתִינִים] subject (citizen) (m)
אֶזְרָח, מִי שֶׁשַּׁיָּיךְ לִמְדִינָה מְסוּיֶּמֶת:
*אֲנִי **נָתִין** יִשְׂרְאֵלִי.*
נְתִינָה, נְתִינוֹת

נתינהנ' נְתִינָה [נְתִינוֹת] giving, granting
1. כְּשֶׁנּוֹתְנִים מַשֶּׁהוּ:
***נְתִינַת** מַתָּנוֹת מְשַׂמַּחַת גַּם אֶת הַנּוֹתֵן וְגַם אֶת הַמְּקַבֵּל.*
2. אֶזְרָחִית, מִי שֶׁשַּׁיֶּיכֶת לִמְדִינָה מְסוּיֶּמֶת: subject (citizen) (f)
*אֲנִי **נְתִינָה** יִשְׂרְאֵלִית.*

נתינותנ' נְתִינוּת nationality, citizenship
אֶזְרָחוּת, כְּשֶׁמִּישֶׁהוּ שַׁיָּיךְ לִמְדִינָה מְסוּיֶּמֶת:
*כֹּל עוֹלֶה מְקַבֵּל **נְתִינוּת** יִשְׂרְאֵלִית בְּאוֹפֶן אוֹטוֹמָטִי.*

נתךז' נֶתֶךְ [נְתָכִים] alloy
מַתֶּכֶת שֶׁמּוּרְכֶּבֶת מִכַּמָּה מַתָּכוֹת:
*פְּלִיז הוּא **נֶתֶךְ**, שֶׁעָשׂוּי מִנְּחוֹשֶׁת וְאָבָץ.*

נתכבד ר' התכבד

נתלהפ' נִתְלָה was hung
1. תָּלוּ אוֹתוֹ, שָׂמוּ גָּבוֹהַּ, חִיבְּרוּ לְקִיר וְכוּ':
*הַתְּמוּנָה **נִתְלְתָה** גָּבוֹהַּ מִדַּיי.*
2. הָרְגוּ אוֹתוֹ בְּחֶבֶל (סְבִיב הַצַּוָּואר): was hung
*הַשּׁוֹדֵד **נִתְלָה** בְּכִיכַּר הָעִיר.*
3. מִסְתַּמֵּךְ עַל, מֵבִיא הוֹכָחָה מִ...: relied on
*הוּא **נִתְלָה** בַּהַבְטָחוֹת שֶׁלָּהּ.*
לְהִיתָּלוֹת / ת.ל.ה, נִפְעַל / נִתְלוּ, נִתְלֶה, יִיתָּלֶה, יִיתָּלוּ

נתלווה ר' התלווה

נתלשפ' נִתְלַשׁ was plucked
1. תָּלְשׁוּ אוֹתוֹ, הוֹצִיאוּ אוֹתוֹ בְּכוֹחַ:
*כֹּל הַפְּרָחִים **נִתְלְשׁוּ** מִן הָאֲדָמָה.*
2. (מֶטָאפוֹרָה) הוֹצִיאוּ אוֹתוֹ (אָדָם) מִן הַמָּקוֹם שֶׁלּוֹ:
*בְּמִלְחָמָה **נִתְלְשׁוּ** אֲנָשִׁים מִבֵּיתָם.* was uprooted
לְהִיתָּלֵשׁ / ת.ל.ש, נִפְעַל / נִתְלַשְׁתִּי, נִתְלָשׁ, אֶתָּלֵשׁ

נתמךפ' נִתְמַךְ was supported
1. מַחֲזִיק בְּמַשֶּׁהוּ כְּדֵי לֹא לִיפּוֹל:
*כְּשֶׁאֲנִי הוֹלֵךְ, אֲנִי **נִתְמָךְ** בַּקִּיר.*
2. קִיבֵּל עֶזְרָה בְּכֶסֶף וְכוּ': was provided for
*הַזְּקֵנִים **נִתְמְכוּ** עַל-יְדֵי הַיְּלָדִים.*
לְהִיתָּמֵךְ בְּ- / ת.מ.ך, נִפְעַל / נִתְמְכוּ, נִתְמָךְ, יִיתָּמֵךְ

נתמךת' נִתְמָךְ welfare recipient, supported (adj.)
מִי שֶׁמְּקַבֵּל עֶזְרָה סוֹצְיָאלִית אוֹ עֶזְרָה אַחֶרֶת:
*הוּא לֹא עוֹבֵד, הוּא **נִתְמָךְ** עַל-יְדֵי הוֹרָיו.*
נִתְמֶכֶת, נִתְמָכִים, נִתְמָכוֹת

נתמנה ר' התמנה **נתמעט** ר' התמעט

נתןפ' נָתַן gave
1. מָסַר לְמִישֶׁהוּ דבר מָה, הַהֵיפֶך מִלָקַח:
*אִימָא **נָתְנָה** לַיֶלֶד נְשִיקָה.*
2. הִרשָה: let
*הוּא לֹא **נוֹתֵן** לִי לָלֶכֶת.*
לָתֵת אֶת, לְ- / נ.ת.ן, פָּעַל / נָתַתִי, נוֹתֵן, אֶתֵן, יִיתֵן, תֵן!

נתעבת' נִתְעָב abominable
דוֹחֶה מְכוֹעָר (בְּהִתנַהֲגוּת, בְּאוֹפִי):
*רֶצַח הוּא מַעֲשֶׂה **נִתעָב**.*
נִתעֶבֶת, נִתעָבִים, נִתעָבוֹת

נתפספ' נִתפַּס was caught
1. תָפסוּ אוֹתוֹ, הֶחֱזִיקוּ בּוֹ:
*דָוִיד **נִתפַּס** בִּגנֵיבָה.*
2. מְבִינִים אוֹתוֹ, נִקלָט בַּמַחשָבָה: was grasped
*חוּקֵי הַדִיקדוּק אֵינָם **נִתפָּסִים** בְּקַלוּת.*
3. נִמשַך אַחֲרֵי: was influenced
*לֹא **נִתפַּסתִי** לָרַעיוֹן הֶחָדָש.*
לְהִיתָפֵס לְ- / ת.פ.ס, נִפעַל / נִתפַּסתִי, נִתפָּס, אֶתָפֵס

נתפרפ' נִתפַּר was sewn
תָפרוּ אוֹתוֹ, חִיבּרוּ אוֹתוֹ בְּחוּט:
*הַשִׂמלָה **נִתפְּרָה** בַּיָד לֹא בִּמכוֹנָה.*
לְהִיתָפֵר / ת.פ.ר, נִפעַל / נִתפַּרתִי, נִתפָּר, יִיתָפֵר, יִיתָפרוּ

נתקז' נֶתֶק break, rift
חוֹסֶר קֶשֶר:
*יֵש **נֶתֶק** בַּיְחָסִים בֵּין הָעוֹבדִים לַהַנהָלָה.*

נתקלפ' נִתקַל stumbled (against)
1. נֶעֱצַר, נִפגַע עַל יְדֵי מַשֶהוּ:
***נִתקַלתִי** בְּאֶבֶן וְנָפַלתִי.*
2. פָּגַש בְּמִקרֶה: encountered
***נִתקַלתִי** בְּדָוִיד בָּרְחוֹב.*
לְהִיתָקֵל בְּ- / ת.ק.ל, נִפעַל / נִתקַלוּ, נִתקָל, יִיתָקֵל

נתקעפ' נִתקַע was stuck
חָדַר (מַשֶהוּ חַד):
***נִתקְעָה** לִי עֶצֶם בַּגָרוֹן. / הַמַסמְרִים **נִתקְעוּ** בְּקוֹשִי בַּקִיר.*
לְהִיתָקַע / ת.ק.ע, נִפעַל / נִתקַעתִי, נִתקָע, יִיתָקַע

נתקףפ' נִתקַף was afflicted/beset
תָקפוּ אוֹתוֹ, קָרָה לוֹ:
*הַיֶלֶד נִתקַף **פַּחַד**, כְּשֶנִשאַר לְבַדוֹ בַּחוֹשֶך.*
לְהִיתָקֵף / ת.ק.ף, נִפעַל / נִתקְפוּ, נִתקָף, יִיתָקֵף

נתרםפ' נִתרַם was contributed/donated
נָתנוּ אוֹתוֹ כְּדֵי לַעֲזוֹר לְמִישֶהוּ:
*בְּגָדִים וּספָרִים **נִתרְמוּ** לִילָדִים עֲנִיִים.*
לְהִיתָרֵם / ת.ר.ם, נִפעַל / נִתרְמוּ, נִתרָם, יִיתָרֵם, יִיתָרמוּ

נתרןז' נַתְרָן sodium
יְסוֹד כִּימִי Na, נִמצָא בְּמֶלַח בִּישוּל:
*עוֹדֶף **נַתְרָן** מְסוּכָּן לְמִי שֶיֵש לוֹ לַחַץ דָם גָבוֹהַ.*

ס

ס 15th letter of Heb. alphabet
סָמֶך, הָאוֹת הַ-15 בָּאָלֶפְבֵּית הָעִברִי. מְסַמֶנֶת אֶת שֵׁם הַמִספָּר 60:
הִגַעתִי לְפֶּרֶק ס' בְּסֵפֶר יְשַעיָהוּ בַּתַנַ"ך.

סאןפ׳ סָאַן was noisy
רָעַש, הָיָה רַעַש:
*הָרְחוֹב **סָאַן** - מְכוֹנִיוֹת צָפרוּ, אֲנָשִים צָעֲקוּ, הָיָה רַעַש.*
לְסאוֹן / ס.א.ן. פָּעַל / סָאֲנוּ, סוֹאֵן, יִסאַן, יִסאֲנוּ

סב/סבאז׳ סָב/סַבָּא [סָבִים/סַבִּים] grandfather
אַבָּא שֶל אַבָּא אוֹ שֶל אִימָא:
***סַבָּא** סִיפֵּר לִילָדִים סִיפּוּרִים מִן הֶעָבָר.*

סבפ׳ סַב (סָבַב) encircled, went around
1. הָלַך מִסָבִיב לְ-:
*הוּא **סַב** אֶת חוֹמַת הָעִיר.*
2. פָּנָה לְכִיווּן: turned around
(לָשוֹן גבוֹהָה) ***תִיסוֹב** לְאָחוֹר וְתֵלֵך יָשָר.*
3. הִסתוֹבֵב, זָז סָבִיב עַצמוֹ: gyrated, spun
*כַּדוּר הָאָרֶץ **סוֹבֵב** עַל צִירוֹ.*
לָסוֹב / ס.ב.ב, פָּעַל / סַבּוֹתִי, סַב (סוֹבֵב), יִיסוֹב, סוֹב!

סבבז׳ סֶבֶב turn
סִיבוּב, כְּשֶעוֹשִׂים מַשֶהוּ לְפִי תוֹר, אֶחָד אַחֲרֵי הַשֵנִי, שוּב וָשוּב:
*בַּ**סֶבֶב** הָרִאשוֹן שֶל הַשִׂיחוֹת כֹּל הַחֲבֵרִים דִיבְּרוּ.*

סבוךת׳ סָבוּך entangled (adj.)
1. (עֲנָפִים, שְׂעָרוֹת) הָאֶחָד בְּתוֹך הַשֵנִי:
*הָעֵצִים פֹּה **סבוּכִים**, וְקָשֶה לַעֲבוֹר.*
2. (מֶטָאפוֹרָה) לֹא פָּשוּט, מְסוּבָּך: complicated (adj.)
*הַבְּעָיוֹת הַמִשפַּחתִיוֹת שֶלוֹ **סבוּכוֹת**.*
סבוּכָה, סבוּכִים, סבוּכוֹת

סבולת ר׳ סיבולת

סבוןז׳ סַבּוֹן [סַבּוֹנִים] soap
חוֹמֶר נִיקוּי, רוֹחֲצִים בּוֹ אֶת הַגוּף, הַבְּגָדִים וְכוּ':
*קָנִיתִי **סַבּוֹן** רַחֲצָה, **סַבּוֹן** כּבִיסָה וְ**סַבּוֹן** מְיוּחָד לַתִינוֹק.*

סבונייהנ׳ סַבּוֹנִיָה [סַבּוֹנִיוֹת] soap dish
קוּפסָה שֶשָׂמִים בָּה סַבּוֹן:
*קָנִיתִי **סַבּוֹנִיָיה**, לִפנֵי שֶיָצָאתִי לַטִיוּל.*

סבורת׳ סָבוּר is of the opinion
חוֹשֵב:
*רֹאש הַמֶמשָלָה **סָבוּר**, כִּי יֵש לִפתוֹחַ בְּשִׂיחוֹת עִם סוּריָה.*
סבוּרָה, סבוּרִים, סבוּרוֹת

סביבת"פ/מ"י סָבִיב round, around
בְּמַעֲגָל, מִכֹּל הַצדָדִים:
*הָלַכתִי **סבִיב** הַבַּיִת, עַד שֶמָצָאתִי אֶת דֶלֶת הַכּנִיסָה.*
מִסָבִיב - בַּמְקוֹמוֹת הַקרוֹבִים:
*כֹּל הַשכֵנִים **מִסָבִיב** מַכִּירִים אֶת הַכֶּלֶב שֶלוֹ.*
סבִיבִי, סבִיבךָ, סבִיבֵנוּ, סבִיבכֶם...

סביבהנ׳ סְבִיבָה [סבִיבוֹת] neighborhood
1. מְקוֹמוֹת שֶנִמצָאִים עַל יַד יִישוּב:
*כֹּל הַ**סבִיבָה** קוֹנִים בַּסוּפֶּרמַרקֶט הַזֶה.*
2. חֶברָה, אֲנָשִים: environment
*יְלָדִים צרִיכִים לִגדוֹל בִּ**סבִיבָה** תַרבּוּתִית.*
בִּסבִיבוֹת - בִּסבִיבוֹת תֵל-אָבִיב in the vicinity of, around
הַדִירוֹת זוֹלוֹת./אָבוֹא בִּסבִיבוֹת 10:00.

סביבוןז׳ סְבִיבוֹן [סבִיבוֹנִים] spinning-top, dreidel
מִשׂחָק שֶל יְלָדִים, מְסוֹבְבִים אוֹתוֹ עַד שֶהוּא נוֹפֵל:
*בַּחֲנוּכָּה מְשַׂחֲקִים בִּ**סבִיבוֹן**.*

סביבתית׳ סְבִיבָתִי environmental
הַשַיָיך לַמָקוֹם, לַסבִיבָה:
*דָרוּש תִיכנוּן **סבִיבָתִי** לַשכוּנָה שֶלָנוּ.*
מִפגַע סבִיבָתִי environmental hazard
סבִיבָתִית, סבִיבָתִיִים, סבִיבָתִיוֹת

סבילת׳ סָבִיל passive
1. פַּסִיבִי, לֹא פָּעִיל:
*גַנדִי, הַמַנהִיג הַהוֹדִי, הָיָה בְּעַד הִתנַגדוּת **סבִילָה**.*
2. (בְּדִיקדוּק) הַבִּנייָנִים passive voice (gram.)
'נִפעַל', 'פּוּעַל', 'הוּפעַל', בִּניָינִים שֶל קַבָּלַת פְּעוּלָה:
*לַפּוֹעַל 'נִכתַב' יֵש מַשמָעוּת **סבִילָה**.*
סבִילָה, סבִילִים, סבִילוֹת

סבירת׳ סָבִיר reasonable
הֶגיוֹנִי, מִתקַבֵּל עַל הַדַעַת:
*יֵש לִי מַשׂכּוֹרֶת **סבִירָה**.*
סבִירָה, סבִירִים, סבִירוֹת

סבירותנ׳ סְבִירוּת probability
כְּשֶמַשֶהוּ הֶגיוֹנִי, מִתקַבֵּל עַל הַדַעַת:
*יֵש **סבִירוּת** גבוֹהָה לְגֶשֶם.*

סבך ז' סְבַךְ [סְבָכִים] thicket

1. עֵצִים אוֹ עֲנָפִים הָאֶחָד בְּתוֹךְ הַשֵּׁנִי:
*בַּיַּעַר יֵשׁ **סְבַךְ**, וְקָשֶׁה לַעֲבוֹר בּוֹ.*
2. עִנְיָן קָשֶׁה, מְסוּבָּךְ: complication
*אֲנִי לֹא מַצְלִיחַ לָצֵאת מִ**סְּבַךְ** הַבְּעָיוֹת.*

סבכה ר' שבכה

סבל פ' סָבַל suffered

1. הִרְגִּישׁ כְּאֵב אוֹ קוֹשִׁי, קָרָה לוֹ מַשֶּׁהוּ רַע:
*הוּא **סָבַל** מִמַּחֲלָה קָשָׁה זְמַן אָרוֹךְ. / **סָבַלְתִּי** מֵהֶפְסֵדִים.*
2. הָיְתָה לוֹ סַבְלָנוּת לְ-: tolerated
*אֲנִי לֹא יָכוֹל **לִסְבּוֹל** אוֹתוֹ!*
לִסְבּוֹל מִ-, אֶת- / ס.ב.ל. פָּעַל / סָבַלְתִּי, סוֹבֵל, אֶסְבּוֹל

סבל ז' סֵבֶל suffering

כְּאֵב פִיסִי אוֹ נַפְשִׁי, צָרוֹת:
*הַמַּחֲלָה גָּרְמָה **סֵבֶל** רַב לַחוֹלֶה וְלִבְנֵי מִשְׁפַּחְתּוֹ.*

סבל ז' סַבָּל [סַבָּלִים] porter

מִי שֶׁמַּעֲבִיר דְּבָרִים מִמָּקוֹם לְמָקוֹם:
*שְׁנֵי **סַבָּלִים** הֶעֱלוּ אֶת הַפְּסַנְתֵּר.*

סבלות נ' סַבָּלוּת porterage

הָעֲבוֹדָה שֶׁל מִי שֶׁמַּעֲבִיר חֲפָצִים מִמָּקוֹם לְמָקוֹם:
*הוּא עוֹבֵד **בְּסַבָּלוּת**, מַעֲבִיר רָהִיטִים מִדִּירָה לְדִירָה.*

סבלן ת' סַבְלָן patient

יֵשׁ לוֹ סַבְלָנוּת, מוּכָן לְחַכּוֹת:
*מוֹרֶה צָרִיךְ לִהְיוֹת **סַבְלָן** וּלְלַמֵּד 1000 פְּעָמִים אוֹתוֹ דָּבָר.*
סַבְלָנִית, סַבְלָנִים, סַבְלָנִיּוֹת

סבלנות נ' סַבְלָנוּת patience

הַיְּכוֹלֶת לִסְבּוֹל מַשֶּׁהוּ לֹא נָעִים בְּמֶשֶׁךְ זְמַן רַב בְּלִי לְהִתְלוֹנֵן, אוֹרֶךְ-רוּחַ:
*לַמַּדְרִיךְ יֵשׁ **סַבְלָנוּת**, הוּא מַסְבִּיר כֹּל דָּבָר כַּמָּה פְּעָמִים.*
פָּקְעָה סַבְלָנוּתוֹ ב' (he) lost his patience

סבלני ת' סַבְלָנִי patient

לֹא כּוֹעֵס מַהֵר, לֹא מִתְעַצְבֵּן, יֵשׁ לוֹ סַבְלָנוּת:
*אֲנִי צָרִיךְ מוֹרֶה **סַבְלָנִי**, שֶׁיַּסְבִּיר לִי כֹּל דָּבָר כַּמָּה פְּעָמִים.*
סַבְלָנִית, סַבְלָנִיִּים, סַבְלָנִיּוֹת

סבר פ' סָבַר thought, believed, deemed

(לָשׁוֹן גְּבוֹהָה) חָשַׁב, הָיָה נִדְמֶה לוֹ:
*הַשּׁוֹפְטִים **סָבְרוּ**, שֶׁאֲנִי צוֹדֵק.*
לִסְבּוֹר / ס.ב.ר. / פָּעַל / סָבַרְתִּי, סוֹבֵר, אֶסְבּוֹר, יִסְבּוֹר

סבר ז' סֵבֶר expression, look

מַרְאֶה, מַה שֶּׁרוֹאִים עַל הַפָּנִים:
*יֵשׁ לוֹ תָּמִיד **סֵבֶר** שֶׁל כַּעַס עַל הַפָּנִים.*
בְּסֵבֶר פָּנִים יָפוֹת ת"פ cordially

סברה נ' סְבָרָה [סְבָרוֹת] supposition, presumption

הַנָּחָה, כְּשֶׁחוֹשְׁבִים שֶׁאוּלַי...:
*הָיְתָה **סְבָרָה** שֶׁהָאֲמֵרִיקָאִים יַזְמִינוּ אֶת רֹאשׁ הַמֶּמְשָׁלָה.*

סבתא נ' סָבְתָא [סָבתוֹת] grandmother

אִמָּא שֶׁל אַבָּא אוֹ שֶׁל אִמָּא:
*לְ**סָבְתָא** שֶׁלִּי יֵשׁ שִׁשָּׁה נְכָדִים מִשְּׁלוֹשֶׁת הַבָּנִים שֶׁלָּהּ.*

סגד פ' סָגַד worshiped

הִתְיַיחֵס בְּכָבוֹד אֶל אֱלוֹהִים אוֹ אֶל מִישֶׁהוּ אוֹ מַשֶּׁהוּ חָשׁוּב בְּיוֹתֵר:
*יֵשׁ עַמִּים **שֶׁסּוֹגְדִים** לַמַּנְהִיגִים שֶׁלָּהֶם כְּמוֹ לָאֵלִים.*
לִסְגּוֹד לְ- / ס.ג.ד, פָּעַל / סָגַדְתִּי, סוֹגֵד, יִסְגּוֹד, סְגוֹד!

סגול ת' סָגֹל violet

צֶבַע אָדוֹם-כָּחוֹל (כְּצֶבַע הֶחָצִיל):
*קַרְנֵי שֶׁמֶשׁ אוּלְטְרָה-**סְגוּלוֹת** מְסוּכָּנוֹת לַבְּרִיאוּת.*
סְגוּלָּה, סְגוּלִים, סְגוּלוֹת

סגול ז' סֶגּוֹל [סֶגּוֹלִים] segol (Heb. vowel - e sound)

הַסִּימָן ' ֶ ' מְסַמֵּן e בְּעִבְרִית:
*בַּמִּלָּה יֶלֶד יֵשׁ שְׁנֵי **סֶגּוֹלִים**.*

סגולה נ' סְגֻלָּה [סגולות] virtue

1. דָּבָר יָקָר, מְיוּחָד:
*אוֹמְרִים עַל עַם יִשְׂרָאֵל, שֶׁהוּא עַם **סְגוּלָּה**.*
2. דָּבָר טוֹב, אֶמְצָעִי יָעִיל: means, effective
אוֹמְרִים שֶׁסְּפּוֹרְט הוּא **סְגוּלָּה** לְחַיִּים אֲרוּכִּים.

סגולי ת' סֶגּוֹלִי nouns carrying a segol

(בְּדִיקְדּוּק) שֶׁיֵּשׁ בּוֹ סֶגּוֹל - ' ֶ ': שֵׁמוֹת שֶׁיֵּשׁ בָּהֶם סֶגּוֹל אוֹ פַּתַח, וְהַהַדְגָּשָׁה עַל הַהֲבָרָה שֶׁלִּפְנֵי אַחֲרוֹנָה.
*הַשֵּׁמוֹת יֶלֶד, סֵפֶר, מַיִם הֵם שֵׁמוֹת **סֶגּוֹלִיִּים**.*
סֶגּוֹלִית, סֶגּוֹלִיִּים, סֶגּוֹלִיּוֹת

סגולי ת' סְגֻלִּי specific

סְפֶּצִיפִי, מְיוּחָד לוֹ (לְחוֹמֶר כֹּלְשֶׁהוּ).
מִשְׁקָל סְגוּלִי - specific gravity
*הָעֵץ לֹא שׁוֹקֵעַ בַּמַּיִם, כִּי הַמִּשְׁקָל **הַסְּגוּלִי** שֶׁלּוֹ קָטָן מֵהַמִּשְׁקָל הַסְּגוּלִי שֶׁל הַמַּיִם.*
סְגוּלִית, סְגוּלִיִּים, סְגוּלִיּוֹת

סגורת׳ סָגוּר — closed/shut (adj.)

1. לֹא פָּתוּחַ:
*הַחֲנוּיוֹת **סגורות** כֹּל יוֹם מִשָּׁעָה 13:00 עַד 16:00.*

2. אֵינוֹ יוֹצֵא הַחוּצָה: — locked up (adj.)
*אֵינֶנִּי אוֹהֵב לָשֶׁבֶת **סָגוּר** בַּבַּיִת.*

סגוּרָה, סגוּרִים, סְגוּרוֹת

סגורז׳ סְגוֹר — locker, fastener

מַשֶּׁהוּ שֶׁסּוֹגֵר:
*פָּתַחְתִּי לְפָנָיו אֶת **סגור** לִיבִּי, וְסִיפַּרְתִּי הַכּוֹל.*

סגידהנ׳ סְגִידָה [סְגִידוֹת] — bowing, worshiping

נְתִינַת כָּבוֹד גָּדוֹל וְאַהֲבָה לֶאֱלוֹהִים (אוֹ לְרַעְיוֹן):
*הַ**סְגִידָה** לְכָל רַעְיוֹן חָדָשׁ מְסוּכֶּנֶת מְאוֹד.*

סַגִּי נְהוֹר

(אֲרָמִית) אוֹר גָּדוֹל.

לְשׁוֹן סַגִּי נְהוֹר - בְּמַשְׁמָעוּת הֲפוּכָה: — ironic language
*אָמַרְתִּי לוֹ בִּלְשׁוֹן **סַגִּי-נְהוֹר** -זֹאת בֶּאֱמֶת חוֹכְמָה לָשֶׁבֶת בַּשֶּׁמֶשׁ בְּלִי כּוֹבַע!*

סגירהנ׳ סְגִירָה [סְגִירוֹת] — closing, shutting

הַהֵיפֶךְ מִפְּתִיחָה:
*הַשָּׁעָה שֶׁל **סְגִירַת** הַחֲנוּיוֹת הִיא 19:00.*

סגירותנ׳ סְגִירוּת — being shut-off

כְּשֶׁמַּשֶּׁהוּ סָגוּר, הַהֵיפֶךְ מִפָּתוּחַ:
*הַ**סְגִירוּת** לָעוֹלָם הַגָּדוֹל מְבִיאָה לְפְּרוֹבִינְצְיָאלִיּוּת.*

סגלז׳ סֶגֶל — corps, cadre, staff

קְבוּצָה שֶׁל אֲנָשִׁים הָעוֹבְדִים יַחַד:
*הַ**סֶּגֶל** הַדִּיפְּלוֹמָטִי נִפְגַּשׁ עִם הַנָּשִׂיא.*

סגלגלת׳ סְגַלְגַּל — oval

1. אֶלִיפְּטִי, כְּמוֹ בֵּיצָה:
*יֵשׁ לוֹ רֹאשׁ **סגלגל** - כְּמוֹ כַּדּוּר שֶׁמָּשְׁכוּ מִשְּׁנֵי הַצְּדָדִים.*

2. בְּצֶבַע סָגוֹל בָּהִיר: — light violet
קָנִיתִי מְעִיל סְגַלְגַּל.

סגלגלָה, סגלגלִים, סגלגלוֹת

סג"ם ר"ת של **סגן משנה** ר׳ סגן

סגןז׳ סְגָן [סְגָנִים] — vice, deputy

שֵׁנִי בְּדַרְגָּה, מְמַלֵּא מְקוֹם שֶׁל הַמְנַהֵל:
***סגן** רֹאשׁ הַמֶּמְשָׁלָה נָסַע לְבִיקּוּר רִשְׁמִי בְּאֵירוֹפָּה.*

סְגַן־אַלּוּף / סְגַן־מְנַהֵל / סַמְנְכָּ"ל (סְגַן מְנַהֵל כְּלָלִי)

סְגָנִית, סְגָנִיּוֹת

סגןז׳ סֶגֶן [סְגָנִים] — lieutenant

דַּרְגָּה צְבָאִית - קָצִין בְּדַרְגָּה שְׁנִיָּיה:
*יֵשׁ לוֹ שְׁנֵי פַּסִּים מִבַּרְזֶל עַל הַכָּתֵף - הוּא **סֶגֶן**.*

סֶגֶן מִשְׁנֶה (סַגַ"ם) — second lieutenant

סגנון ר׳ סיגנון

סגפןז׳ סַגְּפָן [סַגְּפָנִים] — ascetic

מִי שֶׁלֹּא אוֹכֵל טוֹב, אֵינוֹ נֶהֱנֶה, (גם מִסִּיבּוֹת אִידֵאוֹלוֹגִיּוֹת):
*הַפְּקִירִים בְּהוֹדּוּ הֵם **סַגְּפָנִים**.*

סַגְּפָנִית, סַגְּפָנִיּוֹת

סגפנותנ׳ סַגְּפָנוּת — asceticism, self-castigation

כְּשֶׁאוֹכְלִים מְעַט מְאוֹד, לֹא מְבַלִּים וְכוּ׳ מִסִּיבּוֹת אִידֵאוֹלוֹגִיּוֹת:
*הוּא חוֹשֵׁב שֶׁ**סַגְּפָנוּת** תָּבִיא אֶת הַמָּשִׁיחַ.*

סגפנית׳ סַגְּפָנִי — ascetic (adj.)

שֶׁאוֹכֵל מְעַט וְלֹא נֶהֱנֶה מֵהַחַיִּים:
*הוּא חַי חַיִּים **סַגְּפָנִיִּים** - בְּלִי מְקָרֵר, בְּלִי טֶלֶוִויזְיָה, אוֹכֵל לֶחֶם יָבֵשׁ וְכוּ׳.*

סַגְּפָנִית, סַגְּפָנִיִּים, סַגְּפָנִיּוֹת

סגרפ׳ סָגַר — closed, shut

נָעַל, סָתַם אֶת הַפֶּתַח, הַהֵיפֶךְ מִפָּתַח:
*הוּא **סָגַר** אֶת הַדְּלָתוֹת וְהַחַלּוֹנוֹת, לִפְנֵי שֶׁהָלַךְ לִישׁוֹן.*

לִסְגּוֹר אֶת- / ס.ג.ר, פָּעַל / סָגַרְתִּי, סוֹגֵר, יִסְגּוֹר, סְגוֹר!

סגרז׳ סֶגֶר [סְגָרִים] — lock

הַחֵלֶק שֶׁסּוֹגֵר דֶּלֶת אוֹ חַלּוֹן:
*הַ**סֶּגֶר** הִתְקַלְקֵל, לָכֵן הַדֶּלֶת פְּתוּחָה.*

סגרירז׳ סַגְרִיר — rain and cold

כְּשֶׁיֵּשׁ גֶּשֶׁם, רוּחַ וְכוּ׳:
*בִּימֵי **סַגְרִיר** אֲנִי לֹא יוֹצֵא מִן הַבַּיִת.*

סגרירית׳ סַגְרִירִי — rainy and cold weather

שֶׁיֵּשׁ בּוֹ גֶּשֶׁם, רוּחַ וְכוּ׳:
*מֶזֶג הָאֲוִויר הַ**סַגְרִירִי** נִמְשַׁךְ שָׁבוּעַ.*

סַגְרִירִית, סַגְרִירִיִּים, סַגְרִירִיּוֹת

סדז׳ סַד [סַדִּים] — stocks

1. קֶרֶשׁ שֶׁקָּשְׁרוּ אֵלָיו אָסִיר כְּדֵי לְהַכְאִיב לוֹ:
*הַ**סַּד** הָיָה מַכְשִׁיר שֶׁכָּל אָסִיר פָּחַד מִמֶּנּוּ.*

2. קֶרֶשׁ שֶׁשָּׂמִים לְמִי שֶׁשָּׁבַר רֶגֶל אוֹ יָד: — splint
*שָׂמוּ לִי **סַד**, כְּדֵי שֶׁלֹּא אָזִיז אֶת הַיָּד הַשְּׁבוּרָה.*

סדוםש"פ סְדוֹם Sodom (the city)
עִיר שֶׁאֱלוֹהִים הָרַס, כִּי הָאֲנָשִׁים בָּהּ הָיוּ רָעִים; סֵמֶל לְמַעֲשִׂים רָעִים:
הַאִם בִּסְדוֹם אֲנַחְנוּ?
מַעֲשֵׂה-סדום sodomy

סדוקת' סָדוּק cracked/split (adj.)
יֵשׁ בּוֹ סֶדֶק, סִימָן שֶׁל שבירָה:
הַכּוֹס סדוקה - אַל תשפוך לְתוֹכָהּ מַיִם רותחים.
סדוּקָה, סדוּקִים, סדוּקוֹת

סדורת' סָדוּר set in order
מְסוּדָר, נַעֲשָׂה לְפִי סֵדֶר:
הַסְּפָרִים סדורים בָּאָרוֹן.
סדוּרָה, סדוּרִים, סדוּרוֹת

סדיןז' סָדִין [סדִינִים] (bed) sheet
בַּד שֶׁשָּׂמִים עַל הַמִּיטָה לְשֵׁינָה:
הוּא שָׁכַב בַּמִּיטָה עַל סָדִין לָבָן וְהִתְכַּסָּה בִּשְׂמִיכָה.

סדירת' סָדִיר regular
לְפִי סֵדֶר, רֶגוּלָרִי, בְּאוֹפֶן רָגִיל:
אֲנִי בָּאָה בְּאוֹפֶן סָדִיר לָעֲבוֹדָה.
צָבָא סָדִיר regular army
סדִירָה, סדִירִים, סדִירוֹת

סדירותנ' סְדִירוּת regularity
רֶגוּלָרִיוּת, אוֹפֶן קָבוּעַ, רָגִיל:
יֵשׁ בְּעָיָה עִם סדירות קֶצֶב הַלֵּב.

סדןז' סַדָּן [סַדָּנִים] anvil
בָּסִיס שֶׁל עֵץ קָשֶׁה אוֹ בַּרְזֶל שֶׁמַּכִּים עָלֵיהֶם:
בֵּין הַפַּטִּישׁ לְבֵין הַסַּדָּן ב' - between a rock and a hard place
אֲנִי לֹא יוֹדֵעַ מַה לַעֲשׂוֹת, אֲנִי נִמְצָא בֵּין הַפַּטִּישׁ לְבֵין הַסַּדָּן.

סדנהנ' סַדְנָה [סַדנוֹת/סַדנָאוֹת] workshop
1. בֵּית מְלָאכָה, בֵּית-חֲרוֹשֶׁת קָטָן:
אֲנִי עוֹבֶדֶת בְּסַדנָה שֶׁל לִיטוֹגְרַפְיוֹת.
2. שִׁיעוּר בְּנוֹשֵׂא מְסוּיָּם, discussion group
הַמִּשְׁתַּתְּפִים בּוֹ מְנַסִּים לִפְתּוֹר בְּעָיוֹת וְכוּ':
אֲנִי מִשְׁתַּתֵּף בְּסַדנָה שֶׁל הוֹרִים לִילָדִים בְּגִיל הַהִתְבַּגְּרוּת.

סדקפ' סָדַק cracked
עָשָׂה סִימָן שֶׁל שבירָה בְּמַשֶּׁהוּ:
הַמַּכָּה סָדקָה אֶת הַכּוֹס.
לִסדוֹק אֶת- / ס.ד.ק, פָּעַל / סָדַקְתִּי, סוֹדֵק, אֶסדוֹק

סדקז' סֶדֶק [סדָקִים] crack
סִימָן שֶׁל שבירָה:
יֵשׁ לִי סֶדֶק בַּבֶּרֶךְ. / רָאִיתִי אוֹתוֹ דֶּרֶךְ סֶדֶק בַּקִּיר.

סדקיתנ' סִדְקִית haberdashery
גָּלַנְטֶרְיָה, דְּבָרִים כְּמוֹ סִיכּוֹת, מְחָטִים:
יֵשׁ לָהּ חֲנוּת לְדִבְרֵי סִדְקִית.

סדרז' סֵדֶר [סדָרִים] order
1. מַצָּב שֶׁאֶפְשָׁר לִמְצוֹא בּוֹ כֹּל דָּבָר:
הַמִּילוֹן מְאוּרְגָּן בְּסֵדֶר אָלֶפְבֵּיתִי. / עָשִׂיתִי סֵדֶר בַּחֶדֶר.
2. הַטֶּקֶס בָּעֶרֶב הָרִאשׁוֹן שֶׁל חַג הַפֶּסַח: Seder
חָגַגְנוּ אֶת הַ'סֵּדֶר' בְּבֵית הוֹרַיי - קָרָאנוּ בַּהַגָּדָה, אָכַלְנוּ מַצּוֹת, שָׁתִינוּ 4 כּוֹסוֹת שֶׁל יַיִן וְכוּ'.
אִי-סֵדֶר disorder
סֵדֶר-הַיּוֹם agenda
קָרָא לְסֵדֶר (לְשׁוֹן דִּיבּוּר) called to order
לֵיל-הַסֵּדֶר Passover Eve
בְּסֵדֶר ת"פ - לֹא רַע: fine
'מַה שְׁלוֹמֵךְ הַיּוֹם?' - 'בְּסֵדֶר'.
2. בִּמְקוֹם הַמִּילָה כֵּן: all right, O.K.
'תְּטַלְפֵּן אֶל מֹשֶׁה' - 'בְּסֵדֶר'.

סדרז' סְדָר [סדָרִים] typesetting
הַדּוּגְמָא הַסּוֹפִית שֶׁל טֶקְסְט (אוֹתִיּוֹת וְסִידּוּר הָעַמּוּד) לִפְנֵי הַהַדְפָּסָה:
הַסְּדָר שֶׁל הַסֵּפֶר הֶחָדָשׁ כְּבָר מוּכָן.

סדרז' סַדָּר [סַדָּרִים] typesetter
מִי שֶׁמְּסַדֵּר אֶת הַדּוּגְמָה הַסּוֹפִית שֶׁל סֵפֶר אוֹ עִיתּוֹן (אוֹתִיּוֹת, שׁוּרוֹת וְכוּ'), לִפְנֵי הַהַדְפָּסָה:
דָּוִיד, הַסַּדָּר שֶׁל הַמִּילוֹן, נָתַן לוֹ אֶת צוּרָתוֹ הַיָּפָה.

סדרה ר' סידרה

סדרןז' סַדְּרָן [סַדְּרָנִים] usher
1. מִי שֶׁאַחְרָאִי לְסַדֵּר, בְּמָקוֹם שֶׁיֵּשׁ הַרְבֵּה אֲנָשִׁים:
הַסַּדְּרָן בָּדַק אֶת הַכַּרְטִיסִים וְאָמַר לָנוּ אֵיפֹה לָשֶׁבֶת.
2. (בַּקִּיבּוּץ וְכוּ') הָאַחְרָאִי לְאִירְגּוּן הָעֲבוֹדָה - מִי יַעֲבוֹד וְאֵיפֹה: in charge of work scheduling
סַדְּרַן הָעֲבוֹדָה אָמַר לִי לַעֲבוֹד בַּמִּטְבָּח.
סַדְּרָנִית, סַדְּרָנִיּוֹת

סה"נ ר"ת שֶׁל ספירת הנוצרים ר' ספירה
סה"כ ר"ת שֶׁל סך הכל ר' סך

סהרז, סַהַר moon
(לשון ספרותית) יָרֵחַ, מֵאִיר בַּשָּׁמַיִם בַּלַּיְלָה:
הַסַּהַר הֵאִיר אֶת הָעִיר הַיְשָׁנָה.
חֲצִי-הַסַּהַר half crescent moon
הַסַּהַר הָאָדוֹם the Red Crescent

סהרורית, סַהֲרוּרִי moonstruck
1. חוֹלֵה-יָרֵחַ, קָם בְּאֶמְצַע הַלַּיְלָה וְהוֹלֵךְ בְּלִי לְהַרְגִּישׁ:
הַסַּהֲרוּרִיִּים לֹא זוֹכְרִים בַּבֹּקֶר, שֶׁהֵם טִיְּלוּ בַּלַּיְלָה.
הוּא מִסְתּוֹבֵב מְבוּלְבָּל כְּמוֹ ***סַהֲרוּרִי.***
סַהֲרוּרִית, סַהֲרוּרִים-סַהֲרוּרִיִּים, סַהֲרוּרִיּוֹת

סואןת, סוֹאֵן noisy
רוֹעֵשׁ, שֶׁיֵּשׁ בּוֹ הַרְבֵּה קוֹלוֹת וּתְנוּעָה:
בְּעִיר גְּדוֹלָה הָרְחוֹבוֹת ***סוֹאֲנִים.***
סוֹאֶנֶת, סוֹאֲנִים, סוֹאֲנוֹת

סובאז, סוֹבֵא [סוֹבְאִים] heavy drinker
מִי שֶׁשּׁוֹתֶה אַלְכּוֹהוֹל:
הוּא זוֹלֵל ***וְסוֹבֵא,*** *לֹא פֶּלֶא שֶׁהוּא תָּמִיד שִׁיכּוֹר.*
סוֹבֵאת, סוֹבְאוֹת

סובבפ, סוֹבֵב turned
1. עָשָׂה שֶׁיָּזוּז: עָשָׂה תְנוּעָה בְּצוּרָה שֶׁל מַעְגָּל:
סוֹבַבְתִּי *אֶת הַמַּפְתֵּחַ וְהַדֶּלֶת נִפְתְּחָה.*
2. הִקִּיף, הָלַךְ מִכֹּל הַצְּדָדִים: surrounded
סוֹבַבְנוּ אֶת *הָעִיר.*
סוֹבֵב אוֹתוֹ עַל הָאֶצְבַּע הַקְּטַנָּה manipulated
לְסוֹבֵב אֶת- / ס.ב.ב, פִּיעֵל / סוֹבַבְתִּי, מְסוֹבֵב, יְסוֹבֵב

סוביןז, סֻבִּין bran
מַה שֶּׁנִּשְׁאַר אַחֲרֵי שֶׁמְּנַקִּים קֶמַח:
מוֹסִיפִים ***סֻבִּין*** *לַלֶּחֶם, כִּי אוֹמְרִים שֶׁזֶּה בָּרִיא.*

סובךפ, סֻבַּךְ became interwoven
1. (שְׂעָרוֹת, חוּטִים וְכוּ׳) הָאֶחָד בְּתוֹךְ הַשֵּׁנִי:
חוּטֵי הַצֶּמֶר ***מְסוּבָּכִים*** *כֹּל כָּךְ, שֶׁאִי אֶפְשָׁר לִסְרוֹג מֵהֶם.*
2. נַעֲשָׂה מְעוֹרָב בְּעִנְיָן לֹא פָּשׁוּט: got mixed-up in
סוּבַּכְתִּי *בְּעִנְיָן, שֶׁאֵין לוֹ קֶשֶׁר אֵלַיי.*
/ ס.ב.ך, פּוּעַל / סוּבַּכְתִּי, מְסוּבָּךְ, יְסוּבַּךְ, יְסוּבְּכוּ

סובלת, סוֹבֵל suffering (adj.), sufferer
קָשֶׁה לוֹ, רַע לוֹ, כּוֹאֵב לוֹ וְכוּ׳:
הַסּוֹבְלִים *מִן הַשֶּׁמֶשׁ אָסוּר לָהֶם לָלֶכֶת לַיָּם בַּקַּיִץ.*
סוֹבֶלֶת, סוֹבְלִים, סוֹבְלוֹת

סובלנותנ, סוֹבְלָנוּת tolerance
כְּשֶׁמּוּכָנִים לִשְׁמוֹעַ וּלְקַבֵּל דְּבָרִים שֶׁלֹּא מַסְכִּימִים לָהֶם:
בְּלִי ***סוֹבְלָנוּת*** *אֵין דֶּמוֹקְרַטְיָה.*

סובלנית, סוֹבְלָנִי tolerant
מוּכָן לְקַבֵּל דְּבָרִים, שֶׁאֵינוֹ מַסְכִּים לָהֶם:
צָרִיךְ לִהְיוֹת ***סוֹבְלָנִי*** *לְדֵעוֹת שֶׁל אֲנָשִׁים אֲחֵרִים.*
סוֹבְלָנִית, סוֹבְלָנִיִּים, סוֹבְלָנִיּוֹת

סובןפ, סֻבַּן was soaped
סִיבְּנוּ אוֹתוֹ, מָרְחוּ אוֹתוֹ בְּסַבּוֹן:
הַבְּגָדִים ***סוּבְּנוּ,*** *עַכְשָׁיו צָרִיךְ לִשְׁטוֹף אוֹתָם בְּמַיִם נְקִיִּים.*
/ ס.ב.ן, פּוּעַל / סוּבַּנְתִּי, מְסוּבָּן, יְסוּבַּן

סובסדפ, סֻבְסַד was subsidized
נָתְנוּ לוֹ סוּבְּסִידְיָה (=עֶזְרָה בְּכֶסֶף כְּדֵי שֶׁיַּעֲלֶה פָּחוֹת):
מִצְרָכִים כְּמוֹ לֶחֶם וְחָלָב, ***סוּבְסְדוּ*** *עַל יְדֵי הַמֶּמְשָׁלָה.*
/ ס.ב.ס.ד, פּוּעַל / סוּבְסְדוּ, מְסוּבְסָד, יְסוּבְסַד, יְסוּבְסְדוּ

סוגז, סוּג [סוּגִים] type , kind, quality
1. מִין, קְבוּצָה טִבְעִית שֶׁל בַּעֲלֵי חַיִּים, צְמָחִים וְכוּ׳:
יֵשׁ כַּמָּה ***סוּגִים*** *שֶׁל תַּפּוּחִים בַּשּׁוּק.*
2. דַּרְגָּה: class, grade
הוּא פּוֹעֵל ***סוּג א׳,*** *מַמָּשׁ מוּמְחֶה.*

סוגיהנ, סֻגְיָה [סוּגְיוֹת] subject, problem
נוֹשֵׂא, בְּעָיָה:
חָשַׁבְנוּ הַרְבֵּה עַל ***הַסּוּגְיָה*** *הַזֹּאת, וְאֵין לָנוּ תְּשׁוּבָה.*

סוגנןפ, סֻגְנַן was stylized
עָשׂוּ אוֹתוֹ (כָּתְבוּ אוֹתוֹ) לְפִי מוֹדֶל, נָתְנוּ לוֹ צוּרָה מְסוּיֶּמֶת:
הַמַּאֲמָר שֶׁלּוֹ ***סוּגְנַן*** *עַל-יְדֵי עוֹרֵךְ הָעִיתּוֹן.*
/ ס.ג.נ.ן. פּוּעַל / סוּגְנְנוּ, מְסוּגְנָן, יְסוּגְנַן, יְסוּגְנְנוּ

סוגרז, סוּגַר [סוּגָרִים] cage
מָקוֹם שֶׁסּוֹגְרִים בּוֹ חַיּוֹת שֶׁעֲלוּלוֹת לִפְגּוֹעַ:
בְּגַן חַיּוֹת רָאִינוּ אַרְיֵה ***בְּסוּגַר.***

סוגרייםז"ז, סוֹגְרַיִם brackets, parenthesis
סִימָן כָּתוּב (   ):
מַה שֶּׁכָּתוּב ***בְּסוֹגְרַיִם*** *הוּא לִפְעָמִים לֹא חָשׁוּב.*

סודז, סוֹד [סוֹדוֹת] secret
דָּבָר שָׁמוּר, שֶׁלֹּא רוֹצִים שֶׁכּוּלָּם יֵדְעוּ:
בִּיקַּשְׁתִּי מִמֶּנּוּ לִשְׁמוֹר ***סוֹד,*** *אֲבָל הוּא גִּילָּה אוֹתוֹ.*
בְּסוֹד ת"פ - secretly, in secret
הוּא שָׁמַר ***בְּסוֹד*** *אֶת הַיְּדִיעָה.*
בְּסוֹדֵי סוֹדוֹת ת"פ in utmost secrecy
סוֹדוֹת-הַטֶּבַע secrets of nature
סוֹד צְבָאִי military secret

סודית׳ סוֹדִי — secretive, secret (adj.), confidential
שֶׁאִי אֶפְשָׁר לְסַפֵּר לְכוּלָם, שֶׁאָסוּר לְגַלּוֹת:
יֵשׁ לוֹ אִינְפוֹרְמַצְיָה ***סוֹדִית*** *עַל תּוֹכְנִית כַּלְכָּלִית חֲדָשָׁה.*
סוֹדִי בְּיוֹתֵר — top secret
סוֹדִית, סוֹדִיִּים, סוֹדִיּוֹת

סודיותנ׳ סוֹדִיּוּת — secrecy
כְּשֶׁלֹּא מְסַפְּרִים מַשֶּׁהוּ, כְּשֶׁאָסוּר שֶׁיֵּדְעוּ:
חַיָּלִים חַיָּבִים לִשְׁמוֹר אִינְפוֹרְמַצְיָה צְבָאִית ***בְּסוֹדִיּוּת.***

סודרפ׳ סֻדַּר — was arranged
נֶעֱרַךְ:
הַכֹּל ***סוּדַר*** *לִקְרַאת הַטִּיּוּל. / הַסְּפָרִים* ***סוּדְּרוּ*** *לְפִי הָא"ב.*
/ ס.ד.ר. פּוּעַל / סוּדַּרְו, מְסוּדָּר, יְסוּדַּר, יְסוּדְּרוּ

סודרז׳ סוּדָר [סוּדָרִים] — sweater
(לָשׁוֹן סִפְרוּתִית) סְוֶודֶר, מַה שֶּׁלּוֹבְשִׁים כְּשֶׁקַּר:
קַח ***סוּדָר,*** *קַר בַּחוּץ!*

סודרת׳ סוֹדֵר — ordinal (number)
קוֹבֵעַ סֵדֶר, מַה יָּבוֹא אַחֲרֵי מָה.
מִסְפָּר סוֹדֵר - *רִאשׁוֹן, שֵׁנִי, שְׁלִישִׁי הֵם מִסְפָּרִים סוֹדְרִים.*
סוֹדֶרֶת, סוֹדְרִים, סוֹדְרוֹת

סודרן סוֹדְרָן [סוֹדְרָנִים] — index file
תִּיק נְיָירוֹת מִשְׂרָדִי, מְסוּדָּר לְפִי תַּאֲרִיכִים, נוֹשְׂאִים, אָלֶף-בֵּית וְכוּ':
כָּל הַמִּכְתָּבִים שֶׁנִּשְׁלְחוּ לַמִּשְׂרָד מְסוּדָּרִים בְּתוֹךְ ***הַסּוֹדְרָן.***

סוהרז׳ סוֹהֵר [סוֹהֲרִים] — prison guard
מִי שֶׁשּׁוֹמֵר עַל אֲסִירִים, סוּג שֶׁל שׁוֹטֵר:
הַסּוֹהֲרִים *שׁוֹמְרִים עַל הָאֲסִירִים כְּדֵי שֶׁלֹּא יִבְרְחוּ.*
סוֹהֶרֶת, סוֹהֲרוֹת

סוהרז׳ סֹהַר — prison, jail
מָקוֹם שֶׁסּוֹגְרִים בּוֹ גַּנָּבִים וְכוּ'.
בֵּית סוֹהַר - *הוּא יוֹשֵׁב בְּבֵית הַסּוֹהַר 3 שָׁנִים בִּגְלַל גְּנֵיבָה.*

סווגפ׳ סֻוַּג — was classified
נִקְבַּע הַסּוּג שֶׁלּוֹ, הַדַּרְגָּה וְכוּ':
הַפּוֹעֲלִים ***סוּוְּגוּ*** *לְפִי הַמִּקְצוֹעוֹת.*
/ ס.י.ג.-ס.ו.ג. פּוּעַל / סוּוַּגְו, מְסוּוָּג, יְסוּוַּג, יְסוּוְּגוּ

סוחףת׳ סוֹחֵף — sweeping (adj.)
חָזָק, מוֹשֵׁךְ בְּכוֹחַ:
גֶּשֶׁם ***סוֹחֵף*** *יָרַד. / הָרִיקּוּד הָיָה* ***סוֹחֵף.***
סוֹחֶפֶת, סוֹחֲפִים, סוֹחֲפוֹת

סוחרז׳ סוֹחֵר [סוֹחֲרִים] — merchant
מִי שֶׁקּוֹנֶה וּמוֹכֵר:
הַסּוֹחֵר *קָנָה אֶת הַבְּגָדִים בְּזוֹל וּמָכַר אוֹתָם בְּיוֹקֶר.*
סוֹחֶרֶת, סוֹחֲרִים

סוטהת׳ סוֹטֶה — deviant, pervert
מִבְּחִינָה מִינִית - מִתְנַהֵג בְּצוּרָה לֹא רְגִילָה, לֹא מְקוּבֶּלֶת:
צָרִיךְ לְהַזְהִיר אֶת הַיְּלָדִים מִפְּנֵי ***סוֹטִים*** *שֶׁנִּטְפָּלִים אֲלֵיהֶם.*
סוֹטָה, סוֹטִים, סוֹטוֹת

סויגפ׳ סֻיַּג — was restricted/classified
הוּגְבַּל, קָבְעוּ לוֹ גְּבוּל: הַהַצָּעָה הִתְקַבְּלָה אַךְ **סוּיְּגָה** לְמִקְרִים מְיוּחָדִים. / ס.ו.ג. פּוּעַל / סוּיַּגְו, מְסוּיָּג, יְסוּיַּג, יְסוּיְּגוּ

סוידפ׳ סֻיַּד — was whitewashed
צָבְעוּ אוֹתוֹ בְּסִיד:
הַבַּיִת ***סוּיַּד*** *בְּלָבָן, וְהוּא נִרְאֶה חָדָשׁ.*
/ ס.י.ד-ס.ו.ד, פּוּעַל / סוּיַּדְו, מְסוּיָּד, יְסוּיַּד, יְסוּיְּדוּ

סויםפ׳ סֻיַּם — was finished
נִגְמַר, גָּמְרוּ אוֹתוֹ:
הַסֵּפֶר לֹא ***סוּיַּם.***
/ ס.י.ם. פּוּעַל / סוּיַּמְו, מְסוּיָּם, יְסוּיַּם, יְסוּיְּמוּ

סוכהנ׳ סֻכָּה [סוּכּוֹת] — sukkah (temporary hut erected for the feast of Tabernacles)
מִבְנֶה שֶׁבּוֹנִים לִכְבוֹד חַג הַסּוּכּוֹת, עַמּוּדִים וּבַד עִם 'גַּג' שֶׁל עַנְפֵי עֵץ יְרוּקִים:
לְיַד הַבַּיִת בָּנִינוּ ***סוּכָּה,*** *וְאָכַלְנוּ בָּהּ בְּמֶשֶׁךְ כֹּל יְמֵי הַחַג.*
חַג סוּכּוֹת ר'

סוכךפ׳ סוֹכֵךְ — covered (in order to protect)
כִּיסָּה כְּדֵי לְהָגֵן אוֹ לְהַסְתִּיר:
הוּא ***סוֹכֵךְ*** *עַל הַיֶּלֶד בְּגוּפוֹ, כְּדֵי לְהָגֵן עָלָיו.*
לְסוֹכֵךְ עַל- / ס.כ.ך, פִּיעֵל / סוֹכַכְתִּי, מְסוֹכֵךְ, יְסוֹכֵךְ

סוכךז׳ סוֹכֵךְ [סוֹכְכִים] — sunshade, awning
גַּג עֵץ, בַּד, מָגֵן מִפְּנֵי גֶּשֶׁם, שֶׁמֶשׁ:
מֵעַל לַחַלּוֹן יֵשׁ ***סוֹכֵךְ*** *מִפְּנֵי הַשֶּׁמֶשׁ.*

סוכלפ׳ סֻכַּל — was frustrated/stultified
הִפְרִיעוּ לוֹ לְהִתְקַיֵּים, לְהִתְבַּצֵּעַ וְכוּ':
הַתּוֹכְנִית לְהַתְקִיף אֶת הָעִיר ***סוּכְּלָה.***
/ ס.כ.ל. / פּוּעַל / סוּכַּלְו, מְסוּכָּל, יְסוּכַּל

סוכםפ׳ סֻכַּם — was summarized
1. אָמְרוּ אֶת הַדָּבָר הָעִיקָּרִי:
הַנְּקוּדוֹת הַחֲשׁוּבוֹת בְּיוֹתֵר ***סוּכְּמוּ*** *בְּסוֹף הַהַרְצָאָה.*

2. חִיבְּרוּ אוֹתָם בְּיַחַד: was summed up
כֹּל הַחֶשְׁבּוֹנוֹת **סוּכְּמוּ** בְּסוֹף הַשָּׁנָה.
/ ס.כ.מ. פּוּעַל / סוּכְּמוּ, מְסוּכָּם, יְסוּכַּם, יְסוּכְּמוּ

סוכן, סוֹכֵן [סוֹכְנִים] agent, dealer, salesman
מִי שֶׁמּוֹכֵר בְּשֵׁם חֶבְרָה מִסְחָרִית וְכוּ':
*הוּא **סוֹכֵן** שֶׁל חֶבְרָה יַפָּנִית יְדוּעָה לִמְכוֹנִיּוֹת.*
סוֹכֵן-בִּיטוּחַ insurance agent
סוֹכֶנֶת, סוֹכְנוֹת

סוכנות, סוֹכְנוּת [סוֹכְנוּיוֹת] agency
נְצִיגִים שֶׁל חֶבְרָה:
*יֵשׁ לוֹ **סוֹכְנוּת** לִמְכוֹנִיּוֹת יַפָּנִיּוֹת בְּיִשְׂרָאֵל.*
הַסּוֹכְנוּת הַיְּהוּדִית - the Jewish Agency
אִירְגּוּן יְהוּדִי עוֹלָמִי, עוֹזֵר לָעוֹלִים וְלַיְּהוּדִים בָּעוֹלָם, עוֹסֵק בְּחִינּוּךְ יְהוּדִי

סוכר, סֻכָּר sugar
חוֹמֶר מָתוֹק, מוֹסִיף מְתִיקוּת לְמַאֲכָלִים:
*אַתָּה שׁוֹתֶה קָפֶה עִם **סוּכָּר**? כֵּן, שְׁתֵּי כַּפִּיּוֹת, בְּבַקָּשָׁה.*

סוכרייה, סֻכָּרִיָּה [סוּכָּרִיּוֹת] candy
מַמְתָּק מַאֲכָל מָתוֹק מְסוּכָּר, מִדְּבַשׁ וְכוּ':
*אוֹמְרִים שֶׁאֲכִילַת **סוּכָּרִיּוֹת** מַזִּיקָה לַשִּׁינַּיִים.*

סוכרת, סֻכֶּרֶת (סַכֶּרֶת) diabetes
מַחֲלָה, עוֹדֶף סוּכָּר בַּגּוּף:
*יֵשׁ לוֹ **סוּכֶּרֶת**, לָכֵן הוּא מְקַבֵּל זְרִיקוֹת אִינְסוּלִין.*
סוּכֶּרֶת־נְעוּרִים youth diabetes

סולד, סוֹלֵד pug (nose)
מוּרָם, פּוֹנֶה לְמַעְלָה:
*אַחֲרֵי הַנִּיתּוּחַ הַפְּלַסְטִי יִהְיֶה לִי אַף **סוֹלֵד**.*
סוֹלֶדֶת, סוֹלְדִים, סוֹלְדוֹת

סולחה, סֻולְחָה reconciliation (Arabic)
(עֲרָבִית) הַפְסָקָה שֶׁל רִיב (שְׁנֵי הַצְּדָדִים מַחְלִיטִים לְהַפְסִיק אֶת הַשִּׂנְאָה):
*שְׁתֵּי הַמִּשְׁפָּחוֹת עָשׂוּ בֵּינֵיהֶן **סוּלְחָה**.*

סוליה, סוּלְיָה [סוּלְיוֹת] sole
הַצַּד בַּנַּעַל שֶׁדּוֹרְכִים עָלָיו:
*הַ**סּוּלְיוֹת** בַּנַּעֲלַיִים הַיְּשָׁנוֹת קְרוּעוֹת.*

סוללה, סוֹלְלָה [סוֹלְלוֹת] battery
1. בַּטֶּרִיָּה, יוֹצֶרֶת חַשְׁמַל:
*רַדְיוֹ **סוֹלְלוֹת** פּוֹעֵל גַּם כְּשֶׁיֵּשׁ הַפְסָקַת חַשְׁמַל.*
2.גָּדֵר גְּבוֹהָה, כְּמוֹ הַר קָטָן מֵאֲדָמָה: ramp
*הַ**סּוֹלְלָה** סְבִיב הָעִיר תָּגֵן עָלֶיהָ מִירִיּוֹת.*
3. קְבוּצָה שֶׁל כֵּלִים אוֹ אֲנָשִׁים, שֶׁיֵּשׁ לָהּ תַּפְקִיד בִּזְמַן מְסוּיָּם: panel, battery
*עַל הַבָּמָה יָשְׁבָה **סוֹלְלָה** שֶׁל פְּרוֹפֶסוֹרִים וּמוּמְחִים.*

סולם, סֻלָּם [סוּלָּמוֹת] ladder
1. מַכְשִׁיר, בְּעֶזְרָתוֹ מַגִּיעִים לְמָקוֹם גָּבוֹהַּ:
*טִיפַּסְתִּי עַל **סוּלָּם** גָּבוֹהַּ, אֶל גַּג הַבַּיִת.*
2. מַשֶּׁהוּ שֶׁיֵּשׁ בּוֹ דַּרְגוֹת שׁוֹנוֹת: scale
*לְכָל אָדָם **סוּלָּם** עֲדִיפוּיוֹת מִשֶּׁלּוֹ; אֶצְלִי הַמּוּסִיקָה הִיא בַּמָּקוֹם הָרִאשׁוֹן, וְאֵצֶל רוּתִי - טִיּוּלִים לְחוּץ לָאָרֶץ.*
3. (בְּמוּסִיקָה) סֵדֶר הַצְּלִילִים לְפִי הַגּוֹבַהּ שֶׁלָּהֶם: musical scale
*אֲנִי שׂוֹנֵאת לְנַגֵּן **סוּלָּמוֹת** - דּוֹ, רֶה, מִי...*
סוּלָּם-עֲרָכִים value system
סוּלַּם-עֲדִיפוּת scale of priorities

סולן, סוֹלָן [סוֹלָנִים] soloist
שָׁר, מְנַגֵּן וְכוּ' סוֹלוֹ, לְבַדּוֹ:
*לִהְיוֹת **סוֹלָן** שֶׁל תִּזְמוֹרֶת גְּדוֹלָה - זֶה כָּבוֹד גָּדוֹל.*
סוֹלָנִית, סוֹלָנִיּוֹת

סולסל, סֻלְסַל was curled
עָשׂוּ בּוֹ תַּלְתַּלִּים (לֹא נִשְׁאַר יָשָׁר):
*הַשְּׂעָרוֹת שֶׁלָּהּ **סוּלְסְלוּ** בַּמִּסְפָּרָה.*
/ ס.ל.ס.ל. פּוּעַל / סוּלְסְלוּ, מְסוּלְסָל, יְסוּלְסְלוּ

סולף, סֻלַּף was distorted
מָסְרוּ אוֹ תֵּיאֲרוּ בְּצוּרָה לֹא נְכוֹנָה:
*הַדְּבָרִים שֶׁאָמַרְתִּי **סוּלְּפוּ**, וְיָצָא מַשֶּׁהוּ אַחֵר.*
/ ס.ל.ף. פּוּעַל / סוּלְּפוּ, מְסוּלָּף, יְסוּלַּף, יְסוּלְּפוּ

סולק, סֻלַּק was dismissed/kicked out
1. גֵּירְשׁוּ אוֹתוֹ
*הוּא **סוּלַּק** מִן הָעֲבוֹדָה.*
2. הִרְחִיקוּ אוֹתוֹ: was removed
*הַצַּלָּחוֹת הַמְלוּכְלָכוֹת **סוּלְּקוּ** מִן הַשּׁוּלְחָן.*
3. שִׁילְּמוּ אוֹתוֹ (כֶּסֶף שֶׁחַיָּיבִים): was paid up
*הַחוֹב **סוּלַּק**. אַבָּא שִׁילֵּם אוֹתוֹ.*
/ ס.ל.ק. פּוּעַל / סוּלַּקְתִּי, מְסוּלָּק, יְסוּלַּק

סולת, סֹלֶת semolina
חֲלָקִים קְטַנִּים מְאוֹד וְקָשִׁים שֶׁל חִיטָּה:
*אֲנִי אוֹכֵל כֹּל בּוֹקֶר דַּיְסַת **סוֹלֶת** בְּחָלָב.*
סוֹלְתָהּ וְשַׁמְנָהּ - the cream of the crop
(מֶטָאפוֹרָה) הַחֵלֶק הַטּוֹב בְּיוֹתֵר:
סוֹלְתָהּ וְשַׁמְנָהּ שֶׁל הַחֶבְרָה הָיוּ בָּאוֹפֶּרָה.

סומאז, סוּמָא [סוּמִים] — blind

(לָשׁוֹן גבוֹהָה) עִיוֵּור, מִי שֶׁאֵינוֹ רוֹאֶה:

*הוּא **סוּמָא**, לָכֵן הוּא לוֹמֵד כְּתָב בְּרַייל.*

סוּמֵאת, סוּמוֹת

סומךתר״ז סוֹמֵךְ [סוֹמְכִים] — supporting (adj.), supporter

1. עוֹזֵר, אֶפְשָׁר לְהִישָּׁעֵן עָלָיו:

*אָסוּר לְהָזִיז אֶת הָעַמּוּד, זֶהוּ עַמּוּד **סוֹמֵךְ**.*

2. (בְּדִיקדוּק) הַשֵּׁם הַשֵּׁנִי בֵּין שְׁנֵי שֵׁמוֹת (בִּסמִיכוּת): — the second word in a compound (gram.)

*בְּצֵירוּף 'יַלְדֵי הַגַּן' הַמִּילָה 'גַּן' הִיא הַ**סּוֹמֵךְ**.*

סוֹמֶכֶת, סוֹמְכוֹת

סומלפ׳ סֻמַּל — was symbolized

הָיָה לוֹ סֵמֶל, סִימָן מְיוּחָד:

*בְּצִיּוּר הָאַבְּסטְרַקְטִי **מְסוּמֶּלֶת** הַשִּׂמְחָה בְּאָדוֹם.*

/ ס.מ.ל. פּוּעַל / סוּמְּלוּ, מְסוּמָּל, יְסוּמַּל, יְסוּמְּלוּ

סומםפ׳ סֻמַּם — was drugged

נָתְנוּ לוֹ רַעַל (=חוֹמֶר שֶׁיָּכוֹל לַהֲרוֹג) אוֹ אוֹפְּיוּם, הֵירוֹאִין וְכוּ':

*הוּא **סוּמַּם**, וְלֹא יָדַע עוֹד מַה קוֹרֶה לוֹ.*

/ ס.מ.ם, פּוּעַל / סוּמַּמְתִּי, מְסוּמָּם, אֲסוּמַּם, יְסוּמַּם

סומןפ׳ סֻמַּן — was marked

נַעֲשָׂה סִימָן, צִיְּירוּ אוֹתוֹ:

***סוּמַּן** הַגְּבוּל בֵּין יִשְׂרָאֵל לְמִצְרַיִם.*

/ ס.מ.ן. פּוּעַל / סוּמְּנוּ, מְסוּמָּן, יְסוּמַּן, יְסוּמְּנוּ

סומקז, סֹמֶק — blush

צֶבַע אָדוֹם (בַּפָּנִים):

*כְּשֶׁפָּגַשָׁה אוֹתוֹ, עָלָה **סוֹמֶק** עַל הַלְּחָיַיִם שֶׁלָּה. / שַׂמְתִּי קְצָת **סוֹמֶק** עַל הַפָּנִים.*

סומרפ׳ סֻמַּר — was nailed

חִיבְּרוּ אוֹתוֹ בְּמַסְמְרִים, סִיכּוֹת עָבוֹת, עֵץ..:

*הַשּׁוּלְחָנוֹת **מְסוּמָּרִים** לָרִצְפָּה, אִי אֶפְשָׁר לְהָזִיז אוֹתָם.*

/ ס.מ.ר, פּוּעַל / סוּמְּרוּ, מְסוּמָּר, יְסוּמַּר, יְסוּמְּרוּ

סונדלפ׳ סֻנְדַּל — was sandaled (car), was rendered immobile by Denver boots

שָׂמוּ לוֹ סַנְדָּלִים.

(מֶטָאפוֹרָה) - שָׂמוּ לַמְּכוֹנִית שֶׁעוֹמֶדֶת בְּמָקוֹם אָסוּר, מַשֶּׁהוּ שֶׁעוֹצֵר אֶת הַגַּלְגַּל:

*כֹּל הַמְּכוֹנִיּוֹת שֶׁעוֹמְדוֹת עַל הַמִּדְרָכָה **סוּנְדְּלוּ**.*

/ ס.נ.ד.ל, פּוּעַל / סוּנְדְּלוּ, מְסוּנְדָּל, יְסוּנְדַּל, יְסוּנְדְּלוּ

סונוורפ׳ סֻנְוַר — was blinded (by light)

לֹא רָאָה הֵיטֵב בִּגְלַל אוֹר חָזָק:

***סוּנְוַרְתִּי** מִן הַמְּכוֹנִית שֶׁנָּסְעָה מוּלִי.*

/ ס.נ.ו.ר, פּוּעַל / סוּנְוַרְתִּי, מְסוּנְוָר, אֲסוּנְוַר, יְסוּנְוַר

סוניםז״ר סוּנִים — Sunnis (Moslem sect)

הַקְּבוּצָה הַגְּדוֹלָה בְּדָת הַמּוּסְלְמִית:

*בְּעִירָק רוֹב הַתּוֹשָׁבִים הֵם **סוּנִים**.*

סוסז, סוּס [סוּסִים] — horse

בַּעַל חַיִּים שֶׁמְּשַׁמֵּשׁ לִרְכִיבָה, לִסְחִיבָה:

*בֶּעָבָר הָיוּ נוֹסְעִים מִיָּפוֹ לִירוּשָׁלַיִם בַּעֲגָלוֹת **וּבְסוּסִים**.*

כּוֹחַ-סוּס — horsepower

סוּסָה, סוּסוֹת

סוסית׳ סוּסִי — equine, horse-like

כְּמוֹ שֶׁל סוּס:

*יֵשׁ לוֹ פָּנִים **סוּסִיּוֹת**.*

סוּסִית, סוּסִיִּים, סוּסִיּוֹת

סוערת׳ סוֹעֵר — stormy

לֹא שָׁקֵט בְּיוֹתֵר:

*הַיָּם **סוֹעֵר** מְאוֹד - יֵשׁ דֶּגֶל שָׁחוֹר, וְאָסוּר לְהִיכָּנֵס לַמַּיִם.*

*מֶזֶג אֲוִיר **סוֹעֵר** / וִיכּוּחַ **סוֹעֵר** / אַהֲבָה **סוֹעֶרֶת***

סוֹעֶרֶת, סוֹעֲרִים, סוֹעֲרוֹת

סוףז, סוּף — rush, reed(s)

צֶמַח שֶׁגָּדֵל עַל יַד מַיִם מְתוּקִים:

*הַ**סּוּף** לְיַד הַנָּהָר גָּבוֹהַּ מְאוֹד.*

יַם-סוּף — the Re(e)d sea

סוףז, סוֹף — end, finish

1. סִיּוּם, גְּמָר:

*אֲנִי אוֹהֵב סְרָטִים עִם **סוֹף** טוֹב. / '**סוֹף** טוֹב - הַכֹּל טוֹב'.*

2. קָצֶה, רָחוֹק מְאוֹד: — end, edge

*אֲנִי יוֹשֵׁב **בְּסוֹף** הַשּׁוּרָה.*

סוֹף סוֹף/סוֹף כֹּל סוֹףת״פ — at last

לְבַסּוֹף ת״פ - אַחֲרֵי הַרְבֵּה זְמַן: — finally

*חִיפַּשְׂתִּי וְחִיפַּשְׂתִּי **וּלְבַסּוֹף** מָצָאתִי.*

סופגת׳ סוֹפֵג — absorbent

מַכְנִיס אֶל תּוֹכוֹ (מַיִם וְכוּ'):

*הַמְּעִיל שֶׁלִּי רָטוֹב וְכָבֵד, כִּי הַבַּד שֶׁלּוֹ **סוֹפֵג** מַיִם.*

סוֹפֶגֶת, סוֹפְגִים, סוֹפְגוֹת

סופגנייהנ, סֻפְגָּנִיָּה [סוּפְגָּנִיּוֹת] — doughnut

עוּגָה כְּמוֹ כַּדּוּר, בְּתוֹכָהּ רִיבָּה:

*אֲנַחְנוּ אוֹכְלִים **סוּפְגָּנִיּוֹת** בְּחַג הַחֲנוּכָּה.*

סופהנ, סוּפָה [סוּפוֹת] storm

רוּחַ חֲזָקָה מְאוֹד, גֶּשֶׁם, שֶׁלֶג וְכוּ':

*הִפְסַקְנוּ אֶת הַטִּיּוּל בִּגְלַל **סוּפַת** גֶּשֶׁם חֲזָקָה.*

סופחפ, סֻפַּח was attached/annexed

חִיבְּרוּ אוֹתוֹ, צֵירְפוּ אוֹתוֹ:

*שְׁטָחִים חֲדָשִׁים **סוּפְּחוּ** לָעִיר. / **סוּפַּחְתִּי** לִיחִידָה בַּצָּבָא.*

/ ס.פ.ח, פּוּעַל / סוּפַּחְתִּי, מְסוּפָּח, אֲסוּפַּח, יְסוּפַּח

סופית, סוֹפִי final

אַחֲרוֹן, שֶׁבָּא בַּגְּמָר, בַּסּוֹף:

*הֶחְלַטְתִּי לְהַפְסִיק לַעֲבוֹד כָּאן. זוֹ הַחְלָטָה **סוֹפִית!***

אין-סופי endless

סוֹפִית, סוֹפִיִּים, סוֹפִיּוֹת

סופיותנ, סוֹפִיּוּת finality

גְּבוּל, לִפְנֵי הַנְּקוּדָה הָאַחֲרוֹנָה:

*קָשֶׁה לוֹ לְהַשְׁלִים עִם **הַסּוֹפִיּוּת** שֶׁבַּמָּוֶת.*

סופיתנ, סוֹפִית [סוֹפִיּוֹת] suffix

(בְּדִיקְדּוּק) אוֹת אַחֲרוֹנָה שֶׁנּוֹסֶפֶת לְשׁוֹרֶשׁ שֶׁל מִילָּה, וְיֵשׁ לָהּ תַּפְקִיד מְסוּיָּם:

***הַסּוֹפִית** - 'תִי' בַּפּוֹעַל בִּזְמַן עָבָר פֵּירוּשָׁהּ 'אֲנִי'.*

סופית ת"פ - בְּאוֹפֶן סוֹפִי: definitely, decisively

*הֶחְלַטְתִּי **סוֹפִית** לֹא לְהַמְשִׁיךְ לִלְמוֹד.*

סופקפ, סֻפַּק was provided

1. דָּאֲגוּ שֶׁיִּהְיֶה, הֵבִיאוּ לַחֲנוּיוֹת וְכוּ':

*הַלֶּחֶם **סוּפַּק** לַחֲנוּיוֹת.*

2. הִתְקַיֵּים, בִּיצְּעוּ אוֹתוֹ, נַעֲשָׂה: was satisfied

*כָּל הַדְּרִישׁוֹת שֶׁלִּי **סוּפְּקוּ**.*

/ ס.פ.ק, פּוּעַל / סוּפְּקוּ, מְסוּפָּק, יְסוּפַּק, יְסוּפְּקוּ

סופרז, סוֹפֵר [סוֹפְרִים] author, writer

כּוֹתֵב סִיפּוּרִים, מַחֲזוֹת, רוֹמָנִים:

*ש"י עַגְנוֹן הוּא **סוֹפֵר** יִשְׂרְאֵלִי, שֶׁזָּכָה בִּפְרַס נוֹבֶּל.*

סוֹפֶרֶת, סוֹפְרוֹת

סופרפ, סֻפַּר was told

1. סִיפְּרוּ אוֹתוֹ, אָמְרוּ אוֹתוֹ:

***סוּפַּר** לִי, שֶׁהַהַרְצָאָה הָיְתָה מְעַנְיֶינֶת.*

2. גָּזְרוּ לוֹ אֶת הַשְּׂעָרוֹת: got a haircut

הוּא **סוּפַּר** בַּצָּבָא - קָשֶׁה לְהַכִּיר אוֹתוֹ.

/ ס.פ.ר, פּוּעַל / סוּפְּרוּ, מְסוּפָּר, אֲסוּפַּר, יְסוּפַּר

סופררפ, סֻפְרַר was numerated

קָבְעוּ לוֹ מִסְפָּר, נוּמֶרַצְיָה:

*הַדַּפִּים בַּסֵּפֶר **סוּפְרְרוּ**.*

/ ס.פ.ר.ר, פּוּעַל / סוּפְרְרוּ, מְסוּפְרָר, יְסוּפְרַר, יְסוּפְרְרוּ

סופשבועז, סוֹפְשָׁבוּעַ weekend

[סוֹף + שָׁבוּעַ] יוֹם שִׁישִּׁי וְשַׁבָּת:

*אֲנַחְנוּ יוֹצְאִים **לְסוֹפְשָׁבוּעַ** בְּאֵילַת.*

סוקלפ, סֻקַּל was cleared of stones

פִּינּוּ, נִיקּוּ אוֹתוֹ מֵאֲבָנִים:

*הַשָּׂדֶה **סוּקַּל**, עַכְשָׁיו אֶפְשָׁר לְגַדֵּל בּוֹ יְרָקוֹת.*

/ ס.ק.ל, פּוּעַל / סוּקְּלוּ, מְסוּקָּל, יְסוּקַּל, יְסוּקְּלוּ

סוקרפ, סֻקַּר was covered (by the media)

כָּתְבוּ אוֹ סִיפְּרוּ עַל מַה שֶּׁקָּרָה:

*יְשִׁיבוֹת הַכְּנֶסֶת **סוּקְּרוּ** עַל-יְדֵי עִיתּוֹנָאִים.*

/ ס.ק.ר, פּוּעַל / סוּקְּרוּ, מְסוּקָּר, יְסוּקַּר, יְסוּקְּרוּ

סוקרןפ, סֻקְרַן became curious

גָּרְמוּ לוֹ לְהִתְעַנְיֵין:

סוּקְרַנְתִּי לָדַעַת מַה קָּרָה לְדָוִיד.

/ ס.ק.ר.ן, פּוּעַל / סוּקְרַנְתִּי, מְסוּקְרָן, יְסוּקְרַן

סורז, סוּר

(לָשׁוֹן סִפְרוּתִית) תְּכוּנָה יְסוֹדִית, בְּדֶרֶךְ כְּלָל רָעָה:

חָזַר לְסוּרוֹ - חָזַר עַל מַעֲשָׂיו הָרָעִים: reverted to his evil ways

זְמַן קָצָר לְאַחַר שִׁיחְרוּרוֹ מִבֵּית הַסּוֹהַר חָזַר הָאִישׁ לְסוּרוֹ וְשָׁדַד בַּנְק.

סורבפ, סֹרַב was refused/turned down

קִיבֵּל תְּשׁוּבָה נֶגָטִיבִית:

*מִיכָאֵל בִּיקֵּשׁ לַעֲלוֹת לְיִשְׂרָאֵל **וְסוֹרַב**, לָכֵן קָרְאוּ לוֹ 'מְסוֹרָב עֲלִיָּיה'.*

/ ס.ר.ב, פּוּעַל / סוֹרְבוּ, מְסוֹרָב, יְסוֹרַב

סורבלפ, סֻרְבַּל became cumbersome

נַעֲשָׂה כָּבֵד וְקָשֶׁה לוֹ לָזוּז:

*תַּהֲלִיכֵי הַקַּבָּלָה לָאוּנִיבֶרְסִיטָה **יְסוּרְבְּלוּ**, אִם לֹא תִשְׁתַּמְּשׁוּ בַּמַּחְשֵׁב.*

/ ס.ר.ב.ל, פּוּעַל / סוּרְבְּלוּ, מְסוּרְבָּל, יְסוּרְבַּל, יְסוּרְבְּלוּ

סורגז, סוֹרֵג [סוֹרְגִים] grid, latticework

רֶשֶׁת מֵעַל חַלּוֹן, לָרוֹב מִבַּרְזֶל, סוֹגֶרֶת מִבַּחוּץ אֶת הַפֶּתַח:

*כָּל הַחַלּוֹנוֹת בְּבֵית הַסּוֹהַר הָיוּ מְכוּסִּים **סוֹרְגִים**.*

סורספ, סֹרַס was castrated

1. פָּגְעוּ בְּאֵיבַר הַמִּין שֶׁלּוֹ כְּדֵי שֶׁלֹּא יוּכַל לְהוֹלִיד:

*הֶחָתוּל שֶׁלִּי **סוֹרַס**.*

2. נִמְסַר בְּצוּרָה לֹא נְכוֹנָה: was distorted
*הַיְדִיעָה בָּעִיתּוֹן **סוֹרְסָה**.*
/ ס.ר.ס, פּוּעַל / סוֹרַסְתִּי, מְסוֹרָס, יְסוֹרַס, יְסוֹרְסוּ

סורק פ', סֹרַק — was combed
סִידְּרוּ לוֹ אֶת הַשְּׂעָרוֹת בְּמַסְרֵק:
*הוּא **סוֹרַק** בְּמְיוּחָד לִכְבוֹד הַהַצָּגָה.*
/ ס.ר.ק, פּוּעַל / סוֹרַקְתִּי, מְסֹרָק, יְסוֹרַק, יְסוֹרְקוּ

סורק ז', סוֹרֵק [סוֹרְקִים] — scanner
מַכְשִׁיר אֶלֶקְטְרוֹנִי שֶׁעוֹזֵר לְגַלּוֹת מַחֲלוֹת וְכוּ':
*הַ**סּוֹרֵק** הֶרְאָה שֶׁיֵּשׁ לוֹ גִּידּוּל בַּבֶּטֶן.*

סורר ת', סוֹרֵר — rebellious, defiant
(לָשׁוֹן גְּבוֹהָה) אֵינוֹ עוֹשֶׂה מַה שֶּׁאוֹמְרִים לוֹ, הוֹלֵךְ בְּדֶרֶךְ אַחֶרֶת:
*הוּא יֶלֶד **סוֹרֵר** אֵינוֹ מַקְשִׁיב לְדִבְרֵי מוֹרָיו.*
סוֹרֶרֶת, סוֹרְרִים, סוֹרְרוֹת

סח פ', סָח — said
שָׂפָה סִפְרוּתִית) אָמַר:
מַה אַתָּה סָח? - (בְּשִׁימּוּשׁ שָׁכִיחַ) קָשֶׁה לְהַאֲמִין...:
'דָּוִיד הִתְחַתֵּן עִם רוּת' - 'מָה אַתָּה סָח?'

סחב פ', סָחַב — dragged, carried
1. הֶעֱבִיר מִמָּקוֹם לְמָקוֹם:
*הוּא **סָחַב** יַלְקוּט כָּבֵד.*
2. (לְשׁוֹן דִּיבּוּר) גָּנַב, לָקַח בְּלִי רְשׁוּת: snatched (stole), 'lifted'
***סָחֲבְנוּ** מַמְתַּקִּים מִן הַחֲנוּת.*
3. לָקַח מִישֶׁהוּ שֶׁאֵינוֹ רוֹצֶה: dragged
*הֵם **סָחֲבוּ** אוֹתִי לַמְּסִיבָּה.*
לִסְחוֹב אֶת- / ס.ח.ב, פָּעַל / סָחַבְתִּי, סוֹחֵב, יִסְחוֹב-יִסְחַב

סחבה נ', סְחָבָה [סְחָבוֹת] — rag
בַּד אוֹ בֶּגֶד קָרוּעַ:
*הוּא לָבוּשׁ **סְחָבוֹת**. / אֲנִי מְנַקָּה אֶת הַלִּיכְלוּךְ **בִּסְחָבָה**.*

סחבת נ', סַחֶבֶת — red-tape
כְּשֶׁהַדְּבָרִים לֹא נִגְמָרִים מַהֵר, כְּשֶׁהַטִּיפּוּל אָרוֹךְ מִדַּיי:
*בִּגְלַל הַ**סַּחֶבֶת** בַּמִּשְׂרָד לֹא קִיבַּלְתִּי אֶת הָאִישּׁוּר.*

סחוט ת', סָחוּט — squeezed (adj.)
1. שֶׁהוֹצִיאוּ מִמֶּנּוּ אֶת הַנּוֹזְלִים:
*זֶה מִיץ מִ-2 לִימוֹנִים **סְחוּטִים**.*
2. (בְּהַשְׁאָלָה) עָיֵיף מְאוֹד: exhausted (adj.)
*הִגַּעְתִּי **סָחוּט** מִן הָעֲבוֹדָה.*
סְחוּטָה, סְחוּטִים, סְחוּטוֹת

סחוס ז', סְחוּס [סְחוּסִים] — cartilage
עֶצֶם רַכָּה:
*בָּאַף יֵשׁ **סְחוּס**.*

סחור ת"פ סְחוֹר — in a roundabout way
(מוֹפִיעַ סְחוֹר סְחוֹר) סָבִיב:
*הוּא מְדַבֵּר **סְחוֹר סְחוֹר** וְאֵינוֹ מַגִּיעַ לָעִיקָּר.*

סחורה נ', סְחוֹרָה [סְחוֹרוֹת] — merchandise
דְּבָרִים שֶׁאָדָם קוֹנֶה וּמוֹכֵר:
*בַּעַל הַחֲנוּת הֶעֱבִיר אֶת הַ**סְּחוֹרָה** מִן הַמַּחְסָן לַחֲנוּת.*

סחט פ', סָחַט — squeezed (dry)
1. הוֹצִיא אֶת כֹּל הַנּוֹזְלִים:
***סָחַטְתִּי** אֶת הַחוּלְצָה, וְתָלִיתִי אוֹתָהּ בַּשֶּׁמֶשׁ.*
2. הוֹצִיא כֶּסֶף (יְדִיעוֹת וְכוּ') בְּכוֹחַ אוֹ בְּדֶרֶךְ לֹא יְשָׁרָה: extorted
*הוּא **סָחַט** מֵאִיתָּנוּ אִינְפוֹרְמַצְיָה.*
לִסְחוֹט אֶת-, מִ- / ס.ח.ט, פָּעַל / סָחַטְתִּי, סוֹחֵט, יִסְחַט

סחטן ז', סַחְטָן [סַחְטָנִים] — blackmailer, extortionist
מִי שֶׁמַּשִּׂיג כֶּסֶף (אִינְפוֹרְמַצְיָה וְכוּ') בְּכוֹחַ, בְּאִיּוּם:
*הַ**סַּחְטָן** אָמַר, שֶׁאִם לֹא אֶתֵּן לוֹ כֶּסֶף יְגַלֶּה אֶת סוֹדִי.*
סַחְטָנִית, סַחְטָנִיּוֹת

סחטנות נ', סַחְטָנוּת — blackmail, extortion
כְּשֶׁמַּשִּׂיגִים כֶּסֶף (אִינְפוֹרְמַצְיָה וְכוּ') בְּכוֹחַ אוֹ בְּאִיּוּמִים:
*הֵם דּוֹרְשִׁים יוֹתֵר וְיוֹתֵר כֶּסֶף - זֹאת מַמָּשׁ **סַחְטָנוּת**.*

סחי ז', סְחִי — dirt, filth
(לָשׁוֹן סִפְרוּתִית) לִיכְלוּךְ:
*הֶחָצֵר מְלֵאָה **סְחִי**.*

סחיבה נ', סְחִיבָה [סְחִיבוֹת] — pulling, dragging
1. הַעֲבָרָה מִמָּקוֹם לְמָקוֹם:
***סְחִיבַת** סַלִּים כְּבֵדִים מַזִּיקָה לַגַּב.*
2. (לְשׁוֹן דִּיבּוּר) לְקִיחָה בְּלִי רְשׁוּת (גְּנֵיבָה): snatching (stealing) 'lifting'
*צָרִיךְ לְהַפְסִיק אֶת **סְחִיבַת** הַסּוּכָּרִיּוֹת בַּחֲנוּת.*

סחיטה נ', סְחִיטָה [סְחִיטוֹת] — squeezing
1. הוֹצָאָה שֶׁל נוֹזְלִים:
*אֶת **סְחִיטַת** הַלִּימוֹן צָרִיךְ לַעֲשׂוֹת בְּמַכְשִׁיר מַתְאִים.*
2. הוֹצָאָה שֶׁל כֶּסֶף בְּכוֹחַ, בְּשֶׁקֶר וְכוּ': extortion, blackmail
*הוּא דָּרַשׁ מֵהָאִישָׁה כֶּסֶף, וְהִיא הֶאֱשִׁימָה אוֹתוֹ **בִּסְחִיטָה**.*

סחיףז, סְחִיף [סחִיפִים] embolus
(בִּרפוּאָה) דָם שֶׁהִתקָרֵשׁ (לֹא נוֹזֵל):
***סחיף** דָם שֶׁמַגִיעַ לַמוֹחַ מְסוּכָּן מְאוֹד.*

סחיפהנ, סְחִיפָה [סחִיפוֹת] erosion
כְּשֶׁמַשֶׁהוּ זָז מֵהַמָקוֹם בִּגלַל גֶשֶׁם וְכוּ':
*הַכְּבִישׁ סָגוּר בִּגלַל **סחִיפַת** אֲדָמָה.*

סחירת, סָחִיר negotiable, marketable
שֶׁאֶפשָׁר לִקנוֹת וְלִמכּוֹר אוֹתוֹ:
*צֶ'יק 'לֹא **סָחִיר**' צָרִיך לְהַכנִיס לַבַּנק וְלֹא לְהַעֲבִיר לְמִישֶׁהוּ אַחֵר.*
סחִירָה, סחִירִים, סחִירוֹת

סחלבז, סַחלָב (שַׁחלָב) [סחלָבִים] orchid
אוֹרכִידֵאָה, צֶמַח שֶׁיֵשׁ לוֹ פֶּרַח יָפֶה וְיָקָר:
*קִיבַּלתִי לְיוֹם הַהוּלֶדֶת זֵר **סחלָבִים**.*

סחףפ, סָחַף eroded, swept
מָשַׁך אַחֲרָיו:
*הַגֶשֶׁם **סָחַף** אֲדָמָה מֵהָהָר.*
לִסחוֹף אֶת- / ס.ח.ף, פָּעַל / סָחַפתִי, סוֹחֵף, יִסחַף

סחף'ז, סַחַף erosion
אֲדָמָה שֶׁגֶשֶׁם אוֹ מַיִם לוֹקחִים אִיתָם מִמָקוֹם גָבוֹהַ לְמָקוֹם נָמוּך:
*אַדמַת הַ**סַחַף** סָתמָה אֶת הַכּבִישׁ.*

סחרפ, סָחַר traded, dealt
קָנָה וּמָכַר:
***סָחַרתִי** בְּדִברֵי אוֹמָנוּת.*
לִסחוֹר בְּ- / ס.ח.ר, פָּעַל / סָחַרתִי, סוֹחֵר, יִסחוֹר-יִסחַר

סחר'ז, סַחַר commerce, trade
מִסחָר, קְנִייָה וּמְכִירָה:
*הַחֶברָה לְ**סַחַר** חוּץ מוֹכֶרֶת בְּאֵירוֹפָּה סחוֹרוֹת מִיִשׂרָאֵל.*
סַחַר-חֲלִיפִין barter
סַחַר-מֶכֶר wheeling & dealing

סחרחורתנ, סְחַרחוֹרֶת [סחַרחוֹרוֹת] dizziness
תְנוּעָה בְּמַעגָל, הַרגָשָׁה שֶׁהַכּוֹל מִסתוֹבֵב:
*יֵשׁ לִי **סחַרחוֹרֶת**, אֲנִי מַרגִישׁ, שֶׁהַחֶדֶר מִסתוֹבֵב סבִיבִי.*

סחרחרת, סְחַרחַר dizzy
מַרגִישׁ כְּאִילוּ הַכּוֹל מִסתוֹבֵב:
*הָרֹאשׁ שֶׁלִי **סחַרחַר** מִן הַיַיִן.*
סחַרחָרָה-סחַרחֶרֶת, סחַרחָרִים, סחַרחָרוֹת

סטהפ, סָטָה deviated, went astray
לֹא הָלַך בַּדֶרֶך הָרְגִילָה:
*הָאוֹטוֹבּוּס **סָטָה מִן** הַדֶרֶך. / אָסוּר **לִסטוֹת מִן** הַתוֹכנִית.*
לִסטוֹת מִן- / ס.ט.ה, פָּעַל / סָטִיתִי, סוֹטֶה, יִסטֶה, סטֵה!

סטייהנ, סְטִיָיה [סטִיוֹת] deviation
יְצִיאָה מִן הַדֶרֶך הָרְגִילָה, מֵהַחלָטָה וְכוּ':
*הַ**סטִיָיה** מִן הַתוֹכנִית צרִיכָה אִישׁוּר שֶׁל הַמְנַהֵל.*
סטִיָיה מִינִית sexual deviation

סטילז, סָטִי"ל [סָטִי"לִים] missile boat
ר"ת **ס**פִינַת **טִיל**ִים:
*הַ**סָטִילִים** שׁוֹמרִים עַל חוֹפֵי הָאָרֶץ.*

סטרפ, סָטַר slapped
נָתַן מַכָּה בַּפָּנִים:
***סָטַרתִי** לַיֶלֶד שֶׁשִׁיקֵר.*
לִסטוֹר לְ- / ס.ט.ר, פָּעַל / סָטַרתִי, סוֹטֵר, אֶסטוֹר, סטוֹר!

סטירהנ, סְטִירָה [סטִירוֹת] slap
מַכָּה עַל הַפָּנִים:
*הוּא קִיבֵּל **סטִירָה**, כִּי הוּא שִׁיקֵר.*
סטִירַת-לֶחִי a slap in the face

סיאובז, סֵאוּב defilement, moral corruption
לִיכלוּך, גַם מִבּחִינָה מוֹרָלִית:
*יֵשׁ סוֹפרִים שֶׁכּוֹתבִים עַל הַ**סֵיאוּב** בַּחַיִים.*

סיבז, סִיב [סִיבִים] fiber
חוּט דַק (יֶשנוֹ בִּצמָחִים, בְּבַעֲלֵי חַיִים וְכוּ'):
*הַמְעִיל עָשׂוּי **מִסִיבִים** שֶׁל צֶמֶר.*

סיבבפ, סִבֵּב turned around
נָתַן כִּיווּן אַחֵר:
*הוּא **סִיבֵּב אֶת** הַדבָרִים שֶׁאָמַרתִי, וְיָצָאָה כַּוָונָה הֲפוּכָה.*
לְסַבֵּב אֶת- / ס.ב.ב, פִּיעֵל / סִיבַּבתִי, מְסַבֵּב, אֲסַבֵּב

סיבהנ, סִבָּה [סִיבּוֹת] cause, reason
גוֹרֵם, דָבָר שֶׁבִּגלָלוֹ קוֹרִים דבָרִים:
*הָעִישׁוּן הוּא אַחַת הַ**סִיבּוֹת** לְהִתפַּתחוּת מַחֲלַת הַסַרטָן.*

סיבובז, סִיבּוּב/סִבּוּב [סִיבּוּבִים/סִיבּוּבִים] rotation
1. תנוּעָה בְּמַעגָל:
*הַגַלגַל עָשָׂה שנֵי **סִיבּוּבִים** וְנֶעֱצַר.*
2. תנוּעָה לְאַחַד הַצדָדִים: turn
***סִיבּוּב** הָרֹאשׁ לְצַד יָמִין קָשֶׁה לוֹ.*
3. הֲלִיכָה מִמָקוֹם לְמָקוֹם: walk, spree, ride
*יָצָאתִי **לְסִיבּוּב** קְנִיוֹת בָּעִיר.*

4. חֵלֶק בְּמִשְׂחָק (ספּוֹרט וְכוּ'): — round
בַּסִיבּוּב הַשֵּׁנִי בְּטֶנִיס - אֲנִי אֶנַצֵּחַ.
5. (מֶטָאפוֹרָה) הַפַּעַם הַשְּׁנִיָּה, הַשְּׁלִישִׁית...: — round
*אֲנַחְנוּ מְקַוִּים שֶׁלֹּא יִהְיֶה לַמִּלְחָמָה **סִיבּוּב** שֵׁנִי.*
סִיבּוּבֵי-רֹאשׁ — dizziness

סיבובי ת, סְבוּבִי (סִיבּוּבִי) — rotary, circular
הוֹלֵךְ בְּעִיגּוּל:
*לַגַּלְגַּל יֵשׁ תְּנוּעָה **סִיבּוּבִית**.*
סִיבּוּבִית, סִיבּוּבִיִּים, סִיבּוּבִיּוֹת

סיבוך ז, סִבּוּךְ [סִיבּוּכִים] — entanglement
1. דָּבָר לֹא פָּשׁוּט, דָּבָר שֶׁקָּשֶׁה לְהָבִין:
*הַמִּנְהָל הֶחָדָשׁ יוֹצִיא אוֹתָנוּ מִן **הַסִּיבּוּכִים** הַכַּלְכָּלִיִּים.*
2. תּוֹצָאוֹת לֹא טוֹבוֹת מִמַּחֲלָה וְכוּ': — complication
*אַחֲרֵי אַנְגִינָה יֵשׁ סַכָּנָה שֶׁל **סִיבּוּכִים**.*

סיבולת ז, סִבֹּלֶת — endurance, grit
כֹּחַ סֵבֶל, יְכוֹלֶת לַעֲמוֹד בְּקָשַׁיִים:
*רַק מִי שֶׁיֵּשׁ לוֹ **סִיבּוֹלֶת** רַבָּה יָכוֹל לְהַצְלִיחַ בְּתַפְקִיד זֶה.*

סיבון ז, סִבּוּן [סִיבּוּנִים] — soaping
1. כְּשֶׁמּוֹרְחִים סַבּוֹן עַל הַגּוּף, עַל כֵּלִים וְכוּ':
*אַחֲרֵי **סִיבּוּן** הַצַּלָּחוֹת צָרִיךְ רַק לִשְׁטוֹף בְּמַיִם.*
2. (לְשׁוֹן דִּיבּוּר) כְּשֶׁאוֹמְרִים דְּבָרִים לֹא נְכוֹנִים בִּצְחוֹק: — leg-pulling
*הַ**סִּיבּוּן** הִצְלִיחַ, הַמּוֹרֶה הֶאֱמִין לַסִּיפּוּר.*

סיבית נ, סִיבִית — fiberboard
חוֹמֶר שֶׁמִּשְׁתַּמְּשִׁים בּוֹ לִקְרָשִׁים וְכוּ', עָשׂוּי מֵחֲתִיכוֹת קְטַנּוֹת שֶׁל עֵץ:
*הָאָרוֹן שֶׁלָּנוּ הוּא **מִסִּיבִית**, לֹא מֵעֵץ מָלֵא.*

סיבך פ, סִבֵּךְ — complicated
1. גָּרַם לְקוֹשִׁי כְּשֶׁקָּשַׁר כַּמָּה דְּבָרִים: הַהוֹדָעָה שֶׁלּוֹ **סִיבְּכָה אֶת** הַמַּצָּב הַפּוֹלִיטִי.
2. גָּרַם לְמִישֶׁהוּ לִהְיוֹת מְעוֹרָב בְּמַשֶּׁהוּ: — implicated
*הוּא **סִיבֵּךְ אוֹתִי** בְּחוֹב לַבַּנְק.*
לְסַבֵּךְ אֶת- / ס.ב.ך, פִּיעֵל / סִיבַּכְתִּי, מְסַבֵּךְ, יְסַבֵּךְ, סַבֵּךְ!

סיבן פ, סִבֵּן — soaped
1. שָׂם סַבּוֹן עַל הַגּוּף, עַל כֵּלִים וְכוּ':
***סִיבַּנְתִּי אֶת** הַצַּלָּחוֹת, וְשָׁטַפְתִּי אוֹתָן בְּמַיִם.*
2. (לְשׁוֹן דִּיבּוּר) מָסַר אִינְפוֹרְמַצְיָה לֹא נְכוֹנָה בִּצְחוֹק: — pulled (someone's) leg
*הֵם **סִיבְּנוּ אֶת** דָּוִיד, וְהוּא הֶאֱמִין שֶׁמָּחָר יֵשׁ בְּחִינָה.*
לְסַבֵּן אֶת- / ס.ב.ן, פִּיעֵל / סִיבַּנְתִּי, מְסַבֵּן, יְסַבֵּן, סַבֵּן!

סיבסד פ, סִבְּסֵד — subsidized
נָתַן סוּבְּסִידְיָה (=עֶזְרָה בְּכֶסֶף כְּדֵי שֶׁהַמְּחִיר יִהְיֶה נָמוּךְ יוֹתֵר):
*הַמֶּמְשָׁלָה **סִיבְּסְדָה** אֶת הַלֶּחֶם, וְאֶת הֶחָלָב.*
לְסַבְסֵד אֶת- / ס.ב.ס.ד, פִּיעֵל / סִיבְסַדְתִּי, מְסַבְסֵד

סיבסוד ז, סִבְסוּד — subsidizing
עֶזְרָה בְּכֶסֶף כְּדֵי שֶׁהַמְּחִירִים יִהְיוּ זוֹלִים:
***סִיבְסוּד** הַלֶּחֶם עוֹלֶה לַמְּדִינָה הַרְבֵּה כֶּסֶף.*

סיבר פ, סִבֵּר — interpreted
הִסְבִּיר, נָתַן פֵּירוּשׁ.
סִיבֵּר אֶת הָאוֹזֶן - נָתַן פֵּירוּשׁ מוּבָן וּפָשׁוּט: — provided an intelligible version
*אָמַרְתִּי זֹאת כְּדֵי **לְסַבֵּר אֶת הָאוֹזֶן**, הַדְּבָרִים, כַּמּוּבָן, אֵינָם בְּדִיּוּק כָּךְ.*
לְסַבֵּר אֶת- / ס.ב.ר, פִּיעֵל / סִיבַּרְתִּי, מְסַבֵּר, אֲסַבֵּר, סַבֵּר!

סיבתי ת, סִבָּתִי — causal
שֶׁיֵּשׁ בּוֹ סִיבָּה, גּוֹרֵם:
*לַמִּילִים 'כִּי', 'מִפְּנֵי שֶׁ' יֵשׁ מַשְׁמָעוּת **סִיבָּתִית** בַּמִּשְׁפָּט.*
סִיבָּתִית, סִיבָּתִיִּים, סִיבָּתִיּוֹת

סיבתיות נ, סִבָּתִיּוּת — causality
הַפְּרִינְצִיפּ שֶׁלְּכָל דָּבָר יֵשׁ הַסִּיבָּה שֶׁלּוֹ:
*הַמַּדָּע חוֹקֵר אֶת **הַסִּיבָּתִיּוּת** שֶׁל הַדְּבָרִים.*

סיג ז, סִיג [סִיגִים] — refuse, base metal
פְּסוֹלֶת, דָּבָר מְיוּתָּר שֶׁנִּשְׁאָר מֵחוֹמֶר חָשׁוּב:
*זָהָב טָהוֹר הוּא זָהָב נְקִי **מִסִּיגִים**.*

סיגוף ז, סִגּוּף [סִיגּוּפִים] — self-castigation, asceticisim
כְּאֵב שֶׁאָדָם גּוֹרֵם לְעַצְמוֹ:
*הַאִם **סִיגּוּף** הוֹפֵךְ אֶת הָאָדָם לְטוֹב יוֹתֵר?*

סיגל פ, סִגֵּל — adapted (to)
1. הִתְאִים:
*הוּא **סִיגֵּל אֶת** עַצְמוֹ לַחַיִּים בְּאֶרֶץ חֲדָשָׁה.*
2. לָמַד לַעֲשׂוֹת, לְהִתְנַהֵג וְכוּ' בְּדֶרֶךְ מְסוּיֶּמֶת: — adopted (assumed)
***סִיגַּלְתִּי לְ**עַצְמִי סֵדֶר יוֹם קָבוּעַ.*
לְסַגֵּל אֶת-, לְ- / ס.ג.ל, פִּיעֵל / סִיגַּלְתִּי, מְסַגֵּל, יְסַגֵּל, סַגֵּל!

סיגל ז, סֶגֶל [סִיגָלִים] — violet
צֶמַח שֶׁיֵּשׁ לוֹ פְּרָחִים בְּצֶבַע סָגוֹל:
*קוֹרְאִים לָהּ **סִיגָל**, זֶהוּ שֵׁם שֶׁל פֶּרַח יָפֶה.*

סיגליתנ׳ סִגָלִית [סִיגָלִיוֹת] violet
(כמו סיגל) צֶמַח שֶׁיֵשׁ לוֹ פְּרָחִים סגוּלִים:
*קוֹרְאִים לָהּ **סִיגָלִית**, זֶהוּ שֵׁם שֶׁל פֶּרַח יָפֶה.*

סיגנוןז׳ סִגְנוֹן [סִיגְנוֹנוֹת] style
1. דֶּרֶךְ שֶׁל כְּתִיבָה וְדִיבּוּר:
*אַתָּה צָרִיךְ לְתַקֵּן אֶת הַ**סִיגְנוֹן** בְּחִיבּוּר שֶׁלְּךָ.*
2. צוּרָה מְסוּיֶּמֶת שֶׁמְּדַבְּרִים, מִתְלַבְּשִׁים, חַיִּים וְכוּ׳:
*הוּא מְצַיֵּיר בְּ**סִיגְנוֹן** רֵיאָלִיסְטִי. / בַּקִּיבּוּץ יֵשׁ **סִיגְנוֹן** חַיִּים מְיוּחָד.*

סיגנוןז׳ סִגְנוּן stylization
תִּיקּוּן שֶׁל מַשֶּׁהוּ כָּתוּב:
*הַמַּאֲמָר שֶׁלְּךָ צָרִיךְ **סִיגְנוּן** מֵחָדָשׁ.*

סיגנונית׳ סִגְנוֹנִי stylistic
הַשַּׁיָּיךְ לְסִיגְנוֹן (= דֶּרֶךְ כְּתִיבָה):
*בַּמַּאֲמָר יֵשׁ שְׁגִיאוֹת **סִיגְנוֹנִיּוֹת**.*
סִיגְנוֹנִית, סִיגְנוֹנִיִּים, סִיגְנוֹנִיּוֹת

סיגנןפ׳ סִגְנֵן stylized
תִּיקֵּן טֶקְסְט, כָּתַב אוֹתוֹ טוֹב יוֹתֵר:
***סִיגְנַנְתִּי** אֶת הַהַרְצָאָה שֶׁלּוֹ, כְּדֵי שֶׁכּוּלָּם יָבִינוּ.*
לְסַגְנֵן אֶת- / ס.ג.נ.ן, פִּיעֵל / סִיגְנַנְתִּי, מְסַגְנֵן, יְסַגְנֵן, סַגְנֵן!

סיגףפ׳ סִגֵּף practiced self-mortification
גָּרַם הַרְגָּשָׁה לֹא טוֹבָה לְגוּפוֹ:
*הִיא **מְסַגֶּפֶת** אֶת עַצְמָהּ כְּדֵי לִהְיוֹת רָזָה - הִיא כִּמְעַט לֹא אוֹכֶלֶת.*
לְסַגֵּף אֶת- / ס.ג.ף, פִּיעֵל / סִיגַּפְתִּי, מְסַגֵּף, יְסַגֵּף, סַגֵּף!

סיגרז׳ סִיגָר [סִיגָרִים] cigar
עֲלֵי טַבַּק מְגוּלְגָּלִים לְגָלִיל עָבֶה:
*דָּן מְעַשֵּׁן **סִיגָר** לְאַחַר אֲרוּחַת הָעֶרֶב.*

סידז׳ סִיד lime
חוֹמֶר מִינֶרָלִי בְּצֶבַע לָבָן, צוֹבְעִים בּוֹ קִירוֹת וְכוּ׳:
*צָבַעְנוּ אֶת הַבַּיִת בְּ**סִיד** לָבָן.*

סידורז׳ סִדּוּר [סִידּוּרִים] arrangement
1. אִירְגּוּן דְּבָרִים בְּצוּרָה מְסוּיֶּמֶת:
*כּוּלָּם הִשְׁתַּתְּפוּ בְּ**סִידּוּר** הַבַּיִת לִפְנֵי הַמְּסִיבָּה.*
2. סֵפֶר תְּפִילּוֹת: prayer book
*דָּוִיד יוֹדֵעַ לִקְרוֹא בַּ**סִּידּוּר**, אַף עַל פִּי שֶׁאֵינֶנּוּ מֵבִין עִבְרִית.*
סִידּוּרִים - דְּבָרִים errands
שֶׁדּוֹרְשִׁים טִיפּוּל:
*יֵשׁ לוֹ הַרְבֵּה **סִידּוּרִים** הַיּוֹם: לָלֶכֶת לַבַּנְק, לַדּוֹאַר וְכוּ׳.*

סידורית׳ סִדּוּרִי ordinal
שֶׁיֵּשׁ בּוֹ סֵדֶר מְסוּיָּם, זֶה אַחַר זֶה:
*רִאשׁוֹן, שֵׁנִי, שְׁלִישִׁי וְכוּ׳ הֵם מִסְפָּרִים **סִידּוּרִיִּים**.*
סִידּוּרִית, סִידּוּרִיִּים, סִידּוּרִיּוֹת

סידןז׳ סִידָן calcium
קַלְצְיוּם Ca:
*בְּגוּף הָאָדָם יֵשׁ **סִידָן** בָּעֲצָמוֹת.*

סידרפ׳ סִדֵּר put in order
1. שָׂם כֹּל דָּבָר בַּמָּקוֹם:
*הַבֵּן לֹא **סִידֵּר אֶת** הַחֶדֶר לַמְרוֹת הַבַּקָּשׁוֹת שֶׁל אִימּוֹ.*
2. עָזַר לְמִישֶׁהוּ בְּעִנְיָין מְסוּיָּם: arranged
***סִידַּרְתִּי** לְחָבֵר שֶׁלִּי עֲבוֹדָה.*
3. קִילְקֵל לְמִישֶׁהוּ אַחֵר, 'fixed' (someone)
גָּרַם אִי-נְעִימוּת (לשון דיבור):
*דָּנִי **'סִידֵּר אוֹתִי'** - הוּא אָמַר שֶׁיְּשַׁלֵּם בִּשְׁבִילִי וְלֹא שִׁילֵּם.*
לְסַדֵּר אֶת-, לְ- / ס.ד.ר, פִּיעֵל / סִידַּרְתִּי, מְסַדֵּר, אֲסַדֵּר

סידרהנ׳ סִדְרָה [סְדָרוֹת] series
1. סֶרְיָה, כַּמָּה דְּבָרִים מֵאוֹתוֹ סוּג:
*אֲנַחְנוּ מוֹצִיאִים **סִידְרָה** שֶׁל סִפְרֵי לִימּוּד בְּרוּסִית.*
2. תּוֹכְנִית אִימּוּנִים שֶׁל חַיָּילִים בַּשָּׂדֶה: intensive training
*אֲנַחְנוּ יוֹצְאִים לְ**סִידְרָה** בַּנֶּגֶב וְלֹא נִהְיֶה בַּמַּחֲנֶה.*
3. פָּרָשַׁת הַשָּׁבוּעַ, הַחֵלֶק מִן הַתּוֹרָה שֶׁקּוֹרְאִים בְּשַׁבָּתוֹת: weekly portion, read from the Torah
*כְּשֶׁהָיִיתִי בַּר-מִצְוָה, קָרָאתִי בַּתּוֹרָה בְּ**סִידְרַת** 'לֶךְ לְךָ'.*

סיודז׳ סִיּוּד whitewashing
צְבִיעָה בְּסִיד (= חוֹמֶר לָבָן):
*אֶת הַ**סִּיּוּד** יַעֲשׂוּ, אַחֲרֵי שֶׁיִּגְמְרוּ לִבְנוֹת אֶת הַבַּיִת.*

סיווגפ׳ סִוֵּג classified
חִילֵּק לְסוּגִים, סִידֵּר קְבוּצוֹת לְפִי הַמְּשׁוּתָּף:
*צָרִיךְ **לְסַוֵּוג אֶת** הָעוֹבְדִים לְפִי הַמִּקְצוֹעַ.*
לְסַוֵּוג אֶת- / ס.ו.ג, פִּיעֵל / סִיוַּוגְתִּי, סִיווּגוּ, יְסַוֵּוג, סַוֵּוג!

סיווגז׳ סִוּוּג [סִיוּוּגִים] classification, sorting out
1. חֲלוּקָה לְסוּגִים, לִקְבוּצוֹת, לְפִי מַשֶּׁהוּ מְשׁוּתָּף:
*הַ**סִּיוּוּג** לְפִי כִּיתּוֹת בָּאוּלְפָּן נַעֲשָׂה לְפִי הַיֶּדַע בְּעִבְרִית.*
2. קְבִיעָה לְאֵיזֶה סוּג מַשֶּׁהוּ/מִישֶׁהוּ שַׁיָּיךְ: classification, categorization
*לְפִי הַ**סִּיוּוּג** הַמִּקְצוֹעִי שֶׁלִּי, מַגִּיעָה לִי מַשְׂכּוֹרֶת גְּבוֹהָה.*

סיווןז׳ סִיוָן Sivan (month, May-June)
שֵׁם חוֹדֶשׁ עִבְרִי, הַחוֹדֶשׁ הַשֵּׁנִי אַחֲרֵי חַג הַפֶּסַח, (מַאי-יוּנִי):
*בְּחוֹדֶשׁ **סִיוָן** חוֹגְגִים אֶת חַג הַשָּׁבוּעוֹת.*

סיוט ז, סִיּוּט [סִיּוּטִים] nightmare
הַרְגָּשָׁה רָעָה וּמַפְחִידָה, כְּמוֹ בַּחֲלוֹם רַע:
*הוּא סוֹבֵל מִ**סִּיּוּטִים** מֵאָז הַמִּלְחָמָה.*

סיום ז, סִיּוּם end
סוֹף, גְּמַר:
*לִקְרַאת **סִיּוּם** שְׁנַת-הַלִּימּוּדִים נָכִין מְסִיבָּה.*
מְסִיבַּת-סִיּוּם graduation party

סיומת נ, סִיֹּמֶת [סִיּוֹמוֹת] suffix
(בְּדִיקְדּוּק) הַחֵלֶק (אוֹת וְיוֹתֵר) בְּסוֹף מִילָּה:
*הַ**סִּיֹּמֶת** 'ים' בְּעִבְרִית הִיא **סִיֹּמֶת** לְזָכָר רַבִּים (יְלָדִים).*

סיוע ז, סִיּוּעַ assistance, aid
עֶזְרָה:
*הַמִּשְׁפָּחָה קִיבְּלָה **סִיּוּעַ** כַּסְפִּי מִן הַמּוֹסָד לְבִיטּוּחַ לְאוּמִּי.*
***הַסִּיּוּעַ** הָאֲווִירִי עָזַר לַחַיָּילִים לִכְבּוֹשׁ אֶת הַכְּפָר.*
סִיּוּעַ צְבָאִי / סִיּוּעַ לַאֲרָצוֹת מִתְפַּתְּחוֹת

סיוף ז, סִיּוּף fencing
סְפּוֹרְט, הִתְחָרוּת בֵּין שְׁנֵי אֲנָשִׁים עִם חֲרָבוֹת:
***סִיּוּף** הָיָה הַסְּפּוֹרְט שֶׁל הָאֲרִיסְטוֹקְרַטְיָה.*

סיור ז, סִיּוּר [סִיּוּרִים] tour
1. טִיּוּל כְּדֵי לִלְמוֹד מַשֶּׁהוּ:
*בְּ**סִיּוּר** רִאשׁוֹן בָּעִיר אִי-אֶפְשָׁר לִרְאוֹת הַכּוֹל.*
2. יְצִיאָה שֶׁל חַיָּילִים reconnaissance, patrol
כְּדֵי לֶאֱסוֹף אִינְפוֹרְמַצְיָה:
*לִפְנֵי שֶׁיּוֹצְאִים לִפְעוּלָּה צְבָאִית עוֹרְכִים **סִיּוּרִים** בַּשֶּׁטַח.*

סיחרור ז, סִחְרוּר [סִיחְרוּרִים] spin
1. תְּנוּעָה מְהִירָה בְּסִיבּוּב:
*הַמָּטוֹס נִכְנַס לְ**סִיחְרוּר**.*
2. (מֶטָאפוֹרָה) מַשֶּׁהוּ שֶׁקּוֹרֶה בִּמְהִירוּת וְאִי אֶפְשָׁר לַעֲצוֹר:
*נִכְנַסְנוּ לְ**סִיחְרוּר** אִינְפְלַצְיוֹנִי.*

סיחרר פ, סִחְרֵר spun
סוֹבֵב בִּמְהִירוּת, עָשָׂה תְּנוּעָה מְהִירָה בְּמַעְגָּל.
(מֶטָאפוֹרָה) עָשָׂה הַרְגָּשָׁה, שֶׁכָּל הָעוֹלָם caused dizziness
מִסְתּוֹבֵב:
*הַיַּיִן **סִיחְרֵר** לִי **אֶת** הָרֹאשׁ.*
(מֶטָאפוֹרָה) גָּרַם לְאִי שֶׁקֶט, בִּילְבּוּל וְכוּ': confused
*רוּת **סִיחְרְרָה לוֹ** אֶת הָרֹאשׁ.*
לְסַחְרֵר אֶת-, לְ- / ס.ח.ר.ר, פִּעֵל / סִיחְרְרוּ, מְסַחְרֵר

סיטונאי ז, סִיטוֹנַאי [סִיטוֹנָאִים] wholesaler
סוֹחֵר בְּכַמֻּיּוֹת גְּדוֹלוֹת, מוֹכֵר לַחֲנוּיוֹת:
*הוּא **סִיטוֹנַאי** שֶׁל דִּבְרֵי חַשְׁמַל, הוּא מוֹכֵר רַק לַחֲנוּיוֹת.*

סיטונות/סיטונאות נ, סִיטוֹנוּת/סִיטוֹנָאוּת wholesale
מְכִירָה שֶׁל הַרְבֵּה סְחוֹרָה, בְּדֶרֶךְ כְּלָל לַחֲנוּיוֹת:
*בְּ**סִיטוֹנוּת** מוֹכְרִים 20 טֶלֶוִויזְיוֹת בְּבַת אַחַת.*
בְּסִיטוֹנוּת ת"פ- בְּכַמּוּת in large quantities
גְּדוֹלָה:
הוּא כּוֹתֵב סְפָרִים בְּסִיטוֹנוּת.

סיטוני/סיטונאי ת, סִיטוֹנִי/סִיטוֹנָאִי wholesale (adj.)
שֶׁמּוֹכְרִים בְּכַמֻּיּוֹת גְּדוֹלוֹת:
*הַמְּחִיר הַ**סִּיטוֹנִי** נָמוּךְ מִן הַמְּחִיר בַּחֲנוּת.*
סִיטוֹנִית-סִיטוֹנָאִית, סִיטוֹנִיִּים-סִיטוֹנָאִיִּים, סִיטוֹנִיּוֹת

סיטרי ת, סִטְרִי sided (adj.)
יֵשׁ לוֹ כִּיווּן מְסוּיָּם.
חַד-סִיטְרִי one-way
דּוּ-סִיטְרִי two-way
סִיטְרִית, סִיטְרִיִּים, סִיטְרִיּוֹת

סייג פ, סִיֵּג restricted/qualified (adj.)
קָבַע גְּבוּל - עַד אֵיפֹה, עַד כַּמָּה:
***סִיַּיגְתִּי אֶת** דְּבָרַיי וְאָמַרְתִּי, שֶׁאֲדַבֵּר רַק עַל שְׁנַת 1992.*
לְסַיֵּיג אֶת- / ס.י.ג, פִּיעֵל / סִיַּיגְתִּי, מְסַיֵּיג, יְסַיֵּיג, סַיֵּיג!

סייג ז, סְיָג [סְיָיגִים] restriction
גְּבוּל, הַגְבָּלָה עַל מָקוֹם, זְמַן, עִנְיָין:
*צָרִיךְ לִקְבּוֹעַ **סְיָיגִים** - אֵיפֹה מוּתָּר לִנְסוֹעַ בִּמְהִירוּת שֶׁל 100 קמ"ש לְשָׁעָה.*

סייד פ, סִיֵּד whitewashed
מָרַח סִיד (= חוֹמֶר שֶׁצּוֹבְעִים בּוֹ קִירוֹת):
*הוּא **סִיֵּיד אֶת** הַבַּיִת.*
לְסַיֵּיד אֶת- / ס.י.ד, פִּיעֵל / סִיַּידְתִּי, מְסַיֵּיד, אֲסַיֵּיד, סַיֵּיד!

סייד ז, סַיָּד [סַיָּידִים] (house) painter
מִי שֶׁצּוֹבֵעַ קִירוֹת, בָּתִּים וְכוּ':
*הִזְמַנְתִּי **סַיָּיד**, שֶׁיִּצְבַּע אֶת הַבַּיִת.*

סייח ז, סְיָח [סְיָיחִים] colt
סוּס צָעִיר:
*אֶת הַ**סּוּס** הַזֶּה קִיבַּלְנוּ כְּשֶׁהָיָה סְיָח קָטָן.*
סְיָיחָה, סְיָיחוֹת

סיים פ, סִיֵּם finished
גָּמַר:
*דָּוִד **סִיֵּים אֶת** לִימּוּדָיו בְּהַצְלָחָה רַבָּה.*
לְסַיֵּים אֶת- / ס.י.ם, פִּיעֵל / סִיַּימְתִּי, מְסַיֵּים, תְּסַיֵּים

סייס ז, סַיָּס [סַיָּסִים] horseman, groom
מִי שֶׁמְּטַפֵּל בְּסוּסִים:
*בָּחַרְתִּי לִהְיוֹת **סַיָּס**, כִּי אֲנִי אוֹהֵב סוּסִים.*

סייע פ, סִיֵּעַ (סִיַּע) helped, assisted
עָזַר:
*הֵם **סִייְּעוּ לָנוּ** בִּקְנִיַּית דִּירָה.*
לְסַיֵּעַ לְ- / ס.י.ע, פִּיעֵל / סִייַּעְתִּי, מְסַיֵּעַ, יְסַיֵּעַ, סַיֵּעַ!

סייף פ, סִיֵּף fenced
עָסַק בִּספּוֹרט שֶׁל מִלְחָמָה בְּחֶרֶב:
*אֲנִי רוֹצֶה לִלְמוֹד **לְסַיֵּף**, זֶהוּ ספּוֹרט אֲרִיסטוֹקְרָטִי.*
לְסַיֵּף / ס.י.ף, פִּיעֵל / סִייַּפְתִּי, מְסַיֵּף, יְסַיֵּף, סַיֵּף!

סייף ז, סַיִף [סַייָפִים] sword, fencing
חֶרֶב אֲרוּכָּה לְמִלְחָמָה אוֹ לְתַחֲרוּת:
*הוּא מִתְאַמֵּן **בְּסַיִף**, זֶהוּ ספּוֹרט אֶלֶגַנטִי.*

סייף ז, סַיָּף [סַיָּפִים] fencer
מִי שֶׁהַמִּקְצוֹעַ שֶׁלּוֹ בִּספּוֹרט הוּא תַּחֲרוּת בְּחֶרֶב:
*יֵשׁ לָנוּ קְבוּצָה טוֹבָה שֶׁל **סַיָּפִים**.*

סייפא ז, סַיְפָא [סַיְיפִין] warrior, swordsman
(אֲרָמִית) חֶרֶב (Aram.)
סָפְרָא וְסַיְיפָא ב' - סוֹפֵר scholar and warrior
וְסַיָּף - מִי שֶׁעוֹסֵק גַּם בְּעִנְיְינֵי רוּחַ וְגַם בְּעִנְיְינֵי מִלְחָמָה

סייר פ, סִיֵּר toured, patroled
טִייֵּל כְּדֵי לִלְמוֹד מַשֶּׁהוּ (אוֹ לְהַכִּיר):
*סִייַּרְנוּ בַּחֲפִירוֹת אַרְכֵיאוֹלוֹגִיוֹת. / הַשּׁוֹטְרִים **מְסַייְּרִים** פֹּה.*
לְסַיֵּיר בְּ- / ס.י.ר, פִּיעֵל / סִייַּרְתִּי, מְסַיֵּיר, יְסַיֵּיר, סַיֵּיר!

סייר ז, סַיָּר [סַיָּרִים] scout
מִי שֶׁמְּטַיֵּיל כְּדֵי לִלְמוֹד מַשֶּׁהוּ עַל הַשֶּׁטַח:
*לִפְנֵי הַהַתְקָפָה שָׁלַחְנוּ **סַיָּרִים** שֶׁיִּבְדְּקוּ אֶת הַשֶּׁטַח.*
סַיֶּרֶת (סַיָּרִית), סַיָּרוֹת

סיירת נ, סַיֶּרֶת [סַיָּרוֹת] elite patrol and combat unit
קְבוּצָה שֶׁתַּפְקִידָהּ לִבְדּוֹק שֶׁטַח:
*בַּצָּבָא הָיִיתִי **בְּסַיֶּרֶת** שֶׁל הַצַּנְחָנִים.*

סיכה נ, סִכָּה [סִיכּוֹת] pin
1. מַחַט קְטַנָּה עִם רֹאשׁ עָגוֹל:
*הִיא חִיבְּרָה אֶת שְׁנֵי הַדַּפִּים **בְּסִיכָּה**.*
2. תַּכְשִׁיט: brooch
*רוּתִי קִיבְּלָה **סִיכָּה** מִזָּהָב לְיוֹם הַהוּלֶדֶת.*
סִיכַּת־רֹאשׁ hairpin
סִיכַּת־בִּיטָּחוֹן safety-pin

יוֹשֵׁב עַל סִיכּוֹת (לָשׁוֹן דִּיבּוּר) on pins and needles
אֵין לוֹ סַבְלָנוּת.

סיכה נ, סִיכָה lubrication
מְרִיחָה, בְּעִיקָּר שֶׁל שֶׁמֶן:
*הַ**סִּיכָה** הִיא טִיפּוּל חָשׁוּב בַּמְּכוֹנִית.*

סיכוי ז, סִכּוּי [סִיכּוּיִים] chance
מַה שֶּׁיָּכוֹל לִקְרוֹת, אֶפְשָׁרוּת מִתְקַבֶּלֶת עַל הַדַּעַת:
*לַמִּפְלָגָה הַחֲדָשָׁה יֵשׁ **סִיכּוּי** טוֹב לְהַצְלִיחַ בַּבְּחִירוֹת.*

סיכול ז, סִכּוּל undoing, upsetting
בִּיטּוּל, כְּשֶׁמַּפְרִיעִים לְמַשֶּׁהוּ לְהִתְבַּצֵּעַ:
*הִצְלַחְנוּ **בְּסִיכּוּל** הַכַּוָּונָה לְפַטֵּר עוֹבְדִים.*

סיכום ז, סִכּוּם [סִיכּוּמִים] summation, total
1. סַךְ־הַכֹּל:
*בָּעֶרֶב עָרַכְנוּ **סִיכּוּם** שֶׁל כָּל הַהַכְנָסוֹת מִן הַמְּכִירָה.*
2. עִיקַּר הַדְּבָרִים: summary
*הַתַּלְמִידִים כָּתְבוּ **סִיכּוּם** קָצָר שֶׁל הַהַרְצָאָה.*

סיכון ז, סִכּוּן [סִיכּוּנִים] risk
אִי בִּיטָּחוֹן שֶׁמַּשֶּׁהוּ יַצְלִיחַ, סַכָּנָה שֶׁיִּקְרֶה מַשֶּׁהוּ רַע:
*יֵשׁ **סִיכּוּן** בְּשִׁינּוּי מְקוֹם הָעֲבוֹדָה.*
סִיכּוּן־נְפָשׁוֹת - מַשֶּׁהוּ שֶׁעָלוּל לִגְרוֹם מָוֶות

סיכל פ, סִכֵּל frustrated, stultified
בִּיטֵּל, גָּרַם שֶׁמַּשֶּׁהוּ לֹא יִתְבַּצֵּעַ:
***סִיכַּלְנוּ אֶת** תּוֹכְנִית הָאוֹיֵב לִתְקוֹף אוֹתָנוּ.*
לְסַכֵּל אֶת- / ס.כ.ל, פִּיעֵל / סִיכַּלְתִּי, מְסַכֵּל, יְסַכֵּל, סַכֵּל!

סיכלות נ, סִכְלוּת foolishness
טִיפְּשׁוּת:
*זֹאת הָיְיתָה **סִיכְלוּת** לָצֵאת לְטִיּוּל בְּגֶשֶׁם כָּזֶה.*

סיכם פ, סִכֵּם summed up, totaled
1. חִיבֵּר אֶת כָּל הַמִּסְפָּרִים:
*מְנַהֵל הַחֶשְׁבּוֹנוֹת **סִיכֵּם** אֶת כָּל הַהַכְנָסוֹת וְהַהוֹצָאוֹת.*
2. אָמַר אֶת עִיקַּר הַדְּבָרִים: summarized
*הַמַּרְצֶה **סִיכֵּם** אֶת הַנְּקוּדוֹת הַחֲשׁוּבוֹת.*
לְסַכֵּם אֶת- / ס.כ.ם, פִּיעֵל / סִיכַּמְתִּי, מְסַכֵּם, יְסַכֵּם, סַכֵּם!

סיכן פ, סִכֵּן risked, endangered
1. גָּרַם שֶׁאוּלַי יִקְרֶה אָסוֹן:
*נְסִיעָה מְהִירָה מִדַּי **תְּסַכֵּן אֶת** חַיֵּי הַנּוֹסְעִים.*
2. גָּרַם שֶׁמַּשֶּׁהוּ אוּלַי לֹא יַצְלִיחַ: jeopardized
***סִיכַּנְתִּי אֶת** הַקַּרְיֶירָה שֶׁלִּי, כְּשֶׁאָמַרְתִּי שֶׁהַמְּנַהֵל טוֹעֶה.*
לְסַכֵּן אֶת- / ס.כ.ן, פִּיעֵל / סִיכַּנְתִּי, מְסַכֵּן, יְסַכֵּן

סיכסוךז', סִכְסוּךְ [סִיכְסוּכִים] — conflict, dispute
רִיב, קוֹנפלִיקט:
*פָּרַץ **סִיכסוּךְ** בֵּין הַשכֵנִים בִּגלַל הָרַעַש בַּבִּניָין.*

סיכסךפ', סִכְסֵךְ — caused conflict
גָרַם לְרִיב, לְקוֹנפלִיקט:
*הוּא **סִיכסֵךְ בֵּין** רוּת וְדָוִיד.*
לְסַכסֵךְ בֵּין- / ס.כ.ס.ך, פִּיעֵל / סִיכסַכתִי, מְסַכסֵךְ

סילוןז', סִילוֹן — jet
זֶרֶם שֶל נוֹזלִים:
סִילוֹן מַיִם פָּרַץ מִן הַצִינוֹר הַשָבוּר.
מְטוֹס-סִילוֹן — jet (plane)

סילוףז', סִלּוּף [סִילוּפִים] — distortion
מְסִירָה לֹא נְכוֹנָה שֶל דבָרִים:
*צָרִיך לִבדוֹק כֹּל אִינפוֹרמַציָה כְּדֵי לִמנוֹעַ **סִילוּפִים**.*

סילוקז', סִלּוּק [סִילוּקִים] — removal
1. כְּשֶמַרחִיקִים אוֹ מְבַטלִים מַשֶהוּ:
***סִילוּק** הָאֲבָנִים מִן הַכּבִיש מָנַע תְאוּנָה. / אֲנִי נֶגֶד **סִילוּק** תַלמִידִים מִן הַכִּיתָה.*
2. כְּשֶמְשַלמִים חוֹב, מִיסִים וְכוּ': — payment
*אַחֲרֵי **סִילוּק** הַתַשלוּמִים לֹא יִישָאֵר לִי כֶּסֶף.*

סילסולז', סִלְסוּל [סִילסוּלִים] — permanent wave (perm.)
1. כְּשֶיֵש תַלתַלִים בַּשֵׂיעָר אוֹ כְּשֶעוֹשִׂים תַלתַלִים:
*אֵין לִי סִילסוּל טִבעִי, אֲנִי עוֹשָׂה **סִילסוּל** בַּמִספָּרָה.*
2. בְּשִירָה - כְּשֶעוֹבְרִים מְטוֹנִים גבוֹהִים לִנמוּכִים וּלְהֵיפֶך: — trill
*בַּשִירָה הַמִזרָחִית יֵש **סִילסוּלִים**.*

סילסלפ', סִלְסֵל — curled, permed
1. עָשָׂה תַלתַלִים:
*הַסַפָּר **סִילסֵל לִי** אֶת הַשְׂעָרוֹת.*
2. (בְּשִירָה) עָבַר מְטוֹנִים גבוֹהִים לִטוֹנִים נְמוּכִים וּלְהֵיפֶך: — trilled
*כְּשֶהִיא שָרָה הִיא **מְסַלסֶלֶת בַּגָרוֹן**.*
לְסַלסֵל אֶת-, בְּ- / ס.ל.ס.ל, פִּיעֵל / סִילסַלתִי, מְסַלסֵל

סילףפ', סִלֵּף — distorted
שִינָה דבָרִים וְהִרחִיק אוֹתָם מִן הָאֱמֶת:
*הוּא **מְסַלֵף** כֹּל מַה שֶאוֹמרִים לוֹ.*
לְסַלֵף אֶת- / ס.ל.ף, פִּיעֵל / סִילַפתִי, מְסַלֵף, יְסַלֵף, סַלֵף!

סילקפ', סִלֵּק — removed
1. גֵירֵש, הִרחִיק:
*הַמוֹרֶה **סִילֵק** אֶת הַתַלמִיד הַמַפרִיעַ מִן הַכִּיתָה.*
2. שִילֵם מַה שֶצָרִיך: — payed up
***סִילַקתִי** אֶת כֹּל הַחוֹבוֹת וְנִשאַרתִי בּלִי כֶּסֶף.*
לְסַלֵק אֶת- / ס.ל.ק, פִּיעֵל / סִילַקתִי, מְסַלֵק, יְסַלֵק, סַלֵק!

סימאפ', סִמֵּא — blinded
(לָשוֹן סִפרוּתִית) גָרַם שֶלֹא יִראֶה:
*הוּא זָרַק אֶבֶן וְ**סִימֵא אֶת** הָעַיִן שֶל הֶחָתוּל.*
לְסַמֵא אֶת- / ס.מ.א, פִּיעֵל / סִימֵאתִי, מְסַמֵא, יְסַמֵא

סימוכיןז"ר סִמּוּכִין — support, evidence, substantiation (Aram.)
(אֲרָמִית) תְעוּדָה, מַשֶהוּ שֶעוֹזֵר לְהוֹכָחָה:
*בְּבֵית מִשפָּט צָרִיך לְהָבִיא **סִימוּכִין**.*

סימוםז', סִמּוּם — drugging
כְּשֶנוֹתנִים חוֹמֶר שֶגוֹרֵם לֹא לְהַרגִיש כְּאֵב:
***סִימוּם** אַחֲרֵי נִיתוּחַ עוֹזֵר נֶגֶד הַכְּאֵבִים.*

סימוןז', סִמּוּן [סִימוּנִים] — marking
קבִיעָה שֶל סִימָן, קוֹד וְכוּ':
***סִימוּן** מְחִירִים עַל סחוֹרָה הוּא חוֹבָה.*

סימטה/סימטאנ', סִמְטָה [סִימטוֹת/סִימטָאוֹת]
רְחוֹב קָטָן, לֹא רָאשִי: — side-street, alley
*אֲנִי גָר **בְּסִימטָה** לְיַד רְחוֹב דִיזֶנגוֹף.*

סימלפ', סִמֵּל — symbolized
הָיָה סֵמֶל, דוּגמָה:
*הַיוֹנָה **מְסַמֶלֶת אֶת** הַשָלוֹם.*
לְסַמֵל אֶת- / ס.מ.ל, פִּיעֵל / סִימַלתִי, מְסַמֵל, יְסַמֵל, סַמֵל!

סימםפ', סִמֵּם — drugged
נָתַן חוֹמֶר לְמִישֶהוּ, כְּדֵי שֶלֹא יֵדַע מַה קוֹרֶה...:
*הָרוֹפֵא **סִימֵם** אֶת הַחוֹלֶה, כְּדֵי שֶלֹא יַרגִיש כְּאֵבִים.*
***סִימְמוּ** אוֹתוֹ בְּהֶרוֹאִין.*
לְסַמֵם אֶת- / ס.מ.ם, פִּיעֵל / סִימַמתִי, מְסַמֵם, יְסַמֵם

סימןפ', סִמֵּן — marked, signaled
נָתַן אוֹת, עָשָׂה סִימָן (בַּיָדַיִים, בַּגוּף, בְּצֶבַע, בְּצוּרָה גרָפִית וְכוּ'):
*הַשוֹטֵר **סִימֵן** לַנֶהָג לַעֲצוֹר אֶת הַמְכוֹנִית.*
לְסַמֵן אֶת- / ס.מ.ן, פִּיעֵל / סִימַנתִי, מְסַמֵן, יְסַמֵן, סַמֵן!

סימןז', סִימָן [סִימָנִים] — mark, sign
סֵמֶל, סִימבּוֹל:
*הָאוֹתִיוֹת הָאַלפַבֵּיתִיוֹת הֵן **סִימָנִים** לִקרִיאָה וְלִכתִיבָה.*
*יֵש רוּחַ וַעֲנָנִים בַּחוּץ - **סִימָן** שֶיֵרֵד גֶשֶם.*
סִימָנֵי פִּיסוּק - סִימָן שְאֵלָה(?), סִימָן קרִיאָה(!) נְקוּדָה(.), נְקוּדָתַיִים(:), פְּסִיק(,) וְכוּ'

סִימָן מִסחָרִי logo

סִימַן-הֶיכֵּר identifying mark

סימנייהנ' סִימָנִיָּה [סִימָנִיּוֹת] marker

מַה שֶׁשָּׂמִים בְּסֵפֶר כְּדֵי לִמצוֹא עַמוּד מְסוּיָּם:

*אַל תְּקַפֵּל אֶת הַדַּף בַּסֵּפֶר, תִּשׁתַּמֵּשׁ **בְּסִימָנִיָּה**.*

סימרפ' סִמֵּר stiffened, caused (hair) to stand on end

1. עָשָׂה שֶׁיִּהיֶה כּמוֹ מַסמֵר (= קָשֶׁה וְעוֹמֵד):
*הֶחָתוּל **סִימֵּר** אֶת הַשְּׂעָרוֹת שֶׁלּוֹ מֵרוֹב פַּחַד.*
2. עָשָׂה שֶׁיִּהיֶה מְחוּבָּר בְּמַסמְרִים: nailed
***סִימַּרתִי אֶת** הַכִּיסאוֹת לָרִצפָּה, כְּדֵי שֶׁלֹּא יָזוּזוּ.*

לְסַמֵּר אֶת- / ס.מ.ר, פִּיעֵל / סִימַּרתִי, מְסַמֵּר, יְסַמֵּר, סַמֵּר!

סיןש"פ סִין China

שֵׁם שֶׁל אֶרֶץ בְּמִזרַח אַסיָה:

*מָאוֹ צֶה דוֹן הָיָה הַמַּנהִיג שֶׁל **סִין**.*

סינגרפ' סִנְגֵּר defended

אָמַר דְּבָרִים טוֹבִים כְּדֵי לְהָגֵן עַל מִישֶׁהוּ:

***סִינגַּרתִי עַל** דָּוִד, כִּי אֲנִי חוֹשֵׁב שֶׁהוּא אֵינוֹ אָשֵׁם.*

לְסַנגֵּר עַל- / ס.נ.ג.ר, פִּיעֵל / סִינגַּרתִי, מְסַנגֵּר, יְסַנגֵּר

סינדלפ' סִנְדֵּל put on sandals

שָׂם סַנדָּלִים עַל רַגלַיִים שֶׁל מִישֶׁהוּ.

(מֶטָאפוֹרָה) סָגַר בְּשַׁרשֶׁרֶת גַּלגַּלִּים שֶׁל מְכוֹנִית, כְּדֵי שֶׁאִי אֶפשָׁר יִהיֶה לִנסוֹעַ: put Denver-boots (on car)

***סִינדְּלוּ אֶת** הַמְּכוֹנִית, שֶׁעָמְדָה בְּמָקוֹם אָסוּר.*

לְסַנדֵּל אֶת- / ס.נ.ד.ל, פִּיעֵל / סִינדַּלתִי, מְסַנדֵּל, יְסַנדֵּל

סינוורפ' סִנְוֵר blinded (by strong light)

גָּרַם שֶׁלֹּא יִראֶה טוֹב:

*אוֹרוֹת הַמְּכוֹנִית **מְסַנוְורִים אוֹתִי**.*

לְסַנוֵור אֶת- / ס.נ.ו.ר, פִּיעֵל / סִינוַורתִי, יְסַנוֵור, סַנוֵור!

סינוורז' סִנְווּר [סִינווּרִים] blinding (by strong light)

פְּגִיעָה בָּראִיָּיה (עַל-יְדֵי אוֹר וְכוּ'):

*אוֹר חָזָק גּוֹרֵם לִי **סִינווּר**.*

סינוןז' סִנּוּן [סִינוּנִים] filtering, straining

כְּשֶׁמַּעֲבִירִים נוֹזְלִים דֶּרֶךְ כְּלִי, כְּדֵי שֶׁיִּהיוּ נְקִיִּים:

*רַק אַחֲרֵי **סִינּוּן** מוּתָּר לִשׁתוֹת מִן הַמַּיִם הָאֵלֶּה.*

סינורז' סִנּוֹר (סִנָּר) apron

בֶּגֶד עֶליוֹן שׁוֹמֵר עַל הַבְּגָדִים הָאֲחֵרִים מִלִּכלוּךְ:

*אֲנִי לוֹבֶשֶׁת **סִינוֹר** כְּשֶׁאֲנִי מְבַשֶּׁלֶת.*

סיניתה"ז סִינִי [סִינִים] Chinese person

1. מִי שֶׁגָּר, נוֹלַד וְכוּ' בְּסִין:
***הַסִּינִים** אוֹכלִים הַרבֵּה אוֹרֶז.*
2. שֶׁשַּׁיָּיךְ לְסִין, שֶׁבָּא מִסִּין: Chinese
*אֲנִי אוֹהֵב אוֹכֶל **סִינִי**.*

סִינִית, סִינִיִּים, סִינִיּוֹת

סינןפ' סִנֵּן filtered, strained

1. הֶעֱבִיר נוֹזֵל דֶּרֶךְ כְּלִי כְּדֵי לְנַקּוֹתוֹ:
*צָרִיךְ **לְסַנֵּן אֶת** הַמָּרָק בִּשׁבִיל הַתִּינוֹק.*
2. (מֶטָאפוֹרָה) דִּיבֵּר כְּאִילוּ הַמִּילִים יוֹצאוֹת מִבֵּין הַשִּׁינַּיִים: muttered
*הוּא **סִינֵּן** קְלָלָה מִבֵּין הַשִּׁינַּיִים.*

לְסַנֵּן אֶת- / ס.נ.ן, פִּיעֵל / סִינַּנתִי, מְסַנֵּן, יְסַנֵּן, סַנֵּן!

סינףפ' סִנֵּף affiliated, annexed

עָשָׂה שֶׁיִּהיֶה שַׁיָּיךְ:

***סִינַּפנוּ אֶת** כֹּל חֲנוּיוֹת הַשּׁוֹקוֹלָד לַחֲנוּיוֹת שֶׁלָּנוּ.*

לְסַנֵּף אֶת- / ס.נ.ף, פִּיעֵל / סִינַּפתִי, מְסַנֵּף, אֲסַנֵּף, יְסַנֵּף

סינר ר' סינור

סינתזפ' סִנְתֵּז synthesized

עָשָׂה סִינתֶזָה, חִיבֵּר בֵּין חוֹמָרִים כִּימִיִּים אוֹ בֵּין צלִילִים בְּמוּסִיקָה:

***סִינתַזנוּ** בַּמַּעבָּדָה לְכִימיָה וְיָצָא חוֹמֶר לֹא מוּכָּר.*

לְסַנתֵּז אֶת- / ס.נ.ת.ז, פִּיעֵל / סִינתַזתִי, מְסַנתֵּז, יְסַנתֵּז

סיסמהנ' סִיסמָה [סִיסמוֹת/סִיסמָאוֹת] password

1. (מִין סִימָן) מִילָּה אוֹ יוֹתֵר, שֶׁצָּרִיךְ לְהַגִּיד לְחַיָּילִים שֶׁשּׁוֹמרִים וְכוּ':
*כֹּל עֶרֶב מְשַׁנִּים אֶת **הַסִּיסמָה**, כְּדֵי שֶׁהָאוֹיֵב לֹא יֵדַע.*
2. מִשׁפָּט שֶׁיֵּשׁ בּוֹ רַעיוֹן, סִימָן: slogan
*לְכֹל מִפלָגָה יֵשׁ **סִיסמָה** מִשֶּׁלָּהּ.*

סיעהנ' סִיעָה [סִיעוֹת] faction

קְבוּצָה קְטַנָּה בְּתוֹךְ קְבוּצָה גְּדוֹלָה:

*בְּתוֹךְ הַמִּפלָגוֹת הַגְּדוֹלוֹת יֵשׁ כַּמָּה **סִיעוֹת**.*

סיעתית' סִיעָתִי factional

שֶׁשַּׁיָּיךְ לִקבוּצָה, שֶׁיֵּשׁ לָהּ רַעיוֹן מְשׁוּתָּף:

*הַדִּיּוּן **הַסִּיעָתִי** פִּילֵּג אֶת הַמִּפלָגָה לְשָׁלוֹשׁ קְבוּצוֹת.*

סִיעָתִית, סִיעָתִיִּים, סִיעָתִיּוֹת

סיעתיותנ' סִיעָתִיּוּת factionalism

חֲלוּקָה לְפִי סִיעוֹת (קְבוּצוֹת):

***הַסִּיעָתִיּוּת** תַּהֲרוֹס אֶת הַמִּפלָגָה.*

סיפאז׳ סֵיפָא end, conclusion (Aram.)
(אֲרָמִית) סוֹף, הַחֵלֶק הָאַחֲרוֹן בְּסֵפֶר, בְּמַאֲמָר, בְּמִשְׁפָּט וְכוּ׳:
*לֹא הֵבַנְתִּי אֶת הַ**סֵּיפָא** שֶׁל הַמַּאֲמָר.*

סיפוחז׳ סִפּוּחַ [סִיפּוּחִים] annexation
צֵירוּף, כְּשֶׁמַּשֶּׁהוּ נַעֲשֶׂה חֵלֶק אִינְטֶגְרָלִי מִמַּשֶּׁהוּ אַחֵר:
*יְרוּשָׁלַיִם גָּדְלָה אַחֲרֵי הַ**סִּיפּוּחַ** שֶׁל הַשְּׁטָחִים הַחֲדָשִׁים.*

סיפוןז׳ סִפּוּן [סִיפּוּנִים] (ship) deck
סִיפּוּן הָאוֹנִיָּיה - הַחֵלֶק הַפָּתוּחַ בָּאוֹנִיָּיה, שֶׁאֲנָשִׁים מְטַיְּילִים עָלָיו:
*יָרַד גֶּשֶׁם, וְלֹא הָיָה אִישׁ עַל **סִיפּוּן** הָאוֹנִיָּיה.*

סיפוקז׳ סִפּוּק satisfaction
1. דָּבָר שֶׁגּוֹרֵם שְׂבִיעוּת רָצוֹן לַגּוּף, לַנֶּפֶשׁ:
*דִּינָה מָצְאָה **סִיפּוּק** רַב בַּעֲבוֹדָתָהּ.*
2. כְּשֶׁדּוֹאֲגִים שֶׁיִּהְיֶה מַה שֶּׁצָּרִיךְ: satisfying
*אֵין לִי מַסְפִּיק כֶּסֶף **לְסִיפּוּק** צוֹרְכֵי הַמִּשְׁפָּחָה.*

סיפורז׳ סִפּוּר [סִיפּוּרִים] story
מַעֲשֶׂה דִּימְיוֹנִי, שֶׁמִּישֶׁהוּ מוֹסֵר בְּסֵפֶר אוֹ עַל-פֶּה:
*יְלָדִים אוֹהֲבִים לִשְׁמוֹעַ **סִיפּוּרִים** וְאַגָּדוֹת לִפְנֵי הַשֵּׁינָה.*

סיפורית׳ סִפּוּרִי narrative
שֶׁיֵּשׁ בּוֹ סִיפּוּר, מַשֶּׁהוּ שֶׁקָּרָה אוֹ לֹא קָרָה:
*בַּסֵּפֶר שְׁנֵי חֲלָקִים, חֵלֶק הִיסְטוֹרִי וְחֵלֶק **סִיפּוּרִי**.*
סִיפּוּרִית, סִיפּוּרִיִּים, סִיפּוּרִיּוֹת

סיפורתנ׳ סִפֹּרֶת fiction
פְּרוֹזָה אוֹמָנוּתִית, לֹא פְּרוֹזָה אִינְפוֹרְמָטִיבִית:
*אֲנִי אוֹהֵב **סִיפּוֹרֶת** יוֹתֵר מֵאֲשֶׁר שִׁירָה.*

סיפחפ׳ סִפֵּחַ (סִפַּח) added, annexed, attached
חִיבֵּר, הוֹסִיף:
***סִיפַּחְתִּי אֶת** דָּוִיד לַקְּבוּצָה.*
לְסַפֵּחַ אֶת- / ס.פ.ח, פִּיעֵל / סִיפַּחְתִּי, מְסַפֵּחַ

סיפןז׳ סֵיפָן (סַיְפָן) [סַיְפָנִים/סֵייפָנִים] gladiolus
שֵׁם פֶּרַח - יֵשׁ לוֹ גִּבְעוֹל אָרוֹךְ וְהַרְבֵּה פְּרָחִים:
*כְּשֶׁקָּנִיתִי אֶת הַ**סֵּייפָנִים** הֵם נִרְאוּ כְּמוֹ מַקְלוֹת, וְעַכְשָׁיו - אֵיזֶה יוֹפִי!*

סיפסרפ׳ סִפְסֵר profiteered
מָכַר בְּיוֹקֶר רַב מִצְרָכִים אֶלֶמֶנְטָרִיִּים:
*בִּזְמַן הַמִּלְחָמָה הוּא **סִיפְסֵר בְּקֶמַח**.*
לְסַפְסֵר בְּ- / ס.פ.ס.ר, פִּיעֵל / סִיפְסַרְתִּי, מְסַפְסֵר, יְסַפְסֵר

סיפקפ׳ סִפֵּק satisfied
1. הִשְׂבִּיעַ רָצוֹן, עָשָׂה שֶׁיִּרְצוּ בּוֹ, יַסְכִּימוּ לוֹ:
*הַתְּשׁוּבָה שֶׁל הַתַּלְמִידָה **סִיפְּקָה אֶת** הַמּוֹרָה.*
2. נָתַן כֹּל מַה שֶׁצָּרִיךְ: supplied
*הַקִּיבּוּץ **מְסַפֵּק אֶת** כֹּל הַצְּרָכִים.*
לְסַפֵּק אֶת- / ס.פ.ק, פִּיעֵל / סִיפַּקְתִּי, מְסַפֵּק, אֲסַפֵּק

סיפרפ׳ סִפֵּר told (m.)
מָסַר עַל פֶּה מַשֶּׁהוּ שֶׁקָּרָה אוֹ מַשֶּׁהוּ דִּימְיוֹנִי:
*סַבָּא **מְסַפֵּר** לַנְּכָדִים סִיפּוּרִים מִן הֶעָבָר.*
לְסַפֵּר אֶת- לְ- / ס.פ.ר, פִּיעֵל / סִיפַּרְתִּי, מְסַפֵּר, יְסַפֵּר

סיפרהנ׳ סִפְרָה [סְפָרוֹת] digit, figure
הַסִּימָן הַכָּתוּב לְמִסְפָּרִים:
*אֶת הַ**סִּיפְרָה** שֶׁבַע כּוֹתְבִים 7 אוֹ 7.*

סיפרורז׳ סִפְרוּר numeration
קְבִיעָה, סִידוּר לְפִי מִסְפָּרִים:
*אֶקְרָא לְפִי הַסֵּדֶר אַחֲרֵי **סִיפְרוּר** הַדַּפִּים.*

סיפררפ׳ סִפְרֵר numerated, numbered
קָבַע מִסְפָּרִים כְּדֵי לְאַרְגֵּן לְפִי סֵדֶר:
***סִיפְרַרְתִּי אֶת** הַדַּפִּים כְּדֵי לֹא לְהִתְבַּלְבֵּל.*
לְסַפְרֵר אֶת- / ס.פ.ר.ר, פִּיעֵל / סִיפְרַרְתִּי, מְסַפְרֵר

סיקולז׳ סִקּוּל removal of stones
הוֹצָאָה שֶׁל אֲבָנִים מֵהָאֲדָמָה:
*אַחֲרֵי הַ**סִּיקּוּל** נִשְׁתּוֹל פְּרָחִים בַּגִּינָּה.*

סיקורז׳ סִקּוּר coverage (by media)
תֵּיאוּר שֶׁל מַשֶּׁהוּ שֶׁקָּרָה/קוֹרֶה:
***סִיקּוּר** מִן הַמָּקוֹם שֶׁקּוֹרֶה בּוֹ מַשֶּׁהוּ הוּא אֲמִיתִּי.*

סיקלפ׳ סִקֵּל removed stones
הוֹצִיא אֲבָנִים מֵהָאֲדָמָה:
***סִיקַּלְתִּי אֶת** כֹּל הָאֲבָנִים כְּדֵי לִשְׁתּוֹל פְּרָחִים.*
לְסַקֵּל אֶת- / ס.ק.ל, פִּיעֵל / סִיקַּלְתִּי, מְסַקֵּל, יְסַקֵּל, סַקֵּל!

סיקרפ׳ סִקֵּר covered (a news event)
תֵּיאֵר מַה שֶׁקָּרָה אוֹ קוֹרֶה:
***סִיקַּרְנוּ אֶת** יְשִׁיבוֹת הַמֶּמְשָׁלָה.*
לְסַקֵּר אֶת -/ ס.ק.ר, פִּיעֵל / סִיקַּרְתִּי, מְסַקֵּר, אֲסַקֵּר, סַקֵּר!

סיקרןפ׳ סִקְרֵן (was) made curious, was intrigued
עָשָׂה שֶׁיִּרְצוּ לִשְׁמוֹעַ, לָדַעַת, לִקְרוֹא יוֹתֵר:
***סִיקְרֵן אוֹתִי** לָדַעַת אֵיךְ נִגְמַר הַסִּיפּוּר.*
לְסַקְרֵן אֶת- / ס.ק.ר.ן, פִּיעֵל / סִיקְרְנוּ, מְסַקְרֵן, יְסַקְרֵן

סִירז׳ סִיר [סִירִים] pot
כְּלִי שֶׁמְּבַשְּׁלִים בּוֹ:
*בִּישַּׁלְתִּי אֶת כֹּל הָאֲרוּחָה **בְּסִיר** אֶחָד: מָרָק, בָּשָׂר וִירָקוֹת.*

סֵירֵבפ׳ סֵרֵב refused
לֹא הִסְכִּים, לֹא רָצָה:
*הָעוֹבְדִים **סֵירְבוּ** לְקַבֵּל אֶת הַהַצָּעָה שֶׁל הַמְּנַהֵל.*
לְסָרֵב לְ- / ס.ר.ב, פִּיעֵל / סֵירַבְתִּי, מְסָרֵב, אֲסָרֵב

סִירְבּוּלז׳ סִרְבּוּל [סִירְבּוּלִים] clumsiness, awkwardness
כְּשֶׁמַּשֶּׁהוּ נַעֲשָׂה בִּכְבֵדוּת, לֹא פָּשׁוּט:
*הַבְּיוּרוֹקְרַטְיָה יוֹצֶרֶת **סִירְבּוּל**.*

סִירְבֵּלפ׳ סִרְבֵּל made cumbersome/awkward
עָשָׂה שֶׁיִּהְיֶה כָּבֵד, לֹא מוּבָן וְכוּ׳:
*בִּמְקוֹם לִכְתּוֹב מִשְׁפָּטִים פְּשׁוּטִים הוּא **סִירְבֵּל אוֹתָם**.*
לְסַרְבֵּל אֶת- / ס.ר.ב.ל, פִּיעֵל / סִירְבַּלְתִּי, מְסַרְבֵּל, סַרְבֵּל!

סִירָהנ׳ סִירָה [סִירוֹת] boat
כְּלִי תַחְבּוּרָה קָטָן וּפָתוּחַ לִנְסִיעָה בְּמַיִם:
*אֲנַחְנוּ אוֹהֲבִים לָשׁוּט **בְּסִירוֹת** בַּנָּהָר אוֹ בַּיָּם.*

סֵירוּבז׳ סֵרוּב [סֵירוּבִים] refusal
אִי הַסְכָּמָה, אִי רָצוֹן לְקַבֵּל מַשֶּׁהוּ:
*לֹא תָּמִיד צָרִיךְ לַעֲנוֹת **בְּסֵירוּב**.*

סֵירוּגִיןתה״פ סֵרוּגִין intermittently
(אֲרָמִית) לֹא בְּבַת אַחַת, לֹא זֶה אַחַר זֶה:
*הַגֶּשֶׁם יָרַד **לְסֵירוּגִין** - גֶּשֶׁם, הַפְסָקָה, עוֹד פַּעַם גֶּשֶׁם וְכוּ׳.*

סֵירוּסז׳ סֵרוּס [סֵירוּסִים] castration
1. כְּשֶׁעוֹשִׂים שֶׁגֶּבֶר (אוֹ זָכָר) לֹא יוּכַל לְהוֹלִיד יְלָדִים:
***הַסֵּירוּס** שֶׁל הַחֲתוּלִים הַקְטִין אֶת מִסְפָּרָם בָּעִיר.*
2. קִילְקוּל, תֵּיאוּר לֹא נָכוֹן: distortion
*הוּא פּוֹחֵד שֶׁהַסְּלֶנְג יָבִיא **לְסֵירוּס** הַשָּׂפָה.*

סִירְחוֹןז׳ סֵרָחוֹן [סִירְחוֹנוֹת] stench, stink
רֵיחַ רַע:
*בָּשָׂר מְקוּלְקָל גּוֹרֵם **לְסֵירָחוֹן** גָּדוֹל.*

סִירְטוּטז׳ סִרְטוּט/שִׂרְטוּט [סִירְטוּטִים] sketch, drawing
1. צִיּוּר שֶׁל קַוִּים:
*לְפִי **הַסִּירְטוּט** אֶפְשָׁר לָדַעַת אֵיךְ יִהְיֶה הַבַּיִת הֶחָדָשׁ.*
2. כְּשֶׁמְּצַיְּירִים קַוִּים לְתוֹכְנִית: drafting, drawing
*מְהַנְדְּסִים לוֹמְדִים **סִירְטוּט** בַּטֶּכְנִיוֹן.*

סִירְטוֹןז׳ סִרְטוֹן [סִירְטוֹנִים] film-strip
סֶרֶט קָטָן (בַּקּוֹלְנוֹעַ, בַּטֶּלֶוִויזְיָה וְכוּ׳):
*לִפְנֵי הַסֶּרֶט הָיָה **סִירְטוֹן** קָצָר עַל הָעֲלִיָּיה.*

סִירְטֵט (שִׂירְטֵט)פ׳ סִרְטֵט [שִׂרְטֵט] drew, sketched
צִיֵּיר קַוִּים לְתוֹכְנִית שֶׁל בִּנְיָין וְכוּ׳:
*אֲנִי **אֲסַרְטֵט לְךָ אֶת** תּוֹכְנִית הַבַּיִת.*
לְסַרְטֵט אֶת- / ס.ר.ט.ט, פִּיעֵל / סִירְטַטְתִּי, מְסַרְטֵט

סִירְטֵןפ׳ סִרְטֵן caused cancer
גָּרַם לְמַחֲלַת הַסַּרְטָן:
*הַחוֹמֶר הַכִּימִי הַזֶּה יָכוֹל **לְסַרְטֵן**.*
לְסַרְטֵן אֶת- / ס.ר.ט.ן, פִּיעֵל / סִירְטְנוּ, מְסַרְטֵן, יְסַרְטֵן

סֵירֵספ׳ סֵרֵס castrated
1. עָשָׂה שֶׁגֶּבֶר לֹא יוּכַל לְהוֹלִיד יְלָדִים (גַּם בַּעֲלֵי חַיִּים):
***סֵירְסוּ אֶת** הֶחָתוּל שֶׁלָּנוּ.*
2. קִילְקֵל, שִׁינָּה, הִרְחִיק מִן הַנָּכוֹן, מֵהָאֱמֶת: distorted
*אַתָּה **מְסָרֵס אֶת** הַכַּוָּונָה שֶׁל הַמַּאֲמָר.*
לְסָרֵס אֶת- / ס.ר.ס, פִּיעֵל / סֵירְסוּ, מְסָרֵס, אֲסָרֵס

סִירְפָּדז׳ סִרְפָּד [סִירְפָּדִים] nettle
צֶמַח בַּשָּׂדֶה, כְּשֶׁנּוֹגְעִים בּוֹ מַרְגִּישִׁים דְּקִירוֹת:
*אַל תִּיגַּע **בַּסִּירְפָּדִים**, כִּי יִכְאֲבוּ לְךָ הַיָּדַיִים.*

סֵירֵקפ׳ סֵרֵק combed
עָשָׂה שֶׁהַשְּׂעָרוֹת יִהְיוּ מְסוּדָּרוֹת:
*כֹּל בּוֹקֶר אֲנִי **מְסָרֶקֶת אֶת** הַשְּׂעָרוֹת שֶׁלִּי.*
לְסָרֵק אֶת- / ס.ר.ק, פִּיעֵל / סֵירַקְתִּי, מְסָרֵק, יְסָרֵק, סָרֵק!

סִיתּוּתז׳ סִתּוּת chiselling
כְּשֶׁעוֹשִׂים שֶׁלָּאֶבֶן תִּהְיֶה צוּרָה חֲלָקָה:
*אִי אֶפְשָׁר לְהִשְׁתַּמֵּשׁ בָּאֲבָנִים לְבִנְיָין בְּלִי **סִיתּוּת**.*

סִיתֵּתפ׳ סִתֵּת chiselled
עָשָׂה שֶׁאֶבֶן תִּהְיֶה חֲלָקָה בְּצוּרָה מְסוּיֶּמֶת:
*צָרִיךְ **לְסַתֵּת אֶת** הָאֲבָנִים, כְּדֵי שֶׁיִּהְיוּ מַתְאִימוֹת זוֹ לְזוֹ.*
לְסַתֵּת אֶת- / ס.ת.ת, פִּיעֵל / סִיתַּתִּי, מְסַתֵּת, יְסַתֵּת

סָךְפ׳ סָךְ greased
(לָשׁוֹן גְּבוֹהָה) מָרַח שֶׁמֶן:
*צָרִיךְ **לָסוּךְ אֶת** הַמְּכוֹנָה.*
לָסוּךְ אֶת- / ס.ו.ך, פָּעַל / סַכְתִּי, סָךְ, אָסוּךְ, יָסוּךְ

סָךְז׳ סָךְ sum, amount
סְכוּם, כַּמּוּת שֶׁל כֶּסֶף:
*נָתַתִּי לוֹ **סָךְ** שֶׁל 1,000 ש״ח.*
סַךְ-הַכֹּלתה״פ - חֶשְׁבּוֹן סוֹפִי: total amount
*קָנִיתִי סְפָרִים בְּ-200 שֶׁקֶל, אוֹכֶל בְּ-500 שֶׁקֶל - **סַךְ הַכֹּל** 700 שֶׁקֶל.*

סכוםז׳ סְכוּם [סכוּמים] amount

1. כַּמּוּת כְּלָלִית:

*דָוִד וְחַנָּה שָׂכְרוּ דִירָה וְשִׁילְמוּ אֶת כָּל **הַסְּכוּם** לְשָׁנָה.*

2. תוֹצָאָה בְּחֶשְׁבּוֹן שֶׁל מִספָּר + מִספָּר: sum

***הַסְּכוּם** שֶׁל 5+7 הוּא 12.*

סכוםז׳ סַכּוּ״ם cutlery

ר״ת: **סַ**כִּין, **כַּ**ף **וּמַ**זְלֵג:

*בְּמֶשֶׁךְ הַטִיוּל הִשְׁתַּמַּשְׁנוּ **בְּסַכּוּ״ם** חַד-פַּעֲמִי, אַחֲרֵי הָאוֹכֶל זָרַקְנוּ אוֹתוֹ לַפַּח.*

סכיןזו״נ סַכִּין [סַכִּינִים] knife

כְּלִי חַד שֶׁחוֹתְכִים בּוֹ:

*אֵיפֹה **הַסַּכִּין**? אֲנִי רוֹצָה לַחתוֹךְ אֶת הָעוּגָה.*

סַכִּין-גִילוּחַ razor (blade)

סכינאיז׳ סַכִּינַאי [סַכִּינָאִים] cutthroat

(לָשׁוֹן סִפרוּתִית) מִי שֶׁמִשְׁתַּמֵּשׁ בְּסַכִּין כְּדֵי לְהַשִּׂיג מַשֶּׁהוּ:

*הוּא נִראָה כְּמוֹ **סַכִּינַאי** בְּמַחֲזֶה שֶׁל בְּרֶכְט.*

סכךז׳ סְכָךְ thatch

עֲנָפִים שֶׁל עֵצִים (מְשַׁמְשִׁים גַג לְסוּכָּה בְּחַג הַסוּכּוֹת):

*בָּנִינוּ סוּכָּה, וְהֵבֵאנוּ **סְכָךְ**.*

סכךפ׳ סָכַךְ covered, protected

הִסתִיר מֵאֲחוֹרֵי, שָׁמַר, כִּיסָה:

*הָעֵצִים **סוֹכְכִים עַל** הַבַּיִת. / הַאִם **סָכְכָה בְּיָדֶיהָ** עַל הַיֶלֶד.*

לִסכּוֹךְ עַל-, בְּ- / ס.כ.ך, פָּעַל / סָכַכתִי, סוֹכֵךְ

סככהנ׳ סְכָכָה [סְכָכוֹת] shed, pergola

מָקוֹם פָּתוּחַ, גַג עַל עַמּוּדִים:

*עָמַדנוּ **בַּסְּכָכָה**, וְלָכֵן לֹא נִרטַבנוּ בַּגֶּשֶׁם.*

סכלז׳ סָכָל [סְכָלִים] fool

טִיפֵּשׁ:

***הַסְּכָלִים** לֹא חוֹשְׁבִים, לִפנֵי שֶׁהֵם עוֹשִׂים מַשֶּׁהוּ.*

סְכָלָה, סְכָלוֹת

סכנהנ׳ סַכָּנָה [סַכָּנוֹת] danger

מַצָּב לֹא בָּטוּחַ, עָלוּל לִגרוֹם מָוֶות, פְּצִיעָה...:

***סַכָּנָה** לַחֲצוֹת כְּבִישׁ בְּאוֹר אָדוֹם! / הוּא נִפצַע קָשֶׁה, וְיֵשׁ **סַכָּנָה** לְחַיָּיו.*

סַכָּנַת נְפָשׁוֹת / סַכָּנַת מָוֶות / שְׁעַת סַכָּנָה

סכסכןתו״ז סַכְסְכָן [סַכְסְכָנִים] trouble-maker, instigator

מִי שֶׁגּוֹרֵם שֶׁאֲנָשִׁים יָרִיבוּ:

*תִיזָּהֵר מִמֶּנּוּ! הוּא **סַכְסְכָן**, הוּא רוֹצֶה שֶׁנָּרִיב.*

סַכְסְכָנִית, סַכְסְכָנִיּוֹת

סכסכנותנ׳ סַכְסְכָנוּת trouble-making, instigating

כְּשֶׁגוֹרְמִים לִמְרִיבוֹת בֵּין אֲנָשִׁים:

***הַסַּכְסְכָנוּת** שֶׁלּוֹ גוֹרֶמֶת לְשִׂנְאָה בֵּין הָעוֹבְדִים.*

סכרפ׳ סָכַר dammed, (blocked)

סָגַר, סָתַם, עָצַר:

***סָכַרנוּ אֶת** מֵי הַגְּשָׁמִים.*

לִסכּוֹר אֶת- / ס.כ.ר, פָּעַל / סָכַרתִי, סוֹכֵר, אֶסכּוֹר

סכרז׳ סֶכֶר [סְכָרִים] dam

מַשֶּׁהוּ שֶׁעוֹצֵר (בְּעִיקָר זֶרֶם מַיִם):

*אֲנַחנוּ בּוֹנִים **סְכָרִים**, כְּדֵי שֶׁמֵי הַגֶּשֶׁם לֹא יִבְרְחוּ לַיָּם.*

סלז׳ סַל [סַלִּים] basket

שָׂמִים בּוֹ דְבָרִים כְּדֵי לְהַעֲבִירָם מִמָּקוֹם לְמָקוֹם:

*הַיֶּלֶד הֵבִיא **בַּסַּל** לֶחֶם, גְבִינָה, בֵּיצִים וְחָלָב.*

סלדפ׳ סָלַד was disgusted

מַשֶּׁהוּ דָחָה אוֹתוֹ, לֹא יָכוֹל לִסבּוֹל:

***סָלַדְתִּי** מִצּוּרַת הַדִּיבּוּר הָאַגְרֶסִיבִית שֶׁלּוֹ.*

לִסלוֹד מִ- / ס.ל.ד, פָּעַל / סָלַדתִי, סוֹלֵד, יִסלוֹד

סלולת׳ סָלוּל paved (adj.)

(דֶרֶךְ, כְּבִישׁ) מַתאִים לִנסִיעָה, הֲלִיכָה וְכוּ׳:

*בִּדְרָכִים לֹא **סְלוּלוֹת**, קָשֶׁה לִנסוֹעַ.*

(מֶטָאפוֹרָה) **דֶּרֶךְ סְלוּלָה** - דֶרֶךְ בְּרוּרָה, תוֹכנִית מוּכָנָה:

*דַרכּוֹ בַּחַיִּים **סְלוּלָה** - אַחֲרֵי בֵּית הַסֵּפֶר - צָבָא, אַחַר כָּךְ לִימוּדִים וְכוּ׳.*

סְלוּלָה, סְלוּלִים, סְלוּלוֹת

סלוןז׳ סָלוֹן [סָלוֹנִים] living room, parlor

הַחֶדֶר הַגָּדוֹל וְהַמֶּרְכָּזִי בַּדִירָה:

*הָאוֹרְחִים יוֹשְׁבִים **בַּסָּלוֹן** וּמְדַבְּרִים.*

סָלוֹן לְיוֹפִי beauty parlor

סלחפ׳ סָלַח forgave

1. הִסכִּים לִשְׁכּוֹחַ מַעֲשֶׂה רַע שֶׁעָשׂוּ לוֹ:

*הַיֶּלֶד הִתנַצֵּל עַל הַחוּצפָּה, וְהַזָּקֵן **סָלַח** לוֹ.*

2. פְּנִיָּיה שֶׁל נִימוּס לִפנֵי בַּקָּשָׁה, שְׁאֵלָה:

***תִסלַח** לִי, אוּלַי אַתָּה יוֹדֵעַ אֵיפֹה רח׳ גַת?* excuse me

לִסלוֹחַ, לְ- / ס.ל.ח, פָּעַל / סָלַחתִי, סוֹלֵחַ, יִסלַח, סלַח!

סלחןתו״ז סַלְחָן [סַלְחָנִים] forgiving

מִי שֶׁמּוּכָן לִסלוֹחַ עַל מַשֶּׁהוּ רַע שֶׁעָשׂוּ לוֹ:

*הוֹרִים צְרִיכִים לִהיוֹת **סַלְחָנִים** לַיְלָדִים שֶׁלָּהֶם.*

סַלְחָנִית, סַלְחָנִיּוֹת

סלחנות נ' סַלְחָנוּת — forgiveness
כְּשֶׁסּוֹלְחִים בְּקַלּוּת, שׁוֹכְחִים מַשֶּׁהוּ רַע שֶׁמִּישֶׁהוּ עָשָׂה:
*לֹא תָּמִיד צָרִיךְ לְהִתְנַהֵג **בְּסַלְחָנוּת** לִילָדִים.*

סלט ז' סָלָט [סָלָטִים] — salad
מַאֲכָל, בְּדֶרֶךְ כְּלָל עָשׂוּי מִירָקוֹת שׁוֹנִים:
***סָלָט** יְרָקוֹת הוּא אוֹכֶל בָּרִיא וְלֹא מַשְׁמִין.*

סלידה נ' סְלִידָה [סְלִידוֹת] — aversion
הַרְגָּשָׁה רָעָה כְּלַפֵּי מַשֶּׁהוּ אוֹ מִישֶׁהוּ:
*יֵשׁ לִי **סְלִידָה** מִלִּיכְלוּךְ.*

סליחה נ' סְלִיחָה [סְלִיחוֹת] — forgiveness
1. בַּקָּשָׁה לִשְׁכּוֹחַ מַעֲשֶׂה רַע:
*הַבָּחוּר, שֶׁפָּגַע בִּי בָּרְחוֹב, חָזַר וּבִיקֵּשׁ מִמֶּנִּי **סְלִיחָה**.*
2. מִילַּת פְּנִיָּיה לִפְנֵי בַּקָּשָׁה: — pardon
***סְלִיחָה**, אֶפְשָׁר לָדַעַת מָה הַשָּׁעָה?*

סליחות נ"ר סְלִיחוֹת — penitential prayers
תְּפִילּוֹת שֶׁאוֹמְרִים מֵהַחוֹדֶשׁ שֶׁלִּפְנֵי רֹאשׁ הַשָּׁנָה וְעַד יוֹם כִּיפּוּר, וְהֵן בַּקָּשׁוֹת סְלִיחָה עַל מַעֲשִׂים רָעִים:
*כְּשֶׁאָבִי קָם לוֹמַר **סְלִיחוֹת**, עוֹד הָיָה חוֹשֶׁךְ בַּחוּץ.*

סליל ז' סְלִיל [סְלִילִים] — coil, spool
מַקֵּל קָצָר, עָגוֹל, שֶׁמְּסַדְּרִים עָלָיו חוּטִים:
*יֵשׁ לִי **סְלִילֵי** חוּטִים לִתְפִירָה בְּכָל הַצְּבָעִים.*

סלילה נ' סְלִילָה — paving
בְּנִיָּיה שֶׁל כְּבִישׁ, דֶּרֶךְ וְכוּ':
*יֵשׁ תּוֹכְנִית **לִסְלִילַת** כְּבִישׁ חָדָשׁ לִירוּשָׁלַיִם.*

סלילי ת' סְלִילִי — spiral
סְפִּירָלִי, עִיגּוּלִים מְחוּבָּרִים בְּיַחַד:
*לָאַנְטֶנָה שֶׁל הַטֶּלֶוִויזְיָה יֵשׁ צוּרָה **סְלִילִית**.*
סְלִילִית, סְלִילִיִּים, סְלִילִיּוֹת

סליק ז' סְלִיק — arms cache
(שְׂפַת דִּיבּוּר) מָקוֹם שֶׁמַּחְבִּיאִים בּוֹ נֶשֶׁק:
*מִתַּחַת לַבַּיִת הָיָה **סְלִיק** שֶׁל רוֹבִים מִתְּקוּפַת הַמַּנְדָּט.*

סלל פ' סָלַל — paved
בָּנָה דֶּרֶךְ:
*אֶת הַכְּבִישׁ הַזֶּה **סָלְלוּ** לִפְנֵי 10 שָׁנִים.*
לִסְלוֹל אֶת- / ס.ל.ל, פָּעַל / סָלַלְתִּי, סוֹלֵל, יִסְלוֹל

סלסילה נ' סַלְסִלָּה [סַלְסִילּוֹת] — small basket
סַל קָטָן מֵחוּטִים אוֹ מֵעֲנָפִים יְבֵשִׁים:
*שַׂמְתִּי פֵּירוֹת **בַּסַּלְסִילָּה**.*

סלע ז' סֶלַע [סְלָעִים] — rock
הַטִּיּוּל הָיָה קָשֶׁה, טִיפַּסְנוּ עַל **סְלָעִים**.
סֶלַע-הַמַּחֲלוֹקֶת — bone of contention
חַגְוֵוי-הַסֶּלַע — ravines

סלעי ת' סַלְעִי — rocky
שֶׁיֵּשׁ בּוֹ סְלָעִים (= אֲבָנִים גְּדוֹלוֹת):
*הַדֶּרֶךְ **סַלְעִית**, וְקָשֶׁה לַעֲבוֹר בָּהּ.*
סַלְעִית, סַלְעִיִּים, סַלְעִיּוֹת

סלק ז' סֶלֶק — beet
יָרָק בְּצֶבַע סָגוֹל-אָדוֹם אוֹכְלִים אֶת הַשּׁוֹרֶשׁ שֶׁלּוֹ:
*אֲנִי אוֹהֵב מָרָק אוֹ חֲמִיצָה **מִסֶּלֶק**.*
סֶלֶק סוּכָּר — sugar beet

סלרי ז' סֶלֶרִי — celery
שֵׁם יָרָק - מִשְׁתַּמְּשִׁים בַּגִּבְעוֹלִים הַיְּרוּקִים וּבַשּׁוֹרֶשׁ שֶׁלּוֹ לְסָלָט אוֹ לְמָרָק:
*לְסָלָט שֶׁל **סֶלֶרִי**, אֱגוֹזִים וַאֲנָנָס קוֹרְאִים סָלָט וָולְדוֹרְף.*

ס"מ קיצור של סֶנְטִימֶטֶר — centimeter
1/100 שֶׁל מֶטֶר, 10 מִילִימֶטְרִים:
*רוֹחַב הַדַּף בַּמִּילּוֹן כְּ-25 **ס"מ**.*

סם ז' סַם [סַמִּים] — drug, medicine
1. חוֹמֶר שֶׁמְּרַפֵּא אוֹ הוֹרֵג אֲנָשִׁים:
*הוּא מֵת מִן **הַסַּם** שֶׁשָּׂמוּ בַּקָּפֶה שֶׁלּוֹ.*
2. חוֹמָרִים נַרְקוֹטִיִּים (אוֹפְיוּם וְכוּ'): — drugs
*הוּא מְעַשֵּׁן **סַמִּים**.*

סמוי ת' סָמוּי — hidden, latent
נִסְתָּר, שֶׁלֹּא רוֹאִים אוֹתוֹ:
*יֵשׁ לוֹ כַּוָּונוֹת **סְמוּיוֹת**, שֶׁהוּא לֹא מְדַבֵּר עֲלֵיהֶן.*
סְמוּיָה, סְמוּיִים, סְמוּיוֹת

סמוך ת' סָמוּךְ — near, close
1. עַל-יַד, קָרוֹב לְ...:
***סָמוּךְ** לַבַּיִת יֵשׁ גַּן גָּדוֹל.*
2. נִשְׁעָן, מְקַבֵּל עֶזְרָה, תְּמִיכָה: — supported (by)
*הוּא **סָמוּךְ** עַל שׁוּלְחַן דּוֹדוֹ הֶעָשִׁיר.*
סְמוּכָה, סְמוּכִים, סְמוּכוֹת

סמוכה נ' סְמוּכָה [סְמוּכוֹת] — support, stay
מִשְׁעֶנֶת, עַמּוּד שֶׁמַּשֶּׁהוּ נִשְׁעָן עָלָיו:
*הָעֵץ צָרִיךְ **סְמוּכוֹת**, כְּדֵי שֶׁלֹּא יִישָּׁבֵר בָּרוּחַ.*

סמוק ת' סָמוּק — red (in the face)
שֶׁיֵּשׁ לוֹ צֶבַע אָדוֹם:

*יֵש לוֹ פָּנִים **סמוּקוֹת**.*
סמוּקָה, סמוּקִים, סמוּקוֹת

סמיךת׳ סָמִיךְ — thick, dense
1. שֶׁיֵש בּוֹ מְעַט נוֹזְלִים:
*מָרָק **סָמִיך** הוּא כּמוֹ אֲרוּחָה שלֵמָה.*
2. יֶשנוֹ בְּכַמוּת גדוֹלָה בּלִי רֶוַוח:
*הַשְׂעָרוֹת שֶׁלִי **סמִיכוֹת**, קָשֶה לִי לְהִסתָרֵק.*
סמִיכָה, סמִיכִים, סמִיכוֹת

סמיכהנ׳ סמִיכָה [סמִיכוֹת] — ordination
אִישוּר לְאָדָם לַעֲסוֹק בְּתַפקִיד שֶל רַב:
*מֵאָז שֶקִיבֵּל **סמִיכָה** לְרַבָּנוּת, הוּא רַב בְּבֵית הַכּנֶסֶת שֶלָנוּ.*

סמיכותנ׳ סמִיכוּת [סמִיכוּיוֹת] — proximity
1. כּשֶמַשֶהוּ נִמצָא קָרוֹב מְאוֹד:
*בִּגלַל **סמִיכוּת** הַבָּתִים, שוֹמעִים מַה קוֹרֶה אֵצֶל הַשכֵנִים.*
2. בּלִי רֶוַוח, בּלִי נוֹזֵל: — density, thickness
***סמִיכוּת** הַמָרָק גדוֹלָה מִדַי, צָרִיך לְהוֹסִיף לוֹ מַיִם.*
3. (בְּדִיקדוּק) כּשֶשנֵי שֵמוֹת — construct state
מְחוּבָּרִים לְמוּשָׂג אֶחָד:
*דוּגמָה לְצוּרַת **סמִיכוּת** - 'יַלדֵי-הַשכוּנָה' 'בּנֵי-הָעִיר' וְכוּ'.*

סמיםז״ר סַמִים — drugs
חוֹמֶר נַרקוֹטִי כּמוֹ חֲשִיש וְאוֹפְּיוּם:
*עִישוּן **סַמִים** אָסוּר עַל פִּי הַחוֹק.*

סמךפ׳ סָמַך — supported
1. תָמַך, עָזַר לַעֲמוֹד (אוֹ לְהַחזִיק מַעֲמָד):
***סָמַכתִי אוֹתוֹ** אֶל הַקִיר, כְּדֵי שֶלֹא יִיפּוֹל.*
2. חָשַב שֶמַשֶהוּ אוֹ מִישֶהוּ יַעֲזוֹר לוֹ: — trusted
***סָמַכתִי עַל** הַחֲבֵרִים, שֶיָבִיאוּ לִי אוֹכֶל.*
3. חָשַב שֶמַשֶהוּ נָכוֹן וְכוּ': — relied (on)
***סָמַכתִי עַל** הַכָּתוּב בַּסֵפֶר, וְלֹא שָאַלתִי אֶת הַמוֹרֶה.*
לִסמוֹך אֶת, עַל- / ס.מ.ך, פָּעַל / סָמַכתִי, סוֹמֵך, יִסמוֹך

סמכאז׳ סַמכָא (סֶמֶך) — authority, expert (Aram.)
(אֲרָמִית) **בַּר סַמכָא** ב׳ - אֶפשָר לְהַאֲמִין לְמַה שֶהוּא אוֹמֵר אוֹ עוֹשֶׂה:
*דָוִיד הוּא **בַּר-סַמכָא** בְּעִברִית.*

סמכותנ׳ סַמכוּת [סַמכוּיוֹת] — authority
אוֹטוֹרִיטָה, הָרְשוּת לִפעוֹל, לְהַחלִיט:
*אֵין לִי **סַמכוּת** לָתֵת לְך מַשׂכּוֹרֶת גבוֹהָה יוֹתֵר.*

סמכותית׳ סַמכוּתִי — authoritative
אוֹטוֹרִיטָטִיבִי, מַרגִישִים שֶהוּא יוֹדֵעַ לְהַחלִיט נָכוֹן וְכוּ':
*לֹא כֹּל הַמְנַהֲלִים הֵם **סַמכוּתִיִים**.*
סַמכוּתִית, סַמכוּתִיִים, סַמכוּתִיוֹת

סמלז׳ סֶמֶל [סמָלִים] — symbol, emblem
סִימָן, אוֹבּיֶיקט, תמוּנָה וְכוּ' שֶמְיַיצגִים מַשֶהוּ:
*הַיוֹנָה הִיא **סֶמֶל** הַשָלוֹם. / הוּא הָפַך לְ**סֶמֶל**.*

סמלז׳ סַמָל [סַמָלִים] — sergeant
(בְּצָבָא), מְפַקֵד עַל קבוּצָה קטַנָה שֶל חַיָילִים:
*הַחַיָיל הִתחִיל כְּטוּרַאי וְעַכשָיו הוּא **סַמָל**.*
רַב-סַמָל — sergeant-major
סַמֶלֶת, סַמָלוֹת

סמלית׳ סִמלִי — symbolic
סִימבּוֹלִי, מִתכַּוֵון לְרַעיוֹן מְסוּיָם:
*תַפקִיד הַנָשִׂיא בִּמדִינַת יִשׂרָאֵל הוּא **סִמלִי**, לֹא פּוֹלִיטִי.*
סִמלִית, סִמלִיִים, סִמלִיוֹת

סמליותנ׳ סִמלִיוּת — symbolism
סִימבּוֹלִיוּת, מַשֶהוּ שֶמְיַיצֵג מַשֶהוּ אַחֵר:
*לֹא חָשוּב מַהִי הַמַתָנָה, חֲשוּבָה **הַסִמלִיוּת** שֶלָה.*

סממןז׳ סַממָן [סַממָנִים] — flavor, ingredient
מַשֶהוּ שֶמוֹסִיף טַעַם אוֹ רֵיחַ:
*(מֶטָאפוֹרָה) יֵש בַּהַצָגָה **סַממָנִים** שֶל רוֹמַנטִיקָה.*

סמןז׳ סַמָן [סַמָנִים] — marker
מִי שֶלְפָנָיו מִסתַדְרִים בְּשוּרָה:
*הַמְפַקֵד אָמַר לַחַיָילִים לְהִסתַדֵר לְיַד **הַסַמָן**.*

סמנכ"לז׳ סַמַנכָּ"ל — vice president (of a company)
סְגַן מְנַהֵל כּלָלִי:
***סַמַנכָּ"ל** הַבַּנק מְמַלֵא אֶת מְקוֹם הַמְנַהֵל, שֶיָצָא לְחוּפשָה.*

סמ"קר״ת סֶנטִימֶטֶר מְעוּקָב — cubic centimeter
כּוֹתבִים סמ"ק וְאוֹמרִים - סֶנטִימֶטֶר מְעוּקָב:
*קוּבִּיָיה שֶאוֹרֶך כֹּל אַחַת מִצַלעוֹתֶיהָ 1 ס"מ, יֵש לָהּ נֶפַח שֶל 1 **סמ"ק**.*

סמרפ׳ סָמַר — stood on end
נַעֲשָׂה כּמוֹ מַסמֵר - קָשֶה וּבוֹלֵט:
*מֵרוֹב פַּחַד **סָמרוּ** הַשְׂעָרוֹת שֶלִי.*
לִסמוֹר / ס.מ.ר, פָּעַל / סָמַרתִי, סוֹמֵר, אֶסמוֹר, יִסמוֹר

סמ"רז׳, סמ"ר — square centimeter
1. ר"ת **סֶנטִימֶטֶר מְרוּבָּע**: כּוֹתבִים - סמ"ר, וְאוֹמרִים - סֶנטִימֶטֶר מְרוּבָּע.
2. ר"ת **סַמָל רִאשוֹן**: כּוֹתבִים - סמ"ר, וְאוֹמרִים סַמָל רִאשוֹן. — staff-sergeant

סמרטוטז, סְמַרְטוּט [סמַרטוּטים] — rag
בַּד אוֹ בֶּגֶד יָשָׁן, מִשתַמשִים בּוֹ לַעֲבוֹדוֹת נִיקָיוֹן:
*הוּא לוֹבֵש **סמַרטוּטִים**. / נִיקִיתִי אֶת הַכִּיסֵא **בִּסמַרטוּט**.*

סמרטוטית, סְמַרְטוּטִי — ragged (adj.), torn, worn out
נִראֶה כּמוֹ סמַרטוּט - יָשָן, מַשֶהוּ שֶהִשתַמשוּ בּוֹ הַרבֵּה:
*הוּא לוֹבֵש בּגָדִים **סמַרטוּטִיִים**.*
סמַרטוּטִית, סמַרטוּטִיִים, סמַרטוּטִיוֹת

סמרטוטרז, סְמַרְטוּטָר [סמַרטוּטָרִים] — rag-/junk dealer
מִי שֶאוֹסֵף אוֹ קוֹנֶה וּמוֹכֵר סמַרטוּטִים (דבָרִים יְשָנִים):
*הוּא הִתחִיל **כּסמַרטוּטָר**, וְעַכשָיו יֵש לוֹ חֲנוּת בּגָדִים.*
סמַרטוּטָרִית, סמַרטוּטָרִיוֹת

סנאיז, סְנָאִי [סנָאִים] — squirrel
בַּעַל חַיִים קָטָן, יֵש לוֹ זָנָב אָרוֹך עִם הַרבֵּה שְׂעָרוֹת, חַי עַל עֵצִים:
*בָּאָרֶץ אֵין **סנָאִים**.*

סנדלז, סַנְדָּל [סַנדָלִים] — sandal
נַעַל פּתוּחָה וְקַלָה לַקַיִץ:
*בַּקַיִץ נוֹעֲלִים **סַנדָלִים**.*

סנדלרז, סַנְדְּלָר [סַנדלָרִים] — shoemaker
מִי שֶמתַקֵן נַעֲלַיִים:
*הַיוֹם קָשֶה לִמצוֹא **סַנדלָר** שֶמתַקֵן נַעֲלַיִים.*

סנדלרותנ, סַנְדְּלָרוּת — shoemaking
הַמִקצוֹעַ שֶל מְתַקֵן נַעֲלַיִים:
*הוּא לוֹמֵד **סַנדלָרוּת** אֵצֶל מְתַקֵן הַנַעֲלַיִים לְיַד הַבַּיִת.*

סנדלרייהנ, סַנְדְּלָרִיָּה — shoemaker's workshop
מָקוֹם שֶמתַקנִים נַעֲלַיִים:
*הַנַעֲלַיִים נִקרְעוּ, וְנָתַתִי אוֹתָן לְתִיקוּן **בַּסַנדלָרִיָיה**.*

סנדקז, סַנְדָּק [סַנדָקִים] — godfather
מִי שֶמַחזִיק אֶת הַתִינוֹק כּשֶעוֹשִׂים לוֹ בּרִית מִילָה:
*אַבָּא שֶלִי הָיָה **הַסַנדָק** שֶל הַבֵּן שֶלִי.*

סנהז, סְנֶה — thorn-bush
שֵם שֶל שִׂיחַ (= עֵץ קָטָן):
*בַּתוֹרָה כָּתוּב, **שֶהַסנֶה** בָּעַר וְלֹא נִשׂרַף.*
הַסנֶה הַבּוֹעֵר — the burning bush

סנהדריןנ, סַנְהֶדְרִין — Sanhedrin
מוֹעָצָה שֶל זקֵנִים בְּאֶרֶץ יִשׂרָאֵל לִפנֵי כּ-1,500 שָנָה:
***הַסַנהֶדרִין** קָבעוּ חוּקִים וְשָפטוּ אֶת הָעָם. הֵם הָיוּ כּמוֹ פַּרלָמֶנט וּבֵית מִשפָּט.*

סנוניתנ, סְנוּנִית [סנוּנִיוֹת] — swallow
צִיפּוֹר קטַנָה שֶשָׁרָה, נִמצֵאת בְּאֶרֶץ יִשׂרָאֵל:
*כּשֶרוֹאִים **סנוּנִיוֹת**, יוֹדעִים שֶהָאָבִיב הִגִיעַ.*
סנוּנִית רִאשוֹנָה (מֶטָאפוֹרָה) — first swallow (beginning of something big)

סנטרז, סַנְטֵר [סַנטֵרִים] — chin
הַחֵלֶק הַתַחתוֹן שֶל הַפָּנִים:
*לֹא רוֹאִים אֶת **הַסַנטֵר** שֶלוֹ, כִּי יֵש לוֹ זָקָן.*

סניגורז, סָנֵיגוֹר [סָנֵיגוֹרִים] — counsel for the defense
עוֹרֵך דִין שֶמֵגֵן עַל מִי שֶיֵש לוֹ מִשפָּט:
*הוּא צָרִיך **סָנֵיגוֹר** טוֹב, כְּדֵי שֶיָגֵן עָלָיו.*

סניגוריהנ, סָנֵגוֹרְיָה — defense
הַצַד שֶל הַהֲגָנָה בְּמִשפָּט:
הַסָנֵיגוֹרְיָה הִצִילָה אוֹתוֹ מִבֵּית הַסוֹהַר.
לִימֵד סָנֵיגוֹרְיָה - אָמַר דבָרִים לְטוֹבַת מִישֶהוּ:
*הוּא תָמִיד מְלַמֵד **סָנֵיגוֹרְיָה** עַל הַחֲבֵרִים שֶלוֹ.*

סניףז, סְנִיף [סנִיפִים] — branch
חֵלֶק מִמוֹסָד מֶרכָּזִי, שֶיֵש לוֹ מַחלָקוֹת בִּמקוֹמוֹת שוֹנִים:
*יֵש לִי חֶשבּוֹן **בְּבַנק דִיסקוֹנט בִּסנִיף** רָמַת-אָבִיב.*

סנפירז, סְנַפִּיר [סנַפִּירִים] — fin
1. מַה שֶיֵש לְדָגִים עַל הַגַב וְעַל הַבֶּטֶן:
*הַדָג לֹא יָכוֹל לָזוּז בּלִי **הַסנַפִּירִים**.*
2. שָׂמִים עַל הָרַגלַיִים, כּשֶרוֹצִים לִשׂחוֹת בַּיָם: — flipper
***הַסנַפִּירִים** עוֹזרִים לִי לִשׂחוֹת.*

ססגונית, סַסגוֹנִי — variegated, multicolored
שֶיֵש לוֹ הַרבֵּה צבָעִים:
*לָבַשתִי שִׂמלָה **סַסגוֹנִית**.*
סַסגוֹנִית, סַסגוֹנִיִים, סַסגוֹנִיוֹת

ססגוניותנ, סַסְגוֹנִיּוּת — colorfulness, variegation
כּשֶיֵש הַרבֵּה צבָעִים:
*יֵש **סַסגוֹנִיוּת** רַבָּה בַּשוּק.*

סעדפ, סָעַד — ate, dined
1. אָכַל:
*בְּעֶרֶב פֶּסַח **סָעֲדָה** כֹּל הַמִשפָּחָה בְּבֵית הַהוֹרִים.*
2. עָזַר: — assisted
*צָרִיך **לִסעוֹד** אֲנָשִים זקֵנִים וְחוֹלִים.*
לִסעוֹד, אֶת- / ס.ע.ד, פָּעַל / סָעַדתִי, סוֹעֵד, אֶסעַד

סעדז, סַעַד — welfare, assistance, help
עֶזרָה:

*אֲנָשִׁים, שֶׁאֵין לָהֶם כֶּסֶף, מְקַבְּלִים **סַעַד** מֵהָעִירִיָּה.*
מְדִינַת-סַעַד welfare state

סעודהנ׳ סְעוּדָה [סְעוּדוֹת] meal
אֲרוּחָה גדולָה:
*לִכְבוֹד הֶחָג עָרְכָה אִימִי **סְעוּדָה** לְכָל הַקְּרוֹבִים וְהַחֲבֵרִים.*
סְעוּדַת-מְלָכִים - אֲרוּחָה עֲשִׁירָה וְטוֹבָה
סְעוּדָה מַפְסֶקֶת - הָאֲרוּחָה לִפְנֵי הַצּוֹם בְּעֶרֶב יוֹם-כִּיפּוּר

סעיףז׳ סָעִיף [סְעִיפִים] paragraph
חֵלֶק, קֶטַע (שֶׁל מַאֲמָר, חוֹזֶה וְכוּ׳):
*אֶת הָאִינפוֹרמַצְיָה תִמצָא בַּסֵּפֶר בְּפֶרֶק א׳, **סָעִיף** 2.*

סערפ׳ סָעַר stormed
1. (יָם) הָיָה לֹא שָׁקֵט:
*הַיָּם **סָעַר**, לָכֵן לֹא נִכנַסנוּ לַמַּיִם.*
2. (מֶטָאפוֹרָה) הָיָה בְּמַצָּב שֶׁל הִתרַגשׁוּת: was agitated
*הָאֲנָשִׁים בָּאֲסֵיפָה **סָעֲרוּ** וְצָעֲקוּ נֶגֶד הַחוֹק.*
לִסעוֹר / ס.ע.ר, פָּעַל / סָעַרתִי, סוֹעֵר, יִסעַר

סער׳ז׳ סַעַר storm, gale, gust
(לָשׁוֹן סִיפרוּתִית) רוּחַ חֲזָקָה.
(מֶטָאפוֹרָה) *הַכֹּל אָבַד **בְּסַעַר** הַמִּלחָמָה.*

סערהנ׳ סְעָרָה [סְעָרוֹת] storm
1. תְּנָאֵי מֶזֶג אֲוִויר קָשִׁים - רוּחַ חֲזָקָה, גֶּשֶׁם כָּבֵד:
*הַ**סְּעָרָה** גָרמָה נְזָקִים לָעֵצִים, לְעַמּוּדֵי הַחַשמַל וְלַבִּניָינִים.*
2. רֶגֶשׁ חָזָק, הִתרַגשׁוּת גדוֹלָה: excitement
*אַהֲבָה גוֹרֶמֶת **לִסעֶרַת** לֵב.*
בִּסעָרָה ת״פ - בְּבַת אַחַת, בְּכוֹחַ וּבִמהִירוּת

סףז׳ סַף [סִיפִּים] threshold
הַחֵלֶק הַתַּחתוֹן שֶׁל פֶּתַח:
*הוּא יוֹשֵׁב עַל **סַף** הַבַּיִת וּמִסתַכֵּל בְּכָל מִי שֶׁעוֹבֵר.*
סַף-הַהַכָּרָה limen
דָּחָה עַל הַסַּף rejected promptly

ספגפ׳ סָפַג absorbed
1. הִכנִיס אֶל תּוֹכוֹ נוֹזְלִים:
*הַצֶּמַח **סוֹפֵג אֶת** הַמַּיִם מִן הָאֲוִויר.*
2. נִיגֵב, עָשָׂה שֶׁיִּהיֶה יָבֵשׁ: dried
***סָפַגתִי אֶת** הַתֵּה, שֶׁנִּשׁפַּךְ עַל הַשּׁוּלחָן.*
סָפַג מַכּוֹת took a beating
לִספּוֹג אֶת- / ס.פ.ג, פָּעַל / סָפַגתִי, סוֹפֵג, יִספּוֹג

ספדפ׳ סָפַד mourned, eulogized
אָמַר מִתּוֹךְ צַעַר דְּבָרִים עַל מֵת:
*הַמְּפַקֵּד **סָפַד** לַחַיָּיל שֶׁנֶּהֱרַג.*
לִספּוֹד לְ- / ס.פ.ד, פָּעַל / סָפַדתִי, סוֹפֵד, יִספּוֹד, ספוֹד!

ספהנ׳ סַפָּה [סַפּוֹת] sofa
מִיטָה, גַּם יוֹשְׁבִים עָלֶיהָ וְגַם יְשֵׁנִים עָלֶיהָ:
*הַ**סַּפּוֹת** הַחֲדָשׁוֹת בַּסָּלוֹן נוֹחוֹת וְיָפוֹת.*

ספה״נר״ת **ספִירַת-הַנּוֹצְרִים** A.D.
הַתַּאֲרִיךְ לְפִי הוּלֶּדֶת יֵשׁוּ:
*הַשָּׁנָה הִיא 1992, לְפִי **סְפִירַת הַנּוֹצְרִים**.*
לִפנֵי ספִירַת הַנּוֹצְרִים B.C.E.

ספוגת׳ סָפוּג saturated/soaked (adj.)
שֶׁיֵּשׁ בּוֹ הַרבֵּה נוֹזְלִים:
*הַמְּעִיל **סָפוּג** מַיִם בִּגלַל הַגֶּשֶׁם.*
(מֶטָאפוֹרָה) יֵשׁ בּוֹ הַרבֵּה: full of-
*הוּא **סָפוּג** תַּרבּוּת.*
ספוּגָה, ספוּגִים, ספוּגוֹת

ספוגז׳ סְפוֹג [ספוֹגִים] sponge
1. חוֹמֶר שֶׁמְּקַבֵּל אֵלָיו נוֹזְלִים:
*תְּנַקֶּה אֶת הַשּׁוּלחָן **בִּספוֹג** רָטוֹב.*
2. חוֹמֶר שֶׁמְּשַׁפשְׁפִים בּוֹ אֶת הַגּוּף:
*אֲנִי מִשׁתַמֵּשׁ **בִּספוֹג** כְּדֵי לְסַבֵּן אֶת הַגּוּף.*

ספוגית׳ סְפוֹגִי spongy
חוֹמֶר שֶׁיֵּשׁ בּוֹ חוֹרִים, מַכנִיס אֵלָיו נוֹזְלִים:
*בַּמְּעִיל שֶׁלִּי יֵשׁ חוֹמֶר **ספוֹגִי**, לָכֵן הוּא חַם וְקַל.*
ספוֹגִית, ספוֹגִיִּים, ספוֹגִיּוֹת

ספוןת׳ סָפוּן paneled (adj.)
1. שֶׁיֵּשׁ עָלָיו חוֹמֶר שֶׁמְּכַסֶּה אוֹתוֹ:
(לָשׁוֹן ספרוּתִית) *הַבַּיִת **סָפוּן** עֵץ.*
2. מִתחַבֵּא, סָגוּר בְּתוֹךְ: hidden (adj.)
*הוּא יוֹשֵׁב **סָפוּן** בְּבֵיתוֹ וְלֹא יוֹצֵא לָרְחוֹב.*
ספוּנָה, ספוּנִים, ספוּנוֹת

ספורת׳ סָפוּר counted (adj.)
בָּדקוּ כַּמָּה יֵשׁ:
*הַכֶּסֶף **סָפוּר** - יֵשׁ כָּאן אֶלֶף ש״ח.*
יָמָיו ספוּרִים his days are numbered
ספוּרָה, ספוּרִים, ספוּרוֹת

ספורטאיז׳ ספּוֹרטַאי [ספּוֹרטָאִים] athlete
מִי שֶׁעוֹסֵק בִּספּוֹרט:
*הוּא **ספּוֹרטַאי** - רָץ כֹּל יוֹם, מְשַׂחֵק טֶנִיס וְכוּ׳.*
ספּוֹרטָאִית, ספּוֹרטָאִיּוֹת

ספחפ׳ סָפַח — attached

הוֹסִיף, חִיבֵּר אֶל:

הַמֶּלַח ***סוֹפֵחַ*** *מַיִם בַּגּוּף. / הַסְּפוֹג* ***סוֹפֵחַ*** *מַיִם לְתוֹכוֹ.*

לִספּוֹחַ אֶת- / ס.פ.ח, פָּעַל / סָפַחתִי, סוֹפֵחַ, יִספַּח

ספחז׳ סֶפַח [סְפָחִים] — voucher, attachment

חֵלֶק שֶׁנּוֹסָף (לְצֵ׳יק, לְחוֹזֶה):

לְכַרטִיס הַתֵּיאַטרוֹן יֵשׁ ***סֶפַח****, אִיתוֹ נִכנָסִים לַמּוּזֵיאוֹן.*

ספחתנ׳ סַפַּחַת [סַפָּחוֹת] — psoriasis

1. מַחֲלָה שֶׁל הָעוֹר:

הַמִּינֵרָלִים בְּיָם הַמֶּלַח עוֹזרִים לְחוֹלֵי ***סַפַּחַת****.*

2. (מֶטָאפוֹרָה) מִי שֶׁנִּדבָּק אֶל מִישֶׁהוּ: — 'pest'

דָוִיד כְּמוֹ ***סַפַּחַת*** *נִסחָב אַחֲרֵי אֲחוֹתוֹ.*

ספיגהנ׳ סְפִיגָה [סְפִיגוֹת] — absorption, absorbing

הַכנָסָה שֶׁל נוֹזלִים:

לַחוֹל יֵשׁ כּוֹשֶׁר ***סְפִיגָה*** *גָבוֹהַ. / (מֶטָאפוֹרָה) לַמרוֹת* ***סְפִיגַת*** *הַהֶפסֵדִים הַחֲנוּת מַצלִיחָה יָפֶה.*

ספיחז׳ סָפִיחַ [סְפִיחִים] — aftergrowth

מַה שֶּׁצּוֹמֵחַ בּלִי שֶׁטִּיפּלוּ בּוֹ.

תוֹצָאָה שֶׁמּוֹפִיעָה מְאוּחָר יוֹתֵר: — aftermath

לַמִּלחָמָה הָיוּ ***סְפִיחִים*** *מִספַּר שָׁנִים אַחַר-כָּך.*

ספינהנ׳ סְפִינָה [סְפִינוֹת] — ship, boat

אוֹנִיָּיה:

*הַ****סְפִינוֹת*** *יוֹצאוֹת מִן הַנָּמֵל אֶל הַיָּם.*

ספיקהנ׳ סְפִיקָה — supply, flow

1. כַּמּוּת שֶׁל חוֹמֶר, שֶׁאֶפשָׁר לְהִשׁתַמֵּשׁ בּוֹ:

סְפִיקַת *הַמַּיִם בַּבְּאֵר נְמוּכָה.*

2. מִידַת הַיְעִילוּת שֶׁל מַשֶּׁהוּ: — sufficiency

הוּא חוֹלֶה, יֵשׁ לוֹ אִי ***סְפִיקָה*** *בַּלֵּב.*

אִי־סְפִיקָה — heart failure

ספירז׳ סַפִּיר [סַפִּירִים] — sapphire

אֶבֶן יְקָרָה בְּצֶבַע כָּחוֹל:

יֵשׁ לִי טַבַּעַת זָהָב עִם אֶבֶן ***סַפִּיר****.*

ספירת׳ סָפִיר — countable

שֶׁאֶפשָׁר לִספּוֹר:

מַיִם אֵינָם חוֹמֶר ***סָפִיר****, אֲבָנִים הֵן* ***סְפִירוֹת****.*

סְפִירָה, סְפִירִים, סְפִירוֹת

ספירהנ׳ סְפִירָה — counting

בְּדִיקָה שֶׁל כַּמּוּת, כַּמָּה יֵשׁ:

הִשׁתַתַפתִי בִּספִירָה הַצִּיפּוֹרִים הַבָּאוֹת לְיִשׂרָאֵל בַּחוֹרֶף.

סְפִירַת-הָעוֹמֶר - סְפִירָה שֶׁל 49 יוֹם מִפֶּסַח וְעַד חַג שָׁבוּעוֹת — counting of the Omer

סְפִירַת-דָם — blood count

סְפִירַת-מְלַאי — stocktaking

לַסְּפִירָה - יְרוּשָׁלַיִם נִכבְּשָׁה עַל יְדֵי הָרוֹמָאִים בִּשׁנַת 70 לַסְּפִירָה. — A.D.

לִפנֵי הַסְּפִירָה - דָוִיד הַמֶּלֶך חַי בַּמֵּאָה הַ-10 לִפנֵי הַסְּפִירָה. — B.C.E.

ספלז׳ סֵפֶל [סְפָלִים] — cup

כּוֹס עִם יָדִית לִשׁתִיַּית תֵה, קָפֶה וְכוּ׳:

הִגַּשׁתִי לְדוֹרִית ***סֵפֶל*** *קָפֶה.*

ספןז׳ סַפָּן [סַפָּנִים] — sailor

עוֹבֵד עַל סְפִינָה, אוֹנִיָּיה, סִירָה:

הוּא רוֹצֶה לִהיוֹת ***סַפָּן*** *וּלְהַפלִיג בַּיָּם לִמקוֹמוֹת רְחוֹקִים.*

ספנותנ׳ סַפָּנוּת — seamanship

הַמִּקצוֹעַ, הַנּוֹשֵׂא, שֶׁל אוֹנִיּוֹת וּסְפִינוֹת:

*הַ****סַפָּנוּת*** *הַיּוֹם פָּחוֹת חֲשׁוּבָה, כִּי יֵשׁ מְטוֹסִים.*

ספסלז׳ סַפסָל [סַפסָלִים] — bench

מְקוֹם יְשִׁיבָה בַּגַּן:

יָשַׁבנוּ עַל ***סַפסָל*** *בְּגַן הָעִיר וְדִיבַּרנוּ.*

ספסרז׳ סַפסָר [סַפסָרִים] — profiteer

מִי שֶׁמּוֹכֵר בְּיוֹקֶר סְחוֹרָה, שֶׁקָּשֶׁה לִמצוֹא:

*בִּזמַן מִלחָמָה, הַ****סַפסָרִים*** *מַרוִויחִים הַרבֵּה כֶּסֶף.*

סַפסָרִית, סַפסָרִיּוֹת

ספסרותנ׳ סַפסָרוּת — profiteering

מְכִירָה בְּיוֹקֶר שֶׁל סְחוֹרָה שֶׁחֲסֵרָה בַּשּׁוּק:

*בִּגלַל הַ****סַפסָרוּת*** *עוֹלִים מְחִירֵי הַבָּשָׂר מִיּוֹם לְיוֹם.*

ספקפ׳ סָפַק — clapped hands (with sorrow)

הִיכָּה (כַּף אֶל כַּף) מִצַּעַר:

(לָשׁוֹן סִפרוּתִית) הֵן ***סָפקוּ*** *כַּפַּיִים וּבָכוּ עַל מוֹתוֹ.*

לִספּוֹק / ס.פ.ק, פָּעַל / סָפַקתִי, סוֹפֵק, יִספּוֹק

ספקז׳ סַפָּק [סַפָּקִים] — supplier

מִי שֶׁמְּסַפֵּק הַזמָנוֹת שֶׁל מִצרָכִים:

*בַּעַל הַחֲנוּת הִזמִין אֵצֶל הַ****סַפָּק*** *אֶת הַמִּילוֹן הֶחָדָשׁ.*

ספקז׳ סָפֵק [סְפֵקוֹת] — doubt

כְּשֶׁמַּשֶּׁהוּ לֹא בָּרוּר, הַרגָּשָׁה שֶׁל אִי וַדָּאוּת:

יֵשׁ לִי ***סָפֵק*** *לְגַבֵּי דָוִיד, אֵינֶנִּי מַכִּיר אוֹתוֹ הֵיטֵב.*

הֵטִיל סָפֵק — doubted

ספקןז׳, סַפְקָן [סַפְקָנִים] — skeptic

מִי שֶׁלֹּא מַאֲמִין לְכֹל אֶחָד אוֹ לְכֹל דָּבָר:

*אֲנִי **סַפְקָן** בְּיַחַס לַתּוֹכְנִית הַכַּלְכָּלִית הַחֲדָשָׁה.*

סַפְקָנִית, סַפְקָנִיּוֹת

ספקנותנ׳, סַפְקָנוּת — skepticism

כְּשֶׁלֹּא מַאֲמִינִים כֹּל כָּךְ בְּמִישֶׁהוּ, בְּמַשֶּׁהוּ:

*אֲנִי מִתְיַיחֵס **בְּסַפְקָנוּת** לְתוֹכְנִיּוֹת גְרַנְדְיוֹזִיּוֹת.*

ספרפ׳, סָפַר — counted

חִישֵּׁב אֶת הַכַּמּוּת, כַּמָּה יֵשׁ:

*הַנּוֹסֵעַ **סָפַר** אֶת הָעוֹדֶף שֶׁקִּיבֵּל מִן הַנֶּהָג. / הַנֶּהָג **סָפַר** אֶת הַיְּלָדִים, שֶׁעָלוּ לָאוֹטוֹבּוּס.*

לִסְפּוֹר אֶת- / ס.פ.ר, פָּעַל / סָפַרְתִּי, סוֹפֵר, יִסְפּוֹר ספוֹר!

ספרז׳, סֵפֶר [סְפָרִים] — book

דַּפֵּי נְיָיר מוּדְפָּסִים, מְחוּבָּרִים יַחַד, עִם כְּרִיכָה:

*קָרָאתִי **סֵפֶר** חָדָשׁ שֶׁל סוֹפֵר יִשְׂרְאֵלִי צָעִיר.*

סֵפֶר-זִיכָּרוֹן — memorial volume

עַם-הַסֵּפֶר — the People of the Book (the Jewish people)

ספרז׳, סַפָּר [סַפָּרִים] — barber, hairdresser

מִי שֶׁגּוֹזֵז שְׂעָרוֹת וּמְסַדֵּר אוֹתָן:

*אֲנִי צְרִיכָה לָלֶכֶת **לַסַּפָּר**, הַשְּׂעָרוֹת שֶׁלִּי אֲרוּכּוֹת מְאוֹד.*

סַפָּרִית, סַפָּרִיּוֹת

ספרז׳, סְפָר — border district

הָאֵיזוֹר הַקָּרוֹב לִגְבוּל שֶׁל מְדִינָה:

*הַחַיִּים **בַּסְּפָר** קָשִׁים יוֹתֵר מִן הַחַיִּים בְּמֶרְכַּז הָאָרֶץ.*

יִישׁוּבֵי סְפָר - כְּפָרִים, קִיבּוּצִים וְכוּ׳ הַנִּמְצָאִים לְיַד הַגְּבוּל

ספרדנ׳, סְפָרַד — Spain

מְדִינָה בְּמַעֲרַב אֵירוֹפָּה, בַּחֲצִי הָאִי הַפִּירֵנֵאִי:

*מַדְרִיד הִיא עִיר הַבִּירָה שֶׁל **סְפָרַד**.*

ספרדית׳, סְפָרַדִּי — Spaniard, Spanish

1. בֶּן אֶרֶץ סְפָרַד, שַׁיָּיךְ לִסְפָרַד:

*אֲנִי אוֹהֶבֶת מוּסִיקָה **סְפָרַדִּית**.*

2. כָּךְ קוֹרְאִים לִיהוּדִי מִצְּפוֹן אַפְרִיקָה, תּוּרְכִּיָּה, יָוָון וְכוּ׳: — Sephardic

*אָבִי מִמִּשְׁפָּחָה **סְפָרַדִּית**, וְאִמִּי מִמִּשְׁפָּחָה אַשְׁכְּנַזִּית.*

סְפָרַדִּיָּיה-סְפָרַדִּית, סְפָרַדִּיִּים, סְפָרַדִּיּוֹת

ספרה ר׳ סִיפְרָה

ספרוןז׳, סִפְרוֹן [סִפְרוֹנִים] — booklet

סֵפֶר קָטָן:

*הוּא כָּתַב **סִפְרוֹן** עַל הַחַיִּים בְּרוּסְיָה.*

ספרותנ׳, סִפְרוּת — literature

כֹּל מַה שֶּׁכָּתְבוּ הַסּוֹפְרִים (וְגַם לִימּוּד הַיְּצִירוֹת הָאֵלֶּה) - דְּרָמָה, שִׁירָה, בִּיּוֹגְרַפְיוֹת, רוֹמָנִים:

*אֲנִי לוֹמֵד **סִפְרוּת** בָּאוּנִיבֶרְסִיטָה.*

סִפְרוּת יָפָה / סִפְרוּת מִקְצוֹעִית / סִפְרוּת עִבְרִית

ספרותנ׳, סַפָּרוּת — hairdressing

עֲשִׂיַּית תִּסְרוֹקֶת, סִידּוּר הַשְּׂעָרוֹת:

*הוּא עוֹבֵד **בְּסַפָּרוּת**.*

ספרותית׳, סִפְרוּתִי — literary

1. שֶׁעוֹסֵק בְּרוֹמָנִים, דְּרָמוֹת, שִׁירָה וְכוּ׳:

*עִיתּוֹן אֵינֶנּוּ יְצִירָה **סִפְרוּתִית**.*

2. שַׁיָּיךְ לְסִפְרוּת - (בְּנִיגּוּד לַחַיִּים וְכוּ׳):

*הוּא מְדַבֵּר בְּלָשׁוֹן **סִפְרוּתִית**.*

סִפְרוּתִית, סִפְרוּתִיִּים, סִפְרוּתִיּוֹת

ספרייהנ׳, סִפְרִיָּה [סִפְרִיּוֹת] — library

אוֹסֶף סְפָרִים לִקְרִיאָה אוֹ הַמָּקוֹם שֶׁיֵּשׁ בּוֹ אוֹסֶף כָּזֶה:

*אֲנִי צָרִיךְ לְהַחֲזִיר אֶת הַסְּפָרִים **לְסִפְרִיַּית** הָאוּנִיבֶרְסִיטָה.*

סִפְרִיָּיה עִירוֹנִית / סִפְרִיָּיה מִקְצוֹעִית / סִפְרִיַּית סְרָטִים

ספרןז׳, סַפְרָן [סַפְרָנִים] — librarian

עוֹבֵד בַּסִּפְרִיָּיה, נוֹתֵן סְפָרִים לַקּוֹרְאִים:

***הַסַּפְרָן** מַכִּיר אֶת הַסְּפָרִים וְיוֹדֵעַ אֵיפֹה לִמְצוֹא אוֹתָם.*

סַפְרָנִית, סַפְרָנִיּוֹת

ספרנותנ׳, סַפְרָנוּת — library science

הַמִּקְצוֹעַ שֶׁל הַסַּפְרָן, נִיהוּל הַסִּפְרִיָּיה:

***סַפְרָנוּת** הִיא מִקְצוֹעַ מְעַנְיֵין, כֹּל הַיּוֹם מִתְעַסְּקִים בִּסְפָרִים.*

סקילהנ׳, סְקִילָה [סְקִילוֹת] — stoning

זְרִיקַת אֲבָנִים בְּמִישֶׁהוּ כְּדֵי לִפְגּוֹעַ:

*יֵשׁ מְקוֹמוֹת שֶׁהוֹרְגִים אֲנָשִׁים **בִּסְקִילָה**.*

סקירהנ׳, סְקִירָה [סְקִירוֹת] — survey, inspection

1. הִסְתַּכְּלוּת לְצוֹרֶךְ בְּדִיקָה:

*אַחֲרֵי **סְקִירַת** הַשֶּׁטַח נַחְלִיט אִם לִבְנוֹת כָּאן.*

2. תֵּיאוּר כְּלָלִי שֶׁל נוֹשֵׂא: — review

*רֹאשׁ הַמֶּמְשָׁלָה יִיתֵּן **סְקִירָה** עַל הַמַּצָּב הַפּוֹלִיטִי.*

סקלפ׳, סָקַל — stoned

זָרַק אֶבֶן בְּמִישֶׁהוּ כְּדֵי לִפְגּוֹעַ:

*הֵם רָצוּ **לִסְקוֹל** אֶת הָרוֹצֵחַ.*

לִסְקוֹל אֶת- / ס.ק.ל, פָּעַל / סָקַלְתִּי, סוֹקֵל, אֶסְקוֹל

סקרז׳, סֶקֶר [סְקָרִים] — survey

בְּדִיקַת מַצָּב, הִסְתַּכְּלוּת בְּמַצָּב:

הַסֶּקֶר הֶרְאָה, כִּי לְרֹאשׁ הַמֶּמְשָׁלָה יֵשׁ רוֹב.
סֶקֶר מַדָּעִי / סֶקֶר אַרְכֵיאוֹלוֹגִי / סֶקֶר דַּעַת-קָהָל

סקרפ׳ סָקַר — inspected
1. הִסְתַּכֵּל בְּצוּרָה אִינְטֶנְסִיבִית כְּדֵי לִבְדּוֹק:
*הַמְפַקֵּד **סָקַר** אֶת הַחַיָּילִים מִכַּף רֶגֶל עַד רֹאשׁ.*
2. תֵּיאֵר מַצָּב: — reviewed
*הוּא **סָקַר** בַּהַרְצָאָה אֶת הַמַּצָּב הַבִּיטְחוֹנִי.*
לִסְקוֹר אֶת- / ס.ק.ר, פָּעַל / סָקַרְתִּי, סוֹקֵר, יִסְקוֹר, סְקוֹר!

סקרןז׳ סַקְרָן [סַקְרָנִים] — curious, inquisitive
מִי שֶׁרוֹצֶה לָדַעַת הַכּוֹל:
*רוֹב הַיְלָדִים **סַקְרָנִים**, שׁוֹאֲלִים שְׁאֵלוֹת וְרוֹצִים לָדַעַת.*
סַקְרָנִית, סַקְרָנִיּוֹת

סקרנותנ׳ סַקְרָנוּת — curiosity
הָרָצוֹן לָדַעַת יוֹתֵר:
*בְּלִי **סַקְרָנוּת** אֵין מַדָּע.*
מְעוֹרֵר סַקְרָנוּת - מַשֶּׁהוּ שֶׁרוֹצִים לָדַעַת עָלָיו יוֹתֵר

סרפ׳ סָר — moved, turned aside
1. (לָשׁוֹן סִפְרוּתִית) זָז, עָבַר:
*לֹא **סַרְתִּי** מִן הַדֶּרֶךְ יָמִינָה אוֹ שְׂמֹאלָה.*
2. (לָשׁוֹן סִפְרוּתִית) כּוֹעֵסת׳: — sullen
*הוּא **סַר** וְזָעֵף - מַצַּב רוּחוֹ רַע מְאוֹד.*
לָסוּר, מִ- / ס.ו.ר, פָּעַל / סַרְתִּי, סָר, יָסוּר, סוּר!

סרבלז׳ סַרְבָּל [סַרְבָּלִים] — overalls
בֶּגֶד עֲבוֹדָה, חוּלְצָה וּמִכְנָסַיִים מְחוּבָּרִים:
*לָבַשְׁתִּי **סַרְבָּל**, וַאֲנִי הוֹלֵךְ לְתַקֵּן אֶת הַמְּכוֹנִית.*

סרבןז׳ סַרְבָן [סַרְבָנִים] — obstinate
אֵינוֹ מַסְכִּים לַעֲשׂוֹת מַה שֶּׁאוֹמְרִים לוֹ אוֹ מַה שֶּׁהַחוֹק דּוֹרֵשׁ:
*הוּא **סַרְבָן גִּיוּס** - אֵינוֹ מַסְכִּים לְהִתְגַּיֵּיס לַצָּבָא.*
סַרְבָן-גִּיּוּס/מִלְחָמָה — conscientious objector
סַרְבָנִית, סַרְבָנִיּוֹת

סרבנותנ׳ סַרְבָנוּת — obstinacy
אִי-הַסְכָּמָה לַעֲשׂוֹת מַשֶּׁהוּ:
*הַ**סַּרְבָנוּת** שֶׁלּוֹ מַרְחִיקָה מִמֶּנּוּ אֲנָשִׁים.*

סרגפ׳ סָרַג — knitted
הֵכִין בֶּגֶד אוֹ בַּד בְּ-2 "מַקְלוֹת" קְטַנִּים:
***סָרַגְתִּי לוֹ** סְוֶודֶר לַחוֹרֶף.*
לִסְרוֹג לְ- / ס.ר.ג, פָּעַל / סָרַגְתִּי, סוֹרֵג, יִסְרוֹג

סרגלז׳ סַרְגֵּל [סַרְגֵּלִים] — ruler
כְּלִי שֶׁמּוֹדְדִים בּוֹ אוֹ שֶׁמְּצַיְּירִים בּוֹ קַו יָשָׁר:
*בְּלִי **סַרְגֵּל** אֵינֶנִּי יָכוֹל לְצַיֵּיר קַו יָשָׁר.*

סרהנ׳ סָרָה — evil
דִּיבֵּר סָרָה - אָמַר דְּבָרִים רָעִים:
*הוּא מְדַבֵּר **סָרָה** עַל הַמְּנַהֵל.*

סרוגת׳ סָרוּג — knitted (adj.)
(בֶּגֶד אוֹ בַּד) שֶׁעָשׂוּ אוֹתוֹ (בַּיָּד) מִחוּט צֶמֶר, בְּעֶזְרַת מַסְרֵגוֹת:
*הַחוּלְצָה הַ**סְּרוּגָה** שֶׁלְּךָ יָפָה מְאוֹד.*
סְרוּגָה, סְרוּגִים, סְרוּגוֹת

סרוחת׳ סָרוּחַ — stinking (adj.)
1. מַסְרִיחַ, שֶׁיֵּשׁ לוֹ רֵיחַ רַע:
*הַדָּג **סָרוּחַ**, אַל תֹּאכַל אוֹתוֹ!*
2. שׁוֹכֵב עַל הָרִצְפָּה כְּשֶׁהָרַגְלַיִים וְהַיָּדַיִים לִשְׁנֵי הַצְּדָדִים: — stretched/sprawling (adj.)
*הוּא **סָרוּחַ** בַּמִּיטָּה וְאֵינוֹ עוֹשֶׂה כְּלוּם.*
סְרוּחָה, סְרוּחִים, סְרוּחוֹת

סרוט/שׂרוטת׳ סָרוּט (שָׂרוּט) — scratched (adj.)
יֵשׁ לוֹ פֶּצַע לֹא עָמוֹק:
*הָרֶגֶל שֶׁלִּי **סְרוּטָה** מִן הַגָּדֵר.*
סְרוּטָה, סְרוּטִים, סְרוּטוֹת

סרוקת׳ סָרוּק — combed (adj.)
שֶׁעָבְרוּ עָלָיו בְּמַסְרֵק:
*הַשְּׂעָרוֹת שֶׁלּוֹ **סְרוּקוֹת** לְאָחוֹר.*
סְרוּקָה, סְרוּקִים, סְרוּקוֹת

סרחפ׳ סָרַח — sinned
עָשָׂה מַעֲשֶׂה רַע (עָבַר עַל הַחוֹק וְכוּ'):
*דָּוִיד **סָרַח** - הוּא לָקַח כֶּסֶף מֵחֶשְׁבּוֹן שֶׁאֵינוֹ שֶׁלּוֹ.*
לִסְרוֹחַ / ס.ר.ח, פָּעַל / סָרַחְתִּי, סוֹרֵחַ, אֶסְרַח, יִסְרַח

סרטז׳ סֶרֶט [סְרָטִים] — movie, film
1. מַה שֶּׁרוֹאִים בַּקּוֹלְנוֹעַ:
*רָאִיתִי אֶת הַ**סֶּרֶט** שֶׁל פְּלִינִי בַּקּוֹלְנוֹעַ.*
2. רְצוּעָה אֲרוּכָּה וְצָרָה שֶׁל בַּד, עוֹר וְכוּ': — ribbon, tape
*קָשַׁרְתִּי בַּשְּׂעָרוֹת **סֶרֶט** יָרוֹק.*

סרט/שׂרטפ׳ סָרַט (שָׂרַט) — scratched
עָשָׂה קַו דַּק בְּמַכְשִׁיר חַד בְּתוֹךְ חוֹמֶר:
*הֶחָתוּל **סָרַט אֶת** הַשּׁוּלְחָן בְּצִיפּוֹרְנַיִים שֶׁלּוֹ.*
לִסְרוֹט אֶת- / ס.ר.ט, פָּעַל / סָרַטְתִּי, סוֹרֵט, יִסְרוֹט, סְרוֹט!

סרטט/שׂרטטז׳ סַרְטָט [סַרְטָטִים] draftsman
מִי שֶׁמְּצַיֵּיר תוֹכְנִיּוֹת שֶׁל בָּתִּים וְכוּ׳:
*הַמְּהַנְדֵּס אָמַר לַ**סַּרְטָט** לְהָכִין אֶת הַתּוֹכְנִיּוֹת לַבִּנְיָין.*
סַרְטֶטֶת, סַרְטָטוֹת

סרטןז׳ סַרְטָן [סַרְטָנִים] cancer
1. מַחֲלָה קָשָׁה. גִּידּוּל שֶׁעָלוּל לִגְרוֹם מָוֶות:
*הָעִישּׁוּן הוּא אֶחָד מֵהַגּוֹרְמִים לְמַחֲלַת **הַסַּרְטָן**.*
2. בַּעַל חַיִּים, חַי לְיַד מַיִם: crab
*הַצָּרְפָתִים אוֹהֲבִים לֶאֱכוֹל בְּשַׂר שֶׁל **סַרְטָנִים**.*
3. מַזָּל, סִימָן שֶׁל חוֹדֶשׁ: Scorpio
*יִצְחָק נוֹלַד בְּחוֹדֶשׁ יוּלִי, הוּא בֶּן מַזָּל **סַרְטָן**.*

סרטנית׳ סַרְטָנִי cancerous
הַשַּׁיָּיךְ לְמַחֲלַת הַסַּרְטָן (גִּידּוּל מְסוּכָּן בַּגּוּף):
*הַבְּדִיקָה מַרְאָה, שֶׁאֵין לִי גִּידּוּל **סַרְטָנִי** בָּעוֹר.*
סַרְטָנִית, סַרְטָנִיִּים, סַרְטָנִיּוֹת

סריגז׳ סְרִיג [סְרִיגִים] jersey
בַּד אוֹ בֶּגֶד עָשׂוּי בִּמְכוֹנָה מְיוּחֶדֶת, אֶלַסְטִי:
*סְוֶודֶר הוּא **סְרִיג** חַם.*

סריגהנ׳ סְרִיגָה [סְרִיגוֹת] knitting
עֲבוֹדַת יָד (אוֹ מְכוֹנָה), כְּשֶׁעוֹשִׂים מֵחוּטִים סְוֶודֶר:
***סְרִיגַת** הַסְּוֶודֶר הַזֶּה נִמְשְׁכָה זְמַן רַב.*

סריטה (שׂריטה)נ׳ סְרִיטָה [סְרִיטוֹת] scratch
חֲתָךְ, קַו בְּתוֹךְ מַשֶּׁהוּ, נַעֲשָׂה בְּמַכְשִׁיר חַד:
*קִיבַּלְתִּי **סְרִיטָה** מִמַּסְמֵר.*

סריסז׳ סָרִיס [סָרִיסִים] eunuch
גֶּבֶר שֶׁאֵינוֹ יָכוֹל לְמַלֵּא פוּנְקְצִיָּה שֶׁל גֶּבֶר, כִּי פָּגְעוּ בְּאֶבְרֵי-הַמִּין שֶׁלּוֹ:
*הַ**סָּרִיסִים** שָׁמְרוּ עַל בֵּית הַנָּשִׁים שֶׁל הַמֶּלֶךְ.*

סריקהנ׳ סְרִיקָה [סְרִיקוֹת] screening, search
1. בְּדִיקָה אִינְטֶנְסִיבִית:
*עָשִׂינוּ **סְרִיקָה** שֶׁל תּוֹכְנִית הַמַּחְשֵׁב כְּדֵי לִמְצוֹא נְתוּנִים.*
2. כְּשֶׁמְּחַפְּשִׂים בְּאוֹפֶן אִינְטֶנְסִיבִי מַשֶּׁהוּ מְסוּכָּן: search, combing (of area)
*עָשִׂינוּ **סְרִיקָה** שֶׁל הַשֶּׁטַח כְּדֵי לִבְדּוֹק שֶׁאֵין פְּצָצָה.*

סרןז׳ סֶרֶן [סְרָנִים] captain (army)
קָצִין בַּצָּבָא, דַּרְגָּה שְׁלִישִׁית שֶׁל קָצִין:
*לְ**סֶרֶן** שְׁלוֹשָׁה פַּסִּים מִבַּרְזֶל עַל הַכָּתֵף.*

סרסורז׳ סַרְסוּר [סַרְסוּרִים] pimp
מִי שֶׁמְּקַשֵּׁר בֵּין קוֹנֶה לְמוֹכֵר (בְּעִיקָּר בֵּין גְּבָרִים לְנָשִׁים לְמַטְּרוֹת מִין):
*הַמִּשְׁטָרָה עָצְרָה **סַרְסוּר** זוֹנוֹת.*
סַרְסוּרִית, סַרְסוּרִיּוֹת

סרעפתנ׳ סַרְעֶפֶת [סַרְעֶפוֹת] diaphragm
הַחֵלֶק בְּתוֹךְ הַגּוּף בֵּין הַבֶּטֶן וְהֶחָזֶה:
*כְּשֶׁנּוֹשְׁמִים מַרְגִּישִׁים אֶת **הַסַּרְעֶפֶת** עוֹלָה וְיוֹרֶדֶת.*

סרקפ׳ סָרַק combed
1. סִידֵּר אֶת הַשְּׂעָרוֹת בְּמַסְרֵק:
*כֹּל בּוֹקֶר הִיא **סוֹרֶקֶת אֶת** הַשְּׂעָרוֹת שֶׁלָּהּ.*
2. בָּדַק וְחִיפֵּשׂ בְּאוֹפֶן אִינְטֶנְסִיבִי: searched
*הַמִּשְׁטָרָה **סָרְקָה אֶת** הָאֵיזוֹר וְלֹא מָצְאָה פְּצָצָה.*
לִסְרוֹק אֶת- / ס.ר.ק, פָּעַל / סָרַקְתִּי, סוֹרֵק, אֶסְרוֹק

סרקז׳ סְרָק emptiness
רֵיק, שֶׁאֵין לוֹ פֵּירוֹת, תּוֹצָאוֹת וְכוּ׳.
אִילַן-סְרָק - עֵץ, שֶׁאֵין לוֹ פֵּירוֹת לְמַאֲכַל בְּנֵי אָדָם
דִּיבּוּר-סְרָק empty words
כַּדּוּר-סְרָק blank cartridge

סתגלןת׳ סְתַגְּלָן opportunist, conformist
מִי שֶׁמַּתְאִים אֶת עַצְמוֹ לְכֹל מַצָּב:
***הַסְּתַגְּלָן** מְוַותֵּר בְּקַלּוּת עַל הָעֶקְרוֹנוֹת שֶׁלּוֹ.*
סְתַגְּלָנִית, סְתַגְּלָנִים, סְתַגְּלָנִיּוֹת

סתגלנותנ׳ סְתַגְּלָנוּת conformism, opportunism
נְטִיָּיה שֶׁל אָדָם לְהַתְאִים אֶת עַצְמוֹ לְכֹל מַצָּב:
הַסְּתַגְּלָנוּת הִיא הַהֵיפֶךְ מֵרָדִיקָלִיּוּת.

סתגלנית׳ סְתַגְּלָנִי opportunistic, conforming
שֶׁמּוּכָן לְהַתְאִים אֶת עַצְמוֹ לְכֹל מַצָּב:
*הוּא טִיפּוּס **סְתַגְּלָנִי**, הוּא יִסְתַּדֵּר גַּם בַּמָּקוֹם הֶחָדָשׁ.*
סְתַגְּלָנִית, סְתַגְּלָנִיִּים, סְתַגְּלָנִיּוֹת

סתווית׳ סְתָוִי autumnal
שֶׁשַּׁיָּיךְ לַסְּתָיו (= הַזְּמַן שֶׁבֵּין הַקַּיִץ לַחוֹרֶף):
*יֵשׁ רוּחַ **סְתָוִית** בַּחוּץ.*
סְתָוִית, סְתָוִיִּים, סְתָוִיּוֹת

סתוםת׳ סָתוּם blocked/clogged (adj.)
1. סָגוּר בְּמַשֶּׁהוּ:
*הַצִּינּוֹר **סָתוּם**, וְהַמַּיִם לֹא מַגִּיעִים לַדִּירָה.*
2. לֹא בָּרוּר, קָשֶׁה לְהָבִין: unclear
*הַדְּבָרִים שֶׁאָמַרְתָּ **סְתוּמִים** בְּעֵינַיי.*

סתורת׳ סָתוּר disheveled (adj.)
(לשון ספרותית) בלי סֵדֶר:
*הַשְּׂעָרוֹת שֶׁלוֹ הָיוּ **סתורות**.*
2. הָרוּס: destroyed (adj.)
*גֶּדֶר הַבַּיִת **סתורה** וּפרוּצָה.*
סתוּרָה, סתוּרים, סתוּרות

סתיוז׳ סְתָיו autumn, fall
הַזמן שֶׁבֵּין סוֹף הַקַּיִץ לְבֵין הַחוֹרֶף:
*הַ**סתָיו** בְּיִשְׂרָאֵל נָעִים. הַיָּמִים יָפִים וְהַלֵּילוֹת קרירים.*

סתימהנ׳ סְתִימָה [סתימות] closing, filling
מִילוּי מַשֶּׁהוּ, חוֹמֶר שֶׁסּוֹגֵר:
*יֵשׁ **סתִימה** בַּצִּינוֹר. / הָרוֹפֵא עָשָׂה לִי **סתִימָה** בַּשֵּׁן.*
סתִימַת־גּוֹלֵל (מֶטָאפוֹרָה) - putting an end to
כְּשֶׁסּוֹגרים עִניָין בְּאוֹפֶן מוּחלָט

סתירהנ׳ סְתִירָה [סתירות] discrepancy
1. ניגוּד, שׁנֵי דברים שֶׁאֵינָם מתקבּלים יַחַד לְפִי הַהִיגָּיוֹן:
*יֵשׁ **סתירה** בֵּין מַה שֶּׁאָמַרתָּ קוֹדֶם לְבֵין מַה שֶּׁאַתָּה אוֹמֵר עַכשָׁיו.*
2. בִּיטוּל: contradiction, contradicting
***סתִירַת** דברֵי הַמְנַהֵל בִּפנֵי הָאֲנָשִׁים גָּרמָה אִי נְעִימוּת.*
3. (בְּכִימִיָה) ניטרוּל: neutralization (chem.)
סתִירַת הַחוּמצָה - אֶפשָׁרִית.

סתםפ׳ סָתַם filled, closed
1. סָגַר בְּחוֹמֶר מְסוּיָם:
*הָרוֹפֵא **סָתַם** אֶת הַחוֹר בַּשֵּׁן.*
2. אָמַר אוֹ כָּתַב בְּאוֹפֶן לֹא מוּבָן: was vague, concealed
*הַמַּאֲמָר שֶׁכָּתַב **סָתַם** וְלֹא הִסבִּיר אֶת דַעתּוֹ.*
סָתַם עָלָיו אֶת הַגּוֹלֵל ב׳ put an end to...
לִסתוֹם אֶת- / ס.ת.ם, פָּעַל / סָתַמתִי, סוֹתֵם, יִסתוֹם, סתוֹם!

סתםז׳ סְתָם just, mere
לֹא מַשֶּׁהוּ מְיוּחָד, בּלִי כַּוָונָה מְיוּחֶדֶת:
*מָה אַתָּה עוֹשֶׂה? - **סתָם** עוֹמֵד כָּאן.*
מִן הַסְּתָם ת״פ probably

סת״ם סְתָ״ם scrolls, phylacteries and mezuzot
ר״ת **ס**פָרִים, **ת**פִילִין, **מ**זוּזוֹת - שֵׁם לְספרֵי קוֹדֶשׁ, כּמוֹ הַתּוֹרָה, וּלְדִברֵי קוֹדֶשׁ כּמוֹ תפִילִין וּמְזוּזוֹת, שֶׁיֵּשׁ בְּתוֹכָם תפִילוֹת כּתוּבוֹת עַל קלָף בַּיָּד
סוֹפֵר סְתָ״ם - מִי שֶׁכּוֹתֵב בַּיָּד ספרֵי תוֹרָה, תפִילִין וּמְזוּזוֹת בִּכתָב מְיוּחָד scribe

סתמית׳ סְתָמִי vague, neutral
נֵיטרָלִי, בּלִי כַּוָּונָה מְיוּחֶדֶת:
*אָמַרתִּי דבָרִים **סתָמִיִּים**, כְּדֵי שֶׁאַף אֶחָד לֹא יִכעַס עָלַיי.*
(בְּדִיקדוּק) **מִין סתָמִי** neuter
סתָמִית, סתָמִיִּים, סתָמִיּוֹת

סתמיותנ׳ סְתָמִיּוּת vagueness
בּלִי כַּוָונוֹת מְיוּחָדוֹת, בּלִי תוֹכֶן מְסוּיָם:
*כְּשֶׁאֵין שִׂמחָה גדוֹלָה וְאֵין כְּאֵב גָּדוֹל, יֵשׁ הַרגָּשָׁה שֶׁל **סתָמִיּוּת**.*

סתרפ׳ סָתַר destroyed
1. הָרַס, שָׁבַר:
*(לְשוֹן הַתַּנַ״ךְ) הוּא **סָתַר** אֶת הַגָּדֵר.*
2. בִּיטֵּל, הֶראָה שֶׁהַדָּבָר לֹא נָכוֹן לֹא הֶגיוֹנִי:
*הוּא **סָתַר אֶת** דִברֵי הַמַּרצֶה.* contradicted, refuted
לִסתוֹר אֶת- / ס.ת.ר, פָּעַל / סָתַרתִי, סוֹתֵר, יִסתוֹר

סתרז׳ סֵ֫תֶר [סתָרִים] hiding
1. מָקוֹם שֶׁמִּתחַבּאִים בּוֹ, שֶׁאִי אֶפשָׁר לִמצוֹא:
*חִיפַּשׂתִי מְקוֹם **סֵתֶר** מִפּנֵי הַגֶּשֶׁם.*
2. סוֹד: secret
*אֲנִי מְגַלֶּה לוֹ אֶת **סִתרֵי** הַלֵּב.*
בַּסֵּתֶר secretly
הַאֲזָנַת־סֵתֶר wire-tapping
מַתָּן בַּסֵּתֶר anonymous donation

סתתז׳ סַתָּת [סַתָּתִים] stonecutter
מִי שֶׁמֵּכִין אֲבָנִים לְבִניָין, נוֹתֵן לָהֶן צוּרָה:
*קָשֶׁה לִמצוֹא הַיּוֹם **סַתָּתִים**, הַכּוֹל עוֹשִׂים בְּמְכוֹנוֹת.*

סתתותנ׳ סַתָּתוּת stonecutting
הַמִּקצוֹעַ שֶׁל מִי שֶׁמֵּכִין אֲבָנִים לְבִניָין, נוֹתֵן לָהֶן צוּרָה וְכוּ׳:
*אַנשֵׁי חֶברוֹן וִירוּשָׁלַיִם הָיוּ מוּמחִים **בְּסַתָּתוּת**.*

ע

ע 16th letter of Heb. alphabet

עַיִן, הָאוֹת הַ-16 בָּאָלֶפְבֵּית הָעִבְרִי, מְסַמֶּנֶת אֶת שֵׁם הַמִּסְפָּר 70:
בַּסֵּפֶר יֵשׁ ע' עַמּוּדִים.

ע' הַפּוֹעַל - הָאוֹת הַשְּׁנִיָּה שֶׁל הַשּׁוֹרֶשׁ: 2nd letter of Heb. verb root
ע' הַפּוֹעַל שֶׁל כ.ת.ב. הִיא ת'.

ע' - קִיצּוּר שֶׁל 'עַמּוּד' (abbr.) page
קִיצּוּר שֶׁל 'עַיֵּין' (abbr.) see
קִיצּוּר שֶׁל 'עֵרֶךְ' (abbr.) entry

עבזו"נ עָב [עָבִים] cloud
עָנָן, מִמֶּנּוּ יוֹרֵד גֶּשֶׁם:
הֶעָבִים כִּיסּוּ אֶת הַשָּׁמַיִם, וְיָרַד גֶּשֶׁם.

עבדפ' עָבַד worked
1. 'עָשָׂה' עֲבוֹדָה, הָיָה עָסוּק בַּעֲבוֹדָה:
דָּן עָבַד שֶׁבַע שָׁנִים בַּבַּנְק.
2. (לְשׁוֹן דִּיבּוּר) עָבַד עַל- הִטְעָה מִישֶׁהוּ בִּצְחוֹק:
הֵם עָבְדוּ עָלַיי, הֵם אָמְרוּ שֶׁיֵּשׁ מָחָר בְּחִינָה.
לַעֲבוֹד / ע.ב.ד, פָּעַל / עָבַדְתִּי, עוֹבֵד, יַעֲבוֹד, עֲבוֹד!

עבדז' עֶבֶד [עֲבָדִים] slave
אָדָם שֶׁהוּא רְכוּשׁ שֶׁל מִישֶׁהוּ:
"עֲבָדִים הָיִינוּ לְפַרְעֹה בְּמִצְרַיִם".

עבדותנ' עַבְדוּת slavery
הַמַּצָּב שֶׁל אָדָם אוֹ עַם שֶׁאֵינוֹ חוֹפְשִׁי:
בְּחַג הַפֶּסַח אֲנַחְנוּ חוֹגְגִים אֶת הַיְּצִיאָה מֵעַבְדוּת לְחֵירוּת.

עבהפ' עָבָה thickened
נַעֲשָׂה שָׁמֵן, הַהֵיפֶךְ מִ'דַּק':
דָּוִיד עָבָה מְאוֹד, הוּא נִרְאֶה כְּמוֹ כַּדּוּר.
/ ע.ב.ה, פָּעַל / עָבִיתִי, עָבֶה, עָבִים

עבהת' עָבֶה thick
גָּדוֹל מְאוֹד וְגַס, הַהֵיפֶךְ מִ'דַּק':
יֵשׁ לוֹ קוֹל עָבֶה - קוֹל בַּס.
הַמִּילּוֹן עָבֶה מְאוֹד, אֲבָל הַדַּפִּים בּוֹ דַּקִּים.
עָבָה, עָבִים, עָבוֹת

עבודהנ' עֲבוֹדָה [עֲבוֹדוֹת] work, labor, job
1. פְּעוּלָּה, מַה שֶׁעוֹשִׂים (דּוֹרֵשׁ מַאֲמָץ פִיסִי אוֹ רוּחָנִי):
מֵהָעֲבוֹדָה בַּמִּשְׂרָד אֲנִי מְרוּצֶה מְאוֹד.
2. הַמָּקוֹם שֶׁעוֹבְדִים בּוֹ:
כָּל בּוֹקֶר אֲנִי הוֹלֵךְ לָעֲבוֹדָה.
3. חִיבּוּר, שִׁיעוּרִים וְכוּ' שֶׁמִּישֶׁהוּ כּוֹתֵב, מְצַיֵּיר וְכוּ':
בִּמְקוֹם בְּחִינָה יֵשׁ לָנוּ עֲבוֹדָה.
מַצִּיגִים בַּמּוּזֵיאוֹן עֲבוֹדוֹת שֶׁל צַיָּיר צָעִיר.

עֲבוֹדָה שְׁחוֹרָה - עֲבוֹדָה פִיסִית unskilled labor
עֲבוֹדַת אֲדָמָה - חַקְלָאוּת: agriculture
הוּא חַי מֵעֲבוֹדַת אֲדָמָה.
עֲבוֹדַת פֶּרֶךְ (פָּרֶךְ) - עֲבוֹדָה קָשָׁה מְאוֹד: hard labor
הָעֲבוֹדָה בַּבִּנְיָן הָיְיתָה פַּעַם עֲבוֹדַת פֶּרֶךְ.
חוֹסֶר עֲבוֹדָה - כְּשֶׁאֵין אֵיפֹה לַעֲבוֹד: unemployment
חוֹסֶר עֲבוֹדָה הוּא בְּעָיָה כַּלְכָּלִית קָשָׁה.
מִפְלֶגֶת הָעֲבוֹדָה labor party
מִשְׂרַד הָעֲבוֹדָה/שַׂר הָעֲבוֹדָה - מִשְׂרָד מֶמְשַׁלְתִּי שֶׁמְּטַפֵּל בְּכָל עִנְיְינֵי עֲבוֹדָה, תְּנָאֵי עֲבוֹדָה וְכוּ'

עבוטז' עֲבוֹט pawn
כְּשֶׁנּוֹתְנִים חֵפֶץ בִּמְקוֹם כֶּסֶף שֶׁחַיָּיבִים:
הוּא נָתַן בַּעֲבוֹט אֶת הַמְּכוֹנִית שֶׁלּוֹ.

עבורמ"י עֲבוּר for (the sake of)
בִּשְׁבִיל, בְּעַד:
יֵשׁ הוֹדָעָה עֲבוּרְךָ. / שִׁילַּמְתִּי עֲבוּר הַנַּעֲלַיִים.

עבותת' עָבֹת thick
צָפוּף, שֶׁיֵּשׁ מִמֶּנּוּ הַרְבֵּה בְּיַחַד בְּאִי סֵדֶר:
טִיַּילְנוּ בְּיַעַר עָבוֹת.
עֲבוֹתָה, עֲבוֹתִים, עֲבוֹתוֹת

עבותזו"נ עָבוֹת cloudy
(ר' שֶׁל עָב) שֶׁיֵּשׁ בּוֹ עָבִים, עֲנָנִים.
בּוֹקֶר לֹא עָבוֹת clear morning

עבותזו"נ עֲבוֹת [עֲבוֹתִים/עֲבוֹתוֹת] cord, cable
חֶבֶל עָבֶה:
קָשְׁרוּ אוֹתוֹ בַּעֲבוֹתוֹת. / (מֶטָאפוֹרָה) הוּא קָשׁוּר אֵלֶיהָ בַּעֲבוֹתוֹת שֶׁל אַהֲבָה.

עביז' עֲבִי thickness, density
1. מָקוֹם שֶׁיֵּשׁ בּוֹ הַרְבֵּה עֵצִים, שִׂיחִים וְכוּ':
נִכְנַסְנוּ לַעֲבִי הַיַּעַר.
2. עוֹמֶק, בְּתוֹךְ: depth
אוּלַי יֵשׁ נֵפְט בַּעֲבִי הָאֲדָמָה.

עבירת' עָבִיר passable, negotiable
שֶׁאֶפְשָׁר לַעֲבוֹר בּוֹ:
הַכְּבִישׁ אֵינוֹ עָבִיר, כִּי הַגֶּשֶׁם הֵצִיף אוֹתוֹ.

בלתי עביר - שֶׁאִי אֶפְשָׁר לַעֲבוֹר בּוֹ
עֲבִירָה, עֲבִירִים, עֲבִירוֹת

עבירהנ' עֲבֵרָה [עֲבֵירוֹת] offense
מַעֲשֶׂה רַע, בְּנִיגוּד לַחוֹק:
*יֵשׁ לוֹ הַרְבֵּה **עֲבֵירוֹת** תְנוּעָה, וְאָסוּר לוֹ לִנְהוֹג.*
עֲבֵירָה פְּלִילִית criminal offense

עבירותנ' עֲבִירוּת passability, navigability
הָאֶפְשָׁרוּת לַעֲבוֹר בְּמָקוֹם כֹּלשֶׁהוּ:
***הָעֲבִירוּת** בַּכְּבִישׁ קָשָׁה בִּגלַל הַגֶּשֶׁם.*

עברפ' עָבַר crossed
1. הָלַךְ מִצַּד אֶחָד לְצַד אַחֵר:
*עָבַרתִי (חָצִיתִי) אֶת הַכְּבִישׁ **בְּמַעֲבָר** חֲצִיָּיה.*
2. הָיָה וְנִגמַר: passed
*הַקַּיִץ **עָבַר**, עוֹד מְעַט יַגִּיעַ הַחוֹרֶף.*
3. הִצלִיחַ:
***עָבַרתִי** אֶת כֹּל הַבְּחִינוֹת.*
לַעֲבוֹר אֶת-,עַל-,אֶל-,מִ- / ע.ב.ר, פָּעַל / עָבַרתִי, עוֹבֵר
עוֹבֵר עַל הַחוֹק - עוֹשֶׂה מַשֶּׁהוּ נֶגֶד הַחוֹק: breaks the law
אָסוּר לַעֲבוֹר עַל חוּקֵי הַתנוּעָה.

עברז' עָבָר past tense
1. (בְּדִיקדוּק) הַזְּמַן שֶׁהָיָה, פְּעוּלָה שֶׁכְּבָר נִגמְרָה:
*'כָּתַבתִי', 'אָמַרתִי' הֵם פְּעָלִים בִּזמַן **עָבָר**.*
2. הַזְּמַנִּים שֶׁהָיוּ, מַה שֶׁהָיָה פַּעַם: past times
*יֵשׁ לִי זִיכרוֹנוֹת טוֹבִים מִן **הֶעָבָר** בַּקִּיבּוּץ.*

עברז' עֵבֶר [עֲבָרִים] side
צַד:
*הִסתַכַּלתִי לְכֹל **הָעֲבָרִים** וְלֹא רָאִיתִי אוֹתוֹ.*

עבריתה"ז עִבְרִי [עִברִים/עִבְרִיִּים] Hebrew, (Jewish, Israeli)
1. יְהוּדִי:
***הָעִברִים** בָּאוּ לְאֶרֶץ יִשְׂרָאֵל לִפנֵי אַלפֵי שָׁנִים.*
2. הַשַּׁיָּיךְ לִיהוּדִים, לְיִשְׂרָאֵל וְכוּ': Hebrew (adj.)
*הָאוּנִיבֶרסִיטָה **הָעִברִית** נוֹסְדָה בְּ-1925.*
עִברִית-עִברִיָּיה, עִברִיּוֹת

עברייןז' עֲבַרְיָן [עֲבַרְיָינִים] criminal
מִי שֶׁעוֹשֶׂה מַעֲשִׂים רָעִים, עוֹבֵר עַל הַחוֹק:
***עֲבַרְיָינֵי** תנוּעָה הֵם סַכָּנָה לְהוֹלכֵי רֶגֶל.*
עֲבַרְיָינִית, עֲבַרְיָינִיּוֹת

עבריינותנ' עֲבַרְיָנוּת delinquency
מַעֲשִׂים רָעִים בְּנִיגוּד לַחוֹק:
*אוֹמרִים **שֶׁבַּעֲבַרְיָינוּת** שֶׁל יְלָדִים אֲשֵׁמִים הַהוֹרִים.*

עבריתנ' עִבְרִית Hebrew (lang.)
הַשָּׂפָה הָעַתִּיקָה שֶׁל הַיְהוּדִים, הַשָּׂפָה בִּמדִינַת יִשְׂרָאֵל:
*סֵפֶר הַתַּנַ"ךְ כָּתוּב **עִברִית**.*
*מִי שֶׁנוֹלַד בָּאָרֶץ, שְׂפַת הָאֵם שֶׁלוֹ **עִברִית**.*

עגבפ' עָגַב lusted, courted
רָצָה מְאוֹד בְּמִישֶׁהוּ מֵהַמִּין הַשֵּׁנִי:
*הוּא **עוֹגֵב עַל** רוּת.*
לַעֲגוֹב עַל- / ע.ג.ב, פָּעַל / עָגַבתִי, עוֹגֵב, אֶעֱגוֹב, יַעֲגוֹב

עגביםז"ר עֲגָבִים love-making
(לָשׁוֹן סִפרוּתִית) כִּשְׁעוּשְׁעִים אַהֲבָה:
*גַּם בַּתְּקוּפָה הָעַתִּיקָה כָּתבוּ שִׁירֵי **עֲגָבִים**.*

עגבנייהנ' עַגְבָנִיָּה [עַגבָנִיּוֹת] tomato
יָרָק, נִראֶה כְּמוֹ כַּדּוּר אָדוֹם, טוֹב לְסָלָט וְכוּ':
*בְּסָלָט יִשְׂרְאֵלִי יֵשׁ חַסָּה, מְלָפְפוֹן, **עַגבָנִיָּיה** וּבָצָל.*
מִיץ עַגבָנִיּוֹת/רוֹטֶב עַגבָנִיּוֹת

עגבתנ' עַגֶּבֶת syphilis
מַחֲלַת מִין, סִיפִלִיס:
***עַגֶּבֶת** מְרַפְּאִים בְּאַנטִיבִּיוֹטִיקָה.*

עגהנ' עָגָה [עָגוֹת] dialect, slang
דִיאָלֶקט, צוּרַת דִיבּוּר שֶׁל קְבוּצַת אֲנָשִׁים:
*בְּ**עָגָה** שֶׁל הַצָּבָא יֵשׁ הַרְבֵּה מִילִים שֶׁאֵינֶנִי מֵבִין.*

עגולת' עָגֹל round
שֶׁיֵּשׁ לוֹ צוּרָה שֶׁל כַּדּוּר:
*כַּדּוּר הָאָרֶץ **עָגוֹל** וְלֹא שָׁטוּחַ.*
חֶשׁבּוֹן עָגוֹל/מִספָּר עָגוֹל
עֲגוּלָּה, עֲגוּלִּים, עֲגוּלּוֹת

עגוםת' עָגוּם sad
עָצוּב:
*יֵשׁ לוֹ פָּנִים **עֲגוּמוֹת**.*
עֲגוּמָה, עֲגוּמִים, עֲגוּמוֹת

עגונהתה"נ עֲגוּנָה [עֲגוּנוֹת] a wife deserted by her husband without a divorce
אִישָּׁה שֶׁבַּעֲלָהּ עָזַב אוֹתָהּ בְּלִי
גֵּט וְאֵינָהּ יְכוֹלָה לְהִתחַתֵּן מֵחָדָשׁ:
*בַּעֲלָהּ שֶׁל רוּת בָּרַח לַאֲמֶרִיקָה וְהִשׁאִיר אוֹתָהּ **עֲגוּנָה**.*

עגורז' עָגוּר [עֲגוּרִים] crane (bird)
צִיפּוֹר מַיִם גְדוֹלָה, יֵשׁ לָהּ רַגלַיִים אֲרוּכּוֹת:
*רָאִיתִי קְבוּצָה גְדוֹלָה שֶׁל **עֲגוּרִים** בַּשָּׁמַיִם.*

עגורןז׳ עֲגוּרָן [עֲגוּרָנִים] crane
מָנוֹף, מַכְשִׁיר גָדוֹל לַהֲרָמַת דְבָרִים גדולים:
הָעֲגוּרָן הוֹרִיד אֶת הַמְכוֹנִית מִן הָאוֹנִיָיה.

עגילז׳ עָגִיל [עֲגִילִים] earring
תַכְשִׁיט לָאוֹזֶן:
*קִיבַּלְתִי מִסַבְתָא **עֲגִילִים** שֶׁל זָהָב.*

עגינהנ׳ עֲגִינָה [עֲגִינוֹת] anchorage
עֲצִירָה שֶׁל אוֹנִיָיה בְּעֶזְרַת עוֹגֶן:
*הַנָמֵל הוּא מְקוֹם **הָעֲגִינָה** שֶׁל הָאוֹנִיוֹת.*

עגלז׳ עֵגֶל [עֲגָלִים] calf
הַבֵּן שֶׁל הַפָּרָה:
*נוֹלַד לָנוּ **עֵגֶל** בָּרֶפֶת.*
עֵגֶל הַזָהָב - כֶּסֶף רַב, עוֹשֶׁר: the Golden Calf
*הֵם הוֹלְכִים אַחֲרֵי **עֵגֶל הַזָהָב**.*
עֶגְלָה, עֲגָלוֹת

עגלגלת׳ עֲגַלְגַל roundish
קְצָת עָגוֹל:
*יֵשׁ לָהּ גוּף **עֲגַלְגַל**.*
עֲגַלְגֶלֶת-עֲגַלְגַלָה, עֲגַלְגַלִים, עֲגַלְגַלוֹת

עגלגלותנ׳ עֲגַלְגַלוּת roundness
כְּשֶׁמַשֶׁהוּ הוּא קְצָת עָגוֹל, לֹא מַמָשׁ כַּדוּר:
*אֵצֶל יְלָדִים יֵשׁ **עֲגַלְגַלוּת** בַּפָּנִים.*

עגלהנ׳ עֲגָלָה [עֲגָלוֹת] car, carriage, wagon
1. כְּלִי תַחְבּוּרָה קָשׁוּר לַחֲמוֹר, סוּס וְכוּ׳:
*פַּעַם, כְּשֶׁלֹא הָיוּ אוֹטוֹבּוּסִים, נָסְעוּ **בַּעֲגָלוֹת**.*
2. שָׂמִים בָּהּ תִינוֹק כְּדֵי לְהַעֲבִיר מִמָקוֹם לְמָקוֹם:
*אִימָא יָצְאָה לְטַיֵיל עִם הַתִינוֹק **בָּעֲגָלָה**.*

עגלוןז׳ עֶגְלוֹן [עֶגְלוֹנִים] coachman
מִי שֶׁנוֹהֵג בַּעֲגָלָה שֶׁקְשׁוּרָה לְסוּס, חֲמוֹר...:
*הוּא **עֶגְלוֹן** בַּקִיבּוּץ.*

עגלונותנ׳ עֶגְלוֹנוּת coachmanship
הַמִקְצוֹעַ שֶׁל מִי שֶׁנוֹהֵג בַּעֲגָלָה עִם סוּס:
***הָעֶגְלוֹנוּת** נֶעֶלְמַת מִן הָעוֹלָם בִּגְלַל הַמְכוֹנִיוֹת.*

עגםפ׳ עָגַם was gloomy
הָיָה עָצוּב:
*פָּנָיו **עָגְמוּ** מְאוֹד כְּשֶׁשָׁמַע, שֶׁדָחוּ אֶת הַטִיוּל.*
לַעֲגוֹם / ע.ג.ם, פָּעַל / עָגְמוּ, יֶעְגַם, יֶעֶגְמוּ

עגמה ר׳ עוגמה

עגמומית׳ עַגְמוּמִי sad, melancholy
*יֵשׁ לָהּ חִיוּךְ **עַגְמוּמִי**.*
עַגְמוּמִית, עַגְמוּמִיִים, עַגְמוּמִיוֹת

עגמימותנ׳ עַגְמִימוּת gloominess
עֶצֶב, מַצַב רוּחַ לֹא שָׂמֵחַ:
*יֵשׁ לִי הַרְגָשָׁה שֶׁל **עַגְמִימוּת** בַּסְתָיו.*

עגןפ׳ עָגַן anchored
עָצַר אֶת הָאוֹנִיָיה עַל יְדֵי בַּרְזֶל כָּבֵד (עוֹגֶן) בְּתוֹךְ הַיָם:
*הָאוֹנִיוֹת **עוֹגְנוֹת** בַּיָם.*
לַעֲגוֹן בְּ- / ע.ג.ן, פָּעַל / עָגַנְתִי, עוֹגֵן, אֶעֱגוֹן, יַעֲגוֹן, עֲגוֹן!

עדמ״י עַד till, until
מִילָה שֶׁקוֹבַעַת אֶת הַגְבוּל בִּזְמַן וּבְמָקוֹם:
*אַתָה יָכוֹל לָלֶכֶת מִפֹּה **עַד** שָׁם בָּרֶגֶל. / אַתָה צָרִיךְ לִמְסוֹר אֶת הָעֲבוֹדָה **עַד** סוֹף הַשָׁבוּעַ.*
עַד אֵין סוֹף - בְּלִי סוֹף: endlessly, countless
יֵשׁ כּוֹכָבִים רַבִּים עַד אֵין סוֹף.
עַד בִּכְלָל - עַד נְקוּדָה מְסוּיֶמֶת שֶׁגַם אוֹתָהּ מְחַשְׁבִים: inclusive
אֲנִי נוֹסֵעַ עַד יוֹם רְבִיעִי וְעַד בִּכְלָל.
עַד מְאוֹד - מְאוֹד מְאוֹד: very much
הוּא אוֹהֵב אוֹתָהּ עַד מְאוֹד.
עַד כְּדֵי כָּךְ - כֹּל כָּךְ הַרְבֵּה עַד שֶׁ-: so much so (that)
הוּא צָחַק עַד כְּדֵי כָּךְ, שֶׁדָאַגְנוּ לוֹ.
עַד מָתַי? - עַד אֵיזֶה זְמַן ב׳ - Till when? How long?
עַד מָתַי תִישָׁאֵר בְּאֵילַת?
עַד שֶׁ- עַד אֲשֶׁר, עַד לִזְמַן שֶׁ-: until
אֲנִי אֶשָׁאֵר בַּבַּיִת עַד שֶׁתְטַלְפֵּן.
(לָ)עַדת״פ לְתָמִיד, עַד אֵין סוֹף, לְעוֹלָם: forever
נִזְכּוֹר אוֹתוֹ לָעַד.
עַד מְהֵרָה - בִּמְהִירוּת גדולה, מִיָד: soon
עַד מְהֵרָה גַם הוּא יַגִיעַ.

עדז׳ עֵד [עֵדִים] witness
1. מִי שֶׁהָיָה, רָאָה אוֹ שָׁמַע מַשֶׁהוּ:
*הָיִיתִי **עֵד** לִמְרִיבָה בֵּין דוּת וְדָוִיד.*
2. מִי שֶׁמוּזְמָן לְבֵית מִשְׁפָּט כְּדֵי לְסַפֵּר מַה שֶׁרָאָה, שָׁמַע:
***הָעֵד** סִיפֵּר בְּבֵית הַמִשְׁפָּט, כֹּל מַה שֶׁרָאָה בְּעֶרֶב הָרֶצַח.*
עֵד־רְאִיָיה eye witness
עֵד־שְׁמִיעָה hearsay witness
עֵד-מְדִינָה - פּוֹשֵׁעַ שֶׁנוֹתֵן עֵדוּת נֶגֶד חֲבֵרָיו לַפֶּשַׁע תְמוּרַת שִׁיחְרוּר מֵעוֹנֶשׁ State witness
עֵד עוֹיֵן hostile witness
עֵדָה, עֵדוֹת

עדהנ׳ עֵדָה [עֵדוֹת] congregation, community
קְבוּצָה שֶׁל אֲנָשִׁים, שֶׁיֵּשׁ לָהֶם הִיסְטוֹרְיָה מְשׁוּתֶּפֶת וְכוּ׳:
*בְּיִשְׂרָאֵל יֵשׁ יְהוּדִים מֵ**עֵדוֹת** שׁוֹנוֹת- סְפָרַדִּים, אַשְׁכְּנַזִּים, תֵּימָנִים וְכוּ׳.*

עדוית׳ עָדוּי adorned (adj.)
שֶׁיֵּשׁ עָלָיו קִישׁוּטִים, תַּכְשִׁיטִים וְכוּ׳:
*הִיא **עֲדוּיָה** בְּטַבָּעוֹת וּבְשַׁרְשְׁרוֹת מִזָּהָב.*
עֲדוּיָה, עֲדוּיִים, עֲדוּיוֹת

עדותנ׳ עֵדוּת [עֵדוּיוֹת] testimony
1. הַדְּבָרִים שֶׁהָעֵד אוֹמֵר בְּבֵית הַמִּשְׁפָּט:
*הַשּׁוֹפֵט קִיבֵּל אֶת **הָעֵדוּת** שֶׁל הַשּׁוֹטֵר.*
2. הוֹכָחָה: evidence, proof
*הַמִּכְתָּבִים וְהַהַמְלָצוֹת הָיוּ **עֵדוּת** לְהַצְלָחָתוֹ בֶּעָבָר.*

עדיז׳ עֲדִי [עֲדָיִים] jewel, ornament
קִישׁוּט, תַּכְשִׁיט - טַבַּעַת, שַׁרְשֶׁרֶת...:
*אֲנִי אוֹהֶבֶת **עֲדָיִים** מִזָּהָב.*

עדייןתה״פ עֲדַ֫יִן still, yet
עוֹד, עַד עַכְשָׁיו:
*דִּינָה **עֲדַיִן** לֹא הִגִּיעָה הַבַּיְתָה מֵהָעֲבוֹדָה.*

עדיןת׳ עָדִין gentle, polite
1. שֶׁיֵּשׁ לוֹ טַקְט, מְנוּמָּס, אָדִיב:
*רוּת יַלְדָּה **עֲדִינָה** וּרְגִישָׁה.*
2. רַךְ, נָעִים לִנְגּוֹעַ בּוֹ: tender, soft
*עוֹר הַנַּעֲלַיִים **עָדִין** מְאוֹד.*
3. מִתְקַלְקֵל, נִשְׁבָּר בְּקַלּוּת: fragile
*הַכּוֹס מִזְּכוּכִית **עֲדִינָה**, הִיא שְׁבִירָה.*
4. נָעִים, לֹא חָזָק מְאוֹד: dainty, delicate
*לַפֶּרַח יֵשׁ רֵיחַ **עָדִין**.*
עֲדִינָה, עֲדִינִים, עֲדִינוֹת

עדינותנ׳ עֲדִינוּת gentleness, politeness
1. הִתְנַהֲגוּת יָפָה, יַחַס יָפֶה:
*הִיא אוֹהֶבֶת אוֹתוֹ בִּגְלַל **הָעֲדִינוּת** שֶׁלּוֹ.*
2. יוֹפִי רַךְ: refinement
*הִיא שְׁמֵנָה, אֲבָל יֵשׁ **עֲדִינוּת** בַּפָּנִים שֶׁלָּהּ.*

עדיףת׳ עָדִיף preferable
1. טוֹב יוֹתֵר:
***עָדִיף** לָלֶכֶת מוּקְדָּם לִישׁוֹן.*
2. גָּדוֹל יוֹתֵר: superior
*כּוֹחַ הַצָּבָא שֶׁלָּהֶם **עָדִיף** עַל שֶׁלָּנוּ.*
עֲדִיפָה, עֲדִיפִים, עֲדִיפוֹת

עדיפותנ׳ עֲדִיפוּת [עֲדִיפוּיוֹת] preference, priority
יִתְרוֹן וְכוּ׳:
*יֵשׁ לָתֵת **עֲדִיפוּת** לְחִינּוּךְ.*
סוּלַּם עֲדִיפוּיוֹת - סֵדֶר דְּבָרִים לְפִי מַה שֶּׁחָשׁוּב יוֹתֵר

עדכנית׳ עַדְכָּנִי updated (adj.)
(עַד כָּאן) מַתְאִים לְעַכְשָׁיו, שֶׁיֵּשׁ בּוֹ אִינְפוֹרְמַצְיָה חֲדָשָׁה:
*הַמִּילּוֹן הַזֶּה הוּא **עַדְכָּנִי** בְּיוֹתֵר.*
עַדְכָּנִית, עַדְכָּנִיִּים, עַדְכָּנִיּוֹת

עדלידענ׳ עַדְלָיָ֫דַע Purim carnival
קַרְנָבָל, תַּהֲלוּכָה - מְכוֹנִיּוֹת וַאֲנָשִׁים בְּכָל מִינֵי בְּגָדִים מַצְחִיקִים (לִכְבוֹד חַג פּוּרִים):
***הָעַדְלָיָדַע** בְּתֵל אָבִיב הֵבִיאָה שִׂמְחָה לָעִיר.*

עדןז׳ עֵ֫דֶן [עֲדָנִים] Eden, pleasure
מַשֶּׁהוּ נָעִים מְאוֹד.
גַּן-עֵדֶן - הָעוֹלָם הַטּוֹב שֶׁאַחֲרֵי הַמָּוֶת: Paradise
*(מֶטָאפוֹרָה) הַמָּקוֹם הַזֶּה הוּא מַמָּשׁ **גַּן עֵדֶן**.*
טַעַם גַּן עֵדֶן - אוֹכֶל טָעִים מְאוֹד

עדנהנ׳ עֶדְנָה pleasure, rejuvenation
הַרְגָּשָׁה נְעִימָה:
*הַמּוּסִיקָה גּוֹרֶמֶת לִי **עֶדְנָה** בְּכָל הַגּוּף.*

עדרפ׳ עָדַר hoed
חָפַר בִּכְלִי מְיוּחָד כְּדֵי שֶׁהָאֲדָמָה תִּהְיֶה רַכָּה:
***עָדַרְנוּ אֶת** הַגִּינָּה, אֶפְשָׁר עַכְשָׁיו לִשְׁתּוֹל פְּרָחִים.*
לַעֲדוֹר אֶת- / ע.ד.ר, פָּעַל / עָדַרְתִּי, עוֹדֵר, יַעֲדוֹר, עֲדוֹר!

עדרז׳ עֵ֫דֶר [עֲדָרִים] herd, flock
קְבוּצָה שֶׁל בַּעֲלֵי-חַיִּים:
*פָּגַשְׁתִּי בַּשָּׂדֶה רוֹעֶה בֶּדוּאִי, שֶׁהָלַךְ עִם **עֵדֶר** כְּבָשִׂים.*

עדרית׳ עֶדְרִי herd-like
שֶׁל עֵדֶר, שֶׁל קְבוּצַת אֲנָשִׁים שֶׁפּוֹעֲלִים בְּיַחַד (לֹא אִינְדִּיוִוידוּאָלִי):
*יֵשׁ לָהֶם הִתְנַהֲגוּת **עֶדְרִית**, כּוּלָּם הוֹלְכִים בְּיַחַד לְכָל מָקוֹם.*
עֶדְרִית, עֶדְרִיִּים, עֶדְרִיּוֹת

עדריותנ׳ עֶדְרִיּוּת herd instinct
כְּשֶׁמִּתְנַהֲגִים, חוֹשְׁבִים וְכוּ׳ כְּמוֹ עֵדֶר, כְּמוֹ קְבוּצָה, לֹא כְּאִינְדִּיוִוידוּאָלִים:
***הָעֶדְרִיּוּת** מַפְרִיעָה לִי, אֲנִי לֹא רוֹצֶה לִהְיוֹת כְּמוֹ כּוּלָּם.*

עדשהנ׳ עֲדָשָׁה [עֲדָשִׁים] lentil
1. אוֹכֶל שֶׁל גַּרְעִינִים:
*אֲנִי אוֹהֵב אוֹרֶז עִם **עֲדָשִׁים**.*

2. (בְּאוֹפְּטִיקָה) זְכוּכִית שֶׁל מַכְשִׁירִים אוֹפְּטִיִּים: lens
*אֲנִי צָרִיךְ לְהַחְלִיף אֶת **עַדְשׁוֹת** הַמִּשְׁקָפַיִם שֶׁלִּי.*
3. הַחֵלֶק בָּעַיִן שֶׁמְּקַבֵּל אֶת הָאוֹר: eye-ball
עַדְשׁוֹת-מַגָּע contact lenses

עדתית׳ עֲדָתִי communal, factional
הַשַּׁיָּיךְ לְעֵדָה (= קְבוּצָה שֶׁיֵּשׁ לָהּ הִיסְטוֹרְיָה, דָּת וְכוּ׳ מְשׁוּתָּפוֹת):
*הוּא חוֹשֵׁב, שֶׁלֹּא קִיבְּלוּ אוֹתוֹ לָעֲבוֹדָה מִסִּיבּוֹת **עֲדָתִיּוֹת**.*
עֲדָתִית, עֲדָתִיִּים, עֲדָתִיּוֹת

עדתיותנ׳ עֲדָתִיּוּת communal segregation
חֲלוּקָה לְפִי קְבוּצוֹת, שֶׁיֵּשׁ לָהֶן הִיסְטוֹרְיָה, דָּת וְכוּ׳ מְשׁוּתָּפוֹת:
*אֵין **עֲדָתִיּוּת** בַּצָּבָא - כָּל הַחַיָּילִים שָׁווִים.*

עובדז׳ עוֹבֵד [עוֹבְדִים] worker
פּוֹעֵל, אָדָם שֶׁחַי מֵעֲבוֹדָה:
*הָ**עוֹבֵד** הִגִּיעַ לָעֲבוֹדָה בַּזְּמַן.*
עוֹבֶדֶת, עוֹבְדוֹת

עובדפ׳ עֻבַּד was cultivated
1. הִתְאִימוּ אוֹתוֹ לְשִׁימוּשׁ:
*הָאֲדָמָה **תְּעוּבַּד** וְאֶפְשָׁר יִהְיֶה לְגַדֵּל פְּרָחִים.*
2. (מֶטָאפוֹרָה) הִתְאִימוּ אוֹתוֹ עַל יְדֵי שִׁינּוּיִים, קִיצּוּרִים וְכוּ׳: was adapted
*הַסֵּפֶר **עוּבַּד** לְהַצָּגָה.*
/ ע.ב.ד, פּוּעַל / עוּבְּדוּ, מְעוּבָּד, יְעוּבַּד, יְעוּבְּדוּ

עובדהנ׳ עֻבְדָּה [עוּבְדוֹת] fact
דָּבָר שֶׁקָּרָה:
*מָסַרְתִּי לוֹ אֶת הָ**עוּבְדוֹת** כְּמוֹ שֶׁהֵן.*

עובדתית׳ עֻבְדָּתִי factual
מַשֶּׁהוּ שֶׁקָּרָה, שֶׁהָיָה:
*טֶקְסְט **עוּבְדָּתִי** הוּא סֵפֶר הִיסְטוֹרְיָה, הַחֵלֶק הָאִינְפוֹרְמָטִיבִי בָּעִיתּוֹן וְכוּ׳.*
עוּבְדָּתִית, עוּבְדָּתִיִּים, עוּבְדָּתִיּוֹת

עוביז׳ עֹבִי [עוֹבָיִים] thickness
הַגּוֹדֶל שֶׁל גּוּף מִבְּחִינַת הָרוֹחַב וְהָעוֹמֶק:
*קָנִיתִי חֶבֶל **בְּעוֹבִי** שֶׁל 5 ס"מ.*

עוברז׳ עֻבָּר [עוּבָּרִים] fetus
יֶלֶד שֶׁל בְּנֵי אָדָם וּבַעֲלֵי חַיִּים לִפְנֵי שֶׁנּוֹלַד:
*מִבְּדִיקַת הָ**עוּבָּר** אֶפְשָׁר לְגַלּוֹת אִם הוּא זָכָר אוֹ נְקֵבָה.*

עוברת׳ עוֹבֵר passing
זָז מִמָּקוֹם לְמָקוֹם, לֹא נִשְׁאָר בְּאוֹתוֹ מַצָּב.
עוֹבֵר־אוֹרַח passer-by
עוֹבְרִים וְשָׁבִים passers-by
עוֹבֵר וָשָׁב current (account)
עוֹבֵר בָּטֵל good for nothing
עוֹבֶרֶת, עוֹבְרִים, עוֹבְרוֹת

עוברתפ׳ עֻבְרַת was Hebraized
נָתְנוּ לוֹ צוּרָה עִבְרִית:
*הַשֵּׁם שֶׁלּוֹ **עוּבְרַת** מִגּוֹלְדְשְׁטֵיין לְ'אֶבֶן־זָהָב'.*
/ ע.ב.ר.ת, פּוּעַל / עוּבְרְתוּ, מְעוּבְרָת, יְעוּבְרַת, יְעוּבְרְתוּ

עובשז׳ עֹבֶשׁ mold
מִין פִּטְרִיּוֹת, שֶׁמּוֹפִיעוֹת עַל אוֹכֶל מְקוּלְקָל:
*יֵשׁ **עוֹבֶשׁ** עַל הַלֶּחֶם, אָסוּר לֶאֱכוֹל אוֹתוֹ.*

עוגבז׳ עוּגָב [עוּגָבִים] organ
כְּלִי נְגִינָה, כְּמוֹ פְּסַנְתֵּר, עִם צִינּוֹרוֹת אֲרוּכִּים, נִמְצָא בִּכְנֵסִיּוֹת:
*הַקּוֹל שֶׁל הָ**עוּגָב** חָזָק וְעָמוֹק.*

עוגברז׳ עוּגָבָר [עוּגָבָרִים] organist
מִי שֶׁמְּנַגֵּן בְּעוּגָב (כְּלִי נְגִינָה כְּמוֹ פְּסַנְתֵּר עִם צִינּוֹרוֹת אֲרוּכִּים):
***עוּגָבָר** הוּא מִי שֶׁמְּנַגֵּן בְּעוּגָב בְּעִיקָּר בִּכְנֵסִיָּיה.*

עוגהנ׳ עוּגָה/עֻגָּה [עוּגוֹת] cake
מַאֲכָל מָתוֹק (שֶׁאוֹפִים בְּתַנּוּר):
*אִימִּי אָפְתָה **עוּגָה** לְשַׁבָּת.*

עוגייהנ׳ עוּגִיָּה [עוּגִיּוֹת] cookie, biscuit
עוּגָה קְטַנָּה:
*קָנִיתִי **עוּגִיּוֹת** טְעִימוֹת לַמְּסִיבָּה.*

עוגלפ׳ עֻגַּל was rounded
1. עָשׂוּ אוֹתוֹ עָגוֹל:
*הַפִּינּוֹת שֶׁל הַשּׁוּלְחָן **עוּגְּלוּ**.*
2. (בְּמָתֵימָטִיקָה) הָפְכוּ לְמִסְפָּר שָׁלֵם: was rounded off
*הַמְּחִיר **עוּגַּל** - בִּמְקוֹם 17.8 כָּתַבְנוּ 18.*
/ ע.ג.ל, פּוּעַל / עוּגְּלוּ, מְעוּגָּל, יְעוּגַּל, יְעוּגְּלוּ

עוגמהנ׳ עָגְמָה sorrow, grief
הַרְגָּשָׁה שֶׁל צַעַר, מַצָּב שֶׁל עֶצֶב.
עוּגְמַת-נֶפֶשׁ - distress, grief
*הַכִּישָּׁלוֹן בַּבְּחִינָה גָּרַם לוֹ **עוּגְמַת נֶפֶשׁ** רַבָּה.*

עוגןז' עֹ֫גֶן [עוֹגְנִים] anchor

מַכשִׁיר מִבַּרזֶל שֶׁזּוֹרקִים לַיָּם, כְּדֵי שֶׁהָאוֹנִיָּיה לֹא תָזוּז:
*הֵרַמנוּ **עוֹגֶן**, וְיָצָאנוּ לַדֶּרֶךְ.*

עודת"פ עוֹד more

1. נוֹסָף לְמַה שֶׁהָיָה קוֹדֶם:
*מָה **עוֹד** אַתָה רוֹצֶה? / אַל תָּבוֹא אֵלַיי **עוֹד**!*

2. עֲדַיִין, עַד עַכשָׁיו: still, yet
*אֲנִי **עוֹד** עוֹבֵד, לֹא גָּמַרתִי אֶת הַחֶשבּוֹנוֹת.*

3. כְּבָר (לְשוֹן דִיבּוּר): already
***עוֹד** בְּחוּ"ל לָמַדתִי עִברִית.*

4. יָבוֹא הַזְמַן שֶׁ- : yet
***עוֹד** תְּקַבֵּל פְּרָס עַל הָעֲבוֹדָה הַזֹּאת...*

עוֹד מְעַט - בְּקָרוֹב, בְּעוֹד רֶגַע: soon
***עוֹד** מְעַט יַתחִיל הַקוֹנצֶרט.*

עוֹד לֹא - עֲדַיִין לֹא: not yet
***עוֹד** לֹא הָיִיתִי בְּאֵילַת.*

בְּעוֹד - לְאַחַר (+ מִילַת זמן): in
***בְּעוֹד** שלוֹשָׁה יָמִים נִיסַע לִירוּשָׁלַיִם.*

בְּעוֹד - בִּזמַן שֶׁ: while
*הוּא נָח, **בְּעוֹד** הָאֲחֵרִים עוֹבדִים קָשֶׁה.*

כֹּל עוֹד - כֹּל זמַן שֶׁ- : as long as
*'**כֹּל עוֹד** אֲנִי חַיָּה, אֶעֱזוֹר לְךָ', אָמרָה הָאֵם.*

בְּעוֹד מוֹעֵד - בַּזמַן: in time
הִגַעתִי לַקוֹנצֶרט בְּעוֹד מוֹעֵד.

עוֹדִי, עוֹדֶנִי, עוֹדְךָ, עוֹדֵך, עוֹדוֹ, עוֹדָה, עוֹדֵנוּ, I am still
עוֹדכֶם-ן, עוֹדָם-ן

אֵין עוֹד - there is (are) no more
אֵין עוֹד לֶחֶם בַּבַּיִת.

לֹא עוֹד - no more
לֹא עוֹד מִלחָמָה!

עודדפ' עוֹדֵד encouraged

1. חִיזֵק:
*הֵם **עוֹדדוּ** אֶת רוּתִי כְּשֶׁדָוִיד עָזַב אוֹתָהּ.*
לְעוֹדֵד אֶת- / ע.ו.ד-ע.ד.ד, פִּיעֵל / עוֹדַדתִי, מְעוֹדֵד, יְעוֹדֵד

עו"דר"ת ר' עורך-דין

עודכןפ' עֻדְכַּן was updated

1. הִתאִימוּ אוֹתוֹ לְעַכשָׁיו:
*חֶשבּוֹן הַבַּנק שֶׁלִי **עוּדכַּן** לְהַיוֹם.*

2. מָסרוּ לוֹ אֶת הָאִינפוֹרמַציָה
הַחֲדָשָׁה בְּיוֹתֵר:
***עוּדכַּנתִי** בְּמַה שֶׁקָרָה לִפנֵי שָׁעָה בַּכּנֶסֶת.*
/ ע.ד.כ.ן, פּוּעַל / עוּדכְּנוּ לְ-, בְּ-, מְעוּדכָּן, יְעוּדכַּן

עודןפ' עֻדַּן was refined

עָשׂוּ שֶׁיִהיֶה עָדִין, נָעִים, יָפֶה וְכוּ':
*הַהֲלִיכָה שֶׁלָה **עוּדנָה**, הִיא כְּבָר לֹא הוֹלֶכֶת כְּמוֹ פִּיל.*
/ ע.ד.ן, פּוּעַל / עוּדנוּ, מְעוּדָן, יְעוּדַן, יְעוּדנוּ

עודףת' עוֹדֵף surplus, excess

יוֹתֵר מִן הַצוֹרֶך:
*הֶחֱזַרנוּ אֶת הסחוֹרָה **הָעוֹדֶפֶת** לַמַחסָן.*
עוֹדֶפֶת, עוֹדְפִים, עוֹדְפוֹת

עודףז' עֹ֫דֶף [עוֹדָפִים] change (money)

1. מַה שֶׁהוּא יוֹתֵר מִן הַצוֹרֶך:
*שִׁילַמתִי חֲמִישִׁים שֶׁקֶל, וְקִיבַּלתִי **עוֹדֶף** שִׁבעָה שְׁקָלִים.*

2. מַה שֶׁנִשאַר: surplus
*קָנִיתִי מְעִיל מֵ**עוֹדְפֵי** הַיִצוּא שֶׁל הַחֶבְרָה.*

3. יוֹתֵר מִדַיי: excess
*יֵשׁ לִי **עוֹדֶף** אֶנֶרגִיָה.*

עודפותנ' עוֹדְפוּת redundancy

מַה שֶׁיֵשׁ יוֹתֵר מִדַיי (שֶׁאֵין בּוֹ צוֹרֶך):
*כְּשֶׁמִשׁתַמשִׁים בְּשָׁלוֹשׁ מִילִים כְּדֵי לְהַגִיד אוֹתוֹ דָבָר, יֵשׁ **עוֹדְפוּת**.*

עוויתנ' עֲוִית [עֲוִיתוֹת] spasm, convulsion

תנוּעָה עַצבָּנִית בַּגוּף אוֹ בַּפָּנִים:
*יֵשׁ לוֹ **עֲוִית** בַּפֶּה, הַפֶּה זָז בּלִי שֶׁהוּא רוֹצֶה.*

עוולז' עָ֫וֶל injustice, wrong

כְּשֶׁעוֹשִׂים מַשֶׁהוּ שֶׁלֹא בְּצֶדֶק.
***נִגרַם לוֹ עָוֶול** - הוּא מַתאִים יוֹתֵר לִהיוֹת מְנַהֵל.*

עוולהנ' עַוְלָה [עַוולוֹת] injustice, wrong

מַעֲשֶׂה רַע, שֶׁקֶר, פְּגִיעָה שֶׁלֹא בְּצֶדֶק:
*נַעֲשְׂתָה לִי **עַוולָה** גדוֹלָה - נָתנוּ אֶת הַפְּרָס לְמִישֶׁהוּ אַחֵר.*

עווןז' עָווֹן [עֲווֹנוֹת] sin, crime

מַעֲשֶׂה רַע שֶׁיֵשׁ עָלָיו עוֹנֶשׁ:
*הוּא הִתפַּלֵל וּבִיקֵשׁ סלִיחָה מֵה' עַל **עֲווֹנוֹ**.*

עוותפ' עֻוַּת was distorted

שִׁינָה לְרָעָה, קִילקֵל:
*הַדבָרִים שֶׁאָמַרתִי **עוּוְתוּ**. / פָּנָיו **עוּוְתוּ** אַחֲרֵי הַנִיתוּחַ.*
/ ע.ו.ת, פּוּעַל / עוּוְתוּ, מְעוּוָת, יְעוּוַת, יְעוּוְתוּ

עוזז' עֹז courage, strength

כּוֹחַ, אוֹמֶץ:
*אֵין לִי **הָעוֹז** לְסַפֵּר לוֹ מַה קָרָה.*

עוז־רוּחַ courage, valor
הִרהִיב עוז בְּנַפשוֹב׳ dared, ventured

עוזרז׳ עוֹזֵר assistant, aide
1. מֵגִיש עֶזרָה, אַסִיסטֶנט:
הוּא עוֹבֵד כְּעוֹזֵר לְרוֹפֵא שִינַיִים.
2. דַרגָה בָּעֲבוֹדָה, סְגָן: aide, deputy
הוּא עוֹזֵר רֹאש הַמֶמשָלָה לְעִניְינֵי בִּיטָחוֹן.
עוֹזֶרֶת, עוֹזְרִים, עוֹזְרוֹת

עוזרת(בית)נ׳ עוֹזֶרֶת [עוֹזְרוֹת] maid
עוֹבֶדֶת בְּמֶשֶק בַּיִת אֵצֶל אֲחֵרִים:
הָעוֹזֶרֶת בָּאָה פַּעַם בְּשָבוּעַ וּמְנַקָה אֶת הַבַּיִת.

עוטרפ׳ עֻטַר was illustrated
קִישטוּ אוֹתוֹ, עָשׂוּ אוֹתוֹ יָפֶה:
סִפרֵי יְלָדִים עוּטְרוּ עַל יְדֵי צַיָיר יָדוּעַ.
2. נָתנוּ לוֹ מֶדַליָה: was decorated
הוּא עוּטַר בְּאוֹת הַמוֹפֵת (מֶדַליָה לְחַיָילִים מִצטַיינִים).
/ ע.ט.ר, פּוּעַל / עוּטרוּ, מְעוּטָר, יְעוּטַר, יְעוּטרוּ

עויןת׳ עוֹיֵן hostile
שוֹנֵא, מִתנַגֵד:
הוּא עוֹיֵן אוֹתִי, לָכֵן אֲנִי לֹא מִתקַדֵם בָּעֲבוֹדָה.
עוֹיֶנֶת, עוֹיְנִים, עוֹיְנוֹת

עוינותנ׳ עוֹיְנוּת hostility
שִׂנאָה, יַחַס שֶל הִתנַגדוּת:
בֵּין שתֵי הַמִפלָגוֹת יֵש יַחַס שֶל עוֹיְנוּת.

עוכבפ׳ עֻכַּב was delayed
עָצרוּ אוֹתוֹ, וְלָכֵן הִגִיעַ מְאוּחָר יוֹתֵר:
עוּכַּבנוּ בַּכּבִיש בִּגלַל תְאוּנָה.
/ ע.כ.ב, פּוּעַל / עוּכּבוּ, מְעוּכָּב, יְעוּכַּב, יְעוּכּבוּ

עוכרז׳ עוֹכֵר [עוֹכרִים] kill-joy, troublemaker
מְקַלקֵל, מְלַכלֵך:
עוֹכֵר יִשׂרָאֵל - (לָשוֹן הַתַנַ"ך) villain
'אַתָה עוֹכֵר יִשׂרָאֵל' צָעַק הַפּוֹלִיטִיקַאי 'אַתָה מְסַפֵּר שקָרִים עַל מְדִינַת יִשׂרָאֵל'.
הָיָה בְּעוֹכרָיו - harmed him
הוּא דִיבֵּר נֶגֶד הַמְנַהֵל, וְזֶה הָיָה בְּעוֹכרָיו.
עוֹכֶרֶת, עוֹכרוֹת

עולז׳ עֹל [עוֹלִים] yoke
מַקֵל שֶשָׂמִים עַל הַצַוָואר שֶל בֶּהֱמַת עֲבוֹדָה.
(מֶטָאפוֹרָה) *עוֹל הַפַּרנָסָה שֶל הַמִשפָּחָה מוּטָל עָלַיי.*
מָשַך בְּעוֹלב׳ carried the burden
פָּרַק כֹּל עוֹלב׳ acted irresponsibly

עולז׳ עוּל [עוּלִים] baby, young, youngster
תִינוֹק.
עוּל יָמִים - צָעִיר:
עוֹד כְּשֶהָיִיתִי עוּל יָמִים, שָמַעתִי עַל הַתוֹרָה שֶל אַיינשטַיין.

עולבת"ז עוֹלֵב [עוֹלבִים] insulting
פּוֹגֵעַ בְּכָבוֹד שֶל מִישֶהוּ, גוֹרֵם לוֹ לְהִתבַּיֵיש:
הִיא אָמרָה לוֹ דבָרִים עוֹלבִים, וְלָכֵן הָלַך.
עוֹלֶבֶת, עוֹלבוֹת

עולהז׳ עוֹלֶה [עוֹלִים] immigrant to Israel
יְהוּדִי שֶבָּא לִחיוֹת בְּיִשׂרָאֵל:
הַשָבוּעַ הִגִיעוּ לָאָרֶץ עוֹלִים חֲדָשִים מִיָוון.
עוֹלָה, עוֹלוֹת

עוללפ׳ עוֹלֵל did, committed
עָשָׂה, בִּיצֵעַ (בְּעִיקָר מַשֶהוּ רַע):
מַה כְּבָר עוֹלַלתָ, שֶשָלחוּ אוֹתךָ הַבַּיתָה מִבֵּית הַסֵפֶר?
לְעוֹלֵל / ע.ל.ל, פִּיעֵל / עוֹלַלתִי, מְעוֹלֵל, יְעוֹלֵל

עוללז׳ עוֹלָל [עוֹלָלִים] baby, infant
תִינוֹק, יֶלֶד קָטָן:
הָעוֹלָלִים צרִיכִים אֶת הַהֲגָנָה שֶל הַהוֹרִים.

עולםז׳ עוֹלָם [עוֹלָמוֹת] world, universe
1. כַּדוּר הָאָרֶץ:
הוּא הָיָה הָאִיש הֶחָכָם בְּיוֹתֵר בְּכָל הָעוֹלָם.
2. חֵלֶק מִכַּדוּר הָאָרֶץ אוֹ מֵהַחַיִים שֶעָלָיו:
הָעוֹלָם הַשלִישִי (= הָאֲרָצוֹת הָעֲנִיוֹת יוֹתֵר) / עוֹלַם הַחַי וְהַצוֹמֵחַ / הָעוֹלָם הָעַתִיק
3. נוֹשֵׂא שֶאֲנָשִים עוֹסקִים בּוֹ. – realm, domain
עוֹלַם הַמוּסִיקָה, עוֹלַם הַספּוֹרט, עוֹלַם הָרְגָשוֹת
הָעוֹלָם הַזֶה this life/world
הָעוֹלָם הַבָּא the world beyond
הָעוֹלָם הַתַחתוֹן the underworld
לְעוֹלָם ת"פ / **עַד עוֹלָם** forever
מֵעוֹלָם לֹא ת"פ never
עוֹלַם־הָאֱמֶת the next world
הַשקָפַת־עוֹלָם outlook on life

עולמית׳ עוֹלָמִי world-, universal
1. שֶל כֹּל הָעוֹלָם, כֹּל הָאֲרָצוֹת, הָאֲנָשִים וְכוּ':
הַקוֹנגרֶס הָעוֹלָמִי לְיַהֲדוּת יִיפָּתַח מָחָר בִּירוּשָלַיִם.
2. יָדוּעַ בְּכֹל הָעוֹלָם: world renowned

לְדָוִיד אוֹסטרַייך הָיָה שֵׁם עוֹלָמִי.
עוֹלָמִית, עוֹלָמִיִים, עוֹלָמִיוֹת

עומדפ׳ עֻמַּד — was paged
סִידרוּ אוֹתוֹ (סֵפֶר וְכוּ׳) לְפִי עַמּוּדִים:
אִם הַסֵּפֶר לֹא יְעוּמַּד, לֹא יַדפִּיסוּ אוֹתוֹ.
/ ע.מ.ד, פּוּעַל / עוּמדוּ, מְעוּמָּד, יְעוּמַּד, יְעוּמדוּ

עומדת׳ עוֹמֵד — standing
לֹא זָז:
בְּמַיִם עוֹמדִים יֵשׁ יַתוּשִׁים.
(בְּדִיקדוּק) **פּוֹעַל עוֹמֵד** - פּוֹעַל שֶׁלֹּא מְקַבֵּל אוֹבּיֶיקט: — intransitive verb
הַפּוֹעַל 'יָשַׁן' הוּא פּוֹעַל עוֹמֵד.
עוֹמֶדֶת, עוֹמדִים, עוֹמדוֹת

עומסז׳ עֹמֶס [עוֹמָסִים] — load
מַה שֶּׁנּוֹתֵן הַרגָּשָׁה שֶׁל כּוֹבֶד, מַה שֶׁצָּרִיךְ לַעֲשׂוֹת:
בִּגלַל עוֹמֶס הַלִּימוּדִים אֲנִי לֹא הוֹלֵךְ לְתֵיאַטרוֹן.

עומעםפ׳ עֻמְעַם — was dimmed/blurred
1. לֹא הָיָה בָּרוּר:
הַזִּיכָּרוֹן שֶׁלִּי עוּמעַם בִּגלַל הַגִּיל.
2. עָשׂוּ אוֹתוֹ (אוֹר) פָּחוֹת חָזָק:
הָאוֹר שֶׁל הַמְּכוֹנִיּוֹת עוּמעַם, בִּגלַל הָעֲרָפֶל.
/ ע.מ.ע.ם, פּוּעַל / עוּמעֲמוּ, מְעוּמעָם, יְעוּמעַם, יְעוּמעֲמוּ

עומקז׳ עֹמֶק [עוֹמָקִים] — depth
1. הַמֶּרחָק מִנְּקוּדָּה אַחַת לִנְקוּדָּה אַחֶרֶת לְמַטָּה:
עוֹמֶק הַמַּיִם כָּאן הוּא 3 מֶטרִים.
2. (מֶטָאפוֹרָה) רְצִינוּת, יְסוֹדִיּוּת, אִינטֶנסִיבִיּוּת: — profundity
בַּדְּבָרִים שֶׁכָּתַב יֵשׁ עוֹמֶק שֶׁל מַחשָׁבָה.
מֵעוֹמֶק הַלֵּב ת״פ — deeply

עומרז׳ עֹמֶר [עוֹמָרִים] — sheaf
חֲבִילָה שֶׁל שִׁבּוֹלִים קְשׁוּרוֹת יַחַד:
לְאַחַר הַקָּצִיר הָיָה הַשָּׂדֶה מָלֵא עוֹמָרִים.
ל"ג בָּעוֹמֶר - חַג, בַּיּוֹם הַ-33 לִספִירַת הָעוֹמֶר לְזֵכֶר הַנִּיצָּחוֹן עַל הָרוֹמָאִים
סְפִירַת הָעוֹמֶר - מֵחַג הַפֶּסַח וְעַד חַג הַשָּׁבוּעוֹת סוֹפרִים 49 יָמִים שֶׁל אֵבֶל, לֹא מִתחַתנִים בָּהֶם וְכוּ׳

עומתפ׳ עֻמַּת — was compared/confronted
עָשׂוּ הַשׁוָואָה:
מַה שֶּׁאָמַר דָּוִיד עוּמַּת עִם הַדְּבָרִים שֶׁאָמרָה רוּת.
/ ע.מ.ת, פּוּעַל / עוּמתוּ, מְעוּמָּת, יְעוּמַּת, יְעוּמתוּ

עומתמ״י עֻמַּת — opposite
מוּל, נֶגֶד.
לְעוּמַּת - בְּהַשׁוָואָה לְ-: — compared to
לְעוּמַּת דָּוִיד הוּא חָכָם גָּדוֹל.
כִּלעוּמַּת - כְּמוֹ: — just as
חָזַרתִי כִּלעוּמַּת שֶׁבָּאתִי.

עונגז׳ עֹנֶג — pleasure
הַרגָּשָׁה נְעִימָה:
מוּסִיקָה גוֹרֶמֶת לִי עוֹנֶג רַב.
עוֹנֶג-שַׁבָּת - אֲרוּחָה טוֹבָה וְדִברֵי חוֹכמָה בְּשַׁבָּת

עונהפ׳ עֻנָּה — was tortured
עָשׂוּ שֶׁיִּכאַב לוֹ:
הוּא עוּנָּה בְּבֵית הַסּוֹהַר.
/ ע.נ.ה, פּוּעַל / עוּנֵיתִי, מְעוּנֶּה, יְעוּנֶּה, יְעוּנּוּ

עונהנ״ע עוֹנָה [עוֹנוֹת] — season
תְּקוּפָה שֶׁל הַשָּׁנָה:
הָאָבִיב הוּא הָעוֹנָה הַיָּפָה בְּיוֹתֵר בְּיִשׂרָאֵל.
עוֹנָה בּוֹעֶרֶת — busy season
בְּעֵת וּבְעוֹנָה אַחַתב׳ — at the same time

עוניז׳ עֹנִי — poverty
כְּשֶׁאֵין כֶּסֶף, אוֹכֶל וְכוּ׳:
הֵם חַיִּים בְּעוֹנִי, כִּי אָבִיו לֹא עוֹבֵד.

עונשז׳ עֹנֶשׁ [עוֹנָשִׁים] — punishment, penalty
מַה שֶּׁמְּקַבְּלִים עַל מַעֲשֶׂה רַע שֶׁעוֹשִׂים:
הַגַּנָּב קִיבֵּל עוֹנֶשׁ - שָׁלוֹשׁ שָׁנִים מַאֲסָר.
עוֹנֶשׁ-מָוֶות — capital punishment
עוֹנֶשׁ גּוּפָנִי — corporal punishment

עונתית׳ עוֹנָתִי — seasonal
שַׁיָּיךְ לִזמַן מְסוּיָּם:
עֲנָבִים הֵם פֵּירוֹת עוֹנָתִיִּים - הֵם פֵּירוֹת קַיִץ.
עוֹנָתִית, עוֹנָתִיִּים, עוֹנָתִיּוֹת

עוסהפ׳ עֻסָּה — was massaged
קִיבֵּל טִיפּוּל פִיזיוֹתֶרַפִּי:
הָרֶגֶל, שֶׁנִּפגְּעָה בִּתאוּנָה עוּסְתָה, עַד שֶׁחָזרָה לְתַפקֵד.
/ ע.ס.ה, פּוּעַל / עוּסֵיתִי, מְעוּסֶּה, יְעוּסֶּה

עוסקז׳ עוֹסֵק [עוֹסְקִים] — tax-paying, self employed person
מִי שֶׁיֵּשׁ לוֹ עֵסֶק, חֲנוּת וְכוּ׳:
עוֹסֵק מוּרשֶׁה - מִי שֶׁרָשׁוּם בְּמַס הַכנָסָה כְּעוֹבֵד עַצמָאִי.
עַל הַקַּבָּלָה רָשׁוּם שְׁמִי וְהַמִּספָּר שֶׁלִּי כְּעוֹסֵק מוּרשֶׁה.
עוֹסֶקֶת, עוֹסקוֹת

עוףז, עוֹף [עוֹפוֹת] fowl

1. צִיפּוֹרִים מִסּוּגִים שׁוֹנִים:
*הַתַּרְנְגוֹלֶת וְהַבַּרְוָוז הֵם **עוֹפוֹת** בַּיִת.*

2. בְּשַׂר תַּרְנְגוֹלֶת וְכוּ' שֶׁאוֹכְלִים אוֹתוֹ: poultry
*בְּיִשְׂרָאֵל אוֹכְלִים הַרְבֵּה בְּשַׂר **עוֹף**.*

עופאיםז"ר עֳפָאִים branches

(לָשׁוֹן סִפְרוּתִית) עָנָף, חֵלֶק בְּעֵץ:
*הַצִּיפּוֹרִים שָׁרוֹת בֵּין הָ**עוֹפָאִים**.*

עופףפ' עוֹפֵף flew

טָס, עָף, מַה שֶׁעוֹשׂוֹת הַצִּיפּוֹרִים:
*הַצִּיפּוֹרִים **עוֹפְפוּ** מֵעַל הָרֹאשׁ שֶׁלָּנוּ.*
לְעוֹפֵף / ע.ו.ף, פִּיעֵל / עוֹפְפוּ, מְעוֹפֵף, יְעוֹפֵף, יְעוֹפְפוּ

עופרז, עֹפֶר [עוֹפָרִים] young deer

צְבִי צָעִיר, רָץ מַהֵר:
*'בַּמְבִּי' הוּא סֶרֶט יְלָדִים יָדוּעַ עַל **עוֹפֶר**.*

עופרתנ, עוֹפֶרֶת lead

מַתֶּכֶת רַכָּה בְּצֶבַע אָפוֹר:
*הַצִּינּוֹר הָיָה עָשׂוּי **מֵעוֹפֶרֶת**.*

עוצבפ' עֻצַּב was shaped/designed

נָתְנוּ לוֹ צוּרָה מְסוּיֶּמֶת:
*הַשּׁוּלְחָן **עוּצַּב** עַל-יְדֵי אַרְכִיטֶקְט יָדוּעַ.*
/ ע.צ.ב, פּוּעַל / עוּצְּבוּ, מְעוּצָּב, יְעוּצַּב, יְעוּצְּבוּ

עוצבהנ, עֻצְבָּה [עוּצְבּוֹת] formation

יְחִידָה צְבָאִית גְּדוֹלָה:
*בַּמַּחֲנוֹת שֶׁל הָ**עוּצְבָּה** יֵשׁ מֵאוֹת חַיָּילִים.*

עוצםז, עֹצֶם might

כּוֹחַ:
*נָפַלְתִּי **מֵעוֹצֶם** הַמַּכָּה.*

עוצמהנ, עָצְמָה [עוֹצְמוֹת] power, might

כּוֹחַ, חוֹזֶק:
*הָ**עוֹצְמָה** שֶׁל הָרוּחַ הָיְיתָה חֲזָקָה מְאוֹד. / יֵשׁ הַרְבֵּה **עוֹצְמָה** בַּדְּבָרִים שֶׁאָמַר.*

עוצרז, עֹצֶר curfew

כְּשֶׁאָסוּר לָצֵאת מֵהַבַּיִת לָרְחוֹב:
*הַמִּשְׁטָרָה הֵטִילָה **עוֹצֶר** עַל הָעִיר כְּדֵי לִתְפּוֹס אֶת הָרוֹצֵחַ.*

עוקבת' עוֹקֵב successive

מַה שֶּׁבָּא אַחֲרֵי:
*1, 2, 3 הֵם מִסְפָּרִים **עוֹקְבִים**.*
עוֹקֶבֶת, עוֹקְבִים, עוֹקְבוֹת

עוקדןז, עוֹקְדָן [עוֹקְדָנִים] (office) file

קְלָסֵר, תִּיק שֶׁל מִשְׂרָד (לִנְיָירוֹת וְכוּ'):
*כָּל הַמִּכְתָּבִים שֶׁמַּגִּיעִים לַמִּשְׂרָד מְסוּדָּרִים **בְּעוֹקְדָנִים**.*

עוקלפ' עֻקַּל was seized (property)

לָקְחוּ בְּאוֹפֶן זְמַנִּי רְכוּשׁ אוֹ כֶּסֶף בִּגְלַל חוֹב (לַמֶּמְשָׁלָה וְכוּ'):
*הַטֶּלֶוִויזְיָה שֶׁלִּי **עוּקְּלָה**, כִּי לֹא שִׁילַּמְתִּי מִיסִּים.*
/ ע.ק.ל, פּוּעַל / עוּקְּלוּ, מְעוּקָּל, יְעוּקַּל, יְעוּקְּלוּ

עוקםפ' עֻקַּם was twisted

1. עָשׂוּ שֶׁיִּהְיֶה לֹא יָשָׁר:
*הַפָּנִים שֶׁלּוֹ **עוּקְּמוּ** בִּגְלַל הַנִּיתּוּחַ.*

2. שִׁינּוּ אוֹתוֹ לְרָעָה: was distorted
*הַדְּבָרִים שֶׁאָמַרְתִּי **עוּקְּמוּ** בְּכַוָּונָה.*
/ ע.ק.ם, פּוּעַל / עוּקְּמוּ, מְעוּקָּם, יְעוּקַּם, יְעוּקְּמוּ

עוקםז, עֹקֶם crookedness

הַמַּצָּב שֶׁל דָּבָר שֶׁאֵינוֹ יָשָׁר:
*צָרִיךְ לְתַקֵּן אֶת הָ**עוֹקֶם** שֶׁל הַקַּו, כְּדֵי שֶׁיִּהְיֶה יָשָׁר.*

עוקףת' עוֹקֵף by-passing (adj.)

הַהוֹלֵךְ מִסָּבִיב:
*כְּבִישׁ **עוֹקֵף** שׁוֹמְרוֹן אֵינוֹ עוֹבֵר דֶּרֶךְ שׁוֹמְרוֹן.*
עוֹקֶפֶת, עוֹקְפִים, עוֹקְפוֹת

עוקץז, עֹקֶץ [עוֹקָצִים] sting

1. חֵלֶק חַד שֶׁל בַּעֲלֵי חַיִּים הַמְּשַׁמֵּשׁ לַהֲגָנָה:
*הַדְּבוֹרָה תָּקְעָה אֶת הָ**עוֹקֶץ** בַּיָּד שֶׁלִּי.*

2. (מֶטָאפוֹרָה) כַּוָּונָה gist
מְיוּחֶדֶת שֶׁל טֶקְסְט, הַרְצָאָה וְכוּ':
*הָ**עוֹקֶץ** שֶׁל הַסִּיפּוּר הוּא בַּסּוֹף.*

עוקצנותנ, עָקְצָנוּת sarcasm

אֲמִירָה שֶׁל דָּבָר חָרִיף אוֹ דּוֹקֵר:
*הוּא דִּיבֵּר **בְּעוֹקְצָנוּת**, וַאֲנִי נִפְגַּעְתִּי מִמֶּנּוּ.*

עוקצנית' עָקְצָנִי sarcastic

כְּשֶׁאוֹמְרִים אוֹ כּוֹתְבִים מַשֶּׁהוּ חַד, דּוֹקֵר:
*אָסוּר לִהְיוֹת **עוֹקְצָנִי** כְּשֶׁמְּדַבְּרִים עִם יְלָדִים.*
עוֹקְצָנִית, עוֹקְצָנִיִּים, עוֹקְצָנִיּוֹת

עוקרפ' עֻקַּר was neutered

1. עָשׂוּ שֶׁלֹּא יוּכַל לָלֶדֶת אוֹ לְהוֹלִיד:
הַכַּלְבָּה שֶׁלִּי עוּקְּרָה עַל יְדֵי הַוֶּטֶרִינָר.

2. עָשׂוּ אוֹתוֹ בְּלִי חַיְידַּקִּים: was sterilized

*הַמַּכְשִׁירִים הָרְפוּאִיִּים **עוּקְרוּ**.*
/ ע.ק.ר, פּוּעַל / עוּקְרוּ, מְעוּקָּר, יְעוּקַּר, יְעוּקְּרוּ

עוֹר ז׳, עוֹר [עוֹרוֹת] skin
1. מָה שֶׁמְּכַסֶּה בְּאוֹפֶן טִבְעִי אֶת גּוּף הָאָדָם:
*לַתִּינוֹקוֹת יֵשׁ **עוֹר** עָדִין וְרָגִישׁ.*
2. הַחֵלֶק בְּגוּף שֶׁל בַּעַל חַיִּים שֶׁמְּשַׁמֵּשׁ leather
לַעֲשִׂיַּית נַעֲלַיִים, בְּגָדִים, תִּיקִים וְכוּ׳:
*קָנִיתִי תִּיק וּמְעִיל עֲשׂוּיִים **עוֹר** מְתוֹצֶרֶת ׳בֶּגֶד-עוֹר׳.*
מֵעוֹר אֶחָד (מֶטָאפוֹרָה) - of the same kind
מֵאוֹתוֹ סוּג:
לֹא כֹּל הָאֲנָשִׁים עֲשׂוּיִים מֵעוֹר אֶחָד.

עוֹרַב פ׳, עֹרַב was mixed
1. הִכְנִיסוּ לְתוֹכוֹ חוֹמָרִים שׁוֹנִים:
*בַּסָּלָט **עוֹרְבוּ** כֹּל מִינֵי יְרָקוֹת.*
2. הִכְנִיסוּ אוֹתוֹ לְתוֹךְ עִנְיָין, רִיב וְכוּ׳: became mixed-up in
*גַּם רֹאשׁ הַמֶּמְשָׁלָה **עוֹרַב** בַּוִּיכּוּחַ.*
/ ע.ר.ב, פּוּעַל / עוֹרְבוּ, מְעוֹרָב, יְעוֹרַב, יְעוֹרְבוּ

עוֹרֵב ז׳, עוֹרֵב [עוֹרְבִים] crow, raven
צִיפּוֹר שְׁחוֹרָה, גְּדוֹלָה, שֶׁיֵּשׁ לָהּ קוֹל צוֹרֵחַ:
*הַמְשׁוֹרֵר א.א.פּוֹ כָּתַב שִׁיר יָדוּעַ - ׳**הָעוֹרֵב**׳.*

עוֹרְבַּל פ׳, עֻרְבַּל was mixed
עִירְבְּבוּ אוֹתוֹ, שָׂמוּ חוֹמָרִים בְּיַחַד:
*הַבֶּטוֹן **עוֹרְבַּל** בִּמְכוֹנָה חֲדִישָׁה.*
/ ע.ר.ב.ל, פּוּעַל / עוֹרְבְּלוּ, מְעוֹרְבָּל, יְעוֹרְבַּל, יְעוֹרְבְּלוּ

עוֹרֵךְ ז׳, עוֹרֵךְ [עוֹרְכִים] editor
מִי שֶׁמְּסַדֵּר עִיתּוֹן, סֶרֶט, סֵפֶר לִדְפוּס וְכוּ׳:
***הָעוֹרֵךְ** הֶחְלִיט לְהַכְנִיס אֶת הַמַּאֲמָר הַסֶּנְסַצְיוֹנִי לָעִיתּוֹן.*

עוֹרֵךְ-דִּין ז׳, עוֹרֵךְ-דִּין [עוֹרְכֵי-דִין] lawyer
מִשְׁפְּטָן, מִי שֶׁלָּמַד אֶת הַחוּקִים:
***עוֹרֵךְ הַדִּין** הוֹכִיחַ לְבֵית הַמִּשְׁפָּט, שֶׁאֵינֶנִּי אָשֵׁם.*
עוֹרֶכֶת-דִּין, עוֹרְכוֹת-דִּין

עוֹרְלָה נ׳, עָרְלָה [עֲרָלוֹת] foreskin
הַחֵלֶק שֶׁחוֹתְכִים בִּבְרִית הַמִּילָה:
*הֲסָרַת **הָעוֹרְלָה** מוֹנַעַת מַחֲלוֹת.*

עוֹרְמָה נ׳, עָרְמָה [עוֹרְמוֹת] cunning
הַחוּכְמָה לְהַצְלִיחַ (לֹא תָּמִיד בְּדֶרֶךְ יְשָׁרָה):
*הוּא קִיבֵּל אֶת הַכֶּסֶף **בְּעוֹרְמָה**.*

עוֹרְעַר פ׳, עֻרְעַר became unstable
זָז, נַעֲשָׂה לֹא יַצִּיב:
*הַמַּעֲמָד שֶׁלּוֹ בַּמִּשְׂרָד **עוֹרְעַר** בַּזְּמַן הָאַחֲרוֹן.*
/ ע.ר.ע.ר, פּוּעַל / עוֹרְעֲרוּ, מְעוֹרְעָר, יְעוֹרְעַר, יְעוֹרְעֲרוּ

עוֹרֶף ז׳, עֹרֶף nape
1. הַחֵלֶק בַּגּוּף הַמְּחַבֵּר אֶת הָרֹאשׁ וְהַגַּב:
*קִיבַּלְתִּי מַכָּה **בָּעוֹרֶף**, וְעַכְשָׁיו אֲנִי סוֹבֵל מִכְּאֵבִים חֲזָקִים.*
2. בִּזְמַן מִלְחָמָה - הַחֵלֶק מֵאֲחוֹרֵי קַו homefront
הַמִּלְחָמָה (הַבַּיִת, הַנָּשִׁים, הַיְּלָדִים, שֶׁאֵינָם נִלְחָמִים):
*הָאִימָּהוֹת **בָּעוֹרֶף** שָׁלְחוּ חֲבִילוֹת לַחַיָּילִים בַּחֲזִית.*
קְשֵׁה-עוֹרֶף obstinate, stubborn
הִפְנָה עוֹרֶף turned his back (on)

עוֹרְפִּי ת׳, עָרְפִּי single file
1. זֶה אַחֲרֵי זֶה:
*הַחַיָּילִים הוֹלְכִים בְּשׁוּרָה **עוֹרְפִּית**.*
2. לֹא בַּקַּו הָרִאשׁוֹן שֶׁל הַמִּלְחָמָה: rear
*הַמַּחֲנֶה הַצְּבָאִי הַזֶּה הוּא מַחֲנֶה **עוֹרְפִּי**.*
עוֹרְפִּית, עוֹרְפִּיִּים, עוֹרְפִּיּוֹת

עוֹרֶק ז׳, עֹרֶק [עוֹרְקִים] artery
1. הַצִּינּוֹרוֹת הַמּוֹבִילִים דָּם מֵהַלֵּב לְכֹל הַגּוּף:
***הַדָּם זוֹרֵם בָּעוֹרְקִים**.*
2. (מֶטָאפוֹרָה) דֶּרֶךְ חֲשׁוּבָה: main highway
*הַכְּבִישׁ לִירוּשָׁלַיִם הוּא **עוֹרֶק** תַּחְבּוּרָה צָפוּף.*
אֲבִי-הָעוֹרְקִים aorta

עוֹרֵר פ׳, עוֹרֵר awakened
1. לְהוֹצִיא מֵהַשֵּׁינָה:
*הַשָּׁעוֹן **מְעוֹרֵר** אוֹתִי כֹּל בּוֹקֶר בְּ-7:00.*
2. גָּרַם פְּעוּלָּה, גָּרַם תְּגוּבָה: aroused
*הַתּוֹכְנִית **מְעוֹרֶרֶת** הִתְנַגְּדוּת.*
לְעוֹרֵר אֶת- / ע.ו.ר, פִּיעֵל / עוֹרַרְתִּי, מְעוֹרֵר, אֲעוֹרֵר

עוֹרְרִין ז״ר עוֹרְרִין contest(ing)
(צוּרָה אֲרָמִית) מִתְנַגְּדִים, לֹא מַסְכִּימִים:
*אֵין **עוֹרְרִין** עַל כָּךְ, שֶׁהוּא מַתְאִים לַתַּפְקִיד.*

עו״ש ר״ת עו״ש/עוֹבֵר וָשָׁב current checking-account
חֶשְׁבּוֹן בַּבַּנְק רָגִיל, לְשִׁימּוּשׁ בְּכֹל זְמַן שֶׁהוּא:
*יֵשׁ לִי בְּחֶשְׁבּוֹן **עו״ש** יוֹתֵר מֵ-2,000 שֶׁקֶל.*

עוֹשֵׁק ת׳, עוֹשֵׁק exploiter
מְנַצֵּל, מְשַׁלֵּם מַשְׂכּוֹרֶת קְטַנָּה מִן הָרָגִיל וְלֹא בַּזְּמַן:
*הוּא **עוֹשֵׁק** אוֹתִי, הוּא מְשַׁלֵּם לִי פָּחוֹת מִשְּׂכַר הַמִּינִימוּם.*
עוֹשֶׁקֶת, עוֹשְׁקִים, עוֹשְׁקוֹת

עוֹשֶׁק ז׳, עֹשֶׁק exploitation
כְּשֶׁלּוֹקְחִים מִמִּישֶׁהוּ דָּבָר שֶׁמַּגִּיעַ לוֹ:
*זֶהוּ **עוֹשֶׁק** לִדְרוֹשׁ מִזָּקֵן לְשַׁלֵּם מַס עַל הַפֶּנְסְיָה.*

עושרז, עֹשֶׁר — wealth
הַרְבֵּה כֶּסֶף, רְכוּשׁ וְכוּ':
לֹא תָּמִיד הָעוֹשֶׁר עוֹשֶׂה אֲנָשִׁים לִמְאוּשָּׁרִים.
(מֶטָאפוֹרָה) הַכְּתִיבָה שֶׁלּוֹ מְצֻיֶּנֶת בְּעוֹשֶׁר לְשׁוֹנִי.

עותקז, עֹתֶק [עוֹתָקִים] — copy
סֵפֶר אֶחָד (עִיתּוֹן וְכוּ') מִתּוֹךְ הַרְבֵּה סְפָרִים, שֶׁהֵם אוֹתוֹ דָּבָר:
הַסֵּפֶר הֶחָדָשׁ יָצָא בְּ-1,000 עוֹתָקִים.

עותרז, עוֹתֵר [עוֹתְרִים] — petitioner
מִי שֶׁמַּגִּישׁ בַּקָּשָׁה לְבֵית מִשְׁפָּט:
הָעוֹתֵר בִּיקֵּשׁ לִדְחוֹת אֶת הַמִּשְׁפָּט.
עוֹתֶרֶת, עוֹתְרוֹת

עזת, עַז — strong, intense
חָזָק, אַמִּיץ:
רוּחַ עַזָּה נוֹשֶׁבֶת בַּחוּץ. / לָבַשְׁתִּי חוּלְצָה בְּצֶבַע אָדוֹם עַז.
עַז־מֵצַח — audacious
עַז־נֶפֶשׁ — courageous
עַזָּה, עַזִּים, עַזּוֹת

עזנ, עֵז [עִיזִּים] — goat
בַּעַל חַיִּים שֶׁיֵּשׁ לוֹ קַרְנַיִים, מֵהֶחָלָב עוֹשִׂים גְּבִינָה, יוֹגוּרְט וְכוּ':
הָעִיזִּים אוֹכְלוֹת אֶת עַנְפֵי הָעֵצִים.

עזאזלז, עֲזָאזֵל — hell
מָקוֹם שֶׁל מָוֶות.
לַעֲזָאזֵלת"פ - בִּיטּוּי שֶׁל כַּעַס: — damn!
לַעֲזָאזֵל, דָּפַקְתִּי אֶת הַמְּכוֹנִית.
לֵךְ לַעֲזָאזֵל! — Go to hell!
שְׂעִיר לַעֲזָאזֵלב — scapegoat

עזבפ, עָזַב — left, went away
1. הָלַךְ וְלֹא חָזַר, הִסְתַּלֵּק:
הוּא עָזַב אֶת בֵּית הַהוֹרִים וְעָבַר לָגוּר בְּבַיִת מִשֶּׁלּוֹ.
2. הִשְׁאִיר: — left, abandoned
אַל תַּעַזְבוּ אוֹתָנוּ לְבַדֵּנוּ. / עֲזוֹב אוֹתִי!
לַעֲזוֹב אֶת- / ע.ז.ב, פָּעַל / עָזַבְתִּי, עוֹזֵב, יַעֲזוֹב, עֲזוֹב!

עזובת, עָזוּב — abandoned/neglected (adj.)
מִי שֶׁעָזְבוּ אוֹתוֹ בְּלִי טִיפּוּל אוֹ בְּלִי הֲגָנָה וְכוּ':
בַּבַּיִת הַזֶּה מְטַפְּלִים בִּילָדִים עֲזוּבִים.
עֲזוּבָה, עֲזוּבִים, עֲזוּבוֹת

עזובהנ, עֲזוּבָה — neglect, desolation
חוֹסֶר סֵדֶר, בְּלִי טִיפּוּל:
הַבַּיִת יָשָׁן, וְהָעֲזוּבָה בּוֹ רַבָּה.

עזוזז, עֱזוּז — strength
(לָשׁוֹן סִפְרוּתִית) כּוֹחַ, גְּבוּרָה:
שִׁמְשׁוֹן הָיָה מָלֵא עֱזוּז וְחִיפֵּשׂ הִזְדַּמְּנוּת לְהַרְאוֹת זֹאת.

עזותנ, עַזּוּת — insolence
הִתְנַהֲגוּת לֹא יָפָה, גַּסָּה (וּולְגָרִית).
עַזּוּת מֵצַח - — audacity, impudence
הוּא הִתְנַהֵג בְּעַזּוּת מֵצַח אֶל בַּעַל הַבַּיִת.

עזיבהנ, עֲזִיבָה [עֲזִיבוֹת] — leaving
1. יְצִיאָה בְּלִי כַּוָּונָה לַחֲזוֹר:
הִצְטַעַרְתִּי עַל הָעֲזִיבָה שֶׁלּוֹ אֶת הָאָרֶץ.
2. כְּשֶׁמַּשְׁאִירִים לְבַד:
עֲזִיבָה שֶׁל יְלָדִים לְבַדָּם בַּבַּיִת - מְסוּכֶּנֶת.

עזרפ, עָזַר — helped
נָתַן עֶזְרָה, עָשָׂה שֶׁלְּמִישֶׁהוּ יִהְיֶה קַל יוֹתֵר:
הוּא עָזַר לִי לְהָרִים אֶת הַחֲבִילָה הַכְּבֵדָה.
לַעֲזוֹר לְ- / ע.ז.ר, פָּעַל / עָזַרְתִּי, עוֹזֵר, אֶעֱזוֹר, יַעֲזוֹר, עֲזוֹר!

עזרז, עֵזֶר [עֲזָרִים] — help, support
1. עֶזְרָה שֶׁנּוֹתְנִים כְּדֵי שֶׁיִּהְיֶה קַל יוֹתֵר.
כּוֹחַ עֵזֶר - — support staff
חָסֵר כּוֹחַ עֵזֶר בְּבָתֵּי הַחוֹלִים.
2. מַכְשִׁיר שֶׁעוֹזֵר בַּעֲבוֹדָה: — aid
הַמַּחְשֵׁב, הַוִּידֵאוֹ, הָרְשַׁמְקוֹל הֵם עֶזְרֵי לִימּוּד.
מֶשֶׁק־עֵזֶר — auxiliary farm

עזרהנ, עֶזְרָה — help, aid
כְּשֶׁעוֹזְרִים לְמִישֶׁהוּ, כְּדֵי שֶׁעֲבוֹדָתוֹ אוֹ חַיָּיו יִהְיוּ קַלִּים יוֹתֵר:
בְּלִי הָעֶזְרָה שֶׁל הַהוֹרִים לֹא הָיִיתִי יָכוֹל לִלְמוֹד.
עֶזְרָה רִאשׁוֹנָה — first aid
עֶזְרָה הֲדָדִית — mutual aid
בְּעֶזְרַת־הַשֵּׁם (בע"ה) — with God's help

עזרת־נשיםנ, עֶזְרַת־נָשִׁים — women's section in the synagogue
מָקוֹם מְיוּחָד לְנָשִׁים בְּבֵית כְּנֶסֶת:
סָבָתִי יָשְׁבָה בְּעֶזְרַת הַנָּשִׁים וְהִתְפַּלְּלָה.

עטפ, עָט — pounced
הִתְנַפֵּל:
הַצִּיפּוֹר הַגְּדוֹלָה עָטָה עַל הַכֶּלֶב הַמֵּת.
לָעוּט עַל- / ע.י.ט, פָּעַל / עַטְתִּי, עָט, אָעוּט, יָעוּט, עוּט!

עטז, עֵט [עֵטִים] — pen
כְּלִי כְּתִיבָה:
רִבְקָה כּוֹתֶבֶת בְּעִיפָּרוֹן, וְיִצְחָק - בְּעֵט.

עטהפ׳ עָטָה put on, wore
1. לָבַש, שָׂם עַל עַצמוֹ (בֶּגֶד גָדוֹל):
הִיא ***עָטְתָה*** *מְעִיל אָרוֹך.*
2. כִּיסָה: covered
חוֹשֶך ***עָטָה אֶת*** *הָאָרֶץ.*
לַעֲטוֹת אֶת- / ע.ט.ה, פָּעַל / עָטִיתִי, עוֹטֶה, אֶעֱטֶה

עטוית׳ עָטוּי wrapped (adj.)
מְכוּסֶה, יֵש עָלָיו:
הוּא ***עָטוּי*** *בֶּגֶד רָחָב.*
עֲטוּיָה, עֲטוּיִים, עֲטוּיוֹת

עטוףת׳ עָטוּף enveloped (adj.)
מְכוּסֶה:
הוּא ***עָטוּף*** *בִּשׂמִיכָה בִּגלַל הַקוֹר.*
עֲטוּפָה, עֲטוּפִים, עֲטוּפוֹת

עטורת׳ עָטוּר crowned/decorated (adj.)
שֶיֵש לוֹ קִישוּטִים (פּרָחִים, כֶּתֶר וְכוּ׳):
הָרֹאש שֶל הַכַּלָה ***עָטוּר*** *פּרָחִים לְבָנִים. (מֶטָאפוֹרָה) דָוִיד* ***עָטוּר*** *מֶדַליוֹת מִתַחֲרוּיוֹת סְפּוֹרט.*
עֲטוּרָה, עֲטוּרִים, עֲטוּרוֹת

עטיןז׳ עָטִין [עֲטִינִים] udder
(אֵצֶל בְּהֵמָה) הַמָקוֹם בַּגוּף שֶיֵש בּוֹ חָלָב:
עֲטִינֵי *הַפָּרָה מְלֵאִים חָלָב.*

עטיפהנ׳ עֲטִיפָה [עֲטִיפוֹת] wrapping
1. כּשֶשָׂמִים מַשֶהוּ לְכִיסוּי (נְיָיר וְכוּ׳):
אֲנִי עָסוּק ***בַּעֲטִיפַת*** *הַסְפָרִים שֶל בְּנִי.*
2. כִּיסוּי (מִטפַּחַת רֹאש, נְיָיר וְכוּ׳): wrapping, cover
הָעֲטִיפָה *שֶל הַמַחבֶּרֶת מְלוּכלֶכֶת.*

עטלףז׳ עֲטַלֵף [עֲטַלֵפִים] bat
בַּעַל חַיִים שֶעָף בַּלַילָה:
עֲטַלֵפִים *חַיִים בִּמעָרוֹת, בַּחוֹשֶך.*

עטףפ׳ עָטַף wrapped, covered
כִּיסָה (בִּנְיָיר, בְּמִטפַּחַת וְכוּ׳):
עָטַפתִי אֶת *הַמַתָנָה בִּנְיָיר צִבעוֹנִי. / הִיא* ***עָטפָה אֶת*** *הָרֹאש בְּמִטפַּחַת.*
לַעֲטוֹף אֶת- / ע.ט.ף, פָּעַל / עָטַפתִי, עוֹטֵף, אֶעֱטוֹף

עטרהנ׳ עֲטָרָה [עֲטָרוֹת] crown
1. כֶּתֶר (= מַה שֶיֵש לְמֶלֶך עַל הָרֹאש וְכוּ׳):
סִידרוּ לִי אֶת הַשְׂעָרוֹת כּמוֹ ***עֲטָרָה.***
2. עִיגוּל שֶנִראֶה סבִיב הַשֶמֶש אוֹ הַיָרֵחַ: halo
כּשֶיֵש ***עֲטָרָה*** *סבִיב הַיָרֵחַ סִימָן שֶיִהיֶה חַמסִין.*

הֶחֱזִיר עֲטָרָה לְיוֹשנָהב׳ - הֶחֱזִיר אֶל הַטוֹב שֶהָיָה בֶּעָבָר
נָפלָה עֲטֶרֶת רֹאשֵנוּב׳ -אוֹמרִים כּשֶמֵת רֹאש מִשפָּחָה אוֹ מִישֶהוּ חָשוּב

עיבדפ׳ עִבֵּד cultivated
1. הֵכִין, עָשָׂה שֶיִהיֶה מַתאִים לְמַשֶהוּ:
עִיבַּדנוּ אֶת *הָאֲדָמָה, גִידַלנוּ עָלֶיהָ יְרָקוֹת.*
2. שִינָה, עָשָׂה אַחֶרֶת: adapted
הוּא ***עִיבֵּד אֶת*** *אַנָה קָרֶנִינָה לְסֶרֶט.*
לְעַבֵּד אֶת- / ע.ב.ד, פִּיעֵל / עִיבַּדתִי, מְעַבֵּד, יְעַבֵּד, עַבֵּד!

עיבהפ׳ עִבָּה thickened
עָשָׂה שֶיִהיֶה סָמִיך, צָפוּף:
עִיבִּיתִי אֶת *הַמָרָק בְּתַפּוּחֵי אֲדָמָה.*
(מֶטָאפוֹרָה) צָרִיך ***לְעַבּוֹת אֶת*** *הַיִישוּב הַקָטָן, לְהוֹסִיף בָּתִים וַאֲנָשִים.*
לְעַבּוֹת אֶת- / ע.ב.ה, פִּיעֵל / עִיבִּיתִי, מְעַבֶּה, יְעַבֶּה

עיבודז׳ עִבּוּד [עִיבּוּדִים] processing, adaptation
שִינוּי שֶל מַשֶהוּ:
הָעוֹר צָרִיך ***עִיבּוּד,*** *כּדֵי שֶאֶפשָר יִהיֶה לַעֲשׂוֹת מִמֶנוּ נַעֲלַיִים. / הַמַחֲזֶה עָבַר* ***עִיבּוּד*** *מוֹדֶרנִי.*

עיבויז׳ עִבּוּי thickening
כּשֶעוֹשִׂים שֶמַשֶהוּ יִהיֶה צָפוּף סָמִיך:
צָרִיך ***עִיבּוּי*** *שֶל קֶמַח לַמָרָק הַזֶה. / (מֶטָאפוֹרָה) בְּתוֹכנִית* ***הָעִיבּוּי*** *שֶל הַיִישוּב מְדוּבָּר עַל 500 בָּתִים נוֹסָפִים.*

עיבורז׳ עִבּוּר [עִיבּוּרִים] pregnancy
הֵירָיוֹן:
זמַן ***הָעִיבּוּר*** *שֶל הָאִישָה הוּא 9 חוֹדָשִים.*
עִיבּוּר־הַשָנָה adding a month to a year - creating a leap year.

עיברפ׳ עִבֵּר impregnated
גָרַם הֵירָיוֹן:
אֵצֶל בַּעֲלֵי הַחַיִים הַזכָרִים ***מְעַבּרִים*** *אֶת הַנקֵבוֹת.*
עִיבּרוּ אֶת הַשָנָה - הוֹסִיפוּ חוֹדֶש לְלוּחַ הַשָנָה הָעִברִי
ר׳ **שָנָה מְעוּבֶּרֶת**
לְעַבֵּר אֶת- / ע.ב.ר, פִּיעֵל / עִיבּרוּ, מְעַבֵּר, יְעַבֵּר, עַבֵּר!

עיברותנ׳ עִברוּת Hebraization
כּשֶנוֹתנִים צוּרָה עִברִית לְמַשֶהוּ זָר:
עִיברוּת *הַשֵמוֹת הַזָרִים מְקוּבָּל מְאוֹד בְּיִשׂרָאֵל, גוֹלדבֶּרג לְמָשָל הוּא הַר־זָהָב.*

עיברתפ׳ עִברֵת Hebraized
נָתַן צוּרָה עִברִית לְמִילָה, לְשֵם פְּרָטִי וְכוּ׳:

צָרִיךְ **לְעַבְרֵת** שֵׁמוֹת שֶׁל חֲנוּיוֹת כְּמוֹ 'גוֹלְף'.
לְעַבְרֵת אֶת- / ע.ב.ר.ת, פִּיעֵל / עִיבְרַתִי, מְעַבְרֵת, יְעַבְרֵת

עיגולז, עִגּוּל [עִיגּוּלִים] — circle
שֶׁטַח שֶׁיֵּשׁ לוֹ צוּרָה שֶׁל כַּדּוּר:
שֶׁטַח הָעִיגּוּל - πr^2
עִיגּוּל־מִסְפָּר — rounding off

עיגלפ, עִגֵּל — rounded
1. עָשָׂה שֶׁיִּהְיֶה עָגוֹל, בְּלִי פִּינוֹת:
*בַּצִּיּוּר **עִיגַּלְתִּי אֶת** הַקַּו שֶׁל הַפֶּה.*
2. עָשָׂה שֶׁהַמִּסְפָּר יִהְיֶה שָׁלֵם: — rounded off
***עִיגַּלְתִּי** אֶת הַמְּחִיר מ־7.80 ש"ח לְ־8 ש"ח.*
לְעַגֵּל אֶת- / ע.ג.ל, פִּיעֵל / עִיגַּלְתִּי, מְעַגֵּל, אֲעַגֵּל, יְעַגְּלוּ

עיגןפ, עִגֵּן — anchor, based upon
מֵהַמִּילָה 'עוֹגֶן' (מֶטָאפוֹרָה) - בִּיסֵּס, עָשָׂה שֶׁיִּהְיֶה קֶשֶׁר:
***עִיגַּנְתִּי** אֶת הַהַרְצָאָה בְּעוּבְדוֹת וּבִפְרָטִים יְדוּעִים.*
לְעַגֵּן אֶת- / ע.ג.ן, פִּיעֵל / עִיגַּנְתִּי, מְעַגֵּן, יְעַגֵּן, עַגֵּן!

עידודז, עִדּוּד — encouragement
עֶזְרָה מוֹרָאלִית שֶׁמְּקַבֵּל אָדָם, כְּדֵי שֶׁיַּעֲשֶׂה מַשֶּׁהוּ:
*הוּא הִצְלִיחַ הוֹדוֹת לָ**עִידּוּד** שֶׁקִּיבֵּל מֵהוֹרָיו.*

עידוןז, עִדּוּן — refinement
כְּשֶׁעוֹשִׂים שֶׁמַּשֶּׁהוּ אוֹ מִישֶׁהוּ יִהְיוּ יוֹתֵר עֲדִינִים, רַכִּים:
*חָסֵר **עִידּוּן** בַּדִּיבּוּר שֶׁלָּהּ.*

עידורז, עִדּוּר — hoeing
כְּשֶׁחוֹפְרִים בָּאֲדָמָה כְּדֵי לְהָכִין אוֹתָהּ לִשְׁתִילָה:
*כְּשֶׁנִּגְמוֹר אֶת **עִידּוּר** הַגִּינָּה, נִשְׁתוֹל פְּרָחִים.*

עידיתנ, עִדִּית — superior soil
1. אֲדָמָה טוֹבָה בִּמְיוּחָד:
*הָאֲדָמָה כָּאן הִיא **עִידִּית** שֶׁבְּ**עִידִּית**.*
2. הַטּוֹב בְּיוֹתֵר: — superior merchandise
*אֲנִי קוֹנֶה רַק אֶת הָ**עִידִּית**.*

עידכוןז, עִדְכּוּן [עִידְכּוּנִים] — updating
תִּיקּוּן וְהַתְאָמָה לְפִי אִינְפוֹרְמַצְיָה אַחֲרוֹנָה:
***עִידְכּוּן** הַחֲדָשׁוֹת בָּרַדְיוֹ נַעֲשָׂה בָּרֶגַע הָאַחֲרוֹן.*

עידכןפ, עִדְכֵּן — updated
הִתְאִים לָאִינְפוֹרְמַצְיָה הָאַחֲרוֹנָה:
***עִידְכַּנְתִּי אֶת** הַיְּדִיעוֹת שֶׁלִּי בְּפִיסִיקָה. הַפָּקִיד **עִידְכֵּן אֶת** חֶשְׁבּוֹן הַבַּנְק שֶׁלִּי.*
לְעַדְכֵּן אֶת- / ע.ד.כ.ן, פִּיעֵל / עִידְכַּנְתִּי, מְעַדְכֵּן, יְעַדְכֵּן

עידןפ, עִדֵּן — refined
עָשָׂה שֶׁיִּהְיֶה עָדִין, רַךְ נָעִים:
*הַיַּיִן **עִידֵּן אֶת** הָאוֹכֶל. / כְּדַאי לוֹ **לְעַדֵּן אֶת** דִּיבּוּרוֹ.*
לְעַדֵּן אֶת- / ע.ד.ן, פִּיעֵל / עִידַּנְתִּי, מְעַדֵּן, יְעַדֵּן, עַדֵּן!

עידןז, עִדָּן [עִידָּנִים] — era, age, epoch
זְמַן בַּהִיסְטוֹרְיָה, תְּקוּפָה:
*לֹא הָיוּ חַיִּים עַל פְּנֵי הָאֲדָמָה בְּ**עִידַּן** הַקֶּרַח.*
עִידָּן וְעִידָּנִיםב - — a long time ago
*זֶה **עִידָּן וְעִידָּנִים** מֵאָז עָזַבְתִּי אֶת הַקִּיבּוּץ.*

עיווהפ, עִוָּה — distorted, twisted
עָשָׂה שֶׁיִּהְיֶה עָקוֹם:
*הוּא **עִיוָּה אֶת** הַפָּנִים, כְּשֶׁטָּעַם מִן הָאוֹכֶל הֶחָרִיף.*
לְעַוּוֹת אֶת- / ע.ו.ה, פִּיעֵל / עִיוִּיתִי, מְעַוֶּוה, יְעַוֶּוה

עיוורפ, עִוֵּר — blinded
עָשָׂה שֶׁלֹּא יוּכַל לִרְאוֹת:
*הָאוֹר הֶחָזָק **יְעַוֵּור אוֹתִי**.*
לְעַוֵּור אֶת- / ע.ו.ר, פִּיעֵל / עִיוַּורְתִּי, מְעַוֵּור, יְעַוֵּור

עיוורתה"ז, עִוֵּר [עִיוְורִים] — blind
מִי שֶׁאֵינוֹ יָכוֹל לִרְאוֹת:
***עִיוְורִים** רַבִּים קוֹרְאִים בִּכְתַב בְּרַייל.*
עִיוֵּור־צְבָעִים — color blind
בְּשִׁיטָה עִיוֶּורֶת — touch typing
עִיוֶּורֶת, עִיוְורוֹת

עיוורוןז, עִוָּרוֹן — blindness
הַמַּצָּב שֶׁל מִי שֶׁאֵינוֹ יָכוֹל לִרְאוֹת:
*יֵשׁ **עִיוָּורוֹן** שֶׁנּוֹלָדִים אִיתּוֹ, וְיֵשׁ שֶׁנִּגְרָם בִּגְלַל מַחֲלוֹת.*
(מֶטָאפוֹרָה) **עִיוָּורוֹן פּוֹלִיטִי** - אִי הֲבָנָה שֶׁל בְּעָיוֹת פּוֹלִיטִיּוֹת

עיוותז, עִוּוּת [עִיוּוּתִים] — distortion
כְּשֶׁמְּשַׁנִּים מַשֶּׁהוּ לְרָעָה, קִילְקוּל:
*מָה שֶׁאָמַרְתְּ נִרְאֶה לִי כְּ**עִיוּוּת** שֶׁל הַמְּצִיאוּת. / הַפּוֹעֲלִים טוֹעֲנִים שֶׁיֵּשׁ **עִיוּוּתִים** בַּשָּׂכָר שֶׁלָּהֶם.*

עיוןז, עִיּוּן [עִיּוּנִים] — study, consideration
קְרִיאָה, לִימּוּד, מַחְשָׁבָה:
*הַהַצָּעָה שֶׁלְּךָ דּוֹרֶשֶׁת **עִיּוּן**.*
בְּעִיּוּןתה"פ — with deliberation
יוֹם עִיּוּן — seminar

עיונית, עִיּוּנִי — theoretical, academic
הַשַּׁיָּיךְ לַתְּחוּם הַתֵּיאוֹרֶטִי, לֹא הַקּוֹנְקְרֶטִי:
*קָרָאתִי מֶחְקָר **עִיּוּנִי** מְעַנְיֵין.*

*הוּא לוֹמֵד בְּבֵית סֵפֶר **עִיוּנִי** וְלֹא בְּבֵית סֵפֶר מִקְצוֹעִי.*
עִיוּנִית, עִיוּנִיִּים, עִיוּנִיּוֹת

עיורז׳ עִיּוּר — urbanization
מַעֲבָר מֵחַיִּים שֶׁל כְּפָר לְחַיִּים שֶׁל עִיר:
*בַּחֶבְרָה הַמּוֹדֶרְנִית יֵשׁ תַּהֲלִיךְ שֶׁל **עִיּוּר**.*

עיזבוןז׳ עִזָּבוֹן [עִיזְבוֹנוֹת] — estate, inheritance
מַה שֶּׁנִּשְׁאָר אַחֲרֵי הַמָּוֶת - כֶּסֶף, בַּיִת וְכוּ׳:
*הוּא מְטַפֵּל **בְּעִיזָּבוֹן** שֶׁל הַזָּקֵן שֶׁמֵּת. / סֵפֶר חָדָשׁ, מִן **הָעִיזָּבוֹן** שֶׁל הַסּוֹפֵר עַגְנוֹן, יָצָא לָאוֹר הַשָּׁבוּעַ.*

עיטרפ׳ עִטֵּר — decorated, illustrated
קִישֵּׁט, צִיֵּיר כְּתוֹסֶפֶת לְטֶקְסְט:
*הוּא **עִיטֵּר** סִפְרֵי יְלָדִים.*
לְעַטֵּר אֶת- / ע.ט.ר, פִּיעֵל / עִיטַּרְתִּי, מְעַטֵּר, יְעַטֵּר, עַטֵּר!

עייטז׳ עַיִט [עֵיטִים] — vulture
עוֹף גָּדוֹל שֶׁאוֹכֵל בַּעֲלֵי חַיִּים שֶׁמֵּתוּ:
***הָעַיִט** יוֹרֵד בְּבַת־אַחַת עַל הַטֶּרֶף שֶׁלּוֹ.*

עייןפ׳ עִיֵּן — studied, looked into
1. לָמַד וּבָדַק, שָׂם לֵב:
*הַסְּטוּדֶנְט **עִיֵּין** בְּכָל הַמֶּחְקָרִים הַחֲדָשִׁים.*
2. קָרָא: — read
*הוּא **עִיֵּין** בָּאֶנְצִיקְלוֹפֶּדְיָה הָעִבְרִית.*
לְעַיֵּין בְּ- / ע.י.ן, פִּיעֵל / עִיַּינְתִּי, מְעַיֵּין, אֲעַיֵּין, עַיֵּין!

עייףת׳ עָיֵף — tired (adj.)
מַרְגִּישׁ לְלֹא כּוֹחַ מֵרוֹב עֲבוֹדָה:
*הַפּוֹעֵל חָזַר **עָיֵף** מִן הָעֲבוֹדָה וְהָלַךְ לִישׁוֹן.*
עֲיֵיפָה, עֲיֵיפִים, עֲיֵיפוֹת

עייףפ׳ עִיֵּף — tired
גָּרַם לְמִישֶׁהוּ לְהַרְגִּישׁ בְּלִי כּוֹחַ:
*הָעֲבוֹדָה **עִייְּפָה אוֹתִי**, אֲנִי הוֹלֵךְ לִישׁוֹן.*
לְעַיֵּיף אֶת- / ע.י.ף, פִּיעֵל / עִייַּפְתִּי, מְעַיֵּיף, יְעַיֵּיף, עַיֵּיף!

עייפותנ׳ עֲיֵפוּת — fatigue
חוּלְשָׁה, כְּשֶׁיֵּשׁ צוֹרֶךְ לָנוּחַ:
*אֵין לִי כּוֹחַ לָזוּז מֵרוֹב **עֲיֵיפוּת**.*

עיירהנ׳ עֲיָרָה [עֲיָירוֹת] — small town
עִיר קְטַנָּה:
***בָּעֲיָירָה** שֶׁלָּנוּ גָּרִים 3,000 תּוֹשָׁבִים.*
עֲיָירַת־פִּיתּוּחַ — development town

עיכבפ׳ עִכֵּב — delayed
עָצַר, דָּחָה לִזְמַן מְאוּחָר יוֹתֵר:
*הוּא **עִיכֵּב** אוֹתִי בְּבֵיתוֹ, לָכֵן אֵיחַרְתִּי.*
לְעַכֵּב אֶת- / ע.כ.ב, פִּיעֵל / עִיכַּבְתִּי, מְעַכֵּב, אֲעַכֵּב, יְעַכֵּב

עיכובז׳ עִכּוּב [עִיכּוּבִים] — delay
כְּשֶׁמִּישֶׁהוּ מַפְרִיעַ לַעֲשׂוֹת פְּעוּלָּה בִּזְמַן:
*הָיוּ **עִיכּוּבִים** בַּדֶּרֶךְ, לָכֵן אֵיחַרְנוּ לָעֲבוֹדָה.*

עיכולז׳ עִכּוּל — digestion
מַה שֶּׁקּוֹרֶה לָאוֹכֶל בַּבֶּטֶן:
*הַבָּשָׂר קָשֶׁה **לְעִיכּוּל**.*

עיכזפ׳ עִכֵּז — 'wiggled the butt'
הֵזִיז בְּצוּרָה מוּגְזֶמֶת אֶת הַחֵלֶק הַתַּחְתּוֹן שֶׁל הַגּוּף:
*הַאִם הוּא רוֹקֵד אוֹ סְתָם **מְעַכֵּז**?*
לְעַכֵּז / ע.כ.ז, פִּיעֵל / עִיכַּזְתִּי, מְעַכֵּז, יְעַכֵּז, עַכֵּז!

עיכלפ׳ עִכֵּל — digested
1. פֵּירֵק אֶת הָאוֹכֶל בַּקֵּיבָה (בַּבֶּטֶן):
*קָשֶׁה לוֹ **לְעַכֵּל** בָּשָׂר.*
2. (מֶטָאפוֹרָה) לָמַד, וְלָכֵן יוֹדֵעַ וּמֵבִין הֵיטֵב: — comprehended
***עִיכַּלְתִּי** אֶת הַחוֹמֶר הֶחָדָשׁ בְּקַלּוּת.*
לְעַכֵּל אֶת- / ע.כ.ל, פִּיעֵל / עִיכַּלְתִּי, מְעַכֵּל, יְעַכֵּל

עילז׳ עֵיל — above
(מֵאֲרָמִית) **לְעֵיל** ת״פ - לְמַעְלָה בַּדַּף, קוֹדֶם:
*כְּמוֹ שֶׁכָּתוּב **לְעֵיל** אֲנִי מְהַנְדֵּס.*
מִלְעֵיל-כְּשֶׁהַהֲבָרָה שֶׁלִּפְנֵי הָאַחֲרוֹנָה מוּדְגֶּשֶׁת: — penultimate accent
*בַּמִּילָה 'מַחְבֶּרֶת' הַטַּעַם (הַהַדְגָּשָׁה) הוּא **בְּמִלְעֵיל**.*

עילאז׳ עֵלָּא — above
(אֲרָמִית) **לְעֵילָּא** ת״פ
לְעֵילָּא וּלְעֵילָּא - הַטּוֹב בְּיוֹתֵר: — above all praise
*הָאֲרוּחָה הָיְיתָה **לְעֵילָּא וּלְעֵילָּא**.*

עילאית׳ עִלָּאִי — supreme
בַּדַּרְגָּה הַגְּבוֹהָה בְּיוֹתֵר:
*נֶהֱנֵיתִי הֲנָאָה **עִילָּאִית** בַּקּוֹנְצֶרְט אֶתְמוֹל.*
עִילָּאִית, עִילָּאִיִּים, עִילָּאִיּוֹת

עילגת׳ עִלֵּג — stutterer
מִי שֶׁאֵינוֹ מְדַבֵּר בָּרוּר, מְגַמְגֵּם:
*הוּא **עִילֵּג** בִּלְשׁוֹנוֹ וְאֵינוֹ יָכוֹל לִהְיוֹת קַרְיָין בָּרַדְיוֹ.*
לָשׁוֹן עִילֶּגֶת — inarticulate language
עִילֶּגֶת, עִילְּגִים, עִילְּגוֹת

עילהנ, עִלָּה [עִילוֹת] cause, ground
סִיבָּה, גוֹרֵם:
*לֹא הָיְתָה לוֹ **עִילָה** לְהַגִּישׁ נֶגְדִּי מִשְׁפָּט.*

עילויז, עִלּוּי [עִילוּיִים] prodigy
מִי שֶׁהוּא תַּלְמִיד מְצוּיָּן, גָּאוֹן:
*לֹא כֹּל פְּרוֹפֶסוֹר הוּא **עִילוּי**.*

עילוםז, עִלּוּם concealment
כְּשֶׁמַּסְתִּירִים, מַחְבִּיאִים מַשֶּׁהוּ:
(בְּ)עִילוּם שֵׁם - לְלֹא חֲתִימַת הַכּוֹתֵב: incognito
קִיבַּלְתִּי מִכְתָּבִים בְּעִילוּם שֵׁם.

עילית, עִלִּי upper (m)
שֶׁנִּמְצָא לְמַעְלָה:
*הַאִם תִּהְיֶה בְּתֵל-אָבִיב רַכֶּבֶת **עִילִית** אוֹ רַכֶּבֶת תַּחְתִּית?*
עִילִית, עִילִיִּים, עִילִיּוֹת

עיליתנ, עִלִּית [עִילִיּוֹת] elite
הַחֵלֶק אוֹ הַדַּרְגָּה הַגְּבוֹהִים בְּיוֹתֵר:
*הָאָקָדֶמָאִים חוֹשְׁבִים, שֶׁהֵם **עִילִית** חֶבְרָתִית.*

עילעולז, עִלְעוּל browsing, leafing
כְּשֶׁהוֹפְכִים דַּפִּים בְּסֵפֶר, בְּמַחְבֶּרֶת:
*אַחֲרֵי **עִילְעוּל** בַּסֵּפֶר אֶפְשָׁר לָדַעַת מַה כָּתוּב בּוֹ.*

עילעלפ, עִלְעֵל browsed, leafed
הָפַךְ דַּפִּים:
*אֲנִי לֹא קוֹרֵא בַּסֵּפֶר, אֲנִי רַק **מְעַלְעֵל בּוֹ**.*
לְעַלְעֵל בְּ- / ע.ל.ע.ל, פִּיעֵל / עִילְעַלְתִּי, מְעַלְעֵל, יְעַלְעֵל

עילפוןז, עִלָּפוֹן faintness, fainting
כְּשֶׁלֹּא מַרְגִּישִׁים כְּלוּם, כְּמוֹ מָוֶות:
*צָרִיךְ לִקְרוֹא לָרוֹפֵא, הָאִישׁ בְּמַצָּב שֶׁל **עִילָּפוֹן**.*

עימדפ, עִמֵּד paginated
סִידֵּר אֶת הָעַמּוּדִים - שׁוּרוֹת, מִילִּים וְכוּ':
*צָרִיךְ **לְעַמֵּד אֶת** הָעִיתּוֹן לִפְנֵי שֶׁמַּדְפִּיסִים אוֹתוֹ.*
לְעַמֵּד אֶת- / ע.מ.ד, פִּיעֵל / לְעַמֵּד, עִימַּדְתִּי, מְעַמֵּד, יְעַמֵּד

עימודז, עִמּוּד pagination
סִידּוּר שֶׁל סֵפֶר אוֹ עִיתּוֹן, כְּשֶׁקּוֹבְעִים מַה יִּהְיֶה בְּכֹל עַמּוּד וְכוּ':
*הָ**עִימּוּד** נוֹתֵן לָעִיתּוֹן אֶת הַצּוּרָה הַסּוֹפִית.*

עימותז, עִמּוּת [עִימּוּתִים] confrontation
כְּשֶׁמַּעֲמִידִים אֶחָד נֶגֶד הָאַחֵר:
*בַּיְשִׁיבָה הָיָה **עִימּוּת** בֵּין דָּוִיד לַמְּנַהֵל.*

עימלפ, עִמֵּל exercised, trained
אָמַר אֵיךְ לַעֲשׂוֹת תַּרְגִּילִים בְּסְפּוֹרְט:
*הַמּוֹרֶה לְהִתְעַמְּלוּת **עִימֵּל אֶת** הַקְּבוּצָה.*
לְעַמֵּל אֶת- / ע.מ.ל, פִּיעֵל / עִימַּלְתִּי, מְעַמֵּל, יְעַמֵּל, עַמֵּל!

עימלןפ, עִמְלֵן starched
שָׂם עֲמִילָן (חוֹמֶר שֶׁעוֹשֶׂה אֶת הַבַּד קָשֶׁה):
*בַּצָּבָא צָרִיךְ **לְעַמְלֵן אֶת** הַצַּוָּוארוֹן שֶׁל הַחוּלְצָה.*
לְעַמְלֵן אֶת- / ע.מ.ל.ן, פִּיעֵל / עִימְלַנְתִּי, מְעַמְלֵן, יְעַמְלֵן

עימםפ, עִמֵּם dimmed
עָשָׂה שֶׁהָאוֹר יִהְיֶה חַלָּשׁ יוֹתֵר:
*צָרִיךְ **לְעַמֵּם אֶת** אוֹרוֹת הַמְּכוֹנִית.*
לְעַמֵּם אֶת- / ע.מ.ם, פִּיעֵל / עִימַּמְתִּי, מְעַמֵּם, יְעַמֵּם

עימעוםז, עִמְעוּם dimming
כְּשֶׁעוֹשִׂים שֶׁמַּשֶּׁהוּ לֹא יִהְיֶה בָּרוּר, בָּהִיר:
***עִימְעוּם** הָאוֹרוֹת בַּתֵּיאַטְרוֹן מְסַמֵּן אֶת הַתְחָלַת הַהַצָּגָה.*

עימעםפ, עִמְעֵם dimmed, muffled
עָשָׂה שֶׁהָאוֹר לֹא יִהְיֶה חָזָק:
*הוּא **עִימְעֵם אֶת** הָאוֹר כְּדֵי שֶׁיִּהְיֶה יוֹתֵר רוֹמַנְטִי.*
לְעַמְעֵם אֶת- / ע.מ.ע.ם, פִּיעֵל / עִימְעַמְתִּי, מְעַמְעֵם

עימתפ, עִמֵּת confronted
הֶעֱמִיד אֶחָד מוּל הַשֵּׁנִי (אֲנָשִׁים, דְּבָרִים וְכוּ'):
*הוּא **עִימֵּת בֵּין** שְׁנֵי הַמְּנַהֲלִים.*
לְעַמֵּת אֶת- / ע.מ.ת, פִּיעֵל / עִימַּתִּי, מְעַמֵּת, יְעַמֵּת, עַמֵּת!

עיןנ, עַיִן [עֵינַיִים] eye
הָאֵיבָר שֶׁרוֹאִים בּוֹ:
לֹא רָאִיתִי בָּעַיִן הַיְמָנִית, לָכֵן פָּנִיתִי לְרוֹפֵא עֵינַיִים.
עַיִן חַדָּה sharp eye
בְּעַיִן טוֹבָה favorably
בְּעַיִן רָעָה unfavorably
בְּלִי עַיִן רָעָה 'touch wood'
אֲחִיזַת־עֵינַיִים deception
בָּבַת־עַיִן the apple of one's eye
בְּשֶׁבַע עֵינַיִים very carefully
הֶרֶף־עַיִן (in a) wink
זָרַק חוֹל בָּעֵינַיִים threw dust in someone's eyes
חָשְׁכוּ עֵינָיו was shocked
כִּילְיוֹן־עֵינַיִים impatient expectation
נָשָׂא עֵינָיו had hopes for
עַיִן בְּעַיִן eye to eye
עָצַם אֶת עֵינָיוב shut his eyes
צַר־עַיִןת jealous, envious
צָרוּת־עַיִןנ jealousy, envy

בְּאַרְבַּע עֵינַיִיםב׳ - tête à tête
דִיבַּרְתִי אִיתוֹ *בְּאַרְבַּע עֵינַיִים עַל בְּנוֹ.*
שָׂם עַיִן (הִסְתַּכֵּל) / פָּקַח עָלָיו עַיִן (שָׁמַר) / מָצָא חֵן בְּעֵינָיו

עינבז׳ עֵנָב [עֲנָבִים] grape
הַפְּרִי שֶׁמִּמֶּנּוּ עוֹשִׂים יַיִן:
טָעַמְתִּי עֵינָב אֶחָד לִפְנֵי שֶׁקָּנִיתִי אֶת הָעֲנָבִים.

עינבלז׳ עִנְבָּל [עִינְבָּלִים] (bell's) clapper
1. הַחֵלֶק בַּפַּעֲמוֹן שֶׁזָּז וּמַשְׁמִיעַ קוֹל:
שָׁמַעְתִּי מֵרָחוֹק אֶת צְלִיל הָעִינְבָּלִים שֶׁל הַכְּבָשִׂים.
2. לָשׁוֹן קְטַנָּה בַּגָּרוֹן, מִשְׁתַּתֶּפֶת בִּצְלִיל שֶׁל הָאוֹת ע׳ וְכוּ׳: uvula
הַיִשְׂרְאֵלִי מְבַטֵּא אֶת הר׳ בַּגָּרוֹן בְּעֶזְרַת הָעִינְבָּל.

עינברז׳ עִנְבָּר [עִינְבָּרִים] amber
שְׂרָף צָהוֹב, שֶׁנָּזַל מֵעֵץ אוֹרֶן וְנַעֲשָׂה דוֹמֶה לְאֶבֶן:
לְיַד הַיָּם הַבַּלְטִי יֵשׁ הַרְבֵּה עִינְבָּרִים.

עינגפ׳ עִנֵּג gave pleasure
עָשָׂה שֶׁיִּהְיֶה נָעִים, טוֹב:
הַשֶּׁמֶשׁ, הַיָּם וְהַחוֹל מְעַנְּגִים אוֹתִי.
לְעַנֵּג אֶת- / ע.נ.ג, פִּיעֵל / עִינַּגְתִּי, מְעַנֵּג, יְעַנֵּג

עינהפ׳ עִנָּה [עִינּוּיִים] tortured
גָּרַם שֶׁיִּהְיֶה רַע, קָשֶׁה וְכוּ׳:
הַכְּאֵבִים הַחֲזָקִים עִינּוּ אוֹתִי.
לְעַנּוֹת אֶת- / ע.נ.ה, פִּיעֵל / עִינִּיתִי, מְעַנֶּה, יְעַנֶּה

עינויז׳ עִנּוּי torture
כְּשֶׁמַּשֶּׁהוּ גּוֹרֵם הַרְגָּשָׁה רָעָה, כְּאֵב וְכוּ׳:
הֵם הִשְׁתַּמְּשׁוּ בְּעִינּוּיִים כְּדֵי לְהוֹצִיא מִמֶּנּוּ מֵידָע.

עינייןפ׳ עִנְיֵן interested
1. עָשָׂה שֶׁיִּהְיֶה מְעַנְיֵין, שֶׁיִּרְצוּ לָדַעַת יוֹתֵר:
הַמּוֹרֶה עִינְיֵין אֶת הַתַּלְמִידִים בְּסִיפּוּרִים וּבְדוּגְמָאוֹת מִן הַהִיסְטוֹרְיָה.
2. עָשָׂה שֶׁיִּהְיֶה אִינְטֶרֶס בְּמַשֶּׁהוּ:
אֲנִי רוֹצֶה לְעַנְיֵין אוֹתְךָ בַּפְּרוֹיֶיקְט הֶחָדָשׁ.
לְעַנְיֵין אֶת- / ע.נ.י.ן, פִּיעֵל / עִינְיַינְתִּי, מְעַנְיֵין, יְעַנְיֵין

עיסהפ׳ עִסָּה massaged
עָשָׂה מַסָּז׳, שִׁיפְשֵׁף:
עִיסִּיתִי אֶת הָרֶגֶל, וְהַכְּאֵב עָבַר.
לְעַסּוֹת אֶת- / ע.ס.ה, פִּיעֵל / עִיסִּיתִי, מְעַסֶּה, יְעַסֶּה

עיסהנ׳ עִסָּה [עִיסּוֹת] dough, pulp
כַּמָּה חוֹמָרִים יַחַד, (קֶמַח + בֵּיצִים + מַיִם):
לָעִיסָּה שֶׁל הָעוּגָה אֶפְשָׁר לְהוֹסִיף אֱגוֹזִים וְלִיקֶר.

עיסויז׳ עִסּוּי [עִיסּוּיִים] massage
מַסָּז׳, שִׁיפְשׁוּף שֶׁל הַגּוּף:
עָשׂוּ לִי עִיסּוּי בַּגַּב וְהַכְּאֵב עָבַר.

עיסוקז׳ עִסּוּק [עִיסּוּקִים] occupation, activity
מַשֶּׁהוּ שֶׁמִּטַּפְּלִים בּוֹ, עֲבוֹדָה...:
יֵשׁ לִי הַרְבֵּה עִיסּוּקִים - תִּיקּוּנִים בַּבַּיִת, קְרִיאָה, בִּישּׁוּל...

עיסקהנ׳ עִסְקָה [עִסְקָאוֹת] deal
הֶסְכֵּם (מִסְחָרִי) לְטוֹבַת שְׁנֵי הַצְּדָדִים:
חֶבְרַת מְכוֹנִיּוֹת יָפָנִית חָתְמָה אִיתָּנוּ עַל עִיסְקָה חֲדָשָׁה.
עִיסְקַת־חֲבִילָה package deal

עיסקית׳ עִסְקִי business-, commercial
קָשׁוּר בְּמִסְחָר, בְּכַלְכָּלָה, בְּכֶסֶף וּבִסְחוֹרוֹת:
הַחֲנוּיוֹת שַׁיָּיכוֹת לַתְּחוּם הָעִיסְקִי.
עִיסְקִית, עִיסְקִיִּים, עִיסְקִיּוֹת

עיפושז׳ עִפּוּשׁ mould, stench
רֵיחַ רַע, מְקוּלְקָל:
בַּחֶדֶר הַסָּגוּר יֵשׁ רֵיחַ שֶׁל עִיפּוּשׁ.

עיפעוףז׳ עִפְעוּף [עִיפְעוּפִים] blinking, winking
פְּתִיחָה וּסְגִירָה שֶׁל הָעַיִן:
הָאוֹר הֶחָזָק גּוֹרֵם לְעִיפְעוּף בָּעֵינַיִים.

עיפעףפ׳ עִפְעֵף blinked, winked
הֵזִיז אֶת הַחֵלֶק שֶׁסּוֹגֵר אֶת הָעַיִן (עַפְעַף):
אֲנִי מְעַפְעֵף, כִּי מַשֶּׁהוּ מַפְרִיעַ לִי בָּעַיִן.
לְעַפְעֵף / ע.פ.ע.ף, פִּיעֵל / עִיפְעַפְתִּי, מְעַפְעֵף, יְעַפְעֵף

עיפרוןז׳ עִפָּרוֹן [עֶפְרוֹנוֹת] pencil
כְּלִי כְּתִיבָה:
תַּלְמִידֵי כִּיתָּה א׳ כּוֹתְבִים בְּעִיפָּרוֹן וְלֹא בְּעֵט.

עיצבפ׳ עִצֵּב shaped, designed
נָתַן צוּרָה:
הָאַרְכִיטֶקְט עִיצֵּב אֶת תּוֹכְנִית הַבַּיִת מִבִּפְנִים וּמִבַּחוּץ.
טוֹלְסְטוֹי **עִיצֵּב אֶת** הַגִּיבּוֹרִים בַּסְּפָרִים שֶׁלּוֹ לְפִי דְמוּיוֹת שֶׁל אֲנָשִׁים שֶׁהִכִּיר.
לְעַצֵּב אֶת- / ע.צ.ב, פִּיעֵל / עִיצַּבְתִּי, מְעַצֵּב, יְעַצֵּב, עַצֵּב!

עיצבןפ׳ עִצְבֵּן made nervous
גָּרַם לִרְגוֹז, לִכְעוֹס, לְאִי שֶׁקֶט:
הַיֶּלֶד עִיצְבֵּן אוֹתִי עִם הַמּוּסִיקָה הָרַעֲשָׁנִית שֶׁלּוֹ.
לְעַצְבֵּן אֶת- / ע.צ.ב.ן, פִּיעֵל / עִיצְבַּנְתִּי, מְעַצְבֵּן, יְעַצְבֵּן

עיצהנ׳ עֵצָה [עֵיצוֹת] advice
הַצָעָה, כְּשֶׁאוֹמְרִים מַה כְּדַאי לְמִישֶׁהוּ לַעֲשׂוֹת:
*יוֹסִי נָתַן לִי **עֵיצוֹת** טוֹבוֹת, לִפְנֵי שֶׁהִתְגַיַיסְתִּי.*
אוֹבֵד־עֵיצוֹתב׳ - confused (adj.)
אֲנִי אוֹבֵד עֵיצוֹת, מָה עוֹשִׂים עִם הַיְלָדִים הָאֵלֶה?

עיצוּבז׳ עִצּוּב [עִיצוּבִים] design, shaping
כְּשֶׁנוֹתְנִים צוּרָה לְמַשֶׁהוּ:
*הָאַרְכִיטֶקְט יַעֲזוֹר **בְּעִיצוּב** הַדִּירָה שֶׁלָּנוּ.*
עִיצוּב־הַמּוּצָר industrial design

עיצוּםז׳ עִצּוּם essence
עִיקָר, הַדָּבָר הַמַּמָּשִׁי.
*הָעֲבוֹדָה **בְּעִיצוּמָהּ**, וּפִתְאוֹם הַפְסָקַת חַשְׁמַל.*
בְּעִיצוּמוֹ שֶׁל - in the midst of
בְּעִיצוּמוֹ שֶׁל הַיּוֹם הוּא נִרְדַּם פִּתְאוֹם.

עיצוּמיםז״ר עִצּוּמִים sanctions
סַנְקְצִיוֹת שֶׁל עוֹבְדִים נֶגֶד הַמְּנַהֵל, הַמּוֹסָד...:
*הַמּוֹרִים הֶחְלִיטוּ עַל **עִיצוּמִים** - הֵם לֹא יִבְדְּקוּ בְּחִינוֹת, עַד שֶׁלֹּא יְשַׁלְּמוּ לָהֶם.*

עיצוּרז׳ עִצּוּר [עִיצוּרִים] consonant
קוֹנְסוֹנַנְט, הָאוֹתִיּוֹת שֶׁל הָאָלֶפְבֵּית:
*בְּרוּסִית, וּבְאַנְגְלִית אֵין **עִיצוּרֵי** גָּרוֹן כְּמוֹ - ע, ח.*

עיקוּבז׳ עִקּוּב [עִיקוּבִים] following, stalking
הֲלִיכָה אַחֲרֵי מִישֶׁהוּ כְּדֵי לָדַעַת לְאָן הוּא הוֹלֵךְ וְכוּ׳:
*אַחֲרֵי פְּעוּלַת **עִיקוּב** מָצְאָה הַמִּשְׁטָרָה אֶת הַגַּנָּבִים.*

עיקוּלז׳ עִקּוּל [עִיקוּלִים] attachment
1. כְּשֶׁלּוֹקְחִים רְכוּשׁ שֶׁל מִישֶׁהוּ שֶׁחַיָּיב כֶּסֶף:
*בֵּית הַמִּשְׁפָּט הֶחְלִיט עַל **עִיקוּל** הַמַּשְׂכּוֹרֶת שֶׁלִּי.*
צו-עִיקוּל - order to seize
הַשּׁוֹטֵר הֶרְאָה לִי אֶת צַו הָעִיקוּל.
2. כְּשֶׁיֵּשׁ סִיבּוּב בַּדֶּרֶךְ, כְּשֶׁהִיא לֹא יְשָׁרָה: curve
*בַּכְּבִישׁ הַזֶּה יֵשׁ **עִיקוּלִים** מְסוּכָּנִים, סַע לְאַט!*

עיקוּםז׳ עִקּוּם [עִיקוּמִים] twisting, bending
כְּשֶׁעוֹשִׂים שֶׁמַּשֶּׁהוּ יָשָׁר, נָכוֹן וְכוּ׳ יִהְיֶה עָקוֹם (לֹא יָשָׁר):
(מֶטָאפוֹרָה) מַה שֶׁאַתָּה אוֹמֵר הוּא **עִיקוּם** מַה שֶׁכָּתַבְתִּי.

עיקוּףז׳ עִקּוּף [עִיקוּפִים] detour
הֲלִיכָה מִסָּבִיב, לֹא בַּדֶּרֶךְ הַיְשָׁרָה וְהַקְּצָרָה:
צָרִיךְ לַעֲשׂוֹת עִיקוּף, כִּי הַכְּבִישׁ סָגוּר.

עיקוּרז׳ עִקּוּר [עִיקוּרִים] sterilization
1. כְּשֶׁמְּנַקִּים חוֹמֶר מְחַיידַּקִים:
***עִיקוּר** הֶחָלָב מוֹנֵעַ מַחֲלוֹת.*
2. נִיתּוּחַ שֶׁל אֵיבְרֵי הַמִּין כְּדֵי שֶׁאִי אֶפְשָׁר יִהְיֶה לְהוֹלִיד אוֹ לָלֶדֶת:
*אֲנִי נֶגֶד **עִיקוּר** שֶׁל בַּעֲלֵי חַיִּים.*

עיקלפ׳ עִקֵּל seized
לָקַח (הַמִּשְׁטָרָה וְכוּ׳) רְכוּשׁ אוֹ כֶּסֶף בִּגְלַל חוֹב:
***עִיקְּלוּ לוֹ** אֶת הַטֶּלֶוִויזְיָה, כִּי הוּא לֹא שִׁילֵּם אֶת הַמַּס.*
לְעַקֵּל אֶת-, לְ- / ע.ק.ל, פִּיעֵל / עִיקַּלְתִּי, מְעַקֵּל, יְעַקֵּל

עיקםפ׳ עִקֵּם bent
עָשָׂה שֶׁיִּהְיֶה עָקוֹם (= לֹא יָשָׁר):
*אַל **תְּעַקֵּם אֶת** הַגַּב, שֵׁב יָשָׁר!*
הוּא עִיקֵּם אֶת אַפּוֹ, thumbed his nose
כְּשֶׁרָאָה אֶת הַדִּירָה, כִּי הִיא לֹא מָצְאָה חֵן בְּעֵינָיו.
לְעַקֵּם אֶת- / ע.ק.ם, פִּיעֵל / עִיקַּמְתִּי, מְעַקֵּם, יְעַקֵּם

עיקרפ׳ עִקֵּר sterilized
1. עָשָׂה סְטֶרִילִיזַצְיָה, נִיקָּה מְחַיידַּקִים:
*לִפְנֵי נִיתּוּחַ צָרִיךְ **לְעַקֵּר אֶת** הַמַּכְשִׁירִים.*
2. עָשָׂה שֶׁלֹּא יוּכְלוּ לְהוֹלִיד אוֹ לָלֶדֶת: neutered
הַוֶּטֶרִינָר עִיקֵּר אֶת הַכַּלְבָּה שֶׁלָּהּ.
לְעַקֵּר אֶת- / ע.ק.ר, פִּיעֵל / עִיקַּרְתִּי, מְעַקֵּר, יְעַקֵּר, עַקֵּר!

עיקרז׳ עִקָּר [עִיקָּרִים] main, essence
הַדָּבָר הֶחָשׁוּב בְּיוֹתֵר:
*לִפְנֵי הַתּוֹכְנִית מָסְרוּ בָּרַדְיוֹ אֶת **עִיקַּר** הַחֲדָשׁוֹת. ... 'וְהֲרֵי הַחֲדָשׁוֹת **וְעִיקָּרָן** תְּחִילָּה...'*
בְּעִיקָּרת״פ - בְּיִיחוּד: mainly
הוּא דִּיבֵּר בְּעִיקָּר עַל עַצְמוֹ
כָּל עִיקָּרב׳ (אַחֲרֵי לֹא, אֵין): (not) at all
לֹא הֲבַנְתִּי אוֹתוֹ וְאֶת הוֹרָיו כָּל עִיקָּר.
מוּפְרָךְ מֵעִיקָּרוֹב׳ - essentially incorrect
הָרַעְיוֹן שֶׁלְּךָ מוּפְרָךְ מֵעִיקָּרוֹ.

עיקרוןז׳ עִקָּרוֹן [עֶקְרוֹנוֹת] principle
1. בָּסִיס לְתֵיאוֹרְיָה מַדָּעִית, לְהִתְנַהֲגוּת וְכוּ׳:
***הָעִיקָּרוֹן** הָרִאשׁוֹן בַּדֶּמוֹקְרַטְיָה הוּא שֶׁכָּל הָאֲנָשִׁים שָׁוִוים.*
2. חוּקִים חֲשׁוּבִים בְּיוֹתֵר: fundamental rules
*לָמַדְנוּ אֶת **עֶקְרוֹנוֹת** הַשָּׂפָה.*
בַּעַל־עֶקְרוֹנוֹת man of principles
בְּעִיקָּרוֹןת״פ on/in principle

עיקרית׳ עִקָּרִי main
הֶחָשׁוּב בְּיוֹתֵר, הָרָאשִׁי:
*הוּא עוֹבֵד קָשֶׁה, זֹאת הַסִּיבָּה **הָעִיקָּרִית** לְהַצְלָחָה שֶׁלּוֹ.*
מִשְׁפָּט עִיקָּרִי (בְּדִקְדּוּק) - principal clause

מִשְׁפָּט שֶׁאֵינוֹ תָּלוּי בְּמִשְׁפָּט אַחֵר
עִיקָּרִית, עִיקָּרִיִּים, עִיקָּרִיּוֹת

עיקשת' עִקֵּשׁ — stubborn
עַקְשָׁן, אֵינוֹ מְוַותֵּר, רוֹצֶה שֶׁהַכּוֹל יִהְיֶה כְּמוֹ שֶׁהוּא חוֹשֵׁב:
*הוּא יֶלֶד **עִיקֵּשׁ**, הוּא לֹא יְשַׁנֶּה אֶת דַּעְתּוֹ.*
עִיקֶּשֶׁת, עִיקְּשִׁים, עִיקְּשׁוֹת

עיקשותנ' עִקְּשׁוּת — stubbornness
תכוּנָה שֶׁל מִי שֶׁלֹּא מְוַותֵּר, לֹא זָז מִדַּעְתּוֹ:
*קָשֶׁה לְהִסְתַּדֵּר אִיתּוֹ, **הָעִיקְּשׁוּת** שֶׁלּוֹ מְשַׁגַּעַת אוֹתִי.*

עירנ' עִיר [עָרִים] — city
מְקוֹם יִישּׁוּב גָּדוֹל, כּמוֹ תֵּל־אָבִיב, יְרוּשָׁלַיִם, לוֹנדוֹן:
*יְרוּשָׁלַיִם, תֵּל־אָבִיב וְחֵיפָה הֵן **הֶעָרִים** הַגְּדוֹלוֹת בְּיִשְׂרָאֵל.*
עִיר־בִּירָה — capital city
עִיר־נָמָל — port
עִיר־הַקּוֹדֶשׁ — the Holy City

עירבפ' עֵרֵב (עָרַב) — mixed
שָׂם שְׁנֵי דְבָרִים אוֹ יוֹתֵר בְּיַחַד:
*אַל **תְּעָרֵב אֶת** הַבְּעָיוֹת שֶׁלְּךָ עִם הַבְּעָיוֹת שֶׁלָּהֶם.*
לְעָרֵב אֶת-/ ע.ר.ב, פִּיעֵל / עֵירַבְתִּי, מְעָרֵב, אֲעָרֵב, יְעָרֵב

עירבבפ' עִרְבֵּב — mixed
שָׂם כַּמָּה דְבָרִים יַחַד:
תְּעַרְבֵּב אֶת הַסּוּכָּר בַּתֵּה.
לְעַרְבֵּב אֶת- / ע.ר.ב.ב, פִּיעֵל / עִירְבַּבְתִּי, מְעַרְבֵּב, יְעַרְבֵּב

עירבובז' עִרְבּוּב [עִירְבּוּבִים] — mixing
כְּשֶׁשָּׂמִים כַּמָּה חוֹמָרִים יַחַד:
*אַחֲרֵי **עִירְבּוּב** הַבֵּיצִים, הַקֶּמַח וְהַסּוּכָּר מוֹסִיפִים אֱגוֹזִים.*
*יֵשׁ כָּאן **עִירְבּוּב** עִנְיָינִים - בְּעָיוֹת פְּרָטִיּוֹת עִם בְּעָיוֹת פּוֹלִיטִיּוֹת.*

עירבוביהנ' עִרְבּוּבְיָה [עִירְבּוּבִיּוֹת] — mess
כְּשֶׁאֵין סֵדֶר, אִי־סֵדֶר:
*בִּגְלַל **הָעִירְבּוּבְיָה** בַּחֶדֶר אִי אֶפְשָׁר לִמְצוֹא שׁוּם דָּבָר.*

עירבולז' עִרְבּוּל [עִירְבּוּלִים] — mixing
כְּשֶׁשָּׂמִים חוֹמָרִים שׁוֹנִים בְּיַחַד (חוֹמְרֵי בִּנְיָין...):
*בֶּטוֹן עוֹשִׂים **מֵעִירְבּוּל** שֶׁל חוֹל, מֶלֶט וּמַיִם.*

עירבוןז' עֵרָבוֹן [עִירָבוֹנוֹת] — guarantee
מַה שֶּׁמִּישֶׁהוּ נוֹתֵן (כֶּסֶף אוֹ חֵפֶץ), כְּדֵי לְהַבְטִיחַ שֶׁיַּחֲזִיר מַה שֶּׁלָּקַח:
*הִשְׁאַרְתִּי **עֵירָבוֹן** שֶׁל 10 שְׁקָלִים, וְקִיבַּלְתִּי סֵפֶר בַּסִּפְרִיָּיה.*
דְּמֵי־עֵירָבוֹן - הַכֶּסֶף שֶׁל הָעֵירָבוֹן
בְּעֵירָבוֹן מוּגְבָּל (בע"מ) — Ltd. (limited)

עירבלפ' עִרְבֵּל — mixed
שָׂם כַּמָּה חוֹמָרִים בְּיַחַד:
*הַמְּכוֹנָה הַזֹּאת **מְעַרְבֶּלֶת** חוֹל, מֶלֶט וּמַיִם.*
לְעַרְבֵּל אֶת- / ע.ר.ב.ל, פִּיעֵל / עִירְבַּלְתִּי, מְעַרְבֵּל, יְעַרְבֵּל

עירובז' עֵרוּב [עֵירוּבִים] — mixing
כְּשֶׁכַּמָּה דְבָרִים נִמְצָאִים בְּיַחַד:
הָעֵירוּב שֶׁל מוּסִיקָה מוֹדֶרְנִית וּמוּסִיקָה עַתִּיקָה - הִצְלִיחַ.

עירויז' עֵרוּי [עֵירוּיִים] — infusion
הַעֲבָרָה שֶׁל נוֹזֵל מִמָּקוֹם לְמָקוֹם:
*עָשׂוּ לוֹ **עֵירוּי** דָּם בִּזְמַן הַנִּיתּוּחַ.*

עירוםתה"ז עֵירֹם [עֵירוּמִים] — nude
1. כְּשֶׁאֵין בְּגָדִים עַל הַגּוּף:
*הוּא מְצַיֵּיר תְּמוּנוֹת **עֵירוֹם**.*
2. בְּלִי בְּגָדִים: — naked
*הִיא מִתְרַחֶצֶת **עֵירוּמָּה**.*
עֵירוּמָּה, עֵירוּמּוֹת

עירונית' עִירוֹנִי — municipal
1. שֶׁל הָעִיר:
*בִּיקַּרְתִּי בַּמּוּזֵיאוֹן **הָעִירוֹנִי** שֶׁל תֵּל-אָבִיב.*
2. מִי שֶׁגָּר בָּעִיר (וְלֹא בַּכְּפָר): — urban, city-
*חֲבֶרְתִּי **הָעִירוֹנִית** חוֹשֶׁבֶת, שֶׁחַיֵּי הַכְּפָר מְשַׁעַמְמִים.*
עִירוֹנִית, עִירוֹנִיִּים, עִירוֹנִיּוֹת

עירטלפ' עִרְטֵל — undressed
גִּילָּה, הוֹרִיד בְּגָדִים (כִּיסּוּי וְכוּ'):
***עִירְטַלְתִּי** אֶת גּוּפִי כְּדֵי לְהִשְׁתַּזֵּף בַּשֶּׁמֶשׁ.*
לְעַרְטֵל אֶת- / ע.ר.ט.ל, פִּיעֵל / עִירְטַלְתִּי, מְעַרְטֵל

עירייהנ' עִירִיָּה [עִירִיּוֹת] — city hall, municipality
הַהַנְהָלָה שֶׁל הָעִיר:
***עִירִיַּית** תֵּל-אָבִיב הֶחְלִיטָה לִפְתֹּחַ אֶת חוֹף הַיָּם.*

עירנותנ' עֵרָנוּת — alertness
תכוּנָה שֶׁל מִי שֶׁיּוֹדֵעַ מַה קּוֹרֶה, מִתְעַנְיֵין:
*חָשׁוּב שֶׁלָּאֲנָשִׁים תִּהְיֶה **עֵירָנוּת** פּוֹלִיטִית.*

עירנית' עֵירָנִי — alert (adj.)
מִתְעַנְיֵין, רוֹצֶה לָדַעַת הַכּוֹל וְכוּ':
*הוּא תַּלְמִיד **עֵירָנִי**, מִשְׁתַּתֵּף בַּשִּׁיעוּר וְשׁוֹאֵל שְׁאֵלוֹת.*
עֵירָנִית, עֵירָנִיִּים, עֵירָנִיּוֹת

עירעורז, עִרְעוּר [עירעוּרים] appeal, protest
1. נִיסָיוֹן לְבַטֵל הַחלָטָה קוֹדֶמֶת:
*הַנֶאֱשָם הִגִיש **עירעור** לְבֵית הַמִשפָּט עַל פְּסַק הַדִין.*
*הִגַשתִי **עירעור** עַל תוֹצאוֹת הַבּחִינָה.*
2. כּשֶמַשֶהוּ נַעֲשֶׂה פָּחוֹת חָזָק: undermining
*חֲבָל עַל **עירעור** הַיְחָסִים עִם אָמֶרִיקָה.*

עירערפ, עִרְעֵר appealed, protested
1. בִּיקֵש לְבַטֵל הַחלָטָה קוֹדֶמֶת:
*הַתַלמִיד **עירער עַל** הַצִיוּן בַּבּחִינָה. / עוֹרֵך הַדִין **עירער עַל** הַחלָטַת הַשוֹפֵט.*
2. עָשָׂה שֶיִהיֶה חַלָש יוֹתֵר: undermined, deteriorated
*הַיְדִיעָה הָרָעָה **עירערה אֶת** הַבּרִיאוּת שֶלוֹ וְשֶל אִישתוֹ.*
לְעַרעֵר עַל-, אֶת- / ע.ר.ע.ר, פִּיעֵל / עִירעַרתִי, מְעַרעֵר

עירפולז, עִרְפּוּל [עירפּוּלים] vagueness, fogginess
כּשֶמַשֶהוּ אֵינוֹ בָּהִיר, אֵינוֹ בָּרוּר:
*הִרגַשתִי **עירפול**, לֹא רָאִיתִי כּלוּם.*

עירפלפ, עִרְפֵּל blurred, fogged
עָשָׂה שֶיִהיֶה לֹא בָּרוּר, לֹא בָּהִיר;
*הַיַיִן **עירפל אֶת** הַמַחשָבָה שֶלוֹ.*
לְעַרפֵּל אֶת- / ע.ר.פ.ל, פִּיעֵל / עִירפַּלתִי, מְעַרפֵּל, יְעַרפֵּל

עישבפ, עִשֵׂב weeded
הוֹצִיא מִן הָאֲדָמָה עֲשָׂבִים רָעִים:
*אִם רוֹצִים פּרָחִים, צָרִיך **לְעַשֵׂב אֶת** הַגִינָה.*
לְעַשֵׂב אֶת- / ע.שׂ.ב, פִּיעֵל / עִישַׂבתִי, מְעַשֵׂב, אֲעַשֵׂב

עישוןז, עִשּוּן smoking
1. הַדלָקַת סִיגַריוֹת אוֹ סִיגָרִים:
*עַל קוּפסַת הַסִיגַריוֹת כָּתוּב: 'הָ**עִישוּן** מַזִיק לַבּרִיאוּת'.*
2. כּשֶשָׂמִים חֲפָצִים בְּתוֹך עָשָן כְּדֵי לַהֲרוֹג תוֹלָעִים וְכוּ': fumigation
*עָשִׂינוּ **עִישוּן** לָאָרוֹן וְלַספָרִים.*
3. כּשֶמְבַשלִים מַשֶהוּ בְּעָשָן: curing
עִישוּן הַדָגִים נוֹתֵן לָהֶם טַעַם מְצוּיָן.

עישןפ, עִשֵּן smoked
1. הִדלִיק סִיגַריָה אוֹ סִיגָר:
*אָסוּר **לְעַשֵן** בָּאוֹטוֹבּוּס וּבְכֹל מָקוֹם צִיבּוּרִי.*
2. עָשָׂה שֶיִהיֶה עָשָן כְּדֵי לַהֲרוֹג תוֹלָעִים וְכוּ': fumigated
***עִישַנוּ אֶת** הָאֲרוֹנוֹת, כִּי הָיָה בָּהֶם עָש.*
3. בִּישֵל בְּתוֹך עָשָן כְּדֵי לָתֵת טַעַם לָאוֹכֶל: cured
*הֵם **מְעַשנִים** אֶת הַדָגִים בְּשִיטָה מְיוּחֶדֶת.*
לְעַשֵן אֶת- / ע.ש.ן, פִּיעֵל / עִישַנתִי, מְעַשֵן, יְעַשֵן, עַשֵן!

עיתויז, עִתּוּי timing
הַתאָמָה שֶל הַזמַן:
*אָמַרתָ דָבָר נָכוֹן, אֲבָל הָ**עִיתוּי** לֹא מוּצלָח.*

עיתוןז, עִתּוֹן [עיתוֹנים] newspaper
יְדִיעוֹת וַחֲדָשוֹת, שֶמַדפִּיסִים כֹּל יוֹם:
*אֲנִי קוֹרֵאת שנֵי **עִיתוֹנִים** - **עִיתוֹן** בּוֹקֶר וְ**עִיתוֹן** עֶרֶב.*

עיתונאותנ, עִתּוֹנָאוּת journalism
כּתִיבָה בָּעִיתוֹן, הַמִקצוֹעַ שֶל הָעִיתוֹנַאי:
***עִיתוֹנָאוּת** הִיא מִקצוֹעַ מְעַניֵין שֶעוֹסֵק בְּאַקטוּאַליָה.*

עיתונאיז, עִתּוֹנַאי [עיתוֹנָאִים] journalist
אָדָם שֶכּוֹתֵב מַאֲמָרִים בָּעִיתוֹן:
*הָ**עִיתוֹנַאי** כָּתַב מַאֲמָר עַל הַמַצָב הַפּוֹלִיטִי.*
עִיתוֹנָאִית, עִיתוֹנָאִיוֹת

עיתונאית, עִתּוֹנָאִי journalistic
הַשַיָיך לָעִיתוֹן, שֶיֵש לוֹ קֶשֶר לִכתִיבָה בּוֹ:
*זֶהוּ מַאֲמָר **עִיתוֹנָאִי** וְלֹא מַאֲמָר מַדָעִי.*
עִיתוֹנָאִית, עִיתוֹנָאִיִים, עִיתוֹנָאִיוֹת

עיתונותנ, עִתּוֹנוּת the press
כֹּל מַה שֶקָשוּר בָּעִיתוֹן - מַה שֶכּוֹתבִים, הַדֶרֶך שֶכּוֹתבִים וְכוּ':
*אֵין דֶמוֹקרַטיָה בְּלִי חוֹפֶש **עִיתוֹנוּת**.*
עיתונות צְהוּבָּה yellow press

עיתותנ"ר, עִתּוֹת times
(צוּרַת ר' שֶל עֵת) זְמַנִים, תקוּפוֹת:
*בְּ**עִיתוֹת** שָלוֹם שוֹכחִים שֶהָייתָה פַּעַם מִלחָמָה.*

עכבהנ, עַכָּבָה [עַכָּבוֹת] inhibition
(בּפּסִיכוֹלוֹגיָה) מַשֶהוּ שֶמַפרִיעַ לְאָדָם לִהיוֹת פָּתוּחַ, מֵעֲצוֹר:
*בִּגלַל הָ**עַכָּבוֹת** אֵין לוֹ קשָרִים עִם אֲנָשִים.*

עכבישז, עַכָּבִיש [עַכָּבִישִים] spider
בַּעַל חַיִים קָטָן, תוֹפֵס זבוּבִים בְּחוּטִים שֶלוֹ:
*בַּפִּינוֹת שֶל הַחֶדֶר יֵש קוּרֵי **עַכָּבִיש**.*
קוּרֵי-עַכָּבִיש spider webs

עכברז, עַכְבָּר [עַכבָּרִים] mouse
1. בַּעַל חַיִים לֹא גָדוֹל, פּוֹחֵד מֵחֲתוּלִים:
*הוּא בָּרַח מִמֶנוּ כּמוֹ **עַכבָּר**.*
2. (בְּמַחשֵב) חֵלֶק שֶמְחוּבָּר לַמַחשֵב, אֶפשָר 'לְצַיֵיר' בּוֹ, לְשַׂחֵק וְכוּ':
*הַיְלָדִים מְשַׂחֲקִים בְּמִשׂחֲקֵי-מַחשֵב בְּעֶזרַת הָ**עַכבָּר**.*

עכברושז' עַכְבְּרוֹשׁ [עַכבְּרוֹשִׁים] — rat
מִין עַכְבָּר גָּדוֹל:
*הַמָּקוֹם יָשָׁן, מְלוּכלָךְ וּמָלֵא **עַכבְּרוֹשִׁים**.*

עכוזז' עַכּוּז [עַכּוּזִים] — buttock
הַיַשְׁבָן, הַחֵלֶק הָאֲחוֹרִי בַּגוּף:
*הוּא יוֹשֵׁב עַל הָ**עַכּוּז** וְאֵינוֹ זָז.*

עכורת' עָכוּר — muddy
מְלוּכלָךְ, לֹא בָּהִיר, לֹא צָלוּל:
*הַמַיִם בַּיָם **עֲכוּרִים**, לֹא נָעִים לִשׂחוֹת.*
עֲכוּרָה, עֲכוּרִים, עֲכוּרוֹת

עכשווית' עַכְשָׁוִי — contemporary
הַשַּׁיָיך לַזְמַן הַזֶה:
*אֵינֶנִי מֵבִין אֶת הַשִּׁירָה הָ**עַכשָׁוִוית**.*
עַכשָׁוִוית, עַכשָׁוִויִים, עַכשָׁוִויוֹת

עכשוויותנ' עַכְשָׁוִיוּת — contemporariness
אַקטוּאָלִיוּת, מַה שֶׁקוֹרֶה עַכשָׁיו, בַּזמַן הַזֶה:
*הָ**עַכשָׁוִיוּת** בְּאוֹמָנוּת חֲשׁוּבָה לִי יוֹתֵר מִן הֶעָבָר.*

עכשיות"פ עַכְשָׁיו — now
בַּזמַן הַזֶה, בַּהֹוֶוה:
*קוֹדֶם גַרתִי בְּחֵיפָה, **עַכשָׁיו** אֲנִי גָר בְּתֵל-אָבִיב.*
מֵעַכשָׁיו - מֵרֶגַע זֶה: — from now on
מֵעַכשָׁיו אֲנִי לֹא עוֹנֶה לַטֶלֶפוֹן, אֵין לִי זמַן.

עלמ"י עַל — on, over, about
1. לְמַעלָה:
*הַסֵפֶר נִמצָא **עַל** הַשּׁוּלחָן.*
2. בְּנוֹגֵעַ לְ-, בְּיַחַס לְ- : — about
*הוּא דִיבֵּר אִיתִי **עַל** הָעֲבוֹדָה שֶׁלוֹ.*
3. כָּפוּל: — by
*מַה גוֹדֶל הַחֶדֶר? שְׁלוֹשָׁה **עַל** אַרבָּעָה מֶטרִים.*
4. נֶגֶד: — against
*אֲנַחנוּ יוֹצאִים לַמִלחָמָה **עַל** אוֹיְבֵינוּ.*
5. בִּגלַל: — because of, for
*הוּא יוֹשֵׁב בְּבֵית הַסוֹהַר **עַל** גנֵיבָה.*
עָלַיי, עָלֶיךָ, עָלַיִךְ, עָלָיו, עָלֶיהָ, עָלֵינוּ, עֲלֵיכֶם-ן, עֲלֵיהֶם-ן
עַל-אַף - לַמרוֹת: — in spite of
בָּאתִי לְבַקֵר עַל אַף הַגֶשֶׁם.
עַל אַחַת כַּמָה וְכַמָה - — all the more so
כֹּל יוֹם הוּא קָם מְאוּחָר, בְּשַׁבָּת עַל אַחַת כַּמָה וְכַמָה.
עַל־בָּטוּחַ (לְשׁוֹן דִיבּוּר)- — not taking any chances
אֲנִי לֹא עוֹשֶׂה עֲסָקִים בּלִי עוֹרֵךְ דִין, אֲנִי אוֹהֵב לָלֶכֶת עַל בָּטוּחַ.
עַל־גַב / עַל־גַבֵּי - — on top of
הַסְפָרִים מְסוּדָרִים זֶה עַל גַבֵּי זֶה.
עַל דָא וְעַל הָא (אֲרָמִית) - — about this and that
עַל מַה דִיבַּרתֶם? עַל דָא וְעַל הָא.
עַל־חֶשׁבּוֹן - מִישֶׁהוּ אַחֵר מְשַׁלֵם: — living off someone
הוּא חַי עַל חֶשׁבּוֹן הוֹרָיו.
עַל־יַד - קָרוֹב לְ- : — near, by
אֲנִי גָר עַל יַד הַשּׁוּק.
עַל־יְדֵי - בְּאֶמצָעוּת: — by (means of)
הַמִכתָב נִמסַר עַל יְדֵי שָׁלִיחַ.
עַל־יְדֵי־כָּךְ - בְּצוּרָה זוֹ: — thereby
אֶשׁלַח לוֹ מִכתָב, עַל יְדֵי כָּךְ יְסוּדַר הָעִניָין.
עַל כֵּן - לָכֵן: — therefore
הָיִיתִי חוֹלֶה, עַל כֵּן לֹא יָצָאתִי לְטִיוּל.
עַל־כֹּל־פָּנִים - — anyhow
שָׁמַעתִי מַה שֶׁאֲמַרתֶם עַל הַסֵפֶר, עַל כֹּל פָּנִים אֶקרָא בּוֹ.
עַל־כּוֹרחוֹ/בְּעַל כּוֹרחוֹ - — against his will
בְּעַל כּוֹרחוֹ הוּא יָצָא לַטִיוּל.
עַל לֹא דָבָר - תשוּבַת נִימוּס: — you are welcome
'תוֹדָה רַבָּה!' - 'עַל לֹא דָבָר'!
עַל־מְנָת - כְּדֵי שֶׁ- : — so that
אֲנִי אוֹכֵל, עַל מְנָת שֶׁלֹא אֶהיֶה רָעֵב.
עַל־סמָך - עַל בָּסִיס שֶׁל: — on the basis of
עָצרוּ אֶת הָאִישׁ עַל סמָך דִברֵי הַשּׁכֵנִים.
מֵעַל - מִלמַעלָה: — above
עַל הַקִיר מֵעַל לַשּׁוּלחָן יֵשׁ תמוּנָה.
עַל־פֶּה (בְּעַל־פֶּה) - מִן הַזִיכָּרוֹן: — by heart
אֲנִי יוֹדֵעַ שִׁירִים רַבִּים עַל-פֶּה.
עַל־פִּי - בְּהֶתאֵם לְ: — according to
עַל פִּי דבָרָיו מַגִיעַ לוֹ כֶּסֶף.
עַל־פִּי־רוֹב - בְּדֶרֶךְ כֹּלָל: — most of the time
עַל פִּי רוֹב הוּא פָּנוּי בָּעֶרֶב.
עַל שֵׁם - לְזֵכֶר: — in memory of
מְכוֹן וַייצמָן, נִקרָא עַל שֵׁם חַיִים וַייצמָן, הַנָשִׂיא הָרִאשׁוֹן.
עַל־תנַאי - — on condition
הִתקַבַּלתִי לָאוּנִיבֶרסִיטָה עַל תנַאי שֶׁאֶלמַד עִברִית.

על (+ שם תואר)ת' עַל — super (adj.)
מֵעַל לְ-, יוֹתֵר מִ- :
עַל-אֱנוֹשִׁי - — superhuman
הוּא עָשָׂה מַאֲמָץ עַל אֱנוֹשִׁי לְהַצִיל אֶת הַפָּצוּעַ.
עַל-יְסוֹדִי - — high school
הוּא לוֹמֵד בְּבֵית סֵפֶר עַל-יְסוֹדִי.
עַל-קוֹלִי - — supersonic
הַמְטוֹסִים טָסִים בְּמְהִירוּת עַל-קוֹלִית.
עַל-טִבעִי - — supernatural
אוּרִי גֶלֶר טוֹעֵן, שֶׁיֵשׁ לוֹ כּוֹחוֹת עַל-טִבעִיִים.

עַלז, עַל (עָל) height
גוֹבַהּ,
אֶל-עַל, *לְמַעְלָה:* upward(s)
אֲנִי מִסְתַּכֵּל אֶל-עַל וְרוֹאֶה רַק שָׁמַיִם.
'אֶל-עַל' - EL-AL
שֵׁם חֶבְרַת הַתְּעוּפָה הַיִּשְׂרְאֵלִית, שֶׁמְּטוֹסֶיהָ טָסִים אֶל עָל

עלבפ, עָלַב insulted
פָּגַע בְּכָבוֹד שֶׁל:
*הַדְּבָרִים שֶׁאָמַרְתָּ עָלַיי לִפְנֵי כּוּלָּם **עָלְבוּ בִּי** מְאוֹד.*
לַעֲלוֹב בְּ- / ע.ל.ב, פָּעַל / עָלַבְתִּי, עוֹלֵב, אֶעֱלוֹב, יַעֲלוֹב

עלבוןז, עֶלְבּוֹן [עֶלְבּוֹנוֹת] insult
כְּשֶׁפּוֹגְעִים בְּכָבוֹד שֶׁל מִישֶׁהוּ:
*מַה שֶּׁהוּא אָמַר עָלַיי זֶהוּ **עֶלְבּוֹן** קָשֶׁה.*

עלהפ, עָלָה climbed
1. הָלַךְ מִלְּמַטָּה לְמַעְלָה:
*הַצָּעִיר **עָלָה** בָּרֶגֶל לַקּוֹמָה הָרְבִיעִית.*
2. הַמְּחִיר הָיָה: cost
*הַסֵּפֶר **עָלָה** 100 שְׁקָלִים.*
3. נַעֲשָׂה גָּבוֹהַּ יוֹתֵר, גָּדוֹל יוֹתֵר: increased
*מְחִיר הָעַגְבָנִיּוֹת **עָלָה** בַּשָּׁבוּעַ הָאַחֲרוֹן.*
4. בָּא לִחְיוֹת בְּיִשְׂרָאֵל: made Aliya
*דָּוִיד **עָלָה** לְיִשְׂרָאֵל מִבְּרָזִיל לִפְנֵי שָׁנָה.*
עָלָה בָּאֵשׁ was burnt
עָלָה בְּיָדִי I succeeded
עָלָה בְּקָנֶה אֶחָד was compatible
עָלָה בַּתּוֹהוּ failed
עָלָה יָפֶה came out well
עָלָה לָרֶגֶל went on a pilgrimage
עָלָה לַתּוֹרָה was called to read the Torah
עָלָה עַל דַּעְתִּי it occured to me
עָלָה עַל הָעֲצַבִּים (לָשׁוֹן דִּיבּוּר) got on (someone's) nerves
לַעֲלוֹת לְ-, בְּ- / ע.ל.ה, פָּעַל / עָלִיתִי, עוֹלֶה, אֶעֱלֶה, עֲלֵה!

עלהז, עָלֶה [עָלִים] leaf
הַחֵלֶק הַיָּרוֹק שֶׁל הַצֶּמַח:
כֹּל הֶעָלִים נָשְׁרוּ מִן הָעֵץ בַּסְּתָיו.
עֲלֵה-תְּאֵנָהב, fig leaf

עלובת, עָלוּב wretched, lousy
מִסְכֵּן, אֵינוֹ מְעוֹרֵר כָּבוֹד:
*הַמְּסִיבָּה הָיְיתָה **עֲלוּבָה**, בְּקוֹשִׁי הָיְיתָה מוּסִיקָה.*
עֲלוּבָה, עֲלוּבִים, עֲלוּבוֹת

עלולת, עָלוּל liable
צָפוּי לוֹ מַשֶּׁהוּ רַע:
*אִם לֹא יַפְסִיק לְעַשֵּׁן, הוּא **עָלוּל** לַחֲלוֹת בְּסַרְטָן.*
עֲלוּלָה, עֲלוּלִים, עֲלוּלוֹת

עלוםת, עָלוּם secret
נִסְתָּר, שֶׁלֹּא יוֹדְעִים עָלָיו.
עֲלוּם-שֵׁם - אֲנוֹנִימִי, לֹא יוֹדְעִים מִיהוּ: anonymous
סוֹפֵר עֲלוּם שֵׁם כָּתַב אֶת הַסֵּפֶר הַזֶּה.
עֲלוּמָה, עֲלוּמִים, עֲלוּמוֹת

עלומיםז"ר עֲלוּמִים youth
הַזְּמַן שֶׁבֵּין גִּיל 14 לְ-20:
*יְמֵי **הָעֲלוּמִים** הָיוּ יָמִים מְאוּשָּׁרִים.*

עלוןז, עָלוֹן [עֲלוֹנִים] bulletin
חוֹבֶרֶת, סֵפֶר דַּק שֶׁמּוֹצִיא מוֹסָד, אִירְגּוּן:
*בַּ**עֲלוֹן** קוּפַּת חוֹלִים יֵשׁ עֵיצוֹת טוֹבוֹת.*

עלוקהנ, עֲלוּקָה [עֲלוּקוֹת] leech
בַּעַל חַיִּים קָטָן שֶׁנִּדְבָּק לַגּוּף, מוֹצֵץ דָּם:
*בֶּעָבָר רוֹפְאִים הִשְׁתַּמְּשׁוּ בַּ**עֲלוּקוֹת** כְּדֵי לְרַפֵּא חוֹלִים.*
(מֶטָאפוֹרָה) מִי שֶׁנִּדְבָּק לְמִישֶׁהוּ, הוֹלֵךְ אַחֲרָיו וְכוּ':
*הוּא מַמָּשׁ **עֲלוּקָה**, אִי אֶפְשָׁר לְהִיפָּטֵר מִמֶּנּוּ!*

עלותנ, עֲלוּת [עֲלוּיוֹת] cost
כֹּל הַהוֹצָאוֹת בְּכֶסֶף שֶׁל סְחוֹרָה, שֵׁירוּת, חִינּוּךְ וְכוּ':
***עֲלוּת** הַלִּימּוּדִים בָּאוּנִיבֶרְסִיטָה גְּבוֹהָה - בִּנְיָינִים, סִפְרִיּוֹת, מוֹרִים וְכוּ'.*

עלזפ, עָלַז was merry
שָׂמַח:
***עָלַזְנוּ** וְשָׂמַחְנוּ בַּמְּסִיבָּה.*
לַעֲלוֹז / ע.ל.ז, פָּעַל / עָלַזְתִּי, עוֹלֵז, אֶעֱלוֹז, יַעֲלוֹז, עֲלוֹז!

עלטהנ, עֲלָטָה darkness
חוֹשֶׁךְ:
*פִּתְאוֹם יָרְדָה **עֲלָטָה** עַל הָאָרֶץ.*

עליז, עֱלִי pestle
1. מַקֵּל מִבַּרְזֶל, שֶׁהָיוּ טוֹחֲנִים בְּעֶזְרָתוֹ אֶת הַקָּפֶה:
בְּבֵית סַבָּא הִשְׁתַּמְּשׁוּ בֶּעֱלִי וּבְמַכְתֵּשׁ. הַיּוֹם יֵשׁ מְכוֹנוֹת לְכָךְ.
2. חֵלֶק בַּצֶּמַח שֶׁיֵּשׁ עָלָיו זְרָעִים, כְּמוֹ עַמּוּד: pistil
*בָּדַקְנוּ אֶת **הָעֱלִי** כְּשֶׁלָּמַדְנוּ בּוֹטָנִיקָה.*

עלימ"י, עֲלֵי on
(לָשׁוֹן סִפְרוּתִית) עַל.
עֲלֵי-אֲדָמוֹת - עַל הָאֲדָמָה, בָּעוֹלָם: on earth
*כְּבָר אֵין דִּינוֹזָאוּרִים **עֲלֵי** אֲדָמוֹת.*

עליבותנ׳ עֲלִיבוּת misery
כְּשֶׁמַּשֶּׁהוּ נִרְאֶה מִסְכֵּן, בְּלִי יוֹפִי, בְּלִי חַיִּים:
כְּשֶׁעוֹבְרִים בָּרְחוֹבוֹת הַיְשָׁנִים, יֶשְׁנָהּ הַרְגָּשָׁה שֶׁל ***עֲלִיבוּת.***

עליוןת׳ עֶלְיוֹן upper
הַגָּבוֹהַּ בְּיוֹתֵר:
אֲנִי גָּר בְּקוֹמָה ***עֶלְיוֹנָה.***
אָדָם עֶלְיוֹן - הָאָדָם הַמּוּצְלָח בְּיוֹתֵר (לְפִי הַפִילוֹסוֹף נִיטְשֶׁה) superman
בְּחֶסֶד עֶלְיוֹן - (= בְּעֶזְרַת אֱלוֹהִים) מוּצְלָח בְּיוֹתֵר par excellence
כּוֹחַ עֶלְיוֹן - מַשֶּׁהוּ שֶׁבְּנֵי אָדָם אֵינָם יְכוֹלִים לְהַשְׁפִּיעַ עָלָיו - אֱלוֹהִים, הַטֶּבַע, וְכוּ׳ force majeure (f)
עֶלְיוֹנָה, עֶלְיוֹנִים, עֶלְיוֹנוֹת

עליונותנ׳ עֶלְיוֹנוּת supremacy
כְּשֶׁמִּישֶׁהוּ אוֹ מַשֶּׁהוּ טוֹבִים יוֹתֵר מֵאֲחֵרִים:
לִמְדִינַת יִשְׂרָאֵל יֵשׁ ***עֶלְיוֹנוּת*** *אֲווִירִית.*

עליזת׳ עַלִּיז joyful
שָׂמֵחַ:
הָיִינוּ בִּמְסִיבָּה ***עַלִּיזָה*** *עַד אוֹר הַבּוֹקֶר.*
2. (לשון דיבור) הוֹמוֹסֶקְסוּאָל: gay (homosexual male)
זֶה מוֹעֲדוֹן שֶׁל ***עַלִּיזִים.***
עַלִּיזָה, עַלִּיזִים, עַלִּיזוֹת

עליזותנ׳ עַלִּיזוּת joy
שִׂמְחָה:
אֵין מְסִיבָּה בְּלִי ***עַלִּיזוּת*** *וְשִׂמְחָה.*

עלייהנ׳ עֲלִיָּה [עֲלִיּוֹת] ascent
1. הֲלִיכָה מִלְּמַטָּה לְמַעְלָה:
דָּוִיד חוֹלֵה-לֵב, וְהָעֲלִיָּה בְּמַדְרֵגוֹת קָשָׁה עָלָיו.
2. מַעֲבָר מֵאֶרֶץ אַחֶרֶת לְיִשְׂרָאֵל כְּדֵי לִחְיוֹת בָּהּ: immigration to Israel
בְּיִשְׂרָאֵל מְקַוִּוים ***לַעֲלִיָּה*** *גְּדוֹלָה שֶׁל יְהוּדִים מִכָּל הָעוֹלָם.*
3. הִתְגַּבְּרוּת, כְּשֶׁנַּעֲשֶׂה יוֹתֵר: increase
בָּרַדְיוֹ הוֹדִיעוּ עַל ***עֲלִיָּה*** *בְּמִידּוֹת הַחוֹם.*
4. מַעֲבָר לְמַשֶּׁהוּ גָּבוֹהַּ יוֹתֵר: promotion
בֵּירַכְתִּי אֶת הַחַיָּיל עַל ***הָעֲלִיָּה*** *בְּדַרְגָּה.*
5. חֶדֶר קָטָן בַּחֵלֶק הָעֶלְיוֹן שֶׁל הַדִּירָה: attic
אֲנַחְנוּ שׁוֹמְרִים ***בָּעֲלִיָּה*** *דְּבָרִים יְשָׁנִים.*
עֲלִיַּית גַּג - חֶדֶר קָטָן מִתַּחַת לַגַּג

עלילז׳ עָלִיל actually, evidently
בְּעָלִיל-תה״פ בְּאוֹפֶן מַמָּשִׁי, בְּלִי סָפֵק:
יֵשׁ לִי הוֹכָחָה בְּעָלִיל, שֶׁלֹּא אֲנִי גָּנַבְתִּי.

עלילהנ׳ עֲלִילָה [עֲלִילוֹת] exploit
1. פְּעוּלָּה, מַעֲשֶׂה:
הָיוּ לִי ***עֲלִילוֹת*** *רַבּוֹת בַּטִּיּוּל.*
2. סִיפּוּר הַמַּעֲשֶׂה בְּסֵפֶר, בְּהַצָּגָה: plot
עֲלִילַת *הַסֵּפֶר מְעַנְיֶינֶת מְאוֹד.*
3. הַאֲשָׁמָה לֹא נְכוֹנָה מִתּוֹךְ כַּוָּונָה לִפְגּוֹעַ: false charge
׳זֹאת ***עֲלִילָה****׳, אָמַר הַנֶּאֱשָׁם, ׳לֹא גָּנַבְתִּי׳.*
עֲלִילַת-דָּם blood libel

עלילתית׳ עֲלִילָתִי containing a plot
הַשַּׁיָּיךְ לַעֲלִילָה, לְסִיפּוּר הַמַּעֲשֶׂה:
סִיפּוּר ***עֲלִילָתִי*** *מְעַנְיֵין יוֹתֵר מִסִּיפּוּר תֵּיאוּרִי.*
עֲלִילָתִית, עֲלִילָתִיִּים, עֲלִילָתִיּוֹת

עליצותנ׳ עֲלִיצוּת gaiety
שִׂמְחָה:
הָיְיתָה אֲווִירָה שֶׁל ***עֲלִיצוּת*** *בַּמְּסִיבָּה.*

עלםז׳ עֶ֫לֶם [עֲלָמִים] youth, lad
בָּחוּר צָעִיר, צָעִיר עַד גִּיל 20:
הָעֶלֶם *הַזֶּה יָפֶה וְחָכָם.*
עַלְמָה, עֲלָמוֹת

עלמאז׳ עָלְמָא unintentionally
(אֲרָמִית) הָעוֹלָם.
בְּעָלְמָא - סְתָם, בְּלִי כַּוָּונָה: *אָמַרְתִּי דְּבָרִים בְּעָלְמָא.*

עלץפ׳ עָלַץ rejoiced
שָׂמַח מְאוֹד:
כּוּלָּם ***עָלְצוּ*** *וְשָׂמְחוּ, כְּשֶׁנִּגְמְרָה הַמִּלְחָמָה.*
לַעֲלוֹץ / ע.ל.ץ, פָּעַל / עָלַצְתִּי, עוֹלֵץ, יַעֲלוֹץ

עםמ״י עִם with, together
1. יַחַד:
דָּוִיד הָלַךְ ***עִם*** *חֲבֵרָה לְקוֹלְנוֹעַ.*
2. בִּזְמַן: while, during
בָּעֶרֶב, ***עִם*** *רֶדֶת הַיּוֹם הִתְחִיל גֶּשֶׁם.*
עִם זֶה / עִם זֹאת - nevertheless
יָרַד גֶּשֶׁם, ***עִם זֹאת*** *יָצָאתִי לַטִּיּוּל.*

עםז׳ עַם [עַמִּים] nation
קְבוּצָה גְּדוֹלָה שֶׁל אֲנָשִׁים שֶׁיֵּשׁ לָהֶם אֶרֶץ אַחַת, שָׂפָה אַחַת וְהִיסְטוֹרְיָה אַחַת:
עַם *יִשְׂרָאֵל חַי וְקַיָּים!*
שִׁירֵי עַם / רִיקּוּדֵי עַם / אַגָּדוֹת עַם
עַם רַב - הַרְבֵּה אֲנָשִׁים
עַם־הָאָרֶץ - הָאֲנָשִׁים הַפְּשׁוּטִים, הַלֹּא חֲשׁוּבִים / מִי שֶׁאֵינוֹ מַשְׂכִּיל, מִי שֶׁלֹּא לָמַד

עַם־הַסֵּפֶר - עַם יִשְׂרָאֵל, (הָעָם שֶׁל הַתַּנַ"ךְ)
דַּלַּת הָעָם - הָאֲנָשִׁים הָעֲנִיִּים בְּתוֹךְ הָעָם

עמדפ׳ עָמַד — stood
1. הָיָה עַל הָרַגְלַיִים, בְּנִיגּוּד לְ'יָשַׁב', 'הָלַךְ', וְכוּ':
*הַבָּחוּר **עָמַד** בַּתּוֹר לָאוֹטוֹבּוּס.*
2. נֶעֱצַר: — stopped
*הָאוֹטוֹבּוּס **עָמַד** בַּתַּחֲנָה. / הַשָּׁעוֹן **עָמַד** מִלֶּכֶת.*
3. הִתְכּוֹנֵן, רָצָה לַעֲשׂוֹת מַשֶּׁהוּ בֶּעָתִיד: — was going to
*דָּן **עָמַד** לִנְסוֹעַ לִירוּשָׁלַיִם.*
עָמַד בְּדִיבּוּרוֹ — kept his promise
עָמַד בַּמִּבְחָן — passed the test
עָמַד בִּפְנֵי — rose up against
עָמַד לְדִין — stood trial
עָמַד לִימִינוֹ — helped
עָמַד מִן הַצַּד — stood apart
עָמַד עַל דַּעְתּוֹ — insisted
עָמַד עַל הַמִּיקָּח — bargained
עָמַד עַל הַמִּשְׁמָר — stood on guard
עָמַד עַל נַפְשׁוֹ — defended himself
עָמַד עַל הַפֶּרֶק — was on the agenda
עָמַד פָּנִים אֶל פָּנִים — confronted
לַעֲמוֹד / ע.מ.ד, פָּעַל / עָמַדְתִּי, עוֹמֵד, אֶעֱמוֹד, עֲמוֹד!

עמדהנ׳ עֶמְדָּה [עֶמְדּוֹת] — foxhole
1. הַמָּקוֹם שֶׁנִּמְצָאִים בּוֹ חַיָּילִים בַּחֲזִית:
*הַחַיָּילִים יָשְׁבוּ **בָּעֶמְדּוֹת** לְאוֹרֶךְ הַגְּבוּל.*
2. מַעֲמָד, מַצָּב: — post, position
*יֵשׁ לוֹ **עֶמְדָּה** חֲשׁוּבָה בְּמִשְׂרַד הַחִינּוּךְ.*
3. גִּישָׁה, יַחַס לְעִנְיָין מְסוּיָּם: — viewpoint
*מָה **הָעֶמְדָּה** שֶׁלְּךָ בְּיַחַס לַשְּׁבִיתָה?*

עמודז׳ עַמּוּד [עַמּוּדִים] — pole, pillar
1. מַשֶּׁהוּ גָּבוֹהַּ וְצַר (כְּמוֹ מַקֵּל) מֵעֵץ, אֶבֶן...:
*תָּלִינוּ אֶת הַדֶּגֶל עַל **עַמּוּד** גָּבוֹהַּ.*
2. צַד אֶחָד שֶׁל דַּף בְּסֵפֶר אוֹ בְּעִיתּוֹן: — page
*הַמּוֹרָה בִּיקְּשָׁה לִפְתּוֹחַ אֶת הַסֵּפֶר **בְּעַמּוּד** 20.*
עַמּוּד-הַקָּלוֹן — pillory
עַמּוּד-הַשַּׁחַר — morning star
עַמּוּד-הַתָּוֶוךְ — central pillar

עמודהנ׳ עַמּוּדָה [עַמּוּדוֹת] — column
שׁוּרוֹת קְצָרוֹת, רַק חֵלֶק מִן הַדַּף (לָאוֹרֶךְ):
*בַּמִּילּוֹן יֵשׁ שְׁתֵּי **עַמּוּדוֹת** בְּכָל עַמּוּד.*

עמוםת׳ עָמוּם — dim
1. לֹא בָּהִיר:
*קָשֶׁה לִקְרוֹא בְּאוֹר **עָמוּם**.*
2. שֶׁאֵין שׁוֹמְעִים הֵיטֵב: — unclear
*שָׁמַעְתִּי קוֹל **עָמוּם** שֶׁל מַשֶּׁהוּ שֶׁנָּפַל.*
עֲמוּמָה, עֲמוּמִים, עֲמוּמוֹת

עמוסת׳ עָמוּס — loaded (adj.)
1. סוֹחֵב מַשֶּׁהוּ כָּבֵד (מַשָּׂא כָּבֵד):
*הָאוֹטוֹבּוּס **עָמוּס** מִדַּי בַּאֲנָשִׁים וּבַחֲבִילוֹת.*
2. עָסוּק: — burdened (adj.)
*אֲנִי **עָמוּס** עֲבוֹדָה, וְאֵין לִי זְמַן.*
עֲמוּסָה, עֲמוּסִים, עֲמוּסוֹת

עמוקת׳ עָמֹק — deep
1. נָמוּךְ מִפְּנֵי הַשֶּׁטַח:
*הַמַּיִם בַּבְּרֵיכָה **עֲמוּקִים**.*
2. לֹא שִׁטְחִי, חָזָק: — intense
*הִרְגַּשְׁתִּי כְּאֵב **עָמוֹק**, כְּשֶׁשָּׁמַעְתִּי עַל מוֹתוֹ.*
3. רְצִינִי, חָשׁוּב: — profound
*הוּא אָמַר דְּבָרִים **עֲמוּקִים** בַּהַרְצָאָה שֶׁלּוֹ.*
עֲמוּקָּה, עֲמוּקִּים, עֲמוּקּוֹת

עמותהנ׳ עֲמוּתָה [עֲמוּתוֹת] — association, fellowship
אִירְגּוּן, קְבוּצָה שֶׁיֵּשׁ לָהּ פְּעִילוּת מְשׁוּתֶּפֶת:
*הֵקַמְנוּ **עֲמוּתָה** שֶׁל הוֹרִים לִילָדִים עִיוְורִים.*

עמידת׳ עָמִיד — resistant, -proof
חָזָק, עוֹמֵד בִּפְנֵי קוֹשִׁי:
*הַמְּעִיל **עָמִיד** בִּפְנֵי גֶּשֶׁם.*
עֲמִידָה, עֲמִידִים, עֲמִידוֹת

עמידהנ׳ עֲמִידָה — standing
כְּשֶׁמִּישֶׁהוּ עוֹמֵד (לֹא יוֹשֵׁב אוֹ שׁוֹכֵב):
*אֲנִי לֹא יָכוֹל לִנְסוֹעַ **בַּעֲמִידָה** בָּאוֹטוֹבּוּס.*
עֲמִידָה - תְּפִילָּה שֶׁאוֹמְרִים כְּשֶׁעוֹמְדִים עַל הָרַגְלַיִים (שְׁמוֹנֶה־עֶשְׂרֵה) — Amida, a prayer recited standing
גִּיל־הָעֲמִידָה — middle age

עמידותנ׳ עֲמִידוּת — resistance
חוֹזֶק, כְּשֶׁמַּשֶּׁהוּ אֵינוֹ נִפְגָּע בְּקַלּוּת:
*צָרִיךְ לִבְדּוֹק אֶת **עֲמִידוּת** הַקִּיר בַּגֶּשֶׁם.*

עמילז׳ עָמִיל [עֲמִילִים] — agent
קוֹמִיסְיוֹנֶר, מְקַשֵּׁר בֵּין עֵסֶק לְבֵין לָקוֹחוֹת:
עֲמִיל־מֶכֶס — customs broker
עֲמִילָה, עֲמִילוֹת

עמילןז׳ עֲמִילָן [עֲמִילָנִים] — starch
1. חוֹמֶר, מָזוֹן חָשׁוּב שֶׁנִּמְצָא בַּחַי וּבַצּוֹמֵחַ:
*בְּתַפּוּחֵי אֲדָמָה יֵשׁ **עֲמִילָן**.*

2. חוֹמֶר לָבָן (שָׂמִים, בִּכְבִיסָה - כְּדֵי שֶׁהַבַּד יִהְיֶה קָשֶׁה וְכוּ'):
*בַּחוּלְצוֹת הַחֲדָשׁוֹת אֵין צוֹרֶךְ **בַּעֲמִילָן**.*

עמימותנ׳ עֲמִימוּת — dullness, ambiguity
כְּשֶׁמַּשֶּׁהוּ אֵינוֹ בָּרוּר, אֵינוֹ בָּהִיר:
*בִּגְלַל **עֲמִימוּת** הַקּוֹל לֹא יָדַעְתִּי מִי מְדַבֵּר.*

עמירז׳ עָמִיר [עֲמִירִים] — sheaf
קְבוּצָה שֶׁל הַצְּמָחִים שֶׁעוֹשִׂים מֵהֶם לֶחֶם:
*אָסַפְנוּ אֶת **הָעֲמִירִים** מִן הַשָּׂדֶה.*

עמיתז׳ עָמִית [עֲמִיתִים] — associate
חָבֵר, בְּעִיקָּר חָבֵר לַעֲבוֹדָה, לְעֵסֶק וְכוּ':
*אֲנִי אֲדַבֵּר עִם **הָעֲמִיתִים** שֶׁלִּי, וְאֶתֵּן לְךָ תְּשׁוּבָה.*
עֲמִיתָה, עֲמִיתוֹת

עמלפ׳ עָמַל — toiled
עָבַד קָשֶׁה:
***עָמַלְתִּי** הַרְבֵּה, עַד שֶׁבָּנִיתִי אֶת הַבַּיִת.*
לַעֲמוֹל / ע.מ.ל, פָּעַל / עָמַלְתִּי, עָמֵל, אֶעֱמוֹל, יַעֲמוֹל

עמלתו״ז עָמֵל [עֲמֵלִים] — laborer
פּוֹעֵל, מִי שֶׁעוֹבֵד קָשֶׁה:
*לֶ**עָמֵל** מַגִּיעָה מְנוּחָה בְּסוֹף יוֹם עֲבוֹדָה.*
מַעֲמַד-הָעֲמֵלִים — proletariat
עֲמֵלָה, עֲמֵלוֹת

עמלז׳ עָמָל — labor, toil
עֲבוֹדָה קָשָׁה:
*אַחֲרֵי **עֲמַל** הַיּוֹם אֲנִי רוֹצֶה לָנוּחַ.*
עֲמַל-כַּפַּיִים (יָדַיִים) - עֲבוֹדָה פִיסִית קָשָׁה

עמלהנ׳ עַמְלָה [עַמְלוֹת] — commission
כֶּסֶף שֶׁמְּקַבֵּל מִי שֶׁמְּקַשֵּׁר בֵּין קוֹנֶה וּמוֹכֵר:
*אִם תִּמְצָא קוֹנֶה לַמְּכוֹנִית שֶׁלִּי אֲשַׁלֵּם לְךָ 2% **עַמְלָה**.*

עמלנותנ׳ עַמְלָנוּת — practical work
עֲבוֹדָה בַּיָּדַיִים, לֹא רַק תֵּיאוֹרְיָה:
*בְּבֵית סֵפֶר תִּיכוֹן רָגִיל לֹא מְחַנְּכִים **לְעַמְלָנוּת**.*

עמלקז׳ עֲמָלֵק — Amalek
שֵׁם שֶׁל עַם עַתִּיק, אוֹיֵב, מִלִּפְנֵי 3,000 שָׁנָה:
*כֹּל מִי שֶׁרוֹצֶה לִפְגּוֹעַ בְּעַם יִשְׂרָאֵל קוֹרְאִים לוֹ **עֲמָלֵק**.*

עממית׳ עֲמָמִי — popular, folkloristic
שֶׁל הָעָם, פּוֹפּוּלָרִי, שֶׁכֹּל אֶחָד יָכוֹל לְהַשִּׂיג:
*בְּבֵית הַקָּפֶה הַזֶּה מְנַגְּנִים מוּסִיקָה **עֲמָמִית**. גַּם הַמְּחִירִים כָּאן **עֲמָמִיִּים**.*
עֲמָמִית, עֲמָמִיִּים, עֲמָמִיּוֹת

עממיותנ׳ עֲמָמִיּוּת — folksiness
כְּשֶׁמִּישֶׁהוּ (בְּעִיקָּר מִישֶׁהוּ חָשׁוּב) מִתְנַהֵג פָּשׁוּט, כְּמוֹ כֹּל אֶחָד מִן הָעָם:
*אֲנִי אוֹהֵב אֶת **הָעֲמָמִיּוּת** בְּהִתְנַהֲגוּת שֶׁלּוֹ.*

עמספ׳ עָמַס — loaded
שָׂם דְּבָרִים כְּבֵדִים עַל הַגַּב, עַל מְכוֹנִית...:
*הוּא **עָמַס** אֶת הַשּׁוּלְחָן עַל הַגַּב וְהֵבִיא אוֹתוֹ לַדִּירָה.*
לַעֲמוֹס אֶת-,עַל- / ע.מ.ס, פָּעַל / עָמַסְתִּי, עוֹמֵס, אֶעֱמוֹס

עמקז׳ עֵ֫מֶק [עֲמָקִים] — valley
מָקוֹם נָמוּךְ בֵּין הָרִים:
*יָרַדְתִּי מִן הָהָר אֶל **הָעֵמֶק**.*
בָּא לְעֵמֶק הַשָּׁוֶוהב- — compromised
אַחֲרֵי וִיכּוּחַ אָרוֹךְ בָּאנוּ לְעֵמֶק הַשָּׁוֶוה בְּיַחַס לַמְּחִיר.

ענבפ׳ עָנַב — tied (a tie)
שָׂם, קָשַׁר עֲנִיבָה (מִין סֶרֶט) לַצַּוָּאר:
*הוּא **עוֹנֵב** עֲנִיבָה, כְּשֶׁהוּא הוֹלֵךְ לַחֲתוּנָה.*
לַעֲנוֹב / ע.נ.ב, פָּעַל / עָנַבְתִּי, עוֹנֵב, אֶעֱנוֹב, יַעֲנוֹב

ענביםז״ר עֲנָבִים — grapes
פְּרִי הַגֶּפֶן. טוֹב לַאֲכִילָה וְלַעֲשִׂיַּית יַיִן:
*אָכַלְתִּי אֶשְׁכּוֹל **עֲנָבִים** יְרוּקִים.*

ענדפ׳ עָנַד — wore (jewelry)
קָשַׁר (בְּעִיקָּר קִישּׁוּטִים):
***עָנַדְתִּי** שַׁרְשֶׁרֶת זָהָב לַצַּוָּאר. / אֲנִי **עוֹנֵד** שָׁעוֹן חָדָשׁ.*
לַעֲנוֹד אֶת- / ע.נ.ד, פָּעַל / עָנַדְתִּי, עוֹנֵד יַעֲנוֹד, עֲנוֹד!

ענהפ׳ עָנָה — answered
נָתַן תְּשׁוּבָה:
*הַפָּקִיד **עָנָה** עַל כֹּל הַשְּׁאֵלוֹת שֶׁהִצַּגְתִּי בְּפָנָיו.*
לַעֲנוֹת עַל-, לְ- / ע.נ.ה, פָּעַל / עָנִיתִי, עוֹנֶה, אֶעֱנֶה, יַעֲנֶה

ענוגת׳ עָנֹג — delicate
עָדִין:
*יֵשׁ לָהּ יָדַיִים **עֲנוּגוֹת** כְּמוֹ שֶׁל פְּסַנְתְּרָנִית.*
עֲנוּגָה, עֲנוּגִים, עֲנוּגוֹת

ענווהנ׳ עֲנָוָה — modesty
כְּשֶׁמִּישֶׁהוּ לֹא מְסַפֵּר עַל הַהַצְלָחוֹת שֶׁלּוֹ:
*בִּגְלַל **הָעֲנָוָה** שֶׁלּוֹ אַתֶּם לֹא יוֹדְעִים עַד כַּמָּה הוּא טוֹב.*

ענוותןת׳ עַנְוְתָן modest, humble
לֹא מְסַפֵּר עַל הַהַצְלָחוֹת שֶׁלּוֹ:
*הוּא **עַנְוְתָן** וְאֵינוֹ מְדַבֵּר עַל הַפְּרָסִים שֶׁקִּיבֵּל.*
עַנְוְתָנִית, עַנְוְתָנִים, עַנְוְתָנִיּוֹת

ענוותנותנ׳ עַנְוְתָנוּת modesty, humility
כְּשֶׁמִּישֶׁהוּ לֹא רוֹצֶה לִהְיוֹת חָשׁוּב:
*אֵין בּוֹ **עַנְוְתָנוּת**, הוּא מְסַפֵּר שֶׁהוּא הַטּוֹב מִכּוּלָּם.*

ענותנ׳ עֱנוּת suffering
(לָשׁוֹן סִפְרוּתִית) צָרוֹת, כְּאֵב:
*עַם יִשְׂרָאֵל אֵינוֹ שׁוֹכֵחַ אֶת תְּקוּפוֹת **עֱנוּתוֹ** בַּהִיסְטוֹרְיָה.*

עניז׳ עָנִי [עֲנִיִּים] poor
מִי שֶׁאֵין לוֹ כֶּסֶף, הַהֵיפֶךְ מֵעָשִׁיר:
*עֲלִיַּית הַמְּחִירִים פָּגְעָה בְּעִיקָּר **בָּעֲנִיִּים**.*
עֲנִיָּיה, עֲנִיּוֹת

עניבהנ׳ עֲנִיבָה [עֲנִיבוֹת] tie
גְּבָרִים לוֹבְשִׁים אוֹתָהּ עַל צַוָּוארוֹן הַחוּלְצָה:
*לַמִּסְעָדָה הַזֹּאת אֶפְשָׁר לְהִיכָּנֵס בְּלִי **עֲנִיבָה**.*

עניות׳ עָנָו modest
מִי שֶׁלֹּא מְדַבֵּר עַל הַהַצְלָחוֹת שֶׁלּוֹ:
*הוּא בָּחוּר **עָנָיו**, הוּא לֹא סִיפֵּר לָנוּ עַל הַפְּרָס שֶׁקִּיבֵּל.*
עֲנָוָה, עֲנָוִים, עֲנָווֹת

עניותנ׳ עֲנִיּוּת poverty
כְּשֶׁאֵין שׁוּם דָּבָר, לֹא כֶּסֶף, לֹא רְכוּשׁ:
הָעֲנִיּוּת אֵינָהּ בּוּשָׁה, אַךְ קָשֶׁה לִסְבּוֹל אוֹתָהּ.
לְפִי עֲנִיּוּת דַּעְתִּי - in my humble opinion
לַעֲנִיּוּת דַּעְתִּי הַסֵּפֶר נִפְלָא!
תְּעוּדַת-עֲנִיּוּת - proof of incompetence
סֵפֶר זֶה הוּא תְּעוּדַת עֲנִיּוּת לַסּוֹפֵר.

ענייןז׳ עִנְיָן [עִנְיָינִים] matter
1. נוֹשֵׂא שֶׁמְּדַבְּרִים עָלָיו:
*בַּפְּגִישָׁה דִּיבְּרוּ עַל **עִנְיָינִים** שׁוֹנִים.*
2. תְּשׂוּמַת לֵב, אִינְטֶרֶס: interest
*קָרָאתִי **בְּעִנְיָין** רַב אֶת הַמִּכְתָּבִים שֶׁשָּׁלַח בְּנִי.*
בְּעִנְיָין - בְּיַחַס ל...: regarding
אֲנִי מְטַלְפֵּן אֵלֶיךָ בְּעִנְיַין הַדִּירָה.
לָעִנְיָין - בְּאוֹפֶן יָשִׁיר, גָּלוּי: to the point
הוּא דִּיבֵּר אִיתִּי יָשָׁר לָעִנְיָין.
מָה הָעִנְיָינִים - (לְשׁוֹן הַדִּיבּוּר) מָה הַמַּצָּב: What's up?
תַּגִּיד לִי מָה הָעִנְיָינִים אֶצְלְכֶם בַּבַּיִת?
תּוֹכֶן-הָעִנְיָינִים content(s)

עניינית׳ עִנְיָינִי bussinesslike
שֶׁהוּא לַנּוֹשֵׂא מַמָּשׁ, לָעִנְיָין:
*הָיְיתָה לָנוּ שִׂיחָה **עִנְיָינִית**, וְהֶחְלַטְנוּ מָה לַעֲשׂוֹת.*
עִנְיָינִית, עִנְיָינִים, עִנְיָינִיּוֹת

ענישהנ׳ עֲנִישָׁה [עֲנִישׁוֹת] punishing
כְּשֶׁנּוֹתְנִים עוֹנֶשׁ עַל מַעֲשֶׂה רַע:
*בֵּית הַמִּשְׁפָּט מַחְלִיט עַל דֶּרֶךְ **הָעֲנִישָׁה** שֶׁל הַנֶּאֱשָׁם.*

ענןז׳ עָנָן [עֲנָנִים] cloud
1. גּוּשׁ אָפוֹר אוֹ לָבָן בַּשָּׁמַיִם, מִמֶּנּוּ יוֹרֵד גֶּשֶׁם:
***עֲנָנִים** כְּבֵדִים כִּיסּוּ אֶת הַשָּׁמַיִם בִּשְׁעוֹת הַבּוֹקֶר.*
2. (מֶטָאפוֹרָה) מָה שֶׁמּוֹפִיעַ בָּאֲוִויר וּמְלַכְלֵךְ אוֹתוֹ:
*הַמְּכוֹנִיּוֹת פּוֹלְטוֹת **עַנְנֵי** עָשָׁן. / הָרוּחַ הֵבִיאָה **עֲנַן** חוֹל.*

עננהנ׳ עֲנָנָה [עֲנָנוֹת] dark clouds
קְבוּצָה שֶׁל עֲנָנִים שְׁחוֹרִים:
***עֲנָנָה** כִּיסְתָה אֶת הַשָּׁמַיִם, עוֹד מְעַט יֵרֵד גֶּשֶׁם.*
(מֶטָאפוֹרָה) **עֲנָנָה** כִּיסְתָה אֶת פָּנָיו.

ענףז׳ עָנָף [עֲנָפִים] branch
1. חֵלֶק בַּצֶּמַח שֶׁיֵּשׁ בּוֹ עָלִים, פְּרָחִים וּפֵירוֹת:
*הַצִּיפּוֹר יָשְׁבָה עַל **עָנָף** שֶׁל עֵץ זַיִת.*
2. חֵלֶק מִקְּבוּצָה, מִשְׁפָּחָה, עֵסֶק וְכוּ׳: section part, subdivision
*לְמִשְׁפַּחְתִּי יֵשׁ **עָנָף** בְּיִשְׂרָאֵל **וְעָנָף** בְּצָרְפַת.*
3. נוֹשֵׂא קָטָן בְּתוֹךְ נוֹשֵׂא גָּדוֹל:
*הָאֶקְזִיסְטֶנְצְיָאלִיזְם הוּא **עָנָף** בַּפִילוֹסוֹפְיָה.*

ענקז׳ עֲנָק [עֲנָקִים] giant
1. אָדָם אוֹ דָּבָר גְּדוֹלִים מְאוֹד:
*בַּתַּנַ"ךְ מְסוּפָּר עַל דָּוִד הַקָּטָן, שֶׁנִּלְחַם בְּגוֹלְיַית **הָעֲנָק**.*
2. מָה שֶׁשָּׂמִים סְבִיב הַצַּוָּואר לְקִישׁוּט: necklace
*עָנַדְתִּי אֶת **עֲנַק** הַזָּהָב.*

ענקית׳ עֲנָקִי huge
גָּדוֹל מְאוֹד:
*הַיּוֹם בּוֹנִים בָּתִּים **עֲנָקִיִּים**.*
עֲנָקִית, עֲנָקִיִּים, עֲנָקִיּוֹת

ענשפ׳ עָנַשׁ punished
נָתַן עוֹנֶשׁ (מַכּוֹת, בֵּית סוֹהַר גֵּירוּשׁ וְכוּ׳):
*אֲנִי **אֶעֱנוֹשׁ** כָּל מִי שֶׁיַּפְרִיעַ לִי.*
לַעֲנוֹשׁ אֶת- / ע.נ.שׁ, פָּעַל / עָנַשְׁתִּי, עוֹנֵשׁ, יַעֲנוֹשׁ

עסוקת׳ עָסוּק busy, occupied
אֵין לוֹ זְמַן, אֵינוֹ פָּנוּי:
*הוּא אִישׁ **עָסוּק** מְאוֹד, וְקָשֶׁה לִקְבּוֹעַ אִיתּוֹ פְּגִישָׁה.*
עֲסוּקָה, עֲסוּקִים, עֲסוּקוֹת

עסיסז׳ עָסִיס — juice

מִיץ, נוֹזֵל מָתוֹק שֶׁל פְּרִי:

עֲסִיס הַפְּרִי טָעִים מְאוֹד.

עסיסית׳ עֲסִיסִי — juicy

1. שֶׁיֵּשׁ בּוֹ עָסִיס, מִיץ, נוֹזֵל מָתוֹק:

*קָנִיתִי תַפּוּזִים **עֲסִיסִיִּים** מְאוֹד.*

2. (מֶטָאפוֹרָה) שֶׁיֵּשׁ בּוֹ חַיִּים, מְעַנְיֵין וְכוּ׳: — vivid, racy

*הוּא מְסַפֵּר סִיפּוּרִים בְּלָשׁוֹן **עֲסִיסִית**.*

בְּדִיחָה עֲסִיסִית - סִיפּוּר קָצָר וּמַצְחִיק עַל עִנְיְינֵי מִין

עֲסִיסִית, עֲסִיסִיִּים, עֲסִיסִיּוֹת

עסיסיותנ׳ עֲסִיסִיּוּת — juiciness

1. שֶׁיֵּשׁ בּוֹ רְטִיבוּת (הַהֵיפֶךְ מְיוּבָּשׁ):

*אֲנִי אוֹהֵב פֵּירוֹת בִּגְלַל **הָעֲסִיסִיּוּת** שֶׁלָּהֶם.*

2. (מֶטָאפוֹרָה) שֶׁיֵּשׁ בּוֹ חַיִּים, רַעֲנַנּוּת וְכוּ׳: — vividness

*הוּא מוֹצֵא חֵן בְּעֵינַיי בִּגְלַל **הָעֲסִיסִיּוּת** שֶׁבּוֹ.*

עסקפ׳ עָסַק — worked in

1. עָבַד בְּ-:

*אָבִי **עָסַק** כֹּל הַחַיִּים **בְּבְנִיָּיה**.*

2. עָשָׂה, פָּעַל: — engaged in

*הוּא **עוֹסֵק בְּסְפּוֹרְט**.*

לַעֲסוֹק בְּ- / ע.ס.ק, פָּעַל / עָסַקְתִּי, עוֹסֵק, תַּעֲסוֹק, עֲסוֹק!

עסקז׳ עֵסֶק [עֲסָקִים] — business

1. חֲנוּת, מִפְעָל, שֶׁעוֹסְקִים בָּהֶם בְּאוֹפֶן קָבוּעַ:

*דָּן מְחַפֵּשׂ שׁוּתָף **לָעֵסֶק**. / יֵשׁ לוֹ **עֲסָקִים** בְּאַנְגְלִיָּה.*

2. מַשֶּׁהוּ שֶׁעוֹסְקִים בּוֹ, מַשֶּׁהוּ שֶׁקָּרָה: — matter

***הָעֵסֶק** הַזֶּה עִם הַמִּשְׁטָרָה לֹא נָעִים.*

3. קֶשֶׁר: — connection

*אֲנִי לֹא רוֹצֶה שׁוּם **עֵסֶק** עִם הָאִישׁ הַזֶּה!*

עֵסֶק-בִּישׁ - צָרָה, עִנְיָין רַע: — misfortune

אֵיךְ הָיְיתָה הַבְּחִינָה? - עֵסֶק בִּישׁ!

זֶה לֹא הָעֵסֶק שֶׁלְּךָ! - (לְשׁוֹן דִּיבּוּר) אַל תִּתְעָרֵב, זֶה לֹא נוֹגֵעַ לְךָ — It's none of your business!

עסקןז׳ עַסְקָן [עַסְקָנִים] — public worker

מִי שֶׁעוֹבֵד בְּעִנְיְינֵי צִיבּוּר, מִפְלָגוֹת וְכוּ׳:

*כֹּל חַיָּיו הָיָה **עַסְקָן**, דָּאַג לְכוּלָּם.*

עַסְקָנִית, עַסְקָנִיּוֹת

עסקנותנ׳ עַסְקָנוּת — public dealings

פְּעִילוּת בִּשְׁבִיל הַחֶבְרָה:

*בִּגְלַל **הָעַסְקָנוּת** שֶׁלּוֹ, אֵין לוֹ זְמַן אֵלַיי.*

עףפ׳ עָף — flew

1. טָס, מַה שֶּׁעוֹשׂוֹת הַצִּיפּוֹרִים וְכוּ׳:

*בַּחוֹרֶף **עָפוֹת** הַצִּיפּוֹרִים לְאַפְרִיקָה.*

2. עָבַר מַהֵר:

*הַנְּיָיר **עָף בָּרוּחַ**.*

3. (לְשׁוֹן דִּיבּוּר) הִסְתַּלֵּק: — 'split'

***עוּף** מִכָּאן!*

לָעוּף / ע.ו.ף, פָּעַל / עַפְתִּי, עָף, אָעוּף, יָעוּף, עוּף!

עפיפוןז׳ עֲפִיפוֹן [עֲפִיפוֹנִים] — kite

מִין מִשְׂחָק, מַחְזִיקִים בְּחוּט אָרוֹךְ וּמְעִיפִים לַשָּׁמַיִם:

*הַחוּט נִקְרַע **וְהָעֲפִיפוֹן** שֶׁלִּי עָף וְנֶעֱלַם.*

עפעףז׳ עַפְעַף [עַפְעַפִּים/עַפְעַפַּיִם ז״ז] — eyelid

הַחֵלֶק שֶׁסּוֹגֵר אֶת הָעַיִן:

***הָעַפְעַפַּיִם** זָזִים כֹּל הַזְּמַן חוּץ מֵאֲשֶׁר בְּשֵׁינָה.*

לֹא הֵנִיד עַפְעַף - בְּלִי הִיסּוּס: — without batting an eyelid

עָשִׂיתִי מַה שֶׁבִּיקַּשְׁתָּ בְּלִי לְהָנִיד עַפְעַף.

עפרז׳ עָפָר — dirt, earth

אֲדָמָה:

*אֵין כָּאן כְּבִישׁ, זֹאת דֶּרֶךְ **עָפָר**.*

עָפָר וָאֵפֶר - — dust and ashes

*מִן הָעִיר שֶׁהָיְיתָה פֹּה, נִשְׁאֲרוּ אַחֲרֵי הַמִּלְחָמָה רַק **עָפָר וָאֵפֶר**.*

עפרוניז׳ עֶפְרוֹנִי [עֶפְרוֹנִים] — lark

צִיפּוֹר קְטַנָּה שֶׁשָּׁרָה, הַצֶּבַע שֶׁלָּהּ חוּם-אָפוֹר:

*אֲנִי אוֹהֵב לִשְׁמוֹעַ אֶת שִׁירַת **הָעֶפְרוֹנִי**.*

עץז׳ עֵץ [עֵצִים] — tree

1. כֹּל צֶמַח גָּבוֹהַּ שֶׁנּוֹתֵן פְּרִי, צֵל:

*בַּקַּיִץ **הָעֵץ** מֵגֵן מִפְּנֵי הַשֶּׁמֶשׁ.*

2. הַחוֹמֶר שֶׁמִּמֶּנּוּ עוֹשִׂים שׁוּלְחָן, כִּיסֵּא וְכוּ׳: — wood

*הַחַלּוֹנוֹת וְהַדְּלָתוֹת בְּבֵיתִי עֲשׂוּיִים **מֵעֵץ**.*

עצבז׳ עֶצֶב — sadness

כְּאֵב לֹא פִיסִי, צַעַר:

*בַּחַיִּים יֵשׁ גַּם **עֶצֶב** וְגַם שִׂמְחָה.*

עצבז׳ עָצָב [עֲצַבִּים] — nerve

חוּט דַּק בַּגּוּף, מַגִּיעַ לַמּוֹחַ, מַעֲבִיר כְּאֵב:

*נָגַעְתִּי **בֶּעָצָב** בַּשֵּׁן, וְהִרְגַּשְׁתִּי כְּאֵב נוֹרָא.*

עוֹלֶה לִי עַל הָעֲצַבִּים - מְעַצְבֵּן, מַרְגִּיז מְאוֹד:

הַמּוּסִיקָה הַזֹּאת עוֹלָה לִי עַל הָעֲצַבִּים.

עצבת׳ עָצֵב — sad

(לְשׁוֹן סִפְרוּתִית) עָצוּב, יֵשׁ לוֹ מַצַּב רוּחַ רַע:

*הוּא **עָצֵב**, כִּי חֲבֶרְתּוֹ נָסְעָה.*

עֲצֵבָה, עֲצֵבִים, עֲצֵבוֹת

עצבותנ' עַצְבוּת sadness
מַצַּב-רוּחַ לֹא טוֹב, צַעַר, כְּאֵב:
*אוֹמְרִים שֶׁבַּסְתָיו אֲנָשִׁים מַרְגִישִׁים **עַצְבוּת**.*

עצביםז"ר עֲצַבִּים nerves
הַמּוֹחַ שׁוֹלֵחַ פְּקוּדוֹת לַגּוּף עַל-יְדֵי הָעֲצַבִּים:
*דָּוִד סוֹבֵל מֵהִתְמוֹטְטוּת **עֲצַבִּים** לְאַחַר הָאָסוֹן.*
הִתְמוֹטְטוּת-עֲצַבִּים nervous breakdown
עוֹלֶה לִי עַל הָעֲצַבִּים gets on my nerves

עצבנותנ' עַצְבָּנוּת nervousness
מַצָּב שֶׁל אִי שֶׁקֶט, מֶתַח וְכוּ':
***הָעַצְבָּנוּת** מַפְרִיעָה לְהַצְלָחָה בַּבְּחִינוֹת.*

עצבנית' עַצְבָּנִי nervous, edgy
רָגִישׁ מְאוֹד, מִתְרַגֵּז מַהֵר:
*אֲנִי תָּמִיד **עַצְבָּנִי** לִפְנֵי הַבְּחִינוֹת.*
עַצְבָּנִית, עַצְבָּנִיִּים, עַצְבָּנִיּוֹת

עצבתנ' עַצֶּבֶת sorrow
(לָשׁוֹן סִפְרוּתִית) צַעַר, כְּאֵב לֹא פִיסִי:
*אַחֲרֵי שֶׁאִשְׁתּוֹ מֵתָה, הָיְיתָה אֵיזוֹ **עַצֶּבֶת** עַל פָּנָיו.*

עצובת' עָצוּב sad, gloomy
לֹא שָׂמֵחַ, בְּמַצַּב-רוּחַ לֹא טוֹב:
*אַל תִּהְיֶה כָּל כָּךְ **עָצוּב**, מָחָר יִהְיֶה טוֹב יוֹתֵר.*
עֲצוּבָה, עֲצוּבִים, עֲצוּבוֹת

עצוםת' עָצוּם huge
1. גָּדוֹל וְחָזָק:
*הֵם בָּנוּ בִּנְיָן בְּגוֹדֶל **עָצוּם**.*
2. (לָשׁוֹן דִּיבּוּר) נֶהְדָּר: great!
*מִשְׂחַק הַכַּדּוּרֶגֶל הָיָה **עָצוּם**!*
עֲצוּמָה, עֲצוּמִים, עֲצוּמוֹת

עצומהנ' עֲצוּמָה [עֲצוּמוֹת] petition
כְּשֶׁדּוֹרְשִׁים מִן הַמֶּמְשָׁלָה, הַהַנְהָלָה וְכוּ' לְשַׁנּוֹת, לְתַקֵּן דְּבָרִים:
*הָעוֹבְדִים הִגִּישׁוּ **עֲצוּמָה** נֶגֶד הַפִּיטּוּרִים.*

עצורת' עָצוּר detained (adj.)
1. נִמְצָא בַּמִּשְׁטָרָה עַד הַמִּשְׁפָּט:
*הוּא **עָצוּר**, כִּי תָּפְסוּ אוֹתוֹ בִּגְנֵיבָה.*
2. לֹא מִתְפָּרֵץ, שׁוֹמֵר הַכּוֹל בִּפְנִים: restrained (adj.)
*הוּא **עָצוּר** מְאוֹד בַּיְּחָסִים שֶׁלּוֹ עִם הַיְּלָדִים.*
בִּנְשִׁימָה עֲצוּרָהת"פ - *הִסְתַּכַּלְתִּי בִּנְשִׁימָה עֲצוּרָה בַּהוֹפָעָה.* with bated breath
עֲצוּרָה, עֲצוּרִים, עֲצוּרוֹת

עצית' עֵצִי woody
שֶׁדּוֹמֶה לָעֵץ, כְּמוֹ עֵץ:
*לַתַּפּוּחַ יֵשׁ טַעַם **עֵצִי** - הוּא לֹא טָעִים.*
עֵצִית, עֵצִיִּים, עֵצִיּוֹת

עצימהנ' עֲצִימָה [עֲצִימוֹת] closing (eyes)
סְגִירָה; **עֲצִימַת עֵינַיִים** - סְגִירַת עֵינַיִים:
אֲנִי שׁוֹמֵעַ מוּסִיקָה בַּעֲצִימַת עֵינַיִים.

עציץז' עָצִיץ [עֲצִיצִים] flower-pot, planter
כְּלִי שֶׁמְּגַדְּלִים בּוֹ צְמָחִים בַּבַּיִת:
*שַׂמְתִּי **עָצִיץ** עִם פְּרָחִים עַל הַחַלּוֹן.*

עצירז' עָצִיר [עֲצִירִים] detainee
מִי שֶׁהַמִּשְׁטָרָה מַחֲזִיקָה בּוֹ עַד הַמִּשְׁפָּט:
*כָּל **הָעֲצִירִים** הָאֵלֶּה מְחַכִּים לַמִּשְׁפָּט.*
עֲצִירָה, עֲצִירוֹת

עצירהנ' עֲצִירָה [עֲצִירוֹת] stopping
הַפְסָקָה שֶׁל תְּנוּעָה, נְסִיעָה וְכוּ':
*הִיזָּהֵר **מֵעֲצִירָה** פִּתְאוֹמִית בַּכְּבִישׁ!*
עֲצִירַת-גְּשָׁמִים drought

עצירותנ' עֲצִירוּת constipation
כְּשֶׁהַגּוּף לֹא מוֹצִיא אֶת מַה שֶׁנִּשְׁאַר מֵהָאוֹכֶל:
*כּוֹאֶבֶת לִי הַבֶּטֶן, כִּי יֵשׁ לִי **עֲצִירוּת**.*

עצלת' עָצֵל lazy
לֹא אוֹהֵב לִלְמוֹד, לַעֲבוֹד וְכוּ':
*אֲנִי **עָצֵל** לָקוּם בַּבּוֹקֶר מוּקְדָּם.*
עֲצֵלָה, עֲצֵלִים, עֲצֵלוֹת

עצלותנ' עַצְלוּת laziness
כְּשֶׁלֹּא אוֹהֲבִים לַעֲבוֹד, לִלְמוֹד וְכוּ':
*לֹא בָּאתִי לְבֵית הַסֵּפֶר סְתָם מִתּוֹךְ **עַצְלוּת**.*

עצלןת' עַצְלָן lazy
לֹא אוֹהֵב לַעֲבוֹד אוֹ לְהִתְאַמֵּץ:
*הַמְּנַהֵל הֶחְלִיט לְפַטֵּר אֶת הָעוֹבֵד **הָעַצְלָן**.*
עַצְלָנִית, עַצְלָנִים, עַצְלָנִיּוֹת

עצלנותנ' עַצְלָנוּת laziness
מַצָּב שֶׁל מִי שֶׁלֹּא אוֹהֵב לַעֲבוֹד, לִלְמוֹד וְכוּ':
*אֲנִי לֹא חוֹלֶה, אֲנִי שׁוֹכֵב בַּמִּיטָה מִתּוֹךְ **עַצְלָנוּת**.*

עצלתייםז"ז עֲצַלְתַּיִם deliberate slowness
כְּשֶׁאֵין אֶנֶרְגִיָה, כְּשֶׁאֵין חֵשֶׁק לַעֲשׂוֹת.

בַּעֲצַלְתַּיִיםת"פ - לְאַט, בְּלִי אֶנֶרְגְיָה: with deliberate slowness
בַּבּוֹקֶר הוּא עוֹשֶׂה הַכּוֹל בַּעֲצַלְתַּיִים.

עצםפ' עָצַם — became strong
נַעֲשָׂה חָזָק יוֹתֵר, גָּדוֹל יוֹתֵר:
*הַכְּאֵבִים **עָצְמוּ**, קָשֶׁה לִסְבּוֹל אוֹתָם.*
2. סָגַר (אֶת הָעֵינַיִים): — closed (eyes)
***עָצַמְתִּי אֶת** הָעֵינַיִים, כִּי הָאוֹר מַפְרִיעַ לִי.*
לַעֲצוֹם אֶת- / ע.צ.ם, פָּעַל / עָצַמְתִּי, עוֹצֵם, יַעֲצוֹם

עצםנ' עֶצֶם [עֲצָמוֹת/עֲצָמִים] — bone
1. הַחֵלֶק הַקָּשֶׁה בְּגוּף הָאָדָם:
*הַיֶּלֶד נָפַל וְשָׁבַר אֶת **הָעֶצֶם** בַּיָּד. / תִּיזָּהֵר שֶׁלֹּא תִּיפּוֹל וְתִשְׁבּוֹר אֶת **הָעֲצָמוֹת**!*
2. (עֲצָמִים) גּוּף, אוֹבְּיֶיקְט, כֹּל דָּבָר שֶׁיֵּשׁ בַּטֶּבַע: — object, thing
*כִּיסֵּא, שָׁמַיִם, צִיפּוֹר, אֶבֶן - הֵם **עֲצָמִים**.*
3. הָעִיקָּר, הַדָּבָר הַמַּמָּשִׁי: — in itself
***עֶצֶם** הָרַעְיוֹן לֹא מוֹצֵא חֵן בְּעֵינַיי.*
שֵׁם-עֶצֶם (בְּדִיקְדּוּק): — noun
'אֶבֶן', 'עֵץ', 'יֶלֶד' הֵם שְׁמוֹת עֶצֶם.
עַצְמוֹ - הוּא גּוּפוֹ: — himself
הוּא הִסְתַּכֵּל עַל עַצְמוֹ בָּרְאִי.
בְּעֶצֶם - לְמַעֲשֶׂה: — actually
בְּעֶצֶם אֵינֶנִי מַכִּיר אוֹתְךָ...
לְעַצְמִי, לְעַצְמְךָ, לְעַצְמֵךְ — for myself
בְּעַצְמִי, בְּעַצְמְךָ, בְּעַצְמֵךְ — by myself
בֵּינֵינוּ לְבֵין עַצְמֵנוּ — between ourselves

עצמאותנ' עַצְמָאוּת — independence
1. חוֹפֶשׁ וְשִׁלְטוֹן עַצְמִי:
*יִשְׂרָאֵל זָכְתָה **בְּעַצְמָאוּת** בְּ-14.5.1948.*
2. לֹא לִהְיוֹת תָּלוּי בַּאֲחֵרִים וּבְעֶזְרָתָם:
*הַהוֹרִים מְחַנְּכִים אֶת הַיֶּלֶד **לְעַצְמָאוּת**.*
יוֹם הָעַצְמָאוּת - יוֹם חַג לְאוּמִּי, חָל בְּיוֹם שֶׁקָּמָה מְדִינַת יִשְׂרָאֵל (ה' בְּאִיָּיר תש"ח, 14.5.1948)

עצמאית' עַצְמָאִי — independent
1. לֹא תָּלוּי בַּאֲחֵרִים, יָכוֹל לִדְאוֹג לְעַצְמוֹ, אֵין עָלָיו שִׁלְטוֹן זָר:
*הִיא יַלְדָּה **עַצְמָאִית**, הִיא מִסְתַּדֶּרֶת יָפֶה בְּלִי עֶזְרַת הַהוֹרִים. / הַיּוֹם יִשְׂרָאֵל הִיא מְדִינָה **עַצְמָאִית**.*
2. לֹא שָׂכִיר: — self-employed
*אֲנִי מְהַנְדֵּס **עַצְמָאִי**, אֲנִי אֲדוֹן לְעַצְמִי.*
עַצְמָאִית, עַצְמָאִיִּים, עַצְמָאִיּוֹת

עצמית' עַצְמִי — self (adj.)
שֶׁל הַגּוּף (אוֹ אֶת הַגּוּף) שֶׁמְּדַבְּרִים עָלָיו:
*בַּקִּיבּוּץ אוֹכְלִים יְרָקוֹת מִתּוֹצֶרֶת **עַצְמִית**.*
בִּיטָּחוֹן עַצְמִי — self-confidence
הַגְדָּרָה עַצְמִית — self-determination
כָּבוֹד עַצְמִי — self-respect
שֵׁירוּת עַצְמִי — self-service
עַצְמִית, עַצְמִיִּים, עַצְמִיּוֹת

עצמיותנ' עַצְמִיּוּת — individuality
מַשֶּׁהוּ אוֹתֶנְטִי שֶׁל הָאָדָם:
*הָאָדָם צָרִיךְ לִשְׁמוֹר עַל **הָעַצְמִיּוּת** שֶׁלּוֹ וְלֹא לַעֲשׂוֹת מַה שֶּׁאֲחֵרִים עוֹשִׂים.*

עצרפ' עָצַר — stopped
1. הִפְסִיק הִתְקַדְּמוּת:
***עָצַרְתִּי אֶת** הַמְּכוֹנִית לִפְנֵי הָרַמְזוֹר הָאָדוֹם.*
2. אָסַר בְּבֵית הַסּוֹהַר (עַד לַמִּשְׁפָּט): — detained
*הַשּׁוֹטֵר **עָצַר אֶת** הֶחָשׁוּד לְמֶשֶׁךְ 48 שָׁעוֹת.*
לַעֲצוֹר אֶת- / ע.צ.ר, פָּעַל / עָצַרְתִּי, עוֹצֵר, אֶעֱצוֹר, עֲצוֹר!

עצרתנ' עֲצֶרֶת [עֲצָרוֹת] — assembly
אֲסֵיפָה, כְּשֶׁנִּפְגָּשִׁים לְדַבֵּר בְּנוֹשֵׂא מְסוּיָּם.
עֲצֶרֶת-מְחָאָה - — protest rally
הָיִיתִי בַּעֲצֶרֶת מְחָאָה נֶגֶד הַשִּׁימּוּשׁ בְּנֶשֶׁק אֲטוֹמִי.
עֲצֶרֶת-הָאוּ"ם — U.N. General Assembly
שְׁמִינִי עֲצֶרֶת - הַיּוֹם הָאַחֲרוֹן שֶׁל חַג סוּכּוֹת

עקבז' עָקֵב [עֲקֵבִים/עֲקֵבוֹת] — heel
*אֲנִי הוֹלֵךְ עַל אֶצְבְּעוֹת הָרַגְלַיִים, כִּי נִפְצַעְתִּי **בֶּעָקֵב**.*
2. הַחֵלֶק הָאֲחוֹרִי, הַתַּחְתּוֹן, שֶׁל הַנַּעַל, הַסַּנְדָּל:
*אֲנִי לֹא נוֹעֶלֶת נַעֲלַיִים, שֶׁיֵּשׁ לָהֶן **עֲקֵבִים** גְּבוֹהִים.*
3. סִימָן שֶׁמַּשְׁאִירוֹת נַעֲלַיִים אוֹ רַגְלַיִים: — footstep
***עִקְּבוֹת** רַגְלָיו שֶׁל הַגַּנָּן נִרְאוּ בַּגִּינָּה.*
בְּעִקְּבוֹת - אַחֲרֵי, כְּמוֹ, בְּדוֹמֶה: — in the footsteps of
בְּעִקְּבוֹת אָבִי לָמַדְתִּי רְפוּאָה.

עקבפ' עָקַב — followed
1. הָלַךְ אַחֲרֵי מִישֶׁהוּ כְּדֵי לְגַלּוֹת עָלָיו פְּרָטִים:
*הַשּׁוֹטֵר **עָקַב אַחֲרֵי** הֶחָשׁוּד.*
2. לָשִׂים לֵב לְכֹל מַה שֶּׁקּוֹרֶה: — kept up with
*הָרוֹפֵא **עָקַב אַחֲרֵי** מַצָּבוֹ שֶׁל הַחוֹלֶה.*
לַעֲקוֹב אַחֲרֵי- / ע.ק.ב, פָּעַל / עָקַבְתִּי, עוֹקֵב, יַעֲקוֹב

עקבמ"ק עֵקֶב — as a result
בִּגְלַל, כִּי:
*לֹא הִרְגַּשְׁתִּי טוֹב, **עֵקֶב** כָּךְ לֹא בָּאתִי לַמְּסִיבָּה.*

עקבית' עִקְבִי — consistent
מִי שֶׁאֵינֶנּוּ מְשַׁנֶּה כֹּל רֶגַע אֶת דַּעְתּוֹ:

הוֹרִים צְרִיכִים לִהְיוֹת **עִקְבִיִּים** בִּדְרִישׁוֹתֵיהֶם מִן הַיְלָדִים.
עִקְבִית, עִקְבִיִּים, עִקְבִיּוֹת

עקביותנ׳ עִקְבִיּוּת — consistency
כְּשֶׁשּׁוֹמְרִים עַל אוֹתָהּ שִׁיטָה כָּל הַזְּמַן:
עִקְבִיּוּת בְּחִינּוּךְ יְלָדִים הִיא הַשִּׁיטָה הַנְּכוֹנָה.
בְּעִקְבִיּוּת ת״פ - consistently
הוּא פּוֹעֵל בְּעִקְבִיּוּת לְמַעַן שִׁיחְרוּר הַשְּׁבוּיִים.

עקדפ׳ עָקַד — tied, binded
קָשַׁר אֶת הַיָּדַיִים וְהָרַגְלַיִים:
הֵם עָקְדוּ אֶת הַפָּרָה לִפְנֵי שֶׁשָּׁחֲטוּ אוֹתָהּ.
לַעֲקוֹד אֶת- / ע.ק.ד, פָּעַל / עָקַדְתִּי, עוֹקֵד, יַעֲקוֹד

עקובת׳ עָקֹב — bloody
עָקוֹב מִדָּם - שֶׁנִּשְׁפַּךְ בּוֹ הַרְבֵּה דָּם, הַרְבֵּה אֲנָשִׁים נֶהֶרְגוּ:
הַמִּלְחָמָה הָיְתָה עֲקוּבָּה מִדָּם.
עֲקוּבָּה, עֲקוּבִּים, עֲקוּבּוֹת

עקוםת׳ עָקֹם — crooked
לֹא יָשָׁר:
נִדְמֶה לִי שֶׁהַקִּיר עָקוֹם.
עֲקוּמָה, עֲקוּמִים, עֲקוּמוֹת

עקומהנ׳ עֲקֻמָּה [עֲקוּמוֹת] — curve
קַו שֶׁמַּרְאֶה בְּאוֹפֶן גְּרָאפִי שִׁינּוּיִים, הִתְפַּתְּחוּת...:
לְפִי הָעֲקוּמָה אֶפְשָׁר לִרְאוֹת אֶת הַגִּידּוּל שֶׁל הַבַּנְק.

עקוץת׳ עָקוּץ — stung, bitten
שֶׁעָקְצוּ אוֹתוֹ, דְּבוֹרִים, יַתּוּשִׁים...:
הַתִּינוֹק עָקוּץ בְּכָל הַגּוּף.
עֲקוּצָה, עֲקוּצִים, עֲקוּצוֹת

עקורתו״ז עָקוּר — uprooted (adj.)
שֶׁעָקְרוּ, הוֹצִיאוּ אוֹתוֹ מֵהַמָּקוֹם שֶׁלּוֹ:
כָּל הַפְּרָחִים עֲקוּרִים, הַכֶּלֶב הוֹצִיא אוֹתָם מִן הָאֲדָמָה.
אַחֲרֵי הַמִּלְחָמָה הָיוּ מִילְיוֹנֵי אֲנָשִׁים עֲקוּרִים בְּאֵירוֹפָּה.
עֲקוּרָה, עֲקוּרִים, עֲקוּרוֹת

עקיבותנ׳ עֲקִיבוּת — consistency
כְּשֶׁשּׁוֹמְרִים כָּל הַזְּמַן עַל אוֹתָהּ שִׁיטָה:
אֲנִי בְּעַד עֲקִיבוּת בְּחִינּוּךְ יְלָדִים.

עקידהנ׳ עֲקֵדָה/עֲקִידָה [עֲקִידוֹת] — binding
כְּשֶׁקּוֹשְׁרִים בַּעַל חַיִּים:
עֲקֵידַת יִצְחָק - the sacrifice of Isaac
הַסִּיפּוּר בַּתּוֹרָה עַל אַבְרָהָם הַמֵּבִיא אֶת יִצְחָק בְּנוֹ כְּקוֹרְבָּן
2. (מֶטָאפוֹרָה) כְּשֶׁמִּישֶׁהוּ נוֹתֵן — self-sacrifice
אֶת הַחַיִּים שֶׁל אָדָם יָקָר לוֹ:
בְּיִשְׂרָאֵל, כְּשֶׁבָּנִים נֶהֱרָגִים בַּמִּלְחָמָה, מַרְגִּישִׁים הַהוֹרִים כְּמוֹ בְּסִיפּוּר הָעֲקֵידָה.

עקיףת׳ עָקִיף — indirect
לֹא יָשִׁיר אֶלָּא מִסָּבִיב:
הִזְכַּרְתִּי לוֹ בְּדֶרֶךְ עֲקִיפָה, שֶׁהוּא חַיָּיב לִי כֶּסֶף.
בַּעֲקִיפִיןת״פ - indirectly
נוֹדַע לִי בַּעֲקִיפִין, שֶׁהוּא עָזַב אֶת הָעֲבוֹדָה.
מוּשָׂא עָקִיף (בְּדִיקְדּוּק)-כְּשֵׁשֵׁם — indirect object
עֶצֶם מִתְחַבֵּר לַפּוֹעַל בְּמִילַּת יַחַס:
*בַּמִּשְׁפָּט 'נָתַתִּי לְדָוִיד סֵפֶר', 'לְדָוִיד' הוּא **מוּשָׂא עָקִיף**.*
מַס עָקִיף - הַמַּס עַל מְכוֹנִיּוֹת הוּא — indirect tax
מַס עָקִיף. עֲקִיפָה, עֲקִיפִים, עֲקִיפוֹת

עקיפהנ׳ עֲקִיפָה [עֲקִיפוֹת] — bypass
הֲלִיכָה מִסָּבִיב, לֹא בַּדֶּרֶךְ הַיְשָׁרָה וְהַקְּצָרָה:
עֲקִיפָה שֶׁל מְכוֹנִית מִצַּד יָמִין - אֲסוּרָה! — circumvention
(מֶטָאפוֹרָה) *הַפְּנִיָּיה לַשַּׂר הִיא עֲקִיפָה שֶׁל מְנַהֵל הַמִּשְׂרָד.*

עקיצהנ׳ עֲקִיצָה [עֲקִיצוֹת] — sting
1. דְּקִירָה שֶׁל דְּבוֹרָה, יַתּוּשׁ וְכוּ':
יֵשׁ לִי עֲקִיצוֹת בְּכָל הַגּוּף.
2. כְּשֶׁאוֹמְרִים מַשֶּׁהוּ פּוֹגֵעַ: — sarcastic remark
אֵינֶנִּי אוֹהֵב אֶת הָעֲקִיצוֹת שֶׁלּוֹ נֶגֶד אִשְׁתּוֹ.

עקירהנ׳ עֲקִירָה [עֲקִירוֹת] — extraction
1. הוֹצָאָה מִן הָאֲדָמָה אוֹ מִן הַמָּקוֹם הָרָגִיל:
אֲנִי פּוֹחֵד מְאוֹד מֵעֲקִירַת שִׁנַּיִים.
2. הוֹצָאָה מֵאֶרֶץ וְכוּ': — uprooting
עֲקִירָה מֵאֶרֶץ לְאֶרֶץ הִיא דָּבָר קָשֶׁה.

עקלקלת׳ עֲקַלְקַל — curved (adj.), twisting
לֹא יָשָׁר, שֶׁיֵּשׁ בּוֹ פְּנִיּוֹת:
קָשֶׁה לִנְסוֹעַ בְּדֶרֶךְ עֲקַלְקַלָּה.
עֲקַלְקַלָּה-עֲקַלְקֶלֶת, עֲקַלְקַלִּים, עֲקַלְקַלּוֹת

עקלתוןתו״ז עֲקַלָּתוֹן [עֲקַלָּתוֹנִים] — zigzag
לֹא יָשָׁר, זִיגְזָגִי:
עָלִינוּ בְּדֶרֶךְ עֲקַלָּתוֹן אֶל רֹאשׁ הָהָר.

עקמומית׳ עֲקַמּוּמִי — crooked
לֹא יָשָׁר בְּיוֹתֵר, קְצָת עָקוֹם:
הַדֶּרֶךְ כָּאן עֲקַמּוּמִית.
עֲקַמּוּמִית, עֲקַמּוּמִיִּים, עֲקַמּוּמִיּוֹת

עקמומיותנ׳ עֲקַמּוּמִיּוּת — curvature
כְּשֶׁמַּשֶּׁהוּ לֹא לְגַמְרֵי יָשָׁר:
יֵשׁ לוֹ עֲקַמּוּמִיּוּת בַּגַּב.

עקף פ' עָקַף — bypassed, overtook

1. הָלַךְ מִסָּבִיב:

***עָקַפְנוּ אֶת** הַמְּכוֹנִית, שֶׁנָּסְעָה לְאַט.*

2. לֹא שָׁמַר בְּדִיּוּק עַל הַחוֹק:

*יֵשׁ חוֹקִים שֶׁקַּל **לַעֲקוֹף** אוֹתָם.*

לַעֲקוֹף אֶת- / ע.ק.ף, פָּעַל / עָקַפְתִּי, עוֹקֵף, יַעֲקוֹף, עֲקוֹף!

עקץ פ' עָקַץ — stung

1. דָּקַר, עָשָׂה פֶּצַע בְּמַשֶּׁהוּ חַד:

*הַיַּתּוּשׁ **עָקַץ אֶת** הַיֶּלֶד.*

2. פָּגַע בְּמִילִּים בְּמִישֶׁהוּ: — was sarcastic

*הוּא **עָקַץ אוֹתִי**, וְלָכֵן אֲנִי כּוֹעֵס עָלָיו.*

לַעֲקוֹץ אֶת- / ע.ק.ץ, פָּעַל / עָקַצְתִּי, עוֹקֵץ, אֶעֱקוֹץ, עֲקוֹץ!

עקר פ' עָקַר — uprooted, moved

הוֹצִיא מַשֶּׁהוּ בְּכוֹחַ מִן הַמָּקוֹם שֶׁלּוֹ:

***עָקַרְתִּי אֶת** הָעֵץ וּבָנִיתִי בִּמְקוֹמוֹ בַּיִת. / קָשֶׁה **לַעֲקוֹר** מִשְׁפָּחָה מִבַּיִת וּמִמּוֹלֶדֶת וּלְהַתְחִיל חַיִּים חֲדָשִׁים.*

לַעֲקוֹר אֶת-, מִ- / ע.ק.ר, פָּעַל / עָקַרְתִּי, עוֹקֵר, אֶעֱקוֹר

עקר תו"ז עָקָר [עֲקָרִים] — sterile

1. מִי שֶׁאֵינוֹ יָכוֹל לְהוֹלִיד יְלָדִים:

*אֵין לָהֶם יְלָדִים, כּוּלָּם חוֹשְׁבִים שֶׁהוּא **עָקָר**.*

2. שֶׁאֵין לוֹ פְּרִי, שֶׁאֵין לוֹ תּוֹצָאָה: — futile

*זֶהוּ וִיכּוּחַ **עָקָר** - סְתָם דִּיבּוּרִים.*

כַּדּוּר עָקָר — dud

עֲקָרָה, עֲקָרִים, עֲקָרוֹת

עקרב ז' עַקְרָב [עַקְרַבִּים] — scorpion

בַּעַל חַיִּים עוֹקֵץ, מְסוּכָּן לַגּוּף:

*כְּשֶׁיְּשֵׁנִים בַּחוּץ צָרִיךְ לְהִיזָּהֵר **מֵעַקְרַבִּים**.*

עקרה תו"נ עֲקָרָה [עֲקָרוֹת] — barren woman

אִשָּׁה שֶׁאֵינָהּ יְכוֹלָה לָלֶדֶת יְלָדִים:

*לֹא הָיוּ לָהּ יְלָדִים, וְאָמְרוּ שֶׁהִיא **עֲקָרָה**.*

עֲקֶרֶת-בַּיִת — homemaker

עקרונות ר' עיקרון

עקרוני ת' עֶקְרוֹנִי — of principle

עִיקָּרִי, יְסוֹדִי:

*בַּמֶּמְשָׁלָה הָיָה וִיכּוּחַ **עֶקְרוֹנִי** עַל הַתּוֹכְנִית הַכַּלְכָּלִית.*

עֶקְרוֹנִית, עֶקְרוֹנִיִּים, עֶקְרוֹנִיּוֹת

עקרוניות נ' עֶקְרוֹנִיּוּת — involving a principle

כְּשֶׁיֵּשׁ עִיקָּרוֹן בְּמַשֶּׁהוּ:

*בִּגְלַל **הָעֶקְרוֹנִיּוּת** שֶׁל הַהַחְלָטָה אִי אֶפְשָׁר לְשַׁנּוֹת בָּהּ דָּבָר.*

עקרונית ת"פ עֶקְרוֹנִית — on principle

בְּאוֹפֶן פְּרִינְצִיפְּיוֹנִי, בְּאוֹפֶן בְּסִיסִי:

***עֶקְרוֹנִית** הִסְכַּמְנוּ, אֲבָל צָרִיךְ לִבְדּוֹק כֹּל עִנְיָין וְעִנְיָין.*

עקרות נ' עֲקָרוּת — sterility

כְּשֶׁגֶּבֶר אוֹ אִשָּׁה אֵינָם יְכוֹלִים לְהָבִיא יְלָדִים לָעוֹלָם:

*הָרְפוּאָה הַמּוֹדֶרְנִית הִתְקַדְּמָה מְאוֹד בְּנוֹשֵׂא **הָעֲקָרוּת**.*

עקרת־בית נ' עֲקֶרֶת־בַּיִת — homemaker

אִישָּׁה שֶׁעוֹבֶדֶת בְּמֶשֶׁק הַבַּיִת שֶׁלָּהּ:

*בַּתּוֹכְנִית **לַעֲקֶרֶת הַבַּיִת** דִּיבְּרוּ עַל בִּישּׁוּל וְטִיפּוּל בִּילָדִים.*

עקשות ר' עיקשות

עקשן ת' עַקְשָׁן — stubborn

מִי שֶׁלֹּא זָז מִדַּעְתּוֹ:

*הוּא **עַקְשָׁן** כְּמוֹ חֲמוֹר, הוּא הֶחְלִיט לָלֶכֶת בָּרֶגֶל, וְהוּא עוֹשֶׂה זֹאת אֲפִילּוּ כְּשֶׁיּוֹרֵד גֶּשֶׁם!*

עַקְשָׁנִית, עַקְשָׁנִים, עַקְשָׁנִיּוֹת

עקשנות נ' עַקְשָׁנוּת — stubbornness

כְּשֶׁלֹּא מְשַׁנִּים דֵּיעָה, כְּשֶׁלֹּא מְוַותְּרִים:

*בִּגְלַל **עַקְשָׁנוּתוֹ** קָשֶׁה לַעֲזוֹר לוֹ בְּעֵיצָה.*

ער ת' עֵר — awake

אֵינוֹ יָשֵׁן:

*כְּשֶׁאֲנִי **עֵר**, אֲנִי שׁוֹמֵעַ מוּסִיקָה.*

(מֶטָאפוֹרָה) שָׂם לֵב, יוֹדֵעַ שֶׁיֵּשׁ מַשֶּׁהוּ: — aware (of)

*אֲנִי **עֵר לַבְּעָיָה**, שֶׁאֵין כֶּסֶף.*

עֵרָה, עֵרִים, עֵרוֹת

עראי ת' עֲרָאִי — temporary

לֹא קָבוּעַ, זְמַנִּי:

*הַקְּרָאווֹן הוּא בַּיִת **עֲרָאִי**.*

עֲרָאִית, עֲרָאִיִּים, עֲרָאִיּוֹת

עראיות נ' עֲרָאִיּוּת — temporariness

זְמַנִּיּוּת, כְּשֶׁאֵין קְבִיעוּת:

***הָעֲרָאִיּוּת** בְּחַיַּי קָשָׁה לִי, כֹּל חוֹדֶשׁ אֲנִי גָּר בְּמָקוֹם אַחֵר.*

ערב ז' עֶ֫רֶב [עֲרָבִים] — evening

1. חֵלֶק מִסּוֹף הַיּוֹם וְעַד תְּחִלַּת הַלַּיְלָה:

***בָּעֶרֶב** נָעִים לָשֶׁבֶת עַל חוֹף הַיָּם מוּל הַשֶּׁמֶשׁ הַשּׁוֹקַעַת.*

2. הַיּוֹם שֶׁלִּפְנֵי שַׁבָּת אוֹ חַג: — eve

***בְּעֶרֶב** חַג עוֹבְדִים רַק עַד 12:00.*

3. הַזְּמַן הַקָּרוֹב לִפְנֵי מַשֶּׁהוּ שֶׁקָּרָה: — eve

***עֶרֶב** הָעֲלִיָּיה לְיִשְׂרָאֵל הִתְחַלְתִּי לִלְמוֹד עִבְרִית.*

ערבז׳ עֶרֶב — crowd, mob
עֵרֶב-רַב - הַרְבֵּה אֲנָשִׁים מִסּוּגִים שׁוֹנִים:
עֵרֶב-רַב שֶׁל אֲנָשִׁים מִילֵּא אֶת הָרְחוֹבוֹת.
שְׁתִי וָעֵרֶב ר׳ שתי

ערבפ׳ עָרַב — co-signed
1. הָיָה אַחְרָאִי לְמִישֶׁהוּ שֶׁלָּקַח הַלְוָואָה בַּבַּנְק:
*כְּשֶׁקָּנִיתִי דִּירָה הוּא **עָרַב לִי** בְּ-50,000 ש״ח.*
לַעֲרוֹב / ע.ר.ב, פָּעַל / עָרַבְתִּי, עָרֵב, יַעֲרוֹב
2. הָיָה טוֹב וְנָעִים: — was pleasant
*הַמּוּסִיקָה הַמּוֹדֶרְנִית **עָרְבָה** לְאוֹזְנַי.*
לֶעֱרוֹב / ע.ר.ב, פָּעַל / עָרְבָה, עָרֵב, יֶעֱרַב

ערבת״ז עָרֵב — co-signer, guarantor
1. מִי שֶׁאַחְרָאִי לְחוֹב שֶׁל אַחֵר:
*כְּשֶׁלּוֹקְחִים הַלְוָואָה בַּבַּנְק צָרִיךְ **עֲרֵבִים**.*
2. נָעִים, טָעִים וְכוּ׳: — pleasant, palatable
*הַמּוּסִיקָה הַזֹּאת **עֲרֵבָה** לָאוֹזֶן. הָאוֹכֶל **עָרֵב לַחֵךְ** (הַחֵלֶק הַפְּנִימִי שֶׁל הַפֶּה).*
עֲרֵבָה, עֲרֵבִים, עֲרֵבוֹת

ערבהנ׳ עֲרָבָה [עֲרָבוֹת] — prairie
1. מִדְבָּר, שֶׁטַח גָּדוֹל וְיָשָׁר כִּמְעַט בְּלִי עֵצִים:
*טִיַּילְנוּ **בְּעַרְבוֹת** הַנֶּגֶב.*
2. שֵׁם שֶׁל עֵץ, גָּדֵל לְיַד מַיִם מְתוּקִים: — willow
***הָעֲרָבָה** הִיא עֵץ יָרוֹק וְיָפֶה.*

ערבותנ׳ עַרְבוּת — guarantee
אַחְרָיוּת עַל הַלְוָואָה שֶׁל מִישֶׁהוּ אַחֵר:
*בְּלִי **עַרְבוּת** מֵהַבַּנְק לֹא יִיתְנוּ לִי הַלְוָואָה.*

ערבית״ז עַרְבִי/עֲרָבִי [עֲרָבִים] — Arab
1. עֲרָבִי ז׳ - בֶּן אַרְצוֹת עֲרָב: (מִצְרַיִם, סוּרְיָה וְכוּ׳):
***עֲרָבִים** רַבִּים גָּרִים בִּירוּשָׁלַיִם.*
עֲרָבִיָּיה, עֲרָבִים, עֲרָבִיּוֹת
2. עֲרָבִי ת׳ - שֶׁל בְּנֵי עֲרָב, הָעֲרָבִים: — Arabic, Arabian
*הַשִּׁירָה **הָעַרְבִית** הִשְׁפִּיעָה עַל הַשִּׁירָה הָעִבְרִית שֶׁל יְמֵי הַבֵּינַיִים.*
עַרְבִיָּיה-עַרְבִית, עַרְבִים, עַרְבִיּוֹת

ערבייםז״ז עַרְבַּיִים — dusk
בֵּין עַרְבַּיִים - מִשְּׁקִיעַת הַשֶּׁמֶשׁ וְעַד לַחוֹשֶׁךְ:
*בִּשְׁעוֹת **בֵּין הָעַרְבַּיִים** יֵשׁ רוּחַ מִן הַיָּם.*

ערביתנ׳ עַרְבִית — evening
1. שְׁעַת הָעֶרֶב, אַחֲרֵי שֶׁהַשֶּׁמֶשׁ שׁוֹקַעַת:
*שְׁעַת **עַרְבִית** הִיא שָׁעָה מֶלַנְכּוֹלִית.*
2. תְּפִילָּה יְהוּדִית, נֶאֱמֶרֶת בָּעֶרֶב: — evening prayer
*הוּא חָזַר מִתְּפִילַּת **עַרְבִית**.*

ערביתנ׳ עֲרָבִית (עַרְבִית) — Arabic (lang.)
הַשָּׂפָה שֶׁל הָעֲרָבִים:
***הָעֲרָבִית** וְהָעִבְרִית הֵן שָׂפוֹת שֵׁמִיּוֹת.*

ערגפ׳ עָרַג — yearned
(לָשׁוֹן סִפְרוּתִית) רָצָה מְאוֹד, שָׁאַף:
*הוּא **עָרַג** לַאֲהוּבָתוֹ.*
לַעֲרוֹג לְ- / ע.ר.ג, פָּעַל / עָרַגְתִּי, עוֹרֵג, אֶעֱרוֹג, יַעֲרוֹג

ערגהנ׳ עֶרְגָּה — yearning
רָצוֹן חָזָק מְאוֹד לְמַשֶּׁהוּ, גַּעְגּוּעִים גְּדוֹלִים:
*בַּשִּׁירִים שֶׁלּוֹ יֵשׁ **עֶרְגָּה** לַאֲהוּבָתוֹ.*

ערדלז׳ עַרְדָּל [עַרְדָּלַיִים] — galosh(es)
כִּיסּוּי לְנַעַל, שָׂמִים עַל הַנַּעֲלַיִים מִפְּנֵי הַגֶּשֶׁם:
*מִתַּחַת **לָעַרְדָּלַיִים** יֵשׁ לִי נַעֲלַיִים חֲדָשׁוֹת.*

ערובז׳ עָרוֹב — wild beasts
הַמַּכָּה הָרְבִיעִית לִפְנֵי יְצִיאַת מִצְרַיִם:
***עָרוֹב** הוּא שֵׁם לְחַיּוֹת הַטֶּרֶף, שֶׁהִתְקִיפוּ אֶת אֶרֶץ מִצְרַיִם.*

ערובהנ׳ עֲרֻבָּה [עֲרוּבּוֹת] — guarantee
בִּיטָּחוֹן שֶׁמַּשֶּׁהוּ יִקְרֶה אוֹ לֹא יִקְרֶה:
*אֵין **עֲרוּבָּה**, שֶׁהַהֶסְכֵּם לֹא יִתְבַּטֵּל.*
מַחְסַן עֲרוּבָּה

ערוגהנ׳ עֲרוּגָה [עֲרוּגוֹת] — flower/garden bed
שֶׁטַח אֲדָמָה קָטָן לְיַד הַבַּיִת, מְגַדְּלִים בּוֹ יְרָקוֹת, פְּרָחִים וְכוּ׳:
*הֵם הֵכִינוּ אֶת **הָעֲרוּגוֹת** וְשָׁתְלוּ פְּרָחִים.*

ערווהנ׳ עֶרְוָה [עֲרָווֹת/עֲרָיוֹת] — genitals
(לְשׁוֹן הַתַּנַ״ךְ) הַחֵלֶק שֶׁל אֵיבְרֵי הַמִּין בַּגּוּף:
*הַבְּגָדִים מְכַסִּים אֶת **הָעֶרְוָה**.*

ערוךת׳ עָרוּךְ — set, ready
מְסוּדָּר, מוּכָן:
*הַשּׁוּלְחָן **עָרוּךְ** - בּוֹאוּ לֶאֱכוֹל! / הַחַיָּילִים **עֲרוּכִים** לִקְרָב.*
שׁוּלְחָן עָרוּךְ — book of Jewish religious laws
עֲרוּכָה, עֲרוּכִים, עֲרוּכוֹת

ערוךת״פ עֲרוֹךְ — by far
לְאֵין עֲרוֹךְ - קָשֶׁה לִמְדוֹד כַּמָּה, אֲבָל הַרְבֵּה..., (טוֹב, רַע וְכוּ׳):
*הוּא **לְאֵין עֲרוֹךְ** חָכָם מִמֶּנִּי.*

ערוםת' עָרֹם naked
בלי בגדים:
*למה אתה מסתובב **ערום**, צריך להתלבש.*
(מטאפורה) *האמת **הערומה** היא שהוא גנב.*
ערומה, ערומים, ערומות

ערוםת' ערום clever
חכם, יודע לצאת מכל קושי:
*הוא **ערום** מאוד, הוא ישיג כל דבר שירצה.*
ערומה, ערומים, ערומות

ערוףת' ערוף decapitated (adj.)
שחתכו לו את הראש:
*מצאנו את הכלב **ערוף** ראש.*
ערופה, ערופים, ערופות

ערוץז' ערוץ [ערוצים] crevice
1. שטח צר מאוד בין הרים - מעבר למים:
*הגשם מילא את **הערוץ** במים.*
2. הדרך, המעבר של קול channel
ותמונה ברדיו, בטלוויזיה וכו':
*צריך לפתוח יותר **ערוצי** תקשורת.*

ערטילאית' ערטילאי abstract
לא קונקרטי, לא ממשי:
*אי אפשר להבין את האידאות **הערטילאיות** שלו.*
ערטילאית, ערטילאיים, ערטילאיות

ערייהנ' עֶרְיָה nakedness, nakedly
(לשון ספרותית) בלי לבוש:
*הוא מסתובב בבית עירום **ועריה**.*

עריכהנ' עריכה [עריכות] arranging
1. סידור, אירגון:
*הוא השתתף **בעריכת** המסיבה.*
2. תיקון וסידור של דברים כתובים: editing
*אני עסוק **בעריכת** מגזין לספרות.*
עריכת-דין advocacy

ערימהנ' ערמה [ערימות] pile
הרבה דברים זה על זה:
*צריך לשים **בערימה** אחת את כל האבנים.*

עריסהנ' עריסה [עריסות] cradle
מיטה של תינוק:
*נידנדתי את **העריסה**, והתינוק נרדם.*

עריפהנ' עריפה [עריפות] decapitation
כשחותכים את הראש מן הגוף:
*היום כבר אין עונש של **עריפת** ראש בגיליוטינה.*
(מטאפורה) סילוק, גירוש של מי שיש להם תפקיד חשוב בצבא, בעבודה וכו':
*כשהפרוייקט נכשל המנהל החליט על **עריפת** ראשים.*

עריץתו"ז עריץ [עריצים] tyrant
אדם קשה, דספוט:
*כשיש שליט **עריץ**, כולם מפחדים.*
עריצה, עריצות

עריצותנ' עריצות tyranny
יחס קשה, דספוטיות:
*יש מנהלים שחושבים **שעריצות** היא הדרך לנהל משרד.*

עריקז' עריק [עריקים] deserter
חייל שברח מן הצבא:
*המשטרה מחפשת **עריקים**.*
עריקה, עריקות

עריקהנ' עריקה desertion
בריחה מן הצבא:
*העונש על **עריקה** הוא בית סוהר.*

ערירית' ערירי lonely, childless
מי שאין לו ילדים או משפחה:
*הוא מת **ערירי**, לא הייתה לו אישה ולא היו לו ילדים.*
ערירית, עריריים, עריריות

ערךפ' עָרַךְ set, arranged
סידר, אירגן בסדר מסוים:
*אמי **ערכה** את השולחן לארוחת הערב. / עיריית תל-אביב **ערכה** מסיבה לכל העובדים.*
2. קבע צורה ותוכן של עיתון, ספר: edited
***ערכתי את** הספר, עכשיו הוא מוכן לדפוס.*
לערוך את- / ע.ר.ך, פָּעַל / ערכתי, עורך, יערוך

ערךז' עֵרֶך [ערכים] value
1. המחיר או החשיבות של משהו, השווי שלו:
*מה **ערך** הבית והרהיטים? אין להם **ערך** כספי רב, אבל יש להם **ערך** רגשי.*
2. מילה שכתוב עליה במילון או באנציקלופדיה: entry
*במילון יש אלפי **ערכים**.*
ערכים ז"ר values
סולם-ערכים value system
שינוי-ערכים change of values
ניירות-ערך securities

בְּעֵרֶך ת"פ — more or less
חֲסַר-עֵרֶך / נְטוּל-עֵרֶך — worthless
עֵרֶך מוּסָף (בְּכַלְכָּלָה) — added value
עֵרֶך-הַיִּתְרוֹן — comparative
עֵרֶך-הַהַפְלָגָה — superlative

ערכאה, נ' עַרְכָּאָה [עַרְכָּאוֹת] — (legal) instance
דַּרְגָה שֶׁל בֵּית מִשְׁפָּט:
*בֵּית הַמִּשְׁפָּט הָעֶלְיוֹן הוּא **הָעַרְכָּאָה** הַגְּבוֹהָה בְּיוֹתֵר.*

ערכה, נ' עֶרְכָּה [עֲרָכוֹת] — kit, set
מִסְפַּר מַכְשִׁירִים וְ/אוֹ חוֹמָרִים לַעֲבוֹדָה מְסוּיֶּמֶת:
*בְּכֹל בַּיִת צָרִיךְ שֶׁתִּהְיֶה **עֶרְכָּה** לְעֶזְרָה רִאשׁוֹנָה.*

ערכי, ת' עֶרְכִּי — of value
שֶׁיֵּשׁ לוֹ עֵרֶךְ, חֲשִׁיבוּת:
*צָרִיךְ לְהַאֲמִין בְּמַשֶּׁהוּ **עֶרְכִּי** וְלֹא לַחְשׁוֹב רַק עַל כֶּסֶף.*
דּוּ-עֶרְכִּי — ambivalent
עֶרְכִּית, עֶרְכִּיִּים, עֶרְכִּיּוֹת

ערל, ת' עָרֵל [עֲרֵלִים] — uncircumcised, non-Jew
מִי שֶׁלֹּא עָשׂוּ לוֹ בְּרִית מִילָה, לֹא יְהוּדִי.
עֲרַל-אוֹזֶן — unwilling to listen
עֲרַל-לֵב — obtuse, dense

ערם, פ' עָרַם — piled
עָשָׂה עֲרֵימָה, שָׂם הַרְבֵּה דְּבָרִים יַחַד לַגּוֹבַה:
***עָרַמְתִּי אֶת** הַסְּפָרִים בְּמָקוֹם אֶחָד.*
לַעֲרוֹם אֶת- / ע.ר.ם, פָּעַל / עָרַמְתִּי, עוֹרֵם, יַעֲרוֹם

ערמומי, ת' עַרְמוּמִי — cunning, crafty
חָכָם לְהַצְלִיחַ גַּם בְּדֶרֶךְ לֹא יְשִׁירָה:
*הוּא סוֹחֵר **עַרְמוּמִי**, יָכוֹל לִמְכּוֹר הַכּוֹל לְכֹל אֶחָד.*
עַרְמוּמִית, עַרְמוּמִיִּים, עַרְמוּמִיּוֹת

ערמומיות, נ' עַרְמוּמִיּוּת — cunning
חוֹכְמָה לְהַשִּׂיג מַשֶּׁהוּ גַּם בְּדֶרֶךְ לֹא יְשָׁרָה:
*אֲנִי לֹא מַאֲמִין לוֹ בִּגְלַל **הָעַרְמוּמִיּוּת** שֶׁלּוֹ.*

ערמון, ז' עַרְמוֹן [עַרְמוֹנִים] — chestnut
עֵץ שֶׁיֵּשׁ לוֹ פֵּירוֹת חוּמִים עִם קְלִיפָּה קָשָׁה:
*אֲנִי אוֹהֶבֶת לֶאֱכוֹל **עַרְמוֹנִים** חַמִּים בַּחוֹרֶף.*

ערמוני, ת' עַרְמוֹנִי — reddish-brown
צֶבַע חוּם-אָדוֹם:
*יֵשׁ לָהּ שֵׂיעָר **עַרְמוֹנִי**.*
עַרְמוֹנִית, עַרְמוֹנִיִּים, עַרְמוֹנִיּוֹת

ערמונית, נ' עַרְמוֹנִית — prostate
פְּרוֹסְטָטָה, בַּלּוּטָה בְּאֵיבַר הַמִּין שֶׁל הַגֶּבֶר:
*הוּא עָבַר נִיתּוּחַ **בָּעַרְמוֹנִית**.*

ערנות ר' עירנות — **ערני** ר' עירני

ערסל, ז' עַרְסָל [עַרְסָלִים] — hammock
בַּד קָשׁוּר בֵּין שְׁנֵי עֵצִים, מִין "מִיטָּה":
*אֲנִי הוֹלֵךְ לָנוּחַ **בָּעַרְסָל** בַּגִּינָּה.*

ערף, פ' עָרַף — decapitated
חָתַךְ אֶת הָרֹאשׁ מִן הַגּוּף:
*בֶּעָבָר **עָרְפוּ** רָאשִׁים בַּגִּילְיוֹטִינָה.*
לַעֲרוֹף אֶת- / ע.ר.ף, פָּעַל / עָרַפְתִּי, עוֹרֵף, יַעֲרוֹף, עֲרוֹף!

ערפיח, ז' עַרְפִּיחַ — smog
מָה שֶׁיֵּשׁ בָּאֲוִויר בְּעִיר מוֹדֶרְנִית - עֲרָפֶל + פִּיחַ:
*הָעִיר מְכוּסָּה **בְּעַרְפִּיחַ**.*

ערפילי, ת' עַרְפִילִי — foggy
שֶׁיֵּשׁ בּוֹ עֲרָפֶל, מַיִם בָּאֲוִויר:
*בְּיוֹם **עַרְפִילִי** לֹא רוֹאִים לְמֶרְחָק רַב.*
עַרְפִילִית, עַרְפִילִיִּים, עַרְפִילִיּוֹת

ערפל, ז' עֲרָפֶל [עֲרָפִילִים] — fog
1. אֲוִויר מָלֵא בְּמַיִם:
*בַּבּוֹקֶר הָיָה **עֲרָפֶל** כָּבֵד, אִי אֶפְשָׁר הָיָה לִרְאוֹת שׁוּם דָּבָר.*
2. מַצָּב לֹא בָּרוּר: — obscurity
*הֶעָתִיד מְכוּסֶּה **בַּעֲרָפֶל**.*

ערק, פ' עָרַק — deserted
בָּרַח מִן הַצָּבָא (חַיָּיל):
*דָּוִיד **עָרַק מִן** הַצָּבָא. הַמִּשְׁטָרָה מְחַפֶּשֶׂת אוֹתוֹ.*
לַעֲרוֹק מִן- / ע.ר.ק, פָּעַל / עָרַקְתִּי, עוֹרֵק, יַעֲרוֹק

ערר, ז' עֶרֶר [עֲרָרִים] — appeal
הִתְנַגְּדוּת שֶׁמַּגִּישׁ אֶזְרָח נֶגֶד עִירִיָּיה, מוֹסָד וְכוּ':
***הָעֶרֶר** שֶׁלִּי הִתְקַבֵּל - שִׁילַּמְתִּי פָּחוֹת מִסִּים.*

ערש, ז' עֶרֶשׂ — crib, cradle
מִיטָּה שֶׁל תִּינוֹק. (מֶטָאפוֹרָה) הַמָּקוֹם הָרִאשׁוֹן, הַמָּקוֹר:
*אֶרֶץ יִשְׂרָאֵל הִיא **עֶרֶשׂ** הַתַּרְבּוּת שֶׁל עַמִּים רַבִּים.*
עֶרֶשׂ דְּוַוי — sick-bed
שִׁיר-עֶרֶשׂ — lullaby

עש, ז' עָשׁ [עָשִׁים] — moth
בַּעַל חַיִּים קָטָן שֶׁעָף, מַזִּיק לִבְגָדִים:
***הָעָשׁ** עָשָׂה חוֹרִים בַּמְּעִיל הֶחָדָשׁ שֶׁלִּי.*

עשׂבז׳ עֵשֶׂב [עֲשָׂבִים] grass

צְמָחִים יְרוּקִים לֹא גבוֹהִים, צוֹמְחִים מֵעַצְמָם:

*צָרִיךְ לְהוֹצִיא אֶת **הָעֲשָׂבִים** שֶׁצָּמְחוּ אַחֲרֵי הַגֶּשֶׁם.*

עשׂהפ׳ עָשָׂה did, made

1. פָּעַל, עָסַק בִּדְבַר מָה:

*רִינָה **עָשְׂתָה אֶת** כֹּל הָעֲבוֹדָה בְּעַצְמָהּ.*

2. בִּיצַע (אֶת מַה שֶׁשֵּׁם הָעֶצֶם מְבַטֵּא): executed, created

***עָשָׂה** מִלְחָמָה - נִלְחַם / **עָשָׂה** סֵדֶר - סִידֵּר וְכוּ׳*

עָשָׂה חַיִּים (לְשׁוֹן דִּיבּוּר) enjoyed himself

עָשָׂה חַיִל succeeded

עָשָׂה כְּמֵיטַב יְכוֹלְתּוֹ did his best

עָשָׂה לֵילוֹת כְּיָמִים worked day and night

עָשָׂה נְפָשׁוֹת recruited followers

עָשָׂה עַצְמוֹ pretended

לַעֲשׂוֹת אֶת- / ע.שׂ.ה, פָּעַל / עָשִׂיתִי, עוֹשֶׂה, יַעֲשֶׂה, עֲשֵׂה!

עשׂוית׳ עָשׂוּי made (of)

1. עָשׂוּ אוֹתוֹ, הוּא מֵחוֹמֶר...:

*הָאָרוֹן **עָשׂוּי** עֵץ.*

2. אוּלַי, יִיתָּכֵן: may, liable

*הוּא **עָשׂוּי** לָבוֹא לַמְּסִיבָּה.*

עֲשׂוּיָה, עֲשׂוּיִים, עֲשׂוּיוֹת

עשוקת׳ר׳ז עָשׁוּק [עֲשׁוּקִים] exploited (adj.)

שֶׁלָּקְחוּ מִמֶּנּוּ בְּכוֹחַ מַשֶּׁהוּ שֶׁלּוֹ:

*אֲנַחְנוּ מַרְגִּישִׁים **עֲשׁוּקִים**, לֹא שִׁילְּמוּ לָנוּ הַחוֹדֶשׁ.*

עֲשׁוּקָה, עֲשׁוּקוֹת

עשׂורש״מ עָשׂוֹר [עֲשׂוֹרִים] decade, ten

עֲשָׂרָה דְּבָרִים יַחַד:

***עָשׂוֹר** שָׁנִים לַחֲתוּנָּה שֶׁלָּנוּ - לִפְנֵי עֶשֶׂר שָׁנִים הִתְחַתַּנּוּ.*

עשׂייהנ׳ עֲשִׂיָּה doing, action

פְּעוּלָּה, עֲבוֹדָה:

***עֲשִׂיַּית** הַשִּׁיעוּרִים מְשַׁעֲמֶמֶת אוֹתוֹ.*

עשירת׳ עָשִׁיר [עֲשִׁירִים] rich, wealthy

הַהֵיפֶךְ מֵעָנִי, שֶׁיֵּשׁ לוֹ הַרְבֵּה כֶּסֶף:

*הוּא נוֹלַד לְמִשְׁפָּחָה **עֲשִׁירָה**, בִּסְבִיבָה תַּרְבּוּתִית **עֲשִׁירָה**.*

עָשִׁיר כְּקוֹרַח filthy rich

עֲשִׁירָה, עֲשִׁירִים, עֲשִׁירוֹת

עשׂירוןז׳ עֲשִׂירוֹן [עֲשִׂירוֹנִים] decile (one tenth)

(בְּסוֹצְיוֹלוֹגְיָה, בְּכַלְכָּלָה) הַחֵלֶק הָעֲשִׂירִי - (1/10) בַּחֶבְרָה:

*הוּא **בָּעֲשִׂירוֹן** הַנָּמוּךְ בְּיוֹתֵר, בְּקוֹשִׁי יֵשׁ לוֹ מִמַּה לִחְיוֹת.*

עשׂירית׳ עֲשִׂירִי tenth

אַחֲרֵי הַתְּשִׁיעִי:

*אַתָּה **עֲשִׂירִי** בַּתּוֹר, לְפָנֶיךָ תִּשְׁעָה אֲנָשִׁים.*

עֲשִׂירִית, עֲשִׂירִיִּים, עֲשִׂירִיּוֹת

עשׂירייהנ׳ עֲשִׂירִיָּה [עֲשִׂירִיּוֹת] (a group of) ten

קְבוּצָה שֶׁל עֲשָׂרָה דְּבָרִים:

*חִילַּקְנוּ אֶת הַיְלָדִים **לַעֲשִׂירִיּוֹת**, לְכֹל עֲשִׂירִיָּה יֵשׁ מוֹרֶה.*

עשׂיריתנ׳ עֲשִׂירִית [עֲשִׂירִיּוֹת] one tenth

הַחֵלֶק הָעֲשִׂירִי (1/10):

*רַק **עֲשִׂירִית** מִן הַתַּלְמִידִים הִצְלִיחוּ בַּבְּחִינָה.*

עשׁןת׳ עָשֵׁן smoking (adj.)

שֶׁיּוֹצֵא מִמֶּנּוּ עָשָׁן:

*הַתַּנּוּר **עָשֵׁן**, קָשֶׁה לִנְשׁוֹם.*

עֲשֵׁנָה, עֲשֵׁנִים, עֲשֵׁנוֹת

עשׁןז׳ עָשָׁן smoke

מַה שֶּׁעוֹלֶה מֵאֵשׁ, מִסִּיגָרִיּוֹת אוֹ מִשְּׂרֵיפָה:

*בִּגְלַל הַסִּיגָרִיּוֹת יֵשׁ **עָשָׁן** כָּבֵד בַּחֶדֶר.*

מָסָךְ עָשָׁן (מֶטָאפוֹרָה) smoke screen

*כֹּל הַסִּיפּוּרִים שֶׁלּוֹ הֵם **מָסָךְ עָשָׁן**. יֵשׁ לוֹ מַטָּרוֹת אֲחֵרוֹת.*

עשׁקפ׳ עָשַׁק exploited

לָקַח מִמִּישֶׁהוּ אוֹ לֹא נָתַן מַה שֶּׁמַּגִּיעַ לוֹ:

*הוּא **עוֹשֵׁק אֶת** הָעוֹבְדִים - מְשַׁלֵּם לָהֶם מַשְׂכּוֹרֶת נְמוּכָה.*

לַעֲשׁוֹק אֶת- / ע.שׁ.ק, פָּעַל / עָשַׁקְתִּי, עוֹשֵׁק, יַעֲשׁוֹק

עשׂרש״מ עֶשֶׂר ten (f)

הַמִּסְפָּר 10 בִּנְקֵבָה:

***עֶשֶׂר** בָּנוֹת עוֹמְדוֹת שָׁם.*

עשׂרהש״מ עֲשָׂרָה ten (m)

הַמִּסְפָּר 10 בְּזָכָר:

*לִתְפִילָּה בְּצִיבּוּר דְּרוּשִׁים **עֲשָׂרָה** גְּבָרִים - מִנְיָן.*

עשׂרונית׳ עֶשְׂרוֹנִי decimal

מִסְפָּר שֶׁמְּבוּסָּס עַל-10, מִתְחַלֵּק בְּ-10:

*100, 1000, 20, הֵם מִסְפָּרִים **עֶשְׂרוֹנִיִּים**.*

שֶׁבֶר עֶשְׂרוֹנִי decimal fraction

עֶשְׂרוֹנִית, עֶשְׂרוֹנִיִּים, עֶשְׂרוֹנִיּוֹת

עשׂריםש״מ/זו״נ עֶשְׂרִים twenty

הַמִּסְפָּר 20:

*לְאָדָם יֵשׁ בְּסַךְ הַכֹּל **עֶשְׂרִים** אֶצְבָּעוֹת בַּיָּדַיִים וּבָרַגְלַיִים.*

הַמֵּאָה הָעֶשְׂרִים the twentieth century

עשׂרתנ׳ עֲשֶׂרֶת [עֲשָׂרוֹת] group of ten
קבוּצָה שֶׁל עֲשָׂרָה:
*בְּמִסְפָּר 20 יֵשׁ שְׁתֵּי **עֲשָׂרוֹת**.*

עששת׳ עָשֵׁשׁ withered (adj.), decaying
(שָׂפָה ספרוּתית) חַלָּשׁ, מְקוּלְקָל:
*הָעֵינַיִים שֶׁלּוֹ **עֲשֵׁשׁוֹת**, הוּא בְּקוֹשִׁי רוֹאֶה.*
עֲשֵׁשָׁה, עֲשֵׁשִׁים, עֲשֵׁשׁוֹת

עששיתנ׳ עֲשָׁשִׁית [עֲשָׁשִׁיּוֹת] oil lamp
כְּלִי לְאוֹר - שָׂמִים בּוֹ שֶׁמֶן וּמַדלִיקִים אֵשׁ:
*כְּשֶׁלֹּא הָיָה חַשְׁמַל קָרְאוּ לְאוֹר **הָעֲשָׁשִׁית**.*

עששתנ׳ עַשֶּׁשֶׁת tooth decay
מַחֲלָה שֶׁפּוֹגַעַת בַּשִּׁינַיִים:
*כְּדֵי שֶׁלֹּא תִהְיֶה **עַשֶּׁשֶׁת** צָרִיך לְטַפֵּל בַּשִּׁינַיִים.*

עשתונותז״ר עֶשְׁתּוֹנוֹת thoughts
מַחֲשָׁבוֹת.
אִיבֵּד אֶת עשתונותיו - *לְרֶגַע אִיבַּדְתִּי אֶת עֶשְׁתּוֹנוֹתַיי, וְלֹא יָדַעְתִּי מַה קוֹרֶה.* was at a loss

עשתורתנ׳ עַשְׁתֹּרֶת Astarte (ancient goddess of fertility)
אֵלַת פִּריוֹן כְּנַעֲנִית:
*הַכְּנַעֲנִים הֶאֱמִינוּ **בְּעַשְׁתּוֹרֶת**.*

עתנ׳ עֵת [עִיתִּים] time, period
זְמַן (בְּשָׂפָה פוֹרמָאלִית):
***עֵת** לַעֲבוֹד **וְעֵת** לָנוּחַ.*
בְּעֵת - בִּזְמַן: in time of
בְּעֵת הַפְּנַאי הוּא קוֹרֵא סְפָרִים.
כָּעֵת - עַכְשָׁיו: now
אֲנִי מְמַהֶרֶת כָּעֵת.
לְעֵת עַתָּה - בֵּינתַיִים: for the time being
לְעֵת עַתָּה אֲנִי מַמשִׁיך לָגוּר פֹּה.
בְּכׇל עֵת - בְּכׇל זְמַן: any time
אַתָּה יָכוֹל לָבוֹא לְבַקֵּר בְּכׇל עֵת שֶׁתִּרצֶה.
לְעִיתִּים - לִפְעָמִים: sometimes
לְעִיתִּים אֲנִי נוֹסֵעַ לְאֵילַת.
לְעִיתִּים קְרוֹבוֹת - הַרבֵּה פְּעָמִים: often
לְעִיתִּים קְרוֹבוֹת הוּא מְבַקֵּר אֶת הַמִּשְׁפָּחָה.
לְעִיתִּים רְחוֹקוֹת - לֹא הַרבֵּה פְּעָמִים: seldom
לְעִיתִּים רְחוֹקוֹת הוּא יוֹצֵא לְחוּפשָׁה.
לְעִיתִּים תְּכוּפוֹת - הַרבֵּה פְּעָמִים: often
אֲנִי פּוֹגֵשׁ אוֹתָהּ לְעִיתִּים תְּכוּפוֹת, כִּמעַט כׇּל יוֹם.
בְּעֵת וּבְעוֹנָה אַחַת simultaneously
בְּעִיתּוֹ/בְּעִיתָּהּ timely
כְּתַב־עֵת periodical

עתהת״פ עַתָּה now
(לָשׁוֹן סִפרוּתִית) עַכְשָׁיו:
*וְ**עַתָּה** לְכוּ הַבַּיְתָה לִישׁוֹן.*
זֶה עַתָּה just now

עתודאיז׳ עֲתוּדַאי [עֲתוּדָאִים] student reservist
מִי שֶׁדָּחוּ לוֹ אֶת הַצָּבָא וְלוֹמֵד בָּאוּנִיבֶרסִיטָה:
*הָ**עֲתוּדָאִים** יְשָׁרְתוּ בַּצָּבָא, כְּשֶׁיִּגמְרוּ אֶת הַלִּימוּדִים.*
עֲתוּדָאִית, עֲתוּדָאִיּוֹת

עתודהנ׳ עֲתוּדָה [עֲתוּדוֹת] reserve
רֶזֶרבָה, מַה שֶׁשּׁוֹמרִים לִזְמַן שֶׁיִּהְיֶה חָסֵר:
*צָרִיך לְהָכִין **עֲתוּדָה** שֶׁל מְנַהֲלִים צְעִירִים.*

עתידתו״ז עָתִיד future
1. הַזְּמַן שֶׁיָּבוֹא:
*הוּא אִישׁ צָעִיר - **הֶעָתִיד** לְפָנָיו.*
2. (+ פּוֹעַל) מַשֶּׁהוּ שֶׁיִּקְרֶה: destined, bound to
*אֲנִי **עָתִיד** לִלמוֹד בָּאוּנִיבֶרסִיטָה.*
3. (בְּדִיקדוּק) זְמַן עָתִיד - future tense
*הַפְּעָלִים 'יַעֲזוֹב', 'יַעֲשֶׂה', 'יָגוּר' הֵם **בִּזְמַן עָתִיד**.*

עתידותנ״ר עֲתִידוֹת future events
מַה שֶּׁיִּקְרֶה:
***מַגִּיד הָעֲתִידוֹת** אָמַר, שֶׁתִּהְיֶה לִי אִישָּׁה חֲכָמָה, יָפָה וַעֲשִׁירָה.* fortune-teller

עתידןז׳ עֲתִידָן [עֲתִידָנִים] futurologist
מִי שֶׁעוֹסֵק בְּמוֹדֶלִים שֶׁל מַה שֶׁיִּהְיֶה בְּעוֹד 20 שָׁנָה, 50 שָׁנָה וְכוּ':
***הָעֲתִידָנִים** חוֹשְׁבִים, שֶׁאֲנָשִׁים יַעֲשׂוּ הַכּוֹל בְּאֶמצָעוּת מַחשֵׁב.*
עֲתִידָנִית, עֲתִידָנִיּוֹת

עתידנותנ׳ עֲתִידָנוּת futurology
עֲשִׂיָּיה שֶׁל תוֹכנִית, מוֹדֶלִים לְעוֹד 20, 50 שָׁנָה:
***הָעֲתִידָנוּת** מְכִינָה אֶת הַחַיִּים שֶׁל הַיְלָדִים שֶׁלָּנוּ.*

עתיקת׳ עַתִּיק ancient, antique
מַשֶּׁהוּ יָשָׁן מְאוֹד:
*אֲנִי גָּר בְּבַיִת **עַתִּיק**, שֶׁנִּבנָה לִפנֵי 300 שָׁנָה.*
הָעוֹלָם הָעַתִּיק the ancient world
הָעִיר הָעַתִּיקָה the Old City
עַתִּיקָה, עַתִּיקִים, עַתִּיקוֹת

עתיקותנ״ר עַתִּיקוֹת antiquities, antiques
כֵּלִים אַרכֵיאוֹלוֹגִיִּים, בִּניָינִים...:
*לְפִי **הָעַתִּיקוֹת** אֶפשָׁר לָדַעַת אֵיך חָיוּ לִפנֵי 3,000 שָׁנָה.*

עתירת' עָתִיר — rich (in)

(לשון ספרותית) שֶׁיֵּשׁ בּוֹ (לוֹ) הַרְבֵּה מְאוֹד:

*זֶה אוֹכֶל **עָתִיר** קָלוֹרִיּוֹת.*

עֲתִיר-יֶדַע — high-tech

עֲתִיר-נְכָסִים — wealthy

עֲתִירָה, עֲתִירִים, עֲתִירוֹת

עתירהנ' עֲתִירָה [עֲתִירוֹת] — petition

בַּקָּשָׁה, בְּדֶרֶךְ כְּלָל לְבֵית מִשְׁפָּט:

*הִגַּשְׁתִּי **עֲתִירָה** נֶגֶד הָעִירִיָּיה, שֶׁרוֹצָה לִבְנוֹת גַּן לְיַד בֵּיתִי.*

עתקת' עָתֵק — abundant

הַרְבֵּה מְאוֹד.

הוֹן עָתֵק - הַרְבֵּה כֶּסֶף, בָּתִּים וְכוּ':

*יֵשׁ לוֹ **הוֹן עָתֵק** - הוּא עָשִׁיר גָּדוֹל.*

(אֵין צוּרוֹת נְקֵבָה וְ/אוֹ רַבִּים)

עתרפ' עָתַר — petitioned

פָּנָה בְּבַקָּשָׁה, בִּיקֵּשׁ:

*הוּא **עָתַר** לְבֵית הַמִּשְׁפָּט נֶגֶד הָעִירִיָּיה.*

לַעֲתוֹר לְ- / ע.ת.ר, פָּעַל / עָתַרְתִּי, עוֹתֵר, יַעֲתוֹר, עֲתוֹר!

פ

פ 17th letter of Heb. alphabet

פֵּא, הָאוֹת הַשְּׁבַע עֶשְׂרֵה בָּאָלֶפְבֵּית הָעִבְרִי. מְסַמֶּנֶת אֶת שֵׁם הַמִּסְפָּר 80:
פָּתַחְתִּי אֶת הַסֵּפֶר בְּדַף פ"ג (83).
לָאוֹת **פֵּא** שְׁנֵי מִבְטָאִים, הָאֶחָד פּ כְּמוֹ p (פָּנִים), וְהָאַחֵר - פ כְּמוֹ f (יָפֶה).
פ' סוֹפִית - בְּסוֹף מִילָּה הָאוֹת פ' נִכְתֶּבֶת - ף

פארז׳ פְּאֵר — luxury, glory, splendor
יוֹפִי רַב:
*לַמְּסִיבָּה לָבַשְׁנוּ בִּגְדֵי **פְּאֵר**.*
*מְכוֹנִית **פְּאֵר** - מְכוֹנִית יְקָרָה מְאוֹד*

פגפ׳ פָּג — melted away
הִתְבַּטֵּל, עָבַר, נֶעֱלַם:
*עוֹד לֹא **פָּג** זְמַנָּם שֶׁל הָאִידֵיאָלִים.*
פָּג תוֹקְפּוֹ — expired
לָפוּג / פ.ו.ג, פָּעַל / פָּגָה, פָּג, יָפוּג, יָפוּגוּ

פגז׳ פַּג [פַּגִּים] — premature baby
תִּינוֹק שֶׁנּוֹלַד לִפְנֵי הַזְּמַן:
*הוּא נוֹלַד **פַּג** וְשָׁכַב חוֹדֶשׁ יָמִים בְּאִינְקוּבָּטוֹר.*

פגוםת׳ פָּגוּם — defective
לֹא שָׁלֵם, שֶׁיֵּשׁ בּוֹ מַשֶּׁהוּ שָׁבוּר, מְקוּלְקָל:
*הַתַּנּוּר הַזֶּה **פָּגוּם**, אֲנִי לֹא רוֹצֶה לִקְנוֹת אוֹתוֹ.*
פְּגוּמָה, פְּגוּמִים, פְּגוּמוֹת

פגועת׳ פָּגוּעַ — injured/wounded (adj.)
1. פָּצוּעַ:
*כָּל **הַפְּגוּעִים** מִן הַתְּאוּנָה הוּעַבְרוּ לְבֵית הַחוֹלִים.*
2. מִישֶׁהוּ שֶׁפָּגְעוּ בּוֹ, הֶעֱלִיבוּ אוֹתוֹ: — hurt (adj.)
*הוּא **פָּגוּעַ**, כִּי לֹא הִזְמִינוּ אוֹתוֹ לַמְּסִיבָּה.*
פְּגוּעָה, פְּגוּעִים, פְּגוּעוֹת

פגושז׳ פָּגוֹשׁ [פְּגוֹשִׁים] — bumper
הַחֵלֶק בִּמְכוֹנִית, שֶׁמֵּגֵן מִפְּגִיעָה שֶׁל מְכוֹנִית אַחֶרֶת וְכוּ':
***הַפְּגוֹשִׁים** שֶׁל שְׁתֵּי הַמְּכוֹנִיּוֹת נִפְגְּשׁוּ, אֲבָל לֹא קָרָה כְּלוּם.*

פגזז׳ פָּגָז [פְּגָזִים] — shell
פְּצָצָה, כַּדּוּר שֶׁל תּוֹתָח, שֶׁל אַרְטִילֶרְיָה:
*הַחַיָּילִים יָרוּ **פְּגָזִים** אֶל הָעֶמְדוֹת שֶׁל הָאוֹיֵב.*

פגיעת׳ פָּגִיעַ — vulnerable
רָגִישׁ, נִפְגָּע מִכָּל דָּבָר:
*הַיְּלָדִים **פְּגִיעִים** בִּמְיוּחָד.*
פְּגִיעָה, פְּגִיעִים, פְּגִיעוֹת

פגיעהנ׳ פְּגִיעָה [פְּגִיעוֹת] — hit, injury, insult
גְּרִימַת נֶזֶק בַּגּוּף אוֹ בַּנֶּפֶשׁ:
*הַחַיָּיל נֶהֱרַג **מִפְּגִיעַת** כַּדּוּר. / רוּתִי עָזְבָה אֶת דָּנִי, זוֹ הָיְיתָה **פְּגִיעָה** קָשָׁה.*

פגישהנ׳ פְּגִישָׁה [פְּגִישׁוֹת] — meeting
1. כַּאֲשֶׁר אֲנָשִׁים מַגִּיעִים לְאוֹתוֹ מָקוֹם:
*כְּשֶׁנִּכְנַסְתִּי לַחֶדֶר, רָאִיתִי אֶת דָּן בָּא מוּלִי; זֹאת הָיְיתָה **פְּגִישָׁה** נֶחְמָדָה.*
2. הִתְאַסְּפוּת שֶׁל אֲנָשִׁים בְּמָקוֹם וּבִזְמַן שֶׁנִּקְבְּעוּ קוֹדֶם:
*הָעֶרֶב תִּתְקַיֵּים **פְּגִישַׁת** חֲבֵרִים בַּמּוֹעֲדוֹן.* — gathering

פגםפ׳ פָּגַם — spoiled, flawed
קִילְקֵל:
*מוֹת הָאָב **פָּגַם** בְּשִׂמְחַת הַחֲתוּנָּה.*
לִפְגּוֹם בְּ- / פ.ג.ם, פָּעַל / פָּגַמְתִּי, פּוֹגֵם, יִפְגּוֹם

פגםז׳ פְּגָם [פְּגָמִים] — flaw, defect
מַשֶּׁהוּ מְקוּלְקָל:
*יֵשׁ **פְּגָם** בַּבֶּגֶד הַזֶּה, לָכֵן הוּא זוֹל.*
טַעַם לִפְגָם ב׳ — bad taste

פגעפ׳ פָּגַע — hit, harmed
1. נָגַע בְּגוּף, בְּדֶרֶךְ כְּלָל גָּרַם נֶזֶק פִיזִי:
*הַנֶּהָג **פָּגַע** בְּהוֹלֵךְ הָרֶגֶל, שֶׁעָבַר בַּכְּבִישׁ.*
2. גָּרַם אִי נְעִימוּת, הֶעֱלִיב: — hurt, insulted
*הַדְּבָרִים שֶׁאָמַר **פָּגְעוּ** בִּי מְאוֹד.*
פָּגַע וּבָרַח — hit and run
פָּגַע בַּמַּטָּרָה — hit the target
לִפְגּוֹעַ בְּ- / פ.ג.ע, פָּעַל / פָּגַעְתִּי, פּוֹגֵעַ, יִפְגַּע, פְּגַע!

פגעז׳ פֶּגַע [פְּגָעִים] — mishap, trouble, affliction
מַשֶּׁהוּ רַע שֶׁקָּרָה, פְּגִיעָה:
*הוּא יָצָא מִן הַתְּאוּנָה בְּלִי **פֶּגַע**.*
פֶּגַע רַע — nuisance

פגרז׳ פֶּגֶר [פְּגָרִים] — carcass, corpse
גּוּף מֵת:
*קָבַרְנוּ אֶת **פֶּגֶר** הַכֶּלֶב בַּגִּינָּה.*

פגרהנ׳ פַּגְרָה [פַּגְרוֹת] — vacation, holiday
(אֲרָמִית) הַזְּמַן שֶׁל הַחוֹפֶשׁ, חוּפְשָׁה:
***פַּגְרַת** הַקַּיִץ מַתְחִילָה בְּחוֹדֶשׁ יוּלִי.*

פגשפ׳ פָּגַשׁ met
בָּא, וְגַם מִישֶׁהוּ אַחֵר בָּא לְאוֹתוֹ מָקוֹם:
*דָּן **פָּגַשׁ** אֶת רוּת בְּתַחֲנַת הָאוֹטוֹבּוּס.*
לִפְגּוֹשׁ אֶת- / פ.ג.ש, פָּעַל / פָּגַשְׁתִּי, פּוֹגֵשׁ, יִפְגּוֹשׁ, פְּגוֹשׁ!

פדהפ׳ פָּדָה redeemed, cashed
1. קִיבֵּל כֶּסֶף עֲבוּר צֶ׳יק, חוֹב:
***פָּדִיתִי** אֶת הַצֶּ׳יק, שֶׁשָּׁלַחְתָּ לִי.*
2. הִצִּיל, שִׁיחְרֵר תְּמוּרַת כֶּסֶף או מַשֶּׁהוּ אַחֵר: released, redeemed
***פָּדִינוּ** אֶת הַשְּׁבוּיִים שֶׁלָּנוּ מִידֵי הָאוֹיֵב.*
לִפְדּוֹת אֶת- / פ.ד.ה, פָּעַל / פָּדִיתִי, פּוֹדֶה, יִפְדֶּה, פְּדֵה!

פדויח׳ פָּדוּי released/ransomed (adj.)
שֶׁהִצִּילוּ אוֹתוֹ, גַּם עַל-יְדֵי תַּשְׁלוּם כֶּסֶף:
*שָׂמַחְנוּ עִם הַשְּׁבוּיִים **הַפְּדוּיִים** שֶׁחָזְרוּ הַבַּיְתָה.*
פְּדוּיֵי שֶׁבִי - שְׁבוּיִים מְשׁוּחְרָרִים
פְּדוּיָה, פְּדוּיִים, פְּדוּיוֹת

פדחתנ׳ פַּדַּחַת [פַּדְחוֹת] forehead
חֵלֶק בַּפָּנִים - הַמֵּצַח וּלְמַעְלָה מִמֶּנּוּ:
*שַׂעֲרוֹתָיו נָשְׁרוּ, וְיֵשׁ לוֹ **פַּדַּחַת** גְּדוֹלָה.*

פהת״פ פֹּה here
כָּאן בְּמָקוֹם זֶה:
*מָה אַתָּה עוֹשֶׂה **פֹּה?***
פֹּה וָשָׁם - גַּם פֹּה וְגַם שָׁם, בְּכָל מִינֵי מְקוֹמוֹת
מִפֹּה - מִכָּאן:
הַבַּיִת שֶׁלִּי נִמְצָא שְׁלוֹשָׁה בָּתִּים מִפֹּה.
פֹּה נִקְבַּר (בְּקִיצּוּר פ״נ) כְּתוֹבֶת עַל אֶבֶן בְּבֵית קְבָרוֹת

פהז׳ פֶּה [פִּיּוֹת] mouth
אֵיבָר הַדִּיבּוּר, הָאֲכִילָה וְהַשְּׁתִיָּיה:
*הוּא לֹא סוֹגֵר אֶת **הַפֶּה** לְרֶגַע - כָּל הַזְּמַן הוּא מְדַבֵּר!*
פֶּה אֶחָדב׳ - unanimously
הֵם הִצְבִּיעוּ פֶּה אֶחָד בְּעַד הַתּוֹכְנִית.
(מָלֵא) מִפֶּה לָפֶה - completely full
הָאוּלָם הָיָה מָלֵא מִפֶּה לָפֶה.
בְּפֶה מָלֵאב׳ - explicitly
אָמַרְתִּי בְּפֶה מָלֵא, שֶׁיֵּשׁ בִּשְׁבִילוֹ עֲבוֹדָה.
בַּחֲצִי פֶּהב׳ - reluctantly
הוּא אָמַר בַּחֲצִי פֶּה, שֶׁיַּעֲזוֹר לִי בָּעֲבוֹדָה.
בְּעַל פֶּהב׳ (לְשׁוֹן דִּיבּוּר) - by heart
הוּא זָכַר אֶת כָּל הַשִּׁיר בְּעַל פֶּה.
כְּבַד-פֶּה stutterer
יָד לַפֶּה Hold your tongue!
מִפֶּה לָאוֹזֶן by word of mouth
נִיבּוּל-פֶּה obscene language
פִּי ר׳

פוברקפ׳ פּוּבְרַק was fabricated
(לְשׁוֹן דִּיבּוּר) הִמְצִיאוּ אוֹתוֹ, לֹא הָיָה אֲמִיתִּי:
*הַסִּיפּוּרִים הָאֵלֶּה **פּוּבְרְקוּ** בִּשְׁבִיל הָעִיתּוֹן.*
/ פ.ב.ר.ק, פּוּעַל / פּוּבְרְקוּ, מְפוּבְרָק, יְפוּבְרַק

פוגעת׳ פּוֹגֵעַ hurtful, offensive
גּוֹרֵם אִי נוֹחוּת, מַעֲלִיב:
*הוּא אָמַר לִי דְּבָרִים **פּוֹגְעִים**.*
פּוֹגַעַת, פּוֹגְעִים, פּוֹגְעוֹת

פוזלת׳ פּוֹזֵל cross-eyed
כְּשֶׁשְּׁתֵּי הָעֵינַיִים אֵינָן זָזוֹת לְאוֹתוֹ כִּיווּן:
*עֵינַיִים **פּוֹזְלוֹת** אֶפְשָׁר לְתַקֵּן בְּנִיתּוּחַ.*
פּוֹזֶלֶת, פּוֹזְלִים, פּוֹזְלוֹת

פוזרפ׳ פּוּזַר was scattered
1. פִּיזְּרוּ אוֹתוֹ, שָׁלְחוּ לְכָל הַכִּיווּנִים:
*הַנְּיָירוֹת **פּוּזְּרוּ** עַל יְדֵי הָרוּחַ.*
2. הִפְסִיקוּ פְּעִילוּת שֶׁל קְבוּצָה, אִירְגּוּן: was dispersed
*הַהַפְגָּנָה **פּוּזְּרָה** בִּמְהִירוּת.*
/ פ.ז.ר, פּוּעַל / פּוּזְּרוּ, מְפוּזָּר, יְפוּזַּר, יְפוּזְּרוּ

פוחזת׳/ז׳ פּוֹחֵז [פּוֹחֲזִים] reckless
מִי שֶׁמִּתְנַהֵג בְּלִי אַחְרָיוּת:
*צְעִירִים **פּוֹחֲזִים** עַל אוֹפַנּוֹעִים הִפְרִיעוּ לִי לִישׁוֹן.*
פּוֹחֶזֶת, פּוֹחֲזוֹת

פוחלץז׳ פּוּחְלָץ [פּוּחְלָצִים] stuffed animal skin
עוֹר שֶׁל בַּעַל חַיִּים מֵת, מְמַלְּאִים אוֹתוֹ וְהוּא נִרְאֶה כְּאִילּוּ חַי:
*בַּמּוּזֵיאוֹן יֵשׁ **פּוּחְלָצִים** שֶׁל צִיפּוֹרִים, אֲרָיוֹת וְדוּבִּים.*
(לְשׁוֹן דִּיבּוּר) מִי שֶׁנִּרְאֶה בְּלִי חַיִּים, כְּאִילּוּ מֵת:
*הוּא נִרְאֶה כְּמוֹ **פּוּחְלָץ**.*

פוחתפ׳ פּוּחַת was depreciated
נַעֲשָׂה פָּחוֹת, הָעֵרֶךְ שֶׁלּוֹ נַעֲשָׂה קָטָן יוֹתֵר:
*הַשֶּׁקֶל **פּוּחַת** בְּיַחַס לַדּוֹלָר - קוֹדֶם הָיָה הַדּוֹלָר שָׁוֶה 2 ש״ח וְעַכְשָׁיו 2.8 ש״ח.*
/ פ.ח.ת, פּוּעַל / פּוּחֲתוּ, מְפוּחָת, יְפוּחַת, יְפוּחֲתוּ

פוטםפ׳ פֻּטַּם was stuffed (with food)
הֶאֱכִילוּ אוֹתוֹ בְּהַרְבֵּה מְאוֹד אוֹכֶל, כְּדֵי שֶׁיִּהְיֶה שָׁמֵן:
*הַבַּרְווּזִים **פּוּטְּמוּ**, כְּדֵי שֶׁיַּעֲלוּ בְּמִשְׁקָל וְיוֹסִיפוּ שׁוּמָן.*
/ פ.ט.ם, פּוּעַל / פּוּטְּמוּ, מְפוּטָּם, יְפוּטַּם

פוטרפ' פֻּטַּר was fired
אִיבֵּד אֶת מְקוֹם הָעֲבוֹדָה:
*בֵּית הַחֲרוֹשֶׁת נִסגַר, וְהַפּוֹעֲלִים **פּוּטרוּ** מֵעֲבוֹדָתָם.*
/ פ.ט.ר, פּוּעַל / פּוּטַרתִי, מְפוּטָר, אֲפוּטַר, יְפוּטַר

פויספ' פֻּיַּס was appeased/reconciled
הִפסִיק לִכעוֹס, נִרגַע:
*הוּא **יְפוּיַס**, אִם יְבַקשׁוּ מִמֶנוּ סלִיחָה.*
/ פ.י.ס, פּוּעַל / פּוּיַסוּ, מְפוּיָס, יְפוּיַס

פוךז' פּוּךְ eye-shadow
(לָשוֹן גבוֹהָה) צֶבַע סבִיב הָעֵינַיִים לְיוֹפִי:
*צִבעֵי **הַפּוּך** הַמַתאִימִים לִי הֵם יָרוֹק וְכָחוֹל.*
2. נוֹצוֹת שֶהוֹצִיאוּ מֵהֶן אֶת הַחֵלֶק הַקָשֶה: down (feathers)
*יֵש לִי שׂמִיכַת **פּוּך** חַמָה לַחוֹרֶף. הַיוֹם מִשתַמשִים בְּחוֹמָרִים סִינתֶטִיִים בִּמקוֹם **הַפּוּך** הַטִבעִי.*

פולחןז' פֻּלְחָן [פּוּלחָנִים] ritual
עֲבוֹדַת אֱלוֹהִים, טֶקֶס דָתִי:
***הַפּוּלחָנִים** שֶל הַדָתוֹת שוֹנִים זֶה מִזֶה.*
פּוּלחַן-הָאִישִיוּת - personality cult
פּוּלחַן הָאִישִיוּת אוֹפיָינִי לִימֵי סטָלִין.

פולמוסז' פּוּלְמוּס/פּוּלְמוֹס [פּוּלמוּסִים] dispute, controversy
וִיכּוּחַ, כּשֶשנֵי צדָדִים אֵינָם מַסכִּימִים בֵּינֵיהֶם:
*בַּכּנֶסֶת הִתנַהֵל **פּוּלמוּס** חָרִיף בֵּין הַיָמִין לַשׂמֹאל.*

פולמוסןז' פּוּלְמוּסָן [פּוּלמוּסָנִים] polemicist
מִי שֶאוֹהֵב לְהִתוַוכֵּחַ:
*הוּא **פּוּלמוּסָן** יָדוּעַ, תָמִיד הוּא מִתוַוכֵּחַ.*
פּוּלמוּסָנִית, פּוּלמוּסָנִיוֹת

פולשת"ז פּוֹלֵשׁ [פּוֹלשִים] invader
מִי שֶנִכנָס בְּכוֹחַ, בּלִי רְשוּת, וְתוֹפֵס שֶטַח:
*הַצָבָא **הַפּוֹלֵש** גוֹרַש אֶל מֵעֵבֶר לַגבוּל.*
פּוֹלֶשֶת, פּוֹלשוֹת

פומבית' פֻּמְבִּי public (adj.)
פָּתוּחַ לַקָהָל הָרָחָב:
*לִפנֵי הַבּחִירוֹת נָאַם רֹאש הַמֶמשָלָה בַּאֲסֵיפָה **פּוּמבִּית**.*
בְּפוּמבִּית"פ publicly
פּוּמבִּית, פּוּמבִּיִים, פּוּמבִּיוֹת

פומביותנ' פֻּמְבִּיּוּת exposure to the public
כְּשֶהַכּוֹל גָלוּי, יָדוּעַ לַצִיבּוּר:
***הַפּוּמבִּיוּת** שֶל הַוִויכּוּחַ הִיא סִימָן לְדֶמוֹקרַטיָה.*

פומיתנ' פּוּמִית [פּוּמִיוֹת] mouthpiece, spout
צִינוֹר קָטָן שֶשָׂמִים בַּפֶּה:
*אֲנִי מְעַשֵן סִיגַריָה עִם **פּוּמִית**.*

פומפייהנ' פֻּמְפִּיָּה [פּוּמפִּיוֹת] (food-) grater
כּלִי מִטבָּח, מְגָרדִים עָלָיו יְרָקוֹת וְכוּ':
*הֵכַנתִי אֶת סָלָט הַגֶזֶר **בְּפוּמפִּיָה**.*

פונדקז' פּוּנְדָּק [פּוּנדָקִים] inn
מָקוֹם שֶיְשֵנִים בּוֹ לַיְלָה אוֹ שנַיִים, מִין בֵּית מָלוֹן:
*מִחוּץ לָעִיר יֵש **פּוּנדָק** דְרָכִים יָשָן.*

פונדקאיז' פּוּנְדְּקַאי [פּוּנדְקָאִים] innkeeper
1. מִי שֶיֵש לוֹ פּוּנדָק, עוֹבֵד בְּפוּנדָק:
***הַפּוּנדְקַאי** אָמַר, שֶאֵין לוֹ חֶדֶר פָּנוּי לַלַילָה.*
2. אִישָה שֶמְגַדֶלֶת בַּבֶּטֶן שֶלָה יֶלֶד שֶל אִישָה אַחֶרֶת: surrogate mother
*הוּא נוֹלַד לְאֵם **פּוּנדְקָאִית**, אֲבָל דָוִיד וְרוּת הֵם הוֹרָיו הַגֶנֶטִיִים.*

פונהפ' פֻּנָּה was evacuated
1. הוֹצִיאוּ אוֹתוֹ מִמָקוֹם:
*הַדַיָירִים **פּוּנוּ** מִן הַבַּיִת הַבּוֹעֵר.*
2. נַעֲשָׂה רֵיק: was vacated
*הַבַּיִת **פּוּנָה** מִכֹּל הַדַיָירִים.*
/ פ.נ.ה, פּוּעַל / פּוּנֵיתִי, מְפוּנֶה, יְפוּנֶה, יְפוּנוּ

פונקפ' פֻּנַּק was pampered/spoiled
פִּינקוּ אוֹתוֹ, הוּא קִיבֵּל כֹּל מַה שֶרָצָה:
*הוּא אֵינוֹ עַצמָאִי מִפּנֵי **שֶפּוּנַק** בְּיַלדוּתוֹ.*
/ פ.נ.ק, פּוּעַל / פּוּנַקתִי, מְפוּנָק, יְפוּנַק

פוסקז' פּוֹסֵק [פּוֹסקִים] arbiter
מִי שֶמַחלִיט כּשֶיֵש וִיכּוּחַ:
*הוּא הָיָה **הַפּוֹסֵק** בְּסִיכסוּךְ הָעֲבוֹדָה בְּמִפעָל שֶלָנוּ.*
הַפּוֹסקִים - רַבָּנִים יְדוּעִים שֶקָבעוּ דִינִים וַהֲלָכוֹת rabbinical scholars
פּוֹסֶקֶת, פּוֹסקוֹת

פועלז' פּוֹעֵל [פּוֹעֲלִים] worker
עוֹבֵד בְּשָׂכָר אֵצֶל מִישֶהוּ אַחֵר:
*הוּא עוֹבֵד **כְּפוֹעֵל** בְּבֵית חֲרוֹשֶת.*
פּוֹעֵל שָחוֹרב' unskilled laborer
מִפלֶגֶת הַפּוֹעֲלִים / פּוֹעֲלֵי בֵּית הַחֲרוֹשֶת
פּוֹעֶלֶת, פּוֹעֲלוֹת

פועלז' פֹּעַל [פְּעָלִים] verb
1. (בְּדִיקדוּק) מִילָה שֶל פְּעוּלָה אוֹ מַצָב:
'אָכַל', 'עוֹמֵד', 'כָּתבוּ' - הֵם פְּעָלִים.

*לְיַד כֹּל **פּוֹעַל** בַּמִּילוֹן יֵשׁ סִימָן* פ׳.
2. מַעֲשֶׂה, עֲשִׂיָּיה: action, work
*הוּא קִיבֵּל פְּרָס עַל **פּוֹעֳלוֹ** לְמַעַן הָעוֹלִים.*
בְּפוֹעַל in reality
יָצָא לַפּוֹעַל was implemented

פּוּעַל ז׳ פֻּעַל pual, passive paradigm of the Heb. verb piel
(בְּדִיקְדּוּק) בִּנְיָין פַּסִּיבִי שֶׁל הַפּוֹעַל בְּעִבְרִית, הַפַּסִּיב שֶׁל בִּנְיַין פִּיעֵל:
*הַפּוֹעַל 'פּוּטַר' בְּבִנְיַין **פּוּעַל** הוּא הַפַּסִּיב שֶׁל 'פִּיטֵר'.*

פּוּעְנַח פ׳ פֻּעְנַח was solved/deciphered
נִמְצָא פִּיתְרוֹן לִבְעָיָה אוֹ קוֹשִׁי:
*הָרֶצַח שֶׁל דָּוִיד **פּוּעֲנַח** עַל-יְדֵי הַמִּשְׁטָרָה.*
/ פ.ע.נ.ח, פּוּעַל / פּוּעַנְחוּ, מְפוּעֲנָח, יְפוּעֲנַח, יְפוּעַנְחוּ

פּוּצַח פ׳ פֻּצַּח was cracked/(opened)
1. שָׁבְרוּ אוֹתוֹ, פָּתְחוּ אוֹתוֹ:
*הַמַּנְעוּל שֶׁל הַדֶּלֶת **פּוּצַח**, וְהַדֶּלֶת נִפְתְּחָה.*
2. (מֶטָאפוֹרָה) מָצְאוּ אֶת הַתְּשׁוּבָה לִבְעָיָה קָשָׁה: was cracked/(solved)
*כֹּל מִקְרֵי הָרֶצַח **פּוּצְחוּ** עַל יְדֵי הַמִּשְׁטָרָה.*
/ פ.צ.ח, פּוּעַל / פּוּצְחוּ, מְפוּצָּח, יְפוּצַח, יְפוּצְחוּ

פּוּצַל פ׳ פֻּצַּל was divided
עָשׂוּ אוֹתוֹ חֲלָקִים חֲלָקִים:
*יוֹם הָעֲבוֹדָה שֶׁלִּי **פּוּצַל** - 3 שָׁעוֹת בַּבּוֹקֶר וְ-3 בָּעֶרֶב.*
/ פ.צ.ל, פּוּעַל / פּוּצְלוּ, מְפוּצָּל, יְפוּצַל, יְפוּצְלוּ

פּוּצַץ פ׳ פֻּצַּץ was blown up
1. פּוֹצְצוּ אוֹתוֹ, נַעֲשָׂה לַחֲתִיכוֹת קְטַנּוֹת:
*הַבַּיִת **פּוּצַץ** עַל-יְדֵי הַחַיָּילִים.*
2. (מֶטָאפוֹרָה) הִפְסִיקוּ, לֹא נָתְנוּ לְהַמְשִׁיךְ: was undermined
*יְשִׁיבַת הַוַּעַד **פּוּצְצָה** עַל-יְדֵי הָאוֹפּוֹזִיצְיָה.*
/ פ.צ.ץ, פּוּעַל / פּוּצְצוּ, מְפוּצָּץ, יְפוּצַץ, יְפוּצְצוּ

פּוֹקֵד ז׳ פּוֹקֵד [פּוֹקְדִים] census holder
מִי שֶׁבָּא לִספּוֹר:
***הַפּוֹקְדִים** עָבְרוּ בַּבָּתִּים וְאָסְפוּ פְּרָטִים בִּשְׁבִיל הַשְּׁנָתוֹן הַסְּטָטִיסְטִי הַיִּשְׂרְאֵלִי.*
פּוֹקֶדֶת, פּוֹקְדוֹת

פּוּר ז׳ פּוּר lot, luck
(לָשׁוֹן גְּבוֹהָה) מַזָּל, גּוֹרָל.
הוּפַּל הַפּוּר ב׳ - הַדָּבָר קָרָה וְאִי אֶפְשָׁר לְהִתְחָרֵט

חַג הַפּוּרִים ר׳ פּוּרִים

פּוֹרֶה ת׳ פּוֹרֶה fertile, prolific
שֶׁנּוֹתֵן הַרְבֵּה פְּרִי, הַרְבֵּה תּוֹצֶרֶת:
*הָאֲדָמָה הַזֹּאת **פּוֹרִיָּה**, כֹּל מַה שֶּׁמְּגַדְּלִים בָּהּ מַצְלִיחַ.*
*(מֶטָאפוֹרָה) הוּא מְשׁוֹרֵר **פּוֹרֶה**, מְפַרְסֵם שִׁירִים רַבִּים.*
פּוֹרִיָּה-פּוֹרָה, פּוֹרִיִּים־פּוֹרִים, פּוֹרִיּוֹת־פּוֹרוֹת

פּוֹרַז פ׳ פֹּרַז was demilitarized
הוֹצִיאוּ מִמֶּנּוּ אֶת הַצָּבָא:
*הַשֶּׁטַח בֵּין יִשְׂרָאֵל לְבֵין סוּרְיָה **פּוֹרַז** אָסוּר שֶׁיִּהְיֶה בּוֹ צָבָא.*
/ פ.ר.ז, פּוּעַל / פּוֹרְזוּ, מְפוֹרָז, יְפוֹרַז

פּוֹרֵחַ ת׳ פּוֹרֵחַ blooming (adj.)
1. שֶׁיֵּשׁ עָלָיו הַרְבֵּה פְּרָחִים:
*הָעֵצִים **הַפּוֹרְחִים** בַּגִּינָּה מְשַׂמְּחִים אֶת הַלֵּב.*
2. (מֶטָאפוֹרָה) נִמְצָא בְּמַצָּב טוֹב מְאוֹד, צָעִיר, רַעֲנָן: blossoming (adj.)
*רוּת **פּוֹרַחַת**, כִּי הִיא מְאוֹהֶבֶת.*
3. עָף, טָס: flying (adj.)
*הַצִּיפּוֹרִים **הַפּוֹרְחוֹת** בָּאֲוויר הֵן סִימָן לָאָבִיב.*
אוֹרֵחַ פּוֹרֵחַ - מִי שֶׁאֵין לוֹ מָקוֹם, בַּיִת קָבוּעַ
מִגְדָּלִים פּוֹרְחִים בָּאֲוויר - חֲלוֹמוֹת בְּלִי בָּסִיס, פַנְטַסְיוֹת
פּוֹרַחַת, פּוֹרְחִים, פּוֹרְחוֹת

פּוֹרַט פ׳ פֹּרַט was detailed/specified
כֹּל הַפְּרָטִים (הַדְּבָרִים הַקְּטַנִּים) נִמְסְרוּ:
*הַתּוֹכְנִית **תְּפוֹרַט** בִּישִׁיבַת הַהַנְהָלָה.*
/ פ.ר.ט, פּוּעַל / פּוֹרְטוּ, מְפוֹרָט, יְפוֹרַט

פּוֹרִיּוּת נ׳ פּוֹרִיּוּת fertility
כְּשֶׁמַּשֶּׁהוּ נוֹתֵן הַרְבֵּה פְּרִי (צֶמַח, בַּעַל חַיִּים):
*צָרִיךְ לִבְדּוֹק אֶת **פּוֹרִיּוּת** הָאֲדָמָה - הַאִם אֶפְשָׁר לְגַדֵּל עָלֶיהָ עֲצֵי פְּרִי.*
(מֶטָאפוֹרָה) כְּשֶׁיּוֹצְרִים מַשֶּׁהוּ: productivity
*בִּתְקוּפַת **הַפּוֹרִיּוּת** שֶׁלּוֹ הוּא צִייֵּר מֵאוֹת צִיּוּרִים.*
גִּיל הַפּוֹרִיּוּת - הַתְּקוּפָה שֶׁהָאִישָּׁה יְכוֹלָה לָלֶדֶת

פּוּרִים ז׳/ש״פ פּוּרִים Purim (Feast of Lots)
חַג שֶׁחָל בְּחוֹדֶשׁ אֲדָר (פֶבְּרוּאָר-מֶרְץ), מִתְחַפְּשִׂים בּוֹ:
***פּוּרִים** הוּא חַג שָׂמֵחַ; הוּא בָּא לְהַזְכִּיר לָנוּ שֶׁעַם יִשְׂרָאֵל נִיצַּל לִפְנֵי לְמַעְלָה מֵ-2,000 שָׁנָה מִידֵי אוֹיְבִים, כְּמוֹ שֶׁכָּתוּב בִּמְגִילַּת אֶסְתֵּר בַּתַּנַ״ךְ.*

פּוּרְסַם פ׳ פֻּרְסַם was published
הוֹדִיעוּ לַקָּהָל, לַצִּיבּוּר:
*הַיְדִיעָה **פּוּרְסְמָה** בָּעִיתּוֹנִים וּבָרַדְיוֹ.*
/ פ.ר.ס.ם, פּוּעַל / פּוּרְסְמוּ, מְפוּרְסָם, יְפוּרְסַם, יְפוּרְסְמוּ

פורעז׳ פּוֹרֵעַ [פּוֹרְעִים] rioter, vandal
חוּלִיגָן, מִשְׁתַּמֵּשׁ בְּכוֹחַ, מַתְקִיף:
הַפּוֹרְעִים פָּרְצוּ לָרְחוֹב, שָׁבְרוּ חַלּוֹנוֹת וְשָׂרְפוּ מְכוֹנִיּוֹת.
פּוֹרְעֵי סֵדֶר vandals
פּוֹרַעַת, פּוֹרְעוֹת

פורענותנ׳ פֻּרְעָנוּת [פּוּרְעָנוּיּוֹת] calamity
אָסוֹן, צָרָה:
סָבַלְנוּ מִכֹּל מִינֵי פּוּרְעָנוּיּוֹת - מִלְחָמוֹת, פּוֹגְרוֹמִים וְשׁוֹאָה.

פורץז׳ פּוֹרֵץ [פּוֹרְצִים] burglar
גַּנָּב, מִי שֶׁנִּכְנַס לְבַיִת כְּדֵי לִגְנוֹב:
הַפּוֹרֵץ נִכְנַס דֶּרֶךְ הַחַלּוֹן וְלָקַח כֹּל מַה שֶּׁמָּצָא.
פּוֹרֶצֶת, פּוֹרְצוֹת

פורקפ׳ פֹּרַק was taken apart
1. פֵּירְקוּ אוֹתוֹ, חִיסְּלוּ אוֹתוֹ:
הַבַּיִת פּוֹרַק, נִשְׁאַר רַק מִגְרָשׁ רֵיק.
2. עָשׂוּ מִמֶּנּוּ חֲלָקִים חֲלָקִים: was dismantled
אַחֲרֵי הָאוֹכֶל יְפוֹרַק הַשּׁוּלְחָן.
3. הוֹרִידוּ מִמֶּנּוּ אֶת הַנֶּשֶׁק: was disarmed
הַחַיָּילִים שֶׁנִּתְפְּסוּ פּוֹרְקוּ מִנִּשְׁקָם.
/ פ.ר.ק, פּוּעַל / פּוֹרְקוּ, מְפוֹרָק, יְפוֹרַק, יְפוֹרְקוּ

פורקןז׳ פֻּרְקָן redemption
1. (אֲרָמִית - לְשׁוֹן הַתְּפִילּוֹת) הַצָּלָה, גְּאוּלָּה:
בִּתְפִילּוֹת שֶׁל עַם יִשְׂרָאֵל יֵשׁ הַרְבֵּה בַּקָּשׁוֹת לְפוּרְקָן.
2. הֲקָלָה, הוֹצָאַת אֶנֶרְגִיָּה: relief
בַּסְּפּוֹרְט הוּא מוֹצֵא פּוּרְקָן לַמֶּרֶץ שֶׁלּוֹ.

פוררפ׳ פּוֹרֵר crumbled, crushed
שָׁבַר לַחֲתִיכוֹת קְטַנּוֹת מְאוֹד, לְפֵירוּרִים:
זֹאת מְכוֹנָה שֶׁתְּפוֹרֵר אֲבָנִים.
לְפוֹרֵר אֶת- / פ.ר.ר, פִּיעֵל / פּוֹרַרְתִּי, מְפוֹרֵר, יְפוֹרֵר, פּוֹרֵר!

פוררפ׳ פּוֹרַר was crushed
עָשׂוּ מִמֶּנּוּ פֵּירוּרִים, שָׁבְרוּ לַחֲתִיכוֹת קְטַנּוֹת:
הָאֶבֶן תְּפוֹרַר וְתִהְיֶה לְחוֹל.
/ פ.ר.ר, פּוּעַל / פּוֹרְרוּ, מְפוֹרָר, יְפוֹרַר, יְפוֹרְרוּ

פורשפ׳ פֹּרַשׁ was explained/clarified
1. פֵּירְשׁוּ, הִסְבִּירוּ אוֹתוֹ:
הַמִּילִים הַקָּשׁוֹת פּוֹרְשׁוּ בַּמִּילוֹן שֶׁבְּסוֹף הַסֵּפֶר.
2. אָמְרוּ בְּצוּרָה בְּרוּרָה: was stated explicitly
בַּהוֹרָאוֹת לֹא פּוֹרַשׁ, שֶׁיֵּשׁ סַכָּנָה בַּתְּרוּפָה.
/ פ.ר.ש, פּוּעַל / פּוֹרְשׁוּ, מְפוֹרָשׁ, יְפוֹרַשׁ, יְפוֹרְשׁוּ

פושטפ׳ פֻּשַּׁט was simplified
עָשׂוּ שֶׁיִּהְיֶה פָּשׁוּט:
הַטֶּקְסְט יְפוּשַּׁט, כְּדֵי שֶׁכֹּל אֶחָד יוּכַל לְהָבִין אוֹתוֹ.
/ פ.ש.ט, פּוּעַל / פּוּשְׁטוּ, מְפוּשָּׁט, יְפוּשַּׁט, יְפוּשְׁטוּ

פושטתר״ז פּוֹשֵׁט stretches, extends
פּוֹתֵחַ, שׁוֹלֵחַ קָדִימָה אוֹ לַצְּדָדִים.
פּוֹשֵׁט יָד - מִי שֶׁעוֹמֵד בָּרְחוֹב וּמְבַקֵּשׁ שֶׁיִּתְּנוּ לוֹ כֶּסֶף: beggar
נָתַתִּי שֶׁקֶל לְפוֹשֵׁט יָד.
פּוֹשֵׁט רֶגֶל - מִי שֶׁהָעֵסֶק שֶׁלּוֹ לֹא הִצְלִיחַ, וְהוּא הִפְסִיד אֶת כֹּל הַכֶּסֶף וְהָרְכוּשׁ שֶׁלּוֹ: bankrupt
בֵּית הַמִּשְׁפָּט הִכְרִיז עָלָיו כְּעַל פּוֹשֵׁט רֶגֶל.

פושעז׳ פּוֹשֵׁעַ [פּוֹשְׁעִים] criminal
אָדָם שֶׁעָבַר עַל הַחוֹק וּמַגִּיעַ לוֹ עוֹנֶשׁ קָשֶׁה:
הַשּׁוֹטְרִים תָּפְסוּ אֶת הַפּוֹשֵׁעַ, שֶׁחָטַף אֶת הַיֶּלֶד.
פּוֹשֵׁעַ-מִלְחָמָה
פּוֹשַׁעַת, פּוֹשְׁעוֹת

פושרת׳ פּוֹשֵׁר lukewarm
לֹא חַם וְלֹא קַר:
אֵינֶנִּי אוֹהֵב לִשְׁתּוֹת תֵּה פּוֹשֵׁר. / (מֶטָאפוֹרָה) הָיְיתָה לוֹ הוֹפָעָה פּוֹשֶׁרֶת - שׁוּם דָּבָר מְיוּחָד.
פּוֹשֶׁרֶת, פּוֹשְׁרִים, פּוֹשְׁרוֹת

פותנ׳ פּוֹת vulva
(בְּאָנָטוֹמְיָה) חֵלֶק מֵאֵיבַר הַמִּין שֶׁל הָאִשָּׁה:
הַפּוֹת מִתְרַחֶבֶת בִּזְמַן הַלֵּידָה.

פותהפ׳ פֻּתָּה was seduced/enticed
עָשָׂה מַה שֶּׁאָמְרוּ לוֹ אֲחֵרִים לַעֲשׂוֹת (לָרוֹב מַעֲשֶׂה רַע):
פּוּתֵּיתִי לִבְרוֹחַ מִן הַבַּיִת.
/ פ.ת.ה, פּוּעַל / פּוּתֵּיתִי, מְפוּתֶּה, יְפוּתֶּה, יְפוּתּוּ

פותהת׳ פּוֹתֶה foolish, naive
לֹא חָכָם גָּדוֹל, טִיפֵּשׁ שֶׁמַּאֲמִין לְכוּלָּם:
יֶלֶד פּוֹתֶה, חֲבָל שֶׁהִסְתַּבֵּךְ בִּגְנֵיבָה.
פּוֹתָה, פּוֹתִים, פּוֹתוֹת

פותחפ׳ פֻּתַּח was developed
1. הֵכִינוּ (תּוֹכְנִיּוֹת), עָשׂוּ שֶׁיִּהְיֶה טוֹב יוֹתֵר:
לָמָּה לֹא פּוּתְּחוּ תּוֹכְנִיּוֹת לְהִתְיַישְּׁבוּת בַּנֶּגֶב?
2. עָשׂוּ מִמֶּנּוּ תְּמוּנוֹת (פִילְם, סֶרֶט מַצְלֵמָה):
הַתְּמוּנוֹת מִן הַטִּיּוּל עֲדַיִין לֹא פּוּתְּחוּ.
/ פ.ת.ח, פּוּעַל / פּוּתְּחוּ, מְפוּתָּח, יְפוּתַּח, יְפוּתְּחוּ

פותחןז, פּוֹתְחָן [פּוֹתְחָנִים] — can-opener
מַכְשִׁיר שֶׁפּוֹתֵחַ קוּפְסוֹת שִׁימוּרִים וְכוּ׳:
*אֵינֶנִּי יָכוֹל לִפְתּוֹחַ אֶת הַבַּקְבּוּק, כִּי אֵין לִי **פּוֹתְחָן**.*

פזורת, פָּזוּר — scattered (adj.), loose
מְפוּזָר, חֲלָקִים נִמְצָאִים בְּכָל מָקוֹם:
*הָלַכְתִּי בִּשְׂעָרוֹת **פְּזוּרוֹת**.*
(מֶטָאפוֹרָה) **דַּעְתּוֹ פְּזוּרָה** — scatter-brain
פְּזוּרָה, פְּזוּרִים, פְּזוּרוֹת

פזורהנ, פְּזוּרָה [פְּזוּרוֹת] — the Diaspora
גּוֹלָה, אֲרָצוֹת הָעוֹלָם שֶׁיֵּשׁ בָּהֶן יְהוּדִים:
*הִגַּעְנוּ **מִפְּזוּרַת** רוּסְיָה לְאֶרֶץ יִשְׂרָאֵל.*

פזיזת, פָּזִיז — hasty
מָהִיר, לֹא חוֹשֵׁב הַרְבֵּה לִפְנֵי שֶׁהוּא עוֹשֶׂה:
*זֶה הָיָה מַעֲשֶׂה **פָּזִיז** לַעֲזוֹב אֶת הָעֲבוֹדָה.*
פְּזִיזָה, פְּזִיזִים, פְּזִיזוֹת

פזיזותנ, פְּזִיזוּת — haste
עֲשִׂיָּיה בִּמְהִירוּת גְּדוֹלָה, בְּלִי מַחְשָׁבָה קוֹדֶמֶת:
*זֹאת הָיְיתָה **פְּזִיזוּת** מִצִּדּוֹ לִמְכּוֹר אֶת הַדִּירָה.*

פזילהנ, פְּזִילָה [פְּזִילוֹת] — squinting
אִי הַתְאָמָה בֵּין הָעֵינַיִים (כֹּל אַחַת פּוֹנָה לְכִיווּן אַחֵר):
*הוּא צָרִיךְ לַעֲבוֹר נִיתּוּחַ לְתִיקּוּן **הַפְּזִילָה** בָּעַיִן.*
(מֶטָאפוֹרָה) *הִרְגַּשְׁתִּי **בַּפְּזִילָה** שֶׁלּוֹ לְעֵבֶר הַתַּפְקִיד שֶׁלִּי.*

פזלפ, פָּזַל — squinted
1. כֹּל עַיִן שֶׁלּוֹ הִבִּיטָה לְכִיווּן אַחֵר:
*כְּשֶׁהָיָה יֶלֶד, הוּא **פָּזַל**, הַנִּיתּוּחַ תִּיקֵּן לוֹ אֶת **הַפְּזִילָה**.*
2. הִסְתַּכֵּל מִן הַצַּד: — peeked, 'eyed'
*הוּא **פָּזַל** אֶל רוּת שֶׁיָּשְׁבָה לְבַדָּהּ.*
3. (מֶטָאפוֹרָה) רָצָה בְּ-: — 'had an eye on'
*הוּא **פָּזַל** לְתַפְקִיד הַמְּנַהֵל.*
לִפְזוֹל, לְ- / פ.ז.ל, פָּעַל / פָּזַלְתִּי, פּוֹזֵל, יִפְזוֹל, יִפְזְלוּ

פזמוןז, פִּזְמוֹן [פִּזְמוֹנִים] — pop song
1. שִׁיר שֶׁשָּׁרִים:
*בַּתּוֹכְנִית יֵשׁ **פִּזְמוֹנִים** יְשָׁנִים.*
2. חֵלֶק בְּשִׁיר שֶׁחוֹזֵר כֹּל פַּעַם: — refrain
*בַּשִּׁיר יֵשׁ **פִּזְמוֹן** חוֹזֵר, שֶׁאוֹתוֹ שַׁרְנוּ יַחַד.*
(מֶטָאפוֹרָה) כְּשֶׁמִּישֶׁהוּ חוֹזֵר עַל עַצְמוֹ עוֹד וָעוֹד:
*שָׁמַעְתִּי כְּבָר אֶת **הַפִּזְמוֹן** שֶׁלּוֹ...*

פזמונאיז, פִּזְמוֹנַאי [פִּזְמוֹנָאִים] — songwriter
מְחַבֵּר פִּזְמוֹנִים (שִׁירִים קַלִּים):
*הוּא חוֹשֵׁב אֶת עַצְמוֹ לִמְשׁוֹרֵר, אֲבָל הוּא בְּעֶצֶם **פִּזְמוֹנַאי**.*
פִּזְמוֹנָאִית, פִּזְמוֹנָאִיּוֹת

פזרןז, פַּזְרָן [פַּזְרָנִים] — squanderer
מִי שֶׁמּוֹצִיא כֶּסֶף בְּקַלּוּת:
*הוּא **פַּזְרָן** גָּדוֹל, הוּא עוֹד יִישָּׁאֵר בְּלִי אֲגוֹרָה.*
פַּזְרָנִית, פַּזְרָנִיּוֹת

פזרנותנ, פַּזְרָנוּת — extravagance
בִּיזְבּוּז, כְּשֶׁמּוֹצִיאִים כֶּסֶף בְּקַלּוּת:
*בִּגְלַל **הַפַּזְרָנוּת** שֶׁלּוֹ נִשְׁאַרְנוּ חַסְרֵי כֹּל.*

פחז, פַּח [פַּחִים] — tin
1. מַתֶּכֶת דַּקָּה, לֹא יְקָרָה:
*קוּפְסַת-הַשִּׁימּוּרִים עֲשׂוּיָה **פַּח**.*
2. קוּפְסָה גְּדוֹלָה מִפַּח לְשֶׁמֶן, בֶּנְזִין וְכוּ׳: — can
*קָנִיתִי שֶׁמֶן **בְּפַח** בִּמְקוֹם בְּבַקְבּוּקִים.*
פַּח-אַשְׁפָּה — garbage can

פחדפ, פָּחַד — was afraid
דָּאַג שֶׁמַּשֶּׁהוּ רַע יָכוֹל לִקְרוֹת:
*הַיֶּלֶד **פָּחַד** לְהִישָּׁאֵר לְבַד בַּבַּיִת.*
לִפְחוֹד, מִ- / פ.ח.ד, פָּעַל / פָּחַדְתִּי, פּוֹחֵד, יִפְחַד, יִפְחֲדוּ

פחדז, פַּחַד [פְּחָדִים] — fear
הַרְגָּשַׁת דְּאָגָה שֶׁיִּקְרֶה מַשֶּׁהוּ רַע:
*הַיֶּלֶד סוֹבֵל **מִפְּחָדִים** מֵאָז הַמִּלְחָמָה.*

פחדןז, פַּחְדָן [פַּחְדָנִים] — coward
מִי שֶׁמְּפַחֵד מִכֹּל דָּבָר, דּוֹאֵג שֶׁיִּקְרֶה מַשֶּׁהוּ רַע:
*הוּא **פַּחְדָן**, וְאִי אֶפְשָׁר לְהַשְׁאִיר אוֹתוֹ לְבַד בַּבַּיִת.*
פַּחְדָנִית, פַּחְדָנִיּוֹת

פחדנותנ, פַּחְדָנוּת — cowardice
הַרְגָּשָׁה שֶׁל דְּאָגָה, שֶׁיִּקְרֶה דָּבָר רַע:
*זֹאת **פַּחְדָנוּת** לִבְרוֹחַ מִכֹּל כֶּלֶב.*

פחוןז, פַּחוֹן [פַּחוֹנִים] — tin shack
"בַּיִת" קָטָן מִפַּח:
*כְּשֶׁבָּאנוּ אַרְצָה גַּרְנוּ **בְּפַחוֹן**.*

פחוסת, פָּחוּס — flat, squashed (adj.)
שֶׁלָּחֲצוּ אוֹתוֹ מִלְמַעְלָה:
*יֵשׁ לוֹ אַף **פָּחוּס**, כַּנִּרְאֶה קִיבֵּל מַכָּה חֲזָקָה.*
פְּחוּסָה, פְּחוּסִים, פְּחוּסוֹת

פחותת, פָּחוֹת — less
קָטָן יוֹתֵר, מְעַט מִ-:

*כַּמּוּת הַמָּזוֹן שֶׁאָכַלְתָּ **פְּחוּתָה** מִמַּה שֶּׁהַגּוּף צָרִיךְ.*
פְּחוּתָה, פְּחוּתִים, פְּחוּתוֹת

פחות ת"פ, פָּחוֹת — less
1. בְּמִידָּה קְטַנָּה, מְעַט מִ-:
*יֵשׁ לִי **פָּחוֹת** עֲבוֹדָה מֵאֲשֶׁר לְרוּתִי.*
2. מִינוּס: — minus
*5 **פָּחוֹת** 2 זֶה 3.*
פָּחוֹת אוֹ יוֹתֵר ב' — more or less
לֹא פָּחוֹת וְלֹא יוֹתֵר ב' — neither more nor less
לְכֹל הַפָּחוֹת ב' - לְפָחוֹת — at least

פחזנית נ', פַּחְזָנִית [פַּחְזָנִיּוֹת] — (cream) puff
מִין "כִּיס" מִבָּצֵק שֶׁמְּמַלְּאִים אוֹתוֹ:
*אֲנִי אוֹהֵב **פַּחְזָנִיּוֹת** עִם קָפֶה.*

פחית נ', פַּחִית [פַּחִיּוֹת] — can
קוּפְסָה מִפַּח שֶׁיֵּשׁ בָּהּ מַשְׁקֶה וְכוּ':
*קָנִיתִי **פַּחִית** בִּירָה.*

פחיתות נ', פְּחִיתוּת — lack of (dignity/importance)
כְּשֶׁמַּשֶּׁהוּ אֵין לוֹ עֵרֶךְ, פָּחוּת בָּעֵרֶךְ שֶׁלּוֹ:
*זֹאת **פְּחִיתוּת** כָּבוֹד מִצִּידּוֹ לְקַבֵּל אֶת הַתַּפְקִיד הַזֶּה.*

פחם ז', פֶּחָם [פְּחָמִים] — coal
עֵץ שָׂרוּף, מִשְׁתַּמְּשִׁים בּוֹ לְהַדְלִיק אֵשׁ בְּתַנּוּר:
*אֶת הַטּוּרְבִּינוֹת שֶׁל הַחַשְׁמַל מַפְעִילִים **בְּפֶחָם**.*

פחמימה נ', פַּחְמֵימָה [פַּחְמֵימוֹת] — carbohydrate
חוֹמֶר אוֹרְגָנִי חָשׁוּב לַגּוּף (H_2CO):
*בְּסוּכָּר וּבְלֶחֶם יֵשׁ הַרְבֵּה **פַּחְמֵימוֹת**.*

פחמן ז', פַּחְמָן — carbon
יְסוֹד כִּימִי, חוֹמֶר אוֹרְגָנִי - C:
*בְּכֹל חוֹמְרֵי הַדֶּלֶק (נֵפְט, גַּז טִבְעִי, פֶּחָם) יֵשׁ **פַּחְמָן**.*

פחס פ', פָּחַס — flattened, squashed
עָשָׂה שֶׁיִּהְיֶה שָׁטוּחַ:
*הַמִּתְאַגְרֵף **פָּחַס** לוֹ אֶת הָאַף.*
לִפְחוֹס אֶת- / פ.ח.ס, פָּעַל / פָּחַסְתִּי, פּוֹחֵס, יִפְחַס

פחת פ', פָּחַת — lessened, was reduced
נַעֲשָׂה פָּחוֹת, קָטָן יוֹתֵר, מְעַט:
*מִסְפַּר הַתַּיָּירִים **פָּחַת** בִּגְלַל הַמִּלְחָמָה.*
לִפְחוֹת / פ.ח.ת, פָּעַל / פָּחַתִּי, פּוֹחֵת, יִפְחַת, יִפְחֲתוּ

פחת ז', פְּחָת — waste
1. מַה שֶּׁמִּתְבַּזְבֵּז, שֶׁלֹּא מִשְׁתַּמְּשִׁים בּוֹ:
*בְּתַפְרִירָה שֶׁל שְׂמָלוֹת יֵשׁ **פְּחָת** גָּדוֹל שֶׁל בַּד.*
2. יְרִידַת הָעֵרֶךְ שֶׁל מַשֶּׁהוּ בִּגְלַל שִׁימּוּשׁ: — depreciation
*הַ**פְּחָת** שֶׁל הַמְּכוֹנִית גָּדֵל מִשָּׁנָה לְשָׁנָה.*

פטור ת', פָּטוּר — exempt
מְשׁוּחְרָר, חוֹפְשִׁי מֵחוֹבָה, מֵעוֹנֶשׁ, מִתַּפְקִיד:
*דָּן **פָּטוּר** מִשֵּׁירוּת בַּצָּבָא בִּגְלַל מַחֲלָתוֹ.*
פְּטוּרָה, פְּטוּרִים, פְּטוּרוֹת

פטור ז', פְּטוֹר [פְּטוֹרִים] — exemption
שִׁיחְרוּר, כְּשֶׁמִּישֶׁהוּ אֵינוֹ חַיָּיב בְּמַשֶּׁהוּ:
*כְּשֶׁהִשְׁתַּחְרַרְתִּי מִן הַצָּבָא, קִיבַּלְתִּי **פְּטוֹר** מִמַּס.*

פטירה נ', פְּטִירָה [פְּטִירוֹת] — passing-away
מִיתָה, כְּשֶׁמִּישֶׁהוּ מֵת:
*הוֹדִיעוּ בָּרַדְיוֹ עַל **פְּטִירָתוֹ** שֶׁל הַשַּׂר.*
יוֹם הַפְּטִירָה - יוֹם הַמָּוֶות בְּכֹל שָׁנָה וְשָׁנָה

פטיש ז', פַּטִּישׁ [פַּטִּישִׁים] — hammer
כְּלִי עֲבוֹדָה, מַכִּים בּוֹ עַל מַסְמְרִים:
*תֵּן לִי **פַּטִּישׁ** וּמַסְמְרִים, וְאֲתַקֵּן לְךָ אֶת הַשּׁוּלְחָן.*

פטל ז', פֶּ֫טֶל — raspberry
שִׂיחַ, יֵשׁ לוֹ פֵּירוֹת קְטַנִּים בְּצֶבַע אָדוֹם כֵּהֶה:
*אֲנִי מְבַקֵּשׁ מַיִם עִם מִיץ **פֶּטֶל**.*

פטפטן ז', פַּטְפְּטָן [פַּטְפְּטָנִים] — blabbermouth
מִי שֶׁמְּדַבֵּר הַרְבֵּה:
*הוּא **פַּטְפְּטָן** גָּדוֹל - אֵינוֹ סוֹגֵר לְרֶגַע אֶת הַפֶּה.*
פַּטְפְּטָנִית, פַּטְפְּטָנִיּוֹת

פטפטנות נ', פַּטְפְּטָנוּת — babble, blubbering
כְּשֶׁמְּדַבְּרִים הַרְבֵּה:
*הַ**פַּטְפְּטָנוּת** שֶׁלּוֹ מְעַיֶּיפֶת.*

פטפטת נ', פַּטְפֶּ֫טֶת — idle chatter
(לְשׁוֹן דִּיבּוּר) דִּיבּוּר בְּעִנְיָינִים לֹא חֲשׁוּבִים:
*תַּפְסִיקוּ אֶת הַ**פַּטְפֶּטֶת** הַזֹּאת וּתְדַבְּרוּ לָעִנְיָין.*

פטר פ', פָּטַר — exempted
נָתַן רְשׁוּת, שִׁיחְרֵר מֵחוֹבָה וְכוּ':
*הַמְּנַהֵל **פָּטַר אוֹתִי** מִבְּחִינָה נוֹסֶפֶת.*
בָּרוּךְ שֶׁפְּטָרָנוּ ב' - — Good riddance
*נִגְמְרוּ הַבְּחִינוֹת, **בָּרוּךְ שֶׁפְּטָרָנוּ**...*
לִפְטוֹר אֶת- / פ.ט.ר, פָּעַל / פָּטַרְתִּי, פּוֹטֵר, יִפְטוֹר

פי (שניים) פִּי (שְׁנַיִם) — twice as much
כִּפְלַיִים (x2) שְׁתֵּי פְּעָמִים (גַּם פִּי שְׁלוֹשָׁה, פִּי אַרְבָּעָה וְכוּ'):

הוּא עוֹבֵד *פִּי שְׁנַיִם מִמֶּנִּי.*

פִּי כַּמָּה וְכַמָּה ב' — much more

פיאה נ, פֵּאָה [פֵּיאוֹת] — sideburn

1. שֵׂיעָר בִּשְׁנֵי הַצְּדָדִים שֶׁל הַפָּנִים:
*לַיְּהוּדִים הָאוֹרתוֹדוֹכּסִים יֵשׁ **פֵּיאוֹת** אֲרוּכּוֹת.*

2. שְׂעָרוֹת לֹא טִבְעִיּוֹת עַל הָרֹאשׁ: — wig, toupee
הַפֵּיאָה מַסתִירָה אֶת הַקָּרַחַת שֶׁלּוֹ.

פֵּאָה נוֹכרִית - שְׂעָרוֹת שֶׁל מִישֶׁהוּ אַחֵר עַל הָרֹאשׁ

פיאר פ, פֵּאֵר — adorned

1. קִישֵּׁט, עָשָׂה שֶׁיִּהיֶה יָפֶה מְאוֹד:
*הַוִּילוֹנוֹת הַחֲדָשִׁים **יְפָאֲרוּ אֶת** הַבַּיִת.*

2. אָמַר דְּבָרִים טוֹבִים עַל מַשֶּׁהוּ אוֹ מִישֶׁהוּ: — praised
*הַמְּבַקֵּר הָאוֹמָנוּתִי **פֵּיאֵר אֶת** שְׁמוֹ שֶׁל הַצַּיָּר.*

לְפָאֵר אֶת- / פ.א.ר, פִּיעֵל / פֵּיאַרתִי, מְפָאֵר, יְפָאֵר, פָּאֵר!

פיברק פ, פִּבְרֵק — fabricated, (invented)

(לשון דיבור) הִמצִיא, אָמַר מַשֶּׁהוּ שֶׁלֹּא הָיָה:
*הוּא **פִּיבּרֵק אֶת** הַסִּיפּוּר, כְּדֵי שֶׁלֹּא יַעֲנִישׁוּ אוֹתוֹ.*

לְפַבּרֵק אֶת- / פ.ב.ר.ק, פִּיעֵל / פִּיבּרַקתִי, מְפַבּרֵק, יְפַבּרֵק

פיגום ז, פִּגּוּם [פִּיגוּמִים] — scaffold

כְּמוֹ סוּלָּם גָּדוֹל וְרָחָב, שֶׁמַּעֲמִידִים כְּדֵי לִצבּוֹעַ, לְתַקֵּן קִיר גָּבוֹהַּ מִבַּחוּץ:
*לְפִי **הַפִּיגוּמִים** אֶפשָׁר לָדַעַת, שֶׁהַבַּיִת עֲדַיִין אֵינוֹ גָּמוּר.*

פיגוע ז, פִּגּוּעַ [פִּיגוּעִים] — terrorist attack

פְּעוּלָּה טֶרוֹרִיסטִית, שֶׁגּוֹרֶמֶת פְּצִיעָה אוֹ מָוֶות:
*הַמִּשׁטָרָה מְנַסָּה לִמנוֹעַ **פִּיגוּעִים** בָּעִיר.*

פיגור ז, פִּגּוּר [פִּיגוּרִים] — lagging behind

אִיחוּר, כְּשֶׁלֹּא מְשַׁלְּמִים וְכוּ' בַּזְּמַן:
*בִּגלַל **הַפִּיגוּר** בְּתַשְׁלוּם שְׂכַר הַדִּירָה שִׁילַּמנוּ קְנָס.*

פִּיגּוּר שִׂכלִי — mental retardation

פיגר פ, פִּגֵּר — lagged behind

לֹא יָכוֹל הָיָה לַעֲמוֹד בַּקֶּצֶב שֶׁל הָאֲחֵרִים:
*הוּא **פִּיגֵּר** אַחֲרֵינוּ כָּל הַטִּיּוּל.*

לְפַגֵּר / פ.ג.ר, פִּיעֵל / פִּיגַּרתִי, מְפַגֵּר, יְפַגֵּר, יְפַגְּרוּ

פידיון ז, פִּדְיוֹן [פִּידיוֹנוֹת] — revenue, cash-sales

הַכֶּסֶף שֶׁמְּקַבֵּל הַסּוֹחֵר עַל סחוֹרָה שֶׁמָּכַר:
*הַפִּידיוֹן **בַּחֲנוּת** גָּבוֹהַּ, אֲבָל הָרְוָוחִים נְמוּכִים.*

פִּידיוֹן הַבֵּן - טֶקֶס דָּתִי, עוֹשִׂים לַבֵּן הָרִאשׁוֹן שֶׁנּוֹלַד, כַּאֲשֶׁר הוּא בֶּן חוֹדֶשׁ — 'redemption' of the first born son (religious ritual)

פידר פ, פִּדֵּר — powdered

שָׂם פּוּדרָה עַל הַפָּנִים וְכוּ':
*הִיא **פִּידרָה אֶת** הָאַף.*

לְפַדֵּר אֶת- / פ.ד.ר, פִּיעֵל / פִּידַרתִי, מְפַדֵּר, יְפַדֵּר, פַּדֵּר!

פיהוק ז, פִּהוּק [פִּיהוּקִים] — yawn

כְּשֶׁמּוֹצִיאִים אֲוויר מִן הַפֶּה, כִּי עֲיֵיפִים וְכוּ':
*מִן **הַפִּיהוּקִים** אֲנִי מֵבִין, שֶׁאַתֶּם רוֹצִים לִישׁוֹן.*

פיהק פ, פִּהֵק — yawned

הוֹצִיא אֲוויר מִן הַפֶּה בִּגלַל עֲיֵיפוּת וְכוּ':
***פִּיהַקתִי** כִּי מְשַׁעֲמֵם לִי.*

לְפַהֵק / פ.ה.ק, פִּיעֵל / פִּיהַקתִי, מְפַהֵק, יְפַהֵק, פַּהֵק!

פיוט ז, פִּיּוּט [פִּיּוּטִים] — hymn

שִׁיר, בְּעִיקָּר שִׁיר דָּתִי:
*בְּשַׁבָּת אוֹמרִים תְפִילּוֹת **וּפִיּוּטִים**.*

פיוטי ת, פִּיּוּטִי — poetic

שֶׁיֵּשׁ בּוֹ שִׁיר, לִירִי:
*הִיא כּוֹתֶבֶת בְּלָשׁוֹן **פִּיּוּטִית**.*

פִּיּוּטִית, פִּיּוּטִיִּים, פִּיּוּטִיּוֹת

פיוס ז, פִּיּוּס [פִּיּוּסִים] — reconciliation

עֲשִׂיַּית שָׁלוֹם, כְּשֶׁמְּבַטְּלִים כַּעַס:
*הַ**פִּיּוּס** בֵּין רוּת לְדָוִיד נַעֲשָׂה בִּזכוּתִי.*

דִּברֵי פִּיּוּסִים - דְּבָרִים שֶׁבָּאִים לְסַלֵּק כַּעַס

פיזור ז, פִּזּוּר [פִּיזוּרִים] — dispersion, dismissal

כְּשֶׁשּׁוֹלחִים מַשֶּׁהוּ אוֹ מִישֶׁהוּ לְכָל הַצְּדָדִים:
***פִּיזוּר** הַהַפגָּנָה נַעֲשָׂה עַל-יְדֵי הַשּׁוֹטְרִים.*

פִּיזוּר-אוּכלוּסִיָּיה - — population dispersal
הַתּוֹכנִית לְפִיזוּר הָאוּכלוּסִיָּיה נִכשְׁלָה.

פִּיזוּר-נֶפֶשׁ — absent-mindedness

פיזז פ, פִּזֵּז — pranced

(לשון גבוהה) רָקַד, קָפַץ:
*הוּא **פִּיזֵּז** בַּחֲתוּנָה, כְּאִילּוּ הָיָה רַקדָן.*

לְפַזֵּז / פ.ז.ז, פִּיעֵל / פִּיזַּזתִי, מְפַזֵּז, יְפַזֵּז, פַּזֵּז!

פיזם פ, פִּזֵּם — hummed

זִימזֵם, הִשׁמִיעַ מַנגִּינָה בְּלִי לִפתוֹחַ אֶת הַפֶּה:
***פִּיזַּמתִי** לִי **אֶת** הַשִּׁיר הֶחָדָשׁ בִּזמַן הָעֲבוֹדָה.*

לְפַזֵּם אֶת- / פ.ז.ם, פִּיעֵל / פִּיזַּמתִי, מְפַזֵּם, יְפַזֵּם, פַּזֵּם!

פיזמון ר' פזמון

פיזרפ׳ פִּזֵּר dispersed
1. שָׁלַח לְכָל הַצְּדָדִים:
*הַמִּשְׁטָרָה **פִּיזְּרָה אֶת** הַמַּפְגִּינִים.*
2. בִּיזְבֵּז, הוֹצִיא בְּלִי חֶשְׁבּוֹן: squandered
*הוּא **פִּיזֵּר אֶת** כָּל כַּסְפּוֹ עַל בִּילּוּיִים.*
לְפַזֵּר אֶת- / פ.ז.ר, פִּיעֵל / פִּיזַּרְתִּי, מְפַזֵּר, יְפַזֵּר, פַּזֵּר!

פיחז׳ פִּיחַ soot
הָאָבָק אוֹ הַצֶּבַע הַשָּׁחוֹר שֶׁנִּשְׁאָר אַחֲרֵי שְׂרֵיפָה:
*יֵשׁ **פִּיחַ** בָּאֲוִויר בִּגְלַל הַמְּכוֹנִיּוֹת.*

(פיחדפ׳ פִּחֵד) (לֹא מִשְׁתַּמְּשִׁים בִּזְמַן עָבָר) was afraid
פָּחַד, דָּאַג שֶׁמַּשֶּׁהוּ רַע יָכוֹל לִקְרוֹת:
*הַיֶּלֶד **מְפַחֵד** לְהִישָּׁאֵר לְבַד בַּבַּיִת.*
לְפַחֵד מ- / פ.ח.ד, פִּיעֵל / מְפַחֵד, מְפַחֲדִים, אֲפַחֵד, יְפַחֵד

פיחותז׳ פִּחוּת [פִּיחוּתִים] devaluation (depreciation)
פְּעוּלָה שֶׁבָּהּ הַמֶּמְשָׁלָה מוֹרִידָה אֶת עֶרֶךְ הַכֶּסֶף לְעוּמַּת מַטְבֵּעַ חוּץ:
*שַׂר הָאוֹצָר הוֹדִיעַ עַל **פִּיחוּת** שֶׁל 20% בְּעֵרֶךְ הַשֶּׁקֶל.*
(מֶטָאפוֹרָה) **חָל פִּיחוּת בְּמַעֲמָדוֹ** - הוּא כְּבָר אֵינוֹ חָשׁוּב כֹּל כָּךְ

פיחתפ׳ פִּחֵת devaluated, depreciated
עָשָׂה שֶׁיִּהְיֶה פָּחוֹת, הִקְטִין:
*שַׂר הָאוֹצָר אָמַר, שֶׁלֹּא **יְפַחֵת אֶת** הַשֶּׁקֶל.*
לְפַחֵת אֶת- / פ.ח.ת, פִּיעֵל / פִּיחַתִּי, מְפַחֵת, יְפַחֵת, פַּחֵת!

פיטורים/פיטוריןז״ר פִּטּוּרִים/פִּיטּוּרִין dismissal, firing
כְּשֶׁמַּפְסִיקִים עֲבוֹדָה שֶׁל מִישֶׁהוּ:
*אֲנִי פּוֹחֵד **מִפִּיטּוּרִים**, מָה אֶעֱשֶׂה בְּלִי עֲבוֹדָה?*
גֵּט פִּיטּוּרִין divorce

פיטםפ׳ פִּטֵּם stuffed (with food)
הֶאֱכִיל בַּעֲלֵי חַיִּים, כְּדֵי שֶׁיִּהְיוּ שְׁמֵנִים:
*הוּא **פִּיטֵּם אֶת** הַתַּרְנְגוֹלוֹת. / (מֶטָאפוֹרָה) אִימָּא **מְפַטֶּמֶת אוֹתָנוּ** בְּשַׁבָּת.*
לְפַטֵּם אֶת- / פ.ט.ם, פִּיעֵל / פִּיטַּמְתִּי, מְפַטֵּם, יְפַטֵּם

פיטמהנ׳ פִּטְמָה [פִּטָּמוֹת] nipple
בְּלִיטָה בַּשָּׁדַיִם, דַּרְכָּהּ יוֹצֵא הֶחָלָב:
*הַתִּינוֹק יוֹנֵק מִן **הַפִּיטְמָה**.*

פיטפוטז׳ פִּטְפּוּט [פִּיטְפּוּטִים] chatter
דִּיבּוּרִים לֹא חֲשׁוּבִים:
***הַפִּיטְפּוּט** בִּזְמַן הַהַצָּגָה מַפְרִיעַ לַשַּׂחְקָנִים.*

פיטפטפ׳ פִּטְפֵּט chatted
דִּיבֵּר, אָמַר דְּבָרִים לֹא חֲשׁוּבִים:
***פִּיטְפַּטְנוּ** כַּמָּה דַּקּוֹת בַּתּוֹר לָאוֹטוֹבּוּס.*
לְפַטְפֵּט / פ.ט.פ.ט, פִּיעֵל / פִּיטְפַּטְתִּי, מְפַטְפֵּט, יְפַטְפֵּט

פיטרפ׳ פִּטֵּר dismissed, fired
הִפְסִיק אֶת עֲבוֹדָתוֹ שֶׁל מִישֶׁהוּ:
*הַמְּנַהֵל **פִּיטֵּר אֶת** הַפָּקִיד, שֶׁדִּיבֵּר בְּחוּצְפָּה.*
לְפַטֵּר אֶת- / פ.ט.ר, פִּיעֵל / פִּיטַּרְתִּי, מְפַטֵּר, יְפַטֵּר, פַּטֵּר!

פיטרייהנ׳ פִּטְרִיָּה [פִּיטְרִיּוֹת] mushroom
1. צֶמַח מַאֲכָל, גָּדֵל בַּיַּעַר:
*אַחֲרֵי הַגֶּשֶׁם אָסַפְנוּ **פִּיטְרִיּוֹת**, בִּישַּׁלְנוּ וְאָכַלְנוּ אוֹתָן.*
2. (מֶטָאפוֹרָה) הָאֲדָמָה וְהֶעָשָׁן שֶׁעוֹלִים אַחֲרֵי פִּיצּוּץ:
*כְּשֶׁזּוֹרְקִים פְּצָצָה אֲטוֹמִית יֵשׁ **פִּיטְרִיָּיה** עֲנָקִית.*

פיטרלפ׳ פִּטְרֵל patrolled
(לְשׁוֹן דִּיבּוּר) עָשָׂה פַּטְרוֹל כְּדֵי לִבְדּוֹק אִם הַכֹּל בְּסֵדֶר:
*הַחַיָּילִים **פִּיטְרְלוּ** לְיַד הַגְּבוּל.*
לְפַטְרֵל / פ.ט.ר.ל, פִּיעֵל / פִּיטְרַלְתִּי, מְפַטְרֵל, יְפַטְרֵל

פייהנ׳ פִּיָּה [פִּיּוֹת] spout
צִינּוֹר קָטָן אוֹ פֶּתַח קָטָן שֶׁשָּׂמִים בַּפֶּה:
*נִיקִּיתִי אֶת **פִּיַּית** הַמִּקְטֶרֶת (פַּיְיפּ). / לַתִּינוֹק יֵשׁ סֵפֶל מְיוּחָד עִם **פִּיָּיה**.*

פייחפ׳ פִּיֵּחַ (פִּיחַ) covered with soot
כִּיסָּה, לִיכְלֵךְ בְּ"אָבָק" שָׁחוֹר שֶׁל אֵשׁ:
*הָאֵשׁ **פִּייְּחָה** אֶת הַסִּיר.*
לְפַיֵּחַ אֶת- / פ.י.ח, פִּיעֵל / פִּייַּחְנוּ, מְפַיֵּחַ, יְפַיֵּחַ

פייטןז׳ פַּיְּטָן (liturgical) poet
מִי שֶׁכּוֹתֵב שִׁירִים, בְּעִיקָּר שִׁירִים דָּתִיִּים:
*זֶהוּ פִּיּוּט שֶׁחִיבֵּר **פַּייְטָן** יְהוּדִי לִפְנֵי 1,000 שָׁנִים.*
פַּייְטָנִית, פַּייְטָנִים, פַּייְטָנִיּוֹת

פייספ׳ פִּיֵּס made peace, conciliated
1. עָשָׂה שָׁלוֹם:
*הוּא **פִּייֵּס בֵּין** רוּת לְבֵין דָּוִיד.*
2. עָשָׂה שֶׁלֹּא יִכְעַס: appeased
*לֵךְ **פַּייֵּס אֶת** אַבָּא - בַּקֵּשׁ מִמֶּנּוּ סְלִיחָה!*
לְפַיֵּיס אֶת-, בֵּין- / פ.י.ס, פִּיעֵל / פִּייַּסְתִּי, מְפַיֵּיס, יְפַיֵּיס

פייס ר׳ פיס

פייסנותנ׳ פַּיְּסָנוּת appeasement
הָרָצוֹן לְהַגִּיעַ לְשָׁלוֹם:
*יֵשׁ חוֹשְׁבִים שֶׁעַל-יְדֵי **פַּייְסָנוּת** מַפְסִידִים.*

פייסני ת׳, פַּיְסָנִי — conciliatory
1. עוֹשֶׂה הַרְבֵּה כְּדֵי לְהַשִּׂיג שָׁלוֹם:
*לְפִי דַעְתִּי בְּהַצָּעוֹת **פַּייסָנִיוֹת** אֶפְשָׁר לְהַשִּׂיג יוֹתֵר.*
2. בְּלִי כַּעַס, שָׁקֵט, רָגוּעַ: — accommodating
*הָיְיתָה אֲווירָה **פַּייסָנִית** בַּיְשִׁיבָה.*
פַּייסָנִית, פַּייסָנִים, פַּייסָנִיּוֹת

פיכה פ׳, פִּכָּה — gushed, flowed
(לָשׁוֹן גְבוֹהָה) זָרַם, פָּרַץ (מַיִם וְכוּ׳):
*פִּתְאוֹם רָאִינוּ מַיִם, **שֶׁפִּיכּוּ מִן הָאֶבֶן.***
לְפַכּוֹת מִן- / פ.כ.ה, פִּיעֵל / פִּיכּוּ, מְפַכֶּה, יְפַכֶּה, יְפַכּוּ

פיכח ת׳, פִּכֵּחַ — sober
שֶׁאֵינֶנּוּ שִׁיכּוֹר, מִי שֶׁיֵּשׁ לוֹ מַחְשָׁבָה בְּהִירָה:
*הוּא שָׁתָה הַרְבֵּה בִּירָה אֲבָל נִשְׁאַר **פִּיכֵּחַ.***
פִּיכַּחַת, פִּיכְּחִים, פִּיכְּחוֹת

פיכפוך ז׳, פִּכְפּוּךְ — trickle, gush
(אוֹנוֹמָטוֹפֵּיאָה) זְרִימָה לֹא חֲזָקָה:
***פִּיכְפּוּךְ** הַמַּיִם הֵעִיר אוֹתָנוּ.*

פיל ז׳, פִּיל [פִּילִים] — elephant
בַּעַל חַיִּים גָּדוֹל מְאוֹד, שֶׁיֵּשׁ לוֹ חֶדֶק אָרוֹךְ:
*הַ**פִּילִים** חַיִּים בַּטֶּבַע בִּדְרוֹם אַסְיָה וּבְאַפְרִיקָה.*

פילג פ׳, פִּלֵּג — divided, split
חִילֵּק לְכַמָּה קְבוּצוֹת:
*הַוִּיכּוּחַ **פִּילֵּג אֶת** הָעָם.*
לְפַלֵּג אֶת- / פ.ל.ג, פִּיעֵל / פִּילַּגְתִּי, מְפַלֵּג, יְפַלֵּג, פַּלֵּג!

פילגש נ׳, פִּילֶגֶשׁ [פִּילַגְשִׁים] — mistress
מְאַהֶבֶת, אִישָּׁה שֶׁחַיָּה עִם גֶּבֶר בְּלִי נִישּׂוּאִים:
*הִיא רָצְתָה לְהִתְחַתֵּן וְלֹא לִהְיוֹת הַ**פִּילֶגֶשׁ** שֶׁלּוֹ.*

פילוג ז׳, פִּלּוּג [פִּילּוּגִים] — split, division
חֲלוּקָה לְכַמָּה קְבוּצוֹת:
*הָיָה **פִּילּוּג** בַּמִּפְלָגָה - חֵלֶק תָּמַךְ בְּדָוִיד וְחֵלֶק בְּיִצְחָק.*

פילוס ז׳, פִּלּוּס [פִּילּוּסִים] — paving (a road)
כְּשֶׁעוֹשִׂים שֶׁיִּהְיֶה יָשָׁר, שֶׁאֶפְשָׁר יִהְיֶה לַעֲבוֹר:
*עָבַדְתִּי **בְּפִילּוּס** הַדֶּרֶךְ לִירוּשָׁלַיִם.*

פילח פ׳, פִּלַּח (פִּלֵּחַ) — sliced, segmented
1. חָתַךְ וְחִילֵּק לַחֲלָקִים:
***פִּילַּחְתִּי** אֶת הַתַּפּוּז לְפְלָחִים.*
2. הָפַךְ אֶת הָאֲדָמָה, חָרַשׁ: — ploughed, furrowed
*הַמַּחְרֵשָׁה **פִּילְּחָה** אֶת הָאֲדָמָה לִפְנֵי הַזְּרִיעָה.*
3. עָבַר דֶּרֶךְ: — split, cut through
*הַכַּדּוּר **פִּילַּח אֶת** לִיבּוֹ. (מֶטָאפוֹרָה) צְעָקָה **פִּילְּחָה** אֶת הָאֲוִויר.*
לְפַלֵּחַ אֶת- / פ.ל.ח, פִּיעֵל / פִּילַּחְתִּי, מְפַלֵּחַ, יְפַלֵּחַ

פילל פ׳, פִּלֵּל — hoped, expected
הֶאֱמִין, קִיוָּוה:
*לֹא **פִּילַּלְתִּי**, שֶׁאֶרְאֶה אֶת אָחִי מֵרוּסְיָה. / אֲנִי **מְפַלֵּל** לְשָׁלוֹם.*
לְפַלֵּל לְ- / פ.ל.ל, פִּיעֵל / פִּילַּלְתִּי, מְפַלֵּל, יְפַלֵּל, יְפַלְּלוּ

פילס פ׳, פִּלֵּס — paved, leveled
עָשָׂה, הֵכִין כְּבִישׁ וְכוּ׳:
***פִּילַּסְנוּ** כְּבִישׁ בָּהָר.*
פִּילֵּס דֶּרֶךְ ב׳ — paved the road
לְפַלֵּס אֶת- / פ.ל.ס, פִּיעֵל / פִּילַּסְתִּי, מְפַלֵּס, יְפַלֵּס, פַּלֵּס!

פילפול ז׳, פִּלְפּוּל [פִּילְפּוּלִים] — hair-splitting
וִיכּוּחַ, דִּיּוּן בְּכָל הַפְּרָטִים:
*כָּל הַ**פִּילְפּוּל** הַזֶּה מְיוּתָּר בְּעֵינַיי.*

פילפל ז׳, פִּלְפֵּל [פִּילְפְּלִים] — pepper
תַּבְלִין שֶׁנּוֹתֵן טַעַם חָרִיף לָאוֹכֶל:
*שַׂמְתִּי **פִּילְפֵּל** שָׁחוֹר בַּמָּרָק.*

פינה פ׳, פִּנָּה — evacuated, vacated
יָצָא אוֹ הוֹצִיא הַכּוֹל מֵהַמָּקוֹם:
*בִּגְלַל הָאֵשׁ **פִּינּוּ** כָּל הַדַּיָּירִים **אֶת** הַבִּנְיָין.*
לְפַנּוֹת אֶת- / פ.נ.ה, פִּיעֵל / פִּינִּיתִי, מְפַנֶּה, יְפַנֶּה, פַּנֵּה!

פינה נ׳, פִּנָּה [פִּינּוֹת] — corner
1. הַמָּקוֹם שֶׁשְּׁנֵי קִירוֹת נוֹגְעִים זֶה בָּזֶה:
*שַׂמְתִּי אֶת הַמְּעִיל עַל הַכִּיסֵּא שֶׁ**בְּפִינַּת** הַחֶדֶר.*
2. מָקוֹם שֶׁשְּׁתֵּי דְּרָכִים חוֹצוֹת זוֹ אֶת זוֹ:
*חִיכִּיתִי לוֹ **בַּפִּינָּה**, בִּרְחוֹב דִּיזֶנְגוֹף **פִּינַּת** גּוֹרְדוֹן.*
3. מָקוֹם לֹא גָּדוֹל לְמַטָּרָה מְסוּיֶּמֶת: — small area
*אֲנַחְנוּ אוֹכְלִים **בְּפִינַּת** הָאוֹכֶל.*
אֶבֶן פִּינָּה - — corner stone
הִשְׁתַּתַּפְתִּי בְּטֶקֶס הֲנָחַת אֶבֶן הַפִּינָּה לַסִּפְרִיָּיה הַחֲדָשָׁה.

פינוי ז׳, פִּנּוּי [פִּינּוּיִים] — removal, clearing
1. הוֹצָאָה שֶׁל דְּבָרִים, סִילּוּק:
*הָעִירִיָּיה מְטַפֶּלֶת **בְּפִינּוּי** הָאַשְׁפָּה מִן הָרְחוֹבוֹת.*
2. עֲזִיבָה, כְּשֶׁיּוֹצְאִים מִמָּקוֹם וּמַשְׁאִירִים אוֹתוֹ רֵיק: — evacuating
*אַחֲרֵי **פִּינּוּי** הַדִּירָה נִמְכּוֹר אֶת הַבַּיִת.*

פינוק ז׳, פִּנּוּק [פִּינּוּקִים] — pampering
1. טִיפּוּל עָדִין, כְּשֶׁנּוֹתְנִים כֹּל מַה שֶּׁמִּישֶׁהוּ רוֹצֶה:

הַיֶּלֶד הַגָּדוֹל רוֹצֶה בְּפִינּוּק בְּדִיּוּק כְּמוֹ הַתִּינוֹק.
2. דְּבָרִים שֶׁגּוֹרְמִים שִׂמְחָה, תַּעֲנוּג:
אַמְבַּטְיָה חַמָּה בַּחוֹרֶף זֶה פִּינּוּק נִפְלָא.

פינק פ', פִּנֵּק — pampered
הִתְיַיחֵס בַּעֲדִינוּת, וְנָתַן כֹּל מָה שֶׁמִּישֶׁהוּ בִּיקֵּשׁ:
אָבִי פִּינֵּק אוֹתִי מְאוֹד.
לְפַנֵּק אֶת- / פ.נ.ק, פִּיעֵל / פִּינַּקְתִּי, מְפַנֵּק, יְפַנֵּק, פַּנֵּק!

פינקס ר' פנקס **פינקסן** ר' פנקסן
פינקסנות ר' פנקסנות

פיס ז', פַּיִס — lottery
הַגְרָלָה - כְּשֶׁקּוֹנִים כַּרְטִיס וּמְקַוִּוים לְקַבֵּל כֶּסֶף:
קָנִיתִי כַּרְטִיס פַּיִס וְזָכִיתִי בְּ-50 ש"ח.
מִפְעַל-הַפַּיִס — state lottery

פיסול ז', פִּסּוּל — sculpturing
עֲשִׂיַּית פְּסָלִים בְּאֶבֶן, בְּעֵץ וְכוּ':
רָאִיתִי בַּמּוּזֵיאוֹן אֶת עֲבוֹדוֹת הַפִּיסוּל שֶׁל הֶנְרִי מוּר.

פיסולי ת', פִּסּוּלִי — sculptural
שַׁיָּיךְ לְפִיסוּל, אוּמָּנוּת שֶׁל עֲשִׂיָּיה בְּאֶבֶן, בְּבַרְזֶל...:
בַּצִּיּוּר שֶׁל מִיכָאֵל אַנְג'לוֹ יֵשׁ אֱלֶמֶנְטִים פִּיסוּלִיִּים.
פִּיסוּלִית, פִּיסוּלִיִּים, פִּיסוּלִיּוֹת

פיסוק ז', פִּסּוּק — punctuation
1. כְּשֶׁשָּׂמִים פְּסִיק (,) נְקוּדָה (.) וְכוּ' בְּטֶקְסְט:
הַפִּיסוּק בַּחִיבּוּר שֶׁלְּךָ לֹא נָכוֹן.
2. (גַּם פִּישׂוּק) פְּתִיחַת רַגְלַיִים: — straddle
עָמַדְתִּי בְּפִיסוּק רַגְלַיִים וְהִתְעַמַּלְתִּי.
סִימָנֵי פִּיסוּק - הַסִּימָנִים שֶׁל פְּסִיק (,) נְקוּדָה (.) וְכוּ'

פיסח ת"ז, פִּסֵּחַ [פִּיסְחִים] — lame
מִי שֶׁיֵּשׁ לוֹ רֶגֶל אַחַת קְצָרָה יוֹתֵר:
הוּא לֹא נוֹלַד פִּיסֵּחַ, הוּא נִפְצַע בִּתְאוּנָה.
פִּיסַּחַת, פִּיסְחוֹת

פיספוס ז', פִּסְפּוּס [פִּיסְפּוּסִים] — (a) miss
(לְשׁוֹן דִּיבּוּר) מַשֶּׁהוּ שֶׁלֹּא הִצְלִיחַ:
זֶה הָיָה פִּיסְפּוּס - יָרִיתִי וְלֹא פָּגַעְתִּי בַּמַּטָּרָה.

פיספס פ', פִּסְפֵּס — missed
(לְשׁוֹן דִּיבּוּר) לֹא הִשִּׂיג אֶת הַמַּטָּרָה, לֹא הִצְלִיחַ:
פִּיסְפַּסְתִּי אֶת הָאוֹטוֹבּוּס, וְלֹא הִגַּעְתִּי בַּזְּמַן.
לְפַסְפֵּס אֶת- / פ.ס.פ.ס, פִּיעֵל / פִּיסְפַּסְתִּי, מְפַסְפֵּס

פיסק פ', פִּסֵּק — punctuated
כָּתַב סִימָנֵי פִּיסוּק (= [,] [.] וְכוּ'):
אִם לֹא תְּפַסֵּק אֶת הַמִּכְתָּב לֹא יָבִינוּ אוֹתוֹ.
לְפַסֵּק אֶת- / פ.ס.ק, פִּיעֵל / פִּיסַּקְתִּי, מְפַסֵּק, יְפַסֵּק, פַּסֵּק!

פיסקה נ', פִּסְקָה [פְּסָקוֹת/פִּיסְקָאוֹת] — phrase
קֶטַע בְּתוֹךְ חִיבּוּר אוֹ סֵפֶר:
בַּפִּיסְקָה הָרִאשׁוֹנָה בַּמַּאֲמָר הִצַּגְתִּי אֶת הַנּוֹשֵׂא.

פיעל ז', פִּעֵל — one of the active paradigms of the Heb. verb
(בְּדִיקְדּוּק) שֵׁם בִּנְיָין אַקְטִיבִי שֶׁל הַפּוֹעַל הָעִבְרִי:
הַפְּעָלִים 'שִׁילֵּם', 'דִּיבֵּר', 'סִידֵּר' בְּבִנְיָין פִּיעֵל.

פיעם פ', פִּעֵם — beat, impelled
עוֹרֵר, גָּרַם שֶׁיִּהְיֶה:
תִּקְוָוה חֲדָשָׁה פִּיעֲמָה בְּלִיבִּי.
לְפַעֵם בְּ- / פ.ע.ם, פִּיעֵל / פִּיעֲמָה, מְפַעֵם, יְפַעֵם, יְפַעֲמוּ

פיענוח ז', פִּעֲנוּחַ [פִּיעֲנוּחִים] — deciphering, decoding
כְּשֶׁמַּצְלִיחִים לִקְרוֹא וּלְהָבִין כְּתַב-יָד סוֹדִי וְכוּ':
הוּא אַרְכֵיאוֹלוֹג, שֶׁעוֹסֵק בְּפִיעֲנוּחַ כְּתוֹבוֹת עַתִּיקוֹת.

פיענח פ', פִּעֲנַח/פִּעֲנֵחַ — deciphered
הִצְלִיחַ לִקְרוֹא (לְהָבִין) כְּתַב יָד, כְּתַב סוֹדִי...:
קָשֶׁה לְפַעֲנֵחַ אֶת כְּתַב הַיָּד שֶׁלְּךָ.
לְפַעֲנֵחַ אֶת- / פ.ע.נ.ח, פִּיעֵל / פִּיעַנְחָה, מְפַעֲנֵחַ, יְפַעֲנֵחַ

פיעפוע ז', פִּעְפּוּעַ — infiltration, difusion
כְּשֶׁמַּשֶּׁהוּ חוֹדֵר (נִכְנָס) בְּכַמּוּיוֹת קְטַנּוֹת:
אֶפְשָׁר לְהַרְגִּישׁ בְּפִיעְפּוּעַ הַשִּׂנְאָה שֶׁלּוֹ נֶגֶד הַכֹּל.

פיעפע פ', (פִּעְפֵּעַ) פִּעְפַּע — permeated
(לָשׁוֹן סִפְרוּתִית) נִכְנַס, חָדַר, הִתְפַּשֵּׁט:
הַשִּׂנְאָה פִּיעְפְּעָה בָּהּ כְּנֶגֶד כֹּל דָּבָר בָּעוֹלָם.
לְפַעְפֵּעַ / פ.ע.פ.ע, פִּיעֵל / פִּיעְפְּעָה, מְפַעְפֵּעַ, יְפַעְפֵּעַ

פיפיות נ"ר, פִּיפִיּוֹת — two edged sword
חֶרֶב פִּיפִיּוֹת (לָשׁוֹן סִפְרוּתִית) - חֶרֶב חַדָּה שֶׁשְּׁנֵי הַצְּדָדִים שֶׁלָּהּ מְסוּכָּנִים. (מֶטָאפוֹרָה) מַשֶּׁהוּ שֶׁיָּכוֹל לִפְגּוֹעַ בְּמִי שֶׁמִּשְׁתַּמֵּשׁ בּוֹ:
הַדְּרִישׁוֹת שֶׁלָּנוּ הֵן חֶרֶב פִּיפִיּוֹת - אִם הֵן יִתְקַבְּלוּ נִצְטָרֵךְ לַעֲבוֹד יוֹתֵר.

פיצוח ז', פִּצּוּחַ [פִּיצּוּחִים] — cracking
1. שְׁבִירָה, פְּתִיחָה בְּכוֹחַ:
לְפִיצּוּחַ הַמַּנְעוּל צָרִיךְ מוּמְחֶה.
2. פִּתְרוֹן שֶׁל בְּעָיָיה קָשָׁה: — 'cracking' (a code/problem)
הוּא הִצְלִיחַ בְּפִיצּוּחַ הַקּוֹד שֶׁל הַמַּחְשֵׁב.

פיצוחים - גרעינים, all kinds of (cracking) nuts
אֱגוזים וכו' שֶׁיֵש לָהֶם קליפָּה

פיצויז, פִּצוּי [פִּיצוּיִים] compensation
מַשֶהוּ שֶׁמְקַבְּלִים בִּמְקוֹם הֶפְסֵד כֹּלשֶׁהוּ:
*הַהַצלָחָה שֶׁלוֹ בַּלִימוּדִים הִיא **פִּיצוּי** עַל כִּישלוֹנוֹת אֲחֵרִים.*
פִּיצוּיִים - תַשלוּם שֶׁנוֹתנִים לְאָדָם שֶׁנִגרַם damages
לוֹ נֶזֶק, שֶׁנִפגַע בִּתאוּנָה, שֶׁפּוּטַר מִן הָעֲבוֹדָה וכו':
*בַּעַל בֵּית הַחֲרוֹשֶׁת שִילֵם **פִּיצוּיִים** לַפּוֹעֵל שֶׁפּוּטַר.*
פִּיצוּי מָלֵא / פִּיצוּי חֶלקִי / פִּיצוּיֵי-פִּיטוּרִין

פיצולז, פִּצּוּל [פִּיצוּלִים] splitting, breaking-up
כְּשֶׁמַשֶהוּ מִתחַלֵק לַחֲלָקִים:
__פִּיצוּל__ הַקבוּצָה לִשתֵי קבוּצוֹת נוֹחַ יוֹתֵר לַמַדרִיךְ.
פִּיצוּל הָאִישִיוּת schizophrenia

פיצוץז, פִּצּוּץ [פִּיצוּצִים] explosion
כְּשֶׁמַשֶהוּ מִתפּוֹצֵץ (בִּגלַל פְּצָצָה וכו'), נִשבָּר לְגַמרֵי:
*שָמַענוּ **פִּיצוּץ**, וְהַבַּיִת נָפַל.*
(מֶטָאפוֹרָה) הַפסָקָה בִּגלַל רִיב, אִי הַסכָּמָה: deadlock
*הָיָה **פִּיצוּץ** בַּשִׂיחוֹת בֵּין הַמְנַהֵל וְהָעוֹבדִים.*

פיצחפ, פִּצֵּחַ (פצח) cracked (open)
1. שָבַר, פָּתַח בְּכוֹחַ:
*הוּא **פִּיצֵחַ אֶת** קלִיפּוֹת הָאֱגוֹזִים.*
2. פָּתַר בְּעָיָה קָשָה: 'cracked' (a code etc.), deciphered
*הוּא **פִּיצֵחַ אֶת** הַקוֹד בַּמַחשֵב.*
לְפַצֵחַ אֶת- / פ.צ.ח, פִּיעֵל / פִּיצַחתִי, מְפַצֵחַ, יְפַצֵחַ, פַּצֵחַ!

פיצלפ, פִּצֵּל split, broke-up
חִילֵק לִקבוּצוֹת, לַחֲלָקִים:
*הַמְפַקֵד **פִּיצֵל אֶת** הַכִּיתָה לִקבוּצוֹת קטַנוֹת.*
לְפַצֵל אֶת- / פ.צ.ל, פִּיעֵל / פִּיצַלתִי, מְפַצֵל, יְפַצֵל, פַּצֵל!

פיצץ ר' פוצץ

פיקז, פִּיק trembling
פִּיק בִּרכַּיִים - חוּלשָה בָּרַגלַיִים: tottering
*כְּשֶׁרָאִיתִי אֶת הַמְנַהֵל הִרגַשתִי **פִּיק בִּרכַּיִים**.*

פיקדפ, פִּקֵּד was in command
עָמַד בְּרֹאש קבוּצָה שֶל חַיָילִים, צוֹפִים וכו':
*הוּא **יְפַקֵד עַל** כֹּל הַחַיָילִים הַחֲדָשִים.*
לְפַקֵד עַל- / פ.ק.ד, פִּיעֵל / פִּיקַדתִי, מְפַקֵד, יְפַקֵד, פַּקֵד!

פיקדוןז, פִּקָּדוֹן [פִּיקדוֹנוֹת] safe-keeping
מַשֶהוּ שֶׁנוֹתנִים לִשמִירָה:
*אֲנִי מַשאִיר אֶצלְךָ אֶת הַמְכוֹנָה **לְפִיקָדוֹן**, כְּשֶׁאֶחזוֹר מִן הַטִיוּל אֶקַח אוֹתָהּ.*
2. מַשֶהוּ (חֵפֶץ אוֹ כֶּסֶף) שֶׁנוֹתנִים כְּדֵי לְהַבטִיחַ deposit
תַשלוּם, הַחזָרָה שֶל חֵפֶץ וכו':
*בַּספרִיָיה צָרִיךְ לְהַשאִיר 50 ש"ח **פִּיקָדוֹן**.*

פיקודז, פִּקּוּד [פִּיקוּדִים] command
1. נִיהוּל, אִירגוּן וְאַחרָיוּת:
__הַפִּיקוּד עַל__ הַצָבָא הוּא בִּידֵי הָרַמַטכָּ"ל.
2. (בַּצָבָא) מִסגֶרֶת אִירגוּנִית גדוֹלָה:
*בַּצָבָא הָיִיתִי שַיָיךְ **לְפִיקוּד** צָפוֹן.*

פיקוחז, פִּקּוּחַ supervision
1. כְּשֶׁשָׂמִים לֵב שֶׁהַכּוֹל נַעֲשֶׂה בְּסֵדֶר:
*כְּשֶׁאֵין **פִּיקוּחַ**, אֲנָשִים לֹא עוֹבדִים.*
2. הָאֲנָשִים שֶׁהַתַפקִיד שֶלָהֶם לְהַשגִיחַ, לְפַקֵחַ:
*פָּנִיתִי **לַפִּיקוּחַ** וּבִיקַשתִי אִישוּר.*
פִּיקוּחַ נֶפֶש - כְּשֶׁיֵש סַכָּנַת חַיִים:
בְּמַצָבִים שֶל פִּיקוּחַ נֶפֶש עוֹשִׂים הַכֹּל כְּדֵי לְהַצִיל מִמָוֶת.

פיקחתר"ז פִּקֵּחַ [פִּיקחִים] clever
חָכָם, מָהִיר מַחשָבָה, יוֹדֵעַ לְהִסתַדֵר:
*הוּא בָּחוּר **פִּיקֵחַ**, יוֹצֵא בְּקַלוּת גַם מִמַצָבִים קָשִים.*
פִּיקַחַת, פִּיקחוֹת

פיקחפ, פִּקֵּחַ (פקח) supervised
הִשגִיחַ, שָׂם לֵב שֶׁהַכּוֹל יִהיֶה בְּסֵדֶר:
*הַתַפקִיד שֶל הַמְנַהֵל הוּא **לְפַקֵחַ עַל** הָעוֹבדִים.*
לְפַקֵחַ עַל- / פ.ק.ח, פִּיעֵל / פִּיקַחתִי, מְפַקֵחַ, יְפַקֵחַ, פַּקֵחַ!

פיקחותנ, פִּקְחוּת cleverness, intelligence
חוֹכמָה, שֵׂכֶל חָרִיף:
*נָעִים לְדַבֵּר אִיתָהּ בִּגלַל **הַפִּיקחוּת** שֶלָה.*

פיקחית, פִּקְחִי clever, intelligent
שֶׁיֵש לוֹ שֵׂכֶל חָרִיף:
*הוּא עָנָה תשוּבוֹת **פִּיקחִיוֹת**.*
פִּיקחִית, פִּיקחִיִים, פִּיקחִיוֹת

פיקפוקז, פִּקְפּוּק [פִּיקפּוּקִים] doubt
כְּשֶׁלֹא בְּטוּחִים, כְּשֶׁלֹא יוֹדעִים מַה לְהַחלִיט:
*לַמרוֹת **הַפִּיקפּוּקִים** הֶחלַטנוּ לִקנוֹת אֶת הַדִירָה.*

פיקפקפ, פִּקְפֵּק doubted, hesitated
לֹא הָיָה בָּטוּחַ בְּמַשֶהוּ, הִיסֵס:
__פִּיקפַּקתִי__ בִּיכוֹלֶת שֶלוֹ לְהַצלִיחַ.
לְפַקפֵּק בְּ- / פ.ק.פ.ק, פִּיעֵל / פִּיקפַּקתִי, מְפַקפֵּק, יְפַקפֵּק

פירגןפ' פִּרְגֵּן — begrudged

(לשון דיבור) שָׂמַח בְּהַצְלָחַת מִישֶׁהוּ אַחֵר:

*הוּא לֹא **פִּירְגֵּן** לִי, שֶׁהִצְלַחְתִּי בַּבְּחִינָה יוֹתֵר מִמֶּנּוּ.*

לְפַרְגֵּן לְ- / פ.ר.ג.ן, פִּיעֵל / פִּירְגַּנְתִּי, מְפַרְגֵּן, יְפַרְגֵּן

פירודז' פֵּרוּד [פֵּירוּדִים] — separation

הַפְרָדָה, כְּשֶׁיֵּשׁ הִתְרַחֲקוּת בֵּין שְׁנֵי אֲנָשִׁים:

*רוּת וְדָוִיד חַיִּים **בְּפֵירוּד**, הֵם לֹא הִתְגָּרְשׁוּ, אֲבָל הֵם אֵינָם גָּרִים יַחַד.*

פירוזז' פֵּרוּז — demilitarization

כְּשֶׁמַּחְלִיטִים שֶׁאָסוּר לְהַכְנִיס צָבָא:

***פֵּירוּז** שְׁטָחִים בֵּין מְדִינוֹת אוֹיְבוֹת נוֹתֵן בִּיטָּחוֹן.*

פירוטז' פֵּרוּט — detailing, itemizing

כְּשֶׁמּוֹסְרִים אֶת כָּל הַפְּרָטִים, מַזְכִּירִים כֹּל עִנְיָן וְעִנְיָן:

*בִּיקַּשְׁתִּי אֶת **פֵּירוּט** הַהוֹצָאוֹת - מָה בְּדִיּוּק קָנוּ, כַּמָּה זֶה עָלָה וְכוּ'.*

בְּפֵירוּט - כָּל פְּרָט וּפְרָט, כָּל עִנְיָן וְעִנְיָן — in detail

פירוקז' פֵּרוּק [פֵּירוּקִים] — disassembling

1. הַפְרָדָה בֵּין הַחֲלָקִים:

*בְּלִי **פֵּירוּק** הַמְּכוֹנָה אִי־אֶפְשָׁר לָדַעַת מָה הִתְקַלְקֵל בָּהּ.*

2. סְגִירָה שֶׁל עֵסֶק, בֵּית חֲרוֹשֶׁת וְכוּ': — liquidation

*הָעֵסֶק שֶׁלָּנוּ נִכְשַׁל, וְהוּא עוֹמֵד לִפְנֵי **פֵּירוּק**.*

פירורז' פֵּרוּר [פֵּירוּרִים] — crumb

חֵלֶק קָטָן מְאוֹד שֶׁל מַשֶּׁהוּ:

*נִיקִּיתִי אֶת הַשּׁוּלְחָן **מִפֵּירוּרֵי** לֶחֶם.*

פירושז' פֵּרוּשׁ [פֵּירוּשִׁים] — explanation, interpretation

הֶסְבֵּר, מַשְׁמָעוּת:

*הַמִּילּוֹן נוֹתֵן **פֵּירוּשִׁים** וְדוּגְמָאוֹת לְמִילִּים.*

בְּפֵירוּשת"פ - — explicitly

אָמַרְתִּי לוֹ בְּפֵירוּשׁ, שֶׁאֲנַחְנוּ מְחַכִּים לוֹ.

פירותז"ר פֵּרוֹת — fruits

הַחֲלָקִים בַּצֶּמַח אוֹ בָּעֵץ, שֶׁמְּשַׁמְּשִׁים לַאֲכִילָה - תַּפּוּחִים, בָּנָנוֹת:

*אֲנִי אוֹכֵל הַרְבֵּה **פֵּירוֹת** בַּקַּיִץ: עֲנָבִים, שְׁזִיפִים וְכוּ'...*

פירזפ' פֵּרֵז — demilitarized

הִסְכִּים, הֶחְלִיט שֶׁאָסוּר לְהַכְנִיס צָבָא לַמָּקוֹם:

*הִסְכַּמְנוּ **לְפָרֵז** שֶׁטַח בֵּינֵינוּ לְבֵין סוּרְיָה.*

לְפָרֵז אֶת- / פ.ר.ז, פִּיעֵל / פֵּירַזְתִּי, מְפָרֵז, יְפָרֵז, פָּרֵז!

פירטפ' פֵּרֵט — detailed, specified

אָמַר אֶת כָּל הַפְּרָטִים:

*רֹאשׁ הָעִיר סִיפֵּר עַל הַתּוֹכְנִית הַחֲדָשָׁה **וּפֵירֵט אֶת** כָּל הַשְּׁלַבִּים אֶחָד אֶחָד.*

לְפָרֵט אֶת- / פ.ר.ט, פִּיעֵל / פֵּירַטְתִּי, מְפָרֵט, יְפָרֵט, פָּרֵט!

פיריוןז' פִּרְיוֹן — fruitfulness

1. הַיְכוֹלֶת לָתֵת פְּרִי:

***הַפִּירְיוֹן** שֶׁל הָעֵצִים הָאֵלֶּה לֹא גָּבוֹהַּ.*

2. (מֶטָאפוֹרָה) הַתְּקוּפָה שֶׁהָאִישָּׁה יְכוֹלָה לָלֶדֶת: — fertility

*בִּתְקוּפַת **הַפִּירְיוֹן** אִישָּׁה יְכוֹלָה לְהִיכָּנֵס לְהֵירָיוֹן.*

פִּירְיוֹן-עֲבוֹדָה — productiviy

פירכספ' פִּרְכֵּס — quivered

1. רָעַד, זָז מְעַט בִּמְהִירוּת רַבָּה:

*הַדָּג **פִּירְכֵּס בַּסַּל**.*

2. קִישֵּׁט, עָשָׂה שֶׁיִּהְיֶה יָפֶה: — embellished

***פִּירְכַּסְתִּי אֶת פָּנַיי** - צָבַעְתִּי אֶת הָעֵינַיִים, הַשְּׂפָתַיִים...*

לְפַרְכֵּס אֶת- / פ.ר.כ.ס, פִּיעֵל / פִּירְכַּסְתִּי, מְפַרְכֵּס

פירנספ' פִּרְנֵס — supported

דָּאַג שֶׁיִּהְיֶה מָה לֶאֱכוֹל, מָה לִלְבּוֹשׁ וְכוּ':

*הַהוֹרִים **פִּירְנְסוּ אֶת** הַיְלָדִים שֶׁלָּהֶם.*

לְפַרְנֵס אֶת- / פ.ר.נ.ס, פִּיעֵל / פִּירְנַסְתִּי, מְפַרְנֵס, יְפַרְנֵס

פירסוםז' פִּרְסוּם [פִּירְסוּמִים] — publicity, popularity

1. הַכָּרָה עַל יְדֵי אֲנָשִׁים רַבִּים, פּוֹפּוּלָרִיּוּת:

*הַזַּמֶּרֶת הַצְּעִירָה זָכְתָה **לְפִירְסוּם** בְּכָל הָעוֹלָם.*

2. הוֹדָעָה בָּרַבִּים: — publicizing

***פִּירְסוּם** הַסּוֹדוֹת הַצְּבָאִיִּים גָּרַם נֶזֶק לַמְּדִינָה.*

3. פִּירְסוּמִיםז"ר - מֶחְקָרִים, עֲבוֹדוֹת וְכוּ' שֶׁיָּצְאוּ לָאוֹר: — publication(s)

*רוֹב **הַפִּירְסוּמִים** שֶׁל הַחוֹקֵר יָצְאוּ לָאוֹר בְּסֵפֶר.*

פירסומאיז' פִּרְסוּמַאי [פִּירְסוּמָאִים] — advertising expert

מִי שֶׁעוֹבֵד בְּפִירְסוּם, דּוֹאֵג שֶׁכּוּלָּם יֵדְעוּ עַל תּוֹכְנִית אוֹ עַל מוּצָר כָּלְשֶׁהוּ:

***הַפִּירְסוּמַאי** עוֹשֶׂה הַכֹּל, כְּדֵי שֶׁיִּקְנוּ אֶת הַמַּכְשִׁיר הֶחָדָשׁ.*

פִּירְסוּמָאִית, פִּירְסוּמָאִיּוֹת

פירסומתנ' פִּרְסֹמֶת [פִּירְסוֹמוֹת] — advertising

1. פִּירְסוּם, כְּשֶׁעוֹשִׂים שֶׁכּוּלָּם יֵדְעוּ עַל מַשֶּׁהוּ:

*אֲנִי הָאַחְרַאי **לְפִירְסוֹמֶת** לַסַּבּוֹן הֶחָדָשׁ.*

2. הַמּוֹדָעָה, הַסֶּרֶט שֶׁמּוֹדִיעִים עַל מוּצָר חָדָשׁ: — advertisment

*אֲנַחְנוּ נֶגֶד **פִּירְסוֹמוֹת** בַּטֶּלֶוִויזְיָה.*

פירסםפ' פִּרְסֵם — published, advertised

הוֹדִיעַ בָּרַבִּים, הוֹדִיעַ לְכוּלָּם:

הָעִיתּוֹנִים **פִּירסמוּ** יְדִיעוֹת עַל שִׂיחוֹת הַשָּׁלוֹם.
לְפַרסֵם אֶת- / פ.ר.ס.ם, פִּיעֵל / פִּירסַמתִי, מְפַרסֵם, יְפַרסֵם

פירעוןז, פֵּרָעוֹן [פֵּירָעוֹנוֹת] payment, (date of maturity)
כְּשֶׁמַּחֲזִירִים כֶּסֶף שֶׁחַיָּיבִים:
*תַּאֲרִיךְ **הַפֵּירָעוֹן** שֶׁל הַהַלוָואָה הוּא בְּ-1/9.*

פירפורז, פִּרְפּוּר [פִּירפּוּרִים] flutter
תְּנוּעָה קְטַנָּה מְאוֹד, אִי שֶׁקֶט:
*כְּשֶׁאֲנִי מִתרַגֵּז, אֲנִי מַרגִּישׁ **פִּירפּוּר** בַּלֵב.*

פירפרפ, פִּרְפֵּר fluttered
זָז בִּתנוּעָה קְטַנָּה וּמְהִירָה:
*הַדָּג **פִּירפֵּר** בָּרֶשֶׁת. / הַלֵב שֶׁלִי **מְפַרפֵּר** מֵרוֹב הִתרַגְּשׁוּת.*
לְפַרפֵּר / פ.ר.פ.ר, פִּיעֵל / פִּירפְּרוּ, מְפַרפֵּר, יְפַרפֵּר, פַּרפֵּר!

פירצהנ, פִּרְצָה [פְּרָצוֹת] breach, crack
1. פֶּתַח, מָקוֹם שֶׁפָּתְחוּ בְּגָדֵר, בְּקִיר וְכוּ':
*לֹא נִכנַסנוּ בַּשַּׁעַר אֶלָא דֶרֶךְ **פִּירצָה** בַּגָּדֵר.*
2. נְקוּדָה חַלָּשָׁה (בְּתוֹכנִית וְכוּ'): loophole
*יֵשׁ **פִּירצָה** בַּחוֹק, וַאֲנָשִׁים יְנַצְּלוּ זֹאת.*
פִּירצָה קוֹרֵאת לְגַנָּבב opportunity makes the thief

פירקפ, פֵּרֵק took apart, dismantled
1. עָשָׂה מִמֶּנוּ חֲלָקִים, שָׁבַר:
*הַיֶּלֶד הַזֶּה **מְפָרֵק** כֹּל דָּבָר.*
2. בִּיטֵל, הִפסִיק אֶת הַפְּעִילוּת: liquidated
*הֶחלַטנוּ **לְפָרֵק אֶת** הַחֶברָה, כִּי הִפסַדנוּ כֶּסֶף.*
לְפָרֵק אֶת- / פ.ר.ק, פִּיעֵל / פֵּירַקתִי, מְפָרֵק, יְפָרֵק, פָּרֵק!

פירשפ, פֵּרֵשׁ explained, interpreted
הִסבִּיר:
*רַשִׁ"י **פֵּירֵשׁ אֶת** הַתּוֹרָה. / הַמּוֹרֶה **פֵּירֵשׁ אֶת** הַמִּילִים הַחֲדָשׁוֹת בְּעִברִית.*
לְפָרֵשׁ אֶת- / פ.ר.ש, פִּיעֵל / פֵּירַשׁתִי, מְפָרֵשׁ, יְפָרֵשׁ, פָּרֵשׁ!

פישוטז, פִּשּׁוּט stretching
1. כְּשֶׁמּוֹתחִים מַשֶּׁהוּ לְכֹל הַכִּיווּנִים:
*אֲנִי נָח **בְּפִישׁוּט** יָדַיִים וְרַגלַיִים.*
2. כְּשֶׁהוֹפְכִים מַשֶּׁהוּ מְסוּבָּךְ, פְּרוֹבּלֶמָטִי לְפָשׁוּט: simplification
*כְּדֵי לְלַמֵּד יְלָדִים פִיסִיקָה צָרִיךְ **פִּישׁוּט** שֶׁל הַהֶסבֵּרִים.*

פישטפ, פִּשֵּׁט simplified
עָשָׂה שֶׁיִּהיֶה פָּשׁוּט:
***פִּישַׁטתִי אֶת** הַהֶסבֵּרִים, כְּדֵי שֶׁתָּבִינוּ אֶת הַחוֹמֶר.*
לְפַשֵּׁט אֶת- / פ.ש.ט, פִּיעֵל / פִּישַׁטתִי, מְפַשֵּׁט, יְפַשֵּׁט

פישפשפ, פִּשְׁפֵּשׁ scrutinized
בָּדַק בְּדִיוּק רַב:
*הוּא **פִּישפֵּשׁ בְּ**כֹל הַטֶּקסט כְּדֵי לִמצוֹא שְׁגִיאוֹת. / מוּטָב **שֶׁתְּפַשׁפֵּשׁ** בְּמַעֲשֶׂיךָ בִּמקוֹם לְהַאֲשִׁים אֲחֵרִים.*
לְפַשׁפֵּשׁ בְּ- / פ.ש.פ.ש, פִּיעֵל / פִּישׁפַּשׁתִי, מְפַשׁפֵּשׁ

פישפשז, פִּשְׁפֵּשׁ [פִּישׁפְּשִׁים] bed bug
בַּעַל חַיִּים קָטָן מְאוֹד, חַי בְּמִיטּוֹת וְכוּ':
*גַּרנוּ בְּמָלוֹן שֶׁהָיוּ בּוֹ **פִּישׁפְּשִׁים**.*

פישקפ, פִּשֵּׂק spread (legs)
פָּתַח:
*הַמּוֹרֶה לְהִתעַמְּלוּת אָמַר **לְפַשֵּׂק** רַגלַיִים.*
לְפַשֵּׂק אֶת- / פ.שׂ.ק, פִּיעֵל / פִּישַׂקתִי, מְפַשֵּׂק, יְפַשֵּׂק
ר' פיסק

פישרפ, פִּשֵּׁר mediated
תִּיוּוּך, נִיסָה לְקָרֵב בֵּין שְׁנַיִים שֶׁלֹא מַסכִּימִים:
*צָרִיךְ **לְפַשֵּׁר בֵּין** בַּעַל הַבַּיִת וְהַדַּיָּירִים בְּעִניַין הַתַּשׁלוּם.*
לְפַשֵּׁר בֵּין- / פ.ש.ר, פִּיעֵל / פִּישַׁרתִי, מְפַשֵּׁר, יְפַשֵּׁר, פַּשֵּׁר!

פישתןז, פִּשְׁתָּן linen
בַּד עָשׂוּי מִצֶּמַח מְסוּיָּם, לַיינֶן:
*בִּגדֵי **פִּשתָּן** מַתאִימִים לַקַּיִץ.*

פיתהפ, פִּתָּה tempted, seduced
גָּרַם (בְּמִילִים יָפוֹת, בְּהַבטָחוֹת וְכוּ') שֶׁמִּישֶׁהוּ יַעֲשֶׂה מַשֶּׁהוּ:
*הוּא **פִּיתָּה אוֹתָהּ** - הִבטִיחַ לְהִתחַתֵּן אִיתָּהּ וְנֶעֱלַם.*
לְפַתּוֹת אֶת- / פ.ת.ה, פִּיעֵל / פִּיתִּיתִי, מְפַתֶּה, יְפַתֶּה

פיתהנ, פִּתָּה [פִּיתּוֹת] pitah bread
מִין לֶחֶם, מְקוּבָּל אֵצֶל הָעֲרָבִים:
*אֲנִי אוֹהֵב לֶאֱכוֹל **פִּיתָּה** וּפָלָפֶל.*

פיתוחז, פִּתּוּחַ cultivating
1. כְּשֶׁעוֹשִׂים שֶׁמַּשֶּׁהוּ יִהיֶה טוֹב יוֹתֵר:
*הִיא לוֹמֶדֶת **פִּיתּוּחַ** קוֹל, כִּי הִיא רוֹצָה לָשִׁיר בָּאוֹפֶּרָה.*
2. עֲבוֹדוֹת בְּמִפעָל, בְּיִישׁוּב כְּדֵי לְהָבִיא לְהִתקַדְּמוּת: development
*הַמֶּמשָׁלָה עָזְרָה **לְפִיתּוּחַ** בָּתֵּי הַחֲרוֹשֶׁת בְּעָרֵי-**הַפִּיתּוּחַ**.*
3. פְּעוּלָה כִּימִית שֶׁעוֹשָׂה מִפִילם תְּמוּנוֹת: developing
*מָסַרתִי **לְפִיתּוּחַ** אֶת הַפִילם מֵהַטִּיּוּל.*
עָרֵי-פִּיתּוּחַ towns

פיתויז, פִּתּוּי [פִּיתּוּיִים] enticement
1. כְּשֶׁמַּבטִיחִים דְבָרִים, כְּדֵי שֶׁמִּישֶׁהוּ יַעֲשֶׂה מַשֶּׁהוּ:
***הַפִּיתּוּי**, שֶׁאֲקַבֵּל חוֹפֶשׁ אִם אֶעֱשֶׂה אֶת הָעֲבוֹדָה, הָיָה גָּדוֹל.*

2. מַשֶׁהוּ שֶׁמְּעוֹרֵר חֵשֶׁק, רָצוֹן חָזָק: temptation
*לֹא יָכוֹלְתִי לְהִתְגַּבֵּר עַל **הַפִּיתּוּי**, וְאָכַלְתִּי אֶת הַשּׁוֹקוֹלָד.*

פיתולז׳ פִּתּוּל [פִּיתּוּלִים] curve, bend
דֶּרֶךְ אוֹ כְּבִישׁ וְכוּ׳, שֶׁאֵינָם מַמְשִׁיכִים יָשָׁר אֶלָּא פּוֹנִים וְחוֹזְרִים:
*הִיזָּהֵר בִּנְהִיגָה, בַּדֶּרֶךְ יֵשׁ הַרְבֵּה **פִּיתּוּלִים**.*

פיתחפ׳ פִּתֵּחַ (פִּתַּח) developed, nurtured
1. הֵבִיא לְהִתְקַדְּמוּת, הִרְחִיב אֶת הַיְּדִיעוֹת וְהַכִּישְׁרוֹנוֹת:
*הָעוֹלִים הַחֲדָשִׁים **פִּיתְּחוּ אֶת** הַכְּפָר מִבְּחִינָה כַּלְכָּלִית. / יֵשׁ לוֹ כִּישְׁרוֹנוֹת רַבִּים, כְּדַאי **לְפַתֵּחַ אוֹתָם**.*
2. שָׂם סֶרֶט צִילּוּם, פִילְם, בְּחוֹמֶר כִּימִי, כְּדֵי שֶׁיֵּצְאוּ תְמוּנוֹת: developed
***פִּיתַּחְתִּי אֶת** הַסְּרָטִים מִן הַטִּיּוּל.*
לְפַתֵּחַ אֶת- / פ.ת.ח, פִּיעֵל / פִּיתַּחְתִּי, מְפַתֵּחַ, יְפַתֵּחַ

פיתחוןז׳ פִּתְחוֹן excuse (to speak)
פִּתְחוֹן פֶּה - דִּיבּוּר, הִזְדַּמְּנוּת מַתְאִימָה לְדַבֵּר ("לִפְתּוֹחַ אֶת הַפֶּה"):
*לֹא הָיָה לִי **פִּתְחוֹן פֶּה** לְפָנָיו.*

פיתיוןז׳ פִּתָּיוֹן [פִּיתְיוֹנוֹת] bait
אוֹכֶל שֶׁזּוֹרְקִים לַדָּגִים כְּדֵי לִתְפּוֹס אוֹתָם:
*קָשַׁרְתִּי אֶת **הַפִּיתָּיוֹן** לִקְצֵה הַחוּט וְזָרַקְתִּי אוֹתוֹ לַמַּיִם.*

פיתקהנ׳ פִּתְקָה [פִּיתְקָאוֹת/פִּיתְקוֹת] note
מַשֶּׁהוּ קָצָר שֶׁכּוֹתְבִים עַל נְיָיר קָטָן:
***בַּפִּיתְקָה** כָּתוּב מִסְפַּר הַטֶּלֶפוֹן וְהַכְּתוֹבֶת שֶׁלְּךָ.*

פיתרוןז׳ פִּתְרוֹן [פִּיתְרוֹנוֹת] solution
תְּשׁוּבָה לִבְעָיָיה אוֹ לִשְׁאֵלָה:
*יֵשׁ לוֹ **פִּיתְרוֹנוֹת** מְקוֹרִיִּים לְכָל בְּעָיָיה. / בְּסוֹף הַסֵּפֶר מָצָאתִי אֶת כָּל **הַפִּיתְרוֹנוֹת** לַתַּרְגִּילִים בְּאַלְגֶּבְּרָה.*

פכסםז׳ פַּכְסָם [פַּכְסָמִים] cracker
מִין בִּיסְקְוִויט, פְּרוּסַת לֶחֶם מְיוּבֶּשֶׁת:
*בַּבּוֹקֶר אָכַלְתִּי **פַּכְסָם** עִם גְּבִינָה.*

פלאז׳ פֶּלֶא [פְּלָאִים/פְּלָאוֹת] wonder
מַשֶּׁהוּ מְיוּחָד, לֹא רָגִיל, נֵס:
***פֶּלֶא** שֶׁהִגַּעְתִּי בַּזְּמַן לָעֲבוֹדָה...*
הַפְלֵא וָפֶלֶאב׳ Astonishing!

פלאחז׳ פַּלָּאח [פַּלָּאחִים] peasant (Arabic)
(עֲרָבִית) אִיכָּר:
***הַפַּלָּאח** עוֹבֵד בַּשָּׂדֶה.*

פלאית׳ פִּלְאִי miraculous
לֹא רָגִיל, שֶׁלֹּא קוֹרֶה בְּדֶרֶךְ הַטֶּבַע:
*עוֹלַם הַחֲלוֹמוֹת הוּא עוֹלָם **פִּלְאִי** - הַכֹּל יָכוֹל לִקְרוֹת בּוֹ.*
פִּלְאִית, פִּלְאִיִּים, פִּלְאִיּוֹת

פלגז׳ פֶּלֶג [פְּלָגִים] brook
נַחַל קָטָן, מַיִם זוֹרְמִים בַּטֶּבַע:
*לְיַד **פֶּלֶג** הַמַּיִם יָשַׁבְנוּ וְעָשִׂינוּ פִּיקְנִיק. / (מֶטָאפוֹרָה) כֹּל כָּךְ חַם, יוֹרְדִים מִמֶּנִּי **פַּלְגֵי** זֵיעָה.*

פלדהנ׳ פְּלָדָה [פְּלָדוֹת] steel
מַתֶּכֶת קָשָׁה:
*צָרִיךְ צִינּוֹרוֹת **מִפְּלָדָה**, כְּדֵי שֶׁלֹּא יִישָּׁבְרוּ מַהֵר.*
כּוֹבַע-פְּלָדָה helmet
צֶמֶר-פְּלָדָה steel wool

פלוגהנ׳ פְּלֻגָּה [פְּלוּגוֹת] company (army)
(בַּצָּבָא) יְחִידָה גְּדוֹלָה שֶׁל חַיָּילִים כְּ-120 חַיָּילִים:
*הוּא הָיָה מְפַקֵּד **הַפְּלוּגָה** שֶׁלָּנוּ.*

פלוגתאנ׳ פְּלוּגְתָּא controversy
(אֲרָמִית) וִיכּוּחַ, כְּשֶׁיֵּשׁ דֵּיעוֹת שׁוֹנוֹת.
בַּר פְּלוּגְתָּא - מִי שֶׁמִּתְנַגֵּד, אֵינוֹ מַסְכִּים עִם מִישֶׁהוּ: opponent
***הוּא בַּר-פְּלוּגְתָּא** שֶׁלִּי בַּפּוֹלִיטִיקָה.*

פלומהנ׳ פְּלוּמָה down, soft hair
שְׂעָרוֹת רַכּוֹת מְאוֹד:
*לַתִּינוֹק יֵשׁ **פְּלוּמָה** עֲדִינָה.*

פלחז׳ פֶּלַח [פְּלָחִים] slice
חֲתִיכָה, בְּעִיקָּר שֶׁל פְּרִי:
*קַח **פֶּלַח** תַּפּוּז.*

פלחהנ׳ פְּלָחָה agricultural work (Arabic)
(עֲרָבִית) כְּשֶׁעוֹבְדִים אֶת הָאֲדָמָה בַּשָּׂדֶה, מְגַדְּלִים תְּבוּאָה:
*כְּשֶׁהָיִיתִי בְּקִיבּוּץ עָבַדְתִּי **בַּפְּלָחָה** עַל קוֹמְבַּיְין.*

פלטפ׳ פָּלַט emitted, vomited, ejected
הוֹצִיא מִתּוֹכוֹ:
*הוּא **פָּלַט אֶת** הָאוֹכֶל דֶּרֶךְ הַפֶּה.*
(מֶטָאפוֹרָה) אָמַר בְּלִי כַּוָּונָה: let slip
*הוּא **פָּלַט** דְּבָרִים, שֶׁבִּיקְשׁוּ מִמֶּנּוּ לֹא לְסַפֵּר.*
לִפְלוֹט אֶת- / פ.ל.ט, פָּעַל / פָּלַטְתִּי, פּוֹלֵט, יִפְלוֹט

פלטז׳ פֶּלֶט [פְּלָטִים] output
(בְּמַחְשֵׁב) הַחוֹמֶר הַכָּתוּב שֶׁיּוֹצֵא מִן הַמַּחְשֵׁב:
*קִיבַּלְנוּ אֶת **הַפֶּלֶט** עִם כָּל הַתּוֹצָאוֹת וְהַסְּטָטִיסְטִיקָה.*

פליאהנ, פְּלִיאָה [פְּלִיאוֹת] marvel
כְּשֶׁלֹּא מוּכָנִים לְמַשֶּׁהוּ, קָשֶׁה לְהַאֲמִין שֶׁקָּרָה:
***פליאה** בְּעֵינַיי אֵיךְ הִגִּיעָה אֵלָיו הַיְּדִיעָה הַחֲשׁוּבָה.*

פליטז, פָּלִיט [פְּלִיטִים] refugee
מִי שֶׁהִצְלִיחַ לִבְרוֹחַ מִמִּלְחָמָה אוֹ מִסַּכָּנָה:
***פליטים** רַבִּים וּמִשְׁפְּחוֹתֵיהֶם בָּרְחוּ מֵאֵזוֹרֵי הַקְּרָבוֹת.*
שָׂרִיד וּפָלִיט - הַמְּעַט שֶׁנִּשְׁאַר
פְּלִיטָה, פְּלִיטוֹת

פליטהנ, פְּלֵטָה remnant
מַה שֶּׁנִּשְׁאַר:
*אַחֲרֵי הָאָסוֹן נִשְׁאַר **לִפְלֵיטָה** רַק בַּיִת אֶחָד.*
שְׁאֵרִית-הַפְּלֵיטָה survivors of the Holocaust

פליטהנ, פְּלִיטָה [פְּלִיטוֹת] vomiting, emitting
הוֹצָאָה מִתּוֹךְ גּוּף וְכוּ':
***פליטת** הָאוֹכֶל עַל-יְדֵי הַתִּינוֹק מַדְאִיגָה אוֹתִי.*
פליטת-פֶּה slip of the tongue

פלילית, פְּלִילִי criminal (adj.)
שֶׁיֵּשׁ עָלָיו עוֹנֶשׁ שֶׁל בֵּית מִשְׁפָּט - גְּנֵיבָה, רֶצַח וְכוּ':
*הוּא עוֹרֵךְ דִּין בִּתְחוּם **הַפְּלִילִי**, הוּא מֵגֵן עַל גַּנָּבִים.*
חוק פלילי criminal law
פְּלִילִית, פְּלִילִיִּים, פְּלִילִיּוֹת

פלירטטפ, פְּלִירְטֵט flirted
(לְשׁוֹן דִּיבּוּר צוּרָה עִבְרִית לְמִילָּה אַנְגְּלִית) 'הִתְחִיל' עִם בַּחוּרוֹת:
*דָּוִד **פְּלִירְטֵט עִם** כָּל בַּחוּרָה שֶׁפָּגַשׁ.*
לְפַלְרֵטֵט עִם / פְּלִירְטַטְתִּי, מְפַלְרֵטֵט, יְפַלְרֵטֵט

פלישהנ, פְּלִישָׁה [פְּלִישׁוֹת] invasion
כְּנִיסָה בְּכוֹחַ, בְּלִי רְשׁוּת:
***הַפְּלִישָׁה** שֶׁל גֶּרְמַנְיָה לְפּוֹלִין הָיְתָה בְּ-1939. / קָרָאתִי עַל **פְּלִישָׁה** שֶׁל זוּג צָעִיר לְדִירָה פְּנוּיָה.*

פלסז, פֶּלֶס balance, spirit-level
מַכְשִׁיר שֶׁבּוֹדֵק אִם קִיר יָשָׁר:
*הַמְּהַנְדֵּס בָּדַק **בְּפֶלֶס** וְקָבַע שֶׁהַקִּיר יָשָׁר.*

פלפלז, פָּלָפֶל [פָּלָפֶלִים] falafel
קְצִיצוֹת מְגֻרְגָּרִים שֶׁל חוּמוּס (אוֹכֶל מִזְרָחִי):
*אֲנִי אוֹהֵב לֶאֱכוֹל בָּרְחוֹב **פָּלָפֶל** בְּפִיתָה.*

פלצותנ, פַּלָּצוּת horror, shock
רַעַד, תְּנוּעָה קְטַנָּה וּמְהִירָה מִתּוֹךְ פַּחַד:
***פַּלָּצוּת** אֲחָזָה אוֹתִי, כְּשֶׁרָאִיתִי אוֹתוֹ יוֹרֶה מִסָּבִיב.*

פלשפ, פָּלַשׁ invaded
נִכְנַס בְּכוֹחַ לְמָקוֹם לֹא שֶׁלּוֹ:
*הַצָּבָא הָעִירָאקִי **פָּלַשׁ** לְכֻוֵויְת.*
לִפְלוֹשׁ לְ- / פ.ל.ש, פָּעַל / פָּלַשְׁתִּי, פּוֹלֵשׁ, יִפְלוֹשׁ

פמוטז, פָּמוֹט [פָּמוֹטוֹת/פָּמוֹטִים] candlestick
כְּלִי שֶׁשָּׂמִים בּוֹ נֵר אוֹ נֵרוֹת:
*כְּשֶׁנִּכְנַסְתִּי אֵלָיו בָּעֶרֶב, **הַפָּמוֹטִים** הָיוּ עַל הַשּׁוּלְחָן.*

פמלייה/פמליאנ, פָּמַלְיָה [פָּמַלְיוֹת] entourage
קְבוּצָה שֶׁל אֲנָשִׁים שֶׁמְּלַוִּים מִישֶׁהוּ (בְּדֶרֶךְ כְּלָל מִישֶׁהוּ חָשׁוּב):
*רֹאשׁ הַמֶּמְשָׁלָה **וְהַפָּמַלְיָה** שֶׁלּוֹ הִגִּיעוּ לְבִיקּוּר.*

פןז, פָּן [פָּנִים] side, aspect, face
אוֹפֶן, צַד:
*יֵשׁ **פָּן** לְאוּמִי לַבְּעָיָה, וְיֵשׁ לָהּ גַּם פָּן אוּנִיבֶרְסָלִי.*

פןמ"י, פֶּן lest
1. אוּלַי, שֶׁמָּא:
*אֲנִי פּוֹחֵד **פֶּן** יִקְרֶה לוֹ מַשֶּׁהוּ.*
2. כְּדֵי שֶׁלֹּא: in order not to
*הִיזָּהֵר בִּנְהִיגָה **פֶּן** יִקְרֶה לְךָ מַשֶּׁהוּ.*

פנאיז, פְּנַאי leisure
זְמַן פָּנוּי מִלִּימּוּדִים אוֹ מֵעֲבוֹדָה:
*אֵין לוֹ מַה לַעֲשׂוֹת בִּשְׁעוֹת **הַפְּנַאי**, הוּא מִשְׁתַּעֲמֵם.*

פנהפ, פָּנָה turned
1. הִסְתּוֹבֵב לְצַד מְסוּיָּם:
*כְּשֶׁהִגִּיעַ הַנֶּהָג לְתֵל-אָבִיב, **פָּנָה** יָמִינָה וְעָצַר.*
2. דִּיבֵּר אֶל מִישֶׁהוּ, בָּא לְדַבֵּר עִם מִישֶׁהוּ: approached
***פָּנִיתִי** אֶל הַמַּזְכִּירָה, וְהִיא אָמְרָה לִי **לִפְנוֹת** לַמְּנַהֵל.*
לִפְנוֹת אֶל-, לְ- / פ.נ.ה. פָּעַל /פָּנִיתִי, פּוֹנֶה, אֶפְנֶה, פְּנֵה!

פנוית, פָּנוּי vacant
1. רֵיק:
*נִכְנַסְתִּי לַחֲדַר הַהַרְצָאוֹת. מָצָאתִי מָקוֹם **פָּנוּי** עַל-יַד דָּן.*
2. לֹא עָסוּק, יֵשׁ לוֹ זְמַן: free
*הָעֶרֶב אֲנִי **פָּנוּי**.*
3. מִי שֶׁאֵינוֹ נָשׂוּי: single (not married)
*יֵשׁ מְסִיבָּה שֶׁל **פְּנוּיִים וּפְנוּיוֹת**.*
פְּנוּיָה, פְּנוּיִים, פְּנוּיוֹת

פנייהנ, פְּנִיָּה [פְּנִיּוֹת] turn
1. סִיבוּב, שִׁינּוּי כִּיווּן:
*סַע יָשָׁר, **בַּפְּנִיָּה** הָרִאשׁוֹנָה פְּנֵה שְׂמֹאלָה...*
2. בַּקָּשָׁה, שְׁאֵלָה, שֶׁמְּכַוְּונִים אֶל מִישֶׁהוּ: appeal

*אִם **הַפְּנִיָּיה** לַשְּׁכֵנִים לֹא תַעֲזוֹר, אֶצְטָרֵךְ לַחְשׁוֹב עַל **פְּנִיָּיה** לַמִּשְׁטָרָה.*
3. הַעֲדָפָה אִישִׁית, נְטִיָּיה: bias
*לַמּוֹרֶה יֵשׁ **פְּנִיּוֹת** מִשֶּׁלּוֹ, הוּא אֵינוֹ אוֹבְּיֶיקְטִיבִי.*
מִילַּת פְּנִיָּיה - 'סְלִיחָה', 'אֲדוֹנִי', 'גְבִירְתִּי' הֵן מִילּוֹת פְּנִיָּיה.

פנים זו"ר/נ"ר פָּנִים face
הַחֵלֶק הַקִּדְמִי שֶׁל הָרֹאשׁ שֶׁבּוֹ הָעֵינַיִים, הָאַף וְכוּ':
*קַמְתִּי בַּבּוֹקֶר, רָחַצְתִּי אֶת **הַפָּנִים** וְהִתְגַּלַּחְתִּי.*
פָּנִים אֶל פָּנִים face to face
קַבָּלַת־פָּנִים reception
הֶעֱמִיד פָּנִים ב' pretended
בְּפָנָיו to his face
לְפָנִים formerly
מִלְּפָנִים in front
בִּפְנֵי מ"י against
לִפְנֵי מ"י before, ago
מִפְּנֵי מ"י from, of
מִפְּנֵי שֶׁ מ"ק because
עַל פְּנֵי מ"י above, over
עַל כָּל פָּנִים מ"ק anyway
בְּשׁוּם-פָּנִים ב' by no means
פְּנֵי-הַיָּם ד"ר sea level

פנים ז' פְּנִים interior
תּוֹךְ, הַהֵיפֶךְ מִחוּץ:
*שַׂר **הַפְּנִים** הוֹדִיעַ עַל הַגְדָּלַת הַתַּקְצִיב הַמֶּמְשַׁלְתִּי.*
בִּפְנִים inside
מִשְׂרַד-הַפְּנִים - Ministry of the Interior
קִיבַּלְתִּי דַרְכּוֹן בְּמִשְׂרַד הַפְּנִים.

פנימה ת"פ פְּנִימָה inside
1. אֶל תּוֹךְ:
*הִיכָּנְסוּ **פְּנִימָה** אֶל הַבַּיִת.*
2. בְּתוֹךְ: within
*בַּלֵּב **פְּנִימָה** אֲנִי מַרְגִּישׁ, שֶׁהִיא אוֹהֶבֶת אוֹתִי.*

פנימי ת' פְּנִימִי inner, interior
1. שֶׁהוּא בְּתוֹךְ:
*בְּתוֹךְ הַבָּתִּים הַיְשָׁנִים הָיְיתָה חָצֵר **פְּנִימִית**.*
2. הַשַּׁיָּיךְ לִקְבוּצָה, לְמָקוֹם עֲבוֹדָה וְכוּ': inside, internal
*הוֹצֵאנוּ עִיתּוֹן **פְּנִימִי** שֶׁל עוֹבְדֵי הַמִּשְׂרָד.*
פְּנִימִית, פְּנִימִיִּים, פְּנִימִיּוֹת

פנימיות נ' פְּנִימִיּוּת the inside, inwardness
מַה שֶּׁבְּתוֹךְ מַשֶּׁהוּ (הַהֵיפֶךְ מֵחִיצוֹנִיּוּת):
*הוּא נִרְאֶה אִישׁ קָשֶׁה, אֲבָל **בִּפְנִימִיּוּתוֹ** הוּא עָדִין מְאוֹד.*

פנימייה נ' פְּנִימִיָּה [פְּנִימִיּוֹת] boarding-school
בֵּית סֵפֶר שֶׁיְּלָדִים גַּם גָּרִים בּוֹ:
*הוּא לוֹמֵד **בַּפְּנִימִיָּה** הַצְּבָאִית בְּחֵיפָה.*

פנינה נ' פְּנִינָה [פְּנִינִים] pearl
1. אֶבֶן יְקָרָה שֶׁמּוֹצִיאִים מִן הַיָּם:
*יֵשׁ לִי מַחְרוֹזֶת **פְּנִינִים** עַל הַצַּוָּואר.*
2. דָּבָר יָקָר, מוּצְלָח, יָפֶה: (a) gem
*הַיַּלְדָּה הַזֹּאת הִיא מַמָּשׁ **פְּנִינָה**.*

פנס ז' פָּנָס [פָּנָסִים] lamp, lantern
1. מְקוֹר שֶׁל אוֹר, מְנוֹרָה בָּרְחוֹב, בִּמְכוֹנִית:
*פַּנְסֵי הָרְחוֹב **וּפַנְסֵי** הַמְּכוֹנִית הֵאִירוּ בַּחוֹשֶׁךְ.*
2. מַכָּה מִתַּחַת לָעַיִן: 'black eye'
*קִיבַּלְתִּי אֶגְרוֹף בַּפָּנִים וְיֵשׁ לִי "**פָּנָס**" בָּעַיִן.*

פנקס ז' פִּנְקָס [פִּנְקָסִים] notebook
מַחְבֶּרֶת קְטַנָּה, שֶׁרוֹשְׁמִים בָּהּ טֶלֶפוֹנִים וְכוּ':
*רָשַׁמְתִּי **בַּפִּנְקָס** אֶת הַכְּתוֹבֶת שֶׁלּוֹ.*
פִּנְקַס-חָבֵר membership card
מְנַהֵל-פִּנְקָסִים bookkeeper
פִּנְקַס-צֶ'קִים checkbook

פנקסן ז' פִּנְקְסָן [פִּנְקְסָנִים] bookkeeper
מִי שֶׁעוֹבֵד בְּהַנְהָלַת חֶשְׁבּוֹנוֹת (כֶּסֶף יוֹצֵא וְנִכְנָס):
*הוּא **הַפִּנְקְסָן** הָרָאשִׁי, הוּא מְסַדֵּר אֶת עִנְיְינֵי הַמַּשְׂכּוֹרֶת.*
פִּנְקְסָנִית, פִּנְקְסָנִיּוֹת

פנקסנות נ' פִּנְקְסָנוּת bookkeeping
הָעֲבוֹדָה שֶׁל הַנְהָלַת חֶשְׁבּוֹנוֹת בְּעֵסֶק:
*בִּגְלַל הַמִּיסִים נַעֲשְׂתָה **הַפִּנְקְסָנוּת** עֲבוֹדָה קָשָׁה.*
פִּנְקְסָנוּת כְּפוּלָה - double entry
הוּא נִיהֵל פִּנְקְסָנוּת כְּפוּלָה כְּדֵי לְרַמּוֹת אֶת מַס-הַכְנָסָה.

פס ז' פַּס [פַּסִּים] stripe, strip
1. קַו, מַשֶּׁהוּ אָרוֹךְ וְצַר:
*קָנִיתִי שִׂמְלָה אֲדוּמָּה **בְּפַסִּים** לְבָנִים.*
פַּסֵּי-רַכֶּבֶת railroad
יָרַד מִן הַפַּסִּים (He's) 'off his rocker'
2. (בִּצְבָא-מֵאַנְגְּלִית) אִישּׁוּר לָצֵאת לְחוֹפֶשׁ: (a) pass
*בְּלִי **פַּס** אִי אֶפְשָׁר לָצֵאת מֵהַמַּחֲנֶה.*
"שָׂם פַּס" doesn't give a damn

פסגה נ' פִּסְגָּה [פְּסָגוֹת] summit, peak
1. הַקָּצֶה שֶׁל הָהָר:
*עַל **פִּסְגַּת** הָאֶוֶורֶסְט לֹא הָיִיתִי.*
2. (מֶטָאפוֹרָה) מָקוֹם גָּבוֹהַּ בְּיוֹתֵר בְּהִירַרְכְיָה: top
*הוּא יַגִּיעַ **לַפִּסְגָּה** - הוּא יִהְיֶה רֹאשׁ מֶמְשָׁלָה.*

אֲוִויר-פְּסָגוֹת — clean air

וְעִידַת-פִּסְגָּה — summit conference/meeting

פסולת׳, פָּסוּל — disqualified (adj.)

1. מְבוּטָל כִּי אֵינוֹ לְפִי הַכְּלָלִים:
*הַבְּחִירוֹת לַוַּעַד **פְּסוּלוֹת**, כִּי לֹא נֶעֶרְכוּ לְפִי הַחוֹק.*

2. רַע, לֹא מַתְאִים: — objectionable
*לְהַכּוֹת יְלָדִים זֹאת דֶּרֶךְ **פְּסוּלָה** בְּחִינּוּךְ.*

פסוּלָה, פסוּלִים, פסוּלוֹת

פסולז׳, פְּסוּל — flaw, defect

חִיסָּרוֹן, פְּגָם:
*הוּא מַתְאִים לַתַּפְקִיד, וְאֵינֶנִּי מוֹצֵא בּוֹ **פְּסוּל**.*

פסולתנ׳, פְּסֹלֶת — waste, garbage

1. מַה שֶּׁנִּשְׁאַר וְלֹא מַתְאִים לְשִׁימּוּשׁ:
*אֶת **פְּסוֹלֶת** הַנְּיָיר אוֹסְפִים לְשִׁימּוּשׁ חוֹזֵר.*

2. מַשֶּׁהוּ גָּרוּעַ, לֹא מוּצְלָח: — rubbish
זֹאת אֵינָהּ יְצִירָה אוֹמָנוּתִית, זֹאת **פְּסוֹלֶת**.

פסוקז׳, פָּסוּק [פְּסוּקִים] — verse

קֶטַע קָטָן בַּתַּנַ"ךְ, מִשְׁפָּט:
*'בְּרֵאשִׁית בָּרָא אֱלוֹהִים אֵת הַשָּׁמַיִם וְאֵת הָאָרֶץ', זֶהוּ **הַפָּסוּק** הָרִאשׁוֹן בַּתּוֹרָה, 'בְּרֵאשִׁית', פֶּרֶק א', **פָּסוּק** 1.*

פסוקיתנ׳, פְּסוּקִית [פְּסוּקִיּוֹת] — clause

מִשְׁפָּט לֹא עַצְמָאִי קָשׁוּר בְּמִשְׁפָּט אַחֵר:
*בְּמִשְׁפָּט 'לֹא בָּאתִי לְבֵית הַסֵּפֶר, כִּי יָרַד גֶּשֶׁם', 'כִּי יָרַד גֶּשֶׁם' הוּא **פְּסוּקִית** שֶׁל סִיבָּה.*

פסחפ׳, פָּסַח — skipped

1. עָבַר עַל מַשֶּׁהוּ וְלֹא נָגַע בּוֹ:
***פָּסַחְתִּי** עַל הַפֶּרֶק הַשֵּׁנִי בַּסֵּפֶר.*

2. חָגַג אֶת חַג הַפֶּסַח: — celebrated Passover
*כָּל מִי שֶׁרוֹצֶה יָבוֹא **וְיִפְסַח**.*

פּוֹסֵחַ עַל שְׁתֵּי הַסְּעִיפִּים - — vacillated
פָּסַחְתִּי עַל שְׁתֵּי הַסְּעִיפִּים וְלֹא יָדַעְתִּי בְּמִי לִבְחוֹר.

לִפְסוֹחַ עַל- / פ.ס.ח, פָּעַל / פָּסַחְתִּי, פּוֹסֵחַ, אֶפְסַח

פסחז׳, פֶּסַח [פְּסָחִים] — Passover

חַג יְהוּדִי לְזֵכֶר יְצִיאַת מִצְרַיִם לִפְנֵי 3,000 שָׁנָה:
*בְּחַג **הַפֶּסַח** אוֹכְלִים מַצּוֹת שִׁבְעָה יָמִים.*

פסילהנ׳, פְּסִילָה [פְּסִילוֹת] — disqualification

בִּיטּוּל, כְּשֶׁקּוֹבְעִים שֶׁמַּשֶּׁהוּ אֵינוֹ לְפִי הַכְּלָלִים:
***הַפְּסִילָה** שֶׁל הַסְּפּוֹרְטַאי הָיְיתָה בִּגְלַל הַסְּטֵרוֹאִידִים שֶׁלָּקַח.*

פסיעהנ׳, פְּסִיעָה [פְּסִיעוֹת] — step, stepping

צַעַד, הָרֶוַוח בֵּין הָרַגְלַיִים כְּשֶׁהוֹלְכִים:
*אֲנִי גָּר קָרוֹב מְאוֹד - כַּמָּה **פְּסִיעוֹת** מִכָּאן.*

פסיקז׳, פְּסִיק [פְּסִיקִים] — comma

(,) אֶחָד מִסִּימָנֵי הַפִּיסּוּק:
*יֵשׁ **פְּסִיקִים** בַּמִּשְׁפָּט - קַמְתִּי, הִתְרַחַצְתִּי, הִתְלַבַּשְׁתִּי וְהָלַכְתִּי לַעֲבוֹדָה.*

פסלפ׳, פָּסַל — disqualified

1. בִּיטֵּל, קָבַע שֶׁאֵינוֹ לְפִי הַכְּלָלִים:
*הַשּׁוֹפֵט בַּכַּדּוּרֶגֶל **פָּסַל** אֶת הַגּוֹל.*

2. לֹא קִיבֵּל, כִּי לֹא הִתְאִים: — rejected
***פָּסַלְתִּי** אֶת הַהַצָּעָה, כִּי הָיְיתָה לֹא חוּקִית.*

לִפְסוֹל אֶת- / פ.ס.ל, פָּעַל / פָּסַלְתִּי, פּוֹסֵל, יִפְסוֹל

פסלז׳, פַּסָּל [פַּסָּלִים] — sculptor

אוֹמָן הָעוֹשֶׂה פְּסָלִים מֵאֶבֶן, מַתָּכוֹת וְכוּ':
***הַפַּסָּל** מִיכָאֵל-אַנְגֶ'לוֹ פִּיסֵּל אֶת דָּוִד וּמֹשֶׁה.*

פסלז׳, פֶּסֶל [פְּסָלִים] — sculpture, statue

עֲבוֹדַת אוֹמָנוּת בְּאֶבֶן, בְּעֵץ וְכוּ':
*רָאִיתִי בַּמּוּזֵיאוֹן אֶת **הַפֶּסֶל** הַמְּפוּרְסָם שֶׁל וֶנוּס מִמִּילוֹ.*

פסנתרז׳, פְּסַנְתֵּר [פְּסַנְתֵּרִים] — piano

כְּלִי נְגִינָה גָּדוֹל, בַּעַל קְלִידִים שְׁחוֹרִים וּלְבָנִים:
*כַּאֲשֶׁר הָיִיתִי יַלְדָּה, לָמַדְתִּי לְנַגֵּן **בִּפְסַנְתֵּר**.*

פסנתרןז׳, פְּסַנְתְּרָן [פְּסַנְתְּרָנִים] — pianist

מוּמְחֶה בִּנְגִינָה בִּפְסַנְתֵּר:
*אַרְתּוּר רוּבִּינְשְׁטַיְן הָיָה **פְּסַנְתְּרָן** גָּדוֹל.*

פסעפ׳, פָּסַע — walked, stepped

הָלַךְ, דָּרַךְ:
*הוּא **פָּסַע** לְאַט בֵּין הַשְּׁבִילִים בַּגַּן.*

לִפְסוֹעַ / פ.ס.ע, פָּעַל / פָּסַעְתִּי, פּוֹסֵעַ, יִפְסַע, יִפְסְעוּ

פסעז׳, פֶּסַע — step, small distance

(לָשׁוֹן גְּבוֹהָה) צַעַד, מֶרְחָק קָטָן בְּיוֹתֵר:
***כְּפֶסַע** בֵּינֵינוּ לְבֵין הַבַּיִת שֶׁלִּי.*

פסקפ׳, פָּסַק — stopped

1. נִגְמַר:
*הַגֶּשֶׁם **פָּסַק**, וְיָצְאָה הַשֶּׁמֶשׁ.*

2. קָבַע, הֶחְלִיט: — ruled
*הַשּׁוֹפֵט **פָּסַק**, שֶׁאֲנִי **לֹא** אָשֵׁם.*

לִפְסוֹק / פ.ס.ק, פָּעַל / פָּסַקְתִּי, פּוֹסֵק, יִפְסוֹק

פסקז, פֶּסֶק — interval, time-out
הַפְסָקָה, רֶוַח בֵּין שְׁנֵי דְבָרִים.
פֶּסֶק־זְמַן - הַפְסָקָה קְצָרָה בְּמִשְׂחַק הַכַּדּוּרְסַל וְכוּ':
*אַחֲרֵי **פֶּסֶק הַזְּמַן** הוּא קָלַע 2 סַלִּים.*

פסק-דיןז, פְּסַק-דִּין [פִּסְקֵי דִין] — verdict
הַחְלָטָה שֶׁל בֵּית הַמִּשְׁפָּט:
***בִּפְסַק הַדִּין** נִקְבַּע שֶׁהוּא אָשֵׁם, עַל הָעוֹנֶשׁ יוֹדִיעוּ מָחָר.*

פסקנותנ, פַּסְקָנוּת — finality, decisiveness
כְּשֶׁאוֹמְרִים בְּצוּרָה אַבְּסוֹלוּטִית, לֹא מַשְׁאִירִים סָפֵק:
*יֵשׁ מִידָּה שֶׁל **פַּסְקָנוּת** בְּכָל דְּבָרָיו.*
בְּפַסְקָנוּתת"פ - *הוּא דִּיבֵּר בְּפַסְקָנוּת, כְּמוֹ מִי שֶׁיּוֹדֵעַ הַכּוֹל.*

פסקנית, פַּסְקָנִי — resolute, decisive
אַבְּסוֹלוּטִי, בְּלִי סָפֵק:
*יֵשׁ לוֹ דִּיבּוּר **פַּסְקָנִי**, אִי אֶפְשָׁר לְהִתְוַוכֵּחַ אִיתּוֹ.*
פַּסְקָנִית, פַּסְקָנִיִּים, פַּסְקָנִיּוֹת

פעהפ, פָּעָה — bleated, groaned
הִשְׁמִיעַ קוֹל (בְּכִי וְכוּ'):
*הַגְּדִי **פָּעָה** וְקָרָא לְאִימּוֹ.*
לִפְעוֹת / פ.ע.ה, פָּעַל / פָּעִיתִי, פּוֹעֶה, יִפְעֶה, יִפְעוּ

פעוטת, פָּעוּט — minor, tiny
קָטָן, לֹא חָשׁוּב:
*הוּא בּוֹכֶה עַל כֹּל דָּבָר **פָּעוּט**.*
פְּעוּטָה, פְּעוּטִים, פְּעוּטוֹת

פעוטז, פָּעוּט [פָּעוּטוֹת] — baby
תִּינוֹק:
*כְּשֶׁהַ**פָּעוּטוֹת** מַתְחִילִים לִבְכּוֹת, צָרִיךְ לָתֵת לָהֶם שְׁתִיָּיה.*

פעוטוןז, פְּעוּטוֹן (פָּעוּטוֹן) [פְּעוּטוֹנִים] — nursery-school
מָקוֹם שֶׁתִּינוֹקוֹת נִמְצָאִים בְּלִי הוֹרִים, כְּמוֹ גַּן יְלָדִים:
*כְּשֶׁאֲנִי בָּעֲבוֹדָה, דָּנִי הַקָּטָן נִמְצָא **בַּפְּעוּטוֹן**.*

פעולת, פָּעוּל — passive form of the verb (Heb. gram.)
(בְּדִקְדּוּק) **בֵּינוֹנִי פָּעוּל** - צוּרָה פַּסִּיבִית בַּפּוֹעַל:
*הַצּוּרָה 'שָׁבוּר' הִיא בֵּינוֹנִי **פָּעוּל** שֶׁל 'שׁוֹבֵר'.*

פעולהנ, פְּעֻלָּה [פְּעוּלוֹת] — act, action, deed
1. עֲשִׂיָּיה שֶׁל דְּבָרִים:
*הָאִירְגּוּן פָּעַל **פְּעוּלָּה** חֲשׁוּבָה לְמַעַן יְלָדִים חַסְרֵי בַּיִת.*
2. מַעֲשֶׂה, מִבְצָע: — operation
***בִּפְעוּלַת** הַצָּבָא נֶגֶד הַמְחַבְּלִים נִפְצַע חַיָּיל.*
3. תּוֹצָאָה שֶׁל מַעֲשֶׂה, הַשְׁפָּעָה: — effect
***פְּעוּלַת** הַתְּרוּפָה הוּרְגְּשָׁה אַחֲרֵי שָׁעוֹת אֲחָדוֹת.*
פְּעוּלַּת-תַּגְמוּל — reprisal

פעורת, פָּעוּר — wide open
פָּתוּחַ מְאוֹד:
*הוּא יָשֵׁן בְּפֶה **פָּעוּר**.*
פְּעוּר-פֶּה — open-mouthed
*הַיְלָדִים יָשְׁבוּ בַּקִּרְקָס **פְּעוּרֵי פֶּה**.*
פְּעוּרָה, פְּעוּרִים, פְּעוּרוֹת

פעייהנ, פְּעִיָּה [פְּעִיּוֹת] — bleat
קוֹל (בְּכִי) שֶׁל תִּינוֹקוֹת אוֹ שֶׁל בַּעֲלֵי חַיִּים:
*הַ**פְּעִיָּה** שֶׁל בַּעֲלֵי הַחַיִּים הֵעִירָה אוֹתִי מֵהַשֵּׁינָה.*

פעילתו"ז, פָּעִיל [פְּעִילִים] — activist
1. חָבֵר שֶׁעוֹשֶׂה הַרְבֵּה בְּמִפְלָגָה בְּאִירְגּוּן וְכוּ':
*בְּשַׁבָּת יִהְיֶה כֶּנֶס **פְּעִילִים** שֶׁל הַמִּפְלָגָה.*
2. אַקְטִיבִי, עוֹשֶׂה מַשֶּׁהוּ: — active
*דָּוִד הִשְׁתַּתֵּף בְּאוֹפֶן **פָּעִיל** בְּכָל הַדִּיּוּנִים בַּמִּפְלָגָה.*
3. צוּרַת הָ'אַקְטִיב' בְּדִקְדּוּק, הַהֵיפֶךְ מִ'פַּסִּיב': — active voice (gram.)
*הַמּוֹרֶה הִסְבִּיר אֶת הַהֶבְדֵּל בֵּין הַמִּשְׁפָּט **הַפָּעִיל** (דָּוִד קָרָא סֵפֶר) לְבֵין הַמִּשְׁפָּט הַסָּבִיל (הַסֵּפֶר נִכְתַּב בְּעִבְרִית).*
פְּעִילָה, פְּעִילוֹת

פעילותנ, פְּעִילוּת [פְּעִילוּיוֹת] — activity
עִיסּוּק, עֲשִׂיָּיה שֶׁל דְּבָרִים:
*הַ**פְּעִילוּת** שֶׁלּוֹ בַּמִּפְלָגָה לֹא מַשְׁאִירָה לוֹ זְמַן פָּנוּי.*

פעימהנ, פְּעִימָה [פְּעִימוֹת] — pulsation, beat
דְּפִיקָה, קוֹל חַלָּשׁ וְקָצָר:
*אֲנִי מַקְשִׁיב **לִפְעִימוֹת** הַלֵּב שֶׁלִּי.*

פעלפ, פָּעַל — acted, worked
עָבַד, עָשָׂה מַשֶּׁהוּ:
*הוּא **פָּעַל** רַבּוֹת לְמַעַן יְהוּדֵי רוּסְיָה. / הַשָּׁעוֹן אֵינוֹ **פּוֹעֵל**.*
לִפְעוֹל / פ.ע.ל, פָּעַל / פָּעַלְתִּי, פּוֹעֵל, אֶפְעַל, יִפְעַל, פְּעַל!

פעלז, פָּעַל — the basic paradigm of the Heb. verb
(בְּדִקְדּוּק) הַבִּנְיָין הָרִאשׁוֹן וְהַפָּשׁוּט שֶׁל הַפּוֹעַל בְּעִבְרִית (נִקְרָא גַּם בִּנְיַין קַל):
*'שָׁמַרְתִּי', 'לָמַד', 'עָבְדָה' הֵם פְּעָלִים בְּבִנְיַין **פָּעַל**.*

פעלולז, פַּעֲלוּל [פַּעֲלוּלִים] — special effect
פְּעוּלּוֹת פַנְטַסְטִיּוֹת שֶׁעוֹשִׂים בִּסְרָטִים:
*הַסֶּרֶט קִיבֵּל פְּרָס עַל הַ**פַּעֲלוּלִים** שֶׁבּוֹ.*

פעלתן ז', פְּעַלְתָּן [פְּעַלְתָנִים] activist, active person
אַקְטִיבִי, מִי שֶׁאוֹהֵב לַעֲשׂוֹת:
*הוּא **פְּעַלְתָן**, הוּא יַעֲשֶׂה הַרְבֵּה לְטוֹבַת הָעוֹבְדִים.*
פְּעַלְתָנִית, פְּעַלְתָנִיּוֹת

פעלתנות נ', פְּעַלְתָּנוּת activism, activity
אַקְטִיבִיּוּת, כְּשֶׁעוֹשִׂים הַרְבֵּה:
*בְּלִי **פְּעַלְתָנוּת** לֹא נַשִּׂיג שׁוּם דָּבָר.*

פעלתני ת', פְּעַלְתָּנִי active
אַקְטִיבִי, כֹּל הַזְּמַן עוֹשֶׂה מַשֶּׁהוּ:
*הוּא יֶלֶד **פְּעַלְתָנִי** - כֹּל הַיּוֹם רָץ, מְשַׂחֵק וְכוּ'.*
פְּעַלְתָנִית, פְּעַלְתָנִיִּים, פְּעַלְתָנִיּוֹת

פעם פ', פָּעַם beat, pulsated
דָּפַק, "הָלַךְ":
*הַלֵּב שֶׁלּוֹ **פָּעַם** בְּכֹחַ רַב אַחֲרֵי הָרִיצָה.*
לִפְעוֹם / פ.ע.ם, פָּעַל / פָּעֲמוּ, פּוֹעֵם, יִפְעַם, יִפְעֲמוּ

פעם נ', פַּעַם [פְּעָמִים] (one, etc.) time
מִילָּה הַמְצַיֶּינֶת חֲזָרָה שֶׁל פְּעוּלָּה (פַּעַם אַחַת, שְׁתֵּי פְּעָמִים, שָׁלוֹשׁ פְּעָמִים וְכוּ'):
*רָאִיתִי אוֹתוֹ רַק **פַּעַם** אַחַת בַּשָּׁבוּעַ הָאַחֲרוֹן.*
הַפַּעַם - this time
'הַפַּעַם אֲנִי טָעִיתִי!'
בְּפַעַם אַחַת - בִּפְעוּלָּה אַחַת: all at once
הוּא מָכַר אֶת כֹּל הַסְּפָרִים בְּפַעַם אַחַת.
מִפַּעַם לְפַעַם - from time to time
אֲנִי רוֹאֶה אוֹתוֹ מִפַּעַם לְפַעַם בָּעֲבוֹדָה.
בְּכֹל פַּעַם - every time
בְּכֹל פַּעַם שֶׁאֲנִי רוֹאֶה אוֹתְךָ, אֲנִי נִזְכָּר בְּאִימֵּךְ.
מִדֵּי פַּעַם - every once in a while
אֲנִי מְבַקֵּר אֶצְלוֹ מִדֵּי פַּעַם.
עוֹד פַּעַם - once again
עוֹד פַּעַם הוּא נוֹסֵעַ לְחוּ"ל!
לִפְעָמִים - sometimes
לִפְעָמִים נִמְאָס לִי לִלְמוֹד.

פעמה נ', פְּעָמָה [פְּעָמוֹת] beat (music)
(בְּמוּסִיקָה) מְסַמֶּנֶת יְחִידַת זְמַן:
*אַחֲרֵי שְׁתֵּי **פְּעָמוֹת** תִּצְטָרֵף הַתִּזְמוֹרֶת.*

פעמון ז', פַּעֲמוֹן [פַּעֲמוֹנִים] bell
כְּלִי הַמַּשְׁמִיעַ צִילְצוּל:
*הַ**פַּעֲמוֹן** צִילְצֵל, וְהַתַּלְמִידִים נִכְנְסוּ לַכִּיתּוֹת.*
פַּעֲמוֹנֵי הַכְּנֵסִיּוֹת / פַּעֲמוֹן הַדֶּלֶת בִּכְנִיסָה לְבַיִת

פעמיים נ"ז, פַּעֲמַיִם twice
שְׁתֵּי פְּעָמִים:
*כְּבָר הָיִיתִי **פַּעֲמַיִים** בְּחֵיפָה - פַּעַם בַּקַּיִץ וּפַעַם בַּחוֹרֶף.*

פער פ', פָּעַר opened widely
פָּתַח פֶּתַח גָּדוֹל:
*הַזְּאֵב **פָּעַר** אֶת הַפֶּה וּבָלַע אֶת כִּיפָּה אֲדוּמָּה.*
*(מֶטָאפוֹרָה) הַבּוֹר נִרְאָה כְּאִילּוּ **פָּעֲרָה** הָאֲדָמָה אֶת פִּיהָ.*
לִפְעוֹר אֶת- / פ.ע.ר, פָּעַל / פָּעַרְתִּי, פּוֹעֵר, יִפְעַר

פער ז', פַּעַר [פְּעָרִים] gap
מֶרְחָק בֵּין שְׁנֵי דְּבָרִים:
*יֵשׁ **פַּעַר** גָּדוֹל בֵּין דּוֹר הַהוֹרִים לְדוֹר הַבָּנִים.*

פצה פ', פָּצָה opened (mouth)
פָּתַח (אֶת הַפֶּה כְּדֵי לְדַבֵּר):
*הוּא יָשַׁב כֹּל הָעֶרֶב וְלֹא **פָּצָה** פֶּה.*
לִפְצוֹת אֶת- / פ.צ.ה, פָּעַל / פָּצִיתִי, פּוֹצֶה, יִפְצֶה

פצוע ז', פָּצוּעַ [פְּצוּעִים] wounded/injured (adj.)(m)
מִי שֶׁנִּפְגַּע בְּגוּפוֹ (בְּמִלְחָמָה, בִּתְאוּנָה):
*שְׁנֵי **פְּצוּעִים** מִתְּאוּנַת דְּרָכִים הוּבְאוּ לְבֵית הַחוֹלִים.*
פְּצוּעָה, פְּצוּעוֹת

פצח פ', פָּצַח burst (into song)
פָּתַח (בְּעִיקָר בְּשִׁירָה, כְּדֵי לָשִׁיר):
***פָּצַחְנוּ** בְּשִׁירָה, וְכֹל הָאוֹטוֹבּוּס הִצְטָרֵף וְשָׁר.*
לִפְצוֹחַ בְּ- / פ.צ.ח, פָּעַל / פָּצַחְתִּי, פּוֹצֵחַ, יִפְצַח

פציעה נ', פְּצִיעָה [פְּצִיעוֹת] injury
פְּגִיעָה בַּגּוּף:
*אַחֲרֵי הַ**פְּצִיעָה** הוּא לֹא עָבַד זְמַן רַב.*

פצירה נ', פְּצִירָה [פְּצִירוֹת] file (instrument)
שׁוֹפִין, מַכְשִׁיר שֶׁמְּשַׁפְשְׁפִים בּוֹ בַּרְזֶל:
*בְּלִי **פְּצִירָה** אִי אֶפְשָׁר לְהַתְאִים אֶת הַמַּפְתֵּחַ לַמַּנְעוּל.*
*הִשְׁתַּמַּשְׁתִּי **בִּפְצִירָה** כְּדֵי לְסַדֵּר אֶת הַצִּיפּוֹרְנַיִים.*

פצע פ', פָּצַע wounded
פָּגַע בַּגּוּף:
*הוּא **פָּצַע** אוֹתִי בְּסַכִּין.*
לִפְצוֹעַ אֶת- / פ.צ.ע, פָּעַל / פָּצַעְתִּי, פּוֹצֵעַ, יִפְצַע

פצע ז', פֶּצַע [פְּצָעִים] wound, injury
הַמָּקוֹם שֶׁל פְּגִיעָה בַּגּוּף:
*נִפְצַעְתִּי בִּתְאוּנָה. אֲנִי סוֹבֵל **מִפְּצָעִים** בָּרֹאשׁ וּבַיָּד.*

פצצה נ', פְּצָצָה [פְּצָצוֹת] bomb
1. מַשֶּׁהוּ שֶׁמִּתְפּוֹצֵץ וְגוֹרֵם נֶזֶק:

*הַמְטוֹסִים זָרְקוּ **פְּצָצוֹת** עַל עֶמְדוֹת הַחַיָּילִים.*
2. מַשֶּׁהוּ שֶׁעוֹשֶׂה רוֹשֶׁם, סֶנְסַצְיָה (לְשׁוֹן דִיבּוּר): blast
*הַמְּסִיבָּה אֶתְמוֹל הָיְיתָה מַמָּשׁ **פְּצָצָה!***
פְּצָצַת-אָטוֹם / פְּצָצַת-עָשָׁן / פְּצָצַת-מִין

פקדפ׳ פָּקַד ordered
1. נָתַן פְּקוּדָה, נָתַן הוֹרָאָה:
***פָּקַדְתִּי** עָלָיו לְהָבִיא אֶת הַנֶּשֶׁק.*
2. (לְשׁוֹן גְבוֹהָה)בִּיקֵּר, בָּא אֶל: visited
***פָּקַדְתִּי אֶת** בֵּיתוֹ כְּדֵי לִרְאוֹת מַה שְׁלוֹמוֹ.*
לִפְקוֹד אֶת- / פ.ק.ד, פָּעַל / פָּקַדְתִּי, פּוֹקֵד, יִפְקוֹד

פקדז׳ פַּקָּד [פַּקָּדִים] (police) chief inspector
מְפַקֵּד בַּמִּשְׁטָרָה:
***הַפַּקָּד** נָתַן הוֹרָאוֹת לַשּׁוֹטְרִים.*

פקודתו״ז פָּקוּד [פְּקוּדִים] subordinate
חַיָּיל שֶׁל-, מִי שֶׁנִּמְצָא תַחַת פִּיקּוּד שֶׁל מִישֶׁהוּ:
*כָּל **הַפְּקוּדִים** שֶׁלִּי מַגִּיעִים בִּזְמַן אַחֲרֵי חוּפְשַׁת שַׁבָּת.*
פְּקוּדָה, פְּקוּדוֹת

פקודהנ׳ פְּקֻדָּה [פְּקוּדוֹת] order, command
1. צִיוּוּי, הוֹרָאָה שֶׁל מִישֶׁהוּ בַּעַל אוֹטוֹרִיטָה:
*הַחַיָּילִים מִילְּאוּ אֶת **פְּקוּדוֹת** הַקָּצִין בִּמְהִירוּת.*
2. הוֹרָאָה עַל צֶ׳יק לְמִי לְשַׁלֵּם אֶת הַכֶּסֶף: order
*עַל הַצֶ׳יק כָּתוּב: 'שַׁלְּמוּ **לִפְקוּדַת** אוֹרֶן מֵאָה שְׁקָלִים'.*

פקוחת׳ פָּקוּחַ open (ear/eye)
פָּתוּחַ (אוֹזֶן, עַיִן):
*הוּא לֹא יָשֵׁן, הָעֵינַיִים שֶׁלּוֹ **פְּקוּחוֹת.***
בְּעַיִן פְּקוּחָהב׳ - כְּשֶׁיֵּשׁ הַשְׁגָּחָה, פִּיקּוּחַ:
*צָרִיךְ לִשְׁמוֹר עַל הַיְלָדִים **בְּעַיִן פְּקוּחָה.***
פְּקוּחָה, פְּקוּחִים, פְּקוּחוֹת

פקוקת׳ פָּקוּק corked/plugged (adj.)
1. סָתוּם בִּפְקָק:
*הַבַּקְבּוּק **פָּקוּק**, וְאֵין לִי פּוֹתְחָן.*
2. (מֶטָאפוֹרָה) יֵשׁ "פְּקָקִים" בַּכְּבִישׁ: congested/jammed (adj.)
*הַדֶּרֶךְ לְתֵל-אָבִיב **פְּקוּקָה** - בִּמְקוֹם לִנְסוֹעַ עוֹמְדִים.*
פְּקוּקָה, פְּקוּקִים, פְּקוּקוֹת

פקחפ׳ פָּקַח opened (eyes/ears)
פָּתַח (עֵינַיִים, אוֹזְנַיִים):
*בַּבּוֹקֶר, **כְּשֶׁפָּקַחְתִּי** אֶת הָעֵינַיִים, רָאִיתִי שֶׁיּוֹרֵד גֶּשֶׁם.*
לִפְקוֹחַ אֶת- / פ.ק.ח, פָּעַל / פָּקַחְתִּי, פּוֹקֵחַ, יִפְקַח, פְּקַח!

פקחז׳ פַּקָּח [פַּקָּחִים] inspector
מִי שֶׁמְּפַקֵּחַ, מַשְׁגִּיחַ שֶׁיַּעֲשׂוּ מַה שֶׁצָּרִיךְ:
***הַפַּקָּח** אָמַר, שֶׁאָסוּר לְהַחֲנוֹת כָּאן אֶת הַמְּכוֹנִית.*
פַּקָּחִית, פַּקָּחִיּוֹת

פקידז׳ פָּקִיד [פְּקִידִים] clerk
עוֹבֵד בְּמִשְׂרָד:
*דִּיבַּרְתִּי בַּטֶּלֶפוֹן עִם **הַפְּקִידָה** בְּבַנְק דִיסְקוֹנְט.*
פְּקִידָה, פְּקִידוֹת

פקידוןז׳ פְּקִידוֹן [פְּקִידוֹנִים] 'little clerk' (derogatory)
פָּקִיד קָטָן, לֹא חָשׁוּב (נֶאֱמַר בְּזִילְזוּל):
*כָּל **פְּקִידוֹן** אוֹמֵר לְךָ מַה לַעֲשׂוֹת!*
פְּקִידוֹנֶת, פְּקִידוֹנוֹת

פקידותנ׳ פְּקִידוּת clerical work
1. הַמִּקְצוֹעַ שֶׁל הַפָּקִיד:
*הוּא **עוֹבֵד** בָּעִירִיָּיה **בִּפְקִידוּת, לֹא** בְּנִיקָּיוֹן.*
2. כָּל מִי שֶׁעוֹבֵד כְּפָקִיד: administrative staff
***לַפְּקִידוּת** הַגְּבוֹהָה יֵשׁ שָׂכָר גָּבוֹהַּ.*

פקידותית׳ פְּקִידוּתִי clerical, bureacratic
הַשַּׁיָּיךְ לַעֲבוֹדַת פְּקִידִים, בִּיוּרוֹקְרָטִי:
*הַסֶּקְטוֹר **הַפְּקִידוּתִי** אֵינוֹ מְרוּצֶּה מִן הַמַּשְׂכּוֹרֶת.*
פְּקִידוּתִית, פְּקִידוּתִיִּים, פְּקִידוּתִיּוֹת

פקיחהנ׳ פְּקִיחָה [פְּקִיחוֹת] opening (eye/ear)
פְּתִיחָה (שֶׁל עַיִן, אוֹזֶן):
*בַּבּוֹקֶר, עִם **פְּקִיחַת** עַיִן רִאשׁוֹנָה, הוּא כְּבָר מְעַשֵּׁן.*

פקעפ׳ פָּקַע cracked, tore
1. נִקְרַע, נַעֲשָׂה בּוֹ סֶדֶק:
*הַמֵּיתָר שֶׁל הַכִּינּוֹר **פָּקַע** בְּאֶמְצַע הַנְּגִינָה.*
2. נִגְמַר, בִּיטְּלוּ אוֹתוֹ: expired
*הַחוֹזֶה שֶׁל הַדִּירָה **פָּקַע**, עָבְרָה כְּבָר שָׁנָה.*
לִפְקוֹעַ / פ.ק.ע, פָּעַל / פָּקַעְתִּי, פּוֹקֵעַ, אֶפְקַע, יִפְקְעוּ

פקעתנ׳ פְּקַעַת [פְּקָעוֹת] coil
1. חוּטִים מְסוּדָּרִים כְּמוֹ כַּדּוּר:
*הֶחָתוּל שִׂיחֵק **בִּפְקַעַת** הַצֶּמֶר.*
2. מְמֻנָּה צוֹמְחִים פְּרָחִים, צְמָחִים וְכוּ' (כְּמוֹ שׁוֹרֶשׁ): bulb
*שָׁתַלְנוּ **פְּקָעוֹת** שֶׁל פְּרָחִים בַּגִּינָּה.*

פקקז׳ פְּקָק [פְּקָקִים] cork
1. מִכְסֶה לְבַקְבּוּק:
*סָגַרְתִּי אֶת בַּקְבּוּק הַיַּיִן **בִּפְקָק.***
2. (בַּכְּבִישׁ) כְּשֶׁיֵּשׁ הַרְבֵּה מְכוֹנִיּוֹת, וְאִי אֶפְשָׁר לִנְסוֹעַ:
*אֵיחַרְתִּי לָעֲבוֹדָה, כִּי הָיָה **פְּקָק** אָרוֹךְ.* traffic jam

פקקפ׳, פָּקַק — sealed, corked
סָגַר בְּפָקָק:
*תִּפְקוֹק **אֶת** בַּקְבּוּק הַיַּיִן, כְּדֵי שֶׁהַיַּיִן לֹא יִתְקַלְקֵל.*
לִפְקוֹק אֶת- / פ.ק.ק, פָּעַל / פָּקַקְתִּי, פּוֹקֵק, יִפְקוֹק

פרז׳, פַּר [פָּרִים] — bull
זָכָר שֶׁל פָּרָה, בַּעַל חַיִּים גָּדוֹל וְכָבֵד:
*רָאִינוּ מִלְחֶמֶת **פָּרִים** בִּסְפָרַד.*

פראז׳, פֶּרֶא [פְּרָאִים] — wild, savage, untamed
אָדָם חֲסַר תַּרְבּוּת, 'אִישׁ מִן הַג'וּנְגֶל':
*הָאֵירוֹפִּאִים חָשְׁבוּ שֶׁכָּל הַשְּׁבָטִים הָרְחוֹקִים הֵם **פְּרָאִים**.*
פֶּרֶא-אָדָם — a savage, a rude person
גָּדֵל פֶּרֶא — grew wild
חַיַּת-פֶּרֶא - בַּעַל חַיִּים שֶׁאִי אֶפְשָׁר לְגַדֵּל, לְבַיֵּית

פראותנ׳, פְּרָאוּת (פְּרָאוּת) — wildness, barbarism, violence
כְּשֶׁאֵין תַּרְבּוּת, כְּשֶׁאֵין נִימוּס וְכוּ':
*צָרִיךְ לְהַפְסִיק אֶת **הַפְּרָאוּת** שֶׁל הַיְלָדִים בָּרְחוֹב.*

פראית׳, פְּרָאִי (פְּרָאִי) — wild, rude, uncivilized
בְּלִי תַּרְבּוּת, בְּלִי נִימוּס:
*הַהִתְנַהֲגוּת שֶׁלָּכֶם **פְּרָאִית**, צוֹעֲקִים וְלֹא נוֹתְנִים לִישׁוֹן.*
פְּרָאִית-פְּרָאִית, פְּרָאִיִּים-פְּרָאִיִּים, פְּרָאִיּוֹת-פְּרָאִיּוֹת

פרגז׳, פֶּרֶג [פְּרָגִים] — poppy
פֶּרַח אָדוֹם (יֵשׁ פֶּרֶג שֶׁמְּיַיצְּרִים מִמֶּנּוּ אוֹפְּיוּם):
*אַחֲרֵי הַגֶּשֶׁם הָיוּ הַשָּׂדוֹת אֲדוּמִּים **מִפְּרָגִים**. / אֲנִי אוֹהֶבֶת עוּגַת **פֶּרֶג** (מִזְרָעִים שֶׁל פֶּרֶג).*

פרגודז׳, פַּרְגּוֹד [פַּרְגּוֹדִים] — screen
(לָשׁוֹן גְּבוֹהָה) וִילוֹן, מַשֶּׁהוּ שֶׁמַּפְרִיד בֵּין חֲדָרִים:
*רָצִיתִי לִרְאוֹת מַה יֵּשׁ מֵאֲחוֹרֵי **הַפַּרְגּוֹד**.*

פרגיתנ׳, פַּרְגִּית [פַּרְגִּיּוֹת] — young hen
תַּרְנְגוֹלֶת צְעִירָה:
*בַּלּוּל שֶׁלָּנוּ יֵשׁ רַק **פַּרְגִּיּוֹת** (וְאֵין לָנוּ בֵּיצִים).*

פרדז׳, פֶּרֶד [פְּרָדִים] — mule
בַּעַל חַיִּים שֶׁנּוֹלַד מֵחֲמוֹר וְסוּסָה:
*הַפֶּרֶד הוּא בֶּהֱמַת עֲבוֹדָה. / הוּא עַקְשָׁן כְּמוֹ **פֶּרֶד**.*
פִּרְדָּה, פְּרָדוֹת

פרדסז׳, פַּרְדֵּס [פַּרְדֵּסִים] — orange grove, orchard
גַּן שֶׁל עֲצֵי פְּרִי (תַּפּוּזִים, לִימוֹנִים):
*קָטַפְתִּי תַּפּוּזִים וְלִימוֹנִים **בַּפַּרְדֵּס**.*

פרדסןז׳, פַּרְדְּסָן [פַּרְדְּסָנִים] — citrus grower
בַּעַל פַּרְדֵּס שֶׁל תַּפּוּזִים, אֶשְׁכּוֹלִיּוֹת וְכוּ':
***הַפַּרְדְּסָנִים** מְיַיצְּאִים אֶת הַתַּפּוּזִים לְאֵירוֹפָּה.*

פרדסנותנ׳, פַּרְדְּסָנוּת — citruculture
הַמִּקְצוֹעַ שֶׁל הַפַּרְדְּסָן (כְּשֶׁמְּגַדְּלִים תַּפּוּזִים, אֶשְׁכּוֹלִיּוֹת וְכוּ'):
***הַפַּרְדְּסָנוּת** הִיא עֲנַף יְצוּא מַצְלִיחַ שֶׁל יִשְׂרָאֵל.*

פרהנ׳, פָּרָה [פָּרוֹת] — cow
(בַּעַל חַיִּים) אֶת הֶחָלָב שֶׁלָּהּ אֲנַחְנוּ שׁוֹתִים:
***הַפָּרוֹת** הַהוֹלַנְדִיּוֹת נוֹתְנוֹת הַרְבֵּה חָלָב.*

פרהסיה/פרהסיאנ׳, פַּרְהֶסְיָה — publicity
כְּשֶׁכּוּלָּם יְכוֹלִים לָדַעַת.
בְּפַרְהֶסְיָהתה"פ - — publicly
*הַשַּׂר הוֹדִיעַ **בְּפַרְהֶסְיָה**, שֶׁהוּא מִתְפַּטֵּר.*

פרודת׳, פָּרוּד — separated (adj.)
חַי לְבַד, לֹא עִם אִשְׁתּוֹ:
*רוּת וְדָוִיד **פְּרוּדִים** אֲבָל אֵינָם גְּרוּשִׁים.*
פְּרוּדָה, פְּרוּדִים, פְּרוּדוֹת

פרודהנ׳, פְּרֻדָּה [פְּרוּדוֹת] — molecule
יְחִידָה קְטַנָּה שֶׁמְּיַיצֶּגֶת אֶת הַחוֹמֶר:
***הַפְּרוּדָה** מִתְחַלֶּקֶת לַאֲטוֹמִים.*

פרווהנ׳, פַּרְוָה [פַּרְווֹת] — fur
הָעוֹר וְהַשְּׂעָרוֹת שֶׁל חַיָּה:
*אֵינֶנִּי לוֹבֶשֶׁת מְעִיל **מִפַּרְוָה** שֶׁל בַּעֲלֵי חַיִּים.*

פרוזדורז׳, פְּרוֹזְדוֹר [פְּרוֹזְדוֹרִים] — corridor
חֶדֶר צַר וְאָרוֹךְ, מְחַבֵּר אֶת הַחֲדָרִים בַּבַּיִת:
*עָמַדְנוּ **בַּפְּרוֹזְדוֹר** וְדִיבַּרְנוּ.*
(מֶטָאפוֹרָה) הֲכָנָה, הַתְחָלָה: — preparation
*הַלִּימּוּדִים הֵם **פְּרוֹזְדוֹר** לַחַיִּים.*

פרוטהנ׳, פְּרוּטָה [פְּרוּטוֹת] — a penny/dime
כֶּסֶף קָטָן מְאוֹד:
*הַחוּלְצָה הַזֹּאת אֵינָהּ שָׁוָה **פְּרוּטָה**.*
פְּרוּטוֹת - מְעַט מְאוֹד: — very little
שִׁילַּמְתִּי פְּרוּטוֹת תְּמוּרַת הַשִּׂמְלָה.

פרוטרוטז׳, פְּרוֹטְרוֹט — (in) detail
בִּפְרוֹטְרוֹטתה"פ עִם כָּל הַפְּרָטִים:
*סִיפַּרְתִּי לוֹ **בִּפְרוֹטְרוֹט** עַל הַטִּיּוּל שֶׁלָּנוּ.*

פרוכתנ׳, פָּרֹכֶת — curtain of the holy ark
בַּד, וִילוֹן, מְכַסֶּה בְּבֵית הַכְּנֶסֶת אֶת אֲרוֹן הַקּוֹדֶשׁ:

*הוּא הֵזִיז אֶת הַ**פָּרוֹכֶת**, פָּתַח אֶת הָאָרוֹן וְהוֹצִיא סֵפֶר תּוֹרָה.*

פרוםת׳ פָּרוּם — ripped/unstitched (adj.)
קָרוּעַ בִּמְקוֹם שֶׁל הַתֶּפֶר:
*הַחֲצָאִית **פְּרוּמָה**, לָכֵן נָתַתִּי אוֹתָהּ לַתּוֹפֶרֶת.*
פְּרוּמָה, פְּרוּמִים, פְּרוּמוֹת

פרוסת׳ פָּרוּס — sliced (adj.)
חָתוּךְ לִפְרוּסוֹת (=לַחֲתִיכוֹת שָׁווֹת):
*קָנִיתִי לֶחֶם **פָּרוּס**.*
פְּרוּסָה, פְּרוּסִים, פְּרוּסוֹת

פרוסהנ׳ פְּרוּסָה [פְּרוּסוֹת] — slice
חֲתִיכָה שֶׁל לֶחֶם אוֹ עוּגָה:
*אָכַלְתִּי **פְּרוּסַת** לֶחֶם בְּחֶמְאָה בַּאֲרוּחַת הַבּוֹקֶר.*

פרועת׳ פָּרוּעַ — disheveled (adj.)
לֹא מְסוּדָּר:
*הַשְּׂעָרוֹת שֶׁלּוֹ **פְּרוּעוֹת** מִן הָרוּחַ.*
פְּרוּעָה, פְּרוּעִים, פְּרוּעוֹת

פרוץת׳ פָּרוּץ — broken through, wide open
שָׁבוּר, פָּתוּחַ לְכָל הַכִּיווּנִים:
*הַגָּדֵר **פְּרוּצָה**, וְכָל אֶחָד יָכוֹל לְהִיכָּנֵס לַגִּינָּה.*
פְּרוּצָה, פְּרוּצִים, פְּרוּצוֹת

פרוצהנ׳ פְּרוּצָה [פְּרוּצוֹת] — prostitute
מִי שֶׁמְּקַיֶּימֶת יַחֲסֵי מִין בִּשְׁבִיל כֶּסֶף:
*הַמִּשְׁטָרָה עָצְרָה אֶת הַ**פְּרוּצָה**.*

פרחפ׳ פָּרַח — blossomed
1. הוֹצִיא פְּרָחִים:
*הָעֵץ **פָּרַח** בָּאָבִיב.*
(מֶטָאפוֹרָה) נִרְאָה טוֹב מְאוֹד, הִצְלִיחַ:
*הָעֲסָקִים **פָּרְחוּ**. / רוּת **פּוֹרַחַת** מֵאָז הַחֲתוּנָּה.*
2. עָף, עָזַב: — flew away
*הַצִּיפּוֹר **פָּרְחָה** לָהּ.*
לִפְרוֹחַ / פ.ר.ח, פָּעַל / פָּרַחְתִּי, פּוֹרֵחַ, יִפְרַח, יִפְרְחוּ

פרחז׳ פֶּרַח [פְּרָחִים] — flower
1. הַחֵלֶק הַיָּפֶה, הַצִּבְעוֹנִי בַּצֶּמַח, יֵשׁ לוֹ עָלִים וּזְרָעִים:
*אֲנִי מְגַדֵּל **פְּרָחִים** בַּגִּינָּה וְרָדִים, אִירִיסִים, נַרְקִיסִים וְכוּ׳.*
2. מִי שֶׁלּוֹמֵד לִקְרַאת תַּפְקִיד: — cadet, novice
*רָאִיתִי אֶת **פִּרְחֵי** הַטַּיִס בָּאִימּוּנֵיהֶם.*
פֶּרַח טַיִס — air force cadet
פִּרְחֵי בָּר (פִּרְחֵי שָׂדֶה) / פִּרְחֵי נוֹי (פִּרְחֵי גִּינָּה)

פרחונית׳ פִּרְחוֹנִי — flowery
שֶׁיֵּשׁ עָלָיו פְּרָחִים:
*קָנִיתִי שִׂמְלָה **פִּרְחוֹנִית**.*
פִּרְחוֹנִית, פִּרְחוֹנִיִּים, פִּרְחוֹנִיּוֹת

פרחחז׳ פִּרְחָח [פִּרְחָחִים] — hoodlum
אָדָם צָעִיר בְּלִי אַחְרָיוּת, שֶׁלֹּא מִתְנַהֵג בְּדִיּוּק לְפִי הַכְּלָלִים:
*הוּא מַמָּשׁ **פִּרְחָח** - לֹא לוֹמֵד וְלֹא עוֹבֵד.*
פִּרְחָחִית, פִּרְחָחִיּוֹת

פרטפ׳ פָּרַט — changed (money)
1. הֶחְלִיף כֶּסֶף "גָּדוֹל" בְּכֶסֶף קָטָן:
*נֶהָג הָאוֹטוֹבּוּס לֹא הִסְכִּים **לִפְרוֹט** שְׁטָר שֶׁל 100 שֶׁקֶל.*
2. נִיגֵּן בְּפְסַנְתֵּר, מַנְדוֹלִינָה וְכוּ׳: — plucked a stringed instrument
*הִיא **פָּרְטָה** עַל מַנְדוֹלִינָה שִׁירִים, שֶׁאֲנִי אוֹהֵב.*
לִפְרוֹט אֶת-, עַל- / פ.ר.ט, פָּעַל / פָּרַטְתִּי, פּוֹרֵט, יִפְרוֹט

פרטז׳ פְּרָט [פְּרָטִים] — detail
1. יְחִידָה קְטַנָּה מִתּוֹךְ מַשֶּׁהוּ גָּדוֹל:
*הוּא סִיפֵּר לִי כֹּל **פְּרָט וּפְרָט** עַל הַיְשִׁיבָה שֶׁהִשְׁתַּתֵּף בָּהּ.*
2. אִינְדִיבִידוּאָל, כֹּל אֶחָד וְאֶחָד: — individual
*כֹּל **פְּרָט** בַּחֶבְרָה רוֹצֶה תְּשׂוּמֶת-לֵב.*
פְּרָט לְ מ״י- חוּץ מִ-: — except
*הַסִּפְרִיָּיה פְּתוּחָה כֹּל יוֹם **פְּרָט לְשַׁבָּתוֹת וּלְחַגִּים**.*
בִּפְרָטת״פ - בִּמְיוּחָד: — especially
אֲנִי אוֹהֵב לָלֶכֶת לַיָּם בִּפְרָט בִּשְׁעוֹת הַבּוֹקֶר.

פרטית׳ פְּרָטִי — private
אִישִׁי, שֶׁל הַיָּחִיד וְלֹא שֶׁל הַצִּיבּוּר:
*בָּעִיר יֵשׁ לָאָדָם רְכוּשׁ **פְּרָטִי** - בַּיִת **פְּרָטִי**, מְכוֹנִית **פְּרָטִית** וְכוּ׳. בַּקִּיבּוּץ אֵין רְכוּשׁ **פְּרָטִי**.*
שֵׁם פְּרָטִי / מִקְרֶה פְּרָטִי / עִנְיָן פְּרָטִי
פְּרָטִית, פְּרָטִיִּים, פְּרָטִיּוֹת

פרטיותנ׳ פְּרָטִיּוּת — privacy
כְּשֶׁכֹּל אֶחָד חַי לְעַצְמוֹ:
*קָשֶׁה לִשְׁמוֹר עַל הַ**פְּרָטִיּוּת**, כְּשֶׁחַיִּים בְּקִיבּוּץ.*

פרטיםז״ר פְּרָטִים — details
1. יְחִידוֹת קְטַנּוֹת שֶׁל מַשֶּׁהוּ גָּדוֹל:
*הוּא יוֹדֵעַ אֶת כֹּל הַ**פְּרָטִים** שֶׁל הַהֶסְכֵּם.*
2. אִינְפוֹרְמַצְיָה אִישִׁית: — personal data
*נָתַתִּי לוֹ אֶת הַ**פְּרָטִים** הָאִישִׁיִּים שֶׁלִּי - שֵׁם, שֵׁם מִשְׁפָּחָה, כְּתוֹבֶת.*
בְּפִרְטֵי פְּרָטִיםת״פ - — in full detail
הוּא סִיפֵּר לִי עַל הַטִּיּוּל בְּפִרְטֵי פְּרָטִים.

פרטנית׳ פַּרְטָנִי individual (adj.)
כֹּל אֶחָד לְבַד:
בַּחִינּוּךְ ***הַפַּרְטָנִי*** *כֹּל תַלְמִיד לוֹמֵד לְפִי הַיְכוֹלֶת שֶׁלּוֹ.*
פַּרְטָנִית, פַּרְטָנִיִּים, פַּרְטָנִיּוֹת

פריז׳ פְּרִי [פֵּירוֹת] fruit
1. כֹּל חֵלֶק בַּצֶּמַח שֶׁאָדָם אוֹכֵל:
אָדָם וְחַוָּה אָכְלוּ ***מִפְּרִי*** *עֵץ הַדַּעַת.*
פְּרִי-הָדָר citrus
פְּרִי-הָאֲדָמָה vegetable
2. תּוֹצָאָה, שָׂכָר: result, profit
הִשְׁקַעְתִּי בָּעֲבוֹדָה, וְלַעֲבוֹדָתִי יֵשׁ ***פְּרִי.***

ר׳ פירות

פרידהנ׳ פְּרֵדָה [פְּרִידוֹת] departure, parting, farewell
כְּשֶׁאָדָם עוֹזֵב מִשְׁפָּחָה, חָבֵר וְכוּ׳ וְאוֹמֵר לָהֶם שָׁלוֹם:
הַפְּרִידָה *הָאֲרוּכָּה מִן הַהוֹרִים גָּרְמָה לוֹ צַעַר רַב.*
מְסִיבַּת פְּרֵידָה / בִּרְכַּת פְּרֵידָה

פריחהנ׳ פְּרִיחָה [פְּרִיחוֹת] blooming, blossoming
1. כְּשֶׁהַפְּרָחִים מוֹפִיעִים עַל הָעֵצִים וְהַצְּמָחִים:
בִּזְמַן ***הַפְּרִיחָה*** *יֵשׁ רֵיחַ טוֹב בְּכֹל מָקוֹם.*
2. (מֶטָאפוֹרָה) תְּקוּפָה טוֹבָה, מוּצְלַחַת: prosperity
עַכְשָׁיו יֵשׁ ***פְּרִיחָה*** *בַּעֲנַף הַבִּנְיָין.*
3. פְּצָעִים קְטַנִּים עַל הָעוֹר: rash
יֵשׁ לִי ***פְּרִיחָה*** *עַל הָרַגְלַיִים.*

פריטז׳ פְּרִיט [פְּרִיטִים] item
דָּבָר, חֵפֶץ אֶחָד:
יֵשׁ לִי בָּאַרְנָק כַּמָּה ***פְּרִיטִים*** *- מַסְרֵק, סִיגַרְיוֹת, מִשְׁקָפַיִים.*

פריטהנ׳ פְּרִיטָה [פְּרִיטוֹת] changing money
1. הַחְלָפָה לְכֶסֶף קָטָן:
פְּרִיטָה *שֶׁל 200 שֶׁקֶל לְמַטְבְּעוֹת כְּדַאי לַעֲשׂוֹת בַּבַּנְק.*
2. נְגִינָה בִּכְלִי plucking a stringed instrument
שֶׁיֵּשׁ לוֹ מֵיתָרִים (גִיטָרָה וְכוּ׳):
הוּא אוֹמָן ***הַפְּרִיטָה*** *עַל מַנְדּוֹלִינָה.*

פריךת׳ פָּרִיךְ crisp(y), brittle
נִשְׁבָּר אוֹ מִתְפּוֹרֵר בְּקַלּוּת:
הַלֶּחֶם ***פָּרִיךְ,*** *כִּי הוּא טָרִי.*
פְּרִיכָה, פְּרִיכִים, פְּרִיכוֹת

פריסהנ׳ פְּרִיסָה [פְּרִיסוֹת] spreading
1. כְּשֶׁשָּׂמִים בַּד (מַפָּה, סָדִין וְכוּ׳) עַל מַשֶּׁהוּ:
אַחֲרֵי ***פְּרִיסַת*** *הַמַּפָּה תָּשִׂים צַלָּחוֹת עַל הַשּׁוּלְחָן.*
2. כְּשֶׁקּוֹבְעִים אֵיפֹה יִהְיוּ deployment
חַיָּילִים מוּכָנִים לְמִלְחָמָה:
הֶחְלִיטוּ עַל ***פְּרִיסַת*** *הַצָּבָא לְאוֹרֶךְ הַגְּבוּל.*
פְּרִיסַת-שָׁלוֹם regards

פריעהנ׳ פְּרִיעָה [פְּרִיעוֹת] paying (a debt)
כְּשֶׁמְּשַׁלְּמִים חוֹב, כֶּסֶף שֶׁחַיָּיבִים לַבַּנְק:
אַחֲרֵי ***פְּרִיעַת*** *כֹּל הַחוֹבוֹת, אֶסַע לְטִיּוּל בְּחוּץ לָאָרֶץ.*

פריץז׳ פָּרִיץ [פָּרִיצִים] Polish squire
1. כָּךְ קָרְאוּ לְמִי שֶׁהָיוּ לוֹ אֲדָמוֹת וּבָתִּים (בְּעִיקָר בְּפּוֹלַנְיָה), פֵיאוֹדָל:
הָיִינוּ צְרִיכִים לְשַׁלֵּם ***לַפָּרִיץ*** *מִיסִּים גְּבוֹהִים.*
2. (מֶטָאפוֹרָה) מִי שֶׁאֵינוֹ עוֹשֶׂה כְּלוּם וְרוֹצֶה tyrant
שֶׁאֲחֵרִים יַעַבְדוּ בִּשְׁבִילוֹ:
הִיא חוֹשֶׁבֶת שֶׁהִיא ***פָּרִיצָה*** *- לֹא עוֹשָׂה כְּלוּם כֹּל הַיּוֹם.*
פָּרִיצָה, פָּרִיצוֹת

פריצהנ׳ פְּרִיצָה [פְּרִיצוֹת] breakthrough
1. חֲדִירָה בְּכוֹחַ, שְׁבִירָה:
הַפּוֹעֲלִים עוֹבְדִים ***בִּפְרִיצַת*** *דֶּרֶךְ בֶּהָרִים.*
2. גְנֵיבָה בְּמָקוֹם (בַּיִת, חֲנוּת וְכוּ׳): break-in
הָיְיתָה ***פְּרִיצָה,*** *לַחֲנוּת, כֹּל הַכֶּסֶף נִגְנַב.*

פריצותנ׳ פְּרִיצוּת prostitution, licentiousness
חַיִּים לֹא מוּסָרִיִּים, בְּעִיקָר בְּיַחֲסֵי מִין:
הֶאֱשִׁימוּ אוֹתָם ***בִּפְרִיצוּת*** *בִּגְנֵיבָה וּבְשִׁכְרוּת.*

פריקהנ׳ פְּרִיקָה unloading
1. כְּשֶׁמּוֹרִידִים חֲבִילוֹת מִמְּכוֹנִית, מִמָּטוֹס:
אֶת ***פְּרִיקַת*** *הַמְּכוֹנִית עָשׂוּ הַסַּבָּלִים.*
2. כְּשֶׁמּוֹצִיאִים מֵרוֹבֶה וְכוּ׳ אֶת הַכַּדּוּרִים:
מוּתָּר לְהִיכָּנֵס עִם כְּלֵי נֶשֶׁק רַק אַחֲרֵי ***פְּרִיקַת*** *הַתַּחְמוֹשֶׁת (הַכַּדּוּרִים) מִמֶּנּוּ.*

פרישהנ׳ פְּרִישָׁה [פְּרִישׁוֹת] retirement
הִתְרַחֲקוּת, עֲזִיבָה:
אַחֲרֵי ***הַפְּרִישָׁה*** *מִן הַמֶּמְשָׁלָה אֵין לוֹ מַה לַּעֲשׂוֹת. / גִּיל* ***הַפְּרִישָׁה*** *מִן הָעֲבוֹדָה הוּא 65.*

פרישותנ׳ פְּרִישׁוּת abstinence
הִתְרַחֲקוּת מִבִּילּוּיִים, מִתַּעֲנוּגוֹת, מִן "הַחַיִּים הַטּוֹבִים":
הוּא חַי חַיֵּי ***פְּרִישׁוּת,*** *כְּמוֹ נָזִיר - לֹא הוֹלֵךְ לְקוֹלְנוֹעַ, לֹא נִפְגָּשׁ עִם חֲבֵרִים וְכוּ׳.*

פרךז׳ פֶּרֶךְ crushing, oppression
עֲבוֹדַת פֶּרֶךְ - עֲבוֹדָה קָשָׁה, בְּעִיקָר עֲבוֹדָה פִיסִית:
לִפְנֵי 50 שָׁנָה סְלִילַת כְּבִישׁ הָיְיתָה ***עֲבוֹדַת פֶּרֶךְ.***

פרםפ׳ פָּרַם — unstiched, untied
"פָּתַח" הִתִּיר סְרִיגָה אוֹ תֶּפֶר:
פָּרַמְתִּי אֶת הַסְוֶודֶר, מִן הַצֶּמֶר אֶסְרוֹג מַשֶּׁהוּ חָדָשׁ.
פָּרַמְתִּי אֶת הַתְּפָרִים בַּחוּלְצָה.
לִפְרוֹם אֶת- / פ.ר.ם, פָּעַל / פָּרַמְתִּי, פּוֹרֵם, יִפְרוֹם

פרנסז׳ פַּרְנָס [פַּרְנָסִים] — a pillar of the community
(לְשׁוֹן גְבוֹהָה) מַנְהִיג:
פַּרְנָסֵי הַצִּיבּוּר צְרִיכִים לְהַכִּיר אֶת הָעָם.

פרנסהנ׳ פַּרְנָסָה [פַּרְנָסוֹת] — livelihood, means of support
אֶמְצָעֵי מִחְיָה, דְּרָכִים לְהִשְׂתַּכֵּר אוֹ לְהַרְוִויחַ כֶּסֶף:
הוּא עוֹבֵד לְפַרְנָסָתוֹ בַּבַּנְק. / הַמַּצָּב קָשֶׁה, אֵין לִי פַּרְנָסָה.

פרספ׳ פָּרַס — sliced
חָתַךְ:
פָּרַסְתִּי אֶת הַלֶּחֶם לְ-10 פְּרוּסוֹת.
לִפְרוֹס אֶת- / פ.ר.ס, פָּעַל / פָּרַסְתִּי, פּוֹרֵס, יִפְרוֹס

פרסז׳ פֶּרֶס [פְּרָסִים] — vulture
צִיפּוֹר טוֹרֶפֶת גְּדוֹלָה בְּצֶבַע חוּם - שָׁחוֹר:
הַפֶּרֶס רָאָה מִלְמַעְלָה מַשֶּׁהוּ זָז וְהִתְנַפֵּל עָלָיו.

פרסז׳ פְּרָס [פְּרָסִים] — prize, reward
מַתָּנָה אוֹ כֶּסֶף, שֶׁנּוֹתְנִים לְאָדָם שֶׁזָּכָה בְּתַחֲרוּת:
הַפִּיסִיקַאי הַמִּצְטַיֵּין קִיבֵּל פְּרָס יִשְׂרָאֵל. / הָעִיתּוֹן חִילֵּק פְּרָסִים לַקּוֹרְאִים, שֶׁזָּכוּ בְּהַגְרָלָה.
חֲתַן-פְּרָס — prizewinner

פרסהנ׳ פַּרְסָה [פַּרְסוֹת] — horseshoe
בַּרְזֶל שֶׁשָּׂמִים לְרַגְלֵי סוּס כְּדֵי לְהָגֵן עֲלֵיהֶן:
כְּשֶׁסּוּס עוֹבֵר, שׁוֹמְעִים אֶת קוֹל הַפַּרְסוֹת שֶׁלּוֹ.

פרעפ׳ פָּרַע — disheveled
1. עָשָׂה אִי-סֵדֶר:
פָּרַעְתִּי אֶת הַתִּסְרוֹקֶת שֶׁלִּי.
2. הֶחֱזִיר חוֹב, כֶּסֶף וְכוּ׳: — paid off (debt etc.)
פָּרַעְתִּי אֶת הַצֶּ'יק. / פָּרַעְתִּי אֶת חוֹבִי לַחֶבְרָה.
לִפְרוֹעַ אֶת- / פ.ר.ע, פָּעַל / פָּרַעְתִּי, פּוֹרֵעַ, יִפְרַע, יִפְרְעוּ

פרעושז׳ פַּרְעוֹשׁ [פַּרְעוֹשִׁים] — flea
בַּעַל חַיִּים קָטָן, חַי עַל כְּלָבִים וְכוּ׳:
עָשִׂיתִי לַכֶּלֶב שֶׁלִּי טִיפּוּל נֶגֶד פַּרְעוֹשִׁים.

פרפרז׳ פַּרְפַּר [פַּרְפָּרִים] — butterfly
בַּעַל חַיִּים יָפֶה, קָטָן, יֵשׁ לוֹ כְּנָפַיִים:
הַפַּרְפַּר עָף מִפֶּרַח לְפֶרַח.

פרפראותנ״ר פַּרְפְּרָאוֹת — light entertainment
דְּבָרִים קַלִּים, לֹא חֲשׁוּבִים:
אַחֲרֵי הַהַרְצָאָה הָיוּ פַּרְפְּרָאוֹת - זֶמֶרֶת, קוֹמִיקַאי וְעוֹד.

פרץפ׳ פָּרַץ — broke into
1. נִכְנַס בְּכוֹחַ:
הַצָּבָא פָּרַץ לָעִיר הָעַתִּיקָה.
2. שָׁבַר: — broke
פָּרַצְתִּי אֶת הַדֶּלֶת, כִּי לֹא הָיָה לִי מַפְתֵּחַ.
3. קָרָה, הִתְחִיל בְּבַת אַחַת: — broke out, erupted
אֵשׁ פָּרְצָה בַּבִּנְיָין.
4. לֹא הִתְאַפֵּק, הוֹצִיא מִתּוֹכוֹ: — burst
הַיְלָדִים פָּרְצוּ בִּבְכִי.
לִפְרוֹץ אֶת-, לְ-, בְּ- / פ.ר.ץ, פָּעַל / פָּרְצוּ, פּוֹרֵץ, יִפְרוֹץ

פרץז׳ פֶּרֶץ [פְּרָצִים] — gust, gulf
זֶרֶם, מַשֶּׁהוּ שֶׁיּוֹצֵא בְּכוֹחַ:
אִי אֶפְשָׁר לַעֲמוֹד, פֶּרֶץ הַמַּיִם מַפִּיל אוֹתָנוּ.
עָמַד בַּפֶּרֶץב׳ — stood in the breach
רוּחַ-פְּרָצִים — draft

פרצוףז׳ פַּרְצוּף [פַּרְצוּפִים] — face
1. פָּנִים:
יֵשׁ לוֹ פַּרְצוּף יָפֶה.
2. צוּרָה (גַּם בַּמּוּבָן הָאַבְּסְטְרַקְטִי): — shape, character
הַפַּרְצוּף שֶׁל הַמַּנְהִיגִים הוּא כְּמוֹ הַפַּרְצוּף שֶׁל הַחֶבְרָה.
פַּרְצוּף, פַּרְצוּפָה (לְשׁוֹן דִּיבּוּר) -
תִּרְאוּ אֶת הַפַּרְצוּף הַזֶּה! אִישׁ נוֹרָא!
דּוּ-פַּרְצוּפִי — two-faced

פרקפ׳ פָּרַק — unloaded
הוֹרִיד מַשֶּׁהוּ כָּבֵד:
פָּרַקְתִּי אֶת הָרָהִיטִים מִן הַמְּכוֹנִית.
לִפְרוֹק אֶת- / פ.ר.ק, פָּעַל / פָּרַקְתִּי, פּוֹרֵק, יִפְרוֹק, פְּרוֹק!

פרקז׳ פֶּרֶק [פְּרָקִים] — chapter
1. חֵלֶק מִסֵּפֶר אוֹ מִיצִירָה מוּסִיקָלִית:
קָרָאתִי רַק אֶת שְׁנֵי הַפְּרָקִים הָרִאשׁוֹנִים בַּסֵּפֶר.
2. הַחֵלֶק שֶׁמִּתְכּוֹפֵף בַּיָּד אוֹ בָּרֶגֶל: — joint
כּוֹאֲבִים לִי הַפְּרָקִים, וְקָשֶׁה לִי לָלֶכֶת.
פֶּרֶק-זְמַן — period
עַל הַפֶּרֶק — on the agenda
רָאשֵׁי-פְּרָקִים — chapter-headings, outline

פרקדןת״פ פְּרַקְדָּן — lying on the back
בְּמַצָּב שֶׁל שְׁכִיבָה עַל הַגַּב:
שָׁכַב פְּרַקְדָּן וְתָנוּחַ.

פרקליטז, פְּרַקְלִיט [פְּרַקְלִיטִים] attorney
עוֹרֵךְ דִין:
*יֵש **פְּרַקְלִיט** שֶמֵגֵן עַל נֶאֱשָמִים, וְיֵש **פְּרַקְלִיט** שֶתוֹבֵעַ נֶאֱשָמִים.*
פְּרַקְלִיט-הַמְדִינָה state prosecutor
פְּרַקְלִיטָה, פְּרַקְלִיטוֹת

פרשפ, פָּרַש left, withdrew
1. עָזַב, הִתְרַחֵק:
*הוּא **פָּרַש מִן** הַמְסִיבָּה מוּקדָם, כִּי הָיָה עָיֵיף.*
2. יָצָא לְפֶנסִיָה (לְגִימלָאוֹת): retired
*הוּא **פָּרַש** לְגִימלָאוֹת לִפנֵי הַזמַן.*
לִפרוֹש מִ- / פ.ר.ש, פָּעַל / פָּרַשתִי, פּוֹרֵש, יִפרוֹש

פרש (פרס)פ, פָּרַשׂ (פָּרַס) spread
1. יִישֵר, כִּיסָה:
***פָּרַשׂתִי** מַפָּה עַל הַשוּלחָן.*
2. פָּתַח (לִצדָדִים, לְמַעלָה): extended
*הוּא **פָּרַשׂ אֶת** יָדָיו לַצדָדִים.*
לִפרוֹשׂ אֶת- / פ.ר.ש, פָּעַל / פָּרַשׂתִי, פּוֹרֵשׂ, יִפרוֹשׂ

פרשז, פָּרָש [פָּרָשִים] horseman
רוֹכֵב עַל סוּס:
*בַּמִשטָרָה יֵש יְחִידָה שֶל **פָּרָשִים** - שוֹטרִים עַל סוּסִים.*

פרשהנ, פָּרָשָה [פָּרָשוֹת] affair
1. מְאוֹרָע (פּוֹלִיטִי, רוֹמַנטִי) שֶנִמשָך זמַן מְסוּיָם:
*קָרָאתִי בָּעִיתוֹן עַל **פָּרָשַת** הָרִיגוּל בְּאַנגלִיָה.*
2. סִידרָה, חֵלֶק מִן הַתוֹרָה, שֶקוֹרְאִים בְּשַבָּת בְּבֵית הַכּנֶסֶת: weekly portion - read from the Torah
*הַיֶלֶד קָרָא מִתוֹך **פָּרָשַת** הַשָבוּעַ.*
פָּרָשַת-דְרָכִים crossroads
פָּרָשַת-הַמַיִם water divide

פרשןז, פַּרשָן [פַּרשָנִים] commentator
מִי שֶמַסבִּיר דבָרִים לַצִיבּוּר:
***הַפַּרשָן** הַמְדִינִי שֶל הָעִיתוֹן כָּתַב מַאֲמָר עַל תוֹצָאוֹת הַבּחִירוֹת.*

פרשנותנ, פַּרשָנוּת [פַּרשָנוּיוֹת] commentary
הֶסבֵּר שֶל טֶקסט אוֹ שֶל מַצָב:
*בְּכֹל עִיתוֹן יֵש מַאֲמָר **פַּרשָנוּת** עַל בְּעָיוֹת אַקטוּאָלִיוֹת.*

פשוטת, פָּשוּט simple
1. לֹא מְסוּבָּך, מוּבָן:
*זֶה מַכשִיר **פָּשוּט**, אֲפִילוּ יֶלֶד יָכוֹל לְהִשתַמֵש בּוֹ.*
2. לֹא מְיוּחָד, בּלִי קִישוּטִים, לֹא יָקָר: plain
*לָבַשתִי בּגָדִים **פְּשוּטִים**.*
3. פָּשוּטתה"פ - בּלִי סִיבָּה מְיוּחֶדֶת, סתָם: simply
*אֲנִי **פָּשוּט** רוֹצֶה לָנוּחַ.*
פשוּטֵי-עָם simple folk
פשוּטָה, פשוּטִים, פשוּטוֹת

פשטפ, פָּשַט took off
1. הוֹרִיד אֶת הַבּגָדִים:
*הוּא **פָּשַט אֶת** הַבּגָדִים וְהָלַך לְהִתרַחֵץ.*
2. שָלַח, הוֹצִיא יָד: extended
*הֶעָנִי **פָּשַט** יָד וּבִיקֵש נְדָבָה.*
פּוֹשֵט-יָד begger
פּוֹשֵט-רֶגֶל bankrupt
3. הִתנַפֵּל: raided
*הַצָבָא **פָּשַט עַל** הַכּפָר וְכָבַש אוֹתוֹ.*
לִפשוֹט אֶת-, עַל- / פ.ש.ט, פָּעַל / פָּשַטתִי, פּוֹשֵט, יִפשוֹט

פשטז, פְּשָט simple/literal (meaning)
(לָשוֹן גבוֹהָה) הַדֶרֶך הַפּשוּטָה שֶל הַדבָרִים, הַגלוּיָה:
*בְּטֶקסט סִפרוּתִי יֵש **פְּשָט** - הַסִיפּוּר וְכוּ', וְיֵש הַכַּוָונָה, הַפִילוֹסוֹפִיָה, שֶאוֹתָהּ קָשֶה יוֹתֵר לְהָבִין.*

פשטותנ, פַּשטוּת simplicity
1. כּשֶמַשֶהוּ פָּשוּט, בּלִי סִיבּוּכִים:
*עִניָין קָשֶה הוֹפֵך קַל בִּגלַל **פַּשטוּת** הַהֶסבֵּר שֶלוֹ.*
2. בּלִי גִינדוּר, בּלִי "לַעֲשׂוֹת אֶת עַצמוֹ חָשוּב": simplicity, modesty
*יֵש **פַּשטוּת** בְּהִתנַהֲגוּת שֶלוֹ, אַף כִּי הוּא אִיש חָשוּב.*
בְּפַשטוּת simply

פשטידהנ, פַּשטִידָה [פַּשטִידוֹת] pie
אוֹכֶל אָפוּי בְּתַנוּר, כּמוֹ עוּגָה (מִירָקוֹת, בָּשָׂר וְכוּ'):
*אָכַלנוּ **פַּשטִידַת** בָּצָל טוֹבָה.*

פשטנותנ, פַּשטָנוּת shallowness, superficiality
שִטחִיוּת, כּשֶאוֹמרִים (כּוֹתבִים וְכוּ') דבָרִים יְדוּעִים:
*בִּגלַל **הַפַּשטָנוּת** שֶל הַמַאֲמָרִים שֶלוֹ, הוּא בְּעֵינַיי עִיתוֹנַאי לֹא טוֹב.*

פשטנית, פַּשטָנִי simplistic
שֶאֵין בּוֹ עוֹמֶק, שִטחִי, רָגִיל מְאוֹד:
*הַמַאֲמָר שֶלוֹ הָיָה **פַּשטָנִי** וְלֹא חִידֵש דָבָר.*
פַּשטָנִית, פַּשטָנִיִים, פַּשטָנִיוֹת

פשיטהנ, פְּשִיטָה [פְּשִיטוֹת] raid
הִתנַפּלוּת:
***הַפּשִיטָה** עַל הָאוֹיֵב הִצלִיחָה, כּוּלָם בָּרחוּ מִן הַמָקוֹם.*
פּשִיטַת-יָד begging
פּשִיטַת-רֶגֶל bankruptcy

פשיעהנ', פְּשִׁיעָה [פְּשִׁיעוֹת] crime
מַעֲשִׂים שֶׁפּוֹגְעִים בַּחֶבְרָה (גְנֵיבָה, רֶצַח וְכוּ'):
צָרִיךְ לְהִילָּחֵם בַּפְּשִׁיעָה, כְּדֵי שֶׁהָאֶזְרָחִים יַרְגִּישׁוּ בִּיטָחוֹן.

פשלהנ', פַּשְׁלָה [פַּשְׁלוֹת] screw-up, fiasco
(לשון דיבור) כִּישָּׁלוֹן, אִי הַצְלָחָה:
*עָשִׂיתִי **פַּשְׁלָה** בַּבְּחִינָה, לֹא רָאִיתִי שֶׁיֵּשׁ עוֹד דַּף.*

פשעפ', פָּשַׁע committed a crime
עָשָׂה מַעֲשֶׂה רַע נֶגֶד אָדָם, חֶבְרָה:
*בְּבֵית הַסּוֹהַר יוֹשְׁבִים אֲנָשִׁים **שֶׁפָּשְׁעוּ** וְנִשְׁפְּטוּ.*
לִפְשׁוֹעַ / פ.ש.ע, פָּעַל / פָּשַׁעְתִּי, פּוֹשֵׁעַ, יִפְשַׁע, יִפְשְׁעוּ

פשעז', פֶּשַׁע [פְּשָׁעִים] crime
מַעֲשֶׂה חָמוּר נֶגֶד הַחוֹק:
*הַגַּנָּב יָשַׁב בְּבֵית הַסּוֹהַר בִּגְלַל **פְּשָׁעִים** שֶׁעָשָׂה.*

פשק (פסק)פ', פָּשַׂק (פָּסַק) opened widely
פָּתַח פֶּתַח רָחָב.
פָּשַׂק אֶת שְׂפָתָיוב' - פָּתַח אֶת הַפֶּה וְדִיבֵּר הַרְבֵּה:
הָרוֹכֵל בַּשּׁוּק פָּשַׂק אֶת שְׂפָתָיו וְקִילֵּל אֶת אַנְשֵׁי הָעִירִיָּיה.
לִפְשׂוֹק אֶת- / פ.שׂ.ק, פָּעַל / פָּשַׂקְתִּי, פּוֹשֵׂק, יִפְשׂוֹק

פשרז', פֵּשֶׁר meaning, sense
הֶסְבֵּר, פֵּירוּשׁ, מַשְׁמָעוּת:
*לֹא הֵבַנְתִּי אֶת **פֵּשֶׁר** דְּבָרָיו.*

פשרהנ', פְּשָׁרָה [פְּשָׁרוֹת] compromise
הֶסְכֵּם בֵּין שְׁנֵי צְדָדִים, כְּשֶׁכָּל צַד מְווַתֵּר עַל מַשֶּׁהוּ:
*הָרִיב בֵּין בַּעַל-הַבַּיִת לַדַּיָּיר הִסְתַּיֵּים **בִּפְשָׁרָה**.*

פשרןז', פַּשְׁרָן [פַּשְׁרָנִים] leans towards compromise
מִי שֶׁמְּווַתֵּר, לֹא רָדִיקָלִי:
*הוּא אֵינוֹ מַתְאִים לַוַּעַד, הוּא **פַּשְׁרָן** מִדַּי.*
פַּשְׁרָנִית, פַּשְׁרָנִיּוֹת

פשרנותנ', פַּשְׁרָנוּת tendency to compromise
כְּשֶׁמְּווַתְּרִים, עֶמְדָּה לֹא רָדִיקָלִית:
*לִפְעָמִים הַ**פַּשְׁרָנוּת** שֶׁלּוֹ מַרְגִּיזָה, לָמָּה הוּא מְווַתֵּר?*

פשרנית', פַּשְׁרָנִי compromising
שֶׁמְּווַתֵּר בְּקַלּוּת כְּדֵי לְהַגִּיעַ לְהֶסְכֵּם:
*בְּגִישָׁה **פַּשְׁרָנִית** אֶפְשָׁר לִפְעָמִים לְהַשִּׂיג יוֹתֵר.*
פַּשְׁרָנִית, פַּשְׁרָנִיִּים, פַּשְׁרָנִיּוֹת

פתנ', פַּת slice of bread
פְּרוּסָה, חֲתִיכָה שֶׁל לֶחֶם:
*הוּא כָּל כָּךְ עָנִי, אֲפִילוּ **פַּת** לֶחֶם אֵין לוֹ.*

פתאוםת"פ פִּתְאוֹם suddenly
בְּהַפְתָּעָה בְּאוֹפֶן לֹא צָפוּי, לֹא לְפִי הַתּוֹכְנִית:
*יָשַׁבְתִּי בַּחֶדֶר, **פִּתְאוֹם** נִפְתְּחָה הַדֶּלֶת, וְנִכְנְסָה רוּת.*

פתאומית', פִּתְאוֹמִי sudden
בְּלִי שֶׁהִתְכּוֹנַנּוּ לוֹ, בְּלִי לָדַעַת קוֹדֶם:
*הַנְּסִיעָה הַ**פִּתְאוֹמִית** שֶׁל רֹאשׁ הַמֶּמְשָׁלָה עוֹרְרָה כָּל מִינֵי סְפֶּקוּלַצְיוֹת.*
פִּתְאוֹמִית, פִּתְאוֹמִיִּים, פִּתְאוֹמִיּוֹת

פתאומיותנ', פִּתְאוֹמִיּוּת suddenness
בְּלִי הֲכָנָה מוּקְדֶּמֶת:
*הַ**פִּתְאוֹמִיּוּת** בַּנְּסִיעָה שֶׁלּוֹ עוֹרְרָה כָּל מִינֵי סְפֶּקוּלַצְיוֹת.*

פתאים ר' פתי

פתגםז', פִּתְגָם [פִּתְגָמִים] proverb, saying
מִשְׁפָּט קָצָר וְיָדוּעַ שֶׁמְּלַמֵּד מַשֶּׁהוּ:
*'אִם אֵין אֲנִי לִי מִי לִי' הוּא **פִּתְגָם** יָדוּעַ, הַמְּלַמֵּד שֶׁאָדָם צָרִיךְ לַעֲזוֹר לְעַצְמוֹ.*

פתוחת', פָּתוּחַ open
1. לֹא סָגוּר:
*הַחֲנוּיוֹת **פְּתוּחוֹת** כָּל יוֹם מ-8.00 עַד 1.00.*
2. (מֶטָאפוֹרָה) מְדַבֵּר עִם כֹּל אֶחָד, מְסַפֵּר עַל עַצְמוֹ וְכוּ':
*עִם אֲנָשִׁים **פְּתוּחִים** קַל לְהִתְיַידֵּד.* outgoing person
פְּתוּחָה, פְּתוּחִים, פְּתוּחוֹת

פתורת', פָּתוּר solved (adj.)
נִמְצָאָה לוֹ תְּשׁוּבָה, פִּיתְרוֹן:
*כָּל תַּרְגִּילֵי הָאַלְגֶּבְּרָה **פְּתוּרִים**.*
פְּתוּרָה, פְּתוּרִים, פְּתוּרוֹת

פתחפ', פָּתַח opened
1. הֵיפֶךְ מִסָּגַר:
***פָּתַח אֶת** הַחַלּוֹן כְּדֵי שֶׁיִּיכָּנֵס אֲוִויר.*
2. הָיָה רִאשׁוֹן, הִתְחִיל: started
*הוּא **פָּתַח אֶת** הַיְּשִׁיבָה בְּהַרְצָאָה מְשַׁעֲמֶמֶת.*
לִפְתּוֹחַ אֶת- / פ.ת.ח, פָּעַל / פָּתַחְתִּי, פּוֹתֵחַ, יִפְתַּח, פְּתַח!

פתחז', פֶּתַח [פְּתָחִים] opening, entrance
דֶּלֶת, שַׁעַר, כְּנִיסָה:
*דָּוִד עָמַד **בְּפֶתַח** הַחֶדֶר, הוּא לֹא יָדַע אִם לְהִיכָּנֵס אוֹ לָצֵאת.*
פֶּתַח-דָּבָר preface

פתחז', פַּתָּח [פַּתָּחִים] Heb. vowel - "a" sound
שֵׁם תְּנוּעַת a בְּעִבְרִית:
*בַּמִּילָּה נַעַר יֵשׁ 2 **פַּתָּחִים**.*

פתיז, פֶּתִי — gullible, sucker
טִיפֵּש, מִי שֶׁמַּאֲמִין לְכֹל מַה שֶׁאוֹמְרִים:
*הוּא כָּזֶה **פֶּתִי**, הוּא מַאֲמִין לְכֹל שטוּת.*
פְּתַיָּה, פּתָאִים-פּתָיִים, פּתָיוֹת

פתיחז, פְּתִיחַ (פָּתִיחַ) — opening remarks, foreword
מִילִים שֶׁאוֹמְרִים/כּוֹתבִים בְּהַתחָלַת סֵפֶר, עִיתוֹן, שִׂיחָה:
*בַּ**פּתִיחַ** כָּתוּב, שֶׁזֶּהוּ עִיתוֹן לְאִינטֶלֶקטוּאָלִים.*

פתיחהנ, פְּתִיחָה [פּתִיחוֹת] — opening
1. הַהֵיפֶך מִסגִירָה:
*אַחֲרֵי **פּתִיחַת** הַחַלוֹנוֹת יִהיֶה קָרִיר יוֹתֵר.*
2. הַתחָלָה: — beginning
*בִּ**פּתִיחַת** הָעֶרֶב הָיוּ בְּרָכוֹת וּנְגִינָה בְּפְּסַנתֵר.*
3. מָבוֹא לְסֵפֶר, לְמַחֲזֶה וְכוּ': — introduction, foreword
*קָרָאתִי אֶת הַ**פּתִיחָה** לַסֵפֶר.*

פתיחותנ, פְּתִיחוּת — open mindedness
הַיְכוֹלֶת (הַפּסִיכוֹלוֹגִית) לִהיוֹת פָּתוּחַ (לַאֲחֵרִים, לְרַעיוֹנוֹת וְכוּ'):
*צָרִיך שֶׁתִהיֶה בָּנוּ **פּתִיחוּת** לְקַבֵּל דבָרִים חֲדָשִׁים.*

פתילז, פְּתִיל [פּתִילִים] — wick, fuse
חוּט:
*הַ**פּתִיל** שֶׁל הַנֵר בּוֹעֵר.*
נִיתַק פּתִיל חַיָּיוב - מֵת

פתילהנ, פְּתִילָה [פּתִילוֹת] — wick
1. חוּט עָבֶה שֶׁמַרטִיבִים אוֹתוֹ בְּשֶׁמֶן, נֵפט וְכוּ':
*בֶּעָבָר הִדלִיקוּ **פּתִילָה** בְּתוֹך שֶׁמֶן כְּדֵי לְהָאִיר.*
2. תרוּפָה שֶׁמַכנִיסִים דֶרֶך הָרֶקטוּם: — suppository
*נָתנוּ לַתִינוֹק **פּתִילָה** כְּדֵי שֶׁיֵרֵד לוֹ הַחוֹם.*

פתירת, פָּתִיר — soluble
שֶׁאֶפשָׁר לִפתוֹר אוֹתוֹ, אֶפשָׁר לְקַבֵּל פִּיתרוֹן:
*הַתַרגִילִים בְּאַלגֶבּרָה הֵם בִּלתִי **פּתִירִים**, אוּלַי יֵשׁ בָּהֶם טָעוּת?*
פּתִירָה, פּתִירִים, פּתִירוֹת

פתיתיםז״ר פְּתִיתִים — flakes, dough crumbs
אוֹכֶל מִבָּצֵק מְבוּשָׁל, חָתוּך לַחֲתִיכוֹת קטַנוֹת:
*אֲנִי אוֹהֵב **פּתִיתִים** כְּתוֹסֶפֶת לְבָשָׂר.*

פתלתולת, פְּתַלְתֹּל — crooked (adj.), winding
לֹא יָשָׁר, מִתעַקֵם בִּמקוֹמוֹת רַבִּים:
*הַכּבִישׁ בָּהָר **פּתַלתוֹל** וּמְסוּכָּן.*
פּתַלתוּלָה, פּתַלתוּלִים, פּתַלתוּלוֹת

פתןז, פֶּתֶן [פּתָנִים] — viper, cobra
נָחָשׁ מְסוּכָּן מְאוֹד:
*הַ**פֶּתֶן** הוּא נָחָשׁ אַרסִי מְאוֹד.*

פתעת״פ פֶּתַע — suddenly
בּלִי הֲכָנָה, בּלִי לָדַעַת קוֹדֶם.
הַתקָפַת-פֶּתַע — surprise attack
פֶּתַע פִּתאוֹם — all of a sudden
לְפֶתַע - פִּתאוֹם: — suddenly
לְפֶתַע נֶעֶלמָה הַשֶׁמֶשׁ, וְהִתחִיל לָרֶדֶת גֶשֶׁם.

פתקז, פֶּתֶק [פּתָקִים] — slip, piece of paper
כַּרטִיס נְיָיר, שֶׁכּוֹתבִים עָלָיו מַשֶׁהוּ, הוֹדָעָה קצָרָה וְכוּ':
*הִשׁאַרתִי לְדָוִיד **פֶּתֶק** קָצָר בַּדֶלֶת.*

פתרפ, פָּתַר — solved
נָתַן תשׁוּבָה:
*הַסטוּדֶנט **פָּתַר אֶת** כֹּל הַבְּעָיוֹת בְּמָתֵמָטִיקָה. / הַמֶמשָׁלָה רוֹצָה **לִפתוֹר אֶת** בְּעָיוֹת הַשִׁיכּוּן.*
לִפתוֹר אֶת- / פ.ת.ר, פָּעַל / פָּתַרתִי, פּוֹתֵר, יִפתוֹר

צ

צ 18th letter of Heb. alphabet
צָדִי / צַדִּיק הָאוֹת הַ-18 בָּאָלֶפְבֵּית הָעִבְרִי, מְסַמֶּנֶת אֶת שֵׁם הַמִּסְפָּר 90:
הִגַּעְתִּי לְעַמּוּד צ' בַּסֵּפֶר.
צָדִי סוֹפִית - בְּסוֹף מִילָּה נִכְתֶּבֶת הָאוֹת 'צ' - ץ.

צאןז, צֹאן — sheep and goats
שֵׁם כְּלָלִי לִבְהֵמוֹת - כְּבָשִׂים וְעִיזִּים:
*הַבֶּדוּאִים מְגַדְּלִים עֶדְרֵי-**צֹאן**.*

צאצאז, צֶאֱצָא [צֶאֱצָאִים] — offspring, descendant
בָּנִים, בְּנֵי-בָּנִים, בְּנֵי-הַדּוֹרוֹת הַבָּאִים:
*יֵשׁ לִי שְׁלוֹשָׁה **צֶאֱצָאִים** - שְׁנֵי בָּנִים וּבַת.*

צבז, צָב [צַבִּים] — turtle
בַּעַל חַיִּים שֶׁהַ"בַּיִת" שֶׁלּוֹ עַל הַגַּב:
הַצָּב הָפַךְ לְסֵמֶל שֶׁל אִיטִיּוּת וְהַתְמָדָה.
בִּצְעָדֵי-צָב — at a snail's pace

צבאפ, צָבָא — swarmed, congregated
הִתְאַסֵּף, רָצָה לְהִיכָּנֵס:
*רָאִיתִי שֶׁאֲנָשִׁים רַבִּים **צָבְאוּ עַל** פֶּתַח אוּלַם הַתֵּיאַטְרוֹן.*
לִצְבּוֹא עַל- / צ.ב.א, פָּעַל / צָבְאוּ, צוֹבֵא, יִצְבָּא

צבאז, צָבָא [צְבָאוֹת] — army
1. כָּל חַיָּילֵי הַמְּדִינָה:
*בְּיִשְׂרָאֵל צְעִירִים בְּגִיל 18 חַיָּיבִים לְשָׁרֵת **בַּצָּבָא**.*
2. (מֶטָאפוֹרָה) הַרְבֵּה אֲנָשִׁים: — a host (of people etc.)
*פִּתְאוֹם רָאִיתִי **צְבָא** שֶׁל תַּיָּירִים.*
צְבָא הֲגָנָה לְיִשְׂרָאֵל — Israel Defense Force
(בר"ת - צה"ל)
צְבָא קֶבַע — regular army
יוֹצֵא צָבָא — of age for military service

צבאית, צְבָאִי — military
שֶׁל הַצָּבָא, שֶׁל הַחַיָּילִים:
*הַשֵּׁירוּת **הַצְּבָאִי** בְּיִשְׂרָאֵל נִמְשָׁךְ שָׁלוֹשׁ שָׁנִים.*
צְבָאִית, צְבָאִיִּים, צְבָאִיּוֹת

צבהפ, צָבָה — swelled
(לָשׁוֹן גְבוֹהָה) נַעֲשָׂה גָּדוֹל, הִתְנַפֵּחַ:
*הָרַגְלַיִים שֶׁלִּי **צָבוּ** מֵרוֹב הֲלִיכָה.*
לִצְבּוֹת / צ.ב.ה, פָּעַל / צָבוּ, צָבֶה

צבועת, צָבוּעַ — painted (adj.)
1. שֶׁיֵּשׁ עָלָיו צֶבַע:
*הַשּׁוּלְחָן **צָבוּעַ** יָרוֹק.*
2. מִי שֶׁאוֹמֵר מַה שֶּׁרוֹצִים לִשְׁמוֹעַ (וְלֹא מַה שֶּׁהוּא חוֹשֵׁב): — hypocrite
*אֵינֶנִּי מַאֲמִין לוֹ - הוּא **צָבוּעַ**.*
צְבוּעָה, צְבוּעִים, צְבוּעוֹת

צבועז, צָבוֹעַ [צְבוֹעִים] — hyena
בַּעַל חַיִּים דּוֹמֶה לְכֶלֶב, אוֹכֵל בַּעֲלֵי חַיִּים מֵתִים:
***הַצְּבוֹעִים** הִגִּיעוּ רִאשׁוֹנִים אֶל הַסּוּס הַמֵּת.*

צבטפ, צָבַט — pinched
1. תָּפַס בָּאֶצְבָּעוֹת:
***צָבַטְתִּי** אוֹתוֹ, וְנִשְׁאַר סִימָן אָדוֹם עַל הָעוֹר.*
2. (מֶטָאפוֹרָה) גָּרַם הִתְרַגְּשׁוּת: — clamped
*הַנְּגִינָה שֶׁלָּהּ **צוֹבֶטֶת אֶת** הַלֵּב.*
לִצְבּוֹט אֶת- / צ.ב.ט, פָּעַל / צָבַטְתִּי, צוֹבֵט, יִצְבּוֹט, צְבוֹט!

צביז, צְבִי [צְבָאִים] — deer
בַּעַל חַיִּים יָפֶה, רַגְלָיו אֲרוּכּוֹת, רָץ מַהֵר:
***הַצְּבִי** הוּא סֵמֶל הַדּוֹאַר הַיִּשְׂרְאֵלִי ('מָהִיר כַּצְּבִי').*
אֶרֶץ הַצְּבִי - שֵׁם, כִּינּוּי לְאֶרֶץ יִשְׂרָאֵל
צְבִיָּיה, צְבִיּוֹת

צביטהנ, צְבִיטָה [צְבִיטוֹת] — pinch(ing)
תְּפִיסָה חֲזָקָה בָּאֶצְבָּעוֹת:
*הַיֶּלֶד נָתַן לִי **צְבִיטָה** חֲזָקָה.*
(מֶטָאפוֹרָה) **צְבִיטָה בַּלֵּב** - הַרְגָּשָׁה שֶׁל הִתְרַגְּשׁוּת:
כְּשֶׁרָאִיתִי אוֹתוֹ הִרְגַּשְׁתִּי צְבִיטָה בַּלֵּב.

צביעהנ, צְבִיעָה — painting
עֲבוֹדָה בְּצֶבַע:
*הוּא עָסוּק **בִּצְבִיעַת** הַדֶּלֶת.*

צביעותנ, צְבִיעוּת — hypocrisy
כְּשֶׁלֹּא אוֹמְרִים מַה שֶּׁחוֹשְׁבִים, אֶלָּא מַה שֶּׁכְּדַאי לְהַגִּיד:
*אֵינֶנִּי מַאֲמִין לוֹ, אֲנִי מַכִּיר אֶת **הַצְּבִיעוּת** שֶׁלּוֹ.*

צבירהנ, צְבִירָה — accumulation
כְּשֶׁאוֹסְפִים בְּיַחַד:
***צְבִירָה** שֶׁל אוֹכֶל הִיא דָּבָר מְיוּתָּר.*
צְבִירַת-הוֹן — accumulation of wealth
מַצַּב-צְבִירָה — state of the matter

צבעפ, צָבַע — painted
שָׂם צֶבַע עַל מַשֶּׁהוּ:

דויד ***צָבַע אֶת*** *הַבַּיִת בְּצֶבַע לָבָן.*
לִצְבּוֹעַ אֶת- / צ.ב.ע, פָּעַל / צָבַעְתִּי, צוֹבֵעַ, יִצְבַּע, צְבַע!

צֶבַעז, צֶ֫בַע [צְבָעִים] color
1. אָדוֹם, כָּחוֹל, יָרוֹק, צָהוֹב, חוּם, לָבָן וְכוּ':
הַדֶּגֶל הַיִּשְׂרְאֵלִי הוּא ***בְּצֶבַע*** *לָבָן עִם פַּסִּים וּמָגֵן דָּוִד* ***בְּצֶבַע*** *כָּחוֹל.*
2. הַחוֹמֶר שֶׁצּוֹבְעִים בּוֹ: paint
קָנִיתִי ***צֶבַע*** *כְּדֵי לִצְבּוֹעַ אֶת הַשּׁוּלְחָן.*
שְׁלַל-צְבָעִים wealth of colors

צַבָּעז, צַבָּע [צַבָּעִים] (house) painter
מוּמְחֶה בִּמְרִיחָה שֶׁל צְבָעִים:
הִזְמַנְתִּי ***צַבָּע*** *לִצְבּוֹעַ אֶת הַדִּירָה.*
צַבָּעִית, צַבָּעִיּוֹת

צִבְעוֹנִיתו"ז צִבְעוֹנִי [צִבְעוֹנִים] colorful
1. שֶׁיֵּשׁ לוֹ כַּמָּה צְבָעִים:
קָנִיתִי בַּד ***צִבְעוֹנִי*** *לְשִׂמְלָה.*
2. שֵׁם שֶׁל פֶּרַח אָדוֹם וְיָפֶה: tulip
אָסוּר לִקְטוֹף ***צִבְעוֹנִים*** *בַּשָּׂדֶה.* צִבְעוֹנִית, צִבְעוֹנִיִּים, צִבְעוֹנִיּוֹת

צִבְעוֹנִיּוּתנ, צִבְעוֹנִיּוּת colorfulness
כְּשֶׁיֵּשׁ כַּמָּה צְבָעִים:
הַצִּבְעוֹנִיּוּת *שֶׁל הַשָּׁטִיחַ מוֹצֵאת חֵן בְּעֵינַיי.*

צַבָּעוּתנ, צַבָּעוּת painting
עֲבוֹדַת הַצַּבָּע (מִי שֶׁצּוֹבֵעַ):
הוּא עוֹבֵד ***בְּצַבָּעוּת.***

צָבַרפ, צָבַר accumulated, amassed
אָסַף:
צָבַרְתִּי *יוֹתֵר מִדַּי סְפָרִים, וְאֵין לִי מָקוֹם בָּאָרוֹן.*
לִצְבּוֹר אֶת- / צ.ב.ר, פָּעַל / צָבַרְתִּי, צוֹבֵר יִצְבּוֹר, צְבוֹר!

צַבָּרז, צַבָּר [צַבָּרִים] cactus
1. צֶמַח שֶׁיֵּשׁ לוֹ קוֹצִים, הַפְּרִי שֶׁלּוֹ מָתוֹק:
בִּקְצֵה הַשָּׂדֶה יֵשׁ שׁוּרָה שֶׁל ***צַבָּרִים.***
2. מִי שֶׁנּוֹלַד בָּאָרֶץ: Sabra (native Israeli)
הַאִם ***הַצַּבָּרִים*** *הֵם בֶּאֱמֶת חַסְרֵי נִימוּס?*

צְבָתנ, צְבָת [צְבָתוֹת] pliers, tongs
מַכְשִׁיר שֶׁתּוֹפֵס מַסְמְרִים, כְּלִי עֲבוֹדָה:
רוֹפֵא הַשִּׁינַּיִים עָקַר לִי שֵׁן ***בִּצְבָת*** *מְיוּחֶדֶת.*

צַדז, צַד [צְדָדִים] side
כִּיווּן: יָמִין, שְׂמֹאל, לְפָנִים, אָחוֹר, צָפוֹן, דָּרוֹם:
הַבַּיִת פּוֹנֶה ***לְצַד*** *מַעֲרָב, וְהַחַלּוֹנוֹת פּוֹנִים* ***לְצַד*** *צָפוֹן.*
בְּצַד - בַּקָּצֶה: *הוּא יָשַׁב בְּצַד הַחֶדֶר לְיַד הַקִּיר.*
הַצִּידָה! - לֵךְ אֶל הַצַּד, זוּז!
מִצַּד אֶחָד... מִצַּד אַחֵר: יֵשׁ לַדָּבָר שְׁנֵי אַסְפֶּקְטִים שׁוֹנִים: מִצַּד אֶחָד שָׂמַחְתִּי, מִצַּד אַחֵר פָּחַדְתִּי מְאוֹד.

צָדפ, צָד hunted
תָּפַס בַּעַל חַיִּים:
בְּאַפְרִיקָה ***צָדִים*** *אֲרָיוֹת.*
לָצוּד אֶת- / צ.ו.ד, פָּעַל / צַדְתִּי, צָד, יָצוּד

צְדָדִית, צְדָדִי side-, by-
אֲנִי גָּרָה בִּרְחוֹב ***צְדָדִי,*** *לֹא רָחוֹק מֵרְח' דִּיזֶנְגוֹף.*
חַד-צְדָדִי unilateral
רַב-צְדָדִי multilateral
צְדָדִית, צְדָדִיִּים, צְדָדִיּוֹת

צְדוּדִיתנ, צְדוּדִית [צְדוּדִיּוֹת] profile
(לָשׁוֹן גְּבוֹהָה) כְּשֶׁרוֹאִים מִישֶׁהוּ אוֹ מַשֶּׁהוּ מִן הַצַּד:
יֵשׁ לָהּ ***צְדוּדִית*** *מְעַנְיֶינֶת.*

צַדִּיקז, צַדִּיק [צַדִּיקִים] righteous
אָדָם יָשָׁר, נֶאֱמָן, עוֹשֶׂה מַעֲשִׂים טוֹבִים:
הַחֲסִידִים מְסַפְּרִים עַל הָרַב שֶׁלָּהֶם, שֶׁהָיָה ***צַדִּיק*** *גָּדוֹל.*
ל"ו צַדִּיקִים - לְפִי הַמָּסוֹרֶת יֵשׁ 36 צַדִּיקִים בְּכָל דּוֹר; הֵם נִרְאִים כַּאֲנָשִׁים פְּשׁוּטִים, אַךְ בַּסּוֹד הֵם עוֹסְקִים בְּמַעֲשִׂים טוֹבִים. בִּזְכוּתָם הָעוֹלָם קַיָּים.
צַדִּיקָה, צַדִּיקוֹת

צֶדֶףז, צֶ֫דֶף [צְדָפִים] shell
מִין "אֲבָנִים" שֶׁמּוֹצְאִים בִּשְׂפַת הַיָּם:
אָסַפְנוּ ***צְדָפִים*** *שֶׁהַיָּם הֵבִיא אֶל הַחוֹף.*

צֶדֶקז, צֶ֫דֶק justice
יוֹשֶׁר וֶאֱמֶת, בְּעִיקָּר בְּמִשְׁפָּט:
הַצֶּדֶק *הוּא הַבָּסִיס שֶׁל הַחוֹק. / צָרִיךְ לִשְׁפּוֹט* ***בְּצֶדֶק.***
הֵן צֶדֶק word of honor
בֵּית הַמִּשְׁפָּט הַגָּבוֹהַּ לְצֶדֶק (בָּגַ"ץ) High Court of Justice

צָדַקפ, צָדַק was right
מַה שֶּׁהוּא אָמַר - נָכוֹן!:
בַּעַל הַחֲנוּת חוֹשֵׁב, שֶׁהַקּוֹנִים תָּמִיד ***צוֹדְקִים.***
לִצְדּוֹק / צ.ד.ק, פָּעַל / צָדַקְתִּי, צוֹדֵק, יִצְדַּק, יִצְדְּקוּ

צְדָקָהנ, צְדָקָה charity
מַעֲשֶׂה טוֹב, עֶזְרָה לָעֲנִיִּים:
אֶת הַכֶּסֶף הַזֶּה אֶתֵּן ***לִצְדָקָה.***

צהבהבת, צְהַבְהַב — yellowish
שֶׁיֵּשׁ לוֹ צֶבַע צָהוֹב בָּהִיר:
*הַשִּׂמְלָה **הַצְּהַבְהֶבֶת** יָפָה לָךְ.*
צְהַבְהֶבֶת (צְהַבְהַבָּה), צְהַבְהַבִּים, צְהַבְהַבּוֹת

צהבתנ, צַהֶבֶת — jaundice
מַחֲלַת כָּבֵד (כְּשֶׁיֵּשׁ צֶבַע צָהוֹב בָּעֵינַיִים):
*חָלִיתִי **בְּצַהֶבֶת**, וְהָיִיתִי צְהוּבָּה כְּמוֹ לִימוֹן.*

צהובת, צָהֹב — yellow
צֶבַע, דּוֹמֶה לְצֶבַע זָהָב:
*בַּבֵּיצָה יֵשׁ חֵלֶק לָבָן וְחֵלֶק **צָהוֹב**.*
צְהוּבָּה, צְהוּבִּים, צְהוּבּוֹת

צהלפ, צָהַל — rejoiced
1. שָׂמַח, הִשְׁמִיעַ קוֹל שֶׁל שִׂמְחָה:
*בְּיוֹם הָעַצְמָאוּת **צָהֲלוּ** הֲמוֹנֵי אֲנָשִׁים בָּרְחוֹבוֹת.*
2. קוֹל שֶׁמַּשְׁמִיעַ סוּס: — neighed
*הַסּוּס **צָהַל**, כְּשֶׁהוֹצִיאוּ אוֹתוֹ לַשָּׂדֶה.*
לִצְהוֹל / צ.ה.ל, פָּעַל / צָהַלְתִּי, צוֹהֵל, יִצְהַל, צְהַל!

צה"ל ר"ת: צבא הגנה לישראל ר' צבא
צהלה ר' צוהלה

צוז, צַו [צַוִּים] — warrant, order, decree
פְּקוּדָה הוֹרָאָה:
*הַמֶּמְשָׁלָה פִּירְסְמָה **צַוִּים** נֶגֶד הַעֲלָאַת מְחִירִים.*
צַו-מְנִיעָה — (interim) injunction
צַו-עַל-תְּנַאי — order nisi
צַו-תְּנוּעָה — moving order, pass
צַו-הַשָּׁעָה — the order of the day

צואהנ, צוֹאָה — excrement
מַה שֶּׁנִּשְׁאַר מִן הָאוֹכֶל וְיוֹצֵא מִן הַגּוּף:
*יֵשׁ כָּאן רֵיחַ רַע - רֵיחַ **צוֹאָה**.*

צוהלהנ, צָהֳלָה — mirth, rejoicing
1. קוֹלוֹת שִׂמְחָה:
***צָהֳלַת** הַיְּלָדִים הַמְשַׂחֲקִים נִשְׁמַעַת בְּכָל הַשְּׁכוּנָה.*
2. קוֹל שֶׁל סוּס: — neighing
***צָהֳלַת** הַסּוּסִים הֵעִירָה אוֹתִי מִן הַשֵּׁנָה.*

צוהרז, צֹהַר [צְהָרִים] — small window
חַלּוֹן קָטָן:
*דֶּרֶךְ **הַצּוֹהַר** נִכְנַס מְעַט אוֹר.*

צוהרייםז"ז, צָהֳרַיִם — noon
הַשָּׁעָה 12:00. אֶמְצַע הַיּוֹם:
*הַיּוֹם **בַּצָּהֳרַיִם** נִפְגַּשְׁתִּי עִם אָבִי.*
אֲרוּחַת-צָהֳרַיִם — lunch
לִפְנֵי הַצָּהֳרַיִם - לפנה"צ — a.m.
אַחֲרֵי הַצָּהֳרַיִם - אחה"צ — p.m.

צוואהנ, צַוָּאָה [צַוָּואוֹת] — will
מִסְמָךְ שֶׁאָדָם מוֹדִיעַ בּוֹ מָה לַעֲשׂוֹת עִם הַכֶּסֶף וְהָרְכוּשׁ שֶׁלּוֹ, אַחֲרֵי שֶׁיָּמוּת:
*הַבָּנִים חִילְּקוּ אֶת רְכוּשׁ הָאָב, כְּמוֹ שֶׁכָּתוּב **בַּצַּוָּואָה**.*

צווארז, צַוָּאר [צַוָּארִים] — neck
הַחֵלֶק שֶׁמְּחַבֵּר אֶת הָרֹאשׁ לַגּוּף:
*לְרוּתִי **צַוָּואר** אָרוֹךְ כְּמוֹ לַנָּשִׁים בַּצִּיּוּרִים שֶׁל מוֹדִילְיָאנִי.*
צַוַּואר הַבַּקְבּוּק - — bottleneck
הַגֶּשֶׁר הַזֶּה הוּא צַוַּואר הַבַּקְבּוּק שֶׁל הַכְּנִיסָה לָעִיר.
צַוַּאר-הָרֶחֶם — cervix
עַל צַוָּארִי...ב — I assume full responsibility

צווארוןז, צַוָּארוֹן [צַוָּוארוֹנִים] — collar
הַחֵלֶק הָעֶלְיוֹן שֶׁל הַחוּלְצָה אוֹ הַמְּעִיל:
*הוּא לוֹבֵשׁ חוּלְצָה עִם **צַוָּוארוֹן** פָּתוּחַ בְּלִי עֲנִיבָה.*
בַּעֲלֵי צַוָּוארוֹן לָבָן — white-collar workers
בַּעֲלֵי צַוָּוארוֹן כָּחוֹל — blue-collar workers

צווחפ, צָוַח — screamed
צָעַק בְּקוֹל גָּדוֹל מְאוֹד, צָרַח:
*הוּא **צָוַח מִכְּאֵבִים**. / הוּא **צָוַח עָלַיי** כְּמוֹ מְשׁוּגָּע.*
לִצְווֹחַ עַל- / צ.ו.ח, פָּעַל / צָוַוחְתִּי, צוֹוֵחַ, יִצְוַוח, צְווֹחַ!

צווחהנ, צְוָחָה [צְוָוחוֹת] — scream
צְעָקָה גְדוֹלָה מְאוֹד, צְרִיחָה:
*פִּתְאוֹם שָׁמַעְנוּ **צְוָוחָה**, וְרָאִינוּ מִישֶׁהוּ נוֹפֵל.*

צוויחהנ, צְוִיחָה [צְוִויחוֹת] — screaming
צְעָקָה חַדָּה:
*פִּתְאוֹם שָׁמַעְנוּ **צְוִויחָה**, הֵבַנּוּ שֶׁמִּישֶׁהוּ נִפְגַּע.*

צוותז, צֶוֶת [צְוָותִים] — team, crew
קְבוּצַת אֲנָשִׁים הָעוֹבֶדֶת יַחַד:
***צֶוֶת** עוֹבְדֵי הַמִּשְׂרָד עָרַךְ מְסִיבָּה.*

צוותאז, צַוְתָּא — together, team, company
יַחַד, חֲבוּרָה:
*הַרְגָּשַׁת **הַצַּוְותָא** - כְּשֶׁאַתָּה בֵּין חֲבֵרִים - מְחַזֶּקֶת מְאוֹד.*
בְּצַוְותָא ת"פ - בְּיַחַד: — together as friends
*הֵם בִּילּוּ **בְּצַוְותָא** כָּל הָעֶרֶב.*

צוּטַטפ' צֻטַּט — was quoted

חָזרוּ בְּדִיּוּק עַל מַה שֶׁמִּישֶׁהוּ אָמַר/כָּתַב:

*הַדְּבָרִים שֶׁכָּתַב טוֹלְסְטוֹי **צוּטְטוּ** בִּסְפָרִים אֲחֵרִים.*

/ צ.ט.ט, פּוּעַל / צוּטְטוּ, מְצוּטָט, יְצוּטַט

צוּיַּןפ' צֻיַּן — was indicated

1. סִימְנוּ אוֹתוֹ, כָּתְבוּ (אוֹ אָמְרוּ) אוֹתוֹ:

*בְּסוֹף הַסֵּפֶר **צוּיַּן** הַתַּאֲרִיךְ שֶׁהַסֵּפֶר נִכְתַּב בּוֹ.*

2. הִזְכִּירוּ בִּמְיוּחָד, הִדְגִּישׁוּ אוֹתוֹ: — was mentioned/distinguished

*הוּא **צוּיַּן** כַּסְּטוּדֶנְט הַטּוֹב בְּיוֹתֵר בַּפָּקוּלְטָה.*

/ צ.י.ן, פּוּעַל / צוּיַּנְתִּי, צוּיְּנוּ, מְצוּיָּן, יְצוּיַּן

צוֹלֵבת' צוֹלֵב — cross-

שֶׁבָּא מִ־4 כִּיווּנִים:

אֵשׁ צוֹלֶבֶת ב' — cross fire

חֲקִירָה צוֹלֶבֶת ב' — cross-examination

צוֹלֶבֶת, צוֹלְבִים, צוֹלְבוֹת

צוֹלְלָןז' צוֹלְלָן [צוֹלְלָנִים] — diver

מִי שֶׁנִּכְנָס מִתַּחַת לַמַּיִם עִם מַכְשִׁירִים:

*הַ**צּוֹלְלָנִים** מְחַפְּשִׂים אֶת הָאִישׁ שֶׁטָּבַע.*

צוֹלְלָנִית, צוֹלְלָנִיּוֹת

צוֹלֶלֶתנ' צוֹלֶלֶת [צוֹלְלוֹת] — submarine

אוֹנִיַּית מִלְחָמָה שֶׁיְּכוֹלָה לְהִישָּׁאֵר מִתַּחַת לַמַּיִם:

*הַ**צּוֹלֶלֶת** פָּגְעָה בָּאוֹנִיַּית הָאוֹיֵב.*

צוּלַּםפ' צֻלַּם — was photographed

עָשׂוּ לוֹ תְּמוּנָה בְּמַצְלֵמָה:

*הַתְּמוּנוֹת **צוּלְּמוּ** בִּמְסִיבַּת יוֹם הַהוּלֶּדֶת שֶׁלִּי.*

/ צ.ל.ם, פּוּעַל / צוּלַּמְתִּי, מְצוּלָּם, יְצוּלַּם

צוֹלֵעַת' צוֹלֵעַ — limping, lame

1. "סוֹחֵב" רֶגֶל אַחַת, לֹא הוֹלֵךְ יָשָׁר:

*הַכֶּלֶב **הַצּוֹלֵעַ** נִפְגַּע בִּתְאוּנָה.*

2. לֹא מַתְאִים, לֹא מוּצְלָח: — poor, unsatisfactory

*זֶהוּ פִּיתְרוֹן **צוֹלֵעַ** לַבְּעָיָה.* צוֹלַעַת, צוֹלְעִים, צוֹלְעוֹת

צוֹםז' צוֹם [צוֹמוֹת] — fast

כְּשֶׁלֹּא אוֹכְלִים וְלֹא שׁוֹתִים:

*יוֹם הַכִּיפּוּרִים הוּא יוֹם **צוֹם**.*

צוֹמַחז' צוֹמֵחַ — flora, vegetation

כֹּל מַה שֶׁגָּדֵל בַּגִּינָה, בַּשָּׂדֶה:

*קָרָאתִי מֶחְקָר חָדָשׁ עַל **הַצּוֹמֵחַ** בְּאֶרֶץ יִשְׂרָאֵל.*

צוֹמֶתז' צֹמֶת [צְמָתִים] — intersection, crossroads

מָקוֹם שֶׁכַּמָּה דְּרָכִים נִפְגָּשׁוֹת בּוֹ:

*בְּ**צוֹמֶת** מֶרְכָּזִי צָרִיךְ שֶׁיִּהְיֶה רַמְזוֹר.*

צוּנְזַרפ' צֻנְזַר — was censored

בָּדְקוּ, עָשׂוּ צֶנְזוּרָה:

*הַמִּכְתָּבִים שֶׁל הַחַיָּילִים **צוּנְזְרוּ**.*

/ צ.נ.ז.ר, פּוּעַל / צוּנְזְרוּ, מְצוּנְזָר, יְצוּנְזַר

צוֹנֵןת' צוֹנֵן — cool

כְּשֶׁקָּרִיר, לֹא חַם:

*שָׁתִיתִי מַיִם **צוֹנְנִים** מִן הַמְּקָרֵר.*

צוֹנֶנֶת, צוֹנְנִים, צוֹנְנוֹת

צוֹעֲנִיז' צוֹעֲנִי [צוֹעֲנִים] — gypsy

שַׁיָּיךְ לְעַם, שֶׁאֵינוֹ יוֹשֵׁב בְּמָקוֹם אֶחָד אֶלָּא עוֹבֵר מֵאֶרֶץ לְאֶרֶץ:

*לַ**צּוֹעֲנִים** יֵשׁ עֵינַיִים וּשְׂעָרוֹת שְׁחוֹרוֹת, מוֹצָאָם מֵהוֹדּוּ.*

צוֹעֲנִיָּיה, צוֹעֲנִיּוֹת

צוֹעֵרז' צוֹעֵר [צוֹעֲרִים] — cadet, apprentice

1. מִי שֶׁמִּתְמַחֶה, לוֹמֵד עֲבוֹדָה:

*הַ**צּוֹעֲרִים** בְּמִשְׂרַד הַחוּץ רוֹצִים לִהְיוֹת שַׁגְרִירִים.*

2. (בַּצָּבָא) נִמְצָא בְּקוּרְס קְצִינִים: — cadet

*הַ**צּוֹעֲרִים** הָלְכוּ בְּשׁוּרוֹת מְסוּדָּרוֹת.*

צוּףז' צוּף — nectar

מִיץ מָתוֹק שֶׁל פְּרָחִים וְכוּ':

*מִן **הַצּוּף** שֶׁל הַפְּרָחִים עוֹשִׂים דְּבַשׁ.*

צוֹפֶהז' צוֹפֶה [צוֹפִים] — boy-scout

1. מִסְתַּכֵּל וּמוֹדִיעַ אִם מִישֶׁהוּ בָּא:

*הַחַיָּילִים הָלְכוּ לִישׁוֹן, אֲבָל שְׁנֵי **צוֹפִים** נִשְׁאֲרוּ עֵרִים.*

2. חָבֵר בִּתְנוּעַת הַצּוֹפִים - שֵׁם אִירְגּוּן שֶׁל נוֹעַר: — boy/girl scout

*דָּוִיד הוֹלֵךְ לַ**צּוֹפִים** כֹּל שַׁבָּת.*

צוֹפָה, צוֹפוֹת

צוֹפִית' צוֹפִי — pertaining to the scouts

שֶׁשַּׁיָּיךְ לַצּוֹפִים (לִתְנוּעַת הַנּוֹעַר):

*מַעֲשֶׂה **צוֹפִי** הוּא מַעֲשֶׂה טוֹב, שֶׁכֹּל צוֹפֶה צָרִיךְ לַעֲשׂוֹת - לַעֲזוֹר לִזְקֵנִים וְכוּ'.*

צוֹפִית, צוֹפִיִּים, צוֹפִיּוֹת

צוֹפֶןז' צֹפֶן [צְפָנִים] — code, cipher

קוֹד, שִׁיטָה לְהַעֲבִיר יְדִיעוֹת (בִּזְמַן מִלְחָמָה וְכוּ'):

*לֹא יָדַעְנוּ מַה כָּתוּב בַּפֶּתֶק, כִּי הוּא נִכְתַּב **בְּצוֹפֶן**.*

צוֹפָרז' צוֹפָר [צוֹפָרִים] — horn, siren

מַכְשִׁיר שֶׁמַּשְׁמִיעַ קוֹל חָזָק, מוֹדִיעַ עַל סַכָּנָה:

*אָסוּר לְהַפְעִיל אֶת **הַצּוֹפָר** בִּמְכוֹנִית לְלֹא סִיבָּה.*

צוקז, צוּק [צוּקִים] cliff
אֶבֶן גדולה מְאוֹד, סֶלַע:
*קָשֶׁה לְטַפֵּס עַל **הַצּוּקִים**, כִּי הֵם חֲלָקִים.*

צורז, צֹר flint
אֶבֶן קָשָׁה מְאוֹד:
*לִפְנֵי אַלְפֵי שָׁנִים עָשׂוּ סַכִּינִים מֵאֶבֶן **צוֹר**.*

צורז, צוּר [צוּרִים] rock
(לָשׁוֹן גבוֹהָה) סֶלַע, אֶבֶן גדוֹלָה מְאוֹד:
*לֹא הִגַּעְנוּ לְרָאשֵׁי **הַצּוּרִים**.*
צור מחצבתו ב' one's origin

צורהנ, צוּרָה [צוּרוֹת] shape
1. הַמַּרְאֶה שֶׁל מַשֶּׁהוּ:
*לְגַג הַבַּיִת יֵשׁ **צוּרָה** שֶׁל כִּפָּה.*
2. סוּג שֶׁל מַשֶּׁהוּ: form
*'מְשֻׁלָּשׁ', 'מְרֻבָּע', 'עִיגּוּל' - הֵם **צוּרוֹת** הַנְדָּסִיּוֹת. הַקִּיבּוּץ וְהַמּוֹשָׁב הֵם **צוּרוֹת** הִתְיַישְּׁבוּת מְיוּחָדוֹת.*

צורךז, צֹרֶךְ [צְרָכִים] need
מַשֶּׁהוּ שֶׁאִי אֶפְשָׁר בִּלְעָדָיו. מַשֶּׁהוּ דָּרוּשׁ:
*מָה אַתָּה צָרִיךְ? אֵין לִי **צוֹרֶךְ** בְּשׁוּם דָּבָר.*
הַהוֹרִים דוֹאֲגִים לְכָל **צְרָכָיו** שֶׁל הַיֶּלֶד.
צְרָכָיו, צְרָכֶיהָ, צוֹרְכֵיהֶם
בְּעֵת הַצּוֹרֶךְ in time of need
צְרָכִים bodily functions

צורמנית, צוֹרְמָנִי harsh, strident, discordant
(קוֹל) לֹא נָעִים:
*יֵשׁ לָהּ קוֹל **צוֹרְמָנִי**, בִּמְיוּחָד כְּשֶׁהִיא כּוֹעֶסֶת.*
צוֹרְמָנִית, צוֹרְמָנִיִּים, צוֹרְמָנִיּוֹת

צורנית, צוּרָנִי formal (adj.)
הַשַּׁיָּיךְ לַצּוּרָה, לַצַּד הַחִיצוֹנִי:
*מִבְּחִינָה **צוּרָנִית** הָרוֹמָאנִים הַקְּלָאסִיִּים דוֹמִים.*
צוּרָנִית, צוּרָנִיִּים, צוּרָנִיּוֹת

צורףז, צוֹרֵף [צוֹרְפִים] goldsmith, jeweller
מִי שֶׁעוֹבֵד בְּזָהָב, בְּכֶסֶף וְכוּ':
*קָנִיתִי אֶת הַטַּבַּעַת אֵצֶל **הַצּוֹרֵף**.*

צורףפ, צֹרַף was added
1. הוֹסִיפוּ אוֹתוֹ, חִיבְּרוּ אוֹתוֹ:
***צוֹרַפְתִּי** לַקְּבוּצָה שֶׁיּוֹצֵאת לְטִיּוּל בַּגָּלִיל.*
2. נַעֲשָׂה בְּיַחַד: was combined/put together
*הַקְּבוּצָה הַזֹּאת **צוֹרְפָה** מֵעוֹלִים מִ-5 אֲרָצוֹת.*
/ צ.ר.ף, פּוּעַל / צוֹרַפְתִּי, מְצוֹרָף, יְצוֹרַף, יְצוֹרְפוּ

צורפותנ, צוֹרְפוּת goldsmith's craft
הָעֲבוֹדָה שֶׁל הַצּוֹרֵף בְּכֶסֶף, בְּזָהָב...:
***הַצּוֹרְפוּת** הִיא מִקְצוֹעַ אוֹמָנוּתִי.*

צוררז, צוֹרֵר [צוֹרְרִים] enemy, oppressor
אוֹיֵב, מִי שֶׁעָשָׂה צָרוֹת לַיְּהוּדִים:
*הִיטְלֶר הוּא **הַצּוֹרֵר** הַגָּדוֹל בְּיוֹתֵר בַּמֵּאָה ה־20.*

צותתפ, צוֹתֵת eavesdropped, listened in
הִקְשִׁיב, בְּעִיקָר לְמַה שֶּׁלֹּא הָיָה צָרִיךְ לִשְׁמוֹעַ:
*הוּא **צוֹתֵת לְשִׂיחָה** שֶׁל רֹאשׁ הַמֶּמְשָׁלָה וְשַׂר הַחוּץ.*
אָסוּר **לְצוֹתֵת** לְטֶלֶפוֹנִים!
לְצוֹתֵת לְ־ / צ.ו.ת, פִּיעֵל / צוֹתַתִּי, מְצוֹתֵת, יְצוֹתֵת

צחת, צַח clear, pure
נָקִי, רַעֲנָן:
*יֵשׁ לָהּ עוֹר לָבָן **וָצַח**.*
לָשׁוֹן צָחָה meticulous language
צָחָה, צַחִים, צַחוֹת

צחוקז, צְחוֹק laughter
קוֹלוֹת שֶׁמַּשְׁמִיעַ אָדָם כְּשֶׁהוּא שָׂמֵחַ:
*רוּתִי פָּרְצָה **בִּצְחוֹק** כְּשֶׁשָּׁמְעָה אֶת הַבְּדִיחָה.*
בִּצְחוֹק ת"פ in jest

צחורת, צָחוֹר white
לָבָן:
*בַּבּוֹקֶר לָבַשְׁתִּי שִׂמְלָה **צְחוֹרָה**, עַכְשָׁיו הִיא מְלוּכְלֶכֶת.*
צְחוֹרָה, צְחוֹרִים, צְחוֹרוֹת

צחיחת, צָחִיחַ arid
יָבֵשׁ, שֶׁאֵין בּוֹ מַיִם:
*בְּאֵיזוֹר **צָחִיחַ** קָשֶׁה לְפַתֵּחַ חַקְלָאוּת.*
צְחִיחָה, צְחִיחִים, צְחִיחוֹת

צחנהנ, צַחֲנָה [צַחֲנוֹת] stench
רֵיחַ רַע:
*יֵשׁ **צַחֲנָה** בֶּחָצֵר לְיַד חֲדַר הָאַשְׁפָּה.*

צחקפ, צָחַק laughed
1. הִשְׁמִיעַ קוֹל שֶׁל שִׂמְחָה וַהֲנָאָה:
*הוּא **צָחַק** בְּקוֹל רָם, כְּשֶׁשָּׁמַע אֶת הַבְּדִיחָה.*
2. רָצָה לִפְגּוֹעַ בְּמִישֶׁהוּ בְּדִיבּוּרִים, לָעַג: ridiculed
*הַיְּלָדִים **צָחֲקוּ עַל** הָאִישׁ הַזָּר וְעַל בְּגָדָיו הַמְּשׁוּנִּים.*
לִצְחוֹק עַל, מִ-/ צ.ח.ק, פָּעַל / צָחַקְתִּי, צוֹחֵק, יִצְחַק

צחקןז, צַחְקָן [צַחְקָנִים] laugher
אוֹהֵב לִצְחוֹק, צוֹחֵק הַרְבֵּה:

הוּא צַחְקָן, לָכֵן כּוֹעֲסִים עָלָיו הַמּוֹרִים.
צַחְקָנִית, צַחְקָנִיּוֹת

צִינ, צִי [צִיִּים] — navy, fleet
אוֹנִיּוֹת, סִירוֹת וְכוּ':
*הוּא עוֹבֵד **בְּצִי** הַמִּסְחָרִי, הוּא מְכוֹנַאי בָּאוֹנִיָּה.*

צִיבּוּרז, צִבּוּר [צִיבּוּרִים] — public
1. כְּלַל הָאֲנָשִׁים, קָהָל:
*עִירִיַּית תֵּל-אָבִיב דוֹאֶגֶת לְצוֹרְכֵי **הַצִּיבּוּר**.*
2. עֲרֵימָה: — heap
*צָרִיךְ לְסַלֵּק אֶת **צִיבּוּרֵי** הָאַשְׁפָּה.*
צִיבּוּר הַפּוֹעֲלִים / הַצִּיבּוּר הַיְּהוּדִי / תְּפִילָּה בְּצִיבּוּר

צִיבּוּרִית, צִבּוּרִי — public (adj.)
שַׁיָּיךְ לַצִּיבּוּר, לְכָל הָאֲנָשִׁים:
*הָעִירִיָּה דוֹאֶגֶת לַגַּנִּים **הַצִּיבּוּרִיִּים** בָּעִיר.*
צִיבּוּרִית, צִיבּוּרִיִּים, צִיבּוּרִיּוֹת

צִיבְיוֹןז, צִבְיוֹן — character
צוּרָה, אוֹפִי:
*לִמְדִינַת יִשְׂרָאֵל יֵשׁ **צִיבְיוֹן** יְהוּדִי.*

צִידֵּדפ, צִדֵּד — sided (with), supported
הָיָה בְּצַד שֶׁל מִישֶׁהוּ, תָּמַךְ:
***צִידַּדְתִּי** בַּהֲקָמַת הַבַּיִת הַזֶּה.*
לְצַדֵּד בְּ- / צ.ד.ד, פִּיעֵל / צִידַּדְתִּי, מְצַדֵּד, יְצַדֵּד, צַדֵּד!

צֵידָהנ, צֵידָה — provisions, supplies
אוֹכֶל שֶׁלּוֹקְחִים לְטִיּוּל וְכוּ':
*לָקַחְתִּי **צֵידָה** לַדֶּרֶךְ - לֶחֶם גְּבִינָה וִירָקוֹת.*

צֵידָנִיתנ, צֵידָנִית [צֵידָנִיּוֹת] — picnic basket
קוּפְסָה מְיוּחֶדֶת לְטִיּוּלִים:
*שַׂמְתִּי **בַּצֵּידָנִית** קֶרַח, כְּדֵי שֶׁהָאוֹכֶל לֹא יִתְקַלְקֵל.*

צִיּוּדז, צִיּוּד — equipment
1. כֹּל מַה שֶּׁדָּרוּשׁ לְמַטָּרָה אוֹ לַעֲבוֹדָה מְסוּיֶּמֶת:
*הֵכַנְתִּי אֶת כֹּל **הַצִּיּוּד** לַטִּיּוּל: שַׂק שֵׁינָה, תַּרְמִיל גַּב וְכוּ'.*
2. כְּשֶׁמְּסַפְּקִים אֶת כֹּל מַה שֶּׁצָּרִיךְ: — supplying, equipping
***צִיּוּד** בָּתֵּי הַסֵּפֶר בְּמַכְשִׁירִים מוֹדֶרְנִיִּים עוֹלֶה כֶּסֶף רַב.*

צִיוָּוהפ, צִוָּה — ordered
נָתַן פְּקוּדָה, אָמַר בְּצוּרָה אַבְּסוֹלוּטִית:
*הוּא **צִיוָּוה עָלַיי** לַעֲזוֹב אֶת הַמָּקוֹם.*
לְצַוּוֹת עַל- / צ.ו.ה, פִּיעֵל / צִיוִּויתִי, מְצַוֶּוה, יְצַוֶּוה, צַוֵּוה!

צִיוּוּיז, צִוּוּי — imperative
(בְּדִיקְדּוּק) צוּרָה שֶׁל פְּקוּדָה - 'אִימְפֶּרֶטִיב':
*'לֵךְ!' 'קוּם!' 'קְרָא!' - הֵן צוּרוֹת שֶׁל **צִיוּוּי**.*

צִיּוּןז, צִיּוּן [צִיּוּנִים] — marking
1. סִימָן, מַשֶּׁהוּ שֶׁרוֹשְׁמִים:
*יֵשׁ **צִיּוּן** שֶׁל הָעִיר בַּמַּפָּה הַגֵּיאוֹגְרָפִית.*
2. הַעֲרָכָה לַעֲבוֹדָה, לִימוּדִים וְכוּ' (בְּמִילִּים אוֹ בָּאֲחוּזִים): — grade
***הַצִּיּוּנִים** הַמְּקוּבָּלִים בְּבֵית הַסֵּפֶר הֵם - 'טוֹב מְאוֹד', 'טוֹב', 'כִּמְעַט טוֹב', 'מַסְפִּיק' וְכוּ'.*
צִיּוּן לְשֶׁבַח — honorable mention

צִיּוֹןש"פ צִיּוֹן — Zion
שֵׁם (פּוֹאֶטִי) לִירוּשָׁלַיִם וּלְכֹל אֶרֶץ יִשְׂרָאֵל:
*הֵם חָיוּ בַּגּוֹלָה וְחָלְמוּ לַחֲזוֹר **לְצִיּוֹן** - אֶרֶץ הָאָבוֹת.*

צִיּוֹנוּתנ, צִיּוֹנוּת — Zionism
הַתְּנוּעָה הַלְּאוּמִית הַיְּהוּדִית הַשּׁוֹאֶפֶת לְהָבִיא לְיִשְׂרָאֵל יְהוּדִים מִכֹּל הָעוֹלָם:
*הַמַּטָּרָה הָעִיקָּרִית שֶׁל **הַצִּיּוֹנוּת** הָיְתָה לְהָקִים מְדִינָה יְהוּדִית בְּאֶרֶץ יִשְׂרָאֵל.*

צִיּוֹנִית, צִיּוֹנִי — Zionist
מִי שֶׁמַּאֲמִין בַּצִּיּוֹנוּת, שׁוֹאֵף לְהָבִיא לְיִשְׂרָאֵל יְהוּדִים מִכֹּל הָעוֹלָם:
*הוּא יְהוּדִי **צִיּוֹנִי** וְלָכֵן הוּא עָלָה לְיִשְׂרָאֵל.*
הַתְּנוּעָה הַצִּיּוֹנִית — the Zionist Movement
צִיּוֹנִית, צִיּוֹנִיִּים, צִיּוֹנִיּוֹת

צִיּוּץז, צִיּוּץ [צִיּוּצִים] — chirp
צִיפְצוּף, קוֹל כְּמוֹ שֶׁל צִיפּוֹר:
***צִיּוּץ** הַצִּיפּוֹרִים הֵעִיר אוֹתִי מֵהַשֵּׁינָה.*

צִיּוּרז, צִיּוּר [צִיּוּרִים] — picture, painting
1. תְּמוּנָה אוֹמָנוּתִית:
*תַּעֲרוּכַת **צִיּוּרִים** שֶׁל מַארְק שָׁאגָאל נִפְתְּחָה בַּמּוּזֵיאוֹן.*
2. הַפְּעוּלָּה שֶׁל עֲשִׂיַּית תְּמוּנוֹת (הַשִּׁימּוּשׁ בְּצֶבַע, בְּעֶפְרוֹנוֹת): *אֲנִי לוֹמֵד **צִיּוּר** בְּבֵית הַסֵּפֶר.* — painting

צִיּוּרִית, צִיּוּרִי — picturesque, figurative
פְּלַסְטִי, שֶׁיֵּשׁ בּוֹ צוּרָה, תְּמוּנָה:
*הַכְּתִיבָה שֶׁלָּהּ **צִיּוּרִית**, לֹא יְבֵשָׁה.*
צִיּוּרִית, צִיּוּרִיִּים, צִיּוּרִיּוֹת

צִיּוּתז, צִיּוּת — obedience
כְּשֶׁמִּישֶׁהוּ עוֹשֶׂה מַה שֶּׁאוֹמְרִים לוֹ:
*בַּצָּבָא, **הַצִּיּוּת** לַמְּפַקֵּד הוּא חוֹבָה.*

צ'יזבטפ׳ צִ'זְבֵּט 'spun a yarn'
סִיפֵּר דְבָרִים נְכוֹנִים וְלֹא נְכוֹנִים כְּדֵי לִגְרוֹם הֲנָאָה (לשון דיבור):
*יָשַׁבְנוּ **וְצִ'יזְבַּטְנוּ** עַל הַטִּיּוּל - הָיָה עֶרֶב נִפְלָא.*
לְצַ'זְבֵּט / צ'.ז.ב.ט, פִּיעֵל / צִ'יזְבַּטְתִּי, מְצַ'זְבֵּט, יְצַ'זְבֵּט

צ'יזבטז׳ צִ'יזְבָּט [צִ'יזְבָּטִים] tall tale
(מֵעֲרָבִית) סִיפּוּר יָפֶה, שֶׁלֹּא הַכּוֹל בּוֹ אֱמֶת:
*אֲנִי אוֹהֵב לִשְׁמוֹעַ אֶת **הַצִ'יזְבָּטִים** שֶׁלּוֹ.*

ציחצוחז׳ צִחְצוּחַ polishing
נִיקּוּי וְהַבְרָקָה:
*אַחֲרֵי **הַצִּיחְצוּחַ** נִרְאוֹת הַנַּעֲלַיִים כְּמוֹ חֲדָשׁוֹת.*
ציחצוח-חֲרָבוֹת sabre rattling

ציחצחפ׳ צִחְצֵחַ (צִחְצַח) polished
נִיקָּה וְהִבְרִיק:
*בַּבּוֹקֶר אֲנִי **מְצַחְצֵחַ** אֶת הַשִּׁינַּיִים בְּמִבְרֶשֶׁת שִׁינַּיִים.*
לְצַחְצֵחַ אֶת- / צ.ח.צ.ח, פִּיעֵל / מְצַחְצֵחַ, יְצַחְצֵחַ

ציחקוקז׳ צִחְקוּק [צִיחְקוּקִים] giggle
כְּשֶׁמַּשְׁמִיעִים קוֹלוֹת צְחוֹק קְצָרִים:
*מִן **הַצִּיחְקוּקִים** שֶׁל הַיְלָדִים אֲנִי מֵבִין, שֶׁהֵם נֶהֱנִים.*

ציחקקפ׳ צִחְקֵק giggled
הִשְׁמִיעַ קוֹלוֹת קְצָרִים שֶׁל צְחוֹק:
*הֵם יָשְׁבוּ **וְצִיחְקְקוּ** וְהִפְרִיעוּ לְהַרְצָאָה.*
לְצַחְקֵק / צ.ח.ק.ק, פִּיעֵל / צִיחְקַקְתִּי, מְצַחְקֵק, יְצַחְקֵק

ציטוטז׳ צִטּוּט [צִיטוּטִים] quote
כְּשֶׁמַּזְכִּירִים בְּדִיּוּק מַה שֶּׁאָמְרוּ אוֹ כָּתְבוּ:
*יֵשׁ בַּמַּאֲמָר **צִיטוּטִים** מִן הַסִּפְרוּת הַקְּלָאסִית.*

ציטטפ׳ צִטֵּט quoted
הִזְכִּיר בִּמְדוּיָּק דְּבָרִים שֶׁמִּישֶׁהוּ אָמַר אוֹ כָּתַב:
*הָעִיתּוֹנַאי **צִיטֵּט** מִדִּבְרֵי רֹאשׁ הַמֶּמְשָׁלָה.*
לְצַטֵּט אֶת- מ- / צ.ט.ט, פִּיעֵל / צִיטַּטְתִּי, מְצַטֵּט, יְצַטֵּט

ציטטהנ׳ צִיטָטָה [צִיטָטוֹת] quotation
כְּשֶׁמְּבִיאִים מִשְׁפָּט אוֹ קֶטַע שֶׁמִּישֶׁהוּ כָּתַב:
*בַּעֲבוֹדַת הַדּוֹקְטוֹרָט שֶׁלּוֹ יֵשׁ **צִיטָטוֹת** רַבּוֹת מִטּוֹלְסְטוֹי.*

ציידפ׳ צִיֵּד equipped
דָּאַג שֶׁיִּהְיֶה כֹּל מַה שֶּׁצָּרִיךְ:
***צִיַּידְתִּי אוֹתוֹ** לַטִּיּוּל בְּאוֹכֶל וּבִשְׁתִיָּה.*
(מֶטָאפוֹרָה) בֵּית הַסֵּפֶר צָרִיךְ **לְצַיֵּיד אֶת** הַתַּלְמִידִים בְּאִינְפוֹרְמַצְיָה נְכוֹנָה.
לְצַיֵּיד אֶת- / צ.י.ד. פִּיעֵל / צִיַּידְתִּי, מְצַיֵּיד, יְצַיֵּיד, צַיֵּיד!

ציידז׳ צַיִד hunt
1. תְּפִיסָה שֶׁל בַּעֲלֵי חַיִּים:
*נָסַעְנוּ לְאַפְרִיקָה, וְיָצָאנוּ **לְצַיִד** בַּגּ'וּנְגֶל.*
2. בַּעַל הַחַיִּים שֶׁנִּתְפַּס: game
*הֵם אָכְלוּ **בְּשַׂר-צַיִד**.*

ציידז׳ צַיָּד [צַיָּידִים] hunter
מִי שֶׁתּוֹפֵס בַּעֲלֵי חַיִּים:
***הַצַּיָּידִים** יָצְאוּ לַיַּעַר כְּדֵי לִתְפּוֹס אֶת הָאַרְיֵה.*

צייןפ׳ צִיֵּן noted, wrote, indicated
1. רָשַׁם, כָּתַב:
***צִיַּינְתִּי בַּסֵּפֶר** הֶעָרוֹת בִּיבְּלִיוֹגְרָפִיּוֹת.*
2. הִזְכִּיר בְּאוֹפֶן מְיוּחָד: pointed out, mentioned
*הַמְּפַקֵּד **צִיֵּן** לְשֶׁבַח **אֶת** הַחַיָּל. הַמַּרְצָה **צִיֵּן** בִּמְיוּחָד **אֶת** בְּעָיוֹת הַכַּלְכָּלָה.*
לְצַיֵּין אֶת- /צ.י.ן, פִּיעֵל / צִיַּינְתִּי, מְצַיֵּין, יְצַיֵּין צַיֵּין!

צייץפ׳ צִיֵּץ chirped
הוֹצִיא קוֹל עָדִין, קוֹל שֶׁל צִיפּוֹר:
*הַצִּיפּוֹרִים **צִיְּיצוּ** כֹּל הַיּוֹם.*
לְצַיֵּיץ / צ.י.ץ, פִּיעֵל / צִיַּיצְתִּי, מְצַיֵּיץ, יְצַיֵּיץ, צַיֵּיץ!

צייצנית׳ צַיְצָנִי squeaky
נִשְׁמָע כְּמוֹ קוֹל שֶׁל צִיפּוֹר:
*יֵשׁ לוֹ דִּיבּוּר **צַיְיצָנִי** - זֶה מְעַצְבֵּן.*
צַיְיצָנִית, צַיְיצָנִיִּים, צַיְיצָנִיּוֹת

ציירפ׳ צִיֵּר drew, painted
רָשַׁם בִּצְבָעִים, בְּעִיפָּרוֹן וְכוּ' תְּמוּנוֹת אוֹמָנוּתִיּוֹת:
*הַצַּיָּיר רְאוּבֵן **צִיֵּיר אֶת** עֲצֵי הַזַּיִת בַּגָּלִיל.*
לְצַיֵּיר אֶת- / צ.י.ר, פִּיעֵל / צִיַּירְתִּי, מְצַיֵּיר, יְצַיֵּיר, צַיֵּיר!

צייתפ׳ צִיֵּת obeyed
עָשָׂה מַה שֶּׁאוֹמְרִים לוֹ:
*הוּא **צִיֵּית** לְהוֹרָאוֹת וְהִצְלִיחַ בְּתַפְקִיד.*
לְצַיֵּית לְ- / צ.י.ת, פִּיעֵל / צִיַּיתִי, מְצַיֵּית, יְצַיֵּית, צַיֵּית!

צייתןתה"ז צַיְּתָן [צַיְּיתָנִים] obedient person
מִי שֶׁעוֹשֶׂה מַה שֶּׁאוֹמְרִים לוֹ:
***לְצַיְיתָנִים** אֵין קוֹשִׁי בַּצָּבָא.*
צַיְיתָנִית, צַיְיתָנִיּוֹת

צייתנותנ׳ צַיְּתָנוּת obedience
כְּשֶׁעוֹשִׂים מַה שֶּׁאוֹמְרִים לַעֲשׂוֹת:
***הַצַּיְיתָנוּת** שֶׁלּוֹ עָזְרָה לוֹ בַּשֵּׁירוּת הַצְּבָאִי.*

צִילוּםז׳ צִלּוּם [צִילוּמִים] photograph

1. תמוּנָה שֶׁנַּעֲשְׂתָה בְּמַכשִׁיר מְיוּחָד:

*מָצָאתִי **צִילוּם** שָׁחוֹר־לָבָן שֶׁל סַבָּא וְסַבתָא שֶׁלִי.*

צִילוּם רֶנטגֶן X-ray

2. כּשֶׁעוֹשִׂים תמוּנָה בְּמַצלֵמָה: photography

*הוּא לוֹמֵד **צִילוּם** בְּבֵית הַסֵפֶר.*

צִילֵםפ׳ צִלֵּם photographed

עָשָׂה תמוּנָה, פוֹטוֹגרַפיָה:

*הָאָב **צִילֵם אֶת** הַיְלָדִים וְשָׁלַח אֶת הַצִילוּמִים לְסַבָּא.*

לְצַלֵם אֶת- / צ.ל.ם, פִּיעֵל / צִילַמתִי, מְצַלֵם, יְצַלֵם, צַלֵם!

צִילצוּלז׳ צִלְצוּל [צִילצוּלִים] ring(ing)

שָׁמַעתִי **צִילצוּל** בַּדֶלֶת, וְהֵבַנתִי שֶׁמִישֶׁהוּ בָּא. צִילצוּל הַשָׁעוֹן הַמְעוֹרֵר / צִילצוּל הַטֶלֶפוֹן

צִילצֵלפ׳ צִלְצֵל rang

1. הִשׁמִיעַ קוֹל (בְּעִיקָר הַפַּעֲמוֹן שֶׁל מַשֶׁהוּ):

*הַשָׁעוֹן **צִילצֵל** בְּדִיוּק בְּ־6:30.*

2. (צִילצֵל לְ-, אֶל-), טִילפֵן: phoned

*מִישֶׁהוּ **צִילצֵל** אֵלֶיךָ וּבִיקֵשׁ שֶׁתִתקַשֵׁר אֵלָיו.*

לְצַלצֵל, לְ-, אֶל- / צ.ל.צ.ל, פִּיעֵל / צִילצַלתִי, מְצַלצֵל

צִימָאוֹןז׳ צִמָּאוֹן thirst

כּשֶׁמִישֶׁהוּ רוֹצֶה מְאוֹד לִשׁתוֹת:

*הִרגַשׁתִי **צִימָאוֹן** גָדוֹל, וְנִזכַּרתִי שֶׁלֹא שָׁתִיתִי כֹּל הַיוֹם.*

(מֶטָאפוֹרָה) רָצוֹן חָזָק לְמַשֶׁהוּ:

*יֵשׁ לוֹ **צִימָאוֹן** גָדוֹל לָדַעַת, לְהָבִין הַכּוֹל.*

צִימוּקז׳ צִמּוּק [צִימוּקִים] raisin

עֵינָב מְיוּבָּשׁ:

*שַׂמתִי **צִימוּקִים** בָּעוּגָה.*

צִימצוּםז׳ צִמְצוּם [צִימצוּמִים] reduction

חִיסָכוֹן, כּשֶׁעוֹשִׂים שֶׁיִהיֶה פָּחוֹת:

***הַצִימצוּם** בְּהוֹצָאוֹת הִשׁפִּיעַ עַל הֶרגֵלֵי חַיֵיהֶם.*

צִימצוּמִים cutbacks

(בְּמָתֵימָטִיקָה) **צִימצוּם שְׁבָרִים** cancellation of fractions

5/10 אַחֲרֵי צִמצוּם זֶה 1/2.

צִימצֵםפ׳ צִמְצֵם cut back, reduced

הִפחִית, הִקטִין:

*מְנַהֵל הַבַּנק רוֹצֶה לְצַמצֵם בְּהוֹצָאוֹת וְלָכֵן **צִימצֵם אֶת** מִספַּר הָעוֹבדִים.*

לְצַמצֵם אֶת- / צ.מ.צ.ם, פִּיעֵל / צִימצַמתִי, מְצַמצֵם

צִימרֵרפ׳ צִמְרֵר made (someone) shiver

גָרַם לְרַעַד בַּגוּף:

*הַדְבָרִים שֶׁסִיפֵּר **צִימרְרוּ** אוֹתָנוּ.*

לְצַמרֵר אֶת- / צ.מ.ר.ר, פִּיעֵל / צִימרְרוּ, מְצַמרֵר, יְצַמרֵר

צִינָהנ׳ צִנָּה [צִינוֹת] chill

1. הַרגָשָׁה שֶׁל קוֹר:

*בָּעֶרֶב מַרגִישִׁים **צִינָה**, זֶה סוֹף הַקַיִץ.*

2. מַחֲלַת הַהִתקָרְרוּת (שִׁיעוּל, נַזֶלֶת): cold

*תָקְפָה אוֹתִי **צִינָה** - אֲנִי בַּמִיטָה, וַאֲנִי שׁוֹתֶה תֵה חַם.*

צִינוֹקז׳ צִינוֹק solitary confinement

חֶדֶר קָטָן מְאוֹד בְּבֵית סוֹהַר:

*הוּא נִיסָה לִברוֹחַ מִבֵּית הַסוֹהַר, לָכֵן הִכנִיסוּ אוֹתוֹ **לַצִינוֹק**.*

צִינוֹרז׳ צִנּוֹר [צִינוֹרוֹת] pipe

דַרכּוֹ מַעֲבִירִים מַיִם אוֹ נוֹזלִים אֲחֵרִים:

*הַמַיִם זוֹרמִים **בְּצִינוֹרוֹת** אֶל הַבָּתִים.*

צִינוֹר מַיִם / צִינוֹר גַז / צִינוֹרוֹת נֵפט

(מֶטָאפוֹרָה) הַדֶרֶךְ שֶׁדבָרִים נַעֲשִׂים בַּבִּיוּרוֹקרַטיָה:

*הַהוֹדָעוֹת שֶׁל הַמֶמשָׁלָה עוֹברוֹת **בַּצִינוֹרוֹת** הַמְקוּבָּלִים.*

הַצִינוֹרוֹת הָרִשׁמִיִים official channels

צִינוֹרִיתנ׳ צִנּוֹרִית [צִינוֹרִיוֹת] tube

צִינוֹר דַק, דַרכּוֹ מַעֲבִירִים נוֹזֵל:

*הַחוֹלֶה קִיבֵּל שׁתֵי מְנוֹת דָם דֶרֶךְ **הַצִינוֹרִית**.*

צִינזֵרפ׳ צִנְזֵר censored

עָשָׂה צֶנזוּרָה, אָסַר לְפַרסֵם:

*הוּא **צִינזֵר** חֵלֶק מִן הַמַאֲמָר, כִּי הָיוּ בּוֹ סוֹדוֹת צבָאִיִים.*

לְצַנזֵר אֶת- / צ.נ.ז.ר, פִּיעֵל / צִינזַרתִי, מְצַנזֵר, יְצַנזֵר

צִינתוּרז׳ צִנְתּוּר [צִינתוּרִים] catheterization

הַכנָסָה שֶׁל צִינוֹר דַק לַגוּף כְּדֵי לִבדוֹק מַשֶׁהוּ:

*לִפנֵי הַנִיתוּחַ, עָשׂוּ לוֹ **צִינתוּר** בַּלֵב.*

צִיעֵרפ׳ צִעֵר caused grief

גָרַם שֶׁיִצטַעֵר, עָשָׂה שֶׁמִישֶׁהוּ יִהיֶה עָצוּב:

*הוּא **צִיעֵר אֶת** הוֹרָיו, כִּי הִפסִיק לִלמוֹד.*

לְצַעֵר אֶת- / צ.ע.ר, פִּיעֵל / צִיעַרתִי, מְצַעֵר, יְצַעֵר, צַעֵר!

צִיפָּהפ׳ צִפָּה expected

1. חִיכָּה, קִיוָוה:

*הָאָב **צִיפָּה**, שֶׁהַבֵּן הָאוֹבֵד יָשׁוּב הַבַּיתָה.*

2. כִּיסָה: covered

***צִיפִּינוּ אֶת** הַקִירוֹת בְּטַפֶּטִים חֲדָשִׁים.*

לְצַפּוֹת אֶת-, לְ- / צ.פ.ה, פִּיעֵל / צִיפִּיתִי, מְצַפֶּה, יְצַפֶּה

ציפה נ, צִפָּה [צִיפּוֹת] — coverlet

כִּיסוּי לַשְּׂמִיכָה:

*קָנִיתִי **צִיפָּה** חֲדָשָׁה, וְשַׂמְתִּי בָּהּ אֶת שְׂמִיכַת הַצֶּמֶר.*

ציפוי ז, צִפּוּי [צִיפּוּיִים] — cover(ing)

1. מַשֶּׁהוּ שֶׁמְּכַסֶּה:

*הַ**צִּיפּוּי** עַל הַקִּיר עָלָה הַרְבֵּה כֶּסֶף.*

2. כְּשֶׁשָּׂמִים מַשֶּׁהוּ שֶׁמְּכַסֶּה: — coating

*עֲבוֹדַת הַ**צִּיפּוּי** שֶׁל הַקִּיר הִסְתַּיְּימָה.*

ציפור ז, צִפּוֹר [צִיפּוֹרִים] — bird

עוֹף, בַּעַל חַיִּים שֶׁעָף בָּאֲוִויר:

*הַ**צִּיפּוֹר** הַקְּטַנָּה עָפָה אֶל הָעֵץ.*

ציפור דרור ב — free bird

ציפור־הַנֶּפֶשׁ ב — pupil of one's eye

מִמְּעוֹף־הַצִּיפּוֹר — bird's-eye view

קַן־צִיפּוֹרִים — bird's nest

צִיפּוֹרִים נודדות — migrating birds

ציפורן נ, צִפֹּרֶן [צִיפּוֹרְנַיִים] — nail

1. הַחֵלֶק הַקָּשֶׁה וְהַשָּׁקוּף בִּקְצֵה הָאֶצְבָּעוֹת:

*יֵשׁ לָהּ **צִיפּוֹרְנַיִים** אֲרוּכּוֹת וַאֲדוּמּוֹת.*

נֶאֱחַז בְּצִיפּוֹרְנַיִים - — held onto

הוּא נֶאֱחַז בְּצִיפּוֹרְנַיִים בַּלִּימּוּדִים וְלֹא הִפְסִיק...

2. (צִיפּוֹרְנִים ר) פֶּרַח יָפֶה עִם הַרְבֵּה עָלִים: — carnation

*הִיא שָׂמָה **צִיפּוֹרֶן** אֲדוּמָּה בַּשֵּׂיעָר.*

ציפייה נ, צִפִּיָּה [צִיפִּיּוֹת] — expectation

כְּשֶׁמְּחַכִּים לְמַשֶּׁהוּ שֶׁיִּקְרֶה:

*הַ**צִּיפִּיָּה** לְדָוִיד, שֶׁיַּחֲזוֹר מִחוּץ לָאָרֶץ, הָיְיתָה קָשָׁה.*

*יֵשׁ לָהּ **צִיפִּיּוֹת** גְּדוֹלוֹת מִן הַבֵּן.*

ציפית נ, צִפִּית [צִיפִּיּוֹת] — pillow-case

כִּיסוּי לְכַר אוֹ כָּרִית:

*הַ**צִּיפִּית** שֶׁל הַכָּרִית הִתְלַכְלְכָה, צָרִיךְ לְהַחֲלִיף אוֹתָהּ.*

ציפצוף ז, צִפְצוּף [צִיפְצוּפִים] — whistle

קוֹל חַד הַיּוֹצֵא מִן הַפֶּה אוֹ מִמַּכְשִׁיר:

*הַ**צִּיפְצוּפִים** בָּרַדְיוֹ מַפְרִיעִים לִשְׁמוֹעַ אֶת הַמּוּסִיקָה.*

ציפצף פ, צִפְצֵף — whistled

1. הִשְׁמִיעַ קוֹל דַּק, כְּמוֹ צִיפּוֹר:

*הַצִּיפּוֹרִים **צִיפְצְפוּ** בַּחוּץ. / הַקּוּמְקוּם **צִיפְצֵף** בַּמִּטְבָּח.*

2. לֹא שָׂם לֵב, לֹא הָיָה אִיכְפַּת לוֹ (לְשׁוֹן דִּיבּוּר): — didn't give a damn

***אֲנִי מְצַפְצֵף עַל** מָה שֶׁאָמְרוּ לִי וְעוֹשֶׂה רַק מָה שֶׁ"בָּא לִי".*

לְצַפְצֵף, עַל- / צ.פ.צ.ף, פִּיעֵל / צִיפְצַפְתִּי, מְצַפְצֵף

ציצית נ, צִיצִית [צִיצִיּוֹת] — fringe, tassel, forelock

כַּמָּה חוּטִים אוֹ שְׂעָרוֹת בְּיַחַד:

*לַטַּלִּית יֵשׁ אַרְבַּע **צִיצִיּוֹת**, צִיצִית בְּכָל פִּינָּה.*

*תָּפַסְתִּי אוֹתוֹ **בְּצִיצִית** רֹאשׁוֹ, וְהוּא צָעַק מִכְּאֵב.*

ציר ז, צִיר [צִירִים] — envoy, consul

1. שָׁלִיחַ שֶׁל מְדִינָה, קוֹנְסוּל:

*הוּא הָיָה **צִיר** בְּשַׁגְרִירוּת יִשְׂרָאֵל בְּמוֹסְקְבָה.*

2. מִי שֶׁנִּבְחַר בְּשֵׁם קְבוּצָה לְהִשְׁתַּתֵּף בָּאֲסֵיפָה: — delegate

*הָיִיתִי **צִיר** בַּקּוֹנְגְרֶס הַצִּיּוֹנִי.*

3. מָה שֶׁמְּחַבֵּר דֶּלֶת (אוֹ חַלּוֹן וְכוּ') לְקִיר, לָאָרוֹן: — hinge

*צָרִיךְ לָשִׂים שֶׁמֶן **בַּצִּירִים** שֶׁל הַדֶּלֶת.*

צירה ז, צֵירֶה (צֵירֵי) — the vowel 'e'

שֵׁם תְּנוּעָה ‥ :

*בַּמִּילָה סֵפֶר יֵשׁ **צֵירֶה** מִתַּחַת לַסָּמֶךְ.*

צירוף ז, צֵרוּף [צֵירוּפִים] — combination

1. חִיבּוּר שֶׁל כַּמָּה דְּבָרִים בְּיַחַד:

*הַקּוֹד הוּא **צֵירוּף** שֶׁל מִסְפָּרִים, שֶׁרַק הַמְּנַהֵל יוֹדֵעַ אוֹתָם.*

2. הוֹסָפָה: — adding

*אֲנִי בְּעַד **צֵירוּף** אֲנָשִׁים חֲדָשִׁים לַחֶבְרָה.*

צֵירוּפֵי לָשׁוֹן - בִּיטּוּיִים, כַּמָּה מִילִּים בְּיַחַד שֶׁיֵּשׁ לָהֶן מַשְׁמָעוּת מְיוּחֶדֶת לְמָשָׁל 'שִׂים לֵב'

צירף פ, צֵרֵף — added, put together

חִיבֵּר, הוֹסִיף לְמַשֶּׁהוּ:

***צֵירְפוּ** אוֹתוֹ לַקְּבוּצָה שֶׁלָּנוּ.*

לְצָרֵף אֶת- / צ.ר.ף, פִּיעֵל / צֵירַפְתִּי, מְצָרֵף, יְצָרֵף, צָרֵף!

צירצור ז, צִרְצוּר [צִירְצוּרִים] — chirp(ing)

קוֹל (אוֹנוֹמָטוֹפֵּאִי) - 'צְר, צְר...':

*הַ**צִּירְצוּרִים** הָאֵלֶּה אֵינָם מוּסִיקָה.*

צירצר פ, צִרְצֵר — chirped

(אוֹנוֹמָטוֹפֵּאָה) הִשְׁמִיעַ קוֹל 'צְר, צְר...':

*הוּא כָּל הַזְּמַן **מְצַרְצֵר** בָּאוֹזְנַיִים - מָתַי יַפְסִיק?*

לְצַרְצֵר / צ.ר.צ.ר, פִּיעֵל / צִירְצְרוּ, מְצַרְצֵר, יְצַרְצֵר

ציתות ז, צִתּוּת [צִיתוּתִים] — eavesdropping, listening-in

הַקְשָׁבָה לְדִיבּוּר שֶׁל מִישֶׁהוּ, בְּעִיקָּר כְּשֶׁהַמְּדַבֵּר אֵינוֹ יוֹדֵעַ עַל כָּךְ:

*הַ**צִּיתוּת** לַטֶּלֶפוֹן אָסוּר לְפִי הַחוֹק.*

ציתני ר' צייתן

צל ז, צֵל [צְלָלִים] — shadow

שֶׁטַח חָשׁוּךְ, שֶׁאֵינוֹ פּוֹנֶה לָאוֹר:

עָמַדְתִּי בְּצֵל הָעֵץ, וְלֹא בַּשֶּׁמֶשׁ.
הַצְּלָלִים מִתְאָרְכִים בִּשְׁעוֹת הָעֶרֶב.
אוֹרוֹת וּצְלָלִים - הַטּוֹב וְהָרַע, הַחִיּוּבִי וְהַשְּׁלִילִי:
קָרָאתִי עַל הָאוֹרוֹת וְהַצְּלָלִים בְּחַיֵּי הַקִּיבּוּץ.

צלבז׳, צְלָב [צְלָבִים] — cross
סֵמֶל הַנּוֹצְרִים:
*מֵעַל לַכְּנֵסִיָּיה יֵשׁ **צְלָב** גָּדוֹל.*
הַצְּלָב הָאָדוֹם — the Red Cross
מַסְעֵי־הַצְּלָב — the Crusades

צלבפ׳, צָלַב — crucified
תָּלָה (אָדָם) בְּיָדַיִים פְּתוּחוֹת לַצְּדָדִים:
*הָרוֹמָאִים **צָלְבוּ אֶת** הָאוֹיְבִים שֶׁלָּהֶם לְאוֹרֶךְ הַדְּרָכִים.*
לִצְלוֹב אֶת- / צ.ל.ב, פָּעַל / צָלַבְתִּי, צוֹלֵב, יִצְלוֹב

צלבןז׳, צַלְבָּן [צַלְבָּנִים/צַלְבָנִים] — crusader
בִּימֵי הַבֵּינַיִים - צָבָא נוֹצְרִי שֶׁיָּצָא לִכְבּוֹשׁ אֶת אֶרֶץ יִשְׂרָאֵל מִידֵי הַמּוּסְלְמִים:
*הַ**צַּלְבָּנִים** כָּבְשׁוּ אֶת אֶרֶץ יִשְׂרָאֵל אֲבָל מְאוּחָר יוֹתֵר חָזְרוּ לְאֵירוֹפָּה.*

צלבנית׳, צַלְבָּנִי (צְלָבָנִי) — pertaining to the Crusades
מִן הַתְּקוּפָה שֶׁל הַצַּלְבָּנִים:
*בָּאָרֶץ יֵשׁ הַרְבֵּה מִבְנִים **צַלְבָּנִיִּים**, לְמָשָׁל בְּעַכּוֹ.*
צַלְבָּנִית, צַלְבָּנִיִּים, צַלְבָּנִיּוֹת

צלהפ׳, צָלָה — roasted, broiled
בִּישֵּׁל עַל אֵשׁ:
***צָלִינוּ אֶת** הַבָּשָׂר וְאָכַלְנוּ בְּתֵיאָבוֹן רַב.*
לִצְלוֹת אֶת- / צ.ל.ה, פָּעַל / צָלִיתִי, צוֹלֶה, יִצְלֶה, צְלֵה!

צלובת׳/ז׳, צָלוּב [צְלוּבִים] — crucified (adj.), Jesus
אַחַד הַשֵּׁמוֹת שֶׁל יֵשׁוּ הַנּוֹצְרִי:
*בְּכָל כְּנֵסִיָּיה יֵשׁ תְּמוּנָה אוֹ פֶּסֶל שֶׁל **הַצָּלוּב**.*
צְלוּבָה, צְלוּבוֹת

צלוחיתנ׳, צְלוֹחִית [צְלוֹחִיּוֹת] — small bowl
צַלַּחַת קְטַנָּה, כְּלִי קָטָן עָמוֹק לִגְלִידָה וְכוּ׳:
*נָתַתִּי לַתִּינוֹק אֶת הַמָּרָק **בִּצְלוֹחִית**.*

צלוית׳, צָלוּי — roasted/broiled (adj.)
שֶׁצָּלוּ אוֹתוֹ, בִּישְּׁלוּ אוֹתוֹ עַל אֵשׁ:
*הִזְמַנְתִּי בַּמִּסְעָדָה בָּשָׂר **צָלוּי**.*
צְלוּיָה, צְלוּיִים, צְלוּיוֹת

צלולת׳, צָלוּל — clear, lucid
שָׁקוּף, נָקִי מְאוֹד, בָּהִיר:
*הַמַּיִם בַּבְּרֵכָה **צְלוּלִים**.*
דֵּעָה צְלוּלָה — sound mind
קוֹל צָלוּל — clear voice
צְלוּלָה, צְלוּלִים, צְלוּלוֹת

צלחפ׳, צָלַח — crossed (water)
עָבַר בַּמַּיִם בִּשְׂחִיָּיה מִצַּד אֶחָד לְצַד אַחֵר:
*אֲנִי רוֹצֶה **לִצְלוֹחַ אֶת** תְּעָלַת לָמַנְשׁ.*
לִצְלוֹחַ אֶת- / צ.ל.ח, פָּעַל / צָלַחְתִּי, צוֹלֵחַ, יִצְלַח, צְלַח!

צלחת׳, צָלֵחַ — successful
מַצְלִיחַ, טוֹב, נָכוֹן.
דֶּרֶךְ צְלֵחָה! - *אוֹמְרִים לְמִי שֶׁהוֹלֵךְ אוֹ נוֹסֵעַ:*
*כְּשֶׁיּוֹצְאִים מִן הָעִיר יֵשׁ כְּתוֹבֶת: '**דֶּרֶךְ צְלֵחָה!**'*
צְלֵחָה, צְלֵחִים, צְלֵחוֹת
ר׳ ברכות בנספחים

צלחתנ׳, צַלַּחַת [צַלָּחוֹת] — plate, dish
כְּלִי אוֹכֶל - שָׂמִים בּוֹ מָרָק, בָּשָׂר:
*שַׂמְתִּי עַל הַשּׁוּלְחָן **צַלַּחַת** לְמָרָק **וְצַלַּחַת** לְסָלָט.*

צליז׳, צְלִי — roast
אוֹכֶל שֶׁבִּישְּׁלוּ אוֹתוֹ עַל אֵשׁ:
*אִימָּא בִּישְּׁלָה **צְלִי** מִבָּשָׂר וּמִתַּפּוּחֵי אֲדָמָה.*

צליבהנ׳, צְלִיבָה [צְלִיבוֹת] — crossing, crucifiction
תְּלִיָּיה עַל צְלָב (כְּפִי שֶׁעָשׂוּ הָרוֹמָאִים):
צְלִיבַת יֵשׁוּ - *הֲרִיגַת יֵשׁוּ עַל הַצְּלָב:*
***הַצְּלִיבָה** הִיא אַחַד מִיסוֹדוֹת הַנַּצְרוּת.*

צליחהנ׳, צְלִיחָה [צְלִיחוֹת] — crossing (water)
כְּשֶׁעוֹבְרִים מֵחוֹף לְחוֹף בַּמַּיִם, בִּשְׂחִיָּיה:
*הִשְׁתַּתַּפְתִּי **בִּצְלִיחַת** הַכִּינֶּרֶת.*

צלייןז׳, צַלְיָין [צַלְיָינִים] — (Christian) pilgrim
נוֹצְרִי, שֶׁעוֹלֶה לְמָקוֹם קָדוֹשׁ, דָּתִי:
*לְיִשְׂרָאֵל מַגִּיעִים הַרְבֵּה **צַלְיָינִים**, בִּמְיוּחָד לְנָצֶרֶת וּבֵית לֶחֶם.*
צַלְיָינִית, צַלְיָינִיּוֹת

צלילז׳, צְלִיל [צְלִילִים] — tone, note, sound
קוֹל מוּסִיקָלִי:
*שָׁמַעְתִּי אֶת **צְלִילֵי** הַגִּיטָרָה מֵרָחוֹק.*
דוֹ, רֶה, מִי, פָה סוֹל, לָה, סִי הֵם שֵׁמוֹת בְּסוּלַּם **הַצְּלִילִים**.

צלילהנ׳, צְלִילָה [צְלִילוֹת] — diving
יְרִידָה מִתַּחַת לַמַּיִם:
***הַצְּלִילָה** בְּמַיִם עֲמוּקִים מְסוּכֶּנֶת.*

צלילותנ, צְלִילוּת — clearness, lucidity
כְּשֶׁמַּשֶּׁהוּ נָקִי, שָׁקוּף, בָּהִיר:
צְלִילוּת הַמַּיִם מוֹשֶׁכֶת אוֹתִי לְהִיכָּנֵס וְלִשְׂחוֹת.
צלילות דַעַת - — clear mindedness
צָרִיךְ לָדוּן בִּצְלִילוּת דַעַת בַּבְּעָיָה.

צליעהנ, צְלִיעָה [צְלִיעוֹת] — limp(ing)
כְּשֶׁסּוֹחֲבִים רֶגֶל, כְּשֶׁיֵּשׁ בְּעָיָה בַּהֲלִיכָה:
לְסוֹף הַטִּיּוּל הִגַּעְתִּי בִּצְלִיעָה.

צללפ, צָלַל — dived
1. יָרַד מִתַּחַת לַמַּיִם:
כְּשֶׁהָיִיתִי בְּאֵילַת, צָלַלְתִּי מִתַּחַת לַמַּיִם כְּדֵי לִרְאוֹת אֶת הַדָּגִים וְהָאַלְמוּגִים.
2. יָרַד בִּמְהִירוּת: — dived
הַמָּטוֹס צָלַל לְעֵבֶר הַמַּטָּרָה וְזָרַק פְּצָצוֹת.
לִצְלוֹל / צ.ל.ל, פָּעַל / צָלַלְתִּי, צוֹלֵל, יִצְלוֹל

צלליתנ, צְלָלִית [צְלָלִיּוֹת] — silhouette
סִילוּאֶט, תְּמוּנָה בְּלִי פְּרָטִים (רַק הַקַּוִּים הַחִיצוֹנִיִּים):
לֹא רָאִיתִי אוֹתָהּ מַמָּשׁ, רָאִיתִי רַק אֶת הַצְּלָלִית שֶׁלָּהּ.

צלםז, צַלָּם [צַלָּמִים] — photographer
מִי שֶׁעוֹשֶׂה תְּמוּנוֹת בְּמַצְלֵמָה:
אֲנִי מְחַפֵּשׂ צַלָּם, אֲנִי צָרִיךְ תְּמוּנַת פַּסְפּוֹרְט.
צַלֶּמֶת, צַלָּמוֹת

צלםז, צֶלֶם [צְלָמִים] — image, form
צוּרָה, דְּמוּת:
צֶלֶם אֱנוֹשׁ / צֶלֶם אָדָם - — humanity, (human form)
גַּם בְּמִלְחָמָה אָסוּר לְאַבֵּד צֶלֶם אֱנוֹשׁ.
צֶלֶם אֱלוֹהִים - — image of God
הָאָדָם נִבְרָא בְּצֶלֶם אֱלוֹהִים.

צלמוותז, צַלְמָוֶת — great darkness, (shadow of death)
חוֹשֶׁךְ כָּבֵד, מַפְחִיד:
הָיָה חוֹשֶׁךְ צַלְמָוֶת, לֹא רָאִיתִי כְּלוּם.

צלענ, צֵלָע [צְלָעוֹת] — rib
1. הָעֲצָמוֹת לְאוֹרֶךְ וּלְרוֹחַב הַחֵלֶק הָעֶלְיוֹן שֶׁל הַגּוּף:
הוּא נָפַל וְנִשְׁבְּרוּ לוֹ שְׁתֵּי צְלָעוֹת.
2. צַד: — side
לַמְשׁוּלָּשׁ 3 צְלָעוֹת.

צלףפ, צָלַף — sniped (shot)
יָרָה אֶל מַטָּרָה מְסוּיֶּמֶת:
הַחַיָּילִים צָלְפוּ עַל כֹּל מִי שֶׁעָבַר בָּרְחוֹב.
לִצְלוֹף / צ.ל.ף, פָּעַל / צָלַפְתִּי, צוֹלֵף, יִצְלוֹף, צְלוֹף!

צלףז, צַלָּף [צַלָּפִים] — sniper
מִי שֶׁמּוּמְחֶה בִּירִיָּה לַמַּטָּרָה:
צָרִיךְ לְהִיזָּהֵר מִצַּלָּפִים, הֵם יוֹרִים וּפוֹגְעִים.
צַלֶּפֶת, צַלָּפוֹת

צלקתנ, צַלֶּקֶת [צַלָּקוֹת] — scar
סִימָן שֶׁנִּשְׁאַר אַחֲרֵי שֶׁהָיָה פֶּצַע:
לְפִי הַצַּלֶּקֶת אֶפְשָׁר לִרְאוֹת אֵיפֹה נִפְצַעְתִּי.
(מֶטָאפוֹרָה) כְּשֶׁלֹּא שׁוֹכְחִים לְגַמְרֵי מִקְרֶה רַע:
הַגֵּירוּשִׁים הִשְׁאִירוּ צַלֶּקֶת בְּלִיבּוֹ.

צםפ, צָם — fasted
לֹא אָכַל (בד"כ מִסִּיבּוֹת דָּתִיּוֹת אוֹ רְפוּאִיּוֹת):
הַחוֹלֶה צָם לִפְנֵי הַנִּיתּוּחַ.
יְלָדִים וְחוֹלִים לֹא צְרִיכִים לָצוּם בְּיוֹם כִּיפּוּר.
לָצוּם / צ.ו.ם, פָּעַל / צַמְתִּי, צָם, יָצוּם, צוּם!

צמאפ, צָמֵא — was thirsty
(לָשׁוֹן גְבוֹהָה) רָצָה מְאוֹד לִשְׁתּוֹת:
צָמֵאנוּ לַמַּיִם, כִּי יוֹם שָׁלֵם לֹא שָׁתִינוּ.
לִצְמוֹא לְ- / צ.מ.א, פָּעַל / צָמֵאתִי, צָמֵא, יִצְמָא

צמאת, צָמֵא — thirsty
רוֹצֶה לִשְׁתּוֹת:
אֲנִי צָמֵא מְאוֹד, אֶפְשָׁר לְקַבֵּל כּוֹס מַיִם?
צְמֵאָה, צְמֵאִים, צְמֵאוֹת

צמאז, צָמָא — thirst
רָצוֹן לִשְׁתּוֹת:
אֲנִי מַרְגִּישׁ צָמָא גָּדוֹל, אֶפְשָׁר לְקַבֵּל כּוֹס מַיִם?
בְּמִדְבַּר סַהֲרָה מֵתוּ אֲנָשִׁים בַּצָּמָא.

צמדז, צֶמֶד [צְמָדִים] — pair
זוּג, שְׁנַיִים בְּיַחַד:
אֲנַחְנוּ צֶמֶד בְּמִשְׂחַק הַטֶּנִיס.
צֶמֶד חֶמֶד - זוּג נֶחְמָד — lovely pair

צמהנ, צַמָּה [צַמּוֹת] — braid
סוּג שֶׁל תִּסְרוֹקֶת - כְּמוֹ זָנָב מְסוּדָּר:
יֵשׁ לָהּ צַמּוֹת אֲרוּכּוֹת הַיּוֹרְדוֹת מִן הָרֹאשׁ אֶל הַגַּב.

צמודת, צָמוּד — attached (adj.)
1. נִמְצָא קָרוֹב מְאוֹד, קָשׁוּר:
הַתִּינוֹק צָמוּד לְאִימָּא שֶׁלּוֹ.
2. כְּשֶׁעֵרֶךְ שֶׁל כֶּסֶף הוּא לְפִי הַדּוֹלָר וְכוּ': — linked (adj.)
הַמְּחִיר שֶׁל הַדִּירָה צָמוּד לַדּוֹלָר, אִם הַדּוֹלָר יַעֲלֶה - תְּשַׁלֵּם יוֹתֵר שְׁקָלִים.
צְמוּדָה, צְמוּדִים, צְמוּדוֹת

צמחפ׳ צָמַח — grew
גָּדַל, הִתְפַּתֵּחַ:
*הָעֵץ **צָמַח** לְגוֹבַהּ רַב.*
*בֵּין דָּוִיד וְרוּת **צָמְחָה** יְדִידוּת רַבָּה.*
לִצְמוֹחַ / צ.מ.ח, פָּעַל / צָמַח, צוֹמֵחַ, יִצְמַח

צמחז׳ צֶמַח [צְמָחִים] — plant
מַה שֶּׁגָּדֵל מִן הָאֲדָמָה - פְּרָחִים, דֶּשֶׁא, עֵץ...:
*צָרִיךְ לְטַפֵּל **בִּצְמָחִים** בַּגִּינָה.*

צמחונותנ׳ צִמְחוֹנוּת — vegetarianism
כְּשֶׁלֹּא אוֹכְלִים בָּשָׂר:
*הוּא חוֹשֵׁב, שֶׁהַ**צִּמְחוֹנוּת** בְּרִיאָה יוֹתֵר.*

צמחוניתו״ז צִמְחוֹנִי — vegetarian
מִי שֶׁאֵינוֹ אוֹכֵל בָּשָׂר, אוֹכֵל רַק יְרָקוֹת, פֵּירוֹת וּמוּצְרֵי חָלָב:
*הַאִם הָאוֹכֶל הַ**צִּמְחוֹנִי** בָּרִיא יוֹתֵר?*
צִמְחוֹנִית, צִמְחוֹנִיִּים, צִמְחוֹנִיּוֹת

צמחית׳ צִמְחִי — vegetable (adj.)
הַבָּא מִן הַצּוֹמֵחַ (לֹא מִבַּעֲלֵי חַיִּים):
*הַמַּרְגָּרִינָה הִיא שֶׁמֶן **צִמְחִי**.*
צִמְחִית, צִמְחִיִּים, צִמְחִיּוֹת

צמחייהנ׳ צִמְחִיָּה [צִמְחִיּוֹת] — flora, vegetation
פְלוֹרָה, כֹּל מַה שֶּׁצּוֹמֵחַ - עֵצִים, שִׂיחִים, פְּרָחִים...:
*הוּא עוֹסֵק בְּבּוֹטָנִיקָה - חוֹקֵר אֶת הַ**צִּמְחִיָּה** בָּאָרֶץ.*

צמיגז׳ צְמִיג [צְמִיגִים] — tire
גַּלְגַּל שֶׁל מְכוֹנִית:
*הֶחְלַפְתִּי **צְמִיג** בַּמְּכוֹנִית, כִּי נִכְנַס בּוֹ מַסְמֵר.*

צמיגת׳ צָמִיג — sticky, viscose
נִדְבָּק, מִתְחַבֵּר לְמַשֶּׁהוּ:
*הַדְּבַשׁ הוּא חוֹמֶר **צָמִיג**.*
צְמִיגָה, צְמִיגִים, צְמִיגוֹת

צמידז׳ צָמִיד [צְמִידִים] — bracelet
תַּכְשִׁיט - כְּמוֹ טַבַּעַת גְּדוֹלָה, שֶׁשָּׂמִים עַל הַיָּד:
*יֵשׁ לִי טַבַּעַת עַל הָאֶצְבַּע **וְצָמִיד** עַל הַיָּד.*

צמיחהנ׳ צְמִיחָה [צְמִיחוֹת] — growth
כְּשֶׁמִּישֶׁהוּ אוֹ מַשֶּׁהוּ גָּדֵל:
***צְמִיחַת** הַשֵּׂיעָר שֶׁלִּי אִיטִית.*

צמיתותנ׳ צְמִיתוּת — permanence
תָּמִיד.
לִצְמִיתוּת - לְעוֹלָם: — forever, for good
*הוּא עָזַב אֶת הַבַּיִת **לִצְמִיתוּת**.*

צמרז׳ צֶמֶר — wool
שֵׂיעָר שֶׁל כְּבָשִׂים (וְכוּ׳), עוֹשִׂים מִמֶּנּוּ בְּגָדִים:
*יֵשׁ לִי מְעִיל חַם **מִצֶּמֶר**.*

צֶמֶר־גֶּפֶן — cotton-wool

צמרית׳ צַמְרִי — woollen
עָשׂוּי מִצֶּמֶר, נִרְאֶה כְּמוֹ צֶמֶר:
*לַחוּלְצָה הַזֹּאת יֵשׁ מַרְאֶה **צַמְרִי**.*
צַמְרִית, צַמְרִיִּים, צַמְרִיּוֹת

צמרמורתנ׳ צְמַרְמֹרֶת [צְמַרְמוֹרוֹת] — shiver
רַעַד, תְּנוּעָה קְטַנָּה בַּגּוּף מִפַּחַד, מֵחוֹם וְכוּ׳:
*הִרְגַּשְׁתִּי **צְמַרְמוֹרֶת**, כִּי הָיָה לִי חוֹם גָּבוֹהַּ.*

צמרתנ׳ צַמֶּרֶת [צַמָּרוֹת] — tree-top
1. רֹאשׁ הָעֵץ, הַמָּקוֹם הַגָּבוֹהַּ בָּעֵץ:
*הוּא טִיפֵּס עַל הָעֵץ וְהִגִּיעַ **לַצַּמֶּרֶת**.*
2. (מֶטָאפוֹרָה) הַמָּקוֹם הַגָּבוֹהַּ (בַּחֶבְרָה, בַּמְּדִינָה וְכוּ׳): — top ranks
***צַמֶּרֶת** הַמְּדִינָה, רֹאשׁ הַמֶּמְשָׁלָה, וְהַשָּׂרִים, בִּיקְרוּ בַּקִּיבּוּץ.*

צנוםת׳ צָנוּם — thin, meager, skinny
רָזֶה:
*יֵשׁ לוֹ גוּף **צָנוּם** וְגָבוֹהַּ.*
צְנוּמָה, צְנוּמִים, צְנוּמוֹת

צנוןז׳ צְנוֹן [צְנוֹנִים] — radish
יָרָק חָרִיף, שָׂמִים בְּסָלָט, גָּדֵל בָּאֲדָמָה:
*הֵכַנְתִּי סָלָט **צְנוֹן**, כִּי אֲנִי אוֹהֶבֶת אוֹכֶל פִּיקַנְטִי.*

צנוניתנ׳ צְנוֹנִית [צְנוֹנִיּוֹת] — small radish
יָרָק, גָּדֵל בַּגִּינָה, בַּחוּץ סָגוֹל בִּפְנִים לָבָן, הַטַּעַם חָרִיף־מָתוֹק:
*הַיְלָדִים גִּידְלוּ בַּגִּינָה **צְנוֹנִיּוֹת** לְסָלָט.*

צנועת׳ צָנוּעַ — modest, humble
1. לֹא מְדַבֵּר עַל עַצְמוֹ, יוֹשֵׁב בַּפִּינָה...:
*הוּא אִישׁ **צָנוּעַ**, לָכֵן אֵינְכֶם יוֹדְעִים כַּמָּה הוּא מוּכְשָׁר.*
2. קָטָן, מְצוּמְצָם: — small, modest
*בִּיקַּשְׁתִּי מְחִיר **צָנוּעַ** תְּמוּרַת הַדִּירָה.*
צְנוּעָה, צְנוּעִים, צְנוּעוֹת

צנחפ׳ צָנַח — dropped, fell
1. נָפַל לְמַטָּה:
*הָאִישׁ **צָנַח** עַל הַמַּדְרֵכָה בְּאֶמְצַע הָרְחוֹב.*
2. קָפַץ בְּמַצְנֵחַ מִמָּטוֹס: — parachuted

*הַחַיָּילִים **צָנְחוּ** מִן הַמְּטוֹסִים עַל חוֹף הַיָּם.*
לִצְנוֹחַ / צ.נ.ח, פָּעַל / צָנַחְתִּי, צוֹנֵחַ, יִצְנַח, צְנַח!

צנחןז, צַנְחָן [צַנְחָנִים] paratrooper
חַיָּיל שֶׁלָּמַד לִצְנוֹחַ (לִקְפּוֹץ) מִמָּטוֹס בְּמַצְנֵחַ:
*הַ**צַּנְחָנִים** צָנְחוּ מִן הַמְּטוֹסִים אֶל הָעֶמְדוֹת שֶׁל הָאוֹיֵב.*
צַנְחָנִית, צַנְחָנִיּוֹת

צניחהנ, צְנִיחָה [צְנִיחוֹת] dropping, falling down
1. נְפִילָה:
*הַ**צְּנִיחָה** שֶׁלָּה בָּרְחוֹב נִגְרְמָה בִּגְלַל אֶבֶן.*
2. קְפִיצָה מִמָּטוֹס: parachuting
*הוּא עָבַר קוּרְס **צְנִיחָה** בַּצָּבָא.*

צניםז, צְנִים [צְנִימִים] toast
לֶחֶם שֶׁפָּרְסוּ וְיִיבְּשׁוּ בַּתַּנּוּר:
*כְּשֶׁאֲנִי מַרְגִּישׁ רַע, אֲנִי אוֹכֵל **צְנִים** וְשׁוֹתֶה תֵּה.*

צניעותנ, צְנִיעוּת modesty
1. כְּשֶׁמִּישֶׁהוּ לֹא מְסַפֵּר עַל הַהַצְלָחוֹת שֶׁלּוֹ:
*מֵרוֹב **צְנִיעוּת** הוּא לֹא סִיפֵּר לִי עַל הַפְּרָס שֶׁקִּיבֵּל.*
2. הִתְנַהֲגוּת מוּסָרִית, בְּעִיקָר לְפִי הַקּוֹד שֶׁל הַדָּת: chastity
*הַבָּנוֹת הַדָּתִיּוֹת לְבוּשׁוֹת **בִּצְנִיעוּת**, בִּבְגָדִים אֲרוּכִּים, בְּשַׁרְווּלִים וְכוּ׳.*

צנעז, צֶנַע simplicity, austerity
חַיִּים פְּשׁוּטִים; כְּשֶׁיֵּשׁ מְעַט וְזֶה מַסְפִּיק:
*נִדְמֶה לִי שֶׁהָיִיתִי יוֹתֵר מְאוּשָּׁר בַּשָּׁנִים שֶׁחָיִינוּ חַיֵּי **צֶנַע**.*

צנעהנ, צִנְעָה secrecy
מַה שֶּׁלֹּא יוֹדְעִים, לֹא גָּלוּי.
צִנְעַת הַפְּרָט - מַה שֶּׁקּוֹרֶה privacy
בְּתוֹךְ בֵּיתוֹ שֶׁל אָדָם, יַחֲסָיו עִם אִשְׁתּוֹ וְכוּ׳:
*יֵשׁ חוֹק שֶׁבָּא לִשְׁמוֹר עַל **צִנְעַת הַפְּרָט**.*

צנצנתנ, צִנְצֶנֶת [צִנְצָנוֹת] jar
1. בַּקְבּוּק קָטָן, שֶׁהַפֶּתַח שֶׁלּוֹ רָחָב:
*קָנִיתִי **צִנְצֶנֶת** רִיבָּה.*
2. כְּלִי לִפְרָחִים: vase
*עַל הַשּׁוּלְחָן עוֹמֶדֶת **צִנְצֶנֶת** יָפָה עִם נַרְקִיסִים.*

צנרתנ, צַנֶּרֶת piping, plumbing
כָּל מַעֲרֶכֶת הַצִּינוֹרוֹת בְּבִנְיָין:
*הַ**צַּנֶּרֶת** בַּבַּיִת שֶׁלִּי חֲדָשָׁה.*

צעדפ, צָעַד walked, marched
הָלַךְ:
***צָעַדְתִּי** בִּזְהִירוּת צַעַד אַחַר צַעַד.*
לִצְעוֹד / צ.ע.ד, פָּעַל / צָעַדְתִּי, צוֹעֵד, יִצְעַד, צְעַד!

צעדז, צַעַד [צְעָדִים] step
1. בַּהֲלִיכָה הַמֶּרְחָק בֵּין כַּף רֶגֶל אַחַת לַשְּׁנִיָּיה:
*מַה הַמֶּרְחָק בֵּין הַבַּיִת שֶׁלְּךָ לַבַּיִת שֶׁלִּי? - אוּלַי עֲשָׂרָה **צְעָדִים**, לֹא יוֹתֵר.*
2. שָׁלָב:
*הוּא עָשָׂה אֶת הַ**צַּעַד** הָרִאשׁוֹן בְּלִימּוּד הַשָּׂפָה, לָמַד לִקְרוֹא וְלִכְתּוֹב.*
3. פְּעוּלָּה, אֶמְצָעִי:
*מֹשֶׁה עָשָׂה אֶת כָּל הַ**צְּעָדִים** הָאֶפְשָׁרִיִּים כְּדֵי לַעֲזוֹר לִי.*

צעדהנ, צְעָדָה [צְעָדוֹת] march
הֲלִיכָה מְאוּרְגֶּנֶת שֶׁל הַרְבֵּה אֲנָשִׁים:
*הִשְׁתַּתַּפְתִּי **בִּצְעָדָה** לִירוּשָׁלַיִם.*

צעידהנ, צְעִידָה [צְעִידוֹת] marching
הֲלִיכָה (כְּמוֹ שֶׁל צָבָא וְכוּ׳):
*כּוּלָּם הִסְתַּכְּלוּ **בִּצְעִידָה** שֶׁל הַחַיָּילִים שֶׁעָבְרוּ בָּרְחוֹב.*

צעיףז, צָעִיף [צְעִיפִים] veil, scarf
חֲתִיכַת בַּד שֶׁשָּׂמִים עַל הָרֹאשׁ, עַל הַצַּוָּואר:
*עָטַפְתִּי אֶת הָרֹאשׁ **בְּצָעִיף** אָרוֹךְ וְחַם.*

צעירתו"ז, צָעִיר [צְעִירִים] young man
1. בָּחוּר, (עַד שְׁנוֹת הָ־20):
*הַ**צָּעִיר** שֶׁפָּגַשְׁתִּי, לוֹמֵד עַכְשָׁיו בָּאוּלְפָּן.*
2. צְעִירת׳ - קָטָן יוֹתֵר (בְּשָׁנִים): younger
*אָחִי הַ**צָּעִיר** לוֹמֵד בְּבֵית סֵפֶר.*
צְעִירָה, צְעִירוֹת

צעצועז, צַעֲצוּעַ [צַעֲצוּעִים] toy
מִשְׂחָק לִילָדִים:
*בַּחֲנוּת הַ**צַּעֲצוּעִים** בָּחֲרָה בִּתִּי בּוּבָּה גְּדוֹלָה.*

צעקפ, צָעַק shouted
הִשְׁמִיעַ קוֹל רָם מְאוֹד:
*הָאֵם **צָעֲקָה** עַל הַיֶּלֶד בְּאֶמְצַע הָרְחוֹב.*
לִצְעוֹק עַל- / צ.ע.ק, פָּעַל / צָעַקְתִּי, צוֹעֵק, יִצְעַק, צְעַק!

צעקהנ, צְעָקָה [צְעָקוֹת] shout
קְרִיאָה בְּקוֹל מִתּוֹךְ צַעַר אוֹ כְּאֵב:
*שָׁמַעְתִּי אֶת הַ**צְּעָקָה** שֶׁל הַיֶּלֶד, וְרַצְתִּי לִרְאוֹת מַה קָּרָה.*

צעקןז, צַעֲקָן [צַעֲקָנִים] loud, vociferous
מִי שֶׁרָגִיל לִצְעוֹק:

הַצַעֲקָנִים מַשִׂיגִים לִפְעָמִים יוֹתֵר מִן הַשּׁוֹתְקִים.
צַעֲקָנִית, צַעֲקָנִיּוֹת

צעקנותנ׳ צַעֲקָנוּת — loudness, vulgarity
1. כְּשֶׁמַּשְׁמִיעִים קוֹלוֹת וּוּלְגָרִיִּים:
הַצַעֲקָנוּת שֶׁלָּהּ דּוֹחָה אוֹתִי.
2. כְּשֶׁעוֹשִׂים מַשֶּׁהוּ כְּדֵי שֶׁכּוּלָּם יִרְאוּ, יִשְׁמְעוּ וְכוּ׳:
יֵשׁ צַעֲקָנוּת בַּפִּירְסוֹמֶת, וְאֵינֶנִּי אוֹהֵב זֹאת. — tastelessness

צערז׳ צַעַר — sorrow
הַרְגָּשָׁה שֶׁל עֶצֶב וּכְאֵב נַפְשִׁי:
חַשְׁתִּי צַעַר, כְּשֶׁרָאִיתִי אֶת מַצָּבוֹ הָרַע.
בְּצַעַר רַבת״פ — with much regret
לְצַעֲרִי - — to my regret
לְצַעֲרִי לֹא אוּכַל לְדַבֵּר אִיתְּךָ.
אֲגוּדַת צַעַר בַּעֲלֵי חַיִּים
society for the prevention of cruelty to animals

צףפ׳ צָף — floated
הָיָה עַל הַמַּיִם:
הַקֶּרֶשׁ צָף, כִּי הוּא קַל מִן הַמַּיִם.
(מֶטָאפוֹרָה) עָלָה, הִגִּיעַ לַמַּחְשָׁבָה, לַזִּיכָּרוֹן:
פִּתְאוֹם צָפוּ וְעָלוּ זִיכְרוֹנוֹת מִן הַיָּמִים, שֶׁהָיִינוּ יְלָדִים.
לָצוּף / צ.ו.ף, פָּעַל / צָפוּ, צָף, יָצוּף

צפהפ׳ צָפָה — watched, observed, viewed
1. הִבִּיט, הִסְתַּכֵּל:
צָפִיתִי בְּהַצָּגַת תֵאַטְרוֹן.
2. רָאָה מֵרֹאשׁ, הֵבִין מַה יִקְרֶה: — foresaw
הוּא לֹא צָפָה אִינְפְלַצְיָה גְבוֹהָה כֹּל כָּךְ.
לִצְפּוֹת אֶת-, בְּ- / צ.פ.ה, פָּעַל / צָפִיתִי, צוֹפֶה, יִצְפֶּה

צפוית׳ צָפוּי — expected (adj.)
מַשֶּׁהוּ שֶׁחָשְׁבוּ שֶׁיִּקְרֶה עוֹד לִפְנֵי שֶׁקָּרָה:
תּוֹצְאוֹת הַמִּבְחָן הָיוּ צְפוּיוֹת מֵרֹאשׁ.
קָשֶׁה לִי בִּמְיוּחָד בְּמַצָּבִים בִּלְתִּי־צְפוּיִים.
צָפוּי לְ - — liable, destined (adj.)
כֹּל מִי שֶׁעוֹבֵר עַל הַחוֹק צָפוּי לְעוֹנֶשׁ.
צְפוּיָה, צְפוּיִים, צְפוּיוֹת

צפוןת׳ צָפוּן — hidden
לֹא יוֹדְעִים הֵיכָן נִמְצָא, חָבוּי, נִסְתָּר:
זִיכְרוֹנוֹת הַיַּלְדוּת צְפוּנִים בַּלֵּב.
צְפוּנָה, צְפוּנִים, צְפוּנוֹת

צפוןז׳ צָפוֹן — north
הַצַּד שֶׁמְּסוּמָּן בָּאַטְלַס בַּקָּצֶה לְמַעְלָה:
אִיסְלַנְד, שְׁוֶודְיָה, פִינְלַנְד וְנוֹרְוֶוגְיָה הֵן אַרְצוֹת הַצָּפוֹן.

צפונית׳ צְפוֹנִי — northern
נִמְצָא בְּצַד צָפוֹן, אוֹ בָּא מִצַּד צָפוֹן:
הַחַלּוֹן בְּחַדְרִי פּוֹנֶה לְצַד צָפוֹן, דֶּרֶךְ הַחַלּוֹן נוֹשֶׁבֶת רוּחַ צְפוֹנִית קָרָה.
צְפוֹנִית, צְפוֹנִיִּים, צְפוֹנִיּוֹת

צפוףת׳ צָפוּף — crowded (adj.)
1. קְרוֹבִים מִדַּי זֶה לָזֶה:
הֵם עָמְדוּ בָּאוֹטוֹבּוּס צְפוּפִים כְּמוֹ סַרְדִּינִים בְּקוּפְסָה.
2. קָטָן מִדַּי לְכֹל מַה שֶׁבְּתוֹכוֹ: — crammed (adj.)
הֵם גָּרוּ בְּחֶדֶר אֶחָד קָטָן וְצָפוּף.
צְפוּפָה, צְפוּפִים, צְפוּפוֹת

צפייהנ׳ צְפִיָּה [צְפִיּוֹת] — observation, watching, viewing
כְּשֶׁמִּסְתַּכְּלִים:
הוּא עָסוּק כֹּל הַיּוֹם בִּצְפִיָּה בַּטֶּלֶוִויזְיָה.

צפיפותנ׳ צְפִיפוּת — overcrowding
יוֹתֵר מִדַּי אֲנָשִׁים אוֹ דְבָרִים בְּמָקוֹם אֶחָד:
הַצְּפִיפוּת בַּחֶדֶר הָיְיתָה גְדוֹלָה.
צְפִיפוּת הָאוֹכְלוּסִיָּה — population density

צפירהנ׳ צְפִירָה [צְפִירוֹת] — alarm, siren
קוֹל חָזָק שֶׁמַּשְׁמִיעַ מַכְשִׁיר מְיוּחָד:
עִם סִיּוּם הָעֲבוֹדָה נִשְׁמְעָה צְפִירָה בְּבֵית הַחֲרוֹשֶׁת.
צְפִירַת־אַזְעָקָה — air-raid siren
צְפִירַת־אַרְגָּעָה — all-clear
'עִם הִישָּׁמַע צְפִירַת הָאַזְעָקָה יֵשׁ לָרֶדֶת לַמִּקְלָטִים, עַד שֶׁתִּישָּׁמַע צְפִירַת הַרְגָּעָה'.

צפעז׳ צֶפַע (צִפְעוֹנִי) — viper
נָחָשׁ מְסוּכָּן, צִבְעוֹ צָהוֹב-אָפוֹר-חוּם:
הַצֶּפַע הוּא נָחָשׁ מְסוּכָּן שֶׁיָּכוֹל לִגְרוֹם מָוֶות.

צפצפהנ׳ צַפְצֵפָה [צַפְצֵפוֹת] — whistle
כְּלִי שֶׁמַּשְׁמִיעַ צִיפְצוּף (קוֹל דַּק, חַד):
הַיֶּלֶד מְשַׂחֵק עִם הַצַּפְצֵפָה וּמַשְׁמִיעַ צִיפְצוּפִים.

צפצפנית׳ צַפְצְפָנִי — shrill
שֶׁיֵּשׁ לוֹ קוֹל כְּמוֹ לְצַפְצֵפָה - דַּק וְחַד:
יֵשׁ לָהּ קוֹל צַפְצְפָנִי, קָשֶׁה לִי לִשְׁמוֹעַ אוֹתָהּ.
צַפְצְפָנִית, צַפְצְפָנִיִּים, צַפְצְפָנִיּוֹת

צפרפ׳ צָפַר — honked
הִשְׁמִיעַ קוֹל בְּמַכְשִׁיר (בְּצוֹפָר) כְּדֵי לְהַזְהִיר:
הָאַמְבּוּלַנְס צָפַר, כְּדֵי שֶׁיְּפַנּוּ לוֹ אֶת הַכְּבִישׁ.
לִצְפּוֹר / צ.פ.ר, פָּעַל / צָפַרְתִּי צוֹפֵר, יִצְפּוֹר, צְפוֹר!

צפרז, צַפָּר [צַפָּרִים] ornithologist, aviary attendant

מִי שֶׁמִּסְתַּכֵּל בַּצִּיפּוֹרִים וְחוֹקֵר אֶת חַיֵּיהֶן:

*בְּסְתָיו בָּאִים לְיִשְׂרָאֵל **צַפָּרִים** מִכֹּל הָעוֹלָם כְּדֵי לִצְפּוֹת בַּצִּיפּוֹרִים.*

צַפָּרִית, צַפָּרִיּוֹת

צפראז, צַפְרָא morning (Aram.)

(אֲרָמִית) בּוֹקֶר:

*כְּשֶׁהוּא רוֹצֶה לְהַצְחִיק אוֹתָנוּ הוּא אוֹמֵר: '**צַפְרָא טָבָא**' בִּמְקוֹם 'בּוֹקֶר טוֹב'.*

צפרדענ, צְפַרְדֵּעַ [צְפַרְדְּעִים] frog

בַּעַל חַיִּים (חַי גַּם בַּמַּיִם וְגַם בְּלִי מַיִם) הַצָּרְפָתִים אוֹכְלִים אוֹתוֹ:

*אִי־אֶפְשָׁר הָיָה לִישׁוֹן, **הַצְּפַרְדְּעִים** קִירְקְרוּ כֹּל הַלַּיְלָה.*

צץפ, צָץ surfaced

פָּרַח, הוֹפִיעַ:

*פִּתְאוֹם **צָץ** פֶּרַח אָדוֹם בַּגִּינָה.*

(מֶטָאפוֹרָה) *מִנַּיִן **צַצְתָּ**? - לֹא רָאִיתִי אוֹתְךָ קוֹדֶם.*

לָצוּץ / צ.ו.ץ, פָּעַל / צַצְתִּי, צָץ, יָצוּץ

צרפ, צָר kept under siege

(צָבָא) עָמַד סְבִיב עִיר, מַחֲנֶה וְכוּ' וְלֹא נָתַן לְהִיכָּנֵס אוֹ לָצֵאת:

*הַחַיָּילִים **צָרוּ** עַל הָעִיר, עַד שֶׁהִיא נִכְנְעָה.*

לָצוּר עַל- / צ.ו.ר, פָּעַל / צַרְתִּי, צָר, יָצוּר, צוּר!

צרת, צַר narrow

לֹא רָחָב, קָטָן בְּרוֹחַב:

*אֲנִי גָּר בִּרְחוֹב קָטָן **וְצַר**, וְאֵין בּוֹ מָקוֹם לִמְכוֹנִיּוֹת.*

צַר־אוֹפֶק narrow-minded

צַר לִי עַל I am sorry (about/for)

צַר־עַיִן envious (m)

צָרָה, צָרִים, צָרוֹת

צרבפ, צָרַב scorched

1. שָׂרַף, הֶעֱבִיר אֵשׁ:

*הַמָּרָק הַחַם **צָרַב** לִי אֶת הַלָּשׁוֹן.*

2. גָּרַם הַרְגָּשָׁה שֶׁל כְּאֵב כְּמוֹ מֵאֵשׁ: burned

*הָעֵינַיִים **צָרְבוּ** לִי מִן הַמֶּלַח בַּיָּם.*

לִצְרוֹב אֶת-, לְ- / צ.ר.ב, פָּעַל / צָרְבוּ, צוֹרֵב, יִצְרוֹב

צרבתנ, צָרֶבֶת heartburn

הַרְגָּשָׁה שֶׁל שְׂרֵיפָה בַּגָּרוֹן:

*אוֹכֶל מְטוּגָּן בְּשֶׁמֶן גּוֹרֵם לִי **צָרֶבֶת**.*

צרהנ, צָרָה [צָרוֹת] trouble

מַשֶּׁהוּ רַע, אָסוֹן:

*יֵשׁ לוֹ **צָרוֹת** רַבּוֹת - כַּלְכָּלִיּוֹת, בְּרִיאוּתִיּוֹת...*

*אֲנִי **בְּצָרָה** גְּדוֹלָה, וְאֵינִי יוֹדֵעַ מָה לַעֲשׂוֹת.*

צרודת, צָרוּד hoarse

כְּשֶׁהַקּוֹל לֹא נָקִי:

*יֵשׁ לָהּ קוֹל **צָרוּד** בִּגְלַל הַסִּיגַרְיוֹת.*

צְרוּדָה, צְרוּדִים, צְרוּדוֹת

צרוףת, צָרוּף pure, refined (adj.)

נָקִי בְּיוֹתֵר, טָהוֹר.

אֱמֶת צְרוּפָהב - אֱמֶת מוּחְלֶטֶת: the absolute truth

*מָה שֶׁאָמַרְתִּי לְךָ זֶה **אֱמֶת צְרוּפָה**.*

צְרוּפָה, צְרוּפִים, צְרוּפוֹת

צרורת, צָרוּר bound together

(לָשׁוֹן גְּבוֹהָה) אָרוּז, עָשׂוּי כַּחֲבִילָה, שָׁמוּר.

*'**תְּהֵא נִשְׁמָתוֹ צְרוּרָה בִּצְרוֹר הַחַיִּים**' - אוֹמְרִים עַל מִי שֶׁמֵּת - שֶׁהַנְּשָׁמָה שֶׁלּוֹ תִּחְיֶה לְעוֹלָמִים.*

צְרוּרָה, צְרוּרִים, צְרוּרוֹת

צרורז, צְרוֹר [צְרוֹרוֹת] bundle

חֲבִילָה קְטַנָּה:

*הוּא הוֹצִיא מִן הַכִּיס **צְרוֹר** דוֹלָרִים.*

צרותנ, צָרוּת narrowness

כְּשֶׁמַּשֶּׁהוּ צַר, אֵין בּוֹ מָקוֹם.

צָרוּת־אוֹפֶק narrow-mindedness

צָרוּת־מוֹחַ lack of intelligence

צָרוּת־עַיִן envy, jealousy

צרחפ, צָרַח screamed

צָעַק בְּקוֹל רָם:

*הַיֶּלֶד **צָרַח** וּבָכָה בְּקוֹלֵי קוֹלוֹת.*

לִצְרוֹחַ / צ.ר.ח, פָּעַל / צָרַחְתִּי, צוֹרֵחַ, יִצְרַח

צרחהנ, צְרָחָה [צְרָחוֹת] scream

צְעָקָה, קוֹל רָם מְאוֹד, חַד:

*פִּתְאוֹם שָׁמַעְנוּ **צְרָחָה** נוֹרָאָה, מִישֶׁהוּ, כַּנִּרְאֶה, נִפְצַע.*

צרחןז, צַרְחָן [צַרְחָנִים] screamer

מִי שֶׁרָגִיל לִצְעוֹק, לִצְרוֹחַ, לִבְכּוֹת בְּקוֹל רָם:

*יֵשׁ לָהּ תִּינוֹק **צַרְחָן**, כֹּל הַיּוֹם בּוֹכֶה וְצוֹעֵק.*

צַרְחָנִית, צַרְחָנִיּוֹת

צרידותנ, צְרִידוּת hoarseness

כְּשֶׁהַקּוֹל לֹא נָקִי, יָבֵשׁ:

*בִּגְלַל **צְרִידוּת** בַּגָּרוֹן הַזַּמֶּרֶת לֹא תּוֹפִיעַ הַיּוֹם.*

צריחז' צְרִיחַ [צריחִים] turret
מִגדָל (בְּטַנק) - הַחֵלֶק שֶׁעָלָיו הַתוֹתָח:
הוֹצֵאתִי אֶת הָרֹאשׁ מִצְרִיחַ הַטַנק וְהִסתַכַּלתִי סָבִיב.
(בְּשַׁחמָט) הָאֶבֶן שֶׁנִראֵית כּמוֹ מִגדָל: rook
הַצרִיחַ בְּשַׁחמָט יָכוֹל לָזוּז קָדִימָה וְאָחוֹרָה.

צריךת' צָרִיךְ have/has to
1. מוּכרָח, חַיָיב:
אֲנִי צָרִיך לַעֲבוֹד וְלִלמוֹד.
2. דָרוּשׁ לִי, נָחוּץ לִי: (I) need
אֲנִי צָרִיך דִירָה וּמְכוֹנִית.
אֲנִי צָרִיך אֶת דָן, אֵיפֹה הוּא?
3. יֵשׁ צוֹרֶך, חָשׁוּב שֶׁ-: one should
צָרִיך לְהָכִין שִׁיעוּרִים לְמָחָר.
צרִיכָה, צרִיכִים, צרִיכוֹת

צריכהנ' צְרִיכָה consumption
כַּמוּת הַדבָרִים שֶׁמִשתַמשִׁים בָּהֶם, מַה שֶׁצרִיכִים לוֹ:
צרִיכַת הַבָּשָׂר יָרדָה.

צריףז' צְרִיף [צרִיפִים] shack
בַּיִת קָטָן מֵעֵץ, מִפַּח וְכוּ':
לִפנֵי שֶׁעָבַרנוּ לָגוּר כָּאן, גַרנוּ בִּצרִיף.

צרךפ' צָרַךְ consumed
הִשתַמֵשׁ:
הֵם צוֹרכִים הַרבֵּה בֵּיצִים.
לִצרוֹך אֶת / צ.ר.ך, פָּעַל / צָרַכתִי, צוֹרֵך, יִצרוֹך

צרכןז' צַרְכָן [צַרְכָנִים] consumer
קוֹנֶה מִצרָכִים שוֹנִים (לֶחֶם, חָלָב וְכוּ'):
בְּהוֹדָעָה לַצַרכָנִים כָּתוּב, שֶׁהַחֲנוּת תִהיֶה סגוּרָה מָחָר.
צַרכָנִית, צַרכָנִיוֹת

צרכנותנ' צַרְכָנוּת consumption
הַקֶשֶׁר, הַיַחַס שֶׁל הַקוֹנִים לְמָה שֶׁמוֹכרִים לָהֶם:
צַרכָנוּת נְכוֹנָה הִיא לִבדוֹק מְחִירִים וְרַק אַחַר כָּך לִקנוֹת.

צרםפ' צָרַם was discordant/dissonant
הָיָה לֹא נָעִים לָאוֹזֶן:
הַמוּסִיקָה הַמוֹדֶרנִית צָרמָה אֶת אוֹזנִי.
(מֶטָאפוֹרָה) *הַהִתנַהֲגוּת שֶׁלוֹ צָרמָה לִי מְאוֹד.*
לִצרוֹם אֶת- לְ- / צ.ר.ם, פָּעַל / צָרמוּ, צוֹרֵם, יִצרוֹם

צרפתנ' צָרְפַת France
שֵׁם מְדִינָה בְּאֵירוֹפָּה הַמַעֲרָבִית:
פָּרִיס הִיא בִּירַת צָרפַת.

צרפתיתו"ז צָרְפָתִי French
בֶּן צָרפַת, שֶׁל צָרפַת:
הַמוּזֵיאוֹן הַצָרפָתִי הַיָדוּעַ בְּיוֹתֵר הוּא הַ'לוּבר'.
צָרפָתִיָיה-צָרפָתִית, צָרפָתִיים, צָרפָתִיוֹת

צרצרז' צְרָצַר [צְרָצָרִים] cricket
(שֵׁם אוֹנוֹמָטוֹפֵּאִי) בַּעַל חַיִים קָטָן שֶׁמַשׁמִיעַ קוֹל מְעַצבֵּן:
כֹּל הַלַילָה צִירצֵר צרָצַר בַּבַּיִת.

צררפ' צָרַר bound, tied, packed
קָשַׁר, עָשָׂה חֲבִילָה:
צָרַרנוּ אֶת כֹּל הָעִיתוֹנִים וְשָׁלַחנוּ אוֹתָם לְחוּ"ל.
לִצרוֹר / צ.ר.ר, פָּעַל / צָרַרתִי, צוֹרֵר, יִצרוֹר

ק

ק 19th letter of Heb. alphabet
קוֹף/קוּף, הָאוֹת הַ-19 בָּאָלֶפְבֵּית הָעִבְרִי, מְצַיֶּינֶת אֶת שֵׁם הַמִּסְפָּר 100:
הִגַּעְתִּי בַּסֵּפֶר לְעַמּוּד ק'.

קאדיז' קָאדִי [קָאדִים] Kadi (Moslem religious judge)
(עֲרָבִית) שׁוֹפֵט מוּסְלְמִי:
אֶת הַחֲתוּנָּה שֶׁל אִיבְּרָהִים וְגָ'מִילָה עָרַךְ ***הַקָּאדִי*** *שֶׁל הַכְּפָר.*

קבועת' קָבוּעַ permanent
1. תְּמִידִי, לֹא זְמַנִּי:
יֵשׁ לוֹ עֲבוֹדָה ***קְבוּעָה*** *בְּעִירִיַּית תֵּל-אָבִיב.*
2. מְסוּיָּם, מוּגְדָּר: fixed (adj.)
הַבַּנְקִים פְּתוּחִים בְּשָׁעוֹת ***קְבוּעוֹת****.*
קְבוּעָה, קְבוּעִים, קְבוּעוֹת

קבוצהנ' קְבוּצָה [קְבוּצוֹת] group, team
1. מִסְפַּר אֲנָשִׁים אוֹ דְּבָרִים שֶׁנִּמְצָאִים יַחַד:
קְבוּצָה *שֶׁל יְלָדִים יָצְאָה לְטִיּוּל.*
2. צוּרַת הִתְיַישְׁבוּת דּוֹמָה לְקִיבּוּץ: cooperative settlement
הַקְּבוּצָה *הָרִאשׁוֹנָה קָמָה בְּעֵמֶק הַיַּרְדֵּן וּשְׁמָהּ דְּגַנְיָה.*

קבוצתית' קְבוּצָתִי collective (adj.)
שֶׁל קְבוּצָה, עַל-יְדֵי קְבוּצָה:
זֹאת פְּעִילוּת ***קְבוּצָתִית*** *וְלֹא אִינְדִּיוִוידוּאָלִית.*
קְבוּצָתִית, קְבוּצָתִיִּים, קְבוּצָתִיּוֹת

קבורת' קָבוּר buried (adj.)
נִמְצָא מִתַּחַת לָאֲדָמָה:
בְּבֵית קְבָרוֹת זֶה ***קְבוּרִים*** *בְּנֵי מִשְׁפַּחְתִּי.*
קְבוּרָה, קְבוּרִים, קְבוּרוֹת

קבורהנ' קְבוּרָה [קְבוּרוֹת] burial
כְּשֶׁשָּׂמִים מֵת בָּאֲדָמָה:
הוּא מֵת אֶתְמוֹל, וְנָבִיא אוֹתוֹ ***לִקְבוּרָה*** *מָחָר.*
הוּבָא לִקְבוּרוֹת was buried

קבייםז"ז קַבַּיִים crutches
(בְּיָחִיד- קַב) מַקְלוֹת גְּבוֹהִים, עוֹזְרִים בַּהֲלִיכָה:
שָׁבַרְתִּי רֶגֶל, וַאֲנִי לֹא יָכוֹל לָלֶכֶת בְּלִי ***קַבַּיִים****.*

קבילת' קָבִיל admissible, acceptable
אֶפְשָׁר לְקַבֵּל אוֹתוֹ כְּנָכוֹן:
עֵדוּת שֶׁל יֶלֶד אֵינָהּ ***קְבִילָה*** *בְּבֵית הַמִּשְׁפָּט.*
אֵינֶנִּי חוֹשֶׁבֶת שֶׁהַמִּילָה 'בַּלְגָן' ***קְבִילָה*** *בְּעִבְרִית.*
קְבִילָה, קְבִילִים, קְבִילוֹת

קבילהנ' קְבִילָה [קְבִילוֹת] complaint
תְּלוּנָה נֶגֶד בַּעַל תַּפְקִיד צִיבּוּרִי:
הִגַּשְׁתִּי ***קְבִילָה*** *נֶגֶד הַמְּפַקֵּד שֶׁל הַמַּחֲנֶה.*
נְצִיג-קְבִילוֹת-הַצִּיבּוּר ombudsman

קביעהנ' קְבִיעָה [קְבִיעוֹת] firm statement, determination
אֲמִירַת דֵּעָה, הַבָּעַת עֶמְדָּה:
הַקְּבִיעָה*, שֶׁאִי אֶפְשָׁר לְהַאֲמִין לְפּוֹלִיטִיקָאִים,* ***לֹא תָּמִיד*** *נְכוֹנָה.*

קבלפ' קָבַל complained publicly
הִתְלוֹנֵן, אָמַר שֶׁמַּשֶּׁהוּ אֵינוֹ בְּסֵדֶר:
קָבַלְתִּי *עַל הַמְּנַהֵל, שֶׁאֵינוֹ מִתְיַיחֵס אֵלַיי יָפֶה.*
לִקְבּוֹל עַל- / ק.ב.ל, פָּעַל / קָבַלְתִּי, קוֹבֵל, יִקְבּוֹל

קבלמ"י קֳבֵל in front of, openly
(אֲרָמִית) לִפְנֵי, מוּל:
אֲנִי מוֹדִיעַ ***קֳבֵל*** *עַם וְעֵדָה שֶׁאֶתְפַּטֵּר.*

קבלהנ' קַבָּלָה [קַבָּלוֹת] receiving
1. כְּשֶׁמְּקַבְּלִים מַשֶּׁהוּ, כְּשֶׁמַּגִּיעַ מַשֶּׁהוּ לְמִישֶׁהוּ:
שָׂמַחְתִּי עַל ***קַבָּלַת*** *הַמִּכְתָּב.*
2. אִישּׁוּר בִּכְתָב עַל כֶּסֶף/סְחוֹרָה שֶׁהִתְקַבְּלוּ: receipt
יֵשׁ לִי ***קַבָּלָה*** *עַל הַכֶּסֶף שֶׁשִּׁילַּמְתִּי.*
3. כְּשֶׁנּוֹתְנִים שֵׁירוּת לָאֲנָשִׁים: office hours
שְׁעוֹת ***הַקַּבָּלָה*** *בַּמִּשְׂרָד הֵן מִ-8:00-12.00.*
קַבָּלַת-פָּנִים reception
קַבָּלַת-שַׁבָּת Shabbat eve ceremony
4. מִיסְטִיקָה יְהוּדִית: Kabbalah (Jewish mysticism)
בֶּעָבָר אָסוּר הָיָה לִלְמוֹד ***קַבָּלָה*** *לִפְנֵי גִּיל 40.*

קבלןז' קַבְּלָן [קַבְּלָנִים] contractor
מִי שֶׁמְּבַצֵּעַ עֲבוֹדָה תְּמוּרַת סְכוּם קָבוּעַ מֵרֹאשׁ:
קַבְּלַן *בִּנְיָין בָּנָה אֶת הַבִּנְיָין הַזֶּה.*

קבלנותנ' קַבְּלָנוּת work done by contract, piece-work
עֲבוֹדָה שֶׁמְּשַׁלְּמִים עָלֶיהָ בְּאוֹפֶן גְּלוֹבָּלִי (לֹא לְפִי שָׁעוֹת, יָמִים):
עָשִׂיתִי אֶת הָעֲבוֹדָה ***בְּקַבְּלָנוּת****, עַד שֶׁגָּמַרְתִּי אוֹתָהּ.*

קבעפ' קָבַע fixed, set, determined
הֶחְלִיט (עַל זְמַן, תַּאֲרִיךְ, מְחִיר):
הַמְּנַהֵל ***קָבַע אֶת*** *תַּאֲרִיךְ הַיְשִׁיבָה.*

קָבַע שִׂיא set a record

קָבַע תּוֹר made an appointment

לִקבּוֹעַ / ק.ב.ע, פָּעַל / קָבַעתִי, קוֹבֵעַ, יִקבַּע, קבַע!

קבעז, קֶבַע permanence

שֶׁהוּא קָבוּעַ, אֵינוֹ מִשתַנֶה:

*סוֹף סוֹף אֲנִי גָר בְּדִירַת **קֶבַע** מִשֶׁלִי.*

צְבָא־קֶבַע regular army

קבצןז, קַבְּצָן [קַבְּצָנִים] beggar

עָנִי, אוֹסֵף כֶּסֶף בָּרְחוֹב:

*כְּשֶׁאֵין עֲבוֹדָה, יֵשׁ הַרבֵּה **קַבְּצָנִים** בָּרְחוֹב.*

קַבְּצָנִית, קַבְּצָנִיוֹת

קבצנותנ, קַבְּצָנוּת begging for handouts

הָעִיסוּק בְּאִיסוּף כֶּסֶף בָּרְחוֹב:

*הוּא חַי **מִקַּבְּצָנוּת** בָּרְחוֹבוֹת.*

קבקביםז"ר קַבְקַבִּים clogs

נַעֲלַיִים אוֹ סַנדָלִים מֵעֵץ:

*בַּקַיִץ אֲנִי הוֹלֵך כֹּל הַיוֹם **בְּקַבְקַבִּים**.*

קברז, קֶבֶר [קְבָרִים] grave, tomb

הַמָקוֹם שֶׁמֵת מוּנָח בּוֹ:

*אַרכֵיאוֹלוֹגִים גִילוּ **קְבָרִים** עַתִיקִים בְּבֵית שְׁעָרִים.*

בֵּית־קְבָרוֹת cemetery

קברפ, קָבַר buried

שָׂם בַּקֶבֶר, שָׂם מֵת בָּאֲדָמָה:

*אֶתמוֹל **קָבְרוּ** אֶת אָבִיו שֶׁמֵת.*

(מֶטָאפוֹרָה) הוּא **קָבַר** אֶת כֹּל הַתִקווֹת בְּלִיבּוֹ.

לִקבּוֹר אֶת- / ק.ב.ר, פָּעַל / קָבַרתִי, קוֹבֵר, יִקבּוֹר, קבוֹר!

קברןז, קַבְּרָן [קַבְּרָנִים] undertaker

מִקצוֹעַ, מִי שֶׁשָׂם אֶת הַמֵת בָּאֲדָמָה:

*הַ**קַבְּרָן** עוֹבֵד בְּבֵית הַקְבָרוֹת.*

קברניטז, קַבַרנִיט [קַבַרנִיטִים] captain

1. מְפַקֵד אוֹנִיָיה, מָטוֹס וְכוּ':

***קַבַרנִיט** הַמָטוֹס הָיָה טַיָיס בְּחֵיל אֲוִויר.*

leader 2. (מֶטָאפוֹרָה) מַנהִיג:

קַבַרנִיטֵי הַמֶשֶׁק הֶחלִיטוּ עַל תוֹכנִית כַּלכָּלִית.

קדוםת, קָדוּם ancient

עַתִיק, מִלִפנֵי שָׁנִים רַבּוֹת:

*בָּאָרֶץ יֵשׁ הַרבֵּה עָרִים **קְדוּמוֹת** מִלִפנֵי אַלפֵי שָׁנִים.*

קְדוּמָה, קְדוּמִים, קְדוּמוֹת

קדושתו"ז קָדוֹשׁ [קְדוֹשִׁים] holy

1. תכוּנַת הָאֱלוֹהִים וְכֹל מַה שֶׁקָשׁוּר בֶּאֱלוֹהִים:

*יְרוּשָׁלַיִם **קְדוֹשָׁה** לַיְהוּדִים, לַנוֹצרִים וְלַמוּסלְמִים.*

saint, holy man 2. אִישׁ צַדִיק, מוּסָרִי:

*הָאֲנָשִׁים הִתיַיחֲסוּ אֶל הָרַב הַזָקֵן כּמוֹ אֶל **קָדוֹשׁ**.*

sacred 3. מְיוּחָד מִבּחִינָה דָתִית:

*יוֹם כִּיפּוּר הוּא יוֹם **קָדוֹשׁ**.*

martyr 4. כִּינוּי לְמִי שֶׁהָרְגוּ אוֹתוֹ בִּגלַל יַהֲדוּתוֹ:

*בְּיוֹם הַזִיכָּרוֹן מִתפַּלְלִים לְזֵכֶר הַ**קְדוֹשִׁים** שֶׁנֶהֶרְגוּ.*

הַקָדוֹשׁ־בָּרוּךְ־הוּא (הקב"ה) God, the Holy One

קדושהנ, קְדֻשָּׁה holiness

תכוּנָה שֶׁל אֱלוֹהִים, מַשֶׁהוּ חָשׁוּב מִבּנֵי אָדָם:

*בִּגלַל **קְדוּשַׁת** הַשַׁבָּת הָאוֹטוֹבּוּסִים אֵינָם נוֹסעִים וְהַחֲנוּיוֹת סגוּרוֹת.*

קדחפ, קָדַח had a high fever

1. בָּעַר, הָיָה לוֹ חוֹם:

*הוּא **קָדַח** מֵחוֹם, הָיוּ לוֹ 40° צֶלזִיוּס.*

drilled 2. עָשָׂה חוֹר, בּוֹר וְכוּ':

***קָדַחנוּ** בָּאֲדָמָה כְּדֵי לִמצוֹא נֵפט.*

לִקדוֹחַ אֶת- / ק.ד.ח, פָּעַל / קָדַחתִי, קוֹדֵחַ, יִקדַח

קדחתנ, קַדַחַת malaria

1. מַלַריָה, מַחֲלָה שֶׁל חוֹם גָבוֹהַּ:

*הַחֲלוּצִים הָרִאשׁוֹנִים שֶׁבָּאוּ לָאָרֶץ חָלוּ **בְּקַדַחַת**.*

fever, excitement 2. (מֶטָאפוֹרָה) הִתלַהֲבוּת:

*הוּא נִמצָא **בְּקַדַחַת** שֶׁל נְסִיעוֹת.*

קדחתנותנ, קַדַּחְתָּנוּת fervor

כּשֶׁעוֹשִׂים מַשֶׁהוּ עִם הַרבֵּה אֶנֶרגִיָה:

*הוּא עוֹבֵד **בְּקַדַחתָנוּת** כְּדֵי לְסַיֵים אֶת הָעֲבוֹדָה.*

קדחתנית, קַדַּחְתָּנִי hectic

עִם הַרבֵּה מֶרֶץ, אֶנֶרגִיָה:

*רַק בַּעֲבוֹדָה **קַדַחתָנִית** נַספִּיק לְהָכִין הַכּוֹל לַמְסִיבָּה.*

קַדַחתָנִית, קַדַחתָנִיִים, קַדַחתָנִיוֹת

קדיםז, קָדִים hamsin (hot easterly wind)

רוּחַ קָדִים -

רוּחַ קָדִים, רוּחַ מִזרָחִית חַמָה וִיבֵשָׁה נָשְׁבָה הַיוֹם.

קדימהנ, קְדִימָה priority

לִפנֵי מִישֶׁהוּ אוֹ מַשֶׁהוּ אַחֵר.

זכוּת קדִימָה - right of way

בַּכּבִישׁ הַזֶה יֵשׁ זכוּת קדִימָה לַמְכוֹנִיוֹת שֶׁבָּאוֹת מִמוּל.

דמֵי קדִימָה - money in advance

נָתַתִי דמֵי קדִימָה עַל חֶשׁבּוֹן שֹׂכַר הַדִירָה.

קדימה ת"פ קָדִימָה — forward, onward
יָשָׁר, לְצַד הַפָּנִים, הַהֵיפֶךְ מֵאֲחוֹרָה:
*אַל תַּעֲצוֹר, לֵךְ **קָדִימָה** אֶל רֹאשׁ הָהָר!*

קדירה נ' קְדֵרָה [קְדֵירוֹת] — pot
סִיר:
*אֲנִי אוֹהֶבֶת לְבַשֵּׁל אֲרוּחָה **בִּקְדֵירָה** אַחַת - כֹּל הָאוֹכֶל בְּיַחַד.*

קדיש ז' קַדִּישׁ — Kaddish prayer (recited by son after a parent's death)
תְּפִילָּה עַל מִישֶׁהוּ שֶׁמֵּת:
*הוּא אוֹמֵר **קַדִּישׁ** עַל אָבִיו שֶׁמֵּת.*
חֶבְרָא קַדִּישָׁא — burial society

קדם פ' קָדַם — preceded
הָיָה לִפְנֵי-:
*הוּא **קָדַם** לִי בָּעֲבוֹדָה - הוּא הִתְחִיל לַעֲבוֹד לְפָנַיי.*
לִקְדּוֹם לְ- / ק.ד.ם, פָּעַל / קָדַמְתִּי, קוֹדֵם, יִקְדֹּם

קדם ז' קֶדֶם — antiquity
יְמֵי קֶדֶם, הַזְּמַן הַיָּשָׁן, לִפְנֵי הַרְבֵּה מְאוֹד שָׁנִים:
*בִּימֵי **קֶדֶם** נִקְרְאָה אֶרֶץ יִשְׂרָאֵל בַּשֵּׁם 'כְּנַעַן'.*

קדם מ"י קְדַם — pre-
טְרוֹם-, לִפְנֵי-:
*אֲנִי לוֹמֵד בִּמְכִינָה **קְדַם**-אַקְדֶמִית. בַּשָּׁנָה הַבָּאָה אֶלְמַד בָּאוּנִיבֶרְסִיטָה.*
קְדַם־צְבָאִי — pre-military

קדמון תה"ז קַדְמוֹן [קַדְמוֹנִים] — ancient
שֶׁל הַזְּמַן הֶעָתִיק, לִפְנֵי הַרְבֵּה מְאוֹד זְמַן:
***הַקַּדְמוֹנִים** הָיוּ פָּגָאנִים וְהֶאֱמִינוּ בְּאֵלִים רַבִּים.*
הָאָדָם הַקַּדְמוֹן — early man
קַדְמוֹנִית, קַדְמוֹנִיּוֹת

קדמות נ' קַדְמוּת — previous state
הַמַּצָּב הַקּוֹדֵם:
*הַכֹּול חָזַר **לְקַדְמוּתוֹ**.*

קדמי ת' קִדְמִי — front (adj.)
שֶׁנִּמְצָא לְצַד הַפָּנִים:
*לַכֶּלֶב יֵשׁ שְׁתֵּי רַגְלַיִים **קִדְמִיּוֹת**, וּשְׁתַּיִים אֲחוֹרִיּוֹת.*
קִדְמִית, קִדְמִיִּים, קִדְמִיּוֹת

קדר פ' קָדַר — darkened
נַעֲשָׂה חָשׁוּךְ, כֵּהֶה:
*הַשָּׁמַיִם **קָדְרוּ**, עוֹד מְעַט יֵרֵד גֶּשֶׁם.*
(מֶטָאפוֹרָה) פָּנָיו קָדְרוּ, כְּשֶׁשָּׁמַע מָה קָרָה.
/ק.ד.ר, פָּעַל / קָדְרוּ, קוֹדֵר, יִקְדְּרוּ

קהה פ' קָהָה — became blunted
1. נַעֲשָׂה לֹא חַד:
*הַסַּכִּין **קָהֲתָה**.*
2. (מֶטָאפוֹרָה) לֹא רָגִישׁ: — became dull
*הָרְגָשׁוֹת שֶׁלּוֹ **קָהוּ** עִם הַזְּמַן.*
לִקְהוֹת / ק.ה.ה, פָּעַל / קָהוּ, קֵהֶה, יִקְהֶה

קהה ת' קֵהֶה — blunt, dull
1. לֹא חַד:
*הַסַּכִּין **קֵהָה**, אִי אֶפְשָׁר לִפְרוֹס בָּהּ אֶת הַלֶּחֶם.*
2. תְּחוּשָׁה לֹא נְעִימָה בַּשִּׁינַּיִים: — (teeth) set on edge
*אָכַלְתִּי אֲפַרְסְמוֹן וְהַשִּׁינַּיִים שֶׁלִּי **קֵהוֹת**.*
קֵהָה, קֵהִים, קֵהוֹת

קהילה נ' קְהִלָּה [קְהִילּוֹת] — community, congregation
צִיבּוּר מְאוּרְגָּן:
***הַקְּהִלָּה** הַיְּהוּדִית בְּאַמְסְטֶרְדָם פָּתְחָה בֵּית-סֵפֶר עִבְרִי.*

קהילייה נ' קְהִלִיָּה [קְהִילִיּוֹת] — community, commonwealth
קְבוּצָה שֶׁל מְדִינוֹת, עַמִּים וְכוּ':
***לַקְּהִילִיָּה** הָאֵירוֹפִּית, זֹאת אוֹמֶרֶת לְרוֹב אַרְצוֹת אֵירוֹפָּה, יֵשׁ שׁוּק מְשׁוּתָּף.*

קהילתי ת' קְהִלָּתִי — communal
הַשַּׁיָּיךְ לַקְּהִילָּה, לִקְבוּצַת אֲנָשִׁים מְאוּרְגֶּנֶת:
*יֵשׁ לָנוּ שֵׁירוּתִים **קְהִילָּתִיִּים**, כְּמוֹ קוּפַּת חוֹלִים, מוֹעֲדוֹן (קְלוּב) וְכוּ'.*
קְהִילָּתִית, קְהִילָּתִיִּים, קְהִילָּתִיּוֹת

קהל ז' קָהָל [קְהָלִים] — audience
1. הַרְבֵּה אֲנָשִׁים:
***קָהָל** גָּדוֹל בָּא לִשְׁמוֹעַ אֶת הַקּוֹנְצֶרְט.*
2. אֲנָשִׁים כִּכְלָל, צִיבּוּר: — public
*הַגַּנִּים וְהַמּוּזֵיאוֹנִים הָעִירוֹנִיִּים פְּתוּחִים **לַקָּהָל**.*
דַּעַת־קָהָל — public opinion

קו ז' קַו [קַוִּוים] — line
סִימָן דַּק וְאָרוֹךְ בֵּין שְׁתֵּי נְקוּדוֹת:
*אַתָּה יָכוֹל לְצַיֵּיר **קַו** יָשָׁר?*
קַו אָדוֹם - גְּבוּל שֶׁלֹּא עוֹבְרִים אוֹתוֹ: — limit
גַּם בַּפּוֹלִיטִיקָה צָרִיךְ שֶׁיִּהְיוּ קַוִּוים אֲדוּמִּים.
הַקַּו הַיָּרוֹק - סִימוּן הַגְּבוּל הַיִּשְׂרְאֵלִי לִפְנֵי 1967: — Israel's borders before the Six-Day War
חֶבְרוֹן נִמְצֵאת מִחוּץ לַקַּו הַיָּרוֹק.
קַו־אוֹרֶךְ — meridian
קַו־אוֹטוֹבּוּס — bus line
קַו־טֶלֶפוֹן — telephone line
קַו־יְסוֹד — outline

קַו־הַמַּשְׁוֶה equator
קַוִּים מַקְבִּילִים parallel lines
קַו־פְּעוּלָה line of action

קובוץז׳ קֻבּוּץ the vowel 'u'
שֵׁם הַתְּנוּעָה ֻ בְּעִבְרִית:
*בַּמִּלָּה שֻׁלְחָן יֵשׁ **קוּבּוּץ** בּ-שׁ.*

קובייהנ׳ קֻבִּיָּה [קֻבִּיּוֹת] cube, dice
גוּף (גֵּאוֹמֶטְרִי) שֶׁיֵּשׁ לוֹ שִׁשָּׁה מִשְׁטָחִים שָׁוִים:
*זָרַקְתִּי שְׁתֵּי **קֻבִּיּוֹת** וְיָצָא לִי 6 וְ־6.*

קובלנהנ׳ קוּבְלָנָה [קוּבְלָנוֹת] complaint
תְּלוּנָה:
*הוּא הִגִּישׁ **קוּבְלָנָה** נֶגֶד הַמְּפַקֵּד שֶׁלוֹ.*

קובץפ׳ קֻבַּץ was collected
שֶׁאָסְפוּ אוֹתוֹ יַחַד:
*כָּל הַחוֹמֶר הַדּוֹקוּמֶנְטָרִי **קֻבַּץ** בְּסֵפֶר.*
/ק.ב.ץ, פּוּעַל / קוּבְּצוּ, מְקוּבָּץ, יְקוּבַּץ

קובץז׳ קֹבֶץ [קְבָצִים] collection
אוֹסֶף:
*הוֹצֵאנוּ **קֹבֶץ** סִיפּוּרִים שֶׁל אֲנָשִׁים צְעִירִים.*

קודז׳ קוֹד [קוֹדִים] code
1. סִימָן לְמַשֶּׁהוּ אַחֵר:
*לְכָל פְּעוּלָה בַּמַּחְשֵׁב יֵשׁ **קוֹד**.*
2. סִימָנִים סוֹדִיִּים, "מַפְתֵּחַ" סוֹדִי:
*הַמּוֹדִיעִין הַצְּבָאִי הִצְלִיחַ לְגַלּוֹת אֶת **הַקּוֹד** שֶׁל הָאוֹיֵב.*

קודדפ׳ קֻדַּד was (en)coded
הֶעֱבִירוּ אוֹתוֹ לְשִׁיטָה שֶׁל סִימָנִים (מַחְשֵׁב וְכוּ׳) נָתְנוּ לוֹ קוֹד:
*הָאִינְפוֹרְמַצְיָה מִן הַשְּׁאֵלוֹנִים **קוּדְּדָה** וְהוּכְנְסָה לַמַּחְשֵׁב.*
/ק.ד.ד, פּוּעַל / קוּדְּדוּ, מְקוּדָּד, יְקוּדַּד

קודםת״פ קֹדֶם before, earlier
לִפְנֵי כֵן, בַּזְּמַן שֶׁעָבַר:
***קֹדֶם** יָרַד גֶּשֶׁם, וְעַכְשָׁיו יָפֶה בַּחוּץ.*
קודם כול - first of all
קוֹדֶם כּוֹל תִּלְמַד עִבְרִית, אַחַר כָּךְ תְּחַפֵּשׂ עֲבוֹדָה.
מִקּוֹדֶם - ahead of time, earlier
אָמַרְתִּי לְךָ מִקּוֹדֶם, שֶׁלֹּא כְּדַאי לָלֶכֶת הַיּוֹם לַיָּם!

קודקודז׳ קָדְקֹד [קודקודים] head
1. רֹאשׁ, בְּעִיקָּר הַחֵלֶק הָעֶלְיוֹן:
*יֵשׁ לוֹ מוֹחַ **בַּקּוֹדְקוֹד** - הוּא בָּחוּר חָכָם.*
2. מָקוֹם שֶׁנִּפְגָּשִׁים בּוֹ קַוִּים יְשָׁרִים: vertex
*מִנְּקוּדָּה אַחַת יוֹצְאִים שְׁנֵי קַוִּים - הַנְּקוּדָּה הַזֹּאת הִיא **קוֹדְקוֹד** שֶׁל מְשׁוּלָּשׁ.*

קודרת׳ קוֹדֵר dark, gloomy
כֵּהֶה, כִּמְעַט שָׁחוֹר:
*הַשָּׁמַיִם **קוֹדְרִים** - עוֹמֵד לָרֶדֶת גֶּשֶׁם.*
(מֶטָאפוֹרָה) הוּא בְּמַצַּב רוּחַ **קוֹדֵר** מֵאָז הָאָסוֹן.
קוֹדֶרֶת, קוֹדְרִים, קוֹדְרוֹת

קודשז׳ קֹדֶשׁ [קוֹדָשִׁים] holinesss
הַהֵיפֶךְ מ'חוֹל', חָשׁוּב מְאוֹד מִבְּחִינָה דָּתִית:
*יְרוּשָׁלַיִם, עִיר **הַקֹּדֶשׁ**, הִיא בִּירַת יִשְׂרָאֵל.*
אֲרוֹן־הַקּוֹדֶשׁ the Holy Ark
אֶרֶץ־הַקּוֹדֶשׁ (א״י) the Holy Land
עִיר־הַקּוֹדֶשׁ the Holy City
שַׁבַּת־קוֹדֶשׁ the Holy Sabbath
לְשׁוֹן־הַקּוֹדֶשׁ (עברית) Hebrew
קוֹדֶשׁ־הַקּוֹדָשִׁים Holy of Holies (in the Temple)

קווןז׳ קַוָּן [קַוָּנִים] lineman
מִי שֶׁעוֹבֵד בְּחֶבְרַת הַטֶּלֶפוֹן, מְחַבֵּר חוּטֵי חַשְׁמַל וְכוּ׳:
***הַקַּוָּנִים** תִּיקְנוּ אֶת חוּטֵי הַטֶּלֶפוֹן שֶׁנִּקְרְעוּ בַּסְּעָרָה.*

קווצהנ׳ קְוֻצָּה [קְווּצּוֹת] curl, lock
(לָשׁוֹן גְּבוֹהָה) כַּמָּה שְׂעָרוֹת יַחַד:
*יֵשׁ לָהּ שֵׂיעָר שָׁחוֹר **וּקְווּצּוֹת** לְבָנוֹת.*

קוזזפ׳ קֻזַּז was equalized
יְצִירַת מַצָּב שֶׁל שִׁיוְיוֹן עַל־יְדֵי הוֹסָפָה מִצַּד אֶחָד וְהַפְחָתָה מִן הַצַּד הַשֵּׁנִי:
*הַתּוֹסֶפֶת בַּמַּשְׂכּוֹרֶת **קוּזְּזָה** עַל יְדֵי מַס־הַכְנָסָה.*
/ ק.ז.ז, פּוּעַל / קוּזְּזוּ, מְקוּזָּז, יְקוּזַּז

קוטבז׳ קֹטֶב [קְטָבִים] pole
שְׁתֵּי הַנְּקוּדּוֹת הָרְחוֹקוֹת בְּיוֹתֵר שֶׁל הַגְּלוֹבּוּס.
*אָמוּנְדְּסֶן הָיָה הָרִאשׁוֹן שֶׁהִגִּיעַ אֶל **הַקֹּטֶב** הַדְּרוֹמִי (1911).*

קוטבית׳ קָטְבִּי polar
קִיצוֹנִי, רָדִיקָלִי, נִיגּוּדִי:
*בֵּין קוֹמוּנִיזְם לְקַפִּיטָלִיזְם יֵשׁ הֶבְדֵּל **קוֹטְבִּי**.*
קוֹטְבִּית, קוֹטְבִּיִּים, קוֹטְבִּיּוֹת

קוטלגפ׳ קֻטְלַג was cataloged
רָשְׁמוּ אוֹתוֹ בְּקָטָלוֹג:
*הַסְּפָרִים **קוּטְלְגוּ** לְפִי שְׁמוֹת הַמְּחַבְּרִים.*
/ ק.ט.ל.ג, פּוּעַל / קוּטְלְגוּ, מְקוּטְלָג, יְקוּטְלַג

קוטרז׳ קֹטֶר — diameter
הַקַו בְּמַעְגָל שֶׁעוֹבֵר דֶרֶךְ הָאֶמְצַע:
קוֹטֶר הַמַעְגָל שָׁוֶוה לִשְׁנֵי רַדְיוּסִים.

קולז׳ קוֹל [קוֹלוֹת] — voice, sound
1. צְלִיל שֶׁהָאוֹזֶן שׁוֹמַעַת:
מִישֶׁהוּ בָּא, אֲנִי שׁוֹמֵעַ קוֹלוֹת מֵחֲדַר הַמַדְרֵגוֹת.
2. עֶמְדָה שֶׁל אָדָם בְּהַצְבָּעָה: — vote
הַהַחְלָטָה הִתְקַבְּלָה בְּרוֹב קוֹלוֹת.
הֵרִים קוֹל - צָעַק — shouted
קוֹל רָם - קוֹל חָזָק — loud voice
(בְּ)קוֹלֵי קוֹלוֹת ת״פ — loudly
שָׁמַע בְּקוֹלוֹ — obeyed

קולבז׳ קוֹלָב [קוֹלָבִים] — hanger
מַקֵל שֶׁתוֹלִים עָלָיו בְּגָדִים (וְשָׂמִים בָּאָרוֹן):
הַחוּלְצוֹת שֶׁלִי נִמְצָאוֹת עַל קוֹלָבִים בָּאָרוֹן.

קולית׳ קוֹלִי — vocal
הַשַׁיָיך לַקוֹל, לַצְלִיל הַיוֹצֵא מִן הַגָרוֹן:
הוּא אוֹהֵב מוּסִיקָה קוֹלִית - אוֹפֶּרָה לְמָשָׁל.
קוֹלִית, קוֹלִיִים, קוֹלִיוֹת

קולמוסז׳ קוּלְמוֹס [קוּלְמוֹסִים] — pen
(לָשׁוֹן גְבוֹהָה, אַרְכָאִית) עֵט, כְּלִי כְּתִיבָה:
הַסְפָרִים שֶׁיָצְאוּ מִתַחַת לְקוּלְמוֹסוֹ שֶׁל שָׁלוֹם עֲלֵיכֶם נִכְתְבוּ בְּאִידִישׁ.
פְּלִיטַת קוּלְמוֹסב׳ — slip of the pen
בִּמְשִׁיכַת קוּלְמוֹס אַחַת — with a stroke of the pen

קולנועז׳ קוֹלְנוֹעַ — cinema, movies
1. סִינֶמָה, סֶרֶט נָע וּמְדַבֵּר עַל מָסָךְ:
אֲנִי מַעֲדִיפָה קוֹלְנוֹעַ עַל תֵיאַטְרוֹן.
2. אוּלָם עִם מָסָךְ, שֶׁמַצִיגִים בּוֹ סְרָטִים: — theater
הָלַכְתִי לִרְאוֹת סֶרֶט חָדָשׁ בְּקוֹלְנוֹעַ 'תֵל-אָבִיב'.
בָּתֵי קוֹלְנוֹעַ / שַׂחְקַן קוֹלְנוֹעַ / סִרְטֵי קוֹלְנוֹעַ

קולנועית׳ קוֹלְנוֹעִי — cinematographic, cinematic
הַשַׁיָיך לַקוֹלְנוֹעַ, לִתְמוּנוֹת זָזוֹת וּמְדַבְּרוֹת עַל מָסָךְ:
צ'רלי צ'פלין הוּא יוֹצֵר קוֹלְנוֹעִי חָשׁוּב בְּיוֹתֵר.
קוֹלְנוֹעִית, קוֹלְנוֹעִיִים, קוֹלְנוֹעִיוֹת

קולניותנ׳ קוֹלָנִיוּת — noisiness
רַעַשׁ, כְּשֶׁמַשְׁמִיעִים דְבָרִים בְּקוֹל רָם:
אֶת הַיִשְׂרְאֵלִים אֶפְשָׁר לְהַכִּיר לְפִי הַקוֹלָנִיוּת שֶׁלָהֶם.

קולעת׳ קוֹלֵעַ — to the point
מַתְאִים בְּדִיוּק, נוֹגֵעַ בַּמַטָרָה:
הַדְבָרִים, שֶׁאָמַרְתָ לוֹ, הָיוּ קוֹלְעִים.
קוֹלַעַת, קוֹלְעִים, קוֹלְעוֹת

קולרז׳ קוֹלָר [קוֹלָרִים] — collar
שַׁרְשֶׁרֶת, חֲגוֹרָה לַצַוָואר (בְּעִיקָר לִכְלָבִים):
כֶּלֶב בְּלִי קוֹלָר הוּא כֶּלֶב רְחוֹב.
תָלָה בּוֹ אֶת הַקוֹלָרב׳ — put the blame on him

קומהנ׳ קוֹמָה [קוֹמוֹת] — floor, storey
1. חֶדֶר אוֹ חֲדָרִים שֶׁבְּנוּיִים בְּגוֹבַהּ אֶחָד:
בַּבִּנְיָין שֶׁלָנוּ יֵשׁ 12 קוֹמוֹת. אֲנִי גָר בַּקוֹמָה הָרִאשׁוֹנָה.
2. הַגוֹבַהּ שֶׁל בֶּן אָדָם: — height
הוּא בָּחוּר גְבַהּ-קוֹמָה, קוֹמָתוֹ 1.90 מ'.
בְּקוֹמָה זְקוּפָהת״פ — upright
רַב-קוֹמוֹת — high-rise
שִׁיעוּר-קוֹמָה — prominence

קומםפ׳ קוֹמֵם — restored
1. עָשָׂה שֶׁיַעֲמוֹד, שֶׁיָקוּם:
קוֹמַמְנוּ אֶת הַבַּיִת הֶהָרוּס.
2. גָרַם שֶׁמִישֶׁהוּ יִתְנַגֵד, יֵצֵא נֶגֶד: — roused
הוּא קוֹמֵם עָלָיו אֶת כָּל הַחֲבֵרִים.
לְקוֹמֵם אֶת- / ק.ו.ם, פִּיעֵל / קוֹמַמְתִי, מְקוֹמֵם, יְקוֹמֵם

קוממיותנ׳ קוֹמְמִיוּת — independence
1. עַצְמָאוּת, בְּלִי לִהְיוֹת תָלוּי בַּאֲחֵרִים:
חַג הָעַצְמָאוּת שֶׁלָנוּ נִקְרָא גַם חַג הַקוֹמְמִיוּת.
2. (ת״פ) בְּקוֹמָה זְקוּפָה, — upright, erect
בְּגַב יָשָׁר וּמָתוּחַ, בְּלִי פַּחַד: *הַחַיָילִים צָעֲדוּ קוֹמְמִיוּת.*
מִלְחֶמֶת הַקוֹמְמִיוּת — War of Independence

קומץז׳ קֹמֶץ — handful, a small number
מְעַט, כַּמוּת קְטַנָה:
לָאֲסֵיפָה בָּא רַק קוֹמֶץ אֲנָשִׁים.

קומקוםז׳ קוּמְקוּם [קוּמְקוּמִים] — kettle
כְּלִי שֶׁמַרְתִיחִים בּוֹ מַיִם:
יֵשׁ עוֹד מַיִם בַּקוּמְקוּם? אֲנִי רוֹצָה כּוֹס קָפֶה.
אַל תְקַשְׁקֵשׁ בַּקוּמְקוּם! (לְשׁוֹן דִיבּוּר) - אַל תְדַבֵּר שְׁטוּיוֹת

קונדוםז׳ קוֹנְדוֹם [קוֹנְדוֹמִים] — condom
מַה שֶׁהַגֶבֶר שָׂם עַל אֵבֶר הַמִין כְּדֵי לְהָגֵן מִפְּנֵי מַחֲלוֹת אוֹ הֵירָיוֹן:
חָזוּ לְהִשְׁתַמֵשׁ בְּקוֹנְדוֹם בִּגְלַל מַחֲלַת הָאֵידְס.

קונדסז׳ קוּנְדָס [קוּנְדָסִים] — mischievous person
שׁוֹבָב, יֶלֶד לֹא כָּל כָּךְ שָׁקֵט:

*מַקס ומוֹריץ הָיוּ שְׁנֵי **קוּנְדָסִים** מְפוּרסָמִים.*
קוּנדֶסִית, קוּנדֶסִיוֹת

קוֹנֶהז, קוֹנֶה [קוֹנִים] customer
קלַייֶנט, מִי שֶלוֹקֵחַ דבָרִים בַּחֲנוּת וּמְשַלֵם כֶּסֶף:
***קוֹנִים** רַבִּים בָּאוּ לִקנוֹת בַּחֲנוּת הַחֲדָשָה לִבגָדִים.*
קוֹנָה, קוֹנוֹת

קוֹנֵןפ, קוֹנֵן mourned, lamented
1. בָּכָה עַל מֵת:
*הַנָשִים **קוֹנְנוּ** עַל הַמֵת - יָשבוּ, בָּכוּ וְצָעֲקוּ.*
2. הִתלוֹנֵן מְאוֹד, הִצטַעֵר עַל הֶפסֵד: complained, whined
*הוּא **קוֹנֵן** עַל הַמַצָב הַכַּלכָּלִי.*
לְקוֹנֵן עַל- / ק.י.ן - ק.ו.ן, פִּיעֵל / קוֹנְנוּ, מְקוֹנֵן, יְקוֹנֵן, קוֹנֵן!

קוֹסֵםז, קוֹסֵם [קוֹסְמִים] magician
עוֹשֶה דבָרִים לֹא טִבעִיִים (הוֹקוּס פּוֹקוּס):
*הַ**קוֹסֵם** הוֹצִיא יוֹנִים מִן הַכּוֹבַע.*
קוֹסֶמֶת, קוֹסמוֹת

קוֹסמִית, קוֹסְמִי cosmic
הַשַיָיך לַקוֹסמוֹס, שֶל הָעוֹלָם כּוּלוֹ:
*הַחֲלָלִית נִשלְחָה אֶל הֶחָלָל הַ**קוֹסמִי**.*
קוֹסמִית, קוֹסמִיִים, קוֹסמִיוֹת

קוֹףז, קוֹף [קוֹפִים] monkey
בַּעַל חַיִים הַדוֹמֶה לְאָדָם בְּגוּפוֹ:
*הַ**קוֹף** עוֹשֶה תנוּעוֹת כּמוֹ תנוּעוֹת הָאֲנָשִים הָעוֹמדִים לְפָנָיו.*

קוּפַאיז, קֻפַּאי [קוּפָּאִים] cashier
מִי שֶעוֹבֵד בְּקוּפָּה - מְקַבֵּל כֶּסֶף עֲבוּר קנִיוֹת:
*שִילַמתִי לַ**קוּפַאי** בַּבַּנק, וְהוּא נָתַן לִי קַבָּלָה.*
קוּפָּאִית, קוּפָּאִיוֹת

קוּפָּהנ, קֻפָּה [קוּפּוֹת] cashbox, box-office
1. קוּפסָה שֶשוֹמרִים בָּהּ כֶּסֶף:
*שַׂמתִי אֶת הַכֶּסֶף בַּ**קוּפָּה**.*
2. מָקוֹם בְּעֵסֶק, מְשַלמִים בּוֹ כֶּסֶף עֲבוּר קנִיוֹת: cash register, box-office
***קוּפַּת** הַקוֹלנוֹעַ פּתוּחָה מִשָעָה 9:00 עַד 12:00.*
קוּפַּת-חוֹלִים health insurance (clinic)

קוּפסָהנ, קֻפְסָה [קוּפסוֹת, קוּפסָאוֹת] box
שָׂמִים בְּתוֹכָהּ דבָרִים, בְּדֶרֶך כּלָל יֵש לָהּ מִכסֶה:
*-תֵן לִי, בְּבַקָשָה, **קוּפסַת** סִיגַריוֹת...'*
קוּפסַת הַקֶרֶן-הַקַיֶימֶת / קוּפסַת צדָקָה

קוֹץז, קוֹץ [קוֹצִים] thorn
1. קָצֶה חַד כּמוֹ מַחַט אֵצֶל צמָחִים, פּרָחִים וְכוּ':
*הַשוֹשַנָה הִיא פֶּרַח יָפֶה, אֲבָל יֵש לָה **קוֹצִים**.*
2. צֶמַח שֶיֵש לוֹ עָלִים חַדִים וְדוֹקְרִים: thornbush
*הָלַכנוּ בַּשָׂדֶה בֵּין **קוֹצִים** וְנִדקַרנוּ.*

קוֹצֵבז, קוֹצֵב timer
קוֹבֵעַ (זמַן, כַּמוּת) וְכוּ':
קוֹצֵב לֵב - טרַנזִיסטוֹר קָטָן, שֶמַסדִיר אֶת הַקֶצֶב שֶל הַלֵב: pacemaker
*נִיתחוּ אֶת דָוִיד, וְהִכנִיסוּ לוֹ **קוֹצֵב לֵב**.*

קוֹצָנִית, קוֹצָנִי prickly
שֶיֵש בּוֹ קוֹצִים (עָלִים חַדִים וְדוֹקְרִים):
*זֶהוּ פֶּרַח **קוֹצָנִי**, צָרִיך לִנגוֹעַ בּוֹ בִּזהִירוּת.*
קוֹצָנִית, קוֹצָנִיִים, קוֹצָנִיוֹת

קוֹצֶרז, קֹצֶר shortness
כּשֶמַשֶהוּ קָצָר, מוּעָט:
קוֹצֶר הֲבָנָה - lack of understanding
בִּגלַל קוֹצֶר הַהֲבָנָה שֶלוֹ הוּא עוֹשֶה שטוּיוֹת.
קוֹצֶר נְשִימָה - shortness of breath
כּשֶאֲנִי רָץ, אֲנִי מַרגִיש קוֹצֶר נְשִימָה.
קוֹצֶר רוּחַ - impatience
חִיכִּיתִי לְךָ בְּקוֹצֶר רוּחַ.
קוֹצֶר רְאִיָיה - short-sightedness
יֵש לִי מִשקָפַיִים, כִּי אֲנִי סוֹבֵל מִקוֹצֶר רְאִיָיה.
קוֹצֶר רְאוּת - lack of foresight
בִּגלַל קוֹצֶר רְאוּת פּוֹלִיטִי הוּא הִפסִיד בַּבּחִירוֹת.

קוּקִייהנ, קוּקִיָה [קוּקִיוֹת] cuckoo
(אוֹנוֹמָטוֹפֵּיאָה) צִיפּוֹר שֶמַשמִיעָה קוֹל - קוּקוּ:
*בַּשעוֹנִים הַשווֵייצָרִיִים יוֹצֵאת **קוּקִיָיה** וּמוֹדִיעָה אֶת הַשָעָה.*

קוֹרז, קֹר cold
טֶמפֶּרָטוּרָה נְמוּכָה, הַהֵיפֶך מֵחוֹם:
*בְּ**קוֹר** כָּזֶה צָרִיך לְהַדלִיק תַנוּר חִימוּם.*
'קוֹר כּלָבִים'ב severe cold
בְּקוֹר רוּחַת"פ with composure

קוּרז, קוּר [קוּרִים] web, thread, cobweb
חוּט דַק:
*הַזבוּב נִתפַּס בְּ**קוּרֵי** הָעַכָּבִיש בַּתִקרָה.*

קוּרְאָןז, קוּרְאָן the Koran
הַסֵפֶר הַקָדוֹש (הֶחָשוּב בְּיוֹתֵר מִבּחִינָה דָתִית) שֶל הַמוּסלְמִים:
*מוּחַמַד כָּתַב אֶת הַ**קוּרְאָן**.*

קוֹרַבפ, קֹרַב was brought near
שָׂמוּ אוֹתוֹ קָרוֹב יוֹתֵר, עַל-יַד:

הַכִּיסאוֹת **קוֹרבוּ** זֶה לָזֶה, כְּדֵי שֶׁיִהְיֶה מָקוֹם.
/ ק.ר.ב, פּוּעַל / קוֹרבוּ, מְקוֹרָב, יְקוֹרַב

קורבן ז׳ קָרְבָּן [קוֹרבָּנוֹת] — sacrifice
1. בַּעַל חַיִּים שֶׁהִקרִיבוּ (שָׁחֲטוּ) לֶאֱלוֹהִים:
*בֶּעָבָר הָיָה **הַקוֹרבָּן** חֵלֶק מִן הַטֶקֶס הַדָּתִי.*
2. שֶׁנִפגַע אוֹ נֶהֱרַג בִּתאוּנָה אוֹ בְּמִלחָמָה: — victim, casualty
*בַּמִלחָמָה הָאַחֲרוֹנָה הָיוּ לְצַהַ"ל **קוֹרבָּנוֹת** רַבִּים.*

קורה נ׳ קוֹרָה [קוֹרוֹת] — beam
1. עַמוּד מֵעֵץ, קֶרֶשׁ שֶׁמְחַזֵק אֶת הַבִּניָין:
*הַבַּיִת בָּנוּי **מִקוֹרוֹת**.*
2. בְּיָמֵינוּ - כֹּל עַמוּד בְּבִניָין וְכוּ׳: — structural support
*מִתַחַת לַתִקרָה בַּבִּניָין יֵשׁ **קוֹרוֹת** בֶּטוֹן.*
קוֹרַת-גַג — shelter
צֵל-קוֹרָתוֹ ב׳ — his house
נִכנַס בְּעוֹבִי הַקוֹרָה — delved deeply into the matter
קוֹרַת-רוּחַ — contentment

קורות נ״ר קוֹרוֹת — history
מַה שֶׁקָרָה, הַהִיסטוֹריָה:
*אֲנַחנוּ לוֹמדִים עַל **קוֹרוֹת** הַיְהוּדִים בַּמֵאָה ה־20.*
קוֹרוֹת־חַיִּים — resumé

קורקבן ז׳ קֻרְקְבָן [קוּרקְבָנִים] — belly-button
"הַכַּפתוֹר" בְּאֶמצַע הַבֶּטֶן:
*לָבַשׁתִי חוּלצָה קְצָרָה, וְרָאוּ לִי אֶת **הַקוּרקְבָן**.*

קושי ז׳ קֹשִׁי [קְשָׁיִים] — difficulty
דָבָר הַמַפרִיעַ לְבַצֵעַ תוֹכנִית:
*לְדָן אֵין עֲבוֹדָה, יֵשׁ לוֹ **קוֹשִׁי** לְפַרנֵס אֶת הַמִשׁפָּחָה.*
קַשְׁיֵי תַחבּוּרָה / קַשְׁיֵי קְלִיטָה
בְּקוֹשִׁי ת״פ - בְּמַאֲמָץ רַב — with difficulty

קושיה נ׳ קֻשְׁיָה [קוּשִׁיוֹת] — difficult question
1. שְׁאֵלָה קָשָׁה:
*הָרַב עוֹנֶה עַל **הַקוּשִׁיוֹת** שֶׁל הַתַלמִידִים.*
2. (בְּיָמֵינוּ) שְׁאֵלוֹת טִיפְּשִׁיוֹת: — stupid question
*כֹּל הַיוֹם הוּא שׁוֹאֵל **קוּשִׁיוֹת**.*
קוּשִׁיוֹת שֶׁל פֶּסַח - 4 הַשְּׁאֵלוֹת, שֶׁשׁוֹאֵל הַיֶלֶד בַּפֶּסַח בְּ׳לֵיל הַסֵדֶר׳

קותל ז׳ קֹתֶל [קָתָלִים] — fat meat, ham
חֲתִיכַת בָּשָׂר שָׁמֵן:
*אָכַלנוּ **קוֹתְלֵי** בָּשָׂר עִם תַפּוּחֵי אֲדָמָה.*

קט ת׳ קַט — tiny
קָטָן:
*נָתַתִי פֶּרַח **קַט** לַעֲנָת.*
כִּמעַט קָט - עוֹד מְעַט — very soon

קטום ת׳ קָטוּם — cut-off/truncated (adj.)
שֶׁהַקָצֶה שֶׁלוֹ חָתוּך:
*הַבִּניָין נִראֶה כְּמוֹ פִּירָמִידָה **קְטוּמָה**, בְּלִי רֹאשׁ.*
קְטוּמָה, קְטוּמִים, קְטוּמוֹת

קטון ר׳ קטן

קטוע ת׳ קָטוּעַ — amputee
1. שֶׁחָתכוּ אוֹתוֹ:
*הוּא **קְטוּעַ** רֶגֶל מִן הַמִלחָמָה.*
2. שֶׁיֵשׁ בּוֹ הַפסָקוֹת, לֹא רָצוּף: — fragmented/disconnected (adj.)
*מִן הַדְבָרִים **הַקְטוּעִים** שֶׁאָמַר, לֹא הֵבַנתִי כְּלוּם.*
קְטוּעָה, קְטוּעִים, קְטוּעוֹת

קטורת נ׳ קְטֹרֶת — incense
חוֹמָרִים שֶׁיֵשׁ לָהֶם רֵיחַ טוֹב, שֶׁמִתפַּזֵר בָּאֲוִויר:
*בַּכְּנֵסִיוֹת יֵשׁ רֵיחַ **קְטוֹרֶת**.*

קטטה נ׳ קְטָטָה [קְטָטוֹת] — quarrel, brawl
מְרִיבָה, רִיב:
***הַקְטָטָה** הָיְיתָה בֵּין שְׁתֵי קְבוּצוֹת שֶׁל יְלָדִים.*

קטיגור ז׳ קָטֵגוֹר [קָטֵיגוֹרִים] — prosecutor
עוֹרֵך דִין, שֶׁמְדַבֵּר נֶגֶד הַנֶאֱשָׁם:
***הַקָטֵיגוֹר** בַּמִשׁפָּט דָרַשׁ עוֹנֶשׁ חָמוּר.*

קטיגוריה נ׳ קָטֵגוֹרְיָה [קָטֵיגוֹרְיוֹת] — prosecution
1. הַצַד שֶׁמַאֲשִׁים (עוֹרכֵי הַדִין שֶׁל הַתבִיעָה):
***הַקָטֵיגוֹריָה** דָרשָׁה, לְהַטִיל עוֹנֶשׁ קָשֶׁה עַל הָרוֹצֵחַ.*
2. קְבוּצָה, סוּג: — category
*הוּא שַׁיָיך **לַקָטֵיגוֹריָה** שֶׁל בַּעֲלֵי הַכֶּסֶף.*

קטילה נ׳ קְטִילָה [קְטִילוֹת] — killing
1. הֲרִיגָה, כְּשֶׁגוֹרמִים מָוֶות:
*אֲנַחנוּ נֶגֶד **קְטִילָה** שֶׁל בַּעֲלֵי חַיִּים.*
2. (מֶטָאפוֹרָה) בִּיקוֹרֶת קָשָׁה, — harsh criticism
כְּשֶׁמַשֶׁהוּ אֵינוֹ מוֹצֵא חֵן לְגַמרֵי: *מַה שֶׁהוּא אָמַר עַל הַהַצָגָה - זֹאת הָיְיתָה **קְטִילָה**.*

קטין ז׳ קָטִין [קְטִינִים] — minor
מִי שֶׁלֹא הִגִיעַ לְגִיל 18, וְאֵין לוֹ אַחרָיוּת מִשׁפָּטִית:
*אָסוּר לְפַרסֵם אֶת שְׁמוֹת **הַקְטִינִים** שֶׁנִתפְּסוּ בִּגנֵיבָה.*
קְטִינָה, קְטִינוֹת

קטיעהנ׳ קְטִיעָה [קטיעות] amputation
1. כּשֶׁחוֹתכִים, בְּעִיקָר חֵלֶק בַּגוּף:
קְטִיעַת הָרֶגֶל הִצִּילָה אֶת חַיָּיו.
2. הַפסָקָה, עֲצִירָה: cutting off
*שָׁכַחתִי מַה שֶׁרָצִיתִי לְהַגִּיד, הָרַעַשׁ גָּרַם **לִקְטִיעַת** קַו הַמַחשָׁבָה שֶׁלִי.*

קטיףז׳ קָטִיף fruit-picking
כּשֶׁקוֹטפִים, מוֹרִידִים אֶת הַפֵּירוֹת מִן הָעֵץ:
*עוֹד מְעַט יַתחִיל **הַקָּטִיף** שֶׁל הַתַפּוּזִים.*

קטיפהנ׳ קְטִיפָה [קטיפות] picking (flowers etc.)
1. כּשֶׁקוֹטפִים, מוֹרִידִים מֵעֵץ וְכוּ׳:
***קְטִיפַת** פּרָחִים אֲסוּרָה.*
2. סוּג שֶׁל בַּד: velvet
*בִּגדֵי הַמֶלֶך עֲשׂוּיִים **מִקטִיפָה** אֲדוּמָה.*

קטיפתית׳ קְטִיפָתִי velvety
כּמוֹ קְטִיפָה, רַך, נָעִים:
*יֵשׁ לוֹ קוֹל **קְטִיפָתִי**, סֶקסִי...*
קְטִיפָתִית, קְטִיפָתִיִים, קְטִיפָתִיוֹת

קטלפ׳ קָטַל killed
1. הָרַג:
***קָטַלנוּ** אֶת הַזבוּבִים בְּחוֹמֶר כִּימִי מְיוּחָד.*
2. אָמַר דבָרִים קָשִׁים, רָעִים עַל יְצִירַת אוֹמָנוּת: criticized harshly
*הוּא **קָטַל** אֶת הַהַצָּגָה.*
לִקטוֹל אֶת- / ק.ט.ל, פָּעַל / קָטַלתִי, קוֹטֵל, יִקטוֹל, קטוֹל!

קטלז׳ קֶטֶל killing
הֶרֶג, כּשֶׁגוֹרמִים מָוֶות:
*צָרִיך לְהִילָחֵם **בַּקֶּטֶל** בַּדרָכִים - יֵשׁ כֹּל כָּך הַרבֵּה תְאוּנוֹת!*

קטלנית׳ קַטלָנִי fatal
1. גוֹרֵם מָוֶות, הוֹרֵג:
*הָיְיתָה תְאוּנָה **קַטלָנִית** בַּכּבִישׁ, אִישׁ אֶחָד נֶהֱרַג.*
2. חָמוּר בְּיוֹתֵר, קָשֶׁה בְּיוֹתֵר: destructive, harsh
*הַבִּיקוֹרֶת עַל הַהַצָּגָה הָיְיתָה **קַטלָנִית**.*
קַטלָנִית, קַטלָנִיִים, קַטלָנִיוֹת

קטןת׳ קָטָן (קָטֹן) small, little
1. הַהֵיפֶך מִגָּדוֹל, מִידָה אוֹ כַּמוּת לֹא גדוֹלִים:
*אֲנִי גָר בְּדִירָה **קטַנָּה**.*
*אֲנִי צָרִיך כֶּסֶף **קָטָן** כְּדֵי לִקנוֹת כַּרטִיס בָּאוֹטוֹבּוּס.*
2. צָעִיר: young
*דָוִיד הוּא הַבֵּן **הַקָּטָן** שֶׁל דָן וְדִינָה.*

קטן-קומה short
קְטַנָּה, קְטַנִים, קְטַנוֹת

קטןת׳ קָטֵן growing smaller
נַעֲשֶׂה קָטָן, פָּחוֹת בְּכַמוּת, בְּגוֹדֶל:
*מִשָּׁנָה לְשָׁנָה **קָטֵן** מִספַּר הַסטוּדֶנטִים לְפִילוֹסוֹפיָה.*
קְטֵנָה, קְטֵנִים, קְטֵנוֹת

קטנונית׳ קַטנוּנִי petty
מִי שֶׁשָׂם לֵב לִדבָרִים קטַנִים וְלֹא חֲשׁוּבִים:
***קַטנוּנִי** מְצַדֵק לְבַקֵשׁ בַּחֲזָרָה דַף נְיָיר שֶׁנָתַתָ לִי.*
קַטנוּנִית, קַטנוּנִיִים, קַטנוּנִיוֹת

קטנוניותנ׳ קַטנוּנִיוּת pettiness
כּשֶׁשָׂמִים לֵב לְדָבָר קָטָן וְלֹא חָשׁוּב:
*כּשֶׁדִירָה עוֹלָה כֹּל כָּך הַרבֵּה כֶּסֶף, זֹאת **קַטנוּנִיוּת** מִצַד בַּעַל הַבַּיִת לִדרוֹשׁ כֶּסֶף בִּשׁבִיל שִׂיחַת טֶלֶפוֹן אַחַת.*

קטנטןת׳ קְטַנטַן (קְטַנְטֹן) tiny
קָטָן מְאוֹד, מְאוֹד:
*לַתִינוֹק יֵשׁ אֶצבָּעוֹת **קְטַנטַנוֹת**.*
קְטַנטַנָה, קְטַנטַנִים, קְטַנטַנוֹת

קטעפ׳ קָטַע amputated
1. חָתַך:
***קָטעוּ** לוֹ אֶת הָרֶגֶל.*
2. הִפסִיק: interrupted
*דָוִיד **קָטַע** אֶת דִברֵי הַמַרצֶה וְשָׁאַל שְׁאֵלָה.*
לִקטוֹעַ אֶת- / ק.ט.ע, פָּעַל / קָטַעתִי, קוֹטֵעַ, יִקטַע, קטַע!

קטעז׳ קֶטַע [קטָעִים] segment, paragraph
חֵלֶק אֶחָד מִדָבָר שָׁלֵם:
*הוּא קָרָא **קֶטַע** סִפרוּתִי.*

קטףפ׳ קָטַף picked
הוֹרִיד פֵּירוֹת, פּרָחִים אוֹ עָלִים מִצֶמַח:
***קָטַפתִי** פּרָחִים בַּשָּׂדֶה.*
לִקטוֹף אֶת- / ק.ט.ף, פָּעַל / קָטַפתִי, קוֹטֵף, יִקטוֹף, קטוֹף!

קטרז׳ קַטָר [קַטָרִים] locomotive
הַקָרוֹן, הַחֵלֶק הָרִאשׁוֹן בָּרַכֶּבֶת, שֶׁהַמְכוֹנוֹת נִמצָאוֹת בּוֹ:
*נַהַג **הַקַּטָר** צָפַר כְּדֵי לְהוֹדִיעַ, שֶׁהָרַכֶּבֶת מִתקָרֶבֶת.*

קיאז׳ קִיא vomit
אוֹכֶל שֶׁיוֹצֵא מִן הַפֶּה (כּשֶׁלֹא מַרגִישִׁים טוֹב):
*צָרִיך לְנַקוֹת אֶת הַתִינוֹק **מֵהַקִּיא** שֶׁלוֹ.*

קיבהנ׳ קֵבָה [קֵיבוֹת] stomach
1. הַחֵלֶק בַּבֶּטֶן, שֶׁהָאוֹכֶל מַגִּיעַ אֵלָיו לְעִיכּוּל:
הַקֵּיבָה שֶׁלִּי רֵיקָה, לֹא אָכַלְתִּי הַיּוֹם כְּלוּם.
2. (לשון דיבור) יְצִיאָה מִן הַגּוּף שֶׁל מַה שֶּׁנִּשְׁאַר מֵהָאוֹכֶל: bowel movement
יֵשׁ לִי קֵיבָה פַּעַם אַחַת בַּיּוֹם.

קיבולז׳ קִבּוּל capacity
הַכַּמּוּת, מַה שֶּׁיָּכוֹל לִהְיוֹת בִּכְלִי, חֶדֶר וְכוּ׳:
הַקִּיבּוּל שֶׁל הַמַּחְסָן הַזֶּה גָּדוֹל.

קיבולתנ׳ קִבֹּלֶת capacity
הַכַּמּוּת שֶׁכְּלִי/חֶדֶר יְכוֹלִים לְהַחֲזִיק בְּתוֹכָם:
הַקִּיבּוֹלֶת שֶׁל הַסִּיר הַזֶּה הִיא - 3 לִיטְרִים.

קיבועז׳ קִבּוּעַ [קִיבּוּעִים] fixing, fixation
כְּשֶׁעוֹשִׂים שֶׁיִּהְיֶה קָבוּעַ:
לְקִיבּוּעַ הָרֶגֶל הַשְּׁבוּרָה צָרִיךְ נִיתּוּחַ.

קיבוץז׳ קִבּוּץ [קִיבּוּצִים] community
1. אוֹסֶף שֶׁל אֲנָשִׁים:
הַקִּיבּוּץ הַיְּהוּדִי בָּעוֹלָם תּוֹמֵךְ בִּמְדִינַת יִשְׂרָאֵל.
2. קוֹלֶקְטִיב, צוּרַת חַיִּים שֶׁל קוֹמוּנָה בְּיִשְׂרָאֵל: Kibbutz
הֵם הֶחְלִיטוּ לִחְיוֹת יַחַד בְּקִיבּוּץ מִתּוֹךְ אִידֵיאָלִים.
קיבוץ־גלויות ingathering of the exiles
קיבוץ־נְדָבוֹת begging for handouts

קיבוצית׳ קִבּוּצִי Kibbutz (adj.)
1. הַשַּׁיָּיךְ לַקִּיבּוּץ, לַקּוֹלֶקְטִיב:
לַתְּנוּעָה הַקִּיבּוּצִית יֵשׁ מִפְעֲלֵי תַּעֲשִׂיָּיה.
2. שֶׁמִּשְׁתַּתְּפִים בּוֹ אֲנָשִׁים רַבִּים: collective
הֶסְכֵּם הָעֲבוֹדָה הַקִּיבּוּצִי מְחַיֵּיב אֶת כָּל הַמְּהַנְדְּסִים.
קִיבּוּצִית, קִיבּוּצִיִּים, קִיבּוּצִיּוֹת

קיבלפ׳ קִבֵּל received
1. לָקַח אֶת מַה שֶּׁנָּתְנוּ לוֹ:
מֹשֶׁה קִיבֵּל בְּשִׂמְחָה אֶת הַמַּתָּנָה שֶׁל חֲבֵרָיו.
2. הִסְכִּים: accepted
הוּא קִיבֵּל אֶת דַּעְתִּי.
הוּא קִיבֵּל עָלָיו לִדְאוֹג לַיְּלָדִים.
קִיבֵּל עָלָיו אֶת הַדִּין accepted the judgement
קִיבֵּל בִּזְרוֹעוֹת פְּתוּחוֹת welcomed
לְקַבֵּל אֶת- / ק.ב.ל, פִּיעֵל / קִיבַּלְתִּי מְקַבֵּל, אֲקַבֵּל, קַבֵּל!

קיבץפ׳ קִבֵּץ gathered, collected
אָסַף:
קִיבַּצְתִּי בְּסֵפֶר אֶת כָּל הַשִּׁירִים שֶׁכָּתַבְתִּי.
לְקַבֵּץ אֶת- / ק.ב.ץ, פִּיעֵל / קִיבַּצְתִּי, מְקַבֵּץ, יְקַבֵּץ, קַבֵּץ!

קידהנ׳ קִדָּה [קִידּוֹת] bow
כְּשֶׁמּוֹרִידִים רֹאשׁ וּמְכוֹפְפִים בִּרְכַּיִים מִתּוֹךְ כָּבוֹד כְּדֵי לְהַגִּיד תּוֹדָה לַקָּהָל:
הַשַּׂחְקָנִים יָצְאוּ לַבָּמָה וְקָדוּ קִידָּה לַקָּהָל.

קידודז׳ קִדּוּד encoding
(בְּמַחְשֵׁב) הַעֲבָרַת אִינְפוֹרְמַצְיָה בְּקוֹד, בְּשִׁיטָה שֶׁל סִימָנִים:
הִיא עוֹסֶקֶת בְּקִידּוּד הַצִּיּוּנִים וּבְהַעֲבָרָתָם לַמַּחְשֵׁב.

קידוחז׳ קִדּוּחַ [קִידּוּחִים] drilling
עֲשִׂיַּית חוֹר, בּוֹר:
הוּא עוֹבֵד בְּקִידּוּחֵי נֵפְט בַּיָּם.

קידוםז׳ קִדּוּם promotion
1. כְּשֶׁמִּישֶׁהוּ עוֹלֶה בְּדַרְגָּה, מִתְקַדֵּם בָּעֲבוֹדָה וְכוּ׳:
הוּא קִיבֵּל קִידּוּם בָּעֲבוֹדָה, עַכְשָׁיו הוּא הַמְּנַהֵל.
2. הִתְפַּתְּחוּת לְטוֹבָה, הִתְקַדְּמוּת: advancing
רֹאשׁ הַמֶּמְשָׁלָה תּוֹמֵךְ בְּקִידּוּם הַשָּׁלוֹם.

קידומתנ׳ קִדֹּמֶת [קִידּוֹמוֹת] area code, (prefix)
הַמִּסְפָּר הָרִאשׁוֹן (אוֹ הַמִּסְפָּרִים הָרִאשׁוֹנִים), שֶׁהוּא מְשׁוּתָּף לָאֵיזוֹר, לְסוּג וְכוּ׳:
קִידּוֹמֶת מִסְפְּרֵי הַטֶּלֶפוֹן שֶׁל יְרוּשָׁלַיִם - 02.

קידושז׳ קִדּוּשׁ ceremonial blessing (over wine, bread)
בְּרָכָה עַל הַיַּיִן, נֶאֱמֶרֶת בְּעֶרֶב שַׁבָּת אוֹ בְּעֶרֶב חַג:
בְּכָל עֶרֶב שַׁבָּת עוֹשֶׂה אָבִי קִידּוּשׁ לִפְנֵי הָאֲרוּחָה.
יֵין־קִידּוּשׁ - יַיִן שֶׁמְּבָרְכִים עָלָיו בְּקִידּוּשׁ שֶׁל שַׁבָּת וְחַגִּים
קִידּוּשׁ־הַשֵּׁם martyrdom

קידושיןז״ר קִדּוּשִׁין marriage
(אֲרָמִית, כְּמוֹ קִידּוּשִׁים בְּעִבְרִית) טֶקֶס נִישּׂוּאִים בֵּין גֶּבֶר לְאִישָּׁה, נַעֲשֶׂה עַל-יְדֵי רַב:
טֶקֶס הַקִּידּוּשִׁין שֶׁל רוּת וְדָוִיד יֵיעָרֵךְ בְּיוֹם ג׳.

קידםפ׳ קִדֵּם advanced
1. עָשָׂה שֶׁיִּהְיֶה מַהֵר יוֹתֵר, שֶׁיִּתְקַדֵּם וְלֹא יֵיעָצֵר:
אֲנַחְנוּ רוֹצִים לְקַדֵּם אֶת הַתַּעֲשִׂיָּיה בְּיִשְׂרָאֵל.
2. קִיבֵּל אֶת פָּנָיו, יָצָא לִפְגוֹשׁ: welcomed, greeted
רֹאשׁ הַמֶּמְשָׁלָה קִידֵּם אֶת פָּנָיו שֶׁל נְשִׂיא צָרְפַת.
לְקַדֵּם אֶת- / ק.ד.ם, פִּיעֵל / קִידַּמְתִּי, מְקַדֵּם, יְקַדֵּם, קַדֵּם!

קידמהנ׳ קִדְמָה progress
הִתְפַּתְּחוּת בְּמַדָּע, טֶכְנוֹלוֹגְיָה וְכוּ׳:
אֲנַחְנוּ בְּעַד קִידְמָה - אִי אֶפְשָׁר לְהַשְׁאִיר הַכֹּל כְּמוֹ שֶׁהָיָה.

קידשפ׳ קִדֵּשׁ sanctified
1. עָשָׂה אוֹתוֹ קָדוֹשׁ, חָשׁוּב בְּיוֹתֵר מִבְּחִינָה דָּתִית:

*כְּבָר לִפְנֵי אַלְפֵי שָׁנִים **קִידְשׁוּ אֶת** הַשַּׁבָּת כְּיוֹם מְנוּחָה.*

2. עָשָׂה קידוש, בֵּירֵךְ עַל הַיַּיִן בְּעֶרֶב שַׁבָּת, בְּעֶרֶב חַג וְכוּ': — blessed, recited the ceremonial blessing

*בְּכֹל עֶרֶב שַׁבָּת **מְקַדֵּשׁ** אָבִי עַל הַיַּיִן.*

3. חִיתֵּן גֶּבֶר וְאִישָׁה, הֶעֱמִיד חוּפָּה: — married (v.t)

*הָרַב שֶׁל תֵּל-אָבִיב **קִידֵּשׁ אֶת** רוּת וְדָוִיד.*

לְקַדֵּשׁ עַל-, אֶת- / ק.ד.ש, פִּיעֵל / קִידַּשְׁתִּי, מְקַדֵּשׁ, יְקַדֵּשׁ

קיהות נ', קֵהוּת — dullness, bluntness

כְּשֶׁמַּשֶּׁהוּ אֵינוֹ חַד, חוֹסֶר חֲרִיפוּת. (מֶטָאפוֹרָה) בְּלִי רְגִישׁוּת:

*אִי אֶפְשָׁר לְהִתְנַהֵג **בְּקֵהוּת** חוּשִׁים כְּשֶׁרוֹאִים יְלָדִים רְעֵבִים.* — apathy, indifference

קיווה פ', קִוָּה — hoped

צִיפָּה, חִיכָּה לְמַשֶּׁהוּ טוֹב:

*מֹשֶׁה **קִיוָּה** לְקַבֵּל יְדִיעוֹת מִמִּשְׁפַּחְתּוֹ.*

לְקַוּוֹת, לְ- / ק.ו.ה, פִּיעֵל / קִיוִּיתִי, מְקַוֶּה, יְקַוֶּה, קַוֵּה!

קיום ז', קִיּוּם — existence

1. מַצָּב שֶׁל 'יֵשׁ', שֶׁל 'חַיִּים', שֶׁל 'מְצִיאוּת':

*מִלְחֶמֶת הָעַצְמָאוּת הָיְתָה מִלְחָמָה עַל **קִיּוּם** הַיִּישׁוּב הַיְּהוּדִי בְּאֶרֶץ יִשְׂרָאֵל.*

אֵין לוֹ דֵּי כֶּסֶף (אוֹ אֶמְצָעִים) **לְקִיּוּם** מִשְׁפַּחְתּוֹ.

2. בִּיצּוּעַ, עֲשִׂיָּה: — fulfilling

*בְּלִי **קִיּוּם** כֹּל הַחוֹבוֹת, אֵין זְכוּיוֹת.*

מִלְחֶמֶת הַקִּיּוּם - כֹּל מַה שֶּׁעוֹשִׂים כְּדֵי לְהִישָּׁאֵר בַּחַיִּים (דְּאָגָה לְאוֹכֶל, לְדִיוּר, לְבִיטָּחוֹן וְכוּ') — struggle for survival

דּוּ-קִיּוּם - הָאֶפְשָׁרוּת שֶׁשְּׁנֵי אוֹיְבִים יִחְיוּ יַחַד — coexistence

קיומי ת', קִיּוּמִי — existential

אֶכְּזִיסְטֶנְצְיָאלִי, הַשַּׁיָּךְ לַתּוֹכֶן שֶׁל הַחַיִּים, לְמָה שֶׁמַּאֲמִינִים בּוֹ וְחַיִּים עַל-פִּיו:

*זֹאת שְׁאֵלָה **קִיּוּמִית** לְגַבֵּינוּ, הַאִם נִחְיֶה כִּיהוּדִים.*

קִיּוּמִית, קִיּוּמִיִּים, קִיּוּמִיּוֹת

קיזוז ז', קִזּוּז [קִיזּוּזִים] — offsetting

קִיצּוּץ, הַעֲבָרָה מֵחֶשְׁבּוֹן לְחֶשְׁבּוֹן כְּדֵי לְהַשְׁווֹת בֵּינֵיהֶם:

*יֵשׁ לָנוּ רְוָוחִים, אֲבָל עָשִׂינוּ **קִיזּוּז** עִם הַחוֹבוֹת לַמֶּמְשָׁלָה.*

קיזז פ', קִזֵּז — offset

קִיצֵּץ, הֶעֱבִיר מֵחֶשְׁבּוֹן לְחֶשְׁבּוֹן כְּדֵי שֶׁיִּהְיֶה שִׁוְויוֹן:

*הַמֶּמְשָׁלָה **קִיזְּזָה אֶת** הָרֶוַח, שֶׁקִּיבְּלָה בְּדוֹלָרִים, עִם הַחוֹבוֹת לְאַרְצוֹת הַבְּרִית.*

לְקַזֵּז אֶת- / ק.ז.ז, פִּיעֵל / קִיזַּזְתִּי, מְקַזֵּז, יְקַזֵּז, קַזֵּז!

קיטוב ז', קִטּוּב [קִיטּוּבִים] — polarity

נִיגּוּד רָדִיקָלִי, הֶבְדֵּל גָּדוֹל מְאוֹד:

*יֵשׁ **קִיטּוּב** בֵּין הָעֲשִׁירִים לָעֲנִיִּים.*

קיטור ז', קִיטוֹר — steam

מַה שֶּׁנּוֹצָר כְּשֶׁמַּיִם רוֹתְחִים:

*יֵשׁ מְכוֹנוֹת שֶׁפּוֹעֲלוֹת בְּלַחַץ שֶׁל **קִיטוֹר**.*

קיטורים ז"ר, קִטּוּרִים — griping, complaining

(לָשׁוֹן דִּיבּוּר) תְּלוּנוֹת, כְּשֶׁמִּישֶׁהוּ אוֹמֵר כֹּל הַזְּמַן שֶׁאֵינוֹ מְרוּצֶּה:

*אֲנִי לֹא רוֹצָה לִשְׁמוֹעַ כֹּל הַיּוֹם אֶת **הַקִּיטּוּרִים** הָאֵלֶּה!*

קיטלג פ', קִטְלֵג — cataloged

רָשַׁם וְסִידֵּר לְפִי נוֹשֵׂא, מִסְפָּר, שֵׁם וְכוּ':

***קִיטְלַגְתִּי אֶת** הַסְּפָרִים הַחֲדָשִׁים.*

לְקַטְלֵג אֶת- / ק.ט.ל.ג, פִּיעֵל / קִיטְלַגְתִּי, מְקַטְלֵג

קיטר פ', קִטֵּר — griped, complained

(לָשׁוֹן דִּיבּוּר) הִתְלוֹנֵן, אָמַר כֹּל הַזְּמַן שֶׁאֵינוֹ מְרוּצֶּה:

*בַּטִּיּוּל הוּא כֹּל הַזְּמַן **קִיטֵּר** קָשֶׁה, הָאוֹכֶל לֹא טוֹב וְכוּ'.*

לְקַטֵּר, עַל- / ק.ט.ר, פִּיעֵל / קִיטַּרְתִּי, מְקַטֵּר, יְקַטֵּר

קיטרג פ', קִטְרֵג — accused

אָמַר עַל מִישֶׁהוּ, שֶׁהוּא אָשֵׁם:

*בִּמְקוֹם לְהָגֵן עָלַיי בְּמִשְׁפָּט הוּא **קִיטְרֵג עָלַיי**.*

לְקַטְרֵג עַל- / ק.ט.ר.ג, פִּיעֵל / קִיטְרַגְתִּי, מְקַטְרֵג, יְקַטְרֵג

קייט ז', קַיִט — summer vacation/activities

פְּעִילוּיוֹת שֶׁקְּשׁוּרוֹת בַּקַּיִץ, בְּנוֹפֶשׁ וְכוּ':

*בֵּין מִפְעֲלֵי **הַקַּיִט** יֵשׁ מַחֲנוֹת לִילָדִים, לוּנָה פַּרְק וְכוּ'.*

קייטנה נ', קַיְטָנָה [קַייטָנוֹת] — summer-camp

מָקוֹם שֶׁנּוֹסְעִים אֵלָיו לְחוּפְשָׁה בַּקַּיִץ:

*הַיְּלָדִים **בַּקַּייטָנָה** מִן הַבּוֹקֶר עַד הָעֶרֶב.*

קיים פ', קִיֵּם — fulfilled

1. עָשָׂה, מִילֵּא מַה שֶּׁהִבְטִיחַ:

*דָּן הִבְטִיחַ לְהוֹרָיו שֶׁיָּבוֹא לְבַקֵּר. הוּא **קִיֵּים אֶת** הַבְטָחָתוֹ וּבָא בְּשַׁבָּת. / הוּא **מְקַיֵּים אֶת** מִצְוֹות הַדָּת.*

2. עָרַךְ (פוֹרְמָלִי): — held

*הַמִּפְלָגָה **קִיְּמָה אֶת** הָאֲסֵיפָה הַכְּלָלִית בַּמּוּזֵיאוֹן.*

לְקַיֵּים אֶת- / ק.י.ם, פִּיעֵל / קִיַּימְתִּי מְקַיֵּים, יְקַיֵּים, קַיֵּים!

קיים ת', קַיָּם — existing

חַי, נִמְצָא:

*'דָּוִד מֶלֶךְ יִשְׂרָאֵל חַי **וְקַיָּם**'.*

הַבִּנְיָין הַיָּפֶה הַזֶּה **קַיָּם** כְּבָר לְמַעְלָה-50 שָׁנָה.

הַקֶּרֶן הַקַּיֶּימֶת לְיִשְׂרָאֵל ר' קרן

קַיֶּימֶת, קַיָּמִים, קַיָּמוֹת

קילוחז׳ קִלּוּחַ [קילוּחִים] flow
זֶרֶם (שֶׁל מַיִם וְכוּ׳):
***קִילוּחַ** הַמַּיִם חַלָּשׁ, יֵשׁ סְתִימָה בַּצִּינוֹר.*

קילוףז׳ קִלּוּף [קילוּפִים] peeling
הֲסָרַת קְלִיפָּה:
*תַפּוּזִים צְרִיכִים **קִילוּף** - אֶת הַקְּלִיפָּה לֹא אוֹכְלִים.*

קילחפ׳ קִלֵּחַ (קִלַּח) showered (someone)
עָשָׂה לְמִישֶׁהוּ מִקְלַחַת, רָחַץ מִישֶׁהוּ בְּזֶרֶם מַיִם:
***קִילַּחְתִּי אֶת** הַיְּלָדִים, וְהִשְׁכַּבְתִּי אוֹתָם לִישׁוֹן.*
לְקַלֵּחַ אֶת- / ק.ל.ח, פִּיעֵל / קִילַחְתִּי, מְקַלֵּחַ, יְקַלֵּחַ, קַלֵּחַ!

קיללפ׳ קִלֵּל used bad language
1. דִּיבֵּר מִילִּים לֹא יָפוֹת:
*כָּעַסְתִּי, כִּי הוּא **קִילֵּל** אוֹתִי - מִילִּים כָּאֵלֶּה לֹא שָׁמַעְתִּי אַף-פַּעַם!...*
2. אָמַר שֶׁהוּא רוֹצֶה שֶׁיִּהְיֶה רַע לְמִישֶׁהוּ: cursed
הוּא קִילֵּל אֶת דָּוִיד וְאָמַר: 'הַלְוַואי שֶׁתָּמוּת'.
לְקַלֵּל אֶת- / ק.ל.ל, פִּיעֵל / קִילַלְתִּי, מְקַלֵּל, יְקַלֵּל, קַלֵּל!

קילספ׳ קִלֵּס praised
(לָשׁוֹן גְּבוֹהָה) אָמַר דְּבָרִים טוֹבִים עַל מִישֶׁהוּ אוֹ לְמִישֶׁהוּ:
*לֹא נָעִים לִי לַחֲזוֹר עַל הַדְּבָרִים הַטּוֹבִים שֶׁאָמְרוּ עָלַיי - כּוּלָּם **קִילְּסוּ** וְשִׁיבְּחוּ אוֹתִי.*
לְקַלֵּס אֶת- / ק.ל.ס, פִּיעֵל / קִילַסְתִּי, מְקַלֵּס, יְקַלֵּס, קַלֵּס!

קילףפ׳ קִלֵּף peeled
הוֹרִיד אֶת הַקְּלִיפָּה:
***קִילַּפְתִּי לְךָ** אֶת הַתַּפּוּז.*
לְקַלֵּף אֶת-, לְ- / ק.ל.ף, פִּיעֵל / קִילַפְתִּי, מְקַלֵּף, יְקַלֵּף

קילקולז׳ קִלְקוּל [קילקוּלִים] breakdown, damage
מַשֶּׁהוּ לֹא תָקִין, לֹא בְּסֵדֶר:
*הַמְּכוֹנִית אֵינָהּ נוֹסַעַת בִּגְלַל **הַקִּילְקוּל** בְּמַעֲרֶכֶת הַחַשְׁמַל.*

קילקלפ׳ קִלְקֵל spoiled, damaged
פָּגַע בְּמַשֶּׁהוּ לְרָעָה:
*הַיֶּלֶד שִׂיחֵק בְּרַדְיוֹ **וְקִילְקֵל** אוֹתוֹ.*
לְקַלְקֵל אֶת- / ק.ל.ק.ל, פִּיעֵל / קִילְקַלְתִּי, מְקַלְקֵל, יְקַלְקֵל

קימהנ׳ קִימָה [קימוֹת] getting up
1. עֲמִידָה עַל הָרַגְלַיִים מִמַּצָּב שֶׁל יְשִׁיבָה, שְׁכִיבָה וְכוּ׳:
*כּוֹאֵב לָהּ הַגַּב, לָכֵן **הַקִּימָה** מִן הַכִּיסֵּא קָשָׁה עָלֶיהָ.*
2. הִתְעוֹרְרוּת כְּשֶׁקָּמִים מִשֵּׁינָה:
***הַקִּימָה** מָחָר בַּבּוֹקֶר בְּשָׁעָה 7.00.*

קימורז׳ קִמּוּר [קִימּוּרִים] arching
צוּרַת הַקַּו הָעֶלְיוֹן שֶׁל חֲצִי כַּדּוּר:
*בְּשִׁיעוּר הִתְעַמְּלוּת עָשִׂינוּ **קִימּוּר** בַּגַּב. / גַּג הַבַּיִת אֵינוֹ יָשָׁר, יֵשׁ בּוֹ **קִימּוּר**.*

קימטפ׳ קִמֵּט wrinkled
עָשָׂה שֶׁבֶּד אוֹ נְיָיר וְכוּ׳ לֹא יִהְיוּ יְשָׁרִים:
*יָשַׁנְתִּי בַּשִּׂמְלָה, **וְקִימַּטְתִּי** אוֹתָהּ.*
לְקַמֵּט אֶת- / ק.מ.ט, פִּיעֵל / קִימַטְתִּי, מְקַמֵּט, יְקַמֵּט

קימעהתה״פ קִמְעָה a little
(אֲרָמִית) מְעַט, קְצָת (לָשׁוֹן גְּבוֹהָה):
*שָׁכַבְנוּ לָנוּחַ **קִימְעָה** מִן הַדֶּרֶךְ.*

קימץפ׳ קִמֵּץ was tight-fisted
לֹא רָצָה לְהוֹצִיא כֶּסֶף, חָסַךְ:
*הוּא **קִימֵּץ** עַל כָּל שֶׁקֶל - הוּא לֹא קָנָה לָנוּ כְּלוּם.*
לְקַמֵּץ עַל- / ק.מ.ץ, פִּיעֵל / קִימַצְתִּי מְקַמֵּץ, יְקַמֵּץ, קַמֵּץ!

קימרפ׳ קִמֵּר arched
עָשָׂה שֶׁתִּהְיֶה בְּלִיטָה, קַו עָגוֹל בּוֹלֵט:
***קִימַּרְתִּי** אֶת הַגַּב - הִכְנַסְתִּי אֶת הַבֶּטֶן פְּנִימָה וְכוֹפַפְתִּי קְצָת אֶת הַגַּב.*
לְקַמֵּר אֶת- / ק.מ.ר, פִּיעֵל / קִימֵּר, מְקַמֵּר, יְקַמֵּר, קַמֵּר!

קימרוןז׳ קִמְרוֹן [קִימְרוֹנוֹת / קִימְרוֹנִים] arch, dome
חֲצִי עִיגּוּל (מֵעַל דֶּלֶת, בַּגַּג וְכוּ׳):
*בַּבָּתִּים הַיְּשָׁנִים יֵשׁ **קִימְרוֹנוֹת** מֵעַל הַחַלּוֹנוֹת וְהַדְּלָתוֹת.*

קינאפ׳ קִנֵּא envied
1. הִרְגִּישׁ כַּעַס וְאַכְזָבָה כִּי מִישֶׁהוּ הִצְלִיחַ:
*הָאַחִים **קִינְּאוּ בְּיוֹסֵף**, כִּי חָשְׁבוּ שֶׁהוּא הַבֵּן הָאָהוּב.*
2. (בְּיַחֲסִים בֵּין בְּנֵי זוּג) כַּעַס עַל גִּילּוּי אַהֲבָה לַאֲחֵרִים: was jealous
*יִגְאָל **מְקַנֵּא לְאִשְׁתּוֹ**.*
לְקַנֵּא בְּ- , לְ- / ק.נ.א, פִּיעֵל / קִינֵּאתִי, מְקַנֵּא, אֲקַנֵּא

קינאה ר׳ קנאה

קינהנ׳ קִינָה [קִינוֹת] a lament
שִׁיר, מִילִּים עַל מֵת, עַל אָסוֹן וְכוּ׳:
*זֶה לֹא סְתָם שִׁיר עָצוּב, זֹאת **קִינָה** עַל מוֹת הַבֵּן.*

קינוחז׳ קִנּוּחַ [קִינּוּחִים] dessert
1. הַמָּנָה הָאַחֲרוֹנָה בָּאֲרוּחָה:
*אָכַלְנוּ בָּשָׂר וְתַפּוּחֵי אֲדָמָה, **וְהַקִּינּוּחַ** הָיָה גְּלִידָה.*
2. כְּשֶׁמְּנַגְּבִים, מְנַקִּים: wiping (clean)
*קָנִיתִי מִמְחָטוֹת נְיָיר **לְקִינּוּחַ** הָאַף.*

קינחפ׳ קִנֵּחַ (קִנַּח) wiped (clean)
1. נִיגֵב, נִיקָה:
קִינַחְתִּי אֶת הָאַף בְּמִמְחֶטֶת נְיָיר.
2. אָכַל אֶת הַמָּנָה הָאַחֲרוֹנָה: had dessert
אָכַלְנוּ צוֹהֳרַיִים וְקִינַחְנוּ בִּגְלִידָה.
לְקַנֵּחַ אֶת- / ק.נ.ח, פִּיעֵל / קִינַחְתִּי, מְקַנֵּחַ, יְקַנֵּחַ, קַנֵּחַ!

קינטרפ׳ קִנְטֵר teased
הִרגִיז, אָמַר דְבָרִים מְעַצְבְּנִים:
הוּא קִינְטֵר אוֹתִי וְאָמַר כֹּל הַזְּמַן שֶׁאֲנִי שְׁמֵנָה.
לְקַנְטֵר אֶת- / ק.נ.ט.ר, פִּיעֵל / קִינְטַרְתִּי, מְקַנְטֵר, יְקַנְטֵר

קינמוןז׳ קִנָּמוֹן cinnamon
תַבלִין, מוֹסִיפִים לְאוֹכֶל, עוּגוֹת וְכוּ׳:
קָנִיתִי עוּגָה עִם קִינָמוֹן וֶאֱגוֹזִים.

קינןפ׳ קִנֵּן nested
1. בָּנָה קֵן, בַּיִת שֶׁל צִיפּוֹר וְכוּ׳ וְגָר בּוֹ:
הַצִּיפּוֹרִים מְקַנְנוֹת בְּאֵירוֹפָּה, אֲבָל בַּחוֹרֶף הֵן עָפוֹת לְאַפְרִיקָה.
2. הָיָה בְּתוֹךְ: settled in
קִינֵן בְּלִיבִּי פַּחַד, שֶׁיִּקְרֶה לוֹ מַשֶּׁהוּ רַע.
לְקַנֵּן בְּ- / ק.נ.ן, פִּיעֵל / קִינַנְתִּי, מְקַנֵּן, יְקַנֵּן

קיסםז׳ קֵיסָם [קֵיסָמִים] toothpick
מַקֵל קָטָן וְדַק מֵעֵץ, מִפְּלַסְטִיק וְכוּ׳ (כּמוֹ גַפרוּר):
אַחֲרֵי הָאוֹכֶל אֲנִי מִשְׁתַּמֵּשׁ בְּקֵיסָם - מוֹצִיא מִבֵּין הַשִּׁינַּיִים אֶת שְׁאֵרִיּוֹת הָאוֹכֶל.

קיסרז׳ קֵיסָר [קֵיסָרִים] emperor, caesar
מֶלֶךְ, אִימְפֶּרָטוֹר:
קָלִיגוּלָה הָיָה קֵיסָר בְּרוֹמָא.

קיסרותנ׳ קֵיסָרוּת empire
אִימְפֶּרְיָה, מְדִינָה גדוֹלָה שֶׁבְּרֹאשָׁהּ מֶלֶךְ:
בַּקֵּיסָרוּת הָאוֹסטרוֹ-הוּנגָרִית, הָיוּ מְדִינוֹת רַבּוֹת - אוֹסטרִיָּיה, הוּנגַרְיָה, צֶ'כְיָה, סֶרְבִּיָּה וְכוּ׳.

קיסרית׳ קֵיסָרִי imperial
הַשַּׁיָּיךְ לַקֵּיסָר, מַתְאִים לְקֵיסָר:
יֵשׁ לוֹ הִתְנַהֲגוּת קֵיסָרִית, הוּא חוֹשֵׁב שֶׁהַמְּדִינָה שֶׁלּוֹ.
נִיתוּחַ קֵיסָרִי Caesarean section
קֵיסָרִית, קֵיסָרִיִּים, קֵיסָרִיּוֹת

קיעקעפ׳ קִעְקֵעַ tattooed
1. "כָּתַב" בָּעוֹר בְּמַכשִׁיר חַד וְחַם מְאוֹד:
הוּא קִיעֲקֵעַ עַל הַיָּד צִיּוּר שֶׁל צִיפּוֹר.
2. (לָשׁוֹן גבוֹהָה) הָרַס שָׁבַר: completely destroyed
הַצָּבָא קִיעֲקֵעַ אֶת חוֹמַת הָעִיר.
לְקַעֲקֵעַ אֶת- / ק.ע.ק.ע, פִּיעֵל / קִיעֲקַעְתִּי, מְקַעֲקֵעַ

קיערפ׳ קִעֵר made concave
עָשָׂה שֶׁקַע, כּמוֹ קְעָרָה:
קִיעַרְנוּ אֶת הַגַּב בְּשִׁיעוּר הִתעַמְּלוּת - הוֹצֵאנוּ אֶת הַבֶּטֶן הַחוּצָה, קָדִימָה.
לְקַעֵר אֶת- / ק.ע.ר, פִּיעֵל / קִיעַרְתִּי, מְקַעֵר, יְקַעֵר, קַעֵר!

קיפאוןז׳ קִפָּאוֹן freeze, freezing
1. מַצָּב שֶׁל קוֹר גָדוֹל וְהִתקַשּׁוּת הַנּוֹזְלִים:
נְקוּדַת הַקִּיפָּאוֹן שֶׁל מַיִם הִיא 0°.
2. (מֶטָאפוֹרָה) כְּשֶׁאֵין תזוּזָה, כְּשֶׁאֵין הִתקַדְּמוּת: standstill, deadlock
יֵשׁ קִיפָּאוֹן בְּמַשָּׂא וּמַתָּן בֵּין הָעוֹבדִים וְהַהַנהָלָה.

קיפודז׳ קִפּוֹד [קִיפּוֹדִים] hedgehog
בַּעַל חַיִּים שֶׁיֵּשׁ לוֹ קוֹצִים - מְחָטִים:
הַקּוֹצִים מְגִינִּים עַל הַקִּיפּוֹד מִבַּעֲלֵי חַיִּים, שֶׁרוֹצִים לִטרוֹף אוֹתוֹ.

קיפוחז׳ קִפּוּחַ [קִיפּוּחִים] deprivation
1. כְּשֶׁלֹּא נוֹתנִים מַה שֶּׁמַּגִּיעַ:
אֲנִי מַרגִישָׁה, שֶׁיֵּשׁ קִיפּוּחַ - מַשְׂכּוֹרֶת הַנָּשִׁים נְמוּכָה יוֹתֵר.
2. מָוֶות: loss (of life)
כּוּלָּנוּ מִצטַעֲרִים עַל קִיפּוּחַ חַיִּים בִּתאוּנוֹת דְּרָכִים.

קיפולז׳ קִפּוּל [קִיפּוּלִים] folding
כְּשֶׁשָּׂמִים שְׁנֵי חֲלָקִים שֶׁל נְיָיר אוֹ בַּד זֶה עַל זֶה:
אֲנִי עֲסוּקָה בְּקִיפּוּל הַחוּלצוֹת כְּדֵי לְסַדֵּר אוֹתָן בָּאָרוֹן.

קיפחפ׳ קִפֵּחַ (קִפַּח) deprived
1. לֹא נָתַן לְמִישֶׁהוּ אֶת הַמַּגִּיעַ לוֹ:
הוּא קִיפֵּחַ אוֹתִי בַּתַּשְׁלוּם - מַגִּיעַ לִי הַרבֵּה יוֹתֵר.
2. הִפסִיד, אִיבֵּד, מֵת: lost (his life)
הוּא קִיפֵּחַ אֶת חַיָּיו בִּתאוּנַת דְּרָכִים.
לְקַפֵּחַ אֶת- / ק.פ.ח, פִּיעֵל / קִיפַּחְתִּי, מְקַפֵּחַ, יְקַפֵּחַ, קַפֵּחַ!

קיפלפ׳ קִפֵּל folded
שָׂם (בַּד, נְיָיר) חֵלֶק עַל חֵלֶק, עָשָׂה שֶׁיִּתפּוֹס פָּחוֹת מָקוֹם:
קִיפַּלְתִּי אֶת הָעִיתוֹן וְהִכנַסְתִּי אוֹתוֹ לַתִּיק.
לְקַפֵּל אֶת- / ק.פ.ל, פִּיעֵל / קִיפַּלְתִּי, מְקַפֵּל, יְקַפֵּל, קַפֵּל!

קיפץפ׳ קִפֵּץ leaped, jumped
קָפַץ, עָשָׂה תנוּעָה חַדָּה לְמַעלָה, לְמַטָּה אוֹ מִמָּקוֹם לְמָקוֹם:
הוּא קִיפֵּץ מֵאֶבֶן לְאֶבֶן.
לְקַפֵּץ, מִ- / ק.פ.ץ, פִּיעֵל / קִיפַּצְתִּי, מְקַפֵּץ, יְקַפֵּץ, קַפֵּץ!

קַיִץז׳ קַיִץ [קֵיצִים] summer
התקופה הַחַמָּה שֶׁל הַשָּׁנָה, חוֹדָשִׁים יוּנִי-סֶפְּטֶמְבֶּר:
דִינָה אוֹהֶבֶת אֶת הַקַּיִץ, הִיא אוֹהֶבֶת לָלֶכֶת לַיָּם וְלִלְבּוֹשׁ בְּגָדִים קֵיצִיִּים.

קִיצְבָהנ׳ קִצְבָּה (/קִצְבָה) [קִיצְבָאוֹת] pension, annuity
סכום כֶּסֶף קָבוּעַ שֶׁמְּשַׁלְּמִים לְאָדָם (פֶּנסְיָה וְכוּ׳):
*אֲנִי מְקַבֵּל **קִיצְבָה** מִן הַבִּיטוּחַ הַלְּאוּמִי, כִּי אֲנִי בֶּן 65.*
קִיצְבַּת־יְלָדִים - תַּשְׁלוּם שֶׁל הַמְדִינָה לְפִי מִסְפַּר הַיְלָדִים
קִיצְבַּת־זִיקְנָה - תַּשְׁלוּם שֶׁל הַמְדִינָה לַאֲנָשִׁים זְקֵנִים, שֶׁאֵין לָהֶם פֶּנסְיָה

קִיצוֹנִית״ז קִיצוֹנִי the very last
1. שֶׁנִמְצָא בַּקָּצֶה, בַּסּוֹף:
*הַבַּיִת שֶׁלָּנוּ נִמְצָא בְּסוֹף הָרְחוֹב, הוּא הַבַּיִת **הַקִּיצוֹנִי** בָּרְחוֹב.*
2. מִי שֶׁהַדֵּיעוֹת אוֹ הַדְּרִישׁוֹת שֶׁלּוֹ רְחוֹקוֹת מִן הָאֶמְצַע: extreme, extrimist
***הַקִּיצוֹנִים** בְּוַעַד הָעוֹבְדִים תָּמְכוּ בִּשְׁבִיתָה כְּלָלִית.*
(בְּכַדּוּרֶגֶל) קִיצוֹנִי יְמָנִי/קִיצוֹנִי שְׂמָאלִי
קִיצוֹנִית, קִיצוֹנִיִּים, קִיצוֹנִיּוֹת

קִיצוּץז׳ קִצּוּץ [קִיצוּצִים] cutting
1. כְּשֶׁחוֹתְכִים:
*הָעֵצִים צְרִיכִים **קִיצוּץ**, אִי אֶפְשָׁר לַעֲבוֹר בָּרְחוֹב.*
2. הַפְחָתָה, הַקְטָנָה שֶׁל מַשֶּׁהוּ: cutback
*בִּגְלַל הַמַּצָּב הַקָּשֶׁה הוֹדִיעוּ עַל **קִיצוּץ** בַּתַּקְצִיב-**הַקִּיצוּצִים** בְּמַשְׂכּוֹרוֹת הָעוֹבְדִים גָּרְמוּ לִשְׁבִיתוֹת.*

קִיצוּרז׳ קִצּוּר [קִיצוּרִים] shortening
הַקְטָנָה, הֲפִיכַת דָּבָר לְקָצָר אוֹ לְקָטָן יוֹתֵר:
*בְּבֵית הַחֲרוֹשֶׁת הוּחְלַט עַל **קִיצוּר** שְׁבוּעַ הָעֲבוֹדָה.*
קִיצוּר שֶׁל דָּבָר to make a long story short
קִיצוּר־דֶּרֶךְ shortcut
בְּקִיצוּרת״פ - in short
1. בְּמִילִים מוּעָטוֹת בְּלִי לְהַאֲרִיךְ:
יֵשׁ מְעַט זְמַן, דַּבֵּר בְּקִיצוּר וְלָעִנְיָין!
2. בְּרָאשֵׁי תֵיבוֹת: with initials
*'עַמוּד' כּוֹתְבִים **בְּקִיצוּר** כָּךְ -עמ'.*

קֵיצִית׳ קֵיצִי summery
שֶׁל הַקַּיִץ, מַתְאִים לַקַּיִץ:
*לָבַשְׁתִּי שִׂמְלָה **קֵיצִית**, כִּי חַם הַיּוֹם.*
קֵיצִית, קֵיצִיִּים, קֵיצִיּוֹת

קִיצֵץפ׳ קִצֵּץ cut
1. חָתַךְ:
***קִיצַּצְתִּי** אֶת הָעֲנָפִים הַיְּבֵשִׁים בָּעֵץ.*
2. עָשָׂה שֶׁיִּהְיוּ חֲתִיכוֹת קְטַנּוֹת: chopped
***קִיצַּצְתִּי** בָּצָל לַסָּלָט.*
3. עָשָׂה שֶׁיִּהְיֶה פָּחוֹת, קָטָן יוֹתֵר: reduced, cut down/back
***קִיצַּצְתִּי** בְּהוֹצָאוֹת הַחַשְׁמַל.*
לְקַצֵּץ אֶת-, בְּ- / ק.צ.ץ, פִּיעֵל / קִיצַּצְתִּי, מְקַצֵּץ, יְקַצֵּץ

קִיצֵּרפ׳ קִצֵּר shortened
1. עָשָׂה שֶׁיִּהְיֶה פָּחוֹת בִּזְמַן, בְּאוֹרֶךְ וְכוּ׳:
***קִיצַּרְתִּי** אֶת הַמִּכְנָסַיִים הַחֲדָשִׁים.*
(מֶטָאפוֹרָה) *הוּא **קִיצֵּר** אֶת חַיַּי בַּצָּרוֹת שֶׁגָּרַם לִי.*
2. דִּיבֵּר בִּמְעַט מִילִים, בְּקִיצוּר: cut short
***קִיצַּרְתִּי** בַּתֵּיאוֹרְיָה וְהֶאֱרַכְתִּי בַּפְּרַקְטִיקָה.*
לְקַצֵּר אֶת- / ק.צ.ר, פִּיעֵל / קִיצַּרְתִּי, מְקַצֵּר, יְקַצֵּר, קַצֵּר!

קִיקָיוֹןז׳ קִיקָיוֹן [קִיקְיוֹנִים] castor-oil plant
שֵׁם שֶׁל עֵץ, גָּדֵל מַהֵר מְאוֹד:
*עֲצֵי **קִיקָיוֹן** מְכַסִּים שְׁטָחִים גְּדוֹלִים, וְהֵם מַסְתִּירִים אֶת הַבָּתִּים מִמּוּל.*

קִיקְיוֹנִית׳ קִיקְיוֹנִי ephemeral
זְמַנִּי, לֹא מַאֲרִיךְ יָמִים:
*זֶה הָיָה רַעְיוֹן **קִיקְיוֹנִי**, לֹא הָיָה לוֹ כָּל סִיכּוּי לְהַצְלִיחַ.*
קִיקְיוֹנִית, קִיקְיוֹנִיִּים, קִיקְיוֹנִיּוֹת

קִירז׳ קִיר [קִירוֹת] wall
מַה שֶּׁחוֹצֶה בֵּין חֶדֶר לְחֶדֶר:
*תָּלִיתִי אֶת הַתְּמוּנָה עַל **הַקִּיר**.*

קֵירֵבפ׳ קֵרֵב brought closer
1. עָשָׂה שֶׁיִּהְיֶה קָרוֹב יוֹתֵר, עַל-יַד:
***קֵירַבְתִּי** אֶת הַכִּסֵּא לַקִּיר.*
2. הִתְיַיחֵס בְּסִימְפַּתְיָה: embraced
***קֵירַבְתִּי** אוֹתוֹ אֵלַיי וְאֶל מִשְׁפַּחְתִּי, וְהִתְיַיחַסְתִּי אֵלָיו כְּמוֹ לְבֵן.*
לְקָרֵב אֶת- / ק.ר.ב, פִּיעֵל / קֵירַבְתִּי, מְקָרֵב, יְקָרֵב, קָרֵב!

קִירְבָהנ׳ קִרְבָה proximity
1. כְּשֶׁמַּשֶּׁהוּ נִמְצָא קָרוֹב, עַל-יַד:
*יֵשׁ כָּאן רַעַשׁ בִּגְלַל **קִירְבַת** הַבַּיִת לָרְחוֹב.*
2. יַחַס קָרוֹב, קֶשֶׁר (שֶׁל מִשְׁפָּחָה, חֲבֵרִים וְכוּ׳): closeness
*אֲנִי מַרְגִּישׁ **קִירְבָה** רַבָּה לְדָוִיד וּלְרוּת.*
קִירְבַת־דָּם consanguinity
בְּקִירְבַת near

קֵירוּבז׳ קֵרוּב bringing near
כְּשֶׁגּוֹרְמִים שֶׁמַּשֶּׁהוּ יִהְיֶה קָרוֹב, לְיַד:
*עַל-יְדֵי **קֵירוּב** הַכִּסֵּא לַשּׁוּלְחָן יִהְיֶה יוֹתֵר מָקוֹם בַּחֶדֶר.*

(מֶטָאפוֹרָה) *אֲנִי מְטַפֵּל **בְּקֵירוּב** הָעוֹלִים לַחַיִּים בָּאָרֶץ.*

קֵירוּב־לְבָבוֹת becoming close (friends)

בְּקֵירוּבת"פ approximately

קֵירוּרז, קֵרוּר cooling

כְּשֶׁעוֹשִׂים (אוֹ מַה שֶׁעוֹשֶׂה) שֶׁיִּהְיֶה קַר:

***קֵירוּר** הַבָּתִּים בַּקַּיִץ הֶכְרֵחִי בְּאֵילַת.*

קֵירֵחַת, קֵרֵחַ bald

1. בְּלִי שְׂעָרוֹת:

*דָּוִד **קֵירֵחַ** מְגִיל צָעִיר.*

2. בְּלִי צְמָחִים: barren

*הָרֵי הַנֶּגֶב **קֵירְחִים**.*

קֵירַחַת, קֵירְחִים, קֵירְחוֹת

קִירְקָסז, קִרְקָס [קִירְקָסִים] circus

הַצָּגָה עִם בַּעֲלֵי חַיִּים, אַקְרוֹבָּטִים וְכוּ':

*אֲנִי אוֹהֵב לָלֶכֶת **לַקִּירְקָס**, יֵשׁ שָׁם בַּעֲלֵי חַיִּים שֶׁמִּתְנַהֲגִים כְּמוֹ בְּנֵי אָדָם.*

קִירְקֵרפ, קִרְקֵר cackled, made noise

הִשְׁמִיעַ קוֹל מַטְרִיד, מְעַצְבֵּן:

*הַתַּרְנְגוֹלוֹת **קִירְקְרוּ** כֹּל הַלַּיְלָה.*

לְקַרְקֵר / ק.ר.ק.ר, פִּיעֵל / קִירְקַרְתִּי, מְקַרְקֵר, יְקַרְקֵר

קֵירֵרפ, קֵרֵר cooled

עָשָׂה שֶׁיִּהְיֶה קַר יוֹתֵר:

*הָרוּחַ **מְקָרֶרֶת** אֶת הָאֲוִויר.*

לְקָרֵר אֶת- / ק.ר.ר, פִּיעֵל / קֵירַרְתִּי, מְקָרֵר, יְקָרֵר, קָרֵר!

קִישּׁוּאז, קִשּׁוּא [קִישּׁוּאִים] squash

יָרָק, דּוֹמֶה לַמְּלָפְפוֹן:

*בִּישַּׁלְתִּי מְרָק מִירָקוֹת - גֶּזֶר, **קִישּׁוּא**, בָּצָל וְכוּ'.*

קִישּׁוּטז, קִשּׁוּט [קִישּׁוּטִים] decoration

דֶּקוֹרַצְיָה, מַה שֶּׁשָּׂמִים כְּדֵי לְהוֹסִיף יוֹפִי:

*הַיְּלָדִים תָּלוּ **קִישּׁוּטִים** בַּסּוּכָּה.*

קִישּׁוּט-הַחֶדֶר / קִישּׁוּטִים מִנְּיָיר צִבְעוֹנִי / קִישּׁוּטִים לֶחָג

קִישֵּׁטפ, קִשֵּׁט decorated

שָׂם מַשֶּׁהוּ כְּדֵי לְהוֹסִיף יוֹפִי:

*הַתַּלְמִידִים **קִישְּׁטוּ** אֶת הַכִּיתָּה בְּצִיּוּרִים וּבִתְמוּנוֹת.*

לְקַשֵּׁט אֶת- / ק.ש.ט, פִּיעֵל / קִישַּׁטְתִּי, מְקַשֵּׁט, אֲקַשֵּׁט

קִשְׁקוּשׁז, קִשְׁקוּשׁ [קִשְׁקוּשִׁים] rattling

1. קוֹל שֶׁל מַשֶּׁהוּ שֶׁנִּמְצָא בְּקוּפְסָה רֵיקָה אוֹ שֶׁל שְׁנֵי גוּפִים שֶׁנִּפְגָּשִׁים:

*לְפִי **קִשְׁקוּשׁ** הַמַּפְתְּחוֹת אֲנִי יוֹדַעַת שֶׁאַבָּא בָּא.*

2. דִּיבּוּרִים מְעַצְבְּנִים, חַסְרֵי עֵרֶךְ: sheer nonesense

*מַה שֶּׁהוּא אָמַר זֶה **קִשְׁקוּשׁ** גָּדוֹל.*

3. "צִיּוּר" שֶׁל יֶלֶד קָטָן מְאוֹד: scribble

*כְּשֶׁדָּוִד הָיָה בֶּן שְׁנָתַיִים, הוּא הֶרְאָה לִי **קִשְׁקוּשׁ** וְאָמַר שֶׁזֶּה כֶּלֶב.*

קִשְׁקֵשׁפ, קִשְׁקֵשׁ rattled

1. הִשְׁמִיעַ קוֹל שֶׁל שְׁנֵי גוּפִים שֶׁנִּפְגְּשׁוּ בְּמַכָּה:

***קִשְׁקַשְׁתִּי** בַּמַּפְתְּחוֹת, כְּדֵי שֶׁיֵּדְעוּ שֶׁהִגַּעְתִּי.*

2. אָמַר דְּבָרִים חַסְרֵי עֵרֶךְ, סְתָם דִּיבּוּרִים: chatted

***קִשְׁקַשְׁנוּ** מַסְפִּיק, הִגִּיעַ הַזְּמַן לַעֲבוֹד.*

3. "צִיֵּיר", רָשַׁם קַוִּוים בְּלִי כֹּל מַשְׁמָעוּת: scribbled

*דָּוִד בֶּן הַשְּׁנָתַיִים **קִשְׁקֵשׁ עַל** כֹּל הַקִּירוֹת.*

קִישֵּׁרפ, קִשֵּׁר brought together, introduced

1. יָצַר קֶשֶׁר, עָשָׂה שֶׁשְּׁנַיִים יִיפָּגְשׁוּ אוֹ יְדַבְּרוּ:

***קִישַּׁרְתִּי** אוֹתוֹ עִם הַמְּהַנְדֵּס, וְהֵם כְּבָר יַחְלִיטוּ אֵיךְ לִבְנוֹת אֶת הַבַּיִת.*

2. חִיבֵּר בֵּין שְׁנֵי מְקוֹמוֹת וְכוּ': connected

*הַכְּבִישׁ הַזֶּה **קִישֵּׁר** בֵּין תֵּל אָבִיב לְחוֹלוֹן.*

לְקַשֵּׁר אֶת-, עִם- / ק.ש.ר, פִּיעֵל / קִישַּׁרְתִּי, מְקַשֵּׁר

קַלת, קַל light

1. לֹא כָּבֵד, בַּעַל מִשְׁקָל מוּעָט:

*הַשּׁוּלְחָן הַזֶּה **קַל**, אֶפְשָׁר לְהָרִים אוֹתוֹ בְּקַלּוּת.*

2. לֹא קָשֶׁה: easy

*לְדִינָה **קַל** לִלְמוֹד אַנְגְּלִית, וְאִילּוּ לְמֹשֶׁה **קַל** לִלְמוֹד תַּנַ"ךְ.*

3. לֹא רְצִינִי, לֹא כָּבֵד בַּחֲשִׁיבוּת: light

*אֲנִי אוֹהֵב מוּסִיקָה **קַלָּה**, לֹא סִימְפוֹנְיוֹת.*

מַשְׁקָאוֹת קַלִּים soft drinks

שָׁעָה קַלָּה short while

תַּעֲשִׂיָּיה קַלָּה light industry

קַלָּה, קַלִּים, קַלּוֹת

קָלָהפ, קָלָה roasted

שָׂם עַל הָאֵשׁ לִזְמַן קָצָר:

***קָלִיתִי אֶת** הָאֱגוֹזִים, כָּךְ הֵם טְעִימִים יוֹתֵר.*

לִקְלוֹת אֶת- / ק.ל.ה, פָּעַל / קָלִיתִי, קוֹלֶה, יִקְלֶה, קְלֵה!

קָלוּית, קָלוּי roasted (adj.)

מַשֶּׁהוּ שֶׁהֶעֱבִירוּ אוֹתוֹ, שָׂמוּ אוֹתוֹ בָּאֵשׁ:

*אֱגוֹזִים **קְלוּיִים** טְעִימִים יוֹתֵר.*

לֶחֶם קָלוּי toast

קְלוּיָה, קְלוּיִים, קְלוּיוֹת

קָלוֹןז, קָלוֹן shame, disgrace

(לָשׁוֹן גְּבוֹהָה) בּוּשָׁה גְּדוֹלָה, דָּבָר רַע שֶׁיֵּשׁ לְהִתְבַּיֵּישׁ בּוֹ

מְאוֹד:
*גְנֵיבָה הִיא מַעֲשֶׂה שֶׁיֵּשׁ עִימּוֹ **קָלוֹן**.*
אוֹת קָלוֹן - mark of disgrace
הַיְּהוּדִים עָנְדוּ כּוֹכָב צָהוֹב כְּאוֹת קָלוֹן.

קלועת׳ קָלוּעַ braided (adj.)
כְּשֶׁעוֹשִׂים מֵחֶבֶל אוֹ מִשְּׂעָרוֹת צוּרָה שֶׁל שַׁרְשֶׁרֶת:
*הַשְּׂעָרוֹת שֶׁלִּי **קְלוּעוֹת** - יֵשׁ לִי צַמָּה אֲרוּכָּה.*
קְלוּעָה, קְלוּעִים, קְלוּעוֹת

קלושת׳ קָלוּשׁ scanty
חַלָּשׁ, לֹא מְבוּסָּס:
*הַיְּדִיעוֹת שֶׁלִּי בְּהִיסְטוֹרְיָה **קְלוּשׁוֹת**.*
קְלוּשָׁה, קְלוּשִׁים, קְלוּשׁוֹת

קלותנ׳ קַלּוּת easiness, lightness
כְּשֶׁמַּשֶּׁהוּ קַל, לֹא קָשֶׁה, לֹא כָּבֵד:
*בַּחַיִּים יֵשׁ גַּם **קַלּוּת**, לֹא רַק קוֹשִׁי.*
קַלּוּת דַּעַת - frivolity
הוּא עוֹשֶׂה הַכּוֹל מִתּוֹךְ קַלּוּת דַּעַת, בְּלִי לַחְשׁוֹב.
קַלּוּת רֹאשׁ - recklessness
אָסוּר לִנְהוֹג בְּקַלּוּת רֹאשׁ.
בְּקַלּוּת - with ease, 'easy'
אֲנִי עוֹשֶׂה הַכּוֹל בְּקַלּוּת, שׁוּם דָּבָר לֹא קָשֶׁה לִי.
(לשון דיבור) *אֲנִי לוֹקֵחַ אֶת הַחַיִּים בְּקַלּוּת.*

קלטפ׳ קָלַט absorbed
1. קִיבֵּל לְתוֹכוֹ:
*הַקִּיבּוּץ **קָלַט** עוֹלִים רַבִּים.*
2. תָּפַס: comprehended
*הַתִּינוֹק **קָלַט** מַהֵר כֹּל מִילָּה שֶׁשָּׁמַע.*
3. (בְּאֶמְצָעֵי הַתִּקְשׁוֹרֶת) שָׁמַע, רָאָה: received
*הֵם **קָלְטוּ אֶת** שִׁידּוּרֵי קוֹל יִשְׂרָאֵל בְּרוּסְיָה.*
לִקְלוֹט אֶת- / ק.ל.ט, פָּעַל / קָלַטְתִּי, קוֹלֵט, יִקְלוֹט

קלטז׳ קֶלֶט military reception and processing center
1. הַמָּקוֹם הָרִאשׁוֹן, שֶׁחַיָּיל חָדָשׁ מַגִּיעַ אֵלָיו:
*אֶת דָּוִד פָּגַשְׁתִּי **בַּקֶּלֶט**, וְכָל הַצָּבָא הָיִינוּ יַחַד.*
2. הָאִינְפוֹרְמַצְיָה שֶׁמַּכְנִיסִים לַמַּחְשֵׁב: input
*בָּדַקְתִּי אֶת **הַקֶּלֶט** שֶׁהוּכְנַס לַמַּחְשֵׁב.*

קלטתנ׳ קַלֶּטֶת [קַלָּטוֹת] cassette
סֶרֶט מַגְנֵטִי, לְשִׁימּוּשׁ בְּרַשְׁמְקוֹל אוֹ בְּוִידֵאוֹ:
*אֲנִי אוֹהֶבֶת לְהַקְשִׁיב **לְקַלָּטוֹת** שֶׁל שִׁירִים עִבְרִיִּים.*

קלידז׳ קָלִיד [קְלִידִים] key (in keyboard)
בִּפְסַנְתֵּר, בְּמַחְשֵׁב וְכוּ׳ - הַחֲלָקִים שֶׁנִּכְנָסִים וְקוֹפְצִים כְּשֶׁנּוֹגְעִים בָּהֶם:
*לַפְּסַנְתֵּר יֵשׁ **קְלִידִים** לְבָנִים וּשְׁחוֹרִים.*

קליטת׳ קָלִיט catchy
קוֹלְטִים אוֹתוֹ בְּקַלּוּת, לֹא קָשֶׁה לִלְמוֹד אוֹתוֹ:
*הַמַּנְגִּינָה הַזֹּאת **קְלִיטָה**, אֲנִי כְּבָר יוֹדֵעַ לָשִׁיר אוֹתָהּ.*
קְלִיטָה קְלִיטִים, קְלִיטוֹת

קליטהנ׳ קְלִיטָה absorption
1. קַבָּלָה לְתוֹךְ קְבוּצָה, חֶבְרָה וְכוּ׳:
*מִשְׂרַד **הַקְּלִיטָה** עוֹזֵר לְעוֹלִים לְהִיקָּלֵט בָּאָרֶץ - לִמְצוֹא דִּירָה וַעֲבוֹדָה וְלִלְמוֹד אֶת הַשָּׂפָה.*
2. תְּפִיסָה בְּמַחְשָׁבָה: comprehension
*הַיֶּלֶד מוּכְשָׁר, יֵשׁ לוֹ **קְלִיטָה** מְהִירָה.*

קלילת׳ קַלִּיל (very) light
לֹא רְצִינִי, שֶׁיֵּשׁ לוֹ חֲשִׁיבוּת קְטַנָּה:
*הַהַצָּגָה הַזֹּאת הִיא קוֹמֶדְיָה **קַלִּילָה**.*
קַלִּילָה (/קְלִילָה), קַלִּילִים (/קְלִילִים), קַלִּילוֹת (/קְלִילוֹת)

קלילותנ׳ קַלִּילוּת (קְלִילוּת) lightness
בְּצוּרָה קַלָּה מְאוֹד:
*הִיא רוֹקֶדֶת **בְּקַלִּילוּת**.*

קליעז׳ קְלִיעַ [קְלִיעִים] bullet
הַחֵלֶק בְּכַדּוּר שֶׁל רוֹבֶה, אֶקְדָּח וְכוּ׳ שֶׁפּוֹגֵעַ:
*נִפְצַעְתִּי, חָדַר לִי **קְלִיעַ** לָרֶגֶל.*

קליעהנ׳ קְלִיעָה [קְלִיעוֹת] target shooting
1. כְּשֶׁיּוֹרִים לִנְקוּדָּה כֹּל שֶׁהִיא:
*הָיְתָה תַּחֲרוּת **קְלִיעָה** בְּרוֹבִים קַלִּים.*
2. כְּשֶׁמְּסַדְּרִים שְׂעָרוֹת אוֹ חֲבָלִים כְּמוֹ שַׁרְשֶׁרֶת: weaving, braiding
*קְלִיעַת **הַצַּמּוֹת** בַּבּוֹקֶר גּוֹזֶלֶת זְמַן רַב.*
קְלִיעָה לַמַּטָּרָה - hitting the target
הַהַצָּעָה הַזֹּאת הִיא "קְלִיעָה לַמַּטָּרָה".

קליפהנ׳ קְלִפָּה [קְלִיפּוֹת] peel
חֵלֶק חִיצוֹנִי שֶׁל פֵּירוֹת, יְרָקוֹת שֶׁמּוֹרִידִים אוֹתוֹ:
*דָּוִד קִילֵּף אֶת הַבַּנָּנָה וְזָרַק אֶת **הַקְּלִיפָּה** לַפַּח.*
קְלִיפַּת הַשּׁוּם - דָּבָר חֲסַר עֵרֶךְ worthless

קללהנ׳ קְלָלָה [קְלָלוֹת] bad language
1. מִילִּים גַּסּוֹת, לֹא יָפוֹת:
*בְּלִי **קְלָלוֹת** הוּא לֹא יָכוֹל לְדַבֵּר.*
2. כְּשֶׁאוֹמְרִים שֶׁתָּבוֹא רָעָה עַל מִישֶׁהוּ (הַהֵיפֶךְ מִבְּרָכָה): curse
*פָּחַדְתִּי לָגוּר בַּמָּקוֹם הַזֶּה כִּי 'יֵשׁ עָלָיו **קְלָלָה**'.*

קלמנטינה נ, קְלֶמֶנְטִינָה [קְלֶמֶנְטִינוֹת] tangerine
פְּרִי כּמוֹ תַפּוּז, אֲבָל קָטָן יוֹתֵר:
*קָנִיתִי **קְלֶמֶנְטִינוֹת** בַּשּׁוּק.*

קלמר ז, קַלְמָר [קַלְמָרִים] pen/pencil case
קוּפסָה לְמַכשִׁירֵי כּתִיבָה (עֵט, עִיפָּרוֹן וְכוּ'):
***הַקַלְמָר** נִמצָא תָמִיד בְּיַלקוּט בֵּית הַסֵפֶר.*

קלסתר ז, קְלַסְתֵּר [קלַסתֵרִים] countenance
פָּנִים, צוּרַת הַפָּנִים:
***קְלַסתֵר** פָּנֶיהָ דוֹמֶה לְזֶה שֶׁל אַבָּא שֶׁלָה.*

קלסתרון ז, קְלַסְתְּרוֹן [קְלַסתְרוֹנִים] composite drawing
כּשֶׁמְצַיירִים אוֹ מַרכִּיבִים פָּנִים לְפִי תֵיאוּר שֶׁל מִישֶׁהוּ:
*הַמִשׁטָרָה הִרכִּיבָה **קְלַסתְרוֹן** שֶׁל הָרוֹצֵחַ.*

קלע פ, קָלַע hit
1. יָרָה, זָרַק כַּדוּר אֶל מָקוֹם מְסוּיָם:
הוּא קָלַע 3 סַלִים בְּמִשׂחָק נֶגֶד 'מַכַּבִּי תֵל־אָבִיב'.
2. עָשָׂה שַׁרשֶׁרֶת מִשְׂעָרוֹת, מֵחֶבֶל וְכוּ': weaved, braided
***קָלַעתִי** לְבִתִי שְׁתֵי צַמוֹת*
3. (מֶטָאפוֹרָה) אָמַר בְּדִיוּק: matched (someone's thoughts)
*הוּא **קָלַע לְדַעתִי**.*
לִקלוֹעַ אֶל־, אֶת־ / ק.ל.ע פָּעַל / קָלַעתִי, קוֹלֵעַ, יִקלַע

קלף פ, קָלַף peeled
הוֹרִיד אֶת הַקלִיפָּה:
***קָלַפתִי אֶת** הַתַפּוּז, וְאָכַלתִי אוֹתוֹ.*
לִקלוֹף אֶת־ / ק.ל.ף, פָּעַל / קָלַפתִי, קוֹלֵף, יִקלוֹף, קלוֹף!

קלף ז, קְלָף [קלָפִים] card
כַּרטִיס מִשׂחָק (לְבְּרִידג', פּוֹקֶר, רֶמִי וְכוּ'):
*פּוֹקֶר הוּא מִשׂחַק **קלָפִים**.*
טָרַף אֶת הַקלָפִים - שִׁינָה אֶת הַתוֹכנִיוֹת "shuffled the cards" (made new plans)

קלפי נ, קַלְפִּי / קַלְפֵּי [קַלפִּיוֹת] ballot box
1. קוּפסָה, שָׂמִים בָּהּ פֶּתֶק שֶׁרָשׁוּם בּוֹ בְּמִי בּוֹחֲרִים (מִפלָגָה, רֹאשׁ עִיר וְכוּ'):
*אֶת כָּל **הַקַלפִּיוֹת** פּוֹתחִים וְסוֹגרִים בְּאוֹתוֹ זמַן.*
2. הַמָקוֹם שֶׁבּוֹחֲרִים בּוֹ: poll(s)
*הָלַכתִי **לַקַלפִּי** וְהִצבַּעתִי בַּבּחִירוֹת לַכּנֶסֶת.*

קלפן ז, קַלְפָן [קַלפָנִים] obsessive card-player
מִי שֶׁמְשַׂחֵק הַרבֵּה בִּקלָפִים:
*הוּא מַמָשׁ **קַלפָן** - הוּא מְשַׂחֵק קלָפִים עַל הַרבֵּה כֶּסֶף.*
קַלפָנִית, קַלפָנִיוֹת

קם פ, קָם stood up
1. עָמַד עַל רַגלָיו:
*הוּא **קָם** מֵהַכִּיסֵא וְנָתַן לִי אֶת מְקוֹמוֹ.*
2. הִתעוֹרֵר מֵהַשֵׁינָה: arose
***קַמתִי** בַּבּוֹקֶר בְּשָׁעָה 7:00.*
קָם לִתחִיָיה - was revived
*הָעִברִית **קָמָה לִתחִיָיה** כְּשָׂפָה מְדוּבֶּרֶת, אַחֲרֵי שָׁנִים רַבּוֹת.*
לָקוּם / ק.ו.ם, פָּעַל / קַמתִי, קָם, יָקוּם, קוּם!

קמור ת, קָמוּר arched (adj.)
כּמוֹ כִּיפָּה, מְעוּגָל מִלְמַעלָה:
*הַגַג בַּבַּיִת הַזֶה **קָמוּר**, כּמוֹ חֲצִי כַּדוּר.*
קמוּרָה, קמוּרִים, קמוּרוֹת

קמח ז, קֶמַח flour
גַרעִינִים שֶׁל חִיטָה שֶׁטָחֲנוּ אוֹתָם:
***הַקֶמַח** מְשַׁמֵשׁ לַאֲפִיַית לֶחֶם, עוּגוֹת וְחַלוֹת.*
אִם אֵין קֶמַח אֵין תוֹרָה no loaf, no learning
לִטחוֹן קֶמַח טָחוּן ב rehashing old ideas

קמחי ת, קִמְחִי powdery
כּמוֹ קֶמַח, יָבֵשׁ, מִתפּוֹרֵר:
*לַתַפּוּחַ יֵשׁ טַעַם **קִמחִי**.*
קִמחִית, קִמחִיִים, קִמחִיוֹת

קמט ז, קֶמֶט [קמָטִים] fold, crease, wrinkle
סִימָן שֶׁל קִיפּוּל:
*יָשַׁבתִי עַל הַחֲצָאִית, וְעַכשָׁיו יֵשׁ בָּהּ **קמָטִים**.*
לִזקֵנִים יֵשׁ **קמָטִים** בַּפָּנִים.

קמילה נ, קְמִילָה [קמִילוֹת] wilting, withering
נְבִילָה, מַצָב שֶׁל צֶמַח כּמְעַט יָבֵשׁ:
*בַּקַיִץ יֵשׁ פָּחוֹת פּרִיחָה שֶׁל צמָחִים וְיוֹתֵר **קמִילָה**.*

קמיע ז, קָמֵיעַ [קמֵיעִים / קמֵיעוֹת] charm, amulet
חֵפֶץ אוֹ פֶּתֶק כָּתוּב שֶׁמַאֲמִינִים, כִּי הוּא יִשׁמוֹר מִצָרוֹת, מִמַחֲלוֹת וְכוּ':
*נָתַתִי לוֹ מָגֵן דָוִיד מִזָהָב **כְּקָמֵיעַ** שֶׁיַחֲזוֹר בְּשָׁלוֹם.*

קמל פ, קָמַל shriveled, withered
הִתיַיבֵּשׁ, הָלַך לָמוּת (צֶמַח):
*כָּל הַפּרָחִים **קָמלוּ** בִּגלַל הַחוֹם.*
לִקמוֹל / ק.מ.ל. פָּעַל / קָמַלתִי, קָמֵל, יִקמַל, יִקמְלוּ

קמל ת, קָמֵל withered (adj.)
יָבֵשׁ, בּלִי חַיִים:
*הוּא נִראֶה כּמוֹ פֶּרַח **קָמֵל**.*
קמֵלָה, קמֵלִים, קמֵלוֹת

קמעונאיז' קִמְעוֹנַאי [קִמְעוֹנָאִים] retailer

בַּעַל חֲנוּת שֶׁמּוֹכֵר לַאֲנָשִׁים פְּרָטִיִּים לֹא לַחֲנוּיוֹת וְכוּ':

*אֲנִי **קִמְעוֹנַאי** - אֵינֶנִּי מוֹכֵר בְּכַמֻּיּוֹת גְּדוֹלוֹת.*

קמעונית' קִמְעוֹנִי retail (adj.)

כְּשֶׁמּוֹכְרִים לַאֲנָשִׁים, לְבוֹדְדִים, לֹא לַחֲבָרוֹת וְכוּ':

*הַמְּחִיר הַ**קִּמְעוֹנִי** הוּא הַמְּחִיר, שֶׁכָּל אֶחָד מְשַׁלֵּם בַּחֲנוּת.*

קִמְעוֹנִית, קִמְעוֹנִיִּים, קִמְעוֹנִיּוֹת

קמץז' קָמָץ [קְמָצִים] the vowel "a"

שֵׁם תְּנוּעַת a - ָ בְּעִבְרִית:

*בַּמִּלָּה 'דָּבָר' יֵשׁ 2 **קְמָצִים**.*

קמצוץז' קֻמְצוּץ [קֻמְצוּצִים] pinch

(לָשׁוֹן גְּבוֹהָה) כַּמּוּת קְטַנָּה:

*שַׂמְתִּי **קֻמְצוּץ** מֶלַח בַּמָּרָק.*

קמצןז' קַמְצָן [קַמְצָנִים] miser, cheapskate

מִי שֶׁשּׂוֹנֵא לְהוֹצִיא כֶּסֶף:

*הוּא **קַמְצָן** גָּדוֹל, קוֹנֶה דְּבָרִים זוֹלִים, אוֹכֵל לֶחֶם יָבֵשׁ וְכוּ' - חֲבָל לוֹ עַל הַכֶּסֶף.*

קַמְצָנִית, קַמְצָנִיּוֹת

קמצנותנ' קַמְצָנוּת stinginess

מִי שֶׁאֵינוֹ אוֹהֵב לְהוֹצִיא כֶּסֶף, שׁוֹמֵר עָלָיו:

*בִּגְלַל הַ**קַּמְצָנוּת** שֶׁלּוֹ חָשַׁבְתִּי שֶׁהוּא עָנִי.*

קמ"ש קַמָּ"שׁ kilometers per hour (abbr.)

ר"ת: קִילוֹמֶטֶר לְשָׁעָה. מִסְפַּר הַקִּילוֹמֶטְרִים שֶׁעוֹשָׂה מְכוֹנִית, רַכֶּבֶת וְכוּ' בְּשָׁעָה:

*אָסוּר לִנְסֹעַ מֵעַל 90 **קַמָּ"שׁ**.*

קןז' קֵן [קִינִּים] nest

1. הַבַּיִת שֶׁל הַצִּיפּוֹר:

*הַצִּיפּוֹר בָּנְתָה **קֵן** וְהֵטִילָה בֵּיצִים.*

2. (מֶטָאפוֹרָה) בַּיִת נָעִים שֶׁל מִשְׁפָּחָה מְאוּשֶּׁרֶת: home

*הַיְלָדִים פָּרְחוּ מִן **הַקֵּן**, הִתְחַתְּנוּ וְעָזְבוּ.*

קִינֵי הִתְנַגְּדוּתב' - islands of resistance

*כָּבַשְׁנוּ אֶת הָעִיר, אֲבָל נִשְׁאֲרוּ כַּמָּה **קִינֵי** הִתְנַגְּדוּת.*

קנאהנ' קִנְאָה envy

1. סֵבֶל נַפְשִׁי, בִּגְלַל מַשֶּׁהוּ שֶׁיֵּשׁ לְאַחֵר:

*הוּא חָשׁ **קִנְאָה** רַבָּה בַּחֲבֵרוֹ הֶעָשִׁיר.*

***קִנְאַת** אַחִים יֵשׁ כִּמְעַט בְּכָל מִשְׁפָּחָה.*

2. כְּשֶׁסּוֹבְלִים מִפְּנֵי שֶׁהָאָהוּב/ה מִתְעַנְיֵין בַּאֲחֵרִים: jealousy

*דָּוִיד לֹא יָשַׁן בַּלֵּילוֹת בִּגְלַל הַ**קִּנְאָה** לְרוּת.*

קנאותנ' קַנָּאוּת fanaticism

פַּנָטִיּוּת, כְּשֶׁלֹּא מוּכָנִים לְוַתֵּר, כְּשֶׁמַּאֲמִינִים בְּצוּרָה קִיצוֹנִית:

*בְּכָל הַדָּתוֹת יֵשׁ אֱלֶמֶנְטִים שֶׁל **קַנָּאוּת**.*

בְּקַנָּאוּת - zealously

הוּא הֵגֵן בְּקַנָּאוּת עַל הַדֵּעוֹת שֶׁלּוֹ.

קנאיז' קַנַּאי [קַנָּאִים] devotee, fanatic

1. מִי שֶׁהוּא פַּנָטִי, הוֹלֵךְ עַד הַסּוֹף:

*הוּא **קַנַּאי** לְתוֹצֶרֶת יִשְׂרָאֵל, קוֹנֶה רַק 'כָּחוֹל לָבָן'.*

2. מִי שֶׁלֹּא אוֹהֵב שֶׁאֲחֵרִים מַצְלִיחִים, שֶׁיֵּשׁ לָהֶם...: envious

*הִיא **קַנָּאִית**, כָּל מַה שֶּׁיֵּשׁ לְמִישֶׁהוּ, הִיא רוֹצָה.*

קַנָּאִית, קַנָּאִיּוֹת

קנהפ' קָנָה bought

קִיבֵּל מַשֶּׁהוּ וְשִׁילֵּם בִּשְׁבִילוֹ:

***קָנִיתִי** בַּחֲנוּת פֵּירוֹת, יְרָקוֹת וְחָלָב.*

לִקְנוֹת אֶת- / ק.נ.ה, פָּעַל / קָנִיתִי, קוֹנֶה, יִקְנֶה, קְנֵה!

קנהז' קָנֶה [קָנִים] reed, cane

1. צִינּוֹר דַּק מֵעֵץ אוֹ גִּבְעוֹל שֶׁל צֶמַח:

*סָבִיב הֶחָצֵר יֵשׁ לָנוּ גָּדֵר שֶׁל **קָנִים**.*

2. צִינּוֹר עָבֶה מִמַּתֶּכֶת בְּתוֹתָח וְכוּ': (gun) barrel

*צָרִיךְ לְכַוֵּון אֶת **קְנֵה** הַתּוֹתָח לַמַּטָּרָה.*

קְנֵה-הַנְּשִׁימָה trachea

קנה-מידהז' קְנֵה-מִדָּה [קְנֵי-מִידָּה] scale

הַיַּחַס שֶׁבֵּין הַמִּידָה בַּמַּפָּה לְבֵין הַמִּידָה בַּמְּצִיאוּת:

***קְנֵה-הַמִּידָה** בְּמַפָּה זוֹ הוּא 1:10,000.*

קנוית' קָנוּי bought (adj.)

שֶׁקָּנוּ אוֹתוֹ, שַׁיָּיךְ לְמִי שֶׁשִּׁילֵּם:

*הַבְּגָדִים שֶׁלִּי **קְנוּיִים** בְּחוּץ לָאָרֶץ.*

קְנוּיָה, קְנוּיִים, קְנוּיוֹת

קנוניהנ' קְנוּנְיָה [קְנוּנְיוֹת] conspiracy

כְּשֶׁמַּחְלִיטִים לֹא בְּגָלוּי לַעֲשׂוֹת מַשֶּׁהוּ נֶגֶד מִישֶׁהוּ:

*הָעוֹבְדִים עָשׂוּ **קְנוּנְיָה** נֶגֶד הַמְּנַהֵל.*

קנטרןתו"ז קַנְטְרָן [קַנְטְרָנִים] spiteful

מִי שֶׁאוֹהֵב לְהַרְגִּיז, לְעַצְבֵּן:

*הוּא **קַנְטְרָן**, אוֹמֵר דְּבָרִים שֶׁמַּרְגִּיזִים...*

קַנְטְרָנִית, קַנְטְרָנִיּוֹת

קניוןז' קַנְיוֹן [קַנְיוֹנִים] shopping mall

מֶרְכָּז לִקְנִיּוֹת, שֶׁיֵּשׁ בּוֹ חֲנוּיוֹת מִסּוּגִים שׁוֹנִים:

*אֲנִי קוֹנֶה הַכֹּל בְּמָקוֹם אֶחָד - **בַּקַּנְיוֹן**.*

קנייהנ׳ קְנִיָּה [קְנִיּוֹת] purchase
הַהֵיפֶך מִמְּכִירָה. כְּשֶׁמְּשַׁלְּמִים כֶּסֶף וּמְקַבְּלִים סחוֹרָה:
*עָשִׂיתִי **קְנִיּוֹת** בַּשּׁוּק. / הֶחְלַטְנוּ עַל **קְנִיַּית** בַּיִת.*

קנייןז׳ קִנְיָן [קִנְיָנִים] property, possession
רְכוּשׁ:
*הַבַּיִת הַזֶּה הוּא **קִנְיָנִי** - אֲנִי בַּעַל הַבַּיִת.*
כִּינּוּי קִנְיָן (בְּדִיקדוּק) - מִילָּה הַמְצַיֶּינֶת לְמִי שַׁיָּיךְ מַשֶּׁהוּ:
*שֶׁלִּי, שֶׁלְּךָ וְכוּ׳ הֵם כִּינּוּיֵי **קִנְיָן**.*

קנספ׳ קָנַס fined
קָבַע עוֹנֶשׁ כַּסְפִּי:
*הַשּׁוֹפֵט **קָנַס אוֹתִי**, כִּי חָנִיתִי בְּמָקוֹם אָסוּר.*
לִקְנוֹס אֶת- / ק.נ.ס, פָּעַל / קָנַסְתִּי, קוֹנֵס, יִקְנוֹס, קְנוֹס!

קנסז׳ קְנָס [קְנָסוֹת] fine, penalty
עוֹנֶשׁ כַּסְפִּי, שֶׁנֶּאֱשָׁם צָרִיךְ לְשַׁלֵּם:
*הַנֶּהָג קִיבֵּל **קְנָס**, כִּי לֹא עָצַר בְּאוֹר אָדוֹם.*

קנקןז׳ קַנְקַן [קַנְקַנִּים] jar, pot
כַּד, כְּלִי שֶׁמַּחֲזִיקִים בּוֹ מַיִם, שֶׁמֶן וְכוּ׳:
*בִּיקַּשְׁתִּי **קַנְקַן** מַיִם קָרִים.*
תָּהָה עַל קַנְקַנּוֹב׳ examined carefully

קסדהנ׳ קַסְדָּה [קַסְדּוֹת] helmet
כּוֹבַע מִבַּרְזֶל (קָשֶׁה) לַהֲגָנָה עַל הָרֹאשׁ:
*אָסוּר לִנְהוֹג בְּאוֹפַנּוֹעַ בְּלִי **קַסְדָּה**.*

קסםפ׳ קָסַם fascinated
מָצָא חֵן בְּיוֹתֵר:
*הַמּוּסִיקָה שֶׁל דְבוֹזְ׳ק **קָסְמָה לִי**.*
לִקְסוֹם לְ- / ק.ס.ם, פָּעַל / קָסַמְתִּי, קוֹסֵם, יִקְסוֹם, קְסוֹם!

קסםז׳ קֶסֶם [קְסָמִים] magic
1. כְּשֶׁעוֹשִׂים מַשֶּׁהוּ, שֶׁאֵין לוֹ הֶסְבֵּר רַצְיוֹנָלִי:
*הוּא עוֹשֶׂה **קְסָמִים** - בּוֹלֵעַ אֵשׁ, מוֹצִיא שָׁפָן מֵהַכּוֹבַע וְכוּ׳:*
2. חֵן, אִישִׁיּוּת מוֹשֶׁכֶת: charm
*יֵשׁ בָּהּ הַרְבֵּה **קֶסֶם**.*
מַטֵּה־קְסָמִים magic wand
מַעְגַּל־קְסָמִים vicious circle

קעורת׳ קָעוּר concave
כְּלִי וְכוּ׳ שֶׁיֵּשׁ לוֹ "בֶּטֶן", שֶׁקַע, עוֹמֶק:
*הַצַּלַּחַת הַזֹּאת שטוּחָה, לֹא **קְעוּרָה**.*
קְעוּרָה, קְעוּרִים, קְעוּרוֹת

קערהנ׳ קְעָרָה [קְעָרוֹת] bowl
צַלַּחַת עֲמוּקָה (בְּדֶרֶךְ כְּלָל גְּדוֹלָה):
*הֵכַנְתִּי **קְעָרַת** סָלָט לְכָל הַמִּשְׁפָּחָה.*

קעריתנ׳ קְעָרִית [קְעָרִיּוֹת] small bowl
צַלַּחַת קְטַנָּה עֲמוּקָה, קְעָרָה קְטַנָּה:
*אֲנִי מְבַקֶּשֶׁת **קְעָרִית** לְמָרָק.*

קפאפ׳ קָפָא froze
1. עָבַר מִמַּצָּב שֶׁל נוֹזֵל לְמַצָּב מוּצָק, נַעֲשָׂה קָשֶׁה:
*הַמַּיִם בַּמְּקָרֵר **קָפְאוּ**.*
2. הַרְגָּשָׁה חֲזָקָה שֶׁל קוֹר:
*מֹשֶׁה **קָפָא** מִקּוֹר בְּלִי הַמְּעִיל.*
קָפָא עַל שְׁמָרָיו didn't change with the times

קפדןת׳ קַפְּדָן (קַפְּדָן) pedantic
פֶּדַנְט, שָׂם לֵב לְכָל הַפְּרָטִים בְּאוֹפֶן מוּגְזָם:
*הוּא **קַפְּדָן** גָּדוֹל, עוֹבֵד לְאַט וּבִיסוֹדִיּוּת.*
קַפְּדָנִית, קַפְּדָנִים, קַפְּדָנִיּוֹת

קפדנותנ׳ קַפְּדָנוּת (קַפְּדָנוּת) pedantry, strictness
כְּשֶׁשָּׂמִים לֵב לְכָל פְּרָט:
*קָשֶׁה לַעֲבוֹד אִיתּוֹ בִּגְלַל **הַקַּפְּדָנוּת** שֶׁלּוֹ.*

קפדנית׳ קַפְּדָנִי (קַפְּדָנִי) pedantic, strict
פֶּדַנְטִי, שֶׁשָּׂם לֵב לְכָל פְּרָט:
*מוֹרֶה **קַפְּדָנִי** מְלַמֵּד לְדַיֵּיק אֲבָל מַקְשֶׁה עַל הַתַּלְמִידִים.*
קַפְּדָנִית, קַפְּדָנִיִּים, קַפְּדָנִיּוֹת

קפואת׳ קָפוּא frozen
1. לֹא נוֹזֵל בִּגְלַל הַקּוֹר:
*הַמַּיִם **קְפוּאִים**, כִּי הַקּוֹר יָרַד מִתַּחַת לְ-0°.*
2. לֹא זָז, בְּלִי תְּנוּעָה: motionless
*הוּא עָמַד עֲמִידָה **קְפוּאָה** בְּלִי לָזוּז.*
קְפוּאָה, קְפוּאִים, קְפוּאוֹת

קפיץז׳ קְפִיץ [קְפִיצִים] spring
חוּט סְפִּירָלִי שֶׁנִּמְתָּח וְחוֹזֵר לְמַצָּב הַקּוֹדֵם:
*הַדֶּלֶת נִסְגֶּרֶת מֵעַצְמָהּ, כִּי יֵשׁ לָהּ **קְפִיץ**.*

קפיצהנ׳ קְפִיצָה [קְפִיצוֹת] jump
1. כְּשֶׁעוֹשִׂים תְּנוּעָה מְהִירָה, וְהָרַגְלַיִים בָּאֲוִויר:
*הוּא שָׁבַר אֶת הָרֶגֶל **בִּקְפִיצָה מִן** הַמַּדְרֵיגוֹת.*
2. (מֶטָאפוֹרָה) מַעֲבָר מִמָּקוֹם לְמָקוֹם: short visit
*הַ**קְּפִיצוֹת** שֶׁלּוֹ לְחוּץ לָאָרֶץ הֵן לַעֲסָקִים.*

קפלז׳ קֶפֶל [קְפָלִים] pleat, fold
כְּשֶׁשָּׂמִים חֵלֶק מִבַּד, מִנְיָיר וְכוּ׳ זֶה עַל זֶה:
*אֲנִי רוֹצָה חֲצָאִית **בִּקְפָלִים** (פְּלִיסֶה).*

קפץפ׳ קָפַץ jumped
1. הִתְרוֹמֵם לָאֲוִויר אוֹ נָפַל מִלְמַעְלָה לְמַטָּה:

הוּא קָפַץ לְמֶרְחָק שֶׁל 3.80 מֶטְרִים./הֶחָתוּל קָפַץ מִן הַגַּג.

2. בָּא לִזְמַן קָצָר, לְבִיקּוּר פִּתְאוֹמִי (לָשׁוֹן דִיבּוּר): dropped in

משֶׁה הָיָה כָּאן. הוּא קָפַץ לְהַגִּיד שָׁלוֹם.

קָפְצָה עָלָיו זִקְנָהב׳ aged

קוֹפֵץ בָּרֹאשׁ hurries to the fore

קָפַץ עַל הַמְּצִיאָה jumped at the bargain

לִקְפּוֹץ, לְ- / ק.פ.ץ, פָּעַל / קָפַצְתִי, קוֹפֵץ, יִקְפּוֹץ, קְפוֹץ!

קָץפ׳ קָץ loathed

נִמְאַס לוֹ מִ-, לֹא יָכוֹל לִסְבּוֹל עוֹד:

קַצְתִּי בַּדִיבּוּרִים הַטִיפְּשִׁיִים שֶׁלוֹ.

קָץ בְּחַיָיו - נִמְאֲסוּ עָלָיו הַחַיִים

לָקוּץ בְּ- / ק.ו.ץ, פָּעַל / קַצְתִי, קָץ, יָקוּץ, יָקוּצוּ

קֵץז׳ קֵץ [קִיצִים] end

סוֹף:

מָתַי יָבוֹא קֵץ לַמִלְחָמוֹת?

אֵין קֵץ no end

כָּלוּ כֹּל הַקִּצִּיםב׳ all hope was lost

דָּחַק אֶת הַקֵּץב׳ forced the issue

שָׂם קֵץ לַדָּבָרב׳ put an end to

קצבפ׳ קָצַב alloted

קָבַע כַּמָה:

אָבִיו קָצַב לוֹ סְכוּם כֶּסֶף לִשְׂכַר הַלִימוּד.

קָצְבוּ לָנוּ זְמַן שֶׁל שָׁנָה לְסִיּוּם הַפְּרוֹיֶיקְט.

לִקְצוֹב אֶת- לְ- / ק.צ.ב, פָּעַל / קָצַבְתִי, קוֹצֵב, יִקְצוֹב

קצבז׳ קֶצֶב [קְצָבִים] rhythm

1. בְּמוּסִיקָה - רִיתְמוּס:

וַולְס מְנַגְנִים בְּקֶצֶב שֶׁל שְׁלוֹשָׁה רְבָעִים.

2. הַמְהִירוּת שֶׁל בִּיצוּעַ עֲבוֹדָה אוֹ פְּעִילוּת: rate

בְּנִיַית הַבַּיִת נַעַשְׂתָה בְּקֶצֶב מָהִיר.

קצבז׳ קַצָּב [קַצָּבִים] butcher

מִי שֶׁיֵשׁ לוֹ חֲנוּת בָּשָׂר:

אֲנִי קוֹנֶה בָּשָׂר אֵצֶל קַצָּב, לֹא בַּסוּפֶּרְמַרְקֶט.

קַצָּבִית, קַצָּבִיוֹת

קצבה ר׳ קיצבה

קצבית׳ קִצְבִּי rhythmical

רִיתְמִי, שֶׁיֵשׁ בּוֹ קֶצֶב, רִיתְמוּס:

זוֹהִי מַנְגִינָה קִצְבִּית, כְּמוֹ מַרְשׁ צְבָאִי.

קִצְבִּית, קִצְבִּיִים, קִצְבִּיוֹת

קצביותנ׳ קִצְבִּיּוּת rhythm, beat

כְּשֶׁיֵשׁ קֶצֶב, רִיתְמוּס:

הַקִצְבִּיוּת בַּשִׁיר מוֹצֵאת חֵן בְּעֵינַיי, הִיא מְעוֹרֶרֶת.

קצהז׳ קָצֶה [קְצָווֹת] end, edge

סוֹף שֶׁל מָקוֹם:

משֶׁה גָר בִּקְצֵה רְחוֹב הָאוּנִיבֶרְסִיטָה.

מִן הַקָּצֶה אֶל הַקָּצֶה from one end to the other

שִׁינִיתִי אֶת דַעְתִּי מִן הַקָּצֶה אֶל הַקָּצֶה.

עַל קְצֵה־הַמַּזְלֵג very little

קצובהנ׳ קִצְבָּה [קִצְבּוֹת] allowance

תַשְׁלוּם קָבוּעַ לְעוֹבֵד לְצוֹרֶךְ מְסוּיָם:

פַּעַם בַּשָׁנָה מְשַׁלְמִים לָנוּ קִצְבַּת בְּגָדִים.

קצונהנ׳ קְצוּנָה officer's corps

דַרְגָה שֶׁל קָצִין בַּצָבָא:

קִיוִויתִי לְהַגִּיעַ לִקְצוּנָה וּלְסַיֵים אֶת הַצָבָא בְּדַרְגַת אַלוּף.

קצוץת׳ קָצוּץ chopped (adj.)

חָתוּךְ לַחֲתִיכוֹת קְטָנוֹת:

קָנִיתִי בָּשָׂר קָצוּץ לְהָכִין מִמֶנוּ הַמְבּוּרְגֶרִים.

רִיבִּית קְצוּצָה exorbitant interest rate

קְצוּצָה, קְצוּצִים, קְצוּצוֹת

קציןז׳ קָצִין [קְצִינִים] officer

מְפַקֵד בַּצָבָא (מִסֶגֶן מִשְׁנֶה, וָמַעְלָה):

כְּדֵי לִהְיוֹת קָצִין צָרִיךְ לַעֲבוֹר קוּרְס קְצִינִים.

קְצִינָה, קְצִינוֹת

קציפהנ׳ קְצִיפָה [קְצִיפוֹת] mousse

כְּשֶׁמְכִינִים קְרֶם מִבֵּיצִים, שַׁמֶנֶת וְכוּ׳:

בְּסוֹף הָאֲרוּחָה קִיבַּלְנוּ קְצִיפַת שׁוֹקוֹלָד מְצוּיֶנֶת.

קציצהנ׳ קְצִיצָה [קְצִיצוֹת] (meat) patty

בָּשָׂר אוֹ יְרָקוֹת חֲתוּכִים וּמְטוּגָנִים:

אִימָא הֵכִינָה לַצָהֳרַיִים קְצִיצוֹת בָּשָׂר.

קצירז׳ קָצִיר harvest

1. כְּשֶׁחוֹתְכִים אֶת הַתְבוּאָה בַּשָׂדֶה:

אֲנִי עוֹבֵד בַּקָצִיר.

2. הַתְקוּפָה שֶׁחוֹתְכִים בָּהּ אֶת הַתְבוּאָה: harvest time

עוֹנַת הַקָצִיר הִיא בֶּחוֹדָשִׁים מַאי-יוּנִי.

קצףפ׳ קָצַף was angry

(לָשׁוֹן גְבוֹהָה) כָּעַס:

הַמֶלֶךְ קָצַף עַל הַשָׂרִים.

לִקְצוֹף עַל- / ק.צ.ף, פָּעַל / קָצַפְתִי, קוֹצֵף, יִקְצוֹף

קצף ז׳, קֶצֶף — foam
שִׁכְבָה דַקָּה לְבָנָה עַל פְּנֵי נוֹזֵל (יָם, בִּירָה וְכוּ'):
*קָנִיתִי סַבּוֹן, שֶׁעוֹשֶׂה הַרְבֵּה **קֶצֶף**.*

קצץ פ׳, קָצַץ — cut, chopped
חָתַךְ:
***קָצַצְתִּי** אֶת הַבָּשָׂר לַחֲתִיכוֹת קְטַנּוֹת.*
לִקְצוֹץ אֶת- / ק.צ.ץ, פָּעַל / קָצַצְתִּי, קוֹצֵץ, יִקְצוֹץ, קְצוֹץ!

קצר פ׳, קָצַר — reaped, cut
חָתַךְ עֵשֶׂב, גִּידוּלֵי שָׂדֶה וְכוּ':
***קָצַרְנוּ** אֶת הַדֶּשֶׁא בַּגִּינָה.*
קָצַר הַצְלָחָה — reaped success
קָצַר תשואות - — received an ovation
הַהַצָּגָה קָצְרָה תשואות.
לִקְצוֹר אֶת- / ק.צ.ר, פָּעַל / קָצַרְתִּי, קוֹצֵר, יִקְצוֹר

קצר ת׳, קָצָר [קְצָרִים] — short
הַהֵיפֶךְ מֵאָרוֹךְ, קָטָן בָּאוֹרֶךְ:
*חַם בַּחוּץ, אֲנִי לוֹבֵשׁ מִכְנָסַיִים **קְצָרִים**.*
קְצַר־נְשִׁימָה — short winded
קְצַר־רוּחַ — impatient
קְצַר־רְאוּת — short-sighted
בִּקְצָרָה ת״פ — in short

קצר ז׳, קֶצֶר [קְצָרִים] — short circuit
כְּשֶׁנִּפְסָק הַחַשְׁמַל בִּגְלַל מַגָּע לֹא טוֹב שֶׁל חוּטֵי חַשְׁמַל:
*הָיָה חוֹשֶׁךְ בַּבַּיִת, כִּי הָיָה לָנוּ **קֶצֶר** בַּחַשְׁמַל.*
קֶצֶר בַּתִּקְשׁוֹרֶת - כְּשֶׁאֵין הֲבָנָה וְאֵין קֶשֶׁר בֵּין אֲנָשִׁים:
יֵשׁ קֶצֶר בַּתִּקְשׁוֹרֶת בֵּין רוּת וְדָוִיד.

קצרנות נ׳, קַצְרָנוּת — stenography
סְטֶנוֹגְרַמָּה, כְּתִיבָה בְּסִימָנִים מְעַטִּים, כְּשֶׁצָּרִיךְ לְהַסְפִּיק הַרְבֵּה:
*עָבַדְתִּי **בְּקַצְרָנוּת** בַּכְּנֶסֶת, וְרָשַׁמְתִּי אֶת הַנְּאוּמִים.*

קצרת נ׳, קַצֶּרֶת — asthma
אַסְטְמָה, כְּשֶׁיֵּשׁ קוֹצֶר נְשִׁימָה:
***קַצֶּרֶת** הִיא מַחֲלָה אַלֶרְגִית.*

קצת ת״פ קְצָת — a little, some
מְעַט:
*יֵשׁ לְךָ **קְצָת** זְמַן בִּשְׁבִילִי? אֲנִי רוֹצֶה לְדַבֵּר אִיתְּךָ.*

קר ת׳, קַר — cold
טֶמְפֶּרָטוּרָה נְמוּכָה, הַהֵיפֶךְ מֵחַם:
*אֶפְשָׁר לְקַבֵּל מַיִם **קָרִים**?*
קָרָה, קָרִים, קָרוֹת
קַר־מֶזֶג — cool-headed
קַר־רוּחַ — composed
בְּדָם קַר ת״פ — cold-blooded
יַחַס קַר — coolness, indifference

קרא פ׳, קָרָא — read
1. עָבַר בְּעֵינָיו עַל הַכָּתוּב וְהֵבִין אֶת הַמַּשְׁמָעוּת:
*דָּן **קָרָא** עִיתּוֹן, וְדִינָה קָרְאָה סֵפֶר.*
2. לִפְנוֹת לְמִישֶׁהוּ בְּקוֹל רָם, כְּדֵי שֶׁיָּבוֹא: — called
*דָּנִי, **קָרָאתִי** לְךָ שָׁלוֹשׁ פְּעָמִים, לֹא שָׁמַעְתָּ?!*
3. נָתַן שֵׁם: — named
*הָאָב **קָרָא** לִבְנוֹ עַל שֵׁם סָבוֹ שֶׁנִּפְטַר.*
אֵיךְ קוֹרְאִים לְךָ? (לשון דיבור) - מַה שִּׁמְךָ?
*- 'יֶלֶד, **אֵיךְ קוֹרְאִים לְךָ?**' - 'דָּנִי'.*
לִקְרוֹא / ק.ר.א, פָּעַל / קָרָאתִי, קוֹרֵא, יִקְרָא, קְרָא!

קרב פ׳, קָרַב — approached
1. בָּא קָרוֹב לְ-, עַל-יַד, הִתְקָרֵב:
*הוּא **קָרַב** לַבַּיִת, וְאָז הִכַּרְנוּ אוֹתוֹ.*
2. הָיָה לֹא רָחוֹק בַּזְּמַן: — came near
*חַג הַפֶּסַח **קָרַב** וּבָא.*
לִקְרוֹב אֶל-, לְ- / ק.ר.ב, פָּעַל / קָרַבְתִּי, קָרֵב, יִקְרַב, קְרַב!

קרב ז׳, קְרָב [קְרָבוֹת] — battle
מִלְחָמָה בֵּין שְׁנֵי צְדָדִים אוֹיְבִים אוֹ תַּחֲרוּת:
***הַקְּרָבוֹת** בִּירוּשָׁלַיִם הָיוּ קָשִׁים וַאֲרוּכִּים.*
הַקְּרָב בֵּין אַלּוּפֵי הַשַּׁחְמָט נִמְשַׁךְ שְׁלוֹשָׁה יָמִים.
קְרַב-פָּנִים אֶל פָּנִים — hand-to-hand fighting
דּוּ־קְרָב — duel

קרבי ת׳, קְרָבִי — combative
הַשַּׁיָּיךְ לִקְרָב, מִלְחַמְתִּי:
*הוּא בְּמַצַּב רוּחַ **קְרָבִי**, כָּל הַזְּמַן צוֹעֵק וָרָב.*
כּוֹשֶׁר קְרָבִי — combat capacity
יְחִידָה קְרָבִית — fighting unit
קְרָבִית, קְרָבִיִּים, קְרָבִיּוֹת

קרדום ז׳, קַרְדֹּם [קרדוּמִים] — axe
פַּטִּישׁ גָּדוֹל מְאוֹד לִשְׁבִירַת עֵצִים:
*הוּא הִיכָּה **בַּקַּרְדּוֹם**, וְהָעֵץ נָפַל.*

קרה פ׳, קָרָה — happened
הָיָה (לֹא לְפִי הַתּוֹכְנִית):
*אֶתְמוֹל **קָרָה** לִי מַשֶּׁהוּ מְיוּחָד בַּדֶּרֶךְ הַבַּיְתָה...*
לִקְרוֹת / ק.ר.ה, פָּעַל / קָרוּ, קוֹרֶה, קוֹרֵית, יִקְרֶה

קרה נ׳, קָרָה — frost
קוֹר חָזָק מְאוֹד:
*בַּלֵּילוֹת יֵשׁ **קָרָה** בַּנֶּגֶב.*

קרואת"ז קָרוּא — guest

מִי שֶׁהִזְמִינוּ אוֹתוֹ, אוֹרֵחַ:

כֹּל הַקְּרוּאִים יָשְׁבוּ לֶאֱכוֹל.

אֵינֶנִּי אוֹהֵב לִהְיוֹת אוֹרֵחַ לֹא **קָרוּא**.

קרוּאָה, קרוּאִים, קרוּאוֹת

קרובת"ז קָרוֹב — close, near

1. עַל יַד, לֹא רָחוֹק:

*הַבַּיִת שֶׁלִּי **קָרוֹב** לָאוּנִיבֶרְסִיטָה.*

2. **קָרוֹב** - בֶּן מִשְׁפָּחָה: — relative

*דָּנִי וַאֲנִי **קְרוֹבִים**, יֵשׁ לָנוּ דוֹדָה מְשׁוּתֶּפֶת.*

קָרוֹב לְ-ת"פ - כִּמְעַט, בְּעֵרֶךְ: — approximately

*הַמִּילוֹן כּוֹלֵל **קָרוֹב לְ-40,000** מִילִים.*

קָרוֹב לְוַודַּאי - — probably

קָרוֹב לְוַודַּאי שֶׁאֶצְטָרֵךְ לִנְסוֹעַ מָחָר.

בְּקָרוֹבת"פ - *בְּקָרוֹב יָבוֹאוּ הוֹרַיי לָאָרֶץ.* — soon

בְּקָרוֹב אֶצְלֵךְב' - בְּרָכָה, אִיחוּלִים לֶעָתִיד:

'בְּקָרוֹב אֶצְלֵךְ...' - אָמְרָה הַכַּלָּה לַאֲחוֹתָהּ.

קרוֹבָה, קרוֹבִים, קרוֹבוֹת

קרוית' קָרוּי (קָרוּא) — called/named (adj)

שֶׁקּוֹרְאִים לוֹ, שֶׁזֶּה שְׁמוֹ:

*אֲנִי **קָרוּי** עַל שֵׁם סַבָּא שֶׁלִּי.*

קרוּיָה, קרוּיִים, קרוּיוֹת

קרוםז' קְרוּם [קְרוּמִים] — crust, skin

עוֹר דַּק, (שִׁכְבָה דַּקָּה), שֶׁמְּכַסֶּה מַשֶּׁהוּ:

*כְּשֶׁמַּרְתִּיחִים חָלָב נוֹצָר **קְרוּם**.*

קרוןז' קָרוֹן [קְרוֹנוֹת] — wagon, coach

יְחִידָה אַחַת בְּרַכֶּבֶת:

*הָרַכֶּבֶת הַזֹּאת יֵשׁ לָהּ 20 **קְרוֹנוֹת**.*

קרועת' קָרוּעַ — torn

שֶׁחָתְכוּ אוֹתוֹ:

*הַשִּׂמְלָה שֶׁלִּי **קְרוּעָה**, אֲנִי רוֹצָה שִׂמְלָה חֲדָשָׁה.*

קרוּעָה, קרוּעִים, קרוּעוֹת

קרוץת' קָרוּץ — made (of)

(לָשׁוֹן גְּבוֹהָה) עָשׂוּי אוֹתוֹ, עָשׂוּי, יֵשׁ לוֹ יְסוֹד:

*הוּא **קָרוּץ** מֵחוֹמֶר טוֹב - הוֹרָיו הָיוּ אִידֵיאָלִיסְטִים.*

קרוּצָה, קרוּצִים, קרוּצוֹת

קרושת' קָרוּשׁ — coagulated (adj.)

נוֹזֵל שֶׁנַּעֲשָׂה קָשֶׁה:

*לְפִי הַדָּם הַ**קָּרוּשׁ** עַל הַמִּכְנָסַיִים, אֲנִי מֵבִין שֶׁנִּפְצַעְתָּ.*

קרוּשָׁה, קרוּשִׁים, קרוּשׁוֹת

קרחז' קֶרַח — ice

מַיִם שֶׁנַּעֲשׂוּ לְמוּצָק בְּטֶמְפֶּרָטוּרָה שֶׁל 0°:

*אֲנִי אוֹהֶבֶת לִשְׁתּוֹת מַיִם עִם **קֶרַח**.*

*אֲנִי קוֹפֵא מִקּוֹר, הַיָּדַיִים שֶׁלִּי קָרוֹת **כְּקֶרַח**.*

קרחוןז' קַרְחוֹן [קַרְחוֹנִים] — iceberg, glacier

גּוּשׁ גָּדוֹל שֶׁל מֵי יָם שֶׁקָּפְאוּ:

*הָאוֹנִיָּה פָּגְעָה **בְּקַרְחוֹן** לְיַד הַקּוֹטֶב הַצְּפוֹנִי.*

קרחתנ' קָרַחַת [קָרָחוֹת] — bald spot

1. מָקוֹם שֶׁאֵין בּוֹ שֵׂיעָר:

*יֵשׁ לוֹ **קָרַחַת**, לָכֵן הוּא נִרְאֶה מְבוּגָּר יוֹתֵר.*

2. מָקוֹם שֶׁאֵין בּוֹ צְמָחִים, עֵצִים: — clearing

*יָשַׁנּוּ **בְּקָרַחַת** יַעַר.*

קריאת' קָרִיא — legible

שֶׁאֶפְשָׁר לִקְרוֹא אוֹתוֹ:

*כְּתַב הַיָּד שֶׁלְּךָ אֵינוֹ **קָרִיא**.*

קרִיאָה, קרִיאִים, קרִיאוֹת

קריאהנ' קְרִיאָה — reading

1. עִיּוּן בְּסֵפֶר בְּעִיתּוֹן, בְּמִכְתָּב וְכוּ', קְלִיטָה וַהֲבָנָה שֶׁל דְּבָרִים כְּתוּבִים:

*יְלָדִים לוֹמְדִים **קְרִיאָה** וּכְתִיבָה בְּכִיתָּה א'.*

2. אֲמִירָה בְּקוֹל: — calling

קְרִיאַת הַיֶּלֶד 'אִימָּא', הֵעִירָה אוֹתִי.

3. בַּקָּשָׁה לְמִישֶׁהוּ שֶׁיָּבוֹא: — call

*כֹּל יִשְׂרְאֵלִי עַד גִּיל 50 מְקַבֵּל **קְרִיאָה** לְמִילּוּאִים.*

קְרִיאַת-בֵּינַיִים — interjection

קְרִיאַת-הַתּוֹרָה — reading of the Torah

קְרִיאָה-לְעֶזְרָה — emergency call

קְרִיאַת-שְׁמַע — recitation of the Shma

סִימַן-קְרִיאָה — exclamation mark

קריאותנ' קְרִיאוּת — legibility

עַד כַּמָּה בָּרוּר, קַל, נוֹחַ לִקְרוֹא (טֶקְסְט):

*לְפִי **קְרִיאוּת** הַטֶּקְסְט מַחְלִיטִים אִם הוּא מַתְאִים לִילָדִים.*

קרייהנ' קִרְיָה [קְרָיוֹת] — borough, suburb

חֵלֶק בָּעִיר אוֹ לְיַד הָעִיר (שְׁכוּנָה):

***קִרְיַת** חַיִּים הִיא שְׁכוּנָה לְיַד חֵיפָה.*

קרייןז' קַרְיָין [קַרְיָינִים] — (T.V./radio) announcer

1. מִי שֶׁקּוֹרֵא חֲדָשׁוֹת בָּרַדְיוֹ אוֹ בַּטֶּלֶוִויזְיָה:

*הַ**קַּרְיָין** קָרָא אֶת הַיְּדִיעוֹת בְּקוֹל בָּרוּר.*

2. מִי שֶׁקּוֹרֵא הַרְבֵּה סְפָרִים: — avid reader

*הוּא **קַרְיָין** גָּדוֹל - הַכּוֹל הוּא קוֹרֵא.*

קַרְיָינִית, קַרְיָינִיּוֹת

קריינותנ׳ קַרְיָנוּת — announcing, recitation
הַמִּקְצוֹעַ שֶׁל הַקַּרְיָן, מִי שֶׁקּוֹרֵא בָּרַדְיוֹ, לִפְנֵי קָהָל וְכוּ׳:
*הָיִיתִי רוֹצֶה לַעֲסוֹק **בְּקַרְיָינוּת** בַּטֶּלֶוִויזְיָה.*

קרינהנ׳ קְרִינָה [קְרִינוֹת] — radiation
כְּשֶׁאוֹר אוֹ חוֹם יוֹצְאִים וּמִתְפַּזְּרִים בַּשֶּׁטַח:
קְרִינַת הַשֶּׁמֶשׁ בַּצָּהֳרַיִים חֲזָקָה מְאוֹד. / **הַקְּרִינָה** הָרַדְיוֹאַקְטִיבִית - מְסוּכֶּנֶת מְאוֹד.

קריסהנ׳ קְרִיסָה [קְרִיסוֹת] — collapse
יְרִידָה, נְפִילָה, הִתְמוֹטְטוּת:
*הַמְּהַנְדֵּס הִזְהִיר מִפְּנֵי **קְרִיסָה** שֶׁל הַבַּיִת הַיָּשָׁן.*
הַקְּרִיסָה שֶׁל הַבַּנְק הִיא תוֹצָאָה שֶׁל נִיהוּל רַע.

קריעהנ׳ קְרִיעָה [קְרִיעוֹת] — tearing
כְּשֶׁמַּשֶּׁהוּ נִקְרָע, נֶחְתָּךְ:
*כְּשֶׁמִּישֶׁהוּ קָרוֹב מֵת "עוֹשִׂים **קְרִיעָה**" - קוֹרְעִים חֵלֶק בַּבֶּגֶד (סִימָן לְאֵבֶל).*
(מֶטָאפוֹרָה) **כִּקְרִיעַת יַם סוּף** - מַשֶּׁהוּ קָשֶׁה בְּיוֹתֵר

קריצהנ׳ קְרִיצָה [קְרִיצוֹת] — winking
תְּנוּעָה קְטַנָּה בְּיוֹתֵר בְּצַד הָעַיִן:
*סִימַּנְתִּי לוֹ **בִּקְרִיצָה**, שֶׁאֲנִי לֹא רוֹצֶה לָלֶכֶת אִיתָּם.*

קרירת׳ קָרִיר — cool
1. קְצָת קַר:
*הַיּוֹם יוֹם **קָרִיר**, כְּדַאי לִלְבּוֹשׁ מְעִיל.*
2. הִתְנַהֲגוּת מְרוּחֶקֶת, לְלֹא חֲמִימוּת: — indifferent
*הַפְּגִישָׁה אִיתָּהּ הָיְיתָה **קְרִירָה** וְלֹא נְעִימָה.*
קְרִירָה, קְרִירִים, קְרִירוֹת

קרירותנ׳ קְרִירוּת — coolness
1. כְּשֶׁקְּצָת קַר:
*בָּעֶרֶב כְּבָר אֶפְשָׁר לְהַרְגִּישׁ **קְרִירוּת** בָּאֲוִויר.*
2. יַחַס מְרוּחָק, כְּמוֹ בֵּין זָרִים: — indifference
*בַּפְּגִישָׁה הִרְגַּשְׁתִּי **בִּקְרִירוּת** מִצַּד רוּת.*

קרישז׳ קָרִישׁ [קְרִישִׁים] — clot, jelly
חוֹמֶר נוֹזְלִי שֶׁהִתְקַשָּׁה:
***קְרִישֵׁי** דָּם מְסוּכָּנִים לַלֵּב.*

קרןפ׳ קָרַן — beamed, shone
יָצָא וְהִתְפַּזֵּר (חוֹם, אוֹר וְכוּ׳):
*פָּנֶיהָ הַיָּפוֹת **קָרְנוּ** מֵאוֹשֶׁר.*
לִקְרוֹן מִ- / ק.ר.ן, פָּעַל / קָרַנְתִּי, קוֹרֵן, יִקְרַן

קרןנ׳ קֶרֶן [קַרְנַיִים / קְרָנוֹת] — horn
2. חֵלֶק בּוֹלֵט בָּרֹאשׁ שֶׁל בַּעֲלֵי חַיִּים:
*צָרִיךְ לְהִיזָּהֵר מֵהַ**קַּרְנַיִים** שֶׁל הַפָּר.*
2. פִּינָּה, מָקוֹם שֶׁנִּפְגָּשִׁים קַוִּוים: — corner
*נִיפָּגֵשׁ **בְּקֶרֶן** הָרְחוֹבוֹת אַרְלוֹזוֹרוֹב וְדִיזֶנְגוֹף.*
3. קַו שֶׁל אוֹר, חוֹם וְכוּ׳: — ray
*קִיבַּלְתִּי טִיפּוּל רְפוּאִי **בְּקַרְנֵי** רֶנְטְגֶן.*
יוֹשְׁבֵי־קְרָנוֹתר׳ — idlers, bums
לְהַצְמִיחַ קַרְנַיִים — to be unfaithful (to a spouse)
הַקֶּרֶן הַקַּיֶּימֶת לְיִשְׂרָאֵל - the Jewish National Fund
תָּרַמְתִּי כֶּסֶף לַקֶּרֶן הַקַּיֶּימֶת לְיִשְׂרָאֵל.
קֶרֶן־זָוִוית — corner

קרנףז׳ קַרְנַף [קַרְנַפִּים] — rhinoceros
בַּעַל חַיִּים גָּדוֹל שֶׁיֵּשׁ לוֹ קֶרֶן עַל הָאַף.
*בְּאַפְרִיקָה אֶפְשָׁר לִרְאוֹת **קַרְנַפִּים**.*

קרספ׳ קָרַס — caved in
נָפַל, הִתְמוֹטֵט:
*הַבִּנְיָין הַיָּשָׁן **קָרַס**, מַזָּל שֶׁאִישׁ לֹא נִפְגַּע.*
לִקְרוֹס / ק.ר.ס, פָּעַל / קָרַסְתִּי, קוֹרֵס, יִקְרוֹס

קרסז׳ קֶרֶס [קְרָסִים] — hook
מִין וָו (מַסְמֵר) שֶׁבְּעֶזְרָתוֹ מְחַבְּרִים שְׁנֵי בַּדִּים וְכוּ׳:
*הַשִּׂמְלָה נִסְגֶּרֶת לֹא בְּכַפְתּוֹרִים אֶלָּא **בִּקְרָסִים**.*

קרסולז׳ קַרְסֹל [קַרְסוּלַיִים] — ankle
הַחֵלֶק שֶׁמְּחַבֵּר בֵּין כַּף הָרֶגֶל לָרֶגֶל:
*נָפַלְתִּי וְשָׁבַרְתִּי אֶת **הַקַּרְסוֹל**.*

קרעפ׳ קָרַע — tore
מָשַׁךְ בְּכוֹחַ עַד שֶׁהַבַּד אוֹ הַנְּיָיר לֹא נִשְׁאֲרוּ שְׁלֵמִים:
*מֹשֶׁה **קָרַע** בְּכַעַס אֶת הַמִּכְתָּב, שֶׁקִּיבֵּל מֵרִינָה.*
לִקְרוֹעַ אֶת- / ק.ר.ע, פָּעַל / קָרַעְתִּי, קוֹרֵעַ, יִקְרַע, קְרַע!

קרעז׳ קֶרַע [קְרָעִים] — tear, split
כְּשֶׁמַּשֶּׁהוּ נֶחְתָּךְ, נִקְרָע:
*יֵשׁ לָךְ **קֶרַע** בַּשִּׂמְלָה, צָרִיךְ לְתַקֵּן אוֹתוֹ.*

קרפדהנ׳ קַרְפָּדָה [קַרְפָּדוֹת] — toad
בַּעַל חַיִּים שֶׁחַי עַל יַד מַיִם:
*כֹּל הַלַּיְלָה שָׁמַעְנוּ קִירְקוּר שֶׁל **קַרְפָּדוֹת**.*

קרץפ׳ קָרַץ — winked
עָשָׂה תְּנוּעָה קְטַנָּה בָּעַיִן כְּסִימָן:
*הוּא **קָרַץ** כְּדֵי לַעֲשׂוֹת לִי סִימָן שֶׁלֹּא אַסְכִּים לַהַצָּעָה.*
לִקְרוֹץ לְ- / ק.ר.ץ, פָּעַל / קָרַצְתִּי, קוֹרֵץ, יִקְרוֹץ, קְרוֹץ!

קרצית (קרצייה)נ׳ קַרְצִית (קַרְצִיָּה) [קַרְצִיּוֹת] — tick
בַּעַל חַיִּים פָּרָזִיטִי, חַי עַל בַּעַל חַיִּים אַחֵר:
*הַכֶּלֶב שֶׁלִּי מָלֵא **קַרְצִיּוֹת**.*

קרקעזו"נ קַרְקַע [קַרְקָעוֹת] land
1. אֲדָמָה:
*אֵין הַרְבֵּה **קַרְקַע** לְבְנִיָּה בְּתוֹךְ תֵּל-אָבִיב.*
הַקִּיבּוּץ הֶחָדָשׁ עָלָה עַל **הַקַּרְקַע** לִפְנֵי שָׁנָה.
2. תַּחְתִּית, שֶׁטַח תַּחְתּוֹן: ground
*מֹשֶׁה גָּר בְּקוֹמַת **קַרְקַע**.*
קַרְקַע-בְּתוּלָה virgin soil
לַעֲלוֹת עַל הַקַּרְקַע to settle on the land

קרקעיתנ' קַרְקָעִית [קַרְקָעִיּוֹת] bottom
הַחֵלֶק הַתַּחְתּוֹן שֶׁל כְּלִי וְכוּ':
*הָאוֹנִיָּה שָׁקְעָה, עַכְשָׁיו הִיא נִמְצֵאת **בְּקַרְקָעִית** הַיָּם.*

קרקפתנ' קַרְקֶפֶת [קַרְקָפוֹת] scalp, skull
רֹאשׁ, עוֹר הָרֹאשׁ:
*חָפַפְתִּי אֶת הַשְּׂעָרוֹת, וְשִׁיפְשַׁפְתִּי אֶת **הַקַּרְקֶפֶת**.*

קרשז' קֶרֶשׁ [קְרָשִׁים] plank, board
לוּחַ עֵץ:
*מִן **הַקְּרָשִׁים** אֶעֱשֶׂה שׁוּלְחָן וְכִיסְאוֹת.*

קרתנותנ' קַרְתָּנוּת provincialism
מוּגְבָּלוּת, תּוֹצָאָה שֶׁל חַיִּים בְּעִיר קְטַנָּה:
*לַחְשׁוֹב שֶׁכֹּל עִיר שֶׁיֵּשׁ בָּהּ מוּזֵיאוֹן הִיא פָּרִיס, זֹאת **קַרְתָּנוּת**.*

קרתנית' קַרְתָּנִי provincial
פְּרוֹבִינְצְיָאלִי, רוֹצֶה לִהְיוֹת מֵהָעִיר הַגְּדוֹלָה:
*הִיא **קַרְתָּנִית**, קוֹנָה בְּגָדִים יְקָרִים, אֲבָל אֵינָהּ יוֹדַעַת מָתַי לִלְבּוֹשׁ אוֹתָם.*
קַרְתָּנִית, קַרְתָּנִיִּים, קַרְתָּנִיּוֹת

קשז' קַשׁ [קַשִּׁים] straw
עֵשֶׂב יָבֵשׁ:
*אַל תְּעַשֵּׁן לְיַד **הַקַּשׁ**, כִּי הוּא נִשְׂרָף בְּקַלּוּת.*
לֶאֱכוֹל קַשׁ (לְשׁוֹן דִּיבּוּר) - to go through hard times
הוּא אָכַל קַשׁ עַד שֶׁמָּצָא עֲבוֹדָה.

קשבתו"ז קַשָּׁב [קַשָּׁבִים] (radio, T.V.) news monitor
מִי שֶׁתַּפְקִידוֹ לִשְׁמוֹעַ (חֲדָשׁוֹת מִכֹּל הָעוֹלָם וְכוּ'):
*לַטֶּלֶוִויזְיָה יֵשׁ **קַשָּׁב** - הוּא שׁוֹמֵעַ אֶת כֹּל הַחֲדָשׁוֹת מִכֹּל הָעוֹלָם וּמַעֲבִיר אֶת הָאִינְפוֹרְמַצְיָה הַחֲשׁוּבָה לַמַּעֲרֶכֶת.*
אוֹזֶן קַשֶּׁבֶת attentive ear
קַשֶּׁבֶת, קַשָּׁבוֹת

קשבז' קֶשֶׁב attentive listening
כְּשֶׁשּׁוֹמְעִים מִתּוֹךְ תְּשׂוּמֶת לֵב:
*הַ**קֶּשֶׁב** בְּקוֹנְצֶרְטִים הוּא אַבְּסוֹלוּטִי, אִישׁ אֵינוֹ זָז.*
בְּרֹב-קֶשֶׁבתה"פ - בִּתְשׂוּמֶת לֵב רַבָּה

קשהפ' קָשָׁה was hard
הָיָה קָשֶׁה, לֹא קַל:
קָשְׁתָה עָלֵינוּ הַדֶּרֶךְ בֶּהָרִים.
לִקְשׁוֹת עַל- / ק.ש.ה, פָּעַל / קָשְׁתָה, קָשֶׁה, יִקְשֶׁה

קשהת' קָשֶׁה hard
1. מוּצָק, חָזָק, הַהֵיפֶךְ מֵרַךְ:
*הַלֶּחֶם הַזֶּה **קָשֶׁה** כְּמוֹ אֶבֶן, אִי אֶפְשָׁר לֶאֱכוֹל מִמֶּנּוּ.*
2. מְסוּבָּךְ, בְּעָיָיתִי, הַהֵיפֶךְ מִקַּל: difficult
*הַטִּיּוּל לְסִינַי הָיָה **קָשֶׁה**, הָלַכְנוּ שָׁעוֹת בָּרֶגֶל.*
קְשֵׁה-עוֹרֶף stubborn
קְשֵׁה-תְּפִיסָה slow witted
אֱגוֹז קָשֶׁה difficult (person)
קָשָׁה, קָשִׁים, קָשׁוֹת

קשובת' קַשּׁוּב attentive
שׁוֹמֵעַ בִּתְשׂוּמֶת לֵב:
*אֲנִי **קַשּׁוּב** לְצָרוֹת שֶׁל אֲנָשִׁים.*
קַשּׁוּבָה, קַשּׁוּבִים, קַשּׁוּבוֹת

קשוחת' קָשׁוּחַ tough, obstinate
קָשֶׁה, לֹא מְוַותֵּר:
*הוּא אִישׁ **קָשׁוּחַ** - אִי אֶפְשָׁר לְשַׁנּוֹת אֶת דַּעְתּוֹ.*
קְשׁוּחָה, קְשׁוּחִים, קְשׁוּחוֹת

קשורת' קָשׁוּר tied (adj.)
1. מְחוּבָּר:
*הַחֲבִילָה **קְשׁוּרָה** הֵיטֵב, אֶפְשָׁר לִשְׁלוֹחַ אוֹתָהּ בַּדּוֹאַר.*
2. קָרוֹב לְ-, יְחָסִים קְרוֹבִים: attached (adj.)
*שְׁלֹמֹה **קָשׁוּר** מְאוֹד לְהוֹרָיו.*
קְשׁוּרָה, קְשׁוּרִים, קְשׁוּרוֹת

קשיחת' קָשִׁיחַ rigid, stiff
קָשֶׁה, חָזָק, אִי אֶפְשָׁר לְקַפֵּל אוֹתוֹ:
*יֵשׁ סְפָרִים שֶׁהַכְּרִיכָה שֶׁלָּהֶם **קְשִׁיחָה**, וְיֵשׁ שֶׁהִיא רַכָּה.*
קְשִׁיחָה, קְשִׁיחִים, קְשִׁיחוֹת

קשיחותנ' קְשִׁיחוּת rigidity, stiffness
כְּשֶׁמַּשֶּׁהוּ קָשֶׁה, חָזָק, לֹא מִתְכּוֹפֵף:
*לְפִי **הַקְּשִׁיחוּת** שֶׁל הַחוֹמֶר זֶה, כַּנִּרְאֶה, בַּרְזֶל.*
קְשִׁיחוּת-לֵב hardheartedness

קשירהנ' קְשִׁירָה [קְשִׁירוֹת] binding, tying
1. חִיבּוּר, בְּעִיקָּר שֶׁל חוּטִים, חֲבָלִים:
*עַל יְדֵי **קְשִׁירָה** שֶׁל חֶבֶל אֶל חֶבֶל נְקַבֵּל חֶבֶל אָרוֹךְ.*

2. (מֶטָאפוֹרָה) יְצִירַת יְחָסִים: obtaining, securing

__קְשִירַת__ קְשָרִים דִיפְּלוֹמָטִיִים הִיא עִנְיָן חָשוּב.

קשישתו״ז קָשִיש [קְשִישִים] old

1. כִּמְעַט זָקֵן:

אָדָם בְּגִיל 70 הוּא כְּבָר קָשִיש.

2. גָדוֹל מִ-: older (than)

אֲנִי __קָשִיש__ מֵאָחִי.

קְשִישָה, קְשִישוֹת

קשיתנ׳ קַשִּית [קַשִּיוֹת] straw

צִינוֹר דַק לִשְתִיָּיה:

בִּיקַשְתִי כּוֹס מִיץ __וְקַשִּית__.

קשׂקשׂנ׳ קַשְׂקַשׂ [קַשְׂקַשִׂים] scale (of fish)

1. מַה שֶיֵש עַל עוֹר שֶל דָגִים וְכוּ׳:

__הַקַשְׂקַשִׂים__ מְגִינִים עַל הַדָגִים בַּמַיִם.

2. פֵּירוּרִים לְבָנִים בַּשֵׂיעָר: dandruff

קָנִיתִי תַכשִיר נֶגֶד __קַשְׂקַשִׂים__.

קשקשןז׳ קַשְקְשָן [קַשקְשָנִים] blabbermouth

מִי שֶמְדַבֵּר הַרבֵּה דבָרִים לֹא חֲשוּבִים:

הוּא __קַשקְשָן__ גָדוֹל - מְדַבֵּר הַרבֵּה וְאֵינוֹ אוֹמֵר כְּלוּם.

קַשקְשָנִית, קַשקְשָנִיוֹת

קשרפ׳ קָשַר tied

חִיבֵּר דָבָר לְדָבָר:

__קָשַרתִי__ אֶת הַחֲבִילָה בְּחֶבֶל. / __קָשַר__ קְשָרִים עִם חֲבֵרִים.

2. תִיכְנֵן לְהַפִּיל אֶת הַשִלטוֹן: conspired

הוּא __קָשַר__ קֶשֶר נֶגֶד הַמֶמשָלָה.

לִקשוֹר אֶת- / ק.ש.ר, פָּעַל / קָשַרתִי, קוֹשֵר, יִקשוֹר

קשרז׳ קַשָּר [קַשָּרִים] signal corps man

1. מִי שֶעוֹבֵד בְּאַלחוּט וְכוּ׳:

הָיִיתִי __קַשָּר__ בַּצָבָא.

2. אִיש שֶמְקַשֵר, מְחַבֵּר בֵּין אֲנָשִים: liason

הוּא __הַקַשָּר__ בֵּין הָעוֹלִים הַחֲדָשִים וְהָעִירִיָּיה.

קַשָּרִית, קַשָּרִיוֹת

קשרז׳ קֶשֶר [קְשָרִים] knot

1. חִיבּוּר:

הַחוּטִים מְסוּבָּכִים - קָשֶה לִפתוֹחַ אֶת __הַקֶשֶר__.

2. יַחַס קָרוֹב: tie

אֲנַחנוּ שוֹמרִים עַל __קִשרֵי__ מִשפָּחָה.

3. קוֹמוּנִיקַציָה: communication

אֲנַחנוּ שוֹמרִים עַל __קֶשֶר__ טֶלֶפוֹנִי יוֹמִי.

4. כְּשֶמַשֶהוּ צָרִיך לָבוֹא בְּיַחַד, אַחֲרֵי: connection

אֵין __קֶשֶר__ בֵּין הַפֶּרֶק הָרִאשוֹן לַפֶּרֶק הַשֵנִי.

5. כְּשֶאֲנָשִים מַחלִיטִים לִפעוֹל נֶגֶד הַשִלטוֹן: conspiracy

הָיָה __קֶשֶר__ נֶגֶד הַמֶלֶך.

בְּקֶשֶר in contact/touch

קֶשֶר אַלחוּטִי radio communications

קֶשֶר־רְאִיָּיה eye contact

קֶשֶר־שתִיקָה conspiracy of silence

קשתז׳ קַשָּת [קַשָּתִים] archer

מִי שֶיוֹרֶה בְּקֶשֶת וָחֵץ (חֲצִי עִיגוּל + חוּט, שֶיוֹרִים מִמֶנוּ מַקֵל קָטָן):

__הַקַשָּתִים__ שֶל יִשׂרָאֵל הִשתַתפוּ בָּאוֹלִימפִּיָאדָה.

קשתנ׳ קֶשֶת [קְשָתוֹת] arch, rainbow

1. צוּרָה שֶל חֲצִי עִיגוּל:

רָאִיתִי __קֶשֶת__ בַּשָמַיִם, אֵיזֶה יוֹפִי!

2. כְּלִי יְרִיָּיה קָדוּם: bow

יֵש בְּאַפרִיקָה שבָטִים שֶנִלחָמִים בְּקֶשֶת וָחֵץ.

3. "מַקֵל" שֶמְנַגנִים בּוֹ בְּכִינוֹר, בְּצֶ'לוֹ וְכוּ׳: (violin) bow

כְּשֶמְנַגנִים מַחזִיקִים בְּיַד יָמִין אֶת __הַקֶשֶת__.

כְּלֵי־קֶשֶת string instruments

צִבעֵי־הַקֶשֶת the colors of the rainbow

קתנ׳ קַת [קַתוֹת] handle, butt

יָדִית שֶמַחזִיקִים בָּהּ כְּלִי עֲבוֹדָה, רוֹבֶה...:

כְּשֶיוֹרִים צָרִיך לְהַחזִיק אֶת __קַת__ הָרוֹבֶה בֵּין הַיָד וְהַכָּתֵף.

ר

ר 20th letter of Heb. alphabet
רֵיש, הָאוֹת הָ-20 בָּאָלֶפְבֵּית הָעִברִי, מְצַיֶּינֶת אֶת שֵׁם הַמִּספָּר 200:
הִגַעתִי לְעַמוּד ר'.

ראהפ' רָאָה saw
הִסתַכֵּל, הִבִּיט:
דָן רָאָה אֶת הַיֶּלֶד מְשַׂחֵק בַּגִינָה.
רוֹאֶה שחוֹרוֹת pessimist
רָאָה אֶת הַנוֹלָד predicted
רָאָה חוֹבָה לְעַצמוֹ deemed it his duty
לִראוֹת אֶת- / ר.א.ה, פָּעַל / רָאִיתִי, רוֹאֶה, יִראֶה, רְאֵה!

ראווהנ' רַאֲוָוה show, exhibition
מַה שֶׁכּוּלָם רוֹאִים, בְּעִיקָר מַשֶׁהוּ גרַנדיוֹזִי:
הוּא לֹא אוֹהֵב מוֹפְעֵי רַאֲוָוה עֲנָקִיִים.
לְרַאֲוָוה ת"פ on display
חַלוֹן-רַאֲוָוה shop window

ראוותנותנ' רַאַוְתָנוּת exhibitionism
כְּשֶׁמִישֶׁהוּ עוֹשֶׂה מַשֶׁהוּ כְּדֵי שֶׁיִראוּ:
הַבַּיִת הַמְפוֹאָר מַראֶה עַל הָרַאַוְתָנוּת שֶׁל הַמִשׁפָּחָה.

ראוית' רָאוּי fit, worthy
מַתאִים:
הוּא אָדָם מוּכשָׁר וְרָאוּי לְתַפקִידוֹ.
כָּרָאוּי ת"פ properly
רְאוּיָה, רְאוּיִים, רְאוּיוֹת

ראותנ' רְאוּת visibility
מַה שֶׁהָעֵינַיִים רוֹאוֹת:
הָראוּת הַיוֹם טוֹבָה מְאוֹד, אֵין עֲנָנִים וְאֵין עֲרָפֶל.
נְקוּדַת-רְאוּת - point of view
מִנקוּדַת רְאוּת כַּלכָּלִית זוֹ קנִיָיה טוֹבָה.
כִּראוּת-עֵינָיו as he sees fit

ראיז' רְאִי mirror
מַראָה, זְכוּכִית שֶׁרוֹאִים בָּהּ כֹּל מַה שֶׁמְמוּלָה:
הוּא הִתגַלֵחַ מוּל הָרְאִי.

ראייהנ' רְאִיָּה sight, vision
הַיְכוֹלֶת לִראוֹת:
הָרְאִיָּה הִיא אַחַד מֵחֲמֵשֶׁת הַחוּשִׁים.
זָוִוית-רְאִיָּה point of view, angle
שְׂדֵה-רְאִיָּה field of vision

ראייהנ' רְאָיָה [רְאָיוֹת] evidence
הוֹכָחָה, מַשֶׁהוּ קוֹנקרֶטִי, עוּבדָה:
לֹא הָיוּ דֵי רְאָיוֹת לְהַאֲשִׁים אוֹתוֹ בִּגנֵיבָה.

ראינועז' רְאִינוֹעַ moving-pictures
(רְאִי + נוֹעַ) סֶרֶט בּלִי קוֹל:
צֵ'רלִי צֵ'פּלִין הָיָה שַׂחקָן רְאִינוֹעַ.

ראשז' רֹאשׁ [רָאשִׁים] head
1. הַחֵלֶק הָעֶליוֹן בְּגוּף הָאָדָם אוֹ הַחֵלֶק הַקִדמִי בְּגוּף בַּעֲלֵי הַחַיִים:
הָאָב שָׂם אֶת הַיָד עַל רֹאשׁ הַבֵּן.
2. הַחֵלֶק הָעֶליוֹן שֶׁל מַשֶׁהוּ: top
הַיֶּלֶד טִיפֵּס עַל רֹאשׁ הָעֵץ.
3. מַנהִיג: leader
רֹאשׁ הַמֶמשָׁלָה נִפגַשׁ עִם רָאשֵׁי הֶעָרִים.
4. הַתחָלָה: beginning
בְּרֹאשׁ הַשָּׁנָה נִפגְשׁוּ כֹּל בְּנֵי הַמִשׁפָּחָה.
בָּרֹאשׁת"פ - בַּמָקוֹם הָרִאשׁוֹן: at the head of
עָמַדתִי בָּרֹאשׁ הַתוֹר.
מֵרֹאשׁת"פ - עוֹד לִפנֵי, קוֹדֶם: in advance
שִׁילַמתִי לוֹ עַל הָעֲבוֹדָה מֵרֹאשׁ.
בְּרֹאשׁ וּבָרִאשׁוֹנָהת"פ - קוֹדֶם כּוֹל: first of all
בְּרֹאשׁ וּבָרִאשׁוֹנָה צָרִיךְ דִירָה.
רָאשֵׁי-פְּרָקִים - תוֹכֶן הָעִניָינִים: outline
קָרָאתִי אֶת רָאשֵׁי הַפְּרָקִים שֶׁל הַסֵפֶר.
רָאשֵׁי-תֵיבוֹת - קִיצוּרֵי מִילִים: initials
ארה"ב, ברה"מ, חו"ל.
מִכַּף רֶגֶל וְעַד רֹאשׁ - בְּכֹל הַגוּף: from head to toe
הַיֶּלֶד רָטֹב מִכַּף רֶגֶל וְעַד רֹאשׁ.
בְּקַלוּת-רֹאשׁת"פ - לֹא בִּרצִינוּת: light-headedly
הוּא מִתייַחֵס בְּקַלוּת רֹאשׁ לַסַכָּנָה.
בְּכוֹבֶד-רֹאשׁת"פ - בִּרצִינוּת: seriously
צָרִיךְ לָדוּן בַּבְּעָיָה בְּכוֹבֶד רֹאשׁ.
יוֹשֵׁב-רֹאשׁ(יו"ר) - מְנַהֵל יְשִׁיבָה: chairperson
הַיו"ר פָּתַח(ה) אֶת יְשִׁיבַת הַוַועֲדָה.

ראשוןת' רִאשׁוֹן first
1. הַקוֹדֵם לְכֹל הָאֲחֵרִים:
הָאוֹרֵחַ הָרִאשׁוֹן נִכנַס לַחֶדֶר.
2. מְצַטֵיֵּין: best
הַתַלמִיד הָרִאשׁוֹן בַּכִּיתָה קִיבֵּל פְּרָס.
3. הַקָרוֹב בְּיוֹתֵר, הַמוּקדָם בְּיוֹתֵר: earliest
אָבוֹא אֲלֵיכֶם בַּהִזדַמנוּת הָרִאשׁוֹנָה.
הַבַּיִת הָרִאשׁוֹן - בֵּית הַמִקדָשׁ הָרִאשׁוֹן, שֶׁבָּנָה שלֹמֹה הַמֶלֶךְ בַּמֵאָה הָעֲשִׂירִית לפנה"ס, נֶהֱרַס בּ-587 לפנה"ס

לָרִאשׁוֹנָה ת"פ | for the first time

רִאשׁוֹנָה, רִאשׁוֹנִים, רִאשׁוֹנוֹת

רִאשׁוֹנִית׳ רִאשׁוֹנִי | primary, basic

בְּסִיסִי אֶלֶמֶנְטָרִי:

*הַמִּצְרָכִים הָ**רִאשׁוֹנִיִּים** הֵם לֶחֶם וּמַיִם.*

מִסְפָּר רִאשׁוֹנִי | prime number

רִאשׁוֹנִית, רִאשׁוֹנִיִּים, רִאשׁוֹנִיּוֹת

רִאשׁוֹנִיּוּתנ׳ רִאשׁוֹנִיּוּת | originality, primacy

הַמַּצָּב שֶׁל הָרִאשׁוֹן, שֶׁלֹּא הָיָה אַף אֶחָד לְפָנָיו:

*הַחֲשִׁיבוּת שֶׁל הַצַּיָּיר הַזֶּה הִיא בָּ**רִאשׁוֹנִיּוּת** שֶׁלּוֹ - הוּא יָצַר אַסְכּוֹלָה חֲדָשָׁה.*

רָאשׁוּתנ׳ רָאשׁוּת | head, leadership

כְּשֶׁיֵּשׁ מִישֶׁהוּ בְּרֹאשׁ מוֹסָד, מֶמְשָׁלָה וְכוּ׳:

*בְּעוֹד שָׁנָה יִתְקַיְּמוּ בְּחִירוֹת לְ**רָאשׁוּת** הָעִירִיָּיה.*

רָאשִׁית׳ רָאשִׁי | chief, principal

1. שֶׁעוֹמֵד בְּרֹאשׁ, מְנַהֵל:

*נִפְגַּשְׁתִּי עִם הָעוֹרֵךְ הָ**רָאשִׁי** שֶׁל הָעִיתּוֹן.*

2. הֶחָשׁוּב בְּיוֹתֵר, הָעִיקָּר: | main, leading

*יֵשׁ לוֹ תַּפְקִיד **רָאשִׁי** בַּהַצָּגָה.*

רָאשִׁית, רָאשִׁיִּים, רָאשִׁיּוֹת

רֵאשִׁיתנ׳ רֵאשִׁית | begining

1. הַתְחָלָה:

*אֶת **רֵאשִׁית** דְּבָרֶיךָ לֹא הֵבַנְתִּי.*

2. קוֹדֶם כּוֹל, כְּסִיבָּה רִאשׁוֹנָה לַדָּבָר: | first

*לֹא אוּכַל לָבוֹא מָחָר. **רֵאשִׁית**, אֲנִי עוֹבֵד, וְשֵׁנִית אֲנִי עָיֵיף.*

רֵאשִׁית כֹּל ת"פ | first of all

בְּרֵאשִׁית (לָשׁוֹן סִפְרוּתִית)ת"פ | in the beginning

רָבפ׳ רָב | quarreled

הָיָה בְּסִיכְסוּךְ, בְּקוֹנְפְלִיקְט:

*דָּן **רָב** עִם רוּת **עַל** חִינּוּךְ הַיְּלָדִים.*

לָרִיב עִם-, עַל- / ר.י.ב, פָּעַל / רַבְתִּי, רָב, אָרִיב, יָרִיב, יָרִיבוּ

רַבת׳ רַב | much, many, a lot

גָּדוֹל בְּמִסְפָּר, בְּשֶׁטַח, בְּמִידָּה וּבַחֲשִׁיבוּת:

*יֵשׁ לוֹ כֶּסֶף **רַב** וּבָתִּים **רַבִּים**. / יֵשׁ חֲשִׁיבוּת **רַבָּה** לְמַעֲשָׂיו.*

שָׁלוֹם רַב, תּוֹדָה רַבָּה - דִּבְרֵי נִימּוּס מְקוּבָּלִים

רַב-גּוֹנִי ת׳ | multi-colored

רַב-מֶכֶר ת׳ | best-seller

רַב-פְּעָלִים ת׳ | great in deeds

רַב-צְדָדִי ת׳ | multi-faceted

רַב-שְׁנָתִי ת׳ | perennial

בָּרַבִּים ת"פ | in public

רַבָּה, רַבִּים, רַבּוֹת

רַבז׳ רַב [רַבָּנִים] | Rabbi

1. תּוֹאַר לְרֹאשׁ קְהִילָּה, חָכָם בַּתּוֹרָה, אַחְרָאִי עַל הַחַיִּים הַדָּתִיִּים:

*הָ**רַב** הִשִּׂיא אֶת הַזּוּג הַצָּעִיר בְּבֵית הַכְּנֶסֶת.*

רַבּוֹתַיי (=מוֹרַיי) - מִילַּת כָּבוֹד, מְקוּבָּל בִּנְאוּם:

*"עֶרֶב טוֹב, גְּבִירוֹתַיי וְ**רַבּוֹתַיי**!"* | distinguished audience

2. תּוֹסֶפֶת לְתוֹאַר שֶׁמְּצַיֶּינֶת דַּרְגָּה גְּבוֹהָה יוֹתֵר (רַב־טוּרַאי, רַב־סַמָּל, רַב־פַּקָּד וְכוּ׳):

*בְּצַהַ"ל יֵשׁ רַק קָצִין אֶחָד בְּדַרְגַּת **רַב**־אַלּוּף - הָרַמַטְכַּ"ל.*

רַב-חוֹבֵל - מְפַקֵּד אוֹנִיָּיה | captain

רַב-אוֹמָן - אוֹמָן מְצֻטַיֵּין | master

רַב-קוֹמוֹת | high-rise

רַב-שִׂיחַ | colloquy

רבבז׳ רְבָב | stain

כֶּתֶם, לִיכְלוּךְ:

*הוּא יָצָא מִן הַבַּיִת בִּבְגָדִים נְקִיִּים לְלֹא **רְבָב**.*

לְלֹא רְבָב (מוּסָרִי) | impeccable

רבבהנ׳ רְבָבָה [רְבָבוֹת] | ten thousand

(לָשׁוֹן גְּבוֹהָה) הַמִּסְפָּר 10,000:

***רְבָבוֹת** שֶׁל אֲנָשִׁים בָּאוּ לְמִשְׂחַק הַכַּדּוּרֶגֶל.*

רבגונית׳ רַבְגּוֹנִי | colorful, variegated

שֶׁיֵּשׁ בּוֹ צְבָעִים רַבִּים:

*אֲנִי אוֹהֵב פְּרָחִים **רַבְגּוֹנִיִּים**.*

(מֶטָאפוֹרָה) הוּא אָדָם **רַבְגּוֹנִי**, מִתְעַנְיֵין בְּנוֹשְׂאִים שׁוֹנִים.

רַבְגּוֹנִית, רַבְגּוֹנִיִּים, רַבְגּוֹנִיּוֹת

רבגוניותנ׳ רַבְגּוֹנִיּוּת | variety

שֶׁיֵּשׁ בּוֹ הַרְבֵּה צְבָעִים:

*הָ**רַבְגּוֹנִיּוּת** שֶׁל הַפְּרָחִים בַּגִּינָּה מוֹצֵאת חֵן בְּעֵינַיי.*

רבותת"פ רַבּוֹת | a great deal

הַרְבֵּה, דְּבָרִים רַבִּים:

*מְדִינַת יִשְׂרָאֵל עוֹשָׂה **רַבּוֹת** כְּדֵי לִקְלוֹט אֶת הָעוֹלִים.*

רבותיי ר׳ רב ז׳

רביז׳ רַבִּי [רַבִּיִּים] | Rabbi

(= רַב שֶׁלִּי) כִּינּוּי כָּבוֹד לְאִישׁ דָּת יְהוּדִי - מוֹרֶה לְלִימּוּדֵי דָּת, מַנְהִיג שֶׁל חֲסִידִים וְכוּ׳:

*אֲנִי עוֹשֶׂה כֹּל מַה שֶּׁהָ**רַבִּי** אוֹמֵר.*

רבידז, רָבִיד [רְבִידִים] necklace
תַּכשִׁיט, שַׁרשֶׁרֶת סבִיב הַצַּוָּואר:
*הָ**רָבִיד** שֶׁלִי מִזָּהָב.*

רבייהנ, רְבִיָּה [רְבִיּוֹת] reproduction
כּשֶׁמִתרַבִּים, כּשֶׁיוֹלדִים יְלָדִים אוֹ בַּעֲלֵי חַיִּים:
*הָ**רְבִיָּה** נַעֲשֵׂית עַל-יְדֵי הַפּגִישָׁה בֵּין הַזֶּרַע וְהַבֵּיצִית.*

רביכהנ, רְבִיכָה [רְבִיכוֹת] roux
קֶמַח, שֶׁמֶן וְכוּ' שָׂמִים בְּמָרָק, כּדֵי שֶׁיִהיֶה פָּחוֹת נוֹזֵל:
*הַמָּרָק הוּא כּמוֹ מַיִם, כִּי אֵין בּוֹ **רְבִיכָה**.*

רבים ר' רב ת'

רביעית, רְבִיעִי fourth
אַחֲרֵי הַשּׁלִישִׁי וְלִפנֵי הַחֲמִישִׁי:
*יִגאָל הוּא **רְבִיעִי** בַּתּוֹר, וַאֲנִי אַחֲרָיו- הַחֲמִישִׁי.*
יוֹם רְבִיעִי Wednesday
רְבִיעִית, רְבִיעִיִים, רְבִיעִיּוֹת

רביעייהנ, רְבִיעִיָּה [רְבִיעִיּוֹת] foursome, quartet
קבוּצָה שֶׁל אַרבַּע/אַרבָּעָה:
*שָׁמַעתִי אֶת הָ**רְבִיעִיָּה** לִפסַנתֵר שֶׁל בְּרָאהמס.*

רבןז, רַבָּן [רַבָּנִים] Rabbi (Aram.)
(הָרַב שֶׁלָּנוּ) תוֹאַר כָּבוֹד לְרֹאשׁ יְשִׁיבָה מִלִפנֵי 2,000 שָׁנָה:
רַבָּן יוֹחָנָן בֶּן זַכַּאי הָיָה גָּדוֹל בַּתּוֹרָה.

רבנותנ, רַבָּנוּת rabbinate
מוֹסָד דָתִי שֶׁיֵשׁ לוֹ פוּנקציוֹת אֶזרָחִיּוֹת - חֲתוּנָּה, גֵירוּשִׁים וְכוּ':
*רוּת וְדָוִיד נִרשְׁמוּ בָּ**רַבָּנוּת**, הֵם רוֹצִים לְהִתחַתֵן.*

רבעז, רֶ֫בַע [רְבָעִים] one fourth, quarter
1/4, חֵלֶק אֶחָד מֵאַרבָּעָה (מִשׁלָם):
*חִיכִּיתִי לוֹ **רֶבַע** שָׁעָה - בְּשָׁעָה שָׁלוֹשׁ **וָרֶבַע** - הָלַכתִי.*
רֶבַע-שָׁעָה = 15 דַקוֹת / שׁלוֹשֶׁת **רִבעֵי** שָׁעָה = 45 דַקוֹת
רֶבַע קִילוֹ = 250 גרַם / שׁלוֹשָׁה **רְבָעִים** = 3/4
רֶבַע גְּמָר (בְּכַדוּרֶגֶל) quarterfinal

רבעוןז, רִבעוֹן [רִבעוֹנִים] quarterly
עִיתוֹן (סִפרוּתִי וְכוּ') שֶׁיוֹצֵא 4 פְּעָמִים בְּשָׁנָה:
*הֵם מוֹצִיאִים **רִבעוֹן** לְסִפרוּת.*

רבץפ, רָבַץ lay
1. שָׁכַב (בְּעִיקָר בַּעַל חַיִּים):
*רָ**בַצתָ** כֹּל הַיּוֹם בַּמִיטָה, וְלֹא עָשִׂיתָ כּלוּם.*
2. נָתַן הַרגָּשָׁה שֶׁל מַשֶׁהוּ כָּבֵד:
*רָ**בצָה** עָלַיי כֹּל הָאַחרָיוּת לַיְלָדִים.*
לִרבּוֹץ / ר.ב.ץ, פָּעַל / רָבַצתִי, רוֹבֵץ, יִרבַּץ

רבצדדית, רַבצְדָדִי versatile, multilateral
שֶׁיֵשׁ בּוֹ הַרבֵּה צדָדִים:
*זֹאת אֵינָהּ בְּעָיָה פּשׁוּטָה, זֹאת בְּעָיָה **רַבצְדָדִית**.*
רַבצְדָדִית, רַבצְדָדִיִים, רַבצְדָדִיּוֹת

רבצדדיותנ, רַבצְדָדִיּוּת versatility
כּשֶׁיֵשׁ הַרבֵּה צדָדִים, כִּיווּנִים:
*הַקוֹשִׁי הוּא בָּ**רַבצְדָדִיּוּת** שֶׁל הַבְּעָיָה, קָשֶׁה לִפתוֹר אוֹתָהּ.*

רברבןת, רַברְבָן boastful
מִי שֶׁנוֹהֵג לְסַפֵּר שֶׁהוּא מַצלִיחַ, עָשִׁיר וְכוּ':
*הוּא **רַברְבָן**, כֹּל הַזמַן מְסַפֵּר עַל הַהַצלָחוֹת שֶׁלוֹ.*
רַברְבָנִית, רַברְבָנִים, רַברְבָנִיּוֹת

רברבנותנ, רַברְבָנוּת boastfulness
כּשֶׁמִישֶׁהוּ מְסַפֵּר כַּמָּה הוּא מַצלִיחַ, חָכָם, עָשִׁיר וְכוּ':
*נָכוֹן, הוּא חָכָם וּמַצלִיחַ, אֲבָל הָ**רַברְבָנוּת** שֶׁלוֹ מַרגִיזָה.*

רבתית"נ, רַבָּתִי greater-
גדוֹלָה, שֶׁכּוֹלֶלֶת בְּתוֹכָהּ חֲלָקִים נוֹסָפִים:
*תֵל-אָבִיב **רַבָּתִי** הַכַּוָונָה גַם לְרָמַת-גַן, חוֹלוֹן... וְכוּ'.*
לֹא בְּאָלֶף רַבָּתִיב, 'לֹא' בְּאָלֶף absolutely not
לְעוּמַת 'לוֹ' בְּ-וָו) בְּהֶחלֵט, לֹא וָלֹא:
*הַתשׁוּבָה שֶׁלִי הִיא **לֹא בְּאָלֶף רַבָּתִי**.*

רגבז, רֶ֫גֶב [רְגָבִים] clod (of earth)
גוּשׁ, חֲתִיכָה שֶׁל אֲדָמָה:
*הַיְלָדִים זָרקוּ **רִגבֵי** אֲדָמָה זֶה עַל זֶה.*

רגועת, רָגוּ֫עַ calm/relaxed (adj.)
שָׁקֵט, בְּמַצָּב שֶׁל מְנוּחָה:
*מִן הַחוֹפֶשׁ חָזַרנוּ **רְגוּעִים** יוֹתֵר.*
רְגוּעָה, רְגוּעִים, רְגוּעוֹת

רגזפ, רָגַז was angry
כָּעַס, וְאָמַר זֹאת:
*רָ**גַזתִי** עַל דָוִיד, כִּי הוּא לֹא בָּא לַפּגִישָׁה.*
לִרגוֹז עַל- / ר.ג.ז, פָּעַל / רָגַזתִי, רוֹגֵז, יִרגַּז

רגזןתו"ז רַגְזָן [רַגזָנִים] ill-tempered
מִי שֶׁמִתרַגֵז, כּוֹעֵס בְּקַלוּת:
*כּשֶׁאֲנָשִׁים מִזדַקנִים הֵם נַעֲשִׂים יוֹתֵר **רַגזָנִים**.*
רַגזָנִית, רַגזָנִיּוֹת

רגזנותנ' רַגְזָנוּת — irritability
כַּעַס, כְּשֶׁאוֹמְרִים בְּקוֹל שֶׁלֹּא מוֹצֵא חֵן...:
*בִּגְלַל **הָרַגְזָנוּת** שֶׁלּוֹ הוּא אֵינוֹ מַתְאִים לִהְיוֹת מְנַהֵל.*

רגילת' רָגִיל — usual, regular
1. מָצוּי, שָׁכִיחַ, שֶׁיֵּשׁ הַרְבֵּה כָּמוֹהוּ:
*דָּן בָּחוּר פָּשׁוּט **וְרָגִיל**, אֵין בּוֹ שׁוּם דָּבָר מְיוּחָד.*
2. מַשֶּׁהוּ שֶׁעוֹשִׂים בְּדֶרֶךְ כְּלָל: — used to
*הָיִיתִי **רָגִיל** לְבַקֵּר אֶצְלָם כָּל שַׁבָּת.*
בלתי-רָגִיל ת' — unusual
כָּרָגִיל ת"פ — as usual
"רְגִילָה" (לְשׁוֹן שֶׁל חַיָּילִים): חוּפְשָׁה רְגִילָה שֶׁמְּקַבֵּל כָּל חַיָּל - כָּל שְׁלוֹשָׁה חוֹדָשִׁים שָׁבוּעַ אֶחָד
רְגִילָה, רְגִילִים, רְגִילוֹת

רגישת' רָגִישׁ — sensitive
מִתְרַגֵּשׁ אוֹ נִפְגָּע בְּקַלּוּת (גַּם בַּגּוּף):
*הוּא בָּחוּר **רָגִישׁ** - הוּא לוֹקֵחַ לַלֵּב כָּל מַה שֶּׁאוֹמְרִים לוֹ.*
*הוּא **רָגִישׁ** לְקוֹר. / הַצַּיָּיר **רָגִישׁ** לְיוֹפִי וְלִצְבָעִים.*
רְגִישָׁה, רְגִישִׁים, רְגִישׁוֹת

רגישותנ' רְגִישׁוּת — sensitivity
1. כְּשֶׁמִּישֶׁהוּ מִתְרַגֵּשׁ אוֹ נִפְגָּע בְּקַלּוּת:
*יֵשׁ לִי **רְגִישׁוּת** עַד כְּדֵי אַלֶּרְגְיָה לִרְטִיבוּת.*
2. כְּשֶׁמִּישֶׁהוּ רוֹאֶה כָּל פְּרָט, שׁוֹמֵעַ, מַרְגִּישׁ:
*הוּא אוֹמָן בַּעַל **רְגִישׁוּת** גְּבוֹהָה לְאוֹר וָצֵל.*

רגלנ' רֶגֶל [רַגְלַיִים] — leg, foot
אֵיבָר בַּגּוּף, מְשַׁמֵּשׁ לַהֲלִיכָה:
*אֲנִי עוֹמֶדֶת עַל **הָרַגְלַיִים** כָּל שְׁעוֹת הָעֲבוֹדָה.*
בָּרֶגֶל ת"פ — on foot
לְרֶגֶל מ"י - — owing to
לְרֶגֶל הַחַגִּים תִּהְיֶה הַחֲנוּת סְגוּרָה.
לְרַגְלֵי - — at the foot of
חִיכִּינוּ לָהֶם לְרַגְלֵי הָהָר.
פְּשִׁיטַת-רֶגֶל — bankruptcy
דְּרִיסַת-רֶגֶל — foothold
עוֹמֵד בִּשְׁתֵּי רַגְלָיו עַל הַקַּרְקַע ב' — solid
כַּף-רֶגֶל — sole of foot
עַל רֶגֶל אַחַת — hastily
לֹא מָצָא אֶת הַיָּדַיִים וְאֶת הָרַגְלַיִים ב' — couldn't figure out which end was up
קַל-רַגְלַיִים — light footed
עוֹלֶה-רֶגֶל — pilgrim

רגליתה"ז/ת"פ רַגְלִי — infantry
1. מִי שֶׁהוֹלֵךְ בָּרֶגֶל:
*חֵיל **רַגְלִים**, חַיָּילִים שֶׁנִּלְחָמִים בַּהֲלִיכָה אוֹ בְּרִיצָה.*
2. בַּהֲלִיכָה, לֹא בִּמְכוֹנִית וְכוּ': — on foot
*בָּאתִי **רַגְלִי**, לֹא בָּאוֹטוֹבּוּס.*
רַגְלִית, רַגְלִיִּים, רַגְלִיּוֹת

רגםפ' רָגַם — stoned
זָרַק (אֶבֶן, עַגְבָנִיּוֹת וְכוּ') כְּדֵי לִפְגּוֹעַ:
*הַיְּלָדִים **רָגְמוּ** בַּאֲבָנִים כָּל מִי שֶׁעָבַר בָּרְחוֹב.*
לִרְגּוֹם אֶת- / ר.ג.ם, פָּעַל / רָגַמְתִּי, רוֹגֵם, יִרְגּוֹם

רגעז' רֶגַע [רְגָעִים] — moment
זְמַן קָצָר מְאוֹד:
*חַכֵּה לִי **רֶגַע**, אֲנִי כְּבָר בָּא.*
כָּרֶגַע ת"פ — now, this minute
בֵּין רֶגַע ת"פ — in a jiffy
בָּרֶגַע שֶׁ... — the minute...

רגעית' רִגְעִי — momentary
לֹא קָבוּעַ, שֶׁנִּמְשָׁךְ זְמַן קָצָר מְאוֹד:
*זֶה הָיָה כְּאֵב **רִגְעִי**, שֶׁנֶּעֱלַם מִיָּד.*
רִגְעִית, רִגְעִיִּים, רִגְעִיּוֹת

רגשז' רֶגֶשׁ [רְגָשׁוֹת] — feeling, emotion
הַרְגָּשָׁה, שֶׁל שִׂמְחָה צַעַר וְכוּ':
__רֶגֶשׁ__ שֶׁל שִׂמְחָה מִילֵּא אֶת לִבִּי.
רֶגֶשׁ-נְחִיתוּת — inferiority complex
בִּרְגָשׁוֹת מְעוֹרָבִים ת"פ — (with) mixed feelings

רגשית' רִגְשִׁי — emotional
סֶנְטִימֶנְטָלִי, שֶׁיֵּשׁ בּוֹ רֶגֶשׁ, יַחַס "מִן הַלֵּב":
*הַתְּגוּבָה שֶׁלִּי הָיְתָה **רִגְשִׁית**, לֹא רָצִיתִי לִרְאוֹת אוֹתוֹ.*
רִגְשִׁית, רִגְשִׁיִּים, רִגְשִׁיּוֹת

רגשןת' רַגְשָׁן — emotional, sentimental
סֶנְטִימֶנְטָלִי, מִי שֶׁמִּתְרַגֵּשׁ, שֶׁהָאֵמוֹצִיוֹת דּוֹמִינַנְטִיּוֹת אֶצְלוֹ:
*הוּא כָּל כָּךְ **רַגְשָׁן** - הוּא בּוֹכֶה בַּקּוֹלְנוֹעַ.*
רַגְשָׁנִית, רַגְשָׁנִים, רַגְשָׁנִיּוֹת

רגשנותנ' רַגְשָׁנוּת — sentimentality
סֶנְטִימֶנְטָלִיּוּת, אֵמוֹצְיוֹנָלִיּוּת, כְּשֶׁהָרֶגֶשׁ יוֹצֵא הַחוּצָה:
*בְּכָל הִזְדַּמְּנוּת הִיא בּוֹכָה, זֶה בִּגְלַל **הָרַגְשָׁנוּת** שֶׁלָּהּ.*

רגשנית' רַגְשָׁנִי — sentimental
סֶנְטִימֶנְטָלִי, כְּשֶׁמִּתְנַהֲגִים לְפִי הָרֶגֶשׁ:
*הִיא כָּתְבָה לִי מִכְתָּב **רַגְשָׁנִי**.*
רַגְשָׁנִית, רַגְשָׁנִיִּים, רַגְשָׁנִיּוֹת

רדהפ' רָדָה — oppressed
הִתְנַהֵג כְּמוֹ דִּיקְטָטוֹר, דָּרַשׁ שֶׁיַּעֲשׂוּ כִּרְצוֹנוֹ:

*הַמְנַהֵל הַזֶה **רָדָה** בָּעוֹבְדִים, לָכֵן הֵם שָׁבְתוּ.*
לִרְדוֹת בְּ- / ר.ד.ה, פָּעַל / רָדִיתִי, רוֹדֶה, יִרְדֶה

רדוד ת' רָדוּד — shallow
1. שָׁטוּחַ, לֹא עָמוֹק:
*הַמַיִם כָּאן **רְדוּדִים** אִי אֶפְשָׁר לִטבּוֹעַ.*
2. (מֶטָאפוֹרָה) שִׁטחִי, בְּלִי עוֹמֶק: — superficial
*הַמַאֲמָר שֶׁלוֹ **רָדוּד**.*
רְדוּדָה, רְדוּדִים, רְדוּדוֹת

רדום ת' רָדוּם — sleepy
כִּמעַט יָשֵׁן, רוֹצֶה לִישׁוֹן / לֹא הִתעוֹרֵר עֲדַיִין:
*אַתָה נִראֶה **רָדוּם** לְגַמרֵי אוּלַי תֵלֵך לִישׁוֹן?*
רְדוּמָה, רְדוּמִים, רְדוּמוֹת

רדוף ת' רָדוּף — haunted (adj.)
1. שֶׁמִישֶׁהוּ רוֹדֵף אַחֲרָיו:
*אוֹמרִים שֶׁהַבַּיִת הַזֶה **רְדוּף** רוּחוֹת.*
2. (מֶטָאפוֹרָה) לָחוּץ, מַרגִישׁ שֶׁצָרִיך לַעֲשׂוֹת מַשֶׁהוּ דָחוּף: — under pressure
*הוּא **רָדוּף** בִּגלַל הַהַבטָחוֹת, שֶׁהוּא מַבטִיחַ לְכֹל הָעוֹלָם.*
רְדוּפָה, רְדוּפִים, רְדוּפוֹת

רדידות נ' רְדִידוּת — shallowness, superficiality
כְּשֶׁאֵין עוֹמֶק, שִׁטחִיוּת:
*בִּגלַל הָ**רְדִידוּת** שֶׁל הַהַרצָאוֹת כּוּלָם עָזבוּ אֶת הַקוּרס.*

רדיפה נ' רְדִיפָה [רְדִיפוֹת] — chase, pursuit
1. רִיצָה אַחֲרֵי מַשֶׁהוּ אוֹ מִישֶׁהוּ:
*הָ**רְדִיפָה** אַחֲרֵי דָוִיד נִמאֲסָה עָלַיי.*
2. כְּשֶׁגוֹרמִים צָרוֹת קָשׁוֹת לְמִישֶׁהוּ: — persecution
*הַהִיסטוֹריָה מְלֵאָה **רְדִיפוֹת** יְהוּדִים.*
רְדִיפַת-כָּבוֹד — social climbing

רדף פ' רָדַף — chased, pursued
1. רָץ אַחֲרֵי מִישֶׁהוּ כְּדֵי לְהַשִׂיג אוֹתוֹ:
*הַשׁוֹטֵר **רָדַף** אַחֲרֵי הַגַנָב.*
2. עָשָׂה צָרוֹת: — persecuted
*בְּכֹל הַהִיסטוֹריָה הָיוּ עַמִים שֶׁ**רָדְפוּ** יְהוּדִים.*
רוֹדֵף-כָּבוֹד — social climber
רוֹדֵף-שָׁלוֹם — peacemaker
לִרדוֹף אַחֲרֵי-, אֶת- / ר.ד.ף, פָּעַל / רָדַפְתִי, רוֹדֵף, יִרדוֹף

רדת ר' ירד

רהב ז' רַהַב — arrogance, boastfulness
(לָשׁוֹן גְבוֹהָה) גַאֲוָה, כְּשֶׁמִישֶׁהוּ חוֹשֵׁב, שֶׁהוּא טוֹב מֵאֲחֵרִים, חָשׁוּב מֵהֶם וְכוּ':
*יֵשׁ בּוֹ **רַהַב** שֶׁדוֹחֶה אֶת הָאֲנָשִׁים.*

רהוט ת' רָהוּט — fluent
שׁוֹטֵף, בְּלִי הַפסָקוֹת:
*הוּא מְדַבֵּר עִברִית **רְהוּטָה**.*
כְּתָב רָהוּט — cursive writing
רְהוּטָה, רְהוּטִים, רְהוּטוֹת

רהיט ז' רָהִיט [רָהִיטִים] — a piece of furniture
כְּלֵי בַּיִת כְּמוֹ שׁוּלחָן, כִּסֵא, מִיטָה:
*קָנִיתִי **רָהִיטִים** חֲדָשִׁים לַדִירָה.*

רהיטות נ' רְהִיטוּת — fluency
מְהִירוּת, שֶׁטֶף, בְּלִי הַפסָקָה:
*אַחֲרֵי תְקוּפָה קְצָרָה הִגִיעַ דָוִיד לִ**רְהִיטוּת** דִיבּוּר בְּעִברִית.*
בִּרהִיטוּת ת"פ — fluently

רואה־חשבון ז' רוֹאֶה־חֶשׁבּוֹן — accountant
(רוֹאֵי־חֶשׁבּוֹן) בַּעַל מִקצוֹעַ. בּוֹדֵק חֶשׁבּוֹנוֹת שֶׁל חֲבָרוֹת וַעֲסָקִים:
***רוֹאֵי חֶשׁבּוֹן** בָּדקוּ אֶת הַמַאֲזָן שֶׁל הַחֶברָה.*

רואי ז' רֳאִי (רְאִי) — sight
רְאִיָיה, הַיְכוֹלֶת לִראוֹת.
קְצַר-רוֹאִי - — shortsighted
*אֲנִי **קְצַר רוֹאִי**, לָכֵן אֲנִי מַרכִּיב מִשׁקָפַיִים בַּקוֹלנוֹעַ.*

רוב ז' רֹב — majority, most
הַחֵלֶק הַיוֹתֵר גָדוֹל, הַהֵיפֶך מִמִיעוּט:
***רוֹב** הַיְלָדִים אוֹהֲבִים שׁוֹקוֹלָד.*
לָרוֹב ת"פ - — in most cases
לָרוֹב אֲנִי עוֹבֵד רַק בַּבּוֹקֶר.
מֵרוֹב - — out of (much)
קָפַצתִי מֵרוֹב שִׂמחָה.
עַל פִּי רוֹב - — in most cases
עַל פִּי רוֹב אֲנִי עוֹבֵד בָּעֶרֶב.
רוּבּוֹ כְּכוּלוֹ - כִּמעַט כּוּלוֹ: — mostly
*הָעֲבוֹדָה **רוּבָּה כְּכוּלָה** גמוּרָה.*

רובאי ז' רוֹבָאִי [רוֹבָאִים] — rifleman
חַיָיל שֶׁהַנֶשֶׁק שֶׁלוֹ רוֹבֶה:
*הָ**רוֹבָאִים** חִיכּוּ לִפקוּדָה 'אֵשׁ' כְּדֵי לִירוֹת.*

רובד ז' רֹבֶד [רְבָדִים] — layer
שִׁכבָה, שׁוּרָה, שֶׁעָלֶיהָ יְכוֹלָה לִהיוֹת עוֹד שׁוּרָה:
*הָאַרכֵיאוֹלוֹג גִילָה אֶת הָ**רוֹבֶד** הַקָדוּם בְּיוֹתֵר שֶׁל הָעִיר.*
רוֹבֶד לְשׁוֹנִי - תְקוּפָה שֶׁהָיָה בָּהּ סוּג שֶׁל לָשׁוֹן:

בְּעִבְרִית יֵשׁ מִסְפַּר **רְבָדִים**: הָ**רֹבֶד** הָרִאשׁוֹן הוּא לְשׁוֹן הַתַּנַ"ךְ וְהָאַחֲרוֹן לְשׁוֹן יָמֵינוּ.

רובהז' רוֹבֶה [רוֹבִים] rifle, gun
כְּלִי נֶשֶׁק, יוֹרִים מִמֶּנּוּ כַּדּוּרִים:
*הָ**רוֹבֶה** 'גָּלִיל' הוּא הַנֶּשֶׁק הָאִישִׁי שֶׁל הַחַיָּילִים בְּצַהַ"ל.*

רובעז' רֹבַע [רְבָעִים] quarter
חֵלֶק בְּעִיר, שְׁכוּנָה:
*בִּירוּשָׁלַיִם יֵשׁ **רוֹבַע** יְהוּדִי, **רוֹבַע** מוּסְלְמִי וְכוּ'.*

רוגזז' רֹגֶז anger
כַּעַס, הַרְגָּשָׁה חֲזָקָה נֶגֶד מַשֶּׁהוּ שֶׁלֹּא מוֹצֵא חֵן:
*הוּא גָּרַם **לְרוֹגֶז** רַב בַּבַּיִת.*
בְּרוֹגֶזת"פ - not on speaking terms
*דָּוִיד וְרוּת **בְּרוֹגֶז** כְּבָר שָׁבוּעַ.*

רוגזהנ' רָגְזָה anger
(לשון גבוהה) כַּעַס, רוֹגֶז:
*מַדּוּעַ אַתָּה מִסְתַּכֵּל בִּי **בְּרוֹגְזָה**? מֶה עָשִׂיתִי לְךָ?*

רוגעז' רֹגַע calm(ness)
שֶׁקֶט, מְנוּחָה:
*אֵין לִי רֶגַע אֶחָד שֶׁל **רוֹגַע**.*

רודןז' רוֹדָן [רוֹדָנִים] tyrant, dictator
דִּיקְטָטוֹר, מִי שֶׁדּוֹרֵשׁ שֶׁיַּעֲשׂוּ מַה שֶּׁהוּא אוֹמֵר:
*סְטָאלִין הָיָה **רוֹדָן**.*
רוֹדָנִית, רוֹדָנִיּוֹת

רודנותנ' רוֹדָנוּת dictatorship
דִּיקְטָטוּרָה, כְּשֶׁצָּרִיךְ לַעֲשׂוֹת מַה שֶּׁהַשַּׁלִּיט אוֹמֵר:
*הַמַּהְפֵּכָה פָּרְצָה בִּגְלַל הָ**רוֹדָנוּת** שֶׁל הַמֶּלֶךְ.*

רודנית' רוֹדָנִי dictatorial
דִּיקְטָטוֹרִי, שֶׁל שַׁלִּיט, שֶׁצָּרִיךְ לַעֲשׂוֹת כֹּל מַה שֶּׁהוּא אוֹמֵר:
*הָעָם הִתְנַגֵּד לַשִּׁלְטוֹן הָ**רוֹדָנִי**.*
רוֹדָנִית, רוֹדָנִיִּים, רוֹדָנִיּוֹת

רווהפ' רָוָה drank his fill
שָׁתָה מַסְפִּיק:
***רָוִיתִי** מִן הַמַּיִם שֶׁבַּבְּאֵר.*
רָוָה נַחַת - derived satisfaction
הוּא יִרְוֶה נַחַת מִילָדָיו.
לִרְווֹת / ר.ו.ה, פָּעַל / רָוִויתִי, רָוֶוה, יִרְוֶוה, יִרְוּוּ

רווחפ' רָוַח was relieved
1. נַעֲשָׂה לִי קַל יוֹתֵר, טוֹב יוֹתֵר:
*כְּשֶׁרָאִיתִי שֶׁהוּא בָּרִיא, **רָוַח** לִי.*
2. הָיָה הַרְבֵּה מִמֶּנּוּ: was prevalent
*פַּעַם **רָוְוחָה** דֵּעָה, שֶׁאָסוּר לִשְׁתּוֹת הַרְבֵּה מַיִם.*
לִרְווֹחַ / ר.ו.ח, פָּעַל / רָווחוּ, רוֹוֵחַ, יִרְווּחַ

רווחת' רוֹוֵחַ widespread, current
שֶׁיֵּשׁ מִמֶּנּוּ הַרְבֵּה:
*מִנְהָג **רוֹוֵחַ** הוּא לָלֶכֶת לַיָּם בַּקַּיִץ.*
דֵּעָה רוֹוַחַת widespread opinion
רוֹוַחַת, רוֹוְחִים, רוֹווחוֹת

רווחז' רֶוַח [רְוָוחִים] profit
1. הַכְנָסָה כַּסְפִּית מֵעֲסָקִים:
*הוּא מָכַר אֶת הָרָהִיטִים **בְּרֶוַח** גָּדוֹל.*
2. שֶׁטַח פָּנוּי, מָקוֹם בֵּין שְׁנֵי דְּבָרִים: space
*צָרִיךְ שֶׁיִּהְיֶה **רֶוַח** בֵּין הַשּׁוּלְחָנוֹת.*
יָצָא בְּרֶוַח ב' - יָצָא לוֹ מַשֶּׁהוּ מִפְּעוּלָּה כְּלְשֶׁהִי, הִרְוִיחַ
עָשָׂה רְוָוחִים ב' - הִצְלִיחַ בְּעֵסֶק אוֹ בַּבּוּרְסָה

רווחהנ' רְוָחָה well being, welfare
1. מַצָּב רָצוּי, כְּשֶׁלְּאָדָם יֵשׁ כֹּל מַה שֶּׁהוּא צָרִיךְ - אוֹכֶל, חִינּוּךְ, דִּירָה וְכוּ':
*שַׂר הָ**רְוָוחָה** צָרִיךְ לִפְתּוֹר אֶת הַבְּעָיוֹת הַסּוֹצְיָאלִיּוֹת בָּאָרֶץ.*
2. כְּשֶׁאֵין לַחַץ, כְּשֶׁיֵּשׁ הַרְגָּשָׁה נוֹחָה: comfort
*הוּא חַי חַיֵּי **רְוָוחָה** - יֵשׁ לוֹ דֵּי כֶּסֶף לְכֹל דָּבָר.*
לִרְוָוחָה - *פָּתַחְתִּי אֶת הַחַלּוֹן לִרְוָחָה.* widely

רווחית' רִוְחִי profitable
שֶׁיֵּשׁ בּוֹ רֶוַח (הַכְנָסָה, כֶּסֶף):
*חֲנוּת צְרִיכָה לִהְיוֹת **רִווחִית**.*
רִווחִית, רִווחִיִּים, רִווחִיּוֹת

רווחיותנ' רִוְחִיּוּת profitability
מַצַּב הַהַכְנָסוֹת (שֶׁל עֵסֶק, חֲנוּת, בֵּית־חֲרוֹשֶׁת וְכוּ').
*הָ**רִווחִיּוּת** שֶׁל הַחֲנוּת קְטַנָּה, כִּי יֵשׁ פָּחוֹת קוֹנִים.*

רווחים ר' רווח

רווית' רָוּוי saturated (adj.)
שֶׁשָּׁתָה מַסְפִּיק, קִיבֵּל מַיִם מַסְפִּיק:
*הָאֲדָמָה **רְוּוּיָה**, יָרַד הַשָּׁנָה הַרְבֵּה גֶּשֶׁם.*
רְווּיָה, רְווּיִים, רְווּיוֹת

רוויהנ' רְוָיָה saturation
כְּשֶׁיֵּשׁ הַרְבֵּה:
*יֵשׁ **רְוָיָה** בְּשׁוּק הַדִּירוֹת, לָכֵן הַמְּחִירִים יָרְדוּ.*
לִרְוָיָה to one's fill

רווק, ז' רַוָּק [רַווָקים] single, bachelor
אָדָם שֶׁלֹּא נָשׂוּי:
*דָוִיד אוֹרֶן, **רַוָּק** בֶּן 24, סטוּדֶנט, מְחַפֵּשׂ עֲבוֹדָה זְמַנִּית.*
רַוָּוקָה, רַוָּוקוֹת

רוזן, ז' רוֹזֵן [רוֹזְנִים] earl, marquis
דַרגָה שֶׁל אֲרִיסטוֹקרַטיָה - גְרָף:
*בִּזמַן נִיקוֹלַאי הָיוּ **רוֹזְנִים**, עַכשָׁיו כּוּלָם שָׁוִוים.*
רוֹזֶנֶת, רוֹזנוֹת

רוח, נ' רוּחַ [רוּחוֹת] wind
1. תנוּעַת אֲוויר:
רוּחַ חֲזָקָה נָשׁבָה כֹּל הַלַּילָה.
2. נֶפֶשׁ, נְשָׁמָה: spirit
*הָאִישׁ מֵת, אַךְ **רוּחוֹ** תִחיֶה תָמִיד בְּתוֹכֵנוּ.*
3. הַתוֹכֶן, הָרַעֲיוֹנוֹת שֶׁל מַשֶׁהוּ: spirit (creed)
*הֵם גִידלוּ אֶת הַיְלָדִים **בְּרוּחַ** הַמָּסוֹרֶת הַיְהוּדִית.*
4. הַכַּוָונָה הָאֲמִיתִית שֶׁל חוֹק, כְּלָל: spirit (intent)
*הַשּׁוֹפֵט מִתחַשֵׁב **בְּרוּחַ** הַחוֹק, וְלֹא רַק בַּמִילָה הַכּתוּבָה.*

בְּרוּחַ טוֹבָה ב' in good spirit
רוּחַ-קְרָב fighting spirit
לְפִי רוּחִי/לְרוּחִי to my liking
אִישׁ-רוּחַ intellectual
אוֹרֶךְ-רוּחַ - סַבלָנוּת patience
גַּסוּת-רוּחַ - חוּצפָּה rudeness
מַצַב-רוּחַ mood
קוֹר-רוּחַ composure
לְכֹל-הָרוּחוֹת - לַעֲזָאזֵל to hell
"לַעֲשׂוֹת רוּחַ" to make a fuss
רוּחוֹת-הַשָּׁמַיִם the four points of the compass
רוּחַ-פְּרָצִים draft
רוּחַ-הַקוֹדֶשׁ the Holy Spirit
רוּחַ-רְפָאִים ghost
מַדעֵי-הָרוּחַ Humanities
מוֹרַת-רוּחַ discontent, annoyance
קוֹרַת-רוּחַ satisfaction, contentment
שְׁאָר-רוּחַ inspiration

רוחב, ז' רֹחַב width
הַצַד הַקָטָן יוֹתֵר (לְעוּמַת אוֹרֶךְ) שֶׁל שֶׁטַח:
***רוֹחַב** הַחֶדֶר 3 מֶטרִים וְאוֹרכּוֹ 4 מֶטרִים.*
רוֹחַב-יָד ב' generosity
קַו-רוֹחַב latitude
לְאוֹרכּוֹ וּלְרוֹחבּוֹ- through it's length and breadth
עָבַרנוּ אֶת הָאָרֶץ לְאוֹרכָּהּ וּלְרוֹחבָּהּ.

רוחני, ת' רוּחָנִי mental, spiritual
שֶׁל רוּחַ הָאָדָם, מַחשַׁבתוֹ, רַעֲיוֹנוֹתָיו, (בְּנִיגוּד לְפִיסִי):
*מְדִינַת יִשׂרָאֵל הִיא הַמֶּרכָּז **הָרוּחָנִי** שֶׁל כֹּל יְהוּדֵי הָעוֹלָם.*
מַנהִיג רוּחָנִי spiritual leader
רוּחָנִית, רוּחָנִיִים, רוּחָנִיוֹת

רוחניות, נ' רוּחָנִיּוּת spirituality
כְּשֶׁמַשֶׁהוּ רוּחָנִי, מַחשָׁבוֹת, רַעֲיוֹנוֹת וְכוּ' (הַהֵיפֶךְ מִפִיסִיוּת):
*אֵין בּוֹ שׁוּם **רוּחָנִיּוּת**, הוּא כֹּל כָּךְ מָטֶרְיָאלִיסטִי.*

רוחק, ז' רֹחַק distance
מֶרחָק. הַשֶּׁטַח, הָאוֹרֶךְ, שֶׁיֵשׁ בֵּין שׁנֵי דְבָרִים:
***הָרוֹחַק** בֵּין תֵל-אָבִיב לְחֵיפָה הוּא כְּ-100 ק"מ.*

רוטב, ז' רֹטֶב [רְטָבִים] sauce
מִיץ שֶׁל בָּשָׂר אוֹ שֶׁל יְרָקוֹת, מוֹסִיף טַעַם לָאוֹכֶל:
*בִּישַׁלתִי בָּשָׂר **בְּרוֹטֶב** עַגבָנִיוֹת.*

רוך, ז' רֹךְ softness, tenderness
עֲדִינוּת, הַהֵיפֶךְ מִקוֹשִׁי:
*הוּא מְדַבֵּר **בְּרוֹךְ**. / הוּא מִתיַיחֵס אֵלֶיהָ **בְּרוֹךְ**.*

רוכב, ז' רוֹכֵב [רוֹכבִים] rider
מִי שֶׁיוֹשֵׁב וְנָע עַל סוּס, אוֹפַנַיִים וְכוּ':
***רוֹכבֵי** אוֹפַנַיִים צרִיכִים לְהִיזָהֵר בַּכּבִישׁ.*
רוֹכֶבֶת, רוֹכבוֹת

רוכך, פ' רֻכַּךְ was softened
עָשׂוּ אוֹתוֹ יוֹתֵר רַךְ (הִתנַגֵד פָּחוּת):
*טוֹן הַדִיבּוּר שֶׁלוֹ **רוּכַּךְ** קְצָת.*
/ ר.כ.ך, פּוּעַל / רוּכּכוּ, מְרוּכָּךְ, יְרוּכַּךְ

רוכל, ז' רוֹכֵל [רוֹכלִים] peddler
1. מִי שֶׁמוֹכֵר סחוֹרָה, כְּשֶׁהוּא עוֹבֵר מִמָקוֹם לְמָקוֹם:
*קָנִיתִי אֵצֶל **רוֹכֵל** מַפָּה יָפָה לַשּׁוּלחָן.*
2. מִי שֶׁמוֹכֵר סחוֹרָה בְּפִינָה בַּשּׁוּק:
*בַּשּׁוּק יֵשׁ **רוֹכלִים** רַבִּים הַמוֹכרִים תַפּוּחִים.*
רוֹכֶלֶת, רוֹכלוֹת

רוכסן, ז' רוֹכְסָן [רוֹכסָנִים] zipper
(שִׁינַיִים קְטַנוֹת מִמַתֶכֶת אוֹ פּלַסטִיק) סוֹגרִים בּוֹ מִכנָסַיִים, אַרנָקִים וְכוּ':
*נִקרַע לִי **הָרוֹכסָן**, וְהַכּוֹל נָפַל מֵהַתִיק.*

רום, ז' רוּם height, elevation
גוֹבַהּ, מָקוֹם גָבוֹהַּ:
*הַשֶּׁמֶשׁ בַּצוֹהֳרַיִים הִיא **בְּרוּם** הַשָּׁמַיִם.*
דְבָרִים הָעוֹמְדִים בְּרוּמוֹ שֶׁל עוֹלָם - דְבָרִים חֲשׁוּבִים מְאוֹד
רוּם הַמַעֲלָה - עֶמדָה שֶׁיֵשׁ בָּהּ כָּבוֹד רַב

רומהפ׳ רִמָּה — was deceived
רימו אותו, הכשילו אותו בְּשֶׁקֶר:
*דָוִיד **רוּמָה**, מִישֶׁהוּ מָכַר לוֹ דִירָה, שֶׁלֹא הָיְיתָה שַׁיֶיכֶת לוֹ.*
/ ר.מ.ה, פּוּעַל / רוּמֵיתִי, מְרוּמֶה, יְרוּמֶה

רומחז׳ רֹמַח [רְמָחִים] — spear
נֶשֶׁק קַר, השתמשו בּוֹ בִּזמַן הָעַתִיק, כּמוֹ סַכִּין גדוֹלָה:
*הוּא תָקַע לוֹ אֶת **הָרוֹמַח** בַּבֶּטֶן וְהָרַג אוֹתוֹ.*

רומית׳ רוֹמִי — The Roman Empire
הַשַׁיָיך לַאִימפֶּריָה הָרוֹמִית אוֹ לָעִיר רוֹמָא:
*בִּתקוּפָה **הָרוֹמִית** הָיוּ הַרבֵּה יְהוּדִים בְּאֶרֶץ יִשׂרָאֵל.*
רומית — Latin (lang.)
ספרות רוֹמִיוֹת - I, X וְכוּ׳ — Roman numerals
רוֹמִית, רוֹמִיִים, רוֹמִיוֹת

רוממותנ׳ רוֹמְמוּת — height
גוֹבַהּ.
רוֹמְמוּת-רוּחַ - — high spirits
*בַּחֲתִימַת חוֹזֶה הַשָׁלוֹם הָיָה רֶגַע שֶׁל **רוֹמְמוּת רוּחַ**.*
הוד רוֹמְמוּתְךָ — Your Highness

רוןז׳ רֹן — singing
זֶמֶר, שִׁירָה:
*קַמתִי בַּבּוֹקֶר עִם **רוֹן** בַּלֵב.*

רוסןפ׳ רֻסַּן — was restrained
שָׂמוּ עָלָיו רֶסֶן (שָׂמִים עַל רֹאשׁ בְּהֵמָה כְּדֵי לְכַוֵון אוֹתָהּ).
(מֶטָאפוֹרָה) עָצרוּ אוֹתוֹ, שָׂמוּ לוֹ גבוּל:
*אִם דָוִיד לֹא **יְרוּסַן**, הוּא לֹא יוּכַל לְהִשתַתֵף בַּטִיוּל.*
/ ר.ס.ן, פּוּעַל / רוּסַנוּ, מְרוּסָן, יְרוּסַן

רוסספ׳ רֻסַּס — was sprayed
פִּיזרוּ עָלָיו נוֹזֵל בְּטִיפּוֹת קְטַנוֹת:
*הַבַּיִת **רוּסַס** נֶגֶד נְמָלִים וְג׳וּקִים.*
/ ר.ס.ס, פּוּעַל / רוּסְסוּ, מְרוּסָס, יְרוּסַס

רוסקפ׳ רֻסַּק — was mashed
חָתכוּ אוֹתוֹ לַחֲתִיכוֹת קְטַנוֹת:
*הַפֵּירוֹת **רוּסקוּ**, כְּדֵי שֶׁהַתִינוֹק יֹאכַל אוֹתָם.*
קַו מְרוּסָק — broken line
/ ר.ס.ק, פּוּעַל / רוּסקוּ, מְרוּסָק, יְרוּסַק

רועז׳ רֹעַ — badness
כּשֶׁמַשֶׁהוּ רַע, מַחשָׁבוֹת רָעוֹת, מַעֲשִׂים רָעִים...:
*יֵשׁ יוֹתֵר מִדַיי **רוֹעַ** בָּעוֹלָם.*
רוֹעַ-לֵב — wickedness
לְרוֹעַ-הַמַזָלתה״פ — unfortunately

רועהז׳ רוֹעֶה [רוֹעִים] — shepherd
שׁוֹמֵר עַל כְּבָשִׂים, פָּרוֹת וְכוּ׳ בַּשָׂדֶה:
הָרוֹעֶה הָיָה עִם הַכְּבָשִׂים, כַּאֲשֶׁר הִתקִיף אוֹתָן זְאֵב.
רוֹעֶה-זוֹנוֹת — pimp
רוֹעֶה רוּחָנִי — spiritual leader

רועםת׳ רוֹעֵם — thunderous
(קוֹל) חָזָק, צוֹעֵק:
*שָׁמַענוּ קוֹל **רוֹעֵם** - זֶה הָיָה הַמְנַהֵל שֶׁצָעַק עַל דָוִיד.*
שתיקה רוֹעֶמֶת — deathly silence
רוֹעֶמֶת, רוֹעֲמִים, רוֹעֲמוֹת

רוענןפ׳ רֻעֲנַן — was refreshed
עָשׂוּ אוֹתוֹ רַעֲנָן, חָדָשׁ, טָרִי:
*הָאֲוִויר **רוּעֲנַן** עַל-יְדֵי הַגֶשֶׁם.*
/ ר.ע.נ.ן, פּוּעַל / רוּעַנְנוּ, מְרוּעֲנָן, יְרוּעֲנַן

רועץז׳ רוֹעֵץ — obstacle
מִכשׁוֹל, קִילקוּל.
הָיָה לוֹ לְרוֹעֵץ ב׳ - — became a hindrance
*הַיוֹפִי הָיָה לָהּ **לְרוֹעֵץ**, חָשבוּ שֶׁהִיא יָפָה וְלֹא חֲכָמָה.*

רועשת׳ רוֹעֵשׁ — noisy
מַשמִיעַ רַעַשׁ, שֶׁיֵשׁ לוֹ קוֹל חָזָק:
*הַמְכוֹנָה **הָרוֹעֶשֶׁת** הַזֹאת הִיא בּוּלדוֹזֶר.*
צֶבַע רוֹעֵשׁ - צֶבַע חָזָק: — loud color
*לַשִׂמלָה הַזֹאת יֵשׁ צְבָעִים **רוֹעֲשִׁים**.*
רוֹעֶשֶׁת, רוֹעֲשִׁים, רוֹעֲשׁוֹת

רופאז׳ רוֹפֵא [רוֹפְאִים] — physician
מִי שֶׁמְרַפֵּא חוֹלִים וּמְטַפֵּל בְּמַחֲלוֹת שֶׁלָהֶם:
הָרוֹפֵא בָּדַק אֶת הַחוֹלֶה וְנָתַן לוֹ תרוּפוֹת.
רוֹפְאָה, רוֹפְאוֹת

רופסת׳ רוֹפֵס — weak
חַלָשׁ, לֹא יַצִיב:
*הוּא נִראֶה **רוֹפֵס**, הַמַחֲלָה הֶחֱלִישָׁה אוֹתוֹ.*
רוֹפֶסֶת, רוֹפְסִים, רוֹפְסוֹת

רופףת׳ רוֹפֵף — flimsy, shaky
לֹא חָזָק, לֹא יַצִיב, חַלָשׁ:
*הָעַמוּד הַזֶה **רוֹפֵף**, צָרִיך לְחַזֵק אוֹתוֹ.*
רוֹפֶפֶת, רוֹפְפִים, רוֹפְפוֹת

רוצחז׳ רוֹצֵחַ [רוֹצחִים] — murderer
מִי שֶׁהָרַג אָדָם בְּכַוָונָה:
*הַשׁוֹטרִים תָפסוּ אֶת **הָרוֹצֵחַ** וְהֵבִיאוּ אוֹתוֹ לְבֵית סוֹהַר.*
רוֹצַחַת, רוֹצחוֹת

רוצץפ׳ רוֹצֵץ — crushed
שָׁבַר לַחֲתִיכוֹת קְטַנּוֹת:
*הָאֶבֶן **רוֹצְצָה** לוֹ אֶת הָרֹאשׁ.*
לְרוֹצֵץ אֶת- / ר.צ.ץ, פִּיעֵל / רוֹצַצְתִּי... רוֹצְצָה, מְרוֹצֵץ, יְרוֹצֵץ, רוֹצֵץ!

רוצץפ׳ רֻצַּץ — was crushed
שָׁבְרוּ אוֹתוֹ לַחֲתִיכוֹת:
*רֹאשׁוֹ **רוּצַץ** בָּאֶבֶן שֶׁנָּפְלָה עָלָיו.*
/ ר.צ.ץ, פּוּעַל / רוּצְּצוּ, מְרוּצָּץ, יְרוּצַּץ

רוקז׳ רֹק — spit, saliva
הַנּוֹזֵל שֶׁל הַפֶּה:
***הָרוֹק** מַרְטִיב אֶת הַפֶּה וְעוֹזֵר בִּלְעִיסַת הָאוֹכֶל.*

רוקחז׳ רוֹקֵחַ [רוֹקְחִים] — pharmacist
מִי שֶׁמֵּכִין תְּרוּפוֹת, רְפוּאוֹת:
***הָרוֹקֵחַ** אָמַר לִי לִבְלוֹעַ אֶת הַתְּרוּפָה 3 פְּעָמִים בְּיוֹם.*
רוֹקַחַת, רוֹקְחוֹת

רוקחותנ׳ רוֹקְחוּת — pharmaceutics
הַמִּקְצוֹעַ שֶׁל הָרוֹקֵחַ, הֲכָנָה שֶׁל תְּרוּפוֹת:
*הוּא לָמַד **רוֹקְחוּת** בָּאוּנִיבֶרְסִיטָה, עַכְשָׁיו הוּא עוֹבֵד בְּבֵית מִרְקַחַת.*

רוקןפ׳ רוֹקֵן — emptied
עָשָׂה שֶׁיִּהְיֶה רֵיק, הוֹצִיא הַכּוֹל מִתּוֹךְ מַשֶּׁהוּ:
***רוֹקַנְתִּי** אֶת הַקּוּפְסָה, עַכְשָׁיו יֵשׁ לִי מָקוֹם לְלֶחֶם.*
לְרוֹקֵן אֶת- / ר.ק.ן, פִּיעֵל / רוֹקַנְתִּי, מְרוֹקֵן, יְרוֹקֵן, רוֹקֵן!

רושםז׳ רֹשֶׁם [רְשָׁמִים] — impression
הַשְׁפָּעָה חֲזָקָה עַל הַמַּחְשָׁבָה, עַל הָרְגָשׁוֹת:
*אֵיזֶה **רוֹשֶׁם** עָשָׂה עָלֶיךָ הַמְּנַהֵל הֶחָדָשׁ? **רוֹשֶׁם** טוֹב.*
רַב-רוֹשֶׁם ת׳ — impressive
עָשָׂה רוֹשֶׁם / הִשְׁאִיר רוֹשֶׁם

רוששפ׳ רוֹשֵׁשׁ — impoverished
עָשָׂה מִישֶׁהוּ עָנִי:
*דָּוִיד בִּיזְבֵּז אֶת הַכֶּסֶף **וְרוֹשֵׁשׁ אֶת** כּוֹל הַמִּשְׁפָּחָה.*
לְרוֹשֵׁשׁ אֶת- / ר.י.ש, פִּיעֵל / רוֹשַׁשְׁתִּי, מְרוֹשֵׁשׁ, יְרוֹשֵׁשׁ

רותקפ׳ רֻתַּק — was chained
1. קָשְׁרוּ אוֹתוֹ בְּשַׁרְשֶׁרֶת:
*הָאוֹפַנַּיִים **רוּתְּקוּ** לָעַמּוּד, כְּדֵי שֶׁלֹּא יָזוּזוּ.*
2. אָסְרוּ עָלָיו לָצֵאת, לַעֲזוֹב: — was confined
*הַחַיָּיל **רוּתַּק** לַמַּחֲנֶה.*
3. הִתְעַנְיֵין מְאוֹד, נִמְשַׁךְ אַחֲרֵי: — was enthralled
***רוּתַּקְנוּ** לְדִבְרֵי הַמַּרְצֶה.*
/ ר.ת.ק, פּוּעַל / רוּתְּקוּ, מְרוּתָּק, יְרוּתַּק

רזז׳ רָז [רָזִים] — secret
(לָשׁוֹן גְּבוֹהָה) סוֹד, מַשֶּׁהוּ שֶׁלֹּא יוֹדְעִים:
*הָעוֹלָם מָלֵא **רָזִים**.*

רזהפ׳ רָזָה — became thin
נַעֲשָׂה רָזֶה, דַּק יוֹתֵר, פָּחוֹת שָׁמֵן:
***רָזִיתִי** מְאוֹד, כִּי עָשִׂיתִי דִּיאֶטָה.*
לִרְזוֹת / ר.ז.ה, פָּעַל / רָזִיתִי, רָזֶה, יִרְזֶה

רזהת׳ רָזֶה — thin, slim
הַהֵיפֶךְ מִשָּׁמֵן, בַּעַל גּוּף דַּק:
*רוּת **רָזָה** מְאוֹד. הִיא אוֹכֶלֶת מְעַט מְאוֹד.*
רָזָה, רָזִים, רָזוֹת

רחבת׳ רָחָב — wide
גָּדוֹל בְּרוֹחַב, הַהֵיפֶךְ מִצַּר:
*כְּבִישׁ רָאשִׁי הוּא כְּבִישׁ **רָחָב**.*
בְּרַחֲבֵי-הָאָרֶץ — all over the land
חוּגִים רְחָבִים — wide circles
רְחַב-אוֹפָקִים — broad-minded
רְחַב-לֵב — generous
רְחָבָה, רְחָבִים, רְחָבוֹת

רחבהנ׳ רְחָבָה [רְחָבוֹת] — square
מָקוֹם גָּדוֹל, פָּתוּחַ, פָּנוּי, מִגְרָשׁ רֵיק:
*לִפְנֵי הָעִירִיָּיה יֵשׁ **רְחָבָה** גְּדוֹלָה.*

רחובז׳ רְחוֹב [רְחוֹבוֹת] — street
דֶּרֶךְ בֵּין שְׁתֵּי שׁוּרוֹת שֶׁל בָּתִּים:
*אֲנִי גָּרָה בְּתֵל-אָבִיב, **בִּרְחוֹב** בֶּן יְהוּדָה 18.*
רְחוֹב חַד-סִטְרִי — one-way street
רְחוֹב דּוּ-סִטְרִי — two-way street
רְחוֹב רָאשִׁי — main road

רחוםת׳ רַחוּם — compassionate
שֶׁיֵּשׁ לוֹ רַחֲמִים, מִצְטַעֵר כְּשֶׁלְּמִישֶׁהוּ רַע:
*עַל אֱלוֹהִים אוֹמְרִים - 'אֵל **רַחוּם**'.*
רַחוּמָה, רַחוּמִים, רַחוּמוֹת

רחוץת׳ רָחוּץ — washed (adj.)
שֶׁרָחֲצוּ אוֹתוֹ, נִיקּוּ אוֹתוֹ בְּמַיִם:
*הַיָּדַיִים שֶׁלִּי **רְחוּצוֹת**, אֶפְשָׁר לְהַתְחִיל לֶאֱכוֹל.*
רְחוּצָה, רְחוּצִים, רְחוּצוֹת

רחוקת׳ רָחוֹק — far
1. צָרִיךְ לַעֲבוֹר דֶּרֶךְ אֲרוּכָּה כְּדֵי לְהַגִּיעַ אֵלָיו:
*הוּא נִמְצָא בַּדָּרוֹם, **רָחוֹק** מִן הַבַּיִת.*
2. נִמְצָא בְּמֶרְחָק שֶׁל...: — distant

*תֵל-אָבִיב **רְחוֹקָה** מֵאֵילַת כְּ-360 ק"מ.*
מֵרָחוֹק from afar
הַמִּזְרָח הָרָחוֹק the Far East
לְעִיתִים רְחוֹקוֹת seldom
קָרוֹב־רָחוֹק a distant relative
רְחוֹקָה, רְחוֹקִים, רְחוֹקוֹת

רחיץ ת׳ רָחִיץ washable
שֶׁאֶפְשָׁר לִרְחוֹץ אוֹתוֹ:
*הַכְּלִי הַזֶּה אֵינוֹ **רָחִיץ**, צָרִיךְ לִזְרוֹק אוֹתוֹ אַחֲרֵי הַשִּׁימּוּשׁ.*
רְחִיצָה, רְחִיצִים, רְחִיצוֹת

רחיצה נ׳ רְחִיצָה [רְחִיצוֹת] washing
כְּשֶׁמְּנַקִּים בְּמַיִם:
*אַחֲרֵי **רְחִיצַת** הָרִצְפָּה, אָנוּחַ.*

רחם ז׳ רֶ֫חֶם [רְחָמִים] womb
הַמָּקוֹם בְּגוּף הָאִישָּׁה שֶׁמִּתְפַּתְּחִים בּוֹ הַיְלָדִים:
*זֶה יֶלֶד שֶׁלִּי, מִן **הָרֶחֶם** שֶׁלִּי הוּא יָצָא.*

רחמים ז"ר רַחֲמִים pity
רֶגֶשׁ שֶׁל אֶמְפַּתְיָה, הִשְׁתַּתְּפוּת בִּכְאֵב שֶׁל מִישֶׁהוּ:
*הִיא מְעוֹרֶרֶת **רַחֲמִים**, כׇּל כָּךְ הַרְבֵּה צָרוֹת יֵשׁ לָהּ.*
בִּיקֵּשׁ רַחֲמִים asked for mercy
אֵל מָלֵא רַחֲמִים 'God, full of compassion' (prayer for the dead)

רחמן ז׳ רַחֲמָן [רַחֲמָנִים] merciful, compassionate
מִי שֶׁמִּצְטַעֵר, כְּשֶׁמִּישֶׁהוּ אַחֵר סוֹבֵל:
*יֵשׁ **רַחֲמָנִים**, שֶׁמּוּכָנִים לַעֲזוֹר לְכׇל מִי שֶׁצָּרִיךְ.*
רַחֲמָנִית, רַחֲמָנִיּוֹת

רחמנות נ׳ רַחֲמָנוּת pity
כְּשֶׁמַּרְגִּישִׁים צַעַר, כְּשֶׁמִּישֶׁהוּ סוֹבֵל:
*צָרִיךְ שֶׁלָּאֲנָשִׁים תִּהְיֶה קְצָת **רַחֲמָנוּת** עַל אֲנָשִׁים סוֹבְלִים.*
רַחֲמָנוּת עָלָיו ב׳ (have) mercy on him

רחפת נ׳ רַחֶ֫פֶת hydrofoil, hovercraft
אוֹנִיָּיה שֶׁמִּתְקַדֶּמֶת מַהֵר, כְּאִילּוּ טָסָה עַל הַמַּיִם:
*הִפְלַגְתִּי **בְּרַחֶפֶת**, זוֹ הָיְיתָה נְסִיעָה מְהִירָה וּנְעִימָה.*

רחץ פ׳ רָחַץ washed
נִיקָּה בְּמַיִם וּבְסַבּוֹן:
*הוּא **רָחַץ אֶת** הַיָּדַיִים וְהַפָּנִים לִפְנֵי הָאֲרוּחָה.*
לִרְחוֹץ אֶת- / ר.ח.ץ, פָּעַל / רָחַצְתִּי, רוֹחֵץ, יִרְחַץ, רְחַץ!

רחצה נ׳ רַחְצָה washing
רְחִיצָה, כְּשֶׁמְּנַקִּים אֶת הַגּוּף (אוֹ מַשֶּׁהוּ אַחֵר) בְּמַיִם:
*אַחֲרֵי **הָרַחְצָה** בַּמִּקְלַחַת אֵלֵךְ לָנוּחַ.*

רחק פ׳ רָחַק distanced (himself)
הָיָה רָחוֹק בִּזְמַן וּבְמָקוֹם, הַהֵיפֶךְ מִקָּרַב:
*הוּא הָלַךְ **וְרָחַק** מֵאִיתָּנוּ עַד שֶׁנֶּעֱלַם.*
לִרְחוֹק מִ- / ר.ח.ק, פָּעַל / רָחַקְתִּי, רָחוֹק, יִרְחַק

רחש פ׳ רָחַשׁ felt
1. הִרְגִּישׁ:
__רָחַשְׁתִּי לוֹ__ אֵימוּן, תָּמִיד הֶאֱמַנְתִּי לוֹ.
2. הוֹצִיא קוֹל חַלָּשׁ, כְּמוֹ זִמְזוּם: sizzled
*הָיָה אִי שֶׁקֶט בַּחֶדֶר, מַשֶּׁהוּ **רָחַשׁ** מִסָּבִיב.*
3. זָז, זָחַל: swarmed
*הַבַּיִת **רָחַשׁ** כׇּל מִינֵי בַּעֲלֵי חַיִּים קְטַנִּים.*
לִרְחוֹשׁ לְ- / ר.ח.ש, פָּעַל / רָחֲשׁוּ, רוֹחֲשִׁים, יִרְחַשׁ

רחש ז׳ רַ֫חַשׁ [רְחָשִׁים] buzz, hiss, murmur
1. קוֹל, צְלִיל חַלָּשׁ, שֶׁבְּקוֹשִׁי שׁוֹמְעִים:
*מֵרָחוֹק שָׁמַעְנוּ אֶת **רַחַשׁ** הַיָּם.*
2. מַחְשָׁבָה, הַרְגָּשָׁה: feeling
*אֲנִי רוֹצָה לְהַבִּיעַ אֶת **רַחֲשֵׁי** הִשְׁתַּתְּפוּתִי בְּצַעַרְכֶם.*
רַחֲשֵׁי-תּוֹדָה feelings of gratitude
רַחֲשֵׁי-הַלֵּב inner thoughts

רטוב ת׳ רָטֹב wet
הָיָה לַח, הָיוּ בּוֹ מַיִם אוֹ נוֹזְלִים:
*תָּלִיתִי לְיִיבּוּשׁ אֶת הַבְּגָדִים **הָרְטוּבִּים** מִן הַגֶּשֶׁם.*
דֶּשֶׁא רָטוֹב / חוּלְצָה רְטוּבָּה מִזֵּיעָה
רְטוּבָּה, רְטוּבִּים, רְטוּבּוֹת

רטט פ׳ רָטַט vibrated
זָז בִּתְנוּעָה קַלָּה, רָעַד:
*מַשֶּׁהוּ **רָטַט** בָּאֲוִויר. / הַמֵּיתָרִים בַּכִּינּוֹר **רוֹטְטִים**.*
לִרְטוֹט / ר.ט.ט, פָּעַל / רָטְטוּ, רוֹטֵט, יִרְטוֹט

רטט ז׳ רֶ֫טֶט shiver
רַעַד, תְּנוּעָה קַלָּה מְאוֹד:
*עָבַר בִּי **רֶטֶט**, כְּשֶׁשָּׁמַעְתִּי אֶת קוֹלוֹ.*

רטיבות נ׳ רְטִיבוּת wetness
כְּשֶׁרָטוֹב, כְּשֶׁיֵּשׁ מַיִם בְּמַשֶּׁהוּ:
*יֵשׁ **רְטִיבוּת** בָּאֲוִויר, לָכֵן מַזִּיעִים כׇּל כָּךְ.*

רטייה נ׳ רְטִיָּה [רְטִיּוֹת] (eye) patch, bandage
פְּלַסְטֶר, מַה שֶּׁשָּׂמִים עַל פֶּצַע:
*שַׂמְתִּי **רְטִיָּה** עִם מִשְׁחָה עַל הַפֶּצַע.*

רטן פ׳ רָטַן grumbled
אָמַר בְּשֶׁקֶט, שֶׁאֵינוֹ מְרוּצֶה מִמַּשֶּׁהוּ:

*כל היום הוא **רַטַן**, האוכל לא מָצָא חֵן בְּעֵינָיו.*
לִרטון, עַל- / ר.ט.ן, פָּעַל / רָטַנתִי, רוֹטֵן, יִרטוֹן

ריאהנ, רֵאָה [רֵיאוֹת] lung
הָאֵיבָר בַּגוּף שֶנוֹשמִים בּוֹ:
*אֲנַחנוּ נוֹלָדִים עִם שתֵי **רֵיאוֹת** וְלֵב אֶחָד.*
דַלֶקֶת-רֵיאוֹת pneumonia

ריאיוןז, רֵאָיוֹן [רֵאָיוֹנוֹת] interview
פּגִישָה כּדֵי לְדַבֵּר בְּעִניָין מְסוּיָם:
*הִתקַבַּלתִי **לְרֵיאָיוֹן** אֵצֶל מְנַהֵל הַמַחלָקָה.*

ריאייןפ, רִאְיֵין interviewed
דִיבֵּר עִם מִישֶהוּ בְּעִניָין מְסוּיָם, וְהִצִיג לוֹ שְאֵלוֹת:
*הָעִיתוֹנַאי **רִיאַיֵין** אֶת שַׂר הַחוּץ הֶחָדָש.*
לְרַאיֵין אֶת- / ר.א.י.ן, פִּיעֵל / רִיאַיַינתִי, מְרַאיֵין, יְרַאיֵין

ריבז, רִיב [רִיבִים] quarrel
סִיכסוּך, וִיכּוּחַ שֶמְעוֹרֵר כַּעַס רַב:
*הָיָה לִי **רִיב** רְצִינִי עִם הַשכֵנִים בַּבִּניָין.*
חִירחֵר רִיב stirred up trouble

ריבהנ, רִיבָה [רִיבוֹת] maiden
(לָשוֹן סִפרוּתִית) בַּחוּרָה צְעִירָה:
*הָלכוּ לָהֶן שתֵי **רִיבוֹת** יָפוֹת בָּרְחוֹב.*

ריבהנ, רִבָּה [רִיבּוֹת] jam
מַאֲכַל-פֵּירוֹת מְבוּשָלִים בְּסוּכָּר:
*אֲנִי אוֹהֵב לֶאֱכוֹל לֶחֶם **וְרִיבָּה** שְזִיפִים.*

ריבודז, רִבּוּד [רִיבּוּדִים] stratification
חֲלוּקָה לִשכָבוֹת, לִקבוּצוֹת, בְּאוֹפֶן הִירַרכִי:
***רִיבּוּד** חֶברָתִי הוּא פוּנקציָה שֶל הַשׂכָּלָה, כֶּסֶף וְכוּ'.*

ריבויז, רִבּוּי [רִיבּוּיִים] large number
1. כַּמוּת גדוֹלָה, כּשֶיֵש הַרבֵּה מִמַשֶהוּ:
***רִיבּוּי** תְאוּנוֹת הַדְרָכִים מַדאִיג אֶת כּוּלָם.*
2. כּשֶמַשֶהוּ נַעֲשֶׂה יוֹתֵר: increase
*מִספַּר הַתוֹשָבִים יִגדַל עַל-יְדֵי **רִיבּוּי** לֵידוֹת.*
3. (בְּדִיקדוּק) צוּרַת הָרַבִּים: plural
*הָ**רִיבּוּי** שֶל 'יֶלֶד' הוּא 'יְלָדִים'.*

ריבוןז, רִבּוֹן [רִיבּוֹנִים] sovereign
סוּבֶּרֶן, אָדוֹן, שַלִיט:
*בְּדֶמוֹקרַטיָה הָעָם הוּא **הָרִיבּוֹן**.*
רִיבּוֹנוֹ שֶל עוֹלָם! God Almighty!

ריבונותנ, רִבּוֹנוּת sovereignty
סוּבֶּרֶנִיוּת, שִלטוֹן עַצמָאִי:
*עַמִים רַבִּים נִלחָמִים עַל **רִיבּוֹנוּתָם**.*

ריבונית, רִבּוֹנִי sovereign (adj.)
עַצמָאִי:
*אַף מְדִינָה אֵינָה יְכוֹלָה לוֹמַר לִמדִינָה **רִיבּוֹנִית** מַה לַעֲשׂוֹת.*
רִיבּוֹנִית, רִיבּוֹנִיִים, רִיבּוֹנִיוֹת

ריבועז, רִבּוּעַ [רִיבּוּעִים] square
צוּרָה גֵיאוֹמֶטרִית - 4 הַצדָדִים שָווִים בָּאוֹרֶך וְהַזָוִוית בֵּינֵיהֶם - 90°:
*בֶּחָצֵר יֵש **רִיבּוּעַ** שֶל 3 x 3 מֶטרִים.*
בְּרִיבּוּעַ - (5^2, 3^2 וְכוּ') squared

ריבועית, רִבּוּעִי square (adj.)
שֶל רִיבּוּעַ, שֶיֵש לוֹ צוּרָה שֶל רִיבּוּעַ (= 4 צְדָדִים בְּאוֹרֶך שָוֶוה, וְהַזָוִוית בֵּינֵיהֶם 90°):
מִשוָואָה רִיבּוּעִית quadratic equation
רִיבּוּעִית, רִיבּוּעִיִים, רִיבּוּעִיוֹת

ריביתנ, רִבִּית [רִיבִּיוֹת] interest (money)
כֶּסֶף נוֹסָף שֶמְשַלמִים בִּשבִיל הַשִימוּש בְּכֶסֶף:
*הַבַּנק נָתַן לִי הַלוָואָה **בְּרִיבִּית** שֶל 10%.*
רִיבִּית דְרִיבִּית - רִיבִּית מִצטַבֶּרֶת. compound interest
(מֶטָאפוֹרָה) הַרבֵּה מְאוֹד:
*אֲנִי מְשַלֵם **רִיבִּית דְרִיבִּית** עַל הַשטוּת שֶעָשִׂיתִי.*

ריגולז, רִגּוּל espionage, spying
אִיסוּף אִינפוֹרמַציָה, גִילוּי סוֹדוֹת וּמְסִירָתָם לִמדִינָה זָרָה אוֹ לְמִתחָרָה:
*הֶאֱשִימוּ אֶת... **בְּרִיגוּל** לְטוֹבַת שוֶודיָה.*

ריגושז, רִגּוּש [רִיגוּשִים] thrill
הִתרַגשוּת, מַשֶהוּ שֶגוֹרֵם לְאִי שֶקֶט נָעִים:
*אֲנִי מְחַפֵּשׂ **רִיגוּשִים** בַּחַיִים, כּדֵי שֶלֹא יְשַעֲמֵם לִי.*

ריגלפ, רִגֵּל spied
1. הָלַך אַחֲרֵי מִישֶהוּ, הִסתַכֵּל מַה מִישֶהוּ עוֹשֶׂה:
*אַל **תְרַגֵל** אַחֲרַיי, זֶה לֹא עִניָינְךָ מַה אֲנִי עוֹשֶׂה!*
2. אָסַף יְדִיעוֹת, אִינפוֹרמַציָה לְטוֹבַת אוֹיֵב אוֹ מִתחָרֶה:
*הוּא **רִיגֵל** לְטוֹבַת מְדִינָה זָרָה.*
לְרַגֵל אַחֲרֵי- / ר.ג.ל, פִּיעֵל / רִיגַלתִי, מְרַגֵל, יְרַגֵל, רַגֵל!

ריגשפ, רִגֵּש caused excitement
גָרַם הִתרַגשוּת:
*הַפּגִישָה עִם דָוִיד **רִיגשָה** אוֹתִי מְאוֹד.*
לְרַגֵש אֶת- / ר.ג.ש, פִּיעֵל / רִיגַשתִי, מְרַגֵש, יְרַגֵש

ריהוטז, רָהוּט — furniture

1. כְּלָל הַכֵּלִים הַגְּדוֹלִים בַּבַּיִת - שׁוּלְחָנוֹת כִּיסְאוֹת:

*יֵשׁ לָהֶם **רִיהוּט** יָשָׁן וְיָפֶה.*

2. כְּשֶׁמַּחְלִיטִים עַל הַכְנָסַת שׁוּלְחָנוֹת, כִּיסְאוֹת וְכוּ' לַדִּירָה: — furnishing

*קָנִינוּ דִּירָה, עַכְשָׁיו צָרִיךְ לְטַפֵּל **בְּרִיהוּט** הַדִּירָה.*

ריהטפ, רִהֵט — furnished

הִכְנִיס רָהִיטִים-שׁוּלְחָנוֹת, כִּיסְאוֹת וְכוּ' לַבַּיִת, לַמִּשְׂרָד:

***רִיהַטְתִּי** מֵחָדָשׁ אֶת חֲדַר הַיְלָדִים.*

לְרַהֵט אֶת- / ר.ה.ט, פִּיעֵל / רִיהַטְתִּי, מְרַהֵט, יְרַהֵט, רַהֵט!

ריווחפ, רִוֵּחַ (רִוַּח) — created a space

עָשָׂה רֶוַוח, מָקוֹם פָּנוּי בֵּין דָּבָר לְדָבָר:

***רִיוַוחְתִּי** בֵּין הַכִּיסְאוֹת, כְּדֵי שֶׁיִּהְיֶה יוֹתֵר מָקוֹם לָשֶׁבֶת.*

לְרַוֵּוחַ אֶת- / ר.ו.ח, פִּיעֵל / רִיוַוחְתִּי, מְרַוֵּוחַ, יְרַוֵּוחַ

ריווחית, רִוְחִי — profitable

רֶנְטַבִּילִי, שֶׁיֵּשׁ בּוֹ רֶוַוח, שֶׁיֵּשׁ מִמֶּנּוּ הַכְנָסָה:

*עֵסֶק שֶׁאֵינוֹ **רִיוְוחִי** צָרִיךְ לִסְגּוֹר.*

רִיוְוחִית, רִיוְוחִיִּים, רִיוְוחִיּוֹת

ריווחיותנ, רִוְחִיּוּת — profitability

כְּשֶׁיֵּשׁ רֶוַוח, הַכְנָסָה, כֶּסֶף, רֶנְטַבִּילִיּוּת:

***רִיוְוחִיּוּת** הַיְּצוּא (= אֶקְסְפּוֹרְט) עָלְתָה הַשָּׁנָה.*

ריחז, רֵיחַ [רֵיחוֹת] — smell

מַה שֶּׁמַּרְגִּישִׁים דֶּרֶךְ הָאַף:

*לַפְּרָחִים הָאֵלֶּה יֵשׁ **רֵיחַ** נָעִים. / אֵין לוֹ טַעַם וְאֵין לוֹ **רֵיחַ**.*

*עַל טַעַם **וָרֵיחַ** אֵין לְהִתְוַוכֵּחַ.*

רֵיחַ נִיחוֹחַ - רֵיחַ טוֹב מְאוֹד

ריחוףז, רִחוּף — hovering

כְּמוֹ טִיסָה, כְּשֶׁנִּמְצָאִים בָּאֲוִויר בְּלִי תְּנוּעָה:

*הָ**רִיחוּף** מֵעַל הַנּוֹף נוֹתֵן הַרְגָּשָׁה, שֶׁאַתָּה צִיפּוֹר.*

ריחוקז, רִחוּק — distance, remoteness

מֶרְחָק (בְּדֶרֶךְ כְּלָל לֹא קָטָן), הַמָּקוֹם שֶׁל מַשֶּׁהוּ בְּיַחַס לְמַשֶּׁהוּ אַחֵר:

*בִּגְלַל הָ**רִיחוּק** הַגָּדוֹל מֵהַבַּיִת, נִשְׁאַרְתִּי לִישׁוֹן אֵצֶל קְרוֹבִים.*

ריחםפ, רִחֵם — took pity on

הִרְגִּישׁ הִשְׁתַּתְּפוּת בְּצַעַר שֶׁל מִישֶׁהוּ אַחֵר:

*הוּא **רִיחֵם** עַל הַיֶּלֶד הַבּוֹדֵד.*

לְרַחֵם עַל- / ר.ח.ם, פִּיעֵל / רִיחַמְתִּי, מְרַחֵם, יְרַחֵם, רַחֵם!

ריחנית, רֵיחָנִי — fragrant

שֶׁמְּפַזֵּר רֵיחַ טוֹב:

*הַפְּרָחִים הָאֵלֶּה יָפִים **וְרֵיחָנִיִּים**.*

רֵיחָנִית, רֵיחָנִיִּים, רֵיחָנִיּוֹת

ריחףפ, רִחֵף — hovered

1. עָף בָּאֲוִויר בְּלִי תְּנוּעָה:

***רִיחַפְנוּ** בְּמַכְשִׁיר מְיוּחָד, וְהַנּוֹף לְמַטָּה הָיָה נִפְלָא.*

2. (מֶטָאפוֹרָה) לֹא הָיָה מְצִיאוּתִי: — was spacey

*בִּמְקוֹם לִלְמוֹד **רִיחֲפוּ** הַמַּחְשָׁבוֹת שֶׁלּוֹ, מִי יוֹדֵעַ אֵיפֹה...*

סַכָּנָה מְרַחֶפֶת - יֵשׁ חֲשָׁשׁ סַכָּנָה

לְרַחֵף / ר.ח.ף, פִּיעֵל / רִיחֵף, מְרַחֲפִים, יְרַחֲפוּ, רַחֵף!

ריחרחפ, רִחְרֵחַ (רִחְרַח) — sniffed

1. עָשָׂה תְּנוּעוֹת שֶׁל מִי שֶׁמֵּרִיחַ מַשֶּׁהוּ:

*הַכֶּלֶב **רִיחְרֵחַ** אֶת הָאוֹרְחִים.*

2. נִיסָּה לָדַעַת מַה מִּישֶׁהוּ עוֹשֶׂה, אֵיפֹה הוּא וְכוּ': — snooped

*הָלַכְתִּי **לְרַחְרֵחַ** מַה קּוֹרֶה בְּדִיּוּק אֵצֶל דָּוִיד.*

לְרַחְרֵחַ / ר.ח.ר.ח, פִּיעֵל / רִיחְרַחְתִּי, מְרַחְרֵחַ, יְרַחְרֵחַ

ריטשפ, רִטֵּשׁ — tore to pieces

1. חָתַךְ לַחֲתִיכוֹת, לָחַץ, קָרַע:

*הַפְּצָצָה הָרְגָה אֶת הָאִישׁ **וְרִיטְּשָׁה** אֶת גּוּפוֹ.*

2. "תִּיקֵּן" אֶת הַנֶּגָטִיב אוֹ הַפּוֹזִיטִיב שֶׁל תְּמוּנָה: — retouched

*הַצִּילּוּם יָצָא יָפֶה, כִּי **רִיטַּשְׁתִּי** אוֹתוֹ.*

לְרַטֵּשׁ אֶת- / ר.ט.ש, פִּעֵל / רִיטַּשְׁתִּי, מְרַטֵּשׁ, יְרַטֵּשׁ

ריכוזז, רִכּוּז [רִיכּוּזִים] — gathering

1. כְּשֶׁמְּבִיאִים הַכּוֹל לְמָקוֹם אֶחָד אוֹ לִידֵי אֲנָשִׁים מְעַטִּים:

***רִיכּוּז** הַיְלָדִים בֶּחָצֵר עוֹזֵר לִשְׁמוֹר עֲלֵיהֶם.*

2. הַמָּקוֹם שֶׁכָּל הַדְּבָרִים נִמְצָאִים בּוֹ: — concentration

*בְּתֵל-אָבִיב נִמְצָא הָ**רִיכּוּז** הַגָּדוֹל בְּיוֹתֵר שֶׁל תּוֹשָׁבִים.*

3. כְּשֶׁשָּׂמִים לֵב לְמַשֶּׁהוּ, הַרְצָאָה וְכוּ': — attention (span)

*כּוֹשֶׁר הָ**רִיכּוּז** שֶׁלִּי יָרַד מֵאָז הַתְּאוּנָה.*

מַחֲנֵה-רִיכּוּז — concentration camp

ריכוזית, רִכּוּזִי — centralized (adj.)

מִי/מַה שֶׁמְּרַכֵּז, אוֹסֵף הַכּוֹל בְּמָקוֹם אֶחָד אוֹ בִּידֵי אֲנָשִׁים מְעַטִּים:

*הַשִּׁיטָה הָ**רִיכּוּזִית** פּוֹגַעַת בְּחוֹפֶשׁ הַנִּיהוּל שֶׁל הָעֲיָרוֹת.*

רִיכּוּזִית, רִיכּוּזִיִּים, רִיכּוּזִיּוֹת

ריכוזיותנ, רִכּוּזִיּוּת — centralization

כְּשֶׁהַכּוֹל בְּמָקוֹם אֶחָד אוֹ בִּידֵי אֲנָשִׁים מְעַטִּים:

***רִיכּוּזִיּוּת** הַשִּׁלְטוֹן פּוֹגַעַת בַּחוֹפֶשׁ וּבַדֶּמוֹקְרַטְיָה.*

ריכוךז, רִכּוּךְ [רִיכּוּכִים] — softening, tenderizing

1. כְּשֶׁעוֹשִׂים שֶׁמַּשֶּׁהוּ קָשֶׁה יִהְיֶה רַךְ:

***ריכּוּך** הָעוֹר בַּנַּעֲלַיִים מוֹנֵעַ פְּצָעִים בָּרַגְלַיִים.*
2. (מֶטָאפוֹרָה) כְּשֶׁמַּפְחִיתִים הִתְנַגְּדוּת: softening resistance
*הוּא הִסְכִּים לַתּוֹכְנִית שֶׁלִּי רַק אַחֲרֵי פְּעוּלַּת **רִיכּוּךְ**.*

ריכז פ' רִכֵּז gathered
1. אָסַף לְמָקוֹם אֶחָד:
*הַמַּדְרִיךְ **רִיכֵּז אֶת** כֹּל הַמְטַיְּילִים בְּאוּלַם הַכְּנִיסָה שֶׁל הַמּוּזֵיאוֹן.*
2. גָּרַם שֶׁיָּשִׂימוּ לֵב לְעִנְיָין מְסוּיָּם: concentrated
*צָרִיךְ **לְרַכֵּז אֶת** כֹּל הַמַּאֲמָצִים בְּלִימּוּד הַשָּׂפָה.*
לְרַכֵּז אֶת- / ר.כ.ז, פִּיעֵל / רִיכַּזְתִּי, מְרַכֵּז, יְרַכֵּז, רַכֵּז!

ריכך פ' רִכֵּךְ tenderized
1. גָּרַם שֶׁיִּהְיֶה רַךְ יוֹתֵר:
***רִיכַּכְתִּי** אֶת הַבָּשָׂר עַל יְדֵי בִּישּׁוּל אָרוֹךְ.*
2. גָּרַם שֶׁתִּהְיֶה פָּחוֹת הִתְנַגְּדוּת: softened, weakened
*הַהַפְצָצוֹת מִן הָאֲוויר **רִיכְּכוּ אֶת** הִתְנַגְּדוּת הָאוֹיֵב.*
לְרַכֵּךְ אֶת- / ר.כ.ך, פִּיעֵל / רִיכַּכְתִּי, מְרַכֵּךְ, יְרַכֵּךְ, רַכֵּךְ!

רימה פ' רִמָּה deceived, cheated
שִׁיקֵּר:
*הָאִישׁ **רִימָּה אֶת** הַצַּיֶּירֶת, הוּא מָכַר לָהּ מְכוֹנִית לֹא שֶׁלּוֹ.*
לְרַמּוֹת אֶת- / ר.מ.ה, פִּיעֵל / רִימִּיתִי, מְרַמֶּה, יְרַמֶּה

רימון ז' רִמּוֹן [רִימּוֹנִים] pomegranate
1. פְּרִי אָדוֹם, מָלֵא גַּרְעִינִים אֲדוּמִּים:
*חֵלֶק מִן **הָרִימּוֹנִים** אָכַלְנוּ, וְחֵלֶק תָּלִינוּ בַּסּוּכָּה.*
2. נֶשֶׁק, פְּצָצָה קְטַנָּה שֶׁזּוֹרְקִים בַּיָּד: hand-grenade
*הַחַיָּיל זָרַק **רִימּוֹן** לְתוֹךְ הַבַּיִת.*
מָלֵא כָּרִימּוֹן ב' polymath

רימז פ' רִמֵּז hinted
נָתַן סִימָן, אָמַר מְעַט כְּדֵי לְסַמֵּן מַשֶּׁהוּ:
הוּא רִימֵּז, שֶׁאוּלַי יַסְכִּים לְווַתֵּר.
לְרַמֵּז, לְ- / ר.מ.ז, פִּיעֵל / רִימַּזְתִּי, מְרַמֵּז, יְרַמֵּז

רימזור ז' רִמְזוּר installing traffic lights
הַעֲמָדָה שֶׁל רַמְזוֹרִים בִּרְחוֹבוֹת מַתְאִימִים:
*אֲנִי בְּעַד **רִימְזוּר** הָעִיר כְּדֵי לִמְנוֹעַ תְּאוּנוֹת.*

רינה נ' רִנָּה [רִינּוֹת] singing, rejoicing
שִׁירָה, קוֹל שֶׁל שִׂמְחָה:
*שָׁמַעְנוּ קוֹלוֹת **רִינָּה** עוֹלִים מִן הַבַּיִת.*
פָּצַח בְּרִינָּה - פָּתַח בְּשִׁיר, הִתְחִיל לָשִׁיר

רינון ז' רִנּוּן [רִינּוּנִים] gossip
כְּשֶׁמְּסַפְּרִים מַשֶּׁהוּ רַע עַל מִישֶׁהוּ:
*הִגִּיעוּ אֵלַיי **רִינּוּנִים**, שֶׁהוּא בּוֹגֵד בְּאִשְׁתּוֹ.*

ריס ז' רִיס [רִיסִים] eyelash
אַחַת מִן הַשְּׂעָרוֹת מִסָּבִיב לָעַיִן:
*יֵשׁ לָהּ עֵינַיִים יָפוֹת **וְרִיסִים** אֲרוּכִּים.*

ריסון ז' רִסּוּן restraint, curbing
כְּשֶׁשָּׂמִים גְּבוּל, חוֹק, לֹא מַרְשִׁים לַעֲשׂוֹת הַכּוֹל:
*יְלָדִים צְרִיכִים **רִיסּוּן**, לֹא יִיתָּכֵן שֶׁיַּעֲשׂוּ מַה שֶּׁהֵם רוֹצִים. / (מֶטָאפוֹרָה) **רִיסּוּן** הָאִינְפְלַצְיָה חָשׁוּב לְשִׁיפּוּר הַמַּצָּב הַכַּלְכָּלִי.*

ריסוס ז' רִסּוּס [רִיסּוּסִים] spraying
כְּשֶׁמְּפַזְּרִים מַיִם אוֹ חוֹמֶר אַחֵר בְּטִיפּוֹת קְטַנּוֹת:
***רִיסּוּס** הַפֵּירוֹת מֵגֵן עֲלֵיהֶם מִפְּנֵי מַזִּיקִים וּמַחֲלוֹת.*
מְטוֹס-רִיסּוּס crop duster

ריסוק ז' רִסּוּק [רִיסּוּקִים] mashing, crushing
כְּשֶׁחוֹתְכִים מַשֶּׁהוּ לַחֲתִיכוֹת קְטַנּוֹת (לוֹחֲצִים וּמְגָרְדִים):
*בְּלִי **רִיסּוּק** הַפֵּירוֹת הַתִּינוֹק לֹא יוּכַל לֶאֱכוֹל אוֹתָם.*
רִיסּוּק-אֵיבָרִים - שְׁבִירָה שֶׁל יָדַיִים, רַגְלַיִים וְכוּ'

ריסן פ' רִסֵּן restrained
עָצַר, קָבַע, כְּלָלִים, שָׂם גְּבוּל לְהִתְנַהֲגוּת:
*צָרִיךְ **לְרַסֵּן אֶת** הַיְּלָדִים - הֵם צוֹעֲקִים וּמַפְרִיעִים לָנוּ.*
*צָרִיךְ **לְרַסֵּן אֶת** הָאִינְפְלַצְיָה, כְּדֵי שֶׁהַכֶּסֶף יִהְיֶה שָׁוֶוה מַשֶּׁהוּ.*
לְרַסֵּן אֶת- / ר.ס.ן, פִּיעֵל / רִיסַּנּוּ, מְרַסֵּן, יְרַסֵּן, רַסֵּן!

ריסס פ' רִסֵּס sprayed, fumigated
פִּיזֵּר נוֹזֵל בְּכַמּוּיוֹת קְטַנּוֹת:
***רִיסַּסְנוּ** אֶת הַבַּיִת, כִּי הָיוּ בּוֹ ג'וּקִים. / **רִיסְּסוּ אֶת** הַפֵּירוֹת בְּחוֹמֶר כִּימִי.*
לְרַסֵּס אֶת- / ר.ס.ס, פִּיעֵל / רִיסַּסְתִּי, מְרַסֵּס, יְרַסֵּס, רַסֵּס!

ריסק פ' רִסֵּק mashed
1. חָתַךְ לַחֲתִיכוֹת קְטַנּוֹת מְאוֹד:
***רִיסַּקְתִּי** אֶת הַתַּפּוּחַ, כִּי לַתִּינוֹק אֵין שִׁינַּיִים.*
2. שָׁבַר: crushed, fractured
*הוּא **רִיסֵּק** אֶת הָרֶגֶל, כְּשֶׁנָּפַל מֵהַגַּג.*
לְרַסֵּק אֶת- / ר.ס.ק, פִּיעֵל / רִיסַּקְתִּי, מְרַסֵּק, יְרַסֵּק, רַסֵּק!

ריע ר' רע

ריעות נ' רֵעוּת friendship
חֲבֵרוּת:
***הָרֵיעוּת** בֵּינֵינוּ הִתְחִילָה בַּצָּבָא.*

ריענון ז' רִעֲנוּן freshening, refreshing
כְּשֶׁעוֹשִׂים שֶׁיִּהְיֶה נָעִים, כְּמוֹ חָדָשׁ:
*יֵשׁ לִי קְרֵם מְיוּחָד **לְרִיעֲנוּן** הַפָּנִים.*

רִיעֲנֵןפ׳ רַעֲנֵן refreshed
עָשָׂה שֶׁיִהְיֶה כְּמוֹ חָדָשׁ, טָרִי, רַעֲנָן:
*הַמִקְלַחַת אַחֲרֵי הַטִיוּל **תְּרַעֲנֵן** אוֹתָנוּ.*
(מֶטָאפוֹרָה) *הַסֵפֶר הַזֶה עָזַר לִי **לְרַעֲנֵן** אֶת הַזִיכָּרוֹן.*
לְרַעֲנֵן אֶת- / ר.ע.נ.ן, פִּיעֵל / רִיעֲנַנְתִי, מְרַעֲנֵן, יְרַעֲנֵן

רִיפֵּאפ׳ רִפֵּא cured, healed
עָשָׂה שֶׁיִהְיֶה בָּרִיא, טִיפֵּל בְּחוֹלֶה כְּדֵי שֶׁיַבְרִיא:
*תְרוּפַת אַנְטִיבִּיוֹטִיקָה **רִיפְּאָה** אוֹתִי מִן הַמַחֲלָה.*
לְרַפֵּא אֶת- / ר.פ.א, פִּיעֵל / רִיפֵּאתִי, מְרַפֵּא, יְרַפֵּא, רַפֵּא!

רִיפֵּדפ׳ רִפֵּד upholstered
שָׂם בַּד עַל כִּיסֵא, עַל סַפָּה וְכוּ׳:
***רִיפַּדְנוּ** אֶת הַכִּיסְאוֹת הַיְשָׁנִים בְּבַד יָרוֹק.*
לְרַפֵּד אֶת- / ר.פ.ד, פִּיעֵל / רִיפַּדְתִי, מְרַפֵּד, יְרַפֵּד, רַפֵּד!

רִיפָּהפ׳ רִפָּה relaxed, loosened
הֶחֱלִישׁ, עָשָׂה שֶׁיִהְיֶה פָּחוֹת מָתוּחַ:
*הַמוֹרָה לְהִתְעַמְלוּת אָמְרָה **לְרַפּוֹת אֶת** הַשְׁרִירִים.*
רִיפָּה אֶת יְדֵי - discouraged
הוּא רִיפָּה אֶת יָדַיי וְאָמַר שֶׁלֹא אַצלִיחַ.
לְרַפּוֹת אֶת- / ר.פ.ה, פִּיעֵל / רִיפִּיתִי, מְרַפֶּה, יְרַפֶּה, רַפֵּה!

רִיפּוּדז׳ רִפּוּד [רִיפּוּדִים] upholstering,
1. כְּשֶׁשָׂמִים בַּד עַל סַפָּה, כִּיסְאוֹת וְכוּ׳:
*קָנִיתִי בַּד **לְרִיפּוּד** הַכִּיסְאוֹת הַיְשָׁנִים.*
2. הַבַּד שֶׁמְכַסֶּה מִיטוֹת, כִּיסְאוֹת וְכוּ׳: upholstery
***הָרִיפּוּד** הַיָרוֹק שֶׁל הַכִּיסְאוֹת יָפֶה.*

רִיפּוּיז׳ רִפּוּי curing, healing
טִיפּוּל בְּחוֹלֶה כְּדֵי שֶׁיַבְרִיא:
***הָרִיפּוּי** שֶׁלוֹ נִמְשַׁךְ זְמַן רַב, כִּי לֹא יָדְעוּ מַה יֵשׁ לוֹ.*
רִיפּוּי בְּעִיסוּק occupational therapy

רִיפְרוּףז׳ רִפְרוּף [רִיפְרוּפִים] flutter
1. תְנוּעוֹת קַלּוֹת וּמְהִירוֹת:
*לְפִי **רִיפְרוּף** הַכְּנָפַיִים הַצִיפּוֹר מִתכּוֹנֶנֶת לָעוּף.*
2. קְרִיאָה שִׁטְחִית - מִילָה פֹּה, glancing through
מִילָה שָׁם:
***מֵרִיפְרוּף** בְּסֵפֶר אֵין לָדַעַת אִם הוּא סֵפֶר טוֹב.*
בְּרִיפְרוּף - בְּאוֹפֶן שִׁטְחִי: superficially
*קָרָאתִי **בְּרִיפְרוּף אֶת** הַמִכְתָב.*

רִיפְרֵףפ׳ רִפְרֵף fluttered
1. עָשָׂה תְנוּעָה קַלָּה וּמְהִירָה:
*הַצִיפּוֹר **רִיפְרְפָה** בִּכְנָפַיִים וְהִתְכּוֹנְנָה לָעוּף.*
2. קָרָא בְּאוֹפֶן שִׁטְחִי, "עָבַר" glanced through
מַהֵר עַל טֶקְסְט:
*רַק **רִיפְרַפְתִי** בַּמַאֲמָר, לֹא קָרָאתִי אוֹתוֹ עֲדַיִין.*
לְרַפְרֵף / ר.פ.ר.ף, פִּיעֵל / רִיפְרַפְתִי, מְרַפְרֵף, יְרַפְרֵף, רַפְרֵף!

רִיצָהפ׳ רִצָּה appeased
1. אָמַר דְבָרִים טוֹבִים, כְּדֵי שֶׁיַפְסִיקוּ לִכְעוֹס:
*הוּא חוֹשֵׁב שֶׁמַתָנוֹת **יְרַצּוּ** אוֹתִי.*
2. מִילֵא עוֹנֶשׁ שֶׁהוּטַל עָלָיו: served (a sentence)
*הוּא **יְרַצֶּה אֶת** הָעוֹנֶשׁ בְּבֵית הַסוֹהַר.*
לְרַצּוֹת אֶת- / ר.צ.ה, פִּיעֵל / רִיצִיתִי, מְרַצֶּה, יְרַצֶּה, רַצֵּה!

רִיצָהנ׳ רִיצָה [רִיצוֹת] run, race, running
הִתְקַדְמוּת בִּצְעָדִים מְהִירִים מְאוֹד:
*הוּא הִגִיעַ רִאשׁוֹן בְּתַחֲרוּת **הָרִיצָה**.*
רִיצָה לְמֶרְחַקִים קְצָרִים / רִיצַת מָרָתוֹן

רִיצוּףז׳ רִצּוּף paving, flooring
1. כְּשֶׁמְכַסִים אֶת הָרִצְפָּה אוֹ הָאֲדָמָה בְּלוּחוֹת אֶבֶן:
*כְּשֶׁיִגְמְרוּ אֶת עֲבוֹדוֹת **הָרִיצוּף**, נִיכָּנֵס לַדִירָה הַחֲדָשָׁה.*
2. הַכִּיסוּי שֶׁל הָרִצְפָּה, הָאֲדָמָה floor, pavement
בְּלוּחוֹת אֶבֶן:
***הָרִיצוּף** בַּבַּיִת שֶׁלִי הוּא לָבָן.*

רִיצֵףפ׳ רִצֵּף paved
שָׂם בְּאוֹפֶן מְסוּדָר אֲבָנִים, קֶרָמִיקָה וְכוּ׳ עַל הָרִצְפָּה:
***רִיצַפְנוּ אֶת** הַחֶדֶר מֵחָדָשׁ.*
לְרַצֵּף אֶת- / ר.צ.ף, פִּיעֵל / רִיצַפְתִי, מְרַצֵּף, יְרַצֵּף, רַצֵּף!

ריצפה ר׳ רצפה

רֵיקת׳ רֵיק empty
שֶׁאֵין בּוֹ כְּלוּם:
*הַחֶדֶר **רֵיק**, אֵין בּוֹ אֲנָשִׁים.*
בְּיָדַיִים רֵיקוֹת - empty handed
חָזַרְתִי הַבַּיְתָה בְּיָדַיִים רֵיקוֹת.
עַל קֵיבָה רֵיקָה - on an empty stomach
אַל תָרוּץ עַל קֵיבָה רֵיקָה.
רֵיקָה, רֵיקִים, רֵיקוֹת

רִיקז׳ רִיק vacuum
(לָשׁוֹן גְבוֹהָה) כְּשֶׁאֵין כְּלוּם (גַם וָאקוּם מֵאֲוויר)
*מִסָבִיב אֵין כְּלוּם, **רִיק** אֶחָד גָדוֹל.*
לָרִיק תה״פ - in vain
*עָבַדְתִי **לָרִיק**, לֹא יָצָא מִזֶה כְּלוּם.*

רִיקָבוֹןז׳ רִקָּבוֹן rot, decay
1. כְּשֶׁמַשֶׁהוּ אוֹרְגָנִי מְקוּלְקָל:
***הָרִיקָבוֹן** הִתְחִיל בְּתַפּוּחַ אֶחָד וְעָבַר לָאֲחֵרִים.*
2. (מֶטָאפוֹרָה) קִילְקוּל מִבְּחִינָה מוּסָרִית: corruption

*כְּשֶׁשַּׁלִּיט יָכוֹל לַעֲשׂוֹת כֹּל מַה שֶּׁהוּא רוֹצֶה, יֵשׁ **רִיקָבוֹן** בַּמְּדִינָה.*

ריקודז׳ רִקּוּד [ריקוּדים] dance
מָחוֹל, סִדְרָה שֶׁל תְּנוּעוֹת לִצְלִילֵי מוּסִיקָה:
*אֲנִי רוֹקֶדֶת בְּחוּג **לְרִיקוּדֵי** עַם יִשְׂרְאֵלִים.*

ריקםת״פ רֵיקָם empty handed
בְּלִי כְּלוּם:
*חָזַרְתִּי הַבַּיְתָה **רֵיקָם**, לֹא קָנִיתָ כְּלוּם.*
הֵשִׁיב פְּנֵי רֵיקָם ב׳ - בִּיקַּשְׁתִּי אֶת עֶזְרָתוֹ, אַךְ הוּא הֵשִׁיב אֶת פָּנַיי רֵיקָם.

ריקנותנ׳ רֵיקָנוּת emptiness
1. כְּשֶׁאֵין כְּלוּם, רֵיק:
*יֵשׁ הַרְגָּשָׁה שֶׁל **רֵיקָנוּת** בַּבַּיִת, כּוּלָּם עָזְבוּ.*
(מֶטָאפוֹרָה) *כְּשֶׁאֲנִי לֹא לוֹמֵד, אֲנִי מַרְגִּישׁ **רֵיקָנוּת**.*
2. בְּלִי תּוֹכֶן:
*הַמְּבוּגָּרִים כּוֹעֲסִים עַל **הָרֵיקָנוּת** שֶׁל הַדּוֹר הַצָּעִיר.*

רירז׳ רִיר saliva
רוֹק, הַנּוֹזֵל שֶׁבַּפֶּה אוֹ בָּאַף:
*צָרִיךְ לְנַגֵּב לַתִּינוֹק אֶת **הָרִיר** שֶׁנּוֹזֵל לוֹ מֵהַפֶּה.*

רירית׳ רִירִי mucous
שֶׁיֵּשׁ בּוֹ נוֹזֵל, רָטוֹב:
*בָּאַף יֵשׁ חֲלָקִים **רִירִיִּים**.*
רִירִית, רִירִיִּים, רִירִיּוֹת

רישויז׳ רִשּׁוּי licensing
כְּשֶׁנּוֹתְנִים רִישָּׁיוֹן, כְּשֶׁמַּרְשִׁים לַעֲשׂוֹת מַשֶּׁהוּ.
מִשְׂרַד הָרִישּׁוּי - licensing bureau
הָיִיתִי בְּמִשְׂרַד הָרִישּׁוּי, וְקִיבַּלְתִּי אֶת רִישְׁיוֹן הַנְּהִיגָה.

רישולז׳ רִשּׁוּל sloppiness, slovenliness
כְּשֶׁלֹּא שָׂמִים לֵב לַבְּגָדִים, לַהֲלִיכָה וְכוּ׳:
***הָרִישּׁוּל** בַּלְּבוּשׁ שֶׁלּוֹ מַפְרִיעַ לִי.*

רישוםז׳ רִשּׁוּם [רישוּמִים] registration
1. כְּתִיבַת פְּרָטִים (שֵׁם, כְּתוֹבֶת, גִּיל וְכוּ׳):
*מִי שֶׁרוֹצֶה לִלְמוֹד צָרִיךְ לְהֵירָשֵׁם בְּמִשְׂרַד **הָרִישּׁוּם**.*
2. גְּרָפִיקָה, צִיּוּר בְּעִיפָּרוֹן, לֹא בִּצְבָעִים: drawing
*לְפִי **הָרִישּׁוּמִים** שֶׁלּוֹ אֶפְשָׁר לִרְאוֹת שֶׁהוּא צַיָּיר טוֹב.*
3. סִימָן שֶׁנִּשְׁאַר, הַשְׁפָּעָה: impression
*הַטִּיּוּל הִשְׁאִיר אֶת **רִישּׁוּמוֹ** עָלַיי.*

רישיוןז׳ רִשְׁיוֹן [רישיונות] license
תְּעוּדָה הַנּוֹתֶנֶת רְשׁוּת לָאָדָם לַעֲשׂוֹת מַשֶּׁהוּ:
*קִיבַּלְתִּי **רִישְׁיוֹן** נְהִיגָה בְּיוֹם הוּלַדְתִּי הַ-18.*
רִישְׁיוֹן כְּנִיסָה / רִישְׁיוֹן עֲבוֹדָה / רִישְׁיוֹן טִיסָה

רישמי ר׳ רשמי **רישמיות** ר׳ רשמיות

רישרושז׳ רִשְׁרוּשׁ [רישרוּשִׁים] rustle
רַעַשׁ קַל:
*אֲנִי אוֹהֵב לִשְׁמוֹעַ אֶת **רִישְׁרוּשׁ** הֶעָלִים בָּרוּחַ.*

רישרשפ׳ רִשְׁרֵשׁ rustled
עָשָׂה רַעַשׁ קַל:
***רִישְׁרַשְׁתִּי** בִּנְיָיר הַסּוּכָּרִיָּיה.*
לְרַשְׁרֵשׁ / ר.ש.ר.ש, פִּיעֵל / רִישְׁרְשׁוּ, מְרַשְׁרֵשׁ, יְרַשְׁרֵשׁ

רישתפ׳ רִשֵּׁת netted, installed lines of communication
חִיבֵּר חוּטִים לְכִיוּוּנִים שׁוֹנִים (כְּמוֹ רֶשֶׁת):
***רִישְּׁתוּ אֶת** כֹּל מְדִינַת יִשְׂרָאֵל בְּקַוֵּוי טֶלֶפוֹנִים.*
לְרַשֵּׁת אֶת- / ר.ש.ת, פִּעֵל / רִישְּׁתוּ, מְרַשֵּׁת, יְרַשֵּׁת

ריתוךז׳ רִתּוּךְ [ריתוּכִים] welding
חִיבּוּר בְּחוֹם גָּבוֹהַּ שֶׁל חֶלְקֵי בַּרְזֶל, זָהָב:
*אֶפְשָׁר לְחַבֵּר אֶת שְׁנֵי הַחֲלָקִים שֶׁל הַצִּינּוֹר עַל-יְדֵי **רִיתּוּךְ**.*

ריתוקז׳ רִתּוּק attaching
1. כְּשֶׁמְּחַבְּרִים בְּעֶזְרַת שַׁרְשֶׁרֶת, מַסְמְרִים וְכוּ׳:
***רִיתּוּק** הַמְּכוֹנָה לָרִצְפָּה שׁוֹמֵר עַל כָּךְ שֶׁלֹּא תָּזוּז.*
2. (מֶטָאפוֹרָה) כְּשֶׁאָסוּר לַעֲזוֹב מָקוֹם, מַחֲנֶה צְבָאִי וְכוּ׳: confinement
*הַחַיָּיל קִיבֵּל **רִיתּוּק**, כִּי אֵיחֵר לַחֲזוֹר לַבָּסִיס.*

ריתחהנ׳ רִתְחָה anger
כַּעַס:
*אָמַרְתִּי דְּבָרִים קָשִׁים בִּזְמַן **רִיתְחָה**.*

ריתךפ׳ רִתֵּךְ welded
חִיבֵּר חֲלָקִים שֶׁל מַתֶּכֶת בָּאֵשׁ:
*צָרִיךְ **לְרַתֵּךְ אֶת** שְׁנֵי הַחֲלָקִים שֶׁל הַצִּינּוֹר.*
לְרַתֵּךְ אֶת- / ר.ת.ך, פִּיעֵל / רִיתַּכְתִּי, מְרַתֵּךְ, יְרַתֵּךְ, רַתֵּךְ!

ריתמה ר׳ רתמה

ריתקפ׳ רִתֵּק confined
1. חִיבֵּר, קָבַע שֶׁאָסוּר לַעֲזוֹב:
*הַמְּפַקֵּד **רִיתֵּק אֶת** הַחַיָּיל לַמַּחֲנֶה.*
2. מָשַׁךְ מְאוֹד, הָיָה מְעַנְיֵין מְאוֹד: fascinated
*הַסִּיפּוּר **רִיתֵּק** אוֹתִי, לָכֵן לֹא הִפְסַקְתִּי לִקְרוֹא.*
לְרַתֵּק אֶת- / ר.ת.ק, פִּיעֵל / רִיתַּקְתִּי, מְרַתֵּק, יְרַתֵּק, רַתֵּק!

רךת' רַךְ — soft
1. לא קָשֶׁה:
*אֲנִי יָשֵׁן בְּמִיטָה **רַכָּה**.*
2. עָדִין, צָעִיר: — tender
*כְּשֶׁהָיִיתִי יֶלֶד קָטָן **וָרַךְ**, גַּרְתִּי אֵצֶל סָבָתִי.*
3. מְוַותֵּר בְּקַלּוּת, אֵינוֹ קַפְּדָן: — lenient
*הַמּוֹשֵׁל הַזֶּה נוֹהֵג בַּתּוֹשָׁבִים בְּיָד **רַכָּה**.*
מַיִם רַכִּים — soft/purified water
בֵּיצָה רַכָּה — soft-boiled egg
גִּיל רַךְ — infancy
הָרַךְ הַנּוֹלָד — baby
רַכּוֹת ת"פ - — softly
דִּיבַּרְתִּי רַכּוֹת אֶל הַיֶּלֶד, לֹא בְּכַעַס.
רַכָּה, רַכִּים, רַכּוֹת

רכבפ' רָכַב — rode
הִתְקַדֵּם כְּשֶׁהוּא עַל גַּב סוּס, חֲמוֹר, אוֹפַנַּיִים:
__רָכַבְתִּי עַל__ סוּס מֵהַקִּיבּוּץ עַד לָעִיר הַקְּרוֹבָה.
(לְשׁוֹן דִּיבּוּר) שָׁלַט, אָמַר מָה לַעֲשׂוֹת: — controlled
*הִיא **רוֹכֶבֶת עָלָיו**, וְהוּא עוֹשֶׂה כֹּל מַה שֶּׁהִיא רוֹצָה.*
לִרְכּוֹב עַל- / ר.כ.ב, פָּעַל / רָכַבְתִּי רוֹכֵב, יִרְכַּב, רְכַב!

רכבז' רֶכֶב [רְכָבִים] — vehicle
שֵׁם לְכֹל כְּלֵי הַתַּחְבּוּרָה בַּיַּבָּשָׁה - מְכוֹנִיּוֹת, עֲגָלוֹת, אוֹפַנַּיִים, אוֹפַנּוֹעִים וְכוּ':
*כֹּל מְכוֹנִית חַיֶּיבֶת לַעֲבוֹר בְּדִיקַת **רֶכֶב** פַּעַם בְּשָׁנָה.*
רִישְׁיוֹן נְהִיגָה בְּרֶכֶב / כְּלִי-רֶכֶב / רֶכֶב צְבָאִי

רכבלז' רַכֶּבֶל — cable-car
תָּאִים כְּמוֹ בְּרַכֶּבֶת, שֶׁנּוֹסְעִים עַל כֶּבֶל (חֶבֶל בַּרְזֶל) בָּאֲוויר מֵהַר לְהַר וְכוּ':
*בְּחֵיפָה יֵשׁ **רַכֶּבֶל** מִן הָהָר לַיָּם.*

רכבתנ' רַכֶּבֶת [רַכָּבוֹת] — train
כְּלִי רֶכֶב, נָע עַל פַּסֵּי בַּרְזֶל (כּוֹלֵל תָּאִים וְקַטָּר):
*הַנְּסִיעָה **בְּרַכֶּבֶת** מִתֵּל-אָבִיב לְחֵיפָה זוֹלָה וּמְהִירָה.*
רַכֶּבֶת נוֹסְעִים / רַכֶּבֶת מַשָּׂא / רַכֶּבֶת תַּחְתִּית

רכובת' רָכוּב — riding (adj.)
יוֹשֵׁב עַל בְּהֵמָה, אוֹפַנַּיִים, אוֹפַנּוֹעַ:
*פִּתְאוֹם הוֹפִיעַ בָּחוּר **רָכוּב** עַל אוֹפַנּוֹעַ.*
רְכוּבָה, רְכוּבִים, רְכוּבוֹת

רכוןת' רָכוּן — bending (over)
כְּשֶׁהָרֹאשׁ כְּלַפֵּי מַטָּה, כָּפוּף:
*הוּא עָמַד **רָכוּן** אֶל הָאִישָּׁה, כִּי רָצָה לִשְׁמוֹעַ מַה הִיא אוֹמֶרֶת.*
רְכוּנָה, רְכוּנִים, רְכוּנוֹת

רכוסת' רָכוּס — buttoned/fastened (adj.)
סָגוּר (בֶּגֶד וְכוּ') בְּכַפְתּוֹר אוֹ בְּחוּט:
*הָיָה לִי קַר, לָכֵן הָלַכְתִּי בִּמְעִיל **רָכוּס**.*
רְכוּסָה, רְכוּסִים, רְכוּסוֹת

רכושז' רְכוּשׁ — property
כֹּל מַה שֶּׁשַּׁיָּיךְ לְמִישֶׁהוּ - כֶּסֶף, סְחוֹרָה, בָּתִּים:
__הָרְכוּשׁ__ הַפְּרָטִי שֶׁלִּי כּוֹלֵל דִּירָה, רָהִיטִים וּמְכוֹנִית.
רְכוּשִׁי, רְכוּשׁוֹ, רְכוּשָׁהּ, רְכוּשָׁם
רְכוּשׁ הַמְּדִינָה / רְכוּשׁ גָּנוּב / בַּעַל-רְכוּשׁ

רכושנותנ' רְכוּשָׁנוּת — possessiveness
כְּשֶׁאוֹהֲבִים שֶׁיִּהְיֶה הַרְבֵּה רְכוּשׁ - בָּתִּים, רָהִיטִים וְכוּ':
__הָרְכוּשָׁנוּת__ שֶׁלּוֹ הִיא גַּם לְגַבֵּי אֲנָשִׁים - הוּא אוֹהֵב שֶׁהֵם יִהְיוּ "שֶׁלּוֹ".

רכושנית' רְכוּשָׁנִי — possessive
מִי שֶׁמַּחְשִׁיב מְאוֹד רְכוּשׁ וְרוֹצֶה שֶׁיִּהְיֶה לוֹ:
*הוּא **רְכוּשָׁנִי** - הוּא קוֹנֶה צִיּוּרִים וְלֹא מַרְאֶה אוֹתָם לְאִישׁ.*
רְכוּשָׁנִית, רְכוּשָׁנִיִּים, רְכוּשָׁנִיּוֹת

רכותת"פ רַכּוֹת — softly
בְּצוּרָה עֲדִינָה, לֹא בְּכַעַס:
*הוּא דִּיבֵּר אֵלָיו **רַכּוֹת**.*

רכותנ' רַכּוּת — softness
כְּשֶׁמַּשֶּׁהוּ רַךְ, נָעִים, כְּשֶׁנּוֹגְעִים בּוֹ:
*אֲנִי אוֹהֶבֶת אֶת **הָרַכּוּת** שֶׁל צֶמֶר הָאַנְגּוֹרָה.*

רכזז' רַכָּז [רַכָּזִים] — coordinator
מִישֶׁהוּ שֶׁמְּטַפֵּל בְּעִנְיָינִים שׁוֹנִים שֶׁל אֲנָשִׁים:
*רוּת **רַכֶּזֶת** כִּיתּוֹת י"ב - הִיא מְטַפֶּלֶת בְּבַעֲיוֹת שֶׁל תַּלְמִידִים.*
רַכֶּזֶת, רַכָּזוֹת

רכיבז' רְכִיב [רְכִיבִים] — component
כֹּל חֵלֶק שֶׁמִּמֶּנּוּ עָשׂוּי מַשֶּׁהוּ:
*פֵּירַקְתִּי אֶת הַמְּכוֹנָה לְכֹל **הָרְכִיבִים** שֶׁלָּהּ.*

רכיבהנ' רְכִיבָה — riding
"נְסִיעָה" עַל סוּס, אוֹפַנַּיִים וְכוּ':
__רְכִיבָה__ עַל סוּס צָרִיךְ לִלְמוֹד.

רכילותנ' רְכִילוּת — gossip
שִׂיחָה אוֹ כְּתִיבָה עַל הַחַיִּים הַפְּרָטִיִּים אוֹ עַל הַמַּעֲשִׂים שֶׁל אֲנָשִׁים אֲחֵרִים (גַּם אִינְפוֹרְמַצְיָה לֹא נְכוֹנָה):
*קָרָאתִי בְּטוּר **הָרְכִילוּת** בָּעִיתּוֹן עַל חַיֵּי הַמִּשְׁפָּחָה שֶׁל הַנָּסִיךְ צֶ'רְלְס וְאִשְׁתּוֹ דַּיָאנָה.*

רכיסהנ' רְכִיסָה — fastening, buttoning
1. סגִירָה שֶׁל בֶּגֶד, נַעֲלַיִים וְכוּ':
הָרְכִיסָה שֶׁל הַנַעֲלַיִים הִתקַלקְלָה, וְהַנַעֲלַיִים נוֹפְלוֹת לִי.
2. כְּשֶׁסוֹגְרִים בֶּגֶד, נַעֲלַיִים וְכוּ':
אַחֲרֵי רְכִיסַת הַנַעֲלַיִים אֶלבַּש מְעִיל וְנֵלֵך.

רכישהנ' רְכִישָׁה [רְכִישׁוֹת] — acquisition, purchase
קְנִייָה, כְּשֶׁמַשֶׁהוּ נַעֲשֶׂה שֶׁלךָ:
רְכִישַׁת הַחֲנוּת עָלתָה כֶּסֶף רַב.
רְכִישַׁת שָׂפָה / רְכִישַׁת הַשׂכָּלָה

רכלןז' רַכלָן [רַכלָנִים] — a gossip
מְסַפֵּר עַל הַחַיִים הַפְּרָטִיִים שֶׁל הָאֲנָשִׁים:
הוּא כָּזֶה רַכלָן, מָחָר כֹּל הָעִיר תֵּדַע מָה אָמַרתִי לוֹ.
רַכלָנִית, רַכלָנִיוֹת

רכןפ' רָכַן — bent over
הִתכּוֹפֵף, הִפנָה אֶת הָרֹאשׁ לְמַטָה:
אִימִי רָכנָה מֵעָלַיי וְאָמְרָה לִי 'לַילָה טוֹב'.
לִרכּוֹן אֶל- / ר.כ.ן, פָּעַל / רָכַנתִי, רוֹכֵן, יִרכּוֹן

רכספ' רָכַס — buttoned, fastened
סָגַר, קָשַׁר בֶּגֶד, נַעֲלַיִים וְכוּ':
רָכַסתִי אֶת הַמְעִיל, כִּי קַר לִי.
לִרכּוֹס אֶת- / ר.כ.ס, פָּעַל / רָכַסתִי, רוֹכֵס, יִרכּוֹס, רְכוֹס!

רכסז' רֶכֶס [רְכָסִים] — ridge
שַׁרשֶׁרֶת שֶׁל הָרִים:
רֶכֶס הַכַּרמֶל מַגִיעַ עַד זִיכרוֹן יַעֲקוֹב.

רכרוכית' רַכרוּכִי — sissy
רַך, לֹא יַצִיב:
יֵשׁ לוֹ אוֹפִי רַכרוּכִי, כֹּל אֶחָד יָכוֹל לְהַשׁפִּיעַ עָלָיו.
רַכרוּכִית, רַכרוּכִיִים, רַכרוּכִיוֹת

רכשפ' רָכַשׁ — bought
1. קָנָה:
הוּא רָכַשׁ אֶת הַדִירָה בְּכֶסֶף, שֶׁחָסַך בְּמֶשֶׁך הַשָׁנִים.
2. לָמַד מַשֶׁהוּ, הִשִׂיג יְדִיעוֹת: — acquired
הִיא רָכשָׁה אֶת הַשָׂפָה הָעִברִית בְּיַלדוּתָה.
לִרכּוֹשׁ אֶת- / ר.כ.שׁ, פָּעַל / רָכַשׁתִי, רוֹכֵשׁ, יִרכּוֹשׁ, רְכוֹשׁ!

רכשז' רֶכֶשׁ — procurement
קְנִייָה, מַשֶׁהוּ שֶׁרוֹכשִׁים:
הוּא עָסַק בְּרֶכֶשׁ שֶׁל נֶשֶׁק בִּשׁבִיל הַצָבָא.

רםת' רָם — elevated (adj.)
1. גָבוֹהַ, עֶליוֹן:
הַתַפקִיד הָרָם בְּיוֹתֵר בִּמדִינָה הוּא תַפקִיד הַנָשִׂיא.
2. חָזָק: — loud, strong
הוּא מְדַבֵּר בְּקוֹל רָם.
בְּיָד רָמָה ת"פ — firmly
רַם-הַמַעֲלָה - — dignitary
רַק אֲנָשִׁים רָמֵי מַעֲלָה הוּזמְנוּ לְבֵית הַנָשִׂיא.
רָמָה, רָמִים, רָמוֹת

רמאותנ' רַמָאוּת [רַמָאוּיוֹת] — cheating
שֶׁקֶר, כְּשֶׁגוֹרְמִים לְמִישֶׁהוּ נֶזֶק, הֶפסֵד, עַל-יְדֵי מַעֲשֶׂה רַע:
זֹאת רַמָאוּת לִמכּוֹר מְכוֹנִית יְשָׁנָה, כְּאִילוּ הִיא חֲדָשָׁה.

רמאיז' רַמַאי [רַמָאִים] — swindler
שַׁקְרָן:
הָרַמַאי הַזֶה מָכַר לִי צַלָחוֹת שְׁבוּרוֹת.
רַמָאִית, רַמָאִיוֹת

רמהנ' רָמָה [רָמוֹת] — level
1. דַרגָה:
בְּאֵיזוֹ רָמָה לָמַדתִי עִברִית? בְּרָמַת הַבֵּינַיִים.
2. אֵיזוֹר גֵיאוֹגרָפִי גָבוֹהַּ וְשָׁטוּחַ: — plateau
יִישׁוּבִים חֲדָשִׁים הוּקמוּ בְּרָמַת הַגוֹלָן.
רָמַת-חַיִים - — standard of living
הַמִלחָמָה גָרמָה לִירִידָה בְּרָמַת הַחַיִים שֶׁל הַתוֹשָׁבִים.

רמזפ' רָמַז — hinted
נָתַן אוֹ עָשָׂה סִימָן קָטָן כְּדֵי לַעֲזוֹר לְהָבִין מַשֶׁהוּ:
רָמַזתִי לָה אֶת הַתשׁוּבָה, אֲבָל זֶה לֹא עָזַר לָה.
לִרמוֹז לְ- / ר.מ.ז, פָּעַל / רָמַזתִי, רוֹמֵז, יִרמוֹז

רמזז' רֶמֶז [רְמָזִים] — hint
סִימָן שֶׁנוֹתנִים לְמִישֶׁהוּ - בַּיָד, בָּעַיִן אוֹ בְּמִילָה:
לֹא יָדַעתִי אֶת הַתשׁוּבָה, עַד שֶׁקִיבַּלתִי רֶמֶז מִן הַמוֹרָה.
רֶמֶז דַק — slight hint
רֶמֶז שָׁקוּף — obvious hint

רמזורז' רַמזוֹר [רַמזוֹרִים] — traffic light
פָּנָס רְחוֹב מְיוּחָד, מְכַוֵון אֶת הַתנוּעָה בַּכּבִישִׁים עַל יְדֵי אוֹרוֹת: אָדוֹם, יָרוֹק, צָהוֹב:
הָרַמזוֹרִים לֹא פָּעֲלוּ, וּבַפִּינָה נוֹצַר פְּקָק-תְנוּעָה.

רמיזהנ' רְמִיזָה [רְמִיזוֹת] — hinting
נְתִינָה שֶׁל רֶמֶז, עֲשִׂייָה שֶׁל סִימָן כְּדֵי לְהַגִיד מַשֶׁהוּ:
אָמַרתִי אֶת הַדבָרִים בִּרמִיזָה, לֹא בְּאוֹפֶן בָּרוּר.

רמייהנ' רְמִייָה [רְמִיוֹת] — deceit, fraud
מַעֲשֵׂה רַמָאוּת, שֶׁקֶר:

מְכִירַת מְכוֹנִית מְקוּלְקֶלֶת כְּאִילוּ הִיא חֲדָשָׁה זֶהוּ מַעֲשֶׂה **רְמִיָּה**.

רמספ׳ רָמַס — trampled
דָּרַךְ, לָחַץ בָּרַגְלַיִים וְקִילְקֵל, שָׁבַר וְכוּ׳:
*הוּא **רָמַס אֶת** הַפְּרָחִים בַּגִּינָה.*
לִרמוֹס אֶת- / ר.מ.ס, פָּעַל / רָמַסְתִי, רוֹמֵס, יִרמוֹס

רמקולז׳ רַמקוֹל — loudspeaker
מַכשִׁיר מְחוּבָּר לָרַדיוֹ, מַגבִּיר אֶת הַקוֹל:
*הָ**רַמקוֹלִים** הֶעֱבִירוּ אֶת צְלִילֵי הַתִזמוֹרֶת מֵאוּלַם הַקוֹנצֶרטִים לַקָהָל בַּחוּץ.*

רמשז׳ רֶמֶשׂ [רְמָשִׂים] — creeping insect
כֹּל בַּעֲלֵי הַחַיִים הַקְטַנִים, שֶׁיֵשׁ לָהֶם רַגלַיִים קְצָרוֹת מְאוֹד:
*אִי אֶפשָׁר לָשֶׁבֶת בַּחוּץ, כֹּל מִינֵי **רְמָשִׂים** - נְמָלִים, ג׳וּקִים וְכוּ׳ מִסתוֹבְבִים פֹּה.*

רןפ׳ רַן — sang, was happy
(לָשׁוֹן גבוֹהָה) שָׁר, שָׂמַח:
***רוֹנוּ** וְשִׂמחוּ - זֹאת מְסִיבָּה!*
לָרוֹן / ר.נ.ן, פָּעַל / רַן (רוֹן) יָרוֹן, יָרוֹנוּ, רוֹנוּ!

רננהנ׳ רְנָנָה [רְנָנוֹת] — singing, rejoicing
שִׁירָה, שִׂמחָה:
*שָׁמַעתִי קוֹלוֹת **רְנָנָה** עוֹלִים מֵהַבַּיִת שֶׁלךָ.*

רסיסז׳ רְסִיס [רְסִיסִים] — chip, fragment
1. חֲתִיכָה קְטַנָה מִדָבָר שֶׁנִשׁבַּר:
*נִשׁבְּרָה לִי צַלַחַת, וְהָ**רְסִיסִים** הִתפַּזְרוּ בְּכֹל הַחֶדֶר.*
2. טִיפָּה: — droplet
***רְסִיסֵי** טַל נִשׁאֲרוּ בַּבּוֹקֶר עַל הַפְּרָחִים.*

רסןז׳ רֶסֶן — rein
1. שָׂמִים עַל רֹאשׁ בְּהֵמָה כְּדֵי לְהוֹבִיל אוֹתָהּ:
*קָשֶׁה לְכַוֵון סוּס בְּלִי **רֶסֶן**.*
2. (מֶטָאפוֹרָה) גבוּל, מַשֶׁהוּ שֶׁמַגבִּיל, מוֹנֵעַ: — restraint
*הַהִתנַהֲגוּת שֶׁלוֹ הִיא לְלֹא **רֶסֶן**, הוּא עוֹשֶׂה מַה שֶׁהוּא רוֹצֶה.*
הִתִיר אֶת הָרֶסֶן - עָשָׂה מַה שֶׁרָצָה, שֶׁלֹא לְפִי הַכְּלָלִים

רססז׳ רֶסֶס — fragmentation
חֲתִיכוֹת קְטַנוֹת שֶׁמִתפַּזרוֹת:
רִימוֹן-רֶסֶס - — fragmentation grenade
נִפצַעתִי מֵרִימוֹן רֶסֶס.

רסקז׳ רֶסֶק — puree
פְּרִי וְכוּ׳ שֶׁנַעֲשָׂה כּמוֹ דַייסָה (פִּירֶה):
*נָתַתִי לַתִינוֹק **רֶסֶק** תַפּוּחִים.*

רעת׳ רַע — bad
לֹא טוֹב, שׁלִילִי (מִבּחִינָה מוּסָרִית, חֶברָתִית וְכוּ׳):
*יֵשׁ לִי מַצַב רוּחַ **רַע**, קִיבַּלתִי חֲדָשׁוֹת **רָעוֹת** מֵהַבַּיִת.*
יֵצֶר-הָרַע — bad inclination
לְשׁוֹן-הָרַע — slander
עַיִן רָעָה — evil eye
שֵׁם רַע — bad reputation
רָעָה, רָעִים, רָעוֹת

רעז׳ רֵעַ [רֵעִים] — friend
1. חָבֵר:
*נִפגַשׁנוּ לְשִׂיחוֹת **רֵעִים**.*
2. הָאַחֵר, הַשֵׁנִי: — the other (fellow man)
*אָמַר אִישׁ **לְרֵעֵהוּ**: 'יוֹם יָפֶה הַיוֹם'.*
וְאָהַבְתָּ לְרֵעֲךָ כָּמוֹךָ (פִּתגָם) - תֹאהַב אֶת הָאַחֵר כּמוֹ אֶת עַצמְךָ
רֵעָה, רֵעוֹת

רעבפ׳ רָעַב — was hungry
הִרגִישׁ צוֹרֶךְ לֶאֱכוֹל:
*הֵם **רָעֲבוּ לְלֶחֶם** - כֹּל כָּךְ עֲנִיִים הֵם הָיוּ.*
לִרעוֹב לְ- / ר.ע.ב, פָּעַל / רָעֲבוּ, רָעֵב, יִרעַב, יִרעֲבוּ

רעבת׳ רָעֵב — hungry
1. רוֹצֶה לֶאֱכוֹל, לֹא אָכַל הַרבֵּה זמַן:
*אִם לֹא תֹאכַל, תִהיֶה **רָעֵב**.*
2. רוֹצֶה מְאוֹד מַשֶׁהוּ: — yearning for
*עַכשָׁיו, כְּשֶׁגָמַר אֶת לִימוּדָיו, הוּא **רָעֵב** לְחֶברָה וּלְבִידוּר.*
רָעֵב כְּכֶּלֶב / רָעֵב לְלֶחֶם
רְעֵבָה, רְעֵבִים, רְעֵבוֹת

רעבז׳ רָעָב — hunger, famine
צוֹרֶךְ בְּמָזוֹן, רָצוֹן לֶאֱכוֹל, חוֹסֶר מָזוֹן:
*תוֹשָׁבִים רַבִּים בְּאַפרִיקָה סוֹבלִים **מֵרָעָב**.*
שׁבִיתַת-רָעָב — hunger strike

רעבוןז׳ רְעָבוֹן — hunger
רָעָב, כּשֶׁיֵשׁ צוֹרֶךְ פִיסִי אוֹ נַפשִׁי לְאוֹכֶל אוֹ לְמַשֶׁהוּ אַחֵר:
*קָשֶׁה לְהַשׂבִּיעַ (לְסַפֵּק, לְמַלֵא) אֶת **רְעָבוֹנוֹ** לְשׁוֹקוֹלָד.*

רעבתןז׳ רַעַבְתָן [רַעַבְתָנִים] — glutton
מִי שֶׁרוֹצֶה לֶאֱכוֹל הַרבֵּה:
*הוּא שָׁמֵן, כִּי הוּא **רַעַבְתָן** - אוֹכֵל כֹּל הַיוֹם.*
רַעַבְתָנִית, רַעַבְתָנִיוֹת

רעבתנותנ׳ רַעַבְתָנוּת — gluttony
רָצוֹן חָזָק לַאֲכִילָה:
*הוּא שָׁמֵן בִּגלַל **הָרַעַבְתָנוּת** שֶׁלוֹ - כֹּל הַיוֹם הוּא אוֹכֵל.*

רעדפ׳ רָעַד — shivered
זָז, נָע בִּתְנוּעוֹת מְהִירוֹת, שֶׁקָּשֶׁה לְהִשְׁתַּלֵּט עֲלֵיהֶן:
*הַיֶּלֶד **רָעַד** מִפַּחַד, כְּשֶׁשָּׁמַע אֶת הַפִּצְצָה.*
לִרְעוֹד מִ- / ר.ע.ד, פָּעַל / רָעַדְתִּי, רוֹעֵד, אֶרְעַד, יִרְעַד

רעדז׳ רַ֫עַד [רְעָדִים] — shiver, tremble
תנוּעָה קְטַנָּה מְאוֹד וּמְהִירָה מְאוֹד, קוֹרֵית בְּלִי רָצוֹן:
רַעַד עָבַר בְּכָל גּוּפִי, כְּשֶׁשָּׁמַעְתִּי מַה קָּרָה.

רעהפ׳ רָעָה — tended a flock
1. יָצָא עִם הַפָּרוֹת אוֹ הַכְּבָשִׂים לַשָּׂדֶה, כְּדֵי שֶׁהֵן יֹאכְלוּ:
*הוּא אוֹהֵב **לִרְעוֹת אֶת** הָעֵדֶר (בְּהֵמוֹת).*
2. הָלַךְ לַשָּׂדֶה כְּדֵי לֶאֱכוֹל (הַבְּהֵמוֹת): — grazed
*הַפָּרוֹת **רָעוּ** לְיַד הַקִּיבּוּץ.*
לִרְעוֹת אֶת- / ר.ע.ה, פָּעַל / רָעוּ, רוֹעֶה, יִרְעֶה

רעהנ׳ רָעָה [רָעוֹת] — evil, wrong
1. מַעֲשֶׂה רַע:
*הוּא עָשָׂה לִי **רָעָה**, כְּשֶׁסִּיפֵּר עָלַיי לַמְנַהֵל.*
2. צָרָה, אָסוֹן: — calamity
*לֹא תִקְרֶה לְךָ כֹּל **רָעָה** - אַל תִּדְאַג!*

רעולת׳ רָעוּל — veiled (adj.)
מְכוּסֶּה בְּצָעִיף, שֶׁאִי אֶפְשָׁר לִרְאוֹת:
*מוּסְלְמִיּוֹת אֲדוּקוֹת יוֹצְאוֹת לָרְחוֹב **רְעוּלוֹת** - רוֹאִים לָהֶן רַק אֶת הָעֵינַיִים.*
רְעוּל פָּנִים - — masked (adj.)
מְחַבֵּל רְעוּל פָּנִים זָרַק עָלֵינוּ רִימּוֹן.
רְעוּלָה, רְעוּלִים, רְעוּלוֹת

רעועת׳ רָ֫עוּעַ — dilapidated (adj.), shaky
לֹא יַצִּיב, עוֹמֵד לִיפּוֹל:
*הַכִּיסֵּא **רָעוּעַ** - אַל תֵּשֵׁב עָלָיו.*
רְעוּעָה, רְעוּעִים, רְעוּעוֹת

רעות ר׳ ריעות

רעידהנ׳ רְעִידָה [רְעִידוֹת] — trembling, shaking
תנוּעָה קְטַנָּה וּמְהִירָה מְאוֹד:
*הָ**רְעִידוֹת** שֶׁל הָרַכֶּבֶת הִרְדִּימוּ אֶת הַתִּינוֹק.*
רְעִידַת־אֲדָמָה — earthquake

רעיוןז׳ רַעְיוֹן [רַעְיוֹנוֹת] — idea
מַחֲשָׁבָה, דֵּיעָה, תוֹכְנִית:
*יֵשׁ לוֹ **רַעְיוֹנוֹת** טוֹבִים, שֶׁאֶפְשָׁר לְבַצֵּעַ אוֹתָם.*
הָרַעְיוֹן הַמֶּרְכָּזִי / בַּעַל־רַעְיוֹנוֹת

רעיונית׳ רַעְיוֹנִי — conceptual, ideological
שֶׁיֵּשׁ בּוֹ רַעְיוֹן, מַחְשָׁבָה, אִידֵיאָה וְכוּ':
*הַנִּיתּוּחַ הָ**רַעְיוֹנִי** שֶׁל הַסֵּפֶר מְעַנְיֵין לֹא פָּחוֹת מִן הַנִּיתּוּחַ הָאוֹמָּנוּתִי שֶׁלּוֹ.*
רַעְיוֹנִית, רַעְיוֹנִיִּים, רַעְיוֹנִיּוֹת

רעייהנ׳ רַעְיָה [רַעְיוֹת] — wife
(פוֹרְמָלִי) אִישָּׁה שֶׁל (בַּעַל):
***רַעְיָתִי** וַאֲנִי מְזַמְּנִים אֶתְכֶם לִמְסִיבָּה.*

רעילת׳ רָעִיל — toxic
יֵשׁ בּוֹ חוֹמֶר מְסוּכָּן לַגּוּף:
*אַסְבֶּסְט הוּא חוֹמֶר **רָעִיל**.*
רְעִילָה, רְעִילִים, רְעִילוֹת

רעילותנ׳ רְעִילוּת — toxicity
הַסִּיכּוּן שֶׁיֵּשׁ בְּחוֹמֶר מְסוּיָּם:
*הָ**רְעִילוּת** בָּאֲוויר בִּגְלַל עֲשַׁן הַטּוּרְבִּינוֹת גְּבוֹהָה.*

רעלז׳ רַ֫עַל [רְעָלִים] — poison
סַם, חוֹמֶר מְסוּכָּן, יָכוֹל לִגְרוֹם מָוֶות:
*הוּא נִיסָּה לַהֲרוֹג אֶת עַצְמוֹ עַל יְדֵי שְׁתִיַּית **רַעַל**.*

רעלהנ׳ רְעָלָה [רְעָלוֹת] — veil
צָעִיף שֶׁמְּכַסִּים בּוֹ בְּעִיקָּר אֶת הַפָּנִים:
*בְּאִירָן הוֹלְכוֹת נָשִׁים בָּרְחוֹב, כְּשֶׁ**רְעָלָה עַל** פְּנֵיהֶן.*

רעםפ׳ רָעַם — thundered, roared
הִשְׁמִיעַ קוֹל חָזָק מְאוֹד (כְּמוֹ רַעַם):
*לִפְנֵי הַגֶּשֶׁם **רָעַם** רַעַם חָזָק. / הוּא **רָעַם עָלַיי** בְּקוֹלוֹ, כִּי הוּא כָּעַס מְאוֹד.*
לִרְעוֹם עַל- / ר.ע.ם, פָּעַל / רָעֲמוּ, רוֹעֵם, יִרְעַם

רעםז׳ רַ֫עַם [רְעָמִים] — thunder
קוֹל רַעַשׁ חָזָק, נִשְׁמָע כַּאֲשֶׁר עֲנָנִים מִתְנַגְּשִׁים (לְאַחַר הַבָּרָק), מְלַוֶּוה אֶת הַגֶּשֶׁם:
*הַיֶּלֶד נִבְהַל מִקּוֹל הָ**רַעַם** וּפָרַץ בִּבְכִי.*
כְּרַעַם בְּיוֹם בָּהִיר ב׳ - בְּהַפְתָּעָה (רָעָה) — a sudden blow

רעמהנ׳ רַעֲמָה [רְעָמוֹת] — mane
(אֵצֶל בְּהֵמָה, חַיָּה) שְׂעָרוֹת בֵּין הָרֹאשׁ וְהַגּוּף:
*לָאַרְיֵה יֵשׁ **רַעֲמָה** יָפָה.*
(מֶטָאפוֹרָה) **רַעֲמַת־שֵׂיעָר** - — head full of hair
כְּדַאי שֶׁתִּסְתַּפֵּר קְצָת אֶת רַעֲמַת הַשֵּׂיעָר שֶׁלְּךָ.

רענןת׳ רַעֲנָן — fresh
טָרִי, כְּמוֹ חָדָשׁ:
*אֲנִי מַרְגִּישׁ **רַעֲנָן** אַחֲרֵי הַמִּקְלַחַת. / עֵץ **רַעֲנָן** וְיָפֶה.*
רַעֲנַנָּה, רַעֲנַנִּים, רַעֲנַנּוֹת

רעננותנ׳ רַעֲנַנּוּת — freshness
כְּשֶׁמַּשֶּׁהוּ טָרִי, יֵשׁ בּוֹ אֶנֶרְגִּיָּה שֶׁל חַיִּים:
*לְפִי **הָרַעֲנַנּוּת** שֶׁלָּהּ הִיא לֹא בַּת 80, אֶלָּא בַּת 40.*

רעשפ׳ רָעַשׁ — made a noise
עָשָׂה רַעַשׁ, הִשְׁמִיעַ קוֹלוֹת חֲזָקִים וְלֹא נְעִימִים:
*הַכִּיתָּה **רָעֲשָׁה**, לָכֵן לֹא הִתְחַלְתִּי לְלַמֵּד.*
לִרְעוֹשׁ / ר.ע.ש, פָּעַל / רָעַשְׁתִּי, רוֹעֵשׁ, יִרְעַשׁ

רעשז׳ רַעַשׁ [רְעָשִׁים] — noise
קוֹלוֹת וּצְלִילִים לֹא רְצוּיִים, לֹא נְעִימִים:
***הָרַעַשׁ** כָּאן כׇּל-כָּךְ גָּדוֹל, עַד שֶׁאִי אֶפְשָׁר לִשְׁמוֹעַ כְּלוּם.*

רעשןתו״ז רַעֲשָׁן [רַעֲשָׁנִים] — noisemaker, noisy
1. מִי שֶׁעוֹשֶׂה רַעַשׁ, צוֹעֵק, מֵזִיז דְּבָרִים בְּקוֹל גָּדוֹל וְכוּ׳:
*הוּא יֶלֶד **רַעֲשָׁן**, כׇּל הַזְּמַן מְדַבֵּר, צוֹעֵק וְכוּ׳.*
2. צַעֲצוּעַ שֶׁל יְלָדִים בְּחַג הַפּוּרִים, שֶׁמַּשְׁמִיעַ רַעַשׁ גָּדוֹל: — rattle
*הַיְלָדִים מַרְעִישִׁים **בָּרַעֲשָׁן**, כׇּל פַּעַם שֶׁמַּזְכִּירִים אֶת הָמָן הָרָשָׁע.*
רַעֲשָׁנִית, רַעֲשָׁנִיּוֹת

רעשנית׳ רַעֲשָׁנִי — noisy
עוֹשֶׂה הַרְבֵּה רַעַשׁ - קוֹל חָזָק וְלֹא נָעִים:
*יֵשׁ לוֹ הִתְנַהֲגוּת **רַעֲשָׁנִית**, וְזֶה לֹא נָעִים.*
רַעֲשָׁנִית, רַעֲשָׁנִיִּים, רַעֲשָׁנִיּוֹת

רפאיםז״ר רְפָאִים — the dead
(לָשׁוֹן גְּבוֹהָה) מֵתִים:
רוּחַ־רְפָאִים - רוּחַ שֶׁל מֵתִים: — ghost
יֵשׁ אֲנָשִׁים הַמַּאֲמִינִים, שֶׁבַּבַּיִת הַזֶּה יֵשׁ רוּחַ רְפָאִים.
עִיר־רְפָאִים — ghost town

רפדז׳ רַפָּד [רַפָּדִים] — upholsterer
מִי שֶׁמְּכַסֶּה בְּבַד חֲלָקִים שֶׁל כִּיסְאוֹת, סַפּוֹת:
***הָרַפָּד** תִּיקֵן אֶת הַכִּיסְאוֹת, עַכְשָׁיו הֵם נִרְאִים כְּמוֹ חֲדָשִׁים.*

רפהפ׳ רָפָה — weakened
נַעֲשָׂה חַלָּשׁ:
*בִּגְלַל הַמַּחֲלָה **רָפָה** כּוֹחוֹ, הוּא צָרִיךְ לְהִתְחַזֵּק.*
רָפוּ יָדָיו - — was disheartened
אַחֲרֵי שֶׁנִּכְשַׁל פַּעַם אַחַת, רָפוּ יָדָיו.
לִרְפּוֹת / ר.פ.ה, פָּעַל / רָפוּ, רָפָה, יִרְפֶּה

רפהת׳ רָפֶה — weak, feeble
חַלָּשׁ, בְּלִי כּוֹחַ:
*הוּא נִרְאֶה **רָפֶה** וְחַלָּשׁ. / הוּא מְדַבֵּר בְּקוֹל **רָפֶה**.*
2. (בְּדִקְדּוּק) אוֹת שֶׁאֵין בָּהּ דָּגֵשׁ כְּמוֹ ב, כ, פ (בְּנִיגּוּד לְ-בּ, כּ, פּ): — spirant (without a "dagesh")
*בַּמִּילָּה 'יִכְתּוֹב' הַכ' **רָפָה**.*
רָפָה, רָפִים, רָפוֹת

רפואהנ׳ רְפוּאָה — medicine
1. הַמַּדָּע הָעוֹסֵק בְּטִיפּוּל בְּמַחֲלוֹת וּבְרִיפּוּי חוֹלִים:
*גִּדְעוֹן רוֹצֶה לִהְיוֹת רוֹפֵא. הוּא לוֹמֵד בְּבֵית-הַסֵּפֶר **לִרְפוּאָה** בָּאוּנִיבֶרְסִיטָה.*
2. הַבְרָאָה מִמַּחֲלָה: — recovery
*כְּשֶׁהָיָה חוֹלֶה אִיחַלְתִּי לוֹ **רְפוּאָה** שְׁלֵמָה.*
3. תְּרוּפָה, נוֹתְנִים לַחוֹלֶה כְּדֵי שֶׁיַּבְרִיא: — medication
*קָנִיתִי **רְפוּאוֹת** בְּבֵית מִרְקַחַת.*
רְפוּאַת-נֶפֶשׁ - פְּסִיכִיאַטְרִיָּה

רפואית׳ רְפוּאִי — medical
שֶׁקָּשׁוּר בִּרְפוּאָה, שֶׁשַּׁיָּיךְ לִרְפוּאָה:
*הוּא מְקַבֵּל טִיפּוּל **רְפוּאִי** נֶגֶד כְּאֵב רֹאשׁ.*
רְפוּאִית, רְפוּאִיִּים, רְפוּאִיּוֹת

רפידהנ׳ רְפִידָה [רְפִידוֹת] — insole
שִׁכְבָה רַכָּה דַּקָּה שֶׁשָּׂמִים בַּנַּעֲלַיִים וְכוּ׳, כְּדֵי שֶׁיִּהְיֶה נוֹחַ לָלֶכֶת:
*בְּנַעֲלֵי הִתְעַמְּלוּת חָשׁוּב שֶׁתִּהְיֶה **רְפִידָה**.*

רפיוןז׳ רִפְיוֹן — weakness, discouragement
כְּשֶׁאֵין כּוֹחַ, חוּלְשָׁה:
*אַחֲרֵי הַבְּחִינוֹת הָיְיתָה לִי הַרְגָּשָׁה כְּלָלִית שֶׁל **רִפְיוֹן** - לֹא הִתְחַשֵּׁק לִי לַעֲשׂוֹת כְּלוּם.*

רפסודהנ׳ רַפְסוֹדָה [רַפְסוֹדוֹת] — raft
קְרָשִׁים מְחוּבָּרִים, מַעֲבִירִים עֲלֵיהֶם סְחוֹרוֹת בַּיָּם, בַּנָּהָר:
*הַיְלָדִים בָּנוּ **רַפְסוֹדָה** וְעָבְרוּ עָלֶיהָ אֶת הַנָּהָר.*

רפרפתנ׳ רַפְרֶפֶת [רַפְרָפוֹת] — custard
פּוּדִינְג, מָנָה אַחֲרוֹנָה מְתוּקָה בָּאֲרוּחָה:
***הָרַפְרֶפֶת** הַזֹּאת מְצוּיֶּנֶת, יֵשׁ בָּהּ בֵּיצִים, סוּכָּר וְשׁוֹקוֹלָד.*

רפשז׳ רֶפֶשׁ — mire, mud
בּוֹץ, אֲדָמָה וּמַיִם בְּיַחַד:
*הֶחָצֵר מְלֵאָה **בְּרֶפֶשׁ** אַחֲרֵי הַגֶּשֶׁם.*

רפתנ׳ רֶפֶת [רְפָתוֹת] — cowshed
"הַבַּיִת" שֶׁל הַפָּרוֹת:
*בַּקִּיבּוּץ יֵשׁ **רֶפֶת** מוֹדֶרְנִית וּמְכוֹנוֹת חוֹלְבוֹת אֶת הַפָּרוֹת.*

רפתןז׳ רַפְתָּן [רַפְתָנִים] — dairy farmer
מִי שֶׁעוֹבֵד בָּרֶפֶת:
***הָרַפְתָּן** קָם בַּבּוֹקֶר מוּקְדָּם וְהוֹלֵךְ לַחְלוֹב אֶת הַפָּרוֹת.*

רץ פ' רָץ — ran

הִתְקַדֵּם בִּצְעָדִים מְהִירִים מְאוֹד:

*הוּא **רָץ** כֹּל כָּךְ מַהֵר, עַד שֶׁאִי אֶפְשָׁר לְהַשִּׂיג אוֹתוֹ.*

לָרוּץ / ר.ו.ץ, פָּעַל / רַצְתִּי, רָץ, יָרוּץ, רוּץ!

רץ ז' רָץ — runner

מִי שֶׁעוֹסֵק בִּספּוֹרט שֶׁל רִיצָה:

***רָץ** הַמָּרָתוֹן מִיִשְׂרָאֵל הִשְׁתַּתֵּף בָּאוֹלִימְפִּיאָדָה.*

תַּפְקִיד בְּכַדּוּרֶגֶל — halfback (soccer)

בְּשַׁחְמָט — bishop (chess)

רצה פ' רָצָה — wanted, wished

שָׁאַף, הִרְגִּישׁ הַרְגָּשָׁה חֲזָקָה שֶׁל צוֹרֶךְ:

*דָּוִיד **רָצָה** לֶאֱכוֹל וְלִשְׁתּוֹת.*

לִרְצוֹת / ר.צ.ה, פָּעַל / רָצִיתִי, רוֹצֶה, יִרְצֶה

רצוי ת' רָצוּי — desirable

1. מִישֶׁהוּ שֶׁרוֹצִים בּוֹ, אוֹהֲבִים אוֹתוֹ:

*הוּא אוֹרֵחַ **רָצוּי** בְּבֵיתִי.*

2. הֶגְיוֹנִי, מִתְקַבֵּל עַל הַדַּעַת: — advisable

***רָצוּי** לְהִשְׁתַּמֵּשׁ בַּחֲגוֹרַת בְּטִיחוּת, כְּשֶׁנּוֹסְעִים בִּמְכוֹנִית.*

הָרָצוּי וְהַמָּצוּי - מַה שֶּׁרוֹצִים, לְעוּמַת מַה שֶּׁאֶפְשָׁר:

יֵשׁ הֶבְדֵּל גָּדוֹל בֵּין הָרָצוּי לַמָּצוּי.

רצון ז' רָצוֹן [רְצוֹנוֹת] — will, wish

הַכּוֹחַ הַנַּפְשִׁי שֶׁיֵּשׁ לְאָדָם לַעֲשׂוֹת מַשֶּׁהוּ:

*יֵשׁ לוֹ **רָצוֹן** חָזָק, וּבְכוֹחַ הָרָצוֹן הוּא הִתְגַּבֵּר עַל כֹּל הַקְּשָׁיִים.*

בְּרָצוֹן - — with pleasure

'אוּלַי תָּבוֹא לַאֲרוּחַת עֶרֶב?' - בְּרָצוֹן.

רָצוֹן חוֹפְשִׁי - — free will

הֶחְלַטְתִּי מֵרְצוֹנִי הַחוֹפְשִׁי.

כּוֹחַ-הָרָצוֹן - — will power

צָרִיךְ כּוֹחַ רָצוֹן כְּדֵי לִרְזוֹת.

שְׂבַע-רָצוֹן - מְרוּצֶה: — satisfied (adj.)

אֲנִי שְׂבַע רָצוֹן מִתּוֹכְנִית הַשִּׁיעוּרִים בְּעִבְרִית.

אָמֵן, כֵּן יְהִי רָצוֹן - הַלְוַואי שֶׁיִּהְיֶה כָּךְ:

'אֲנִי מְקַוֶּוה, דָּוִיד, שֶׁתַּצְלִיחַ' 'אָמֵן, כֵּן יְהִי רָצוֹן!'

רצוני ת' רְצוֹנִי — voluntary

נַעֲשָׂה מִתּוֹךְ רָצוֹן, רָצוּי שֶׁיִּהְיֶה:

*נְשִׁימָה הִיא לֹא פְּעוּלָּה **רְצוֹנִית**.*

רְצוֹנִית, רְצוֹנִיִּים, רְצוֹנִיּוֹת

רצועה נ' רְצוּעָה [רְצוּעוֹת] — strap, leash

1. פַּס צַר שֶׁל בַּד, עוֹר וְכוּ':

*קָשַׁרְתִּי אֶת הַכֶּלֶב **בִּרְצוּעָה** כְּדֵי שֶׁלֹּא יִבְרַח.*

2. שֶׁטַח גֵּיאוֹגְרָפִי צַר וְאָרוֹךְ: — strip

***בִּרְצוּעַת** עַזָּה חַיִּים הַרְבֵּה מְאוֹד אֲנָשִׁים.*

רצוף ת' רָצוּף — successive, continuous

1. בָּא זֶה אַחַר זֶה, בְּלִי רֶוַוח:

*4 יָמִים **רְצוּפִים** הוּא לֹא בָּא לָעֲבוֹדָה.*

2. נוֹסָף, מְחוּבָּר: — attached

*לַמִּכְתָּב **רְצוּפָה** קַבָּלָה עַל הַהוֹצָאוֹת שֶׁלִּי.*

רְצוּפָה, רְצוּפִים, רְצוּפוֹת

רצוץ ת' רָצוּץ — crushed (adj.)

1. שָׁבוּר:

*מָצְאוּ אוֹתוֹ כְּשֶׁרֹאשׁוֹ **רָצוּץ**.*

2. עָיֵיף מְאוֹד: — worn out

*חָזַרְתִּי **רְצוּצָה** מִן הָעֲבוֹדָה.*

עִבְרִית רְצוּצָה - לֹא טוֹבָה: — broken Hebrew

הוּא מְדַבֵּר עֲדַיִין עִבְרִית רְצוּצָה.

רְצוּצָה, רְצוּצִים, רְצוּצוֹת

רצח פ' רָצַח — murdered, killed

הָרַג מִישֶׁהוּ בְּכַוָּונָה:

*הַשּׁוֹדֵד **רָצַח אֶת** הָאִישׁ וְלָקַח אֶת כַּסְפּוֹ.*

לִרְצוֹחַ אֶת- / ר.צ.ח, פָּעַל / רָצַחְתִּי, רוֹצֵחַ, יִרְצַח

רצח ז' רֶצַח — murder

הֲרִיגַת אָדָם בְּכַוָּונָה:

*הַצָּעִיר נֶאֱשַׁם **בְּרֶצַח** בַּעַל הַבַּיִת הַזָּקֵן.*

מַכּוֹת-רֶצַח - מַכּוֹת קָשׁוֹת:

הֵם הִיכּוּ אֶת דָּוִיד מַכּוֹת רֶצַח, וְהָיָה צָרִיךְ לָתֵת לוֹ טִיפּוּל רְפוּאִי.

רצחני ת' רַצְחָנִי — murderous

שֶׁיֵּשׁ בּוֹ רֶצַח, הֲרִיגָה מִתּוֹךְ כַּוָּונָה:

*הֵם בִּיצְעוּ הַתְקָפָה **רַצְחָנִית** עַל הָאוֹטוֹבּוּס - אֲנָשִׁים רַבִּים נֶהֶרְגוּ.*

רַצְחָנִית, רַצְחָנִיִּים, רַצְחָנִיּוֹת

רצינות נ' רְצִינוּת — seriousness

יַחַס שֶׁל מַחְשָׁבָה וּתְשׂוּמֶת לֵב, כּוֹבֶד רֹאשׁ:

*פָּנָיו שֶׁל הָרוֹפֵא הִבִּיעוּ **רְצִינוּת** רַבָּה.*

בִּרְצִינוּת ת"פ — seriously

רציני ת' רְצִינִי — serious

1. מִתְיַיחֵס בְּכוֹבֶד רֹאשׁ (לֹא בְּקַלּוּת):

*בְּדֶרֶךְ כְּלָל הוּא מְסַפֵּר בְּדִיחוֹת, אֲבָל הַיּוֹם הוּא **רְצִינִי**.*

2. חָשׁוּב, שֶׁכְּדַאי לָשִׂים לֵב אֵלָיו: — important

*הוּא פִּירְסֵם מֶחְקָר **רְצִינִי** עַל יְהוּדֵי אֶתְיוֹפְּיָה.*

3. חָמוּר, קָשֶׁה, מְסוּכָּן: — severe

*הוּא סָבַל מִמַּחֲלָה **רְצִינִית**.*

רְצִינִית, רְצִינִיִּים, רְצִינִיּוֹת

רציףת"ז רָצִיף [רְצִיפִים] platform

1. שֶׁטַח יָשָׁר לְיַד רַכֶּבֶת, נָהָר, יָם...:
*הָרַכֶּבֶת נֶעֶצְרָה, וְכוּלָּנוּ יָרַדְנוּ לָ**רָצִיף**.*

2. (ת') בָּא זֶה אַחַר זֶה successive, continuous
בְּלִי הַפְסָקָה:
*אֲנַחְנוּ מִשְׁתַּמְּשִׁים בַּמַּחְשֵׁב בִּנְיָיר **רָצִיף**.*
רְצִיפָה, רְצִיפוֹת

רציפותנ' רְצִיפוּת succession, continuity
כְּשֶׁדְּבָרִים בָּאִים זֶה אַחַר זֶה בְּלִי-הַפְסָקָה:
*הָ**רְצִיפוּת** בַּטִּיפּוּל הָרְפוּאִי חֲשׁוּבָה מְאוֹד.*
בִּרְצִיפוּתת"פ בָּזֶה אַחַר זֶה: successively
3 פְּעָמִים בִּרְצִיפוּת אֵיחַרְתָּ לָעֲבוֹדָה.

רצףז' רֶצֶף continuity
כְּשֶׁמַּשֶּׁהוּ בָּא זֶה אַחַר זֶה:
*לֹא הָיָה **רֶצֶף** בַּלִּימּוּדִים, בִּגְלַל שְׁבִיתַת הַמּוֹרִים.*
בְּרֶצֶף ת"פ - בָּזֶה אַחַר זֶה: continuously
*קְרָא **בְּרֶצֶף**, אַל תַּעֲשֶׂה הַפְסָקוֹת!*

רצףז' רַצָּף [רַצָּפִים] paver
מִי שֶׁשָּׂם מַרְצָפוֹת (אֲבָנִים שְׁטוּחוֹת) בַּבַּיִת, בֶּחָצֵר..:
*הָ**רַצָּף** גָּמַר אֶת הָעֲבוֹדָה, יֵשׁ לָנוּ כְּבָר רִצְפָּה.*

רצפהנ' רִצְפָּה [רְצָפוֹת] floor
הַשֶּׁטַח שֶׁעוֹמְדִים עָלָיו בְּחֶדֶר, בְּחָצֵר:
*הַכּוֹס נָפְלָה עַל הָ**רִצְפָּה**.*
סַמַּרְטוּט-רִצְפָּה / שְׁטִיפַת-רִצְפָּה / רִצְפַּת-אֶבֶן

רקמ"ק רַק only
מִשְׁתַּמְּשִׁים כְּדֵי לְסַמֵּן שֶׁמַּשֶּׁהוּ אוֹ מִישֶׁהוּ לֹא יַחַד עִם הָאֲחֵרִים:
*כָּל חֲבֵרַיי נָסְעוּ לְאֵילַת, **רַק** אֲנִי נִשְׁאַרְתִּי בְּתֵל-אָבִיב.*

2. לֹא יוֹתֵר מֵאֲשֶׁר...: no more than
*אֶהְיֶה פֹּה **רַק** חָמֵשׁ דַּקּוֹת.*
אַךְ וְרַק - לְלֹא שׁוּם אַלְטֶרְנָטִיבָה: exclusively
אֲנִי רוֹצֶה לִחְיוֹת אַךְ וְרַק בְּיִשְׂרָאֵל!

רקבז' רָקָב decay
חוֹמֶר אוֹרְגָנִי שֶׁהִתְקַלְקֵל:
*הָ**רָקָב** פָּשַׁט בַּפֵּירוֹת - תַּפּוּחַ אֶחָד הָיָה מְקוּלְקָל, וְכוּלָּם הִתְקַלְקְלוּ.*

רקבוביתנ' רַקְבּוּבִית humus
חוֹמֶר אוֹרְגָנִי שֶׁהִתְפָּרֵק:
*הֶעָלִים, הָרְטִיבוּת וְהָאֲדָמָה יָצְרוּ **רַקְבּוּבִית**.*

רקדפ' רָקַד danced
זָז, עָשָׂה צְעָדִים קְבוּעִים לְפִי מוּסִיקָה:
*הֵם **רָקְדוּ** בְּזוּגוֹת לִצְלִילֵי הַתִּזְמוֹרֶת.*
לִרְקוֹד / ר.ק.ד, פָּעַל / רָקַדְתִּי, רוֹקֵד, יִרְקוֹד, רְקוֹד!

רקדןז' רַקְדָן [רַקְדָנִים] dancer
מִי שֶׁרוֹקֵד יָפֶה, אוֹהֵב לִרְקוֹד וְכוּ':
*הוּא **רַקְדָן** בַּבּוֹלְשׁוֹי בָּלֶט.*
רַקְדָנִית, רַקְדָנִיּוֹת

רקהנ' רַקָּה [רַקּוֹת] temple
הַחֵלֶק מֵעַל הָאוֹזְנַיִים, לִשְׁנֵי צִידֵּי הַמֵּצַח:
*כְּשֶׁלּוֹחֲצִים עַל הָ**רַקּוֹת** עוֹבֵר כְּאֵב הָרֹאשׁ.*

רקובת' רָקוּב rotten
(חוֹמֶר אוֹרְגָנִי) מְקוּלְקָל:
*הַתַּפּוּחִים **רְקוּבִים**, צָרִיךְ לִזְרוֹק אוֹתָם.*
רְקוּבָה, רְקוּבִים, רְקוּבוֹת

רקוםת' רָקוּם embroidered (adj.)
שֶׁיֵּשׁ עָלָיו תְּפָרִים בִּצְבָעִים, קִישּׁוּט עַל בַּד אוֹ שִׂמְלָה וְכוּ':
*לָבַשְׁתִּי שִׂמְלָה **רְקוּמָה**, פְּרָחִים בְּאָדוֹם הָיוּ **רְקוּמִים** עָלֶיהָ.*
רְקוּמָה, רְקוּמִים, רְקוּמוֹת

רקועת' רָקוּעַ engraved/peened (adj.)
שֶׁדָּפְקוּ עָלָיו וְעָשׂוּ אוֹתוֹ דַּק, (זָהָב, כֶּסֶף):
*יֵשׁ לִי כַּד עָשׂוּי מִנְּחוֹשֶׁת **רְקוּעָה**.*
רְקוּעָה, רְקוּעִים, רְקוּעוֹת

רקחפ' רָקַח mixed, concocted
הֵכִין חוֹמֶר מֵחוֹמָרִים שׁוֹנִים:
*הוּא **רָקַח** תְּרוּפָה לְפִי הַהוֹרָאוֹת שֶׁל הָרוֹפֵא. / הִיא **רָקְחָה** קוֹנְפִיטוּרָה מִפֵּירוֹת שׁוֹנִים.*
לִרְקוֹחַ אֶת- / ר.ק.ח, פָּעַל / רָקַחְתִּי, רוֹקֵחַ, יִרְקַח

רקיעז' רָקִיעַ [רְקִיעִים] heaven
(לָשׁוֹן גְּבוֹהָה) שָׁמַיִם:
*הַלַּיְלָה רוֹאִים הַרְבֵּה כּוֹכָבִים **בָּרָקִיעַ**.*

רקיעהנ' רְקִיעָה [רְקִיעוֹת] stamping (foot)
כְּשֶׁמְּרִימִים רֶגֶל וּמוֹרִידִים בְּבַת אַחַת וְשׁוֹמְעִים קוֹל:
*הָ**רְקִיעוֹת** שֶׁל הָרוֹקְדִים הִפְרִיעוּ לָנוּ לִישׁוֹן.*

רקיקז' רָקִיק [רְקִיקִים] wafer
(לָשׁוֹן גְּבוֹהָה) עוּגִיָּיה, בִּיסְקְוִויט:
*שָׁתִיתִי קָפֶה עִם **רְקִיקֵי** שׁוֹקוֹלָד.*

רקםפ׳ רָקַם embroidered
1. עָשָׂה "ציורים" עַל בַּד בְּחוּט צבעוני:
רָקַמְתִּי מַפָּה לְשולחַן הָאוֹכֶל.
2. (מֶטָאפוֹרָה) הֵכִין, עָשָׂה: contrived, devised
הוּא רָקַם תוכניות גדולות, וְשׁוּם דָּבָר לֹא הִצְלִיחַ.
לִרקוֹם אֶת- / ר.ק.ם, פָּעַל / רָקַמְתִּי, רוֹקֵם, יִרקוֹם

רקמהנ׳ רִקְמָה [רְקָמוֹת] embroidery
1. תפירָה עַל בַּד בְּחוּטִים צבעוניים לְפִי דוּגמָה:
הָרִקְמָה שֶׁל הַמַּפָּה יָפָה מְאוֹד.
2. בַּגוּף - תָּאִים שֶׁמְּחוּבָּרִים יַחַד: tissue
רִקמַת הַשּׁוּמָן מְגִינָה עַל הַגּוּף מִפְּנֵי קוֹר.

רקעפ׳ רָקַע stamped (foot)
הִיכָּה בָּרֶגֶל בְּכוֹחַ, דָּרַךְ:
הוּא רוֹקֵעַ בְּרַגלַיִים, כְּשֶׁהוּא רוֹקֵד.
לִרקוֹעַ בְּ- / ר.ק.ע, פָּעַל / רָקַעתִי, רוֹקֵעַ יִרקַע, רְקַע!

רקעז׳ רֶקַע background
1. מַה שֶׁיֵּשׁ מֵאָחוֹר (לְמָשָׁל בַּתמוּנָה):
עַל רֶקַע הַשָּׁמַיִם הַכּחוּלִים, רוֹאִים בַּתמוּנָה עֵצִים.
2. (מֶטָאפוֹרָה) הַבָּסִיס שֶׁל, הַשׁפָּעָה שֶׁל: grounds, motive
זֶה הָיָה רֶצַח עַל רֶקַע רוֹמַנטִי.
רֶקַע רוֹמַנטִי / רֶקַע פּוֹלִיטִי / רֶקַע כַּלכָּלִי

רקפתנ׳ רַקֶּפֶת [רַקָּפוֹת] cyclamen
פֶּרַח לָבָן-וָרוֹד-סָגוֹל, פּוֹרֵחַ בַּחוֹרֶף:
רַקָּפוֹת פּוֹרחוֹת בֶּהָרִים לְיַד סְלָעִים.

רקקפ׳ רָקַק spit
יָרַק, הוֹצִיא אֶת הַנוֹזֵל מֵהַפֶּה:
הוּא רָקַק, כִּי הָיָה לוֹ טַעַם רַע בַּפֶּה.
לִרקוֹק / ר.ק.ק, פָּעַל / רָקַקתִי, רוֹקֵק, יִרקוֹק

רקקז׳ רְקָק swamp
מַיִם מְעַטִים, נמוּכִים.
דג רְקָק ב׳ - דָּג קָטָן לֹא חָשׁוּב: small fry
בִּמקוֹם לִתפּוֹס אֶת רָאשֵׁי הַמַּאפִיָה תָּפְסוּ אֶת דְּגֵי הָרְקָק.

רשת׳ רָשׁ poor
עָנִי, מִי שֶׁאֵין לוֹ כלוּם:
חֶברָה חַיֶּיבֶת לִדאוֹג לָרָשׁ וְלֶעָנִי.
לַעַג לָרָשׁ ב׳ - mocking the poor
לִדרוֹשׁ מֵאִישׁ עָנִי לְשַׁלֵּם מִיסִים, זֶה מַמָּשׁ לַעַג לָרָשׁ.

רשאית׳ רַשַּׁאי allowed/entitled/permitted (adj.)
מוּתָר לוֹ:
הוּא רַשַּׁאי לְהִיכָּנֵס לַספרִיָּיה בְּמֶשֶׁךְ כֹּל שְׁעוֹת הַיּוֹם.
רַשָּׁאִית, רַשָּׁאִים, רַשָּׁאִיוֹת

רשוםת׳ רָשׁוּם registered/recorded (adj.)
כָּתוּב (בְּסֵפֶר בִּרשִׁימָה וְכוּ'):
שִׁמךָ וּכתוֹבתְךָ רְשׁוּמִים בִּרשִׁימַת הַתַלמִידִים שֶׁל הַכִּיתָה.
מִכתָב רָשׁוּם registered letter
רְשׁוּמָה, רְשׁוּמִים, רְשׁוּמוֹת

רשומותנ״ר רְשׁוּמוֹת records
אוֹסֶף הַפּרוֹטוֹקוֹלִים שֶׁל הַמֶּמשָׁלָה, מַה שֶׁנִרשָׁם בָּהֶם מְחַיֵּיב:
הַהוֹרָאוֹת הִתפַּרסְמוּ בָּרְשׁוּמוֹת.

רשותנ׳ רְשׁוּת permission
1. רִישָׁיוֹן, זכוּת שֶׁיֵּשׁ לָאָדָם לַעֲשׂוֹת מַשֶּׁהוּ:
בִּיקַשְׁתִי רְשׁוּת לְהִיכָּנֵס לַמַּחֲנֶה הַצבָאִי.
2. בַּעֲלוּת, שַׁיָּיכוּת: possession
הָאֲדָמוֹת הָאֵלֶּה נִמצָאוֹת בִּרשׁוּת הַמְּדִינָה.
רְשׁוּת-הַפְּרָט private domain
רְשׁוּת-הָרַבִּים public domain
עָמַד בִּרשׁוּת עַצמוֹ ב׳ was independent
עָמַד לִרשׁוּתִי, לִרשׁוּתוֹ ב׳ at (someone's) disposal

רשותנ׳ רָשׁוּת [רָשׁוּיוֹת] authority
שִׁלטוֹן, מוֹסָד צִיבּוּרִי (עִירִיָּיה, מִשׂרָד מֶמשַׁלתִי וְכוּ') שֶׁיֵּשׁ לוֹ אוֹטוֹנוֹמיָה מְסוּיֶּמֶת:
הָרָשׁוּת הַמּוּסמֶכֶת הוֹדִיעָה עַל בִּיטוּל הַמַּס.
רָשׁוּת מְקוֹמִית local authority
רָשׁוּת הַדּוֹאַר / רָשׁוּת הַשִּׁידוּר

רשימהנ׳ רְשִׁימָה [רְשִׁימוֹת] list
1. שֵׁמוֹת אוֹ דְּבָרִים אֲחֵרִים כּתוּבִים זֶה תַּחַת זֶה:
רְשִׁימַת הַמִּילִים בַּמִילוֹן מְסוּדֶּרֶת בְּסֵדֶר אַלפַבֵּיתִי.
רְשִׁימַת בּוֹחֲרִים / רְשִׁימַת מְחִירִים
2. מַאֲמָר: article
הָרְשִׁימָה עַל הַחִינוּךְ בָּאָרֶץ הִתפַּרסְמָה בָּעִיתוֹן.

רשלןז׳ רַשְׁלָן [רַשְׁלָנִים] slovenly, slob
הַהֵיפֶךְ מִפֶּדַנט, מִי שֶׁלֹּא שָׂם לֵב בָּעֲבוֹדָה בַּלִימוּדִים וְכוּ':
הוּא רַשְׁלָן, וְלָכֵן יֵשׁ אֶצלוֹ הַרבֵּה שְׁגִיאוֹת.
רַשְׁלָנִית, רַשְׁלָנִיּוֹת

רשלנותנ׳ רַשְׁלָנוּת negligence
כְּשֶׁלֹּא שָׂמִים לֵב, הַהֵיפֶךְ מִפֶּדַנטִיּוּת:
בִּגלַל הָרַשְׁלָנוּת שֶׁלּוֹ בָּעֲבוֹדָה כִּמעַט קָרָה אָסוֹן.
רַשְׁלָנוּת בִּנהִיגָה - כְּשֶׁלֹּא שָׂמִים לֵב לַחוּקִים, לַכּבִישׁ וְכוּ'

רשלנית׳ רַשְׁלָנִי — careless, sloppy
בְּלִי תְשׂוּמֶת לֵב, כְּשֶׁהַיַּחַס לֹא רְצִינִי:
*הֲכָנַת הַשִּׁיעוּרִים שֶׁלּוֹ **רַשְׁלָנִית**.*
רַשְׁלָנִית, רַשְׁלָנִיִּים, רַשְׁלָנִיּוֹת

רשםפ׳ רָשַׁם — wrote down
1. כָּתַב:
*הוּא **רָשַׁם** לְפָנָיו **אֶת** הַבַּקָּשָׁה וְהִבְטִיחַ לְטַפֵּל בָּהּ.*
2. הִכְנִיס לָרְשִׁימָה: — registered
***רָשַׁמְתִּי אֶת** בְּנִי לַלִּימוּדִים בְּבֵית הַסֵּפֶר.*
3. צִיֵּיר קַוִּוים בְּעִיפָּרוֹן: — drew
*הוּא **רָשַׁם אֶת** הַפָּנִים שֶׁלִּי - זֶה מַמָּשׁ דּוֹמֶה לִי.*
לִרְשׁוֹם אֶת- / ר.ש.ם, פָּעַל / רָשַׁמְתִּי, רוֹשֵׁם, יִרְשׁוֹם

רשםז׳ רַשָּׁם [רַשָּׁמִים] — clerk, registrar
מִי שֶׁהַתַּפְקִיד שֶׁלּוֹ לִכְתּוֹב פְּרוֹטוֹקוֹל, רְשִׁימָה שֶׁל אֲנָשִׁים, סְחוֹרוֹת וְכוּ׳:
*בְּבֵית הַמִּשְׁפָּט יֵשׁ **רַשָּׁם** שֶׁכּוֹתֵב כֹּל מַה שֶּׁאוֹמְרִים.*
רַשֶּׁמֶת, רַשָּׁמוֹת

רשמית׳ רִשְׁמִי — official
שֶׁל הַשִּׁלְטוֹנוֹת אוֹ הַמּוֹסָדוֹת (מַה שֶּׁנֶּאֱמַר, נַעֲשָׂה אוֹ נִקְבַּע עַל יְדֵי אוֹטוֹרִיטָה):
*בָּרַדְיוֹ נִמְסְרָה הוֹדָעָה **רִשְׁמִית** עַל מוֹעֵד הַבְּחִירוֹת.*
רִשְׁמִית תה״פ — officially
רִשְׁמִית, רִשְׁמִיִּים, רִשְׁמִיּוֹת

רשמיותנ׳ רִשְׁמִיּוּת — formality
הִתְנַהֲגוּת לְפִי הַפְּרוֹטוֹקוֹל, שְׁמִירָה עַל דִּיסְטַנְס:
*כְּשֶׁיֵּשׁ אֲוִירָה שֶׁל **רִשְׁמִיּוּת**, אֵין מָקוֹם לִסְפּוֹנְטָנִיּוּת.*

רשמקולז׳ רְשַׁמְקוֹל [רְשַׁמְקוֹלִים] — tape recorder
מַכְשִׁיר, מַקְלִיט מוּסִיקָה וְכוּ׳ עַל קַסֶּטָה וּמַשְׁמִיעַ אוֹתָהּ מֵחָדָשׁ:
*הֵבֵאתִי לַמְּסִיבָּה **רְשַׁמְקוֹל** וְקַסֶּטוֹת עִם שִׁירִים עִבְרִיִּים.*

רשעת׳/ז׳ רָשָׁע [רְשָׁעִים] — wicked
מִי שֶׁהוּא רַע מְאוֹד:
*הַמְּנַהֵל שֶׁלָּנוּ **רָשָׁע** גָּדוֹל - כֹּל הַיּוֹם הוּא צוֹעֵק וְנוֹתֵן עוֹנָשִׁים.*
יָצָא רָשָׁע בַּדִּין - הַשּׁוֹפֵט קָבַע שֶׁהוּא אָשֵׁם
רִשְׁעִית-רְשָׁעָה, רְשָׁעוֹת-רִשְׁעִיּוֹת

רשעז׳ רֶשַׁע — evil
מַעֲשִׂים רָעִים, הִתְנַהֲגוּת אַכְזָרִית:
*לֹא רַק **רֶשַׁע** יֵשׁ בָּעוֹלָם, גַּם טוֹב יֵשׁ בָּעוֹלָם.*

רשעותנ׳ רִשְׁעוּת — wickedness
אַכְזָרִיּוּת, יַחַס רַע מְאוֹד:
*זֹאת **רִשְׁעוּת** לֹא לַעֲזוֹר לְמִישֶׁהוּ שֶׁנָּפַל.*

רשתנ׳ רֶשֶׁת [רְשָׁתוֹת] — net
1. חוּטִים, חֲבָלִים, בַּרְזִלִּים וְכוּ׳ קְשׁוּרִים יַחַד וְיֵשׁ רְוָוחִים קְבוּעִים בֵּינֵיהֶם:
*הַדַּיָּיג דָּג דָּגִים **בָּרֶשֶׁת**.*
רֶשֶׁת טֶנִיס / רֶשֶׁת פַּרְפָּרִים / רֶשֶׁת לַחַלּוֹן
2. מַעֲרֶכֶת שֶׁל קַוִּוים (דּוֹמָה לְחוּטִים): — network
*צָרִיךְ לְהַגְדִּיל וּלְהַרְחִיב **אֶת רֶשֶׁת** הַכְּבִישִׁים בָּאָרֶץ.*
רֶשֶׁת הַטֶּלֶפוֹנִים / רֶשֶׁת הַחַשְׁמַל / רֶשֶׁת הַמַּיִם
3. סְנִיפִים שֶׁל מוֹסָד גָּדוֹל:
*לְבַנְק דִּיסְקוֹנְט יֵשׁ **רֶשֶׁת** שֶׁל סְנִיפִים בְּכֹל הָאָרֶץ.*
רֶשֶׁת בָּתֵּי סֵפֶר / רֶשֶׁת תַּחֲנוֹת שִׁידּוּר - רֶשֶׁת א׳, ב׳

רשתיתנ׳ רִשְׁתִּית [רשתיות] — retina
קְרוּם דַּק מְאוֹד נִמְצָא בְּתוֹךְ הָעַיִן, עוֹזֵר בִּרְאִיָּיה:
*נִקְרְאָה לוֹ **הָרִשְׁתִּית**, לָכֵן נִיתְּחוּ לוֹ אֶת הָעַיִן.*

רתוחת׳ רָתוּחַ — boiled (adj.)
שֶׁחִימְּמוּ אוֹתוֹ עַד 100° (מַיִם):
*אֲנִי שׁוֹתֶה רַק מַיִם **רְתוּחִים**.*
רְתוּחָה, רְתוּחִים, רְתוּחוֹת

רתוםת׳ רָתוּם — harnessed (adj.)
1. קָשׁוּר (סוּס וְכוּ׳):
*הַסּוּס **רָתוּם** לָעֲגָלָה, אֶפְשָׁר לָצֵאת לַדֶּרֶךְ.*
2. (מֶטָאפוֹרָה) חַיָּיב: — committed (adj.)
*אֲנִי **רָתוּם** לַתַּפְקִיד הֶחָדָשׁ, לָכֵן אֵין לִי זְמַן.*
רְתוּמָה, רְתוּמִים, רְתוּמוֹת

רתוקת׳ רָתוּק — confined/chained (adj.)
קָשׁוּר חָזָק:
*הוּא **רָתוּק** לַמִּיטָה, כִּי הוּא שָׁבַר רֶגֶל.*
רְתוּקָה, רְתוּקִים, רְתוּקוֹת

רתחפ׳ רָתַח — boiled
1. הִגִּיעַ לְדַרְגַּת חוֹם גְּבוֹהָה:
*הַמַּיִם **רוֹתְחִים** בְּ-100° צֶלְזְיוּס.*
2. (מֶטָאפוֹרָה) הִתְרַגֵּז, כָּעַס: — was enraged
***רָתַחְתִּי** עַל הַפָּקִיד, שֶׁנָּתַן לִי לְחַכּוֹת חִינָּם.*
לִרְתּוֹחַ, עַל- / ר.ת.ח, פָּעַל / רָתַחְתִּי, רוֹתֵחַ, יִרְתַּח

רתיחהנ׳ רְתִיחָה [רְתִיחוֹת] — boiling
כְּשֶׁנּוֹזֵל מַגִּיעַ לְחוֹם גָּבוֹהַּ:
*נְקוּדַּת **הָרְתִיחָה** שֶׁל מַיִם הִיא 100° צֶלְזְיוּס.*

רתיעהנ׳ רְתִיעָה [רְתִיעוֹת] flinching, recoil

1. הֲלִיכָה לְאָחוֹר:

כְּשֶׁהַמְכוֹנִית נֶעֱצֶרֶת בְּבַת אַחַת מַרְגִּישִׁים ***רְתִיעָה.***

2. דְּחִיָּיה, כְּשֶׁמַּשֶּׁהוּ גּוֹרֵם aversion

לְהַרְגָּשָׁה לֹא נְעִימָה, לְאִי הַסְכָּמָה וְכוּ׳:

יֵשׁ לִי ***רְתִיעָה*** *מֵאֲכִילַת בַּעֲלֵי חַיִּים.*

רתךז׳ רַתָּךְ [רַתָּכִים] welder

מִי שֶׁמּוּמְחֶה בְּחִיבּוּר מַתֶּכֶת בְּחוֹם גָּבוֹהַּ:

הָרַתָּךְ *חִיבֵּר אֶת שְׁנֵי הַצִּינוֹרוֹת.*

רתםפ׳ רָתַם harnessed

1. קָשַׁר בַּעַל חַיִּים, הֵכִין אוֹתוֹ לִנְסִיעָה:

רָתַמְתִּי אֶת *הַסּוּס לַעֲגָלָה.*

2. נָתַן תַּפְקִיד, עֲבוֹדָה וְכוּ׳ הַדּוֹרְשִׁים זְמַן וּמַאֲמָץ:

רָתַמְנוּ *אוֹתוֹ לַעֲבוֹדָה לְמַעַן יְלָדִים חוֹלִים. וְהוּא נִרְתַּם בְּרָצוֹן.*

לִרְתּוֹם אֶת- / ר.ת.ם, פָּעַל / רָתַמְתִּי, רוֹתֵם, יִרְתּוֹם

רתמהנ׳ רִתְמָה [רְתָמוֹת] harness

חֶבֶל, רְצוּעוֹת וְכוּ׳ שֶׁקּוֹשְׁרִים בָּהֶם בְּהֵמוֹת:

הַסּוּס שֶׁלִּי אֵינוֹ אוֹהֵב ***רִתְמָה,*** *הוּא רוֹצֶה לִהְיוֹת חוֹפְשִׁי.*

רתעז׳ רֶ֫תַע recoil(ing)

רְתִיעָה, תְּנוּעָה לְאָחוֹר, נְסִיגָה:

תּוֹתָח לְלֹא ***רֶתַע*** *הוּא תּוֹתָח שֶׁלֹּא זָז גַּם כְּשֶׁיּוֹרִים בּוֹ.*

לְלֹא רֶתַע ת״פ - בְּלִי נְסִיגָה (מִתּוֹךְ פַּחַד): fearlessly

הֵם לָחֲמוּ לְלֹא ***רֶתַע.***

רתת ר׳ רטט

ש

ש/שׂ 21st letter of Heb. alphabet
שִין/שִׂין, הָאוֹת הָ-21 בָּאָלֶפְבֵּית הָעִברִי מְסַמֶנֶת אֶת שֵם הַמִסְפָּר 300:
*לָאוֹת ש יֵש שְתֵי הֲגִיוֹת שִין יְמָנִית - **ש** - וְשִין שְׂמָאלִית - **שׂ**.*

ש- שֶ- that, which
1. (בָּאָה לִפנֵי הַמִילָה) אֲשֶר:
*הָאִיש **שֶ**פָּגַשתִי אֶתמוֹל, גָר בִּירוּשָלַיִם.*
2. כִּי (מְקַשֶרֶת בֵּין מִשפָּטִים): that
*אָמַרתִי לְךָ, **שֶ**אָבוֹא מָחָר.*
כְּשֶ... - *כְּשֶׁיָרַד גֶשֶם, הָיִיתִי בַּבַּיִת.* when

שאבפ׳ שָאַב drew/pumped water
1. הוֹצִיא (מַיִם):
*פַּעַם, כְּשֶלֹא הָיוּ בְּרָזִים בַּבַּיִת, **שָאֲבוּ** מַיִם מִבְּאֵר.*
2. קִיבֵּל, קָלַט: derived
__שָאַבְתִי__ אֶת הָאִינפוֹרמַציָה הַזֹאת מִסְפָרִים.
שָאַב כּוֹחַ dervied power
לִשאוֹב / ש.א.ב, פָּעַל / שָאַבתִי, שוֹאֵב, יִשאַב, שְאַב!

שאגפ׳ שָאַג roared, screamed
הִשמִיעַ קוֹל חָזָק (כְּמוֹ אַריֵה):
*שָמַעתִי אֶת הָאַריֵה **שוֹאֵג** בְּגַן הַחַיוֹת וְנִבהַלתִי.*
לִשאוֹג / ש.א.ג, פָּעַל / שָאַגתִי, שוֹאֵג, יִשאַג, שְאַג!

שאגהנ׳ שְאָגָה [שְאָגוֹת] roar, scream
הַקוֹל הֶחָזָק שֶל הָאַריֵה:
__שַאֲגַת__ הָאַריֵה הֵעִירָה אֶת כֹּל הַחַיוֹת.

שאובת׳ שָאוּב drawn
1. שֶהוֹצִיאוּ אוֹתוֹ:
*מַיִם **שְאוּבִים** מִן הַנָהָר הֵם מַיִם נְקִיִים.*
2. (מֶטָאפוֹרָה) לָקוּחַ, שֶלָקְחוּ אוֹתוֹ: derived (adj.)
*הָרַעֲיוֹנוֹת שֶלוֹ **שְאוּבִים** מִן הַסְפָרִים.*
שְאוּבָה, שְאוּבִים, שְאוּבוֹת

שאולת׳ שָאוּל borrowed (adj.)
שֶלָקְחוּ אוֹתוֹ לְשִימוּש וְצָרִיך לְהַחֲזִיר אוֹתוֹ:
*הַסֵפֶר **שָאוּל** מִן הַסִפרִיָיה, הוּא אֵינֶנוּ שֶלִי.*
מִילָה שְאוּלָה borrowed word
שְאוּלָה, שְאוּלִים, שְאוּלוֹת

שאולזו״נ שְאוֹל underworld, realm of the dead
הָעוֹלָם שֶל הַמֵתִים, מָוֶות:
*מִן **הַשְאוֹל** לֹא חוֹזְרִים...*
הוֹרִיד שֵׂיבָתוֹ בְּיָגוֹן שְאוֹלָהב׳ - גָרַם לוֹ לָמוּת בְּצַעַר, בִּכאֵב

שאוןז׳ שָאוֹן noise
רַעַש גָדוֹל:
__שְאוֹן__ הָרְחוֹב הֵעִיר אוֹתִי מֵהַשֵינָה.

שאט-נפשב׳ שְאָט־נֶפֶש disgust, repulsion
דְחִיָיה, כְּשֶמַשֶהוּ מַרגִיז וְדוֹחֶה, הַהֵיפֶך מִמוֹצֵא חֵן:
*אֲנִי דוֹחֶה **בִּשְאָט נֶפֶש** אֶת הַכֶּסֶף שֶלְךָ.*

שאיבהנ׳ שְאִיבָה [שְאִיבוֹת] drawing (water/oil)
1. הַעֲלָאָה שֶל נוֹזְלִים:
__שְאִיבַת__ הַנֵפט נִפסְקָה.
2. קַבָּלָה: absorption
__הַשְאִיבָה__ מִן הַתַרבּוּת הַקלָאסִית נִמשֶכֶת עַד הַיוֹם.

שאילהנ׳ שְאִילָה [שְאִילוֹת] borrowing
1. כְּשֶלוֹקְחִים מַשֶהוּ לְשִימוּש וּמַחֲזִירִים אוֹתוֹ:
*אֵין **שְאִילַת** סְפָרִים בַּסִפרִיָיה בִּשעוֹת הַצָהֳרַיִים.*
2. קַבָּלָה שֶל מִילָה מִשָׂפָה אַחֶרֶת:
__שְאִילַת__ מִילִים בְּעִברִית נֶעֶשְתָה מֵעַרבִית, מֵאַנגלִית מִיִידִיש מִגֶרמָנִית וְעוֹד.

שאילתה/שאילתא (שְאִילְתָא/שְאִילְתוֹת) question (in parliament)
(אֲרָמִית) שְאֵלָה; שְאֵלָה שֶשוֹאֵל חֲבֵר כְּנֶסֶת אֶת רֹאש הַמֶמשָלָה, הַשָׂרִים וְכוּ׳:
*יֵש חַבְרֵי כְּנֶסֶת, שֶמַגִישִים הַרבֵּה **שְאִילְתוֹת**.*

שאיפהנ׳ שְאִיפָה [שְאִיפוֹת] inhalation
1. הַכנָסַת אֲוויר לַגוּף:
*הִרגַשתִי לֹא טוֹב בִּגלַל **שְאִיפַת** עָשָן הַסִיגַריוֹת.*
2. רָצוֹן חָזָק, אִידֵיאָל: aspiration
__שְאִיפַת__ הַיְהוּדִים לַחֲזוֹר לְאֶרֶץ יִשׂרָאֵל - הִתגַשמָה.

שאיריםז״ר שְאִירִים surviving relatives
מִי שֶנִשאַר אַחֲרֵי מוֹת אָב, אֵם וְכוּ׳:
__הַשְאִירִים__ מְקַבְּלִים תמִיכָה מִבִּיטוּחַ לְאוּמִי.

שאלפ׳ שָאַל asked
1. הִצִיג שְאֵלָה, אָמַר מַשֶהוּ כְּדֵי לָדַעַת:
*דָנִי **שָאַל** אוֹתִי, אֵיפֹה אֲנִי גָרָה.*
2. **אַל תִשאַל!** - קָשֶה לְהַאֲמִין, אֲבָל...: don't ask!
*אַל **תִשאַל** מַה קָרָה לִי הַיוֹם.*
3. לָקַח מַשֶהוּ כְּדֵי לְהִשתַמֵש וּלְהַחֲזִיר: borrowed
__שָאַלתִי__ מִמֶנוּ סֵפֶר, וְהֶחֱזַרתִי אוֹתוֹ.
לִשאוֹל אֶת- / ש.א.ל, פָּעַל / שָאַלתִי, שוֹאֵל, יִשאַל, שְאַל!

שאלהנ׳ שְׁאֵלָה [שְׁאֵלוֹת] question

1. בַּקָּשַׁת אִינְפוֹרְמַצְיָה מִתּוֹךְ רָצוֹן לְקַבֵּל תשובה:
*יֵשׁ לִי **שְׁאֵלָה** אֵלֶיךָ, אַתָּה יוֹדֵעַ אֵיפֹה גָּר דָּן אַהֲרוֹנִי?*

2. בְּעָיָה, נוֹשֵׂא לְטִיפּוּל: problem
*יֵשׁ **שְׁאֵלוֹת** שֶׁקָּשֶׁה לִמְצוֹא לָהֶן פִּיתְרוֹן - **שְׁאֵלַת** הַדָּת וְהַמְּדִינָה, **שְׁאֵלַת** הַמִּיעוּטִים וְכוּ׳.*

סִימַן־שְׁאֵלָה question mark
בְּסִימַן־שְׁאֵלָה ב׳ questionable

שאלוןז׳ שְׁאֵלוֹן [שְׁאֵלוֹנִים] questionnaire
טוֹפֶס פוֹרְמָלִי שֶׁיֵּשׁ בּוֹ שְׁאֵלוֹת:
*לִפְנֵי שֶׁהִתְקַבַּלְתִּי לַעֲבוֹדָה, מִילֵּאתִי **שְׁאֵלוֹן** עִם הַפְּרָטִים הָאִישִׁיִּים שֶׁלִּי - מַצָּבִי הַמִּשְׁפַּחְתִּי, הַשְׂכָּלָה וְכוּ׳.*

שאנןת׳ שַׁאֲנָן complacent, tranquil
שָׁקֵט, נִמְצָא בִּמְנוּחָה בְּלִי דְאָגוֹת:
*הָיִינוּ **שַׁאֲנַנִּים**, וְלֹא חָשַׁבְנוּ שֶׁתִּהְיֶה מִלְחָמָה.*
שַׁאֲנַנָּה, שַׁאֲנַנִּים, שַׁאֲנַנּוֹת

שאננותנ׳ שַׁאֲנַנּוּת tranquility, complacency
הַרְגָּשָׁה שֶׁל שֶׁקֶט, בְּלִי דְאָגוֹת:
*הָיְתָה כָּאן **שַׁאֲנַנּוּת**, וְאִישׁ לֹא חָשַׁב שֶׁתִּהְיֶה מִלְחָמָה.*

שאףפ׳ שָׁאַף inhaled

1. הִכְנִיס אֲוִויר:
*דָּן **שָׁאַף** אֶת עֲשַׁן הַסִּיגָרִיּוֹת וְהִשְׁתַּעֵל.*

2. רָצָה מְאוֹד: aspired
*דָּן **שָׁאַף** מִגִּיל צָעִיר לַעֲלוֹת לְיִשְׂרָאֵל.*

לִשְׁאוֹף לְ-, אֶת- / ש.א.ף, פָּעַל / שָׁאַפְתִּי, שׁוֹאֵף, יִשְׁאַף

שאפתןז׳ שְׁאַפְתָּן [שְׁאַפְתָּנִים] ambitious
אַמְבִּיצְיוֹזִי, רוֹצֶה לְהַשִּׂיג הַרְבֵּה (כֶּסֶף, מַעֲמָד וְכוּ׳):
*הוּא מִתְאַמֵּץ לְהַצְלִיחַ בַּלִּימוּדִים, כִּי הוּא **שְׁאַפְתָּן**.*
שְׁאַפְתָּנִית, שְׁאַפְתָּנִיּוֹת

שאפתנותנ׳ שְׁאַפְתָּנוּת ambition
כְּשֶׁיֵּשׁ אַמְבִּיצְיָה, כְּשֶׁרוֹצִים לְהַשִּׂיג הַרְבֵּה:
*בִּגְלַל הַ**שְּׁאַפְתָּנוּת** שֶׁלּוֹ הוּא הִצְלִיחַ כֹּל כָּךְ.*

שארז׳ שְׁאָר remainder, remnant
מַה שֶּׁנִּשְׁאַר אוֹ מִי שֶׁנִּשְׁאַר, הָאֲחֵרִים:
*עֶשְׂרִים אִישׁ נָסְעוּ לְטִיּוּל, **הַשְּׁאָר** הֶחְלִיטוּ לְהִישָּׁאֵר בַּבַּיִת.*
בֵּין הַשְּׁאָר - בֵּין (הַדְּבָרִים) הָאֲחֵרִים: among the rest
*דִּינָה לָמְדָה **בֵּין הַשְּׁאָר** טִיפּוּל בְּתִינוֹקוֹת.*
שְׁאָר־רוּחַ inspiration

שאר־בשרז׳ שְׁאֵר־בָּשָׂר [שְׁאֵרֵי־בָּשָׂר] blood-relative
קְרוֹב מִשְׁפָּחָה, הַקָּשׁוּר לַמִּשְׁפָּחָה בְּקֶשֶׁר דָּם. (לָשׁוֹן גְּבוֹהָה):
אֵין לִי הַרְבֵּה שְׁאֵרֵי בָּשָׂר.

שאריתנ׳ שְׁאֵרִית [שְׁאֵרִיּוֹת] remainder

1. מַה שֶּׁנִּשְׁאַר:
אֶת שְׁאֵרִית כּוֹחִי אֲנִי שׁוֹמֵר לָרִיקּוּדִים.

2. חֲתִיכַת בַּד לֹא גְדוֹלָה שֶׁנִּשְׁאֶרֶת בַּחֲנוּת: remnant
קָנִיתִי שְׁאֵרִית, וְתָפַרְתִּי לִי חוּלְצָה.

3. (בְּחֶשְׁבּוֹן) מַה שֶּׁנִּשְׁאַר אַחֲרֵי שֶׁמְּחַלְּקִים מִסְפָּר בְּמִסְפָּר: remainder
3 = 10:3 הַשְּׁאֵרִית 1.

שְׁאֵרִית־הַפְּלֵיטָה (Holocaust) survivors

שאת, שְׂאֵת elevation

1. **בְּיֶתֶר־שְׂאֵת** - בְּיֶתֶר חוֹזֶק, כּוֹחַ (לָשׁוֹן גְּבוֹהָה): with more strength
*הוּא הִיכָּה אוֹתוֹ **בְּיֶתֶר שְׂאֵת**.*

2. לִסְבּוֹל: bear, tolerate
*אֵינִי יָכוֹל **שְׂאֵת** אֶת הַטִּיפּוּס הַזֶּה.*

שבפ׳ שָׁב came back, returned
חָזַר:
*הוּא יָצָא לַקְּרָב וְלֹא **שָׁב** מִמֶּנּוּ.*
עוֹבְרִים וְשָׁבִים - אֲנָשִׁים שֶׁהוֹלְכִים בָּרְחוֹב: passers by
הָעוֹבְרִים וְהַשָּׁבִים לֹא שָׂמוּ לֵב לַיֶּלֶד שֶׁבָּכָה.
חֶשְׁבּוֹן עוֹבֵר וָשָׁב current account
לָשׁוּב / ש.ו.ב, פָּעַל / שַׁבְתִּי, שָׁב, אָשׁוּב

שב ר׳ סב

ש.ב. ר״ת **שירותי ביטחון** ר׳ **שירות**

שבהפ׳ שָׁבָה captured
לָקַח בַּשְּׁבִי, תָּפַס חַיָּיל שֶׁל הָאוֹיֵב:
***שָׁבִינוּ** אַלְפֵי חַיָּילִים בְּמִלְחֶמֶת 1967.*
שָׁבָה אֶת לִיבִּי captivated my heart
לִשְׁבּוֹת אֶת- / ש.ב.ה, פָּעַל / שׁוֹבֶה, יִשְׁבֶּה

שבויתו״ז שָׁבוּי [שְׁבוּיִים] prisoner of war
אָסִיר מִלְחָמָה, מִי שֶׁאֵינוֹ חוֹפְשִׁי:
*יִשְׂרָאֵל שִׁיחְרְרָה אֶת **שְׁבוּיֵי הַמִּלְחָמָה**, שֶׁהָיוּ בְּיָדָהּ.*
שְׁבוּיָה, שְׁבוּיוֹת

שבועז׳ שָׁבוּעַ [שָׁבוּעוֹת] week
שִׁבְעָה יָמִים (מִיּוֹם רִאשׁוֹן וְעַד שַׁבָּת):
*הַ**שָּׁבוּעַ** לֹא הָיָה לִי זְמַן, אֲבָל **בַּשָּׁבוּעַ** הַבָּא אָבוֹא לְבַקֵּר.*
שָׁבוּעוֹת - חַג יְהוּדִי: Pentecost
*אֶת חַג הַ**שָּׁבוּעוֹת** חוֹגְגִים שִׁבְעָה **שָׁבוּעוֹת** לְאַחַר הַפֶּסַח לִכְבוֹד מַתַּן תּוֹרָה וְלִכְבוֹד הַפֵּירוֹת הָרִאשׁוֹנִים שֶׁל הַקַּיִץ.*
סוֹף־הַשָּׁבוּעַ - weekend
*נָסַעְתִּי **לְסוֹף־שָׁבוּעַ** לְאֵילַת.*

שבועהנ, שְׁבוּעָה [שבוּעוֹת] oath, vow
הַבְטָחָה שֶׁאָדָם מַבְטִיחַ (בְּשֵׁם כֹּל הַקָּדוֹשׁ לוֹ):
*הָעֵד הִצְהִיר **בִּשְׁבוּעָה** שֶׁכֹּל דְּבָרָיו אֱמֶת.*
שְׁבוּעַת-אֱמוּנִים - oath of allegiance
כְּשֶׁנִּבְחַר לַתַּפְקִיד נִשְׁבַּע הַנָּשִׂיא שְׁבוּעַת אֱמוּנִים לַמְּדִינָה.

שבועוןז, שְׁבוּעוֹן [שבוּעוֹנִים] weekly publication
עִיתּוֹן שֶׁיּוֹצֵא לָאוֹר פַּעַם בְּשָׁבוּעַ:
*אֲנִי קוֹרֵאת אֶת **הַשְּׁבוּעוֹן** 'שַׁעַר לַמַּתְחִיל', **שְׁבוּעוֹן** בְּעִבְרִית קַלָּה לְלוֹמְדֵי עִבְרִית.*

שבועות ר' שבוע

שבועית, שְׁבוּעִי weekly
שֶׁל הַשָּׁבוּעַ, לְמֶשֶׁךְ הַשָּׁבוּעַ:
*יֵשׁ לִי תּוֹכְנִית **שְׁבוּעִית** שֶׁל מִבְחָנִים.*
עיתון שבועי weekly newspaper
שבוּעִית, שבוּעִיִּים, שבוּעִיּוֹת

שבורת, שָׁבוּר broken
לֹא שָׁלֵם, הָרוּס, מְקוּלְקָל:
*הַכִּסֵּא הַזֶּה **שָׁבוּר**, אַל תֵּשֵׁב עָלָיו.*
קַו שָׁבוּר - (- - - -) brocken line
שָׁבוּר וְרָצוּץ exhausted (adj.)
שבוּרָה, שבוּרִים, שבוּרוֹת

שבותנ, שְׁבוּת return
שִׁיבָה, חֲזָרָה.
חוֹק הַשְּׁבוּת - חוֹק בִּמְדִינַת יִשְׂרָאֵל לְפִיו כֹּל עוֹלֶה יְהוּדִי הוּא אֶזְרַח הַמְּדִינָה law of return

שבחז, שֶׁבַח [שְׁבָחִים] praise
מִילִּים טוֹבוֹת עַל מִישֶׁהוּ/מַשֶּׁהוּ:
*שָׁמַעְתִּי **שְׁבָחִים** רַבִּים עַל הָאִירְגּוּן לְמַעַן הַחוֹלִים.*
צִיּוּן לְשֶׁבַח/לְשֶׁבַח commendation, citation
*הַחַיָּיל שֶׁהִצִּיל אֶת חֲבֵרָיו, קִיבֵּל **צִיּוּן לְשֶׁבַח** מֵהָרַמַטְכָּ"ל.*

שבטז, שֵׁבֶט [שְׁבָטִים] tribe
1. חֵלֶק מִן הָעָם; כַּמָּה מִשְׁפָּחוֹת יוֹצְרוֹת שֵׁבֶט:
*בֶּעָבָר הָיוּ בְּנֵי יִשְׂרָאֵל מְחוּלָּקִים לְ-12 **שְׁבָטִים**.*
2. מַקֵּל: rod
*(מֶטָאפוֹרָה) הַהַצָּגָה עָבְרָה תַּחַת **שֵׁבֶט** הַבִּיקּוֹרֶת שֶׁלּוֹ - הוּא אָמַר שֶׁהִיא אֵינָה טוֹבָה.*
3. בִּתְנוּעוֹת הַנּוֹעַר - קְבוּצָה גְּדוֹלָה שֶׁל יְלָדִים: den, patrol
*אֲנִי הָיִיתִי בַּצּוֹפִים **בַּשֵּׁבֶט** "הַחוֹרֵשׁ".*

שבטז, שְׁבָט Shvat (month, Jan.-Feb.)
שֵׁם חוֹדֶשׁ עִבְרִי (פֶבְּרוּאָר):
*בְּחוֹדֶשׁ **שְׁבָט** יוֹרֵד הַרְבֵּה גֶּשֶׁם.*
ט"ו בִּשְׁבָט - 15 בְּחוֹדֶשׁ שְׁבָט, חַג הָאִילָנוֹת: Arbor day
***בְּט"וּ בִּשְׁבָט** מַתְחִילִים הָעֵצִים לִפְרוֹחַ, וּמַתְחִיל הָאָבִיב.*

שבטית, שִׁבְטִי tribal
הַשַּׁיָּיךְ לְשֵׁבֶט מְסוּיָּם (אֲנָשִׁים שֶׁיֵּשׁ לָהֶם עָבָר מְשׁוּתָּף וְכוּ'):
*לַבֶּדוּאִים יֵשׁ מִנְהָגִים **שִׁבְטִיִּים**.*
שִׁבְטִית, שִׁבְטִיִּים, שִׁבְטִיּוֹת

שביז, שֶׁבִי (שְׁבִי) captivity
כְּשֶׁחַיָּיל נִמְצָא בְּמַאֲסָר אֵצֶל הָאוֹיֵב:
*הֵם יַחְזְרוּ מִן **הַשֶּׁבִי** כְּשֶׁתִּיגָּמֵר הַמִּלְחָמָה.*
הָלַךְ שֶׁבִי - was captivated by
*הוּא **הָלַךְ שֶׁבִי** אַחֲרֵי הַיּוֹפִי שֶׁל רוּת.*

שביבז, שְׁבִיב [שבִיבִים] spark, bit, trace
אֵשׁ קְטַנָּה, חֵלֶק שֶׁעָף מִן הָאֵשׁ.
(מֶטָאפוֹרָה) מְעַט, מַשֶּׁהוּ: bit, trace
*אֵין לוֹ **שְׁבִיב** תִּקְוָוה.*

שביטז, שָׁבִיט comet
כּוֹכָבִים עִם "זָנָב" שֶׁמִּסְתּוֹבְבִים סְבִיב הַשֶּׁמֶשׁ:
*כּוֹכַב **שָׁבִיט** נִרְאָה כָּאן לָאַחֲרוֹנָה (בְּלִי טֶלֶסְקוֹפּ) בְּ-1990.*

שבילז, שְׁבִיל [שבִילִים] path, trail
1. דֶּרֶךְ צָרָה (בְּדֶרֶךְ כְּלָל לֹא לִמְכוֹנִיּוֹת):
*הָלַכְתִּי **בַּשְּׁבִיל**, לֹא בַּכְּבִישׁ הָרָאשִׁי, וְהִגַּעְתִּי מַהֵר יוֹתֵר.*
2. קַו שֶׁמְּחַלֵּק אֶת הַשְּׂעָרוֹת בָּרֹאשׁ: parting of hair
*הוּא מִסְתָּרֵק עִם **שְׁבִיל** בַּצַּד.*
שְׁבִיל-הַזָּהָב the golden mean
שְׁבִיל-הֶחָלָב the milky way

שביעות־רצוןנ, שְׂבִיעוּת־רָצוֹן satisfaction
כְּשֶׁמִּישֶׁהוּ מְרוּצֶה, חוֹשֵׁב שֶׁמַּשֶּׁהוּ טוֹב:
*הוּא עוֹבֵד **לִשְׂבִיעוּת רְצוֹנִי** הַמְּלֵאָה.*

שביעית, שְׁבִיעִי seventh
אַחֲרֵי הַשִּׁשִּׁי וְלִפְנֵי הַשְּׁמִינִי:
*יוֹם הַשַּׁבָּת הוּא הַיּוֹם **הַשְּׁבִיעִי** בַּשָּׁבוּעַ.*
שבִיעִית, שבִיעִיִּים, שבִיעִיּוֹת

שביעייהנ, שְׁבִיעִיָּה [שבִיעִיּוֹת] set of seven
קְבוּצָה שֶׁל שֶׁבַע/שִׁבְעָה:
*יֵשׁ מִשְׂחָקִים שֶׁצָּרִיךְ בָּהֶם **שְׁבִיעִיָּה** שֶׁל שַׂחְקָנִים.*

שביעיתנ, שְׁבִיעִית one seventh
הַחֵלֶק ה-7 מִמַּשֶּׁהוּ 1/7:
קִיבַּלְתִּי רַק שְׁבִיעִית הַמַּשְׂכּוֹרֶת.

שבירת׳ שָׁבִיר breakable
יָכוֹל לְהִישָּׁבֵר, נִשְׁבָּר בְּקַלּוּת:
*זְכוּכִית הִיא חוֹמֶר **שָׁבִיר**.*
שְׁבִירָה, שְׁבִירִים, שְׁבִירוֹת

שבירהנ׳ שְׁבִירָה [שְׁבִירוֹת] breaking
1. הַפְּעוּלָה שֶׁל מִי שֶׁשּׁוֹבֵר, מְקַלְקֵל וְכוּ׳:
__שְׁבִירַת__ הַכִּיסְאוֹת נַעֲשְׂתָה בְּכַוָּונָה.
2. בִּיטּוּל, הַפְרָעָה:
הַנִּיסָּיוֹן לְהָבִיא __לִשְׁבִירַת__ הַשְּׁבִיתָה לֹא הִצְלִיחַ.
נְקוּדַת-שְׁבִירָה breaking point

שביתהנ׳ שְׁבִיתָה [שְׁבִיתוֹת] strike
הַפְסָקַת עֲבוֹדָה עַל יְדֵי הָעוֹבְדִים כְּדֵי לְהַשִּׂיג שָׂכָר אוֹ תְּנָאִים טוֹבִים יוֹתֵר:
הַפּוֹעֲלִים לֹא חָזְרוּ לַעֲבוֹדָה, __הַשְּׁבִיתָה__ בְּבֵית הַחֲרוֹשֶׁת נִמְשֶׁכֶת.
שְׁבִיתַת-נֶשֶׁק cease fire
שְׁבִיתַת-רָעָב hunger strike
שְׁבִיתָה פְּרָאִית wildcat strike
שְׁבִיתַת-שֶׁבֶת sit-down strike

שב"כז׳ שַׁבַּ"כּ Israeli F.B.I.
ר״ת: **שׁ**ירות **ב**יטחון **כ**ללי ר׳ שירות.

שבלולז׳ שַׁבְּלוּל [שַׁבְּלוּלִים] snail
חִילָּזוֹן, בַּעַל חַיִּים עִם בַּיִת סְפִּירָלִי עַל הַגַּב:
הַיְלָדִים אָסְפוּ __שַׁבְּלוּלִים__ בַּשָּׂדֶה.

שׂבעפ׳ שָׂבַע was satiated
אָכַל וְאֵינוֹ רָעֵב עוֹד:
אֲנִי __שָׂבַעְתִּי__ מֵהָאֲרוּחָה.
לִשְׂבּוֹעַ / ש.ב.ע, פָּעַל / שָׂבַעְתִּי, שָׂבֵעַ, יִשְׂבַּע, יִשְׂבְּעוּ

שׂבעת׳ שָׂבֵעַ satiated (adj.), full
מִי שֶׁאֵינוֹ רָעֵב וְאֵינוֹ רוֹצֶה לֶאֱכוֹל:
'אוּלַי תֹּאכַל עוֹד מַשֶּׁהוּ?' - 'רַב תּוֹדוֹת, אֲנִי __שָׂבֵעַ__!'.
שְׂבַע-רָצוֹן satisfied (adj.), content
שְׂבֵעָה, שְׂבֵעִים, שְׂבֵעוֹת

שבעש״מ שֶׁבַע seven (f)
הַמִּסְפָּר 7 בִּנְקֵבָה:
צָרִיךְ לִסְפּוֹר __שֶׁבַע__ שַׁבָּתוֹת מִפֶּסַח עַד חַג הַשָּׁבוּעוֹת.
שְׁבַע-עֶשְׂרֵה - 17 seventeen (f)

שבעהש״מ שִׁבְעָה seven (m)
הַמִּסְפָּר 7 בְּזָכָר:
__שִׁבְעָה__ יָמִים יֵשׁ בַּשָּׁבוּעַ.
עָבַר שִׁבְעָה מְדוֹרֵי גֵיהִינּוֹם went through hell
שִׁבְעָה עָשָׂר - 17 seventeen (m)

שבעיםש״מ/זו״נ שִׁבְעִים seventy
הַמִּסְפָּר - 70:
אַחֲרֵי __שִׁבְעִים__ שָׁנָה חָזַר הָאִישׁ לְמוֹלַדְתּוֹ.

שבץז׳ שָׁבָץ stroke
הַפְסָקָה בִּפְעוּלַּת הַמּוֹחַ:
הוּא מֵת __מִשָּׁבָץ__.

שבקפ׳ שָׁבַק left
עָזַב.
שָׁבַק חַיִּים - מֵת: passed away
הוֹדִיעוּ שֶׁהוּא __שָׁבַק חַיִּים__.
לִשְׁבּוֹק / ש.ב.ק, פָּעַל / שָׁבַקְתִּי, שׁוֹבֵק, יִשְׁבּוֹק

שברפ׳ שָׁבַר broke
הָרַס, קִילְקֵל דָּבָר שֶׁהָיָה קוֹדֶם שָׁלֵם:
הַיֶּלֶד זָרַק אֶת הַכּוֹס עַל הָרִצְפָּה __וְשָׁבַר__ אוֹתָהּ.
שָׁבַר אֶת לִיבּוֹ broke his heart
שָׁבַר אֶת הַקֶּרַח - broke the ice
דָּן __שָׁבַר__ אֶת הַקֶּרַח בֵּין דָּוִד וְרוּתִי.
(לְשׁוֹן דִּיבּוּר) **שָׁבַר אֶת הָרֹאשׁ** - racked one's brains
שָׁבַרְתִּי אֶת הָרֹאשׁ, וְלֹא מָצָאתִי תְּשׁוּבָה.
שָׁבַר אֶת הַשִּׂיא - broke the record
הָרָץ שָׁבַר אֶת הַשִּׂיא בְּרִיצָה לְמֶרְחַקִּים אֲרוּכִּים.
לִשְׁבּוֹר אֶת- / ש.ב.ר, פָּעַל / שָׁבַרְתִּי, שׁוֹבֵר, יִשְׁבּוֹר, שְׁבוֹר!

שברז׳ שֶׁבֶר [שְׁבָרִים] break, fragment
1. חֵלֶק, חֲתִיכָה מִמַּשֶּׁהוּ שֶׁנִּשְׁבַּר:
מָצָאתִי בַּחֶדֶר __שְׁבָרִים__ מִן הַחַלּוֹן הַשָּׁבוּר.
2. כְּשֶׁבְּגוּף אוֹ בִּכְלִי יֵשׁ רֶוַוח, חוֹר: fracture
יֵשׁ לוֹ __שֶׁבֶר__ בָּרֶגֶל.
3. (בְּחֶשְׁבּוֹן) חֵלֶק מִשָּׁלֵם: fraction
1/2, 1/3, 1/4, 1/5 וְכוּ׳ הֵם **שְׁבָרִים**.
שֶׁבֶר-עָנָן cloud burst
שֶׁבֶר-כְּלִי - devastated (adj.), broken
הִרְגַּשְׁתִּי כְּמוֹ __שֶׁבֶר כְּלִי__ אַחֲרֵי הַמַּחֲלָה.

שברון-לבז׳ שִׁבְרוֹן-לֵב heartbreak
כְּאֵב נַפְשִׁי, צַעַר:
הִיא עָזְבָה אוֹתוֹ וְגָרְמָה לוֹ __שִׁבְרוֹן לֵב__.

שבריםז״ר שְׁבָרִים broken sounds (of a shofar)
(ר׳ שופר) קוֹלוֹת קְצָרִים שֶׁמּוֹצִיא שׁוֹפָר, סְטָקָטוֹ:
שָׁמַעְתִּי אֶת הַשּׁוֹפָר בִּצְלִילֵי __שְׁבָרִים__.

שבשבתנ׳ שַׁבְשֶׁבֶת [שַׁבְשָׁבוֹת] weather vane
מַכְשִׁיר עַל הַגַּג, שֶׁפּוֹנֶה לְפִי הָרוּחַ:
הַשַּׁבְשֶׁבֶת אֵינָהּ זָזָה, כִּי אֵין רוּחַ.

שבתפ׳ שָׁבַת went on strike
1. הִפְסִיק אֶת הָעֲבוֹדָה כְּדֵי לְהַשִּׂיג שָׂכָר אוֹ תְנָאִים טוֹבִים יוֹתֵר:
*עוֹבְדֵי בֵּית הַחוֹלִים **שָׁבְתוּ** עֲשָׂרָה יָמִים.*
2. פָּסַק, לֹא פָּעַל: ceased, stopped
*בְּיוֹם שַׁבָּת **שָׁבְתוּ** הָאוֹטוֹבּוּסִים בָּעִיר.*
לִשְׁבּוֹת / ש.ב.ת, פָּעַל / שָׁבַתִּי, שׁוֹבֵת, אֶשְׁבּוֹת, יִשְׁבּוֹת

שבתזו״נ שַׁבָּת [שַׁבָּתוֹת] Saturday
הַיּוֹם הַשְּׁבִיעִי בַּשָּׁבוּעַ:
*יוֹם **שַׁבָּת** הוּא יוֹם מְנוּחָה וְלֹא יוֹם עֲבוֹדָה.*
לֵיל-שַׁבָּת Sabbath eve
מוֹצָאֵי-שַׁבָּת Saturday night

שבתנ׳ שֶׁבֶת sitting
(לָשֶׁבֶת) יְשִׁיבָה:
*אוֹמְרִים '**שֶׁבֶת** אַחִים גַּם יַחַד' וְהַכַּוָּונָה - יְשִׁיבָה שֶׁל חֲבֵרִים בְּיַחַד, בִּילּוּי מְשׁוּתָּף וְנָעִים.*

שבתאיז׳ שַׁבְּתַאי Saturn
שֵׁם הַכּוֹכָב סָטוּרְן:
***שַׁבְּתַאי** הוּא כּוֹכָב לֶכֶת, סוֹבֵב סְבִיב הַשֶּׁמֶשׁ.*

שבתוןז׳ שַׁבָּתוֹן [שַׁבָּתוֹנִים] complete rest from work
תְּקוּפַת זְמַן (יוֹם, שָׁנָה, וְכוּ׳) שֶׁלֹּא עוֹבְדִים בָּהּ:
*בְּשַׁבָּת יֵשׁ **שַׁבָּתוֹן** מָלֵא בִּמְדִינַת יִשְׂרָאֵל.*
שְׁנַת-שַׁבָּתוֹן - שָׁנָה שֶׁלֹּא עוֹבְדִים בָּהּ (מוֹרִים, חוֹקְרִים בָּאוּנִיבֶרְסִיטוֹת וְכוּ׳): sabbatical
*כָּל 6 שָׁנִים יֵשׁ לְמוֹרִים שְׁנַת **שַׁבָּתוֹן** לִמְנוּחָה וְלִלִּימּוּדִים.*

שׂגבז׳ שֶׂגֶב loftiness
(לָשׁוֹן גְּבוֹהָה) יוֹפִי אֲצִילִי, כְּשֶׁמַּשֶּׁהוּ מַרְשִׁים מְאוֹד:
*הַמַּרְאֶה שֶׁל הֶהָרִים הַגְּבוֹהִים הוּא מָלֵא **שֶׂגֶב**.*

שגגהנ׳ שְׁגָגָה [שְׁגָגוֹת] error
מַעֲשֶׂה רַע, שֶׁנַּעֲשָׂה לֹא בְּכַוָּונָה:
*הַדְּבָרִים שֶׁאָמַרְתִּי הָיוּ **שְׁגָגָה** וַאֲנִי מִצְטַעֵר עֲלֵיהֶם.*
בִּשְׁגָגָה תה״פ by mistake

שגהפ׳ שָׁגָה erred
1. טָעָה:
*אֲנִי מוֹדֶה - **שָׁגִיתִי**, וַאֲנִי מְבַקֵּשׁ סְלִיחָה.*
2. הָיָה עָסוּק בְּמַשֶּׁהוּ בְּצוּרָה אִינְטֶנְסִיבִית: was engrossed
***שָׁגִיתִי** בַּחֲלוֹמוֹת בִּמְקוֹם לַעֲשׂוֹת אֶת הָעֲבוֹדָה.*
לִשְׁגּוֹת בְּ-/ ש.ג.ה, פָּעַל / שָׁגִיתִי, שׁוֹגֶה, יִשְׁגֶּה

שגוית׳ שָׁגוּי erroneous, faulty
לֹא נָכוֹן, מוּטְעֶה:
*הַתְּשׁוּבָה **שְׁגוּיָה**.*
שְׁגוּיָה, שְׁגוּיִים, שְׁגוּיוֹת

שגורת׳ שָׁגוּר fluent
יָדוּעַ, מוּכָּר:
*הָעִבְרִית **שְׁגוּרָה** בְּפִיו כְּאִילּוּ נוֹלַד בְּיִשְׂרָאֵל.*
שְׁגוּרָה, שְׁגוּרִים, שְׁגוּרוֹת

שגיאהנ׳ שְׁגִיאָה [שְׁגִיאוֹת] error, mistake
טָעוּת, עֲשִׂיַּית מַשֶּׁהוּ לֹא נָכוֹן:
*יֵשׁ **שְׁגִיאוֹת** דְּפוּס בַּסֵּפֶר הַזֶּה. / **שְׁגִיאוֹת** כְּתִיב.*

שגלפ׳ שָׁגַל copulated
(לָשׁוֹן גְּבוֹהָה) שָׁכַב עִם אִישָּׁה:
לִשְׁגּוֹל אֶת- / ש.ג.ל, פָּעַל / שָׁגַלְתִּי, שׁוֹגֵל, יִשְׁגּוֹל

שגרירז׳ שַׁגְרִיר [שַׁגְרִירִים] ambassador
שָׁלִיחַ שֶׁל הַמְּדִינָה לְאֶרֶץ אַחֶרֶת:
***שַׁגְרִיר** יִשְׂרָאֵל בְּצָרְפַת נִפְגַּשׁ עִם שַׂר הַחוּץ לְשִׂיחָה.*

שגרירותנ׳ שַׁגְרִירוּת [שַׁגְרִירוּיוֹת] embassy
הַמִּשְׂרָד שֶׁל הַשַּׁגְרִיר:
*עָבַדְתִּי **בְּשַׁגְרִירוּת** יִשְׂרָאֵל בְּמוֹסְקְבָה.*

שדז׳ שַׁד [שָׁדַיִים] breast
אֵיבָר הַמְּיַיצֵּר חָלָב בְּגוּף אִישָּׁה:
הַתִּינוֹק יָנַק חָלָב מִשְּׁדֵי אִמּוֹ.
חָלְצָה שָׁד breast-fed

שדז׳ שֵׁד [שֵׁדִים] demon
1. רוּחַ רָעָה, מַלְאָךְ רַע:
***שֵׁדִים** יֵשׁ בַּסִּיפּוּרִים לֹא בַּחַיִּים.*
2. זָרִיז, מוּכְשָׁר מְאוֹד (לְשׁוֹן דִּיבּוּר): devil
*הוּא מַמָּשׁ **שֵׁד** - אֵיךְ הוּא רָץ!*
שֵׁד מִשַּׁחַת ב׳ mischievous
הַשֵּׁד יוֹדֵעַ ב׳ (לְשׁוֹן דִּיבּוּר) God knows!
שֵׁדָה, שֵׁדוֹת

שד׳ קיצור של שדירה ר׳

שדאותנ׳ שַׁדָּאוּת fieldcraft
אִימּוּנֵי שָׂדֶה בַּצָּבָא, הַכָּרַת הַצְּמָחִים, הִתְמַצְּאוּת בַּשָּׂדֶה:
*לָמַדְנוּ **בְּשַׁדָּאוּת** אֵיךְ לִרְאוֹת מִבְּלִי לְהֵירָאוֹת.*

שדדפ׳ שָׁדַד — robbed
לָקַח בְּכוֹחַ מַשֶּׁהוּ שֶׁאֵינוֹ שֶׁלּוֹ:
*הוּא **שָׁדַד** 1,000.000 ש״ח מֵהַבַּנְק.*
לִשְׁדּוֹד אֶת- / ש.ד.ד, פָּעַל / שָׁדַדְתִּי, שׁוֹדֵד, יִשְׁדּוֹד

שדהז׳ שָׂדֶה [שָׂדוֹת] — field
1. שֶׁטַח אֲדָמָה לְגִידּוּלִים חַקְלָאִיִּים:
*דָּן מְגַדֵּל יְרָקוֹת **בַּשָּׂדֶה** שֶׁלְּיַד הַבַּיִת.*
2. שֶׁטַח שֶׁל יְדִיעוֹת אוֹ פְּעוּלוֹת: — realm, area
*הוּא יָדוּעַ כְּמוּמְחֶה **בִּשְׂדֵה** הָאוּמָּנוּת.*
שְׂדֵה-תְּעוּפָה — airport
שְׂדֵה-פְּעוּלָּה — scope of action
*הַשַּׂחְקָן מָצָא לוֹ **שְׂדֵה פְּעוּלָּה** רָחָב בֵּין חוֹבְבֵי הַכַּדּוּרֶגֶל.*
עִיר-שָׂדֶה — provincial town

שדודת׳ שָׁדוּד — robbed (adj.)
רְכוּשׁ שֶׁל מִישֶׁהוּ שֶׁנִּלְקַח בְּכוֹחַ אוֹ מִישֶׁהוּ שֶׁלָּקְחוּ מִמֶּנּוּ בְּכוֹחַ:
*בַּעֲלֵי הַבַּנְקִים **הַשְּׁדוּדִים** הֶעֱמִידוּ שׁוֹמְרִים מְיוּחָדִים.*
*נִמְצָא הַכֶּסֶף **הַשָּׁדוּד**.*
שְׁדוּדָה, שְׁדוּדִים, שְׁדוּדוֹת

שדולהנ׳ שְׁדוּלָה [שְׁדוּלוֹת] — lobby
קְבוּצָה שֶׁל אֲנָשִׁים שֶׁפּוֹעֲלִים יַחַד לְמַעַן אִינְטֶרֶס מְשׁוּתָּף:
***הַשְּׁדוּלָה** הַיְּהוּדִית בְּאַרְצוֹת הַבְּרִית פּוֹעֶלֶת לְמַעַן יִשְׂרָאֵל.*

שדוףת׳ שָׁדוּף — shriveled/dried up (adj.)
רֵיק, יָבֵשׁ, בְּלִי תּוֹכֶן:
*הַשִּׁיבּוֹלִים שֶׁצָּמְחוּ בַּשָּׂדֶה הָיוּ **שְׁדוּפוֹת** וְרֵיקוֹת.*
מְלִיצוֹת שְׁדוּפוֹת — empty rhetoric
שְׁדוּפָה, שְׁדוּפִים, שְׁדוּפוֹת

שדירהנ׳ שְׂדֵרָה [שְׂדֵירוֹת] — boulevard
(שׁוּרָה) רְחוֹב שֶׁיֵּשׁ בּוֹ שׁוּרוֹת עֵצִים:
*אֲנָשִׁים רַבִּים יוֹשְׁבִים עַל הַסַּפְסָלִים **בַּשְּׂדֵירָה**.*
כָּל שְׂדֵירוֹת הָעָם ב׳ — people from all walks of life

שדכןז׳ שַׁדְּכָן [שַׁדְּכָנִים] — matchmaker
מִי שֶׁמַּתְאִים וּמַפְגִּישׁ בְּנֵי זוּג:
*דָּוִיד וְרוּת נִפְגְּשׁוּ עַל-יְדֵי **שַׁדְּכָן**.*
שַׁדְּכָנִית, שַׁדְּכָנִיּוֹת

שדכנותנ׳ שַׁדְּכָנוּת — matchmaking
הָעִיסּוּק בְּהַתְאָמָה שֶׁל בְּנֵי זוּג:
*הוּא עוֹסֵק **בְּשַׁדְּכָנוּת** בִּמְיוּחָד בְּמִשְׁפָּחוֹת דָּתִיּוֹת מְאוֹד.*

שדרז׳ שֶׁדֶר [שְׁדָרִים] — message
מְסִירַת הוֹדָעָה בָּרַדְיוֹ:
*קִיבַּלְנוּ **שֶׁדֶר** שֶׁפָּרְצָה מִלְחָמָה.*

שדרז׳ שַׁדָּר [שַׁדָּרִים] — broadcaster
מִי שֶׁעוֹבֵד ('מְדַבֵּר') בָּרַדְיוֹ וּבַטֶּלֶוִויזְיָה:
*הוּא **שַׁדָּר** וָתִיק בָּרַדְיוֹ.*
שַׁדָּרִית, שַׁדָּרִיּוֹת

שדרןז׳ שַׁדְּרָן [שַׁדְּרָנִים] — broadcaster
מִי שֶׁמְּשַׁדֵּר בָּרַדְיוֹ, בַּטֶּלֶוִויזְיָה:
***הַשַּׁדְּרָן** הוֹדִיעַ, שֶׁמָּחָר תִּהְיֶה תּוֹכְנִית מְיוּחֶדֶת בָּרַדְיוֹ.*
שַׁדְּרָנִית, שַׁדְּרָנִיּוֹת

שהז׳ שֶׂה [שֵׂיוֹת] — lamb
בַּעַל חַיִּים, כֶּבֶשׂ צָעִיר:
הַשֶּׂה הִשְׁמִיעַ קוֹל - 'מֶה, מֶה, מֶה'...
הוּבַל כְּשֶׂה לַטֶּבַח — like a lamb to the slaughter

שההפ׳ שָׁהָה — stayed
הָיָה בְּמֶשֶׁךְ זְמַן:
***שָׁהִיתִי** בַּקִּיבּוּץ 6 חוֹדָשִׁים.*
לִשְׁהוֹת / ש.ה.ה, פָּעַל / שָׁהִיתִי, שׁוֹהֶה, יִשְׁהֶה, שְׁהֵה!

שהותנ׳ שְׁהוּת — time, pause
מֶשֶׁךְ זְמַן מְסוּיָּם:
*תֵּן לִי **שְׁהוּת** לְהָכִין אֶת הַהַרְצָאָה.*

שהחיינו, שֶׁהֶחֱיָנוּ — prayer (giving thanks to God)
שֵׁם שֶׁל בְּרָכָה, אוֹמְרִים אוֹתָהּ כְּשֶׁמַּתְחִילִים מַשֶּׁהוּ חָדָשׁ:
*'**שֶׁהֶחֱיָנוּ** וְקִיְּמָנוּ וְהִגִּיעָנוּ לַזְּמַן הַזֶּה' - תּוֹדָה לֶאֱלוֹהִים שֶׁנָּתַן לָנוּ לִחְיוֹת, לְהִתְקַיֵּים וּלְהַגִּיעַ לַזְּמַן הַזֶּה.*

שהייהנ׳ שְׁהִיָּה [שְׁהִיּוֹת] — stay, sojourn
זְמַן מְסוּיָּם שֶׁנִּמְצָאִים בְּמָקוֹם:
*אַחֲרֵי **שְׁהִיָּה** מְמוּשֶׁכֶת בְּחוּץ לָאָרֶץ חָזַרְנוּ הַבַּיְתָה.*

שואהנ׳ שׁוֹאָה — Holocaust
אָסוֹן נוֹרָא, קָטַסְטְרוֹפָה, חוּרְבָּן. [בְּשֵׁם זֶה קוֹרְאִים לְהַשְׁמָדַת יְהוּדֵי אֵירוֹפָּה בִּידֵי הַנָּאצִים בְּמִלְחֶמֶת הָעוֹלָם הַשְּׁנִיָּה]:
*שִׁשָּׁה מִילְיוֹנִים יְהוּדִים נִרְצְחוּ **בַּשּׁוֹאָה** בִּידֵי הַנָּאצִים.*
הֵמִיט שׁוֹאָה עַל — brought disaster upon...

שובתה״פ שׁוּב — again
עוֹד פַּעַם, פַּעַם נוֹסֶפֶת:
*הַטֶּלֶפוֹן צִילְצֵל **שׁוּב וָשׁוּב** וְהֵעִיר אוֹתִי מִן הַשֵּׁינָה.*
שׁוּב פַּעַם — once more

שובבת׳ שׁוֹבָב — naughty
נֶאֱמַר עַל יֶלֶד שֶׁעוֹשֶׂה מַעֲשִׂים יַלְדוּתִיִּים, לֹא לְפִי הַנִּימוּס

הַמְקוּבָּל:
הַיֶּלֶד הַשּׁוֹבָב זָרַק אֶת הַכַּדּוּר וְשָׁבַר אֶת הַחַלּוֹן.
שׁוֹבָבָה, שׁוֹבָבִים, שׁוֹבָבוֹת

שובבות נ׳ שׁוֹבְבוּת — naughtiness
הַהִתְנַהֲגוּת שֶׁל הַשּׁוֹבָב, מִתְנַהֵג לֹא לְפִי כְּלָלֵי הַנִּימוּס:
הַשּׁוֹבְבוּת שֶׁלָּה אֵינָהּ מַרְגִּיזָה אוֹתִי.

שובך ז׳ שׁוֹבָךְ [שׁוֹבָכִים] — dovecote
הַבַּיִת שֶׁל הַיּוֹנָה:
יֵשׁ לִי עַל הַגַּג שׁוֹבָךְ יוֹנִים.

שובל ז׳ שֹׁבֶל — train (of dress), trail
תּוֹסֶפֶת בְּבֶגֶד (בְּשִׂמְלָה וְכוּ'), שֶׁנִּסְחֶבֶת עַל הָרִצְפָּה:
לַכַּלָּה הָיְתָה שִׂמְלָה אֲרוּכָּה עִם שׁוֹבֶל שֶׁל 6 מֶטְרִים.

שובע ז׳ שֹׂבַע — satiation
הַהַרְגָּשָׁה שֶׁל מִי שֶׁאָכַל מַסְפִּיק:
צָרִיךְ לֶאֱכוֹל עַד הַרְגָּשַׁת שׂוֹבַע, לֹא יוֹתֵר!

שובעה נ׳ שָׂבְעָה — satiety
שׂוֹבַע, הַהַרְגָּשָׁה שֶׁל מִי שֶׁאָכַל דַּיּוֹ.
(מֶטָאפוֹרָה) *הִיא אֵינָהּ יוֹדַעַת שׂוֹבְעָה בָּאַמְבִּיצְיוֹת שֶׁלָּה.*
אָכַל לְשׂוֹבְעָה ב׳ — was satiated

שובץ פ׳ שֻׁבַּץ — was placed/inlaid
קָבְעוּ, שָׂמוּ אוֹתוֹ בְּמָקוֹם מְסוּיָּם:
שׁוּבַּצְתִּי לַעֲבוֹדָה בְּבֵית הַסֵּפֶר. בַּטַּבַּעַת שֶׁלִּי שׁוּבְּצוּ אֲבָנִים יְקָרוֹת.
/ ש.ב.ץ, פּוּעַל / שׁוּבַּצְתִּי, מְשׁוּבָּץ, יְשׁוּבַּץ

שובר ז׳ שׁוֹבֵר [שׁוֹבְרִים] — voucher
פֶּתֶק כָּתוּב - אִישּׁוּר, קַבָּלָה עַל תַּשְׁלוּם כֶּסֶף:
הַחַיָּיל קִיבֵּל שׁוֹבֵר נְסִיעָה לָרַכֶּבֶת כְּשֶׁיָּצָא לְחוּפְשָׁה.

שובר־גלים ז׳ שׁוֹבֵר־גַּלִּים [שׁוֹבְרֵי־גַלִּים] — breakwater
קִיר שֶׁבּוֹנִים בַּיָּם כְּדֵי לְהָגֵן מִפְּנֵי גַּלִּים:
בְּתֵל-אָבִיב נִבְנוּ שׁוֹבְרֵי גַלִּים לְטוֹבַת הַמִּתְרַחֲצִים בַּיָּם.

שובש פ׳ שֻׁבַּשׁ — was in poor condition
1. קִילְקְלוּ אוֹתוֹ:
בִּגְלַל הַגְּשָׁמִים שׁוּבְּשׁוּ הַכְּבִישִׁים.
2. עָשׂוּ בּוֹ שְׁגִיאוֹת: — was garbled
הַטֶּקְסְט שׁוּבַּשׁ בַּהַדְפָּסָה.
3. בִּילְבְּלוּ אוֹתוֹ, עָשׂוּ שֶׁלֹּא יִהְיֶה מְסוּדָּר: — was mixed up/confused
שׁוּבַּשׁ הַסֵּדֶר שֶׁל הַדַּפִּים בַּסֵּפֶר.
/ ש.ב.ש, פּוּעַל / שׁוּבְּשׁוּ, מְשׁוּבָּשׁ, יְשׁוּבַּשׁ

שובת תה״ז שׁוֹבֵת [שׁוֹבְתִים] — striker
1. אָדָם שֶׁנִּמְצָא בִּשְׁבִיתָה, שֶׁהִפְסִיק לַעֲבוֹד, עַד שֶׁיְּמַלְאוּ אֶת דְּרִישׁוֹתָיו:
הַשּׁוֹבְתִים לֹא הִסְכִּימוּ לַחֲזוֹר לָעֲבוֹדָה.
2. אֵינוֹ עוֹבֵד: — off work, resting
בַּחוּפְשָׁה אֲנִי שׁוֹבֵת מִכָּל עֲבוֹדָה.
שׁוֹבֶתֶת, שׁוֹבתוֹת

שוגר פ׳ שֻׁגַּר — was sent (off)
שָׁלְחוּ אוֹתוֹ:
הַטִּיל שׁוּגַּר לָאַטְמוֹסְפֵירָה.
/ ש.ג.ר, פּוּעַל / שׁוּגְּרוּ, מְשׁוּגָּר, יְשׁוּגַּר

שוד ז׳ שׁוֹד — robbery
גְּנֵיבָה תוֹךְ שִׁימּוּשׁ בְּכוֹחַ אוֹ בְּנֶשֶׁק:
בְּמַהֲלַךְ הַשּׁוֹד הִיכָּה הַשּׁוֹדֵד אֶת הַזָּקֵן וְלָקַח אֶת כַּסְפּוֹ.
שׁוֹד מְזוּיָּן — armed robbery

שוהם ז׳ שֹׁהַם — onyx
אֶבֶן יְקָרָה:
אֵינֶנִּי יוֹדֵעַ אֵיךְ נִרְאֵית אֶבֶן שׁוֹהַם.

שווא ז׳ שָׁוְא — false(hood), lie
שֶׁקֶר:
עַל שְׁבוּעַת שָׁוְא בְּבֵית מִשְׁפָּט מְקַבְּלִים עוֹנֶשׁ.
אַזְעָקַת-שָׁווא — false alarm
לַשָּׁווא ת״פ - — in vain
חִיכִּיתִי לַשָּׁווא, וְהוּא לֹא בָּא.

שווא ז׳ שְׁוָא [שְׁוָאִים] — sheva - a vowel sign
(בְּדִיקְדּוּק) שְׁתֵּי הַנְּקוּדּוֹת [ְ] מִתַּחַת לְאוֹת:
בַּמִּילָה 'יִשְׁמְרוּ' יֵשׁ שְׁנֵי שְׁוָאִים.
שְׁוָוא נָח — quiescent sheva
שְׁוָוא נָע — mobile sheva

שווה ת׳ שָׁוֶה — equal
1. דּוֹמֶה בְּדִיּוּק לְאַחֵר (בְּגוֹדֶל, בְּכַמּוּת, בִּמְחִיר):
שְׁנֵי הַחוֹקְרִים הִגִּיעוּ לְתוֹצָאוֹת שָׁווֹת.
2. הָעֵרֶךְ, הַמְּחִיר שֶׁל מַשֶּׁהוּ: — worth
הַמְּכוֹנִית הַזֹּאת שָׁוָה הַרְבֵּה כֶּסֶף.
שָׁוֶה בְּשָׁוֶה — in equal parts
שְׁוֵה-זְכוּיוֹת — of equal rights
שָׁוֶה לְכָל נֶפֶשׁ — reasonable, affordable
שְׁוֵה-נֶפֶשׁ — indifferent, nonchalant
שָׁוָה, שָׁוִים, שָׁווֹת

שווי ז׳ שֹׁוִי — value, worth
עֵרֶךְ, כַּמָּה שָׁוֶה מַשֶּׁהוּ:
שׁוֹוִי הַדִּירָה הוּא 100,000 ש״ח.

שווקפ' שֻׁוַּק — was distributed/sold/marketed
הוֹצִיאוּ אוֹתוֹ לִמְכִירָה:
*כָּל הַסְּחוֹרוֹת **שׁוּוְּקוּ** לַחֲנוּיוֹת.*
/ ש.ו.ק, פּוּעַל / שׁוּוְּקוּ, מְשׁוּוָּק, יְשׁוּוַּק

שוחדפ' שֻׁחַד — was bribed
נָתְנוּ לוֹ שׁוֹחַד, כֶּסֶף וְכוּ' כְּדֵי לְהַשִּׂיג מַשֶּׁהוּ:
*הֵם **שׁוּחֲדוּ** בְּכֶסֶף רַב, כְּדֵי שֶׁלֹּא יַזְמִינוּ מִשְׁטָרָה.*
/ ש.ח.ד, פּוּעַל / שׁוּחֲדוּ, מְשׁוּחָד, יְשׁוּחַד

שוחדז' שֹׁחַד — bribe
כֶּסֶף (אוֹ מַשֶּׁהוּ אַחֵר) שֶׁנּוֹתְנִים לְאָדָם בַּעַל עֶמְדָּה, כְּדֵי שֶׁיִּפְעַל לְטוֹבַת הַנּוֹתֵן:
*הוּא נָתַן **שׁוֹחַד** לַשּׁוֹטֵר, כְּדֵי שֶׁלֹּא יַעֲצוֹר אוֹתוֹ.*

שוחהנ' שׁוּחָה [שׁוּחוֹת] — pit, foxhole
בּוֹר גָּדוֹל בָּאֲדָמָה:
*הַחַיָּילִים חָפְרוּ **שׁוּחוֹת** בָּאֲדָמָה וְהִתְחַבְּאוּ בָּהֶן בִּזְמַן הַהַפְצָצָה.*

שוחזרפ' שֻׁחְזַר — was restored/reconsructed
בָּנוּ אוֹתוֹ מֵחָדָשׁ, הֶחֱזִירוּ אוֹתוֹ לַמַּצָּב הַקּוֹדֵם:
*הַבִּנְיָין הַזֶּה מִלִּפְנֵי 2,000 שָׁנָה, הוּא **שׁוּחְזַר** עַל-יְדֵי אַרְכֵיאוֹלוֹגִים.*
/ ש.ח.ז.ר, פּוּעַל / שׁוּחְזְרוּ, מְשׁוּחְזָר, יְשׁוּחְזַר

שוחחפ' שׂוֹחֵחַ (שׂוֹחַח) — talked, conversed
דִּיבֵּר עִם מִישֶׁהוּ:
דָּן שׂוֹחַח עִם אָבִיו עַל הַבְּעָיוֹת בָּעֲבוֹדָה.
לְשׂוֹחֵחַ עִם- / שׂ.י.ח, פִּיעֵל / שׂוֹחַחְתִּי, מְשׂוֹחֵחַ, יְשׂוֹחֵחַ

שוחטז' שׁוֹחֵט [שׁוֹחֲטִים] — slaughterer
מִי שֶׁהוֹרֵג בְּסַכִּין בַּעֲלֵי חַיִּים, בְּצוּרָה מְיוּחֶדֶת, כְּדֵי שֶׁיִּהְיֶה לַיְּהוּדִים מוּתָּר לֶאֱכוֹל:
*הַ**שּׁוֹחֵט** שָׁחַט אֶת הַפָּרָה.*

שוחרז' שׁוֹחֵר [שׁוֹחֲרִים] — enthusiast, supporter
נֶאֱמָן, אוֹהֵב (מוּסִיקָה, סְפָרִים וְכוּ'):
*אֲגוּדַת **שׁוֹחֲרֵי** הָאוּנִיבֶרְסִיטָה הִיא קְבוּצַת אֲנָשִׁים, שֶׁתּוֹמֶכֶת בָּאוּנִיבֶרְסִיטָה וְעוֹזֶרֶת לָהּ.*
שׁוֹחֵר-שָׁלוֹם — peace-loving
שׁוֹחֶרֶת, שׁוֹחֲרוֹת

שוחררפ' שֻׁחְרַר — was released/freed
1. יָצָא לַחוֹפְשִׁי:
*הָאָסִיר **שׁוּחְרַר** מִבֵּית הַסּוֹהַר.*
2. קִיבֵּל אִישׁוּר לַעֲזוֹב, לֹא לִהְיוֹת בַּמָּקוֹם: — was allowed
***שׁוּחְרַרְנוּ** מִן הָעֲבוֹדָה לִפְנֵי הַזְּמַן בִּגְלַל הַחוֹם.* — to leave
/ ש.ח.ר.ר, פּוּעַל / שׁוּחְרְרוּ, מְשׁוּחְרָר, יְשׁוּחְרַר

שוטז' שׁוֹט [שׁוֹטִים] — whip
מַקֵּל שֶׁמְּחוּבֶּרֶת אֵלָיו רְצוּעַת עוֹר, מַכִּים בּוֹ:
*אַף פַּעַם אֵינִי מֵרִים **שׁוֹט** עַל הַסּוּס שֶׁלִּי.*

שוטהתו"ז שׁוֹטֶה [שׁוֹטִים] — fool
1. טִיפֵּשׁ:
*הוּא **שׁוֹטֶה** גָּדוֹל, אֵין לוֹ שֵׂכֶל.*
2. גָּדֵל בְּלִי טִיפּוּל: — uncultivated (plant)
*עָקַרְתִּי אֶת הָעֲשָׂבִים הַ**שּׁוֹטִים** בַּגִּינָה.*
חָסִיד שׁוֹטֶה — blind follower
כֶּלֶב שׁוֹטֶה — mad dog
שׁוֹטָה, שׁוֹטוֹת

שוטטפ' שׁוֹטֵט — wandered, roamed
1. הָלַךְ מִמָּקוֹם לְמָקוֹם:
***שׁוֹטַטְתִּי** בָּרְחוֹבוֹת בְּלִי מַטָּרָה.*
2. (מֶטָאפוֹרָה) זָז: — roved
*הָעֵינַיִים שֶׁלּוֹ **שׁוֹטְטוּ** מֵאָדָם לְאָדָם.*
לְשׁוֹטֵט / ש.ו.ט, פִּיעֵל / שׁוֹטַטְנוּ, מְשׁוֹטֵט, יְשׁוֹטֵט, שׁוֹטֵט

שוטטותנ' שׁוֹטְטוּת [שׁוֹטְטוּיוֹת] — vagrancy
כְּשֶׁעוֹבְרִים מִמָּקוֹם לְמָקוֹם:
*הַמִּשְׁטָרָה עָצְרָה אוֹתִי עַל **שׁוֹטְטוּת** בַּלַּיְלָה.*

שוטףת' שׁוֹטֵף — torrential, flowing
1. זוֹרֵם, יוֹצֵא בְּכוֹחַ:
*נִרְטַבְתִּי בַּגֶּשֶׁם הַ**שּׁוֹטֵף**.*
2. רָגִיל, יוֹמְיוֹמִי: — routine, daily
*בָּעֲבוֹדָה הַ**שּׁוֹטֶפֶת** שֶׁלִּי אֵין קוֹשִׁי מְיוּחָד.*
שׁוֹטֶפֶת, שׁוֹטְפִים, שׁוֹטְפוֹת

שוטרז' שׁוֹטֵר [שׁוֹטְרִים] — policeman
אִישׁ מִשְׁטָרָה, שׁוֹמֵר עַל הַסֵּדֶר הַצִּיבּוּרִי בָּעִיר, בָּרְחוֹבוֹת, בַּכְּבִישִׁים וְכוּ':
*הַ**שּׁוֹטְרִים** רָדְפוּ אַחֲרֵי הַגַּנָּב וְתָפְסוּ אוֹתוֹ.*
שׁוֹטֵר-תְּנוּעָה — traffic cop
שׁוֹטֶרֶת, שׁוֹטְרוֹת

שוכללפ' שֻׁכְלַל — was improved
נַעֲשָׂה טוֹב יוֹתֵר:
*בַּמְּכוֹנִיּוֹת הַחֲדָשׁוֹת **שׁוּכְלַל** הַמָּנוֹעַ.*
/ ש.כ.ל.ל, פּוּעַל / שׁוּכְלְלוּ, מְשׁוּכְלָל, יְשׁוּכְלַל

שוכןפ' שֻׁכַּן — was settled/housed
נָתְנוּ לָהֶם מָקוֹם לָגוּר בּוֹ:

*הָעוֹלִים הַחֲדָשִׁים **שׁוּכְּנוּ** בְּבָתִּים חֲדָשִׁים.*
/ ש.כ.ן, פּוּעַל / שׁוּכַּנְתִּי, מְשׁוּכָּן, יְשׁוּכַּן

שוכנע פ׳ שֻׁכְנַע — was convinced
קִיבֵּל דֵּיעָה, הִסְכִּים לְמָה שֶׁאָמְרוּ, הִסְבִּירוּ וְכוּ׳:
***שׁוּכְנַעְתִּי**, שֶׁצָּרִיךְ לְשַׁנּוֹת אֶת הַשִּׁיטָה.*
/ ש.כ.נ.ע, פּוּעַל / שׁוּכְנַעְתִּי, מְשׁוּכְנָע, יְשׁוּכְנַע

שוכפל פ׳ שֻׁכְפַּל — was duplicated
הִדְפִּיסוּ אוֹתוֹ בְּהַרְבֵּה אֶקְסֶמְפְּלָרִים:
*הַהוֹרָאוֹת שֶׁל הַמְּנַהֵל **שׁוּכְפְּלוּ** וְנִיתְּנוּ לְכָל אֶחָד וְאֶחָד.*
/ ש.כ.פ.ל, פּוּעַל / שׁוּכְפְּלוּ, מְשׁוּכְפָּל, יְשׁוּכְפַּל

שוכר ז׳ שׂוֹכֵר [שׂוֹכְרִים] — lessee
מִי שֶׁמִּשְׁתַּמֵּשׁ (בְּדִירָה, מְכוֹנִית וְכוּ׳) זְמַן מְסוּיָּם תְּמוּרַת תַּשְׁלוּם:
*הַ**שּׂוֹכֵר** שִׁילֵּם אֶת שְׂכַר הַדִּירָה לְשָׁנָה מֵרֹאשׁ.*
שׂוֹכֶרֶת, שׂוֹכְרוֹת

שולהב פ׳ שֻׁלְהַב — was inflamed/excited
(הִדְלִיקוּ בּוֹ אֵשׁ גְּדוֹלָה). גָּרְמוּ שֶׁמִּישֶׁהוּ יִתְרַגֵּשׁ מְאוֹד וְיִהְיֶה אָדוֹם כְּמוֹ אֵשׁ:
*הַקָּהָל בַּקּוֹנְצֶרְט שֶׁל מָדוֹנָה הָיָה **מְשׁוּלְהָב**.*
/ ש.ל.ה.ב, פּוּעַל / שׁוּלְהֲבוּ, מְשׁוּלְהָב, יְשׁוּלְהַב

שולחן ז׳ שֻׁלְחָן [שׁוּלְחָנוֹת] — table
רָהִיט הַמְּשַׁמֵּשׁ לַאֲכִילָה, לִכְתִיבָה וְכוּ׳:
*יָשַׁבְתִּי עַל כִּיסֵּא לְיַד הַ**שּׁוּלְחָן**, וְאָכַלְתִּי.*
שׁוּלְחַן כְּתִיבָה / שׁוּלְחַן מִטְבָּח / שׁוּלְחָנוֹת עֲרוּכִים

שולי ת׳ שׁוּלִי — marginal
שֶׁנִּמְצָא בַּצַּד (שֶׁל דַּף, נוֹשֵׂא וְכוּ׳), לֹא חָשׁוּב:
*זֹאת בְּעָיָה **שׁוּלִית**, עַכְשָׁיו מְטַפְּלִים בַּבְּעָיָה הַמֶּרְכָּזִית.*
הוֹצָאוֹת שׁוּלִיּוֹת — marginal expenses
רֶוַוח שׁוּלִי — marginal profits
שׁוּלִית, שׁוּלִיִּים, שׁוּלִיּוֹת

שולייה ז׳ שׁוּלְיָה [שׁוּלִיּוֹת] — apprentice
מִתְלַמֵּד אֵצֶל בַּעַל מִקְצוֹעַ:
*צַ'ייקוֹבְסְקִי חִיבֵּר אֶת הַמּוּסִיקָה לְ'**שׁוּלְיַית** הַקּוֹסֵם'.*

שוליים ז״ר שׁוּלַיִם — hem, fringe
1. קָצֶה שֶׁל בֶּגֶד, בַּד וְכוּ׳:
***שׁוּלֵי** הַחֲצָאִית נִתְפְּסוּ בַּכִּיסֵּא.*
2. צַד הַדַּף, הַחֵלֶק בַּצְּדָדִים שֶׁלֹּא כָּתוּב בּוֹ הַטֶּקְסְט: — margin
*הַמּוֹרֶה בִּיקֵּשׁ לְהַשְׁאִיר **שׁוּלַיִים** רְחָבִים - מָקוֹם לְהֶעָרוֹת.*
בְּשׁוּלֵי-הַחֶבְרָה — on the fringe of society

שולל ת״פ שׁוֹלָל — stripped, barefoot
חָסֵר, רֵיק.
הָלַךְ שׁוֹלָל - הֶאֱמִין לְהַבְטָחוֹת שֶׁקֶר: — was led astray
הִיא הָלְכָה שׁוֹלָל אַחֲרֵי דָּוִיד, שֶׁהִבְטִיחַ לְהִתְחַתֵּן אִיתָּהּ.

שולם פ׳ שֻׁלַּם — was paid
(אֶת הַכֶּסֶף הַמַּגִּיעַ) שִׁילְּמוּ אוֹתוֹ:
*חֶשְׁבּוֹן הַטֶּלֶפוֹן **שׁוּלַּם** בַּבַּנְק.*
/ ש.ל.ם, פּוּעַל / שׁוּלְּמָה, שׁוּלְּמוּ, מְשׁוּלָּם, תְּשׁוּלַּם

שום ז׳ שׁוּם — any (negative)
1. מַשֶּׁהוּ, כְּלוּם (בָּא בְּמִשְׁפָּט שְׁלִילָה):
*לֹא הוֹצֵאתִי **שׁוּם** מִילָּה מֵהַפֶּה.*
שׁוּם-דָּבָר - לֹא כְּלוּם — nothing
מִשּׁוּם שֶׁ... — because of
בְּשׁוּם-אוֹפֶן — (in) no way
*לֹא הִסְכַּמְתִּי **בְּשׁוּם אוֹפֶן** לָלֶכֶת אִיתּוֹ.*
בְּשׁוּם-פָּנִים — absolutely not
מִשּׁוּם-מָה — somehow

שום ז׳ שׁוּם [שׁוּמִים] — garlic
יָרָק, נוֹתֵן טַעַם וְרֵיחַ חֲרִיפִים לָאוֹכֶל:
*אֲנִי אוֹהֵב לְבַשֵּׁל אֶת הַבָּשָׂר עִם בְּצָלִים **וְשׁוּמִים**.*

שומה נ׳ שׁוּמָה [שׁוּמוֹת] — assessment
1. כְּשֶׁקּוֹבְעִים כַּמָּה מַס צָרִיךְ לְשַׁלֵּם עַל רֶוַוח, עַל בַּיִת וְכוּ׳, הַעֲרָכָה:
*לְפִי הַ**שּׁוּמָה** שֶׁקִּיבַּלְתִּי, אֲנִי צָרִיךְ לְשַׁלֵּם מַס הַכְנָסָה גָּבוֹהַּ.*
2. נְקוּדָה חוּמָה עַל הַגּוּף: — mole
*כְּשֶׁיֵּשׁ **שׁוּמוֹת** לֹא כְּדַאי לִהְיוֹת בַּשֶּׁמֶשׁ.*

שומם ת׳ שׁוֹמֵם — desolate
רֵיק, שֶׁאֵין בּוֹ כְּלוּם:
*בַּמֵּאָה הַ-19 הָאָרֶץ הָיְיתָה **שׁוֹמֶמֶת**.*
שׁוֹמֶמֶת, שׁוֹמְמִים, שׁוֹמְמוֹת

שומן ז׳ שֻׁמָּן [שׁוּמָנִים] — fat
הַחוֹמֶר שֶׁגּוֹרֵם לָאֲנָשִׁים וְכוּ׳ שֶׁיִּהְיוּ לָהֶם הַרְבֵּה קִילוֹגְרָמִים:
*לְמִי שֶׁיֵּשׁ כּוֹלֶסְטֵרוֹל גָּבוֹהַּ אָסוּר לֶאֱכוֹל **שׁוּמָן** שֶׁל בָּשָׂר.*

שומר ז׳ שׁוֹמֵר [שׁוֹמְרִים] — guard
אָדָם שֶׁמֵּגֵן עַל מִישֶׁהוּ אוֹ מַשֶּׁהוּ מִפְּנֵי סַכָּנָה:
*בַּלַּיְלָה יֵשׁ **שׁוֹמְרִים** מִסָּבִיב לַגֶּדֶר הַקִּיבּוּץ.*
שׁוֹמֵר-רֹאשׁ — bodyguard
שׁוֹמֵר-סַף — doorman

שומרז׳ שֻׁמָּר [שׁוּמָרִים] fennel
מִין בָּצָל גָּדוֹל בְּטַעַם אָנִיס, מְבַשְּׁלִים אוֹתוֹ:
בַּמָּרָק יֵשׁ תַּפּוּחֵי אֲדָמָה, ***שׁוּמָר*** *וְגֶזֶר.*

שונאתה״ז שׂוֹנֵא [שׂוֹנְאִים] enemy
אוֹיֵב, מִי שֶׁיֵּשׁ לוֹ רְגָשׁוֹת נֶגֶד מִישֶׁהוּ:
הוּא יָדַע, שֶׁיֵּשׁ לוֹ ***שׂוֹנְאִים*** *רַבִּים בְּתוֹךְ הַמִּפְלָגָה.*
שׂוֹנֵאת, שׂוֹנְאוֹת

שונהת׳ שׁוֹנֶה different
אֵינוֹ דּוֹמֶה, אַחֵר:
שְׁנֵי הָאַחִים ***שׁוֹנִים*** *זֶה מִזֶּה.*
שׁוֹנָה, שׁוֹנִים, שׁוֹנוֹת

שונותנ׳ שׁוֹנוּת variance
כְּשֶׁיֵּשׁ הֶבְדֵּל:
צָרִיךְ לְעוֹדֵד אֶת ***הַשּׁוֹנוּת*** *בֵּין בְּנֵי הָאָדָם.*

שוניז׳ שֹׁנִי difference, diversity
הֶבְדֵּל בְּצוּרָה, בְּתוֹכֶן וְכוּ׳:
בֵּין דָּוִד וְרוּת יֵשׁ ***שׁוֹנִי*** *בַּמִּין וּבְצֶבַע הַשֵּׂעָר.*

שועבדפ׳ שֻׁעְבַּד was enslaved
1. הָיָה תַּחַת מִישֶׁהוּ, הָיָה לוֹ אָדוֹן:
עַמִּים רַבִּים ***שׁוּעְבְּדוּ*** *עַל-יְדֵי אִימְפֶּרְיוֹת.*
2. מַשֶּׁהוּ בַּעַל עֵרֶךְ (בַּיִת, כֶּסֶף) was mortgaged
שֶׁמַּחֲזִיקִים בּוֹ תְּמוּרַת הַלְוָואָה:
הַבַּיִת ***שׁוּעְבַּד*** *לַבַּנְק, עַד שֶׁנְּשַׁלֵּם אֶת הַמַּשְׁכַּנְתָּה.*
/ ש.ע.ב.ד, פּוּעַל / שׁוּעְבְּדוּ, מְשׁוּעְבָּד, יְשׁוּעְבַּד

שועלז׳ שׁוּעָל [שׁוּעָלִים] fox
בַּעַל חַיִּים טוֹרֵף, שֶׁנֶּחְשָׁב לְפִיקֵחַ:
בַּסִּפְרוּת יֵשׁ הַרְבֵּה סִיפּוּרִים עַל ***שׁוּעָלִים*** *(הַשּׁוּעָל בְּמִשְׁלֵי קְרִילוֹב וְכוּ׳).*
שִׁיבּוֹלֶת-שׁוּעָל oats

שוערז׳ שׁוֹעֵר [שׁוֹעֲרִים] doorkeeper, porter
1. מִי שֶׁיּוֹשֵׁב בְּפֶתַח שֶׁל בִּנְיָין גָּדוֹל וּבוֹדֵק מִי נִכְנָס:
הַשּׁוֹעֵר *לֹא נָתַן לִי לְהִיכָּנֵס.*
2. (בְּכַדּוּרֶגֶל) מִי שֶׁעוֹמֵד בַּשַּׁעַר וְעוֹצֵר כַּדּוּרִים: goalie
הַשּׁוֹעֵר *עָצַר אֶת הַכַּדּוּר לִפְנֵי הַשַּׁעַר.*
שׁוֹעֶרֶת, שׁוֹעֲרוֹת

שופטז׳ שׁוֹפֵט [שׁוֹפְטִים] judge
1. מִי שֶׁמַּחְלִיט בְּעִנְיְנֵי מִשְׁפָּט (הַאִם מִישֶׁהוּ אָשֵׁם, מַה הָעוֹנֶשׁ וְכוּ׳):
הַשּׁוֹפֵט *דָּן אֶת הַנֶּאֱשָׁם לְשָׁלוֹשׁ שְׁנוֹת מַאֲסָר.* referee
2. מִי שֶׁקּוֹבֵעַ בְּתַחֲרוּיוֹת סְפּוֹרְט, בִּזְכִיּוֹת, בְּרִיב מִי צוֹדֵק, מִי הַטּוֹב בְּיוֹתֵר:
הַשּׁוֹפֵט *קָבַע שֶׁ'מַכַּבִּי' יָפוֹ נִיצְּחָה.*
שׁוֹפֶטֶת, שׁוֹפְטוֹת

שופכיןז״ר שׁוֹפְכִין sewage
מַיִם מְשׁוּמָּשִׁים, מְלוּכְלָכִים (מֵהַבַּיִת וְכוּ׳):
אָסוּר לְהַעֲבִיר אֶת מֵי ***הַשּׁוֹפְכִין*** *אֶל הַיָּם.*

שופעת׳ שׁוֹפֵעַ brimming, abounding
זוֹרֵם, שֶׁיֵּשׁ מִמֶּנּוּ הַרְבֵּה, בְּכַמּוּת גְּדוֹלָה:
הוּא ***שׁוֹפֵעַ*** *סִיפּוּרִים - תָּמִיד מְעַנְיֵין אִיתּוֹ.*
שׁוֹפַעַת, שׁוֹפְעִים, שׁוֹפְעוֹת

שופץפ׳ שֻׁפַּץ was renovated/ remodeled
תִּיקְנוּ אוֹתוֹ, עָשׂוּ אוֹתוֹ כְּמוֹ חָדָשׁ:
הַמָּנוֹעַ שֶׁל הַמְּכוֹנִית ***שׁוּפַּץ.***
/ ש.פ.ץ, פּוּעַל / שׁוּפְּצוּ, מְשׁוּפָּץ, יְשׁוּפַּץ

שופרז׳ שׁוֹפָר [שׁוֹפָרוֹת] shofar
1. כְּלִי מוּסִיקָלִי, עָשׂוּי מִקֶּרֶן אַיִל, מִשְׁתַּמְּשִׁים בּוֹ כְּחֵלֶק מִן הָרִיטוּאָל הַדָּתִי בְּבֵית הַכְּנֶסֶת:
אָבִי הָיָה תּוֹקֵעַ ***בַּשּׁוֹפָר*** *בְּרֹאשׁ הַשָּׁנָה וּבְיוֹם כִּיפּוּר.*
2. (מֶטָאפוֹרָה) אֶמְצָעִי, דֶּרֶךְ לְפַרְסֵם דְּבָרִים: organ, mouthpiece
הָעִיתּוֹן הַזֶּה הוּא ***הַשּׁוֹפָר*** *שֶׁל הַמֶּמְשָׁלָה.*

שופרפ׳ שֻׁפַּר was improved
נַעֲשָׂה טוֹב יוֹתֵר:
תְּנָאֵי הָעֲבוֹדָה ***שׁוּפְּרוּ*** *- עוֹבְדִים פָּחוֹת שָׁעוֹת, מְקַבְּלִים אֲרוּחַת צָהֳרַיִים וְכוּ׳:*
/ ש.פ.ר, פּוּעַל / שׁוּפְּרוּ, מְשׁוּפָּר, יְשׁוּפַּר

שוקז׳ שׁוּק [שְׁוָוקִים] market
מָקוֹם מֶרְכָּזִי לִקְנִיָּיה וּמְכִירָה בְּעִיקָּר שֶׁל מָזוֹן:
אֲנִי קוֹנֶה יְרָקוֹת וּפֵירוֹת טְרִיִּים ***בַּשּׁוּק*** *וְלֹא בַּחֲנוּת.*
שׁוּק חוֹפְשִׁי free market
שׁוּק שָׁחוֹר black market
הַשּׁוּק הָאֵירוֹפִּי הַמְשׁוּתָּף the European Common Market

שוקנ׳ שׁוֹק [שׁוֹקַיִים] thigh
הַחֵלֶק בָּרֶגֶל בֵּין כַּף הָרֶגֶל וְהַבֶּרֶךְ:
שָׁבַרְתִּי אֶת הָרֶגֶל וְיֵשׁ לִי גֶּבֶס עַל ***הַשּׁוֹק.***

שוקםפ׳ שֻׁקַּם was reconstructed
הוּחְזַר לְמַצָּב הַקּוֹדֵם:
הַבַּיִת שֶׁנִּפְגַּע מִפִּצְצָה ***שׁוּקַּם,*** *אֶפְשָׁר לָגוּר בּוֹ.*

*הַחוֹלֶה **שׁוּקַם**, הוּא חָזַר לִפְעִילוּת רְגִילָה.*
/ ש.ק.ם, פּוּעַל / שׁוּקמוּ, מְשׁוּקָם, יְשׁוּקַם

שׁוֹקֵק־חַיִּיםת׳ שׁוֹקֵק־חַיִּים [שׁוֹקְקֵי־חַיִּים] full of life, vivacious
מָלֵא חַיִּים - רוֹעֵשׁ, רָץ מִמָּקוֹם לְמָקוֹם וְכוּ׳:
*תֵּל-אָבִיב הִיא עִיר **שׁוֹקֶקֶת חַיִּים**.*
שׁוֹקֶקֶת־חַיִּים, שׁוֹקְקוֹת־חַיִּים

שׁוֹרז׳ שׁוֹר [שְׁוָורִים] bull, ox
הַזָּכָר שֶׁל הַפָּרָה (בְּדֶרֶךְ כְּלָל אֵינוֹ יָכוֹל לְהוֹלִיד), מְשַׁמֵּשׁ לַעֲבוֹדוֹת קָשׁוֹת:
*הַ**שְּׁוָורִים** סָחֲבוּ אֶת הָעֲגָלָה הַכְּבֵדָה אֶל רֹאשׁ הָהָר.*
תָּפַס אֶת הַשּׁוֹר בְּקַרְנָיוב׳ - took the bull by the horns
טִיפֵּל מִיָּד בָּעִנְיָין

שׁוּרָהנ׳ שׁוּרָה [שׁוּרוֹת] row, line
1. דְּבָרִים שֶׁמְּסוּדָּרִים זֶה עַל יַד זֶה אוֹ זֶה אַחֲרֵי זֶה:
*הַתַּלְמִידִים עָמְדוּ **בְּשׁוּרוֹת** לְפִי הַגּוֹבַהּ. / יֵשׁ לִי כַּרְטִיס לְקוֹלְנוֹעַ - **שׁוּרָה** 10 כִּיסֵּא 12.*
2. קַו בְּמַחְבֶּרֶת כְּדֵי לִכְתוֹב יָשָׁר: line
*אֲנִי כּוֹתֵב בְּמַחְבֶּרֶת עִם **שׁוּרוֹת**.*
אָדָם מִן הַשּׁוּרָה the average man
שׁוּרַת-הַדִּין justice
לִפְנִים מִשּׁוּרַת הַדִּין leniently
כַּשּׁוּרָה properly

שׁוּרוּקז׳ שׁוּרוּק shuruk - Heb. vowel - u sound
תְּנוּעַת / וּ / בְּעִבְרִית:
*בַּמִּילָה שׁוּק יֵשׁ **שׁוּרוּק** אַחֲרֵי הַשׁ׳.*

שׁוֹרַשׁפ׳ שֹׁרַשׁ was uprooted
יָצָא אוֹ הוֹצִיאוּ אוֹתוֹ עִם הַשּׁוֹרֶשׁ כּוּלּוֹ:
*הַגַּנָּן אָמַר, שֶׁכָּל הָעֲשָׂבִים הָרָעִים שֶׁהָיוּ בַּגִּינָּה **שׁוֹרְשׁוּ**. הַשְּׁגִיאוֹת בַּלָּשׁוֹן לֹא **שׁוֹרְשׁוּ**.*
/ ש.ר.ש, פּוּעַל / שׁוֹרְשׁוּ, מְשׁוֹרָשׁ, יְשׁוֹרַשׁ

שׁוֹרֶשׁז׳ שֹׁרֶשׁ [שׁוֹרָשִׁים] root
1. הַחֵלֶק שֶׁמִּמֶּנּוּ גָּדֵל צֶמַח, נִמְצָא בְּתוֹךְ הָאֲדָמָה:
*לָעֵץ הַזֶּה יֵשׁ **שׁוֹרָשִׁים** עֲמוּקִים.*
2. (בְּדִיקְדּוּק) הָאוֹתִיּוֹת שֶׁהַמִּילִים נוֹצָרוֹת מֵהֶן:
*הַ**שּׁוֹרֶשׁ** שֶׁל הַמִּילָה 'מִכְתָּב' הוּא כ.ת.ב.*
3. (בְּמָתֵימָטִיקָה): *שׁוֹרֶשׁ שֶׁל 25 הוּא 5. ($\sqrt{25}=5$)*
4. (מֶטָאפוֹרָה) הַגּוֹרֵם, הַיְּסוֹד:
***שׁוֹרֶשׁ** הָרַע בַּחֶבְרָה הוּא הָרִיצָה אַחֲרֵי הַכֶּסֶף.*
הוֹצִיא שׁוֹרֶשׁ extracted a root
עָקַר מִן הַשּׁוֹרֶשׁ uprooted
הִיכָּה שׁוֹרֶשׁ struck roots

שׁוֹרְשִׁית׳ שָׁרְשִׁי basic, radical letters
1. הַשַּׁיָּיךְ לַשּׁוֹרֶשׁ, לַיְּסוֹד, לַבָּסִיס:
*בַּמִּילָה 'כְּתִיבָה' הָאוֹתִיּוֹת כ.ת.ב **שׁוֹרְשִׁיּוֹת**.*
2. שֶׁיֵּשׁ לוֹ בָּסִיס, קָבוּעַ חָזָק: deep-rooted
*הוּא יְרוּשַׁלְמִי **שׁוֹרְשִׁי**.*
שׁוֹרְשִׁית, שׁוֹרְשִׁיִּים, שׁוֹרְשִׁיּוֹת

שׁוֹשְׁבִיןז׳ שׁוֹשְׁבִין [שׁוֹשְׁבִינִים] best man
1. חָבֵר שֶׁמְּלַוֶּוה לַחוּפָּה אֶת הֶבָּחוּר אוֹ הַבַּחוּרָה:
*בַּחֲתוּנָּה שֶׁל רוּת וְדָוִיד הָיִיתִי הַ**שּׁוֹשְׁבִין** שֶׁל דָּוִיד.*
2. (מֶטָאפוֹרָה) מִי שֶׁדּוֹאֵג, backer, promoter
מְטַפֵּל וְעוֹזֵר בְּעִנְיָין כָּלְשֶׁהוּ:
*הָיִיתִי הַ**שּׁוֹשְׁבִין** בָּעִיסְקָה שֶׁבֵּין דָּוִיד וְיִצְחָק.*
שׁוֹשְׁבִינָה, שׁוֹשְׁבִינוֹת

שׁוֹשֶׁלֶתנ׳ שׁוֹשֶׁלֶת [שׁוֹשָׁלוֹת] dynasty
שַׁרְשֶׁרֶת דּוֹרוֹת בְּמִשְׁפָּחָה:
*הַצָּאר הָאַחֲרוֹן בְּרוּסְיָה הָיָה מִ**שּׁוֹשֶׁלֶת** רוֹמָאנוֹב.*
שׁוֹשֶׁלֶת-יוּחֲסִין lineage, pedigree

שׁוֹשַׁנָּהנ׳ שׁוֹשַׁנָּה [שׁוֹשַׁנִּים] rose
1. שֵׁם לִפְרָחִים יָפִים, שֶׁיֵּשׁ לָהֶם הַרְבֵּה עָלִים:
לַשּׁוֹשַׁנָּה רֵיחַ נָעִים מְאוֹד.
2. פֶּצַע עַל עוֹר, כֶּתֶם אָדוֹם וְכוֹאֵב: erysipelas
יֵשׁ לִי, כַּנִּרְאֶה, וִירוּס שֶׁל שׁוֹשַׁנָּה בָּעוֹר.
שׁוֹשַׁנַּת-הָרוּחוֹת compass rose

שׁוּתַּףפ׳ שֻׁתַּף was included
נָתְנוּ לוֹ לִהְיוֹת חֵלֶק מ-:
***שׁוּתַּפְתִּי** בְּהַחְלָטוֹת שֶׁל הַהַנְהָלָה.*
/ ש.ת.ף, פּוּעַל / שׁוּתְּפוּ, מְשׁוּתָּף, יְשׁוּתַּף

שׁוּתָּףז׳ שֻׁתָּף [שׁוּתָּפִים] partner
מִי שֶׁלּוֹקֵחַ חֵלֶק בְּמַשֶּׁהוּ יַחַד עִם אַחֵר:
*הַחֲנוּת שַׁיֶּיכֶת לִשְׁנֵי **שׁוּתָּפִים** - אַהֲרוֹנִי וּמִזְרָחִי.*
שׁוּתָּפָה-שׁוּתֶּפֶת, שׁוּתָּפוֹת

שׁוּתָּפוּתנ׳ שֻׁתָּפוּת [שׁוּתָּפוּיוֹת] partnership
כְּשֶׁכַּמָּה אֲנָשִׁים יֵשׁ לָהֶם עֵסֶק בְּיַחַד:
*הַ**שּׁוּתָּפוּת** שֶׁל דָּוִיד וְיִצְחָק הִתְפָּרְקָה.*

שׁוּתַּקפ׳ שֻׁתַּק was paralyzed
1. קִיבֵּל מַחֲלָה (כְּשֶׁאִי אֶפְשָׁר לְהָזִיז חֲלָקִים מִן הַגּוּף):
*הוּא נִפְגַּע בִּתְאוּנַת דְּרָכִים, וְהָרַגְלַיִים שֶׁלּוֹ **שׁוּתְּקוּ**.*
2. (מֶטָאפוֹרָה) הִפְסִיק לִהְיוֹת פָּעִיל: was immobilized
*תְּנוּעַת הָאוֹטוֹבּוּסִים **שׁוּתְּקָה** בְּשַׁבָּת.*
/ ש.ת.ק, פּוּעַל / שׁוּתְּקוּ, מְשׁוּתָּק, יְשׁוּתַּק

שזוףת׳ שָׁזוּף — tanned (adj.)
שֶׁיֵּשׁ לוֹ צֶבַע עוֹר כֵּהֶה (בְּעִיקָּר בִּגְלַל הַשֶּׁמֶשׁ):
*חָזַרְנוּ **שְׁזוּפִים** מִן הַטִּיּוּל.*
שזוּפָה, שזוּפִים, שזוּפוֹת

שזורת׳ שָׁזוּר — interwoven
נִמְצָא בְּתוֹךְ, כְּחֵלֶק מִמֶּנּוּ (חוּט וְכוּ׳):
*הַבַּד שֶׁל הַשִּׂמְלָה שָׁחוֹר, וְ**שָׁזוּר** בּוֹ חוּט כֶּסֶף.*
שזוּרָה, שזוּרִים, שזוּרוֹת

שזיףז׳ שְׁזִיף [שְׁזִיפִים] — plum, prune
עֵץ, הַפֵּירוֹת שֶׁלּוֹ בְּצֶבַע אָדוֹם, צָהוֹב אוֹ סָגוֹל:
*אֲנִי אוֹהֵב לֶאֱכוֹל **שְׁזִיפִים** בַּקַּיִץ.*

שזרפ׳ שָׁזַר — interwove, interlaced
שִׁילֵּב, שָׂם בְּיַחַד כַּמָּה חוּטִים:
***שָׁזַרְתִּי** בְּתוֹךְ הַסְּוֶודֶר הַשָּׁחוֹר חוּט זָהָב.*
לִשְׁזוֹר אֶת- / ש.ז.ר, פָּעַל / שָׁזַרְתִּי, שׁוֹזֵר, יִשְׁזוֹר

שחפ׳ שַׁח (שָׁחַח) — bent
(לָשׁוֹן סִפְרוּתִית) הִתְכּוֹפֵף, הִפְנָה אֶת רֹאשׁוֹ לְמַטָּה:
שַׁחָה קוֹמָתוֹ - crouched
*מִזִּקְנָה **שַׁחָה** קוֹמָתוֹ שֶׁל דָּוִיד.*
/ ש.ח.ח, פָּעַל / שַׁחוֹתִי, שַׁח, יָשׁוֹחַ

שׂחפ׳ שָׂח — told, said
אָמַר, דִּיבֵּר, סִיפֵּר:
*הוּא **שָׂח** לִי אֶת כֹּל מַה שֶׁקָּרָה.*
מָה אַתָּה שָׂח?! — you don't say?!
/ שׂ.י.ח, פָּעַל / שַׂחְתִּי, שָׂח, יָשִׂיחַ

שחהפ׳ שָׂחָה — swam
נָע בַּמַּיִם כְּמוֹ דָּג:
*דָּן **שׂוֹחֶה** בַּבְּרֵיכָה אוֹ בַּיָּם כֹּל בּוֹקֶר.*
שָׂחָה נֶגֶד הַזֶּרֶם — swam against the tide
לִשְׂחוֹת / שׂ.ח.ה, פָּעַל / שָׂחִיתִי, שׂוֹחֶה, יִשְׂחֶה, שְׂחֵה!

שחוחת׳ שָׁחוּחַ — bent (adj.)
כָּפוּף, כְּשֶׁהָרֹאשׁ כְּלַפֵּי מַטָּה:
*הוּא הָלַךְ **שָׁחוּחַ**, כְּאִילּוּ הָיָה אִישׁ זָקֵן.*
שחוּחָה, שחוּחִים, שחוּחוֹת

שחוטת׳ שָׁחוּט — slaughtered (adj.)
שֶׁשָּׁחֲטוּ אוֹתוֹ, חָתְכוּ לוֹ אֶת הַצַּוָּואר:
*זֹאת חֲנוּת שֶׁמּוֹכֶרֶת תַּרְנְגוֹלוֹת **שְׁחוּטוֹת** טְרִיּוֹת.*
שחוּטָה, שחוּטִים, שחוּטוֹת

שחוםת׳ שָׁחֹם — dark brown
צֶבַע שָׁחוֹר+חוּם, חוּם כֵּהֶה:
*יֵשׁ לָהּ פָּנִים **שְׁחוּמִים** מֵהַשֶּׁמֶשׁ.*
שחוּמָה, שחוּמִים, שחוּמוֹת

שחוןת׳ שָׁחוּן — hot and dry
חַם וְיָבֵשׁ (מֶזֶג אֲוִויר וְכוּ׳):
*כְּשֶׁיֵּשׁ חוֹרֶף **שָׁחוּן**, בְּלִי גֶּשֶׁם, נוֹצָר מַחְסוֹר בַּמַּיִם.*
שחוּנָה, שחוּנִים, שחוּנוֹת

שחוקת׳ שָׁחוּק — ragged (adj.)
1. מְשׁוּפְשָׁף, לֹא נִרְאֶה חָדָשׁ:
*הַמְּעִיל הַזֶּה נִרְאֶה **שָׁחוּק**, כִּי הוּא יָשָׁן.*
2. (מֶטָאפוֹרָה) עָיֵיף, בְּלִי אֶנֶרְגִיָּה: — burnt out
*הַמּוֹרִים **שְׁחוּקִים** בִּגְלַל הָרַעַשׁ וְהַצְּפִיפוּת בַּכִּיתּוֹת.*
שחוּקָה, שחוּקִים, שחוּקוֹת

שחוק כמו צחוק (ר׳ שם)

שחורת׳ שָׁחוֹר — black
צֶבַע כֵּהֶה, כְּמוֹ לַיְלָה בְּלִי אוֹר:
*יֵשׁ לִי שֵׂיעָר **שָׁחוֹר**.*
דֶּגֶל שָׁחוֹר - דֶּגֶל שֶׁתּוֹלִים כְּשֶׁיֵּשׁ סַכָּנָה: — black flag
הַיָּם סוֹעֵר יֵשׁ דֶּגֶל שָׁחוֹר עַל הַחוֹף.
הַזָּהָב הַשָּׁחוֹר — black gold
יוֹם שָׁחוֹר — black-letter day
פּוֹעֵל שָׁחוֹר — unskilled laborer
רוֹאֶה-שְׁחוֹרוֹת — pessimist
רְשִׁימָה שְׁחוֹרָה — blacklist
שׁוּק שָׁחוֹר — black market
כֶּסֶף שָׁחוֹר - רֶוַוח שֶׁלֹּא שׁוֹלְמוּ עָלָיו מַס
שָׁחוֹר, שחוֹרָה, שחוֹרוֹת

שחטפ׳ שָׁחַט — slaughtered
גָּרַם מָוֶות עַל יְדֵי כָּךְ שֶׁחָתַךְ אֶת הַצַּוָּואר (שֶׁל בַּעֲלֵי חַיִּים):
*הוּא **שָׁחַט** תַּרְנְגוֹלֶת לִכְבוֹד שַׁבָּת.*
לִשְׁחוֹט אֶת- / ש.ח.ט, פָּעַל / שָׁחַטְתִּי, שׁוֹחֵט, יִשְׁחַט

שחיז׳ שֶׁחִי/שְׁחִי — armpit
שֶׁקַע בֵּין הַיָּד וְהַגּוּף, מִתַּחַת לַכָּתֵף.
בֵּית הַשֶּׁחִי - *הֶחֱזַקְתִּי אֶת הָעִיתּוֹן מִתַּחַת לְבֵית הַשֶּׁחִי.*

שחיטהנ׳ שְׁחִיטָה [שְׁחִיטוֹת] — slaughter
הֲרִיגָה עַל-יְדֵי כָּךְ שֶׁחוֹתְכִים אֶת הַצַּוָּואר:
*לַיְּהוּדִים יֵשׁ חוּקֵי **שְׁחִיטָה** מְיוּחָדִים.*

שחייהנ׳ שְׂחִיָּה [שְׂחִיּוֹת] — swimming
עֲשִׂיַּית תְּנוּעוֹת בַּמַּיִם כְּדֵי לְהִתְקַדֵּם:
*הוּא הִגִּיעַ רִאשׁוֹן בְּתַחֲרוּת **הַשְּׂחִיָּה**.*

שׂחייןז׳ שַׂחְיָן [שַׂחְיָנִים] swimmer
מִי שֶׁשׂוֹחֶה (= עוֹשֶׂה תנועות בַּמַּיִם) בְּאוֹפֶן מִקצוֹעִי:
*הוּא **שַׂחְיָן** טוֹב, כֹּל יוֹם הוּא שׂוֹחֶה 5 קִילוֹמֶטרִים.*
שַׂחְיָנִית, שַׂחְיָנִיּוֹת

שחיקהנ׳ שְׁחִיקָה [שחִיקוֹת] wear and tear
1. שִׁיפשוּף, כְּשֶׁמַּשֶּׁהוּ נַעֲשֶׂה יָשָׁן:
***שחִיקָה** שֶׁל בגָדִים הִיא תוֹצָאָה שֶׁל שִׁימוּשׁ רַב.*
2. (מֶטָאפוֹרָה) הָעֵרֶךְ שֶׁלּוֹ יָרַד: decrease
*בִּגלַל הָאִינפלַצְיָה יֵשׁ **שחִיקָה** בַּשָּׂכָר.*
3. (מֶטָאפוֹרָה) עֲיֵיפוּת, חוֹסֶר אֶנֶרגְיָה: burnout
*מִי שֶׁעוֹבֵד בְּרַעַשׁ וּבִצפִיפוּת מַרגִישׁ **שחִיקָה**.*

שחיתותנ׳ שְׁחִיתוּת [שחִיתוּיוֹת] corruption
קִילקוּל, הִתנַהֲגוּת לֹא מוּסָרִית אוֹ לֹא חוּקִית (בְּכֶסֶף וְכוּ'):
*הִתגַּלְתָה **שחִיתוּת** בַּמִּשׂרָד - הַמְנַהֵל שִׁילֵם לַפָּקִיד פִּי שְׁנַיִם מִן הַמּוּתָר.*

שחלז׳ שַׁחַל lion
(לָשׁוֹן גבוֹהָה) אַרְיֵה:
*הוּא גִיבּוֹר כְּ**שַׁחַל** בַּיַּעַר.*

שחלהנ׳ שַׁחֲלָה [שחָלוֹת] ovary
הַמָּקוֹם בְּגוּף הָאִישָּׁה, שֶׁמִּתפַּתחוֹת בּוֹ בֵּיצִיוֹת (מֵהֶן גָּדֵל יֶלֶד...):
*הִיא אֵינָהּ יְכוֹלָה לָלֶדֶת יְלָדִים, כִּי הוֹצִיאוּ לָהּ אֶת **הַשחָלוֹת**.*

שחףז׳ שַׁחַף [שחָפִים] seagull
צִיפּוֹר יָם:
*יָפֶה לִראוֹת אֶת **הַשחָפִים** עָפִים בַּשָּׁמַיִם.*

שחפתנ׳ שַׁחֶפֶת tuberculosis
מַחֲלַת רֵיאוֹת - הָיְתָה מְסוּכֶּנֶת מְאוֹד בֶּעָבָר:
*יְלָדִים מְקַבּלִים הַיּוֹם חִיסוּן נֶגֶד **שַׁחֶפֶת**.*

שחצןתו״ז שַׁחְצָן [שַׁחצָנִים] arrogant, boastful
חוֹשֵׁב שֶׁהוּא מוּצלָח, יוֹדֵעַ הַכּוֹל וּמִתפָּאֵר בְּכָךְ:
*אִם מִישֶׁהוּ מוּצלָח כֹּל-כָּךְ, הוּא לֹא חַיָּיב לִהיוֹת **שַׁחצָן**.*
שַׁחצָנִית, שַׁחצָנִיּוֹת

שחצנותנ׳ שַׁחְצָנוּת arrogance, boastfulness
יַחַס מִגָּבוֹהַּ, יַחַס שֶׁל מִי שֶׁחוֹשֵׁב שֶׁהָאֲחֵרִים אֵינָם שָׁוִוים כּלוּם:
*מִתּוֹךְ **שַׁחצָנוּת**, הוּא מְדַבֵּר בְּזִילזוּל עַל חֲבֵרָיו.*

שחקפ׳ שָׁחַק eroded
1. עָשָׂה פֵּירוּרִים קְטַנִּים מְאוֹד:
*הַמַּיִם **שָׁחֲקוּ** אֶת הָאֲבָנִים.*
2. גָּרַם עֲיֵיפוּת, הִשׁאִיר בּלִי כּוֹחַ: wore (someome) out
*הָעֲבוֹדָה **שָׁחֲקָה** אוֹתִי.*
3. עָשָׂה שֶׁיִּהיֶה פָּחוֹת: caused a decrease
*הָאִינפלַצְיָה **שָׁחֲקָה** אֶת הַמַּשׂכּוֹרוֹת.*
לִשׁחוֹק אֶת- / ש.ח.ק, פָּעַל / שָׁחַקתִי, שׁוֹחֵק, יִשׁחַק

שחקיםז״ר שְׁחָקִים heaven
(לָשׁוֹן גבוֹהָה) שָׁמַיִם:
*הַמָּטוֹס הִמרִיא לַ**שחָקִים**.*
הִרקִיעַ שחָקִים - soared sky-high
*(מֶטָאפוֹרָה) הַמּחִירִים **הִרקִיעוּ** שחָקִים.*

שׂחקןז׳ שַׂחְקָן [שַׂחקָנִים] actor
1. מִי שֶׁמּוֹפִיעַ עַל הַבָּמָה בַּתֵּיאַטרוֹן:
***הַשַׂחקָן** שִׂיחֵק בְּכִישרוֹן רַב.*
2. מִי שֶׁמִּשתַתֵּף בְּמִשׂחֲקֵי ספּוֹרט: player
*יֵשׁ 11 **שַׂחקָנִים** בִּקבוּצַת כַּדּוּרֶגֶל.*
שַׂחקָנִית, שַׂחקָנִיּוֹת

שחרז׳ שַׁחַר dawn
לִפנֵי הַבּוֹקֶר:
*עִם **שַׁחַר** קַמתִי וְהָלַכתִי לָעֲבוֹדָה.*
עַמּוּד-הַשַּׁחַר crack of dawn
אֵין לוֹ שַׁחַר unfounded

שחרחורתת׳ שְׁחַרְחֹרֶת darkish (f)
שֶׁיֵּשׁ בָּהּ צֶבַע שָׁחוֹר, כֵּהָה:
*הַבַּחוּרָה **הַשחַרחוֹרֶת** הִיא הַבַּת שֶׁלִּי.*
שחַרחוֹרֶת, שחַרחוֹרוֹת

שחרחרת׳ שְׁחַרְחַר darkish (m)
שֶׁיֵּשׁ לוֹ מַשֶּׁהוּ מִן הַצֶּבַע הַכֵּהֶה, הַשָּׁחוֹר:
*הַבָּחוּר **הַשחַרחַר** הַזֶּה הוּא חָבֵר שֶׁלִּי.*
שחַרחוֹרִים, שחַרחָרוֹת

שחריתנ׳ שַׁחֲרִית [שַׁחֲרִיוֹת] morning
1. הַזְּמַן שֶׁל הַבּוֹקֶר:
*אָכַלתִי פַּת **שַׁחֲרִית** - לֶחֶם בְּחֶמאָה, גבִינָה, בֵּיצָה וְקָפֶה.*
2. הַתפִילָּה שֶׁל הַבּוֹקֶר: morning-prayer
*הוּא הִתפַּלֵּל **שַׁחֲרִית** וְהָלַךְ לָעֲבוֹדָה.*
3. הַצָּגָה, הַרצָאָה, נֶעֱרָכוֹת לִפנֵי הַצּוֹהֳרַיִים: matinée
*בַּחוֹפֶשׁ הָלַכנוּ לְהַצָּגַת **שַׁחֲרִית** בַּתֵּיאַטרוֹן.*

שחתנ׳ שַׁחַת hay
עֵשֶׂב יָבֵשׁ, מָזוֹן לִבהֵמוֹת:
*נָתַנוּ לַפָּרוֹת **שַׁחַת**, כִּי אֵין עֵשֶׂב טָרִי.*
שֵׁד מִשַּׁחַת ב׳ a 'devil'
קַדַּחַת-הַשַּׁחַת hay fever

שטפ׳ שָׁט sailed
נָע בַּמַּיִם בִּסִירָה אוֹ בָּאוֹנִיָּה:
*הַדַּיָּג **שָׁט** בַּסִירָה עַל הַמַּיִם.*
לָשׁוּט / ש.ו.ט, פָּעַל / שַׁטְתִּי, שָׁט, אָשׁוּט, יָשׁוּט

שטוחת׳ שָׁטוּחַ flat
לֹא גָּבוֹהַּ, דַּק וְיָשָׁר:
*הַצַּלַּחַת הִיא כְּלִי **שָׁטוּחַ**.*
בַּקָּשָׁתִי שטוּחָה ב׳ - my plea is laid before you
בַּקָּשָׁתִי שטוּחָה לְפָנֶיךָ, שֶׁתְּקַבֵּל אוֹתִי לַעֲבוֹדָה.
שטוּחָה, שטוּחִים, שטוּחוֹת

שטוףת׳ שָׁטוּף rinsed (adj.)
1. שֶׁשָּׁמוּ אוֹתוֹ בְּמַיִם:
*הַיְּרָקוֹת **שְׁטוּפִים**, אֶפְשָׁר לֶאֱכוֹל.*
2. (מֶטָאפוֹרָה) יֵשׁ בּוֹ הַרְבֵּה, מוּצָף: flooded (adj.)
*הַחֶדֶר **שָׁטוּף** שֶׁמֶשׁ.*
3. רוֹצֶה אוֹ עוֹשֶׂה בְּצוּרָה מוּגְזֶמֶת: addicted (adj.), lecherous
*הוּא **שָׁטוּף** בְּתַאֲווֹת אֲכִילָה.*
שטוּפָה, שטוּפִים, שטוּפוֹת

שטותנ׳ שְׁטוּת [שטוּיוֹת] foolishness, nonsense
דָּבָר לֹא חָשׁוּב, טִיפְּשִׁי:
*אַל תָּשִׂים לֵב לְמַה שֶּׁהוּא אוֹמֵר, הוּא מְדַבֵּר **שְׁטוּיוֹת**!*

שטותית׳ שְׁטוּתִי foolish
טִיפְּשִׁי, בִּלְתִּי חָשׁוּב:
*שְׁנֵי הָאַחִים רָבוּ עַל עִנְיָנִים **שטוּתִיִּים**.*
שטוּתִית, שטוּתִיִּים, שטוּתִיּוֹת

שטחפ׳ שָׁטַח spread
שָׂם בְּצוּרָה פְּתוּחָה אֶת כֹּל הָאוֹרֶךְ וְהָרוֹחַב:
***שָׁטַחְתִּי** אֶת הַשְּׂמִיכָה עַל הָרִצְפָּה.*
שָׁטַח אֶת בַּקָּשָׁתוֹב׳ laid his plea
לִשְׁטוֹחַ אֶת- / ש.ט.ח, פָּעַל / שָׁטַחְתִּי, שׁוֹטֵחַ, יִשְׁטַח

שטחז׳ שֶׁטַח [שְׁטָחִים] area
1. אֲדָמָה, מָקוֹם מְסוּיָּם עַל פְּנֵי הָאֲדָמָה:
*אָסוּר לִנְהוֹג בִּמְהִירוּת **בְּשֶׁטַח** בָּנוּי.*
2. תְּחוּם שֶׁל יְדִיעוֹת אוֹ פְּעִילוּת: field, discipline
*הוּא הִרְצָה **בְּשֶׁטַח** הָאוֹמָנוּת.*
שְׁטָחִים מוּחזָקִים occupied territories
שֶׁטַח הַחֶדֶר - 4 מ׳ אוֹרֶךְ x 4 מ׳ רוֹחַב = 16 מֶטְרִים מְרוּבָּעִים.
שֶׁטַח-הֶפְקֵר no man's land

שטחית׳ שִׁטְחִי superficial
לֹא עָמוֹק, מַבָּט מִלְמַעְלָה בִּלְבַד:
*יֵשׁ לוֹ יְדִיעוֹת **שִׁטְחִיּוֹת** עַל הַחַיִּים בָּאָרֶץ.*
שִׁטְחִית, שִׁטְחִיִּים, שִׁטְחִיּוֹת

שטחיותנ׳ שִׁטְחִיּוּת superficiality
כְּשֶׁאֵין רְצִינוּת, לֹא מְנַסִּים לְהַעֲמִיק:
*בִּגְלַל **הַשִּׁטְחִיּוּת** שֶׁל עֲבוֹדַת הַגְּמָר הוּא קִיבֵּל צִיּוּן נָמוּךְ.*

שטיחז׳ שָׁטִיחַ [שְׁטִיחִים] rug, carpet
מַה שֶּׁשָּׂמִים עַל הָרִצְפָּה תַּחַת הָרַגְלַיִים:
*עַל הָרִצְפָּה בַּסָּלוֹן יֵשׁ **שָׁטִיחַ** פַּרְסִי יָקָר.*

שטיפהנ׳ שְׁטִיפָה [שְׁטִיפוֹת] rinsing, washing
1. נִיקּוּי בְּמַיִם:
*גָּמַרְתִּי אֶת **שְׁטִיפַת** הָרִצְפָּה - הַבַּיִת נָקִי.*
2. (לְשׁוֹן דִּיבּוּר) קִיבַּלְתִּי scolding, telling off
***שְׁטִיפָה** מִן הַמְּנַהֵל, כִּי אֵיחַרְתִּי.*
שְׁטִיפַת-מוֹחַ brainwashing

שטןז׳ שָׂטָן [שְׂטָנִים] devil
הַמַּלְאָךְ הָרַע:
הַשָּׂטָן מְנַסֶּה לְהַשְׁפִּיעַ עַל הָאָדָם לַעֲשׂוֹת מַעֲשִׂים רָעִים.
פָּתַח פֶּה לַשָּׂטָןב׳ (עֲמָמִי) invited misfotune

שטנית׳ שְׂטָנִי demonic
דֵּמוֹנִי, רַע, אַכְזָרִי:
*יֵשׁ לוֹ מַבָּט **שְׂטָנִי**.*
שְׂטָנִית, שְׂטָנִיִּים, שְׂטָנִיּוֹת

שטףפ׳ שָׁטַף washed away, rinsed
1. נִיקָּה בְּמַיִם:
*דָּוִיד **שָׁטַף** אֶת הָרִצְפָּה בַּחֶדֶר, וְרוּתִי שָׁטְפָה אֶת הַכֵּלִים.*
2. נָזַל, יָרַד בְּכוֹחַ: flooded
*גֶּשֶׁם חָזָק **שָׁטַף** בָּרְחוֹבוֹת.*
3. (לְשׁוֹן דִּיבּוּר) אָמַר דְּבָרִים קָשִׁים: scolded, told off
*הַמְּנַהֵל **שָׁטַף** אוֹתִי בִּגְלַל הָאִיחוּרִים...*
לִשְׁטוֹף / ש.ט.ף, פָּעַל / שָׁטַפְתִּי, שׁוֹטֵף, יִשְׁטוֹף, שְׁטוֹף!

שטףז׳ שֶׁטֶף flow
זֶרֶם, כַּמּוּת גְּדוֹלָה (שֶׁל מַיִם וְכוּ׳):
*הַצִּינּוֹר נִשְׁבַּר **וְשֶׁטֶף** מַיִם פָּרַץ מִמֶּנּוּ.*
שֶׁטֶף-דָּם hemorrhage
שֶׁטֶף-דִּיבּוּר fluency
בְּשֶׁטֶף ת״פ fluently

שטרז׳ שְׁטָר [שְׁטָרוֹת] bill, bank-note
1. כֶּסֶף הַמּוּדְפָּס עַל נְיָיר:
*יֵשׁ לִי **שְׁטָר** שֶׁל מֵאָה שְׁקָלִים, אֲבָל אֵין לִי כֶּסֶף קָטָן.*
2. הִתְחַיְּבוּת בִּכְתָב לְשַׁלֵּם כֶּסֶף promissory note

בְּיוֹם מְסוּיָם:
*חָתַמְתִּי עַל **שְׁטָרוֹת** לִפְנֵי שֶׁשָּׂכַרְתִּי אֶת הַדִּירָה.*
שְׁטַר-חוֹב promissory note
שְׁטַר-מֶכֶר bill of sale

שַׁיז, שַׁי gift
מַתָּנָה:
*זֶה **שַׁי** קָטָן לְיוֹם הַהוּלֶדֶת שֶׁלְּךָ.*

שִׂיאז, שִׂיא [שִׂיאִים] record
הַדַּרְגָּה הַגְּבוֹהָה בְּיוֹתֵר:
*הַסְּפּוֹרְטָאִי הִגִּיעַ **לְשִׂיא** בְּרִיצָה לְמֶרְחַקִּים קְצָרִים.*
*הַמֶּתַח בַּחֶדֶר הִגִּיעַ **לְשִׂיא**.*
שָׁבַר אֶת הַשִּׂיא broke the record

שִׂיאָןז, שִׂיאָן [שִׂיאָנִים] record-holder
מִי שֶׁהִגִּיעַ לְהֶישֵּׂג הַגָּדוֹל בְּיוֹתֵר בִּסְפּוֹרְט:
*הוּא **שִׂיאָן** בְּרִיצָה לְמֶרְחַקִּים קְצָרִים.*
שִׂיאָנִית, שִׂיאָנִיּוֹת

שֵׂיבָהנ, שֵׂיבָה grey hair
1. הַשֵּׂיעָר הַלָּבָן שֶׁל זְקֵנִים:
*יֵשׁ לִי שְׂעַר **שֵׂיבָה**.*
2. (מֶטָאפוֹרָה) זִיקְנָה: old age
*סָבִי מֵת **בְּשֵׂיבָה** טוֹבָה, בְּגִיל 95.*
מִפְּנֵי שֵׂיבָה תָּקוּם ב you shall rise before the aged

שִׁיבָהנ, שִׁיבָה [שִׁיבוֹת] return
חֲזָרָה:
*שָׂמַחְתִּי לִקְרַאת **הַשִּׁיבָה** הַבַּיְתָה.*
שִׁיבַת-צִיּוֹן Return to Zion

שִׁיבּוֹלֶתנ, שִׁבֹּלֶת [שִׁיבּוֹלִים] ear of corn
הַמָּקוֹם שֶׁל הַגַּרְעִינִים בְּרֹאשׁ הַצֶּמַח (מֵהֶם עוֹשִׂים לֶחֶם):
*רָאִינוּ אֶת **הַשִּׁיבּוֹלִים** הַמְּלֵאוֹת בַּשָּׂדֶה.*
שִׁיבּוֹלֶת-שׁוּעָל (= קְוָוקֶר) oats

שִׁיבּוּץז, שִׁבּוּץ [שִׁיבּוּצִים] assigning, placing
1. כְּשֶׁשָּׂמִים מִישֶׁהוּ/מַשֶּׁהוּ בַּמָּקוֹם הַמַּתְאִים: (someone)
*הַמְּנַהֵל אַחְרַאי עַל **שִׁיבּוּץ** הַמּוֹרִים בַּכִּיתּוֹת.*
2. כְּשֶׁשָּׂמִים בְּתוֹךְ: setting, inlay
*יֵשׁ **שִׁיבּוּץ** שֶׁל אֲבָנִים יְקָרוֹת בַּטַּבַּעַת.*

שִׁיבּוּשׁז, שִׁבּוּשׁ [שִׁיבּוּשִׁים] disruption
1. קִילְקוּל וְהַפְרָעָה:
*בִּגְלַל הַגְּשָׁמִים חָלוּ **שִׁיבּוּשִׁים** בְּאַסְפָּקַת הַלֶּחֶם וְהֶחָלָב.*
2. טָעוּת, אִי-דִּיּוּק: error, distortion
*יֵשׁ **שִׁיבּוּשִׁים** בַּסֵּפֶר - **שִׁיבּוּשֵׁי** לָשׁוֹן **וְשִׁיבּוּשֵׁי** דְּפוּס.*

שִׁיבֵּחַפ, שִׁבֵּחַ (שִׁבַּח) praised
אָמַר דְּבָרִים טוֹבִים מְאוֹד עַל מִישֶׁהוּ:
*הַמְּנַהֵל **שִׁיבֵּחַ** מְאוֹד אֶת הַמְּהַנְדֵּס עַל הָעֲבוֹדָה הַטּוֹבָה שֶׁבִּיצַּע.*
לְשַׁבֵּחַ אֶת- / ש.ב.ח, פִּיעֵל / שִׁיבַּחְתִּי, מְשַׁבֵּחַ, יְשַׁבֵּחַ, שַׁבֵּחַ!

שִׁיבֵּץפ, שִׁבֵּץ placed, assigned
1. שָׂם בַּמָּקוֹם הַמַּתְאִים, קָבַע אֶת הַמָּקוֹם:
שִׁיבַּצְתִּי אוֹתוֹ בָּעֲבוֹדָה.
2. שָׂם בְּתוֹךְ: set
*הוּא **שִׁיבֵּץ בַּטַּבַּעַת** יַהֲלוֹם יָקָר.*
לְשַׁבֵּץ אֶת- / ש.ב.ץ, פִּיעֵל / שִׁיבַּצְתִּי, מְשַׁבֵּץ, יְשַׁבֵּץ

שִׁיבֵּרפ, שִׁבֵּר smashed
שָׁבַר לַחֲתִיכוֹת קְטַנּוֹת:
*הוּא **שִׁיבֵּר** אֶת כֹּל כְּלֵי הַזְּכוּכִית.*
לְשַׁבֵּר אֶת- / ש.ב.ר, פִּיעֵל / שִׁיבְּרוּ, מְשַׁבֵּר, יְשַׁבֵּר, שַׁבֵּר!

שִׁיבֵּשׁפ, שִׁבֵּשׁ disrupted
1. קִילְקֵל:
*הַגֶּשֶׁם **שִׁיבֵּשׁ** אֶת הַתְּנוּעָה בַּכְּבִישִׁים.*
2. כָּתַב, אָמַר וְכוּ' בִּשְׁגִיאוֹת, טָעָה: distorted
***שִׁיבַּשְׁתִּי** אֶת הַמִּילִּים שֶׁאֵינִי מַכִּיר.*
שִׁיבֵּשׁ אֶת הַתּוֹכְנִיּוֹת - קִילְקֵל, בִּילְבֵּל אֶת הַתּוֹכְנִיּוֹת
לְשַׁבֵּשׁ אֶת- / ש.ב.ש, פִּיעֵל / שִׁיבְּשׁוּ, מְשַׁבֵּשׁ, יְשַׁבֵּשׁ

שִׁיגּוּרז, שִׁגּוּר [שִׁיגּוּרִים] launching, sending, dispatching
כְּשֶׁשּׁוֹלְחִים מִישֶׁהוּ אוֹ מַשֶּׁהוּ:
***שִׁיגּוּר** הָאַסְטְרוֹנָאוּטִים לַיָּרֵחַ נִפְסַק.*

שִׁיגָּיוֹןז, שִׁגָּיוֹן [שִׁיגְיוֹנוֹת] fixed idea
אִידֵאָה פִיקְס, שִׁיגָּעוֹן לְדָבָר אֶחָד:
*אַחַד **הַשִּׁיגְיוֹנוֹת** שֶׁלּוֹ הוּא כְּתִיבַת מִכְתָּבִים לָעִיתּוֹנִים.*

שִׁיגֵּעַפ, שִׁגֵּעַ (שִׁגַּע) drove insane
1. גָּרַם שִׁיגָּעוֹן, מַחֲלַת רוּחַ:
*הָאָסוֹן הַנּוֹרָא **שִׁיגֵּעַ** אֶת הָאִישׁ.*
2. הִצְחִיק (בִּשְׂפַת דִּיבּוּר): amused
*הַיֶּלֶד **שִׁיגֵּעַ** אוֹתָנוּ בַּבְּדִיחוֹת שֶׁלּוֹ.*
לְשַׁגֵּעַ / ש.ג.ע, פִּיעֵל / שִׁיגַּעְתִּי, מְשַׁגֵּעַ, יְשַׁגֵּעַ

שִׁיגָּעוֹןז, שִׁגָּעוֹן [שִׁיגְעוֹנוֹת] madness
חוֹסֶר הִיגָּיוֹן, אַבְּסוּרְד (גַּם מַחֲלַת רוּחַ):
*הוּא אוֹהֵב אֶת רוּתִי עַד **שִׁיגָּעוֹן**! / הוּא סוֹבֵל **מִשִּׁיגָּעוֹן**.*
'שִׁיגָּעוֹן' - far-out, crazy
*'אֵיךְ הָיָה הַחוֹפֶשׁ?' 'נִפְלָא, לֹא רָגִיל, מַמָּשׁ **שִׁיגָּעוֹן**!'*
שִׁיגְעוֹן גַּדְלוּת megalomania
שִׁיגָּעוֹן לְ(מַשֶּׁהוּ) crazy for...

שיגעונית', שִׁגְעוֹנִי crazy, mad (adj.)
כְּאִילוּ מִתּוֹךְ שִׁיגָּעוֹן, לֹא הֶגְיוֹנִי לְגַמְרֵי:
נָסַעְנוּ בְּמְהִירוּת ***שִׁיגְעוֹנִית.***
שִׁיגְעוֹנִית, שִׁיגְעוֹנִיִּים, שִׁיגְעוֹנִיּוֹת

שיגרפ', שִׁגֵּר dispatched, sent, launched
שָׁלַח:
אַרְצוֹת הַבְּרִית ***שִׁיגְּרָה*** *טִיל לָאַטְמוֹסְפֵירָה.*
לְשַׁגֵּר אֶת- לְ- / ש.ג.ר, פִּיעֵל / שִׁיגַּרְתִּי, מְשַׁגֵּר, יְשַׁגֵּר, שַׁגֵּר!

שיגרהנ', שִׁגְרָה routine
רוּטִינָה, הֶרְגֵּל:
הַשִּׁיגְרָה *בָּעֲבוֹדָה מְשַׁעֲמֶמֶת אוֹתִי.*

שיגרוןז', שִׁגָּרוֹן rheumatism
רֶאוּמָטִיזם, מַחֲלַת פְּרָקִים:
יֵשׁ לִי הֶתְקֵף שֶׁל ***שִׁיגָּרוֹן*** *- כּוֹאֲבוֹת לִי הַיָּדַיִים וְהָרַגְלַיִים.*

שיגרתית', שִׁגְרָתִי routine (adj.)
רָגִיל, חֵלֶק מֵרוּטִינָה:
הַמְכוֹנִית נִכְנְסָה לַמּוּסָךְ לְבִיקּוֹרֶת ***שִׁיגְרָתִית.***
שִׁיגְרָתִית, שִׁיגְרָתִיִּים, שִׁיגְרָתִיּוֹת

שׂיגשׂגפ', שִׂגְשֵׂג prospered
הִצְלִיחַ, הִתְפַּתֵּחַ:
הָעֲסָקִים שֶׁלּוֹ ***שִׂיגְשְׂגוּ.***
לְשַׂגְשֵׂג / שׂ.ג.שׂ.ג, פִּיעֵל / שִׂיגְשְׂגוּ, מְשַׂגְשֵׂג, יְשַׂגְשֵׂג

שׂיגשׂוגז', שִׂגְשׂוּג prosperity
פְּרִיחָה, הִתְפַּתְּחוּת מְהִירָה:
אֲנַחְנוּ מְקַוִּים שֶׁהַשָּׁנָה תִּהְיֶה שְׁנַת ***שִׂיגְשׂוּג*** *לַכַּלְכָּלָה.*

שידהנ', שִׁדָּה [שִׁידּוֹת] chest of drawers
אָרוֹן לֹא גָּבוֹהַּ:
קָנִיתִי ***שִׁידָּה*** *לַחֲדַר הַשֵּׁינָה.*

שידוךז', שִׁדּוּךְ [שִׁידּוּכִים] match-(making)
כְּשֶׁמַּתְאִימִים בָּחוּר וּבַחוּרָה לְצוֹרֶךְ נִישּׂוּאִים:
רוּת וְדָוִיד הִכִּירוּ זֶה אֶת זֶה דֶּרֶךְ ***שִׁידּוּךְ.***

שידולז', שִׁדּוּל [שִׁידּוּלִים] solicitation, coaxing
כְּשֶׁמְּבַקְּשִׁים מְאוֹד:
אַחֲרֵי ***שִׁידּוּלִים*** *רַבִּים הוּא הִסְכִּים לָבוֹא לָגוּר אֶצְלֵנוּ.*
שִׁידּוּל לִדְבַר עֲבֵירָה ר' גם שידל

שידורז', שִׁדּוּר [שִׁידּוּרִים] broadcast
הַעֲבָרָה שֶׁל הוֹפָעָה בְּרַדְיוֹ אוֹ בְּטֶלֶוִויזְיָה:
אֲנִי מַאֲזִינָה כׇּל בּוֹקֶר ***לְשִׁידּוּרֵי*** *הַחֲדָשׁוֹת בָּרַדְיוֹ.*
תַּחֲנַת שִׁידּוּר / שִׁידּוּרֵי-יִשְׂרָאֵל / רְשׁוּת הַשִּׁידּוּר

שידךפ', שִׁדֵּךְ matched
1. פָּעַל כְּדֵי שֶׁבָּחוּר וּבַחוּרָה יִתְחַתְּנוּ:
הוּא ***שִׁידֵּךְ*** *בֵּין רוּת לְדָוִיד.*
2. עָשָׂה שֶׁיִּיפָּגְשׁוּ, שֶׁיַּעַבְדוּ בְּיַחַד וְכוּ': brought together
שִׁידַּכְתִּי *בֵּין הַקַּבְּלָן לְבֵין הַמְּהַנְדֵּס.*
לְשַׁדֵּךְ אֶת- , בֵּין- / ש.ד.ך, פִּיעֵל / שִׁידְּכוּ, מְשַׁדֵּךְ, יְשַׁדֵּךְ

שידלפ', שִׁדֵּל persuaded
בִּיקֵּשׁ מְאוֹד, הִשְׁפִּיעַ:
שִׁידַּלְתִּי *אוֹתָהּ לֹא לָצֵאת לַטִּיּוּל בִּגְלַל הַחוֹם.*
שִׁידֵּל לִדְבַר-עֲבֵירָה solicited
לְשַׁדֵּל אֶת- / ש.ד.ל, פִּיעֵל / שִׁידְּלוּ, מְשַׁדֵּל, יְשַׁדֵּל

שידרפ', שִׁדֵּר broadcasted
הֶעֱבִיר יְדִיעוֹת, מוּסִיקָה וְכוּ' בְּאֶמְצָעִים אֶלֶקְטְרוֹנִיִּים:
הַטֶּלֶוִויזְיָה ***שִׁידְּרָה*** *תּוֹכְנִיּוֹת לִכְבוֹד יוֹם הָעַצְמָאוּת. /*
הַטַּיָּיס ***שִׁידֵּר*** *בָּרַדְיוֹ קְרִיאָה לְעֶזְרָה.*
לְשַׁדֵּר אֶת- / ש.ד.ר, פִּיעֵל / שִׁידַּרְתִּי, מְשַׁדֵּר, יְשַׁדֵּר, שַׁדֵּר!

שידרהנ', שִׁדְרָה [שְׁדָרוֹת] spinal column
עַמּוּד שִׁידְרָה -
מֵאָז שֶׁנִּפְגַּע בְּעַמּוּד ***הַשִּׁידְרָה*** *הוּא מְשׁוּתָּק.*
בַּעַל עַמּוּד שִׁידְרָהב' stable/reliable person
אֵין לוֹ עַמּוּד שִׁידְרָהב' spineless/unstable person

שיהוקז', שִׁהוּק [שִׁיהוּקִים] hiccup
קוֹל שֶׁיּוֹצֵא מֵהַפֶּה בְּלִי שֶׁרוֹצִים:
בִּגְלַל ***הַשִּׁיהוּקִים*** *לֹא יָכוֹלְתִּי לְדַבֵּר.*

שיוויז', שִׁוּוּי equalization
שִׁיוּוּי-זְכוּיוֹתז' נְתִינַת אוֹתָן הַזְּכוּיוֹת equal rights
לְכׇל הָאֲנָשִׁים לְלֹא הֶבְדֵּל דָּת, גֶּזַע אוֹ מִין:
מְדִינַת יִשְׂרָאֵל מַבְטִיחָה ***שִׁיוּוּי זְכוּיוֹת*** *לְכׇל הָאֶזְרָחִים.*
שִׁיוּוּי-מִשְׁקָלז' equilibrium, balance

שיווקפ', שִׁוֵּק marketed, distributed
אִירְגֵּן, הוֹצִיא סְחוֹרָה לִמְכִירָה:
שִׁיוַּוקְנוּ *אֶת הַבְּגָדִים לַחֲנוּיוֹת הַגְּדוֹלוֹת. / הַיּוֹם* ***מְשַׁוְּוקִים***
לֹא רַק סְחוֹרוֹת אֶלָּא גַּם רַעְיוֹנוֹת וַאֲנָשִׁים (לְמָשָׁל
פּוֹלִיטִיקָאִים).
לְשַׁוֵּוק אֶת- / ש.ו.ק, פִּיעֵל / שִׁיוַּוקְתִּי, מְשַׁוֵּוק, יְשַׁוֵּוק

שיווקז', שִׁוּוּק marketing
אִירְגּוּן הַמְּכִירָה שֶׁל מוּצָרִים וְהַצָּגָתָם:
שִׁיוּוּק *הַפְּרָחִים הַיִּשְׂרְאֵלִים לְאֵירוֹפָּה גָּדַל מְאוֹד.*

2. הַטִיפּוּל (פִּירסוּם וְכוּ) כְּדֵי שֶׁאֲנָשִׁים יִרצוּ לִקנוֹת אֶת הַסחוֹרָה:
*הַיוֹם יֵשׁ מִשׂרָדִים מְיוּחָדִים שֶׁעוֹסקִים **בְּשִיווּק**.*

שִׁיוּטז, שִׁיּוּט [שִׁיוּטִים] cruising
הַפְּעָלָה שֶׁל סִירָה בַּמַיִם, "נְסִיעָה" בְּסִירָה:
*אֲנִי אוֹהֵב אֶת **הַשִיוּט** בַּיָם הַפָּתוּחַ.*

שִׁיוויוֹןז, שִׁוְיוֹן [שִׁיוויוֹנוֹת] equality
מַצָב שֶׁאֵין בּוֹ הֶבדֵל בֵּין שְׁנַיִים אוֹ יוֹתֵר:
*הַמְדִינָה צְרִיכָה לָתֵת **שִׁיוויוֹן** מָלֵא לְכָל הָאֶזרָחִים.*
שִׁיוויוֹן-זכוּיוֹת equal rights
שִׁיוויוֹן-נֶפֶשׁ indifference
אִי-שִׁיוויוֹן inequality
סִימַן-שִׁיוויוֹן equal sign

שִׁיוויוֹנִית, שִׁוְיוֹנִי egalitarian, equal
כְּשֶׁיֵשׁ שִׁיוויוֹן, כְּשֶׁאֵין הֶבדֵל לְטוֹב אוֹ לְרַע:
*אֲנַחנוּ רוֹצִים לִחיוֹת בְּחֶברָה **שִׁיוויוֹנִית**.*
שִׁיוויוֹנִית, שִׁיוויוֹנִיִים, שִׁוְיוֹנִיוֹת

שִׁיוויוֹנִיוּתנ, שִׁוויוֹנִיוּת egaliterianism
מַצָב שֶׁל שִׁיוויוֹן, כְּשֶׁאֵין הֶבדֵל בֵּין אֲנָשִׁים:
*הַאִם נְתִינַת הִזדַמנוּיוֹת שָׁווֹת מַבטִיחָה **שִׁיוויוֹנִיוּת**?*

שִׁיוּרז, שִׁיּוּר [שִׁיוּרִים] remainder, leftover
מַה שֶׁנִשׁאָר:
*אָכַלתִי הַכּוֹל, לְלֹא **שִׁיוּר**.*

שִׁיזוּףז, שִׁזּוּף tan(ning)
כְּשֶׁהָעוֹר נַעֲשֶׂה חוּם מֵהַשֶׁמֶשׁ:
*הָרוֹפאִים מַזהִירִים מִפּנֵי **שִׁיזוּף** מוּגזָם.*

שִׂיחַז, שִׂיחַ [שִׂיחִים] bush
1. עֵץ קָטָן:
*הַכַּדוּר נֶעֱלַם בֵּין **הַשִׂיחִים**.*
2. שִׂיחָה, דִיבּוּר בֵּין אֲנָשִׁים: talk, conversation
*נִפגַשנוּ **לְשִׂיחַ** חֲבֵרִים.*
דוּ-שִׂיחַ dialogue
שִׂיג וָשִׂיחַ - dealing
*מֵאָז שֶׁנִפרַדנוּ אֵין לִי אִיתוֹ שׁוּם **שִׂיג וָשִׂיחַ**.*

שִׁיחֵדפ, שִׁחֵד bribed
נָתַן כֶּסֶף וְכוּ' כְּדֵי לְהַשִׂיג מַשֶׁהוּ:
*הוּא **שִׁיחֵד** אֶת הַפָּקִיד, כְּדֵי לְשַׁלֵם פָּחוֹת מַס הַכנָסָה.*
לְשַׁחֵד אֶת- / ש.ח.ד, פִּיעֵל / שִׁיחֲדוּ, מְשַׁחֵד, יְשַׁחֵד, שַׁחֵד!

שִׂיחָהנ, שִׂיחָה [שִׂיחוֹת] conversation, talk
דִיבּוּר בֵּין שנֵי אֲנָשִׁים אוֹ יוֹתֵר:
*הָיְיתָה לִי **שִׂיחָה** רְצִינִית עִם בִּתִי.*
שִׂיחַת-הַיוֹם talk of the town
שִׂיחָה בֵּינעִירוֹנִית - שִׂיחַת טֶלֶפוֹן מֵעִיר אַחַת לְעִיר אַחֶרֶת toll call
אִישׁ-שִׂיחָה conversationalist
שִׂיחָה פָּנִים אֶל פָּנִים face to face talk

שִׂיחוֹןז, שִׂיחוֹן [שִׂיחוֹנִים] conversation manual
סֵפֶר קָטָן שֶׁמְלַמֵד לְהַגִיד אֶת הַדבָרִים הָאֶלֶמֶנטָרִיִים בְּשָׂפָה זָרָה:
*מָצָאתִי **בַּשִׂיחוֹן** אֵיךְ אוֹמרִים בְּטוּרקִית 'תוֹדָה רַבָּה'.*

שִׁיחזוּרז, שִׁחְזוּר [שִׁיחזוּרִים] reconstruction
כְּשֶׁבּוֹנִים מֵחָדָשׁ מַשֶׁהוּ שֶׁהָיָה:
*הָאַרכֵיאוֹלוֹגִים מְטַפּלִים **בְּשִׁיחזוּר** הַבִּניָין הָעַתִיק.*

שִׁיחזֵרפ, שִׁחְזֵר reconstructed
בָּנָה, עָשָׂה מֵחָדָשׁ מַשֶׁהוּ שֶׁהָיָה:
*הָאַרכֵיאוֹלוֹגִים **שִׁיחזְרוּ** אֶת הָעִיר הָעַתִיקָה. / הַשוֹטרִים **שִׁיחזְרוּ** אֶת הָרֶצַח כְּדֵי לָדַעַת מַה קָרָה בְּדִיוּק.*
לְשַׁחזֵר אֶת- / ש.ח.ז.ר, פִּיעֵל / שִׁיחזַרתִי, מְשַׁחזֵר

שִׂיחֵקפ, שִׂחֵק played
1. הָיָה עָסוּק בְּמִשׂחָקִים (בְּעִיקָר מִשׂחֲקֵי יְלָדִים):
*הַיֶלֶד **שִׂיחֵק** בְּצַעֲצוּעִים, וְהוֹרָיו **שִׂיחֲקוּ** בִּקלָפִים.*
2. לְהִשׁתַתֵף בְּמִשׂחַק סְפּוֹרט:
*הוּא **שִׂיחֵק** טֶנִיס עִם הַשָׁכֵן.*
3. הוֹפִיעַ עַל הַבָּמָה בַּתֵיאַטרוֹן: acted
*הוּא **שִׂיחֵק** אֶת הַמלֶט בְּמַחֲזֶה שֶׁל שֵׁייקספִּיר.*
שִׂיחֵק לוֹ הַמַזָלב was fortunate
לְשַׂחֵק / שׂ.ח.ק, פִּיעֵל / שִׂיחַקתִי, מְשַׂחֵק, יְשַׂחֵק, שַׂחֵק!

שִׁיחֵרפ, שִׁחֵר sought
1. **שִׁיחֵר פּנֵי מִישֶׁהוּ** - יָצָא לִפגוֹשׁ:
*בְּכָל מָקוֹם **שִׁיחֲרוּ אֶת פָּנָיו** שֶׁל הַזַמָר הַיָדוּעַ.*
2. **שִׁיחֵר לַטֶרֶף** = חִיפֵּשׂ אוֹכֶל: sought prey
*הָאַריֵה יָצָא **לְשַׁחֵר לַטֶרֶף**.*
לְשַׁחֵר / ש.ח.ר, פִּיעֵל / שִׁיחַרתִי, מְשַׁחֵר, יְשַׁחֵר

שִׁיחרוּרז, שִׁחְרוּר [שִׁיחרוּרִים] release, liberation
נְתִינַת חוֹפֶשׁ וְעַצמָאוּת מִבֵּית סוֹהַר, מִשׁלְטוֹן זָר, מִשֵׁירוּת בַּצָבָא, מֵחוֹבוֹת וְכוּ':
__שִׁיחרוּר__ הָאָרֶץ מִשׁלְטוֹן הַבּרִיטִים הֵבִיא לַהֲקָמַת הַמְדִינָה.
שִׁיחרוּר מִשְׂכַר לִימוּד / שִׁיחרוּר מֵהַצָבָא / שִׁיחרוּר מִמַס

שִׁיחרֵרפ, שִׁחְרֵר set free, released
1. נָתַן חוֹפֶשׁ:

הַשּׁוֹפֵט **שִׁיחְרֵר אֶת** הָאָסִיר שִׁיחְרוּר מוּקְדָּם.

2. הִשִּׂיג חוֹפֶשׁ פּוֹלִיטִי, עַצְמָאוּת: liberated

*הַחְלָטַת הָאוּ"ם **שִׁיחְרְרָה** אֶת אֶרֶץ יִשְׂרָאֵל מִן הַשִּׁלְטוֹן הַבְּרִיטִי.*

3. קִיבֵּל 'פְּטוֹר', חוֹפֶשׁ מִתַּשְׁלוּמִים, מֵהַצָּבָא וְכוּ': was exempt

*הַצָּבָא **שִׁיחְרֵר אוֹתוֹ** מִסִּיבּוֹת בְּרִיאוּת.*

לְשַׁחְרֵר אֶת- / ש.ח.ר.ר, פִּיעֵל / שִׁיחְרְרוּ, מְשַׁחְרֵר

שיטה פ׳, שִׁטָּה — made fun/a fool of

עָשָׂה מִמֶּנּוּ צְחוֹק:

***שִׁיטִיתִי בּוֹ** - אָמַרְתִּי שֶׁבִּיטַּלְתּוּ בַּבְּחִינָה, וְזֶה לֹא הָיָה נָכוֹן.*

לְשַׁטּוֹת בְּ- / ש.ט.ה, פִּיעֵל / שִׁיטִּיתִי, מְשַׁטֶּה, יְשַׁטֶּה

שיטה נ׳, שִׁטָּה [שִׁיטּוֹת] — method

1. דֶּרֶךְ לַעֲשׂוֹת דָּבָר מָה:

*הַיּוֹם מְלַמְּדִים מָתֵימָטִיקָה **בְּשִׁיטָה** חֲדָשָׁה.*

2. שִׁיטָּה (שִׁיטִּין) שׁוּרָה: line

בֵּין הַשִּׁיטִּין (בֵּין הַשּׁוּרוֹת) - הַפֵּירוּשׁ הַנִּסְתָּר: between the lines

*צָרִיךְ לָדַעַת לִקְרוֹא **בֵּין הַשִּׁיטִּין**.*

3. מִין עֵץ, אָקַצְיָה: acacia

***לַשִּׁיטָּה** יֵשׁ פְּרָחִים צְהוּבִּים בָּאָבִיב.*

שיטפון ז׳, שִׁטָּפוֹן [שִׁיטְפוֹנוֹת] — flood

זֶרֶם מַיִם גָּדוֹל, שֶׁאִי אֶפְשָׁר לַעֲצוֹר אוֹתוֹ:

*הַגֶּשֶׁם הֶחָזָק גָּרַם **שִׁיטְפוֹנוֹת** בָּרְחוֹבוֹת וּבַבָּתִּים.*

שיטתי ת׳, שִׁטָּתִי — methodical, systematic

שֶׁיֵּשׁ בּוֹ סֵדֶר הֶגְיוֹנִי, מְתוֹדִי:

*לִימּוּד נָכוֹן הוּא לִימּוּד **שִׁיטָתִי**.*

שִׁיטָתִית, שִׁיטָתִיִּים, שִׁיטָתִיּוֹת

שיטתיות נ׳, שִׁטָּתִיּוּת — methodology

דֶּרֶךְ קְבוּעָה, מְסוּדֶּרֶת, הֶגְיוֹנִית:

***הַשִּׁיטָתִיּוּת** בָּעֲבוֹדָה וּבַלִּימּוּדִים חוֹסֶכֶת זְמַן.*

שייט פ׳, שַׁיֵּט — cruised, sailed

נָסַע בַּיָּם, בְּסִירָה, בָּאֳנִיָּיה וְכוּ':

*אוֹנִיּוֹת חֵיל הַיָּם **שִׁייְטוּ** לְיַד חוֹפֵי הָאָרֶץ.*

לְשַׁיֵּיט / ש.י.ט, פִּיעֵל / שִׁייַּטְתִּי, מְשַׁיֵּיט, יְשַׁיֵּיט, שַׁיֵּיט!

שייט ז׳, שַׁיָּט [שַׁיָּיטִים] — oarsman

מִי שֶׁנּוֹהֵג בְּסִירָה:

***הַשַּׁיָּיטִים** הִשְׁתַּתְּפוּ בָּאוֹלִימְפִּיאָדָה.*

שַׁיֶּיטֶת, שַׁיָּיטוֹת

שייט ז׳, שַׁיִט — sailing, cruise

יְצִיאָה, "נְסִיעָה" בַּיָּם בָּאוֹנִיָּיה, בְּסִירָה:

*יָצָאנוּ **לְשַׁיִט** בַּיָּם הַתִּיכוֹן.*

שייטת נ׳, שַׁיֶּטֶת [שַׁיָּיטוֹת] — fleet, naval commando

יְחִידָה שֶׁל חֵיל הַיָּם:

*אֲנִי לֹא הָיִיתִי טַיָּיס בַּצָּבָא, הָיִיתִי **בַּשַּׁיֶּיטֶת**.*

שייך פ׳, שִׁיֵּךְ — attributed

עָשָׂה שֶׁיִּהְיֶה לוֹ, קָשַׁר לְ:

***שִׁייַּכְתִּי לְדָוִיד** מַעֲשִׂים שֶׁלֹּא עָשָׂה.*

לְשַׁיֵּיךְ אֶת - לְ- / ש.י.ך, פִּיעֵל / שִׁייַּכְתִּי, מְשַׁיֵּיךְ, יְשַׁיֵּיךְ

שייך ת׳, שַׁיָּךְ — belonging (to)

1. שֶׁל מִישֶׁהוּ:

*לְמִי **שַׁיָּיךְ** הַסֵּפֶר הַזֶּה? הוּא **שַׁיָּיךְ** לְאָחִי.*

2. נוֹגֵעַ לְ-, מִתְיַיחֵס לְמַשֶּׁהוּ: relevant

*הַדּוּגְמָה שֶׁהֵבֵאת אֵינָהּ **שַׁיֶּיכֶת** לָעִנְיָין.*

שַׁיֶּיכֶת, שַׁיָּיכִים, שַׁיָּיכוֹת

שייכות נ׳, שַׁיָּכוּת — belonging, connection

כְּשֶׁמַּשֶּׁהוּ שַׁיָּיךְ, יֵשׁ לוֹ קֶשֶׁר לְ:

*לַסִּיפּוּר הַזֶּה אֵין כֹּל **שַׁיָּיכוּת** לְמָה שֶׁבֶּאֱמֶת קָרָה.*

שיירה נ׳, שַׁיָּרָה [שַׁיָּירוֹת] — caravan, convoy

שׁוּרָה שֶׁל גְּמַלִּים, מְכוֹנִיּוֹת וְכוּ' שֶׁיּוֹצְאִים לַדֶּרֶךְ יַחַד:

*בַּמִּדְבָּר עוֹבְרוֹת **שַׁיָּירוֹת** שֶׁל גְּמַלִּים.*

שיירים ז״ר, שְׁיָרִים — leftovers

שְׁאֵרִית, מַה שֶּׁנִּשְׁאַר:

*הַכֶּלֶב שֶׁלִּי אוֹכֵל אֶת כֹּל **הַשְּׁיָרִים** שֶׁל הָאוֹכֶל.*

שיכבה נ׳, שִׁכְבָה [שְׁכָבוֹת] — layer, stratum

חוֹמֶר שֶׁמּוּנָּח וְיֵשׁ לוֹ עוֹבִי מְסוּיָּם:

*הָאַרְכֵיאוֹלוֹגִים בָּדְקוּ אֶת **הַשִּׁכְבָה** הָעֶלְיוֹנָה שֶׁל הָאֲדָמָה.*

שִׁכְבָה חֶבְרָתִית - מַעֲמָד בַּחֶבְרָה: social class

*הָאִינְפְלַצְיָה פָּגְעָה **בַּשְּׁכָבוֹת** הָעֲנִיּוֹת.*

שיכוך ז׳, שִׁכּוּךְ — alleviating, relieving

הַחְלָשָׁה, כְּשֶׁעוֹשִׂים שֶׁפָּחוֹת יִכְאַב:

*זֹאת תְּרוּפָה **לְשִׁיכּוּךְ** הַכְּאֵב בָּרַגְלַיִים.*

שיכול ז׳, שִׁכּוּל — crossing

1. כְּשֶׁשָּׂמִים רֶגֶל עַל רֶגֶל וְכוּ':

*(רֶגֶל יָמִין עַל רֶגֶל שְׂמֹאל) יָשַׁבְתִּי **בְּשִׁיכּוּל** רַגְלַיִים.*

2. הַחְלָפַת הַסֵּדֶר (שֶׁל אוֹתִיּוֹת וְכוּ'): transposition

*'שִׂמְלָה' וְ'שַׂלְמָה' הֵן אוֹתָהּ מִילָּה **בְּשִׁיכּוּל** אוֹתִיּוֹת.*

שיכון ז׳, שִׁכּוּן [שִׁיכּוּנִים] — housing project

1. קְבוּצָה שֶׁל בָּתִּים דּוֹמִים (שֶׁל דִּירוֹת זוֹלוֹת יוֹתֵר):

*אֲנִי גָּרָה **בְּשִׁיכּוּן** לְזוּגוֹת צְעִירִים.*

2. דִּיוּר, סִידּוּר דִּירוֹת וּבָתִּים לַאֲנָשִׁים: housing

*צָרִיךְ לִדְאוֹג לְ**שִׁיכּוּן** הָעוֹלִים הַחֲדָשִׁים בְּדִירוֹת.*
מִשְׂרַד הַשִּׁיכּוּן/ שַׂר הַשִּׁיכּוּן

שיכורז׳, שִׁכּוֹר [שִׁיכּוֹרִים] drunkard
מִי שֶׁשָּׁתָה יוֹתֵר מִדַּי אַלְכּוֹהוֹל:
*לֹא פֶּלֶא שֶׁהוּא **שִׁיכּוֹר**, הוּא שָׁתָה כֹּל הָעֶרֶב.*
שִׁיכּוֹרָה, שִׁיכּוֹרוֹת

שיכחהנ׳, שִׁכְחָה forgetfulness
כְּשֶׁלֹּא זוֹכְרִים, הַהֵיפֶךְ מִ'זִיכָּרוֹן':
*לֹא טִילְפַנְתִּי אֵלַיִיךְ מִתּוֹךְ **שִׁיכְחָה**.*

שיכךפ׳, שִׁכֵּךְ calmed, relieved
הִרְגִּיעַ, עָשָׂה שֶׁיִּהְיֶה פָּחוֹת כְּאֵב, כַּעַס:
*הַכַּדּוּרִים שֶׁבָּלַעְתִּי **שִׁיכְּכוּ אֶת** הַכְּאֵב.*
לְשַׁכֵּךְ אֶת- / ש.כ.ך, פִּיעֵל / שִׁיכַּכְתִּי, מְשַׁכֵּךְ, יְשַׁכֵּךְ, שַׁכֵּךְ!

שיכלפ׳, שִׁכֵּל lost a child
אִיבֵּד אֶת יַלְדוֹ, מִישֶׁהוּ מִילָדָיו מֵת:
*הֵם **שִׁיכְּלוּ אֶת** בְּנָם בִּתְאוּנַת דְּרָכִים.*
לְשַׁכֵּל אֶת- / ש.כ.ל, פִּיעֵל / שִׁיכְּלוּ, מְשַׁכֵּל, יְשַׁכֵּל

שיכלולז׳, שִׁכְלוּל [שִׁיכְלוּלִים] improvement
כְּשֶׁעוֹשִׂים שֶׁמַּשֶּׁהוּ יִהְיֶה טוֹב יוֹתֵר, תִּיקּוּן, תּוֹסֶפֶת וְכוּ':
*הַיַּפָּנִים הִכְנִיסוּ **שִׁיכְלוּלִים** רַבִּים בַּמְּכוֹנִיּוֹת.*

שיכללפ׳, שִׁכְלֵל improved, perfected
עָשָׂה שֶׁיִּהְיֶה טוֹב יוֹתֵר, שִׁיפֵּר:
***שִׁיכְלַלְתִּי אֶת** הַמְּכוֹנָה, עַכְשָׁיו הִיא מְצוּיֶּנֶת.*
לְשַׁכְלֵל אֶת- / ש.כ.ל.ל, פִּיעֵל / שִׁיכְלְלוּ, מְשַׁכְלֵל, יְשַׁכְלֵל

שיכלתנות ר' שכלתנות **שיכלתני** ר' שכלתני

שיכמהנ׳, שִׁכְמָה [שְׁכָמוֹת] shoulder
שְׁנֵי הַצְּדָדִים שֶׁל הַגַּב הָעֶלְיוֹן:
*כְּשֶׁיּוֹשְׁבִים לֹא נָכוֹן, יֵשׁ כְּאֵב **בַּשְּׁכָמוֹת**.*

שיכןפ׳, שִׁכֵּן housed, settled
נָתַן בַּיִת, שָׂם מִישֶׁהוּ בְּבַיִת, כְּדֵי שֶׁיָּגוּר בּוֹ:
***שִׁיכְּנוּ אֶת** הָעוֹלִים בְּבָתִּים חֲדָשִׁים.*
לְשַׁכֵּן אֶת- / ש.כ.ן, פִּיעֵל / שִׁיכַּנְתִּי, מְשַׁכֵּן, יְשַׁכֵּן, שַׁכֵּן!

שיכנועז׳, שִׁכְנוּעַ [שִׁיכְנוּעִים] persuasion
נִיסָּיוֹן לְהַשְׁפִּיעַ עַל מִישֶׁהוּ בְּדִיבּוּר:
*אַחֲרֵי שִׂיחַת **שִׁיכְנוּעַ** קָנִיתִי אֶת הַמְּכוֹנִית.*

שיכנעפ׳, שִׁכְנֵעַ (שִׁכְנַע) convinced
לְהַשְׁפִּיעַ עַל מִישֶׁהוּ שֶׁיְּקַבֵּל דֵּיעָה מְסוּיֶּמֶת:
*רָצִיתִי לִלְמוֹד רְפוּאָה, אֲבָל **שִׁיכְנְעוּ אוֹתִי** לִלְמוֹד מַחְשְׁבִים.*
לְשַׁכְנֵעַ אֶת- / ש.כ.נ.ע, פִּיעֵל / שִׁיכְנַעְ, מְשַׁכְנֵעַ, יְשַׁכְנֵעַ

שיכפולז׳, שִׁכְפּוּל [שִׁיכְפּוּלִים] xeroxing, duplicating
כְּשֶׁעוֹשִׂים הַרְבֵּה אֶקְסֶמְפְּלָרִים מֵאוֹתוֹ דָּבָר:
*נָתְנוּ אֶת הַמַּאֲמָר **לְשִׁיכְפּוּל** בִּשְׁבִיל כֹּל הַסְּטוּדֶנְטִים. / זֹאת חֲנוּת **לְשִׁיכְפּוּל** מַפְתְּחוֹת.*

שיכפלפ׳, שִׁכְפֵּל xeroxed, duplicated
עָשָׂה כַּמָּה אֶקְסֶמְפְּלָרִים מֵאוֹתוֹ דָּבָר:
***שִׁיכְפַּלְתִּי אֶת** הַמַּפְתֵּחַ, הִנֵּה הַמַּפְתֵּחַ הָרֶזֶרְבִי.*
לְשַׁכְפֵּל אֶת- / ש.כ.פ.ל, פִּיעֵל / שִׁיכְפַּלְתִּי, מְשַׁכְפֵּל

שיכרוןז׳, שִׁכָּרוֹן intoxication
1. הַמַּצָּב שֶׁל מִי שֶׁשָּׁתָה הַרְבֵּה אַלְכּוֹהוֹל:
*אַחֲרֵי הַמְּסִיבָּה מָצָאתִי אוֹתוֹ בְּמַצָּב שֶׁל **שִׁיכָּרוֹן**.*
2. (מֶטָאפוֹרָה) בִּילְבּוּל, כְּשֶׁמִּישֶׁהוּ לֹא פּוֹעֵל בְּהִיגָּיוֹן:
*בִּגְלַל **שִׁיכְרוֹן** הַהַצְלָחָה הוּא אִיבֵּד אֶת שִׁיקּוּל הַדַּעַת.*
שִׁיכְרוֹן-חוּשִׁים ecstasy

שיכרותנ׳, שִׁכְרוּת alcoholism
הַמַּצָּב שֶׁל מִי שֶׁשָּׁתָה הַרְבֵּה אַלְכּוֹהוֹל:
*אָסוּר לִנְהוֹג בִּמְכוֹנִית בְּמַצָּב שֶׁל **שִׁיכְרוּת**.*

שיכשוךז׳, שִׁכְשׁוּךְ rumble
תְּנוּעָה קְטַנָּה מְאוֹד (שֶׁל מַיִם):
*שָׁמַעְתִּי אֶת **שִׁיכְשׁוּךְ** הַמַּיִם, וְהֵבַנְתִּי שֶׁהוּא מִתְרַחֵץ.*

שיכתבפ׳, שִׁכְתֵּב rewrote
כָּתַב מֵחָדָשׁ (כְּדֵי לְתַקֵּן וְכוּ'):
***שִׁיכְתַּבְתִּי אֶת** הַמַּאֲמָר שֶׁלוֹ, כִּי אִי אֶפְשָׁר הָיָה לְהָבִין אוֹתוֹ.*
לְשַׁכְתֵּב אֶת- / ש.כ.ת.ב, פִּיעֵל / שִׁיכְתַּבְתִּי, מְשַׁכְתֵּב

שיכתובז׳, שִׁכְתּוּב [שִׁיכְתּוּבִים] rewriting
כְּתִיבָה מֵחָדָשׁ (כִּי צָרִיךְ לְתַקֵּן וְכוּ'):
*אֵינֶנִּי מַרְשֶׁה שֶׁמִּישֶׁהוּ יַעֲשֶׂה **שִׁיכְתּוּב** שֶׁל הַמַּאֲמָרִים שֶׁלִּי.*

שילבפ׳, שִׁלֵּב incorporated, joined
הִכְנִיס דָּבָר אֶחָד בְּתוֹךְ דָּבָר אַחֵר:
*הַמּוֹרֶה **שִׁילֵּב** בַּשִּׁיעוּר דּוּגְמָאוֹת מִן הַסִּפְרוּת הַמּוֹדֶרְנִית.*
*הַמּוֹרֶה **שִׁילֵּב אֶת** כֹּל הַתַּלְמִידִים בַּתּוֹכְנִית.*
לְשַׁלֵּב אֶת- / ש.ל.ב, פִּיעֵל / שִׁילַּבְתִּי, מְשַׁלֵּב, אֲשַׁלֵּב

שילדהנ׳, שִׁלְדָּה [שִׁלְדוֹת] chasis
הַחֵלֶק הָעִיקָּרִי שֶׁל גּוּף הַמְּכוֹנִית:
*לְפִי מִסְפַּר **הַשִּׁילְדָּה** אֶפְשָׁר לָדַעַת אִם הָרֶכֶב שֶׁלְּךָ.*

שילהבפ׳ שִׁלְהֵב — inflamed, excited

גָּרַם לְאֶכְּסְטָזָה, לְהִתְרַגְּשׁוּת, לְהִתְלַהֲבוּת:

*הַדְּבָרִים שֶׁאָמַר הַנּוֹאֵם **שִׁילְהֲבוּ אֶת** הַקָּהָל.*

לְשַׁלְהֵב אֶת- / ש.ל.ה.ב, פִּיעֵל / שִׁילְהַבְנוּ, מְשַׁלְהֵב

שילהובז׳ שִׁלְהוּב — inflaming, exciting

כְּשֶׁגּוֹרְמִים לְהִתְלַהֲבוּת, לְאֶכְּסְטָזָה:

*הַזַּמָּר שָׁר וְרָקַד וְהֵבִיא **לְשִׁילְהוּב** הַקָּהָל.*

שִׁילְהוּב-יְצָרִים — arousing ecstasy

שילובז׳ שִׁלּוּב [שִׁילוּבִים] — incorporating, joining

כְּשֶׁמַּכְנִיסִים דָּבָר בְּתוֹךְ דָּבָר:

***שִׁילוּב** הָאוּנִיבֶרְסִיטָאוֹת בְּתוֹכְנִיּוֹת הַלִּימוּדִים הַחֲדָשׁוֹת הִצְלִיחַ.*

שילוחז׳ שִׁלּוּחַ [שִׁילוּחִים] — dismissal

1. גֵּירוּשׁ:

*הֶחְלַטְנוּ עַל **שִׁילוּחוֹ** מִבֵּית הַסֵּפֶר.*

2. יְרִיָּיה שֶׁל טִיל וְכוּ׳: — launching

*הוּא מוּמְחֶה **בְּשִׁילוּחַ** טִילִים נֶגֶד מְטוֹסִים.*

שילוטז׳ שִׁלּוּט — posting signs

כְּשֶׁשָּׂמִים שְׁלָטִים וְסִימָנִים בַּכְּבִישִׁים:

*הַ**שִׁילוּט** בַּכְּבִישִׁים הוּא בְּעִבְרִית וּבְאַנְגְּלִית.*

שילומיםז״ר שִׁלּוּמִים — reparations

תַּשְׁלוּמִים, כְּשֶׁנּוֹתְנִים מַה שֶּׁמַּגִּיעַ לְמִישֶׁהוּ:

*אֵין **שִׁילוּמִים** לְ-6,000,000 יְהוּדִים שֶׁנִּסְפּוּ בַּשּׁוֹאָה.*

שִׁילוּמִים מִגֶּרְמַנְיָה - כֶּסֶף שֶׁגֶּרְמַנְיָה מְשַׁלֶּמֶת לִיהוּדִים, שֶׁסָּבְלוּ מִן הַנָּאצִים בְּמִלְחֶמֶת הָעוֹלָם הַשְּׁנִיָּיה:

*הוּא מְקַבֵּל **שִׁילוּמִים** עַל הָרְכוּשׁ שֶׁלָּקְחוּ מִמֶּנּוּ הַגֶּרְמָנִים וְעַל הַשָּׁנִים שֶׁהָיָה בְּמַחֲנֵה רִיכּוּז.*

שילושז׳ שִׁלּוּשׁ — tripling

פִּי שְׁלוֹשָׁה, יְחִידָה שֶׁל שְׁלוֹשָׁה:

הַשִּׁילוּשׁ הַקָּדוֹשׁ - (לְפִי הַדָּת הַנּוֹצְרִית) הָאָב (אֱלוֹהִים) הַבֵּן (יֵשׁוּ) וְרוּחַ הַקּוֹדֶשׁ — Trinity

שילחפ׳ שִׁלַּח (שִׁלֵּחַ) — dismissed

1. הִרְשָׁה לָלֶכֶת:

***שִׁילְּחוּ אֶת** הַיְּלָדִים הַבַּיְתָה בִּגְלַל הַחוֹם.*

שַׁלַּח אֶת עַמִּי — Let my people go

2. גֵּירֵשׁ, הִרְחִיק, פִּיטֵר: — let go

***שִׁילַּחְתִּי** אֶת הַפּוֹעֵל שֶׁלֹּא עָבַד.*

שִׁילַּח אֶת אִשְׁתּוֹ (לְשׁוֹן הַתַּנַ״ךְ) — divorced

לְשַׁלֵּחַ אֶת- / ש.ל.ח, פִּיעֵל / שִׁילַּחְתִּי, מְשַׁלֵּחַ

שיליהנ׳ שִׁלְיָה [שְׁלָיוֹת] — placenta

רִקְמָה בְּבֶטֶן הָאִישָּׁה שֶׁמְּחַבֶּרֶת בֵּין הַתִּינוֹק לְבֵין רֶחֶם הָאֵם:

*הָעוּבָּר מְקַבֵּל אֶת הַמָּזוֹן מִגּוּף הָאֵם דֶּרֶךְ הַ**שִּׁלְיָה**.*

שילםפ׳ שִׁלֵּם — paid

נָתַן אֶת הַכֶּסֶף הַמַּגִּיעַ עֲבוּר מַשֶּׁהוּ:

***שִׁילַּמְתִּי אֶת** כָּל הַחֶשְׁבּוֹנוֹת **בְּבַנְק דִּיסְקוֹנְט**.*

לְשַׁלֵּם אֶת-, לְ- / ש.ל.ם, פִּיעֵל / שִׁילַּמְתִּי, מְשַׁלֵּם, יְשַׁלֵּם

שילשפ׳ שִׁלֵּשׁ — tripled

עָשָׂה שֶׁיִּהְיֶה פִּי שְׁלוֹשָׁה:

***שִׁילַּשְׁתִּי אֶת** הַכֶּסֶף שֶׁהָיָה לִי - 100 ש״ח הָפְכוּ לְ-300 ש״ח.*

לְשַׁלֵּשׁ אֶת- / ש.ל.ש, פִּיעֵל / שִׁילַּשְׁתִּי, מְשַׁלֵּשׁ, יְשַׁלֵּשׁ

שילשולז׳ שִׁלְשׁוּל [שִׁילְשׁוּלִים] — diarrhea

מַחֲלָה שֶׁיֵּשׁ בָּהּ יְצִיאָה שֶׁל אוֹכֶל בְּצוּרַת נוֹזְלִים, פְּעָמִים רַבּוֹת בַּיּוֹם:

*יֵשׁ לִי **שִׁילְשׁוּל**, כָּל הַיּוֹם אֲנִי רָץ לַשֵּׁירוּתִים.*

שילשלפ׳ שִׁלְשֵׁל — had diarrhea

1. הָיוּ לוֹ יְצִיאוֹת תְּכוּפוֹת מִדַּי בְּצוּרַת נוֹזְלִים (מַחֲלָה):

*הוּא **שִׁילְשֵׁל**, מִפְּנֵי שֶׁאָכַל בָּשָׂר מְקוּלְקָל.*

2. הוֹרִיד (חֶבֶל): — lowered

***שִׁילְשַׁלְנוּ** לוֹ חֶבֶל, כְּדֵי שֶׁיִּטַּפֵּס לְמַעְלָה.*

3. שָׂם בְּתוֹךְ: — inserted, dropped (into)

***שִׁילְשַׁלְנוּ אֶת** הַמִּכְתָּב לְתֵיבַת הַדּוֹאַר.*

לְשַׁלְשֵׁל אֶת- / ש.ל.ש.ל, פִּיעֵל / שִׁילְשַׁלְתִּי, מְשַׁלְשֵׁל

שימוןז׳ שִׁמּוּן — greasing, lubrication

מְרִיחַת שֶׁמֶן:

*הַמְּכוֹנָה צְרִיכָה **שִׁימּוּן**.*

שימועז׳ שִׁמּוּעַ — hearing

כְּשֶׁנֶּאֱשָׁם מְנַסֶּה לְשַׁכְנֵעַ אֶת הַתְּבִיעָה לְבַטֵּל אֶת הַמִּשְׁפָּט נֶגְדּוֹ:

***בַּשִּׁימּוּעַ** אָמַר סְגַן-הַשַּׂר, שֶׁכָּל הָאִינְפוֹרְמַצְיָה נֶגְדּוֹ הִיא שֶׁקֶר שֶׁהָאוֹפּוֹזִיצְיָה הִמְצִיאָה.*

שימורז׳ שִׁמּוּר — preservation

כְּשֶׁשּׁוֹמְרִים שֶׁמַּשֶּׁהוּ יִישָּׁאֵר בְּמַצָּב טוֹב:

*אֲנִי בְּעַד **שִׁימּוּר** בָּתִּים יְשָׁנִים בְּתֵל-אָבִיב.*

שִׁימּוּר-הַקַּרְקַע — conserving the soil

שימוריםז״ר שִׁמּוּרִים — canned food

אוֹכֶל בְּקוּפְסָה סְגוּרָה הֶרְמֶטִית:

*אֵינֶנִּי אוֹכֵל **שִׁימּוּרִים**, אֲנִי אוֹכֵל רַק מָזוֹן טָרִי.*

לֵיל שִׁימּוּרִים — sleepless night

שימושז׳, שִׁמּוּשׁ [שִׁימוּשִׁים] — use
נִיצוּל שֶׁל מַשֶּׁהוּ (מַכשִׁיר, חוֹמֶר וְכוּ׳):
*קָרָאתִי אֶת הוֹרָאוֹת הַ**שִּׁימוּשׁ** שֶׁל הַמַּכשִׁיר הֶחָדָשׁ.*
בֵּית שִׁימוּשׁ - שֵׁירוּתִים — restroom, toilet
יָצָא מִכְּלַל שִׁימוּשׁ - — broke, became obsolete
הַקוּמקוּם הַיָּשָׁן יָצָא מִכְּלַל שִׁימוּשׁ.
אוֹתִיּוֹת הַשִּׁימוּשׁ - — formative letters
*אוֹתִיּוֹת הַשִּׁימוּשׁ בָּאוֹת בְּרֹאשׁ מִילָּה - **הַ**בַּיִת, **בְּ**בַיִת, **לַ**בַּיִת, **מִ**בַּיִת וְכוּ׳.*

שימושית׳, שִׁמּוּשִׁי — useful, practical
נוֹחַ לְהִשְׁתַּמֵּשׁ בּוֹ, עוֹזֵר בְּאוֹפֶן מַעֲשִׂי:
*מִילוֹן לְלוֹמְדֵי שָׂפָה הוּא סֵפֶר **שִׁימוּשִׁי** מְאוֹד.*
שִׁימוּשִׁית, שִׁימוּשִׁיִּים, שִׁימוּשִׁיּוֹת

שימחפ׳, שִׂמֵּחַ (שִׂמַּח) — made someone happy
גָּרַם שִׂמְחָה, "עָשָׂה טוֹב עַל הַלֵּב":
*הַיְּדִיעָה שֶׁהַמִּלְחָמָה נִגְמְרָה, **שִׂימְּחָה** אוֹתִי.*
לְשַׂמֵּחַ אֶת- / ש.מ.ח, פִּיעֵל / שִׂימַּחְתִּי, מְשַׂמֵּחַ, יְשַׂמֵּחַ

שיממוןז׳, שִׁמָּמוֹן — boredom
שִׁיעֲמוּם, כְּשֶׁשׁוּם דָּבָר מְעַנְיֵין לֹא קוֹרֶה:
*הָיְיתָה אַטְמוֹסְפֵירָה שֶׁל **שִׁימָּמוֹן** בַּמְּסִיבָּה. / אֵיךְ הָיְיתָה הַמְּסִיבָּה? - אֵיזֶה **שִׁימָּמוֹן**!...*

שימןפ׳, שִׁמֵּן — greased, lubricated
שָׂם שֶׁמֶן:
***שִׁימַּנְתִּי** אֶת הַמָּנוֹעַ שֶׁל הַמְּכוֹנִית.*
לְשַׁמֵּן אֶת- / ש.מ.ן, פִּיעֵל / שִׁימַּנְתִּי, מְשַׁמֵּן, יְשַׁמֵּן, שַׁמֵּן!

שימצהנ׳, שִׁמְצָה — shame
מַשֶּׁהוּ שֶׁצָּרִיךְ לְהִתְבַּיֵּישׁ בּוֹ.
יָצָא שְׁמוֹ לְשִׁימְצָה - יֵשׁ לוֹ שֵׁם רַע:
*שְׁמוֹ יָצָא **לְשִׁימְצָה**, כִּי הוּא נִכְשַׁל בְּכָל הַתַּפְקִידִים שֶׁלּוֹ.* — notorious
יָדוּעַ לְשִׁימְצָה - הוּא יָדוּעַ לְשִׁימְצָה בְּהִתְנַהֲגוּתוֹ לְנָשִׁים.

שימרפ׳, שִׁמֵּר — preserved, conserved
שָׁמַר מְאוֹד, דָּאַג שֶׁיִּישָּׁאֵר בְּמַצָּב טוֹב:
*הָעִירִיָּיה **תְּשַׁמֵּר** אֶת הַבָּתִּים הַיְּשָׁנִים בִּשְׁבִיל הַהִיסְטוֹרְיָה.*
לְשַׁמֵּר אֶת- / ש.מ.ר, פִּיעֵל / שִׁימַּרְתִּי, מְשַׁמֵּר, יְשַׁמֵּר

שימשפ׳, שִׁמֵּשׁ — served, was used
מִילֵּא תַּפְקִיד שֶׁל-:
*הַמִּילוֹן **שִׁימֵּשׁ** אוֹתִי לַהֲבָנַת הַמִּילִּים הַחֲדָשׁוֹת. / אֲנִי **מְשַׁמֵּשׁ** כְּמוֹרֶה בְּבֵית הַסֵּפֶר.*
לְשַׁמֵּשׁ אֶת-, לְ- / ש.מ.ש, פִּיעֵל / שִׁימַּשְׁתִּי, מְשַׁמֵּשׁ

שימשהנ׳, שִׁמְשָׁה [שְׁמָשׁוֹת] — windowpane
הַזְּכוּכִית בְּחַלּוֹן, בְּדֶלֶת וְכוּ׳:
*הַ**שִּׁמְשָׁה** שֶׁל הַמְּכוֹנִית נִשְׁבְּרָה בַּתְּאוּנָה.*

שימשייהנ׳, שִׁמְשִׁיָּה [שִׁמְשִׁיּוֹת] — parasol
בַּד רָחָב קָשׁוּר לְמַקֵּל, מָגֵן מִפְּנֵי הַשֶּׁמֶשׁ:
*בְּחוֹף הַיָּם אֲנִי יוֹשֶׁבֶת מִתַּחַת **לְשִׁמְשִׁיָּה**.*

שינאה ר׳ שנאה

שינהפ׳, שִׁנָּה — changed
הֶחֱלִיף, עָשָׂה מַשֶּׁהוּ אַחֵר בִּמְקוֹם הַקּוֹדֵם:
*דָּן **שִׁינָּה** אֶת דַּעְתּוֹ וְהֶחְלִיט לִלְמוֹד פִיסִיקָה וְלֹא סִפְרוּת.*
***שִׁינִּיתִי** אֶת מְקוֹם הָעֲבוֹדָה שֶׁלִּי.*
לְשַׁנּוֹת אֶת- / ש.נ.ה, פִּיעֵל / שִׁינִּיתִי, מְשַׁנֶּה, יְשַׁנֶּה, שַׁנֵּה!

שינהנ׳, שֵׁנָה — sleep
מַצַּב הַגּוּף בַּלַּיְלָה, כַּאֲשֶׁר אֵינֶנּוּ עֵר:
*הַחַיָּיל הֶעָיֵיף שָׁקַע **בְּשֵׁינָה** עֲמוּקָּה.*
שְׁנַת-יְשָׁרִים — sound sleep
נָדְדָה שְׁנָתוֹ — suffered sleeplessness
נְדוּדֵי-שֵׁינָה — insomnia

שינויז׳, שִׁנּוּי [שִׁינּוּיִים] — change
הַחְלָפָה בְּמַצָּב, כְּשֶׁקּוֹרֶה מַשֶּׁהוּ אַחֵר:
*הַיּוֹם חָל **שִׁינּוּי** בְּמֶזֶג הָאֲוִויר, הַגֶּשֶׁם פָּסַק וְהַשֶּׁמֶשׁ זָרְחָה.*
שִׁינּוּי לְטוֹבָה / שִׁינּוּי עֲרָכִים / שִׁינּוּי הַכִּיוּוּן

שינוןז׳, שִׁנּוּן [שִׁינּוּנִים] — memorizing
חֲזָרָה עַל חוֹמֶר כְּדֵי לָדַעַת אוֹתוֹ:
***שִׁינּוּן** הַמִּילִּים הַחֲדָשׁוֹת הוּא שָׁלָב חָשׁוּב בְּלִימּוּד שָׂפָה.*

שינועז׳, שִׁנּוּעַ — handling/transporting (cargo)
הַעֲבָרָה שֶׁל סְחוֹרוֹת מִמָּקוֹם לְמָקוֹם:
*הַ**שִּׁינּוּעַ** שֶׁל הַפּוֹסְפָטִים מִיָּם הַמֶּלַח נַעֲשֶׂה בְּמַשָּׂאִיּוֹת גְּדוֹלוֹת.*

שינןפ׳, שִׁנֵּן — memorized
חָזַר עַל מַשֶּׁהוּ מִסְפַּר פְּעָמִים כְּדֵי לִזְכּוֹר:
*הוּא **שִׁינֵּן** אֶת הַחוֹמֶר בְּהִיסְטוֹרְיָה לִקְרַאת הַבְּחִינָה.*
לְשַׁנֵּן אֶת- / ש.נ.ן, פִּיעֵל / שִׁינַּנְתִּי, מְשַׁנֵּן, יְשַׁנֵּן, שַׁנֵּן!

שינןז׳, שִׁנָּן [שִׁינָּנִים] — dental hygienist
עוֹזֵר לְרוֹפֵא שִׁינַּיִים:
*הַ**שִּׁינָּנִית** נִיקְּתָה לִי אֶת הַשִּׁינַּיִים בְּמַכְשִׁיר מְיוּחָד.*
שִׁינָּנִית, שִׁינָּנִיּוֹת

שינעפ׳ שִׁנֵּעַ (שִׁנֵּע) handled/transported (cargo)
הֶעֱבִיר מִמָּקוֹם לְמָקוֹם:
*צָרִיךְ **לְשַׁנֵּעַ** אֶת הַפּוֹסְפָטִים מִיַּם הַמֶּלַח לִנְמַל אַשְׁדּוֹד.*
לְשַׁנֵּעַ אֶת- / ש.נ.ע, פִּיעֵל / שִׁינַּעְתִּי, מְשַׁנֵּעַ, יְשַׁנֵּעַ, שַׁנַּע!

שיסהפ׳ שִׁסָּה incited, set on
עוֹרֵר מִישֶׁהוּ נֶגֶד, עוֹרֵר מִישֶׁהוּ לִתְקוֹף:
*הוּא **שִׁיסָּה** אֶת הַכֶּלֶב בַּגַּנָּב.*
לְשַׁסּוֹת אֶת- בְּ- / ש.ס.ה, פִּיעֵל / שִׁיסִּיתִי, מְשַׁסֶּה

שיסויז׳ שִׁסּוּי incitement, setting on
כְּשֶׁמְּעוֹרְרִים נֶגֶד, כְּשֶׁמְּעוֹרְרִים לִתְקוֹף:
*אֲנִי נֶגֶד **שִׁיסּוּי** כְּלָבִים בָּאֲנָשִׁים.*

שיסועז׳ שִׁסּוּעַ tearing to pieces
1. קְרִיעָה, כְּשֶׁחוֹתְכִים חֲתִיכוֹת:
*רָאִיתִי אֶת **שִׁיסּוּעַ** הַכִּבְשָׂה עַל יְדֵי הַנָּמֵר.*
2. כְּשֶׁלֹּא נוֹתְנִים לְדַבֵּר, interrupting
כְּשֶׁמַּפְרִיעִים, נִכְנָסִים בְּאֶמְצַע הַדְּבָרִים:
***שִׁיסּוּעַ** דִּבְרֵי הַנּוֹאֵם נַעֲשָׂה בְּגַסּוּת.*

שיסעפ׳ שִׁסַּע (שִׁסַּע) tore to pieces
1. קָרַע לַחֲתִיכוֹת:
*הָאַרְיֵה **שִׁיסַּע** אֶת הַכֶּלֶב הַמֵּת.*
2. הִפְרִיעַ בְּאֶמְצַע הַדִּיבּוּר: interrupted
*הַצְּעָקוֹת **שִׁיסְּעוּ** אֶת הַנְּאוּם שֶׁלִּי.*
לְשַׁסֵּעַ אֶת-, בְּ- / ש.ס.ע, פִּיעֵל / שִׁיסְּעוּ, מְשַׁסֵּעַ, יְשַׁסֵּעַ

שיעבדפ׳ שִׁעְבֵּד enslaved
1. עָשָׂה שֶׁיִּהְיֶה תַּחַת שִׁלְטוֹנוֹ:
*עַמִּים חֲזָקִים **שִׁיעְבְּדוּ** עַמִּים חַלָּשִׁים.*
2. עָשָׂה שֶׁרְכוּשׁ מְסוּיָּם יַבְטִיחַ אֶת mortgaged
הַחְזָרַת הַכֶּסֶף (הַחוֹב):
שִׁיעְבַּדְתִּי אֶת הַבַּיִת כְּדֵי לְקַבֵּל מַשְׁכַּנְתָּה.
לְשַׁעְבֵּד אֶת- / ש.ע.ב.ד, פִּיעֵל / שִׁיעְבַּדְתִּי, מְשַׁעְבֵּד

שיעבודז׳ שִׁעְבּוּד [שִׁיעְבּוּדִים] slavery
1. כְּשֶׁמִּישֶׁהוּ תַּחַת שִׁלְטוֹן מִישֶׁהוּ אַחֵר:
*הַהִיסְטוֹרְיָה מְלֵאָה בְּסִיפּוּרֵי מִלְחָמוֹת שֶׁל עַמִּים נֶגֶד **שִׁיעְבּוּד**.*
2. כְּשֶׁמּוֹסְרִים רְכוּשׁ כְּדֵי לְהַבְטִיחַ mortgage
שֶׁיַּחְזִירוּ אֶת הַהַלְוָואָה:
*עַל הַבַּיִת שֶׁלִּי יֵשׁ **שִׁיעְבּוּד**, כִּי לֹא שִׁילַּמְתִּי אֶת כָּל הַחוֹב.*

שיעולז׳ שִׁעוּל [שִׁיעוּלִים] cough
קוֹל שֶׁל יְצִיאַת אֲוִויר מֵהָרֵיאוֹת דֶּרֶךְ הַפֶּה - בְּדֶרֶךְ כְּלָל סִימָן לְמַחֲלָה:
*כָּל הַחוֹרֶף לֹא עוֹזֵב אוֹתִי **הַשִּׁיעוּל** הַזֶּה. / אֵינֶנִּי יָכוֹל לִישׁוֹן בַּלַּיְלָה בִּגְלַל **הַשִּׁיעוּל** שֶׁלָּהּ.*

שיעורז׳ שִׁעוּר [שִׁיעוּרִים] lesson
1. יְחִידַת זְמַן שֶׁל לִימּוּדִים:
***הַשִּׁיעוּר** לְעִבְרִית נִמְשָׁךְ 50 דַּקּוֹת.*
2. מִידָּה, כַּמּוּת, גּוֹדֶל: rate
***שִׁיעוּר** הַהַצְלָחָה בַּבְּחִינוֹת בְּכִיתָּה זוֹ גָּבוֹהַּ מְאוֹד.*
לְשִׁיעוּרִין - by installments
*קָנִיתִי רָהִיטִים בְּתַשְׁלוּמִים **לְשִׁיעוּרִין** בְּמֶשֶׁךְ שָׁנָה.*
שִׁיעוּר קוֹמָה - stature
*בֶּן גּוּרְיוֹן הָיָה מְדִינַאי בַּעַל **שִׁיעוּר קוֹמָה**.*
לְאֵין שִׁיעוּר infinitely

שיעמוםז׳ שִׁעֲמוּם boredom
חוֹסֶר עִנְיָין:
*הָעֲבוֹדָה כָּאן לֹא קָשָׁה, אֲבָל אֲנִי סוֹבֵל **מִשִּׁיעֲמוּם**.*

שיעמםפ׳ שִׁעֲמֵם bored
הָיָה לֹא מְעַנְיֵין:
*הַשִּׁיעוּרִים שֶׁלָּהּ **שִׁיעַמְמוּ** אוֹתִי.*
לְשַׁעֲמֵם אֶת- / ש.ע.מ.ם, פִּיעֵל / שִׁיעֲמַמְתִּי, מְשַׁעֲמֵם

שיערפ׳ שִׁעֵר thought, surmised
חָשַׁב שֶׁ... אֲבָל לֹא הָיָה בָּטוּחַ בְּכָךְ:
***שִׁיעַרְתִּי** שֶׁיֵּרֵד גֶּשֶׁם.*
לְשַׁעֵר / ש.ע.ר, פִּיעֵל / שִׁיעַרְתִּי, מְשַׁעֵר, יְשַׁעֵר, שַׁעֵר!

שיערז׳ שֵׂעָר hair
הַחוּטִים הַדַּקִּים הַצּוֹמְחִים עַל רֹאשׁ בֶּן אָדָם, עַל חֲלָקִים מִן הַגּוּף וְעַל גּוּף בַּעֲלֵי חַיִּים:
*לְרוּתִי יֵשׁ **שֵׂיעָר** שָׁחוֹר וְאָרוֹךְ. / **הַשֵּׂיעָר** שֶׁל הַכֶּלֶב נוֹשֵׁר.*

שיערוךז׳ שִׁעֲרוּךְ [שִׁיעֲרוּכִים] revaluation
בְּדִיקָה מֵחָדָשׁ שֶׁל הָעֵרֶךְ שֶׁל מַשֶּׁהוּ:
*דָּרַשְׁנוּ לַעֲשׂוֹת **שִׁיעֲרוּךְ** שֶׁל הַבַּיִת בִּשְׁבִיל הַבִּיטּוּחַ.*

שיערךפ׳ שִׁעֲרֵךְ revaluated
קָבַע מֵחָדָשׁ כַּמָּה שָׁוֶוה מַשֶּׁהוּ:
*צָרִיךְ **לְשַׁעֲרֵךְ** אֶת הַמְּכוֹנִית אַחֲרֵי הַתְּאוּנָה.*
לְשַׁעֲרֵךְ אֶת- / ש.ע.ר.ך, פִּיעֵל / שִׁיעֲרַכְתִּי, מְשַׁעֲרֵךְ

שיעשעפ׳ שִׁעֲשֵׁעַ (שִׁעֲשַׁע) amused
עָשָׂה שֶׁיִּהְיֶה נָעִים, שָׂמֵחַ, מַצְחִיק:
*הַקּוֹמֶדְיָה הַזֹּאת **שִׁיעַשְׁעָה** אוֹתִי מְאוֹד.*
לְשַׁעֲשֵׁעַ אֶת- / ש.ע.ש.ע, פִּיעֵל / שִׁיעֲשַׁעְתִּי, מְשַׁעֲשֵׁעַ

שיפהפ׳, שִׁפָּה — indemnified

(לשון חוק) נָתַן פִּיצוּי, שִׁילֵם בִּגְלַל נֶזֶק שֶׁגָּרַם וְכוּ׳:

*עַל הַנִּתְבָּע **לְשַׁפּוֹת** אֶת בַּעַל הַבַּיִת הַנִּפְגָּע.*

לְשַׁפּוֹת אֶת- / ש.פ.ה, פִּיעֵל / שִׁיפִּיתִי, מְשַׁפֶּה, יְשַׁפֶּה

שיפודז׳, שִׁפּוּד [שִׁיפּוּדִים] — skewer

מַקֵּל בַּרְזֶל דַּק, תּוֹקְעִים בְּבָשָׂר וְשָׂמִים עַל הָאֵשׁ:

*אָכַלְתִּי שְׁנֵי **שִׁיפּוּדִים** שֶׁל בָּשָׂר.*

שיפוטז׳, שִׁפּוּט [שִׁיפּוּטִים] — judgement

שִׁיקּוּל דַּעַת, קְבִיעַת עֶמְדָּה:

*אֲנִי סוֹמֵךְ עַל **הַשִּׁיפּוּט** שֶׁל הַמְּנַהֵל בְּיַחַס לָעֲבוֹדָה שֶׁלְּךָ.*

(תחום) שיפוט - — jurisdiction

בִּתְחוּם הַשִּׁיפּוּט שֶׁל יְרוּשָׁלַיִם מוּכְרָחִים לִבְנוֹת בָּתִּים מֵאֶבֶן.

שיפוטית׳, שִׁפּוּטִי — judicial

הַשַּׁיָּיךְ לְמִשְׁפָּט, לְחוֹק וְכוּ׳:

*שַׂר הַמִּשְׁפָּטִים אַחְרַאי לִפְעִילוּת **הַשִּׁיפּוּטִית** בַּמְּדִינָה.*

שִׁיפּוּטִית, שִׁיפּוּטִיִּים, שִׁיפּוּטִיּוֹת

שיפועז׳, שִׁפּוּעַ [שִׁיפּוּעִים] — slope

הַקַּו שֶׁיּוֹרֵד מִלְמַעְלָה לְמַטָּה, מִצַּד יָמִין לִשְׂמֹאל:

*הַכְּבִישׁ יוֹרֵד **בְּשִׁיפּוּעַ** מֵהָהָר.*

שיפוץז׳, שִׁפּוּץ [שִׁיפּוּצִים] — renovation, remodeling

כְּשֶׁעוֹשִׂים תִּיקּוּנִים, כְּשֶׁמְּחַדְּשִׁים:

*אַחֲרֵי **הַשִּׁיפּוּץ** הַבַּיִת נִרְאֶה כְּמוֹ חָדָשׁ.*

שיפורז׳, שִׁפּוּר [שִׁיפּוּרִים] — improvement

תִּיקּוּן, כְּשֶׁמַּשֶּׁהוּ נַעֲשֶׂה טוֹב יוֹתֵר:

*הַלַּיְלָה חָל **שִׁיפּוּר** בְּמַצָּבוֹ שֶׁל הַחוֹלֶה.*

שיפחהנ׳, שִׁפְחָה [שְׁפָחוֹת] — female slave

אִישָּׁה שֶׁאֵין לָהּ חוֹפֶשׁ:

*אֵין הַיּוֹם **שְׁפָחוֹת** בָּעוֹלָם הַמּוֹדֶרְנִי.*

שיפלותנ׳, שִׁפְלוּת — meanness

1. כְּשֶׁעוֹשִׂים מַשֶּׁהוּ רַע, לֹא מוּסָרִי:

*זֹאת **שִׁפְלוּת** לִשְׁדּוֹד זְקֵנִים עֲנִיִּים.*

2. הַהֵיפֶךְ מִגַּאֲוָוה, הַרְגָּשָׁה שֶׁל קְטַנּוּת: — humility

*הוּא קִיבֵּל **בְּשִׁפְלוּת**-רוּחַ אֶת מַזָּלוֹ הָרַע.*

שיפעהנ׳, שִׁפְעָה — abundance

(לשון גבוהה) שֶׁפַע, הַרְבֵּה מְאוֹד:

*בְּמַפְּלֵי הַנִּיאָגָרָה יֵשׁ **שִׁפְעָה** שֶׁל מַיִם.*

שיפעולז׳, שִׁפְעוּל — reactivation

כְּשֶׁעוֹשִׂים שֶׁמַּשֶּׁהוּ (בֵּית חֲרוֹשֶׁת, מִפְעָל וְכוּ׳) יַעֲבוֹד מֵחָדָשׁ:

***שִׁיפְעוּל** הַמִּפְעָל דּוֹרֵשׁ הַשְׁקָעָה שֶׁל כֶּסֶף רַב.*

שיפעלפ׳, שִׁפְעֵל — reactivated

עָשָׂה שֶׁיַּחֲזוֹר לִפְעוֹל:

***שִׁיפְעַלְנוּ** אֶת הַמְּכוֹנוֹת, אַחֲרֵי שֶׁתִּיקַּנּוּ וְחִידַּשְׁנוּ אוֹתָן.*

לְשַׁפְעֵל אֶת- / ש.פ.ע.ל, פִּיעֵל / שִׁיפְעַלְתִּי, מְשַׁפְעֵל

שיפץפ׳, שִׁפֵּץ — remodeled, renovated

תִּיקֵּן, חִידֵּשׁ, עָשָׂה שֶׁיִּהְיֶה כְּמוֹ חָדָשׁ:

***שִׁיפַּצְתִּי** אֶת הַבַּיִת, וְהוּא נִרְאֶה כְּמוֹ חָדָשׁ.*

לְשַׁפֵּץ אֶת- / ש.פ.ץ, פִּיעֵל / שִׁיפַּצְתִּי, מְשַׁפֵּץ, יְשַׁפֵּץ

שיפרפ׳, שִׁפֵּר — improved

הֵיטִיב, עָשָׂה שֶׁמַּשֶּׁהוּ יִהְיֶה טוֹב יוֹתֵר:

*הַמְּהַנְדֵּס **שִׁיפֵּר אֶת** תַּהֲלִיךְ הָעֲבוֹדָה. / הַתַּלְמִיד **שִׁיפֵּר אֶת** הֶישֵּׂגָיו בַּלִּימוּדִים.*

לְשַׁפֵּר אֶת- / ש.פ.ר, פִּיעֵל / שִׁיפַּרְתִּי, מְשַׁפֵּר, יְשַׁפֵּר, שַׁפֵּר!

שיפשוףז׳, שִׁפְשׁוּף [שִׁיפְשׁוּפִים] — rubbing, polishing

1. נְגִיעָה בִּתְנוּעוֹת מְהִירוֹת, צִיחְצוּחַ:

*כְּלֵי כֶּסֶף מְנַקִּים עַל-יְדֵי **שִׁיפְשׁוּף** בְּחוֹמֶר מַתְאִים.*

2. מָקוֹם בְּבֶגֶד (בְּחֵפֶץ) שֶׁהִתְקַלְקֵל עַל-יְדֵי נְגִיעוֹת: — scrape, bruise

*יֵשׁ **שִׁיפְשׁוּף** בַּצֶּבַע שֶׁל הַמְּכוֹנִית.*

3. (לשון דיבור בַּצָּבָא) אִימּוּן פִּיסִי קָשֶׁה: — going through the wringer

*אַחֲרֵי **הַשִּׁיפְשׁוּפִים** בַּצָּבָא שׁוּם דָּבָר לֹא קָשֶׁה לִי.*

שיפשףפ׳, שִׁפְשֵׁף — rubbed, brushed

1. נָגַע בִּתְנוּעוֹת מְהִירוֹת, צִיחְצֵחַ:

***שִׁיפְשַׁפְתִּי** אֶת הַשִּׁינַּיִים, אֲנִי הוֹלֵךְ לִישׁוֹן.*

2. (בַּצָּבָא) עָשָׂה לַחַיָּילִים אִימּוּנִים קָשִׁים: — put through the wringer

***שִׁיפְשַׁפְתִּי** אֶת הַחַיָּילִים בַּיּוֹם וּבַלַּיְלָה.*

לְשַׁפְשֵׁף אֶת- / ש.פ.ש.ף, פִּיעֵל / שִׁיפְשַׁפְתִּי, מְשַׁפְשֵׁף

שיקויז׳, שִׁקּוּי [שִׁיקּוּיִים] — potion

(לשון סיפרותית) מַשֶּׁהוּ שֶׁשּׁוֹתִים (בְּעִיקָּר תְּרוּפוֹת):

*שָׁתִיתִי אֶת **הַשִּׁיקּוּי**, שֶׁנָּתַן לִי הָרוֹפֵא.*

שיקולז׳, שִׁקּוּל [שִׁיקּוּלִים] — consideration, weighing

הַעֲרָכָה שֶׁל מַצָּב לִפְנֵי הַחְלָטָה:

***שִׁיקּוּלִים** כַּלְכָּלִיִּים הִשְׁפִּיעוּ עַל הַחְלָטָתִי לַעֲזוֹב.*

שיקול-דעת — deliberation

*הָעֲלִיָּיה לָאָרֶץ נַעֲשְׂתָה לְאַחַר **שִׁיקּוּל דַּעַת** רְצִינִי.*

שיקוםז, שִׁקּוּם — rehabilitation

1. הַחֲזָרָה לַמַּצָּב הַקּוֹדֵם (שֶׁל חוֹלֶה, פָּצוּעַ, שְׁכוּנָה וְכוּ'):
*אַחֲרֵי הַמִּלְחָמָה עָבַדְנוּ **בְּשִׁיקּוּם** הָעִיר.*

2. מֶרְכָּז רְפוּאִי, עוֹזְרִים בּוֹ לְפָצוּעַ, חוֹלֶה, לַחֲזוֹר לִפְעִילוּת: — rehabilitation center
***בַּשִּׁיקּוּם** לִימְּדוּ אוֹתוֹ לָלֶכֶת מֵחָדָשׁ.*

שיקוףז, שִׁקּוּף [שִׁיקּוּפִים] — x-ray

כְּשֶׁרוֹאִים בְּעֶזְרַת רֶנְטְגֶן מַה קּוֹרֶה בַּגּוּף:
*עָשׂוּ לִי **שִׁיקּוּף** רֵיאוֹת.*

שיקלולז, שִׁקְלוּל [שִׁיקְלוּלִים] — weighted average

כְּשֶׁקּוֹבְעִים אֶת הַמִּשְׁקָל הַיַּחֲסִי שֶׁל אֶלֶמֶנְטִים שׁוֹנִים:
***בְּשִׁיקְלוּל** הַצִּיּוּנִים יֵשׁ לְמָתֵימָטִיקָה יוֹתֵר מִשְׁקָל מֵאֲשֶׁר לְסִפְרוּת.*

שיקללפ, שִׁקְלֵל — weighted

עָשָׂה חֶשְׁבּוֹן וְנָתַן מִשְׁקָל יַחֲסִי לְכֹל אֶלֶמֶנְט:
***שִׁיקְלְלוּ** לִי אֶת הַצִּיּוּן הַסּוֹפִי: 10% - שִׁיעוּרֵי בַּיִת, 50% - הַבְּחִינָה, 40% עֲבוֹדַת כִּיתָּה.*
לְשַׁקְלֵל אֶת- / ש.ק.ל.ל, פִּיעֵל / שִׁיקְלְלוּ, מְשַׁקְלֵל

שיקםפ, שִׁקֵּם — restored, rehabilitated

הֶחֱזִיר לַמַּצָּב הַקּוֹדֵם (חוֹלֶה, פָּצוּעַ, בַּיִת וְכוּ'):
*צָרִיךְ לְשַׁקֵּם אֶת הַשְּׁכוּנָה הַזֹּאת. / אֲנִי עוֹשָׂה פִיזְיוֹתֶרַפְּיָה כְּדֵי **לְשַׁקֵּם** אֶת הָרֶגֶל שֶׁנִּפְגְּעָה.*
לְשַׁקֵּם אֶת- / ש.ק.ם, פִּיעֵל / שִׁיקַּמְתִּי, מְשַׁקֵּם, יְשַׁקֵּם

שיקעפ, שִׁקֵּעַ (שִׁקַּע) — immersed

1. שָׂם בְּתוֹךְ:
***שִׁיקַּעְתִּי** אֶת הַקּוּפְסָה בַּמַּיִם.*

2. (מֶטָאפוֹרָה) הִכְנִיס (אֶנֶרְגְיָה): — put in, invested
*הַרְבֵּה מַאֲמַצִּים **שִׁיקַּעְתִּי** בָּעֲבוֹדָה.*
לְשַׁקֵּעַ אֶת- / ש.ק.ע, פִּיעֵל / שִׁיקַּעְתִּי, מְשַׁקֵּעַ, יְשַׁקֵּעַ

שיקףפ, שִׁקֵּף — reflected

1. אֶפְשָׁר הָיָה לִרְאוֹת דַּרְכּוֹ:
*חַלּוֹן הַזְּכוּכִית **שִׁיקֵּף** אֶת הָרְחוֹב.*

2. (מֶטָאפוֹרָה) מַצִּיג, מַרְאֶה:
*הָרוֹמָן שֶׁל הַמֵּאָה ה-19 **מְשַׁקֵּף** אֶת הַחַיִּים בְּאוֹתוֹ זְמַן.*
לְשַׁקֵּף אֶת- / ש.ק.ף, פִּיעֵל / שִׁיקַּפְתִּי, מְשַׁקֵּף, יְשַׁקֵּף

שיקרפ, שִׁקֵּר — lied

לֹא אָמַר אֶת הָאֱמֶת:
*הוּא **שִׁיקֵּר** לִי, כְּשֶׁאָמַר שֶׁאֵין לוֹ כֶּסֶף.*
לְשַׁקֵּר אֶת-, לְ- / ש.ק.ר, פִּיעֵל / שִׁיקַּרְתִּי, מְשַׁקֵּר, יְשַׁקֵּר

שיקרית, שִׁקְרִי — false

לֹא נָכוֹן, לֹא אֱמֶת:
*הוּא נָתַן עֵדוּת **שִׁיקְרִית** בְּבֵית הַמִּשְׁפָּט.*
שִׁקְרִית, שִׁיקְרִיִּים, שִׁיקְרִיּוֹת

שיקשקפ, שִׁקְשֵׁק — rattled

1. הִשְׁמִיעַ קוֹל (כְּמוֹ שֶׁל רַכֶּבֶת נוֹסַעַת):
*הַמְּכוֹנָה **שִׁיקְשְׁקָה** כֹּל הַלַּיְלָה, וְאִי אֶפְשָׁר הָיָה לִישׁוֹן.*

2. (לְשׁוֹן דִּיבּוּר) רָעַד מִפַּחַד: — trembled
***שִׁיקְשַׁקְתִּי** לִפְנֵי הַבְּחִינָה, אַחַר-כָּךְ זֶה עָבַר.*
לְשַׁקְשֵׁק / ש.ק.ש.ק, פִּיעֵל / שִׁיקְשְׁקוּ, מְשַׁקְשֵׁק

שירז, שִׁיר [שִׁירִים] — song

1. יְצִירָה שֶׁל מִילִּים עִם מַנְגִּינָה (מוּסִיקָה):
*הֶאֱזַנְתִּי לְתוֹכְנִית שֶׁל **שִׁירִים** עִבְרִיִּים בָּרַדְיוֹ.*

2. פּוֹאֶמָה, יְצִירָה כְּתוּבָה לֹא בְּפְרוֹזָה: — poem
*ח.נ. בְּיָאלִיק כָּתַב **שִׁירִים** לִירִיִּים נִפְלָאִים.*

שִׁיר-עֶרֶשׂ — lullaby
שִׁיר-עַם — folk song
שִׁיר הַשִּׁירִים — Song of Songs
שִׁיר-לֶכֶת - — march
שִׁיר שֶׁהוֹלְכִים וְשָׁרִים אוֹתוֹ (חַיָּילִים וְכוּ')

שירבבפ, שִׁרְבֵּב — interpolated

הִכְנִיס לֹא בַּזְּמַן, לֹא בַּמָּקוֹם, בְּלִי תִּיכְנוּן:
*הוּא **שִׁירְבֵּב** לְתוֹךְ הַהַרְצָאָה סִיפּוּרִים בְּיוֹגְרָפִיִּים.*
שִׁירְבֵּב אֶת הַשְּׂפָתַיִים/לָשׁוֹן — pouted
לְשַׁרְבֵּב אֶת- / ש.ר.ב.ב, פִּיעֵל / שִׁירְבְּבוּ, מְשַׁרְבֵּב, יְשַׁרְבֵּב

שירבובז, שִׁרְבּוּב — inserting (in the wrong context)

כְּשֶׁמַּכְנִיסִים מַשֶּׁהוּ שֶׁלֹּא בַּמָּקוֹם:
***שִׁירְבּוּב** שְׁמוֹ שֶׁל רֹאשׁ הַמֶּמְשָׁלָה יָבִיא הַרְבֵּה נֶזֶק.*

שירהנ, שִׁירָה [שִׁירוֹת] — poetry

1. פּוֹאֶזְיָה, מַה שֶׁכּוֹתְבִים בְּשׁוּרוֹת קְצָרוֹת, בַּחֲרוּזִים וְכוּ':
*בַּ**שִּׁירָה** הָעִבְרִית יֵשׁ מוֹטִיבִים לְאוּמִּיִּים.*

2. מִילִּים וּמוּסִיקָה בְּיַחַד, כְּשֶׁשָּׁרִים: — singing
*יֵשׁ לָנוּ עֶרֶב **שִׁירָה**, שָׁרִים שִׁירִים עִבְרִיִּים.*

שִׁירַת-הַבַּרְבּוּר — swan song
שִׁירָה בְּצִיבּוּר — community singing

שירוןז, שִׁירוֹן [שִׁירוֹנִים] — song-book

סֵפֶר שֶׁל שִׁירִים, שֶׁשָּׁרִים אוֹתָם:
*אֵינֶנִּי זוֹכֵר אֶת הַמִּילִּים שֶׁל הַשִּׁירִים, לָכֵן הֵבֵאתִי **שִׁירוֹן**.*

שירותז, שֵׁרוּת [שֵׁירוּתִים] — service

תַּפְקִיד אוֹ עֲבוֹדָה לְמַעַן הַצִּיבּוּר אוֹ הַפְּרָט:
*גָּמַרְתִּי אֶת הַ**שֵּׁירוּת** הַצְּבָאִי.*

שֵׁירוּתִים - עֲבוֹדוֹת אַדְמִינִיסטרַצְיָה וְכוּ' (בְּנִיגּוּד לַעֲבוֹדוֹת יִיצוּר בְּבֵית-חֲרוֹשֶׁת, בְּחַקְלָאוּת...)

שֵׁירוּתִים ז"ר - בֵּית שִׁימּוּשׁ — toilet

שֵׁירוּת-דּוֹב — disservice

שֵׁירוּת-הַתַּעֲסוּקָה — employment service

שֵׁירוּת-חוֹבָה — compulsory service

שֵׁירוּת הַמְּדִינָה / שֵׁירוּת בָּתֵּי הַסּוֹהַר / שֵׁירוּתֵי הַתַּחְבּוּרָה

שירטוט ז, שִׂרְטוּט [שִׂירְטוּטִים] — drawing, sketch

תֵּיאוּר גְּרָפִי שֶׁל מַשֶּׁהוּ:

*הָאַדְרִיכָל הֵבִיא אֶת **הַשִּׂירְטוּטִים** שֶׁל הַבִּנְיָין הֶחָדָשׁ.*

מַכְשִׁירֵי שִׂירְטוּט / שִׂירְטוּטִים הַנְדָּסִיִּים

שירטון ז, שִׂרְטוֹן [שִׂירְטוֹנוֹת] — sandbank

אֶבֶן אוֹ חוֹל גָּבוֹהַּ בְּאֶמְצַע הַיָּם:

*הָאוֹנִיָּיה עָלְתָה עַל **שִׂירְטוֹן** וְאֵינָהּ יְכוֹלָה לָזוּז.*

שירטט פ, שִׂרְטֵט — drew, sketched

עָשָׂה קַוִּוים עַל נְיָיר:

***שִׂירְטַטְתִּי** לוֹ אֶת תּוֹכְנִית הַבַּיִת.*

לְשַׂרְטֵט אֶת- / שׂ.ר.ט.ט, פִּיעֵל / מְשַׂרְטֵט, יְשַׂרְטֵט

שיריון ז, שִׁרְיוֹן [שִׁירְיוֹנִים/שִׁירְיוֹנוֹת] — armor

1. מִין "בֶּגֶד" מִבַּרְזֶל:

*לַחַיָּילִים הָרוֹמָאִים הָיָה **שִׁירְיוֹן** עַל הַגּוּף.*

2. "בַּיִת" שֶׁל בַּעֲלֵי חַיִּים: — shell

*לַצָּב יֵשׁ **שִׁירְיוֹן**, וְהוּא מִתְחַבֵּא בּוֹ.*

3. (בַּצָּבָא) טַנְקִים וּכְלֵי רֶכֶב דּוֹמִים לָהֶם: — armored corps

*בַּצָּבָא הָיִיתִי **בַּשִּׁירְיוֹן** (בְּחֵיל הַשִּׁירְיוֹן).*

שיריון ז, שִׁרְיוּן [שִׁירְיוּנִים] — armoring

1. כְּשֶׁשָּׂמִים לוּחוֹת בַּרְזֶל כְּדֵי לְהָגֵן עַל מַשֶּׁהוּ:

***שִׁירְיוּן** הָאוֹטוֹבּוּס הוּא הֶכְרֵחִי בִּנְסִיעָה בִּמְקוֹמוֹת מְסוּכָּנִים.*

2. כְּשֶׁקּוֹבְעִים מֵרֹאשׁ כְּדֵי שֶׁלֹּא יִהְיוּ שִׁינּוּיִים: — securing, guaranteeing

*בַּמִּפְלָגָה הֶחְלִיטוּ עַל **שִׁירְיוּן** מְקוֹמוֹת לְנָשִׁים.*

שיריונאי ז, שִׁרְיוֹנַאי [שִׁירְיוֹנָאִים] — armored corps soldier

חַיָּיל הַשַּׁיָּיךְ לִיחִידָה שֶׁל טַנְקִים:

*הָיִיתִי **שִׁירְיוֹנַאי** בַּצָּבָא - נָהַגְתִּי טַנְק.*

שיריונית נ, שִׁרְיוֹנִית [שִׁירְיוֹנִיּוֹת] — armored car

מִין מְכוֹנִית עִם קִירוֹת בַּרְזֶל (כְּמוֹ טַנְק קָטָן...):

*נָסַעְתִּי **בְּשִׁירְיוֹנִית** לְאוֹרֶךְ הַגְּבוּל.*

שיריין פ, שִׁרְיֵין — armored

1. שָׂם לוּחַ בַּרְזֶל בִּמְכוֹנִית כְּדֵי לְהָגֵן עַל הַנּוֹסְעִים:

***שִׁירְיַינּוּ** אֶת כׇּל הַמְּכוֹנִיּוֹת שֶׁל הַצָּבָא.*

2. קָבַע מֵרֹאשׁ וְאִי אֶפְשָׁר לְשַׁנּוֹת (זְמַן, מָקוֹם וְכוּ'): — secured, guaranteed

***שִׁירְיַינּוּ** לוֹ עֲבוֹדָה בָּעִירִיָּיה.*

לְשַׁרְיֵין אֶת- / ש.ר.י.ן, פִּיעֵל / שִׁירְיַינְתִּי, מְשַׁרְיֵין, יְשַׁרְיֵין

שירך פ, שֵׁרֵךְ — plodded along

הָלַךְ לְאַט "בְּלִי לְהָרִים אֶת הָרַגְלַיִים":

***שֵׁירַכְנוּ** אֶת דַּרְכֵּנוּ בֶּהָרִים, לֹא הָיָה לָנוּ כְּבָר כּוֹחַ לָלֶכֶת.*

לְשָׁרֵךְ / ש.ר.ך, פִּיעֵל / שֵׁירַכְתִּי, מְשָׁרֵךְ, יְשָׁרֵךְ, שָׁרֵךְ!

שירש פ, שֵׁרֵשׁ — rooted out

1. עָקַר הוֹצִיא עִם הַשּׁוֹרֶשׁ (בְּאוֹפֶן יְסוֹדִי):

צָרִיךְ לְשָׁרֵשׁ אֶת הָעֲשָׂבִים הַמַּפְרִיעִים לַפְּרָחִים.

2. (מֶטָאפוֹרָה) בִּיטֵל, סִילֵּק: — eliminated

*צָרִיךְ **לְשָׁרֵשׁ** אֶת שְׁגִיאוֹת הַכְּתִיב.*

לְשָׁרֵשׁ אֶת- / ש.ר.ש, פִּיעֵל / שֵׁירַשְׁתִּי, מְשָׁרֵשׁ, יְשָׁרֵשׁ

שירת פ, שֵׁרֵת — served

1. עָשָׂה עֲבוֹדָה בִּשְׁבִיל אֲנָשִׁים:

*אֲנִי עוֹבֵד בְּמִסְעָדָה וַאֲנִי צָרִיךְ **לְשָׁרֵת** אֶת הַלָּקוֹחוֹת.*

2. הָיָה לוֹ תַּפְקִיד צִיבּוּרִי:

*הוּא **שֵׁירֵת** 4 שָׁנִים בַּקּוֹנְסוּלִיָּה בְּרוּסְיָה.*

3. הָיָה חַיָּיל בַּצָּבָא:

***שֵׁירַתִּי** 3 שָׁנִים בַּצַּנְחָנִים.*

לְשָׁרֵת אֶת-, בְּ- / ש.ר.ת, פִּיעֵל / שֵׁירַתִּי, מְשָׁרֵת, יְשָׁרֵת

שיש ז, שַׁיִשׁ [שֵׁישִׁים] — marble

אֶבֶן קָשָׁה, עוֹשִׂים מִמֶּנָּה פְּסָלִים:

*מִיכָאֵל אַנְגֶ'לוֹ עָשָׂה אֶת הַפֶּסֶל 'דָּוִיד' **מִשַּׁיִשׁ**.*

שישה ש"מ, שִׁשָּׁה — six (m)

הַמִּסְפָּר 6 בְּזָכָר:

*בְּיִשְׂרָאֵל עוֹבְדִים **שִׁשָּׁה** יָמִים בְּשָׁבוּעַ.*

שִׁשָּׁה-עָשָׂר - הַמִּסְפָּר 16: — sixteen (m)

***שִׁשָּׁה עָשָׂר** חֲבֵרִים יָצְאוּ לְטַיֵּיל.*

שישי ת, שִׁשִּׁי — sixth (m)

אַחֲרֵי הַחֲמִישִׁי לִפְנֵי הַשְּׁבִיעִי:

*הַיֶּלֶד לוֹמֵד בַּכִּיתָּה **הַשִּׁשִּׁית**.*

יוֹם שִׁשִּׁי — Friday

שִׁשִּׁית, שִׁשִּׁיִּים, שִׁשִּׁיּוֹת

שישייה נ, שִׁשִׁיָּה [שִׁישִׁיּוֹת] — set of six, sextet

קְבוּצָה שֶׁל 6 אֱלֶמֶנְטִים, אֲנָשִׁים וְכוּ':

*הַבֵּיצִים מְסוּדָּרוֹת **בְּשִׁישִׁיּוֹת** בְּתוֹךְ קַרְטוֹן.*

שישים ש"מ/זו"נ שִׁשִּׁים — sixty
הַמִּסְפָּר 60:
שִׁשִּׁים גְּבָרִים הִשְׁתַּתְּפוּ בַּתַּרְגִּיל.

שישית נ׳ שִׁשִּׁית — one sixth
הַחֵלֶק הַשִּׁישִׁי - 1/6:
שִׁשִּׁית מֵהַתַּלְמִידִים לֹא הִגִּיעָה לְבֵית הַסֵּפֶר.

שיתוף ז׳ שִׁתּוּף — cooperation
לְקִיחַת חֵלֶק בְּדָבָר, בַּעֲבוֹדָה, בַּהֲקָמָה וְכוּ׳:
*עָבַדְנוּ מִתּוֹךְ **שִׁיתוּף** מָלֵא בַּהֲקָמַת הַקִּיבּוּץ.*
שִׁיתוּף פְּעוּלָּה - — collaboration
בַּמִּשְׁפָּחָה הַזּוֹ יֵשׁ שִׁיתוּף פְּעוּלָּה בֵּין הַהוֹרִים וְהַיְּלָדִים.
חַיֵּי שִׁיתוּף — collectivism

שיתופי ת׳ שִׁתּוּפִי — collective
קוֹלֶקְטִיבִי, לֹא פְּרָטִי:
*בָּחַרְתִּי לִחְיוֹת בְּקִיבּוּץ, בְּחֶבְרָה **שִׁיתוּפִית**.*
אֲגוּדָּה שִׁיתוּפִית — cooperative
שִׁיתוּפִית, שִׁיתוּפִיִּים, שִׁיתוּפִיּוֹת

שיתוק ז׳ שִׁתּוּק [שִׁיתוּקִים] — paralysis
1. כְּשֶׁאִי אֶפְשָׁר לָזוּז, לְדַבֵּר וְכוּ׳:
*יֵשׁ לוֹ **שִׁיתוּק** בָּרֶגֶל, הוּא אֵינוֹ יָכוֹל לְהָזִיז אוֹתָהּ.*
2. כְּשֶׁאֵין פְּעִילוּת, כְּשֶׁלֹּא עוֹשִׂים כְּלוּם: — standstill
שִׁיתוּק הַמִּפְעָל יָבִיא לְפִיטוּרִים שֶׁל עוֹבְדִים.
שִׁיתוּק-יְלָדִים — polio

שיתף פ׳ שִׁתֵּף — let participate
עָשָׂה מִישֶׁהוּ לְשׁוּתָף, שֶׁיִּהְיֶה אִיתּוֹ בָּעִנְיָן:
*הֵם **שִׁיתְּפוּ** אוֹתִי בַּתּוֹכְנִית הַחֲדָשָׁה.*
שִׁיתֵּף פְּעוּלָּה - — collaborated
הַצְּעִירִים שִׁיתְּפוּ פְּעוּלָּה עִם הַמְּבוּגָּרִים.
לְשַׁתֵּף אֶת-, עִם- / ש.ת.ף, פִּיעֵל / שִׁיתַּפְתִּי, מְשַׁתֵּף

שיתק פ׳ שִׁתֵּק — paralyzed
1. גָּרַם שֶׁלֹּא יָזוּז:
*הַפַּחַד **שִׁיתֵּק** אוֹתִי - לֹא יָכוֹלְתִּי לָזוּז.*
2. גָּרַם שֶׁיִּיפָּסֵק, הִפְסִיק פְּעִילוּת וְכוּ׳: — stopped
*הַכַּדּוּרִים **שִׁיתְּקוּ** אֶת כְּאֵב הָרֹאשׁ. / הַשְּׁבִיתָה **שִׁיתְּקָה** אֶת מִשְׂרְדֵי הַמֶּמְשָׁלָה.*
לְשַׁתֵּק אֶת- / ש.ת.ק, פִּיעֵל / שִׁיתַּקְתִּי, מְשַׁתֵּק, יְשַׁתֵּק

שכב פ׳ שָׁכַב — lay (down)
1. שָׂם אֶת עַצְמוֹ עַל מִיטָּה (סַפָּה וְכוּ׳):
*דָּוִיד חוֹלֶה, כְּבָר שָׁבוּעַ הוּא **שׁוֹכֵב** בַּמִּיטָּה.*
2. קִיֵּים יַחֲסֵי מִין: — had intercourse
*אַמְנוֹן **שָׁכַב עִם** תָּמָר.*
לִשְׁכַּב, עִם- / ש.כ.ב, פָּעַל / שָׁכַבְתִּי, שׁוֹכֵב, יִשְׁכַּב, שְׁכַב!

שכוב ת׳ שָׁכוּב — lying
בְּמַצָּב שֶׁל שְׁכִיבָה, כְּשֶׁהַגּוּף בְּמַצָּב הוֹרִיזוֹנְטָלִי:
*מָצָאתִי אֶת הַיַּלְדָּה **שְׁכוּבָה** בַּמִּיטָּה בְּאֶמְצַע הַיּוֹם.*
שְׁכוּבָה, שְׁכוּבִים, שְׁכוּבוֹת

שכוח ת׳ שָׁכוּחַ — forgotten
שֶׁשָּׁכְחוּ אוֹתוֹ, שֶׁלֹּא זוֹכְרִים אוֹתוֹ:
*יֵשׁ סוֹפְרִים **שְׁכוּחִים**, שֶׁמְּגַלִּים אוֹתָם מֵחָדָשׁ.*
מְקוֹם שְׁכוּחַ-אֵל ב׳ - — godforsaken place
שְׁכוּחָה, שְׁכוּחִים, שְׁכוּחוֹת

שכול ת׳ שַׁכּוּל — bereaved
מִי שֶׁמֵּת לוֹ בֵּן אוֹ בַּת (אוֹ קָרוֹב):
*בִּגְלַל הַמִּלְחָמוֹת יֵשׁ הַרְבֵּה הוֹרִים **שַׁכּוּלִים**.*
שַׁכּוּלָה, שַׁכּוּלִים, שַׁכּוּלוֹת

שכול ז׳ שְׁכוֹל — bereavement
הַמַּצָּב שֶׁמִּישֶׁהוּ מֵת לוֹ בֵּן/בַּת וְכוּ׳:
*בְּאֶרֶץ, שֶׁיֵּשׁ בָּהּ מִלְחָמוֹת, יֵשׁ הַרְבֵּה **שְׁכוֹל**.*

שכונה נ׳ שְׁכוּנָה [שְׁכוּנוֹת] — neighborhood
אֵיזוֹר שֶׁל בָּתִּים בְּתוֹךְ הָעִיר אוֹ לְיָדָהּ:
*אֲנִי גָּרָה **בִּשְׁכוּנַת** הַתִּקְוָה בִּדְרוֹם תֵּל-אָבִיב.*
שְׁכוּנַת-עוֹנִי — slum

שכונתי ת׳ שְׁכוּנָתִי — neigborhood-
הַשַּׁיָּיךְ לִשְׁכוּנָה, לַבָּתִּים וְלָאֲנָשִׁים שֶׁגָּרִים בָּהּ:
*שִׂיחַקְנוּ כַּדּוּרֶגֶל בַּמִּגְרָשׁ **הַשְּׁכוּנָתִי**.*
שְׁכוּנָתִית, שְׁכוּנָתִיִּים, שְׁכוּנָתִיּוֹת

שכור ת׳ שָׂכוּר — rented (adj.)
שֶׁמִּשְׁתַּמְּשִׁים בּוֹ זְמַן מְסוּיָּם, תְּמוּרַת כֶּסֶף:
*אֲנִי גָּר בְּדִירָה **שְׂכוּרָה**, הִיא לֹא שֶׁלִּי.*
שְׂכוּרָה, שְׂכוּרִים, שְׂכוּרוֹת

שכח פ׳ שָׁכַח — forgot
לֹא זָכַר, לֹא שָׁמַר בַּזִּיכָּרוֹן:
***שָׁכַחְתִּי** אֶת הַמַּפְתֵּחַ בַּבַּיִת, וְלֹא יָכוֹלְתִּי לְהִיכָּנֵס לַדִּירָה.*
שָׁכַח אֶת עַצְמוֹ - הִתְנַהֵג בְּלִי בִּיקּוֹרֶת עַל מַעֲשָׂיו — lost control
לִשְׁכּוֹחַ אֶת- / ש.כ.ח, פָּעַל / שָׁכַחְתִּי, שׁוֹכֵחַ, יִשְׁכַּח, שְׁכַח!

שכחן ז׳ שַׁכְחָן [שַׁכְחָנִים] — forgetful
מִי שֶׁשּׁוֹכֵחַ הַרְבֵּה, אֵינוֹ זוֹכֵר:

*דָוִד **שַׁכְחָן** גָדוֹל - הוּא שָׁכַח אֵיפֹה הִשׁאִיר אֶת הַמְכוֹנִית.*
שַׁכְחָנִית, שַׁכְחָנִיוֹת

שכיבהנ, שְׁכִיבָה [שְׁכִיבוֹת] lying
כְּשֶׁהַגוּף בְּמַצָב הוֹרִיזוֹנטָלִי (עַל מִיטָה, רִצפָּה..):
*אַחֲרֵי **שׁכִיבָה** שֶׁל שָׁבוּעַ בַּמִיטָה קָשֶׁה לָלֶכֶת.*

שכיחת, שָׁכִיחַ common, usual
רָגִיל, קוֹרֶה לְעִיתִים קרוֹבוֹת:
*רוּחוֹת חַמוֹת בְּעוֹנָה זוֹ הֵן תוֹפָעָה **שׁכִיחָה**.*
שׁכִיחָה, שׁכִיחִים, שׁכִיחוֹת

שכיחותנ, שְׁכִיחוּת incidence, frequency
כְּשֶׁמַשֶׁהוּ רָגִיל, חוֹזֵר עַל עַצמוֹ:
***הַשׁכִיחוּת** שֶׁל תְאוּנוֹת הַדרָכִים גבוֹהָה מְאוֹד.*

שכינהנ, שְׁכִינָה Divine presence
(לָשׁוֹן סִפרוּתִית) אֱלוֹהִים:
*אוֹמרִים שֶׁכְּשֶׁיְרוּשָׁלַיִם חָרבָה עָזבָה אוֹתָה גַם **הַשׁכִינָה**.*

שכירתר"ז שָׂכִיר [שׂכִירִים] salaried worker
מִי שֶׁעוֹבֵד תמוּרַת מַשׂכּוֹרֶת קבוּעָה:
*פְּקִידֵי מֶמשָׁלָה, פּוֹעֲלִים וּמוֹרִים הֵם **שׂכִירִים**.*
שׂכִיר-יוֹם daily worker
שׂכִיר-חֶרֶב mercenary
שׂכִירָה, שׂכִירוֹת

שכירותנ, שְׂכִירוּת rent, lease
כְּשֶׁמִשׁתַמשִׁים בְּמַשֶׁהוּ זמַן מְסוּיָם תמוּרַת כֶּסֶף:
*אֲנִי גָר **בִּשׂכִירוּת**, עַד שֶׁהַדִירָה שֶׁלִי תִהיֶה מוּכָנָה.*

שכךפ, שָׁכַךְ calmed down, subsided
נַעֲשָׂה שָׁקֵט:
*סַעֲרַת הָרוּחוֹת **שָׁכְכָה**.*
לִשׁכּוֹךְ / ש.כ.ך, פָּעַל / שָׁכְכוּ, שׁוֹכֵךְ, יִשׁכְּכוּ

שכלפ, שָׁכַל (שָׁכֹל) lost a child
מֵת לוֹ יֶלֶד:
*הוּא **שָׁכַל** אֶת בְּנוֹ בַּמִלחָמָה.*
לִשׁכּוֹל אֶת- / ש.כ.ל, פָּעַל / שָׁכַלתִי, שׁוֹכֵל, יִשׁכַּל

שכלז, שֵׂכֶל brains, intelligence
הַיְכוֹלֶת לַחשׁוֹב, לְהַחלִיט, רָצוֹן:
*יֵשׁ לוֹ הַרבֵּה **שֵׂכֶל**, כְּדַאי לִשׁאוֹל אֶת עֲצָתוֹ.*
הַשֵׂכֶל הַיָשָׁר common sense

שכלית, שִׂכלִי mental, rational
הַשַׁיָיך לַשֵׂכֶל, הֶגיוֹנִי, רַציוֹנָאלִי:
*צָרִיך מַאֲמָץ **שִׂכלִי** כְּדֵי לְהָבִין אֶת הַמַאֲמָר הַזֶה.*
שִׂכלִית, שִׂכלִיִים, שִׂכלִיוֹת

שכלתנותנ, שִׂכלְתָנוּת rationalism
רַציוֹנָלִיזם, תפִיסָה בַּשֵׂכֶל (לֹא בָּרֶגֶשׁ):
***הַשִׂכלְתָנוּת** לֹא יְכוֹלָה לָבוֹא בִּמקוֹם הָרֶגֶשׁ.*

שכלתנית, שִׂכלְתָנִי rational(istic)
בָּנוּי לְפִי הַשֵׂכֶל:
*גִישָׁה **שִׂכלְתָנִית** הִיא לֹא תָמִיד טוֹבָה בְּיַחֲסִים בֵּין אֲנָשִׁים.*
שִׂכלְתָנִית, שִׂכלְתָנִיִים, שִׂכלְתָנִיוֹת

שכםז, שְׁכֶם shoulder
הַחֵלֶק הָעֶליוֹן שֶׁל הַגַב:
*הָלַכתִי עִם הַתִינוֹק עַל **הַשֶׁכֶם**.*
שֶׁכֶם אֶחָד ב' - יַחַד together
מִשִׁכמוֹ וָמַעְלָה - גָבוֹהַּ head and shoulders above
מְכוּלָם גַם מִבּחִינָה מוּסָרִית - אָדָם מְצוּיָן בְּמַשֶׁהוּ

שכמייהנ, שִׁכמִיָה [שִׁכמִיוֹת] cape
מְעִיל שֶׁלוֹבשִׁים עַל הַכּתֵפַיִים, בּלִי שַׁרווּלִים:
*יֵשׁ לִי **שִׁכמִיָיה** נֶגֶד גֶשֶׁם.*

שכןפ, שָׁכַן resided
(לָשׁוֹן סִפרוּתִית) גָר, נִמצָא זמַן מְסוּיָם:
*הוּא **שׁוֹכֵן** בְּעִיר קְטַנָה לְיַד הַיָם.*
לִשׁכּוֹן בְּ- / ש.כ.ן, פָּעַל / שָׁכַנתִי, שׁוֹכֵן, יִשׁכּוֹן, שׁכוֹן!

שכןז, שָׁכֵן [שׁכֵנִים] neighbor
1. מִי שֶׁגָר עַל יַד:
*בַּבִּניָין הַזֶה יֵשׁ עֲשָׂרָה **שׁכֵנִים**. / יֵשׁ לִי יְחָסִים טוֹבִים בִּמיוּחָד עִם **הַשׁכֵנָה** בַּקוֹמָה הַשׁנִיָיה.*
2. מִי שֶׁנִמצָא עַל יַד:
*דָוִד **שׁכֵנִי** לַסַפסָל הַלִימוּדִים, יָשַׁבנוּ זֶה לְיַד זֶה 4 שָׁנִים. הַשׁכֵנִים שֶׁלָנוּ - יַרדֵן, סוּריָיה, לְבָנוֹן - אֵינָם חַיִים בְּשָׁלוֹם אִיתָנוּ.*
שׁכֵנָה, שׁכֵנוֹת

שכנותנ, שׁכֵנוּת neighborliness
כְּשֶׁגָרִים עַל-יַד:
*כֹּל הַדַיָירִים בַּבַּיִת הֵם בִּיחָסֵי **שׁכֵנוּת** טוֹבִים.*

שכפ"ץז, שַׁכְפָּ"ץ bullet-proof jacket
(ר"ת: שִׁיכבַת פִּיצוּץ): מְעִיל קָצָר, שֶׁלוֹבשִׁים חַיָילִים וְשׁוֹטרִים נֶגֶד כַּדוּרִים, פְּצָצוֹת וְכוּ':
***הַשַׁכפָּ"ץ** הִצִיל אוֹתוֹ בִּזמַן הַיְרִיוֹת.*

שכרפ׳ שָׂכַר — rented, hired
שִׁילֵּם כֶּסֶף, וְקִיבֵּל רשוּת לְהִשְׁתַּמֵּשׁ (בְּדִירָה, בִּמְכוֹנִית) בְּאוֹפֶן זְמַנִּי:
שָׂכַרְתִּי דִּירָה לְשָׁנָה, אֶת שְׂכַר הַדִּירָה שִׁילַּמְתִּי מֵרֹאשׁ.
שָׂכַרְתִּי פּוֹעֲלִים לַעֲבוֹדוֹת בִּנְיָין.
לִשְׂכּוֹר אֶת- / שׂ.כ.ר, פָּעַל / שָׂכַרְתִּי, שׂוֹכֵר, יִשְׂכּוֹר, שְׂכוֹר!

שכרז׳ שָׂכָר — wages, pay
כֶּסֶף שֶׁמְּשַׁלְּמִים עַל עֲבוֹדָה אוֹ עַל שִׁימּוּשׁ בְּמַשֶּׁהוּ:
הַשָּׂכָר שֶׁל הַמּוֹרִים נָמוּךְ מְאוֹד.
שְׂכַר-דִּירָה — rent
שְׂכַר-טִירְחָה — payment for services rendered
שְׂכַר-סוֹפְרִים — royalties

שלמ״י שֶׁל — of
מִילָּה שֶׁמְּחַבֶּרֶת בֵּין שְׁנֵי שְׁמוֹת עֶצֶם. הַשֵּׁם הַשֵּׁנִי מְתָאֵר אֶת הָרִאשׁוֹן:
*יְרוּשָׁלַיִם + זָהָב = יְרוּשָׁלַיִם **שֶׁל** זָהָב.*
1. שַׁיָּיךְ לְ-: — belonging to
*הַבַּיִת **שֶׁל** דָּוִיד גָּדוֹל וְיָפֶה.*
2. עָשׂוּי מִ-: — made of
*לַבַּיִת יֵשׁ קִירוֹת **שֶׁל** אֶבֶן.*
3. יֵשׁ בּוֹ-: — containing
*שָׁתִיתִי כּוֹס מְלֵאָה **שֶׁל** יַיִן.*
בְּשֶׁל - בִּגְלַל: — because of
***בְּשֶׁל** הַגֶּשֶׁם לֹא בָּאתִי אֵלֶיךָ.*
שֶׁלְּךָ, שֶׁלָּךְ, שֶׁלּוֹ, שֶׁלָּהּ, שֶׁלָּנוּ, שֶׁלָּכֶם-ן, שֶׁלָּהֶם-ן

שלבז׳ שָׁלָב [שְׁלַבִּים] — rung, step
1. מַדְרֵגָה בַּסּוּלָּם:
*עָלִיתִי בַּסּוּלָּם, וְהִגַּעְתִּי עַד **הַשָּׁלָב** הָעֶלְיוֹן.*
2. דַּרְגָּה, בְּהִתְפַּתְּחוּת שֶׁל דְּבָרִים: — phase, stage, level
*הִגַּעְתִּי **לַשָּׁלָב** הַמִּתְקַדֵּם בְּלִימּוּד הָעִבְרִית.*
בִּשְׁלַבִּים ת״פ - זֶה אַחֲרֵי זֶה: — by stages...
*בָּנִינוּ אֶת הַבַּיִת **בִּשְׁלַבִּים** - חֶדֶר וְעוֹד חֶדֶר...*

שלגז׳ שֶׁלֶג [שְׁלָגִים] — snow
עָנָן שֶׁקּוֹפֵא בָּאֲוִויר, יוֹרֵד לְמַטָּה בַּחֲתִיכוֹת לְבָנוֹת וְרַכּוֹת:
הַשֶּׁלֶג שֶׁיָּרַד בַּלַּיְלָה, כִּיסָּה אֶת רָאשֵׁי הֶהָרִים.
שֶׁלֶג דְּאֶשְׁתָּקַד מַשֶּׁהוּ בִּלְתִּי חָשׁוּב: — the snows of yesteryear
*הַסִּיפּוּרִים שֶׁלּוֹ מְעַנְיְינִים אוֹתִי **כְּשֶׁלֶג דְּאֶשְׁתָּקַד**.*

של״ג ר״ת מלחמת **שלום הגליל** או מלחמת לבנון — Operation Peace for Galilee (Lebanon war)

שלגוןז׳ שַׁלְגּוֹן/שִׁלְגּוֹן [שַׁלְגּוֹנִים] — popsicle
קוּבִּיָּה (כְּמוֹ קֶרַח אוֹ גְלִידָה) עִם מַקֵּל בָּאֶמְצַע:
*יְלָדִים אוֹהֲבִים לְלַקֵּק **שַׁלְגּוֹנִים**.*

שלגייהנ׳ שִׁלְגִּיָּה — Snow-white
שֵׁם הַבַּחוּרָה הַיָּפָה בְּסִיפּוּר יְלָדִים יָדוּעַ:
*יְלָדִים אוֹהֲבִים מְאוֹד אֶת הַסִּיפּוּר עַל **שִׁלְגִּיָּה**.*

שלדז׳ שֶׁלֶד [שְׁלָדִים] — skeleton
1. מַעֲרֶכֶת הָעֲצָמוֹת שֶׁל הַגּוּף:
יֵשׁ לָנוּ בַּכִּיתָּה שֶׁלֶד מִפְּלַסְטִיק, כִּי אֲנַחְנוּ לוֹמְדִים עַל גּוּף הָאָדָם.
2. הַמִּבְנֶה הַפְּנִימִי שֶׁל בַּיִת, מְכוֹנִית וְכוּ׳ — frame, chassis
הַשֶּׁלֶד שֶׁל הַמְּכוֹנִית חָזָק, אֲבָל הַגּוּף נִפְגַּע בְּקַלּוּת.
3. קַוִּוים כְּלָלִיִּים שֶׁל תּוֹכְנִית, סְכֵימָה: — outline
*יֵשׁ לִי כְּבָר **שֶׁלֶד** שֶׁל הַסֶּרֶט הֶחָדָשׁ, עַכְשָׁיו צָרִיךְ לִכְתּוֹב אֶת הַתַּסְרִיט.*
שֶׁלֶד עֲצָמוֹת — skin and bones

שלהפ׳ שָׁלָה — drew out (from water)
הוֹצִיא מִן הַמַּיִם:
*הֵם **שָׁלוּ** דָּגִים מֵהַמַּיִם.*
לִשְׁלוֹת אֶת- / שׁ.ל.ה, פָּעַל / שָׁלִיתִי, שׁוֹלֶה, יִשְׁלֶה, שְׁלֵה!

שלהבתנ׳ שַׁלְהֶבֶת [שַׁלְהָבוֹת] — flame
אֵשׁ בּוֹעֶרֶת:
***שַׁלְהֶבֶת** הַנֵּר זָזָה בָּרוּחַ.*

שלהיז״ר שִׁלְהֵי — end of
(אֲרָמִית) סוֹף; הַיָּמִים, הַשָּׁבוּעוֹת וְכוּ׳ הָאַחֲרוֹנִים:
***בְּשִׁלְהֵי** קַיִץ לִפְעָמִים חַם יוֹתֵר מֵאֲשֶׁר בַּקַּיִץ.*

שלות׳ שָׁלֵו — calm (adj.)
שָׁקֵט, בְּמַצָּב שֶׁל מְנוּחָה:
*כְּשֶׁאֵין מִלְחָמוֹת הַחַיִּים **שְׁלֵוִוים** יוֹתֵר.*
שְׁלֵוָה, שְׁלֵוִוים, שְׁלֵווֹת

שלובת׳ שָׁלוּב — joined (adj.)
1. מְחוּבָּר, כְּשֶׁחֲלָקִים שֶׁל מַשֶּׁהוּ בְּתוֹךְ חֲלָקִים אֲחֵרִים:
*יָשַׁבְנוּ בְּיָדַיִים **שְׁלוּבוֹת** וְחִיכִּינוּ.*
2. מְעוֹרָבִים זֶה בָּזֶה: — interwoven
*בַּסִּיפּוּר **שְׁלוּבִים** מִקְרִים אֲמִיתִּיִּים עִם דְּבָרִים שֶׁלֹּא הָיוּ.*
שְׁלוּבָה, שְׁלוּבִים, שְׁלוּבוֹת

שלווהנ׳ שַׁלְוָה [שַׁלְווֹת] — calm, tranquility
שֶׁקֶט מְנוּחָה:
אֲנִי רוֹצֶה קְצָת שַׁלְוָה אַחֲרֵי הָעֲבוֹדָה.

שלוחת׳ שָׁלוּחַ — sent/extended (adj.)
שֶׁשָּׁלְחוּ אוֹתוֹ, שֶׁרוֹצִים לִמְסוֹר, לְהוֹדִיעַ:
הַבְּרָכָה לְיוֹם הַהוּלֶּדֶת שְׁלוּחָה מִכָּל הַחֲבֵרִים.
שְׁלוּחַ רֶסֶן — unbridled

יָד שלוּחָה - יָד פתוּחָה, מִן הַגוּף וְהַחוּצָה:
יָדֵנוּ שלוּחָה לְשָלוֹם.
שלוּחָה, שלוּחִים, שלוּחוֹת

שלוחהנ׳ שְלוּחָה — extension
1. (קַו, חוּט, עֵסֶק) מַשֶהוּ שֶיוֹצֵא מִמָקוֹם מֶרכָּזִי:
יֵש בַּמִשׂרָד שתֵי שלוּחוֹת לַטֶלֶפוֹן.
2. הַר שֶיוֹצֵא מֵהַר אַחֵר: — range
טִיַילנוּ עַל אַחַת מִשלוּחוֹת הַחֶרמוֹן.

שלוליתנ׳ שְלוּלִית [שלוּלִיוֹת] — puddle
מָקוֹם שֶיֵש בּוֹ מַיִם עוֹמדִים מִגֶשֶם וְכוּ׳:
*הַיְלָדִים אוֹהֲבִים לְהִיכָּנֵס **לִשלוּלִיוֹת**, לְשַׂחֵק **בִּשלוּלִיוֹת**.*

שלוםז׳ שָלוֹם — peace
1. שֶקֶט, שַלוָוה, הַהֵיפֶך מ׳מִלחָמָה׳:
*אֲנַחנוּ מִתפַּלְלִים לְ**שָלוֹם** בָּאָרֶץ וּבָעוֹלָם. / שתֵי הַמְדִינוֹת חָתמוּ עַל חוֹזֶה **שָלוֹם**.*
2. בּרָכָה בִּפגִישָה אוֹ בִּפרֵידָה מֵאֲנָשִים: — hello, good-bye
׳שָלוֹם׳ ׳שָלוֹם וּברָכָה׳! ׳שָלוֹם רַב׳.
3. מַצָב, הַרגָשָה:
״מַה שלוֹמךָ?״ — how are you?
שלוֹם-בַּיִת — domestic harmony
שַבָּת שָלוֹם — Good Sabbath
עָלָיו הַשָלוֹם - אוֹמרִים עַל מֵת — May he rest in peace
דרִישַת-שָלוֹם — regards

שלומיאלז׳ שלוּמִיאֵל [שלוּמִיאֵלִים] — shlemiel, 'good for nothing'
מִי שֶאֵינוֹ מַצלִיחַ, שֶהַכּוֹל מִתקַלקֵל לוֹ:
*הוּא **שלוּמִיאֵל** גָדוֹל - הַכּוֹל נוֹפֵל לוֹ מֵהַיָדַיִים.*
שלוּמִיאֵלִית, שלוּמִיאֵלִיוֹת

שלומיאליותנ׳ שלוּמִיאֵלִיוּת — worthlessness
אִי הַצלָחָה בִּגלַל פִּיזוּר וְכוּ׳:
***הַשלוּמִיאֵלִיוּת** שֶלוֹ מְעַצבֶּנֶת - שוּם דָבָר הוּא אֵינוֹ עוֹשֶׂה כּמוֹ שֶצָרִיך.*

שלוקת׳ שָלוּק — poached (adj.)
שֶשָפכוּ עָלָיו מַיִם רוֹתחִים:
*אֲנִי אוֹהֵב לֶאֱכוֹל בֵּיצָה **שלוּקָה** (״לֹא קָשָה״).*
שלוּקָה, שלוּקִים, שלוּקוֹת

שלושש״מ שָלוֹש — three (f)
הַמִספָּר 3 בִּנקֵבָה:
*גַרתִי בִּירוּשָלַיִם **שָלוֹש** שָנִים.*
שלוֹש עֶשׂרֵה - הַמִספָּר 13 בִּנקֵבָה: — thirteen (f)
*כְּשֶדָוִיד הָיָה בֶּן **שלוֹש עֶשׂרֵה** עָרכוּ לוֹ בַּר מִצוָוה.*

הַשלוֹש עֶשׂרֵה - *גַרתִי בִּירוּשָלַיִם שתֵים עֶשׂרֵה שָנִים, בַּשָנָה **הַשלוֹש עֶשׂרֵה** עָבַרתִי לְתֵל-אָבִיב.*

שלושהש״מ שלוֹשָה — three (m)
הַמִספָּר 3 בְּזָכָר:
*יֵש לִי **שלוֹשָה** בָּנִים - דָן, מִיכָאֵל וְגַברִיאֵל.*
שלוֹשָה-עָשָׂר — thirteen (m)
***שלוֹשָה עָשָׂר** בַּחוּרִים וְעֶשֶׂר בַּחוּרוֹת הִשתַתפוּ בַּטִיוּל.*
הַשלוֹשָה-עָשָׂר - מִספָּר סִידוּרִי בָּא אַחֲרֵי שנֵים עָשָׂר:
*בַּיוֹם **הַשלוֹשָה עָשָׂר** לַעֲבוֹדָתִי בַּמִשׂרָד חָלִיתִי.*

שלושיםש״מ שלוֹשִים — thirty
הַמִספָּר - 30 לזו״נ:
*הוֹרַיי עָלוּ לְיִשׂרָאֵל לִפנֵי **שלוֹשִים** שָנָה.*
הַשלוֹשִים
*בְּיוֹם **הַשלוֹשִים** לַחוֹדֶש נִיפָּגֵש לְשִׂיחָה.*

שלחפ׳ שָלַח — sent
1. הֶעֱבִיר לְמָקוֹם אַחֵר:
*דָוִיד **שָלַח** מִכתָב לְאָחִיו בְּאֵילַת.*
2. אָמַר לְמִישֶהוּ לָלֶכֶת:
***שָלַחתִי** אֶת הַיְלָדִים לְבֵית הַסֵפֶר.*
שָלַח יָד בְּנַפשוֹ — committed suicide
לִשלוֹחַ אֶת-, לְ- / ש.ל.ח, פָּעַל / שָלַחתִי, שוֹלֵחַ, יִשלַח

שלטפ׳ שָלַט — ruled, governed
1. הָיָה שַלִיט, אָמַר מַה לַעֲשׂוֹת:
*הַדִיקטָטוֹר **שָלַט** 20 שָנָה.*
2. הָיָה טוֹב בְּ-, מִקצוֹעִי: — mastered, was proficient
*דָוִיד **שוֹלֵט** בְּעִברִית, בְּאַנגלִית וּברוּסִית.*
שָלַט בַּמַצָב — had the situation under control
שָלַט בְּעַצמוֹ — controlled himself
לִשלוֹט עַל-, בְּ- / ש.ל.ט, פָּעַל / שָלַטתִי, שוֹלֵט, יִשלוֹט

שלטז׳ שֶלֶט [שלָטִים] — sign
לוּחַ שֶכּתוּבָה עָלָיו אִינפוֹרמַציָה - שֵם רְחוֹב, שֵם חֲנוּת וְכוּ׳:
*עַל **שֶלֶט** הַחֲנוּת הָיָה כָּתוּב: חֲנוּת לְמַכשִירֵי כּתִיבָה - דָן אַברָהָמִי וּבנוֹ.*

שלטוןז׳ שִלטוֹן [שִלטוֹנוֹת] — government, authority
מֶמשָלָה, הַכּוֹחַ הַפּוֹלִיטִי בְּרֹאש הַמְדִינָה:
***הַשִלטוֹן** בַּמְדִינָה הוּא בִּידֵי רֹאש הַמֶמשָלָה.*
שִלטוֹן מְקוֹמִי — local authorities
שִלטוֹן עַצמִי — self-rule
שִלטוֹנוֹת צבָאִיִים — military authorities
שִלטוֹנוֹת-הַמַס — tax authorities
הַשִלטוֹנוֹת - הַמֶמשָלָה וְהַפּקִידִים הַגבוֹהִים

שלימ״י + כ״ג שֶׁלִּי — my, mine

שֶׁל + אֲנִי, שַׁיָּךְ לִי:

*'שֶׁל מִי הַסֵּפֶר הַזֶּה?' - '**שֶׁלִּי**!' / הַיְלָדִים **שֶׁלִּי** נוֹלְדוּ בְּיִשְׂרָאֵל.*

שֶׁלִּי, שֶׁלְּךָ, שֶׁלָּךְ, שֶׁלּוֹ, שֶׁלָּהּ, שֶׁלָּנוּ, שֶׁלָּכֶם-ן, שֶׁלָּהֶם-ן

שליחז׳ שָׁלִיחַ [שְׁלִיחִים] — delegate, messenger

נָצִיג שֶׁל מוֹסָד אוֹ מְדִינָה, שֶׁנִּשְׁלַח כְּדֵי לְמַלֵּא תַּפְקִיד מְסוּיָּם:

*לִפְנֵי שֶׁעָלִיתִי לָאָרֶץ, דִּיבַּרְתִּי עִם **הַשָּׁלִיחַ** שֶׁל הַסּוֹכְנוּת הַיְּהוּדִית בְּנִיוּ-יוֹרְק. / הִגִּיעַ **שָׁלִיחַ** מֵהַדּוֹאַר וּמָסַר אֶת הַחֲבִילָה.*

מירוץ שליחים — relay race

שְׁלִיחָה, שְׁלִיחוּת

שליחותנ׳ שְׁלִיחוּת [שְׁלִיחוּיוֹת] — assignment, task

1. כְּשֶׁאוֹמְרִים לְמִישֶׁהוּ לָלֶכֶת לְמָקוֹם לִמְסוֹר מַשֶּׁהוּ:

*הוּא בָּא **בִּשְׁלִיחוּת** הַדּוֹאַר לִמְסוֹר חֲבִילָה.*

2. (מֶטָאפוֹרָה) תַּפְקִיד לְאוּמִּי: — assignment, post

*הָיִינוּ **בִּשְׁלִיחוּת** בְּאָמֶרִיקָה - עָבַדְנוּ בַּקְּהִילָּה הַיְּהוּדִית.*

3. תַּפְקִיד חָשׁוּב מִבְּחִינָה צִיבּוּרִית מוּסָרִית וְכוּ׳: — mission, purpose

*רַק אֲנָשִׁים עִם הַרְגָּשַׁת **שְׁלִיחוּת** יְכוֹלִים לַעֲבוֹד עִם אֲסִירִים.*

שליטתר״ז שַׁלִּיט [שַׁלִּיטִים] — ruler

מוֹשֵׁל, מִי שֶׁעוֹמֵד בְּרֹאשׁ מְדִינָה, עִיר וְכוּ׳, מִי שֶׁהַכּוֹחַ הַפּוֹלִיטִי בְּיָדָיו:

*הַדִּיקְטָטוֹר הוּא **הַשַּׁלִּיט** בַּמְּדִינָה. / אַחֲרֵי הַמַּהְפֵּכָה הָיָה הַצָּבָא הַכּוֹחַ **הַשַּׁלִּיט** בָּאֵיזוֹר.*

שליטהנ׳ שְׁלִיטָה — control, authority

1. כּוֹחַ אוֹטוֹרִיטָה, כּוֹחַ לִמְשׁוֹל וּלְבַצֵּעַ:

*בְּיָדָיו נִמְסַר, כִּי לַצָּבָא יֵשׁ **שְׁלִיטָה** מְלֵאָה בַּמַּצָּב בָּאֵיזוֹר.*

2. יְדִיעָה בְּתְחוּם מְסוּיָּם: — proficiency

***הַשְּׁלִיטָה** שֶׁל דָּוִיד בַּשָּׂפָה הָעִבְרִית מְצוּיֶּנֶת.*

שלילהנ׳ שְׁלִילָה — negating, refusing

1. כְּשֶׁאוֹמְרִים 'לֹא':

*רָצִיתִי לְדַבֵּר עִם הַמְּנַהֵל, וְהַמַּזְכִּירָה עָנְתָה לִי **בִּשְׁלִילָה**. / מִשְׁפַּט **שְׁלִילָה** הוּא מִשְׁפָּט נֶגָטִיבִי, יֵשׁ בּוֹ מִילִּים כְּמוֹ 'לֹא', 'אֵין', 'אַל', 'בְּלִי', וְכוּ׳.*

2. בִּיטּוּל: — revoking

*יֵשׁ לִי **שְׁלִילַת** רִישְׁיוֹן נְהִיגָה - נָסַעְתִּי 120 קמ״ש.*

שלילית׳ שְׁלִילִי — negative

1. הֵהֵיפֶךְ מֵ'חִיּוּבִי', נֶגָטִיבִי:

*בִּיקַּשְׁתִּי הַלְוָואָה בַּבַּנְק, וְקִיבַּלְתִּי תְּשׁוּבָה **שְׁלִילִית**.*

2. רַע, לֹא רָצוּי, לֹא מְקוּבָּל:

*מָה דַּעְתְּךָ, רַסְקוֹלְנִיקוֹב הוּא דְּמוּת **שְׁלִילִית**?*

שְׁלִילִית, שְׁלִילִיִּים, שְׁלִילִיּוֹת

הִתְנַהֲגוּת שְׁלִילִית / תּוֹצָאוֹת שְׁלִילִיּוֹת / טִיפּוּס שְׁלִילִי

שליפהנ׳ שְׁלִיפָה [שְׁלִיפוֹת] — drawing out, retrieval

הוֹצָאָה (בְּדֶרֶךְ כְּלָל בְּבַת אַחַת):

*הַשּׁוֹטֵר לָמַד אֵיךְ לְבַצֵּעַ **שְׁלִיפָה** מְהִירָה שֶׁל אֶקְדָּח.*

שליפה מהמותן - ב׳ (לְשׁוֹן דִּיבּוּר) כְּשֶׁאוֹמְרִים אוֹ עוֹשִׂים מַשֶּׁהוּ בְּלִי לַחְשׁוֹב וּבְלִי לְתַכְנֵן

שלישז׳ שָׁלִישׁ [שָׁלִישִׁים] — adjutant

קָצִין שֶׁעוֹזֵר לַמְּפַקֵּד:

*הָיִיתִי **שָׁלִישׁ** שֶׁל מְפַקֵּד גְּדוּד בַּצַּנְחָנִים.*

שָׁלִישָׁה, שָׁלִישׁוֹת

שלישז׳ שְׁלִישׁ [שְׁלִישִׁים] — one third

1/3 - חֵלֶק אֶחָד מִשְּׁלוֹשָׁה חֲלָקִים שָׁוִוים:

*קָנִיתִי מְכוֹנִית חֲדָשָׁה, **שְׁלִישׁ** מִן הַכֶּסֶף שִׁילַּמְתִּי בִּמְזוּמָן, וְהַשְּׁאָר בְּתַשְׁלוּמִים.*

שְׁנֵי שְׁלִישִׁים (2/3) / שְׁלִישׁ שָׁנָה = טְרִימֶסְטֶר

שלישותנ׳ שָׁלִישׁוּת — adjutancy (manpower/personnel management)

הַמִּנְהָלָה, הָאַדְמִינִיסְטְרַצְיָה בַּצָּבָא:

***בַּשָּׁלִישׁוּת** יַחְלִיטוּ אֵיפֹה תִּהְיֶה בַּצָּבָא.*

שלישית׳ שְׁלִישִׁי — third

אַחֲרֵי הַשֵּׁנִי וְלִפְנֵי הָרְבִיעִי:

*הִגַּעְתִּי **שְׁלִישִׁי** בְּרִיצָה, אַחֲרֵי דָּוִיד וְיִצְחָק.*

יוֹם שְׁלִישִׁי — Tuesday

גּוּף שְׁלִישִׁי - (בְּדִקְדּוּק) 'הוּא', 'הִיא', 'הֵם', 'הֵן'.

שְׁלִישִׁית, שְׁלִישִׁיִּים, שְׁלִישִׁיּוֹת

שלישייהנ׳ שְׁלִישִׁיָּה [שְׁלִישִׁיּוֹת] — trio, triplet

קְבוּצָה שֶׁל שָׁלוֹשׁ אוֹ שְׁלוֹשָׁה (אֲנָשִׁים, כְּלֵי נְגִינָה וְכוּ׳):

*נוֹלְדָה לָהֶם **שְׁלִישִׁיָּה** - 2 בָּנִים וּבַת.*

שלישיתת״פ שְׁלִישִׁית — thirdly

דָּבָר נוֹסָף עַל שְׁנַיִים קוֹדְמִים:

*לֹא בָּאתִי לְבֵית הַסֵּפֶר, כִּי רֵאשִׁית הָיִיתִי חוֹלֶה, שֵׁנִית לֹא הֵכַנְתִּי שִׁיעוּרִים, **וּשְׁלִישִׁית** לֹא קַמְתִּי בַּבּוֹקֶר.*

שלכתנ׳ שַׁלֶּכֶת [שַׁלָּכוֹת] — fall (of leaves)

כְּשֶׁעָלִים מִן הָעֵצִים נוֹפְלִים בַּסְּתָיו:

*לֹא כָּל הָעֵצִים עוֹמְדִים **בַּשַּׁלֶּכֶת**.*

שללפ׳ שָׁלַל — denied, negated

1. אָמַר 'לֹא', הִתְנַגֵּד לְ-:

הַמְנַהֵל שָׁלַל אֶת הַהַצָּעָה שֶׁלִּי.

2. בִּיטֵל: — revoked

*הַשּׁוֹטֵר **שָׁלַל** אֶת רִישְׁיוֹן הַנְהִיגָה שֶׁלִּי. / **שָׁלְלוּ** מִמֶּנִּי אֶת הָאֶפְשָׁרוּת לְהַבִּיעַ דֵּיעָה.*

לִשְׁלוֹל אֶת-, מִ- / ש.ל.ל, פָּעַל / שָׁלַלְתִּי, שׁוֹלֵל, יִשְׁלוֹל

שללז, שָׁלָל — spoils, loot

רְכוּשׁ שֶׁלּוֹקְחִים מֵאוֹיֵב שֶׁהִפְסִיד:

*יֵשׁ לָנוּ הַרְבֵּה טַנְקִים שֶׁל הָאוֹיֵב, **שָׁלָל** מִן הַמִּלְחָמָה.*

שְׁלַל-צְבָעִים - הַרְבֵּה צְבָעִים שׁוֹנִים — blaze (of color)

שלםת, שָׁלֵם — whole, complete

שֶׁלֹּא חָסֵר בּוֹ שׁוּם דָּבָר, שֶׁאֵינוֹ חֵלֶק מִמַּשֶּׁהוּ:

*שָׁנָה **שְׁלֵמָה** עָבַדְתִּי בַּמִּשְׂרָד הַזֶּה. / הָיָה לִי מַזָּל, יָצָאתִי בָּרִיא **וְשָׁלֵם** מִן הַתְּאוּנָה.*

שָׁלֵם עִם עַצְמוֹ - עוֹשֶׂה מַה שֶּׁהוּא חוֹשֵׁב שֶׁצָּרִיךְ לַעֲשׂוֹת

בְּלֵב שָׁלֵם - בְּכָל הַלֵּב, בְּלִי סָפֵק

שְׁלֵמָה, שְׁלֵמִים, שְׁלֵמוֹת

שלםז, שַׁלָּם [שַׁלָּמִים] — paymaster

מִי שֶׁמְּשַׁלֵּם מַשְׂכּוֹרוֹת וְכוּ':

*הַ**שַּׁלָּם** טָעָה וְנָתַן לִי פָּחוֹת כֶּסֶף.*

שַׁלֶּמֶת, שַׁלָּמוֹת

שלמותנ, שְׁלֵמוּת — perfection

כְּשֶׁלֹּא חָסֵר כְּלוּם:

*קָשֶׁה לְהַגִּיעַ **לִשְׁלֵמוּת**, תָּמִיד אֶפְשָׁר לַעֲשׂוֹת טוֹב יוֹתֵר.*

כְּלִיל-הַשְּׁלֵמוּת - שְׁלֵמוּת גְּדוֹלָה בְּיוֹתֵר — acme of perfection

שלףפ, שָׁלַף — pulled out, drew

הוֹצִיא מִתּוֹךְ (בְּדֶרֶךְ כְּלָל בְּבַת אַחַת):

*הַשּׁוֹטֵר **שָׁלַף** אֶת הָאֶקְדָּח. / **שָׁלַפְתִּי** אֶת הַסֵּפֶר מִבֵּין כָּל הַסְּפָרִים.*

לִשְׁלוֹף אֶת- / ש.ל.ף, פָּעַל / שָׁלַפְתִּי, שׁוֹלֵף, יִשְׁלוֹף, שְׁלוֹף!

שלפוחיתנ, שַׁלְפּוּחִית [שַׁלְפּוּחִיּוֹת] — blister

כְּשֶׁהָעוֹר מִתְנַפֵּחַ בְּמָקוֹם מְסוּיָּם, וְיֵשׁ נוֹזֵל בְּתוֹכוֹ:

*הָיִיתִי בַּשֶּׁמֶשׁ, וְקִיבַּלְתִּי **שַׁלְפּוּחִיּוֹת** עַל הָעוֹר.*

שלשהנ, שְׁלָשָׁה [שְׁלָשׁוֹת] — group of three

קְבוּצָה שֶׁל שְׁלוֹשָׁה מְסוּדָּרִים בְּשׁוּרָה:

*הִסְתַּדַּרְנוּ **בִּשְׁלָשׁוֹת**, וְיָצָאנוּ לַטִּיּוּל.*

שלשוםת"פ, שִׁלְשׁוֹם — day before yesterday

הַיּוֹם שֶׁלִּפְנֵי אֶתְמוֹל:

*הַיּוֹם יוֹם שְׁלִישִׁי, **שִׁלְשׁוֹם** הָיָה יוֹם רִאשׁוֹן.*

שםפ, שָׂם — put

הֵנִיחַ:

*דָּוִד **שָׂם** אֶת הַסֵּפֶר עַל הַשּׁוּלְחָן.*

שָׂם לֵב - — paid attention

הוּא שָׂם לֵב לְכָל הַפְּרָטִים.

שָׂם עַיִן - — kept an eye

הִיא שָׂמָה עַיִן עַל הַיְלָדִים, שֶׁשִּׂיחֲקוּ בַּמַּיִם.

שָׂם נַפְשׁוֹ בְּכַפּוֹ - — endangered his life

הַחַיָּיל שָׂם נַפְשׁוֹ בְּכַפּוֹ וְרָץ לְהַצִּיל אֶת חֲבֵרוֹ.

שָׂם לְאַל - — frustrated

הַגֶּשֶׁם שָׂם לְאַל אֶת כֹּל תּוֹכְנִיּוֹתַיי.

שָׂם קֵץ - — put an end

מָתַי תָּשִׂימוּ קֵץ לַמְּרִיבָה בֵּינֵיכֶם?

לָשִׂים אֶת-, בְּ- / שׂ.י.ם, פָּעַל / שַׂמְתִּי, שָׂם, יָשִׂים, שִׂים!

שםת"פ שָׁם — there

בַּמָּקוֹם הַהוּא, לֹא פֹּה:

*הֵם נָסְעוּ לְאֵילַת, וְהָיוּ **שָׁם** שְׁלוֹשָׁה יָמִים.*

שָׁמָּה - לְשָׁם, לַמָּקוֹם הַהוּא:

לְאָן הָלְכָה רוּתִי? שָׁמָּה!

אֵי-שָׁם - בְּמָקוֹם כְּלשֶׁהוּ, לֹא יָדוּעַ בְּדִיּוּק:

הַמְּטוֹסִים שֶׁל חֵיל הָאֲוִויר נִמְצָאִים אֵי-שָׁם בָּאָרֶץ.

שםז, שֵׁם [שֵׁמוֹת] — name

כָּךְ קוֹרְאִים לְאָדָם, לְמָקוֹם, לְבַעַל חַיִּים אוֹ לְדָבָר:

*לְכָל אִישׁ יֵשׁ **שֵׁם**, שֶׁנָּתְנוּ לוֹ הוֹרָיו כְּשֶׁנּוֹלַד.*

שְׁמִי, שִׁמְךָ, שְׁמֵךְ, שְׁמוֹ, שְׁמָהּ, שְׁמֵנוּ, שִׁמְכֶם-ן, שְׁמָם-ן

שֵׁם גּוּף - אֲנִי, אַתָּה — pronoun

שֵׁם תּוֹאַר - יָפֶה, קָטָן — adjective

שֵׁם פּוֹעַל - לִלְמוֹד, לָשֶׁבֶת — infinitive

שֵׁם מִסְפָּר - אַחַת, שְׁתַּיִים — numeral

שֵׁם פְּרָטִי - דָּוִד, רוּת — first name

שֵׁם מִשְׁפָּחָה - אַהֲרוֹנִי, מִזְרָחִי — last name

שֵׁם עֶצֶם פְּרָטִי - יְרוּשָׁלַיִם — proper noun

שֵׁם עֶצֶם כְּלָלִי - אִישׁ — common noun

שֵׁם עֶצֶם מוּפְשָׁט - אַהֲבָה — abstract noun

שֵׁם עֶצֶם מוּחָשִׁי - שׁוּלְחָן — concrete noun

הַשֵּׁם - כִּינּוּי לֵאלוֹהִים: בָּרוּךְ הַשֵּׁם — God

בְּשֵׁם - בְּשֵׁם הַחֲבֵרִים — in the name of

עַל-שֵׁם - ע"ש לְזֵכֶר שְׁמוֹ שֶׁל — in memory of

כְּשֵׁם שֶׁ - כְּמוֹ שֶׁ — just as

שֵׁם רַע — bad reputation

שֵׁם נִרְדָּף — synonym

בֶּן-בְּלִי-שֵׁם — nameless, of low birth

קִידּוּשׁ-הַשֵּׁם — martyrdom

יָד וָשֵׁם — Yad Vashem

יִימַּח שְׁמוֹ — damn him

שמא מ״ק שֶׁמָּא — lest, perhaps

1. (לשון ספרותית) אוּלַי:

*דָּאַגְתִּי **שֶׁמָּא** קָרָה לוֹ מַשֶּׁהוּ.*

2. פֶּן, כְּדֵי שֶׁלֹּא: — lest

*הוּא חָשַׁשׁ **שֶׁמָּא** יְאַחֵר.*

שמאות נ׳ שַׁמָּאוּת — appraising

הַעֲרָכָה, קְבִיעָה כַּמָּה שָׁוֶה מַשֶּׁהוּ (בַּיִת, מְכוֹנִית, רָהִיטִים, תמונות וְכוּ׳):

*לָמַדְתִּי **שַׁמָּאוּת** רֶכֶב, וַאֲנִי יוֹדֵעַ כַּמָּה שָׁוָה הַמְּכוֹנִית.*

שמאי ז׳ שַׁמַּאי [שַׁמָּאִים] — appraiser

מִי שֶׁמַּעֲרִיךְ, קוֹבֵעַ, כַּמָּה שָׁוֶה בַּיִת, (תמונות, מִגְרָשׁ וְכוּ׳):

*הַ**שַּׁמַּאי** אָמַר שֶׁהַבַּיִת שֶׁלָּנוּ שָׁוֶה 100,000 ש״ח.*

שַׁמָּאִית, שַׁמָּאִיּוֹת

שמאל ז׳ שְׂמֹאל — left

1. צַד הַלֵּב בְּגוּף הָאָדָם. הַהֵיפֶךְ מִיָּמִין:

*אֲנִי גָּרָה בָּרְחוֹב הַזֶּה, בַּבַּיִת הַשֵּׁנִי מִצַּד **שְׂמֹאל**.*

2. דֵּיעָה, מִפְלָגָה סוֹצְיָאלִיסְטִית: — Left (wing)

*מִפְלְגוֹת הַ**שְּׂמֹאל** הִתְקִיפוּ אֶת מִפְלְגוֹת הַיָּמִין.*

בְּרֶגֶל שׂמאל — on the wrong foot

שׂמֹאלָה — to the left

שמאלי ת׳ שְׂמָאלִי — left (adj.)

1. שֶׁבְּצַד הַלֵּב:

*בְּצַד הַ**שְּׂמָאלִי**, שֶׁל הָרְחוֹב יֶשְׁנָם הַמִּסְפָּרִים 1, 3, 5 וְכוּ׳.*

2. שֶׁיֵּשׁ לוֹ אוֹרְיֶינְטַצְיָה סוֹצְיָאלִיסְטִית: — Leftist

*הַשְׁקָפוֹת הַפּוֹלִיטִיּוֹת שֶׁלּוֹ הֵן **שְׂמָאלִיּוֹת**.*

3. מִי שֶׁכּוֹתֵב בְּיַד שְׂמֹאל: — left-handed

*הוּא **שְׂמָאלִי**, לָכֵן נוֹחַ לוֹ לָשֶׁבֶת בְּסוֹף הַשּׁוּרָה מִצַּד שְׂמֹאל.*

שְׂמָאלִית, שְׂמָאלִיִּים, שְׂמָאלִיּוֹת

שמאלני ת׳ שְׂמֹאלָנִי (שְׂמָאלָנִי) — Leftist

שֶׁדֵּעוֹתָיו הַפּוֹלִיטִיּוֹת נוֹטוֹת לְסוֹצְיָאלִיזְם:

*לֹא כָּל הַקִּיבּוּצִים בְּיִשְׂרָאֵל הֵם **שְׂמֹאלָנִיִּים**, יֵשׁ גַּם קִיבּוּצִים דָּתִיִּים.*

שְׂמֹאלָנִית, שְׂמֹאלָנִיִּים, שְׂמֹאלָנִיּוֹת

שמד ז׳ שְׁמָד — forced conversion (from Judaism)

כְּשֶׁיְּהוּדִי מְשַׁנֶּה אֶת הַדָּת (נַעֲשֶׂה נוֹצְרִי, מוּסְלְמִי וְכוּ׳):

*הָאִינְקְווִיזִיצְיָה רָצְתָה לְהוֹצִיא **לִשְׁמָד** אֶת כָּל הַיְּהוּדִים.*

שמה ת״פ שָׁמָּה — there

לְשָׁם:

*אָמַרְתָּ לִי לָלֶכֶת לַחֲנוּת הַבְּגָדִים, הָלַכְתִּי **שָׁמָּה**, וְלֹא מָצָאתִי מַשֶּׁהוּ מַתְאִים.*

שמוט ת׳ שָׁמוּט — hanging down, drooping

מְקוּפָּל, נוֹטֶה לַצַּד:

*הוּא יָשַׁב בְּרֹאשׁ **שָׁמוּט** מֵרוֹב עֲיֵיפוּת.*

שְׁמוּטָה, שְׁמוּטִים, שְׁמוּטוֹת

שמונה ש״מ שְׁמוֹנָה — eight (m)

הַמִּסְפָּר 8 בְּזָכָר:

*אֶת חַג הַחֲנוּכָּה חוֹגְגִים בְּמֶשֶׁךְ **שְׁמוֹנָה** יָמִים.*

שְׁמוֹנָה-עָשָׂר - הַמִּסְפָּר 18 בְּזָכָר: — eigteen (m)

***שְׁמוֹנָה-עָשָׂר** תַּלְמִידִים בַּכִּיתָּה.*

שמונה ש״מ שְׁמוֹנֶה — eight (f)

הַמִּסְפָּר 8 בִּנְקֵבָה:

***שְׁמוֹנֶה** שָׁנִים לָמַדְתִּי בְּבֵית סֵפֶר עֲמָמִי.*

שְׁמוֹנֶה-עֶשְׂרֵה - הַמִּסְפָּר 18 בִּנְקֵיבָה: — eighteen (f)

תְּפִילַּת שְׁמוֹנֶה-עֶשְׂרֵה — Eighteen Benedictions (of the daily prayer)

שמונים זו״נ שְׁמוֹנִים — eighty

הַמִּסְפָּר 80:

***שְׁמוֹנִים** אִישׁ בָּאוּ לַמְּסִיבָּה.*

שמועה נ׳ שְׁמוּעָה [שְׁמוּעוֹת] — rumor

יְדִיעָה שֶׁנִּמְסְרָה מִפִּי אֲנָשִׁים (לֹא רִשְׁמִי):

*לְפִי הַ**שְּׁמוּעוֹת** בָּעִיר, עוֹמְדִים לְהַעֲלוֹת אֶת הַמִּיסִּים.*

מִפִּי הַשְּׁמוּעָה — according to hearsay

שמור ת׳ שָׁמוּר — guarded (adj.)

1. שֶׁשּׁוֹמְרִים אוֹתוֹ, מַשְׁגִּיחִים עָלָיו:

*מִשְׂרְדֵי הַמֶּמְשָׁלָה **שְׁמוּרִים** עַל-יְדֵי אֲנָשִׁים, שֶׁיֵּשׁ לָהֶם נֶשֶׁק.*

2. שַׁיָּיךְ לְמִישֶׁהוּ לִזְמַן מְסוּיָּם: — reserved (adj.)

*הַשּׁוּלְחָן בַּמִּסְעָדָה **שָׁמוּר**, לְמִי שֶׁהִזְמִין אוֹתוֹ מֵרֹאשׁ.*

כָּל הַזְּכוּיוֹת שְׁמוּרוֹת — all rights reserved

סֵפֶר שָׁמוּר - סֵפֶר שֶׁאִי אֶפְשָׁר לְהוֹצִיא מִן הַסִּפְרִיָּיה וְלָקַחַת הַבַּיְתָה.

שְׁמוּרָה, שְׁמוּרִים, שְׁמוּרוֹת

שמורה נ׳ שְׁמוּרָה [שְׁמוּרוֹת] — eyelid

1. מַשֶּׁהוּ שֶׁשּׁוֹמְרִים עָלָיו.

שְׁמוּרַת-הָעַיִן - הָעוֹר מֵעַל הָעַיִן שֶׁשּׁוֹמֵר עַל הָעֵינַיִים:

*הוּא סָגַר (עָצַם) אֶת **שְׁמוּרוֹת עֵינָיו** וְנִרְדַּם.*

2. **שְׁמוּרַת-טֶבַע** - שֶׁטַח שֶׁשּׁוֹמְרִים בּוֹ עֵצִים פְּרָחִים, בַּעֲלֵי חַיִּים וְכוּ׳ וְאָסוּר לִפְגּוֹעַ בָּהֶם: — nature reserve

*הַטִּיּוּל **בִּשְׁמוּרוֹת הַטֶּבַע** הָיָה מְעַנְיֵין בְּיוֹתֵר.*

שמח פ׳ שָׂמַח — was happy

הָיָה מְרוּצֶה, הָיָה בְּמַצָּב רוּחַ טוֹב, מְאוּשָּׁר:

***שָׂמַחְתִּי** מְאוֹד לְקַבֵּל אֶת הַמַּתָּנָה.*

לִשְׂמוֹחַ בְּ-, עַל- / ש.מ.ח, פָּעַל / שָׂמַחְתִּי, שָׂמֵחַ, יִשְׂמַח

שמחת׳, שָׂמֵחַ — happy

בְּמַצָּב רוּחַ טוֹב, מְרוּצֶה, הַהֵיפֶךְ מֵ'עָצוּב':

*בְּנֵי הַמִּשְׁפָּחָה **שְׂמֵחִים** וּמְאוּשָּׁרִים בְּבֵיתָם הֶחָדָשׁ.*

הָיָה "שָׂמֵחַ" - (הַכַּוָּונָה הֲפוּכָה) הָיָה רַעַשׁ, הַפְרָעוֹת וְכוּ': — commotion

הָיָה "שָׂמֵחַ" בַּיְשִׁיבָה - כּוּלָּם צָעֲקוּ וְהִתְרַגְּזוּ.

חַג שָׂמֵחַ / מַנְגִּינָה שְׂמֵחָה / בְּלֵב שָׂמֵחַ

שְׂמֵחָה, שְׂמֵחִים, שְׂמֵחוֹת

שמחהנ׳, שִׂמְחָה [שְׂמָחוֹת] — joy

1. מַצָּב רוּחַ טוֹב וְעַלִּיז:

*הָיְיתָה **שִׂמְחָה** בַּחֲגִיגַת בַּר הַמִּצְוָוה שֶׁל הַבֵּן.*

2. חֲגִיגָה: — celebration

*הַשָּׁבוּעַ הָיְיתָה לָנוּ **שִׂמְחָה** מִשְׁפַּחְתִּית - אֲחוֹתִי הִתְחַתְּנָה.*

בְּשִׂמְחָה ת״פ — happily

שִׂמְחָה וְשָׂשׂוֹן — great rejoicing

שִׂמְחַת-חַיִּים — joy of life

שִׂמְחַת-תּוֹרָה — Simhat Torah

שִׂמְחָה לָאֵיד — gloating at another's misfortune

שמטפ׳, שָׁמַט — let fall, dropped

הִפִּיל (בְּדֶרֶךְ כְּלָל לֹא בְּכַוָּונָה):

*הוּא **שָׁמַט** אֶת הָעִיתּוֹן בְּלִי לְהַרְגִּישׁ.*

לִשְׁמוֹט אֶת- / ש.מ.ט, פָּעַל / שָׁמַטְתִּי, שׁוֹמֵט, יִשְׁמוֹט

שמית׳, שֵׁמִי — Semitic

1. שַׁיָּיךְ לַגֶּזַע הַשֵּׁמִי - יְהוּדִי, עֲרָבִי וְכוּ':

*עִבְרִית וַעֲרָבִית הֵן שָׂפוֹת **שֵׁמִיּוֹת**.*

אַנְטִישֵׁמִי — anti-Semite

2. לְפִי הַשֵּׁם שֶׁל הָאֲנָשִׁים וְכוּ': — nominal

*קִיבַּלְתִּי רְשִׁימָה **שֵׁמִית** שֶׁל כָּל הַיּוֹצְאִים לַטִּיּוּל.*

שֵׁמִית, שֵׁמִיִּים, שֵׁמִיּוֹת

שמיטהנ׳, שְׁמִטָּה — leaving

עֲזִיבָה.

שְׁנַת שְׁמִיטָּה - הַשָּׁנָה הַשְּׁבִיעִית - לֹא מְעַבְּדִים אֶת הָאֲדָמָה, כְּדֵי שֶׁתִּהְיֶה לָהּ מְנוּחָה. — fallow year

שְׁמִיטַּת חוֹבוֹת - בִּיטּוּל חוֹבוֹת, כְּשֶׁלֹּא צָרִיךְ לְהַחֲזִיר מַשֶּׁהוּ שֶׁלָּקְחוּ בְּהַלְוָואָה: — remission of debts

*הַבַּנְקִים הִסְכִּימוּ **לִשְׁמִיטַּת חוֹבוֹת** שֶׁל עֲסָקִים שֶׁנִּכְשְׁלוּ בִּגְלַל הָאִינְפְלַצְיָה.*

שמיכהנ׳, שְׂמִיכָה [שְׂמִיכוֹת] — blanket

מָה שֶׁמְּכַסֶּה אֶת הָאָדָם בִּזְמַן שֵׁינָה:

*בַּחוֹרֶף אֲנִי מִתְכַּסָּה **בִּשְׂמִיכָה** עָבָה וְחַמָּה מִצֶּמֶר.*

שמיםז״ר שָׁמַיִם — heaven, sky

הָאֲוויר שֶׁלְּמַעְלָה, מֵעַל כַּדּוּר הָאָרֶץ:

*הַיּוֹם יוֹם יָפֶה. **הַשָּׁמַיִם** כְּחוּלִּים, וְאֵין עֲנָנִים. / 'בְּרֵאשִׁית בָּרָא אֱלוֹהִים אֶת **הַשָּׁמַיִם** וְאֵת הָאָרֶץ'.*

בִּידֵי-שָׁמַיִם — in the hands of God

גַּרְמֵי-שָׁמַיִם — celestial bodies

יְרֵא-שָׁמַיִם — God fearing

לְשֵׁם-שָׁמַיִם — altruistic reasons

אַרְבַּע-רוּחוֹת-הַשָּׁמַיִם — the four cardinal points

שמימית׳, שְׁמֵימִי — heavenly

1. שֶׁל הַשָּׁמַיִם, הַשַּׁיָּיךְ לַשָּׁמַיִם:

*בַּשָּׁמַיִם יֵשׁ גּוּפִים **שְׁמֵימִיִּים**, כְּמוֹ כּוֹכָבִים וְכוּ'.*

2. (מֶטָפוֹרָה) נִפְלָא, יוֹצֵא מִן הַכְּלָל: — wonderful

*הַקּוֹנְצֶרְט הָיָה חֲוָויָה **שְׁמֵימִית**.*

שְׁמֵימִית, שְׁמֵימִיִּים, שְׁמֵימִיּוֹת

שמינית׳, שְׁמִינִי — eighth

אַחֲרֵי הַשְּׁבִיעִי וְלִפְנֵי הַתְּשִׁיעִי:

*בַּיּוֹם **הַשְּׁמִינִי** שֶׁל חַג הַסּוּכּוֹת חוֹגְגִים אֶת 'שִׂמְחַת תּוֹרָה'.*

שְׁמִינִית, שְׁמִינִיִּים, שְׁמִינִיּוֹת

שמינייהנ׳, שְׁמִינִיָּה [שְׁמִינִיּוֹת] — octet, set of eight

קְבוּצָה שֶׁל 8:

*אֲנִי צָרִיךְ **שְׁמִינִיָּה** שֶׁל רַקְדָנִיּוֹת לַהַצָּגָה.*

שמיניתנ׳, שְׁמִינִית [שְׁמִינִיּוֹת] — one eighth

הַחֵלֶק הַ-8, 1/8:

*חִילַּקְנוּ אֶת הָעוּגָה לְ-8 חֲלָקִים, כָּל אֶחָד קִיבֵּל בְּדִיּוּק **שְׁמִינִית**.*

שמיעהנ׳, שְׁמִיעָה — hearing

1. קְלִיטָה שֶׁל קוֹלוֹת בָּאוֹזְנַיִים:

*כְּשֶׁתִּינוֹק נוֹלָד, בּוֹדְקִים אֶת **הַשְּׁמִיעָה** שֶׁלּוֹ.*

2. כְּשֶׁמִּישֶׁהוּ "תּוֹפֵס" מוּסִיקָה, מַנְגִּינָה, וְיוֹדֵעַ לַחֲזוֹר עָלֶיהָ: — musical ear

*הוּא מוּסִיקָלִי מְאוֹד. יֵשׁ לוֹ **שְׁמִיעָה** טוֹבָה.*

שְׁמִיעָה אַבְּסוֹלוּטִית — perfect pitch

כְּבַד-שְׁמִיעָה — hard of hearing

שמירז׳, שָׁמִיר — dill

צֶמַח שֶׁיֵּשׁ לוֹ רֵיחַ נָעִים, מִשְׁתַּמְּשִׁים בּוֹ בָּאוֹכֶל:

*שַׂמְתִּי הַרְבֵּה **שָׁמִיר** בַּמָּרָק, לָכֵן הוּא טָעִים כָּל כָּךְ.*

שמירהנ׳, שְׁמִירָה — guarding

1. פְּעוּלָּה שֶׁל הֲגָנָה מִפְּנֵי סַכָּנָה:

*הַשּׁוֹטְרִים עֲסוּקִים **בִּשְׁמִירָה** מִפְּנֵי גַּנָּבִים.*

2. כְּשֶׁרוֹצִים לִמְנוֹעַ נֵזֶק, הַפְרָעָה, קִילְקוּל: — keeping

***הַשְּׁמִירָה** עַל הַבְּרִיאוּת מוֹנַעַת מַחֲלוֹת.*

שְׁמִירַת־מִצְווֹת observing the commandments
שְׁמִירַת־שַׁבָּת observing Sabbath

שמיש ת', שָׁמִישׁ usable
שֶׁאֶפְשָׁר לְהִשְׁתַּמֵּשׁ בּוֹ, טוֹב לְשִׁימּוּשׁ:
*חֵלֶק מִן הַבְּגָדִים שֶׁלִּי אֵינָם **שְׁמִישִׁים**, הֵם לֹא מַתְאִימִים לָאַקְלִים שֶׁל הָאָרֶץ.*
שְׁמִישָׁה, שְׁמִישִׁים, שְׁמִישׁוֹת

שמלה נ', שִׂמְלָה [שְׂמָלוֹת] dress
בֶּגֶד לְנָשִׁים:
*רוּתִי מַעֲדִיפָה לִלְבּוֹשׁ **שְׂמָלוֹת** מִבַּד כּוּתְנָה בַּקַּיִץ.*
שִׂמְלַת מֶשִׁי / שִׂמְלַת עֶרֶב / שִׂמְלַת כַּלָּה

שממה נ', שְׁמָמָה [שְׁמָמוֹת] wilderness
מָקוֹם רֵיק - לֹא צוֹמֵחַ בּוֹ כְּלוּם, אֵין בּוֹ בָּתִּים, אֲנָשִׁים וְכוּ':
*הַיִּישׁוּבִים בַּנֶּגֶב קָמוּ בְּתוֹךְ **הַשְּׁמָמָה**.*

שמן ת', שָׁמֵן fat, heavy
1. שֶׁמִּשְׁקַל גּוּפוֹ גָּדוֹל מִדַּי. הַהֵיפֶךְ מָרָזֶה:
*דָּוִיד **שָׁמֵן**, הוּא צָרִיךְ לְהַפְסִיק לֶאֱכוֹל כֹּל כָּךְ הַרְבֵּה.*
2. שֶׁיֵּשׁ בּוֹ הַרְבֵּה שׁוּמָן:
*לֹא בָּרִיא לֶאֱכוֹל בָּשָׂר **שָׁמֵן** אוֹ גְּבִינוֹת **שְׁמֵנוֹת**.*
שְׁמֵנָה, שְׁמֵנִים, שְׁמֵנוֹת

שמן ז', שֶׁמֶן [שְׁמָנִים] oil
נוֹזֵל שֶׁמֶן מִזֵּיתִים, קוֹקוֹס וְכוּ' אוֹ מִבַּעֲלֵי חַיִּים:
*אֲנִי מִשְׁתַּמֵּשׁ **בְּשֶׁמֶן** זַיִת בְּבִישּׁוּל.*
לְהוֹסִיף שֶׁמֶן לַמְּדוּרָה - to add fuel to the fire
מַה שֶּׁאָמַרְתָּ הוֹסִיף שֶׁמֶן לַמְּדוּרָה, וְגָרַם לְרִיב חָדָשׁ.
צֶבַע-שֶׁמֶן oil-paint

שמנוני ת', שַׁמְנוּנִי oily
שֶׁיֵּשׁ בּוֹ שֶׁמֶן אוֹ שׁוּמָן:
*מְרַק הַבָּשָׂר **שַׁמְנוּנִי** - הוּא טָעִים אֲבָל לֹא בָּרִיא.*
שַׁמְנוּנִית, שַׁמְנוּנִיִּים, שַׁמְנוּנִיּוֹת

שמנמן ת', שְׁמַנְמַן chubby
שָׁמֵן בְּמִקְצָת, לֹא רָזֶה אֲבָל לֹא שָׁמֵן מְאוֹד:
*יֵשׁ לָהּ גּוּף רָזֶה אֲבָל פָּנִים **שְׁמַנְמַנּוֹת**.*
שְׁמַנְמַנָּה, שְׁמַנְמַנִּים, שְׁמַנְמַנּוֹת

שמנת נ', שַׁמֶּנֶת cream
הַחֵלֶק הַשָּׁמֵן שֶׁל הֶחָלָב:
*מִן **הַשַּׁמֶּנֶת** עוֹשִׂים חֶמְאָה.*

שמע פ', שָׁמַע heard
1. הֶאֱזִין, הִקְשִׁיב, קָלַט קוֹלוֹת בָּאוֹזְנַיִים:
***שָׁמַעְתִּי** אֶת הַחֲדָשׁוֹת שֶׁל הַבּוֹקֶר.*
2. שָׁמַע (לְ-/בְּקוֹל) מִישֶׁהוּ: obeyed
*הַיֶּלֶד **שָׁמַע בְּקוֹל** הָאֵם וְהָלַךְ לְסַדֵּר אֶת הַחֶדֶר.*
לִשְׁמוֹעַ לְ-, אֶת- / ש.מ.ע, פָּעַל / שָׁמַעְתִּי, שׁוֹמֵעַ, יִשְׁמַע

שמע ז', שְׁמַע 'Hear Israel...' (Jewish prayer)
קְרִיאַת־שְׁמַע - (לְפִי: 'שְׁמַע יִשְׂרָאֵל ה' אֱלוֹהֵינוּ ה' אֶחָד') מַה שֶּׁאוֹמֵר יְהוּדִי בַּבּוֹקֶר וּבָעֶרֶב: 3 קְטָעִים מִן הַתּוֹרָה הַמַּתְחִילִים בְּ-'שְׁמַע':
*אַחֲרֵי **קְרִיאַת שְׁמַע** תֵּלֵךְ לִישׁוֹן!*

שמץ ז', שֶׁמֶץ morsel
מְעַט, קְצָת:
*בַּדְּבָרִים שֶׁאָמַר, אֵין אַף **שֶׁמֶץ** שֶׁל אֱמֶת.*

שמר פ', שָׁמַר watched, guarded
1. עָשָׂה פְּעוּלּוֹת כְּדֵי לְהָגֵן מִפְּנֵי סַכָּנָה:
*הַחַיָּילִים **שָׁמְרוּ** עַל הַמַּחֲנֶה. / דָּוִיד **שָׁמַר** עַל הַשַּׁעַר.*
2. קִיֵּים (הַבְטָחָה, מִצְוָוה, חוֹק וְכוּ'), עָשָׂה: kept
*מִשְׁפַּחַת זֶמֶר **שׁוֹמֶרֶת** שַׁבָּת **וְשׁוֹמֶרֶת** כַּשְׁרוּת.*
שָׁמַר אֱמוּנִים was faithful/loyal
שָׁמַר נַפְשׁוֹ was careful
לִשְׁמוֹר אֶת-, עַל- / שָׁמַרְתִּי, שׁוֹמֵר, יִשְׁמוֹר, שְׁמוֹר!

שמרטף ז', שְׁמַרְטַף [שְׁמַרְטַפִּים] babysitter
מִי שֶׁשּׁוֹמֵר עַל יְלָדִים קְטַנִּים, כְּשֶׁהַהוֹרִים לֹא בַּבַּיִת:
*הִזְמַנּוּ **שְׁמַרְטַף** לְדָוִיד, כִּי אֲנַחְנוּ הוֹלְכִים הָעֶרֶב לַקּוֹלְנוֹעַ.*
שְׁמַרְטַפִּית, שְׁמַרְטַפִּיּוֹת

שמרים ז"ר, שְׁמָרִים yeast
חוֹמֶר שֶׁשָּׂמִים בְּבָצֵק שֶׁל לֶחֶם, עוּגוֹת וְכוּ' כְּדֵי שֶׁ"יַּעֲלֶה":
*אֲנִי אוֹהֶבֶת עוּגוֹת **שְׁמָרִים**.*

שמרן ז', שַׁמְרָן [שַׁמְרָנִים] conservative
מִי שֶׁלֹּא מְשַׁנֶּה אֶת דֵּיעוֹתָיו, בַּעַל דֵּיעוֹת "יְשָׁנוֹת":
*דָּוִיד **שַׁמְרָן** גַּם בְּדֵיעוֹתָיו הַפּוֹלִיטִיּוֹת וְגַם בִּלְבוּשׁוֹ.*
שַׁמְרָנִית, שַׁמְרָנִיּוֹת

שמרנות נ', שַׁמְרָנוּת conservatism
קוֹנְסֶרְוָטִיבִיּוּת, כְּשֶׁלֹּא מְשַׁנִּים דֵּיעוֹת, בְּגָדִים וְכוּ':
*בִּגְלַל **הַשַּׁמְרָנוּת** שֶׁלּוֹ הוּא מִתְנַגֵּד לְכֹל דָּבָר חָדָשׁ.*

שמרני ת', שַׁמְרָנִי conservative
קוֹנְסֶרְוָטִיבִי, מִי שֶׁלֹּא מְשַׁנֶּה דֵּיעוֹת, בְּגָדִים וְכוּ':
*לְהוֹרַיי יֵשׁ דֵּיעוֹת **שַׁמְרָנִיּוֹת**, הֵם נֶגֶד גִּיּוּס בָּנוֹת לַצָּבָא.*
שַׁמְרָנִית, שַׁמְרָנִיִּים, שַׁמְרָנִיּוֹת

שמשנ, שֶׁמֶשׁ [שמָשוֹת] sun
גוּף שֶׁנִמְצָא בַּשָּׁמַיִם, נוֹתֵן אוֹר בַּיוֹם, חוֹם וְכוּ':
הַשֶּׁמֶשׁ זוֹרַחַת בַּבּוֹקֶר בַּמִזְרָח וְשׁוֹקַעַת בָּעֶרֶב בַּמַעֲרָב.
בֵּין הַשְׁמָשׁוֹת twilight
בָּרוּר כַּשֶּׁמֶשׁ as clear as daylight
דוּד-שֶׁמֶשׁ solar heating system
מַכַּת-שֶׁמֶשׁ sunstroke
מַעֲרֶכֶת-הַשֶּׁמֶשׁ solar system

שמשז, שַׁמָּשׁ [שַׁמָּשִׁים] janitor
1. מִי שֶׁעוֹשֶׂה עֲבוֹדוֹת פְּשׁוּטוֹת - נִיקָיוֹן, שְׁמִירָה:
אֵצֶל הַשַּׁמָּשׁ אֶפְשָׁר לִמְצוֹא הַכֹּל - פַּטִּישׁ, מַסְמֵר, מַטְאֲטֵא...
2. הַנֵר שֶׁמַדְלִיק אֶת כֹּל הַנֵרוֹת בַּחֲנוּכָּה: shamash, auxilliary candle
בְּיוֹם רִאשׁוֹן שֶׁל חֲנוּכָּה דוֹלֵק נֵר אֶחָד וְהַשַּׁמָּשׁ.
שַׁמָּשִׁית, שַׁמָּשִׁיוֹת

שןנ, שֵׁן [שִׁינַיִים] tooth
1. עֶצֶם בַּפֶּה, מְשַׁמֶשֶׁת לַאֲכִילַת הַמָּזוֹן:
כּוֹאֶבֶת לִי הַשֵּׁן, אֲנִי מוּכְרָחָה לָלֶכֶת לְרוֹפֵא שִׁינַיִים.
2. חֵלֶק קָטָן בּוֹלֵט: serration
בַּמַפְתֵחַ יֵשׁ שֵׁן גְדוֹלָה וְשִׁינַיִים קְטַנוֹת.
שֵׁן-בִּינָה wisdom tooth
שֵׁן-תּוֹתֶבֶת denture
שֵׁן תַּחַת שֵׁן a tooth for a tooth

שנאפ, שָׂנֵא (שָׂנֵא) hated
הַהֵיפֶךְ מֵאָהַב, הִרְגִישׁ יַחַס רַע כְּמוֹ אֶל אוֹיֵב:
הָאַחִים שָׂנְאוּ אֶת יוֹסֵף וְקִינְאוּ בּוֹ.
לִשְׂנוֹא אֶת- / שׂ.נ.א, פָּעַל / שָׂנֵאתִי, שׂוֹנֵא, אֶשְׂנָא, יִשְׂנָא

שנאהנ, שִׂנְאָה hatred
הַהֵיפֶךְ מֵאַהֲבָה, יַחַס שְׁלִילִי כְּמוֹ אֶל אוֹיֵב:
הוּא הִרְגִישׁ שִׂנְאָה עֲמוּקָה לָאֲנָשִׁים, שֶׁרָצְחוּ אֶת אָבִיו.
שִׂנְאַת-חִינָּם unfounded hatred
שִׂנְאַת-מָוֶות deadly hate

שנאיז, שַׁנַּאי [שַׁנָּאִים] transformer
מַכְשִׁיר שֶׁמַתְאִים אֶת מֶתַח הַחַשְׁמַל:
מַקְרֵר מֵאֵירוֹפָּה יָכוֹל לִפְעוֹל בְּאָמֶרִיקָה רַק עִם שַׁנַּאי, וּלְהֵיפֶךְ.

שנהפ, שָׁנָה repeated
(לָשׁוֹן סִפְרוּתִית)חָזַר, עָשָׂה פַּעַם נוֹסֶפֶת:
עָשִׂיתִי זֹאת פַּעַם וְלֹא אֶשְׁנֶה.
לִשְׁנוֹת / ש.נ.ה, פָּעַל / שָׁנִיתִי, שׁוֹנֶה, יִשְׁנֶה, שְׁנֵה

שנהנ, שָׁנָה [שָׁנִים] year
תְּקוּפָה שֶׁל שְׁנֵים עָשָׂר חוֹדָשִׁים : (365 יָמִים):
שָׁנָה אַחַת חָיִיתִי בַּקִּיבּוּץ.
הַשָּׁנָה - בְּשָׁנָה זוֹ: this year
הַשָּׁנָה אֲנִי לוֹמֵד בָּאוּנִיבֶרְסִיטָה.
יוֹם הַשָּׁנָה - anniversary
כֹּל שָׁנָה אֲנַחְנוּ חוֹגְגִים אֶת יוֹם הַשָּׁנָה לַנִּישׂוּאִין.
לוּחַ הַשָּׁנָה - calendar
כֹּל הַחַגִּים כְּתוּבִים בְּלוּחַ הַשָּׁנָה.
מִדֵּי שָׁנָה בְּשָׁנָה - every year
מִדֵּי שָׁנָה בַּקַּיִץ הוּא בָּא לְבִיקּוּר.
רֹאשׁ-הַשָּׁנָה New Year
שָׁנָה מְעוּבֶּרֶת leap year
שְׁנַת-שַׁבָּתוֹן ר' שבתון sabbatical
שְׁנַת אוֹר / שְׁנַת הַלִּימּוּדִים / שְׁנַת הַכְּסָפִים

שנהבז, שֶׁנְהָב ivory
1. שֵׁן פִּיל, חוֹמֶר לָבָן קָשֶׁה, עוֹשִׂים מִמֶּנּוּ תַּכְשִׁיטִים:
יֵשׁ לִי עֲגִילִים מִשֶּׁנְהָב.
2. צֶבַע לָבָן צָהוֹב (קְרֵם):
הַשִּׂמְלָה שֶׁלִּי בְּצֶבַע שֶׁנְהָב, לֹא לָבָן.

שנואת, שָׂנוּא hated (adj.)
שֶׁלֹּא אוֹהֲבִים אוֹתוֹ, שֶׁשּׂוֹנְאִים אוֹתוֹ:
הוּא שָׂנוּא עַל חֲבֵרָיו, כִּי הוּא מְשַׁקֵּר לָהֶם.
שְׂנוּאָה, שְׂנוּאִים, שְׂנוּאוֹת

שנוית, שָׁנוּי controversial
שָׁנוּי בְּמַחְלוֹקֶת ב' - אֵין עָלָיו הַסְכָּמָה, נָתוּן בְּוִיכּוּחַ:
הַהַצָּעָה הַזֹּאת שְׁנוּיָה בְּמַחְלוֹקֶת - יֵשׁ דֵּיעוֹת בַּעֲדָהּ וְיֵשׁ נֶגְדָּהּ.
שְׁנוּיָה, שְׁנוּיִים, שְׁנוּיוֹת

שנוןת, שָׁנוּן witty
חַד, חָרִיף, יָשָׁר לָעִנְיָין:
יֵשׁ לָהּ לָשׁוֹן שְׁנוּנָה - לָכֵן הִיא לִפְעָמִים פּוֹגַעַת בָּאֲנָשִׁים.
שְׁנוּנָה, שְׁנוּנִים, שְׁנוּנוֹת

שנוררפ, שְׁנוֹרֵר mooched, scrounged
(מִיִּידִישׁ) בִּיקֵּשׁ כֶּסֶף, הִתְנַהֵג כְּמוֹ עָנִי:
הוּא תָּמִיד שְׁנוֹרֵר אֶצְלִי סִיגַרְיוֹת - אַף פַּעַם לֹא קָנָה לְעַצְמוֹ.
לְשַׁנוֹרֵר / ש.נ.ר.ר, פִּיעֵל / שְׁנוֹרַרְתִּי, שְׁנוֹרֵר, מְשַׁנוֹרֵר

שנוררז, שְׁנוֹרֶר [שְׁנוֹרְרִים] schnorer, moocher
(מִיִּידִישׁ) מִי שֶׁמְּבַקֵּשׁ שֶׁיִּתְּנוּ לוֹ בְּלִי כֶּסֶף:
הוּא שְׁנוֹרֶר, תָּמִיד מְעַשֵּׁן סִיגַרְיוֹת שֶׁל אֲחֵרִים.
שְׁנוֹרֶרֶת, שְׁנוֹרְרִיּוֹת

שניז, שָׁנִי — crimson, scarlet
צֶבַע אָדוֹם חָזָק:
*הַמֶּלֶךְ לָבַשׁ בִּגְדֵי **שָׁנִי**.*
חוּט-הַשָּׁנִי - — characteristic feature, (leitmotif)
הָרָצוֹן לַעֲלוֹת לְאֶרֶץ יִשְׂרָאֵל עוֹבֵר כְּחוּט הַשָּׁנִי בַּהִיסטוֹרְיָה הַיְהוּדִית.

שנית, שֵׁנִי — second
אַחֲרֵי הָרִאשׁוֹן וְלִפְנֵי הַשְּׁלִישִׁי:
*דָּן הִגִּיעַ **שֵׁנִי** בַּתַּחֲרוּת, מִיָּד אַחֲרֵי דָּוִיד.*
יוֹם שֵׁנִי — Monday
גּוּף שֵׁנִי (בְּדִקדוּק) — second person
שְׁנִיָּה, שְׁנִיִּים, שְׁנִיּוֹת

שניותנ, שְׁנִיּוּת — dualism
דוּאָלִיזם, שְׁנֵי צְדָדִים בְּיַחַד:
*בִּדמוּת רַסקוֹלנִיקוֹב יֵשׁ **שְׁנִיּוּת** - הוּא גַּם רוֹצֵחַ וְגַם אָדָם טוֹב.*

שנייהנ, שְׁנִיָּה [שְׁנִיּוֹת] — second
הַחֵלֶק הַ-60 שֶׁל דַּקָּה (360 שְׁנִיּוֹת בְּשָׁעָה):
*הוּא רָץ 100 מ' בְּ-9 **שְׁנִיּוֹת**, זֶה מַהֵר?*

שנייםש"מ, שְׁנַיִם — two (m)
הַמִּספָּר 2 בְּזָכָר. אֶחָד וְעוֹד אֶחָד:
*כַּמָּה יְלָדִים יֵשׁ לְךָ? **שְׁנַיִם**, שְׁנֵי בָּנִים.*
שְׁנֵים עָשָׂר - הַמִּספָּר 12 בְּזָכָר: — twelve
*קָרָאתִי **שְׁנֵים עָשָׂר** עַמּוּדִים בַּסֵּפֶר.*
שְׁנֵים-עָשָׂר-שְׁבָטִים — the 12 tribes

שנינותנ, שְׁנִינוּת — wit
כְּשֶׁמַּשֶּׁהוּ חַד, חָרִיף:
***שְׁנִינוּת** לָשׁוֹן גּוֹרֶמֶת הֲנָאָה, כְּשֶׁאֵינָהּ פּוֹגַעַת בְּךָ.*

שניתת"פ, שֵׁנִית — once again
בַּפַּעַם הַשְּׁנִיָּה:
*אֲנִי אוֹמֶרֶת **שֵׁנִית**, בּוֹא הַבַּיְתָה!*

שניתנ, שָׁנִית — scarlet fever
מַחֲלָה - סקַרלָטִינָה:
*בְּמַחֲלַת **הַשָּׁנִית** מְטַפְּלִים עַכשָׁיו בְּאַנטִיבְּיוֹטִיקָה.*

שנףז, שֶׁנֶף — vanilla
צֶמַח הַוָּנִיל:
*צָרִיךְ לָשִׂים מְעַט **שֶׁנֶף** בָּעוּגָה.*

שנקז, שֶׁנֶק — suffocation
הַרגָּשָׁה שֶׁאֵין אֲוִויר, כְּאִילוּ נֶחֱנָקִים:
*הִרגַּשְׁתִּי פִּתאוֹם **שֶׁנֶק** - לֹא יָכוֹלתִי לִנשׁוֹם.*

שנתוןז, שְׁנָתוֹן [שְׁנָתוֹנִים] — annual publication
1. קוֹבֶץ סִיפּוּרִים, מַאֲמָרִים וְכוּ' הַיּוֹצֵא פַּעַם בְּשָׁנָה:
*יָצָא **שְׁנָתוֹן** הַמֶּמְשָׁלָה - יֵשׁ בּוֹ אִינפוֹרמַצְיָה מְעַניֶינֶת.*
2. כֹּל מִי שֶׁנּוֹלַד בְּאוֹתָהּ שָׁנָה: — age group
***הַשְּׁנָתוֹן** שֶׁלִּי מִתגַּיֵּיס לַצָּבָא בַּשָּׁנָה הַבָּאָה.*

שנתית, שְׁנָתִי — annual, yearly
שַׁיָּיךְ לִתקוּפָה שֶׁל שָׁנָה אַחַת, נַעֲשָׂה פַּעַם בְּשָׁנָה:
*מָסַרתִּי אֶת הַדּוּחַ **הַשְּׁנָתִי** לְמַס הַכְּנָסָה.*
שְׁנָתִית, שְׁנָתִיִּים, שְׁנָתִיּוֹת

שסועת, שָׁסוּעַ — split (adj.), torn
חָתוּךְ, שָׁבוּר, מְחוּלָּק לִשְׁנַיִים:
*אֲנִי **שָׁסוּעַ** בֵּין אַהֲבָתִי לְרוּת וְאַהֲבָתִי לְיָעֵל.*
שְׁסוּעָה, שְׁסוּעִים, שְׁסוּעוֹת

שסעז, שֶׁסַע [שְׁסָעִים] — slit, cleft
מָקוֹם חָתוּךְ:
*יֵשׁ לִי **שֶׁסַע** בַּמְּעִיל כָּךְ נוֹחַ יוֹתֵר לָשֶׁבֶת. / הוּא נוֹלַד עִם שֶׁסַע בַּשָּׂפָה.*

שסקז, שֶׁסֶק — loquat
עֵץ פְּרִי, הַפֵּירוֹת שֶׁלּוֹ לֹא גְדוֹלִים, כְּתוּמִים:
*בְּהַתחָלַת הַקַּיִץ יֵשׁ הַרבֵּה **שֶׁסֶק**.*

שסתוםז, שַׁסְתּוֹם [שַׁסתוֹמִים] — valve
חֵלֶק שֶׁסּוֹגֵר וּפוֹתֵחַ יְצִיאָה שֶׁל נוֹזֵל אוֹ גַּז:
***הַשַּׁסתוֹם** לֹא נִסגַּר, וּפָרְצוּ מַיִם.*

שעהפ, שָׁעָה — paid heed
שָׂם לֵב:
*הוּא לֹא **שָׁעָה** לָאַזהָרוֹת שֶׁלִּי, וְלָכֵן עָשָׂה טָעוּיוֹת.*
לִשְׁעוֹת לְ- / ש.ע.ה, פָּעַל / שָׁעִיתִי, שׁוֹעֶה, יִשְׁעֶה

שעהנ, שָׁעָה [שָׁעוֹת] — hour
יְחִידַת זְמַן בַּת 60 דַּקּוֹת:
*יוֹם הָעֲבוֹדָה מַתחִיל **בְּשָׁעָה** 8:00 וְנִגמָר **בְּשָׁעָה** 4:00.*
שָׁעָה קַלָּה - — a short while
נִכנַסתִּי לְשָׁעָה קַלָּה לְבַקֵּר אֶת דָּן בַּמִּשׂרָד.
שְׁעַת-דְּחָק - — emergency
בִּשְׁעַת הַדְּחָק גַּם סטוּדֶנט יָכוֹל לְלַמֵּד יְלָדִים.
שְׁעַת-הָאֶפֶס - — zero hour
בִּשְׁעַת הָאֶפֶס כּוּלָּם הִתחִילוּ לִירוֹת.
שְׁעַת-חֵירוּם - — emergency
יֵשׁ לִי תִּיק עֶזרָה רִאשׁוֹנָה לִשְׁעַת חֵירוּם.
שְׁעַת כּוֹשֶׁר - — opportune moment
זֹאת הָיְיתָה שְׁעַת כּוֹשֶׁר לִקנוֹת דִּירָה בְּזוֹל.
שְׁעַת-רָצוֹן - — propitious hour

תָּפַסְתִּי אוֹתָהּ בִּשְׁעַת-רָצוֹן, וְהִיא עָזְרָה לִי.

בְּשָׁעָה טוֹבָה! - Good luck

'הִתְחַלְתָּ לִלְמוֹד? יוֹפִי, שֶׁיִּהְיֶה בְּשָׁעָה טוֹבָה!'

בְּשָׁעָה שֶׁ - while, when

הַטֶּלֶפוֹן צִילְצֵל בְּשָׁעָה שֶׁאָכַלְתִּי.

חַיֵּי-שָׁעָה - living for the moment

הוּא חַי חַיֵּי שָׁעָה וְאֵינוֹ דוֹאֵג לֶעָתִיד.

לְפִי שָׁעָה - for the time being

לְפִי שָׁעָה אֲנִי לֹא צְרִיכָה עֶזְרָה.

צוֹרֶךְ-הַשָּׁעָה - of immediate concern

צוֹרֶךְ הַשָּׁעָה הוּא לֹא לְבַזְבֵּז מַיִם.

שִׂיחֲקָה לוֹ הַשָּׁעָה was lucky

שעווהנ׳ שַׁעֲוָה wax

חוֹמֶר שֶׁעוֹשִׂים מִמֶּנּוּ נֵרוֹת:

*יֵשׁ פֹּה טִיפּוֹת **שַׁעֲוָה** בִּגְלַל הַנֵּרוֹת הַדּוֹלְקִים.*

מוּזֵיאוֹן-שַׁעֲוָה - wax museum

רָאִיתִי אֶת כָּל הַמַּנְהִיגִים הַגְּדוֹלִים בְּמוּזֵיאוֹן הַשַּׁעֲוָה.

שעווניתנ׳ שַׁעֲוָנִית [שַׁעֲוָנִיּוֹת] oilcloth

מַפָּה שֶׁיֵּשׁ עָלֶיהָ חוֹמֶר, שֶׁאֶפְשָׁר לְנַגֵּב בְּמַיִם:

*הַתִּינוֹק שׁוֹכֵב עַל **שַׁעֲוָנִית**, כְּדֵי שֶׁלֹּא יַרְטִיב אֶת הַמִּיטָּה.*

שעוןז׳ שָׁעוֹן [שְׁעוֹנִים] watch, clock

מַכְשִׁיר לְהַרְאוֹת אֶת הַשָּׁעָה הַמְּדוּיֶּקֶת:

*יֵשׁ לִי **שְׁעוֹן** קִיר עַתִּיק, הַמְצַלְצֵל כָּל שָׁעָה.*

שָׁעוֹן מְעוֹרֵר alarm clock

שְׁעוֹן-קַיִץ daylight saving

שְׁעוֹן-עֶצֶר stop-watch

שְׁעוֹן יָד / שְׁעוֹן חוֹל / שְׁעוֹן כִּיס (שָׁעוֹן שֶׁל סַבָּא)

שעועיתנ׳ שְׁעוּעִית [שְׁעוּעִיּוֹת] bean

אוֹכֶל. נִרְאֶה כְּמוֹ אֲבָנִים קְטַנּוֹת (לְבָנוֹת אוֹ חוּמוֹת):

*אֲנִי אוֹהֵב לֶאֱכוֹל מְרַק **שְׁעוּעִית**.*

שְׁעוּעִית יְרוּקָּה string bean

שעורהנ׳ שְׂעוֹרָה [שְׂעוֹרִים] barley

1. צֶמַח שֶׁמֵּהַגַּרְעִינִים שֶׁלּוֹ עוֹשִׂים מָזוֹן לָאֲנָשִׁים וְלַבְּהֵמוֹת:

*הַ**שְּׂעוֹרָה** גְּדֵלָה בַּחוֹרֶף.*

2.מִין פֶּצַע לְיַד הַשְּׂעָרוֹת שֶׁל הָעֵינַיִים: sty

*יֵשׁ לִי **שְׂעוֹרָה** בָּעַיִן, לָכֵן הָעַיִן נְפוּחָה.*

שעטפ׳ שָׁעַט stamped, trampled

דָּרַךְ, שָׂם אֶת הָרֶגֶל עַל הָאֲדָמָה בְּכוֹחַ:

*הַסּוּסִים **שָׁעֲטוּ** וְהֶעֱלוּ אָבָק.*

לִשְׁעוֹט / ש.ע.ט, פָּעַל / שָׁעַטְתִּי, שׁוֹעֵט, יִשְׁעַט

שעטנזז׳ שַׁעַטְנֵז [שַׁעַטְנֵזִים] blend of wool and linen

1. בַּד מְחוּטִים מְסוּגִים שׁוֹנִים (צֶמֶר וְכוּתְנָה יַחַד וְכוּ'):

*אָסוּר לִיהוּדִי דָּתִי לִלְבּוֹשׁ **שַׁעַטְנֵז**.*

2. (מֶטָאפוֹרָה) עִירְבּוּב בֵּין מִינִים שׁוֹנִים: mixture

*הַצִּיּוּר שֶׁלּוֹ הוּא **שַׁעַטְנֵז** שֶׁל צִיּוּר מוֹדֶרְנִי וְצִיּוּר קְלַאסִי.*

שעירתנ"ז שָׂעִיר [שְׂעִירִים] goat

1. (לָשׁוֹן סִפְרוּתִית) תַּיִשׁ, הַזָּכָר שֶׁל עֵז (חַיַּת בַּיִת).

2. שֶׁיֵּשׁ עָלָיו שְׂעָרוֹת: hairy

*הַכֶּלֶב שֶׁלִּי **שָׂעִיר** מְאוֹד.*

שָׂעִיר לַעֲזָאזֵל ב׳ scapegoat

שְׂעִירָה, שְׂעִירוֹת

שעלז׳ שַׁעַל [שְׁעָלִים] step

צַעַד.

אַף שַׁעַל - not one inch

*הוּא חוֹשֵׁב, שֶׁלֹּא צָרִיךְ לְהַחֲזִיר **אַף שַׁעַל** לָעֲרָבִים.*

עַל כָּל צַעַד וָשַׁעַל - everywhere

אֲנִי מוֹצֵא שְׁגִיאוֹת עַל כָּל צַעַד וָשַׁעַל.

שעלתנ׳ שַׁעֶלֶת whooping cough

מַחֲלַת יְלָדִים, מִשְׁתַּעֲלִים כָּל הַזְּמַן:

*הַ**שַּׁעֶלֶת** הִיא מַחֲלָה מְעַצְבֶּנֶת.*

שעםז׳ שַׁעַם cork

קְלִיפָּה שֶׁל עֵץ, מִשְׁתַּמְּשִׁים בָּהּ לִסְתּוֹם בַּקְבּוּקִים:

*הַ**שַּׁעַם** הוּא חוֹמֶר קַל, הוּא לֹא מַעֲבִיר מַיִם וַאֲוִויר.*

שעןז׳ שָׁעָן [שָׁעָנִים] watchmaker

מִי שֶׁמְּתַקֵּן שְׁעוֹנִים:

*זֹאת חֲנוּת שֶׁל **שָׁעָן**, הוּא מוֹכֵר וּמְתַקֵּן שְׁעוֹנִים.*

שערז׳ שַׁעַר [שְׁעָרִים] gate

1. פֶּתַח, כְּנִיסָה בְּחוֹמָה, בְּקִיר, בְּאַרְמוֹן וְכוּ':

*נִכְנַסְתִּי לָעִיר הָעַתִּיקָה דֶּרֶךְ **הַשַּׁעַר** בַּחוֹמָה.*

2. (בְּכַדּוּרֶגֶל) הַמָּקוֹם שֶׁמְּנַסִּים לְהַכְנִיס goal (soccer)

בּוֹ כַּדּוּר. לְפִי הַהַצְלָחָה סוֹפְרִים נְקוּדוֹת:

*'מַכַּבִּי יָפוֹ' זָכְתָה בִּשְׁלוֹשָׁה **שְׁעָרִים**.*

3. (בְּכֶסֶף) הַמְּחִיר, הָעֵרֶךְ הַקָּבוּעַ בַּשּׁוּק: rate

***שַׁעַר** הַזָּהָב יָרַד בַּשּׁוּק הָעוֹלָמִי.*

שַׁעַר-חֲלִיפִין rate of exchange

שַׁעַר-יָצִיג official rate

4. הַדַּף הָרִאשׁוֹן בַּסֵּפֶר: front page

*בְּעַמּוּד **הַשַּׁעַר** כָּתוּב שֵׁם הַמְּתַרְגֵּם.*

5. פֶּרֶק בַּסֵּפֶר: chapter, section

הַסֵּפֶר מְחוּלָּק לְ-5 **שְׁעָרִים**.

שׂערהנ, שַׂעֲרָה [שְׂעָרוֹת] (one) hair
ה"חוּטִים" שֶׁיֵּשׁ לִבְנֵי אָדָם עַל הָרֹאשׁ וְכוּ':
*יֵשׁ לָהּ **שְׂעָרוֹת** בְּלוֹנְדִינִיּוֹת.*
כְּחוּט הַשַּׂעֲרָה ב - very tiny, to a hair
הַמֶּרְחָק בֵּינוֹ לְבֵין הַמָּוֶת הָיָה כְּחוּט הַשַּׂעֲרָה.

שערורייהנ, שַׁעֲרוּרִיָּה [שַׁעֲרוּרִיּוֹת] scandal
מַעֲשֶׂה שֶׁצָּרִיךְ לְהִתְבַּיֵּשׁ בּוֹ, (רַמָּאוּת, גְנֵיבָה וְכוּ'):
*כֹּל יוֹם יֵשׁ **שַׁעֲרוּרִיָּה** חֲדָשָׁה בְּבֵית הַמְּלוּכָה בְּאַנְגְלִיָה.*

שעשועז, שַׁעֲשׁוּעַ [שַׁעֲשׁוּעִים] amusement, game
מִשְׂחָק, מַשֶּׁהוּ שֶׁגּוֹרֵם הֲנָאָה:
*הָלַכְנוּ עִם דָוִיד לְגַן **הַשַּׁעֲשׁוּעִים** - יֵשׁ שָׁם מִשְׂחָקִים לִילָדִים.*

שׂפהנ, שָׂפָה [שָׂפוֹת] language
1. לָשׁוֹן, הַמִּילִים שֶׁאֲנַחְנוּ מִשְׁתַּמְּשִׁים בָּהֶן:
*עִבְרִית הִיא **הַשָּׂפָה** שֶׁל מְדִינַת יִשְׂרָאֵל.*
שָׂפָה זָרָה foreign language
שְׂפַת-אֵם mother tongue
2. קָצֶה, חוֹף: (sea) shore
*יָשַׁבְתִּי עַל הַחוֹל עַל **שְׂפַת הַיָּם**.*
שְׂפַת-הַמִּדְרָכָה curb
3. **שָׂפָה [שְׂפָתַיִים]** הַגְּבוּל הַחִיצוֹנִי שֶׁל הַפֶּה: lip(s)
*צָבַעְתִּי אֶת **הַשְּׂפָתַיִים** בְּאָדוֹם.*

שפוטת, שָׁפוּט sentenced (adj.)
מִי שֶׁבֵּית הַמִּשְׁפָּט הֶחְלִיט עַל הָעוֹנֶשׁ שֶׁלּוֹ:
*דָוִיד **שָׁפוּט** לְשָׁנָה בֵּית סוֹהַר בִּגְלַל גְנֵיבָה.*
שְׁפוּטָה, שְׁפוּטִים, שְׁפוּטוֹת

שפוית, שָׁפוּי sane
בָּרִיא מִבְּחִינָה מֶנְטָלִית, "נוֹרְמָלִי":
*הוּא אֵינוֹ **שָׁפוּי** בְּדַעְתּוֹ, הוּא צָרִיךְ טִיפּוּל פְּסִיכִיאַטְרִי.*
שְׁפוּיָה, שְׁפוּיִים, שְׁפוּיוֹת

שפוךת, שָׁפוּךְ spilt (adj.)
שֶׁהוֹצִיאוּ אוֹתוֹ מִחוּץ לַכְּלִי, שָׁפְכוּ אוֹתוֹ:
*הַמַּיִם **שְׁפוּכִים** עַל הַשּׁוּלְחָן.*
שְׁפוּכָה, שְׁפוּכִים, שְׁפוּכוֹת

שפוףת, שָׁפוּף dejected (adj.)
(מֶטָאפוֹרָה) כָּפוּף, נוֹטֶה לְמַטָּה:
*הוּא **שָׁפוּף**, כִּי הַחֲבֵרָה שֶׁלּוֹ עָזְבָה אוֹתוֹ.*
שְׁפוּפָה, שְׁפוּפִים, שְׁפוּפוֹת

שפופרתנ, שְׁפוֹפֶרֶת [שְׁפוֹפָרוֹת] telephone receiver
1. הַחֵלֶק בְּמַכְשִׁיר הַטֶּלֶפוֹן שֶׁמְּדַבְּרִים לְתוֹכוֹ:
*הֵרַמְתִּי אֶת **שְׁפוֹפֶרֶת** הַטֶּלֶפוֹן, וְשָׁמַעְתִּי אֶת קוֹלוֹ שֶׁל דָוִיד.*
2. כְּלִי (בְּצוּרַת צִינוֹר) שֶׁשָּׂמִים בְּתוֹכוֹ חוֹמֶר: tube
*קָנִיתִי **שְׁפוֹפֶרֶת** שֶׁל מִשְׁחַת שִׁינַּיִים.*

שפטפ, שָׁפַט judged
1. דָּן, בְּבֵית מִשְׁפָּט, וְהֶחְלִיט אִם הַנֶּאֱשָׁם אָשֵׁם:
*הַשּׁוֹפֵט **שָׁפַט** אֶת הַנֶּאֱשָׁם לְשָׁלוֹשׁ שְׁנוֹת מַאֲסָר.*
2. חָשַׁב וְנִיסָּה לְהַחְלִיט בְּנוֹשֵׂא מְסוּיָּם:
*אֵינֶנִּי **שׁוֹפֵט** אֲנָשִׁים, שֶׁנִּמְצָאִים בְּצָרָה.*
לִשְׁפּוֹט אֶת- / ש.פ.ט, פָּעַל / שָׁפַטְתִּי, שׁוֹפֵט, יִשְׁפּוֹט

שפיותנ, שְׁפִיּוּת sanity
נוֹרְמָלִיּוּת מִבְּחִינָה מֶנְטָלִית:
*אֶפְשָׁר לְאַבֵּד אֶת **שְׁפִיּוּת** הַדַּעַת, כְּשֶׁשּׁוֹמְעִים עַל כֹּל כָּךְ הַרְבֵּה צָרוֹת.*

שפיטהנ, שְׁפִיטָה judging, judgement
הַחְלָטָה (שֶׁל בֵּית מִשְׁפָּט) מָה נָכוֹן מִי צוֹדֵק וְכוּ':
***הַשְּׁפִיטָה** בִּמְדִינַת יִשְׂרָאֵל נַעֲשֵׂית בְּיוֹשֶׁר וּבְמִקְצוֹעִיּוּת.*

שפיכות-דמיםנ, שְׁפִיכוּת-דָּמִים bloodshed
גְּרִימַת מָוֶות, כְּשֶׁשּׁוֹפְכִים דָּם שֶׁל מִישֶׁהוּ וְהוּא מֵת:
*צָרִיךְ לְהַפְסִיק אֶת **שְׁפִיכוּת הַדָּמִים**, אֶת הַמִּלְחָמוֹת.*

שפיפוןז, שְׁפִיפוֹן [שְׁפִיפוֹנִים] viper
נָחָשׁ קָטָן וּמְסוּכָּן:
***שְׁפִיפוֹן** יָכוֹל לִגְרוֹם מָוֶות.*

שפירת, שָׁפִיר fine
טוֹב, יָפֶה:
*הַמַּיִם **שְׁפִירִים** לִשְׁתִיָּיה.*
גִּידּוּל שָׁפִיר benign growth
שְׁפִירָה, שְׁפִירִים, שְׁפִירוֹת

שפירז, שָׁפִיר [שְׁפִירִים] placenta
עוֹר דַּק (קְרוּם) שֶׁהַתִּינוֹק נִמְצָא בּוֹ בְּבֶטֶן הָאֵם.
מֵי-שָׁפִיר - amniotic fluid
עָשׂוּ לִי בְּדִיקַת מֵי שָׁפִיר - הַתִּינוֹק בְּסֵדֶר.

שפךפ, שָׁפַךְ spilled, poured
הוֹצִיא אוֹ זָרַק נוֹזְלִים אוֹ חוֹמֶר דַּק:
*דָן **שָׁפַךְ** אֶת הַקָּפֶה עַל הָרִצְפָּה. / **שָׁפַכְתִּי** אַשְׁפָּה לַפַּח.*
שָׁפַךְ דָּם killed
שָׁפַךְ אֶת הַלֵּב (לְשׁוֹן דִּיבּוּר) - poured out his heart
גִּילָּה מָה שֶׁבְּלִיבּוֹ
לִשְׁפּוֹךְ אֶת- / ש.פ.ך, פָּעַל / שָׁפַכְתִּי, שׁוֹפֵךְ, יִשְׁפּוֹךְ, שְׁפוֹךְ

שפךז, שֶׁפֶךְ — flow (of water/blood)

1. זֶרֶם, נוֹזֵל שֶׁזּוֹרֵם:

*הוּא נִפְצַע וְהָיָה לוֹ **שֶׁפֶךְ דָּם**.*

2. הַמָּקוֹם שֶׁהַנָּהָר נִשְׁפָּךְ, זוֹרֵם לַיָּם: — mouth (of a river)

*הָעִיר אֲלֶכְּסַנְדְּרִיָּה בְּמִצְרַיִם נִבְנְתָה **בְּשֶׁפֶךְ** הַנִּילוּס.*

שְׁפָכִים — sewage

בּוֹר-שְׁפָכִים — cesspit

שפלת, שָׁפָל — mean, base

עוֹשֶׂה מַעֲשִׂים מְכוֹעָרִים, מְבַיְישִׁים:

*הוּא טִיפּוּס **שָׁפָל** - דוֹאֵג לְעַצְמוֹ וּמַכְשִׁיל אֶת הַחֲבֵרִים.*

שְׁפָלָה, שְׁפָלִים, שְׁפָלוֹת

שפלת, שָׁפֵל — humble

נָמוּךְ. (מֶטָאפוֹרָה) לֹא חָשׁוּב:

*הוּא חוֹשֵׁב, שֶׁהוּא בְּמַעֲמָד **שָׁפֵל** מִן הָאֲחֵרִים.*

שְׁפֵלָה, שְׁפֵלִים, שְׁפֵלוֹת

שפלז, שֵׁפֶל — low tide, ebb

1. יְרִידָה שֶׁל מֵי הַיָּם:

*בִּשְׁעוֹת **הַשֵּׁפֶל** אֶפְשָׁר לָלֶכֶת עַל הַחוֹל הָרָטֹב.*

2. יְרִידָה שֶׁל הַכַּלְכָּלָה, הַמּוּסָר...: — depression

הַשֵּׁפֶל הַכַּלְכָּלִי גָּרַם אַבְטָלָה.

בְּשֵׁפֶל-הַמַּדְרֵגָה — in a low state

שְׁעוֹת-שֵׁפֶל — slow hours

שפלהנ, שְׁפֵלָה [שְׁפֵלוֹת] — coastal plain, lowland

אֵיזוֹר גֵיאוֹגְרָפִי נָמוּךְ:

*עַל יַד הַיָּם יֵשׁ **שְׁפֵלָה** - שְׁפֵלַת הַחוֹף.*

אַרְצוֹת-הַשְּׁפֵלָה — the Netherlands

שפםז, שָׂפָם [שְׂפָמִים] — mustache

הַשֵּׂיעָר מֵעַל הַשְּׂפָתַיִים:

*בְּגִיל 15 צָמַח לוֹ **שָׂפָם**.*

שפןז, שָׁפָן [שְׁפַנִּים] — rabbit

בַּעַל חַיִּים לֹא גָּדוֹל חַי בֵּין סְלָעִים, פַּחְדָן:

*הַשְּׁפַנִּים מִתְרַבִּים בִּמְהִירוּת. / אַל תִּהְיֶה **שָׁפָן**, קְפוֹץ כְּבָר!*

שְׁפַן-נִיסָּיוֹן — guinea pig

שְׁפַנִּיָּיה — rabbit hutch

שפעפ, שָׁפַע — abounded, emanated

הָיָה לוֹ הַרְבֵּה:

*אַחֲרֵי הַגֶּשֶׁם **שָׁפְעוּ** הַנְּהָרוֹת מַיִם רַבִּים. / הוּא **שָׁפַע** דִּבְרֵי חוֹכְמָה - נֶהֱנֵיתִי מְאוֹד לְדַבֵּר אִיתּוֹ.*

לִשְׁפּוֹעַ / ש.פ.ע, פָּעַל / שָׁפַעְתִּי, שׁוֹפֵעַ, יִשְׁפַּע

שפעז, שֶׁפַע — abundance, plenty

הַרְבֵּה, כַּמּוּת גְּדוֹלָה:

*בַּקַּיִץ יֵשׁ **שֶׁפַע** שֶׁל פֵּירוֹת בַּשּׁוּק. / אֵין מַיִם **בְּשֶׁפַע**.*

שפעתנ, שַׁפַעַת — flu

מַחֲלָה שֶׁל חוֹם, כְּאֵבִים בַּשְּׁרִירִים, בָּרֹאשׁ וְכוּ':

*מַחֲלַת **הַשַּׁפַעַת** מְסוּכֶּנֶת לִילָדִים וְלִזְקֵנִים.*

שפרפ, שָׁפַר — was good/pleasing

(לָשׁוֹן גְּבוֹהָה) הָיָה טוֹב:

שָׁפַר עָלָיו חֶלְקוֹב - — had it good

דָּוִיד, שָׁפַר עָלָיו חֶלְקוֹ - הוּא מָצָא עֲבוֹדָה וְדִירָה.

/ש.פ.ר פָּעַל / שָׁפְרוּ

שפרז, שֶׁפֶר — beauty

יוֹפִי, דְּבָרִים נְעִימִים:

*בַּהַרְצָאָה שֶׁלּוֹ הָיוּ אִמְרֵי **שֶׁפֶר**.*

שפתוןז, שְׂפָתוֹן [שְׂפָתוֹנִים] — lipstick

הַצֶּבַע שֶׁשָּׂמִים עַל הַשְּׂפָתַיִים:

*הִיא אֵינָהּ מִשְׁתַּמֶּשֶׁת **בִּשְׂפָתוֹן** - הַשְּׂפָתַיִים שֶׁלָּהּ אֲדוּמוֹת גַּם בְּלִי זֶה.*

שפתייםנ"ז, שְׂפָתַיִם — lips

הַחֵלֶק שֶׁמֵּעַל הַפֶּה וּמִתַּחְתָּיו:

*הִיא צָבְעָה אֶת **הַשְּׂפָתַיִם** בְּצֶבַע אָדוֹם.*

שצףז, שֶׁצֶף — flow

זֶרֶם, זָז בְּכוֹחַ:

*הַמַּיִם זָרְמוּ **בְּשֶׁצֶף**.*

בְּשֶׁצֶף קֶצֶף - — great rage

הִיא דִּיבְּרָה אֵלֵינוּ בְּשֶׁצֶף קֶצֶף.

שקז, שַׂק [שַׂקִּים] — sack, bag

כִּיס אוֹ תִּיק גָּדוֹל מִבַּד אוֹ מִנְּיָיר:

*סַבְתָּא הָיְיתָה קוֹנָה אוֹכֶל בְּשַׂקִּים: **שַׂק** אוֹרֶז, **שַׂק** קֶמַח.*

שַׂק-שֵׁינָה — sleeping bag

שקדפ, שָׁקַד — was diligent

עָשָׂה מַשֶּׁהוּ בְּאוֹפֶן יְסוֹדִי, מִתּוֹךְ תְּשׂוּמַת לֵב:

*הוּא **שָׁקַד עַל** הַלִּימּוּדִים, וְלָכֵן הִצְלִיחַ בַּבְּחִינוֹת.*

לִשְׁקוֹד עַל- / ש.ק.ד, פָּעַל / שָׁקַדְתִּי, שׁוֹקֵד, יִשְׁקוֹד

שקדז, שָׁקֵד [שְׁקֵדִים] — almond

עֵץ שֶׁיֵּשׁ לוֹ פְּרָחִים לְבָנִים - וְרֻדְרַדִּים, הַפְּרִי שֶׁלּוֹ קָשֶׁה בְּתוֹךְ קְלִיפָּה קָשָׁה:

*אָכַלְתִּי עוּגַת **שְׁקֵדִים** מְצוּיֶּנֶת.*

שקדי-מָרָק soup-nuts

שקדים בַּגָּרוֹן tonsils

שקדייה, נ' שְׁקֵדִיָּה [שְׁקֵדִיּוֹת] almond tree

עֵץ שֶׁהַפְּרָחִים שֶׁלּוֹ לְבָנִים-וְרוּדִּים וְהַפְּרִי בִּקְלִיפָּה קָשָׁה:

*כְּשֶׁהַ**שְּׁקֵדִיָּה** מְכוּסָּה פְּרָחִים, סִימָן שֶׁהָאָבִיב הִגִּיעַ.*

שקדן, ת' שַׁקְדָן diligent

מִי שֶׁלּוֹמֵד הַרְבֵּה, עוֹבֵד בִּתְשׂוּמֶת לֵב וְכוּ':

*הוּא עוֹבֵד **שַׁקְדָן**, אֵינוֹ מְדַבֵּר וְאֵינוֹ מְבַזְבֵּז אֶת הַזְּמַן.*

שַׁקְדָנִית, שַׁקְדָנִיִּים, שַׁקְדָנִיּוֹת

שקדנות, נ' שַׁקְדָנוּת diligence, studiousness

כְּשֶׁמִּישֶׁהוּ עוֹבֵד הַרְבֵּה בִּתְשׂוּמֶת לֵב (לוֹמֵד הַרְבֵּה וְכוּ'):

*הַ**שַּׁקְדָנוּת** שֶׁלּוֹ טוֹבָה מִן הַכִּישְׁרוֹנוֹת שֶׁלְּךָ.*

שקוד, ת' שָׁקוּד diligent

(לָשׁוֹן גְּבוֹהָה) עָסוּק בְּ-, כָּל תְּשׂוּמֶת הַלֵּב שֶׁלּוֹ בְּ-:

*הוּא **שָׁקוּד** עַל הַסְּפָרִים: קוֹרֵא, לוֹמֵד, כּוֹתֵב מַאֲמָרִים.*

שְׁקוּדָה, שְׁקוּדִים, שְׁקוּדוֹת

שקול, ת' שָׁקוּל weighted (adj.)

1. שֶׁשָּׁקְלוּ אוֹתוֹ, יוֹדְעִים כַּמָּה קִילוֹגְרָמִים יֵשׁ לוֹ:

*הַסּוּכָּר בַּסּוּפֶּרְמַרְקֶט הוּא בַּחֲבִילוֹת **שְׁקוּלוֹת** שֶׁל קִילוֹגְרָם אֶחָד.*

2. שָׁוֶוה, יֵשׁ לוֹ אוֹתוֹ עֵרֶךְ: equal

*הַמַּזְכִּירָה שֶׁלִּי **שְׁקוּלָה** כְּנֶגֶד שְׁתֵּי פְּקִידוֹת.*

3. הִתְקַבֵּל אַחֲרֵי מַחְשָׁבָה: poised/balanced (adj.)

*הַהַחְלָטָה הָיְיתָה **שְׁקוּלָה**.*

שְׁקוּלָה, שְׁקוּלִים, שְׁקוּלוֹת

שקוע, ת' שָׁקוּעַ immersed (adj.), (sunk)

1. נִמְצָא בְּתוֹךְ:

*הָאוֹנִיָּה **שְׁקוּעָה** בַּיָּם. / הָעֵינַיִים שֶׁלּוֹ **שְׁקוּעוֹת** בְּחוֹרֵיהֶן.*

2. מִתְעַנְיֵין מְאוֹד בְּמַשֶּׁהוּ, עוֹסֵק בְּצוּרָה אִינְטֶנְסִיבִית בְּ-: absorbed (adj.)

*הִיא **שְׁקוּעָה** בַּסֵּפֶר וְאֵינָהּ שׁוֹמַעַת כְּשֶׁמְּדַבְּרִים אֵלֶיהָ.*

שְׁקוּעָה, שְׁקוּעִים, שְׁקוּעוֹת

שקוף, ת' שָׁקוּף transparent

שֶׁאֶפְשָׁר לִרְאוֹת דַּרְכּוֹ:

*הִסְתַּכַּלְתִּי הַחוּצָה דֶּרֶךְ חַלּוֹן הַזְּכוּכִית הַ**שָּׁקוּף**. / דָּן אָמַר שֶׁהוּא בָּא לְבַקֵּר אוֹתִי, אֲבָל כַּוָּונָתוֹ **שְׁקוּפָה** - הוּא רוֹצֶה לְהַכִּיר אֶת אֲחוֹתִי.*

שְׁקוּפָה, שְׁקוּפִים, שְׁקוּפוֹת

שקופית, נ' שְׁקוּפִית [שְׁקוּפִיּוֹת] slide

צִילּוּם שֶׁמַּקְרִינִים עַל הַקִּיר בְּמַכְשִׁיר מְיוּחָד:

*צִילַּמְתִּי בַּטִּיּוּל הַרְבֵּה **שְׁקוּפִיּוֹת**, מָחָר אַרְאֶה לְךָ אוֹתָן.*

שקט, פ' שָׁקַט was calm/quiet

נַעֲשָׂה לֹא רוֹעֵשׁ, לֹא הָיָה רַעַשׁ:

*בַּלַּיְלָה **שָׁקְטוּ** הָרְחוֹבוֹת - הָאֲנָשִׁים הָלְכוּ לִישׁוֹן.*

לִשְׁקוֹט / ש.ק.ט, פָּעַל / שָׁקַטְתִּי, שָׁקַט, שׁוֹקֵט, יִשְׁקוֹט

שקט, ת' שָׁקֵט calm, quiet

אֵינוֹ עוֹשֶׂה רַעַשׁ, אֵין בּוֹ רַעַשׁ:

*כָּל הָרְחוֹבוֹת **שְׁקֵטִים** בַּלַּיְלָה, אַחֲרֵי חֲצוֹת.*

הָאוֹקְיָינוֹס הַשָּׁקֵט the Pacific Ocean

שְׁקֵטָה, שְׁקֵטִים, שְׁקֵטוֹת

שקט, ז' שֶׁקֶט quiet

מַצָּב שֶׁאֵין בּוֹ רַעַשׁ:

*הָיָה **שֶׁקֶט** מוּחְלָט בָּאוּלָם, וְהַקּוֹנְצֶרְט הִתְחִיל.*

אִי-שֶׁקֶט - unrest

אֲנִי מַרְגִּישׁ אִי-שֶׁקֶט, כִּי רוּת עוֹד לֹא חָזְרָה הַבַּיְתָה.

בְּיוּגוֹסְלַבְיָה יֵשׁ אִי-שֶׁקֶט, כְּמוֹ לִפְנֵי מִלְחָמָה.

שקידה, נ' שְׁקִידָה diligence

כְּשֶׁעוֹבְדִים אוֹ לוֹמְדִים הַרְבֵּה, בִּתְשׂוּמֶת לֵב...:

*הַ**שְּׁקִידָה** עַל הַלִּימוּדִים לֹא פָּחוֹת חֲשׁוּבָה מִן הַכִּישְׁרוֹנוֹת.*

שקילה, נ' שְׁקִילָה [שְׁקִילוֹת] weighing

כְּשֶׁבּוֹדְקִים בְּמַכְשִׁיר כַּמָּה כָּבֵד מַשֶּׁהוּ:

*אֶת **שְׁקִילַת** הַתִּינוֹקוֹת עוֹשָׂה הָאָחוֹת שֶׁמְּטַפֶּלֶת בָּהֶם.*

שקיעה, נ' שְׁקִיעָה [שְׁקִיעוֹת] sinking, setting

1. יְרִידָה, נְפִילָה לְתוֹךְ (שֶׁל שֶׁמֶשׁ, יָרֵחַ וְכוּ'): (sunset)

*עָמַדְנוּ וְהִסְתַּכַּלְנוּ בִּ**שְׁקִיעַת** הַשֶּׁמֶשׁ בַּיָּם.*

2. כְּשֶׁמַּשֶּׁהוּ נַעֲשָׂה פָּחוֹת, חַלָּשׁ יוֹתֵר וְכוּ': decline

*הוּא חוֹשֵׁב שֶׁהַתַּרְבּוּת הָאֵירוֹפִּית בְּמַצָּב שֶׁל **שְׁקִיעָה**.*

3. כְּשֶׁמִּישֶׁהוּ בְּתוֹךְ: absorption, becoming absorbed

*הַ**שְּׁקִיעָה** בְּמַחְשָׁבוֹת פֶּסִימִיּוֹת לֹא תַּעֲזוֹר לָנוּ.*

שְׁקִיעַת דָּם

שקיפות, נ' שְׁקִיפוּת transparency

כְּשֶׁיֵּשׁ אֶפְשָׁרוּת לִרְאוֹת דֶּרֶךְ מַשֶּׁהוּ (כְּמוֹ דֶּרֶךְ זְכוּכִית):

*בִּגְלַל הַ**שְּׁקִיפוּת** שֶׁל הָאֲוִויר אֶפְשָׁר לִרְאוֹת לְקִילוֹמֶטְרִים.*

שׂקיק, ז' שַׂקִּיק [שַׂקִּיקִים] (paper) bag

שַׂקִּית, שַׂק (כִּיס אוֹ תִּיק) קָטָן:

*בִּיקַּשְׁתִּי **שַׂקִּיק** נְיָיר לַתַּפּוּחַ.*

שׂקית, נ' שַׂקִּית [שַׂקִּיּוֹת] (plastic) bag

שַׂק (תִּיק אוֹ כִּיס) קָטָן:

*בִּיקַּשְׁתִּי **שַׂקִּית** נַיְילוֹן בִּשְׁבִיל הַלֶּחֶם.*

שקל, ז' שֶׁקֶל [שְׁקָלִים] shekel
הַכֶּסֶף שֶׁמִּשְׁתַּמְּשִׁים בּוֹ בְּיִשְׂרָאֵל:
*קָנִיתִי שִׂמְלָה בְּ-100 **שְׁקָלִים**.*
שֶׁקֶל חָדָשׁ (בְּקִיצּוּר ש"ח) הַכֶּסֶף שֶׁמִּשְׁתַּמְּשִׁים בּוֹ עַכְשָׁיו:
כְּשֶׁאוֹמְרִים שֶׁקֶל אוֹ ש"ח מִתְכַּוּוֹנִים הַיּוֹם לְאוֹתוֹ דָּבָר.

שקל, פ' שָׁקַל weighed
1. בָּדַק כַּמָּה גְּרָמִים וְקִילוֹגְרָמִים יֵשׁ:
*מוֹכֵר הַיְּרָקוֹת **שָׁקַל אֶת** הַתַּפּוּחִים.*
2. חָשַׁב, בָּדַק (מֶטָאפוֹרָה): considered
***שָׁקַלְתִּי אֶת** כָּל הַיִּתְרוֹנוֹת וְהַחֶסְרוֹנוֹת שֶׁל הַהַצָּעָה.*
לִשְׁקוֹל אֶת-, לְ- / ש.ק.ל, פָּעַל / שָׁקַלְתִּי, שׁוֹקֵל, יִשְׁקוֹל

שק"ם, ז' שֶׁקֶ"ם canteen, PX
ר"ת שֵׁירוּת קַנְטִינוֹת וּמִזְנוֹנִים: חֶבְרָה שֶׁמּוֹכֶרֶת לְחַיָּילִים אוֹכֶל, בְּגָדִים וְכוּ':
*בַּחֲנוּיוֹת **הַשֶּׁקֶ"ם** הַמְּחִירִים צְרִיכִים לִהְיוֹת נְמוּכִים יוֹתֵר.*

שקנאי, ז' שַׂקְנַאי [שַׂקְנָאִים] pelican
פֶּלִיקָן, צִיפּוֹר מַיִם גְּדוֹלָה - גַּם עָפָה בָּאֲוִויר וְגַם שׂוֹחָה בַּמַּיִם:
*בַּחוֹרֶף מַגִּיעִים **שַׂקְנָאִים** לָאָרֶץ.*

שקע, פ' שָׁקַע sank
1. יָרַד אֶל, הָיָה בְּתוֹךְ:
*הַמְּכוֹנִית **שָׁקְעָה** בַּחוֹל. / הָאוֹנִיָּה **שָׁקְעָה** בַּיָּם.*
2. נַעֲשָׂה חַלָּשׁ, פָּחוֹת חָשׁוּב וְכוּ': declined
*הָאִימְפֶּרְיָה הַבְּרִיטִית **שָׁקְעָה** בַּמֵּאָה ה-20.*
3. (מֶטָאפוֹרָה) הָיָה בְּתוֹךְ נוֹשֵׂא, עִנְיָן: was absorbed
*הוּא **שָׁקַע** בָּעֲבוֹדָה וְלֹא שָׂם לֵב לַשָּׁעָה.*
לִשְׁקוֹעַ בְּ- / ש.ק.ע, פָּעַל / שָׁקַעְתִּי, שׁוֹקֵעַ, יִשְׁקַע, שְׁקַע!

שקע, ז' שֶׁקַע [שְׁקָעִים] recess, indentation
1. מָקוֹם בְּקִיר שֶׁחָסֵר בּוֹ חוֹמֶר:
בַּשֶּׁקַע בַּקִּיר יִהְיֶה מָקוֹם לִתְמוּנָה.
2. (בְּחַשְׁמַל) הַמָּקוֹם בַּקִּיר שֶׁמְּחַבְּרִים אֵלָיו מַכְשִׁירֵי חַשְׁמַל: socket
*צָרִיךְ שֶׁיִּהְיוּ בַּבַּיִת **שְׁקָעִים** - לַמְּקָרֵר, לַטֶּלֶוִויזְיָה לִמְנוֹרַת שׁוּלְחָן וְכוּ'.*

שקף, ז' שֶׁקֶף [שְׁקָפִים] transparency
דַּף שָׁקוּף, מְצַיְּירִים, כּוֹתְבִים עָלָיו וּמַצִּיגִים אוֹתוֹ עַל מָסָךְ אוֹ קִיר בְּעֶזְרַת מְכוֹנַת אוֹר:
*הַ**שֶּׁקֶף** עִם הַסְּטָטִיסְטִיקוֹת עָזַר לַהֲבָנַת הַהַרְצָאָה.*

שקר, ז' שֶׁקֶר [שְׁקָרִים] lie
הַהֵיפֶךְ מֵאֱמֶת. דְּבָרִים לֹא נְכוֹנִים:
*אַל תַּאֲמִין לַסִּיפּוּרִים שֶׁלּוֹ, הַכּוֹל **שֶׁקֶר**!*

שֶׁקֶר גַּס an out-and-out-lie
שֶׁקֶר מוּסְכָּם white lie
עֵד-שֶׁקֶר false witness
שְׁבוּעַת-שֶׁקֶר perjury

שקרן, ז' שַׁקְרָן [שַׁקְרָנִים] liar
מִי שֶׁמְּסַפֵּר דִּבְרֵי שֶׁקֶר, דְּבָרִים לֹא נְכוֹנִים:
*הַ**שַּׁקְרָן** מְסַפֵּר סִיפּוּרִים, שֶׁלֹּא הָיוּ וְלֹא נִבְרְאוּ.*
שַׁקְרָנִית, שַׁקְרָנִיּוֹת

שר, ז' שַׂר [שָׂרִים] minister
חָבֵר בַּמֶּמְשָׁלָה, אַחְרַאי עַל מִשְׂרָד מֶמְשַׁלְתִּי:
*שַׂר הַחוּץ הַיִּשְׂרְאֵלִי נִפְגַּשׁ עִם **שַׂר** הַחוּץ הַצָּרְפָתִי.*
שַׂר הָאוֹצָר / שַׂר הַחִינּוּךְ וְהַתַּרְבּוּת / שַׂר הַבִּיטָּחוֹן
שָׂרָה, שָׂרוֹת

שר, פ' שָׁר sang
זִימֵּר, הִשְׁמִיעַ בְּקוֹלוֹ צְלִילֵי מוּסִיקָה:
*הַזַּמָּר **שָׁר** שִׁירִים עִבְרִיִּים בְּלִיוּוּי גִּיטָרָה.*
לָשִׁיר / ש.י.ר, פָּעַל / שַׁרְתִּי, שָׁר, יָשִׁיר, שִׁיר!

שרב, ז' שָׁרָב dry heat-wave
אֲוִויר חַם מְאוֹד וְיָבֵשׁ מְאוֹד, חַמְסִין:
*כָּל הַפְּרָחִים נָבְלוּ בִּגְלַל **הַשָּׁרָב** הַכָּבֵד.*

שרבב ר' שירבב **שרבוב** ר' שירבוב

שרבי, ת' שָׁרָבִי very hot and dry (weather)
חַם מְאוֹד וְיָבֵשׁ מְאוֹד:
*מָחָר יִהְיֶה מֶזֶג אֲוִויר **שָׁרָבִי**, כְּדַאי לְהִישָּׁאֵר בַּבַּיִת.*
שָׁרָבִית, שָׁרָבִיִּים, שָׁרָבִיּוֹת

שרביט, ז' שַׁרְבִיט [שַׁרְבִיטִים] scepter
"מַקֵּל" - סִימָן שֶׁל מֶלֶךְ, אוֹ שֶׁל מְנַצֵּחַ עַל תִּזְמוֹרֶת:
*הוּא לָקַח אֶת **הַשַּׁרְבִיט** וְהִתְחִיל לְנַצֵּחַ עַל הַתִּזְמוֹרֶת.*
שַׁרְבִיט-נִיצּוּחַ - baton
(מֶטָאפוֹרָה) נִיהוּל, כְּשֶׁמִּישֶׁהוּ עוֹמֵד בָּרֹאשׁ:
אֲנִי מַעֲבִיר לְךָ אֶת שַׁרְבִיט הַנִּיצּוּחַ, אַתָּה הַמְּנַהֵל הֶחָדָשׁ!

שרברב, ז' שְׁרַבְרָב [שְׁרַבְרָבִים] plumber
אִינְסְטָלָטוֹר, מִי שֶׁמְּתַקֵּן בְּרָזִים צִינּוֹרוֹת וְכוּ':
*יֵשׁ נְזִילָה בַּמִּטְבָּח, לָכֵן הִזְמַנְתִּי אֶת **הַשְּׁרַבְרָב**.*

שרברבות, נ' שְׁרַבְרָבוּת plumbing
אִינְסְטָלַצְיָה, תִּיקּוּן שֶׁל בְּרָזִים, צִינּוֹרוֹת:
*עוֹד לֹא גָּמְרוּ אֶת עֲבוֹדוֹת **הַשְּׁרַבְרָבוּת** בַּבַּיִת הֶחָדָשׁ.*

שׂרדפ׳ שָׂרַד — survived

נִשאַר, הִצלִיחַ לְהִישָאֵר בַּחַיִים, לִהיוֹת:

מִי שֶשָׂרדוּ אַחֲרֵי הַמִלחָמָה נִיסוּ לְהַתחִיל חַיִים חֲדָשִים.

מִן הָעִיר הַקדוּמָה לֹא שָׂרַד כּלוּם.

לִשׂרוֹד / ש.ר.ד, פָּעַל / שָׂרַדתִי, שׂוֹרֵד, יִשׂרוֹד, שׂרוֹד!

שׂרדז׳ שְׂרָד — official uniform (pl.)

בִּגדֵי-שְׂרָד - בּגָדִים מְיוּחָדִים שֶל שוֹטרִים אוֹ בּגָדִים חֲגִיגִיִים שֶל מִינִיסטֶרִים וְכוּ׳:

אַחֲרֵי הָעֲבוֹדָה פּוֹשֵט הַנָשִׂיא אֶת ***בִּגדֵי הַשְׂרָד*** *שֶלוֹ וְלוֹבֵש ג׳ינס.*

שׂרוולז׳ שַׂרווּל [שַׂרווּלִים] — sleeve

חֵלֶק הַבֶּגֶד הַמְכַסֶה אֶת הַיָדַיִים:

לָבַשתִי שִׂמלָה עִם ***שַׂרווּלִים*** *קְצָרִים.*

שׂרוטת׳ שָׂרוּט — scratched (adj.)

שֶיֵש קַו, "פֶּצַע" בְּתוֹכוֹ:

מַמָה הַפָּנִים שֶלךָ ***שׂרוּטוֹת****? הֶחָתוּל שָׂרַט אוֹתִי.*

שׂרוּטָה, שׂרוּטִים, שׂרוּטוֹת

שׂרוית׳ שָׂרוּי — soaked (adj.)

1. נִמצָא בְּתוֹך נוֹזֵל (מַיִם וְכוּ׳):

הַחוּלצָה וְהַמִכנָסַיִים ***שׂרוּיִים*** *בְּמַיִם לִפנֵי הַכּבִיסָה.*

2. נִמצָא, יֶשנוֹ: — is in -

אֲנִי ***שָׂרוּי*** *בְּמַצָב רוּחַ טוֹב מְאוֹד.*

שׂרוּיָה, שׂרוּיִים, שׂרוּיוֹת

שׂרוךז׳ שְׂרוֹך [שׂרוֹכִים] — (shoe-) lace

חוּט, חֶבֶל שֶקוֹשרִים בּוֹ נַעֲלַיִים, מְעִיל וְכוּ׳:

קָנִיתִי ***שׂרוֹכִים*** *שחוֹרִים לַנַעֲלַיִים הַחֲדָשוֹת שֶלִי.*

מִחוּט וְעַד שׂרוֹך נַעַל — nothing either great or small

שׂרועת׳ שָׂרוּעַ — stretched out (adj.)

שוֹכֵב כְּשֶכֹּל הַגוּף מוּנָח:

הוּא ***שָׂרוּעַ*** *עַל הָרִצפָּה וְאֵינוֹ יָכוֹל לָקוּם.*

שׂרוּעָה, שׂרוּעִים, שׂרוּעוֹת

שׂרוףת׳ שָׂרוּף — burnt (adj.)

1. שֶהָאֵש אָכלָה אוֹתוֹ:

לֹא נִשאַר שוּם דָבָר מֵהַבַּיִת הַשָׂרוּף.

2. אָדוֹם מְאוֹד מֵהַשֶמֶש: — scorched (adj.)

פָּנֶיךָ ***שׂרוּפִים*** *מֵהַשֶמֶש - זֶה לֹא בָּרִיא!*

3. (לְשוֹן דִיבּוּר) רוֹצֶה מְאוֹד, נִמשָך אַחֲרֵי: — crazy about

אֲנִי ***שָׂרוּף*** *עַל מוּסִיקַת רוֹק.*

שׂרוּפָה, שׂרוּפִים, שׂרוּפוֹת

שׂרטפ׳ שָׂרַט — scratched

עָשָׂה קַו אוֹ פֶּצַע בָּעוֹר, בְּלוּחַ עֵץ וְכוּ׳:

הֶחָתוּלָה ***שָׂרטָה*** *אוֹתִי בְּצִיפּוֹרנַיִים שֶלָה.*

לִשׂרוֹט אֶת- / ש.ר.ט, פָּעַל / שָׂרַטתִי, שׂוֹרֵט, יִשׂרוֹט

שׂרטטז׳ שַׂרטָט [שַׂרטָטִים] — draftsman

מִי שֶהַמִקצוֹעַ שֶלוֹ לְצַיֵיר תוֹכנִיוֹת וְכוּ׳:

בְּמִשׂרַד הַמְהַנדְסִים עוֹבדִים שלוֹשָה ***שַׂרטָטִים****.*

שַׂרטֶטֶת, שַׂרטָטוֹת

שׂרטתנ׳ שָׂרֶטֶת [שָׂרָטוֹת] — scratch

שׂרִיטָה, חֲתָך, קַו בָּעוֹר - מִין פֶּצַע:

קִיבַּלתִי ***שָׂרֶטֶת*** *מִן הַסַכִּין, כְּשֶפָּרַסתִי לֶחֶם.*

שׂרידז׳ שָׂרִיד [שׂרִידִים] — survivor

1. מִי שֶנִשאַר:

הוּא הַשָׂרִיד הָאַחֲרוֹן לְבֵית הַמְלוּכָה, הָאֲחֵרִים כּוּלָם מֵתוּ.

2. מַה שֶנִשאַר: — relic, remnant

בְּסִיוּר הָאַרכֵיאוֹלוֹגִי רָאִינוּ ***שׂרִידִים*** *שֶל עִיר עַתִיקָה.*

שׂריטהנ׳ שְׂרִיטָה [שׂרִיטוֹת] — scratch

קַו, חֲתָך בָּעוֹר אוֹ בְּעֵץ, בִּזכוּכִית וְכוּ׳:

הַשׂרִיטָה *הַזֹאת הִיא מִסַכִּין הַלֶחֶם.*

שׂריפהנ׳ שְׂרֵפָה [שׂרֵיפוֹת] — fire

אֵש שֶקָשֶה לְהִשתַלֵט עָלֶיהָ:

הַשׂרֵיפָה *פָּרצָה בִּגלַל תַנוּר נֵפט שֶהִתהַפֵּך.*

אֲבַק-שׂרֵיפָה — gunpowder

שׂריקהנ׳ שְׂרִיקָה [שׂרִיקוֹת] — whistle, whistling

קוֹל דַק שֶמוֹצִיאִים מִן הַשׂפָתַיִים אוֹ מִמַכשִיר:

שָמַעתִי ***שׂרִיקָה*** *וְחָשַבתִי שֶקוֹרְאִים לִי.*

שׂרירת׳ שָׂרִיר — strong, valid

חָזָק:

שָׂרִיר וְקַיָים - — firm and abiding

הַהוֹרָאוֹת שֶנָתַתִי ***שׂרִירוֹת וְקַיָימוֹת****.*

שׂרִירָה, שׂרִירִים, שׂרִירוֹת

שׂרירז׳ שְׂרִיר [שׂרִירִים] — muscle

חֵלֶק בַּבָּשָׂר שֶל גוּף חַי, מֵזִיז אֶת חֶלקֵי הַגוּף:

לַספּוֹרטָאִי יֵש ***שׂרִירִים*** *מְפוּתָחִים.*

אוֹטֶם-שׂרִיר-הַלֵב — myocardial infarction

שׂרירות־לבנ׳ שְׂרִירוּת־לֵב — arbitrariness, wickedness

כְּשֶעוֹשִׂים מַשֶהוּ בּלִי לְהִתחַשֵב בְּחוֹק, בִּבנֵי אָדָם וְכוּ׳:

לֹא הָיְיתָה סִיבָּה מַדוּעַ לֹא נָתנוּ לִי חוֹפֶש - סתָם ***שׂרִירוּת לֵב****.*

שרירותית׳ שְׁרִירוּתִי — arbitrary
כְּשֶׁלֹּא מִתחַשְׁבִים בְּחוֹק, בְּמַצָּב, בָּאֲנָשִׁים, כְּשֶׁאֵין סִיבָּה שֶׁל מַמָּשׁ:
*הַהַחלָטָה לֹא לְקַבֵּל אוֹתִי לַעֲבוֹדָה הָייתָה **שרירותית**.*
שרִירוּתִית, שרִירוּתִיִים, שרִירוּתִיוֹת

שרירית׳ שְׁרִירִי — muscular
שֶׁיֵשׁ לוֹ שרִירִים, (הַחֲלָקִים שֶׁמַפְעִילִים אֶת הַגוּף מְפוּתָחִים אֶצלוֹ):
*רַקדָנִים צרִיכִים רַגלַיִים **שרִירִיוֹת**.*
שרִירִית, שרִירִיִים, שרִירִיוֹת

שרךפ׳ שָׂרַךְ — laced
קָשַׁר בִּשׂרוֹךְ (= חוּט, חֶבֶל דַק):
***שָׂרכוּ** לוֹ אֶת הַנַעֲלַיִים.*
לִשׂרוֹךְ אֶת- / שׂ.ר.ך, פָּעַל / שָׂרַכתִי, שׂוֹרֵךְ, יִשׂרוֹךְ

שרלטןז׳ שַׁרלָטָן [שַׁרלָטָנִים] — charlatan
אִי אֶפשָׁר לִסמוֹךְ עָלָיו, אֵינוֹ יוֹדֵעַ מַספִּיק וּמְנַסֶה לַעֲשׂוֹת רוֹשֶׁם:
*הוּא אֵינוֹ רוֹפֵא טוֹב, הוּא **שַׁרלָטָן**.*
שַׁרלָטָנִית, שַׁרלָטָנִיוֹת

שרףפ׳ שָׂרַף — burned
1. הֶעֱלָה בָּאֵשׁ:
*הָאֵשׁ **שָׂרפָה** אֶת הָעֵצִים בַּיַעַר.*
2. (לָשׁוֹן דִיבּוּר) עָשָׂה שֶׁלֹּא יִהיֶה, בִּיזבֵּז: — squandered, blew (money)
*הוּא **׳שָׂרַף׳** כֹּל מַה שֶׁהָיָה לוֹ בְּמִשׂחֲקֵי קלָפִים.*
שָׂרַף אֶת הַגשָׁרִים ב׳ — burnt all his bridges
לִשׂרוֹף אֶת- / שׂ.ר.ף, פָּעַל / שָׂרַפתִי, שׂוֹרֵף, יִשׂרוֹף, שׂרוֹף!

שרפרףז׳ שְׁרַפרַף [שְׁרַפרַפִּים] — stool
כִּיסֵא נָמוּךְ:
*יָשַׁבתִי עַל כִּיסֵא, וְשַׂמתִי אֶת הָרַגלַיִים עַל **שׁרַפרַף**.*

שרץז׳ שֶׁרֶץ [שׁרָצִים] — insect, reptile
בַּעֲלֵי חַיִים קטַנִים (נִמצָאִים בַּבַּיִת בֶּחָצֵר וְכוּ׳):
*הֶחָצֵר מְלֵאָה **שׁרָצִים**, אִי אֶפשָׁר לְהִיפָּטֵר מֵהֶם.*

שרץפ׳ שָׁרַץ — swarmed
1. הָיוּ בּוֹ הַרבֵּה:
*הַרבֵּה ג׳וּקִים **שָׁרצוּ** בֶּחָצֵר.*
2. (לָשׁוֹן דִיבּוּר) הָיָה בְּמָקוֹם כֹּלשֶׁהוּ: — lay around
*הֲמוֹנֵי אֲנָשִׁים **שָׁרצוּ** בְּחוֹף הַיָם.*
לִשׁרוֹץ / שׁ.ר.ץ, פָּעַל / שָׁרצוּ, שׁוֹרֵץ, יִשׁרוֹץ

שרקפ׳ שָׁרַק — whistled
הִשׁמִיעַ קוֹל דַק בִּשׂפָתַיִים אוֹ בְּמַכשִׁיר:
*בִּמקוֹם לִקרוֹא לְדָוִיד, ׳דָ-וִי-ד! דָ-וִי-ד!׳ אֲנִי **שׁוֹרֵק** לוֹ.*
לִשׁרוֹק, לְ- / שׁ.ר.ק, פָּעַל / שָׁרַקתִי, שׁוֹרֵק, יִשׁרוֹק, שׁרוֹק!

שררפ׳ שָׂרַר — prevailed
הָיָה, יָרַד עַל, נָח עַל:
*בִּזמַן הַהַרצָאָה **שָׂרַר** שֶׁקֶט בָּאוּלָם.*
לִשׂרוֹר / שׂ.ר.ר, פָּעַל / שָׂרְרָה, שׂוֹרֵר, יִשׂרוֹר

שררהנ׳ שְׂרָרָה [שְׂרָרוֹת] — rule, authority
(לָשׁוֹן גבוֹהָה) שִׁלטוֹן, שׁלִיטָה, לִהיוֹת מֵעַל (לַאֲנָשִׁים):
*הוּא אוֹהֵב **שׂרָרָה**, לָכֵן הוּא רוֹצֶה לִהיוֹת הַמְנַהֵל.*

שרש ר׳ שירש

שרשרתנ׳ שַׁרְשֶׁרֶת [שַׁרשְׁרוֹת/שַׁרשְׁרָאוֹת] — chain
1. שׁוּרָה שֶׁל טַבָּעוֹת מְחוּבָּרוֹת יַחַד:
*יֵשׁ לִי **שַׁרשֶׁרֶת** זָהָב עַל הַצַוָואר.*
2. כַּמָה דבָרִים קשׁוּרִים יַחַד: — chain of events
*הוּא תֵיאֵר אֶת **שַׁרשֶׁרֶת** הַמְאוֹרָעוֹת שֶׁגָרמוּ לַמִלחָמָה.*
תגוּבַת-שַׁרשֶׁרֶת — chain reaction

שרת ר׳ שירת

שרתז׳ שָׁרָת [שָׁרָתִים] — janitor
מִי שֶׁמְטַפֵּל בְּתִיקוּנִים קטַנִים וּבְסִידוּרִים שֶׁל מוֹסָד, בֵּית סֵפֶר וְכוּ׳:
*פָּנִיתִי לְ**שָׁרָת** בֵּית הַסֵפֶר וּבִיקַשׁתִי, שֶׁיְתַקֵן אֶת הַחַשׁמַל בַּכִּיתָה.*

שרתז׳ שָׁרֵת — service
שֵׁירוּת, עֶזרָה בַּעֲבוֹדָה וְכוּ׳.
כּלִי-שָׁרֵת - אֶמצָעִי, מִי שֶׁעוֹשֶׂה בִּשׁבִיל מִישֶׁהוּ: — instrument, means
*הַפּוֹעֵל הוּא רַק **כּלִי שָׁרֵת** בִּידֵי הַמְנַהֵל.*
מַלאֲכֵי-הַשָׁרֵת — ministering angels

ששש״מ שֵׁשׁ — six (f)
הַמִספָּר 6 בִּנקֵבָה:
*קָנִיתִי מַעֲרֶכֶת שֶׁל **שֵׁשׁ** כּוֹסוֹת וְ**שֵׁשׁ** צַלָחוֹת.*
שֵׁשׁ-עֶשׂרֵה - הַמִספָּר 16 בִּנקֵבָה: — sixteen (f)
***שֵׁשׁ עֶשׂרֵה** שָׁנִים עָברוּ עָלַיי בַּכּפָר.*

ששוןז׳ שָׂשׂוֹן [שְׂשׂוֹנִים/שְׂשׂוֹנוֹת] — rejoicing
שִׂמחָה:
*אֲנִי מְקַוֶוה שֶׁלֹּא יִהיֶה לְךָ עוֹד צַעַר אֶלָּא רַק **שָׂשׂוֹן** וְשִׂמחָה.*

שתדלןז, שְׁתַדְּלָן [שתַדלָנים] lobbyist
מי שֶׁרוֹצֶה מַשֶּׁהוּ גם בִּשְׁבִיל אֲחֵרִים:
הַשְׁתַדְּלָן יוֹדֵעַ אֵיךְ לְדַבֵּר עִם מְנַהֵל, שַׂר וְכוּ', וְכָךְ הוּא יָכוֹל לְהַשִּׂיג בִּשְׁבִילֵנוּ תְנָאִים טוֹבִים יוֹתֵר.
שתַדלָנִית, שתַדלָנִיוֹת

שתדלנותנ, שְׁתַדְּלָנוּת lobbying
כּשֶׁמְּנַסִּים לְהַשִּׂיג מַשֶּׁהוּ גם בִּשְׁבִיל אֲחֵרִים:
*בְּדֶרֶךְ שֶׁל **שְׁתַדְלָנוּת** הוּא הִשִּׂיג לָנוּ יוֹתֵר, מֵאֲשֶׁר הִשִּׂיג הַוַּעַד.*

שתהפ, שָׁתָה drank
הִכְנִיס נוֹזֵל לַפֶּה (מַיִם, קָפֶה, יַיִן וְכוּ'):
*כְּשֶׁאֲנִי צָמֵא, אֲנִי **שׁוֹתֶה** מַיִם.*
שָׁתָה בְּצָמָא אֶת דְּבָרָיו listened intently
לִשְׁתוֹת אֶת- / ש.ת.ה, פָּעַל / שָׁתִיתִי, שׁוֹתֶה, יִשְׁתֶּה

שתוית, שָׁתוּי intoxicated (adj.)
מִי שֶׁשָּׁתָה הַרְבֵּה אַלְכּוֹהוֹל:
*הוּא אֵינוֹ יָכוֹל לַעֲמוֹד עַל הָרַגְלַיִם, כִּי הוּא **שָׁתוּי**.*
שתוּיָה, שתוּיִים, שתוּיוֹת

שתולת, שָׁתוּל planted (adj.)
1. נִמְצָא בְּתוֹךְ הָאֲדָמָה:
*הָעֵץ **שָׁתוּל** בַּגִּינָה.*
2. כְּשֶׁשָּׂמִים מִישֶׁהוּ בִּמְדִינָה אַחֶרֶת, כְּדֵי שֶׁיְּסַפֵּק יְדִיעוֹת סוֹדִיּוֹת:
*הוּא הָיָה **שָׁתוּל** בְּמִשְׂרַד הַבִּיטָּחוֹן, וְסִיפֵּק אִינְפוֹרְמַצְיָה סוֹדִית לָאוֹיֵב.*
שתוּלָה, שתוּלִים, שתוּלוֹת

שתי וערבת"פ שְׁתִי וָעֵרֶב crosswise and lengthwise
לָאוֹרֶךְ וְלָרוֹחַב.
חֲקִירַת שְׁתִי וָעֵרֶבב - חֲקִירָה יְסוֹדִית cross-examination

שתייהנ, שְׁתִיָּה drinking
1. הַכְנָסַת נוֹזֵל לַפֶּה:
*הָרוֹפֵא שֶׁלִּי מַמְלִיץ עַל **שְׁתִיָּה** מְרוּבָּה בַּקַּיִץ.*
2. מַה שֶּׁשּׁוֹתִים: drink
*בִּיקַשְׁתִּי שֶׁיָּבִיאוּ לִי כּוֹס **שְׁתִיָּה** קָרָה.*
דְּמֵי-שְׁתִיָּה - תֶּשֶׁר tip

שתייםש"מ שְׁתַּיִם two (f)
הַמִּספָּר 2 בִּנְקֵבָה:
*כַּמָּה מַחבָּרוֹת קָנִית? - **שְׁתַּיִם**, **שְׁתֵּי** מַחבָּרוֹת.*
שְׁתֵּים-עֶשְׂרֵה - הַמִּספָּר 12 בִּנְקֵבָה: twelve (f)
*אֲנִי הוֹלֵךְ לִישׁוֹן בְּשָׁעָה **שְׁתֵּים עֶשְׂרֵה** בַּלַּיְלָה.*

שתייןז, שַׁתְיָן [שַׁתְיָנִים] alcoholic (m)
מִי שֶׁשּׁוֹתֶה הַרְבֵּה אַלְכּוֹהוֹל:
*הוּא אֵינוֹ **שַׁתְיָן**, הוּא שׁוֹתֶה לִפְעָמִים בִּמְסִיבּוֹת כְּדֵי לִהְיוֹת שָׂמֵחַ.*
שַׁתְיָנִית, שַׁתְיָנִיּוֹת

שתילז, שָׁתִיל [שתִילִים] seedling
צֶמַח צָעִיר, מַכְנִיסִים אוֹתוֹ לָאֲדָמָה וּמִמֶּנּוּ צוֹמֵחַ עֵץ וְכוּ':
*הֵבֵאנוּ **שְׁתִילִים**, וְשָׁתַלְנוּ אוֹתָם בַּגִּינָה.*

שתילהנ, שְׁתִילָה planting
כּשֶׁמַּכְנִיסִים צֶמַח צָעִיר לָאֲדָמָה:
*אַחֲרֵי הַ**שְּׁתִילָה** צָרִיךְ לְהַשְׁקוֹת אֶת הצמָחִים הַחֲדָשִׁים בְּהַרְבֵּה מַיִם.*

שתיקהנ, שְׁתִיקָה [שתִיקוֹת] silence
כּשֶׁלֹּא מְדַבְּרִים:
*יֵשׁ דְּבָרִים שֶׁהַ**שְּׁתִיקָה** יָפָה לָהֶם.*
שְׁתִיקָה כְּהוֹדָאָה silence means assent
שְׁתִיקָה רוֹעֶמֶת deathly silence

שתלפ, שָׁתַל planted
1. שָׂם בָּאֲדָמָה צמָחִים קטַנִּים כְּדֵי שֶׁיִּגְדְּלוּ:
שָׁתַלְתִּי פְּרָחִים בַּגִּינָה.
2. שָׂם מִישֶׁהוּ בְּאֶרֶץ אַחֶרֶת, כְּדֵי שֶׁיַּעֲבִיר אִינְפוֹרְמַצְיָה סוֹדִית:
*לִפְנֵי הַרְבֵּה שָׁנִים **שָׁתְלוּ** מְרַגֵּל בְּמִשְׂרַד הַבִּיטָּחוֹן, וְהוּא הֶעֱבִיר יְדִיעוֹת לָאוֹיֵב.*
לִשְׁתוֹל אֶת- / ש.ת.ל, פָּעַל / שָׁתַלְתִּי, שׁוֹתֵל, יִשְׁתוֹל

שתלז, שֶׁתֶל [שתָלִים] implant
גּוּף זָר (אוֹ חֵלֶק גּוּף הַלָּקוּחַ מִגּוּף אַחֵר), שֶׁמְּחַבְּרִים אוֹתוֹ בְּנִיתוּחַ:
*הַלֵּב שֶׁלּוֹ לֹא פָּעַל, הִשְׁתִּילוּ לוֹ לֵב חָדָשׁ, וַאֲנִי מְקַוֶּוה שֶׁהַ**שֶּׁתֶל** יִיקָּלֵט.*

שתלטןז, שְׁתַלְּטָן [שתַלטָנִים] domineering
מִי שֶׁאוֹהֵב לִשְׁלוֹט, לָתֵת פְּקוּדוֹת, לְהַגִּיד מַה לַּעֲשׂוֹת וְכוּ':
*הוּא **שְׁתַלְּטָן** - לֹא נוֹתֵן לְאַף אֶחָד לִפְתּוֹחַ אֶת הַפֶּה.*
שתַלטָנִית, שתַלטָנִיּוֹת

שתלטנותנ, שְׁתַלְּטָנוּת domineering nature
הָרָצוֹן לְהַגִּיד לְכוּלָּם מַה לַּעֲשׂוֹת, אֵיךְ לַעֲשׂוֹת וְכוּ':
*הַיְלָדִים בָּרְחוּ מִן הַבַּיִת בִּגְלַל הַ**שְּׁתַלְּטָנוּת** שֶׁלּוֹ.*

שתןז, שֶׁתֶן urine
הַנּוֹזֵל הַיּוֹצֵא מִן הַגּוּף:
הָרוֹפֵא בִּיקֵּשׁ מִמֶּנִּי לַעֲשׂוֹת בְּדִיקַת שֶׁתֶן.

שתקפ׳ שָׁתַק — was silent

לֹא דִיבֵּר, לֹא הִשמִיעַ קוֹל:

*כֹּל הָאוֹרחִים דִיבּרוּ זֶה עִם זֶה, רַק דָוִיד **שָׁתַק** כֹּל הָעֶרֶב.*

לִשתוֹק / ש.ת.ק, פָּעַל / שָׁתַקתִי, שוֹתֵק, יִשתוֹק, שתוֹק!

שתקןתה״ז שַתקָן [שַתקָנִים] — silent, reticent (m)

מִי שֶמְדַבֵּר מְעַט:

*דָוִיד **שַתקָן** - קָשֶה לָדַעַת מַה הוּא מַרגִיש, מַה הוּא חוֹשֵב.*

שַתקָנִית, שַתקָנִיוֹת

שתקנותנ׳ שַתקָנוּת — reticence

שתִיקָה, כּשֶמְדַבּרִים מְעַט מְאוֹד:

*בּגְלַל **הַשַתקָנוּת** שֶלוֹ אִי אֶפשָר לָדַעַת מַה הוּא חוֹשֵב.*

שתתפ׳ שָתַת — bled

1. נָזַל בְּכַמוּת גדוֹלָה:

*דָם רַב **שָתַת** מִן הַפֶּצַע.*

2. יָצָא מִמֶנוּ נוֹזֵל בְּכַמוּת גדוֹלָה: — flowed

*הַפֶּצַע שֶלוֹ **שָתַת** דָם.*

לִשתוֹת / ש.ת.ת, פָּעַל / שָתְתוּ, שוֹתֵת, יִשתוֹת

ת

ת 22nd letter of Heb. alphabet
תָיו, הָאוֹת הַ־22 בָּאָלֶפְבֵּית הָעִבְרִי. מְסַמֶּנֶת אֶת שֵׁם הַמִּסְפָּר 400.
*קָרָאתִי בַּסֵּפֶר מֵא' עַד **ת'** - מִן הַהַתְחָלָה וְעַד הַסּוֹף.*

תאז, תָּא [תָּאִים] cell
1. חֶדֶר קָטָן מְאוֹד (בְּבֵית סוֹהַר, בָּרְחוֹב וְכוּ'):
*הָרוֹצֵחַ יָשַׁב בְּ**תָא** מְיוּחָד בַּכֶּלֶא.*
2. הַיְחִידָה הַקְּטַנָּה בְּיוֹתֵר בַּחַי אוֹ בַּצּוֹמֵחַ:
*הַ**תָּא** בְּגוּף הָאָדָם עָשׂוּי מִפְּרוֹטוֹפְּלַסְמָה.*
תָּא-דוֹאַר post office box

ת"א (ר"ת) 1. תל אביב 2. תפוח אדמה

תאגידז, תַּאֲגִיד [תַּאֲגִידִים] corporation
חֶבְרָה שֶׁמְּחַבֶּרֶת כַּמָּה קְבוּצוֹת לְגוּף אֶחָד:
*נְמַל חֵיפָה, נְמַל אַשְׁדּוֹד וּנְמַל אֵילַת שַׁיָּיכִים לְ**תַאֲגִיד** אֶחָד.*

תאווהנ, תַּאֲוָה [תַּאֲווֹת] desire, craving
רָצוֹן חָזָק מְאוֹד לְהַשִּׂיג מַשֶּׁהוּ:
*יֵשׁ בּוֹ **תַּאֲוָה** חֲזָקָה לְאוֹכֶל.*
תַּאֲוָה לָעֵינַיִים a sight for sore eyes
תַּאֲוַת-נָקָם vengefulness

תאוותןז, תַּאַוְתָן [תַּאַוְותָנִים] lustful person
מִי שֶׁיֵּשׁ לוֹ הַרְבֵּה רְצוֹנוֹת (אוֹכֶל, מִין...):
*לֹא מַסְפִּיקָה לוֹ אִישָּׁה אַחַת לַ**תַּאַוְותָן** הַזֶּה?*
תַּאַוְותָנִית, תַּאַוְותָנִיּוֹת

תאוותנותנ, תַּאַוְתָנוּת lust
כְּשֶׁרוֹצִים מְאוֹד מַשֶּׁהוּ (אוֹכֶל, מִין):
*הוּא אוֹכֵל מִתּוֹךְ **תַּאַוְותָנוּת** וְלֹא בִּגְלַל רָעָב.*

תאוותנית, תַּאַוְתָנִי lustful
מִי שֶׁרוֹצֶה מְאוֹד מַשֶּׁהוּ (אוֹכֶל, מִין):
*יֵשׁ לוֹ מַבָּט **תַּאַוְותָנִי** בָּעֵינַיִים.*
תַּאַוְותָנִית, תַּאַוְותָנִיִּים, תַּאַוְותָנִיּוֹת

תאוםז, תְּאוֹם [תְּאוֹמִים] twin
יֶלֶד שֶׁנּוֹלַד בְּלֵידָה אַחַת עִם עוֹד יֶלֶד:
*לְדוֹתִי נוֹלְדוּ **תְּאוֹמִים** - בֵּן וּבַת.*
תְּאוֹמֵי-סִיאָם Siamese twins
מַזַּל-תְּאוֹמִים Gemini
תְּאוֹמָה, תְּאוֹמוֹת

תאונהנ, תְּאוּנָה [תְּאוּנוֹת] accident
מִקְרֶה שֶׁל אָסוֹן:
*הַפּוֹעֵל נִפְצַע בִּ**תְאוּנַת** עֲבוֹדָה.*
תְּאוּנַת-דְּרָכִים car accident

תאוצהנ, תְּאוּצָה [תְּאוּצוֹת] acceleration
הַשִּׁינּוּי בַּמְּהִירוּת שֶׁל גוּף, שֶׁזָּז מִמָּקוֹם לְמָקוֹם:
*הַמְּכוֹנִית הִגְבִּירָה אֶת **תְּאוּצָתָהּ** לְ־90 קמ"ש לְשָׁעָה.*

תאורהנ, תְּאוּרָה lighting
מַה שֶׁגּוֹרֵם שֶׁיִּהְיֶה אוֹר:
*הַ**תְּאוּרָה** בַּהַצָּגָה הַזֹּאת יָפָה בִּמְיוּחָד.*
לְדַעְתִּי, הַ**תְּאוּרָה** בָּרְחוֹבוֹת לֹא מַסְפִּיקָה.

תאםפ, תָּאַם matched
1. הָיָה דּוֹמֶה לְ-:
*כָּל הַכִּיסְאוֹת שֶׁלָּנוּ **תָּאֲמוּ** זֶה לָזֶה.*
2. הִתְאִים, הָיָה בְּיַחַס נָכוֹן עִם-: corresponded
*דֵּיעוֹתָיו לֹא **תָּאֲמוּ** אֶת דֵּיעוֹתַיי.*
לִתְאוֹם אֶת- / ת.א.ם, פָּעַל / תָּאֲמוּ, תּוֹאֵם, יִתְאַם

תאנהנ, תְּאֵנָה [תְּאֵנִים] fig
פְּרִי לֹא גָּדוֹל, מָתוֹק (הֶעָלִים שֶׁלּוֹ דּוֹמִים לְאֶצְבָּעוֹת):
*אֲנִי אוֹהֵב לֶאֱכוֹל **תְּאֵנִים** טְרִיּוֹת וּתְאֵנִים מְיוּבָּשׁוֹת.*

תאריךז, תַּאֲרִיךְ [תַּאֲרִיכִים] date
הַיּוֹם, הַחוֹדֶשׁ וְהַשָּׁנָה:
מַה הַתַּאֲרִיךְ הַיּוֹם? - 3 בְּנוֹבֶמְבֶּר.
תַּאֲרִיךְ-לֵידָה birth date

תבואהנ, תְּבוּאָה [תבוּאוֹת] grain, crops, produce
מַה שֶׁמְּגַדְּלִים בַּשָּׂדֶה כְּדֵי לַעֲשׂוֹת לֶחֶם:
*הַ**תְּבוּאָה** נֶאֶסְפָה מִן הַשָּׂדֶה.*

תבונהנ, תְּבוּנָה reason, intelligence
חוֹכְמָה, הַיְּכוֹלֶת לְהָבִין דְּבָרִים:
*צָרִיךְ לִפְעוֹל **בִּתְבוּנָה** - לַחְשׁוֹב לִפְנֵי שֶׁעוֹשִׂים.*

תבוסהנ, תְּבוּסָה [תבוּסוֹת] defeat
כִּישָּׁלוֹן, בְּדֶרֶךְ כְּלָל בְּמִלְחָמָה:
*הַמִּלְחָמָה הִסְתַּיְּימָה **בִּתְבוּסָה** שֶׁל הָאוֹיֵב.*

תבוסתןז, תְּבוּסְתָן [תבוּסְתָנִים] defeatist
1. מִי שֶׁאֵינוֹ מַאֲמִין שֶׁיְּנַצֵּחַ בַּמִּלְחָמָה:
*הַמְּפַקֵּד הַ**תְּבוּסְתָן** הִפְסִיד בַּקְּרָב.*
2. מִי שֶׁאֵינוֹ מַאֲמִין בְּהַצְלָחָתוֹ:

*כְּדַאי לְעוֹדֵד יֶלֶד **תְּבוּסְתָן** כְּדֵי לַעֲזוֹר לוֹ לְהַצְלִיחַ.*
תבוּסתָנית, תבוּסתָניוֹת

תבוסתנות נ, תְּבוּסְתָנוּת — defeatism
כְּשֶׁלֹּא מַאֲמִינִים שֶׁאֶפְשָׁר לְנַצֵּחַ:
*בִּגְלַל הַ**תְּבוּסְתָנוּת** הֵם נִכְשְׁלוּ בַּבְּחִירוֹת.*

תביעה נ, תְּבִיעָה [תביעוֹת] — demand
1. דרִישָׁה חֲרִיפָה מִמִישֶׁהוּ לַעֲשׂוֹת דבר מָה:
***תְּבִיעַת** הַסטוּדֶנטִים לְהוֹרִיד אֶת שְׂכַר הַלִּימוּד - נִדחֲתָה.*
2. פּנִייה לְבֵית הַמִשְׁפָּט: — legal claim
*וַעַד הַבַּיִת הִגִּישׁ **תְּבִיעָה** נֶגֶד אַחַד הַשׁכֵנִים.*
עֵד-תְּבִיעָה — witness for the prosecution
הַתְּבִיעָה הַכְּלָלִית — public prosecutor's office

תבל ז, תֵּבֵל — the universe
הָעוֹלָם כּוּלוֹ:
*אֵין **בַּתֵּבֵל** מָקוֹם יָפֶה כָּזֶה.*

תבליט ז, תַּבְלִיט [תַּבלִיטִים] — relief (art)
מַפָּה גֵיאוֹגרָפִית שֶׁיֵשׁ בָּהּ חֲלָקִים בּוֹלטִים:
*הֶבדֵלֵי הַגּוֹבַה בֵּין יָם הַמֶּלַח לֶהָרִים נִראִים בָּרוּר **בַּתַּבלִיט**.*

תבלין ז, תַּבְלִין [תַּבלִינִים] — spice
מַה שֶׁמוֹסִיף טַעַם לָאוֹכֶל:
*שַׂמתִי **תַּבלִינִים** בַּסָלָט - מֶלַח, פִּלפֵּל וְשׁוּם.*

תבן ז, תֶּבֶן — straw
קַשׁ, אוֹכֶל לִבהֵמוֹת, מַה שֶׁנִשׁאָר מִן הַצמָחִים שֶׁעוֹשִׂים מֵהֶם לֶחֶם:
*נָתַתִי לַפָּרוֹת **תֶּבֶן**, לֹא הָיָה יֶרֶק טָרִי.*

תבנית נ, תַּבְנִית [תַבנִיוֹת] — mold
1. כּלִי שֶׁלְפִיו נוֹתנִים צוּרָה:
אָפִיתִי עוּגָה בְּתַבנִית עֲגוּלָה.
2. (בְּדִיקדוּק) הַצוּרָה שֶׁלְפִיהָ בּנוּיוֹת מִילִים: — paradigm
הַתַבנִית שֶׁל בִּניַין הִפעִיל הִיא הִ ☐ ☐ִי ☐ (הִכתִיב).
3. הַצוּרָה שֶׁל מַשֶׁהוּ: — format
הַסֵפֶר יָצָא בְּתַבנִית שֶׁל סֵפֶר-כִּיס.

תבע פ, תָּבַע — demanded
1. דָרַשׁ מִמִישֶׁהוּ לְמַלֵא הִתחַייבוּת אוֹ לְשַׁלֵם אֶת הַמַגִיעַ לוֹ:
*הַפּוֹעֵל **תָּבַע** מִמְנַהֵל הַמִפעָל לְשַׁלֵם לוֹ מַשׂכּוֹרֶת בַּזמַן.*
2. פּנִייה לְבֵית מִשפָּט נֶגֶד מִישֶׁהוּ: — sued
*דָוִיד לֹא שִׁילֵם שְׂכַר דִירָה. **תְּבַעְנוּ** אוֹתוֹ לְמִשׁפָּט.*
לִתבּוֹעַ אֶת- / ת.ב.ע, פָּעַל / תָּבַעתִי, תוֹבֵעַ, יִתבַּע

תבערה נ, תַּבְעֵרָה [תַבעֵרוֹת] — fire, conflagration
שְׂרֵיפָה, כְּשֶׁאֵשׁ דוֹלֶקֶת וּמִתפַּשֶׁטֶת:
*פָּרצָה **תַבעֵרָה** בַּשָׂדֶה הַיָבֵשׁ.*

תברואה נ, תַּבְרוּאָה — sanitation
הַשַׁיָיךְ לַבּרִיאוּת - נִיקָיוֹן, הִיגְיֶינָה:
*מַחלֶקֶת **הַתַברוּאָה** שֶׁל הָעִירִיָיה מְסַלֶקֶת אֶת הַחֲתוּלִים.*

תברואן ז, תַּבְרוּאָן — health inspector
סָנִיטָר, מִי שֶׁאַחרָאִי עַל הַנִיקָיוֹן:
***הַתַברוּאָן** שֶׁל הָעִירִיָיה דָרַשׁ לְנַקוֹת אֶת הַחֲצֵרוֹת.*

תברואתי ת, תַּבְרוּאָתִי — sanitary, health (adj.)
הַשַׁיָיךְ לִבְרִיאוּת הַצִיבּוּר:
*הַלִיכלוּךְ בָּרחוֹבוֹת הוּא מִפגָע **תַברוּאָתִי**.*
תַברוּאָתִית, תַברוּאָתִיִים, תַברוּאָתִיוֹת

תבשיל ז, תַּבְשִׁיל [תַבשִׁילִים] — cooked food
אוֹכֶל מְבוּשָׁל:
*אֲנִי מִתגַעגֵעַ אֶל **הַתַבשִׁילִים** שֶׁל אִימָא.*

תג ז, תָּג [תָגִים] — apostrophe
סִימָן, קַו, צִיוּר, וְכוּ' שֶׁל מַשֶׁהוּ סְפֶּצִיפִי:
***הַתָג** מֵעַל הָאוֹת צ' אוֹמֵר, שֶׁצָרִיךְ לִקרוֹא זֹאת כְּמוֹ 'ch'.*
*לְפִי **הַתָג** עַל כּוֹבַע הַחַיָיל, אֲנִי יוֹדֵעַ שֶׁהוּא בְּחֵיל אֲוִויר.* — tag

תגובה נ, תְּגוּבָה [תגוּבוֹת] — reaction
רֵיאַקצִיָה, פְּעוּלָה שֶׁבָּאָה בִּתשׁוּבָה לְמַשֶׁהוּ:
***תְּגוּבַת** הַמֶמשָׁלָה עַל הַצָעַת הַשָׁלוֹם הָייתָה חִיוּבִית.*
אֵין תגוּבה — no comment
תְּגוּבַת-שַׁרשֶׁרֶת — chain reaction

תגלית נ, תַּגְלִית [תַגלִיוֹת] — discovery
כְּשֶׁמוֹצאִים מַשֶׁהוּ, שֶׁלֹּא יָדעוּ שֶׁהוּא קַיָים:
*אֲמֶרִיקָה הִיא **הַתַגלִית** שֶׁל קוֹלוּמבּוּס.*

תגמול ז, תַּגְמוּל [תַגמוּלִים] — reward
תמוּרָה, מַה שֶׁמַגִיעַ לְמִישֶׁהוּ עַל דָבָר שֶׁעָשָׂה:
*עָבַדתִי שָׁעוֹת נוֹסָפוֹת, מַגִיעַ לִי **תַגמוּל**.*
קוּפַּת-תַגמוּלִים — pension fund
פְּעוּלַת-תַגמוּל — retaliation, reprisal

תגרה נ, תִּגְרָה [תִגרוֹת] — skirmish
רִיב, כְּשֶׁאֲנָשִׁים מַתקִיפִים זֶה אֶת זֶה:
*פָּרצָה **תִגרָה** בֵּין הַילָדִים, כֹּל אֶחָד אָמַר שֶׁהַכַּדוּר שֶׁלוֹ.*
תִּגרַת-יָדַיִים — fistfight

תגרן ז׳ תַּגְּרָן [תַּגְּרָנִים] dealer, peddler
מוֹכֵר (בְּדֶרֶךְ כְּלָל בַּשּׁוּק):
*הַ**תַּגְּרָנִית** עָמְדָה בַּשּׁוּק וּמָכְרָה עַגְבָנִיּוֹת.*
תַּגְּרָנִית, תַּגְּרָנִיּוֹת

תגרנות נ׳ תַּגְּרָנוּת peddling
1. מִסְחָר קָטָן, בַּשּׁוּק וְכוּ׳:
*הִיא עוֹסֶקֶת **בְּתַגְּרָנוּת** - מוֹכֶרֶת עַגְבָנִיּוֹת בַּשּׁוּק.*
2. כְּשֶׁמִּתְוַוכְּחִים כְּדֵי לְהַשִּׂיג יוֹתֵר: haggling
*הַ**תַּגְּרָנוּת** הַזֹּאת נִמְאֲסָה עָלַי, הַמַּשְׂכּוֹרֶת שֶׁלְּךָ הִיא 2000 שֶׁקֶל, לֹא אֲגוֹרָה אַחַת יוֹתֵר!*

ת"ד ר"ת תא דואר ר׳

תדהמה נ׳ תַּדְהֵמָה [תַּדְהֵמוֹת] astonishment
זַעֲזוּעַ, תְּגוּבָה עַל מַשֶּׁהוּ שֶׁלֹּא חִיכּוּ לוֹ:
*כְּשֶׁנּוֹדַע שֶׁהוּא מְרַגֵּל, הָיְיתָה **תַּדְהֵמָה** בַּצִּיבּוּר.*

תדיר ת׳ תָּדִיר frequent
שֶׁבָּא, שֶׁקּוֹרֶה לְעִיתִּים קְרוֹבוֹת:
*הוּא בָּא לְבִיקּוּרִים **תְּדִירִים** אֶצְלֵנוּ.*
תְּדִירָה, תְּדִירִים, תְּדִירוֹת

תדירות נ׳ תְּדִירוּת frequency
קְבִיעוּת, מִסְפַּר הַפְּעָמִים הָרָגִיל:
*הוּא בָּא אֵלֵינוּ **בִּתְדִירוּת** שֶׁל פַּעַם בְּשָׁבוּעַ.*

תדמית נ׳ תַּדְמִית [תַּדְמִיּוֹת] image
אִימָאז׳, דִּימּוּי, צוּרָה:
*יֵשׁ לָהּ **תַּדְמִית** שֶׁל יַלְדָּה טוֹבָה וּשְׁקֵטָה.*

תדפיס ז׳ תַּדְפִּיס [תַּדְפִּיסִים] printout
הַחֵלֶק שֶׁהִדְפִּיסוּ אוֹ צִילְּמוּ מִתּוֹךְ סֵפֶר, עִיתּוֹן וְכוּ׳:
*יֵשׁ לִי **תַּדְפִּיס** שֶׁל הַמַּאֲמָר שֶׁלְּךָ.*

תדר ז׳ תֶּדֶר [תְּדָרִים] frequency
(בְּרַדְיוֹ) מִסְפַּר הַתְּנוּדוֹת שֶׁל גַּל בְּמֶשֶׁךְ שְׁנִיָּיה:
*אֶת תַּחֲנַת הָרַדְיוֹ מֵאֵירוֹפָּה שׁוֹמְעִים **בְּתֶדֶר** נָמוּךְ.*

תדריך ז׳ תַּדְרִיךְ [תַּדְרִיכִים] briefing
הוֹרָאוֹת אֵיךְ לְבַצֵּעַ פְּעוּלָּה אוֹ תַּפְקִיד:
*קִיבַּלְנוּ **תַּדְרִיךְ** מְדוּיָּק לִפְנֵי הַטִּיּוּל.*

תה ז׳ תֵּה tea
מַשְׁקֶה מֵעָלִים מְיוּחָדִים וּמַיִם רוֹתְחִים:
*אֲנִי רוֹצֶה לִשְׁתּוֹת **תֵּה** חַם וְרוֹת - קָפֶה.*

תהה פ׳ תָּהָה wondered
הִתְפַּלֵּא, חָשַׁב וְשָׁאַל אִם בֶּאֱמֶת כָּךְ הַדָּבָר:
***תָּהִיתִי** הַאִם דָּוִד יָבוֹא בְּסוֹפוֹ שֶׁל דָּבָר לַפְּגִישָׁה...*
תָּהָה עַל קַנְקַנּוֹ - examined him closely
תָּהִיתִי עַל קַנְקַנּוֹ שֶׁל שְׁכֵנִי.
לִתְהוֹת עַל- / ת.ה.ה, פָּעַל / תָּהִיתִי, תּוֹהֶה, יִתְהֶה, יִתְהוּ

תהודה נ׳ תְּהוּדָה [תְּהוּדוֹת] resonance
1. הַקּוֹל שֶׁחוֹזֵר מִקּוּפְסָה שֶׁל כְּלִי נְגִינָה:
*לְכִינּוֹר סְטְרָדִיוָורִיוּס יֵשׁ **תְּהוּדָה** מְיוּחֶדֶת.*
2. תְּגוּבָה, הִתְיַיחֲסוּת שֶׁל הַצִּיבּוּר repercussion
לְמַשֶּׁהוּ (שֶׁנּוֹדַע, שֶׁאָמְרוּ וְכוּ׳):
*לִדְבָרִים שֶׁל רֹאשׁ הַמֶּמְשָׁלָה הָיְיתָה **תְּהוּדָה** בְּכָל הָעוֹלָם.*

תהום זו"נ תְּהוֹם [תְּהוֹמוֹת] deep waters, abyss
1. מָקוֹם עָמוֹק מְאוֹד:
*הָאוֹנִיָּיה צָלְלָה אֶל **הַתְּהוֹם**. / הוּא נָפַל מֵהָהָר **לַתְּהוֹם**..*
2. (מֶטָאפוֹרָה) הָעוֹמֶק שֶׁל הַנֶּפֶשׁ: depth
*הַפְּסִיכוֹאָנָלִיזָה מְטַפֶּלֶת **בִּתְהוֹמוֹת** נֶפֶשׁ הָאָדָם.*
מֵי-תְהוֹם underground water
תְּהוֹם מַפְרִידָה בֵּינֵינוּ we're miles apart

תהומי ת׳ תְּהוֹמִי abysmal
עָמוֹק מְאוֹד, גָּדוֹל מְאוֹד:
*יֵשׁ הֶבְדֵּל **תְּהוֹמִי** בֵּין הַסּוֹצְיָאלִיזְם וְהַקַּפִּיטָלִיזְם.*
תְּהוֹמִית, תְּהוֹמִיִּים, תְּהוֹמִיּוֹת

תהייה נ׳ תְּהִיָּה [תְּהִיּוֹת] wondering
כְּשֶׁלֹּא בְּטוּחִים בְּמַשֶּׁהוּ - שׁוֹאֲלִים, חוֹשְׁבִים:
*לֹא הַכּוֹל בָּרוּר בְּעוֹלָמֵנוּ - יֵשׁ הַרְבֵּה מָקוֹם **לִתְהִיּוֹת**.*

תהילה נ׳ תְּהִלָּה [תְּהִילּוֹת] glory, fame
כְּשֶׁאוֹמְרִים עַל מִישֶׁהוּ אוֹ מַשֶּׁהוּ דְּבָרִים טוֹבִים בְּיוֹתֵר:
*אַרְתּוּר רוּבִּינְשְׁטֵיין זָכָה **לִתְהִילָּה** בְּכָל הָעוֹלָם.*

תהילים ז"ר תְּהִלִּים Book of Psalms
אֶחָד מִסִּפְרֵי הַתַּנַ"ךְ (יֵשׁ בּוֹ תְּפִילּוֹת, מִזְמוֹרִים וְכוּ׳):
*אֶת סֵפֶר **תְּהִילִּים** כָּתַב דָּוִד הַמֶּלֶךְ.*

תהלוכה נ׳ תַּהֲלוּכָה [תַּהֲלוּכוֹת] procession, parade
מִצְעָד, הֲלִיכָה מְאוּרְגֶּנֶת בְּיוֹם חַג אוֹ בְּיוֹם זִיכָּרוֹן:
***בַּתַּהֲלוּכָה** בְּיוֹם הָעַצְמָאוּת הִשְׁתַּתְּפוּ אַלְפֵי אֲנָשִׁים.*

תהליך ז׳ תַּהֲלִיךְ [תַּהֲלִיכִים] process
הִתְפַּתְּחוּת בִּשְׁלַבִּים מִמַּצָּב אֶחָד לְמַצָּב אַחֵר:
*בָּדַקְתִּי אֶת **תַּהֲלִיךְ** הַהִתְפַּתְּחוּת שֶׁל הַתִּינוֹק.*
תַּהֲלִיךְ הִיסְטוֹרִי / תַּהֲלִיךְ הַכְּתִיבָה / תַּהֲלִיךְ הַבְּחִירוֹת

תהפוכהנ, תַּהְפּוּכָה [תַּהְפּוּכוֹת] — vicissitude
שִׁינוּי לֹא מְתוּכְנָן.
תַּהְפּוּכוֹת-הַגּוֹרָל - שִׁינוּיִים — vicissitudes of fate
קִיצוֹנִיִּים בַּחַיִּים:
לֹא הָיִיתִי מַאֲמִין שֶׁתַּהְפּוּכוֹת הַגּוֹרָל יְבִיאוּ אוֹתִי לְיִשְׂרָאֵל.

תוז, תָּו [תָּוִוים] — note
תָּוֵוי-נְגִינָה - "הָאוֹתִיּוֹת" שֶׁכּוֹתְבִים בָּהֶן מוּסִיקָה:
*אֲנִי מְנַגֵּן בְּלִי **תָּוִוים**, מֵהָרֹאשׁ.*
תָּוֵוי-פָּנִים — features
תָּו מִסְחָרִי — trademark, label

תואי ר' תוואי

תואםת, תּוֹאֵם — compatible, suitable
מַתְאִים, הוֹלֵךְ בְּיַחַד עִם-:
*הָעֲבוֹדָה הַזֹּאת **תּוֹאֶמֶת** אֶת הַהַשְׂכָּלָה שֶׁלִּי.*
תּוֹאֶמֶת, תּוֹאֲמִים, תּוֹאֲמוֹת

תואםז, תֹּאַם — harmony
הַרְמוֹנְיָה, כְּשֶׁדְּבָרִים מַתְאִימִים זֶה לָזֶה:
*יֵשׁ **תֹּאַם** בֵּין הַמִּילִים לְבֵין הַמּוּסִיקָה שֶׁל הַשִּׁיר.*

תואנהנ, תּוֹאֲנָה [תּוֹאֲנוֹת] — pretext
סִיבָּה, הִזְדַּמְּנוּת לְהַגִּיד שֶׁמַּשֶּׁהוּ לֹא טוֹב:
*הוּא מְחַפֵּשׂ **תּוֹאֲנוֹת** מַדּוּעַ לֹא לְהַמְשִׁיךְ בַּלִּימוּדִים.*

תוארז, תֹּאַר [תְּאָרִים] — appearance, form
1. צוּרָה, מַרְאֶה:
*הִיא יְפַת **תֹּאַר**.*
2. כִּינּוּי הַמְצַיֵּין דַּרְגָּה: — degree, title
דּוֹקְטוֹר וּפְרוֹפֶסוֹר הֵם **תְּאָרִים** אֲקָדֶמִיִּים.
3. (בְּדִיקְדּוּק) מִילָּה הַמְּתָאֶרֶת שֵׁם אוֹ פּוֹעַל:
תּוֹאֲרֵי-שֵׁם — adjectives
תּוֹאֲרֵי- פּוֹעַל — adverbs

תובלהנ, תּוֹבָלָה — transport(ation)
הַעֲבָרָה שֶׁל סְחוֹרוֹת בִּמְכוֹנִיּוֹת, וְכוּ':
*הַ**תּוֹבָלָה** בְּמְטוֹסִים הִתְפַּתְּחָה בַּשָּׁנִים הָאַחֲרוֹנוֹת.*

תובעז, תּוֹבֵעַ [תּוֹבְעִים] — plaintiff
1. מִי שֶׁמַּגִּישׁ מִשְׁפָּט נֶגֶד מִישֶׁהוּ:
*הַ**תּוֹבֵעַ** אוֹמֵר, שֶׁפָּגַעְתָּ בִּמְכוֹנִית שֶׁלּוֹ.*
2. קָטֵיגוֹר בַּמִּשְׁפָּט: — prosecutor
*הַ**תּוֹבֵעַ** בַּמִּשְׁפָּט הָיָה עוֹרֵךְ דִּין מְפוּרְסָם.*
תּוֹבֵעַ כְּלָלִי — public prosecutor
תּוֹבַעַת, תּוֹבְעוֹת

תובענית, תּוֹבְעָנִי — demanding (adj.)
שֶׁדּוֹרֵשׁ הַרְבֵּה:
*הַיֶּלֶד הַ**תּוֹבְעָנִי** - דּוֹרֵשׁ כׇּל הַזְּמַן תְּשׂוּמֶת לֵב.*
תּוֹבְעָנִית, תּוֹבְעָנִיִּים, תּוֹבְעָנִיּוֹת

תוגברפ, תֻּגְבַּר — was reinforced
קִיבֵּל תִּגְבּוֹרֶת, עֶזְרָה, חִיזְקוּ אוֹתוֹ:
*בָּתֵּי הַסֵּפֶר **תּוּגְבְּרוּ** בְּשָׁעוֹת לִימּוּד נוֹסָפוֹת.*
/ ת.ג.ב.ר, פּוּעַל / תּוּגְבְּרוּ, מְתוּגְבָּר, יְתוּגְבַּר

תודהנ, תּוֹדָה [תּוֹדוֹת] — thanks
מִילַּת בְּרָכָה עַל מַעֲשֶׂה רָצוּי:
***תּוֹדָה** עַל הַמַּתָּנָה הַיָּפָה שֶׁהֵבֵאתָ לִי.*
רַב תּוֹדוֹת / תּוֹדָה רַבָּה / תּוֹדָה לָאֵל
תּוֹדָה מֵרֹאשׁ — thanks in advance
תּוֹדוֹת לְ- — thanks to

תודלקפ, תֻּדְלַק — was refueled
שָׂמוּ בּוֹ דֶּלֶק - בֶּנְזִין, סוֹלָר וְכוּ':
*הַמְּטוֹסִים **תּוּדְלְקוּ**, הֵם מוּכָנִים לְטִיסָה.*
/ ת.ד.ל.ק, פּוּעַל / תּוּדְלְקוּ, מְתוּדְלָק, יְתוּדְלַק

תודעהנ, תּוֹדָעָה — awareness
1. הַכָּרָה שֶׁל דְּבָרִים, תְּשׂוּמֶת לֵב אֲלֵיהֶם:
*אֵין אֶצְלֵנוּ **תּוֹדָעָה** שֶׁל נִיקְיוֹן הָרְחוֹבוֹת.*
2. הַכָּרָה עֲמוּקָה בַּתְּחוּם הָרוּחָנִי וְהַנַּפְשִׁי: — consciousness
*יֵשׁ לוֹ **תּוֹדָעָה** עַצְמִית, הוּא מַכִּיר אֶת הַיִּתְרוֹנוֹת וְהַחֶסְרוֹנוֹת שֶׁל עַצְמוֹ.*
תּוֹדָעָה יְהוּדִית — Jewish awareness
זֶרֶם-הַתּוֹדָעָה — stream of consciousness

תודרךפ, תֻּדְרַךְ — was briefed
קִיבֵּל הוֹרָאוֹת, הַדְרָכָה לְטִיּוּל, פְּעוּלָּה וְכוּ':
*לִפְנֵי שֶׁיָּצָאנוּ לַטִּיּוּל, **תּוּדְרַכְנוּ** לָקַחַת מַיִם, כּוֹבַע וְכוּ'.*
/ ת.ד.ר.ך, פּוּעַל / תּוּדְרְכוּ, מְתוּדְרָךְ, יְתוּדְרַךְ

תוהוז, תֹּהוּ — nothingness
כְּשֶׁאֵין כְּלוּם, רֵיקָנוּת:
*לִפְנֵי בְּרִיאַת הָעוֹלָם, הָאָרֶץ הָיְתָה בְּמַצָּב שֶׁל **תֹּהוּ**.*
תֹּהוּ וָבֹהוּ — chaos
עָלָה בַּתֹּהוּב — failed utterly

תוואיז, תְּוַאי [תְּוָאיִים] — alignment
קְבִיעַת הַמָּקוֹם שֶׁיַּעֲבוֹר בּוֹ כְּבִישׁ חָדָשׁ וְכוּ':
***תְּוַאי** הָרַכֶּבֶת מִתֵּל-אָבִיב לְחֵיפָה יַעֲבוֹר לְיַד הַיָּם.*

תוויתנ, תָּוִית [תָּוִויּוֹת] — tag, lable
פֶּתֶק קָטָן עַל סְחוֹרָה, כּוֹלֵל מְחִיר, מִשְׁקָל וְכוּ':
*עַל הַ**תָּוִית** כָּתוּב שֶׁזֶּה מִיץ דִּיאֶטֶטִי.*

תווךז, תָּוֶךְ — middle
אֶמְצַע:
עָמַדְתִּי בַּתָּוֶךְ - מִיָּמִין לִי דָּוִד וּמִשְּׂמֹאל - יִצְחָק.
עַמּוּד-הַתָּוֶךְ ב' - — mainstay
הוּא הָיָה מֵעַמּוּדֵי הַתָּוֶךְ שֶׁל הַקִּיבּוּץ.

תוחלתנ, תּוֹחֶלֶת — hope
תִּקְוָה, מַשֶּׁהוּ שֶׁרוֹצִים מְאוֹד שֶׁיִּקְרֶה:
חַיִּים בְּלִי תּוֹחֶלֶת הֵם חַיִּים בְּלִי טַעַם, בְּלִי מַטָּרָה.
תּוֹחֶלֶת-חַיִּים - — life expectancy
תּוֹחֶלֶת הַחַיִּים אֲרוּכָּה יוֹתֵר בְּיָמֵינוּ.

תויקפ, תֻּיַּק — was filed
סִידְּרוּ אוֹתוֹ בְּתִיק לְפִי הַנּוֹשֵׂא, הַתַּאֲרִיךְ וְכוּ':
כָּל הַמִּכְתָּבִים שֶׁהִגִּיעוּ לַמִּשְׂרָד תּוּיְקוּ וְנִשְׁכְּחוּ.
/ ת.י.ק, פּוּעַל / תּוּיַּק מְתוּיָּק, יְתוּיַּק

תוךז' מ"י תּוֹךְ (תָּוֶךְ) — inside, contents
1. הַחֵלֶק הַפְּנִימִי:
תּוֹכוֹ שֶׁל הָאֲבַטִּיחַ צָרִיךְ לִהְיוֹת אָדוֹם.
2. בְּמֶשֶׁךְ הַזְּמַן (שֶׁנִּזְכָּר, כָּתוּב הוּחלט): — within
תּוֹךְ יוֹמַיִם צָרִיךְ לְהַחֲזִיר אֶת הַסֵּפֶר.
בְּתוֹךְ — inside
לְתוֹךְ — into
מִתּוֹךְ — from within
תּוֹךְ כְּדֵי- — during, while
תּוֹךְ כְּדֵי דִּיבּוּר הִסְפַּקְתִּי לְהָכִין אֲרוּחַת עֶרֶב.

תוכחהנ, תּוֹכָחָה/תּוֹכֵחָה [תּוֹכָחוֹת/תּוֹכֵחוֹת] — rebuke
דְּבָרִים קָשִׁים שֶׁאוֹמְרִים כְּדֵי לְחַנֵּךְ:
בִּדְבָרָיו שֶׁל הַשּׁוֹפֵט הָיְתָה תּוֹכָחָה קָשָׁה לַחֶבְרָה.

תוכיז, תֻּכִּי [תוּכִּיִּים] — parrot
צִיפּוֹר שֶׁיֵּשׁ לָהּ צְבָעִים יָפִים, יוֹדַעַת לְדַבֵּר:
לִימַּדְתִּי אֶת הַתּוּכִּי לְהַגִּיד 'שָׁלוֹם'.

תוכןז, תֹּכֶן [תכָנִים] — content(s)
הַמַּשְׁמָעוּת שֶׁל סֵפֶר, נְאוּם, סֶרֶט וְכוּ':
הוּא דִּיבֵּר בְּגַסּוּת, אֲבָל אֲנִי מַסְכִּימָה לְתוֹכֶן דְּבָרָיו.
תּוֹכֶן-הָעִנְיָינִים — table of contents

תוכנהנ, תָּכְנָה [תוכנות] — software
תּוֹכְנִית מַחְשֵׁב, שֶׁאֶפְשָׁר לְהִשְׁתַּמֵּשׁ בָּהּ לְמַטָּרוֹת שׁוֹנוֹת:
קָנִיתִי תּוֹכְנָה לַהֲכָנַת מַשְׂכּוֹרוֹת לָעוֹבְדִים.

תוכנייהנ, תָּכְנִיָּה [תוכניות] — program
אִינְפוֹרְמַצְיָה כְּתוּבָה עַל הַצָּגָה, קוֹנְצֶרְט וְכוּ':
לְפִי הַתּוֹכְנִיָּה מְנַגְּנִים אֶת הַסִּימְפוֹנְיָה הַ-9 שֶׁל בֶּטְהוֹבֶן.

תוכניתנ, תָּכְנִית [תוכניוֹת] — plan, program
מַה שֶּׁמִּתְכַּוְּנִים לַעֲשׂוֹת, לַעֲבוֹד וְכוּ':
דָּנִי, יֵשׁ לְךָ תּוֹכְנִיּוֹת לַקַּיִץ? לַשָּׁנָה הַבָּאָה?
2. תֵּיאוּר גְּרָפִי שֶׁל בִּנְיָין, מָקוֹם וְכוּ': — plan
הָאַדְרִיכָל בָּדַק אֶת תּוֹכְנִית הַבִּנְיָין.
3. מַה שֶּׁמְּשַׁדְּרִים בַּטֶּלֶוִויזְיָה, בָּרַדְיוֹ וְכוּ': — program
אֲנִי מַקְשִׁיבָה לְתוֹכְנִית הָרַדְיוֹ כָּל בּוֹקֶר.
תּוֹכְנִית-אָב — master plan
תּוֹכְנִית-חִיסָּכוֹן — savings plan

תוכניתןז, תָּכְנִיתָן [תוכניתָנִים] — programmer
מִי שֶׁמֵּכִין אוֹ מְעַבֵּד תּוֹכְנִיּוֹת לַמַּחְשֵׁב:
הַתּוֹכְנִיתָן הֵכִין תּוֹכְנָה מְיוּחֶדֶת לְהַדְפָּסַת הַמִּילּוֹן.
תּוֹכְנִיתָנִית, תּוֹכְנִיתָנִיּוֹת

תוכנןפ, תֻּכְנַן — was planned
תִּיכְנְנוּ וְאִירְגְּנוּ אוֹתוֹ, הֶחְלִיטוּ עָלָיו:
הַטִּיּוּל תּוּכְנַן לַקַּיִץ.
/ ת.כ.נ.ן, פּוּעַל / תּוּכְנְנוּ, מְתוּכְנָן, יְתוּכְנַן

תוכנתפ, תֻּכְנַת — was programmed
נָתְנוּ הוֹרָאוֹת לַמַּחְשֵׁב בְּאֶמְצָעוּת תּוֹכְנָה:
הַמַּחְשֵׁב תּוּכְנַת לְחַשֵּׁב אֶת הָרִבִּית עַל הַהַלְוָואוֹת.
/ ת.כ.נ.ן, פּוּעַל / תּוּכְנְתוּ, מְתוּכְנָת, יְתוּכְנַת

תולדהנ, תּוֹלָדָה [תולָדוֹת] — outcome, consequence
תּוֹצָאָה, מַה שֶּׁיּוֹצֵא מִפְּעוּלָה, מַעֲשֶׂה וְכוּ':
הַמַּחֲלוֹת שֶׁלּוֹ הֵן תּוֹלָדָה שֶׁל דֶּרֶךְ חַיָּיו.
תּוֹלָדוֹת – — history of...
תּוֹלְדוֹת-חַיִּים — curriculum vitae

תולעתנ, תּוֹלַעַת [תולָעִים] — worm
בַּעֲלֵי חַיִּים קְטַנִּים, מְקַלְקְלִים פֵּירוֹת וְכוּ':
בְּתוֹךְ הַתַּפּוּחַ הָיְתָה תּוֹלַעַת.
תּוֹלַעַת-סְפָרִים — bookworm

תוםז, תֹּם — innocence
יוֹשֶׁר, נִיקָּיוֹן מִבְּחִינָה מוֹרָלִית.
תּוֹם לֵב - — honesty
אֲנִי מַאֲמִין שֶׁעָשָׂה הַכֹּל בְּתוֹם לֵב.
לְתוּמוֹת"פ - בְּלִי כַּוָּונָה מְיוּחֶדֶת, בְּלִי לַחֲשׁוֹשׁ אוֹ לַחֲשׁוֹד

תומךת, תּוֹמֵךְ — supporting (adj.)
מְחַזֵּק, עוֹזֵר (גַּם מִבְּחִינָה פִינַנְסִית):
לַבַּיִת יֵשׁ שְׁנֵי קִירוֹת תּוֹמְכִים.
יֵשׁ לִי מִשְׁפָּחָה חַמָּה וְתוֹמֶכֶת.
תּוֹמֶכֶת, תּוֹמְכִים, תּוֹמְכוֹת

תומצת, פ׳ תֻּמְצַת was summarized
רֻשְׁמוּ, הֵבִיאוּ מִתּוֹכוֹ אֶת הָעִיקָר:
זֶה אֵינוֹ הַמַּאֲמָר הָאוֹרִיגִינָלִי, זֶה מַה שֶׁתּוּמְצַת מִמֶּנּוּ.
/ ת.מ.צ.ת, פּוּעַל / תּוּמְצְתוּ, מְתוּמְצָת, יְתוּמְצַת

תוסס, ת׳ תּוֹסֵס bubbly
1. חוֹמֶר שֶׁיֵּשׁ בּוֹ פְּעִילוּת כִּימִית:
אוֹכֶל תּוֹסֵס הוּא אוֹכֶל מְקוּלְקָל.
סַיידֶר הוּא מַשְׁקֶה תּוֹסֵס.
2. לֹא שָׁקֵט, פָּעִיל, מִתְרַגֵּשׁ: lively
יֵשׁ לָנוּ יְלָדִים תּוֹסְסִים, לֹא נָחִים רֶגַע.
תּוֹסֶסֶת, תּוֹסְסִים, תּוֹסְסוֹת

תוספת, נ׳ תּוֹסֶפֶת [תּוֹסָפוֹת] addition, supplement
עוֹד דָּבָר מֵאוֹתוֹ סוּג, דָּבָר נוֹסָף:
הַפּוֹעֲלִים דָּרְשׁוּ תּוֹסָפוֹת שָׂכָר.
תּוֹסֶפֶת-יוֹקֶר - cost of living increase
קִיבַּלְתִּי 3% תּוֹסֶפֶת יוֹקֶר.

תוספתן, ז׳ תּוֹסֶפְתָּן [תּוֹסֶפְתָּנִים] appendix
חֵלֶק בַּבֶּטֶן, שֶׁמּוֹצִיאִים אוֹתוֹ בְּנִיתּוּחַ:
בִּגְלַל נִיתּוּחַ הַתּוֹסֶפְתָּן - שָׁכַבְתִּי בְּבֵית-חוֹלִים.

תועבה, נ׳ תּוֹעֵבָה [תּוֹעֵבוֹת] abomination
1. מַשֶּׁהוּ מְכוֹעָר מְאוֹד - מַעֲשֶׂה, רַעְיוֹן...:
הַנָּאצִים בִּיצְּעוּ מַעֲשֵׂי תּוֹעֵבָה.
2. אוֹכֶל שֶׁאָסוּר לִיהוּדִים לֶאֱכוֹל (אֵינוֹ כָּשֵׁר): non-kosher food
הַחֲזִיר נֶחְשָׁב לְמַאֲכָל תּוֹעֵבָה בְּעֵינֵי יְהוּדִים וּמוּסְלְמִים.

תועד, פ׳ תּוֹעַד was documented
נִרְשַׁם בְּצוּרָה מְסוּדֶּרֶת:
מַה שֶּׁקָּרָה בַּמִּלְחָמָה תּוֹעַד עַל-יְדֵי הִיסְטוֹרְיוֹנִים צְבָאִיִּים.
/ ת.ע.ד, פּוּעַל / תּוֹעֲדוּ, מְתוֹעָד, יְתוֹעַד

תועלת, נ׳ תּוֹעֶלֶת benefit
רֶוַוח, יִתְרוֹן: בְּלִימּוּד הָעִבְרִית יֵשׁ **תּוֹעֶלֶת** רַבָּה לְכֹל עוֹלֶה חָדָשׁ.
הֵפִיק תּוֹעֶלֶת benefited

תועלתי, ת׳ תּוֹעַלְתִּי beneficial
שֶׁיֵּשׁ בּוֹ תּוֹעֶלֶת, שֶׁיֵּשׁ בּוֹ רֶוַוח לְמִישֶׁהוּ:
יֵשׁ לִימּוּדִים שֶׁאֵינָם תּוֹעַלְתִּיִּים, הֵם לְצוֹרֶךְ הַשְׂכָּלָה כְּלָלִית.
תּוֹעַלְתִּית, תּוֹעַלְתִּיִּים, תּוֹעַלְתִּיּוֹת

תועלתנות, נ׳ תּוֹעַלְתָּנוּת utilitarianism
כְּשֶׁמְּחַפְּשִׂים תּוֹעֶלֶת - רֶוַוח בְּכֹל דָּבָר:
זֹאת תּוֹעַלְתָּנוּת לַחְשׁוֹב כֹּל הַיּוֹם 'מַה יֵּצֵא לִי מִזֶּה'.

תועמלן, ז׳ תּוֹעַמְלָן [תּוֹעַמְלָנִים] propagandist, P.R. expert
מִי שֶׁמְּנַסֶּה לְפַרְסֵם מַשֶּׁהוּ, בְּעִיקָר מִפְלָגָה, דֵּיעָה וְכוּ':
כְּשֶׁשְּׁנֵי תּוֹעַמְלָנִים נִפְגָּשִׁים מִתְעוֹרֵר וִיכּוּחַ גָּדוֹל.

תועפות, נ״ר תּוֹעָפוֹת height
גּוֹבַהּ
הוֹן תּוֹעָפוֹת - הַרְבֵּה מְאוֹד כֶּסֶף: a fortune
הַבַּיִת עָלָה לָנוּ הוֹן תּוֹעָפוֹת.

תוף, ז׳ תֹּף [תּוּפִּים] drum
כְּלִי נְגִינָה, מַשְׁמִיעַ קוֹל חָזָק כְּשֶׁמַּכִּים בּוֹ בְּמַקֵּל:
קוֹל הַתּוּפִּים שֶׁל לַהֲקַת הָרוֹק נִשְׁמַע בְּכֹל הָרְחוֹב.
תֹּף-מִרְיָם tambourine
בְּתוּפִּים וּבִמְחוֹלוֹת - (בְּמוּסִיקָה וּבְרִיקוּדִים) בְּשִׂמְחָה רַבָּה

תופסת, נ׳ תּוֹפֶסֶת tag
מִשְׂחָק שֶׁל יְלָדִים (יֶלֶד אֶחָד צָרִיךְ לִתְפּוֹס וְלָגַעַת בְּיֶלֶד אַחֵר):
שִׂיחַקְנוּ בְּתוֹפֶסֶת, לָכֵן אֲנַחְנוּ רְטוּבִּים מִזֵּיעָה.

תופעה, נ׳ תּוֹפָעָה [תּוֹפָעוֹת] phenomenon
מַה שֶּׁקּוֹרֶה בִּתְנָאִים מְסוּיָּמִים:
הַחוֹקֵר בָּדַק תּוֹפָעוֹת מְעַנְיְינוֹת בְּחַיֵּי הַבֶּדוּאִים בַּמִּדְבָּר.
תּוֹפַעַת-טֶבַע (פָטָה מוֹרְגָנָה, גֶּשֶׁם, רוּחַ, בָּרָק וְכוּ')

תופף, פ׳ תּוֹפֵף drummed
הִיכָּה בְּמַקְלוֹת עַל תּוֹף (כְּלִי נְגִינָה):
הוּא תּוֹפֵף בְּלַהֲקַת רוֹק מְפוּרְסֶמֶת.
לְתוֹפֵף / ת.פ.ף, פִּיעֵל / תּוֹפַפְתִּי, מְתוֹפֵף, יְתוֹפֵף, תּוֹפֵף!

תופרת, נ׳ תּוֹפֶרֶת [תּוֹפְרוֹת] seamstress
אִישָּׁה שֶׁעוֹבֶדֶת בַּעֲשִׂיָּיה שֶׁל בְּגָדִים:
קָנִיתִי בַּד וּמָסַרְתִּי לְתוֹפֶרֶת, שֶׁתִּתְפּוֹר מִמֶּנּוּ חֲצָאִית.

תופת, ז׳ תֹּפֶת inferno
גֵּיהִינּוֹם, הַמָּקוֹם שֶׁמְּחַכֶּה לְכֹל הָאֲנָשִׁים הָרָעִים אַחֲרֵי הַמָּוֶת.
אֵשׁ-תֹּפֶת - heavy fire
הָאוֹיֵב יָרָה אֵשׁ תֹּפֶת עַל הָעִיר.
מְכוֹנִית תֹּפֶת - car bomb
הַהִתְפּוֹצְצוּת נִגְרְמָה עַל-יְדֵי מְכוֹנִית תֹּפֶת.

תוצאה, נ׳ תּוֹצָאָה [תּוֹצָאוֹת] outcome
1. מַה שֶּׁקּוֹרֶה בְּאוֹפֶן טִבְעִי בִּגְלַל אֵיזוֹ פְּעִילוּת:
הַכְּאֵבִים הֵם תּוֹצָאָה יְשִׁירָה שֶׁל הַתְּאוּנָה.
2. מַה שֶּׁמִּתְקַבֵּל מִבְּדִיקָה כִּימִית, בִּיּוֹכִימִית וְכוּ': result
קִיבַּלְתִּי אֶת תּוֹצְאוֹת הַבְּדִיקוֹת הָרְפוּאִיּוֹת.
3. תְּשׁוּבָה לִשְׁאֵלָה בְּמָתֵימָטִיקָה: answer

כֹּל הַתוֹצָאוֹת שֶׁקִיבַּלְתִי בַּבְּחִינָה הָיוּ נְכוֹנוֹת.
תוֹצָאוֹת מַרחִיקוֹת לֶכֶת far-reaching results

תוצרז, תּוֹצָר [תוֹצָרִים] product
מַה שֶׁמְיַיצְרִים בְּבֵית חֲרוֹשֶׁת וְכוּ':
*יֵשׁ לָנוּ **תוֹצָרִים** חֲדָשִׁים מִפֵּירוֹת.*
הַתוֹצָר הַלְאוּמִי gross national product (GNP)
תוֹצַר-לְוַואי by-product

תוצרתנ, תּוֹצֶרֶת produce
כֹּל מַה שֶׁמְיוּצָר בְּבֵית חֲרוֹשֶׁת, בְּחַקלָאוּת...:
*הַ**תוֹצֶרֶת** הַחַקלָאִית נִמכֶּרֶת בָּאָרֶץ וּבְחוּץ לָאָרֶץ.*
תוֹצֶרֶת-הָאָרֶץ made in Israel

תוקןפ, תֻּקַּן was repaired
1. תִיקנוּ אוֹתוֹ, הֶחֱזִירוּ אוֹתוֹ לַמַצָב הַקוֹדֵם:
*הַמְכוֹנִית **תוּקנָה**, עַכשָׁיו הִיא כּמוֹ חֲדָשָׁה.*
2. הֶחלִיטוּ עַל, קָבעוּ: was instituted
***תוּקנוּ** תַקָנוֹת נְהִיגָה חֲדָשׁוֹת.*
/ ת.ק.ן, פּוּעַל / תוּקנוּ, מְתוּקָן, יְתוּקַן

תוקףז, תֹּקֶף might
1. כּוֹחַ, חוֹזֶק:
*אֲנִי דוֹרֵשׁ בְּכֹל **תוֹקֶף** שֶׁתַחזִיר לִי אֶת הַכֶּסֶף!*
2. כְּשֶׁמַשֶׁהוּ מִתקַיֵים, וְיֵשׁ validity
לוֹ כּוֹחַ מִשׁפָּטִי, חוּקִי: *תוֹקֶף הַדַרכּוֹן הוּא לְ־10 שָׁנִים.*

תוקפןז, תּוֹקְפָן [תוֹקפָנִים] aggressor
מִי שֶׁמִשׁתַמֵשׁ בְּכוֹחַ, מַתחִיל בְּרִיב, בְּמִלחָמָה וְכוּ':
*הַמְדִינָה הַ**תוֹקפָנִית** פָּתחָה בְּמִלחָמָה.*
תוֹקפָנִית, תוֹקפָנִיוֹת

תוקפנותנ, תּוֹקְפָנוּת aggression
שִׁימוּשׁ בְּכוֹחַ נֶגֶד מִישֶׁהוּ:
*הָאָסִיר הִתנַהֵג **בְּתוֹקפָנוּת** - הוּא הִיכָּה אֶת הַשוֹטֵר.*

תוקפנית, תּוֹקְפָנִי aggressive
מִי שֶׁתוֹקֵף, מִשׁתַמֵשׁ בְּכוֹחַ, בְּמִילִים קָשׁוֹת:
*לֹא נִסבּוֹל הִתנַהֲגוּת **תוֹקפָנִית** נֶגֶד שוֹטרִים.*
תוֹקפָנִית, תוֹקפָנִיִים, תוֹקפָנִיוֹת

תורז, תּוֹר [תוֹרִים] line, queue, turn
1. שׁוּרָה שֶׁל אֲנָשִׁים הָעוֹמדִים זֶה אַחֲרֵי זֶה כְּדֵי לְהִיכָּנֵס לְמָקוֹם מְסוּיָם:
*לִפנֵי הַקוּפָּה עָמַד **תוֹר** אָרוֹך שֶׁל אֲנָשִׁים.*
2. זמַן שֶׁנִקבַּע לִפגִישָׁה: appointment
*יֵשׁ לִי **תוֹר** אֵצֶל הָרוֹפֵא בְּשָׁעָה 10:00.*
3. סוּג שֶׁל יוֹנָה: dove
***תוֹר** בָּנָה לוֹ קֵן עַל הַחַלוֹן שֶׁלִי.*
בְּתוֹר מ"י as (in the role of)
תוֹר-הַזָהָב Golden Age

תורגלפ, תֻּרְגַּל was trained
עָשׂוּ לוֹ תַרגִילִים, אִימנוּ אוֹתוֹ:
***תוּרגַלנוּ** לָלֶכֶת בְּשֶׁקֶט, כְּדֵי שֶׁלֹא יִשמְעוּ אוֹתָנוּ.*
/ ת.ר.ג.ל, פּוּעַל / תוּרגְלוּ, מְתוּרגָל, יְתוּרגַל

תורגםפ, תֻּרְגַּם was translated
הֶעֱבִירוּ אוֹתוֹ מִשָׂפָה לְשָׂפָה:
*הַרבֵּה סְפָרִים **תוּרגְמוּ** מֵרוּסִית לְעִברִית.*
/ ת.ר.ג.ם, פּוּעַל / תוּרגְמוּ, מְתוּרגָם, יְתוּרגַם

תורגמן ר' מתורגמן

תורהנ, תּוֹרָה the Pentateuch
1. הַחֵלֶק הָרִאשׁוֹן שֶׁל הַתַנַ"ך (סִפרֵי בְּרֵאשִׁית, שמוֹת, וַיִקרָא, בְּמִדבָּר, דבָרִים):
*בְּכֹל שַׁבָּת קוֹראִים **בַּתוֹרָה** בְּבֵית הַכּנֶסֶת.*
2. לִימוּד: study
*הַמַדְעָן עָסַק **בְּתוֹרַת** הַפִיסִיקָה.*
שִׂמחַת תוֹרָה - חַג לִכבוֹד הַתוֹרָה. נֶעֱרָך בְּסוֹף חַג סוּכּוֹת כְּשֶׁמְסַיימִים לִקרוֹא אֶת הַתוֹרָה וּמַתחִילִים מֵחָדָשׁ.
תַלמוּד-תוֹרָה religious school for young children, the study of the Torah

תורםז, תּוֹרֵם [תוֹרמִים] contributor
מִי שֶׁנוֹתֵן בּלִי לְקַבֵּל (כֶּסֶף, זמַן, עֲבוֹדָה):
*מְחַפּשִׂים **תוֹרֵם** שֶׁיֵשׁ לוֹ סוּג דָם מְיוּחָד.*
תוֹרֶמֶת, תוֹרמוֹת

תורןז, תּוֹרָן [תוֹרָנִים] person on duty
מִי שֶׁעוֹשֶׂה עֲבוֹדָה, כְּשֶׁמַגִיעַ הַתוֹר שֶׁלוֹ:
*הַיוֹם אֲנִי רוֹפֵא **תוֹרָן**.*
תוֹרָנִית, תוֹרָנִיוֹת

תורנותנ, תּוֹרָנוּת [תוֹרָנוּיוֹת] duty (by rotation)
כְּשֶׁמְבַצעִים עֲבוֹדָה לְפִי תוֹר - כֹּל פַּעַם מִישֶׁהוּ אַחֵר:
*יֵשׁ לִי **תוֹרָנוּת** בְּבֵית הַחוֹלִים.*

תורנית, תּוֹרָנִי religious, pertaining to the Torah
הַשַׁיָיך לַתוֹרָה, לְחוּקֵי הַתוֹרָה, לְלִימוּד הַתוֹרָה וְכוּ':
*הַחִינוּך הַ**תוֹרָנִי** הוּא עִיקַר הַחִינוּך הָאוֹרתוֹדוֹקסִי.*
סִפרוּת תוֹרָנִית - סִפרוּת דָתִית - תוֹרָה, תַלמוּד וְכוּ'
תוֹרָנִית, תוֹרָנִיִים, תוֹרָנִיוֹת

תורפהנ׳ תֻּרְפָּה — soft spot
חוּלְשָׁה.
נְקוּדַת-תּוּרְפָּה - הַצַּד הֶחָלָשׁ בְּמַשֶּׁהוּ:
*נְקוּדַת **הַתּוּרְפָּה** שֶׁל אֲכִילֶס הָיְתָה עֲקֵב הָרֶגֶל.*

תורשהנ׳ תּוֹרָשָׁה — heredity
הַעֲבָרָה שֶׁל אוֹפִי, צוּרָה, מַחֲלוֹת, וְכוּ׳ מֵהוֹרִים לִילָדִים:
*צֶבַע עֵינַיִים עוֹבֵר **בְּתוֹרָשָׁה**.*

תורשתית׳ תּוֹרַשְׁתִּי — hereditary
עוֹבֵר מֵהוֹרִים לִילָדִים (צוּרָה, אוֹפִי, מַחֲלוֹת וְכוּ׳):
*סוּכֶּרֶת הִיא מַחֲלָה **תּוֹרַשְׁתִּית**.*
תּוֹרַשְׁתִּית, תּוֹרַשְׁתִּיִּים, תּוֹרַשְׁתִּיּוֹת

תושבז׳ תּוֹשָׁב [תּוֹשָׁבִים] — resident, inhabitant
אָדָם הַגָּר בְּמָקוֹם מְסוּיָּם:
*מִסְפַּר **הַתּוֹשָׁבִים** בִּמְדִינַת יִשְׂרָאֵל הוּא כַּחֲמִישָּׁה מִילְיוֹנִים.*
תּוֹשֶׁבֶת, תּוֹשָׁבוֹת

תושבתנ׳ תּוֹשֶׁבֶת [תּוֹשָׁבוֹת] — undercarriage
1. בָּסִיס שֶׁעָלָיו עוֹמֵד כְּלִי, מַכְשִׁיר:
*הַפְּצָצוֹת נִמְצָאוֹת בְּמַחְסָן עַל **הַתּוֹשָׁבוֹת** שֶׁלָּהֶן.*
2. צוּרַת הַנְּקֵבָה שֶׁל תּוֹשָׁב/ ר׳ תושב

תושייהנ׳ תּוּשִׁיָּה — resourcefulness
חוֹכְמָה מַעֲשִׂית, כְּשֶׁיּוֹדְעִים מַה לַעֲשׂוֹת בְּמַצָּב מְיוּחָד:
*הוּא נִשְׁאַר בַּחַיִּים בִּזְמַן הַמִּלְחָמָה בִּזְכוּת **הַתּוּשִׁיָּה** שֶׁלּוֹ.*

תותז׳ תּוּת [תּוּתִים] — mulberry tree
עֵץ פְּרִי, הַפֵּירוֹת שֶׁלּוֹ קְטַנִּים בְּצֶבַע אָדוֹם-שָׁחוֹר:
***הַתּוּת** טָעִים אֲבָל מַשְׁאִיר כְּתָמִים, שֶׁאֵינָם יוֹרְדִים.*
תּוּת-שָׂדֶה — strawberry

תותבת׳ תּוֹתָב — prosthesis
חֵלֶק מְלָאכוּתִי שֶׁאֵינוֹ שַׁיָּיךְ, זָר:
*הוּא אִיבֵּד רֶגֶל בַּמִּלְחָמָה, וְשָׂמוּ לוֹ רֶגֶל **תּוֹתֶבֶת**.*
שִׁינַּיִים תּוֹתָבוֹת — dentures
תּוֹתֶבֶת, תּוֹתָבִים, תּוֹתָבוֹת

תותחז׳ תּוֹתָח [תּוֹתָחִים] — cannon
כְּלִי כָּבֵד הַיּוֹרֶה לְמֶרְחַקִּים:
*צַהַ"ל פִּיתַּח **תּוֹתָחִים** חֲדָשִׁים נֶגֶד טַנְקִים.*
תּוֹתָח לְלֹא רֶתַע (תול"ר) — recoilless gun

תותחןז׳ תּוֹתְחָן [תּוֹתְחָנִים] — artilleryman
חַיָּיל שֶׁיּוֹרֶה בְּתוֹתָח:
*בַּצָּבָא הוּא הָיָה **תּוֹתְחָן** בְּטַנְק.*
חֵיל-תּוֹתְחָנִים — artillery force

ת"ז ר"ת: תְּעוּדַת זֵהוּת ר׳ זהות

תזוזהנ׳ תְּזוּזָה [תְּזוּזוֹת] — movement, move
1. תְּנוּעָה, עֲזִיבָה שֶׁל מָקוֹם, מַעֲבָר:
*הַצָּבָא בִּגְבוּל הַצָּפוֹן מוּכָן **לִתְזוּזָה**.*
2. תְּנוּעָה קַלָּה: — motion
*אֲנִי מְבַקֵּשׁ שֶׁתִּשָּׁאֲרוּ בַּמָּקוֹם בְּלִי **תְּזוּזָה**.*
(מֶטָאפוֹרָה) *חָלָה **תְּזוּזָה** קַלָּה בַּמַּשָּׂא וּמַתָּן עַל הַשָּׂכָר.*

תזונאיז׳ תְּזוּנַאי [תְּזוּנָאִים] — nutritionist, dietitian
מוּמְחֶה לְאוֹכֶל, יוֹדֵעַ מַה מוּתָּר וּמַה אָסוּר:
***הַתְּזוּנַאי** נָתַן לִי דִּיאֶטָה נֶגֶד כּוֹלֶסְטֶרוֹל.*
תְּזוּנָאִית, תְּזוּנָאִיּוֹת

תזונהנ׳ תְּזוּנָה — nutrition
1. הָעִיסּוּק בְּמָזוֹן בְּצוּרָה מַדָּעִית:
*קָרָאתִי מֶחְקָר מְעַנְיֵין עַל **הַתְּזוּנָה** בְּגִיל הָרַךְ.*
2. אֲכִילַת הַמְּזוֹנוֹת, כַּמָּה אוֹכְלִים וְכוּ׳: — diet
*אֲנִי צָרִיךְ לִשְׁמוֹר עַל **תְּזוּנָה** חַסְרַת מֶלַח.*
תַּת-תְּזוּנָה — malnutrition

תזזית׳ תְּזָזִי — squally
לֹא שָׁקֵט, עַל גְּבוּל הַשִּׁיגָּעוֹן.
רוּחַ תְּזָזִיתב׳ - — madness
*נִכְנְסָה בּוֹ רוּחַ **תְּזָזִית**, וְהוּא רָץ מִמָּקוֹם לְמָקוֹם.*
תְּזָזִית, תְּזָזִיִּים, תְּזָזִיּוֹת

תזכורתנ׳ תִּזְכּוֹרֶת [תִּזְכּוֹרוֹת] — reminder
כְּשֶׁמַּזְכִּירִים לְמִישֶׁהוּ בִּכְתָב מַשֶּׁהוּ שֶׁצָּרִיךְ לַעֲשׂוֹת וְכוּ׳:
*שָׁלַחְתִּי לְכָל הָעוֹבְדִים **תִּזְכּוֹרוֹת**, שֶׁמָּחָר יֵשׁ יְשִׁיבָה.*

תזכירז׳ תַּזְכִּיר [תַּזְכִּירִים] — memorandum
חוֹמֶר כָּתוּב, שֶׁיֵּשׁ בּוֹ פְּרָטִים עַל הַצָּעָה אוֹ תּוֹכְנִית:
*הַמְּנַהֵל בִּיקֵּשׁ **תַּזְכִּיר** עַל פְּעוּלוֹת הַמִּשְׂרָד.*

תזמורתנ׳ תִּזְמוֹרֶת [תִּזְמוֹרוֹת] — orchestra
קְבוּצָה שֶׁל מְנַגְּנִים בִּכְלֵי נְגִינָה שׁוֹנִים:
*הָיִיתִי בְּקוֹנְצֶרְט שֶׁל **הַתִּזְמוֹרֶת** הַפִילְהַרְמוֹנִית.*

תזמורתית׳ תִּזְמָרְתִּי — orchestral
שֶׁל תִּזְמוֹרֶת, שֶׁל נְגִינָה בְּכַמָּה כְּלֵי נְגִינָה:
*הוּא עָשָׂה עִיבּוּד **תִּזְמוֹרְתִּי** לַשִּׁיר הַיָּפֶה.*
תִּזְמוֹרְתִּית, תִּזְמוֹרְתִּיִּים, תִּזְמוֹרְתִּיּוֹת

תחבפ׳ תָּחַב — stuck (in)
הִכְנִיס פְּנִימָה, אֶל תּוֹךְ-:
*הוּא **תָּחַב אֶת** הָרֹאשׁ דֶּרֶךְ פֶּתַח הַחֶדֶר.*
תָּחַב אֶת הָאַף - — poked his nose (into)

(לשון דיבור) *מה אתה תוחב את האף לעניינים שלי?*
לתחוב את- / ת.ח.ב, פעל / תחבתי, תוחב, יתחב

תחבולהנ, תחבולה [תחבולות] trick, ploy
כשמחפשים דרך לא ישירה כדי להשיג משהו:
רק בתחבולה הצלחתי להוציא את הסכין מידי הילד.

תחבורהנ, תחבורה transportation, traffic
מערכת שמחברת בין מקומות רחוקים - כבישים, מכוניות, רכבות וכו':
התחבורה בין תל-אביב וירושלים נוחה ומהירה.

תחבושתנ, תחבושת [תחבושות] bandage
פס בד ששמים על פצע:
שמתי תחבושת על הפצע שביד.

תחביבז, תחביב [תחביבים] hobby
משהו שעוסקים בו בזמן הפנוי:
התחביב שלי הוא בניית מודלים של מכוניות.

תחבירז, תחביר syntax
החוקים של מבנה המשפט, סדר המילים וכו':
לא די לדעת מילים, כדי לדבר נכון צריך לדעת תחביר.

תחבירית, תחבירי syntactical
השייך לתחביר, לקשר בין המילים ולסדר שלהן:
יש קושי תחבירי במשפט - מהו נושא המשפט?
תחבירית, תחביריים, תחביריות

תחובת, תחוב stuck (adj.)
תקוע, נמצא בתוך-:
איפה תחובות המחברות הישנות שלי?
תחובה, תחובים, תחובות

תחוחת, תחוח crumbled (adj.), loose
רך, במצב של פירורים:
קשה ללכת על אדמה תחוחה.
תחוחה, תחוחים, תחוחות

תחולהנ, תחולה applicability
משך הזמן שדבר צריך להתקיים:
תחולת החוק היא רטרואקטיבית מהתחלת השנה.

תחוםז, תחום [תחומים] boundry, area
1. איזור, שטח שיש לו גבול ברור:
רק חיילים יכולים להיכנס לתחום המחנה הצבאי.
2. שטח של התעניינות: discipline, field
קראתי הרבה ספרים בתחום הכלכלה.

תחום-שבת - גבול של עיר או כפר, עד אליו מותר ללכת ברגל בשבת, לפי ההלכה
מחוץ לתחום out of bounds

תחושהנ, תחושה [תחושות] sensation
1. הרגשה (גם באמצעות החושים - עיניים, אוזניים):
תחושת הרעב עברה, ברגע שהתחלתי לאכול.
2. הרגשה במובן הכללי: feeling
הייתה לי תחושה, שהוא יבוא.

תחזוקהנ, תחזוקה maintenance
מה שעושים כדי שמכשיר או מקום יהיו במצב תקין:
הוא אחראי על התחזוקה של הבית.

תחזיתנ, תחזית [תחזיות] forecast, projection
ראייה מראש של מה שיקרה בעתיד:
לפי תחזית מזג האוויר ירד מחר גשם.
התחזית הכלכלית לשנה הבאה היא די אופטימית.

תחייהנ, תחייה resurrection, revival
1. כשמשהו שלא היה פעיל ("מת") נעשה חי:
חשבנו שהוא מת, אבל אחרי הטיפול הוא קם לתחייה.
2. רנסנס, התחדשות: renaissance
הציונות היא תחיית עם ישראל בארצו.

תחילהנ, תחילה beginning
1. פתיחה של דבר, התחלה, ראשית:
תחילת שנת הלימודים נקבעה לחודש ספטמבר.
2. ת"פ קודם: first
תחילה אגמור את העבודה, אחר כך אעזור לך.
בתחילהת"פ at first
מלכתחילהת"פ from the start

תחיליתנ, תחילית [תחיליות] prefix
האות הראשונה שנוספת לפני שורש של מילה:
במילה התחלה האות ה' היא אות תחילית.

תחינהנ, תחינה [תחינות] plea
בקשת רחמים, כשמישהו מבקש מאוד.
הפיל תחינתו לפני - ביקש מאוד:
הפלתי תחינתי לפניו, שלא יפטר אותי מן העבודה.

תחיקהנ, תחקה [תחיקות] legislation
הפעולה של הכנת חוקים (בכנסת וכו'):
התחיקה בעניין שכר מינימום לא הסתיימה.

תחלואהנ, תחלואה incidence of disease
המצב של מחלות במקום מסוים, בתוך קבוצה

מְסוּיֶּמֶת שֶׁל אֲנָשִׁים וְכוּ׳:
הַתַּחֲלוּאָה שֶׁל הַיְלָדִים פָּחֲתָה בַּשָּׁנִים הָאַחֲרוֹנוֹת.

תחלופהנ, תַּחֲלוּפָה [תַּחֲלוּפוֹת] turnover
כְּשֶׁאָדָם בָּא בִּמְקוֹם מִישֶׁהוּ אַחֵר:
הַתַּחֲלוּפָה שֶׁל הָעוֹבְדִים בַּמִּשְׂרָד גְּבוֹהָה.

תחליףז, תַּחֲלִיף [תַּחֲלִיפִים] substitute
מַה שֶּׁבָּא בִּמְקוֹם מַשֶּׁהוּ אַחֵר:
אֲנִי רוֹצֶה לִשְׁתּוֹת קָפֶה וְלֹא תַּחֲלִיף קָפֶה.

תחמוצתנ, תַּחְמֹצֶת [תַּחְמוֹצוֹת] oxide
(בְּכִימְיָה) הַסִּימָן שֶׁלּוֹ O. בָּא עִם בַּרְזֶל (F_2O), עִם מֵימָן (H_2O) וְכוּ׳:
כְּשֶׁיֵּשׁ שְׂרֵיפָה שֶׁל חוֹמָרִים אוֹרְגָּנִיִּים נוֹצָר הַגַּז דּוּ־תַּחְמֹצֶת הַפַּחְמָן (CO_2).

תחמושתנ, תַּחְמֹשֶׁת ammunition
הַחוֹמָרִים שֶׁמְּשַׁמְּשִׁים לִירִיָּה, לְהַפְצָצָה:
הֶעֱבַרְנוּ תַּחְמֹשֶׁת מִן הַמַּחְסָנִים לַגְּבוּל.
תחמושת קַלָּה light munitions
תחמושת כְּבֵדָה heavy munitions
תחמושת חַיָּה live munitions

תחנהנ, תַּחֲנָה [תַּחֲנוֹת] station
1. מָקוֹם שֶׁאוֹטוֹבּוּסִים, רַכָּבוֹת וְכוּ׳ עוֹצְרִים בּוֹ כְּדֵי לְהַעֲלוֹת נוֹסְעִים וּלְהוֹרִידָם:
מֵרְח׳ אַלֶּנְבִּי לַתַּחֲנָה הַמֶּרְכָּזִית נָסַעְתִּי חָמֵשׁ תַּחֲנוֹת.
2. שָׁלָב, תְּקוּפָה בְּחַיֵּי אָדָם: stage, phase
הַתַּחֲנָה הָרִאשׁוֹנָה בַּקַּרְיֶירָה שֶׁלִּי הָיְתָה בְּבַנְק דִּיסְקוֹנְט.
תַּחֲנַת־כּוֹחַ power station
תַּחֲנַת־שִׁידּוּר broadcasting station

תחפושתנ, תַּחְפֹּשֶׂת [תַּחְפּוֹשׂוֹת] disguise
בֶּגֶד שֶׁלּוֹבְשִׁים כְּדֵי שֶׁאֲנָשִׁים לֹא יַכִּירוּ:
בִּמְסִיבַּת פּוּרִים בָּאתִי בְּתַחְפֹּשֶׂת שֶׁל מֶלֶךְ.

תחקירז, תַּחְקִיר [תַּחְקִירִים] investigation, debriefing
חֲקִירָה, בֵּירוּר כָּל הַפְּרָטִים הַחֲשׁוּבִים עַל מִישֶׁהוּ:
עָשׂוּ לִי תַּחְקִיר בִּיטָּחוֹנִי, לִפְנֵי שֶׁהִתְקַבַּלְתִּי לַעֲבוֹדָה בְּ׳אֶל־עָל׳.

תחרהנ, תַּחֲרָה [תַּחֲרוֹת] lace
דּוּגְמָה עֲדִינָה בְּבַד - חוֹרִים שֶׁיּוֹצְרִים דּוּגְמָה בַּבַּד:
בַּמְּסִיבָּה לָבַשְׁתִּי אֶת חוּלְצַת הַתַּחֲרָה שֶׁלִּי.

תחרותנ, תַּחֲרוּת [תַּחֲרוּיוֹת] competition
פְּעוּלָּה אוֹ מִשְׂחָק בֵּין יְחִידִים אוֹ קְבוּצוֹת כְּדֵי לְהַגִּיעַ לַמָּקוֹם הָרִאשׁוֹן (בִּסְפּוֹרְט, בָּאוֹמָנוּת):
כָּל הַכַּרְטִיסִים לְתַחֲרוּת הַכַּדּוּרְסַל נִמְכְּרוּ.

תחרותית, תַּחֲרוּתִי competitive
שֶׁיֵּשׁ בּוֹ תַּחֲרוּת, (כָּל אֶחָד רוֹצֶה לְנַצֵּחַ):
הֵם יְלָדִים תַּחֲרוּתִיִּים, שֶׁרוֹצִים לִהְיוֹת רִאשׁוֹנִים בַּכֹּל.
תַּחֲרוּתִית, תַּחֲרוּתִיִּים, תַּחֲרוּתִיּוֹת

תחריטז, תַּחֲרִיט [תַּחֲרִיטִים] etching
צִיּוּר עַל לוּחַ מַתֶּכֶת שֶׁמַּעֲבִירִים לִנְיָיר:
מִלּוּחַ אֶחָד אֶפְשָׁר לְהַדְפִּיס כַּמָּה תַּחֲרִיטִים.

תחשיבז, תַּחְשִׁיב [תַּחְשִׁיבִים] calculation
עֲרִיכַת חֶשְׁבּוֹן כְּדֵי לָדַעַת כַּמָּה תַּעֲלֶה עֲבוֹדָה מְסוּיֶּמֶת:
לְפִי הַתַּחְשִׁיב שֶׁלִּי יַעֲלֶה הַבַּיִת 200,000 ש״ח.

תחתמ״י/ז, תַּחַת under
1. לְמַטָּה מִ-, הַהֵפֶךְ מֵ׳עַל׳:
יָשַׁבְתִּי תַּחַת הָעֵץ, וְקָרָאתִי.
מִתַּחַת לְ- לְמַטָּה מִ-:
יָם הַמֶּלַח נִמְצָא 392 מֶטֶר מִתַּחַת פְּנֵי הַיָּם.
הוֹצִיא מִתַּחַת יָדוֹ - עָשָׂה, סִידֵּר:
הוּא הוֹצִיא מִתַּחַת יָדוֹ פֶּסֶל יָפֶה מְאוֹד.
2. ז, הַחֵלֶק בַּגּוּף שֶׁיּוֹשְׁבִים עָלָיו (לְשׁוֹן דִּיבּוּר): ass, butt
הוּא יָשַׁב עַל הַתַּחַת וְלֹא עָשָׂה כְּלוּם.

תחתוןת, תַּחְתּוֹן lower
שֶׁנִּמְצָא לְמַטָּה:
בַּחֵלֶק הַתַּחְתּוֹן שֶׁל הַבַּיִת נִמְצֵאת דֶּלֶת הַכְּנִיסָה.
תחתונים underwear, panties
תַּחְתּוֹנָה, תַּחְתּוֹנִים, תַּחְתּוֹנוֹת

תחתונים ר׳ תחתון

תחתוניתנ, תַּחְתּוֹנִית [תַּחְתּוֹנִיּוֹת] slip
שִׂמְלָה דַּקָּה שֶׁלּוֹבְשִׁים מִתַּחַת לַשִּׂמְלָה:
בְּלִי תַּחְתּוֹנִית רוֹאִים לִי אֶת הַגּוּף דֶּרֶךְ הַשִּׂמְלָה.

תחתית, תַּחְתִּי lower
שֶׁנִּמְצָא לְמַטָּה, מִתַּחַת.
רַכֶּבֶת תַּחְתִּית subway
תַּחְתִּית, תַּחְתִּיִּים, תַּחְתִּיּוֹת

תחתיתנ, תַּחְתִּית [תַּחְתִּיּוֹת] bottom
1. הַחֵלֶק שֶׁנִּמְצָא לְמַטָּה:
מָצָאתִי אֶת הַכֶּסֶף בְּתַחְתִּית הַמִּזְוָודָה.
2. צַלַּחַת קְטַנָּה, שָׂמִים מִתַּחַת לַסֵּפֶל: saucer
הִגַּשְׁתִּי לַשּׁוּלְחָן אֶת הַסְּפָלִים וְהַתַּחְתִּיּוֹת.

תיאבוןז, תֵּאָבוֹן — appetite

רָצוֹן לֶאֱכוֹל:

*אֲנִי לֹא מַרגִישָׁה טוֹב, וְאֵין לִי **תֵיאָבוֹן**.*

בְּתֵיאָבוֹן! ת"פ — Bon-appetit

תיאוםז, תֵּאוּם [תֵיאוּמִים] — coordination

כְּשֶׁמִשׂרָדִים שׁוֹנִים, אֲנָשִׁים שׁוֹנִים וְכוּ' פּוֹעֲלִים בְּיַחַד:

*אֵין **תֵיאוּם** בֵּין מִשׂרְדֵי הַמֶמשָׁלָה, הָאֶחָד אוֹמֵר מַשֶׁהוּ וּבָאַחֵר אוֹמְרִים אֶת הַהֵיפֶך.*

תיאורז, תֵּאוּר [תֵיאוּרִים] — description

"צִיוּר", תמוּנָה בְּמִילִים, בְּעַל-פֶּה אוֹ בִּכתָב:

*בִּיקשׁוּ מִן הַנֶהָג **תֵיאוּר** מְדוּיָק שֶׁל הַתְאוּנָה.*

הַסֵפֶר נוֹתֵן **תֵיאוּר** שֶׁל חַיֵי הַחֲלוּצִים הָרִאשׁוֹנִים.

תיאםפ, תֵּאֵם — coordinated

עָשָׂה שֶׁיִהיֶה בְּיַחַד עִם מַשֶׁהוּ אוֹ מִישֶׁהוּ אַחֵר:

תֵיאַמתִי עִם הַמְנַהֵל אֶת הַשָׁעָה שֶׁל הַיְשִׁיבָה מָחָר.

לְתָאֵם אֶת- בֵּין- / ת.א.ם, פִּיעֵל / תֵיאַמתִי, מְתָאֵם, יְתָאֵם

תיארפ, תֵּאֵר — described

סִיפֵּר בְּמִילִים עַל מַה שֶׁרָאָה, קָרָא וְכוּ':

*דָן **תֵיאֵר** בְּקִיצוּר אֶת הַחַיִים בַּקִיבּוּץ.*

לְתָאֵר אֶת- / ת.א.ר, פִּיעֵל / תֵיאַרתִי, מְתָאֵר, יְתָאֵר, תָאֵר!

תיבהנ, תֵּבָה [תֵיבוֹת] — box, case

קוּפסָה, אַרגָז:

*קָנִיתִי **תֵיבָה** שֶׁל תַפּוּזִים.*

תֵיבַת-דוֹאַר — mailbox

תֵיבַת-הִילוּכִים — gearbox

תֵיבַת-נוֹחַ — Noah's ark

רָאשֵׁי-תֵיבוֹת — initials

תיבולז, תִּבּוּל — seasoning, spicing

הוֹסָפַת "טַעַם" לְאוֹכֶל - פִּילפֵּל, פַּפּרִיקָה וְכוּ':

*חָתַכתִי יְרָקוֹת לְסָלָט, צָרִיך רַק לְהוֹסִיף **תִיבּוּל**.*

תיבלפ, תִּבֵּל — spiced, seasoned

1. שָׂם בָּאוֹכֶל חוֹמָרִים שֶׁנוֹתנִים טַעַם:

תִיבַּלתִי אֶת הַסָלָט בְּפִילפֵּל, מֶלַח וּפַפּרִיקָה.

2. (מֶטָאפוֹרָה) הוֹסִיף מַשֶׁהוּ כְּדֵי שֶׁיִהיֶה מְעַניֵין: — flavored

*הַמַרצֶה **תִיבֵּל** אֶת הַהַרצָאָה בִּבדִיחוֹת.*

לְתַבֵּל אֶת- / ת.ב.ל, פִּיעֵל / תִיבַּלתִי, מְתַבֵּל, יְתַבֵּל, תַבֵּל!

תיגבורז, תִּגְבּוּר — reinforcing

הוֹסָפָה שֶׁל אֲנָשִׁים, שְׁעוֹת עֲבוֹדָה וְכוּ' כְּדֵי לַעֲזוֹר:

*הַתַלמִידִים, שֶׁצרִיכִים **תִיגבּוּר** בְּעִברִית, יְקַבְּלוּ שִׁיעוּר נוֹסָף.*

תיגבורתנ, תִּגְבֹּרֶת [תִיגבּוֹרוֹת] — reinforcement

תוֹסֶפֶת, מַה שֶׁבָּא לְחַזֵק (יְחִידָה צבָאִית וְכוּ'):

*חַיָילִים רַבִּים נִפצְעוּ, לָכֵן שָׁלחוּ לָנוּ **תִיגבּוֹרֶת**.*

תיגברפ, תִּגְבֵּר — reinforced

חִיזֵק, הוֹסִיף כְּדֵי לַעֲזוֹר:

***תִיגבַּרנוּ** אֶת קְבוּצַת הַכַּדוּרֶגֶל בִּשׁנֵי שַׂחקָנִים חֲדָשִׁים.*

לְתַגבֵּר אֶת- / ת.ג.ב.ר, פִּיעֵל / תִיגבְּרוּ, מְתַגבֵּר, יְתַגבֵּר

תיגרז, תִּגָּר — challenge

כְּשֶׁאוֹמְרִים מַשֶׁהוּ נֶגֶד.

קָרָא תִיגָר עַל-ב - אָמַר דבָרִים נֶגֶד מִישֶׁהוּ, יָצָא נֶגֶד:

הוּא קָרָא תִיגָר עַל הַתוֹכנִית הַכַּלכָּלִית שֶׁל הַמֶמשָׁלָה.

תיגרה ר' תגרה

תידלוקז, תִּדְלוּק — refueling

כְּשֶׁמְמַלאִים בְּדֶלֶק מְכוֹנָה, מְכוֹנִית וְכוּ':

*אַחֲרֵי **הַתִידלוּק** הַמָטוֹס יָצָא לְאֵירוֹפָּה.*

תידלקפ, תִּדְלֵק — refueled

הִכנִיס דֶלֶק לַמְכוֹנִית, מָטוֹס וְכוּ':

***תִידלַקתִי** אֶת הַמְכוֹנִית, אֶפשָׁר לְהַמשִׁיך לִנסוֹעַ.*

לְתַדלֵק אֶת- / ת.ד.ל.ק, פִּיעֵל / תִידלְקוּ, מְתַדלֵק, יְתַדלֵק

תידרוךז, תִּדְרוּךְ [תִידרוּכִים] — briefing

כְּשֶׁנוֹתנִים הוֹרָאוֹת אֵיך לְבַצֵעַ מַשֶׁהוּ:

*לִפנֵי שֶׁיָצָאנוּ לַטִיוּל קִיבַּלנוּ **תִידרוּך** מְפוֹרָט.*

תידרךפ, תִּדְרֵךְ — briefed

נָתַן הוֹרָאוֹת אֵיך לְבַצֵעַ:

*הַמְפַקֵד **תִידרֵך** אֶת הַחַיָילִים לִפנֵי הַקְרָב.*

לְתַדרֵך אֶת- / ת.ד.ר.ך, פִּיעֵל / תִידרַכתִי, מְתַדרֵך, יְתַדרֵך

תיווךפ, תִּוֵּךְ — mediated

קִישֵׁר בֵּין שׁנֵי צדָדִים כְּדֵי לַעֲשׂוֹת עֵסֶק, שָׁלוֹם וְכוּ':

*אַרצוֹת הַבּרִית **תִיווכָה** בֵּין יִשׂרָאֵל לְבֵין מִצרַיִם.*

לְתַווֵך בֵּין- / ת.ו.ך, פִּיעֵל / תִיוַוכתִי, מְתַווֵך, יְתַווֵך, תַווֵך!

תיווךז, תִּוּוּךְ [תִיווּכִים] — brokerage, mediation

כְּשֶׁמִישֶׁהוּ מְקַשֵׁר בֵּין אֲנָשִׁים, חֲבָרוֹת וְכוּ':

*מָצָאתִי דִירָה דֶרֶך מִשׂרַד-תִיווּך. בְּסִיכסוּך בֵּין שׁתֵי מְדִינוֹת צָרִיך **תִיווּך** שֶׁל מְדִינָה שׁלִישִׁית.*

תיוקז, תִּיּוּק [תִיוּקִים] — filing

(בְּמִשׂרָד) כְּשֶׁשָׂמִים כֹּל מִכתָב, קַבָּלָה וְכוּ' בַּתִיק הַנָכוֹן:

*הַפְּקִידָה הַזֹאת אַחֲרָאִית עַל **הַתִיוּק** בַּמִשׂרָד.*

תיורז, תִּיּוּר [תִיוּרִים] touring
הֲלִיכָה אוֹ נְסִיעָה לִמְקוֹמוֹת שׁוֹנִים כְּדֵי לְבַקֵּר:
תִיוּר בַּאֲרָצוֹת רְחוֹקוֹת הוּא דָבָר מְעַנְיֵין מְאוֹד.

תיזמוןז, תִּזְמוּן [תִיזמוּנִים] timing
כְּשֶׁמְּסַדְּרִים שֶׁמַּשֶּׁהוּ יִקְרֶה בִּזְמַן מַתְאִים עִם מַשֶּׁהוּ אַחֵר:
*זֶה הָיָה **תִיזמוּן** מוּשׁלָם, בְּדִיּוּק כְּשֶׁהִגַּעְתִּי נִכְנַס דָּוִד.*

תיזמורז, תִּזְמוּר orchestration
עִיבּוּד שֶׁל יְצִירָה מוּסִיקָלִית לִנְגִינָה עַל יְדֵי תִזמוֹרֶת:
*הוּא עָשָׂה אֶת **הַתִיזמוּר** לַמּוּסִיקָה שֶׁכָּתַבְתִּי.*

תיזמרפ, תִּזְמֵר orchestrated
הִתְאִים מוּסִיקָה לִנְגִינַת תִזמוֹרֶת:
*הוּא **תִיזמֵר אֶת** הַמּוּסִיקָה שֶׁל הַשִּׁיר לִנְגִינָה שֶׁל תִזמוֹרֶת.*
לְתַזמֵר אֶת- / ת.ז.מ.ר, פִּיעֵל / תִיזמַרתִי, מְתַזמֵר, יְתַזמֵר

תיחזקפ, תִּחְזֵק maintained
מַה שֶׁצָּרִיךְ לַעֲשׂוֹת כְּדֵי שֶׁמְּכוֹנוֹת, מוֹסָד וְכוּ' יִפְעֲלוּ הֵיטֵב:
*אֲנִי **אֲתַחזֵק אֶת** הַבִּניָין עַד שֶׁתַּחֲזוֹר מִן הַחוּפשָׁה.*
לְתַחזֵק אֶת- / ת.ח.ז.ק, פִּיעֵל / תִיחזַקתִי, מְתַחזֵק, יְתַחזֵק

תיחכוםז, תִּחְכּוּם sophistication
כְּשֶׁמַּכשִׁיר אוֹ פְּעוּלָה עֲשׂוּיִים בְּצוּרָה חֲכָמָה:
*בְּסִפרוּת צָרִיךְ **תִיחכּוּם**, לֹא דַי לְסַפֵּר מַה שֶׁהָיָה.*

תיחקורז, תִּחְקוּר debriefing
כְּשֶׁעוֹשִׂים חֲקִירָה שֶׁל כֹּל הַפְּרָטִים הָרֶלֶוַונטִים:
תִיחקוּר הַשּׁוֹטרִים עָזַר לְגַלּוֹת אֶת הַגַּנָּב.

תיחקרפ, תִּחְקֵר debriefed
חָקַר כְּדֵי לָדַעַת אֵיךְ בְּדִיּוּק בּוּצְעָה פְּעוּלָה:
*הַקָּצִין **תִיחקֵר אֶת** הַחַיָּילִים עַל הַהַתקָפָה שֶׁבִּיצְעוּ.*
לְתַחקֵר אֶת- / ת.ח.ק.ר, פִּיעֵל / תִיחקַרתִי, מְתַחקֵר

תיחשבפ, תִּחְשֵׁב calculated
עָשָׂה חֶשׁבּוֹן כַּמָּה תַּעֲלֶה עֲבוֹדָה:
*הַכַּלכָּלָן **יְתַחשֵׁב** כַּמָּה יַעֲלֶה הַבִּניָין הֶחָדָשׁ.*
לְתַחשֵׁב / ת.ח.ש.ב, פִּיעֵל / תִיחשַׁבתִי, מְתַחשֵׁב, יְתַחשֵׁב

תיחשובז, תִּחְשׁוּב calculation
כְּשֶׁעוֹשִׂים חֶשׁבּוֹן כַּמָּה תַּעֲלֶה עֲבוֹדָה:
*בְּלִי **תִיחשׁוּב** מְדוּיָּק קָשֶׁה לָדַעַת כַּמָּה תַּעֲלֶה הַבְּנִיָּיה.*

תיילז, תַּיִל barbedwire
חוּטֵי בַּרזֶל דּוֹקְרִים:
*סָבִיב הַמַּחֲנֶה יֵשׁ גָּדֵר **תַיִל** גְבוֹהָה.*

תייקפ, תִּיֵּק filed
סִידֵּר בְּתִיקִים הַמַּתְאִימִים אֶת הַמִּכְתָּבִים, הַקַּבָּלוֹת:
*תִייַּקתִי בַּמִּשׂרָד **אֶת** הַמִּכתָבִים שֶׁהִגִּיעוּ אֶתמוֹל.*
לְתַייֵּק אֶת- / ת.י.ק, פִּיעֵל / תִייַּקתִי, מְתַייֵּק, יְתַייֵּק, תַּייֵּק!

תיירת, תַּיָּר [תַיָּירִים] tourist
אוֹרֵחַ מֵאֶרֶץ אַחֶרֶת שֶׁבָּא כְּדֵי לְטַיֵּיל בָּאָרֶץ:
*אֲנִי לֹא מִכָּאן, אֲנִי **תַיָּיר**.*
תַיֶּירֶת, תַיָּירוֹת

תיירותנ, תַּיָּרוּת tourism
נְסִיעָה לַאֲרָצוֹת שׁוֹנוֹת כְּדֵי לְטַיֵּיל בָּהֶן:
הַתַיָּירוּת חֲשׁוּבָה לַכַּלכָּלָה שֶׁל יִשׂרָאֵל.

תיכוןת, תִּיכוֹן middle
שֶׁנִּמצָא בָּאֶמצַע בֵּין שְׁנֵי דְבָרִים וְיוֹתֵר.
בֵּית-סֵפֶר תִיכוֹן high school
הַיָּם הַתִיכוֹן the Mediterranean
הַמִּזרָח הַתִיכוֹן the Middle East
תִיכוֹנִית, תִיכוֹנִיִים, תִיכוֹנִיוֹת

תיכונית, תִּיכוֹנִי secondary, middle
הַנִּמצָא בָּאֶמצַע, בֵּין שְׁלַבִּים אֲחֵרִים:
*יֵשׁ לִי הַשׂכָּלָה **תִיכוֹנִית** מְלֵאָה.*
תִיכוֹנִית, תִיכוֹנִיִים, תִיכוֹנִיוֹת

תיכנוןז, תִּכְנוּן [תִיכנוּנִים] planning
עֲשִׂיַּית תוֹכנִית לְבִיצוּעַ דָּבָר בֶּעָתִיד:
*הַטִּיּוּל הִצלִיחַ בִּזכוּת **הַתִיכנוּן** הַמִּקצוֹעִי הַמְדוּיָּק.*

תיכנותז, תִּכְנוּת programming
הֲכָנָה שֶׁל תוֹכנִיוֹת לַמַּחשֵׁב, כְּדֵי שֶׁיּוּכַל לְבַצֵּעַ פְּעוּלוֹת:
*עֲבוֹדַת **הַתִיכנוּת** שֶׁל הַמִּילוֹן הָיְיתָה מְסוּבֶּכֶת.*

תיכנןפ, תִּכְנֵן planned, designed
עָשָׂה תוֹכנִית, חָשַׁב אֵיךְ לְבַצֵּעַ:
*הַמַּדרִיךְ **תִיכנֵן** אֶת כֹּל הַפְּרָטִים שֶׁל הַמְּסִיבָּה.*
מִי הָאַרכִיטֶקט שֶׁ**תִיכנֵן** אֶת הַבַּיִת הַזֶּה?
לְתַכנֵן אֶת- / ת.כ.נ.ן, פִּיעֵל / תִיכנַנתִי, מְתַכנֵן, יְתַכנֵן

תיכףת"פ תֵּכֶף soon
מִיָּד, קָרוֹב בִּזמַן:
*דָּן טִילפֵּן וְאָמַר, שֶׁהוּא **תֵיכֶף** יָבוֹא הַבַּיְתָה.*
תֵיכֶף וּמִיָּד at once

תימהוןז, תִּמָּהוֹן astonishment
הַתגוּבָה עַל מִקרֶה לֹא צָפוּי:

הִסְתַּכַּלְתִּי בּוֹ בְּתִמָּהוֹן, כְּאִילוּ נָפַל מֵהַיָּרֵחַ.
לְתִימְהוֹנִי הָרַב דָּוִד וְרוּת מִתְחַתְּנִים.

תימהונית"ז תִּמְהוֹנִי — eccentric
מְשׁוּנֶּה, לֹא רָגִיל, לֹא צָפוּי:
*פָּגַשְׁתִּי בָּחוּר **תִּימְהוֹנִי**, שֶׁחַי לְבַדּוֹ בַּמִּדְבָּר.*
תִּימְהוֹנִית, תִּימְהוֹנִיִּים, תִּימְהוֹנִיּוֹת

תימוכין (תימוך)ז"ר תְּמוּכִין (תְּמוּךְ) — support, backing
מַשֶּׁהוּ שֶׁאֶפְשָׁר לְהֵיעָזֵר בּוֹ, לְהִישָּׁעֵן עָלָיו:
*הוּא הֵבִיא **תִּימוּכִין** לִדְבָרָיו מִדִּבְרֵי אַפְלָטוֹן.*

תימצתפ' תִּמְצֵת — summarized
כָּתַב אוֹ אָמַר אֶת הַדְּבָרִים הָעִיקָּרִיִּים:
*הִיא **תִּימְצְתָה אֶת** הַסֵּפֶר לִקְרַאת הַבְּחִינָה.*
לְתַמְצֵת אֶת- / ת.מ.צ.ת, פִּיעֵל / תִּימְצַתּוּ, מְתַמְצֵת

תימרוןז' תִּמְרוּן [תִּימְרוּנִים] — manoeuvering
1. כְּשֶׁעוֹשִׂים תַּרְגִּילִים, אִימּוּנִים, בְּעִיקָּר הַצָּבָא:
*הַ**תִּימְרוּן** הָרִאשׁוֹן שֶׁל הַחַיָּילִים נִגְמַר אַחֲרֵי שְׁלֹשָׁה חוֹדָשִׁים.*
2. כְּשֶׁמְּנַסִּים לָצֵאת מִמַּצָּב קָשֶׁה עַל-יְדֵי פְּעוּלּוֹת לֹא רְגִילוֹת:
*הַ**תִּימְרוּן** שֶׁל רוֹכְבֵי הָאוֹפַנַּיִים בֵּין הַמְּכוֹנִיּוֹת מְסַכֵּן אוֹתָם.*

תימרוןז' תִּמְרוּן [תִּימְרוּנִים] — manoeuver
כְּשֶׁמִּתְאַמְּנִים בְּמַצָּב הַדּוֹמֶה לַמַּצָּב הָאֲמִיתִּי:
*הַצָּבָא עָרַךְ **תִּימְרוּנִים** בְּהִשְׁתַּתְּפוּת טַנְקִים וּמְטוֹסִים.*

תימרןפ' תִּמְרֵן — manoeuvered
עָשָׂה מַשֶּׁהוּ כְּדֵי לָצֵאת מִמַּצָּב קָשֶׁה:
***תִּימְרַנְתִּי בֵּין** הַמְּכוֹנִיּוֹת, כְּדֵי לְהַגִּיעַ בַּזְּמַן לַפְּגִישָׁה.*
לְתַמְרֵן בֵּין- / ת.מ.ר.ן, פִּיעֵל / תִּימְרַנְתִּי, מְתַמְרֵן, יְתַמְרֵן

תינוקז' תִּינוֹק [תִּינוֹקוֹת] — baby (m)
יֶלֶד קָטָן, בְּדֶרֶךְ כְּלָל עַד גִּיל שָׁנָה:
*אֵיזֶה **תִּינוֹק** חָמוּד, בֶּן כַּמָּה הוּא? - בֶּן שְׁלוֹשָׁה חוֹדָשִׁים.*
תִּינוֹקֶת, תִּינוֹקוֹת

תינוקית' תִּינוֹקִי — infantile
כְּמוֹ תִּינוֹק, אִינְפַנְטִילִי:
*לְפִי הַהִתְנַהֲגוּת הַ**תִּינוֹקִית** שֶׁלּוֹ הוּא מַתְאִים לְגַן יְלָדִים.*
תִּינוֹקִית, תִּינוֹקִיִּים, תִּינוֹקִיּוֹת

תינוקת ר' תינוק

תיסכולז' תִּסְכּוּל [תִּיסְכּוּלִים] — frustration
הַרְגָּשָׁה שֶׁל אַכְזָבָה, כְּשֶׁאִי אֶפְשָׁר לְבַצֵּעַ מַה שֶּׁרוֹצִים:
*נִכְשַׁלְתִּי שָׁלוֹשׁ פְּעָמִים בְּמִבְחַן נְהִיגָה. הַ**תִּיסְכּוּל** שֶׁלִּי נוֹרָא.*

תיסכלפ' תִּסְכֵּל — frustrated
גָּרַם לְמִישֶׁהוּ לְהַרְגִּישׁ שֶׁאֵינוֹ יָכוֹל לְהַצְלִיחַ:
*הַכִּישָּׁלוֹן בַּבְּחִינָה **תִּיסְכֵּל אוֹתוֹ** מְאוֹד.*
לְתַסְכֵּל אֶת- / ת.ס.כ.ל, פִּיעֵל / תִּיסְכְּלוּ, מְתַסְכֵּל, יְתַסְכֵּל

תיעבפ' תִּעֵב — abhorred
הִרְגִּישׁ דְּחִיָּיה, שִׂנְאָה, גּוֹעַל נֶפֶשׁ:
*הוּא **מְתַעֵב** כָּל מַה שֶּׁזָּר לוֹ (אוֹכֶל, מִנְהָגִים וְכוּ').*
לְתַעֵב אֶת- / ת.ע.ב, פִּיעֵל / תִּיעַבְתִּי, מְתַעֵב, יְתַעֵב

תיעדפ' תִּעֵד — documented
כָּתַב, אָסַף תְּעוּדוֹת, כְּדֵי שֶׁיִּישָּׁאֲרוּ לְהִיסְטוֹרְיָה:
***תִּיעַדְתִּי אֶת** כָּל מַה שֶּׁקָּרָה - כָּתַבְתִּי כָּל פְּרָט וְצֵירַפְתִּי קִטְעֵי עִיתּוֹנִים, תְּמוּנוֹת וְכוּ'.*
לְתַעֵד אֶת- / ת.ע.ד, פִּיעֵל / תִּיעַדְתִּי, מְתַעֵד, יְתַעֵד, תַּעֵד!

תיעובז' תִּעוּב — abomination
הַרְגָּשָׁה שֶׁמַּשֶּׁהוּ דּוֹחֶה, שֶׁאִי אֶפְשָׁר לִסְבּוֹל:
*הַנָּאצִים עָשׂוּ מַעֲשִׂים שֶׁמְּעוֹרְרִים **תִּיעוּב**.*

תיעודז' תִּעוּד — documentation
כְּשֶׁאוֹסְפִים תְּעוּדוֹת (דּוֹקוּמֶנְטִים) וְכוֹתְבִים בְּדִיּוּק מַה הָיָה:
*אֵין לָנוּ **תִּיעוּד** מִן הַתְּקוּפָה הַפְּרֶהִיסְטוֹרִית.*

תיעודית' תִּעוּדִי — documentary
שֶׁיָּכוֹל לִהְיוֹת כְּמוֹ תְּעוּדָה, עֵדוּת:
*בָּאַרְכִיּוֹן יֵשׁ חוֹמֶר **תִּיעוּדִי** רַב.*
תִּיעוּדִית, תִּיעוּדִיִּים, תִּיעוּדִיּוֹת

תיעולז' תִּעוּל — canalization
כְּשֶׁעוֹשִׂים תְּעָלוֹת (חֲפִירוֹת שֶׁל "שְׁבִילִים") לְמַיִם מְיוּתָּרִים וְכוּ':
*הָעִירִיָּיה מְטַפֶּלֶת **בְּתִיעוּל** מֵי הַגְּשָׁמִים.*

תיעושז' תִּעוּשׁ — industrialization
פִּיתּוּחַ שֶׁל תַּעֲשִׂיָּיה, בָּתֵּי חֲרוֹשֶׁת:
*חֶבְרָה מוֹדֶרְנִית חַיֶּיבֶת לְהַשְׁקִיעַ **בְּתִיעוּשׁ** וְלֹא בְּחַקְלָאוּת.*

תיפעולז' תִּפְעוּל — operating
כְּשֶׁעוֹשִׂים שֶׁמַּשֶּׁהוּ יִפְעַל, יַעֲבוֹד כְּמוֹ שֶׁצָּרִיךְ:
***תִּיפְעוּל** הַנָּמֵל הוּא בְּאַחֲרָיוּת מִנְהַל הַנָּמֵל.*

תיפעלפ' תִּפְעֵל — operated
עָשָׂה שֶׁמַּשֶּׁהוּ יַעֲבוֹד כְּמוֹ שֶׁצָּרִיךְ:
*בִּגְלַל הַשְּׁבִיתָה לֹא **תִּפְעֲלוּ אֶת** הַמְּכוֹנוֹת.*
לְתַפְעֵל אֶת- / ת.פ.ע.ל, פִּיעֵל / תִּיפְעֲלוּ, מְתַפְעֵל, יְתַפְעֵל

תיפקדפ׳ תִּפְקֵד performed, functioned
פָּעַל, עָשָׂה מַה שֶׁצָּרִיךְ:
*לא כֹּל הַמִּשְׂרָדִים **תִּיפְקְדוּ** הֵיטֵב.*
לְתַפְקֵד / ת.פ.ק.ד, פִּיעֵל / תִּיפְקַדְתִּי, מְתַפְקֵד, יְתַפְקֵד

תיפקודז׳ תִּפְקוּד [תִּיפְקוּדִים] functioning, performance
כְּשֶׁעוֹשִׂים מַה שֶׁצָּרִיךְ, פְּעִילוּת:
***הַתִּיפְקוּד** שֶׁל הַלֵּב אֵינוֹ טוֹב - הוּא צָרִיךְ נִיתּוּחַ.*
***הַתִּיפְקוּד** שֶׁל הַמְּנַהֵל מַשְׁפִּיעַ עַל כּוּלָּנוּ.*

תיקז׳ תִּיק [תִּיקִים] schoolbag, briefcase
1. שָׂמִים בּוֹ חֲפָצִים אִישִׁיִּים:
*הַתַּלְמִיד לָקַח אֶת הַסְּפָרִים וְהַמַּחְבָּרוֹת **בַּתִּיק**.*
2. אוֹסֶף תְּעוּדוֹת וּמִסְמָכִים שֶׁשַּׁיָּיכִים לְעִנְיָין אוֹ לְאָדָם מְסוּיָּם: file, case
*עוֹרֵךְ הַדִּין קָרָא אֶת **הַתִּיק** שֶׁל הַנֶּאֱשָׁם.*
3. מִינִיסְטֶרְיוֹן, אֶחָד מִמִּשְׂרְדֵי הַמֶּמְשָׁלָה: portfolio
*הַשַּׂר הֶחָדָשׁ קִיבֵּל אֶת **תִּיק** הַדּוֹאַר.*
תִּיק אִישִׁי / תִּיק מִשְׂרָדִי / תִּיק בַּמֶּמְשָׁלָה

תיקו תֵּיקוּ tie, draw (Aram.)
(אֲרָמִית) תַּעֲמוֹד.
מַצָּב שֶׁאַף אֶחָד אֵינוֹ מְנַצֵּחַ:
*מִשְׂחַק הַכַּדּוּרֶגֶל הִסְתַּיֵּים **בְּתֵיקוּ** - 2:2.*

תיקוןז׳ תִּקּוּן [תִּיקוּנִים] repair, correction
הַחְזָרַת דָּבָר לְמַצָּבוֹ הַשָּׁלֵם, לְמַצָּבוֹ הַקּוֹדֵם:
***תִּיקּוּן** הַשָּׁעוֹן הַשָּׁבוּר עָלָה שְׁלוֹשִׁים שֶׁקֶל.*
תִּיקּוּן טָעוּת / תִּיקּוּנֵי לָשׁוֹן

תיקייהנ׳ תִּיקִיָּה [תִּיקִיּוֹת] filing cabinet
חֶדֶר, אָרוֹן בְּמִשְׂרָד, שֶׁשּׁוֹמְרִים בּוֹ תִּיקִים:
*מָצָאתִי **בַּתִּיקִיָּה** מִכְתָּבִים מִלִּפְנֵי עֶשֶׂר שָׁנִים.*

תיקןפ׳ תִּקֵּן repaired
1. עָשָׂה שֶׁמַּשֶּׁהוּ מְקוּלְקָל, שָׁבוּר וְכוּ׳ יִהְיֶה בְּסֵדֶר (=מְתוּקָּן):
***תִּיקַּנְתִּי** אֶת הַשָּׁעוֹן, עַכְשָׁיו לֹא אִיחֵר.*
2. (לָשׁוֹן גְּבוֹהָה) קָבַע (חוֹק, הוֹרָאָה וְכוּ׳): instituted
*הָעִירִיָּיה **תִּיקְּנָה** תַּקָּנוֹת חֲדָשׁוֹת.*
לְתַקֵּן אֶת- / ת.ק.ן, פִּיעֵל / תִּיקַּנְתִּי, מְתַקֵּן, יְתַקֵּן, תַּקֵּן!

תיקצבפ׳ תִּקְצֵב budgeted
קָבַע אֶת הַהַכְנָסוֹת וְהַהוֹצָאוֹת (תַּקְצִיב) שֶׁל מוֹסָד וְכוּ׳:
*הַמֶּמְשָׁלָה **תִּיקְצְבָה** אֶת הַמִּשְׂרָדִים שֶׁלָּהּ.*
לְתַקְצֵב אֶת- / ת.ק.צ.ב, פִּיעֵל / תִּיקְצַבְתִּי, מְתַקְצֵב

תיקשרפ׳ תִּקְשֵׁר communicated
הִצְלִיחַ לִיצוֹר קֶשֶׁר עִם אֲנָשִׁים:
*מְנַהֵל טוֹב לוֹמֵד **לְתַקְשֵׁר עִם** הָעוֹבְדִים.*
לְתַקְשֵׁר עִם- / ת.ק.ש.ר, פִּיעֵל / תִּיקְשַׁרְתִּי, מְתַקְשֵׁר

תיקתוקז׳ תִּקְתּוּק [תִּיקְתּוּקִים] ticking sound
1. הַקּוֹל שֶׁל שָׁעוֹן אוֹ מְכוֹנָה:
***הַתִּיקְתּוּק** שֶׁל מְכוֹנַת הַכְּתִיבָה הֵעִיר אוֹתִי מֵהַשֵּׁינָה.*
2. כְּתִיבָה בִּמְכוֹנַת כְּתִיבָה: typing
*אֶת **תִּיקְתּוּק** הַמִּכְתָּב אֶעֱשֶׂה מָחָר.*

תיקתקפ׳ תִּקְתֵּק ticked
1. הִשְׁמִיעַ קוֹל (כְּמוֹ שָׁעוֹן וְכוּ׳):
*הַמְּכוֹנָה הַזֹּאת **מְתַקְתֶּקֶת** וְגוֹרֶמֶת לִי כְּאֵב רֹאשׁ.*
2. כָּתַב בִּמְכוֹנַת כְּתִיבָה, הִדְפִּיס: typed
*גָּמַרְתִּי **לְתַקְתֵּק אֶת** כֹּל הַמִּכְתָּבִים.*
לְתַקְתֵּק אֶת- / ת.ק.ת.ק, פִּיעֵל / תִּיקְתַּקְתִּי, מְתַקְתֵּק

תירגולז׳ תִּרְגּוּל [תִּירְגּוּלִים] exercise, drill
אִימּוּן, חֲזָרָה עַל אוֹתָן פְּעוּלוֹת:
*נָתַתִּי לַכִּיתָּה **תִּירְגּוּל** נוֹסָף בְּלָשׁוֹן, כְּדֵי שֶׁיַּצְלִיחוּ בַּבְּחִינָה.*

תירגולתנ׳ תִּרְגֹּלֶת [תִּירְגּוֹלוֹת] training, practice
כְּשֶׁעוֹשִׂים קְבוּצָה שֶׁל תַּרְגִּילִים כְּדֵי לָדַעַת מַשֶּׁהוּ טוֹב יוֹתֵר:
*אַחֲרֵי **הַתִּירְגּוֹלֶת**, אֲנִי יָכוֹל לָרוּץ יוֹם שָׁלֵם בְּלִי לְהִתְעַיֵּיף.*

תירגוםז׳ תִּרְגּוּם [תִּירְגּוּמִים] translation
הַעֲבָרָה מִשָּׂפָה אַחַת לְשָׂפָה אַחֶרֶת:
*הוּא עוֹבֵד **בְּתִירְגּוּם** מֵרוּסִית לְעִבְרִית.*

תירגלפ׳ תִּרְגֵּל exercised, practiced
1. עָשָׂה תַּרְגִּילִים, חָזַר וְלָמַד עוֹד וָעוֹד:
*לִפְנֵי הַבְּחִינָה **תִּירְגַּלְנוּ** בְּעָיוֹת בְּמָתֵימָטִיקָה.*
2. אִימֵּן מִישֶׁהוּ כְּדֵי שֶׁיִּהְיֶה טוֹב יוֹתֵר: drilled
*הַמְּפַקֵּד **תִּירְגֵּל אֶת** הַחַיָּילִים בְּרִיצָה.*
לְתַרְגֵּל אֶת- / ת.ר.ג.ל, פִּיעֵל / תִּירְגַּלְתִּי, מְתַרְגֵּל, יְתַרְגֵּל

תירגםפ׳ תִּרְגֵּם translated
הֶעֱבִיר מִשָּׂפָה אַחַת לְאַחֶרֶת:
*אֶת הַתַּנַ"ךְ **תִּירְגְּמוּ** מֵעִבְרִית כִּמְעַט לְכֹל הַשָּׂפוֹת.*
לְתַרְגֵּם אֶת- / ת.ר.ג.ם, פִּיעֵל / תִּירְגַּמְתִּי, מְתַרְגֵּם, יְתַרְגֵּם

תירוץז׳ תֵּרוּץ [תֵּירוּצִים] excuse, pretext
סִיבָּה אוֹ הֶסְבֵּר לְאִי-עֲשִׂיָּיה:
*הוּא הַמְצִיא כֹּל מִינֵי **תֵּירוּצִים** כְּדֵי לְהַסְבִּיר אֶת הָאִיחוּר.*

תירסז׳ תִּירָס — corn

מִין אוֹכֶל (שׁוּרוֹת שֶׁל 'שִׁינַּיִים' צְהוּבּוֹת):

*אֲנִי אוֹהֵב לֶאֱכוֹל **תִּירָס** חַם.*

תירץפ׳ תֵּירֵץ — explained, gave an excuse

הִסבִּיר, נָתַן סִיבָּה:

*הוּא **תֵּירֵץ אֶת** הָאִיחוּר בִּפקָקֵי הַתנוּעָה בַּכּבִישׁ.*

לְתָרֵץ אֶת- / ת.ר.ץ, פִּיעֵל / תֵּירַצתִי, מְתָרֵץ, יְתָרֵץ, תָּרֵץ!

תישז׳ תַּיִשׁ [תְיָישִׁים] — billy-goat

בֶּהֱמַת בַּיִת מִמִין זָכָר (עִם זָקָן וְקַרנַיִים):

*הִיזָּהֵר מִן **הַתַּיִשׁ**, בְּעִיקָּר מִן הַקַּרנַיִים שֶׁלוֹ.*

תכולהנ׳ תְּכוּלָה [תכוּלוֹת] — capacity

1 הַכַּמוּת שֶׁיְכוֹלָה לְהִיכָּנֵס לְאַרגָז, לְבַיִת:

***הַתְּכוּלָה** שֶׁל הַמַּחסָן אֵינָהּ גְדוֹלָה.*

2. כֹּל מַה שֶׁיֵּשׁ בְּתוֹךְ בַּיִת, חֶדֶר: — contents

*מָכַרנוּ אֶת **תְּכוּלַת** הַבַּיִת - כִּיסאוֹת אֲרוֹנוֹת, סִירִים וְכוּ'.*

תכונהנ׳ תְּכוּנָה [תכוּנוֹת] — trait, quality

1. מַה שֶׁמַּבדִיל בֵּין פְּרָטִים שֶׁל אוֹתוֹ סוּג:

*לַיֶּלֶד יֵשׁ **תְּכוּנוֹת** דּוֹמוֹת לְאֵלֶּה שֶׁל אָבִיו.*

2. הֲכָנוֹת, כְּשֶׁיֵּשׁ פְּעִילוּת לִקרַאת מַשֶּׁהוּ: — commotion, ado

*יֵשׁ **תְּכוּנָה** בַּבַּיִת לִפנֵי חַג הַפֶּסַח.*

תכוףת׳ תָּכוּף — frequent

שֶׁבָּא מִיָּד אַחֲרֵי-:

*הַבִּיקּוּרִים שֶׁלִּי אֵצֶל הָרוֹפֵא נַעֲשׂוּ **תְּכוּפִים**.*

תכופותתה"פ - — frequently

*הוּא בָּא לְבַקֵּר אוֹתִי **תְּכוּפוֹת**.*

תכוּפָה, תכוּפִים, תכוּפוֹת

תכיפותנ׳ תְּכִיפוּת — frequency

כְּשֶׁמַּשֶּׁהוּ קוֹרֶה אַחֲרֵי מַשֶּׁהוּ אַחֵר:

***תְּכִיפוּת** הַבִּיקּוּרִים שֶׁלּוֹ אֵצֶל הָרוֹפֵא עָלתָה.*

תככיםז"ר תְּכָכִים — intrigues

כְּשֶׁעוֹשִׂים מֵאֲחוֹרֵי הַגַּב כְּדֵי לְהַשִּׂיג מַשֶּׁהוּ:

*אֵין פּוֹלִיטִיקָה בּלִי **תְּכָכִים**.*

תככןז׳ תַּכְכָן [תַכְכָנִים] — intriguer

מִי שֶׁעוֹשֶׂה מֵאֲחוֹרֵי הַגַּב כְּדֵי לְהַשִּׂיג מַשֶּׁהוּ:

*הוּא גָרַם לְכָךְ שֶׁדָּוִד וְיִצחָק יָרִיבוּ, כִּי הוּא **תַּכְכָן**.*

תַכְכָנִית, תַכְכָנִיּוֹת

תכליתנ׳ תַּכְלִית — end goal, purpose

מַטָּרָה, הַדָּבָר שֶׁבִּשׁבִילוֹ עוֹשִׂים מַשֶּׁהוּ:

*מַה **הַתַּכְלִית** בְּלִימוּדֵי פִילוֹסוֹפְיָה?*

בְּתַכְלִיתתה"פ - לְגַמרֵי: — absolutely

*אֲנִי אוֹסֵר עָלֶיךָ לְעַשֵׁן **בְּתַכְלִית** הָאִיסוּר.*

תכליתית׳ תַּכְלִיתִי — purposeful

שֶׁיֵּשׁ לוֹ מַטָּרָה, שֶׁעוֹשִׂים אוֹתוֹ בִּשׁבִיל מַשֶּׁהוּ:

*לִימוּד מִקצוֹעַ הוּא לִימוּד **תַּכְלִיתִי**.*

רַב תַּכְלִיתִי - — multipurpose

זֶהוּ מְעִיל רַב-תַּכְלִיתִי - גַּם נֶגֶד גֶּשֶׁם וְגַם נֶגֶד רוּחַ.

תַכלִיתִית, תַכלִיתִיִּים, תַכלִיתִיּוֹת

תכליתיותנ׳ תַּכְלִיתִיּוּת — purposefulness

כְּשֶׁעוֹשִׂים בִּשׁבִיל מַטָּרָה מְסוּיֶּמֶת:

*לְפִי דַעתִּי, **הַתַּכְלִיתִיּוּת** אֵינֶנָּה הַכֹּל בַּחַיִּים.*

תכלתנ׳ תְּכֵלֶת — sky-blue

צֶבַע הַשָּׁמַיִם, כָּחוֹל בָּהִיר:

*צֶבַע הָעֵינַיִים שֶׁלָּהּ הוּא כְּמוֹ **תְּכֵלֶת** הַשָּׁמַיִם.*

תכסיסז׳ תַּכְסִיס [תַכסִיסִים] — tactic, trick

טְרִיק, דֶּרֶךְ מְיוּחֶדֶת לְהַשִּׂיג מַשֶּׁהוּ:

*בַּמִּלחָמָה מְנַצְּחִים **בְּתַכסִיסִים**.*

תכסיסנותנ׳ תַּכְסִיסָנוּת — tactics, strategy

פְּעוּלוֹת מְחוּשָׁבוֹת שֶׁעוֹשִׂים כְּדֵי לְהַשִּׂיג מַשֶּׁהוּ:

*בְּלִי **תַּכסִיסָנוּת** אִי אֶפשָׁר לְהַגִּיעַ לְמַעֲמָד פּוֹלִיטִי.*

תכריכיםז"ר תַּכְרִיכִים — shroud

'בֶּגֶד' לָבָן שֶׁמַּלבִּישִׁים בּוֹ גוּף מֵת:

*קָברוּ אֶת הַמֵּת **בְּתַכרִיכִים**.*

תכשיטז׳ תַּכְשִׁיט [תַכשִׁיטִים] — jewel

טַבָּעוֹת, שַׁרשָׁרוֹת וְכוּ' הֵם תַכשִׁיטִים:

*יֵשׁ לָהּ **תַּכשִׁיטִים** יְקָרִים מִזָּהָב וּמֵאֲבָנִים טוֹבוֹת.*

תכשיטןז׳ תַּכְשִׁיטָן [תַכשִׁיטָנִים] — jeweler

עוֹשֶׂה תַכשִׁיטִים - טַבָּעוֹת, עֲגִילִים וְכוּ':

*הוּא **תַּכשִׁיטָן** מְקוֹרִי, הַטַּבָּעוֹת שֶׁלּוֹ מְיוּחָדוֹת.*

תַכשִׁיטָנִית, תַכשִׁיטָנִיּוֹת

תכשיטנותנ׳ תַּכְשִׁיטָנוּת — jewelry-making

עֲבוֹדַת הַתַּכשִׁיטָן (מִי שֶׁעוֹשֶׂה טַבָּעוֹת וְכוּ' מִזָּהָב, כֶּסֶף):

***תַּכשִׁיטָנוּת** הִיא סוּג שֶׁל אוֹמָנוּת.*

תכשירז׳ תַּכְשִׁיר [תַכשִׁירִים] — preparation

מוּצָר כִּימִי:

*אֲנִי מִשׁתַּמֵּשׁ **בְּתַכשִׁירִים** לִצבִיעַת הַשֵּׂעָר.*

תכתובתנ' תִּכְתֹּבֶת [תִכתוֹבוֹת] correspondence
כְּשֶׁכּוֹתבִים מִכתָבִים וְעוֹנִים עֲלֵיהֶם:
*אֲנִי מְנַהֶלֶת **תִכתוֹבֶת** עִם קוֹרְאֵי עִברִית בְּכֹל הָעוֹלָם.*

תכתיבז' תַּכְתִּיב [תַכתִיבִים] dictate
הוֹרָאָה, כְּשֶׁאוֹמְרִים לְמִישֶׁהוּ מַה לַעֲשׂוֹת:
*אֵינֶנִי מוּכָן לְקַבֵּל **תַכתִיבִים** מִן הַוַעַד.*

תלז' תֵּל [תִילִים] mound
גִבעָה מְלָאכוּתִית, נוֹצְרָה עַל-יְדֵי בְּנֵי אָדָם:
*הָאַרכֵיאוֹלוֹגִים חָפרוּ **בְּתֵל** וּמָצְאוּ בּוֹ עִיר עַתִיקָה.*

תלאותנ"ר תְּלָאוֹת hardship, tribulation
צָרוֹת, חַיִים קָשִׁים:
*אַחֲרֵי **תְלָאוֹת** רַבּוֹת הִגַעְנוּ לָאָרֶץ.*

תלבושתנ' תִּלְבֹּשֶׁת [תִלבּוֹשׁוֹת] outfit
1. הַבְּגָדִים שֶׁלוֹבְשִׁים:
***הַתִלבּוֹשֶׁת** שֶׁלָךְ יָפָה וּמוֹדֶרנִית.*
2. בְּגָדִים מְיוּחָדִים (שֶׁל בֵּית סֵפֶר וְכוּ'): uniform
*לְכֹל הַשׁוֹטרִים יֵשׁ **תִלבּוֹשֶׁת** אֲחִידָה.*

תלהפ' תָּלָה hung
1. שָׂם דָבָר מָה עַל מַסמֵר (בְּאָרוֹן וְכוּ'):
*דָוִיד **תָלָה אֶת** הַמְעִיל בָּאָרוֹן.*
2. גָרַם מָוֶות (בְּחֶבֶל עַל הַצַוָואר):
*בֶּעָבָר **תָלוּ אֶת** הַפּוֹשׁעִים בְּכִכַּר הָעִיר.*
תָלָה תִקווֹתב' - הֶאֱמִין: pinned (one's) hopes on
הַהוֹרִים תָלוּ תִקווֹת רַבּוֹת בַּבֵּן הַצָעִיר.
לִתלוֹת אֶת-, בְּ- / ת.ל.ה, פָּעַל / תָלִיתִי, תוֹלֶה, אֶתלֶה

תלוית' תָּלוּי hanging (adj.)
1. קָשׁוּר לְמַעֲלָה בְּלִי בָּסִיס מִתַחַת:
*הַתמוּנָה **תְלוּיָה עַל** הַקִיר.*
2. קָשׁוּר לְ- (אֵינוֹ עַצמָאִי): dependent upon
*הַיֶלֶד **תָלוּי בְּ**הוֹרָיו.*
3. קָשׁוּר בְּ-, נוֹגֵעַ לְ-: contingent on
*הַיְצִיאָה לַטִיוּל **תְלוּיָה בְּ**מֶזֶג הָאֲוויר.*
תלוּיָה, תלוּיִים, תלוּיוֹת

תלולת' תָּלוּל steep
1. קַו שֶׁל יְרִידָה אוֹ עֲלִיָיה חַד מְאוֹד:
*קָשֶׁה הָיָה לְטַפֵּס בָּהָר, כִּי הוּא **תָלוּל** מְאוֹד.*
2. (מֶטָאפוֹרָה) חָרִיף, קִיצוֹנִי: sharp, drastic
*יֵשׁ עֲלִיָיה **תְלוּלָה** בְּמִספַּר הַמוּבטָלִים.*
תלוּלָה, תלוּלִים, תלוּלוֹת

תלוליתנ' תְּלוּלִית [תלוּלִיוֹת] mound, heap
גִבעָה קְטַנָה מְאוֹד:
*יָשַׁבנוּ לָנוּחַ עַל **תלוּלִית** אֲדָמָה בְּאֶמצַע הַדֶרֶך.*

תלונהנ' תְּלוּנָה [תלוּנוֹת] complaint
טַעֲנָה כְּנֶגֶד מִישֶׁהוּ אוֹ מַשֶׁהוּ:
*הוּא הִגִישׁ **תלוּנָה** לָעִירִיָיה עַל הַלִיכלוּך בָּרחוֹב לְיַד בֵּיתוֹ.*

תלושת' תָּלוּשׁ torn off
1. שֶׁהוֹצִיאוּ אוֹתוֹ מִן הָאֲדָמָה אוֹ קָטפוּ אוֹתוֹ מִן הָעֵץ:
*פְּרָחִים **תלוּשִׁים** מְפוּזָרִים עַל הָאֲדָמָה.*
2. לֹא שַׁיָיךְ לְשׁוּם מָקוֹם: detached (adj.)
*הוּא מַרגִישׁ אֶת עַצמוֹ **תָלוּשׁ**, חֲסַר בַּיִת.*
תלוּשָׁה, תלוּשִׁים, תלוּשׁוֹת

תלושז' תְּלוּשׁ [תלוּשִׁים] coupon
פֶּתֶק, שֶׁקוֹרעִים מִמֶנוּ חֵלֶק, סִימָן לְתַשׁלוּם, קַבָּלָה וְכוּ':
*קָנִיתִי **תלוּשֵׁי** אוֹכֶל כְּדֵי לֶאֱכוֹל בַּמִסעָדָה שֶׁל הָעוֹבדִים.*
תלוּשׁ-מַשׂכּוֹרֶת - paycheck
בְּתלוּשׁ הַמַשׂכּוֹרֶת כְּתוּבוֹת כֹּל הַשָׁעוֹת שֶׁעָבַדתִי הַחוֹדֶשׁ.

תלותנ' תְּלוּת dependency
קֶשֶׁר שֶׁל גוֹרֵם אֶחָד בְּגוֹרֵם אַחֵר:
*יֵשׁ **תלוּת** כַּלכָּלִית בֵּין יִשׂרָאֵל לְאַרצוֹת הַבְּרִית.*

תליז' תְּלִי / תֶּלִי loop
סֶרֶט קָטָן בְּצַוָוארוֹן, תוֹלִים בּוֹ מְעִיל עַל מַסמֵר:
*אֵין **תְלִי** בַּמְעִיל, לָכֵן הוּא מוּנָח עַל הַכִּיסֵא.*

תליוןז' תִּלְיוֹן [תִליוֹנִים] pendant
קִישׁוּט לַצַוָואר, שַׁרשֶׁרֶת, שֶׁעָלֶיהָ תָלוּי מַשֶׁהוּ:
*קִיבַּלתִי בְּמַתָנָה **תִליוֹן** עִם מָגֵן דָוִיד מִזָהָב.*

תלייהנ' תְּלִיָּה [תלִיוֹת] hanging
כְּשֶׁשָׂמִים מַשֶׁהוּ עַל חֶבֶל, בָּאָרוֹן וְכוּ':
*יֵשׁ מָקוֹם מְיוּחָד בָּאָרוֹן **לִתלִיַית** מְעִילִים.*
עַמוּד-תלִיָיה gallows

תלייןז' תַּלְיָן [תַליָינִים] hangman
מִי שֶׁתוֹלֶה אֲנָשִׁים, שֶׁנִקבַּע לָהֶם עוֹנֶשׁ מָוֶות:
*בְּיִשׂרָאֵל אֵין **תַליָינִים**, כִּי אֵין עוֹנֶשׁ מָוֶות.*

תלישהנ' תְּלִישָׁה [תלִישׁוֹת] plucking, tearing off
כְּשֶׁקוֹטפִים, חוֹתכִים מַשֶׁהוּ - פֶּרַח, עָלֶה פְּרִי וְכוּ':
***תלִישַׁת** עָלִים מִן הַפֶּרַח מְקַלקֶלֶת אוֹתוֹ.*

תלישותנ' תְּלִישׁוּת detachment
כְּשֶׁאֵין קֶשֶׁר לִמדִינָה, לְחֶברָה וְכוּ':
*הָייתָה לִי הַרגָשָׁה שֶׁל **תלִישׁוּת** כְּשֶׁחָיִיתִי בְּחוּץ לָאָרֶץ.*

תלםז׳ תֶּלֶם [תְּלָמִים] furrow

"קַו" שֶׁפּוֹתְחִים בָּאֲדָמָה בִּשְׁבִיל זְרָעִים:

*הַטְרַקְטוֹר עָבַר וּפָתַח **תְּלָמִים** בַּשָּׂדֶה.*

לָלֶכֶת בַּתֶּלֶם (מֶטָאפוֹרָה) - הוֹלֵךְ בַּדֶּרֶךְ הָרְגִילָה, כְּמוֹ שֶׁמְּקוּבָּל:

הָלַכְתִּי בַּתֶּלֶם - גָּמַרְתִּי בֵּית סֵפֶר, הָלַכְתִּי לַצָּבָא, לָמַדְתִּי בָּאוּנִיבֶרְסִיטָה וְכוּ׳.

תלמודז׳ תַּלְמוּד Talmud

גְּמָרָא. אוֹסֶף חוּקִים, פֵּירוּשִׁים וַאֲגָדוֹת. הַסֵּפֶר הֶחָשׁוּב בְּיוֹתֵר לַיְהוּדִים אַחֲרֵי הַתַּנַ"ךְ:

*תַּלְמִידֵי הַיְשִׁיבָה לוֹמְדִים **תַּלְמוּד**.*

תלמוד תורה ר׳ תורה

תלמידז׳ תַּלְמִיד [תַּלְמִידִים] student, pupil

מִי שֶׁלּוֹמֵד אֵצֶל מוֹרֶה:

***תַּלְמִידֵי** בֵּית־הַסֵּפֶר מַתְחִילִים לִלְמוֹד בְּסֶפְּטֶמְבֶּר.*

תַּלְמִיד חָכָם - מִי שֶׁיּוֹדֵעַ תוֹרָה, תַּלְמוּד וְכוּ׳ (הַיּוֹם אוֹמְרִים גַּם עַל מִי שֶׁיֵּשׁ לוֹ הַשְׂכָּלָה כְּלָלִית)

תלשפ׳ תָּלַשׁ plucked, tore off

קָטַף אוֹ הוֹצִיא מִן הָאֲדָמָה:

***תָּלַשְׁתִּי אֶת** הָעֲשָׂבִים, כְּדֵי שֶׁהַפְּרָחִים יִצְמְחוּ.*

*כְּשֶׁשָּׁמְעוּ עַל הָאָסוֹן, הֵם **תָּלְשׁוּ אֶת** הַשְּׂעָרוֹת מִצַּעַר.*

לִתְלוֹשׁ אֶת- / ת.ל.ש, פָּעַל / תָּלַשְׁתִּי, תּוֹלֵשׁ, יִתְלוֹשׁ

תלתש״מ תְּלָת three (Aram.)

(אֲרָמִית) שָׁלוֹשׁ:

*אֲנִי מִשְׁתַּמֵּשׁ בְּמִילוֹן **תְּלָת** לְשׁוֹנִי (עִבְרִית-רוּסִית-אַנְגְּלִית)*

תְּלַת שְׁנָתִי - שֶׁל שָׁלוֹשׁ שָׁנִים:

*אֲנִי בְּקוּרְס **תְּלַת שְׁנָתִי** לְמוּסִיקָה.*

תְּלַת־מְמַדִּי three-dimensional

תלתלז׳ תַּלְתַּל [תַּלְתַּלִּים] curl

"עִיגּוּלִים" בַּשְּׂעָרוֹת:

*לַיֶּלֶד יֵשׁ רֹאשׁ מָלֵא **תַּלְתַּלִּים** שְׁחוֹרִים.*

תםפ׳ תַּם ended

נִגְמַר, לֹא הָיָה יוֹתֵר:

***תַּמָּה** שָׁנָה וּמַתְחִילָה שָׁנָה חֲדָשָׁה. / **תַּם** כּוֹחִי.*

תַּם וְנִשְׁלַםב׳ - נִגְמַר, נַעֲשָׂה לוֹ סוֹף

/ ת.מ.ם, פָּעַל / תַּמּוּ, תַּם, יִתַּם, יִתַּמּוּ

תםת׳ תָּם naive

נָאִיבִי, לֹא חָכָם מְאוֹד:

*בַּהַגָּדָה שֶׁל פֶּסַח מְסַפְּרִים עַל בֵּן חָכָם וְעַל בֵּן **תָּם**.*

כְּתִיבָה תַּמָּה calligraphy

תַּמָּה, תַּמִּים, תַּמּוֹת

תמהפ׳ תָּמַהּ wondered

הִתְפַּלֵּא, הֵגִיב עַל מַשֶּׁהוּ שֶׁלֹּא חִיכָּה לוֹ:

***תָּמַהְתִּי** עַל הַהַחְלָטוֹת שֶׁקִּיבֵּל.*

לִתְמוֹהַּ עַל- / ת.מ.ה, פָּעַל / תָּמַהְתִּי, תָּמֵהַּ, יִתְמַהּ

תמהוני ר׳ תימהוני

תמוהת׳ תָּמוּהַּ puzzling (adj.)

מוּזָר, מְעוֹרֵר שְׁאֵלוֹת:

*הַנְּסִיעָה הַפִּתְאוֹמִית שֶׁלּוֹ **תְּמוּהָה** בְּעֵינַיי.*

תְּמוּהָה, תְּמוּהִים, תְּמוּהוֹת

תמוזז׳ תַּמּוּז Tammuz (month, June-July)

שֵׁם חוֹדֶשׁ עִבְרִי - יוּנִי-יוּלִי:

***בְּתַמּוּז** חַם בְּיִשְׂרָאֵל.*

תמוכהנ׳ תְּמוֹכָה [תְּמוֹכוֹת] support

מִשְׁעֶנֶת, מַשֶּׁהוּ שֶׁעוֹזֵר לַעֲמִידָה יַצִּיבָה:

*הַקִּיר צָרִיךְ **תְּמוֹכוֹת**, כְּדֵי שֶׁלֹּא יִפּוֹל.*

תמולת״פ/ז׳ תְּמוֹל yesterday

אֶתְמוֹל, הַיּוֹם שֶׁלִּפְנֵי הַיּוֹם הַזֶּה:

*כָּל הַחַיִּים הֵם **תְּמוֹל**, הַיּוֹם וּמָחָר.*

כִּתְמוֹל שִׁלְשׁוֹםב׳ - כְּמוֹ הַיָּמִים שֶׁהָיוּ:

הָעוֹלָם הִשְׁתַּנָּה, הוּא אֵינֶנּוּ כִּתְמוֹל שִׁלְשׁוֹם.

תמונהנ׳ תְּמוּנָה [תְּמוּנוֹת] picture, painting

צִיּוּר אוֹ צִילּוּם שֶׁל דָּבָר:

*בִּיקַּרְתִּי בְּתַעֲרוּכַת **תְּמוּנוֹת** בַּמּוּזֵיאוֹן.*

תְּמוּנַת-מַצָּב - תֵּיאוּר (בְּמִילִּים) שֶׁל הַמַּצָּב

תמורהנ׳ תְּמוּרָה [תְּמוּרוֹת] substitute

1. מַשֶּׁהוּ שֶׁבָּא בִּמְקוֹם, תַּחְלִיף:

*אֵין **תְּמוּרָה** לְחַיֵּי אָדָם.*

2. שִׁינּוּי: change

*מֵאָז קוּם הַמְּדִינָה חָלָה **תְּמוּרָה** בְּחַיֵּי הַיְּהוּדִים.*

תְּמוּרַתמ״י - in exchange (for)

*קִיבַּלְתִּי כֶּסֶף **תְּמוּרַת** הַסְּחוֹרָה.*

תמותהנ׳ תְּמוּתָה death

1. מָוֶות:

*כּוּלָּנוּ בְּנֵי **תְּמוּתָה**.*

2. מִסְפַּר הָאֲנָשִׁים הַמֵּתִים בִּזְמַן מְסוּיָּם: mortality

***תְּמוּתַת** הַתִּינוֹקוֹת יָרְדָה בַּשָּׁנִים הָאַחֲרוֹנוֹת.*

תמחירז׳, תַּמְחִיר [תַּמְחִירִים] pricing
קְבִיעָה שֶׁל מְחִיר לְפִי הַהוֹצָאוֹת + רֶוַוח:
*אֲנִי מֵכִין אֶת **הַתַּמְחִיר** לַדִּירוֹת הַחֲדָשׁוֹת.*

תמחירןז׳, תַּמְחִירָן [תַּמְחִירָנִים] cost analyst
בַּעַל מִקְצוֹעַ, מִי שֶׁמְּחַשֵּׁב אֶת הַמְּחִיר שֶׁל מוּצָר:
*הוּא לָמַד כַּלְכָּלָה וְעָבַד **כְּתַמְחִירָן** בְּחֶבְרַת בְּנִיָּה.*
תַּמְחִירָנִית, תַּמְחִירָנִיּוֹת

תמידת״פ תָּמִיד always, constantly
כֹּל הַזְּמַן:
*הוּא **תָּמִיד** מְאַחֵר לַפְּגִישׁוֹת.*
לְתָמִיד forever
אַחַת וּלְתָמִיד once and for all

תמידית׳, תְּמִידִי permanent
שֶׁל כֹּל הַזְּמַן, בְּלִי הַפְסָקָה:
*מַחֲלָה כְּרוֹנִית הִיא מַצָּב **תְּמִידִי**.*
תְּמִידִית, תְּמִידִיִּים, תְּמִידִיּוֹת

תמיההנ׳, תְּמִיהָה [תְּמִיהוֹת] astonishment
תְּגוּבָה לְמַשֶּׁהוּ שֶׁלֹּא חִיכּוּ לוֹ:
*כְּשֶׁבָּאתִי רָאִיתִי **תְּמִיהָה** עַל פָּנָיו.*
בִּתְמִיהָהת״פ amazingly

תמיכהנ׳, תְּמִיכָה support
עֶזְרָה, סִיּוּעַ:
*הָאִישׁ זָקֵן וְחוֹלֶה. הוּא זָקוּק **לִתְמִיכָה** כַּלְכָּלִית וְנַפְשִׁית.*

תמיםת׳, תָּמִים whole
1. שָׁלֵם, שֶׁלֹּא חָסֵר בּוֹ דָּבָר:
*יוֹם **תָּמִים** חִיכִּיתִי לְטֶלֶפוֹן מִמְּךָ.*
2. יָשָׁר, קְצָת נָאִיבִי: naive, innocent
*הוּא אִישׁ **תָּמִים**, וְאֶפְשָׁר לְרַמּוֹת אוֹתוֹ.*
תְּמִים-דֵּעִיםב׳ in agreement with
בֶּאֱמֶת וּבְתָמִים honestly, truthfully
תְּמִימָה, תְּמִימִים, תְּמִימוֹת

תמימותנ׳, תְּמִימוּת naiveté
נָאִיבִיּוּת, כְּשֶׁמַּאֲמִינִים לְכֹל דָּבָר:
*יֵשׁ בּוֹ **תְּמִימוּת** שֶׁל יֶלֶד.*
בִּתְמִימוּתת״פ innocently
תְּמִימוּת דֵּעִים consensus, unanimity

תמיסהנ׳, תְּמִיסָּה [תְּמִיסּוֹת] solution
כְּשֶׁמְּעַרְבְּבִים חוֹמֶר בְּנוֹזֵל:
מוֹסִיפִים לַקֶּמַח שֶׁל הָעוּגָה תְּמִיסָּה שֶׁל חָלָב וְסוּכָּר.

תמירת׳, תָּמִיר tall, erect
גָּבוֹהַּ וְיָשָׁר:
*יֵשׁ לוֹ גּוּף **תָּמִיר**.*
תְּמִירָה, תְּמִירִים, תְּמִירוֹת

תמךפ׳, תָּמַךְ supported
1. עָזַר, סִיֵּיעַ:
*מֹשֶׁה **תָּמַךְ** בְּדוֹדָתוֹ הָאַלְמָנָה בְּמֶשֶׁךְ שָׁנִים רַבּוֹת.*
*רֹאשׁ הַמֶּמְשָׁלָה **תָּמַךְ** בַּהַצָּעָה שֶׁל שַׂר הָאוֹצָר.*
2. חִיזֵּק, הָיָה מִשְׁעֶנֶת:
*הָעַמּוּד **יִתְמוֹךְ** בַּקִּירוֹת הַבַּיִת.*
לִתְמוֹךְ בְּ- / ת.מ.ך, פָּעַל / תָּמַכְתִּי, תּוֹמֵךְ, יִתְמוֹךְ, תְּמוֹךְ!

תמלוגיםז״ר תַּמְלוּגִים royalties
כֶּסֶף שֶׁמְּשַׁלְּמִים לְבַעַל פָּטֶנְט, יְצִירָה וְכוּ׳ בִּשְׁבִיל הַשִּׁימוּשׁ בָּהֶם:
*הִשְׁמִיעוּ שִׁיר שֶׁלִּי בָּרַדְיוֹ, וְקִיבַּלְתִּי עָלָיו **תַּמְלוּגִים**.*

תמלילז׳, תַּמְלִיל [תַּמְלִילִים] libretto
הַמִּילִים שֶׁל שִׁיר, יְצִירָה מוּסִיקָלִית וְכוּ׳:
*אֵינֶנִּי יוֹדֵעַ מִי כָּתַב אֶת **הַתַּמְלִילִים** לָאוֹפֶּרוֹת שֶׁל מוֹצַרְט.*
מְעַבֵּד-תַּמְלִילִים - word processor
כָּתַבְתִּי אֶת הַמַּאֲמָר שֶׁלִּי בִּמְעַבֵּד תַּמְלִילִים,
וְהוּא נִשְׁמַר בַּמַּחְשֵׁב.

תמלילןז׳, תַּמְלִילָן [תַּמְלִילָנִים] librettist
מִי שֶׁכּוֹתֵב מִילִּים לַמַּנְגִּינוֹת:
***הַתַּמְלִילָנִים** שֶׁל הָאוֹפֶּרוֹת אֵינָם יְדוּעִים לִי.*
תַּמְלִילָנִית, תַּמְלִילָנִיּוֹת

תמסורתנ׳, תִּמְסֹרֶת [תִּמְסוֹרוֹת] transmission
הַעֲבָרָה שֶׁל יְדִיעוֹת, שִׁידּוּרֵי רַדְיוֹ וְכוּ׳:
*תַּחֲנַת **הַתִּמְסוֹרֶת** מַעֲבִירָה אֶת שִׁידּוּרֵי הָרַדְיוֹ לְחוּץ לָאָרֶץ.*

תמציתנ׳, תַּמְצִית [תַּמְצִיּוֹת] summary
1. הַחֵלֶק הֶחָשׁוּב, הָעִיקָּרִי:
*הַתַּלְמִידִים כָּתְבוּ אֶת **תַּמְצִית** הַסִּיפּוּר.*
*הַנָּשִׂיא מָסַר לָעִיתּוֹנָאִי אֶת **תַּמְצִית** שִׂיחוֹתָיו עִם הַשָּׂרִים.*
2. נוֹזֵל שֶׁיֵּשׁ בּוֹ חוֹמָרִים וּמְעַט מַיִם: essence
*אֶת הַתֵּה הֵכַנְתִּי **מִתַּמְצִית** וּמִמַּיִם רוֹתְחִים.*

תמציתית׳, תַּמְצִיתִי concise
שֶׁיֵּשׁ בּוֹ הָעִיקָּר, בְּלִי דְּבָרִים 'מִסָּבִיב':
*בִּיקַּשְׁתִּי תֵּיאוּר **תַּמְצִיתִי** שֶׁל מַה שֶּׁקָּרָה.*
תַּמְצִיתִית, תַּמְצִיתִיִּים, תַּמְצִיתִיּוֹת

תמציתיותנ׳, תַּמְצִיתִיּוּת essentiality
כְּשֶׁמַּשְׁאִירִים אֶת הָעִיקָּר בִּלְבַד.

בְּתַמְצִיתִיוּתת"פ - succinctly
*הִיא דִיבְּרָה **בְּתַמְצִיתִיוּת** רַבָּה.*

תמרז, תָּמָר [תְּמָרִים] palm tree
עֵץ פְּרִי גָבוֹהַּ מְאוֹד, הַפֵּירוֹת שֶׁלּוֹ מְתוּקִים:
*כְּדֵי לִקְטוֹף אֶת **הַתְּמָרִים** צָרִיךְ סוּלָּם גָבוֹהַּ מְאוֹד.*

תמרון ר' תימרון

תמרוקייהנ, תַּמְרוּקִיָּה [תַּמְרוּקִיּוֹת] perfumery
חֲנוּת לִמְכִירַת תַּכְשִׁירֵי קוֹסְמֶטִיקָה:
*קָנִיתִי **בְּתַמְרוּקִיָּה** עִיפָּרוֹן שָׁחוֹר לָעֵינַיִים.*

תמרוקיםז"ר תַּמְרוּקִים cosmetics
קוֹסְמֶטִיקָה, מַה שֶּׁשָּׂמִים עַל הָעוֹר, הָעֵינַיִים וְכוּ':
*כֹּל **הַתַּמְרוּקִים** שֶׁהִיא שָׂמָה לֹא עוֹזְרִים לָהּ - הִיא נִרְאֵית זְקֵנָה.*

תמרורז, תַּמְרוּר [תַּמְרוּרִים] traffic sign
סִימַן דְּרָכִים (עֲצוֹר! אֵין כְּנִיסָה!):
*לֹא עָצַרְתִּי **בְּתַמְרוּר** 'עֲצוֹר!', וְכָךְ קָרְתָה הַתְּאוּנָה.*

תמריץז, תַּמְרִיץ [תַּמְרִיצִים] incentive
מַה שֶּׁנּוֹתְנִים כְּדֵי לְעוֹדֵד, כְּדֵי שֶׁיַּעַבְדוּ יוֹתֵר שָׁעוֹת, וְכוּ':
*מִי שֶׁעוֹבֵד שָׁעוֹת נוֹסָפוֹת מְקַבֵּל **תַּמְרִיץ** - שָׂכָר כָּפוּל.*

תןז, תַּן [תַּנִּים] jackal
בַּעַל חַיִּים דּוֹמֶה לְכֶלֶב מְיַילֵל בַּלֵּילוֹת:
***הַתַּן** אוֹכֵל בַּעֲלֵי חַיִּים מֵתִים.*

תנאיז, תְּנַאי [תְּנָאִים] condition
1. פְּרָט בְּחוֹזֶה שֶׁבִּלְעָדָיו לֹא יִתְקַיֵּים הַחוֹזֶה:
*שְׁנֵי הַצְּדָדִים הִתְחַיְּיבוּ לְקַיֵּים אֶת **הַתְּנָאִים** שֶׁל הַחוֹזֶה.*
הַתְּנַאי שֶׁלִּי הוּא כָּזֶה: גַּם אִם יַעֲלֶה הַמְּחִיר, לֹא אֲשַׁלֵּם תּוֹסֶפֶת לִמְחִיר הַדִּירָה.
מַאֲסָר עַל תְּנַאי suspended prison sentence
2. **[תְּנָאִים]** - מַצַּב הָעִנְיָינִים: state of affairs
*הִפְסַקְתִּי לַעֲבוֹד בְּבֵית הַחֲרוֹשֶׁת בִּגְלַל **הַתְּנָאִים** הַקָּשִׁים.*
בִּתְנַאי שֶׁ- on condition that...
*אֶתֵּן לְךָ אֶת הַסֵּפֶר **בִּתְנַאי שֶׁ**תַּחֲזִיר אוֹתוֹ מָחָר.*

תנובהנ, תְּנוּבָה [תְּנוּבוֹת] produce, yield
תּוֹצֶרֶת, מַה שֶּׁגָּדֵל (פֵּירוֹת, יְרָקוֹת) וְכֵן חָלָב, בֵּיצִים וְכוּ':
***תְּנוּבַת** הֶחָלָב בָּאָרֶץ גְּבוֹהָה מְאוֹד.*

תנודהנ, תְּנוּדָה [תְּנוּדוֹת] vibration
1. תְּנוּעָה לֹא גְדוֹלָה:
הִרְגַּשְׁתִּי תְּנוּדָה בַּמְּכוֹנִית - מַשֶּׁהוּ נִשְׁבַּר.
2. כְּשֶׁמַּשֶּׁהוּ אֵינוֹ יַצִּיב: fluctuation
*יֵשׁ **תְּנוּדוֹת** לְמַעְלָה וּלְמַטָּה בִּמְחִירֵי הַדִּירוֹת.*

תנוחהנ, תְּנוּחָה [תְּנוּחוֹת] position
הַמַּצָּב שֶׁמַּשֶּׁהוּ נִמְצָא בּוֹ:
***הַתְּנוּחָה** שֶׁלְּךָ אֵינָהּ בְּרִיאָה, יִכְאַב לְךָ הַגַּב.*

תנוךז, תְּנוּךְ [תְּנוּכִים] lobe (ear)
הַחֵלֶק הַתַּחְתּוֹן בָּאוֹזֶן:
*יֵשׁ לִי חוֹרִים **בִּתְנוּכֵי** הָאוֹזְנַיִים בִּשְׁבִיל הָעֲגִילִים.*

תנומהנ, תְּנוּמָה [תְּנוּמוֹת] nap
שֵׁינָה לֹא חֲזָקָה:
*'תָּפַסְתִּי'/'חָטַפְתִּי' (יָשַׁנְתִּי) **תְּנוּמָה** קַלָּה אַחֲרֵי הַצׇּהֳרַיִים.*

תנועהנ, תְּנוּעָה [תְּנוּעוֹת] motion, move
1. כְּשֶׁמַּשֶּׁהוּ זָז מִמָּקוֹם לְמָקוֹם:
*יָשַׁבְתִּי בְּלִי **תְּנוּעָה**, כִּי צִילְמוּ אוֹתִי.*
*הוּא עָשָׂה **תְּנוּעוֹת** בַּיָּדַיִים - הֵרִים אוֹתָן, הוֹרִיד אוֹתָן.*
2. תַּחְבּוּרָה, מַעֲבָר מִמָּקוֹם לְמָקוֹם: traffic
*שׁוֹטֵר **תְּנוּעָה** עָמַד בְּאֶמְצַע הַכְּבִישׁ וְכִיוֵּון אֶת **הַתְּנוּעָה**.*
3. אִירְגּוּן שֶׁיֵּשׁ לוֹ מַטָּרָה מְשׁוּתֶּפֶת: movement
*חַבְרֵי **הַתְּנוּעָה** הַצִּיּוֹנִית עָלוּ לָאָרֶץ וְהִתְיַישְּׁבוּ בָּהּ.*
4. (בְּדִקְדּוּק) אֶחָד מִסִּימָנֵי הַצְּלִילִים, בְּעִבְרִית - □ִי □וֹ □וּ: vowel
***הַתְּנוּעוֹת** עוֹזְרוֹת לְבַטֵּא אֶת הָאוֹתִיּוֹת.*
תְּנוּעַת-נוֹעַר youth movement
צַו תְּנוּעָה - תְּעוּדָה שֶׁנּוֹתְנִים לְחַיָּיל כְּדֵי לִנְסוֹעַ מִמָּקוֹם לְמָקוֹם

תנופהנ, תְּנוּפָה [תְּנוּפוֹת] swing
תְּנוּעָה חֲזָקָה, הַשְׁקָעָה שֶׁל מֶרֶץ, אֶנֶרְגְיָה וְכוּ':
*נָתַתִּי **תְּנוּפָה** וְהִגַּעְתִּי רִאשׁוֹן לְרֹאשׁ הָהָר.*
(מֶטָאפוֹרָה) בֵּית הַחֲרוֹשֶׁת צָרִיךְ שֶׁיִּיתְּנוּ לוֹ **תְּנוּפָה** חֲדָשָׁה.

תנורז, תַּנּוּר [תַּנּוּרִים] oven, furnace
מַכְשִׁיר לְבִישּׁוּל אוֹ לְחִימּוּם:
*אָפִיתִי עוּגָה **בַּתַּנּוּר**. / קַר הַיּוֹם, צָרִיךְ לְהַדְלִיק אֶת **הַתַּנּוּר**.*
תַּנּוּר גַּז / תַּנּוּר נֵפְט / תַּנּוּר חַשְׁמַל

תנחומיםז"ר תַּנְחוּמִים condolences, consolation
מַה שֶּׁאוֹמְרִים לְמִישֶׁהוּ שֶׁמֵּת אֶחָד מִקְּרוֹבָיו:
*בָּאתִי כְּדֵי לְהַבִּיעַ אֶת **תַּנְחוּמַיי** עַל מוֹת אָבִיךָ.*
לֹא מָצָא תַּנְחוּמִיםבּ לֹא הָיָה לוֹ שֶׁקֶט, מְנוּחָה

תניןז, תַּנִּין [תַּנִּינִים] crocodile, alligator
קְרוֹקוֹדִיל, בַּעַל חַיִּים גָּדוֹל, חַי גַּם בְּמַיִם מְתוּקִים וְגַם עַל הַחוֹף:

*אֶפְשָׁר לִרְאוֹת **תַּנִּינִים** בַּחֲמַת גָּדֵר, לֹא רָחוֹק מִטְּבֶרְיָה.*
דִּמְעוֹת תַּנִּיןב - crocodile tears
דְּמָעוֹת לֹא אֲמִיתִיּוֹת (שֶׁל הַעֲמָדַת פָּנִים)

תנ"ךז, תַּנַ"ךְ Bible
ר"ת: **תּ**וֹרָה **נְ**בִיאִים **כְּ**תוּבִים - אוֹסֶף סִפְרֵי הַמִּקְרָא:
הַתַּנַ"ךְ הוּא הַסֵּפֶר הֶחָשׁוּב בְּיוֹתֵר לַיְּהוּדִים.

תנ"כית, תַּנַ"כִי biblical
הַשַּׁיָּיךְ לְסִפְרֵי הַקּוֹדֶשׁ, מִן הַתַּנַ"ךְ:
*בִּירוּשָׁלַיִם יֵשׁ גַּן חַיּוֹת **תַּנַ"כִי** שֶׁל חַיּוֹת שֶׁנִּזְכָּרוֹת בַּתַּנַ"ךְ.*
תַּנַ"כִית, תַּנַ"כִיִּים, תַּנַ"כִיּוֹת

תסבוכתנ, תִּסְבֹּכֶת [תִּסְבּוֹכוֹת] complication
מַצָּב לֹא פָּשׁוּט, כְּשֶׁהַרְבֵּה דְּבָרִים מְעוֹרָבִים בְּיַחַד:
*בִּדְבָרִים שֶׁאָמַר יָצַר **תִּסְבּוֹכֶת** דִּיפְּלוֹמָטִית.*

תסביךז, תַּסְבִּיךְ [תַּסְבִּיכִים] complex
(בִּפְּסִיכוֹלוֹגְיָה) מַצָּב נַפְשִׁי שֶׁהוּא תּוֹצָאָה שֶׁל מַה שֶּׁקָּרָה לְמִישֶׁהוּ אוֹ מַה שֶּׁמִּישֶׁהוּ מַסְתִּיר עָמוֹק בְּנַפְשׁוֹ:
*יֵשׁ לוֹ **תַּסְבִּיךְ** אֶדִיפּוּס - הוּא קָשׁוּר יוֹתֵר מִדַּי לְאִמּוֹ.*
תַּסְבִּיךְ-נְחִיתוּת inferiority complex

תסיסהנ, תְּסִיסָה [תְּסִיסוֹת] fermentation
1. תַּהֲלִיךְ כִּימִי בְּחוֹמָרִים אוֹרְגָנִיִּים, יֵשׁ בּוֹ יְצִיאָה שֶׁל גַּזִּים:
*הַיַּיִן מוּכָן רַק לְאַחַר שֶׁעָבַר תַּהֲלִיךְ שֶׁל **תְּסִיסָה**.*
2. (מֶטָאפוֹרָה) אִי שֶׁקֶט, הִתְרַגְּשׁוּת: agitation
*יֵשׁ **תְּסִיסָה** בֵּין הָעוֹבְדִים נֶגֶד הַמְּנַהֵל הֶחָדָשׁ.*

תסכיתז, תַּסְכִּית [תַּסְכִּיתִים] radio play
דְּרָמָה שֶׁמְּשַׁדְּרִים בָּרַדְיוֹ:
*שָׁמַעְתִּי **תַּסְכִּית** שֶׁל הַהַצָּגָה 'שָׁלוֹשׁ אֲחָיוֹת'.*

תסמונתנ, תִּסְמֹנֶת [תִּסְמוֹנוֹת] syndrome
מַעֲרֶכֶת שֶׁל סִימָנִים הַמַּרְאָה עַל מַחֲלָה אוֹ עַל תּוֹפָעָה מְסוּיֶּמֶת:
*יֶלֶד בַּעַל **תִּסְמוֹנֶת** דָּאוּן יָכוֹל לִלְמוֹד דְּבָרִים פְּשׁוּטִים.*

תסספ, תָּסַס fermented
1. נִרְאָה כְּאִילּוּ הוּא רוֹתֵחַ, עָבַר תַּהֲלִיךְ כִּימִי:
*אַחֲרֵי שֶׁהַיַּיִן **יִתְסוֹס**, הוּא יִהְיֶה מוּכָן.*
2. הָיָה בּוֹ אִי-שֶׁקֶט, הִתְרַגֵּשׁ: was stirred-up
*הָרוּחוֹת **תָּסְסוּ** (הָיְיתָה תְּסִיסָה), כִּי הָעוֹבְדִים לֹא קִיבְּלוּ מַשְׂכּוֹרֶת.*
לִתְסוֹס / ת.ס.ס, פָּעַל / תָּסְסוּ, תּוֹסֵס, יִתְסוֹס

תספורתנ, תִּסְפֹּרֶת [תִּסְפּוֹרוֹת] haircut
קִיצּוּר שֵׂיעַר הָרֹאשׁ:
*הַשֵּׂיעָר שֶׁלִּי אָרוֹךְ מִדַּי, אֲנִי צָרִיךְ **תִּסְפּוֹרֶת**.*

תסרוקתנ, תִּסְרֹקֶת [תִּסְרוֹקוֹת] hairdo
סִידּוּר שַׂעֲרוֹת הָרֹאשׁ בְּצוּרָה מְסוּיֶּמֶת:
*עָשִׂיתִי שִׁינּוּי **בַּתִּסְרוֹקֶת**. עַכְשָׁיו יֵשׁ לִי **תִּסְרוֹקֶת** קְצָרָה.*

תסריטז, תַּסְרִיט [תַּסְרִיטִים] script
הַטֶּקְסְט שֶׁלְּפִיו עוֹשִׂים סֶרֶט קוֹלְנוֹעַ:
***הַתַּסְרִיט** מוּכָן, צָרִיךְ לְהַתְחִיל לְצַלֵּם אֶת הַסֶּרֶט.*

תסריטאיז, תַּסְרִיטַאי [תַּסְרִיטָאִים] screenwriter
מִי שֶׁכּוֹתֵב תַּסְרִיטִים (הַחוֹמֶר שֶׁלְּפִיו עוֹשִׂים סֶרֶט קוֹלְנוֹעַ):
*אֲנִי **הַתַּסְרִיטַאי**, הַבַּמַּאי וְהַשַּׂחְקָן הָרָאשִׁי.*
תַּסְרִיטָאִית, תַּסְרִיטָאִיּוֹת

תעבורהנ, תַּעֲבוּרָה traffic
כֹּל מַה שֶּׁעוֹבֵר בַּדְּרָכִים - אֲנָשִׁים, מְכוֹנִיּוֹת וְכוּ':
*אֶמְצָעֵי **הַתַּעֲבוּרָה** הַמְּקוּבָּלִים בָּאָרֶץ הֵם הַמְּכוֹנִית, וְהָרַכֶּבֶת.*

תעהפ, תָּעָה got lost
לֹא מָצָא אֶת הַדֶּרֶךְ, לֹא יָדַע לְאָן לָלֶכֶת:
*הַיֶּלֶד **תָּעָה** בִּרְחוֹבוֹת הָעִיר וְלֹא מָצָא אֶת הַדֶּרֶךְ הַבַּיְתָה.*
לִתְעוֹת / ת.ע.ה, פָּעַל / תָּעִיתִי, תּוֹעֶה, יִתְעֶה

תעודהנ, תְּעוּדָה [תְּעוּדוֹת] certificate, diploma
מִסְמָךְ פוֹרְמָאלִי, אִישּׁוּר בִּכְתָב עַל לִימּוּדִים, מִקְצוֹעַ, תַּפְקִיד וְכוּ':
*כְּדֵי לְהֵירָשֵׁם לָאוּנִיבֶרְסִיטָה אַתָּה צָרִיךְ לְהָבִיא **תְּעוּדָה** מִבֵּית הַסֵּפֶר הַתִּיכוֹן.*
*קָרָאתִי בָּאוֹסֶף **תְּעוּדוֹת** מִתְּקוּפַת הָעֲלִיָּיה הַשְּׁנִיָּיה.*
תְּעוּדַת-זֶהוּת identity card
תְּעוּדַת-בַּגְרוּת matriculation certificate

תעוזהנ, תְּעָזָה daring
גְּבוּרָה, אוֹמֶץ לֵב:
*הוּא גִּילָּה **תְּעוּזָה** בַּמִּלְחָמָה וְקִיבֵּל אוֹת הִצְטַיְּינוּת.*

תעופהנ, תְּעוּפָה flight
1. כְּשֶׁמַּשֶּׁהוּ עָף אוֹ טָס בָּאֲוִויר, בַּשָּׁמַיִם:
*הִסְתַּכַּלְנוּ **בִּתְעוּפַת** הַצִּיפּוֹרִים שֶׁעָבְרוּ בַּשָּׁמַיִם.*
2. הַקָּשׁוּר בְּטַיִס, בִּמְטוֹסִים: aviation
*הַהִיסְטוֹרְיָה שֶׁל **הַתְּעוּפָה** הִיא בַּת 100 שָׁנָה.*
נְמַל-תְּעוּפָה - airport
***נְמַל הַתְּעוּפָה** בֶּן גּוּרְיוֹן הוּא נָמָל בֵּינְלְאוּמִּי.*

תעוקהנ, תְּעוּקָה [תְּעוּקוֹת] pressure
לַחַץ, מַשֶּׁהוּ שֶׁגּוֹרֵם לְהַרְגָּשַׁת כּוֹבֶד:
*הוּא הִרְגִּישׁ **תְּעוּקָה** בַּלֵּב, לָכֵן שָׁלְחוּ אוֹתוֹ לְבֵית הַחוֹלִים.*

תעייה נ׳, תְּעִיָּה [תְּעִיּוֹת] wandering about
כְּשֶׁהוֹלְכִים בְּלִי לָדַעַת אֶת הַדֶּרֶךְ:
*אַחֲרֵי **תְּעִיָּה** בִּרְחוֹבוֹת הָעִיר שָׁאַלְנוּ מִישֶׁהוּ אֵיךְ מַגִּיעִים לַמָּלוֹן.*

תעלה נ׳, תְּעָלָה [תְּעָלוֹת] ditch, trench
1. חֲפִירָה פְּתוּחָה לְהַעֲבָרַת מַיִם מִמָּקוֹם לְמָקוֹם אוֹ לְמַטָּרוֹת צְבָאִיּוֹת:
*הַמַּיִם זָרְמוּ **בִּתְעָלָה** מִן הַבְּרֵיכָה אֶל הָעֵצִים בַּגַּן.*
*בִּזְמַן הַמִּלְחָמָה חָפַרְנוּ סְבִיב הַכְּפָר **תְּעָלוֹת** נֶגֶד טַנְקִים.*
2. דֶּרֶךְ צָרָה בַּיָּם בֵּין שְׁנֵי חוֹפִים: canal, channel
*מִצָּרְפַת לְאַנְגְלִיָּה אֶפְשָׁר לַעֲבוֹר בְּדֶרֶךְ הַיָּם **בִּתְעָלַת** לָמַנְשׁ.*
תְּעָלַת סוּאֶץ / תְּעָלַת בִּיּוּב / תְּעָלַת קֶשֶׁר

תעלול ז׳, תַּעֲלוּל [תַּעֲלוּלִים] prank
מַעֲשֶׂה מַרְגִּיז שֶׁל יְלָדִים, בְּלִי כַּוָּונוֹת רָעוֹת:
*כְּשֶׁהָיִינוּ קְטַנִּים עָשִׂינוּ הַרְבֵּה **תַּעֲלוּלִים**.*

תעלומה נ׳, תַּעֲלוּמָה [תַּעֲלוּמוֹת] mystery
דָּבָר סוֹדִי, דָּבָר שֶׁאֵין יוֹדְעִים עָלָיו:
*הַמִּשְׁטָרָה פָּתְרָה אֶת **הַתַּעֲלוּמָה** שֶׁל הַפְּרִיצָה לַבַּנְק.*

תעמולה נ׳, תַּעֲמוּלָה propaganda
פְּעוּלוֹת כְּדֵי לְשַׁכְנֵעַ אֲנָשִׁים לַעֲשׂוֹת דבר מָה (בִּבְחִירוֹת, בִּקְנִיּוֹת וְכוּ׳):
*הַמִּפְלָגוֹת עָשׂוּ **תַּעֲמוּלָה** רַבָּה לִפְנֵי הַבְּחִירוֹת לַכְּנֶסֶת.*
תַּעֲמוּלַת בְּחִירוֹת / סֶרֶט־תַּעֲמוּלָה

תעמולתי ת׳, תַּעֲמוּלָתִי propaganda (adj.)
שֶׁמְּנַסֶּה לְשַׁכְנֵעַ אֲנָשִׁים לְהַאֲמִין בְּמַשֶּׁהוּ, לִקְנוֹת מַשֶּׁהוּ...:
*הֵכִינוּ סֶרֶט **תַּעֲמוּלָתִי** לַעֲלִיָּה לָאָרֶץ.*
תַּעֲמוּלָתִית, תַּעֲמוּלָתִיִּים, תַּעֲמוּלָתִיּוֹת

תענוג ז׳, תַּעֲנוּג [תַּעֲנוּגוֹת] delight
1. הַרְגָּשָׁה טוֹבָה, הֲנָאָה:
***תַּעֲנוּג** לִרְאוֹת אוֹתָהּ רוֹקֶדֶת.*
2. מָה שֶׁגּוֹרֵם הֲנָאָה: pleasure
*אַתָּה חוֹשֵׁב, שֶׁהַחַיִּים הֵם שׁוּרָה שֶׁל **תַּעֲנוּגוֹת**?*

תענית נ׳, תַּעֲנִית [תַּעֲנִיּוֹת] fast
כְּשֶׁגּוֹרְמִים סֵבֶל לַגּוּף עַל־יְדֵי צוֹם (כְּשֶׁלֹּא אוֹכְלִים יוֹם שָׁלֵם אוֹ יוֹתֵר):
*בְּיוֹם הַכִּיפּוּרִים יְהוּדִים נִמְצָאִים **בְּתַעֲנִית**.*
יָשַׁב בְּתַעֲנִית fasted

תעסוקה נ׳, תַּעֲסוּקָה employment
בַּמָּה שֶׁעֲסוּקִים, בְּעִיקָּר הַכַּוָּונָה לַעֲבוֹדָה:
*אֵין דַּי **תַּעֲסוּקָה** לְרוֹפְאִים בָּאָרֶץ.*

תער ז׳, תַּעַר [תְּעָרִים] razor
סַכִּין מְיוּחֶדֶת לְגִילּוּחַ:
*מִי מִשְׁתַּמֵּשׁ הַיּוֹם **בְּתַעַר**? - יֵשׁ מְכוֹנוֹת גִּילּוּחַ חַשְׁמַלִּיּוֹת.*

תערובת נ׳, תַּעֲרֹבֶת [תַּעֲרוּבוֹת] mixture
כְּשֶׁשְּׁנֵי חוֹמָרִים אוֹ יוֹתֵר נִמְצָאִים יַחַד:
***מִתַּעֲרוֹבֶת** שֶׁל קֶמַח, סוּכָּר וּבֵיצִים יוֹצֵאת עוּגָה.*
בֶּן־תַּעֲרֹבֶת - bi-racial
מִי שֶׁיֵּשׁ לוֹ אַבָּא מִמּוֹצָא אֶחָד וְאִימָּא מִמּוֹצָא אַחֵר.
נִישּׂוּאֵי־תַּעֲרֹבֶת - כְּשֶׁבְּנֵי עַמִּים שׁוֹנִים אוֹ דָּתוֹת שׁוֹנוֹת מִתְחַתְּנִים mixed-marriage

תערוכה נ׳, תַּעֲרוּכָה [תַּעֲרוּכוֹת] exhibition, show
אוֹסֶף שֶׁל תְּמוּנוֹת, צִיּוּרִים וְכוּ׳ מוּצָּגִים לִפְנֵי קָהָל:
*בְּמוּזֵיאוֹן תֵּל־אָבִיב הִצִּיגוּ **תַּעֲרוּכָה** שֶׁל צִיּוּרִים וּפְסָלִים.*

תעריף ז׳, תַּעֲרִיף [תַּעֲרִיפִים] rate, tariff
הַמְּחִיר הַקָּבוּעַ שֶׁל מַשֶּׁהוּ:
*הֶעֱלוּ אֶת **תַּעֲרִיפֵי** הַנְּסִיעָה בָּאוֹטוֹבּוּסִים.*

תעשייה נ׳, תַּעֲשִׂיָּה [תַּעֲשִׂיּוֹת] industry
בָּתֵּי חֲרוֹשֶׁת וּמִפְעָלִים, שֶׁעוֹבְדִים עִם מַכְשִׁירִים וּמְכוֹנוֹת:
*מִפְעֲלֵי **תַּעֲשִׂיָּה** רַבִּים מוֹכְרִים אֶת הַתּוֹצֶרֶת שֶׁלָּהֶם בְּחוּ״ל.*

תעשיין ז׳, תַּעֲשִׂיָּן [תַּעֲשִׂיָּינִים] industrialist
מִי שֶׁיֵּשׁ לוֹ בֵּית חֲרוֹשֶׁת:
***תַּעֲשִׂיָּנֵי** הַטֶּקְסְטִיל הֶחְלִיטוּ לֹא לְהַעֲלוֹת מְחִירִים.*

תעשייתי ת׳, תַּעֲשִׂיָּתִי industrial
הַשַּׁיָּיךְ לַתַּעֲשִׂיָּה, הַשַּׁיָּיךְ לְמָה שֶׁעוֹשִׂים בְּבָתֵּי הַחֲרוֹשֶׁת:
*אֲרָצוֹת **תַּעֲשִׂיָּתִיּוֹת** הֵן עֲשִׁירוֹת יוֹתֵר.*
תַּעֲשִׂיָּתִית, תַּעֲשִׂיָּתִיִּים, תַּעֲשִׂיָּתִיּוֹת

תפאורה נ׳, תַּפְאוּרָה [תַּפְאוּרוֹת] scenery, set
מָה שֶׁיֵּשׁ עַל הַבָּמָה בִּזְמַן הַצָּגָה:
***הַתַּפְאוּרָה** עַל הַבָּמָה הָיְתָה מְעַנְיֶינֶת.*

תפאורן ז׳, תַּפְאוּרָן [תַּפְאוּרָנִים] set/stage designer
מִי שֶׁמְּצַיֵּיר וּבוֹנֶה תַּפְאוּרָה - הַדֶּקוֹרַצְיָה שֶׁל הַבָּמָה:
***הַתַּפְאוּרָן** עָשָׂה עֲבוֹדָה מְעַנְיֶינֶת, הַבָּמָה נִרְאֲתָה כְּמוֹ יַעַר.*
תַּפְאוּרָנִית, תַּפְאוּרָנִיּוֹת

תפארת נ׳, תִּפְאֶרֶת splendor
1 יוֹפִי רַב, קִישּׁוּטִים רַבִּים:
*כְּשֶׁטַּסְנוּ, רָאִינוּ לְמַטָּה אֶת הָאָרֶץ בְּכָל **תִּפְאַרְתָּהּ**.*
2. כָּבוֹד, מַשֶּׁהוּ שֶׁאֶפְשָׁר לְהִתְפָּאֵר בּוֹ: honor
*הִיא תַּלְמִידָה **לְתִפְאֶרֶת**.*

תפוזז, תַּפּוּז [תפוּזים] orange
תַּפּוּחַ זָהָב, פְּרִי כָּתוֹם-זָהוֹב, צוֹמֵחַ עַל עֵץ הָדָר:
*יִשְׂרָאֵל מְיַיצֵּאת **תפוּזים** לְאַרצוֹת אֵירוֹפָּה.*

תפוחז, תַּפּוּחַ [תפוּחים] apple
(נִקרָא גַם תַּפּוּחַ עֵץ) פְּרִי עָגוֹל יָרוֹק, צָהוֹב, אָדוֹם:
*חַוָּוה קָטפָה **תַפּוּחַ** מִן הָעֵץ וְנָתנָה לְאָדָם לֶאֱכוֹל מִמֶּנוּ.*
תַּפּוּחַ-זָהָב ר' תפוז
תַּפּוּחַ-אֲדָמָה - potato
***תַפּוּחֵי-אֲדָמָה** הֵם מָזוֹן בְּסִיסִי בַּאֲרָצוֹת רַבּוֹת.*

תפוסת, תָּפוּס (תָּפוּשׂ) busy, occupied (adj.)
1. אֵינוֹ פָּנוּי:
*נִיסִיתִי לְטַלפֵּן אֵלָיו, אֲבָל הַקַּו **תָפוּס** כֹּל הַזמַן.*
2. (לשון דיבור) הַרגָשָׁה שֶׁמִישֶׁהוּ אוֹ מַשֶּׁהוּ מַחזִיקִים בּוֹ:
*יֵשׁ לִי גַב **תָפוּס**, אֲנִי לֹא יָכוֹל לָזוּז.* held/caught (adj.)
תפוּסָה, תפוּסִים, תפוּסוֹת

תפוסהנ, תְּפוּסָה tonnage, space
הַמָּקוֹם שֶׁגוּף, חוֹמֶר וְכוּ' תוֹפסִים:
*בִּגלַל **הַתפוּסָה** שֶׁל הַסְפָרִים שֶׁלִי אֵין מָקוֹם לִכלוּם.*

תפוצהנ, תְּפוּצָה [תפוּצוֹת] circulation
1. פִּיזוּר, הִתפַּשְּׁטוּת שֶׁל מַשֶּׁהוּ בֵּין אֲנָשִׁים, בָּאָרֶץ, בָּעוֹלָם:
*לַמִילוֹן הֶחָדָשׁ יֵשׁ **תפוּצָה** רַבָּה בֵּין קוֹראֵי הָעִברִית.*
2. מָקוֹם שֶׁחַיִים בּוֹ יְהוּדִים מִחוּץ לְיִשׂרָאֵל: Diaspora
*יְהוּדִים מִכֹּל **הַתפוּצוֹת** עָלוּ לְיִשׂרָאֵל.*

תפוקהנ, תְּפוּקָה [תפוּקוֹת] turnout, output
1. תוֹצֶרֶת, מַה שֶׁיוֹצֵא מֵעֲבוֹדָה:
*מֵאָז הַשָּׁנָה שֶׁעָברָה עָלתָה **הַתפוּקָה** בַּמִפעָל בְּ-10%.*
2. מַה שֶׁיֵשׁ וּמוֹצִיאִים אוֹתוֹ לְשִׁימוּשׁ: production
***תפוּקַת** הַנֵפט יוֹרֶדֶת מִשָּׁנָה לְשָׁנָה.*

תפורת, תָּפוּר sewn (adj.)
שֶׁחִיבּרוּ אוֹתוֹ בְּחוּט:
*הַשִׂמלָה **תפוּרָה** לְפִי דוּגמָה מִן הָעִיתוֹן.*
תפוּרָה, תפוּרִים, תפוּרוֹת

תפוש ר' תפוס

תפזורתנ, תִּפְזֹרֶת (in) bulk
כּשֶׁחוֹמֶר נִמצָא בְּכַמוּיוֹת גדוֹלוֹת בַּאֲרִיזָה מְיוּחֶדֶת:
*אוֹרֶז **בְּתִפזוֹרֶת** זוֹל יוֹתֵר מֵאוֹרֶז בַּחֲבִילוֹת שֶׁל ק"ג אֶחָד.*

תפחפ, תָּפַח puffed up
נַעֲשָׂה גָדוֹל יוֹתֵר:
*הָאוֹרֶז **תָפַח**, כִּי בִּישַׁלתָ אוֹתוֹ בְּמַיִם. / הַבָּצֵק צָרִיך **לִתפּוֹחַ**.*
לִתפּוֹחַ / ת.פ.ח, פָּעַל / תָפַחתִי, תוֹפֵחַ, יִתפַּח

תפיחהנ, תְּפִיחָה [תפִיחוֹת] swelling
כּשֶׁמַשֶּׁהוּ נַעֲשָׂה גָדוֹל יוֹתֵר, בּוֹלֵט, הִתנַפּחוּת:
***הַתפִיחָה** מִתַחַת לָעַיִן הִיא מִמַכָּה שֶׁקִיבַּלתִי.*

תפילהנ, תְּפִלָּה [תפִילוֹת] prayer
בַּקָשָׁה אוֹ פּנִיָיה לֶאֱלוֹהִים:
*בְּכֹל בּוֹקֶר אֲנִי מִתפַּלֵל **תפִילַת** שַׁחֲרִית.*
תְּפִילַת-שַׁבָּת / סִידוּר-תפִילוֹת / תפִילַת-הַדֶרֶך

תפיליןנ"ר תְּפִלִּין phylacteries
מַה שֶׁיְהוּדִי דָתִי מַנִיחַ כֹּל בּוֹקֶר (שָׂם עַל הָרֹאשׁ וְעַל יַד שׂמֹאל), נִספָּח מָסוֹרֶת.
*מֵאָז הַבַּר-מִצוָוה (גִיל 13) אֲנִי מַנִיחַ **תפִילִין** כֹּל בּוֹקֶר חוּץ מֵאֲשֶׁר בְּשַׁבָּת וּבְחַגִים.*

תפיסהנ, תְּפִיסָה [תפִיסוֹת] seizing
1. הִשׁתַלטוּת, הַחזָקָה בְּמָקוֹם:
*אַחֲרֵי **תפִיסַת** הַבַּיִת עַל-יְדֵי הַחַיָילִים, נִפסְקוּ הַיְרִיוֹת.*
2. הַיְכוֹלֶת לְהָבִין, לִלמוֹד וְכוּ': comprehension
*לְדָוִיד יֵשׁ **תפִיסָה** טוֹבָה, לְשָׂפוֹת.*
3. אַספֶּקט, נְקוּדַת מַבָּט: outlook
*הוּא דִיבֵּר מִתוֹך **תפִיסָה** פּוֹלִיטִית בּרוּרָה.*
תפִיסַת-עוֹלָם - הַשׁקָפָה, רַעֲיוֹנוֹת עַל הַחַיִים שֶׁמִישֶׁהוּ מַאֲמִין בָּהֶם world-view

תפירהנ, תְּפִירָה sewing
כּשֶׁמְחַבּרִים בַּד, עוֹר וְכוּ' בְּחוּט:
*לֹא גָמַרתִי עֲדַיִין אֶת **תפִירַת** הַשִׂמלָה.*

תפישה ר' תפיסה

תפלת, תָּפֵל tasteless, unsalted
בּלִי מֶלַח, בּלִי טַעַם:
*הָאוֹכֶל **תָפֵל**, אִי אֶפשָׁר לֶאֱכוֹל אוֹתוֹ.*
תפֵלָה, תפֵלִים, תפֵלוֹת

תפניתנ, תַּפְנִית [תַפנִיוֹת] turn
שִׁינוּי כִּיווּן:
יֵשׁ תַפנִית בַּמַשָׂא וּמַתָן, אֲנַחנוּ קרוֹבִים לְפִיתרוֹן.

תפספ, תָּפַס (תָּפַשׂ) caught
1. מָצָא וְהֶחֱזִיק, הִשִׂיג וְהֶחֱזִיק:
*הַמִשׁטָרָה **תָפסָה** אֶת הַגַנָב. / **תָפַסתִי** מָקוֹם בָּאוֹטוֹבּוּס.*
2. הֵבִין: comprehended
*לֹא **תָפַסתִי** אֶת הַהֶסבֵּרִים שֶׁלךָ.*
3. מִילֵא מָקוֹם פָּנוּי: occupied

הַשּׁוּלְחָן *תָּפַס אֶת* רוֹב הַחֶדֶר.

4. הִתְקַיֵּים, הָיָה בְּתוֹקֶף: was valid

*הַחוֹק **תּוֹפֵס** כַּאֲשֶׁר הַכְּנֶסֶת מְאַשֶּׁרֶת אוֹתוֹ.*

לִתפּוֹס, אֶת- / ת.פ.ס, פָּעַל / תָּפַסְתִּי, תּוֹפֵס, יִתפּוֹס

תפעול ר' תיפעול

תפקידז, תַּפְקִיד [תַּפְקִידִים] position

1. עֲבוֹדָה אוֹ שְׁלִיחוּת שֶׁנָּתְנוּ לְמִישֶׁהוּ לְבַצֵּעַ:

*יֵשׁ לִי **תַּפְקִיד** חָשׁוּב בְּעִירִיַּית תֵּל-אָבִיב.*

*בֵּין בְּנֵי הַבַּיִת יֵשׁ חֲלוּקַת **תַּפְקִידִים**.*

2. מַה שֶּׁשַּׂחְקָן בַּתֵּיאַטְרוֹן עוֹשֶׂה: role

*הַשַּׂחְקָנִית קִיבְּלָה **תַּפְקִיד** רָאשִׁי בַּמַּחֲזֶה שֶׁל צֶ'כוֹב.*

תפרפ, תָּפַר sewed

לְחַבֵּר בְּחוּט וּבְמַחַט בַּד, עוֹר וְכוּ':

*מִי לִימֵּד אוֹתְךָ **לִתפּוֹר** בְּגָדִים? / **תָּפַרְתִּי אֶת** הַכַּפְתּוֹר.*

לִתפּוֹר אֶת- / ת.פ.ר, פָּעַל / תָּפַרְתִּי, תּוֹפֵר, יִתפּוֹר, תפוֹר!

תפרז, תֶּפֶר [תְּפָרִים] stitch

1. מַה שֶּׁעוֹשִׂים מַחַט עִם חוּט בְּבַד, בְּעוֹר:

*הָרוֹפֵא הוֹצִיא לוֹ אֶת **הַתְּפָרִים** מִן הַיָּד.*

2. הַמָּקוֹם שֶׁשְּׁנֵי חֶלְקֵי בַּד, עוֹר וְכוּ' מִתחַבְּרִים: seam

הַתֶּפֶר בַּשִּׂמְלָה אֵינוֹ יָשָׁר.

תפריטז, תַּפְרִיט [תַּפְרִיטִים] menu

1. רְשִׁימַת הַמָּנוֹת שֶׁאֶפְשָׁר לֶאֱכוֹל בָּאֲרוּחָה:

*הַמֶּלְצָר הֵבִיא **תַּפְרִיט** כְּדֵי שֶׁנִּבְחַר מַה לֶּאֱכוֹל.*

2. רְשִׁימָה שֶׁל נוֹשְׂאִים, עִנְיָינִים, הוֹרָאוֹת וְכוּ' (בְּעִיקָר בְּתוֹכְנִיּוֹת מַחְשֵׁב):

*בַּעֲבוֹדָה בְּמַחְשֵׁב, כְּשֶׁיֵּשׁ לִי בְּעָיָה אֲנִי חוֹזֵר **לַתַּפְרִיט**.*

תצהירז, תַּצְהִיר [תַּצְהִירִים] affidavit

הוֹדָעָה שֶׁמְּחַיֶּיבֶת אֶת מִי שֶׁאָמַר/כָּתַב אוֹתָהּ:

*הִגַּשְׁנוּ **תַּצְהִיר** לְמַס הַכְנָסָה, שֶׁאֵין לָנוּ רְכוּשׁ.*

תצוגהנ, תְּצוּגָה [תְּצוּגוֹת] display

כְּשֶׁשָּׂמִים דְּבָרִים כְּדֵי שֶׁכּוּלָּם יִרְאוּ:

*לְפִי **הַתְּצוּגָה** בַּחַלּוֹן שֶׁל הַחֲנוּת יוֹדְעִים מַה הֵם מוֹכְרִים.*

תצורהנ, תְּצוּרָה [תְּצוּרוֹת] formation

מִבְנֶה, פוֹרְמַצְיָה, הַצּוּרָה הַנְּתוּנָה שֶׁל מַשֶּׁהוּ: (בְּדִיקְדּוּק)

תְּצוּרַת-הַשֵּׁם - הַדֶּרֶךְ שֶׁנּוֹצָרִים בָּהּ הַשֵּׁמוֹת: configuration (gram.)

*תְּצוּרַת הַשֵּׁם 'מִכְתָּב' הִיא כְּמוֹ **תְּצוּרַת** הַשֵּׁם 'מִפְעָל'.*

תצלוםז, תַּצְלוּם [תַּצְלוּמִים] photograph

תְּמוּנָה שֶׁעוֹשִׂים בְּמַצְלֵמָה:

*זֶה **תַּצְלוּם** שֶׁלִּי, כְּשֶׁהָיִיתִי בַּת שְׁנָתַיִים.*

תצפיתנ, תַּצְפִּית [תַּצְפִּיּוֹת] observation, lookout

הִסְתַּכְּלוּת, כְּשֶׁמִּסְתַּכְּלִים עַל שֶׁטַח כְּדֵי לִשְׁמוֹר עָלָיו:

*הַחַיָּילִים נִמְצָאִים **בְּתַצְפִּית**.*

נְקוּדַת תַּצְפִּית - lookout

1. מָקוֹם שֶׁמִּמֶּנּוּ אֶפְשָׁר לִרְאוֹת הֵיטֵב:

2. הַדֶּרֶךְ שֶׁמִּסְתַּכְּלִים בִּבְעָיָה, בְּנוֹשֵׂא וְכוּ': outlook

תצרוכתנ, תִּצְרֹכֶת consumption

הַכַּמּוּת שֶׁמִּשְׁתַּמְּשִׁים בִּסְחוֹרָה מְסוּיֶּמֶת:

***הַתִּצְרוֹכֶת** שֶׁל הֶחָלָב וְהַגְּבִינָה עָלְתָה בָּאָרֶץ.*

תקדיםז, תַּקְדִּים [תַּקְדִּימִים] precedent

מַעֲשֶׂה אוֹ מִקְרֶה שֶׁקָּרָה קוֹדֶם, וְהוּא דוּגְמָה לַאֲחֵרִים:

*הַשּׁוֹפֵט קָבַע אֶת פְּסַק הַדִּין לְפִי **תַּקְדִּים** מִ-1958.*

תַּקְדִּים מִשְׁפָּטִי / תַּקְדִּים מְסוּכָּן / לְלֹא תַּקְדִּים

תקווהנ, תִּקְוָה [תִּקְווֹת] hope

צִיפִּיָּה לְדָבָר טוֹב שֶׁיִּקְרֶה בֶּעָתִיד:

*'כֹּל זְמַן שֶׁאָדָם חַי, יֵשׁ לוֹ **תִּקְוָה**'.*

*'**הַתִּקְוָה**'* - שְׁמוֹ שֶׁל הַהִימְנוֹן הַלְּאוּמִּי שֶׁל מְדִינַת יִשְׂרָאֵל וְהַתְּנוּעָה הַצִּיּוֹנִית Hatikva

אֲנִי תִּקְוָהב - אֲנִי מְקַוֶּוה I hope

תקומהנ, תְּקוּמָה recovery, revival

קִיּוּם, הַחְזָקַת מַעֲמָד:

*לַמְרוֹת הַהֶפְסֵד בַּמִּלְחָמָה יֵשׁ לָהֶם **תְּקוּמָה**.*

תקועת, תָּקוּעַ stuck (adj.)

1. נִמְצָא בְּתוֹךְ- וְקָשֶׁה לְהוֹצִיא אוֹתוֹ:

*הַמַּסְמֵר **תָּקוּעַ** עָמוֹק בַּקִּיר.*

2. (לָשׁוֹן דִּיבּוּר) *הַמְּכוֹנִית הִתְקַלְקְלָה וַאֲנִי **תָּקוּעַ** בְּאֶמְצַע הַדֶּרֶךְ.*

תְּקוּעָה, תְּקוּעִים, תְּקוּעוֹת

תקופהנ, תְּקוּפָה [תְּקוּפוֹת] period, era, age

זְמַן בַּחַיִּים אוֹ בַּהִיסְטוֹרְיָה:

*אֲנִי זוֹכֶרֶת בְּאַהֲבָה אֶת **תְּקוּפַת** הַיַּלְדוּת בַּמּוֹשָׁבָה.*

*הָאַרְכֵיאוֹלוֹגִים מָצְאוּ בַּמָּקוֹם כֵּלִים **מִתְּקוּפַת** הָאֶבֶן.*

תְּקוּפַת-הַזּוֹהַר Golden Age

תְּקוּפַת-נִיסָּיוֹן trial period

תקופתית, תְּקוּפָתִי periodical

לִתְקוּפָה מְסוּיֶּמֶת, כֹּל תְּקוּפָה מְסוּיֶּמֶת:

*זֹאת מַחֲלָה **תְּקוּפָתִית** הִיא מוֹפִיעָה בַּקַּיִץ.*

תְּקוּפָתִית, תְּקוּפָתִיִּים, תְּקוּפָתִיּוֹת

תקיןת, תָּקִין normal

נוֹרְמָלִי, בְּסֵדֶר:

*הַיֶּלֶד גָּדַל בִּתְנָאִים **תְּקִינִים** בְּמִשְׁפָּחָה חַמָּה וּמְסוּדֶּרֶת.*
מִשְׁפָּטִים תקִינִים בְּעִבְרִית / מְכוֹנִית בְּמַצָּב תָּקִין
תקִינָה, תקִינִים, תקִינוֹת

תקינהנ׳ תְּקִינָה — standardization
קְבִיעָה שֶׁל סטנדרט, מה צָרִיך להיות וּמָה אָסוּר שֶׁיִּהְיֶה בְּמַכְשִׁיר, בְּבַיִת וְכוּ׳:
*וַעֲדַת **הַתְּקִינָה** קָבְעָה, שֶׁהַתַּנּוּר יָעִיל וּבָטוּחַ.*

תקיעהנ׳ תְּקִיעָה [תקיעות] — sticking
1. כְּשֶׁמַּכְנִיסִים מַשֶּׁהוּ לְתוֹך-:
***תְּקִיעַת** הַמַּסְמְרִים בַּקִּיר נִמְשְׁכָה זְמַן רַב.*
2. כשמשמיעים קוֹל בִּכְלִי נְגִינָה שֶׁל הַפֶּה: — blowing
*בְּרֹאשׁ הַשָּׁנָה שָׁמַעְתִּי אֶת **תְּקִיעַת** הַשּׁוֹפָר.*
תְּקִיעַת-כַּף — handshake (sealing an agreement)

תקיףת׳ תַּקִּיף — firm, resolute
חָזָק, לֹא מְווּתֵר:
*הוּא **תַּקִּיף** בְּדַעְתּוֹ לְהַמְשִׁיךְ בַּפְּרוֹיֶקְט שֶׁהִתְחִיל.*
תַּקִּיפָה, תַּקִּיפִים, תַּקִּיפוֹת

תקיפהנ׳ תְּקִיפָה [תקיפות] — assault
הִתְנַפְּלוּת עַל מִישֶׁהוּ בְּכוֹחַ:
*הוֹדִיעוּ בָּרַדְיוֹ עַל **תְּקִיפַת** אִשָּׁה בָּרְחוֹב.*

תקיפותנ׳ תַּקִּיפוּת — firmness, resoluteness
חוֹזֶק, כְּשֶׁלֹּא מְווּתְרִים:
*דָּרַשְׁתִּי מִמֶּנּוּ **בְּתַקִּיפוּת** לַעֲזוֹב אֶת הַבַּיִת.*

תקלהנ׳ תַּקָּלָה [תַּקָּלוֹת] — malfunction, failure
כְּשֶׁמַּשֶּׁהוּ מִתְקַלְקֵל, לֹא מַצְלִיחַ:
*קָרְתָה **תַּקָּלָה** בַּמְּקָרֵר וְכָל הָאוֹכֶל הִתְקַלְקֵל.*

תקליטז׳ תַּקְלִיט [תַּקְלִיטִים] — record (album)
לוּחַ עָגוֹל שֶׁשָּׂמִים עַל פָּטֵיפוֹן כְּדֵי לִשְׁמוֹעַ מוּסִיקָה, שִׁירִים:
*הַיּוֹם קוֹנִים פָּחוֹת **תַּקְלִיטִים** וְיוֹתֵר קַלָּטוֹת שֶׁל מוּסִיקָה.*

תקליטייהנ׳ תַּקְלִיטִיָּה [תַּקְלִיטִיּוֹת] — record collection
מָקוֹם שֶׁיֵּשׁ בּוֹ הַרְבֵּה תקליטים (פְּלָטוֹת שֶׁל פָּטֵיפוֹן):
***בַּתַּקְלִיטִיָּה** שֶׁל הָרַדְיוֹ יֵשׁ תַּקְלִיטִים יְשָׁנִים.*

תקןז׳ תֶּקֶן [תקנים] — norm, standard
1. סטנדרט, כְּמוֹ שֶׁצָּרִיךְ לִהְיוֹת:
*יֵשׁ **תֶּקֶן** שֶׁל מְכוֹנוֹת כְּבִיסָה.*
2. בַּעֲבוֹדָה - כְּשֶׁלְּתַפְקִיד מְסוּיָּם אֶפְשָׁר לְקַבֵּל עוֹבְדִים: — vacant position, slot
*אֵין לָנוּ **תֶּקֶן** לְמַזְכִּירָה נוֹסֶפֶת.*

תו-תֶקֶן - סִימָן שֶׁהַמַּכְשִׁיר הוּא לְפִי הַסטנדרט הַמְּקוּבָּל
כְּתִיקְנוֹ - כְּמוֹ שֶׁהוּא צָרִיךְ להיות

תקנהנ׳ תַּקָּנָה [תַּקָּנוֹת] — rule, regulation
1. חוֹק, הוֹרָאָה, שֶׁלְּפִיהֶם צָרִיךְ לְהִתְנַהֵג:
*לְפִי **הַתַּקָּנוֹת** הַחֲדָשׁוֹת אָסוּר לָצֵאת מִן הַמִּשְׂרָד בִּשְׁעוֹת הָעֲבוֹדָה.*
אֵין לוֹ תַּקָּנָה - incorrigible, irreparable
*הַתַּלְמִיד הַזֶּה **אֵין לוֹ תַּקָּנָה**.*

תקנוןז׳ תַּקָּנוֹן [תַּקָּנוֹנִים] — set of rules and regulations
רְשִׁימָה שֶׁל חוּקִים, כְּלָלִים וְכוּ׳ לְפִיהֶם צָרִיךְ לְהִתְנַהֵג:
*לְפִי **תַּקָּנוֹן** בֵּית הַסֵּפֶר צָרִיךְ לָבוֹא בְּתִלְבּוֹשֶׁת אֲחִידָה.*

תקנית׳ תִּקְנִי — standard (adj.)
לְפִי הַתֶּקֶן, לְפִי הַסטנדרט:
*לָשׁוֹן **תִּקְנִית** הִיא לָשׁוֹן נְכוֹנָה, בְּלִי שְׁגִיאוֹת.*
תִּקְנִית, תִּקְנִיִּים, תִּקְנִיּוֹת

תקעפ׳ תָּקַע — stuck
1. הִכְנִיס לְתוֹךְ- :
תָּקַעְתִּי אֶת הַסַּכִּין בַּלֶּחֶם.
2. הוֹצִיא קוֹל מִכְּלִי נְגִינָה שֶׁבַּפֶּה: — blew
*בְּיוֹם הַכִּיפּוּרִים **יִתְקְעוּ** בְּשׁוֹפָר בְּבֵית הַכְּנֶסֶת.*
תָּקְעוּ כַּף - shook hands on...
הִסְכִּימוּ עַל יְדֵי לְחִיצַת יָדַיִם, לֹא בְּחוֹזֶה.
לִתְקוֹעַ אֶת- / ת.ק.ע, פָּעַל / תָּקַעְתִּי, תּוֹקֵעַ, יִתְקַע, תְּקַע!

תקעז׳ תֶּקַע [תְּקָעִים] — electric plug
שְׁנַיִים אוֹ שְׁלוֹשָׁה "מַסְמְרִים" בִּקְצֵה חוּט חַשְׁמַלִּי כְּדֵי לְחַבֵּר אוֹתוֹ לִנְקוּדַת חַשְׁמַל בַּקִּיר:
*הִכְנַסְתִּי אֶת **הַתֶּקַע** שֶׁל מְנוֹרַת הַחַשְׁמַל, וְנַעֲשָׂה אוֹר.*

תקףפ׳ תָּקַף — assaulted
1. הִתְנַפֵּל, הִשְׁתַּמֵּשׁ בְּכוֹחַ:
*הוּא **תָּקַף** אֶת הָאִשָּׁה וְלָקַח מִמֶּנָּה אֶת הָאַרְנָק.*
2. דִּיבֵּר בְּצוּרָה חֲרִיפָה נֶגֶד מִישֶׁהוּ: — attacked
*רֹאשׁ הַמֶּמְשָׁלָה **תָּקַף אֶת** הָאוֹפּוֹזִיצְיָה.*
לִתְקוֹף אֶת- / ת.ק.ף, פָּעַל / תָּקַפְתִּי, תּוֹקֵף, יִתְקוֹף, תְּקוֹף!

תקףת׳ תָּקֵף — valid, sound (adj.)
יֵשׁ אִישּׁוּר לְהִשְׁתַּמֵּשׁ בּוֹ, קַיָּים (לְפִי הַחוֹק):
*הַחוֹק אֵינוֹ **תָּקֵף**, כִּי הַכְּנֶסֶת לֹא אִישְּׁרָה אוֹתוֹ.*
*הַדַּרְכּוֹן שֶׁלִּי אֵינוֹ **תָּקֵף**, אֲנִי צָרִיךְ דַּרְכּוֹן חָדָשׁ.*
תְּקֵפָה, תְּקֵפִים, תְּקֵפוֹת

תקפותנ׳ תְּקֵפוּת — validity
כְּשֶׁיֵּשׁ אִישּׁוּר לְהִשְׁתַּמֵּשׁ (לְפִי הַחוֹק וְכוּ׳):
***הַתְּקֵפוּת** שֶׁל הַדַּרְכּוֹן הִיא לְמֶשֶׁךְ עֶשֶׂר שָׁנִים.*

תקציב ז, תַּקְצִיב [תַּקְצִיבִים] allocation
1. סכום כֶּסֶף לְמַטָּרָה מְסוּיֶּמֶת:
*בֵּית הַסֵּפֶר קִיבֵּל מִן הָעִירִיָּיה **תַּקְצִיב** לְמַחְשְׁבִים.*
2. חֶשְׁבּוֹן הַהַכְנָסוֹת וְהַהוֹצָאוֹת שֶׁל מוֹסָד: budget
*הַכְּנֶסֶת אִישְּׁרָה אֶת **תַּקְצִיב** הַמֶּמְשָׁלָה לְשָׁנָה זוֹ.*

תקציבי ת, תַּקְצִיבִי budgetary
הַשַּׁיָּיךְ לְתַקְצִיב, שֶׁל עִנְיְנֵי הוֹצָאַת כֶּסֶף לְמַטָּרוֹת מְסוּיָּמוֹת:
*מְסִיבּוֹת **תַּקְצִיבִיּוֹת** לֹא קָנִינוּ הַשָּׁנָה כִּיסְאוֹת חֲדָשִׁים.*
תַּקְצִיבִית, תַּקְצִיבִיִּים, תַּקְצִיבִיּוֹת

תקציר ז, תַּקְצִיר [תַּקְצִירִים] synopsis
קִיצּוּר שֶׁל מַאֲמָר, סֵפֶר וְכוּ':
*יֵשׁ סטוּדֶנְטִים שֶׁקּוֹרְאִים **תַּקְצִירִים** בִּמְקוֹם סְפָרִים.*

תקר ז, תֶּקֶר [תְּקָרִים] flat tire, puncture
פַּנְצֶ'ר, קִילְקוּל שֶׁל גַּלְגַּל מְכוֹנִית, אוֹפַנַּיִים...:
*יֵשׁ לִי **תֶּקֶר** בַּגַּלְגַּל, אֲנִי צָרִיךְ לְהַחֲלִיף אוֹתוֹ.*

תקרה נ, תִּקְרָה [תִּקְרוֹת] ceiling
הַחֵלֶק הָעֶלְיוֹן בַּחֶדֶר, מוּל הָרִצְפָּה:
*תָּלִיתִי אֶת הַמְּנוֹרָה בְּאֶמְצַע **הַתִּקְרָה**.*

תקרובת נ, תִּקְרֹבֶת [תִּקְרוֹבוֹת] refreshments
אוֹכֶל, עוּגוֹת וְכוּ', שֶׁמַּגִּישִׁים לְאוֹרְחִים:
*אַחֲרֵי **הַתִּקְרוֹבֶת** שֶׁמַּעְנוּ סִיפּוּרִים עַל הוֹדוּ.*

תקרית נ, תַּקְרִית [תַּקְרִיּוֹת] incident
מִקְרֶה לֹא נָעִים, כְּשֶׁמִּישֶׁהוּ נִפְגַּע:
*אֶתְמוֹל הִתְפּוֹצְצָה פְּצָצָה בַּשּׁוּק. הוֹדָעָה עַל **הַתַּקְרִית** נִמְסְרָה בַּחֲדָשׁוֹת.*

תקשורת נ, תִּקְשֹׁרֶת communication, media
קוֹמוּנִיקַצְיָה, הַפְּעוּלוֹת שֶׁנַּעֲשׂוֹת כְּדֵי לִיצוֹר קֶשֶׁר וּלְהַעֲבִיר יְדִיעוֹת בֵּין אֲנָשִׁים:
*טֶלֶפוֹן, רַדְיוֹ, טֶלֶוִויזְיָה וְעִיתּוֹנִים הֵם אֶמְצָעֵי **תִּקְשׁוֹרֶת**.*
תִּקְשׁוֹרֶת-הַמּוֹנִים mass-media
תִּקְשׁוֹרֶת בֵּין-אִישִׁית interpersonal communication

תקשורתי ת, תִּקְשָׁרְתִּי media (adj.)
הַשַּׁיָּיךְ לְתִקְשׁוֹרֶת, לְרַדְיוֹ, לְטֶלֶוִויזְיָה, וְכוּ':
*פְּגִישָׁה שֶׁל רֹאשׁ מֶמְשֶׁלֶת יִשְׂרָאֵל עִם רֹאשׁ מֶמְשֶׁלֶת מִצְרַיִם הִיא אֵירוּעַ **תִּקְשׁוֹרְתִּי**.*
תִּקְשׁוֹרְתִּית, תִּקְשׁוֹרְתִּיִּים, תִּקְשׁוֹרְתִּיּוֹת

תרבות נ, תַּרְבּוּת [תַּרְבּוּיוֹת] civilization, culture
הַהֶישֵּׂגִים שֶׁל רוּחַ הָאָדָם בַּמַּדָּע, בָּאוֹמָנוּת, בַּדָּת, בַּמּוּסָר, בַּמּוֹסָדוֹת הַחֶבְרָה וְכוּ':
***תַּרְבּוּת** הַמַּעֲרָב שׁוֹנָה **מִתַּרְבּוּת** הַמִּזְרָח.*
2. הִתְנַהֲגוּת: manner, conduct
***תַּרְבּוּת** הַדִּיבּוּר שֶׁלָּנוּ הִיא צְעָקוֹת...*
תַּרְבּוּת-הַגּוּף - סְפּוֹרְט
צִמְחֵי-תַרְבּוּת - צְמָחִים שֶׁמְּגַדְּלִים (בְּגִינָּה וְכוּ')

תרבותי ת, תַּרְבּוּתִי civilized/cultured (adj.)
הַהֵיפֶךְ מִוּוּלְגָרִי, מִי שֶׁיֵּשׁ לוֹ הַשְׂכָּלָה, שֶׁיּוֹדֵעַ לְהִתְנַהֵג יָפֶה:
*אֶפְשָׁר לְנַהֵל שִׂיחָה **תַּרְבּוּתִית** גַּם כְּשֶׁאֵין הַסְכָּמָה.*
הוּא אָדָם **תַּרְבּוּתִי** - קוֹרֵא סְפָרִים, הוֹלֵךְ לְקוֹנְצֶרְטִים וְכוּ'.
צֶמַח תַּרְבּוּתִי - צֶמַח שֶׁמְּגַדְּלִים בְּגִינָּה וְכוּ'
תַּרְבּוּתִית, תַּרְבּוּתִיִּים, תַּרְבּוּתִיּוֹת

תרגום ז, תַּרְגּוּם [תַּרְגּוּמִים] translation
דְּבָרִים שֶׁהוּעַבְרוּ מִשָּׂפָה אַחַת לְשָׂפָה אַחֶרֶת:
*בַּמִּילּוֹן הַזֶּה יֵשׁ **תַּרְגּוּם** שֶׁל הַמִּילִּים לְרוּסִית וּלְאַנְגְּלִית.*

תרגיל ז, תַּרְגִּיל [תַּרְגִּילִים] exercise
אִימּוּן, פְּעוּלָּה חוֹזֶרֶת שֶׁאָדָם עוֹשֶׂה כְּדֵי לִלְמוֹד דָּבָר מְסוּיָּם:
*עָשִׂיתִי **תַּרְגִּילִים** רַבִּים כְּדֵי לִלְמוֹד אֶת הַדִּקְדּוּק הָעִבְרִי.*
(לְשׁוֹן דִּיבּוּר) הוּא עָשָׂה לִי **תַּרְגִּיל** - הוּא קִילְקֵל מַשֶּׁהוּ - לֹא בָּא, אִיחֵר מְאוֹד וְכוּ'.

תרד ז, תֶּרֶד spinach
עָלִים יְרוּקִים שֶׁמְּבַשְּׁלִים וְאוֹכְלִים:
*הַרְבֵּה יְלָדִים שׂוֹנְאִים לֶאֱכוֹל **תֶּרֶד**.*

תרדמה נ, תַּרְדֵּמָה deep sleep
שֵׁינָה חֲזָקָה:
*נָפְלָה עָלַיי **תַּרְדֵּמָה**, וְאִי אֶפְשָׁר הָיָה לְהָעִיר אוֹתִי.*

תרווד ז, תַּרְוָד [תַּרְוָדִים] ladle
כַּף גְּדוֹלָה לְבִישּׁוּל:
*עִירְבַּבְתִּי אֶת הַדַּיְיסָה **בַּתַּרְוָד**.*

תרומה נ, תְּרוּמָה [תְּרוּמוֹת] donation
1. כֶּסֶף שֶׁנּוֹתְנִים מֵרָצוֹן לְמַטָּרָה מְסוּיֶּמֶת:
*נָתַתִּי **תְּרוּמָה** שֶׁל מֵאָה שֶׁקֶל לָאֲגוּדָּה לְמִלְחָמָה בַּסַּרְטָן.*
2. תּוֹסֶפֶת חֲשׁוּבָה: contribution
*עֲבוֹדָתוֹ שֶׁל הַחוֹקֵר הִיא **תְּרוּמָה** לַמַּדָּע.*

תרועה נ, תְּרוּעָה [תְּרוּעוֹת] cheer
1. קוֹל רַעַשׁ גָּדוֹל:
*לְקוֹל **תְּרוּעוֹת** הַקָּהָל יָרַד הַשַּׂחְקָן הַמְּפוּרְסָם מִן הַמָּטוֹס.*
2. הַקּוֹל שֶׁל הַשּׁוֹפָר, צְלִיל אָרוֹךְ: blast
*שָׁמַעְנוּ בְּרֹאשׁ הַשָּׁנָה אֶת **תְּרוּעַת** הַשּׁוֹפָר.*

תרופהנ, תְּרוּפָה [תְּרוּפוֹת] remedy, medication
חוֹמֶר שֶׁמְּרַפֵּא מַחֲלוֹת:
תרופות קוֹנִים בְּבֵית מִרְקַחַת.
עֲדַיִין לֹא נִמְצְאָה תרופה לְמַחֲלַת הַסַּרְטָן.

תרופתית, תְּרוּפָתִי medicinal
הַשַּׁיָּךְ לִתְרוּפוֹת, עַל יְדֵי תְּרוּפוֹת:
הוּא קִיבֵּל טִיפּוּל תרופתי וְהִבְרִיא. drug therapy
תְּרוּפָתִית, תְּרוּפָתִיִּים, תְּרוּפָתִיּוֹת

תרחישז, תַּרְחִישׁ [תַּרְחִישִׁים] scenario, happening
סְצֶנָרְיוֹ, שַׁרְשֶׁרֶת שֶׁל מִקְרִים:
הוּא תֵּיאֵר אֶת הַתַּרְחִישׁ לְפִי הַסֵּדֶר.

תרי"ג (מצוות) תַּרְיַ"ג (מִצְווֹת) 613 obligatory commandments
ת(=400) + ר(=200) + י(=10) +
ג(=3) = 613 שֵׁשׁ מֵאוֹת שְׁלוֹשׁ עֶשְׂרֵה הַמִּצְווֹת שֶׁבַּתּוֹרָה:
יְהוּדִי דָּתִי שׁוֹמֵר תרי"ג מִצְווֹת.

תריסז, תְּרִיס [תְּרִיסִים] shutter
דֶּלֶת אוֹ חַלּוֹן שֶׁזָּזִים אוֹ נִפְתָּחִים, מְגִינִּים מִפְּנֵי הַשֶּׁמֶשׁ:
חוֹשֶׁךְ בַּחֶדֶר, כִּי הַתְּרִיסִים סְגוּרִים.
בַּלּוּטַת-הַתְּרִיס thyroid gland

תריסרש"מ תְּרֵיסָר [תְּרֵיסָרִים] dozen
(אֲרָמִית) קְבוּצָה שֶׁל 12:
קָנִיתִי תריסר חוּלְצוֹת.

תרכובתנ, תִּרְכֹּבֶת [תִּרְכּוֹבוֹת] compound
כְּשֶׁכַּמָּה חוֹמָרִים בְּיַחַד:
הַתִּרְכּוֹבֶת שֶׁל מֵימָן וְחַמְצָן יוֹצֶרֶת מַיִם H_2O.

תרכיבז, תַּרְכִּיב [תַּרְכִּיבִים] vaccine
חוֹמֶר שֶׁמַּכְנִיסִים לַגּוּף עַל-יְדֵי מַחַט וְכוּ' כְּדֵי לְהָגֵן מִפְּנֵי מַחֲלוֹת:
הַתַּרְכִּיב נֶגֶד פּוֹלְיוֹ חִיסֵּל לְגַמְרֵי אֶת הַמַּחֲלָה.

תרםפ, תָּרַם donated
1. נָתַן מַתָּנָה שֶׁל כֶּסֶף לְמַעַן מַטָּרָה מְסוּיֶּמֶת:
הוּא תָּרַם כֶּסֶף לְבִנְיַית בֵּית הַחוֹלִים.
2. הוֹסִיף דָּבָר חָשׁוּב מִשֶּׁלּוֹ: contributed
הַחוֹקֵר תָּרַם תְּרוּמָה חֲשׁוּבָה לַמַּדָּע.
לִתְרוֹם אֶת- / ת.ר.ם, פָּעַל / תָּרַמְתִּי, תּוֹרֵם, יִתְרוֹם

תרמילז, תַּרְמִיל [תַּרְמִילִים] satchel
תִּיק, יַלְקוּט לְבֵית סֵפֶר, לְטִיּוּלִים וְכוּ':
שַׂמְתִּי אֶת הַבְּגָדִים וְהָאוֹכֶל בַּתַּרְמִיל, אֲנִי מוּכָן לְטִיּוּל.
תַּרְמִיל גַּב / תַּרְמִיל צַד knapsack

תרמיתנ, תַּרְמִית [תַּרְמִיּוֹת] deception
שֶׁקֶר, רַמָּאוּת:
הַעֲבָרַת הַכְּסָפִים מִבַּנְק לְבַנְק הִתְגַּלְּתָה כְּמַעֲשֵׂה תרמית.

תרנגולז, תַּרְנְגוֹל [תַּרְנְגוֹלִים] chicken
עוֹף בַּיִת, מִין צִיפּוֹר שֶׁלֹּא עָפָה:
הַתַּרְנְגוֹל קָרָא 'קוּ קוּ רִי קוּ' וְהֵעִיר אוֹתִי מוּקְדָּם בַּבּוֹקֶר.
תַּרְנְגוֹל-הוֹדוּ turkey
תַּרְנְגוֹלֶת, תַּרְנְגוֹלוֹת

תרסיסז, תַּרְסִיס [תַּרְסִיסִים] spray
חוֹמֶר נוֹזְלִי שֶׁמְּפֻזָּרִים בְּטִיפּוֹת קְטַנּוֹת מְאוֹד:
יֵשׁ תרסיסים שֶׁפּוֹגְעִים בָּאוֹזוֹן שֶׁבָּאֲוִויר.

תרעומתנ, תַּרְעֹמֶת [תַּרְעוֹמוֹת] complaint, grievance
כַּעַס, כְּשֶׁיֵּשׁ מַשֶּׁהוּ נֶגֶד מִישֶׁהוּ אוֹ מַשֶּׁהוּ:
הִבַּעְתִּי תַּרְעוֹמֶת עַל כָּךְ, שֶׁלֹּא הוֹדִיעוּ לִי עַל הַיְשִׁיבָה.

תרשיםז, תַּרְשִׁים [תַּרְשִׁים] chart, diagram
טַבְלָה, דִּיאַגְרָמָה וְכוּ' מְצוּיָּרוֹת בְּקַוִּים:
לְפִי הַתַּרְשִׁים הָיְיתָה עֲלִיָּיה בִּמְחִיר הַיְּרָקוֹת.

תרתי משמעב, תַּרְתֵּי מַשְׁמַע ambiguous
(אֲרָמִית) שְׁנֵי מוּבָנִים, שְׁתֵּי מַשְׁמָעוּיוֹת:
כְּשֶׁאֲנִי אוֹמֵר 'כְּאֵב רֹאשׁ' אֲנִי מִתְכַּוֵּון תרתי משמע - שֶׁבֶּאֱמֶת כּוֹאֵב לִי הָרֹאשׁ, וְשֶׁיֵּשׁ לִי עֲבוֹדָה קָשָׁה.

תשפ, תַּשׁ became weak
נַעֲשָׂה חַלָּשׁ:
תַּשׁ כּוֹחִי מֵעֲבוֹדָה קָשָׁה.
/ ת.ש.ש, פָּעַל / תַּשׁוּ, תָּשׁ, יִתַּשׁ

תשבץז, תַּשְׁבֵּץ [תַּשְׁבְּצִים] crossword-puzzle
מִשְׂחָק; מַכְנִיסִים מִילִּים לְתוֹךְ טַבְלָה לְפִי הַהַגְדָּרוֹת שֶׁלָּהֶן:
חֲסֵרוֹת לִי מִילִּים כְּדֵי לִגְמוֹר אֶת הַתַּשְׁבֵּץ בָּעִיתּוֹן.

תשדורתנ, תִּשְׁדֹּרֶת [תִּשְׁדוֹרוֹת] message, broadcast
מְסִירַת הוֹדָעָה בַּטֶּלֶפוֹן, בָּרַדְיוֹ:
הֶעֱבַרְתִּי בְּתִשְׁדוֹרֶת, שֶׁהַקּוֹנְצֶרְט נִדְחָה.

תשדירז, תַּשְׁדִּיר [תַּשְׁדִּירִים] broadcast
תּוֹכְנִית אוֹ קֶטַע, שֶׁמַּשְׁמִיעִים בָּרַדְיוֹ אוֹ מַרְאִים בַּטֶּלֶוִויזְיָה:
הַתַּשְׁדִּיר עַל תְּאוּנוֹת הַדְּרָכִים הִשְׁפִּיעַ עָלַיי מְאוֹד.
תַּשְׁדִּיר-שֵׁירוּת public broadcast
תַּשְׁדִּיר-פִּירְסוֹמֶת commercial

תשואהנ, תְּשׁוּאָה [תְּשׁוּאוֹת] proceeds, yield
הַכְנָסָה בַּאֲחוּזִים מִקְּנִיָּיה שֶׁל מַשֶּׁהוּ:
הַתְּשׁוּאָה מִמְּכִירַת הַדִּירוֹת גְּבוֹהָה מְאוֹד.

תשואותר״ר תְּשׁוּאוֹת applause
קוֹל רַעַשׁ גָּדוֹל:
*הַפְּסַנְתְּרָן זָכָה לִ**תְשׁוּאוֹת** הַקָּהָל.*

תשובהנ׳ תְּשׁוּבָה [תשובות] answer
1. דְּבָרִים שֶׁאָדָם עוֹנֶה עַל שְׁאֵלָה אוֹ טַעֲנָה:
*הַיֶּלֶד עָנָה **תְּשׁוּבוֹת** קְצָרוֹת וּמְדוּיָקוֹת עַל כָּל הַשְּׁאֵלוֹת.*
2. חֲזָרָה לְהִתְנַהֲגוּת טוֹבָה (מוּסָרִית אוֹ דָּתִית), הִתְרַחֲקוּת מֵעֲשִׂיַּית רַע: repentance, 'born-again'
*הוּא חָזַר בִּ**תְשׁוּבָה** וְנַעֲשָׂה דָּתִי מְאוֹד/הַצָּעִיר חָזַר בִּ**תְשׁוּבָה** וְהִתְרַחֵק מֵהַפֶּשַׁע.*

תשובוןז׳ תְּשׁוּבוֹן [תשובונים] answer-sheet
1. אוֹסֶף שֶׁל תְּשׁוּבוֹת לִשְׁאֵלוֹת בְּחֶשְׁבּוֹן, בְּדִיקְדּוּק וְכוּ':
*בְּסוֹף הַסֵּפֶר יֵשׁ **תְּשׁוּבוֹן** לַתַּרְגִּילִים.*
2. דַּף שֶׁמְּסַמְּנִים עָלָיו תְּשׁוּבוֹת:
*צָרִיךְ לְסַמֵּן בַּ**תְּשׁוּבוֹן** אֶת הַתְּשׁוּבָה הַנְּכוֹנָה לַשְּׁאֵלָה.*

תשומהנ׳ תְּשׂוּמָה [תְּשׂוּמוֹת] input, cost
הוֹצָאוֹת עַל עֲבוֹדָה:
***תְּשׂוּמוֹת** הַבְּנִיָּיה עָלוּ בַּשָּׁנָה הָאַחֲרוֹנָה.*

תשומת-לבנ׳ תְּשׂוּמֶת-לֵב attention
הִסְתַּכְּלוּת רְצִינִית, עִיּוּן:
*הוּא עָשָׂה אֶת הָעֲבוֹדָה בִּ**תְשׂוּמֶת לֵב** וּבִיסוֹדִיּוּת.*

תשועהנ׳ תְּשׁוּעָה [תשועות] salvation
הַצָּלָה, עֶזְרָה בִּזְמַן צָרָה:
*בְּמֶשֶׁךְ 2,000 שָׁנָה חִיכָּה עַם יִשְׂרָאֵל לִ**תְשׁוּעוֹת** וְלִגְאוּלָה.*

תשוקהנ׳ תְּשׁוּקָה [תשוקות] desire
רָצוֹן חָזָק מְאוֹד:
*יֵשׁ לִי **תְּשׁוּקָה** לְצַיֵּיר וּלְפַסֵּל.*
תשוקה מינית sexual desire, lust

תשושת׳ תָּשׁוּשׁ exhausted (adj.), feeble
חַלָּשׁ:
*אֲנִי מַרְגִּישׁ **תָּשׁוּשׁ** אַחֲרֵי יוֹם עֲבוֹדָה.*
תְּשׁוּשָׁה, תְּשׁוּשִׁים, תְּשׁוּשׁוֹת

תשחורתנ׳ תִּשְׁחֹרֶת youth
בְּנֵי **תִּשְׁחוֹרֶת** - נוֹעַר, אֲנָשִׁים צְעִירִים מְאוֹד:
*זֶה סֶרֶט לִבְנֵי **תִּשְׁחוֹרֶת**.*

תשיעית׳ תְּשִׁיעִי ninth (m)
אַחֲרֵי הַשְּׁמִינִי וְלִפְנֵי הָעֲשִׂירִי:
*בַּקּוֹנְצֶרְט נִיגְּנוּ אֶת הַסִּימְפוֹנְיָה הַ**תְּשִׁיעִית** שֶׁל בֶּטְהוֹבֶן.*
תְּשִׁיעִית, תְּשִׁיעִיִּים, תְּשִׁיעִיּוֹת
תְּשִׁיעִית - 1/9: תְּשִׁיעִית מ־45 = 5.

תשיעייהנ׳ תְּשִׁיעִיָּה [תְּשִׁיעִיּוֹת] group of nine
קְבוּצָה שֶׁל 9:
*הִסְתַּדְּרוּ בִּתְשִׁיעִיּוֹת, כָּל **תִּשְׁעָה** יְלָדִים יְקַבְּלוּ חֶדֶר אֶחָד.*

תשישותנ׳ תְּשִׁישׁוּת weakness
הַרְגָּשָׁה שֶׁל חוּלְשָׁה, חוֹסֶר כּוֹחַ:
*הִרְגַּשְׁתִּי **תְּשִׁישׁוּת** רַבָּה אַחֲרֵי הַמַּחֲלָה.*

תשלובתנ׳ תִּשְׁלֹבֶת [תִּשְׁלוֹבוֹת] combination
1. כַּמָּה דְּבָרִים הַנִּמְצָאִים זֶה בְּתוֹךְ זֶה:
*הַ**תִּשְׁלוֹבֶת** שֶׁל בַּד וְעוֹר מַתְאִימָה לְבִגְדֵי חוֹרֶף.*
2. תַּעֲשִׂיָּיה שֶׁיֵּשׁ בָּהּ כַּמָּה סוּגִים שֶׁל יִיצוּר: concern
*בְּ**תִשְׁלוֹבֶת** טֶקְסְטִיל עוֹשִׂים גַּם חוּטִים, גַּם בַּדִּים וְגַם בְּגָדִים.*

תשלוםז׳ תַּשְׁלוּם [תַּשְׁלוּמִים] payment
כֶּסֶף שֶׁנּוֹתְנִים בְּעַד סְחוֹרָה/שֵׁירוּת אוֹ כְּשָׂכָר:
*אֲנִי מְשַׁלֵּם שְׂכַר דִּירָה בְּ**תַשְׁלוּמִים** חוֹדְשִׁיִּים.*
תַּשְׁלוּמִים לְשִׁיעוּרִין installments
אֶמְצָעֵי-תַּשְׁלוּם means of payment

תשליךז׳ תַּשְׁלִיךְ "casting" of sins on Rosh Hashana
(בְּמָסוֹרֶת הַיְּהוּדִית) בְּרֹאשׁ הַשָּׁנָה אָדָם הוֹלֵךְ לַיָּם, אוֹ לַנָּהָר וְזוֹרֵק אֶת כָּל הַמַּעֲשִׂים הָרָעִים, שֶׁעָשָׂה בְּמֶשֶׁךְ הַשָּׁנָה:
*הַ**תַּשְׁלִיךְ** הוּא מַעֲשֶׂה סִמְלִי לַכַּוָּונָה שֶׁבַּלֵּב.*

תשמישז׳ תַּשְׁמִישׁ [תַּשְׁמִישִׁים]
יַחֲסֵי מִין: sexual intercourse
*הַמִּילָּה **תַּשְׁמִישׁ** הִיא בִּיטּוּי אַרְכָאִי לְיַחֲסֵי מִין.*

תשעש״מ תֵּשַׁע nine (f)
הַמִּסְפָּר 9 בִּנְקֵבָה:
*בַּמִּשְׂרָד עָבְדוּ **תֵּשַׁע** נָשִׁים.*
תְּשַׁע-עֶשְׂרֵה - הַמִּסְפָּר 19 בִּנְקֵבָה: ***תְּשַׁע עֶשְׂרֵה** יְלָדוֹת.*

תשעהש״מ תִּשְׁעָה nine (m)
הַמִּסְפָּר 9 בְּזָכָר:
*בְּמֶשֶׁךְ **תִּשְׁעָה** חוֹדָשִׁים לָמַדְתִּי בַּחֶדֶר הַזֶּה.*
תִּשְׁעָה עָשָׂר - הַמִּסְפָּר 19 בְּזָכָר: ***תִּשְׁעָה עָשָׂר** יְלָדִים.*

תשעיםזו״נ תִּשְׁעִים ninety
הַמִּסְפָּר 90:
*לִפְנֵי **תִּשְׁעִים** שָׁנָה בְּעֵרֶךְ נִבְנוּ הַמּוֹשָׁבוֹת הָרִאשׁוֹנוֹת בְּאֶרֶץ יִשְׂרָאֵל.*

תשקיףז, תַּשְׁקִיף [תַשְׁקִיפִים] prospectus, forecast
מַה שֶׁיִּהְיֶה, רְאִיָּיה שֶׁל מַה שֶׁיִּקְרֶה בִּתְחוּם מְסוּיָּם:
הַתַּשְׁקִיף שֶׁל מֶזֶג הָאֲוִויר לְמָחָר - גֶּשֶׁם.

תשרז, תֶּשֶׁר tip
מַתָּנָה, טִיפּ, כֶּסֶף שֶׁנּוֹתְנִים לְמֶלְצַר בְּבֵית קָפֶה וְכוּ':
נָהוּג לָתֵת 10% תֶּשֶׁר.

תשריז, תִּשְׁרֵי Tishre (month, Sept-Oct)
שֵׁם חוֹדֶשׁ עִבְרִי, הַחוֹדֶשׁ שֶׁל רֹאשׁ הַשָּׁנָה הָעִבְרִי - סֶפְּטֶמְבֶּר-אוֹקְטוֹבֶּר:
בְּתִשְׁרֵי נִגְמָר הַקַּיִץ.

תששפ, תָּשַׁשׁ became weak
נַעֲשָׂה חַלָּשׁ, תָּשׁ:
תָּשַׁשׁ כּוֹחִי בִּגְלַל הַמַּחֲלָה.
/ ת.ש.ש, פָּעַל / תָּשְׁשׁוּ, תַּשׁ, יִיתַּשׁ

תשתיתנ, תַּשְׁתִּית [תַשְׁתִּיּוֹת] infrastructure
יְסוֹד, בָּסִיס, עַל מַה שֶׁבּוֹנִים בַּיִת וְכוּ':
תַּשְׁתִּית הַכְּבִישִׁים בָּאָרֶץ לֹא דַּי טוֹבָה.
בְּלִי תַּשְׁתִּית תַּרְבּוּתִית לֹא יִצְמַח תֵּיאַטְרוֹן טוֹב.

תתת"פ תַּת sub-, under-, hypo-
מִתַּחַת לְ-, לְמַטָּה מִ-.
תַּת-אַלּוּף - לְמַטָּה מִדַּרְגַּת אַלּוּף: brigadier-general
קָצִין בְּדַרְגַּת תַּת-אַלּוּף דִּיבֵּר עִם הָעִיתּוֹנָאִים.
תַּת-יַמִּי - underwater
יֵשׁ קַו טֶלֶפוֹן תַּת-יַמִּי בֵּין יִשְׂרָאֵל וְאֵירוֹפָּה.
תַּת-קַרְקָעִי - subterranean
בֶּעָרִים הַגְּדוֹלוֹת יֵשׁ רַכָּבוֹת תַּת-קַרְקָעִיּוֹת.
תַּת-תְּזוּנָה - malnutrition
הַרְבֵּה יְלָדִים בָּעוֹלָם סוֹבְלִים מִתַּת-תְּזוּנָה.
תַּת-הַכָּרָה - subconscious
(בִּפְסִיכוֹלוֹגְיָה) חַיֵּי הַנֶּפֶשׁ הַבִּלְתִּי יְדוּעִים
תַּת-מַקְלֵעַ - sub-machine gun
הַחַיָּיל יָרָה בְּתַת מִקְלֵעַ.

תתרןז, תַּתְרָן [תַתְרָנִים] anosmic
מִי שֶׁאֵינוֹ מַרְגִּישׁ בְּרֵיחַ:
הוּא תַתְרָן, לָכֵן אֵינוֹ מַרְגִּישׁ בְּרֵיחַ הַגָּז בַּמִּטְבָּח.
תַּתְרָנִית, תַּתְרָנִיּוֹת

נספחים

LIST OF SUBJECTS – רְשִׁימַת הַנּוֹשְׂאִים

1. SHOPPING	1. קְנִיּוֹת
2. BUYING CLOTHES	2. בַּחֲנוּת הַבְּגָדִים
3. IN THE RESTAURANT	3. בַּמִּסְעָדָה
4. MEALS	4. אֲרוּחוֹת
5. THE WEATHER	5. מֶזֶג הָאֲוִויר
6. IN THE SUPERMARKET	6. בַּסּוּפֶּרְמַרְקֶט
7. BANK	7. בַּנְק
8. THE POST OFFICE	8. דּוֹאַר
9. TELEPHONE	9. טֶלֶפוֹן
10. THE OFFICE	10. הַמִּשְׂרָד
11. TRANSPORTATION	11. תַּחְבּוּרָה
12. IN THE BUS	12. נְסִיעָה בָּאוֹטוֹבּוּס
13. IN THE AIRPORT	13. נְמַל הַתְּעוּפָה
14. THE FAMILY	14. הַמִּשְׁפָּחָה
15. THE BODY PARTS	15. אֵיבְרֵי הַגּוּף
16. MEDICAL SERVICES	16. בַּמִּרְפָּאָה - בְּקוּפַּת חוֹלִים
17. NEWSPAPER	17. עִיתּוֹן
18. THE HOUSE	18. הַבַּיִת
19. HOUSE CLEANING	19. נִיקּוּי הַבַּיִת וְסִידּוּרוֹ
20. IN THE THEATRE	20. בַּתֵּיאַטְרוֹן
21. THE MOVIES	21. קוֹלְנוֹעַ
22. EXHIBITION	22. תַּעֲרוּכָה
23. TRIPS AND EXCURSION	23. טִיּוּלִים וְסִיּוּרִים
24. IN THE HOTEL	24. בְּבֵית הַמָּלוֹן
25. THE MILITARY	25. צָבָא
26. COURT OF LAW	26. בֵּית הַמִּשְׁפָּט
27. ECONOMICS	27. כַּלְכָּלָה
28. WORK AND WORKERS	28. עֲבוֹדָה וּבַעֲלֵי מִקְצוֹעַ
29. GOVERNMENT	29. כְּנֶסֶת וּמֶמְשָׁלָה
30. GREETINGS AND BLESSINGS	30. בְּרָכוֹת
31. THE JEWISH CALENDAR	31. יְמֵי הַשָּׁבוּעַ וְחוֹדְשֵׁי הַשָּׁנָה לְפִי הַלּוּחַ הָעִבְרִי
32. ANIMALS	32. בַּעֲלֵי־חַיִּים
33. GRAMMATICAL TERMS	33. מוּנָּחִים דִּיקְדּוּקִיִּים
34. INTIALS AND ABBREVIATIONS	34. רָאשֵׁי תֵּיבוֹת וְקִיצוּרִים
35. NUMBERS	35. מִסְפָּרִים
36. VERB CONJUGATION	36. נְטִיּוֹת הַפּוֹעַל
37. PREPOSITIONS	37. מִילּוֹת יַחַס בִּנְטִיָּיה
38. NOUN CONJUGATION	38. דּוּגְמָה לִנְטִיַּית שֵׁם הָעֶצֶם

1. קְנִיּוֹת – SHOPPING

שמות־עֶצֶם	**nouns**
אָחוּז ז	percentage
הִזדַמנוּת נ	special purchase
הֲנָחָה נ	discount
חֶשבּוֹן ז	bill
חֶשבּוֹנוֹת ז"ר	bills
מִבצָע ז	sale
מוֹכֵר ז	salesman
מְזוּמָן ז (מְזוּמָנִים)	cash
מְחִיר ז	price
מַס ז	tax
מַס עֶרֶך מוּסָף ז (מע"מ)	V.A.T
מְצִיאָה	bargain
סַך־הַכּוֹל ז	total
עוֹדֶף ז	change
קַבָּלָה נ	receipt
קוֹנֶה ז	customer
תַשלוּמִים ז"ר	installments, payments

שמות־תוֹאַר	**adjectives**
זוֹל	inexpensive, cheap
חָדָש	new
יָקָר	expensive
יָשָן	old

תוֹאֲרֵי־פוֹעַל	**adverbs**
בְּזוֹל	cheaply
בְּיוֹקֶר	expensively

פְּעָלִים	**verbs**
לְהַזמִין (אֶת)	to order
לְהַחזִיר (לְ)	to return (to)
לְהַחלִיף (אֶת)	to exchange
לִמכּוֹר (אֶת)	to sell
לִמצוֹא חֵן (בְּעֵינֵי)	to like
לַעֲמוֹד עַל הַמִיקָח (הַמֶקַח)(עִם)	to bargain
לִקנוֹת (אֶת)	to buy/purchase
לִקנוֹת בְּתַשלוּמִים	to buy on credit
לְשַלֵם (בְּעַד)	to pay (for)
לְשַלֵם בִּמזוּמָן	to pay cash

שִׂיחַ	**dialogue**
תֵן לִי בְּבַקָשָה...	Could I please have...?
כַּמָה זֶה עוֹלֶה?	How much is it?
אֶפשָר לִראוֹת אֶת הַ...?...	May I look at...?
אֶפשָר לְקַבֵּל חֶשבּוֹן, בְּבַקָשָה?	May I have the bill, (check) please?
תֵן לִי, בְּבַקָשָה, קַבָּלָה	May I have a receipt?
אֶפשָר לְקַבֵּל הֲנָחָה?	Can I get a discount?
אֶפשָר לְשַלֵם בְּתַשלוּמִים?	Can I pay by installments?
מַה מְחִיר הַ־? כַּמָה עוֹלֶה הַ־?	What is the price of...? How much is...?
מָתַי מַתחִילָה מְכִירַת סוֹף הָעוֹנָה?	When will the End of Season Sale begin?

2. בַּחֲנוּת־הַבְּגָדִים – BUYING CLOTHES

שמות־עֶצֶם	**nouns**
אוֹפנָה נ	fashion
בֶּגֶד ז	outfit, garment
גוּפִיָיה נ	T shirt, undershirt
גַרבַּיִים ז"ז	socks, stockings
חוּלצָה נ	shirt, blouse
חֲזִיָיה נ	brassiere, bra
חָלוּק ז	robe, dressing gown
חֲלִיפָה נ	suit
חֲצָאִית נ	skirt
כּוּתוֹנֶת־לַילָה נ	nightgown
לְבָנִים ז"ר	underwear
מִכנָסַיִים ז"ז	pants, trousers, slacks
מְעִיל ז	coat
מְעִיל גֶשֶם ז	raincoat
פִּיזָ'מָה נ	pyjamas
שִׂמלָה נ	dress
תַחתוֹנִים ז"ר	underpants
תִלבּוֹשֶת נ	outfit
מַגָפַיִים ז"ז	boots
נַעַל נ, נַעֲלַיִים	shoe, shoes
נַעֲלֵי בַּיִת נ"ר	slippers
סַנדָלִים ז"ר	sandals
עֲקֵבִים ז"ר	heels

אַבזְרֵי־לְבוּש	**accessories**
חֲגוֹרָה נ	belt
כְּפָפוֹת נ"ר	gloves

כַּפְתּוֹר ז	button
מִטְפַּחַת נ	scarf
מִשְׁקָפַיִים ז״ר	(eye) glasses
עֲנִיבָה נ	tie
צָעִיף ז	scarf
רוֹכְסָן ז	zipper
שְׂרוֹךְ ז	shoelace
פְּעָלִים	**verbs**
לִלְבּוֹשׁ (אֶת)	to wear
לְהִתְלַבֵּשׁ	to put on clothes
לִפְשׁוֹט (אֶת)	to take off clothes
לְהִתְפַּשֵּׁט	to undress
לַחְבּוֹשׁ-לַחֲבוֹשׁ (אֶת)	to wear (put on) a hat
לְהָסִיר (אֶת)	to take off a hat
לִנְעוֹל (אֶת)	to wear (put on) shoes
לִמְדּוֹד (אֶת)	to try on
צְבָעִים (ש״ת)	**colors**
אָדוֹם	red
וָרוֹד	pink
חוּם	brown
יָרוֹק	green
כָּחוֹל	blue
כָּתוֹם	orange
לָבָן	white
סָגוֹל	violet, purple
צָהוֹב	yellow
שָׁחוֹר	black
תְּכֵלֶת	light blue
שִׂיחַ	**dialogue**
אֵיפֹה אֶפְשָׁר לִמְדּוֹד?	Where can I try this on?
הַצֶּבַע הַזֶּה לֹא מַתְאִים לִי...	This color does not suit me
(הָיִיתִי רוֹצָה) בֶּגֶד בְּצֶבַע	I'd like a (color) outfit
אֲנִי מְחַפֶּשֶׂת בֶּגֶד לָעֶרֶב	I'm looking for an evening dress
יֵשׁ לָכֶם שִׂמְלָה קַלָּה לַקַּיִץ?	Do you have a light summer dress?

3. בַּמִּסְעָדָה — IN THE RESTAURANT

שְׁמוֹת־עֶצֶם	**nouns**
בֵּית קָפֶה ז	café
בַּקְבּוּק ז	bottle
כּוֹס נ	glass
כּוֹסִית נ	wine glass, small glass
כַּף נ	spoon
כַּפִּית נ	teaspoon
מַגָּשׁ ז	tray
מַזְלֵג ז	fork
מֶלַח ז	salt
מֶלְצַר ז (מֶלְצָרִית נ)	waiter
מִסְעָדָה נ	restaurant
מַפִּית נ	napkin
סַכּוּם ז	cutlery
סַכִּין ז/ר״נ	knife
פִּילְפֵּל שָׁחוֹר ז	black pepper
צַלַּחַת נ	plate
קוּמְקוּם ז	kettle
תַּפְרִיט ז	menu
סֵפֶל ז	cup
פְּעָלִים	**verbs**
אוֹכֵל (אֶת)	eats
אוֹהֵב (אֶת)	likes
בּוֹלֵעַ (אֶת)	swallows
לֶאֱפוֹת (אֶת)	to bake
לְהַרְתִּיחַ (אֶת)	to boil
לוֹקֵחַ (אֶת)	takes
לְטַגֵּן (אֶת)	to fry
נוֹתֵן (אֶת)	gives
שׁוֹתֶה (אֶת)	drinks
שְׁמוֹת־תוֹאַר	**adjectives**
חָמוּץ	sour
חָרִיף	hot (spicy)
טִבְעוֹנִי-צִמְחוֹנִי	vegetarian
טָעִים	tasty
טָרִי	fresh
מְבוּשָּׁל	cooked
מוּכָן	ready
מְטוּגָּן	fried
מָלוּחַ	salty
מָתוֹק	sweet
נָקִי	clean
צָמֵא	thirsty
קָשֶׁה	hard
רָזֶה	lean
רַךְ	soft

hungry	רָעֵב
satiated (full)	שָׂבֵעַ
fat	שָׁמֵן
dialogue	**שִׂיחַ**
What would you like to order?	מָה אַתָּה רוֹצֶה לְהַזְמִין?
Check, please!	חֶשְׁבּוֹן, בְּבַקָּשָׁה!
How much is it?	כַּמָּה אֲנִי מְשַׁלֵּם?
May I have?...	בְּבַקָּשָׁה לָתֵת לִי...
May I have some water?	אֶפְשָׁר לְקַבֵּל מַיִם...?
What do you recommend?	עַל מָה אַתָּה מַמְלִיץ?
Can we see the menu?	אֶפְשָׁר לִרְאוֹת אֶת הַתַּפְרִיט?
I'd like to have something that tastes good but isn't fattening.	אֲנִי רוֹצֶה לֶאֱכוֹל מַשֶּׁהוּ טָעִים וְלֹא מַשְׁמִין
What kind of desserts do you have?	אֵיזֶה מָנוֹת אַחֲרוֹנוֹת יֵשׁ?
Bon appetit!	בְּתֵיאָבוֹן ת"פ

4. אֲרוּחוֹת — MEALS

breakfast	**אֲרוּחַת־בּוֹקֶר**
egg	בֵּיצָה נ
fried egg	בֵּיצִיָּיה נ
cheese	גְּבִינָה נ
honey	דְּבַשׁ ז
olives	זֵיתִים ז"ר
omelette, scrambled eggs	חֲבִיתָה נ
milk	חָלָב ז
challah	חַלָּה נ
butter	חֶמְאָה נ
sandwich	כָּרִיךְ (סֶנְדְוִויץ') ז
buttermilk	לֶבֶּן ז
bread	לֶחֶם ז
roll	לַחְמָנִיָּיה נ
spread	מִמְרָח ז
margarine	מַרְגָּרִינָה נ
sugar	סוּכָּר ז
salad	סָלָט ז
pita (Arabic bread)	פִּיתָה נ
a slice of bread	פְּרוּסַת־לֶחֶם נ
jam	רִיבָּה נ
oil	שֶׁמֶן ז
cream	שַׁמֶּנֶת נ
lunch (or dinner)	**אֲרוּחַת־צוֹהֳרַיִים**
rice	אוֹרֶז ז
noodles	אִיטְרִיּוֹת נ"ר
meat	בָּשָׂר ז
fish	דָּגִים ז"ר
gefilte fish	דָּגִים מְמוּלָּאִים ז"ר
soup	מָרָק ז
chicken	עוֹף ז
roast	צָלִי ז
ground beef patty	קְצִיצָה נ
sauce	רוֹטֶב ז
potato	תַּפּוּחַ־אֲדָמָה ז
dessert	**קִינּוּחַ**
nuts	אֱגוֹזִים ז"ר
ice cream	גְּלִידָה נ
dessert	לִיפְתָן ז
cake	עוּגָה נ
almonds	שְׁקֵדִים ז"ר
dinner	**אֲרוּחַת־עֶרֶב**
hummus	חוּמוּס ז
tahini	טְחִינָה נ
sausage	נַקְנִיק ז
salads	סָלָטִים ז"ר
sardines	סַרְדִּינִים ז"ר
drinks	**מַשְׁקָאוֹת**
wine	יַיִן ז
grapefruit juice	מִיץ אֶשְׁכּוֹלִיּוֹת ז
orange juice	מִיץ תַּפּוּזִים ז
soft drink	מַשְׁקֶה קַל ז
soda	סוֹדָה נ
coffee	קָפֶה ז
tea	תֵּה ז
dialogue	**שִׂיחַ**
What is there to eat today?	מַה יֵּשׁ לֶאֱכוֹל הַיּוֹם?
What will you have for breakfast?	מָה אַתָּה רוֹצֶה לֶאֱכוֹל לַאֲרוּחַת הַבּוֹקֶר?
Which do you prefer, meat or fish?	אַתָּה מַעֲדִיף בָּשָׂר אוֹ דָּגִים?
Any dessert?	יֵשׁ קִינּוּחַ?

THE WEATHER – 5. מֶזֶג־הָאֲווִיר

שמות־עֶצֶם	**nouns**
עונות	**seasons**
קַיִץ ז	summer
חוֹרֶף ז	winter
אָבִיב ז	spring
סתָיו ז	autumn, fall
תַחֲזִית נ	weather forecast
סְתָיו	**autumn**
אֲסִיף הַפֵּירוֹת וְהַיְרָקוֹת	harvest
גֶשֶׁם רִאשׁוֹן (יוֹרֶה) ז	first rain
יוֹם־כִּיפּוּר ז	Day of Atonement
סוּכּוֹת נ"ר	Sukkoth
פִּרְחֵי סתָיו ז"ר	autumn flowers
צִיפּוֹרִים נוֹדְדוֹת נ"ר	migrating birds
רֹאשׁ־הַשָּׁנָה ז	New Year
רוּחַ נוֹשֶׁבֶת נ	blowing wind
שַׁלֶּכֶת נ	falling leaves
חוֹרֶף	**winter**
גֶשֶׁם ז	rain
טִיפָּה נ	drop
טִיפְטוּף ז	drizzle
לַחוּת נ	humidity
מַגָּפַיִים ז"ז	boots
מִטרִיָיה נ	umbrella
מְעִיל ז	coat
מְעִיל גֶשֶׁם ז	raincoat
עֲנָנִים ז"ר	clouds
שֶׁלֶג ז	snow
שָׁמַיִם ז"ר	sky, skies
רוּחַ נ	wind
תַנוּר ז	heater, furnace

שמות־תוֹאַר	**adjectives**
נָעִים	nice, fine
סוֹעֵר	stormy
קַר	cold
קָרִיר	cool
רָגִיל	ordinary
אָבִיב	**spring**
מֶזֶג אֲווִיר נָאֶה	fine (nice) weather
לֹא חַם וְלֹא קַר	neither hot nor cold
פְּרִיחָה	bloom
חַג הַפֶּסַח	Passover Holiday
קַיִץ	**Summer**
בֶּגֶד־יָם ז	swimsuit
בְּרֵיכָה נ	(swimming) pool
גַלִּים ז"ר	waves
חוֹל ז	sand
חוֹם ז	heat
חוֹף ז	beach
יָם ז	sea, ocean
כּוֹבַע־יָם ז	swimming cap
כִּיסֵא־נוֹחַ ז	lounge chair
מַיִם עֲמוּקִים ז"ר	deep water
מַצִּיל ז	lifeguard
סַכָּנָה נ	danger
סַנדָלִים ז"ר	sandals
שָׁרָב ז	heat wave
פְּעָלִים	**verbs**
לְהִשְׁתַזֵּף	to tan
לָלֶכֶת לַיָּם	to go to the beach
לִצלוֹל	to dive
לִשׂחוֹת	to swim

IN THE SUPERMARKET – 6. בַּסּוּפֶּרמַרקֶט

מוּצְרֵי־מָזוֹן	**food products**
אוֹרֶז ז	rice
אִיטְרִיּוֹת נ"ר	noodles
בֵּיצָה נ / בֵּיצִים	egg
בָּשָׂר ז	meat
דָג ז	fish

דָג קָפוּא ז	frozen fish
חוּמוּס ז	humus
טְחִינָה נ	tahini
לֶחֶם ז	bread
לַחמָנִיָּיה נ	roll
מֶלַח ז	salt

sausage, salami	נַקְנִיק ז
sugar	סוּכָּר ז
chicken	עוֹף ז
flour	קֶמַח ז
coffee	קָפֶה ז
cocoa	קָקָאוֹ ז
sauce	רוֹטֶב ז
oil	שֶׁמֶן ז
olive oil	שֶׁמֶן־זַיִת ז
tea	תֵּה ז
dairy products	**מוּצְרֵי־חָלָב**
cream/cottage cheese	גבִינָה לְבָנָה נ
yellow cheese	גבִינָה צְהוּבָּה נ
fetah cheese	גבִינָה מְלוּחָה נ
milk	חָלָב ז
butter	חֶמְאָה נ
yogurt	יוֹגוּרט ז
sourmilk	לֶבֶּן ז
sour cream	שַׁמֶּנֶת נ
cream	שַׁמֶּנֶת לְקָפֶה נ
vegetables	**יְרָקוֹת**
peas	אֲפוּנָה נ
onion	בָּצָל ז
green onion	בָּצָל יָרוֹק ז
carrot	גֶּזֶר ז
lettuce	חַסָה נ
eggplant	חָצִיל ז
cabbage	כְּרוּב ז
cauliflower	כְּרוּבִית נ
cucumber	מְלָפְפוֹן ז
beet	סֶלֶק ז
tomato	עַגבָנִיָּיה נ
pepper	פִּילְפֵּל ז
radish	צְנוֹן ז, צנוֹנִית נ
bean	שְׁעוּעִית נ
potato	תַּפּוּחַ־אֲדָמָה ז
spinach	תֶּרֶד ז
fruits	**פֵּירוֹת**
watermelon	אֲבַטִּיחַ ז
pear	אַגָּס ז
grapefruit	אֶשְׁכּוֹלִית נ
banana	בַּנָנָה נ
grapes	עֲנָבִים ז״ר
tangerine	קְלֶמֶנְטִינָה נ
plum, prune	שְׁזִיף ז
orange	תַּפּוּז ז
apple	תַּפּוּחַ־עֵץ ז
adjectives	**תוֹאֳרֵי־שֵׁם**
frozen	קָפוּא
fresh	טָרִי
verbs	**פְּעָלִים**
to pack	לֶאֱרוֹז (אֶת)
to choose/pick	לִבחוֹר (אֶת)
to cut	לַחתוֹך (אֶת)
to carry	לִסחוֹב (אֶת)
to slice	לִפרוֹס (אֶת)
to send	לִשלוֹחַ (אֶת)
to weigh	לִשקוֹל (אֶת)
dialogue	**שִׂיחַ**
May I have...	תֵּן לִי בְּבַקָשָׁה ...
Would you slice...	תַּחתוֹך לִי-/תִפרוֹס לִי אֶת הַ ...
Could you wrap...	אַתָּה יָכוֹל לֶאֱרוֹז לִי אֶת הַ ...
Would you please weigh...	תִשקוֹל לִי, בְּבַקָשָׁה...
where can I find...?	אֵיפֹה אֶפשָׁר לִמצוֹא...?

7. בַּנק — BANK

nouns	**שמוֹת־עֶצֶם**
agora	אֲגוֹרָה נ
bond	אִגֶּרֶת חוֹב נ
percent	אָחוּז ז
self-service	אַל־תּוֹר ז
credit	אַשׁרַאי ז
attendant	דַּיָּיל ז (דַּיֶּילֶת)
withdrawal	הוֹצָאָה נ
standing order	הוֹרָאַת־קֶבַע נ
deposit	הַכנָסָה נ
loan	הַלוָואָה נ
check	הַמחָאָה נ (צֶ׳יק ז)
conversion	הֲמָרָה נ
currency exchange	הֲמָרָה מִמַטבֵּעַ לְמַטבֵּעַ נ
transfer	הַעֲבָרָה נ
transfer from one acount to another	הַעֲבָרָה מֵחֶשבּוֹן לְחֶשבּוֹן נ
deposit	הַפקָדָה נ

monthly deposit	הַפְקָדָה חוֹדְשִׁית נ
single deposit	הַפְקָדָה חַד־פַּעֲמִית נ
linkage, indexation	הַצְמָדָה נ
linkage to the index	הַצְמָדָה לַמַּדָּד נ
linkage to the dollar	הַצְמָדָה לַדּוֹלָר נ
investment	הַשְׁקָעָה נ
crediting	זִיכּוּי ז
debt	חוֹב ז
debiting	חִיּוּב ז
contract	חוֹזֶה ז
saving	חִיסָּכוֹן ז
calculation	חִישּׁוּב ז
account	חֶשְׁבּוֹן ז
joint account	חֶשְׁבּוֹן מְשׁוּתָּף ז
current account	חֶשְׁבּוֹן עוֹבֵר וָשָׁב (עו"ש) ז
business account	חֶשְׁבּוֹן עִסְקִי ז
signature	חֲתִימָה נ
form	טוֹפֶס ז
Telebank	טֶלֶבַּנְק ז
import	יְבוּא ז
power of attorney	יִיפּוּי־כּוֹחַ ז
export	יְצוּא ז
balance	יִתְרָה נ
positive balance	יִתְרַת־זְכוּת נ
negative balance	יִתְרַת־חוֹבָה נ
cover	כִּיסּוּי ז
money	כֶּסֶף ז
small change	כֶּסֶף קָטָן ז
ATM (Automatic Teller Machine)	כַּספּוֹמָט ז
safe deposit box	כַּסֶּפֶת נ
credit card	כַּרְטִיס־אַשְׁרַאי ז
magnetic card	כַּרְטִיס מַגְנֶטִי ז
borrower	לוֹוֶה ז
lender	לַוְויָן ז
beneficiary	מוּטָב ז
index	מַדָּד ז
cost of living index	מַדַּד־יוֹקֶר־הַמִּחְיָה ז
withdraws	מוֹשֵׁךְ ז
cash	מְזוּמָנִים ז"ר
currency	מַטְבֵּעַ ז
foreign currency	מַטְבֵּעַ זָר ז
loan	מִלְוָוה ז
share, stock	מְנָיָיה נ
account number	מִסְפַּר־חֶשְׁבּוֹן ז
gratuity	מַעֲנָק ז
withdrawl	מְשִׁיכָה נ
overdraft	מְשִׁיכַת־יֶתֶר נ
mortgage	מַשְׁכַּנְתָּא נ

feedback	מָשׁוֹב ז
securities	נְיָיר־עֵרֶךְ ז
foreign trade	סַחַר־חוּץ ז
sum	סכוּם ז
branch	סְנִיף ז
member	עָמִית ז
comission	עֲמָלָה נ
guarantor	עָרֵב ז
guarantee	עַרְבוּת נ
exemption	פְּטוֹר ז
deposit	פִּיקָּדוֹן ז
payment (maturity)	פֵּירָעוֹן ז
check book	פִּנְקַס־צֵ'קִים ז
bank operation	פְּעוּלָּה בַּנְקָאִית נ
order	פְּקוּדָּה נ
check	צֵ'יק ז
bank check	צֵ'יק בַּנְקָאִי ז
check in deposit	צֵ'יק לְמִשְׁמֶרֶת ז
crossed check	צֵ'יק מְשׂוּרְטָט ז
linked	צְמוּדִים ז"ר
linked to the c.o.l. index	צְמוּד־מַדָּד ז
receipt	קַבָּלָה נ
credit line	קַו אַשְׁרַאי ז
cash	קוּפָּה נ
cashier	קוּפַּאי ז
procident fund	קוּפַּת גֶּמֶל 'תָּמָר', 'גֶּפֶן', 'שִׁיקְמָה' נ
clearing	קְנִיַּית־צֵ'יק נ
fund	קֶרֶן נ
trust fund	קֶרֶן נֶאֱמָנוּת נ
profit	רֶווַח ז
interest	רִיבִּית נ
fixed interest rate	רִיבִּית קְבוּעָה נ
floating interest rate	רִיבִּית נַיֶּידֶת נ
banknote	שְׁטָר ז
rate	שַׁעַר ז
representative rate	שַׁעַר יָצִיג ז
shekel	שֶׁקֶל ז
statement	תַּדְפִּיס ז
payment	תַּשְׁלוּם ז
statement of account	תַּמְצִית־חֶשְׁבּוֹן נ

verbs	**פְּעָלִים**
to approve	לְאַשֵּׁר (אֶת)
to collect	לִגְבּוֹת (אֶת)
to obtain a signature	לְהַחְתִּים (אֶת)
to give a loan	לְהַלְווֹת (אֶת)
to endorse	לְהָסֵב צֵ'יק (לְ)
to deposit	לְהַפְקִיד (אֶת)

לְזַכּוֹת (אֶת)	to credit
לְחַיֵּיב (אֶת)	to debit
לַחְתּוֹם (עַל)	to sign
לַחְסוֹךְ (אֶת)	to save
לְיַיפּוֹת אֶת כּוֹחוֹ שֶׁל...	to give power of attorney to...
לִלְווֹת (אֶת)	to borrow
לִמְשׁוֹךְ כֶּסֶף	to draw money
לְסַלֵּק חוֹב	to pay off a debt
לִפְרוֹט כֶּסֶף	to change money
לִפְרוֹעַ חוֹב	to pay off a debt

שִׂיחַ	**dialogue**
אֲנִי רוֹצֶה לִפְתּוֹחַ חֶשְׁבּוֹן בַּבַּנְק	I'd like to open an account in the bank...
כַּמָּה כֶּסֶף יֵשׁ לִי בְּחֶשְׁבּוֹן?	How much money do I have in my account?
מַה הַיִּתְרָה שֶׁלִּי, בְּבַקָּשָׁה...	What is my balance, please?
אֵיזֶה תּוֹכְנִיּוֹת חִיסָּכוֹן יֵשׁ לָכֶם בַּבַּנְק?	What kinds of saving plans do you have?
כַּמָּה רִיבִּית מְשַׁלְּמִים עַל מְשִׁיכַת יֶתֶר?	How much interest do you charge?
אֲנִי רוֹצֶה לְהַזְמִין כַּרְטִיס אַשְׁרַאי...	I'd like to get a credit card...
אֶפְשָׁר לְשַׁלֵּם בְּכַרְטִיס אַשְׁרַאי?	Can I pay by credit card?
מַה גּוֹבַהּ הַמַּשְׁכַּנְתָּא, שֶׁאֲנִי יָכוֹל לְקַבֵּל?	How big a mortgage can I get?
כַּמָּה עֲרֵבִים צָרִיךְ?	How many cosigners are needed?
אֲנִי רוֹצֶה לְהַפְקִיד צֶ'יק וְלִמְשׁוֹךְ כֶּסֶף מְזוּמָּן	I'd like to deposit a check and withdraw cash

8. דּוֹאַר – THE POST OFFICE

שְׁמוֹת־עֶצֶם	**noun**
אִיגֶּרֶת אֲוִויר, נ	air letter
אִיגֶּרֶת־בְּרָכָה, נ"ר	greeting card
בּוּל, ז	stamp
בֵּית־דּוֹאַר, ז	post office
גְּלוּיָה, נ	postcard
דּוֹאַר־אֲוִויר, ז	air mail
דּוֹאַר־חֲבִילוֹת, ז	parcel post
דּוֹאַר מֶרְכָּזִי, ז	central post office
דּוֹאַר נָע, ז (ד.נ.)	mobile post office
דּוֹאַר צְבָאִי, ז (ד.צ.)	military (army) mail (post)
דּוֹאַר רָגִיל, ז	regular mail
דּוֹאַר רָשׁוּם, ז	registered mail
דַּוָּור, ז	mailman
הַזְמָנָה, נ	invitation
חֲבִילָה, נ	package, parcel
חוֹתֶמֶת, נ	stamp (post mark)
טוֹפֶס, ז	form
כְּתוֹבֶת, נ	address
מִבְרָק, ז	cable, telegram
שׁוֹלֵחַ, ז	sender
מִבְרַק־בְּרָכָה, ז	congratulatory cable
מִכְתָּב, ז	letter
מִכְתָּב דָּחוּף, ז	express letter
מִכְתָּב חוֹזֵר, ז	return mail
מִכְתָּב רִשְׁמִי, ז	official letter
מַעֲטָפָה, נ	envelope
מַעַן, ז	address
מִשְׁקָל, ז	weight
מִשְׂרַד־הַתִּקְשׁוֹרֶת, ז	Ministry of Communications
נִמְעָן, ז	addressee
צֶנְזוּרָה, נ	censorship
תֵּיבַת דּוֹאַר, נ (ת.ד.)	Post Office Box (P.O.B)

מִכְתָּבִים (צֵירוּפִים מְקוּבָּלִים):	**letters**
בִּבְרָכָה	best wishes
בְּכָבוֹד רַב	yours respectfully, yours truly
הַנָּדוֹן (הַנִּידּוֹן)	subject
חֲתִימָה	signature
לִכְבוֹד	to, for
מֵאֵת	from
שֶׁלְּךָ בִּידִידוּת	sincerely yours

פְּעָלִים	**verbs**
לְהִתְכַּתֵּב (עִם)	to correspond (with)
לִכְתּוֹב (לְ)	to write
לְמַלֵּא (אֶת)	to fill
לִמְסוֹר (לְ)	to deliver (to)
לְקַבֵּל (אֶת)	to receive
לִשְׁלוֹחַ (לְ)	to send (to)

to weigh	לִשְׁקוֹל (אֶת)
dialogue	**שִׂיחַ**
How long does it take for a letter to arrive from Tel Aviv to Jerusalem?	תּוֹךְ כַּמָּה זְמַן מַגִּיעַ מִכְתָּב מִתֵּל־אָבִיב לִירוּשָׁלַיִם?

Do you have tokens?	יֵשׁ לָכֶם אֲסִימוֹנִים?
How much is a telegram to the U.S.A?	כַּמָּה עוֹלֶה מִבְרָק לְאַרְצוֹת־הַבְּרִית?
I'd like to send a package registered mail	אֲנִי רוֹצֶה לִשְׁלוֹחַ חֲבִילָה בְּדוֹאַר רָשׁוּם

THE TELEPHONE — 9. טֶלֶפוֹן

nouns	**שמות־עֶצֶם**
token	אֲסִימוֹן ז
direct dialing	חִיּוּג יָשִׁיר ז
public phone	טֶלֶפוֹן צִיבּוּרִי ז
wrog number	טָעוּת בַּמִּספָּר
information	מוֹדִיעִין ז
telephone number	מִספַּר טֶלֶפוֹן ז
switchboard	מֶרְכָּזִיָּיה נ
dial tone	צְלִיל־חִיּוּג ז
line	קַו ז
busy line	קַו תָּפוּס ז
long distance call	שִׂיחָה בֵּינְעִירוֹנִית נ
local call	שִׂיחָה עִירוֹנִית נ
international (long distance) call	שִׂיחַת־חוּץ נ
receiver	שְׁפוֹפֶרֶת נ
telehpone booth	תָּא־טֶלֶפוֹן ז

verbs	**פְּעָלִים**
to dial	לְחַיֵּיג (לְ)
to call	לְטַלְפֵּן (לְ)
to call	לְצַלְצֵל (לְ)
dialogue	**שִׂיחַ**
Hold on please	נָא לְהַמתִּין בְּבַקָּשָׁה
To answer the phone	לַעֲנוֹת לַטֶּלֶפוֹן
May I speak with...?	אֶפשָׁר לְדַבֵּר עִם...?
Hello, shalom...	הַלוֹ, שָׁלוֹם...
Hello, David Aharoni speaking	שָׁלוֹם, מְדַבֵּר אַהֲרוֹנִי
Who is calling, please?	מִי מְדַבֵּר?
David is speaking	מְדַבֵּר דָּוִיד...
Hello, is David in?... Is Ruth in the office?	שָׁלוֹם, דָּוִיד נִמצָא?... רוּת נִמצֵאת בַּמִּשְׂרָד?

THE OFFICE — 10. הַמִּשְׂרָד

workers	**עוֹבְדִים**
secretary	מַזכִּיר/ה
clerk	פָּקִיד/ה
director, manager	מְנַהֵל/ת
messenger	שָׁלִיחַ/ה
office equipment	**צִיּוּד מִשְׂרָדִי**
file cabinet	אֲרוֹן מְגֵירוֹת ז
telephone	טֶלֶפוֹן ז
form, blank	טוֹפֶס ז (טְפָסִים)
meeting	יְשִׁיבָה נ
card index	כַּרְטִיסִיָּיה נ (כַּרְטִיסִיּוֹת)
printer	מַדְפֶּסֶת נ
computer	מַחְשֵׁב ז
copier (xerox)	מְכוֹנַת־צִילוּם נ
accountant	מְנַהֵל־חֶשְׁבּוֹנוֹת ז

table lamp	מְנוֹרַת־שׁוּלְחָן נ
word processor	מְעַבֵּד־תַּמלִילִים ז
waste paper basket	סַל־נְיָירוֹת ז
notebook	פִּנקָס ז
telephone book	פִּנקַס־טֶלֶפוֹנִים ז
reception	קַבָּלַת־קָהָל נ
desk	שׁוּלְחַן־כְּתִיבָה ז
working hours	שְׁעוֹת־קַבָּלָה נ״ר
dialogue	**שִׂיחַ**
May I speak to Mr. Aharoni?	אֶפשָׁר לְדַבֵּר עִם מַר אַהֲרוֹנִי?
Could I make an appointment with the manager?	אֶפשָׁר לִקְבּוֹעַ פְּגִישָׁה עִם הַמְנַהֵל?
I would like to check something...	אֲנִי רוֹצֶה לְבָרֵר מַשֶּׁהוּ..

מָתַי שְׁעוֹת הַקַּבָּלָה שֶׁלָּכֶם?	When are you open?
הַיּוֹם אֵין קַבָּלַת קָהָל	Not open to the public today

11. תַּחְבּוּרָה — TRANSPORTATION

שְׁמוֹת־עֶצֶם	**nouns**
אוֹר אָדוֹם ז	red light
אוֹר יָרוֹק ז	green light
אוֹר צָהוֹב ז	yellow light
אֵין כְּנִיסָה	Do Not Enter
זְהִירוּת בַּדְּרָכִים נ	caution on the highway
חֲנִיָּיה נ	parking
כְּבִישׁ ז	road
מִדְרָכָה נ	sidewalk
מַעֲבַר־חֲצִיָּיה ז	pedestrian crossing
מִשְׂרַד־הַתַּחְבּוּרָה ז	Minisry of Transport
מִשְׂרַד־הָרִישּׁוּי	licensing office
צַד יָמִין ז, יָמִינָה	right, to the right
צַד שְׂמֹאל ז, שְׂמֹאלָה	left, to the left
רִישְׁיוֹן־נְהִיגָה ז	driving license
רַמְזוֹר ז	traffic light/signal
תְּאוּנַת־דְּרָכִים נ	car accident
תַּחֲנָה מֶרְכָּזִית נ	central station
תַּחֲנָה סוֹפִית נ	terminal station
תַּחֲנַת־דֶּלֶק נ	gas station
כְּלֵי רֶכֶב	**vehicles**
אוֹטוֹבּוּס ז	bus
אוֹפַנּוֹעַ ז	motorcycle
אוֹפַנַּיִים ז"ר	bicycle
מוֹנִית נ	(taxi) cab
מְכוֹנִית נ	car
מְכוֹנִית־מַשָּׂא נ / מַשָּׂאִית נ	truck
רַכֶּבֶת נ	train
פְּעָלִים	**verbs**
לָלֶכֶת בָּרֶגֶל	to walk
לַחֲצוֹת כְּבִישׁ	to cross a road
לַעֲבוֹר (אֶת)	to pass
לַעֲצוֹר (אֶת)	to stop
לִדְרוֹס (אֶת)	to run over
לְהִסְתַּכֵּל יָמִינָה וּשְׂמֹאלָה	to look to the right and to the left

12. נְסִיעָה בָּאוֹטוֹבּוּס — IN THE BUS

שְׁמוֹת־עֶצֶם	**nouns**
אוֹטוֹבּוּס יָשִׁיר ז	express bus
כַּרְטִיס ז	ticket
כַּרְטִיס הָלוֹךְ וָשׁוֹב ז	round trip ticket
כַּרְטִיסִיָּיה נ	ticket-block
כַּרְטִיסָן ז	conductor
מְאַסֵּף ז	local (bus)
מְקוֹם־חֲנִיָּיה ז	parking space
מָקוֹם שָׁמוּר ז	reserved seat
נֶהָג ז	driver
נְסִיעָה נ	ride
נְסִיעָה טוֹבָה נ	bon voyage
עוֹדֶף ז	change
קוּפָּה נ	ticket office
תּוֹר ז	line
שִׂיחַ	**expressions**
אֵין מָקוֹם!	Full, no more room
אֲבַקֵּשׁ לַעֲצוֹר	Stop, please!
בְּבַקָּשָׁה לְהִתְקַדֵּם	Move on, please. Get inside, please
לֹא לַעֲלוֹת!	No more passengers
סַע!	Go!
חַכֵּה רֶגַע!	Wait a minute!
זְהִירוּת!	Caution!
אָסוּר לְעַשֵּׁן!	No smoking!
מַה מִּסְפַּר הָאוֹטוֹבּוּס?	What number bus is it?
אֵיפֹה אֲנִי צָרִיךְ לָרֶדֶת?	Where do I get off?
כַּמָּה עוֹלֶה כַּרְטִיס?	How much is a ticket to...?
הַאִם אֶפְשָׁר לְקַבֵּל אֶת הָעוֹדֶף?	May I have my change?
מָתַי יוֹצֵא הָאוֹטוֹבּוּס?	When does the bus to... depart?

אֵיךְ מַגִּיעִים לְ...?	How does one get to...?
אֵיזֶה אוֹטוֹבּוּס נוֹסֵעַ לְ...?	Which bus goes to...?

13. נְמַל־הַתְּעוּפָה – AT THE AIRPORT

שְׁמוֹת־עֶצֶם	nouns
אוּלַם־הַנּוֹסְעִים ז	departure lounge
בְּדִיקָה בִּיטְחוֹנִית נ	security check
בִּיקוֹרֶת־דַּרְכּוֹנִים נ	passport control
דַיָּיל ז	steward, flight attendant (m)
דַיֶּילֶת נ	stewardess, flight attendant (f)
דֶלְפֵּק ז	counter
דַּרְכּוֹן ז	passport
זְמַן ז	time
חֲנוּת פְּטוּרָה מִמֶּכֶס נ	duty-free shop
טַיָּיס ז	pilot
טִיסָה נ	flight
יַעַד ז	destination
יְצִיאָה נ	exit
כִּיסְאוֹת ז״ר, מוֹשָׁבִים ז״ר	chairs, seats
כְּנִיסָה נ	entrance
כָּנָף נ	wing
כַּרְטִיס־טִיסָה ז	flying ticket
כַּרְטִיס־עֲלִיָּיה לַמָּטוֹס ז	boarding ticket
לְלֹא עִישׁוּן	no smoking section
מִגְדַּל־פִּיקּוּחַ ז	air traffic control tower
מִזְוֶודֶת־יָד (גֵ׳יימְס בּוֹנְד) נ	briefcase
מָטוֹס ז	aircraft
מִטְעָן ז	luggage

מֶכֶס ז	customs
מִסְפַּר־טִיסָה ז	flight number
מִשְׁקָל ז	weight
מִשְׁקָל עוֹדֵף ז	overweight
נְמַל־תְּעוּפָה ז	airport
עֲגָלָה נ	cart
שַׁעַר ז	gate
תּוֹר ז	line, queue
תִּיק ז, אַרְנָק ז	bag, purse
תִּיק צַד ז	shoulder bag

פְּעָלִים	verbs
לְהַמְרִיא	to take off
לִנְחוֹת	to land
לָטוּס	to fly

שִׂיחַ	dialogue
מָתַי יוֹצֵאת הַטִּיסָה לְוִינָה?	What time does the flight to Vienna depart?
אֵיפֹה אֶפְשָׁר לְהַשִּׂיג עֲגָלָה?	Where can I get a cart?
נָא לָגֶשֶׁת לַדֶּלְפֵּק	Go to the counter please
יֵשׁ לְךָ עַל מַה לְהַצְהִיר בַּמֶּכֶס?	Do you have anything to declare in Customs?

14. הַמִּשְׁפָּחָה – THE FAMILY

שְׁמוֹת־עֶצֶם	nouns
אָב, אַבָּא ז	father, dad
אָח ז	brother
אָחוֹת נ	sister
אַחְיָין ז	nephew
אַחְיָינִית נ	niece
אֵם, אִימָּא נ	mother, mom, mummy
אִישָּׁה נ	wife
בֵּן ז, בַּת נ	son, daughter
בַּעַל ז	husband

בֶּן־דּוֹד ז	cousin (m)
בַּת־דּוֹדָה נ	cousin (f)
גִּיס ז	brother-in-law
גִּיסָה נ	sister-in-law
דּוֹד ז	uncle
דּוֹדָה נ	aunt
הוֹרִים ז״ר	parents
חָם ז	father-in-law
חָמוֹת נ	mother-in-law
יֶלֶד ז	boy, (child)

יַלְדָּה נ	girl
מְחוּתָּן ז, מְחוּתֶּנֶת נ	in-law (m)/(f)
נֶכֶד ז	grandson
נֶכְדָּה נ	granddaugther
נִין ז	great grandson
נִינָה נ	great granddaugther
סַב, סַבָּא ז	grandfather, grandpa
סַבְתָּא נ	grandmother
תִּינוֹק ז, תִּינוֹקֶת נ	baby (m)/(f)
אֲוִירָה מִשְׁפַּחְתִּית נ	congenial atmosphere
אַלְבּוֹם־מִשְׁפָּחָה ז	family album
יְדִיד־מִשְׁפָּחָה ז	family friend
מְסִבָּה מִשְׁפַּחְתִּית נ	family gathering
סְעוּדָה מִשְׁפַּחְתִּית נ	family meal
קְרוֹבֵי־מִשְׁפָּחָה ז״ר	relatives
שֵׁם־מִשְׁפָּחָה ז	last name
תְּמוּנָה מִשְׁפַּחְתִּית נ	family portrait
בַּר־מִצְוָה ז	bar-mitzvah
יוֹם־הוּלֶּדֶת ז	birthday

מַצָּב מִשְׁפַּחְתִּי	**personal status**
אַלְמָן ז, אַלְמָנָה נ	widower/widow
גָּרוּשׁ ז, גְּרוּשָׁה נ	divorce, divorcee
יָתוֹם ז	orphan
נָשׂוּי ז	married (m)
נְשׂוּאָה נ	married (f)
פָּנוּי ז	unmarried (m)
פְּנוּיָה נ	unmarried (f)
רַוָּק ז	bachelor
רַוָּקָה נ	a single woman

שִׂיחַ	**dialogue**
זֹאת אִשְׁתִּי	This is my wife,
זֶה בַּעֲלִי	This is my husband,

יַחֲסֵי בַּעַל־אִשָּׁה	**husband-wife relationship**
הַיְּחָסִים טוֹבִים וּקְרוֹבִים	It's a good and close relationship
יֵשׁ שִׁיתּוּף פְּעוּלָה	There is cooperation
אֲנַחְנוּ עוֹזְרִים זֶה לָזֶה	We help each other
אֵין קֶשֶׁר	There is no communication
יֵשׁ לָנוּ הַרְבֵּה וִיכּוּחִים	We argue a lot
כֹּל אֶחָד חוֹשֵׁב רַק עַל עַצְמוֹ	We each think of ourselves only
בְּקוֹשִׁי מְדַבְּרִים זֶה עִם זֶה	We hardly speak to each other
יֵשׁ הַרְבֵּה כַּעַס בֵּינֵינוּ	There's a lot of anger between us
אֲנִי רוֹצֶה לְהִיפָּרֵד	I want a separation
אֲנִי רוֹצֶה לְהִתְגָּרֵשׁ	I'd like a devorce
זֶה לֹא מַה שֶּׁהָיָה	It's not what it used to be
אֲנִי רוֹצֶה לְהִתְחַתֵּן	I'd like to get married
הַמִּשְׁפָּחָה הִיא מֵעַל לַכּוֹל	The family is above all

15. אֵיבְרֵי הַגּוּף — PARTS OF THE BODY

שְׁמוֹת־עֶצֶם ז	**nouns**
אוֹזֶן נ (אוֹזְנַיִים)	ear (ears)
אֵיבְרֵי הַמִּין ז״ר	genitals
אַף ז	nose
אֶצְבַּע נ (אֶצְבָּעוֹת)	finger
בּוֹהֶן זו״נ	thumb, big toe
בֶּטֶן נ	abdomen
בֶּרֶךְ נ (בִּרְכַּיִים)	knee
גַּבָּה נ (גַּבּוֹת)	eyebrow
גּוּף ז	body
גָּרוֹן ז	throat
זָקָן ז	beard
זְרוֹעַ נ	forearm
חָזֶה ז	chest
טַבּוּר ז	navel
יָד נ (יָדַיִים)	hand (hands)
יָרֵךְ ז (יְרֵכַיִים)	thigh (thighs)
יַשְׁבָן ז	buttock
כַּף־יָד נ	palm
כַּף־רֶגֶל נ (כַּפּוֹת־רַגְלַיִים)	foot (feet)
כָּתֵף נ (כְּתֵפַיִים)	shoulder (shoulders)
לֶחִי נ (לְחָיַיִם)	cheek (cheeks)
לָשׁוֹן זו״נ	tongue
מוֹתְנַיִים ז״ז	waist
מֵצַח ז	forehead
מַרְפֵּק ז	elbow
נָחִיר ז (נְחִירַיִים)	nostril (nostrils)
סַנְטֵר ז	chin
עַיִן נ (עֵינַיִים)	eye (eyes)
עָקֵב ז (עֲקֵבִים)	heel (heels)

פֶּה ז	mouth
פָּנִים זו״ר	face
צַוָּואר ז	neck
צִיפּוֹרֶן נ (צִיפּוֹרְנַיִים)	fingernail (fingernails)
קַרְסוֹל ז (קַרְסוּלַיִים)	ankle (ankles)
רֹאשׁ ז	head
רִיס ז (רִיסִים)	eyelashe (eyelashes)
רֶגֶל נ (רַגְלַיִים)	leg (legs)
שַׁד ז (שָׁדַיִים)	breast (breasts)
שֵׂיעָר ז	hair
שָׂפָה נ (שְׂפָתַיִים)	lip (lips)
שָׂפָם ז	mustache
שֵׁן נ (שִׁינַּיִים)	tooth (teeth)

מַבָּעִים (הַכּוֹלְלִים אֶת אֵבְרֵי הַגּוּף)	**expressions**
תִּפְקַח אֶת הָעֵינַיִים	Open your eyes
תַּעֲצוֹם אֶת הָעֵינַיִים	Close your eyes
שִׂים לֵב	Pay attention
יֵשׁ לִי פַּרְפָּרִים בַּבֶּטֶן	I have butterflies in my stomach
בְּכוֹחַ־הַזְּרוֹעַ	By force
הוּא אִישׁ עִם מַרְפֵּקִים	He is pushy
לְהוֹשִׁיט יָד	To extend a helping hand
לִפְשׁוֹט רֶגֶל	To go into bankruptcy
נִתְקַע כְּמוֹ עֶצֶם בַּגָּרוֹן	It's a pain in the neck
עַם קְשֵׁה־עוֹרֶף	A stubborn people

16. בַּמִּרְפָּאָה - בְּקוּפַּת־חוֹלִים – MEDICAL SERVICE

סוּגֵי רוֹפְאִים וְעוֹזְרִים	**Specialists**
רוֹפֵא ז	doctor, physician
רוֹפֵא פְּנִימִי ז	internist
רוֹפֵא־אַף, אוֹזֶן, גָּרוֹן ז	ear, nose & throat specialist
רוֹפֵא־עֵינַיִים ז	ophthamologist
רוֹפֵא־נָשִׁים ז	gynecologist
רוֹפֵא־יְלָדִים ז	pediatrician
רוֹפֵא־עוֹר ז	dermatologist
כִּירוּרג ז	surgeon
אוֹרְטוֹפֵּד ז	orthopedic surgeon
אָח ז, אָחוֹת נ	nurse
חוֹבֵשׁ ז, חוֹבֶשֶׁת נ	paramedic

תרופות	**Medical supplies**
גלולות נ״ר	pills
זְרִיקָה נ	injection
טִיפּוֹת נ״ר	drops
יוֹד ז	iodine
כַּדּוּרִים ז״ר	pills
מַדְחוֹם ז	thermometer
מִשְׁחָה נ	ointmant, cream
תַּחְבּוֹשֶׁת נ	bandage
תְּרוּפָה נ	medicine

מַחֲלוֹת נְפוֹצוֹת	**diseases**
גִּידוּל ז	tumor
דַּלֶּקֶת־כְּלָיוֹת נ	kidney infection (inflammation)
דַּלֶּקֶת־רֵיאוֹת נ	pneumonia
הִצְטַנְּנוּת נ	cold
הַרְעָלַת־קֵיבָה נ	food poisoning
הֶתְקֵף־לֵב ז	heart attack
חוּלְשָׁה נ	weakness
חוֹם ז	fever
מוּגְלָה נ	pus
מַחֲלָה נ	illness, disease
נַזֶּלֶת נ	running nose
סַרְטָן ז	cancer
פֶּצַע ז	wound
קִילְקוּל־קֵיבָה ז	upset stomach
שִׁילְשׁוּל ז	diarrhea
שִׁיעוּל ז	cough
שַׁפַּעַת נ	flu

מוֹסְדוֹת־רְפוּאָה	**medical institutions**
מִרְפָּאָה נ	clinic
קוּפַּת־חוֹלִים נ	medical insurance (sick fund)
בֵּית־מִרְקַחַת ז	pharmacy
עֶזְרָה רִאשׁוֹנָה נ	first aid
"מָגֵן דָּוִד אָדוֹם" ז	the Israel "Red Cross"

בֵּית־חוֹלִים	**hospital**
אֲלוּנְקָה נ	stretcher
בְּדִיקָה נ	check up, examination
בְּדִיקַת־דָּם נ	blood test
בְּדִיקַת־שֶׁתֶן נ	urine test
חֲדַר־לֵידָה ז	delivery room
חֲדַר־מִיּוּן ז	emergency room
חֲדַר־נִיתּוּחַ ז	operating room

צִילוּם ז	x rays

שמות־תואר	**Adjectives**
בָּרִיא	healthy
חוֹלֶה	sick, ill
חָזָק	strong
חַלָּשׁ	weak
מְצוּנָן	has a cold (”congested”)
מִקְצוֹעִי	professional
פָּצוּעַ	wounded

פְּעָלִים	**verbs**
לְאַשְׁפֵּז (אֶת) (בְּ)	to hospitalize
לִבְדּוֹק (אֶת)	to examine...
לְהַרְגִּישׁ	to feel...
לְהִצְטַנֵּן	to catch cold
לְהִתְפַּשֵּׁט	to undress
לְהִתְקָרֵר	to catch cold
לַחֲלוֹת (בְּ)	to be sick with...
לְטַפֵּל (בְּ)	to take care (of)
לִמְדוֹד (אֶת)	to measure...
לִשְׁבּוֹר (אֶת)	to break...
לִשְׁכַּב (בְּ)(עַל)	to lie (in)

שִׂיחַ	**dialogue**
אֵיךְ אַתָּה מַרְגִּישׁ?	How do you feel?
מַה כּוֹאֵב לְךָ?	Where do you hurt?
יֵשׁ לךָ חוֹם?	Have you got a fever?
בְּבַקָּשָׁה לְהִתְפַּשֵּׁט!	Undress, please!
בְּבַקָּשָׁה לִשְׁכַּב!	Please, lie down!

17. עִיתוֹן — NEWSPAPER

שמות־עֶצֶם	**nouns**
מֵידָע ז	information
טוּר ז	column
יְדִיעָה נ	news item
יְדִיעוֹן ז	bulletin
יַרְחוֹן ז	monthly
יַרְחוֹן־אוֹפְנָה ז	fashion magazine
כּוֹתֶרֶת נ	headline
כּוֹתֶרֶת רָאשִׁית נ	main headline
כַּתָּב ז, כַּתֶּבֶת נ	reporter
כַּתָּבָה נ	news story
כְּתַב־עֵת ז	periodical, magazine
לְאָן הָעֶרֶב ב'	about town
מַאֲמָר ז	article
מֵאֵת...מ"י	by...
מָדוֹר ז	section
מוֹדָעָה נ	announcement
מוֹדַעַת־אֵבֶל נ	obituary
מוֹדַעַת־פִּירְסוֹמֶת נ	ad. (advertisement)
מוּסָף ז	supplement
מִכְתָּבִים לַמַּעֲרֶכֶת ז"ר	letters to the editor
מַעֲרֶכֶת נ	editorial
סוֹפֵר ז	writer, author
עוֹרֵךְ ז	editor
עִיתוֹן ז	newspaper
עִיתוֹנַאי ז	journalist
עִיתוֹן יוֹמִי ז	daily paper
עִיתוֹן־סְפּוֹרְט ז	sport magazine
עַמּוּד ז	column
פִּירְסוּם ז	publicity
שְׁבוּעוֹן ז	weekly
שַׁעַר ז	cover
תְּמוּנָה נ	picture
תַּשְׁבֵּץ ז	crossword puzzle

סוּגֵי־מוֹדָעוֹת	**ads**
בִּיקּוּשׁ־עֲבוֹדָה	job demand
דִּירוֹת לְהַשְׂכָּרָה	apartments for rent
דִּירוֹת לִמְכִירָה	apartments for sale
דִּירוֹת מְרוֹהָטוֹת	furnished apt.
דָּרוּשׁ־דְּרוּשָׁה	want ad (
דְּרוּשִׁים	want ad (pl.)
הַצָּעוֹת־עֲבוֹדָה	job offers
חֲדָרִים מְרוֹהָטִים	furnished rooms
לְהַשְׂכָּרָה	for lease/rent
לִמְכִירָה	for sale
לִמְכִירָה בְּהִזְדַּמְּנוּת	special bargain
מְכוֹנִיּוֹת לִמְכִירָה	cars for sale
נִגְנְבָה מְכוֹנִית	stolen car
קַבְּלָנֵי־בִּנְיָין	building contractors
שִׁידּוּכִים	match-making, introductions

18. הַבַּיִת – THE HOUSE

שמות־עֶצֶם	nouns
אֵיזוֹר ז	zone, area
בַּיִת מְשׁוּתָּף ז	condominium
גַּג ז	roof
גִּינָּה נ	garden
דִּירָה נ	apartment, flat
דִּירַת־גַּג נ	penthouse
הַסָּקָה מֶרְכָּזִית נ	central heating
וִילָּה נ, בַּיִת פְּרָטִי ז	villa, private home
וַעַד־הַבַּיִת ז	tenants committee
חֲדַר־מַדְרֵגוֹת ז	staircase
חָצֵר נ	yard
חַשְׁמַל ז	electricity
כְּנִיסָה נ	enterance
מִגְרַשׁ־חֲנִיָּיה ז	parking lot
מַדְרֵגוֹת נ״ר	stairs
מַעֲלִית נ	elevator
מַפְתֵּחַ ז	key
מִרְפֶּסֶת נ	balcony
מַרְתֵּף ז	basement
סְבִיבָה נ	neighborhood
עַמּוּד ז	column
קוֹמָה נ	storey, floor
קוֹמַת־קַרְקַע נ	ground floor
קִיר ז	wall
רִצְפָּה נ	floor
שִׁיכּוּן ז	housing project
שְׁכוּנָה נ	neighborhood
שָׁכֵן ז	neighbor
תִּקְרָה נ	ceiling
תְּרִיס ז	shutter
מְתַוֵּוךְ־דִּירוֹת ז	real estate agent

חַדְרֵי־הַדִּירָה	**the apartment**
חֲדַר־אַמְבַּטְיָה ז	bathroom
חֲדַר־יְלָדִים ז	nursery
חֲדַר־מְגוּרִים ז	living room
חֲדַר־מִשְׁפָּחָה ז	family room (den)
חֲדַר־שֵׁינָה ז	bedroom
מִטְבָּח ז	kitchen
מִסְדְּרוֹן ז	corridor
מִרְפֶּסֶת נ	balcony
שֵׁירוּתִים ז״ר	toilet

פְּעָלִים	**verbs**
לָגוּר (בְּ־)	to live (in)
לְהַשְׂכִּיר (לְ־)	to rent, lease (to)
לַחְתּוֹם עַל (חוֹזֶה)	to sign
לַעֲלוֹת בְּ(מַעֲלִית)	to go up in (lift)
לַחֲנוֹת בְּמִגְרַשׁ הַחֲנִיָּיה	to park
לְטַפֵּל בְּגִינָּה	to care for the garden
לְנַקּוֹת אֶת חֲדַר־הַמַּדְרֵגוֹת	to clean the stairs
לִשְׂכּוֹר אֶת־	to rent/lease (from)

19. נִיקּוּי־הַבַּיִת וְסִידּוּרוֹ – CLEANING THE HOUSE

אַבְזְרֵי־נִיקָּיוֹן	**cleaning utensils**
דְּלִי ז	bucket
יָעֶה ז	shovel
מִבְרֶשֶׁת נ	brush
מַטְאֲטֵא ז	broom
מְכוֹנַת־יִיבּוּשׁ נ	dryer
מְכוֹנַת־כְּבִיסָה נ	washing machine
מַטְלִית־אָבָק נ	duster
סְמַרְטוּט־רִצְפָּה ז	floor rag
פַּח־אַשְׁפָּה ז	garbage can
שׁוֹאֵב־אָבָק ז	vacuum cleaer

פְּעָלִים	**verbs**
לְהַבְרִיק (אֶת)	to shine
לְהָדִיחַ (אֶת)	to wash dishes
לְהַדְלִיק (אֶת)	to turn on
לְהָסִיר (אֶת)	to remove
לְהִשְׁתַּמֵּשׁ (בְּ)	to use
לְטַאטֵא (אֶת)	to sweep
לְכַבּוֹת (אֶת)	to turn off
לְכַבֵּס (אֶת)	to launder
לְנַגֵּב (אֶת)	to wipe
לְנַעֵר (אֶת)	to shake

לְנַקּוֹת (אֶת)	to clean
לְסַדֵּר (אֶת)	to put in order
לִרחוֹץ (אֶת)	to wash
לִשטוֹף (אֶת)	to rinse
לִתלוֹת (אֶת)	to hang

בְּחֲדַר הַמְּגוּרִים	**the living-room**
רָהִיטִים ז"ר	furniture
אָרוֹן ז	closet
וִילוֹן ז	drape, curtain
כּוּרסָה נ	armchair
מַדָּף ז	shelf
מִזנוֹן ז	sideboard
מְנוֹרָה נ	lamp
סַפָּה נ	sofa, couch
שׁוּלחַן־קָפֶה ז	coffee table
שָׁטִיחַ ז	carpet, rug
תמוּנָה נ	painting, picture

בַּחֲדַר־הַשֵּׁינָה	**the Bedroom**
כַּר ז	pillow
מִזרָן ז, מִזרוֹן	mattress
סָדִין ז	sheet
מַצָּעִים ז"ר	bedding
רְאִי ז/ מַראָה נ	mirror
שְׂמִיכָה נ	blanket

בָּאַמבַּטְיָה	**the bathroom**
אַמבַּטְיָה נ	bathtub
בֶּרֶז ז	faucet
כִּיוֹר ז	sink
מִברֶשֶׁת נ	brush
מַגֶּבֶת נ	towel
מַסרֵק ז	comb
מִקלַחַת נ	shower
סַבּוֹן ז	soap

בַּמִּטְבָּח	**the Kitchen**
אֲרוֹן־מִטבָּח ז	cupboard
כִּסֵּא ז, כִּיסאוֹת	chair
כִּירַיִים ז"ר	stove
כְּלֵי־אוֹכֶל ז"ר	dishes, cutlery
כְּלֵי־בִּישׁוּל ז"ר	cooking utensils
מֵדִיחַ־כֵּלִים ז	dishwasher
מְקָרֵר ז	refrigerator
סִירִים ז"ר	pots
קוּמקוּם ז	kettle
קְעָרָה נ	bowl
שׁוּלחַן־אוֹכֶל ז	dining table
תַּנוּר ז	oven

20. בַּתֵּיאַטרוֹן — THEATRE

אוּלָם	**hall, auditorium**
הַפסָקָה נ	intermission
יְצִיאָה נ	exit
יָצִיעַ ז	balcony
כִּסֵּא ז	seat
כְּנִיסָה נ	entrance
כַּרטִיס ז	ticket
מַעֲבָר ז	aisle
מָקוֹם פָּנוּי ז	vacant seat
צוֹפִים ז"ר	spectators
קָהָל ז	audience
שׁוּרָה נ	row
תְּאוּרָה נ	lighting
תוֹכנִיָּיה נ	program
תוֹכנִית נ	program
תָּפוּס ת	taken (occupied)

בָּמָה	**stage**
אִיפּוּר ז	make-up
מֵאֲחוֹרֵי־הַקְּלָעִים ב	backstage
מֶלתָּחָה נ	wardrobe
מָסָך ז	screen
קְלָעִים ז"ר	curtain
רַמקוֹל ז	loud speaker
תִּלבּוֹשֶׁת נ	costume
תַּפאוּרָה נ	scenery, setting

מַחֲזֶה	**play**
הַצָּגָה נ	show, play
הַצָּגַת־בְּכוֹרָה נ	premiere
מְחַבֵּר ז	playwright
מַעֲרָכָה נ	Act
עֲלִילָה נ	plot

תוֹכֶן ז	contents
תפקידים	**roles**
בַּמַּאי ז	director
זַמָּר ז	singer
מְבַקֵּר־תֵיאַטְרוֹן ז	theatre critic
מְנַצֵּחַ ז	conductor
מַקְהֵלָה נ	choir
סַדְרָן ז	usher
קַרְיָין ז	announcer
רַקְדָן ז	dancer
שַׂחְקָן ז	actor
תַּפְקִיד ז	part
תַּפְקִיד רָאשִׁי ז	lead role

21. קולנוֹעַ — CINEMA

שמות־עֶצֶם	**nouns**
בַּמַּאי־סְרָטִים ז	movie director
הַצָּגָה רִאשׁוֹנָה נ	first show
הַצָּגָה שְׁנִיָּה נ	late show
כּוֹכַב־קוֹלְנוֹעַ ז	movie star
מְאַפֵּר ז	make-up artist
מֵפִיץ ז	distrobutor
מֵפִיק־סְרָטִים ז	producer
סֶרֶט ז	motion picture
עוֹרֵךְ ז	editor
צַלָּם ז	photographer
שַׂחְקָן ז	actor
שִׂיחַ	**dialogue**
אֵיזֶה סֶרֶט טוֹב יֵשׁ הָעֶרֶב?	Any good movies tonight?
אַתָּה יָכוֹל לְהַמְלִיץ עַל סֶרֶט?	Can you recommend a movie?
יֵשׁ כַּרְטִיסִים לְהַצָּגָה רִאשׁוֹנָה?	Are there any tickets for the first show?
מִי מְשַׂחֵק בַּסֶּרֶט הַזֶּה?	Who's playing in this movie?
אַתָּה מַעֲדִיף לִרְאוֹת סֶרֶט אוֹ הַצָּגָה?	Do you prefer to see a movie or a play?

22. תַּעֲרוּכָה — EXHIBITION

שמות־עֶצֶם	**nouns**
אוֹמָנוּת נ	art
מְבַקֵּר־אוֹמָנוּת ז	art critic
בִּיקוֹרֶת אוֹמָנוּתִית נ	art criticism
פְּסָלִים ז"ר	sculptures
צִיוּרִים ז"ר	paintings
רִישׁוּמִים ז"ר	drawings
תְּמוּנוֹת נ"ר	pictures, paintings
תְּצוּגָה נ	display
קַו ז	line
צוּרָה נ	form
צֶבַע ז	color
צִבְעֵי־מַיִם ז"ר	water colors
צִבְעֵי־שֶׁמֶן ז"ר	oil paints
בַּד ז	canvas
נְיָיר ז	paper
בַּרְזֶל ז	iron
נְחוֹשֶׁת נ	copper
כֶּסֶף ז	silver
זָהָב ז	gold
פְּעָלִים	**verbs**
לְאַיֵּיר (אֶת)	to illustrate
לְהַצִּיג (אֶת)	to present
לְהִשְׁתַּתֵּף (בְּ)	to participate in... (to be...)
לְנַגֵּן	to play (music)
לְפַסֵּל	to sculpt
לְצַיֵּיר	to draw/paint
שמות־תואר	**Adjectives**
דִּימְיוֹנִי	imaginary
דְּרָמָתִי	dramatic
מוּגְזָם	exaggerated
מוּפְשָׁט	abstract
מוּשְׁלָם	perfect
מְעַנְיֵין	interesting
מַפְתִּיעַ	surprising
מַצְחִיק	funny

מְרַגֵּשׁ	exciting
מְשַׁעֲמֵם	boring
נֶהְדָּר	wonderful
נוֹגֵעַ לַלֵּב	touching
עָצוּב	sad
רְצִינִי	serious

שִׂיחַ	**dialogue**
בִּילּוּי נָעִים!	Have a good time!
מַה מַצִּיגִים?	What's showing?
אֵיפֹה אֶפְשָׁר לִקְנוֹת כַּרְטִיסִים?	Where can I get tickets?

23. טִיּוּלִים וְסִיּוּרִים — TRIPS AND EXCURSIONS

שמות־עֶצֶם	**nouns**
אֲגַם ז	lake
אַנְדַּרְטָה נ	monument
אֲתַר הִיסְטוֹרִי ז	historical sight
אֲתַר אַרְכֵיאוֹלוֹגִי ז	archeological sight
בִּנְיָין ז	building
בֵּית־כְּנֶסֶת ז	synagogue
גַּן בּוֹטָנִי ז	botanical garden
גַּן צִיבּוּרִי ז	public park
גֶּשֶׁר ז	bridge
הַר ז	mountain
חוֹף־יָם ז	seashore
כִּיכָּר זו"נ	square
כִּיסּוּי־רֹאשׁ (כּוֹבַע) ז	head covering
מִגְדָּל ז	tower
מוּזֵיאוֹן ז	museum
מֵימִיָּיה נ	canteen
מִנְזָר ז	monastery/convent
מִסְגָּד ז	mosque
מִפְעָל ז	enterprise, plant, factory
מַצְלֵמָה נ	camera
נַעֲלֵי־הֲלִיכָה נ	walking shoes
עֵמֶק ז	valley
שְׁמוּרַת־טֶבַע נ	nature reserve
תַּצְפִּית נ	observation (point)

שִׂיחַ	**dialogue**
יֵשׁ לָכֶם סִיּוּרִים מְאוּרְגָּנִים?	Do you have orgenized tours?
אַתָּה יָכוֹל לְהַמְלִיץ לִי עַל סִיּוּר מְעַנְיֵין?	Can you recommend an interesting tour?
הַסִּיּוּר מַתְאִים גַּם לִילָדִים?	Is this tour suitable for children?
זֶה סִיּוּר קָשֶׁה?	Is this a difficult tour?
כַּמָּה זְמַן נִמְשָׁךְ הַסִּיּוּר?	How long does the tour last?
אֵיפֹה נְקוּדַת הַיְצִיאָה?	Where is the starting point?
בְּאֵיזוֹ שָׁעָה יוֹצְאִים?	At what time does the tour start?
כַּמָּה עוֹלֶה הַסִּיּוּר?	How much does the tour cost?
בְּאֵיזוֹ שָׂפָה יְדַבֵּר הַמַּדְרִיךְ?	What language does the guide speak?
הָאוֹטוֹבּוּס מְמוּזָּג?	Is the bus air-conditioned?

24. בְּבֵית־ הַמָּלוֹן — IN THE HOTEL

שמות־עֶצֶם	**nouns**
בְּרֵיכַת־שְׂחִיָּיה נ	swimming pool
חֶדֶר ז	room
חֲדַר־אוֹכֶל ז	dining room
חֲדַר־כּוֹשֶׁר ז	fitness room
חֶדֶר זוּגִי ז	double room
חֶדֶר לְבוֹדֵד ז	single room
חֲנוּת־מַזְכָּרוֹת נ	souvenir shop
טִיּוּלִים מְאוּרְגָּנִים ז"ר	organized tours/trips
מוֹעֲדוֹן (לַיְלָה) ז	(night) club
מִיזּוּג־אֲוִויר ז	air-condition
מָלוֹן ז	hotel
מָלוֹן 5 כּוֹכָבִים ז	five star hotel
מֶלְצַר ז, מֶלְצָרִית נ	waiter/waitress
מְנַהֵל ז	manager
מִסְפָּרָה נ	hair salon
מַפְתֵּחַ ז	key
מַעֲלִית נ	elevator
מֶרְכָּזִיָּיה נ	switchboard
מֶרְכְּזָנִית נ	switchboard operator

balcony	מִרְפֶּסֶת נ
view	נוֹף ז
porter, bellman	סַבָּל ז
full board	פֶּנְסִיוֹן מָלֵא ז
half board	חֲצִי־פֶּנְסִיוֹן ז
reception clerk	פְּקִיד־קַבָּלָה ז
room service	שֵׁירוּת חֲדָרִים ז
bathrooms	שֵׁירוּתִים ז״ר

verbs	**פְּעָלִים**
to (ex)change	לְהַחְלִיף (אֶת)
to order	לְהַזְמִין (אֶת)
to rent	לִשְׂכּוֹר (אֶת)
to change	לְשַׁנּוֹת

dialogue	**שִׂיחַ**
Are there any rooms available?	יֵשׁ לָכֶם חֲדָרִים?
I have a reservation	יֵשׁ לִי חֶדֶר שָׁמוּר
What is the daily rate?	מַה הַמְּחִיר לְלַיְלָה?
Does the rate include breakfast?	הַאִם הַמְּחִיר כּוֹלֵל אֲרוּחַת בּוֹקֶר?
When is the checkout time?	מָתַי צָרִיךְ לְפַנּוֹת אֶת הַחֶדֶר?
I'd like to have a room with a single bed	אֲנִי רוֹצֶה חֶדֶר עִם מִיטָּה לְיָחִיד
I'd like to have a room with a double bed	אֲנִי רוֹצֶה חֶדֶר עִם מִיטָּה זוּגִית
Is there a bathtub or just a shower?	יֵשׁ אַמְבַּטְיָה, אוֹ רַק מִקְלַחַת?
Is there air conditioning?	יֵשׁ מִיזּוּג אֲוִויר?
Which floor is the room on?	בְּאֵיזוֹ קוֹמָה הַחֶדֶר?
Do you have parking?	יֵשׁ חֲנִיָּיה לָרֶכֶב?
What is the room number?	מַה מִסְפַּר הַחֶדֶר?
Can I see the room?	אֶפְשָׁר לִרְאוֹת אֶת הַחֶדֶר?
May I have the key to the room?	אֶפְשָׁר לְקַבֵּל אֶת הַמַּפְתֵּחַ לַחֶדֶר?
What time do you serve breakfast?	בְּאֵיזוֹ שָׁעָה מַגִּישִׁים אֲרוּחַת־בּוֹקֶר?
Can I rent a safe to deposit box?	אֶפְשָׁר לִשְׂכּוֹר כַּסֶּפֶת?
I'd like to have a 7 O'clock wake-up call	הַשְׁכָּמָה בְּשָׁעָה 7
May I have the bill please?	אֶפְשָׁר לְקַבֵּל אֶת הַחֶשְׁבּוֹן בְּבַקָּשָׁה?
Can I pay with a credit card?	אֶפְשָׁר לְשַׁלֵּם בְּכַרְטִיס אַשְׁרַאי?
Could you get me a cab, please?	אַתָּה יָכוֹל לְהַזְמִין לִי מוֹנִית?

25. צָבָא — THE MILITARY

forces	**חֲיָילוֹת (חֵילוֹת)**
Air Force	חֵיל־אֲוִויר ז
Navy	חֵיל־הַיָּם ז
Engineering corps	חֵיל־הַנְדָּסָה ז
Intelligence	חֵיל־מוֹדִיעִין ז
Infantry	חֵיל־רַגְלִים ז
Armoured corps	חֵיל־שִׁירְיוֹן ז
Artillery	חֵיל־תּוֹתְחָנִים ז

ranks and jobs	**תַּפְקִידִים וּדְרָגוֹת**
soldier	חַיָּיל ז
officer	קָצִין ז
paratrooper	צַנְחָן ז
parachute	(מַצְנֵחַ ז)
pilot	טַיָּיס ז
private	טוּרַאי ז
corporal	רַב־טוּרַאי ז (רַבַּ״ט)
sergeant	סַמָּל ז
sergeant-major	רַב־סַמָּל ז
second lieutenant	סֶגֶן מִשְׁנֶה ז
lieutenant	סֶגֶן ז
captain	סֶרֶן ז
major	רַב־סֶרֶן ז
lieutenant colonel	סְגַן־אַלּוּף ז
colonel	אַלּוּף מִשְׁנֶה ז
Brigadier General	תַּת־אַלּוּף ז
Brigadier	אַלּוּף ז
Major General	רַב־אַלּוּף ז
Genearl Staff	מַטְכָּ״ל ז
Chief of staff	רַמַטְכָּ״ל ז

weapons	**כְּלֵי נֶשֶׁק**
rifle, gun	רוֹבֶה ז
bullets	כַּדּוּרִים ז״ר

רִימּוֹן ז	grenade
תַּת־מַקְלֵעַ ז	sub-machine gun
פָּגָז ז	shell
פְּצָצָה נ	bomb
מוֹקֵשׁ ז	mine
חוֹמֶר־נֶפֶץ ז	explosives
תּוֹתָח ז	(artillery), cannon
טַנְק ז	tank
טִיל ז	missile

פְּעָלִים	**verbs**
לְהֵיהָרֵג (לֵיהָרֵג)	to be killed
לְהִילָּחֵם	to fight
לְהִיסּוֹג	to withdraw/retreat
לְהֵיעָצֵר	to be detained
לְהִיפָּגַע	to be hurt
לְהִיפָּצַע	to be wounded
לְהַפְגִּיז (אֶת)	to shell
לְהַפְצִיץ (אֶת)	to bombard
לְהַתְקִיף (אֶת)	to attack
לְהָשִׁיב אֵשׁ	to return fire
לִירוֹת (לְ, אֶל)	to shoot
לִכְבּוֹשׁ (אֶת)	to conquer
לִפְגּוֹעַ (בְּ)	to hit
לְשַׁחְרֵר (אֶת)	to release/free

מוּנָּחִים צְבָאִיִּים	**military terms**
אַזְעָקָה נ	(air raid) alarm
בִּיטָּחוֹן ז	security
גְּבוּל ז	border
הַפְסָקַת־אֵשׁ נ	cease-fire
חַבְּלָנִים ז"ר	demolition experts
חֲזִית נ	front
מְחַבֵּל ז	terrorist
מִילּוּאִים ז"ר	reserves
מִלְחָמָה נ	war
מִקְלָט ז	shelter
מְתִיחוּת נ	tension
סִיכְסוּךְ ז	conflict
עוֹצֶר ז	curfew
עוֹרֶף ז	rear
צְבָא קֶבַע ז	regular (career) army
צַהַ"ל (צְבָא הֲגָנָה לְיִשְׂרָאֵל) ז	Israel Defense Forces
צַלַ"ש (צִיּוּן לְשֶׁבַח) ז	citation for bravery
קְרָב ז	battle
שְׁבִי ז	captivity
שְׁבִיתַת נֶשֶׁק נ	armistice
שֵׁירוּת צְבָאִי ז	military service

26. בֵּית־הַמִּשְׁפָּט — COURT OF LAW

שְׁמוֹת־עֶצֶם	**nouns**
בֵּית־דִּין גָּבוֹהַּ לְצֶדֶק ז (בַּגַ"צ)	high court of justice
בֵּית־דִּין רַבָּנִי ז	rabbinical court
בֵּית־כֶּלֶא ז	prison, jail
בֵּית־מִשְׁפָּט מְחוֹזִי ז	district court
בֵּית־מִשְׁפָּט הַשָּׁלוֹם ז	county court
בֵּית־סוֹהַר ז	prison, jail
גְּזַר־דִּין ז	sentence
הֲגָנָה נ	defence
זַכַּאי ז	innocent
חוֹק ז	law
חָשׁוּד ז	suspect
מַאֲסָר ז	imprisonment
מַאֲסַר־עוֹלָם ז	life sentence
מַאֲסָר עַל תְּנַאי ז	suspended prison sentence
מִסְדַּר־זִיהוּי ז	police line-up
מַעֲצָר ז	arrest, detention
מִשְׁפָּט ז	trial
נֶאֱשָׁם ז	defendant
נִידּוֹן ז	accused
סַנֵיגוֹר ז	defense attorney
סַנֵיגוֹרְיָה נ	defense
עֲבֵירָה נ	offense
עֲבַרְיָין ז	delinquent, (criminal)
עֵד ז	witness
עֵדוּת נ	testimony
עוֹרֵךְ־דִּין ז	attorney, lawyer
עִירְעוּר ז	appeal
עַרְבוּת נ	bail
פְּסַק־דִּין ז	verdict
פּוֹשֵׁעַ ז	criminal
פֶּשַׁע ז	felony, crime
צַו עַל תְּנַאי ז	order nisi
שׁוֹפֵט ז	judge
תּוֹבֵעַ ז	prosecutor
תְּבִיעָה נ	prosecution

שמות־תואר	**adjectives**
אָשֵׁם	guilty
חַף מִפֶּשַׁע	innocent
פְּעָלִים:	**verbs**
לְהַאֲשִׁים (אֶת)	to accuse
לְהָגֵן (עַל)	to defend
לְהֵיחָקֵר	to be investigated/interrogated
לַחקוֹר (אֶת)	to investigate/interrogate
לַחשוֹד (בְּ)	to suspect
לְעַרְעֵר (עַל)	to appeal
לִתבּוֹעַ לַדִּין (אֶת)	to sue

27. כַּלְכָּלָה — ECONOMICS

פְּעָלִים	**verbs**
לִגבּוֹת חוֹבוֹת	to collect debts
לְהָפִיק תוֹעֶלֶת	to benefit
לְהַפסִיד (אֶת)	to lose
לְהַרווִיחַ (אֶת)	to profit
לְהַשקִיעַ (אֶת)	to invest
לְנַצֵּל (אֶת)	to take advantage (exploit)
לְסַלֵּק חוֹבוֹת	to pay off debts
לִפרוֹעַ חוֹבוֹת	to pay off debts
לִפשׁוֹט אֶת הָרֶגֶל	to go bankrupt
לְפַתֵּחַ אֶת הַמֶּשֶׁק	to develope the economy
שמות־עֶצֶם	**nouns**
בּוּרסָה נ	stock exchange
גֵיאוּת נ	boom
הוֹן ז	capital
הַנהָלַת־חֶשבּוֹנוֹת נ	bookkeeping
הֶפסֵדִים ז"ר	losses
הַשקָעוֹת נ"ר	investments
הִתמוֹטְטוּת־בּוּרסָה נ	collapse of stock exchange
חֶברַת־הַשקָעוֹת נ	investment company
יוֹעֵץ־מַס ז	tax advisor
כַּלכְּלָן ז	economist
מַדָּד ז	index
מִיתוּן ז	recession
מְנָיָיה נ, מְנָיוֹת	stock, stocks
מַשקִיעִים ז"ר	investors
נְפִילַת־שְׁעָרִים נ	drop in rate of exchange
פִּיחוּת ז	devaluation
צְמִיחָה כַּלכָּלִית נ	economic growth
רְוָוחִים ז"ר	profits
שַׁעַר־מַטבֵּעַ ז	rate of exchange
שֶׁפֶל ז	depression
תוֹכנִית־חִיסָכוֹן נ	savings
תַּחֲזִית־כַּלכָּלִית נ	economic forecast
תִּיסוּף ז	revaluation

28. עֲבוֹדָה וּבַעֲלֵי־מִקצוֹעַ — WORK AND WORKERS

יַחֲסֵי־עֲבוֹדָה	**labor relations**
אַבטָלָה נ	unemployment
וַעַד־עוֹבדִים ז	workers committee
הִסתַדרוּת נ	union
לְהִתפַּרנֵס פ	to make a living
לְהִשׂתַּכֵּר פ	to earn
מְלָאכָה נ	craft
מְנַהֵל ז	manager
מַעֲבִיד ז	employer
מַעֲסִיק ז	employer
מַשׂכּוֹרֶת נ	salary
מִשׂרָה מְלֵאָה נ	full time job
מִשׂרָה חֶלקִית נ	part time job
עֲבוֹדָה נ	work
עוֹבֵד זְמַנִּי ז	temporary worker
עוֹבֵד קָבוּעַ ז	permanent worker
עַצמַאי ז	free-lance
פּוּטַר פ	was fired
פּוֹעֵל ז	worker
פִּיטוּרִים ז"ר	lay off
פִּיצוּיִים ז"ר	compensations
פַּרנָסָה נ	a living
צֶוֶות־עוֹבדִים ז	staff, crew
שְׁבִיתָה נ	strike
שָׂכִיר ז	employee
שְׂכַר־עֲבוֹדָה ז	salary
תַּעֲסוּקָה נ	employment
תַּפקִיד ז	job, task

מִקצוֹעוֹת חוֹפשִיִים	**professions**
אַדרִיכָל ז	architect
אָח ז/אָחוֹת נ	nurse
גִזבָּר ז	treasurer
גַנֶנֶת נ	kindergarten-teacher
כַּלכְּלָן ז	economist
מְהַנדֵס ז	engineer
מוֹרֶה ז/מוֹרָה נ	teacher
מַזכִּיר ז/ה נ	secretary
מְנַהֵל ז/ת נ	manager
מְתַכנֶת ז	computer programmer
סַפרָן ז/ית נ	librarian
עוֹרֵך־דִין ז	lawyer
עוֹרֵך־עִיתוֹן ז	editor
עִיתוֹנַאי ז	journalist
פִּירסוּמַאי ז	advertising executive/man
רוֹפֵא ז	physician
רוֹקֵחַ ז	pharmacist
שוֹפֵט ז	judge

בַּעֲלֵי־מְלָאכָה	**Skilled Workers**
בַּנַאי ז	builder
דַוָור ז	postman
חַיָיט ז	tailor
חַקלַאי ז	farmer
חַשמַלַאי ז	electrician
טַבָּח ז	chef/cook
טֶכנַאי ז	technician
מֶלצַר ז	waiter
מַסגֵר ז	welder
נַהַג־מוֹנִית ז	taxi driver
סַנדלָר ז	shoemaker
סַפָּר ז/ית נ	barber/hairdresser
צַבָּע ז	painter
תוֹפֶרֶת נ	seamstress

אוֹמָנִים	**Artists**
בַּמַאי ז	director
זַמָר ז	singer
מוּסִיקַאי ז	musician
מַחֲזַאי ז	playwright
מְשוֹרֵר ז	poet
סוֹפֵר ז	writer, author
פַּסָל ז/פַּסֶלֶת נ	sculptor
צַלָם ז	photographer
רַקדָן ז	dancer
שַחקָן ז	actor

מְקוֹמוֹת־עֲבוֹדָה	**places of work**
בֵּית־מְלָאכָה ז	workshop
בֵּית־חֲרוֹשֶת ז	factory
חֲנוּת נ	shop
מִספָּרָה נ	barbershop, hair salon
מַעבָּדָה נ	laboratory
מִפעָל ז	plant/enterprise
מִרפָּאָה נ	clinic
מִשׂרָד ז	office
שָׂדֶה ז	field

29. כְּנֶסֶת וּמֶמשָלָה – GOVERNMENT

רָשוּת מְחוֹקֶקֶת נ	the legislature
רָשוּת מְבַצַעַת נ	executive authority
רָשוּת שוֹפֶטֶת נ	the judiciary
מְדִינִיוּת־חוּץ נ	foreign policy
מְדִינִיוּת־פְּנִים נ	domestic policy
שַׂר־הָאוֹצָר ז	Minister of Finance
שַׂר־הָאֶנֶרגִיָה ז	Minister of Energy
שַׂר־הַבִּיטָחוֹן ז	Minister of Defense
שַׂר־הַבִּינוּי וְהַשִיכּוּן ז	Minister of Construction and Housing
שַׂר־הַבְּרִיאוּת ז	Minister of Health
שַׂר־הַדָתוֹת ז	Minister of Religious Affairs
שַׂר־הַחוּץ ז	Foreign minister
שַׂר־הַחִינוּך וְהַתַרבּוּת ז	Minister of Education
שַׂר־הַחַקלָאוּת ז	Minister of Agriculture
שַׂר־הַמִשטָרָה ז	Minister of Police
שַׂר־הַמִשפָּטִים ז	Minister of Justice
שַׂר־הָעֲבוֹדָה וְהָרְוָוחָה ז	Minister of Labor
שַׂר־הַפְּנִים ז	Minister of Interior
שַׂר־הַתַחבּוּרָה ז	Minister of Transport
שַׂר־הַתַיָירוּת ז	Minister of Tourism
שַׂר־הַתַעֲשִׂיָיה וְהַמִסחָר ז	Minister of Industry and Trade
שַׂר־הַתִקשוֹרֶת ז	Minister of Communication
שַׂר בְּלִי תִיק ז	Minister Without Portfolio
רֹאש־הַמֶמשָלָה ז	the Prime Minister
נְשִׂיא־הַמְדִינָה ז	the President
יוֹשֵב־רֹאש הַכְּנֶסֶת ז	The Speaker of the Knesset

Ministery of...	משׂרד־הַחוּץ, הַפְּנִים, הָאוֹצָר וְכוּ׳, ז
party	מִפלָגָה, נ
voter	בּוֹחֵר, ז
vote	הַצבָּעָה, נ
party member	חֲבֵר־מִפלָגָה, ז
candidate	מוּעֲמָד, ז
mandate	מַנדָט, ז
vote	קוֹל, ז
ballot, poll(s)	קַלפֵּי, נ
elections campaign	תַּעֲמוּלַת־בְּחִירוֹת, נ

30. בְּרָכוֹת — GREETING AND BLESSINGS

Good morning!	בּוֹקֶר טוֹב!
Good evening!	עֶרֶב טוֹב!
Good night!	לַיְלָה טוֹב!
Good week!	שָׁבוּעַ טוֹב!
Bon appetit!	בְּתֵיאָבוֹן!
Cheers!	לְחַיִים!
Good Shabbath!	שַׁבָּת שָׁלוֹם!
Happy Holiday!	חַג שָׂמֵחַ!
Happy Festival!	מוֹעֲדִים לְשִׂמחָה!
Happy New Year!	שָׁנָה טוֹבָה!
May you be signed and sealed with happiness!	גמַר־חֲתִימָה טוֹבָה!
Wear it in good health!	תִּתחַדֵּשׁ!
Welcome!	בָּרוּךְ הַבָּא!
Welcome (pl.)	בְּרוּכִים הַבָּאִים!
Go in peace!	לֵךְ לְשָׁלוֹם!
Au revoir! So long! See you!	לְהִתרָאוֹת!
Bon voyage!	נְסִיעָה טוֹבָה!
Bon voyage!	דֶּרֶךְ צלֵחָה!
Have a good time!	בִּילּוּי נָעִים!
Have a good time!	בַּלֵּה בְּנעִימִים!
Bless you! Gesundheit!	לַבְּרִיאוּת!
Be strong and of good courage!	חֲזַק וֶאֱמַץ!
Good luck!	בְּהַצלָחָה!
Good luck!	מַזָל טוֹב!
Good luck!	בְּשָׁעָה טוֹבָה!

31. יְמֵי־הַשָּׁבוּעַ וְחוֹדשֵׁי־הַשָּׁנָה — THE CALENDAR

the calendar	**חוֹדשֵׁי־הַשָּׁנָה לְפִי הַלּוּחַ הָעִברִי**
Tishre (Sep.-Oct.)	תִּשׁרֵי
Heshvan (Oct.-Nov.)	חֶשׁוָון
Kislev (Nov.-Dec.)	כִּסלֵו
Tevet (Dec.-Jan.)	טֵבֵת
Shvat (Jan.-Feb.)	שבָט
Adar (Feb.-Mar.)	אֲדָר
Nisan (Mar.-Apr.)	נִיסָן
Iyyar (Apr.-May.)	אִיָּיר
Sivan (May.-June)	סִיוָון
Tamuz (June-July.)	תַּמּוּז
Av (July-Aug.)	אָב
Elul (Aug.-Sep.)	אֱלוּל

the days of the week	**יְמֵי־הַשָּׁבוּעַ**
Sunday	יוֹם רִאשׁוֹן
Monday	יוֹם שֵׁנִי
Tuesday	יוֹם שלִישִׁי
Wednesday	יוֹם רְבִיעִי
Thursday	יוֹם חֲמִישִׁי
Friday	יוֹם שִׁישִׁי
Saturday	יוֹם שַׁבָּת

The months according to the general calendar	**חוֹדשֵׁי־הַשָּׁנָה לְפִי הַלּוּחַ הַכְּלָלִי**
January	יָנוּאָר
February	פֶבּרוּאָר
March	מַרס־מֶרץ
April	אַפּרִיל
May	מַאי
June	יוּנִי
July	יוּלִי
August	אוֹגוּסט
September	סֶפּטֶמבֶּר
October	אוֹקטוֹבֶּר
November	נוֹבֶמבֶּר
December	דֶּצֶמבֶּר

32. בַּעֲלֵי־חַיִּים — ANIMALS

אַיָּל, ז	deer
אַרְיֵה, ז	lion
אַרְנֶבֶת, נ	hare
בַּרְבּוּר, ז	swan
בַּרְוָז, ז	duck
גְּדִי, ז	kid
גָּמָל, ז	camel
דּוֹב, ז	bear
זְאֵב, ז	wolf
זְבוּב, ז	fly
חֲזִיר, ז	pig
חֲמוֹר, ז	ass, donkey
חֲסִידָה, נ	stork
חָתוּל, נ	cat
יוֹנָה, נ	pigeon
יַנְשׁוּף, ז	owl
יָעֵל, נ	mountain-goat
יַתּוּשׁ, ז	mosquito
כֶּבֶשׂ, ז	sheep, lamb
כֶּלֶב, ז	dog
נְמָלָה, נ	ant
נָמֵר, ז	tiger
נֵץ, ז	hawk
נֶשֶׁר, ז	eagle
סוּס, ז	horse
עוֹרֵב, ז	raven, crow
עַכְבָּר, ז	mouse
פִּיל, ז	elephant
פֶּרֶד, ז	mule
פַּרְפַּר, ז	butterfly
צָב, ז	turtle
צִיפּוֹר, נ	bird
צְפַרְדֵּעַ, נ	frog
צְרָצַר, ז	cricket
קוֹף, ז	monkey
שֶׂה, ז	lamb
שׁוּעָל, ז	fox
שָׁפָן, ז	rabbit
תַּרְנְגוֹל, ז	rooster
תַּרְנְגוֹלֶת, נ	hen
תַּן, ז	jackal

33. מוּנָּחִים דִּיקְדּוּקִיִּים — GRAMMATICAL

אוֹת, נ	letter
בִּנְיָין, ז	form, mood (of verb)
הֲבָרָה, נ	syllable
הוֹוֶה, ז	present
זָכָר, ז	masculine
זְמַן, ז - עָבָר, הוֹוֶה (בֵּינוֹנִי), עָתִיד	tenses
יָחִיד, ז	singular
מוּשָׂא, ז	object
מִילַּת־חִיבּוּר, נ	conjunction
מִילַּת־יַחַס, נ	preposition
מִילַּת־שְׁאֵלָה, נ	question word
מִשְׁקָל, ז	patterm, paradigm
מִשְׁפָּט, ז	sentence
נוֹשֵׂא, ז	subject
נְטִיָּיה, נ	conjugation, declension
נְקֵבָה, נ	feminine
נָשׂוּא, ז	predicate
סְמִיכוּת, נ	construct forms
עָבָר, ז	past
עִיצּוּר, ז	consonant
עָתִיד, ז	future
פּוֹעַל, ז	verb
צִיוּוּי, ז	imperative
רַבִּים, ז״ר	plural
שׁוֹרֶשׁ, ז	root
שֵׁם־גּוּף, ז	pronoun
שֵׁם־מִסְפָּר, ז	numeral, number
שֵׁם־עֶצֶם, ז	noun
שֵׁם־תּוֹאַר, ז	adjective
תּוֹאַר־הַפּוֹעַל, ז	adverb
תְּנוּעָה, נ	vowel

34. רָאשֵׁי תֵיבוֹת וְקִיצוּרִים – INITIALS AND ABBREVIATIONS

אוּ"ם	הָאוּמּוֹת הַמְאוּחָדוֹת	UN
אחה"צ	אַחַר־הַצָּהֳרַיִים	in the afternoon
אח"כ	אַחַר־כָּךְ	later
אי"ה	אִם יִרְצֶה הַשֵּׁם	Good willing
אעפ"י	אַף עַל פִּי	in spite of
ארה"ב	אַרְצוֹת־הַבְּרִית	USA
אֶשֶׁ"ל	אֲכִילָה, שְׁתִיָּיה, לִינָה	per diem
אָשָׁ"ף	אִירְגּוּן לְשִׁיחְרוּר פָּלֶשְׂתִּין	PLO
ב"ב	בְּנֵי־בְּרַק	B'nai Brak
ביח"ר	בֵּית־חֲרוֹשֶׁת	factory
בי"ח	בֵּית־חוֹלִים	hospital
ביכ"נ	בֵּית־כְּנֶסֶת	synagogue
בי"ס	בֵּית־סֵפֶר	school
בַּגַּ"ץ	בֵּית־מִשְׁפָּט גָּבוֹהַּ לְצֶדֶק	high court of justice
ב"ה	בְּעֶזְרַת־הַשֵּׁם	With God's help
בע"מ	בְּעֵירָבוֹן מוּגְבָּל	limited
בע"פ	בְּעַל פֶּה	by heart
ברה"מ	בְּרִית־הַמּוֹעָצוֹת	USSR
ב"ש	בְּאֵר־שֶׁבַע	B'eer Sheeba
גב'	גְּבֶרֶת	Miss, Mrs., Ms.
דו"חַ	דִּין וְחֶשְׁבּוֹן	report
ד.צ.	דּוֹאַר צְבָאִי	military post
ד"ר	דּוֹקְטוֹר	doctor
דָּ"ש	דְּרִישַׁת־שָׁלוֹם	regards
הָגָּ"א	הֲגָנָה אֶזְרָחִית	civil defense
הח"מ	הֶחָתוּם מַטָּה	undersigned
הנ"ח	הַנְהָלַת־חֶשְׁבּוֹנוֹת	bookkeeping
הַנַּ"ל	הַנִּזְכָּר לְמַעְלָה	ditto
הקב"ה	הַקָּדוֹשׁ־בָּרוּךְ־הוּא	God
וְכוּ'	וְכוּלֵּה/וְכוּלֵּי	etc.
וכד'	וְכַדּוֹמֶה	and the like
וכיו"ב	וְכַיּוֹצֵא בָּזֶה	and so forth
וְשוּת'	וְשׁוּתָּפוֹ/וְשׁוּתָּפָיו	and partner/partners
זַ"ל	זִיכְרוֹנוֹ לִבְרָכָה	of blessed memory
חו"ל	חוּץ לָאָרֶץ	abroad
חַזַ"ל	חֲכָמֵינוּ זִיכְרוֹנָם לִבְרָכָה	our Sages of blessed memory
חַ"כ	חֲבֵר כְּנֶסֶת	M. K., Knesset Member
יו"ר	יוֹשֵׁב־רֹאשׁ	chairperson
י"ם	יְרוּשָׁלַיִם	Jerusalem
כ"א	כּוֹחַ־אָדָם	manpower
כיו"ב	כַּיּוֹצֵא בָּזֶה	so forth
כַּנַּ"ל	כַּנִּזְכָּר לְמַעְלָה	as mentioned above
לסה"נ	לִסְפִירַת־הַנּוֹצְרִים	A.D.
לפה"צ	לִפְנֵי הַצָּהֳרַיִים	a.m.
לפנה"ס	לִפְנֵי הַסְּפִירָה	B.C.
לְהִתְ'	לְהִתְרָאוֹת	See you later
מו"ל	מוֹצִיא לָאוֹר	publisher
מו"מ	מַשָּׂא וּמַתָּן	negotiations
מוֹצָ"ש	מוֹצָאֵי־שַׁבָּת	Saturday evening
מְנַכָּ"ל	מְנַהֵל כְּלָלִי	president (of a company)
מָעָ"מ	מַס עֶרֶךְ מוּסָף	V.A.T
מ"ק	מֶטֶר מְעוּקָּב	cubic meter
מ"ר	מֶטֶר מְרוּבָּע	square meter
נדלָ"ן	נִכְסֵי דְּלָא נַיְידֵי	real estate
סה"כ	סַךְ־הַכּוֹל	total
סכו"ם	סַכִּין, כַּף וּמַזְלֵג	cutlery
ס"מ	סֶנְטִימֶטֶר	centimeter
סַמנכָּ"ל	סְגַן־מְנַהֵל כְּלָלִי	vice president (of a company), V.P.
סמ"ק	סֶנְטִימֶטֶר מְעוּקָּב	cubic centimeter
ע"י	עַל־יְדֵי	by...
ע"ה	עָלָיו הַשָּׁלוֹם	R.I.P.
עו"ד	עוֹרֵךְ־דִּין	lawyer
עמ'	עַמּוּד	page
עפ"ר	עַל־פִּי־רוֹב	most of the time
ע"ש	עַל־שֵׁם	in memory of
פ"ת	פֶּתַח־תִּקְוָה	Petach Tikva
צַהַ"ל	צְבָא הֲגָנָה לְיִשְׂרָאֵל	Israel Defense Forces
צ"ל	צָרִיךְ לִהְיוֹת	it should read...
ק"מ	קִילוֹמֶטֶר	kilometer
קמ"ר	קִילוֹמֶטֶר מְרוּבָּע	square kilometer
קָמָ"ש	קִילוֹמֶטֶר לְשָׁעָה	kilometer per hour
קַקַ"ל	קֶרֶן קַיֶּימֶת לְיִשְׂרָאֵל	Jewish National Fund
קופ"ח	קוּפַּת־חוֹלִים	Sick Fund
רה"מ	רֹאשׁ־הַמֶּמְשָׁלָה	prime minister
רו"ח	רוֹאֵה־חֶשְׁבּוֹן	accountant
רח'	רְחוֹב	street, st.
שכ"ל	שְׂכַר־לִימּוּד	tuition
ת"א	תֵּל־אָבִיב	Tel-Aviv
ת.ד.	תֵּיבַת־דּוֹאַר	P.O.B.
תַּנַּ"ךְ	תּוֹרָה, נְבִיאִים, כְּתוּבִים	The Bible

35. מִספָּרִים — NUMBERS

מִספָּרִים יְסוֹדִיִּים cardinal numbers

	זָכָר masculine	נְקֵבָה feminine
1	אֶחָד	אַחַת
2	שְנַיִים	שְתַיִים
3	שלוֹשָה	שָלוֹש
4	אַרבָּעָה	אַרבַּע
5	חֲמִישָה	חָמֵש
6	שִישָה	שֵש
7	שִבעָה	שֶבַע
8	שמוֹנָה	שמוֹנֶה
9	תִשעָה	תֵשַע
01	עֲשָׂרָה	עֶשֶׂר
11	אַחַד־עָשָׂר	אַחַת־עֶשׂרֵה
21	שנֵים־עָשָׂר	שתֵים־עֶשׂרֵה
31	שלוֹשָה־עָשָׂר	שלוֹש־עֶשׂרֵה
41	אַרבָּעָה־עָשָׂר	אַרבַּע־עֶשׂרֵה
51	חֲמִישָה־עָשָׂר	חֲמֵש־עֶשׂרֵה
61	שִישָה־עָשָׂר	שֵש־עֶשׂרֵה
71	שִבעָה־עָשָׂר	שבַע־עֶשׂרֵה
81	שמוֹנָה־עָשָׂר	שמוֹנֶה־עֶשׂרֵה
91	תִשעָה־עָשָׂר	תשַע־עֶשׂרֵה
02	עֶשׂרִים	עֶשׂרִים
12	עֶשׂרִים וְאֶחָד	עֶשׂרִים וְאַחַת
22	עֶשׂרִים ושנַיִים	עֶשׂרִים ושתַיִים

עֲשָׂרוֹת tens	מֵאוֹת hundreds
30 שלוֹשִים	200 מָאתַיִים
40 אַרבָּעִים	300 שלוֹש־מֵאוֹת
50 חֲמִישִים	400 אַרבַּע־מֵאוֹת
60 שִישִים	1000 אֶלֶף
70 שִבעִים	2000 אַלפַּיִים
80 שמוֹנִים	10,000 עֲשֶׂרֶת־אֲלָפִים
90 תִשעִים	100,000 מֵאָה אֶלֶף
100 מֵאָה	1,000,000 מִיליוֹן

מִספָּרִים סִידוּרִיִּים ordinal numbers

זָכָר masculine	נְקֵבָה feminine
רִאשוֹן	רִאשוֹנָה
שֵנִי	שנִיָּיה
שלִישִי	שלִישִית
רְבִיעִי	רְבִיעִית
חֲמִישִי	חֲמִישִית
שִישִי	שִישִית
שבִיעִי	שבִיעִית
שמִינִי	שמִינִית
תשִיעִי	תשִיעִית
עֲשִׂירִי	עֲשִׂירִית

שבָרִים fractions

1/2 חֵצִי, מֶחֱצָה, מַחֲצִית

1/3 שלִיש

1/4 רֶבַע

1/5 חֲמִישִית

1/6 שִישִית

1/7 שבִיעִית

1/8 שמִינִית

1/9 תשִיעִית

1/10 עֲשִׂירִית

36. דוגמָה לנטִיַּית הַפּוֹעַל בְּשִׁבְעַת־הַבִּנְיָינִים — VERB CONJUGATION

גזרת השלמים

	גוף	פָּעַל (אֶפְעֹל)	פָּעַל (אֶפְעַל)	נִפְעַל	פִּיעֵל	פּוּעַל	הִתְפַּעֵל
עבר	אֲנִי	כָּתַבְתִּי		נִכְנַסְתִּי	דִּיבַּרְתִּי	פּוּטַרְתִּי	הִתְלַבַּשְׁתִּי
	אַתָּה	כָּתַבְתָּ		נִכְנַסְתָּ	דִּיבַּרְתָּ	פּוּטַרְתָּ	הִתְלַבַּשְׁתָּ
	אַתְּ	כָּתַבְתְּ		נִכְנַסְתְּ	דִּיבַּרְתְּ	פּוּטַרְתְּ	הִתְלַבַּשְׁתְּ
	הוּא	כָּתַב		נִכְנַס	דִּיבֵּר	פּוּטַר	הִתְלַבֵּשׁ
	הִיא	כָּתְבָה		נִכְנְסָה	דִּיבְּרָה	פּוּטְרָה	הִתְלַבְּשָׁה
	אֲנַחְנוּ	כָּתַבְנוּ		נִכְנַסְנוּ	דִּיבַּרְנוּ	פּוּטַרְנוּ	הִתְלַבַּשְׁנוּ
	אַתֶּם/ן	כְּתַבְתֶּם/ן		נִכְנַסְתֶּם/ן	דִּיבַּרְתֶּם/ן	פּוּטַרְתֶּם/ן	הִתְלַבַּשְׁתֶּם/ן
	הֵם/ן	כָּתְבוּ		נִכְנְסוּ	דִּיבְּרוּ	פּוּטְרוּ	הִתְלַבְּשׁוּ
הוֹוֶה	יָחִיד	כּוֹתֵב		נִכְנָס	מְדַבֵּר	מְפוּטָּר	מִתְלַבֵּשׁ
	יְחִידָה	כּוֹתֶבֶת		נִכְנֶסֶת	מְדַבֶּרֶת	מְפוּטֶּרֶת	מִתְלַבֶּשֶׁת
	רַבִּים	כּוֹתְבִים		נִכְנָסִים	מְדַבְּרִים	מְפוּטָּרִים	מִתְלַבְּשִׁים
	רַבּוֹת	כּוֹתְבוֹת		נִכְנָסוֹת	מְדַבְּרוֹת	מְפוּטָּרוֹת	מִתְלַבְּשׁוֹת
עָתִיד	אֲנִי	אֶכְתּוֹב	אֶלְמַד	אֶכָּנֵס	אֲדַבֵּר	אֲפוּטַּר	אֶתְלַבֵּשׁ
	אַתָּה	תִּכְתּוֹב	תִּלְמַד	תִּיכָּנֵס	תְּדַבֵּר	תְּפוּטַּר	תִּתְלַבֵּשׁ
	אַתְּ	תִּכְתְּבִי	תִּלְמְדִי	תִּיכָּנְסִי	תְּדַבְּרִי	תְּפוּטְּרִי	תִּתְלַבְּשִׁי
	הוּא	יִכְתּוֹב	יִלְמַד	יִיכָּנֵס	יְדַבֵּר	יְפוּטַּר	יִתְלַבֵּשׁ
	הִיא	תִּכְתּוֹב	תִּלְמַד	תִּיכָּנֵס	תְּדַבֵּר	תְּפוּטַּר	תִּתְלַבֵּשׁ
	אֲנַחְנוּ	נִכְתּוֹב	נִלְמַד	נִיכָּנֵס	נְדַבֵּר	נְפוּטַּר	נִתְלַבֵּשׁ
	אַתֶּם/ן	תִּכְתְּבוּ	תִּלְמְדוּ	תִּיכָּנְסוּ	תְּדַבְּרוּ	תְּפוּטְּרוּ	תִּתְלַבְּשׁוּ
	הֵם/ן	יִכְתְּבוּ	יִלְמְדוּ	יִיכָּנְסוּ	יְדַבְּרוּ	יְפוּטְּרוּ	יִתְלַבְּשׁוּ
צִיוּוּי	אַתָּה	כְּתוֹב!	לְמַד!	הִיכָּנֵס!	דַּבֵּר!		הִתְלַבֵּשׁ!
	אַתְּ	כִּתְבִי!	לִמְדִי!	הִיכָּנְסִי!	דַּבְּרִי!		הִתְלַבְּשִׁי!
	אַתֶּם/ן	כִּתְבוּ!	לִמְדוּ!	הִיכָּנְסוּ!	דַּבְּרוּ!		הִתְלַבְּשׁוּ!
שֵׁם־פּוֹעַל		לִכְתּוֹב	לִלְמוֹד	לְהִיכָּנֵס	לְדַבֵּר		לְהִתְלַבֵּשׁ
שֵׁם־פְּעוּלָּה		כְּתִיבָה	לְמִידָה		דִּיבּוּר		הִתְלַבְּשׁוּת

				גרוניות			
	גוף	הִפעִיל	הוּפעַל	פָּעַל		נִפעַל	הִפעִיל
עָבָר	אֲנִי	הִרגַשתִי	הוּדרַכתִי	אָסַפתִי		נֶעֱנַשתִי	הֶאֱכַלתִי
	אַתָה	הִרגַשתָ	הוּדרַכתָ	אָסַפתָ		נֶעֱנַשתָ	הֶאֱכַלתָ
	אַת	הִרגַשת	הוּדרַכת	אָסַפת		נֶעֱנַשת	הֶאֱכַלת
	הוּא	הִרגִיש	הוּדרַך	אָסַף		נֶעֱנַש	הֶאֱכִיל
	הִיא	הִרגִישָה	הוּדרְכָה	אָספָה		נֶעֶנשָה	הֶאֱכִילָה
	אֲנַחנוּ	הִרגַשנוּ	הוּדרַכנוּ	אָסַפנוּ		נֶעֱנַשנוּ	הֶאֱכַלנוּ
	אַתֶם/ן	הִרגַשתֶם/ן	הוּדרַכתֶם/ן	אֲסַפתֶם/ן		נֶעֱנַשתֶם/ן	הֶאֱכַלתֶם/ן
	הֵם/ן	הִרגִישוּ	הוּדרְכוּ	אָספוּ		נֶעֶנשוּ	הֶאֱכִילוּ
הוֹוֶה	יָחִיד	מַרגִיש	מוּדרָך	אוֹסֵף		נֶעֱנָש	מַאֲכִיל
	יְחִידָה	מַרגִישָה	מוּדרֶכֶת	אוֹסֶפֶת		נֶעֱנֶשֶת	מַאֲכִילָה
	רַבִּים	מַרגִישִים	מוּדרָכִים	אוֹספִים		נֶעֱנָשִים	מַאֲכִילִים
	רַבּוֹת	מַרגִישוֹת	מוּדרָכוֹת	אוֹספוֹת		נֶעֱנָשוֹת	מַאֲכִילוֹת
עָתִיד	אֲנִי	אַרגִיש	אוּדרַך	אֶאֱסוֹף	אֶעֱבוֹד	אֵיעָנֵש	אַאֲכִיל
	אַתָה	תַרגִיש	תוּדרַך	תֶאֱסוֹף	תַעֲבוֹד	תֵיעָנֵש	תַאֲכִיל
	אַת	תַרגִישִי	תוּדרְכִי	תַאַספִי	תַעַבדִי	תֵיעָנשִי	תַאֲכִילִי
	הוּא	יַרגִיש	יוּדרַך	יֶאֱסוֹף	יַעֲבוֹד	יֵיעָנֵש	יַאֲכִיל
	הִיא	תַרגִיש	תוּדרַך	תֶאֱסוֹף	תַעֲבוֹד	תֵיעָנֵש	תַאֲכִיל
	אֲנַחנוּ	נַרגִיש	נוּדרַך	נֶאֱסוֹף	נַעֲבוֹד	נֵיעָנֵש	נַאֲכִיל
	אַתֶם/ן	תַרגִישוּ	תוּדרְכוּ	תַאַספוּ	תַעַבדוּ	תֵיעָנשוּ	תַאֲכִילוּ
	הֵם/ן	יַרגִישוּ	יוּדרְכוּ	יַאַספוּ	יַעַבדוּ	יֵיעָנשוּ	יַאֲכִילוּ
צִיוּוּי	אַתָה	הַרגֵש!		אֱסוֹף!	עֲבוֹד!	הֵיעָנֵש!	הַאֲכֵל!
	אַת	הַרגִישִי!		אִספִי!	עִבדִי	הֵיעָנשִי	הַאֲכִילִי!
	אַתֶם/ן	הַרגִישוּ!		אִספוּ!	עִבדוּ!	הֵיעָנשוּ!	הַאֲכִילוּ!
שֵם־פּוֹעַל		לְהַרגִיש		לֶאֱסוֹף	לַעֲבוֹד	לְהֵיעָנֵש	לְהַאֲכִיל
שֵם־פְּעוּלָה		הַרגָשָה					הַאֲכָלָה

	גזרת פ"י					גזרת פ"נ	
	גוּף	פָּעַל	נִפְעַל	הִפְעִיל	הוּפְעַל	פָּעַל (אֶפְעוֹל)	פָּעַל (אֶפְעַל)
עָבָר	אֲנִי	יָרַדְתִּי	נוֹלַדְתִּי	הוֹרַדְתִּי	הוּרַדְתִּי	נָפַלְתִּי	
	אַתָּה	יָרַדְתָּ	נוֹלַדְתָּ	הוֹרַדְתָּ	הוּרַדְתָּ	נָפַלְתָּ	
	אַתְּ	יָרַדְתְּ	נוֹלַדְתְּ	הוֹרַדְתְּ	הוּרַדְתְּ	נָפַלְתְּ	
	הוּא	יָרַד	נוֹלַד	הוֹרִיד	הוּרַד	נָפַל	
	הִיא	יָרְדָה	נוֹלְדָה	הוֹרִידָה	הוּרְדָה	נָפְלָה	
	אֲנַחְנוּ	יָרַדְנוּ	נוֹלַדְנוּ	הוֹרַדְנוּ	הוּרַדְנוּ	נָפַלְנוּ	
	אַתֶּם/ן	יְרַדְתֶּם/ן	נוֹלַדְתֶּם/ן	הוֹרַדְתֶּם/ן	הוּרַדְתֶּם/ן	נְפַלְתֶּם/ן	
	הֵם/ן	יָרְדוּ	נוֹלְדוּ	הוֹרִידוּ	הוּרְדוּ	נָפְלוּ	
הוֹוֶה	יָחִיד	יוֹרֵד	נוֹלָד	מוֹרִיד	מוּרָד	נוֹפֵל	נוֹסֵעַ
	יְחִידָה	יוֹרֶדֶת	נוֹלֶדֶת	מוֹרִידָה	מוּרֶדֶת	נוֹפֶלֶת	נוֹסַעַת**
	רַבִּים	יוֹרְדִים	נוֹלָדִים	מוֹרִידִים	מוּרָדִים	נוֹפְלִים	נוֹסְעִים
	רַבּוֹת	יוֹרְדוֹת	נוֹלָדוֹת	מוֹרִידוֹת	מוּרָדוֹת	נוֹפְלוֹת	נוֹסְעוֹת
עָתִיד	אֲנִי	אֵרֵד	אֶוָּלֵד	אוֹרִיד	אוּרַד	אֶפּוֹל	אֶסַּע
	אַתָּה	תֵּרֵד	תִּיוָּלֵד	תּוֹרִיד	תּוּרַד	תִּיפּוֹל	תִּיסַּע
	אַתְּ	תֵּרְדִי	תִּיוָּלְדִי	תּוֹרִידִי	תּוּרְדִי	תִּיפְּלִי	תִּיסְּעִי
	הוּא	יֵרֵד	יִיוָּלֵד	יוֹרִיד	יוּרַד	יִיפּוֹל	יִיסַּע
	הִיא	תֵּרֵד	תִּיוָּלֵד	תּוֹרִיד	תּוּרַד	תִּיפּוֹל	תִּיסַּע
	אֲנַחְנוּ	נֵרֵד	נִיוָּלֵד	נוֹרִיד	נוּרַד	נִיפּוֹל	נִיסַּע
	אַתֶּם/ן	תֵּרְדוּ	תִּיוָּלְדוּ	תּוֹרִידוּ	תּוּרְדוּ	תִּיפְּלוּ	תִּיסְעוּ
	הֵם/ן	יֵרְדוּ	יִיוָּלְדוּ	יוֹרִידוּ	יוּרְדוּ	יִיפְּלוּ	יִיסְעוּ
צִיוּוּי	אַתָּה	רֵד!	הִיוָּדַע!*	הוֹרֵד!		נְפוֹל!	סַע!
	אַתְּ	רְדִי!	הִיוָּדְעִי!	הוֹרִידִי!		נִפְלִי!	סְעִי!
	אַתֶּם/ן	רְדוּ!	הִיוָּדְעוּ!	הוֹרִידוּ!		נִפְלוּ!	סְעוּ!
שֵׁם־פּוֹעַל		לָרֶדֶת	לְהִיוָּלֵד	לְהוֹרִיד		לִיפּוֹל	לִנְסוֹעַ
שֵׁם־פְּעוּלָּה		יְרִידָה		הוֹרָדָה		נְפִילָה	נְסִיעָה

* י.ל.ד בְּצִיוּוּי - לֹא בְּשִׁימּוּשׁ

הַבִּנְיָינִים פִּיעֵל, פּוּעַל וְהִתְפַּעֵל הֵם כִּבְגִזְרַת הַשְּׁלֵמִים.

**מִשְׁקַל אֶפְעַל רוֹוֵחַ בִּפְעָלִים שֶׁ־ל' הַפּוֹעַל שֶׁלָּהֶם גְּרוֹנִית.

	גוף	הפעיל	גזרת ל"ה				
			פָּעַל	**נִפְעַל**	**פִּיעֵל**	**פּוּעַל**	**הִתְפַּעֵל**
עָבָר	אֲנִי	הִצַּלְתִּי	קָנִיתִי	נִבְנֵיתִי	פִּינִּיתִי	פּוּנֵּיתִי	הִתְפַּנֵּיתִי
	אַתָּה	הִצַּלְתָּ	קָנִיתָ	נִבְנֵיתָ	פִּינִּיתָ	פּוּנֵּיתָ	הִתְפַּנֵּיתָ
	אַתְּ	הִצַּלְתְּ	קָנִית	נִבְנֵית	פִּינִּית	פּוּנֵּית	הִתְפַּנֵּית
	הוּא	הִצִּיל	קָנָה	נִבְנָה	פִּינָּה	פּוּנָּה	הִתְפַּנָּה
	הִיא	הִצִּילָה	קָנְתָה	נִבְנְתָה	פִּינְּתָה	פּוּנְּתָה	הִתְפַּנְּתָה
	אֲנַחְנוּ	הִצַּלְנוּ	קָנִינוּ	נִבְנֵינוּ	פִּינִּינוּ	פּוּנֵּינוּ	הִתְפַּנֵּינוּ
	אַתֶּם/ן	הִצַּלְתֶּם/ן	קְנִיתֶם/ן	נִבְנֵיתֶם/ן	פִּינִּיתֶם/ן	פּוּנֵּיתֶם/ן	הִתְפַּנֵּיתֶם/ן
	הֵם/ן	הִצִּילוּ	קָנוּ		פִּינּוּ	פּוּנּוּ	הִתְפַּנּוּ
הוֹוֶה	יָחִיד	מַצִּיל	קוֹנֶה	נִבְנֶה	מְפַנֶּה	מְפוּנֶּה	מִתְפַּנֶּה
	יְחִידָה	מַצִּילָה	קוֹנָה	נִבְנֵית	מְפַנָּה	מְפוּנָּה/נֵית	מִתְפַּנָּה
	רַבִּים	מַצִּילִים	קוֹנִים	נִבְנִים	מְפַנִּים	מְפוּנִּים	מִתְפַּנִּים
	רַבּוֹת	מַצִּילוֹת	קוֹנוֹת	נִבְנוֹת	מְפַנּוֹת	מְפוּנּוֹת	מִתְפַּנּוֹת
עָתִיד	אֲנִי	אַצִּיל	אֶקְנֶה	אֶבָּנֶה	אֲפַנֶּה	אֲפוּנֶּה	אֶתְפַּנֶּה
	אַתָּה	תַּצִּיל	תִּקְנֶה	תִּיבָּנֶה	תְּפַנֶּה	תְּפוּנֶּה	תִּתְפַּנֶּה
	אַתְּ	תַּצִּילִי	תִּקְנִי	תִּיבָּנִי	תְּפַנִּי	תְּפוּנִּי	תִּתְפַּנִּי
	הוּא	יַצִּיל	יִקְנֶה	יִיבָּנֶה	יְפַנֶּה	יְפוּנֶּה	יִתְפַּנֶּה
	הִיא	תַּצִּיל	תִּקְנֶה	תִּיבָּנֶה	תְּפַנֶּה	תְּפוּנֶּה	תִּתְפַּנֶּה
	אֲנַחְנוּ	נַצִּיל	נִקְנֶה	נִיבָּנֶה	נְפַנֶּה	נְפוּנֶּה	נִתְפַּנֶּה
	אַתֶּם/ן	תַּצִּילוּ	תִּקְנוּ	תִּיבָּנוּ	תְּפַנּוּ	תְּפוּנּוּ	תִּתְפַּנּוּ
	הֵם/ן	יַצִּילוּ	יִקְנוּ	יִיבָּנוּ	יְפַנּוּ	יְפוּנּוּ	יִתְפַּנּוּ
צִיוּוּי	אַתָּה	הַצֵּל!	קְנֵה!	הִיבָּנֵה!	פַּנֵּה!		הִתְפַּנֵּה!
	אַתְּ	הַצִּילִי!	קְנִי!	הִיבָּנִי!	פַּנִּי!		הִתְפַּנִּי!
	אַתֶּם!	הַצִּילוּ	קְנוּ!	הִיבָּנוּ!	פַּנּוּ!		הִתְפַּנּוּ!
שֵׁם־פּוֹעַל		לְהַצִּיל	לִקְנוֹת	לְהִיבָּנוֹת	לְפַנּוֹת		לְהִתְפַּנּוֹת
שֵׁם־פְּעוּלָּה		הַצָּלָה	קְנִיָּיה		פִּינּוּי		הִתְפַּנּוּת

	גזרת ל″ה (המשך)				גִּזְרַת ע″ו		
	גוף	הִפְעִיל	הִפְעִיל (גרונית)	הוּפְעַל	פָּעַל	נִפְעַל	פִּיעֵל
עָבָר	אֲנִי	הִפְנֵיתִי	הֶעֱלֵיתִי	הוּפְנֵיתִי	קַמְתִּי	נְסוּגוֹתִי	עוֹרַרְתִּי
	אַתָּה	הִפְנֵיתָ	הֶעֱלֵיתָ	הוּפְנֵיתָ	קַמְתָּ	נְסוּגוֹתָ	עוֹרַרְתָּ
	אַתְּ	הִפְנֵית	הֶעֱלֵית	הוּפְנֵית	קַמְתְּ	נְסוּגוֹת	עוֹרַרְתְּ
	הוּא	הִפְנָה	הֶעֱלָה	הוּפְנָה	קָם	נָסוֹג	עוֹרֵר
	הִיא	הִפְנְתָה	הֶעֶלְתָה	הוּפְנְתָה	קָמָה	נָסוֹגָה	עוֹרְרָה
	אֲנַחְנוּ	הִפְנֵינוּ	הֶעֱלֵינוּ	הוּפְנֵינוּ	קַמְנוּ	נְסוּגוֹנוּ	עוֹרַרְנוּ
	אַתֶּם/ן	הִפְנֵיתֶם/ן	הֶעֱלֵיתֶם/ן	הוּפְנֵיתֶם/ן	קַמְתֶּם/ן	נְסוּגוֹתֶם/ן	עוֹרַרְתֶּם/ן
	הֵם/ן	הִפְנוּ	הֶעֱלוּ	הוּפְנוּ	קָמוּ	נָסוֹגוּ	עוֹרְרוּ
הוֹוֶה	יָחִיד	מַפְנֶה	מַעֲלֶה	מוּפְנֶה	קָם	נָסוֹג	מְעוֹרֵר
	יְחִידָה	מַפְנָה	מַעֲלָה	מוּפְנֵית	קָמָה	נְסוֹגָה	מְעוֹרֶרֶת
	רַבִּים	מַפְנִים	מַעֲלִים	מוּפְנִים	קָמִים	נְסוֹגִים	מְעוֹרְרִים
	רַבּוֹת	מַפְנוֹת	מַעֲלוֹת	מוּפְנוֹת	קָמוֹת	נְסוֹגוֹת	מְעוֹרְרוֹת
עָתִיד	אֲנִי	אַפְנֶה	אַעֲלֶה	אוּפְנֶה	אָקוּם	אֶסּוֹג	אֲעוֹרֵר
	אַתָּה	תַּפְנֶה	תַּעֲלֶה	תּוּפְנֶה	תָּקוּם	תִּיסּוֹג	תְּעוֹרֵר
	אַתְּ	תַּפְנִי	תַּעֲלִי	תּוּפְנִי	תָּקוּמִי	תִּיסּוֹגִי	תְּעוֹרְרִי
	הוּא	יַפְנֶה	יַעֲלֶה	יוּפְנֶה	יָקוּם	יִיסּוֹג	יְעוֹרֵר
	הִיא	תַּפְנֶה	תַּעֲלֶה	תּוּפְנֶה	תָּקוּם	תִּיסּוֹג	תְּעוֹרֵר
	אֲנַחְנוּ	נַפְנֶה	נַעֲלֶה	נוּפְנֶה	נָקוּם	נִיסּוֹג	נְעוֹרֵר
	אַתֶּם/ן	תַּפְנוּ	תַּעֲלוּ	תּוּפְנוּ	תָּקוּמוּ	תִּיסּוֹגוּ	תְּעוֹרְרוּ
	הֵם/ן	יַפְנוּ	יַעֲלוּ	יוּפְנוּ	יָקוּמוּ	יִיסּוֹגוּ	יְעוֹרְרוּ
צִיווּי	אַתָּה	הַפְנֵה!	הַעֲלֵה!		קוּם!	הִיסּוֹג!	עוֹרֵר!
	אַתְּ	הַפְנִי!	הַעֲלִי		קוּמִי!	הִיסּוֹגִי!	עוֹרְרִי!
	אַתֶּם/ן	הַפְנוּ!	הַעֲלוּ!		קוּמוּ!	הִיסּוֹגוּ!	עוֹרְרוּ!
שֵׁם־פּוֹעַל		לְהַפְנוֹת	לְהַעֲלוֹת		לָקוּם	לְהִיסּוֹג	לְעוֹרֵר
שֵׁם־פְּעוּלָּה		הַפְנָיָיה	הַעֲלָאָה		קִימָה		

					גזרת המרובעים		
	גוף	הִפְעִיל	הוּפְעַל	הִתְפַּעֵל	פִּיעֵל	פּוּעַל	הִתְפַּעֵל
עָבָר	אֲנִי	הֵקַמְתִּי	הוּקַמְתִּי	הִתְקוֹמַמְתִּי	פִּירְסַמְתִּי	פּוּרְסַמְתִּי	הִתְפַּרְסַמְתִּי
	אַתָּה	הֵקַמְתָּ	הוּקַמְתָּ	הִתְקוֹמַמְתָּ	פִּירְסַמְתָּ	פּוּרְסַמְתָּ	הִתְפַּרְסַמְתָּ
	אַתְּ	הֵקַמְתְּ	הוּקַמְתְּ	הִתְקוֹמַמְתְּ	פִּירְסַמְתְּ	פּוּרְסַמְתְּ	הִתְפַּרְסַמְתְּ
	הוּא	הֵקִים	הוּקַם	הִתְקוֹמֵם	פִּירְסֵם	פּוּרְסַם	הִתְפַּרְסֵם
	הִיא	הֵקִימָה	הוּקְמָה	הִתְקוֹמְמָה	פִּירְסְמָה	פּוּרְסְמָה	הִתְפַּרְסְמָה
	אֲנַחְנוּ	הֵקַמְנוּ	הוּקַמְנוּ	הִתְקוֹמַמְנוּ	פִּירְסַמְנוּ	פּוּרְסַמְנוּ	הִתְפַּרְסַמְנוּ
	אַתֶּם/ן	הֲקַמְתֶּם/ן	הוּקַמְתֶּם	הִתְקוֹמַמְתֶּם/ן	פִּירְסַמְתֶּם/ן	פּוּרְסַמְתֶּם/ן	הִתְפַּרְסַמְתֶּם/ן
	הֵם/ן	הֵקִימוּ	הוּקְמוּ	הִתְקוֹמְמוּ	פִּירְסְמוּ	פּוּרְסְמוּ	הִתְפַּרְסְמוּ
הוֹוֶה	יָחִיד	מֵקִים	מוּקָם	מִתְקוֹמֵם	מְפַרְסֵם	מְפוּרְסָם	מִתְפַּרְסֵם
	יְחִידָה	מְקִימָה	מוּקֶמֶת	מִתְקוֹמֶמֶת	מְפַרְסֶמֶת	מְפוּרְסֶמֶת	מִתְפַּרְסֶמֶת
	רַבִּים	מְקִימִים	מוּקָמִים	מִתְקוֹמְמִים	מְפַרְסְמִים	מְפוּרְסָמִים	מִתְפַּרְסְמִים
	רַבּוֹת	מְקִימוֹת	מוּקָמוֹת	מִתְקוֹמְמוֹת	מְפַרְסְמוֹת	מְפוּרְסָמוֹת	מִתְפַּרְסְמוֹת
עָתִיד	אֲנִי	אָקִים	אוּקַם	אֶתְקוֹמֵם	אֲפַרְסֵם	אֲפוּרְסַם	אֶתְפַּרְסֵם
	אַתָּה	תָּקִים	תּוּקַם	תִּתְקוֹמֵם	תְּפַרְסֵם	תְּפוּרְסַם	תִּתְפַּרְסֵם
	אַתְּ	תָּקִימִי	תּוּקְמִי	תִּתְקוֹמְמִי	תְּפַרְסְמִי	תְּפוּרְסְמִי	תִּתְפַּרְסְמִי
	הוּא	יָקִים	יוּקַם	יִתְקוֹמֵם	יְפַרְסֵם	יְפוּרְסַם	יִתְפַּרְסֵם
	הִיא	תָּקִים	תּוּקַם	תִּתְקוֹמֵם	תְּפַרְסֵם	תְּפוּרְסַם	תִּתְפַּרְסֵם
	אֲנַחְנוּ	נָקִים	נוּקַם	נִתְקוֹמֵם	נְפַרְסֵם	נְפוּרְסַם	נִתְפַּרְסֵם
	אַתֶּם/ן	תָּקִימוּ	תּוּקְמוּ	תִּתְקוֹמְמוּ	תְּפַרְסְמוּ	תְּפוּרְסְמוּ	תִּתְפַּרְסְמוּ
	הֵם	יָקִימוּ	יוּקְמוּ	יִתְקוֹמְמוּ	יְפַרְסְמוּ	יְפוּרְסְמוּ	יִתְפַּרְסְמוּ
צִיוּוּי	אַתָּה	הָקֵם!		הִתְקוֹמֵם	פַּרְסֵם!		הִתְפַּרְסֵם!
	אַתְּ	הָקִימִי!		הִתְקוֹמְמִי!	פַּרְסְמִי!		הִתְפַּרְסְמִי!
	אַתֶּם/ן	הָקִימוּ!		הִתְקוֹמְמוּ!	פַּרְסְמוּ!		הִתְפַּרְסְמוּ!
שֵׁם־פּוֹעַל		לְהָקִים		לְהִתְקוֹמֵם	לְפַרְסֵם		לְהִתְפַּרְסֵם
שֵׁם־פְּעוּלָה		הֲקָמָה		הִתְקוֹמְמוּת	פִּירְסוּם		

37. מִילּוֹת־יַחַס בִּנְטִיָּיה – PREPOSITIONS

אַחֲרֵי - אַחֲרַיי, אַחֲרֶיךָ, אַחֲרַיִיךְ, אַחֲרָיו, אַחֲרֶיהָ, אַחֲרֵינוּ, אַחֲרֵיכֶם-כֶן, אַחֲרֵיהֶם-הֶן

אֶל - אֵלַיי, אֵלֶיךָ, אֵלַיִיךְ, אֵלָיו, אֵלֶיהָ, אֵלֵינוּ, אֲלֵיכֶם-כֶן, אֲלֵיהֶם-הֶן

אֵצֶל - אֶצְלִי, אֶצְלְךָ, אֶצְלֵךְ, אֶצְלוֹ, אֶצְלָהּ, אֶצְלֵנוּ, אֶצְלְכֶם-כֶן, אֶצְלָם-לָן

אֶת - (עִם) אִיתִי, אִיתְךָ, אִיתָךְ, אִיתוֹ, אִיתָהּ, אִיתָנוּ, אִיתְכֶם-כֶן, אִיתָם-ן

אֶת - אוֹתִי, אוֹתְךָ, אוֹתָךְ, אוֹתוֹ, אוֹתָהּ, אוֹתָנוּ, אֶתְכֶם-כֶן, אוֹתָם-ן

בִּגְלַל - בִּגְלָלִי, בִּגְלָלְךָ, בִּגְלָלֵךְ, בִּגְלָלוֹ, בִּגְלָלָהּ, בִּגְלָלֵנוּ, בִּגְלַלְכֶם-כֶן, בִּגְלָלָם-ן

בֵּין - בֵּינִי, בֵּינְךָ, בֵּינֵךְ, בֵּינוֹ, בֵּינָהּ, בֵּינֵינוּ, בֵּינֵיכֶם־כֶן, בֵּינֵיהֶם־הֵן

בִּלְעֲדֵי (בְּלִי + אֲנִי) - בִּלְעָדַיי, בִּלְעָדֶיךָ, בִּלְעָדַיִיךְ, בִּלְעָדָיו, בִּלְעָדֶיהָ, בִּלְעָדֵינוּ, בִּלְעֲדֵיכֶם־כֶן, בִּלְעֲדֵיהֶם-הֶן

- בְּעֵטְיוֹ, בְּעֶטְיָהּ, בְּעֶטְיָם, בְּעֶטְיָין

בְּעֶצֶם - בְּעַצְמִי, בְּעַצְמְךָ, בְּעַצְמֵךְ, בְּעַצְמוֹ, בְּעַצְמָהּ, בְּעַצְמֵנוּ, בְּעַצְמְכֶם-כֶן, בְּעַצְמָם-מָן

בִּשְׁבִיל - בִּשְׁבִילִי, בִּשְׁבִילְךָ, בִּשְׁבִילֵךְ, בִּשְׁבִילוֹ, בִּשְׁבִילָהּ, בִּשְׁבִילֵנוּ, בִּשְׁבִילְכֶם-כֶן, בִּשְׁבִילָם-ן

בְּתוֹךְ - בְּתוֹכִי, בְּתוֹכְךָ, בְּתוֹכֵךְ, בְּתוֹכוֹ, בְּתוֹכָהּ, בְּתוֹכֵנוּ, בְּתוֹכְכֶם-כֶן, בְּתוֹכָם-ן

כְּמוֹ - כָּמוֹנִי, כָּמוֹךָ, כָּמוֹךְ, כָּמוֹהוּ, כָּמוֹהָ, כָּמוֹנוּ, כְּמוֹכֶם-כֶן, כְּמוֹהֶם-הֶן

לְ - לִי, לְךָ, לָךְ, לוֹ, לָהּ, לָנוּ, לָכֶם-כֶן, לָהֶם-הֶן

לְבַד - לְבַדִּי, לְבַדְּךָ, לְבַדֵּךְ, לְבַדּוֹ, לְבַדָּהּ, לְבַדֵּנוּ, לְבַדְּכֶם-כֶן, לְבַדָּם-ן

לִפְנֵי - לְפָנַיי, לְפָנֶיךָ, לְפָנַיִיךְ, לְפָנָיו, לְפָנֶיהָ, לְפָנֵינוּ, לִפְנֵיכֶם-כֶן, לִפְנֵיהֶם-הֶן

מִן - מִמֶּנִּי, מִמְּךָ, מִמֵּךְ, מִמֶּנּוּ, מִמֶּנָּה, מִמֶּנּוּ, מִכֶּם-כֶּן, מֵהֶם-הֶן

מוּל - מוּלִי, מוּלְךָ, מוּלֵךְ, מוּלוֹ, מוּלָהּ, מוּלֵנוּ, מוּלְכֶם-כֶן, מוּלָם-לָן

עַל - עָלַיי, עָלֶיךָ, עָלַיִיךְ, עָלָיו, עָלֶיהָ, עָלֵינוּ, עֲלֵיכֶם-כֶן, עֲלֵיהֶם-הֶן

עַל-יַד - עַל-יָדִי, עַל-יָדְךָ, עַל־יָדֵךְ, עַל־יָדוֹ, עַל־יָדָהּ, עַל־יָדֵנוּ, עַל־יֶדְכֶם-כֶן, עַל-יָדָם-ן

עַל-יְדֵי - עַל-יָדַיי, עַל-יָדֶיךָ, עַל-יָדַיִיךְ, עַל-יָדָיו, עַל-יָדֶיהָ, עַל-יָדֵינוּ, עַל-יְדֵיכֶם-כֶן, עַל-יְדֵיהֶם-הֶן

שֶׁל - שֶׁלִּי, שֶׁלְּךָ, שֶׁלָּךְ, שֶׁלּוֹ, שֶׁלָּהּ, שֶׁלָּנוּ, שֶׁלָּכֶם-כֶן, שֶׁלָּהֶם-הֶן

38. דוּגְמָה לִנְטִיַּית שֵׁם הָעֶצֶם – NOUN CONJUGATION

דוֹד (יָחִיד)	דּוֹדִים (רַבִּים)	דּוֹדָה (יְחִידָה)	דּוֹדוֹת (רַבּוֹת)
דּוֹדִי	דּוֹדַיי	דּוֹדָתִי	דּוֹדוֹתַיי
דּוֹדְךָ	דּוֹדֶיךָ	דּוֹדָתְךָ	דּוֹדוֹתֶיךָ
דּוֹדֵךְ	דּוֹדַיִיךְ	דּוֹדָתֵךְ	דּוֹדוֹתַיִיךְ
דּוֹדוֹ	דּוֹדָיו	דּוֹדָתוֹ	דּוֹדוֹתָיו
דּוֹדָהּ	דּוֹדֶיהָ	דּוֹדָתָהּ	דּוֹדוֹתֶיהָ
דּוֹדֵנוּ	דּוֹדֵינוּ	דּוֹדָתֵנוּ	דּוֹדוֹתֵינוּ
דּוֹדְכֶם	דּוֹדֵיכֶם	דּוֹדַתְכֶם	דּוֹדוֹתֵיכֶם
דּוֹדְכֶן	דּוֹדֵיכֶן	דּוֹדַתְכֶן	דּוֹדוֹתֵיכֶן
דּוֹדָם	דּוֹדֵיהֶם	דּוֹדָתָם	דּוֹדוֹתֵיהֶם
דּוֹדָן	דּוֹדֵיהֶן	דּוֹדָתָן	דּוֹדוֹתֵיהֶן

תִקשוֹרֶת בֵין אִישִית

נכתב בשיתוף עם ש. ברוש על פי הספר "אומנות השיח" מאת ליאורה ווינבך ושושנה ברוש

תוכן העניינים

1. איך לפתוח שיחה? – HOW TO BEGIN A CONVERSATION?

Hello	שָׁלוֹם
Good morning	בּוֹקֶר טוֹב
Good (after)noon	צָהֳרַיִים טוֹבִים
Good evening	עֶרֶב טוֹב
Welcome	בָּרוּךְ הַבָּא
How are you?	מַה שְׁלוֹמְךָ?
What's new?	מַה נִשְׁמַע?
What's up?	מַה הָעִנְיָינִים? (לְשׁוֹן דִּיבּוּר)
How are things?	אֵיךְ הָעִנְיָינִים? (לְשׁוֹן דִּיבּוּר)
How's it going?	אֵיךְ הוֹלֵךְ? (לְשׁוֹן דִּיבּוּר)
Glad to see you!	אֲנִי שָׂמֵחַ לִרְאוֹת אוֹתְךָ!
Good to see you!	טוֹב לִרְאוֹת אוֹתְךָ!
Can you show me where...?	אַתָּה יָכוֹל לְהַרְאוֹת לִי אֵיפֹה...?
Pardon me, sir...	אֲדוֹנִי, סְלַח לִי בְּבַקָּשָׁה...
Pardon me, ma'am...	גְבִירְתִּי, סִלְחִי לִי בְּבַקָּשָׁה...
Good morning verybody	בּוֹקֶר־טוֹב לְכוּלָם
Distinguished guests	אוֹרְחִים נִכְבָּדִים (פְּתִיחָה פוֹרְמָאלִית)
Ladies and gentlemen	גְבִירוֹתַיי וְרַבּוֹתַיי (פְּתִיחָה פוֹרְמָאלִית)

May I interrupt you for a moment?	אֲנִי יָכוֹל לְהַפְרִיעַ לְךָ לְרֶגַע?

Acquaintanceship	**הֶיכֵּרוּת**
My name is	שְׁמִי
What's your name? (m)	מַה שִׁמְךָ?
What's your name? (f)	מַה שְׁמֵךְ?
How old are you? (m)	בֶּן כַּמָּה אַתָּה?
I am ... old (m)	אֲנִי בֶּן- ...
How old are you? (f)	בַּת כַּמָּה אַתְּ?
I am ... old (f)	אֲנִי בַּת- ...
This is Ms...	זֹאת גְבֶרֶת...
This is Mr...	זֶה מַר ....
How long have you been in this country?	כַּמָּה זְמַן אַתָּה בָּאָרֶץ?
Do you speak Hebrew?	אַתָּה מְדַבֵּר עִבְרִית?
I don't speak Hebrew	אֲנִי לֹא מְדַבֵּר עִבְרִית
I understand...	אֲנִי מֵבִין...
Pleased to meet you...	נָעִים לִי לְהַכִּיר אוֹתְךָ...

2. איך לְסַיֵּם שִׂיחָה? – HOW TO END A CONVERSATION?

Thanks	תּוֹדָה
So long	שָׁלוֹם וּלְהִתְרָאוֹת
Good-bye and best wishes	שָׁלוֹם וּבְרָכָה
All the best	כֹּל טוּב
Talk to you later	אָז נִשְׁתַּמֵּעַ
See you later	נִתְרָאֶה יוֹתֵר מְאוּחָר
See you soon	נִתְרָאֶה בְּקָרוֹב
Give me a call	אָז תָּרִים טֶלֶפוֹן...
Give me a ring.. O.K?	נִצְטַלְצֵל... בְּסֵדֶר?
Good Sabbath!	שַׁבָּת שָׁלוֹם!
Have a good week	שָׁבוּעַ טוֹב
We'll get in touch	נִיצּוֹר קֶשֶׁר
We'll be in touch	נִהְיֶה בְּקֶשֶׁר
Take care	שְׁמוֹר עַל עַצְמְךָ
Best regards to...	דְּרִישַׁת שָׁלוֹם חַמָּה ל...
Give me a call, O.K?	תִּתְקַשֵּׁר, טוֹב?
Give me a call, O.K?	תְּצַלְצֵל, כֵּן?

Give my regards to...	תִּמְסוֹר ד"שׁ ל...
O.K., I'll see you then	טוֹב, אָז לְהִתְרָאוֹת
Bye...	בַּי... (לְשׁוֹן דִּיבּוּר)
See ya'...	לְהִת.... (לְשׁוֹן דִּיבּוּר)

How to end a letter	**אֵיךְ מְסַיְּמִים מִכְתָּב?**
Yours,	שֶׁלְּךָ-שֶׁלָּךְ...
Yours, with love	שֶׁלְּךָ בְּאַהֲבָה...
Sincerely, yours	בִּידִידוּת רַבָּה
Regards / Best wishes	בִּבְרָכָה
Respectfully	בְּכָבוֹד רַב
Thanking you in advance	בְּתוֹדָה מֵרֹאשׁ
Your prompt response will be appreciated	מְצַפֶּה לִתְשׁוּבָה מְהִירָה
All the best	כֹּל טוּב
Respectfully	בְּכֹל הַכָּבוֹד

HOW TO ASK FOR AND INQUIRE? – 3. אֵיךְ לְבַקֵּשׁ וְלִשְׁאוֹל?

Excuse me, Sir, do you serve coffee?	סליחָה, אֲדוֹנִי, יֵשׁ קָפֶה?
Pardon me, can you tell me where Dizengof St. is?	סליחָה, אַתָּה יָכוֹל לְהַגִּיד לִי אֵיפֹה רח' דִּיזֶנְגוֹף?
Could you pass the salt?	אֶפְשָׁר לְקַבֵּל אֶת הַמֶּלַח?
Pass the sugar, please?	תַּעֲבִיר לִי אֶת הַסּוּכָּר, בְּבַקָּשָׁה
Can I use the phone, please?	יֵשׁ לִי בַּקָּשָׁה, אֶפְשָׁר לְהִתְקַשֵּׁר מֵהַטֶּלֶפוֹן פֹּה?
Could you help me?	אַתָּה מוּכָן לַעֲזוֹר לִי?
Could you possibly help me?	אוּלַי אַתָּה יָכוֹל לַעֲזוֹר לִי?
Excuse me, have you got a watch?	סליחָה, יֵשׁ לְךָ שָׁעוֹן?
Mom, any food in the house?	אִימָא, יֵשׁ אוֹכֶל?
If it's not too much of a bother, will you please close the window?	אִם לֹא קָשֶׁה לְךָ, תִּסְגּוֹר בְּבַקָּשָׁה אֶת הַחַלּוֹן...
Would you mind closing the window?	אִיכְפַּת לְךָ לִסְגּוֹר אֶת הַחַלּוֹן...
Do you have a match?	יֵשׁ לְךָ גַּפְרוּר?
Sorry for bothering you but...	סלַח לִי שֶׁאֲנִי מַפְרִיעַ לְךָ, אֲבָל...
Are you free?	יֵשׁ לְךָ זְמַן...?
Could you check something for me?	תּוּכַל לִבְדּוֹק בִּשְׁבִילִי מַשֶּׁהוּ?
Got a cigarete? Light?	יֵשׁ לְךָ סִיגַרְיָה? אֵשׁ?
Could you see whether...	אַתָּה יָכוֹל לִרְאוֹת אִם...
Do me a favor, turn off the light over there	תַּעֲשֶׂה לִי טוֹבָה, תִּסְגּוֹר שָׁם אֶת הָאוֹר
Do me a favor and tell Hanna that...	תַּעֲשֶׂה לִי טוֹבָה וְתַגִּיד לְחַנָּה שֶׁ...
Can you make me a cup of coffee?	אַתָּה מוּכָן לְהָכִין לִי כּוֹס קָפֶה?
Can I ask you for something?	אֶפְשָׁר לְבַקֵּשׁ מִמְּךָ מַשֶּׁהוּ?
I wanted to ask you a favor...	רָצִיתִי לְבַקֵּשׁ מִמְּךָ טוֹבָה...
I would be very grateful if...	אוֹדֶה לְךָ מְאוֹד אִם... (פוֹרמָלִי)

HOW TO INVITE? – 4. אֵיךְ לְהַזְמִין?

Can I buy you a cup of coffee?	אֶפְשָׁר לְהַזְמִין אוֹתְךָ לְכוֹס קָפֶה?
Would you come tomorrow?	אוּלַי תָּבוֹא מָחָר?
Come tomorrow!	בּוֹאוּ אֵלֵינוּ מָחָר!
Would you like to see a movie tonight?	רוֹצֶה לָבוֹא לְסֶרֶט הָעֶרֶב?
You're always welcome	אַתָּה תָּמִיד מוּזְמָן
When will I see you?	מָתַי רוֹאִים אוֹתְךָ?
I'd like to talk to you, can we meet?	אֲנִי רוֹצֶה לְדַבֵּר אִיתְּךָ... אֲנַחְנוּ יְכוֹלִים לְהִיפָּגֵשׁ...?
I'll be happy to see you here	אֶשְׂמַח לִרְאוֹת אוֹתְךָ אֶצְלִי
Stop by on Saturday...	תִּקְפְּצוּ בְּשַׁבָּת...
We're home...	אֲנַחְנוּ בַּבַּיִת...
Drop in, sometime...	קְפוֹץ... מָתַישֶׁהוּ (לְשׁוֹן דִּיבּוּר)
Do you feel like going to the movies?	בָּא לְךָ לָלֶכֶת לַקּוֹלְנוֹעַ? (לְשׁוֹן דִּיבּוּר)
Come, visit...	תָּבוֹא לְבַקֵּר...
Do you dance?	אַתְּ רוֹקֶדֶת?
When are we going to see you?	מָתַי נִרְאֶה אֶתְכֶם?
It's been ages since we last saw you...	מִזְּמַן לֹא רָאִינוּ אוֹתְךָ...

Formal invitations	הַזְמָנוֹת פוֹרמָלִיּוֹת
You are hereby invited...	הִנְּךָ מוּזְמָן בָּזֹאת לְ...
I wish to invite you to...	בִּרְצוֹנִי לְהַזְמִין אֶתְכֶם לְ...
I am pleased to invite you to a reception that...	אֲנִי שָׂמֵחַ לְהַזְמִינְכֶם לְקַבָּלַת פָּנִים שֶׁ...
We request the honor of your presence at the marriage of...	הִנְּנוּ מִתְכַּבְּדִים לְהַזְמִינְךָ לְטֶקֶס הַכְּלוּלוֹת שֶׁל...

HOW TO COMPLAIN? – 5. אֵיךְ לְהִתְלוֹנֵן?

This isn't right!	זֶה לֹא בְּסֵדֶר!
It's not fair!	זֶה לֹא הוֹגֵן, זֶה לֹא פֵר! (לשון דיבור)
What lack of consideration!	אֵיזֶה חוֹסֶר הִתְחַשְּׁבוּת!
What's the meaning of this?	מַה זֶה צָרִיךְ לִהְיוֹת/לְהַבִּיעַ?
What lack of consideration!	אֵיפֹה הַהִתְחַשְּׁבוּת?
How long does it take you to...?	כַּמָּה זְמַן לוֹקֵחַ לְךָ לְ...?
Sir, there's a line!	אֲדוֹנִי, יֵשׁ תּוֹר!
Don't you understand when I talk to you?	אַתָּה לֹא מֵבִין כְּשֶׁמְּדַבְּרִים אֵלֶיךָ?
You don't get it!	אַתָּה לֹא מֵבִין עִנְיָין!
That's no way to talk!	כָּכָה לֹא מְדַבְּרִים!
There's a limit to everything!	יֵשׁ גְּבוּל לְכָל דָּבָר!
You are 'very' responsible...	אַתָּה "מְאוֹד" אַחְרָאִי...
Who are you to tell us...	מִי אַתָּה בִּכְלָל שֶׁתַּגִּיד פֹּה מַשֶּׁהוּ...
Another one with an opinion...	עוֹד אֶחָד שֶׁיֵּשׁ לוֹ מַה לְהַגִּיד פֹּה...
You know perfectly well whose fault it is...	אַתָּה יוֹדֵעַ יָפֶה מְאוֹד מִי אָשֵׁם...
Your behavior drives me crazy	הַהִתְנַהֲגוּת שֶׁלְּךָ מוֹצִיאָה אוֹתִי מִדַּעְתִּי
I asked you to...	בִּיקַּשְׁתִּי מִמְּךָ שֶׁ...
It won't hurt you if you do something as well	לֹא יִקְרֶה לְךָ כְּלוּם אִם גַּם אַתָּה תַּעֲשֶׂה מַשֶּׁהוּ...
It's your fault, you're to blame!	זוֹ אַשְׁמָתְךָ, אַתָּה אָשֵׁם!
Don't you have something better to do?	אֵין לְךָ כְּבָר מַה לַעֲשׂוֹת בַּחַיִּים?
Why don't you get a move on already?	מָה דַּעְתְּךָ לְהָזִיז אֶת עַצְמְךָ סוֹף סוֹף...?
This is the last time that...	זֹאת הַפַּעַם הָאַחֲרוֹנָה שֶׁ...
When will you grow up?	מָתַי כְּבָר תִּהְיֶה בֶּן אָדָם?
If it won't go the easy way, we'll find another way	אִם לֹא יֵלֵךְ בְּטוֹב, נִמְצָא דְּרָכִים אֲחֵרוֹת
I insist that you handle my case immediately!	אֲנִי עוֹמֵד עַל זֶה שֶׁתְּטַפֵּל בַּתִּיק שֶׁלִּי מִיָּד!
I'll kill you!	אֲנִי אֶהֱרוֹג אוֹתְךָ!
You can't be trusted!	אִי אֶפְשָׁר לִסְמוֹךְ עָלֶיךָ!
I've had enough!	אֲנִי לֹא יְכוֹלָה יוֹתֵר!
I can't take it any more...	אֲנִי לֹא מוּכָן לִסְבּוֹל אֶת זֶה יוֹתֵר...
What kind of behavior is this?	אֵיזוֹ מִין הִתְנַהֲגוּת זוֹ?
That's not an excuse!	זֶה לֹא תֵּירוּץ!
You've disappionted me!	אִיכְזַבְתָּ אוֹתִי!
Too bad this had to happen	חֲבָל מְאוֹד שֶׁזֶּה קָרָה
You're ruined everything!	הָרַסְתָּ לִי הַכֹּל!
It's all your fault!	הַכֹּל בִּגְלָלְךָ!
I dont like it...	זֶה לֹא מוֹצֵא חֵן בְּעֵינַיי...

Formal language	בְּשָׂפָה פוֹרמָלִית
I wish to complain about..	בִּרְצוֹנִי לְהִתְלוֹנֵן עַל....
I wish to express my discontent with...	בִּרְצוֹנִי לְהַבִּיעַ אֶת מְחָאָתִי עַל...
I strongly protest...	הִנְנִי מוֹחֶה בְּכָל תּוֹקֶף עַל...
In view of the above, I am asking...	לְאוֹר הָאָמוּר לְעֵיל הִנְנִי מְבַקֵּשׁ...

6. אֵיךְ לְהַצִּיעַ? – HOW TO OFFER AND SUGGEST?

רוֹצֶה לשתות מַשֶּׁהוּ קַר?	Would you like something cold to drink?
לְהָבִיא לך שתִיָּיה?	Shall I get you something to drink?
אֲנִי מַצִּיעַ שֶׁתבדוק אֶת הַדָּבָר	I suggest that you check this thing out
אֲנִי בִּמקוֹמךָ הָיִיתִי שׁוֹתֵק	I'd be quiet if I were you
מַה שֶׁצָּרִיךְ לַעֲשׂוֹת הוּא...	The thing to do is...
לֵךְ לָרוֹפֵא, זֶה מַה שֶׁאֲנִי מַצִּיעַ לְךָ	I recommend you go see a doctor
סליחָה שֶׁאֲנִי מִתעָרֵב, אֲבָל, לְדַעְתִּי, כְּדַאי לך לִפנוֹת לְמוּמחֶה	May be it's non of my business but I think you should seek the advice of a specialist
יֵשׁ לִי רַעיוֹן מְצוּיָּן בִּשבִילךָ	I've got a great idea for you
הָיָה כְּדַאי שֶׁתִבדוֹק אֶת הַתשוּבָה בַּמִּילוֹן	You better check the answer in the dictionary
רָצוּי שֶׁתִשׁאַל עוֹד רוֹפֵא	You better consult another doctor
הָכִי טוֹב שֶׁתַּעֲשֶׂה מַה שֶּׁאַתָּה מַרגִישׁ	You better follow your instinct
יֵשׁ לִי הַצָּעָה טוֹבָה - נֵלֵךְ לְטַיֵּיל עַל יַד הַיָּם	I've got a good suggestion: let's go for a walk by the beach
מוּטָב שֶׁתָּשִׂים לֵב לְצוּרַת הַדִּיבּוּר שֶׁלְּךָ	You better watch your language
כְּדַאי לך לָצֵאת, הַשָּׁעָה כְּבָר מְאוּחֶרֶת	You better get going, it's late
שְׁמַע מַה שֶׁאֲנִי אוֹמֵר לְךָ - קַח מטרִיָּיה!	Listen to me, take an umbrella
אֲנִי מַצִּיעַ לְךָ לשתוק	I suggest that you keep quiet
מתחַשֵׁק לך לֶאֱכוֹל מַשֶּׁהוּ?	Feel like getting a bite to eat?
אֲנִי בִּמקוֹמךָ הָיִיתִי שׁוֹאֵל אֶת הַהוֹרִים	If I were you I would ask my parents

7. אֵיךְ לְהִתְנַצֵּל? – HOW TO APOLOGIZE?

סליחָה	Sorry!
אֲנִי מְבַקֵּשׁ סליחָה, אֲבָל...	I'm sorry but...
אֲנִי מִצטַעֵר מְאוֹד	I'm very sorry
אֲנִי מִתנַצֵּל	I apologize
לֹא נָעִים לִי שֶׁ...	I feel bad that...
כׇּל־כָּךְ חֲבָל שֶׁ...	It's such a shame that...
הַשָּׁעוֹן לֹא צִילצֵל...	The alarm did'nt go off...
הָאוֹטוֹבּוּס אִיחֵר הַבּוֹקֶר	The bus was late this morning
אֲנִי מִצטַעֵר, אֲנִי אָשֵׁם הַפַּעַם...	I'm sorry, this time it's my fault...
אֲנִי מַמָּשׁ לֹא בְּסֵדֶר...	I really messed up...
לֹא יָדַעְתִּי שֶׁ...	I didn't know that...
זֹאת טָעוּת שֶׁלִּי...	My mistake!
אֲנִי מִצטַעֵר, אֲנִי אֶקנֶה לך מַשֶּׁהוּ יוֹתֵר יָפֶה...	I'm sorry, I'll get you something nicer...
לֹא הִתכַּוַּונתִי לִפגוֹעַ בְּךָ...	I didn't mean to hurt you

הִתנַצְּלוּת פוֹרמָלִית	Formal apologies
זֹאת הָיְיתָה אִי־הֲבָנָה	It was a misunderstanding
קַבֵּל אֶת הִתנַצְּלוּתִי עַל...	Please accept my apology for...
צַר לִי, אַךְ לְדַאֲבוֹנִי לֹא אַגִּיעַ לַהַרצָאָה...	Sorry, but I won't make it to the lecture...
מִסִּיבּוֹת שֶׁאֵינָן תלוּיוֹת בִּי לֹא אוּכַל לְהַגִּיעַ לַפְּגִישָׁה	For reasons not under my control, I won't be able to make it to the meeting
צַר לִי עַל אִי־הַהֲבָנָה בֵּינֵינוּ...	Sorry about the misunderstanding

8. אֲנִי לֹא מַסכִּים!! – I DISAGREE!

I disagree...	אֲני לֹא מַסכִּים...
It's not true	זֶה לֹא נָכוֹן!
It isn't so	זֶה לֹא כָּכָה!
In my opinion, it isn't so	לְדַעתִי, זֶה לֹא כָּךְ
Not exactly...	לֹא בְּדִיוּק...
It's not accurate	זֶה לֹא מְדוּיָק
What are you talking about?	מָה אַתָה מְדַבֵּר...?!
I'm sorry, but I can't agree with you	אֲנִי מִצטַעֵר, אֲבָל אֲנִי לֹא יָכוֹל לְהַסכִּים אִיתךָ...
I think you are exaggerating	אֲנִי חוֹשֵׁב שֶׁאַתָה מַגזִים... (זֶה מוּגזָם)
This can't be...	זֶה לֹא יָכוֹל לִהיוֹת...
I vehemently disagree!	אֲנִי לֹא מַסכִּים בְּשׁוּם אוֹפֶן!
You don't know what you're talking about!	אַתָה לֹא יוֹדֵעַ מַה שֶׁאַתָה מְדַבֵּר!
This simply doesn't make sense!	זֶה פָּשׁוּט לֹא מִתקַבֵּל עַל הַדַעַת!
I don't think you're right...	אֲנִי בְּסָפֵק אִם אַתָה צוֹדֵק...
You are wrong!	אַתָה לֹא צוֹדֵק!
What's the matter with you?	מָה אִיתךָ?
That's not it	זֶה לֹא זֶה!
It doesn't make sense!	זֶה לֹא הֶגיוֹנִי!
No such thing!	אֵין דָבָר כָּזֶה! לֹא יָכוֹל לִהיוֹת!
I beg to differ	אֲנִי לֹא חוֹשֵׁב כָּמוֹךָ
What are you talking about? Where did you hear that?	מַה פִּתאוֹם? מִנַיִן לְךָ!
It sounds (stupid/illogical/silly) to me	זֶה נִשׁמָע לִי (טִיפְּשִׁי, לֹא הֶגיוֹנִי,... שטוּתִי וכו')
You're talking nonesense!	אַתָה מְדַבֵּר שטוּיוֹת! (אֵיזֶה שטוּיוֹת!)
Cut the bull...	תַפסִיק לְבַלבֵּל אֶת הַמוֹחַ!
What are you babbling about?	מָה אַתָה מְקַשקֵשׁ?
I don't like it!	זֶה לֹא נִראֶה לִי!
I find it difficult to agree with you!	קָשֶׁה לִי לְהַסכִּים אִיתךָ!

9. אֵיךְ מַסכִּימִים? – HOW TO AGREE?

O.K	בְּסֵדֶר!
It's one hundred percent O.K!	זֶה 100% בְּסֵדֶר!
I think so too...	גַם אֲנִי חוֹשֵׁב כָּמוֹךָ...
No problem!	אֵין בְּעָיוֹת!
What's right is right!	מַה שֶׁנָכוֹן, נָכוֹן!
I don't object	אֲנִי לֹא מִתנַגֵד
It's O.K, we have a deal...	זֶה בְּסֵדֶר, סָגַרנוּ עִניָין...
That's correct!	נָכוֹן מְאוֹד!
I don't care	לֹא אִיכפַּת לִי
I like it very much!	זֶה מְאוֹד נִראֶה לִי...!
I know that's what everybody thinks...	אֲנִי יוֹדֵעַ, שֶׁכּוּלָם חוֹשׁבִים כָּכָה...
Excellent idea!	רַעֲיוֹן מְצוּיָן!
Great!	יוֹפִי!
I agree!	אֲנִי מַסכִּים!
It sounds good!	זֶה נִשׁמָע טוֹב!
I'm behind you all the way	אֲנִי אַחֲרֶיךָ בְּעֵינַיִים עֲצוּמוֹת
You managed to convince me	הִצלַחתָ לְשַׁכנֵעַ אוֹתִי
I'm thoroughly convinced	הִשׁתַכנַעתִי סוֹפִית
I'm with you!	אֲנִי אִיתךָ!
Let's do it!	הוֹלֵךְ!
As far as I'm concerned, everything is fine	מִצִידִי הַכּוֹל בְּסֵדֶר
It is unanimously agreed upon	הָעִניָין מוּסכָּם עַל כּוּלָם (פוֹרמָאלִי)
I accpet...	מְקוּבָּל עָלַיי...

HOW TO REJECT? — ?10. אֵיך דּוֹחִים

I don't want to!	אֲנִי לֹא רוֹצֶה!
I can't right now!	אֲנִי לֹא יָכוֹל עַכְשָׁיו!
It's out of the question!	לֹא בָּא בְּחֶשְׁבּוֹן!
Absolutely not!	בְּשׁוּם פָּנִים וָאוֹפֶן לֹא!
Forget it!	תִּשְׁכַּח מִזֶּה!
I don't know yet, I'll let you know later	אֲנִי עוֹד לֹא יוֹדֵעַ, אֲנִי אוֹדִיעַ לְךָ יוֹתֵר מְאוּחָר
I'll have to think about it	אֲנִי צָרִיךְ לַחְשׁוֹב (עַל זֶה)
Sorry, I don't have the time	מִצְטַעֵר, אֵין לִי זְמַן...
It's inconvenient...	זֶה לֹא מַתְאִים לִי...
I would've come but I have an exam	הָיִיתִי בָּא, אֲבָל יֵשׁ לִי בְּחִינָה
No, thanks, some other time...	לֹא, תּוֹדָה, בְּהִזְדַּמְּנוּת...
Too bad, I'm in the middle of a meeting	חֲבָל, בְּדִיּוּק עַכְשָׁיו יֵשׁ לִי פְּגִישָׁה
Thanks... but I'm married	תּוֹדָה... אֲבָל אֲנִי נְשׂוּאָה...
That's all I need...	רַק זֶה חָסֵר לִי...
Sorry, but I'm in a big hurry	סְלִיחָה, אֲבָל אֲנִי נוֹרָא מְמַהֵר
Give me a break, O.K.?	תֵּרֵד מִמֶּנִּי, טוֹב?!
Leave me alone!!	תַּעֲזוֹב אוֹתִי!!
I don't feel like it	אֵין לִי חֵשֶׁק
I simply don't feel like it	פָּשׁוּט מְאוֹד לֹא בָּא לִי (לְשׁוֹן דִּיבּוּר)
I really don't feel like it	מַמָּשׁ לֹא מִתְחַשֵּׁק לִי...
Would you stop bothering me?	אוּלַי תַּפְסִיק לְבַלְבֵּל אֶת הַמּוֹחַ?
We'll see, I'll give you a call	נִרְאֶה, אֲנִי אֶתְקַשֵּׁר אֵלֶיךָ...!

Formal rejection	**דְּחִיָּה פוֹרְמָאלִית**
I regret that I can't oblige your request	לְצַעֲרִי, לֹא נוּכַל לְהֵיעָנוֹת לְפְנִיָּיתְךָ
I hereby inform you that we must deny your request	הֲרֵינִי לְהוֹדִיעֲךָ, כִּי אָנוּ נֶאֱלָצִים לִדְחוֹת אֶת בַּקָּשָׁתְךָ...
I regret having to deny your request	צַר לִי לִדְחוֹת אֶת בַּקָּשָׁתְךָ...
The committee has decided to deny the request	הַוַּעֲדָה הֶחְלִיטָה לִדְחוֹת אֶת הַבַּקָּשָׁה
To my regret, you have been found to be unsuitable	לְצַעֲרֵנוּ לֹא נִמְצֵאתָ מַתְאִים
To my regret, we had to deny your request...	לְדַאֲבוֹנִי, נֶאֱלַצְנוּ לִדְחוֹת אֶת בַּקָּשָׁתְךָ...

HOW TO THANK? — ?11. אֵיךְ לְהוֹדוֹת

Thanks	תּוֹדָה
Thank you very much	תּוֹדָה רַבָּה לְךָ
Thanks a lot	רַב תּוֹדוֹת
I'm very grateful...	אֲנִי מוֹדֶה לְךָ מְאוֹד...
You can't imagine how grateful I am	אַתָּה לֹא יָכוֹל לְתָאֵר לְעַצְמְךָ כַּמָּה אֲנִי מוֹדֶה...
I'd like to thank you...	אֲנִי רוֹצֶה לְהוֹדוֹת לְךָ...
Thanks for everything	תּוֹדָה עַל הַכֹּל
I'm grateful for everything you've done for me	אֲנִי מוֹדֶה לְךָ עַל כֹּל מַה שֶּׁעָשִׂיתָ בִּשְׁבִילִי
Words cannot express my gratitude for...	אֵין לִי מִילִּים לְהוֹדוֹת עַל...
I thank you from the bottom of my heart	אֲנִי מוֹדֶה לְךָ מִקֶּרֶב לִיבִּי עַל...
I have no words to express my gratitude	אֵין בְּפִי מִילִּים לְהַבִּיעַ אֶת תּוֹדָתִי
I greatly appreciate everything you've done (your contributiom)	אֲנִי מַעֲרִיךְ מְאוֹד אֶת כֹּל מַה שֶּׁעָשִׂיתָ (אֶת תְּרוּמָתְךָ)
I am eternally grateful...	אֲנִי אֲסִיר תּוֹדָה לְךָ... (מְלִיצִי)
Many thanks	חֵן חֵן לְךָ... (מְלִיצִי)
I'd like to express my profound appreciation of...	בִּרְצוֹנִי לְהַבִּיעַ אֶת תּוֹדָתִי הָעֲמוּקָה עַל...
Please accept my deep gratitude for...	קַבֵּל נָא אֶת תּוֹדָתִי הָעֲמוּקָה עַל...
Thanks a lot	נוֹרָא תּוֹדָה
Thanks a lot	הֲמוֹן תּוֹדוֹת

Formal expressions	**בִּיטּוּיִים פוֹרְמָלִיִּים:**
I wish to thank you...	בִּרְצוֹנִי לְהוֹדוֹת לְךָ...

Thanks, you virtually saved my life	תודה, מַמש הִצלתָ אותי
Thanks, I won't forget this	תודה, אֲני לא אֶשכַּח לך אֶת זֶה
Thanks, I'll make it up to you	תודה, אֲני עוד אֲפַצֶה אותך עַל...
Thanks, you really shouldn't have...	תודה, בֶּאֱמֶת לא הָיִיתָ צָרִיך...
I don't know what I would have done without you	לא יוֹדֵעַ מֶה הָיִיתִי עוֹשֶׂה בִּלְעָדֶיךָ-בִּלְעָדַיִיךְ
Thanks a million	אַלְפֵי תוֹדוֹת

Formal letters	בְּמִכְתָבִים רִשמִיִים
Thanks for your consideration	בְּתוֹדָה עַל תְשׂוּמֶת לִיבְּךָ
Thanking you in advance	בְּתוֹדָה מֵרֹאש
Thank you and best wishes	בְּתוֹדָה וּבִבְרָכָה
I thank you for...	תוֹדָתִי נְתוּנָה לְך... עַל...

12. הַבָּעַת הִתפַּעֲלוּת וְהַפתָעָה – EXPRESSING EXCITEMENT AND SURPRISE

(בְּעִיקָר בִּלְשוֹן הַדִיבּוּר)

Wow, how pretty!	וַואוּ, אֵיזֶה יוֹפִי!
Fantastic!	שִיגָעוֹן!
Cool!	מַדלִיק!
What a knochout!	מְהַמֵם!
It's far-out	זֶה מַשֶהוּ לא נוֹרמָלִי
Astonishing!	מַדהִים!
A ten!	10 (עֶשֶׂר)!
It's a dream!	זֶה חֲלוֹם!
It's like a dream!	זֶה חֲלוֹמִי!
I'm in "shock"	אֲנִי בְּ"שוֹק"
Yes!!	יֵש!!
I don't believe it!	אֲנִי לא מַאֲמִין!
What a surprise!	אֵיזוֹ הַפתָעָה!
What a riot	אֵיזֶה קֶטַע (בִּשׂפַת בְּנֵי נוֹעַר)
Bravo!	כֹּל הַכָּבוֹד!

13. אֵיך מַבִּיעִים דֵעָה? – HOW TO EXPRESS AN OPINION?

I think that...	אֲנִי חוֹשֵב שֶ...
I suppose that...	אֲנִי מַנִיחַ שֶ...
I assume that...	אֲנִי מְשַעֵר שֶ...
I understand that... but...	אֲנִי מֵבִין שֶ... אֲבָל...
I believe that... but...	אֲנִי מַאֲמִין שֶ... אֲבָל...
In my opinion...	לְדַעתִי...
According to my opinion...	לְפִי דַעתִי...
You're right in...	אַתָה צוֹדֵק בְּ...
If I understand correctly then...	אִם אֲנִי מֵבִין נָכוֹן אָז...
If you asked me then...	אִם הָיִיתָ שוֹאֵל אוֹתִי אָז...
I'm sure that...	אֲנִי בָּטוּחַ שֶ...
I'm convinced that...	אֲנִי משוּכנָע שֶ....
I have no shadow of a doubt that...	אֵין לִי צֵל שֶל סָפֵק שֶ...
It's clear as day that...	זֶה בָּרוּר כַּשֶמֶש שֶ...
It's a well known fact that...	זֶה יָדוּעַ שֶ...
It's hard to deny that...	קָשֶה לְהַכחִיש שֶ...
You can't ignore...	אִי אֶפשָר לְהִתעַלֵם מִ...
You must agree with me that...	אַתָה מוּכרָח לְהַסכִּים אִיתִי שֶ....
You are exaggerating when you say...	אַתָה מַגזִים כְּשֶאַתָה אוֹמֵר...
It can't be that...	לא יִיתָכֵן שֶ...
I must say that...	אֲנִי חַיָיב לוֹמַר שֶ...
I have to say that...	אֲנִי מוּכרָח לוֹמַר שֶ...
Despite the fact that he thinks so, I think that...	אַף-עַל-פִּי שֶהוּא חוֹשֵב כָּך, אֲנִי סָבוּר שֶ...
It seems to me that...	נִראֶה לִי שֶ...
In my humble opinion...	לַעֲנִיוּת דַעתִי...
I have no answer but it seems to me that...	אֵין לִי תשוּבָה לְדָבָר, אֲבָל נִדמֶה לִי שֶ...
I have nothing to add...	אֵין לִי מַה לוֹמַר יוֹתֵר...
I think that...	אֲנִי סָבוּר שֶ...
There is not a morsel of truth in what we heard here	אֵין כָּל שַחַר לַדְבָרִים שֶנֶאֶמרוּ פֹּה...
It is important to say that...	חָשוּב לוֹמַר שֶ...
I'd like to add to the words of my predecessor and say...	בִּרצוֹנִי לְהוֹסִיף עַל דִברֵי קוֹדמִי וְלוֹמַר...

If I understand you correctly, you're saying that...	אִם אֲנִי מֵבִין אוֹתךָ נָכוֹן, אַתָּה אוֹמֵר שֶׁ...
I'll divide what I have to say into two main parts. First...	אֲחַלֵּק אֶת דְּבָרַיי לִשְׁנֵי עִנְיָינִים חֲשׁוּבִים, הָאֶחָד...
First of all... Secondly... etc...	רֵאשִׁית... שֵׁנִית... וְכוּ'
First let me say that...	תְּחִילָּה עָלַיי לוֹמַר שֶׁ...

14. מַחְמָאוֹת – COMPLIMENTS

Wonderful/crazy/charming/good	נִפְלָא/מְשֻׁגָּע/מַקְסִים/טוֹב
You look great	אַתְּ נִרְאֵית נֶהְדָּר
This color suits you...	מַתְאִים לָךְ הַצֶּבַע הַזֶּה...
This... suits you very much	מְאוֹד הוֹלֵם אוֹתָךְ הַ...
You look terrific	אַתָּה נִרְאֶה שִׁיגָּעוֹן
You look like a ten	אַתְּ נִרְאֵית 10
What a fox!!	אֵיזוֹ פִּצָּצָה!!
You really look hot in this outfit!	אַתְּ מַדְלִיקָה בַּבֶּגֶד הַזֶּה!
What a fox!	אֵיזוֹ שָׁאפָה (לְשׁוֹן דִּיבּוּר)
What a fox!	אֵיזוֹ חֲתִיכָה (לְשׁוֹן דִּיבּוּר)
You really look sexy like this...	אַתְּ מַמָּשׁ חֲתִיכִית כָּכָה...
You're really glowing today	אַתְּ מַמָּשׁ פּוֹרַחַת הַיּוֹם...
You look at least ten years younger like this	אַתְּ נִרְאֵית צְעִירָה כָּכָה לְפָחוֹת בְּ־10 שָׁנִים
I swear you don't look your age	אַתְּ לֹא נִרְאֵית בְּגִילֵךְ, בְּחַיַּי
Green is your color	יָרוֹק הוּא הַצֶּבַע שֶׁלָּךְ
This dress is very flattering to you	מְאוֹד מַחְמִיאָה לָךְ הַשִּׂמְלָה הַזּוֹ...
Beautiful, and can also bake!	"גַּם אוֹפָה וְגַם יָפָה!"
You're really a great cook!	אַתְּה מַמָּשׁ אֵשֶׁף הַמִּטְבָּח!
You're the greatest!	אֵין כָּמוֹךָ!
Bravo!	כׇּל הַכָּבוֹד!
You're a real genius...	אַתָּה מַמָּשׁ גָּאוֹן, אַתָּה...
What a talent...	זֶה כִּישָּׁרוֹן זֶה...
I had no idea you were so talented	לֹא יָדַעְתִּי שֶׁאַתָּה כׇּל כָּךְ מוּכְשָׁר
He's really talented...	מוּכְשָׁר הַבָּחוּר, הָא?
It was really great being with you!	הָיָה מַמָּשׁ כֵּיף אִיתְּךָ!
You're unbelievable!	אַתְּ אַגָּדָה!
You're an idol...	אַתָּה אֱלִיל, אַתָּה...
You're the greatest...	גָּדוֹל אַתָּה, גָּדוֹל...
You don't realize how much this suits you	אַתְּ לֹא מְתָאֶרֶת לְעַצְמֵךְ כַּמָּה זֶה הוֹלֵם לָךְ־אוֹתָךְ
Wow, you look great...	וַואוּ, אֵיךְ שֶׁאַתְּ נִרְאֵית...
This style suits you	מַתְאִים לָךְ הַסִּיגְנוֹן הַזֶּה
You look fantastic	אַתָּה נִרְאֶה מַשֶּׁהוּ־מַשֶּׁהוּ
You really did it	שִׂיחַקְתָּ אוֹתָה (שְׂפַת צְעִירִים)
You're really something	אַתָּה מַשֶּׁהוּ מֵהַסְּרָטִים (שְׂפַת בְּנֵי־נוֹעַר)

15. בֵּינוֹ לְבֵינָהּ – BETWEEN THE SEXES

אֲנִי אוֹהֵב אוֹתָךְ	I love you
אֲנִי מְאוֹהָב בָּךְ	I'm in love with you
אֲנִי מְאוֹהָב-ת עַד טֵירוּף	I'm madly in love
אֲנִי מְאוֹהָב-ת מֵעֵבֶר לָאוֹזְנַיִים	I'm head over heels in love
התאַהַבְתִּי בָּךְ	I fell in love with you
אֲנִי מֵת-ה עָלֶיךָ	I'm crazy about you
אֲנִי דָלוּק-ה עָלֶיךָ	I've got the hots for you
אֲנִי מְשׁוּגָע-ת עָלֶיךָ	I'm crazy about you
שָׁפוּט-ה שֶׁלְּךָ	I'm your slave
גָנוּב-ה עָלֶיךָ	I'm crazy about you
יֵשׁ בֵּינֵינוּ כִימְיָה	There's chemistry between us
זֹאת אַהֲבָה מִמַּבָּט רִאשׁוֹן	It's love at first sight
אֲנַחְנוּ זוּג מִן הַשָּׁמַיִם	We're a match made in heaven
מַמָּשׁ זוּג יוֹנִים	Love birds
זֹאת אַהֲבַת נֶצַח	This is eternal love
אוֹהֵב אוֹתָךְ עַד כְּלוֹת הַנְּשָׁמָה	I'll love you to my last breath
בַּחַיִּים לֹא הִרְגַּשְׁתִּי כָּךְ...	I've never felt like this
אֲנִי מַרְגִּישׁ כְּמוֹ חוֹלֵה אַהֲבָה	I feel like a love-sick puppy
זֶה מַמָּשׁ שִׁיכְרוֹן חוּשִׁים (לָשׁוֹן גְבוֹהָה)	It's intoxicating
הִדְלַקְתָּ אֵשׁ בְּלִיבִּי	You've lit a fire in my heart
אַתָּ הַכּוֹל בִּשְׁבִילִי	You're everything to me
אֲנִי כְּעִיוֵּר אַחֲרַיִיךְ הוֹלֵךְ	I follow you like a blind man
מָצָאת חֵן בְּעֵינַיי...	You've caught my fancy...
הֵם מַתְאִימִים זֶה לָזֶה	They make a good match
נִקְשְׁרָה נַפְשׁוֹ בְּנַפְשָׁהּ (לָשׁוֹן גְבוֹהָה)	Their souls are intertwined

מָה אוֹמְרִים הָאוֹהֲבִים?	What lovers say
הוּא מְשַׁגֵּעַ!	He's wonderful!
הִיא מְשַׁגַּעַת!	She's wonderful!
אַהֲבַת חַיַּי	The love of my life...

מַקְסִים-מַקְסִימָה	Charming
מָתוֹק שֶׁלִּי-מְתוּקָה שֶׁלִּי	My sweetheart
מַדְלִיק-ה	Hot
אָהוּב שֶׁלִּי-אֲהוּבָה שֶׁלִּי	My love
אֲהוּבִי-אֲהוּבָתִי	My love
יְקִירִי-יְקִירָתִי	My Dear
אֲנִי שִׁיכּוֹר וְלֹא מִיַּיִן	I'm intoxicated by love
אֲנִי אוֹהֵב אוֹתָהּ אַהֲבַת נֶפֶשׁ	I love you with all my soul
בָּא לִי עָלֶיךָ	I want you
מוֹתֶק שֶׁלִּי	My sweetie

מָה אוֹמְרִים עַל הַמְאוֹהָבִים	Things people say about lovers
זֹאת אַהֲבָה אֲמִיתִית	This is true love
זֹאת אַהֲבָה שֶׁאֵינָהּ תְּלוּיָה בְּדָבָר (לָשׁוֹן גְבוֹהָה)	This is unconditional love
הָאַהֲבָה עִיוֶּורֶת	Love is blind
הוּא כָּרוּךְ אַחֲרֶיהָ (לָשׁוֹן גְבוֹהָה)	He's wrapped around her finger
הוּא מָצָא חֵן בְּעֵינֶיהָ (לָשׁוֹן גְבוֹהָה)	She liked him
הִיא הִקְסִימָה אוֹתִי (לָשׁוֹן גְבוֹהָה)	She fascinated me
הוּא שָׁבָה אֶת לִיבָּהּ (לָשׁוֹן גְבוֹהָה)	He captured her heart
הִיא שָׁבְתָה אֶת לִיבּוֹ (לָשׁוֹן גְבוֹהָה)	She captured his heart
הוּא קָשׁוּר אֵלֶיהָ בַּעֲבוֹתוֹת... (לָשׁוֹן גְבוֹהָה)	He is chained to her
הִיא צָדָה אֶת לִיבּוֹ (לָשׁוֹן גְבוֹהָה)	She captured his heart
הוּא נִלְכַּד בְּרִשְׁתָּהּ (לָשׁוֹן גְבוֹהָה)	He was caught in her web
הִיא נִלְכְּדָה בְּרִשְׁתּוֹ (לָשׁוֹן גְבוֹהָה)	She was caught in his web
הוּא שׁוֹבֶה לֵב (לָשׁוֹן גְבוֹהָה)	He is captivating
הִיא שׁוֹבַת לֵב (לָשׁוֹן גְבוֹהָה)	She is captivating

medical terms עברית לרפואה

נערך בשיתוף עם ד"ר דבורה זמר מביה"ח שיבא

Names of Diseases	שֵׁמוֹת שֶׁל מַחֲלוֹת
asthma	אַסטמָה
bronchitis	בְּרוֹנכִיט
pneumonia	דַּלֶּקֶת רֵיאוֹת
nephritis	דַּלֶּקֶת כְּלָיוֹת
arthritis	דַּלֶּקֶת פְּרָקִים
heart birth defect	מוּם לֵב מִלֵּידָה
gonorrhea	זִיבָה
diabetes	סוּכֶּרֶת
jaundice	צַהֶבֶת
heart attack	הֶתקֵף לֵב
gallstones	אֲבָנִים בְּכִיס הַמָּרָה
kidney stones	אֲבָנִים בַּכְּלָיוֹת
migraine	מִיגרֶנָה
paralysis	שִׁיתוּק
diarrhea	שִׁילשׁוּל
cancer	סַרטָן
heart disease	מַחֲלַת לֵב
typhus	טִיפוּס
tuberculosis	שַׁחֶפֶת
hemorrholds	טחוֹרִים
polio	פּוֹלִיוֹ
high bloud pressure (hypertension)	לַחַץ דָּם גָּבוֹהַ

Children's Diseases	מַחֲלוֹת־יְלָדִים
German measles (rubella)	אַדֶּמֶת
measles	חַצֶּבֶת
whooping cough (pertussis)	שַׁעֶלֶת
mumps	חַזֶּרֶת
chicken pox	אֲבַעבּוּעוֹת רוּחַ
polio	שִׁיתוּק יְלָדִים (פּוֹלִיוֹ)

The Gastrointestinal Tract מַעֲרֶכֶת־הָעִיכּוּל

Gastrointestinal Organs	אֶברֵי מַעֲרֶכֶת הָעִיכּוּל
stomach	קֵיבָה
abdomen	בֶּטֶן
appendix	תּוֹסֶפתָן (אַפֶּנדִיקס)
gallbladder	כִּיס מָרָה
liver	כָּבֵד
intestines	מֵעַיִים
anus	פִּי הַטַּבַּעַת (רֶקטוּם)

Gastrointestinal symptoms	סִימפּטוֹמִים שֶׁל מַעֲרֶכֶת הָעִיכּוּל
abdominal pain	כְּאֵב בֶּטֶן
heartburn	צָרֶבֶת
hyperacidity	עוֹדֶף חוּמצָה
vomiting	הֲקָאָה
nausea	בְּחִילָה
diarrhea	שִׁילשׁוּל
constipation	עֲצִירוּת
gas	גַּזִּים
contractions	הִתכַּווצוּיוֹת
weight loss	יְרִידָה בְּמִשקָל
hemorrhoids	טחוֹרִים
bleeding	דִּימוּם
blood in stools	דָּם בַּצּוֹאָה
bowel movements	יְצִיאוֹת
burps, eructation	גִּיהוּקִים

Gastrointestinal Diseases	מַחֲלוֹת שֶׁל מַעֲרֶכֶת הָעִיכּוּל
ulcer	כִּיב
jaundice	צַהֶבֶת
gallbladder stones	אֲבָנִים בְּכִיס מָרָה
cancer	סַרטָן
hemorrhoids	טחוֹרִים
hepatitis	הֶפָּטִיטִיס (דַּלֶּקֶת כָּבֵד)
cirrhosis of the liver	צִירוֹזִיס (שַׁחֶמֶת הַכָּבֵד)
appendicitis	דַּלֶּקֶת הַתּוֹסֶפתָן
operation	נִיתּוּחַ
gastrectomy	גַּסטרִיטִיס
hernia	בֶּקַע (הֶרנְיָיה)

Pains	כְּאֵבִים
piercing?	דּוֹקֵר?
burning?	שׂוֹרֵף?
like a knife?	כְּמוֹ סַכִּין?
pressing?	לוֹחֵץ?

sharp?	חַד?
dull	עָמוּם
radiating	מַקְרִין

Verbs	**פְּעָלִים**
vomits	מֵקִיא
burps	מְגַהֵק
bleeds	מְדַמֵּם
has diarrhea	מְשַׁלְשֵׁל

Treatment	**טִיפּוּל**
stomach x-ray	צִילוּם קֵיבָה
laxatives	תרופות מְשַׁלְשְׁלוֹת
anti diahrreal	תרופות עוֹצְרוֹת
antacid tablets	כַּדּוּרִים נֶגֶד חוּמְצָה

Ear, Nose and Throat, and the Repiratory systems — מַעֲרָכוֹת אַף־אוֹזֶן־גָּרוֹן וּנְשִׁימָה

organs of the Repiratory system	**אֶבְרֵי־מַעֲרֶכֶת־הַנְּשִׁימָה**
sinuses	סִינוּסִים
nose	אַף
ear, ears	אוֹזֶן, אוֹזְנַיִים
throat	גָּרוֹן
pharynx	לוֹעַ
lung, lungs	רֵיאָה, רֵיאוֹת
tonsils	שְׁקֵדִים
the vocal cords	מֵיתְרֵי הַקּוֹל

symptoms	**סִימְפְּטוֹמִים**
cold, running nose	נַזֶּלֶת
earache	כְּאֵב אוֹזְנַיִים
ear discharge	הַפְרָשָׁה מִן הָאוֹזֶן
sore throat	כְּאֵב גָּרוֹן
hoarseness	צְרִידוּת
shortness of breath	קוֹצֶר נְשִׁימָה
cough	שִׁיעוּל
sputum, mucus	לֵיחָה
phlegm	כִּיחַ
stroke	שָׁבָץ

What do you feel?	**מָה אַתָּה מַרְגִּישׁ?**
congested	סָתוּם
hoarse	צָרוּד
has a cold	מְצוּנָּן
has a cold	מְקוּרָר
has a running nose	מְנוּזָּל

Verbs	**פְּעָלִים**
snores	נוֹחֵר
chokes	נֶחְנָק
scratches	מְגָרֵד
sneezes	מִתְעַטֵּשׁ
coughs	מִשְׁתַּעֵל

The Cardiovascular system — מַעֲרֶכֶת־הַלֵּב וּכְלֵי־הַדָּם

organs	**אֶבְרֵי־הַמַּעֲרֶכֶת**
heart	לֵב
artery, arteries	עוֹרֵק, עוֹרְקִים
vein, veins	וָרִיד, וְרִידִים
valve	מַסְתֵּם
cardiac muscle	שְׁרִיר הַלֵּב
lung, lungs	רֵיאָה, רֵיאוֹת

Symptoms	**סִימְפְּטוֹמִים**
pains	כְּאֵבִים
paralysis	שִׁיתּוּק
cerebral hemorrhage	שֶׁטֶף דָּם בַּמּוֹחַ
thrombosis	טְרוֹמְבּוֹזָה
shortness of breath	קוֹצֶר נְשִׁימָה
edema	בַּצֶּקֶת
nausia	בְּחִילָה
perspiring	הֲזָעָה
weakness	חוּלְשָׁה

The Urogenital Tract — מַעֲרֶכֶת־דַּרְכֵי־הַשֶּׁתֶן וְהַמִּין

organs of the Urogenital Tract	**אֶבְרֵי־מַעֲרֶכֶת־הַשֶּׁתֶן וְהַמִּין**
kidney, kidneys	כִּלְיָה, כְּלָיוֹת
bladder	שַׁלְפּוּחִית הַשֶּׁתֶן
genitalia	אֶבְרֵי הַמִּין
testicles	אֲשָׁכִים
prostate	בַּלּוּטַת הָעַרְמוֹנִית (פְּרוֹסְטָטָה)

Verbs	**פְּעָלִים**
urinates	נוֹתֵן שֶׁתֶן
urinates	מֵטִיל שֶׁתֶן
urinates	מַשְׁתִּין
holds back (urine)	מִתְאַפֵּק

Gynecology | גִינֶקוֹלוֹגְיָה

organs of the female reproductive system	**אֶבְרֵי־מַעֲרֶכֶת־הַמִּין שֶׁל הָאִישָּׁה**
uterus	רֶחֶם
cervix	צַוַּאר הָרֶחֶם
ovaries	שְׁחָלוֹת
uterine tubes	חֲצוֹצְרוֹת
vagina	וָגִינָה
breast, breasts	שַׁד, שָׁדַיִים

Symptoms, Features	**תוֹפָעוֹת**
menstruation	וֶסֶת
period	מַחְזוֹר
bleeding	דִימוּם
hemorrhage	שֶׁטֶף דָּם
discharge	הַפְרָשָׁה
pregnancy	הֵירָיוֹן
	שְׁמִירַת הֵירָיוֹן
birth	לֵידָה
miscarriage, abortion	הַפָּלָה
termination of pregnancy	הַפְסָקַת הֵירָיוֹן
abortion	גְרִידָה
ovulation	בִּיּוּץ
sterility, infertility	עֲקָרוּת
artificial insemination	הַפְרָיָיה מְלָאכוּתִית
nausea	בְּחִילָה
labor pains, contractions	צִירִים
menopause	גִיל הַמַּעֲבָר
hot flashes	גַּלֵי חוֹם

The Eye | הָעַיִן

Eye parts	**חֶלְקֵי־הָעַיִן**
lens	עֲדָשָׁה
eyelids	עַפְעַפִּים/עַפְעַפַּיִים
eyelashes	רִיסִים
eyebrows	גַבּוֹת
nerve, nerves	עָצָב/עֲצַבִּים
tears	דְמָעוֹת
eyeground	קַרְקָעִית הָעַיִן

Symptoms	**סִימְפְּטוֹמִים**
itch	גֵירוּד
discharge	הַפְרָשָׁה
inflammation	דַּלֶּקֶת
shortsightedness (myopia)	קוֹצֶר רְאִיָּיה
farsightedness	רוֹחַק רְאִיָּיה
squinting	פְּזִילָה
dry eyes	יוֹבֶשׁ בָּעֵינַיִים
stye	שְׂעוֹרָה
blind	עִיוֵּור
night blindness	עִיוָּורוֹן לַיְלָה
color blindness	עִיוָּורוֹן צְבָעִים
blurred vision	טִישְׁטוּשׁ רְאִיָּיה
glasses	מִשְׁקָפַיִים

Verbs	**פְּעָלִים**
opens the eyes	פּוֹקֵחַ אֶת הָעֵינַיִים
shuts the eyes	עוֹצֵם אֶת הָעֵינַיִים
My eyes smart/burn	שׂוֹרְפוֹת לִי הָעֵינַיִים
My eyes itch	מְגָרְדוֹת לִי הָעֵינַיִים
My eyes tear	הָעֵינַיִים דוֹמְעוֹת לִי

At the Dentist's | אֵצֶל רוֹפֵא־הַשִּׁינַּיִים

The Mouth and the Jaw	הַפֶּה וְהַלֶּסֶת
tooth, teeth	שֵׁן, שִׁינַּיִים
root	שׁוֹרֶשׁ
gums	חֲנִיכַיִים
nerve, nerves	עָצָב, עֲצַבִּים
palate, the roof of the mouth	חֵךְ
tongue	לָשׁוֹן
lip, lips	שָׂפָה, שְׂפָתַיִים
jaw	לֶסֶת
bacterial plaque	רוֹבֶד חַיידַּקִים
wisdom tooth	שֵׁן בִּינָה
front tooth	שֵׁן קִדְמִית
back tooth	שֵׁן אֲחוֹרִית
denture	שֵׁן תּוֹתֶבֶת
dentures	שִׁינַּיִים תּוֹתָבוֹת
gum surgery	נִיתּוּחַ חֲנִיכַיִים
jaw surgery	נִיתּוּחַ לֶסֶת

Treatments	**טִיפּוּלִים**
white filling	סְתִימָה לְבָנָה
amalgam filling	סְתִימַת אֲמַלְגָּם
root canal filling	סְתִימַת שׁוֹרֶשׁ
root canal treatment	טִיפּוּל שׁוֹרֶשׁ
structure	מִבְנֶה
temporary crown	כֶּתֶר זְמַנִּי
bridge	גֶּשֶׁר
extraction	עֲקִירָה
sealing	אִיטּוּם (לִסְתִימַת חֲרִיצִים)
cleaning	נִיקּוּי

הַשחָזָה	filing
הַשתָלָה	implantation
צִילוּם בִּיקוֹרֶת	follow-up x-ray
יִישוּר שִינַיִים	orthodontics

סימפטוֹמִים	**Symptoms**
עַשֶשֶת	tooth decay
כְּאֵב שִינַיִים	toothache
רְגִישוּת לְחוֹם	sensitivity to heat
רְגִישוּת לְקוֹר	sensitivity to cold
רְגִישוּת לְאוֹכֶל מָתוֹק	sensitivity to sweet
רְגִישוּת לְרוּחַ	sensitivity to air
דַלֶקֶת חֲנִיכַיִים	gingivitis
פְּצָעִים בַּפֶּה	mouth sores
רִיקָבוֹן	decay
נְפִיחוּת	swelling
כְּאֵב בָּאוֹזֶן	earache

מַעֲרֶכֶת־הַשֶלֶד וְהַפְּרָקִים — The Skeletal System and the Joints

אֵבְרֵי־הַמַעֲרֶכֶת	**organs**
שְרִירִים	muscles
עַמוּד שִידְרָה	spinal column
חוּלְיָיה, חוּלִיוֹת	vertebra, vertebrae
פֶּרֶק, פְּרָקִים	joint, joints
סחוּס	cartilage
גוּלגוֹלֶת	skull
פֶּרֶק הַלֶסֶת	temporomandibular joint
פִּרקֵי הַכָּתֵף	shoulder joints
עוֹרֶף	nape
מַרפֵּק	elbow
שוֹרֶש כַּף הַיָד	wrist
כַּפּוֹת הַיָדַיִים	palms
פִּרקֵי הָאֶצבָּעוֹת	finger joints
אַגָן	pelvis
עֶצֶם הַזָנָב	tailbone
פֶּרֶק יְרֵכַיִים	hip joint
בֶּרֶך, בִּרכַּיִים	knee, knees
קַרסוֹל	ankle
כַּף רֶגֶל, כַּפּוֹת רַגלַיִים	foot, feet

סימפטוֹמִים	**Symptoms**
פֶּרֶק כּוֹאֵב	painful joint
פֶּרֶק נָפוּחַ, אָדוֹם וְחַם	swollen joint, red and warm
כְּאֵבֵי פְּרָקִים	rheumatic pains
כְּאֵבֵי שרִירִים	myalgia (muscle pains)
כְּאֵב גַב	back pain
הִתכַּווצוּת שרִירִים	muscle spasms
עַקֶמֶת	scoliosis
הִסתַיידוּת	calcification
בּרִיחַת סִידָן	osteoporosis
שֶבֶר	fracture
נֶקַע	sprain
סֶדֶק	hairline fracture

עוֹר — Skin

סימפטוֹמִים	**Symptoms**
פּצָעִים	sores, wounds
נְפִיחוּת	swelling
גֵירוּד	itch
אַלֶרגְיָה	allergy
כּתָמִים	spots
פּרִיחָה	rash
אֶקזֶמָה	eczema
פַּטֶרֶת	candidiasis
קָרַחַת	baldness
נְשִירַת שֵיעָר	hair loss
"פִּצעֵי בַּגרוּת" - אַקנֶה	acne
עֲקִיצוֹת יַתוּשִים	mosquito bites
כִּינִים	lice
פִּשפְּשִים	bugs
יַבָּלוֹת	calluses

חַגִּים וּמָסוֹרֶת
holidays and customs

between first and last day of Passover	
Holocaust Remembrance Day	יוֹם הַשּׁוֹאָה
Independence Day	יוֹם הָעַצְמָאוּת
Lag Ba'omer, The 33rd. day of the counting of the Omer	ל"ג בָּעוֹמֶר
Pentecost	שָׁבוּעוֹת
Ninth of Av (day of mourning the destruction of the First and Second Temples)	תִּשְׁעָה בְּאָב

holiday customs	**מִנְהָגִים הַקְּשׁוּרִים בְּחַג**

New Year	**רֹאשׁ הַשָּׁנָה**
A Happy New Year	שָׁנָה טוֹבָה
A special prayer book for the High Holidays	מַחְזוֹר
penitential prayers	סְלִיחוֹת
an apple dipped in honey	תַּפּוּחַ בִּדְבַשׁ
blowing of the shofar	תְּקִיעָה בְּשׁוֹפָר
ceremony in which bread crumbs are thrown upon flowing water as a sign of repentence	תַּשְׁלִיךְ
"May you be inscribed in the Book of Life"	"לְשָׁנָה טוֹבָה תִּכָּתֵבוּ"

Yom Kippur	**יוֹם כִּיפּוּר**
fast	צוֹם
repentance	תְּשׁוּבָה
expiatory sacrifice	כַּפָּרוֹת
the meal before the fast	סְעוּדָה מַפְסֶקֶת
concluding prayer	נְעִילָה

Sukkot	**סוּכּוֹת**
a temporary hut covered with branches	סוּכָּה
roofing material, thatch	סְכָךְ
Harvest Festival	חַג הָאָסִיף
the four kinds of plants:	אַרְבַּעַת הַמִּינִים

sabbath	**שַׁבָּת**
Sabbath eve	עֶרֶב שַׁבָּת ז
reception of the Sabbath	קַבָּלַת שַׁבָּת נ
lighting of the candles	הַדְלָקַת נֵרוֹת נ
white tablecloth	מַפָּה לְבָנָה נ
wine for Kiddush	יַיִן לְקִידּוּשׁ ז
ceremonial blessing over wine	קִידּוּשׁ ז
Challah bread	חַלָּה נ
Sabbath meal	סְעוּדַת שַׁבָּת נ
Sabbath hymns	זְמִירוֹת שַׁבָּת נ"ר
day of rest	יוֹם מְנוּחָה ז
Ceremony separating the Sabbath from weekdays	מוֹצָאֵי שַׁבָּת
benediction over wine at the conclusion of the Sabbath	הַבְדָּלָה נ
Good Sabbath	שַׁבָּת שָׁלוֹם
Good and blessed Sabbath	שַׁבָּת שָׁלוֹם וּמְבוֹרָךְ

holidays	**הַחַגִּים וְהַמּוֹעֲדִים**
New Year	רֹאשׁ הַשָּׁנָה
Day of Atonement	יוֹם כִּיפּוּר
Ten Days of Penitence	עֲשֶׂרֶת יְמֵי תְּשׁוּבָה
The High Holidays	הַיָּמִים הַנּוֹרָאִים
Feast of Tabernacles (Sukkot)	סוּכּוֹת
the intermediate days of Sukkot	חוֹל הַמּוֹעֵד סוּכּוֹת
seventh day of Sukkot	הוֹשַׁעְנָא רַבָּה
Day of Assembly (the eighth day of Sukkot)	שְׁמִינִי עֲצֶרֶת
the Rejoicing of the Torah	שִׂמְחַת תּוֹרָה
Feast of Lights	חֲנוּכָּה
fifteenth of Shvat, Arbor Day	ט"ו בִּשְׁבָט
The Fast of Esther	תַּעֲנִית אֶסְתֵּר
Purim, (festival celebrating the rescue of Jews in Persia as recorded in the book of Esther)	פּוּרִים
Passover	פֶּסַח
the intermediate days	חוֹל הַמּוֹעֵד פֶּסַח

citron	אֶתרוֹג
palm branch	לוּלָב
myrtle	הֲדַס
willow	עֲרָבָה

Simchat Torah	**שִׂמחַת־תוֹרָה**
The Scroll of the Law	סֵפֶר תוֹרָה
going round the synagogue with the scrolls of the Torah	הַקָפוֹת
flag	דֶגֶל

Hanukkah	**חֲנוּכָּה**
Hanukkah lamp	חֲנוּכִּיָיה
candles	נֵרוֹת
dreidel, spinning-top	סבִיבוֹן
doughnut	סוּפגָנִייה
Potato pancake (latke)	לְבִיבָה
Hanukka gift (money)	דמֵי חֲנוּכָּה

Arbor Day	**ט"ו בִּשבָט**
to plant trees	לִנטוֹעַ עֵצִים
to plant	לִשתוֹל
seedling	שָׁתִיל
New Year of the Trees	רֹאש הַשָׁנָה לָאִילָנוֹת

Purim	**פּוּרִים**
mask	מַסֵיכָה
disguise	תַחפּוֹשֶׂת
Purim gifts (food and sweets)	משלוֹחַ מָנוֹת
Book of Esther	מְגִילַת אֶסתֵר
noisemaker	רַעֲשָׁן
special Purim cakes	אוֹזנֵי הָמָן

Passover	**פֶּסַח**
a ceremonial dinner on the first night of Passover	לֵיל הַסֵדֶר
four glasses of wine drunk during the Seder	אַרבַּע כּוֹסוֹת
four questions asked during the Seder	אַרבַּע קוּשיוֹת
the tale of Exodus read during the Seder	הַגָדָה
unleavened bread (matzo)	מַצָה
The Exodus from Egypt	יְצִיאַת מִצרַיִם
the Counting of the Omer	ספִירַת הָעוֹמֶר
Holiday of Spring	חַג הָאָבִיב
Holiday of Freedom	חַג הַחֵירוּת

Holocaust Remembrance Day	**יוֹם־הַשוֹאָה**
prayer	תפִילָה
siren	צפִירָה

Independence Day	**יוֹם־הָעַצמָאוּת**
Memorial Day	יוֹם הַזִיכָּרוֹן לְחַלְלֵי יִשׂרָאֵל
the national anthem	הַתִקוָוה
folk dances	רִיקוּדֵי עַם
Israel prize	פּרַס יִשׂרָאֵל
the bible contest	חִידוֹן הַתַנַ"ך

Lag Ba'omer	**ל"ג בָּעוֹמֶר**
bonfire	מְדוּרָה
the counting of the Omer	ספִירַת הָעוֹמֶר

Shavuot (Pentecost)	**שָׁבוּעוֹת**
festival of first-fruits	בִּיכּוּרִים
giving of the Law	מַתַן תוֹרָה
pilgrimage (to Jerusalem)	עֲלִיָיה לָרֶגֶל

Night of Av	**תִשעָה בְּאָב**
fast	צוֹם
mourning	אֵבֶל

מוּשָׂגִים בְּמָסוֹרֶת הַיְהוּדִית

the cycle of Jewish life	**מַעגַל־הַחַיִים הַיְהוּדִי**
birth	לֵידָה
circumcision	בּרִית מִילָה
circumciser	מוֹהֵל
bar-mitzvah	בַּר מִצוָוה
bat-mitzvah	בַּת מִצוָוה
being called up to read the Torah	עֲלִיָיה לַתוֹרָה
Haftarah, a chapter from the prophets read in the synagogue	הַפטָרָה
engagement	אֵירוּסִין
marriage	נִישׂוּאִין

side curls	פֵּיאוֹת
the weekly Portion of the Torah read on Sabbath	פָּרָשַׁת הַשָּׁבוּעַ
fringe (of the talit)	צִיצִית
the reading of the Torah	קְרִיאַת הַתּוֹרָה
rabbi	רַב
shofar	שׁוֹפָר
phylacterics	תְּפִילִין

Prayers Blessings and Benediction	**תְּפִילוֹת וּבְרָכוֹת**
Who has created the fruit of the earth	בּוֹרֵא פְּרִי הָאֲדָמָה
Who has created the fruit of the vine	בּוֹרֵא פְּרִי הַגֶּפֶן
Who has created the fruit of the tree	בּוֹרֵא פְּרִי הָעֵץ
benediction of deliverance	בִּרְכַּת הַגּוֹמֵל
grace	בִּרְכַּת הַמָּזוֹן
benediction over bread	הַמּוֹצִיא לֶחֶם מִן הָאָרֶץ
I thank you God	מוֹדֶה אֲנִי
Mussaf (additional prayer)	מוּסָף
afternoon prayer	מִנְחָה
evening prayer	עַרְבִית
kaddish prayer	קַדִּישׁ
Who has kept us alive	שֶׁהֶחֱיָינוּ
morning prayer	שַׁחֲרִית
Eighteen Benedictions of the daily prayer	שְׁמוֹנֶה עֶשְׂרֵה
"Hear oh, Israel"	שְׁמַע יִשְׂרָאֵל

Concepts associated with family life	**מוּשָּׂגִים מֵחַיֵּי־הַמִּשְׁפָּחָה**
capable and courageous woman	אֵשֶׁת חַיִל
pertaining to meat products	בְּשָׂרִי
making kosher	הַכְשָׁרָה
pertaining to milk products	חֲלָבִי
taking a ritual bath	טְבִילָה
non-kosher food	טָרֵף
kosher	כָּשֵׁר
being kosher	כַּשְׁרוּת
mezuzah, a tiny scroll fixed to the doorpost of a Jewish home	מְזוּזָה
ritual bath	מִקְוֶוה
hand washing (before meals)	נְטִילַת יָדַיִים
menstrual period	נִידָּה
wedding	חוּפָּה
marriage	קִידּוּשִׁין
marriage contract	כְּתוּבָּה
breaking of a glass during the wedding ceremony	שְׁבִירַת כּוֹס
divorce	גֵירוּשִׁין
divorce papers	גֵּט
passing away	פְּטִירָה
kaddish prayer	קַדִּישׁ
condolences	נִיחוּם אֲבֵלִים
memorial prayer	יִזְכּוֹר
memorial candle	נֵר נְשָׁמָה
seven days of mourning for close dead relatives	שִׁבְעָה

Sabbath	**שַׁבָּת**
Elijah the Prophet	אֵלִיָּהוּ הַנָּבִיא
ceremony separating the Sabbath from weekdays	הַבְדָּלָה
challah bread	חַלָּה
day of rest	יוֹם מְנוּחָה
Sabbath eve	לֵיל שַׁבָּת
Saturday night	מוֹצָאֵי שַׁבָּת
singing at the conclusion of the Sabbath	מְלַוֵּוה מַלְכָּה
Sabbath candles	נֵרוֹת שַׁבָּת
candlestick (candlesticks)	פָּמוֹט (פְּמוֹטִים)
prayers welcoming the Sabbath	קַבָּלַת שַׁבָּת
Kiddush, Friday night benediction	קִידּוּשׁ
Good week	שָׁבוּעַ טוֹב
Good Sabbath	שַׁבָּת שָׁלוֹם

the synagogue	**בֵּית־הַכְּנֶסֶת**
the Holy Ark	אֲרוֹן הַקּוֹדֶשׁ
manager or treasurer of a synagogue	גַּבַּאי
the pentateuch	חוּמָּשׁ
cantor	חַזָּן
prayer shaul	טַלִּית
skullcap	כִּיפָּה
holiday prayer book	מַחְזוֹר
minyan (10 male Jews)	מִנְיָין
prayer book	סִידּוּר
the Torah	סֵפֶר תּוֹרָה
the women's section in a synagogue	עֶזְרַת נָשִׁים
being called up to read the Torah	עֲלִיָּיה לַתּוֹרָה

parve, containing neither meat nor milk	פַּרְוֶוה
faith	אֱמוּנָה
the Holy Land	אֶרֶץ הַקוֹדֶש
repetance, being born-again	חֲזָרָה בִּתשוּבָה
fear of God	יִראַת שָׁמַיִם
honoring and respecting one's parents	כִּיבּוּד אָב וָאֵם
slander	לְשׁוֹן הָרַע
self sacrifice	מְסִירוּת נֶפֶשׁ
good deeds	מַעֲשִׂים טוֹבִים
religious duties, commands	מִצְווֹת
sins	עֲבֵירוֹת
the Jewish people	עַם יִשְׂרָאֵל
martyrdom	קִידוּשׁ הַשֵּׁם
Divine presence	שְׁכִינָה
Sabbatical, fallow year	שְׁמִיטָה

Basic concepts in the Bible	**מוּשָׂגִים בְּסִיסִיִים בַּמִקְרָא**
the book on the Torah	**סִפְרֵי הַתּוֹרָה (לְפִי הַסֵדֶר)**
Genesis	בְּרֵאשִׁית
Exodus	שְׁמוֹת
Leviticus	וַיִּקְרָא
Numbers	בַּמִדְבָּר
Deuteronomy	דְבָרִים
Pentateuch	חוּמָשׁ

The Writings	כְּתוּבִים
Scroll	מְגִילָה
Prophets	נְבִיאִים
commentary	פֵּירוּשׁ
verse	פָּסוּק
chapter	פֶּרֶק
Torah	תּוֹרָה
(the) patriarchs	(הָ)אָבוֹת
(the) matriarchs	(הָ)אִימָהוֹת
(the) Creation	(הַ)בְּרִיאָה
the First Temple	בֵּית הַמִקְדָשׁ הָרִאשׁוֹן (הַבַּיִת הָרִאשׁוֹן)
the Second Temple	בֵּית הַמִקְדָשׁ הַשֵּׁנִי (הַבַּיִת הַשֵּׁנִי)
the Desert Generation	דוֹר הַמִדְבָּר
the destruction of the Temple	חוּרְבַּן הַבַּיִת
the Exodus	יְצִיאַת מִצְרַיִם
Pillar of fire	עַמּוּד הָאֵשׁ
the sacrifice of Isaac	עֲקֵידַת יִצְחָק
the Ten Plagues	עֶשֶׂר הַמַכּוֹת
the Ten Commandments	עֲשֶׂרֶת הַדִיבְּרוֹת
Return to Zion	שִׁיבַת צִיוֹן
(the) oppression in Egypt	(הַ)שִׁיעְבּוּד בְּמִצְרַיִם
the six days of Creation	שֵׁשֶׁת יְמֵי הַבְּרִיאָה
the Oral Law (Talmud)	תּוֹרָה שֶׁבְּעַל־פֶּה
the Written Law (Torah)	תּוֹרָה שֶׁבִּכְתָב

רשימות פעלים ערוכות לפי שם הפועל

abbreviations: s.o. = someone; s.t. = something

to lose לְאַבֵּד-אִיבֵּד
to diagnose לְאַבְחֵן-אִיבְחֵן
to secure לְאַבְטֵחַ-אִיבְטֵחַ
to stockpile לֶאֱגוֹר-אָגַר
to outflank לְאַגֵּף-אִיגֵּף
to love לֶאֱהוֹב-אָהַב
to signal לְאוֹתֵת-אוֹתֵת
to run out of לֶאֱזוֹל-אָזַל
to refer to לְאַזְכֵּר-אִיזְכֵּר
to balance לְאַזֵּן-אִיזֵּן
to unify לְאַחֵד-אִיחֵד
to hold לֶאֱחוֹז-אָחַז
to put together לְאַחוֹת-אִיחָה
to congratulate לְאַחֵל-אִיחֵל
to store לְאַחְסֵן-אִיחְסֵן
to be late לְאַחֵר-אִיחֵר
to seal לֶאֱטוֹם-אָטַם
to threaten לְאַיֵּם-אִיֵּם
to illustrate לְאַיֵּיר-אִיֵּיר
to man לְאַיֵּישׁ-אִיֵּישׁ
to spell לְאַיֵּית-אִיֵּית
to eat לֶאֱכוֹל-אָכַל
to enforce לֶאֱכוֹף-אָכַף
to disappoint לְאַכְזֵב-אִיכְזֵב
to populate לְאַכְלֵס-אִיכְלֵס
to train/tame לְאַלֵּף-אִילֵּף
to force/coerce לְאַלֵּץ-אִילֵּץ
to improvise לְאַלְתֵּר-אִילְתֵּר
to estimate לֶאֱמוֹד-אָמַד
to say לֵאמוֹר-אָמַר
to train לְאַמֵּן-אִימֵּן
to adopt לְאַמֵּץ-אִימֵּץ
to verify לְאַמֵּת-אִימֵּת
to rape לֶאֱנוֹס-אָנַס
to collect לֶאֱסוֹף-אָסַף
to arrest/forbid לֶאֱסוֹר-אָסַר
to encircle לֶאֱפוֹף-אָפַף
to bake לֶאֱפוֹת-אָפָה
to characterize לְאַפְיֵין-אִיפְיֵין
to balance/..zero"/ synchronize לְאַפֵּס-אִיפֵּס
to put on make-up לְאַפֵּר-אִיפֵּר
to enable לְאַפְשֵׁר-אִיפְשֵׁר
to organize לְאַרְגֵּן-אִירְגֵּן
to lurk/lie in wait לֶאֱרוֹב-אָרַב
to weave לֶאֱרוֹג-אָרַג

to pack לֶאֱרוֹז-אָרַז
to entertain/accommodate לְאָרֵחַ-אֵירַחַ
to hospitalize לְאַשְׁפֵּז-אִישְׁפֵּז
to approve לְאַשֵּׁר-אִישֵּׁר
to ratify לְאַשְׁרֵר-אִישְׁרֵר
to locate לְאַתֵּר-אִיתֵּר
to explain לְבָאֵר-בֵּיאֵר
to betray לִבְגוֹד-בָּגַד
to examine לִבְדוֹק-בָּדַק
to make up לִבְדוֹת-בָּדָה
to entertain לְבַדֵּר-בִּידֵּר
to come/arrive לָבוֹא-בָּא
to despise לָבוּז-בָּז
to waste/squander לְבַזְבֵּז-בִּיזְבֵּז
to loot לָבוֹז-בָּזַז
to test/examine לִבְחוֹן-בָּחַן
to choose לִבְחוֹר-בָּחַר
to mix לִבְחוֹשׁ-בָּחַשׁ
to express/pronounce לְבַטֵּא-בִּיטֵּא
to trust לִבְטוֹחַ-בָּטַח
to insure לְבַטֵּחַ-בִּיטֵּחַ
to cancel לְבַטֵּל-בִּיטֵּל
to stamp לְבַיֵּיל-בִּיֵּיל
to direct a play, a movie לְבַיֵּים-בִּיֵּים
to shame לְבַיֵּישׁ-בִּיֵּישׁ
to domesticate לְבַיֵּית-בִּיֵּית
to lament לְבַכּוֹת-בִּיכָּה
to weep לִבְכּוֹת-בָּכָה
to prefer לְבַכֵּר-בִּיכֵּר
to confuse/mix up לְבַלְבֵּל-בִּילְבֵּל
to protrude/stick out לִבְלוֹט-בָּלַט
to stop/brake לִבְלוֹם-בָּלַם
to swallow לִבְלוֹעַ-בָּלַע
to follow secretly לִבְלוֹשׁ-בָּלַשׁ
to have a good time לְבַלּוֹת-בִּילָּה
to be worn out לִבְלוֹת-בָּלָה
to build לִבְנוֹת-בָּנָה
to strengthen/base לְבַסֵּס-בִּיסֵּס
to kick לִבְעוֹט-בָּעַט
to burn לִבְעוֹר-בָּעַר
to eradicate לְבַעֵר-בִּיעֵר
to sprout/breakout לְבַצְבֵּץ-בִּיצְבֵּץ
to pick grapes לִבְצוֹר-בָּצַר
to carry out/execute לְבַצֵּעַ-בִּיצֵּעַ
to fortify לְבַצֵּר-בִּיצֵּר
to cleave לִבְקוֹעַ-בָּקַע

to visit/criticize לְבַקֵּר-בִּיקֵּר
to ask/request לְבַקֵּשׁ-בִּיקֵּשׁ
to blabber לְבַרְבֵּר-בִּירְבֵּר
to create לִבְרוֹא-בָּרָא
to escape לִבְרוֹחַ-בָּרַח
to select לִבְרוֹר-בָּרַר
to wish/bless/congratulate לְבָרֵךְ-בֵּירֵךְ
to inquire לְבָרֵר-בֵּירֵר
to cook לְבַשֵּׁל-בִּישֵּׁל
to bring (good) news לְבַשֵּׂר-בִּישֵּׂר
to redeem/save לִגְאוֹל-גָּאַל
to rise לִגְאוֹת-גָּאָה
to grow tall לִגְבּוֹהַּ-גָּבַהּ
to border on לִגְבּוֹל-גָּבַל
to overcome לִגְבּוֹר-גָּבַר
to collect taxes/debts לִגְבּוֹת-גָּבָה
to solidify/consolidate לְגַבֵּשׁ-גִּיבֵּשׁ
to grow (up) לִגְדּוֹל-גָּדַל
to cut off לִגְדּוֹעַ-גָּדַע
to fence לִגְדּוֹר-גָּדַר
to crowd/pile up לִגְדּוֹשׁ-גָּדַשׁ
to raise/bring up/grow לְגַדֵּל-גִּידֵּל
to curse לְגַדֵּף-גִּידֵּף
to fence לְגַדֵּר-גִּידֵּר
to iron לְגַהֵץ-גִּיהֵץ
to burp/belch לְגַהֵק-גִּיהֵק
to make colorful/add variety לְגַוֵּון-גִּיוֵּון
to die/expire לִגְווֹעַ-גָּוַוע
to roll/accuse/unroll/ unfold לְגוֹלֵל-גּוֹלֵל
to protect לְגוֹנֵן-גּוֹנֵן
to live/reside לָגוּר-גָּר
to cut לִגְזוֹז-גָּזַז
to rob לִגְזוֹל-גָּזַל
to prune/trim לִגְזוֹם-גָּזַם
to cut/decree/derive לִגְזוֹר-גָּזַר
to bend forwards לִגְחוֹן-גָּחַן
to giggle לְגַחֵךְ-גִּיחֵךְ
to recruit לְגַיֵּיס-גִּיֵּיס
to convert to judaism לְגַיֵּיר-גִּיֵּיר
to roll לְגַלְגֵּל-גִּילְגֵּל
to glide לִגְלוֹשׁ-גָּלַשׁ
to go into exile לִגְלוֹת-גָּלָה
to shave לְגַלֵּחַ-גִּילֵּחַ
to portray לְגַלֵּם-גִּילֵּם

to stutter	לְגַמְגֵם-גִּמְגֵם
to reward	לִגְמוֹל-גָּמַל
to swallow (liquid)	לִגְמוֹעַ-גָּמַע
to finish/complete	לִגְמוֹר-גָּמַר
to steal	לִגְנוֹב-גָּנַב
to conceal/keep in archives	לִגְנוֹז-גָּנַז
to moan	לִגְנוֹחַ-גָּנַח
to denounce	לְגַנּוֹת-גִּינָּה
to be dying	לִגְסוֹס-גָּסַס
to scold	לִגְעוֹר-גָּעַר
to gurgle	לְגַרְגֵּר-גִּירְגֵּר
to scratch/scrounge	לְגָרֵד-גֵּירֵד
to put on socks or stockings	לִגְרוֹב-גָּרַב
to cause	לִגְרוֹם-גָּרַם
to grind/maintain	לִגְרוֹס-גָּרַס
to reduce/lessen	לִגְרוֹעַ-גָּרַע
to sweep away/rake	לִגְרוֹף-גָּרַף
to drag/tow	לִגְרוֹר-גָּרַר
to stimulate/irritate	לְגָרוֹת-גֵּירָה
to sweep away/rake	לְגָרֵף-גֵּירֵף
to drive out/expel	לְגָרֵשׁ-גֵּירֵשׁ
to bridge	לְגַשֵּׁר-גִּישֵּׁר
to grope	לְגַשֵּׁשׁ-גִּישֵּׁשׁ
to approach	לָגֶשֶׁת-נִיגַּשׁ
to worry (about)/care for	לִדְאוֹג-דָּאַג
to soar	לִדְאוֹת-דָּאָה
to cling	לִדְבּוֹק-דָּבַק
to speak	לְדַבֵּר-דִּיבֵּר
to tickle	לְדַגְדֵּג-דִּיגְדֵּג
to stand for/espouse	לִדְגּוֹל-דָּגַל
to hatch	לִדְגּוֹר-דָּגַר
to gallop	לִדְהוֹר-דָּהַר
to fade	לִדְהוֹת-דָּהָה
to fish	לָדוּג-דָּג
to report	לְדַוֵּוחַ-דִּיוֵּוחַ
to judge/sentence/discuss	לָדוּן-דָּן
to reside/dwell	לָדוּר-דָּר
to beat/trample	לָדוּשׁ-דָּשׁ
to stuff	לִדְחוֹס-דָּחַס
to push	לִדְחוֹף-דָּחַף
to press	לִדְחוֹק-דָּחַק
to reject/postpone	לִדְחוֹת-דָּחָה
to oppress/depress	לְדַכֵּא-דִּיכֵּא
to leap over/skip	לְדַלֵּג-דִּילֵּג
to deplete	לְדַלְדֵּל-דִּילְדֵּל
to trickle/leak out	לִדְלוֹף-דָּלַף
to be burning/chase	לִדְלוֹק-דָּלַק
to dilute	לְדַלֵּל-דִּילֵּל
to be silent	לִדְמוֹם-דָּמַם
to resemble	לִדְמוֹת-דָּמָה
to imagine	לְדַמְיֵין-דִּימְיֵין
to fade away	לִדְעוֹךְ-דָּעַךְ
to know	לָדַעַת-יָדַע
to turn over (pages)	לְדַפְדֵּף-דִּיפְדֵּף
to knock/..screw''/fuck (vulgar)	לִדְפּוֹק-דָּפַק
to be precise/strict	לְדַקְדֵּק-דִּיקְדֵּק
to stab	לִדְקוֹר-דָּקַר
to recite	לְדַקְלֵם-דִּיקְלֵם
to urge/prod	לְדַרְבֵּן-דִּירְבֵּן
to grade/rank	לְדָרֵג-דֵּירֵג
to roll down	לְדַרְדֵּר-דִּירְדֵּר
to step	לִדְרוֹךְ-דָּרַךְ
to run over	לִדְרוֹס-דָּרַס
to demand	לִדְרוֹשׁ-דָּרַשׁ
to tread/trample	לְדַשְׁדֵּשׁ-דִּישְׁדֵּשׁ
to redden	לְהַאֲדִים-הֶאֱדִים
to listen	לְהַאֲזִין-הֶאֱזִין
to slow down	לְהָאֵט-הֵאֵט
to accelerate	לְהָאִיץ-הֵאִיץ
to light up	לְהָאִיר-הֵאִיר
to feed	לְהַאֲכִיל-הֶאֱכִיל
to trust in/believe in	לְהַאֲמִין-הֶאֱמִין
to increase	לְהַאֲמִיר-הֶאֱמִיר
to darken/overshadow	לְהַאֲפִיל-הֶאֱפִיל
to become gray	לְהַאֲפִיר-הֶאֱפִיר
to delegate	לְהַאֲצִיל-הֶאֱצִיל
to lengthen/prolong/extend	לְהַאֲרִיךְ-הֶאֱרִיךְ
to charge/accuse	לְהַאֲשִׁים-הֶאֱשִׁים
to distinguish	לְהַבְדִּיל-הִבְדִּיל
to scare/rush	לְהַבְהִיל-הִבְהִיל
to lighten/clarify	לְהַבְהִיר-הִבְהִיר
to flash	לְהַבְזִיק-הִבְזִיק
to be disgusting	לְהַבְחִיל-הִבְחִיל
to ripen	לְהַבְחִיל-הִבְחִיל
to notice/differentiate	לְהַבְחִין-הִבְחִין
to promise	לְהַבְטִיחַ-הִבְטִיחַ
to bring/cause	לְהָבִיא-הֵבִיא
to look	לְהַבִּיט-הִבִּיט
to embarrass	לְהָבִיךְ-הֵבִיךְ
to understand	לְהָבִין-הֵבִין
to defeat	לְהָבִיס-הֵבִיס
to express	לְהַבִּיעַ-הִבִּיעַ
to restrain oneself	לְהַבְלִיג-הִבְלִיג
to emphasize	לְהַבְלִיט-הִבְלִיט
to accentuate	לְהַבְלִיט-הִבְלִיט
to swallow/insinuate	לְהַבְלִיעַ-הִבְלִיעַ
to set on fire	לְהַבְעִיר-הִבְעִיר
to break through	לְהַבְקִיעַ-הִבְקִיעַ
to recover/recuperate	לְהַבְרִיא-הִבְרִיא
to make healthy	לְהַבְרִיא-הִבְרִיא
to screw (in)	לְהַבְרִיג-הִבְרִיג
to bolt/smuggle	לְהַבְרִיחַ-הִבְרִיחַ
to polish/shining	לְהַבְרִיק-הִבְרִיק
to cable	לְהַבְרִיק-הִבְרִיק
to brush	לְהַבְרִישׁ-הִבְרִישׁ
to ripen	לְהַבְשִׁיל-הִבְשִׁיל
to raise/elevate	לְהַגְבִּיהַּ-הִגְבִּיהַּ
to limit	לְהַגְבִּיל-הִגְבִּיל
to amplify	לְהַגְבִּיר-הִגְבִּיר
to enlarge	לְהַגְדִּיל-הִגְדִּיל
to define/set boundaries	לְהַגְדִּיר-הִגְדִּיר
to articulate	לַהֲגוֹת-הָגָה
to contemplate/study	לַהֲגוֹת-הָגָה
to exaggerate	לְהַגְזִים-הִגְזִים
to react	לְהָגִיב-הֵגִיב
to proof-read	לְהַגִּיהַּ-הִגִּיהַּ
to emerge	לְהָגִיחַ-הֵגִיחַ
to arrive/deserve	לְהַגִּיעַ-הִגִּיעַ
to shut	לְהָגִיף-הֵגִיף
to serve	לְהַגִּישׁ-הִגִּישׁ
to exile	לְהַגְלוֹת-הִגְלָה
to heal	לְהַגְלִיד-הִגְלִיד
to moderate/elasticize	לְהַגְמִישׁ-הִגְמִישׁ
to protect	לְהָגֵן-הֵגֵן
to sneak (into)	לְהַגְנִיב-הִגְנִיב
to disgust/rinse dishes in boiling water	לְהַגְעִיל-הִגְעִיל
to emigrate	לְהַגֵּר-הִיגֵּר
to win (lottery)	לְהַגְרִיל-הִגְרִיל
to fulfill/realize	לְהַגְשִׁים-הִגְשִׁים
to worry (s.o.)	לְהַדְאִיג-הִדְאִיג
to glue/infect	לְהַדְבִּיק-הִדְבִּיק
to exterminate	לְהַדְבִּיר-הִדְבִּיר
to model/demonstrate	לְהַדְגִּים-הִדְגִּים
to emphasize	לְהַדְגִּישׁ-הִדְגִּישׁ
to amaze	לְהַדְהִים-הִדְהִים
to ward off/push away	לַהֲדוֹף-הָדַף
to wash dishes	לְהָדִיחַ-הֵדִיחַ
to oust	לְהַדִּיחַ-הִדִּיחַ
to leak	לְהַדְלִיף-הִדְלִיף
to light/switch on	לְהַדְלִיק-הִדְלִיק
to print/publish	לְהַדְפִּיס-הִדְפִּיס
to tighten	לְהַדֵּק-הִידֵּק
to guide	לְהַדְרִיךְ-הִדְרִיךְ
to be willing/agree	לְהוֹאִיל-הוֹאִיל
to lead/carry	לְהוֹבִיל-הוֹבִיל
to thank	לְהוֹדוֹת-הוֹדָה
to confess/admit (to)	לְהוֹדוֹת-הוֹדָה
to inform/announce	לְהוֹדִיעַ-הוֹדִיעַ
to constitute/present	לְהַווֹת-הִיוָוה
to reduce (cost)	לְהוֹזִיל-הוֹזִיל
to prove	לְהוֹכִיחַ-הוֹכִיחַ
to procreate/generate	לְהוֹלִיד-הוֹלִיד

להוליך-הוליך	to lead
להונות-הונה	to cheat/defraud
להוסיף-הוסיף	to add
להועיד-הועיד	to assign/designate
להועיל-הועיל	to be useful
להופיע-הופיע	to perform/appear/ show up
להוציא-הוציא	to take out
להוציא-הוציא	to spend
להוקיע-הוקיע	to denounce
להוקיר-הוקיר	to respect/appreciated
להורות-הורה	to teach
להורות-הורה	to indicate/order
להוריד-הוריד	to lower/take down
להוריק-הוריק	to turn green
להוריש-הוריש	to bequeath
להושיב-הושיב	to seat (s.o.)
להושיט-הושיט	to hand (to)
להושיע-הושיע	to save/redeem
להותיר-הותיר	to leave (behind)
להזדהות-הזדהה	to identify oneself
להזדהות-הזדהה	to identify (with)
להזדווג-הזדווג	to copulate
להזדחל-הזדחל	to drag (along)
להזדמן-הזדמן	to come by chance
להזדעזע-הזדעזע	to be shocked
להזדקן-הזדקן	to age
להזדקף-הזדקף	to straighten up
להזדקק-הזדקק	to be in need
להזדקר-הזדקר	to protrude
להזדרז-הזדרז	to hurry/hasten
להזהיר-הזהיר	to warn
להזות-הזה	to daydream
להזיז-הזיז	to move
להזין-הזין	to feed/nourish
להזיע-הזיע	to perspire
להזיק-הזיק	to harm/cause damage
להזכיר-הזכיר	to remind
להזמין-הזמין	to invite/reserve
להזניח-הזניח	to neglect
להזעיק-הזעיק	to summon
להזקין-הזקין	to become old
להזרים-הזרים	to cause to flow
להזריק-הזריק	to inject
להחביא-החביא	to hide/conceal
להחדיר-החדיר	to insert/instill
להחוויר-החוויר	to become pale
להחזיק-החזיק	to hold/hold on to
להחזיר-החזיר	to return
להחטיא-החטיא	to miss
להחטיף-החטיף	to slap/slug
להחיות-החייה	to revive
להחיל-החיל	to apply
להחיש-החיש	to hasten
להחכיר-החכיר	to lease
להחל-החל	to begin
להחליא-החליא	to sicken (s.o.)
להחליד-החליד	to rust
להחליט-החליט	to decide
להחלים-החלים	to recover/recuperate
להחליף-החליף	to exchange/change/ substitute
להחליק-החליק	to slip/skid/smooth/ soothe/mitigate
להחליש-החליש	to weaken
להחמיא-החמיא	to compliment/flatter
להחמיץ-החמיץ	to pickle
להחמיץ-החמיץ	to miss
להחמיר-החמיר	to worsen
להחנות-החנה	to park
להחניף-החניף	to suck up to
להחניק-החניק	to suffocate/stifle
להחסיר-החסיר	to be absent/deduct/ miss
להחצין-החצין	to externalize
להחציף-החציף	to behave impudently
להחריב-החריב	to destroy
להחריד-החריד	to startle
להחרים-החרים	to confiscate/ban/ boycott
להחריף-החריף	to worsen/ exacerbate/aggravate
להחריש-החריש	to remain silent
להחשיב-החשיב	to attach importance/ take into account
להחשיד-החשיד	to cast suspicion
להחשיך-החשיך	to grow dark/darken
להחתים-החתים	to obtain s.o's signature
להחתים-החתים	to stamp
להטביל-הטביל	to dip/immerse
להטביע-הטביע	to drown s.o.
להטביע-הטביע	to coin
להטות-הטה	to divert/conjugate
להטיח-הטיח	to throw forcefully/ use insolent language
להטיל-הטיל	to throw/impose
להטיל-הטיל	to lay eggs (m)/
להטיל (שתן)	to urinate
להטיס-הטיס	to pilot an airplane
להטמין-הטמין	to hide/conceal
להטמיע-הטמיע	to assimilate/absorb
להטעות-הטעה	to mislead
להטעים-הטעים	to stress/emphasize
להטעין-הטעין	to load
להטריד-הטריד	to pester/bother
להטריח-הטריח	to trouble
להיאבד-נאבד	to be lost
להיאבק-נאבק	to struggle/fight
להיאגר-נאגר	to be collected/ accumulated
להיאות-ניאות	to agree
להיאחז-נאחז	to hold on (to)
להיאטם-נאטם	to be sealed off
להיאכל-נאכל	to be eaten up
להיאכף-נאכף	to be enforced
להיאלץ-נאלץ	to be forced
להיאמד-נאמד	to be estimated
להיאמר-נאמר	to be said
להיאנח-נאנח	to sigh
להיאנס-נאנס	to be forced/raped
להיאסף-נאסף	to be gathered/ assembled
להיאסר-נאסר	to be arrested/ forbidden
להיארז-נארז	to be packed
להיאשם-נאשם	to be accused
להיבדל-נבדל	to be different/separated
להיבדק-נבדק	to be examined
להיבהל-נבהל	to be frightened
להיבחר-נבחר	to be chosen/elected
להיבלם-נבלם	to be curbed
להיבלע-נבלע	to be swallowed
להיבנות-נבנה	to be built
להיבעת-נבעת	to be terrified
להיבצר-נבצר	to be picked (grapes)/impossible
להיבקע-נבקע	to split
להיברא-נברא	to be created
להיגאל-נגאל	to be saved/redeemed
להיגדע-נגדע	to be cut off
להיגזל-נגזל	to be robbed
להיגזר-נגזר	to be cut/derived
להיגזר-נגזר	to be decreed
להיגלות-נגלה	to be uncovered/ revealed
להיגמל-נגמל	to be weaned, to "kick" a habit
להיגמר-נגמר	to be finished, to end
להיגנב-נגנב	to be stolen
להיגנז-נגנז	to be stored/shelved
להיגעל-נגעל	to be disgusted
להיגרם-נגרם	to be caused
להיגרע-נגרע	to be lessened/diminished
להיגרר-נגרר	to be towed, to trail along

to be stuck together, to contract a disease	לְהִידָבֵק-נִדְבַּק
to agree	לְהִידָבֵר-נִדְבַּר
to be astonished	לְהִידָהֵם-נִדְהַם
to fall silent	לְהִידוֹם-נָדַם
to be discussed	לְהִידוֹן-נָדוֹן
to be sentenced	לְהִידוֹן-נָדוֹן
to be postponed/rejected	לְהִידָחוֹת-נִדְחָה
to be compressed/crammed into	לְהִידָחֵס-נִדְחַס
to be shoved	לְהִידָחֵף-נִדְחַף
to push oneself in	לְהִידָחֵק-נִדְחַק
to be lit/excited	לְהִידָלֵק-נִדְלַק
to resemble	לְהִידָמוֹת-נִדְמָה
to be printed	לְהִידָפֵס-נִדְפַּס
to be "screwed" (vulgar)	לְהִידָפֵק-נִדְפַּק
to be stabbed	לְהִידָקֵר-נִדְקַר
to be run over	לְהִידָרֵס-נִדְרַס
to be demanded	לְהִידָרֵשׁ-נִדְרַשׁ
to be needed	לְהִידָרֵשׁ-נִדְרַשׁ
to be pronounced/contemplated/conceived	לְהֵיהָגוֹת-נֶהְגָה
to be repelled	לְהֵיהָדֵף-נֶהְדַף
to enjoy	לְהֵיהָנוֹת-נֶהֱנָה
to turn over/into	לְהֵיהָפֵךְ-נֶהְפַּךְ
to be killed	לְהֵיהָרֵג-נֶהֱרַג
to be destroyed	לְהֵיהָרֵס-נֶהֱרַס
to despair	לְהִיוָאֵשׁ-נוֹאַשׁ
to be informed	לְהִיוָדַע-נוֹדַע
to be convinced	לְהִיוָכַח-נוֹכַח
to be established	לְהִיוָסֵד-נוֹסַד
to be born	לְהִיוָלֵד-נוֹלַד
to be added/joined	לְהִיוָסֵף-נוֹסַף
to meet with/to be designed for	לְהִיוָעֵד-נוֹעַד
to conlust (with)	לְהִיוָעֵץ-נוֹעַץ
to be created/made	לְהִיוָצֵר-נוֹצַר
to be saved	לְהִיוָשַׁע-נוֹשַׁע
to be	לִהְיוֹת-הָיָה
to remain	לְהִיוָתֵר-נוֹתַר
to be careful	לְהִיזָהֵר-נִזְהַר
to be fed/nourished	לְהִיזוֹן-נִיזוֹן
to recall/remember, to be mentioned	לְהִיזָכֵר-נִזְכַּר
to be summoned	לְהִיזָעֵק-נִזְעַק
to be charged, credited/attributed	לְהִיזָקֵף-נִזְקַף
to be in need of	לְהִיזָקֵק-נִזְקַק
to be sowed	לְהִיזָרַע-נִזְרַע
to be thrown/expelled	לְהִיזָרֵק-נִזְרַק
to hide	לְהֵיחָבֵא-נֶחְבָּא
to be struck	לְהֵיחָבֵט-נֶחְבַּט
to be injured	לְהֵיחָבֵל-נֶחְבַּל
to be kidnapped/snatched	לְהֵיחָטֵף-נֶחְטַף
to be leased	לְהֵיחָכֵר-נֶחְכַּר
to be extricated, to come to s.o.'s. aid	לְהֵיחָלֵץ-נֶחְלַץ
to be divided, to differ/oppose	לְהֵיחָלֵק-נֶחְלַק
to be weakened	לְהֵיחָלֵשׁ-נֶחְלַשׁ
to turn sour	לְהֵיחָמֵץ-נֶחְמַץ
to be embalmed	לְהֵיחָנֵט-נֶחְנַט
to be inaugurated/dedicated	לְהֵיחָנֵךְ-נֶחְנַךְ
to be strangled/stifled	לְהֵיחָנֵק-נֶחְנַק
to be saved/spared	לְהֵיחָסֵךְ-נֶחְסַךְ
to be closed/blocked	לְהֵיחָסֵם-נֶחְסַם
to be in a rush	לְהֵיחָפֵז-נֶחְפַּז
to be dug	לְהֵיחָפֵר-נֶחְפַּר
to be hewn/carved	לְהֵיחָצֵב-נֶחְצַב
to be halved	לְהֵיחָצוֹת-נֶחֱצָה
to be legislated/inscribed	לְהֵיחָקֵק-נֶחְקַק
to be interrogated	לְהֵיחָקֵר-נֶחְקַר
to be researched	לְהֵיחָקֵר-נֶחְקַר
to be destroyed	לְהֵיחָרֵב-נֶחֱרַב
to be anxious	לְהֵיחָרֵד-נֶחֱרַד
to be rhymed	לְהֵיחָרֵז-נֶחֱרַז
to be engraved	לְהֵיחָרֵט-נֶחֱרַט
to be scorched	לְהֵיחָרֵךְ-נֶחֱרַךְ
to be decided , notched	לְהֵיחָרֵץ-נֶחֱרַץ
to be plowed, to become deaf	לְהֵיחָרֵשׁ-נֶחֱרַשׁ
to be etched/inscribed	לְהֵיחָרֵת-נֶחֱרַת
to be considered	לְהֵיחָשֵׁב-נֶחְשַׁב
to be suspected	לְהֵיחָשֵׁד-נֶחְשַׁד
to be on uncovered/exposed	לְהֵיחָשֵׂף-נֶחְשַׂף
to be sliced/cut/decided	לְהֵיחָתֵךְ-נֶחְתַּךְ
to be signed/completed/ended	לְהֵיחָתֵם-נֶחְתַּם
to be slaughtered	לְהִיטָבַח-נִטְבַּח
to be kind, to improve	לְהֵיטִיב-הֵיטִיב
to be hidden/buried	לְהִיטָמֵן-נִטְמַן
to be assimilated	לְהִיטָמַע-נִטְמַע
to be loaded/argued	לְהִיטָעֵן-נִטְעַן
to cling to/pester	לְהִיטָפֵל-נִטְפַּל
to be devoured/mixed/beaten, to become insane	לְהִיטָרֵף-נִטְרַף
to be shipwrecked	לְהִיטָרֵף-נִטְרַף
to be shot	לְהִיָּרוֹת-נוֹרָה
to be tied/chained	לְהִיכָּבֵל-נִכְבַּל
to be conquered	לְהִיכָּבֵשׁ-נִכְבַּשׁ
to be burnt/hurt	לְהִיכָּווֹת-נִכְוָוה
to become extinct, to perish	לְהִיכָּחֵד-נִכְחַד
to be imprisoned	לְהִיכָּלֵא-נִכְלָא
to be included	לְהִיכָּלֵל-נִכְלַל
to be ashamed	לְהִיכָּלֵם-נִכְלַם
to take pity	לְהִיכָּמֵר-נִכְמַר
to enter/come in	לְהִיכָּנֵס-נִכְנַס
to surrender	לְהִיכָּנַע-נִכְנַע
to be bound	לְהִיכָּרֵךְ-נִכְרַךְ
to be forced	לְהִיכָּפוֹת-נִכְפָּה
to be cut off	לְהִיכָּרֵת-נִכְרַת
to fail	לְהִיכָּשֵׁל-נִכְשַׁל
to be written	לְהִיכָּתֵב-נִכְתַּב
to accompany	לְהִילָּווֹת-נִלְוָוה
to fight	לְהִילָּחֵם-נִלְחַם
to be pressed, to become anxious	לְהִילָּחֵץ-נִלְחַץ
to be whispered	לְהִילָּחֵשׁ-נִלְחַשׁ
to be captured	לְהִילָּכֵד-נִלְכַּד
to be studied	לְהִילָּמֵד-נִלְמַד
to be taken, to die	לְהִילָּקַח-נִלְקַח
to be sick and tired of	לְהִימָּאֵס-נִמְאַס
to be measured	לְהִימָּדֵד-נִמְדַד
to fade away	לְהִימוֹג-נָמוֹג
to be erased/cancelled	לְהִימָּחֵק-נִמְחַק
to be sold	לְהִימָּכֵר-נִמְכַּר
to be filled	לְהִימָּלֵא-נִמְלָא
to escape	לְהִימָּלֵט-נִמְלַט
to be counted	לְהִימָּנוֹת-נִמְנָה
to be considered	לְהִימָּנוֹת-נִמְנָה
to avoid/abstain (from)	לְהִימָּנַע-נִמְנַע
to melt	לְהִימֵּס-נָמַס
to be delivered	לְהִימָּסֵר-נִמְסַר
to be announced	לְהִימָּסֵר-נִמְסַר
to be crushed	לְהִימָּעֵךְ-נִמְעַךְ
to be found, to exist	לְהִימָּצֵא-נִמְצָא
to be spread	לְהִימָּרַח-נִמְרַח
to continue, to be withdrawn/attracted	לְהִימָּשֵׁךְ-נִמְשַׁךְ
to resemble	לְהִימָּשֵׁל-נִמְשַׁל
to be stretched/in suspense	לְהִימָּתַח-נִמְתַּח
to predict/prophecize	לְהִינָּבֵא-נִיבָּא
to be reprimanded	לְהִינָּזֵף-נִנְזַף
to be damaged	לְהִינָּזֵק-נִיזַּק
to regret	לְהִינָּחֵם-נִיחַם
to be consoled	לְהִינָּחֵם-נִיחַם
to be struk from above	לְהִינָּחֵת-נִיחַת
to be pitched (tent)	לְהִינָּטוֹת-נִיטָּה
to be conjugated	לְהִינָּטוֹת-נִיטָּה

לְהִינָטֵשׁ-נִיטַשׁ	to be abandoned
לְהֵינִיק	to breast-feed
לְהִינָעֵל-נִנְעַל	to be locked
לְהִינָעֵל-נִנְעַל	to be concluded
לְהִינָעֵץ-נִינְעַץ	to be stuck in/inserted
לְהִינָקֵט-נִנְקַט	to be taken (measures)
לְהִינָשֵׂא-נִישָּׂא	to be married
לְהִינָתֵז-נִיתַּז	to be squirted
לְהִינָתֵךְ-נִיתַּךְ	to be poured/melted
לְהִינָתֵן-נִיתַּן	to be given
לְהִינָתֵן-נִיתַּן	to become possible
לְהִינָתֵץ-נִיתַּץ	to be smashed
לְהִינָתֵק-נִיתַּק	to be disconnected/cut off
לְהִיסָגֵר-נִסְגַּר	to be shut/closed, to shut oneself up
לְהִיסָדֵק-נִסְדַּק	to be cracked
לְהִיסוֹג-נָסוֹג	to retreat/withdraw
לְהִיסָחֵב-נִסְחַב	to drag along, to be pulled
לְהִיסָחֵט-נִסְחַט	to be squeezed
לְהִיסָחֵף-נִסְחַף	to be eroded/swept away
לְהִיסָחֵר-נִסְחַר	to be traded
לְהִיסָלַח-נִסְלַח	to be pardoned/forgiven
לְהִיסָלֵל-נִסְלַל	to be paved
לְהִיסָמֵךְ-נִסְמַךְ	to be supported
לְהִיסָפֵג-נִסְפַּג	to be absorbed
לְהִיסָפוֹת-נִסְפָּה	to be killed
לְהִיסָפַח-נִסְפַּח	to be attached/added
לְהִיסָפֵר-נִסְפַּר	to be counted
לְהִיסָקֵל-נִסְקַל	to be stoned
לְהִיסָקֵר-נִסְקַר	to be inspected
לְהִיסָקֵר-נִסְקַר	to be reviewed
לְהִיסָתֵם-נִסְתַּם	to be blocked/clogged
לְהִיסָתֵר-נִסְתַּר	to be concealed/refuted
לְהֵיעָדֵר-נֶעְדַּר	to be absent
לְהֵיעָזֵב-נֶעֱזַב	to be abandoned
לְהֵיעָכֵל-נֶעְכַּל	to be digested
לְהֵיעָכֵר-נֶעְכַּר	to become muddy/gloomy
לְהֵיעָלֵב-נֶעֱלַב	to be insulted
לְהֵיעָלֵם-נֶעֱלַם	to disappear
לְהֵיעָמֵד-נֶעֱמַד	to stop walking
לְהֵיעָנוֹת-נַעֲנָה	to be answered
לְהֵיעָנֵשׁ-נֶעֱנַשׁ	to be punished
לְהֵיעָצֵב-נֶעֱצַב	to be saddened
לְהֵיעָצֵם-נֶעֱצַם	to be closed (eyes)
לְהֵיעָצֵר-נֶעֱצַר	to stop
לְהֵיעָצֵר-נֶעֱצַר	to be detained
לְהֵיעָקֵף-נֶעֱקַף	to be circumvented, bypassed
לְהֵיעָקֵץ-נֶעֱקַץ	to be stung
לְהֵיעָקֵר-נֶעֱקַר	to be uprooted
לְהֵיעָרֵךְ-נֶעֱרַךְ	to take place/arranged/edited
לְהֵיעָרֵם-נֶעֱרַם	to be piled up
לְהֵיעָרֵף-נֶעֱרַף	to be beheaded/fired
לְהֵיעָשׂוֹת-נַעֲשָׂה	to be made
לְהֵיעָשׂוֹת-נַעֲשָׂה	to become
לְהֵיעָתֵק-נֶעְתַּק	to be displaced/removed
לְהֵיעָתֵר-נֶעְתַּר	to grant (a request)
לְהִיפָּגֵם-נִפְגַּם	to be damaged
לְהִיפָּגַע-נִפְגַּע	to be hurt
לְהִיפָּגֵשׁ-נִפְגַּשׁ	to meet with
לְהִיפָּדוֹת-נִפְדָּה	to be redeemed/released
לְהִיפָּטֵר-נִפְטַר	to get rid of
לְהִיפָּלֵט-נִפְלַט	to pop out/be expelled/be vomitted
לְהִיפָּסֵל-נִפְסַל	to be disqualified
לְהִיפָּסֵק-נִפְסַק	to stop
לְהִיפָּעֵם-נִפְעַם	to be moved/excited
לְהִיפָּעֵר-נִפְעַר	to be opened widely
לְהִיפָּצַע-נִפְצַע	to be wounded
לְהִיפָּקֵד-נִפְקַד	to be counted
לְהִיפָּקֵד-נִפְקַד	to be absent
לְהִיפָּקַח-נִפְקַח	to be opened (eyes, ears)
לְהִיפָּרֵד-נִפְרַד	to depart from/separate
לְהִיפָּרֵם-נִפְרַם	to become unstitched
לְהִיפָּרֵס-נִפְרַס	to be sliced
לְהִיפָּרַע-נִפְרַע	to become unruly
לְהִיפָּרַע-נִפְרַע	to be paid up
לְהִיפָּרֵץ-נִפְרַץ	to be broken through
לְהִיפָּרֵק-נִפְרַק	to be unloaded
לְהִיפָּרֵשׂ-נִפְרַשׂ	to be spread
לְהִיפָּתַח-נִפְתַּח	to be opened
לְהִיפָּתֵר-נִפְתַּר	to be solved
לְהִיצָּלֵב-נִצְלַב	to be crucified
לְהִיצָּלוֹת-נִצְלָה	to be roasted, to be sunburned
לְהִיצָּמֵד-נִצְמַד	to cling, to adhere
לְהִיצָּרֵב-נִצְרַב	to be scorched
לְהִיצָּרֵד-נִצְרַד	to become hoarse
לְהִיקָּבַע-נִקְבַּע	to be set/scheduled/fixed
לְהִיקָּבֵץ-נִקְבַּץ	to be assembled/collected/compiled
לְהִיקָּבֵר-נִקְבַּר	to be buried
לְהִיקָּווֹת-נִקְוָוה	to be collected
לְהִיקָּטֵל-נִקְטַל	to be killed
לְהִיקָּטַע-נִקְטַע	to be cut off/interrupted
לְהִיקָּטֵף-נִקְטַף	to be picked
לְהִיקָּלֵט-נִקְלַט	to strike roots
לְהִיקָּלֵט-נִקְלַט	to be reccived
לְהִיקָּלַע-נִקְלַע	to happen to be, to be woven
לְהִיקָּלֵף-נִקְלַף	to be peeled
לְהִיקָּנוֹת-נִקְנָה	to be bought/acquired
לְהִיקָּנֵס-נִקְנַס	to be fined
לְהִיקָּצֵץ-נִקְצַץ	to be chopped
לְהִיקָּצֵר-נִקְצַר	to be reaped
לְהִיקָּרֵא-נִקְרָא	to be read
לְהִיקָּרֵא-נִקְרָא	to be named/called
לְהִיקָּרוֹת-נִקְרָה	to happen to come
לְהִיקָּרַע-נִקְרַע	to become torn, to be torn
לְהִיקָּרֵשׁ-נִקְרַשׁ	to congeal
לְהִיקָּשֵׁר-נִקְשַׁר	to be tied/attached
לְהֵירָאוֹת-נִרְאָה	to be visible/seen
לְהֵירָגֵם-נִרְגַּם	to be stoned
לְהֵירָגַע-נִרְגַּע	to calm down
לְהֵירָדֵם-נִרְדַּם	to fall asleep
לְהֵירָדֵף-נִרְדַּף	to be pursued/persecuted
לְהַרְהֵר-הִירְהֵר	to reflect/think
לְהֵירָחֵץ-נִרְחַץ	to be washed
לְהֵירָטֵב-נִרְטַב	to get wet
לְהֵירָכֵן-נִרְכַּן	to be bent
לְהֵירָכֵס-נִרְכַּס	to be fastened
לְהֵירָכֵשׁ-נִרְכַּשׁ	to be purchased
לְהֵירָמֵז-נִרְמַז	to be implied/hinted
לְהֵירָמֵס-נִרְמַס	to be trampled
לְהֵירָפֵא-נִרְפָּא	to recover
לְהֵירָצַח-נִרְצַח	to be murdered
לְהֵירָקֵב-נִרְקַב	to rot
לְהֵירָקֵם-נִרְקַם	to be embroidered
לְהֵירָקֵם-נִרְקַם	to be devised
לְהֵירָשֵׁם-נִרְשַׁם	to be recorded/registered
לְהֵירָתֵם-נִרְתַּם	to be harnessed
לְהֵירָתַע-נִרְתַּע	to recoil
לְהִישָּׁאֵב-נִשְׁאַב	to be drawn
לְהִישָּׁאֵל-נִשְׁאַל	to be asked
לְהִישָּׁאֵף-נִשְׁאַף	to be inhaled
לְהִישָּׁאֵר-נִשְׁאַר	to remain
לְהִישָּׁבַע-נִשְׁבַּע	to swear
לְהִישָּׁבֵר-נִשְׁבַּר	to break, to be broken
לְהִישָּׁדֵד-נִשְׁדַּד	to be robbed
לְהִישָּׁזֵף-נִשְׁזַף	to become tanned
לְהִישָּׁחֵט-נִשְׁחַט	to be slaughtered

to erode/become eroded	לְהִישָּׁחֵק-נִשְׁחַק
to be worn out	לְהִישָּׁחֵק-נִשְׁחַק
to be spoilt	לְהִישָּׁחֵת-נִשְׁחַת
to be washed away	לְהִישָּׁטֵף-נִשְׁטַף
to lie down	לְהִישָּׁכֵב-נִשְׁכַּב
to be forgotten	לְהִישָּׁכַח-נִשְׁכַּח
to be hired	לְהִישָּׂכֵר-נִשְׂכַּר
to be sent	לְהִישָּׁלַח-נִשְׁלַח
to be ruled	לְהִישָּׁלֵט-נִשְׁלַט
to be rejected/denied/deprived	לְהִישָּׁלֵל-נִשְׁלַל
to be pulled out	לְהִישָּׁלֵף-נִשְׁלַף
to drop	לְהִישָּׁמֵט-נִשְׁמַט
to be heard	לְהִישָּׁמַע-נִשְׁמַע
to obey	לְהִישָּׁמַע-נִשְׁמַע
to be kept/guarded	לְהִישָּׁמֵר-נִשְׁמַר
to be careful	לְהִישָּׁמֵר-נִשְׁמַר
to be repeated	לְהִישָּׁנוֹת-נִשְׁנָה
to be choked	לְהִישָּׁנֵק-נִשְׁנַק
to lean	לְהִישָּׁעֵן-נִשְׁעַן
to be tried	לְהִישָּׁפֵט-נִשְׁפַּט
to be spilled	לְהִישָּׁפֵךְ-נִשְׁפַּךְ
to be weighed	לְהִישָּׁקֵל-נִשְׁקַל
to be visible/reflected	לְהִישָּׁקֵף-נִשְׁקַף
to be lacerated	לְהִישָּׂרֵט-נִשְׂרַט
to be scratched	לְהִישָּׂרֵט-נִשְׂרַט
to be burnt	לְהִישָּׂרֵף-נִשְׂרַף
to be drunk	לְהִישָּׁתוֹת-נִשְׁתָּה
to be planted	לְהִישָּׁתֵל-נִשְׁתַּל
to be demanded	לְהִיתָּבַע-נִתְבַּע
to be sued	לְהִיתָּבַע-נִתְבַּע
to rely on	לְהִיתָּלוֹת-נִתְלָה
to be hung	לְהִיתָּלוֹת-נִתְלָה
to be plucked	לְהִיתָּלֵשׁ-נִתְלַשׁ
to be supported	לְהִיתָּמֵךְ-נִתְמַךְ
to feigne innocence	לְהִיתַּמֵּם-הִיתַּמֵּם
to be caught	לְהִיתָּפֵס-נִתְפַּס
to be sewed	לְהִיתָּפֵר-נִתְפַּר
to stumble	לְהִיתָּקֵל-נִתְקַל
to be stuck	לְהִיתָּקַע-נִתְקַע
to be afflicted	לְהִיתָּקֵף-נִתְקַף
to be contributed	לְהִיתָּרֵם-נִתְרַם
to hurt (s.o.)	לְהַכְאִיב-הִכְאִיב
to burden	לְהַכְבִּיד-הִכְבִּיד
to darken	לְהַכְהוֹת-הִכְהָה
to beat/hit	לְהַכּוֹת-הִיכָּה
to disappoint	לְהַכְזִיב-הִכְזִיב
to destroy/amihilate	לְהַכְחִיד-הִכְחִיד
to color blue	לְהַכְחִיל-הִכְחִיל
to deny	לְהַכְחִישׁ-הִכְחִישׁ
to contain	לְהָכִיל-הֵכִיל

to prepare	לְהָכִין-הֵכִין
to recognize/acquainted with/introduce	לְהַכִּיר-הִכִּיר
(a sanke) to bite	לְהַכִּישׁ-הִכִּישׁ
to include	לְהַכְלִיל-הִכְלִיל
to bring in	לְהַכְנִיס-הִכְנִיס
to force to surrender	לְהַכְנִיעַ-הִכְנִיעַ
to turn gray	לְהַכְסִיף-הִכְסִיף
to anger	לְהַכְעִיס-הִכְעִיס
to double/multiply	לְהַכְפִּיל-הִכְפִּיל
slander	לְהַכְפִּישׁ-הִכְפִּישׁ
to declare	לְהַכְרִיז-הִכְרִיז
to force	לְהַכְרִיחַ-הִכְרִיחַ
to subdue/overpower	לְהַכְרִיעַ-הִכְרִיעַ
to cause failure	לְהַכְשִׁיל-הִכְשִׁיל
to groom/train/make kosher	לְהַכְשִׁיר-הִכְשִׁיר
to dictate	לְהַכְתִּיב-הִכְתִּיב
to stain	לְהַכְתִּים-הִכְתִּים
to crown	לְהַכְתִּיר-הִכְתִּיר
to nationalize	לְהַלְאִים-הִלְאִים
to whiten	לְהַלְבִּין-הִלְבִּין
to bleach	לְהַלְבִּין-הִלְבִּין
to dress (s.o.)	לְהַלְבִּישׁ-הִלְבִּישׁ
to excite	לְהַלְהִיב-הִלְהִיב
to lend	לְהַלְווֹת-הִלְוָוה
to suit/hit/beat/throb	לַהֲלוֹם-הָלַם
to solder	לְהַלְחִים-הִלְחִים
to compose (music)	לְהַלְחִין-הִלְחִין
to put pressure on	לְהַלְחִיץ-הִלְחִיץ
to praise/bless/glorify	לְהַלֵּל-הִילֵּל
to flog	לְהַלְקוֹת-הִלְקָה
to squeal/inform on	לְהַלְשִׁין-הִלְשִׁין
to dramatize	לְהַמְחִיז-הִמְחִיז
to demonstrate/concretize	לְהַמְחִישׁ-הִמְחִישׁ
to cause rain	לְהַמְטִיר-הִמְטִיר
to exchange	לְהָמִיר-הֵמִיר
to cast	לְהָמִיט-הֵמִיט
to kill	לְהָמִית-הֵמִית
to salt	לְהַמְלִיחַ-הִמְלִיחַ
to give birth (animal)	לְהַמְלִיט-הִמְלִיטָה
to recommend	לְהַמְלִיץ-הִמְלִיץ
to melt	לְהָמֵס-הֵמֵס
to lessen/underrate/decrease	לְהַמְעִיט-הִמְעִיט
to invent/fabricate	לְהַמְצִיא-הִמְצִיא
to take off	לְהַמְרִיא-הִמְרִיא
to urge	לְהַמְרִיץ-הִמְרִיץ
to continue	לְהַמְשִׁיךְ-הִמְשִׁיךְ
to link/compare/appoint as ruler	לְהַמְשִׁיל-הִמְשִׁיל

to wait	לְהַמְתִּין-הִמְתִּין
to sweeten/mitigate a sentence	לְהַמְתִּיק-הִמְתִּיק
to lead,/introduce	לְהַנְהִיג-הִנְהִיג
to nod	לְהַנְהֵן-הִינְהֵן
to guide	לְהַנְחוֹת-הִינְחָה
to impart/transmit/leave as a legacy	לְהַנְחִיל-הִנְחִיל
to land	לְהַנְחִית-הִנְחִית
to dissuade	לְהָנִיא-הֵנִיא
to bear fruit/yield	לְהָנִיב-הֵנִיב
to nod	לְהָנִיד-הֵנִיד
to put/place	לְהָנִיחַ-הֵנִיחַ
to permit	לְהַנִּיחַ-הִנִּיחַ
to suppose	לְהַנִּיחַ-הִנִּיחַ
to ease off	לְהָנִיחַ-הֵנִיחַ
to put in motion/start/prompt/motivate	לְהָנִיעַ-הֵנִיעַ
to lower	לְהַנְמִיךְ-הִנְמִיךְ
to cause enjoyment	לְהַנְעִים-הִנְעִים
to issue	לְהַנְפִּיק-הִנְפִּיק
to resuscitate	לְהַנְשִׁים-הִנְשִׁים
to turn/recline	לְהָסֵב-הֵסֵב
to cause/endorse	לְהָסֵב-הֵסֵב
to explain	לְהַסְבִּיר-הִסְבִּיר
to turn in/extradite	לְהַסְגִּיר-הִסְגִּיר
to settle/arrange	לְהַסְדִּיר-הִסְדִּיר
to camouflage	לְהַסְווֹת-הִסְוָוה
to drive	לְהַסִּיעַ-הִסִּיעַ
to conclude	לְהַסִּיק-הִסִּיק
to heat	לְהַסִּיק-הִסִּיק
to take off	לְהָסִיר-הֵסִיר
to incite	לְהָסִית-הֵסִית
to agree/approve	לְהַסְכִּים-הִסְכִּים
to grant a degree/authorize	לְהַסְמִיךְ-הִסְמִיךְ
to blush	לְהַסְמִיק-הִסְמִיק
to hesitate	לְהַסֵּס-הִיסֵּס
to agitate/cause a storm	לְהַסְעִיר-הִסְעִיר
to eulogize	לְהַסְפִּיד-הִסְפִּיד
to be enough, to have enough time	לְהַסְפִּיק-הִסְפִּיק
to stink	לְהַסְרִיחַ-הִסְרִיחַ
to cause a stench	לְהַסְרִיחַ-הִסְרִיחַ
to film	לְהַסְרִיט-הִסְרִיט
to become entangled	לְהִסְתַּבֵּךְ-הִסְתַּבֵּךְ
to become complicated	לְהִסְתַּבֵּךְ-הִסְתַּבֵּךְ
to soap/lather oneself	לְהִסְתַּבֵּן-הִסְתַּבֵּן
to become clear	לְהִסְתַּבֵּר-הִסְתַּבֵּר
to adapt	לְהִסְתַּגֵּל-הִסְתַּגֵּל

to lock oneself in/ seclude oneself	לְהִסתַגֵר-הִסתַגֵר
to be arranged/ organized	לְהִסתַדֵר-הִסתַדֵר
to turn around/ revolve/walk about/turn	לְהִסתוֹבֵב-הִסתוֹבֵב
to spin	לְהִסתַחרֵר-הִסתַחרֵר
to have reservations about	לְהִסתַיֵיג-הִסתַיֵיג
to end	לְהִסתַיֵים-הִסתַיֵים
to be helped	לְהִסתַיֵיעַ-הִסתַיֵיעַ
to hide/conceal	לְהַסתִיר-הִסתִיר
to look/watch	לְהִסתַכֵּל-הִסתַכֵּל
to add up	לְהִסתַכֵּם-הִסתַכֵּם
to take a risk	לְהִסתַכֵּן-הִסתַכֵּן
to get into a conflict	לְהִסתַכסֵך-הִסתַכסֵך
to leave/"split"	לְהִסתַלֵק-הִסתַלֵק
to rely on	לְהִסתַמֵך-הִסתַמֵך
to be indicated/in the offing	לְהִסתַמֵן-הִסתַמֵן
to be blinded/ dazzled	לְהִסתַנווֵר-הִסתַנווֵר
to infiltrate/filter in	לְהִסתַנֵן-הִסתַנֵן
to branch off	לְהִסתַעֵף-הִסתַעֵף
to storm/attack/ besiege	לְהִסתַעֵר-הִסתַעֵר
to make do with	לְהִסתַפֵּק-הִסתַפֵּק
to get a hair cut	לְהִסתַפֵּר-הִסתַפֵּר
to become curious	לְהִסתַקרֵן-הִסתַקרֵן
to comb one's hair	לְהִסתָרֵק-הִסתָרֵק
to hide	לְהִסתַתֵר-הִסתַתֵר
to make s.o. work	לְהַעֲבִיד-הֶעֱבִיד
to transfer	לְהַעֲבִיר-הֶעֱבִיר
to prefer	לְהַעֲדִיף-הֶעֱדִיף
to dare	לְהָעֵז-הֵעֵז
to darken/spoil	לְהָעִיב-הֵעִיב
to testify	לְהָעִיד-הֵעִיד
to fly/throw out/glance	לְהָעִיף-הֵעִיף
to burden	לְהָעִיק-הֵעִיק
to wake s.o.	לְהָעִיר-הֵעִיר
to comment	לְהָעִיר-הֵעִיר
to lift/raise	לְהַעֲלוֹת-הֶעֱלָה
to insult	לְהַעֲלִיב-הֶעֱלִיב
to accuse falsely	לְהַעֲלִיל-הֶעֱלִיל
to hide/overlook	לְהַעֲלִים-הֶעֱלִים
to raise s.o. to their feet	לְהַעֲמִיד-הֶעֱמִיד
to load	לְהַעֲמִיס-הֶעֱמִיס
to deepen/delve into	לְהַעֲמִיק-הֶעֱמִיק
to give/award	לְהַעֲנִיק-הֶעֱנִיק
to punish	לְהַעֲנִיש-הֶעֱנִיש
to employ/keep busy	לְהַעֲסִיק-הֶעֱסִיק
to climb	לְהַעְפִּיל-הֶעְפִּיל
to sadden	לְהַעֲצִיב-הֶעֱצִיב
to appraise/ estimate/appreciate	לְהַעֲרִיך-הֶעֱרִיך
to con	לְהַעֲרִים-הֶעֱרִים
to mount	לְהַעֲרִים-הֶעֱרִים
to admire	לְהַעֲרִיץ-הֶעֱרִיץ
to enrich/make rich	לְהַעֲשִיר-הֶעֱשִיר
to copy	לְהַעֲתִיק-הֶעֱתִיק
to shell	לְהַפגִיז-הִפגִיז
to demonstrate	לְהַפגִין-הִפגִין
to introduce	לְהַפגִיש-הִפגִיש
to make a mess/ turn upside down	לַהֲפוֹך-הָפַך
to frighten	לְהַפחִיד-הִפחִיד
to reduce/deduct/ underestimate	לְהַפחִית-הִפחִית
to ease	לְהָפִיג-הֵפִיג
to drop/throw down	לְהַפִּיל-הִפִּיל
to appease	לְהָפִיס-הֵפִיס
to distribute	לְהָפִיץ-הֵפִיץ
to produce/extract	לְהָפִיק-הֵפִיק
to discriminate	לְהַפלוֹת-הִפלָה
to amaze	לְהַפלִיא-הִפלִיא
to sail	לְהַפלִיג-הִפלִיג
to incriminate	לְהַפלִיל-הִפלִיל
to turn	לְהַפנוֹת-הִפנָה
to refer	לְהַפנוֹת-הִפנָה
to hypnotize	לְהַפנֵט-הִיפנֵט
to internalize	לְהַפנִים-הִפנִים
to lose	לְהַפסִיד-הִפסִיד
to stop	לְהַפסִיק-הִפסִיק
to operate	לְהַפעִיל-הִפעִיל
to bomb/shell	לְהַפצִיץ-הִפצִיץ
to implore	לְהַפצִיר-הִפצִיר
to deposit	לְהַפקִיד-הִפקִיד
to confiscate	לְהַפקִיעַ-הִפקִיעַ
to abandon	לְהַפקִיר-הִפקִיר
to violate	לְהָפֵר-הֵפֵר
to inseminate/ impregnate/enrich	לְהַפרוֹת-הִפרָה
to separate	לְהַפרִיד-הִפרִיד
to exaggerate	לְהַפרִיז-הִפרִיז
to cause to fly/ bloom, to spread lies	לְהַפרִיחַ-הִפרִיחַ
to refute	לְהַפרִיך-הִפרִיך
to disturb	לְהַפרִיעַ-הִפרִיעַ
to allocate	לְהַפרִיש-הִפרִיש
to undress s.o.	לְהַפשִיט-הִפשִיט
to roll up	לְהַפשִיל-הִפשִיל
to melt/thaw/defrost	לְהַפשִיר-הִפשִיר
to surprise	לְהַפתִיעַ-הִפתִיעַ
to vote	לְהַצבִּיעַ-הִצבִּיעַ
to raise one's hand	לְהַצבִּיעַ-הִצבִּיעַ
to salute	לְהַצדִיעַ-הִצדִיעַ
to justify	לְהַצדִיק-הִצדִיק
to turn yellow	לְהַצהִיב-הִצהִיב
to declare	לְהַצהִיר-הִצהִיר
to make s.o. laugh	לְהַצחִיק-הִצחִיק
to be accumulated	לְהִצטַבֵּר-הִצטַבֵּר
to apologize/justify oneself	לְהִצטַדֵק-הִצטַדֵק
to be ordered	לְהִצטַווֹת-הִצטַווָה
to crowd	לְהִצטוֹפֵף-הִצטוֹפֵף
to smile/chuckle	לְהִצטַחֵק-הִצטַחֵק
to equip oneself	לְהִצטַיֵיד-הִצטַיֵיד
to excel/distinguish oneself	לְהִצטַיֵין-הִצטַיֵין
to be pictured/ imagined	לְהִצטַיֵיר-הִצטַיֵיר
to cross oneself, to intersect	לְהִצטַלֵב-הִצטַלֵב
to be photographed	לְהִצטַלֵם-הִצטַלֵם
to ring/resound/call	לְהִצטַלצֵל-הִצטַלצֵל
to exchange telephone calls	לְהִצטַלצֵל-הִצטַלצֵל
to decrease, to be limited/restricted	לְהִצטַמצֵם-הִצטַמצֵם
to shrivel/shrink	לְהִצטַמֵק-הִצטַמֵק
to catch a cold	לְהִצטַנֵן-הִצטַנֵן
to be sorry	לְהִצטַעֵר-הִצטַעֵר
to need (to)	לְהִצטָרֵך-הִצטָרֵך
to join	לְהִצטָרֵף-הִצטָרֵף
to position/post	לְהַצִיב-הִצִיב
to perform/present/ introduce	לְהַצִיג-הִצִיג
to save/rescue	לְהַצִיל-הִצִיל
to suggest/to make a bed;	לְהַצִיעַ-הִצִיעַ
to flood/bombard	לְהָצִיף-הֵצִיף
to peek/glance	לְהָצִיץ-הֵצִיץ
to bother/pester	לְהָצִיק-הֵצִיק
to set fire/ignite	לְהַצִית-הִצִית
to provide shade	לְהָצֵל-הֵצֵל
to succeed	לְהַצלִיחַ-הִצלִיחַ
to attach	לְהַצמִיד-הִצמִיד
to grow	לְהַצמִיחַ-הִצמִיחַ
to drop by parachute/ appoint an outsider	לְהַצנִיחַ-הִצנִיחַ
to narrow/regret	לְהָצֵר-הֵצֵר
to require	לְהַצרִיך-הִצרִיך
to parallel/compare/ welcome	לְהַקבִּיל-הִקבִּיל

to preceed/be early לְהַקְדִּים-הִקְדִּים
to become dark, gloomy לְהַקְדִּיר-הִקְדִּיר
to devote/dedicate לְהַקְדִּישׁ-הִקְדִּישׁ
to reduce/diminish לְהַקְטִין-הִקְטִין
to vomit/expel לְהָקִיא-הֵקִיא
to let (blood) לְהַקִּיז-הִקִּיז
to put back upright/to establish לְהָקִים-הֵקִים
to surround/ encompass/circle לְהַקִּיף-הִקִּיף
to awaken/come to an end לְהָקִיץ-הֵקִיץ
to knock לְהַקִּישׁ-הִקִּישׁ
to draw an analogy לְהַקִּישׁ-הִקִּישׁ
to lighten/ease/make light of לְהָקֵל-הֵקֵל
to key in לְהַקְלִיד-הִקְלִיד
to record לְהַקְלִיט-הִקְלִיט
to impart/teach לְהַקְנוֹת-הִקְנָה
to tease לְהַקְנִיט-הִקְנִיט
to charm לְהַקְסִים-הִקְסִים
to freeze לְהַקְפִּיא-הִקְפִּיא
to be strict/meticulous לְהַקְפִּיד-הִקְפִּיד
to make s.o. jump לְהַקְפִּיץ-הִקְפִּיץ
to allocate/set aside לְהַקְצוֹת-הִקְצָה
to allot/budget לְהַקְצִיב-הִקְצִיב
to whip/foam לְהַקְצִיף-הִקְצִיף
to read/recite לְהַקְרִיא-הִקְרִיא
to sacrifice לְהַקְרִיב-הִקְרִיב
to become bald לְהַקְרִיחַ-הִקְרִיחַ
to radiate/to screen לְהַקְרִין-הִקְרִין
to make s.t. hard/ difficult לְהַקְשׁוֹת-הִקְשָׁה
to ask difficult questions לְהַקְשׁוֹת-הִקְשָׁה
to listen לְהַקְשִׁיב-הִקְשִׁיב
to harden/stiffen לְהַקְשִׁיחַ-הִקְשִׁיחַ
to show/exhibit לְהַרְאוֹת-הֶרְאָה
to increase the amount לְהַרְבּוֹת-הִרְבָּה
to mate an animal לְהַרְבִּיעַ-הִרְבִּיעַ
to spank/beat לְהַרְבִּיץ-הִרְבִּיץ
to anger/annoy לְהַרְגִּיז-הִרְגִּיז
to get used to/train לְהַרְגִּיל-הִרְגִּיל
to calm לְהַרְגִּיעַ-הִרְגִּיעַ
to feel לְהַרְגִּישׁ-הִרְגִּישׁ
to put to sleep לְהַרְדִּים-הִרְדִּים
to reflect/think לְהַרְהֵר-הִרְהֵר
to kill לַהֲרוֹג-הָרַג
to earn לְהַרְוִויחַ-הִרְוִויחַ
to quench/saturate לְהַרְווֹת-הִרְוָוה
to destroy לַהֲרוֹס-הָרַס

to become pregnant לַהֲרוֹת-הָרְתָה
to widen/broaden לְהַרְחִיב-הִרְחִיב
to remove לְהַרְחִיק-הִרְחִיק
to wet לְהַרְטִיב-הִרְטִיב
to smell לְהָרִיחַ-הֵרִיחַ
to lift/raise לְהָרִים-הֵרִים
to cheer לְהָרִיעַ-הֵרִיעַ
to give s.o. the runaround/break in a machine לְהָרִיץ-הֵרִיץ
to empty לְהָרִיק-הֵרִיק
to assemble/put together/mount/wear glasses לְהַרְכִּיב-הִרְכִּיב
to bend (down) לְהַרְכִּין-הִרְכִּין
to worsen לְהָרֵעַ-הֵרַע
to starve s.o. לְהַרְעִיב-הִרְעִיב
to shake לְהַרְעִיד-הִרְעִיד
to tremble לְהַרְעִיד-הִרְעִיד
to poison לְהַרְעִיל-הִרְעִיל
to make noise לְהַרְעִישׁ-הִרְעִישׁ
to bombard לְהַרְעִישׁ-הִרְעִישׁ
to let go (of) לְהַרְפּוֹת-הִרְפָּה
to relax לְהַרְפּוֹת-הִרְפָּה
to lecture לְהַרְצוֹת-הִרְצָה
to become serious לְהַרְצִין-הִרְצִין
to spoil/become rotten לְהַרְקִיב-הִרְקִיב
to make s.o. dance לְהַרְקִיד-הִרְקִיד
to permit/allow לְהַרְשׁוֹת-הִרְשָׁה
to impress לְהַרְשִׁים-הִרְשִׁים
to convict לְהַרְשִׁיעַ-הִרְשִׁיעַ
to boil לְהַרְתִּיחַ-הִרְתִּיחַ
to deter לְהַרְתִּיעַ-הִרְתִּיעַ
to loan לְהַשְׁאִיל-הִשְׁאִיל
to leave behind לְהַשְׁאִיר-הִשְׁאִיר
to swear in לְהַשְׁבִּיעַ-הִשְׁבִּיעַ
to satiate/satisfy לְהַשְׂבִּיעַ-הִשְׂבִּיעַ
to shut down לְהַשְׁבִּית-הִשְׁבִּית
to notice/supervise לְהַשְׁגִּיחַ-הִשְׁגִּיחַ
to delay לְהַשְׁהוֹת-הִשְׁהָה
to sharpen לְהַשְׁחִיז-הִשְׁחִיז
to thread/insert/ sneak s.o. in לְהַשְׁחִיל-הִשְׁחִיל
to blacken/to become black/dark לְהַשְׁחִיר-הִשְׁחִיר
to destroy/disfigure לְהַשְׁחִית-הִשְׁחִית
to marry off לְהַשִּׂיא-הִשִּׂיא
to return/to reply לְהָשִׁיב-הֵשִׁיב
to overtake/reach/get לְהַשִּׂיג-הִשִּׂיג
to navigate/sail לְהָשִׁיט-הֵשִׁיט
to cause to lie down לְהַשְׁכִּיב-הִשְׁכִּיב
to make s.o. forget לְהַשְׁכִּיחַ-הִשְׁכִּיחַ
to become enlightened לְהַשְׂכִּיל-הִשְׂכִּיל
to get up early לְהַשְׁכִּים-הִשְׁכִּים

to make/establish לְהַשְׁכִּין-הִשְׁכִּין
to rent/lease לְהַשְׂכִּיר-הִשְׂכִּיר
to delude לְהַשְׁלוֹת-הִשְׁלָה
to impose לְהַשְׁלִיט-הִשְׁלִיט
to throw/project לְהַשְׁלִיךְ-הִשְׁלִיךְ
to complete/make peace/make up לְהַשְׁלִים-הִשְׁלִים
to exterminate/destroy לְהַשְׁמִיד-הִשְׁמִיד
to omit/to leave out לְהַשְׁמִיט-הִשְׁמִיט
to put on weight/get fat לְהַשְׁמִין-הִשְׁמִין
to voice/utter/play sing (for s.o.) לְהַשְׁמִיעַ-הִשְׁמִיעַ
to slander לְהַשְׁמִיץ-הִשְׁמִיץ
to cause hatred לְהַשְׂנִיא-הִשְׂנִיא
to suspend לְהַשְׁעוֹת-הִשְׁעָה
to lean (against) לְהַשְׁעִין-הִשְׁעִין
to lower/humiliate לְהַשְׁפִּיל-הִשְׁפִּיל
to influence/move לְהַשְׁפִּיעַ-הִשְׁפִּיעַ
to give s.o. to drink לְהַשְׁקוֹת-הִשְׁקָה
to quiet down/ calm/soothe/clear one's conscience לְהַשְׁקִיט-הִשְׁקִיט
to submerge/invest/ to put in (effort) לְהַשְׁקִיעַ-הִשְׁקִיעַ
to look out לְהַשְׁקִיף-הִשְׁקִיף
to take root, to inculcate לְהַשְׁרִישׁ-הִשְׁרִישׁ
to be amazed לְהִשְׁתָּאוֹת-הִשְׁתָּאָה
to go wrong לְהִשְׁתַּבֵּשׁ-הִשְׁתַּבֵּשׁ
to go out of one's mind לְהִשְׁתַּגֵּעַ-הִשְׁתַּגֵּעַ
to make an effort לְהִשְׁתַּדֵּל-הִשְׁתַּדֵּל
to be playful לְהִשְׁתּוֹבֵב-הִשְׁתּוֹבֵב
to compromise/ balance/match לְהִשְׁתַּווֹת-הִשְׁתַּוָּוה
to go into a frenzy לְהִשְׁתּוֹלֵל-הִשְׁתּוֹלֵל
to be astonished לְהִשְׁתּוֹמֵם-הִשְׁתּוֹמֵם
to yearn for לְהִשְׁתּוֹקֵק-הִשְׁתּוֹקֵק
to tan לְהִשְׁתַּזֵּף-הִשְׁתַּזֵּף
to bow לְהִשְׁתַּחֲווֹת-הִשְׁתַּחֲוָוה
to be freed/ released לְהִשְׁתַּחְרֵר-הִשְׁתַּחְרֵר
to prostrate oneself לְהִשְׁתַּטֵּחַ-הִשְׁתַּטֵּחַ
to belong/to be affiliated with לְהִשְׁתַּיֵּיךְ-הִשְׁתַּיֵּיךְ
to trasnsplant/plant לְהַשְׁתִּיל-הִשְׁתִּיל
to urinate לְהַשְׁתִּין-הִשְׁתִּין
to silence/shut s.o. up לְהַשְׁתִּיק-הִשְׁתִּיק
to become improved לְהִשְׁתַּכְלֵל-הִשְׁתַּכְלֵל
to move into לְהִשְׁתַּכֵּן-הִשְׁתַּכֵּן
to be talked לְהִשְׁתַּכְנֵעַ-הִשְׁתַּכְנֵעַ

into/persuaded	
to get drunk	להשתכר-השתכר
to earn	להשתכר-השתכר
to become part of	להשתלב-השתלב
to become integrated	להשתלב-השתלב
to take control	להשתלט-השתלט
to be worthwhile, to take extension training	להשתלם-השתלם
to hang down/ develop	להשתלשל-השתלשל
to evade/dodge	להשתמט-השתמט
to be implied	להשתמע-השתמע
to use	להשתמש-השתמש
to change	להשתנות-השתנה
to become subjugated	להשתעבד-השתעבד
to cough	להשתעל-השתעל
to be bored	להשתעמם-השתעמם
to amuse oneself	להשתעשע-השתעשע
to pour out (feelings)	להשתפך-השתפך
to improve	להשתפר-השתפר
to become worn out, to be put through the wringer	להשתפשף-השתפשף
to settle	להשתקע-השתקע
to be reflected	להשתקף-השתקף
to plod/drag along	להשתרך-השתרך
to stretch out	להשתרע-השתרע
to prevail, to reign	להשתרר-השתרר
to take root	להשתרש-השתרש
to take part/ participate	להשתתף-השתתף
to fall silent	להשתתק-השתתק
to commit suicide	להתאבד-התאבד
to mourn	להתאבל-התאבל
to be petrified/ stultified	להתאבן-התאבן
to wrestle	להתאבק-התאבק
to become united/ organized	להתאגד-התאגד
to box	להתאגרף-התאגרף
to evaporate	להתאדות-התאדה
to redden	להתאדם-התאדם
to fall in love	להתאהב-התאהב
to be aired out, to get fresh air	להתאוורר-התאוורר
to desire/long for	להתאוות-התאווה
to complain	להתאונן-התאונן
to recover	להתאושש-התאושש
to be balanced	להתאזן-התאזן
to brace oneself	להתאזר-התאזר
to acquire citizenship/be naturalized	להתאזרח-התאזרח
to unite/become united	להתאחד-התאחד
to be pieced together	להתאחות-התאחה
to be late	להתאחר-התאחר
to fit	להתאים-התאים
to match	להתאים-התאים
to be disappointed	להתאכזב-התאכזב
to be cruel	להתאכזר-התאכזר
to stay in/with	להתאכסן-התאכסן
to be widowed	להתאלמן-התאלמן
to train oneself	להתאמן-התאמן
to make an effort	להתאמץ-התאמץ
to be verified	להתאמת-התאמת
to convert to Islam	להתאסלם-התאסלם
to gather/assemble	להתאסף-התאסף
to restrain oneself	להתאפק-התאפק
to put on makeup	להתאפר-התאפר
to be possible	להתאפשר-התאפשר
to adjust	להתאקלם-התאקלם
to get organized	להתארגן-התארגן
to stay with, to be a guest	להתארח-התארח
to become longer/ be prolonged	להתארך-התארך
to become engaged	להתארס-התארס
to be hospitalized	להתאשפז-התאשפז
to become clear	להתבאר-התבאר
to become an adult	להתבגר-התבגר
to be proven wrong	להתבדות-התבדה
to joke	להתבדח-התבדח
to isolate oneself	להתבדל-התבדל
to find entertainment	להתבדר-התבדר
to clear up	להתבהר-התבהר
to be alone, to seclude oneself	להתבודד-התבודד
to assimilate	להתבולל-התבולל
to observe	להתבונן-התבונן
to be spent/wasted	להתבזבז-התבזבז
to express oneself, to be manifested	להתבטא-התבטא
to be cancelled/idle, to belittle oneself	להתבטל-התבטל
to be ashamed	להתבייש-התבייש
to be domesticated/ home in on	להתביית-התביית
to get mixed up/ be confused	להתבלבל-התבלבל
to wear out	להתבלות-התבלה
to be conspicuous/ stand out	להתבלט-התבלט
to become well established	להתבסס-התבסס
to be based on	להתבסס-התבסס
to be executed	להתבצע-התבצע
to fortify oneself/ be tenacious	להתבצר-התבצר
to be asked/ requested	להתבקש-התבקש
to be blessed	להתברך-התברך
to become clear	להתברר-התברר
to be cooked	להתבשל-התבשל
to boast	להתגאות-התגאה
to overcome	להתגבר-התגבר
to crystallize/solidify	להתגבש-התגבש
to become merged/ consolidated	להתגבש-התגבש
to defend oneself	להתגונן-התגונן
to reside	להתגורר-התגורר
to wrestle	להתגושש-התגושש
to enlist	להתגייס-התגייס
to convert to Judaism	להתגייר-התגייר
to roll/be all over/ wander	להתגלגל-התגלגל
to be revealed	להתגלות-התגלה
to shave	להתגלח-התגלח
to sneak into	להתגנב-התגנב
to dress coquettishly	להתגנדר-התגנדר
to miss/long for	להתגעגע-התגעגע
to fondle/smooch	להתגפף-התגפף
to scratch oneself	להתגרד-התגרד
to provoke	להתגרות-התגרה
to get divorced	להתגרש-התגרש
to be realized	להתגשם-התגשם
to be in litigation	להתדיין-התדיין
to be fastened/ tightened/intensified	להתהדק-התהדק
to come into being	להתהוות-התהווה
to walk about	להתהלך-התהלך
to turn over/keep turning	להתהפך-התהפך
to confess	להתוודות-התוודה
to get acquainted	להתוודע-התוודע
to argue	להתווכח-התווכח
to outline	להתוות-התווה
to hide	להתחבא-התחבא
to endear oneself	להתחבב-התחבב
to vacillate	להתחבט-התחבט
to flutter	להתחבט-התחבט
to hug (one another)	להתחבק-התחבק
to join	להתחבר-התחבר
to become keen/	להתחדד-התחדד

sharpened/tense
to be renewed לְהִתְחַדֵּשׁ-הִתְחַדֵּשׁ
to become clear לְהִתְחַוֵּור-הִתְחַוֵּור
to break out לְהִתְחוֹלֵל-הִתְחוֹלֵל
to impersonate לְהִתְחַזּוֹת-הִתְחַזָּה
to become stronger לְהִתְחַזֵּק-הִתְחַזֵּק
to commit oneself/undertake, to be implied לְהִתְחַיֵּיב-הִתְחַיֵּיב
to smile לְהִתְחַיֵּיךְ-הִתְחַיֵּיךְ
to begin/start לְהַתְחִיל-הִתְחִיל
to try to outwit לְהִתְחַכֵּם-הִתְחַכֵּם
to feign sickness לְהִתְחַלּוֹת-הִתְחַלָּה
to change/exchange לְהִתְחַלֵּף-הִתְחַלֵּף
to be divided, to share לְהִתְחַלֵּק-הִתְחַלֵּק
to warm up לְהִתְחַמֵּם-הִתְחַמֵּם
to slip away לְהִתְחַמֵּק-הִתְחַמֵּק
to be coy לְהִתְחַנְחֵן-הִתְחַנְחֵן
to be educated לְהִתְחַנֵּךְ-הִתְחַנֵּךְ
to plead לְהִתְחַנֵּן-הִתְחַנֵּן
to ingratiate oneself/"suck up" to לְהִתְחַנֵּף-הִתְחַנֵּף
to be liquidated לְהִתְחַסֵּל-הִתְחַסֵּל
to become immune לְהִתְחַסֵּן-הִתְחַסֵּן
to dig oneself in לְהִתְחַפֵּר-הִתְחַפֵּר
to disguise oneself לְהִתְחַפֵּשׂ-הִתְחַפֵּשׂ
to be insolent לְהִתְחַצֵּף-הִתְחַצֵּף
to compete לְהִתְחָרוֹת-הִתְחָרָה
to change oneself mind לְהִתְחָרֵט-הִתְחָרֵט
to regret לְהִתְחָרֵט-הִתְחָרֵט
to take into consideration/be considerate of לְהִתְחַשֵּׁב-הִתְחַשֵּׁב
to settle an account לְהִתְחַשְׁבֵּן-הִתְחַשְׁבֵּן
to be electrocuted לְהִתְחַשְׁמֵל-הִתְחַשְׁמֵל
to fancy/feel like לְהִתְחַשֵּׁק-הִתְחַשֵּׁק
to get married לְהִתְחַתֵּן-הִתְחַתֵּן
to splash לְהַתִּיז-הִתִּיז
to chop off לְהַתִּיז-הִתִּיז
to despair לְהִתְיָאֵשׁ-הִתְיָאֵשׁ
to dry (up) לְהִתְיַיבֵּשׁ-הִתְיַיבֵּשׁ
to befriend לְהִתְיַידֵּד-הִתְיַידֵּד
to be alone לְהִתְיַיחֵד-הִתְיַיחֵד
to treat, to be related to, to refer לְהִתְיַיחֵס-הִתְיַיחֵס
to have pretensions לְהִתְיַימֵּר-הִתְיַימֵּר
to suffer/agonize לְהִתְיַיסֵּר-הִתְיַיסֵּר
to become more efficient לְהִתְיַיעֵל-הִתְיַיעֵל
to consult with לְהִתְיַיעֵץ-הִתְיַיעֵץ
to sob לְהִתְיַיפֵּחַ-הִתְיַיפֵּחַ
to get "dolled up" לְהִתְיַיפְיֵיף-הִתְיַיפְיֵיף

to show up/report for military duty לְהִתְיַיצֵּב-הִתְיַיצֵּב
to stabilize לְהִתְיַיצֵּב-הִתְיַיצֵּב
to increase (cost) לְהִתְיַיקֵּר-הִתְיַיקֵּר
to setlle לְהִתְיַישֵּׁב-הִתְיַישֵּׁב
to take a seat לְהִתְיַישֵּׁב-הִתְיַישֵּׁב
to become obsolete/antiquated לְהִתְיַישֵּׁן-הִתְיַישֵּׁן
to straighten out/conform לְהִתְיַישֵּׁר-הִתְיַישֵּׁר
to become an orphan לְהִתְיַיתֵּם-הִתְיַיתֵּם
to melt לְהַתִּיךְ-הִתִּיךְ
to untie לְהַתִּיר-הִתִּיר
to allow/permit לְהַתִּיר-הִתִּיר
to weaken לְהַתִּישׁ-הִתִּישׁ
to be honored, to help oneself to לְהִתְכַּבֵּד-הִתְכַּבֵּד
to intend/mean לְהִתְכַּוֵּון-הִתְכַּוֵּון
to shrink לְהִתְכַּוֵּוץ-הִתְכַּוֵּוץ
to get ready לְהִתְכּוֹנֵן-הִתְכּוֹנֵן
to bend forward/to give in לְהִתְכּוֹפֵף-הִתְכּוֹפֵף
to disavow/deny לְהִתְכַּחֵשׁ-הִתְכַּחֵשׁ
to assemble/become withdrawn לְהִתְכַּנֵּס-הִתְכַּנֵּס
to be covered/cover oneself לְהִתְכַּסּוֹת-הִתְכַּסָּה
to correspond לְהִתְכַּתֵּב-הִתְכַּתֵּב
to joke לְהַתֵּל-הִיתֵּל
to vacillate לְהִתְלַבֵּט-הִתְלַבֵּט
to get dressed לְהִתְלַבֵּשׁ-הִתְלַבֵּשׁ
to get excited לְהִתְלַהֵב-הִתְלַהֵב
to accompany לְהִתְלַוּוֹת-הִתְלַוָּוה
to complain לְהִתְלוֹנֵן-הִתְלוֹנֵן
to jest/joke לְהִתְלוֹצֵץ-הִתְלוֹצֵץ
to join forces לְהִתְלַכֵּד-הִתְלַכֵּד
to become dirty/soiled לְהִתְלַכְלֵךְ-הִתְלַכְלֵךְ
to erupt/burst into flames לְהִתְלַקֵּחַ-הִתְלַקֵּחַ
to dissolve/melt לְהִתְמוֹגֵג-הִתְמוֹגֵג
ot cope (with)/compete לְהִתְמוֹדֵד-הִתְמוֹדֵד
to collapse לְהִתְמוֹטֵט-הִתְמוֹטֵט
to melt לְהִתְמוֹסֵס-הִתְמוֹסֵס
to blend/merge לְהִתְמַזֵּג-הִתְמַזֵּג
to fool around לְהִתְמַזְמֵז-הִתְמַזְמֵז
to waste time לְהִתְמַזְמֵז-הִתְמַזְמֵז
to specialize לְהִתְמַחוֹת-הִתְמַחָה
to persevere לְהַתְמִיד-הִתְמִיד
to become addicted לְהִתְמַכֵּר-הִתְמַכֵּר

to become full לְהִתְמַלֵּא-הִתְמַלֵּא
to become realized, to materialize לְהִתְמַמֵּשׁ-הִתְמַמֵּשׁ
to be appointed לְהִתְמַנּוֹת-הִתְמַנָּה
to devote oneself (to) לְהִתְמַסֵּר-הִתְמַסֵּר
to decrease לְהִתְמַעֵט-הִתְמַעֵט
to be well-versed, to know one's way לְהִתְמַצֵּא-הִתְמַצֵּא
to focus/concentrate on לְהִתְמַקֵּד-הִתְמַקֵּד
to bargain לְהִתְמַקֵּחַ-הִתְמַקֵּחַ
to position oneself לְהִתְמַקֵּם-הִתְמַקֵּם
to rebel לְהִתְמָרֵד-הִתְמָרֵד
to be bitter לְהִתְמַרְמֵר-הִתְמַרְמֵר
to continue לְהִתְמַשֵּׁךְ-הִתְמַשֵּׁךְ
to stretch out לְהִתְמַתֵּחַ-הִתְמַתֵּחַ
to become moderate, to slow down לְהִתְמַתֵּן-הִתְמַתֵּן
to predict, prophesize לְהִתְנַבֵּא-הִתְנַבֵּא
to wipe oneself לְהִתְנַגֵּב-הִתְנַגֵּב
to oppose/resist לְהִתְנַגֵּד-הִתְנַגֵּד
to collide לְהִתְנַגֵּשׁ-הִתְנַגֵּשׁ
to volunteer לְהִתְנַדֵּב-הִתְנַדֵּב
to swing/be insecure לְהִתְנַדְנֵד-הִתְנַדְנֵד
to evaporate/vanish/get lost לְהִתְנַדֵּף-הִתְנַדֵּף
to conduct oneself/behave לְהִתְנַהֵג-הִתְנַהֵג
to proceed לְהִתְנַהֵל-הִתְנַהֵל
to be managed לְהִתְנַהֵל-הִתְנַהֵל
to move/advance slowly לְהִתְנַהֵל-הִתְנַהֵל
to deteriorate לְהִתְנַוֵּון-הִתְנַוֵּון
to fly high/be posted לְהִתְנוֹסֵס-הִתְנוֹסֵס
to move לְהִתְנוֹעֵעַ-הִתְנוֹעֵעַ
to set conditions לְהַתְנוֹת-הִתְנָה
to settle לְהִתְנַחֵל-הִתְנַחֵל
to start/turn on לְהַתְנִיעַ-הִתְנִיעַ
to plot לְהִתְנַכֵּל-הִתְנַכֵּל
to ignore לְהִתְנַכֵּר-הִתְנַכֵּר
to experience לְהִתְנַסּוֹת-הִתְנַסָּה
to attack לְהִתְנַפֵּל-הִתְנַפֵּל
to be shattered לְהִתְנַפֵּץ-הִתְנַפֵּץ
to apologize לְהִתְנַצֵּל-הִתְנַצֵּל
to convert to Christianity לְהִתְנַצֵּר-הִתְנַצֵּר
to "get even"/take revenge לְהִתְנַקֵּם-הִתְנַקֵּם
to make an attempt on someone's life לְהִתְנַקֵּשׁ-הִתְנַקֵּשׁ

to rise/be arrogant לְהִתְנַשֵּׂא-הִתְנַשֵּׂא
to kiss לְהִתְנַשֵּׁק-הִתְנַשֵּׁק
to be cut off/severed from לְהִתְנַתֵּק-הִתְנַתֵּק
to stir לְהִתְסִיס-הִתְסִיס
to ferment לְהִתְסִיס-הִתְסִיס
to become rounded לְהִתְעַגֵּל-הִתְעַגֵּל
to cheer up לְהִתְעוֹדֵד-הִתְעוֹדֵד
to be blinded לְהִתְעַוֵּור-הִתְעַוֵּור
to fly off לְהִתְעוֹפֵף-הִתְעוֹפֵף
to wake up/arise לְהִתְעוֹרֵר-הִתְעוֹרֵר
to mislead/misguid לְהַתְעוֹת-הִתְעָה
to wrap oneself לְהִתְעַטֵּף-הִתְעַטֵּף
to sneeze לְהִתְעַטֵּשׁ-הִתְעַטֵּשׁ
to become tired לְהִתְעַיֵּיף-הִתְעַיֵּיף
to be detained לְהִתְעַכֵּב-הִתְעַכֵּב
to rise above/surpassoneself לְהִתְעַלּוֹת-הִתְעַלָּה
to abuse לְהִתְעַלֵּל-הִתְעַלֵּל
to ignore לְהִתְעַלֵּם-הִתְעַלֵּם
to make love לְהִתְעַלֵּס-הִתְעַלֵּס
to faint לְהִתְעַלֵּף-הִתְעַלֵּף
to exercise לְהִתְעַמֵּל-הִתְעַמֵּל
to study thoroughly לְהִתְעַמֵּק-הִתְעַמֵּק
to enjoy לְהִתְעַנֵּג-הִתְעַנֵּג
to be interested לְהִתְעַנְיֵין-הִתְעַנְיֵין
to become cloudy לְהִתְעַנֵּן-הִתְעַנֵּן
to be busy with/deal in/have an affair with לְהִתְעַסֵּק-הִתְעַסֵּק
to be saddened/formed לְהִתְעַצֵּב-הִתְעַצֵּב
to get upset/aggravated לְהִתְעַצְבֵּן-הִתְעַצְבֵּן
to be lazy לְהִתְעַצֵּל-הִתְעַצֵּל
to become mighty לְהִתְעַצֵּם-הִתְעַצֵּם
to bend לְהִתְעַקֵּם-הִתְעַקֵּם
to insist לְהִתְעַקֵּשׁ-הִתְעַקֵּשׁ
to interfere/be mixed, to bet לְהִתְעָרֵב-הִתְעָרֵב
to strike roots/become rooted לְהִתְעָרוֹת-הִתְעָרָה
to weaken לְהִתְעַרְעֵר-הִתְעַרְעֵר
to become rich לְהִתְעַשֵּׁר-הִתְעַשֵּׁר
to boast לְהִתְפָּאֵר-הִתְפָּאֵר
to croak/die לְהִתְפַּגֵּר-הִתְפַּגֵּר
to explode/burst לְהִתְפּוֹצֵץ-הִתְפּוֹצֵץ
to crumble/collapse/disintegrate לְהִתְפּוֹרֵר-הִתְפּוֹרֵר
to disperse/scatter/be unfocused לְהִתְפַּזֵּר-הִתְפַּזֵּר
to stuff oneself לְהִתְפַּטֵּם-הִתְפַּטֵּם
to resign; to get rid of לְהִתְפַּטֵּר-הִתְפַּטֵּר
to reconcile לְהִתְפַּיֵּיס-הִתְפַּיֵּיס
to sober up לְהִתְפַּכֵּחַ-הִתְפַּכֵּחַ
to wonder/be surprised לְהִתְפַּלֵּא-הִתְפַּלֵּא
to be divided לְהִתְפַּלֵּג-הִתְפַּלֵּג
to sneak into לְהִתְפַּלֵּחַ-הִתְפַּלֵּחַ
to pray לְהִתְפַּלֵּל-הִתְפַּלֵּל
to beat around the bush לְהִתְפַּלְסֵף-הִתְפַּלְסֵף
to take the time, to be vacated, to cleanse oneself לְהִתְפַּנּוֹת-הִתְפַּנָּה
to pamper oneself לְהִתְפַּנֵּק-הִתְפַּנֵּק
to be impressed לְהִתְפַּעֵל-הִתְפַּעֵל
to be split לְהִתְפַּצֵּל-הִתְפַּצֵּל
to account for s.o.'s presence לְהִתְפַּקֵּד-הִתְפַּקֵּד
to break/snap/burst לְהִתְפַּקֵּעַ-הִתְפַּקֵּעַ
to earn a living לְהִתְפַּרְנֵס-הִתְפַּרְנֵס
to become famous, to be publicized לְהִתְפַּרְסֵם-הִתְפַּרְסֵם
to go wild/become unruly לְהִתְפָּרֵעַ-הִתְפָּרֵעַ
to play hooky/play around לְהִתְפַּרְפֵּר-הִתְפַּרְפֵּר
to break (into/out of), toburst (into) לְהִתְפָּרֵץ-הִתְפָּרֵץ
to fall apart/break up לְהִתְפָּרֵק-הִתְפָּרֵק
to loosen up לְהִתְפָּרֵק-הִתְפָּרֵק
to undress לְהִתְפַּשֵּׁט-הִתְפַּשֵּׁט
to expand/spread לְהִתְפַּשֵּׁט-הִתְפַּשֵּׁט
to compromise לְהִתְפַּשֵּׁר-הִתְפַּשֵּׁר
to be talked into לְהִתְפַּתּוֹת-הִתְפַּתָּה
to develop לְהִתְפַּתֵּחַ-הִתְפַּתֵּחַ
to be winding לְהִתְפַּתֵּל-הִתְפַּתֵּל
to be accepted לְהִתְקַבֵּל-הִתְקַבֵּל
to gather לְהִתְקַבֵּץ-הִתְקַבֵּץ
to progress/advance לְהִתְקַדֵּם-הִתְקַדֵּם
to become dark לְהִתְקַדֵּר-הִתְקַדֵּר
to become sanctified לְהִתְקַדֵּשׁ-הִתְקַדֵּשׁ
to become dull לְהִתְקַהוֹת-הִתְקַהָה
to assemble לְהִתְקַהֵל-הִתְקַהֵל
to quarrel לְהִתְקוֹטֵט-הִתְקוֹטֵט
to revolt לְהִתְקוֹמֵם-הִתְקוֹמֵם
to be fulfilled/held/sustained לְהִתְקַיֵּים-הִתְקַיֵּים
to install לְהַתְקִין-הִתְקִין
to attack לְהַתְקִיף-הִתְקִיף
to shower לְהִתְקַלֵּחַ-הִתְקַלֵּחַ
to be peeled off לְהִתְקַלֵּף-הִתְקַלֵּף
to break down לְהִתְקַלְקֵל-הִתְקַלְקֵל
to become ill mannered לְהִתְקַלְקֵל-הִתְקַלְקֵל
to wrinkle לְהִתְקַמֵּט-הִתְקַמֵּט
to become envious לְהִתְקַנֵּא-הִתְקַנֵּא
to fold up לְהִתְקַפֵּל-הִתְקַפֵּל
to become shorter לְהִתְקַצֵּר-הִתְקַצֵּר
to approach לְהִתְקָרֵב-הִתְקָרֵב
to become bald לְהִתְקָרֵחַ-הִתְקָרֵחַ
to catch a cold לְהִתְקָרֵר-הִתְקָרֵר
to become cold לְהִתְקָרֵר-הִתְקָרֵר
to coagulate לְהִתְקָרֵשׁ-הִתְקָרֵשׁ
to harden לְהִתְקַשּׁוֹת-הִתְקַשָּׁה
to have difficulty לְהִתְקָשׁוֹת-הִתְקָשָׁה
to adorn oneself לְהִתְקַשֵּׁט-הִתְקַשֵּׁט
to contact/get in touch לְהִתְקַשֵּׁר-הִתְקַשֵּׁר
to become attached to לְהִתְקַשֵּׁר-הִתְקַשֵּׁר
to see/meet s.o. לְהִתְרָאוֹת-הִתְרָאָה
to be interviewed לְהִתְרַאֲיֵין-הִתְרַאֲיֵין
to multiply לְהִתְרַבּוֹת-הִתְרַבָּה
to boast לְהִתְרַבְרֵב-הִתְרַבְרֵב
to get angry לְהִתְרַגֵּז-הִתְרַגֵּז
to get used to לְהִתְרַגֵּל-הִתְרַגֵּל
to get excited לְהִתְרַגֵּשׁ-הִתְרַגֵּשׁ
to rise/be exalted לְהִתְרוֹמֵם-הִתְרוֹמֵם
to associate with לְהִתְרוֹעֵעַ-הִתְרוֹעֵעַ
to loosen/weaken לְהִתְרוֹפֵף-הִתְרוֹפֵף
to run around לְהִתְרוֹצֵץ-הִתְרוֹצֵץ
to become emptied לְהִתְרוֹקֵן-הִתְרוֹקֵן
to become impoverished לְהִתְרוֹשֵׁשׁ-הִתְרוֹשֵׁשׁ
to caution/warn לְהַתְרוֹת-הִתְרָה
to widen לְהִתְרַחֵב-הִתְרַחֵב
to wash oneself לְהִתְרַחֵץ-הִתְרַחֵץ
to go away/distance oneself לְהִתְרַחֵק-הִתְרַחֵק
to take place לְהִתְרַחֵשׁ-הִתְרַחֵשׁ
to get wet לְהִתְרַטֵּב-הִתְרַטֵּב
to raise funds לְהַתְרִים-הִתְרִים
to protest לְהַתְרִיעַ-הִתְרִיעַ
to concentrate לְהִתְרַכֵּז-הִתְרַכֵּז
to soften לְהִתְרַכֵּךְ-הִתְרַכֵּךְ
to crash לְהִתְרַסֵּק-הִתְרַסֵּק
to complain לְהִתְרַעֵם-הִתְרַעֵם
to snuggle לְהִתְרַפֵּק-הִתְרַפֵּק
to be negligent לְהִתְרַשֵּׁל-הִתְרַשֵּׁל
to be impressed לְהִתְרַשֵּׁם-הִתְרַשֵּׁם
to be angry לְהִתְרַתֵּחַ-הִתְרַתֵּחַ
to make sure לְוַודֵּא-וִידֵּא
to regulate לְווַסֵּת-וִיסֵּת
to give up לְוַותֵּר-וִיתֵּר

לְזַבֵּל-זִיבֵּל	to fertilize
לְזַהוֹת-זִיהָה	to identify
לְזַהֵם-זִיהֵם	to pollute
לְזַוֵּוג-זִיוֵּוג	to pair/match off
לָזוּז-זָז	to move
לָזוּעַ-זָע	to move
לִזְחוֹל-זָחַל	to crawl
לְזַיֵּין-זִייֵּן	to arm
לְזַיֵּין-זִייֵּן	to reinforce
לְזַיֵּיף-זִייֵּף	to forge
לְזַיֵּיף-זִייֵּף	to be off-key
לִזְכּוֹר-זָכַר	to remember
לְזַכּוֹת-זִיכָּה	to acquit
לְזַכּוֹת-זִיכָּה	to win
לִזְכּוֹת-זָכָה	to be acquitted
לִזְכּוֹת-זָכָה	to win
לְזַכֵּךְ-זִיכֵּךְ	to refine
לִזְלוֹג-זָלַג	to shed tears
לִזְלוֹל-זָלַל	to gorge oneself
לִזְלוֹף-זָלַף	to drizzle
לְזַלְזֵל-זִילְזֵל	to disrespect
לִזְמוֹם-זָמַם	to scheme
לְזַמְזֵם-זִימְזֵם	to buzz
לְזַמֵּן-זִימֵּן	to summon
לְזַמֵּן-זִימֵּן	to get together
לְזַמֵּר-זִימֵּר	to sing
לִזְנוֹחַ-זָנַח	to neglect/abandon
לְזַנֵּק-זִינֵּק	to bounce
לִזְעוֹם-זָעַם	to be enraged
לִזְעוֹף-זָעַף	to be angry
לִזְעוֹק-זָעַק	to cry out
לְזַעֲזֵעַ-זִיעֲזֵעַ	to shake up
לְזַפֵּת-זִיפֵּת	to pitch/tar
לִזְקוֹף-זָקַף	to straighten
לִזְקוֹף-זָקַף	to credit
לְזַקֵּק-זִיקֵּק	to refine
לִזְרוֹחַ-זָרַח	to shine
לִזְרוֹם-זָרַם	to flow
לִזְרוֹעַ-זָרַע	to sow
לִזְרוֹק-זָרַק	to throw
לִזְרוֹת-זָרָה	to sprinkle
לְזָרֵז-זֵירֵז	to hasten
לְחַבֵּב-חִיבֵּב	to like
לַחְבּוֹט-חָבַט	to beat
לַחֲבוֹק-חָבַק	to embrace
לַחֲבוֹשׁ-חָבַשׁ	to wear (a hat)
לַחֲבוֹשׁ-חָבַשׁ	to bandage
לַחֲבוֹשׁ-חָבַשׁ	to imprison
לְחַבֵּל-חִיבֵּל	to sabotage
לְחַבֵּק-חִיבֵּק	to hug
לְחַבֵּר-חִיבֵּר	to join
לְחַבֵּר-חִיבֵּר	to compose/write

לַחְגּוֹג-חָגַג	to celebrate
לַחְגּוֹר-חָגַר	to gird
לְחַדֵּד-חִידֵּד	to sharpen
לַחְדּוֹל-חָדַל	to stop
לַחְדּוֹר-חָדַר	to penetrate
לְחַדֵּשׁ-חִידֵּשׁ	to renew
לָחוֹג-חָג	to circle/revolve
לַחֲווֹת-חָוָה	to experience
לְחַוּוֹת-חִיוָּוה	to express
לָחוּל-חָל	to fall on a date
לָחוֹן-חָנַן	to pardon
לָחוּס-חָס	to pity
לָחוּשׁ-חָשׁ	to sense/feel
לָחוּשׁ-חָשׁ	to hurry
לַחֲזוֹר-חָזַר	to return
לַחֲזוֹת-חָזָה	to watch
לְחַזֵּק-חִיזֵּק	to reinforce
לְחַזֵּר-חִיזֵּר	to court
לַחֲטוֹא-חָטָא	to sin
לַחֲטוֹב-חָטַב	to cut/chop wood
לַחֲטוֹף-חָטַף	to seize/hijack
לְחַטֵּט-חִיטֵּט	to peck/pry
לִחְיוֹת-חַי	to live
לְחַיֵּיב-חִייֵּב	to force/debit/approve
לְחַיֵּיג-חִייֵּג	to dial
לְחַיֵּיךְ-חִייֵּךְ	to smile
לַחְכּוֹר-חָכַר	to lease
לְחַכּוֹת-חִיכָּה	to wait
לְחַכֵּךְ-חִיכֵּךְ	to rub
לַחֲלוֹב-חָלַב	to milk
לַחֲלוֹם-חָלַם	to dream
לַחֲלוֹף-חָלַף	to pass by
לַחֲלוֹץ-חָלַץ	to take off (shoes)
לַחֲלוֹץ-חָלַץ	to pull out
לַחֲלוֹשׁ-חָלַשׁ	to command
לַחֲלוֹת-חָלָה	to fall ill
לְחַלְחֵל-חִילְחֵל	to seep
לְחַלֵּל-חִילֵּל	to desecrate
לְחַלֵּץ-חִילֵּץ	to rescue
לְחַלֵּק-חִילֵּק	to divide
לַחְמוֹד-חָמַד	to covet
לַחְמוֹס-חָמַס	to rob
לַחְמוֹק-חָמַק	to slip away
לְחַמֵּם-חִימֵּם	to heat/warm
לְחַמְצֵן-חִימְצֵן	to oxidize
לְחַמֵּשׁ-חִימֵּשׁ	to arm
לַחֲנוֹט-חָנַט	to embalm
לַחֲנוֹךְ-חָנַךְ	to inaugurate
לַחֲנוֹק-חָנַק	to strangle
לַחֲנוֹת-חָנָה	to park
לְחַנֵּךְ-חִינֵּךְ	to educate
לַחֲסוֹךְ-חָסַךְ	to save

לַחְסוֹם-חָסַם	to block
לַחֲסוֹת-חָסָה	to shelter
לְחַסֵּל-חִיסֵּל	to liquidate
לְחַסֵּר-חִיסֵּר	to subtract
לַחְפּוֹן-חָפַן	to clutch
לַחְפּוֹף-חָפַף	to be congruent
לַחְפּוֹף-חָפַף	to shampoo
לַחְפּוֹר-חָפַר	to dig
לְחַפּוֹת-חִיפָּה	to cover/protect
לְחַפֵּשׂ-חִיפֵּשׂ	to search
לַחֲצוֹב-חָצַב	to chisel
לַחֲצוֹץ-חָצַץ	to separate
לַחֲצוֹת-חָצָה	to half
לַחְקוֹק-חָקַק	to carve
לַחְקוֹק-חָקַק	to engrave
לַחְקוֹר-חָקַר	to research
לְחַקּוֹת-חִיקָּה	to imitate
לְחַרְבֵּן-חִירְבֵּן	to defecate/'screw up'
לַחֲרוֹג-חָרַג	to deviate
לַחֲרוֹד-חָרַד	to worry
לַחֲרוֹז-חָרַז	to string (beads)
לַחֲרוֹט-חָרַט	to engrave/etch
לַחֲרוֹךְ-חָרַךְ	to scorch
לַחֲרוֹץ-חָרַץ	to cut/slit
לַחֲרוֹץ-חָרַץ	to decide
לַחֲרוֹק-חָרַק	to squeak
לַחֲרוֹשׁ-חָרַשׁ	to plow
לַחֲרוֹת-חָרַת	to inscribe
לַחֲרוֹת-חָרַת	to carve
לְחַרְחֵר-חִירְחֵר	to incite
לְחַרְחֵר-חִרְחֵר	to grunt
לְחָרֵף-חֵירֵף	to curse
לְחַשֵּׁב-חִישֵּׁב	to calculate
לְחַשְׁבֵּן-חִישְׁבֵּן	to calculate
לַחְשׁוֹב-חָשַׁב	to think
לַחְשׁוֹד-חָשַׁד	to suspect
לַחְשׂוֹךְ-חָשַׂךְ	to with hold
לַחְשׂוֹף-חָשַׂף	to expose
לַחְשׁוֹק-חָשַׁק	to desire
לַחְשׁוֹשׁ-חָשַׁשׁ	to fear
לְחַשֵּׁל-חִישֵּׁל	to strengthen/to forge
לְחַשְׁמֵל-חִישְׁמֵל	to electrify
לַחְתּוֹךְ-חָתַךְ	to cut
לַחְתּוֹם-חָתַם	to sign
לַחְתּוֹר-חָתַר	to row
לַחְתּוֹר-חָתַר	to plot/strive
לְחַתֵּל-חִיתֵּל	to diaper
לְחַתֵּן-חִיתֵּן	to marry off
לְטַאטֵא-טִאטֵא	to sweep
לִטְבּוֹחַ-טָבַח	to butcher
לִטְבּוֹל-טָבַל	to dip
לִטְבּוֹל-טָבַל	to immerse

לִטְבּוֹעַ-טָבַע	to drown
לִטְבּוֹעַ-טָבַע	to mint, to coin
לְטַבֵּעַ-טִיבֵּעַ	to sink
לְטַגֵּן-טִיגֵּן	to fry
לְטַהֵר-טִיהֵר	to purify
לָטוּס-טָס	to fly
לִטְחוֹן-טָחַן	to grind
לְטַיֵּיחַ-טִיֵּיחַ	to plaster
לְטַיֵּיל-טִיֵּיל	to go on a trip
לְטַלְגְּרֵף-טִילְגְּרֵף	to cable
לְטַלְטֵל-טִלְטֵל	to move/carry from place to place
לְטַלְפֵּן-טִילְפֵּן	to phone
לִטְמוֹן-טָמַן	to conecal
לְטַמְטֵם-טִמְטֵם	to make dense
לְטַנֵּף-טִינֵּף	to dirty
לִטְעוֹם-טָעַם	to taste
לִטְעוֹן-טָעַן	to load
לִטְעוֹן-טָעַן	to argue
לִטְעוֹת-טָעָה	to make a mistake
לִטְפּוֹחַ-טָפַח	to strike lightly
לְטַפֵּחַ-טִיפֵּחַ	to cultivate
לְטַפְטֵף-טִיפְטֵף	to drip
לְטַפֵּל-טִיפֵּל	to take care of
לְטַפֵּס-טִיפֵּס	to climb
לְטַקְטֵק-טִיקְטֵק	to tick
לִטְרוֹד-טָרַד	to trouble
לִטְרוֹחַ-טָרַח	to take the trouble
לִטְרוֹף-טָרַף	to devour
לִטְרוֹף-טָרַף	to mix
לִטְרוֹק-טָרַק	to slam
לְטַרְפֵּד-טִירְפֵּד	to torpedo
לְטַשְׁטֵשׁ-טִישְׁטֵשׁ	to blur
לְיָאֵשׁ-יִיאֵשׁ	to cause despair
לְיַיבֵּא-יִיבֵּא	to import
לִיזוֹם-יָזַם	to initiate
לְיַיבֵּב-יִיבֵּב	to wail
לְיַיבֵּשׁ-יִיבֵּשׁ	to dry
לְיַיגֵּעַ-יִיגֵּעַ	to tire (s.o.)
לְיַידֵּעַ-יִידֵּעַ	to inform
לְיַיהֵד-יִיהֵד	to convert s.o. to Judaism
לְיַחֵד-יִיחֵד	to single out
לְיַיחֵל-יִיחֵל	to yern
לְיַיחֵס-יִיחֵס	to attribute
לְיַיחֵס-יִיחֵס	to attach
לְיַילֵּד-יִילֵּד	to deliver (a baby)
לְיַילֵּל-יִילֵּל	to cry/mew
לְיַיסֵּד-יִיסֵּד	to found
לְיַיסֵּף-יִיסֵּף	to revaluate
לְיַיסֵּר-יִיסֵּר	to torment
לְיַיעֵד-יִיעֵד	to designate
לְיַיעֵל-יִיעֵל	to increase efficiency

לְיַיעֵץ-יִיעֵץ	to advise
לְיַיפּוֹת-יִיפָּה	to beautify
לְיַיצֵּא-יִיצֵּא	to export
לְיַיצֵּב-יִיצֵּב	to stabilize
לְיַיצֵּג-יִיצֵּג	to represent
לְיַיצֵּר-יִיצֵּר	to produce
לְיַיקֵּר-יִיקֵּר	to raise prices
לְיַירֵט-יִירֵט	to intercept
לְיַישֵּׁב-יִישֵּׁב	to settle s.o./s.t.
לְיַישֵּׂם-יִישֵּׂם	to apply
לְיַישֵּׁן-יִישֵּׁן	to put to sleep
לְיַישֵּׁר-יִישֵּׁר	to straighten
לִינוֹק-יָנַק	to be breast-fed
לִינוֹק-יָנַק	to absorb
לִיסוֹד-יָסַד	to found, establish
לִיפּוֹל-נָפַל	to fall
לִיצוֹק-יָצַק	to pour
לִיצוֹר-יָצַר	to create
לִירוֹא-יָרֵא	to be afraid
לִירוֹק-יָרַק	to spit
לִירוֹת-יָרָה	to shoot
לִישׁוֹן-יָשַׁן	to sleep
לִכְאוֹב-כָּאַב	to ache
לְכַבֵּד-כִּיבֵּד	to respect
לִכְבּוֹל-כָּבַל	to chain
לִכְבּוֹס-כָּבַס	to launder
לִכְבּוֹשׁ-כָּבַשׁ	to conquer
לִכְבּוֹשׁ-כָּבַשׁ	to pickle
לִכְבּוֹת-כָּבָה	to go out (light/fire)
לְכַבּוֹת-כִּיבָּה	to extinguish
לְכַבֵּס-כִּיבֵּס	to launder
לְכַדְרֵר-כִּידְרֵר	to dribble
לִכְהוֹת-כָּהָה	to dim
לְכַהֵן-כִּיהֵן	to serve as
לְכַוֵּון-כִּיוּוֵן	to direct
לְכַוֵּוץ-כִּיוּוֵץ	to shrink
לְכַחֵד-כִּיחֵד	to hide
לְכַיֵּיס-כִּיֵּיס	to pickpocket
לְכַיֵּיף-כִּיֵּיף	to have fun
לְכַכֵּב-כִּיכֵּב	to star
לִכְלוֹא-כָּלָא	to imprison
לִכְלוֹל-כָּלַל	to include
לְכַלּוֹת-כִּילָּה	to complete/cause
לִכְלוֹת-כָּלָה	to end
לְכַלְכֵּל-כִּילְכֵּל	to support (feed, clothe)
לִכְמוֹהַּ-כָּמַה	to yearn
לְכַנּוֹת-כִּינָּה	to (nick) name
לְכַנֵּס-כִּינֵּס	to gather/assemble
לִכְסוֹס-כָּסַס	to bite (nails), pester
לְכַסּוֹת-כִּיסָּה	to cover (expenses)
לְכַסֵּחַ-כִּיסֵּחַ	to mow
לִכְעוֹס-כָּעַס	to be angry

לְכַעֵר-כִּיעֵר	to make ugly
לִכְפּוֹת-כָּפָה	to force/compel
לְכַפֵּר-כִּיפֵּר	to atone
לְכַפְתֵּר-כִּיפְתֵּר	to button
לְכַרְכֵּר-כִּירְכֵּר	to twirl/dance attendance on
לְכַרְסֵם-כִּירְסֵם	to gnaw
לְכַשְׁכֵּשׁ-כִּישְׁכֵּשׁ	to wag/wiggle
לְכַשֵּׁף-כִּישֵּׁף	to bewitch
לְכַתֵּר-כִּיתֵּר	to surround
לִלְבּוֹשׁ-לָבַשׁ	to wear (clothes)
לְלַבּוֹת-לִיבָּה	to inflame
לְלַבְלֵב-לִיבְלֵב	to blossom
לְלַבֵּן-לִיבֵּן	to make white-hot
לִלְגּוֹם-לָגַם	to sip
לְלַגְלֵג-לִיגְלֵג	to sneer
לָלֶדֶת-יָלְדָה	to give birth
לִלְהוֹט-לָהַט	to burn
לְלַהֵק-לִיהֵק	to cast
לְלַוּוֹת-לִיוָּוה	to escort
לָלוּן-לָן	to stay the night
לָלוּשׁ-לָשׁ	to knead
לִלְחוֹם-לָחַם	to fight
לִלְחוֹץ-לָחַץ	to press
לִלְחוֹשׁ-לָחַשׁ	to whisper
לִלְטוֹשׁ-לָטַשׁ	to capture
לְלַטֵּף-לִיטֵּף	to pat
לְלַכֵּד-לִיכֵּד	to unite
לִלְכּוֹד-לָכַד	to capture
לְלַכְלֵךְ-לִיכְלֵךְ	to soil
לָלֶכֶת-הָלַךְ	to go/walk
לְלַמֵּד-לִימֵּד	to teach
לִלְמוֹד-לָמַד	to study
לִלְעוֹג-לָעַג	to mock
לִלְעוֹס-לָעַס	to chew
לִלְפּוֹת-לָפַת	to grasp
לְלַפֵּף-לִיפֵּף	to wind
לִלְקוֹת-לָקָה	to be stricken
לְלַקֵּט-לִיקֵּט	to collect
לְלַקֵּק-לִיקֵּק	to lick
לִמְאוֹס-מָאַס	to detest
לְמָאֵן-מֵיאֵן	to refuse
לְמַגֵּן-מִיגֵּן	to secure
לְמַגֵּר-מִיגֵּר	to defeat
לִמְדּוֹד-מָדַד	to measure
לְמַדֵּר-מִידֵּר	to compartmentalize
לִמְהוֹל-מָהַל	to dilute
לְמַהֵר-מִיהֵר	to hurry
לָמוּט-מָט	to waddle
לָמוּל-מָל	to circumcise
לָמוּת-מֵת	to die
לְמַזֵּג-מִיזֵּג	to merge

to pet/neck	לְמַזמֵז-מִיזמֵז
to minimalize	לְמַזעֵר-מִיזעֵר
to forgive	לִמחוֹל-מָחַל
to crush	לִמחוֹץ-מָחַץ
to erase	לִמחוֹק-מָחַק
to wipe off/protest	לִמחוֹת-מָחָה
to recycle	לְמַחזֵר-מִיחזֵר
to computerize	לְמַחשֵב-מִיחשֵב
to sort/classify	לְמַיֵין-מִיֵין
to sell	לִמכּוֹר-מָכַר
to mechanize	לְמַכֵּן-מִיכֵּן
to fill	לְמַלֵא-מִילֵא
to reign	לִמלוֹך-מָלַך
to wring (a neck)	לִמלוֹק-מָלַק
to save	לְמַלֵט-מִילֵט
to booby trap	לְמַלכֵּד-מִילכֵּד
to utter	לְמַלֵל-מִילֵל
to finance	לְמַמֵן-מִימֵן
to realize	לְמַמֵש-מִימֵש
to appoint	לִמנוֹת-מִינָה
to frame	לְמַסגֵר-מִיסגֵר
to institutionalize	לְמַסֵד-מִיסֵד
to harvest olives	לִמסוֹק-מָסַק
to deliver	לִמסוֹר-מָסַר
to commercialize	לְמַסחֵר-מִיסחֵר
to dissolve	לְמַסמֵס-מִיסמֵס
to nail	לְמַסמֵר-מִיסמֵר
to numerate	לְמַספֵּר-מִיספֵּר
to stumble	לִמעוֹד-מָעַד
to squash	לִמעוֹך-מָעַך
to embezzle	לִמעוֹל-מָעַל
to reduce	לְמַעֵט-מִיעֵט
to address	לְמַעֵן-מִיעֵן
to map	לְמַפּוֹת-מִיפָּה
to find	לִמצוֹא-מָצָא
to suck	לִמצוֹץ-מָצַץ
to exhaust	לְמַצוֹת-מִיצָה
to blink	לְמַצמֵץ-מִיצמֵץ
to focus	לְמַקֵד-מִיקֵד
to place	לְמַקֵם-מִיקֵם
to mine	לְמַקֵש-מִיקֵש
to rebel	לִמרוֹד-מָרַד
to spread/smear	לִמרוֹחַ-מָרַח
to pluck feathers	לִמרוֹט-מָרַט
to center/centralize	לְמַרכֵּז-מִירכֵּז
to polish	לְמָרֵק-מֵירֵק
to embitter	לְמָרֵר-מֵירֵר
to grease/anoint	לִמשוֹחַ-מָשַח
to pull/attract	לִמשוֹך-מָשַך
to withdraw	לִמשוֹך-מָשַך
to rule	לִמשוֹל-מָשַל
to pull out (of water)	לִמשוֹת-מָשָה

to mortgage	לְמַשכֵּן-מִישכֵּן
to touch/handle	לְמַשֵש-מִישֵש
to touch/feel	לְמַשֵש-מִישֵש
to stretch	לִמתוֹחַ-מָתַח
to moderate/tone down	לְמַתֵן-מִיתֵן
to deliver a speech	לִנאוֹם-נָאַם
to commit adultery	לִנאוֹף-נָאַף
to bark	לִנבּוֹחַ-נָבַח
to sprout/bud	לִנבּוֹט-נָבַט
to wither	לִנבּוֹל-נָבַל
to flow/derive	לִנבּוֹעַ-נָבַע
to peck/search	לִנבּוֹר-נָבַר
to use foul language	לְנַבֵּל-נִיבֵּל
to dry	לְנַגֵב-נִיגֵב
to shine	לִנגוֹהַ-נָגַה
to gore	לִנגוֹחַ-נָגַח
to bite	לִנגוֹס-נָגַס
to touch/concern	לִנגוֹעַ-נָגַע
to oppress	לִנגוֹש-נָגַש
to gore/gibe	לְנַגֵחַ-נִיגֵחַ
to play (music)	לְנַגֵן-נִיגֵן
to donate	לְנַדֵב-נִידֵב
to migrate/wander	לִנדוֹד-נָדַד
to spread/disperse	לִנדוֹף-נָדַף
to vow	לִנדוֹר-נָדַר
to rock	לְנַדנֵד-נִידנֵד
to drive/treat	לִנהוֹג-נָהַג
to growl	לִנהוֹם-נָהַם
to stream/shine	לִנהוֹר-נָהַר
to follow	לִנהוֹת-נָהָה
to manage	לְנַהֵל-נִיהֵל
to wander	לָנוּד-נָד
to navigate/lead	לְנַוֵוט-נִיוֵוט
to degenerate	לְנַוֵון-נִיוֵון
to rest	לָנוּחַ-נָח
to sleep	לָנוּם-נָם
to escape	לָנוּס-נָס
to move	לָנוּעַ-נָע
to wave	לְנוֹפֵף-נוֹפֵף
to leak	לִנזוֹל-נָזַל
to reprimand	לִנזוֹף-נָזַף
to inherit	לִנחוֹל-נָחַל
to snore	לִנחוֹר-נָחַר
to land	לִנחוֹת-נָחַת
to console	לְנַחֵם-נִיחֵם
to guess	לְנַחֵש-נִיחֵש
to take	לִנטוֹל-נָטַל
to plant	לִנטוֹעַ-נָטַע
to drip	לִנטוֹף-נָטַף
to bear a grudge	לִנטוֹר-נָטַר
to abandon	לִנטוֹש-נָטַש

to turn/be inclined	לִנטוֹת-נָטָה
to neutralize	לְנַטרֵל-נִיטרֵל
to mobilize	לְנַייֵד-נִייֵד
to deduct	לְנַכּוֹת-נִיכָּה
to weed	לְנַכֵּש-נִיכֵּש
to dose off	לְנַמנֵם-נִימנֵם
to explain/reason	לְנַמֵק-נִימֵק
to travel	לִנסוֹעַ-נָסַע
to ascend	לִנסוֹק-נָסַק
to try/experiment	לְנַסוֹת-נִיסָה
to formulate	לְנַסֵחַ-נִיסֵחַ
to saw	לְנַסֵר-נִיסֵר
to stick in	לִנעוֹץ-נָעַץ
to bray	לִנעוֹר-נָעַר
to nod	לְנַעֲנֵעַ-נִיעֲנֵעַ
to shake	לְנַעֵר-נִיעֵר
to vacation	לִנפּוֹש-נָפַש
to sift	לְנַפּוֹת-נִיפָּה
to inflate	לְנַפֵּחַ-נִיפֵּחַ
to wave	לְנַפנֵף-נִיפנֵף
to shatter	לְנַפֵּץ-נִיפֵּץ
to issue	לְנַפֵּק-נִיפֵּק
to keep guarded	לִנצוֹר-נָצַר
to win/conduct	לְנַצֵחַ-נִיצֵחַ
to exploit/utilize	לְנַצֵל-נִיצֵל
to glitter/twinkle	לְנַצנֵץ-נִיצנֵץ
to perforate/punch	לְנַקֵב-נִיקֵב
to vocalize	לְנַקֵד-נִיקֵד
to punch (a hole)	לִנקוֹב-נָקַב
to state/specify/name	לִנקוֹב-נָקַב
to take (measures, etc)	לִנקוֹט-נָקַט
to avenge	לִנקוֹם-נָקַם
to dislocate/sprain	לִנקוֹעַ-נָקַע
to pass/go around	לִנקוֹף-נָקַף
to knock/rattle	לִנקוֹש-נָקַש
to clean	לְנַקוֹת-נִיקָה
to drain	לְנַקֵז-נִיקֵז
to peck	לְנַקֵר-נִיקֵר
to blow	לִנשוֹב-נָשַב
to bite	לִנשוֹך-נָשַך
to fall/drop off	לִנשוֹל-נָשַל
to breathe	לִנשוֹם-נָשַם
to blow (air)	לִנשוֹף-נָשַף
to kiss/touch	לִנשוֹק-נָשַק
to fall off/drop off	לִנשוֹר-נָשַר
to dispossess	לְנַשֵל-נִישֵל
to kiss	לְנַשֵק-נִישֵק
to direct/route	לְנַתֵב-נִיתֵב
to operate/analyze	לְנַתֵחַ-נִיתֵחַ
to smash	לְנַתֵץ-נִיתֵץ
to disconnect/cut off	לְנַתֵק-נִיתֵק
to skip/jump	לְנַתֵר-נִיתֵר

to be noisy	לִסאוֹן-סָאַן
to turn around	לְסַבֵּב-סִיבֵּב
to suffer/tolerate	לִסבּוֹל-סָבַל
to think/believe	לִסבּוֹר-סָבַר
to complicate	לְסַבֵּךְ-סִיבֵּךְ
to soap	לְסַבֵּן-סִיבֵּן
to subsidize	לְסַבְסֵד-סִיבְסֵד
to interpret	לְסַבֵּר-סִיבֵּר
to worship	לִסגּוֹד-סָגַד
to close/shut	לִסגּוֹר-סָגַר
to adapt/adopt	לְסַגֵּל-סִיגֵּל
to stylize	לְסַגְנֵן-סִיגְנֵן
to practice self-mortification	לְסַגֵּף-סִיגֵּף
to crack	לִסדּוֹק-סָדַק
to put in order/arrange	לְסַדֵּר-סִידֵּר
to encircle	לָסוֹב-סַב
to spin/gyrate	לָסוֹב-סַב
to turn/surround	לְסוֹבֵב-סוֹבֵב
to classify	לְסַוֵּוג-סִיוֵּוג
to grease	לָסוּךְ-סָךְ
to move/turn aside	לָסוּר-סָר
to drag/carry/snatch	לִסחוֹב-סָחַב
to squeeze dry	לִסחוֹט-סָחַט
to extort	לִסחוֹט-סָחַט
to erode	לִסחוֹף-סָחַף
to trade	לִסחוֹר-סָחַר
to spin	לְסַחְרֵר-סִיחְרֵר
to slap	לִסטוֹר-סָטַר
to deviate	לִסטוֹת-סָטָה
to restrict/qualify	לְסַיֵּיג-סִיֵּיג
to whitewash	לְסַיֵּיד-סִיֵּיד
to finish	לְסַיֵּים-סִיֵּים
to help/assist	לְסַיֵּיעַ-סִיֵּיעַ
to fence	לְסַיֵּיף-סִיֵּיף
to tour	לְסַיֵּיר-סִיֵּיר
to cover	לִסכּוֹךְ-סָכַךְ
to damn	לִסכּוֹר-סָכַר
to stultify	לְסַכֵּל-סִיכֵּל
to sum up	לְסַכֵּם-סִיכֵּם
to risk	לְסַכֵּן-סִיכֵּן
to cause conflict	לְסַכְסֵךְ-סִיכְסֵךְ
to be disgusted	לִסלוֹד-סָלַד
to forgive	לִסלוֹחַ-סָלַח
to pave	לִסלוֹל-סָלַל
to perm	לְסַלְסֵל-סִילְסֵל
to distort	לְסַלֵּף-סִילֵּף
to remove	לְסַלֵּק-סִילֵּק
to blind	לְסַמֵּא-סִימֵּא
to rely (on)	לִסמוֹךְ-סָמַךְ
to stand on end	לִסמוֹר-סָמַר
to symbolize	לְסַמֵּל-סִימֵּל
to drug	לְסַמֵּם-סִימֵּם
to mark/signal	לְסַמֵּן-סִימֵּן
to nail	לְסַמֵּר-סִימֵּר
to defend	לְסַנגֵּר-סִינגֵּר
to put on sandals	לְסַנדֵּל-סִינדֵּל
to blind	לְסַנוֵור-סִינוֵור
to filter/strain	לְסַנֵּן-סִינֵּן
to affiliate	לְסַנֵּף-סִינֵּף
to synthesize	לְסַנתֵּז-סִינתֵּז
to eat	לִסעוֹד-סָעַד
to assist	לִסעוֹד-סָעַד
to storm	לִסעוֹר-סָעַר
to absorb	לִספּוֹג-סָפַג
to mourn	לִספּוֹד-סָפַד
to attach	לִספּוֹחַ-סָפַח
to clap (hands)	לִספּוֹק-סָפַק
to count	לִספּוֹר-סָפַר
to annex	לְסַפֵּחַ-סִיפֵּחַ
to profiteer	לְסַפסֵר-סִיפסֵר
to satisfy	לְסַפֵּק-סִיפֵּק
to tell	לְסַפֵּר-סִיפֵּר
to numerate	לְסַפרֵר-סִיפרֵר
to stone	לִסקוֹל-סָקַל
to inspect	לִסקוֹר-סָקַר
to remove stones	לְסַקֵּל-סִיקֵּל
to cover/report on	לְסַקֵּר-סִיקֵּר
to intrigue	לְסַקרֵן-סִיקרֵן
to refuse	לְסָרֵב-סֵירֵב
to make cumbersome	לְסַרבֵּל-סִירבֵּל
to knit	לִסרוֹג-סָרַג
to sin	לִסרוֹחַ-סָרַח
to scratch	לִסרוֹט-סָרַט
to search	לִסרוֹק-סָרַק
to draw/sketch	לְסַרטֵט-סִירטֵט
to cause cancer	לְסַרטֵן-סִירטֵן
to castrate	לְסָרֵס-סֵירֵס
to comb	לְסָרֵק-סֵירֵק
to fill	לִסתּוֹם-סָתַם
to refute	לִסתּוֹר-סָתַר
to chisel	לְסַתֵּת-סִיתֵּת
to cultivate	לְעַבֵּד-עִיבֵּד
to work	לַעֲבוֹד-עָבַד
to cross/pass	לַעֲבוֹר-עָבַר
to thicken	לְעַבּוֹת-עִיבָּה
to impregnate	לְעַבֵּר-עִיבֵּר
to Hebraize	לְעַברֵת-עִיברֵת
to court	לַעֲגוֹב-עָגַב
to be gloomy	לַעֲגוֹם-עָגַם
to anchor	לְעַגֵּן-עִיגֵּן
to round	לְעַגֵּל-עִיגֵּל
to anchor	לַעֲגוֹן-עָגַן
to hoe	לַעֲדוֹר-עָדַר
to update	לְעַדכֵּן-עִידכֵּן
to refine	לְעַדֵּן-עִידֵּן
to encourage	לְעוֹדֵד-עוֹדֵד
to blind	לְעַוֵּור-עִיוֵּור
to distort	לְעַוֵּות-עִיוֵּות
to twist	לְעַוּוֹת-עִיוָּוה
to pounce	לָעוּט-עָט
to commit	לְעוֹלֵל-עוֹלֵל
to fly	לָעוּף-עָף
to fly	לְעוֹפֵף-עוֹפֵף
to awaken	לְעוֹרֵר-עוֹרֵר
to leave	לַעֲזוֹב-עָזַב
to help	לַעֲזוֹר-עָזַר
to wrap	לַעֲטוֹף-עָטַף
to wear/put on	לַעֲטוֹת-עָטָה
to cover	לַעֲטוֹת-עָטָה
to decorate	לְעַטֵּר-עִיטֵּר
to read/study	לְעַיֵּין-עִיֵּין
to look (into/up)/ research/investigate	לְעַיֵּין-עִיֵּין
to tire	לְעַיֵּיף-עִיֵּיף
to delay	לְעַכֵּב-עִיכֵּב
to wiggle/shimmy	לְעַכֵּז-עִיכֵּז
to digest	לְעַכֵּל-עִיכֵּל
to insult	לַעֲלוֹב-עָלַב
to be merry	לַעֲלוֹז-עָלַז
to rejoice	לַעֲלוֹץ-עָלַץ
to climb/cost/increase	לַעֲלוֹת-עָלָה
to browse	לְעַלעֵל-עִילעֵל
to stand	לְעַמֵּד-עִימֵּד
to stop	לַעֲמוֹד-עָמַד
to be about to do	לַעֲמוֹד-עָמַד
to toil	לַעֲמוֹל-עָמַל
to load	לַעֲמוֹס-עָמַס
to exercise	לְעַמֵּל-עִימֵּל
to starch	לְעַמלֵן-עִימלֵן
to dim	לְעַמֵּם-עִימֵּם
to muffle	לְעַמעֵם-עִימעֵם
to confront	לְעַמֵּת-עִימֵּת
to give pleasure	לְעַנֵּג-עִינֵּג
to tie/knot (a tie)	לַעֲנוֹב-עָנַב
to wear (jewelry)	לַעֲנוֹד-עָנַד
to punish	לַעֲנוֹשׁ-עָנַשׁ
to torture	לְעַנּוֹת-עִינָּה
to answer	לַעֲנוֹת-עָנָה
to interest	לְעַניֵּין-עִניֵּין
to work (in)	לַעֲסוֹק-עָסַק
to massage	לְעַסּוֹת-עִיסָּה
to blink	לְעַפעֵף-עִיפעֵף
to shape	לְעַצֵּב-עִיצֵּב
to make nervous	לְעַצבֵּן-עִיצבֵּן
to become strong	לַעֲצוֹם-עָצַם

לַעֲצוֹם-עָצַם	to close (eyes)
לַעֲצוֹר-עָצַר	to stop
לַעֲקוֹב-עָקַב	to follow
לַעֲקוֹד-עָקַד	to bind
לַעֲקוֹף-עָקַף	to bypass
לַעֲקוֹץ-עָקַץ	to sting
לַעֲקוֹר-עָקַר	to uproot
לְעַקֵל-עִיקֵל	to seize
לְעַקֵם-עִיקֵם	to bend
לְעַקֵר-עִיקֵר	to sterilize
לְעָרֵב-עֵירֵב	to mix
לְעַרְבֵּב-עִירְבֵּב	to mix
לְעַרְבֵּל-עִירְבֵּל	to mix
לַעֲרוֹב-עָרַב	to co-sign
לֶעֱרוֹב-עָרַב	to be pleasant
לַעֲרוֹג-עָרַג	to yearn
לַעֲרוֹךְ-עָרַךְ	to set/arrange
לַעֲרוֹם-עָרַם	to pile
לַעֲרוֹף-עָרַף	to decapitate
לַעֲרוֹק-עָרַק	to desert
לְעַרְטֵל-עִירְטֵל	to undress
לְעַרְעֵר-עִירְעֵר	to appeal/protest
לְעַרְפֵּל-עִירְפֵּל	to blur
לְעַשֵּׂב-עִישֵּׂב	to weed
לַעֲשׁוֹק-עָשַׁק	to exploit
לַעֲשׂוֹת-עָשָׂה	to do/make
לְעַשֵּׁן-עִישֵּׁן	to smoke
לַעֲתוֹר-עָתַר	to petition
לְפָאֵר-פֵּיאֵר	to praise/adorn
לְפַבְרֵק-פִּיבְרֵק	to fabricate
לִפְגוֹם-פָּגַם	to spoil
לִפְגוֹעַ-פָּגַע	to harm
לִפְגוֹשׁ-פָּגַשׁ	to meet
לְפַגֵּר-פִּיגֵּר	to lag behind
לִפְדּוֹת-פָּדָה	to redeem/release
לְפַדֵּר-פִּידֵּר	to powder
לְפַהֵק-פִּיהֵק	to yawn
לָפוּג-פָּג	to expire
לְפוֹרֵר-פּוֹרֵר	to crumble
לִפְזוֹל-פָּזַל	to squint
לְפַזֵּז-פִּיזֵּז	to prance
לְפַזֵּם-פִּיזֵּם	to hum
לְפַזֵּר-פִּיזֵּר	to disperse
לְפַחֵד-(פִּיחֵד)	to fear
לִפְחוֹד-פָּחַד	to be afraid
לִפְחוֹס-פָּחַס	to flatten
לִפְחוֹת-פָּחַת	to lessen
לְפַחֵת-פִּיחֵת	to devalue
לִפְטוֹר-פָּטַר	to exempt
לְפַטֵּם-פִּיטֵּם	to stuff (with food)
לְפַטְפֵּט-פִּיטְפֵּט	to chat
לְפַטֵּר-פִּיטֵּר	to dismiss/fire
לְפַטְרֵל-פִּיטְרֵל	to patrol
לְפַיֵּחַ-פִּיֵּחַ	to cover with soot
לְפַיֵּיס-פִּיֵּיס	to conciliate
לְפַכּוֹת-פִּיכָּה	to gush/flow
לְפַלֵּג-פִּילֵּג	to divide/split
לִפְלוֹט-פָּלַט	to emit
לִפְלוֹשׁ-פָּלַשׁ	to invade
לְפַלֵּחַ-פִּילַּח	to segment
לְפַלֵּל-פִּילֵּל	to expect/hope
לְפַלֵּס-פִּילֵּס	to pave/level
לֶפְלַרְטֵט-פְלִירְטֵט	to flirt
לְפַנּוֹת-פִּינָּה	to evacuate
לְפַנּוֹת-פִּינָּה	to vacate
לִפְנוֹת-פָּנָה	to turn
לִפְסוֹחַ-פָּסַח	to skip
לִפְסוֹל-פָּסַל	to disquality
לִפְסוֹעַ-פָּסַע	to step
לִפְסוֹק-פָּסַק	to rule/stop
לְפַסְפֵס-פִּיסְפֵס	to miss
לְפַסֵּק-פִּיסֵּק	to punctuate
לִפְעוֹל-פָּעַל	to act
לִפְעוֹם-פָּעַם	to beat
לִפְעוֹר-פָּעַר	to open widely
לִפְעוֹת-פָּעָה	to bleat
לְפַעֵם-פִּיעֵם	to beat
לְפַעֲנֵחַ-פִּיעֲנַח	to decipher
לְפַעְפֵּעַ-פִּיעְפַּע	to permeate
לִפְצוֹת-פָּצָה	to open (mouth)
לְפַצֵּחַ-פִּיצַּח	to crack open
לְפַצֵּחַ-פִּיצַּח	to decipher
לְפַצֵּל-פִּיצֵּל	to split
לְפַקֵּד-פִּיקֵּד	to command/be in command
לִפְקוֹד-פָּקַד	to order/visit
לִפְקוֹחַ-פָּקַח	to open (eyes)
לִפְקוֹעַ-פָּקַע	to crack
לִפְקוֹק-פָּקַק	to seal
לְפַקֵּחַ-פִּיקֵּחַ	to supervise
לְפַקְפֵּק-פִּיקְפֵּק	to doubt
לְפַרְגֵּן-פִּירְגֵּן	to begrudge
לִפְרוֹחַ-פָּרַח	to blossom
לִפְרוֹחַ-פָּרַח	to fly away
לִפְרוֹט-פָּרַט	to change (money)
לִפְרוֹם-פָּרַם	to unstitch
לִפְרוֹס-פָּרַס	to slice
לִפְרוֹעַ-פָּרַע	to dishevel
לִפְרוֹץ-פָּרַץ	to break into
לִפְרוֹק-פָּרַק	to unload
לִפְרוֹשׁ-פָּרַשׁ	to retire/leave
לִפְרוֹשׂ-פָּרַשׂ	to spread
לְפָרֵז-פֵּירֵז	to demilitarize
לְפָרֵט-פֵּירֵט	to detail
לְפַרְכֵּס-פִּירְכֵּס	to quiver
לְפַרְנֵס-פִּירְנֵס	to support
לְפַרְסֵם-פִּירְסֵם	to publish
לְפַרְסֵם-פִּירְסֵם	to advertise
לְפַרְפֵּר-פִּירְפֵּר	to flutter
לְפָרֵק-פֵּירֵק	to take apart
לְפָרֵק-פֵּירֵק	to liquidate
לְפָרֵשׁ-פֵּירֵשׁ	to interpret
לִפְשׁוֹט-פָּשַׁט	to take off
לִפְשׁוֹעַ-פָּשַׁע	to commit a crime
לִפְשׂוֹק-פָּשַׂק	to open widely
לְפַשֵּׁט-פִּישֵּׁט	to simplify
לְפַשְׁפֵּשׁ-פִּישְׁפֵּשׁ	to scrutinize
לְפַשֵּׂק-פִּישֵּׂק	to spread
לְפַשֵּׁר-פִּישֵּׁר	to mediate
לִפְתּוֹחַ-פָּתַח	to open
לְפַתּוֹת-פִּיתָּה	to tempt/seduce
לְפַתֵּחַ-פִּיתֵּחַ	to develop
לְצַ'זְבֵּט-צִ'זְבֵּט	to 'spin a yarn'
לָצֵאת-יָצָא	to go out/depart
לִצְבּוֹא-צָבָא	to swarm
לִצְבּוֹט-צָבַט	to pinch
לִצְבּוֹעַ-צָבַע	to paint
לִצְבּוֹר-צָבַר	to accumulate
לִצְבּוֹת-צָבָה	to swell
לְצַדֵּד-צִידֵּד	to side/support
לִצְדּוֹק-צָדַק	to be right/correet
לִצְהוֹל-צָהַל	to rejoice
לָצוּד-צָד	to hunt
לִצְווֹחַ-צָוַוח	to scream
לְצַוּוֹת-צִיוָּוה	to order
לָצוּם-צָם	to fast
לָצוּף-צָף	to float
לָצוּר-צָר	to besiege/keep under siege
לְצוֹתֵת-צוֹתֵת	to eavesdrop/listen
לִצְחוֹק-צָחַק	to laugh
לְצַחְצֵחַ-צִיחְצֵחַ	to polish
לְצַחְקֵק-צִיחְקֵק	to giggle
לְצַטֵּט-צִיטֵּט	to quote
לְצַיֵּיד-צִיֵּיד	to equip
לְצַיֵּין-צִיֵּין	to note
לְצַיֵּיץ-צִיֵּיץ	to chirp
לְצַיֵּיר-צִיֵּיר	to draw/paint
לְצַיֵּית-צִיֵּית	to obey
לִצְלוֹב-צָלַב	to crucify
לִצְלוֹחַ-צָלַח	to cross (water)
לִצְלוֹל-צָלַל	to dive
לִצְלוֹף-צָלַף	to snipe/shoot
לִצְלוֹת-צָלָה	to roast
לְצַלֵּם-צִילֵּם	to photograph
לְצַלְצֵל-צִילְצֵל	to ring

to be thirsty לִצמוֹא-צָמֵא
to grow לִצמוֹחַ-צָמַח
to reduce/cut back לְצַמצֵם-צִימצֵם
to make s.o. shiver לְצַמרֵר-צִימרֵר
to drop/fall לִצנוֹחַ-צָנַח
to parachute לִצנוֹחַ-צָנַח
to censor לְצַנזֵר-צִינזֵר
to march לִצעוֹד-צָעַד
to shout לִצעוֹק-צָעַק
to cause grief לְצַעֵר-צִיעֵר
to honk לִצפּוֹר-צָפַר
to expect/cover לְצַפּוֹת-צִיפָּה
to watch/observe לִצפּוֹת-צָפָה
to whistle לְצַפצֵף-צִיפצֵף
to scorch לִצרוֹב-צָרַב
to scream לִצרוֹחַ- צָרַח
to consume לִצרוֹך-צָרַך
to be dissonant לִצרוֹם-צָרַם
to bind/tie לִצרוֹר-צָרַר
to addÊput together לְצָרֵף-צֵירֵף
to chirp לְצַרצֵר-צִירצֵר
to complain לִקבּוֹל-קָבַל
to fix/set לִקבּוֹעַ-קָבַע
to bury לִקבּוֹר-קָבַר
to receive לְקַבֵּל-קִיבֵּל
to gather לְקַבֵּץ-קִיבֵּץ
to have a high fever לִקדוֹחַ-קָדַח
to drill לִקדוֹחַ-קָדַח
to precede לִקדוֹם-קָדַם
to darken לִקדוֹר-קָדַר
to advance לְקַדֵם-קִידֵם
to welcome לְקַדֵם-קִידֵם
to sanctify לְקַדֵש-קִידֵש
to become blunt לִקהוֹת-קָהָה
to hope לְקַווֹת-קִיוָוה
to get up/arise לָקוּם-קָם
to restore/rouse לְקוֹמֵם-קוֹמֵם
to mourn לְקוֹנֵן-קוֹנֵן
to loathe לָקוּץ-קָץ
to offset לְקַזֵז-קִיזֵז
to take לָקַחַת-לָקַח
to kill לִקטוֹל-קָטַל
to amputate לִקטוֹעַ-קָטַע
to interrupt לִקטוֹעַ-קָטַע
to pick לִקטוֹף-קָטַף
to catalog לְקַטלֵג-קִיטלֵג
to complain לְקַטֵר-קִיטֵר
to accuse לְקַטרֵג-קִיטרֵג
to fulfill לְקַיֵים-קִיֵים
to absorb לִקלוֹט-קָלַט
to hit לִקלוֹעַ-קָלַע
to braid לִקלוֹעַ-קָלַע

to peel לִקלוֹף-קָלַף
to shower (s.o.) לְקַלֵחַ-קִילֵחַ
to use bad language/ swear/curse לְקַלֵל-קִילֵל
to praise לְקַלֵס-קִילֵס
to peel לְקַלֵף-קִילֵף
to spoil לְקַלקֵל-קִילקֵל
to shrivel לִקמוֹל-קָמַל
to wrinkle לְקַמֵט-קִימֵט
to be tight fisted/miserly לְקַמֵץ-קִימֵץ
to arch לְקַמֵר-קִימֵר
to envy לְקַנֵא-קִינֵא
to be jealous לְקַנֵא-קִינֵא
to fine לִקנוֹס-קָנַס
to buy לִקנוֹת-קָנָה
to wipe clean לְקַנֵחַ-קִינֵחַ
to tease לְקַנטֵר-קִינטֵר
to nest לְקַנֵן-קִינֵן
to fascinate לִקסוֹם-קָסַם
to tattoo לְקַעקֵעַ-קִיעקֵעַ
to make concave לְקַעֵר-קִיעֵר
to freeze לִקפּוֹא-קָפָא
to jump לִקפּוֹץ-קָפַץ
to deprive לְקַפֵּחַ-קִיפֵּחַ
to lose (a life) לְקַפֵּחַ-קִפֵּחַ
to fold לְקַפֵּל-קִיפֵּל
to leap/jump לְקַפֵּץ-קִיפֵּץ
to allot לִקצוֹב-קָצַב
to be angry לִקצוֹף-קָצַף
to chop לִקצוֹץ-קָצַץ
to reap/cut לִקצוֹר-קָצַר
to cut/chop לְקַצֵץ-קִיצֵץ
to shorten לְקַצֵר-קִיצֵר
to bring closer לְקָרֵב-קֵירֵב
to read/call/name לִקרוֹא-קָרָא
to approach לִקרוֹב-קָרַב
to beam/shine לִקרוֹן-קָרַן
to cave in לִקרוֹס-קָרַס
to tear לִקרוֹעַ-קָרַע
to wink לִקרוֹץ-קָרַץ
to happen לִקרוֹת-קָרָה
to cackle לְקַרקֵר-קִירקֵר
to cool לְקָרֵר-קֵירֵר
to tie/conspire לִקשוֹר-קָשַר
to decorate לְקַשֵט-קִישֵט
to rattle/chat לְקַשקֵש-קִישקֵש
to bring together/connect לְקַשֵר-קִישֵר
to see לִראוֹת-רָאָה
to interview לְרַאייֵן-רִיאייֵן
to lie/lay לִרבּוֹץ-רָבַץ
to be angry לִרגוֹז-רָגַז
to stone לִרגוֹם-רָגַם

to spy לְרַגֵל-רִיגֵל
to cause excitement/ excite לְרַגֵש-רִיגֵש
to chase לִרדוֹף-רָדַף
to oppress לִרדוֹת-רָדָה
to go down/descend לָרֶדֶת-יָרַד
to furnish לְרַהֵט-רִיהֵט
to create a space לְרַווֵחַ-רִיווַח
to drink one's fill לִרווֹת-רָוָוה
to run לָרוּץ-רָץ
to empty לְרוֹקֵן-רוֹקֵן
to become thin לִרזוֹת-רָזָה
to wash לִרחוֹץ-רָחַץ
to distance לִרחוֹק-רָחַק
to feel לִרחוֹש-רָחַש
to take pity on לְרַחֵם-רִיחֵם
to hover לְרַחֵף-רִיחֵף
to sniff לְרַחרֵחַ-רִיחרֵחַ
to vibrate לִרטוֹט-רָטַט
to grumble לִרטוֹן-רָטַן
to tear to pieces לְרַטֵש-רִיטֵש
to retouch לְרַטֵש-רִיטֵש
to quarrel לָרִיב-רָב
to ride לִרכּוֹב-רָכַב
to bend over לִרכּוֹן-רָכַן
to fasten/button לִרכּוֹס-רָכַס
to buy/acquire לִרכּוֹש-רָכַש
to gather/concentrate לְרַכֵּז-רִיכֵּז
to tenderize לְרַכֵּך-רִיכֵּך
to hint לִרמוֹז-רָמַז
to trample לִרמוֹס-רָמַס
to deceive/cheat לְרַמוֹת-רִימָה
to hint לְרַמֵז-רִימֵז
to restrain לְרַסֵן-רִיסֵן
to spray לְרַסֵס-רִיסֵס
to mash/crush לְרַסֵק-רִיסֵק
to fracture לְרַסֵק-רִיסֵק
to be hungry לִרעוֹב-רָעַב
to shiver לִרעוֹד-רָעַד
to thunder/roar לִרעוֹם-רָעַם
to make noise לִרעוֹש-רָעַש
to tend a flock לִרעוֹת-רָעָה
to graze לִרעוֹת-רָעָה
to refresh לְרַעֲנֵן-רִיעֲנֵן
to cure/heal לְרַפֵּא-רִיפֵּא
to upholster לְרַפֵּד-רִיפֵּד
to relax/loosen לְרַפּוֹת-רִיפָּה
to weaken לִרפּוֹת-רָפָה
to flutter/glance through לְרַפרֵף-רִיפרֵף
to murder לִרצוֹחַ-רָצַח
to appease לְרַצוֹת-רִיצָה
to serve (a sentence) לְרַצוֹת-רִיצָה

to want/wish	לִרצוֹת-רָצָה
to pave	לְרַצֵף-רִיצֵף
to dance	לִרקוֹד-רָקַד
to mix/concoct	לִרקוֹחַ-רָקַח
to embroider	לִרקוֹם-רָקַם
to stamp (a foot)	לִרקוֹעַ-רָקַע
to spit	לִרקוֹק-רָקַק
to write down	לִרשוֹם-רָשַׁם
to rustle	לְרַשרֵשׁ-רִישרֵשׁ
to inherit	לָרֶשֶׁת-יָרַשׁ
to net	לְרַשֵׁת-רִישֵׁת
to boil	לִרתוֹחַ-רָתַח
to harness	לִרתוֹם-רָתַם
to weld	לְרַתֵך-רִיתֵך
to confine/fascinate	לְרַתֵק-רִיתֵק
to draw/pump/derive	לִשאוֹב-שָׁאַב
to roar/scream	לִשאוֹג-שָׁאַג
to ask	לִשאוֹל-שָׁאַל
to borrow	לִשאוֹל-שָׁאַל
to inhale	לִשאוֹף-שָׁאַף
to aspire	לִשאוֹף-שָׁאַף
to be satiated	לִשׂבּוֹעַ-שָׂבַע
to pass away	לִשבּוֹק-שָׁבַק
to break	לִשבּוֹר-שָׁבַר
to capture	לִשבּוֹת-שָׁבָה
to strike	לִשבּוֹת-שָׁבַת
to praise	לְשַׁבֵּחַ-שִׁיבַּח
to place	לְשַׁבֵּץ-שִׁיבֵּץ
to assign	לְשַׁבֵּץ-שִׁיבֵּץ
to smash	לְשַׁבֵּר-שִׁיבֵּר
to disrupt	לְשַׁבֵּשׁ-שִׁיבֵּשׁ
to sit	לָשֶׁבֶת-יָשַׁב
to reside	לָשֶׁבֶת-יָשַׁב
to copulate	לִשגּוֹל-שָׁגַל
to err	לִשגּוֹת-שָׁגָה
to be engrossed	לִשגּוֹת-שָׁגָה
to drive insane/amuse	לְשַׁגֵעַ-שִׁיגֵעַ
to dispatch/send/launch	לְשַׁגֵר-שִׁיגֵר
to prosper	לְשַׂגשֵׂג-שִׂיגשֵׂג
to rob	לִשדוֹד-שָׁדַד
to match	לְשַׁדֵך-שִׁידֵך
to persuade	לְשַׁדֵל-שִׁידֵל
to broadcast	לְשַׁדֵר-שִׁידֵר
to stay	לִשהוֹת-שָׁהָה
to return	לָשׁוּב-שָׁב
to market/distribute	לְשַׁוֵוק-שִׁיוֵוק
to tell/say	לָשׂוּחַ-שָׂח
to converse	לְשׂוֹחֵחַ-שׂוֹחֵח
to sail	לָשׁוּט-שָׁט
to wander/roam	לְשׁוֹטֵט-שׁוֹטֵט
to interweave/interlace	לִשזוֹר-שָׁזַר
to bribe	לְשַׁחֵד-שִׁיחֵד
to slaughter	לִשחוֹט-שָׁחַט
to erode	לִשחוֹק-שָׁחַק
to swim	לִשׂחוֹת-שָׂחָה
to reconstruct	לְשַׁחזֵר-שִׁיחזֵר
to play (a game)	לְשַׂחֵק-שִׂיחֵק
to seek (to meet)	לְשַׁחֵר-שִׁיחֵר
to set free/release	לְשַׁחרֵר-שִׁיחרֵר
to spread	לִשטוֹחַ-שָׁטַח
to rinse	לִשטוֹף-שָׁטַף
to make fun (of)	לְשַׁטוֹת-שִׁיטָה
to sail/cruise	לְשַׁיֵיט-שִׁיֵיט
to attribute	לְשַׁיֵיך-שִׁיֵיך
to put	לָשִׂים-שָׂם
to sing	לָשִׁיר-שָׁר
to lay (lie) down	לִשכַּב-שָׁכַב
to forget	לִשכּוֹחַ-שָׁכַח
to reside	לִשכּוֹן-שָׁכַן
to rent/hire	לִשׂכּוֹר-שָׂכַר
to calm/relieve	לְשַׁכֵּך-שִׁיכֵּך
to lose a child (by death)	לְשַׁכֵּל-שִׁיכֵּל
to improve	לְשַׁכלֵל-שִׁיכלֵל
to house/settle	לְשַׁכֵּן-שִׁיכֵּן
to convince	לְשַׁכנֵעַ-שִׁיכנֵעַ
to xerox/duplicate	לְשַׁכפֵּל-שִׁיכפֵּל
to rewrite	לְשַׁכתֵב-שִׁיכתֵב
to incorporate	לְשַׁלֵב-שִׁילֵב
to inflame/excite	לְשַׁלהֵב-שִׁילהֵב
to send	לִשלוֹחַ-שָׁלַח
to rule/govern	לִשלוֹט-שָׁלַט
to deny/negate	לִשלוֹל-שָׁלַל
to pull out /draw	לִשלוֹף-שָׁלַף
to draw out (from water)	לִשלוֹת-שָׁלָה
to dismiss	לְשַׁלֵחַ-שִׁילֵחַ
to pay	לְשַׁלֵם-שִׁילֵם
to insert	לְשַׁלשֵׁל-שִׁילשֵׁל
to be happy	לִשׂמוֹחַ-שָׂמַח
to drop	לִשמוֹט-שָׁמַט
to hear	לִשמוֹעַ-שָׁמַע
to watch/guard/keep	לִשמוֹר-שָׁמַר
to make happy	לְשַׂמֵחַ-שִׂימֵחַ
to grease/lubricate	לְשַׁמֵן-שִׁימֵן
to preserve/conserve	לְשַׁמֵר-שִׁימֵר
to serve/be used	לְשַׁמֵשׁ-שִׁימֵשׁ
to hate	לִשׂנוֹא-שָׂנָא
to mooch/scrounge	לְשַׁנוֹרֵר-שִׁנוֹרֵר
to change	לְשַׁנוֹת-שִׁינָה
to repeat	לִשנוֹת-שָׁנָה
to memorize	לְשַׁנֵן-שִׁינֵן
to transport (cargo)	לְשַׁנֵעַ-שִׁינֵעַ
to incite	לְשַׁסוֹת-שִׁיסָה
to tear to pieces	לְשַׁסֵעַ-שִׁיסַע
to enslave	לְשַׁעבֵּד-שִׁיעבֵּד
to stamp/trample	לִשעוֹט-שָׁעַט
to pay heed (to)	לִשעוֹת-שָׁעָה
to bore	לְשַׁעֲמֵם-שִׁיעֲמֵם
to surmise	לְשַׁעֵר-שִׁיעֵר
to revaluate	לְשַׁעֲרֵך-שִׁיעֲרֵך
to amuse	לְשַׁעֲשֵׁעַ-שִׁיעֲשֵׁעַ
to judge	לִשפּוֹט-שָׁפַט
to spill/pour	לִשפּוֹך-שָׁפַך
to indemnify	לְשַׁפּוֹת-שִׁיפָּה
to reactivate	לְשַׁפעֵל-שִׁיפעֵל
to remodel/renovate	לְשַׁפֵּץ-שִׁיפֵּץ
to improve	לְשַׁפֵּר-שִׁיפֵּר
to rub/brush	לְשַׁפשֵׁף-שִׁיפשֵׁף
to be diligent	לִשקוֹד-שָׁקַד
to be calm	לִשקוֹט-שָׁקַט
to weigh	לִשקוֹל-שָׁקַל
to sink	לִשקוֹעַ-שָׁקַע
to decline	לִשקוֹעַ-שָׁקַע
to weight (an average)	לְשַׁקלֵל-שִׁיקלֵל
to restore	לְשַׁקֵם-שִׁיקֵם
to rehabilitate	לְשַׁקֵם-שִׁיקֵם
to immerse	לְשַׁקֵעַ-שִׁיקֵעַ
to reflect	לְשַׁקֵף-שִׁיקֵף
to lie	לְשַׁקֵר-שִׁיקֵר
to rattle	לְשַׁקשֵׁק-שִׁיקשֵׁק
to interpolate	לְשַׁרבֵּב-שִׁירבֵּב
to survive	לִשׂרוֹד-שָׂרַד
to scratch	לִשׂרוֹט-שָׂרַט
to lace	לִשׂרוֹך-שָׂרַך
to burn	לִשׂרוֹף-שָׂרַף
to swarm	לִשרוֹץ-שָׁרַץ
to whistle	לִשרוֹק-שָׁרַק
to prevail	לִשׂרוֹר-שָׂרַר
to draw	לְשַׂרטֵט-שִׂירטֵט
to armor	לְשַׁריֵין-שִׁריֵין
to serve	לְשָׁרֵת-שֵׁירֵת
to plant	לִשתוֹל-שָׁתַל
to be silent	לִשתוֹק-שָׁתַק
to drink	לִשתוֹת-שָׁתָה
to bleed	לִשתוֹת-שָׁתַת
to allow to participate	לְשַׁתֵף-שִׁיתֵף
to paralyze	לְשַׁתֵק-שִׁיתֵק
to match	לִתאוֹם-תָּאַם
to coordinate	לְתָאֵם-תֵּיאֵם
to describe	לְתָאֵר-תֵּיאֵר
to demand	לִתבּוֹעַ-תָּבַע
to sue	לִתבּוֹעַ-תָּבַע
to spice	לְתַבֵּל-תִּיבֵּל
to reinforce	לְתַגבֵּר-תִּיגבֵּר
to refuel	לְתַדלֵק-תִּידלֵק
to brief	לְתַדרֵך-תִּידרֵך
to wonder	לִתהוֹת-תָּהָה

לְתַוֵּוךְ-תִּיוֵּוךְ	to mediate
לְתוֹפֵף-תּוֹפֵף	to drum
לְתַזְמֵר-תִּיזְמֵר	to orchestrate
לִתְחוֹב-תָּחַב	to stick
לְתַחְזֵק-תִּיחְזֵק	to maintain
לְתַחְקֵר-תִּיחְקֵר	to debrief
לְתַיֵּיק-תִּיֵּיק	to file
לְתַכְנֵן-תִּיכְנֵן	to plan
לִתְלוֹשׁ-תָּלַשׁ	to pluck
לִתְלוֹת-תָּלָה	to hang
לִתְמוֹהַּ-תָּמַהּ	to wonder
לִתְמוֹךְ-תָּמַךְ	to support
לְתַמְצֵת-תִּימְצֵת	to summarize

לְתַמְרֵן-תִּימְרֵן	to maneuver
לִתְסוֹס-תָּסַס	to ferment
לְתַסְכֵּל-תִּיסְכֵּל	to frustrate
לְתַעֵב-תִּיעֵב	to abhor
לְתַעֵד-תִּיעֵד	to document
לִתְעוֹת-תָּעָה	to get lost
לִתְפּוֹחַ-תָּפַח	to puff
לִתְפּוֹס-תָּפַס	to catch
לִתְפּוֹס-תָּפַס	to comprehend
לִתְפּוֹר-תָּפַר	to sew
לְתַפְעֵל-תִּיפְעֵל	to operate
לְתַפְקֵד-תִּיפְקֵד	to function
לִתְקוֹעַ-תָּקַע	to stick

לִתְקוֹעַ-תָּקַע	to blow
לִתְקוֹף-תָּקַף	to attack
לְתַקֵּן-תִּיקֵּן	to repair/institute
לְתַקְצֵב-תִּיקְצֵב	to budget
לְתַקְשֵׁר-תִּיקְשֵׁר	to communicate
לְתַקְתֵּק-תִּיקְתֵּק	to tick
לְתַרְגֵּל-תִּירְגֵּל	to exercise
לְתַרְגֵּל-תִּירְגֵּל	to practice
לְתַרְגֵּם-תִּירְגֵּם	to translate
לִתְרוֹם-תָּרַם	to donate
לְתָרֵץ-תֵּירֵץ	to explain
לָתֵת-נָתַן	to give

tropical	טרוֹפִּי

U

ulcer	אולקוּס
ultimatum	אוּלטִימָטוּם
ultrasound	אולטרָסאוּנד
unisex	יוּנִיסֶקס
universal	אוּנִיבֶרסָלִי
university	אוּנִיבֶרסִיטָה
urbanization	אוּרבָּנִיזַציָה
urea	אוּרֶאָה
Utopia	אוּטוֹפּיָה

V

vacuum	וָאקוּם
vandalism	וַנדָלִיזם
variant	וַרְיַאנט
variation	וַרְיַאציָה
ventilation	וֶנטִילַציָה
verbal	וֶרבָּלִי
versatile	וֶרסָטִילִי
version	וֶרסִיָה
veto	וֶטוֹ
vibration	וִיבּרַציָה
villa	וִילָה
virtuoso	וִירטוּאוֹז
virus	וִירוּס
visa	וִיזָה
visual	וִיזוּאָלִי
vocal	ווֹקָלִי
volume	ווֹליוּם
voluntary	ווֹלוּנטָרִי
voodoo	ווּדוּ
vulgar	וּולגָרִי

W

wax	וַקס
workaholic	ווֹרקוֹהוֹלִיק

Y

Yuppie	יָאפִּי, יַפִּי

Z

zigzag	זִיגזָג
zombie	זוֹמבִּי
zoom	זוּם

reflex רֶפלֶקס
reflexive רֶפלֶקסִיבִי
reflexology רֶפלֶקסולוגְיָה
reformation רֶפורמָה
regeneration רֶגֶנֶרַציָה
regression רֶגרֶסיָה
rehabilitation רֶהַבִּילִיטַציָה (שיקום)
relative רֶלָטִיבִי
relativism רֶלָטִיבִיזם
relevant רֶלֶבַנטִי
renaissance רֶנֶסַנס
reorganization רֵיאורגָנִיזַציָה
repertoir רֶפֶּרטוּאָר
representative רֶפּרֶזֶנטָטִיבִי
reproduction רֶפּרודוּקציָה
republic רֶפּוּבּלִיקָה
republican רֶפּוּבּלִיקָנִי
requiem רֶקוִויֶם
reserve רֶזֶרבָה
resevoir רֶזֶרבוּאָר
respect רֶספֶּקט
restoration רֶסטורַציָה
retroactive רֶטרואַקטִיבִי
retrospective רֶטרוספֶּקטִיבִי
reverse רֶוֶורס
revision רֶבִיזיָה
revolution רֶבולוּציָה
rhetoric רֶטורִיקָה
rhetorical רֶטורִי
rheumatism רֵיאוּמָטִיזם
rhythm רִיתמוּס
risk רִיסק
ritual רִיטוּאָל
roastbeef רוסטבִּיף
robot רובּוט
romantic רומַנטִי
romanticism רומַנטִיקָה
rotation רוטַציָה
routine רוטִינָה
résumé רֶזוּמֶה

S

sadism סָדִיזם
sale סֵיל
sanction סַנקציָה
sandwich סֶנדוִויץ
sarcasm סַרקַזם
sarcastic סַרקַסטִי
satiric(al) סָטִירִי
sauna סָאוּנָה
scandal סקַנדָל
sceptic(al) סקֶפּטִי
schematic סכֵימָטִי
schnor שנור (אידיש)
scoop סקוּפּ
sector סֶקטור
selective סֶלֶקטִיבִי
semantic סֶמַנטִי
seminar סֶמִינָר
sensitive סֶנסִיטִיבִי
shampoo שַמפּוּ
shock שוק
silhouette סִילוּאֶט
simulation סִימוּלַציָה
simultaneous סִימוּלטָנִי
social סוציָאלִי
softwear סופטוֶויר
solar סולָרִי
sound סָאוּנד
spartan ספַּרטָנִי
specific ספֶּצִיפִי
specification ספֶּסִיפִיקַציָה
speculation ספֶּקוּלַציָה
speculative ספֶּקוּלָטִיבִי
spiritualism ספִּירִיטוּאָלִיזם
sponsor ספּונסֶר
spontaneous ספּונטָנִי
sporadic ספּורָדִי
spray ספּרֵי
stable סטַבִּילִי
stagnation סטַגנַציָה
standard (adj) סטַנדַרטִי
standard (n.) סטַנדַרט
static סטָטִי
status סטָטוּס
stigma סטִיגמָה
studio סטוּדִיו
style סטַייל
subjective סוּבּיֶיקטִיבִי
sublimation סוּבּלִימַציָה
subsidy סוּבּסִידיָה
subtle סוּבּטִילִי
suite סוִויטָה
superlative סוּפֶּרלָטִיב
sweater סוֶודֶר
sweatshirt סוֶוטשֶרט
symbolic סִימבּולִי
symmetrical סִימֶטרִי
symptom סִימפּטום
syndrome סִינדרום
synthesis סִינתֶזָה
synthetic סִינתֶטִי
systematic סִיסטֶמָטִי

T

taboo טַבּוּ
tactics טַקטִיקָה
technical טֶכנִי
technique טֶכנִיקָה
technology טֶכנולוגְיָה
television טֶלֶוִויזיָה
terminology טֶרמִינולוגְיָה
territorial טֶרִיטורִיָאלִי
territory טֶרִיטורְיָה
terrorist טֶרורִיסט
text טֶקסט
textile טֶקסטִיל
texture טֶקסטוּרָה
theology תֵיאולוגְיָה
theoretical תֵיאורֶטִי
theory תֵיאורְיָה
therapist תֶרַפִּיסט
therapy תֶרַפּיָה
thermometer תֶרמומֶטֶר
thesis תֵיזָה
tick טִיק
tights טַייטס
tip טִיפּ
toast טוסט
tolerant טולֶרַנטִי
torpedo טורפֶּדו
total טוטָלִי
totalitarian טוטָלִיטָרִי
tragedy טרָגֶדיָה
tragic טרָגִי
transaction טרַנסַקציָה
transfer טרַנספֶר
transformation טרַנספורמַציָה
transport טרַנספּורט
trick טרִיק
trivia טרִיוויָה
trivial טרִיוויָאלִי

octane	אוֹקְטָן
oedipal	אֶדִיפָּלִי
offensive	אוֹפֶנְסִיבָה
O.K.	אוֹקֵיי
olympiad	אוֹלִימְפִּיָאדָה
olympus	אוֹלִימְפּוּס
ombudsman	אוֹמְבּוּדְסמָן
oncology	אוֹנְקוֹלוֹגְיָה
ontology	אוֹנְטוֹלוֹגְיָה
op art	אוֹפּ אַרְט
opera	אוֹפֶּרָה
operative	אוֹפֶּרָטִיבִי
opium	אוֹפְּיוּם
opportunism	אוֹפּוֹרְטוּנִיזְם
opportunist	אוֹפּוֹרְטוּנִיסְט
opposition	אוֹפּוֹזִיצְיָה
optical	אוֹפְּטִי
optics	אוֹפְּטִיקָה
optimistic	אוֹפְּטִימִי
(optimist)	(אוֹפְּטִימִיסְט)
optimum (optimal)	אוֹפְּטִימָלִי
option	אוֹפְּצְיָה
optomestrist	אוֹפְּטוֹמֶטְרִיסְט
oral	אוֹרָלִי
organic	אוֹרְגָנִי
organism	אוֹרְגָנִיזְם
organization	אוֹרְגָנִיזַצְיָה
orgasm	אוֹרְגַזְמָה
orgy	אוֹרְגְיָה
orientation	אוֹרְיֶינְטַצְיָה
original (adj.)	אוֹרִגִינָלִי
original	אוֹרִגִינָל
orthodontics	אוֹרְתוֹדוֹנְטְיָה
orthodox	אוֹרְתוֹדוֹקְסִי (אוֹרְתוֹדוֹכְּסִי)
orthopedist	אוֹרְתוֹפֶּד
osmosis	אוֹסְמוֹזָה
osteoporosis	אוֹסְטֵאוֹפּוֹרוֹזִיס
oval	אוֹבָלִי
overhaul	אוֹבֶרְהוֹל
overhead	אוֹבֶרְהֶד
ozone	אוֹזוֹן

P

pagon	פָּגָנִי
pamphlet	פַּמְפְלֶט
panoramic	פָּנוֹרָמִי
paradox	פָּרָדוֹקְס
park	פַּרְק
partner	פַּרְטְנֶר
passive	פָּסִיבִי
patent	פָּטֶנְט
pathetic	פָּתֶטִי
pathological	פָּתוֹלוֹגִי
patio	פַּטְיוֹ
patriarch	פַּטְרִיאַרְךְ
patriot	פַּטְרִיוֹט
patrol	פַּטְרוֹל
pedagogy	פֶּדָגוֹגְיָה
pedantic	פֶּדַנְט
pension	פֶּנְסְיָה
perfect	פֶּרְפֶקְט
perfectionist	פֶּרְפֶקְצְיוֹנִיסְט
permanent	פֶּרְמָנֶנְטִי
personal	פֶּרְסוֹנָלִי
personification	פֶּרְסוֹנִיפִיקַצְיָה
perspective	פֶּרְסְפֶּקְטִיבָה
pessimist	פֶּסִימִי
petition	פֶּטִיצְיָה
philantropy	פִילַנְטְרוֹפְּיָה
phobia	פוֹבְּיָה
phonetic	פוֹנֶטִי
photogenic	פוֹטוֹגֶנִי
picnic	פִּיקְנִיק
pigment	פִּיגְמֶנְט
placebo	פְּלָסֶבּוֹ
planet	פְּלָנֶטָה
playboy	פְּלֵיבּוֹי
pluralism	פְּלוּרָלִיזְם
poetic	פּוֹאֶטִי
pogrom	פּוֹגְרוֹם
polar	פּוֹלָרִי
policy	פּוֹלִיסָה
polio	פּוֹלְיוֹ
polish	פּוֹלִישׁ
political	פּוֹלִיטִי
politics	פּוֹלִיטִיקָה
polygruph	פּוֹלִיגְרָף
popular	פּוֹפּוּלָרִי
pornography	פּוֹרְנוֹגְרַפְיָה
portfolio	פּוֹרְטְפוֹלְיוֹ
portrait	פּוֹרְטְרֶט
position	פּוֹזִיצְיָה
positive	פּוֹזִיטִיבִי
potential	פּוֹטֶנְצְיָאל
potentially	פּוֹטֶנְצְיָאלִי
practical	פְּרַקְטִי
pragmatical	פְּרַגְמָטִי
premiere	פְּרֶמְיֶירָה
prestige	פְּרֶסְטִיזָ'ה
primitive	פְּרִימִיטִיבִי
privilege	פְּרִיבִילֶגְיָה
problematic	פְּרוֹבְּלֶמָטִי
procedure	פְּרוֹצֶדוּרָה
process	פְּרוֹצֶס
production	פְּרוֹדוּקְצְיָה
professional	פְּרוֹפֶסְיוֹנָלִי
profile	פְּרוֹפִיל
progressive	פְּרוֹגְרֶסִיבִי
project	פְּרוֹיֶיקְט
propaganda	פְּרוֹפָּגַנְדָה
proportion	פְּרוֹפּוֹרְצְיָה
prosaic	פְּרוֹזָאִי
prosperity	פְּרוֹסְפֶּרִיטִי
protocol	פְּרוֹטוֹקוֹל
provincial	פְּרוֹבִינְצְיָאלִי
provocative	פְּרוֹבוֹקָטִיבִי
pudding	פּוּדִינְג
punch (drink)	פּוּנְץ'
puritan	פּוּרִיטָנִי
putsch (coup d'état)	פּוּטְשׁ
puzzle	פָּזֶל
pyrex	פִּיירֶקְס

R

racket	רָקֶטָה
radar	רָדָר
radiator	רַדְיָאטוֹר
radical	רָדִיקָלִי
radio	רַדְיוֹ
radioactive	רַדְיוֹאַקְטִיבִי
radiologist	רַדְיוֹלוֹג
radium	רַדְיוּם
radius	רַדְיוּס
rally	רָלִי
rational	רַצְיוֹנָלִי
rationalism	רַצְיוֹנָלִיזְם
rationalization	רַצְיוֹנָלִיזַצְיָה
reaction	רֵיאַקְצְיָה
reactionary	רֵיאַקְצְיוֹנֶר
realism	רֵיאָלִיזְם
recital	רֶסִיטָל
reduction	רֶדוּקְצְיָה

inflation	אִינפלַצְיָה
instinct	אִינסְטִינקט
integral	אִינטֶגרָלִי
integrated	אִינטֶגרָטִיבִי
integration	אִינטֶגרַצְיָה
intellectual	אִינטֶלֶקטוּאָל
intelligence	אִינטֶלִיגֶנצְיָה
intelligent	אִינטֶלִיגֶנטִי
intensive	אִינטֶנסִיבִי
interaction	אִינטֶרַאקצְיָה
interest	אִינטֶרֶסַנט
interpretation	אִינטֶרפּרֶטַצְיָה
intimate	אִינטִימִי
intrigue	אִינטרִיגָה
introvert	אִינטרוֹוֶורט
intuition	אִינטוּאִיצְיָה
intuitive	אִינטוּאִיטִיבִי
invalid	אִינוָולִיד
inventory	אִינוֶונטָר
I.Q.	אַיי קיוּ
irony	אִירוֹנְיָה
isolation	אִיזוֹלַצְיָה
isometric	אִיזוֹמֶטרִי

J

jacket	זָ'קֶט
jargon	זַ'רגוֹן
jeans	גִ'ינס
jet	גֶ'ט
jingle	גִ'ינגֶל
job	ג'וֹבּ
jogging	ג'וֹגִינג
journal	ז'וּרנָל
jungle	ג'וּנגֶל
junta	חוּנטָה

K

kinetic	קִינֶטִי
kitsch	קִיטש

L

labyrinth	לַבִּירִינט
laconic	לָקוֹנִי
latent	לָטֶנטִי
laxative	לָקסָטִיב
league	לִיגָה
legal	לֵיגָלִי
legitimate	לֶגִיטִימִי
lexicon	לֶקסִיקוֹן, לֶכּסִיקוֹן
liberal	לִיבֶּרָלִי
liberalism	לִיבֶּרָלִיזם
linear	לִינֵיאָרִי
linkage	לִינקֶג'
lobby	לוֹבִּי
logic	לוֹגִיקָה
logical	לוֹגִי
logistics	לוֹגִיסטִיקָה
logo	לוֹגוֹ
loyal	לוֹיָאלִי
lynch	לִינץ'
lyrical	לִירִי

M

macho	מָאצ'וֹ
macro	מַקרוֹ
magazine	מָגָזִין
magnet	מַגנֶט
magnetic	מַגנֶטִי
makeup	מֵיק־אַפ
mandate	מַנדָט
manipulation	מָנִיפּוּלַצְיָה
marina	מָרִינָה
massive	מַסִיבִי
materialism	מָטֶרְיָאלִיזם
maximum	מַקסִימוּם
mechanical	מֶכָנִי
medal	מֶדַלְיָה
media	מֶדְיָה
meditation	מֶדִיטַצְיָה
medium	מֶדיוּם
melancholy	מֶלַנכּוֹלִי
mental	מֶנטָלִי
mentality	מֶנטָלִיוּת
metabolism	מֶטַבּוֹלִיזם
metaphorical	מֶטָאפוֹרִי
methodical	מֶתוֹדִי
micro	מִיקרוֹ
militant	מִילִיטַנטִי
militarism	מִילִיטָרִיזם
mineral	מִינֶרָלִי
minimal	מִינִימָלִי
minimum	מִינִימוּם
minus	מִינוּס
mobile	מוֹבַּיל
mobility	מוֹבִּילִיוּת
model	מוֹדֶל
modem	מוֹדֶם
modern	מוֹדֶרנִי
modular	מוֹדוּלָרִי
momentum	מוֹמֶנטוּם
monetary	מוֹנִיטָרִי
monitor	מוֹנִיטוֹר
monologue	מוֹנוֹלוֹג
monopoly	מוֹנוֹפּוֹל
monotonous	מוֹנוֹטוֹנִי
monument	מוֹנוּמֶנט
morale	מוֹרָל
motel	מוֹטֶל
motivation	מוֹטִיבַצְיָה
motor	מוֹטוֹר
mug	מָג
muse	מוּזָה
museum	מוּזֵיאוֹן
music	מוּסִיקָה
myth	מִיתוֹס

N

naive	נָאִיבִי
negative	נֶגָטִיבִי
net	נֶטוֹ
neutral	נֵיטרָלִי
nonsense	נוֹנסֶנס
norm	נוֹרמָה
normal	נוֹרמָלִי

O

object	אוֹבּיֶיקט
objective	אוֹבּיֶיקטִיבִי
objectivity	אוֹבּיֶיקטִיבִיוּת
observation	אוֹבּזֶרוַצְיָה
obsessive	אוֹבּסֶסְיָה

dynamic דִּינָמִי

E

eccentric אֶקסֶצֶנטרִי
ecstasy אֶקסטָזָה
eczema אֶקזֶמָה
effect אֶפֶקט
effective אֶפֶקטִיבִי
ego trip אֶגוֹ טרִיפּ
ego אֶגוֹ
egocentric אֶגוֹצֶנטרִי
egoism אֶגוֹאִיזם
egoist אֶגוֹאִיסט
elastic אֶלַסטִי
elegant אֶלֶגַנטִי
element אֶלֶמֶנט
elementary אֶלֶמֶנטָרִי
emancipation אֶמַנסִיפַּצִיָה
embargo אֶמבַּרגוֹ
emotional אֶמוֹצִיוֹנָלִי
empire אִימפֶּרִיָה
empirical אֶמפִּירִי
energy אֶנֶרגִיָה
epidemic אֶפִּידֶמִיָה
epilogue אֶפִּילוֹג
erotica אֶרוֹטִיקָה
esoteric אֶזוֹטֶרִי
ethics אֶתִיקָה
euphoria אוּפוֹרִיָה
evaluation אֶוָולוּאַצִיָה
evolution אֶבוֹלוּצִיָה
exclusive אֶקסקלוּסִיבִי
exhaust pipe אֶגזוֹז
existentialism אֶקזִיסטֶנצִיָאלִיזם
exotic אֶקזוֹטִי
export אֶקספּוֹרט
express אֶקספֶּרֶס
expressionism אֶקספּרֶסיוֹנִיזם
extravagant אֶקסטרָוָוגַנטִי

F

fair פֵּייר
fanatic פָנָטִי
fantastic פַנטַסטִי
fantasy פַנטַזִיָה
fatalism פָטָלִיזם
fax פַקס
federal פֶדֶרָלִי
federation פֶדֶרַצִיָה
feedback פִידבֶּק
festival פֶסטִיבָל
feudalism פֵיאוֹדָלִיזם
fiction פִיקצִיָה
fictional פִיקטִיבִי
fighter פַייטֶר
film פִילם
filter פִילטֶר
financial פִינַנסִי
fixed idea אִידֵאָה פִיקס
flash פלֶש
flirt פלִירט
focus פוֹקוּס
folklore פוֹלקלוֹר
formal פוֹרמָלִי
format פוֹרמָט
forum פוֹרוּם
freak פרִיק
freelance פרִילַנס
frustration פרַסטרַצִיָה
function פוּנקצִיָה
fundemental פוּנדֶמֶנטָלִי
fundementalism פוּנדֶמֶנטָלִיזם

G

gallery גָלֶרִיָה
garage גָרָז'
gas גַז
genetic גֶנֶטִי
genius ג'ינִיוּס, גֶ'נִיוּס
gentelman גֶ'נטלמֶן
gerilla גֶרִילָה
gesture ג'סטָה
genre זָ'נֶר
ghetto גֶיטוֹ
gimmick גִימִיק
gravitation גרָווִיטַצִיָה
grill גרִיל
grotesque גרוֹטֶסקִי

H

hangar הַנגַר, אַנגַר
harmony הַרמוֹנִיָה
has avested interest אִינטֶרֶסַנט
helicopter הֶלִיקוֹפּטֶר
hermetic הֶרמֶטִי
heroic הֵירוֹאִי
heroism הֵירוֹאִיזם
hierarchy הִירַרכִיָה
holistic הוֹלִיסטִי
homogeneous הוֹמוֹגֵנִי
homosexual הוֹמוֹסֶקסוּאָל
hooligan חוּלִיגָן
horizonal הוֹרִיזוֹנטָלִי
humane הוּמָנִי
humanism הוּמָנִיזם
humanitarian הוּמָנִיטָרִי
humor הוּמוֹר
hygienic הִיגְיֶינִי
hyperactive הִיפֶּרַאקטִיבִי
hypochondriac הִיפּוֹכוֹנדֶר
hypothesis הִיפּוֹתֶיזָה
hypothetical הִיפּוֹתֵיטִי
hysteria הִיסטֶרִיָה

I

idea אִידֵיאָה
ideal (adj.) אִידֵיאָלִי
ideal אִידֵיאָל
idealist אִידֵי
ideology אִידֵיאוֹלוֹגִיָה
idiomatic אִידִיוֹמָטִי
idiot אִידִיוֹט
illustration אִילוּסטרַצִיָה
image אִימָז'
imam אִימָאם
imperialism אִימפֶּרִיָאלִיזם
implication אִימפּלִיקַצִיָה
impotence אִימפּוֹטֶנצִיָה
impotent אִימפּוֹטֶנט
impressionism אִימפּרֶסיוֹנִיזם
improvisation אִימפּרוֹבִיזַצִיָה
impulse אִימפּוּלס
impulsive אִימפּוּלסִיבִי
incognito אִינקוֹגנִיטוֹ
index אִינדֶקס
indication אִינדִיקַצִיָה
individual (adj.) אִינדִיוִידוּאָלִי
indoctrination אִינדוֹקטרִינַצִיָה
infantile אִינפַנטִילִי

charisma	כָּרִיזְמָה
charismatic	כָּרִיזְמָטִי
charlatan	שַׁרְלָטָן
charm	שַׁרְם
charter	צַ'רְטֶר
chauvinism	שׁוֹבִינִיזְם
chauvinist	שׁוֹבִינִיסְט
check	צֶ'יק
chef	שֵׁף
chemicals	כִּימִיקָלִים
chic	שִׁיק
chocolate	שׁוֹקוֹלָד
chronic	כְּרוֹנִי
chronology	כרוֹנוֹלוֹגְיָה
civilization	צִיווִילִיזַצְיָה
classical	קְלָסִי
classification	קְלָסִיפִיקַצְיָה
clericalism	קְלֶרִיקָלִיזְם
client	קְלַייֶנְט
clinic	קְלִינִיקָה
clinical	קְלִינִי
clip	קְלִיפּ
clique	קְלִיקָה
coalition	קוֹאָלִיצְיָה
code	קוֹד
cognitive	קוֹגְנִיטִיבִי
coherent	קוֹהֶרֶנְטִי
collage	קוֹלָז'
colleague	קוֹלֶגָה
collection	קוֹלֶקְצְיָה
collective	קוֹלֶקְטִיבִי
colonial	קוֹלוֹנְיָלִי
colossal	קוֹלוֹסָלִי
combination	קוֹמְבִּינַצְיָה
comedy	קוֹמֶדְיָה
commando	קוֹמַנְדוֹ
commission	קוֹמִיסְיוֹן
common sense	קוֹמוֹן סֶנְס (קוֹמוֹנְסֶנְס)
commune	קוֹמוּנָה
communication	קוֹמוּנִיקַצְיָה
communism	קוֹמוּנִיזְם
communist	קוֹמוּנִיסְט
compact	קוֹמְפַּקְטִי
compensation	קוֹמְפֶּנְסַצְיָה
competent	קוֹמְפֶּטֶנְטִי
complex	קוֹמְפְּלֶקְס
complication	קוֹמְפְּלִיקַצְיָה
compliment	קוֹמְפְּלִימֶנְט
composition	קוֹמְפּוֹזִיצְיָה
concept	קוֹנְסֶפְּצְיָה
concert	קוֹנְצֶרְט
concrete	קוֹנְקְרֶטִי
condom	קוֹנְדוֹם
conflict	קוֹנְפְלִיקְט
conformism	קוֹנְפוֹרְמִיזְם
confrontation	קוֹנְפְרוֹנְטַצְיָה
congress	קוֹנְגְרֶס
connotation	קוֹנוֹטַצְיָה
consensus	קוֹנְסֶנְזוּס
conservative	קוֹנְסֶרְוָטִיבִי
constellation	קוֹנְסְטֶלַצְיָה
construction	קוֹנְסְטרוּקְצְיָה
constructive	קוֹנְסְטרוּקְטִיבִי
consul	קוֹנְסוּל
context	קוֹנְטֶקְסְט
continental	קוֹנְטִינֶנְטָלִי
contrast	קוֹנְטְרַסְט
control	קוֹנְטְרוֹל
convention	קוֹנְוֶנְצְיָה
conventional	קוֹנְוֶנְצְיוֹנָלִי
cooperative	קוֹאוֹפֶּרָטִיבִי
coordination	קוֹאוֹרְדִינַצְיָה
corporation	קוֹרְפּוֹרַצְיָה
correlation	קוֹרֶלַצְיָה
correspondence	קוֹרֶסְפּוֹנְדֶנְצְיָה
correspondent	קוֹרֶסְפּוֹנְדֶנְט
corrosion	קוֹרוֹזְיָה
cosmetic	קוֹסְמֶטִי
cosmopolitan	קוֹסְמוֹפּוֹלִיטִי
cosmos	קוֹסְמוֹס
country club	קַנְטְרִי קְלַבּ
course	קוּרְס
cowboy	קָאוּבּוֹי
credit	קְרֶדִיט
criminology	קְרִימִינוֹלוֹגְיָה
criterion	קְרִיטֶרְיוֹן
critical	קְרִיטִי
cubism	קוּבִּיזְם
cynical	צִינִי
cyst	צִיסְטָה

D

data	דָּטָה
debit	דֶּבִּיט
decorative	דֶּקוֹרָטִיבִי
deduction	דֶּדוּקְצְיָה
defeatism	דֶּפֶטִיזְם
defect	דֶּפֶקְט
defensive	דֶּפֶנְסִיבָה
deficit	דֶּפִיצִיט
deformation	דֶּפוֹרְמַצְיָה
demagog	דֶּמָגוֹג
democracy	דֶּמוֹקְרַטְיָה
democrat	דֶּמוֹקְרָט
demography	דֶּמוֹגְרַפְיָה
demonic	דֶּמוֹנִי
demonstration	דֶּמוֹנְסְטְרַצְיָה
demoralization	דֶּמוֹרָלִיזַצְיָה
depression	דִּיפְּרֶסְיָה
despot	דֶּסְפּוֹט
determinism	דֶּטֶרְמִינִיזְם
diagonsis	דִּיאַגְנוֹזָה
diagram	דִּיאַגְרָמָה
dialect	דִּיאָלֶקְט
dialogue	דִּיאָלוֹג
dialysis	דִּיאָלִיזָה
dichotomy	דִּיכוֹטוֹמְיָה
dictator	דִּיקְטָטוֹר
didactic	דִּידַקְטִי
diet	דִּיאֶטָה
digital	דִּיגִיטָלִי
dilemma	דִּילֶמָה
diploma	דִּיפְּלוֹמָה
diplomat	דִּיפְּלוֹמָט
disc	דִּיסְק
discipline	דִּיסְצִיפְּלִינָה
discreet	דִּיסְקְרֶטִי
discrimination	דִּיסְקְרִימִינַצְיָה
dissertation	דִּיסֶרְטַצְיָה
dissident	דִּיסִידֶנְט
dividend	דִּיוִידֶנְד
D.J.	דִּי גֶ'י
DNA	דִּי.אֶן.אֵי
document	דּוֹקוּמֶנְט
documentary	דּוֹקוּמֶנְטָרִי
dogmatic	דּוֹגְמָטִי
dominant	דּוֹמִינַנְטִי
drama	דְּרָמָה
dramatic	דְּרָמָתִי
drastic	דְּרַסְטִי
dualism	דּוּאָלִיזְם
duet	דּוּאֶט
dune	דְּיוּנָה

מילון למילים לועזיות הרווחות בעברית ובאנגלית

A

abracadabra	אַבְּרָקָדַבְּרָה
abscess	אַבְּצֶס
absolute	אַבְּסוֹלוּטִי
abstract (adj.)	אַבְּסטרַקטִי
abstract	אַבְּסטרַקט
absurd	אַבְּסוּרד
academic	אֲקָדֶמִי
accent	אַקְצֶנט
accident	אֶקְסִידֶנט
acoustics	אֲקוּסטִיקָה
acrobat	אַקרוֹבָּט
active	אַקטִיבִי
acute	אָקוּטִי
ad hoc	אַד הוֹק
administration	אַדמִינִיסטרַציָה
administrator	אַדמִינִיסטרָטוֹר
aerobatics	אֲוִירוֹבָּטִיקָה
aesthetic	אֶסתֶטִי
agenda	אָגֶ'נדָה
aggressiveness	אַגרֶסִיבִיוּת
agnostic	אַגנוֹסטִיקָן
agrarian	אַגרָרִי
agronomy	אַגרוֹנוֹמיָה
AIDS	אֵידס
album	אַלבּוֹם
alibi	אַלִיבִּי
allergy	אַלֶרגיָה
alternative	אַלטֶרנָטִיבָה
altruism	אַלטרוּאִיזם
ambition	אַמבִּיציָה
ambulance	אַמבּוּלַנס
amok	אָמוֹק
anarchy	אֲנַרכִיָה
anemia	אֲנֶמיָה
anonymous	אֲנוֹנִימִי
antagonism	אַנטָגוֹנִיזם
aorta	אָאוֹרטָה
apéritif	אַפֶּרִיטִיב
apocalypse	אַפּוֹקָלִיפּסָה
architect	אַרכִיטֶקט
archive(s)	אַרכִיב
argument	אַרגוּמֶנט

arrogant	אָרוֹגַנטִי
asbestos	אַזבֶּסט
aspect	אַספֶּקט
assimilation	אַסִימִילַציָה
assistant	אַסִיסטֶנט
association	אַסוֹצִיאַציָה
astrology	אַסטרוֹלוֹגיָה
atheism	אַתֵיאִיזם
athlete	אַתלֶט
Atlantic	אַטלַנטִי
atmosphere	אַטמוֹספֶירָה
atom	אָטוֹם
attraction	אַטרַקציָה
attractive	אַטרַקטִיבִי
audio-visual	אוֹדיוֹ-וִיזוּאָלִי
auditorium	אוֹדִיטוֹרִיוּם
authentic	אוֹתֶנטִי
authoritative	אוֹטוֹרִיטָטִיבִי
authority	אוֹטוֹרִיטָה
autism	אוּטִיזם
autobiography	אוֹטוֹבִּיוֹגרַפיָה
autograph	אוֹטוֹגרָף
automat	אוֹטוֹמָט
automatic	אוֹטוֹמָטִי
automation	אוֹטוֹמָטִיזַציָה
autonomic (autonomous)	אוֹטוֹנוֹמִי
autonomy	אוֹטוֹנוֹמיָה
autosuggsetion	אוֹטוֹסוּגֶסטיָה
avant-garde	אֲוַונגַרד
à la carte	אָה לָה קַרט

B

bacteria	בַּקטֶריָה
baggage	בַּגָז'
balance	בַּלַנס
banal	בָּנָלִי
barter	בַּרטֶר
bazar	בָּזָר
beeper	בִּיפֶּר
beige	בֶּז'
best seller	בֶּסט סֶלֶר
bibliography	בִּיבּלִיוֹגרַפיָה
biography	בִּיוֹגרַפיָה

bonus	בּוֹנוּס
boom	בּוּם
boss	בּוֹס
botany	בּוֹטָנִיקָה
boutique	בּוּטִיק
boycott	בּוֹיקוֹט
bravo	בְּרָווֹ, בְּרָבוֹ
brutal	בּרוּטָלִי
bug	בָּג
bungalow	בּוּנגָלוֹ
bunker	בּוּנקֶר
bureaucracy	בִּיוּרוֹקרַטיָה
business	בִּיזנֶס

C

cabaret	קַבָּרֶט
cabin	קַבִּינָה
cabinet	קַבִּינֶט (שׂרי הממשלה)
cafeteria	קָפֶטֶריָה
cable	כַּבֶּל
calorie	קָלוֹריָה
camping	קֶמפִּינג
campus	קַמפּוּס
capital	קַפִּיטָל (הון)
capitalism	קַפִּיטָלִיזם
capsule	קַפסוּלָה
carburator	קַרבּוּרָטוֹר
career	קַרייֶרָה
cargo	קַרגוֹ
caricature	קָרִיקָטוּרָה
cassette	קַסֶטָה
catalogue	קָטָלוֹג
cataract	קָטָרַקט
catastrophe	קָטַסטרוֹפָה
category	קָטֵיגוֹריָה (סוג, קבוצה)
catering	קֵיטֶרִינג
cement	צֶמֶנט
censor	צֶנזוֹר
center	סֶנטֶר
central	צֶנטרָלִי
ceramics	קֶרָמִיקָה
chance	צ'נס
chaos	כָּאוֹס